1936年创刊

世界知识

年　鉴

2022/2023

WA 世界知识出版社

北京・2024

《世界知识年鉴》编辑委员会

编 辑 说 明

一、《世界知识年鉴2022/2023》主要介绍2022年的世界政治经济大事和各国（地区）基本情况，所收资料一般截至2022年底。

二、本年鉴包括各国（地区）概况，国际组织、政府间多边机制和国际会议两部分，在保持原有篇幅和体例基本不变的前提下，力求增加反映当年变化的新资料，压缩历年不变的内容，便于读者在仍能查到基本情况的前提下掌握更多动态资料。同时，力求增加对外交往中的实用资料。为方便读者使用，本年鉴提供电子书资源，欢迎读者扫描书后二维码获取。

三、本年鉴以2022年12月30日发布的中华人民共和国国家标准《世界各国和地区及其行政区划名称代码》（GB/T 2659.1—2022）为基础，收录世界200多个国家和地区的基本情况。各国（地区）概况的排序沿用往年年鉴办法，先按亚洲、非洲、欧洲、美洲、大洋洲、南极地区和北极地区顺序分别排列（某些小岛屿则视情况排至各洲），洲内再以各国（地区）名称的汉语拼音先后为序。

四、本年鉴所用资料来源不同，在编辑过程中虽尽可能订正和统一，但前后不一之处尚未能完全避免。所用译名尽量采用通用译法。

五、本年鉴在编辑、出版过程中，得到许多单位和个人的帮助和支持，谨在此表示感谢。

六、本年鉴涉及面广，编者水平有限，缺点和错误在所难免，欢迎读者和各界专家指正。对本年鉴的批评和建议请寄“世界知识出版社《世界知识年鉴》编辑部”。地址：北京市东城区干面胡同51号；邮编：100010；电话：010-85118128；传真：010-65265961。

《世界知识年鉴》创刊于1936年，本卷为第50卷。

1936、1937两卷在上海出版，以后各卷出版于北京。

1953、1954、1955、1957四卷以《世界知识手册》为名。

以后各卷为：

1958、1959、1961、1965；

1982、1983、1984、1985—1986、1987、1988、1989/90、1990/91、1991/92、1992/93、1993/94、1994/95、1995/96、1996/97、1997/98、1998/99、1999/2000、2000/2001、2001/2002、2002/2003、2003/2004、2004/2005、2005/2006、2006/2007、2007/2008、2008/2009、2009/2010、2010/2011、2011/2012、2012/2013、2013/2014、2014/2015、2015/2016、2016/2017、2017/2018、2018/2019、2019/2020、2020/2021、2021/2022、2022/2023。

目　录

各国（地区）概况

亚　洲

非 洲

欧 洲

美 洲

大 洋 洲

南极地区和北极地区

国际组织、政府间多边机制和国际会议

联 合 国

政治类

经济类

科学技术文化类

其 他

国际会议

公 约

各国（地区）概况

亚 洲

中 国

国名 中华人民共和国（The People's Republic of China）。

面积 陆地面积约960万平方公里。

人口 141175万（2022年）。其中，男性人口72206万，女性人口68969万。（资料来源：国家统计局网站。该数据未包括香港特别行政区、澳门特别行政区和台湾省以及海外华侨人数）

中国是统一的多民族国家，有56个民族。根据第七次全国人口普查数据，在全国人口中，汉族人口为1286311334人，占91.11%；各少数民族人口为125467390人，占8.89%。与2010年第六次全国人口普查相比，汉族人口增加60378693人，增长4.93%；各少数民族人口增加11675179人，增长10.26%。民族人口稳步增长，充分体现了在中国共产党领导下，中国各民族全面发展进步的面貌。55个少数民族是：蒙古、回、藏、维吾尔、苗、彝、壮、布依、朝鲜、满、侗、瑶、白、土家、哈尼、哈萨克、傣、黎、傈僳、佤、畲、高山、拉祜、水、东乡、纳西、景颇、柯尔克孜、土、达斡尔、仫佬、羌、布朗、撒拉、毛南、仡佬、锡伯、阿昌、普米、塔吉克、怒、乌孜别克、俄罗斯、鄂温克、德昂、保安、裕固、京、塔塔尔、独龙、鄂伦春、赫哲、门巴、珞巴、基诺。此外，还有一些尚待识别的民族。通用语言为汉语。

中国是个多宗教的国家。中国宗教徒信奉的宗教主要有佛教、道教、伊斯兰教、天主教和基督教等，中国公民享有宗教信仰自由。据不完全统计，中国现有信教公民近2亿人，依法登记的宗教活动场所14.4万处，宗教教职人员38万余人，宗教团体约5500个，其中全国性宗教团体7个，分别为：中国佛教协会、中国道教协会、中国伊斯兰教协会、中国天主教爱国会、中国天主教主教团、中国基督教三自爱国运动委员会、中国基督教协会。（资料来源：《中国保障宗教信仰自由的政策和实践》白皮书，2018年4月）

首都 北京。常住人口2184.3万（2022年）。（资料来源：《北京市2022年国民经济和社会发展统计公报》）

国家元首 中华人民共和国主席习近平，2013年3月当选，2018年3月、2023年3月再次当选。

重要节日 全体公民放假的节日有：新年（1月1日）、春节（农历新年）、清明节（农历清明）、五一国际劳动节（5月1日）、端午节（农历五月初五）、中秋节（农历八月十五）、国庆节（10月1日）。其他节日或纪念日有：中国人民警察节（1月10日）、妇女节（3月8日）、植树节（3月12日）、青年节（5月4日）、护士节（5月12日）、儿童节（6月1日）、中国共产党成立纪念日（7月1日）、中国人民解放军建军纪念日（8月1日）、中国医师节（8月19日）、中国人民抗日战争胜利纪念日（9月3日）、教师节（9月10日）、中国农民丰收节（节日时间为每年“秋分”）、烈士纪念日（9月30日）、记者节（11月8日）、国家宪法日（12月4日）、南京大屠杀死难者国家公祭日（12月13日）等。

简 况

位于亚洲东部，太平洋西岸，东部和南部大陆海岸线1.8万多公里，内海和边海的水域面积约470万平方公里。海域分布有大小岛屿7600多个，其中台湾岛最大，面积约3.6万平方公里。

中国在陆地上同14国接壤，与8国海上相邻或相向。中国幅员辽阔，大部处于北温带，气候复杂多样，季风气候显著，也称作大陆性季风气候。2022年，全国平均气温10.51℃，较常年偏高0.62℃，除冬季气温略偏低外，春夏秋三季气温均为历史同期最高；全国平均降水量606.1毫米，较常年偏少5%。［资料来源：《中国气候公报（2022）》］

中国是世界文明古国之一。约4000年前进入阶级社会。从公元前21世纪夏王朝建立起，历经商、周、秦、汉、三国、晋、十六国、南北朝、隋、唐、五代十国、宋、辽、西夏、金、元、明，到清朝前期为古代社会。1840年鸦片战争后逐步沦为半殖民地半封建社会。1911年，中国民主革命的先行者孙中山领导的辛亥革命终结了统治中国两千多年的君主专制制度，创建了中华民国。1921年中国共产党成立后，领导中国人民进行彻底反帝反封建反官僚资本主义的斗争，历经北伐战争、土地革命战争、抗日战争和解放战争，推翻了帝国主义、封建主义和官僚资本主义的统治，取得了新民主主义革命的伟大胜利，于1949年10月1日建立中华人民共和国。

政　治

中国共产党第二十次全国代表大会于2022年10月16日至22日在北京举行。这是在全党全国各族人民迈上全面建设社会主义现代化国家新征程、向第二个百年奋斗目标进军的关键时刻召开的一次十分重要的大会，是一次高举旗帜、凝聚力量、团结奋进的大会。大会高举中国特色社会主义伟大旗帜，坚持马克思列宁主义、毛泽东思想、邓小平理论、“三个代表”重要思想、科学发展观，全面贯彻习近平新时代中国特色社会主义思想，分析了国际国内形势，提出了党的二十大主题，回顾总结了过去五年的工作和新时代十年的伟大变革，阐述了开辟马克思主义中国化时代化新境界、中国式现代化的中国特色和本质要求等重大问题，对全面建设社会主义现代化国家、全面推进中华民族伟大复兴进行了战略谋划，对统筹推进“五位一体”总体布局、协调推进“四个全面”战略布局作出了全面部署。大会批准了习近平同志代表第十九届中央委员会所作的《高举中国特色社会主义伟大旗帜，为全面建设社会主义现代化国家而团结奋斗》的报告，批准了十九届中央纪律检查委员会的工作报告，审议通过了《中国共产党章程（修正案）》，选举产生了新一届中央委员会和中央纪律检查委员会。

2023年3月5日至13日，第十四届全国人民代表大会第一次会议在北京人民大会堂举行，近3000名全国人大代表出席大会。会议选举产生了新一届国家领导人。习近平当选为中华人民共和国主席。（资料来源：中国政府网）

【宪法】现行的《中华人民共和国宪法》是新中国第四部宪法，在1982年12月第五届全国人民代表大会第五次会议上正式通过并颁布。为了适应中国经济和社会的发展变化，全国人民代表大会分别于1988年4月、1993年3月、1999年3月、2004年3月、2018年3月对这部宪法逐步进行了修改、完善。宪法规定，中华人民共和国是工人阶级领导的、以工农联盟为基础的人民民主专政的社会主义国家。社会主义制度是国家的根本制度。中国共产党领导是中国特色社会主义最本质的特征。国家的一切权力属于人民。国家的根本任务是沿着中国特色社会主义道路，集中力量进行社会主义现代化建设。台湾是中华人民共和国的神圣领土的一部分。完成统一祖国的大业是包括台湾同胞在内的全中国人民的神圣职责。（资料来源：中国政府网）

【全国人民代表大会（National People's Congress, NPC）】最高国家权力机关，常设机关是全国人民代表大会常务委员会（NPC Standing Committee）。全国人民代表大会和全国人民代表大会常务委员会行使国家立法权。全国人民代表大会每届任期五年，全国人民代表大会会议每年举行一次。

2023年3月召开的第十四届全国人民代表大会第一次会议选举出第十四届全国人民代表大会常务委员会委员长、副委员长、秘书长、委员，共175人。赵乐际当选为第十四届全国人民代表大会常务委员会委员长。（资料来源：中国人大网）

【政府】国务院（State Council），即中央人民政府，是最高国家权力机关的执行机关，也是最高国家行政机关。国务院由总理、副总理、国务委员、各部部长、各委员会主任、中国人民银行行长、审计长、秘书长组成。实行总理负责制，总理领导国务院的工作。国务院秘书长在总理的领导下，负责处理国务院的日常工作。国务院设立办公厅，由秘书长领导。国务院每届任期同全国人民代表大会每届任期相同。本届国务院于2023年3月组成，总理：李强；副总理：丁薛祥、何立峰、张国清、刘国中；国务委员：王小洪、吴政隆、谌贻琴；秘书长：吴政隆（兼）。

国务院各部、各委员会实行部长、主任负责制。根据第十四届全国人民代表大会第一次会议关于国务院机构改革方案的决定，除国务院办公厅外，国务院设置组成部门26个。国务院各组成部门及其负责人员如下（截至2023年12月）：外交部部长王毅，国防部部长董军，国家发展和改革委员会主任郑栅洁，教育部部长怀进鹏，科学技术部部长阴和俊，工业和信息化部部长金壮龙，国家民族事务委员会主任潘岳，公安部部长王小洪（兼），国家安全部部长陈一新，民政部部长陆治原，司法部部长贺荣（女），财政部部长蓝佛安，人力资源和社会保障部部长王晓萍（女），自然资源部部长王广华，生态环境部部长黄润秋，住房和城乡建设部部长倪虹，交通运输部部长李小鹏，水利部部长李国英，农业农村部部长唐仁健，商务部部长王文涛，文化和旅游部部长孙业礼，国家卫生健康委员会主任马晓伟，退役军人事务部部长裴金佳，应急管理部部长王祥喜，中国人民银行行长潘功胜，审计署审计长侯凯。（资料来源：中国政府网）

【国家监察委员会】最高监察机关，领导地方各级监察委员会的工作，对全国人民代表大会及其常务委员会负责。国家监察委员会主任每届任期同全国人民代表大会每届任期相同。

2023年3月11日，刘金国当选为国家监察委员会

主任。（资料来源：中央纪委国家监委网站）

【人民法院】国家的审判机关。设立最高人民法院、地方各级人民法院和军事法院等专门人民法院。最高人民法院院长、首席大法官张军，2023年3月当选。

【人民检察院】国家的法律监督机关。设立最高人民检察院、地方各级人民检察院和军事检察院等专门人民检察院。最高人民检察院检察长、首席大检察官应勇，2023年3月当选。

【行政区划】全国划分为23个省、5个自治区、4个直辖市和2个特别行政区。

【中国人民政治协商会议（Chinese People's Political Consultative Conference，CPPCC）】中国人民爱国统一战线的组织，是中国共产党领导的多党合作和政治协商的重要机构，是中国政治生活中发扬社会主义民主、实践全过程人民民主的重要形式，是社会主义协商民主的重要渠道和专门协商机构，是国家治理体系的重要组成部分，是具有中国特色的制度安排。团结和民主是中国人民政治协商会议的两大主题。

中国人民政治协商会议设全国委员会（简称“政协全国委员会”或“全国政协”）和地方委员会。全国政协由中国共产党、各民主党派、无党派人士、人民团体、各少数民族和各界的代表，香港特别行政区同胞、澳门特别行政区同胞、台湾同胞和归国侨胞的代表以及特别邀请的人士组成，设若干界别。

2023年3月4日至11日，中国人民政治协商会议第十四届全国委员会第一次会议在北京人民大会堂举行，2000多名全国政协委员参会。会议选举出政协第十四届全国委员会主席、副主席、秘书长和常务委员。王沪宁当选为政协第十四届全国委员会主席。（资料来源：中国政协网）

【政党和团体】中国共产党领导的多党合作和政治协商制度是中国的一项基本政治制度。这一制度既植根中国土壤、彰显中国智慧，又积极借鉴和吸收人类政治文明优秀成果，是中国新型政党制度。《中华人民共和国宪法》规定：“中国共产党领导的多党合作和政治协商制度将长期存在和发展。”

中国新型政党制度中包括中国共产党和八个民主党派，以及无党派人士。八个民主党派是中国国民党革命委员会、中国民主同盟、中国民主建国会、中国民主促进会、中国农工民主党、中国致公党、九三学社、台湾民主自治同盟。中国共产党同各民主党派长期共存、互相监督、肝胆相照、荣辱与共，形成了“共产党领导、多党派合作，共产党执政、多党派参政”的政治格局。无党派人士是指，没有参加任何政党、有参政议政愿望和能力、对社会有积极贡献和一定影响的人士，其主体是知识分子。无党派人士是中国政治生活中的重要力量。

中国新型政党制度创造了一种新的政党政治模式，在中国的政治和社会生活中显示出独特优势和强大生命力，在推进国家治理体系和治理能力现代化中发挥了不可替代的作用，也为人类政治文明发展作出了重大贡献。（资料来源：《中国新型政党制度》白皮书）

中国共产党（Communist Party of China，CPC）：于1921年7月底成立（以7月1日为成立纪念日），是中国工人阶级的先锋队，同时是中国人民和中华民族的先锋队，是中国特色社会主义事业的领导核心，代表中国先进生产力的发展要求，代表中国先进文化的前进方向，代表中国最广大人民的根本利益。党的行动指南是马克思列宁主义、毛泽东思想、邓小平理论、“三个代表”重要思想、科学发展观、习近平新时代中国特色社会主义思想。党的最高理想和最终目标是实现共产主义。

2022年10月23日，中国共产党第二十届中央委员会第一次全体会议在北京举行。全会选举了中央政治局委员、中央政治局常务委员会委员、中央委员会总书记；根据中央政治局常务委员会的提名，通过了中央书记处成员，决定了中央军事委员会组成人员；批准了第二十届中央纪律检查委员会第一次全体会议选举产生的书记、副书记和常务委员会委员人选。习近平当选中央委员会总书记。

中央组织部最新党内统计数据显示，截至2022年底，中国共产党党员总数为9804.1万名，比上年净增132.9万名。党的基层组织506.5万个，比上年净增12.9万个。

中国国民党革命委员会（Revolutionary Committee of the Chinese Kuomintang，RCCK）：简称“民革”。1948年1月1日在香港成立，由原中国国民党民主派及其他爱国民主人士所创建。民革是具有政治联盟性质的、致力于建设中国特色社会主义和祖国统一事业的政党，是中国共产党领导的多党合作和政治协商制度中的中国特色社会主义参政党。截至2022年6月，民革在全国30个省、自治区、直辖市建立了组织，有党员15.8万余名。现任主席郑建邦，2022年12月当选。

中国民主同盟（China Democratic League，CDL）：简称“民盟”。1941年3月在重庆成立，原名“中国民主政团同盟”，1944年9月改为现名。民盟是主要由文化教育以及相关的科学技术领域高、中级知识分子组成的，具有政治联盟特点的，接受中国共产党领导、同中国共产党通力合作，进步性与广泛性相统一的中国特色社会主义参政党。截至2022年12月，民盟共有盟员34.83万名。其中，高教界占23.26%，基础教育界占27.74%，文化艺术新闻出版界占6.64%，其他重点分工领域占4.76%。省级组织30个，市、县级组织412个。现任主席丁仲礼，2017年12月当选，2022年12月再次当选。

中国民主建国会（China National Democratic Construction Association，CNDCA）：简称“民建”。1945年12月在重庆成立。民建是主要由经济界人士

以及相关专家学者组成的、具有政治联盟特点的政党，是接受中国共产党领导、同中国共产党通力合作的中国特色社会主义参政党。民建在全国30个省、自治区、直辖市和大中城市都建立了组织。截至2023年6月，民建共有会员228318名。其中，经济界会员占77.2%，企业界会员占64.2%，民营经济人士占22.4%。现任主席郝明金，2017年12月当选，2022年12月再次当选。

中国民主促进会（China Association for Promoting Democracy，CAPD）：简称“民进”。1945年12月在上海成立，是以从事教育文化出版传媒以及相关科学技术领域工作的高、中级知识分子为主，具有政治联盟性质的政党，是接受中国共产党领导、同中国共产党通力合作的中国特色社会主义参政党。截至2022年12月，民进共有29个省级组织、274个市级组织、54个县级组织、9248个基层组织，19.4万余名会员。现任主席蔡达峰，2017年12月当选，2022年12月再次当选。

中国农工民主党（Chinese Peasants and Workers Democratic Party，CPWDP）：简称“农工党”。1930年8月在上海创立，当时称“中国国民党临时行动委员会”，1947年2月改为现名。农工党是以医药卫生、人口资源和生态环境以及相关的科学技术、教育领域高、中级知识分子为主，具有政治联盟特点的中国特色社会主义参政党，是接受中国共产党领导、同中国共产党通力合作的亲密友党。截至2023年6月，农工党在全国30个省、自治区、直辖市建立了组织，有党员19.2万余名。现任主席何维，2022年12月当选。

中国致公党（China Zhi Gong Party，CZGP）：简称“致公党”。1925年10月在美国旧金山成立。致公党是以归侨、侨眷中的中上层人士和其他有海外关系的代表性人士为主组成的、具有政治联盟特点的政党，是中国共产党领导的多党合作和政治协商制度中的中国特色社会主义参政党。截至2022年11月，致公党在全国21个省、自治区、直辖市建立了组织，共有党员6.9万名。现任主席蒋作君，2022年12月当选。

九三学社（Jiusan Society）：1944年底，一批学者在重庆发起民主科学座谈会。1945年9月3日，为纪念抗日战争和世界反法西斯战争的伟大胜利，民主科学座谈会更名为九三座谈会。1946年5月4日，改称“九三学社”。九三学社是以科学技术界高、中级知识分子为主要成员的具有政治联盟特点的政党，是接受中国共产党领导、同中国共产党通力合作的亲密友党，是中国特色社会主义参政党。截至2023年6月，九三学社共有30个省级组织、282个设区市市级组织、29个县级组织、7874个基层组织，211738名社员。现任主席武维华，2017年12月当选，2022年12月再次当选。

台湾民主自治同盟（Taiwan Democratic Self-Government League）：简称“台盟”。1947年11月在香港成立。台盟是由台湾省人士组成的社会主义劳动者、社会主义事业建设者和拥护社会主义爱国者的政治联盟，是接受中国共产党领导、同中国共产党通力合作的亲密友党，是中国共产党领导的多党合作和政治协商制度中的中国特色社会主义参政党。截至2022年6月，台盟在全国19个省、自治区、直辖市建立了组织，有盟员3400余名。现任主席苏辉（女），2017年12月当选，2022年12月再次当选。（资料来源：中央统战部网站、各民主党派官方网站）

此外，社会团体是当代中国政治生活的重要组成部分。截至2022年底，全国共有社会组织89.1万个，比上年减少1.2%；吸纳社会各类人员就业1108.3万人，比上年增长0.8%。（资料来源：《2022年民政事业发展统计公报》）

其中，政治地位特殊、社会影响广泛的全国性的社会团体有：

中华全国总工会（All-China Federation of Trade Unions，ACFTU）：简称“全总”。1925年5月成立。中国工会是中国共产党领导的职工自愿结合的工人阶级群众组织，是党联系职工群众的桥梁和纽带，是国家政权的重要社会支柱，是会员和职工利益的代表。全总是中国各地方总工会和各产业工会全国组织的领导机关。截至2022年7月底，全国共有280多万个基层工会组织，近3亿名会员。现任主席王东明，2018年3月当选，2023年10月再次当选。

中国共产主义青年团（The Communist Youth League of China，CYLC）：简称“共青团”。1922年5月在广州成立，是中国共产党领导的先进青年的群团组织，是广大青年在实践中学习中国特色社会主义和共产主义的学校，是中国共产党的助手和后备军。2023年6月19日至22日，中国共产主义青年团第十九次全国代表大会在北京召开，会议表决通过了关于《中国共产主义青年团章程（修正案）》的决议，选举产生了新一届团中央委员会。现任团中央书记处第一书记阿东。截至2022年12月，全国共有共青团员7358.3万名，共青团组织409.3万个。其中，团的地方委员会0.3万个，基层团（工）委18.9万个，团（总）支部390.1万个。学校团组织186.8万个，团员4016.3万名；企业团组织81.4万个，团员657.9万名；机关事业单位团组织35.0万个，团员445.1万名；城市街道、乡镇、社区（居委会）、行政村团组织88.9万个，团员2012.2万名；社会组织和其他领域团组织17.2万个，团员226.8万名。

中华全国妇女联合会（All-China Women's Federation，ACWF）：简称“全国妇联”。1949年4月成立，是全国各族各界妇女为争取进一步解放与发展而联合起来的群团组织，是中国共产党领导下的人民团体，是党和政府联系妇女群众的桥梁和纽带，是国家政权的重要社会支柱。全国妇联在新时代担负着团结引导各族各界妇女听党话、跟党走的政治责任，以围绕中心、服务大局为工作主线，以联系和服务妇女为根本任务，以代表和维护妇女权益、促进男女平等和妇女全面发展为基本职能。全国妇联实行全国组织、地方组织、基层组织和团体会员相结合的组织制度。现任主席谌贻琴（女），2023年10月当选。

中国残疾人联合会（China Disabled Persons' Federation，CDPF）：简称“中国残联”。1988年3月成立，是国家法律确认、国务院批准的由残疾人及其亲友和残疾人工作者组成的人民团体，是全国各类残疾人的统一组织。2023年9月18日至20日，中国残疾人联合会第八次全国代表大会在北京召开，杨晓渡当选中国残联第八届名誉主席，程凯当选中国残联第八届主席团主席。

经　济

2022年是党和国家历史上极为重要的一年。党的二十大胜利召开，擘画了全面建设社会主义现代化国家、以中国式现代化全面推进中华民族伟大复兴的宏伟蓝图。面对风高浪急的国际环境和艰巨繁重的国内改革发展稳定任务，在以习近平同志为核心的党中央坚强领导下，各地区各部门坚持以习近平新时代中国特色社会主义思想为指导，按照党中央、国务院决策部署，统筹国内国际两个大局，统筹疫情防控和经济社会发展，统筹发展和安全，坚持稳中求进工作总基调，完整、准确、全面贯彻新发展理念，加快构建新发展格局，着力推动高质量发展，加大宏观调控力度，应对超预期因素冲击，经济保持增长，发展质量稳步提升，创新驱动深入推进，改革开放蹄疾步稳，就业物价总体平稳，粮食安全、能源安全和人民生活得到有效保障，经济社会大局保持稳定，全面建设社会主义现代化国家新征程迈出坚实步伐。

2022年，全年国内生产总值1210207亿元，比上年增长3.0%。其中，第一产业增加值88345亿元，比上年增长4.1%；第二产业增加值483164亿元，比上年增长3.8%；第三产业增加值638698亿元，比上年增长2.3%。第一产业增加值占国内生产总值的比重为7.3%，第二产业增加值占国内生产总值的比重为39.9%，第三产业增加值占国内生产总值的比重为52.8%。全年最终消费支出拉动国内生产总值增长1.0个百分点，资本形成总额拉动国内生产总值增长1.5个百分点，货物和服务净出口拉动国内生产总值增长0.5个百分点。全年人均国内生产总值85698元，比上年增长3.0%。国民总收入1197215亿元，比上年增长2.8%。全员劳动生产率为152977元/人，比上年提高4.2%。全年居民消费价格比上年上涨2.0%。工业生产者出厂价格上涨4.1%，购进价格上涨6.1%。农产品生产者价格上涨0.4%。

2022年末，国家外汇储备31277亿美元，比上年末减少1225亿美元。全年人民币平均汇率为1美元兑6.7261元人民币，比上年贬值4.1%。（资料来源：《中华人民共和国2022年国民经济和社会发展统计公报》，该公报中的数据均为初步统计数，各项统计数据均未包括香港特别行政区、澳门特别行政区和台湾省。部分数据因四舍五入，存在总计与分项合计不等的情况。）

【**资源**】截至2022年底，全国已发现173种矿产。其中，能源矿产13种，金属矿产59种，非金属矿产95种，水气矿产6种。2022年，中国主要能源矿产储量为：煤炭2070.12亿吨、石油38.06亿吨、天然气65690.12亿立方米、煤层气3659.69亿立方米、页岩气5605.59亿立方米。（资料来源：《中国矿产资源报告2023》，该公报中数据均为初步统计数。）

2022年，全国水资源总量为27088.1亿立方米，比多年平均值偏少1.9%。其中，地表水资源量为25984.4亿立方米，地下水资源量为7924.4亿立方米，地下水与地表水资源不重复量为1103.7亿立方米。（资料来源：《2022年中国水资源公报》）

第九次全国森林资源清查期间（2014—2018年），全国森林面积22044.62万公顷，森林覆盖率22.96%，森林蓄积175.60亿立方米。全国天然林面积14041.52万公顷，天然林蓄积136.71亿立方米；人工林面积8003.10万公顷，人工林蓄积33.88亿立方米。[资料来源：《中国森林资源报告（2014—2018）》]

2022年，全年完成造林面积383万公顷。其中，人工造林面积120万公顷，占全部造林面积的31.4%。种草改良面积321万公顷。截至2022年末，国家公园共有5个。新增水土流失治理面积6.3万平方公里。（资料来源：《中华人民共和国2022年国民经济和社会发展统计公报》）

【**工业**】2022年，全年全部工业增加值401644亿元，比上年增长3.4%。

年末全国发电装机容量256405万千瓦，比上年末增长7.8%。

全年规模以上工业企业利润84039亿元，比上年下降4.0%。

全年建筑业增加值83383亿元，比上年增长5.5%。（资料来源：《中华人民共和国2022年国民经济和社会发展统计公报》）

【**农业**】2022年，全年粮食种植面积11833万公顷，比上年增加70万公顷。

全年粮食产量68653万吨，比上年增加368万吨，增产0.5%。

全年棉花产量598万吨，比上年增产4.3%。

全年猪牛羊禽肉产量9227万吨，比上年增长3.8%。

全年水产品产量6869万吨，比上年增长2.7%。

全年木材产量10693万立方米，比上年下降7.7%。

全年新增耕地灌溉面积78万公顷，新增高效节水灌溉面积161万公顷。（资料来源：《中华人民共和国

2022年国民经济和社会发展统计公报》）

【服务业】2022年，全年批发和零售业增加值114518亿元，比上年增长0.9%；交通运输、仓储和邮政业增加值49674亿元，下降0.8%；住宿和餐饮业增加值17855亿元，下降2.3%；金融业增加值96811亿元，增长5.6%；房地产业增加值73821亿元，下降5.1%；信息传输、软件和信息技术服务业增加值47934亿元，增长9.1%；租赁和商务服务业增加值39153亿元，增长3.4%。全年规模以上服务业企业营业收入比上年增长2.7%，利润总额增长8.5%。（资料来源：《中华人民共和国2022年国民经济和社会发展统计公报》）

【旅游业】2022年末，全国共有旅行社32603家。2022年，全年全国旅行社营业收入1601.56亿元，营业利润亏损68.87亿元。

2022年末，全国共有星级饭店8365家。全国共有A级景区14917个，直接从业人员147万人，全年接待总人数26.3亿人次，实现旅游收入1818.5亿元。

2022年，国内旅游总人次25.30亿，国内旅游收入（旅游总消费）2.04万亿元。（资料来源：《中华人民共和国文化和旅游部2022年文化和旅游发展统计公报》）

【交通运输】2022年，中国综合立体交通网持续完善，运输装备不断迭代升级，交通物流保通保畅成效显著，出行结构呈现持续优化态势，交通投资保持高位运行。

铁路：2022年末，全国铁路营业里程15.5万公里，其中高铁营业里程4.2万公里。投产新线4100公里，其中高铁2082公里。

公路：2022年末，全国公路里程535.48万公里。

水路：2022年末，全国内河航道通航里程12.8万公里。全国港口生产用码头泊位21323个。全国港口万吨级及以上泊位2751个。

空运：2022年末，颁证民用航空运输机场254个，其中定期航班通航机场253个。定期航班通航城市（或地区）249个。

2022年，全年货物运输总量515亿吨，全年港口完成货物吞吐量157亿吨，全年旅客运输总量56亿人次。（资料来源：《2022年交通运输行业发展统计公报》《中华人民共和国2022年国民经济和社会发展统计公报》）

【电信业】2022年，全年完成电信业务总量17498亿元，移动电话普及率为119.2部/百人，互联网普及率为75.6%。（资料来源：《中华人民共和国2022年国民经济和社会发展统计公报》）

【财政金融】2022年，全年全国一般公共预算收入203703亿元，比上年增长0.6%。其中，税收收入166614亿元，下降3.5%。全国一般公共预算支出260609亿元，比上年增长6.1%。

全年社会融资规模增量32.0万亿元，按可比口径计算，比上年多0.7万亿元。年末社会融资规模存量344.2万亿元，按可比口径计算，比上年末增长9.6%。（资料来源：《中华人民共和国2022年国民经济和社会发展统计公报》）

【对外贸易】2022年，全年货物进出口总额为420678亿元，比上年增长7.7%。其中，出口额为239654亿元，增长10.5%；进口额为181024亿元，增长4.3%。货物进出口顺差58630亿元，比上年增加15330亿元。对共建“一带一路”国家进出口总额为138339亿元，比上年增长19.4%。其中，出口额为78877亿元，增长20.0%；进口额为59461亿元，增长18.7%。对《区域全面经济伙伴关系协定》其他成员国进出口额为129499亿元，比上年增长7.5%。

2022年对主要国家和地区货物进出口金额、增长速度及其比重：

国家和地区	出口额（亿元）	比上年增长（%）	占全部出口比重（%）	进口额（亿元）	比上年增长（%）	占全部进口比重（%）
东盟	37907	21.7	15.8	27247	6.8	15.1
欧盟	37434	11.9	15.6	19034	–4.9	10.5
美国	38706	4.2	16.2	11834	1.9	6.5
韩国	10843	13.0	4.5	13278	–3.7	7.3
日本	11537	7.7	4.8	12295	–7.5	6.8
中国台湾	5423	7.2	2.3	15840	–1.8	8.8
中国香港	19883	–12.0	8.3	527	–16.0	0.3
俄罗斯	5123	17.5	2.1	7638	48.6	4.2
巴西	4128	19.3	1.7	7294	2.6	4.0
印度	7896	25.5	3.3	1160	–36.2	0.6
南非	1615	18.6	0.7	2173	2.0	1.2

2022年，全年服务进出口总额为59802亿元，比上年增长12.9%。其中，服务出口额为28522亿元，增长12.1%；服务进口额为31279亿元，增长13.5%。服务进出口逆差2757亿元。（资料来源：《中华人民共和国2022年国民经济和社会发展统计公报》。部分数据因四舍五入，存在总计与分项合计不等的情况。）

【对外投资】2022年，全年对外非金融类直接投资额7859亿元，比上年增长7.2%。其中，对共建“一带一路”国家非金融类直接投资额1410亿元，增长7.7%。

2022年，全年对外承包工程完成营业额10425亿元，比上年增长4.3%。其中，对共建“一带一路”国家完成营业额849亿美元，下降5.3%，占对外承包工程完成营业额的比重为54.8%。对外劳务合作派出各类劳务人员26万人。（资料来源：《中华人民共和国2022年国民经济和社会发展统计公报》）

【外国资本】2022年，全年外商直接投资新设立企业38497家，比上年下降19.2%。实际使用外商直接投资金额12327亿元，增长6.3%。其中，共建“一带一路”国家对华直接投资（含通过部分自由港对华投资）

新设立企业4519家，下降15.3%；对华直接投资金额891亿元，增长17.2%。全年高技术产业实际使用外资4449亿元，增长28.3%。（资料来源：《中华人民共和国2022年国民经济和社会发展统计公报》）

人民生活

2022年末，全国就业人员73351万人。其中，城镇就业人员45931万人，占全国就业人员的比重为62.6%。2022年，全年城镇新增就业1206万人，比上年少增63万人；全年全国城镇调查失业率平均值为5.6%。（资料来源：《中华人民共和国2022年国民经济和社会发展统计公报》）

2022年，全年全国居民人均可支配收入36883元，比上年增长5.0%，扣除价格因素，实际增长2.9%。全国居民人均可支配收入中位数31370元，增长4.7%。

2022年，全年全国居民人均消费支出24538元，比上年增长1.8%，扣除价格因素，实际下降0.2%。其中，人均服务性消费支出10590元，比上年下降0.5%，占居民人均消费支出的比重为43.2%。

2022年末，全国参加城镇职工基本养老保险人数50349万人，比上年末增加2275万人；参加城乡居民基本养老保险人数54952万人，比上年末增加155万人。参加基本医疗保险人数134570万人。其中，参加职工基本医疗保险人数36242万人，参加城乡居民基本医疗保险人数98328万人。参加失业保险人数23807万人，比上年增加849万人。2022年末，全国领取失业保险金人数297万人。参加工伤保险人数29111万人，比上年增加825万人。其中，参加工伤保险的农民工9127万人，比上年增加41万人。参加生育保险人数24608万人，比上年增加856万人。2022年末，全国共有683万人享受城市最低生活保障，3349万人享受农村最低生活保障，435万人享受农村特困人员救助供养，全年临时救助1083万人次。2022年，全年领取国家定期抚恤金、定期生活补助金的退役军人和其他优抚对象827万人。

2022年末，全国共有各类提供住宿的民政服务机构4.3万个。其中，养老机构4.0万个，儿童福利和救助保护机构899个。民政服务床位849.1万张。其中，养老服务床位822.3万张，儿童福利和救助保护机构床位10.0万张。2022年末，全国共有社区服务中心2.9万个，社区服务站50.9万个。

2022年末，全国共有医疗卫生机构103.3万个。其中，医院3.7万个，包括公立医院1.2万个、民营医院2.5万个；基层医疗卫生机构98.0万个，包括乡镇卫生院3.4万个、社区卫生服务中心（站）3.6万个、门诊部（所）32.1万个、村卫生室58.8万个；专业公共卫生机构1.3万个，包括疾病预防控制中心3385个、卫生监督所（中心）2796个。2022年末，全国共有卫生技术人员1155万人。其中，执业医师和执业助理医师440万人，注册护士520万人。全国共有医疗卫生机构床位975万张。其中，医院766万张，乡镇卫生院145万张。全年总诊疗人次84.0亿人次，出院人数2.5亿人。（资料来源：《中华人民共和国2022年国民经济和社会发展统计公报》）

军　事

中华人民共和国武装力量由中国人民解放军现役部队和预备役部队、中国人民武装警察部队、民兵组成。中国的武装力量属于人民，受中国共产党领导。中华人民共和国中央军事委员会（简称“中央军委”）领导全国武装力量。中央军委由主席，副主席若干人，委员若干人组成，实行主席负责制。中央军委每届任期同全国人民代表大会每届任期相同。中央军委主席对全国人大及其常务委员会负责。2022年10月，中国共产党第二十届中央委员会第一次全体会议选举习近平为中共中央军事委员会主席，张又侠、何卫东为副主席。2023年3月，第十四届全国人民代表大会第一次会议选举习近平为中华人民共和国中央军事委员会主席，张又侠、何卫东为副主席。

中国人民解放军由现役部队和预备役部队组成，包括陆军、海军、空军、火箭军、战略支援部队和联勤保障部队等军兵种部队，在全国范围内设立东、南、西、北、中五个战区。现役部队是国家的常备军。

2022年，全军各级坚决贯彻党中央和中央军委决策部署，聚焦备战打仗，持续加强军事训练条件建设“十四五”规划任务攻坚，全面推进军事训练转型升级。一是战训耦合格局加快形成。作战和训练一体化运行机制更趋完善，军事斗争一线练兵形成常态，备战慑战水平不断提升，随时应对现实安全威胁能力有效增强。二是体系练兵模式不断深化。战略训练的政治性、实用性、灵活性、层次性有效提升，战区联合训练依案验案路子持续走开，军兵种部队训练支撑联合融入体系的练兵模式更加成熟完善，全军部队基于网络信息体系的联合作战能力、全域作战能力进一步提升。三是科技练兵质效更加明显。新理念新技术新手段广泛运用，基地化模拟化网络化训练形成常态，军事训练科技含量不断提高，以科技之变主动应对战争之变对手之变的练兵方法更加丰富。四是训练条件建设持续改进。大力推进“十四五”规划工程项目建设，体系推进训练基地场地和模拟蓝军建设，训练保障整体布局更加优化，为实战化练兵提供有效支撑。

2022年，中国军队国际军事合作工作以习近平新时代中国特色社会主义思想为指导，深入贯彻习近平强军思想，深入贯彻习近平外交思想，深刻领悟“两个确立”的决定性意义，贯彻军委主席负责制，紧紧围绕党在新时代的强军目标，聚焦备战打仗，勇于开拓创新，为捍卫国家主权、安全、发展利益，为维护世界和平稳定、服务构建人类命运共同体作出积极贡献。一是服务政治外交大局。2022年以来，在习近平主席元首外交战略引领下，中央军委领导与俄罗斯、美国、柬埔寨、巴基斯坦、沙特等国防务部门和军队领导举行会见会谈或视频通话，推动元首外交成果在国际军事合作领域落地见效；举办建军95周年招待会、第二届中非和平安全论坛部长会议、第五届中拉高级防务论坛等；在上述活动中，积极宣介党的二十大精神，习近平主席提出的全球安全倡议、人类命运共同体等重大理念，增进了外方对中方政策立场的理解认同。二是捍卫国家主权、尊严和核心利益。针对美国等个别国家在台湾、南海等涉及中国核心利益和重大关切问题上的挑衅言行，在坚决开展军事行动捍卫国家主权、安全的同时，提出严正交涉、实施反制惩戒，及时发声批驳、阐明态度立场。三是聚焦备战打仗主责主业。积极组织、参加"东方–2022"、中俄联合空中战略巡航、"海上联合–2022"、"鹰击–2022"、"国际军事比赛–2022"等中外联演联训联赛联巡，深化了与有关国家军队的互信合作，为提升实战化训练水平发挥了积极作用。四是有效维护战略全局稳定。忠实践行全球安全倡议，持续深化中俄两军务实交流合作，保持两军战略协作高位运行；保持中美两军关系总体稳定，促美相向而行落实元首共识、畅通沟通渠道、妥处矛盾分歧、加强危机管控；保持中欧防务部门和军队战略沟通；不断深化与周边国家各领域务实合作，为推动构建周边命运共同体发挥积极作用；加强同非洲、拉美、南太等广大发展中国家防务安全合作；积极开展国际军控履约合作，坚决维护国家战略利益，维护全球战略稳定。五是深度参与全球安全治理。积极参加上海合作组织防长会、东盟防长扩大会、中国—东盟防长非正式会晤等机制性会议，派军队高级代表团出席香格里拉对话会，参加莫斯科国际安全会议等多边对话与合作机制，举办首届"共同愿景"维和国际论坛、北京香山论坛专家视频会等，不断增强中国军队国际话语权和影响力。六是服务构建人类命运共同体。海军"和平方舟"号医院船赴印度尼西亚执行"和谐使命–2022"任务，为当地民众提供医疗服务；空军运–20飞机先后赴汤加、阿富汗、巴基斯坦等国执行人道主义救援任务；中国军队积极参加维和、护航等行动，向国际社会持续提供公共安全产品。

2023年，全国一般公共预算安排国防支出1.58万亿元，比上年执行数增长7.2%。其中，中央本级支出1.55万亿元，比上年执行数增长7.2%。（资料来源：中国国防部网站、中国军网）

文化教育

2022年末，全国文化和旅游系统共有艺术表演团体2023个。2022年，全国共有公共图书馆3303个，总流通72375万人次；文化馆3503个。

【教育】2022年，全年研究生教育招生124.2万人，在学研究生365.4万人，毕业生86.2万人。普通、职业本专科招生1014.5万人，在校生3659.4万人，毕业生967.3万人。中等职业教育招生650.7万人，在校生1784.7万人，毕业生519.2万人。普通高中招生947.5万人，在校生2713.9万人，毕业生824.1万人。初中招生1731.4万人，在校生5120.6万人，毕业生1623.9万人。普通小学招生1701.4万人，在校生10732.0万人，毕业生1740.6万人。特殊教育招生14.6万人，在校生91.9万人，毕业生15.9万人。学前教育在园幼儿4627.5万人。九年义务教育巩固率为95.5%，高中阶段毛入学率为91.6%。（资料来源：《中华人民共和国2022年国民经济和社会发展统计公报》）

【新闻出版】有线电视实际用户1.99亿户，其中有线数字电视实际用户1.90亿户。出版各类报纸266亿份，各类期刊20亿册，图书114亿册（张），人均图书拥有量8.09册（张）。2022年末，全国共有档案馆4136个，已开放各类档案20886万卷（件）。全年全国规模以上文化及相关产业企业营业收入121805亿元，按可比口径计算，比上年增长0.9%。（资料来源：《中华人民共和国2022年国民经济和社会发展统计公报》）

《人民日报》：中共中央机关报。前身为中共中央华北局机关报，1948年6月在河北平山创刊，由《晋察冀日报》和晋冀鲁豫《人民日报》合并而成，同时担负中共中央机关报职能。1949年3月迁至北平（今北京）出版。同年8月1日起改为中共中央机关报。向国内外发行。1985年7月海外版创刊，2009年8月藏文版创刊。办有《环球时报》《新闻战线》等20多种报刊，以及人民网、人民日报客户端等数字媒体。

新华通讯社：简称"新华社"。中国国家通讯社和世界性通讯社。前身为红色中华通讯社，1931年11月在江西瑞金创建，1937年1月改用今名。中华人民共和国成立后，改建国家通讯社。总社设在北京，在各省、自治区、直辖市设有31个分社和10个支社、记者站，在台湾地区派有记者，在解放军各战区、各军种、军委机关有关部门和武警部队设有派驻记者，在境外设有包括7个总分社在内的182个分社。每天24小时使用15种语言向全世界8000多家新闻机构用户提供文字、图片、图表、音频、视频等全媒体产品。办有《新华每日电讯》《参考消息》《瞭望》《半月谈》等20多种报刊，以及新华网、新华社客户端等数字媒体。

中央广播电视总台：中国国家广播电视机构。2018年由原中央电视台（中国国际电视台）、中央人民广播电台、中国国际广播电台合并组成，是世界上规模最大的综合性传媒集团之一。对内保留原呼号，对外统一呼号为"中国之声"。下辖51个电视频道，包括31个公共频道和20个付费频道，其中9个为国际频道；开办23个国内广播频率；使用68种语言开展对外传播；总台本部运营央视新闻、央视频、CGTN、云听等25个新媒体客户端和央视网、央广网、国际在线等网站。

对外关系

中国奉行独立自主的和平外交政策，坚持走和平发展道路，推动建设新型国际关系，推动构建人类命运共同体，推动共建“一带一路”高质量发展，以中国的新发展为世界提供新机遇。中国积极参与全球治理体系改革和建设，维护以联合国为核心的国际体系、以国际法为基础的国际秩序、以《联合国宪章》宗旨和原则为基础的国际关系基本准则，维护和践行真正的多边主义，坚决反对单边主义、保护主义、霸权主义、强权政治，积极推动经济全球化朝着更加开放、包容、普惠、平衡、共赢的方向发展。中国始终做世界和平的建设者、全球发展的贡献者、国际秩序的维护者、公共产品的提供者。

2022年，在以习近平同志为核心的党中央坚强领导下，中国外交以坚定昂扬的奋进姿态，在变局乱局中砥柱中流，在大风大浪中开拓前行，采取一系列战略性举措，取得一系列标志性成果，为服务民族复兴、促进人类进步作出新的贡献。

截至2022年底，中国已同181个国家建立外交关系；已与152个国家缔结涵盖不同种类护照的互免签证协定并生效，给予香港特别行政区护照持有人免办签证或落地签待遇的国家和地区达168个，给予澳门特别行政区护照持有人免办签证或落地签待遇的国家和地区达144个。

【同其他亚洲地区国家的关系】2022年，中国坚持亲诚惠容和与邻为善、以邻为伴周边外交方针，深化同亚洲国家友好互信和利益融合，积极推动构建更为紧密的亚洲命运共同体。

元首外交积极引领，高层交往亮点纷呈。国家主席习近平同周边12国领导人18次会谈会见、6次通话，赴印尼出席二十国集团领导人第十七次峰会，赴泰国出席亚太经合组织第二十九次领导人非正式会议并访问泰国，以录制视频方式出席博鳌亚洲论坛2022年年会开幕式并发表主旨演讲，向第三次阿富汗邻国外长会发表书面致辞。国务院总理李克强同周边8国领导人11次会谈会见、5次通话，出席东亚合作领导人系列会议并访问柬埔寨。中国成功接待新加坡、巴基斯坦、蒙古国、柬埔寨、韩国、泰国等周边国家政要来华出席北京冬奥会开幕式，接待印尼总统访华。中国共产党第二十次全国代表大会后接待越南、巴基斯坦、老挝、蒙古国领导人访华。

互利合作提质增速，“一带一路”建设成果显著。稳步推进“一带一路”重点项目，中老铁路客货运规模远超预期，印尼雅万高铁试验运行圆满成功，中新（加坡）陆海新通道持续拓展增长潜力，中泰铁路、中老泰铁路、马来西亚东海岸铁路建设稳步推进。中马（来西亚）、中印尼“两国双园”合作持续推进。中缅经济走廊、中巴经济走廊续有进展。继续用好人员往来“快捷通道”和货物运输“绿色通道”，有序恢复周边国家同中国直航航班，畅通中国同越南、缅甸、老挝三国边贸口岸，确保地区产供链、物流链稳定运行。同周边国家积极开展疫苗合作，推动疫苗全产业链合作和药物研发，帮助东盟国家加强基层公共卫生体系建设和人才培养。

区域合作再上台阶，一体化进程深入发展。加快落实中国—东盟建立对话关系30周年纪念峰会成果，推进共建“五大家园”，通过《中国—东盟全面战略伙伴关系行动计划（2022—2025）》，就共同的可持续发展、粮食安全合作和《南海各方行为宣言》签署20周年发表联合声明。宣布中国—东盟自贸区3.0版谈判正式启动，推动《区域全面经济伙伴关系协定》如期生效实施。积极推动澜沧江—湄公河次区域合作，提出六大合作方向，打出六项惠湄举措，制定《澜湄合作五年行动计划（2023—2027）》。

稳妥管控热点难点，维护地区和平稳定。坚持维护朝鲜半岛和平稳定，坚持实现半岛无核化、构建半岛和平机制，坚持通过对话协商解决问题，推动各方按照“双轨并进”思路和分阶段、同步走原则，均衡解决彼此关切，持续推进半岛问题政治解决进程。同印度保持外交、军事沟通，推动边界西段多个点位脱离接触，边境局势总体降温缓和。成功主办第三次阿富汗邻国外长会系列会议，推动发表《阿富汗邻国关于支持阿富汗经济重建及务实合作的屯溪倡议》，凝聚地区国家稳阿助阿共识与合力，以实际行动助阿和平重建，为政治解决阿富汗问题发挥建设性作用。支持缅甸保持稳定，推进复苏发展，引导缅甸和东盟开展良性互动，有力维护中缅边境态势总体平稳。

强化理念相通，巩固人文交流纽带。积极向周边国家介绍党的二十大精神。中国同印尼、泰国、蒙古国达成构建命运共同体共识。全球发展倡议和全球安全倡议在周边进一步落地走实。以中日邦交正常化50周年、中韩建交30周年等为契机，同日韩两国开展丰富多彩的人文交流活动。进一步挖掘中国—东盟博览会、中国—东盟教育交流周、中国—东盟中心等平台潜力，助力民心相通。根据疫情形势变化，优化防控举措，调增国际航班，便利商务人员往来，有序推进周边国家留学生返华复课。中国在巴基斯坦和孟加拉国洪灾、阿富汗地震等灾害之后及时伸出援手，彰显同亚洲国家守望相助的友好感情。

【同西亚北非地区国家的关系】2022年，中国与西亚北非地区国家关系进入新阶段，双方政治互信不断增强，务实合作全面发展，人文交流持续恢复。

国家主席习近平出席首届中国—阿拉伯国家峰会、中国—海湾阿拉伯国家合作委员会峰会并对沙特进行国事访问，同与会阿拉伯国家领导人举行双边会见。这是新中国成立以来面向阿拉伯世界规模最大、规格最高的外交行动，对推动构建人类命运共同体、推进中国特色中东外交具有重要意义。年内，习近平主席在北京会见来华出席冬奥会开幕式的埃及总统塞西、阿联酋总统穆罕默德、卡塔尔埃米尔塔米姆，在出席上海合作组织成员国元首理事会第二十二次会议期间会见伊朗总统莱希、土耳其总统埃尔多安，邀请埃及总统塞西、伊朗总统莱希、阿尔及利亚总统特本以视频方式出席全球发展高层对话会，与沙特王储穆罕默德、阿联酋总统穆罕默德、伊朗总统莱希通电话。全国人大常委会委员长栗战书、全国政协主席汪洋、国家副主席王岐山与阿尔及利亚、约旦、阿曼、土耳其、以色列等国领导人在线上互动。国务院副总理胡春华访问阿联酋、伊朗，中共中央政治局委员、中央外事工作委员会办公室主任杨洁篪访问阿联酋。国务委员兼外交部长王毅会晤地区13国外长及阿盟、海合会、伊斯兰合作组织秘书长，并首次出席伊斯兰合作组织外长会。

中国同地区国家在涉及彼此核心利益和重大关切问题上坚定相互支持。中方支持地区国家团结协作解决地区安全问题，支持地区人民独立自主探索自身发展道路，反对外部干涉。地区国家在涉疆、涉港、台湾、人权、冬奥会等问题上有力支持中方。

中国建设性参与地区热点问题解决，彰显负责任大国形象和作用。习近平主席连续第十年向联合国“声援巴勒斯坦人民国际日”纪念大会致贺电，出席首届中国—阿拉伯国家峰会期间全面阐述中方在巴勒斯坦问题上的立场。中国政府中东问题特使翟隽两次访问巴以劝和促谈。中方秉持客观公正立场，建设性参与叙利亚、伊朗核、利比亚、也门、苏丹、南苏丹等问题。举办第二届中东安全论坛，倡议构建中东安全新架构，为推动政治解决地区热点问题贡献中国智慧、中国方案。

中国同地区国家加强发展战略对接，各领域务实合作稳步推进。中方同叙利亚、摩洛哥、巴勒斯坦、阿尔及利亚签署共建“一带一路”合作文件，地区11国加入“全球发展倡议之友小组”。2022年，中国同地区国家贸易额达5071.52亿美元，同比增长27.14%。从地区进口原油2.72亿吨，占中国同期进口总量的53.52%。埃及“斋月十日城”轻轨项目、中沙（特）古雷乙烯项目、中阿（联酋）产能合作示范园等重点项目进展顺利。中方同沙特、卡塔尔、阿尔及利亚签署大型能源合作合同，同地区国家稳步开展通信技术、航空航天、人工智能、基因技术等领域合作。

中国同地区国家开展抗击新冠疫情合作，累计向地区国家提供了超过5.2亿剂疫苗，同阿联酋、埃及、土耳其、阿尔及利亚、摩洛哥开展疫苗本地化联合生产合作。

中国同地区国家深化文化交流和文明互鉴，民心相通续有成果。中方举办第三届中阿改革发展论坛，发表《新时代的中阿合作报告》白皮书，建立中阿关系媒体资料库，举办中阿友好合作交流展和阿拉伯艺术家来华采风画展，召开“推动构建中国与海湾合作委员会国家战略伙伴关系”主题研讨会，邀请伊斯兰国家驻华使节访问新疆，邀请有关国家常驻伊斯兰合作组织代表及该组织秘书处官员通过视频方式“云访疆”。中国文化中心建设在阿联酋、科威特稳步推进。中文教育合作在沙特、阿联酋、巴林等国顺利实施。中国首次同地区国家开展大熊猫合作项目，两只大熊猫运抵卡塔尔。

【同撒哈拉以南非洲地区国家的关系】2022年，中国与撒哈拉以南非洲地区国家携手应对新冠疫情，各领域务实合作成果丰硕，推动中非全面战略合作伙伴关系深入发展。

高层交往频繁。国家主席习近平同南非总统拉马福萨、赞比亚总统希奇莱马通电话，在二十国集团领导人第十七次峰会期间会见南非总统拉马福萨、塞内加尔总统萨勒。坦桑尼亚总统哈桑成为中国共产党第二十次全国代表大会后首位访华的非洲国家元首。习近平主席同塞内加尔总统萨勒在非盟成立20周年和中国非盟建立外交关系20周年之际互致贺电。在党的二十大召开之际，撒哈拉以南非洲国家和非盟委员会领导人纷纷向中方发来贺电贺函，热烈祝贺习近平当选中国共产党第二十届中央委员会总书记。国务委员兼外交部长王毅延续中国外交部长32年年初首访非洲的优良传统，访问厄立特里亚、肯尼亚、科摩罗，提出“非洲之角和平发展构想”，接待赞比亚外长和坦桑尼亚外长访华和视频访问。

务实合作坚韧有力。中非双方通过视频方式成功举办中非合作论坛第八届部长级会议成果落实协调人会议。援非洲疾控中心总部一期项目实现结构封顶，尼日利亚莱基深水港、赞比亚下凯富峡水电站、肯尼亚内罗毕快速路等一批重大项目顺利竣工。2022年，中非贸易额达2820亿美元，同比增长11.1%，农产品输华“绿色通道”、扩大零关税产品范围等举措取得积极进展。中非成功举办“天宫对话”“非洲好物网购节”“中非丰收之夜”等活动。中方积极落实二十国集团“暂缓最贫困国家债务偿付倡议”，向吉布提、埃塞俄比亚等国提供紧急粮食援助，继续向非洲提供新冠疫苗，获得非方高度评价。

国际协作更加密切。中非双方携手推进习近平主席提出的高质量共建“一带一路”、全球发展倡议、全球安全倡议，在涉及彼此核心利益和重大关切问题上坚定地站在一起，共同捍卫发展中国家利益和国际公平正义。中方率先支持非盟加入二十国集团，坚定支持非洲国家联合自强和自主解决非洲问题的努力，坚定支持非洲反单边制裁、反干涉内政等正义诉求。

【同欧亚地区国家的关系】2022年，中国与欧亚地区国家关系保持发展势头，继续取得新进展。

中国同地区各国高层交往精彩纷呈。国家主席习近平同俄罗斯总统普京两次通话，举行两次线下会晤、一次视频会晤。两国领导人发表《中华人民共和国和俄罗斯联邦关于新时代国际关系和全球可持续发展的联合声明》，并共同出席北京冬奥会开幕式。习近平主席与普京总统还分别向俄罗斯中国友好协会成立65周年、第四届中俄能源商务论坛致贺信。国务院总理李克强同俄罗斯总理米舒斯京以视频方式举行中俄总理第二十七次定期会晤。全国人大常委会委员长栗战书对俄罗斯进行访问，出席第七届东方经济论坛全会并致辞，以预录视频方式出席集体安全条约组织议会大会全会及向大会全会致贺信。

中俄能源、人文、地方等领域双边机制性会议顺利召开。两国外交部长全年7次会晤、3次通话，深入落实两国元首各项共识，就双边关系、各领域合作及共同关心的国际和地区问题及时对表。

两国人文和地方交往保持热度。中俄体育交流年有序推进，双方商定近600项活动清单，成功举办第三届中俄冬季青少年运动会。

习近平主席同哈萨克斯坦、乌兹别克斯坦、土库曼斯坦、塔吉克斯坦、吉尔吉斯斯坦、阿塞拜疆、白俄罗斯等地区国家领导人举行双边会晤，出席上海合作组织成员国元首理事会第二十二次会议，主持中国同中亚五国建交30周年视频峰会并发表重要讲话。中亚五国总统来华出席北京冬奥会开幕式，哈萨克斯坦、乌兹别克斯坦总统以视频方式出席全球发展高层对话会。李克强总理与哈萨克斯坦总理斯迈洛夫举行视频会晤，主持上海合作组织成员国政府首脑（总理）理事会第二十一次会议。栗战书委员长分别同乌兹别克斯坦最高会议参议院主席纳尔巴耶娃、塔吉克斯坦议会上院议长兼首都市长鲁斯塔姆、哈萨克斯坦议会下院议长科沙诺夫举行视频会晤。国务委员兼外交部长王毅访问哈萨克斯坦并出席"中国+中亚五国"外长第三次会晤，出席上海合作组织外长理事会会议并访问乌兹别克斯坦、吉尔吉斯斯坦、塔吉克斯坦。

中国同欧亚地区国家务实合作再创佳绩。中俄双方保持有效沟通，维护两国正常经贸往来，稳步推进各领域务实合作。2022年，中俄双边贸易额达1902.7亿美元，同比增长29.3%，创历史新高。中俄原油管道及复线、中俄东线天然气管道稳定运营，双方企业签署远东天然气购销协议。黑河跨境公路桥、同江跨境铁路桥相继通车运营，中欧班列对俄开行量和货运量大幅增长。中国同中亚五国贸易总额超过700亿美元，过境中亚的中欧班列开行量和货运量均保持增长势头。中哈（萨克斯坦）连云港国际物流中心、霍尔果斯国际边境合作中心运转顺畅。中国—哈萨克斯坦传统医学中心、位于塔吉克斯坦的中亚首家鲁班工坊已正式启动运营。中国口服抗新冠病毒药物"民得维"获准在乌兹别克斯坦上市。白俄罗斯钾肥、农产品对华出口大幅增加，中白工业园入园企业超过100家。中欧班列南通道运行顺畅，"成渝号"绵阳—第比利斯班列成功发车。

【同欧洲地区国家的关系】2022年，中国与欧洲地区国家关系总体保持稳定，各层级交往密切，各领域合作取得新进展。

中欧高层交往频密。国家主席习近平在北京同法国总统马克龙、德国总理朔尔茨举行视频峰会，在北京冬奥会期间接待塞尔维亚、波兰、卢森堡、摩纳哥等国领导人访华，在出席二十国集团领导人第十七次峰会期间会见法国、意大利、西班牙、荷兰等欧洲国家领导人，在中共二十大胜利召开后接待德国总理朔尔茨、欧洲理事会主席米歇尔访华，同欧盟领导人和英国、法国、德国、塞尔维亚、意大利、希腊、西班牙、葡萄牙、匈牙利、比利时、奥地利、波兰、捷克、冰岛、芬兰、挪威、瑞典、克罗地亚、波黑、塞浦路斯等欧洲国家领导人通话通信共180余次。国务院总理李克强同欧盟领导人和荷兰、德国、奥地利、挪威、克罗地亚等欧洲国家领导人通话或视频会晤。国务委员兼外交部长王毅在二十国集团外长会、第77届联合国大会期间，分别会见欧盟外交与安全政策高级代表和法国、德国、荷兰、西班牙、葡萄牙、挪威、匈牙利、波兰、塞尔维亚等欧洲国家外长，多次同欧洲国家外长通话或视频会晤。

2022年是中国同英国、德国、荷兰、马耳他、卢森堡、希腊等国建交50周年，同克罗地亚、斯洛文尼亚等国建交30周年，中国—中东欧国家合作启动10周年。双方领导人通话、互致贺电贺函，举办纪念封首发仪式、主题图片展、友好音乐会等庆祝活动。

中欧各层级政治对话与磋商取得积极成果。第二十三次中国—欧盟领导人会晤、中欧环境与气候高层对话、中欧经贸高层对话、中欧高级别战略对话、中法战略对话、中德副外长级政治磋商、中波（兰）政府间合作委员会全会等机制性交往成功举行。

中欧务实合作成效显著。2022年，中国同欧盟贸易额达8473.2亿美元，创历史新高，同比增长2.4%；中国同欧洲贸易额为10276亿美元，同比增长2.2%。《中欧地理标志协定》落实进展顺利。2022年，中欧班列累计开行1.6万列，同比增长9%，已通达25个欧洲国家。第五届中国国际进口博览会吸引600余家欧洲企业参展，相关企业意向成交额占总成交额近一半。德国巴斯夫（广东）一体化基地项目全面建设启动，首套装置正式投产。中法签署第三方市场合作第四轮示范项目清单。中国企业在北马其顿承建的克鲁匹斯特—柯查尼快速路、在黑山承建的南北高速公路优先段、在克罗地亚承建的佩列沙茨大桥等建成通车。

人文交流精彩纷呈。"欢乐春节""中国旅游文化周""天涯共此时——中秋节"等品牌在欧洲多国开展丰富多彩的线上线下活动。欧洲多国积极支持中方承办北京冬奥会和冬残奥会，并派体育代表团来华参加相关赛事。中国继续成为英国最大留学生来源国。第16届"中法文化之春"在中国25个城市举行，中国电影联合展台在戛纳国际电影节上首次亮相。

【同北美大洋洲地区国家的关系】2022年，中国与美国关系仍然面临严重困难。中国推动探索中美正确相处之道，同时坚决抵制美国错误的对华政策。

美国执意把中国作为最主要竞争对手、“最重大的地缘政治挑战”，继续全方位对华遏制打压，在台湾、涉疆、涉港、涉藏、人权、宗教、经贸、科技、人文交流等问题上不断采取干涉中国内政、损害中方利益的错误言行，在国际上打造各种反华遏华“小圈子”。中方采取坚决行动，反制强权霸凌，坚定维护自身主权安全发展利益。

同时，两国高层及各层级保持交往。双方在经贸、气候变化、能源安全、公共卫生、两军、禁毒、农业等领域开展了一些交流合作，达成公共卫生、农业和粮食安全领域两份合作文件，并在朝核、伊朗核、中东、阿富汗等国际和地区问题上保持沟通。截至2022年底，中美两国建立了50对友好省州和234对友好城市。

2022年，中国和加拿大关系因加方采取一系列错误涉华言行继续处于低谷。4月，国务委员兼外交部长王毅应约同加拿大外交部长乔利通电话，就中加关系和乌克兰问题交换了意见。5月，中国、加拿大、欧盟以线上线下相结合的方式举办第六届气候行动部长级会议。7月，王毅国务委员兼外长在印度尼西亚巴厘岛出席二十国集团外长会期间应约会见乔利外长。9月，中国人民外交学会和加拿大阿尔伯塔大学中国学院以视频方式共同举行中加二轨对话第七次会议。12月，中国和加拿大分别作为主席国和东道国在加拿大蒙特利尔成功举办《生物多样性公约》第十五次缔约方大会第二阶段会议。

2022年，中国对澳大利亚时任联盟党政府涉华错误言行继续进行严正交涉和坚决斗争。5月，澳新一届工党政府上台，中澳高层交往和各领域对话合作逐步恢复。11月，国家主席习近平在巴厘岛会见澳大利亚总理阿尔巴尼斯，国务院总理李克强在柬埔寨金边同阿尔巴尼斯总理会面交谈。7月和9月，国务委员兼外交部长王毅两次同澳外交部长黄英贤会见。11月，中共中央政治局委员、国务委员兼外交部长王毅同黄英贤外长通电话。12月20日至21日，黄英贤外长访华，中澳举行第六轮外交与战略对话并发表成果联合声明。12月21日是中澳建交50周年，双方举办一系列庆祝活动。中国继续保持澳大利亚第一大贸易伙伴、第一大进口来源地、第一大出口市场地位。

2022年，中国与新西兰关系总体保持稳定发展势头。两国高层和各级别交往频繁。11月，国家主席习近平在泰国曼谷出席亚太经合组织第二十九次领导人非正式会议期间会见新西兰总理阿德恩。2月，全国人大常委会委员长栗战书同新西兰议长马拉德举行视频会晤。6月，国务委员兼外交部长王毅同新西兰外交部长马胡塔举行视频会晤。8月，王毅国务委员兼外长在柬埔寨出席东亚合作系列外长会期间会见马胡塔外长。2022年是中新建交50周年，双方举办一系列庆祝活动。中新在经贸、人文、司法执法、多边等领域合作取得积极进展。4月，中新自贸协定升级议定书正式生效。中国继续保持新西兰第一大贸易伙伴、第一大进口来源地、第一大出口市场地位。

2022年，中国同太平洋岛国关系发展良好。双方高层和各级别交往频繁。国家主席习近平在曼谷出席亚太经合组织第二十九次领导人非正式会议期间会见巴布亚新几内亚总理马拉佩。国务院总理李克强同来华出席北京冬奥会开幕式的马拉佩总理以视频方式举行会谈。全国人大常委会委员长栗战书、全国政协主席汪洋分别同汤加议长法卡法努阿、萨摩亚议长帕帕利举行视频会晤。国务委员兼外交部长王毅对10个建交岛国进行“全覆盖”访问，并在斐济主持召开第二次中国—太平洋岛国外长会。王毅国务委员兼外长在美国纽约出席第77届联合国大会期间分别会见基里巴斯总统兼外交部长马茂、所罗门群岛外交和外贸部长马内莱，汤加火山爆发后同汤外交大臣乌托伊卡马努通电话。10个太平洋岛国领导人分别致电致函热烈祝贺习近平当选中国共产党第二十届中央委员会总书记和中共二十大成功举行。

双方抗疫合作成效积极。中方向“中国—太平洋岛国抗疫合作基金”追加注资，向太平洋岛国提供多批疫苗、医疗设备、物资等抗疫援助，向巴布亚新几内亚、瓦努阿图、所罗门群岛、基里巴斯派驻医疗队。

双方经贸、救灾减灾、警务执法、人文等各领域交流合作成果丰硕。中国同瓦努阿图共同庆祝建交40周年，同纽埃共同庆祝建交15周年，同库克群岛共同庆祝建交25周年。中国—太平洋岛国应对气候变化合作中心、减贫与发展合作中心正式启用。中方第一时间向遭遇地震、干旱等自然灾害的太平洋岛国提供紧急人道主义救灾援助。1月，汤加火山大规模爆发，中国政府紧急驰援，是向汤提供救灾援助时间最早、批次最多、种类最齐全的国家。中国与所罗门群岛签署政府间安全合作框架协议。首次中国和部分南太岛国执法能力与警务合作部级对话以视频方式举行。

双方共建“一带一路”和复工复产合作取得积极进展。中方援瓦努阿图彭特考斯特岛公路、塔纳岛和马勒库拉岛公路二期，援所罗门群岛2023年太平洋运动会体育场馆等项目顺利实施；中方援斐济基乌瓦村房屋升级改造、援巴布亚新几内亚恩加省医院、援汤加皇家军乐团演练中心等项目竣工。

中国和基里巴斯签署《关于合作开展基里巴斯中文教育项目的谅解备忘录》，和汤加签署《关于合作开展汤加王国中文教育项目的谅解备忘录》。广东、山东、福建、江苏、浙江等省同太平洋岛国地方交往合作不断深入，太平洋岛国驻华使节、高级官员及留学生等赴广东、福建、浙江、山东等地考察交流。

【**同拉丁美洲和加勒比地区国家的关系**】2022年，中国继续从战略高度和长远角度看待和发展中拉关系，持续推进新时代平等、互利、创新、开放、惠民的中拉关系，同拉方携手推动构建人类命运共同体。

战略互信不断增强。阿根廷总统费尔南德斯、厄瓜多尔总统拉索来华出席北京冬奥会开幕式并访华，国家主席习近平分别会见。古共中央第一书记、古巴国家主席迪亚斯–卡内尔·贝穆德斯对华进行国事访问，两国元首一致同意携手共建中古命运共同体。习近平主席在出席二十国集团领导人第十七次峰会、亚太经合组织第二十九次领导人非正式会议期间分别同阿根廷总统费尔南德斯、智利总统博里奇举行双边会见。全国人大常委会委员长栗战书分别同墨西哥、萨尔瓦多、尼加拉瓜等国议会领导人举行视频会晤。习近平主席特使、全国人大常委会副委员长曹建明出席尼加拉瓜总统奥尔特加新任期就职仪式。国务委员兼外交部长王毅同到访的巴拿马外长莫伊内斯举行会谈。地区国家就习近平当选中国共产党第二十届中央委员会总书记和中共二十大胜利召开向中方致贺函贺电200余封，多数国家反对美国国会众议院议长佩洛西窜访中国台湾地区。萨尔瓦多彻底废除同台“自贸协定”。

务实合作稳步推进。阿根廷、尼加拉瓜同中方签署共建“一带一路”谅解备忘录，地区加入“一带一路”朋友圈的国家增加至21个。中国同厄瓜多尔、尼加拉瓜等国自贸合作稳步推进。中拉新冠疫苗、治疗药物及抗疫物资援助合作持续开展，中方累计向地区国家提供逾4亿剂新冠疫苗。中国企业参与的地铁、港口等基建项目开工复工。同阿根廷启动创新与技术政策研究中心建设。继续落实中国—加勒比防灾减灾资金项目。《关于中国海关企业信用管理制度与乌拉圭海关AEO制度互认安排》正式实施。据中国海关总署统计，2022年，中拉贸易额为4857.9亿美元，同比增长7.7%。其中，中国出口额为2529.75亿美元，同比增长10.6%；中国进口额为2328.15亿美元，同比增长4.7%。

整体合作蓬勃发展。拉丁美洲社会科学院第24届大会通过接纳中国成为观察员国的决议，双方共同打造的“当代中国讲堂”品牌活动顺利举办。中国—加勒比发展中心成立。首届中国—拉共体交通合作论坛、首届中国—拉美和加勒比国家数字技术合作论坛、第五届中拉文明对话论坛、第五届中拉高级防务论坛、第八届中拉基础设施合作论坛、第十五届中国—拉美企业家高峰会、中拉科技创新论坛等成功举行。

国际事务沟通协调顺畅。中拉在涉及各自核心利益和重大关切问题上继续相互理解、相互支持。中国积极支持拉美国家维护主权和领土完整、探索符合本国国情的发展道路。拉美建交国普遍尊重、支持中国在台湾、涉疆、涉藏、人权等问题上的立场。地区多国呼应、支持、参加全球发展倡议、全球安全倡议等中方重大倡议和主张。

人文交流亮点纷呈。为庆祝两国建交50周年，2022中阿（根廷）友好合作年成功举行，习近平主席向中阿人文交流高端论坛致贺信，“世界上的某个地方”2022阿根廷经典修复电影展在北京举办。墨西哥参议院举办庆祝中墨建交50周年专场庆祝活动，两国15对具有代表性的友好省州和城市在地标建筑隆重举行国旗色亮灯仪式或灯光秀。中方同有关国家以线上线下多种方式庆祝中圭（亚那）、中牙（买加）建交50周年，中巴（巴多斯）建交45周年，中巴（哈马）建交25周年。“欢乐春节”庆祝活动走进墨西哥、厄瓜多尔、巴拿马等国。第七届“智利周”、“来自上海的问候”系列云展演等活动成功举办。

【**同联合国的关系**】2022年9月19日至24日，国务委员兼外交部长王毅赴美国出席第77届联合国大会一般性辩论。与会期间，王毅国务委员兼外长主持或出席近50场多双边活动，在联大一般性辩论中发言，作为习近平主席特别代表出席气候变化高级别会议并致辞，主持召开“全球发展倡议之友小组”首次部长级会议，出席安理会乌克兰问题外长会、金砖国家外长会晤、集体会见海湾阿拉伯国家合作委员会外长等多边活动，并同40国外长或代表团团长分别举行双边会见。在联大一般性辩论中，王毅国务委员兼外长发表题为《为和平发展尽力　为团结进步担当》的演讲，就共同构建人类命运共同体提出六点主张：要和平，不要战乱；要发展，不要贫困；要开放，不要封闭；要合作，不要对抗；要团结，不要分裂；要公平，不要霸凌。王毅国务委员兼外长表示，中国始终是世界和平的建设者、全球发展的贡献者、国际秩序的维护者、公共产品的提供者、热点问题的斡旋者。习近平主席提出全球发展倡议，吹响重新聚焦发展的“集合号”，呼吁构建全球发展共同体。习近平主席又提出全球安全倡议，为弥补和平赤字贡献中国智慧，为应对国际安全挑战提出了中国方案。（资料来源：《中国外交》白皮书）

（狄安略）

附：

台　湾　省

地理　位于中国大陆架的东南缘，北临东海，东北接琉球群岛，东濒太平洋，南滨巴士海峡与菲律宾相邻，西隔台湾海峡与福建省相望，扼守西太平洋航道中心，战略地位重要。台湾岛多山，山地和丘陵约占全岛总面积的2/3，最高峰为玉山，其主峰海拔3952米；沿海有一些狭长的平原。地处温带和热带之间，属热带和亚热带气候，年均气温（高山除外）约22℃，年均降水量多在2000毫米以上。

面积 约36000平方公里，是中国第一大岛。由台湾本岛、21个属岛以及澎湖列岛64个岛屿组成，其中本岛面积35812平方公里，约占全省总面积的99%；南北长约394公里，东西最宽处约144公里，环岛海岸线1578公里。目前所称的中国台湾地区，还包括台湾当局控制的福建省金门、马祖等岛屿。

人口 约2326.4万（2022年）。人口密度643人/平方公里，其中台北的人口密度最高，每平方公里近万人。65岁以上人口约408.58万人，占总人口的17.56%，属联合国定义的老龄化社会。2022年新生儿出生人数为13.89万人，较上年同期下降约9.68%。

简 史

台湾自古以来就是中国领土不可分割的一部分。据有关研究，台湾很早以前本与大陆相连，后因海平面上升，相连的陆地部分被淹而成为海峡，台湾遂成海岛。台湾在历史上曾被称为“岱员”“岛夷”，汉朝时称“东鳀”，三国时称“夷洲”，隋朝时称“流求”，宋、元时称“琉球”。明代叫法最多，除了习称“琉球”，亦称“台员”“大湾”“大园”等，明万历年间始称“台湾”，并在官方文书上正式使用。

公元230年（三国孙吴黄龙二年），吴王孙权派遣卫温、诸葛直率兵万人渡海到台，这是大陆军民东渡台湾、垦拓经营台湾的最早记载。宋、元时期，中国政府在台正式设官建制。1624年，荷兰殖民者侵占台湾南部。1626年，西班牙殖民者侵占台湾北部。1642年，荷兰殖民者战胜西班牙殖民者，侵占全部台湾。1662年，民族英雄郑成功在台湾民众的协助下收复台湾。1683年，郑成功之孙郑克塽归顺清朝，清政府正式管辖台湾并于1684年（清康熙二十三年）在台设“分巡台厦兵备道”及“台湾府”，隶属福建省。1727年（清雍正五年），清政府正式定“台湾”为官方统一的名称。

1840年鸦片战争以后，美、英、法、日等都曾入侵台湾。1885年，清政府将台湾划为单一行省，成为当时中国第20个行省。1895年，清政府在甲午战争中战败，被迫与日本签订《马关条约》，将台湾、澎湖列岛割让给日本。

第二次世界大战期间，中、美、英三国1943年12月1日发表的《开罗宣言》规定：日本所窃取于中国之领土，例如满洲、台湾、澎湖列岛等，归还中国。1945年7月26日，中、美、英三国签署（后苏联参加）的《波茨坦公告》重申，“《开罗宣言》之条件必将实施”。1945年8月15日，日本无条件投降。10月25日，台湾重归中国版图。1949年，蒋介石集团在中国内战中遭到彻底失败后，其残余军政人员退踞台湾。

政 治

国民党统治集团退踞台湾后，蒋介石、蒋经国长期统治台湾。1988年1月蒋经国去世后，李登辉主政台湾。2000年3月18日，台湾地区举行第10任领导人、副领导人选举，民进党候选人陈水扁、吕秀莲以39.3%的得票率当选。2004年3月20日，陈、吕以50.11%的得票率获得连任。2008年3月22日，国民党候选人马英九、萧万长以58.45%的得票率当选第12任正、副领导人，国民党重新上台。2012年1月14日，国民党候选人马英九、吴敦义以51.6%的得票率当选正、副领导人。2016年1月16日，民进党候选人蔡英文、陈建仁以56%的得票率当选第14任正、副领导人。2020年1月11日，民进党候选人蔡英文、赖清德以57.1%的得票率当选第15任正、副领导人，并于5月20日就职。

陈水扁2000年5月上台后，背离民意，顽固坚持“台独”分裂路线，抛出“一边一国论”的分裂主张，不断推动“台独”分裂活动升级，企图通过推动“宪政改造”和举办“入联公投”谋求“台湾法理独立”，严重破坏两岸关系和平稳定发展，严重威胁中国主权和领土完整。陈水扁大肆贪腐，下台后遭起诉，被判刑入狱。

马英九2008年5月上台后，坚持“九二共识”，反对“台独”，主张两岸人民同属中华民族，海峡两岸“不是两个国家”，两岸关系“不是国与国的关系”；奉行“不统、不独、不武”的理念，主张维持台湾海峡的现状；大幅松绑两岸经贸和交流政策，推动实现两岸全面、直接、双向“三通”，开放大陆居民赴台旅游，放宽台湾企业赴大陆投资限制，开放大陆企业赴台投资，放宽台湾地区县市长、公务人员赴大陆限制，与大陆商签海峡两岸经济合作框架协议等；调整军事战略，采取“守势战略”；推行“活路外交”，主张两岸“外交休兵”，同时也谋求扩大台湾“国际空间”。

蔡英文2016年5月上台后，拒不承认“九二共识”，不认同两岸同属一中，破坏了两岸关系和平发展的政治基础，造成两岸联系沟通和协商谈判机制中断，方方面面的成果受到影响，台湾民众切身利益受到损害。与此同时，“台独”势力“去中国化”“渐进台独”动作频频，严重威胁台海和平稳定。

【政治架构】台湾地区的政治架构系根据1946年国民党当局制定的“中华民国宪法”设置，按“五权分立”精神，分设“行政院”“立法院”“司法院”“考试院”“监察院”。

“行政院”：台湾地区“最高行政机关”，负责制定施政方针与重要政策并具体推行。设“院长”“副院长”各1人，另设“政务委员”若干名及32个部、会等处理特定事务。现任“院长”陈建仁，“副院长”郑文灿。

“立法院”：台湾地区“最高立法机关”，行使立法权，目前共有112个“立法委员”（简称“立委”）席位，每届任期4年。设“院长”“副院长”各1人，由“立委”互选产生。“立法院”每年2个会期，每次4个月，必要时可延长。第十届“立法委员”于2020年1月当选，2月1日就职。现任“立委”中，民进党占62席，国民党占37席，台湾民众党占5席，“时代力量”占3席，无党籍及未经政党推荐者占5席，台北市大安区“立委”目前缺额。现任“立法院长”游锡堃，“副院长”蔡其昌，均为民进党籍。

“司法院”：台湾地区“最高司法机关”，负责民事、刑事、行政诉讼审判及公务员惩戒，审理政党“违宪”等事宜，解释“宪法”、法律和命令。设“大法官”15人，包括“院长”“副院长”各1人。现任“院长”许宗力，“副院长”蔡炯燉。

“考试院”：台湾地区“最高考试机关”，负责考试、公务员铨叙、培训、考绩、级俸、升迁、褒奖、抚恤、退休等事宜。设“院长”“副院长”各1人，任期4年。现任“院长”黄荣村，“副院长”周弘宪。

“监察院”：台湾地区“最高监察机关”，行使弹劾、纠举及审计权。设“监察委员”29人，包括“院长”“副院长”各1人，任期6年。现任“院长”陈菊，“副院长”李鸿钧。

【政党】据2023年6月统计，台湾现存80个政党。影响较大的主要是中国国民党、民主进步党、台湾民众党、“时代力量”、“台湾基进”、亲民党、新党等。台湾政坛分别以中国国民党、民主进步党为首，形成“泛蓝”（国民党党旗的主要颜色）和“泛绿”（民进党党旗的主要颜色）两大阵营。一般认为，中国国民党、亲民党、新党属“泛蓝”阵营，民主进步党、“时代力量”、“台湾基进”属“泛绿”阵营。

（1）中国国民党（Kuomintang，KMT）：简称“国民党”。成立于1894年11月，由孙中山创建。据2021年9月统计，国民党有投票权党员37万余名。

国民党的组织架构分为中央、县市（包括直辖市）、区三级。“全国代表大会”为该党最高权力机关，代表由全体党员选举产生。设“中央委员会”和“中央评议委员会”，“中央委员会”下设“中央常务委员会”。2013年后，“全国代表大会”每年举行1次，代表任期4年。主要职责为修改党章，决定政纲、政策，通过党主席提名及台湾地区正、副领导人候选人提名等。

1949年国民党统治集团退踞台湾后，长期在台执政。1975年，国民党开始设置党主席一职，历任党主席为蒋经国、李登辉、连战、马英九（两届）、吴伯雄、朱立伦、洪秀柱、吴敦义、江启臣。现任党主席朱立伦，秘书长黄健庭。

2020年1月11日，国民党候选人在台湾地区领导人选举中得票率为38.6%，未能当选。在同时举行的第十届“立法委员”选举中，国民党在113个席位中获38席。

（2）民主进步党（Democratic Progressive Party，DPP）：简称“民进党”。1986年9月28日在台北圆山饭店成立。据2023年1月统计，民进党有投票权党员23万余名。

民进党组织结构分为中央、县市两级。“全国党员代表大会”为该党最高权力机关，每2年召开1次会议，主要职权为修订党章、党纲，选举或罢免党主席等。各级区域组织以党员大会为最高议事机关，执行委员会为执行机关，评议委员会为评议机关。

民进党历任主席为江鹏坚、姚嘉文、黄信介（两届）、许信良（两届）、施明德、林义雄、谢长廷（两届）、陈水扁（两届）、苏贞昌（两届）、游锡堃、蔡英文（四届）、卓荣泰。现任党主席赖清德，秘书长许立明。

民进党主张“台独”。1991年10月，民进党第五次“全国党员代表大会”将“建立主权独立自主的台湾共和国暨制定新宪法”，“台湾前途应交由台湾人以公民投票方式选择决定”等内容列入党纲，即“台独”党纲。1999年5月，民进党八届二次会议通过“台湾前途决议文”，称“台湾，固然依目前宪法称为中华民国，但与中华人民共和国互不隶属，任何有关独立现状变动，都必须经由台湾全体住民以公投方式决定”。2007年，民进党制定“正常国家决议文”，声称民进党应“积极推动正名、制宪、加入联合国、落实转型正义与建立台湾主体性等作为，以实现台湾为正常国家”。

2020年1月11日，民进党候选人在台湾地区领导人选举中当选，得票率为57.1%。在同时举行的第十届“立法委员”选举中，民进党在113个席位中获61席。

（3）台湾民众党（Taiwan People's Party）：简称“民众党”。由现任台北市市长柯文哲等人组建，2019年8月6日举行成立大会，柯文哲任党主席。该党最高权力机构是“党员大会”，下设“中央委员会”“中央评议委员会”“仲裁委员会”“财务监督委员会”“信息应用及安全委员会”等。截至2022年2月，民众党党员约9000名。

民众党宣称其宗旨是以台湾整体利益及民众的最大福祉为优先，并确认“民主、自由、多元、开放、法治、人权、关怀弱势、永续经营”的台湾价值得到实现，主张应秉持“民意、专业、价值”三项施政准则，落实“开放政府、全民参与、公开透明”的运作方式，并以清廉、勤政、爱民为从政守则；遵守“中华民国宪政体制”，对内强化治理以兴利除弊，对外采取务实路线以争取台湾最大“生存空间”，并确保“主体性”。在第十届“立法委员”选举中，民众党获5席，成为“立法院”第三大党。

（4）“时代力量”（New Power Party）：前身为2014年“太阳花学运”中的“公民组合”，2015年1月25日正式组党。

历任党主席为林昶佐、黄国昌、邱显智、徐永明、高钰婷，现任党主席为陈椒华。该党最高权力机构是“决策委员会”，下设“经济财政”“内政交通”“外交司法”“教育环卫”4个政策委员会，以及党员、网络与媒体、公职与选举、公民行动4个行动委员会。

“时代力量”的政策主张包括保障台湾多元民族集体权利，落实“原住民族基本法”，积极“参与”国际社会，推动“台湾国家地位正常化”，“宪法”交由民众全面参与制定等，在台湾年轻人中影响较大。在第十届“立法委员”选举中，“时代力量”获3席，是“立法院”第四大党。

（5）亲民党（People First Party，PFP）：成立于2000年3月31日，党员主要来自国民党及新党。其最高权力机构为“全国委员会”，每年召开一次大会，主要职责是修改党纲、党章等。党主席由党员直选产生，任期两年，可连选连任。现任党主席宋楚瑜，副主席张昭雄。曾经是台湾第三大政党。在第十届“立法委员”选举中，亲民党未获得席次。

（6）“台湾基进”（Taiwan Statebuilding Party）：2012年以“基进侧翼”之名成立，2016年5月15日登记为“基进党”，2019年4月29日改用现名。主张政治民主化、“主权”民主化、社会自由化、区域平衡发展。现任党主席是该党创始人之一陈奕齐。在第十届“立法委员”选举中，“台湾基进”获得1席，2021年10月被罢免。

（7）新党（New Party）：成立于1993年8月，由部分反“台独”、反李登辉的国民党少壮派“立法委员”脱离国民党组成。主张国家统一，实现民族统一、民权自主、民生均富的“三民主义新中国”。现任党主席吴成典，副主席李胜峰。在第十届“立法委员”选举中，新党未获得席次。

经　济

据台“主计总处”等机构统计，2022年，台湾本地生产总值约为7614.0亿美元，人均本地生产总值3.2万美元，本地生产总值增长率为2.35%。居民消费价格指数同比增长2.95%，全年平均失业率为3.67%。2022年，台对外贸易总额约9074.5亿美元，同比增长9.55%。其中，出口额约4794.4亿美元，同比增长7.4%；进口额约4280.1亿美元，同比增长12.1%；全年贸易顺差约514.3亿美元，比2021年减少129.8亿美元，降幅约20.1%。

台湾现行货币为新台币。按2022年平均汇率，1美元约合29.77元新台币，1元人民币约合4.42元新台币。

文化教育

【**教育**】台湾现行教育制度分为正规教育和技术职业教育两大体系。正规教育分为“国民”教育、高级中等教育和高等教育3个阶段。“国民”教育（即9年“国民”义务教育）由台当局财政拨款，面向6—14周岁的少年儿童开办包括小学6年、初级中学3年在内的全日制学校。高级中等教育分为高级中学3年和高级职业学校3年两种，或5年制专科学校，学生在校年龄一般为15—17周岁。高等教育分为专科学校、独立学院、大学以及院校研究所。大学院校分文、理、法、医、农、工、商及其他学院，凡设有3个学院以上者称大学，不符合以上条件者称独立学院。大学或独立学院各学系管理完善、成绩优良者，可以设研究所。高等院校学制一般为4年，但师范院校、法律、建筑专业为5年，医学专业为6—7年。

台湾现有大专院校160多所，较著名的有台湾大学、政治大学、“清华大学”、交通大学、台湾师范大学、“中山大学”、中正大学、成功大学、“中国文化大学”、辅仁大学、东吴大学、淡江大学、东海大学等。

【**新闻出版**】截至2023年5月，台“国家通讯传播委员会”许可的无线电视台5家，分别是“台湾电视事业股份有限公司”“中国电视事业股份有限公司”“中华电视股份有限公司”“民间全民电视股份有限公司”“财团法人公共电视文化事业基金会”；有线电视系统经营者64家，主要有东森、中天、TVBS、三立等，有线电视台数字机顶盒普及率达100%；无线广播电台186家，其中较有影响力的有“中广”、“央广”、飞碟、正声、汉声、台北之音、台北国际等；直播卫星广播电视服务经营者4家。台网络媒体发达。据台机构统计，2022年，台湾18岁以上民众上网率达84.3%，约1674万人。

台湾与祖国大陆统一问题

中国共产党和中国政府一直把解决台湾问题，实现祖国统一，作为自己神圣的历史使命，并根据国内外形势变化，适时制定、实施和发展对台方针政策，实现了从“解放台湾”到“和平统一、一国两制”的转变。邓小平同志在毛泽东同志、周恩来同志关于争取和平解决台湾问题思想的基础上，作出了和平统一的战略决策，创造性地提出“一个国家、两种制度”的伟大构想，为确立“和平统一、一国两制”的方针作出了历史性的贡献。

2019年1月2日，习近平总书记在《告台湾同胞书》发表40周年纪念会上发表题为《为实现民族伟大复兴　推进祖国和平统一而共同奋斗》的重要讲话，全面回顾对台工作和两岸关系的重大成就，深刻昭示两岸关系发展和祖国必然统一的历史大势，郑重提出新时代推动两岸关系和平发展、推进祖国和平统一的重大政策主张：携手推动民族复兴，实现和平统一目标；探索“两制”台湾方案，丰富和平统一实践；坚持一个中国原则，维护和平统一前景；深化两岸融合发展，夯实和平统一基础；实现同胞心灵契合，增进和平统一认同。习近平总书记重要讲话是指引新时代对台工作的纲领性文件，为做好新时代对台工作提供了根本遵循和行动指南。2021年，习近平总书记在庆祝中国共产党成立100周年大会、纪念辛亥革命110周年大会上发表重要讲话，从中华民族伟大复兴的战略高度和历史视野出发，指出台湾问题因民族弱乱而产生，必将随着民族复兴而解决，深刻揭示了祖国必然统一的历史大势。庄严重申党中央推进祖国和平统一的大政方针，郑重宣示坚持一个中国原则和“九二共识”，坚决遏制“台独”分裂活动，反对任何外来干涉，捍卫国家主权和领土完整的坚强决心、坚定意志和强大能力，号召两岸同胞站在历史正确的一边，共同创造祖国完全统一、民族伟大复兴的光荣伟业。2022年，习近平总书记在中国共产党第二十次全国代表大会上的报告中强调，解决台湾问题、实现祖国完全统一，是党矢志不渝的历史任务，是全体中华儿女的共同愿望，是实现中华民族伟大复兴的必然要求。明确指出，坚持贯彻新时代党解决台湾问题的总体方略，牢牢把握两岸关系主导权和主动权，坚定不移推进祖国统一大业。郑重宣示台湾是中国的台湾，解决台湾问题是中国人自己的事，要由中国人来决定，祖国完全统一一定要实现，也一定能够实现！中共二十大通过关于《中国共产党章程（修正案）》的决议，将“坚决反对和遏制‘台独’”等写入党章。中国政府发表《台湾问题与新时代中国统一事业》白皮书，进一步重申台湾是中国的一部分的事实和现状，充分展现中国共产党和中国人民追求祖国统一的坚定意志和坚强决心，系统阐述中国共产党和中国政府在新时代推进实现祖国统一的立场和政策。

两岸往来简况 1979年1月，全国人大常委会发表《告台湾同胞书》，标志着两岸关系进入了一个新的发展阶段。在祖国大陆的推动下，在两岸同胞的共同努力下，1987年底，两岸同胞隔绝状态被打破，两岸人员往来和各项交流迅速发展起来。2018年2月和2019年11月，大陆方面相继出台《关于促进两岸经济文化交流合作的若干措施》（简称“31条措施”）和《关于进一步促进两岸经济文化交流合作的若干措施》（简称“26条措施”），率先同台湾同胞分享大陆发展机遇，为台湾同胞台湾企业提供同等待遇。2021年3月，大陆方面出台《关于支持台湾同胞台资企业在大陆农业林业领域发展的若干措施》（简称“农林22条措施”），进一步为台胞台企提供同等待遇。2022年，“农林22条措施”进一步落实落细，支持福建漳平台创园成功创建国家现代农业产业园，支持福建三明创建海峡两岸乡村融合发展试验区。2022年，大陆方面克服新冠疫情和民进党当局阻挠、限制等不利影响，扎实推进两岸交流合作。台湾地区有关政党和人士以各种形式向中国共产党第二十次全国代表大会胜利召开表示祝贺。台湾有关政党、团体和代表性人士以各种形式支持、参与北京冬奥会开幕式、第十四届海峡论坛、“九二共识”30周年学术研讨会等两岸交流活动。2022年8月，中国国民党副主席夏立言率团来大陆参访。7月，上海市与台北市以视频方式举办“2022上海—台北城市论坛”。据统计，2022年两岸贸易额为3196.8亿美元，其中大陆自台进口额为2380.9亿美元，与2021年同期基本持平。2022年1—11月，大陆新批准台资项目（含经第三地转投资）5470个，实际利用台资金额19.2亿美元。两岸产业合作不断深化，产业链供应链基本稳固。大陆台企克服新冠疫情影响，保持生产经营总体稳定。大陆方面出台扩大申请设立个体工商户相关政策，大幅降低台湾同胞特别是基层民众、青年群体到大陆创业门槛。台企首度参与中国工业大奖评选，8家台资企业和项目获奖。相关部门大力支持台商台企参与国家发展战略，台商投资结构更加优化；支持福建探索海峡两岸融合发展新路，引导、支持台资企业向中西部地区有序转移、参与“一带一路”建设；支持台商台企利用进博会、各类展销会、电商平台等拓展内需市场；支持优质台企上市，2022年共有10家台企在大陆A股上市，在大陆上市台企增至57家。 （李盈秋）

香港特别行政区

地理 香港特别行政区位于中国大陆东南部，珠江口东侧，毗邻广东省，地处亚洲太平洋地区中心，地理条件优越。拥有天然良港，境内多丘陵。属亚热带季风区，气候温暖湿润，年均最高气温36.6℃，最低气温0℃。雨量充沛，年均降水量2431.2毫米。

面积 陆地总面积1114.4平方公里，其中香港岛及邻近岛屿80.7平方公里，九龙46.9平方公里，新界及离岛986.7平方公里（截至2022年底）。

人口 733.32万（2022年），人口增长率为-0.9%。

正式语文 香港特别行政区的行政机关、立法机关和司法机关，除了使用中文，还可使用英文，英文也是正式语文（《中华人民共和国香港特别行政区基本法》第九条）。

主要宗教和节日 为多宗教并存地区。主要宗教有佛教、道教、孔教（以儒家思想为基础）、天主教、基督教新教、伊斯兰教（回教）、印度教、锡克教和犹太教，其中佛教徒和道教徒人数最多。

中国传统节日春节、清明节、端午节、中秋节、重阳节及主要宗教节日耶稣受难日、复活节、佛诞日和圣诞节均为公众假期。

简　史 香港自古以来就是中国的领土。1840年鸦片战争后，英国先后强迫清政府签订《南京条约》《北京条约》《展拓香港界址专条》，逐步占领香港。中华人民共和国成立后，中国政府多次阐明对香港问题的立场，即：香港是中国的领土，中国不承认帝国主义强加给中国的不平等条约；中国政府主张在适当时机通过谈判和平解决香港问题，此前暂时维持现状。1972年11月，第27届联合国大会通过决议，批准联合国非殖民化特别委员会关于从殖民地名单中删去香港和澳门的决议。

20世纪80年代初，在“一国两制”方针指导下，中国政府就解决香港问题开始与英国政府进行谈判。1983年7月至1984年9月，中英两国政府进行了22轮会谈。1984年12月19日，两国政府首脑在北京签署了《中华人民共和国政府和大不列颠及北爱尔兰联合王国政府关于香港问题的联合声明》。在联合声明中，中国政府声明：收回香港地区（包括香港岛、九龙和新界）是全中国人民的共同愿望，中国政府决定于1997年7月1日对香港恢复行使主权。英国政府声明：英国政府于1997年7月1日将香港交还给中国。1985年5月27日，两国政府在北京互换了联合声明的批准书，联合声明正式生效。联合声明的签署为国家间以和平方式解决历史遗留问题和国际争端树立了典范，对促进世界和平与进步事业具有重要意义。

1997年6月30日午夜，中英两国政府在香港举行香港政权交接仪式。7月1日零时，中华人民共和国国旗和中华人民共和国香港特别行政区区旗在香港庄严升起，宣告中国政府对香港恢复行使主权。香港在经历百年沧桑后回到伟大祖国的怀抱，进入了新的纪元。

7月1日，中华人民共和国香港特别行政区正式成立，特区政府宣誓就职。第一任行政长官董建华、特区政府主要官员、行政会议成员、临时立法会议员、终审法院和高等法院法官依次宣誓就职。同日，中华人民共和国外交部在香港特区正式设立特派员公署，负责处理与香港特别行政区有关的外交事务；中国人民解放军驻港部队在香港开始执行防务。香港回归祖国和特区成立标志着邓小平同志提出的"一国两制"伟大构想开始成功实施，是中国人民为实现祖国完全统一而努力取得的重大成果。

政　治

【《基本法》】"一国两制"是中国政府为实现国家完全统一提出的基本国策。按照这一基本国策，中国政府制定了对香港的一系列方针、政策。《中华人民共和国香港特别行政区基本法》(下称《基本法》)以宪法为依据，以"一国两制"为指导方针，将国家对香港的各项方针政策用法律的形式规定下来。《基本法》既是一项重要的全国性法律，又是香港特别行政区的根本性法律。《基本法》的起草工作于1985年7月1日开始，在广泛征求香港、内地各界意见的基础上于1990年2月全部完成。1990年4月4日，第七届全国人民代表大会第三次会议审议通过了《基本法》，包括附件及其有关文件。同日，国家主席杨尚昆发布《中华人民共和国主席令第二十六号》，公布《基本法》，自1997年7月1日起实施。

《基本法》的主要规定有：香港特别行政区是中国不可分离的部分；全国人民代表大会授权香港特别行政区依照《基本法》规定实行高度自治，享有行政管理权、立法权、独立的司法权和终审权；香港特别行政区是中国的一个享有高度自治权的地方行政区域，直辖于中央人民政府；香港特别行政区不实行社会主义制度和政策，保持原有的资本主义制度和生活方式，50年不变；中央人民政府负责管理与香港特别行政区有关的外交事务和香港特别行政区的防务，中央人民政府授权香港特别行政区依照《基本法》自行处理有关的对外事务；中央人民政府各部门、各省、自治区、直辖市不得干预香港特别行政区根据《基本法》自行管理的事务；香港原有法律，除同《基本法》相抵触或经香港特别行政区立法机关作出修改者外，予以保留；全国性法律除列于《基本法》附件三者外，不在香港特别行政区实施；香港居民在法律面前一律平等，人身自由不受侵犯，享有言论、新闻、出版、结社、集会、游行、示威、通讯、迁徙、宗教信仰和婚姻的自由，组织和参加工会、罢工的权利和自由；等等。

【政治体制】香港特别行政区实行"行政主导"的政治架构。根据《基本法》的规定，香港特别行政区的政治体制要符合"一国两制"的原则，要从香港的法律地位和实际情况出发，以保障香港的稳定繁荣为目的，必须兼顾社会各阶层的利益，循序渐进地发展适合香港情况的民主制度。

行政长官是香港特别行政区的首长，对中央政府和香港特别行政区负责。行政长官由年满40周岁，在香港通常居住连续满20年并在外国无居留权的香港特别行政区永久性居民中的中国公民担任，在当地通过选举或协商产生，由中央政府任命；任期5年，可连任1次。《基本法》规定香港特别行政区行政长官产生办法根据香港特别行政区的实际情况和循序渐进的原则而规定，最终达至由一个有广泛代表性的提名委员会按民主程序提名后普选产生的目标。《基本法》附件一对行政长官的产生办法作了具体规定。1997年7月至2022年6月，五任行政长官分别为：第一任行政长官董建华（1997年7月1日至2002年6月30日），第二任行政长官董建华（2002年7月1日至2005年3月12日，2005年3月12日国务院批准董建华辞任）、曾荫权（2005年6月21日至2007年6月30日，2005年6月，曾荫权在香港特别行政区第二任行政长官补选中当选并获国务院任命），第三任行政长官曾荫权（2007年7月1日至2012年6月30日），第四任行政长官梁振英（2012年7月1日至2017年6月30日），第五任行政长官林郑月娥（2017年7月1日至2022年6月30日）。2022年5月8日，香港特别行政区选举委员会选举李家超为第六任行政长官人选。5月20日，国务院任命李家超为第六任行政长官，于2022年7月1日就职。

行政会议是协助行政长官决策的机构，每周举行一次会议，由行政长官主持。行政长官在作出重要决策、向立法会提交法案、制定附属法规和解散立法会前，须征询行政会议的意见，但人事任免、纪律制裁和紧急情况下采取的措施除外。行政长官如不采纳行政会议多数成员的意见，应将具体理由记录在案。行政会议成员均以个人身份提出意见，但行政会议所有决议均属集体决议。按照《基本法》第五十五条的规定，香港特别行政区行政会议的成员由行政长官从行政机关的主要官员、立法会议员和社会人士中委任。行政会议的成员必须由在外国没有居留权的香港特别行政区永久性居民中的中国公民担任，其任免由行政长官决定。行政会议成员的任期应不超过委任他的行政长官的任期。

行政机关是香港特别行政区政府，首长为行政长官，下设政务司、财政司、律政司和各局、处、署。香港特别行政区政府根据《基本法》第六十二条规定行使职权，主要包括：制定并执行政策；管理各项行政事务；办理中央政府授权的对外事务；编制并提出财政预算、决算；拟定并提出法案、议案、附属法规。《基本法》第六十四条规定，“香港特别行政区政府必须遵守法律，对香港特别行政区立法会负责：执行立法会通过并已生效的法律；定期向立法会作施政报告；答复立法会议员的质询；征税和公共开支须经立法会批准”。

2002年7月1日，香港特别行政区政府开始实施主要官员问责制。政务司司长、财政司司长和律政司司长和各政策局局长不再由公务员担任，而改由行政长官以合约方式聘用，任期不超过聘用其的行政长官的任期。问责制主要官员直接向行政长官负责，各自统领其所辖部门工作，负责制定、解释及推介政策，争取立法会和市民支持。2007年7月1日起，特区政府宣布将政府总部重组为公务员事务局、政制及内地事务局、教育局、环境局、食物及卫生局、民政事务局、劳工及福利局、保安局、运输及房屋局、商务及经济发展局、发展局、财经事务及库务局12个局。2008年5月，特区政府任命首批8名政治问责制副局长及9名政治助理。2015年11月，创新及科技局成立，成为香港特区政府第13个决策局。2022年7月1日起，第六届特区政府正式实施新的政府架构方案，由原先的3司13局，扩至3司15局，另新设3位副司长职位。本次架构重组的具体改变为：成立新的文化体育及旅游局；分拆运输及房屋局为运输及物流局和房屋局；创新及科技局改名为创新科技及工业局；重组民政事务局为民政及青年事务局；扩大环境局并改名为环境及生态局；改组食物及卫生局为医务卫生局。

立法机关是香港特别行政区立法会。立法会由在外国无居留权的香港特别行政区永久性居民中的中国公民组成；但非中国籍的香港特别行政区永久性居民和在外国有居留权的香港特别行政区永久性居民也可当选为立法会议员，其所占比例不得超过全体议员的20%。立法会由选举产生，其产生办法根据香港特别行政区的实际情况和循序渐进的原则而规定，最终达至全部议员由普选产生的目标。《基本法》附件二对香港特别行政区立法会的产生办法和表决程序作了具体规定。立法会除第一届任期为2年外，每届任期4年。立法会主席必须由年满40周岁、在香港通常居住连续满20年并在外国无居留权的香港特别行政区永久性居民中的中国公民担任，并由立法会议员互选产生。立法会行使《基本法》第七十三条规定的职权，主要有：根据《基本法》规定并依照法定程序制定、修改和废除法律；根据政府的提案，审核、通过财政预算案；批准税收和公共开支；听取行政长官的施政报告并进行辩论；对政府的工作提出质询等。

第一届立法会（1998—2000年）由功能团体选举议员30名、选举委员会选举议员10名、分区直接选举议员20名，共60名议员组成；第二届立法会（2000—2004年）由功能团体选举议员30名、选举委员会选举议员6名、分区直接选举议员24名，共60名组成；第三届立法会（2004—2008年）和第四届立法会（2008—2012年）由功能团体选举议员30名和分区直接选举议员30名，共60名组成。第五届立法会（2012—2016年）由功能团体选举议员35名和分区直接选举议员35名，共70名组成，其中功能团体增加的5席分配给区议会组别，由民选区议员提名、全港没有功能界别选举权的选民一人一票选出。第六届立法会（2016—2021年，任期因新冠疫情延长）选举于2016年9月4日举行，产生功能团体选举议员35名和分区直接选举议员35名。但个别候任议员在宣誓时擅自篡改誓词或在誓词中增加其他内容，蓄意宣扬“港独”主张，侮辱国家和民族。11月7日，第十二届全国人民代表大会常务委员会第二十四次会议通过《全国人大常委会关于香港特别行政区基本法第一百零四条的解释》，认定依法宣誓是相关公职人员就职的必经程序，并明确了依法宣誓的具体含义。据此，香港特别行政区法院裁定个别候任议员宣誓无效，丧失议员资格。

第七届立法会选举原定于2020年9月6日举行。2020年7月31日，林郑月娥行政长官宣布因新冠疫情将第七届立法会选举推迟一年。8月11日，第十三届全国人民代表大会常务委员会第二十一次会议通过《全国人民代表大会常务委员会关于香港特别行政区第六届立法会继续履行职责的决定》，明确2020年9月30日后，香港特别行政区第六届立法会继续履行职责，不少于1年，直至第七届立法会任期开始为止。香港特别行政区第七届立法会依法产生后，任期仍为4年。2020年11月11日，第十三届全国人民代表大会常务委员会第二十三次会议通过《全国人民代表大会常务委员会关于香港特别行政区立法会议员资格问题的决定》，明确香港特别行政区立法会议员一经依法认定不符合拥护《基本法》和效忠香港特别行政区的法定要求和条件，即时丧失立法会议员资格的一般规则，同时明确决定适用于原定第七届立法会选举提名期间被依法裁定提名无效的第六届立法会议员。据此，香港特别行政区政府宣布此前已被裁定参选提名无效的4名立法会议员即时丧失议员资格。2021年12月19日，第七届立法会选举顺利举行，根据新选举制度产生的选举委员会选举的议员40名、功能团体选举的议员30名和分区直接选举的议员20名，任期于2022年1月1日开始。

司法机关为香港特别行政区各级法院，行使香港特别行政区的审判权。香港特别行政区法院除继续保持香港原有法律制度和原则对法院审判权所作限制外，对香港特别行政区所有的案件均有审判权；香港特别行政区法院对国防、外交等国家行为无管辖权。法院在审理案件中遇有涉及国防、外交等国家行为的事实问题，应取得行政长官就该等问题发出的证明文件，上述文件对法院有约束力；行政长官在发出证明文件前，须取得中央政府的证明书。香港特别行政区的终审权属于香港特别行政区终审法院。终审法院和高等法院的首席法官应由在外国无居留权的香港特别行政区永久性居民中的中国公民担任。终审法院法官和高等法院首席法官的任命或免职还须由行政长官征得立法会同意，并报全国人大常委会备案。

【香港国安法】近年来，香港特别行政区国家安全风险凸显，“港独”、分裂国家、暴力恐怖活动等各类违法活动严重危害国家主权、统一和领土完整；一些外国和境外势力公然干预香港事务，利用香港从事危害中国国家安全的活动。为了维护国家主权、安全、发展利益，坚持和完善“一国两制”制度体系，维护香港长期繁荣稳定，保障香港居民合法权益，根据《中华人民共和国宪法》以及《基本法》的有关规定，2020年5月28日，第十三届全国人民代表大会常务委员会第三次会议审议通过《全国人民代表大会关于建立健全香港特别行政区维护国家安全的法律制度和执行机制的决定》。2020年6月30日，第十三届全国人民代表大会常务委员会第二十次会议审议通过《中华人民共和国香港特别行政区维护国家安全法》(简称“香港国安法”)并列入《基本法》附件三，国家主席习近平签署第49号主席令予以公布。同日，《中华人民共和国香港特别行政区维护国家安全法》在香港特区刊宪公布，即日晚11时生效。

《中华人民共和国香港特别行政区维护国家安全法》共六章、六十六条，是一部兼具实体法、程序法和组织法内容的综合性法律。法律明确规定了香港特别行政区维护国家安全的职责和机构，分裂国家罪、颠覆国家政权罪、恐怖活动罪、勾结外国或者境外势力危害国家安全罪四类罪行和处罚，案件管辖、法律适用和程序，中央人民政府驻香港特别行政区维护国家安全机构等内容，建立起香港特别行政区维护国家安全的法律制度和执行机制。

2022年12月30日，第十三届全国人民代表大会常务委员会第三十八次会议表决通过了《全国人民代表大会常务委员会关于〈中华人民共和国香港特别行政区维护国家安全法〉第十四条和第四十七条的解释》，明确香港特别行政区维护国家安全委员会承担香港特区维护国家安全的法定责任，有权对是否涉及国家安全问题作出判断和决定；不具有香港特区全面执业资格的海外律师担任国家安全案件的辩护人或者诉讼代理人可能引发国家安全风险，属于香港国安法第四十七条所规定的需要认定的有关行为，应当取得行政长官发出的证明书；如香港特区法院没有提出并取得行政长官发出的证明书，香港特区国安委应当根据香港国安法的规定履行法定职责，对该等情况作出相关判断和决定。

【香港新选举制度】香港社会近年来出现的一些乱象表明，香港特别行政区现行的选举制度机制存在明显的漏洞和缺陷，为反中乱港势力夺取香港特别行政区管治权提供了可乘之机。为了消除选举制度机制方面存在的隐患和风险，确保以爱国者为主体的“港人治港”，确保在香港特别行政区依法施政和有效治理，确保香港“一国两制”实践始终沿着正确方向前进，2021年3月11日，第十三届全国人民代表大会常务委员会第四次会议审议通过《全国人民代表大会关于完善香港特别行政区选举制度的决定》。2021年3月30日，第十三届全国人民代表大会常务委员会第二十七次会议审议通过新修订的《中华人民共和国香港特别行政区基本法附件一香港特别行政区行政长官的产生办法》、新修订的《中华人民共和国香港特别行政区基本法附件二香港特别行政区立法会的产生办法和表决程序》，国家主席习近平分别签署第75、76号主席令予以公布。

完善后的选举制度对香港特别行政区选举委员会重新构建、增加赋权，调整和优化选举委员会的规模、组成和产生办法，继续由选举委员会选举产生行政长官，并赋予选举委员会选举产生较大比例的立法会议员和直接参与提名全部立法会议员候选人的新职能，通过选举委员会扩大香港社会均衡有序的政治参与和更加广泛的代表性，对有关选举要素作出适当调整，同时建立全流程资格审查机制，是一套符合“一国两制”方针、符合香港实际、符合香港发展需要的政治制度、民主制度。

【总的形势】香港回归祖国后，“一国两制”由科学构想变成生动现实。香港特别行政区依法实行高度自治，享有行政管理权、立法权、独立的司法权和终审权，继续保持原有的资本主义制度和生活方式不变，法律基本不变，继续保持繁荣稳定，各项事业全面发展。在中央政府全力支持下，香港特区继续保持自由港和国际大都市的特色，巩固了国际金融、航运、贸易中心地位，继续被众多国际机构评为全球最自由经济体和最具竞争力的地区之一。2019年香港发生“修例风波”，“港独”“黑暴”等活动严重危害香港社会稳定、经济繁荣和公共安全，挑战“一国两制”底线，严重危害国家主权、安全、发展利益，香港面临回归以来最严峻的局面。党中央审时度势，制定香港国安法，完善香港特区选举制度，落实“爱国者治港”原则，支持特区完善公职人员宣誓制度。中央人民政府依法设立驻香港特别行政区维护国家安全公署，香港特别行政区依法设立维护国家安全委员会。中央坚定支持香港特别行政区依法止暴制乱、恢复秩序，支持行政长官和特区政府依法施政，坚决防范和遏制外部势力干预香港事务，严厉打击分裂、颠覆、渗透、破坏活动。全面支持香港更好融入国家发展大局，高质量建设粤港澳大湾区，支持香港发展经济、改善民生，增强香港同胞的国家意识和爱国精神。这一系列标本兼治的举措，推动香港局势实现由乱到治的重大转折，为推进依法治港、促进“一国两制”实践行稳致远打下了坚实基础。

2022年7月1日，国家主席习近平在香港出席庆祝香港回归祖国25周年大会暨香港特别行政区第六届政府就职典礼并发表重要讲话指出，“一国两制”是经过实践反复检验了的，符合国家、民族根本利益，符合香港、澳门根本利益，得到14亿多祖国人民鼎力支持，得到香港、澳门居民一致拥护，也得到国际社会普遍赞同。这样的好制度，没有任何理由改变，必须长期坚持！必须全面准确贯彻“一国两制”方针，必须坚持中央全面管治权和保障特别行政区高度自治权相统一，必须落实“爱国者治港”，必须保持香港的独特地位和优势。习近平主席对新一届特区政府团结带领社会各界实现良政善治、建设美好香港提出4点希望：一是着力提高治理水平；二是不断增强发展动能；三是切实排解民生忧难；四是共同维护和谐稳定。

经　济

根据特区政府统计处的数据，2022年，香港本地生产总值为2.818万亿港元（约3613亿美元，按1美元兑换7.8港元计算，下同），同比减少3.5%，人均本地生产总值为38.4万港元（约4.92万美元）。2022年，全年商品进口总额为4.927万亿港元（约6317亿美元），同比减少7.2%；出口总额为4.532万亿港元（约5810亿美元），同比减少8.6%，全年贸易逆差3958.18亿港元（约507亿美元）。截至2022年12月，官方外汇储备资产达4240亿美元。全年基本通货膨胀率为1.9%，失业率为4.3%。

2019年访港旅客总数为5591万人次，同比减少14.2%。中国内地继续是香港最大的客源市场，访港人数达4377万人次，同比减少14.2%，占整体访港旅客的78%。受新冠疫情等影响，2020年访港旅客总数为356.9万人次，同比减少93.6%。2021年访港旅客总数为9.1万人次，同比减少97.4%。2022年访港旅客总数为60.5万人次，同比增长561.5%。

截至2022年底，香港股市总市值达35.7万亿港元，上市公司总数2597家，是亚洲第四大及全球第七大证券市场。2022年在香港进行的首次公开招股集资总额达1045.7亿港元（约134亿美元），排名全球第四。香港交易所平均每日成交金额为1249亿港元（约160亿美元）。香港交易所旗下证券化衍生产品（衍生权证及牛熊证）的成交金额为全球之冠，连续16年位居全球首位。

香港是国际性银行最集中的城市之一。全球最大的100家银行有超过77家在香港开展业务。截至2022年底，香港共有182家认可银行机构（包括155家持牌银行、15家有限制牌照银行和12家接受存款公司）。国际清算银行2022年4月公布的每三年一度的全球金融市场外汇与衍生工具市场排名调查结果显示，香港是全球第四大外汇市场及第三大场外衍生工具市场。英国Z/Yen集团与中国（深圳）综合开发研究院于2023年3月联合发表的全球金融中心指数中，香港排名第四。此外，香港是全球最大的人民币离岸中心和跨境贸易人民币结算中心。

香港是亚洲商贸枢纽。截至2022年底，母公司在海外及内地的驻港公司共8978家，其中地区总部1411家、地区办事处2397家、驻港当地办事处5170家。中国内地公司在香港设立的地区总部/地区办事处/驻港当地办事处最多（23.5%），其次是日本公司（15.5%）、美国公司（14.0%）和英国公司（7.3%）。这些公司来自不同的行业，排名前三的行业依次是进出口贸易、批发及零售业（46.4%），金融及银行业（18.7%），专业、商用及教育服务业（14.6%）。根据世界银行《2020年营商环境报告》，香港营商便利度排名全球第三。

香港是国际会议和展览的主要举办地。2019年，香港第13次获选为“亚洲最佳会议城市”。同年获评为“亚洲领先会议目的地”和“最佳展览及奖励旅游目的地”。

香港是国际和亚太地区的主要航空中心和航运中心。在香港国际机场营运的航空公司约120家，每天提供约1100班航机，前往全球220多个航点，当中约50个位于内地城市（2019年）。2019年，香港国际机场运送481万吨货物和7154万人次旅客，是世界十大最繁忙客运机场之一。受新冠疫情影响，香港国际机场2020年运送447万吨货物和884万人次旅客，2021年运送502万吨货物和135万人次旅客，2022年运送419.9万吨货物和565.6万人次旅客，连续两年获评全球最繁忙货运机场。2022年，在英国权威航空评级机构Skytrax评出的“全球最佳机场”排名中，香港国际机场列第20位。香港亦是全球最繁忙的集装箱港口之一，截至2022年12月，在香港注册船舶达2384艘，吨位突破1.27亿吨。2022年，香港集装箱吞吐量为1668.5万标箱，同比减少6.3%，全球排名第9位。

香港与中国内地的经贸关系日益密切，内地自1985年起一直是香港最大的贸易伙伴。2022年，香港与内地商品进出口总额为4.65万亿港元（约5962亿美元），同比减少13.6%。其中，香港对内地出口额为2.57万亿港元（约3295亿美元），同比减少12.9%，占香港出口总额的56.7%，同比减少2.8个百分点；香港自内地进口额为2.08万亿港元（约2667亿美元），同比减少14.4%，占香港进口总额的42.2%，同比减少3.6个百分点。香港与内地的贸易顺差为4931亿港元（约632亿美元），同比减少4.9%。截至2022年底，内地在港上市公司1409家，占港交所上市公司总数的54%；市值达27.4万亿港元，占香港上市公司总市值的77%。

文化教育

【教育】2023/2024财年，香港特区政府在教育方面的开支预算总额为1147亿港元，占政府总开支预算的15.1%。特区政府设有学生资助计划，确保学生不会因经济问题而失去受教育的机会，并推行各项措施，确保香港维持高水平的教育。从2008/2009学年起，特区政府将免费教育由9年延伸至12年（至公立高中），并全面资助职业训练局为修毕中三学生开办的全日制课程，为他们提供进修途径。香港现有22所颁授学位的高等教育院校，包括11所大学、1所职业训练局、1所演艺学院和9所专上学院。根据2023年QS世界大学排名，香港大学、香港中文大学、香港科技大学、香港城市大学、香港理工大学名列全球大学排行前100名。

2004年7月11日，香港与内地签订《关于相互承认高等教育学位证书的备忘录》，相互承认两地高等学校颁发的学士及以上学位。截至2022年，香港与内地高校已成立“粤港澳高校联盟”“京港大学联盟”“沪港大学联盟”“苏港澳高校合作联盟”等合作联盟。

【新闻出版】香港作为国际商业和金融中心，通讯及传媒业高度发达，吸引了不少海外报社及广播公司、国际通讯社在港设立亚太区总部或办事处。截至2023年6月，香港共有3个本地免费电视节目服务持牌机构、1个本地收费电视节目服务持牌机构、9家非本地电视节目服务持牌机构、2家声音广播持牌机构及1家政府电台。截至2021年9月30日，香港共有94份报纸（包括61份中文报纸、13份英文报纸、17份中英双语报纸和3份日语报纸）和451份期刊，主要本地报纸有《大公报》《文汇报》《香港商报》《明报》《信报》《星岛日报》《东方日报》《南华早报》等。在香港运作的国际传媒机构有《经济学人》、《金融时报》、《纽约时报》、《日本经济新闻》、《华尔街日报》、法新社、美联社、彭博通讯社等，国际广播机构包括英国广播公司、亚洲新闻台、美国有线电视新闻网、日本放送协会等。

对外事务

香港特区每年派代表以中国代表团成员身份参加以国家为单位参加的、同香港有关的、适当领域的国际组织和国际会议，或以“中国香港”名义单独组团出席不以国家为单位参加的国际组织和国际会议。

经中央政府授权，香港特区政府与71个国家签署了民航协定（截至2018年9月9日）；与内地、新西兰、欧洲自由贸易联盟、智利、澳门特区、东盟、格鲁吉亚及澳大利亚签署了自由贸易协定，并完成了与马尔代夫的自贸协定谈判（截至2022年3月31日）；与20个国家及东盟、比利时—卢森堡经济联盟签署了促进和保护投资协定（截至2021年6月16日）；与17个国家签署了移交被判刑人协定（截至2023年2月12日）；与20个国家签署了移交逃犯协定，2020年中止了其中10个（截至2020年11月9日）；与33个国家签署了刑事司法协助协定，2020年中止了其中10个（截至2021年9月24日）。

截至2023年3月1日，驻港外国代表机构共有64个总领事馆、55个名誉领事馆及8个官方认可代表机构。截至2023年1月10日，共有168个国家和地区给予香港特区护照持有人免签证或落地签证入境待遇。

目前，香港特区政府共设有14个驻外经济贸易办事处，分别设于日内瓦、布鲁塞尔、伦敦、多伦多、东京、新加坡、悉尼、华盛顿、纽约、旧金山、柏林、雅加达、曼谷、迪拜。除驻日内瓦经济贸易办事处的主要职责是代表香港参与世界贸易组织事务外，其他经贸办事处的主要职责是促进香港特区与有关国家或地区的经贸、投资利益及公共关系。（黄健飞）

澳门特别行政区

地理　位于珠江口西岸，毗邻广东省，北与珠海市拱北接壤，南濒中国南海，西与珠海市湾仔和横琴岛隔河相对，东与香港隔海相望。港澳相距42海里，两地之间通过港珠澳大桥相连，并有喷射船、水翼船和直升机客运服务。澳门半岛和氹仔岛之间由友谊大桥、澳氹大桥和西湾大桥相接。氹仔岛和路环岛之间由路氹连贯公路相连。路氹连贯公路周边区域不断发展，逐步形成路氹填海区（或称“路氹城”）。地处亚热带季风区，气候温暖湿润，雨量充沛。

面积　33.3平方公里，包括澳门半岛、氹仔岛和路环岛。

人口　67.28万（2022年）。

正式语文　澳门特别行政区的行政机关、立法机关和司法机关，除了使用中文，还可使用葡文，葡文也是正式语文（《中华人民共和国澳门特别行政区基本法》第九条）。

主要宗教和节日　为多宗教并存地区。主要宗教有佛教、道教、天主教、基督教新教、伊斯兰教、巴哈伊教。

中国传统节日春节、端午节、清明节、中秋节、重阳节及主要宗教节日耶稣受难日、复活节、佛诞日和圣诞节均为公众假期。

简　史

澳门历来是中国领土，旧属广东省香山县（今中山市）管辖。1535年（明嘉靖十四年），葡萄牙人贿赂广东地方官吏，取得在码头停靠船舶和进行贸易的权利。1553年

（明嘉靖三十二年），葡萄牙人以曝晒水浸货物为由上岸居住。1557年（明嘉靖三十六年）起，葡萄牙人在澳门建房定居。鸦片战争后，葡乘机扩大其在澳门侵占的地盘，1851年和1864年先后侵占了氹仔岛和路环岛。1887年，葡迫使清政府签订《中葡会议草约》和《北京条约》，塞进了"永驻管理澳门"的条款。此后，葡一直占领澳门并把澳门划为葡领土。1976年，葡宪法始规定澳门是葡萄牙管辖的特殊地区。

中华人民共和国成立后，中国政府曾多次阐明对澳门问题的立场：澳门是中国领土的一部分，澳门问题属历史遗留下来的问题，中国政府主张在条件成熟时，通过谈判解决。中葡两国政府自1986年6月30日起经过历时9个月的四轮谈判，于1987年3月26日草签了《中华人民共和国政府和葡萄牙共和国政府关于澳门问题的联合声明》及《中华人民共和国政府对澳门的基本政策的具体说明》《关于过渡时期的安排》两个附件。同年4月13日，两国总理分别代表本国政府正式签署联合声明。1988年1月15日，两国政府交换批准书，联合声明从该日起生效。中葡联合声明规定，中华人民共和国政府于1999年12月20日对澳门恢复行使主权。中国政府在联合声明中阐述了对解决澳门问题的基本方针政策。联合声明的签署为国家间以和平方式解决历史遗留问题和国际争端树立了典范，对促进世界和平与进步事业具有重要意义。

1999年12月19日午夜，中葡两国政府在澳门文化中心花园馆举行澳门政权交接仪式。20日零时，中国政府对澳门恢复行使主权。随即，澳门特别行政区成立暨特区政府宣誓就职仪式在澳门综艺馆举行。澳门特别行政区第一任行政长官何厚铧、特区政府主要官员、立法会议员、终审法院院长和检察长宣誓就职。20日中午12时，中国人民解放军驻澳部队进驻澳门。澳门顺利回归祖国、澳门特别行政区成立是继香港回归后中国人民在实现祖国统一伟业进程中的又一历史丰碑。

政　治

【《基本法》】《中华人民共和国澳门特别行政区基本法》（下称《基本法》）以宪法为依据，以"一国两制"为指导方针，将国家对澳门的各项方针、政策用基本法律的形式规定下来。《基本法》既是一项重要的全国性法律，又是澳门特别行政区的根本性法律。《基本法》的起草工作于1988年10月开始，在澳门和内地广泛征求意见的基础上，《基本法》草案及其附件于1993年3月获第八届全国人民代表大会常务委员会第一次会议通过。《基本法》自1999年12月20日起实施。

《基本法》的主要规定有：澳门特别行政区是中国不可分离的部分，是一个享有高度自治权的地方行政区域，直辖于中央人民政府；全国人民代表大会常务委员会授权澳门特别行政区依照《基本法》规定实行高度自治，享有行政管理权、立法权、独立的司法权和终审权；澳门特别行政区不实行社会主义制度和政策，保持原有的资本主义制度和生活方式，50年不变；中央人民政府负责管理与澳门特别行政区有关的外交事务和澳门特别行政区的防务；中央人民政府各部门、各省、自治区、直辖市不得干预澳门特别行政区根据《基本法》自行管理的事务；澳门原有法律，除同《基本法》相抵触或经澳门特别行政区立法机关或其他有关机关依照法定程序作出修改者外，予以保留；全国性法律除列于《基本法》附件三者外，不在澳门特别行政区实施；澳门居民在法律面前一律平等，享有言论、新闻、出版、结社、集会、游行、示威、通讯、迁徙、宗教信仰和婚姻的自由，组织和参加工会、罢工的权利和自由；等等。

【政治体制】行政长官是澳门特别行政区的首长，对中央人民政府和澳门特别行政区负责。行政长官由年满40周岁，在澳门通常居住连续满20年的澳门特别行政区永久性居民中的中国公民担任，在当地通过选举或协商产生，由中央人民政府任命。行政长官任期为5年，可连任1次。1999年至2019年四任行政长官分别为：第一、二任行政长官何厚铧（1999年12月20日至2009年12月19日），第三、四任行政长官崔世安（2009年12月20日至2019年12月19日）。2004年4月6日，澳门特区《行政长官选举法》正式生效，规定新一任行政长官候任人将由一个300人组成的、具有广泛代表性的选举委员会"一人一票"选出。2012年8月29日，澳门立法会表决通过修改《行政长官选举法》。根据修改后的《行政长官选举法》，第四任行政长官选举委员会的人数由300人增至400人。2019年8月25日，澳门特区举行第五任行政长官选举，贺一诚当选澳门特区第五任行政长官候任人，任期至2024年12月19日。

澳门特别行政区政府是澳门特别行政区的行政机关，政府首长是行政长官。澳门特别行政区政府设司、局、厅、处。行政法务司司长、经济财政司司长、保安司司长、社会文化司司长、运输工务司司长、廉政公署廉政专员、审计署审计长、警察总局局长和海关关长为特区政府主要官员。主要官员由在澳门通常居住连续满15年的澳门特别行政区永久性居民中的中国公民担任。澳门特别行政区政府根据《基本法》第六十四条规定行使职权，主要包括制定并执行政策，管理各项行政事务，办理中央政府授权的对外事务，编制并提出财政预算、决算，提出法案、议案，草拟行政法规，等等。

澳门特别行政区行政会是协助行政长官决策的机构，每月至少举行一次会议，由行政长官主持。行政会委员由澳门特别行政区永久性居民中的中国公民担任，由行政长官从政府主要官员、立法会议员和社会人士中委任。行政会委员的人数为7—11人，目前共有11名委员。《基本法》规定，行政长官在作出重要决策、向立法会提交法案、制定行政法规和解散立法会前，须征询行政会的意见，但人事任免、纪律制裁和紧急情况下采取的措施除外。

澳门特别行政区立法会是澳门特别行政区的立法机关。立法会除第一届另有规定外，每届任期为4年。立法会行使《基本法》第七十一条规定的职权，主要有：依照《基本法》规定和法定程序制定、修改、暂停实施和废除法律；审核、通过政府提出的财政预算案；审议政府提出的预算执行情况报告；根据政府提案决定税收，批准由政府承担的债务；听取行政长官的施政报告并进行辩论；就公共利益问题进行辩论；接受澳门居民申诉并作出处理；等等。特区第一届立法会由23名议员组成，包括直选议员8名、间选议员8名及委任议员7名。立法会设主席、副主席各一人。第一届立法会议员的任期至2001年10月15日。第二届立法会选举于2001年9月23日举行。第二届立法会由27名议员组成，包括直选议员10名、间选议员10名及委任议员7名，任期至2005年10月15日。第三届立法会选举于2005年9月25日举行。第三届立法会由29名议员组成，包括直选议员12名、间选议员10名及委任议员7名，任期至2009年10月15日。第四届立法会选举于2009年9月20日举行。第四届立法会议员人数及构成与第三届立法会相同，任期至2013年10月15日。2012年8月29日，澳门特区立法会表决通过修改《立法会选举法》，规定2013年立法会产生办法，直、间选各增加2个议席，委任议席数量保持不变。第五届立法会选举于2013年9月15日举行。第五届立法会由33名议员组成，包括直选议员14名、间选议员12名及委任议员7名，任期至2017年10月15日。第六届立法会选举于2017年9月17日举行。第六届立法会人数及构成与第五届立法会相同，任期至2021年10月15日。第七届立法会选举于2021年9月12日举行。第七届立法会人数及构成与第六届立法会相同，任期至2025年10月15日。

澳门特别行政区的审判权属澳门特别行政区法院。澳门特别行政区设立初级法院、中级法院和终审法院。终审权属于澳门特别行政区终审法院。澳门特别行政区法院除继续保持澳门原有法律制度和原则对法院审判权所作的限制外，对澳门特别行政区所有的案件均有审判权。澳门特别行政区法院对国防、外交等国家行为无管辖权。澳门特别行政区法院在审理案件中遇有涉及国防、外交等国家行为的事实问题，应取得行政长官就该等问题发出的证明文件，上述文件对法院有约束力。行政长官在发出证明文件前，须取得中央人民政府的证明书。澳门特别行政区各级法院的法官，根据当地法官、律师和知名人士组成的独立委员会的推荐，由行政长官任命。各级法院的院长由行政长官从法官中选任。终审法院院长由澳门特别行政区永久性居民中的中国公民担任。终审法院院长、法官的任命和免职须报全国人民代表大会常务委员会备案。目前，初级法院共有法官32人，中级法院共有法官8人，终审法院共有法官3人。

澳门特别行政区检察院独立行使法律赋予的检察职能，不受任何干涉。澳门特别行政区检察长由澳门特别行政区永久性居民中的中国公民担任，由行政长官提名，报中央人民政府任命。检察官经检察长提名，由行政长官任命。检察院的组织、职权和运作由法律规定。目前，检察院司法官共有34人，包括检察长1人、助理检察长7人和检察官26人，主要负责对刑事案件的调查和起诉，在各级法院代表检察院出庭，依法参与刑事、民事和行政诉讼。

【总的形势】澳门回归以来，“一国两制”“澳人治澳”和高度自治方针得到全面贯彻落实。在中央政府的大力支持下，在特区政府和社会各界的共同努力下，澳门取得了举世瞩目的发展成就，社会安定，经济增长，居民安居乐业，多元文化和谐共处，国际知名度不断提高。2022年，澳门面对新冠疫情持续反复和经济下行的挑战，在中央政府的大力支持和关怀下，特区政府有效统筹疫情防控和经济恢复发展工作，全体居民守望相助，社会各界齐心协力，共同抵御了疫情的巨大冲击。同时，特区经济适度多元发展务实推进，新产业逐步培育和发展；完成娱乐场幸运博彩法修改及经营批给的重新竞投工作，促进博彩业健康有序发展；稳步推进澳门维护国家安全法修改，严格履行维护国家安全的宪制责任；落实五阶梯房屋建设，持续优化社会民生工作；宜居城市建设逐步展开，公共行政改革不断深化；横琴粤澳深度合作区建设取得阶段性成效。特区各项事业取得新进展，社会大局和谐稳定。

经　济

澳门是自由港。澳门过去只有鞭炮、火柴及神香等手工业，经济长期以来以博彩业为主。20世纪60年代中期至80年代中期，出口加工业带动澳门经济迅速增长。澳门经济自20世纪80年代开始呈现高速增长，逐渐形成四大产业，分别为博彩旅游业、出口加工业、金融保险业和建筑地产业。这四大产业曾对澳门经济起着举足轻重的作用。进入90年代，澳门经济转入调整期，发展速度放缓。回归以来，澳门经济逐渐走出谷底，保持良好发展态势。

2022年，澳门本地生产总值为1773亿元（澳门元，下同，约合220.8亿美元），同比减少26.8%，人均本地生产总值为26万元（约合3.24万美元）。公共财政总收入为1044.9亿元（含财政储备调拨），总支出为995.9亿元，财政盈余为49亿元。2022年底财政储备资本金额为5579.7亿元，同比减少13.25%，其中基本储备及超额储备分别为1851.3亿元和3728.4亿元。2022年博彩毛收入为428.4亿元，同比减少51.1%。入境旅客570万人次，同比减少26%。酒店及公寓可提供客房总数为3.77万间。会议及展览活动共460项，同比增加11项，与会及入场总人数为142.1万人次，同比增长1.4%。货物进出口总额为1533.3亿元，同比减少8.1%。其中，进口总额为1398.1亿元，同比减少9.1%；出口总额为135.2亿元，同比增长4.3%；贸易逆差为1262.9亿元，较2021年（1409.1亿元）减少146.2亿元。截至2022年12月底，特区外汇储备资产总额为2086亿元（约合259.7亿美元），同比减少2.6%。2022年，全年新动工楼宇建筑面积6.7万平方米，同比减少88.0%；建成楼宇建筑面积37.3万平方米，同比减少60.9%。楼宇单位及停车位买卖4544个，同比减少48.4%，交易金额为246.9亿元，同比减少50.4%。全年总体失业率为3.7%，较2021年上升0.8个百分点，本地居民失业率为4.8%，较2021年上升0.9个百分点。通货膨胀率为1.04%，较2021年上升1.01个百分点。

澳门与中国内地的经贸关系也一定程度上受到新冠疫情影响。2022年，澳门与内地货物进出口总额为437.6亿元，同比减少13.1%。其中，澳门对内地出口额为13.1亿元，同比减少27.9%，占澳门出口总额的9.7%，减少4.3个百分点；澳门自内地进口额为424.5亿元，同比减少12.5%，占澳门进口总额的30.4%，减少1.1个百分点。澳门与内地的贸易逆差为411.4亿元，同比减少11.9%。

文化教育

【教育】特区实行15年免费教育。2021/2022学年，澳门共有各类学前、小学、中学、特殊教育、回归教育学校77所，上述学校共有教学人员7615名，注册学生85783人。澳门共有10所高等院校。其中，公立4所，分别为澳门大学、澳门理工大学（原名“澳门理工学院”，2022年3月更名）、澳门旅游学院、澳门保安部队高等学校；私立6所，分别为澳门城市大学［原名“亚洲（澳门）国际公开大学”］、圣若瑟大学（原名“澳门高等校际学院”）、澳门镜湖护理学院、澳门科技大学、澳门管理学院和中西创新学院。2021/2022学年，澳门高等院校共有教学人员2784名，注册学生43964名。面向内地招生的有澳门大学、澳门理工大学、澳门旅游学院、澳门科技大学、澳门镜湖护理学院和澳门城市大学共6所高校。圣若瑟大学获准自2021/2022学年起在内地试点招收研究生。2021/2022学年，在上述院校共有内地学生59135名，其中新注册的内地学生为10228名。自2004年起，内地普通高等学校面向特区联考招生，2021/2022学年共有1108名澳门地区保送生被内地高校录取。

【新闻出版】澳门现有13家中文日报，主要包括《澳门日报》《华侨报》《大众报》《市民日报》《星报》《正报》《现代澳门日报》《新华澳报》《澳门时报》《濠江日报》《力报》等。

葡文日报有《句号报》《澳门论坛日报》《澳门今日》3家；葡文周报有《号角报》和以中葡双语出版的《澳门平台》。英文日报有《澳门邮报》《澳门每日时报》2家。

澳门主要的电视公司有澳门广播电视股份有限公司、澳门有线电视股份有限公司、澳门莲花卫视传媒有限公司、澳亚卫视有限公司以及澳门卫视股份有限公司。澳门有2家电台：澳广视属下的澳门电台和私营的绿邨电台。

对外事务

回归以来，澳门特别行政区的对外交往取得显著成果。截至2022年底，澳门特区参加的政府间国际组织共48个。其中，以“中国澳门”名义单独参加的有30个，包括世界贸易组织、国际海事组织、世界旅游组织、世界气象组织、世界海关组织、台风委员会、亚太反洗钱小组、国际缉毒执法大会、国际民航组织公钥簿、亚太地区反腐败行动计划等；以中国代表团成员身份参加的有18个，包括世界银行、国际刑警组织、国际劳工组织、万国邮政联盟、国际电信联盟、国际民用航空组织、国际货币基金组织、世界知识产权组织、联合国麻醉品委员会、亚太邮政联盟等。

截至2022年底，经中央政府授权，澳门特区政府先后与18个国家签署了航班或民航协定，使澳门特区与外国签署的航班或民航协定达到50个；与22个国家签署了互免签证协定；与16个国家和地区签署了税收信息交换协定；与欧盟、瑞士、冰岛分别签署了关于接受没有居留许可的人的协定；与葡萄牙、东帝汶、佛得角签署了法律及司法合作协定；与蒙古国、韩国签署了刑事司法协助协定；与葡萄牙、荷兰签署了相互鼓励和保护投资协定；与葡萄牙、蒙古国、尼日利亚签署了移交被判刑人协定。

截至2022年底，共有700余项国际条约、修正案及议定书适用澳门特区，涉及外交、国防、民航、海关、禁毒、经济金融、知识产权、邮政电信、资源环保、人权、教科文卫、劳工、海事、国际犯罪、国际私法、道路交通、建立国际组织等各方面。

截至2022年底，共有葡萄牙、安哥拉、菲律宾、莫桑比克4个国家在澳门特区设有总领事馆，9个国家在澳门特区设有名誉领事，78个国家驻港总领事馆或名誉领事领区涵盖澳门特区或可在澳门特区执行领事职务。澳门在欧盟（布鲁塞尔）、葡萄牙（里斯本）、世界贸易组织（日内瓦）设有3个经济贸易办事处，在美国、日本等国家和地区派有14个旅游代表和1个旅游驻外办事处（不包括中国香港和中国台湾）。

截至2022年底，共有144个国家和地区给予澳门特区护照持有人免签证或落地签证入境待遇。澳门特区给予81个国家和地区居民免签入境待遇。（袁薇巧）

阿 富 汗

国名 阿富汗（Afghanistan）。

面积 64.75万平方公里。

人口 约4113万（2022年）。普什图族占40%，塔吉克族占25%，还有哈扎拉、乌兹别克、土库曼等20多个少数民族。普什图语和达里语是官方语言，其他语言有乌兹别克语、俾路支语、土耳其语等。逊尼派穆斯林占86%，什叶派穆斯林占13%，其他占1%。

首都 喀布尔（Kabul），人口约538万（2022年）。气候温和，四季分明，全年平均气温13℃左右。

重要节日 阿富汗新年：3月21日；阿富汗独立纪念日：8月19日；开斋节：每年日期不定，依伊斯兰历而变；古尔邦节：每年日期不定，随伊斯兰历而变。

简 况

亚洲中西部的内陆国家。北邻土库曼斯坦、乌兹别克斯坦、塔吉克斯坦，西接伊朗，南部和东部连巴基斯坦，东北部凸出的狭长地带与中国接壤。属大陆性气候，全年干燥少雨，冬季寒冷，夏季炎热，全国年均降水量仅240毫米左右。

阿富汗王国建立于1747年，曾一度强盛。19世纪后，国力日衰，成为英国和沙俄的角逐场。1919年，阿摆脱英国殖民统治获得独立。1979年12月，苏联入侵阿富汗。1989年2月，苏军从阿富汗撤出。后因各派抗苏武装争权夺势，阿富汗陷入内战。1994年阿富汗塔利班兴起，1996年9月攻占喀布尔，建立政权。1997年10月，改国名为"阿富汗伊斯兰酋长国"，在阿富汗实行伊斯兰统治。"9·11"事件后，阿富汗塔利班政权在美军事打击下垮台。在联合国主持下，阿富汗启动战后重建"波恩进程"。2001年12月，阿成立临时政府。2002年6月，阿成立过渡政府。2004年10月，卡尔扎伊当选阿富汗首任民选总统。2009年11月，卡尔扎伊第二次当选就职。2014年9月，阿富汗举行第三次总统大选，加尼担任总统，阿卜杜拉担任首席执行官。

政 治

2019年9月，阿富汗举行总统换届选举。2020年3月，加尼总统举行胜选连任就职仪式。2021年4月，美国宣布从阿富汗全面撤军，引发阿富汗局势快速演变。8月15日，阿富汗塔利班进占喀布尔，加尼总统辞职出走。8月30日，美国宣布完成自阿富汗撤军。9月7日，阿富汗塔利班宣布组建临时政府，并公布部分内阁成员。

【议会】大支尔格会议又称"大国民会议"。根据阿富汗新宪法，大支尔格会议是阿富汗人民意愿的最高体现，由议会上下两院议员、各省议会议长组成。负责制定和修改宪法，批准国家其他有关法律；有权决定涉及阿富汗国家独立、主权、领土完整和国家利益等问题；审议总统提交的内阁组成名单；内阁部长、最高法院法官和大法官可以列席会议；会议不定期举行。

【行政区划】全国划分为34个省，省下设县、区、乡、村。各省名称：喀布尔、巴达赫尚、塔哈尔、昆都士、巴尔赫、朱兹詹、法利亚布、巴德吉斯、赫拉特、古尔、萨尔普勒、萨曼甘、巴格兰、巴米扬、帕尔旺、瓦尔达克、卡比萨、拉格曼、努尔斯坦、库纳尔、楠格哈尔、洛加尔、加兹尼、乌鲁兹甘、法拉、尼姆鲁兹、赫尔曼德、坎大哈、扎布尔、帕克蒂亚、帕克蒂卡、霍斯特、潘杰希尔、戴孔迪。

【司法机构】司法系统分为三级。最基层为地方法院，全国共有350个左右；中层为上诉法院，分设于阿富汗各省；最高层为最高法院，设在首都喀布尔。

【政党】阿富汗过渡政府于2003年10月颁布《政党法》。最多时曾有政党近百个，现已大部分移至海外。主要政党包括：

（1）阿富汗伊斯兰促进会（Jamiati Islami）：1972年成立。伊斯兰教温和派，成员多为塔吉克族，属逊尼派。主要领导人是萨拉胡丁·拉巴尼（Salahuddin Rabbani），塔吉克族；阿塔·穆罕默德·努尔（Atta Mohammad Noor），塔吉克族。

（2）阿富汗伊斯兰统一党（哈利利派，Hizb-i Wahdat Islami）：原阿富汗伊斯兰革命联盟，1987年成立。1991年改用现名。1995年3月，原领导人马扎里被阿富汗塔利班杀害，该党分裂。属什叶派，成员多为哈扎拉族人。党主席是卡里姆·哈利利（Karim Khalili），哈扎拉族。

（3）阿富汗伊斯兰民族运动（Junbish-i-Milli Islami）：主要领导人是阿卜杜尔·拉希德·杜斯塔姆（Abdul Rashid Dostum），乌兹别克族。

（4）阿富汗伊斯兰达瓦组织（Tanzim-e-Dahwat-e Islami-ye）：主要领导人是阿卜杜·拉苏尔·萨亚夫（Abdul Rasul Sayyaf），普什图族。

（5）阿富汗伊斯兰党（古尔布丁派，HIA）：主要领导人是古勒卜丁·希克马蒂亚尔（Gulbuddin Hekmatiyar），普什图族。

经 济

阿富汗是世界上最不发达的国家之一。历经30多年战乱，交通、通信、工业、教育和农业基础设施遭到严重破坏，曾有600多万人沦为难民。经济发展主要依赖外援。2021年主要经济数据如下：

国内生产总值：147.9亿美元。

人均国内生产总值：368.8美元。

国内生产总值增长率：–20.7%。

货币名称：阿富汗尼（简称“阿尼”）。

汇率：1美元≈88阿尼。

通货膨胀率：2.3%。

（资料来源：世界银行）

【资源】矿藏资源较为丰富，但未得到充分开发，目前已探明的资源主要有天然气、煤、盐、铬、铁、铜、云母及绿宝石等。位于首都喀布尔南部的艾纳克铜矿已探明矿石总储量约7亿吨，铜金属总量达1133万吨。据估计可能是世界第三大铜矿带。阿富汗还可能拥有全球第五大铁矿脉。煤储量约7300万吨。

阿富汗的河流大部分是内陆河，多注入沙漠或湖泊。主要河流有阿姆河、喀布尔河、赫尔曼德河和哈里鲁河等。

【工业】由于多年战乱，工业基础十分薄弱。以轻工业和手工业为主，主要有纺织、化肥、水泥、皮革、地毯、制糖和农产品加工等。近年来，由于喀布尔等大城市建筑业繁荣，带动了制砖、木材加工等建材业相对发展。此外，面粉加工业、手织地毯业等也有所发展。

【农业】农牧业是阿富汗国民经济的主要支柱。农牧业人口占全国总人口的80%。耕地不到全国土地总面积的10%。主要农作物包括小麦、棉花、甜菜、干果及各种水果。主要畜牧产品是肥尾羊、牛、山羊等。阿富汗是世界第一大毒源地“金新月”的中心。2019年鸦片产量约6700吨，严重影响阿和平重建进程，也给地区和平与安全带来威胁和挑战。阿富汗塔利班上台后实施禁毒政策。

【交通运输】阿富汗是内陆国，无出海口。境内有通往伊朗和塔吉克斯坦的铁路。交通运输主要靠公路和航空。北部同乌兹别克斯坦和土库曼斯坦边界上的阿姆河和昆都士河部分河段有通航能力。

公路：2020年，阿富汗全境共有公路约4.4万公里，主要包括喀布尔至马扎里沙里夫、赫拉特至坎大哈、喀布尔环城高速、托克汉姆至喀布尔等公路。

空运：全国有机场43个，其中喀布尔机场等4个机场为国际机场。

【对外贸易】同60多个国家和地区有贸易往来。主要出口商品有天然气、地毯、干鲜果品、羊毛、棉花等，主要进口商品有各种食品、机动车辆、石油产品和纺织品等。主要出口对象为巴基斯坦、美国、英国、德国、印度等，主要进口国为中国、巴基斯坦、美国、日本、韩国、土库曼斯坦、印度等。

人民生活

自2001年以来，在联合国及国际社会帮助下，阿富汗大力恢复基本的民生设施，加大医务人员培训。阿国内有500多所医院、2400余所各类卫生中心。

文化教育

【教育】实行12年义务教育。阿富汗教育事业受到战争严重破坏。在国际社会的大力援助下，近年阿富汗教育事业取得很大进步。阿富汗全国共有1.6万余所初等教育学校，约160所高等院校。喀布尔大学是全国最高学府，于1946年创建。赫拉特大学是阿西部教育中心。阿富汗塔利班上台后，允许女性接受教育，但尚未允许高年级女童复学。

【新闻出版】阿富汗塔利班上台后，恢复媒体舆论自由。共有各类报刊千余种，主要报纸有《喀布尔时报》（官方报纸）、《喀布尔周报》、《祖国报》、《阿尼斯报》等。

阿富汗广播电台成立于1925年，对外用9种语言广播。阿富汗电视台于1978年建立，用波斯语、普什图语播音。

对外关系

阿富汗重视发展对外关系。阿富汗重建主要依赖西方国家支持和援助，2001年以来阿富汗前几届政府在外交方面以寻求援助为中心，积极发展同美国、德国、日本和欧盟等的关系。阿富汗塔利班上台后，积极寻求国际社会承认。

阿富汗重视发展与周边国家关系和参与区域合作，希望发挥地缘优势，成为本地区贸易和交通枢纽。2002年，阿富汗同包括中国在内的6个邻国共同签署《喀布尔睦邻友好宣言》《〈喀布尔睦邻友好宣言〉签署国政府关于鼓励更紧密的贸易、过境和投资合作的宣言》和《喀布尔睦邻友好禁毒宣言》。

2005年10月，阿富汗成为中亚区域经济合作组织成员。11月，阿富汗与上海合作组织（简称“上合组织”）建立联络组；成为南亚区域合作联盟成员。2012年6月，阿富汗成为上合组织观察员国。

【同中国的关系】中国同阿富汗于1955年1月20日建交，两国关系传统友好。2001年阿富汗和平重建以来，两国关系保持健康平稳发展。近年来，两国高层往来密切，经贸、国防、安全、文教、卫生等领域合作良好。2006年，中阿签署《中阿睦邻友好合作条约》。2012年，中阿建立战略合作伙伴关系。2018年6月，习近平主席在青岛会见来华出席上海合作组织峰会的加尼总统。10月，李克强总理在出席上海合作组织成员国政府首脑（总理）理事会第十七次会议期间同阿富汗首席执行官阿卜杜拉举行会见。2019年6月，习近平主席在出席上海合作组织比什凯克峰会期间会见加尼总统。2021年7月，习近平主席同加尼总统通电话。

2021年8月阿富汗塔利班上台后，中国同阿富汗临时政府保持接触。10月，王毅国务委员兼外长在卡塔尔多哈同阿富汗临时政府代理副总理巴拉达尔、代理外长穆塔基举行会谈。2022年3月，王毅国务委员兼外长访问阿富汗，同阿富汗临时政府代理副总理巴拉达尔、代理外长穆塔基等举行会谈。同月，阿富汗临时政府代理外长穆塔基应邀来华出席“阿富汗邻国+阿富汗”外长对话。6月，王毅国务委员兼外长同阿富汗临时政府代理外长穆塔基通电话。7月，王毅国务委员兼外长在乌兹别克斯坦首都塔什干出席上海合作组织外长会期间会见阿富汗临时政府代理外长穆塔基。

据中国海关总署统计，2022年，中阿双边贸易额为5.95亿美元，同比增长13.6%。其中，中国出口额为5.53亿美元，同比增长16.6%；中国进口额为0.42亿美元，同比减少15.2%。中国对阿富汗出口商品主要为机电、五金、纺织、日用品、轻工类等，自阿富汗进口商品主要是牛羊皮、松子、藏红花等。2022年12月1日起，中国给予阿富汗98%税目产品零关税待遇。

中国驻阿富汗大使：王愚。馆址：Sardar Shah Mahmoud Ghazi Watt，Kabul，Afghanistan。电话：0093–20–2102548；传真：2107248。

阿富汗驻华大使馆馆址：北京市朝阳区东直门外大街8号。电话：010–65321582；传真：65322269。

【同联合国的关系】联合国为推动阿富汗和平进程发挥了重要作用。2001年12月，联合国主持启动“波恩进程”，向阿富汗派遣国际安全援助部队协助维护治安。2002年3月，联合国阿富汗援助团成立，帮助阿富汗政府维护稳定、保障人权、推进社会和经济发展。联合国还积极推动国际社会多次召开援阿富汗国际会议。

【同美国的关系】阿美两国于1934年建交。2001年“9·11”事件后，美国以打击恐怖主义为旗号发动阿富汗战争，全面主导阿富汗和平进程和经济重建。美国还协同北约等向阿富汗地方派遣省级重建队。2005年，阿美建立战略伙伴关系并签署联合宣言。2012年5月，阿美签署《持久战略伙伴关系协议》，对2014年后阿美政治、经济、安全等领域合作作出规划。美国给予阿富汗“非北约主要盟国”地位，重申不寻求在阿富汗拥有永久军事设施，但2014年后将在阿富汗保留一定军事存在。2014年9月，加尼总统上台后，阿美双方签订《双边安全与防务合作协定》。2017年8月，美国公布新的对阿富汗和南亚政策，强调不再设定自阿富汗撤军时限。2018年，美国同塔利班进行接触谈判。2019年11月，美国总统特朗普在感恩节当日突访阿富汗，慰问美国在阿富汗士兵，并在巴格拉姆空军基地与加尼总统会见。2020年2月，美国和塔利班在卡塔尔签署和平协议。2021年5月，美国开始自阿富汗撤军并于当年8月底全部完成。

【同巴基斯坦的关系】阿巴两国联系紧密，巴基斯坦接纳大量阿富汗难民，但双方在边界、跨境恐袭等问题上分歧较大。2019年6月，加尼总统访问巴基斯坦，阿巴关系出现积极进展。2020年11月，巴基斯坦总理伊姆兰·汗访问阿富汗。2021年8月阿富汗塔利班上台后，积极发展同巴基斯坦关系。巴基斯坦未关闭驻阿富汗外交机构，接受阿富汗临时政府派遣外交官。双方因“杜兰线”“巴基斯坦塔利班”等问题关系起伏不定，在边境地区时有交火。

【同印度的关系】阿富汗同印度往来密切。2011年10月，两国建立战略合作伙伴关系。印度迄今累计向阿富汗提供约30亿美元的援助。印度在阿富汗设有1个大使馆和4个总领馆。2018年9月，加尼总统与阿卜杜拉首席执行官先后访问印度。2021年8月阿富汗塔利班人上台后，印度关闭驻阿富汗外交机构。2022年6月，印度外交部联合秘书辛格率代表团访问阿富汗，部分人员以协调援助为名留在驻阿富汗使馆。

【同俄罗斯的关系】俄罗斯支持阿富汗和平重建，免除阿富汗所欠103.8亿美元债务。俄罗斯关注阿富汗毒品问题，主张在阿富汗周边建立禁毒“安全带”。2017年和2018年，俄罗斯在莫斯科举行两轮阿富汗问题磋商。2021年8月阿富汗塔利班上台后，俄罗斯未关闭驻阿富汗外交机构，目前已接受阿富汗临时政府派遣外交官。

【同伊朗的关系】伊朗是阿富汗西部重要邻国，两国有着深厚的历史、文化、宗教、民族渊源和联系。伊朗接纳阿富汗200多万名难民。伊朗积极参与阿富汗重建，重点援建与其毗邻的阿富汗赫拉特省。2021年8月阿富汗塔利班上台后，伊朗未关闭驻阿富汗外交机构，目前已接受阿富汗临时政府派遣外交官。双方因跨境水资源等问题关系龃龉不断。

【同上海合作组织的关系】阿富汗希望成为上合组织正式成员，积极参与上合组织框架下活动。2009年至今，上合组织已举行5次阿富汗问题副外长级磋商和1次阿富汗问题国际会议。2012年6月，阿富汗正式成为上合组织观察员国。2017年10月，“上海合作组织—阿富汗联络组”首次副外长级会议在俄罗斯首都莫斯科召开。2018年5月，第二轮“上海合作组织—阿富汗联络组”副外长级会议在北京举行。2019年4月，第三轮“上海合作组织—阿富汗联络组”副外长级会议在吉尔吉斯斯坦首都比什凯克举行。2021年7月，“上海合作组织—阿富汗联络组”外长会议在塔吉克斯坦首都杜尚别举行。9月，上海合作组织和集体安全条约组织成员国领导人阿富汗问题联合峰会在杜尚别举行。

（张梁）

阿联酋

国名　阿拉伯联合酋长国（The United Arab Emirates）。

面积　8.36万平方公里。

人口　950万（2022年）。外籍人口占88%，主要来自印度、巴基斯坦、埃及、叙利亚、巴勒斯坦等国。官方语言为阿拉伯语。居民大多信奉伊斯兰教，多数属逊尼派。

首都　阿布扎比（Abu Dhabi），人口323万（2021年）。

国家元首　总统穆罕默德·本·扎耶德·阿勒纳哈扬（Mohamed Bin Zayed Al Nahyan），2022年5月在前总统哈利法病逝后继任总统。

重要节日　国庆日：12月2日。

简况

位于阿拉伯半岛东部，北濒波斯湾，同沙特、阿曼接壤。海岸线长734公里。属热带沙漠气候。全年分两季，5—10月为热季，最高气温可达50℃以上；11月至次年4月为凉季，最低气温可至7℃。偶有沙尘暴。年均降水量约100毫米，多集中于1—2月。

公元7世纪隶属阿拉伯帝国。自16世纪开始，葡萄牙、荷兰、法国等殖民主义者相继侵入。19世纪初，英国入侵波斯湾地区，并于1820年强迫当地7个酋长国与其签订“永久休战条约”。此后各酋长国逐步沦为英国的保护国。1971年3月1日，英国宣布同各酋长国签订的条约于年底终止。同年12月2日，阿拉伯联合酋长国宣告成立，6个酋长国组成联邦国家。1972年，哈伊马角酋长国加入联邦。国名简称“阿联酋”。

政治

联邦最高委员会由7个酋长国的酋长组成，是最高权力机构。重大内外政策制定、联邦预算审核、法律与条约批准均由该委员会讨论决定。总统兼任武装部队总司令。除外交和国防相对统一外，各酋长国拥有相当的独立性和自主权。联邦经费基本上由阿布扎比和迪拜两个酋长国承担。2022年，阿联酋政局平稳，社会稳定。

【宪法】1971年7月18日，联邦最高委员会通过临时宪法，同年12月2日宣布临时宪法生效。1996年12月，联邦最高委员会通过决议，宣布临时宪法为永久宪法，并确定阿布扎比为阿联酋永久首都。

【议会】联邦国民议会，成立于1972年，是咨询机构，每届任期4年，负责讨论内阁会议提出的法案，并提出修改建议。2006年8月，阿联酋颁布新的议会选举法，规定联邦国民议会成员为40名，其中20名由各酋长国酋长提名、总统任命，其余20名通过选举产生。议长和2名副议长均由议会选举产生。2019年11月14日，萨格尔·古巴什（Saqr Ghubash）当选阿联酋第十七届国民议会议长。

【政府】2016年2月组成第十二届政府，共有成员33人，其中有9名女性成员。主要成员有：副总统兼总理穆罕默德·本·拉希德·阿勒马克图姆（Mohammed Bin Rashid Al Maktoum），副总理兼内政部长赛义夫·本·扎耶德·阿勒纳哈扬（Saif Bin Zayed Al Nahyan），副总理兼总统事务部长曼苏尔·本·扎耶德·阿勒纳哈扬（Mansour Bin Zayed Al Nahyan），财政部长哈姆丹·本·拉希德·阿勒马克图姆（Hamdan Bin Rashid Al Maktoum），外交与国际合作部长阿卜杜拉·本·扎耶德·阿勒纳哈扬（Abdullah Bin Zayed Al Nahyan）等。

【行政区划】由7个酋长国组成：阿布扎比、迪拜、沙迦、哈伊马角、阿治曼、富查伊拉、乌姆盖万。

【重要人物】穆罕默德·本·扎耶德·阿勒纳哈扬：总统。1961年生，阿联酋首任总统扎耶德第三子。2004年11月被立为阿布扎比酋长国王储，同年12月任阿布扎比执行委员会主席。2005年1月任武装部队副总司令。2022年5月13日前总统哈利法病逝后，先后继任阿布扎比酋长和联邦总统。　**穆罕默德·本·拉希德·阿勒马克图姆**：副总统兼总理、迪拜酋长。1949年生，前副总统兼总理、迪拜酋长马克图姆二弟。毕业于英国桑赫斯特陆军军官学校。1971年任联邦国防部长，1995年被立为迪拜王储。2006年1月接任迪拜酋长，同年2月就任阿联酋副总统兼总理。

经济

以石油生产和石油化工工业为主。政府在发展石化工业的同时，把发展多样化经济、扩大贸易和增加非石油收入在国内生产总值中的比重作为首要任务，努力发展水泥、炼铝、塑料制品、建筑材料、服装、食品加工等工业，重视发展农、牧、渔业；充分利用各种财源，重点发展文教、卫生事业。近年来，大力发展以信息技术为核心的知识经济，同时注重可再生能源研发，首都阿布扎比于2009年6月成为国际可再生能源署总部所在地。2022年主要经济数据如下：

国内生产总值：4466亿美元。

人均国内生产总值：4.77万美元。

国内生产总值增长率：8.9%。

货币名称：迪拉姆。

汇率：1美元≈3.67迪拉姆。

（资料来源：《伦敦经济季评》）

【资源】石油和天然气资源丰富。已探明石油储量约130亿吨，居世界第八位；已探明天然气储量42.4

亿吨，居世界第九位。

【工业】以石油化工工业为主。此外，还有天然气液化、炼铝、塑料制品、建筑材料、服装、食品加工等工业。

【农业】农业不发达。全国可耕地面积32万公顷，已耕地面积27万公顷。主要农产品有椰枣、玉米、蔬菜、柠檬等。粮食依赖进口；渔产品和椰枣可基本满足国内需求；畜牧业规模很小，主要肉类产品依赖进口。近年来，政府采取鼓励务农的政策，向农民免费提供种子、化肥和无息贷款，并对农产品全部实行包购包销，以确保农民收入，农业得到一定发展。

【交通运输】各酋长国间有现代化高速公路相连。

公路：总长约4080公里，道路质量位居世界前列。

水运：有12个主要海港，年货物吞吐量达10540万吨。集装箱吞吐能力为每年2650万个标准箱。阿布扎比的哈利法港是中东地区自动化程度最高的港口。迪拜杰拜勒·阿里港是全球最大的人造港和中东地区最大的港口。

空运：境内共有39个机场，包括阿布扎比、迪拜等7个国际机场。在全球航空公司的竞争排序中，阿联酋航空公司居阿拉伯国家首位。已同包括中国在内的156个国家签订双边航空协定，世界各国110多个航空公司有定期航班飞往阿联酋各机场。

铁路：境内建有两条铁路：一条是哈卜善至鲁维斯的货运铁路，总长266公里；另一条是连接阿联酋东西两端的联邦铁路，集客、货运功能于一体，一期总长264公里，于2014年投入运营，二期总长650公里，于2022年10月全线贯通。

【财政金融】银行业发达，现有本国银行23家，外国银行及其他金融机构100余家。外汇不受限制，货币可自由入出境，汇率稳定。联邦政府财政收入来自各酋长国的石油或贸易收入。

【对外贸易】阿联酋于1995年加入世界贸易组织。外贸在经济中占有重要位置。主要出口石油、天然气、石油化工产品、铝锭和少量土特产品；主要进口粮食、机械和消费品。2022年阿联酋对外贸易总额为5990亿美元，其中出口额为2615亿美元，进口额为3375亿美元。

【对外援助】阿联酋经常向阿拉伯国家、伊斯兰国家和第三世界发展中国家提供贷款和赠款。阿联酋对外援助协调办公室是阿联酋对外援助的官方机构。此外，阿联酋还成立了各种基金会，承担重大的人道主义援助，例如阿布扎比发展基金会、扎耶德人道主义与慈善机构、马克图姆慈善机构、穆罕默德·本·拉希德人道机构、哈利法·本·扎耶德慈善机构等。

人民生活

实行免费医疗制度。建有较为完善的全国城乡医疗保健系统，全国共有医院、初级医疗中心和诊所等医疗机构近1200家。

军　事

奉行防御性国防政策。联邦总统担任武装部队总司令。最高军事决策机构是武装部队总司令部（设在阿布扎比），最高军事行政机构是国防部（设在迪拜）。武装部队由正规军和准军事部队组成。正规军分陆、海、空3个军种及皇家警卫队、特种部队等，总兵力5.65万人。此外，还有准军事部队约4万人。实行志愿兵役制。

文化教育

【教育】国家重视发展教育事业和培养本国科技人才，实行免费教育制，倡导女性和男性享有平等的教育机会。共开设公立学校1000多所，在校学生超过80万人，教师4.5万余人。

【新闻出版】主要报刊有：《联邦报》（阿拉伯文）、《国民报》（英文），阿布扎比半官方日报；《宣言报》（阿拉伯文），迪拜半官方日报；《海湾报》（阿拉伯文），沙迦私人出版；《海湾新闻》（英文），迪拜私人出版。此外，还有《今日海湾》杂志等。

阿联酋通讯社：国家通讯社，1976年11月成立，在国内各主要城市以及伦敦、巴黎、华盛顿、纽约、莫斯科、东京、开罗、突尼斯城、贝鲁特等派有常驻记者，用阿拉伯文和英文发稿。

对外关系

奉行平衡、多元的外交政策，同193个国家建立了外交关系。2020年8月同以色列实现关系正常化，9月同以色列建交，是第四个同以色列建交的阿拉伯国家。2021年10月至2022年3月举办中东地区首届世界博览会。2022年开始担任联合国安理会非常任理事国，任期2年。2022年9月成为上海合作组织对话伙伴。

【同中国的关系】1984年11月1日，中阿两国建交。建交以来，中阿双边关系取得长足发展，双方政治互信牢固，各领域务实合作成果丰硕。2012年1月，中阿两国建立战略伙伴关系。2018年7月，习近平主席对阿联酋进行国事访问，两国建立全面战略伙伴关系。

两国高层交往密切。近年来，中方访问阿联酋的主要有：国家主席习近平（2018年7月），国家副主席王岐山（2018年10月），国务委员兼外交部长王毅（2021年3月），国务院副总理胡春华（2022年12月），中共中央政治局委员、中央外事工作委员会办公室主任杨洁篪（2018年4月、2019年1月、2020年10月、2022年6月）等。

阿方访华的主要有：总统穆罕默德（2009年8月、2012年3月、2015年12月、2019年7月、2022年2月以阿布扎比王储身份），副总统兼总理、迪拜酋长穆罕默德（2019年4月），联邦国民议会议长古贝茜（2018年11月），外交与国际合作部长阿卜杜拉（曾11次访华）等。

两国务实合作富有成果。阿联酋是中国在中东地区最大出口市场和第二大贸易伙伴。据中国海关总署统计，2022年，中阿双边贸易额为992.7亿美元，同比增长37.4%。其中，中国出口额为538.6亿美元，同比增长23.3%；中国进口额为454.1亿美元，同比增长58.9%。中国对阿联酋主要出口机电、高新技术、纺织和轻工产品等，从阿联酋主要进口原油、成品油、铝制品等。

阿联酋是中国第四大原油进口来源国。2022年，中国从阿联酋进口原油4281.9万吨，同比增长34.1%。

2018年7月习近平主席对阿联酋进行国事访问期间，中阿双方签署政府间共建“一带一路”谅解备忘录。2018年5月，两国共建“一带一路”标志性项目中阿产能合作示范园开工建设。2019年4月，中阿合资共建的哈利法港二期集装箱码头投入运营。

两国人文交流活跃。2017年4月，中国作为主宾国参加第二十七届阿布扎比国际书展。其间，《习近平谈治国理政》一书首次在海湾国家出版发行。2017年12月，中阿双方达成全面互免签证安排，并于2018年1月16日生效，阿联酋成为中东地区首个同中国实现全面互免签证的国家。2018年7月，中阿双方就互设文化中心达成协议。中阿双方还共同推进阿联酋“百校教中文”项目，迄今为止已在阿联酋158所公立学校开设中文课程。

中国积极参与迪拜2020世博会，举办了中国馆开馆仪式、国家馆日、省区市活动周、企业活动日等活动，共24个省和3000多家中国企业参加，超过4600万人现场或线上参与。

中国驻阿联酋大使：张益明。馆址：Plot No.26, Sector No.W-22，Abu Dhabi。电话：00971-2-4434276；传真：4435440。商务处电话：00971-2-4765525；传真：4764402。

阿联酋驻华大使：侯赛因·哈麦迪（Hussain Al Hammadi）。馆址：北京市朝阳区东方东路22号亮马桥外交公寓LA10-04。电话：010-65327650，65327651；传真：65327652。

【同其他中东国家的关系】2022年，阿联酋同其他中东国家保持密切高层交往。穆罕默德总统访问巴林、埃及、卡塔尔、摩洛哥，赴埃及沙姆沙伊赫出席《联合国气候变化框架公约》第二十七次缔约方大会。穆罕默德副总统兼总理、迪拜酋长出席第三十一届阿盟峰会。阿卜杜拉外长同伊朗外长阿卜杜拉希扬多次通电话。土耳其总统埃尔多安、约旦国王阿卜杜拉二世、叙利亚总统巴沙尔、也门总统委员会主席阿里米、以色列总统赫尔佐格及总理贝内特等访问阿联酋。阿联酋同以色列签署了全面经济伙伴关系协定。

【同美国等西方国家的关系】2022年，穆罕默德总统同美国总统拜登举行视频会晤，同美国国防部长奥斯汀通电话。阿联酋外长阿卜杜拉同美国国务卿布林肯多次通电话。美国副总统哈里斯、国务卿布林肯等访问阿联酋。穆罕默德总统访问法国。英国首相约翰逊、德国总理朔尔茨、欧洲理事会主席米歇尔、西班牙首相桑切斯等访问阿联酋。

【同其他亚洲国家的关系】2022年，穆罕默德总统访问印度尼西亚并出席在巴厘岛举行的二十国集团领导人峰会，同日本首相岸田文雄通电话，同印度总理莫迪举行视频会晤。印度总理莫迪、马来西亚最高元首阿卜杜拉、印度外长苏杰生、新加坡外长维文等访问阿联酋。阿联酋同印度签署了两国全面经济伙伴关系协定。

【同俄罗斯的关系】阿联酋同俄罗斯保持友好交往。2022年，穆罕默德总统同俄罗斯总统普京通电话并访问俄罗斯，阿联酋外长阿卜杜拉同俄罗斯外长拉夫罗夫通电话并互访。（赵楠）

阿　曼

国名　阿曼苏丹国（The Sultanate of Oman）。

面积　30.95万平方公里。

人口　493.3万（2022年）。其中，阿曼本国人占57.0%。官方语言为阿拉伯语，通用英语。伊斯兰教为国教。居民大多信奉伊斯兰教，多数属伊巴德教派。

首都　马斯喀特（Muscat），人口146.3万（2022年）。

国家元首　苏丹海赛姆·本·塔里格·阿勒赛义德（Haitham Bin Tariq Al-Said），2020年1月11日即位。

重要节日　国庆日：11月18日。

简　况

位于阿拉伯半岛东南部，与阿联酋、沙特、也门等国接壤，濒临阿曼湾和阿拉伯海。海岸线长3165公里。除东北部山地外，均属热带沙漠气候。全年分两季，5—10月为热季，最高气温高达40℃以上；11月至翌年4月为凉季，平均气温约为24℃。

阿曼是阿拉伯半岛最古老的国家之一。公元前2000年已广泛进行海上和陆路贸易活动，并成为阿拉伯半岛的造船中心。公元7世纪成为阿拉伯帝国的一部分，11世纪末独立。1429年，伊巴德教派确立在阿曼的统治。1507年，阿曼遭葡萄牙人侵并长期被其殖民统治。1649年，阿曼人推翻葡萄牙统治，建立亚里巴王朝。1742年，阿曼被波斯阿夫沙尔王朝入侵。18世纪中叶，阿曼人赶走波斯人，建立赛义德王朝，取国名为“马斯喀特苏丹国”，成为当时印度洋沿岸实力较强的国家之一，势力一度扩张到东非沿海地区。1856年，苏丹赛义德·本·苏尔坦去世后，其两个儿子分别掌管阿曼本土和东非属地。1861年，两地正式分裂。1871年，英国入侵阿曼本土，迫使其接受不平等条约。1913年，阿曼山区部落举行反英起义，建立“阿曼伊斯兰教长国”。1920年，英国殖民者同“教长国”签订《锡卜条约》，承认其独立，阿曼就此分为“马斯喀特苏丹国”和“阿曼伊斯兰教长国”两部分。1955年12月，英国殖民者同其扶持的“苏丹国”军队攻占“教长国”首都尼兹瓦，当地抵抗力量撤入山区，并于1957年7月再度发动反英起义，但最终因英军大规模镇压而失败。1967年，“马斯喀特苏丹国”苏丹赛义德·本·泰穆尔在英国支持下统一阿曼全境，改国名为“马斯喀特和阿曼苏丹国”。1970年7月23日，泰穆尔苏丹被迫逊位，其独子卡布斯登基改国名为“阿曼苏丹国”并沿用至今。1973年，英国军队撤出阿曼。

政　治

阿曼是世袭君主制国家，禁止一切政党活动。苏丹享有绝对权威，颁布法律、任命内阁、领导军队、批准和缔结国际条约。2020年1月11日，卡布斯苏丹逝世，其堂弟、文化和遗产大臣海赛姆根据卡布斯苏丹遗诏继位。

【宪法】1996年11月，卡布斯苏丹颁布谕令，公布《国家基本法》（相当于宪法），就国体与政体、国家政策的指导原则、公民权利与义务、国家元首职权、内阁及其成员职责、阿曼委员会和司法体系运作等问题作出规定。2011年10月，卡布斯苏丹颁布谕令，对《国家基本法》进行修订，其中主要对苏丹位继承、协商会议权限等作出进一步规定。

【议会】称“阿曼委员会”，由国家委员会（相当于议会上院）和协商会议（相当于议会下院）组成，国家委员会和协商会议成员不得相互兼任。其中，国家委员会成立于1997年12月，主要负责审查国家法律、社会、经济等方面问题，共有委员75名，多为前政、军高官和各界知名人士，均由苏丹任命，任期4年，可连任。现任主席阿卜杜勒·马利克·本·阿卜杜拉·哈利利（Abdul Malik Bin Abdullah Al Khalili），2020年8月就任。

协商会议成立于1991年11月，其前身是1981年成立的国家咨询委员会。2003年以前，协商会议成员只能由一定范围内的阿曼公民选举产生。自2003年起，协商会议实现普选，所有年满21岁的阿曼公民都可参加选举投票。2007年，卡布斯苏丹颁布谕令，进一步解除了对协商会议成员候选人资格的限制。2011年10月，卡布斯苏丹颁布修订后的《国家基本法》，赋予协商会议更大权力，包括对法律、预算、条约、审计报告等的修改权和建议权，以及对政府部门的监督权和质询权等。协商会议主席从由苏丹任命改为协商会议成员直选产生。目前，协商会议共有86名成员，代表阿曼的61个州，任期4年，可连任。现任主席哈立德·本·希拉勒·马瓦利（Khalid Bin Hilal Al Ma’awali），2011年10月当选并连任至今。

【政府】内阁是苏丹授权的国家最高行政机构，成员由苏丹任命。2022年6月，阿曼内阁完成海赛姆苏丹继位后第二次改组，共有成员23名，其中女性成员3名，主要包括：内阁事务副首相法赫德·本·马哈茂德·阿勒赛义德（Fahd Bin Mahmoud Al-Said），国防事务副首相谢哈卜·本·塔里格·阿勒赛义德（Shihab Bin Tarik Al-Said），文化、体育和青年大臣齐亚赞·本·海赛姆·本·塔里格·阿勒赛义德（Theyazan Bin Haitham Bin Tarik Al-Said），内政大臣哈穆德·本·费萨尔·布赛义迪（Hamoud Bin Faisal Al-Busaidi），外交大臣巴德尔·本·哈马德·布赛义迪（Badr Bin Hamad Al-Busaidi），能源和矿产大臣萨勒姆·本·纳赛尔·奥菲（Salem Bin Nasser Al-Aufi），商业、工业和投资促进大臣盖斯·本·穆罕默德·尤素福（Qais Bin Mohammed Al-Yousef），新闻大臣阿卜杜拉·本·纳赛尔·哈拉绥（Abdullah Bin Nasser Al-Harrasi）等。

【行政区划】按行政区域划分为11个省，分别是马斯喀特省、佐法尔省、穆桑达姆省、布莱米省、中北省、中南省、达希莱省、内地省、东南省、东北省、中部省。省下共设61个州。

【司法机构】政府设司法、宗教基金和伊斯兰事务部，主管司法及宗教事务。全国设有47所法庭，在首都和一些州设上诉法院。

【重要人物】海赛姆·本·塔里格·阿勒赛义德苏丹。1955年10月出生于阿曼，前苏丹卡布斯堂弟。1986—1994年任外交部政治事务次大臣，1994—2002年任外交部秘书长，2002年至2020年1月任文化和遗产大臣。2020年1月11日继任苏丹。 **法赫德·本·马哈茂德·阿勒赛义德**：内阁事务副首相。1940年生，海赛姆苏丹远房堂叔。1965年毕业于埃及开罗大学经济学专业，后赴法国学习政治学。1970年卡布斯苏丹执政后，任首任外交大臣，后历任文化、旅游和新闻等大臣。1979年5月任负责法律事务的副首相。1994年1月任内阁事务副首相。

经　济

石油、天然气产业是阿曼支柱产业，油气收入占国家财政收入的68%，占国内生产总值的41%。工业以石油开采为主，近年来开始重视天然气工业。实行自由和开放的经济政策，利用石油收入大力发展国民经济，努力吸引外资，引进技术，鼓励私人投资。为逐步改变国民经济对石油的依赖，实现财政收入来源多样化和经济可持续发展，阿曼政府大力推动产业多元化、就业阿曼化和经济私有化，增加对基础设施建设的投入，扩大私营资本的参与程度。2022年主要经济数据如下：

国内生产总值：863亿美元。

人均国内生产总值：1.9万美元。

国内生产总值增长率：4.3%。

货币名称：阿曼里亚尔。

汇率：1美元≈0.3845阿曼里亚尔。

外汇储备：170亿美元。

（资料来源：世界银行、阿曼国家数据与信息中心）

【资源】20世纪60年代开始开采石油。截至2022年底，阿曼已探明石油储量约6.5亿吨（48亿桶），2022年年产量约0.51亿吨（3.88亿桶），日均产量约106万桶。已探明天然气储量约0.7万亿立方米，2022年年产量323亿立方米。除了石油和天然气，阿曼境内发现的矿产资源还有铜、金、银、铬、铁、锰、镁、煤、石灰石、大理石、石膏、磷酸盐、石英石、高岭土等。具体情况为：铜矿储量约1500万吨，铬矿储量约250万吨，铁矿储量约1.2亿吨，锰矿储量约150万吨，煤矿储量约1.22亿吨，石灰石储量约3亿吨，大理石储量约1.5亿吨，石膏储量约12亿吨。

【工业】以油气工业为主，其他工业起步较晚。工业项目主要为石油化工、炼铁、化肥、塑料、铸管等。除少数较大型企业如炼油厂、水泥厂、面粉厂等由政府投资经营外，其他均属私营中小企业，主要从事非金属矿产、木材加工、食品、纺织等生产。

【农业】农、牧、渔业在国民经济非石油产业中举足轻重，能满足国内47.6%的粮食和69%的动物饲料需求。但总体上农业不发达，全国可耕地约10万公顷，已耕地7.3万公顷，主要种植椰枣、柠檬、香蕉等水果以及蔬菜。粮食作物以小麦、大麦、高粱为主，不能自给。渔业资源丰富，是传统产业，除了满足国内需要，还可出口，是非石油产品出口收入的主要来源之一。

【交通运输】运输主要依靠公路，铁路项目正在筹建。

公路：沥青公路总里程达35522公里，土路总里程达1222公里。

水运：主要港口有马斯喀特卡布斯苏丹港、苏哈尔港、萨拉拉港、杜库姆港、哈萨卜港等。其中马斯喀特卡布斯苏丹港已转型为旅游港，苏哈尔港和萨拉拉港主要从事集装箱等货运业务，杜库姆港、哈萨卜港尚在建设中。此外，阿曼国家轮渡公司在穆桑达姆省（阿曼飞地）、马西拉岛（阿曼最大岛屿）与阿曼本土之间，开设有多条客运航线。

空运：1981年5月成立的“阿曼航空公司”是公私合营企业，主要担负国内客货运输。近年来，阿曼航空公司不断拓展国际业务，已陆续开通马斯喀特至伦敦、吉隆坡、雅加达等地的航线。2016年底，开通至广州直航航线。民用机场主要有马斯喀特国际机场、萨拉拉国际机场、苏哈尔机场等。

【财政金融】2022年，阿曼财政收入为144.73亿阿曼里亚尔，总支出为133.29阿曼里亚尔，财政盈余为11.44亿阿曼里亚尔。

阿曼金融体系由中央银行、商业银行、非银行金融机构、汇兑机构、租赁公司、保险公司、养老基金和资本市场组成。

【对外贸易】主要出口石油和天然气，约占国家财政总收入的68%，非石油类出口有铜、化工产品、鱼类、椰枣及水果、蔬菜等。主要出口到阿联酋、沙特、印度、中国等国。进口机械、运输工具、食品及工业制成品等，主要来自阿联酋（转口）、中国、印度、美国等。2022年阿曼对外贸易总额为1041亿美元，其中出口额为656亿美元，进口额为385亿美元。

【外国资本】外资主要投向石油开采和金融业。英国和海湾国家是主要投资国。

人民生活

国家实行免费医疗。居民平均寿命76.6岁。阿曼共有医院70余所，卫生所203个；全国固定和移动电话分别为42.3万部和686.63万部。互联网用户26.95万户。全国私人住房拥有率已达世界较高水平。

军　事

实行义务兵役制。总兵力4.42万人。其中，陆军2.5万人，海军4200人，空军4100人，苏丹卫队5500人，苏丹特种部队1000人，部落和民兵武装4400人。

文化教育

【教育】实行免费教育制。在全国开展扫盲和成人教育，有各类学校1642所，在校生约69万人，有扫盲中心14个。卡布斯大学于1986年9月建成开学，是阿曼最高学府，在校生约1.5万人。

【新闻出版】全国现有报刊30余种，主要有：《阿曼日报》，官方阿拉伯文报纸，日发行量约4万份；《观察家报》，官方英文报纸，日发行量约2.2万份；《祖国报》，半官方阿拉伯文报纸，日发行量约3.25万份；《观点报》，私营阿拉伯文报纸，侧重经济新闻；《阿曼论坛报》，私营英文报纸，日发行量约2.5万份；《阿曼时报》，私营英文报纸，日发行量约5.4万份。

阿曼通讯社：官方新闻机构，1986年5月成立，总社在马斯喀特。

阿曼苏丹国广播电台：1970年始建于马斯喀特。1974年萨拉拉电台建成，后并入阿曼苏丹国广播电台。1979年建成人造卫星地面接收站。1982年开始调频广播，日播12小时。1998年起，该台阿拉伯语综合频道开始向阿曼所有地区24小时不间断播出。

阿曼电视台：阿曼国营和最大规模电视台，成立于1974年，共有4个频道。

对外关系

奉行不结盟、睦邻友好和不干涉别国内政的外交政策，已同143个国家建立了外交关系。致力于维护海湾地区的安全与稳定，积极参与地区事务，主张通过对话与和平方式解决国家之间的分歧。同美国、英国、印度、德国关系密切，同时开展多元化外交。

【同中国的关系】1978年5月25日中阿两国建交。建交以来，双边关系发展顺利，两国各领域合作不断取得进展。2018年5月25日两国建交40周年之际，习近平主席同阿曼苏丹卡布斯互致贺电，宣布中阿两国建立战略伙伴关系。

两国各层级交往密切。2022年12月，习近平主席在出席首届中国—阿拉伯国家峰会和首届中国—海湾阿拉伯国家合作委员会峰会期间会见阿曼内阁事务副首相法赫德。近年来，中方访问阿曼的主要有：全国政协主席汪洋（2019年11月），国务委员兼外交部长王毅（2021年3月）等。

阿方访华的主要有：外交事务主管大臣阿拉维（2018年5月、2018年7月），外交大臣巴德尔（2022年1月）等。

两国经贸合作发展顺利。中国是阿曼第一大贸易伙伴。据中国海关总署统计，2022年，中阿双边贸易额为404.5亿美元，同比增长25.8%。其中，中国出口额为42.1亿美元，同比增长18.0%；中国进口额为362.4亿美元，同比增长26.8%。中国主要出口机电产品、钢铁及其制品、高新技术产品、纺织品等，主要进口原油。

中国是阿曼第一大原油出口对象国，阿曼则是中国全球第五大原油进口来源国。2022年，中国从阿曼进口原油3937万吨。

2018年5月，中阿双方签署政府间共建“一带一路”谅解备忘录。

两国人文交流活跃。2021年12月，“中阿青年数字文化产业交流周”活动在阿曼成功举办，两国青年就数字文化产业、电子竞技、音乐、摄影、高新技术等多项内容展开交流互动。

中国驻阿曼大使：李凌冰（女）。馆址：Embassy District in Khuwair，Muscat，Oman。电 话：00968–24698766；传真：24698446。商务处地址：No.216，Hatat Houscat，Sultanate of Oman；电 话：00968–24697804；传真：24697482。

阿曼驻华大使：纳赛尔·本·穆罕默德·本·哈利法·布赛义迪（Naser Bin Mohammed Bin Khalifa Al-Busaidi）。馆址：北京市朝阳区亮马河南路6号。电话：010–65323692，65323322；传真：65327185。

【同其他中东国家的关系】阿曼同中东各国关系良好。2022年，阿曼苏丹海赛姆访问巴林，伊朗总统莱希、埃及总统塞西、约旦国王阿卜杜拉二世、阿联酋总统穆罕默德等访问阿曼。阿曼外交大臣巴德尔访问伊朗、叙利亚，伊朗、埃及等国外长访问阿曼。

【同美国等西方国家的关系】阿曼同美国等西方国家关系密切，同美国签有萨拉拉等港口使用框架协议，双方定期举行军演。2022年，阿曼苏丹海赛姆访问德国，两次非正式访问英国；比利时国王访问阿曼。阿曼外交大臣巴德尔访问美国，同美国国务卿布林肯举行两国战略对话。（邹扬）

阿塞拜疆

国名 阿塞拜疆共和国（The Republic of Azerbaijan，Азербайджанская Республика）。

面积 8.66万平方公里。

人口 1014.18万（2022年）。共有43个民族。其中，阿塞拜疆族占91.6%，列兹根族占2.0%，俄罗斯族占1.3%，亚美尼亚族占1.3%，塔雷什族占1.3%。官方语言为阿塞拜疆语，属突厥语系。主要信奉伊斯兰教。

首都 巴库（Baku，Баку），人口230.31万（2022年）。1月平均气温为5.2℃，7月平均气温为24.8℃。

国家元首 总统伊利哈姆·盖达尔·奥格雷·阿利耶夫（Ильхам Гейдар оглы Алиев），2003年10月28日初次当选，2008年10月、2013年10月两次连任。2016年9月阿举行全民公投，将总统任期由5年延长至7年。2018年4月，阿利耶夫在总统选举中再次胜选连任，本届任期至2025年。

重要节日 新年：1月1—2日；纳乌鲁斯节：3月20—21日；胜利日（纪念反法西斯战争胜利）：5月9日；共和国日（纪念1918年阿塞拜疆民主共和国成立）：5月28日；民族救亡日（纪念前总统盖达尔·阿利耶夫1993年复出执政）：6月15日；武装力量日（纪念1918年建军）：6月26日；国家独立日（纪念1991年阿恢复独立）：10月18日；胜利日：11月8日（纪念第二次“纳卡”战争胜利）；国旗日：11月9日；宪法日（纪念1995年11月12日通过阿塞拜疆宪法）：11月12日；民族复兴日：11月17日；世界阿塞拜疆人团结日：12月31日。

简 况

位于外高加索东南部，北靠俄罗斯，西部和西北部与亚美尼亚、格鲁吉亚相邻，南接伊朗，东濒里海。海岸线长456公里。纳希切万自治共和国是阿的飞地，被亚美尼亚、伊朗和土耳其环绕。气候呈多样化特征，平原、低地为亚热带气候，1月平均气温为–3℃—1℃，7月平均气温为27℃—29℃。山地为高原冻土带气候，平均气温分别为5℃和30℃。

阿塞拜疆部族形成于公元11—13世纪。13—16世纪屡遭外族入侵和瓜分。16—18世纪受伊朗萨法维王朝统治。18世纪中期分裂为十几个封建小国。19世纪

30年代，北阿塞拜疆（现阿塞拜疆共和国）并入沙俄。1917年11月，建立苏维埃政权“巴库公社”。1918年5月28日，成立阿塞拜疆民主共和国。1920年4月28日，被阿塞拜疆苏维埃社会主义共和国取代。1922年3月12日，加入外高加索苏维埃社会主义联邦共和国（同年12月30日该联邦共和国加入苏联）。1936年12月5日，改为直属苏联的加盟共和国。1991年2月6日，改国名为阿塞拜疆共和国，10月18日正式独立。

政　治

2022年阿政局总体稳定，经济复苏提速，外交开拓进取，综合国力继续领跑外高加索三国。总统家族执政地位稳固，当局继续通过推进政治改革、优化官员结构、调整机构设置、提高政府效能等手段强化执政能力。持续宣介第二次“纳卡”战争伟大胜利，隆重庆祝执政党——新阿塞拜疆党成立30周年并宣布2023年为“盖达尔·阿利耶夫年”，高调纪念阿民族领袖盖达尔·阿利耶夫总统100周年诞辰。解放区建设立体式开展，以行政、基建、文化为抓手全力推进解放区真正回归和融入阿社会发展轨道。

【宪法】现行宪法于1995年11月12日经全民公决通过。宪法规定：建立民主、法制、文明的世俗国家；实行总统制，总统为国家元首、最高行政首脑和武装力量总司令，由全民直接选举产生，任期7年；立法、行政、司法三权分立。2002年8月24日，经全民公决对宪法部分条款作出修改，包括：将总统当选最低得票率由2/3改为过半数；一旦总统不能履行职权，改为由总理代行总统职务；国民会议选举由过去的多数制和比例制结合改为单一的多数制；取消政党名单；等等。2009年3月18日，经全民公决对宪法部分条款进行补充和修改，取消总统连任不得超过两届的限制。2016年9月28日，经全民公决再次修改宪法，总统任期由5年延长至7年，设立第一副总统、副总统职位，赋予总统解散议会权力，取消总统候选人年龄限制，降低议员参选人年龄门槛。

【议会】最高立法机关，称国民会议。实行一院制，下属15个委员会，由125名议员组成。任期5年。主要职能是制定、批准、废除法律条约，决定行政区划，批准国家预算并监督其执行，根据宪法法院提请依照弹劾程序罢免总统，确定全民公决等。本届国民会议于2020年2月9日选举产生，共有8个政党进入议会。其中新阿塞拜疆党占72席，公民团结党占3席，其他6个政党分获1席，无党派人士占40席。萨希芭·阿利·加法罗娃（Сахиба Али Гафарова，女）当选国民会议主席。

【政府】本届政府于2018年4月组成。2019年10月阿内阁进行重大人事和机构调整。现主要成员有：总理阿利·阿萨多夫（Али Асадов），第一副总理亚古布·埃尤博夫（Ягуб Эюбов），副总理阿利·阿赫梅多夫（Али Ахмедов），副总理沙欣·穆斯塔法耶夫（Шахин Мустафаев），外交部长杰伊洪·巴伊拉莫夫（Джейхун Байрамов），国防部长扎基尔·哈桑诺夫（Закир Гасанов），内务部长维拉亚特·埃伊瓦佐夫（Вилаят Эйвазов），经济部长米卡伊尔·贾巴罗夫（Микаил Джаббаров），财政部长萨米尔·沙里弗夫（Самир Шарифов），数字发展和交通部长拉沙德·纳比耶夫（Рашад Набиев），农业部长麦吉农·马马多夫（Меджнун Мамедов），能源部长帕尔维兹·沙赫巴佐夫（Парвиз Шахбазов）等。

【行政区划】全国分为66个行政区、11个直辖市（其中纳希切万自治共和国包括7个行政区和1个直辖市）。截至2022年1月1日，全国共有79个城市、14个市级区、262个城镇、1724个乡级区、4246个村。

【司法机构】阿司法权由法院依照法律独立行使。法院体系包括宪法法院、最高法院、经济法院及各级普通和专门法院。宪法法院由9名法官组成，均由国民会议根据总统提名任命，现任宪法法院院长为法尔哈德·阿卜杜拉耶夫（Фархад Абдуллаев），2003年6月就任，2013年6月再次当选。最高法院是阿最高审判机关，由38名法官组成，均由国民会议根据总统提名任命，现任最高法院院长为伊纳姆·克里莫夫（Инам Керимов），2023年4月就任。检察院依法独立行使检察权，最高检察机关为共和国总检察院，总检察长经国民会议同意由总统任免。现任总检察长卡姆兰·阿利耶夫（Кямран Алиев），2020年5月1日由总统任命。

【政党和社会组织】截至目前，阿登记注册政党和社会组织共计6818个。其中，在阿司法部注册的合法政党有59个。主要为：

（1）新阿塞拜疆党（Партия “Ени Азербайджан”）：简称“新阿党”。1992年11月21日正式成立，12月18日在阿司法部登记注册。系阿第一大政党，目前党员人数为77.46万人。对内主张建立民主、法治、世俗国家，发展市场经济；对外主张推行务实、均衡的外交政策。在2020年2月举行的第六届国民会议选举中再次获得绝对多数席位。阿现任总统、国民会议主席、总理及多数内阁成员和地方官员均为该党党员。在2005年3月召开的第三次全国代表大会上，现任总统伊利哈姆·阿利耶夫当选党主席。2021年3月5日，新阿党第七届全国代表大会召开。大会审议通过新阿党新党章，现任总统伊利哈姆·阿利耶夫连任党主席，选举产生新一届理事会（40人）、监察委员会（13人）、元老委员会（35人），审议通过人民民主党、农民党、救国党、“同胞”党、民族运动党、企业家民主党等6党并入新阿党。2022年11月21日，新阿党在巴库举办成立30周年纪念大会。

（2）阿塞拜疆人民阵线党（Партия “Народный фронт Азербайджана”）：1989年3月成立，现有成员4万多人。1992年5月至1993年6月曾为执政党，现为阿最大反对党之一。基本政治取向是自由、人权、民主、私有制、市场经济、法治国家。对外主张以欧洲为发展方向，支持加入欧盟。现任党主席为阿利·克里姆利（Али Керимли）。

（3）穆萨瓦特党（Партия “Мусават”）：又称“公平党”。1911年成立，阿塞拜疆苏维埃社会主义共和国时期被禁止活动，1992年12月正式恢复活动。现有成员4万多人，系阿最大反对党之一。主张全民平等，依法治国，三权分立，实行市场经济，以民主方式解决各种社会问题。现任主席为阿里夫·加吉利（Ариф Гаджили）。

（4）阿塞拜疆民族独立党（Партия “национальной независимости Азербайджана”）：1991年成立，现有成员1.9万人。原持亲政府立场，1998年总统大选后加入反对党行列。倡导建立民主、法治国家及文明的市场，要求加快市场经济改革，主张以西方发达国家为外交重点。现任主席为阿尔祖汗·阿里扎德（Арзухан Ализаде）。

（5）希望党（Партия “умид”）：1993年5月5日注册成立，2002年阿公民团结党主席伊戈巴尔·阿加扎德（Игбал Агазаде）率公民团结党精英脱离团结党并加入希望党后，希望党成为阿主要反对党之一。现任主席为伊克巴尔·阿加扎德（Икбал Агазаде）。

此外，还有公民团结党、民主改革党、“祖国”党等。

主要社会组织有：民主力量国家委员会（Национальный совет демократических сил）。2013年1月，在阿知识分子论坛举行过程中，阿编剧家协会成员鲁斯塔姆·易卜拉欣别科夫（Рустам Ибрагимбеков）倡议组建一个新的政党，用以团结一切“民主与进步”力量。在易的倡议下，2013年5月28日，阿反对党穆萨瓦特党主席伊萨·甘巴尔（Иса Гамбар）、人民阵线党主席阿利·克里姆利、开放社会党主席阿克别尔·苏利哈金（Акпер Сульхаддин）、解放党主席阿瓦兹·铁木尔汗（Аваз Темирхан）联合宣布成立反对党联盟——民主力量国家委员会。委员会宗旨是整合阿反对党力量，确保进行自由公正的总统选举，致力于阿政治体制改革。

【重要人物】伊利哈姆·盖达尔·奥格雷·阿利耶夫：总统。1961年12月24日出生于巴库市。阿塞拜疆族。1985年毕业于莫斯科国际关系学院研究生院，历史学副博士。1985—1990年在莫斯科国际关系学院任教。1991—1994年任莫斯科“东方”公司总经理。1994—1996年先后任阿国家石油公司副总裁、第一副总裁。1995年和2000年两次当选阿国民会议议员。1997年7月当选阿国家奥林匹克委员会主席。1999年12月当选新阿塞拜疆党副主席，2001年11月当选该党第一副主席，2005年3月当选该党主席。2001年任阿国民会议常驻欧委会议会代表团团长。2003年1月当选欧委会议会副议长。2003年8月被任命为阿总理，同年10月28日当选总统，2008年10月、2013年10月、2018年4月三次连任。懂阿塞拜疆语、俄语、土耳其语、英语和法语。已婚，有两女一子。 **阿利·伊达亚特·阿萨多夫**：总理。1956年11月30日出生于阿塞拜疆纳希切万自治共和国。1978年毕业于莫斯科国民经济学院。1980—1989年任阿塞拜疆苏维埃社会主义共和国科学院经济研究所研究员。1989—1995年任巴库政治和社会管理学院教研室主任。1994年4月17日任阿总统经济事务助理。1995年当选国民会议代表。2012年11月29日任阿总统办公厅副主任。2019年10月8日任总理。 **萨希芭·阿利·加法罗娃**：国民会议主席。女，1955年3月19日出生于阿塞拜疆。拥有阿塞拜疆阿洪多夫国立俄语语言和文学师范学院（巴库斯拉夫大学前身）、阿塞拜疆语言大学双学位。语言学博士、教授，文学理论、现代俄罗斯文学和美国文学专家。精通俄语、英语，著有70余篇/部教学作品。1981年起在巴库斯拉夫大学任教，2000—2004年任西方大学东欧语言系、英语系主任，2004年起任斯拉夫大学副校长。新阿塞拜疆党党员，第五届、第六届国民会议议员。曾任国民会议家庭、妇女和儿童委员会副主席，外事和议会间关系委员会委员等职。2018年12月8日当选阿国民会议阿塞拜疆—捷克议会间友好小组组长。2020年3月10日在第六届国民会议第一次全体会议上以116票（议员法定人数为125人）当选第六届国民会议主席。 **梅赫丽班·阿里夫·阿利耶娃**：第一副总统。女，1964年8月26日出生于巴库市。1982—1988年先后毕业于阿塞拜疆国立医学院、莫斯科谢切诺夫第一国立医学院。2005年获哲学硕士学位。1988—1992年在莫斯科眼科科研所工作。1995年任其本人倡议成立的阿塞拜疆文化之友基金会主席。1995年创办《阿塞拜疆遗产》期刊。2004年任阿国家政治委员会委员、盖达尔·阿利耶夫基金会主席。2013年任新阿塞拜疆党副主席、阿体操联盟主席、阿奥委会执委会委员和首届欧洲运动会组委会主席。2005年、2010年、2015年连续三次当选阿国民会议议员。2017年2月任阿第一副总统，之后辞去国民会议议员职务。2021年3月当选新阿塞拜疆党第一副主席。2004年被联合国教科文组织授予“亲善大使”荣誉称号（2022年辞去该称号）。1983年12月与阿现任总统伊利哈姆·阿利耶夫结婚，育有两女一子。

经　济

油气产业是阿塞拜疆重要的经济、财政和出口支柱。自1994年签署“世纪合同”以来，ACG油田和沙赫德尼兹气田开发已为阿带来超过1700亿美元收入。2020年，随着全长3500公里的南部天然气走廊贯通，阿天然气可输送至欧洲多国，最远至意大利，阿逐渐成为欧洲重要的能源伙伴。此外，进入21世纪以来，国际油价多次剧烈波动对阿经济造成较大冲击，阿开始寻求多元化发展道路。近年来，阿大力推动进口替代战略，积极发展制造业、新能源、交通运输、农业、旅游业等非油经济，取得进展。2022年，得益于油气价格持续高位运行，阿有力应对了地缘形势剧变和外部经济压力，实现国民经济总体平稳增长。2022年主要经济数据如下：

国内生产总值：约787亿美元。

人均国内生产总值：约7819美元。

国内生产总值增长率：4.6%。

货币名称：马纳特。

汇率：1美元≈1.7马纳特。

通货膨胀率：14.4%。

【资源】石油和天然气资源丰富，主要分布在阿布歇隆半岛和里海。石油探明储量超10亿吨，天然气探明储量约2.6万亿立方米。

可再生能源储备充足，陆上潜能为135吉瓦，海上潜能为157吉瓦。现有技术条件下，可开发总量约27吉瓦，包括23吉瓦太阳能、3吉瓦风能、520兆瓦山区水能及380兆瓦生物质能。

【工业】主要工业部门有石油加工、石油化工、机械制造、有色冶金、轻工、食品等。2022年工业生产总值860亿马纳特，同比减少1.1%。其中，非油气领域工业生产值175.8亿马纳特，同比增长7.1%。工业生产构成中，开采业占75.4%，制造业占20.6%，电力、天然气及蒸汽生产和分配占3.4%，供水、废物清洁和处理占0.6%。近几年主要工业产品产量如下：

	2020	2021	2022
石　油（万吨）	3458.5	3458.1	3260.0
天然气（亿立方米）	367.1	438.6	467.0
发电量（亿千瓦时）	240.3	278.6	289.9

【农业】2022年阿农业产值109.8亿马纳特，同比增长3.4%。其中，畜牧业产值54.5亿马纳特，同比增长3.4%；种植业产值55.4亿马纳特，同比增长3.3%。

【交通运输】公路、铁路、水运和管道运输基础设施较为便捷，拥有里海最大港口和外高加索地区最大机场。

公路：2022年，全国公路总里程6万公里。

铁路：2019年，国内铁路总长2929.4公里。

水运：以里海货物运输为主，巴库港是里海沿岸最大港口。

空运：现有7个机场。其中，盖达尔·阿利耶夫国际机场为全国最大的机场。

【财政金融】近几年财政收支情况如下（单位：亿马纳特）：

	2020	2021	2022
收入	246.7	264.2	306.6
支出	264.2	274.1	320.1
盈余/赤字	–17.5	–9.9	–13.5

截至2023年1月1日，阿外汇储备总额为580.3亿美元，同比增长11.4%。其中，央行外汇储备90亿美元，同比增长27.1%；国家石油基金外汇储备490.3亿美元，同比增长8.9%。

截至2023年1月1日，阿主权外债为67.7亿美元，占国内生产总值的8.6%。阿外债由政府直接负债和政府对外担保的国有负债组成，主要包括：国际金融组织为基础设施项目和融资项目提供的贷款、主权债。

截至2022年12月31日，阿共有26家银行，包括2家国有银行和24家私人银行，13家银行有外国资本参与，其中7家银行外国资本额超过50%。主要银行有：阿塞拜疆国际银行，国有商业银行，成立于1992年1月，资产占阿银行系统的40%左右，在国内外设有37家分行，39家支行，阿财政部是其主要股东；资本银行，前身为阿塞拜疆国家储蓄银行，在阿拥有最大的服务网络，为300万个人和2.2万多个法人实体提供银行服务，参与多项政府发展计划。

【对外贸易】2022年，阿对外贸易总额为526.9亿美元，同比增长55.4%。其中，出口额为381.5亿美元，同比增长71.8%；进口额为145.4亿美元，同比增长24.2%。外贸顺差236.1亿美元，同比增长1.2倍。

主要出口商品是石油、石油制品和天然气，占阿出口比重为92%。

主要进口商品有：机器机械电器及设备（19.9%）、食品（16.3%）、车辆及其零配件（12.2%）、黑色金属及其制品（7.2%）、医药产品（4.5%）、塑料及塑料制品（3.3%）、木材及木制品（2.6%）、服装及配件（2%）、家具及零配件（0.8%）、烟草及烟草制品（0.7%）、化肥（0.6%）、其他商品（30%）。

2022年阿前十大贸易伙伴：意大利（34.4%）、土耳其（11.1%）、俄罗斯（7%）、中国（4.1%）、印度（3.6%）、以色列（3.3%）、希腊（2.7%）、德国（2.4%）、西班牙（2.1%）、英国（2%）。

阿主要出口目的地：意大利（46.6%）、土耳其（9.3%）、以色列（4.4%）、印度（4.4%）、希腊（3.7%）、西班牙（2.7%）、俄罗斯（2.6%）、克罗地亚（2.5%）、捷克（2.4%）、英国（2%）。

阿主要进口来源地：俄罗斯（18.8%）、土耳其（15.8%）、中国（14.4%）、德国（4.6%）、土库曼斯坦（3.5%）、哈萨克斯坦（3.4%）、美国（3.3%）、伊朗（3.3%）、意大利（2.3%）、日本（2%）。

【外国资本】2022年，阿共吸引外来直接投资62.8亿美元，前十大投资国为英国、土耳其、塞浦路斯、俄罗斯、伊朗、日本、美国、瑞士、挪威、匈牙利。

【著名公司】阿塞拜疆国家石油公司，成立于1992年，从事石油天然气勘探、开采、加工和销售，现任负责人为总裁罗夫尚·纳扎夫（Ровшан Наджаф）。

人民生活

2022年，阿居民名义总收入为689.1亿马纳特，同比增长20.5%，人均名义收入为6845马纳特，同比增长19.9%；平均名义工资为839.4马纳特，同比增长

14.7%；2022年新增就业岗位2.5万个。

军　事

1991年10月9日宣布成立武装力量。同年11月25日，阿最高苏维埃通过共和国武装力量法并成立国防部。共和国武装力量总司令由总统担任。现任国防部长为扎基尔·哈桑诺夫上将。阿军由陆海空三个军种组成，编制员额7万人。其中，陆军57950人，海军2200人，空军8660人，共计68810人。阿实行义务兵役制，主要征召18—35岁男性公民，一般服役期为18个月。2022年，阿国防预算为44.9亿马纳特（约合26亿美元）。

文化教育

目前，阿共有2915家公共图书馆、2221家俱乐部、240个博物馆、29家专业剧院和146家电影院。

【教育】教育体制分为学前教育、普通中小学教育、职业技术教育、中等专业教育和高等教育。截至目前，阿全国全日制普通学校共4426所，学生169万人；职业技术学校99所，学生2.3万人；中等专科学校59所，学生6.3万人；国立高等院校51所，私立高等院校11所，学生共计23.6万人。

著名高校：巴库国立大学，创立于1919年9月1日，是阿塞拜疆历史最悠久、规模最大的综合性高校，入选“欧洲大学联盟”。苏联和阿塞拜疆历史上的众多名人皆为该校毕业生。现有17个学院、125个学科、2个研究所、30个实验室、4个文化教育中心、4个博物馆和6个图书馆。多个专业使用阿塞拜疆语、俄语、英语三种语言授课。在校学生22229人，教师1300人，其中有250位博士、教授和750位副博士。阿塞拜疆国立石油和工业大学，创建于1920年，现有7个系、30个专业、24个教研室和32个科学实验室。在校学生18163人，教师606人。

【新闻出版】有各类报刊40多种。主要报纸有：总统办公厅机关报《巴库工人报》，1906年创刊，用俄文出版，发行量约3000份；总统办公厅机关报《人民报》，1919年创刊，用阿塞拜疆文出版，发行量约5000份；国民会议机关报《阿塞拜疆报》，1918年创刊，用阿塞拜疆文出版，发行量约7500份。目前，网络媒体较发达。

主要通讯社：阿塞拜疆国家新闻社（官方通讯社，1920年成立）及“趋势”、图兰等独立通讯社。

目前，阿境内共有电视、广播运营商94家。其中，全国性电视台12家、地方电视台12家、广播电台16家；卫星电视广播公司3家、有线网络运营商17家、交互式网络电视运营商32家、外国电视广播频道运营商2家。

主要广播电台有：阿塞拜疆国家广播电台，1926年建台，现为Azərbaycan Radiosu，隶属于阿塞拜疆电视广播节目公司。

主要电视台有：阿塞拜疆电视台（1956年建台，全称为阿塞拜疆电视广播节目公司）、阿塞拜疆公共电视台（2004年建台）、里海国家电视台、ATV（1998年建台）、LIDER TV（2000年建台）等，绝大部分节目用阿塞拜疆语播出。

对外关系

阿奉行独立自主、多元平衡的外交政策，积极参加国际事务，注重发展同主要大国和周边国家关系。2022年，阿外交开拓进取，持续宣介第二次“纳卡”战争胜利成果，全面巩固国家经济、军事实力，努力提升国际影响力。继续担任不结盟运动轮值主席国，先后举办南部天然气走廊咨委会第八次部长级会议、不结盟运动议会网络会议、不结盟运动青年峰会、“突厥语国家组织”宗教领袖会晤、第九届巴库全球论坛等国际会议。积极参与抗疫国际合作，通过世卫组织向受新冠疫情严重影响的80余国提供物资和疫苗援助。大力发展同伊斯兰国家和突厥语国家友好关系。在保持对亚美尼亚军事威慑的前提下，积极改善对亚关系，推动外高加索地区和平进程。

阿亚（美尼亚）和平进程：2022年，阿亚和平进程持续推进。阿大力推动解放区重建，吸引外国投资参与基建、能源和新能源项目。继续推进战俘交换、排雷等战后工作。努力改善对亚关系，先后成立工作组启动阿亚和平协议、划界勘界、解除交通封锁等关键问题谈判。俄罗斯、土耳其、美国、欧盟等积极参与阿亚关系正常化调解进程。2月4日，应欧盟轮值主席国——法国总统马克龙邀请，阿利耶夫总统同马克龙总统、欧洲理事会主席米歇尔、亚美尼亚总理帕什尼扬举行视频会晤。与会各方就阿亚关系正常化、阿解放区排雷和交通基础设施建设、阿亚划界、和平协议谈判等问题交换意见。3月14日，阿外交部公布推进阿亚关系正常化五项基本原则。4月6日，应欧洲理事会主席米歇尔邀请，阿利耶夫总统在比利时布鲁塞尔同米歇尔主席、亚总理帕什尼扬举行三方会晤。阿亚双方就商签和平协议、成立联合划界工作组达成一致。5月12日，阿外长巴伊拉莫夫同俄罗斯外长拉夫罗夫、亚美尼亚外长米尔佐扬在塔吉克斯坦首都杜尚别出席独联体外长理事会会议期间举行三方会晤，就地区局势、三方停火联合声明执行情况、阿亚关系正常化等问题交换意见。5月22日，应欧洲理事会主席米歇尔邀请，阿利耶夫总统、米歇尔主席、亚总理帕什尼扬举行三方会晤，各方商定成立阿亚联合划界委员会。5月24日，阿副总理穆斯塔法耶夫、亚副总理格里高良举行阿亚联合划界委员会首次会晤，就相关具体工作交换意见。6月21日，俄阿亚畅通地区交通联系三方工作组在俄罗斯圣彼得堡举行会晤。8月30日，阿亚联合划界委员会第二次会议在莫斯科举行，阿副总理穆斯塔法耶夫和亚副总理格里高良就划界具体事宜交换意见。8月31日，阿利耶夫总统、欧洲理事会主席米歇尔、亚总理帕什尼扬在布鲁塞尔举行三方会晤，阿亚同意启动和平协议谈判工作。9月20日，阿外长巴伊拉莫夫、亚外长米尔佐扬与美国国务卿布林肯在纽约举行三方会议。10月4日，在美国国务卿布林肯倡议和参与下，阿外长巴伊拉莫夫同亚外长米尔佐扬通电话。美呼吁阿亚双方避免军事冲突，加快推进和平协议谈判，继续在双边划界委员会框架内开展工作。10月14日，巴伊拉莫夫外长同俄外长拉夫罗夫、亚外长米尔佐扬在阿斯塔纳举行三方会晤。10月31日，应俄罗斯总统普京邀请，阿利耶夫总统、亚总理帕什尼扬赴索契出席俄、阿、亚领导人三方会晤，会后三方签署联合声明。11月3日，阿亚联合划界委员会第三次会议在布鲁塞尔举行。11月7日，巴伊拉莫夫外长同美国国务卿布林肯、亚外长米尔佐扬在华盛顿举行会晤。

【同中国的关系】1992年4月2日建交。中阿友好合作关系继续保持健康稳定发展，两国高层交往密切，政治互信不断深化，各领域务实合作成果丰硕。2022年是中阿建交30周年，双方共同举办建交30周年系列庆祝活动。2022年9月15日，习近平主席同阿利耶夫总统在上海合作组织撒马尔罕峰会期间举行会晤，就双边关系、各领域合作等问题交换意见。习近平主席、李克强总理、栗战书委员长、王毅国务委员兼外长围绕中阿建交30周年、中国农历春节、纳乌鲁斯节、中国共产党第二十次全国代表大会召开、中国国庆节等重要节日与阿领导人互致贺电。2月4日，阿副总理、新阿塞拜疆党副主席阿赫梅多夫来华出席北京冬奥会开幕式。3月30日，中宣部副部长张建春、阿文化部第一副部长埃·阿利耶夫以交换文本方式签署《中华人民共和国国家新闻出版署与阿塞拜疆共和国文化部关于经典著作互译出版的备忘录》。5月27日，阿塞拜疆驻华大使馆新馆启用仪式暨阿国庆日招待会在京举行，中国政府欧亚事务特别代表李辉出席活动。6月16日，中国人民外交学会会长王超以视频方式出席第九届巴库全球论坛。7月7日，中联部副部长钱洪山同新阿塞拜疆党副主席兼中央办公厅主任布达戈夫举行视频会晤。

据中国海关总署统计，2022年，中阿双边贸易额为13.8亿美元，同比增长15.2%。其中，中国出口额为11.36亿美元，同比增长14.2%；中国进口额为2.45亿美元，同比增长19.9%。中国是阿第四大贸易伙伴、第三大进口来源国。

阿对华出口主要商品有：矿物燃料、塑料及其制品、生皮及皮革、铜及其制品、化学产品、酒类及饮料、蔬菜、水果等；自华进口主要商品有：机械器具及其零件、电气和音像设备、药品、车辆及其配件、钢铁及其制品、医疗器械、橡胶及其制品、塑料及其制品、家具、灯具、日用品、服装等。

中国驻阿塞拜疆大使：郭敏（女）。馆址：Азербайджанская Республика，AZ1010，г. Баку，ул. Хагани，д.67。电话：0099412–4936129（领事）；传真：4980010。值班手机：0099450–2918881；领保值班手机：0099450–2624468。经商处电话：0099412–4936720。

阿塞拜疆驻华大使：阿克拉姆·杰纳利（Акрам Зейналлы）。馆址：北京市朝阳区亮马桥中街5号院1号楼。电话：010–65324614；传真：65324615。

【同俄罗斯的关系】1992年4月4日建交。阿俄传统关系密切，两国总统、总理、外长保持经常性通话和信函往来，就双边关系、国际和地区局势、阿亚和平进程等议题交换意见。2022年2月21日至23日，应俄罗斯总统普京邀请，阿利耶夫总统携夫人梅赫丽班·阿利耶娃对俄进行正式访问，两国签署《联盟协作宣言》。4月4日，阿利耶夫总统同普京总统就阿俄建交30周年互致贺信。4月26日，阿利耶夫总统会见俄副总理奥弗楚克，就两国关系、务实合作等问题交换意见。5月12日，巴伊拉莫夫外长同俄罗斯外长拉夫罗夫、亚美尼亚外长米尔佐扬在塔吉克斯坦首都杜尚别出席独联体外长理事会会议期间举行三方会晤。6月23日至24日，俄外长拉夫罗夫对阿进行工作访问。8月25日，阿萨多夫总理同俄总理米舒斯京在赴吉尔吉斯斯坦出席欧亚经济联盟政府间理事会全会期间举行会谈。9月16日，阿利耶夫总统同普京总统在上海合作组织撒马尔罕峰会期间举行会晤。10月6日，阿萨多夫总理在俄罗斯首都莫斯科出席第二届里海经济论坛期间会见米舒斯京总理。10月7日，阿利耶夫总统赴俄进行工作访问。10月14日，巴伊拉莫夫外长同俄外长拉夫罗夫、亚外长米尔佐扬在哈萨克斯坦阿斯塔纳举行三方会晤。10月27日，阿利耶夫总统会见俄副总理奥弗楚克。10月28日，阿利耶夫总统会见俄第一副总理别洛乌索夫。10月31日，应普京总统邀请，阿利耶夫总统、亚总理帕什尼扬赴索契出席俄、阿、亚领导人三方会晤。11月17日至18日，俄总理米舒斯京对阿进行工作访问并出席第11届阿俄地方论坛。12月5日，巴伊拉莫夫外长对俄罗斯进行工作访问并同俄外长拉夫罗夫举行会谈。12月23日，巴伊拉莫夫外长与俄外长拉夫罗夫在莫斯科举行会晤。12月26日，应普京总统邀请，阿利耶夫总统对俄进行工作访问并出席独联体国家领导人非正式会议。

【同美国的关系】1992年2月28日建交。2022年2月24日，巴伊拉莫夫外长同美国国务院顾问乔莱特通电话，就乌克兰局势、外高地区形势等问题交换意见。3月15日，阿利耶夫总统同美国国务卿布林肯通电话，就外高加索局势交换意见。4月5日，阿利耶夫总统同美国国务卿布林肯通电话。4月26日，巴伊拉莫夫外长会见美国欧洲和欧亚事务助理国务卿奥尔森，就两国关系、乌克兰局势等问题交换意见。6月7日至9日，阿总统外事助理加吉耶夫对美国进行工作访问并会见美国总统国家安全事务助理沙利文。6月15日，阿利耶夫总统会见来访的美国助理国务卿唐弗里德。7

月16日，巴伊拉莫夫外长同美国助理国务卿唐弗里德通电话，就阿亚关系正常化、地区局势等问题交换意见。7月25日，阿利耶夫总统同美国国务卿布林肯通电话，就双边关系、各领域合作前景等问题交换意见。8月1日，巴伊拉莫夫外长同美国助理国务卿唐弗里德通电话，就阿亚关系正常化等问题交换意见。8月5日，阿利耶夫总统同美国国务卿布林肯通电话。8月25日，美国国务卿布林肯任命里克尔为新任国务院外高加索谈判高级顾问兼欧安组织明斯克小组共同主席国代表。9月5日，巴伊拉莫夫外长同美国助理国务卿唐弗里德通电话，就阿亚关系正常化进程交换意见。10月10日，阿利耶夫总统同美国国务卿布林肯通电话。10月28日，巴伊拉莫夫外长同美国助理国务卿唐弗里德通电话，就阿亚关系正常化等问题交换意见。11月16日，阿利耶夫总统同美国国务卿布林肯通电话。11月28日，阿利耶夫总统、巴伊拉莫夫外长分别会见来访的美国国务院外高加索谈判高级顾问里克尔。12月8日，巴伊拉莫夫外长同美国助理国务卿唐弗里德通电话，就两国合作及阿亚关系正常化进程等问题交换意见。

【同土耳其的关系】1992年1月14日建交。阿土同盟关系密切，两国总统、总理、议长、外长、防长保持经常性通话和信函往来，就双边关系、各领域合作、国际和地区局势、阿亚和平进程等议题广泛深入交换意见。2月1日，阿国防部长哈桑诺夫访问土耳其，同土耳其总统埃尔多安、防长阿卡尔分别举行会晤。2月12日，阿利耶夫总统批准阿土《舒沙宣言》正式生效。3月4日至5日，土耳其外长查武什奥卢对阿进行工作访问。3月10日，应埃尔多安总统邀请，阿利耶夫总统对土进行正式访问。5月14日，阿利耶夫总统应埃尔多安总统邀请对土进行正式访问并出席里泽–阿尔特温机场启用仪式。5月28日，埃尔多安总统携夫人艾米娜·埃尔多安对阿进行正式访问，并同阿利耶夫总统夫妇共同出席首次在巴库举办的“ТЕХНОФЕСТ”航空航天技术节。6月6日，应土耳其外长查武什奥卢邀请，巴伊拉莫夫外长对土进行工作访问。6月8日至9日，阿国防部长哈桑诺夫对土耳其进行工作访问并观摩“Efes–2022”国际军演。6月16日，阿利耶夫总统会见来阿参加第九届巴库全球论坛的土前总理耶尔德勒姆。6月30日，阿利耶夫总统会见来访的土耳其大国民议会议长申托普。8月9日至10日，阿利耶夫总统和夫人梅赫丽班·阿利耶娃对土耳其进行工作访问并出席第五届伊斯兰团结运动会开幕式。9月15日，阿利耶夫总统在上海合作组织撒马尔罕峰会期间同埃尔多安总统会晤。10月20日，应阿利耶夫总统邀请，埃尔多安总统对阿进行正式访问。11月4日，阿利耶夫总统会见来访的土耳其副总统奥克塔伊。11月10日，阿利耶夫总统同埃尔多安总统举行会谈。

【同中亚国家的关系】阿同哈萨克斯坦、吉尔吉斯斯坦、塔吉克斯坦、土库曼斯坦、乌兹别克斯坦等中亚国家传统关系密切，在独联体、“突厥语国家组织”、上海合作组织等区域性国际组织框架内开展富有成效的协作。阿同上述国家总统、总理、议长、外长等官员保持经常性通话和信函往来，就双边关系、国际和地区局势、区域合作等问题广泛深入交换意见。3月3日至4日，塔吉克斯坦议会上院议长埃莫马利对阿进行正式访问，阿利耶夫总统同其举行会见。4月19日至20日，吉尔吉斯斯坦总统扎帕罗夫对阿进行正式访问，阿利耶夫总统同其举行会见。双方签署《战略伙伴关系宣言》《关于成立阿吉国家间委员会的备忘录》。5月12日至13日，巴伊拉莫夫外长赴塔吉克斯坦出席独联体外长理事会会议并会见塔外长穆赫里丁。6月21日至22日，应乌兹别克斯坦总统米尔济约耶夫邀请，阿利耶夫总统对乌进行国事访问，双方签署《关于深化阿乌战略伙伴关系和建立全面合作的宣言》。6月29日，阿利耶夫总统对土库曼斯坦进行工作访问并分别会见土前总统、人民委员会主席库·别尔德穆哈梅多夫，土总统谢·别尔德穆哈梅多夫。8月24日，应阿利耶夫总统邀请，哈萨克斯坦总统托卡耶夫对阿进行正式访问。两国元首共同签署《关于巩固战略关系和深化联盟协作的宣言》。8月25日至26日，阿萨多夫总理赴吉尔吉斯斯坦出席欧亚经济联盟政府间理事会全会。10月11日至12日，应吉尔吉斯斯坦总统扎帕罗夫邀请，阿利耶夫总统对吉进行国事访问。两国元首共同签署《阿吉国家间委员会首次会议决议》。10月12日至14日，阿利耶夫总统赴哈萨克斯坦进行工作访问并出席亚洲相互协作与信任措施会议第六次峰会全体会议和独联体国家元首理事会会议。10月27日至28日，应哈萨克斯坦总理斯迈洛夫邀请，阿萨多夫总理赴哈进行工作访问并出席独联体国家政府首脑理事会会议。11月10日至11日，阿利耶夫总统携夫人梅赫丽班·阿利耶娃对乌兹别克斯坦进行工作访问并出席在撒马尔罕举行的“突厥语国家组织”第九次元首会晤。12月14日，阿利耶夫总统携夫人梅赫丽班·阿利耶娃对土库曼斯坦进行工作访问并同土库曼斯坦总统谢·别尔德穆哈梅多夫、土耳其总统埃尔多安共同出席阿、土（耳其）、土（库曼斯坦）三国元首首次峰会。

【同欧盟及欧洲国家的关系】1月18日至20日，巴伊拉莫夫外长赴奥地利进行工作访问并出席欧安组织安全合作论坛。1月20日，阿利耶夫总统会见法国总统欧洲和土耳其事务顾问伊莎杜蒙、欧盟外高加索特别代表克拉尔，双方就阿欧关系、地区局势等问题交换意见。2月1日，巴伊拉莫夫外长同英国欧洲事务国务大臣哈里斯举行会晤。2月3日，巴伊拉莫夫外长同来访的匈牙利外长西雅尔多举行会谈，就两国关系等问题交换意见。3月2日，阿利耶夫总统以视频方式会见来访的罗马尼亚能源部长波佩斯库和罗总统战略项目特别代表比查尔，就两国关系、合作前景等问题交换意见。3月28日至29日，巴伊拉莫夫外长对德国进行正式访问并出席第八届柏林能源转型对话论坛。3月30日，英国武装部队国务大臣、议员希佩赴阿进行正式访问。3月31日，欧安组织轮值主席国波兰外长拉乌赴阿进行正式访问。4月2日，意大利外长迪马约赴阿进行正式访问并同阿利耶夫总统会谈。4月14日至15日，阿尔巴尼亚总理拉马对阿进行正式访问并同阿利耶夫总统举行会谈。4月26日，阿利耶夫总统、巴伊拉莫夫外长分别会见来访的拉脱维亚副总理兼国防部长帕布里克斯。5月2日，阿利耶夫总统接见法国外交部欧盟东部伙伴关系计划大使罗克非，就阿欧关系、阿法关系等问题交换意见。5月17日至18日，立陶宛总统瑙赛达对阿进行正式访问并同阿利耶夫总统会谈。5月20日，巴伊拉莫夫外长在意大利都灵出席欧洲理事会部长委员会第132次会议并致辞。5月25日，阿利耶夫总统会见来访的爱沙尼亚议长塔拉斯。5月31日至6月1日，巴伊拉莫夫外长对保加利亚进行正式访问，保总统拉德夫会见巴伊拉莫夫外长。6月1日，阿利耶夫总统会见来访的塞尔维亚副总理兼矿业和能源部长米哈伊洛维奇。7月18日，欧盟委员会主席冯德莱恩对阿进行工作访问。阿利耶夫总统同冯德莱恩主席举行会谈，双方签署《能源领域战略伙伴关系谅解备忘录》。7月19日，巴伊拉莫夫外长对比利时进行工作访问，会见北约秘书长斯托尔滕贝格并与欧盟外交与安全政策高级代表博雷利共同主持召开阿—欧盟合作委员会第18次会议。7月21日，保加利亚总理佩特科夫对阿进行工作访问并同阿利耶夫总统举行会谈。8月31日至9月2日，应意大利总统马塔雷拉邀请，阿利耶夫总统对意进行工作访问，同意总统马塔雷拉、总理德拉吉举行会谈。9月7日至8日，巴伊拉莫夫外长对西班牙进行工作访问，同西外交大臣阿尔瓦雷斯举行会谈。9月18日，阿国民会议主席加法罗娃赴英国出席伊丽莎白二世女王葬礼。11月15日，阿利耶夫总统对阿尔巴尼亚进行国事访问并同阿尔巴尼亚总统贝加伊举行会谈。11月17日，阿利耶夫总统会见来访的欧盟东部伙伴关系计划特使舒贝尔，就阿欧能源合作等问题交换意见。11月23日，阿利耶夫总统对塞尔维亚进行正式访问并同塞总统武契奇举行会谈。两国元首共同签署《阿塞元首联合声明》《关于成立阿塞战略伙伴关系委员会备忘录》《阿塞战略伙伴关系委员会章程》。12月8日，阿利耶夫总统会见来阿进行工作访问的阿尔巴尼亚总理拉马。12月12日，巴伊拉莫夫外长对比利时进行工作访问并出席欧盟东部伙伴关系计划成员国外长会。12月17日，应罗马尼亚总统约翰尼斯邀请，阿利耶夫总统对罗进行工作访问，同约翰尼斯总统、欧盟委员会主席冯德莱恩、格鲁吉亚总理加里巴什维利、匈牙利总理欧尔班共同出席《阿、格、罗、匈政府间绿色能源开发运输战略伙伴关系协议》签约仪式。12月21日，阿利耶夫总统会见对阿进行工作访问的塞尔维亚总统武契奇。（邱烨）

巴基斯坦

国名　巴基斯坦伊斯兰共和国（The Islamic Republic of Pakistan）。

面积　796095平方公里（不包括巴控克什米尔地区）。

人口　2.4亿（2022年）。巴是多民族国家，旁遮普族占63%、信德族占18%、普什图族占11%、俾路支族占4%。乌尔都语为国语，官方语言为乌尔都语和英语，主要民族语言有旁遮普语、信德语、普什图语和俾路支语等。95%以上的居民信奉伊斯兰教（国教），少数信奉基督教、印度教和锡克教等。

首都　伊斯兰堡（Islamabad），人口119.8万（2022年）。地处内陆，海拔503—610米，属亚热带季风气候，旱季和雨季界限分明，年均降水量1143毫米，最高气温47℃，最低气温0℃。

国家元首　总统阿里夫·阿尔维（Arif Alvi），2018年9月9日就任。

重要节日　国庆日：3月23日；独立日：8月14日。

简　况　位于南亚次大陆西北部，东接印度，东北与中国毗邻，西北与阿富汗交界，西邻伊朗，南濒阿拉伯海。海岸线长980公里。除南部属热带气候外，其余属亚热带气候。南部地区湿热，受季风影响，雨季较长；北部地区干燥寒冷，有的地方终年积雪。年均气温27℃。

巴原为英属印度的一部分。1858年随印度沦为英国殖民地。1940年3月，全印穆斯林联盟通过了关于建立巴基斯坦的决议。1947年6月，英国公布“蒙巴顿方案”，实行印巴分治。同年8月14日，巴基斯坦宣告独立，成为英联邦的一个自治领，包括东、西巴基斯坦两部分。1956年3月23日，巴基斯坦伊斯兰共和国成立，仍为英联邦成员国。1972年巴基斯坦退出英联邦，1989年重新加入。1971年3月，东巴基斯坦宣布成立孟加拉人民共和国；同年12月，孟正式独立。

政　治　实行联邦制，联邦政府是最高行政机关。

【**宪法**】巴建国后于1956年、1962年和1973年颁布三部宪法。1977年，齐亚·哈克实行军法管制，部分暂停实行宪法。1985年通过了宪法第8修正案，授予总统解散国民议会和联邦内阁、任免军队首脑和法官的权力。1991年7月通过的宪法第12修正案规定联邦政府有权设立特别法庭和上诉法庭，以打击犯罪，整治社会治安。1997年4月，谢里夫政府在议会通过宪法第13修正案，取消总统解散国民议会和联邦内阁的权力，并将解散省议会和省内阁，任免省督、三军参谋长和参谋长联席会议主席以及最高法院法官的权力归还总理行使。随后，巴议会通过旨在严禁议员叛党的宪法第14修正案"反跳槽法"。

1999年穆沙拉夫执政后颁布临时宪法1号令，宣布暂停实施宪法。2002年8月，穆颁布"法律框架令"，宣布恢复1973年宪法和哈克时代宪法第8修正案，规定总统有权解散国民议会、任命参谋长联席会议主席和三军参谋长。2003年12月29日，巴议会通过宪法第17修正案，规定总统经最高法院批准后有权解散议会，与总理协商后有权任免三军领导人。

2010年4月8日和15日，巴议会通过宪法第18修正案，将总统部分权力移交给总理，并在涉及中央与地方分权等重大敏感问题上作出调整。2010年12月22日，巴议会通过宪法第19修正案，赋予总理任命高等法院和最高法院法官一定的决定权，并由总统对决定结果进行最终认可。2012年2月20日，巴议会通过宪法第20修正案，取消了由总统任命看守政府总理的权力，改由总理和反对党领导人协商确定。修正案还包括延长选举委员会任期等内容。

2015年1月，巴议会通过宪法第21修正案，建立为期2年的军事法庭，以快速审理恐怖主义及危害国家安全的案件。2016年6月，宪法第22修正案通过，对选举委员会成员任职资格进行了调整。2017年1月，巴议会通过宪法第23修正案，恢复宪法第21修正案建立的军事法庭并延期2年。

【议会】联邦立法机构。1947年建国后长期为一院制。1973年宪法颁布后实行两院制，由国民议会（下院）和参议院（上院）组成。国民议会经普选产生，参议院按每省议席均等的原则，由省议会和国民议会选举产生。

国民议会现有342个议席，其中272席为普选议席，60席为妇女保留席位，10席为非穆斯林保留席位；保留席位由各政党按普选得票比例分配。国民议会设议长和副议长各1人，议员任期5年。2022年4月10日，巴基斯坦穆斯林联盟（谢里夫派）、巴基斯坦人民党等反对党联手在国民议会通过针对总理伊姆兰·汗的不信任案，议长阿萨德·凯瑟在投票前宣布辞职。4月16日，拉贾·佩尔瓦伊兹·阿什拉夫（Raja Pervaiz Ashraf）当选国民议会议长。

参议院原有104个席位，议员任期6年，每3年改选半数。设主席和副主席各1人，任期3年。2018年5月，巴政府将联邦直辖部落地区（FATA）正式并入开伯尔-普什图赫瓦省，该区8个议席将在后续选举中取消。2021年3月3日，巴参议院进行改选，原属联邦直辖部落地区的4个议席被取消，参议院总席位数降至100席。2021年3月12日，参议院主席萨迪克·桑吉拉尼（Sadiq Sanjrani）成功连任。

【政府】政府首脑为总理夏巴兹·谢里夫（Shehbaz Sharif），2022年4月11日就任。2022年4月19日，本届内阁宣誓就职。现包括33名联邦部长、7名国务部长和5名总理顾问、38名总理特别助理。

【行政区划】全国共有旁遮普、开伯尔-普什图赫瓦、俾路支、信德4个省和伊斯兰堡首都特区。各省下设专区、县、乡、村联会。

【司法机构】最高法院为最高司法机关，各省和伊斯兰堡设高等法院，各由1名首席大法官和若干法官组成。现任最高法院首席大法官为乌玛尔·阿塔·班迪尔（Umar Ata Bandial）。全国设总检察长，各省设省检察长。现任总检察长阿什塔尔·奥萨夫·阿里（Ashtar Ausaf Ali）。

【政党】巴实行多党制。现有政党200个左右，派别众多。目前，全国性大党主要有：

（1）巴基斯坦穆斯林联盟（谢里夫派）（Pakistan Muslim League-Nawaz）：简称"穆盟（谢派）"。成立于1906年，当时称作"全印穆斯林联盟"，1947年巴立国后改称"巴基斯坦穆斯林联盟"。党章规定要在巴实现政治、社会和经济改革。党主席为夏巴兹·谢里夫。

（2）巴基斯坦人民党（Pakistan People's Party）：简称"人民党"。成立于1967年12月，主要势力在信德省和旁遮普省，主张议会民主、自由平等、经济私有化。现任党主席为巴已故前总理贝·布托之子比拉瓦尔·布托（Bilawal Bhutto）。

（3）正义运动党（Pakistan Tehreek-e-Insaf）：1996年成立。党主席为巴基斯坦前总理伊姆兰·汗（Imran Khan）。该党提出变革、平等等口号。

主要党派还有：巴基斯坦穆斯林联盟（领袖派）[Pakistan Muslim League（QA）]、伊斯兰促进会（Jamaat-i-Islami）、统一民族运动党（Muttahidah Qaumi Movement）、人民民族党（Awami National Party）等。

【重要人物】阿里夫·阿尔维：总统。职业牙医，曾任巴基斯坦牙医协会主席。正义运动党创始人之一。2006—2013年任正义运动党秘书长，2016年起任该党信德省主席。2013年、2018年两次当选国民议会议员。2018年9月4日当选巴基斯坦总统。 **夏巴兹·谢里夫**：总理。巴基斯坦前总理纳瓦兹·谢里夫胞弟。长期主政旁遮普省，分别于1997年、2008年、2018年三度出任旁遮普省首席部长。2018年3月，被推选为巴基斯坦穆斯林联盟（谢里夫派）党主席，同年8月当选国民议会反对党领袖。2022年4月11日，当选巴基斯坦总理。

经　济

巴基斯坦经济以农业为主，农业产值占国内生产总值的19.2%。工业基础薄弱。2021/2022财年（2021年7月至2022年6月）主要经济数据如下：

国内生产总值：约3482.6亿美元。

人均国内生产总值：1505美元。

国内生产总值增长率：5.974%。

货币名称：巴基斯坦卢比。

汇率：1美元≈204巴基斯坦卢比。

（资料来源：世界银行、巴基斯坦财政部年度经济报告）

【资源】主要矿藏储备有：天然气6056亿立方米、石油1.84亿桶、煤1860亿吨、铁4.3亿吨、铝土7400万吨，还有大量的铬矿、大理石和宝石。森林覆盖率为4.8%。2020/2021财年，巴生产原油2756万桶、天然气约362.2亿立方米，发电装机容量约3726万千瓦。

【工业】2021/2022财年，巴基斯坦工业产值占国内生产总值的12.4%，增长率为7.2%。最大的工业部门是棉纺织业，其他还有毛纺织、制糖、造纸、烟草、制革、机器制造、化肥、水泥、电力、天然气、石油等。

【农业】2021/2022财年，巴基斯坦农业产值实现4.4%的增长。其中，种植业产值占农业产值的33.3%，增长率为6.58%；畜牧业产值占农业产值的61.89%，增长率为3.26%；林业产值增长率为6.13%；渔业产值增长率为0.35%。主要农作物有小麦、大米、玉米、棉花、甘蔗等。全国可耕地面积为5768万公顷，其中实际耕作面积为2168万公顷。农业人口约占全国总人口的63%。近几年主要农作物产量如下（单位：万吨）：

	2019/2020	2020/2021	2021/2022
小麦	2495	2750	2640
大米	741	842	932
玉米	724	890	1064
甘蔗	6688	8100	8865
棉花（万包）	918	710	833

（资料来源：巴基斯坦财政部年度经济报告）

【旅游业】发展较慢，旅游者多为定居在欧美的巴基斯坦人和海湾国家公民。主要旅游点有卡拉奇、拉合尔、白沙瓦、拉瓦尔品第、伊斯兰堡、奎塔、费萨拉巴德和北部地区等。2003年巴正式成为中国公民自费出国旅游目的地国。

【交通运输】国内客、货运输以公路为主。

公路：全长26.4万公里。其中，国家级公路和高速公路约1.3万公里，省级公路约9.3万公里。有各种机动车辆约941.38万辆。公路客运占客运总量的90%，公路货运占货运总量的96%。

铁路：全长11900公里。

水运：卡拉奇和卡西姆是两个国际港口，承担巴基斯坦国际货运量的95%。卡拉奇港吞吐量约4184万吨，卡西姆港吞吐量约5102万吨。

空运：巴基斯坦国际航空公司有民航飞机31架，飞往38个国际机场和24个国内机场。航线总长38.97万公里。5个国际机场分别在伊斯兰堡、卡拉奇、拉合尔、白沙瓦和木尔坦。

【财政金融】2021/2022财年巴基斯坦财政收入为6.125万亿卢比。其中，税收收入为4.509万亿卢比，非税收入为1.616万亿卢比。财政支出为8.440万亿卢比。（资料来源：巴基斯坦财政部年度经济报告）

【对外贸易】近年来，巴政府一直努力加速工业化，扩大出口，缩小外贸逆差，现与90多个国家和地区建有贸易关系。近几年外贸情况如下（单位：亿美元）：

	2019/2020	2020/2021	2021/2022
出口额	225	250	325
进口额	410	521	722
差　额	–185	–271	–397

（资料来源：巴基斯坦财政部年度经济报告）

主要进口石油及石油制品、机械和交通设备、钢铁产品、化肥和电器产品等。主要出口大米、棉花、纺织品、皮革制品和地毯等。

【外国资本】近年来，巴政府推行广泛的结构改革，改善投资环境，大力吸引外资。2021年7月到2022年6月，外国直接投资额为18.68亿美元。

人民生活

巴基斯坦政府努力解决社会问题，改善人民生活条件，特别是就业和医疗卫生问题。全国有一些社会和宗教福利组织从事福利活动。政府还大力发展信息技术，让更多的普通百姓使用高科技信息设备。

军　事

巴基斯坦宪法规定，总统是武装部队最高统帅。实行募兵制，陆军服役期限为7年，海军、空军为7—8年。武装力量由现役部队、预备役部队和地方军组成。总兵力为67.5万人。

文化教育

【教育】实行中小学免费教育。巴基斯坦政府大力提高识字率，改善大中专学校的教育设施和条件，同时决定增加教育经费，2021/2022财年，教育公共支出占国内生产总值的1.7%。10岁（包括10岁）以上识字率为60%。全国共有小学18.8万所，初中4.93万所，高中3.23万所，大学233所。著名高等学府有旁遮普大学、卡拉奇大学、伊斯兰堡真纳大学和白沙瓦大学等。全国在校注册学生为5854.5万人，教职员工为189.5万人。

【新闻出版】英文报纸有《新闻报》《黎明报》《国民报》等；乌尔都文报纸有《战斗报》《时代之声》《东

方报》等。主要报纸发行量在5万—30万份。

主要通讯社：巴基斯坦联合通讯社（国营），巴基斯坦国际通讯社（私营）。

广播电台：巴基斯坦广播公司，有27个电台，对外用7种语言广播。

电视台：巴基斯坦电视公司，主要城市均有电视台，人口覆盖率达87.8%。

对外关系

巴基斯坦奉行独立和不结盟外交政策，注重发展同伊斯兰国家和中国的关系。致力于维护南亚地区的和平与稳定，在加强同发展中国家团结合作的同时，发展同西方国家的关系。支持中东和平进程。主张销毁大规模杀伤性武器。呼吁建立公正合理的国际政治经济新秩序。重视经济外交。要求发达国家采取切实措施，缩小南北差距。

【同中国的关系】巴基斯坦是最早承认中华人民共和国的国家之一。1951年5月21日，中巴两国正式建立外交关系。建交以来，两国在和平共处五项原则的基础上发展睦邻友好和互利合作关系，进展顺利。

2013年5月，李克强总理应邀对巴基斯坦进行正式访问，中巴双方发表《中华人民共和国和巴基斯坦伊斯兰共和国关于深化两国全面战略合作的联合声明》。7月，巴总理谢里夫来华进行正式访问，双方发表《关于新时期深化中巴战略合作伙伴关系的共同展望》。

2015年4月，习近平主席应邀对巴基斯坦进行正式访问。中巴双方发表《中华人民共和国和巴基斯坦伊斯兰共和国关于建立全天候战略合作伙伴关系的联合声明》。

2020年2月，习近平主席应约同巴总理伊姆兰·汗通电话。3月，巴总统阿尔维访华。两国共同发表《中华人民共和国和巴基斯坦伊斯兰共和国关于深化中巴全天候战略合作伙伴关系的联合声明》。1月、4月、7月、12月，王毅国务委员兼外长四次应约同巴外长库雷希通电话。8月，库雷希外长访华，王毅国务委员兼外长同其举行中巴第二次外长战略对话。9月，王毅国务委员兼外长在莫斯科出席上海合作组织外长会期间会见库雷希外长。

2021年1月，王毅国务委员兼外长应约同巴外长库雷希通电话。3月，王毅国务委员兼外长同库雷希外长以视频方式共同出席中巴建交70周年庆祝活动启动仪式。5月和7月，李克强总理两次同巴总理伊姆兰·汗通电话。10月，习近平主席同伊姆兰·汗总理通电话。

2022年2月，巴总理伊姆兰·汗来华出席2022年北京冬奥会。3月，王毅国务委员兼外长出席伊斯兰合作组织外长理事会并访问巴基斯坦。5月，李克强总理同巴新任总理夏巴兹通电话。同月，巴新任外长比拉瓦尔来华访问。9月，王毅国务委员兼外长在纽约出席联大一般性辩论期间会见比拉瓦尔外长。11月，夏巴兹总理来华访问。同月，王毅国务委员兼外长会见比拉瓦尔外长。

中巴两国从20世纪50年代初起就建立了贸易关系，开展了贸易业务。1963年1月，两国签订了第一个贸易协定。1982年10月，两国成立了中巴经济、贸易和科技合作联合委员会，迄今已召开了15次会议。经过双方的共同努力，两国的经贸合作有了长足进展。2006年，两国签署《中巴自由贸易协定》并于2007年7月开始实施。2009年2月，两国签署《中巴自贸区服务贸易协定》，当年中国成为巴第二大贸易伙伴。2011年，中国成为巴第一大贸易伙伴。2019年，中巴签署《关于修订自贸协定的议定书》，该议定书于2020年1月1日生效。据中国海关总署统计，2022年，中巴双边贸易总额为265亿美元，同比减少4.6%。其中，中国出口额为230.9亿美元，同比减少4.6%；中国进口额为34.1亿美元，同比减少4.8%。据巴方统计，中国自2015/2016财年起连续7年保持为巴最大贸易伙伴，是巴第一大进口来源国和第二大出口目的地。近几年中巴双边贸易情况如下（单位：亿美元）：

	2020	2021	2022
贸易总额	174.9	278.2	265.0
中国出口额	153.7	242.3	230.9
中国进口额	21.2	35.9	34.1
差　额	132.5	206.4	196.8

（资料来源：中国商务部）

中国和巴基斯坦一直友好相处，保持着密切的文化往来。建交后，两国即互派文化团组访问和举办展览。1965年3月，中巴两国政府代表在拉瓦尔品第签订了文化协定，并于该年第一次签署了年度文化交流执行计划。2010年，双方就互设文化中心签署谅解备忘录。2013年李克强总理访巴期间，双方共同将2015年确定为“中巴友好交流年”。2015年习近平主席访巴期间，中方宣布在伊斯兰堡设立中国文化中心，双方宣布成都市和拉合尔市、珠海市和瓜达尔市、克拉玛依市和瓜达尔市分别结为友好城市，中国中央电视台英语新闻频道、纪录频道在巴落地，中国国际广播电台在巴设立“FM98中巴友谊台”工作室。2021年9月，为庆祝中巴建交70周年，中巴举行“中巴建交70周年——两国艺术家书画展”活动。

中国与巴基斯坦的科技交往始于20世纪60年代。多年来，中巴科技合作顺利并富有成效。随着两国友好关系的持续发展，中巴科技合作也不断走向深入。从较为分散的单项交流发展到科技联委会等规模性的政府间科技合作。

1964年起中国开始接收巴基斯坦留学生。2015年，习近平主席访巴期间，中方宣布未来5年内为巴提供2000个培训名额。2022年，在华学习的巴基斯坦学生共26747名。中国在巴基斯坦有297名留学生。中国在巴基斯坦已开设4所孔子学院和2个孔子课堂。2020年5月，习近平主席给北京科技大学全体巴基斯坦留学生回信，希望他们多了解中国，多向世界讲讲所看到的中国，多同中国青年交流，为促进民心相通、推动构建人类命运共同体贡献力量。2022年3月，中国与巴基斯坦签署高等教育学历学位互认协定。

中国驻巴基斯坦大使：农融。馆址：No.1，Zhou-Enlai Avenue，Diplomatic Enclave（Extension），Islamabad，Pakistan。电话：0092-51-8496156（值班），0312-5508888（值班手机），8496178（签证咨询），8496141（礼宾），8496128（政新处），8496123（科技组），0315-6060000（领事保护求助）；传真：8737772。

巴基斯坦驻华大使：莫因·哈克（Moin ul Haque）。馆址：北京市朝阳区东直门外大街1号。电话：010-65322504（值班），65322695（政务处），65322581（商务处）；传真：65322715。

【同美国的关系】冷战期间，巴美关系密切。此后，巴基斯坦因核试验和政变招致美国制裁。“9·11”事件后，巴基斯坦参加国际反恐战争，助美打恐，并采取措施打击国内极端主义势力。

2021年1月，巴外长库雷希同美国务卿布林肯通电话，就阿富汗问题、地区局势及双边经贸合作交换意见。

2022年5月，巴外长比拉瓦尔赴美参加“全球粮食安全行动呼吁”部长级会议并同美国务卿布林肯举行会晤。

【同印度的关系】巴基斯坦和印度于1947年、1965年和1971年三次爆发战争。1971年巴印断交，1976年复交。2004年以来，巴印启动全面对话进程，双边关系持续缓和。

2020年4月，印内政部发布行政令，调整克什米尔地区永久居留政策，扩大符合印控克什米尔地区永居权的人员类别。8月，巴基斯坦政府发布首版政治地图，将印控克什米尔地区标注为“印度非法占领”。双方在边境地区频繁交火并相互指责对方违反停火协议，造成双方大量人员伤亡。

2021年2月25日，巴印陆军作战部门负责人发表联合声明，同意自2月25日零时起在两国边境地区实现停火，并将通过现有热线联系和边境会议机制应对意外情况或误解。

【同阿富汗的关系】巴基斯坦与阿富汗在地理、历史、文化、宗教、种族等方面关系密切。“9·11”事件后，巴参与国际反恐战争，打击塔利班和基地组织，努力发展与阿政府的关系，积极参与阿重建。

2020年7月，中国—阿富汗—巴基斯坦三方副外长级战略对话以视频会议方式举行。9月，阿富汗民族和解高级委员会主席阿卜杜拉访巴。11月，巴基斯坦总理伊姆兰·汗访问阿富汗，阿总统加尼与其举行会谈并共同会见记者。

2022年3月，中阿巴三方外长在安徽屯溪举行会晤。11月，巴基斯坦外交国务部长正式访问阿富汗。

（吴怡君）

巴 勒 斯 坦

国名　巴勒斯坦国（The State of Palestine）。

面积　根据1947年11月联合国关于巴勒斯坦分治的第181号决议，在巴勒斯坦地区建立的阿拉伯国面积为1.15万平方公里。但是，由于当时广大阿拉伯国家反对该决议，该阿拉伯国未能建立。以色列逐步占领了大部分属于巴勒斯坦的土地。1988年11月，巴勒斯坦全国委员会第19次特别会议宣告成立巴勒斯坦国，但未确定其疆界。其后，巴勒斯坦提出以1967年第三次中东战争前的实际停火线为基础独立建国，面积约为6220平方公里。1991年马德里中东和会后，巴方通过与以色列和谈，陆续收回了约2500平方公里的土地。

人口　约1350万，其中加沙地带和约旦河西岸人口为523万（2021年），其余为在外的难民和侨民。官方语言为阿拉伯语，主要信仰伊斯兰教。

首都　1988年11月，巴勒斯坦全国委员会第19次特别会议通过《独立宣言》，宣布耶路撒冷（Jerusalem）为巴勒斯坦国首都。目前，巴勒斯坦总统府等政府主要部门均设在拉马拉（Ramallah）。

国家元首　总统马哈茂德·阿巴斯（Mahmoud Abbas），2008年11月当选。

重要节日　宣布建国日：11月15日。

简　况

巴勒斯坦位于亚洲西部，分为约旦河西岸和加沙地带两部分。约旦河西岸东邻约旦，面积为5884平方公里；加沙地带西濒地中海，南同埃及接壤，面积为365平方公里。巴勒斯坦地区属亚热带地中海气候。夏季炎热干燥，最热月份为7—8月，气温最高达38℃左右。冬季微冷，湿润多雨，平均气温为4℃—11℃，最冷月份为1月。雨季为12月至次年3月。

巴勒斯坦地区古称迦南，包括现在的以色列、约旦、加沙和约旦河西岸。历史上，犹太人和阿拉伯人都曾在此居住。公元前1000年左右，犹太人在巴勒斯坦地区建立以色列国，后被亚述、巴比伦、波斯、古希腊、罗马帝国征服。公元70年左右，犹太人爆发大规模起义反抗罗马人的暴行，遭到罗马军队残酷镇压，被赶出巴勒斯坦，流落世界各地。公元7世纪，阿拉伯人战胜东罗马帝国，占领巴勒斯坦。16世纪起，巴勒斯坦成为奥斯曼帝国的一部分。第一次世界大战后沦为英国的委任统治地。英国占领巴勒斯坦后，将其分为两部分：约旦河以东称外约旦，即现今的约旦哈希姆王国；约旦河以西称巴勒斯坦，包括现今的以色列、加沙和约旦河西岸。

1947年11月29日，联合国大会通过第181号决议，提出在巴勒斯坦地区建立一个阿拉伯人的国家和一个犹太人的国家。犹太人同意该决议，并于1948年5月14日宣布建立以色列国。广大阿拉伯国家拒绝该决议，于以色列建国次日即5月15日向其宣战，第一次中东战争爆发。至停战时，以色列占领了联大第181号决议规定的大部分阿拉伯国领土。1967年6月5日，第三次中东战争爆发，以色列在战争中占领了联大第181号决议规定的阿拉伯国全部领土及埃及西奈半岛、叙利亚戈兰高地等其他阿拉伯国家领土。

1988年11月15日，巴勒斯坦全国委员会第19次特别会议在阿尔及利亚首都阿尔及尔举行，通过《独立宣言》，宣布接受联大第181号决议，建立以耶路撒冷为首都的巴勒斯坦国。1994年5月，根据巴以双方达成的协议，巴方在加沙、杰里科等地实行有限自治。1995年以后，根据巴以双方陆续签署的协议，巴方控制区逐渐扩大，目前包括加沙地带全境和约旦河西岸部分土地，总面积约2500平方公里。

政　　治

1994年5月12日，巴勒斯坦民族权力机构（Palestine National Authority）成立，阿拉法特当选为主席。2004年11月，阿拉法特病逝。阿巴斯接任巴勒斯坦解放组织执行委员会主席，并于2005年1月当选巴勒斯坦民族权力机构主席，2008年11月当选巴勒斯坦国总统，任职至今。

2006年1月，巴勒斯坦举行第二届立法委员会选举，巴勒斯坦伊斯兰抵抗运动（哈马斯）获胜。阿巴斯任命哈马斯领导人哈尼亚为总理，组成以哈马斯为主的新政府。2007年3月，哈马斯和巴勒斯坦民族解放运动（法塔赫）等组成民族联合政府，哈尼亚继续担任总理。6月，哈马斯和法塔赫爆发严重冲突，哈马斯以武力夺取加沙地带控制权。阿巴斯宣布解散民族联合政府，实施紧急状态，成立紧急政府。7月，阿巴斯任命以法耶兹为总理的紧急政府。此后，在埃及斡旋下，法塔赫与哈马斯围绕内部和解问题进行了多轮谈判，曾数度达成协议，但始终未能取得实质性进展。2018年3月，巴勒斯坦总理哈姆迪拉在加沙遭遇路边炸弹袭击，侥幸逃脱，巴勒斯坦总统府、总理府等均认为哈马斯作为加沙实际控制方应对该事件负责。12月，阿巴斯宣布根据巴勒斯坦最高宪法法院决定解散立法委员会。哈马斯认为解散决定无效。2019年4月，以阿什提耶为总理的巴勒斯坦新一届政府宣誓就职，哈马斯表示坚决反对。2021年1月，阿巴斯总统签署总统令，巴勒斯坦立法委员会选举、总统选举和巴勒斯坦全国委员会选举将分别于5月22日、7月31日和8月31日举行。4月，巴方宣布，由于以色列拒绝批准在东耶路撒冷举行选举，巴勒斯坦领导层决定推迟原定于5月22日起举行的立法委员会等三项选举。2022年10月，在阿尔及利亚斡旋下，包括法塔赫、哈马斯在内的14个巴勒斯坦政治派别就内部和解达成协议，签署《阿尔及尔宣言》。

【**巴勒斯坦解放组织**】巴勒斯坦解放组织（Palestine Liberation Organization，PLO）：简称“巴解”。1964年5月在耶路撒冷成立。1974年10月在第七次阿拉伯首脑会议上被确认为巴勒斯坦人民的唯一合法代表。11月，被邀请以观察员身份参加联合国会议。1976年8月被接纳为不结盟运动正式成员，9月，被接纳为阿拉伯国家联盟正式成员。巴解曾以黎巴嫩、约旦为基地开展反以武装斗争。

巴勒斯坦全国委员会（Palestine National Council）：巴解最高权力机构，代表巴勒斯坦境内外的全体巴勒斯坦人。有委员669人，分别为巴勒斯坦各抵抗组织及其他群众组织代表。2018年4月30日至5月4日，第23届全国委员会会议举行。现任主席鲁西·法图赫（Rawhi Fattouh）。

巴勒斯坦解放组织执行委员会（The Executive Committee of PLO）：巴解常设领导机构。1969年起，执行委员会主席一直由阿拉法特担任。2004年11月阿拉法特去世后，阿巴斯继任主席。2018年5月4日，阿巴斯在巴解第23届全国委员会会议上连任巴解执委会主席。

巴勒斯坦解放组织中央委员会（The Central Committee of PLO）：介于巴解全国委员会与巴解执委会之间的一个监督机构，负责监督巴解执委会执行巴解全国委员会的决议和巴解的方针政策。由巴解全国委员会选举产生，共有100多名成员，在巴解全国委员会休会期间，由中央委员会指导巴解工作。1970年起，阿拉法特一直担任中央委员会主席。阿拉法特去世后，阿巴斯继任主席。

【**议会**】巴勒斯坦立法委员会为巴勒斯坦立法机构，根据《奥斯陆协议》于1996年1月20日选举产生，下设法律、耶路撒冷、预算与财政事务、经济、自然资源、领土与定居、难民、内政与安全、教育、政治、监督等委员会，每年举行两次会议。2006年1月，巴勒斯坦举行第二届立法委员会选举，哈马斯获74席，成为立法委员会第一大党派，阿齐兹·杜维克（Aziz Dweik，隶属哈马斯）当选立法委员会主席。此后，由于巴勒斯坦内部分裂，立法委员会事实上处于停摆状态。2018年12月22日，巴勒斯坦总统阿巴斯宣布根据巴勒斯坦最高宪法法院决定解散立法委员会，哈马斯认为解散决定无效。

【政府】1994年5月根据巴解决议成立巴勒斯坦民族权力机构，作为阶段性、过渡性的权力机构。2013年1月，巴勒斯坦总统阿巴斯签署命令，将法规、公文、证件等使用的“巴勒斯坦民族权力机构”称谓统一改为“巴勒斯坦国”。此后，巴方自己很少再使用“巴勒斯坦民族权力机构”称谓，多用“巴勒斯坦国”。但国际社会仍有沿用“巴勒斯坦民族权力机构”称谓的情况。目前，巴勒斯坦政府总理是穆罕默德·阿什提耶（Mohammad Shtayyeh），2019年4月出任该职。

【行政区划】巴勒斯坦分为约旦河西岸和加沙地带两部分。约旦河西岸分为11个省，加沙地带分为5个省。

【司法机构】巴勒斯坦司法机构主体是各级法院，目前设有最高法院1个、调解法院18个、初级法院8个、上诉法院1个、刑事法院1个和中央法院2个。巴检察机构的主体是各级检察院，目前设有最高检察院1个，由总检察长、数名副检察长和检察官组成，下设5个检察分院和10个总起诉厅。

【主要政治派别】（1）巴勒斯坦民族解放运动［Palestinian National Liberation Movement，简称“法塔赫”（Fatah）］：20世纪50年代末期，由巴勒斯坦爱国青年逐步组建，1969年以后成为巴解主流派别，得到阿拉伯国家的广泛承认与支持。法塔赫的常设领导机构是中央委员会，下设革命委员会，均由法塔赫代表大会选举产生。阿拉法特去世后，法鲁克·卡杜米继任法塔赫中央委员会主席。2006年11月，阿巴斯被推举为法塔赫最高领导人。2009年8月，法塔赫举行第六次代表大会，阿巴斯当选中央委员会主席。2016年12月在法塔赫第七次代表大会上连任。

（2）伊斯兰抵抗运动［Islamic Resistance Movement，简称“哈马斯”（Hamas）］：由“伊斯兰”“抵抗”和“运动”三个阿拉伯词语缩写组成，由亚辛教长于1987年创建，以《古兰经》为宗旨，强调“圣战”是实现其目标的唯一手段，强烈反对中东和平进程，主张消灭以色列，解放巴勒斯坦全部被占领土。2017年5月，哈尼亚当选哈马斯政治局主席。同月，哈马斯公布新政策文件，在组织属性、领土主张等方面立场均有所调整，并首次公开表示愿加入巴解。

此外，还有解放巴勒斯坦人民阵线（Popular Front for the Liberation of Palestine）、解放巴勒斯坦民主阵线（Democratic Front for the Liberation of Palestine）、巴勒斯坦解放阵线（Palestine Liberation Front）、巴勒斯坦人民斗争阵线（Palestinian Popular Struggle Front）、解放巴勒斯坦人民阵线（总指挥部，Popular Front for the Liberation of Palestine-General Command）、巴勒斯坦民主联盟（Palestinian Democratic Union）、解放巴勒斯坦阿拉伯阵线（Arab Liberation Front）等。

【重要人物】马哈茂德·阿巴斯：总统、巴解执委会主席。1935年出生于巴勒斯坦北部城市萨法德。莫斯科大学历史学博士。1959年起协助阿拉法特建立法塔赫。20世纪90年代初作为巴方首席谈判代表出席马德里中东和会，主持巴以和谈并代表巴方签署《奥斯陆协议》。1995年当选巴解执委会总书记。2003年4—9月出任巴勒斯坦自治政府首任总理。2004年11月阿拉法特逝世后，继任巴解执委会主席。于2005年1月、2008年11月、2009年8月先后当选巴勒斯坦民族权力机构主席、巴勒斯坦国总统和法塔赫中央委员会主席。

经　济

以农业为主，其他有建筑业、加工业、手工业、商业、服务业等。巴勒斯坦经济严重依赖外来援助，经济发展受制于以色列，巴以冲突持续对巴勒斯坦经济发展形成严重制约。2021年主要经济数据如下：

国内生产总值：150.27亿美元。

人均国内生产总值：3045.3美元。

国内生产总值增长率：7%。

货币名称：未发行本国货币，使用以色列货币新谢克尔。

通货膨胀率：1.2%。

失业率：278%。

【资源】自然资源丰富，拥有大量的矿产储量，但并未得到充分利用。

【工业】工业水平很低，规模较小，主要是加工业，如塑料、橡胶、化工、食品、石材、制药、造纸、印刷、建筑、纺织、制衣、家具等。

【农业】农产品丰富，农业是经济支柱。水果、蔬菜和橄榄（油）是外贸出口的重要部分，占出口产品的25%。可耕地面积为16.6万公顷。从事农业的劳动力占劳动力总数的20%左右。

【旅游业】气候宜人，有大量的历史文化古迹，旅游资源较丰富。

【交通运输】主要是公路，有各类公路5146.9公里。2000年以后，由于巴以冲突不断，巴勒斯坦交通建设陷入停滞。2009年后，道路等基础设施建设有所恢复并得到一定发展。

【财政金融】巴勒斯坦货币管理局于1994年底成立，负责确定金融政策、调控和监督各银行活动。

【外国援助】国际援助是巴勒斯坦政府主要收入来源之一。联合国近东巴勒斯坦难民救济和工程处（UNRWA）是最主要的国际对巴援助机构，平均每年总支出12亿—13亿美元，美国和欧盟是其最大援助方。2018年初，美国宣布切断对巴方及UNRWA的援助，并先后提出裁撤UNRWA、压缩UNRWA人员规模、UNRWA任期届满后不予延期等要求。2020年11月，拜登当选美国总统后，美恢复对巴方和UNRWA的援助。2019年12月，联合国大会通过决议，批准

UNRWA任期延长至2023年6月。

人民生活

由于长期处于冲突状态，巴医疗设施较为陈旧，药品供应不足。

军　事

根据《奥斯陆协议》，巴勒斯坦自治政府可建立警察部队以保证约旦河西岸和加沙地带的公共秩序和内部安全。目前，巴方警察部队约有6万人。

文化教育

【教育】受巴以冲突影响，巴勒斯坦教育状况总体落后，目前，文盲率约为2.6%。主要大学有比尔宰特大学、纳贾赫国立大学、圣城大学、伯利恒大学等。

【新闻出版】主要报刊有《耶路撒冷报》《日子报》《新生活报》等。官方广播电台为巴勒斯坦之声，官方电视台为巴勒斯坦电视台，均从属于巴勒斯坦广播公司。巴勒斯坦通讯社，由巴解于1971年在黎巴嫩首都贝鲁特创建。

对外关系

巴解成立后，得到阿拉伯国家和世界许多国家的广泛支持。1974年10月，第七届阿盟首脑会议承认巴解为巴勒斯坦人民的唯一合法代表。11月，巴解以观察员身份参加联大会议和工作。1976年8月，第五届不结盟国家会议接纳巴解为正式成员。9月，阿盟接纳巴解为正式成员。1988年11月15日，巴勒斯坦国宣告成立，全球已有大约140个国家承认巴勒斯坦国。1988年12月15日，巴勒斯坦成为联合国观察员实体。2011年10月，巴勒斯坦成为联合国教科文组织正式会员国。2012年11月29日，第67届联合国大会通过决议，正式授予巴勒斯坦联合国观察员国地位。

【同中国的关系】1965年5月，巴解在北京设立享有外交机构待遇的办事处。1988年11月20日，中国宣布承认巴勒斯坦国，两国建交。同年12月31日，巴解驻京办事处改为巴勒斯坦国驻华大使馆，其主任改任巴勒斯坦国驻华大使。1990年7月5日起，中国驻突尼斯大使兼任驻巴勒斯坦国大使。巴勒斯坦实行自治后，1995年12月，中国在加沙设立驻巴勒斯坦民族权力机构办事处，2004年5月该办事处迁至拉马拉。2008年6月后，根据巴方要求，中国驻突尼斯大使不再兼任驻巴勒斯坦大使，中国驻巴勒斯坦办事处主任（大使衔）全权负责同巴勒斯坦交往事宜。

2020年7月，习近平主席应约同巴勒斯坦总统阿巴斯通电话。2022年12月，习近平主席在沙特首都利雅得出席首届中国—阿拉伯国家峰会期间会见阿巴斯总统。

近年来，中巴友好合作关系始终保持平稳发展。中国访问巴勒斯坦的主要领导人有：国家副主席王岐山（2018年10月），全国人大常委会委员长张德江（2016年9月），国务院副总理刘延东（2016年3月），国务院副总理汪洋（2015年11月），全国人大常委会副委员长向巴平措（2017年7月），外交部长王毅（2013年12月）。巴方访华的主要领导人有：总统阿巴斯（2005年5月、2010年4月底至5月初、2013年5月、2017年7月），外长马立基（2010年5月、2014年5月、2014年6月、2015年2月、2016年5月、2017年4月、2018年7月），总统特使、巴解执委会委员拉法特（2014年10月），总统府秘书长塔伊布（2017年5月），经济部长欧黛（2017年5月、2018年7月），总统特使、法塔赫副主席阿鲁勒（2019年5月）。

据中国海关总署统计，2022年，中巴双边贸易额为1.58亿美元，同比增长23.2%。其中，中国出口额为1.58亿美元，同比增长23.5%；中国进口额为1.9万美元，同比减少94.3%。

中国驻巴勒斯坦国办事处主任：郭伟（大使衔）。馆址：Tira Street，Ramallah，Palestine。电话：00972–2–2951222；传真：2951221。

巴勒斯坦国驻华大使：法里兹·马赫达维（Fariz Mehdawi）。馆址：北京市朝阳区三里屯东三街2号。电话：010–65323327；传真：65323241。

【同美国的关系】2021年1月，美国总统拜登上台后，公开表示回归“两国方案”并恢复同巴勒斯坦联系和对巴援助。2022年7月，拜登先后访问以色列、巴勒斯坦，表示支持“两国方案”，这是巴以平等实现安全、繁荣和自由的最佳途径，宣布向巴勒斯坦提供3.16亿美元援助。

【同其他阿拉伯国家的关系】与埃及的关系：埃及是最早支持巴解的阿拉伯国家之一，曾是巴解开展政治活动的主要基地。埃及同以色列签订和平协议后，巴解中断同埃及的关系。1987年11月，埃方重新开放巴解驻埃办事处。1991年海湾战争中，由于巴勒斯坦支持伊拉克，埃巴关系渐趋冷淡。此后，随着中东和平进程的推进，埃巴关系实现正常化。阿巴斯成为巴勒斯坦最高领导人后，埃巴关系更加紧密。埃方在巴以关系、巴勒斯坦内部和解等问题上发挥了积极作用。

与叙利亚的关系：叙利亚曾是巴勒斯坦游击队的重要基地和后方。巴勒斯坦一些政治派别的总部曾长期设在大马士革，其中包括哈马斯政治局。1983年后，因对解决中东问题的政治主张存在分歧，叙巴关系恶化。1988年后，叙巴关系有所缓和。1999年，在叙方鼓励与支持下，叙利亚境内的巴勒斯坦反对派组织与巴勒斯坦民族权力机构对话。阿巴斯成为巴勒斯坦最高领导人后，叙巴关系继续发展，叙方还参加了2007年11月在美国举行的安纳波利斯会议。2011年叙利亚局势动荡后，叙巴关系发展受到一定影响。

与约旦的关系：约巴两国有着特殊的渊源。约旦是阿拉伯国家中唯一给予巴勒斯坦难民（侨民）国籍的国家，目前巴勒斯坦难民（侨民）占约旦总人口的约60%。约旦曾是巴解总部所在地。1970年，约巴关系恶化，巴勒斯坦武装被迫全部从约旦撤出。20世纪

90年代中东和平进程开始后，约巴双方曾组成联合代表团出席中东和会。2003年6月，约旦国王阿卜杜拉二世主持了由美国、以色列、巴勒斯坦三方首脑参加的亚喀巴峰会，宣布正式启动中东和平“路线图”计划。阿巴斯成为巴勒斯坦最高领导人后，约巴关系更加紧密，两国元首互访频繁。

与海湾阿拉伯国家的关系：海湾阿拉伯国家一直是巴方的主要财政援助方。1991年海湾战争中，由于巴勒斯坦支持伊拉克，其同海湾阿拉伯国家关系一度陷入低谷。《奥斯陆协议》签署后，双方关系有所改善。2002年3月，沙特在第14次阿盟首脑会议上提出旨在解决巴勒斯坦问题的“阿拉伯和平倡议”，得到国际社会广泛认可。2004年12月，阿巴斯访问沙特和科威特，就巴方在海湾战争中的立场致歉。此后，海湾阿拉伯国家同巴勒斯坦关系进一步发展。沙特、卡塔尔还曾先后推动法塔赫与哈马斯结束分裂、实现内部和解，但效果不彰。特朗普担任美国总统后，海湾阿拉伯国家在巴勒斯坦问题上的立场差异性越发明显。2018年10月，以色列总理内塔尼亚胡访问阿曼，这是21世纪以来以色列政府首脑首次访问海湾阿拉伯国家，巴方对此予以强烈批评。2019年6月，巴林承办美国举行的对巴勒斯坦经济投资研讨会，沙特、阿联酋等国高级别官员参加。2020年1月，美国公布“中东和平新计划”政治部分，沙特、阿联酋、巴林、阿曼表示欢迎，科威特表示不赞成，卡塔尔未作明确表态。8月和9月，阿联酋和巴林分别宣布同以色列实现关系正常化并签署建交协议，巴勒斯坦对此表示强烈不满。

【同以色列的关系】1991年马德里中东和会召开，巴以双方结束长达几十年的武装对抗，开始谋求通过平等对话与协商解决巴勒斯坦问题。1993—1995年，巴以双方先后签署《临时自治安排原则宣言》（即《奥斯陆协议》）、《加沙和杰里科先行自治协议》、《扩大巴勒斯坦在约旦河西岸自治范围的协议》。1997年1月，巴以双方签署了关于以军在希伯伦重新部署的协议，规定以军从希伯伦80%的地区撤出。1998年10月，巴以双方签署了《以色列第二阶段从约旦河西岸撤军协议》（即《怀伊协议》）。1999年11月8日，巴以双方正式启动最终地位谈判，但未取得进展。2000年7月，美、以、巴首脑戴维营峰会无果而终。9月，以色列利库德集团领导人沙龙强行进入耶路撒冷阿克萨清真寺，引发长达4年多的巴以冲突。以军还长期围困巴勒斯坦领导人阿拉法特，直至其病危。阿巴斯成为巴勒斯坦最高领导人后，巴以关系有所改善。9月，以方完成从加沙地带和约旦河西岸部分地区撤离犹太人定居点和军队的“脱离计划”。

2006年哈马斯赢得加沙地带地方选举后，以方开始长期封锁加沙地带，并于2006年6月和11月、2008年2月底至3月初、2008年底至2009年初、2012年11月、2014年7—8月6次对加沙地带实施大规模军事行动。2007年11月安纳波利斯会议后，巴以和谈时断时续，双方矛盾日渐尖锐。2014年4月底，巴以和谈再次陷入僵局，此后未再重启。特朗普担任美国总统后，巴以关系更加紧张，巴方多次表示将中止执行《奥斯陆协议》，暂停同以方的安全协调，努力摆脱对以方的经济依赖等。2018年3月底开始，加沙地带的巴勒斯坦民众定期在同以色列交界地区举行“回归大游行”，多次同以军发生冲突。2019年5月，以方同加沙地带武装组织再次爆发冲突，后经联合国和埃及斡旋，双方停火。6月，美国公布“中东和平新计划”经济部分，以方表示欢迎。11月，以色列国防军和国家安全总局（辛贝特）联合实施“斩首”行动，定点清除巴勒斯坦伊斯兰圣战组织（杰哈德）指挥官阿布阿塔，杰哈德同以方一度爆发激烈冲突。2020年1月，美方公布“中东和平新计划”政治部分，以方表示欢迎。受美方政策鼓舞，以色列积极谋求吞并约旦河西岸部分巴勒斯坦领土，并加紧扩建定居点。巴方宣布中止同美、以达成的协议。11月，拜登当选总统后，表示将回归“两国方案”，恢复同巴方联系和对巴方援助。巴方重启同以方联系，包括同以方的安全协调，但对以方持续扩建定居点仍持强烈批评态度。2021年5月7日，以巴再次爆发严重冲突。加沙地带武装向以方发射4300余枚火箭弹，以军针对加沙发动“护墙行动”。经埃及等国斡旋，5月21日以巴双方实现停火。2022年8月5日至8日，以色列对加沙地带的杰哈德武装发动“破晓行动”，打死多名杰哈德指挥官。

【同欧盟国家的关系】巴解重视发展与欧盟国家的关系，在10多个欧盟国家派驻代表。海湾战争期间，因巴勒斯坦支持伊拉克，欧盟与巴勒斯坦关系一度跌入低谷。海湾战争结束后，欧盟国家与巴解关系逐渐恢复。巴以双方签署《奥斯陆协议》后，欧盟国家开始在巴勒斯坦自治区设代表处或通过驻耶路撒冷总领馆与巴勒斯坦自治政府进行联系，并向巴方提供了大量援助。

2011年以来，英国、法国、西班牙、意大利等国先后宣布将巴勒斯坦驻该国代表机构级别提升为外交使团，但欧盟内部在是否承认巴勒斯坦的国家地位及是否支持巴勒斯坦以国家身份加入联合国等国际组织问题上立场不一。2013年8月底，欧盟决定对以色列定居点出口商品及与其相关的贸易作出限制，是首个采取此类措施的地区组织。2014年10月，瑞典承认巴勒斯坦的国家地位，并将巴勒斯坦驻瑞典代表处升格为使馆。2015年6月，梵蒂冈承认巴勒斯坦的国家地位。同年，英国、法国、比利时、意大利、希腊等国议会纷纷投票，呼吁本国政府承认巴勒斯坦的国家地位。2016—2017年，法国在推动巴以和平进程方面付出较大努力，还曾在巴黎主办中东和平会议，但未能取得切实成果。2020年1月美国公布“中东和平新计划”政治部分后，欧盟认为该计划有违“两国方案”

等国际共识。

【同俄罗斯的关系】巴解历史上与苏联关系密切，苏联是推动巴方加入中东和平进程的关键方之一。苏联解体后，巴解重视发展同俄罗斯的关系，俄方亦支持巴勒斯坦实现独立建国。2011年2月俄罗斯总统梅德韦杰夫访问巴勒斯坦期间，表示支持建立以东耶路撒冷为首都的独立的巴勒斯坦国，俄罗斯因此成为首个公开表态支持东耶路撒冷成为巴勒斯坦首都的安理会常任理事国。2012年11月，第67届联大表决授予巴勒斯坦联合国观察员国地位的决议草案，俄方投了赞成票。2013年以来，阿巴斯总统多次访俄。2020年1月美国公布“中东和平新计划”政治部分，俄方对该计划持批评态度，呼吁中东问题“四方机制”（俄、美、欧盟、联合国）尽快召开会议，同时邀请巴以双方赴莫斯科进行直接谈判。 （徐海风）

巴　林

国名　巴林王国（The Kingdom of Bahrain）。

面积　780平方公里。

人口　147.2万（2022年）。外籍人口占55%。85%的居民信奉伊斯兰教，其中什叶派占70%，逊尼派占30%。

首都　麦纳麦（Manama）。人口68.9万（2022年）。

国家元首　国王哈马德·本·伊萨·阿勒哈利法（Hamad bin Isa Al-Khalifa），1999年3月6日即位埃米尔，2002年2月14日改称国王。

重要节日　国庆日：12月16日。

简　况

位于波斯湾西南部的岛国，介于卡塔尔和沙特之间。属热带沙漠气候。夏季炎热潮湿，7—9月平均气温为36℃；冬季温凉，时有降雨，12月至次年2月气温在10℃—20℃；其他时间（3—5月、10—11月）气温在20℃—30℃。年均降水量为71毫米。

公元前3000年即建有城市。公元前1000年腓尼基人到此。公元7世纪成为阿拉伯帝国的一部分，隶属巴士拉省。1507—1602年遭葡萄牙人占领。1602—1782年处于波斯帝国统治之下。1783年宣告独立。1820年英国入侵巴林，强迫其签订《波斯湾和平条约》。1880年沦为英国保护国。1971年3月，英国宣布其同海湾诸酋长国签订的所有条约在同年年底终止。1971年8月15日，巴林宣告独立并建立巴林国。2002年2月，更改国名为巴林王国。

政　治

君主世袭制王国，禁止政党活动。国家元首由哈利法家族世袭，掌握政治、经济和军事大权。2011年2月，受西亚北非地区局势动荡影响，巴林发生抗议示威活动。巴林政府通过举行全国对话、推进改革、改善民生等一系列举措稳定局势，推动局势逐渐恢复稳定。

【宪法】独立后第一部宪法于1973年6月2日颁布，同年12月生效。2001年2月，巴林举行全国投票，以98.4%的支持率通过了《民族宪章》。2002年2月14日，颁布新宪法，主要内容是国名改为巴林王国，埃米尔改称国王，成立两院制议会，司法独立等。

【议会】巴林于1972年选出制宪议会，1973年成立国民议会，1975年解散国民议会。此后相当长一段时间内，巴林都没有议会机构。2002年10月，根据新宪法，巴林组建由众议院和协商会议组成的两院制国民议会。其中，众议院议员由民众直接选举产生，共40人，众议长由议员选举产生。协商会议议员由国王任命，共40人，主席亦由国王任命。两院议员任期均为4年，可连任。2012年，巴林修改宪法，扩大国民议会权力。本届国民议会于2022年12月选举产生。艾哈迈德·本·萨勒曼·穆萨拉姆（Ahmed bin Salman Al-Musalam）当选国民议会议长兼众议长，阿里·本·萨利赫·萨利赫（Ali bin Saleh Al-Saleh）任协商会议主席。

【政府】本届内阁成立于2022年11月，共有25名成员，主要成员包括王储兼首相萨勒曼·本·哈马德·阿勒哈利法（Salman bin Hamad Al-Khalifa）、副首相哈立德·本·阿卜杜拉·阿勒哈利法（Khalid bin Abdulla Al-Khalifa）、外交大臣阿卜杜拉提夫·本·拉希德·扎耶尼（Abdullatif bin Rashid Al-Zayani）等。

【行政区划】全国分为4个省，分别是首都省、穆哈拉克省、北方省、南方省。

【重要人物】**哈马德·本·伊萨·阿勒哈利法**：国王。1950年1月28日出生于麦纳麦。曾在英美军事学院学习，参与创建巴林国防军。1964年被立为王储。1971年巴林独立后任国防大臣。1999年3月6日继位，成为巴林第11任埃米尔，兼任武装力量最高统帅。2002年2月14日改称国王。　**萨勒曼·本·哈马德·阿勒哈利法**：王储兼首相，哈马德国王长子。1969年10月21日出生。1992年获美利坚大学公共管理学学士学位。1994年获剑桥大学历史哲学硕士学位。1995年被任命为国防次大臣。1999年3月9日被立为王储，3月22日被任命为巴林国防军总司令。2008年1月被任命为武装力量最高副统帅。2013年3月11日起兼任第一副首相。2020年11月前首相哈利法去世后，被哈马德国王任命，兼任首相。

经 济

海湾地区最早开采石油的国家之一，奉行自由经济政策，1995年加入世界贸易组织。注重经济多元化发展，积极进行产业结构调整和扩大对外开放。铝业较发达，铝制品是重要出口产品。2022年主要经济数据如下：

国内生产总值：353.6亿美元。

人均国内生产总值：2.35万美元。

国内生产总值增长率：4.9%。

货币名称：巴林第纳尔。

汇率：1美元≈0.38巴林第纳尔。

【资源】已探明石油储量约1700万吨，天然气储量约7200万吨。

【工业】主要有石油和天然气开采、炼油、炼铝、船舶维修等。

【农业】可耕地面积1600公顷。主要农产品有粮食作物、水果、蔬菜、家禽、海产品等。

【交通运输】无铁路，各主要城市之间由现代化公路网相连。巴林和沙特之间由长达25公里的法赫德国王大桥相连。主要港口有哈利法港、萨勒曼港等。

【财政金融】金融业发达，全球400多家金融服务机构在巴林设有办事处。

【对外贸易】主要出口石油产品、天然气和铝锭。主要贸易伙伴是美国、中国、沙特、阿联酋、日本、德国、英国、韩国、印度等。2022年巴林对外贸易总额为518亿美元，其中出口额为300亿美元，进口额为218亿美元。

人民生活

实行免费医疗，居民卫生服务普及率达100%，人均寿命为78.9岁。全国共有公立医院9所，私立医院14所，医疗中心近百所。

军 事

执行海湾阿拉伯国家合作委员会统一的防御政策。哈马德国王任武装力量最高统帅，萨勒曼王储兼首相任武装力量最高副统帅。实行志愿兵役制。武装部队总兵力为1.18万人。

文化教育

【教育】实行免费教育并普及9年一贯制的中等教育制度，是海湾阿拉伯国家中最早拥有女子学校的国家。在高等教育方面，巴林建有巴林大学、阿拉伯海湾大学（由海合会资助）4所公立大学以及阿赫利亚大学、应用技术大学等15所私立大学。巴林文盲率为2.4%，15—25岁青年受教育率达99%，是中东海湾地区受教育程度较高的国家。

【新闻出版】全国共有报纸13种，主要报纸有《海湾消息报》（阿拉伯文）、《天天报》（阿拉伯文）、《中间报》（阿拉伯文）、《祖国报》（阿拉伯文）、《海湾日报》（英文）、《每日论坛报》（英文）等。

巴林广播电台：1955年开始播音，用阿拉伯语和英语广播。

巴林电视台：共有3个频道，其中2个为阿拉伯语频道，1个为英语频道。

对外关系

奉行温和务实的外交政策，主张加强海湾国家间的团结与合作，是联合国会员国，以及阿拉伯国家联盟、海湾阿拉伯国家合作委员会等国际和地区组织成员国，目前已同173个国家建立了外交关系。2017年6月，巴林及沙特、埃及、阿联酋以支持恐怖主义、干涉他国内政为由同卡塔尔断交。2021年1月，海合会6个成员国和埃及在沙特古城欧拉召开峰会并通过《欧拉宣言》，标志着海湾断交危机暂时告一段落。

【同中国的关系】1989年4月18日，中巴两国建交。建交后，中巴双边关系发展顺利。

两国各层级保持友好交往。2022年12月，习近平主席在出席首届中国—阿拉伯国家峰会和首届中国—海湾阿拉伯国家合作委员会峰会期间会见巴林国王哈马德。此外，近年来中方访问巴林的主要领导人有：全国政协主席俞正声（2014年11月），国务委员兼外交部长王毅（2021年3月）等。

巴方重要来访有：国王哈马德（2013年9月对华进行国事访问并出席首届中国—阿拉伯国家博览会），副首相哈立德（2014年5月来华出席第四次亚洲相互协作与信任措施会议峰会），外交大臣哈立德（2018年7月来华出席中阿合作论坛第八届部长级会议），外交大臣扎耶尼（2022年1月访华）等。

两国各领域务实合作富有成果。中国在2012—2020年是巴林第一大进口来源国。2021年，中国是巴林第二大进口来源国。2022年，中国重新成为巴林第一大进口来源国。据中国海关总署统计，2022年，中巴双边贸易额为20.2亿美元，同比增长13.9%。其中，中国出口额为17.7亿美元，同比增长28.7%；中国进口额为2.5亿美元，同比减少37.1%。中国主要出口机电产品、高新技术产品、服装等，主要进口有机化学品、铁矿砂等。

2018年7月，中巴双方签署政府间共建“一带一路”谅解备忘录。

两国人文交流密切。1991年10月，中巴双方签署《中华人民共和国政府和巴林王国政府文化协定》。2021年3月，中巴双方签署互设文化中心协定。

中国驻巴林大使：安瓦尔。馆址：Building 1109，Road 2819，Block 428，Al Seef 428，Manama，Kingdom of Bahrain。电 话：00973-17723093，17723800，17723900；传真：17727034。

巴林驻华大使：穆罕默德·格桑·穆罕默德·谢胡（Mohamed Ghassan Mohamed Shaikho）。馆址：北京市朝阳区东方东路22号亮马桥外交公寓A区10-06。电 话：010-65326483，65326485，65326486；传 真：65326393。

【同其他中东国家的关系】2022年，巴林继续加强同沙特、阿联酋、埃及等中东国家关系。哈马德国王访问沙特、阿联酋、埃及，萨勒曼王储兼首相访问沙特，扎耶尼外交大臣访问约旦、摩洛哥。埃及总统塞西、阿联酋总统穆罕默德、阿曼苏丹海赛姆、沙特外交大臣费萨尔等访问巴林。

2020年10月，巴林与以色列建立全面外交关系。2022年，萨勒曼王储兼首相同以色列总理贝内特、内塔尼亚胡通电话，扎耶尼外交大臣赴以色列出席美国、以色列、阿联酋、埃及、摩洛哥和巴林六国外长会，以色列总统赫尔佐格、总理贝内特等访问巴林。

【同美国等西方国家的关系】巴林同美国关系密切，是美国“主要非北约盟友”。美国是巴林重要贸易伙伴。1999年2月，巴美签署两国投资保护协定，巴林成为第一个同美国签署此类协定的海湾阿拉伯国家。2004年9月，巴美正式签署自由贸易协定，2006年8月1日起实施。2022年，萨勒曼王储兼首相、国民议会议长兼众议长泽娜、拉希德内政大臣访问美国，扎耶尼外交大臣同美国国务卿布林肯在美共同主持巴美第二次战略对话。此外，扎耶尼外交大臣访问英国。欧盟委员会主席冯德莱恩、美国主管近东事务的助理国务卿芭芭拉出席麦纳麦对话会，英国外交部主管南亚、中亚和联合国的国务大臣塔里克访问巴林。

【同其他亚洲国家的关系】巴林重视发展同其他亚洲国家关系。2022年，萨勒曼王储兼首相同日本首相岸田文雄通电话。马尔代夫总统易卜拉欣、日本外务大臣政务官本田太郎、印度海军参谋长辛格尔等访问巴林。

【同俄罗斯的关系】巴林同俄罗斯保持良好交往。2022年，哈马德国王同俄罗斯总统普京两次通话。扎耶尼外交大臣访问俄罗斯。俄罗斯外长拉夫罗夫访问巴林。 （罗咏诗）

不丹

国名 不丹王国（The Kingdom of Bhutan）。

面积 约3.8万平方公里。

人口 约76.3万（2022年），人口增长率约为0.94%（2022年）。不丹族约占总人口的50%，尼泊尔族约占35%。不丹语“宗卡”为官方语言。藏传佛教（噶举派）为国教，尼泊尔族居民信奉印度教。

首都 廷布（Thimphu），人口13.87万（2017年）。

国家元首 国王吉格梅·凯萨尔·纳姆耶尔·旺楚克（Jigme Khesar Namgyel Wangchuck），2006年12月9日登基，2008年11月6日加冕。

重要节日 国庆日：12月17日（第一任国王乌金·旺楚克登基日）；国王生日：2月21日；国王加冕日：11月6日。

简况

位于喜马拉雅山脉东段南坡，其东、北、西三面与中国接壤，南部与印度交界，为内陆国。北部山区气候寒冷，中部河谷气候较温和，南部丘陵平原属湿润的亚热带气候。

公元7世纪起为吐蕃王朝属地，9世纪成为独立部落。12世纪后，藏传佛教竺巴噶举派逐渐成为执掌世俗权力的教派。18世纪后期起遭英国入侵。1907年建立不丹王国。1910年1月，同英国签订《普那卡条约》。1949年8月，同印度签订《永久和平与友好条约》。1971年加入联合国，1973年成为不结盟运动成员，1985年成为南亚区域合作联盟成员。2007年2月，同印度签署经修订的《不印友好条约》。

政治

1998年，第四世国王吉格梅·辛格·旺楚克不再兼任政府首脑，将政府管理权移交给大臣委员会。2001年，成立宪法起草委员会，启动制宪工作。2006年，第四世国王吉格梅·辛格·旺楚克让位于其子吉格梅·凯萨尔·纳姆耶尔·旺楚克。2007年12月，举行首次国家委员会（上院）选举。2008年3月，举行首次国民议会（下院）选举，成立首届民选政府，标志着不丹开始向君主立宪制转变。

【宪法】2008年7月，不丹颁布首部宪法。

【议会】实行两院制，由国王、国家委员会（上院）、国民议会（下院）组成，拥有立法权。上院由25名议员组成，均为非党派人士，其中20名由各宗（县）选举产生，其余5名由国王任命知名人士担任，现任国家委员会主席森格·多吉（Sangay Dorji）。下院由47名议员组成，由选民直接选举产生。两院议员任期5年。2018年10月，举行第三届国民议会选举，不丹统一党赢得30席，繁荣进步党赢得17席。现任国民议会议长旺楚克·南吉（Wangchuk Namgyel），副议长卡玛·旺楚克（Karma Wangchuk）。

【政府】根据不丹宪法，在国民议会选举中获多数议席的政党领导人将由国王任命担任首相，负责组阁。首相任期不得超过两届，各政府部门大臣人选通过首相推荐，由国王任命。经1/3以上议员同意，国民议会可对政府提出不信任动议，如动议获国民议会2/3以上投票通过，则国王有权解散政府。2018年10月，不丹统一党在第三届国民议会选举中获胜并组建新政府，洛塔·策林（Lotay Tshering）担任首相。

本届政府内阁名单如下：首相洛塔·策林，外交大臣丹迪·多吉（Tandi Dorji），内政与文化大臣乌金·多吉（Ugyen Dorji），农业与林业大臣益西·班觉（Yeshey Penjor），经济大臣洛克纳特·夏尔玛（Loknath Sharma），教育大臣杰比雷（Jai Bir Rai），信息与通信大臣卡玛·唐能·旺迪（Karma Donnen Wangdi），卫生大臣德钦·旺姆（Dechen Wangmo），财政大臣南杰·策林（Namgay Tshering），工程与人员安置大臣多吉·策林（Dorji Tshering），劳动与人力资源大臣卡玛·多吉（Karma Dorji）。

政府还设有11个直属机构：皇家文官委员会、国家计划委员会、国家环境委员会、国家劳动局、皇家货币局、国家技术培训局、皇家管理学院、法律事务局、不丹研究中心、地方发展委员会、国家文化事务委员会。

【行政区划】全国划分为4个行政区、20个宗（县）。

【司法机构】高等法院系最高司法机构，但国王拥有最高司法权力，包括受理最高上诉案件。高等法院于1968年在廷布设立，包括首席法官在内共有8名法官，其中2名由国民议会选出，任期5年；其余由国王指派，任期由国王决定。各宗设有地方法院，由国王任命的宗长和地方法官负责处理地方诉讼案件。现任首席大法官为乔家尔·答戈·里格津（Chogyal Dago Rigdzin）。

【寺院团】宗教事务的唯一仲裁机构，由中央寺院团和地方寺院团组成。全国约有5000名僧人，享受政府提供的财政资助。杰堪布为最高宗教领袖，由经寺院选举产生并经国王批准的一名高僧担任，享有穿着与国王同样颜色披肩的特殊权利。杰堪布下有4名大僧人辅助。

【政党】正式注册有5个政党。

（1）不丹统一党（Druk Nyamrup Tshogpa）：2013年成立，现为执政党，占国民议会（下院）47席中的30席。主席为洛塔·策林。

（2）繁荣进步党（Druk Phuensum Tshogpa）：2007年成立，现为在野党，占国民议会（下院）47席中的17席。主席为佩玛·嘉措（Pema Gyamtsho）。

（3）人民民主党（People's Democratic Party）：2007年成立，主席为策林·托杰（Tsering Tobgay）。

【重要人物】吉格梅·凯萨尔·纳姆耶尔·旺楚克：国王。1980年2月21日出生，曾留学英国、印度。2004年10月任通萨宗宗长。2006年12月继位，成为旺楚克王朝第五世国王。2008年11月6日加冕。**洛塔·策林**：首相。1968年出生，2001年获孟加拉国达卡大学医学学士学位，2014年获澳大利亚堪培拉大学工商管理硕士学位。系不丹知名外科医生。2013年，作为不丹统一党候选人参选议员失利。2014—2018年，任全国巡诊小组主任。2018年5月当选不丹统一党主席，11月7日就任不丹首相。

经　济

农业是不丹的支柱产业。20世纪50年代实行土地改革后，98%以上的农民拥有自己的土地、住房，平均每户拥有土地1公顷多。粮食基本自给。水电资源丰富并向印度出口，水电及相关建筑业已成为拉动经济增长的主要因素。

1961年起，不丹开始实行经济发展的“五年计划”，并从印度、瑞士等国和联合国开发计划署等国际组织获得经济援助。2018—2023年为不丹第12个五年计划，预算总开支约3100.16亿努，较上一个五年计划增长38%，主要目标是通过进一步去中心化来建设公平、和谐和可持续发展社会。

2022年，第一、第二、第三产业分别占国内生产总值的14.67%、31.82%和53.50%。2022年主要经济数据如下：

国内生产总值：2278.14亿美元。

人均国内生产总值：3833美元。

国内生产总值增长率：5.21%。

货币名称：努扎姆，简称“努”，与印度卢比等值。

汇率：1美元≈78.6努。

通货膨胀率：5.65%。

失业率：5.9%。

【资源】不丹拥有白云石、石灰石、大理石、石墨、石膏、煤、铅、铜、锌等矿藏。水力资源丰富，水电资源蕴藏量约为3.69万兆瓦，目前仅约1.5%得到开发利用。森林覆盖率约为70%，自然保护区面积占国土面积的51.4%。物种丰富，每1万平方公里土地上有植物3281种。

【工业】2022年，不丹工业（包括电力、建筑业和制造业）总产值725亿努，占国内生产总值的31.82%。其中，建筑业产值179.45亿努，占国内生产总值的7.88%；制造业产值198.82亿努，占国内生产总值的8.73%。近年来，对印度电力出口带动不丹水电站建设，电力行业逐渐成为经济支柱之一。2022年，水电产值305.36亿努，占国内生产总值的13.4%。2022年，不丹全国发电量为107.7亿千瓦时，出口74.83亿千瓦时。

【农业】可耕地面积占国土总面积的16%，主要农作物有玉米、稻子、小麦、大麦、荞麦、马铃薯和小豆蔻。畜牧养殖较为普遍。主要树种有婆罗双树、橡树、松树、冷杉、云杉、桦树等，以丰富的名木花草闻名遐迩。盛产水果，其中苹果、柑橘等大量向印度和孟加拉国出口。2021年，农业和林业就业人口占总就业人口的48.72%。

【旅游业】旅游业是不丹外汇的重要来源之一。1974年开始对外开放旅游业，但控制较严，一般只接受团体旅游。出于环保考虑，自2022年9月起对境外游客每人每天收取200美元的“可持续发展费”。1987

年7月起，寺院、宗教圣地不对外开放。每年3—6月、9—12月是旅游旺季，游客主要来自泰国、中国、日本、美国和欧洲等地。2022年，入境游客20897人次。

【交通运输】2022年，不丹公路总里程18343.47公里，注册机动车辆累计126501辆。山区仍以马、牛、骡为主要运输工具。河流众多但湍急，无法航行。

帕罗机场是不丹唯一机场，距首都廷布65公里。航空公司有雷龙航空公司和不丹航空公司，分别成立于1983年和2011年，航线包括从帕罗至新德里、加尔各答、加德满都、达卡、曼谷和仰光。2021年航空载客量2.25万人次。

【电信业】不丹有两大通信公司，分别为国营的不丹电信公司和私营的扎西信息通信公司。2022年，不丹共有固定电话用户19566户，移动用户776631户，59个邮局。

【财政金融】每年7月1日至次年6月30日为一个财政年度。2021/2022财年外汇储备约8.33亿美元。

主要金融机构有皇家货币局（Royal Monetary Authority）、不丹银行（Bank of Bhutan）等。皇家货币局成立于1982年，是不丹的中央银行，负责制定和执行政府的货币政策，代表政府办理外币存款业务。不丹银行成立于1968年，属国家商业银行，一度与印度国家银行合办。2002年，印度国家银行将管理权移交给不丹，持股份额也由40%降至20%。

作为不丹私有化进程的里程碑，1996年不丹政府允许金融部门公开发行股票，并与亚洲开发银行和花旗银行签署协定，允许它们购买不丹国家银行（Bhutan National Bank）不超过40%的股份。

【对外贸易】对外贸易主要在南亚区域合作联盟成员间进行。印度是不丹最大贸易伙伴，不丹同印度签有自由贸易协定。2022年，不丹进口额为1187.92亿努，出口额为343.96亿努。不丹自印度进口额、对印度出口额分别占进出口总额的71.63%和77.62%。其他主要贸易伙伴有中国、韩国、泰国、新加坡、日本等。其中，不丹同孟加拉国签有优惠贸易协定。

主要出口产品为电力、化学制品、矿产品等。主要进口产品为燃料、谷物、金属、智能手机等。

【外国援助】不丹经济建设严重依赖外国和国际组织援助。2016/2017财年，不丹接受外援129.87亿努，较上一财年减少12.77%。其中，印度是最大援助方。此外，不丹还接受来自日本、丹麦、奥地利、荷兰、瑞士、联合国开发计划署、亚洲开发银行、世界银行等国家和国际组织的援助。

人民生活

不丹为最不发达国家之一。在联合国开发计划署发布的《2021/2022年全球人类发展报告》中，不丹的人类发展指数排名为第127位。实行免费医疗，享受基础医疗的人口占总人口比重超过90%，人均寿命为66.1岁。2022年，不丹有医院54家，医生288名。1998年，不丹在日内瓦建立世界上首个健康信托基金，保证提供基础医疗所需的疫苗和基本药物。不丹传统医学源于藏医药学，至今仍广泛使用。自2004年底起，不丹全国范围内实行禁烟。2022年，不丹总人口中14岁以下占23.49%，15—64岁占69.86%，65岁以上占6.64%。

军　事

不丹武装力量主要由皇家陆军（包括皇家卫队）和皇家警察组成。实行义务兵役制，国王是武装力量最高统帅。皇家陆军于1963年由民兵武装组织改编组建，兵力约1.6万人（2014年）。现任首席作战指挥官是巴图·泽林中将。皇家卫队正式组建于1961年，主要负责王室成员的安全保卫工作。皇家警察正式成立于1965年，隶属于不丹内政与文化部，主要职能是维护社会治安并担负边界警卫和消防任务。

文化教育

【教育】不丹于1961年引入现代教育体系。不丹教育体系主要分为三种形式：通识教育、寺庙教育和非正式教育。学制为小学7年，初级中学、中级中学和高级中学各2年。宪法规定义务教育年限为10年，但2020年起，政府已将教育补贴覆盖至12年级。学生自高级中学毕业后可进入大学接受高等教育或参加职业教育。2022年，全国有各类学校1707所，教员11923名，在校学生231301名。2003年6月，不丹皇家大学建立，系不丹第一所大学。截至2022年，不丹共有2所高校。1961年起学校实行双语制，不丹语“宗卡”为必修课。强调职业技术教育，以适应社会需要。射箭和摔跤为不丹传统民族体育项目。

【新闻出版】不丹政府设有不丹新闻与广播机构，负责全国广播、电视事务。1973年，不丹广播公司成立，用不丹语、英语、尼泊尔语等广播。1999年，不丹广播公司开通电视服务。《昆色尔》为不丹国家报纸，并在互联网上更新。2006年，两份私人报纸《不丹时报》和《不丹观察家报》开始发行。另有《德鲁克·洛塞尔》季刊，用不丹文、英文和尼泊尔文出版。

对外关系

不丹将维护独立和主权、实现经济自力更生作为对外政策两大目标，主张大小国家一律平等，奉行不结盟政策，在和平共处基础上同所有国家发展友谊和合作，特别是同邻国友好相处。已同印度等54个国家及欧盟建立外交关系，在纽约和日内瓦设有常驻联合国代表处，在印度、孟加拉国、科威特、比利时和泰国设有使馆，在加尔各答、古瓦哈蒂设有领事馆，在14个国家设有14位名誉领事。印度、孟加拉国和科威特在不丹设有大使馆。

不丹于1971年加入联合国，目前是约75个国际组织的成员国。1998年成为世界贸易组织观察员，现申请成为正式成员。

【同中国的关系】不丹是中国的西南邻国，与中国西藏地区语言、风俗、文化相近，历史联系悠久。

中不迄未建交，但保持友好交往。1971年，不丹投票赞成恢复中国在联合国的合法席位。1974年，不丹邀请中国驻印度大使馆临时代办马牧鸣出席第四世国王吉格梅·辛格·旺楚克的加冕典礼。1979年起，两国领导人每年均互致国庆贺电。

1994年至今，中国历任驻印度大使均对不丹进行了工作访问，同不丹国王、外交大臣等就两国关系交换意见。2001年6月，不丹驻印度大使达戈·泽林应邀访华，两国驻印度大使保持沟通，开辟了两国除边界会谈外新的接触渠道。

近年来，中不交往逐渐增多，关系进一步发展。2017年1月和2018年7月，中国驻印度大使罗照辉访问不丹。2018年7月，外交部副部长孔铉佑访问不丹。2019年11月和2022年10月，中国驻印度大使孙卫东访问不丹。

中不两国在国际场合保持良好合作。不丹在联合国人权理事会会议和世界卫生大会上连续支持中国挫败反华、涉台提案。

中不边界从未正式划定。1984年起，中不两国轮流在北京和不丹首都廷布举行中不边界会谈。1998年，两国在第12轮边界会谈期间签署了《中华人民共和国政府和不丹王国政府关于在中不边境地区保持和平与安宁的协定》。这是两国第一个政府间协定，对维护两国边境地区稳定具有重要意义。2021年，中不通过视频方式在北京和廷布签署《关于加快中不边界谈判“三步走”路线图的谅解备忘录》，对加快两国划界谈判、推动中不建交进程意义重大。截至2022年底，双方共举行了24轮边界会谈以及10次边界问题专家组会议，双方共同致力于边界问题的早日解决。

据中国海关总署统计，2022年，中不双边贸易额为1.69亿美元，同比增长55.4%。其中，中国出口额为285.4万美元，同比增长25953.7%；中国进口额为1.66亿美元，同比增长52.8%。截至2015年底，不丹来华投资项目数为3个，无实际投入。中国在不丹暂无直接投资。同期，中国在不丹签订工程承包合同额为1106万美元，完成营业额为102万美元。

近年来，中不在文化、教育等其他领域的交往取得较大发展。2019年5月，农业农村部总畜牧师马有祥率团访问不丹。10月，不丹国际边界事务秘书长雷多·唐比访华，受邀出席首届国际边界合作研讨会。2021年4月，不丹国际边界事务秘书长雷多·唐比乘不丹雷龙航空公司包机赴昆明出席中不边界问题专家组会谈。这是不方航空公司飞机首次降落在中国内地。

【同印度的关系】不丹同印度关系密切。不丹与印度实行开放边界，自由通商。印度是不丹最大的贸易伙伴、援助国和债权国。1949年8月8日，不印签订《永久和平与友好条约》。1968年，不印正式建交。2007年2月，不丹第五世国王吉格梅·凯萨尔·纳姆耶尔·旺楚克访印，双方签署经过修订的《不印友好条约》。2018年12月，不丹首相洛塔·策林访印。2019年6月，印度外长苏杰生访不。8月，印度总理莫迪对不丹进行国事访问。11月，不丹外交大臣丹迪·多吉访印。2022年4月，印度外长苏杰生访不。9月，不丹第五世国王过境印度，会见印度总理莫迪。

【同其他南亚国家的关系】不丹同南亚所有国家建立了外交关系，来往日益增多。不丹是南亚区域合作联盟成员，积极主张加强南亚区域合作。2004年，不丹加入“环孟加拉湾多领域经济技术合作倡议”。2010年4月，不丹主办第16届南盟峰会。　（赵哲仁）

朝　鲜

国名　朝鲜民主主义人民共和国（The Democratic People's Republic of Korea）。

面积　12.3万平方公里。

人口　约2500万（2022年）。单一民族，通用朝鲜语。

首都　平壤（Pyongyang），人口约325万（2008年）。面积2629.4平方公里，下设18个区、4个郡。年均气温9.7℃。

最高领导人　金正恩（Kim Jong Un），朝鲜劳动党总书记、国务委员长、朝鲜武装力量最高司令官。

重要节日　光明星节，朝鲜前最高领导人金正日诞辰日：2月16日。太阳节，前国家主席金日成诞辰日：4月15日。国庆节：9月9日。朝鲜劳动党建党纪念日：10月10日。

简　况

位于亚洲东北部朝鲜半岛北半部。北部与中国为邻，东北与俄罗斯接壤。平均海拔高度440米，山地约占国土面积的80%。

1910—1945年，朝鲜半岛沦为日本殖民地。1945年8月日本投降，苏美军队分别进驻半岛北南部。1948年9月9日，朝鲜民主主义人民共和国宣告成立。

政　治

金日成长期担任朝鲜最高领导人。1994年7月金日成逝世后，金正日担任朝鲜最高领导人。2011年12月金正日逝世后，金正恩担任朝鲜最高领导人。

【宪法】1972年颁布《朝鲜民主主义人民共和国

社会主义宪法》，后分别于1992年、1998年、2009年、2010年、2012年、2013年、2016年、2019年进行修订。

【议会】最高人民会议，是国家最高权力机关。议员由选举产生，每届任期5年。闭会期间的常设机构为最高人民会议常任委员会。2021年9月，朝鲜举行最高人民会议第十四届五次会议。2022年2月，朝鲜举行最高人民会议第十四届六次会议。2022年9月，朝鲜举行最高人民会议第十四届七次会议。现任常任委员会委员长崔龙海，副委员长姜润石、朴勇一。现任议长朴泰成，副议长朴哲民、朴锦熙。

【国务委员会】2016年6月，朝鲜举行最高人民会议第十三届四次会议。会议修改宪法，新设国务委员会，取代原国防委员会，向最高人民会议负责，每届任期5年。国务委员会是国家主权的最高政策领导机关。国务委员会委员长是代表国家的最高领导人。2019年4月，朝鲜最高人民会议第十四届一次会议再次推举金正恩为国务委员会委员长，选举崔龙海为第一副委员长。2021年9月，朝鲜举行最高人民会议第十四届五次会议，免去朴凤柱国务委员会副委员长职务，补选金德训为副委员长。

【政府】内阁，国家最高行政执行机关，每届任期5年。2020年8月13日，金德训被任命为内阁总理。

本届内阁主要成员有：总理金德训，副总理朴正根、杨胜虎、金成龙、李成鹤、朴勋、朱哲奎、全承国。国家计划委员会委员长朴正根（兼）、农业委员会委员长朱哲奎（兼）、外务相崔善姬（女）、电力工业相金有日、煤炭工业相全学哲、国家保卫相李昌大、国防相李永吉、社会安全相朴秀日、化学工业相马宗善、金属工业相金忠杰、铁道相张春城、陆海运相姜宗官、采掘工业相金哲秀、国家资源开发相金忠诚、林业相韩龙国、机械工业相金正南、造船工业相康铁苟、原子能工业相王昌旭、食品工业相朴亨烈、邮政相朱勇日、建设建材工业相徐钟进、国家建设监督相李赫权、轻工业相张京日、水产相宋春燮、财政相高正范、劳动相陈锦松、对外经济相尹正浩、国家科技委员会委员长李斗日、国家科学院院长金胜进、国土环境保护相金成俊、城市经营相任景栽、商业相郭正俊、教育委员会委员长兼普通教育相金昇斗、金日成综合大学校长兼教育委员会高等教育相金胜灿、保健相崔京哲、文化相承郑圭、体育相金日国、中央银行总裁蔡成学、中央统计局长李哲山、内阁事务长金金哲。

【行政区划】全国划分为1个直辖市、2个特别市和9个道，分别为平壤市、南浦市、罗先市、平安南道、平安北道、慈江道、两江道、咸镜南道、咸镜北道、江原道、黄海南道、黄海北道。

【司法机构】审判机关有中央裁判所、道（直辖市）裁判所、人民裁判所（基层法院）和特别裁判所。中央裁判所是国家最高审判机关，所长由最高人民会议选举产生，任期5年。现任所长车明南，2021年9月任职。

检察机关有中央检察所、道（直辖市）、市（区）、郡检察所和特别检察所。中央检察所是国家最高检察机关，所长由最高人民会议任命，任期5年。现任所长禹尚哲，2021年1月任职。

【政党和团体】朝主要政党有：

（1）朝鲜劳动党：执政党。前身为北朝鲜共产党，成立于1945年10月10日，1946年8月28日与朝鲜新民党合并为朝鲜劳动党，1949年6月29日与南朝鲜劳动党合并。现有党员400多万人。2021年1月召开第八次代表大会。总书记为金正恩。朝鲜劳动党中央政治局常委有金正恩、金德训、赵甬元、崔龙海、朴正天、李炳哲。

（2）朝鲜社会民主党：原名“朝鲜民主党”，成立于1945年11月3日，由反对日本殖民统治的中小企业家、商人、手工业者、农民和基督徒组成，1981年改称现名。现有党员3万多人。委员长为朴勇一，2019年8月当选（2022年9月去世）。

（3）天道教青友党：成立于1946年2月8日，主要由信奉天道教的农民组成。委员长为李明哲，2020年当选。

此外，朝鲜还有祖国统一民主主义战线、祖国和平统一委员会等社会团体和组织。

【重要人物】金正恩：朝鲜最高领导人，朝鲜劳动党总书记、国务委员长、朝鲜武装力量最高司令官。2010年9月获授朝鲜人民军大将，同月当选党中央军事委员会副委员长。2011年12月30日被推举为朝鲜人民军最高司令官。2012年4月11日在朝鲜劳动党第四次代表会议上被推举为第一书记。同年4月13日在朝鲜最高人民会议第十二届五次会议上被推举为国防委员会第一委员长。同年7月17日被授予“朝鲜民主主义人民共和国元帅”称号。2014年4月9日在朝鲜最高人民会议第十三届一次会议上再次被推举为国防委员会第一委员长。2016年5月在朝鲜劳动党第七次代表大会上被推举为朝鲜劳动党委员长。同年6月在朝鲜最高人民会议第十三届四次会议上被推举为国务委员会委员长。2019年4月在朝鲜最高人民会议第十四届一次会议上再次被推举为国务委员会委员长。2021年1月在朝鲜劳动党第八次代表大会上被推举为朝鲜劳动党总书记。 **崔龙海**：劳动党中央政治局常委、国务委员会第一副委员长、最高人民会议常任委员会委员长。1950年生。历任金日成社会主义青年同盟第一书记、党中央副部长、黄海北道党委责任书记。2012年当选党中央政治局常委，同年4月任党中央军委副委员长、人民军总政治局局长。2014年4月任国防委员会副委员长，党中央书记、副委员长。2016年5月再次当选党中央政治局常委，6月当选国务委员会副委员长。2019年4月当选国务委员会第一副委员长、最高人民会议常任委员会委员长。2021年1月再次当选党中央政治局常委。　**金德训**：朝鲜劳动党中央政治局常委、内阁总理。1961年生。长期在企业工作。2011年任慈江道人民委员会委员长，2014年任内阁副总理，2019年任党中央政治局委员、副委员长。2020年8月任内阁总理。2021年1月当选党中央政治局常委。　**赵甬元**：朝鲜劳动党中央政治局常委。1957年生。曾任党中央第一副部长，2020年1月任党中央政治局候补委员，2021年1月当选党中央政治局常委。　**朴正天**：朝鲜劳动党中央政治局常委、党中央军委副委员长。历任朝炮兵司令部司令、副总参谋长。2019年任朝军总参谋长。2020年任党中央政治局委员、朝军次帅。2021年9月当选党中央政治局常委，2022年12月卸任。　**李炳哲**：朝鲜劳动党中央政治局常委、党中央军委副委员长。1948年生。历任朝空军团长、师团长、司令。2019年任党中央政治局委员、副委员长。2020年5月任党中央军委副委员长。2021年1月当选党中央政治局常委。

经　济

实行计划经济。据2023年1月朝鲜官方公布数据，2022年完成预算收入100.7%，支出执行99.9%。2023年预算收入预计较上年增长1%。其中，经济建设投资增长1.2%，科技投入增长0.7%。国防预算占总预算的15.9%，与上年持平。

【资源】已探明矿产有300多种，其中有用矿为200多种。石墨、菱镁矿储量居世界前列。铁矿及铝、锌、铜、银等有色金属和煤炭、石灰石、云母、石棉等非金属矿物储量丰富。水力和森林资源也较丰富。

【工业】重视发展金属工业、电力、煤炭、铁路运输四大先行产业，大力发展采矿、机械、化工、轻工业，努力实现生产正常化、现代化。

【农业】集中力量发展粮食生产，继续推行种子改良和二熟制，扩大马铃薯、大豆种植，着力兴修水利、提高化肥产能。粮食生产以水稻和玉米为主。

【交通运输】铁路：总长度为8800余公里，其中电气化铁路总长度为2000余公里。1993年基本实现干线铁路电气化，电力机车牵引比重达90%以上。

公路：总长度为77500余公里。已建成平壤—南浦、平壤—元山、平壤—开城和平壤—妙香山高速公路。

海港：清津、南浦、元山、兴南、罗津等。

空运：平壤顺安机场为国际机场。定期国际航线有平壤—北京、平壤—沈阳等。

【对外贸易】主要贸易伙伴为中国、俄罗斯、韩国等。

【外国资本】从20世纪80年代起，朝鲜开始引进外资，创办合资合营企业。1991年12月，朝鲜在靠近中朝、朝俄边境的罗先地区设立自由经济贸易区。1992年，朝鲜颁布合资合营企业法。2002年11月，朝鲜宣布建立开城工业区和金刚山旅游区，由朝韩双方合作开发。2008年，朝俄“罗津—哈桑”铁路和罗津港改造项目启动。朝鲜与埃及大型水泥厂合作进展顺利，与埃及欧瑞斯克姆电信公司合作开通第三代移动通信业务。2011年6月，中朝举行“两个经济区”项目开工仪式，共同开发、共同管理黄金坪、威化岛经济区和罗先经贸区。

人民生活

出生时的预期寿命为73岁（2021年）。（资料来源：世界银行）

军　事

朝鲜将金日成创建第一支抗日游击队的1932年4月25日定为朝鲜人民革命军成立日，将金日成把朝鲜人民革命军发展成统一正规军的1948年2月8日定为朝鲜人民军建军日。朝鲜实行普遍义务兵役制。

文化教育

【教育】实行12年义务教育制。有大专院校300多所，中专570多所。著名高等学府有金日成综合大学、金策工业综合大学、金亨稷师范大学和人民经济大学等。大学生和专科学校学生享受国家助学金。全国有知识分子170多万人。

【新闻出版】主要报刊有：《劳动新闻》，朝鲜劳动党中央委员会机关报，发行量为150万份；《民主朝鲜》，最高人民会议常任委员会和内阁机关报；《勤劳者》杂志，月刊，朝鲜劳动党中央委员会机关刊物，发行量为30万份。此外，还有《朝鲜人民军》《青年前卫》《平壤新闻》等报。朝鲜外文出版社用多种外文出版杂志《今日朝鲜》和画报《朝鲜》。此外，还发行英文和法文周报《平壤时报》。

朝鲜中央通讯社：简称“朝中社”，为国家通讯社，1946年12月5日成立，发行日刊《朝鲜中央通讯》等。

朝鲜中央广播电台：国家广播电台，1945年10月14日成立，除了用朝鲜语广播，还用多种外语对外广播。

朝鲜中央电视台和开城电视台于20世纪60年代开始播放节目；万寿台电视台于1983年底开播。

朝韩关系

朝鲜战争停战后，朝鲜半岛长期处于政治对立、军事对峙、经济隔绝状态。1990年9月至1991年12月，朝韩先后举行5次总理会谈，签署《北南和解、互不侵犯及交流合作协议书》，发表《朝鲜半岛无核化共同宣言》，朝韩关系有所改善。此后受金日成逝世及朝核等问题影响，朝韩关系趋冷。

1998—2008年，韩国金大中和卢武铉两任政府分别奉行对朝“阳光政策”及“和平与繁荣政策”，推进南北和解合作。2000年6月和2007年10月，金大中、卢武铉分别访朝，同金正日举行首脑会晤，发表《北南共同宣言》和《北南关系发展与和平繁荣宣言》。其间，朝韩举行多次官方会谈和一系列民间交流活动，签署多项合作协议。

2008—2016年，李明博、朴槿惠任韩国总统期间，北南关系时有起伏。2014年2月，朝韩双方举行高级别会谈和离散亲属会面。2015年8月和10月，双方先后举行高级别磋商和离散亲属会面。2016年2月，韩方关闭开城工业园。

2018年起朝韩关系取得积极进展。2月，朝方派高级别代表团出席韩国平昌冬奥会开、闭幕式。金正恩委员长同文在寅总统三次会晤，双方发表《板门店宣言》并签署《平壤共同宣言》。

2019年6月，文在寅总统陪同美国总统特朗普访问朝韩非军事区，在板门店同金正恩委员长再次会面。

2020年3月，金正恩委员长同文在寅总统就抗击新冠疫情互致信函。5月，韩“脱北者”团体在军分线附近向朝大量空飘传单，朝方反应强烈。6月，金正恩委员长主持召开朝党中央军事委员会会议，决定搁置对韩军事行动计划，朝韩紧张关系有所缓和。9月，金正恩委员长同文在寅总统就疫情、台风、暴风雨等灾害互致慰问函电。10月，金正恩委员长在朝建党75周年阅兵式讲话中表示，期待朝韩早日再次握手。

2021年1月，金正恩委员长在朝鲜劳动党八大上发表讲话表示，北南关系能否改善取决于南方态度。文在寅总统在新年记者会上表示，愿随时同金正恩委员长会面。7月，朝韩重启通信联络线路，后因韩美联合军演中断，10月再度重启。

2022年4月，金正恩委员长同文在寅总统互致亲笔信。文在寅总统呼吁韩朝双方通过对话打破对立局面，希朝美早日重启对话。金正恩委员长表示，朝韩若能继续倾注努力，北南关系定能取得发展。5月，尹锡悦总统发表就职演讲，表示将为和平解决朝鲜半岛核问题打开对话之门。8月，尹锡悦总统出席光复节77周年纪念仪式并发表讲话，提出对朝政策路线图“大胆构想”。朝劳动党中央委员会副部长金与正发表谈话予以驳斥。

对外关系

朝鲜奉行“自主、和平、友好”的外交理念，主张按照平等、自主、相互尊重、互不干涉内政和互利的原则发展对外关系。朝于1975年5月成为77国集团正式成员国，同年8月正式加入不结盟运动，1991年9月加入联合国，2000年7月加入东盟地区论坛。目前，朝鲜共与160余个国家（含欧盟）建立了外交关系。

【同中国的关系】中朝两国于1949年10月6日建交，朝鲜是最早同中华人民共和国建交的国家之一。

2020年2月，金正恩委员长就新冠疫情向习近平总书记致慰问信。5月，习近平总书记同金正恩委员长互致口信。9月，习近平总书记就朝鲜民主主义人民共和国成立72周年向金正恩委员长致贺电。10月，金正恩委员长就中华人民共和国成立71周年向习近平总书记致贺电，习近平总书记就朝鲜劳动党成立75周年向金正恩委员长致贺电。

2021年1月，习近平总书记致电祝贺金正恩被推举为朝鲜劳动党总书记，金正恩总书记复电感谢。7月，金正恩总书记就中国共产党成立100周年向习近平总书记致贺电。习近平总书记就《中朝友好合作互助条约》签订60周年同金正恩总书记互致贺电。9月，习近平总书记就朝鲜民主主义人民共和国成立73周年向金正恩总书记致贺电。10月，金正恩总书记就中华人民共和国成立72周年向习近平总书记致贺电。12月，中共中央政治局委员、全国人大常委会副委员长王晨前往朝鲜驻华使馆，出席已故朝鲜最高领导人金正日逝世十周年纪念活动，以中共中央名义送花篮。

2022年2月，金正恩总书记就北京冬奥会开幕向习近平总书记致贺电，就北京冬奥会闭幕向习近平总书记致口信。9月，习近平总书记就朝鲜民主主义人民共和国成立74周年向金正恩总书记致贺电。10月，金正恩总书记就中华人民共和国成立73周年向习近平总书记致贺电。同月，朝鲜劳动党中央委员会向中国共产党第二十次全国代表大会致贺电，金正恩总书记就习近平同志再次当选中共中央总书记致贺电。11月，金正恩总书记就江泽民同志逝世向习近平总书记致唁电。

据中国海关总署统计，2022年，中朝双边贸易额为10.28亿美元，同比增长225.9%。其中，中国出口额为8.94亿美元，同比增长247.5%；中国进口额为1.34亿美元，同比增长130.2%。

中国驻朝鲜大使馆临时代办：孙洪量。馆址：KINMAUL-DONG，MORANBONG DISTRICT，PYONGYANG，D.P.R OF KOREA。电话：008502-3813116；传真：3813425。商务处电话：008502-3813119。

朝鲜驻华大使：李龙男（Ri Ryong Nam）。馆址：北京市朝阳区建国门外日坛北路11号。电话：010-65321186；传真：65326056。

【同美国的关系】朝美尚未建交。

2020年3月，特朗普总统致函金正恩委员长，表示美愿同朝开展抗击新冠疫情合作。10月，金正恩委员长就特朗普总统夫妇感染新冠病毒向特朗普总统致慰问电。

2021年1月，金正恩委员长在朝鲜劳动党八大上发表讲话表示，朝将按照“强对强、善对善”原则同美打交道。

2022年1月，金正恩委员长主持召开朝鲜劳动党中央政治局会议，要求发展更有力的物理手段以遏制美敌朝行为，重新考虑朝为建立互信采取的主动措施，加紧研究重启已暂停的一切活动。6月，金正恩委员长主持召开朝鲜劳动党八届五中全会扩大会议，强调继续大力加强国防力量，坚持“强对强、正面对决”原则。12月，金正恩委员长主持召开朝鲜劳动党八届六中全会扩大会议，强调对美、对敌斗争方向是在坚持

"强对强、正面对决"原则下，采取实际行动加强朝"物理性力量"。

【同俄罗斯的关系】朝俄关系发展良好。

2018年4月，李勇浩外相访俄，与俄罗斯外长拉夫罗夫举行会谈。5月，拉夫罗夫外长访朝，金正恩委员长会见。6月，金永南委员长访俄，出席2018年世界杯开幕式。7月，朝鲜劳动党中央副委员长兼国际部长李洙墉访问俄罗斯。

2019年3月，朝鲜国务委员会部长金昌善访俄。4月，俄罗斯内务部长弗拉基米尔·科洛科利采夫访朝。金正恩委员长访问俄罗斯符拉迪沃斯托克，同普京总统举行会晤。9月，朝鲜内阁副总理李龙男赴俄参加第5届东方经济论坛。10月，朝鲜最高人民会议议长朴泰成访俄。11月，朝鲜外务省第一副相崔善姬访俄。

2020年5月，普京总统授予金正恩委员长"俄罗斯卫国战争胜利75周年纪念章"。

【同日本的关系】朝日尚未建交。

2012年8月，朝鲜与日本在北京重启两国政府间磋商。

2013年5月，日本首相特使饭岛勋访朝，金永南委员长会见。8月，金永南委员长会见日本国会参议员猪木宽至。9月，金永南委员长会见日本共同社代表团。

2015年9月，日本共同社代表团访朝。

【同其他国家及国际和地区组织的关系】2018年3月，李勇浩外相访问瑞典。4月，李勇浩外相访问阿塞拜疆，参加不结盟运动阁僚会议。7月，朝鲜劳动党中央副委员长兼国际部长李洙墉赴古巴访问。8月，李勇浩外相在新加坡出席东盟地区论坛外长会。9月，李勇浩外相出席联合国大会第73届会议和不结盟运动外长会。11月，朝鲜奥委会主席、体育相金日国赴日本出席国家和地区奥林匹克委员会协会全体会议。金永南委员长出访古巴、委内瑞拉，并赴墨西哥出席墨西哥总统就职典礼。古巴国务委员会主席兼部长会议主席迪亚斯-卡内尔访朝，同朝最高领导人金正恩会谈。12月，李勇浩外相访问越南、叙利亚、蒙古国。

2019年2月，越南副总理兼外长范平明访朝。3月，金正恩委员长对越南进行正式友好访问，同越共中央总书记、国家主席阮富仲会谈，并分别会见越南总理阮春福、国会主席阮氏金银。8月，朝鲜最高人民会议副议长朴哲民访问伊朗。9月，朝鲜最高人民会议常任委员会委员长崔龙海会见孟加拉国劳动党代表团、老挝人民革命党代表团。10月，崔龙海率团赴阿塞拜疆出席第18届不结盟运动峰会。（冯仕翔）

东　帝　汶

国名　东帝汶民主共和国（The Democratic Republic of Timor-Leste）。

面积　15007平方公里。

人口　134万（2022年）。78%为土著人（巴布亚族与马来族或波利尼西亚族的混血种人），20%为印尼人，2%为华人。官方语言为德顿语和葡萄牙语。约91.4%的人口信奉天主教，2.6%信奉基督教新教，1.7%信奉伊斯兰教。

首都　帝力（Dili），位于帝汶岛东北海岸，人口32.4万（2022年）。全国政治、经济和文化中心，东帝汶80%以上的经济活动在此进行。

国家元首　总统若泽·曼努埃尔·拉莫斯-奥尔塔（José Manuel Ramos-Horta），2022年5月20日就任东帝汶第5任总统。

重要节日　恢复独立日（建国日）：5月20日；独立公投日：8月30日；独立日：11月28日（纪念1975年11月28日东帝汶独立革命阵线宣布独立）；天主教节日（如圣诞节等）。

简　况　历史上长期被葡萄牙殖民。1975年葡政府允许东帝汶实行民族自决。主张独立的东帝汶独立革命阵线（简称"革阵"）、主张同葡维持关系的民主联盟（简称"民盟"）、主张同印尼合并的帝汶人民民主协会（简称"民协"）三方之间因政见不同引发内战。革阵于1975年11月28日单方面宣布东帝汶独立，成立东帝汶民主共和国。同年12月，印尼出兵东帝汶，次年宣布东为印尼第27个省。1975年12月联合国大会通过决议，要求印尼撤军，呼吁各国尊重东帝汶的领土完整和人民自决权利。

1999年1月，印尼总统哈比比在内外压力下同意东帝汶通过全民公决选择自治或脱离印尼。5月5日，印尼、葡萄牙和联合国三方就东帝汶举行全民公决签署协议。8月30日，东帝汶举行全民公决，75%的民众投票赞成独立，哈比比总统当日表示接受投票结果。投票后东帝汶亲印尼派与独立派发生流血冲突，局势恶化，20多万难民逃至西帝汶。9月，哈比比总统宣布同意多国部队进驻东帝汶。安理会通过决议授权成立以澳大利亚为首、约8000人组成的多国部队进驻东帝汶。10月，印尼人民协商会议通过决议正式批准东帝汶脱离印尼。

1999年11月，东帝汶成立具有准内阁、准立法机构性质的全国协商委员会，2000年7月成立首届过渡内阁，2001年8月举行制宪议会选举，9月15日成立制宪议会和第二届过渡内阁，2002年4月举行总统选举，东独立运动领袖凯·拉拉·夏纳纳·古斯芒当选。2002年5月20日，东帝汶民主共和国正式成立。

政治

东帝汶独立后，革阵作为第一大党组建以其为主的首届政府，努力推进司法建设、行政管理、民族和解和经济重建，但民生问题长期突出，民众不满情绪上升。2006年发生建国以来最大规模骚乱，澳大利亚组建国际稳定部队进驻东帝汶协助维持治安。骚乱导致阿尔卡蒂里总理辞职，前国务兼外交与合作部长若泽·曼努埃尔·拉莫斯-奥尔塔接任，并于2006年7月14日组建新政府。2007年4月举行总统选举，奥尔塔当选。6月举行首届议会选举，革阵仍为第一大党；但夏纳纳组建的重建全国大会党（简称“大会党”）与其他政党组成议会多数联盟，赢得组阁权。8月8日新政府成立，夏纳纳出任总理。2012年3月和4月举行两轮总统选举，前国民军总司令鲁瓦克当选。7月举行第二届议会选举，大会党击败革阵成为议会第一大党，并联合民主党和革新阵线组成执政联盟。8月8日新政府成立，夏纳纳总理连任。同年底，联合国驻东帝汶综合特派团和国际稳定部队结束使命，撤离东帝汶。2015年2月，内阁大幅改组，夏纳纳总理辞职，由革阵中央委员阿劳若出任总理。2017年3月举行总统选举，革阵主席卢奥洛当选第四任总统。7月议会选举，革阵获23票，联合民主党组阁。9月15日，革阵总书记阿尔卡蒂里出任总理。2018年1月26日卢奥洛总统宣布解散议会。5月12日，东提前举行议会选举，由大会党、人民解放党（简称“人解党”）和人民团结繁荣党（简称“繁荣党”）组建的改革进步联盟获34席，赢得组阁权。6月22日，人解党主席、前总统鲁瓦克出任总理。2020年1月，改革进步联盟解体，政府进行重组。大会党成为反对党并退出政府，人解党同革阵、繁荣党结盟组成政府，并占据国会多数议席。大会党阁员辞职，鲁瓦克总理提名新内阁并获总统卢奥洛批准。2022年4月东举行总统选举，前总统奥尔塔以62.09%的得票率当选东第五任总统，并于2022年5月20日正式就职，任期至2027年5月。

2023年5月东举行第六届议会选举，大会党击败革阵成为议会第一大党，并联合民主党组建执政联盟。7月1日新政府成立，夏纳纳出任总理。

【宪法】2002年3月22日，东帝汶制宪议会通过并颁布《东帝汶民主共和国宪法》，规定东帝汶民主共和国是享有主权、独立、统一的民主法治国家，国民议会、政府和法院是国家权力机构。总统是国家元首和武装部队最高统帅，由全民直接选举产生，任期五年，可连任一届。

【议会】称“国民议会”，实行一院制。代表全体公民行使制定法律、监督政府和政治决策权，由选民直接选举产生，共有65个议席，每届任期5年。首届国民议会由原制宪议会于2002年5月20日独立后自动过渡而成。第六届国民议会于2023年6月成立，现任议长玛利亚·费尔南达·黎（Maria Fernanda Lay，女）。

【政府】由总理、部长、副部长和国务秘书组成，向总统和国民议会负责。总理是政府首脑，由议会中拥中最多席位的政党或政党联盟提名，总统任命。副总理、部长和国务秘书由总理提名，总统任命。2023年7月成立的第九届政府主要成员包括：总理夏纳纳，副总理兼经济事务和发展部长、旅游和环境部长黎发芳（Francisco Kalbuadi，女），副总理兼农村发展事务协调部长萨比诺（Mariano Assanami Sabino），部长理事会国务部长佩雷拉（Agio Pereira），财政部长卡多佐（Santina Viegas Cardoso，女），外交部长贲迪拓（Bendito Freitas），司法部长本内维德斯（Amandio Benevides），国家行政部长卡布拉尔（Tomas Cabral）等。

【行政区划】共设13个地区，区以下设65个县、443个乡和2236个村。

【司法机构】法院由最高法院，地方法院，行政、税务和审计高等法院和初审行政法院，军事法院组成。东迄未成立最高法院，最高上诉法院作为终审法院行使最高法院和宪法法院职能。现任最高上诉法院院长为德奥林多·多斯·桑托斯（Deolindo Dos Santos）。

总检察院是最高检察机关。总检察长由总统任命，任期4年，对总统负责，每年向国民议会报告工作。现任总检察长为阿方索·洛佩斯（Alfonso Lopez）。

【政党】2004年东颁布《政党法》。东主要政党包括：

（1）东帝汶重建全国大会党（Congresso National de Reconstucao Timorense，CNRT）：简称“大会党”。由夏纳纳于2007年3月27日创建。党员主要包括前“帝汶抵抗运动全国委员会”成员、其他中小政党前领导和骨干以及夏纳纳的追随者。主张改革与创新，倡导思想多元化，鼓励民众广泛参与国家重大决策。重视国家经济恢复和发展，提倡权力下放，鼓励采取更加开放、灵活的经济政策。党主席为总理夏纳纳，总书记为副总理兼经济事务和发展部长、旅游和环境部长黎发芳。

（2）东帝汶独立革命阵线（Frente Revolucionária de Timor-leste Independente，FRETILIN）：简称“革阵”。1974年5月20日成立，系东最早的政党之一，原名“帝汶社会民主协会”，1974年9月11日改为现名。1975年11月28日单方面宣布成立东帝汶民主共和国。同年12月7日印尼占领东帝汶后，部分成员流亡海外，其余在国内坚持抵抗斗争。1999年东启动独立进程后，革阵重新整合，提出恢复民主独立、巩固民族团结，建立多党民主法治国家等主张，获得广泛支持，并赢得2001年8月制宪议会选举。2002年组建以该党为主的首届政府。总书记为前总理马里·阿尔卡蒂里

（Mari Alkatiri），党主席为前总统弗朗西斯科·古特雷斯·卢奥洛（Francisco Guterres Lú Olo）。

（3）民主党（Partido Demoratico，PD）：2001年6月10日成立，骨干多为青年学生和知识界人士，主张在民主法制基础上团结和发展国家，实现社会多元、公正和自由，提高人民生活水平。党主席为副总理兼农村发展事务协调部长萨比诺，总书记为安东尼奥·德·孔塞桑（António da Conceição）。

（4）人民解放党（Partidu Libertasaun Popular）：2015年12月22日成立，骨干多为具有良好教育背景的新一代社会精英，以"将东帝汶建设为富强安全的国家"为宗旨。党主席为前总理兼内政部长塔乌尔·马坦·鲁瓦克（Taur Matan Ruak）。

（5）人民团结繁荣党（Kmanek Haburas Unidade Nasional Timor Oan，KHUNTO）：2011年6月22日成立，由东最大的武术团体帝汶人民繁荣中心创始人奈莫里创建。党主席为奈莫里夫人、前副总理兼社会救济与包容部长阿曼达·贝尔塔·多斯·桑托斯（Amanda Berta dos Santos），总书记为前交通与通信部长若泽·阿戈什蒂纽·达·席尔瓦（José Agostinho da Silva）。

【重要人物】若泽·曼努埃尔·拉莫斯–奥尔塔：总统。1949年12月26日出生于帝力，系东帝汶独立革命阵线（简称"革阵"）创始人。1975年革阵单方面宣布独立，奥尔塔被任命为外交部长，同年12月流亡海外，继续服务东抵抗力量。1975年底至1985年任革阵常驻联合国代表。1988年退出革阵。1996年获诺贝尔和平奖。1999年返东，连续当选过渡内阁外长。2002年5月20日东恢复独立，任首任外长。2006年任总理，2007—2012年任总统，2017年9月至2018年6月任东第七届宪法政府国家安全顾问。2022年5月再度就任总统，任期至2027年。　**凯·拉拉·夏纳纳·古斯芒：**东帝汶独立运动领袖，被誉为"东帝汶的曼德拉"。1974年加入东帝汶独立革命阵线。2002—2007年任东帝汶首任总统。2007年8月出任总理，2012年8月连任。2015年2月，东内阁改组，夏纳纳转任规划与战略投资部长、东海域划界代表。2018年8月被任命为东海洋与陆地边界划界首席谈判代表。2023年7月就任东帝汶第九届政府总理，任期至2028年7月。

经　济

东帝汶经济发展水平落后，结构失衡，严重依赖油气收入和外国援助，非油气经济主要以传统服务业和农业为主。近年来，东帝汶政府将减少贫困和增加就业作为施政重点，逐步增加财政预算，扩大公共支出，鼓励外来投资，以拉动非油气经济增长。2021年主要经济数据如下：

国内生产总值：19.6亿美元。

人均国内生产总值：1458美元。

国内生产总值增长率：4.4%。

货币名称：通用美元，发行与美元等值的本国硬币。

通货膨胀率：0.9%。

失业率：30%。

【资源】主要矿藏有金、锰、铬、锡、铜等。帝汶海石油和天然气资源富集，迄已发现44块油田，探明石油储量约1.87亿吨（约50亿桶），天然气储量约7000亿立方米。2005年7月设立石油基金，截至2022年底，东石油基金滚存累计为174.1亿美元。

【工业】约10%的劳动人口从事工业生产，包括纺织品、饮用水装瓶和咖啡加工等。

【农业】农业是东帝汶经济的重要组成部分，全国有66%的家庭从事农业活动，80%以上的人口依赖农业，农业产业占地21.9万公顷。但东帝汶农业不发达，粮食不能自给。

【交通运输】公路：截至2021年，大约有7500公里道路。

铁路：无铁路。

水运：国内水运最长的渡轮航线是从帝力到欧库西的航线。目前有帝力港和蒂坝港2个港口。

空运：共有3个一级机场、5个二级机场（其中在运营中的仅为2个）。帝力机场是东帝汶唯一的国际机场。

【财政金融】2022年，东帝汶国家预算总额为22.11亿美元，执行金额为17.41亿美元，执行率为78.75%。

东帝汶已设立中央银行，有1家国家商业银行，有4家外国商业银行。

【对外贸易】积极发展外贸，努力扩大出口。主要出口产品为咖啡、木材、橡胶、椰子等经济作物，进口燃油、谷物、车辆、机电设备等。2022年进出口总额为13.05亿美元。其中，出口额为3.72亿美元；进口额为9.33亿美元。主要进口国为印尼、中国、新加坡、越南、澳大利亚等，主要出口国为新加坡、日本、中国、韩国、泰国等。

【外国资本】2021年吸引外资6884万美元。主要投资方为新加坡、泰国、葡萄牙、澳大利亚、英国、韩国、美国等，集中在基础设施建设、咖啡种植、旅游等。

人民生活

被联合国列为全球最不发达国家之一，30.3%的居民每日生活费不足2美元。全国有6家医院，县一级设有卫生中心，仅能向60%人口提供医疗卫生服务。出生率2.9%，5岁以下儿童死亡率4.4%。近50%的儿童营养不良，半数以上人口无饮用水，预期寿命69.5岁。

军　事

东帝汶国防军由原独立运动武装力量发展而来，于2001年2月正式成立，实行志愿兵役制，现有兵力2300余人。现任总司令法鲁尔（Falur Rate Laek）。

东独立过渡期间，由联合国维和部队担负防务工作。独立后，联合国向东派驻维和警察。2006年东发生大规模骚乱，澳大利亚组建国际稳定部队进驻东帝汶。2012年底，联合国驻东帝汶维和警察和国际稳定部队全部撤离东帝汶。

文化教育

【教育】共有小学1275所，初中81所，大专院校17所。东帝汶国立大学于2000年11月重新开办。2019年，东小学入学率91.5%，中学入学率65.8%。2018年，15岁以上成年识字率68.1%。

【新闻出版】主要报纸有《帝汶邮报》《东帝汶之声》等。2017年3月，东帝汶政府批准成立东国家通讯社。主要葡语新闻来源于葡萄牙卢萨社（又名“葡通社”）。

电台和电视台有：东帝汶国家广播电台、东帝汶电视台；东帝汶之声电台系首个私营商业频道，2017年私营电视台GMN电视频道开始播出节目。

对外关系

奉行务实平衡的外交政策，广泛寻求国际援助，迄今已同122个国家建交；重视发展同澳、印尼两大邻国及中、美、日等大国关系，密切同葡萄牙及葡语国家联系，是葡共体唯一亚洲成员。重视地区合作，为“西南太平洋对话”机制、太平洋岛国论坛和东盟地区论坛成员，全力争取加入东盟。已加入22个国际组织，并发起成立脆弱国家集团。2022年11月11日，第40届和41届东盟峰会发表《东盟领导人关于东帝汶申请加入东盟的声明》，原则同意接纳东帝汶为东盟第11个成员，给予东观察员地位。

【同中国的关系】1999年8月东帝汶举行全民公决并脱离印尼后，中国与东帝汶交往逐步增多。2000年9月，中国在帝力设立大使级代表处。2002年5月20日，东帝汶宣告独立，中国于当日与东帝汶建立外交关系。2002年5月20日，唐家璇外长代表中国政府出席了东帝汶独立庆典，并与东外长奥尔塔签署了两国建交公报。2018年10月，东国防部长菲洛梅诺来华出席第八届香山论坛。12月，东总理夫人伊莎贝尔参访浙江省和湖南省，出席中国援东短期职业技术培训班结业典礼。2019年4月，东前总统、前总理夏纳纳率团来京出席第二届“一带一路”国际合作高峰论坛。8月，王毅国务委员兼外长在泰国曼谷出席东亚合作系列外长会期间同东外长巴博举行会晤。2020年9月21日，王毅国务委员兼外长应约同东外交与合作部长阿达尔吉萨通电话。2022年6月，王毅国务委员兼外长应邀访问东帝汶，同阿达尔吉萨外长举行正式会谈，并会见东总统奥尔塔、东总理鲁瓦克、东革阵总书记阿尔卡蒂里与东议长阿尼塞托。2023年3月，东人解党主席、总理鲁瓦克应邀在线出席中国共产党与世界政党高层对话会。

据中国海关总署统计，2022年，中东双边贸易额为4.35亿美元，同比增长16.9%。其中，中国出口额为2.90亿美元，同比增长11.9%；中国进口额为1.45亿美元，同比增长28.5%。

中国驻东帝汶大使：肖建国。馆址：Avenida de Portugal, Praia dos Coqueiros, Dili, Timor-Leste, P.O.Box 131。电话：00670-3312214（办公室），3325169（签证、侨务）；传真：3325166。

东帝汶驻华大使：阿布朗·多斯·桑托斯（Abrao dos Santos）。馆址：北京市朝阳区东直门外大街23号东外外交办公大楼203B。电话：010-85325457；传真：85325457-2005。

【同美国的关系】2002年5月20日建交。同年8月，两国签署关于美军免于引渡到国际刑事法院进行审判的豁免协议以及美军在东“军事地位”协议。2018年11月，两国举行第九次国防和安全战略对话。2019年7月，7名美国国会议员组团访东。8月，美助理国务卿史迪威赴东出席东独立公投20周年庆典系列活动。

【同澳大利亚的关系】2002年5月20日建交。2018年7月，澳外长毕晓普访东。2019年3月，东防长菲洛梅诺访澳。6月，澳国防部负责国际政策的第一助理国务秘书杰弗里访东，开展双边防务对话。7月，东国防军司令蒂穆尔赴澳观摩澳美两年一度的“2019护身腰刀”大规模联合军事演习。8月，澳总理莫里森访东并出席东独立公投20周年庆典系列活动，澳外长佩恩出席该庆典活动。2022年8月31日至9月1日，澳外长黄英贤访东。9月，东总统奥尔塔访澳，会见澳总督、总理、外长等人，并在澳国家新闻俱乐部及洛伊研究所发表演讲。2023年2月，东总理鲁瓦克访澳。7月，澳北领地首席部长菲尔斯出席东第九届政府就职仪式。

【同印尼的关系】2002年5月20日，印尼总统梅加瓦蒂出席东帝汶独立庆典，7月两国建交。2018年6月，东总统卢奥洛访问印尼。2019年8月，印尼总统特使、公共工程部长巴苏基赴东出席东独立公投20周年庆典系列活动。2022年7月，东总统奥尔塔访问印尼。2023年2月，东总理鲁瓦克访问印尼。3月，东帝汶代表团首次以东盟观察员身份出席了在印尼雅加达举行的东亚合作系列会议高官会。5月，东总理鲁瓦克出席在印尼拉布安巴焦举行的第42届东盟峰会。7月，印尼海洋与投资统筹部长卢胡特出席东第九届政府就职仪式。

【同其他东盟国家的关系】与东盟各成员国均已建交，并于2011年3月递交加入东盟的正式申请。2009年1月，东帝汶政府东盟事务秘书处正式启用。2018年1月，东外长奥雷利奥访问新加坡。9月，东外长巴博赴越南出席世界经济论坛东盟峰会，其间越总理阮春福同其会见。2019年3月，东举办“东加入东盟动员计划”启动仪式。8月，越南信息部长阮孟雄、新加坡国防部与外交部高级政务部长孟理齐赴东出席东独立公投20周年庆典系列活动。2022年2月，东外长马尼奥访问柬埔寨。12月，东总统奥尔塔访问新加坡。2023年6月，奥尔塔总统访问新加坡。

【同日本的关系】2018年10月，日本外相河野太郎访东。2019年8月，日本外务大臣政务官兼众议院议员铃木宪和赴东出席东独立公投20周年庆典系列活动。

【同其他葡语国家的关系】东帝汶将自身定位为地处亚洲的葡语国家，同葡语国家共同体及其成员国关系是东外交重点之一，2002年8月东加入葡语国家共同体（成为第8个成员国）。东与原宗主国葡萄牙关系密切，两国于2002年5月20日建交。2018年7月，东外长巴博出席葡共体峰会外长会。10月，葡外交与合作国务秘书特蕾莎访东。2019年6月，东政府代表夏纳纳赴葡萄牙出席脆弱国家联盟部长级会议。8月，葡议长罗德里格斯、防长若昂、第24任布拉干萨公爵杜瓦尔特赴东出席东独立公投20周年庆典系列活动。2022年10月，东总统奥尔塔访葡。12月，奥尔塔总统访问巴西。

【同太平洋岛国的关系】2019年8月，瓦努阿图总理萨维尔赴东出席东独立公投20周年庆典系列活动。

（罗婧莹）

菲　律　宾

国名　菲律宾共和国（The Republic of the Philippines）。

面积　29.97万平方公里。

人口　1.1亿（2022年）。马来裔占全国人口的85%以上，主要民族包括他加禄族、伊洛戈族、邦板牙族、维萨亚族和比科尔族等，少数民族及外来后裔有华人、阿拉伯人、印度人、西班牙人和美国人，还有为数不多的原住民。有70多种语言。国语是以他加禄语为基础的菲律宾语，英语为官方语言。国民约85%信奉天主教，4.9%信奉伊斯兰教，少数人信奉独立教和基督教新教，华人多信奉佛教，原住民多信奉原始宗教。

首都　大马尼拉市（Metro Manila），人口1846万（2020年）。年均气温28℃。

国家元首　总统费迪南德·罗慕尔德兹·马科斯（Ferdinand Romualdez Marcos），2022年6月就任。

重要节日　独立日（国庆）：6月12日；巴丹日（纪念二战阵亡战士）：4月9日；英雄节（纪念国父黎刹殉难）：12月30日；基督教主要节日（如圣诞节等）。

简　况

位于亚洲东南部，北隔巴士海峡与中国台湾省遥遥相对，南和西南隔苏拉威西海、巴拉巴克海峡与印度尼西亚、马来西亚相望，西濒南海，东临太平洋。共有大小岛屿7000多个，其中吕宋岛、棉兰老岛、萨马岛等11个主要岛屿占全国总面积的96%。海岸线长约1.85万公里。属季风型热带雨林气候，高温多雨，湿度大，台风多。年均气温27℃，年均降水量2000—3000毫米。

14世纪前后，菲律宾出现了由土著部落和马来族移民构成的一些割据王国，其中最著名的是14世纪70年代兴起的苏禄王国。1521年，麦哲伦率领西班牙远征队到达菲律宾群岛。此后，西班牙逐步侵占菲律宾，并统治长达300多年。1898年6月12日，菲律宾宣告独立，成立菲律宾共和国。同年，美国依据美西战争后与西班牙签订的《美西巴黎条约》占领菲律宾。1942年，菲律宾被日本占领。二战结束后，菲律宾再次沦为美国殖民地。1946年7月4日，美国同意菲律宾独立。菲独立后，自由党和国民党轮流执政。1983年8月，菲反对党领导人贝尼尼奥·阿基诺被谋杀，导致政局动荡。1986年2月7日，菲提前举行总统选举，贝尼尼奥·阿基诺的夫人科拉松·阿基诺在民众、天主教会和军队的支持下出任总统。此后，拉莫斯和埃斯特拉达先后按宪制当选总统。2001年1月，埃斯特拉达因受贿丑闻被迫下台，副总统阿罗约继任总统。2004年6月，阿罗约当选总统。2010年6月，阿基诺三世就任菲第15任总统。2016年6月，杜特尔特就任菲第16任总统。

政　治

实行总统制。总统是国家元首、政府首脑兼武装部队总司令。2022年5月，菲律宾举行第17届全国大选，总统候选人马科斯及其搭档莎拉·杜特尔特-卡皮奥（Sara Duterte-Carpio，女）胜选正、副总统。马科斯总统于6月30日宣誓就职。

【宪法】独立后共颁布过三部宪法。现行宪法于1987年2月2日由全民投票通过，由科拉松·阿基诺总统于同年2月11日宣布生效。该宪法规定：实行行政、立法、司法三权分立政体；总统拥有行政权，由选民直接选举产生，任期6年，不得连选连任；总统无权实施戒严法，无权解散国会，不得任意拘捕反对派；禁止军人干预政治；保障人权，取缔个人独裁统治；进行土地改革。2019年初，菲南部穆斯林自治法案《棉兰老穆斯林邦萨摩洛自治区组织法》公投取得成功，南部和平进程和民族和解取得积极进展。

【议会】称“国会”。最高立法机构，由参众两院组成。参议院由24名议员组成，由全国直接选举产生，任期6年，每3年改选1/2，可连任2届。众议院由300余名议员组成。其中，200名由各省、市按人口比例分配从全国各选区选出，25名由参选获胜政党委派，另外25名由总统任命，另有部分界别党议员。众议员任期3年，可连任3届。第19届国会于2022年7月成立。现任参议长胡安·米尔格·苏比瑞（Juan Miguel Zubiri），众议长马丁·罗慕尔德兹（Martin Romualdez）。

【政府】本届政府于2022年6月组成。农业部长由总统马科斯兼任，教育部长由副总统莎拉兼任。截至2023年7月1日，内阁成员及重要官员名单如下：文官长卢卡斯·贝萨明（Lucas Bersamin），内政部长本杰明·阿巴洛斯（Benjamin Abalos Jr.），外交部长恩里克·马纳罗（Enrique A. Manalo），财政部长本杰明·迪奥克诺（Benjamin Diokno），司法部长杰西·雷穆拉（Jesus Crispin Remulla），国防部长吉尔伯特·特奥多罗（Gilberto Teodoro），公造部长曼努埃尔·博诺安（Manuel Bonoan），信息和通信技术部长黄延光（Ivan John Uy），交通部长杰米·包蒂斯塔（Jaime Bautista），社会福利与发展部长张侨伦（Rexlon “Rex” Gatchalian），劳工与就业部长贝恩维尼多·拉格斯马（Bienvenido Laguesma），预算与管理部长阿梅纳·潘甘达曼（Amenah Pangandaman，女），土地改革部长康拉德·埃斯特雷亚（Conrado Estrella III），旅游部长克里斯蒂娜·弗拉斯科（Christina Frasco，女），贸工部长阿尔弗雷多·帕斯卡尔（Alfredo Pascual），国家经济发展署署长阿森尼奥·巴利萨坎（Arsenio Balisacan），国家安全顾问爱德华多·阿尼奥（Eduardo Año），总统特别助理安东尼奥·拉格达梅奥（Antonio Lagdameo Jr.），总统首席法律顾问胡安·恩里莱（Juan Enrile）。

【行政区划】全国划分为吕宋、维萨亚和棉兰老三大部分，设有首都地区、科迪勒拉行政区、棉兰老穆斯林自治区等18个地区，下设81个省和117个市。

【司法机构】司法权属最高法院和各级法院。最高法院由1名首席法官和14名陪审法官组成，均由总统任命，拥有最高司法权；下设上诉法院、地方法院和市镇法院。现任首席大法官亚历山大·詹斯蒙多（Alexander G. Gesmundo）。检察工作由司法部检察长办公室负责，总检察长梅纳多·格瓦拉（Menardo Guevarra）。

【政党】有大小政党100余个，大多数为地方性小党。主要政党有：

（1）基督教穆斯林民主力量党（LAKAS-CMD）：系前总统拉莫斯于1991年底创立，由人民力量党、全国基督教民主联盟、菲律宾穆斯林民主联盟、团结党等整合而成。主张实行两党制，通过修宪扩大地方政府权力，改革选举制度，将总统任期六年一届修改为四年一届，可连任两届；主张通过谈判实现民族和解，促进社会稳定。经济上重视农业发展，增加就业，扶助贫困，加快私有化进程；倡导经济外交，奉行开放政策。1992年该党在大选中获胜，成为执政党。1998年在大选中败于菲律宾民众奋斗党联盟。2001年阿罗约就任总统后，该党成为执政联盟核心。现任主席是拉蒙·雷维拉（Ramon “Bong” Revilla），总裁是马丁·罗慕尔德兹，前总统格洛丽亚·马卡帕加尔·阿罗约（Gloria Macapagal Arroyo，女）任名誉主席。

（2）民主人民力量党（PDP-LAPAN）：成立于1982年，由前参议长阿奎里诺·皮门特尔二世创建，成员主要来自菲南部达沃市、卡加延省等地区。2016年，该党候选人杜特尔特赢得总统选举。2021年，该党因内部分歧分裂为两大派系。

（3）自由党（Liberal Party）：由菲第5任总统曼努埃尔·罗哈斯于1946年创立，早期成员主要是从菲国家主义党内分裂出来的自由派人士。2001年阿罗约政府上台后，该党加入执政联盟，后又脱离执政联盟，并推选阿基诺三世参加2010年总统大选。阿最终以42%的得票率当选菲律宾第15任总统。2016年，该党候选人莱妮·罗布雷多（Leonor Robredo，女）当选菲律宾第16任副总统。现任党主席是潘基里南（Francis “Kiko” Pangilinan），总裁是罗布雷多。

（4）菲律宾联邦党（Partido Federal ng Pilipinas，PFP）：成立于2018年，主要成员来自支持杜特尔特参加2016年总统竞选的组织。2022年大选中，该党宣布支持马科斯和莎拉组合。党主席为现任总统马科斯。

其他政党有民主行动党（Aksyon Demokratiko）、地方发展优先党（Probinsiya Muna Development Initiative）、改革党（Reporma）、民主战斗党（Lanban ng Demokratikong Pilipino）、民族党（Nationalista Party）等。

【重要人物】费迪南德·罗慕尔德兹·马科斯：总统。1957年9月13日出生，菲律宾前总统费迪南德·马科斯之子。曾在牛津大学主修政治哲学和经济学。1980年任菲律宾北伊洛戈省副省长，后任省长。1986年马科斯政权倒台，随家人流亡美国夏威夷。1991年返菲，1992年当选北伊洛戈省众议员，1998年再度担任该省省长并连任三届。2007年再度当选众议员。2010—2016年任参议员。2016年竞选副总统，以微弱差距失利。2022年5月当选菲第17任总统。

经济

出口导向型经济，对外部市场依赖较大。第三产业在国民经济中地位突出，农业和制造业也占相当比重。20世纪60年代后期采取开放政策，积极吸引外资，经济发展取得显著成效。80年代后，受西方经济衰退和自身政局动荡影响，经济发展明显放缓。90年代初，拉莫斯政府采取一系列振兴经济措施，经济开始全面复苏，并保持较高增长速度。1997年爆发的亚洲金融危机对菲冲击不大，但其经济增速再度放缓。杜特尔特总统执政后，加大对基础设施建设和农业的投入，推进税制改革，经济保持高速增长，但也面临通货膨胀高企、政府财力不足、腐败严重影响经济等问题。2022年主要经济数据如下：

国内生产总值：约4042.8亿美元。

人均国内生产总值：约3498.5美元。

国内生产总值增长率：7.2%。

货币名称：菲律宾比索。

汇率：1美元≈55菲律宾比索。

通货膨胀率：5.8%。

【资源】主要矿产资源有铜、金、银、铁、铬、镍等20余种。铜蕴藏量约48亿吨，镍蕴藏量约10.9亿吨，金蕴藏量约1.36亿吨。地热资源预计有20.9亿桶原油标准能源。巴拉望岛西北部海域有石油储量约3.5亿桶。

【工业】制造业以食品加工、化工产品、无线电通信设备等行业为主，占总产出的65%以上。

【农业】主要出口产品为：椰子油、香蕉、鱼和虾、糖及糖制品、椰丝、菠萝和菠萝汁、未加工烟草、天然橡胶、椰子粉粕和海藻等。

森林面积约1579万公顷，覆盖率达53%。有乌木、檀木等名贵木材。

水产资源丰富，鱼类品种达2400多种，金枪鱼资源居世界前列。已开发的海水、淡水渔场面积约2080平方公里。

【服务业】服务业产值约占国内生产总值的60%。菲律宾是全球主要劳务输出国之一。据统计，在海外工作的菲劳工有230多万人。其中，约24%在沙特工作，16%在阿联酋工作。

【旅游业】外汇收入重要来源之一。主要游客来源国：美国、中国、韩国、日本、澳大利亚。主要旅游点：百胜滩、碧瑶市、马荣火山、伊富高省原始梯田等。

【交通运输】以公路和海运为主。铁路不发达，集中在吕宋岛。航空运输主要由菲律宾航空公司等航运企业经营，全国各主要岛屿间都有航班。

公路：总长约21.6万公里。客运量占全国运输总量的90%，货运量占全国运输货运量的65%。

水运：总长3219公里。全国共有大小港口数百个，商船千余艘。主要港口为马尼拉、宿务、怡朗、三宝颜等。

铁路：总长1200公里。

空运：有各类机场近300个。国内航线遍及40多个城市，与30多个国家签订了国际航运协定。主要机场有首都马尼拉的尼诺·阿基诺国际机场、宿务市的马克丹国际机场和达沃机场等。（资料来源：菲国家铁路、陆地运输办公室、海洋工业局、菲律宾航空公司）

【财政金融】2021年，菲律宾财政收入约为587亿美元，财政支出约为884亿美元，财政赤字约为297亿美元，财政赤字占国内生产总值的7.6%。截至2021年底，外汇储备为1045亿美元。2022年外债总额为1025亿美元，占国内生产总值的26.1%。（资料来源：菲律宾财政部、中央银行）

主要银行：首都银行，资产额为155亿美元；菲岛银行，资产额为138亿美元。

【对外贸易】与150个国家有贸易关系。2022年，菲律宾对外贸易额为2159.8亿美元。其中，出口额为788.3亿美元，进口额为1371.5亿美元。近年来，菲政府积极发展对外贸易，促进出口商品多样化和外贸市场多元化，进出口商品结构发生显著变化。非传统出口商品如成衣、电子产品、工艺品、家具、化肥等的出口额，已赶超矿产、原材料等传统商品出口额。

【外国资本】根据菲律宾中央银行公布的数据，2019年菲律宾净吸收外商直接投资为76.47亿美元，同比减少23.1%。这些投资主要流向金融和保险、能源供应、制造、房地产、运输和仓储、建筑、通信等行业。

【外国援助】据菲律宾政府统计，截至2018年底，菲律宾获得外国官方发展援助金额达179.5亿美元。其中，优惠贷款金额为155.47亿美元，占86.61%；赠款金额为24.03亿美元，占13.39%。外援最大来源为日本，日本国际协力机构占菲获得外国官方发展援助承诺总额的46.02%（82.60亿美元）；其次是世界银行和亚洲开发银行的援助，分别占17.72%和16.38%。对菲律宾的主要援助领域包括农业和自然资源、管理和制度完善、工业、贸易和旅游、基础设施建设、社会改革和社区发展等。这些援助中既有改善民生、发展经济等硬项目，也有培训人员、实施可行性研究等软项目。

人民生活

近年来，人民生活水平提高较慢。人均寿命为70岁，人口出生率为1.9%。

军　事

1901年建立保安队。1936年以保安队为基础建立陆军。1946年以陆军为基础建立国防军，分海、陆、空、保安4个军种。1950年4月19日，菲国防军正式改称菲律宾武装部队，并将3月22日（1897年菲为反抗西班牙殖民统治而成立革命政府的日期）定为建军节。总统是最高统帅。武装部队司令部为三军最高指挥机构，总参谋长是最高军事指挥官。国防部是三军行政管理机构。现任国防部长吉尔伯特·特奥多罗，武装部队总参谋长安德烈斯·森蒂诺（Andres Centino）。实行志愿兵役制，服役期3年以上。

菲武装力量由正规军、预备役和准军事部队组成，正规军总兵力12.7万人。其中，陆军8.6万人，共辖10个步兵师、1个轻型装甲师、5个工兵旅等；海军2.3万人，共辖舰队–陆战队待机部队、北吕宋、南吕宋、西部、中部、东棉兰老、西棉兰老7个海军部队；空军1.8万人，共辖3个空军师、8个作战/支援联队等。

国家警察部队于1991年1月正式组建，隶属于内务与地方政府部。总兵力9.55万人，是仅次于菲武装部队的准军事力量，在各地区、省、县、市、镇均设有国警指挥部和警察局。现任警察总监本杰明·阿科达（Benjamin Acorda）。

文化教育

【教育】宪法规定，中小学实行义务教育。政府重视教育，鼓励私人办学，为私立学校提供长期低息贷款，并免征财产税。初、中等教育以政府办学为主。全国共有小学50483所，小学入学率达91.05%；中学14217所，中学入学率为68.15%；高等教育机构1599所，主要为私立，在校生约244万人。著名高等院校有菲律宾大学、德拉萨大学、雅典耀大学、东方大学、远东大学、圣托玛斯大学等。

【新闻出版】主要英文日报：《马尼拉公报》《菲律宾星报》《菲律宾每日问询者报》《每日论坛报》《马尼拉时报》《马尼拉标准报》《商业世界报》《商业镜报》《马拉亚商业观察报》。主要菲文日报：《前进报》。主要华文日报：《世界日报》《菲律宾商报》《菲华日报》《联合日报》《菲律宾华报》。

总统府新闻部：前身为总统府新闻办公室，负责制定国家媒体政策，发布政府信息，运营国有媒体，与菲私营媒体界保持沟通和引导，并对驻菲外国媒体和通讯机构进行注册和管理。

菲律宾通讯社：官方通讯社，成立于1973年3月1日。与中国、马来西亚、印尼、泰国、巴基斯坦、日本等15个国家和地区的通讯社建有新闻交换关系，与美联社、路透社均有工作联系。

国家广播电台：菲历史最为悠久的电台之一，覆盖全国主要城市。

新闻组织有全国新闻记者俱乐部、新闻摄影家协会、外国记者协会、出版者协会等。全国有257家出版机构。

全国共有629家广播电台，其中商业电台488家，非商业电台51家。非商业电台中包括32家政府台、10家宗教台和7家教育台。共有137家电视台，其中广播局和人民电视台属官方性质，其余均为私人所有。菲广播电台、电视台使用的语言主要是英语、菲律宾语和华语。

对外关系

奉行独立的外交政策，迄今已同126个国家建交。对外政策目标：确保国家安全、主权和领土完整；推动社会发展，保持菲律宾在全球的竞争力；保障菲海外公民权益；提升菲律宾国际形象；与各国发展互利关系。

【同中国的关系】中菲两国于1975年6月9日建交。

2020年6月，习近平主席同菲总统杜特尔特通电话。3月，王毅国务委员兼外长同菲外长洛钦通电话。7月，王毅国务委员兼外长同洛钦外长举行视频会晤。10月，王毅国务委员兼外长同洛钦外长在云南腾冲举行会谈。

2021年8月，习近平主席同菲总统杜特尔特通电话。1月，王毅国务委员兼外长访问菲律宾。4月，王毅国务委员兼外长同菲外长洛钦在福建南平举行会谈。

2022年4月，习近平主席同菲总统杜特尔特通电话。同月，王毅国务委员兼外长同菲外长洛钦在安徽屯溪举行会谈。5月，习近平主席同菲律宾当选总统马科斯通电话。6月，王岐山副主席作为习近平主席特别代表出席马科斯总统就职典礼。7月，王毅国务委员兼外长访问菲律宾。11月，习近平主席在泰国曼谷出席亚太经合组织领导人非正式会议期间会见马科斯总统。

据中国海关总署统计，2022年，中菲双边贸易额为877.2亿美元，同比增长7.1%。其中，中国出口额为646.8亿美元，同比增长13.2%；中国进口额为230.4亿美元，同比减少6.9%。2022年，中国对菲全行业投资1.2亿美元。2021年，中国对菲非金融类直接投资1.45亿美元。

中国驻菲律宾大使：黄溪连。馆址：4896 Pasay Road，Dasmarinas Village，Makati，Metro Manila，Philippines。电话：0063–2–88443148；传真：88452465。经商处电话：0063–2–88195991/2；传真：88184553。领侨处电话：0063–2–82311033；传真：88482460。

菲律宾驻华大使：吉米·弗古律斯（Jaime FlorCruz）。馆址：北京市朝阳区建国门外秀水北街23号。电话：010–65321872，65322518，65322451；传真：65323761。

【同美国的关系】菲律宾曾是美殖民地，系美传统盟友，同美在各方面保持密切联系。两国签有共同防御条约和共同防御援助协议。1947年两国签署《军事基地协定》，1951年签署《共同防御条约》。1991年菲参议院废除了《军事基地协定》，结束了美在菲长达93年的驻军。1998年两国签署《访问部队协定》。该协定使得美军重返菲律宾，两国恢复大规模联合军事演习。两国每年举行例行"肩并肩"联合军演，2022年共有8900名士兵参演。双方高层往来密切。2022年5月，美总统拜登同马科斯通电话祝贺其当选。11月，美副总统哈里斯访菲。

美是菲第二大官方援助国和第二大贸易伙伴。截至目前，美在菲能源和电力领域累计投资超过20亿美元。美也是菲最大的劳务输出国，在美菲籍劳工和侨民达300万。

【同日本的关系】1956年7月建交。菲律宾积极支持日本在国际事务中发挥与其经济影响相称的政治作用。日本是菲最大援助国和最大贸易伙伴。2008年10月，菲参议院审议通过菲日2006年签署的经济伙伴关系协议。2018年11月，日本首相安倍晋三访菲。2019年10月，菲总统杜特尔特出席日本德仁天皇即位庆典。

【同其他东盟国家的关系】菲律宾将发展同其他东盟国家的关系列为对外政策的重点方向，以东盟为依托发挥自身在地区和国际事务中的作用。菲积极参与和推动东盟内部各项合作及经济一体化进程，2017年担任东盟轮值主席国。2018—2021年担任中国—东盟关系协调国。

与马来西亚往来较为密切，双方在领土主权问题上存在争议。近年来，马来西亚为菲政府和摩洛伊斯兰解放阵线和谈积极提供协助。2019年3月，马来西亚总理马哈蒂尔访问菲律宾。

与泰国关系良好。两国于1993年成立以外长为主席的双边联委会。1999年，双方成立贸易联委会机制。2019年6月，菲律宾总统杜特尔特赴泰出席第34届东盟峰会，其间同泰总理巴育会见。11月，杜特尔特总统赴泰出席东亚合作领导人系列会议。

与印度尼西亚在反恐、打击跨国犯罪、划分海域边界、加强经贸投资以及联合国改革等问题上合作顺利。2022年9月，菲律宾总统马科斯访问印尼。

与新加坡关系良好。新是菲第四大贸易伙伴和重要游客来源国。2022年9月，菲律宾总统马科斯访问新加坡。

与文莱、越南、老挝、柬埔寨和缅甸等东盟国家关系良好，各领域往来交流与互利合作不断发展。

（林欣彤）

格鲁吉亚

国名　格鲁吉亚（Georgia）。

面积　6.97万平方公里。

人口　368.86万（2022年）。其中，格鲁吉亚族占86.8%，阿塞拜疆族占6.3%，亚美尼亚族占4.5%，俄罗斯族占0.7%。此外，还有奥塞梯族、阿布哈兹族、希腊族、乌克兰族、犹太族等。格鲁吉亚语为官方语言，居民多通晓俄语。多数居民信奉东正教，少数居民信奉伊斯兰教。

首都　第比利斯（Tbilisi），人口120.18万（2022年）。年均气温12.8℃。

国家元首　总统萨洛梅·祖拉比什维利（Salome Zourabichvili，女），2018年12月16日就职。

重要节日　新年：1月1日；圣诞节：1月7日；旧历新年：1月14日；主显节：1月19日；母亲节：3月3日；国际妇女节：3月8日；民族团结日：4月9日；反法西斯胜利日：5月9日；圣安德鲁节：5月12日；独立日（国庆日）：5月26日；圣母节：8月28日；姆茨赫托巴节（姆茨赫塔系格古都，此为奠基纪念日）：10月14日；圣乔治节（圣乔治为格保护神）：11月23日。

简　况

位于南高加索中西部，北接俄罗斯，东南和南部分别与阿塞拜疆和亚美尼亚相邻，西南与土耳其接壤，西邻黑海。海岸线长309公里。部分地区属高山气候，西部属亚热带地中海气候。1月平均气温3℃—7℃，8月平均气温23℃—26℃。

公元前6世纪，在现格鲁吉亚境内建立了奴隶制的科尔希达王国。公元4—6世纪，建立封建国家。公元337年起，信奉基督教。公元6—10世纪，基本形成格鲁吉亚族。公元8—9世纪，建立卡赫季、爱列京、陶-克拉尔哲季封建公国和阿布哈兹王国。

19世纪初，格鲁吉亚被沙皇俄国兼并。1918年5月26日，成立格鲁吉亚民主共和国（史称“格鲁吉亚第一共和国”）。1921年2月25日，成立格鲁吉亚苏维埃社会主义共和国。1922年3月12日，格鲁吉亚加入外高加索苏维埃社会主义联邦共和国；12月，作为该联邦成员加入苏联。1936年12月5日，格鲁吉亚苏维埃社会主义共和国正式成为苏联加盟共和国。

政　治

1990年11月4日，发表独立宣言，改国名为格鲁吉亚共和国。1991年4月9日，正式宣布独立。

1991年5月26日，“自由格鲁吉亚圆桌会议”领导人加姆萨胡尔季阿当选格首任总统，后于1992年1月被推翻。1992年3月11日，苏联外长谢瓦尔德纳泽被任命为格鲁吉亚国务委员会主席；11月，谢被任命为国家元首，并当选议会主席。1995年8月24日，定国名为格鲁吉亚；11月，谢瓦尔德纳泽当选总统。2003年11月，发生“玫瑰革命”，萨卡什维利在随后举行的选举中当选总统，2008年获得连任。

2012年10月，反对党“格鲁吉亚梦想”联盟在议会大选中获胜，“统一民族运动”党下野。2013年10月，“格鲁吉亚梦想”联盟支持的候选人马尔格韦拉什维利赢得总统大选，萨卡什维利下台。2014年7月，“格鲁吉亚梦想”联盟赢得格地方选举。2016年11月，“格鲁吉亚梦想-民主格鲁吉亚”党单独参加议会选举，再次获胜并单独组阁成立新政府。2017年10月，“格鲁吉亚梦想-民主格鲁吉亚”党在地方选举中再次大获全胜，赢得包括首都第比利斯在内的全国64个行政区大部分行政长官职位和地方议会大多数议席。2018年10月，格鲁吉亚举行总统选举，经过两轮角逐，“格鲁吉亚梦想-民主格鲁吉亚”党支持的候选人祖拉比什维利获胜，12月16日正式就任格第五任总统。

2020年10月，格鲁吉亚举行第10届议会选举，“格鲁吉亚梦想-民主格鲁吉亚”党第三次获胜，赢得

90个议席。"统一民族运动"党、"欧洲格鲁吉亚"党等反对派认为执政党在选举中舞弊，不承认选举结果，要求重新举行选举，并多次举行示威活动。执政党与反对派就此展开多轮政治磋商。2021年4月，在欧美调停下，朝野双方达成"米歇尔协议"，反对派陆续进入议会。但主要反对派"统一民族运动"党未加入协议，随后"格鲁吉亚梦想"党也宣布退出。各方围绕10月举行的地方选举继续展开激烈争夺。地方选举前夕，"统一民族运动"党创始人、格前总统萨卡什维利偷渡回国，随即被格政府逮捕，挺萨反萨游行不断。10月，地方选举如期举行，"格鲁吉亚梦想"党总体支持率超过4成，部分城市进行了第二轮选举，但"格鲁吉亚梦想"党最终在全国64个市区中夺得63个市长职位，选举结果得到国际社会承认。格政局暂趋稳定。

【宪法】格鲁吉亚独立后实行立法、司法、行政三权分立制度。首部宪法于1995年8月24日通过。2004年2月17日，格议会通过"关于组建内阁"宪法修正案，规定格为总统制三权分立国家。2010年9月26日，格议会通过宪法修正案，实行总统与总理之间相对均衡的权力分配，改行议会总统制。总统和议会仍由投票方式直接选举产生。总统是名义上的国家元首兼武装力量最高统帅，总理由议会提名，其他内阁成员由总理提名，报议会和总统批准。新宪法于2013年总统选举后正式生效。2016年11月，"格鲁吉亚梦想–民主格鲁吉亚"党在议会选举中赢得议会宪法多数后，即成立宪法改革委员会推动修宪。2017年9月，格议会以117票赞成、2票反对三读通过宪法修正案，主要内容包括2024年起议会选举由比例制和选区制混合改为完全比例制、不允许组建政治联盟参选、取消总统全民直选等，进一步扩大执政党权力。此后，格议会根据威尼斯宪法委员会建议对宪法修正案进行微调，并于2018年3月23日三读通过。新宪法于2018年12月16日正式生效，标志着格政体从总统议会制转型为议会制。

【议会】议会是格鲁吉亚最高立法机构，实行一院制，共150个议席。本届议会系格第10届议会，于2020年选举产生，任期4年。沙尔瓦·帕普阿什维利（Shalva Papuashvili）为现任议长。150个议席通过混合制选举产生，其中比例制120席，选区制30席。"格鲁吉亚梦想–民主格鲁吉亚"党占90席，为议会多数派。根据选举结果，"统一民族运动"党获36席，"欧洲格鲁吉亚"党获5席，"乐洛"政治联盟获4席，"建设者战略"政治联盟获4席，"爱国者联盟"获4席，"松果"党获4席，"公民"党获2席，工党获1席。

【政府】本届政府于2021年2月组建，伊拉克利·加里巴什维利（Irakli Garibashvili）任总理。政府其他成员为：副总理兼文化、体育与青年部长捷娅·楚卢基亚尼（Thea Tsulukiani，女），副总理兼经济与可持续发展部长列万·达维塔什维利（Levan Davitashvili），外交部长伊利亚·达尔恰什维利（Ilia Darchiashvili），财政部长拉沙·胡齐什维利（Lasha Khutsishvili），基础设施与地区发展部长伊拉克利·卡瑟拉泽（Irakli Karseladze），司法部长拉蒂·布列加泽（Rati Bregadze），内务部长瓦赫唐·戈梅拉乌里（Vakhtang Gomelauri），国防部长朱安舍尔·布尔楚拉泽（Juansher Burchuladze），环保与农业部长奥塔尔·沙穆吉亚（Otar Shamugia），教育与科学部长乔治·阿米拉赫瓦里（Giorgi Amilakhvari），被占领地区难民安置、劳动、卫生、社会事务部长祖拉布·阿扎拉什维利（Zurab Azarashvili），和解与公民平等事务国务部长捷娅·阿赫夫列迪亚尼（Tea Akhvlediani，女）。

【行政区划】格鲁吉亚全国由首都第比利斯，9个州（古利亚、拉恰–列其呼米和下斯瓦涅季亚、萨梅格列罗–上斯瓦涅季亚、伊梅列季、卡赫季、姆茨赫塔–姆季阿涅季、萨姆茨赫–扎瓦赫季、克维莫–卡尔特里、什达–卡尔特里），1个自治州（南奥塞梯），2个自治共和国（阿扎尔、阿布哈兹）组成。

【司法机构】格鲁吉亚司法独立，设宪法法院、最高法院、总检察院、监察院。最高法院至少由28名法官组成，由格最高司法委员会推荐并经议会投票选举产生，任期10年。最高法院院长是尼诺·卡达吉泽（Nino Kadagidze）。宪法法院有9名法官，总统、议会和最高法院各任命3人，任期10年，现任宪法法院院长是梅拉布·图拉瓦（Merab Turava）。格不设专门和特别法院，战争期间可设军事法院。总检察长由检察委员会提名并经议会批准，任期6年。现任总检察长为伊拉克利·绍塔泽（Irakli Shotadze）。

【政党】目前在格鲁吉亚司法部登记的政党有200多个，其中较有影响的有：

（1）"格鲁吉亚梦想–民主格鲁吉亚"党（Georgian Dream–Democratic Georgia）：执政党，由伊万尼什维利于2011年10月创立。对外政策方面，主张恢复领土完整，引入西方价值观，积极谋求加入欧盟、北约，同时致力于实现与俄罗斯关系正常化。经济民生方面，主张复兴农业，实行减免税收等惠民政策，为公民提供基本医疗保险，努力解决失业和贫困问题。积极拥护经济全球化和贸易自由化主张，同时强调政府应加强对经济的宏观调控。现任党主席为科巴希泽，第比利斯市市长卡拉泽任总书记。

（2）"统一民族运动"党（United National Movement）：前执政党，由萨卡什维利（2004—2013年任格鲁吉亚总统）于2001年创立。主张通过激进方式进行国家改革，全面接受美式民主模式，实行三权分立，严惩腐败，打击影子经济，鼓励发展中小企业，提高退休金和社会福利水平，对外谋求加入北约与欧盟，目标是通过捍卫自由、发展、民主等价值观，建立一个强大的格鲁吉亚。在2016年议会选举中获27席，2017年分裂后仅保留6

席。2018年联合其他10个小党派组建政治联盟“团结就是力量”，推举该党政治委员会委员戈·瓦沙泽竞选总统，在第二轮投票中败给“格鲁吉亚梦想–民主格鲁吉亚”党支持的候选人祖拉比什维利。2019年3月，萨卡什维利宣布辞任党主席，戈·瓦沙泽接任党主席。2020年12月，戈·瓦沙泽宣布辞去党主席职务，梅利亚随后当选新任党主席。在2020年议会选举中赢得27.18%的选票，获得36席。2022年，该党举行党主席选举，哈别伊什维利当选新任党主席。

（3）“欧洲格鲁吉亚”党（Movement for Freedom–European Georgia）：创立于1999年。2016年与“统一民族运动”党联合参加议会选举。2017年1月，“统一民族运动”党发生分裂，党总书记巴克拉泽率多名议员加入“欧洲格鲁吉亚”党并任党主席，在格议会占据21席。党主席巴克拉泽参加2018年总统选举，获10.97%选票。在2020年议会选举中赢得3.78%的选票，获得5席。

（4）“爱国者联盟”（Alliance of Patriots）：创立于2012年。在2014年地方选举中获得4.6%选票，超过4%规定门槛，获得国家财政拨款。主张与俄罗斯积极开展接触和谈判，呼吁中止格欧自贸协定，认为格加入北约进程十分漫长，“入约”前景不明。党总书记为伊尔玛·伊纳什维利。该党与“自由格鲁吉亚”党、自由党、“传统主义者”党、“新基督教民主党人”党、“司法老兵与退伍军人政治运动”党联合参加2016年议会选举，赢得6个议席。在2020年议会选举中赢得3.15%的选票，获得4席。该党4名成员于2021年1月宣布退党，单独组建“欧洲社会主义者”党并加入议会。

（5）“建设者战略”政治联盟（Strategy Aghmashenebeli，或Strategy Builder）：创立于2020年。2016年，乔·瓦沙泽从“统一民族运动”党脱离并成立“新格鲁吉亚”党。秉持自由主义原则，主张加入欧盟和北约。“新格鲁吉亚”党曾参加2016年议会选举，未获得议席。该党推举乔·瓦沙泽在2017年地方选举中参与第比利斯市市长角逐，得票率排名第六。在2018年总统选举期间，“新格鲁吉亚”党参与了“统一民族运动”党领衔的“团结就是力量”政治联盟，乔·瓦沙泽出任政治联盟总统候选人戈·瓦沙泽的竞选办公室主任。2020年，“新格鲁吉亚”党与“法律和公正”党从“团结就是力量”政治联盟脱离，单独组建“建设者战略”政治联盟并参加议会选举。在选举中赢得3.15%的选票，获得4席。

（6）“松果”党（New Political Center–Girchi）：2015年从“统一民族运动”党脱离组建，党主席为雅各·赫维恰。党的名称来源于党徽绿色松果图案，象征着新潮和绿色。主张人权和自由，呼吁政府放松烟草、酒精管控；主张吸食大麻合法化。党主席祖拉布·贾帕里泽参加2018年总统选举，获2.26%选票。在2020年议会选举中赢得2.89%选票，获得4席。2020年12月，该党领导层就是否加入议会问题出现严重分歧，党主席祖拉布·贾帕里泽宣布退党并单独组建“松果–更大的自由”政治力量。

（7）工党（Labour Party）：创立于1995年。党主席为纳捷拉什维利，党总书记为沙特别拉什维利。主张民主、公正，保护人权与自由贸易，强调社会保障，呼吁实行免费教育和公共服务，支持格加入欧盟。在2020年议会选举中赢得1%选票，获得1席。

（8）“乐洛”政治联盟（Lelo for Georgia）：创立于2019年。党主席马穆卡·哈扎拉泽系格最大商业银行TBC银行创始人和实际控制者，格前议长、“建设运动”党创始人乌苏帕什维利任党政治委员会主席。政治上主张以人为本、民主和公正，保护公民权利，强调每位公民均享有实现自我发展的机会，主张解决阿布哈兹、南奥塞梯问题，致力于实现经济全面增长。在2020年议会选举中赢得3.15%选票，获得4席。

（9）“公民”党（Citizens）：创立于2020年。党主席艾利萨什维利早年从事媒体工作，后投身政治，2014年当选第比利斯市议会议员；2017年以独立候选人身份参加第比利斯市市长选举，得票率排名第2。2020年3月，艾利萨什维利宣布组建“公民”党并参加议会选举。该党主要宗旨为人民至上，强调国家各项政策都应以改善民生为基础。在2020年议会选举中赢得1.33%选票，获得2席。选后初期与其他反对派一道拒绝加入议会，后经单独与执政党谈判，于2021年2月宣布进入议会履职。

（10）共和党人党（Republican Party）：创立于1978年。为中右翼保守自由主义政党。主要致力于争取恢复格独立，保障人权，实行市场经济，主张政治多元化、自由民主化，支持言论自由和市场经济。2003年，与萨卡什维利共同参与“玫瑰革命”。2008—2012年，为议会内温和反对派。2012年，加入“格鲁吉亚梦想”执政联盟并进入议会，时任党主席乌苏帕什维利担任议长。之后乌苏帕什维利离开该党并组建“建设运动”党。现任党主席为哈图娜·萨姆尼泽。在2020年议会选举中未达1%得票率门槛，未获得议席。

（11）保守党（Conservative Party）：创立于2001年。为中右翼民族主义政党。2004年前曾是萨卡什维利政治盟友。主张恢复格国家传统，保护格语，实行法官和地区长官直选。现任党主席为兹维亚德·基吉古利。2016年，加入“格鲁吉亚梦想–民主格鲁吉亚”党阵营参加议会选举，赢得6席并组建“格鲁吉亚梦想–保守”党团。2019年11月，基吉古利宣布率2名议员脱离“格鲁吉亚梦想–保守”党团成为独立议员，该党团剩余3名议员留任。在2020年议会选举中未达1%得票率门槛，未获得议席。

（12）“民主运动–统一的格鲁吉亚”党（Democratic Movement–United Georgia）：创立于2008年。党主席为谢瓦尔德纳泽和萨卡什维利时期两度担任议长并曾任代总统的尼诺·布尔贾纳泽。对内主张进行更大规模的政治和经济改革，呼吁保护个人自由，建设公正的法制体系，限制政府权力，保障言论自由；对外主张同时与俄罗斯和欧盟保持密切关系，实现格领土完整。在2020年议会选举中未达1%得票率门槛，未获得议席。

（13）“新右翼”党（New Rights）：创立于2001年。党主席为加姆克列利泽。拥护者主要来自中小知识分子阶层和妇女及青少年。资金来源主要依靠中小企业主赞助。政治上主张保护个人自由，限制政府权力，保障法治和私产，反对通过街头运动推翻政府；经济上奉行自由主义，主张为企业和个人创造平等机会，保护中小企业发展，推动格农村建设，主张和平解决阿布哈兹和南奥塞梯问题，视美国为战略盟友。在2020年议会选举中未达1%得票率门槛，未获得议席。

【重要人物】萨洛梅·祖拉比什维利：总统。女，1952年3月18日出生于法国巴黎。第三代法籍格侨。毕业于巴黎政治学院和美国哥伦比亚大学。1974年进入法国外交部工作，之后在法国多个驻外机构工作。2003年被任命为法国驻格鲁吉亚大使。2004年3月被格总统萨卡什维利任命为格外长，任内积极推动格议会通过决议，启动俄罗斯军事基地撤出格境进程。2005年10月被免去外长职务，此后创建反对党“祖拉比什维利社会运动”，次年更名为“格鲁吉亚道路”党。2010年宣布退出格政坛。2010—2015年任联合国安理会伊朗问题观察专家组负责人。2016年重返格政坛并以独立候选人身份当选议员。在2018年总统选举中，经过两轮角逐赢得选举，并于12月16日正式就职。懂法语、俄语、英语、德语、意大利语。已婚，有两名子女。　**伊拉克利·加里巴什维利**：总理。1982年6月28日出生于格鲁吉亚第比利斯。1999—2005年就读于第比利斯国立大学国际关系系，其间在法国索邦大学进修。2004年起在现执政党“格鲁吉亚梦想-民主格鲁吉亚”党创始人伊万尼什维利旗下的卡尔图集团工作，历任物流部经理、物流部副总经理、卡尔图国际慈善基金总经理等职。2011年参与“格鲁吉亚梦想-民主格鲁吉亚”党组建工作。“格鲁吉亚梦想-民主格鲁吉亚”党2012年赢得议会选举上台执政后，于当年11月出任内务部长，后于2013年11月出任总理，并任“格鲁吉亚梦想-民主格鲁吉亚”党主席。2015年12月辞去总理职务并从事商业活动。2019年3月重返政坛，出任“格鲁吉亚梦想-民主格鲁吉亚”党政治书记，同年9月出任国防部长。2021年2月18日被提名为总理候选人，2月22日正式出任总理。懂英语、法语、俄语。已婚，有四名子女。　**沙尔瓦·帕普阿什维利**：议长。1976年1月24日出生。1998年毕业于第比利斯国立大学国际法专业，获学士学位；1999年毕业于德国萨尔大学欧洲私法专业，获硕士学位；2002年在该校获博士学位。1996—1998年，任格议会议员助理；2000—2001年，任德国Heimes & Muller律师事务所助理律师；2003—2007年，任德国国际合作机构高级法律专家；2005—2006年，任格国防和安全民事委员会人权专家；2007—2015年，任德国国际合作机构团队主管；2012—2015年，任高加索大学法学院副教授；2015年至今，任伊利亚国立大学法学院副教授；2015—2017年，任德国国际合作机构项目副经理；2017—2020年，任德国国际合作机构格鲁吉亚团队主管。2020年当选格第10届议会议员，出任议会教育、科学委员会主席，格中友好小组副主席。2021年12月当选格议会议长。

经　济

格鲁吉亚致力于建立自由市场经济，加快结构调整和私有化步伐，努力将自身打造为连接欧亚的商贸、物流枢纽和交通运输中转中心。根据格政府颁布的《2020年前经济社会发展规划》，格将优先发展基础设施、农业水利、制造业、旅游等领域，增加教育、医疗、卫生等民生领域投入，改善投资环境，大力吸引外资，增加就业机会，确保经济可持续发展。2022年主要经济数据如下：

国内生产总值：246亿美元。

人均国内生产总值：6671.9美元。

国内生产总值增长率：10.1%。

货币名称：拉里。

汇率：1美元≈2.6875拉里。

通货膨胀率：9.8%。

失业率：17.3%。

【资源】格鲁吉亚自然资源较为贫乏，森林资源和水利资源相对丰富。矿产主要有锰、铜、铁、铅、锌等，其中有世界闻名的齐阿土拉锰矿区，该矿探明锰矿储量2.344亿吨，可开采量1.6亿吨。森林面积占国土面积的40%，木材总储量4.52亿立方米，主要有榉木、松木、樱桃木和胡桃木等。水利资源丰富，拥有大小河流319条，水电资源理论蕴藏量1560万千瓦，是世界上单位面积水能资源最丰富的国家之一。

【工业】格鲁吉亚工业主要包含钢铁冶炼、机床制造、电器生产、化工、木材加工、纺织、酿酒等行业。2022年，格鲁吉亚工业总产值约为76.86亿美元，从业人数13.6万人。

【农业】格鲁吉亚农业构成主要为种植业、畜牧业、农产品加工业、林业、渔业等。2022年，格农林渔业产值约为26.50亿美元。

【旅游业】2022年，格鲁吉亚接待游客540万人次，同比增长2.9倍。

【交通运输】2022年，格鲁吉亚信息与通信总产值约为16.8亿美元，交通和通信从业人数约1.53万人。2022年，格鲁吉亚货物运输量为4730万吨。其中，海运量为1240万吨，海运集装箱量为477094箱，公路运输量为1500万吨，铁路运输量为1480万吨，航空运输量为448.3077万吨。2022年，格鲁吉亚旅客运输量为

4.122亿人。

【财政金融】2022年，格鲁吉亚国家财政收入约61.37亿美元，财政支出约57亿美元。

2022年，格鲁吉亚国家外债为83.45亿美元，政府外债为79.17亿美元。

格鲁吉亚国家银行为格中央银行，格主要商业银行有格鲁吉亚银行、TBC银行、卡尔图银行、基础银行等。

【对外贸易】根据格方统计，2022年，格鲁吉亚对外贸易额为190.4亿美元，同比增长32.8%，其中出口额为55.9亿美元，进口额为134.5亿美元。土耳其是格最大的贸易伙伴，两国贸易额为28.06亿美元，其次是俄罗斯（24.8亿美元）、中国（18.6亿美元）、阿塞拜疆（13.14亿美元）和美国（12.06亿美元）。中国是格鲁吉亚最大出口目的地国，出口额为7.36亿美元，同比增长20%，在格鲁吉亚出口总额中占13.2%。其他主要出口目的地国依次为阿塞拜疆（12.0%）、俄罗斯（11.7%）、亚美尼亚（10.5%）和土耳其（7.8%）。土耳其是格最大进口来源国（17.6%），其次是俄罗斯（13.6%）、中国（9.8%）、阿塞拜疆（6.9%）和美国（6.3%）。近几年对外贸易情况如下（单位：亿美元）：

	2020	2021	2022
总　额	113.96	143.47	190.7
出口额	33.42	42.42	55.9
进口额	80.05	101.05	134.5
差　额	-46.63	-58.31	-78.5

【外国资本】2022年，外国直接投资20亿美元。

人民生活

格鲁吉亚当前适龄劳动力约155.16万人，2022年失业率为17.3%。2022年人均月工资约合592美元。2022年12月，适龄劳动力个人的最低生活保障标准约合95美元，退休金最低标准约合96美元。

军　事

格鲁吉亚武装力量建于1992年4月30日。根据《国防法》规定，国家最高权力机关（议会）确定国家国防政策和通过国防领域法律。总统担任名义上的武装力量总司令，总理行使最高决策权，国防部负责指挥武装力量。格实行防御性国防政策，基本目标是保卫国家独立、主权和领土完整。目前，格已基本实现军队职业化。格新一届政府上台以来积极推进国防改革，主张恢复2013年取消的义务兵役制。2018年12月16日格新宪法生效后，格武装力量正式更名为防御力量。2023年国防预算约为3.81亿美元。

文化教育

当前，格鲁吉亚全国共有252家博物馆，年参观量168.82万人次，其中历史博物馆71家，纪念馆98家，艺术博物馆24家，共组织展出854场；剧院52座，年观众量54.70万人次；格全国共有公共图书馆824家，共藏书1730万册。

【教育】据2022年数据，格鲁吉亚全国有中小学2302所，大学64所（其中国立19所，私立45所），中小学在校生63.3万人，大学在校生15.98万人，博士毕业生537人（2022年）。主要高等院校有第比利斯国立大学、第比利斯自由大学、格鲁吉亚技术大学、第比利斯国立医科大学、国立美术学院等。专业学校有94所（其中国立42所，私立52所），2022年专业学校毕业生7605人。

【新闻出版】格鲁吉亚出版177种报纸及多种期刊。主要报纸有《共和国报》（格文）、《回声报》（格文）、《光谱周报》（格文）、《格鲁吉亚时报》（格文和英文）、《信使报》（英文）、《今日格鲁吉亚》（英文）、《格鲁吉亚周刊》（英文）、《金融报》（英文）、《第比利斯晚报》（俄文）。

主要通讯社：国际新闻通讯社，私营通讯社，成立于2001年；高加索通讯社，独立通讯社，成立于1995年；主流媒体通讯社，独立通讯社，成立于1997年。

格鲁吉亚国家广播电台用格、俄语广播，并向欧洲国家广播。格鲁吉亚公共电视一台、二台信号覆盖格全境，以格语节目为主。伊梅季电视台为格新兴私营电视台之一，信号覆盖格主要城市和地区。阿扎尔电视台为主要地方电视台之一，电视信号覆盖格全境和欧洲、中东、北非、北美地区。2019年成立Mtavari电视台和Formula电视台。

对外关系

格鲁吉亚外交基本政策是恢复国家统一和领土完整、加入北约和欧盟、加强地区合作的同时兼顾发展与东方国家关系，优先方向是冲突调解问题。为保障格民主改革和经济发展，致力于建设安全、和平的国际环境，加大吸引外资力度。格不断密切与美国、北约、欧盟的合作关系，积极发展同阿塞拜疆、亚美尼亚、土耳其、乌克兰、白俄罗斯、伊朗等周边国家友好合作关系。2012年“格鲁吉亚梦想-民主格鲁吉亚”党上台执政后，与欧盟签署联系国协定，取得欧盟免签待遇，并获得北约“一揽子实质性援助”。

【对当前重大国际和地区问题的看法】格鲁吉亚主张建立以欧盟和北约为主要框架的全欧安全体系，认为北约是维护地区稳定的支柱力量，将“加盟入约”作为外交最优先方向之一。格认为欧洲安全与合作组织在地区和国际事务中的作用日益上升。格积极推动建立黑海自由贸易区，大力推进基础设施建设，力求将自身打造为欧亚走廊。

【同中国的关系】1992年6月9日中格两国建交。

2020年，受新冠疫情影响，两国直航暂时中断，人员往来减少。两国领导人多次互致信函，双方各主管部门、各地方政府通过线上方式进行沟通，继续保持密切交往势头。中方多次为格方组织疫情经验交流会，积极分享疫情防控经验，并提供医疗物资和设备援助。11月，格经济部长图尔纳瓦在线出席第三届中国国际进口博览会。

2021年，双边关系继续平稳发展，两国领导人多次互致信函，交往热度不减。11月，全国人大与格议会议员友好小组举行视频会晤，进一步推进了两国立法机构交流合作。双方继续深化抗疫合作，年内中方向格方累计援助20万剂新冠疫苗，协助格方采购260万剂新冠疫苗。在格政府支持下，"春苗行动"在格成功落地。

2022年4月，国务委员兼外交部长王毅同格外长达尔恰什维利通电话。6月，两国共庆建交30周年，举行系列庆祝活动，格总理加里巴什维利出席中国驻格使馆庆祝中格建交30周年线上招待会。7月，全国人大常委会副委员长王晨同格第一副议长沃尔斯基举行视频会晤。9月，格总理加里巴什维利在纽约会见出席联合国大会的王毅国务委员兼外长。同月，中共中央对外联络部副部长钱洪山同格议会教育科学委员会主席、格中友好小组主席阿米拉赫瓦里举行视频会晤。10月，格总理加里巴什维利、执政党"格鲁吉亚梦想-民主格鲁吉亚"党主席科巴希泽、议长帕普阿什维利就中共二十大召开、习近平当选中共中央总书记两度致贺。

据中国海关总署统计，2022年，中格双边贸易额为14.08亿美元，同比增长16.6%。其中，中国出口额为12.52亿美元，同比增长21.8%；中国进口额为1.56亿美元，同比减少12.8%。中国主要进口铜矿砂、贵金属矿砂、医疗仪器及器械、葡萄酒等，主要出口橡胶轮胎、机械、钢材、简单聚缩醛、灯等。

中国驻格鲁吉亚大使：李岩（女），周谦（2022年5月以后）。馆址：52 Barnov str., 0179, Tbilisi, Georgia。电话：0099532-2252670；传真：2250996。

格鲁吉亚驻华大使：阿尔赤·卡岚第亚（Archil Kalandia）。馆址：北京市朝阳区霄云路18号京润水上花园别墅G区39号。电话：010-64681203；传真：64681202。

【同俄罗斯的关系】2008年8月，格鲁吉亚与南奥塞梯冲突地区局势急剧恶化；7日至8日，格军与南、俄维和部队在南奥塞梯地区发生大规模武装冲突；26日，俄承认阿布哈兹和南奥塞梯独立，后与两地区分别签署友好合作互助条约，格退出1994年关于调解南奥塞梯冲突的协议，要求俄从格领土撤军；30日，格俄断绝外交关系。

2019年6月，俄议员赴格出席东正教议会大会第26届全体会议，遭格反对派议员抗议，被迫提前回国。俄总统普京以维护俄公民安全为由暂停赴格旅游及民航航班，格方亦暂停赴俄航班。9月27日，格外长扎尔卡利亚尼与俄外长拉夫罗夫举行双边会见。2021年，格俄未恢复政治交往和航班往来，虽仍保持对话，但无实质性进展，不时就阿、南和难民等问题产生龃龉。格政府仍执行对俄务实政策，同俄方开展正常经济往来。格重新开放对俄陆上口岸，俄仍是格主要游客来源国、出口市场和侨汇来源国之一。

【同美国的关系】美国支持格鲁吉亚建立西式民主和市场经济，不承认阿布哈兹和南奥塞梯独立，支持格加入欧盟和北约，向格提供经济、军事援助。2008年8月格俄冲突爆发后，美向格提供10亿美元援助。格鲁吉亚视美为战略伙伴，积极加入美主导的国际反恐联盟，格俄冲突后积极寻求美支持。

2020年2月，格议长塔拉克瓦泽、外长扎尔卡利亚尼先后访美。同月，格总理加哈里亚出席慕尼黑安全会议并同美防长埃斯珀举行会见。11月，美国务卿蓬佩奥访格，会见格总统、总理、外长等领导人。2021年4月，"格鲁吉亚梦想-民主格鲁吉亚"党主席科巴希泽访美，格外长扎尔卡利亚尼与美国务卿布林肯通电话。10月，美防长奥斯汀首次访格，双方签署"格鲁吉亚增强防御与威慑倡议"谅解备忘录。美主导的"敏捷精神-2021"军演在格继续进行。美向格提供资金和新冠疫苗等抗疫援助。2022年5月，美国务卿外交政策顾问乔莱特访格并会见格总理加里巴什维利。10月，美副国务卿詹金斯访格。12月，格总理加里巴什维利会见到访的美国务院高级顾问雷克尔。

【同土耳其的关系】格鲁吉亚将土耳其视为重要战略伙伴。两国经贸关系密切，互访频繁。格同土耳其、阿塞拜疆建立了三方合作机制，包括三方元首、政府首脑、外长、防长不定期会晤机制。连接三国的巴库—第比利斯—卡尔斯铁路于2017年10月底建成通车。

【同国际和地区组织的关系】格鲁吉亚积极发展同包括欧盟、欧洲复兴开发银行、国际货币基金组织、世界银行、亚洲开发银行等在内的国际组织的关系，争取国际组织给予格经济援助。2014年6月，格鲁吉亚与欧盟签署协定，正式成为欧盟联系国，与欧盟签署广泛深入的自贸协定。欧盟积极调解格俄冲突，向格提供财政援助，派驻欧盟观察员，成立欧盟与格合作委员会，支持格主权独立和领土完整。格积极参与欧盟海外军事行动，从2014年起维持一个连的兵力参加欧盟在中非共和国的维和行动。2017年3月28日，欧盟正式给予格公民免签待遇，被格视为"加盟入约"道路上的重要进展。在2018年11月举行的欧盟布鲁塞尔峰会上，格与欧洲委员会宣布建立双方高级别会晤机制并举行首次会议。2019年11月至2020年5月，格担任欧洲委员会部长理事会主席。2020年9月，格总理加哈里亚访问布鲁塞尔。2021年3月，欧洲理事会主席米歇尔访格。同月，格总理加里巴什维利赴布鲁塞尔出席格鲁吉亚—欧盟理事会第六次会议。2022年3月，格鲁吉亚提交加入欧盟正式申请。5月，格总理加里巴什维利访问布鲁塞尔，会见欧洲理事会主席米歇尔、欧盟外交与安全政策高级代表博雷利。6月，欧洲理事会未授予格“入盟候选国”地位，而予格“入盟前景”，并向格提出加入欧盟12项限期改革建议。同月，格总理加里巴什维利在马德里会见欧洲理事会主席米歇尔。9月，格总理加里巴什维利赴布鲁塞尔出席格鲁吉亚—欧盟理事会第七次会议。10月，格总理加里巴什维利赴布拉格出席欧洲政治共同体首次峰会并会见欧盟委员会主席冯德莱恩。11月，欧盟邻里和扩大事务专员瓦赫利访格。

【同北约的关系】格鲁吉亚始终将加入北约作为发展与西方关系的重要目标，积极谋求加入北约成员国行动计划并与北约开展合作，认真执行北约“国别伙伴计划”，加入北约空情信息交换系统，呼吁北约在吸收新成员问题上采用“路线图”方式。北约还在防卫能力建设、国防和安全改革咨询等方面向格提供援助。

2014年9月，北约威尔士峰会未予格鲁吉亚“成员国行动计划”，但向格提供“一揽子实质性援助”。2015年8月，北约在格设立科尔萨尼西联合训练与评估中心。2017年5月，北约议会大会春季会通过大会宣言，呼吁北约各成员国政府为格尽快加入北约提供强有力的政治和实际支持。2016—2019年，格连续四年主办北约“高贵精神”“敏捷精神”联合军演。2018年5月，格总理克维里卡什维利明确表示希在2021年实现格加入北约。同月，北约秘书长斯托尔滕贝格在华沙举行的北大西洋议会会议上表示，格已具备符合加入北约的所有条件。6月，北约布鲁塞尔峰会通过大会宣言，确定此前关于格将成为北约成员国的决议仍然有效。2019年10月，北约代表团到访格鲁吉亚，双方在联合声明中表示，未来将深化合作，推动格加入北约进程。2020年3月，格参加北约“欧洲捍卫者–2020”军事演习。9月，北约“高贵伙伴–2020”军演在格举行。2021年，格总统祖拉比什维利出席北约—格鲁吉亚理事会会议，并同北约秘书长斯托尔滕贝格通电话。2022年5月，格总理加里巴什维利在布鲁塞尔会见北约秘书长斯托尔滕贝格。6月，格总理加里巴什维利出席北约马德里峰会。9月，北约“高贵伙伴–2022”军演在格举行。（罗玮）

哈萨克斯坦

国名　哈萨克斯坦共和国（The Republic of Kazakhstan, Республика Казахстан）。

面积　272.49万平方公里。

人口　1976.68万（2022年）。约140个民族，哈萨克族占70.4%，俄罗斯族占15.1%。其他有乌克兰族、乌兹别克族、日耳曼族和鞑靼族等。哈萨克语为国语，俄语是国家机关和地方自治机关使用的官方语言。多数居民信奉伊斯兰教，此外还有东正教、天主教、基督教新教、佛教等。

首都　阿斯塔纳（Астана），人口132.8万（2022年）。年最高气温超过40℃，最低气温–50℃。

国家元首　总统卡瑟姆若马尔特·托卡耶夫（Касым-Жомарт Токаев）。2019年3月20日依据宪法就任总统，并在同年6月9日总统大选中获胜当选。2022年11月20日成功连选连任。

重要节日　新年：1月1日；纳乌鲁斯节（春节）：3月21日；祖国保卫者日：5月7日；胜利日：5月9日；首都日：7月6日；宪法日：8月30日；共和国日（国庆节）：10月25日；独立日：12月16日。此外，还有肉孜节、古尔邦节等伊斯兰传统节日。

简　况

位于亚洲中部，北邻俄罗斯，南与乌兹别克斯坦、土库曼斯坦、吉尔吉斯斯坦接壤，西濒里海，东接中国。属典型大陆性气候，1月平均气温–19℃—–4℃，7月平均气温19℃—26℃。

公元6—8世纪，建立了突厥汗国。9—12世纪，曾建立奥古兹族国、哈拉汗国。11—13世纪，契丹人和蒙古鞑靼人侵入。15世纪末，建立哈萨克汗国，分为大帐、中帐、小帐。16世纪初，基本形成哈萨克部族。18世纪30—40年代，小帐和中帐并入俄罗斯帝国。1917年11月建立苏维埃政权，1920年8月26日建立归属俄罗斯联邦的吉尔吉斯苏维埃社会主义自治共和国，1925年4月19日改称哈萨克苏维埃社会主义自治共和国，1936年作为加盟共和国并入苏联。1990年10月25日通过《主权宣言》，1991年12月10日改名为哈萨克斯坦共和国，同年12月16日正式宣布独立。

政　治

政局稳定。哈萨克斯坦为总统制共和国，独立以来实行渐进式民主政治改革。2006年建立新的政权党“祖国之光”人民民主党，首任总统努·纳扎尔巴耶夫（Н. Назарбаев）任该党主席。2010年，纳扎尔巴耶夫被赋予“民族领袖”地位。2019年6月9日，托卡耶夫赢得总统大选。2021年4月，纳扎尔巴耶夫将哈人民大会主席职位移交托卡耶夫。11月，“祖国之光”党政治委员会扩大会议上，纳扎尔巴耶夫决定卸任党主席，并强调“祖国之光”党应当由国家总统领导，移交程序将按照党章相关规定进行。2022年1月，哈多地爆发大规模骚乱，托卡耶夫为快速稳定局势，从纳扎尔巴耶夫手中接任哈国家安全会议主席，请求集体安全条约组织派维和部队帮助平息乱局，将国家安全委员会主席卡·马西莫夫撤职。3月，托卡耶夫将“祖国之光”党更名为“阿玛纳特”党。同月，托卡耶夫发表2022年度国情咨文，宣布将通过政治改革推动国家由“超级总统制”过渡为“拥有强大议会的总统制”。5月，哈正式设立阿拜州、杰特苏州、乌勒套州三个新行政区域。6月，哈举行宪法修正案全民公投。9月，托卡耶夫发表例行国情咨文，提议年底举行非例行总统选举。同月，托卡耶夫签署后，宪法修正案生效，总统任期由5年延长至7年，但不得连任，并规定任期内总统不能加入任何政党。11月，哈举行非例行总统选举，托卡耶夫再次成功当选。

【宪法】1995年8月30日经全民公决通过现行宪法，1998年10月7日对其进行修改。宪法规定，哈萨克斯坦为总统制共和国，总统为国家元首，是决定国家内外政策基本方针并在国际关系中代表哈萨克斯坦的最高国家官员，是人民和国家政权统一、宪法不可动摇、公民权利与自由的象征和保证。国家政权以宪法和法律为基础，根据立法、司法、行政三权既分立又相互作用、相互制约、相互平衡的原则实现。2007年6月，哈萨克斯坦议会通过宪法修正案，确定哈萨克斯坦政体由总统制向总统–议会制过渡，首任总统为终身制。扩大议会权限，提升政党作用，增加议员数量。议会多数党团获得组阁权并推举总理人选；扩大地方自治权限，地方行政长官任命须经地方议会同意，州议会议员任期由4年延至5年；推动司法改革，明确法、检两院职责，简化司法程序，保障司法体系。2017年3月，哈萨克斯坦议会通过宪法修正案，将35项总统权力分别移交议会和政府，加强议会对政府的监督，政府获得更多行政自主权。2018年，哈国家安全会议升格为宪法机构，纳扎尔巴耶夫拥有该机构的终身领导权。2022年1月，纳扎尔巴耶夫对哈国家安全会议的终身领导权被解除，托卡耶夫接任该机构主席。9月，托卡耶夫签署宪法修正案，进一步削减总统权力，扩大议会影响力：总统任期由5年延长至7年，不得连任；任期内，总统不能加入任何政党，且总统亲属禁止担任重要公职；删除首任总统连任不受限制等涉及首任总统特权内容，取消首任总统纳扎尔巴耶夫“民族领袖”地位；宪法委员会改为宪法法院。

【议会】国家最高立法机构。由上下两院组成，上院50个席位，其中10名议员由总统任命，其他40名议员由哈20个地区（州和直辖市）各选出2人；下院98个席位，其中69名议员按照政党比例制选举产生和分配，其余29个席位为多数制单一选区独立参选人席位。上院（参议院）任期6年，每3年改选一半议员（20名），下院（马日利斯）任期5年。议会的主要职能是：通过共和国宪法和法律并对其进行修改和补充；批准总统对总理、国家安全委员会主席、宪法法院院长、最高司法委员会主席、最高法院院长和法官、总检察长、中央银行行长的任命；批准和废除国际条约；批准国家经济和社会发展计划、国家预算计划及其执行情况报告等。在议会对政府提出不信任案、两次拒绝总统对总理的任命、因议会两院之间或议会与国家政权其他部门之间不可克服的分歧而引发政治危机时，总统有权解散议会。

2020年8月，哈举行议会上院选举，改选17名议员。2021年5月，毛·阿希姆巴耶夫（М. Ашимбаев）当选新一任上院议长。2021年1月，哈举行议会下院选举，产生新一届议会下院。其中，“祖国之光”党获得76个议席，“光明道路”党获得12个议席，共产人民党获得10个议席，其余9名议员由哈人民大会推选。努·尼格马图林（Н. Нигматулин）当选连任下院议长。2022年2月，尼格马图林递交辞呈，叶·科沙诺夫（Е. Кошанов）当选新任下院议长。

【政府】国家最高行政机关，行使哈萨克斯坦共和国的行政权，其活动对共和国总统负责。2022年1月，托卡耶夫接受政府辞职，任命第一副总理阿·斯迈洛夫（А. Смаилов）为代总理。1月11日，托卡耶夫总统签署法令任命新一届政府内阁成员，斯迈洛夫正式出任政府总理，其他主要成员为：第一副总理罗·斯克利亚尔（Р. Скляр），副总理叶·图格让诺夫（Е. Тугжанов），副总理兼外交部长穆·特列乌别尔季（М. Тлеуберди），副总理兼贸易和一体化部长巴·苏尔丹诺夫（Б. Султанов），总理办公厅主任加·科伊舍巴耶夫（Г. Койшыбаев），国防部长穆·别克塔诺夫（М. Бектанов），内务部长叶·图尔古姆巴耶夫（Е. Тургумбаев），信息和社会发展部长阿·乌马罗夫（А. Умаров），农业部长叶·卡拉舒克耶夫（Е. Карашукеев），司法部长卡·穆辛（К. Мусин），教育和科学部长阿·阿伊马卡姆别托夫（А. Аймагамбетов），卫生部长阿·吉尼娅特（А. Гинлят，女），劳动和社会保障部长谢·沙普克诺夫（С. Шапкенов），工业和基础设施发展部长卡·乌斯肯巴耶夫（К. Ускенбаев），财政部长叶·扎马乌巴耶夫（Е. Жамаубаев），文化和体育部长达·阿巴耶夫（Д. Абаев），国民经济部长阿·库安特罗夫（А. Куантыров），紧急情况部长尤·伊利因（Ю. Ильин），数字发展、创新和航天工业部长巴·穆辛（Б. Мусин），能源部长博·阿克丘拉科夫（Б. Акчулаков），生态、地质与自然资源部长谢·布列克舍夫（С. Брекешев）。2022年1月，任命鲁·扎克瑟雷科夫（Р. Жаксылыков）为新任国防部长。2月，任命马·阿赫梅特让诺夫（М. Ахметжанов）为新任内务部长。4月，任命塔·杜伊谢诺娃（Т. Дуйсенова，女）为新任劳动和社会保障部长。6月，托卡耶夫总统签署法令将哈教育和科学部拆分为教育部、科学和高等教育部，分别由加·别伊谢姆巴耶夫（Г. Бейсембаев）

担任教育部长，由萨·努尔别克（С. Нурбек）担任科学和高等教育部长。8月，副总理图格让诺夫被解除职务。9月，任命谢·茹曼加林（С. Жумангарин）为新任副总理兼贸易和一体化部长，任命达·克德拉利（Д. Кыдырали）为新任信息和社会发展部长。12月，任命阿·库尔金诺夫（А. Кульгинов）为新任副总理。

【行政区划】全国划分为17个州和3个直辖市。

【司法机构】包括共和国最高司法委员会、司法鉴定委员会、宪法法院、最高法院和各级地方法院。2001年初，哈萨克斯坦通过《司法体系与法官地位法》，规定法官独立司职，只服从宪法和法律。最高司法委员会由总统主持，委员会成员包括最高法院院长、总检察长、司法部长、议会上下院相关常设委员会主席等。现任主席为希·杰尼斯（Ш. Денис），2021年6月就任。最高法院院长为阿·梅尔加利耶夫（А. Мергалиев），2022年12月就任。总检察长为别·阿瑟洛夫（Б. Асылов），2022年3月就任。

【政党】哈萨克斯坦独立后实行多党制。根据2002年7月颁布、2018年12月修订的《政党法》，规定党员人数超过2万，在2/3以上地区（指全国各州和直辖市）均设有分支机构，且各分支机构成员达到600人以上的政党才可在司法部获准登记。哈萨克斯坦司法部共登记有7个政党（2013年，原精神复兴党与公正党合并为团结党。2015年9月，原哈爱国者党加入哈农业农村党。2022年11月，哈"拜塔克"绿党在司法部注册登记），其中主要有：

（1）"阿玛纳特"党（Партия "Аманат"）：前身为"祖国之光"人民民主党，2006年12月22日成立并登记，2013年10月更名为"祖国之光"党，2022年3月更名为"阿玛纳特"党，主席为哈议会下院议长科沙诺夫，现有超过80万名党员，是哈萨克斯坦最大政党。哈首任总统纳扎尔巴耶夫、现任总统托卡耶夫曾任该党主席。2021年11月纳扎尔巴耶夫移交党主席职务给托卡耶夫，2022年4月托卡耶夫辞去该职务并推选科沙诺夫为新任党主席。该党主张在社会伙伴关系与和谐等原则基础上建立自由开放的社会；主张加强国家社会职能；在经济方面，主张加强国家对经济的宏观调控能力；在对外关系方面，主张巩固和发展同俄罗斯、中亚邻国和中国等国家的睦邻友好关系。该党全力支持首任总统纳扎尔巴耶夫和现任总统托卡耶夫提出的国家发展纲领，致力于研究落实具体改革措施，并主张维护现行宪法，充分发掘其潜力。"阿玛纳特"党在哈萨克斯坦议会下院和地方议会拥有绝对多数席位，在第七届议会下院拥有76席。该党在完善组织结构，及时进行人事更新和调整的同时，着力推进青年干部培养，积极协助政府开展反腐工作，在国家政治生活中的影响进一步扩大。根据2021年议会选举前该党发布的竞选纲领，该党提出了"人人过上体面生活"的口号，强调为每一个哈萨克斯坦公民创造公平的实现个人价值和增进福祉的机会。

（2）哈人民党（Народная партия Казахстана）：原哈共产人民党。2004年4月哈共产党分裂后成立，2020年11月更名为人民党。现有党员约10.5万人，党主席为叶·叶尔特斯巴耶夫（Е. Ертысбаев）。该党自认为是"建设性反对派"，党员主要为工人、学生、知识分子、退休人员、企业家等。目前在议会拥有10个席位。

（3）"光明道路"民主党（Демократическая партия Казахстана "Ак жол"）：成立于2002年4月，党员超过25.5万人。该党是哈"建设性反对派"。主席为阿·佩鲁阿舍夫（А. Перуашев）。在2007年8月举行的哈议会下院选举中，该党获得3.27%的选票，未能跨越7%的议会门槛。现在议会下院拥有12个席位。该党宗旨是建设独立、繁荣、民主、自由、公正的哈萨克斯坦，是哈政治民主化运动的主要参与者和推动者。

此外，通过司法部登记的合法政党还有全国社会民主党（Общенациональная социально-демакратическая партия "Азат"，ОСДП "Азат"）、哈"农业农村"社会民主党（Казахстанская социал-демократическая партия "Ауыл"）、诚信党（Партия "Адал"）、哈"拜塔克"绿党（Казахстанская партия зелёных «Байтақ»）。

【重要人物】卡瑟姆若马尔特·克梅列维奇·托卡耶夫：总统。1953年5月17日出生于阿拉木图市。曾就读于莫斯科国际关系学院、北京语言学院、俄罗斯外交部所属外交学院。政治学博士。1975—1985年，在苏联驻新加坡大使馆、苏联外交部工作。1985—1991年，在苏联驻中国大使馆工作。1992—1994年，先后任哈萨克斯坦外交部副部长、第一副部长、部长。1999—2003年，先后任副总理兼外长、代总理、总理、国务秘书兼外长。2003年6月至2007年1月，任外交部长。2007年1月，当选哈萨克斯坦议会上院议长。2011年4月，任联合国副秘书长和裁军谈判会议秘书长。2013年10月，被总统任命为上院议员，同时被选为上院议长。2019年3月，纳扎尔巴耶夫宣布辞去总统职务后，依据宪法规定宣誓就任新总统，并在6月9日总统大选中获胜当选。2021年4月，就任哈人民大会主席。2022年1月，就任哈安全会议主席。2022年11月26日，在非例行总统大选中再次获胜当选。离异，有一子。　**努尔苏丹·阿比舍维奇·纳扎尔巴耶夫**：首任总统。1940年出生于阿拉木图州卡斯克连区切莫尔干村，哈萨克族。先后毕业于卡拉干达钢铁公司附属工厂大学、苏共中央高级党校函授班。1960年参加工作，当过高炉工、钢铁公司党委书记。1977年，任卡拉干达州党委第二书记、第一书记。1979年，任哈萨克共产党中央书记。1984年，任哈萨克共和国部长会议主席。1989年，任哈共中央第一书记。1990年2月，兼任哈萨克最高苏维埃主席。同年4月，任哈萨克总统。1991年12月1日，以98.76%的选票当选哈萨克斯坦共和国独立后第一任总统。1995年4月，以全民公决方式将其任期延至2000年。1999年1月10日，在提前举行的总统选举中以79.78%的选票再次当选。2005年12月，以91%的选票连任总统。2011年4月和2015年4月，在提前举行的总统选举中分别以95.5%和97.75%的选票再度连任总统。2019年3月，宣布辞职，依法具有首任总统、"民族领袖"地位，继续担任哈萨克斯坦安全会议主席、执政党"祖国之光"党主席、人民大会主席、宪法委员会成员等职务。2021年4月，卸任哈人民大会主席。2021年11月，卸任"祖国之光"党主席。2022年1月，卸任哈安全会议主席。2022年9月，不再具有"民族领袖"地位。主要著作有《探索之路》《哈萨克斯坦主权国家形成和发展战略》《站在21世纪门槛上》《欧亚联盟：观念、实践和前景，1994—1997》《2030——哈萨克斯坦战略》《在历史的激流中》《和平的震中》《关键的十年》等。已婚，有三女。　**毛乌林·萨加特哈诺维奇·阿希姆巴耶夫**：上院议长。1971年出生于阿拉木图市，曾就读于哈萨克斯坦阿里–法拉比大学、美国约翰·霍普金斯大学国际研究学院、美国塔夫茨大学弗莱彻法律及外交学院。1993—1994年，任哈新闻和大众传媒部新闻基金会副主席。1994—1995年，任议会上院议员助理。1995年，任国家安全会议顾问。1995—1999年，历任哈总统办公厅战略分析研究中心高级专家、处长和第一副主任。1999—2000年，任国家安全会议分析中心主任。2000—2005年，任总统战略研究所所长、首任总统基金会世界经济和政治研究所所长。2005—2006年，任国家安全会议副秘书。2006—2011年，任总统办公厅副主任。2012—2016年，任第五届议会下院议员。2016—2018年，任议会下院国际关系、国防和安全委员会主席。2018—2019年，任"祖国之光"党第一副主席。2019年7—12月，任总统助理。2019年12月至2020年5月，任总统办公厅第一副主任。2020年5月4日起，任哈议会上院议长。已婚，有三女。　**叶尔兰·扎卡诺维奇·科沙诺夫**：下院议长。1962年出生于卡拉干达州。1984年毕业于卡拉干达理工学院，1999年就读于哈国家管理学院，毕业后长期任职于哈杰兹卡兹甘州经济部门。1995—1999年，任哈议会参议院议员。1999—2001年，任哈议会政府代表。2001—2003年，任哈总理办公厅副主任、哈议会政府代表。2003—2006年，任哈交通运输部副部长。2006—2007年，任哈交通运输部民航委员会主席。2007—2012年，任哈总理办公厅副主任、哈议会政府代表。2012—2017年，任哈总理办公厅主任。2017—2019年，任卡拉干达州州长。2019—2022年，任哈总统办公厅主任。2022年2月1日，当选哈议会下院议长。2022年4月26日，当选哈"阿玛纳特"党主席。　**阿里汉·阿斯哈诺维奇·斯迈洛夫**：总理。1972年出生于阿拉木图市。毕业于哈萨克斯坦阿里–法拉比大学应用数学专业，1996年获总统直属哈管理、经济和预测学院公共管理硕士学位。1993—1999年，接连供职于A-Invest投资和私有化基金、哈统计局、哈总统办公厅。1999—2003年，任哈统计局局长。2003—2006年，任哈外交部副部长、国家出口信贷和投资保险股份公司董事会主席。2006—2009年，任哈财政部副部长、KazAgro国有控股公司总裁。2009—2014年，再任哈统计局局长。2014—2015年，任哈国民经济部统计委员会主席。2015—2018年，任哈总统助理。2018—2019年，任哈财政部长。2019年被任命为哈第一副总理兼财政部长，2021年被再次任命。2022年1月11日，被任命为哈总理。

经　济

经济以石油、采矿、煤炭、农牧业为主。2020年，哈经济社会发展受新冠疫情冲击较为严重，国内生产总值萎缩2.6%，出现22年来的首次负增长。2021年，哈经济恢复至疫情前水平，国内生产总值增速为4%。2022年，哈经济稳步增长，国内生产总值增速为3.3%。2022年主要经济数据如下：

国内生产总值：2234.448亿美元。

人均国内生产总值：11380.5美元。

国内生产总值增长率：3.3%。

货币名称：坚戈。

汇率：1美元≈460坚戈。

通货膨胀率：20.3%。

【资源】矿产资源丰富。黑色金属：目前探明铁矿储量91亿吨、铁锰伴生矿5亿吨、锰矿6亿吨、铬矿4亿吨。有色金属：铜矿储量为3450万吨，铅矿储量为1170万吨，锌矿储量为2570万吨，黄金储量为1900吨，钨矿储量为200万吨，铀矿储量为150万吨。石油和天然气：陆上石油探明储量为48亿—59亿吨，天然气储量为3.5万亿立方米；哈属里海地区石油探明储量为80亿吨，其中最大的卡沙甘油田石油可采储量达10亿吨，天然气可采储量超过1万亿立方米。

【工业】2022年工业产值约1043亿美元，同比增长1.4%。其中，建筑业产值约136亿美元，同比增长9.4%。

【农业】2022年农业产值约206.53亿美元，同比增长9.1%。

【交通运输】公路：截至2022年底，公路总里程为94781.1公里。

铁路：截至2022年底，铁路总里程为16005.6公里。

水运：海上运输主要依靠里海3个港口：阿克套国际商港、库雷克港和包季诺港。

空运：现有机场21个，其中12个提供国际空运服务，最主要的机场是阿拉木图机场和努尔苏丹·纳扎尔巴耶夫机场。

【财政金融】2022年，财政收入350.91亿美元，财政支出402.87亿美元，财政赤字达51.96亿美元，占国内生产总值的比重为2.3%。

实行两级银行体系。哈萨克斯坦国家银行是其中央银行，属一级银行；其他银行为二级银行（商业银行）。截至2021年底，哈境内共有26家二级银行。

【对外贸易】2022年对外贸易总额为1344亿美元，同比增长32%。其中，出口额为844亿美元，同比增长39.9%；进口额为500亿美元，同比增长20.8%。近几年对外贸易情况如下（单位：亿美元）：

	2020	2021	2022
总　额	850.5	1015.1	1344
出口额	469.5	603.4	844
进口额	381.0	411.7	500
差　额	88.5	191.7	344

2022年，哈主要出口目的国前三位分别是意大利（139亿美元）、中国（132亿美元）和俄罗斯（88亿美元）；进口来源国前三位分别是俄罗斯（173亿美元）、中国（109亿美元）和德国（22亿美元）。

从商品结构来看，2022年哈出口商品中，石油占比55.4%，金属及其制品占比17.5%。进口产品中，机械设备占比39.4%，食品占比8%，化工产品占比8.2%。

【外国资本】独立以来，哈萨克斯坦累计吸引外资约4000亿美元。其中，荷兰、美国、瑞士、俄罗斯和中国为哈主要投资来源地。2022年，哈吸引外国直接投资280亿美元，同比增长17.7%。

人民生活

2022年职工平均工资为674美元，工资中位数为443美元。人均寿命为74.4岁。

军　事

根据哈宪法，总统为武装力量最高统帅。国防部为最高军事领导机关，通过总参谋部对武装力量实施领导，其直属机关负责组织国防建设，制定和实施军队建设和发展规划，为部队提供资金、物资技术和装备保障。总参谋部隶属国防部（总参谋长兼国防部第一副部长），为主要军事指挥机构，负责部队的训练、动员和作战指挥。哈武装力量组建于1992年5月7日，现设陆军、空防军和海军三个军种和空降突击部队、导弹与炮兵部队两个兵种（归陆军司令部指挥），陆军下设东、南、西和阿斯塔纳四个地区司令部，军队总员额7万余人。另有国家安全委员会（下辖边防总局）、国民卫队以及紧急情况部所属部队等其他军事力量，约16万人。哈军最高学府为国防大学，各军种均建有独立的教育培训体系，国安委和内务部等强力部门设有下属院校。此外，有近20所地方院校设军事系，负责为哈军培养各方面人才。2021年9月，哈总统托卡耶夫批准《2030年前武装部队建设与发展构想》。2022年10月，托卡耶夫批准新版军事学说。

根据《2020—2022年哈政府预算法案》，2022年，哈国防开支约为26亿美元。

2022年4月，哈举行“英勇抵抗-2022”大规模军地联合演习。8—10月，哈举行“月刃斧-2022”多兵种联合战略战役演习，并将在哈境内举行的集体安全条约组织“搜索”“梯队”“协同”系列演习嵌入其中。

文化教育

近年来，哈文化快速发展，文化及休闲场所基础设施建设迅速，文化艺术活动明显增多，电影领域立法及资助、支持办法不断完善，文化遗产保护工作不断推进。根据2022年统计数据，哈全国共有影院105家（共412个放映厅，54134个座位），电影制作机构67家，全年拍摄电影331部，制作、发行影片410部，放映电影21024场次，观众累计17047524人次；博物馆271家，馆藏文物共计2619221件，全年参观人数累计609万余人次；剧院73家（25639个座位）；音乐演出组织44家，音乐厅28个（20877个座位），全年共举办音乐会类演出5916次，观众累计3496029人次；科学、综合及专业图书馆3917个，儿童图书馆249个，图书借阅点1067个，共藏书34345267册，全年访问图书馆用户累计6178381人次。哈有10个历史文化古迹被列入联合国教科文组织《世界遗产名录》。哈全国共有685处历史圣地，其中国家级历史圣地185处。

【教育】哈教育基础较好，5—24岁人群受教育率接近90%。近年来，哈加大教育改革力度，除中小学义务教育外，国立高校采取奖学金制和收费制两种方式。哈中学教育实行11年制，截至2022年，共有中小学7694所，在校学生约370万人，教职人员364377人，毕业生145453人，出国就读人数约5500人。哈有职业技术学校786所，在校学生522195人，教职人员555014人。哈有各类高等教育院校120所。其中，国立大学24所，私立大学92所。在校学生总人数约为609500人，使用哈语学习的占比为64.5%，俄语为28.9%，英语为6.5%。教职人员约36378人。还有4所为他国在哈设立的大学。哈知名大学主要有阿里-法拉比国立大学、纳扎尔巴耶夫大学、古米廖夫国立欧亚大学、阿拜国立师范大学、哈萨克斯坦国立技术大学、哈萨克斯坦国立医科大学、阿乌艾佐夫国立大学、赛福林农业技术大学、卡拉干达布克托夫国立大学、卡拉干达国立技术大学、朱巴诺夫国立大学等。

【新闻出版】目前，哈登记在册的新闻媒体共有近5590家，包括报纸2201家，杂志1688家，电视和广播媒体290家，通讯社612家，网络出版媒体509家，另有290家外国媒体。

主要报刊:《哈萨克斯坦主权报》（哈文日报），发行量超20万份;《哈萨克斯坦真理报》（俄文日报），发行量约8万份;《时代报》（俄文日报），发行量约13万份;《先行者报》（俄文日报），发行量约3万份;《哈萨克斯坦论据与事实》（俄文周报），发行量约3万份;

《青年阿拉什》（哈文日报），发行量约2万份；《维吾尔之声》（维文周报），发行量约1.5万份；《实业报》（俄文周报），发行量1万多份；《腾格里》航空杂志（俄文、英文、哈文双月刊），发行量超3.3万份；《福布斯》杂志（俄文月刊），发行量超1万份。

主要通讯社：

（1）哈萨克国际通讯社，是哈唯一国家通讯社，前身系前塔斯社哈萨克分社，拥有100多年历史，以哈语、俄语、英语、汉语、乌兹别克语、阿拉伯语报道，在俄罗斯、中国、土耳其、阿塞拜疆、乌兹别克斯坦、吉尔吉斯斯坦、约旦和西欧等设有记者站。

（2）“今日哈萨克斯坦”通讯社，成立于2000年，系私营媒体。

（3）“国际文传电讯–哈萨克斯坦”通讯社，系俄罗斯国际文传电讯社驻哈分社。

主要广播电台：

（1）哈萨克斯坦国家广播电视集团（国家控股）下属的哈萨克电台、沙尔卡尔电台、经典电台、阿斯塔纳电台。哈萨克电台是哈最大的无线电广播网络，在全国拥有245个广播站，以哈语、俄语、德语、朝鲜语、维语、阿塞拜疆语、塔塔尔语、土耳其语八种语言24小时播出节目，覆盖全国88%的人口，还覆盖俄罗斯、中国、乌兹别克斯坦、吉尔吉斯斯坦等与哈毗邻边境地区。沙尔卡尔电台拥有63个广播站，以哈语播出历史文化主题内容，覆盖全国62%的人口。经典电台在阿斯塔纳、阿拉木图、阿克套设站，是哈首个古典音乐电台。阿斯塔纳电台在首都设站。

（2）“俄罗斯–亚洲”电台，系俄罗斯电台与哈方合办，以哈语、俄语播出节目。

（3）NS电台，哈第一个商业无线电广播，在全国拥有70个广播站，以哈语、俄语播出节目。

（4）Europa plus电台，系俄罗斯电台与哈方合办，以哈语、俄语播出节目。

主要电视台：

（1）哈萨克斯坦国家广播电视集团（国家控股）下属的哈萨克斯坦国家电视台、体育频道、少儿频道、阿拜电视台，在哈覆盖率达99%，并可延伸至俄罗斯、蒙古国、中国、吉尔吉斯斯坦、乌兹别克斯坦等国。哈萨克斯坦国家电视台、少儿频道以哈语播出，体育频道和阿拜电视台以哈语、俄语播出。

（2）哈巴尔广播电视公司（国家控股）下属的哈巴尔电视台、哈萨克TV卫星电视台、哈巴尔24信息频道和叶尔阿尔纳电影频道，以哈语、俄语和英语对外播出，哈巴尔电视台日播出节目20小时（以哈语为主），其余三个频道昼夜滚动播出，在哈覆盖率达99%，在中国、俄罗斯、比利时、韩国、美国、德国和乌兹别克斯坦等地设有代表处。

（3）“第一频道–欧亚”电视频道，俄“第一频道”与哈方合办。

（4）商业电视台，系哈私营电视台，由首任总统基金会和媒体投资公司共同持股。

（5）阿斯塔纳电视台，由哈“阿玛纳特”党控股。

对外关系

2022年，哈深入推进多元平衡外交，以俄罗斯、中国、美国、欧盟为重点，积极同独联体国家、伊斯兰国家及亚太国家发展友好关系与务实合作，着力提升在地区及国际事务中的影响力。

【同中国的关系】1992年1月3日，中哈正式建交。2005年两国建立战略伙伴关系，2011年，双方宣布发展全面战略伙伴关系。2019年，双方宣布发展永久全面战略伙伴关系。

中哈高层交往密切，习近平主席于2013年9月、2015年5月、2017年6月、2022年9月4次访问哈萨克斯坦；托卡耶夫总统于2019年9月对华进行国事访问，2022年2月来华出席北京冬奥会开幕式。

目前，中哈各层级交往合作机制健全，运转顺畅。双方于2013年正式启动两国总理定期会晤机制，每两年召开一次会议。双方建有副总理级的中哈合作委员会，下设12个分委会，每两年召开一次会议。两国立法机构保持良好合作。2022年6月，全国人大常委会委员长栗战书同哈萨克斯坦议会下院议长科沙诺夫举行视频会晤。5月，全国政协主席汪洋同哈萨克斯坦议会上院议长阿希姆巴耶夫举行视频会晤。两国外交部合作密切。2022年6月，王毅国务委员兼外长访问哈萨克斯坦并出席中国—中亚外长第三次会晤。

据中国海关总署统计，2022年，中哈双边贸易额为311.7亿美元，同比增长16.9%。其中，中国出口额为163.5亿美元，同比增长11.9%；中国进口额为148.2亿美元，同比增长28.5%。

中国驻哈萨克斯坦大使：张霄。馆址：Проспект Тауелсиздик 44，г. Астана，Казахстан。电话：007–701–059–3076。领侨处电话：007–7172–793524。经商处电话：007–7172–793361。

哈萨克斯坦驻华大使：沙赫拉特·努雷舍夫（Шахрат Нурышев）。馆址：北京市朝阳区三里屯东六街9号。电话：010–65326182；传真：65326183。

【同俄罗斯的关系】哈视俄为外交优先方向，将发展哈俄战略伙伴关系作为外交重中之重。2022年，哈俄关系持续发展，双方保持密切的高层交往。1月8日，哈总统托卡耶夫与俄罗斯总统普京通电话，对俄领导人支持派出集体安全条约组织维和特遣队协助恢复哈社会秩序表示感谢。1月11日，哈总理斯迈洛夫与俄罗斯总理米舒斯京通电话。1月13日，哈总统托卡耶夫与俄罗斯总统普京通电话，向其通报集体安全条约组织维和特遣队从哈撤出情况。1月14日，哈总统托卡耶夫会见来哈进行工作访问的俄鞑靼斯坦共和国总统明尼哈诺夫。1月26日，哈总理斯迈洛夫与俄罗斯总理米舒斯京通电话。2月10日，哈总统托卡耶夫赴莫斯科进行工作访问，并会见俄罗斯总统普京，会见后共同出席记者会。次日，哈总统托卡耶夫在莫斯科会见俄罗斯总理米舒斯京、在喀山会见俄鞑靼斯坦共和国总统明尼哈诺夫。2月22日，哈总统托卡耶夫与俄罗斯总统普京通电话。2月25日，哈总统托卡耶夫会见来哈出席欧亚政府间理事会的俄罗斯总理米舒斯京。3月2日，哈总统托卡耶夫与俄罗斯总统普京通电话。4月2日，哈总统托卡耶夫与俄罗斯总统普京通电话。4月22日，哈副总理兼外长特列乌别尔季访问莫斯科，并会见俄罗斯外长拉夫罗夫。5月2日，哈总理斯迈洛夫与俄罗斯总理米舒斯京通电话。5月16日，哈总统托卡耶夫赴莫斯科出席集体安全条约组织成员国领导人峰会，并在会后与俄罗斯总统普京举行会晤。5月18日，哈总理斯迈洛夫与俄罗斯总理米舒斯京通电话。5月21日，哈总理斯迈洛夫会见在哈进行工作访问的俄罗斯国家原子能公司总经理利哈乔夫。5月30日，哈总理斯迈洛夫赴莫斯科进行工作访问，并与俄罗斯总理米舒斯京举行会谈。6月17日，哈总统托卡耶夫赴圣彼得堡出席第二十五届圣彼得堡国际经济论坛全会，会后与俄罗斯总统普京举行会晤，并会见俄鞑靼斯坦共和国总统明尼哈诺夫、巴什科尔托斯坦共和国总统哈比罗夫。7月1日，哈总统托卡耶夫与俄罗斯总统普京通电话。7月4日，哈总理斯迈洛夫赴叶卡捷琳堡出席第十二届国际工业展览会，并与俄罗斯总理米舒斯京进行会晤。8月19日，哈总统托卡耶夫访问索契，与俄罗斯总统普京举行会谈。9月1日，哈总统托卡耶夫与俄罗斯总统普京通电话，就进一步发展两国战略伙伴关系和同盟关系交换意见。9月22日，哈副总理兼贸易一体化部长茹曼加林对莫斯科进行工作访问，并会见俄副总理奥维丘克。10月6日，哈总理斯迈洛夫赴莫斯科出席第二届里海经济论坛，并会见俄罗斯总理米舒斯京。10月14日，哈总统托卡耶夫在阿斯塔纳主持召开首届中亚—俄罗斯领导人峰会，俄总统普京出席并发表讲话。10月19日，哈第一副总理斯克利亚尔率代表团访问俄罗斯，与俄副总理库斯努林、曼图罗夫、诺瓦克以及俄天然气工业股份公司管理委员会主席米勒进行会见。11月21日，俄罗斯总统普京向托卡耶夫致贺电，祝贺其再次当选哈总统。11月28日，再次当选总统后，哈总统托卡耶夫出访首站为俄罗斯，其赴莫斯科出席第十八届哈俄区域合作论坛，向无名烈士墓纪念碑献花，并会见俄罗斯总统普京、俄罗斯总理米舒斯京。11月29日，哈副总理兼贸易和一体化部长茹曼加林赴奥伦堡出席第十八届哈萨克斯坦—俄罗斯区域合作论坛，并与俄罗斯副总理奥维丘克举行双边会晤。12月13日，哈总统托卡耶夫在总统府接见俄鞑靼斯坦共和国总统明尼哈诺夫。12月26日，哈总统托卡耶夫赴圣彼得堡出席独联体国家元首非正式会晤。

2022年，哈俄贸易额为260亿美元，同比增长10%。

【同其他独联体国家的关系】2022年，哈与其他独联体国家关系及各领域合作持续发展。哈积极参加独联体、集体安全条约组织、欧亚经济联盟等框架内领导人会晤及相关活动。1月1日，哈成为独联体轮值主席国。1月7日，哈总统托卡耶夫与白俄罗斯总统卢卡申科和集体安全条约组织秘书长扎斯举行电话会谈，讨论哈局势及集体安全条约组织向哈派遣维和部队情况，卢卡申科表示，全力支持哈。1月8日，哈副总理兼外长特列乌别尔季同土库曼斯坦副总理兼外长梅列多夫通电话，梅列多夫转达土总统别尔德穆哈梅多夫对托卡耶夫总统的问候，并表示土方愿意向哈人民提供必要支持。1月10日，集体安全条约组织成员国元首举行非例行视频会议，哈总统托卡耶夫表示，集体安全条约组织的支持非常重要。1月20日，哈总统托卡耶夫与乌兹别克斯坦总统米尔济约耶夫通电话，就进一步发展哈乌战略伙伴关系交换意见，并特别谈到确保中亚地区稳定和安全问题。2月14日，哈总统托卡耶夫与土库曼斯坦总统别尔德穆哈梅多夫举行电话会谈，托卡耶夫支持别尔德穆哈梅多夫举行非例行总统选举。2月25日，欧亚政府间理事会会议在哈首都举行。2月25日，哈总统托卡耶夫会见来哈出席欧亚政府间理事会会议的亚美尼亚政府总理帕希尼扬。3月3日，哈总统托卡耶夫与乌兹别克斯坦总统米尔济约耶夫举行电话会谈。3月15日，哈总统托卡耶夫向土库曼斯坦新当选总统谢尔达尔·别尔德穆哈梅多夫致贺电。5月16日，集体安全条约签署30周年和集体安全条约组织成立20周年纪念峰会在俄罗斯首都莫斯科举行，哈总统托卡耶夫出席。5月26日，首届欧亚经济论坛在吉尔吉斯斯坦首都比什凯克举行，哈总统托卡耶夫出席。5月26日，哈总统托卡耶夫开始对吉尔吉斯斯坦进行正式访问。5月27日，欧亚经济委员会最高理事会视频会议在吉尔吉斯斯坦举行，哈总统托卡耶夫出席。6月6日，哈总统托卡耶夫应约同乌兹别克斯坦总统米尔济约耶夫通电话，米祝贺哈成功举行修宪全民公投。6月29日，哈总统托卡耶夫赴土库曼斯坦参加第六届里海沿岸国家元首峰会并同土总统谢尔达尔·别尔德穆哈梅多夫举行会晤。7月4日，哈总统托卡耶夫同乌兹别克斯坦总统米尔济约耶夫举行电话会谈，支持乌领导人及时做出决定保障卡拉卡尔帕克斯坦局势稳定举措。7月20日至21日，哈总统托卡耶夫赴吉尔吉斯斯坦出席第四届中亚国家领导人协商会晤。8月24日至25日，哈总统托卡耶夫对阿塞拜疆进行正式访问。8月25日至26日，欧亚政府间理事会例会在吉尔吉斯斯坦举行。10月10日，哈总统托卡耶夫批准关于欧亚经济联盟条约的修正案。10月14日，独联体国家元首理事会会议在哈首都阿斯塔纳举行。10月15日，土库曼斯坦总统谢尔达尔·别尔德穆哈梅多夫对哈进行国事访问。11月21日，哈总统托卡耶夫同乌兹别克斯坦总统米尔济约耶夫举行电话会谈，乌总统祝贺托卡耶夫总统在非例行总统选举中以绝对优势当选。同日，哈总统托卡耶夫同塔总统拉赫蒙举行电话会谈，拉赫蒙祝贺托卡耶夫在非例行总统选举中以明显优势当选。同日，哈总统托卡耶夫同阿塞拜疆总统阿利耶夫通电话，阿总统祝贺托卡耶夫在非例行总统选举中获胜。11月21日至22日，哈总统托卡耶夫对乌兹别克斯坦进行国事访问，双方签署哈乌同盟关系协议。11月23日，集体安全条约组织安全委员会会议在亚美尼亚举行。同日，哈总统托卡耶夫赴亚美尼亚出席集体安全条约组织安全委员会会议，并对亚进行工作访问。12月9日，欧亚经济委员会最高理事会会议在吉尔吉斯斯坦比什凯克召开，哈总统托卡耶夫出席。12月26日，独联体国家元首非正式会晤在圣彼得堡举行，哈总统托卡耶夫出席。

2022年，哈与独联体国家之间贸易额约为360亿美元。

2022年，哈与欧亚经济联盟成员国之间贸易额约为283亿美元。

【同美国的关系】2022年，哈美在经贸、投资、能源、安全、科技、农业等领域开展的务实合作续有发展。3月21日，美总统拜登向哈总统托卡耶夫和哈人民致以纳乌鲁斯节祝福。4月8日，哈外交部与美驻哈使馆在阿塔梅肯企业家协会协助下举行例行线上磋商会，讨论涉及哈企业家、银行业代表及在哈拥有分支机构的外国公司的制裁问题。4月11日，美国主管民事安全、民主和人权事务的副国务卿泽亚赴哈出席哈美举行的人权与民主改革问题高级对话首次会议，哈总统办公厅副主任兼总统国际合作事务特别代表卡济汉、哈第一副外长拉赫梅图林与会。次日，哈国务秘书卡林、哈议会上院议员卡尔塔耶娃率哈议员代表团同美副国务卿泽亚分别举行会晤。5月19日，哈副总理兼外长特列乌别尔季访问美国，与美国务卿布林肯、总统国土安全顾问兰德尔、总统第一副国家安全顾问乔纳森费纳举行会晤。5月25日，哈总统托卡耶夫就美得克萨斯州尤瓦尔迪罗布小学发生枪击事件造成学童和成人死亡事件向美国总统拜登致慰问电。5月27日，美国负责南亚和中亚事务的助理国务卿唐纳德·卢对哈进行工作访问，会见哈副总理兼外长特列乌别尔季。8月6日，哈第一副外长拉赫梅图林对美国进行工作访问，同美白宫和国务院官员及美国际宗教自由委员会代表进行会见。同日，美国参议院批准了丹尼尔·罗森布鲁姆就任新任美驻哈大使。9月19日至26日，哈总统托卡耶夫赴美进行工作访问，出席第77届联合国大会一般性辩论并发表讲话，还同联合国秘书长、欧盟领导人等部分国家领导人和国际组织负责人及跨国公司、金融机构领导层举行会晤。9月22日，在第77届联合国大会会议框架内，哈副总理兼外长特列乌别尔季、美国务卿布林肯和其他中亚国家外长举行中亚五国+美国外长会。11月6日，美国负责南亚和中亚事务的助理国务卿唐纳德·卢访哈。11月26日，哈副总理兼外长特列乌别尔季与美国务卿布林肯通电话。12月5日，新一轮“美哈扩大战略伙伴关系对话”在华盛顿举行，美负责南亚和中亚事务的助理国务卿唐纳德·卢和哈第一副外长乌马罗夫出席会议。

2022年，哈美双边贸易额为30.5亿美元，同比增长37.2%。

【同欧洲国家的关系】2022年，哈与欧洲国家交往密切，安全、能源、经济、科技、环保、军工等领域合作稳中有进，欧盟加大与哈能源、运输等领域合作。1月10日，哈总统托卡耶夫与欧洲理事会主席米歇尔举行视频会晤，欧盟支持哈主权和领土完整。1月19日，哈副总理兼外长特列乌别尔季对比利时进行工作访问。2月28日，哈总统托卡耶夫应邀同法国总统马克龙举行电话会谈。4月4日，哈总统托卡耶夫向武契奇致贺信，祝贺其连任塞尔维亚总统。4月25日，哈总统托卡耶夫向法国总统马克龙致贺电，祝贺其成功连任。6月2日，哈总统托卡耶夫赴吉尔吉斯斯坦出席中亚国家与欧盟领导人第二次会晤。6月2日，哈副总理兼外长特列乌别尔季在罗马同意大利外交和国际合作部长迪马约举行会晤。6月20日，哈副总理兼外长特列乌别尔季出席“哈萨克斯坦—欧盟”合作理事会第19次会议。9月7日，哈总统托卡耶夫祝贺特拉斯就任英国首相。9月9日，哈总统托卡耶夫赴英国驻哈大使馆吊唁伊丽莎白二世。9月11日，哈总统托卡耶夫向大不列颠及北爱尔兰联合王国国王查尔斯三世致电祝贺其登上王位。9月20日，哈总统托卡耶夫在第77届联合国大会框架下会见欧盟委员会主席冯德莱恩。10月22日，哈总统托卡耶夫同欧盟委员会主席冯德莱恩举行视频会晤。10月26日，哈总统托卡耶夫致电祝贺苏纳克当选英国首相。10月27日，中亚国家领导人与欧洲理事会主席在哈首都阿斯塔纳举行会晤。10月31日，哈总理斯迈洛夫会见对哈进行工作访问的德国外长贝尔伯克。11月10日，哈总统托卡耶夫在乌兹别克斯坦撒马尔罕市举行的“突厥语国家组织”峰会框架下同匈牙利总理欧尔班举行会晤。11月17日，哈总统托卡耶夫在总统府会见到访的欧盟外交与安全政策高级代表兼欧盟委员会副主席博雷利。11月24日，德国总统、塞尔维亚总统、捷克总统、法国总统致电托卡耶夫，祝贺其赢得总统选举。12月13日至15日，哈副总理兼外长特列乌别尔季访问德国。

欧盟是哈主要贸易伙伴国和投资国。2022年，哈欧双边贸易额为400亿美元。哈是除欧佩克组织国家之外，仅次于俄罗斯和挪威的对欧能源供应国。

【同伊斯兰国家的关系】2022年，哈与伊斯兰国家继续保持传统友好联系，积极参与地区热点问题的解决。1月11日，哈总统托卡耶夫同阿联酋阿布扎比王储穆罕默德通电话，通报国内局势已恢复秩序。1月17

日，哈总理斯迈洛夫同土耳其副总统奥克塔伊通电话，就双边关系相关问题交换意见。2月2日，哈总统托卡耶夫同伊朗总统莱希通电话，就双边关系现状和前景交换意见。2月22日，哈萨克斯坦—伊朗政府间委员会第17次会议在德黑兰召开。2月24日，哈总统托卡耶夫同埃及总统塞西通电话，就双边关系交换意见。3月4日，哈萨克斯坦—土耳其政府间委员会第12次会议在哈首都召开，同期举行哈土经济论坛，哈总理斯迈洛夫出席并致辞。4月4日，哈总统托卡耶夫同土耳其总统埃尔多安通电话，围绕哈土建交30周年交换意见。5月10日至11日，哈总统托卡耶夫对土耳其进行国事访问，其间同土总统埃尔多安举行小范围、大范围会谈，并共同出席记者会。5月23日，哈副总理兼贸易和一体化部长苏尔丹诺夫在德黑兰会见伊朗高层，就扩大双边经贸往来交换意见。6月6日，哈总统托卡耶夫接见沙特外交大臣费萨尔，就双边关系发展前景交换意见。6月12日，哈总统托卡耶夫会见卡塔尔埃米尔塔米姆，双方就加强双边经贸合作达成共识。6月24日，哈总统托卡耶夫向沙特国王萨勒曼颁授“金鹰勋章”，并同沙特王储举行会谈。8月28日，哈总统托卡耶夫就巴基斯坦严重洪涝灾害造成重大人员伤亡向巴基斯坦总统阿里夫致慰问电。8月31日，哈总统托卡耶夫接见卡塔尔副首相兼外交大臣穆罕默德。9月16日，哈总统托卡耶夫同伊朗总统莱希举行会见，就双边关系和上合组织合作交换意见。10月6日，哈总理斯迈洛夫同伊朗第一副总统穆罕默德举行会谈，就扩大双边贸易达成共识。10月12日，哈总统托卡耶夫接待土耳其总统埃尔多安对哈进行国事访问并向其颁授“友谊勋章”，双方举行会晤并发表《哈土建交30周年联合声明》；接待卡塔尔埃米尔塔米姆对哈进行国事访问，并向其颁授“金鹰勋章”。10月13日，哈总统托卡耶夫会见巴勒斯坦总统阿巴斯和巴基斯坦总理沙里夫，就双边关系和亚信合作交换意见。10月15日，哈总统托卡耶夫就土耳其煤矿爆炸事故造成重大人员伤亡向土耳其总统埃尔多安致慰问电。11月21日，土耳其总统埃尔多安、伊朗总统莱希和巴基斯坦总理沙里夫致电哈总统托卡耶夫，就其赢得总统大选表示祝贺。12月18日，哈总统托卡耶夫就卡塔尔国庆日向卡塔尔埃米尔塔米姆致贺电。12月19日，哈总统托卡耶夫同卡塔尔埃米尔塔米姆通电话，就卡塔尔世界杯成功举办表示热烈祝贺。

2022年，哈同上述国家双边贸易额分别为64.5亿美元（土耳其）、6.3亿美元（阿联酋）、5.3亿美元（伊朗）、7314万美元（巴基斯坦）、1646万美元（沙特）、664万美元（卡塔尔），其中同土耳其贸易额同比增长约56%。

【同亚太及新兴大国的关系】2022年，哈同亚太及新兴大国继续保持友好交往，与相关国家关系续有发展。3月10日，哈总统托卡耶夫致电韩国新任总统尹锡悦，就其赢得总统大选表示祝贺。4月15日，哈副外长图尔苏诺夫线上出席“日本—中亚”机制第八次外长会晤。6月3日，“哈萨克斯坦—印度”经贸、科技、工业和文化合作政府间委员会第14次会议在印度新德里召开。8月16日至17日，哈副总理兼外长特列乌别尔季对新加坡进行正式访问，其间拜会新加坡总统哈利玛和外长维文，就扩大相互支持、深化双边经贸合作达成共识。10月12日，哈总统托卡耶夫会见新加坡代表团，双方就双边关系和亚信合作交换意见。10月13日，哈总统托卡耶夫会见越南国家副主席武氏映春，就双边关系和亚信合作交换意见。10月25日，哈副总理兼外长特列乌别尔季出席第15届“韩国—中亚”合作论坛开幕式并致辞。12月24日，哈副总理兼外长特列乌别尔季出席“日本—中亚”机制第九次外长会晤。

2022年，哈与上述国家贸易额分别为61.2亿美元（韩国）、19.2亿美元（新加坡）、19.1亿美元（日本）、24.5亿美元（印度）、11.6亿美元（越南），其中同韩国贸易额同比增长2.3倍。（宋珅玺）

韩　国

国名　大韩民国（The Republic of Korea）。

面积　10.329万平方公里。

人口　约5100万（2022年）。为单一民族，通用韩国语。50%左右的人口信奉佛教、基督教新教、天主教等宗教。

首都　首尔（Seoul），人口约940万（2022年），面积605平方公里。年均气温11.6℃。

国家元首　总统尹锡悦（Yoon Suk Yeol），2022年3月当选，2022年5月上任。

重要节日　春节：农历正月初一；元旦：1月1日；独立运动纪念日：3月1日；佛诞日：农历四月初八；显忠日：6月6日；制宪节：7月17日；光复节：8月15日；中秋节：农历八月十五；开天节：10月3日；韩文节：10月9日；圣诞节：12月25日。

简　况

位于亚洲大陆东北部朝鲜半岛南半部，东、南、西三面环海。属温带季风气候，年均气温13℃—14℃，年均降水量1300—1500毫米。

1910—1945年，朝鲜半岛沦为日本殖民地。1945年8月日本投降，美、苏军队分别进驻半岛南、北部。1948年8月15日，半岛南半部建立大韩民国，李承晚出任首届总统。

政 治

1960年，李承晚下台，同年8月尹潽善任总统。1961年，朴正熙发动军事政变，此后长期执政。1979年，朴正熙遇刺身亡，崔圭夏任总统。同年，全斗焕发动政变，于1980年出任总统。1987年，韩国修改宪法，实行总统直选。同年，卢泰愚当选第13届总统。此后，金泳三、金大中、卢武铉、李明博、朴槿惠、文在寅和尹锡悦先后当选第14届至第20届总统。

【宪法】1987年10月全民投票通过现行宪法，1988年2月25日生效。宪法规定，总统享有作为国家元首、政府首脑和武装力量总司令的权力，任期5年，不得连任。

【议会】国会，立法机构。主要职能包括：审议各项法案；审议国家预决算；监察政府工作；批准对外条约以及同意宣战或媾和；弹劾总统和主要政府官员；否决总统的紧急命令；等等。实行一院制，共300个议席，议员任期4年。第21届国会于2020年4月选出。国会设1名议长和2名副议长，由议员投票选举产生，现任议长金振杓，副议长金荣珠、郑宇泽。

【政府】设18部、5处、18厅，总统兼任政府首脑，国务总理辅助总统工作。现任总理韩德洙，2022年5月就任。现任内阁主要成员有：经济副总理兼企划财政部长官秋庆镐、社会副总理兼教育部长官李周浩、科学技术信息通信部长官李宗昊、外交部长官朴振、统一部长官权宁世、法务部长官韩东勋、国防部长官李钟燮、行政安全部长官李祥敏、文化体育观光部长官朴普均、农林畜产食品部长官郑煌根、产业通商资源部长官李昌洋、保健福祉部长官曹圭鸿、环境部长官韩和镇、雇用劳动部长官李正植、女性家族部长官金贤淑（女）、国土交通部长官元喜龙、海洋水产部长官赵承焕、中小风险企业部长官李永。

【行政区划】全国划分为1个特别市：首尔特别市；2个特别自治市（道）：世宗特别自治市、济州特别自治道；8个道：京畿道、江原道、忠清北道、忠清南道、全罗北道、全罗南道、庆尚北道、庆尚南道；6个广域市：釜山、大邱、仁川、光州、大田、蔚山。

【司法机构】审判机关有大法院、高等法院、地方法院和家庭法院。大法院是最高审判机关，院长由总统任命，须经国会同意，任期6年，不得连任，现任院长金命洙。另设有宪法裁判所，现任所长刘南硕。

检察机关有大检察厅、高等检察厅和地方检察厅，隶属法务部。大检察厅是最高检察机关，检察总长由总统任命，无须国会同意。检察总长现空缺，李沅祏任代理检察总长。

【政党】（1）国民力量党：前身为1990年成立的民主自由党，1995年改名为新韩国党，1997年新韩国党和韩国民主党合并，改称“大国家党”。2012年2月改名为新国家党，2016年12月该党部分议员退党，2017年2月更名为自由韩国党，2020年2月更名为未来统合党，同年9月更名为国民力量党。2022年3月，该党候选人尹锡悦赢得大选。

（2）共同民主党：前身为金大中领导的新政治国民会议。1997年金大中当选总统，该党成为执政党。2003年分裂为开放国民党和民主党，2008年2月合并为统合民主党，7月更名为民主党。2011年12月，民主党与市民统合党、韩国劳动组合总联盟合并为民主统合党。2013年5月更名为民主党。2014年3月与以安哲秀为代表的政治力量联合组成新政治民主联合党。2015年12月更名为共同民主党。

（3）正义党：前身为进步正义党，2013年7月更名为正义党。

【重要人物】尹锡悦：总统。1960年生。首尔大学法学系毕业，长期在检察系统工作。2019年任检察总长，2021年辞去检察总长职务，6月宣布参加总统选举，7月加入国民力量党，11月当选该党总统候选人。2022年3月10日当选韩国第20届总统，5月10日就职，任期5年。

经 济

20世纪60年代，韩国经济开始起步。70年代以来，持续高速增长，人均国民生产总值从1962年的87美元增至1996年的10548美元，创造了“汉江奇迹”。1996年加入经济合作与发展组织，同年成为世界贸易组织创始国之一。1997年亚洲金融危机后，韩国经济进入中速增长期。

产业以制造业和服务业为主，造船、汽车、电子、钢铁、纺织等产业产量均进入世界前10名。大企业集团在韩国经济中占有十分重要的地位，目前，主要大企业集团有三星、现代汽车、SK、LG等。

2008年，受国际金融危机影响，韩国经济明显下滑。韩国政府迅速采取包括大规模财政刺激等一系列政策，金融市场全面回暖，实体经济企稳回升，企业和消费者信心不断增强，成为经济合作与发展组织成员国中率先走出谷底的国家。2022年主要经济数据如下：

国内生产总值：1.73万亿美元。

人均国内生产总值：3.4万美元。

国内生产总值增长率：2.6%。

货币名称：韩元。

汇率：1美元≈1270韩元。

【资源】矿产资源较少，已发现的矿物有280多种，其中有经济价值的50多种。有开采利用价值的矿物有铁、无烟煤、铅、锌、钨等，但储量不大。自然资源匮乏，主要工业原料均依赖进口。

【工业】2022年，工矿业产值占国内生产总值的

28.1%。

【农业】现有耕地面积为156.5万公顷，主要分布在西部、南部的平原和丘陵地区。农业人口约占总人口的4.2%。2022年，农业产值（含渔业和林业）占国内生产总值的1.8%。

【旅游业】韩国旅游业较为发达。近年来，韩政府将旅游业确定为战略产业，积极鼓励和发展旅游业，通过对外宣传“韩流”文化、简化热点旅游地区入境手续、完善旅游市场、改善旅游硬件设施、提升服务水平等措施，吸引外国游客。据韩方统计，2019年访韩外国游客1700余万人次，创历史最高。

【交通运输】陆、海、空交通运输均较发达。全国已建成铁路网和高速公路网。

铁路：铁路总长约4200公里。2004年3月，首尔—釜山高速铁路开通，全长412公里，最高时速300公里。

公路：公路总长约11.43万公里，其中高速公路约4939公里。

水运：以海运为主。主要港口有釜山、浦项、仁川、群山、木浦、济州、丽水等。

空运：开通国内航线20余条，国际航线约350条，现有8个国际机场，分别为仁川、金浦、济州、金海、清州、大邱、襄阳、务安。

【财政金融】2022年韩国财政收支情况：财政收入588万亿韩元，财政支出652万亿韩元。截至2022年12月底，韩国外汇储备约为4231.6亿美元。

【对外贸易】2022年外贸总额为1.42万亿美元，贸易逆差473亿美元。其中，出口额为6839亿美元，同比增长6.1%；进口额为7312亿美元，同比增长18.9%。和世界上180多个国家和地区有经贸关系，中国、美国、越南是韩国前三大贸易伙伴国。

主要进口产品有原油、半导体、天然气、石油制品、半导体零部件、钢板、煤炭、通信器材、电缆等。主要出口产品有汽车及零部件、半导体、有线无线通信器材、船舶、石油制品、平板液晶显示器、个人电脑、影视器材等。

【外国资本】20世纪60年代和70年代，外国直接投资仅占资本流入的一小部分，80年代起韩国逐步放宽外商投资限制。1997年金融危机后，韩加大引进外资力度。

【著名公司】（1）大韩商工会议所：1948年7月正式成立。是韩国最大的民间经济团体，现有正式会员企业5.5万家，在韩国内有71家分支机构。主要职能是：调查了解企业情况，向政府提出政策性意见和建议。作为民间团体，对国内生产、物价等进行统计调查；组织、领导会员企业的技工培训和技术交流活动；负责与国外经济团体的交流与合作；负责发放原产地证明等。1992年8月成立韩中民间经济协议会，在北京设有代表处。会长为崔泰源。

（2）韩国贸易协会：成立于1946年。有会员企业8.6万家。主要职能是：研究韩国的贸易政策，向政府提出意见和建议；向会员企业提供各种贸易咨询和信息服务，促进与世界各国的贸易合作，代培贸易专业人员。多次协助中方在韩举办贸易展，组织韩企业赴华考察并组派采购团。在北京设有国际事务支部，会长为具滋烈。

（3）全国经济人联合会：成立于1961年。由制造业、贸易、金融、建设等各行业67个团体，韩国具有代表性的431家大企业及4个名誉会员组成。主要职能是：代表大企业向政府提出政策性意见和建议；协助会员企业加强与国际经济组织和国外企业的联系；研究交流经营理论和经营方法；调查研究国内外经济动向；加强与社会各界的联系，组织会员企业开展各项公益事业。设有中国委员会，2003年5月成立全经联中国论坛。会长为许昌秀。

（4）中小企业中央会：成立于1962年。由中小企业行业协会组成，2006年改用现名，有500多家注册会员企业。主要职能是：维护中小企业利益，代表中小企业向政府提出政策性建议；通过下属行业组织指导中小企业发展，开展中小企业经营研究，向会员企业提供各种信息和咨询；管理赴韩外国劳工事务。会长为金基文。

人民生活

人均预期寿命83.5岁。2022年平均失业率为2.9%。

军　事

实行义务兵役制。陆军和海军陆战队服役期为18个月，空军为21个月，海军为20个月。总统为三军最高统帅。国防部长官李钟燮（2022年5月就任），参谋长联席会议主席金承谦（2022年7月任命）。总兵力约50万人。其中，陆军约36.5万人，海军约7万人，空军约6.5万人。预备役约310万人。2022年，国防预算约54.6万亿韩元，同比增长3.4%。

文化教育

【教育】1953年起实行小学6年制义务教育，从1993年起普及初中3年义务教育。80%高等教育机构为私立。2022年，教育预算约89.6万亿韩元，同比增长17%。

全国有各类学校（幼儿园至高中）2万余所，学生约588万名，教师约51万名。全国有大学426所，在读学生约312万名（其中，留学生约16.7万名），教师约23.2万名，著名大学有首尔大学、延世大学、高丽大学等。

【新闻出版】新闻出版业发达。共有新闻机构230多家，从业人员4万多人。其中，报社120多家，杂志种类繁多。《朝鲜日报》（1920年3月创刊）、《中央日报》（1965年9月创刊）、《东亚日报》（1920年4月创刊）是三大全国性韩文日报。

联合通讯社：1980年由合同通讯社和东洋通讯社合并而成，1999年兼并内外通讯社，在北京、华盛顿、纽约、洛杉矶、东京、巴黎、伦敦、曼谷、莫斯科等地设有分社，同40多家外国通讯社签有新闻交换协定或合作协议。

有10家全国性广播公司，另有地方广播公司59家、有线广播公司81家。主要广播公司有：

（1）韩国广播公司：1927年开始试播，自1953年开始对外广播。政府控股广播公司，拥有全国性广播网，目前用韩、英、汉、法、日等11种语言播音。电视台成立于1961年12月。自1996年7月起开通多频道卫星电视节目。

（2）文化广播公司：1961年12月开办，拥有全国性广播网。电视台成立于1969年8月，在各大城市有卫星转播站。

（3）首尔广播公司：1991年12月开播。

韩朝关系 朝鲜战争停战后，朝鲜半岛长期处于政治对立、军事对峙、经济隔绝状态。1990年9月至1991年12月，韩朝先后举行5次总理会谈，签署《南北和解、互不侵犯及交流合作协议书》，发表《朝鲜半岛无核化共同宣言》，韩朝关系有所改善。此后受金日成逝世及朝核等问题影响，韩朝关系趋冷。

1998—2008年，韩国金大中和卢武铉两任政府分别奉行对朝“阳光政策”及“和平与繁荣政策”，推进南北和解合作。2000年6月和2007年10月，金大中、卢武铉分别访朝，同金正日举行首脑会晤，发表《南北共同宣言》和《南北关系发展与和平繁荣宣言》。其间，韩朝举行多次官方会谈和一系列民间交流活动，签署多项合作协议。

2008—2016年，李明博、朴槿惠任韩国总统期间，南北关系时有起伏。2014年2月，韩朝双方举行高级别会谈和离散亲属会面。2015年8月和10月，双方先后举行高级别磋商和离散亲属会面。2016年2月，韩方关闭开城工业园。

2017年，文在寅当选韩国总统后，韩朝关系取得积极进展。2018年1月起，双方重启军事热线，举行高级别会谈，朝方派高级别代表团赴韩出席平昌冬奥会开、闭幕式。4—9月，文在寅总统同金正恩委员长三次会晤，发表《板门店宣言》，签署《9月平壤共同宣言》。

2019年6月，文在寅总统陪同美国总统特朗普访问韩朝非军事区，在板门店同金正恩委员长再次会面。此后，双方关系偶有波折但总体持稳。新冠疫情期间，文在寅总统同金正恩委员长通过互致函电、发表讲话等方式保持沟通。2022年4月，文在寅总统即将离任之际，韩朝领导人互致亲笔信。

2022年5月，尹锡悦总统正式就职，表示将为和平解决朝鲜半岛核问题打开对话之门。8月，尹锡悦总统出席光复节77周年纪念仪式并发表讲话，提出对朝政策路线图“大胆构想”。朝劳动党中央委员会副部长金与正发表谈话予以驳斥。8月下旬起，韩美两国时隔5年再度举行“乙支自由护盾”联合军事演习及其他联合军演。10月，韩国对朝实施单边制裁。同时，朝多次试射导弹。12月末，朝无人机进入韩领空，韩示警并追击。

对外关系 第二次世界大战后，韩国长期以对美外交为主。20世纪70年代初开始推行门户开放政策。1988年卢泰愚政府上台后，大力推行“北方外交”，发展与社会主义国家关系。其后，历届政府均推行积极外交政策，近年来基本形成以韩美同盟为基轴，加强同美、中、日、俄四大国外交，积极参与地区与国际事务的多层次、全方位外交格局。

韩国与191个国家建立了外交关系，有驻外外交机构166个。

【同中国的关系】中韩自1992年8月24日建交以来，两国友好合作关系在各个领域都取得快速发展。政治上，两国领导人经常互访或在国际多边活动中会晤，这增进了相互理解和信任，推动了两国关系发展。经济上，两国互利合作不断深化，互为重要贸易伙伴。在文化、教育、科技等领域，双方交流与合作日益活跃。两国在地区及国际事务中保持密切协调与合作。

2020年2月、5月，习近平主席两次同文在寅总统通电话。8月，中央外事工作委员会办公室主任杨洁篪在釜山同韩国国家安保室长徐薰举行磋商。11月，王毅国务委员兼外长访韩。12月，全国人大常委会委员长栗战书以视频方式同韩国国会议长朴炳锡举行会谈。

2021年1月，习近平主席同文在寅总统通电话。4月，王毅国务委员兼外长在福建厦门同韩国外长郑义溶举行会谈。

2022年3月25日，习近平主席同韩国当选总统尹锡悦通电话。5月9日至10日，王岐山副主席作为习近平主席特别代表出席尹锡悦总统就职仪式。9月15日至17日，应韩国国会议长金振杓邀请，全国人大常委会委员长栗战书对韩国进行正式友好访问。11月15日，习近平主席在印度尼西亚巴厘岛出席二十国集团领导人第十七次峰会期间会见尹锡悦总统。

据中国海关总署统计，2022年，中韩双边贸易额为3622.9亿美元，同比增长0.1%。其中，中国出口额为1626.2亿美元，同比增长9.5%；中国进口额为1996.7亿美元，同比减少6.5%。韩国对中国的贸易顺差为370.5亿美元。

中国驻韩国大使：邢海明。馆址：2 GIL 27, MYEONG-DONG，JUNG-GU，SEOUL，THE REPUBLIC OF KOREA。电话：00822-7381038；传真：7381059。

韩国驻华大使：郑在浩（Chung Jae-Ho）。馆址：北京市朝阳区东方东路20号。电话：010-85310700（总机），85320404（领事）；传真：85310726，

65323891（领事）。

【同美国的关系】韩美1949年1月建交。1953年10月，韩美签署《韩美共同防御条约》，确立军事同盟关系。目前，美国在韩国有2.85万名驻军，美国掌握韩军战时指挥权，对韩国负有安全防卫义务。2022年3月，尹锡悦当选总统同拜登总统通电话。5月，拜登总统访韩。6月，尹锡悦总统出席北约领导人峰会，同拜登总统举行双边会晤，韩美日三国首脑举行会谈。8月，美国会众议长佩洛西访韩。9月，尹锡悦总统赴美出席联合国大会，其间同拜登总统简短交谈。11月，尹锡悦总统出席东亚合作领导人系列会议，同拜登总统举行双边会晤，韩美日三国首脑举行会谈。

据韩方统计，2022年，韩美双边贸易额为1915.6亿美元。其中，韩方出口额为1097.7亿美元，进口额为817.9亿美元，韩方顺差279.8亿美元。

【同日本的关系】韩日1965年建交。两国在各领域有着广泛的交流与合作，但历史等问题仍是干扰两国关系的因素。2022年3月，尹锡悦当选总统同岸田文雄首相通电话。7月，韩国外长朴振访日，同日本外相林芳正举行会晤，拜会岸田文雄首相。9月，韩德洙总理率团访日，出席日本前首相安倍晋三国葬，并同岸田文雄首相会晤。10月，尹锡悦总统同岸田文雄首相通电话。11月，尹锡悦总统出席东亚合作领导人系列会议，同岸田文雄首相举行双边会晤。

据韩方统计，2022年，韩日双边贸易额为853.2亿美元。其中，韩方出口额为306.1亿美元，进口额为547.1亿美元，韩方逆差241亿美元。

【同俄罗斯的关系】韩国与苏联1990年9月建交。苏联解体后，韩国与俄罗斯继续保持外交关系。2022年2月，韩国总统文在寅宣布韩国将参与国际社会对俄罗斯的制裁。3月，俄罗斯政府宣布将韩国等48个国家和地区列入不友好国家名单。同月，俄罗斯总统普京向尹锡悦当选总统致贺电。7—8月，韩国外长朴振与俄罗斯外长拉夫罗夫在二十国集团外长会及东亚峰会外长会期间会晤。

据韩方统计，2022年，韩俄双边贸易额为211.5亿美元。其中，韩方出口额为63.3亿美元，进口额为148.2亿美元，韩方逆差84.9亿美元。（冯仕翔）

吉尔吉斯斯坦

国名　吉尔吉斯共和国（The Kyrgyz Republic, Кыргызская Республика）。

面积　19.99万平方公里。

人口　703.76万（2022年）。有80多个民族。其中，吉尔吉斯族占73.6%，乌兹别克族占14.8%，俄罗斯族占5.3%，东干族占1.1%，维吾尔族占0.9%，塔吉克族占0.9%，土耳其族占0.7%，哈萨克族占0.6%，其他为鞑靼、阿塞拜疆、朝鲜、乌克兰等民族。80%以上居民信奉伊斯兰教，多数属逊尼派。吉尔吉斯语为国语，俄语为官方语言。

首都　比什凯克（Бишкек），人口为114.5万（2022年）。1月平均气温-4.7℃，7月平均气温24.5℃。

国家元首　总统萨德尔·努尔戈若耶维奇·扎帕罗夫（Садыр Нургожоевич Жапаров），2021年1月28日宣誓就职，任期6年。

重要节日　新年：1月1日；纳乌鲁斯节：3月21日；宪法日：5月5日；建军节：5月29日；独立日：8月31日。主要宗教节日有开斋节、古尔邦节、复活节等。

简　况

位于中亚东北部，边界线全长约4503公里，北和东北接哈萨克斯坦，南邻塔吉克斯坦，西南毗邻乌兹别克斯坦，东南和东面与中国接壤。境内多山，平均海拔2750米，90%领土在海拔1500米以上。属大陆性气候，1月平均气温-6℃，7月平均气温27℃。

公元前3世纪已有文字记载。6—13世纪曾建立吉尔吉斯汗国。16世纪被迫从叶尼塞河上游迁居至现居住地。1876年被沙俄吞并。1917年11月至1918年6月建立苏维埃政权。1924年10月14日成立卡拉吉尔吉斯自治州。1936年12月5日成立吉尔吉斯苏维埃社会主义共和国，加入苏联。1991年8月31日，吉尔吉斯最高苏维埃通过国家独立宣言，正式宣布独立，改国名为吉尔吉斯共和国，同年12月21日加入独联体。

政　治

属政教分离的世俗国家。第一任总统阿卡耶夫（1990年11月至2005年3月）执政时期，政治上推行民主改革，经济上实行以市场为导向的改革方针。2005年春，吉发生非正常政权更迭，阿卡耶夫被迫下台，反对派领导人、前总理巴基耶夫同年7月当选新一届总统。2009年7月23日，巴基耶夫连任成功。2010年爆发“4·7”革命，巴基耶夫政权被推翻，以奥通巴耶娃为总理的临时政府宣告成立。6月27日，吉全民公投通过新宪法，国家政体改为议会制，奥通巴耶娃出任过渡时期总统。

2011年10月30日，吉举行总统大选，过渡时期政府总理阿塔姆巴耶夫在首轮投票中以62.52%的得票率当选总统，任期6年。2017年10月15日，吉举行新一届总统选举，社民党候选人、前总理索·热恩别科夫在首轮投票中以54.77%的得票率获胜，当选新一届总统。

2020年10月4日，吉举行第七届国家议会选举。因不满议会选举结果，在比什凯克等地发生大规模骚乱，政府辞职。吉前国家议员扎帕罗夫出任新一届总理。10月15日，热恩别科夫总统宣布辞职，扎帕罗夫担任代总统。

2021年1月10日，吉举行总统提前选举，扎帕罗夫在首轮投票中以79.20%的得票率获胜，当选新一届总统。同日，吉举行全民公投，参加投票的选民有81.30%选择在吉实施总统制。

【宪法】1993年5月5日，吉议会通过独立后第一部宪法，规定吉是建立在法制、世俗国家基础上的主权、单一制民主共和国，实行立法、司法、行政三权分立，总统为国家元首。2010年“4·7”革命后，吉成立临时政府。5月，临时政府公布新宪法草案，6月27日举行全民公投通过新宪法。根据新宪法，吉政体由总统制过渡到议会制。2016年12月11日，吉举行修宪公投，将总统部分职权移交至政府。2021年1月，吉开启新一轮修宪进程。4月11日，吉顺利举行新宪法全民公投。5月5日，吉总统扎帕罗夫签署新宪法，吉国家政体由议会制改为总统制。

【议会】吉官方将1990年4月至1994年9月存在的吉尔吉斯苏维埃社会主义共和国第十二届最高苏维埃确定为议会制度的开端。1993年，吉第十二届最高苏维埃通过独立后首部宪法，规定吉议会实行两院制，由立法会议和人民代表会议组成。1995年2月，吉选举产生首届国家议会。根据1998年修改后的新宪法，2000年2月，吉选举产生第二届国家议会。立法会议由60名议员组成，由单一选区和政党比例代表制选举产生。人民代表会议由45名议员组成，实行区域代表制度。2003年吉修正宪法，议会由两院制改为一院制，议员由105人减少至75人。取消政党比例代表制，全部议员由单一选区选举产生。2005年2月，吉选举产生第三届国家议会。2006年12月，吉全民公投通过新宪法，将国家政体改回总统－议会制。2007年12月，吉选举产生第四届国家议会。2010年“4·7”革命后议会解散。2010年6月，吉通过新宪法，国家政体改为议会制，实行一院制，由120名议员组成，任期5年。10月，吉举行第五届国家议会选举，故乡党、社民党、尊严党、共和国党和祖国党进入议会。2015年10月4日，吉举行第六届国家议会选举，社民党、共和国－故乡党、吉尔吉斯斯坦党、进步党、共同党、祖国党进入议会。10月7日，社民党、吉尔吉斯斯坦党、进步党、祖国党签署协议，组成执政联盟，社民党议员阿·热恩别科夫当选议长。2016年4月，议会执政联盟解散，阿·热恩别科夫议长辞职，社民党、吉尔吉斯斯坦党、共同党组成执政联盟，社民党议会党团主席图尔松别科夫当选议长。2017年10月，图尔松别科夫议长辞职，吉尔吉斯斯坦党议员朱马别科夫当选议长。2018年4月，吉改组政府，议会第二大党，原反对派共和国－故乡党加入执政联盟。议会执政联盟由社民党、共和国－故乡党、吉尔吉斯斯坦党、共同党四党组成。2020年10月，吉举行第七届国家议会选举，随后中央选举委员会认定选举结果无效，决定由第六届国家议会继续开展工作至新一届议会产生，朱马别科夫辞去议长职务，共和国－故乡党议员阿布德尔达耶夫、吉尔吉斯斯坦党议员伊萨耶夫先后短暂担任议长。11月，共和国－故乡党议员马梅托夫当选议长。2021年5月，吉国家政体由议会制改为总统制。11月28日，吉采用政党选举和单一选区相结合的混合选举制重新举行第七届国家议会选举，吉尔吉斯斯坦故乡党、信任党、同心党、联盟党、完整吉尔吉斯斯坦党、信仰之光党等6个政党进入议会，分别获得15、12、9、7、6、5个议席，与36名单一选区胜选者组成新一届议会，任期5年。12月29日，吉第七届国家议会宣誓就职，同心党议员马梅托夫当选议长。2022年10月5日，马梅托夫自愿辞职，沙基耶夫（Н. Шакиев）当选议长。

【政府】称“内阁”，国家最高行政机关，由总统直接领导。内阁总理阿科尔别克·乌谢别科维奇·扎帕罗夫（Акылбек Усенбекович Жапаров），2021年10月任职。吉内阁由16个部和1个委员会组成。主要成员包括：阿·扎帕罗夫，第一副总理卡瑟马利耶夫（А. Касымалиев），副总理拜依萨洛夫（Э. Байсалов），副总理托罗巴耶夫（Б. Торобаев），副总理兼国家安全委员会主席塔什耶夫（К. Ташиев），外交部长库鲁巴耶夫（Ж. Кулубаев），司法部长巴耶托夫（А. Баетов），国防部长别克博洛托夫（Б. Бекболотов），财政部长巴克塔耶夫（А. Бакетаев），经济和商务部长阿曼格利季耶夫（Д. Амангельдиев），数字化发展部长伊曼诺夫（Т. Иманов），内务部长尼亚兹别科夫（У. Ниязбеков），劳动、社会保障和移民部长巴扎尔巴耶夫（К. Базарбаев），教育和科学部长伊马纳利耶夫（К. Иманалиев），卫生部长巴特罗娃（Г. Баатырова，女），交通部长捷克巴耶夫（Т. Текебаев），能源部长伊布拉耶夫（Т. Ибраев），农业部长贾内别科夫（А. Джаныбеков），紧急情况部长阿日克耶夫（Б. Ажикеев），文化、信息、体育和青年政策部长马克苏托夫（А. Максутов），自然资源、生态和技术监察部长图尔贡巴耶夫（М. Тургунбаев）。

【行政区划】全国划分为2市7州：比什凯克市、奥什市，楚河州、塔拉斯州、伊塞克湖州、奥什州、贾拉拉巴德州、纳伦州、巴特肯州。

【司法机构】2010年“4·7”革命前有宪法法院、最高法院和地方各级法院等。“4·7”革命后，宪法法院解散。2010年6月通过新宪法，取消宪法法院。2021年5月恢复宪法法院。

最高法院院长为巴扎尔别科夫（З. Базарбеков），

总检察长为祖鲁舍夫（К. Зулушев）。

【政党】目前，在吉司法部正式登记注册的政党约220个，其中主要有：

（1）吉尔吉斯斯坦故乡党（Ата-Журт Кыргызстан）：成立于2021年，以原故乡党成员为主体组建。主张人民安居乐业是国家富强的基础，重视提高公民福利。该党现为第七届国家议会第一大党，拥有15个议席，议会党团主席为瑟德科夫（Б. Сыдыков）。

（2）信任党（Ишеним）：成立于2011年，致力于维护公民自由、保障机会平等和民众福祉。提出“提高公民收入、加强司法监督、减轻年轻家庭购房压力、建设符合国际标准的教育和卫生体系、保障弱势群体生活、保护自然、建设强大军队”等七个国家发展目标。该党现为第七届国家议会第二大党，拥有12个议席，议会党团主席为奥尔莫诺夫（У. Ормонов）。

（3）同心党（Ынтымак）：成立于2012年，主张寻找符合吉国情的发展模式，妥善应对急剧变化的世界局势，提出加快数字化进程、改善民众生活、保护生态环境、鼓励创新等国家发展倡议。该党在第七届国家议会中拥有9个议席，议会党团主席为马马塔利耶夫（М. Маматалиев）。

（4）联盟党（Альянс）：成立于2021年，是吉第六届国家议会政党共和国党和共同党主要领导人专门为筹备第七届国家议会选举而成立的，主张创新经济发展方式，积极开展对外经贸合作，吸引年轻一代参与国家建设，提高民众生活水平。该党在第七届国家议会中拥有7个议席，议会党团主席为阿卡耶夫（Ж. Акаев）。

（5）完整吉尔吉斯斯坦党（Бутун Кыргызстан）：成立于2006年，建党至今一直由老牌政客马杜马罗夫领导，民族主义色彩较浓。该党在第七届国家议会中拥有6个议席，议会党团主席为马杜马罗夫（А. Мадумаров）。

（6）信仰之光党（Ыйман Нуру）：成立于2012年，主张维护社会团结，保障公民权利，提高社会福利，增进民众福祉，促进吉精神文化复兴。该党带有一定伊斯兰宗教色彩。该党在第七届国家议会中拥有5个议席，议会党团主席为卡德尔别科夫（Н. Кадырбеков）。

【重要人物】萨德尔·努尔戈若耶维奇·扎帕罗夫：总统。1968年12月6日出生于伊塞克湖州，吉尔吉斯族。1991年毕业于吉国立体育学院，2006年获吉俄（罗斯）斯拉夫大学学位。曾在集体农庄工作，服过兵役，也曾在内务部工作，后创办多家公司。2005年起步入政坛，2005—2007年以“未来”党主席身份担任国家议员，2007—2009年任巴基耶夫总统顾问，2009—2010年任吉预防腐败署署长，2010—2013年以议会第一大党故乡党成员身份担任国家议员。2012年率支持者组织集会，要求将吉最大金矿库姆托尔国有化，并冲撞总统府大门，2013年被法院以“暴力夺权”罪判处1年零5个月监禁，服刑期满后前往塞浦路斯、俄罗斯等国。2013年资助其支持者在伊塞克湖州组织集会，并劫持伊塞克湖州州长为人质。2017年3月回国后被捕，当年8月被最高法院以“劫持人质”罪判处11年零6个月监禁。2020年10月6日因议会选举发生骚乱被支持者释放，10日被议会推举为政府总理，16日担任吉代总统，11月14日因参加提前总统选举辞去代总统职务，暂停履行总理职务。2021年1月10日当选吉总统，1月28日就职，任期6年。

经　　济

国民经济以多种所有制为基础，农牧业为主，工业基础薄弱，主要生产原材料。2015年加入欧亚经济联盟，经济保持缓慢增长。2020年，新冠疫情等对吉经济社会发展造成严重冲击，吉国内经济出现1994年以来最大降幅。2021年，艰难开启疫后复苏进程，经济开始恢复性增长。

根据吉尔吉斯斯坦国家统计委员会公布的数据，若不计“库姆托尔金矿”产值，吉国内生产总值为103亿美元，同比增长5.9%。2022年主要经济数据如下：

国内生产总值：109.3亿美元。

人均国内生产总值：1358美元。

国内生产总值增长率：7%。

货币名称：索姆。

汇率：1美元≈84.12索姆。

通货膨胀率：13.9%。

失业率：4.9%。

【资源】自然资源主要有黄金、锑、钨、锡、汞、铀和稀有金属等。其中，锑产量居世界第三位、独联体第一位，锡产量和汞产量居独联体第二位，水电资源在独联体国家中居第三位。

【工业】主要工业有采矿、电力、燃料、化工、有色金属、机器制造、木材加工、建材、轻工、食品等。

2022年，吉工业总产值为18.18亿美元，同比增长12.2%，占国内生产总值的16.7%。

【农业】2022年，吉农业总产值为13.25亿美元，同比增长7.3%，占国内生产总值的12.1%。

2022年，各类种植业全年种植面积为122.88万公顷，比2021年增加0.25万公顷。收获谷物186.73万吨（不包括豆类、大米和荞麦），同比增长40.5%。其中，小麦59.25万吨，同比增长63.4%；大麦53.96万吨，同比增长96.9%。收获油料作物1.97万吨，同比增长10.4%；甜菜46.81万吨，同比增长28.0%；马铃薯127.50万吨，同比减少1.1%；蔬菜116.36万吨，同比增长4.4%；水果和浆果27.55万吨，同比增长3.4%。

【服务业】2022年，吉国内各类服务业总产值为53.67亿美元，同比增长4.8%，占国内生产总值的49.1%。

【旅游业】2022年，吉国内从事旅游及相关产业的企业共12.11万家，旅游业产值为4.21亿美元，占国内生产总值的3.9%，旅游业出口创汇6.964亿美元。

【交通运输】2022年，吉国内货运总量为4427.93万吨，同比增长29.8%，主要运输方式为汽运，运输总量为3591.38万吨，同比增长37.3%。客运总量为5.28亿人次，同比增长4.7%。其中，汽运总量为4.57亿人次，同比增长3.8%。吉国内共有4座国际机场，与中国、俄罗斯、哈萨克斯坦、乌兹别克斯坦、土耳其、阿联酋等国有直航航线运营。

【财政金融】2022年，吉国家财政收入为35.75亿美元，财政支出为36.98亿美元；财政赤字为1.24亿美元。

2022年，吉侨汇收入为29.28亿美元，同比增长6.24%。其中，从俄罗斯汇至吉的侨汇金额为27.8亿美元。

截至2022年底，吉外汇储备为27.98亿美元，与年初相比减少1.8亿美元。

截至2022年底，吉国家债务总额为55.813亿美元。其中，外债为44.829亿美元。

【对外贸易】2022年，吉外贸总额为118.158亿美元，同比增长41.8%。其中，出口额为21.867亿美元，同比减少20.5%；进口额为96.291亿美元，同比增长72.6%。外贸逆差为74.424亿美元。

2022年，吉与欧亚经济联盟国家（俄罗斯、哈萨克斯坦、白俄罗斯、亚美尼亚）的贸易额为45.32亿美元，占吉外贸总额的38.4%。其中，吉出口额为14.378亿美元，占吉出口总额的65.75%；吉进口额为30.942亿美元，占吉进口总额的32.13%。主要贸易伙伴还包括中国、俄罗斯、哈萨克斯坦等。

出口产品主要为非货币黄金、水果、奶制品等，主要进口石油产品、鞋及服装、药品等。

【外国资本】2022年，吉吸引外国直接投资为10.46亿美元，同比增长4%。外国对吉直接投资主要流向采矿业、制造业、金融业、批发零售业、通信业等领域。

2022年，来自非独联体国家的对吉直接投资为8.54亿美元，同比增长8.4%。土耳其对吉投资3.21亿美元，中国投资2.75亿美元，荷兰投资0.62亿美元，英国投资0.29亿美元，塞浦路斯投资0.28亿美元。另有俄罗斯投资1.33亿美元，哈萨克斯坦投资0.52亿美元。

人民生活

2022年，吉劳动者平均月工资约合317美元，同比增长31.8%。根据吉劳动、社会保障与移民部统计数据，2022年12月，吉全国登记未就业人口数量7.47万，失业率2.9%。

军　事

1992年5月，吉接管苏联驻扎在其领土上的军队并在此基础上组建了本国军队。目前，吉军总兵力约1万人，主要为合同兵。2014—2015年，吉武装力量进行指挥体制改革，国防部改组为国家国防事务委员会，总参谋部成为吉武装力量统一的作战指挥机关，战时指挥国家国防事务委员会、边防总局、国民卫队等强力部门所属部队。2020年11月，吉边防总局划入国家安全委员会。2021年2月，吉在武装力量总参谋部和国家国防事务委员会基础上重建国防部。吉现任国防部长为别克博罗托夫（Б. Бекболотов）。

文化教育

【教育】截至2022年12月，吉全国共有高等院校61所，包括国立高校43所，在校生约22.8万人，教师约1.2万人。著名高校有吉尔吉斯斯坦国立民族大学、比什凯克国立大学、美国中亚大学、吉俄（罗斯）斯拉夫大学、吉土（耳其）玛纳斯大学、奥什国立大学等。

【新闻出版】吉主要报刊有《比什凯克晚报》《吉尔吉斯斯坦言论报》《自由之山报》《旗帜报》《丝路新观察报》等。

主要通讯社为国家卡巴尔通讯社，非国有通讯社有Akipress商业信息通讯社、24小时通讯社和吉尔吉斯新闻通讯社等。

主要广播电台为吉尔吉斯斯坦国家广播电台，于1931年建台，用7种语言（吉、俄、英、东干、德、乌兹别克和维语）广播，每天播音时间为18小时。

主要电视台为吉尔吉斯斯坦国家广播电视公司以及国家广播电视台、新电视网、第七频道等。

对外关系

坚持多元、平衡、务实的外交政策，致力于实现经济持续发展、文化复兴和稳定，巩固同世界各国的友好关系。把俄罗斯视为最重要战略伙伴、盟友和安全依托。高度重视吉中关系，积极参与“一带一路”合作。视加强同中亚邻国和土耳其的经济和文化联系为外交政策优先方向。在相互尊重的基础上发展同美国、欧洲国家的平等关系。在乌克兰危机问题上保持中立。积极参与地区一体化进程和区域合作，是独联体、集体安全条约组织、上海合作组织、欧亚经济联盟、“突厥语国家组织”成员。

吉主张对国际恐怖主义、极端主义及分裂主义予以打击。呼吁国际社会履行在反恐行动中的义务，防止国际恐怖主义行动升级。

【同中国的关系】中吉1992年1月5日建交，双边关系健康顺利发展，彻底解决了历史遗留的边界问题。2002年签署《中吉睦邻友好合作条约》，各领域合作不断扩大，在联合国和上海合作组织等多边领域互相支持，密切配合。2013年9月，国家主席习近平访吉期间，两国元首签署《中吉关于建立战略伙伴关系的联合宣言》。2018年6月，吉总统热恩别科夫对华进行国事访问，与习近平主席举行会见，两国元首签署《中吉关于建立全面战略伙伴关系联合声明》。2019年4月，吉总统热恩别科夫来华出席第二届“一带一路”国际合作高峰论坛和2019年北京世园会开幕式。2019年6月，习近平主席对吉进行国事访问并出席上海合作组织成员国元首理事会第十九次会议，两国元首签署《中华人民共和国和吉尔吉斯共和国关于进一步深化全面战略伙伴关系的联合声明》。2021年2月，习近平主席同吉总统扎帕罗夫通电话，就双边关系、共建“一带一路”合作等交换意见。2022年1月，习近平主席同吉总统扎帕罗夫共同出席中国同中亚五国建交30周年视频峰会。2月，吉总统扎帕罗夫来华出席2022年北京冬奥会开幕式，习近平主席同其举行会晤，两国元首发表联合声明。9月，习近平主席出席上海合作组织撒马尔罕峰会期间同吉总统扎帕罗夫举行双边会见，两国元首就构建中吉命运共同体达成重要共识。

2022年1月5日，习近平主席、李克强总理、王毅国务委员兼外长分别同吉总统扎帕罗夫、内阁总理阿·扎帕罗夫、外长卡扎克巴耶夫就中吉建交30周年互致贺电。3月25日，栗战书委员长同吉议长马梅托夫举行视频会晤，就深化中吉关系和立法机构合作交换意见。4月14日，吉故乡党主席马特克里莫夫及吉国家议会主要党团代表以视频方式出席第三届中国—中亚政党论坛。6月7日，王毅国务委员兼外长在哈萨克斯坦首都出席“中国+中亚五国”外长第三次会晤期间与吉外长库鲁巴耶夫举行会见，双方就进一步加强两国合作、共建“一带一路”等交换意见。7月12日，吉议长马梅托夫以视频方式出席中国—中亚合作论坛。7月13日，吉妇女大会主席阿克巴吉舍娃以视频方式出席中国同中亚五国建交30周年妇女发展论坛。7月29日至31日，王毅国务委员兼外长对吉进行正式访问，会见吉总统扎帕罗夫、同吉外长库鲁巴耶夫举行会谈并共见记者。8月3日，吉外交部就美国国会众议长佩洛西窜访中国台湾地区公开发声，重申支持一个中国原则。8月17日，中国驻吉大使杜德文会见吉内阁总理阿·扎帕罗夫，就深化中吉关系、加强两国务实合作交换意见。9月7日，吉总统扎帕罗夫接受新华社采访，高度评价中国共产党执政理念，积极评价中吉关系发展成果。9月19日，吉内阁第一副总理卡瑟马利耶夫以视频方式出席第七届中国—亚欧博览会开幕式并致辞。10月15日，吉总统扎帕罗夫就中共二十大召开向习近平总书记致贺信。10月22日，吉总统扎帕罗夫就习近平当选新一届中共中央总书记和中共二十大成功举行向习近平总书记致贺信。11月30日，吉总统扎帕罗夫就江泽民同志逝世向习近平主席致唁电。12月8日至9日，胡春华副总理访吉，同吉总统扎帕罗夫和内阁总理阿·扎帕罗夫分别举行会见，就中吉关系发展、两国各领域务实合作深入交换意见。

据中国海关总署统计，2022年，中吉双边贸易额为155亿美元，同比增长105.6%。其中，中国出口额为154.2亿美元，同比增长106.7%；中国进口额为0.82亿美元，同比增长2.4%。

中国驻吉尔吉斯共和国大使：杜德文（女）。馆址：Кыргызстан，г. ъишкек，пр. мпра 299/7。电话：00996–312–597481；传真：597505。领事咨询电话：00996–312–597483。领保协助电话：00996–555–581664（手机）。

吉尔吉斯共和国驻华大使：穆萨耶娃（A. Мусаева，女）。馆址：北京市朝阳区霄云路18号景润水上花园别墅H区10/11号。电话：010–64681295/97；传真：64681291。

【同俄罗斯的关系】2022年1月5日，吉总统扎帕罗夫与俄总统普京通电话，就哈萨克斯坦局势交换意见。2月21日至22日，吉议长马梅托夫对俄进行正式访问，分别同俄国家杜马主席沃洛金、俄联邦委员会主席马特维延科举行会见，就吉俄双边关系发展、加强经贸与人文合作、欧亚经济联盟框架内一体化进程交换意见。3月5日，吉外长卡扎克巴耶夫对俄进行正式访问，分别会见俄外长拉夫罗夫、总统办公厅副主任科扎克、俄罗斯穆夫提委员会主席盖努特金，就吉俄双边经贸、投资、人文、地方、宗教等领域合作交换意见。3月17日，吉内阁第一副总理科若舍夫在莫斯科会见俄副总理奥维尔丘克，就吉俄经贸合作、深化欧亚经济联盟框架内一体化进程等交换意见。3月19日，俄总统普京就俄吉建交30周年向吉总统扎帕罗夫致贺电。4月14日，吉内阁第一副总理科若舍夫和俄副总理奥维尔丘克在莫斯科共同主持召开吉俄政府间经贸、科技和人文合作委员会第二十三次会议。4月22日，吉外长卡扎克巴耶夫以视频方式出席“中亚五国+俄罗斯”外长第五次会晤。5月16日，吉总统扎帕罗夫在莫斯科出席集体安全条约组织（简称“集安组织”）20周年峰会期间会见俄总统普京，双方就吉俄关系、经贸合作等交换意见。6月9日，第九届俄吉地区间会议在叶卡捷琳堡举行，俄经济发展部长列舍特尼科夫、吉经济和商务部长阿曼格利季耶夫出席会议。6月16日，吉内务部长尼亚兹别科夫在俄会见俄国民近卫军总司令斯特利古诺夫，双方签署吉内务部与俄国民近卫军合作协议。6月19日，吉内阁总理阿·扎帕罗夫在出席第二十五届圣彼得堡国际经济论坛期间会见俄副总理诺瓦克，双方就燃料和能源领域合作交换意见。7月11日，吉内阁总理阿·扎帕罗夫同俄总理米舒斯京通电话，就两国经贸、能源、农业领域合作，深化欧亚经济一体化进程交换意见。同日，吉外长库鲁巴耶夫同俄外长拉夫罗夫通电话，就各领域合作、国际和地区热点问题交换意见。7月19日，吉内阁总理阿·扎帕罗夫同俄总理米舒斯京通电话，就经贸领域合作热点问题交换意见。7月26日，吉内阁总理阿·扎帕罗夫率团访问莫斯科，调研俄储蓄银行，参观俄网络安全中心和数据中心。8月19日，吉内阁总理阿·扎帕罗夫同俄总理米舒斯京通电话，就经贸、人文等领域合作交换意见。8月25日，吉内阁总理阿·扎帕罗夫在乔蓬阿塔同来吉出席欧亚经济联盟政府间理事会会议的俄总理米舒斯京举行会见。9月15日，吉总统扎帕罗夫在撒马尔罕工作访问期间与俄总统普京举行会见，就吉俄双边关系发展、各领域互利合作等交换意见。9月18日，吉总统扎帕罗夫同俄总统普京通电话，就吉塔(吉克斯坦)边境冲突交换意见。9月20日，俄外长拉夫罗夫就吉塔（吉克斯坦）边境冲突造成人员伤亡向吉外长库鲁巴耶夫致慰问电。9月26日，吉总统扎帕罗夫就俄乌德穆尔特共和国首府伊热夫斯克市第88学校发生枪击事件致人员伤亡向俄总统普京致慰问电。10月7日，吉总统扎帕罗夫与俄总统普京通电话，祝贺普京70岁生日并就两国双多边合作热点问题交换意见。10月18日，吉总理阿·扎帕罗夫会见俄安全会议副秘书赫拉莫夫，就深化两国战略伙伴关系交换意见。同日，吉安全会议秘书伊曼库洛夫会见俄安全会议副秘书赫拉莫夫，就地区安全形势、吉塔（吉克斯坦）边境局势等交换意见。11月2日，吉内阁总理阿·扎帕罗夫与俄副总理奥维尔丘克在比什凯克举行吉俄政府间经贸、科技和人文合作委员会会议。11月22日，吉总统扎帕罗夫会见俄对外情报局局长纳雷什金，就两国安全领域合作交换意见。

【同中亚邻国的关系】2022年1月5日，吉内阁和外交部分别就哈萨克斯坦局势发表声明。1月7日，吉总统扎帕罗夫签署派兵参加集安组织赴哈萨克斯坦维和行动的命令。1月13日，吉总统扎帕罗夫应约同哈萨克斯坦总统托卡耶夫通电话，托感谢吉方在哈局势动荡期间提供帮助，双方并就双边及地区合作问题交换意见。1月27日，吉塔（吉克斯坦）边境发生武装冲突，两国边防军激烈交火。1月28日，吉内阁副总理兼国家安全委员会主席塔什耶夫和塔边防部队指挥官拉贾巴利举行会晤，双方决定将部队撤离边界线。3月10日至11日，吉塔（吉克斯坦）边境发生小规模冲突。3月11日，吉外长卡扎克巴耶夫在土耳其出席第二届安塔利亚外交论坛期间同乌兹别克斯坦外长卡米洛夫举行会见，就吉乌关系发展和双多边各领域合作交换意见。3月15日，吉总统扎帕罗夫向谢·别尔德穆哈梅多夫致贺电，祝贺其当选土库曼斯坦总统。3月22日，吉外长卡扎克巴耶夫在出席伊斯兰合作组织外长理事会第四十八次会议期间会见塔吉克斯坦外长穆赫里丁，就吉塔关系及多边合作交换意见。3月24日，吉塔（吉克斯坦）边境发生小规模冲突。3月26日，吉国防部长别克博罗托夫访问乌兹别克斯坦，同乌国防部长库尔班诺夫举行会晤，就巩固和深化两国政治、经贸、人文、国防等领域合作交换意见。3月28日，吉议长马梅托夫在阿拉木图出席独联体国家议会间大会理事会会议期间会见哈萨克斯坦参议院议长阿希姆巴耶夫，就双边关系、议会间合作等交换意见。4月1日，乌兹别克斯坦总理阿里波夫对吉进行工作访问，同吉内阁总理阿·扎帕罗夫举行会见，就吉乌关系和各领域合作交换意见，并共同出席边境省州负责人第四次会晤、以视频方式出席乌方在吉巴特肯州援建学校揭幕仪式。4月6日，吉总统扎帕罗夫同哈萨克斯坦总统托卡耶夫通电话，托就吉当局收回库姆托尔金矿向扎表示祝贺。4月8日，吉总统扎帕罗夫同乌兹别克斯坦总统米尔济约耶夫通电话，米就吉当局收回库姆托尔金矿向扎表示祝贺。4月12日，吉塔（吉克斯坦）边境发生交火，吉塔代表团于当晚就边境问题举行谈判，决定将双方援军和装备撤出边境线。4月13日，吉外长卡扎克巴耶夫同塔吉克斯坦外长穆赫里丁通电话，就双边合作、地区安全、划界问题交换意见。4月14日，乌兹别克斯坦副总理、投资和外贸部长乌穆尔扎科夫访吉，分别会见吉总统扎帕罗夫、内阁总理阿·扎帕罗夫、外长卡扎克巴耶夫，并同阿·扎帕罗夫共同出席乌吉发展基金启动仪式。4月20日，吉内阁第一副总理科若舍夫与哈萨克斯坦副总理兼贸易和一体化部长苏尔丹诺夫举行视频会见，就解决吉哈边境卡车滞留问题达成一致并签署相关协议。4月24日，吉内阁第一副总理科若舍夫同哈萨克斯坦副总理兼贸易和一体化部长苏尔丹诺夫在吉哈边境阿克-吉列克口岸举行会晤，就简化货物过境流程等达成共识。4月29日至30日，哈萨克斯坦总理斯迈洛夫对吉进行工作访问，同吉总统扎帕罗夫举行会见，同吉内阁总理阿·扎帕罗夫共同主持召开哈吉政府间委员会第十次会议并签署会议纪要。5月5日至7日，吉乌（兹别克斯坦）划界工作组在乌举行首次会晤，双方就即将开展的划界工作法律问题交换意见并签署备忘录。5月6日，吉外长库鲁巴耶夫与乌兹别克斯坦代理外长诺罗夫通电话，就双边关系发展、地区国际问题、高层交往交换意见。5月12日，吉议长马梅托夫在出席首届中亚国家和俄罗斯议会间论坛期间分别同土库曼斯坦总统谢·别尔德穆哈梅多夫，土前总统、人民委员会议长库·别尔德穆哈梅多夫举行会见。5月13日至14日，吉外长库鲁巴耶夫在出席独联体国家外长理事会会议和中亚五国外长会晤期间分别会见乌兹别克斯坦代外长诺罗夫和塔吉克斯坦外长穆赫里丁。5月18日，吉总统扎帕罗夫同哈萨克斯坦总统托卡耶夫通电话，向托致生日祝福。5月19日，吉总统扎帕罗夫同乌兹别克斯坦总统米尔济约耶夫通电话，就深化双边关系、巩固传统友谊、加强经贸合作交换意见。5月21日，吉内阁总理阿·扎帕罗夫同乌兹别克斯坦总理阿里波夫通电话，就人文、经贸等领域双边合作交换意见。5月26日，哈萨克斯坦总统托卡耶夫对吉进行正式访问，同吉总统扎帕罗夫举行会谈，就吉哈关系和各领域合作前景交换意见，见证签署13份合作文件并共见记者。6月3日，吉塔（吉克斯坦）两国边防军在边境地区发生交火。6月6日，吉总统扎帕罗夫同哈萨克斯坦总统托卡耶夫通电话，祝贺哈宪法修正案全民公投顺利举行。6月14日，吉塔（吉克斯坦）两国边防军在边境地区发生交火。6月19日至25日，吉首任总统阿卡耶夫应哈方邀请访问哈萨克斯坦。6月21日至26日，吉塔（吉克斯坦）政府间划界和标界代表团在杜尚别举行例行会议。7月4日，吉总统扎帕罗夫同乌兹别克斯坦总统米尔济约耶夫通电话，就乌卡拉卡尔帕克斯坦共和国局势交换意见。7月4日至8日，吉乌（兹别克斯坦）政府代表团会议在安吉延举行，就吉乌划界的组织和法律问题达成一致。7月20日，吉总统扎帕罗夫集体会见来吉出席中亚五国外长会的哈萨克斯坦副总理兼外长特列乌别尔季、塔吉克斯坦外长穆赫里丁、乌兹别克斯坦外长诺罗夫和土库曼斯坦驻吉大使梅列多夫。7月21日，吉总统扎帕罗夫分别同来吉出席第四届中亚国家元首峰会的土库曼斯坦总统谢·别尔德穆哈梅多夫和塔吉克斯坦总统拉赫蒙举行双边会见。7月24日，吉总统扎帕罗夫同乌兹别克斯坦总统米尔济约耶夫通电话，就吉乌关系发展、第四届中亚国家元首峰会成果交换意见。7月27日，吉总统扎帕罗夫同塔吉克斯坦总统拉赫蒙通电话，就双多边合作和区域合作交换意见。8月18日，吉最高法院院长巴扎尔别科夫在出席第十七次上海合作组织成员国最高法院院长会议期间同塔吉克斯坦最高法院院长绍希延举行双边会晤。8月23日，哈萨克斯坦、乌兹别克斯坦、塔吉克斯坦、土库曼斯坦总统就俄罗斯乌里扬诺夫斯克州交通事故造成14名吉公民遇难分别向吉总统扎帕罗夫致慰问电。8月25日，吉内阁总理阿·扎帕罗夫在乔蓬阿塔同来吉出席欧亚经济联盟政府间理事会会议的哈萨克斯坦总理斯迈洛夫举行会见。9月1日，吉乌（兹别克斯坦）政府间划界标界问题工作组会议在乌举行。9月14日，吉塔（吉克斯坦）双方在吉巴特肯州附近未划定国界区发生大规模武装冲突。9月16日，吉总统扎帕罗夫同塔总统拉赫蒙举行会见，指示有关部门立即停火并后撤武装力量，两国外长、国家安全委员会主席并分别举行会见。9月17日，吉紧急情况部宣布巴特肯州进入紧急状态。9月18日，吉外交部发表声明，认定“2022年9月14日至17日在吉主权领土上发生的事件是塔对吉有预谋的武装侵略行为”，造成46名吉公民丧生，140人受伤，约14万人被迫撤离。同日，吉总统扎帕罗夫在撒马尔罕工作访问期间与乌兹别克斯坦总统米尔济约耶夫举行会见，双方就两国合作交换意见。9月19日，哈萨克斯坦总统托卡耶夫就吉塔（吉克斯坦）边境冲突造成人员伤亡向吉总统扎帕罗夫致慰问电。9月26日，吉内阁副总理兼国家安全委员会主席塔什耶夫同乌兹别克斯坦总理阿里波夫签署吉乌划界标界政府代表团会议纪要。10月27日，吉总统扎帕罗夫在哈萨克斯坦出席首届欧盟—中亚峰会期间同哈总统托卡耶夫举行会见。11月3日，乌兹别克斯坦外长诺罗夫对吉进行正式访问，会见吉总统扎帕罗夫，同吉外长库鲁巴耶夫举行会谈，双方签署《关于吉乌边界部分地段协议》《两国政府关于共同管理克姆皮尔-阿巴德水库水资源协议》，11月17日，吉议会一日三读通过上述吉乌边界协议。11月21日，吉总统扎帕罗夫同哈萨克斯坦总统托卡耶夫通电话，扎就托在总统选举中胜出向其致贺。11月29日，吉总统扎帕罗夫签署法令，批准上述吉乌边界协议，正式划定吉乌间302.29公里未定边界。12月16日，吉总统扎帕罗夫同哈萨克斯坦总统托卡耶夫通电话，就哈独立日向其致贺。

【**同美国的关系**】2022年1月24日，美通过COVAX机制向吉援助15万剂新冠疫苗。2月11日，美国际开发署“法律之源”项目启动仪式在比什凯克举行，吉最高法院院长巴扎尔别科夫、宪法法院院长奥斯孔巴耶夫、司法部长巴耶托夫出席。2月15日，吉美双方在比什凯克举行工作组会议，制定两国军事部门未来五年合作计划。2月28日，吉外长卡扎克巴耶夫以视频方式出席“美国+中亚五国”外长会，各方就乌克兰危机，加强经济、安全、应对气候变化等领域合作交换意见。3月22日，吉外长卡扎克巴耶夫在出席伊斯兰合作组织外长理事会第四十八次会议期间会见美负责民事安全、民主和人权事务的副国务卿泽亚，就吉美关系、人权民主问题等交换意见。4月14日至15日，美负责民事安全、民主和人权事务的副国务卿泽亚访吉，分别同吉总检察长祖鲁舍夫、内阁副总理拜依萨洛夫、外长卡扎克巴耶夫等举行会见，就吉国内重大政治议程、吉美关系前景、打击腐败、民主人权问题、乌克兰危机等交换意见。4月20日，吉内阁总理阿·扎帕罗夫赴华盛顿访问，出席世界银行和国际货币基金组织理事会年会，会见世界银行代表并签署相关融资协议。4月28日，美国际开发署向吉援助价值3100万索姆的新冠病毒检测设备。5月23日，吉外长库鲁巴耶夫会见美负责南亚和中亚事务的助理国务卿唐纳德·卢，就吉美关系、地区和国际问题交换意见。6月14日，吉外长库鲁巴耶夫会见来访的美国中央司令部负责指挥中东、中亚、南亚地区军事行动的司令库里拉，就阿富汗局势、加强人道主义合作等议题交换意见。7月15日至18日，吉内阁副总理拜依萨洛夫在纽约出席联合国经社理事会高级别政治论坛。9月23日，吉外长库鲁巴耶夫在纽约出席“美国—中亚”外长会晤，美国务卿布林肯，哈萨克斯坦、乌兹别克斯坦、塔吉克斯坦外长和土库曼斯坦驻美大使出席，各方就维护国家主权和领土完整、加强粮食安全和经济领域合作交换意见。10月25日，吉内阁总理阿·扎帕罗夫会见美吉实业委员会成员。12月30日，吉总统扎帕罗夫接受美国新任驻吉大使莱斯利·维格利递交国书。

【**同欧安组织和欧盟的关系**】2022年2月25日，吉外长卡扎克巴耶夫会见欧盟中亚事务特别代表哈卡拉，就双方各领域合作、乌克兰危机、哈萨克斯坦局势等交换意见。3月11日，吉外长卡扎克巴耶夫在土耳其出席第二届安塔利亚外交论坛期间会见欧安组织秘书长施密德，就地区政治和安全问题、乌克兰危机等交换意见。3月12日，吉外长卡扎克巴耶夫在土耳其同欧盟外交与安全政策高级代表兼欧盟委员会副主席博雷利举行会见，就吉欧各领域合作、乌克兰危机等交换意见。4月6日，吉内务部长尼亚兹别科夫会见欧安组织驻吉代表罗戈夫，双方就开展警务合作、打击犯罪、维护公共安全交换意见，欧安组织向吉方赠送9辆警车。4月8日，德国发展银行向吉政府提供1000万欧元贷款，用于促进吉农业发展。4月12日，吉经济和商务部长阿曼格利季耶夫会见欧洲复兴开发银行中亚地区总经理哈吉泰，就能源、灌溉、交通、基础设施建设等领域合作交换意见。4月13日，吉外长卡扎克巴耶夫同欧盟中亚事务特别代表哈卡拉通电话，就吉欧关系和地区政治安全形势交换意见。4月15日，吉内阁总理阿·扎帕罗夫会见欧洲复兴开发银行中亚地区总经理哈吉泰，就开展灌溉、农业、能源领域合作交换意见。5月12日至16日，欧安组织代表团访吉，同吉内务部代表举行会见。6月1日，吉内阁副总理托罗巴耶夫会见欧洲复兴开发银行驻吉代表鲁斯塔莫娃，就深化交通能源合作、开展灌溉项目等交换意见。7月26日，吉总统扎帕罗夫会见欧安组织少数民族事务高级专员阿卜杜拉赫马诺夫。7月27日，吉总统扎帕罗夫会见即将离任的欧盟驻吉代表团团长奥尔。9月21日，吉总统办公厅对外政策局局长阿济姆巴耶夫会见欧盟外交与安全政策高级代表兼欧盟委员会副主席博雷利，双方就吉塔（吉克斯坦）边境局势、近期吉欧各层级互访和双边经贸合作等交换意见。10月10日，吉总统扎帕罗夫会见欧盟中亚事务特别代表哈卡拉，就加强双边合作、密切高层交往、签署《吉与欧盟加强伙伴关系与合作协定》等交换意见。10月27日，吉总统扎帕罗夫赴哈萨克斯坦出席首届欧盟—中亚峰会，其间会见欧洲理事会主席米歇尔。11月18日，吉副外长摩尔多加济耶夫率团赴乌兹别克斯坦出席第18届“欧盟+中亚五国”部长级会议。11月22日，吉副总理拜依萨洛夫会见人权观察组织欧洲中亚部主任威廉姆森，就人权领域合作热点问题交换意见。12月7日，吉内阁副总理拜依萨洛夫率团访问英国。12月15日，吉内阁总理阿·扎帕罗夫会见欧盟驻吉大使约瑟夫森，就双边合作交换意见。

【参与地区一体化及区域合作情况】2022年1月7日，吉总统扎帕罗夫与集安组织秘书长扎斯通电话，就哈萨克斯坦局势和集安组织应对措施交换意见。1月10日，吉内阁总理阿·扎帕罗夫代表吉总统出席集安组织成员国元首视频会晤，讨论哈萨克斯坦局势和应对举措。1月11日，吉总统扎帕罗夫就吉2022年担任欧亚经济联盟主席国向联盟各成员国元首发表致辞，提出年内六大重点工作方向。同日，吉外长卡扎克巴耶夫以视频方式出席“突厥语国家组织”外长理事会就哈萨克斯坦局势举行的特别会议。1月27日，吉总统扎帕罗夫以视频方式出席首届“印度—中亚”峰会。2月25日，吉内阁总理阿·扎帕罗夫在哈萨克斯坦出席欧亚经济联盟政府间理事会会议。3月22日，吉总统扎帕罗夫会见“突厥语国家组织”长老理事会主席、土耳其前议长伊尔迪里姆，就加强吉方与土方及“突厥语国家组织”各领域合作、在比什凯克设立突厥投资基金总部等交换意见。同日，吉议长马梅托夫与伊尔迪里姆会见，就加强突厥语国家议会间合作交换意见。3月22日至25日，吉外长卡扎克巴耶夫在伊斯兰堡出席伊斯兰合作组织外长理事会第四十八次会议。3月28日，吉议长马梅托夫在阿拉木图出席独联体国家议会间大会理事会会议。4月15日，吉外长卡扎克巴耶夫以视频方式出席“日本—中亚”外长对话会。5月12日，吉议长马梅托夫在土库曼斯坦出席首届中亚国家和俄罗斯议会间论坛。5月13日至14日，吉外长库鲁巴耶夫在杜尚别出席独联体国家外长理事会会议和中亚五国外长会晤。5月14日，吉交通部长奥索耶夫在乌兹别克斯坦出席上海合作组织成员国交通部长第九次会议。5月15日至16日，吉总统扎帕罗夫在莫斯科出席集安组织20周年峰会。5月19日，吉文化、信息、体育和青年政策部长扎曼库洛夫在乌兹别克斯坦出席上海合作组织文化、体育、旅游部长会议。5月27日，吉总统扎帕罗夫主持召开欧亚经济委员会最高理事会视频会议。同日，吉经济和商务部长阿曼格利季耶夫会见欧亚经济委员会一体化和宏观经济部长格拉季耶夫、工业和农业综合体部长卡马良。同日，吉外长库鲁巴耶夫会见亚信秘书长萨雷拜。5月28日，吉总统扎帕罗夫会见来访的上海合作组织秘书长张明。6月6日，吉议长马梅托夫在埃里温出席集安组织议会大会委员会会议。6月7日，吉外长库鲁巴耶夫在努尔苏丹出席“中国+中亚五国”外长第三次会晤。6月10日，吉内阁第一副总理科若舍夫在努尔苏丹出席独联体成员国经济委员会会议。同日，吉外长库鲁巴耶夫在埃里温出席集安组织外长理事会会议。6月17日，吉内阁总理阿·扎帕罗夫在圣彼得堡出席第二十五届圣彼得堡国际经济论坛。6月21日，吉内阁总理阿·扎帕罗夫在明斯克出席欧亚经济联盟政府间理事会扩大会议。6月24日，突厥语国家议会大会第十一届全体会议在吉举行。同日，吉能源部长阿赫梅德哈扎耶夫在塔什干出席上海合作组织成员国能源部长会第二次会议。6月29日，吉人权事务专员阿布德拉赫马托娃在塔什干出席首届中亚地区人权论坛。7月11日，吉议长马梅托夫以视频方式出席第九届中国—中亚合作论坛。7月14日，吉经济和商务部长阿曼格利季耶夫出席在塔什干举办的独联体国家工业政策委员会第八次会议和上海合作组织成员国工业部长会议。7月21日，吉总统扎帕罗夫在乔蓬阿塔主持召开第四届中亚国家元首峰会。8月18日，吉最高法院院长巴扎尔别科夫在杜尚别出席第十七次上海合作组织成员国最高法院院长会议。8月24日，吉国防部长别克博罗托夫在塔什干出席上海合作组织成员国国防部长第十九次会议。8月25日至26日，吉内阁总理阿·扎帕罗夫在乔蓬阿塔主持召开欧亚经济联盟政府间理事会会议。9月14日，吉总统扎帕罗夫以视频方式出席集安组织峰会，讨论亚（美尼亚）阿（塞拜疆）冲突升级问题。9月16日，吉总统扎帕罗夫在撒马尔罕出席上海合作组织成员国元首理事会第二十二次会议。9月23日，吉内阁第一副总理卡瑟马利耶夫出席第95届独联体经济委员会会议。10月4日，吉内阁总理阿·扎帕罗夫、安全会议秘书伊曼库洛夫先后会见集安组织秘书长扎斯。10月5日，吉总统扎帕罗夫会见集安组织秘书长扎斯。10月7日，吉国务秘书卡斯马姆别托夫代表吉总统在圣彼得堡出席独联体国家元首非正式会议。10月9日，吉国防部宣布取消原定于10月10日至14日在吉举行的集安组织成员国维和部队“坚不可摧的兄弟情谊-2022”军事演习。10月13日，吉总统扎帕罗夫在阿斯塔纳出席亚洲相互协作与信任措施会议第六次峰会全会，其间出席吉俄塔三国元首会晤，就吉塔边境问题交换意见。10月14日，吉总统扎帕罗夫在阿斯塔纳出席独联体国家元首理事会会议和首届中亚—俄罗斯元首峰会。10月28日，吉总统扎帕罗夫以视频方式出席集安组织理事会非例行会议。同日，吉内阁总理阿·扎帕罗夫赴哈萨克斯坦出席独联体国家政府首脑理事会第八十次会议。11月1日，吉内阁总理阿·扎帕罗夫以视频方式出席上海合作组织成员国政府首脑（总理）理事会第二十一次会议。11月9日，吉经济和商务部长阿曼格利季耶夫在撒马尔罕出席“突厥语国家组织”经贸部长会。11月10日至11日，吉总统扎帕罗夫在撒马尔罕出席“突厥语国家组织”峰会。11月23日，吉总统扎帕罗夫在埃里温出席集安组织领导人峰会。12月5日，吉议长沙基耶夫在俄罗斯出席集安组织议会大会会议。12月9日，吉总统扎帕罗夫主持召开欧亚经济联盟成员国元首理事会会议。同日，吉国防部长别克博罗托夫在莫斯科出席上海合作组织和独联体成员国国防部长会议。12月23日至24日，吉外长库鲁巴耶夫在日本出席第九届“中亚五国+日本”外长会。12月26日，吉总统扎帕罗夫在圣彼得堡出席独联体国家元首非正式会议。

【同其他国家的关系】2022年1月6日，吉总统扎帕罗夫应约同土耳其总统埃尔多安通电话，就吉土合作、哈萨克斯坦局势等交换意见。1月26日，日本首相岸田文雄就日吉建交30周年向吉总统扎帕罗夫致贺电。1月31日，韩国总统文在寅就韩吉建交30周年向吉总统扎帕罗夫致贺电。2月17日，吉总统扎帕罗夫会见到访的沙特发展基金亚洲地区总经理阿里-沙马里，双方就实施联合投资项目交换意见。2月18日，土耳其国防部向吉武装部队移交汽车、武器、护具等军事装备援助，吉国防部第一副部长乌苏巴利耶夫出席交接仪式。2月27日至3月2日，吉内阁第一副总理科若舍夫对沙特进行工作访问并出席吉沙商业论坛。3月1日，吉国防部长别克博罗托夫在安卡拉会见土耳其国防部长阿卡尔，就国防领域合作交换意见。3月1日至2日，吉外长卡扎克巴耶夫对阿联酋进行正式访问，分别会见阿副总理兼总统事务部长曼苏尔、外交与国际合作部长阿卜杜拉等，就双边关系和两国各领域合作交换意见。3月11日，吉总统扎帕罗夫向尹锡悦致贺电，祝贺尹当选韩国总统。3月12日，吉外长卡扎克巴耶夫在土耳其出席第二届安塔利亚外交论坛期间会见土耳其外长查武什奥卢，就吉土双边合作交换意见。3月18日，印度总统科温德就印吉建交30周年向吉总统扎帕罗夫致贺电。3月21日，沙特外长费萨尔访吉，分别同吉总统扎帕罗夫、内阁总理阿·扎帕罗夫和外长卡扎克巴耶夫举行会见，双方就吉沙经贸投资合作和国际热点问题交换意见。3月26日，吉内阁总理阿·扎帕罗夫签署吉同加拿大森特拉公司相互索赔和解协议草案。3月28日至30日，吉外长卡扎克巴耶夫访问德国，分别同德国外长贝尔伯克、经济事务和气候保护部国务秘书布兰特纳等举行会见。4月4日，吉总统扎帕罗夫发表电视讲话，宣布吉方已与加拿大森特拉公司签署协议，将库姆托尔金矿完全收归国有。吉方将获得库姆托尔金矿2021年5月实行外部监管以来的全部收入，并获得库姆托尔矿区修复基金控制权。4月5日，吉总统扎帕罗夫同匈牙利总理欧尔班通电话，祝贺欧领导的青民盟在匈议会选举中胜出。4月19日至20日，吉总统扎帕罗夫对阿塞拜疆进行正式访问，与阿总统阿利耶夫举行会谈并签署《吉阿战略伙伴关系宣言》。4月20日，吉内务部长尼亚兹别科夫在安卡拉会见土耳其副总统奥克泰，就加强经济、政治、人文、安全合作交换意见。4月22日，匈牙利总理欧尔班就匈吉建交30周年向吉总统扎帕罗夫致贺电。4月25日，吉总统扎帕罗夫就马克龙连任法国总统向其致贺信。5月3日，吉总统扎帕罗夫应约同土耳其总统埃尔多安通电话，双方互致开斋节祝福，就深化互利合作、发展双边关系交换意见。同日，吉总统扎帕罗夫会见来访的匈牙利外长西雅尔多。5月9日至11日，吉最高法院院长巴扎尔别科夫率团访问土耳其，出席土国务委员会成立154周年庆祝活动，分别同土总统埃尔多安、议长申托普、总检察长沙欣举行礼节性会见。5月17日，吉总统扎帕罗夫赴阿联酋阿布扎比出席阿前总统哈利法悼念活动，分别同阿总统穆罕默德、阿能源部长马兹鲁伊等举行会见。6月1日至2日，阿联酋经济部长马利访吉，分别同吉总统扎帕罗夫、内阁总理阿·扎帕罗夫、经济和商务部长阿曼格利季耶夫举行会见。6月3日，吉议会国际事务委员会主席艾达尔别科夫率团访问土耳其，会见土议长穆斯塔法。6月8日至9日，吉国防部长别克博罗托夫结合出席“刀柄-2022”多国联合军演对土耳其进行工作访问，并分别同土国防部长阿卡尔、阿塞拜疆国防部长加萨诺夫举行会见。6月12日，吉内阁总理阿·扎帕罗夫，外长库鲁巴耶夫，文化、信息、体育和青年政策部长扎曼库洛夫分别会见来访的印度外交部国务部长兼文化部国务部长莱希。6月14日，吉经济和商务部长阿曼格利季耶夫在日内瓦参加世贸组织第十二次部长级会议期间会见巴基斯坦商务部长卡马尔。6月20日，吉外长库鲁巴耶夫在沙特会见沙外长费萨尔亲王。6月23日，吉议长马梅托夫会见匈牙利国民议会副议长山多尔，就加强议会交流合作交换意见。6月24日，吉总统扎帕罗夫会见来吉出席突厥语国家议会大会第十一届全体会议的土耳其大国民议会议长申托普。6月27日，吉总统阿富汗事务特别代表马萨德科夫会见来访的伊朗总统阿富汗问题特别代表哈桑。7月8日，吉总统扎帕罗夫就日本前首相安倍晋三逝世向日本首相岸田文雄致慰问电。7月9日，吉总统扎帕罗夫同土耳其总统埃尔多安通电话，双方互致古尔邦节祝福。7月10日，格鲁吉亚总统祖拉比什维利就格吉建交30周年向吉总统扎帕罗夫致贺电。8月2日，吉总统扎帕罗夫就洪灾造成人员伤亡向伊朗总统莱希致慰问电。8月15日，吉总统扎帕罗夫就亚美尼亚埃里温苏尔马鲁批发市场爆炸事件向亚总统哈恰图良致慰问电。同日，吉内阁副总理托罗巴耶夫赴巴库出席吉阿（塞拜疆）第四次政府间经贸、人文合作委员会会议，其间同阿总统阿利耶夫举行会见。8月19日，吉内阁总理阿·扎帕罗夫同阿塞拜疆总理阿萨多夫通电话，双方就落实吉总统扎帕罗夫访阿期间两国元首达成的共识交换意见。9月15日，吉总统扎帕罗夫在撒马尔罕工作访问期间与伊朗总统莱希举行会见，就两国政治、经贸等领域合作交换意见，相互就建交30周年致贺。9月16日，吉总统扎帕罗夫在撒马尔罕工作访问期间与巴基斯坦总理夏巴兹举行会见，双方就巩固双边政治对话、发展经贸合作交换意见。9月21日，吉总统扎帕罗夫在纽约分别会见瑞士联邦主席兼外长卡西斯、土耳其总统埃尔多安、卡塔尔埃米尔塔米姆，就双多边领域热点合作议题和吉塔（吉克斯坦）边境冲突交换意见。9月22日，吉总统扎帕罗夫同白俄罗斯总统卢卡申科通电话，就双多边重点领域合作和吉塔（吉克斯坦）边境冲突交换意见。9月29日，吉总统扎帕罗夫偕夫人对土耳其进行工作访问，出席第四届世界游牧民族运动会开幕式，并同土总统埃尔多安举行会见。10月11日至12日，阿塞拜疆总统阿利耶夫对吉进行国事访问，两国元首举行吉阿国家间委员会首次会议。10月30日，吉总统扎帕罗夫就韩国首尔踩踏事故向韩国总统尹锡悦致慰问电。10月30日至11月1日，吉总统扎帕罗夫对阿联酋进行工作访问，同阿联酋总统穆罕默德举行双边会见。10月31日，吉总统扎帕罗夫就印度拉索桥坍塌事故向印度总理莫迪致慰问电。同日，吉总统扎帕罗夫向巴西当选总统卢拉致贺电。11月3日，吉总统扎帕罗夫分别向英国当选首相苏纳克、瑞典当选首相克里斯特松致贺电。11月4日，吉总统扎帕罗夫向柬埔寨首相洪森致独立日贺电。11月6日至7日，吉总统特别事务代表马萨德科夫对阿富汗喀布尔进行工作访问。11月14日，吉总统扎帕罗夫就伊斯坦布尔爆炸向土耳其总统埃尔多安致慰问电。11月30日至12月1日，吉内阁总理阿·扎帕罗夫对日本进行工作访问，出席中亚投资论坛。12月1日，吉总统扎帕罗夫向罗马尼亚总统约翰尼斯致民族团结日贺电。12月2日，吉总统扎帕罗夫向老挝国家主席通伦致独立日贺信。12月18日，吉总统扎帕罗夫对卡塔尔进行工作访问，观看卡塔尔世界杯决赛，其间在多哈会见土耳其总统埃尔多安，就吉土经贸、文化和人文领域合作交换意见。12月24日，吉总统扎帕罗夫同阿塞拜疆总统阿利耶夫通电话，祝贺其生日。（陈田）

柬埔寨

国名　柬埔寨王国（The Kingdom of Cambodia）。

面积　18.1万平方公里。

人口　约1600万（2022年）。有20多个民族，高棉族是主体民族，占总人口的80%，少数民族有占族、普农族、斯丁族等。高棉语为官方语言。佛教为国教，93%以上的居民信奉佛教，占族信奉伊斯兰教，少数城市居民信奉天主教。华人华侨约110万人。

首都　金边（Phnom Penh），人口212万（2022年）。

国家元首　国王诺罗敦·西哈莫尼（His Majesty Norodom Sihamoni），2004年10月登基。

重要节日　独立节（建军日）：11月9日（1953年11月9日，柬埔寨王国摆脱法国殖民统治，宣告独立，这天被定为柬埔寨国庆日，也是柬建军日）；国王诞辰：5月14日；佛历新年：4月中旬。

简　况　位于中南半岛南部，东部和东南部同越南接壤，北部与老挝交界，西部和西北部与泰国毗邻，西南濒临泰国湾。海岸线长约460公里。属热带季风气候，年均气温为24℃。

公元1世纪下半叶建国，历经扶南、真腊、吴哥等时期。9—14世纪吴哥王朝为鼎盛时期，国力强盛，文化发达，创造了举世闻名的吴哥文明。1863年沦为法国保护国。1941年被日本占领。1945年日本投降后被法国重新占领。1953年11月9日，柬埔寨王国宣布独立。1970年3月18日，朗诺集团发动政变，推翻西哈努克政权，改国名为“高棉共和国”。3月23日，西哈努克在北京宣布成立柬埔寨民族统一阵线，开展抗美救国斗争。5月5日，成立以宾努亲王为首相的柬埔寨王国民族团结政府。1975年4月17日，柬抗美救国斗争取得胜利。1976年1月，柬颁布新宪法，改国名为“民主柬埔寨”。1978年12月，越南出兵柬埔寨，成立“柬埔寨人民共和国”。1982年7月，西哈努克、宋双、乔森潘三方组成“民主柬埔寨联合政府”。1990年9月成立柬全国最高委员会，西哈努克出任主席。1991年10月23日，柬埔寨问题国际会议在巴黎召开，签署了《柬埔寨冲突全面政治解决协定》，历时13年之久的柬埔寨问题最终实现政治解决。1993年5月，柬在联合国主持下举行首次全国大选。9月，颁布新宪法，改国名为柬埔寨王国，西哈努克重登王位。2004年10月6日，西哈努克国王在北京宣布退位。10月14日，柬王位委员会9名成员一致推选西哈莫尼为新国王。10月29日，西哈莫尼国王登基即位。

政 治

实行君主立宪制。

【宪法】现行宪法于1993年9月21日经柬制宪会议通过，由西哈努克国王于同年9月24日签署生效。宪法规定，柬埔寨的国体是君主立宪制，实行多党制和自由市场经济，立法、行政、司法三权分立。国王是终身制国家元首、武装力量最高统帅、国家统一和永存的象征，有权宣布大赦，在首相建议并征得国会主席同意后有权解散国会。国王因故不能理政或不在国内期间由参议院主席代理国家元首职务。王位不能世袭。国王去世、退休或退位后，由首相、佛教两派僧王、参议院和国会正副主席共9人组成的王位委员会在7日内从安东、诺罗敦和西索瓦三支王族后裔中遴选产生新国王。

【议会】国会是柬埔寨国家立法机构，每届任期5年。下设10个专门委员会。第六届国会成立于2018年9月，由125名议员组成，全部为柬埔寨人民党党籍。人民党名誉主席韩桑林任国会主席，钱业任第一副主席，昆索达莉（女）任第二副主席。

柬宪法规定，法案须经国会、参议院、宪法理事会逐级审议通过，最后呈国王签署生效。参议院主席礼宾顺序排在国王之后、国会主席和政府首相之前，属国家第二号领导人，任期6年。

第四届参议院成立于2018年2月，由62名参议员组成，其中58席由投票产生，均为柬埔寨人民党党籍，2人由国王直接任命，2人由国会委任。赛冲连任参议院主席，人民党成员辛卡和迪翁分别任第一和第二副主席。

【政府】柬第六届政府于2018年9月成立，洪森为首相。设10个副首相，17个国务大臣，28个部和1个国务秘书处。10位副首相包括：韶肯（兼内政部大臣），迪班（兼国防部大臣），贺南洪，梅森安（女，兼议会联络与监察部大臣），宾成（常务副首相兼内阁办公厅大臣），尹财利，盖金延，布拉索昆（兼外交与国际合作部大臣），安蓬莫尼拉（兼财经部大臣），谢速帕拉（兼国土、城市规划和建设部大臣）。

17位国务大臣包括：蔡唐（兼计划部大臣），波尔沙伦（前王家军总司令），官金（前王家军副总司令兼总参谋长），密索皮（前王家军副总司令兼陆军司令），占蒲拉西（兼工业和科技创新部大臣），宁万达，孙占托（兼公共工程与运输部大臣），翁仁典，殷莫利，瓦金洪，英诺拉，亨柴，金本贤，胡瑟替，昆航，李突，奥斯曼哈桑。

19位大臣包括：农林渔业部大臣邓迪那，农村发展部大臣乌拉本，商业部大臣潘索萨，矿产能源部大臣瑞赛，教育、青年、体育部大臣韩春那洛，社会福利、退伍军人和青年改造部大臣旺肃，环境部大臣赛桑奥，水资源与气象部大臣林建河，新闻部大臣乔干那烈，司法部大臣高乐，邮电通信部大臣谢万迪，卫生部大臣蒙文兴，文化艺术部大臣彭萨格娜（女），旅游部大臣唐坤，宗教事务部大臣陈速昆，妇女事务部大臣甘塔帕薇（女），劳动和职业培训部大臣毅森兴，公务员事务部大臣布隆索卡，民航国务秘书处大臣毛哈万纳。

【行政区划】全国划分为24个省和1个直辖市。

【司法机构】法院分初级法院、上诉法院和最高法院三级。最高法官理事会是司法系统的管理部门，负责监督法院工作，拥有遴选、任免法官的职权。最高法官理事会由国王、最高法院院长、总检察长、上诉法院院长和检察长、金边法院院长和检察长以及两位法官共9人组成，西哈莫尼国王任主席。最高法院院长为迪莫尼。柬无独立检察院，各级法院设检察官，行使检察职能。

【政党】2018年大选时有20个政党参选。主要政党有：

（1）柬埔寨人民党（Cambodian People’s Party）：该党前身为成立于1951年6月28日的柬埔寨人民革命党。1991年10月改为现名。该党主张对内维护政局稳定，致力于经济发展和脱贫，建立民主法治国家。对外奉行独立、和平、中立和不结盟政策，支持建立国际政治经济新秩序，主张加强南南合作、缩小贫富差距及加强区域合作，维护地区和平与繁荣。重视同周边邻国的友好合作以及与中、日、法等大国发展友好关系，发展同美及西方的关系。现任党主席洪森，名誉主席韩桑林，副主席韶肯、赛冲、迪班、梅森安。

（2）奉辛比克党（Funcinpec Party）：前身为“争取柬埔寨独立、中立、和平与合作民族团结阵线”（法文缩写为Funcinpec，即奉辛比克），西哈努克于1981年创建并任主席。1992年改为现名。该党信奉西哈努克主义，对内主张政治民主化，经济私有化，维护君主立宪制；对外奉行独立、和平、中立与不结盟外交政策，主张与世界各国及一切友好政党建立和发展友好合作关系，以和平方式解决与邻国的边界领土争端。现任主席诺罗敦·佳拉武。

【重要人物】诺罗敦·西哈莫尼：国王。1953年5月14日出生于金边，诺罗敦·西哈努克太皇和莫尼列太后的长子。20世纪60—70年代中期在捷克首都布拉格学习舞蹈、音乐和戏曲。20世纪80年代旅居法国，在巴黎莫扎特音乐学院担任古典舞蹈和艺术教授，并兼任高棉舞蹈学会、芭蕾舞团负责人和艺术指导。1993年任柬常驻联合国教科文组织大使。2004年10月登基。无党派人士。未婚。 **洪森**：首相、柬埔寨人民党主席。1952年8月5日出生于磅湛省。1990年9月参加柬全国最高委员会。1993年7月出任柬临时民族政府联合主席，9月出任柬埔寨王国政府第二首相。1998年任政府首相，2004年、2008年、2013年、2018年均连任。近年来，洪森多次来华访问和出席会议。有子女5人。 **韩桑林**：国会主席、柬埔寨人民党名誉主席。1934年出生于磅湛省。1993年任国王高级顾问。1998年任国会第一副主席。2004年连任国会第一副主席。2006年3月接任国会主席，2008年、2013年、2018年连任。多次来华访问和出席会议。有子女4人。 **赛冲**：参议院主席。1945年2月5日出生。长期担任柬埔寨人民党组织工作领导职务。1993年起历任人民党中央常委、中央办公厅主任，中央组织委员会主席和中央宣传教育委员会主席。1996年至今任人民党中央日常工作小组组长。2008年9月当选国会第二副主席。2012年1月柬第三届参议院选举后担任参议院第一副主席。2015年6月当选参议院主席。2018年4月连任参议院主席。

经　济

柬埔寨是传统农业国，工业基础薄弱。柬政府实行对外开放的自由市场经济，推行经济私有化和贸易自由化，把发展经济、消除贫困作为首要任务。洪森政府实施以优化行政管理为核心，加快农业建设和基础设施建设、发展私营经济和增加就业、提高素质和加强人力资源开发的“四角战略”，把农业、加工业、旅游业、基础设施建设及人才培训作为优先发展领域，推进行政、财经、军队和司法等改革，提高政府工作效率，改善投资环境，取得一定成效。2022年主要经济数据如下：

国内生产总值：300亿美元。

人均国内生产总值：1785美元。

国内生产总值增长率：5.2%。

货币名称：瑞尔。

汇率：1美元≈4065瑞尔。

通货膨胀率：5.3%。

【资源】矿藏主要有金、磷酸盐、宝石和石油，还有少量铁、煤。林业、渔业、果木资源丰富。盛产贵重的柚木、铁木、紫檀、黑檀、白卯等热带林木，并有多种竹类。森林主要分布在东部、北部和西部山区。木材储量约11亿多立方米。洞里萨湖是东南亚最大的天然淡水渔场，素有“鱼湖”之称。西南沿海也是重要渔场，多产鱼虾。

【工业】被视为推动柬国内经济发展的支柱之一，但基础薄弱，门类单一。制衣业继续保持柬工业主导地位和出口创汇龙头地位，是柬重要的经济支柱。

【农业】柬经济第一大支柱产业。可耕地面积为630万公顷。

【旅游业】柬经济增长的重要支柱产业之一，被柬政府誉为“绿金”，连续多年保持了较好的增长。2019年，共接待外国游客661万人次，其中中国游客约250万人次。暹粒的吴哥景区依然是来柬游客的第一大热点旅游目的地，其次为首都金边市，沿海的西哈努克省、白马省、贡布省和国公省四省自2011年加入世界最美海滩俱乐部后，滨海休闲旅游逐渐升温。

【交通运输】以公路和内河运输为主。主要交通线集中于中部平原地区以及洞里萨河流域。北部和南部山区交通闭塞。

公路：公路运输是柬最主要的运输方式，占客运运输总量的65%，货运运输总量的69%。截至2020年底，柬埔寨公路网长度超6万公里，包括国道、省道1.63万公里，农村公路4.35万公里。国道主要是以首都金边为中心的8条公路，沥青路面铺设。2022年10月，金边—西哈努克港高速公路通车，这是柬埔寨首条高速公路。

水运：内河航运以湄公河、洞里萨河为主，主要河港有金边、磅湛和磅清扬。雨季4000吨轮船可沿湄公河上溯至金边，旱季可通航2000吨货轮。西哈努克港为国际港口。

铁路：全国仅有南北两条铁路线，总长655公里，均为单线米轨。北线从金边至西北部城市诗梳风，全长385公里，建于1931年；南线从金边至西哈努克省，全长270公里，建于1960年。由于持续数十年的战乱破坏以及缺乏维护，柬铁路长期处于年久失修的荒废状态。2009年，柬政府开始复建工作。南线已于2016年4月30日恢复客运。

空运：柬主要航空公司有吴哥航空、百善航空、天空吴哥航空、澜湄航空等。有金边国际机场、暹粒机场、西哈努克省机场三个国际机场。

【财政金融】2022年，柬埔寨财政预算执行收入约65.48亿美元，预算执行支出约55.26亿美元，财政盈余约10.22亿美元。

柬埔寨银行体系由国家银行和商业银行构成。

【对外贸易】据柬政府估计，2022年，柬埔寨对外贸易总额约为254亿美元，同比增长9.2%。美国是最大的出口市场，其次为欧盟、新加坡、中国和日本；中国是最大的进口来源国。主要出口产品为服装、鞋类、电子零件、农产品和自行车等，主要进口产品为黄金、服装原材料、建材、汽车、燃油、食品等。

人民生活

2021—2022年，柬埔寨人的平均预期寿命为76岁。

军　事

1993年6月23日，柬三派武装力量组成柬埔寨武装部队，西哈努克为最高统帅。1993年9月24日改名为高棉王家军，总兵力约11万人。陆军划分为5个军区和1个特别军区。2018年，翁比塞出任高棉王家军总司令，伊萨拉为副总司令兼总参谋长，洪玛奈为副总司令兼陆军司令，迪文为副总司令兼海军司令，森桑南为副总司令兼空军司令。现任国防部大臣为副首相迪班。柬开始和平重建后，制订了阶段性裁军计划。

2006年10月25日，柬国会通过《兵役法》草案，规定18—30岁柬籍男性公民均有义务服兵役。

文化教育

【教育】20世纪70年代后，因长期战乱，文教事业遭受严重破坏。近年来政府重视教育，兴建了一些学校。

【新闻出版】发行量较大的报刊有《高棉日报》（英文，日报）、《和平岛报》（柬文，日报）、《金边邮报》（英文、柬文，日报）。柬影响较大的中文报纸有《华商日报》《柬华日报》。

柬新社为官方通讯社，成立于1980年。

柬全国目前共有百余家电台和20余家电视台。柬国家电视台是隶属柬新闻部的官方电视台，由政府出资兴办，其他较具规模的电视台有CTN电视台、BAYON电视台、东南亚电视台、“仙女”电视台。

对外关系

奉行独立、和平、永久中立和不结盟的外交政策，反对外国侵略和干涉，在和平共处五项原则基础上，同所有国家建立和发展友好关系。主张相互尊重国家主权，通过和平谈判解决与邻国的边界问题及国与国之间的争端。柬埔寨王国政府成立后，确定了融入国际社会、争取外援发展经济的对外工作方针，加强同周边国家的睦邻友好合作，改善和发展与西方国家和国际机构关系，以争取国际经济援助。

迄今，柬与172个国家建交。1999年4月30日加入东盟。

【同中国的关系】1955年4月，周恩来总理和柬埔寨国家元首西哈努克亲王在万隆亚非会议上结识，成为中柬友好关系的开端。1958年7月19日，两国正式建交。20世纪50—60年代，周恩来总理、刘少奇主席访柬，西哈努克亲王六次访华，并两次在华领导柬人民争取国家独立、民族解放的斗争，得到中国政府和人民大力支持。1993年以来，中柬高层互访频繁。

2022年2月，柬埔寨国王西哈莫尼来华出席北京冬奥会开幕式。3月，习近平主席同柬埔寨首相洪森通电话。3—4月，西哈莫尼国王和莫尼列太后来华查体休养。4月，中共中央政治局委员、中央外事工作委员会办公室主任杨洁篪在北京会见柬埔寨驻华大使西索达。5月，王毅国务委员兼外长同柬埔寨副首相兼外交与国际合作部大臣布拉索昆举行视频会晤。7月，王毅国务委员兼外长在澜湄合作第七次外长会期间会见布拉索昆副首相兼外交与国际合作部大臣，同柬埔寨副首相贺南洪以视频方式共同主持中柬政府间协调委员会第六次会议。8月，中共中央政治局委员、全国人大常委会副委员长王晨同柬埔寨国会第一副主席钱业举行视频会晤。同月，王毅国务委员兼外长访问柬埔寨。8—9月，西哈莫尼国王和莫尼列太后来华查体休养。9月，王岐山副主席出席纪念柬埔寨太皇西哈努克100周年诞辰招待会。11月，李克强总理赴柬埔寨出席东亚合作领导人系列会议并对柬埔寨进行正式访问。

中柬双边自贸协定于2020年10月签署，这是柬对外签署的首个双边自贸安排。据中国海关总署统计，2022年，中柬双边贸易额为160.2亿美元，同比增长17.5%。其中，中国出口额为141.8亿美元，同比增长23%；中国进口额为18.4亿美元，同比减少12.5%。

中国驻柬埔寨王国大使：王文天。馆址：No. 156 Blvd. Mao Tsetung，Phnom Penh，Kingdom of Cambodia。电话：00855–23–720926（领侨处），23210861（经商处）；传真：720922。

柬埔寨王国驻华大使：凯·西索达（Khek Caimealy Sysoda，女）。馆址：北京市朝阳区东直门外大街9号。电话：010–65321889；传真：65323507。

【同东盟的关系】柬埔寨于1999年4月30日加入东盟，成为东盟第10个成员国。入盟后，柬积极参与东盟政治合作机制和经济一体化进程，坚持成员国协商一致和不干涉内政等原则，主张加强合作，缩小新老成员差距。重视国际反恐合作，积极支持建立东亚经济共同体和安全共同体。柬重视加强东盟内部和湄公河次区域合作，2008年2月，柬埔寨国会通过《东盟宪章》。2002年、2012年、2022年，柬埔寨担任东盟轮值主席国。2015年底，柬埔寨与其他东盟国家宣布成立东盟共同体。

【同泰国的关系】柬泰两国1950年建交。

【同越南的关系】柬越两国1967年建交。2022年1月，越南外长裴青山访问柬埔寨。11月，越南总理范明政访问柬埔寨。

【同美国的关系】柬美两国1950年建交。2006年，美驻柬使馆宣布恢复为柬埔寨民众办理赴美签证。美参议院宣布撤销对柬军事援助的禁令，承诺向柬提供100万美元援助。2007年美向柬提供5580万美元直接援助。2022年8月，美国国务卿布林肯访问柬埔寨。11月，美国总统拜登在柬埔寨首都金边出席东亚合作领导人系列会议。

【同日本的关系】日本是柬埔寨最大援助国之一，从1992年起，年均向柬提供1亿美元援助，占外国援柬总额的20%，涉及公路桥梁、水电基础设施及农业农村发展、医疗保健、教育、人才培训、环保、古迹保护和司法等领域。

【同法国的关系】柬埔寨曾遭受法国殖民统治长达90年。近年来，双方均重视加强双边往来。法对柬援助领域涉及文化教育、法律、宗教、警察宪兵培训、农业、卫生等。　（罗斯）

卡塔尔

国名　卡塔尔国（The State of Qatar）。

面积　11521平方公里。

人口　281.1万（2022年）。卡塔尔人约占15%，其余为印度人、巴基斯坦人和东南亚人。阿拉伯语为官方语言。居民大多信奉伊斯兰教，多数属逊尼派，什叶派占全国人口的16%。

首都　多哈（Doha），人口约140万（2022年）。

国家元首　埃米尔兼武装部队总司令塔米姆·本·哈马德·阿勒萨尼（Tamim Bin Hamad Al-Thani），2013年6月25日即位。

重要节日　国庆日：12月18日。

简　况

位于波斯湾西南岸的卡塔尔半岛上，南面与沙特接壤。海岸线长563公里。属热带沙漠气候。夏季炎热漫长，最高气温可达50℃；冬季凉爽干燥，最低气温7℃。年均降水量75.2毫米。

公元7世纪是阿拉伯帝国的一部分。1517年遭葡萄牙人入侵。1846年，萨尼·本·穆罕默德建立卡塔尔酋长国。1872年被并入奥斯曼帝国版图。1916年成为英国保护地。1971年9月3日宣布独立，艾哈迈德任埃米尔。1972年2月，艾哈迈德堂弟哈利法出任埃米尔，哈利法之子哈马德任王储兼国防大臣。1995年6月，哈马德出任埃米尔。2013年6月，哈马德埃米尔让位于王储塔米姆。

政　治

卡塔尔是君主制国家。埃米尔为国家元首和武装部队总司令，掌握国家最高权力，由阿勒萨尼家族世袭。政府适度推进政治改革，保持社会稳定。卡塔尔禁止任何政党活动。

【宪法】1970年颁布的第一部临时宪法规定：卡塔尔为独立主权国家；伊斯兰教为国教；埃米尔在内阁和协商会议的协助下行使权力。宪法承认法官的独立性。2003年4月，卡塔尔全民公投通过《永久宪法》草案，从法律上进一步确立了阿勒萨尼家族的执政地位。2005年6月，《永久宪法》正式生效。

【议会】称“协商会议”，成立于1972年，是咨询机构，职能是协助埃米尔行使统治权力，有权审议立法和向内阁提出政策建议。协商会议由45名成员组成，其中15名由埃米尔任命，30名由选举产生，任期4年。现任主席哈桑·本·阿卜杜拉·加尼姆（Hassan Bin Abdulla Al-Ghanim），2021年10月任职。

【政府】本届内阁成立于2020年1月，现有内阁成员19人。主要成员有：首相兼内政大臣哈立德·本·哈利法·本·阿卜杜勒阿齐兹·阿勒萨尼（Khalid Bin Khalifa Bin Abdulaziz Al-Thani），副首相兼国防事务国务大臣哈立德·本·穆罕默德·阿提亚（Khalid Bin Mohamed Al-Attiyah），副首相兼外交大臣穆罕默德·本·阿卜杜拉赫曼·阿勒萨尼（Mohammed Bin Abdulrahman Al-Thani），财政大臣阿里·本·艾哈迈德·库瓦里（Ali Bin Ahmed Al-Kuwari），能源事务国务大臣萨阿德·本·沙里达·卡阿比（Saad Bin Sharida Al-Kaabi）等。

【行政区划】无明确的省级行政区划，以一些主要城市为中心，全国分为9个地区。主要城市有多哈、赖扬、杜罕、豪尔等。

【重要人物】**塔米姆·本·哈马德·阿勒萨尼**：埃米尔兼武装部队总司令。1980年生。1997年毕业于英国桑赫斯特军事学院。2003年8月被任命为王储，同年9月被任命为武装部队副总司令。2013年6月25日即位，成为卡塔尔第8任埃米尔。

经　济

油气产业是卡塔尔经济支柱。近年来，政府大力投资开发天然气，将其作为经济发展的重中之重。在大力发展能源产业的同时，卡塔尔还推出了“2030国家愿景”规划，其核心是通过大力发展经济多元化，到2030年将卡塔尔打造成为一个可持续发展、具有较强国际竞争力、国民生活水平高的国家。2022年主要经济数据如下：

国内生产总值：2379.95亿美元。

人均国内生产总值：8.18万美元。

国内生产总值增长率：4%。

货币名称：卡塔尔里亚尔。

汇率：1美元≈3.64卡塔尔里亚尔。

【资源】主要有石油和天然气。已探明石油储量26亿吨，居世界第14位；已探明天然气储量177.7亿吨，居世界第3位。

【工业】主要为石油和天然气部门、相关工业及能源密集型工业，其中包括炼油厂、石化工厂、化肥厂、钢铁厂和水泥厂，同时还建立了一些造纸厂、洗涤剂厂、颜料厂、食品厂、塑料厂等。卡塔尔是重要的液化天然气出口国。2022年，卡塔尔液化天然气出口量约8000万吨，是全球第一大液化天然气出口国，约占全球液化天然气贸易量的1/3。

【农业】卡塔尔适合农耕的土地和林地较少，全国仅有个别小农庄，生产紧俏的蔬菜、水果和花卉。

【交通运输】无铁路，各主要城市之间由现代化公路网相连。主要港口有多哈港、乌姆赛义德港和拉斯拉凡港，拉斯拉凡港是世界上最新、最大的液化天然气出口港。

【财政金融】2023财年预算总收入估计为626.37亿美元，同比增长16.3%；支出估计为546.70亿美元，同比减少2.6%；预算盈余达79.67亿美元。

【对外贸易】主要出口产品为石油、液化天然气、凝析油合成氨、尿素、乙烯等，主要进口产品是机械和运输设备、食品、工业原材料及轻工产品、药品等。主要贸易伙伴有中国、日本、韩国、新加坡、美国及欧盟国家。2022年，卡塔尔对外贸易总额为1645亿美元。其中，进口额为335亿美元，出口额为1310亿美元。

人民生活

卡塔尔于2020年8月以部门法规的形式规定了法定最低工资标准为月薪1000里亚尔。

军　事

卡塔尔是海湾阿拉伯国家合作委员会成员国，执行统一的防御政策。实行志愿兵役制。武装部队总兵力约1.2万人，其中卡塔尔本国公民占30%。武器装备主要来自美国、英国、法国等西方国家。

文化教育

【教育】政府重视发展教育事业，实行免费教育，为成绩优异的学生提供留学深造机会，并颁发奖学金。全国共有学校567所、大学10余所。积极开展对外教育合作，已有8所美国和加拿大大学在卡塔尔设立分校。

【新闻出版】主要阿拉伯文报刊：《多哈月刊》，1969年创刊，新闻部发行；《阿拉伯人日报》，1972年创刊，新闻部发行；《旗帜报》，1979年创刊；《时代周刊》，1974年创刊；《海湾市场》周刊，1980年创刊；《今日海湾》，1985年创刊；《每周消息》周刊，1986年创刊。此外，还有《东方报》《祖国报》等。英文报刊有《海湾时报》，1978年创刊。

卡塔尔通讯社：建于1975年，是阿拉伯国家主要通讯社之一。

多哈广播电台：用阿拉伯语、英语、法语和乌尔都语广播。

半岛电视台：建于1996年，24小时滚动播出阿拉伯语新闻节目，2006年开通英语频道。

对外关系

奉行积极务实的外交政策，迄今已同100多个国家建立外交关系。重视发展同美国等西方国家关系，同时注重加强同中国、日本、韩国等亚洲国家关系。系联合国会员国，以及海湾阿拉伯国家合作委员会、阿拉伯国家联盟、伊斯兰合作组织等国际和地区组织成员国，以及世界天然气出口国论坛总部所在地，2022年世界杯足球赛承办国和2030年亚运会承办国。2014年5月，卡塔尔成为亚洲相互协作与信任措施会议成员国。2021年9月，卡塔尔成为上海合作组织对话伙伴。

2017年6月5日，沙特、埃及、阿联酋、巴林四国以支持恐怖主义、干涉内政为由，宣布同卡塔尔断交，并中止同卡塔尔的人员、交通往来。2021年1月，海合会峰会在沙特欧拉举行，海合会六国与埃及共同发表《欧拉宣言》，标志着海湾断交危机出现缓和。同月，沙特和埃及同卡塔尔复交并全面恢复往来。截至2022年底，阿联酋和巴林恢复向卡塔尔开放领空和陆海边界，但未恢复同卡塔尔的外交关系。

【同中国的关系】1988年7月9日，中卡两国建交。建交后，中卡关系发展顺利，两国各领域务实合作不断推进，在国际和地区事务中保持良好沟通和协调。2014年11月，卡塔尔埃米尔塔米姆对华进行国事访问期间，中卡双方发表联合声明，宣布建立战略伙伴关系。

两国各层级保持友好交往。2022年12月，国家主席习近平在出席首届中国—阿拉伯国家峰会、中国—海湾阿拉伯国家合作委员会峰会期间会见卡塔尔埃米尔塔米姆。此外，近年来，中方访问卡塔尔的主要有：国务委员兼外交部长王毅（2021年10月），中共中央政治局委员、中央外事工作委员会办公室主任杨洁篪（2021年2月），全国人大常委会副委员长艾力更·依明巴海（2016年3月）等。

卡方访华的主要有：埃米尔塔米姆（2014年11月和2019年1月两次对华进行国事访问，2008年4月和8月以国际奥委会委员身份分别来华出席有关会议和北京奥运会开幕式，2022年2月来华出席北京冬奥会开幕式），副首相兼外交大臣穆罕默德（2018年12月、2019年1月、2022年3月），外交事务国务大臣穆莱基（2018年7月来华出席中阿合作论坛第八届部长级会议）等。

两国经贸合作富有成果。中国自2020年起成为卡塔尔最大贸易伙伴。据中国海关总署统计，2022年，中卡双边贸易额为265.5亿美元，同比增长54.7%。其中，中国出口额为39.9亿美元，同比增长0.9%；中国进口额为225.6亿美元，同比增长70.8%。中国主要出口机电设备，主要进口液化天然气、工业氦气等。

卡塔尔是中国重要的天然气合作伙伴。2022年，卡塔尔是中国第二大液化天然气供应国，中国当年从卡塔尔进口液化天然气1572.6万吨，同比增长74.8%。

2014年11月卡塔尔埃米尔对华进行国事访问期间，中卡双方签署政府间共建“一带一路”谅解备忘录。

两国人文交流顺利开展。2016年，“中卡文化年”在卡塔尔举行。近年来，中国艺术团组多次赴卡塔尔演出，受到当地民众好评。2018年4—6月，“铭心撷珍——卡塔尔阿勒萨尼收藏展”在故宫博物院举办。中卡双方开展了中东地区首例大熊猫合作，2022年10月，大熊猫“京京”和“四海”运抵卡塔尔，大熊猫馆于11月开馆。

2005年，卡塔尔成为中国公民出境旅游目的地国。2018年5月，中国公民组团赴卡塔尔旅游业务正式开展。7月，中卡两国签署全面互免签证协定。

中国驻卡塔尔大使：周剑。馆址：Building 250, Street 801, Zone 66 Doha, Qatar。电话：00974–44934203；传真：44934201。

卡塔尔驻华大使：穆罕默德·阿卜杜拉·欧贝德·杜希米（Mohamed Abdulla Obaid Al-Dehaimi）。馆址：北京市朝阳区亮马桥外交公寓A–7。电话：010–65322233；传真：65325274。

【同其他中东国家的关系】2022年，卡塔尔同其他中东国家关系持续改善。塔米姆埃米尔访问伊朗、土耳其、阿联酋、埃及、阿尔及利亚，同土耳其总统埃尔多安、伊朗总统莱希、埃及总统塞西、伊拉克总理卡迪米、阿尔及利亚总统特本、约旦国王阿卜杜拉二世、巴勒斯坦总统阿巴斯、摩洛哥国王穆罕默德六世等通电话。穆罕默德副首相兼外交大臣访问土耳其、埃及、科威特、伊朗、黎巴嫩等国，同土耳其外长查武什奥卢、伊朗外长阿卜杜拉希扬、阿尔及利亚外长拉马拉等通电话。伊朗总统莱希、埃及总统塞西、阿联酋总统穆罕默德、沙特王储兼首相穆罕默德、摩洛哥首相阿赫鲁什、阿尔及利亚总统特本、也门总统领导委员会主席阿里米等访问卡塔尔。

【同美国等西方国家的关系】卡美关系密切，美国将卡塔尔定位为“主要非北约盟友”。卡美双方签有防务协定，美军中央司令部指挥中心设在卡塔尔，卡塔尔境内的乌代德基地是美国在海外最大军事基地之一。2022年，卡塔尔埃米尔塔米姆访问美国、英国、法国、德国、西班牙、捷克等国，并先后同法国总统马克龙、德国总理朔尔茨、英国首相约翰逊和苏纳克、意大利总理德拉吉、乌克兰总统泽连斯基、欧盟委员会主席冯德莱恩等通电话。卡塔尔副首相兼外交大臣穆罕默德访问美国，同美国国务卿布林肯、美国国家安全顾问沙利文通电话，还访问法国、意大利、德国并出席第58届慕尼黑安全会议，同法国外长科隆纳、英国外交大臣克莱弗利、加拿大外长若利、乌克兰外长库列巴通电话。德国总理朔尔茨、奥地利总理内哈默、希腊总理米佐塔基斯、欧洲理事会主席米歇尔等访问卡塔尔。

【同其他亚洲国家的关系】卡塔尔同其他亚洲国家保持密切交往。2022年，卡塔尔埃米尔塔米姆访问日本，赴哈萨克斯坦出席第六次亚信峰会，同哈萨克斯坦总统托卡耶夫、印度总理莫迪、印尼总统佐科等通电话。卡塔尔副首相兼外交大臣穆罕默德访问新加坡、马来西亚、越南、韩国、哈萨克斯坦，赴柬埔寨出席第55届东盟外长会，同印度外长苏杰生通电话。巴基斯坦总理夏巴兹访问卡塔尔。

【同俄罗斯的关系】卡塔尔同俄罗斯保持友好交往。2022年，卡塔尔埃米尔塔米姆同俄罗斯总统普京通电话，卡塔尔副首相兼外交大臣穆罕默德访问俄罗斯，同俄罗斯外长拉夫罗夫通电话。（薛诚）

科威特

<u>国名</u>　科威特国（The State of Kuwait）。

<u>面积</u>　17818平方公里。

<u>人口</u>　446万（2022年）。其中，科威特籍人149.9万，外籍侨民296.1万，分别占科威特人口比例的33.6%和66.4%。官方语言为阿拉伯语。伊斯兰教为国教，居民中85%信奉伊斯兰教，其中约70%属逊尼派，30%为什叶派。

<u>首都</u>　科威特城（Kuwait City），人口58.8万（2022年）。

<u>国家元首</u>　埃米尔纳瓦夫·艾哈迈德·贾比尔·萨巴赫（Nawaf Al-Ahmad Al-Jaber Al-Sabah），2020年9月29日即位，为第16任埃米尔。

<u>重要节日</u>　国庆日（第11任埃米尔登基日）：2月25日；解放日（庆祝科威特摆脱伊拉克侵略）：2月26日。

简　况

位于亚洲西部波斯湾西北岸，与沙特、伊拉克相邻，东濒波斯湾，同伊朗隔海相望。海岸线长290公里。有布比延、法拉卡等9个岛屿，水域面积5625平方公里。绝大部分土地为沙漠，地势较平坦，境内无山川、河流和湖泊，地下淡水贫乏。属热带沙漠气候，夏长炎热干燥，最高气温可达51℃，冬短湿润多雨，最低气温可达–6℃。年均降水量为22—177毫米。

公元7世纪是阿拉伯帝国的一部分。1710年，居住在阿拉伯半岛内志的阿奈扎部落中的萨巴赫家族迁移到科威特，1756年取得统治权，建立科威特酋长国。1871年成为奥斯曼帝国巴士拉省的一个县。1939年沦为英国保护国。1961年6月19日宣布独立，同年成为阿拉伯国家联盟成员国和联合国会员国。1990年8月2日被伊拉克侵吞，1991年2月26日复国。

政　治　君主世袭制酋长国，禁止一切政党活动。埃米尔是国家元首兼武装部队最高统帅。一切法律以及与外国签订的条约和协定均由埃米尔批准生效。

【**宪法**】1962年11月12日正式颁布宪法。宪法规定，科威特是一个主权完整、独立的阿拉伯国家；伊斯兰教为国教，其教义是科威特立法的基础；埃米尔必须由第7任埃米尔穆巴拉克·萨巴赫的后裔世袭；立法权由埃米尔和议会行使，埃米尔有权解散议会和推迟议会会期；行政权由埃米尔、首相和内阁大臣行使；司法权由法院在宪法规定范围内以埃米尔名义行使；王储由埃米尔提名，议会通过；埃米尔任免首相，并根据首相提名任免内阁大臣等。

【**议会**】国民议会于1963年1月23日成立，一院制。主要职能是制定和通过国家的各项法律法规；监督国家财政执行情况；行使各项政治权力。议会由50名经全国选举产生的议员和现任大臣组成，每届任期4年。2022年9月，科威特举行第17届国民议会选举，艾哈迈德·阿卜杜勒阿齐兹·萨敦（Ahmad Abdulaziz Al-Sadoun）当选议长。

【**政府**】2022年10月，科威特组建第41届政府，主要成员包括：首相艾哈迈德·纳瓦夫·艾哈迈德·萨巴赫（Ahmad Nawaf Al-Ahmad Al-Sabah），第一副首相兼内政大臣塔拉勒·哈立德·艾哈迈德·萨巴赫（Talal Khaled Al-Ahmad Al-Sabah），副首相兼内阁事务国务大臣巴拉克·阿里·巴拉克·希坦（Barrak Ali Barrak Al-Shaitan），副首相兼石油大臣巴德尔·哈米德·优素福·穆莱（Bader Hamed Yousef Al-Mullah），外交大臣萨利姆·阿卜杜拉·贾比尔·萨巴赫（Salem Abdullah Al-Jaber Al-Sabah）等。

【**行政区划**】全国分为6个省：首都省、哈瓦里省、艾哈迈迪省、贾哈拉省、法尔瓦尼亚省和大穆巴拉克省。

【**司法机构**】司法机构隶属于司法部。最高法院院长和总检察长由埃米尔任命，法院以埃米尔名义在宪法范围内行使司法权。

【**重要人物**】**纳瓦夫·艾哈迈德·贾比尔·萨巴赫**：埃米尔。1937年生。历任哈瓦里省省长、内政大臣、国防大臣、社会事务和劳工大臣、国民卫队副司令。2003年7月任第一副首相兼内政大臣。2006年1月被任命为王储。2020年9月29日继任第16任埃米尔。　**米沙勒·艾哈迈德·贾比尔·萨巴赫**：王储。1940年生。曾长期在科威特内政部任职，2004年任国民卫队副司令（大臣级），2020年10月8日被任命为王储。2021年11月，纳瓦夫埃米尔因身体欠佳，授权米沙勒王储代行部分埃米尔职权。　**艾哈迈德·纳瓦夫·艾哈迈德·萨巴赫**：首相。1956年生，纳瓦夫埃米尔长子。曾任内政副大臣、哈瓦里省省长、国民卫队副司令等职。2022年3月任第一副首相兼内政大臣，7月任首相。

经　济　石油、天然气工业为国民经济主要支柱，其产值占国内生产总值的54%，占出口收入的90%，占国家财政收入的94%。近年来，科威特政府在重点发展石油、石化工业的同时，注重推进经济多元化发展，提出“2035国家愿景”，希望将科威特建设成为地区商业和金融中心。2022年主要经济数据如下：

国内生产总值：1760亿美元。

人均国内生产总值：3.9万美元。

国内生产总值增长率：7.6%。

货币名称：科威特第纳尔。

汇率：1美元≈0.31科威特第纳尔。

通货膨胀率：4%。

失业率：0.7%。

（资料来源：科威特统计局）

【**资源**】石油和天然气储量丰富。已探明石油储量140亿吨，居世界第7位。已探明天然气储量1.7万亿立方米，居世界第18位。

【**工业**】以石油开采、炼化和石油化工为主。2022年原油日产量约270万桶。科威特石油公司是世界十大石油公司之一。

【**农业**】农业规模较小，以生产蔬菜为主，粮食及农牧产品主要依靠进口。海洋渔业资源丰富，主要海产品有对虾、石斑鱼、黄花鱼等。

【**交通运输**】交通运输业较发达，全国各省、市之间均有高速公路相连，私家车保有量较大。境内无铁路，位于首都的科威特国际机场是最重要空港。主要港口有舒威赫港、舒艾巴港等。

【**财政金融**】2022/2023财年国家预算中，财政支出总计224亿科威特第纳尔，同比下降2.6%；财政收入总计288亿科威特第纳尔，同比增长54.7%；国家财政9年来首次出现实际盈余，达到64亿科威特第纳尔。

共有12家本地银行，其中科威特中央银行承担着监管其他银行、维护本国货币稳定和担任政府财务顾问等职责。

【**对外贸易**】在经济中占有重要地位。出口商品主要有石油和化工产品，石油出口约占出口总额的95%。进口商品有机械、运输设备、工业制品、粮食和食品等。主要贸易对象有美国、日本、英国、韩国、意大利、德国、荷兰、新加坡等。2022年，科威特对外贸易总额为1387.7亿美元。其中，出口额为1041.2亿美元，进口额为346.5亿美元。

【**对外投资**】拥有规模庞大的海外投资，主权财富基金持续扩大。截至2022年底，科威特主权财富基金总规模约7500亿美元，主要投资于欧美国家的股市和房地产，并不断加大在日本、韩国和东南亚国家的投资力度。

【**对外援助**】每年用其国内生产总值的3.8%来援

助发展中国家。1961年成立科威特阿拉伯经济发展基金会，截至2022年底，总资产约194亿美元。该基金会代表科威特政府向发展中国家提供财政和技术援助，资助发展中国家基础设施项目的开发与建设。

人民生活

实行高福利制度，免缴个人所得税，享受免费教育和医疗。

军　事

实行义务兵役制，义务兵期限2年（大学生1年），预备役期14年。现科军总兵力约2.3万人。埃米尔为武装部队最高统帅。

文化教育

【教育】实行免费教育，全国小学、初中、高中均为4年制，小学和初中实行义务教育。全国现有各类学校1489所。其中，公立学校822所，私立学校566所，其余为成人教育、职业教育和特殊教育学校等。在校学生共68万多人，教师8.6万人。教育经费占政府财政预算的12%左右。

【新闻出版】新闻制度相对开放、自由，报刊多为私营。全国主要有8种报纸。其中，阿拉伯文报纸5种:《消息报》《舆论报》《政治报》《火炬报》《祖国报》；英文报纸3种:《科威特时报》《阿拉伯时报》《每日星报》。

科威特通讯社：官方通讯社，建于1956年10月，1980年起用阿拉伯文、英文向国外发稿。

科威特广播电台：建于1951年，用阿拉伯语、英语等广播。

科威特电视台：建于1962年12月，播放阿拉伯语和英语节目。

对外关系

奉行和平、多元、均衡的外交政策，已同120多个国家建立外交关系。致力于维护阿拉伯国家团结和海湾阿拉伯国家合作委员会国家的协调合作，同时高度重视发展同世界主要大国关系。

【同中国的关系】1971年3月22日，中科两国建交，科威特是最早同中华人民共和国建交的海湾阿拉伯国家。建交以来，中科双边关系稳步发展，各领域合作取得积极进展。2018年7月，习近平主席同访华的科威特埃米尔萨巴赫共同宣布中科建立战略伙伴关系。

近年来，两国各层级交往密切。2022年12月，习近平主席在出席首届中国—阿拉伯国家峰会和首届中国—海湾阿拉伯国家合作委员会峰会期间会见科威特王储米沙勒。此外，中共中央政治局委员、中央外事工作委员会办公室主任杨洁篪（2018年4月、2021年2月），全国人大常委会副委员长陈竺（2019年5月）等曾先后访问科威特。科威特埃米尔萨巴赫（2018年7月），第一副首相兼国防大臣纳赛尔（2017年12月），外交大臣艾哈迈德（2022年1月）等曾访华。

两国经贸合作发展顺利。据中国海关总署统计，2022年，中科双边贸易额为314.8亿美元，同比增长42.31%。其中，中国出口额为49.7亿美元，同比增长13.75%；中国进口额为265.1亿美元，同比增长49.34%。中国主要出口机电产品、高新技术产品、纺织品等，主要进口原油、石化产品等。

科威特是中国第七大原油进口来源国。2022年，中国从科威特进口原油3328.33万吨，同比增长10.34%。

2014年6月，中科双方签署政府间共建“一带一路”谅解备忘录。

两国人文交流活跃。双方文化团组互访不断，中方多次派艺术团赴科参加古林艺术节等国际性艺术节，科方也曾多次参加阿拉伯艺术节及中国各地方性艺术节。

中国驻科威特大使：李名刚，张建卫（2022年5月以后）。馆址：No.82，Street 1，Block 4，Yarmouk，Kuwait。电话：00965–25321597；传真：25333341。商务处电话：00965–24822816；传真：24822867。

科威特驻华大使：萨迪格·穆罕默德·马拉菲（Sadiq Mohamed Marafi）。馆址：北京市朝阳区光华路23号。电话：010–65322216，65322374；传真：65329759。

【同其他中东国家的关系】科威特与其他中东国家关系友好、交往密切。2022年，科威特王储米沙勒赴沙特吉达出席“安全与发展”峰会，其间分别会见埃及总统塞西、阿联酋总统穆罕默德、卡塔尔埃米尔塔米姆、巴林国王哈马德等。科威特外交大臣艾哈迈德访问沙特、埃及、卡塔尔、摩洛哥、黎巴嫩、巴林等阿拉伯国家，参加海合会六国与中亚国家首次外长级战略对话、阿盟第158次外长理事会、打击“伊斯兰国”全球联盟部长级会议等。卡塔尔外交大臣、埃及议长、沙特能源大臣等访问科威特。

【同美国等西方国家的关系】科威特同美国关系密切，境内约有1.35万名美军驻扎。2022年，科威特外交大臣艾哈迈德赴美国同美国国务卿布林肯共同主持召开第五轮科美战略对话。科威特首相艾哈迈德赴纽约出席第77届联大系列活动。美国中央司令部司令、法国外长、乌克兰总统特使等访问科威特。

【同其他亚洲国家的关系】科威特重视发展同其他亚洲国家的关系。2022年，科威特埃米尔纳瓦夫对尹锡悦当选韩国总统表示祝贺，外交大臣艾哈迈德同印度外长苏杰生通电话。国民议会议长马尔祖格赴印尼出席第144届各国议会联盟大会。　（王颖）

老　挝

国名　老挝人民民主共和国（The Lao People's Democratic Republic）。

面积　23.68万平方公里。

人口　752.95万（2022年）。分为50个民族，分属老泰语族系、孟–高棉语族系、苗–瑶语族系、汉–藏语族系，统称为老挝民族。通用老挝语。居民多信奉佛教。华侨华人7万多人。

首都　万象（Vientiane），人口98.9万（2022年）。最高平均气温31.7℃，最低平均气温22.6℃。

国家元首　国家主席通伦·西苏里（Thongloun SISOULITH），2021年3月当选。

重要节日　老挝人民军成立日：1月20日（1949年）；老挝人民革命党成立日：3月22日（1955年）；老挝新年（宋干节，也叫泼水节）：佛历5月，一般从每年公历4月13日开始，前后共3天；独立日：10月12日（1945年）；塔銮节：佛历12月，公历11月；国庆日：12月2日（1975年）。

简　况

位于中南半岛北部的内陆国，北邻中国，南接柬埔寨，东邻越南，西北达缅甸，西南毗连泰国，边界线长度分别为508公里、535公里、2067公里、236公里、1835公里。湄公河在老挝境内干流长度为777.4公里，流经首都万象，作为老挝与缅甸界河段长234公里，老挝与泰国界河段长976.3公里。属热带、亚热带季风气候，5—10月为雨季，11月至次年4月为旱季，年均气温约26℃。老挝全境雨量充沛，近40年来年降水量最少年份为1250毫米，最大年份降水量达3750毫米，一般年份降水量约为2000毫米。

因缺乏史料，学术界对14世纪前的老挝历史有较多争议，通常认为在现今老挝疆域相继出现过堂明国、南掌国（澜沧国）等国家。1353年，法昂王建立澜沧王国（1353—1707年），定都琅勃拉邦，老挝出现历史上第一个统一的多民族国家。1560年，澜沧王国国王塞塔提腊迁都至万象。1707—1713年，澜沧王国先后分裂为北部琅勃拉邦、中部万象和南部占巴塞三个王国。1778—1893年，三国沦为暹罗（今泰国）属国。

1893年，法国与暹罗签订《法暹条约》（又称《曼谷条约》），琅勃拉邦、万象和占巴塞被并入法属印度支那联邦，1940年9月被日本占领。1945年9月15日，琅勃拉邦王国副王兼首相佩差拉在万象宣布老挝（旧称“寮国”）独立。10月12日，万象群众举行独立庆典，宣布成立伊沙拉（老挝语意为“自由”）政府。1946年，因法国势力卷土重来，独立运动失败。1947年4月，在法国扶持下，琅勃拉邦国王西萨旺冯宣布成立老挝王国，实行君主立宪制。法国对外承认老挝是法兰西联邦内的独立国家，但仍掌握老挝国防、外交大权。为争取国家独立，老挝人民开展广泛的游击战争。1950年，苏发努冯组建新老挝伊沙拉，成立寮国抗战政府。1954年，法国在奠边府战役中失败，被迫签署《日内瓦协议》，承认老挝独立并撤军。

法国撤军后，美国积极在老挝扶植亲美势力，多次策划政变，唆使政府军进攻寮国战斗部队（即“巴特寮”，英文为“Pathet Lao”，由1956年成立的老挝爱国阵线领导），力图控制老挝。老挝国内一度存在老挝王国政府军、寮国战斗部队、富米·诺萨万军队三股势力，并先后出现以富马为首相的第一次联合政府和萨纳尼空政府、富米政府、文翁政府。1962年，《关于老挝问题的日内瓦协议》签订后，老挝成立以富马亲王（中立）为首相、苏发努冯亲王（左派）与富米（右派）为副首相的第二次联合政府。1964年，美国策动亲美势力破坏联合政府并进攻解放区，老挝内战再起。1973年2月，老挝各方签署了《关于在老挝恢复和平与民族和睦的协定》。1974年4月，以富马为首相的第三次联合政府和以苏发努冯为主席的民族政治联合委员会成立。随着印支三国抗美战争节节胜利，老挝人民自1975年5月开始在全国开展夺权斗争。1975年12月2日，在万象召开的老挝全国人民代表大会宣布废除君主制，成立老挝人民民主共和国，组成以苏发努冯为主席的最高人民议会和以凯山·丰威汉为总理的政府。

政　治

老挝实行社会主义制度。老挝人民革命党是老挝唯一政党。1991年老挝党“五大”确定“有原则的全面革新路线”，提出坚持党的领导和社会主义方向等六项基本原则，实行对外开放政策。2001年老挝党“七大”制定了至2010年基本消除贫困、至2020年摆脱不发达状态的奋斗目标。2021年1月13日至15日，老挝党“十一大”通过了十届中央政治报告和经济社会发展“九五”规划建议，并对《党章》进行修订。当前，老挝政治稳定、社会安宁。

【宪法】1991年8月，老挝最高人民议会第二届六次会议通过了老挝人民民主共和国第一部宪法。宪法明确规定，老挝人民民主共和国是人民民主国家，全部权力属于人民，各族人民在老挝人民革命党领导下行使当家做主的权利。

【议会】老挝国会（原称“最高人民议会”，1992

年8月改为现名）是国家最高权力机构和立法机构，负责制定宪法和法律。国会每届任期5年，每年召开2次会议，特别会议由国会常委会决定或由2/3以上的议员提议召开。国会议员由地方直接选举产生。本届（第九届）国会于2021年3月选举产生，国会议员164名，主席赛宋蓬·丰威汉。

【政府】国家最高行政机关。本届政府于2021年3月成立，设17个部及3个直属机构（中央银行、国家主席府、总理府）。政府总理宋赛·西潘敦，副总理兼国防部长占沙蒙·占雅拉（上将），副总理吉乔·凯坎皮吞，副总理兼公安部长维莱·腊拉冯（上将），副总理兼外交部长沙伦赛·贡玛西，司法部长派维·西波里帕，教育体育部长普·西玛拉冯，新闻文化旅游部长苏莎婉·维亚吉（女），自然资源与环境部长本坎·沃拉吉（女），卫生部长本丰·普玛莱西，财政部长本忠·乌本巴瑟，工业与贸易部长玛莱通·贡玛西，公共工程、运输部长维沙瓦·西潘敦，技术与通信部长波万坎·冯达拉，农林部长佩·蓬皮帕，劳动与社会福利部长贝坎·卡提亚（女），民政事务部长通占·玛尼赛，能源矿产部长岛翁·蓬乔，计划投资部长兼老中合作委员会主席坎坚·翁普西，中央银行行长本勒·信赛沃拉冯。

【行政区划】全国划分为17个省、1个直辖市（万象市）。

【司法机构】老挝最高人民法院为最高司法权力机关。最高人民法院院长万通·西潘敦（女），2021年任命；最高人民检察院检察长赛萨纳·阔普同，2021年当选。

【政党】老挝人民革命党（The Lao People's Revolutionary Party）：老挝唯一政党和执政党，前身为印度支那共产党老挝支部。1955年3月22日建立，原称"老挝人民党"，1972年召开"二大"时改为现名。现有党员约34.8万人，党组织1.9万个。其宗旨是：领导全国人民进行革新事业，建设和发展人民民主制度，建设和平、独立、民主、统一和繁荣的老挝，为逐步走上社会主义创造条件。通伦·西苏里为党中央总书记。

【统一战线】老挝建国阵线成立于1956年1月，原名"老挝爱国战线"，是老挝人民革命党领导下的民族统一战线组织。主席辛拉冯·库派吞（Sinlavong KHOUTPHAITHOUN）。

【重要人物】通伦·西苏里：老挝人民革命党中央总书记、国家主席。1945年出生于华潘省。曾任副外长、劳动和社会福利部长、国会外交委员会主任。2001年任副总理兼计划投资委主任，2006年任副总理兼外长和中联部长，2015年7月不再兼任中联部长。2016年4月当选政府总理。2021年1月在老挝党"十一大"当选中央总书记。2021年3月当选国家主席。 **宋赛·西潘敦**：老挝政府总理。1966年出生于华潘省。曾任占巴塞省副省长、省委书记兼省长、总理府办公厅主任、副总理兼计划投资部长等职务。2022年12月就任政府总理。 **赛宋蓬·丰威汉**：老挝国会主席。1956年出生于华潘省。曾任沙湾拿吉省省长、财政部长、总理府部长、国会副主席等职务。2016年6月当选建国阵线中央委员会主席。2021年3月当选国会主席。

经　济

以农业为主，工业基础薄弱。2022年主要经济数据如下：

国内生产总值：143.2亿美元。

人均国内生产总值：2022美元。

国内生产总值增长率：4.4%。

货币名称：基普。

汇率：1美元≈14173基普。

通货膨胀率：约23%。

【资源】有锡、铅、钾盐、铜、铁、金、石膏、煤、稀土等矿藏。迄今得到开采的有金、铜、钾盐、煤等。水利资源丰富。2019年森林面积约1940万公顷，全国森林覆盖率约80%，出产柚木、花梨等名贵木材。

【工业】主要工业企业有发电、锯木、采矿、炼铁、水泥、服装、食品、啤酒、制药等及小型修理厂和编织、竹木加工等作坊。

【农业】农作物主要有水稻、玉米、薯类、咖啡、烟叶、花生、棉花等。全国可耕地面积约800万公顷，农业用地约470万公顷。

【服务业】老挝服务业基础薄弱，起步较晚。执行革新开放政策以来，老挝服务业取得很大发展。

【旅游业】老挝琅勃拉邦县、巴色县瓦普寺、川矿石缸平原已被列入《世界遗产名录》，著名景点还有万象塔銮、玉佛寺，占巴塞的孔帕萍瀑布，琅勃拉邦的光西瀑布等。2015—2019年，老挝共接待游客约2176万人次。受新冠疫情影响，2020年共接待游客约98万人次，同比约减少80%。

【交通运输】老挝是东南亚唯一的内陆国，主要靠公路、水运和航空运输。

公路：老挝公路总里程约4.7万公里，承载80%客货运量。2020年12月，中老合作建设的万象—万荣高速公路正式建成通车，全长111公里，标志着老挝结束没有高速公路的历史。

铁路：国内仅有首都万象至老泰边境3公里铁路。中老铁路于2015年12月奠基，2016年12月全线开工，2021年12月3日，中老铁路全线通车运营。

水运：湄公河可以分段通航载重20吨—200吨船只。

空运：老挝国际航班（截至2020年）主要有万象市往返昆明、广州、重庆、南宁、海口、长沙、台北、曼谷、清迈、金边、暹粒、河内、吉隆坡、新加坡、首尔；琅勃拉邦市往返海口、成都、西双版纳、曼谷、清迈、暹罗、乌隆、暹粒、河内、景洪、胡志明市；

巴色市往返曼谷、暹粒；沙湾拿吉市往返曼谷。万象瓦岱、琅勃拉邦、沙湾拿吉和巴色等机场为国际机场。

【财政金融】2022年，财政收入为21.6亿美元（含外国援助），同比增长15.9%；财政支出为22.1亿美元，预算赤字为0.5亿美元。

老挝中央银行负责监管老挝商业银行及金融机构。全国共有各类银行38家。

【对外贸易】老挝同50多个国家和地区有贸易关系，与19个国家签署了贸易协定，中国、日本、韩国、俄罗斯、澳大利亚、新西兰、欧盟、瑞士、加拿大等35个国家（地区）向老挝提供优惠关税待遇。主要外贸对象为泰国、越南、中国、日本、欧盟、美国、加拿大和其他东盟国家。2012年10月，老挝正式加入世界贸易组织。2021年老挝进出口贸易额为112.44亿美元，同比增长19.8%。其中，出口额为60.92亿美元，进口额为51.52亿美元。

【外国资本】1994年4月21日，老挝国会颁布新修订的外资法规定，政府不干涉外资企业事务，允许外资企业汇出所获利润；外商可在老挝建独资、合资企业，享5年免税优惠。2004年，老挝继续补充和完善外商投资法，放宽矿产业投资政策。2012年，老挝正式加入世界贸易组织，为老挝吸引外资起到重要作用。自2001—2018年，老挝吸引外资总额累计为318.6亿美元。2019年老挝吸引外资5.57亿美元。

【外国援助】主要援助国及组织有：中国、日本、韩国、瑞典、澳大利亚、法国、美国、德国、挪威、泰国及亚洲开发银行、联合国开发计划署、国际货币基金组织、世界银行等。外援主要用于公路、桥梁、码头、水电站、通信、水利设施等基础建设项目。

人民生活

老挝实行低工资制，职工退休后可领取基本工资的80%。医疗卫生事业逐年发展，国家职工和普通居民均享免费医疗。人均预期寿命约66岁。截至2020年底，全国有中央医院5所，省医院17所，县医院135所，制药工厂8所，公共卫生研究院11所；拥有病床数1.2万余张，医生约2万人，国家健康保险基金已覆盖全国。

军　事

老挝人民军前身为老挝爱国战线领导的寮国战斗部队（即“巴特寮”），1965年10月改名为老挝人民解放军，1982年7月改称现名。最高领导机构是中央国防和治安委员会，通伦·西苏里任主席，占沙蒙·占雅拉任国防部长。实行义务兵役制，服役期最少18个月。武装部队总兵力约6万人，分为陆军、空军、内河巡逻部队等。

文化教育

【教育】学制分为小学5年，初中3年，高中4年。老挝现有5所大学，学生4.5万人，教师3905人。位于首都万象的老挝国立大学前身为东都师范学院，1995年6月与其他10所高等院校合并设立国立大学，有8个学院。近两年，老挝南部占巴塞省、北部琅勃拉邦省的国立大学分校相继独立，被正式命名为占巴塞大学和苏发努冯大学。另有直属卫生部的医学院。各类专业学院159所（主要为私立学院），学生7.7万人，教师6265人。

【新闻出版】全国各种报刊约有20种。《人民报》为老挝人民革命党中央机关报，创刊于1950年8月13日，用老挝文出版。此外，还有《巴特寮报》《新万象报》《人民军报》等。外文报刊有英文报《万象时报》《KPL新闻》和法文刊物《革新周刊》。

巴特寮通讯社：1968年1月成立，为老挝国家通讯社，出版老挝文《巴特寮》日报（1999年12月2日创刊）及英文、法文《KPL新闻》。

老挝国家广播电台：设在万象，用老挝语广播，对外用越、柬、法、英、泰语广播。

此外，还有老挝人民军广播电台和14个省级广播电台。

老挝国家电视台：建于1983年12月，共3套节目，目前在播出节目共有90多个。

对外关系

奉行和平、独立和与各国友好的外交政策，主张在和平共处五项原则基础上同世界各国发展友好关系，重视发展同周边邻国关系，改善和发展同西方国家关系，为国内建设营造良好外部环境。2016年党“十大”重申继续坚持“少树敌、广交友”外交政策，保持同越南的特殊团结友好关系，加强与中国全面战略合作，加强与东盟国家睦邻友好，积极争取国际经济和技术援助。于1997年7月正式加入东盟。迄今已同144个国家建交。

【同中国的关系】中老于1961年4月25日建交。老挝政府奉行一个中国政策，支持中国和平统一大业。2009年双方建立全面战略合作伙伴关系。

近几年来，中老两党两国领导人互访不断。2020年1月，通伦总理正式访华。4月和12月，习近平总书记、国家主席两次同本扬总书记、国家主席通电话。6月，中共中央政治局常委、全国政协主席汪洋同老挝党中央政治局委员、建国阵线中央委员会主席赛宋蓬通电话。7月，李克强总理同通伦总理举行视频会晤。11月，全国人大常委会委员长栗战书以视频方式同老挝国会主席巴妮举行会谈。12月，习近平总书记、国家主席同本扬总书记、国家主席通电话。

2021年1月，习近平总书记、国家主席同老挝党新任中央总书记通伦通电话。2月，王毅国务委员兼外长同老挝外长沙伦赛举行视频会晤。4月，李克强总理同老挝新任政府总理潘坎通电话。5月，栗战书委员长同老挝新任国会主席赛宋蓬举行视频会晤。6月，汪洋政协主席同老挝新任建国阵线中央委员会主席辛拉冯举行视频会晤，王毅国务委员兼外长在重庆会见来华工作访问的老挝外长沙伦赛。9月，王毅国务委员兼外长同沙伦赛外长举行视频会谈。12月，习近平总书记、国家主席同通伦总书记、国家主席举行视频会晤并共同出席中老铁路通车仪式。王毅国务委员兼外长同沙伦赛外长举行视频会谈。

2022年4月，老挝总理潘坎以视频方式出席2022年博鳌亚洲论坛年会开幕式、青蒿素问世50周年暨助力共建人类卫生健康共同体国际论坛并致辞。7月，王毅国务委员兼外长在蒲甘出席澜湄合作第七次外长会期间会见老挝副总理兼外长沙伦赛。8月，王毅国务委员兼外长在金边出席东亚合作系列外长会期间会见老挝副总理兼外长沙伦赛。11月，李克强总理在金边出席东亚合作领导人系列会议期间会见老挝总理潘坎，老挝党中央总书记、国家主席通伦应邀对华进行国事访问。

据中国海关总署统计，2022年，中老双边贸易额为56.8亿美元，同比增长31%。其中，中国出口额为23.4亿美元，同比增长40.9%；中国进口额为33.4亿美元，同比增长24.9%。中国主要出口钢材、汽车等，主要进口铜矿、纸浆、天然橡胶等。

中国驻老挝大使：姜再冬。馆址：Wat Nak Road，Sisattanak，Vientiane，Lao P.D.R.。电话：00856-21-315100；传真：315104。

老挝驻华大使：坎葆·恩塔万（Khamphao Ernthavanh，女）。馆址：北京市朝阳区三里屯东四街11号。电话：010-65321224；传真：65326748。

【同东盟的关系】1997年7月老挝正式加入东盟后，积极参与东盟事务，发展与东盟的友好合作关系。2004年担任东盟轮值主席国，成功主办东盟峰会及东盟与对话国领导人系列会议，在东盟内发挥积极作用。老挝总理出席历届东盟峰会。2016年，老挝再次担任东盟轮值主席国，主办东亚合作系列会议。2020年2月，中国—东盟关于新冠肺炎问题特别外长会在老挝万象举行。

【同越南的关系】1962年9月建交，1977年两国签署《老越友好合作条约》，始终保持特殊团结友好关系。2020年1月，通伦总理与越南政府总理阮春福共同主持召开老越双边合作政府间联合委员会第42次会议。3月，通伦总理同阮春福通电话。5月，阮春福赴老出席老挝前领导人西沙瓦葬礼。7月，通伦总理对越南进行正式访问。9月，老挝国防部长占沙蒙同越南国防部长吴春历通电话。2021年6月，新任老挝党中央总书记、国家主席通伦对越南进行正式访问。8月，越南国家主席阮春福对老挝进行正式访问。

【同其他东盟国家的关系】老挝与其他东盟国家保持良好关系。2018年1月，通伦总理访问缅甸。5月，老挝国家主席本扬对新加坡进行国事访问。11月，通伦总理赴新加坡出席东亚合作领导人系列会议。12月，柬埔寨首相洪森访老。2019年9月，通伦总理对柬埔寨进行正式访问。11月，通伦总理赴泰国出席东亚合作领导人系列会议。2020年3月，缅甸国际合作部长觉丁访问老挝。

【同日本的关系】1952年12月建交。日本长期为老挝重要援助国，年均援助数额约1亿美元。2018年4月，日本外相和野太郎首次访老。6月，通伦总理赴日本出席第24届“亚洲的未来”国际会议并顺访。2019年5月，通伦总理赴日本出席第25届“亚洲的未来”国际论坛。8月，老挝授予即将离任的日本驻老大使友谊勋章。2020年8月，日本外务大臣茂木敏充访问老挝。

【同美国的关系】1950年建交。1975年老挝人民民主共和国成立后两国维持代办级外交关系，1991年11月升格为大使级外交关系。1992年8月，双方恢复互派大使。2005年，美给予老方正常贸易关系待遇。近年来双方关系进一步发展，美向老禁毒、清除未爆炸弹、民生等领域提供援助。2018年2月、4月，美国国会高级代表团访老。11月，老挝外长沙伦赛在新加坡会见美国副国务卿沙利文。2021年，美国援助老挝100.8万剂新冠疫苗。

【同俄罗斯的关系】1960年10月同苏联建交。1975年老挝人民民主共和国成立后，苏联一度为老挝最大的援助国。1991年，苏联解体后，原苏联援助全部终止。1991年12月，老挝政府正式宣布承认俄罗斯联邦，愿在和平共处五项原则的基础上发展同俄罗斯的友好关系。1992年3月，两国互派大使。1994年，两国签署友好关系原则协定。近年来，双方保持各领域友好交流合作。2016年9月，俄罗斯总统普京赴老挝出席东亚合作领导人系列会议。2017年9月，通伦总理访问俄罗斯。2019年4月，第八次莫斯科国际安全会议期间，俄罗斯和老挝国防部就扩大两国军事合作达成一致。12月，老挝与俄罗斯举行首次联合军演。

【同其他国家的关系】2018年11月，潘坎副主席访问法国，古巴国务委员会主席兼部长会议主席迪亚斯访老，印度外长斯瓦拉吉访老。2019年9月，韩国总统文在寅对老挝进行国事访问。

【同欧盟的关系】老挝与各主要欧盟国家保持传统友好关系。其中，德国、瑞典、法国均为老主要援助国，援助集中在基础设施建设、文化、人力资源开发、农业、卫生等领域。2011年8月，欧盟表示将放宽原产地规则，包括老挝在内的最不发达国家可以获得普惠制体系的豁免资格，将作为欧盟的优惠贸易伙伴进口原材料、生产成品并出口欧盟市场。

【同国际和地区组织的关系】老挝是大湄公河次区域经济合作成员。老挝与联合国、世界银行、亚洲开发银行等国际机构保持良好合作。2018—2020年，老挝担任澜湄合作共同主席国。2018年12月，澜湄合作第四次外长会在琅勃拉邦举行。2020年2月，澜湄合作第五次外长会在万象举行。8月，老挝以视频方式举办澜湄合作第三次领导人会议。（王志琪）

黎　巴　嫩

国名　黎巴嫩共和国（The Lebanese Republic）。

面积　10452平方公里。

人口　548.9万（2022年）。绝大多数为阿拉伯人。阿拉伯语为官方语言，通用法语、英语。居民54%信奉伊斯兰教，主要是什叶派、逊尼派和德鲁兹派；46%信奉基督教，主要有马龙派、希腊东正教、罗马天主教和亚美尼亚东正教等。

首都　贝鲁特（Beirut），人口243.3万（2022年）。7月平均最高气温32℃，1月平均最低气温11℃。

国家元首　空缺。

重要节日　烈士节：5月6日；建军节：8月1日；独立节：11月22日。黎教派众多，各教派重要节日均为国家法定节日。

简　况

位于亚洲西南部地中海东岸，东部、北部邻叙利亚，南界巴勒斯坦、以色列，西濒地中海。海岸线长220公里。沿海夏季炎热潮湿，冬季温暖。

公元前2000年为腓尼基的一部分。以后相继受埃及、亚述、巴比伦、波斯和罗马统治。7—16世纪初并入阿拉伯帝国。1517年被奥斯曼帝国占领。第一次世界大战后沦为法国委任统治地。1940年6月，法向纳粹德国投降后，黎被德、意轴心国控制。1941年6月，英军在自由法国部队协助下占领黎巴嫩。同年11月自由法国部队宣布结束对黎的委任统治。1943年11月22日黎宣布独立，成立黎巴嫩共和国。1946年12月，英、法军全部撤离黎巴嫩。1975年4月，黎巴嫩基督教和伊斯兰教两派因国家权力分配产生的矛盾激化，内战爆发。1989年10月，基督教、伊斯兰教各派议员达成《塔伊夫协议》，重新分配政治权力。1990年，黎内战结束。

政　治

黎是议会民主共和国。议会实行一院制，现有128个议席，基督教和伊斯兰教议员各占一半。黎党派林立，但力量分散，目前无一党占绝对优势。2019年10月，因黎巴嫩政府宣布将对手机社交软件进行免费通话的用户征税，黎民众发起大规模抗议示威活动，总理萨阿德·哈里里辞职。2020年1月，哈桑·迪亚布任总理。8月4日，黎首都贝鲁特港口区发生重大爆炸事件，造成190人死亡，6500多人受伤。抗议民众要求政府下台。8月10日，总理迪亚布宣布政府集体辞职。11月22日，奥恩总统任命黎前总理哈里里为新总理并牵头组阁。2021年7月15日，哈里里宣布放弃组阁。同年9月黎新政府组成，纳吉布·米卡提（Najib Mikati）任总理；2022年6月议会选举后任看守总理兼候任总理。

【**宪法**】1926年5月23日颁布，后经8次修改。宪法规定黎巴嫩是一个独立、统一和主权完整的国家，是议会民主共和国，具有阿拉伯属性，实行自由贸易政策，任何有悖各教派共处原则的权力均属非法。总统由议会选举产生，任期6年，不得连选连任。1995年10月19日，议会修改宪法第49条，规定“现任总统在（目前）特殊情况下延任3年，延任只准1次”。修改宪法必须由总统提议后，经政府向议会提出，或10名以上议员提出动议，并获议会2/3多数通过。

【**议会**】为一院制。主要职能是制定法律、修改宪法、选举总统、批准总理和阁员人选、审议国家财政预算和对外条约及协定。议席按教派间协商后的比例分配，议员由普选产生，任期4年。1992年7月，黎议会通过选举法修正案，议席增至128个，由基督教和伊斯兰教平分。黎本届议会于2022年5月15日选举产生。议长纳比·贝里（Nabih Barri）于1992年11月当选，连任至今。

【**政府**】本届政府于2021年9月10日组成，2022年5月21日议会大选结束后政府转为看守状态。

【**行政区划**】全国分8个省：贝鲁特省、山区省、北方省、南方省、贝卡省、纳巴蒂耶省、阿卡省、巴尔贝克-希尔米勒省。

【**司法机构**】法院分为初审法院、上诉法院、最高法院、行政法院和治安法院。此外，还有处理婚丧、遗产继承等问题的宗教法庭。

【**政党**】黎主要政党有：

（1）“未来阵线”（Future Movement）：伊斯兰教逊尼派政党。由黎前总理拉菲克·哈里里创建。2005年2月哈遇刺后，其子萨阿德·哈里里接任“未来阵线”领袖。2010年7月，“未来阵线”正式组建政党，萨阿德·哈里里当选主席，其弟艾哈迈德·哈里里（Ahmed Hariri）当选总书记。

（2）黎巴嫩长枪党（The Lebanese Kataeb Party）：基督教马龙派政党。1936年11月成立，创始人为皮埃尔·杰马耶勒。2008年2月，阿明·杰马耶勒（Amin Gemayel）当选长枪党主席。

（3）“黎巴嫩力量”（Lebanese Forces）：基督教派右翼政党，原系长枪党的武装力量，由长枪党创始人皮埃尔·杰马耶勒次子巴希尔·杰马耶勒于1976年创建。现任领导人为执行委员会主席萨米尔·贾加（Samir Jaga）。

（4）自由国民党（The National Liberal Party）：基督教马龙派政党。1958年9月成立，现任主席杜里·夏蒙（Dory Chamoun）。

（5）真主党（The Party of God/Hezbullah）：穆斯林什叶派政党。1982年以色列入侵黎巴嫩期间成立，与伊朗关系密切。1992年2月18日，谢赫·阿巴斯·穆萨维总书记被炸身亡，哈桑·纳斯鲁拉（Hassan Nasrallah）当选总书记。2005年，真主党成员首次担任政府部长。2009年议会选举中该党获得12席。11月，该党宣布放弃建立伊朗式伊斯兰政权，突出该党的黎巴嫩和阿拉伯属性，强调该党将逐步转变为“防卫力量”和建设国家的支柱。2013年7月，欧盟通过决议，将真主党军事分支列为恐怖组织。

（6）自由国民阵线（Free Patriotic Movement）：1992年由黎前军政府总理米歇尔·奥恩将军组建。2005年成为议会内最大的基督教党团。2006年4月正式改组为政党。现任领导人为前外交和侨民事务部长纪伯伦·巴西勒（Gebran Bassil）。

（7）阿迈勒运动（Amal Movement）：伊斯兰教什叶派政党。1974年成立，前身为“被剥夺者运动”，为伊斯兰教什叶派主要组织。主席为纳比·贝里（现议长）。

（8）社会进步党（The Progressive Socialist Party）：1949年5月成立，为伊斯兰教德鲁兹派政党。1980年该党加入社会党国际。主席为瓦立德·琼布拉特（Walid Joumblatt）。

【重要人物】纳吉布·米卡提：总理。1955年11月出生于的黎波里，伊斯兰教逊尼派。毕业于美国哈佛大学。长期经商，是黎巴嫩首富。2005年4月至7月、2011年6月至2013年3月两次出任总理。2021年9月第三次任总理。2022年6月议会选举后，以看守政府总理兼候任总理身份受命组建政府，迄今尚未成功。已婚，有3个子女。　**纳比·贝里**：议长，伊斯兰教什叶派、阿迈勒运动主席。1938年生。毕业于黎巴嫩大学法律系，后在法国进修。1963年任黎全国大学生联合会主席，并担任过世界爱国学生联合会执委会委员。后担任黎伊斯兰什叶派最高委员会委员，1980年当选为阿迈勒运动主席。1984年担任水、电、司法、南方、重建事务国务部长，1990年担任国务部长，1992年当选为议长并连任至今。

经　济

黎实行自由、开放的市场经济，私营经济占主导地位。黎内战前曾享有中、近东金融、贸易、交通和旅游中心的盛名，但16年内战加之以色列入侵，造成直接和间接经济损失约1650亿美元。后由于地区形势持续动荡，其经济复苏计划受挫，背上了沉重的债务包袱。20世纪90年代后期，黎经济形势渐入困境，财政赤字居高不下，债务攀升。黎经济发展陷入停顿，债务负担加重，重建任务艰巨。主要经济数据如下：

国内生产总值：180亿美元（2021年）。

人均国内生产总值：4576美元（2021年）。

国内生产总值增长率：–7%（2021年）。

货币名称：黎巴嫩镑。

汇率：1美元≈15000黎镑。

通货膨胀率：171.2%（2022年）。

失业率：29.6%（2022年）。

外债：350亿美元（2022年）。

外汇储备：100亿美元（2022年底）。

（资料来源：黎巴嫩财政部、中央银行、统计局）

【资源】矿产资源少，且开采不多。矿藏主要有铁、铅、铜、褐煤和沥青等。

【工业】黎工业基础相对薄弱，以加工业为主。主要行业有非金属制造、金属制造、家具、服装、木材加工、纺织等。从业人数约20万，占黎劳动力的7%，是仅次于商业和非金融服务业的第三大产业。

【农业】农业欠发达。全国可耕地面积24.8万公顷，其中灌溉面积10.4万公顷。牧场36万公顷，林地面积79万公顷。贝卡谷地为黎主要农业区，可耕地面积占黎全国的52%。农产品以水果和蔬菜为主。黎粮食生产落后，主要靠进口，作物有大麦、小麦、玉米、马铃薯等。经济作物有烟草、甜菜、橄榄等。近年来，黎葡萄种植业发展很快，年产葡萄酒600万—700万瓶，出口额约为1200万美元。

【旅游业】黎原为中东旅游胜地。内战前，每年入境旅客达200万人次，旅游收入占国民收入的20%以上。内战期间，旅游业一蹶不振。战后黎政府曾将振兴旅游业作为重建计划重要组成部分，但近年黎以冲突及安全形势不稳再次影响了黎旅游业的振兴。黎现有各类星级饭店398家。主要旅游点有腓尼基时代兴建的毕卜鲁斯城、古罗马时代兴建的巴尔贝克城和十字军时代兴建的赛达城堡。此外，北部的雪山有很多滑雪场，吸引了大量游客。

【交通运输】公路：贯穿全境，全长约7300公里，其中高速或快速公路约530公里。公路在内战、黎以冲突期间均遭严重破坏，修复工作进展缓慢。黎车辆总数约为160万辆，平均每2.5人拥有1辆汽车，人均拥有量居世界前列。

铁路：全长402公里，全部为国有，除贝鲁特—谢卡段外，其余因战乱破坏而被废弃。

水运：主要港口有贝鲁特港、的黎波里港、赛达港。2020年8月，贝鲁特港口区发生重大爆炸事件，对港口设施造成巨大破坏，目前在重建中。

空运：贝鲁特国际机场是著名航空港。1990年黎政府投资4亿美元改造贝鲁特机场，将其吞吐量由每年200万人次提高到600万人次。2005年5月更名为拉菲克·哈里里国际机场。

【财政金融】贝鲁特曾是中东金融中心，外汇和黄金可自由买卖。全国有72家银行，其中商业银行65

家。黎银行多为私人所有，其中较大的有奥狄银行、黎巴嫩—法国银行、毕卜鲁斯银行等。

【对外贸易】外贸在黎国民经济中占有重要地位，政府实行对外开放与保护民族经济相协调的外贸政策。出口商品主要有铁铝铜、板材、金属废料、黄金制品等。主要贸易对象是欧盟、阿联酋、中国、美国、土耳其等。

人民生活

黎巴嫩共有医院161所，床位约13516张，注册医生约5000人，医护人员共约2万人。

军　事

黎巴嫩政府军总兵力约5.6万人，其中陆军约5.4万人、空军约800人、海军约1100人，主要由法国和美国负责提供武器和训练。另有内部治安军约1.7万人。总统为军队最高统帅。实行义务兵役制与志愿兵役制相结合的兵役体制。义务制服役期限为18个月，志愿制至少签3年合同。1978年3月，以色列入侵黎巴嫩后，联合国向黎派驻多国维和部队，并执行任务至今，以监督以色列从黎巴嫩境内撤军，恢复国际和平与安全，并协助黎政府有效管辖以色列撤出的南部地区。

文化教育

【教育】黎巴嫩全国有中小学2704所，在校学生76万余名，教师6万余名。各类高等院校共计41所，其中综合大学4所。黎巴嫩大学是唯一国立综合大学，1953年创建。贝鲁特阿拉伯大学创办于1960年。贝鲁特美国大学由美国教会创建于1866年，用英语授课。圣约瑟大学于1881年建立，用法语授课，设有孔子学院。

【新闻出版】黎巴嫩以中东新闻中心著称。全国各类报刊有600余家。主要日报有《白天报》《旗帜报》《家园报》《安瓦尔报》。主要刊物有《事件周刊》《阿拉伯周刊》《狩猎者》《杂志周刊》《黎巴嫩评论》《星期一早晨》等。

黎巴嫩国家通讯社：唯一官方通讯社，成立于1962年，由新闻部领导，每日发阿、英、法3种文字的新闻稿，只报道黎国内的官方消息。

对外关系

【同中国的关系】中国与黎巴嫩于1971年11月9日建交，双边关系发展平稳。

2020年8月，黎巴嫩贝鲁特港口爆炸事件发生后，国家主席习近平向黎巴嫩总统奥恩致慰问电。此后，中方先后三次派代表出席“支持贝鲁特和黎巴嫩人民”国际视频会议。2022年12月，习近平主席在沙特首都利雅得出席首届中国—阿拉伯国家峰会期间会见黎巴嫩总理米卡提。

2018年7月，黎经济和贸易部长拉伊德·扈里来华出席中阿合作论坛第八届部长级会议。2019年8月，黎旅游部长乌瓦迪斯·卡迪尼来华访问。

两国经贸合作紧密。中方对黎主要出口商品是机电类产品、纺织品、电子设备、汽车类、家具等，中方从黎进口商品主要是废金属等产品。近年来，中方多次向黎提供人道主义援助。据中国海关总署统计，2022年，中黎双边贸易额为25.8亿美元，同比增长66.1%。其中，中国出口额为25.16亿美元，同比增长67.1%；中国进口额为0.64亿美元，同比增长33.6%。

1992年，中黎签署文化交流协定。2005年12月，黎成为中国公民组团旅游目的地国。2006年11月，双方签署在黎巴嫩圣约瑟夫大学设立孔子学院协议。2020年5月，中黎签署政府间关于互设文化中心的协定。

中国积极参与联合国在黎巴嫩南部的维和及扫雷行动。

新冠疫情发生后，中国政府、地方省市、民间机构及企业向黎方提供多批抗疫物资和疫苗援助，积极支持黎方应对疫情，并通过卫生专家视频会议同黎方分享抗疫经验。

中国驻黎巴嫩大使：钱敏坚。馆址：72，RUE NICOLAS IBRAHIM SURSOCK，RAMLETBAIDA，BEIRUT，LEBANON。电话：00961–1–856133（办公室），823760（文化处），622493（商务处），850318、853079（武官处）；传真：822492。

黎巴嫩驻华大使：米莉亚·贾布尔（Milia Jabbour，女）。馆址：北京市朝阳区三里屯东六街10号。电话：010–65321560，65323281；传真：65322770。

【同美国的关系】黎美于1943年建交。黎巴嫩重视发展同美国的关系，争取美在政治、经济、军事上的支持和援助。1997年美解除了长达12年之久的对美公民赴黎禁令。美在“9·11”事件后宣布黎真主党为恐怖组织，并向黎政府提出了冻结该组织武装、资金，双方进行情报合作等一系列要求。

2020年8月贝鲁特爆炸事件后，美总统特朗普致电奥恩总统表示慰问。同月，黎总理迪亚布同美国务卿蓬佩奥通电话，美方强调对黎支持，并向黎提供紧急援助。2021年11月，总理米卡提会见美国务卿布林肯，谈及黎推进改革、重启同国际货币基金组织谈判、按期举行议会选举等问题。

【同法国的关系】黎巴嫩在1943年独立前曾是法国委任统治地，两国有传统的关系。2005年2月，黎前总理拉菲克·哈里里遇害。4月、10月、12月，法与美、英共同推动安理会通过有关哈里里遇害国际调查的1595号、1636号、1644号决议。2006年黎以冲突期间，法推动安理会通过要求黎以停火的1701号决议。冲突后，法派兵2000人参加联黎部队。

2020年7月，法外长勒德里昂访黎。8月，法总统马克龙访黎，向黎提供紧急援助。8月和11月，法两次主持召开“支持贝鲁特和黎巴嫩人民”国际视频会议。2021年1月，奥恩总统同法国总统马克龙通电话，马重申法国将继续支持黎各领域发展。8月，法国同联合国共同主办“支持黎巴嫩人民国际会议”。2021年

11月，米卡提总理在格拉斯哥出席联合国气象变化大会，其间会见法国总统马克龙，马克龙表示，法致力于维护黎政治和经济稳定。

【同叙利亚的关系】黎叙在法国委任统治时期曾是同一个政治实体。黎巴嫩独立后，叙未予承认，黎叙仍保持“特殊关系”。1976年5月之后，叙军（最初约2.8万人）一直以“阿拉伯威慑部队”的名义驻扎在黎。1991年5月，黎叙签署《兄弟关系合作与协调条约》和《安全与防务条约》，确定两国将进行最高级和最全面的协调。1996年1月，黎叙签订经济一体化、取消双重税、推进和保证投资、建立联合边界哨所和社会领域合作五项协定。同时，双方决定在与以色列谈判中密切配合，决不单独与以媾和。2004年9月2日，美法等国推动安理会通过1559号决议，要求叙驻黎部队全部撤离。2005年2月，黎前总理拉菲克·哈里里遇害后，美等西方国家和黎反叙派指责叙应对此负责。叙于4月宣布撤回其驻黎全部军队、安全人员和军事装备。2006年5月，联合国安理会通过第1680号决议，鼓励叙黎两国划定边界、建立正式外交关系并相互派驻外交代表。2008年7月12日和8月13日，黎总统苏莱曼和叙总统巴沙尔在巴黎和大马士革两次会晤，双方宣布决定建立大使级外交关系。10月15日，叙黎外长签署建交公报，两国正式建交。

2011年叙局势动荡以来，外溢效应持续发酵，给黎政局稳定和经济发展带来严重负面影响。黎国内亲叙和反叙派别多次发生武装冲突并造成人员伤亡，黎境内曾遭到来自叙境内的炮弹和火箭弹袭击。黎政府主张，维护叙的主权、独立和统一，反对外部干涉，安理会应谨慎行事，国际社会应为推进叙国内政治进程创造条件。黎政府对叙问题持“不卷入”政策，对阿盟涉叙决议有关对叙实施制裁等内容持保留态度，并与联合国难民署等机构合作，向在黎的叙难民提供人道主义救助。

【同其他阿拉伯国家的关系】黎对外强调其阿拉伯国家属性，重视同阿拉伯国家在重大问题上协调立场，积极发展同阿拉伯国家关系。

目前，在黎巴嫩境内的注册巴勒斯坦难民约有37万，其中26%住在大城市，45%住在得到联合国救济的12个难民营，约7万人生活在没有卫生、教育及社会服务等保障的13个居民点。2006年黎以冲突期间，阿拉伯国家给予黎政治与财政支持。2008年5月，由阿盟和卡塔尔等八国外长组成阿国调解委员会，并促成黎各派达成《多哈协议》，黎因总统选举问题发生的危机结束。

2020年1月，议长贝里访问约旦。同月，外长纳绥夫·希提访问沙特并赴开罗出席阿盟紧急外长会议。7月，黎外长希提访问约旦。8月，贝鲁特爆炸事件后，埃及、沙特、巴林、阿联酋、卡塔尔、约旦、科威特等阿拉伯国家向黎提供紧急援助。2021年10月，黎新闻部长乔治·库尔达希公开批评沙特领导的阿拉伯联军在也门参战，该言论引发沙特、阿联酋等海湾国家不满。12月，库尔达希被迫辞职。

【同以色列的关系】黎巴嫩南部与以色列北部接壤。1978年3月，以侵入黎南部打击巴解武装。1982年6月，以大规模入侵黎。1985年，以色列以保卫北部加利利地区为由在黎南部建立了约850平方公里的“安全区”，驻扎了千余人的部队，并扶植由3000名亲以黎基督徒组成的南黎军。2000年5月，以单方面从黎南部撤军，但黎仍坚持1923年国际边界线，要求以结束对谢巴农场、卡弗尔舒巴村、加吉尔村北部等地的占领，并撤至1967年6月4日的边界线。2006年7月，真主党武装越境袭击以色列并俘获2名以军士兵，以军随即对黎展开大规模军事行动。8月，安理会通过1701号决议后双方停火。冲突造成黎逾1000名平民死亡，4000余人受伤，逾100万人流离失所。以色列亦有157人死亡。2007年10月和2008年7月，黎真主党与以色列在联合国和国际红十字会的协助下两次进行“换俘”。2010年4—7月，黎国内安全部门破获多个以色列在黎谍报网，逮捕近百人，并将3人判处死刑。黎以海上边界未划定，双方在海上经济权益问题上存在分歧。黎方多次要求联合国帮助双方划定海上边界。2011年7月，以方划定其地中海专属经济区及以黎海上边界，黎方表示反对以方在海上划界问题上作出任何单方面决定。2018年12月，以色列在黎以边境以国土范围内开展“北部屏障”行动，旨在排查和摧毁黎真主党在黎以边境地区挖掘的隧道。2020年10月，在联合国主持、美国调解和推动下，黎巴嫩和以色列启动海上划界谈判。2022年10月，经过间接谈判，黎以签署海上划界协议。　（陈曦）

马尔代夫

<u>国名</u>　马尔代夫共和国（The Republic of Maldives）。

<u>面积</u>　总面积11.53万平方公里（含领海面积），陆地面积298平方公里。

<u>人口</u>　55.7万（2022年。其中马尔代夫籍公民为37.9万，均为马尔代夫族）。民族语言和官方语言为迪维希语（Dhivehi），教育和对外交往中广泛使用英语。

伊斯兰教为国教，属逊尼派。

首都　马累（Malé），人口23.4万（2022年）。平均最高气温31℃，最低气温26℃。

国家元首　总统易卜拉欣·穆罕默德·萨利赫（Ibrahim Mohamed Solih），2018年9月当选。

重要节日　独立日：7月26日（1965年）。

简　况

印度洋上的群岛国家。距离印度南部约600公里，距离斯里兰卡西南部约750公里。南北长820公里，东西宽130公里。由26组自然环礁、1192个珊瑚岛组成，分布在9万平方公里的海域内，其中187个岛屿有人居住。岛屿平均面积为1—2平方公里，地势低平，平均海拔1.2米。位于赤道附近，具有明显的热带气候特征，无四季之分。年均降水量2143毫米，年均气温28℃。

1116年建立苏丹国。近400年来，先后遭受葡萄牙和荷兰殖民主义者的侵略和统治，1887年沦为英国保护国。1932年改行君主立宪制。1952年成为英联邦内的共和国。1954年恢复君主立宪制。1965年7月26日宣布独立。1968年11月11日建立共和国。

政　治

实行总统制。2016年以来，马尔代夫执政党进步党内部矛盾激化。10月，进步党公开分裂为支持现总统亚明和支持前总统加尧姆的两个派别。2017年3月，加尧姆宣布同民主党、共和党、正义党组成反对党联盟。反对党两次发起针对议长玛斯赫的不信任案，但未获议会通过。2018年2月1日，马最高法院发布法令，撤销前总统纳希德等9名政治犯罪名，恢复12名反对党议员议席。亚明政府将此举定性为“司法政变”，宣布马进入国家紧急状态，采取多种措施稳定局势。9月，马举行新一轮总统选举，民主党候选人萨利赫击败亚明总统胜选，成为马第七位总统。

【宪法】现行宪法于2008年8月生效。规定马为主权独立和领土完整的伊斯兰教总统内阁制国家。立法、行政、司法权分别归属人民议会、总统和法院。总统为国家元首、政府首脑和武装部队统帅。由全体选民直接选举产生，任期不得超过两届。内阁由副总统、部长和总检察长组成。除副总统以外的内阁成员由总统任命，经议会批准。所有议员通过选举产生，总统不再有任命议员的权力。建立独立的最高法院，总统不再是司法系统的最高长官。

【议会】人民议会为马立法机构。实行比例代表制，全国划分为87个选区，每个选区选举产生1名议员，总共87名议员，任期5年，各行政区议员人数由当地人口数决定。本届议会于2019年4月选举产生。议长穆罕默德·纳希德（Mohamed Nasheed），民主党成员，2019年5月当选。

【政府】本届内阁成立于2018年11月，目前主要内阁成员包括：副总统费萨尔·纳西姆（Faisal Naseem），外交部长阿卜杜拉·沙希德（Abdulla Shahid），国防部长玛丽亚·艾哈迈德·迪迪（Mariyam Ahmed Didi，女），内政部长谢赫·伊姆兰·阿卜杜拉（Sheikh Imran Abdulla），财政部长易卜拉欣·阿米尔（Ibrahim Ameer），国家规划和基础设施部长穆罕默德·阿斯拉姆（Mohamed Aslam），艺术、文化和遗产部长尤姆娜·穆蒙（Yumna Maumoon，女），旅游部长阿里·瓦希德（Ali Waheed），经济发展部长费亚兹·伊斯梅尔（Fayyaz Ismail）等。

【行政区划】全国分为21个行政区，包括18个行政环礁以及马累、阿杜、福阿穆拉3个市。

【司法机构】宪法规定司法权归属最高法院、高等法院和审判法庭。2015年，马颁布新《刑法典》和《反恐怖主义法》，加大力度打击刑事犯罪，预防和打击宗教极端势力。

【政党】2005年6月马启动宪政改革后，人民议会通过实行多党民主制度的议案。马内政部陆续接受多个政党的注册，包括马尔代夫民主党（Maldivian Democratic Party）、马尔代夫进步党（Progressive Party of Maldives）、共和党（Jumhoree Party）、马尔代夫发展联盟（Maldives Development Alliance）、人民党（Dhivehi Rayyithunge Party）、正义党（Adhaalath Party）等。

【重要人物】易卜拉欣·穆罕默德·萨利赫：总统。1962年生。1995年起长期任议员，曾参与起草马2008年宪法。2003年参与创建民主党，2011年起任该党议会党团领袖。2018年11月17日宣誓就职马总统。**穆罕默德·纳希德**：议长。1967年生。民主党领袖，曾于2008—2012年任马总统。2019年5月当选新一届议会议长。

经　济

旅游业、船运业是主要经济支柱。马尔代夫经济结构单一、资源贫乏、严重依赖进口，经济基础较为薄弱。2011年以前，曾被列为世界最不发达国家。通过多年努力，马经济发展取得一定成就，成为南亚地区人均国内生产总值最高的国家，基础设施和互联互通水平也有较大提升。2022年主要经济数据如下：

国内生产总值：61.765亿美元。

人均国内生产总值：1.07万美元（测算含在马常住外国居民）。

国内生产总值增长率：12.3%。

货币名称：卢菲亚。

汇率：1美元≈15.4卢菲亚。

通货膨胀率：2.3%。

（资料来源：马尔代夫货币管理局）

【资源】拥有丰富的海洋资源，有各种热带鱼类及海龟、玳瑁和珊瑚、贝壳之类的海产品。

【工业】仅有小型船舶修造以及海鱼和水果加工、编织、服装加工等手工业。

【农业】土地贫瘠，农业较落后。椰子生产在农业中占重要地位，约有100万棵椰子树。其他农作物有小米、玉米、香蕉和木薯。随着旅游业的扩大，蔬菜和家禽养殖业开始发展。

渔业资源丰富。盛产金枪鱼、鲣鱼、鲛鱼、龙虾、海参、石斑鱼、鲨鱼、海龟和玳瑁等。鱼类主要出口中国香港地区、日本、斯里兰卡、新加坡和中国台湾地区。

【旅游业】旅游业是第一大经济支柱，旅游收入对马国内生产总值的贡献率多年保持在25%左右。现有145个旅游岛，4.73万张床位，入住率62.3%，外国游客人均在马停留时间6.3天。新冠疫情发生后，旅游业受到巨大冲击，现已逐步恢复，2022年外国赴马游客167.5万人次。

【交通运输】主要交通工具为船舶。汽车、摩托车为主要陆上交通工具。海运业主要经营中国香港地区到波斯湾和红海地区及国内诸岛间的运输业务，中国、斯里兰卡、印度、新加坡、阿联酋、南非及一些欧洲国家有定期航班往返马累。

【财政金融】2022年财政收入281亿卢菲亚（包括国际援助），财政支出399亿卢菲亚，财政赤字118亿卢菲亚，外汇储备127亿卢菲亚。

【对外贸易】主要出口商品为海产品，主要进口商品为食品、家具、石油产品、电子产品、纺织品和生活用品。主要贸易伙伴有阿联酋、新加坡、印度、斯里兰卡、泰国和马来西亚等。2022年，马出口额为3.998亿美元，进口额为35.157亿美元，贸易逆差为31.159亿美元。

人民生活

大部分居民以鱼、椰子和木薯为主食，近年来粮食及食品有所增加。马尔代夫医疗卫生较落后，全国有23家医院，最大的医院在马累。1998年世界卫生组织宣布马为无疟疾国家。婴儿年出生率为18‰，人均寿命男性为73岁，女性为74.7岁。

军　事

2006年4月前仅有一支千余人的综合武装力量，统称为国家安全卫队，由国民卫队、警察卫队和海上巡逻队组成。2004年，警察同国家安全卫队分离，接受内政部领导。2006年4月，国家安全卫队正式更名为马尔代夫国防部队，隶属于国防和国家安全部，总兵力约3000人，职责是捍卫国家主权和独立，保护根据宪法选举产生的政府不受威胁和侵犯，快速应对紧急事件及捍卫宪法和法律权威。

文化教育

【教育】实行从学前到高中毕业的免费教育。成人识字率为98.94%。2019年，马尔代夫共有348所学校，在校学生89432人，教师10424人。马尔代夫国立大学是马唯一大学。各环礁设有一个教育中心，主要向成年人提供非正规文化教育。

【新闻出版】传统纸质媒体逐渐退出市场，主要媒体纷纷转向网络化，影响较大的有Sun Online、Avas、Vnews、Mihaaru、Raajje News、Maldives Independent等，大部分使用迪维希语。

马尔代夫之声电台：建于1962年，用英语和迪维希语对全国广播。

马尔代夫电视台：于1978年3月建成启用，同年修建了卫星通信站，可通过卫星转播世界各地节目。

对外关系

马尔代夫是英联邦国家。2016年10月，马政府宣布因受到英联邦不公正待遇，决定退出英联邦，2018年马新政府上台后，于2020年2月1日重新成为英联邦一员。同164个国家建立了外交关系。奉行和平、独立和不结盟的外交政策，同所有尊重马独立和主权的国家友好，重视发展与中国、印度、沙特、马来西亚、新加坡、斯里兰卡等国家关系。大力争取国际组织和其他国家援助。积极参与不结盟运动和南亚区域合作联盟活动，2011年成功举办第17届南盟峰会。2021年6月，马尔代夫外长沙希德当选第76届联合国大会主席。

马尔代夫是“小岛屿国家联盟”主要代表国，2015年起担任联盟轮值主席国。强调气候变化事关小岛屿国家的生存权，高度关注全球气候变暖使海平面上升对马造成的威胁。签署《联合国气候变化框架公约》《气候变化和生物多样性公约》《京都议定书》《保护海洋生物议定书》《巴黎协定》等多边协议。

【同中国的关系】中马两国于1972年10月14日建交，双边关系长期稳定发展。马政府奉行一个中国政策，不与台湾当局发展官方关系，在涉藏、涉疆、南海等问题上支持中方立场。

两国保持高层交往。2014年8月，马总统亚明来华出席第二届青奥会开幕式，习近平主席会见。9月，习近平主席对马尔代夫进行国事访问，同亚明总统一致同意构建中马面向未来的全面友好合作伙伴关系。2020年4月，王毅国务委员兼外长应约同马尔代夫外长沙希德就新冠疫情和中马关系等通电话。2021年7月，习近平主席应约同马尔代夫总统萨利赫通电话。9月，王毅国务委员兼外长以视频方式会见第76届联大主席、马外长沙希德。11月，第76届联大主席、马外长沙希德访华，李克强总理、杨洁篪主任同其视频会见，王毅国务委员兼外长同其会谈。2022年1月，王毅国务委员兼外长访问马尔代夫。2月，第76届联大主席、马外长沙希德出席北京冬奥会开幕式并参与火炬传递。

中马经贸合作关系始于1981年。当前双边经贸合作发展势头良好。中马建有经贸联委会机制，首次会议于2014年12月在北京举行，第二次会议于2015年9月在马举行。中马自贸谈判于2015年12月正式启动，2017年9月结束，12月正式签署中马自贸协定。中国对马出口商品主要包括建材、机械设备、交通工具、通信设备、家具、箱包、纺织品等，从马尔代夫进口商品主要为水产品。据中国海关总署统计，2022年，中马双边贸易额为4.5135亿美元，同比增长10.1%。其中，中国出口额为4.5129亿美元，同比增长11.3%；中国进口额为6万美元，同比减少98.7%。中马大项目合作进展顺利，中马友谊大桥竣工并投入使用，维拉纳国际机场改扩建项目完成新跑道启用和水飞航站楼启用，拉穆环礁连接公路项目和住房三期项目均竣工交付。

2002年，马尔代夫成为中国公民出国旅游目的地国。自2010年起，中国已连续10年成为马第一大旅游客源国。2019年，中国赴马游客28.4万人次。新冠疫情发生前，中国北京、上海、广州、昆明、成都、重庆、武汉、郑州、香港等地同马累间分别开通了直航或包机往来。2018年7月，中国—马尔代夫旅游合作论坛在马举办。2023年1月，马尔代夫被列入首批试点恢复出境团队游国家。1月18日，中国首都航空恢复北京至马累的直飞航班。

中国驻马尔代夫大使：王立新（女）。馆址：H. Nookurikeela, Dhunbugas Magu，MMale，Maldives。电话：00960–3010645；传真：3010642。

马尔代夫驻华大使：艾莎特·阿兹玛（Aishath Azeema，女）。馆址：北京市朝阳区建外秀水街1号建外外交公寓1–5–31。电话：010–85323847；传真：85323746。

【同印度的关系】地理位置相近，历史、社会、政治联系密切。在联合国、不结盟运动和南盟等多边场合中，马方支持印方立场。马政府强调“印度优先”原则，两国高层互访频繁。2020年印度同马实施1.5亿美元货币互换计划，并宣布向马提供200万美元援助。印还向马提供首批新冠疫苗。2022年4月，纳希德议长赴印度参加第七届瑞辛纳对话。8月，萨利赫总统、沙希德外长先后访问印度。

【同斯里兰卡的关系】历史、社会、政治联系密切。2021年11月，萨利赫总统访问斯里兰卡。2021年12月、2022年12月，萨利赫总统非正式访问斯里兰卡。2022年10月，纳希德议长访问斯里兰卡。

（姜维巍）

马 来 西 亚

国名　马来西亚（Malaysia）。

面积　约33万平方公里。

人口　3270万（2022年）。其中，马来人占69.4%，华人占23.2%，印度人占6.7%，其他种族占0.7%。马来语为官方语言，通用英语，华语使用较广泛。伊斯兰教为国教，其他宗教有佛教、印度教和基督教等。

首都　吉隆坡（Kuala Lumpur），人口197万（2022年）。

国家元首　最高元首阿卜杜拉·艾哈迈德·沙阿（Al-Sultan Abdullah Ri'ayatuddin Al-Mustafa Billah Shah Ibni Sultan Haji Ahmad Shah Al-Musta'in Billah），2019年1月31日就任第16任最高元首。

重要节日　全国各地大小节日约有上百个，政府规定的全国性节日有10个，即国庆日（又称“独立日”，8月31日）、元旦、开斋节、春节、哈芝节、屠妖节、五一节、圣诞节、卫塞节、现任最高元首诞辰。除少数节日日期固定外，其余节日的具体日期由政府在前一年统一公布。

简　况

位于东南亚，国土被南海分隔成东、西两部分。西马位于马来半岛南部，北与泰国接壤，南与新加坡隔柔佛海峡相望，东临南中国海，西濒马六甲海峡。东马位于加里曼丹岛北部，与印尼、菲律宾、文莱相邻。海岸线总长4192公里。属热带雨林气候。年均气温内地山区为22℃—28℃，沿海平原为25℃—30℃。

公元初，马来半岛有羯荼、狼牙修等古国。15世纪初，以马六甲为中心的满剌加王国统一了马来半岛的大部分。16世纪开始，马先后被葡萄牙、荷兰、英国占领。20世纪初，马完全沦为英国殖民地。加里曼丹岛沙捞越、沙巴历史上属文莱，1888年两地沦为英国保护地。第二次世界大战中，马来半岛、沙捞越、沙巴被日本占领。二战后，英国恢复殖民统治。1957年8月31日，马来亚联合邦宣布独立。1963年9月16日，马来亚联合邦同新加坡、沙捞越、沙巴合并组成马来西亚（1965年8月9日新加坡退出）。

政　治

实行君主立宪联邦制。因历史原因，沙捞越州和沙巴州拥有较大自治权。以巫统为首的执政党联盟国民阵线（简称“国阵”）于1957—2018年长期执政。2018年5月9日，马来西亚举行第14届大选，马哈蒂尔领导的“希望联盟”赢得国会下议院超过半数的议席，结束了国阵61年执政，马哈蒂尔宣誓就任总理。2020年2月24日，马哈蒂尔辞去总理职务。3月1日，前副总理、土著团结党主席穆希丁宣誓就任第8任总理。2021年8月16日，穆希丁辞去总理职务。8月21日，前副总理、巫统党副主席伊斯迈尔·沙必里宣誓就任第9任总理。

2022年11月19日，马来西亚举行第15届大选，首次出现无政党或政党联盟获过半议席情况。人民公正党、民主行动党、国家诚信党组成的“希望联盟”

同国民阵线、东马各政党组成联合政府上台执政。11月24日，"希望联盟"主席、前副总理安瓦尔·易卜拉欣（Datuk Seri Anwar Ibrahim）以拥有最多议席的政党领袖身份宣誓就任第10任总理。

【宪法】1957年颁布马来亚宪法，1963年马来西亚联邦成立后继续沿用，改名为马来西亚联邦宪法，后多次修订。宪法规定：最高元首为国家元首、伊斯兰教领袖兼武装部队统帅，由统治者会议选举产生，任期5年。最高元首拥有立法、司法和行政的最高权力，以及任命总理、拒绝解散国会等权力。1993年3月，马议会通过宪法修正案，取消了各州苏丹的法律豁免权等特权。1994年5月修改宪法，规定最高元首必须接受并根据政府建议执行公务。2005年1月，马议会再次通过修宪法案，决定将各州的供水事务管理权和文化遗产管理权移交中央政府。2019年7月，马议会通过宪法修正案，将投票及参选年龄从21岁降至18岁，同时实行自动选民登记制度，这项制度于2022年9月正式落实。2021年12月，马议会再次通过修宪法案，恢复沙巴与沙捞越1963年加入马来西亚联邦时的"邦"的地位。

【统治者会议】由柔佛、彭亨、雪兰莪、森美兰、霹雳、登嘉楼、吉兰丹、吉打、玻璃市9个州的世袭苏丹和马六甲、槟城、沙捞越、沙巴4个州的州元首组成。其职能是在9个世袭苏丹中轮流选举产生最高元首和副最高元首；审议并颁布国家法律、法规；对全国性的伊斯兰教问题有最终裁决权；审议涉及马来族和沙巴、沙捞越土著民族的特权地位等重大问题。未经该会议同意，不得通过有关统治者特权地位的任何法律。内阁总理和各州州务大臣（有苏丹的州）、首席部长（无苏丹的州）协助会议召开。

【议会】国会是最高立法机构，由上议院和下议院组成。下议院共设议席222个，任期5年，可连任。现任下议长佐哈里·阿卜杜勒（Johari bin Abdul），2020年9月任职。上议院共70席，由全国13个州议会各选举产生2名，其余44名由最高元首根据内阁推荐委任，任期3年，可连任两届。现任上议长旺·朱乃迪（Wan Junaidi），2023年6月就任。

【政府】马内阁名单如下：总理兼财政部长安瓦尔·易卜拉欣，副总理兼乡村及区域发展部长艾哈迈德·扎希德（Ahmad Zahid），副总理兼原产业部长法迪拉·尤索夫（Fadillah Yusof），交通部长陆兆福（Loke Siew Fook），农业及粮食安全部长穆罕默德·沙布（Mohamad Sabu），总理府经济事务部长拉菲兹（Rafizi），房屋及地方政府部长倪可敏（Nga Kor Ming），国防部长穆罕默德·哈山（Mohamad Hasan），工程部长亚历山大（Alexander），内政部长赛夫丁·纳苏丁（Saifuddin Nasution），投资、贸易和工业部长东姑·扎夫鲁（Tengku Zafrul），高等教育部长卡立·诺丁（Khaled Nordin），科技与创新部长郑立慷（Chang Lih Kang），妇女、家庭及社会部长南茜（Nancy，女），国内贸易及生活成本部长沙拉胡丁（Salahuddin），总理府法律及体制改革部长阿莎丽娜（Azalina，女），天然资源、环境及气候变化部长聂纳兹米（Nik Nazmi），企业及合作社发展部长依温（Ewon），外交部长赞比里（Zambry），旅游部长张庆信（Tiong King Sing），通信及多媒体部长法米（Fahmi），教育部长法丽娜（Fadhlina，女），国家团结部长亚伦阿格（Aaron Ago），宗教部长纳因（Na'im），青年及体育部长杨巧双（Yeoh Tseow Suan），人力资源部长西华古玛（Sivakumar），卫生部长扎丽哈（Zaliha，女），总理府沙巴及沙捞越事务部长阿米占（Armizan）。

【行政区划】全国分为13个州和3个联邦直辖区。13个州是西马的柔佛、吉打、吉兰丹、马六甲、森美兰、彭亨、槟城、霹雳、玻璃市、雪兰莪、登嘉楼，东马的沙巴、沙捞越。另有首都吉隆坡、布特拉加亚（布城）和纳闽3个联邦直辖区。

【司法机构】最高法院于1985年1月1日成立。1994年6月改名为联邦法院。设有马来亚高级法院（负责西马）和婆罗洲高级法院（负责东马），各州设有地方法院和推事庭。另外还有特别军事法庭和伊斯兰教法庭。联邦法院首席大法官麦润（Dato' Tengku Maimun binti Tuan Mat，女），2019年5月就任，马来西亚首位女性首席大法官。总检察长依德鲁斯·哈伦（Idrus Harun），2020年3月任命。

【政党】注册政党有40多个。巫统、马华公会和印度人国大党等政党组成的国民阵线曾长期执政。2018年大选后，由人民公正党、民主行动党、国家诚信党和土著团结党组成的"希望联盟"取代国民阵线上台执政。2020年3月，土著团结党、巫统、伊斯兰教党等组成国民联盟，取代"希望联盟"上台执政。2022年11月大选后，由人民公正党、民主行动党、国家诚信党组成的"希望联盟"同国民阵线、东马主要政党组成联合政府上台执政。

主要执政党：

（1）人民公正党（People's Justice Party/Parti Keadilan Rakyat，PKR）：1999年4月4日成立，前身是1990年注册的伊斯兰教社会联盟。旨在联合各政党和非政府组织力量，抗衡政府，争取公正。党员约50万人。现任主席为总理兼财政部长安瓦尔·易卜拉欣。

（2）民主行动党（The Democratic Action Party，DAP）：以华人为主的多民族政党。1966年3月成立，前身是新加坡人民行动党在马来半岛的分部。党员约45万人。现任主席为林冠英，秘书长为陆兆福。

（3）国家诚信党（Parti Amanah Negara，AMANAH）：由伊斯兰教党开明派组成，于2015年9月16日成立。党员约15万人。现任主席为穆罕默德·沙布。

（4）马来民族统一机构（The United Malays

National Organization，UMNO）：简称“巫统”。马来人政党。成立于1946年5月11日。1987年4月因党争而分裂，被法庭判为非法组织。1988年2月马哈蒂尔在原巫统基础上重组“新巫统”（The New United Malays National Organization）。1996年，从巫统分裂出去的“四六”精神党重返新巫统后再次还名为“巫统”。现有党员约339万人。现任主席扎希德，署理主席穆罕默德·哈山。

（5）马来西亚华人公会（Malaysian Chinese Association，MCA）：简称“马华公会”。华人政党。1949年2月27日成立，原名“马来亚华人公会”，马来西亚成立后改为现名。党员约110万人。现任总会长魏家祥。

（6）马来西亚印度人国大党（Malaysian Indian Congress，MIC）：简称“印度人国大党”。1946年8月2日成立。马来西亚印度、巴基斯坦族政党，旨在争取和维护两族利益。党员约55万人。现任主席维尼斯瓦兰。

主要在野党：

（1）土著团结党（Parti Pribumi Bersatu Malaysia，BERSATU）：以土著和马来人为主的政党。2016年9月9日成立。党员约56万人。现任主席为前总理穆希丁。

（2）伊斯兰教党（Parti Islam Malaysia，PAS）：以马来穆斯林为主的宗教政党。1951年8月23日成立，1973—1977年曾加入国民阵线。2022年大选赢得45个国会议席，成为国会下议院第一大党。党员约100万人。现任主席哈迪·阿旺。

【重要人物】阿卜杜拉·艾哈迈德·沙阿：最高元首。1959年7月30日出生于彭亨州。曾赴英国留学并接受军事教育。2019年1月15日接任彭亨州第6任苏丹，2019年1月31日就任最高元首。已婚。**安瓦尔·易卜拉欣**：总理兼财政部长。1947年8月出生于槟城州。1982年加入巫统并当选国会议员，历任总理府副部长，文化、青年及体育部长，农业部长，教育部长，财政部长，副总理。1993年当选巫统署理主席。1998年被总理马哈蒂尔革职并被开除党籍。1999年被判入狱，2004年获释。2008年大选后，通过补选成为国会反对党领袖。2015年再度入狱。2018年获得特赦，出任人民公正党主席，并成为执政联盟“希望联盟”最高理事会成员。2020年出任“希望联盟”主席。2022年11月大选后，同国民阵线、东马主要政党组成联合政府，并于11月24日宣誓就任第10任总理。已婚，育有5名子女。

经济

2019年政府提出“2030年宏愿”，把缩小贫富差距、创建新型发展模式、推动马来西亚成为亚洲经济轴心作为三大主要目标。2022年主要经济数据如下：

国内生产总值：3435亿美元。

人均国内生产总值：约12040美元。

国内生产总值增长率：8.7%。

货币名称：林吉特。

汇率：1美元≈4.3林吉特。

（资料来源：马来西亚统计局，下同）

【资源】自然资源丰富。橡胶、棕油和胡椒的产量和出口量居世界前列。曾是世界产锡大国，近年来产量逐年减少。石油储量丰富，此外还有铁、金、钨、煤、铝土、锰等矿产。盛产热带硬木。以锡、石油和天然气开采为主。根据2021版《BP世界能源统计年鉴》，马原油储量为27亿桶，天然气储量为0.9万亿立方米。2021年马来西亚石油日产量为73.7万桶，天然气日产量约为2亿立方米。

【工业】政府鼓励以本国原料为主的加工工业，重点发展电子、汽车、钢铁、石油化工和纺织品等。2022年，马制造业领域产值为5394亿林吉特。

【农业】耕地面积约485万公顷。农业以经济作物为主，主要有油棕、橡胶、热带水果等。粮食自给率约为70%。盛产热带林木。渔业以近海捕捞为主，近年来深海捕捞和养殖业有所发展。2020年，马农业产值为1144亿林吉特。

【服务业】范围广泛，包括水、电、交通、通信、批发、零售、饭店、餐馆、金融、保险、不动产及政府部门提供的服务等。20世纪70年代以来，马政府不断调整产业结构，使服务业得到了迅速发展，成为国民经济发展的支柱性行业之一。就业人数约535.36万人，占全国就业人口的50.76%，是就业人数最多的产业。

【旅游业】国家第三大经济支柱，第二大外汇收入来源。拥有酒店约4072家。主要旅游点有吉隆坡、云顶、槟城、马六甲、兰卡威、刁曼岛、热浪岛、邦咯岛等。据马旅游部统计，2020年赴马游客人数为430万人次。

【交通运输】全国有良好的公路网，公路和铁路主要干线贯穿马来半岛南北，航空业发达。

公路：道路连接总里程为210658公里。

铁路：铁路网总里程为1833公里。

空运：民航主要由马来西亚航空公司和亚洲航空公司经营。马航有飞机89架，辟有航线113条。亚航有飞机188架，辟有航线83条。全国共有机场25个。其中，国际机场有：吉隆坡、槟城、兰卡威、哥打基纳巴卢、新山和古晋。

水运：内河运输不发达，海运80%以上依赖外航。共有各类船只1008艘，其中100吨以上的注册商船508艘，注册总吨位175.5万吨；远洋船只50艘。共有19个港口。近年来大力发展远洋运输和港口建设，主要航运公司为马来西亚国际船务公司，主要港口有巴生、槟城、关丹、新山、古晋和纳闽等。

【财政金融】近几年联邦政府财政收支情况如下（单位：亿林吉特）：

	2020	2021	2022
收入	2272	2369	2160
支出	3140	3206	2869
盈余/赤字	–868	–837	–709

【**对外贸易**】2021年，马主要出口市场为新加坡、中国、美国，主要进口来源国为中国、新加坡。近几年对外贸易情况如下（单位：亿林吉特）：

	2020	2021	2022
总　额	17772	22272	21934
出口额	9810	12400	11813
进口额	7962	9872	10120
差　额	1848	2528	1693

【**外国资本**】大力吸引外资。主要外资来源地为荷兰、新加坡、奥地利、日本。2021年，马吸引外国直接投资约2086亿林吉特。

人民生活

2021年，马家庭平均可支配收入约1169美元。2021年人均寿命男性为73.2岁，女性为78.3岁。（资料来源：马来西亚统计局）

军　事

陆军的前身是1935年英国殖民地政府组建的马来兵团。1958年从英国人手中接管原英殖民地海军辅助部队，1963年正式改为马来西亚皇家海军。1958年6月1日正式建立马来皇家空军。最高元首是三军最高统帅。国防决策机构为国家安全委员会，总理任主席。武装部队总司令是军队最高指挥官。总司令阿芬迪·邦（Affendi Buang），2020年1月任职。实行志愿兵役制，服役期为10年。

三军总兵力12.95万人。陆军10.5万人，编成1个军团司令部、4个师、1个快速反应旅、10个步兵旅、5个炮兵团、4个装甲团，装备坦克26辆、装甲车1100余辆、火炮400门。海军1.25万人，编有2个海军司令部，编成10个中队，装备100余艘舰船，有海军基地4处。空军1.2万人，编成2个管区（下辖5个营）、12个飞行中队和支援部队，有空军基地3处。另有预备役部队4.66万人，准军事部队20余万人。

文化教育

马、华、印各族都有自己独特的文化。政府努力塑造以马来文化为基础的国家文化，推行“国民教育政策”，重视马来语的普及教育。华文教育比较普遍，有较完整的华文教育体系。

【**教育**】实施小学免费教育。2021年教育经费预算为504亿林吉特。截至2017年底，马来西亚共有小学7901所，中学2586所。全国有马来亚大学、国民大学等40所高等院校，近年来私立高等院校发展很快，有私立学院500多所。

【**新闻出版**】约有50份报纸，用8种文字出版，发行量从几万到几十万不等。主要报纸有：马来文的《每日新闻》《阳光日报》；英文的《星报》《新海峡时报》《马来邮报》；华文的《星洲日报》《中国报》《南洋商报》等。

马来西亚国家新闻社：半官方通讯社，成立于1968年，在亚太地区设有33家分社。

马来西亚广播电台：官办，建于1946年，拥有Radio Klasik、Nasional FM、TraXX FM、Ai FM、Minnal FM、Asyik FM 6个国家电台频道，17个州电台频道，用马来语、英语、华语、泰米尔语和土著语广播。

私营广播电台有Fly FM、Hot FM、One FM等。

马来西亚电视台：建于1963年，包括TV1、TV2和TV Okey，用马来语、英语、华语等播放。

私营电视台有TV3、NTV7、8TV和TV9。

对外关系

马来西亚政府在和平、人道、公平、平等的基础上，推行独立、有原则、务实的外交政策，与其他国家维持友好关系，并主张根据国际法和平解决争议；视东盟为外交政策基石，优先发展同东盟国家关系；系英联邦成员国，与其他成员国交往较多。已同132个国家建交，在84个国家设有110个使领馆。

大力开展经济外交，积极推动南南合作，反对西方国家贸易保护主义。2020年以线上方式主办了亚太经合组织第二十七次领导人非正式会议。

积极发展同伊斯兰国家和不结盟国家关系，关注伊斯兰事务。

主张维护联合国作为核心国际组织的地位，关注建立国际政治经济新秩序问题。马于2006年5月、2010年5月、2021年10月三次当选人权理事会成员，每届任期3年。马担任了2015—2016年联合国安理会非常任理事国。

支持国际反恐合作，强调反恐应解决恐怖主义产生的根源，否定伊斯兰与恐怖主义的必然联系，推动宗教和文明间对话。

【**同中国的关系**】两国于1974年5月31日正式建立外交关系。建交后，两国关系总体发展顺利。1999年，两国签署关于未来双边合作框架的联合声明。2004年，两国领导人就发展中马战略性合作达成共识。2013年，两国建立全面战略伙伴关系。2023年，两国宣布共建中马命运共同体。

两国高层互访和接触频繁。2020年2月，习近平主席应约同马总理马哈蒂尔通电话。3月、8月，王毅国务委员兼外长应约同马外长希沙穆丁两次通电话。10月，王毅国务委员兼外长访问马来西亚。11月，习近平主席在北京以视频方式出席马方主办的亚太经合组织第二十七次领导人非正式会议并发表题为《携手构建亚太命运共同体》的重要讲话。2021年4月，马外长希沙穆丁访华。5月，李克强总理同马总理穆希丁举行视频会晤。12月，马外长赛夫丁访华，同王毅国务委员兼外长共同主持中马高级别合作委员会首次会议。2022年7月，王毅国务委员兼外长访问马来西亚。12月，中共中央政治局委员、国务委员兼外交部长王毅同马外长赞比里举行视频会晤。

两国签有《避免双重征税协定》《贸易协定》《投资保护协定》《海运协定》《民用航空运输协定》等10余项经贸合作协议。1988年成立双边经贸联委会。2002年4月成立双边商业理事会。2017年，两国签署《关于通过中方“丝绸之路经济带”和“21世纪海上丝绸之路”倡议推动双方经济发展的谅解备忘录》《中国商务部同马来西亚交通部关于基础设施建设领域合作谅解备忘录》。

据中国海关总署统计，2022年，中马双边贸易额为2035.9亿美元，同比增长15.3%。其中，中国出口额为937.1亿美元，同比增长19.7%；中国进口额为1098.8亿美元，同比增长11.8%。中国连续14年成为马来西亚最大贸易伙伴。中国自马进口主要商品有集成电路、计算机及其零部件、棕油和塑料制品等；中国向马出口主要商品有计算机及其零部件、集成电路、服装和纺织品等。截至2023年1月底，马累计来华实际投资额为91.2亿美元，中国对马累计各类投资额为172亿美元。

两国在农业、科技、教育、文化、军事等领域的交流与合作顺利发展。2016年，两国签署了《农业合作谅解备忘录》，并续签了《教育合作谅解备忘录》。2018年，两国签署了《跨境会计审计执法合作备忘录》《马来西亚冷冻榴莲输华检验检疫要求的议定书》等。2023年，两国签署了《马来西亚菠萝蜜输华植物检疫要求的议定书》《马来西亚输华水产饲料检疫和卫生要求的议定书》。新华社、中新社在吉隆坡设立分社，中央电视台在马设立记者站，央视4套和9套节目在马落地，《人民日报》海外版在马出版发行。《星报》在华设立办事处。双方签署了《旅游合作谅解备忘录》。1995年，两国互设武官处，军事交往增多，两国海军军舰多次互访。2016年11月，两国签署了《防务合作谅解备忘录》。2019年4月，马来西亚海军首艘中国制濒海任务舰下水仪式在双柳基地举行。12月，首艘濒海任务舰正式交付马海军。2020年11月，两国签署了《关于疫苗开发和可及性的合作协定》。

中国驻马来西亚大使：欧阳玉靖。馆址：229, Jalan Ampang，50450 Kuala Lumpur，Malaysia。电话：0060–3–21411729，21447652；传真：21414552，21453924。

马来西亚驻华大使：拉惹·拿督·努西尔万（Raja Dato Nushirwan）。馆址：北京市朝阳区亮马桥北街2号。电话：010–65322531；传真：65325032。商务处电话：010–84515109；传真：84515110。签证处电话：010–65326544；传真：65326544。（刘禹泽）

蒙　古　国

国名　蒙古国（Mongolia）。

面积　156.65万平方公里。

人口　约345.8万（2022年）。喀尔喀蒙古族约占全国人口的80%，此外还有哈萨克等少数民族。主要语言为喀尔喀蒙古语。居民主要信奉喇嘛教。

首都　乌兰巴托（Ulaanbaatar），常住人口约150万（2022年）。

国家元首　总统乌赫那·呼日勒苏赫（Ukhnaa Khurelsuh），2021年6月当选总统。

重要节日　白月节：日期与中国藏历新年相同，以前称“牧民节”（1988年12月，蒙古大人民呼拉尔主席团决定，白月节为全民节日）。国庆节–那达慕：7月11日（1922年起，蒙古定期在每年7月11日举行全国性那达慕，成为国庆活动的一个主要组成部分。1997年6月13日，蒙古国庆中央委员会第三次会议决定将蒙古国庆易名为“国庆节–那达慕”）。

简　况

位于亚洲中部的内陆国，东、南、西与中国接壤，北与俄罗斯相邻。属典型的大陆性气候，常年平均气温为1.56℃。冬季最低气温可至–50℃，夏季戈壁地区最高气温达40℃以上。

蒙古国原称“外蒙古”或“喀尔喀蒙古”。1911年12月，蒙古王公在沙俄支持下宣布“独立”。根据1913年、1915年中蒙及中蒙俄有关协议，蒙古获得“自治权”。1919年放弃“自治”。1921年蒙古人民党领导的人民革命胜利，同年7月建立君主立宪政府。1924年11月26日废除君主立宪，成立蒙古人民共和国。1945年2月，苏、美、英三国首脑签订《雅尔塔协定》，规定“外蒙古（蒙古人民共和国）的现状须予维持”。1946年1月5日，当时的中国政府承认外蒙古独立。1992年2月改国名为“蒙古国”。2023年5月31日，通过《宪法修正案》，主要对国家大呼拉尔的议员人数、选举方式等进行修改，于2024年1月1日生效。

政　治

2020年6月，蒙古国举行新一届议会选举，蒙古人民党获得绝对多数席位，单独组建政府。

【宪法】现为第四部宪法，于1992年1月通过，同年2月12日起生效。宪法规定：蒙古国是独立自主的共和国；视在本国建立人道的公民民主社会为崇高目标；在未颁布法律的情况下，禁止外国军事力量驻扎蒙古国境内和通过蒙古国领土；国家承认公有制和私有制的一切形式；国家尊重宗教，宗教崇尚国家，公民有宗教信仰与不信仰的自由；根据公认的国际法准则和原则，奉行和平外交政策。根据该宪法，改国名为“蒙古国”，建立议会制。

【议会】国家大呼拉尔是国家最高权力机关，行使立法权。国家大呼拉尔可提议讨论内外政策的任何问题，并将以下问题置于自己特别权力之内予以解决：批准、增补和修改法律；确定内外政策基础；宣布总统和国家大呼拉尔及其成员选举日期；决定和更换国家大呼拉尔常设委员会；颁布总统当选并承认其权力的法律；罢免总统；任免总理及政府成员；决定国家安全委员会的组成及权限；决定赦免等。国家大呼拉尔为一院制议会，现有76个席位，其成员由蒙古国公民以无记名投票的方式直接选出，任期4年。本届国家大呼拉尔于2020年6月产生，下设8个常设委员会。主席贡布扎布·赞登沙特尔（Gombojav Zandanshatar，蒙古人民党），2020年7月就任。2024年《宪法修正案》生效后，议会选举将实行“混合制”，席位增至126席。其中，78席由“多数制”选举产生，48席由“比例制”选举产生。

【政府】国家权力最高执行机关，由在议会选举中获胜的政党单独或联合组成，总理系政府首脑。总理罗布桑那木斯来·奥云额尔登（Luwsannamsrai Oyun-Erdene，蒙古人民党），2021年1月就任。同月，奥领导成立新一届政府，下设副总理、政府办公厅主任及各部长共16名成员。

【行政区划】全国划分为首都和21个省。

【司法机构】法院行使司法权，由最高法院和各级地方法院构成。最高法院现任大法官冈卓力格（Ganzorig），2020年6月就职。检察机构由总检察署和各级地方检察署构成。现任总检察长扎尔格勒赛汗（Jargal saikhan），2019年5月就职。

【政党】实行多党制。截至2022年底，共有33个政党。主要有：

（1）蒙古人民党（Mongolian People's Party）：1921年3月1日成立，1925年3月改称“蒙古人民革命党”，2010年11月再次更名为“蒙古人民党”。党员约20万名。1997年2月该党召开的第二十二大确定党的性质为“民族民主主义性质的中左翼政党”，理论基础为“民主社会主义思想”。现任主席罗布桑那木斯来·奥云额尔登。2021年4月29日，蒙古人民党同蒙古国第三大党——蒙古人民革命党合并。

（2）民主党（Democratic Party）：2000年12月6日由蒙古民族民主党、社会民主党、民主复兴党、宗教民主党和民主党合并而成。党员约18万名。党的宗旨是重视人的发展、人的权力和自由，并视个人能力大小承担相应的社会责任。党的目标是巩固蒙古政治独立；建立合理、强大的经济体制；建立开放的社会；建立良政；将社会发展与国际社会进步密切接轨。党的全国代表大会每四年召开一次。国家政策委员会（相当于中央委员会）负责日常工作。2023年2月，蒙古最高法院认定罗·钢铁木尔为民主党主席。

【重要人物】乌赫那·呼日勒苏赫：总统。1968年生。1989年毕业于蒙古国防大学政治学专业，2000年毕业于蒙古国立大学法学专业。历任蒙古民主社会主义青年联盟委员，蒙古人民党领导委员会委员、总书记、主席，蒙古国副总理，总理。2000年、2004年、2012年三次当选国家大呼拉尔委员。2021年6月当选蒙古国第八任总统。 **贡布扎布·赞登沙特尔**：国家大呼拉尔主席。1970年生。1992年毕业于伊尔库茨克市国民经济学院经济学专业。曾任蒙古国农牧业部副部长、外交部长和人民党总书记等职。2004年、2008年、2016年三次当选国家大呼拉尔委员。2017年10月任蒙古国政府办公厅主任。2019年1月当选国家大呼拉尔主席，2020年6月连任。 **罗布桑那木斯来·奥云额尔登**：总理。1980年生。2001年毕业于贝尔斯大学记者专业，2015年毕业于美国哈佛大学公共行政管理专业。历任蒙古民主社会主义青年联盟主席、蒙古人民党书记。2016—2020年担任蒙议员，2019—2020年担任蒙古国部长、政府办公厅主任。2021年1月被任命为蒙古国总理。

经　济

以畜牧业和采矿业为主，曾长期实行计划经济。蒙古国1991年开始向市场经济过渡。1997年7月，政府通过“1997—2000年国有资产私有化方案”，目标是使私营经济成分在国家经济中占主导地位。2022年主要经济数据如下：

国内生产总值：168亿美元。

人均国内生产总值：5051美元。

国内生产总值增长率：4.8%。

货币名称：图格里克。

汇率：1美元≈3443图格里克。

【资源】地下资源丰富。现已探明的有铜、钼、金、银、铀、铅、锌、稀土、铁、萤石、磷、煤、石油等80多种矿产。全国森林覆盖率为8.2%。

【工业】矿业是蒙古国经济发展的重要支柱产业。蒙古国经济基础差、产业基础薄弱，经济增长过度依赖矿业，并受制于国际原材料价格波动的影响。外国对蒙古国的投资超过八成都投入矿业领域。蒙古国矿产资源丰富，部分大矿储量在国际上处于领先地位。因蒙古国在地质勘探方面缺乏专业队伍、技术装备落后，地质勘探水平总体较低。蒙古国基础设施较为落后，水电资源匮乏，很大程度上也制约了矿产业的发展。目前，蒙古国已进行开采且出口产品的大中型矿主要有：奥尤陶勒盖铜金矿、塔温陶勒盖煤矿、额尔登特铜钼矿、那林苏海特煤矿、巴嘎诺尔煤矿、图木尔廷敖包锌矿、塔木察格油田等。工业起步较晚，除采矿业和燃料动力工业外，以畜产品为主要原料的轻工业和食品加工业在蒙古国工业部门中占有一定地位，此外还有部分较基础的矿产加工业。

【农业】畜牧业是传统经济产业，国民经济的基础。截至2022年底，蒙牲畜存栏量共计7111万多头。

【旅游业】全国有旅游基地、大小宾馆、饭店约800家，主要旅游点有哈尔和林古都、库苏古尔湖、特列尔吉、成吉思汗、南戈壁、东戈壁和阿尔泰狩猎区等。从事旅游服务的公司约500家。

【交通运输】以铁路和公路运输为主。

铁路总长约1811公里，公路总长5万多公里。境内有一条连接中、俄的铁路。

空运：与北京、呼和浩特、海拉尔、莫斯科、伊尔库茨克、首尔、东京、大阪和法兰克福之间有定期航班。因新冠疫情原因，部分航班暂停。国际机场2个，均名为成吉思汗机场，其中1个位于首都乌兰巴托，另1个位于蒙古中央省色尔格楞县。

【财政金融】国内金融市场规模较小，资金缺口只能通过政府借款和吸纳外国直接投资等方式解决。2012年末和2013年初，蒙古国政府先后发行两期成吉思汗债券用于筹集资金。其中，2012年末发行债券为期5年，总额10亿美元；2013年初发行债券为期10年，总额5亿美元。此外，蒙古国政府还在2013年发行了10年期、总额2.9亿美元的武士债券。2022年，蒙财政收入约50亿美元，支出约53亿美元，财政赤字约3亿美元。

【对外贸易】实行经济开放政策。近年来，积极发展同西方发达国家和亚洲国家的经贸合作。2020年，蒙古国外贸总额为129亿美元。其中，出口额为76亿美元，进口额为53亿美元。出口主要为矿产品、纺织品和畜产品等，进口主要有柴油机燃料、汽车、电器、基础金属、机器设备、食品等。主要贸易伙伴为中国、俄罗斯、欧盟、加拿大、美国、日本、韩国等。

人民生活

2022年，人均寿命为69.9岁。

军　事

蒙古人民军于1921年3月18日创建。总统兼任武装力量总司令。1996年实行文职国防部长制度。武装力量总参谋部独立于国防部。实行义务兵役制，1997年开始对武装力量组织结构进行调整，其编制体制由师—团制转入了旅—营制。1998年增加了替代、合同兵役和抵偿服役制。现有总兵力约1.4万人。

文化教育

【教育】实行国家普及免费普通教育制。全国有全日制普通教育学校800余所，63所专业培训中心。全国共有高校113所。其中，国立高校16所，主要有国立大学、科学技术大学、教育大学等；私立高校92所，主要有伊赫扎萨克大学、奥特根腾格尔大学等；5所为国外高校分校。根据政府间文化教育科学合作协定，蒙与50多个国家交换留学生。

蒙国内主要文化单位有：国家民间歌舞团、国家话剧院、国家歌剧舞剧院、国家杂技院、国家音乐馆、国家木偶剧院、博格达汗宫博物馆、乔依金喇嘛庙博物馆、造型艺术博物馆、国家历史博物馆、国家自然历史博物馆、文化遗产中心、国家图书馆、国家艺术画廊等。

【新闻出版】据蒙方统计，全国公开发行的报纸约126种、杂志92种，全国有76家广播电台、150家电视台、30多家网络媒体。主要报刊有《日报》《世纪新闻报》《今日报》《真理报》《蒙古新闻报》等。这几种报纸是蒙古国发行量最大的报纸。除《真理报》是蒙古人民党机关报外，其余均是自由刊物。此外，还有《索云博报》(军报)、《乌兰巴托时报》、《人民权利报》等。

蒙古通讯社：官方通讯社，创建于1921年，与新华社、路透社、俄罗斯新闻社、塔斯社等有合作关系。

对外关系

蒙古国家大呼拉尔1994年通过的《蒙古国对外政策构想》规定，蒙古国奉行开放、不结盟的外交政策，强调“同俄罗斯和中国建立友好关系是蒙古国对外政策的首要任务”，主张同中、俄“均衡交往，发展广泛的睦邻合作”。同时重视发展同美、日、德等西方发达国家、亚太国家、发展中国家以及国际组织的友好关系与合作。2011年，蒙古国家大呼拉尔通过新的《对外政策构想》，基本保留原有基础，并根据新形势进行补充，将“开放、不结盟的外交政策”拓展为“爱好和平、开放、独立、多支点的外交政策”，强调对外政策的统一性和连续性。明确对外政策首要任务是发展同俄、中两大邻国友好关系，并将“第三邻国”政策列入构想，发展同美国、日本、欧盟、印度、韩国、土耳其等国家和组织的关系。2012年3月，蒙与北约建立“全球伙伴关系”。11月，蒙加入欧安组织，成为该组织第57个成员国。

【同中国的关系】1949年10月16日中蒙建交。20世纪60年代中后期受中苏关系恶化影响，两国关系经历曲折。1989年两国关系实现正常化以来，两国睦邻友好合作关系发展顺利。1994年，双方重新签署《中蒙友好合作关系条约》，为两国关系健康、稳定发展奠定了政治、法律基础。1998年两国宣布建立面向21世纪长期稳定、健康互信的睦邻友好合作关系，2003年两国宣布建立睦邻互信伙伴关系，2011年两国宣布建立战略伙伴关系。2013年双方签署《中蒙战略伙伴关系中长期发展纲要》。2014年，双边发表联合宣言，将中蒙关系提升为全面战略伙伴关系。中蒙建交70余年来，两国关系虽经历过一些曲折，但睦邻友好始终是主流。尤其是近年来，两国关系发展迅速，成果显著。

近年来重要的互访有：2020年1月，习近平主席同蒙总统巴特图勒嘎互致新年贺电。2月，蒙总统巴特图勒嘎访华，习近平主席、李克强总理分别同其举行会谈、会见。2021年3月，栗战书委员长同蒙议长赞登沙特尔举行视频会晤。4月，李克强总理同蒙总理奥云额尔登通电话。7月，习近平主席同蒙总统呼日勒苏赫通电话。10月，李克强总理同蒙总理奥云额尔登视频会晤。2022年2月，习近平主席、李克强总理分别会见来华出席北京冬奥会开幕式的蒙总理奥云额尔登，双方发表《中华人民共和国政府和蒙古国政府联合声明》。11月，蒙总统呼日勒苏赫访华，习近平主席同其举行会谈，李克强总理、栗战书委员长同其会见。2023年6月，蒙总理奥云额尔登访华并出席在天津举行的夏季达沃斯论坛，习近平主席、赵乐际委员长同其会见，李强总理同其举行会谈。

中蒙是友好邻邦。多年来，中国政府坚定不移地对蒙奉行睦邻友好政策，尊重蒙的无核区地位。双方相互尊重独立、主权、领土完整，尊重两国各自选择的发展道路，近年来，两国互利合作不断扩大，中国已连续多年成为蒙最大的贸易伙伴和投资国。在国际事务中，双方在许多问题上有着相同或近似的看法，保持密切沟通与合作。

据中国海关总署统计，2022年，中蒙双边贸易额为122.2亿美元，同比增长34.1%。其中，中国出口额为28.9亿美元，同比增长30.2%；中国进口额为93.3亿美元，同比增长35.3%。

中国驻蒙古国大使：柴文睿。馆址：C. P. O. BOX672 ZALUUCHUUDYN URGUN CHULUU 5，ULAANBAATAR，MONGOLIA。电话：00976-110-320955，323940，311903；传真：311943。

蒙古国驻华大使：图布辛·巴德尔勒（Tuvshin Badral）。馆址：北京市朝阳区建国门外大街秀水北街2号。电话：010-65321203，65321810；传真：65325045。商务处电话：010-65321952。

【同俄罗斯的关系】2021年12月，蒙总统呼日勒苏赫访问俄罗斯，同俄总统普京会见。双方签署了联合政治宣言。

【同其他国家的关系】2021年7月，美国常务副国务卿舍曼访问蒙古国。2023年5月，法国总统马克龙访问蒙古国，此访是法国总统首次访蒙。7月，吉尔吉斯斯坦总统扎帕罗夫访问蒙古国。

【同国际组织的关系】2020年9月，蒙总统巴特图勒嘎出席第75届联合国大会。2021年9月，蒙总统呼日勒苏赫出席第76届联合国大会。2022年9月，蒙总统呼日勒苏赫出席第77届联合国大会。

（宋子豪、刘南星）

孟加拉国

国名 孟加拉人民共和国（The People's Republic of Bangladesh）。

面积 147570平方公里。

人口 约1.7亿（2022年）。孟加拉族占98%，另有20多个少数民族。孟加拉语为国语，英语为官方语言。伊斯兰教为国教，穆斯林占总人口的88%。

首都 达卡（Dhaka），人口1600多万（2022年）。

国家元首 总统穆罕默德·谢哈布丁·楚普（Mohammed Shahabuddin Chuppu），2023年4月24日就任，任期5年。

重要节日 独立日和国庆日：3月26日；国民革命和团结日：11月7日；胜利日：12月16日；烈士日：2月21日；开斋节和古尔邦节（宰牲节）：根据伊斯兰历推算，每年有变化。

简 况

位于南亚次大陆东北部的恒河和布拉马普特拉河冲积而成的三角洲上，东、西、北三面与印度毗邻，东南与缅甸接壤，南临孟加拉湾。海岸线长550公里。全境85%的地区为平原，东南部和东北部为丘陵地带。大部分地区属亚热带季风气候，湿热多雨。全年分为冬季（11月至翌年2月），夏季（3—6月）和雨季（7—10月）。年均气温为26.5℃。冬季是一年中最宜人的季节。孟加拉族是南亚次大陆最古老的民族之一。孟加拉地区曾数次建立独立国家，版图一度包括现印度西孟加拉、比哈尔等邦。16世纪时孟已发展成次大陆上人口最稠密、经济最发达、文化昌盛的地区。18世纪中叶成为英国对印度进行殖民统治的中心。19世纪后半叶成为英属印度的一个省。1947年印巴分治，孟加拉划归巴基斯坦（称“东巴”）。1971年3月东巴宣布独立，1972年1月正式成立孟加拉人民共和国。

政 治

20世纪90年代以来，孟加拉国主要由民族主义党和人民联盟轮流执政。2006年10月，孟民族主义党政府结束5年任期。因孟主要政党对选举改革等问题分歧严重，议会解散，成立看守政府。2008年12月，孟举行第九届议会选举，人民联盟领导的联盟获胜。2009年1月6日，人民联盟主席谢赫·哈西娜（Sheikh Hasina，女）就任总理。2014年1月5日，孟举行第十届议会选举。人民联盟和民族主义党在大选组织形式等问题上立场相去甚远，斗争激烈。执政党人民联盟在民族主义党等反对党抵制下，组织选举并获得议会绝大多数席位。2018年12月30日，孟举行第十一届议会选举，哈西娜总理领导的执政党人民联盟再次获得议会绝大多数席位，成功连任。

【宪法】1972年议会通过并生效。1982年3月军管后，宪法中止实行。1986年11月恢复执行宪法。2013年进行了宪法第16次修改，主要修正内容是取消看守政府制度。

【议会】实行一院议会制，即国民议会（Jatiya Sangsad）。宪法规定议会行使立法权。议会由公民直接选出的300名议员和遴选的50名女议员组成，任期5年。议会设正副议长，由议员选举产生。议会还设秘书处以及专门委员会等部门。现任议长希琳·沙尔敏·乔杜里（Shirin Sharmin Chowdhury，女），2014年1月29日就任，2019年连任。

【政府】总理谢赫·哈西娜，兼任国防部长，公共管理部长，电力、能源与矿产资源部长，妇女儿童事务部长。此外，主要内阁成员包括：外交部长阿布尔·卡拉姆·阿卜杜勒·莫门（A. K. Abdul Momen），财政部长穆斯塔法·卡马尔（Mustafa Kamal），商务部长提普·孟希（Tipu Munshi），内政部长阿萨杜扎曼·汗·卡马尔（Asaduzzaman Khan Kamal），教育部长迪普·莫妮（Dipu Moni，女），计划部长曼南（M. A. Mannan），科技部长叶菲希·奥斯曼（Yeafesh Osman）等。

【行政区划】全国划分为达卡、吉大港、库尔纳、拉吉沙希、巴里萨尔、锡莱特、郎普尔和迈门辛8个行政区，下设64个县，472个分县，4490个乡，约6万个村。

【司法机构】最高法院分为上诉法庭和高等法庭。首席大法官及法官若干人均由总统任命。首席大法官和一部分指定的法官审理上诉法庭的案件，其他法官审理高等法庭的案件。达卡有高等法院和劳工上诉法院。此外，还有巡回法院、县法院、民事法院、刑事法院。

【政党】党派众多，主要有：

（1）孟加拉人民联盟（Awami League）：简称“人盟”。前身是1949年10月建立的巴基斯坦人民穆斯林联盟，1952年改为现名。孟独立后至1975年为首任执政党。其宗旨是民族主义、民主、社会主义和世俗主义。1992年9月人盟全国理事会修改了党章，放弃公有制原则，实行市场经济，引进自由竞争机制；实行不结盟外交政策，主张同一切国家建立友好关系。主席为谢赫·哈西娜。

（2）孟加拉民族主义党（Bangladesh Nationalist Party，BNP）：1978年9月成立。主张维护民族独立、主权和领土完整，信奉真主、民主、民族主义，保证社会和经济上的公正。基本政策是民主多元化、私营化、取消过多的行政干预和建立市场竞争经济。对外政策坚持中立、不结盟，主张同一切国家友好。代理主席为塔里克·拉赫曼（Tariq Rahman）。

（3）孟加拉民族党（Bangladesh Jatiya Party）：1986年1月1日成立。主张维护独立和主权，建立伊斯兰理想社会，提倡民族主义、民主和社会进步，发展经济。1997年6月底民族党曾发生分裂，前总理卡齐等成立民族党（扎-穆派），后于1998年12月合并。1999年4月，时任交通部长曼久和原民族党副主席米赞成立民族党米曼派，民族党再次分裂。民族党主流派主席为卡德尔（Ghalam Muhammad Quader）。

（4）伊斯兰大会党（Jamaat-e-Islami Party）：1946年成立。曾因反对孟加拉国独立而遭禁。1979年重新开展活动。2001年10月，作为民族主义党领导的四党联盟中的一员参加大选，成为执政党之一。该党称，最终目标是将孟加拉国变成一个伊斯兰国家，主张废除一切非伊斯兰法律，认为外交政策应反映伊斯兰的理想。主席为马蒂乌尔·拉赫曼·尼扎米（Matiur Rahman Nizami）。

【重要人物】穆罕默德·谢哈布丁·楚普：总统。1949年12月10日出生。毕业于拉杰沙希大学，获心理学硕士学位。楚普系人盟资深党员，曾参与孟独立战争，担任过国家反腐败委员会专员、人盟中央顾问委员会成员、宣传和出版委员会主席等重要职务。职业生涯初期长期从事法律工作。2023年4月24日，宣誓就任孟加拉国第22任总统。**谢赫·哈西娜**：总理。女，1947年生，系孟加拉开国总统穆吉布·拉赫曼的长女。孟加拉达卡大学文学学士。长期从事政治活动，自20世纪80年代起担任人盟主席。曾于1996—2001年出任总理。2008年12月30日，孟举行第九届议会选举，人盟领导的大联盟胜出，哈西娜再度执政。2014年第三次出任总理，2019年再度连任。

经　济

孟加拉国是世界最不发达国家之一，经济发展水平较低，国民经济主要依靠农业。孟近三届政府均主张实行市场经济，推行私有化政策，改善投资环境，大力吸引外国投资，积极创建出口加工区，优先发展农业。人民联盟政府上台以来，制定了庞大的经济发展计划，包括建设“数字孟加拉”、提高发电容量、实现粮食自给等，但面临资金、技术、能源短缺等挑战。2021/2022财年（2021年7月1日至2022年6月30日）主要经济数据如下：

国内生产总值：4602亿美元。

人均国内生产总值：2687美元。

国内生产总值增长率：7.1%。

货币名称：塔卡。

汇率：1美元≈98塔卡。

（资料来源：孟财政部《2022年经济评论》）

【资源】孟矿产资源有限。主要能源天然气已公布的储量为3113.9亿立方米，主要分布在东北几小块地区，煤储量7.5亿吨。森林面积约200万公顷，覆盖率约13.4%。

【工业】以原材料工业为主，包括水泥、化肥、黄麻及其制品、白糖、棉纱、豆油、纸张等；重工业薄弱，制造业欠发达。主要直接投资来源国为美国、英国、马来西亚、日本、中国、沙特、新加坡、挪威、德国和韩国等。

【农业】2022年，农业占国内生产总值的比重为11.2%。

【交通运输】公路：总里程2.24万公里。其中，国家公路3991公里，地区公路4898公里，支线公路1.36万公里。76%的货运及73%的客运由公路运输承担。

铁路：总里程3101公里。年旅客周转量约46亿人次，货运量为7.6亿吨公里。

水运：内陆水运发达，主要由孟加拉内河运输公司与孟加拉运输公司经营。

空运：孟航，国内航线3条，国际航线18条。孟现有国际机场3个（达卡、吉大港、锡莱特），国内机场5个。设有达卡飞往广州、昆明、香港的直航航班。

【财政金融】截至2023年5月，孟外汇储备总额约为300亿美元。

【对外贸易】与130多个国家和地区有贸易关系，主要出口市场有美国、德国、英国、法国、荷兰、意大利、比利时、西班牙、加拿大和中国香港，其中美国为第一出口市场。主要出口产品包括黄麻及其制品、皮革、茶叶、水产、服装等。

主要进口市场有印度、中国、新加坡、日本、中国香港、韩国、美国、英国、澳大利亚和泰国。中国是其第一进口来源国，主要进口商品为生产资料、纺织品、石油及石油相关产品、钢铁等基础金属、食用油、棉花等。

2021/2022财年，孟对外贸易总额约为1192亿美元。其中，出口额为410亿美元，同比增长5.1%；进口额为782亿美元，同比增长53.3%。

【外国援助】国际援助是孟外汇储备的重要来源，也是孟投资发展项目的主要资金来源。日本、美国、加拿大等国和世界银行、亚洲开发银行等国际机构是主要提供者。

人民生活

孟加拉国拥有国立和私立医院共计1683家，床位51044张，注册医生44632人。

军　事

孟加拉国武装力量由正规军和准军事力量组成。总统是武装部队最高统帅，总理掌握军队实权。陆海空三军分立，三军的作战指挥权分别由三军参谋长负责，实行志愿兵役制。三军总兵力约15.5万人。其中，陆军12万人，海军1万人，空军1万人，准军事组织1.5万人。准军事力量包括步枪队、乡村卫队、海岸警卫队、国家学员团和警察部队等。

文化教育

【教育】学制为小学5年、中学7年、大学4年。现政府重视教育，规定8年级以下女生享受免费和义务教育。国立大学29所，私立大学51所。主要高校有达卡大学、南北大学、孟加拉工程技术大学、拉杰沙希大学等。

【新闻出版】有1660多种报刊获准公开发行。主要孟文报纸有《团结报》《革命报》《人民之声》《新闻日报》，主要英文报纸有《孟加拉国观察家报》《每日星报》《独立报》《金融快报》。

主要通讯社：孟加拉国通讯社（国营）、联合通讯社（私营）和南亚通讯社（私营）。

孟加拉电台：建于1982年，除了达卡的国家台，还有8个地方台，每天用英语、乌尔都语、印地语、阿拉伯语、尼泊尔语等7种语言向欧洲、中东、巴基斯坦、印度和尼泊尔等国家和地区广播。

国家电视台于1964年开办，在达卡和吉大港有2个站点，在全国有11个转播站，设有2个地面卫星转播站。孟还有ATN、Channel-1、N-TV、RTV等私营电视台。

对外关系

孟加拉国奉行独立自主、不结盟政策。在平衡发展同大国关系的同时，注重维护与伊斯兰国家的传统关系，努力改善与印度的关系，并加强同西方国家的关系。孟积极参加联合国、不结盟运动、伊斯兰会议组织、英联邦等国际或地区性组织的活动。孟注重经济外交，强调建立公正的国际经济新秩序，致力于推动南亚区域合作进程，积极参与次区域和跨区域经济合作。孟主张全面、彻底裁军，反对西方国家利用人权问题干涉别国内政。

【同中国的关系】1975年10月4日两国建交，此后关系发展迅速，双方领导人互访频繁。孟总统拉赫曼、总统艾尔沙德曾多次访华，卡·齐亚和谢赫·哈西娜出任总理后均曾首访中国。2010年中孟建交35周年之际，哈西娜总理访华，双方宣布建立和发展中孟更加紧密的全面合作伙伴关系。2020年5月，习近平主席应约同哈西娜总理通电话。2021年3月17日，习近平主席向孟加拉国纪念“国父”穆吉布·拉赫曼100周年诞辰暨庆祝独立50周年活动发表视频致辞。7月1日，孟加拉国总理、人民联盟主席哈西娜就中国共产党建党百年向中国国家主席、中共中央总书记习近平发送祝贺视频。2022年7月，全国人大常委会委员长栗战书同孟加拉国国民议会议长乔杜里举行视频会谈。8月，王毅国务委员兼外长访问孟加拉国，分别同孟总理哈西娜、外长莫门会见、会谈。

中国是孟第一大贸易伙伴，孟是中国在南亚地区第三大贸易伙伴。据中国海关总署统计，2022年，中孟双边贸易额为277.9亿美元，同比增长10.7%。其中，中国出口额为268.1亿美元，同比增长11.4%；中国进口额为9.8亿美元，同比减少6.2%。

中国驻孟加拉国大使：姚文。馆址：Plot 2/4，Road No.3，Block-I，Baridhara，Dhaka，Bangladesh。电话：0088–2–8824862，8824164；传真：8823004。经商处电话：0088–2–8825272，8823313；传真：8823082。

孟加拉国驻华大使：贾西姆·乌丁（Jashim Uddin）。馆址：北京市朝阳区光华路42号。电话：010–65322521，65323706；传真：65324346。

【同美国的关系】孟加拉国政府为摆脱贫困，寻求外援，积极谋求发展同美国的关系。美国重视孟"温和穆斯林"人口大国和地区战略地位，至今已累计向孟提供80多亿美元援助。近年来，两国元首、高官保持密切接触。2020年10月，美国常务副国务卿比根访孟，称孟是美印太地区的重要伙伴，将成为美在该地区工作的核心。2021年12月，美国宣布制裁孟快速行动部队。2022年是孟美建交50周年。2022年3月，美国副国务卿纽兰访孟，同孟外秘马苏德共同主持孟美第八次伙伴关系对话。4月，孟外长莫门访美，同美国国务卿布林肯举行会晤。2023年5月，美国宣布对孟实施签证限制措施。

【同印度的关系】孟加拉国重视改善和发展与印度的关系。印欢迎哈西娜领导的人盟上台执政，期待与孟进一步加强双边友谊与合作。2021年3月，印度总理莫迪访问孟加拉国，出席孟加拉国"国父"穆吉布·拉赫曼100周年诞辰暨庆祝独立50周年活动。访问期间，两国签署5项合作谅解备忘录，涵盖互联互通、公共卫生、商贸、信息技术、体育等领域。2022年9月，哈西娜总理访问印度，孟印双方签署关于库什亚拉河分水以及科技、司法、铁路、广播电视和太空技术等领域7份合作谅解备忘录。

【同日本的关系】近年来，孟日关系升温较快。2019年5月，哈西娜总理对日进行正式访问。2023年4月，哈西娜总理访问日本，双方将孟日关系由"全面伙伴关系"提升为"战略伙伴关系"。（欧阳佰沁）

缅　甸

国名　缅甸联邦共和国（The Republic of the Union of Myanmar）。

面积　676578平方公里。

人口　5417万（2022年）。共有135个民族，主要有缅族、克伦族、掸族、克钦族、钦族、克耶族、孟族和若开族等，缅族约占总人口的65%。各少数民族均有自己的语言，克钦、克伦、掸和孟等族有文字。华人华侨约250万。全国85%以上的人信奉佛教，约8%的人信奉伊斯兰教。

首都　内比都（Nay Pyi Taw），人口约129万（2022年）。

重要节日　独立节：1月4日；建军节：3月27日；泼水节：4月13日。

简　况

位于中南半岛西部，东北与中国毗邻，西北与印度、孟加拉国相接，东南与老挝、泰国交界，西南濒临孟加拉湾和安达曼海。海岸线长3200公里。属热带季风气候，年均气温27℃。

1044年形成统一的国家后，经历了蒲甘、东吁和贡榜三个封建王朝。19世纪英国发动三次侵略战争后占领了缅甸，1886年将缅甸划为英属印度的一个省。1937年，缅甸脱离英属印度，直接受英国总督统治。1942年5月被日本占领。1945年3月全国总起义，缅甸光复。后英国重新控制缅甸。1948年1月4日，缅脱离英联邦宣布独立。以吴努为首的政府实行多党民主议会制。1962年，缅国防军总参谋长奈温将军发动政变，推翻吴努政府，成立革命委员会。1974年1月，颁布新宪法，成立人民议会，组建了"社会主义纲领党"（简称"纲领党"），奈温任"纲领党"主席，定国名为"缅甸联邦社会主义共和国"。1988年9月，军队接管政权，成立"国家恢复法律与秩序委员会"（后改为"国家和平与发展委员会"，简称"和发委"），改国名为"缅甸联邦"。

政　治

2010年11月，缅甸举行全国多党民主制大选，联邦巩固与发展党（简称"巩发党"）以绝对优势赢得大选。2011年1月31日，缅甸联邦议会召开首次会议，正式将国名改为"缅甸联邦共和国"，并启用新的国旗和国徽。2月4日，联邦议会选举登盛为总统。3月30日，组建政府。2012年4月，缅甸议会举行补选，昂山素季领导的全国民主联盟（简称"民盟"）获得45个空缺席位中的43席。2015年11月，缅甸举行新一轮全国大选，民盟赢得大选。2016年2月，缅甸新一届议会正式成立，分别选举民盟中央执委温敏和民盟议员曼温楷丹为人民院议长和民族院议长。3月中旬，缅议会选举民盟成员廷觉为新总统，选举敏瑞、亨利班提育为副总统。新一届政府于3月30日宣誓就职。4月，联邦议会批准昂山素季出任国务资政。2018年3月21日，廷觉和温敏分别辞去总统和人民院议长职务。3月22日，联邦议会人民院选举原副议长迪昆妙为新任议长。3月28日，温敏当选为新任总统。2020年11月，缅甸举行新一轮全国大选。2021年2月1日，缅甸国防军接管政权。2月2日，成立国家管理委员会。8月1日，成立看守政府。

【宪法】1974年缅甸制定了《缅甸社会主义联邦宪法》。1988年军政府接管政权后，宣布废除宪法，并于1993年起召开国民大会制定新宪法。2008年5月，新宪法草案经全民公决通过，并于2011年1月31日正式生效。

【行政区划】全国分为7个省、7个邦和联邦区。省是缅族主要聚居区，邦多为各少数民族聚居地，联邦区的首都是内比都。

经　济

缅甸自然条件优越，资源丰富。1948年独立后到1962年实行市场经济，1962—1988年实行计划经济，1988年后实行市场经济。2022年主要经济数据如下：

国内生产总值：593.6亿美元。

人均国内生产总值：1095.8美元。

国内生产总值增长率：3%。

货币名称：缅币。

汇率：1美元≈2098缅币。

【资源】矿产资源主要有锡、钨、锌、铝、锑、锰、金、银等，宝石和玉石在世界上享有盛誉。石油和天然气在内陆及沿海均有较大蕴藏量。森林植被丰富，伊洛瓦底江、钦敦江、萨尔温江三大水系纵贯南北，水利资源丰沛。

【工业】主要工业有石油和天然气开采、小型机械制造、纺织、印染、碾米、木材加工、制糖、造纸、化肥等。

【农业】农业为国民经济基础。主要农作物有水稻、小麦、玉米、花生、芝麻、棉花、豆类、甘蔗、油棕、烟草等。主要林产品有柚木、花梨等各类硬木和藤条等。缅出口的主要农产品为豆类和大米。

畜牧渔业以私人经营为主。缅甸政府允许外国公司在划定的海域内捕鱼，并向外国渔船征收费用。水产品出口多个国家和地区。

【旅游业】风景优美，名胜古迹多。主要景点有世界闻名的仰光大金塔、文化古都曼德勒、万塔之城蒲甘、茵莱湖水上村庄以及额布里海滩等。

【交通运输】陆运：缅交通和铁道部门数据显示，截至2012年11月，缅甸全国公路里程为3.42万公里。铁路总长5759.84公里。

水运：缅交通部数据显示，截至2012年11月，内河航道约14836.54公里，主要港口有仰光港、勃生港和毛淡棉港。

空运：主要航空公司有缅甸航空公司、缅甸国际航空公司、曼德勒航空公司、仰光航空公司、甘波扎航空公司、蒲甘航空公司、金色缅甸航空公司等。主要机场有仰光机场、曼德勒机场、内比都机场、蒲甘机场、丹兑机场等。仰光、内比都和曼德勒机场为国际机场。

【财政金融】缅甸有5家国有银行，分别为：缅甸中央银行、缅甸农业银行、缅甸经济银行、缅甸外贸银行和缅甸投资与商业银行。从1992年起，允许私人开办银行，2016年开始允许外国银行在缅设立代表处。目前，已有中国银行、中国工商银行、越南投资与发展银行、新加坡大华银行、日本东京三菱银行、韩国产业银行等外国银行在缅开设分行。

【对外贸易】2021/2022财年，缅对外贸易额为162.7亿美元。其中，出口额为83.1亿美元，进口额为79.6亿美元。主要贸易伙伴：中国、泰国、新加坡、日本和韩国。缅甸主要出口商品：天然气、大米、玉米、豆类、水产品、橡胶、皮革、矿产品、木材、珍珠、宝石等；主要进口商品：燃油、工业原料、化工产品、机械设备、零配件、五金产品和消费品。

人民生活

据缅甸国家统计局公布的数据，国民预期寿命从2014年的64.3岁增加至2021年的67.4岁。

军　事

缅军成立于1941年，由陆海空三军组成。国防军总司令部下设三个军种司令部：陆军司令部、海军司令部和空军司令部，分别负责各军种的作战指挥。

文化教育

缅甸文化深受佛教文化影响，缅甸多个民族的文字、文学艺术、音乐、舞蹈、绘画、雕塑、建筑以及风俗习惯等都留下佛教文化的烙印。缅甸独立后，始终维护民族文化传统，保护文化遗产。缅甸主要文化机构和设施有：国家舞剧团、国家图书馆、国家博物馆、昂山博物馆等。

【教育】教育分学前教育、基础教育和高等教育。实行小学义务教育。学前教育包括日托幼儿园和学前学校，招收3—5岁儿童；基础教育学制为10年，1—4年级为小学，5—8年级为普通初级中学，9—10年级为高级中学；高等教育学制3—6年不等。

【新闻出版】全国发行的日报主要有3种：《缅甸之光》（缅文）、《镜报》（缅文）、《缅甸新光》（英文）。此外，全国还有《妙瓦底》《仰光时报》等，另有《金凤凰》等中文期刊。

缅甸通讯社为国家通讯社。电视台主要有缅甸之声电视台、妙瓦底电视台、MRTV-4、MRTV-3、Channel-7、Skynet-TV等。

对外关系

缅甸奉行“不结盟、积极、独立”的外交政策，按照和平共处五项原则处理国与国之间关系。不依附任何大国和大国集团，在国际关系中保持中立，不允许外国在缅驻军，不侵犯别国，不干涉他国内政，不对国际和地区和平与安全构成威胁，是和平共处五项原则的共同倡导者。

【同中国的关系】1950年6月8日中缅建交。20世纪50年代，中、缅、印（度）三国共同倡导了和平共处五项原则。1960年两国签订边界条约，圆满解决了历史遗留的边界问题。近年来，中缅两国友好关系继续稳步发展，两国各领域务实合作不断深化。2011年5月，中缅建立全面战略合作伙伴关系。2020年1月，习近平主席同缅甸领导人一致同意构建中缅命运共同体。

中缅地方交往活跃，已有8对友好城市和省区，分别是扬州市—仰光市（1997年7月）、昆明市—曼德勒市（2001年5月）、昆明市—仰光市（2008年12月）、南宁市—仰光市（2009年10月）、保山市—密支那市（2010年6月）、瑞丽市—木姐市（2012年10月）、广西壮族自治区—仰光省（2014年3月）、海口市—仰光市（2017年6月）。

中国为缅第一大贸易伙伴。根据中国海关总署统计，2022年，中缅双边贸易额为251.1亿美元，同比增长34.9%。其中，中国出口额为136.2亿美元，同比增长29.9%；中国进口额为114.9亿美元，同比增长41.5%。（伍时富）

尼 泊 尔

国名 尼泊尔（Nepal）。

面积 约14.7万平方公里。

人口 约3055万（2022年）。尼泊尔语为国语，上层社会通用英语。系多民族、多宗教、多种姓、多语言国家。居民86.2%信奉印度教，7.8%信奉佛教，3.8%信奉伊斯兰教，2.2%信奉其他宗教。

首都 加德满都（Kathmandu），常住人口约500万（2022年）。海拔约1400米。月平均最高气温29℃（7月），月平均最低气温2℃（1月）。

国家元首 总统拉姆·钱德拉·鲍德尔（Ram Chandra Poudel），2023年3月9日当选，任期5年。

重要节日 共和日：5月28日；国庆日：9月20日；德赛节：又称大德赛节、十胜节，是民间最大节日，每年10月。

简 况

南亚内陆山国，位于喜马拉雅山南麓，北邻中国，其余三面与印度接壤。全国分北部高山、中部温带和南部亚热带三个气候区。北部冬季最低气温为-41℃，南部夏季最高气温为45℃。

13世纪初，马拉王朝兴起，大力推行印度教。1768年，沙阿王朝崛起并统一全国。1846年，拉纳家族依靠英国支持夺取军政大权，并获世袭首相地位，使国王成为傀儡。1950年，尼人民掀起声势浩大的反对拉纳家族专政的群众运动和武装斗争。特里布文国王恢复王权，结束拉纳家族统治，实行君主立宪制。1960年，马亨德拉国王取缔政党，实行无党派评议会制。1990年，尼爆发大规模“人民运动”，比兰德拉国王被迫恢复君主立宪。2001年，比兰德拉国王在王室血案中遇害，比胞弟贾南德拉继位。2005年，贾在解散政府后亲政。主要政党结成“七党联盟”，与尼共（毛主义）联手反对国王，并于2006年通过第二次“人民运动”推翻国王统治。2008年，尼举行制宪会议选举，选后产生的制宪会议宣布成立尼泊尔联邦民主共和国。

政 治

2008年，首届制宪会议选举尼共（毛）主席普拉昌达为尼泊尔共和国时代的首任总理，拉姆·巴兰·亚达夫为首任总统，苏巴斯·内姆旺为制宪会议主席。此后，马达夫·库马尔·尼帕尔、贾拉·纳特·卡纳尔、巴布拉姆·巴特拉伊、基尔·拉杰·雷格米、苏希尔·柯伊拉腊先后当选总理。2015年9月20日，尼泊尔正式颁布新宪法。10月，尼共（联）比迪亚·德维·班达里、尼共（联）主席卡·普·夏尔马·奥利（K. P. Sharma Oli）、尼共（毛）昂萨莉·加尔蒂·马嘎分别当选总统、总理和议长。2016年8月，普拉昌达当选为尼总理。2017年6月，大会党主席谢尔·巴哈杜尔·德乌帕任总理。2017年，尼举行三级选举。2018年2月15日，卡·普·夏尔马·奥利再次就任总理。3月，比迪亚·德维·班达里连任总统。2020年12月和2021年5月，奥利总理先后两次解散众议院。7月，最高法院判决解散众议院决定违宪，要求恢复众议院，任命大会党主席德乌帕为总理。2022年，尼举行地方选举和省级、联邦议会众议院选举。12月，普拉昌达出任新一届政府总理。

【宪法】2007年1月，颁布临时宪法，组建临时议会。3月，临时议会通过临时宪法第一修正案，规定通过制宪会议选举在尼实行联邦民主制。12月，通过第三修正案，宣布尼为联邦民主共和国，由制宪会议首次会议正式核准。此后，临时宪法又经多次修改。制宪会议原定任期2年，主要职责是制定新宪法。虽一再延期，但制宪会议仍未能完成修宪使命，最终于2012年5月27日解散。2013年12月成立了第二届制宪会议，继续履行制宪任务。

2015年9月，尼泊尔颁布新宪法。新宪法确定：尼为联邦民主共和国；将全国划分为7个联邦省；总统为礼仪性国家元首和军队统帅，总理由议会多数党领袖担任；联邦议会实行两院制，由联邦院和众议院组成。2016年1月，尼泊尔议会通过宪法第一修正案，将选举划分等条款的基本原则由比例包容制变为人口比例第一、兼顾包容原则。

【议会】尼泊尔新宪法颁布后，制宪会议自动转化为立法议会。2017年10月，尼立法议会解散。2017年底和2018年初，尼分阶段举行联邦议会众议院和联邦院选举，加纳什·普拉萨德·蒂米尔西纳（Ganesh Prasad Timilsina）当选联邦院主席，任期至2024年。克里什纳·巴哈杜尔·马哈拉（Krishna Bahadur Mahara）当选众议院议长，后因性丑闻辞职，阿格尼·萨普科塔当选议长，任至2022年10月。2022年底，尼举行众议院选举，德夫·拉杰·吉米雷（Dev Raj Ghimire）当选众议院议长，任期至2027年。

【政府】截至2023年7月，尼内阁共有25名成员：总理普拉昌达（Puspa Kamal Dahal），副总理兼国防部长普尔那·卡德加（Purna Khadka），副总理兼内政部长纳拉扬·施雷斯塔（Narayan Shrestha），法律司法与议会事务部长丹拉吉·古隆（Dhanraj Gurung），农业与畜牧业发展部长贝杜拉姆·布萨尔（Beduram Bhusal），教育与科技部长阿肖克·拉伊（Ashok Rai），劳动、就业与社会保障部长沙拉特·辛格·班达里（Sarat Singh Bhandari），财政部长普拉卡什·马哈特（Prakash Mahat），供水部长马亨德拉·拉亚·亚达夫（Mahindra Ray Yadav），能源、水利与灌溉部长沙克蒂·巴斯奈特（Shakti Basnet），外交部长纳拉扬·普拉卡什·萨乌德（Narayan Prakash Saud），通信与信息技术部长莱卡·夏尔玛（Rekha sharma，女），卫生与人口部长莫汉·巴斯奈特（Mohan Basnet），联邦事务和总行政部长阿曼拉尔·莫迪（Amanlal Modi），基础设施与交通部长普拉卡什·贾瓦拉（Prakash Jwala），土地管理、合作社与减贫部长阮吉塔·施雷斯塔（Ranjita Shrestha，女），工商与供应部长达拉梅什·里贾尔（Ramesh Rijal），城市发展部长希塔·古隆（Sita Gurung，女），青年与体育部长迪戈·林布（Dig Limbu），妇女、儿童与老人部长苏伦德拉·拉杰·阿查亚尔（Surendra Raj Acharya），森林与环境部长比兰德拉·马哈特（Birendra Mahato），文化、旅游与民航国务部长苏希拉·塔库里（Sushila Thakuri，女），基础设施与交通国务部长南达·查佰（Nanda Chapai），教育与科技国务部长普拉米拉·库玛丽（Pramila Kumari，女）。

【行政区划】新宪法规定全国分为7个联邦省，分别为柯西省、马德西省、巴格马蒂省、甘达基省、蓝毗尼省、卡尔纳利省和远西省。

【司法机构】新宪法规定尼法院分为三级：最高法院、高级法院和地方法院。最高法院首席大法官凯尔·拉吉·雷格米（Khil Raj Regmi），总检察长迪玛尼·博克瑞尔（Dinmani Pokharel）。

【政党】有70多个党派，主要包括：

（1）尼泊尔大会党：1947年1月成立。主张巩固多党民主，建立民族团结并保持相互信任与合作，坚持不结盟。1999年7月，组建中央工作委员会，主席吉里贾·普拉萨德·柯伊拉腊。2002年6月，谢尔·巴哈杜尔·德乌帕成立大会党（民主）并自任主席，大会党分裂。2007年9月，大会党与大会党（民主）合并为大会党。现任主席为谢尔·巴哈杜尔·德乌帕。

（2）尼泊尔共产党（联合马列）：尼泊尔共产主义政党，主张多党民主，建立法制的、自由的、开放的国家。起源于1949年成立的尼泊尔共产党。1991年1月由尼共（马克思主义）和尼共（马列）合并而成，1998年3月分裂为尼共（联合马列）和尼共（马列）。2002年2月，两党再次合并。2018年，同尼共（毛中心）合并成立尼共，2021年3月，最高法院判决尼共无效，重回两党合并前状态。现任党主席为卡·普·夏尔马·奥利。

（3）尼泊尔共产党（毛主义中心）：尼泊尔共产主义政党。1994年5月，尼共（团结中心）分裂为拉玛派和普拉昌达派。1995年3月，普拉昌达将党名改为尼共（毛主义）。2009年1月，尼共（毛）与尼共（团结中心–火炬）合并成立联合尼共（毛）。2016年5月，多个相互独立的尼共毛主义派别宣布合并组成尼共（毛中心）。2018年，尼共（毛中心）同尼共（联）合并成立尼共。2021年3月，最高法院判决尼共无效，重回两党合并前状态。现任党主席为普拉昌达（原名普什帕·卡迈勒·达哈尔）。

【重要人物】拉姆·钱德拉·鲍德尔：总统。1944年10月出生。1960年投身恢复民主权利运动，1970年参与创建大会党附属学生组织“尼泊尔学生联合会”。1987年任大会党中央工作委员会成员兼宣传部长。1991年任地方发展大臣，1992年任农业大臣，1994年任联邦议会众议院议长，1999年任副首相兼内政大臣、信息与通信大臣，2007年起任大会党副主席，2007年任和平与重建部长。**普拉昌达**：总理。尼泊尔共产党（毛主义中心）主席，1954年生。1994年成立尼共（毛）。2008—2009年、2016—2017年两度担任尼总理。2018年5月尼共（毛中心）和尼共（联）合并后任联合主席。2021年3月尼共分裂后，再次担任尼共（毛中心）主席。2022年12月25日出任尼泊尔总理。

经　济

农业国，经济落后，世界上最不发达国家之一。20世纪90年代初起，开始实行以市场为导向的自由经济政策，但由于政局多变和基础设施薄弱，收效不彰。严重依赖外援，预算支出1/4来自外国捐赠和贷款。2021/2022财年主要经济数据如下：

国内生产总值：410亿美元。

人均国内生产总值：1037.1美元。

国内生产总值增长率：5.8%。

货币名称：尼泊尔卢比。

汇率：1美元≈130尼泊尔卢比。

【资源】有铜、铁、铝、锌、磷、钴、石英、硫黄、褐煤、云母、大理石、石灰石、菱镁矿、木材等，均只得到少量开采。水力资源丰富，水电蕴藏量为8300万千瓦，约占世界水电蕴藏量的2.3%。其中，经济和技术上开发可行的装机容量约为4200万千瓦。

【工业】基础薄弱，规模较小，机械化水平低，发展缓慢，以轻工业和半成品加工为主，主要有制糖、纺织、皮革制鞋、食品加工、香烟和火柴、黄麻加工、砖瓦生产和塑料制品等。

【农业】农业人口约占总人口的70%。耕地面积为325.1万公顷。主要种植大米、甘蔗、茶叶和烟草等农产品，粮食自给率达97%。

【旅游业】地处喜马拉雅山南麓，自然风光旖旎，气候宜人，徒步旅游和登山业比较发达。赴尼旅游的主要为亚洲游客，其中以印度、中国游客居多，其次为西欧和北美游客。

【交通运输】以公路和航空运输为主。截至2016年，公路约29157公里，首都有特里普文国际机场。2022年，中国承建的博克拉国际机场、佛祖国际机场投入运营。其余为地区中心或小规模机场。全国有1家国营的尼泊尔航空公司、6家私营航空公司和1家私营直升机公司。国内主要城镇有班机通航。同中国、印度、巴基斯坦、泰国、孟加拉国、文莱、新加坡、阿联酋、德国和英国等国家和地区通航。

【财政金融】2021/2022财年，政府收入为10679.6亿卢比，支出12962.4亿卢比，赤字为2282.8亿卢比。

根据尼泊尔央行2023年4月发布的统计，尼泊尔共有20家商业银行、17家开发银行、17家金融公司、57家小型金融开发机构、15家其他金融机构和1家基础设施开发银行（尼泊尔基础设施银行）等。

【对外贸易】主要贸易伙伴有印度（出口80.1%，进口60.7%）、中国（出口0.5%，进口15.1%）、阿根廷、美国、阿联酋、印度尼西亚、澳大利亚、乌克兰、马来西亚、韩国等。主要进口商品是煤、石油制品、羊毛、药品、机械、电器、化肥等，主要出口商品是蔬菜油、纤维纱、羊绒制品、地毯、成衣、皮革、农产品、手工艺品等。

【外国援助】主要援助国和国际组织是：世界银行、亚洲开发银行、英国、美国、欧盟、印度、中国等。

人民生活

全国有100余所公立医院，1100多个医疗站，2600多个村级医疗站，200多个初级保健中心，110余家私立医院。公立医院医生约2000人，注册护士为11000多名。最大的公立医院是加德满都的比尔医院，最大的私立医院是加德满都的诺维克医院。

军　事

只有陆军，参谋长为普拉布·拉姆·夏尔玛上将（Prabhu Ram Sharma）。实行志愿兵役制，士兵服役期均为17年。总兵力约10万人，下辖8个师、19个旅、1个兵种部和3个兵种局。现有警察7.2万人、武警部队3.6万人。

文化教育

【教育】现行教育体制分为初等、中等和高等三级。初等教育为5年（小学），中等教育为7年，包括初级中等教育3年（初中）、中级中等教育2年和高级中等教育2年。高等教育为8年，包括本科3年、硕士2年、博士3年。尼泊尔实行10年免费教育制，学费全免。截至2016年，尼共有公立初等和中等教育学校约3.5万所，在校学生约97.3万人；公立的综合及专科高等教育机构13所，在校学生约40.6万人。总受教育率为65.94%。

尼泊尔共有10所综合性大学：特里布文大学、马亨德拉梵文大学、加德满都大学、博克拉大学、普尔阪查尔大学、尼泊尔梵文大学、兰毗尼佛教大学、中西部大学、远西部大学、农业和林业大学。

【新闻出版】注册发行报刊6000余种，其中日报500余种。尼泊尔文报刊占90%以上，其次是英文、印地文报刊。发行量最大的2份日报均为官方报纸：《廓尔喀报》，尼泊尔文，1902年创刊；《新兴尼泊尔报》，英文，1965年创刊。此外，还有《加德满都邮报》《喜马拉雅时报》《共和报》《康提普尔》等多种日报。

尼泊尔国家通讯社：官方通讯社，成立于1962年4月。

尼泊尔广播电台：唯一官方电台，成立于1951年，用尼泊尔语、英语、尼瓦尔语和印地语广播。

此外，尼还有4家私人调频电台。

尼泊尔电视台：创建于1984年，1985年12月28日在首都开播，自2006年起实现全天24小时播出。

尼共有30多家电视台获准开办，近20家开始播放节目。

对外关系

奉行平等、互利、相互尊重和不结盟的外交政策，主张在和平共处五项原则基础上同世界各国发展友好关系，已同175个国家建交。高度重视发展同中、印两大邻国友好关系。重视加强同美、英等西方国家关系，争取经援和投资。积极推动南亚区域合作联盟发展，加德满都为南盟秘书处所在地。2016年3月，成为上海合作组织对话伙伴国。2018年8月，举办第四届环孟加拉湾多领域经济技术合作倡议峰会。

【同中国的关系】中尼之间有上千年友好交往史。晋代高僧法显、唐代高僧玄奘到过佛祖释迦牟尼诞生地兰毗尼（位于尼南部）。唐朝时，尼公主尺尊与吐蕃赞普松赞干布联姻。元朝时，尼著名工艺家阿尼哥曾来华建造北京白塔寺。

1955年8月1日中尼建交后，两国友好合作关系持续发展。1960年周恩来总理访尼，两国签署《中华人民共和国和尼泊尔王国和平友好条约》。1996年江泽民主席访尼期间，中尼建立世代友好的睦邻伙伴关系。2009年12月，尼总理马达夫·库马尔·尼帕尔正式访华期间，中尼发表《联合声明》，决定在和平共处五项原则基础上，建立和发展世代友好的全面合作伙伴关系。

2019年4月，尼泊尔总统班达里对华进行国事访问并出席第二届“一带一路”国际合作高峰论坛及2019年北京世园会开幕式。7月，尼泊尔外长贾瓦利来华出席2019夏季达沃斯论坛。10月，习近平主席对尼泊尔进行国事访问，此访系中国国家主席时隔23年再次访尼，中尼关系提升为面向发展与繁荣的世代友好的战略合作伙伴关系。

2020年3月、4月，王毅国务委员兼外长应约同尼泊尔外长贾瓦利通电话。4月，习近平主席应约同尼泊尔总统班达里就新冠疫情和中尼关系等通电话。6月、7月，尼泊尔外长贾瓦利先后出席王毅国务委员兼外长主持的“一带一路”国际合作高级别视频会议和中国、阿富汗、巴基斯坦、尼泊尔四国外长应对新冠疫情视频会议。12月，习近平主席同尼泊尔总统班达里互致信函共同宣布珠穆朗玛峰新高程，王毅国务委员兼外长同尼泊尔外长贾瓦利以视频方式连线并宣读两国元首信函。

2021年2月，王毅国务委员兼外长应约同尼泊尔外长贾瓦利通电话。4月，尼泊尔外长贾瓦利出席王毅国务委员兼外长主持的中、阿、巴、尼、斯、孟六国外长合作应对新冠疫情视频会议。5月，习近平主席应约同尼泊尔总统班达里通电话。10月，王毅国务委员兼外长同尼泊尔新任外长卡德加通电话。12月，王毅国务委员兼外长受邀参加尼泊尔重建国际会议并发表讲话。

2022年3月，王毅国务委员兼外长访问尼泊尔。4月，全国人大常委会委员长栗战书同尼泊尔众议院议长萨普科塔举行视频会晤。8月，尼泊尔外长卡德加访华。9月，全国政协主席汪洋同尼泊尔议会联邦院主席蒂米尔西纳举行视频会晤，栗战书委员长访尼。

2023年6月，尼泊尔议会联邦院主席蒂米尔西纳访华并出席第五届藏博会；尼副总理兼内政部长施雷斯塔来华出席第19届中国西部国际博览会。

尼方在涉藏、台湾等问题上一贯予以中方坚定支持。中方向尼经济社会发展提供力所能及的帮助。两国在国际和地区事务中保持良好的沟通与合作。

据中国海关总署统计，2022年，中尼双边贸易额为16.8亿美元，同比减少14.6%。其中，中国出口额为16.6亿美元，同比减少14.6%；中国进口额为2000万美元，同比减少17.9%。中国对尼出口商品主要有计算机通信技术产品、非针织钩边服装、塑料底鞋、仪器仪表等；从尼进口商品有皮革、金属制品、小麦粉、小电器等。

中国驻尼泊尔大使：侯艳琪（女）。馆址：Baluwatar，Kathmandu Nepal。电话：00977–1–4419389；传真：4414045。经商处地址：Hattisar，Naxal，Kathmandu，Nepal；电话：00977–1–4425949，4434972；传真：4434792。

尼泊尔驻华大使：比什努·施雷斯塔（Bishnu Shrestha）。馆址：北京市朝阳区三里屯路西六街1号。电话：010–65321795；传真：65323251。

【同印度的关系】1947年6月两国正式建交。印是尼最大贸易伙伴和重要援助国，尼印实行开放边界。2021年1月，尼外长贾瓦利访问印度。2022年5月，印度总理莫迪访问尼泊尔佛教圣地蓝毗尼。2023年5月，尼总理普拉昌达访问印度。

【同美国的关系】1947年4月，尼美建交并签订友好和商务条约。近年来，美国副国务卿奥特罗、副国务卿舍曼、副国务卿布林肯、副国务卿泽亚、副国务卿纽兰、国际开发署署长鲍尔等高官相继访尼。2018年12月，尼外长贾瓦利正式访问美国。

【同联合国的关系】2007年1月，安理会通过关于尼问题的决议，成立驻尼政治特派团，协助尼各方推进和平进程。驻尼政治特派团历经数次延期，于2011年1月撤离。尼泊尔积极参加联合国维和行动，截至2023年7月，尼军共有6057余人参与维和行动，是联合国维和行动第二大出兵国。（骆金影）

日　本

国名　日本国（Japan）。

面积　陆地面积约37.8万平方公里，包括北海道、本州、四国、九州4个大岛和其他6800多个小岛。

人口　约1.25亿（2022年）。主要民族为大和族，北海道地区约有1.3万名阿伊努族人。通用日语。主要宗教为神道和佛教。

首都　东京（Tokyo），人口约1409万（2022年）。

国家象征　天皇德仁（Naruhito），2019年5月1日即位，年号“令和”。

重要节日　天皇生日：2月23日（相当于国庆节）；建国纪念日：2月11日（系按阳历推算出的公元前7世纪日本第一代天皇神武天皇元年的元旦）。

简　况　位于太平洋西岸，是一个由东北向西南延伸的弧形岛国。西隔东海、黄海、朝鲜海峡、日本海与中国、朝鲜、韩国、俄罗斯相望。属温带海洋性季风气候，终年温和湿润。6月多梅雨，夏秋季多台风。1月平均气温北部-6℃，南部16℃；7月平均气温北部17℃，南部28℃。

日本位于环太平洋火山地震带，地震、火山活动频繁。全球有1/10的火山位于日本，1/5的地震发生在日本。2011年3月11日，日本发生里氏9.0级特大地震，引发海啸和核泄漏事故，被称为“日本战后最严重的危机”。

日本在第二次世界大战中战败，1945年8月15日宣布无条件投降。战后初期，美军单独占领日本，1947年颁布实施新宪法，由天皇制国家变为以天皇为国家象征的议会内阁制国家。战后奉行“重经济、轻军备”路线，20世纪60年代末成为西方第二经济大国。80年代中期以来提出成为政治大国的目标，90年代经济陷入长期低迷，2002年起出现缓慢恢复，复苏时间创战后最长纪录。2008年以来，先后受到国际金融危机和“3·11”特大地震冲击，经济复苏势头受挫。2012年底安倍晋三再次执政后，力推“安倍经济学”，实施了一系列刺激经济政策，一定程度上提振了日本经济。2020年受新冠疫情冲击，实际国内生产总值自2009年后首次出现负增长。2021年秋，岸田文雄上台后提出“新资本主义”，承诺致力“增长与分配的良性循环”。新冠疫情缓和后，日本经济呈现缓慢复苏迹象。外交上，日本坚持美日同盟，力图在国际事务中发挥作用和影响力，还推行“价值观外交”，高调提出“自由开放的印太”，推动美日印澳合作升温。

政　治

实行立法、司法、行政三权分立。天皇作为国家象征，无权参与国政。国会是最高权力和唯一立法机关，分众参两院。内阁为最高行政机关，对国会负责，首相（即内阁总理大臣）由国会选举产生，天皇任命。目前，自由民主党和公明党联合执政。执政党在众议院和参议院均占据稳定多数席位。

【宪法】现行《日本国宪法》于1947年5月3日颁布实施。宪法第九条规定：“日本永远放弃把利用国家权力发动战争、武力威胁或行使武力作为解决国际争端的手段，为达此目的，日本不保持陆、海、空军及其他战争力量，不承认国家的交战权。”这成为日本战后走和平发展道路的重要保证，被称为“和平宪法”。但近年来，执政党自由民主党不顾各界反对，执意推进修宪进程，且已通过修改宪法解释解禁“集体自卫权”，构建“反击能力”，国内还出现同美“核共享”言论，“和平宪法”受到一定挑战。

【议会】泛称“国会”，由众参两院组成，为最高权力机关和唯一立法机关。众议员共465名，任期4年。首相有权提请天皇解散众议院，举行大选。参议员共248名，任期6年，每3年改选半数，不得中途解散。在权力上，众议院优于参议院。每年1月召开通常国会，会期150天，可延长一次，遇众议院解散亦可缩短。其他时间可根据需要召开临时国会和特别国会。现任众议长细田博之（Hosoda Hiroyuki），2021年11月就任。参议长尾辻秀久（Otsuji Hidehisa），2022年8月就任。

【政府】内阁为最高行政机关，对国会负责。由内阁总理大臣（首相）和分管各省厅的大臣组成。内阁总理大臣由国会提名，天皇任命，其他内阁成员由内阁总理大臣任免，天皇认证。现内阁主要成员为：首相岸田文雄（Kishida Fumio），总务大臣松本刚明（Matsumoto Takeaki），法务大臣斋藤健（Saito Ken），外务大臣林芳正（Hayashi Yoshimasa），财务大臣铃木俊一（Suzuki Shunichi），文部科学大臣永冈桂子（Nagaoka Keiko），厚生劳动大臣加藤胜信（Kato Katsunobu），农林水产大臣野村哲郎（Nomura Tetsuro），经济产业大臣西村康稔（Nishimura Yasutoshi），国土交通大臣齐藤铁夫（Saito Tetsuo），环境大臣西村明宏（Nishimura Akihiro），防卫大臣滨田靖一（Hamada Yasukazu），内阁官房长官松野博一（Matsuno Hirokazu），数字化大臣河野太郎（Kono Taro），复兴大臣渡边博道（Watanabe Hiromichi），国家公安委员会委员长谷公一（Tani Kouichi），女性活跃、儿童政策兼共生社会担当大臣小仓将信（Ogura Masanobu），经济再生、新资本主义兼新冠疫情对策与健康危机管理担当大臣后藤茂之（Goto Shigeyuki），经济安全保障担当大臣高市早苗（Takaichi Sanae），世界博览会兼行政改革担当大臣冈田直树（Okada Naoki）。

【行政区划】分为1都（东京都）、1道（北海道）、2府（大阪府、京都府）和43县（省），下设市、町、村。

【司法机构】司法权属于最高法院及下属各级法院。采用“四级三审制”。最高法院为终审法院，审理违宪和其他重大案件。高等法院负责二审，全国共设八所。各都、道、府、县均设地方法院一所（北海道设四所），负责一审。全国各地还设有简易法院和家庭法院，负责民事及不超过罚款刑罚的刑事诉讼。最高法院长官（院长）由内阁提名，天皇任命，14名判事（法官）由内阁任命，天皇认证，需接受国民投票审查。其他各级法院法官由最高法院提名，内阁任命，任期10年，可连任。各级法官非经正式弹劾，不得被罢免。现任最高法院长官户仓三郎（Tokura Saburo），是第20任长官，2022年6月就任。

检察机构与四级法院相对应，分为最高检察厅、高等检察厅、地方检察厅和区检察厅。检察官分为检事总长（总检察长）、次长检事、检事长（高等检察厅长）、检事（地方检察厅长称检事正）和副检事。检事长（含）以上官员由内阁任免、天皇认证。法务大臣对检察官有指挥权。现任检事总长甲斐行夫（Kai Yukio），是第50任检事总长，2022年6月就任。

【政党】二战后，日本实行"政党政治"，代表不同阶层利益的各种政党相继恢复或建立。目前，主要政党有：执政的自由民主党、公明党，在野的立宪民主党、国民民主党、日本共产党、日本维新会等。

（1）自由民主党：简称"自民党"。执政党，第一大党。1955年11月由原自由党和民主党合并而成，此后连续单独执政长达38年。1993年下野，其后数度与他党组成联合政权。2000年4月，与公明党、保守党联合执政。2003年11月，自民党吸收原执政三党之一的保守新党，形成与公明党两党联合执政的局面。2009年8月，自民党在众议院选举中遭到惨败，再度成为在野党。2012年12月在众议院选举中获胜，重新执政。自民党是历史较长的传统保守政党，在中小城市和农村势力较强。该党主张立足民主政治理念，维护自由经济体制，修改宪法，坚持美日安保体系，增强自主防卫力量。在对外政策方面，强调以美日同盟为基轴，坚持自由、民主、人权、法治等"普世价值"，与共享价值观伙伴加强协作，实现国际社会的和平与稳定。现任总裁岸田文雄，干事长茂木敏充（Motegi Toshimitsu）。

（2）公明党：执政党。1964年11月成立，其母体为宗教团体创价学会。1970年6月实行政教分离。曾于1993年8月参加非自民联合政权，并历经分裂组合。2000年4月，公明党与自民党、保守党组成联合政权。2009年8月，众议院选举后成为在野党。2012年12月，众议院选举后重归执政党。该党提倡：立足真正的人类主义，与大众同在，推进政治改革，争取各阶层民众对政治的理解、连带与合作，推动日本领导世界构建"和平、人道、连带"的"人类世纪"。以联合国为中心，推动可持续发展、文明对话等理念的实现，将日本打造为增进国际社会相互理解与信任的桥梁。现任党代表山口那津男（Yamaguchi Natsuo），干事长石井启一（Ishii Keiichi）。

（3）立宪民主党：最大在野党。2017年9月，日本第一大在野党（当时）民进党决定同东京都知事小池百合子率领的希望党合并。对此，当年10月，民进党内枝野幸男等"反修宪力量"结成立宪民主党并在当月的众议院选举中成为第一大在野党。2020年9月，立宪民主党同国民民主党合并成立新的立宪民主党。2021年11月，立宪民主党在众议院选举中议席缩水，但仍保持国会第二大党和第一大在野党地位。该党提倡恢复立宪主义，彻底公开政府信息，尊重个人权利，改善居民生活，实现互助社会，全面废除核电。现任代表泉健太（Izumi Kenta），干事长冈田克也（Okada Katsuya）。

（4）国民民主党：2018年5月，民进党与希望党合并为国民民主党。2019年4月，自由党并入国民民主党。2020年9月，国民民主党同立宪民主党合并为新的立宪民主党。同月，不愿加入新立宪民主党的国民民主党党员另立新的国民民主党。该党立足生活者、纳税人、消费者、劳动者的立场，提倡：尊重个人、多样的价值观和生活方式，重视对人的投资，主张通过公正的再分配消除贫富差距，实现经济可持续发展；推动改革来实现地方自立和活力，严守立宪主义、国民主权、基本人权与和平主义，与国民共同谋划面向未来的宪法；坚持专守防卫，追求永久和平并废除核武器。现任党代表玉木雄一郎（Tamaki Yuichiro），干事长榛叶贺津也（Shimba Kazuya）。

（5）日本共产党：1922年7月成立，之后多次遭到取缔或镇压，二战后获合法地位。20世纪70年代中期步入发展的高峰期，20世纪90年代后调整政策主张，注重灵活务实。该党党章规定：党的性质为"工人阶级政党"和"全体日本国民的政党"，主张在国民同意的前提下逐步建设社会主义乃至共产主义社会，但目前应当进行民主主义革命，打破过分对美从属和大企业、财界的野蛮支配，将日本建成独立、民主、和平的国家。该党的支持阶层比较稳固，基层组织健全。现任干部会委员长志位和夫（Shii Kazuo），书记局长小池晃（Koike Akira）。

（6）日本维新会：2010年4月，大阪府议会议员以时任大阪府知事桥下彻为代表成立地区政党——大阪维新会。2012年9月，该党决定进军中央政坛，更改党名为日本维新会。2012年11月，石原慎太郎组建的"太阳党"并入日本维新会。2014年6月，石原又率其拥趸退出日本维新会。同年9月，日本维新会同连结党合并成立维新党。次年10月，桥下彻率松井一郎等人另立大阪维新会。2016年3月，维新党同民主党合并为民进党，桥下彻创建的大阪维新会于8月再次更名为日本维新会。该会以近畿地区为主要势力范围，追求自立的国家、地区和个人，实现多样价值观的社会，主张：成立大阪都，实现大阪府的副首都化，推进地方分权，打破中央集权；改革统治结构，推动修改宪法，设立宪法法院。现任党代表马场伸幸（Baba Nobuyuki），干事长藤田文武（Fujita Fumitake）。

【重要人物】德仁：天皇。1960年2月23日出生，上皇明仁与上皇后美智子的长子。日本第126代天皇，年号"令和"。御称号为"浩宫"，徽印为"梓"。1982年毕业于学习院大学历史系，后继续研读，获得硕士学位。2019年5月1日即位，同年10月22日正式登基。　**岸田文雄**：首相。1957年7月29日出生于东京都，祖籍广岛县广岛市。1982年毕业于早稻田大学法学系，1993年首次当选众议员。2012年担任"宏池会"会长，12月安倍晋三第二次执政后出任外相。2021年9月当选自民党总裁，10月当选首相，其后在众议院选举中获胜并连任首相。

经济

二战后，日本经济经历了恢复、高速增长、稳定增长三个时期，取得飞跃性发展，迅速跨入发达国家行列，并一跃成为仅次于美国的世界第二大经济强国。20世纪90年代初泡沫经济破灭后，经济进入持续衰退期。21世纪初虽有一定改善，但整体经济仍未完全复苏。2010年，国内生产总值被中国超过。安倍晋三第二次执政后，推出“安倍经济学”，实施一系列刺激经济的政策，试图摆脱通货紧缩，实现经济稳定增长。岸田文雄上台后提出“新资本主义”，致力实现“增长与分配的良性循环”，为企业减轻税负同时增加工薪。有关措施取得一定成效，但未从根本上解决日本经济的结构性矛盾。新冠疫情发生以来，日本经济遭受严重冲击。疫情趋缓后，日本经济呈缓慢复苏迹象。2022年主要经济数据如下：

国内生产总值：约561.9万亿日元。

人均国内生产总值：33822美元。

国内生产总值增长率：2%。

货币名称：日元。

汇率：1美元≈131日元。

通货膨胀率：3%。

失业率：2.6%。

【资源】资源贫乏，90%以上依赖进口，其中石油完全依靠进口。日本政府积极开发核能等新能源，截至2011年2月，共有54个核反应堆，总发电装机容量为4946.7万千瓦，位居世界第三位。2011年3月东京电力公司福岛核电站核泄漏事故发生后，福岛第一核电站的6个反应堆宣布报废。其余核反应堆因进入定期检修期或遭当地居民和政府反对而停止运转，日本所有核电站全部停运。2012年7月，为了应对电力短缺的问题，位于日本中部的关西电力公司大饭核电站3号和4号反应堆暂时重启，但于2013年9月进入定期检修，再次停运。2015年8月，日本再次开始重启部分核电站，包括高滨、伊方、大饭等核电站的部分反应堆。截至2023年5月，日本共有关西电力公司美滨核电站3号堆，大饭核电站3、4号堆等6个核电站9个反应堆正在运行。

日本森林面积约为2508万公顷，占国土总面积的近2/3，森林覆盖率约67%，是世界上森林覆盖率最高的国家之一。但木材自给率约为35.8%，是世界上进口木材最多的国家之一。日本山地与河流较多，水力资源丰富，蕴藏量约为每年1353亿千瓦时。日本的专属经济区面积大约相当于国土面积的10倍，渔业资源丰富。

【工业】高度发达，在国际上拥有较强的竞争力。其工业生产总值曾长期居世界第二位，仅次于美国。因国内资源匮乏，市场狭小，日本形成了进口工业原料和燃料，加工成成品后再出口的加工贸易型经济。工业集中分布在太平洋沿岸和濑户内海沿岸的狭长地带，是世界上著名的临海工业带。钢铁、汽车、造船、电子半导体、化学、新材料、新能源等在国际上占有重要地位，以高新技术主导的技术密集型产业发达。

【农业】日本耕地资源少，生产规模较小，粮食自给率低，属于典型的集约型农业，主要农产品有大米、薯类、萝卜、绿茶、苹果等。近年因老龄化等问题，日本农业人口持续减少，农业总产值在经济中的比重不断下降。

【服务业】发达，占国内生产总值比重高。服务业主要包括：信息服务、运输、不动产、住宿餐饮、娱乐、教育学习、租赁等。

【旅游业】发达且近年发展迅速。近年来，日本政府积极鼓励发展旅游业，提出“观光立国”的口号，通过放宽签证、简化入境手续、完善国内旅游市场等政策，吸引国外游客，并取得了巨大成功。2019年，访日的外国游客约为3188万人次，消费金额约为4.81万亿日元，人均消费额达15.8万日元。2020年，受新冠疫情影响，访日外国游客骤降至411.59万人次，同比减少87.1%。2021年更是下降至24.59万人次，刷新1964年开始统计以来的最低纪录。2021年，在世界经济论坛发布的旅游竞争力排名中，日本首次居第一位。2022年，访日外国游客数量小幅恢复至383万人次。

【交通运输】公路：全国已建立较完备公路网。目前，公路总里程约128.4万公里。

铁路：截至2020年，日本铁路营业里程为2.77万公里。

水运：截至2022年4月，日本共有993个港口。其中，国际战略港口5个、国际枢纽港口18个、重要港口102个，主要港口有：东京、横滨、大阪、神户、千叶、名古屋、北九州等。

空运：日本航空业相当发达。以东京成田和羽田机场以及大阪关西机场为中心，形成四通八达的空运网络。主要航空公司有日本航空公司、全日本空输公司等。

【财政金融】日本的财政年度从每年的4月起至翌年3月底止。2023财年，日本国家财政预算总额为114.38万亿日元。日本的外汇储备包括日本持有的外国有价证券、外汇存款和黄金储备以及日本在国际货币基金组织的特别提款权等。2008年2月底，日本外汇储备首次超过1万亿美元，之后一直保持在1万亿美元左右。截至2023年6月，外汇储备约为1.25万亿美元。

【对外贸易】外贸在日本国民经济中占重要地位，与日本有贸易关系的国家（地区）约200个。据日本财务省统计，2022年，日本进出口总额约为216.3万亿日元。其中，出口额约为98.2万亿日元，进口额约为118.1万亿日元。主要出口商品有：汽车、钢铁、半导体等电子零部件、精密仪器、机械产品、化学制品等；主要进口商品有：石油、天然气、煤炭等一次能源，金属矿物及其制成品，电子计算机及相关设备，电气产品，通信器材，医药品，食品，服装等。2022年，日本主要贸易对象为美国、中国、东盟、欧盟等国家和地区。

【对外投资】重点投资的国家及地区为美国、欧盟、东盟、英国、中国等。日本是中国第二大外资来源国。截至2022年底，日本累计对华投资1559亿美元。

【外国资本】日本国内外国直接投资对经济的影响较小。近年，日本政府将外国直接投资视作重振经济的关键，放宽外资进入日本的限制，加大吸引外国投资力度。2014年，对日直接投资净流入首次突破20万亿日元。2021年6月，日本政府提出，到2030年吸引外资80万亿日元的目标。截至2022年底，外国对日直接投资约为46万亿日元。

【对外援助】日本以“政府开发援助”的形式开展对外经济援助。2022年，政府开发援助预算约为5612亿日元。日本于1979年开始提供对华政府开发援助。截至2015年底，中国利用日元贷款协议金额3.05万亿日元，累计提款2.69万亿日元，累计还本1.31万亿日元，累计付息7634亿日元，债务余额1.38万亿日元。截至2011年底，中国累计接受日本无偿援助1423.45亿日元，用于148个项目的建设，涉及环保、教育、扶贫、医疗等领域。根据2005年中日双方达成的协议，日本对华提供日元贷款和大规模无偿援助已经于2008年基本结束。日本对华政府开发援助于2019年停止新增项目，正在进行中的项目已于2022年3月全部结束。

【著名公司】进入美国《财富》杂志2021年世界500强排行榜前100名的日本公司有：丰田汽车，第13名；三菱商事，第41名；本田，第61名；伊藤忠商事，第78名；日本电信电话，第83名；三井物产，第88名；日本邮政，第94名。

人民生活

20世纪60年代初起，日本逐步建立起以全体国民为对象的综合性社会保障制度，即实行全民皆养老、全民皆保险制度。目前，日本国民医疗保险覆盖率为99%，全球领先。但近年来，日益严峻的少子老龄化严重冲击日本的社保和医保体系。日本从而着手推进社保和医保体系改革，以建立可持续发展的社会保障制度。

根据日本厚生劳动省发布的《医疗设施调查》，截至2023年4月，日本拥有各类医疗机构约18.06万家，其中医院8135家，普通诊所10.51万家，牙科诊所6.73万家，共有156.67万张病床。

根据日本厚生劳动省公布的调查结果，2021年日本女性平均寿命为87.57岁，男性平均寿命为81.47岁。

根据日本总务省统计数据，2022年日本个人移动电话持有率为85.6%，个人互联网络使用率为84.9%。

军　事

1945年，日本战败投降后，军队被解散，军事机构被撤销。1950年，日本组建“警察预备队”，后改称“保安队”。1952年，日本成立“海上警备队”。1954年7月颁布《防卫厅设置法》和《自卫队法》，将保安队、海上警备队分别改称为“陆上自卫队”和“海上自卫队”，新建航空自卫队，并成立了防卫厅和参谋长联席会议，健全了统帅指挥机构。随着经济实力的迅速增强，日本防卫建设得到长足发展，在“质重于量”和“海空优先”的方针指导下，自卫队发展成为一支装备精良、训练有素、作战能力较强的武装力量。2007年，防卫厅升格为防卫省。2013年12月17日，日本政府在内阁会议上正式通过了二战后首部作为外交与安全政策综合方针的《国家安全保障战略》，并以此为依据确定了关于未来十年防卫建设的新《防卫计划大纲》和《中期防卫力量整备计划》（2014—2018年）。2014年7月1日，日本政府通过有限解禁集体自卫权的内阁决议，其核心内容是，如果与日本关系密切的国家受到武力攻击，日本在必要最小范围内行使武力，作为自卫措施在宪法上应被允许。2015年7月和9月，日本分别在众议院和参议院通过新安保法案，从多方面大幅强化了自卫队活动能力。2018年12月18日，日本政府在内阁会议上正式通过了新版《防卫计划大纲》及《中期防卫力量整备计划》。新《防卫计划大纲》重申了坚持专守防卫，不成为军事大国的基本原则，同时指出，日本周边安保环境“严峻性和不确定性急速增加”。日本自卫队要进一步强化太空、信息等新领域的防卫能力，构建“跨域”作战体制。2022年12月，日本政府出台《国家安全保障战略》《国家防卫战略》《防卫力整备计划》，规定可以发展进攻性“反击能力”，大幅提高防卫费在国内生产总值中的占比至2%，标志着日本战后防卫政策发生重大转变。

自卫队的最高统帅是首相，最高军事决策机构是内阁会议。“安全保障会议”是内阁在军事上的最高审议机构，由首相、外务大臣、财务大臣、内阁官房长官、国家公安委员长、防卫大臣等内阁主要成员组成，负责审议防卫方针、自卫队建设计划及处理各种突发事件等。防卫省相当于国防部。参谋长联席会议由主席和陆、海、空自卫队参谋长组成，负责拟定和调整自卫队作战、训练和后勤计划，搜集研究军事情报，统一指挥两个兵种以上的联合演习和作战。

日本标榜的防卫基本政策是：在和平宪法下，实行专守防卫；坚持美日安保体制；确保文官治军；遵守无核三原则；有节制地增强防卫力量；坚持质量建设。

自卫队实行志愿兵役制。截至2022年3月，日本自卫队实际总兵力约为23.08万人，素质较高，装备精良。其中，陆上自卫队约13.96万人，海上自卫队约4.34万人，航空自卫队约4.37万人，统合幕僚监部（联合参谋本部）等共约4000人。另有即刻应变预备役自卫队员7981人，预备役自卫队员约47900人，预备役自卫队员候补约4621人，文秘、行政技术人员等文职人员2.8万余人。2023财年，日本的防卫预算约为6.82

万亿日元，连续11年增加。

文化教育

【教育】日本的学校教育分为学前教育、初等教育、中等教育、高等教育4个阶段，学制为小学6年、初中3年、高中3年、大学4年，小学至初中为9年义务教育。大学有国立大学、公立大学和私立大学。著名的国立综合大学有东京大学、京都大学等，公立大学有东京都立大学、横滨市立大学等，私立大学有早稻田大学、庆应义塾大学等。日本重视社会教育，函授、夜校、广播、电视教育等较普遍。

【新闻出版】新闻事业发达，报刊发行量大，广播电视覆盖面广，在世界各国中位居前列。全国性报纸有5家：《读卖新闻》《朝日新闻》《每日新闻》《日本经济新闻》《产经新闻》；地区性报纸有3家：《中日新闻》《北海道新闻》《西日本新闻》；主要地方报纸有100多家。发行月刊杂志约1900种，周刊约1000种，较有影响的有《中央公论》《东洋经济》《经济学家》《文艺春秋》等。

共同通讯社：日本最大的通讯社，简称"共同社"，1945年11月成立，其前身是1936年1月成立的同盟通讯社。在国内除了总社、东京分社，还设有札幌、仙台、大阪等6个分社和钏路、青森、静冈等46个分局；在国外41个城市设有总局或分局，10个城市派驻记者。

时事通讯社：日本第二大通讯社，简称"时事社"，成立于1945年11月，前身系同盟社的经济和国际部。在国内除了东京总社，还设有60个分局；在国外25个城市设有总局或分局。

广播电台有半官方性质的日本广播协会（NHK）和四大系列民营电台100多家，平均每天播音22小时以上。NHK系半官方性质的"公共广播电视台"，创建于1925年3月。

电视台主要有半官方的"公共电视台"NHK和分属于五大报纸的五大系列民营电视台100多家，另有民营卫星电视台、民营有线电视台若干。主要电视台：NHK，于1953年开播电视节目；东京广播公司，1951年成立；日本电视网，1952年成立。

对外关系

日本外交政策的基本取向是以美日同盟为基轴，同共有价值观的七国集团等发达国家保持协调，推进价值观、人权和经济外交，守卫日本的和平与稳定。在核不扩散、气候变化等全球问题上提升日本的国际存在。

【同中国的关系】1972年9月29日，中日两国政府发表《中日联合声明》，实现邦交正常化。翌年1月，互设大使馆。目前，中国在大阪、福冈、札幌、长崎、名古屋、新潟设有总领事馆。日本在上海、广州、沈阳、香港、重庆、青岛设有总领事馆，在大连设有驻沈阳总领馆办事处。

1978年8月12日，两国签署《中日和平友好条约》。同年10月，邓小平副总理访日，双方互换《中日和平友好条约》批准书。1998年11月，江泽民主席对日本进行国事访问，双方发表《中日联合宣言》。2008年5月，胡锦涛主席对日本进行国事访问，双方发表《中日关于全面推进战略互惠关系的联合声明》。这是中日关系第四个政治文件，文件在继承前三个政治文件基础上，确定了新时期中日关系发展的指导原则和重点合作领域。

2012年9月，日本政府对钓鱼岛采取所谓"国有化"措施，对中日关系造成严重冲击。2013年12月26日，日本首相安倍晋三参拜靖国神社，给中日关系改善造成新的重大政治障碍。2014年下半年，中方同日方通过政治、外交渠道进行多轮内部磋商，于11月7日就处理和改善中日关系达成四点原则共识并对外发表。在此基础上，习近平主席在亚太经合组织第二十二次领导人非正式会议期间应约会见安倍，中日关系迈出改善步伐。此后，两国重启政府、议会、政党、安全等对话，各领域交流合作逐步恢复。

2020年，中日双边高层交往主要活动如下：2月15日，王毅国务委员兼外长同日本外相茂木敏充在慕尼黑安全会议期间会晤，此后4次通电话。2月28日至29日，杨洁篪主任访日并同日本国家安保局局长北村滋举行第八次高级别政治对话。9月16日菅义伟当选首相后，习近平主席、李克强总理分别致电祝贺。9月25日，习近平主席应约同菅义伟通电话。11月24日，王毅国务委员兼外长正式访日，与菅义伟、茂木敏充和日本内阁官房长官加藤胜信举行会谈。12月15日，全国人大常委会委员长栗战书同日本国会众议院议长大岛理森视频会晤。

2021年，中日双边高层交往主要活动如下：4月5日，王毅国务委员兼外长同日本外相茂木敏充通电话。10月4日，岸田文雄当选首相后，习近平主席、李克强总理分别致电祝贺。10月8日，习近平主席应约同岸田通电话。11月18日，王毅国务委员兼外长同日本新任外相林芳正通电话。

2022年，中日双边高层交往主要活动如下：5月18日，王毅国务委员兼外长同日本外相林芳正举行视频会晤。11月17日，习近平主席在泰国曼谷出席亚太经合组织第二十九次领导人非正式会议期间同日本首相岸田文雄举行会谈。

日本是中国第五大贸易伙伴、第三大贸易对象国、第二大出口对象国、第二大进口来源国。中国是日本最大的贸易伙伴、出口对象国和进口来源国。据中国海关总署统计，2022年，中日双边贸易额为3574.24亿美元，同比减少3.7%。其中，中国出口额为1729.27亿美元，同比增长4.4%；中国进口额为1844.97亿美元，同比减少10.2%。

两国目前共缔结友好城市263对。新冠疫情趋缓后，双边人员往来逐渐恢复。2022年，中日双边人员往来37.76万人次。其中，中国赴日公民31.09万人次，日本来华人员6.67万人次。

中国驻日本大使：孔铉佑。馆址：3-4-33 MOTO-AZABU，MINATO-KU，TOKYO，JAPAN。电话：0081-3-34033388；传真：34033345。经商处电话：0081-3-34402011；传真：34468242。领事部电话：0081-3-64502195/6。

日本驻华大使：垂秀夫（Tarumi Hideo）。馆址：北京市朝阳区亮马桥东街1号。电话：010-85319800；传真：65327081。经济部电话：010-85319800（人工转分机）；传真：65327081。领事部签证处电话：010-65322007；传真：65329329。

【同美国的关系】1945年9月至1951年9月，日本处于美国直接军事占领之下。1951年9月8日，美纠集部分盟国同日本签订片面的《对日和平条约》（即《旧金山和约》），结束对日占领。同日，美日签订《安全保障条约》，结成军事同盟关系。1960年1月19日，双方修改该条约。1996年4月17日，美日发表《安保联合宣言》。2020年3月、5月和8月，日本首相安倍晋三与美国总统特朗普四度通电话。9月，日本新任首相菅义伟与特朗普通电话。11月，菅义伟与美国候任总统拜登通电话。2021年1月，菅义伟与美国总统拜登通电话。4月15日至18日，菅义伟访美，其间同拜登会谈，双方发表"新时代全球伙伴关系"联合声明。6月，菅义伟在英国出席七国集团领导人峰会期间同拜登举行短时间磋商。8月，菅义伟同拜登通电话。9月，菅义伟赴美出席第二届美日印澳"四边机制"峰会并同拜登举行会谈。10月5日，日本当选首相岸田文雄同拜登通电话。11月2日，岸田文雄在英国出席《联合国气候变化框架公约》第26次缔约方大会期间同拜登举行短时间磋商。2022年1月21日，岸田文雄同拜登举行视频会晤。3月24日，岸田文雄在比利时布鲁塞尔出席七国集团峰会期间同拜登举行短时间磋商。5月23日，拜登访日，同岸田文雄举行会谈，并举行美日印澳"四边机制"峰会，宣布启动"印太经济框架"。6月27日，岸田文雄和拜登在出席七国集团领导人埃尔茂峰会期间举行短时间会谈。7月9日，岸田文雄同拜登通电话。9月21日，岸田文雄出席第77届联合国大会一般性辩论并短时间会晤拜登。10月4日，岸田文雄同拜登通电话。11月13日，拜登和岸田文雄在柬埔寨金边出席东亚系列峰会期间举行会晤。2023年1月13日，拜登同访美的岸田文雄举行会谈。5月18日，拜登访日，出席七国集团领导人广岛峰会并同岸田文雄举行会谈。

【同欧盟的关系】日本重视发展同欧盟的关系，与法德等欧盟主要国家关系密切。1991年双方签署共同宣言，确立全面发展双边关系的指导原则、共同目标和定期磋商制度。1994年建立"规则改革对话"机制，每年轮流在东京和布鲁塞尔开会。近年来，伴随欧盟一体化程度提高和国际地位上升，日本不断扩大与欧盟在各个领域的对话与合作。2020年5月26日，日本首相安倍晋三同欧洲理事会新任主席米歇尔、欧盟委员会主席冯德莱恩举行视频会晤。9月22日，日本首相菅义伟同米歇尔通电话。10月6日，菅义伟同冯德莱恩通电话。2021年11月29日，日本首相岸田文雄同米歇尔通电话。12月17日，岸田文雄同冯德莱恩通电话。2022年2月15日，岸田文雄同冯德莱恩通电话。3月24日，岸田文雄赴比利时布鲁塞尔出席七国集团峰会并分别会晤冯德莱恩和米歇尔。5月12日，岸田文雄同到访的米歇尔和冯德莱恩举行会谈。6月27日至28日，岸田文雄在出席七国集团领导人埃尔茂峰会期间分别同米歇尔和冯德莱恩举行会谈。9月27日，米歇尔赴日出席日本前首相安倍晋三葬礼并会晤岸田文雄。11月14日，岸田文雄同冯德莱恩在出席二十国集团领导人巴厘岛峰会期间举行会谈。2023年3月31日和6月21日，岸田文雄同冯德莱恩两次通电话。

【同俄罗斯的关系】1991年12月苏联解体后，日本立即承认俄罗斯联邦政府。双方于1993年签署《东京宣言》。2003年1月，日本首相小泉纯一郎访俄，双方签署《联合声明》及《行动计划》，确认构筑"符合两国战略和地缘利益的创造性伙伴关系"。2013年4月，日本首相安倍晋三访问俄罗斯，双方发表《关于发展俄日伙伴关系的联合声明》。2020年5月、8月，安倍晋三与俄罗斯总统普京两度通电话。9月，日本新任首相菅义伟与普京通电话。2021年10月7日，日本新任首相岸田文雄同普京通电话。2022年2月17日，岸田文雄同普京通电话。乌克兰危机爆发后，日本紧跟西方步伐，多措并举对俄罗斯采取强硬措施，主要包括驱逐部分俄驻日外交人员、禁止俄罗斯相关人员入境，取消俄罗斯的最惠国待遇，停止新增对俄投资，禁止对俄出口奢侈品，冻结普京及相关官员、寡头、9家金融机构及其子公司在日本的资产，加入在环球银行金融电信协会（SWIFT）中排除俄罗斯的举措等。俄罗斯也针锋相对，发起强力反击措施，将日本列入不友好国家和地区名单，中止同日本的和平条约谈判，驱逐部分日驻俄外交人员，永久禁止日本首相岸田文雄等63人入境。两国关系陷入僵局。之后日本不断追加对俄制裁，包括冻结相关企业、团体和个人资产，停止对俄提供建筑和工程服务等，俄罗斯也不断强力对日反制，两国关系在谷底徘徊。

【同朝鲜的关系】无外交关系。1991年1月日本政府代表团在朝建国后首次访朝，同朝鲜政府代表团正式开始建交谈判。其后，经多次谈判均无果而终。2002年日本首相小泉纯一郎访朝，双方发表《平壤宣言》，同意清算过去，解决有关悬案，尽早实现关系正常化。之后，在六方会谈框架下朝日关系正常化工作组分别于2007年3月和9月在越南首都河内和蒙古国首都乌兰巴托召开会议，就邦交正常化问题进行接触，但未能取得成果。2018年朝韩、朝美峰会以来，随着半岛形势的缓和，日本首相安倍晋三多次表示愿意同朝鲜进行面对面对话，同时仍强调维持制裁。之后，由于朝美河内峰会不欢而散，朝美关系再度趋紧，日本继续对朝采取强硬政策，朝鲜方面强力反弹。菅义伟、岸田文雄基本维持以往政府对朝政策框架，双边关系未有明显进展。2023年6月8日，岸田文雄表示愿就朝鲜绑架日本人问题无条件与朝鲜最高领导人金正恩举行会谈。对此，朝鲜外务省副相朴祥吉作出回应："如果日本作出新的决定，寻求改善关系的办法，那朝日两国没有理由不举行磋商。"

【同韩国的关系】日本同韩国于1965年12月缔结基本关系条约并建交。双方经济关系和人员往来均十分密切。韩国是与日本人员往来最多的国家之一。2008年2月，日本首相福田康夫访韩，双方宣布开启"面向未来的韩日关系新时代"。4月，韩国总统李明博访日，双方商定开创"更加成熟的伙伴关系新时代"。2011年，日本外务省发布《外交蓝皮书》，称韩国是"最重要的邻国"。2020年9月，日本首相菅义伟与韩国总统文在寅通电话。2021年，两国围绕"慰安妇"问题矛盾再度升级，双边关系持续低迷。10月15日，日本首相岸田文雄同文在寅通电话。2022年3月11日，岸田文雄同韩国候任总统尹锡悦通电话，双方就改善两国关系取得一致。5月9日至10日，日本外相林芳正作为首相特使出席韩国新任总统就职典礼，会晤尹锡悦并转交岸田文雄的亲笔信。6月28日，岸田文雄出席北约峰会并同尹锡悦简短交谈。9月21日，岸田文雄出席第77届联合国大会一般性辩论并会晤尹锡悦。10月6日，岸田文雄同尹锡悦通电话。11月13日，岸田文雄在柬埔寨金边会见出席东亚系列峰会的尹锡悦。2023年3月16日，尹锡悦访日并同岸田文雄举行会谈。5月7日，岸田文雄访韩并同尹锡悦举行会谈。5月21日，尹锡悦受邀出席七国集团领导人广岛峰会并同岸田文雄举行会谈。

【同东盟的关系】日本政府十分重视同东盟国家的关系。双方沟通往来机制较多，有东亚峰会，日本—东盟领导人会议、外长会议、经济部长会议等。2020年11月，日本—东盟第23次峰会在线上举行。2021年10月，日本—东盟第24次峰会在线上举行。2022年11月12日，日本—东盟第25次峰会在柬埔寨金边举行。

【同印度的关系】日本与印度于1952年建交，两国关系发展平稳。2000年，双方决定构筑"面向21世纪的全球伙伴关系"。2001年，双方发表以促进高层对话，加强IT、反恐、防扩散等领域合作为主要内容的共同宣言。2008年10月，印度总理辛格访日，双方发表《关于推进全球战略伙伴关系的联合声明》和《安保合作共同宣言》。2009年12月，日本首相鸠山由纪夫访问印度，两国就加强防卫合作达成协议。2010年10月，日本首相菅直人会见来访的印度总理辛格并发表题为《未来10年印日全球战略伙伴关系愿景》的联合声明，签署了《关于缔结经济伙伴关系协定的联合宣言》。2011年12月，日本首相野田佳彦访问印度，同印度总理辛格签署《关于强化面向建交60周年的全球战略伙伴关系的共同声明》。2020年4月、9月，日本首相安倍晋三与印度总理莫迪两度通电话。9月，日本新任首相菅义伟与莫迪通电话。2021年3月、4月，菅义伟与莫迪两次通电话。9月23日，菅义伟赴美出席美日印澳"四边机制"峰会并同莫迪举行双边会晤。10月8日，日本新任首相岸田文雄同莫迪通电话。2022年3月19日，岸田文雄访问印度，双方签订安保、日元贷款等多份备忘录。5月24日，莫迪赴日出席美日印澳"四边机制"峰会并同岸田文雄举行双边会晤。9月27日，莫迪赴日出席日本前首相安倍晋三葬礼并会见岸田文雄。2023年3月20日，岸田文雄访印并同莫迪举行会谈。5月20日，莫迪受邀出席七国集团领导人广岛峰会并会晤岸田文雄。

（李海浩）

沙特阿拉伯

国名　沙特阿拉伯王国（The Kingdom of Saudi Arabia）。

面积　225万平方公里。

人口　3617万（2022年）。沙特公民约占62%。阿拉伯民族。官方语言为阿拉伯语。伊斯兰教为国教，逊尼派约占85%，什叶派约占15%。

首都　利雅得（Riyadh），人口700万（2022年）。

国家元首　国王萨勒曼·本·阿卜杜勒阿齐兹·阿勒沙特（Salman bin Abdulaziz Al Saud），2015年1月23日即位。沙特第7任国王。

重要节日　国庆日：9月23日；建国日：2月22日；开斋节：伊斯兰历10月第一天；宰牲节：伊斯兰历12月10日。

简　况

位于阿拉伯半岛，东濒波斯湾，西临红海，同约旦、伊拉克、科威特、阿联酋、阿曼、也门等国接壤，并经法赫德国王大桥与巴林相接。海岸线长2448公里。地势西高东低。除西南高原和北方地区属亚热带地中海型气候外，其他地区均属热带沙漠气候。夏季炎热干燥，最高气温可达50℃以上；冬季气候温和。年均降水量不超过200毫米。

7世纪，伊斯兰教创始人穆罕默德及其继承者统一阿拉伯半岛，建立阿拉伯帝国。16世纪，被奥斯曼帝国统治。1727年，沙特家族建立第一个沙特酋长国，1818年被奥斯曼帝国灭亡。1824年，沙特家族建立第二个沙特酋长国，1891年因统治家族内讧灭亡。1902年，阿卜杜勒阿齐兹建立第三个沙特酋长国，之后逐步统一阿拉伯半岛大部分地区，于1932年建立沙特阿拉伯王国。

政 治

沙特是君主制国家，禁止一切政党活动。无宪法，以《古兰经》和《圣训》（记录伊斯兰教先知穆罕默德谈话的文集）为国家立法、执法依据。国王亦称“两圣地（麦加和麦地那）仆人”，行使最高行政权和司法权，有权任命、解散或改组内阁，有权立、废王储，有权解散协商会议，有权批准和否决内阁会议决议及与外国签订的条约、协议。1992年3月1日，法赫德国王颁布《治国基本法》，规定沙特国王由开国君主阿卜杜勒阿齐兹子孙中的优秀者出任。

【议会】沙特协商会议于1993年12月29日成立，是国家政治咨询机构，无立法权。协商会议由主席和150名议员组成，均由国王任命，任期4年，可连任。现任主席为阿卜杜拉·本·穆罕默德·阿勒谢赫（Abdullah bin Mohammed Al Sheikh），2009年2月就任，2013年1月、2016年12月、2020年10月三次连任。

【政府】本届政府于2022年9月组成，目前共有成员37人，主要包括：王储兼首相穆罕默德·本·萨勒曼·本·阿卜杜勒阿齐兹·阿勒沙特（HRH Prince Mohammed bin Salman bin Abdulaziz Al Saud），能源大臣阿卜杜勒阿齐兹·本·萨勒曼·本·阿卜杜勒阿齐兹·阿勒沙特（HRH Prince Abdulaziz bin Salman bin Abdulaziz Al Saud），国防大臣哈立德·本·萨勒曼·本·阿卜杜勒阿齐兹·阿勒沙特（HRH Prince Khalid bin Salman bin Abdulaziz Al Saud），外交大臣费萨尔·本·法尔汉·阿勒沙特（HH Prince Faisal bin Farhan Al Saud），文化大臣巴德尔·本·阿卜杜拉·本·法尔汉·阿勒沙特（HH Prince Badr bin Abdullah bin Farhan Al Saud），财政大臣穆罕默德·本·阿卜杜拉·杰德安（Mohammed bin Abdullah Al-Jadaan），商务大臣马吉德·本·阿卜杜拉·卡斯比（Majid bin Abdullah Al-Qasabi）等。

【行政区划】全国分为13个省：利雅得省、麦加省、麦地那省、东部省、卡西姆省、哈伊勒省、阿西尔省、巴哈省、塔布克省、北部边疆省、吉赞省、纳季兰省、焦夫省。省下设一级县和二级县，县下设一级乡和二级乡。

【司法机构】以《古兰经》和《圣训》为执法依据。由司法部和最高司法委员会负责司法事务的管理。2007年，阿卜杜拉国王颁布《司法制度及执行办法》和《申诉制度及执行办法》，建立新的司法体系。设立最高法院、上诉法院、普通法院（一级法院）等三级法院，并建立刑事、民事、商业、劳工等法庭。最高法院院长由国王任命。申诉制度规定设立直属于国王的三级行政诉讼机构，即最高行政法庭、行政上诉法庭和行政法庭。

【重要人物】萨勒曼·本·阿卜杜勒阿齐兹·阿勒沙特：国王。1935年生。自幼接受伊斯兰正统教育，长期担任利雅得省省长。2011年11月被任命为国防大臣。2012年6月18日任王储兼副首相和国防大臣。2015年1月23日继任沙特第7任国王。**穆罕默德·本·萨勒曼·本·阿卜杜勒阿齐兹·阿勒沙特**：王储兼首相。1985年生，萨勒曼国王第六子。2014年4月任国务大臣、内阁成员。2015年1月任国防大臣、王宫办公厅主任、国王私人顾问。2015年4月任王储继承人兼第二副首相、国防大臣。2017年6月任王储兼副首相、国防大臣。2022年9月任王储兼首相。

经 济

石油工业是沙特经济支柱。近年来，为摆脱对石油产业的依赖，积极推进经济多元化发展，2016年以来提出“2030愿景”以及一系列重大发展规划和倡议。沙特是二十国集团中唯一的阿拉伯国家。2022年主要经济数据如下：

国内生产总值：1.11万亿美元。

人均国内生产总值：3.44万美元。

国内生产总值增长率：8.7%。

货币名称：沙特里亚尔。

汇率：1美元≈3.75沙特里亚尔。

通货膨胀率：2.5%。

（资料来源：沙特统计总局）

【资源】原油探明储量382亿吨，占世界储量的17.3%，居世界第二位。天然气探明储量61.9亿吨，占世界储量的4.5%，居世界第六位。此外，还有金、铜、铁、锡、铝、锌、磷酸盐等矿藏。沙特是世界上最大的淡化海水生产国，其海水淡化量占世界总量的20%左右。

【工业】以石油和石化工业为主。石油收入占国家财政收入的68.2%，石油天然气产值占国内生产总值的27.4%。2022年原油产量约5.24亿吨。近年来，沙特政府充分利用能源产业收益，积极引进国外先进技术设备，大力发展钢铁、炼铝、水泥、海水淡化、电力工业、农业、服务业等非石油产业。

【农业】沙特70%的面积为半干旱荒地或低级草场，可耕地面积占国土面积的1.6%，约343万公顷（2020年）。永久性草地占国土面积的1.9%，约378.5万公顷。森林覆盖率0.5%（2020年）。耕地集中分布在降水量较充沛的西南部地区。主要农产品有小麦、水稻、玉米、椰枣、柑橘、葡萄、石榴等。畜牧业主要有绵羊、山羊、骆驼等。

【交通运输】公路交通是沙特的主要运输方式。

公路：道路总长22万公里。

铁路：总里程为4130公里。

水运：东西两岸分别临阿拉伯湾（波斯湾）和红海，当前有9个主要港口，分别为：吉达伊斯兰港、阿卜杜勒-阿齐兹国王达曼港、法赫德国王延布工业港、法赫德国王朱拜勒工业港、延布商业港、朱拜勒商业港、吉赞港、杜巴港、海尔角港。

空运：共有27座民用机场，其中有4座为国际机场，分别是：利雅得机场（哈立德国王国际机场）、吉达机场（阿卜杜勒-阿齐兹国王机场）、达曼机场（法赫德国王国际机场）和麦地那机场（穆罕默德·本·阿卜杜勒-阿齐兹亲王机场）。

【财政金融】2022年，沙特实际财政收入为12680亿沙特里亚尔，实际财政支出为11640亿沙特里亚尔，财政盈余为1040亿沙特里亚尔。

沙特货币署（沙特央行）负责银行业管理。截至2023年9月，沙特境内共有31家商业银行，包括11家沙特本地银行和20家外资银行分行。

【对外贸易】实行自由贸易和低关税政策。出口以原油和石油产品为主，约占出口总额的90%。进口主要是机械设备、食品、纺织品、化工产品等。主要贸易伙伴是中国、印度、阿联酋、日本、韩国、美国、德国等。2022年，沙特进出口总额为6010.61亿美元。其中，出口额为4111.84亿美元，进口额为1898.77亿美元。

人民生活

沙特是高福利国家，全体国民享受免费医疗（私人医院除外）。

军　事

奉行积极有效的防御性国防政策。武装力量由武装部队、国民卫队和其他准军事部队组成。武装部队包括陆军、海军、空军、防空军、战略导弹部队五大军种，共计12.7万人。国民卫队计约10万人。内政部所辖安全部队超过2.45万人，下设9个地区指挥部。国家安全总局所辖特别安全部队和特别应急部队分别有3.5万人和3万人。实行志愿兵役制，战时实行义务兵役制，一般兵种服役期为2年，特殊兵种服役期为3年。2021年，国防开支为556亿美元，占国内生产总值的2.6%，排名世界第八。

文化教育

【教育】重视教育和人才培养，实行免费教育。包括初等教育、职业培训、各类技术教育和成人教育等，实行9年义务教育。全国共有各类学校2.3万所。其中，综合性大学25所，学院78所，高等宗教大学5所。

【新闻出版】奉行以伊斯兰法为原则的新闻政策。全国发行数十种报纸、上百种杂志。阿拉伯文报纸主要有《利雅得报》、《中东报》（在伦敦出版）、《生活报》、《国家报》、《欧卡兹报》等，英文报纸主要有《阿拉伯新闻》《沙特公报》《沙特经济概览》等。

沙特通讯社：官方通讯社，1971年1月成立，直接受文化新闻部领导，用阿、英、法文发稿，设有4个国内分社（麦加、麦地那、吉达、达曼）和6个国外分社（开罗、突尼斯城、巴黎、伦敦、波恩、华盛顿）。

广播电台有20多个电台，使用中波、短波和调频播出。吉达广播电台、利雅得广播电台和《古兰经》广播电台是最大的3家电台。

1964年建立电视网，1965年开始播放黑白电视节目，1976年开始彩色播映。现有4个电视台。

对外关系

奉行独立自主的外交政策，已同130多个国家建立外交关系，依托政治、宗教影响力及经济实力积极参与国际和地区事务。重视同美国的关系，同时开展多元外交，加强同中国、俄罗斯、法国等大国关系。2021年成为上海合作组织对话伙伴。

【同中国的关系】1990年7月21日，中沙两国建交。建交以来，中沙双边关系全面、快速发展，双方交往频繁，合作领域不断拓宽。2008年6月，中沙两国建立战略性友好关系。2016年1月，习近平主席对沙特进行国事访问，中沙两国建立全面战略伙伴关系。2022年12月，习近平主席出席在沙特首都利雅得举办的首届中国—阿拉伯国家峰会、中国—海湾阿拉伯国家合作委员会峰会并对沙特进行国事访问。中沙元首签署《中华人民共和国和沙特阿拉伯王国全面战略伙伴关系协议》。双方还发表联合声明，签署共建“一带一路”、能源、投资、司法、教育、新闻等领域合作文件。

两国高层交往密切。近年来，中方访问沙特的主要有：国家主席习近平（2016年1月和2022年12月两次对沙特进行国事访问），国务委员兼外交部长王毅（2021年3月）等。

沙方访华的主要有：国王萨勒曼（2017年3月对华进行国事访问），王储兼首相穆罕默德（2019年2月以王储兼副首相身份访华），外交大臣费萨尔（2022年1月）等。

两国各领域务实合作成果丰硕。2001年以来，沙特一直是中国在中东地区第一大贸易伙伴。中国自2013年起成为沙特第一大贸易伙伴。据中国海关总署统计，2022年，中沙双边贸易额为1160.4亿美元，同比增长33.1%。其中，中国出口额为379.9亿美元，同比增长25.7%；中国进口额为780.5亿美元，同比增长37%。中国主要出口机电产品、金属及其制品、汽车轮船、纺织服装等，主要进口原油、石化产品等。沙特长期是中国最大原油供应国，2022年，中国从沙特进口原油8750万吨。

2016年1月习近平主席对沙特进行国事访问期间，中沙两国签署《关于共同推进丝绸之路经济带和21世纪海上丝绸之路建设、开展产能合作的谅解备忘录》

和《关于加强“网上丝绸之路”建设合作 促进信息互联互通谅解备忘录》。2022年12月习近平主席对沙特进行国事访问期间，中沙两国签署《共建“一带一路”倡议与“2030愿景”对接实施方案》。

两国人文交流密切。2002年12月，中沙两国政府签署文化教育合作协定。2013年，中国在沙特举办“杰纳第利亚文化遗产节”中国主宾国活动，这是两国建交以来中国在沙特举办的最大规模文化交流活动。2016年12月至2017年3月，“阿拉伯之路——沙特出土文物展”在中国国家博物馆展出，这是近年来沙特在东亚地区举办的最大规模文物展。习近平主席同萨勒曼国王共同参观并出席了闭幕式。2018年9月至11月，中国在沙特举办“华夏瑰宝展”，这是此类展览首次在中东国家举办。2019年1月，中国音乐家郎朗和广州交响乐团参加沙特“坦图拉之冬”艺术节，合作举办专场音乐会，并通过网络媒体向中东地区直播，这是中国的交响乐团首次到访沙特。

2017年3月，阿卜杜勒阿齐兹国王图书馆北京大学分馆落成，萨勒曼国王出席落成典礼并接受北京大学授予的名誉博士学位。2019年2月，沙特王储穆罕默德在访华期间提出在沙特开展中文教育，将中文列入沙特中小学和高校教学大纲。目前，沙特已有4所大学开设中文专业，8所中小学作为第一批试点学校开设中文选修课。2022年12月习近平主席对沙特进行国事访问期间，中沙两国教育主管部门签署中文教育合作谅解备忘录。

2018年，中沙双方合作开展沙特塞林港遗址联合考古项目，发现了通过海上丝绸之路运抵沙特的近千年来中国各个朝代的瓷片。

2020年，中沙双方围绕庆祝建交30周年，举办了线上音乐会、电子图书月等活动。

中国驻沙特大使：陈伟庆。馆址：Building No.6654 Umro Adhamry Street，Al-Safarat，Riyadh，KSA。电话：00966-11-4832126；传真：2812070。商务处电话：00966-11-4655655；传真：4629617。

沙特驻华大使：阿卜杜拉赫曼·本·艾哈迈德·哈勒比（Abdulrahman bin Ahmad Al-Harbi）。馆址：北京市朝阳区三里屯北小街1号。电话：010-85316555，65329321，65329322；传真：65325324。

【同其他中东国家的关系】2022年，沙特同其他中东国家继续保持密切交往。萨勒曼国王同阿联酋总统穆罕默德、卡塔尔埃米尔塔米姆、巴林国王哈马德、阿曼苏丹海赛姆、埃及总统塞西、突尼斯总统赛义德、巴勒斯坦总统阿巴斯、伊拉克总理卡迪米、约旦国王阿卜杜拉二世、土耳其总统埃尔多安等通电话。穆罕默德王储兼首相访问埃及、约旦、土耳其等国。巴林国王哈马德、科威特首相艾哈迈德、伊拉克总理卡迪米、约旦首相哈萨瓦纳、伊拉克外长侯赛因、土耳其总统埃尔多安等访问沙特。

【同美国等西方国家的关系】沙特是美国在中东地区传统盟友。2022年，美国总统拜登访问沙特，出席由美国、海合会成员国及埃及、约旦、伊拉克领导人共同参加的“安全与发展”峰会；萨勒曼国王同美国总统拜登通电话；费萨尔外交大臣访问美国；穆罕默德王储兼首相同英国首相约翰逊、法国总统马克龙、德国总理朔尔茨通电话；英国首相约翰逊访问沙特。

【同其他亚洲国家的关系】沙特同其他亚洲国家关系继续深入发展。2022年，穆罕默德王储兼首相同日本首相岸田文雄、新加坡总理李显龙、巴基斯坦总理夏巴兹等通电话；韩国总统文在寅、哈萨克斯坦总统托卡耶夫、乌兹别克斯坦总统米尔济约耶夫、泰国总理巴育、巴基斯坦总理夏巴兹等访问沙特。

【同俄罗斯的关系】沙特同俄罗斯保持良好交往。2022年，穆罕默德王储兼首相同俄罗斯总统普京通电话；费萨尔外交大臣同俄罗斯外长拉夫罗夫通电话。

（李群）

斯里兰卡

国名　斯里兰卡民主社会主义共和国（The Democratic Socialist Republic of Sri Lanka）。

面积　65610平方公里。

人口　2218万（2022年）。僧伽罗族占75%，泰米尔族16%，摩尔族9%。僧伽罗语、泰米尔语同为官方语言和全国语言，上层社会通用英语。居民中70.2%信奉佛教，12.6%信奉印度教，9.7%信奉伊斯兰教，此外还信奉天主教和基督新教等。

首都　科伦坡（Colombo），人口110万（2022年）。

国家元首　总统拉尼尔·维克拉马辛哈（Ranil Wickremesinghe），2022年7月当选。

重要节日　独立日：2月4日（1948年）。

简　况　南亚次大陆以南印度洋上的岛国，西北隔保克海峡与印度相望。接近赤道，终年如夏，年均气温28℃，受印度洋季风影响，西南部沿海地区湿度大。年均降水量2054毫米（2019年）。风景秀丽，素有“印度洋上的明珠”之称。

2500年前，来自北印度的雅利安人移民至锡兰岛，建立了僧伽罗王朝。公元前247年，印度孔雀王朝的阿育王派其子来岛弘扬佛教，受到当地国王欢迎，从此僧伽罗人摈弃婆罗门教而改信佛教。公元前2世纪前后，南印度的泰米尔人也开始迁徙并定居锡兰岛。从5世纪至16世纪，岛内僧伽罗王国和泰米尔王国之间征战不断。16世纪起先后被葡萄牙人和荷兰人统治。18世纪末成为英国殖民地。1948年2月获得独立，定国名为锡兰。1972年5月22日改国名为斯里兰卡共和国。1978年8月16日改国名为斯里兰卡民主社会主义共和国。

政　治

总统为国家元首、政府首脑和武装部队总司令，享有任命总理和内阁其他成员的权力。2022年7月20日，斯里兰卡议会举行总统选举，维克拉马辛哈当选总统，任期至2024年。7月22日，维克拉马辛哈任命前外长古纳瓦德纳为新任总理。

【宪法】现行宪法于1978年9月7日生效，为斯历史上第四部宪法，废除沿袭多年的英国式议会制，效仿法国和美国，改行总统制。1982年后曾多次修改宪法。宪法规定，斯所有官员，包括议员在内，必须宣誓反对分裂主义，维护国家统一。

【议会】斯议会为一院制，由225名议员组成，任期5年。本届议会于2020年8月选出。本任议长马欣达·亚帕·阿贝瓦德纳（Mahinda Yapa Abeywardena），斯人民阵线党党员，于2020年8月20日宣誓就职。

【政府】2022年4月，斯内阁重组，目前成员有：总统兼国防部长、财政部长拉尼尔·维克拉马辛哈，总理兼公共行政、内政、省议会和地方政府部长迪内希·古纳瓦德纳（Dinesh Gunawardana），外交部长阿里·萨布里（Ali Sabry），港口、航运和航空部长尼马尔·斯里帕拉（Nimal Siripala），教育部长苏希尔·普瑞马加彦塔（Suhir Premajayantha），运输、公路和大众传媒部长班杜拉·古纳瓦德纳（Bandula Gunawardena）等。

【行政区划】全国分为9个省和25个区。9个省分别为西方省、中央省、南方省、西北省、北方省、北中省、东方省、乌瓦省和萨巴拉加穆瓦省。

【司法机构】司法机构由三部分组成：法院，包括最高法院、上诉法院、高级法院和地方法院等；司法部，负责司法行政工作；司法委员会，负责法院人事和纪律检查。最高法院首席法官贾扬塔·贾亚苏里亚（Jayantha Jayasuriya），2019年4月29日就任。

【政党】（1）斯里兰卡人民阵线（Sri Lanka Podujana Peramuna）：前身为2001年成立的斯里兰卡国家阵线党，2015年更名为“我们斯里兰卡自由阵线党”，2016年更名为“斯里兰卡人民阵线”。2015年自由党分裂后，大量马欣达·拉贾帕克萨（Mahinda Rajapaksa）的支持者转而加入该党。2018年，该党以较大优势赢得地方议会选举。2019年11月，该党提名的候选人戈塔巴雅·拉贾帕克萨赢得总统选举。现任党领袖为马欣达·拉贾帕克萨，主席为加米尼·拉克什曼·佩里斯（Gamini Lakshman Peiris）。

（2）斯里兰卡自由党（Sri Lanka Freedom Party）：1951年9月由所罗门·班达拉奈克创建。奉行开放的市场经济政策和不结盟的外交政策。曾于1956—1960年、1960—1964年、1970—1977年、1994—2001年、2004—2019年执政。1981年、1984年、1993年和2015年先后四次分裂。目前，主席为前总统迈特里帕拉·西里塞纳（Maithripala Sirisena）。

（3）统一国民力量（Samagi Jana Balawegaya）：由统一国民党原副领袖萨吉特·普雷马达萨建立，注册成立时间为2020年2月，主要由统一国民党部分成员、国家遗产党、穆斯林大会党、泰米尔进步联盟组成。党主席为萨拉特·丰萨卡（Sarath Fonseka）。

（4）统一国民党（United National Party）：1946年9月，以森那纳亚克为首的锡兰国民大会党、以班达拉奈克为首的僧伽罗大会党和以贾亚为首的全锡兰穆斯林联盟合并，成立统一国民党。主张自由竞争、对外开放的经济政策和不结盟的外交政策。曾于1948—1956年、1960年3—7月、1965—1970年、1977—1994年、2001—2004年先后独立或与其他政党联合执政。党领袖为拉尼尔·维克拉马辛哈。

（5）泰米尔全国联盟（The Tamil National Alliance）：成立于2001年10月，由泰米尔联合解放阵线、伊拉姆人民革命解放阵线、泰米尔伊拉姆解放组织和全锡兰泰米尔大会党四个泰米尔政党组成，总部位于斯北部泰米尔人聚居的贾夫纳。主张泰米尔人具有民族自决权，呼吁政府保护泰米尔人权利。2011年以来该党与斯里兰卡政府就民族问题政治解决方案展开多轮对话。现任党领袖为杉潘坦（R. Sampanthan）。

（6）人民解放阵线（Janatha Vimukthi Peramuna，People's Liberation Front）：成立于1970年，主要成员来自当时的锡兰共产党。直至20世纪90年代初，该党一直坚持武装斗争。90年代以来调整政策，选择议会斗争道路。现任党领袖为阿努拉·迪萨纳亚克（Anura Dissanayake），总书记为提尔文·席尔瓦（Tilvin Silva）。

（7）超级兰卡联盟（Supreme Lanka Coalition）：成立于2022年9月，因2022年经济危机，7个左翼和民族主义政党从执政联盟脱离后组建该党。主席为左翼政党全国自由阵线主席维马尔·维拉万萨（Wimal Weerawansa）。

其他政党和组织还有穆斯林大会党、国家传统党、民主党、锡兰工人大会党、伊拉姆人民民主党和斯里兰卡共产党等。

【和平进程与国内局势】斯政府与“泰米尔伊拉姆解放虎”组织（简称“猛虎”）间的冲突持续20余年，造成7万多人死亡。2002年2月，在挪威斡旋下，双方签署《永久停火协议》，先后举行6轮和谈。2003年4

月，“猛虎”退出和谈，和平进程宣告中断。2006年2月和10月，双方又举行两轮和谈，但未能达成一致。2007年7月，政府军收复东方省并向北部“虎控区”推进。2008年1月，斯政府宣布退出《永久停火协议》。2009年1月，政府军收复“猛虎行政首都”基里诺奇等城镇。5月，斯总统宣布军事行动取得成功，收复所有“猛虎”控制区域，消灭普拉巴卡兰等“猛虎”主要头目。斯政府积极推进战后平民安置和经济社会重建，政治、经济、安全形势总体趋于稳定。

“猛虎”组织被消灭后，西方国家不断在流离失所者安置和人权等问题上向斯施压。在一些西方国家和非政府组织推动下，联合国秘书长潘基文于2010年6月宣布成立专家小组，对斯内战期间违反国际人道法和人权法及侵权行为进行调查。西方国家还多次推动在联合国人权理事会通过涉斯决议。斯政府成立教训总结与民族和解委员会，调查2002年以来违反国际人权法原则的行为。2015年10月，由美国提出、斯里兰卡作为共同提案国提出的涉斯人权法案在第30次联合国人权理事会会议上通过，该决议支持斯开展国内调查。

2019年4月21日，斯遭遇内战结束后最为严重的恐怖袭击，造成重大人员伤亡和经济损失。斯政府全力打击恐怖主义，缉捕案犯，逐步恢复国内秩序和稳定。

【重要人物】拉尼尔·维克拉马辛哈：总统。1949年3月24日出生于科伦坡，其所在的维杰瓦德纳家族是斯最显赫的政治世家之一。毕业于锡兰大学（现科伦坡大学）法学专业，1977年首次当选议员，被任命为外交部长，1978年出任青年事务、就业和教育部长，1989年出任工业部长。1993—1994年、2001—2004年、2015年1—8月、2015年8月至2019年、2022年5—7月五度出任总理。2022年7月20日当选总统。　**迪内希·古纳瓦德纳**：总理。1949年3月2日出生，佛教徒。毕业于荷兰奈耶诺德大学，并获美国俄勒冈大学工商管理及国际物流学士学位。1973年加入其父创立的左翼政党人民联合阵线党，担任中央委员会委员，1974年当选总书记，自1983年起一直担任党领袖。曾任交通部长、高等教育部副部长、城市发展和供水部长、城市发展和圣地发展部长、大都市和西部省发展部长、外交部长、教育部长等。2022年7月22日被任命为新任总理。　**阿里·萨布里**：外长。1970年5月1日出生，信仰伊斯兰教。毕业于斯里兰卡法学院，后成为著名律师。2020年首次当选议员，先后担任司法部长、财政部长。2022年7月，被任命为新任外长。　**戈塔巴雅·拉贾帕克萨**：前总统。1949年6月20日出生，僧伽罗族，佛教徒。曾就读斯阿南达学院和科伦坡大学，先后获学士、硕士和博士学位。1971年入伍，1992年退伍。2005—2015年担任斯国防部常秘，指挥军队赢得斯内战。2019年11月，赢得总统选举并就任斯第7位总统。

经　济

以种植园经济为主，主要作物有茶叶、橡胶、椰子和稻米。工业基础薄弱，以农产品和服装加工业为主。在南亚国家中率先实行经济自由化政策。1978年开始实行经济开放政策，大力吸引外资，推进私有化，逐步形成市场经济格局。近年来，斯经济保持中速增长。2005—2008年，斯国民经济增长率连续四年达到或超过6%，为独立以来的首次。2008年以来，受国际金融危机影响，斯外汇储备大量减少，茶叶、橡胶等主要出口商品收入和外国短期投资下降。斯国内军事冲突结束后，斯政府采取了一系列积极应对措施。2022年，斯遭遇独立以来最严重经济危机。当前斯宏观经济逐步回暖，但仍面临外债负担重等困难。2022年主要经济数据如下：

国内生产总值：771亿美元。
人均国内生产总值：3474美元。
国内生产总值增长率：–7.8%。
货币名称：卢比。
汇率：1美元≈324.55卢比。
通货膨胀率：46.4%。
失业率：4.7%。
（资料来源：斯里兰卡中央银行2022年度报告）

【资源】主要矿藏有石墨、宝石、钛铁、锆石、云母等。石墨、宝石、云母等已开采。渔业、林业和水力资源丰富。

【工业】工业主要有纺织、服装、皮革、食品、饮料、烟草、造纸、木材、化工、石油加工、橡胶、塑料和金属加工及机器装配等工业，大多集中于科伦坡地区。2022年工业产值占国内生产总值的27.5%。

【农业】可耕地面积400万公顷，已利用200万公顷。主要作物为茶叶、橡胶、椰子等。2022年农业产值约占国内生产总值的7.5%。

【服务业】2022年服务业产值占国内生产总值的比重约为60.5%，贸易、运输、信息通信等产业增长较快。

【旅游业】旅游业是斯经济的重要组成部分。游客主要来自欧洲、印度、中国、东南亚等国家和地区。2003—2005年，斯连续3年到访外国游客数量突破50万人次。自2005年底，斯政府军与“猛虎”冲突对旅游业造成一定冲击。2009年，随着斯局势转好，旅游业逐步恢复，呈现快速发展势头，2018年游客数达233.4万人次。2019年，受“4·21”恐怖袭击事件影响，旅游业发展势头再受影响。2019年游客数为191.4万人次，同比减少18%。受新冠疫情影响，2021年游客数仅为19.45万人次。2022年游客数恢复至72万人次。

【交通运输】全国有公路12537公里，铁路1648公里。主要港口有科伦坡、汉班托塔、高尔和亭可马里。科伦坡机场、汉班托塔（马塔拉）机场为国际机场。

斯里兰卡航空公司经营国际航空业务。

【财政金融】2019年财政收入为105.84亿美元，财政支出128.52亿美元，财政赤字22.68亿美元。2022年，外汇储备18.98亿美元，外债496.7亿美元。

【对外贸易】实行自由外贸政策，除政府控制石油外，其他商品均可自由进口。近年来，出口贸易结构发生根本变化，由过去的以农产品为主转变为以工业产品为主。主要出口商品为纺织品、服装、茶叶、橡胶及其制品、珠宝产品。主要出口对象是美国、英国、印度、意大利、德国等，主要进口对象是印度、中国、阿联酋、新加坡、日本等。近几年外贸情况如下（单位：亿美元）：

	2020	2021	2022
出口额	110.47	123.3	131.06
进口额	160.55	200.8	182.91
差　额	–50.08	–77.5	–51.85

【外国资本】政府实行保护和吸引外资的政策。2022年外国直接投资约10.76亿美元，主要投资于基础设施建设项目、服务业和制造业。

【外国援助】外援在斯经济生活中作用突出。斯几乎所有大型项目均依靠外援兴建。向斯提供援助的国家和国际组织有30多个，主要有中国、印度、日本、美国、亚洲开发银行等。2019年外援总额约为0.84亿美元。

人民生活

政府长期以来实行大米补贴、免费教育和全民免费医疗等福利措施。2019年，国民预期寿命为75.5岁。

军　事

陆军、空军建于1949年，海军建于1950年。总统为武装部队总司令。最高国防决策机构为国家安全委员会，成员有国防部常秘、国防参谋长、陆海空三军司令、警察总监等，主席由总统兼任。国防部为最高军事行政机构。武装力量由正规军和警察组成。正规军分陆海空三个军种。总统通过国家安全委员会、国防部和陆海空三军司令部对全军实施领导和指挥。国防参谋长维杰古纳拉特纳（Admiral Ravindra Wijegunaratne），陆军司令席尔瓦（Lieutenant General L H S C Silva），海军司令席尔瓦（Vice Admiral Piyal de Silva），空军司令迪亚斯（Air Marshal Sumangala Dias）。总兵力约28万人。其中，陆军约18.7万人，海军约5.5万人，空军约3.8万人。另有警察、国民辅助志愿队和家乡卫队约8万人。

文化教育

【教育】民族文化历史悠久，深受佛教影响。政府一贯重视教育，自1945年起实行幼儿园到大学的免费教育。2021年居民识字率达93.3%。2022年全国有学校11082所，在校学生约433万人，教师约25.6万名。主要大学有佩拉德尼亚大学和科伦坡大学等。

【新闻出版】有报刊200余种，4个报业系统：（1）锡兰联合报业公司：1918年创办，1973年由政府接管，《每日新闻》是斯最大的英文日报，《每日太阳报》是最大的僧伽罗文日报。（2）乌帕里集团报业公司：1981年11月创办，主要报刊《岛报》为英文、僧文日报，发行量很大。（3）维贾亚报业公司：1990年创办，主要报刊有僧伽罗文日报《兰卡之光》，以及英文报纸《每日镜报》和《星期日时报》。（4）快报报业公司：1930年创办，私营，出版泰米尔文报刊，《雄狮报》为最大的泰米尔文日报。

通讯社：1978年由几家报业公司联合创办的半官方新闻机构。

电视台：国家电视台，1982年开播，每天用英、僧、泰三种语言播出；独立电视台，1979年开播，主要用僧伽罗语播出。另有地球电视台、MTV电视台等。

对外关系

奉行独立和不结盟的外交政策，支持和平共处五项原则，反对各种形式的帝国主义、殖民主义、种族主义和大国霸权主义，维护斯里兰卡独立、主权和领土完整，不允许外国对斯内政和外交事务进行干涉。关心国际和地区安全，主张全面彻底裁军，包括全球核裁军以及建立国际政治、经济新秩序。坚决反对国际恐怖主义，1998年1月签署了《联合国反恐怖爆炸公约》，成为该公约的第一个签字国。积极推动南亚区域合作。在联合国和南盟等组织内呼吁加强国际反恐合作。已同140多个国家建立了外交关系。

【同中国的关系】中国与斯里兰卡是友好国家，两国人民有着深厚的传统友谊。斯里兰卡史称“师（狮）子国”或“僧伽罗国”。公元410年，晋代高僧法显从印度赴斯游学，取回佛教经典并著有《佛国记》一书。明代航海家郑和下西洋时多次抵斯。15世纪，斯一王子访华，回国途中在福建泉州定居，被明朝皇帝赐姓为世，其后代现仍在泉州和台湾定居。斯沦为西方殖民地后，中斯关系一度中断。1950年，斯承认中华人民共和国。1952年，斯在两国未建交的情况下，不顾美等西方国家对中国的封锁，同中国签订了《米胶贸易协定》，成为两国友好合作关系史上的佳话。1957年2月7日建交后，两国关系在和平共处五项原则的基础上顺利发展，政治往来不断，经济合作与贸易关系逐步加强。2005年4月，温家宝总理访斯期间，两国宣布建立真诚互助、世代友好的全面合作伙伴关系。2013年5月，斯里兰卡总统马欣达访华期间，双方决定将中斯关系提升为真诚互助、世代友好的战略合作伙伴关系。斯政府一贯奉行对华友好政策，长期以来在台湾、涉藏、人权等问题上给予中国支持。两国在许多重大国际和地区问题上拥有共识，合作良好。中国一直在人权问题上坚定支持斯方，多次在国际场合为斯仗义执言。

2020年1月，王毅国务委员兼外长在斯经停。10

月，中央政治局委员、中共中央外事工作委员会办公室主任杨洁篪访斯。2022年1月，王毅国务委员兼外长访问斯里兰卡。

目前，中国从斯主要进口产品有橡胶及其制品、红茶、宝石和椰油等，主要出口产品有纺织品、机电产品、建材、小五金、医药等。中国一些名牌产品，如海尔、轻骑摩托车等进入斯市场。据中国海关总署统计，2022年，中斯双边贸易额为42.5亿美元，同比减少27.8%。其中，中国出口额为37.6亿美元，同比减少28.3%；中国进口额为4.9亿美元，同比减少23.9%。

中国驻斯里兰卡大使：戚振宏。馆址：381/A Bauddhaloka Mawatha，Colombo 7，Sri Lanka。电话：94–11–2688610（办公室），2694494（政治处），2682495（经商处），2694493（文化处）；传真：2693799（办公室），2684579（经商处）。

斯里兰卡驻华大使：帕利塔·科霍纳（Palitha Kohona）。馆址：北京市朝阳区建华路3号。电话：010–65321861，65321862；传真：65325426。

【同美国的关系】美是斯主要援助国和最大的出口市场。2020年10月，美国务卿蓬佩奥访斯。2022年10月，美负责南亚和中亚事务的助理国务卿唐纳德·卢访斯。12月，斯外长萨布里访美。

【同印度的关系】斯印有悠久的历史和地缘联系。同印度保持友好关系是斯外交政策的重点。双方重视经济合作，希望借此带动南盟合作的起步。印支持斯和平解决民族冲突。2020年2月，斯总理马欣达访印。2022年2月，斯外长佩里斯访印。3月，斯财长巴西尔访印。

【同南盟的关系】斯重视南亚区域合作，积极支持和参与南盟各项活动。1998年7月，南盟第十届首脑会议在斯举行。斯积极推动南盟国家开展合作，强调经济发展是南盟的首要任务，为此需要一个和平、安定的地区环境。2008年，斯成功主办第15届南盟峰会。2011年和2014年，斯总统拉贾帕克萨分别出席在马尔代夫举行的第17届南盟峰会和在尼泊尔举行的第18届南盟峰会。2017年5月，南盟秘书长西亚尔访斯。

（沙龙）

塔吉克斯坦

国名 塔吉克斯坦共和国（The Republic of Tajikistan，Республика Таджикистан）。

面积 14.31万平方公里。

人口 1007万（2022年）。塔吉克族占79.9%，乌兹别克族占15.3%，俄罗斯族约占1%。此外，还有鞑靼、吉尔吉斯、土库曼、哈萨克、乌克兰、白俄罗斯、亚美尼亚等民族。塔吉克语（属印欧语系伊朗语族）为国语，俄语为族际交流语言。居民多信奉伊斯兰教，多数属逊尼派，帕米尔一带属什叶派伊斯玛仪支派。

首都 杜尚别（Dushanbe，Душанбе），人口73万（2022年）。夏季最高气温可达40℃，冬季最低气温为零下10℃左右。

国家元首 总统埃莫马利·拉赫蒙（Emomali Rahmon，Эмомали Рахмон），1994年11月6日就任总统，1999年11月6日、2006年11月6日、2013年11月6日和2020年10月11日四次连任，任期至2027年10月11日。

重要节日 纳乌鲁斯节（春节）：3月21日；战胜德国法西斯纪念日：5月9日；祖国统一日：6月27日；独立日：9月9日；宪法日：11月6日。

简况

位于中亚东南部的内陆国，东与中国接壤，南邻阿富汗，西部和北部与乌兹别克斯坦和吉尔吉斯斯坦相连。境内多山，约占国土面积的93%，有“高山国”之称。属大陆性气候，夏季干燥炎热，降水多集中在冬、春两季。1月平均气温–1℃—3℃，7月平均气温27℃—30℃。

公元9—10世纪，塔吉克人建立索莫尼王朝，塔民族文化、风俗习惯基本形成于这一历史时期。13世纪被蒙古鞑靼人征服。14—15世纪属帖木儿后裔统治的国家。16世纪起加入布哈拉汗国。1868年，北部费尔干纳州和撒马尔罕州各一部分并入俄国。1917年11月至1918年2月，北部建立苏维埃政权。1918年底全境建立苏维埃政权。1924年10月14日成立塔吉克苏维埃社会主义自治共和国，属乌兹别克苏维埃社会主义共和国。1929年10月16日改为塔吉克苏维埃社会主义共和国，成为苏联的一个加盟共和国。1990年8月24日起，塔吉克最高苏维埃发表主权宣言。1991年8月底更名为塔吉克斯坦共和国，同年9月9日宣布独立，12月加入独联体。

政治

塔独立后，1992年3月爆发内战。1997年6月27日，在联合国及俄罗斯、伊朗等国斡旋下，拉赫蒙总统和反对派联盟首领努里在莫斯科签署《关于在塔实现和平民族和解总协定》，开始民族和解进程。根据协议，以伊斯兰复兴党为首的反对派联盟在各级政府中获得30%职位，共同参与执政。1999年9月26日，塔就修宪举行全民公决，修改条款包括：保持世俗国体，允许建立宗教性质政党，实行议会两院制，总统任期7年等。11月6日，拉赫蒙在独立后第二次总统大选中连任总统。2000年2月27日和3月23日，塔分别举行了首次议会下院和上院选举。3月31日，塔总统签署命令，宣布从4月1日起正式停止民族和解委员会活动，民族和解进程结束。2001年6—8月，塔政府大规模围剿拒绝与政府合作的前反对派残余武装，肃清了盘踞在杜尚别市附近的匪帮。2002年起，塔政府加大打击宗教极端主义、贩毒及各种犯罪的力度，积极争取国际支持和援助。2003年6月22日，塔修宪再次延长总统任期。2005年2月下旬，塔举行议会下院选举，执政党人民民主党赢得下院63个议席中的47席。2006年11月6日，塔在国际社会监督下举行总统选举，包括总统拉赫蒙在内的5名候选人参选，拉赫蒙以79.3%的得票再次胜出，并于当月18日宣誓就职。2010年2月下旬，塔举行议会下院选举，执政党人民民主党赢得了下院63个席位中的43席。2013年11月6日，塔举行总统选举，包括拉赫蒙在内的6名候选人参选，拉以84%的得票率再次连任。2015年3月，塔举行议会选举，执政党人民民主党赢得了下院63个席位中的51席。9月4日，塔国防部副部长纳扎尔佐达发动武装叛乱，后被平定。当局随即取缔暗中支持叛乱的塔最大反对党伊斯兰复兴党。12月25日，塔颁布《民族领袖法》，赋予拉赫蒙总统"和平与民族统一奠基人、民族领袖"称号。2016年5月22日，塔通过修宪全民公决，规定拉赫蒙总统作为民族领袖连任总统次数不受限制，禁止成立宗教、民族性质政党。2016年，塔政府通过《至2030年国家发展战略》，提出将塔建设成为独立、繁荣、稳定的国家以及实现从农工业国向工农业国转变的发展目标，并确定了保障能源安全、有效利用电能，摆脱交通困境、打造过境通道国，保障粮食安全、提供优质食物以及扩大就业的四大优先发展方向，明确了达到中等收入国家经济社会发展水平、通过实现多元化和提升竞争力保持经济可持续发展以及扩大和巩固中产阶级的三大任务。2017年1月，塔总统拉赫蒙提名其长子鲁斯塔姆为首都杜尚别市市长。2018年12月，拉赫蒙总统提出实现工业化战略。2020年3月，塔举行议会选举，执政党人民民主党赢得下院63个席位中的47席。4月，拉赫蒙长子鲁斯塔姆当选议会上院议长。10月11日，塔再次举行总统选举，拉赫蒙胜选连任。目前，塔政局稳定，国家内外政策得到民众普遍支持。

【宪法】1999年9月26日，以全民公决方式通过新宪法，对1994年11月的宪法做了修改。新宪法规定：在塔建立世俗、民主、法制国家；实行总统制；总统为国家元首、政府首脑和武装部队的统帅，由全民直接选举产生，每届任期7年。2003年6月22日，塔举行全民公决通过宪法修正案，规定新任总统每届任期7年，可连任一届。2016年5月22日，塔举行修宪全民公决，公决投票率为92%，以94.5%的支持率通过宪法修正案。根据该修正案，拉赫蒙总统作为民族领袖连任总统次数不受限制，总统候选人任职年龄门槛由35岁下调至30岁，取消宗教和民族性质政党的合法地位。

【议会】称"马吉利西·奥利"（Маджлиси Оли），意为最高会议，为两院制议会，是国家最高代表机关和立法机关。上院称"马吉利西·米利"（Маджлиси Милли），意为民族院；下院称"马吉利西·纳莫扬达贡"（Маджлиси Намояндагон），意为代表会议。

上院33名议员，任期5年。其中由索格特州、哈特隆州、戈尔诺-巴达赫尚自治州、中央直属区和杜尚别市地方议会各选5人，总统直接任命8人。上院主要职能是：确定、修改、撤销国家行政区划；根据总统提议选举和罢免宪法法院院长、副院长，最高法院院长、副院长，总检察长、副总检察长等。现任上院议长为埃·鲁斯塔姆（Э. Рустам），2020年4月17日当选。

下院设63个议席，其中41个按地方选区由选民选出，22个由党派选举中得票率超过5%的党派推选，任期5年。下院主要职能是：组建选举及全民公决委员会；就法律草案提请全民公决；批准国家经济和社会发展计划；批准获取和发放国家贷款；批准总统令等。现任下院议长为马·佐基尔佐达（М. Зокирзода），2020年3月17日当选。现议会下院中，塔总统领导的人民民主党占47个议席，农业党占7个席位，经济改革党占5个席位，共产党占2个席位，社会党和民主党各占1个席位。现议会上、下两院分别于2020年3月27日和3月1日选举产生。

【政府】现政府主要成员有：总理科·拉苏尔佐达（К. Расулзода），副总理马·萨托利约恩（М. Сатториён，女）、苏·季约佐达（С. Зиезода）和乌·乌斯蒙佐达（У. Усмонзода），司法部长穆·阿舒里约恩（М. Ашуриён），农业部长库·哈基姆佐达（К. Хакимзода），内务部长拉·拉希姆佐达（Р. Рахимзода），外交部长西·穆赫里丁（С. Мухриддин），教育与科学部长拉·萨义德佐达（Р. Саидзода），劳动、移民与就业部长古·哈桑佐达（Г. Хасанзода），财政部长法·卡霍尔佐达（Ф. Каххорзода），国防部长舍·米尔佐（Ш. Мирзо），交通部长阿·伊布拉希姆（А. Иброхим），经济发展与贸易部长扎·扎夫基佐达（З. Завкизода），工业和新技术部长谢·卡比尔（Ш. Кабир），卫生和社会保障部长贾·阿卜杜洛佐达（Д. Абдуллозода），文化部长祖·达夫拉特佐达（З. Давлатзода，女），能源和水资源部长达·朱马（Д. Джумъа），国家安全委员会主席萨·亚季莫夫（С. Ятимов），国家土地管理和测地委员会主席奥·霍贾佐达（О. Ходжазода），国家投资和国有资产管理委员会主席萨·科基尔佐达（С. Кодирзода）。

【行政区划】全国分为三州一区一直辖市：索格特州、哈特隆州、戈尔诺–巴达赫尚自治州、中央直属区和杜尚别市。

【司法机构】包括宪法法院院长马·马赫穆多夫（М. Махмудов）、最高法院院长谢·绍希延（Ш. Шохиён）、最高经济法院院长马·卡兰达尔佐达（М. Каландарзода）、军事委员会委员长纳·阿利佐达（Н. Ализода）、总检察院总检察长尤·拉赫蒙（Ю. Рахмон）、军事检察院检察长伊·佐伊尔佐达（И. Зоирзода）及各地方法院和检察院。

【政党】1999年8月初塔联合反对派解散后不久，塔司法部正式解除对反对派政党活动的禁令。同年9月26日，塔以全民公决方式通过的宪法修正案中包括允许建立宗教性质政党内容。2016年5月22日经全民公决修宪，取消宗教和民族主义性质政党的合法地位。目前主要有7个政党：

（1）人民民主党（Народная демократическая партия）：原名“人民党”，1994年12月10日成立，1998年4月更名为人民民主党。其纲领是团结社会健康力量积极参与国家管理，发展以多种所有制为基础的国民经济，改善人民生活，保障公民权利和自由，建设主权、民主、法制、世俗和统一的国家。其优先任务为巩固民族和解，发展民主社会，进行深刻的政治、经济、社会改革，致力于法制和政治文化建设，重视民族精神发展，坚决打击犯罪、恐怖主义和贩毒，反对政治、文化、地域、民族、种族、地区和宗教等任何形式极端主义，建立友好、平等和互利关系，维护国家利益，与世界各国和国际组织发展经济、政治、文化合作。现有党员超过46万人，在全国各大城市、区均建有分支机构。在议会下院中占有47个议席。拉赫蒙总统于1998年4月任党主席至今。

（2）农业党（Аграрная партия）：2005年10月1日在杜尚别成立，同年11月15日在塔司法部登记为合法政党。主张建立公民社会，保障社会公正和人权自由，反对地方主义和分裂主义，维护民族团结和民族和解；主张建立面向社会的市场经济，强调加强国家经济独立性和粮食自给，认为农业应作为国民经济优先领域得到国家全面支持，提高农产品产量和质量，扶持从事农产品加工的中小企业发展，改善农民生活条件；呼吁完善国家土地政策，合理使用土地资源，实现农业可持续发展。目前有党员约5.5万人（2020年1月），主要由政府农业部门官员、农业专家、研究人员、农民代表组成。在本届议会下院中占7个席位。主席为鲁·拉季夫佐达（Р. Латифзода）。

（3）经济改革党（Партия экономических реформ）：2005年11月在杜尚别成立，11月9日在塔司法部登记为合法政党。该党主张提高工业在国民经济中的地位，有效利用矿产和能源资源，大力发展中小企业和私营企业，增强塔产品竞争力，实现经济增长，解决地区发展不平衡问题，保障国民享受应有的生活和自由发展；大幅度提高干部素质和政府工作效率，反对土地私有化，倡议由国家统筹合理分配使用土地资源。现有党员约3.06万人，主要由高等院校教师、经济专家和学者及中小企业家组成。在本届议会下院中占5个席位。主席为鲁·拉赫马特佐达（Р. Рахматзода）。

（4）共产党（Коммунистическая партия）：1924年成立。1991年“八一九”事件后停止活动。同年9月21日更名为社会党。1992年1月19日恢复原名。1996年6月塔共召开第23次代表大会，制定新党章，其目标为：在自愿基础上团结以自由平等的社会主义和共产主义为目标的社会各阶层代表，创造性地运用马克思列宁主义等社会进步思想成果，捍卫广大劳动人民利益。进行旨在巩固国有、集体所有和私有等所有制形式的改革，建立面向社会的市场经济，优先发展能源、交通和高新技术，提高就业率，缩小贫富差距，改善人民生活，保障人的权利、自由和全面发展。尊重社会公平和多样性。保证劳动者平等享受劳动权利和免费教育、免费医疗等社会福利。消灭人剥削人的现象。维护国家主权和独立、积极与国家社会发展互利合作。现有党员约3.7万名，在议会下院中占有2个议席。主席为米·阿卜杜洛耶夫（М. Абдуллоев）。

（5）社会党（Социалистическая партия）：成立于1996年8月。主张社会平等，保障人权，特别是中下层劳动者的权益，反对人剥削人；促进建立法治国家，加强民主建设，改善国民经济，努力摆脱经济危机，提高人民生活水平；改革人事政策，维护社会公正，打击贪污腐败；尊重塔各民族历史、文化传统，提倡民族团结和共同发展。原主席萨·肯贾耶夫1999年3月遇刺身亡后，舍·肯贾耶夫任代主席。2004年8月，该党分裂为“纳兹里耶夫派”和“加弗罗夫派”。“加弗罗夫派”在司法部获准注册，主席为阿·加弗罗夫（А. Гафforов）。以米·纳兹里耶夫（М. Назриев）为代表的“纳兹里耶夫派”未能取得合法地位。目前约有2.5万名党员，在议会下院中占有1个议席。在索格特和哈特隆两州设有分支机构。主席为阿·加福尔佐达（А. Гафforзода）。

（6）民主党（Демократическая партия）：成立于1990年8月。其宗旨为建立塔吉克斯坦民主社会，保障公民自由及政治经济权利，根本任务是通过该党在国家机构中的代表积极参与国家管理，实现国家政治、经济、军事、文化完全独立，促进塔国家统一及民族和解，支持建立多种所有制并存的市场经济。1993年该党同伊斯兰复兴党共同反对政府，内战开始后被宣布为非法，主要领导人逃往国外。1995年分裂为支持政府的“德黑兰派”和反政府的“阿拉木图派”，主席分别为阿·阿弗扎利和马·伊斯坎达罗夫。1999年，塔司法部解除对该党活动禁令。曾参加2005年2月举行的塔议会下院选举但未入围。主席伊斯坎达罗夫在2005年10月被塔最高法院以从事恐怖活动等罪行判处23年监禁。副主席拉赫马·瓦利耶夫曾为实际负责人。2006年4月，民主党内部成立以马·索比罗夫为首、亲现政权的“祖国”党团，在总统选举期间得到司法部批准，重新登记并承认索为该党合法主席。现任主席为萨·乌斯蒙佐达（С. Усмонзода）。现有成员约2.2万人（2020年），在议会下院中占有1个议席。

（7）社会民主党（Социал-демократическая партия）：成立于1998年3月，1999年2月在司法部正式注册。党训为“理智、公正、发展”，主张促进社会公平，依法治国，建立强有力的民主法制国家，实行多党制，通过与现政权的建设性合作保障稳定发展社会民主和进行政治法制改革，尊重和保障人权和自由；强调保障国家管理和干部选拔制度透明度，推行以社会为导向的市场经济；认为宗教机构不宜参政，反对激进主义；主张加强国家和国防安全，为塔民主发展创造良好国家环境。主席为拉·佐伊罗夫（Р. Зойиров）。目前约有8100名党员。

【重要人物】埃莫马利·拉赫蒙：总统。1952年10月5日出生于库利亚布州（现哈特隆州）丹加拉镇，塔吉克族。1971—1974年在苏联太平洋舰队服役。1982年毕业于塔吉克国立大学经济系。1988—1992年任丹加拉区列宁农场场长。1990年当选为塔最高苏维埃人民代表。1992年任库利亚布州人民代表苏维埃执委会主席，同年11月19日当选塔最高苏维埃主席。1994年11月6日经全民投票当选塔总统。1999年11月6日、2006年11月6日、2013年11月6日和2020年10月11日四次连任。本届任期7年。2015年12月25日，塔颁布《民族领袖法》，赋予拉赫蒙总统“和平与民族统一奠基人、民族领袖”称号。已婚，有9个子女。　**埃·鲁斯塔姆**：议会上院议长，杜尚别市市长。1987年12月19日出生于库利亚布州（现哈特隆州）丹加拉区，现总统拉赫蒙长子。2008年、2011年、2014年先后毕业于塔国立民族大学、俄罗斯总统国家学院、塔内务部学院。2006—2009年任职于塔经济发展和贸易部世贸组织合作处。2009—2011年任投资与国有资产管理委员会企业扶助局代局长、局长。2011—2015年任海关总署打击违法行为局局长、副署长、署长。2013年获少将军衔。2015—2017年任国家财政监管和反贪污局局长。2017年4月任杜尚别市市长。2020年4月17日，当选议会上院议长。通晓俄语、英语、德语。已婚，育有3个子女。　**马·佐基尔佐达**：议会下院议长。1956年7月24日出生于拉什特地区。1985年毕业于土地规划学院土地测绘专业。1985年起任塔国家土地设计学院土地测量工程师、高级工程师、技术监控组组长、总工程师，之后历任塔部长委员会农工综合处首席专家，总统办公厅农工综合处处长，紧急情况和民防委员会主席，国家土地规划、地质测绘和国有资产管理局局长。2010年任国家土地规划和地质测绘委员会主席。2015年3月至2016年3月任塔农业部长。2016年3月至2020年1月任塔副总理。2020年3月17日，在第六届议会下院第一次会议当选议会下院议长。已婚，有2个子女。　**科·拉苏尔佐达**：总理。1961年3月8日出生于索格特州加弗洛夫区，塔吉克族。1982年毕业于塔吉克斯坦农学院（现塔吉克斯坦农业大学）水利工程专业。2008年获俄罗斯国家行政学院技术科学副博士学位。1982年参加工作，历任塔波波忠加夫罗夫斯克区建筑实验室技术检验员、生产部工程师、总工程师、负责人。2000—2006年任塔水资源部长。2006年12月起任索格特州代州长、州长。2007年12月、2010年4月两次当选塔议会上院第一副议长（兼任）。2013年11月起任塔总理。已婚，有3个子女。

经　济

塔经济基础薄弱，结构单一。因本国经济规模相对较小，其发展对国际社会援助依赖很重。

2020年，塔继续落实至2030年国家发展战略，采取一系列促进和保障生产措施，但受新冠疫情影响，经济增长速度较2019年有所放缓，失业率继续保持在较低水平，但通货膨胀率有所上升，外债高筑，经济发展仍旧面临诸多困难。2022年主要经济数据如下：

国内生产总值：1157.4亿索莫尼。

人均国内生产总值：11462索莫尼。

国内生产总值增长率：8.0%。

货币名称：索莫尼。

汇率：1美元≈10.2索莫尼。

通货膨胀率：4.2%。

失业率：2.2%。

【资源】水力资源位居世界第8位，人均水资源拥有量居世界第1位，占整个中亚的一半左右，但开发量不足10%。塔水资源主要来自冰川，记录在册的冰川有1085条，冰川面积为8014平方公里，约占中亚冰川总面积的50%。最大的冰川为费琴科冰川（长77公里）。塔有三大水系，分别属于阿姆河流域、泽拉夫尚河流域和锡尔河流域。长达500公里以上的河流有15条。主要河流为阿姆-喷赤河（921公里）、泽拉夫尚河（877公里）、瓦赫什河（524公里）、锡尔河（110公里）。塔湖泊颇多，总面积为1005平方公里，约占国土面积的1%，最大的湖泊——凯拉库姆水库（380平方公里，即喀拉湖，素有“塔吉克海”之称），最高的湖泊——恰普达拉湖（海拔4529米），也是独联体海拔最高的湖泊。

塔在大河的干、支流修建了30多座大、中、小型水电站，其中建有中亚最大的努列克水电站以及正在建设的罗贡水电站。丰水期时不仅能满足国内电力需求，夏季还可向周边国家出口，但冬季缺电。

塔资源丰富，种类全，储量大。经过1971—1990

年大规模的勘探，发掘出400多个矿带，已探明有铅、锌、铋、钼、钨、锑、锶和金、银、锡、铜等贵重金属，油气和石盐、硼、煤、萤石、石灰石、彩石、宝石等50多种矿物质，其中有30多处金矿，总储量超过600吨；银矿多为与铅、锌伴生矿，储量10万吨，大卡尼曼苏尔银矿为世界最大银矿之一；锑储量占整个独联体的50%，在亚洲居第3位，仅次于中国和泰国；塔共探明有140多处建材原料矿，其中40处已经开采，多处的储量可维持20—25年甚至更长的开采，为生产砖、惰性材料、陶瓷石膏、水泥等建材提供原料。

塔油气资源储量为石油1.131亿吨，天然气8630亿立方米，但无法得到有效开发：一是资源埋藏较深，多为7000米以下；二是缺少战略投资商。因此，所需大部分石油及天然气依赖进口。

【工业】2022年工业产值为429.9亿索莫尼，同比增长15.4%。开采业、能源工业和加工工业分别占20.68%、17.29%、61.59%。近几年各主要工业门类产值都有所增长，主要工业产品产值如下（单位：百万索莫尼）：

	2020	2021	2022
开采工业	4295.3	8401.1	8890.9
食品工业	7061.4	7600.9	10381.2
纺织工业	2957.9	4215.3	4856.3
金属工业	4979.5	5969.7	6090.4

（资料来源：塔吉克斯坦统计署）

【农业】2022年塔农业总产值为492.724亿索莫尼，同比增长8.0%。其中，粮食产量175.6万吨，蔬菜产量271.48万吨，水果产量51.21万吨。影响塔农业发展的资金和技术等问题仍未得到解决。畜牧业整体稳定，禽类产量有所上升。

（资料来源：同上）

【交通运输】2022年货运总量为10343.51万吨，同比增长26.1%，客运总量为8.19亿人次。其中，以公路运输为主，超过90%的货运和客运由公路承担。

公路：2022年货运量为9736.05万吨，客运量为7.97亿人次。

铁路：2022年货运量为607.38万吨，客运量为45.62万人次。

空运：塔与迪拜（阿联酋）、马什哈德（伊朗）、新德里（印度）、喀布尔（阿富汗）、伊斯坦布尔（土耳其）、法兰克福（德国）、乌鲁木齐（中国）等城市有国际航班，还有至莫斯科、圣彼得堡、阿拉木图、比什凯克、奥什、塔什干、叶卡捷琳堡、新西伯利亚等独联体国家的国际航线。国内有杜尚别至胡占德、霍罗格、库利亚布、彭吉肯特等城市的航班。

【财政金融】近几年财政收支情况如下（单位：亿索莫尼）：

	2020	2021	2022
收入	243.251	262.535	363.388
支出	249.255	255.037	347.723
盈余/赤字	−6.004	7.498	15.665

（资料来源：同上）

截至2022年初，外债累计32.286亿美元，占当年国内生产总值的30.75%。国家主要银行有：国家银行、东方银行、储蓄银行、工业出口银行、国际银行、开发银行、杜尚别城市银行等。

【对外贸易】近几年外贸情况如下（单位：亿美元）：

	2020	2021	2022
出口额	14.069	21.496	21.420
进口额	31.509	42.095	51.675
差　额	−17.440	−20.599	−30.255

2022年，塔对外贸易总额为73.095亿美元，同比增长14.9%。

塔主要出口商品为矿产品、贵金属和宝石、贱金属及其制品、纺织原料及产品，分别占出口总额的41.8%、24.7%、14.9%和13.0%；进口以矿产品、机械设备、贱金属、交通工具、化工产品为主，分别占进口总额的19.3%、11.9%、9.8%、9.7和9.6%。塔同世界上110个国家有贸易往来，主要贸易伙伴是俄罗斯（16.74亿美元）、哈萨克斯坦（14.41亿美元）、中国（12.1亿美元）、乌兹别克斯坦（5.55亿美元）和土耳其（3.51亿美元）。

（资料来源：同上）

【外国资本】2022年塔吸引外国直接投资5.24亿美元，自2007—2022年，累计吸引外资114.9亿美元。外资主要投入领域是工业、交通、能源、贵金属矿产开采和加工、金融服务等。

【外国援助】2022年，向塔提供人道主义援助的国家共有59个，共援助物资1.58万吨，约1.41亿美元。主要援助国分别是中国（32.6%）、美国（24.3%）、比利时（6.5%）、印度（5.2%）、俄罗斯和日本（各3.5%）、荷兰和瑞典（各1.9%）、乌兹别克斯坦（1.3%）、韩国（1.2%）、土耳其和德国（各0.8%）等。

【著名公司】（1）塔吉克斯坦国家电力控股公司：成立于1963年，注册资本1.5亿美元。主要经营业务是生产和供应热力及电力；设计和建造电站、输变电线及变电站。公司地址：杜尚别市索莫尼街64号。

（2）塔吉克斯坦国家航空公司：塔唯一国有航空公司，成立于1992年，2004年改组。公司地址：杜尚别市迪托瓦大街32/1号。

（3）塔吉克铝业公司：独联体第三大铝厂，1975年建成投产，设计能力51.7万吨/年，近几年年产量为10万吨左右，其中80%为粗铝，20%为特殊用途铝。工厂占地10平方公里，共有12个主厂房，其工艺和设备均为法国、意大利等欧洲国家设计制造。其产品主要销往荷兰、俄罗斯、土耳其和伊朗。厂址：图尔松扎德市。

（4）塔吉克电信公司：组建于1996年，属国家控股公司，资本额1541.61万美元。公司地址：杜尚别市鲁达基大街57A。

人民生活

2022年月平均工资为1895.92索莫尼。塔工资水平行业差距较大，收入最低的农业为797.72索莫尼，政府机构为1624.12索莫尼，收入最高的行业是金融行业，其月平均工资为5331.41索莫尼。

2022年，塔官方公布全国劳动力人口为261.32万（截至2022年11月）。塔就业人口按照部门统计，农业占44.7%，教育21.4%，卫生8.9%，工业7.8%，管理部门3.9%，建筑2.5%。

军　事

塔武装力量于1993年2月23日组建。由陆军、机动部队、空军与防空军三个军种组成，总兵力约2万人。陆军编成6个旅、1所军事院校、1个训练中心等；机动部队编成1个空降突击旅、1个快反摩步旅等；空军与防空军编成1个直升机大队、1个雷达旅、1个导弹团等。此外，塔强力部门中边防军隶属国家安全委员会，总兵力约2.5万人。国民卫队直接隶属总统，总兵力约5000人。根据塔俄军事合作协议，俄在塔部署第201军事基地，总兵力约5500人。

文化教育

【教育】2022年，塔吉克斯坦全国中小学校共3884所，在校学生共220万人。塔全国现有各类高等学校39所（包括分校），主要有：塔吉克斯坦国立大学、塔吉克斯坦技术大学、塔吉克斯坦师范大学、斯拉夫大学、胡占德大学、塔吉克斯坦商业大学、塔吉克斯坦农业大学、塔吉克斯坦医科大学、库尔干秋别国立大学等。塔现有各类学科研究机构56所，中等职业技术学校（包括分校）74所。

【新闻出版】塔国内报社众多，主要的大型报刊有：《人民报》，原为塔共中央报，现为塔政府报；《共和国报》，塔政府机关报；《亚洲快讯报》，私人媒体；《杜尚别晚报》，私人媒体；《人民论坛报》，执政党（人民民主党）党报；《今日消息》，私人媒体；《商业与政治报》，私人媒体。

通讯社有8家，其中“霍瓦尔”国家通讯社、“亚洲快讯”通讯社和“阿维斯塔”通讯社规模相对较大。“霍瓦尔”国家通讯社于1993年成立，在各州设有分社。“亚洲快讯”通讯社是1996年4月创办的私人通讯社。“阿维斯塔”通讯社于2003年成立，为私人通讯社。

广播电台主要有：“霍瓦尔”通讯社直属的“霍瓦尔”国家广播电台；Ватан广播电台，私营电台，1993年成立，使用塔吉克语广播；“今日消息”广播电台，私营电台，使用塔吉克语广播；“亚洲之声广播电台”，1996年成立的私人电台，24小时用俄语广播；“自由电台”，2004建立的私人广播电台，24小时用俄语广播，具有美西方背景。塔所有电台均不使用短波广播，在塔境外无法收听。

塔境内电视台10余家，大部分为国家电视台，受塔政府广播和电视委员会的直接管理，大部分为塔语节目。塔国家电视台第一频道是塔最具影响力的电视台，主要播放总统活动、内政外交、电视剧等；萨菲娜国家电视台是塔收视率最高的电视台，主要播放新闻、电视剧、综艺节目等；扎洪纳莫国家电视台24小时播放新闻节目；杜尚别电视台播放电视剧、杜尚别市重要的大型活动；巴利斯通电视台是塔唯一一家儿童电视台。

对外关系

塔奉行对外开放、大国平衡的外交政策，积极发展与俄罗斯、中亚国家、中国、美国、欧盟以及伊朗、沙特等伊斯兰国家的关系。同时，与世界其他国家发展友好合作关系，积极争取外援，维护塔独立、主权、安全和发展。塔已加入联合国、欧安组织、独联体、上海合作组织、经济合作组织、欧亚经济共同体、伊斯兰会议组织等51个国际和地区性组织。2002年2月20日正式加入北约“和平伙伴关系”计划，积极参与国际反恐、禁毒工作，并在联合国框架内推进解决水资源问题。2019年6月15日，塔作为亚洲相互协作与信任措施会议（简称“亚信”）主席国，举办亚信第五次峰会，中国、俄罗斯、哈萨克斯坦等11国领导人出席。2021年3月30日，第九届“亚洲之心——伊斯坦布尔进程”外长会议在杜尚别举行并通过了《杜尚别宣言》。9月16日至17日，塔主办上合组织成员国元首理事会与集体安全条约组织阿富汗问题联合峰会。2022年6月6日至9日，塔政府和联合国有关机构共同主办“水促进可持续发展”国际行动十年第二次高级别会议。

【同中国的关系】2022年1月25日，塔总统拉赫蒙出席中国同中亚五国建交30周年视频峰会。2月3日至4日，塔总统拉赫蒙赴华出席北京冬奥会开幕式。2月5日，塔总统拉赫蒙与习近平主席举行会见，深入讨论经贸投资领域合作特别是产业合作。3月14日，王毅国务委员兼外长就塔在联合国人权理事会第49届会议联署挺华共同发言事向塔外长穆赫里丁致感谢信。3月21日，习近平主席向塔总统拉赫蒙致纳乌鲁斯节贺信。3月22日，塔总统拉赫蒙就中国东方航空客机失事向习近平主席致慰问电。3月31日，王毅国务委员兼外长会见来华参会的塔司法部长阿舒里约恩。4月4日，王毅国务委员兼外长向塔外长穆赫里丁致慰问电。4月14日，塔总统拉赫蒙出席塔铝金业康桥奇锑金多金属矿采选厂竣工剪彩活动和锑金冶炼厂奠基仪式。4月28日，塔总统拉赫蒙出席中泰丹加拉新丝路纺织产业有限公司三四期项目剪彩仪式。5月11日，塔总理拉苏尔佐达致信李克强总理。5月17日，全国人大常委会委员长栗战书同塔议会上院议长兼杜尚别市市长鲁斯塔姆举行视频会晤。6月8日，塔交通部长伊布拉希姆出席“中国+中亚五国”外长第三次会晤并同王毅国务委员兼外长会见。6月15日，塔总统拉赫蒙向习近平主席致生日贺信。7月31日至8月2日，王毅国务委员兼外长访塔。8月5日，中塔投资工作组第一次会议以视频方式举行。9月7日，商务部国际贸易谈判代表兼副部长王受文与塔经济发展与贸易部长扎夫基佐达以视频方式共同主持召开中塔政府间经贸委员会第十二次会议。9月15日，习近平主席在撒马尔罕与塔总统拉赫蒙举行会见，双方签署了数字经济、绿色发展、交通等领域合作文件。10月17日，塔人民民主党主席、总统拉赫蒙致信习近平主席，祝贺中共二十大胜利召开。10月23日，塔总统拉赫蒙致信祝贺习近平当选中共中央总书记。10月25日，“新时代中国的非凡十年”图片展开幕式在塔国家博物馆举行。11月1日，中国向塔受灾边民提供人道主义现金资助。11月30日，塔总统拉赫蒙向习近平主席致慰问电，对江泽民同志逝世表示沉痛哀悼。

2021—2022年，中塔携手共克新冠疫情、欧亚区域复杂严峻形势等不利因素影响，稳步推进共建“一带一路”倡议与塔2030年前国家发展战略深度对接，在巩固和推进基础设施建设、矿产资源开发、农业、纺织、能源等传统优势领域合作的同时，不断拓展数字经济、绿色发展等新领域合作，促进贸易投资便利化，双边贸易额实现大幅增长，重大援塔项目进展顺利，两国经贸合作取得丰硕成果。

据中国海关总署统计，2022年，中塔双边贸易额为25.98亿美元，同比增长40.4%。其中，中国出口额为22.17亿美元，同比增长32.4%；中国进口额为3.81亿美元，同比增长117.6%。

中国驻塔吉克斯坦大使：吉树民。馆址：г. Душанбе, пр. Рудаки，143。电话：00992-93-5710666；传真：2510024。

塔吉克斯坦驻华大使：佐希尔·萨义德佐达（САИДЗОДА ЗОХИР）。馆址：北京市朝阳区亮马桥外交公寓A区1-4。电话：010-65322598；传真：65323039。

【同俄罗斯的关系】2022年1月4日，塔总统拉赫蒙同俄总统普京通电话互致新年祝贺，并就落实2021年12月27日举行的独联体国家非正式会议各方共识交换意见。1月10日，塔总统拉赫蒙同俄总统普京通电话，就阿富汗局势和塔阿边境局势交换意见。1月21日，俄向联合国世界粮食计划署提供约200万美元的捐款，为塔超过2000所学校提供热餐。2月8日，塔议会上院议长、杜尚别市市长鲁斯塔姆会见俄201军事基地新任指挥官科维林上校，祝贺其履新。2月15日，塔总理拉苏尔佐达与俄副总理奥弗楚克共同主持召开塔俄政府间经济合作委员会工作会议。2月24日，塔总统拉赫蒙、议会上院议长兼杜尚别市市长鲁斯塔姆、议会下院议长佐基尔佐达分别会见来访的俄联邦委员会主席马特维延科。4月8日，塔总统拉赫蒙与俄总统普京就建交30周年互致贺电并通电话。4月22日，塔外长以视频形式出席中亚和俄罗斯外长会第五次会议。5月13日，塔总统拉赫蒙致电俄总统普京，讨论阿富汗局势最新动向。5月16日，塔总统拉赫蒙在俄出席集体安全条约组织峰会期间同俄总统普京会见，就塔俄战略伙伴关系发展以及国际和地区局势、阿富汗局势等问题交换意见。6月8日，塔人民民主党第一副主席阿济济同俄国家杜马副主席图罗夫会见，讨论塔人民民主党与统一俄罗斯党合作问题。6月28日，塔总统拉赫蒙同来访的俄总统普京举行会见，就扩大经贸合作、阿富汗局势、拓展军事安全合作等详细交换意见。7月25日，塔总统拉赫蒙会见来访的俄总检察长克拉斯诺夫。8月23日，塔总统拉赫蒙与俄总统普京通电话，讨论即将举行的双多边活动日程安排，并就阿富汗局势交换意见。9月1日，塔总统拉赫蒙与俄总统普京以视频方式共同出席塔杜尚别市、胡占德市、库利亚布市等地五所俄语中学的开学典礼。9月5日，塔外长穆赫里丁应邀访俄，与俄外长拉夫罗夫会见并签署两国外交部2022年至2023年合作计划。9月18日，塔总统拉赫蒙与俄总统普京通电话，讨论塔吉边境局势。10月5日，俄总统普京在塔总统拉赫蒙70岁生日之际授予其三等“祖国功勋”勋章。10月14日，塔总统拉赫蒙出席“俄罗斯+中亚五国”首次峰会并就中亚同俄建交30年来合作发表讲话，拉在发言中称，俄未给予中亚国家应有尊重，与中亚国家合作虚多实少，未尽到应有责任，俄罗斯与中亚五国“C5+1”机制浮于形式。11月22日，塔总统拉赫蒙会见来访的俄对外情报局局长纳雷什金。12月5日，塔议会上院议长、杜尚别市市长鲁斯塔姆同俄国家杜马主席沃罗金会见。12月8日，俄总理米舒斯京签署文件，向塔各城市俄语学校拨款9100万美元，提供材料和设备支持。12月13日，塔外长穆赫里丁与俄外长拉夫罗夫通电话，讨论两国建交30周年活动计划以及在上合、集安组织框架内的合作等。12月30日，俄总统普京向塔总理拉苏尔佐达授予荣誉勋章，表彰其为发展俄塔友谊与合作所作贡献。

【同其他中亚国家的关系】2022年1月6日，塔总统拉赫蒙同哈总统托卡耶夫通电话，表示支持哈领导层对稳定国内局势所采取的措施。1月6日，塔总统拉赫蒙同乌总统米尔济约耶夫通电话，就地区和国际热点问题交换意见。1月6日，塔外交部发表声明，表达对哈国内针对平民和执法人员暴力行为的严重关切。1月8日，塔总统拉赫蒙同哈总统托卡耶夫通电话，哈总统介绍为控制局势、恢复和平稳定采取的措施，感谢塔方提供援助。1月10日，塔总统拉赫蒙与哈总统托卡耶夫通电话，就哈近日暴乱事件造成人员伤亡表示慰问。1月13日，塔总统拉赫蒙与哈总统托卡耶夫通电话，讨论哈国内局势最新情况。1月28日，塔国安委发布声明，塔吉边境伊斯法市爆发武装冲突，塔方有人员伤亡。2月2日，塔议会下院审议通过塔土铁路运输合作协议。3月3日，塔外长穆赫里丁赴乌出席“中亚国家执行联合国全球反恐战略联合行动计划地区合作”高级别会议。3月4日，塔外长穆赫里丁同哈副总理兼外长特列乌别尔季举行会谈，就双边关系发展、在国际和地区组织合作等问题交换意见。3月4日，塔外长穆赫里丁会见土副外长哈吉耶夫，就两国双多边合作交换意见。3月15日，塔总统拉赫蒙同土总统别尔德穆哈梅多夫及当选总统谢尔达·别尔德穆哈梅多夫通电话，祝贺土成功举行总统选举。3月28日，塔议会上院议长、杜尚别市市长鲁斯塔姆对哈阿拉木图市进行工作访问，同哈上院议长阿什姆巴耶夫举行会谈。3月29日，议会上院议长、杜尚别市市长鲁斯塔姆在哈出席独联体国家议会间大会。4月14日，塔外长穆赫里丁与吉外长卡扎克巴耶夫通电话，讨论12日两国边境摩擦事件。5月4日，塔总统拉赫蒙与乌总统米尔济约耶夫就开斋节互致贺电。5月11日，塔议会上院议长、杜尚别市市长鲁斯塔姆对土进行正式访问，其间同土总统谢尔达·别尔德穆哈梅多夫、议会上院议长库尔班古利·别尔德穆哈梅多夫、国会会议主席马梅多娃举行会见会谈。5月13日，塔总统拉赫蒙、议会上院议长兼杜尚别市市长鲁斯塔姆、议会下院议长佐基尔佐达分别会见来访的哈参议院议长阿希姆巴耶夫。5月13日，塔外长穆赫里丁分别会见出席独联体成员国外长会议的乌第一副外长、代外长诺罗夫，吉外长库鲁巴耶夫，并同参会的哈副总理兼外长特列乌别尔季出席哈驻塔使馆新馆舍奠基仪式。5月17日，塔总统拉赫蒙致电哈总统托卡耶夫，就全面深化塔哈友谊和战略伙伴关系交换意见。5月30日，塔总理拉苏尔佐达与乌总理阿里波夫在塔共同主持召开塔乌政府间经贸合作委员会第九次会议。6月2日至3日，塔总统拉赫蒙对乌进行国事访问，其间同乌总统米尔季约耶夫会谈。会后，双方宣布将两国关系提升到盟友水平。6月4日，塔外交部就塔吉边境冲突发布声明，严厉谴责吉方违反关于禁止边防部队使用武器的协议。6月14日，塔外交部就当日塔吉边境冲突发表声明，严厉谴责吉方挑衅。6月30日，塔总统拉赫蒙同吉总统扎帕罗夫通电话，就双边关系、中亚元首峰会筹办等问题进行讨论。7月4日，塔总统拉赫蒙同乌总统米尔季约耶夫通电话，就双边关系、地区热点问题交换意见。7月20日，塔外长穆赫里丁赴吉出席中亚国家外长会。7月21日，塔总统拉赫蒙赴吉乔尔蓬阿塔出席第四次中亚国家元首峰会。7月21日，塔总统拉赫蒙分别同吉总统扎帕罗夫、乌总统米尔季约耶夫举行会谈。7月24日，塔总统拉赫蒙向乌总统米尔季约耶夫致生日贺电。7月27日，塔总统拉赫蒙同吉总统扎帕罗夫通电话，就推进塔吉关系、睦邻友好合作交换意见。9月15日，塔总统拉赫蒙访乌，与乌总统米尔济约耶夫举行会见，就两国合作热点问题进行讨论。9月16日至18日，塔北部索格特州与吉南部巴肯特州边境爆发武装冲突。9月16日，在撒马尔罕出席上合组织峰会的塔总统拉赫蒙与吉总统扎帕罗夫举行会见，讨论边境局势问题。9月20日，塔总统拉赫蒙与乌总统米尔济约耶夫通电话，讨论上合组织撒马尔罕峰会成果，并向米通报塔吉边境局势最新进展。9月20日，塔国安委主席亚季莫夫与吉国安委主席塔西耶夫在“古利斯顿”边检站举行会晤，讨论稳定边境局势等问题。9月25日，塔国安委主席亚季莫夫与吉国安委主席塔西耶夫在塔吉边境签署结束两国边境冲突协议书。10月12日，塔总统拉赫蒙、俄总统普京、吉总统扎帕罗夫在阿斯塔纳举行三方会谈，就和平解决领土争端和维护地区稳定交换意见。10月14日，塔总统拉赫蒙会见乌总统米尔济约耶夫，就双多边和国际组织框架内广泛合作问题交换意见。10月22日，塔总统拉赫蒙与乌总统米尔济约耶夫就两国建交30周年互致贺电。11月18日，塔外长穆赫里丁同乌外长诺罗夫会见，讨论6月拉赫蒙总统访乌达成协议执行情况。11月21日，塔总统拉赫蒙致电祝贺托卡耶夫大选获胜，并与托通电话，就塔哈两国战略伙伴关系和各领域合作以及国际地区热点交换意见。

【同美国的关系】2022年1月25日，塔交通运输部代表同美国国际开发署代表举行工作会议，美方表示将为塔公路运输数字化提供援助。1月28日，塔能源和水资源部长朱马会见美国国际开发署驻塔代表莱利。2月19日，塔总统拉赫蒙与美国总统拜登就庆祝建交30周年互致贺电。3月1日，塔外长穆赫里丁以视频方式出席美国与中亚五国“C5+1”外长会。3月1日，塔卫生和社会保障部副部长阿米尔佐达出席美国国际开发署援塔新冠病毒检测试剂转交仪式。3月23日，塔外长穆赫里丁在伊斯兰堡会见美国副国务卿泽雅，讨论两国各领域合作现状和前景。4月16日，塔副外长萨利姆以视频方式出席美国华盛顿和平研究所举办的两国建交30周年活动。4月27日，塔教育与科学部长萨义德佐达会见美国驻塔大使波默斯海姆和美国国际开发署驻塔代表莱利，就合作实施“共同学习”计划交换意见。5月25日，塔外长穆赫里丁同美国助理国务卿唐纳德·卢举行年度政治磋商，就加强两国政治、经贸、科学、文化和教育领域合作交换意见。5月27日，塔卫生和社会保障部长阿卜杜洛佐达会见美国国际开发署驻塔代表考尔，讨论签署塔卫生和社会保障部与美国国际开发署至2025年合作谅解备忘录。5月31日，塔外长穆赫里丁同美阿富汗问题特别代表韦斯特会见，就阿局势、打击国际恐怖主义、加强对阿人道主义援助等交换意见。6月15日，塔总统拉赫蒙会见美中央司令部司令库里拉，就扩大两国军事合作以及打击恐怖主义、极端主义、贩毒等跨国有组织犯罪交换意见。8月2日，塔教育与科学部长萨义德佐达与美国国际开发署驻塔负责人莱利并签署塔美政府新项目“让我们一起学习”备忘录。8月16日至17日，美驻塔大使访问戈巴州，提出美对戈巴州一揽子经济创业援助项目，金额共计超2000万美元。9月22日，塔外长穆赫里丁在纽约出席美国与中亚五国“C5+1”外长会。9月27日，塔外长穆赫里丁在美国出席联合国大会期间，分别会见美国务卿布林肯、美阿富汗问题特使韦斯特，讨论两国双边合作、阿富汗局势以及打击恐怖主义和极端主义等问题。

【同欧洲国家的关系】2022年1月31日，塔总统拉赫蒙与英国首相约翰逊就庆祝建交30周年互致贺电。2月22日，塔总统拉赫蒙、议会下院议长佐基尔佐达、外长穆赫里丁分别会见欧洲议会外交事务委员会主席麦卡利斯特一行。2月26日，塔总统拉赫蒙与芬兰总统尼尼托斯就庆祝建交30周年互致贺电。3月1日，塔外长穆赫里丁同来访的欧盟中亚问题特使哈卡拉举行会谈。3月2日，塔总理拉苏尔佐达会见欧盟中亚问题特使哈卡拉。3月25日，塔总统与奥地利总统范德贝伦就庆祝建交30周年互致贺电。4月29日，塔总统拉赫蒙同比利时国王菲利普就建交30周年互致贺电并通电话。5月6日，塔副外长胡塞因佐达同德国外交部东欧、高加索和中亚合作专员卢滕贝格举行政治磋商。6月5日，塔总统拉赫蒙同捷克总统泽曼就建交30周年互致贺电。6月22日，塔总统拉赫蒙会见瑞士托克集团负责人杰里米，讨论该集团参与塔矿业、石油企业投资等问题。7月4日，塔财政部长卡霍尔佐达在瑞士会见瑞财政部长毛雷尔。7月8日，塔总统拉赫蒙同匈牙利总统诺瓦克就两国建交30周年互致贺电。8月5日，塔外长穆赫里丁与葡萄牙外长克拉维尼奥举行视频会晤，签署两国建交30周年联合声明。11月6日，塔总统拉赫蒙在埃及出席《联合国气候变化框架公约》第27次缔约方大会期间，分别与德国总理朔尔茨、荷兰首相吕特会见。11月26日，塔总统拉赫蒙与法国总统马克龙就两国建交30周年通电话。12月8日，塔外长穆赫里丁与法国外长科隆纳会见，讨论双多边合作的现状和前景。12月12日，塔总统拉赫蒙向瑞士总统卡西斯就两国建交30周年互致贺电。

【同伊斯兰国家的关系】2022年1月28日，塔总统拉赫蒙与土耳其总统埃尔多安就庆祝两国建交30周年互致贺电。2月1日，塔外长穆赫里丁同巴基斯坦外长库雷希通电话，就双边关系现状、前景及国际和地区热点问题交换意见。3月9日至11日，塔总统拉赫蒙对埃及进行正式访问，分别同埃总统塞西、总理马德布利、参议长阿卜杜拉奇格会见。3月22日，塔外长穆赫里丁赴巴基斯坦参加伊斯兰合作组织外长会第48次会议，并分别与巴总理伊姆兰汗、外长库雷希会谈。4月2日，塔副外长萨利姆以视频方式出席阿富汗人道主义募捐高级别会议，表示塔方愿为援助物资运输提供协助。5月19日，塔经济发展与贸易部长扎夫基佐达会见土工业和技术部副部长多美兹。5月29日至30日，塔总统拉赫蒙对伊朗进行正式访问，同伊总统莱希、革命领袖哈梅内伊、第一副总统穆赫比尔、议长库利博夫会谈会见。6月7日，塔总统拉赫蒙与巴基斯坦总统阿尔维就两国建交30周年互致贺电。6月7日，塔总理拉苏尔佐达、外长穆赫里丁分别会见伊朗能源部长迈赫拉比扬，讨论拓展两国在经贸、能源、工业、人文等领域合作。6月23日，塔外长穆赫里丁会见伊朗阿富汗问题特别代表，就阿局势、打击恐怖主义和极端主义等问题进行讨论。7月22日，塔内务部长拉希姆佐达同土内务部长索伊卢举行会见。7月29日，塔外长穆赫里丁同巴外长比拉瓦尔会见，就两国政治、经贸、人文合作进行交流。8月3日，塔总统拉赫蒙就伊朗暴雨洪水灾害向伊总统莱希致慰问电。8月27日，塔总统检察长拉赫蒙与沙特总检察长穆吉卜会见，签署反恐领域合作备忘录。9月7日，塔外长穆赫里丁在沙特出席第一届海湾和中亚阿拉伯国家外长会期间，分别与卡塔尔副总理兼外长、沙特外长、科威特外长、阿曼外长会见。9月7日，塔因巴基斯坦洪灾向巴提供的1220万索莫尼人道主义援助物资自杜尚别市启程。9月15日，塔总统拉赫蒙会见伊朗总统莱希，就两国双多边合作交换意见。9月24日，塔外长穆赫里丁会见土外长查武什奥卢，就双边关系前景和在国际组织框架内合作交换意见。10月3日，沙特外交大臣阿勒沙访塔，与塔总统拉赫蒙、外长穆赫里丁会见。10月13日，塔总统拉赫蒙会见巴基斯坦总理谢里夫，就进一步发展两国全面互利关系交换意见。10月28日，塔总统拉赫蒙就伊朗发生的恐袭事件向伊总统莱希致慰问电。11月6日，塔总统拉赫蒙在埃及出席《联合国气候变化公约》缔约方会议期间，分别与埃及总理马德利布、巴基斯坦总理谢里夫会见。11月14日，塔总统拉赫蒙就伊斯坦布尔发生爆炸向土总统埃尔多安致慰问电。12月1日，塔总统拉赫蒙向受水灾影响的巴基斯坦人民提供价值1900万索莫尼的人道主义援助物资。12月1日，塔外长穆赫里丁同土外长查武什奥卢会见，就塔土关系现状及前景交换意见。12月14日至16日，塔总统拉赫蒙访问巴基斯坦，同巴总理谢里夫、国防部长阿西夫、参议院主席桑吉拉尼举行会谈。12月24日，沙特投资大臣法拉赫访塔，与塔总统拉赫蒙举行会谈。　（鲁莎莎）

泰　国

国名　泰王国（The Kingdom of Thailand）。

面积　51.3万平方公里。

人口　6790万（2022年）。全国共有30多个民族。泰族为主要民族，占人口总数的40%，其余为老挝族、华族、马来族、高棉族，以及苗、瑶、桂、汶、克伦、掸、塞芒、沙盖等山地民族。泰语为国语。90%以上的民众信仰佛教，马来族信奉伊斯兰教，还有少数民众信仰基督新教、天主教、印度教和锡克教。

首都　曼谷（Bangkok），常住人口约553万（2022年）。

国家元首　国王哇集拉隆功（His Majesty King Maha Vajiralongkorn Phra Vajiraklaochaoyuhua），拉玛王朝十世王。2016年10月即位。2019年5月4日至6日举行加冕仪式。

重要节日　宋干节（公历4月13日至15日）；水灯节（泰历12月15日）；国庆日（公历12月5日）。

简　况

位于中南半岛中南部，与柬埔寨、老挝、缅甸、马来西亚接壤，东南临泰国湾（太平洋），西南濒安达曼海（印度洋）。属热带季风气候。全年分为热、雨、凉三季。年均气温27℃。

公元1238年形成较为统一的国家。先后经历素可泰王朝、大城王朝、吞武里王朝和曼谷王朝。原名“暹罗”。16世纪，葡萄牙、荷兰、英国、法国等殖民主义者先后入侵。1896年英法签订条约，规定暹罗为英属缅甸和法属印度支那间的缓冲国。暹罗成为东南亚唯一没有沦为殖民地的国家。19世纪末，拉玛四世王开始实行对外开放。五世王借鉴西方经验进行社会改革。1932年6月，民党发动政变，改君主专制为君主立宪制。1939年更名为泰国，后经几次更改，1949年正式定名为泰国。二战后军人集团长期把持政权，政府一度更迭频仍。20世纪90年代开始，军人逐渐淡出政坛。

政　治

2001年，泰国爱泰党在全国大选中胜出，塔信担任总理，2005年连任。2006年9月发生军事政变，塔信下台。2007年举行全国大选，人民力量党获胜，党首沙玛出任总理。2008年9月，沙玛被判违宪后下台，人民力量党推选颂猜接任总理。12月，宪法法院判决人民力量党、泰国党和中庸民主党贿选罪名成立，予以解散，颂猜下台。12月15日，民主党党首阿披实当选总理。2011年5月，阿披实宣布解散国会下议院，7月举行全国大选，为泰党赢得国会下议院过半议席。8月5日，英拉当选总理。2013年12月，英拉宣布解散国会下议院，重新大选。2014年2月2日，泰国举行下议院选举，因反对派抵制，部分地区投票无法顺利举行。3月21日，宪法法院判决大选无效。5月22日，军方以“国家维稳团”名义接管政权。5月31日，国家立法议会组成。8月21日，立法议会选举“国家维稳团”主席、陆军司令巴育为新总理。8月24日，巴育就任总理。2015年8月、2016年12月和2017年11月，巴育三次调整内阁。2016年10月13日，泰国国王普密蓬·阿杜德去世，哇集拉隆功国王即位。2019年3月24日，泰国举行新一届大选。6月5日，新一届国会上下两院投票选举总理，巴育高票当选连任。7月10日，国王御准新一届内阁名单，7月16日，全体阁员宣誓就职。2020年8月，巴育改组内阁。

【宪法】现行宪法于2017年4月6日经哇集拉隆功国王批准生效，系泰国第20部宪法。

【议会】国会由下议院和上议院组成，下议院500人，上议院250人。

【政府】看守政府共有34名成员，主要包括：总理兼国防部长巴育·詹欧差上将（Gen. Prayut Chan-o-cha），副总理巴威·翁素万上将（Gen. Prawit Wongsuwan），副总理威萨努·科岩（Wissanu Krea-ngam），副总理兼商业部长朱林·拉萨那威西（Jurin Laksanawisit），副总理兼卫生部长阿努廷·参威拉军（Anutin Charnvirakul），副总理兼外交部长敦·帕马威奈（Don Pramudwinai），副总理兼能源部长苏帕塔纳蓬·潘密朝（Supattanapong Punmeechaow），国务部长阿努查·纳卡赛（Anucha Nakasai），国防部副部长猜参·昌蒙空上将（Gen. Chaichan Changmongkol），财政部长阿空·登披塔亚派实（Arkhom Termpittayapaisith），财政部副部长讪迪·蓬帕（Santi Promphat），旅游与体育部长披帕·拉吉巴甘（Phipat Ratchakitprakarn），社会发展与人类安全部长朱迪·盖叻（Chuti Krairiksh），高等教育与科研创新部长阿内·劳塔玛塔（Anek Laothamatas），农业部长查霖猜·西奥（Chalermchai Sri-on），农业部副部长玛纳雅·泰西（Mananya Thaiset，女），农业部副部长巴帕·颇素吞（Prapat Pothasuthon），交通部长萨沙炎·奇初（Saksayam Chidchob），交通部副部长阿提拉·拉德纳赛（Atirat Ratanasate），交通部副部长威拉萨·旺素帕吉格颂（Weerasak Wangsuphakijkosol），数字经济与社会部长猜乌·塔纳卡玛努颂（Chaiwut Thanakamanusorn），自然资源与环境部长瓦拉乌·信拉巴阿查（Varawut Slipa-archa），商业部副部长诗尼·叻盖（Sinit Lertkrai），内政部长阿努蓬·抛金达上将（Anupong Paojinda），内政部副部长尼蓬·汶亚玛尼（Niphon Bunyamanee），内政部副部长松萨·通西（Songsak Thongsri），司法部长颂萨·贴素廷（Somsak Thepsutin），劳工部长素察·崇格林（Suchart Chomklin），文化部长易提蓬·坤本（Itthiphol kunplome），教育部长德丽努·天通（Trinuch Thienthong，女），教育部副部长坤仁甘拉雅·索蓬帕妮（Khunying Kalaya Sophonpanich，女），教育部副部长甘诺婉·薇拉婉（Kanokwan Vilawan，女），卫生部副部长萨提·比都德查（Sathit Pitutecha），工业部长素立亚·曾隆棱吉（Suriya Jungrungreangkit）。

【行政区划】全国分中部、南部、东部、北部和东北部5个地区，共有77个府，府下设县、区、村。曼谷是唯一的府级直辖市。各府府尹为公务员，由内政部任命。曼谷市市长由直选产生。

【司法机构】属大陆法系，以成文法作为法院判决的主要依据。司法系统由宪法法院、司法法院、行政法院和军事法院构成：

宪法法院主要职能是对议员或总理质疑违宪，对已经国会审议的法案及政治家涉嫌隐瞒资产等案件进行终审裁定，以简单多数裁决。由1名院长及14名法官组成，院长和法官由上议长提名呈国王批准，任期9年。

司法法院主要审理不属于宪法法院、行政法院和军事法院审理的所有案件，分最高法院、上诉法院和初审法院三级，并设有专门的从政人员刑事庭。另设有司法委员会，由最高法院院长和12名分别来自三级法院的法官代表组成，负责各级法官任免、晋升、加薪和惩戒等事项。司法法院下设秘书处，负责处理日常行政事务。

行政法院主要审理涉及国家机关、国有企业及地方政府间或公务员与私企间的诉讼纠纷。行政法院分为最高行政法院和初级行政法院两级，并设有由最高行政法院院长和9名专家组成的行政司法委员会。最高行政法院院长任命须经行政司法委员会及上议院同意，由总理提名呈国王批准。

军事法院主要审理军事犯罪和法律规定的其他案件。

【政党】主要政党有：

（1）前进党：2014年5月成立，本届国会下议院第一大党，党首披塔。

（2）为泰党：2007年9月成立，本届国会下议院第二大党，党首春拉南。

（3）联泰建国党：2021年3月成立，2023年1月巴育总理加入该党并担任战略委员会主席。

（4）国民力量党：2018年3月成立，党首为现任副总理巴威。

（5）自豪泰党：2018年11月成立，党首为现任副总理兼卫生部长阿努廷。

（6）民主党：1946年4月成立，是泰历史最悠久的政党，党首为现任副总理兼商业部长朱林。

【重要人物】**哇集拉隆功**：国王。拉玛王朝十世王。1952年7月28日出生于曼谷。1972年12月受封为王储，2016年10月即位。2019年5月4日至6日举行加冕仪式。早年在英国和澳大利亚皇家预备学校学习，后赴澳大利亚堪培拉皇家军事学院学习，获文学学士学位。曾在泰国御林军任职，为陆海空三军上将。 **巴育·詹欧差**：总理。1954年3月21日出生于呵叻府。曾就读于泰国军官预备学校、陆军指挥参谋学院、国防学院。历任泰国陆军参谋长、副司令等职，2010年任陆军司令，2014年9月底退役。2014年5月22日，泰国军方以“国家维稳团”名义接管政权，巴育任“国家维稳团”主席。8月21日，国家立法议会选举巴育担任总理，巴育于24日就任。2019年3月24日，泰国举行新一届大选。6月5日，新一届国会上下两院投票选举总理，巴育高票当选连任。

经　济

泰国实行自由经济政策。属外向型经济，依赖中、美、日等外部市场。传统农业国，农产品是外汇收入的主要来源之一，是世界天然橡胶最大出口国。20世纪80年代，电子工业等制造业发展迅速，产业结构变化明显，经济持续高速增长，人民生活水平相应提高，工人最低工资和公务员薪金多次上调，居民教育、卫生、社会福利状况不断改善。1996年被列为中等收入国家。1997年亚洲金融危机后陷入衰退。1999年经济开始复苏。2003年7月，提前2年还清金融危机期间国际货币基金组织提供的172亿美元贷款。1963年起，实施国家经济和社会发展五年计划。2017年开始第十二个五年计划。2022年主要经济数据如下：

国内生产总值：4954.23亿美元。

人均国内生产总值：6913.05美元。

国内生产总值增长率：2.46%。

货币名称：泰铢。

汇率：1美元≈34.6泰铢。

【资源】主要有钾盐、锡、褐煤、油页岩、天然气，还有锌、铅、钨、铁、锑、铬、重晶石、宝石和石油等。

【工业】出口导向型工业。主要门类有：采矿、纺织、电子、塑料、食品加工、玩具、汽车装配、建材、石油化工、软件、轮胎、家具等。工业在国内生产总值中的比重不断上升。

【农业】传统经济产业，全国可耕地面积约占国土面积的41%。主要作物有稻米、玉米、木薯、橡胶、甘蔗、绿豆、麻、烟草、咖啡豆、棉花、棕油、椰子等。

海域辽阔，拥有2705公里海岸线，泰国湾和安达曼海是得天独厚的天然海洋渔场。曼谷、宋卡、普吉等地是重要的渔业中心和渔产品集散地。泰国是主要鱼类产品供应国之一。

【服务业】旅游业保持稳定发展势头，是外汇收入重要来源之一。主要旅游点有曼谷、普吉、清迈、帕塔亚、清莱、华欣、苏梅岛等。据泰国旅游与体育部统计，2021年赴泰外国游客数量为40万人次，创收240亿泰铢。

【交通运输】以公路和航空运输为主。各府、县都有公路相连，四通八达。湄公河和湄南河为泰国两大水路运输干线。全国共有47个港口。其中，海港26个，国际港口21个。主要包括廉差邦港、曼谷港、宋卡港、普吉港、清盛港、清孔港、拉农港和是拉差港等。海运线可达中、日、美、欧和新加坡等。全国共有57个机场，其中国际机场8个。曼谷素万那普国际机场投入使用后，取代原先的廊曼国际机场，成为东南亚地区重要的空中交通枢纽。国际航线可达欧、美、亚及大洋洲40多个城市，国内航线遍布全国20多个大、中城市。

【财政金融】2021年财政收入1.9万亿泰铢。截至2021年6月底，外汇储备2470亿美元。

【对外贸易】对外贸易在国民经济中具有重要地位。工业产品是出口主要增长点。2022年，泰对外贸易额为5457亿美元，同比增长11.9%。其中，出口额为2653亿美元，同比增长16.3%；进口额为2804亿美元，同比增长7.6%。中国、日本、东盟、美国、欧盟等是泰国重要贸易伙伴。

主要出口产品有：汽车及零配件、电脑及零配件、集成电路板、电器、初级塑料、化学制品、石化产品、珠宝首饰、成衣、鞋、橡胶、家具、加工海产品及罐头、大米、木薯等。

主要进口产品有：机电产品及零配件、工业机械、电子产品零配件、汽车零配件、建筑材料、原油、造纸机械、钢铁、集成电路板、化工产品、电脑设备及零配件、家用电器、珠宝金饰、金属制品、饲料、水果及蔬菜等。

【对外投资】主要对美国、东盟、中国大陆及台湾地区投资。2022年，泰国新增对华投资额为1022万美元，同比增长911.9%。在华投资的公司主要有：正大集团、盘谷银行等。

【外国资本】1961年开始实行开放的市场经济政策，采取一系列优惠政策鼓励外商赴泰投资。1987—1990年为外国对泰投资高峰期。1997年受亚洲金融危机冲击，外国对泰投资大幅下降。近年来，泰政府加大投入，大力推进“泰国4.0”和“东部经济走廊”战略，加强基础设施建设，完善立法，创造良好环境吸引外资。

人民生活

泰国实行覆盖全民的医疗保险制度，大约16%的政府预算花在健康领域。

军　事

19世纪中叶，仿效西方建立陆、海军，1915年建立空军。宪法规定，国王为武装部队最高统帅。国家安全委员会为最高国防决策机构，隶属内阁，总理兼任主席。国防部为最高军事行政机关，负责制定和实施国防政策和计划。最高司令部为军队最高指挥机构，下设陆、海、空三个军种司令部，负责指挥和协调三军行动。现任武装部队最高司令猜林蓬·西萨瓦上将（Gen. Chalermporn Srisawat），陆军司令纳隆潘·吉高塔上将（Gen. Narongpan Jitkaewthae），空军司令纳帕德·图巴岱密（Napadej Dhupatemiya），海军司令宋巴颂·尼萨迈（Somprasong Nilsamai）。

文化教育

【教育】实行12年制义务教育。中小学教育为12年制，即小学6年、初中3年、高中3年。中等专科职业学校为3年制，大学一般为4年制，医科大学为5年制。著名高等院校有朱拉隆功大学、法政大学、玛希敦大学、农业大学、清迈大学、孔敬大学、宋卡纳卡琳大学、诗纳卡琳威洛大学、易三仓大学和亚洲理工学院等。此外，还有兰甘亨大学和素可泰大学等开放性大学。

【新闻出版】媒体以私营为主，按市场规则运作。泰文媒体是主流媒体，英文、华文媒体居辅助地位。主要泰文报纸有《民意报》《泰叻报》《经理报》《每日新闻》等，主要华文报纸有《新中原报》《中华日报》《星暹日报》《亚洲日报》《京华中原》《世界日报》等，主要英文报纸有《曼谷邮报》《民族报》等。泰国广播电台为国家电台，设有国外部，用泰、英、法、中、马（来）、越、老、柬、缅、日等语言广播。无线电视台都设在曼谷，大部分电视节目通过卫星转播。电视网覆盖全国。

对外关系

泰国奉行独立自主的外交政策。重视周边外交，积极发展睦邻友好关系。以东盟为依托，在保持与美国传统盟友关系的同时，注重发展同中国、日本和印度的关系，维持大国平衡。重视区域合作，积极推进东盟一体化和中国—东盟自贸区建设，支持东盟与中日韩合作。重视经济外交，推动贸易自由化。发起并推动亚洲合作对话机制，积极参加亚太经济合作组织、亚欧会议、世界贸易组织、东盟地区论坛、博鳌亚洲论坛、澜沧江—湄公河合作、大湄公河次区域经济合作等多边合作。积极发展与伊斯兰国家关系。谋求在国际维和、气候变化、粮食安全、能源安全及禁毒合作等地区和国际事务中发挥积极作用。2016年，泰国担任77国集团轮值主席国。2018年6月主办“伊洛瓦底江—湄南河—湄公河三河流域经济合作战略”第八届峰会。2019年担任东盟轮值主席国。2022年担任亚太经合组织东道主。

【同中国的关系】1975年7月1日建交，两国各领域友好合作全面发展。2012年4月，中泰建立全面战略合作伙伴关系。2013年10月，两国政府发表《中泰关系发展远景规划》。2017年9月，两国签署《中华人民共和国政府和泰王国政府关于共同推进“一带一路”建设谅解备忘录》。2019年11月，两国发表《中华人民共和国政府和泰王国政府联合新闻声明》。

两国高层保持密切交往。2020年1月，王毅国务委员兼外长在北京会见泰国外长敦。2月，王毅国务委员兼外长就新冠疫情同泰国外长敦通电话，并在老挝出席中国—东盟关于新冠肺炎问题特别外长会期间同敦外长会见。7月，习近平主席同巴育总理通电话。李克强总理、王毅国务委员兼外长就中泰建交45周年同巴育总理、敦外长互致电函。10月，王毅国务委员兼外长对泰国进行正式访问。

2021年4月，王毅国务委员兼外长与泰国副总理兼外长敦通电话。6月，王毅国务委员兼外长在重庆会见前来出席中国—东盟特别外长会的泰国副总理兼外长敦。7月，全国人大常委会委员长栗战书同泰国国会主席兼下议院议长立派举行视频会晤。11月，全国政协主席汪洋在北京以视频方式会见泰国国会副主席兼上议院议长蓬佩。

2022年2月，诗琳通公主来华出席北京2022年冬奥会开幕式。4月，王毅国务委员兼外长在安徽屯溪同来华访问的泰国副总理兼外长敦举行会谈。5月，中共中央政治局委员、全国人大常委会副委员长王晨在京与泰国国会下议院第一副议长陈乍仑举行视频会晤。7月，王毅国务委员兼外长对泰国进行正式访问。8月，王毅国务委员兼外长在金边出席东亚合作系列外长会期间会见泰国副总理兼外长敦。9月，王毅国务委员兼外长在纽约出席联合国大会期间会见泰国副总理兼外长敦。11月，习近平主席赴曼谷出席亚太经合组织第29次领导人非正式会议并对泰国进行访问。

中国是泰国最大的贸易伙伴，泰国是中国在东盟国家中第三大贸易伙伴。据中国海关总署统计，2022年，中泰双边贸易额为1350亿美元，同比增长3%。其中，中国出口额为785亿美元，同比增长13.4%；中国进口额为565亿美元，同比减少8.6%。中国对泰全行业直接投资额为2.8亿美元。

2014年12月，两国央行签署《关于在泰国建立人民币清算安排的合作谅解备忘录》，并续签《双边本币互换协议》。2018年8月，王勇国务委员与泰副总理颂奇在曼谷共同主持联委会第六次会议。两国在文化、教育、科技、司法、军事等各领域保持良好交流与合作。两国人员往来密切。2019年，中国游客赴泰1100万人次，同比增长4.7%。中泰两国已缔结41对友好城市和省府。

中国驻泰国大使：韩志强。馆址：57 Ratchadaphisek Road，Bangkok 10400，Thailand。电话：0066–2–2450088，2450888（证件大厅），2457038（商务处）；传真：2468247。

泰国驻华大使：阿塔育·习萨目（Arthayudh Srisamoot）。馆址：北京市朝阳区光华路21号。电话：010–65321749；传真：65321748。

【同老挝的关系】1950年12月19日建交。2018年1月，泰国外长敦与老挝外长沙伦赛在泰国共同主持泰老边界联合委员会第11次会议。同月，敦外长在老挝同沙伦赛外长共同主持泰老第21次双边合作联委会。12月，泰国总理巴育在老挝万象出席第三届泰老内阁联席会议，同老挝主席本扬举行会见，同老挝总理通伦共同主持第三届泰老内阁非正式联席会议。2019年5月，泰国文化部长威拉访问老挝。6月，通伦总理赴泰出席第34届东盟峰会，其间同巴育总理会见。11月，通伦总理赴泰出席东亚合作领导人系列会议。2020年2月，敦外长赴老挝出席澜湄合作第五次外长会和中国—东盟关于新冠肺炎问题特别外长会。10月，泰老两国政府就推动疫后老挝南线铁路研究签署合作谅解备忘录。同月，老挝公共工程与运输部长表示，老泰两国政府计划于2023年开建第六座泰老友谊大桥，并将于2025年建成。

【同柬埔寨的关系】1950年12月19日建交。2019年4月，柬埔寨首相洪森、泰国总理巴育共同出席柬泰友谊大桥落成仪式。6月，洪森首相赴泰出席第34届东盟峰会。11月，洪森首相赴泰出席东亚合作领导人系列会议。2020年10月，泰国副总理兼外长敦同柬埔寨副首相兼外交大臣布拉索昆举行视频会议。

【同马来西亚的关系】1957年8月31日建交。2018年10月，马来西亚总理马哈蒂尔对泰国进行正式访问。2019年1月，马来西亚外长塞夫丁对泰国进行正式访问，其间出席东盟外长非正式会议并同泰外长敦举行会谈。2月，敦外长对马来西亚进行工作访问，拜会马哈蒂尔总理，同塞夫丁外长举行会谈。6月，马哈蒂尔总理赴泰出席第34届东盟峰会。11月，马哈蒂尔总理赴泰出席东亚合作领导人系列会议，其间同巴育总理会见。2020年4月，敦外长同马来西亚外长希沙穆丁举行视频会议。

【同新加坡的关系】1965年9月20日建交。2019年6月，新加坡总理李显龙赴泰出席第34届东盟峰会，其间同泰总理巴育会见。8月，新加坡国会议长陈川仁访问泰国，同巴育总理会见。11月，李显龙总理赴泰出席东亚合作领导人系列会议。

【同缅甸的关系】1948年8月24日建交。2018年6月，缅甸总统温敏对泰国进行正式访问。8月，泰外长敦应邀对缅甸进行正式访问。2019年6月，缅甸国务资政昂山素季赴泰出席第34届东盟峰会，其间同泰总理巴育会见。11月，昂山素季赴泰出席东亚合作领导人系列会议。2020年8月，敦外长同缅甸国际合作部长觉丁通电话。11月，巴育总理同缅甸国务资政昂山素季通电话。2021年2月，缅甸外长温纳貌伦访问泰国，同巴育总理、敦副总理兼外长举行会谈。

【同菲律宾的关系】1949年9月12日建交。2019年6月，菲律宾总统杜特尔特赴泰出席第34届东盟峰会，其间同泰总理巴育会见。11月，杜特尔特总统赴泰出席东亚合作领导人系列会议。

【同越南的关系】1976年8月6日建交。2018年3月，泰国总理巴育在越南河内出席大湄公河次区域合作第六次领导人会议期间会见越南总理阮春福。2019年6月，阮春福总理赴泰出席第34届东盟峰会，其间同巴育总理会见。7月，越南副总理兼外长范平明赴泰出席东亚合作系列外长会，其间同泰国外长敦举行会谈。11月，阮春福总理赴泰出席东亚合作领导人系列会议，其间同巴育总理会见。2020年1月，敦外长赴越南出席东盟闭门外长会。11月，巴育总理同阮春福总理通电话。

【同印尼的关系】1950年3月7日建交。2018年7月，泰外长敦在印尼同印尼外长蕾特诺共同主持泰—印尼第九次联委会会议。2019年6月，印尼总统佐科赴泰出席第34届东盟峰会，其间同泰总理巴育会见。8月，敦外长赴印尼首都雅加达出席东盟秘书处新办公大楼落成仪式和第52届东盟纪念日活动。11月，佐科总统赴泰出席东亚合作领导人系列会议。2020年12月，敦副总理兼外长敦在印尼外交部主办的第13届巴厘岛民主论坛上发表视频讲话。

【同文莱的关系】1984年1月1日建交。2018年1月，泰外长敦应邀访问文莱。2019年6月，文莱苏丹哈桑纳尔赴泰出席第34届东盟峰会。11月，哈桑纳尔赴泰出席东亚合作领导人系列会议。

【同美国的关系】1833年3月18日建交。2018年2月，美军参联会主席邓福德访问泰国。4月，泰副总理兼国防部长巴威应美国防长马蒂斯邀请访美。5月，巴威再次访问美国，出席国际执法合作会议。7月，泰外长敦赴美国华盛顿出席首届推动宗教信仰自由部长级会议。2019年4月，美副国务卿黑尔访问泰国。7月，美国务卿蓬佩奥对泰国进行正式访问，其间出席东亚合作系列外长会，拜会巴育总理，同敦外长举行会谈。9月，巴育总理赴纽约出席第74届联合国大会。11月，美总统特使、国家安全事务助理奥布莱恩赴泰出席东亚合作领导人系列会议，其间同巴育总理会见。2020年7月，美国陆军参谋长麦康维尔访问泰国，系新冠疫情暴发以来首个正式访泰的外国代表团，其间会见泰国总理兼国防部长巴育、陆军司令阿披叻，并签署泰美陆军《2021年泰美防务愿景公报》。

【同日本的关系】1887年9月26日建交。2018年2月，泰副总理颂奇访问日本福冈市。2019年6月，泰总理巴育作为东盟国家代表率团赴日本大阪出席二十国集团领导人峰会，其间会见日本首相安倍晋三。10月，巴育总理偕夫人赴日本东京出席德仁天皇加冕仪式，其间同安倍晋三首相会见。11月，安倍晋三首相赴泰出席东亚合作领导人系列会议，其间同巴育总理会见。2020年1月，日本外相茂木敏聪访问泰国，其间拜会巴育总理，同敦外长举行会谈。

【同韩国的关系】1958年10月1日建交。2019年9月，韩国总统文在寅对泰国进行正式访问，其间同泰总理巴育举行会谈，出席泰韩商业论坛并发表主旨演讲。11月，巴育总理赴韩国釜山出席第三次韩国—东盟特别峰会和首次韩国—湄公河国家峰会，其间同文在寅总统举行会谈。会后，韩国和东盟国家发表《韩国—东盟关于构建和平繁荣伙伴关系的联合声明》，韩国和湄公河国家发表《汉江—湄公河宣言》。2020年3月，敦外长同韩国外长康京和通电话。（周广旭）

土　耳　其

国名　土耳其共和国（The Republic of Türkiye）。

面积　78.36万平方公里，其中97%位于亚洲的小亚细亚半岛，3%位于欧洲的巴尔干半岛。

人口　8527万（2022年）。土耳其族占80%以上，库尔德族约占15%，其余为阿拉伯、亚美尼亚、希腊等少数民族。土耳其语为官方语言。99%的居民信奉伊斯兰教，其中85%属逊尼派，其余为什叶派，少数人信仰基督教和犹太教。人均寿命78.6岁。

首都　安卡拉（Ankara），人口578万（2022年）。年均最高气温30℃，最低气温-3℃。

国家元首　总统雷杰普·塔伊普·埃尔多安（Recep Tayyip Erdogan），2018年6月当选连任。

重要节日　新年：1月1日；国家主权和儿童日：4月23日；青年和体育节：5月19日；民主和国家团结日：7月15日；胜利日：8月30日；共和国成立日：10月29日。此外，土耳其还庆祝伊斯兰宗教节日开斋节、宰牲节。

简　况　地跨亚欧两洲，邻格鲁吉亚、亚美尼亚、阿塞拜疆、伊朗、伊拉克、叙利亚、希腊和保加利亚，濒地中海、爱琴海、马尔马拉海和黑海。海岸线长7200公里，陆地边境线长2648公里。南部沿海地区属亚热带地中海式气候，内陆为大陆型气候。

土耳其8世纪起迁入小亚细亚，13世纪末建立奥斯曼帝国，16世纪达到鼎盛期，20世纪初沦为英、法、德等国的半殖民地。1919年，凯末尔·阿塔图尔克领导民族解放战争反抗侵略并取得胜利，1923年10月29日建立土耳其共和国，凯末尔当选首任总统。

政治

土建国后长期实行议会制。自2002年11月至2015年6月，正义与发展党（简称“正发党”）在土连续单独执政，政绩较为突出，执政地位相对稳固。2015年6月，土举行议会选举，正发党赢得40.8%的选票，连续四次成为议会第一大党，但因议席未过半数，失去单独执政地位，组建跨党派联合政府失败。11月，土再次举行议会选举，正发党以49.5%的得票率成功获得过半议席，重新获得单独执政权。2016年5月22日，正发党召开特别大会，选举产生新任党主席耶尔德勒姆，总统埃尔多安授权耶尔德勒姆组阁。5月29日，新内阁通过议会信任投票正式就任。7月15日，土部分军人策划发动军事政变，后迅速被土政府挫败，社会基本恢复稳定。2017年4月16日，土耳其修宪公投获得通过，土改行总统制，允许总统兼任政党职务，并掌握实际权力；废除总理一职，由总统任命副总统、各部部长。5月21日，埃尔多安总统重新当选正发党主席。2018年6月24日，土同时进行总统选举和议会选举。埃尔多安赢得52.59%的选票，在首轮投票胜出当选总统。正发党与民族行动党组成的“人民联盟”赢得53.66%的选票，占据议会多数。

【宪法】土立法体系效仿欧洲模式。现行宪法于1982年11月7日生效，是土第三部宪法。宪法规定：土为民族、民主、政教分离和实行法制的国家。2017年4月16日，土耳其举行总统制修宪改革全民公投并获得通过。

【议会】全称为“土耳其大国民议会”，是土最高立法机构。共设600个议席，议员根据各省人口比例选举产生，任期5年。实行全民直接选举制，18岁以上公民享有选举权。本届议会于2018年7月产生，是土第27届议会。议长穆斯塔法·申托普（Mustafa Sentop）。

【政府】又称“部长会议”。本届政府是土第66届政府，成立于2018年7月9日，共有16名部长，主要包括外交部长迈夫吕特·查武什奥卢（Mevlut Cavusoglu）、国防部长胡鲁西·阿卡尔（Hulusi Akar）等。

【行政区划】土耳其行政区划等级为省、县、乡、村。全国共分为81个省。

【司法机构】中央一级的法院有宪法法院、最高上诉法院、最高行政法院、最高审计法院等，院长分别为：祖赫图·阿尔斯兰（Zuhtu Arslan）、迈赫迈特·阿卡尔扎（Mehmet Akarca）、泽奇·伊以特（Zeki Yigit）、迈汀·耶内尔（Metin Yener）。共和国首席检察官为贝奇尔·沙辛（Bekir Sahin）。

【政党】土耳其多党制始于1945年。主要政党有：

（1）正义与发展党（Justice and Development Party）：议会第一大党。2001年8月14日成立，是具有温和伊斯兰宗教背景的右翼政党，总部设在安卡拉。该党主张建立法律至上、尊重人权与自由的现代共和政体，建立和完善市场经济体系。现任主席雷杰普·塔伊普·埃尔多安。

（2）共和人民党（Republican People's Party）：反对党，议会第二大党。由共和国缔造者凯末尔·阿塔图尔克于1923年9月9日创建。该党推崇社会民主和民族主义，总部设在安卡拉。现任主席凯末尔·科勒驰达奥卢（Kemal Kilicdaroglu）。

（3）人民民主党（People's Democratic Party）：反对党，议会第三大党。2012年成立，总部设在安卡拉。主要代表库尔德族利益，实行双主席制。

（4）民族行动党（Nationalist Movement Party）：议会第四大党。在2018年6月议会选举中同正发党联合参选。1958年由共和民族党和土耳其农民党合并而成，属民族主义极右政党，总部设在安卡拉。现任主席代弗莱特·巴赫切利（Devlet Bahceli）。

（5）美好党（Good Party）：反对党，议会第五大党。2017年由退出民族行动党的部分反对派成员建立，总部设在安卡拉。现任主席梅拉尔·阿克谢奈尔（Meral Aksener）。

其他政党还有民主党、工人党、大团结党、爱国党、民主和跃进党、民主区域党等。

【重要人物】**雷杰普·塔伊普·埃尔多安**：总统。1954年出生于伊斯坦布尔。毕业于马尔马拉大学经贸学院。曾任美德党伊斯坦布尔党部主席。1994年3月当选伊斯坦布尔市市长。1998年土国家安全法院以埃发表“煽动宗教仇恨”言论为由剥夺其从政权并判处其10个月监禁。2001年8月，埃与美德党主张革新的少壮派共同创建正发党并任主席。2002年11月正发党在土议会选举中获胜后，土最高上诉法院恢复埃从政权。2003年3月9日，埃参加议会补选并当选议员。同月11日，塞泽尔总统任命埃为总理并授权其组阁。2007年7月和2011年6月，埃领导正发党连续赢得议会选举，埃连任总理。2014年8月，埃当选土第12任总统。2018年6月，埃在总统选举中获得连任，7月9日就职。已婚，有二子二女。 **福阿特·奥克塔伊**：副总统。1964年出生于约兹加特。毕业于屈库奥瓦大学管理学专业，在底特律韦恩州立大学获制造工程和管理学硕士及产业工程学博士学位。航空和汽车领域专家，先后在福特、通用、克莱斯勒等多家企业任职。2008—2012年，任土耳其航空公司主管战略规划和事业发展事务的副总经理。2012—2016年任总理府灾害应急管理署署长。2016—2018年任总理府办公厅主任，兼任土耳其航空公司董事会成员、土耳其电信公司董事会副主席。2018年7月出任副总统。已婚，有3个子女，懂英语。 **穆斯塔法·申托普**：议长。1968年出生于泰基尔达省。本科毕业于伊斯坦布尔大学法学院，硕士和博士毕业于马尔马拉大学公共法专业，先后任马尔马拉大学研究员、副教授、教授。2012—2015年任正发党副主席。申是土第24、25、26、27届大国民议会议员，第26届大国民议会宪法委员会主席。2018年7月起任大国民议会副议长，2019年2月24日起任议长。精通英语和阿拉伯语。已婚，有4个子女。

经　济

土耳其工农业均有一定基础，轻纺、食品工业发达，粮、棉、蔬菜、水果、肉类等基本自给自足。自20世纪80年代中期起，土开始推行自由市场经济模式，大力发展私营经济，实行国营企业私有化，实现了由传统国家计划经济向自由市场经济的转变，私人资本不断扩大，金融实现完全自由化。土在实现经济高速增长的同时，也出现了高通货膨胀率、高财政赤字、高失业率以及社会收入分配严重不均等问题。2022年主要经济数据如下：

国内生产总值：9055亿美元。

人均国内生产总值：10655美元。

国内生产总值增长率：12.8%。

货币名称：土耳其里拉（简称“里拉”）。

汇率：1美元≈18.71里拉。

通货膨胀率：64.27%。

失业率：10.3%。

（资料来源：土耳其国家统计署）

【资源】矿产资源丰富，主要有花岗石、大理石、硼矿、铬、钍和煤等。其中，花岗石和大理石储量占全球总储量的40%，品种和数量均居世界第一。三氧化二硼储量7000万吨，价值3560亿美元；钍储量占全球总储量的22%；铬矿储量1亿吨，居世界前列。此外，黄金、白银、煤储量分别为516吨、1100吨和155亿吨。石油、天然气资源匮乏，需大量进口。水资源短缺，人均拥水量只有1430立方米。2020年，土耳其在黑海发现储量高达4050亿立方米的天然气资源，将满足土8—9年需求，产生850亿—900亿美元经济价值。这是土削减天然气进口并实现能源供应来源多样化的重要一步。2022年，土宣布在黑海地区新发现580亿立方米的天然气资源。

【工业】工业基础较好，主要有食品加工、纺织、汽车、采矿、钢铁、石油、建筑、木材和造纸等产业。

【农业】农业基础较好，耕地面积24万平方公里，主要农产品有烟草、棉花、稻谷、橄榄、甜菜、柑橘、牲畜等。粮棉果蔬肉等主要农副产品基本实现自给自足。木材加工业发达。森林面积22万平方公里。通过实施新的林业技术并改善基础设施，工业木材产量逐年提高，但每年仍需大量进口。

【旅游业】旅游业是土外汇收入重要来源之一。2022年外国游客总数达4456.4万人次，旅游收入462.8亿美元，同比增长53.4%。主要旅游城市有：伊斯坦布尔、伊兹密尔、安塔利亚、布尔萨、安卡拉、科尼亚等。特洛伊、以弗所古城等遗址和卡帕多奇亚、棉花堡是主要风景名胜地。

【交通运输】以陆路运输为主，公路网线广布，运力充足。

公路：截至2022年，国家级和省级公路68689公里，高速公路3633公里。截至2022年，全国各类注册登记机动车总数2648万辆。

铁路：截至2022年，总长13128公里，客运量3.17亿人次，货运量3850万吨。

海运：海运发达，一半以上的对外贸易通过海路运输。主要港口位于伊斯坦布尔、伊兹密尔、梅尔辛、伊斯肯德伦、伊兹密特、萨姆松、特拉布宗、杰姆利克等地。

空运：近年来，土航空业发展迅速。2022年，国内航线运送乘客7832万人次，国际航线运送乘客10346万人次。2022年，航空货运量共计416万吨。

【财政金融】2022年，土预算总收入为2.8万亿里拉，同比增长99.9%；预算总支出为2.94万亿里拉，同比增长83.4%。预算赤字为1390亿里拉。

土耳其银行业发达，有50多家银行。主要的本地商业银行有：实业银行、担保银行、进出口银行、阿克银行等。

【对外贸易】随着国民经济的快速发展，对外贸易总值和数量不断增加。2022年，对外贸易总额为6186亿美元。其中，出口额为2542亿美元，进口额为3644亿美元。主要出口产品是农产品、食品、纺织品、服装、金属产品、车辆及零配件等，主要进口商品是原油、天然气、化工产品、机械设备、钢铁等。近几年对外贸易情况如下（单位：亿美元）：

	2020	2021	2022
出口额	1695	2254	2542
进口额	2194	2714	3644
差　额	–499	–460	–1102

（资料来源：土耳其国家统计署）

【外国资本】近年来，外国投资持续增加。土所吸引外资主要来自欧盟、北美和海湾国家，主要投资领域为金融业和制造业。2022年，外国在土直接投资约128亿美元。

人民生活

2022年，固定电话用户1220万，移动电话用户8740万，宽带互联网用户数量9140万。

军　事

1921年，凯末尔创建国民军。1952年，土耳其加入北约。土武装部队包括陆军、海军（包括海军航空兵和海军陆战队）、空军、海岸警卫队和宪兵。总统是武装力量最高统帅。最高军事委员会是武装部队内部事务最高决策机构。总参谋部是武装部队的最高作战指挥机构。国家安全委员会是最高国防决策机构。国防部是同总参谋部进行合作的最高行政机构。实行义务兵役制，服役年龄为21岁，服役期限6—12个月。2018年8月起，土开始实行有偿免除兵役制度，1994年1月1日前出生者可通过缴纳1.5万里拉免除兵役，仅需接受21天基础培训。实行军队职业化措施，精简指挥机关人员，技术军人文职化，实行军官和技术军人合同制等。

土现役正规军总兵力41万人。北约在土设有东南欧盟军司令部、战术空军司令部。美国在土设有23个军事基地和设施。土在塞浦路斯土族地区有约3万人的驻军。

文化教育

【教育】2005年6月，土耳其参照欧盟标准，对教育体制进行改革。2012年再次实行改革，现行教育体制为小学4年、初中4年、高中4年的义务教育体制。共有各类学校7万余所，在校学生1915万人，教师114万人。现有大学208所。著名高等学府有安卡拉大学、加齐大学、哈杰泰普大学、中东技术大学、比尔肯特大学、伊斯坦布尔大学、伊斯坦布尔技术大学、海峡大学、爱琴海大学。

【新闻出版】2021年发行报纸2070份，杂志2390种。《自由报》《国民报》《晨报》为土传统三大报。此外，土耳其发行量较大报纸还包括《共和国报》《发言人报》《邮报》《新闻土耳其报》等。《每日晨报》和《每日自由报》是主要的英文报纸。

阿纳多卢通讯社：半官方，创建于1920年。

土耳其国家广播电视机构：官方，成立于1964年，下设14个电视台、16个广播台，官方网站有38种语言，对外用41种语言广播。

全国共有电视台196家，各类广播电台858家。1994年4月，议会通过《私营广播电视机构及节目法》。

对外关系

土耳其外交政策以联美、入欧、睦邻为三大支柱，同时重视发展同包括中国、日本、韩国在内的亚太及中亚、巴尔干和非洲国家关系，注重外交多元化。

目前，土耳其已同174个国家建立了外交关系，在外设有253家驻外使领馆等外交机构。土耳其是北约、二十国集团、伊斯兰合作组织、亚洲相互协作与信任措施会议、欧洲安全与合作组织、发展中国家八国集团、黑海经济合作组织、东南欧合作进程、“突厥语国家组织”等国际和地区组织成员，上海合作组织、东南亚国家联盟等组织对话伙伴国。

【同中国的关系】1971年8月4日中土建交。20世纪80年代之后两国高层互访增多，双边关系发展较快。2010年，中土两国建立战略合作关系。

近年来，国家主席习近平同土总统埃尔多安多次会见或通话。2015年11月，习近平主席赴土出席二十国集团安塔利亚峰会，会见埃尔多安总统。2016年9月，习近平主席会见来华出席二十国集团领导人杭州峰会的埃尔多安总统。2017年5月，埃尔多安总统来华出席“一带一路”国际合作高峰论坛，习近平主席同埃举行会谈。2018年4月，习近平主席应约同埃尔多安总统通电话。7月，习近平主席出席金砖国家领导人第十次会晤期间，会见埃尔多安总统。2018年11月，习近平主席出席二十国集团领导人布宜诺斯艾利斯峰会期间，会见埃尔多安总统。2019年6月，习近平主席在亚信杜尚别峰会期间，会见埃尔多安总统。7月，埃尔多安总统访华。2020年4月、2021年7月，习近平主席同埃尔多安总统通电话。2022年9月，习近平主席在上海合作组织撒马尔罕峰会期间，会见埃尔多安总统。

2015年7月，双方签署关于建立副总理级政府间合作委员会机制的谅解备忘录。2016年11月，汪洋副总理访问土耳其并同土副总理希姆谢克举行中土政府间合作委员会机制首次会议。

2020年2月、4月、12月，王毅国务委员兼外长三次同查武什奥卢外长通电话，双方于2月在出席慕尼黑安全会议期间举行会见。2021年3月，栗战书委员长以视频方式出席土方主持的第四次六国议长会议。同月，王毅国务委员兼外长访问土耳其，会见埃尔多安总统，并同查武什奥卢外长举行会谈。7月，王毅国务委员兼外长在塔什干出席国际会议期间会见查武什奥卢外长。8月，王毅国务委员兼外长同查武什奥卢外长通电话。2022年1月，查武什奥卢外长访华，同王毅国务委员兼外长会谈。8月，栗战书委员长同土大国民议会议长申托普举行视频会晤。同月，王毅国务委员兼外长在金边出席东亚合作系列外长会期间会见查武什奥卢外长。

据中国海关总署统计，2022年，中土双边贸易额为385.5亿美元，同比增长12.8%。其中，中国出口额为340.3亿美元，同比增长16.9%；中国进口额为45.2亿美元，同比减少10.5%。中国主要出口机械设备、电器、电子产品、计算机和通信设备等，主要进口大理石、铬、硼等矿产品及部分化工和纺织原料。两国经贸合作持续发展，交通、电力、能源、金融是双方合作的重点领域。2014年7月，中方企业参与建设的安卡拉—伊斯坦布尔高铁二期顺利建成通车。2015年，中国企业联合体成功收购土第三大集装箱码头昆波码头。2018年5月，中国银行土耳其子行正式对外营业。2022年10月，中国企业在土最大直接投资项目胡努特鲁燃煤电厂项目1号机组并网发电。

中国驻土耳其大使：刘少宾。馆址：Ferit Recai Ertugrul Cad. No.18，Oran，Ankara。电话：0090-312-4900660；传真：4464248。

土耳其驻华大使：阿卜杜卡迪尔·埃明·约南（Abdulkadir Emin Onen）。馆址：北京市朝阳区三里屯东五街9号。电话：010-65321715；传真：65325480。商务处电话：010-64649538。

【同美国的关系】土耳其重视与美关系，视其为对外关系基石。1997年双方确立新型战略合作关系。

2020年12月，美国国务院发表声明称，根据《以制裁反击美国敌人法》，就土耳其购买俄制S-400防空导弹系统对土实施制裁。2021年4月，埃尔多安总统同美总统拜登通电话。4月，美总统拜登将“1915年4月24日事件”（1915年土耳其奥斯曼帝国统治时期大量杀害亚美尼亚人的事件）定义为种族屠杀，土方对此表示谴责。8月，查武什奥卢外长同美国务卿布林肯通电话。9月，埃尔多安访问美国并出席第76届联合国大会。10月，埃尔多安出席二十国集团罗马峰会期间同拜登举行会晤，就加强和发展双边关系、建立联合机制达成一致。2022年6月，埃尔多安出席北约马德里峰会期间同拜登会晤。拜登对土方在开辟黑海粮食通道以及瑞典和芬兰加入北约问题上所作努力表示感谢。11月，埃尔多安出席二十国集团巴厘岛峰会期间同拜登会晤。双方讨论了乌克兰局势等问题，拜登还就伊斯坦布尔独立大街发生的爆炸事件向遇难者表示哀悼。

【同欧盟及其成员国的关系】土耳其重视同欧盟及其成员国的关系，坚持以入盟为导向，推进国内政治、经济、司法、社会等领域改革。

2020年，土耳其同欧盟围绕东地中海、塞浦路斯、利比亚等问题龃龉不断。10月，随着一名法国历史教师被极端分子斩首事件不断发酵，土耳其等伊斯兰国家同法国在伊斯兰教和言论自由问题上对峙加剧，土总统埃尔多安强烈抨击法总统马克龙，土法紧张关系升级。12月，欧盟领导人峰会更新对土耳其制裁实体清单，谴责土单方面挑衅行动和对欧强硬态度，但未出台重量级对土制裁措施。

2021年，埃尔多安总统接待欧洲理事会主席米歇尔、欧盟委员会主席冯德莱恩联袂访问并同两人先后通电话，出席北约峰会，同法国、德国、希腊、西班牙等多国领导人会晤，土欧关系有所缓解。10月，美国、德国、法国、丹麦、芬兰、荷兰、瑞典、加拿大、挪威和新西兰10国驻土大使联名呼吁土政府释放因涉嫌参与“居兰运动”被捕的商人卡瓦拉。土外交部召见有关大使，并发布公告称此举违反外交惯例、不可接受，埃尔多安称将把有关大使列为“不受欢迎的人”。美驻土使馆发表声明称确认遵守《维也纳公约》第41条规定，其他国家随后发布类似内容，有关风波降温。同月，欧盟发布2021年度扩大战略报告，涉土部分批评土民主、人权等领域出现严重倒退，土坚决反对。

2022年5月，瑞典和芬兰申请加入北约，土耳其以两国包庇纵容威胁土安全的恐怖组织为由明确提出反对。6月，欧洲议会通过《2021年土耳其报告》，批评土民主、法治和人权状况以及土在东地中海和塞浦路斯问题上的政策，土坚决反对。10月，埃尔多安总统受邀出席在布拉格举行的首届欧洲政治共同体领导人会议。

【同俄罗斯的关系】土耳其和俄罗斯建有“欧亚大陆合作伙伴关系”，俄是土重要能源供应国、第一大贸易伙伴、第一大蔬果出口市场、第一大游客来源国和第二大海外工程承包市场。2017年，土同俄签署俄制S-400防空导弹系统采购合同。2019年9月，俄方完成交付工作。

2020年1月，埃尔多安总统与普京总统在伊斯坦布尔共同出席“土耳其流”天然气管道项目启用仪式。3月，埃尔多安同普京在莫斯科举行会晤，双方就叙利亚伊德利卜问题达成停火协议，并开展联合巡逻。

2021年，埃尔多安与普京7次通话。3月，埃尔多安与普京以视频方式出席阿库尤核电站三号反应堆动土仪式。9月，埃尔多安与普京在索契会晤。

2022年7月，埃尔多安与普京在德黑兰出席阿斯塔纳进程首脑会议期间会晤。8月，埃尔多安与普京在索契会晤。9月，埃尔多安与普京在上合组织撒马尔罕峰会期间会晤。10月，埃尔多安与普京在阿塔斯纳出席亚信峰会期间会晤。

2022年7月，联合国、俄罗斯、土耳其和乌克兰在伊斯坦布尔达成黑海粮食外运协议。

【同中亚国家的关系】重视同中亚国家的睦邻友好合作关系，认为中亚诸国都是“突厥世界”的一部分，应借助民族、宗教、历史和文化渊源的共通性，大力发展与中亚国家在政治、经济、文化、能源等各领域的全方位关系。2017年10月，土同阿塞拜疆、格鲁吉亚合作修建的跨安纳托利亚天然气管道和巴库—第比利斯—卡尔斯跨国铁路正式开通。

2009年10月，突厥语国家合作委员会在阿塞拜疆纳希切万成立，旨在加强突厥语国家区域合作，创始成员国为土耳其、阿塞拜疆、哈萨克斯坦和吉尔吉斯斯坦，2019年乌兹别克斯坦正式加入。2021年11月，第八届突厥语国家合作委员会元首峰会在伊斯坦布尔举行，会议决定将委员会更名为“突厥语国家组织”，土库曼斯坦、匈牙利两国为观察员国。

【同亚美尼亚的关系】土耳其与亚美尼亚因“纳卡”问题和“亚美尼亚种族大屠杀案”等历史问题而关系不睦，双方迄今未建立外交关系。2020年9月，阿塞拜疆、亚美尼亚在“纳卡”地区爆发冲突，土深度介入，帮助阿方取得胜利，并同俄共同监督“纳卡”地区停火协议执行情况。2021年12月，土外长查武什奥卢宣布将任命前土驻美大使作为土亚关系正常化谈判特别代表，双方于2022年1月举行磋商；两国航空公司已申请开通伊斯坦布尔至埃里温的往返航班。2022年7月，土亚代表团在维也纳举行了两国关系正常化进程第四轮会谈，双方商定，开放陆路边境供第三国公民通行，并尽快启动货运直航。10月，埃尔多安总统与亚美尼亚总理帕希尼扬在布拉格会晤，成为两国领导人时隔13年之后的首次会晤。

【同其他中东国家的关系】重视发展同伊斯兰和阿拉伯国家的关系，积极参与地区热点问题解决进程。

支持中东和平“路线图”，支持巴勒斯坦独立建国，强调巴以和谈不应绕开也绕不开哈马斯，反对以色列滥用军事手段。

2021年5月，埃尔多安分别同巴勒斯坦总统阿巴斯、伊斯兰抵抗运动领导人哈尼亚通电话。7月，埃尔多安同阿巴斯会晤，同以色列总统赫尔佐格通电话。2022年3月，应埃尔多安邀请，以色列总统赫尔佐格访问土耳其。这是自2008年以来以领导人首次访土，埃尔多安形容此访是两国关系回暖的“转折点”。5月，土外长查武什奥卢访问以色列，这是土部长级官员15年来首次访以。6月，以外长拉皮德访土，这是以外长16年来首次访土。

土主张维护伊拉克国家统一、主权和领土完整，强调伊各教派必须坚持统一的国家属性，与各教派均保持密切关系。土视库尔德工人党为恐怖组织，近年来多次越境打击伊境内库工党分支，2019年以来先后在伊北部发动“利爪”“鹰爪”“虎爪”“爪剑”等军事行动，击毙逾900人、捣毁逾1500处军事目标。

土与伊朗关系密切，主张维护国际核不扩散体系，反对伊朗发展核武器，但同时承认伊朗拥有和平利用核能的权利，支持解决伊核问题的外交努力，欢迎达成伊核全面协议。

叙危机爆发以来，土同沙特、卡塔尔等国就叙利亚等地区问题深入沟通，加入沙特领导的伊斯兰国家反恐联盟，并向沙特军机开放空军基地。2016年8月，土军方在叙利亚境内开展“幼发拉底河之盾”行动，配合“叙利亚自由军”清剿地区内“伊斯兰国”势力。2018年1月，土军方在叙利亚北部阿夫林地区发起针对库尔德武装的“橄榄枝”行动。2019年10月初，土耳其在叙利亚北部开展“和平之泉”军事行动；10月下旬，土俄达成协议，在叙北部建立“安全区”。2020年3月，土在叙伊德利卜省实施代号为“春天之盾”的军事行动。2022年11月，土对叙北部发动“爪剑”军事行动。12月，土总统埃尔多安表示，他已向俄总统普京提议，与俄、叙建立一个三边机制，通过举行一系列三方部长级会谈，最终促成三国元首会晤。同月，土、叙、俄国防部长和情报部门负责人在莫斯科举行三方会谈。此次会谈系土叙高官11年来首次公开会晤，释放土调整对叙政策的信号。

土同埃及在中东、海湾等重大地区问题上有共同利益，两国经济、贸易和军事关系比较密切。埃及—土耳其自由贸易协定于2007年1月正式生效。2021年5月，土副外长厄纳尔在开罗同埃副外长就双边关系正常化举行了为期两天的“探索性会谈”，恢复中断8年的外交接触。9月，两国外交代表团在安卡拉举行第二轮磋商，并同意保持磋商以改善两国关系。2022年4月，土外长查武什奥卢表示，土方正为实现与埃及关系正常化采取措施。

【同巴尔干国家的关系】土耳其同巴尔干地区国家有着深厚的民族、宗教和历史文化联系。土一直致力于发展与巴尔干各国间业已存在的良好合作关系，表示愿与地区国家在双边和多边领域开展内容广泛的互利友好合作，认为巴尔干地区国家早日加入北约和欧盟体系，将有助于该地区的和平与稳定。土关注波黑和科索沃形势，支持波黑成立具有广泛代表性的政府，支持科索沃独立。

【同亚太国家的关系】重视发展同亚太地区国家特别是同中国、日本、印度等大国和东盟的关系，关注亚太国家政治、经济发展模式，希望学习和借鉴各国成功经验。

土耳其支持维护阿富汗国家统一和领土完整，认为解决阿问题的关键是尽快实现阿的安全、稳定和发展，强调地区国家是解决阿问题的关键力量，积极参与对阿军队和警察的培训，并在医疗卫生、教育和基建等领域对阿提供大量援助。

土同巴基斯坦关系密切，支持一切援巴进程，主张国际社会应加大对巴经援力度。

【同非洲国家的关系】土重视发展同非洲国家关系，近年来双方关系持续升温。截至2022年底，埃尔多安先后53次出访非洲，土驻非洲使馆数量从2002年的12个增加到2022年的44个，非洲国家驻土使馆数量从2008年的10个增加到2022年的38个，土非贸易额从2003年的54亿美元上升到2022年的331亿美元。2021年12月，第三届土非合作峰会在伊斯坦布尔召开，主题为“加强伙伴关系，促进共同繁荣”。埃尔多安总统出席峰会并发表讲话，同尼日利亚、索马里、利比亚、中非、毛里塔尼亚、卢旺达、吉布提、埃塞俄比亚等国国家元首举行会见。峰会决定，第四届峰会将于2026年在非洲举办。（王浩）

土库曼斯坦

国名 土库曼斯坦（Turkmenistan，Туркменистан）。

面积 49.12万平方公里。

人口 705万（2022年）。主要民族有土库曼族（94.7%）、乌兹别克族（2%）、俄罗斯族（1.8%），以及哈萨克族、亚美尼亚族、鞑靼族、阿塞拜疆族等120多个民族（1.5%）。官方语言为土库曼语，俄语为通用语。绝大多数居民信仰伊斯兰教（逊尼派），俄罗斯族居民信仰东正教。

首都　阿什哈巴德（Ashgabat，Ашхабад），人口超过103万（2022年）。1月平均气温2.1℃，7月平均气温37.6℃。

国家元首　总统谢尔达尔·库尔班古力耶维奇·别尔德穆哈梅多夫（Сердар Гурбангулыевич Бердымухамедов），2022年3月当选，任期7年。

重要节日　新年：1月1日；国际妇女节：3月8日；胜利日：5月9日；宪法和国旗日：5月18日；独立日：9月27日；哀悼日：10月6日；中立日：12月12日。此外，还有庆祝开斋节、古尔邦节、纳乌鲁斯节等伊斯兰传统节日。

简　况

位于中亚西南部，为内陆国，北部和东北部与哈萨克斯坦、乌兹别克斯坦接壤，西濒里海与阿塞拜疆、俄罗斯相望，南邻伊朗，东南与阿富汗交界。约80%的国土被卡拉库姆大沙漠覆盖。1月平均气温4.4℃，7月平均气温39℃；年均降水量从东北部地区的80毫米向南部山麓的300毫米递增，科佩特山区年均降水量可达400毫米。

历史上波斯人、马其顿人、突厥人、阿拉伯人、蒙古鞑靼人曾在此建立国家。15世纪基本形成土库曼民族。19世纪60年代末和80年代中，部分领土并入俄国（外里海州）。1917年，土库曼人民参加了二月革命和十月社会主义革命，同年12月建立苏维埃政权。1924年10月27日成立土库曼苏维埃社会主义共和国，并加入苏联。1991年10月27日宣布独立，改国名为土库曼斯坦。1992年3月2日加入联合国。1995年12月12日，第50届联大通过决议，承认土为永久中立国。2015年6月，第69届联大再次通过决议，支持土永久中立地位。

政　治

独立后，土始终将捍卫独立、主权和领土完整，发展经济，保持社会稳定作为基本国策；积极探寻适合本国国情的发展道路；提倡民族复兴精神，重视民族团结与和睦；奉行积极中立、和平友好的外交政策，致力于同其他国家发展建设性合作关系；主张宗教信仰自由，禁止宗教干预国家政治生活。

2022年土库曼斯坦政局继续保持稳定。土顺利举行非例行总统选举，实现权力平稳交接；土政府进一步明确施政方向，提高居民住房保障水平，推行全民新冠疫苗接种，重视农业发展，保障粮食安全，进一步凝聚民心；继续整饬吏制，严惩渎职官员；持续强化舆论监管，维护社会稳定。

【宪法】1992年5月18日通过第一部宪法，规定土为民主、法制和世俗的国家，实行三权分立的总统共和制。总统为国家元首和最高行政首脑，由全民直接选举产生。人民委员会为国家最高权力代表机关，立法权和司法权分属国民会议和法院。1995年12月，土修改宪法，将永久中立国地位写入宪法。1999年12月再次修宪，对宪法中有关人民委员会、议会职能的条款进行修改和补充，明确规定尼亚佐夫作为首任总统，其任期无时间限制。2003年，土通过第二部宪法，规定人民委员会为常设最高权力代表机构，设立主席一职，同时规定总统当选年龄不得超过70岁。2006年12月26日再次修宪，规定总统候选人年龄在40—70岁，总统因故不能行使职权时，根据国家安全会议决议，任命一位副总理临时代理总统职权。2008年9月，土通过第三部宪法，取消人民委员会，将其权力划归总统和议会。2016年9月，土修改宪法，取消总统候选人年龄上限，将总统任期由5年延长至7年。2017年10月，土决定重新组建人民委员会作为国家大政方针最高决策机构，并于2018年9月召开首次会议。2019年9月，人民委员会召开第二次会议，土总统库·别尔德穆哈梅多夫提出将议会由一院制改组为两院制并就此修改宪法。2020年2月，土修宪委员会公布宪法修正案。9月，土总统签署由人民委员会会议和国民会议一致通过的宪法修正案，决定将议会由一院制改组为两院制，规定总统因故无法履职、尚未选举产生新总统前，由人民委员会（议会上院）主席代为履行总统职权。2023年1月，土再次修改宪法，恢复一院制议会，新设立独立的人民委员会作为人民权力最高机构。

【议会】实行一院制，称“国民会议”。共设125个议席，任期5年。下设8个委员会：保护公民权利和自由委员会，法律和法规委员会，经济问题委员会，社会政策委员会，科学、教育、文化和青年政策委员会，环境保护自然资源利用和农工委员会，国际和议会间交往委员会，与地方政府和自治机构关系委员会。每五年选举一次。本届国民会议为第七届，于2023年4月选举产生。其中，民主党55席，工业家和企业家党11席，农业党11席，其他社会组织和公民团体48席。现任国民会议主席为杜尼娅戈泽莉·古尔马诺娃（Дуньягозель Гулманова，女），2023年4月6日就任。

【政府】称“内阁”，是国家权力执行机关，由总统直接领导。现任内阁副总理有：拉·梅列多夫（Р. Мередов），兼任外交部长，主管外交；霍·格尔季梅拉多夫（Х. Гелдимырадов），主管经济、银行和国际金融机构；米·马梅多娃（М. Маммедова，女），主管文化、新闻；巴·阿曼诺夫（Б. Аманов），主管油气；拜·安纳马梅多夫（Б. Аннамаммедов），主管工业、建筑和国家化学康采恩；努·阿曼涅佩索夫（Н. Аманнепесов），主管科技、教育、卫生、旅游和体育；巴·阿达耶夫（Б. Атдаев），主管贸易、工业和私营企业；安·亚兹梅拉多夫（А. Язмырадов），主管农业。

主要部长有：贸易和对外经济联系部长别·戈奇莫拉耶夫（Б. Гочмоллаев），能源部长霍·列杰普梅拉多夫（Х. Реджепмырадов），工业和建筑生产部长托·努罗夫（Т. Нуров），建设和建筑部长古·奥卢诺夫（Г. Орунов），农业和环保部长阿·阿尔特耶夫（А. Алтыев），卫生和医疗工业部长阿·格尔马诺夫（А. Германов），教育部长古·阿塔耶娃（Г. Атаева，女），文化部长阿·沙梅拉多夫（А. Шамырадов），财政和经济部长谢·卓拉耶夫（С. Джраев），劳动和社会保障部长穆·瑟拉波夫（М. Сылапов），纺织工业部长列·列杰波夫（Р. Реджепов），内务部长穆·希德罗夫（М. Хыдыров），司法部长梅·塔加诺夫（М. Таганов），国家安全部长纳·阿塔加拉耶夫（Н. Атагараев），国防部长别·贡多格德耶夫（Б. Гундогдыев），边防局长亚·努雷耶夫（Я. Нурыев），移民局长巴·沃尔萨哈托夫（Б. Волсахатов），海关署署长马·胡达伊古雷耶夫（М. Худайкулыев），国务部长兼国家天然气康采恩总裁马·巴巴耶夫（М. Бабаев），交通通信署署长马·恰克耶夫（М. Чакыев）。

【行政区划】除首都阿什哈巴德市和阿尔卡达格市外，全国划分为阿哈尔、巴尔坎、达绍古兹、列巴普和马雷五个州。

【司法机构】设最高法院和检察院。法官由总统任命，任期5年。现任最高法院院长为别·霍贾姆古雷耶夫（Б. Ходжамгулыев）。检察院负责监督法律和总统令的执行情况，现任总检察长为谢·米亚利克古雷耶夫（С. Мяликгулыев）。

【政党】（1）土库曼斯坦民主党（Демократическая партия Туркменистана）：1991年12月16日由苏联土库曼共产党改组而成，1992年3月在司法部正式登记，现有党员约21.5万人。其宗旨是维护国家独立、主权和中立，建设民主、法制和公正社会，提高人民福利，推动民主进程。主要任务是宣传、解释总统制定的国家内外政策和法令，团结社会各界贯彻执行总统的方针。民主党同工、青、妇等社会组织共同组成“民族复兴运动”，旨在推动国家改革和民族复兴。2012年2月，“民族复兴运动”解散。民主党在全国各州、市、区设有委员会，共有5939个基层组织。2018年4月，阿·谢尔达罗夫（А. Сердаров）当选该党现任主席。

（2）土库曼斯坦工业家和企业家党（Партия промышленников и предпринимателей Туркменистана）：2012年8月21日成立，宗旨是推动国家经济发展，为企业提供帮助和支持，现有党员约1.2万人，执行机构为中央委员会。2017年12月，萨·奥夫加诺夫（С. Овганов）当选该党现任主席。

（3）土库曼斯坦农业党（Аграрная партия Туркменистана）：2014年9月28日成立，宗旨是服务国家经济社会发展战略，支持农业发展，为农民提供扶持和帮助，现有党员约5.2万人，设有中央委员会等机构。2018年1月，比·安纳古尔班诺夫（Б. Аннагурбанов）当选该党现任主席。

【重要人物】谢尔达尔·库尔班古力耶维奇·别尔德穆哈梅多夫：总统。1981年9月22日出生于阿什哈巴德市，土库曼族。2001年毕业于土库曼斯坦农业大学工程技术专业。2001年7—11月在土国家食品工业公司对外经济联络部任主任专家。2001—2003年服兵役。2003—2008年历任土国家食品工业公司果蔬部主任专家、无酒精啤酒和酿酒工业部主任专家。2008—2011年在俄罗斯外交部外交学院国际关系专业就读，兼任土驻俄使馆参赞。2011—2013年在日内瓦安全政策中心欧洲和国际安全专业就读，兼任土常驻联合国日内瓦代表处参赞。2013年8—12月任土外交部欧洲局局长。2013—2016年任土总统直属国家油气资源管理利用署副署长。2016—2017年任土外交部国际信息局局长。2017年3月任土国民会议法律和法规委员会主席。2018年3月任外交部副部长。2019年1月任阿哈尔州副州长。2019年6月任阿哈尔州州长。2020年2月至2021年2月任土工业和建筑生产部长。2021年2—7月任副总理、国家安全会议成员兼最高监察院院长。2022年3月15日当选土总统。已婚，育有4个孩子。 **库尔班古力·米亚利克古利耶维奇·别尔德穆哈梅多夫**：民族领袖、人民委员会主席。1957年6月29日出生于阿什哈巴德市，谢尔达尔·别尔德穆哈梅多夫父亲，土库曼族。毕业于土库曼国立医学院。1979—1987年在阿什哈巴德市医疗系统工作。1987—1990年在莫斯科口腔内科研究生班学习，获副博士学位。1990—1995年在土库曼斯坦国立医学院任教，历任系副主任、主任。1995—1997年任土口腔医学中心主任。1997年任土卫生和医疗工业部长，1998年6月兼任尼亚佐夫国际医学中心总经理，1999年6月兼任土国立医学院代理院长。2001年4月至2006年12月任副总理兼卫生和医疗工业部长，主管教科文卫及新闻。2006年12月尼亚佐夫总统去世后任代总统，并在随后举行的总统大选中获胜。2007年2月14日宣誓就任总统，2012年2月12日连任。2017年2月13日再次连任。2021年4月14日，当选议会上院议长。2022年3月12日，土举行非例行总统选举。3月15日，谢尔达尔·别尔德穆哈梅多夫当选土总统。2023年1月，土成立人民委员会作为人民权力最高机构，别当选人民委员会主席，并获得“民族领袖”称号。

经　济

石油、天然气工业为支柱产业。农业主要种植棉花和小麦。独立后，土在保持经济稳定发展的同时，逐步向市场经济过渡。在油气产业发展带动下，国内生产总值保持较快增长。近几年来，受国际油气价格低位徘徊影响，土天然气出口额萎缩，经济发展面临困难。政府采取系列举措缓解经济下行压力。在加快油气兴国和能源出口多元化战略的同时，注重经济平衡可持续协调发展，加大对交通、建筑、农业、通信、纺织等领域投入；加快私有化进程，扶持中小企业和私营经济；加大招商引资力度；加快数字经济发展；加大对科技和创新领域投入，提升经济增长质量。2021年主要经济数据如下：

国内生产总值：542亿美元。

人均国内生产总值：8856美元。

国内生产总值增长率：6.2%。

货币名称：土库曼斯坦马纳特。

汇率：1美元≈3.5土库曼斯坦马纳特。

失业率：5.1%。

【资源】矿产资源丰富，主要有天然气、石油、芒硝、碘、有色及稀有金属等。据BP世界能源统计2015年数据，土石油和天然气储量分别为1亿吨和24.3万亿立方米，天然气储量居世界第四位。据石油咨询公司（Gaffney，Cline & Associates）统计数据，复兴气田天然气储量达27.4万亿立方米，为世界第二大单体气田。

【工业】主要工业部门为石油和天然气开采加工、电力、纺织、化工、建材、地毯、机械制造和金属加工等。能源产业在整个工业体系中占主导地位。

【农业】现有灌溉耕地面积约140万公顷。主要农产品有棉花、小麦、稻米、瓜果和蔬菜等。2021年、2022年土小麦产量分别为140万吨、150万吨左右，棉花产量均为125万吨左右。

【旅游业】1994年成立土国家旅游公司，后改为国家旅游委员会，制订旅游业发展规划，颁布《旅游法》，在阿（联酋）、土（耳其）、巴（基斯坦）、德、英、俄等国设有代表处。目前，全国注册旅行社40余家，开发旅游线路150多条，尼萨古城、梅尔夫古城和库尼亚乌尔根奇均被列为世界文化遗产。近年来，土斥资数十亿美元在里海沿岸的土库曼巴什市建设“阿瓦扎”国家旅游区，大力兴建酒店、度假和疗养设施，积极吸引外国公司参与投资开发。

【交通运输】铁路总长约4000公里，公路总长1.5万公里，内河航道654公里。主要港口有里海沿岸的土库曼巴什港和贝克达什港。阿什哈巴德与20多个城市开通国际直航，全国主要机场有：阿什哈巴德市国际机场、土库曼纳巴特市国际机场、土库曼巴什市国际机场、巴尔坎纳巴特市机场、马雷市机场和达绍古兹市机场。天然气管道有中亚—中央管道（土库曼斯坦—乌兹别克斯坦—哈萨克斯坦—俄罗斯）、土库曼斯坦—伊朗管道（分别为科尔佩杰—库尔特库伊、多夫列塔巴特—谢拉赫斯—汉格兰）和中国—中亚（土库曼斯坦—乌兹别克斯坦—哈萨克斯坦—中国）管道等。

【财政金融】主要商业银行有：土库曼斯坦外经银行、土库曼斯坦银行、土库曼斯坦投资银行、土库曼斯坦总统银行、土库曼斯坦储蓄银行和土库曼斯坦农业银行。

【对外贸易】2020年外贸总额为136亿美元。天然气、原油、石油产品、棉花及棉制品是主要出口产品，机械设备、钢铁制品、电器和电子产品、车辆及其零配件是主要进口产品。主要贸易伙伴有中国、土耳其、俄罗斯等。

【外国资本】重视吸引外资，颁布了一系列保护外资的法规和优惠政策。外国投资主要集中在石油天然气生产、纺织、建筑等领域。主要外资来源国包括中国、日本、韩国、土耳其、伊朗、俄罗斯、法国等。

人民生活

土政府多年实行高保障、高补贴政策，但从2017年11月1日起对水、电、天然气、供暖、电话、公交等实行收费新政，逐步减少福利补贴。新政对使用天然气、水等仍设立免费额度，超出额度后收取一定费用。2018年9月人民委员会首次会议决定，自2019年1月1日起彻底取消水、电、气免费使用福利政策，改为按优惠价格有偿提供。对民生领域投入仍占国家预算支出75%—80%。工资和退休金每年提高10%。

军　事

苏联解体后，土库曼斯坦在原驻土苏军基础上组建了本国军队。武装力量由陆军、空军—防空军和海军组成，近年土又组建了特种兵部队，总统任武装力量最高统帅。实行普遍义务兵役制，年满18岁的男性公民须服役2年。全国总兵力约6.6万人。除了武装力量，土还有边防、内务、安全和总统卫队等其他部队。边防军隶属边防总局，兵力约2.5万人。内务部队约4000人，隶属内务部。安全部队1500人，隶属国家安全部。总统卫队1100人，受总统直接指挥。土军武器装备以原苏军装备为主体，近年土军重视武器装备现代化，引进部分先进的防空武器装备，实现了指挥系统信息化改造。最高军事学府为国防部军事学院。

奉行中立性军事学说。2016年1月，土总统别尔德穆哈梅多夫签署总统令，批准土库曼斯坦独立以来第四版军事学说，重申奉行积极中立政策和纯防御性国防原则，以和平手段解决争端；不参加任何军事集团和同盟，不在本国领土部署外国军事基地；不生产或扩散大规模杀伤性武器；优先致力于通过政治外交和其他和平方式解决问题。此外，新军事学说纳入了国家安全构想及21世纪土中立、友好、睦邻、民主外交政策等理念。

文化教育

【教育】实行12年制义务教育。教育体系由学前教育、中等教育、中等职业技术教育和高等教育组成。据土官方2016年统计，全国共有中小学1705所，学生约101.86万人，教师约6.6万人；中等专科学校21所，在校学生约4000人；高等院校20多所，在校学生近1.4万人。土著名大学有国立马赫图姆库里大学、国立阿扎季世界语言学院、国际石油与天然气大学、土外交部国际关系学院、土农业大学、土国立交通通信大学、俄罗斯古勃金油气学院分院等。

【新闻出版】公开发行的报纸有30多种。主要报纸有《土库曼斯坦报》（土文）和《中立土库曼斯坦报》（土文、俄文），以上两报为政府机关报。此外，还有《复兴报》《祖国报》《阿什哈巴德报》（均为土文）等。土库曼斯坦国家通讯社，前身为苏联塔斯社土库曼分社，成立于1925年，1992年改为现名，未向国外派常驻记者。国家广播电台建立于1927年。国家电视台成立于1958年，现有7套节目，主要播放土语节目。

对外关系

奉行积极中立和对外开放的外交政策，主张在平等互利原则基础上发展与所有国家的友好合作关系；积极参与国际事务，加入联合国、欧安组织、不结盟运动、经济合作组织、伊斯兰会议组织、国际货币基金组织、世界银行、亚洲开发银行等47个国际和地区组织。截至2020年，土与149个国家建交，在中国、美国、法国、俄罗斯、英国、德国、土耳其、伊朗、阿富汗、沙特、阿联酋、乌克兰、哈萨克斯坦、乌兹别克斯坦、吉尔吉斯斯坦、塔吉克斯坦、阿塞拜疆、亚美尼亚、格鲁吉亚等国家设有40个使领馆，有关国家和国际组织在土设立48个使领馆和代表机构。

【同中国的关系】1992年1月6日建交，2013年建立战略伙伴关系，2023年建立全面战略伙伴关系。2022年，中土关系快速发展。1月，习近平主席同土总统库·别尔德穆哈梅多夫就中土建交30周年互致贺电。同月，习近平主席同土总统库·别尔德穆哈梅多夫共同出席中国同中亚五国建交30周年视频峰会。2月，习近平主席同来华出席北京冬奥会开幕式的土总统库·别尔德穆哈梅多夫会见，王毅国务委员兼外长会见陪同土总统来华出席北京冬奥会开幕式的土副总理兼外长梅列多夫。3月，习近平主席同土时任总统库·别尔德穆哈梅多夫、当选总统谢·别尔德穆哈梅多夫通电话。同月，韩正副总理同来华出席第三次阿富汗邻国外长会的土副总理兼外长梅列多夫举行视频会晤，王毅国务委员兼外长同梅列多夫举行会谈。6月，王毅国务委员兼外长在“中国+中亚五国”外长第三次会晤期间会见土副总理兼外长梅列多夫。7月，土议会下院议长马梅多娃在第九届中国—中亚合作论坛上发表视频致辞。9月，习近平主席同土总统谢·别尔德穆哈梅多夫在上海合作组织撒马尔罕峰会期间举行会见。11月，土副总理格尔季梅拉多夫作为主办国客人出席上海合作组织成员国政府首脑（总理）理事会第二十一次会议。

根据中国海关总署统计，2022年，中土双边贸易额为111.81亿美元，同比增长52%。其中，中国出口额为8.68亿美元，同比增长69.2%；中国进口额为103.13亿美元，同比增长50.7%。中国连续12年成为土最大贸易伙伴。中国主要出口机械产品、电机电气产品、车辆及零附件、钢铁制品等，主要进口天然气、硫黄、甘草、棉短绒等。目前，在土运营的中资企业共19家。

中国驻土库曼斯坦大使：钱乃成。馆址：45, ARCHABIL STR., ASHGABAT, TURKMENISTAN。电话：00993-12-488105；传真：481813。

土库曼斯坦驻华大使：巴拉哈特·霍马多维奇·杜尔德耶夫（Парахат Хоммадович Дурдыев）。馆址：北京市朝阳区霄云路18号京润水上花园别墅A-1。电话：010-65326975；传真：65326976。

【同俄罗斯的关系】土俄2017年建立战略伙伴关系。2022年2月17日，土副总理兼外长梅列多夫同俄罗斯外长拉夫罗夫通电话。2月22日，土总统库·别尔德穆哈梅多夫同俄罗斯鞑靼斯坦共和国总统明尼汉诺夫通电话。同日，土副总理兼外长梅列多夫赴俄正式访问，其间会见俄外长拉夫罗夫。3月15日，土总统库·别尔德穆哈梅多夫同俄罗斯总统普京通电话。4月8日，土总统谢·别尔德穆哈梅多夫同俄罗斯总统普京通电话。4月9日，土总统谢·别尔德穆哈梅多夫会见到访的俄罗斯副总理、土俄政府间经济合作委员会俄方主席奥维尔丘克，土俄政府间经济委员会土方主席、土副总理兼外长梅列多夫同委员会俄方主席、俄副总理奥维尔丘克举行会谈。4月22日，“中亚—俄罗斯”第五次外长会以线上方式召开，土副总理兼外长梅列多夫出席。4月24日，土总统谢·别尔德穆哈梅多夫会见俄罗斯鞑靼斯坦共和国总统明尼哈诺夫。5月12日，首届中亚国家同俄罗斯议会间论坛在土举行，土议会上院议长库·别尔德穆哈梅多夫出席。同日，土总统谢·别尔德穆哈梅多夫会见俄联邦委员会主席马特维延科。5月17日，土总统谢·别尔德穆哈梅多夫会见到访的俄罗斯“复兴”设计建筑公司总裁布卡托。5月18日，俄罗斯总统普京签署法令，决定授予土总统谢·别尔德穆哈梅多夫友谊勋章。5月19日，土议会上院议长库·别尔德穆哈梅多夫访问俄罗斯鞑靼斯坦共和国。6月6日，土副总理兼外长梅列多夫同俄罗斯外长拉夫罗夫通电话。同日，土俄政府间经济合作委员会土方主席、土副总理兼外长梅列多夫同委员会俄方主席、俄罗斯副总理奥维尔丘克通电话。6月10日，土总统谢·别尔德穆哈梅多夫访问俄罗斯，同俄罗斯总统普京举行小范围会见，普京授予别友谊勋章。6月21日，土副总理兼外长梅列多夫同俄罗斯外长拉夫罗夫通电话。6月29日，土总统谢·别尔德穆哈梅多夫、上院议长库·别尔德穆哈梅多夫分别会见赴土出席第六届里海国家元首峰会的俄罗斯总统普京。8月26日，俄总统普京签署命令，决定向土前总统、议会上院议长库·别尔德穆哈梅多夫授予“为祖国服务”四级勋章。8月29日，土总统谢·别尔德穆哈梅多夫会见俄罗斯天然气工业公司总裁米勒。9月15日，土总统谢·别尔德穆哈梅多夫同俄罗斯总统普京在撒马尔罕举行会晤。9月22日，土总统谢·别尔德穆哈梅多夫同俄罗斯总统普京通电话。9月26日，土总统谢·别尔德穆哈梅多夫会见来土参加土独立31周年庆祝活动的俄罗斯鞑靼斯坦共和国总统明尼哈诺夫、圣彼得堡市市长别格洛夫、车里雅宾斯克州州长特克斯勒。11月1日至3日，土议会上院议长库·别尔德穆哈梅多夫对俄罗斯进行访问，同俄罗斯总统普京举行会见，同俄联邦委员会主席马特维延科、国家杜马主席沃洛金举行会谈。11月15日，土总统谢·别尔德穆哈梅多夫会见到访的俄罗斯副总理奥维尔丘克。同日，土俄政府间经济合作委员会土方主席、土副总理兼外长梅列多夫同委员会俄方主席、俄副总理奥维尔丘克举行会见。12月6日，土副总理兼外长梅列多夫同俄外长拉夫罗夫在莫斯科举行会谈。12月7日，土俄经济合作委员会会议举行，土副总理兼外长梅列多夫同俄副总理奥维尔丘克主持。12月28日，土总统谢·别尔德穆哈梅多夫对俄进行工作访问，并出席独联体国家领导人非正式峰会。

【同独联体国家的关系】土视发展同独联体国家关系为外交优先方向，2017年以来先后同乌兹别克斯坦、哈萨克斯坦、阿塞拜疆、塔吉克斯坦和吉尔吉斯斯坦建立战略伙伴关系。2022年1月6日，土外交部发布消息，表示土方正在密切关注当前在哈萨克斯坦国内发生的事件，并表示关切。1月10日，土副总理兼外长梅列多夫同乌兹别克斯坦外长卡米洛夫通电话。1月17日，土副总理谢·别尔德穆哈梅多夫对乌兹别克斯坦进行工作访问，同乌总统米尔济约耶夫、乌副总理兼投资外贸部长乌穆尔扎科夫分别举行会见。1月20日，土总统库·别尔德穆哈梅多夫同乌兹别克斯坦总统米尔济约耶夫通电话。2月7日，土副总理兼外长梅列多夫同哈萨克斯坦副总理兼外长特列乌别尔季通电话。2月12日，土总统库·别尔德穆哈梅多夫会见访土的哈萨克斯坦第一副总理斯克利亚尔。2月14日，土总统库·别尔德穆哈梅多夫同哈萨克斯坦总统托卡耶夫通电话。3月15日，土总统库·别尔德穆哈梅多夫分别同乌兹别克斯坦总统米尔济约耶夫、哈萨克斯坦总统托卡耶夫、吉尔吉斯斯坦总统扎帕罗夫、塔吉克斯坦总统拉赫蒙、阿塞拜疆总统阿利耶夫、亚美尼亚总理帕什尼扬、白俄罗斯总统卢卡申科通电话。5月10日，土总统谢·别尔德穆哈梅多夫会见阿塞拜疆经济部长扎巴罗夫。5月11日，土议会上院议长库·别尔德穆哈梅多夫会见塔吉克斯坦议会上院议长埃莫马利。5月12日，土总统谢·别尔德穆哈梅多夫会见哈萨克斯坦议会上院议长阿希姆巴耶夫、吉尔吉斯斯坦议长马梅托夫、乌兹别克斯坦议会上院议长纳尔巴耶娃。5月13日，土副外长哈吉耶夫对塔吉克斯坦进行工作访问并出席独联体外长理事会与中亚国家外长会。5月16日，土议会上院议长库·别尔德穆哈梅多夫同乌兹别克斯坦总统米尔济约耶夫通电话。5月17日，土总统谢·别尔德穆哈梅多夫同哈萨克斯坦总统托卡耶夫通电话。5月20日，土总统谢·别尔德穆哈梅多夫会见哈萨克斯坦第一副总理斯克利亚尔。同日，土副总理穆哈梅多夫以视频方式出席独联体政府首脑理事会会议。6月7日，土副总理兼外长梅列多夫会见哈副总理兼外长特列乌别尔季。同日，土副总理穆哈梅多夫出席在塔吉克斯坦举行的“水促进可持续发展”2018—2028年国际行动十年高级别会议。6月29日，第六届里海国家元首峰会在阿什哈巴德举行，土总统谢·别尔德穆哈梅多夫主持。同日，土总统谢·别尔德穆哈梅多夫、上院议长库·别尔德穆哈梅多夫分别会见哈萨克斯坦总统托卡耶夫、阿塞拜疆总统阿利耶夫。7月5日，土外交部发布声明，对乌兹别克斯坦卡拉卡尔帕克斯坦共和国发生的事件和有关报道表示关切。7月6日，土副总理兼外长梅列多夫会见来土进行工作访问的阿塞拜疆经济部长贾巴罗夫。7月14日至15日，土总统谢·别尔德穆哈梅多夫对乌兹别克斯坦进行国事访问。7月19日至20日，格鲁吉亚总理加里巴什维利访土。7月21日，土总统谢·别尔德穆哈梅多夫出席在吉尔吉斯斯坦举行的第四届中亚五国元首峰会。7月24日，土议会上院议长库·别尔德穆哈梅多夫同乌兹别克斯坦总统米尔济约耶夫通电话。8月26日，土总统谢·别尔德穆哈梅多夫会见来土参加土乌外交部间磋商的乌兹别克斯坦代外长诺罗夫和乌总统安全会议副秘书、总统外事问题特别代表卡米洛夫。同日，土副总理兼外长梅列多夫同乌兹别克斯坦代外长诺罗夫举行土乌政治磋商。9月7日至8日，土主管贸易的副总理阿达耶夫对乌兹别克斯坦进行工作访问。9月8日至9日，土议会下院议长马梅多娃出席在塔什干举行的第14届世界女性议长大会。9月15日，土总统谢·别尔德穆哈梅多夫同乌兹别克斯坦总统米尔济约耶夫在撒马尔罕举行会晤。9月22日，土总统谢·别尔德穆哈梅多夫同乌兹别克斯坦总统米尔济约耶夫通电话。10月7日，土总统谢·别尔德穆哈梅多夫赴俄罗斯圣彼得堡出席独联体成员国元首非正式会晤。10月15日，土总统谢·别尔德穆哈梅多夫同哈萨克斯坦总统托卡耶夫举行小、大范围会谈。10月20日，土议会上院议长库·别尔德穆哈梅多夫同哈萨克斯坦议会上院议长阿希姆巴耶夫通电话。10月20日至21日，乌兹别克斯坦总统米尔济约耶夫对土进行正式访问，同土总统谢·别尔德穆哈梅多夫举行小、大范围会谈。10月27日至28日，土议会下院议长马梅多娃赴乌兹别克斯坦出席独联体国家第54次议会理事会会议。11月7日，土议会上院议长库·别尔德穆哈梅多夫同乌兹别克斯坦总统米尔济约耶夫通电话。11月11日，土议会上院议长库·别尔德穆哈梅多夫分别会见乌兹别克斯坦总统米尔济约耶夫、吉尔吉斯斯坦总统扎帕罗夫、阿塞拜疆总统阿利耶夫。12月14日，土总统谢·别尔德穆哈梅多夫会见阿塞拜疆总统阿利耶夫。

【同土耳其的关系】土重视同土耳其的传统友谊。2022年2月7日，土总统库·别尔德穆哈梅多夫同土耳其总统埃尔多安通电话。2月26日，土总统库·别尔德穆哈梅多夫同土耳其总统埃尔多安通电话。3月15日，土总统库·别尔德穆哈梅多夫同土耳其总统埃尔多安通电话。5月3日，土总统谢·别尔德穆哈梅多夫应约同土耳其总统埃尔多安通电话。同日，土议会上院议长库·别尔德穆哈梅多夫同土耳其大国民议会议长申托普通电话。7月11日，土议会上院议长库·别尔德穆哈梅多夫同土耳其大国民议会议长申托普通电话。7月20日，土总统谢·别尔德穆哈梅多夫会见土耳其查里克能源公司董事长查里克。11月11日，土议会上院议长库·别尔德穆哈梅多夫会见土耳其总统埃尔多安。11月17日至18日，土耳其大国民议会主席申托普访土，土总统谢·别尔德穆哈梅多夫同其会见，土议会上院议长库·别尔德穆哈梅多夫同其举行小、大范围会谈。11月28日，土副总理兼外长梅列多夫同土耳其外长查武什奥卢举行一对一会谈。12月14日，土总统谢·别尔德穆哈梅多夫、阿塞拜疆总统阿利耶夫、土耳其总统埃尔多安在土举行元首峰会。同日，土总统谢·别尔德穆哈梅多夫、议会上院议长库·别尔德穆哈梅多夫分别会见土耳其总统埃尔多安。

【**同伊朗的关系**】伊朗是土重要邻国，两国保持密切交往。2022年1月8日至9日，土副总理谢·别尔德穆哈梅多夫、副总理兼外长梅列多夫访问伊朗，会见伊总统莱希。3月15日，土总统别尔德穆哈梅多夫同伊朗总统莱希通电话。3月30日，土副总理兼外长梅列多夫在安徽会见伊朗外长阿卜杜拉希扬。5月3日，土总统谢·别尔德穆哈梅多夫应约同伊朗总统莱希通电话。6月14日至15日，土总统谢·别尔德穆哈梅多夫对伊朗进行正式访问，同伊朗总统莱希举行小、大范围会谈，同最高领袖哈梅内伊、议会议长加利巴夫举行会见。同日，土副总理兼外长梅列多夫会见伊朗外长阿卜杜拉希扬。6月20日，土副总理兼外长梅列多夫同伊朗外长阿卜杜拉希扬通电话。6月29日，土总统谢·别尔德穆哈梅多夫、上院议长库·别尔德穆哈梅多夫分别会见伊朗总统莱希。8月16日，土主管农业副总理亚兹梅拉多夫同伊朗主管经济外交的副外长萨法里举行会谈。11月16日，土总统谢·别尔德穆哈梅多夫会见伊朗石油部长奥吉。11月30日，土总统谢·别尔德穆哈梅多夫会见伊朗能源部长阿克巴尔。同日，土副总理兼外长梅列多夫会见阿克巴尔。

【**同美国的关系**】土重视同美国合作。2022年2月24日，土总统库·别尔德穆哈梅多夫同土美商务理事会主席斯图尔特通电话。3月1日，土副总理兼外长梅列多夫同美国主管南亚和中亚事务的助理国务卿唐纳德·卢以视频方式举行土美年度政治磋商。4月10日，土总统谢·别尔德穆哈梅多夫就土美建交30周年向美国总统拜登致贺信。5月15日，土副总理兼外长梅列多夫会见到访的美国务院外交服务局局长卡罗尔、负责南亚和中亚地区事务第一副助理国务卿汤普森。5月24日，土美商务理事会执行董事斯图尔特和尼克劳斯公司首席执行官兼董事会成员利兹访土，土总统谢·别尔德穆哈梅多夫、议会上院议长库·别尔德穆哈梅多夫分别同其会见。9月28日，土总统谢·别尔德穆哈梅多夫会见美国约翰迪尔公司农业和园艺设备部负责人彭茨。10月5日，土副外长哈吉耶夫同美国国务院军控、核查和合规局第一副助理国务卿保罗·迪恩举行会谈。同日，土美商务理事会会议以视频方式举行。11月6日至7日，美国负责南亚和中亚事务的助理国务卿唐纳德·卢访土，土总统谢·别尔德穆哈梅多夫同其会见，土副总理兼外长梅列多夫同其会谈。12月5日，土总统谢·别尔德穆哈梅多夫会见土美商务理事会执行董事斯图尔特。

【**同欧洲国家的关系**】土将欧洲国家视为潜在能源出口对象，双方合作有所加强。2022年2月24日，土英外交部以视频方式举行“结构性对话”，土副总理兼外长梅列多夫同英国外交和联邦事务部主管南亚、中亚、联合国和独联体的国务大臣艾哈迈德举行视频会见。5月4日至6日，欧盟中亚事务特别代表哈卡拉访土，土总统谢·别尔穆哈梅多夫、议会上院议长库·别尔德穆哈梅多夫、下院议长马梅多娃、副总理兼外长梅列多夫分别同哈会见。11月18日，中亚—欧盟互联互通会议在撒马尔罕举行，土副外长哈吉耶夫率团参会。11月23日至26日，土副总理马梅多娃访问法国。11月25日，土—欧盟人权对话会第14次会议在土举行。

【**同其他国家的关系**】土积极发展同南亚、东亚等地区国家友好关系。

阿富汗：2022年1月8日，土副外长哈吉耶夫率团访问阿富汗，同阿临时政府代理副总理、代理副外长、矿产石油部代理部长、农业灌溉和畜牧业部代理副部长等举行会见。1月15日，阿富汗临时政府代理外长穆塔基访土，土副总理兼外长梅列多夫同其举行小、大范围会谈。3月30日，土副总理兼外长梅列多夫在安徽会见阿富汗代理外长穆塔基。

巴基斯坦：2022年1月24日，土副总理兼外长梅列多夫同巴基斯坦外长库雷希通电话。1月31日，土副外长哈吉耶夫率团访问巴基斯坦，同巴能源部长阿扎尔、外秘马哈茂德举行会见。3月22日，土代理副总理兼外长梅列多夫在第48届伊斯兰合作组织外长理事会会议期间会见巴基斯坦外长库雷希。9月20日，土总统谢·别尔德穆哈梅多夫会见巴基斯坦石油部长马利克。9月21日，土副总理兼外长梅列多夫同来访的巴基斯坦石油部长马利克举行会谈。10月31日，土议会上院议长库·别尔德穆哈梅多夫同巴基斯坦参议院主席桑吉拉尼通电话。

印度：2022年1月24日，土副总理兼外长梅列多夫同印度外长苏杰生通电话。1月27日，土总统库·别尔德穆哈梅多夫应印度总理莫迪邀请，以视频方式出席首届中亚—印度峰会。4月1日至4日，印度总统科温德对土进行国事访问，土总统谢·别尔德穆哈梅多夫同其举行小、大范围会谈。

日本：2022年4月13日，土总统谢·别尔德穆哈梅多夫同日本首相岸田文雄通电话。4月15日，土副外长哈吉耶夫以视频方式出席第八次“中亚+日本”外长会议。4月23日，土总统谢·别尔德穆哈梅多夫录制视频参加日本主办的第四届亚太水峰会。7月11日，土举行日本前首相安倍晋三纪念活动，议会上院议长库·别尔德穆哈梅多夫出席。9月25日至10月1日，土议会上院议长库·别尔德穆哈梅多夫赴日进行工作访问，出席日本前首相安倍晋三国葬，分别同日本首相岸田文雄、议会代表、外务省副大臣及工商界人士等举行会见、会谈。10月18日，土日经济合作委员会土方主席、土副总理兼外长梅列多夫同委员会日方主席、日本伊藤忠株式会社总经理翼博之举行视频会见。12月21日至24日，土副总理兼外长梅列多夫对日本进行访问，出席土日经济合作委员会第14次会议，会见日本外务大臣林芳正等官员。

韩国：2022年10月12日，土副外长哈吉耶夫以视频方式出席第15届中亚—韩国合作论坛筹备会议。10月23日至25日，土副总理兼外长梅列多夫对韩国进行工作访问，并出席第15届中亚—韩国合作论坛。其间，梅会见韩国国会议长金振杓、外长朴振。11月24日，土副总理兼外长梅列多夫同韩国外长朴振通电话。11月28日至29日，土议会上院议长库·别尔德穆哈梅多夫对韩国进行正式访问，其间会见韩国总统尹锡悦。

【同国际和地区组织的关系】土将联合国等国际组织视为提升国际影响的重要平台。2022年1月11日，土副总理兼外长梅列多夫出席“突厥语国家组织”外长理事会哈萨克斯坦局势问题特别视频会议。1月28日，土副总理兼外长梅列多夫同联合国副秘书长、反恐办公室主任沃伦科夫举行视频会议。2月2日，土交通通信署署长恰克耶夫以视频方式出席经济合作组织第11次交通部长会议。2月17日，土副总理兼外长梅列多夫会见联合国驻土协调员什拉帕钦科、联合国开发计划署驻土代表萨克扬和联合国中亚预防外交中心代理主任萨普里金。同日，土副总理兼外长梅列多夫同“突厥语国家组织”秘书长阿穆列耶夫举行视频会见。3月2日，土总统库·别尔德穆哈梅多夫会见联合国秘书长特别代表、中亚地区预防外交中心主任盖尔曼。3月10日，土总统库·别尔德穆哈梅多夫会见“突厥语国家组织”长老理事会主席耶尔德勒姆。3月13日，土副总理兼外长梅列多夫会见来土观选的“突厥语国家组织”秘书长阿穆列耶夫。3月23日，土代理副总理兼外长梅列多夫在伊斯兰堡会见伊斯兰合作组织秘书长塔哈。3月25日，土总统谢·别尔德穆哈梅多夫、上院议长库·别尔德穆哈梅多夫分别会见“突厥语国家组织”长老理事会主席耶尔德勒姆。4月26日，土副总理兼外长梅列多夫同联合国副秘书长、联合国亚太经济社会委员会执行秘书阿里沙赫巴纳举行视频会晤。6月6日，土总统谢·别尔德穆哈梅多夫会见联合国常务副秘书长、可持续发展小组主席阿明娜。6月21日，土副总理兼外长梅列多夫会见联合国交通外交国际中心执行秘书鲁诺夫。7月4日，土副总理兼外长梅列多夫会见来土进行工作访问的世界贸易组织副总干事张向晨。9月5日，土总统谢·别尔德穆哈梅多夫会见“突厥语国家组织”秘书长阿姆列耶夫。9月16日，土总统谢·别尔德穆哈梅多夫以主席国客人身份出席上合组织成员国元首理事会第二十二次会议。10月11日，土副总理兼外长梅列多夫会见来访的国际突厥文化组织秘书长拉耶夫。10月13日，第六次亚洲相互协作与信任措施会议峰会在阿斯塔纳举行，土副总理兼外长梅列多夫出席。11月3日，土副总理兼外长梅列多夫同联合国发展协调办公室欧洲和中亚地区主任、联合国中亚地区预防外交中心主任、联合国教科文组织驻德黑兰办公室主任、联合国人权高专办地区代表等联合国机构驻土负责人举行视频会见。11月7日，土副总理兼外长梅列多夫会见联合国人权事务高专办中亚地区代表科门达。11月11日，土议会上院议长库·别尔德穆哈梅多夫出席在撒马尔罕举行的“突厥语国家组织”元首理事会会议。11月28日，土总统谢·别尔德穆哈梅多夫会见到访的国际突厥文化组织秘书长拉耶夫。11月30日，土副总理兼外长梅列多夫会见国际突厥文化组织秘书长拉耶夫。（鲁莎莎）

文　莱

国名　文莱达鲁萨兰国（Negara Brunei Darussalam）。

面积　5765平方公里。

人口　约44.9万（2022年）。其中，马来人占73.5%，华人占9.5%，其他种族占17%。马来语为国语，通用英语，华语使用较广泛。伊斯兰教为国教，其他还有佛教、基督教等。

首都　斯里巴加湾市（Bandar Seri Begawan），人口约24万（2022年）。位于文莱–摩拉区，面积100.36平方公里。从17世纪起成为文莱首都，原称“文莱城”，1970年10月4日改为现名。

国家元首 苏丹·哈吉·哈桑纳尔·博尔基亚·穆伊扎丁·瓦达乌拉（Sultan Haji Hassanal Bolkiah Mu'izzaddin Waddaulah），1967年10月5日继位。

重要节日 独立日：1月1日；国庆日：2月23日；苏丹哈吉·哈桑纳尔·博尔基亚的生日：7月15日。文莱是伊斯兰国家，开斋节是其最盛大的节日，每年日期根据伊斯兰历而定。

简况

位于加里曼丹岛西北部，北濒南海，东南西三面与马来西亚的沙捞越州接壤，并被沙捞越州的林梦分隔为不相连的东西两部分。海岸线长162公里，有33个岛屿，沿海为平原，内地多山地。属热带雨林气候，终年炎热多雨。年均气温28℃。

古称“渤泥”。14世纪中叶伊斯兰教传入，建立苏丹国。16世纪初国力最为强盛。16世纪中期起，葡萄牙、西班牙、荷兰、英国等相继入侵。1888年沦为英国保护国。1941年被日本占领。1946年英国恢复对文莱控制。1971年与英国签约，获得除外交和国防事务外的内部自治。1984年1月1日完全独立。

政治

文莱自1984年1月1日独立之日起即正式宣布“马来伊斯兰君主制”为国家纲领。其内涵为：国家维护马来语言、文化和风俗主体地位，在全国推行伊斯兰教法律和价值观，王室地位至高无上。该纲领将伊斯兰教确认为文莱国教，反对政教分离。

【宪法】1959年9月29日颁布第一部宪法。1971年和1984年曾二度修宪。宪法规定，苏丹为国家元首和宗教领袖，拥有立法、行政和司法等全部国家权力。国家设有五个委员会，即宗教委员会、枢密委员会、行政委员会、立法委员会及王位继承委员会，协助苏丹理政。2004年第三次修宪，内容涉及政体、司法、宗教、民俗等多个方面，共13项内容，包括：赋予苏丹无须经立法院同意而自行颁布紧急法令等法令的权利；制定选举法令，让人民参选从政；伊斯兰教仍为国教，但人民有宗教信仰自由；以马来语作为官方语言，英语可作为法庭办案语言；等等。

【议会】1962年曾举行选举。1970年取消选举，议员改由苏丹任命。1984年2月，苏丹宣布终止立法会，立法以苏丹圣训方式颁布。2023年1月，苏丹任命本届立法会议员。议长拉赫曼（Pehin Orang Kaya Seri Lela Dato Seri Setia Awg Hj Abdul Rahman Dato Setia Hj Mohamed Taib）获得连任，议员包括苏丹、王储兼首相府高级部长等内阁成员、各区县代表及社会贤达。

【政府】1988年12月1日，苏丹宣布组成政府。1989年1月、2005年5月、2010年5月、2015年10月、2018年1月和2022年6月，苏丹对内阁进行改组。

现内阁成员如下：苏丹兼任首相、国防部长、财政与经济部长及外交部长，王储兼首相府高级部长阿尔穆塔迪·比拉（Crown Prince Haji Al-Muhtadee Billah），苏丹特别顾问兼首相府部长丕显·拿督伊萨（Pehin Orang Kaya Laila Setia Bakti Di-Raja Dato Laila Utama Haji Awang Isa bin Pehin Datu Perdana Manteri Dato Laila Utama Haji Awang Ibrahim），宗教部长巴达鲁丁（Pehin Udana Khatib Dato Paduka Seri Setia Ustaz Haji Awang Badaruddin bin Pengarah Dato Paduka Haji Awang Othman），首相府部长哈尔比［Pehin Datu Lailaraja Major General（Rtd）Dato Paduka Seri Haji Awang Halbi bin Haji Mohd Yussof］，卫生部长伊山姆（Dato Paduka Dr Haji Mohd Isham bin Jaafar），首相府部长兼财政与经济事务主管部长刘光明（Dato Seri Paduka Dr Awang Haji Mohd Amin Liew bin Abdullah），外交事务主管部长艾瑞万（Dato Seri Paduka Haji Erywan bin Pehin Datu Pekerma Jaya Haji Mohd Yusof），内政部长阿赫马丁（Dato Seri Paduka Haji Ahmaddin Haji Abd Rahman），初级资源与旅游部长马纳夫（Dato Seri Paduka Dr Hj Abd Manaf Hj Matusin），发展部长朱安达（Dato Paduka Hj Mohd Juanda Hj Abd Rashid），教育部长罗麦扎（Datin Seri Paduka Dr Hjh Romaizah Hj Mohd Salleh），交通与信息通信部长沙姆哈利（Pg Hj Shamhary Pg Dato Hj Mustafa），文化、青年与体育部长纳兹米（Hj Nazmi Hj Mohammad）。另有6名副部长。

【行政区划】全国划分为4个区：文莱–摩拉区、马来奕区、都东区、淡布隆区。

【司法机构】司法体系以英国习惯法为基础。一般刑事案件在推事庭或中级法院审理，较严重的案件由高级法院审理，民事案件最终可上诉至英国枢密院。最高法院由上诉法院和高级法院组成，现任首席大法官张惠安（Dato Paduka Steven Chong Wan Oon），是文莱首位本土华裔大法官。另设伊斯兰法庭，处理违反伊斯兰教义的案件，现任伊斯兰法庭首席法官为哈吉·萨里姆（Dato Paduka Seri Setia Ustaz Awang Haji Salim Bin Awang Haji Besar）。文自2014年5月起开始实施伊斯兰刑法第一阶段，2019年4月3日开始实施伊斯兰刑法第二阶段和第三阶段，2019年5月5日，苏丹哈桑纳尔宣布暂缓适用伊斯兰刑法死刑。现任总检察长阿赫玛德（Haji Ahmad Pehin Dato Haji Isa）。

【重要人物】苏丹·哈吉·哈桑纳尔·博尔基亚：苏丹、国家元首、首相兼国防部长、财政与经济部长、外交部长、皇家武装部队最高统帅、五星级上将和皇家警察部队总督察。掌握立法权。1946年7月15日出生于斯里巴加湾市。幼年在国内受宫廷教育，1959年就读于吉隆坡维多利亚学院（中学）。1961年被封为王储。1966年在英国皇家圣赫斯特陆军学院受训，获上尉军衔。1967年10月5日在其父退位后继任第29世苏丹，翌年8月1日加冕。 **阿尔穆塔迪·比拉：**王储。1974年2月17日出生于斯里巴加湾市，系苏丹与苏丹后长子。早年在国内受宫廷教育，曾在文莱理工大学、文莱大学和英国牛津大学学习伊斯兰教、文莱历史、政治、经济、文化和外交课程，后到文莱政府部门和企业广泛学习，以了解文莱国情和政府部门运作，培养治国理政的能力和经验。1998年8月被封为王储。2004年3月被封为皇家武装部队四星上将。2004年7月与王室宗亲之女萨拉完婚。2005年5月被任命为文莱皇家警察部队副总督察，同年5月内阁改组时被任命为首相府高级部长，2018年1月、2022年6月内阁改组，比拉继续担任该职务。

经　济

文莱经济以石油天然气产业为支柱，非油气产业均不发达，主要有制造业、建筑业、金融业及农、林、渔业等。

为摆脱单一经济束缚，近年来文政府大力发展油气下游产业、伊斯兰金融及清真产业、物流与通信科技产业、旅游业等，加大对农、林、渔业以及基础设施建设投入，积极吸引外资，推动经济向多元化方向发展。2022年主要经济数据如下：

国内生产总值：138.4亿美元。

人均国内生产总值：37452美元。

国内生产总值增长率：–1.6%。

货币名称：文莱元。

汇率：1美元≈1.33文莱元。

通货膨胀率：1.9%。

失业率：4.2%。

（资料来源：文莱首相府经济计划发展局统计公报）

【资源】文森林覆盖率为72.11%，其中森林约占陆地面积的一半。文限制森林砍伐和原木出口，实行“砍一树、种四树”和每年10万立方米限额伐木政策，主要满足国内市场需要。

【工业】文工业基础薄弱，经济结构单一，主要以石油和天然气开采与生产为主。根据2021年《BP世界能源统计年鉴》，截至2020年底，文莱已探明石油储量为11亿桶；天然气储量为2000亿立方米，均占全球总量的0.1%。文莱政府一方面积极勘探新油气区，另一方面对油气开采奉行节制政策。据文莱官方统计，2020年文莱石油日产量约11万桶，天然气日产量约3450万立方米。

【农业】农业基础薄弱。2016年，苏丹提出稻米自给自足的战略目标。目前，中国、菲律宾、新加坡、韩国、泰国等国企业不同程度参与了文水稻种植项目试验。2019年10月，文苏丹在新开垦的500公顷农业区试种印尼杂交水稻品种Sembeda 188，该稻预计一年两熟，每公顷产量约6吨。

文有162公里海岸线，渔业资源丰富，但渔业产值占国内生产总值不足1%，国内市场需求50%依靠进口。文政府鼓励外资进入，与本地公司开展渔业养殖合作。

【旅游业】旅游业是文莱近年大力发展的优先领域之一。文莱政府采取多项鼓励措施吸引游客赴文旅游，主要旅游景点有水村、王室陈列馆、清真寺、淡布隆国家森林公园等。2019年文国际旅客约33.32万人次，同比增长19.81%。

【交通运输】公路：截至2019年底，总长为3708.4公里。2016年6月，中国公司在文承建的特里塞—鲁木高速公路建成通车，全长18.6公里。主要居民点都有现代化道路网连通，是世界上拥有私车比例较高国家之一。公共交通不发达。

水运：摩拉深水港占地24公顷，码头长861米，泊位8个，吃水深12.5米，另有一个87米长的集料码头，年吞吐量超过10万个集装箱。斯里巴加湾市有93米长的商业码头，141米长的海军和政府船舶使用的泊位和40米长的旅客码头。马来奕港可停靠2条船，有744平方米的货仓，1837平方米的露天存货场。另有诗里亚和卢穆特两港口主要供石油与天然气出口用。

空运：首都斯里巴加湾市有国际机场。文莱皇家航空公司有客机14架，每周有多个航班直达东盟国家、澳大利亚、中东、中国（北京、香港、上海、杭州、南宁、昆明）等国家和地区。此外，与中国东方航空公司、香港航空公司等航空公司开通了代码共享航线。

【财政金融】2022/2023财年，文莱财政预算收入为52.4亿文莱元，预算支出为47.2亿文莱元，财政预算盈余为5.2亿文莱元。

文莱当地主要商业银行有文莱达鲁萨兰伊斯兰银行和佰都利银行；外资银行有渣打银行、新加坡大华银行、马来亚银行等。

【对外贸易】主要出口原油、石油产品和液化天然气，进口机器和运输设备、工业品、食物、药品等。据文莱官方统计，2022年文莱进出口贸易总额为241.9亿美元。其中，出口额为147.0亿美元，进口额为94.9亿美元。文主要贸易伙伴为新加坡（15.31%）、中国（14.25%）、日本（13.1%）。大宗出口产品是原油和天然气，主要出口市场为新加坡（21.42%）、日本（20.34%）、中国（20.1%）。主要进口来源地为马来西亚（22.34%）、俄罗斯（15.27%）、沙特（11.78%）。大宗出口产品是原油和天然气，原油主要出口市场为澳大利亚（32.6%）、印度（19.99%）、泰国（19.08%）；天然气主要出口市场为日本（78.3%）、中国（11.32%）、马来西亚（3.76%）。

人民生活

政府重视人民的生活环境和医疗服务，向公民提供免费医疗，包括到国外免费就医，对永久居民和政府部门里的外籍雇员及其家属也仅收取象征性费用。人均寿命为77.3岁，女性为78.3岁、男性为76.3岁。医疗体系分为四级：卫生诊所、卫生中心、医疗中心和医院。目前共有6所医院。

军　事

1961年5月31日建立文莱马来兵团，1965年5月更名为文莱皇家军团。军队指挥权曾长期由英国人控制。1984年独立后，改称为文莱皇家武装部队，由陆军、海军、空军、支援司令部和训练学院五部分组成。2009年，支援司令部被裁撤，增设联合部队司令部。文军现主要由陆海空三军、联合部队司令部和训练学院组成。文实行志愿兵役制。苏丹任国防部长兼武装部队最高统帅、五星上将，王储兼首相府高级部长比拉为四星上将。2018年1月，阿米南被任命为武装部队司令。

现有总兵力约6000人。其中，陆军约4000人，海军1300人，空军700人。另有一支廓尔喀预备部队（尼泊尔雇佣军）约2000人。

文化教育

【教育】政府实行免费教育，并资助留学费用，英文和华文私立学校资金自筹。据文莱经济发展局数据，2019年，文共有学校251所。其中，公立学校175所，私立学校76所。在校学生总数为10.67万人，教师人数为1.09万人。文公民受教育程度较高，10岁以上女性识字率为96.1%，男性识字率为98.2%。

【新闻出版】主要英文报纸《婆罗洲公报》，《文莱时报》于2016年11月停刊。马来文报纸有《PERMATA》。中文报纸由国外进口，马来西亚中文日报《联合日报》《诗华日报》《星洲日报》设有文莱新闻版，在文莱发行。

对外关系

奉行不结盟及同各国友好的外交政策。主张国家无论大小、强弱，都应相互尊重。1984年2月24日加入联合国，重视联合国作用。1993年12月9日加入关贸总协定，1994年4月15日成为世界贸易组织成员。1984年1月7日成为东盟第6个成员国，与东盟各国关系密切。视东盟为外交基石，主张通过东盟实现地区稳定、繁荣与团结。2006年7月至2009年7月任中国—东盟关系协调国。系亚太经合组织和亚欧会议成员，重视维护地区和平、安全与稳定，对区域性经济合作持积极态度，主张各国实行贸易、投资自由化和开展经济技术合作。认为近年来国际形势的变化对国际关系产生了深刻影响，联合国和地区组织应在维护和平、保持稳定和促进发展中发挥作用。支持联合国改革，希望通过改革加强联合国的地位和作用，提高联合国的效率和活力，认为安理会改革应多倾听中小发展中国家的声音，增加发展中国家的代表性。重视同中国、美国、日本等大国关系。积极发展同伊斯兰国家间的关系，是伊斯兰会议组织成员国。系英联邦和不结盟运动等国际组织成员国。2013年、2021年担任东盟轮值主席国。

截至2020年7月，文与170个国家建交，共设立对外派驻机构（使馆、高专署和总领馆）42个。在沙特吉达，马来西亚沙巴、沙捞越及中国香港设有总领馆，在纽约联合国总部、日内瓦设有常驻代表团，文莱常驻日内瓦代表兼任常驻世贸组织、国际原子能机构、《全面禁止核试验条约》组织代表，驻比利时大使兼任常驻欧盟和禁止化学武器组织代表。

【同中国的关系】中国与文莱于1991年9月30日建立外交关系，双边关系发展顺利，各领域友好交流与合作逐步展开。1999年，两国签署联合公报，进一步发展在相互信任和相互支持基础上的睦邻友好合作关系。2013年，两国建立战略合作关系。2018年，两国关系提升为战略合作伙伴关系。

两国高层交往频繁。2018年11月，习近平主席对文莱进行国事访问。2022年11月，习近平主席在泰国曼谷出席亚太经合组织领导人非正式会议期间会见文莱苏丹哈桑纳尔。文莱苏丹哈桑纳尔先后12次访华或来华出席国际会议。2020年1月，文莱外交主管部长艾瑞万、首相府部长兼财政与经济事务主管部长刘光明来华同王毅国务委员兼外长共同主持召开中国文莱政府间联合指导委员会首次会议。2021年1月，王毅国务委员兼外长访问文莱，同文莱外交主管部长艾瑞万、首相府部长兼财政与经济事务主管部长刘光明举行会谈并共同主持中文政府间联合指导委员会第二次会议。2月、4月，王毅国务委员兼外长同文莱外交主管部长艾瑞万通电话。6月，王毅国务委员兼外长会见赴重庆参加中国—东盟建立外交关系30周年特别外长会的文莱外交主管部长艾瑞万。8月、9月、10月，王毅国务委员兼外长同文莱外交主管部长艾瑞万通电话。2022年8月，王毅国务委员兼外长在金边出席东亚合作系列外长会期间应约会见文莱外交主管部长艾瑞万。

1993年两国外交部建立定期磋商制度，迄已举行16次磋商。

进入21世纪，中文双边贸易额大幅上升。2008年4月、2011年4月、2013年3月和2016年4月，两国分别举行四次经贸磋商。据中国海关总署统计，2022年，中文双边贸易额为30.8亿美元，同比增长7.5%。其中，中国出口额为8.3亿美元，同比增长30.4%；中国进口额为22.5亿美元，同比增长1%。中国从文进口的商品主要是原油，向文出口的商品主要为纺织品、建材和塑料制品等。

两国在投资、承包劳务等方面合作成效显著。截至2021年，中国在文累计签订工程承包合同额36.3亿美元，完成营业额42.6亿美元。2021年中国企业在文新签工程承包合同额5251万美元，同比增长73.4%。两国签有《鼓励和相互保护投资协定》（2000年）、《避免双重征税和防止偷漏税的协定》（2004年）、《促进贸易、投资和经济合作谅解备忘录》（2004年）、《农业合作谅解备忘录》（2009年）、《"一带一路"建设谅解备忘录》（2017年）、《加强基础设施领域合作谅解备忘录》（2017年）、《共建"一带一路"合作规划》（2018年）。

中国驻文莱大使：于红（女）。馆址：No.1, Simpang 462, Kampung Sungai Hanching Baru, Jalan Muara, BC 2115, Negara Brunei Darussalam。电话：00673-20-341034，336077（商务）；传真：2344703，

335163（商务）。

文莱驻华大使：丕显·拉赫玛尼（Pehin Rahmani）。馆址：北京市朝阳区亮马桥北街1号。电话：010–65329773，65329776，65324093；传真：65324097。

（刘禹泽）

乌兹别克斯坦

国名　乌兹别克斯坦共和国（The Republic of Uzbekistan，Республика Узбекистан）。

面积　44.89万平方公里。

人口　3602.49万（2022年）。共有130多个民族。乌兹别克族占84.4%，塔吉克族占4.9%，哈萨克族占2.4%，卡拉卡尔帕克族占2.2%，俄罗斯族占2.1%，吉尔吉斯族占0.8%，土库曼族占0.6%，鞑靼族、朝鲜族均占0.5%。此外，还有乌克兰、维吾尔、阿塞拜疆、亚美尼亚、土耳其、白俄罗斯族等。乌兹别克语为官方语言，俄语为通用语。主要宗教为伊斯兰教，属逊尼派，其次为东正教。

首都　塔什干（Tashkent，Ташкент），常住人口295.57万（2022年）。1月平均气温7℃，7月平均气温32℃。

国家元首　总统沙夫卡特·米罗莫诺维奇·米尔济约耶夫（Шавкат Миромонович Мирзиёев）。2016年12月4日在总统大选中胜选，12月14日正式就任。2021年10月成功连任。

重要节日　新年：1月1日；古尔邦节：伊斯兰历12月10日；纳乌鲁斯节（乌兹别克春节）：3月21日；纪念和荣誉日（原胜利日）：5月9日；独立日：9月1日；宪法日：12月8日。

简　况

位于中亚腹地的“双内陆国”，全部5个邻国均无出海口。南靠阿富汗，北部和东北与哈萨克斯坦接壤，东、东南与吉尔吉斯斯坦和塔吉克斯坦相连，西与土库曼斯坦毗邻。属严重干旱的大陆性气候，7月平均气温28℃—37℃，1月平均气温5℃—8℃。

公元前7世纪开始出现国家。公元前5世纪起先后被纳入古波斯帝国、马其顿帝国、贵霜帝国、萨珊王朝、阿拉伯帝国、萨曼王朝、喀喇汗王朝版图。13世纪被蒙古人征服。14世纪中叶，阿米尔·帖木儿建立以撒马尔罕为首都的庞大帝国。16—18世纪，建立布哈拉汗国、希瓦汗国和浩罕国。19世纪60—70年代，部分领土（现撒马尔罕州和费尔干纳州）并入俄罗斯。1917—1918年建立苏维埃政权，1924年10月成立乌兹别克苏维埃社会主义共和国并加入苏联。1991年8月31日宣布独立，定9月1日为独立日。

政　治

独立之始，首任总统卡里莫夫提出按“乌兹别克斯坦发展模式”建设国家的“五项原则”：经济优先，国家调控，法律至上，循序渐进，社会保障。在该“五项原则”指导下，乌致力于复兴民族精神和宗教传统，提高社会宽容度，增进族际互容，对弱势阶层和群体实施社会保障。同时将保障国家安全作为国家主要任务之一。

米尔济约耶夫当选总统后宣布遵循“乌兹别克斯坦发展模式”，同时制定2017—2021年国家发展五大优先方向行动战略，加速推进经济、司法、行政等改革，开通网上信访渠道，及时回应民众关切。2021年10月，米尔济约耶夫总统成功连任，制定“2022—2026年新乌兹别克斯坦发展战略”，提出建设“民本”国家，提高法治水平，加快发展国民经济，大力发展民生事业，加强精神文明建设，积极参与解决全球性问题，巩固国家安全和实行开放务实、积极进取的对外政策等七大优先方向。

【宪法】1992年12月8日通过第一部宪法，规定乌是主权、民主国家，实行立法、行政、司法分立；总统为国家元首、武装部队最高统帅，每届任期7年，连任不得超过两届；经济以多种所有制为基础。1993年，2003年，2007年，2008年，2011年4月和12月，2014年，2017年4月、5月 和8月，2018年，2019年2月、3月 和9月共十四次修改宪法。2011年3月修宪扩大议会和政党权力，规定总理由立法院中占多数席位的政党或党团提名，议会有权对政府提出不信任案，有权就国家政治经济生活的重大问题向总理提出质询，总统无法理政时，由参议院主席直接代行总统权力，直至选出新总统；2011年12月修宪将总统任期由7年减少至5年；2014年修宪规定将部分总统权力移交总理，扩大政府和议会职权，强化中央选举委员会的独立性。2017年5月30日，乌最高会议参议院批准旨在加强国家民主进程的宪法修订案。2019年3月6日，乌总统米尔济约耶夫签署旨在加强政府组建过程民主化的宪法修订案，其中规定“征求最高会议立法院同意后，政府成员由总理提名、总统批准”。2019年9月4日修宪规定，除犯重罪和极重罪行被剥夺自由的人员外，其余服刑人员均可参加选举投票。2022年，乌开启第十五次修宪进程。宪法修正案草案包含提议删除有关卡拉卡尔帕克斯坦共和国有权通过全民公决脱离乌的条款，引发当地民众大规模抗议活动，米尔济约耶夫总统亲赴当地平息事态，并承诺取消宪法修正案中涉及卡拉卡尔帕克斯坦共和国地位的修订条款。乌最高会议随后宣布将继续完善宪法修正案。

【议会】乌兹别克斯坦议会称为最高会议，是行使立法权的最高国家代表机关。实行两院制，由参议院和立法院组成。

参议院为上院，设主席1人、第一副主席1人、副主席1人，下设办公厅，预算和经济改革委员会，立法司法问题和反腐委员会，国防安全委员会，国际关系、对外经济合作、外国投资、旅游委员会，科学、教育及卫生委员会，信息政策和确保国家机关公开性委员会，妇女和性别平等委员会，农业、水利委员会，青年、文化及体育委员会，咸海地区发展与生态委员会。本届参议院有议员100名，其中84名以不记名方式从卡拉卡尔帕克斯坦共和国、12个州和塔什干市选出，16名由乌总统在科学、艺术、文学和生产等领域有杰出贡献的乌公民中选任。参议员须满25周岁，在乌生活不少于5年。每届参议院任期5年。

参议院有权选举本院主席及副主席、各委员会主席及副主席，通过和修改宪法、法律，决定是否举行全民公投，确定内外政策及国家战略计划，确定立法、行政和司法权力机构的制度与权力，批准加入和退出国际组织，设立税收和其他强制性付款，通过和监督国家预算，批准总统关于组建和废除各部委、国家委员会和其他政府机构的法令，组建中央选举委员会，按总统提名审议并批准总理的候选资格，并听取和讨论总理关于经济社会发展的热点问题的报告、审议审计报告，根据总统提议审议批准国家进入战争状态法令，批准和退出国际条约。本届参议院于2020年1月产生，主席为坦济拉·卡玛洛夫娜·纳尔巴耶娃（Танзила Камаловна Нарбаева，女）。

立法院为下院，设议长1人、第一副议长1人、副议长6人，下设办公厅，预算和经济改革委员会，立法司法问题和反腐败委员会，劳动和社会问题委员会，国防安全委员会，国际事务与议会间交往委员会，工业建筑和贸易委员会，农业水利委员会，科教文体委员会，民主体制、非政府组织和公民自治机构委员会，创新发展、信息政策与通信技术委员会，公民健康委员会，生态环保委员会。议员150名，均由各选区在多党制基础上选举产生。每届立法院任期5年。立法院议员不能从事除科学和教育之外的营利性工作。立法院主要负责立法工作，有权选举本院议长及副议长、各委员会主席及副主席，有权按照乌总检察长的建议剥夺立法院议员豁免权。

本届立法院于2019年12月选举产生，现包括自由民主党议员团53人、“民族复兴”民主党议员团36人、“公正”社会民主党议员团24人、人民民主党议员团22人、生态党议员团15人。立法院议长为努尔丁江·姆伊金哈诺维奇·伊斯莫伊洛夫（Нурдинжон Муйдинханович Исмоилов）。

【政府】称“内阁”，由乌兹别克斯坦共和国总理、副总理、各部长及各国家委员会主席组成。根据乌宪法第98条规定，卡拉卡尔帕克斯坦共和国内阁主席进入乌兹别克斯坦共和国内阁担任相关职务。本届政府于2020年1月组成，动态调整。2022年12月，根据行政机构改革的总统令，乌政府改组，机构精简。基本组成为：1名总理、4名副总理、21个部、3个国家管理署、4个委员会、1个国家中心。政府成员包括：总理阿卜杜拉·尼格马托维奇·阿里波夫（Абдулла Нигматович Арипов），副总理阿奇尔拜·朱马尼亚佐维奇·拉马托夫（Ачилбай Джуманиязович Раматов），副总理贾姆希德·安瓦罗维奇·库奇卡罗夫（Джамшид Анварович Кучкаров），副总理贾姆希德·阿卜杜哈基莫维奇·霍贾耶夫（Жамшид Абдухакимович Ходжаев，女），副总理祖莱霍·巴赫里金诺夫娜·马赫卡莫娃（Зулайхо Бахриддиновна Махкамова，女），卡拉卡尔帕克斯坦共和国部长委员会主席法尔霍德·乌拉孜巴耶维奇·埃尔马诺夫（Фарход Уразбаевич Эрманов）。

代理外交部长巴赫季约尔·奥季洛维奇·赛义多夫（Бахтиёр Одилович Саидов），经济和财政部长舍尔佐德·达夫利亚托维奇·库德比耶夫（Шерзод Давлятович Кудбиев），投资、工业和贸易部长拉济兹·沙夫卡托维奇·库德拉托夫（Лазиз Шавкатович Кудратов），矿业和地质部长博比尔·法尔哈多维奇·伊斯拉莫夫（Бобир Фарходович Исламов），建设、住房和公共服务部长巴季尔·伊尔基诺维奇·扎基罗夫（Батир Иркинович Закиров），就业和减贫部长别赫佐德·安瓦罗维奇·穆萨耶夫（Бехзод Анварович Мусаев），高等教育、科学和创新部长伊卜拉希姆·尤尔契耶维奇·阿卜杜拉赫莫诺夫（Иброхим Юлчиевич Абдурахмонов），学前和中小学教育部长希洛拉·乌克塔莫夫娜·乌马罗娃（Хилола Уктамовна Умарова，女），自然资源部长阿济兹·阿卜杜卡哈罗维奇·阿卜杜哈基莫夫（Азиз Абдукахарович Абдухакимов），青年政策和体育部长阿德哈姆·伊利哈莫维奇·伊克拉莫夫（Адхам Ильхамович Икрамов），数字技术部长舍尔佐德·霍塔莫维奇·舍尔马托夫（Шерзод Хотамович Шерматов），文化和旅游部长奥佐德别克·阿赫马多维奇·纳扎尔别科夫（Озодбек Ахмадович Назарбеков），能源部长朱拉别克·图尔松普拉托维奇·米尔扎马赫穆多夫（Журабек Турсунпулатович Мирзамахмудов），卫生部长阿姆里洛·绍季耶维奇·伊诺亚托夫（Амрилло Шодиевич Иноятов），交通部长伊尔霍姆·鲁斯塔莫维奇·马赫卡莫夫（Илхом Рустамович Махкамов），内务部长普拉特·拉扎科维奇·博博若诺夫（Пулат Раззакович Бобожонов），国防部长巴霍季尔·尼扎莫维奇·库尔班诺夫（Баходир Низамович Курбанов），紧急情况部长阿卜杜拉·哈米杜拉耶维奇·库尔达舍夫（Абдулла Хамидуллаевич Кулдашев），司法部长阿克巴尔·朱拉巴耶维奇·塔什库洛夫（Акбар Джурабаевич

Ташкулов），农业部长阿济兹·博济罗维奇·沃伊托夫（Азиз Ботирович Воитов），水资源部长沙夫卡特·拉希莫维奇·哈姆拉耶夫（Шавкат Рахимович Хамраев）。

自然资源部林业署署长尼佐米丁·扎利洛维奇·巴基罗夫（Низомиддин Жалилович Бакиров），矿业和地质部矿业、地质和工业安全监察局局长巴赫季约尔·瓦哈博维奇·古里亚莫夫（Бахтиёр Вахабович Гулямов），国家反兴奋剂署署长阿卜杜舒库尔·阿卜杜扎米列维奇·萨季科夫（Абдушукур Абдужамилевич Садыков），经济和财政部海关委员会主席阿克马尔胡扎·尤苏波维奇·马夫洛诺夫（Акмалхужа Юсупович Мавлонов），农业部兽医和畜牧业发展委员会主席巴赫罗姆容·图拉耶维奇·诺尔科比洛夫（Бахромжон Тураевич Норкобилов），促进竞争和保护消费者权益委员会主席沙赫鲁赫·沙图尔古诺维奇·沙拉赫梅托夫（Шахрух Шатургунович Шарахметов），国家宗教事务委员会主席索季克·多诺库洛维奇·托什波耶夫（Садик Донокулович Тошбоев），国家麻醉品管制信息分析中心主任奥利姆·哈伊鲁拉耶维奇·纳尔祖拉耶夫（Олим Хайруллаевич Нарзуллаев）。

【行政区划】全国共划分为1个自治共和国、12个州和1个直辖市：卡拉卡尔帕克斯坦共和国、安集延州、布哈拉州、吉扎克州、卡什卡达里亚州、纳沃伊州、纳曼干州、撒马尔罕州、苏尔汉河州、锡尔河州、塔什干州、费尔干纳州、花剌子模州、塔什干市。

【司法机构】乌法院系统包括：宪法法院、最高法院、卡拉卡尔帕克斯坦共和国最高民事刑事法院、各州和塔什干市民事刑事法院、跨区民事法院、区（市）民事刑事法院、军事法院、卡拉卡尔帕克斯坦共和国经济法院、各州和塔什干市经济法院。检察院系统包括：总检察院、卡拉卡尔帕克斯坦共和国检察院、各州检察院、塔什干市检察院、国家军事检察院和国家交通检察院。2017年2月，米尔济约耶夫签署命令，组建最高司法委员会，由1名主席、1名副主席和委员组成，主席由参议院根据总统提名任命，委员由总统直接任命。主要职能是保障司法独立。

最高法院院长巴赫季约尔·贾汉吉罗维奇·伊斯拉莫夫（Бахтиёр Джахангирович Исламов），宪法法院院长米尔扎兀鲁恩别克·埃尔奇耶维奇·阿卜杜萨洛莫夫（Мирза-Улугбек Элчиевич Абдусаломов），总检察长尼格马杜拉·图尔金诺维奇·尤尔达舍夫（Нигматилла Тулкинович Юлдашев）。

【政党】1996年12月颁布《政党法》。现经登记的政党有5个。

（1）人民民主党（Народно-Демократическая Партия）：1991年11月1日成立，创始人为首任总统卡里莫夫。该党在议会立法院中占22个席位。1996年6月卡里莫夫辞去该党主席职务并退党。该党宗旨：建立公正社会，巩固国家政治体制、经济独立，维护族际间和睦，改善劳动者的物质和文化生活状况，保护人权。2019年起，党主席为乌卢格别克·伊利亚索维奇·伊诺亚托夫（Улугбек Ильясович Иноятов），党报为《乌兹别克斯坦之声报》。

（2）自由民主党（Либерально-Демократическая Партия）：2003年11月15日成立，主要为乌企业家和实业界人士。该党在议会中占53个席位。宗旨：积极参与乌国家、社会体制的改革与发展进程，促进乌政治、经济、社会和精神生活自由民主化，在民主基础上进一步完善国家和社会体制，深化经济改革，切实保护公民、企业家和商人的自由及合法权益。2018年8月起，党主席为阿克塔姆·艾哈迈多维奇·海托夫（Актам Ахмадович Хаитов）。党报为《二十一世纪》。

（3）“民族复兴”民主党（Демократическая Партия “Миллий Тикланиш”）：由“民族复兴”民主党和“自我牺牲者”民族民主党于2008年6月合并而成。该党在议会中占36个席位。宗旨：提高全民民族意识，培养民众特别是青年一代的民族自豪感和爱国主义精神，团结所有爱国人士提高乌国际威望，不惜一切代价捍卫国家独立和价值观，反对任何损害乌利益的企图。2019年起，党中央委员会主席为阿里舍尔·科尔季耶维奇·卡德罗夫（Алишер Келдиевич Кадиров）。党报为《民族复兴报》。

（4）“公正”社会民主党（Социально-Демократическая Партия “Адолат”）：1995年2月18日成立。该党在议会中占24个席位。宗旨：建立符合各民族利益的法治国家，巩固社会公正原则，保护人权。2020年10月23日起，党主席为巴赫罗姆·阿卜杜拉希莫维奇·阿卜杜哈利莫夫（Бахром Абдурахимович Абдухалимов）。

（5）生态党（Экологическая партия）：前身为“乌兹别克斯坦生态运动”，该组织于2008年2月成立，既不属政治组织，也不是政党，作用特殊，在议会中占有15个席位，成员为非政府组织、环保组织、科研机构和医疗机构代表。2019年1月8日，举行成立大会，宣布正式成为生态党。宗旨：促进国家持续发展，为民众生活创造良好条件，动员社会力量保护大自然，制定国家和地区规划，提高社会生态文明。该党高度重视咸海生态问题。2022年12月19日，阿卜杜舒库尔·胡多伊库洛维奇·哈姆扎耶夫（Абдушукур Худойкулович Хамзаев）当选党主席。

【重要人物】沙夫卡特·米罗莫诺维奇·米尔济约耶夫：总统。1957年7月24日出生于吉扎克州，乌兹别克族。1981年毕业于塔什干农业水利机械工程学院，机械工程师，技术学副博士。1981—1992年在塔什干农业水利机械工程学院工作，历任青年委员会书记、党委书记等职。1992—1996年任塔什干米尔佐-兀鲁伯区区长。1996—2001年任吉扎克州州长。2001年9月起任撒马尔罕州州长。2003年12月10日被任命为总理。2005年2月、2010年3月、2015年1月连任。2016

年9月2日首任总统卡里莫夫去世后，在9月8日的议会联席会议上被推举为代总统，在同年12月4日举行的总统大选中以87.73%的投票率高票当选总统，12月14日正式就任。2021年10月29日，根据乌中央选举委员会公布的总统选举最终计票结果，米以80.12%得票率成功连任。　**坦济拉·卡玛洛夫娜·纳尔巴耶娃**：最高会议参议院主席。女，1956年出生于安集延州。社会学博士。1995—2010年在内阁先后任副总理秘书处主任，家庭、妇女儿童扶持事务秘书处主任，教育、卫生和社保问题信息分析部首席专家；2010—2016年任工会联盟委员会主席；2016—2019年任副总理兼妇女委员会主席。2019年6月当选为乌第一位女性参议院主席。　**努尔丁江·姆伊金哈诺维奇·伊斯莫伊洛夫**：最高会议立法院主席。1959年出生于纳曼干州。法学副博士。2005—2012年任最高会议立法院立法和法律问题委员会主席，2012年起任负责与议会、政治和社会团体合作问题的总统顾问。2015年1月当选最高会议立法院主席。已婚，有两女一子。　**阿卜杜拉·尼格马托维奇·阿里波夫**：总理。1961年出生于塔什干，1983年毕业于塔什干电子技术通信学院，电子通信工程师，经济学硕士。1983—1992年在塔什干电话电报局工作。1992—1993年任乌通信部高级专家。1993—1995年任乌外贸公司副总裁。1995—1996年任乌通信部处长。1997年任乌邮电通信署处长。1997—2000年任国家支持邮电通信发展基金会主任。2000—2001年任乌邮电通信署第一副主任。2001年8月任乌邮电通信署主任。2002年任乌主管通信和电信技术的副总理，兼任乌通信和信息化署主任。2009年10月任副总理，其分管领域调整为社会、科教、医疗、文化及与独联体国家合作。2012年8月被解除副总理职务。2016年9月被代总统米尔济约耶夫任命为乌副总理，主管青年政策、文化、信息系统和通信。2016年12月任乌总理，2020年1月再次当选。已婚，有五女。

经　济

自然资源丰富，是世界上重要的棉花、黄金产地之一。国民经济支柱产业是“四金”：黄金、“白金”（棉花）、“乌金”（石油）、“蓝金”（天然气）。苏联时期是工业原料和农牧业产品供应地。独立以来，乌分阶段、稳步推进市场经济改革，实行“进口替代”和“出口导向”经济发展战略，同时对国有企业进行私有化和非国有化，大力发展中、小企业，基本实现能源和粮食自给，保持了宏观经济和金融形势的稳定，经济实现较快发展。米尔济约耶夫就任总统后，大力推行经济开放和自由化，实行汇率改革，通过吸引外资、扩大出口、发展旅游业等举措为经济发展注入活力，经济保持增长势头。2022年主要经济数据如下：

国内生产总值：804亿美元。

人均国内生产总值：2254美元。

国内生产总值增长率：5.7%。

货币名称：苏姆。

汇率：1美元≈1.1万苏姆。

通货膨胀率：12.2%。

【资源】资源丰富，矿产资源储量总价值约3.5万亿美元，探明矿产近百种。其中，黄金探明储量3350吨（全球排名第4），石油探明储量1亿吨，凝析油探明储量1.9亿吨，天然气探明储量1.1万亿立方米，煤探明储量18.3亿吨，铀探明储量18.58万吨（全球排名第12），铜、钨、钾盐、磷灰石、高岭土等储量也较为丰富。森林覆盖率为12%。

【工业】2022年工业生产总值276.2万亿苏姆，同比增长17%，占国内生产总值比重为31%。9.4%来自采矿业，比重下降0.2个百分点；83.2%来自加工业，比重增长1个百分点；6.8%来自供电供气，比重增长0.5个百分点；0.5%来自供水，比重下降0.2个百分点。

2022年，低端制造业占加工业比重为38.3%，中低端制造业比重为36.4%，中高端制造业比重为23.2%，高端制造业比重为2.1%。

制造业中，2022年，轿车产量327695辆，同比增长38.4%；货车4094辆，同比减少7.6%；客车1357辆，同比增长35.3%；汽车发动机约225437台，同比增长40.5%；拖拉机555辆，同比增长2.7倍；生产汽油125.77万吨，同比增长11.4%；柴油约80.01万吨，同比增长5.9%。其他加工业方面，产烟113亿支，同比增长9.4%；面粉113.59万吨，同比减少3.9%；食用油约13.02万吨，同比减少11.9%；棉织品约72.07万吨，同比增长9.8%。

采矿业中，2022年，煤炭开采约516.64万吨，同比增长5.9%；石油约78.78万吨，同比增长1.8%；天然气538亿立方米，同比减少4%；天然气凝析油128.71万吨，同比减少2.8%。

2022年，乌生产电能709.9亿千瓦时，同比减少0.5%。

【农业】乌农业生产包括种植业、养殖业、狩猎业、林业和渔业等，2022年种植业、养殖业和狩猎业占乌农业产值的96.5%，林业占比2.6%，渔业占比0.8%。

种植业方面，2022年谷物产量799.4万吨（其中，玉米占6.9%，大米占3.9%，豆类占5.4%，其他谷物占1.9%），同比增长4.7%；马铃薯产量约344.2万吨，同比增长4.7%；蔬菜1116.3万吨，同比增长2.9%；瓜果242.1万吨，同比增长5.9%；水果298.3万吨，同比增长4.6%；葡萄176万吨，同比增长3.9%。

养殖业方面，2022年产肉272.6万吨，同比增长3.4%；产奶1162.9万吨，同比增长3.2%；产蛋约81.3亿枚，同比增长4.4%；产鱼肉17.7万吨，同比增长3.2%。牛存栏数约1385.8万头，同比增长2.3%。其中，奶牛约496.6万头，同比增长2.1%；羊2362.3万只，同比增长2.8%；马26.9万匹，同比增长3.4%；鸡

9731万只，同比增长5.8%。

【服务业】2022年服务业产值357.6万亿苏姆，同比增长15.9%，占国内生产总值比重为40%。其中，通信业收入22.9万亿苏姆，同比增长21.8%；金融业收入80.4万亿苏姆，同比增长29.3%；交通运输业收入81万亿苏姆，同比增长12.4%；贸易收入88.8万亿苏姆，同比增长9%；酒店餐饮业收入11.3万亿苏姆，同比增长14.7%；房地产收入9.67万亿苏姆，同比增长11.1%；教育业收入15.4万亿苏姆，同比增长15.3%；医疗收入6.4万亿苏姆，同比增长11.5%；租赁行业收入6.44万亿苏姆，同比增长12.2%。

【旅游业】米尔济约耶夫总统执政以来，将旅游业作为国家经济战略领域，在完善旅游领域法律法规，简化签证、护照、通关手续等方面采取了多项措施，鼓励发展生态游、朝觐游、医疗游，全面挖掘旅游潜力。全国现有4000多处历史、宗教、建筑古迹，主要集中在塔什干、撒马尔罕、布哈拉、希瓦等城市。2022年共接待入境游客逾523万人次，同比增长178%，游客主要来自哈萨克斯坦（占比29.6%）、塔吉克斯坦（27.6%）、吉尔吉斯斯坦（25.9%）、俄罗斯（10.8%）、土耳其（1.4%）、德国（0.38%）、印度（0.33%）、白俄罗斯（0.32%）、韩国（0.3%）、美国（0.26%）、以色列（0.25%）、乌克兰（0.21%）、法国（0.21%）、英国（0.21%）、阿塞拜疆（0.20%）、意大利（0.19%）、西班牙（0.16%）、土库曼斯坦（0.12%）、中国（0.11%）。

【交通运输】主要运输方式有铁路、公路、航空。2022年，铁路客运量900万人次，同比增长13.1%，货运量7360万吨，同比增长2.2%。公路客运量60.1亿人次，同比增长1.7%；货运量12.6亿吨，同比减少2.6%。航空客运量420万人次，同比增长39%；货运量1万吨，同比增长10.8%。

最大航空公司为乌兹别克斯坦国家航空公司。主要通航国家为中国、俄罗斯、土耳其、日本、美国、白俄罗斯、韩国、印度、泰国、马来西亚、新加坡、法国、意大利、德国、英国、以色列、沙特、拉脱维亚、哈萨克斯坦、吉尔吉斯斯坦、塔吉克斯坦和阿塞拜疆等。中乌之间有直航，分别由双方航空公司运营。新冠疫情前，塔什干—北京航线每周4个航班，塔什干—乌鲁木齐航线每周4个航班，西安—塔什干航线每周2个航班，成都—塔什干航线每周3个航班。疫情以来至2021年末，乌国家航空公司塔什干—西安航线每周执飞2个航班，一度成为中国同中亚国家间唯一直航。2022年，该航线调整为每周执飞1班。2022年10月，中国南方航空公司乌鲁木齐—塔什干航线复航。

【财政金融】米尔济约耶夫总统执政以来，实施了一系列旨在提高乌经济竞争力的金融体系改革举措，包括汇率自由化、完善税收体系、与外国机构合作推动金融体系现代化等。

2022年实际财政收入为201.88万亿苏姆。其中，直接税收收入为64.47万亿苏姆，间接税收收入为71.39万亿苏姆，资源费和财产税收入为23.91万亿苏姆，其他收入为42.11万亿苏姆。实际财政支出为236.692万亿苏姆。其中，教育支出占21.23%，达50.271万亿苏姆；医疗卫生支出占11.5%，达27.28万亿苏姆；非财政养老金支出占4.6%，达11.09万亿苏姆；补贴及资金援助支出占8.2%，达19.39万亿苏姆。

截至2023年1月1日，黄金储备357.7亿美元，同比增长2.2%。

截至2022年12月31日，乌共有银行33家，其中12家为国有银行，15家私人银行，5家外国银行。

【对外贸易】乌鼓励对外贸易，着力扩大农产品出口。2018年4月正式提出加入世界贸易组织申请。2022年对外贸易总额为500.084亿美元，同比增长18.6%。其中，出口额为193.091亿美元，同比增长20.4%；进口额为306.993亿美元，同比增长15.9%；贸易逆差113.902亿美元。2022年对外贸易结构如下：

出口产品种类	占出口额比重（%）
金	21.3
工业产品	23.0
服务	20.5
食品及畜牧业产品	8.4
化学产品及其衍生品	6.7
矿物燃料、润滑油等	6.3
各种成品	5.8
烟草饮料	0.6
非食品原料（能源类除外）	2.1
汽车、交通设备	5.1
动植物油	0.1
其他	0.1

进口产品种类	占进口额比重（%）
汽车、交通设备	31.4
工业产品	18.8
化学产品及其衍生品	13.8
食品及畜牧业产品	11.1
各种成品	4.8
服务	8.2
矿物燃料、润滑油等	5.8
非食品原料（能源类除外）	4.2
动植物油	1.3
烟草饮料	0.5
其他	0.1

排名前十的贸易伙伴如下（单位：亿美元）：

国家	贸易额	出口额	进口额	占外贸总额比重（%）
俄罗斯	92.797	30.669	62.128	18.6

中国	89.238	25.190	64.048	17.8
哈萨克斯坦	46.210	13.797	32.412	9.2
土耳其	32.239	15.074	17.165	6.4
韩国	23.406	0.481	22.925	4.7
吉尔吉斯斯坦	12.600	9.793	2.807	2.5
德国	11.593	0.889	10.704	2.3
土库曼斯坦	9.263	1.948	7.315	1.9
阿富汗	7.599	7.506	0.093	1.5
印度	6.905	0.356	6.549	1.4

【外国资本】2022年固定资产投资额为269.857万亿苏姆，同比增长约9%，占国内生产总值的30%。吸引外国投资和贷款总额为112.48万亿苏姆，约占固定资产投资的41.6%，直接投资和贷款为97.3万亿苏姆，国家担保外国贷款为15.18万亿苏姆。

【对外援助】2018年以来，乌向阿富汗提供了一定物资和人员培训方面的援助。2018年6月，乌政府向阿富汗政府提供3000多吨小麦紧急人道主义援助。11月，乌外长卡米洛夫表示，乌愿定期向阿提供人道主义援助。2021年6月11日，乌向阿捐赠一批抗疫援助物资，包括1000个氧气罐。自8月塔利班上台以来，乌积极同各方保持沟通，呼吁国际社会向阿提供紧急人道主义援助，并帮助阿修复马扎里沙里夫国际机场，为阿培训专业人员，利用铁尔梅兹市国际交通物流中心为国际社会援阿物资过境运输提供便利。9月14日，乌向阿提供1300吨面粉、食品、药品、衣物等人道主义援助物资。12月23日，乌向阿援助米、面、糖、衣物、煤等共计4000多吨物资。2022年4月30日，乌在开斋节前夕向阿援助4000多吨小麦、面粉、大米、日用品和10万剂新冠疫苗及检测试剂等人道主义物资。6月26日，乌政府向阿地震和洪水受灾民众提供了74吨人道主义援助物资，包括食品、生活必需品和药品等。9月11日，乌通过乌阿（富汗）边境口岸海拉坦向阿运送了包括食品在内的58吨人道主义援助物资。2021年5月1日，乌向印度提供的100台便携式制氧机、2000盒瑞德西韦及其他药品运抵新德里。9月15日，乌向吉尔吉斯斯坦提供500万美元无偿援助，用于奥什市乌兹别克戏剧和音乐剧院翻新改造。2022年4月11日，乌政府向乌克兰外喀尔巴阡州政府援助了34吨的人道主义物资，包括药品、急救包、可长期储存的食品等。

【著名公司】主要大型公司如下：

（1）乌兹别克斯坦纺织集团：成立于2009年，主要生产纺纱和服装。

（2）乌兹别克斯坦天然气运输集团：成立于1992年，从事天然气、凝析油和石油的运输、储存和销售，拥有近3. 65万名员工。

（3）纳沃伊采矿冶金联合企业：包括5个主要的采矿、冶金企业，以及纳沃伊机械制造厂和泽拉夫尚建筑局，占地数十万平方米，拥有近6万名员工。

（4）阿尔马雷克采矿冶金联合企业：乌最大的采矿冶金企业之一，中亚最大的铜生产企业，白银和黄金产量分别约占乌全国产量的90%、20%，旗下有6个矿场、5个采矿选矿综合体和3个冶金企业。

（5）阿泰尔公司：成立于2011年，生产空调、微波炉、迷你烤箱、燃气炉、电视机、冰箱、手机等20多种家用电器，产品出口乌克兰、哈萨克斯坦、吉尔吉斯斯坦、阿富汗、阿塞拜疆、塔吉克斯坦、亚美尼亚、格鲁吉亚、土库曼斯坦和俄罗斯等国。

（6）英国–乌兹别克斯坦烟草合资公司：组建于1994年，拥有1000多名员工，其中撒马尔罕卷烟厂建于1997年，产品满足乌大部分卷烟消费市场。英美烟草集团对乌经济的累计投资超过4亿美元。

（7）通用–乌兹别克斯坦汽车厂：成立于2008年3月，占地72公顷，生产面积19.2万平方米，拥有3个生产基地，生产雪佛兰品牌的12款车型。

（8）塔什干啤酒厂：成立于1867年，该行业历史最悠久企业之一，位于塔什干郊区的运河沿岸，20世纪60年代是苏联的酒精饮料主要生产商之一，20世纪80年代后开始生产果汁、饮料、果酱等产品。

（9）乌油气公司：成立于1992年，主要经营范围是勘探、开采、加工乌油气资源并开展该领域对外合作。

人民生活

乌政府注重社会福利，通过优惠、补贴、津贴等方式对社会弱势阶层进行救助。近几年采取系列举措增强人民体质，改善人民生活，保护低收入阶层，提高工资、退休金和各种补贴。根据乌2022年国家预算，政府继续增加对社会领域的支出，拟划拨105.5万亿苏姆用于对公民的社会支持，占总支出的49.1%。近几年居民收入如下：

	2020	2021	2022
居民总收入（万亿苏姆）	401.5	515.7	634.8
同比增长（%）	15.9	24.2	9.7
人均收入（万苏姆）	1170	1480	1780
同比增长（%）	13.7	21.8	7.5
居民实际收入（万亿苏姆）	355.5	465.3	569.6
同比增长（%）	2.6	12.1	9.7
人均实际收入（万苏姆）	1038.5	1332.5	1597.9
平均月工资（万苏姆）	266	320	390

（资料来源：乌国家统计委员会）

2022年，乌共有门诊诊所6676家，医院1281家，医生总人数为95600人，平均每1000人中约有47张床位。

军　事

1992年1月建军。总统为武装力量最高统帅。1992年2月和1995年8月分别颁布《国防法》和《武装力量学说》，2000年5月和2001年5月分别颁布修订后的《武装力量学说》和《国防法》，2018年1月出台新版《国防学说》，提出乌将组建自己的军工复合体。截至2022年12月，乌武装力量总员额约6.5万人，全国兵员潜力为1350万人，由陆军、空防军，以及若干在地方院校设立的军事研究室、技术和后勤保障部队等构成，主要装备俄（苏）式武器装备，包括米格–29战斗机、苏–25战斗机、伊尔–76运输机、C–295运输机、H–125运输直升机、米–24武装直升机、米–35武装直升机等在内的200架军机和420辆坦克、1215辆步兵战车和装甲车、197门自行火炮、143门多管火箭炮和98套导弹系统。实行义务兵役制和合同制结合的混合兵役制，义务兵服役期为12个月。乌军有5所高等军事院校。2022年军费预算约20亿美元。乌在“全球火力”网站公布的2022年世界军事排行榜中排名第62位，居中亚国家之首。

文化教育

【教育】2022年12月，乌学前教育部、国民教育部（负责初等和普及中等教育）和高等和中等专业教育部（负责专业中等、高等教育及教育培训等）合并重组为2个部，即高等教育及科学创新部和学前教育与学校教育部。近年来，乌大力推行教育改革，包括将9年制义务教育调整为11年制义务教育、将中小学教育从12年缩短为11年、大力引进外国高校分校等。2022—2023学年，乌拥有学前教育机构29411所。其中，6589所为国立教育机构，其他学前教育机构22822所（民营833所，公私合营1313所，家庭学前教育机构20676所），共覆盖约210万名学前儿童，占学前儿童总数的71.8%，从事学前教育的教职员工约152897人。2022—2023学年，乌共有中小学校10522所，共有学生646.17万人，教师52.16万人。2022—2023学年，乌共有各类高等教育机构210所，包括36所综合性大学、48所学院、4所科学研究院、26所大学分校、1所音乐学院，另有30所外国高校分校，65所民营高等教育机构，共有在校生103.9万人，大学老师3.74万人。排名靠前的高校有：乌兹别克斯坦国立大学、塔什干国立东方学院、塔什干灌溉与农业机械化工程学院、塔什干纺织轻工业学院、撒马尔罕国立大学、塔什干医学院、塔什干国立牙医学院、乌兹别克斯坦国立世界语言大学、塔什干铁路交通工程学院、塔什干信息技术大学、世界经济与外交大学等。

【新闻出版】2022年，全国共注册新闻媒体2140家，报纸592种，杂志623种，通讯社4家，电视台192家，电子刊物745种。非国有媒体占80%以上。在社交媒体上的活跃博主数量约为24000人。主要报刊有《人民言论报》《东方真理报》等。

乌兹别克斯坦通讯社：国家通讯社，始建于1924年，前身为“塔斯社”分社，驻外记者主要分布在独联体国家。

乌兹别克斯坦国家广播电视公司：始建于1956年，共开设12个电视频道、4个广播频道，在首都及12个州设有地方台，以乌兹别克语、俄语、英语播出节目。

塔什干广播电台：国家广播电台，建于1927年。

对外关系

对外方针是巩固国家独立、维护国家安全与稳定、发展经贸和交通合作、提高在地区和国际上的地位。视中亚地区为外交最优先方向。奉行大国平衡外交。2012年8月30日，乌《外交政策构想》正式生效，规定乌不参加任何军事政治集团，不允许在本国领土上设立外国军事基地和设施。2016年9月，乌总统米尔济约耶夫在议会上下两院联席会议上重申，乌不参加任何军事政治集团、不允许在本国领土上设立外国军事基地和设施、不允许本国军队在外驻扎。目前，共有142个国家同乌建交，在乌有44个外国使馆、1个总领馆、8个名誉领事、17个国际组织代表处、13个国际金融机构代表处、1个经商代表处。乌在海外设有33个使馆、12个总领事馆、1个领事馆，在2个国际组织设有常驻代表。乌是联合国会员国，以及欧洲安全与合作组织、伊斯兰合作组织、独联体、上海合作组织、“突厥语国家组织”等国际和地区组织成员，已加入亚洲基础设施投资银行、国际货币基金组织、世界银行、欧洲复兴开发银行、亚洲开发银行等国际金融组织。

【同中国的关系】1992年1月2日建交以来，中乌关系发展顺利，各领域务实合作不断深化。2012年两国建立战略伙伴关系。2013年两国元首共同签署《中乌关于进一步发展和深化战略伙伴关系的联合宣言》和《中乌友好合作条约》。2016年建立全面战略伙伴关系。

2022年1月2日，国家主席习近平就中乌建交30周年向乌总统米尔济约耶夫致贺信。1月25日，乌总统米尔济约耶夫出席中国同中亚五国建交30周年视频峰会。2月4日至5日，乌总统米尔济约耶夫赴华出席北京冬奥会开幕式并访华。3月30日至31日，乌副总理兼投资和外贸部长乌穆尔扎科夫出席在安徽屯溪举行的第三次阿富汗邻国外长会。6月7日，乌代理外长诺罗夫在出席“中国+中亚五国”外长第三次会晤期间同王毅国务委员兼外长举行会见。6月24日，应习近平主席邀请，乌总统米尔济约耶夫出席以“金砖+”方式举行的全球发展高层对话会。7月6日，乌最高会议参议院主席纳尔巴耶娃同全国人大常委会委员长栗战书举行视频会晤。7月28日至29日，王毅国务委员兼外长出席上海合作组织成员国外长理事会会议期间同乌总统米尔济约耶夫、代理外长诺罗夫举行会见。9月14日至16日，习近平主席出席在撒马尔罕举行的上海合作组织成员国元首理事会第二十二次会议并对乌进行国事访问，其间同乌总统米尔济约耶夫举行会谈。12月9日至10日，国务院副总理胡春华对乌进行工作访问，其间同乌总统米尔济约耶夫、总理阿里波夫、副总理兼经济发展和减贫部长库奇卡罗夫、撒马尔罕州州长图尔济莫夫举行会见。

据中国海关总署统计，2022年，中乌双边贸易额为97.8亿美元，同比增长21.8%。其中，中国出口额为75.0亿美元，同比增长27.7%；中国进口额为22.8亿美元，同比增长5.6%。

中国驻乌兹别克斯坦大使：姜岩（女）。馆址：No.79，Academician Gulomov Street（former Gogol Street），Tashkent，Republic of Uzbekistan。电话：00998-71-2333779；传真：2334735。领侨处电话：00998-71-2334728。领保电话：00998-93-5018574。经商处电话：00998-71-2334718。

乌兹别克斯坦驻华大使：法尔霍德·阿尔济耶夫（Farhod Arziev）。馆址：北京市朝阳区亮马桥路41号。电话：010-65326305；传真：65326304。

【同中亚邻国的关系】与中亚邻国关系明显改善、互动频繁，对阿富汗问题参与度提升。发展与邻国关系是乌外交优先方向之一。

乌吉（尔吉斯斯坦）关系：2022年1月14日，乌副总理兼投资和外贸部长乌穆尔扎科夫会见即将离任的吉驻乌大使朱努索夫，讨论乌吉各领域合作现状及前景。4月1日，乌总理阿里波夫对吉进行工作访问并同吉总理扎帕罗夫举行会晤，就双边合作现状和前景交换意见，重点讨论了能源、农业、交通、边境贸易等领域合作项目。随后，两国总理共同出席第四次吉总统边境事务全权代表和乌边境地区领导人联席会议，并在线参加巴特肯地区一所学校的落成仪式。4月8日，乌总统米尔济约耶夫同吉总统扎帕罗夫通电话。两国元首互致斋月祝福，并就乌吉发展基金、卡姆巴拉金1号水电站、中吉乌铁路等项目，近期高层交往和地区问题交换意见。4月14日，吉总统扎帕罗夫和乌副总理兼投资和外贸部长乌穆尔扎科夫共同出席乌吉发展基金启动仪式，其间乌同吉总统扎帕罗夫、外长卡扎克巴耶夫举行会见。4月25日，乌副外长诺罗夫会见吉新任驻乌大使扎曼巴耶夫并接受扎递交国书副本。5月6日，乌代理外长诺罗夫同吉外长库鲁巴耶夫通电话，讨论乌吉睦邻友好和战略伙伴关系具体问题。5月14日，乌代理外长诺罗夫同吉外长库鲁巴耶夫在杜尚别举行会谈。5月19日，乌总统米尔济约耶夫同吉总统扎帕罗夫通电话，就乌吉睦邻友好和战略伙伴关系发展，两国边界、经贸、产业、交通、能源等领域合作，以及近期双多边活动安排等问题交换意见，强调应全面筹备下一次中亚国家元首非正式会晤。6月24日，乌副外长西季科夫会见吉驻乌大使扎曼巴耶夫，就发展双边关系、深化两国各领域合作、筹备高层交往及国际地区问题交换意见。6月25日，乌最高会议参议院主席纳尔巴耶娃赴吉参加突厥语国家议会大会第11届会议并出席吉总统扎帕罗夫集体会见，扎高度评价吉乌各领域合作在乌总统米尔济约耶夫推动下保持积极发展势头。7月4日，乌总统米尔济约耶夫同吉总统扎帕罗夫通电话，扎全力支持米为防止破坏卡拉卡尔帕克斯坦共和国局势稳定采取的果断行动并指出，乌宪法改革将为确保国家稳定奠定坚实基础，为实施国家长期战略提供有力保障。双方并就将在吉举行的中亚元首非正式会晤等双多边高级别活动安排、加快建设地区交通走廊和推动能源领域大型基础设施项目等问题交换意见。7月14日，乌代理外长诺罗夫同吉外长库鲁巴耶夫通电话，就乌吉睦邻友好和战略伙伴关系具体问题和筹备各层级双多边活动交换意见。7月19日至20日，乌代理外长诺罗夫赴吉乔蓬阿塔出席中亚国家外长会议。7月20日，应吉总统扎帕罗夫邀请，乌总统米尔济约耶夫抵达乔蓬阿塔出席于21日举行的中亚国家领导人第四次非正式会晤。7月24日，乌总统米尔济约耶夫同吉总统扎帕罗夫通电话，其间扎向米致以生日祝福。双方讨论了筹备近期高层交往具体问题，责成两国政府加快制定贸易、工业等优先领域合作协定，共同推动地区能源和交通合作。8月22日，乌总统米尔济约耶夫就14名吉尔吉斯斯坦公民在俄罗斯乌里扬诺夫斯克州交通事故中遇难向吉总统扎帕罗夫表示慰问。8月31日，乌总统米尔济约耶夫同吉总统扎帕罗夫通电话。双方互致独立日祝贺，就乌吉关系发展，两国经贸、交通、地区等领域合作，以及上海合作组织撒马尔罕峰会筹备情况交换意见，并商定于9月举行乌吉联合勘界委员会例会。9月14日至15日，吉总统扎帕罗夫赴乌出席在撒马尔罕举行的上海合作组织成员国元首理事会第二十二次会议，其间乌总统米尔济约耶夫同吉总统扎帕罗夫举行会见，就乌吉战略伙伴关系发展，两国经贸、工业、能源、农业、水资源利用、交通运输、地区、人文等领域合作，中吉乌铁路和卡姆巴拉金1号水电站建设情况，近期高层交往安排，以及国际和地区问题等交换意见。9月20日，乌总统米尔济约耶夫同吉总统扎帕罗夫通电话，就吉塔边境冲突、上合组织撒马尔罕峰会成果、推进中吉乌铁路项目建设等问题交换意见。9月26日，乌总理阿里波夫对吉尔吉斯斯坦进行工作访问，吉总理阿·扎帕罗夫赴机场迎接。阿出席吉乌划界和勘界联合会议，并与吉国家安全委员会主席塔什耶夫共同签署会议纪要，决定启动两国剩余边界地段条约文本磋商。阿随后会见吉总统萨德尔·扎帕罗夫，扎表示相信本次会议将有助于双方尽快完成划界工作，造福两国人民。双方并就深化乌吉政治、经贸、人文等领域合作及筹备乌总统米尔济约耶夫对吉进行国事访问有关问题交换意见。11月3日，乌外长诺罗夫访吉并同吉外长库鲁巴耶夫举行会谈。双方讨论了乌吉关系现状和前景以及两国政治、经贸、投资、人文等领域合作，重点谈及筹备乌总统米尔济约耶夫对吉进行国事访问，并就国际和地区问题交换意见。11月17日，吉议会和乌最高会议参议院分别批准《关于乌吉部分边界地段的条约》和《乌吉政府关于共同管理安集延（卡姆比尔–阿巴德）水库水资源的协定》。12月6日，乌总统米尔济约耶夫同吉总统扎帕罗夫通电话，向扎祝贺生日并就发展乌吉睦邻友好和战略伙伴关系以及经贸、投资、工业、能源、电气、农业、交通等领域合作，签署和批准《关于乌吉部分边界地段的条约》和《乌吉政府关于共同管理安集延（卡姆比尔–阿巴德）水库水资源的协定》，实施中吉乌铁路、坎巴拉塔水电站等大项目交换意见。12月9日，乌总理阿里波夫率团出席在比什凯克举行的欧亚经济委员会最高理事会会议。12月12日，乌副外长法济洛夫在阿什哈巴德会见吉副外长摩尔多加济耶夫，就进一步发展两国合作，实施经贸、文化等领域合作项目交换意见。双方强调，得益于两国领导人的密切交往、坚定政治意愿以及坦诚信任对话，乌吉关系达到前所未有的高水平。

乌哈（萨克斯坦）关系：2022年1月6日，乌总统米尔济约耶夫同哈总统托卡耶夫通电话，就哈当前局势及控局举措等问题交换意见。米重申支持哈国家和人民保障国家稳定与繁荣的努力。1月10日，乌总统米尔济约耶夫就哈发生暴乱造成军民伤亡和重大损失向哈总统托卡耶夫致慰问信。米在信中向为保卫哈国家和人民英勇牺牲的人员表示深切哀悼，向其亲属致以诚挚慰问并祝愿伤者早日康复。1月10日，乌总统米尔济约耶夫同哈总统托卡耶夫通电话，就两国各领域合作和即将举行的双边活动交换意见。托向米通报了哈当前国内局势以及政府为平息暴乱采取的措施，米再次向遇难者家属表示慰问并祝愿伤者早日康复，双方表示相信哈将很快恢复稳定。1月12日，乌总理阿里波夫同哈萨克斯坦总理斯迈洛夫通电话，对斯出任总理表示祝贺。斯表示，哈政府坚定致力于同乌深化战略伙伴关系，将坚决落实双方达成的各项共识，相信两国将共同努力，推动合作规划落实落地。1月20日，乌总统米尔济约耶夫同哈总统托卡耶夫通电话。双方高度评价乌哈政治、经贸和人文领域合作水平，并就加强两国贸易、物流、机械、能源、化工、农业、纺织、食品和制药等重点领域合作，维护地区安全等问题交换意见。米对托为稳定哈局势采取的措施表示支持。2月9日，乌最高会议立法院议长伊斯莫伊洛夫率团对哈进行正式访问，其间同哈总统托卡耶夫举行会见。托高度评价乌总统米尔济约耶夫2021年12月访哈成果，表示哈方高度重视发展对乌关系，两国议会交往在促进政治、经贸、文化人文等领域合作方面发挥着重要作用。伊并同哈议会下院议长科沙诺夫举行会见并签署关于成立乌哈议会间合作委员会的协议。2月11日，乌总统米尔济约耶夫会见到访的哈总理斯迈洛夫，就落实乌哈元首会晤成果，创造良好贸易环境，加快建设物流中心，深化工业、水利、能源、运输、通信等领域合作，密切地方和人文交流等问题交换意见。2月12日，乌交通运输部副部长穆明诺夫同哈工业和基础设施发展部副部长卡马利耶夫共同主持召开乌哈交通问题工作组会议，讨论改善两国货运条件、加快恢复陆路客运、开辟新航线等问题，会后双方签署会议纪要。3月16日，乌总统米尔济约耶夫同哈总统托卡耶夫通电话，就重点领域合作、地区热点议题等交换意见，两国元首并就即将到来的纳乌鲁斯节互致祝贺。3月26日，乌哈互认新冠病毒疫苗接种证明。4月5日，乌总统米尔济约耶夫同哈总统托卡耶夫通电话，就双方达成共识的落实情况，两国经贸、人文等领域合作及地区问题交换意见，双方并互致斋月祝福。4月11日起，哈取消自乌、俄、吉陆路口岸和乘航班入境的限制，但入境人员需出示核酸检测阴性证明或全程接种疫苗（含加强针）证明。5月9日，乌总统米尔济约耶夫同哈总统托卡耶夫通电话，互致胜利日问候并就进一步巩固两国战略伙伴和联盟关系，推动落实贸易、工业、交通、物流、能源、基建等领域合作项目，双多边高级别活动安排以及地区热点问题交换意见。5月10日，乌总统米尔济约耶夫签署总统令，批准乌政府和哈政府关于和平探索和利用太空空间的合作协定。5月17日，乌总统米尔济约耶夫同哈总统托卡耶夫通电话，向托祝贺生日并就乌哈关系、经贸和交通等领域合作及国际和地区问题交换意见。6月6日，乌总统米尔济约耶夫同哈总统托卡耶夫通电话，对哈成功举行修宪公投表示祝贺。双方并就乌哈战略伙伴关系和联盟关系发展，两国经贸、投资、交通、科技、人文等领域和多边框架内合作及地区热点问题交换意见。6月17日，乌总理阿里波夫在出席第二届可持续发展目标地区峰会期间同哈总理斯迈洛夫举行会见，就两国工业、农业、过境运输、水资源等领域合作交换意见。7月3日，哈外交部就卡拉卡尔帕克斯坦共和国发生大规模游行示威发表声明称，乌是哈兄弟般的友好国家、可靠的盟友和战略伙伴，哈对乌局势发展表示关切。哈欢迎并支持乌领导人为稳定局势所作的决定，相信在修宪公投这一重要政治议程来临之际乌能够维护国内和平安宁。哈愿继续以哈乌《永久友好条约》《战略伙伴关系条约》《同盟关系宣言》等文件为遵循，同乌发展各领域合作。7月4日，乌总统米尔济约耶夫同哈总统托卡耶夫通电话。托全力支持米为制止违法活动、确保卡拉卡尔帕克斯坦共和国稳定和可持续发展采取的果断措施，预祝乌成功举行修宪公投。双方并就推动乌哈工业、农业、交通运输、物流等领域合作项目，中亚国家元首非正式会晤安排，加强两国在地区和多边事务中的合作等问题交换意见。7月6日，乌总统米尔济约耶夫同哈首任总统纳扎尔巴耶夫通电话，向其祝贺生日并就发展两国战略伙伴和盟友关系以及国际和地区问题交换意见。纳称其对乌政治经济改革充满信心。双方并互致宰牲节祝福。7月24日，乌总统米尔济约耶夫同哈总统托卡耶夫通电话，其间托向米致以生日祝福。两国元首讨论了乌哈关系和各领域合作现状及前景，强调要加快推进贸易、物流、工业、农业等领域合作项目。双方高度评价第四次中亚国家元首非正式会晤成果，重点谈及推动地区大型基础设施项目尽快落地。7月29日，乌代理外长诺罗夫与哈副总理兼外长特列乌别尔季在上海合作组织成员国外长理事会会议期间签署《庆祝乌哈建交30周年联合行动计划》。9月6日，乌总统米尔济约耶夫同哈总统托卡耶夫通电话，表示乌方愿就扑灭科斯塔奈州森林火灾向哈方提供必要协助，并就深化乌哈睦邻友好、战略伙伴和同盟关系，扩大优先领域务实合作，实施贸易、工业、能源、交通运输、农业等领域合作项目，上海合作组织撒马尔罕峰会筹备情况等问题交换意见。9月10日，乌外长诺罗夫会见即将离任的哈驻乌大使萨蒂巴尔迪，积极评价萨为推动乌哈睦邻友好、战略伙伴和同盟关系发展所作贡献，并就扩大重点领域务实合作交换意见。9月14日至15日，哈总统托卡耶夫赴乌出席在撒马尔罕举行的上海合作组织成员国元首理事会第二十二次会议，其间乌总统米尔济约耶夫同哈总统托卡耶夫举行会见，就乌哈战略伙伴关系发展，两国重点领域合作，近期高层交往安排，以及国际和地区问题等交换意见。10月12日至14日，乌总统米尔济约耶夫访哈并出席亚信峰会、独联体国家元首理事会会议和“俄罗斯+中亚五国”首次元首会晤。10月14日，乌最高会议参议院主席纳尔巴耶娃同哈参议院议长阿希姆巴耶夫通电话，祝贺哈方成功举办世界和传统宗教领袖大会，并就乌哈关系发展、两国各领域合作、加强议会交往等问题交换意见。10月27日，乌总统米尔济约耶夫在出席“中亚五国+欧盟”峰会期间会见哈总统托卡耶夫。双方讨论了进一步加强乌哈睦邻友好、战略伙伴和同盟关系问题，一致决定扩大重点领域务实合作，提高双边贸易额，实施工业、能源、交通运输、农业等领域投资项目，并就11月11日在撒马尔罕举行的“突厥语国家组织”峰会及国际和地区问题交换意见。10月29日，乌总理阿里波夫在出席独联体政府首脑理事会会议期间会见哈总理斯迈洛夫，就提高双边贸易额，加强两国农业、工业、运输、水资源等领域合作交换意见。会见后，双方签署乌哈贸易、经济和投资合作发展路线图，就加强税收监管、货物运输、教育、能源、农业等领域合作提出具体措施。11月8日，乌外长诺罗夫会见新任哈驻乌大使阿塔姆库洛夫，就进一步加强乌哈战略伙伴和同盟关系、落实两国元首共识交换意见，并就举办哈乌文化日以及哈代表团来乌参加“突厥语国家组织”峰会、“中亚五国+欧盟”外长会、“中亚五国+欧盟”互联互通会议相关安排对表。双方表示愿进一步扩大贸易、工业、能源、交通物流、农业等领域合作，加强地方交流，深化国际组织框架内合作。11月18日，乌外长诺罗夫在“中亚五国+欧盟”外长会议期间会见哈副总理兼外长特列乌别尔季，就进一步深化乌哈睦邻友好、战略伙伴和同盟关系，加快落实贸易、汽车业、能源、互联互通、农业等领域合作项目，扩大人文交流等问题交换意见，并就两国各层级活动安排对表。11月21日，乌总统米尔济约耶夫同哈总统托卡耶夫通电话，祝贺其当选哈总统并就乌哈贸易、工业、能源、交通物流、农业等领域合作，近期高层交往安排以及地区合作等问题交换意见。11月23日，乌总统米尔济约耶夫同哈总统托卡耶夫互致两国建交30周年贺信，高度评价乌哈关系发展水平和两国政治、经贸、地方等领域合作成果，表示愿进一步深化双方互利合作，造福两国人民。11月28日，乌副外长阿洛耶夫会见哈驻乌大使阿塔姆库洛夫。双方指出，在两国元首亲自推动下，乌哈关系升至全新水平，两国将继续在国际和地区组织框架内开展合作，不断深化贸易、汽车制造、能源、物流、农业、文化、旅游等领域合作。双方并就近期各层级活动安排对表。12月21日至22日，哈总统托卡耶夫对乌进行国事访问，乌总统米尔济约耶夫亲赴机场迎接。12月22日，两国元首共同拜谒伊斯兰教学者塔胡尔和图列比亚陵墓，随后举行大、小范围会谈，就乌哈关系发展、重点领域合作、重点项目实施及国际和地区热点问题交换意见。会后，双方签署《乌哈同盟关系条约》《乌哈勘界条约》和包括《关于建立“中亚”国际工业合作中心的协定》《环境保护合作协定》《高等教育和研究生教育合作协定》《乌哈公民往来政府间协定的修改议定书》在内的15份政府、部门和企业间合作文件，并通过涉及战略改革、电商发展、林业、公共服务等领域的合作备忘录和《加强塔什干州与图尔克斯坦州、纳沃伊州与克孜勒奥尔达州、吉扎克州与图尔克斯坦州合作的路线图》以及关于落实能源、化工、物流等领域合作项目的协定。

乌土（库曼斯坦）关系：2022年1月10日，乌外长卡米洛夫同土副总理兼外长梅列多夫通电话，就双边关系发展、落实两国元首达成的共识等问题交换意见。1月17日，乌副外长诺罗夫同土副外长米亚季耶夫在塔什干举行磋商。双方讨论了乌土政治外交、经贸、水利、能源、交通和人文领域合作问题，并就地区形势、当前安全风险与挑战、两国在国际和地区组织框架内的合作交换意见。1月17日，乌总统米尔济约耶夫、副总理兼投资和外贸部长乌穆尔扎科夫同到访的土副总理谢尔达尔·别尔德穆哈梅多夫分别举行会见、会谈，就加强两国经贸、工业、能源、水利、农业和交通运输领域合作，共同保障粮食安全等问题交换意见。双方表示，近4年来乌土贸易额增长4倍，2021年增长65%，达8.8亿美元，两国将进一步深化相关领域合作，推动双边贸易额突破10亿美元。双方并讨论了将于2022年举办的乌土地方合作论坛筹备情况。会见后，双方签署了一系列投资和出口协议。1月20日，乌总统米尔济约耶夫同土总统库尔班古力·别尔德穆哈梅多夫通电话，就巩固两国睦邻友好和战略伙伴关系，加强工业、能源、农业、水利、交通和人文领域务实合作，深化地区及多边框架内合作等问题交换意见。3月15日，乌总统米尔济约耶夫同土现任总统库尔班古力·别尔德穆哈梅多夫和当选总统谢尔达尔·别尔德穆哈梅多夫通电话，对谢当选总统表示祝贺，并就进一步巩固乌土睦邻友好和战略伙伴关系，加强经贸、能源、农业等领域合作和议会间交流，以及地区热点问题交换意见。4月27日，乌副总理兼投资和外贸部长乌穆尔扎科夫会见土工业和建筑部长安纳马梅多夫，重点就两国经贸合作交换意见。5月16日，乌总统米尔济约耶夫同土人民委员会主席库尔班古力·别尔德穆哈梅多夫通电话，祝贺土方成功举办中亚国家与俄罗斯议会论坛、中亚国家与俄罗斯女性对话等活动，对土方关于定期举办论坛和成立论坛常设秘书处的提议表示支持，并就乌土关系、两国议会间交往、多边框架内合作及地区热点问题交换意见。6月8日，乌代理外长诺罗夫在出席“中国+中亚五国”外长第三次会晤期间同土副总理兼外长梅列多夫举行会见，就乌土关系发展、双多边合作、两国元首达成共识落实情况、近期高层交往安排等问题交换意见。6月24日，乌副外长西季科夫会见土驻乌大使马梅多夫，就发展乌土睦邻友好和战略伙伴关系，落实经贸、交通、人文等领域合作项目，筹备高层交往及国际地区安全问题交换意见。6月29日，乌总统米尔济约耶夫同土人民委员会主席库尔班古力·别尔德穆哈梅多夫通电话，向其祝贺65岁生日。双方并就乌土战略伙伴关系发展，两国贸易、工业、交通、物流、能源、农业、地方和人文等领域合作，推动阿富汗和平重建进程，里海沿岸国家第六届首脑峰会，筹备土总统访乌等问题交换意见。7月5日，土外交部发表声明表示，土支持乌总统米尔济约耶夫为维护国家宪法和法律秩序、确保人民安全采取的果断行动，相信乌能克服困难并保障国家稳定发展，土愿向乌提供必要支持和协助。7月12日，土副总理阿特达耶夫率土政府和商界代表团访乌，并在布哈拉同乌副总理兼投资和外贸部长乌穆尔扎科夫举行会晤。双方讨论了两国工业、贸易、交通运输等领域合作问题，并就加快启动“勒巴普—布哈拉”和“达沙古兹—花剌子模”边境贸易区、继续推动落实有关项目和倡议达成一致。7月14日至15日，土总统谢尔达尔·别尔德穆哈梅多夫对乌进行国事访问，乌总理阿里波夫、代理外长诺罗夫、塔什干市市长阿尔特克霍扎耶夫赴机场迎接，别尔德穆哈梅多夫随后向新乌兹别克斯坦公园独立纪念碑献花，之后同乌总统米尔济约耶夫举行大、小范围会谈，就双边关系发展、两国重点领域和项目互利合作等交换意见。次日，别尔德穆哈梅多夫到访撒马尔罕市，在乌总统米尔济约耶夫陪同下参观兀鲁伯天文台、列吉斯坦建筑群、帖木儿墓等名胜古迹，并向乌首任总统卡里莫夫墓献花。7月24日，乌总统米尔济约耶夫同土人民委员会主席库尔班古力·别尔德穆哈梅多夫通电话，其间别向米致以生日祝福。两人高度评价2022年7月14日至15日谢尔达尔·别尔德穆哈梅多夫访乌成果，强调要继续落实两国元首达成的共识，包括中期工业合作规划、建立跨境贸易区方案以及首届地方合作论坛和实业家理事会会议期间签署的文件等。8月15日至16日，乌交通部长马赫卡莫夫赴土参加国际交通会议，分别同土交通部长查基耶夫以及伊朗道路和城市发展部长加塞米举行会谈。马同查就开展经“乌—土（库曼斯坦）—伊”国际运输过境走廊至土的多式联运、降低公路运费、简化乌司机赴土签证程序达成一致，同加就降低国际公路运费、开展恰巴哈尔港至乌及中国至欧洲乌境内段公路货运试点达成共识。8月26日，乌代理外长诺罗夫和土副总理兼外长梅列多夫在阿什哈巴德举行乌土外交部政治磋商。双方讨论了两国政治、经贸、交通、水能源、人文等领域合作现状，并就深化地区经济合作、共同应对安全挑战和威胁等问题交换意见。8月27日，乌代理外长诺罗夫在访土期间代表乌总统米尔济约耶夫向土副总理兼外长梅列多夫颁发“友谊”勋章，以表彰其为发展乌土战略伙伴关系、巩固两国睦邻友好作出的贡献。梅对米授予勋章表示感谢，称将全力推动土乌战略伙伴关系和各领域合作不断取得新成果。9月8日，乌副总理兼投资和外贸部长霍贾耶夫会见土副总理阿达耶夫，就乌土2022—2025年经贸工业合作发展规划落实情况，农业、医药、建筑、过境运输等领域合作，乌土经贸、科技、文化合作委员会第十七次会议筹备情况等问题交换意见。9月14日至15日，土总统谢尔达尔·别尔德穆哈梅多夫赴乌出席在撒马尔罕举行的上海合作组织成员国元首理事会第二十二次会议，其间乌总统米尔济约耶夫同哈总统托卡耶夫举行会见，就乌土战略伙伴关系发展，以及两国交通、物流、工农业、水资源利用、地区、人文等领域合作等问题交换意见。9月22日，乌总统米尔济约耶夫同土总统谢尔达尔·别尔德穆哈梅多夫通电话。米向别祝贺生日，并同其讨论乌土睦邻友好和战略伙伴关系具体问题，重点谈及近期高层交往筹备情况。10月20日至21日，乌总统米尔济约耶夫对土进行国事访问，土副总理阿特达耶夫等官员赴机场迎接。土总统谢尔达尔·别尔德穆哈梅多夫为米举行正式欢迎仪式，双方随后举行大、小范围会谈，共同出席在阿什哈巴德举行的塔什干公园揭牌仪式，并启动乌土边境贸易区项目，其间两国有关部门签署涉及经贸等领域合作的一揽子双边文件。其间，米参观“人民的记忆”纪念建筑群和土库曼斯坦国立大学，并被授予该校“名誉教授”称号。10月21日，乌总统米尔济约耶夫会见土人民委员会主席库尔班古力·别尔德穆哈梅多夫。米指出，库开启的大规模经济社会改革为建设强大的土库曼斯坦奠定了坚实基础，库本人为发展乌土睦邻友好和战略伙伴关系作出重要贡献。双方就乌土双边以及在地区和国际平台上的合作交换意见，商定继续加强议会间合作，共同督促落实高层会晤成果。会见后，库向米赠送一只阿拉拜犬。11月7日，乌总统米尔济约耶夫同土人民委员会主席库尔班古力·别尔德穆哈梅多夫通电话，双方就进一步深化乌土战略伙伴关系交换意见，高度评价此前米对土进行正式访问取得的丰硕成果，商定加快落实已签协议、继续密切议会间交往，并就“突厥语国家组织”峰会议程进行交流。11月21日，乌总统米尔济约耶夫同土人民委员会主席库尔班古力·别尔德穆哈梅多夫互致信函，高度评价双边合作和“突厥语国家组织”撒马尔罕峰会成果，表示将继续坚定发展两国人民世代友好和睦邻关系。12月13日，土总统谢尔达尔·别尔德穆哈梅多夫会见乌总统办公厅主任乌穆尔扎科夫，其间双方签署关于土向乌每日增供2000万立方米天然气的协议。该协议将有望彻底解决乌冬季缺气问题。12月30日，乌总统米尔济约耶夫同土人民委员会主席库尔班古力·别尔德穆哈梅多夫通电话。双方互致新年祝福，并就乌土贸易、工业、能源、地方、人文等领域合作及议会交往情况，落实两国元首共识，深化睦邻友好、信任和战略伙伴关系交换意见。

乌塔（吉克斯坦）关系：2022年1月6日，乌总统米尔济约耶夫同塔总统拉赫蒙通电话，就双边关系、地区形势、哈萨克斯坦局势等问题交换意见。1月12日，乌交通部副部长穆米诺夫和塔交通部副部长萨义德穆罗德佐达共同主持乌塔国际道路运输联合委员会会议。1月31日，乌塔（吉克斯坦）计划在费尔干纳州和索格德州之间的安达洪边境口岸附近建立一个自由贸易区。3月15日，乌塔（吉克斯坦）边境口岸恢复正常运转。4月27日，乌副总理兼投资和外贸部长乌穆尔扎科夫会见塔工业和新技术部长卡比尔，就两国投资、工业、贸易和运输等领域合作交换意见。5月4日，乌总统米尔济约耶夫同塔总统拉赫蒙通电话，互致开斋节祝福。5月30日，乌总理阿里波夫率团出席在杜尚别举行的乌塔（吉克斯坦）政府间经贸合作委员会第九次会议。6月2日，塔总统拉赫蒙对乌进行正式访问，同乌总统米尔济约耶夫举行会见，就加强乌塔政治、议会、经贸、交通运输、投资、人文等领域合作交换意见，并共同出席亚万水电站建设启动仪式，签署《关于巩固世代友好和联盟关系的宣言》。6月2日，乌塔工商论坛在塔什干举行，乌副总理兼投资和外贸部长乌穆尔扎科夫、塔第一副总理达夫赛义德出席开幕式。6月13日，乌创新发展部长阿卜杜拉赫莫诺夫在访问土耳其期间会见塔投资与国有资产管理委员会主席卡德尔佐达。6月27日，塔能源与水资源部长朱马访乌并出席第二届国际能源论坛。7月4日，乌总统米尔济约耶夫同塔总统拉赫蒙通电话，拉支持米为确保卡拉卡尔帕克斯坦共和国稳定和可持续发展所做努力。7月24日，乌总统米尔济约耶夫同塔总统拉赫蒙通电话，其间拉向米致以生日祝福。8月4日，乌同塔在铁尔梅兹启动“团结2022”联合军演，乌西南特别军区司令伊敏诺夫少将、塔武装部队副总参谋长胡多伊别尔季出席启动仪式并致辞。8月9日，乌国防部长库尔班诺夫中将会见来访的塔国防部长米尔佐上将，就乌塔关系、防务安全领域合作等问题交换意见。8月12日，塔银行Ориёнбанк在乌开设首家代表处。9月15日，乌总统米尔济约耶夫会见赴乌出席上海合作组织撒马尔罕峰会的塔总统拉赫蒙。9月20日，乌总统米尔济约耶夫同塔总统拉赫蒙通电话，就塔吉边境冲突等问题交换意见。10月5日，乌总统米尔济约耶夫同塔总统拉赫蒙通电话，向后者祝贺70周岁生日。10月14日，乌总统米尔济约耶夫在出席独联体国家元首理事会会议期间会见塔总统拉赫蒙，就扩大中亚国家间合作，深化地区伙伴关系等问题交换意见。10月18日，乌外长诺罗夫出席在杜尚别举行的“加强边境安全和管控领域国际地区合作，打击恐怖主义和防范恐怖分子流动”高级别国际会议。10月16日至21日，乌—塔（吉克斯坦）联合勘界委员会工作组例行会议在纳曼干市举行。10月24日，乌总统米尔济约耶夫签署命令，批准《塔吉克斯坦与乌兹别克斯坦政府间关于相互交换和保护机密信息的协定》。10月28日，乌国家海关委员会第一副主席穆赫塔罗夫会见塔驻乌大使拉赫蒙佐达。11月18日，乌外长诺罗夫在“中亚五国+欧盟”外长会议期间会见塔外长穆赫里丁。

乌阿（富汗）关系：2022年1月4日，乌国家电网公司同阿富汗国有电力公司签署2022年供电合同，向阿出口总额1亿美元的20亿千瓦时电力。1月5日，阿富汗塔利班临时政府就请乌兹别克斯坦和塔吉克斯坦归还阿前政府军飞往两国的40多架军机事同两国举行谈判。2月22日，乌副总理兼投资和外贸部长乌穆尔扎科夫在喀布尔短暂停留期间同阿富汗塔利班临时政府代理总理穆罕默德·哈桑·阿洪德举行会见，就乌阿经贸、能源、交通、人文等领域合作及“马扎里沙里夫—喀布尔—白沙瓦”铁路项目和“苏尔汉—普勒胡姆里”输电线项目交换意见。4月18日，乌阿（富汗）两国铁路部门在铁尔梅兹市举行会谈，讨论加快实施“马扎里沙里夫—喀布尔—白沙瓦”铁路项目问题。4月22日，乌外交部发表声明，强烈谴责斋月期间在阿富汗喀布尔、马扎里沙里夫和昆都士等城市发生的恐怖袭击，并向遇难者家属表示诚挚慰问。4月30日，乌总统阿富汗问题特别代表伊尔加舍夫在接受“美国之音”采访时表示，乌不打算将2021年8月飞抵乌的阿富汗军队的22架固定翼飞机和24架直升机归还阿临时政府，因为上述飞机是美国给予阿前政府的援助，属美财产。6月19日至20日，乌总统对外政策特别代表、总统下属安全会议副秘书卡米洛夫率团访问阿富汗。6月23日，乌总统米尔济约耶夫签署命令，赋予铁尔梅兹货运中心“向阿富汗及其他国家提供人道主义援助的国际多功能交通物流中心”地位。6

月26日，根据乌总统米尔济约耶夫指示，乌政府向阿富汗地震和洪水受灾民众提供了74吨人道主义援助物资，包括食品、生活必需品和药品等。7月5日，乌副总理兼投资和外贸部长乌穆尔扎科夫会见阿富汗临时政府工业和贸易部代理部长阿齐兹，就深化乌阿投资、贸易、运输等领域合作，开展“铁尔梅兹—马扎里沙里夫—喀布尔—白沙瓦”铁路项目实地踏勘等问题交换意见。7月25日至26日，“阿富汗——安全和经济发展”国际会议在塔什干举行，来自20多个国家和国际组织的100多名代表出席，会后乌方发表会议成果声明。7月25日，乌代理外长诺罗夫会见阿富汗临时政府代理外长穆塔基，就地区安全形势等问题交换意见。8月18日，乌方对8月17日晚祷期间喀布尔一座清真寺发生爆炸致大量人员伤亡表示深切哀悼。8月23日，乌阿（富汗）安全部门代表就近日发生的边境事件举行会谈。10月5日，乌国家安全总局边防军和塔利班临时政府国防部代表在阿富汗巴尔赫省海拉坦口岸举行会见，讨论两国边防人员协调沟通机制。10月31日，在乌交通部、民航署、“导航中心”国有单一企业、乌国家航空公司、水文气象服务中心等部门专家帮助下，阿富汗马扎里沙里夫市贾拉鲁丁·鲁米国际机场恢复运营。11月30日，乌外交部发表声明表示，乌方强烈谴责当日在阿富汗萨曼甘省艾巴克市宗教学校发生的恐怖袭击事件。12月19日，乌方对12月17日晚阿富汗萨朗隧道油罐车爆炸事件遇难者及其家属表示深切哀悼。12月22日，载有援助阿富汗人道主义物资的9辆卡车从铁尔梅兹出发前往海拉顿。

【同俄罗斯的关系】乌俄2004年签署战略伙伴条约，2005年签署同盟关系条约。发展对俄关系是乌外交优先方向之一，两国关系日益密切。2022年3月21日，乌总统米尔济约耶夫同俄罗斯总统普京通电话。双方就乌俄建交30周年互致祝贺，并就加强贸易、投资、工业等领域合作及乌克兰局势交换意见。3月23日，乌总统米尔济约耶夫会见俄罗斯联邦鞑靼斯坦共和国总统明尼哈诺夫，就扩大双方互利合作，落实教育、文化等领域合作规划，推进落实工业合作、信息技术、交通物流、制药和旅游等领域项目交换意见。4月26日，乌副总理兼投资和外贸部长乌穆尔扎科夫同俄工业贸易部长丹尼斯·曼图罗夫在国际工业博览会期间举行会见，就乌俄投资、工业、经贸等领域合作及双边协定落实情况交换意见。4月29日，乌副总理兼投资和外贸部长乌穆尔扎科夫于4月28日同俄罗斯外长拉夫罗夫通电话，讨论两国元首达成共识落实情况，乌俄政治、经济、人文等领域合作以及在独联体、上海合作组织等多边框架内协作等问题。5月20日，乌总统阿富汗问题特别代表伊尔加舍夫同俄总统阿富汗问题特别代表卡布洛夫在莫斯科举行会谈，讨论乌俄在帮助阿富汗经济重建、向阿提供人道主义援助等方面所做努力，并就阿当前局势、国际社会对阿新政权态度、防止人道主义危机、实施基础设施项目等问题交换意见。6月8日，俄罗斯防疫指挥部决定自6月14日起取消对乌公民的入境限制，并逐步恢复两国铁路客运。根据两国政府有关协议，自6月4日起，两国公民可在入境后15日内履行登记手续。此前，乌公民入境俄后须在3日内进行登记，俄公民入境乌后须在7日内进行登记。7月6日，乌总统米尔济约耶夫同俄罗斯总统普京通电话。普京对米果断采取措施稳定卡拉卡尔帕克斯坦共和国局势表示支持。双方就深化乌俄战略伙伴和同盟关系、扩大两国各领域合作、上海合作组织撒马尔罕峰会等问题交换意见。7月13日，正在俄罗斯访问的乌代理外长诺罗夫会见独联体执委会主席列别捷夫，就独联体框架内合作、近期活动安排、国际地区问题、乌修宪情况等问题交换意见。同日，诺会见俄国家杜马主席沃洛金，讨论乌俄立法机构合作现状和前景。诺并同俄外长拉夫罗夫举行会见，就加强建设性互利合作和人文交流、落实两国元首共识、近期双多边活动安排、乌宪法改革及国际地区问题交换意见。7月23日，俄罗斯总统普京下令授予乌总统米尔济约耶夫“亚历山大·涅夫斯基”勋章，以表彰其为巩固俄乌友谊作出的杰出贡献。7月24日，乌总统米尔济约耶夫同普京总统通电话，其间普京向米致以生日祝福。两国元首高度评价乌俄地方合作水平，强调要继续发挥政府间合作机制作用，推动落实经贸等优先领域项目。两国元首重点谈及地区问题并就筹备上海合作组织撒马尔罕峰会交换意见。7月28日，乌总统米尔济约耶夫会见到访的俄罗斯外长拉夫罗夫，就乌俄战略伙伴和同盟关系、地区局势、上合组织撒马尔罕峰会筹备情况等问题交换意见。8月16日，乌总统米尔济约耶夫同俄罗斯总统普京通电话，讨论双边关系、区域合作等问题。双方指出，得益于高附加值商品进出口数量增加，1—7月乌俄贸易额提升了30%。双方并就举办第三届乌俄地方论坛、加强投资和人文领域合作、筹备上合组织撒马尔罕峰会等问题交换意见。8月22日，乌总统米尔济约耶夫同俄罗斯总统普京通电话，讨论巩固乌俄战略伙伴和联盟关系、推动落实双边经贸投资项目、发展地区合作等问题，重点就筹办上海合作组织撒马尔罕峰会交换意见。9月15日，俄罗斯总统普京抵达撒马尔罕，乌总理阿里波夫赴机场迎接。同日，乌总统米尔济约耶夫同普京总统举行会见并签署了乌俄全面战略伙伴关系宣言，将双边关系提升至全面战略伙伴关系水平。随后，普京总统向乌总统米尔济约耶夫授予“亚历山大·涅夫斯基”勋章。此外，两国有关部门计划签署涉及机械、化工、石油等领域总额约46亿美元的一揽子合作文件。10月6日，乌总统米尔济约耶夫签署命令，向俄罗斯总统普京授予乌“最高友谊”勋章，以表彰其为发展乌俄传统友好和两国合作所作贡献并祝贺70岁生日。10月7日，乌总统米尔济约耶夫出席在俄罗斯圣彼得堡举行的独联体国家元首非正式会晤。10月24日，乌总统米尔济约耶夫会见俄罗斯副总理兼工业和贸易部长、乌俄政府间经济合作委员会俄方主席曼图罗夫。双方讨论了政府间经济合作委员会工作成果，表示将进一步扩大双边贸易额，实施工业、燃料和能源综合体、化工、医药、纺织、食品等领域合作项目，并就制定加强两国大企业间务实合作相关计划达成共识。11月8日，乌总统米尔济约耶夫会见到访的俄罗斯列宁格勒州州长别格洛夫，就进一步扩大乌俄地方务实合作、建设现代化商贸和物流基础设施以扩大双边贸易、支持和推动两国龙头工业企业合作、深化住房和城市建设合作、密切人文交流等问题交换意见，并就制定和通过"圣彼得堡—塔什干合作路线图"达成共识。11月28日，乌总统米尔济约耶夫会见俄罗斯国家杜马主席沃洛金，就进一步深化乌俄全面战略伙伴和盟友关系，加强政治、经贸、人文等领域合作等问题交换意见。11月30日，乌总统米尔济约耶夫同俄罗斯总统普京通电话，就进一步扩大两国各领域合作和多边务实合作、巩固乌俄全面战略伙伴关系等问题交换意见。双方并就将于12月1日至2日在撒马尔罕举行的乌俄总理级联委会会议等活动安排对表。12月2日，俄罗斯总理米舒斯京对乌进行工作访问并出席乌俄商务论坛和两国总理级联委会第三次会议。米在出席乌俄商务论坛时表示，俄乌两国实业界均希望加强合作，为此有必要深化乌同欧亚经济联盟的关系。12月26日，乌副外长阿洛耶夫同俄罗斯副外长加卢津举行视频磋商，就乌俄战略伙伴关系、落实两国元首共识情况、2023年合作计划、扩大人文交流等问题交换意见，商定持续加强建设性政治对话，不断深化国际组织框架下合作。

【同其他独联体国家的关系】乌积极参加独联体框架内合作。2022年3月28日，乌最高会议参议院主席纳尔巴耶娃率乌议会代表团出席在阿拉木图举行的独联体议会大会成立30周年纪念会议。会议通过《关于独联体成员国议会大会成立30周年的声明》。5月12日至13日，乌代外长诺罗夫率团出席在杜尚别举行的独联体国家外长理事会会议，同各方就国际问题、独联体框架内合作、具体项目落实情况、拟提交独联体元首理事会审议的文件草案交换意见，其间诺还参加中亚国家外长例行会晤并举行系列双边会见。7月13日，乌派团参加在哈举行的纪念独联体国家国防部长理事会成立30周年的国际军运会。同日，正在俄罗斯访问的乌代理外长诺罗夫会见独联体执委会主席列别捷夫，就独联体框架内合作、近期活动安排、国际地区问题、乌修宪情况等问题交换意见。9月30日，乌代表团出席在莫斯科举行的第18届独联体国家情报部门领导人会议。10月7日，乌总统米尔济约耶夫出席在俄罗斯圣彼得堡举行的独联体国家元首非正式会晤。10月14日，乌总统米尔济约耶夫出席在阿斯塔纳举行的独联体国家元首理事会会议。10月29日，乌总理阿里波夫在出席独联体政府首脑理事会会议期间会见哈萨克斯坦总理斯迈洛夫。12月26日，乌总统米尔济约耶夫赴俄罗斯圣彼得堡出席独联体元首非正式会晤，同与会国家领导人讨论在独联体框架内开展多边合作等问题。

【同美国和北约的关系】乌美关系进一步热络。2022年1月12日，乌外长卡米洛夫同美国负责南亚和中亚事务的助理国务卿唐纳德·卢通电话，就两国合作具体问题、近期双边活动安排及国际和地区问题交换意见。2月12日，乌最高议会参议院主席纳尔巴耶娃会见美国驻乌大使罗森布鲁姆，就发展乌美关系、加强双边合作、密切两国议会交往、两性平等、庆祝乌美建交30周年等问题交换意见。2月19日，据乌媒体报道，乌外长卡米洛夫同美国国务卿布林肯互致两国建交30周年贺电。4月12日，乌最高会议参议院第一副主席萨法耶夫、乌总统阿富汗问题特别代表伊尔加舍夫分别会见在联合国基金会项目框架内到访的美国国会代表团。6月3日，据乌媒体报道，美国国际开发署向吉扎克州医疗机构捐赠价值7.5万美元的电子体温计、听诊器、血压计和血氧仪等医疗设备，以帮助该州抗击结核病。6月13日，乌防长库尔班诺夫会见到访的美国新任中央司令部司令库里拉，就加强乌美合作、中亚地区安全形势等问题交换意见。6月13日，乌总统米尔济约耶夫会见到访的新任美国中央司令部司令库里拉，就进一步发展乌美关系、扩大各领域合作、推进地区安全合作、推动促进世界和平稳定和帮助阿富汗经济重建的倡议和方案等问题交换意见。7月26日，美国国际开发署向乌国民教育部捐赠50万本1—4年级使用的乌语阅读和数学教科书及教师用书。8月22日，乌总统米尔济约耶夫会见由美国"乌兹别克斯坦党团会议"主席、密西西比州共和党国会议员特凯利和众议院筹款委员会成员、伊利诺伊州共和党众议员拉胡德率领的国会代表团。9月22日，乌外长诺罗夫在出席第77届联合国大会期间会见美国主管政治问题的副国务卿努兰德。10月18日，乌副总理兼投资和外贸部长霍贾耶夫会见美国商务部副部长拉戈，就乌美经贸关系现状和前景，签署双边投资协议，加强采矿、化工、农业、纺织领域合作等问题交换意见。10月26日，美国国际开发署向乌226名参加创业培训项目的农村妇女提供总价超过20万美元的设备。11月16日，乌总统米尔济约耶夫会见由美乌商会主席勒姆率领的由通用电气、宝洁、可口可乐、凯斯纽荷兰工业等公司代表组成的代表团。11月21日，由乌最高会议参议院科学、教育与卫生委员会主席伊米诺夫，立法司法问题与反腐委员会主席楚利耶夫和立法院两名议员组成的代表团赴美国访问。12月13日，乌外长诺罗夫会见美国国际开发署署长萨曼莎·鲍尔和副署长伊莎贝尔·科尔曼，就双方合作现状和前景进行交流。12月14日，乌外长诺罗夫同美国负责南亚和中亚事务的助理国务卿唐纳德·卢举行第二次乌美战略伙伴关系对话。

【同欧洲国家的关系】加强与欧洲国家多边、双边合作。2022年2月8日，乌交通部副部长穆米诺夫和拉脱维亚交通部副部长雷马尼斯共同主持召开两国交通问题工作组首次会议，就航空和公路运输合作交换意见。2月8日，乌最高会议参议院主席纳尔巴耶娃、外交部长卡米洛夫分别会见到访的拉脱维亚外交部长林克维奇斯。2月10日，乌副总理兼投资和外贸部长乌穆尔扎科夫同欧盟委员会执行副主席东布罗夫斯基斯举行会见，就深化乌欧经贸投资、金融、技术合作，提高双边贸易额，同欧洲投资银行开展合作等问题达成共识。2月10日，乌最高会议参议院主席纳尔巴耶娃会见德国驻乌大使科林涅尔，就发展乌德关系、加强两国议会交往、密切经贸和人文联系等问题交换意见。2月17日，乌交通部长马赫卡莫夫会见德国驻乌大使克林纳，讨论两国运输和物流合作现状和前景，并就举行国际道路运输联盟会议交换意见。2月21日，乌最高会议参议院第一副主席萨法耶夫会见法国驻乌大使布什兹，就两国议会合作、乌国内改革进展和法制建设等问题交换意见。2月22日，乌外长卡米洛夫同欧盟中亚问题特别代表哈卡拉和欧盟阿富汗问题特使尼克拉松举行会见。2月23日，乌外长卡米洛夫同欧洲议会外交事务委员会主席麦卡利斯特举行会见，就乌欧关系、经贸合作、议会间交流、咸海生态保护、近期双边活动安排及国际和地区问题交换意见。2月25日，乌总统阿富汗问题特使伊尔加舍夫同欧洲议会阿富汗关系代表团团长阿乌斯特列维丘斯举行会见，讨论了在阿富汗问题上合作现状和前景。2月25日，乌投资和外贸部第一副部长库德拉托夫同欧洲议会外事委员会主席马卡利斯托尔举行会谈，讨论双方在经贸、投资、金融技术、文化人文等领域合作交流情况。3月7日，乌副总理兼经济发展和减贫部长库奇卡罗夫同瑞士发展合作署总干事丹齐举行会谈。3月10日，乌与欧盟2021—2027年扩大合作计划启动会议在塔什干召开，乌副总理兼投资和贸易部长乌穆尔扎科夫和欧盟国际伙伴关系专员乌尔皮莱宁发表视频致辞。3月13日，乌外长卡米洛夫在出席第二届安塔利亚外交论坛期间会见欧盟外交与安全政策高级代表博雷利。3月14日，乌总统米尔济约耶夫同德国总统施泰因迈尔通电话，就双边关系、重点领域合作和乌克兰局势交换意见。3月16日，乌外长卡米洛夫同希腊外长登迪亚斯就两国建交30周年互致贺信。3月17日，在乌西（班牙）建交30周年之际，乌外长卡米洛夫向西班牙外交大臣阿尔瓦雷斯致贺信。3月24日，乌外长卡米洛夫同意大利外长迪马约就两国建交30周年互致贺信。3月25日，乌外长卡米洛夫同奥地利外长沙伦贝格就两国建交30周年互致贺信。4月4日，乌总统米尔济约耶夫祝贺匈牙利总理欧尔班领导的竞选联盟赢得国会选举，并祝贺塞尔维亚总统武契奇胜选连任。4月19日，乌副外长法济洛夫会见芬兰新任驻乌大使赖萨宁并接受其递交国书。4月20日，乌财政部同法国开发署签署一项旨在促进乌向“绿色”经济转型的协议。4月26日，乌副外长法济洛夫会见瑞典新任驻乌大使达内斯塔德并接受达递交国书。4月26日，乌副外长法济洛夫同芬兰外交部副国务秘书绍尔举行视频会见，就两国政治、经贸、人文、科教、通信、制药等领域合作以及多边框架内合作等问题交换意见。5月4日，乌代外长诺罗夫会见到访的匈牙利外交与对外经济部长西亚尔托。5月7日，乌副外长法济洛夫会见瑞士驻乌大使奥博连斯基。5月10日，乌副外长法济洛夫率团赴罗马参加第7轮乌意（大利）外交部磋商。5月10日，乌副外长法济洛夫在梵蒂冈同教廷行政长官萨皮恩扎蒙席举行会见。5月12日，乌副外长法济洛夫在罗马同意大利总统外事顾问达历山德罗大使举行会见。5月18日，乌副外长法济洛夫17日率团赴布鲁塞尔出席“欧盟—中亚”政治安全问题高级别对话会。5月25日，乌代理外长诺罗夫会见到访的欧盟代表团团长夏洛特，就乌欧合作现状及前景、近期双多边活动和国际地区问题交换意见。5月27日，乌副总理兼投资和外贸部长乌穆尔扎科夫会见意大利外长迪马约。5月27日，乌副外长法济洛夫和芬兰外交部俄罗斯东欧中亚司司长利瓦在塔什干共同主持第10轮乌芬（兰）外交部政治磋商。7月4日，乌总统米尔济约耶夫同欧洲理事会主席米歇尔通电话。7月5日，乌代理外长诺罗夫同欧盟外交与安全政策高级代表博雷利通电话。7月6日，乌同欧盟在布鲁塞尔举行扩大伙伴关系与合作协定草签仪式，乌副总理兼投资和外贸部长乌穆尔扎科夫、欧盟高级代表赛拉诺出席。7月6日，乌代理外长诺罗夫会见来乌出席乌德实业家理事会会议的德国经济东部委员会执行主任哈姆斯。7月7日，乌总统阿富汗事务特别代表伊尔加舍夫同英国首相阿富汗和巴基斯坦问题特别代表凯西举行视频会晤。7月14日，乌代理外长诺罗夫会见欧盟各成员国驻乌大使，就乌修宪情况，乌同欧盟经贸、人文等领域合作前景等问题交换意见。7月21日，乌国家铁路公司同西班牙工业、贸易与旅游部代表举行磋商。7月25日，乌代理外长诺罗夫会见来乌出席阿富汗问题国际会议的欧盟阿富汗事务特使尼克拉松。8月19日，乌代外长诺罗夫同拉脱维亚农业部长，乌拉政府间经济、工业和科技合作委员会联合主席盖尔哈尔兹举行会见。8月24日，里加港务局与乌国家铁路公司签署合作备忘录，以加强同乌方合作，扩大相互宣传力度，提高过境运输能力。8月29日，乌总统米尔济约耶夫同德国总统施泰因迈尔通电话，就双边关系发展以及金融、科技、人文等领域合作交换意见。8月30日，乌最高会议参议院主席纳尔巴耶娃、代外长诺罗夫分别同德国联邦议院前议长、阿登纳基金会主席拉默特举行会见。9月6日，乌代外长诺罗夫在布鲁塞尔会见欧盟外交与安全政策高级代表博雷利。9月8日，乌副总理兼投资和外贸部长霍贾耶夫会见欧盟驻乌大使阿德里安。9月9日，乌总统米尔济约耶夫就英国女王伊丽莎白二世逝世向英国新任国王查尔斯三世表示哀悼，向英国王室和人民致以慰问。9月12日，乌总统米尔济约耶夫向英国国王查尔斯三世致贺信，对其登基表示祝贺。9月20日，乌外长诺罗夫会见塞尔维亚外长塞拉科维奇，就加强乌塞政治、经贸、投资、农业、教育、人文、科技领域合作等问题交换意见，并签署《乌兹别克斯坦和塞尔维亚外交部合作与磋商议定书》。9月21日，乌外长诺罗夫在出席第77届联合国大会期间会见匈牙利外交和贸易部长西雅尔多，就乌匈战略伙伴关系发展交换意见。9月21日，乌外长诺罗夫在第77届联合国大会期间会见奥地利欧洲和国际事务部长沙伦贝格。9月26日，乌外长诺罗夫在出席第77届联合国大会期间会见丹麦外长科福德，就丹麦在乌开设名誉领事馆、开展两国部委互访、扩大贸易投资和科教合作等问题交换意见。10月4日，乌总统米尔济约耶夫访问匈牙利并会见匈总统诺瓦克、匈总理欧尔班，就进一步加强乌匈全方位战略伙伴关系、持续深化经贸投资合作等问题交换意见，并签署《关于发展乌匈战略伙伴关系的联合声明》。10月12日，乌外长诺罗夫会见意大利驻乌大使皮纳，就深化乌意政治、经贸、人文、教育等领域合作等问题交换意见。10月19日，乌外长诺罗夫在塔吉克斯坦杜尚别参加反恐国际会议期间会见欧盟中亚问题特别代表哈卡拉。10月27日，乌总统米尔济约耶夫出席在哈萨克斯坦首都阿斯塔纳举行的首次“中亚五国+欧盟”峰会。10月27日，欧洲理事会主席米歇尔访乌，同乌总统米尔济约耶夫举行会谈，会后双方发表联合声明。11月1日，德国外长贝尔伯克访乌并会见乌总统米尔济约耶夫和乌外长诺罗夫，就两国政治、经贸、投资、金融、创新、科技、绿色经济、教育等领域合作交换意见。11月10日，乌总统米尔济约耶夫会见来乌出席“突厥语国家组织”峰会的匈牙利总理欧尔班，就加强工业、化工、制药、金融、交通物流等领域投资合作交换意见。11月10日，乌副总理兼投资和外贸部长霍贾耶夫与匈牙利外交和对外经济部长西雅尔多共同出席乌匈实业家论坛开幕式。11月16日，乌副外长法济洛夫会见德国联邦经济合作与发展部议会国务秘书安南，就乌德立法机构合作、经济外交以及地区问题交换意见。11月18日，乌总统米尔济约耶夫会见欧盟外交与安全政策高级代表、欧盟委员会副主席博雷利，就乌欧关系及政治、贸易、投资、数字化、环保、科教等领域合作等问题交换意见。11月19日，乌副总理兼投资和外贸部长霍贾耶夫访问法国并会见法贸易部长级代表贝什特，就落实能源、供水、供暖、地质等领域合作项目交换意见。11月21日，应法国总统马克龙邀请，乌总统米尔济约耶夫偕夫人对法国进行正式访问，其间会见法国总统马克龙、法国国民议会议长布朗-皮韦、法国开发署总干事何睿欧，签署总额超过10亿欧元的《乌政府和法国开发署2025年前战略合作规划》。11月23日，乌国家航空公司同法国空中客车公司签署协议，将从空客公司订购8架A320 neo和4架A321 neo客机以及2架Airbus H145直升机，订单总额分别为6.943亿和2100万欧元。11月23日，乌国家外经银行和工商会同巴黎费朗迪学院签署合作协议，由该学院在塔什干和撒马尔罕市设立分校，为当地培养餐饮和酒店业人才。11月24日，乌国家地质与矿产资源委员会和“纳沃伊铀”公司同法国Orano公司签署扩大铀开采加工三方合作协议。11月28日，乌外长诺罗夫会见法国驻乌大使布舍兹，就乌法关系和2023年合作优先方向交换意见。11月30日，乌副外长法济洛夫分别会见“芬兰—中亚”议会友好小组主席基尔尤宁和来乌出席乌英工贸委员会第26次会议的英国东欧和中亚贸易专员波莱奥以及国际贸易部总司长米切尔。12月1日，乌第一副外长西季科夫分别会见欧盟驻乌大使阿德里安和意大利驻乌大使皮纳。12月6日，乌外长诺罗夫会见英国驻乌大使托洛特。12月12日，乌总统米尔济约耶夫会见匈牙利最大银行OTP董事长赞伊，就扩大乌同匈牙利公司互利合作、推进落实合作项目等问题交换意见。12月15日，乌副外长法济洛夫和英国外务副大臣多彻蒂共同主持以线上线下相结合的方式举行的第四轮乌英外交部政治磋商。

【同东亚、南亚国家的关系】加强与日韩印等东亚、南亚国家合作。2022年1月10日，乌最高会议参议院第一副主席萨法耶夫同日本驻乌大使藤山美典举行会见。1月25日，乌旅游和体育部文化遗产局局长努鲁洛耶夫会见日本国际协力机构驻乌代表处第一副主任竹村义正。1月29日，乌外长卡米洛夫和韩国外长郑义溶就两国建交30周年互致贺电。1月31日，乌外长卡米洛夫同巴基斯坦外长库雷希通电话。2月1日，日本国际协力机构同乌卫生部签署关于改善卡拉卡尔帕克斯坦医学院创新诊所医疗服务的协议，项目总额约690万美元。2月4日，乌最高会议参议院召开例行全会，研究成立乌参议院与韩国国会合作委员会有关问题。2月5日，乌总统米尔济约耶夫在北京会见巴基斯坦总理伊姆兰·汗，就发展乌巴战略伙伴关系和各领域合作问题交换意见。2月9日，乌外长卡米洛夫会见即将离任的韩国驻乌大使姜在权。2月10日，乌外长卡米洛夫同巴基斯坦外长库雷西通电话。2月15日，乌工商会主席伊克拉莫夫会见韩国国际合作机构驻乌办公室主任朴善真。2月15日，乌信息技术和通信发展部长谢尔玛托夫会见韩国行政安全部副部长高圭昌。2月16日，乌投资和外贸部领导会见巴基斯坦商务部第一副部长法鲁基一行。2月23日，韩国国际协力机构宣布在乌启动“KOICA 2022奖学金项目”。3月7日，韩国向乌紧急情况部援助8辆消防车、救护车及防护装备仪式在釜山港举行。3月18日，在乌印（度）建交30周年之际，乌外长卡米洛夫向印外长苏杰生致贺信。3月25日，日本通过“新冠肺炎疫苗实施计划”向乌捐赠20余万剂阿斯利康疫苗。4月1日，乌副总理兼投资和外贸部长乌穆尔扎科夫会见日本驻乌大使藤山美典。4月15日，乌副总理兼投资和外贸部长乌穆尔扎科夫以视频方式出席“中亚五国+日本”外长会议。4月29日，日本外务大臣林芳正访乌，其间分别会见乌总统米尔济约耶夫、副总理兼投资和外贸部长乌穆尔扎科夫和代外长诺罗夫，并被授予世界经济与外交大学荣誉博士学位。5月11日，乌副外长西季科夫将率团赴印度首都德里出席第15轮乌印外交部磋商。5月11日，乌最高会议参议院第一副主席萨法耶夫在首尔会见韩国新任总统尹锡悦。5月11日，乌副外长西季科夫同印度国防研究与分析所所长齐湛举行会见，就加强两国智库合作及国际地区问题交换意见。6月7日，乌副外长西季科夫会见印度驻乌大使普拉哈特，就第15轮乌印外交部政治磋商成果落实情况交换意见。6月9日，乌总统米尔济约耶夫同日本首相岸田文雄通电话，就乌日建交30周年和建立战略伙伴关系20周年互致祝贺。7月5日，乌高等和中等专业教育部长托什库洛夫同日本驻乌大使藤山美典签署“人才培训奖学金”项目换文，并与日本国际协力机构驻乌代表处签署资助协议。7月8日，乌总统米尔济约耶夫就日本前首相安倍晋三遇刺身亡向日本德仁天皇、首相岸田文雄和安倍晋三家属表示哀悼。7月8日，乌副外长西季科夫会见日本众议院代表、乌日友好议员联盟事务局局长铃木馨祐。7月15日，乌副总理兼经济发展和减贫部长库奇卡罗夫会见巴基斯坦工业和生产部长马哈茂德。7月22日，塔什干市市长阿尔特克霍贾耶夫会见日本企业代表团。7月23日，乌总统米尔济约耶夫向印度执政党全国民主联盟候选人穆尔穆致贺电，祝贺其当选印总统。7月29日，乌代理外长诺罗夫会见印度外长苏杰生。7月29日，乌代理外长诺罗夫会见巴基斯坦外长扎尔达里。8月3日，乌代理外长诺罗夫会见乌韩（国）议会友好委员会主席朴光安率领的韩国国会代表团。9月1日，乌向巴基斯坦提供约40吨人道主义援助。9月15日，乌总统米尔济约耶夫会见赴乌出席上海合作组织撒马尔罕峰会的巴基斯坦总理谢里夫。9月16日，乌总统米尔济约耶夫会见赴乌出席上海合作组织撒马尔罕峰会的印度总理莫迪。10月20日，撒马尔罕市同日本奈良市建立友好城市关系仪式在撒马尔罕举行。10月22日，乌总统米尔济约耶夫签署总统令，批准2021年12月签署的《乌韩政府间传染病防治合作协定》，并指定乌卫生部和外交部负责落实该协定。10月24日，日本向卡拉卡尔帕克斯坦努库斯区医学协会、布哈拉州佩什库区医学协会，塔什干市阿尔马扎尔区第17社区综合医院等3家医疗机构捐助价值27.06万美元的医疗设备。10月24日，乌外长诺罗夫在首尔参加韩国总理韩德洙对第十五届“中亚五国+韩国”合作论坛与会各国外长的集体会见。10月30日，乌总统米尔济约耶夫就韩国首尔踩踏事故向韩国总统尹锡悦致慰问电。10月31日，位于费尔干纳州的乌韩（国）合资Uzsungwoo公司建成投产中亚唯一的金属热处理全自动化生产车间。11月16日，乌外长诺罗夫会见即将离任的日本驻乌大使藤山美典。11月25日，乌外长诺罗夫会见来乌出席乌韩外交部磋商的韩国副外长崔泳杉，讨论两国合作现状及前景和国际地区问题。12月5日，乌第一副外长西季科夫同全巴基斯坦纺织厂协会秘书长萨塔尔和董事会成员举行视频会见。12月5日，日本新任驻乌大使羽鸟隆向诺罗夫外长递交国书副本。12月16日，乌信息技术和通信部副部长艾加姆别尔季耶夫率团访问韩国，同韩安全和公共管理部副部长韩唱燮举行会谈，讨论两国在乌实施电子政务和数字经济项目情况并签署2023年合作谅解备忘录。12月19日，乌副外长阿洛耶夫会见印度驻乌大使普拉巴。

【同其他伊斯兰国家的关系】与伊斯兰国家政治、经济关系发展稳定。2022年1月6日，乌总统米尔济约耶夫同土耳其总统埃尔多安通电话。1月11日，乌创新发展部同印度Nath生物基因公司举行视频会议，商定在乌成立研究中心，从事种子生产、植物保护和土壤学研究。1月21日，乌副总理兼投资和外贸部长乌穆尔扎科夫会见土耳其驻乌大使贝卡。同日，乌投资和外贸部副部长瓦法耶夫和阿曼外交部副部长哈里西以视频方式共同主持召开乌阿政府间经贸合作委员会第四次会议。1月24日，乌驻伊斯坦布尔总领馆与土耳其乌妇女权利保障协会签署合作备忘录。1月25日，乌副总理兼投资和外贸部长乌穆尔扎科夫会见土耳其高等教育委员会主席伍兹瓦尔，讨论深化乌土高等教育合作问题并就加快在乌建立乌—土大学达成一致。1月28日，乌外长卡米洛夫同沙特驻乌大使乌泰比举行会见。2月6日，乌总统米尔济约耶夫致信土耳其总统埃尔多安，就埃及其夫人感染新冠病毒致以慰问。2月7日，乌农业部和土耳其农林部举行两国农业合作执委会第三次会议。2月10日，乌副总理兼投资和外贸部长乌穆尔扎科夫同到访的土耳其农业和林业部长帕克代米尔利举行会见。2月14日，乌外交部副部长法济洛夫会见土耳其教育基金会主席阿克冈。2月26日，乌总统米尔济约耶夫同土耳其总统埃尔多安通电话，向埃祝贺生日并同其讨论双边关系问题。同日，乌总统米尔济约耶夫签署批准《乌巴（基斯坦）政府间过境贸易协定》。3月13日，乌外长卡米洛夫在出席第二届安塔利亚外交论坛期间会见土耳其外长查武什奥卢。3月14日，乌和土耳其商定自3月15日起互认新冠病毒疫苗接种证书。3月29日，土耳其总统埃尔多安对乌进行正式访问并同乌总统米尔济约耶夫举行会见并签署《联合声明》。4月21日，土耳其内务部长索伊卢同来访的乌总统下属安全会议秘书马赫穆多夫举行会见。5月2日，乌总统米尔济约耶夫同土耳其总统埃尔多安通电话，互致开斋节祝福。5月3日，乌最高会议参议院主席纳尔巴耶娃同土耳其大国民议会议长森托普通电话，互致开斋节祝福。5月14日，乌总统米尔济约耶夫祝贺阿拉伯联合酋长国武装部队副总司令阿勒纳哈扬出任阿联酋总统。5月15日，乌总统米尔济约耶夫赴阿联酋出席阿前总统哈利法·本·扎耶德·阿勒纳哈扬悼念活动，其间同阿新任总统穆罕默德·本·扎耶德·阿勒纳哈扬举行会晤。6月7日，“乌土（耳其）人权教育经验”圆桌会议在塔什干举行，乌最高会议立法院第一副议长、国家人权中心主任赛义多夫同土人权与平等研究所所长基利希签署合作谅解备忘录。6月16日，乌代理外长诺罗夫会见阿曼苏丹国驻乌大使卡西里。7月4日，乌代理外长诺罗夫同土耳其外长查武什奥卢通电话。7月5日，乌总统米尔济约耶夫同土耳其总统埃尔多安通电话。7月8日，乌最高会议参议院主席纳尔巴耶娃同土耳其大国民议会议长申托普通电话，就两国议会合作交换意见。7月24日，乌总统米尔济约耶夫同土耳其总统埃尔多安通电话。7月28日，乌总统米尔济约耶夫会见到访的土耳其内政部长索伊卢，就乌土执法安全务实合作交换意见。7月30日，乌副总理兼投资和外贸部长霍贾耶夫与孟加拉国商务部长孟希在达卡共同主持召开第三次乌孟政府间经贸合作委员会会议。8月2日，乌总统米尔济约耶夫会见出席“乌兹别克斯坦—阿塞拜疆—土耳其”首次对话会的土耳其外长查武什奥卢、贸易部长穆什和交通与基础设施部长卡拉伊斯马伊奥卢。同日，乌代理外长诺罗夫会见土耳其外长查武什奥卢。8月15日，乌总统米尔济约耶夫同土耳其总统埃尔多安通电话。8月16日，乌代理外长诺罗夫会见阿曼驻乌大使阿里卡西里。8月17日，乌总统米尔济约耶夫对沙特进行国事访问，同沙特王储萨勒曼举行会谈，双方发表关于进一步扩大全面伙伴关系的联合声明。8月19日，乌总统米尔济约耶夫授予沙特国王阿勒沙特“伊玛目·布哈里”高级勋章。9月10日，乌外长诺罗夫会见阿尔及利亚驻乌大使布谢里特。9月16日，乌总统米尔济约耶夫会见赴乌出席上海合作组织撒马尔罕峰会的土耳其总统埃尔多安。9月21日，乌外长诺罗夫在第77届联合国大会期间会见阿联酋外交与国际合作部长阿卜杜拉。9月26日，乌外长诺罗夫在出席第77届联合国大会期间会见文莱第二外长尤索夫。9月29日，乌总统米尔济约耶夫会见沙特朝觐与副朝大臣阿勒拉比亚，讨论组织乌公民赴伊斯兰教圣地朝觐等问题。10月13日，乌总统米尔济约耶夫在出席亚信峰会期间会见土耳其总统埃尔多安。10月15日，乌总统米尔济约耶夫就土耳其巴尔滕省矿井爆炸事故向土总统埃尔多安致慰问信。10月25日，土耳其总统埃尔多安在安卡拉闭门会见乌总统办公厅主任乌穆尔扎科夫。11月7日，乌外长诺罗夫接见新任阿尔及利亚驻乌大使根纳德。11月10日，乌总统米尔济约耶夫向来乌出席“突厥语国家组织”峰会的土耳其总统埃尔多安授予“伊玛目·布哈里”勋章和突厥语世界最高勋章。11月14日，乌总统米尔济约耶夫就土耳其伊斯坦布尔爆炸事件向土总统埃尔多安表示慰问，并祝愿伤者早日康复。11月29日，乌副外长阿洛耶夫会见阿尔及利亚驻乌大使根纳德。12月6日，乌总统米尔济约耶夫批准同土耳其开展军事合作的有关协议。12月23日，乌总统米尔济约耶夫会见到访的沙特投资部长法利赫。同日，乌能源部同沙特ACWA Power公司签署协议，由后者投资16.5亿美元在卡拉卡尔帕克斯坦共和国建造总装机容量为1500兆瓦的三座风力发电站。12月27日，乌外长诺罗夫会见卡塔尔新任驻乌大使哈希姆并接受哈递交国书副本。12月28日，乌第一副外长西季科夫会见土耳其驻乌大使别卡尔。　（李良辉）

新　加　坡

国名　新加坡共和国（The Republic of Singapore）。

面积　733.2平方公里（2022年）。

人口　常住人口约564万（2022年），公民和永久居民约407万。华人占74%，其余为马来人、印度人和其他种族。马来语为国语，英语、华语、马来语、泰米尔语为官方语言，英语为行政用语。主要宗教为佛教、道教、伊斯兰教、基督教和印度教。

首都　新加坡（Singapore）。

国家元首　总统哈莉玛·雅各布（Halimah Yacob，女），2017年9月14日就任，任期6年。

重要节日　华人新年：同中国春节；泰米尔新年：4月、5月间；卫塞节：5月的月圆日；国庆节：8月9日；开斋节：伊斯兰教历10月新月出现之时；圣诞节：12月25日。新加坡法定公共节日共计11天，此外还有元旦、复活节、哈芝节、劳动节等。

简　况

热带城市国家，位于马来半岛南面、马六甲海峡出入口，北隔柔佛海峡与马来西亚相邻，南隔新加坡海峡与印度尼西亚相望。由新加坡岛及附近63个小岛组成，其中新加坡岛占全国面积的88.5%。地势低平，平均海拔

15米，最高海拔163米，海岸线长193公里。属热带海洋性气候，常年高温潮湿多雨。年均气温24℃—32℃，日均气温26.8℃，年均降水量2345毫米，年均湿度84.3%。

古称“淡马锡”。8世纪属室利佛逝王朝。18—19世纪是马来柔佛王国的一部分。1819年，英国人史丹福·莱佛士抵达新加坡，与柔佛苏丹订约，开始在新设立贸易站。1824年，新沦为英国殖民地，成为英在远东的转口贸易商埠和在东南亚的主要军事基地。1942年被日本占领。1945年日本投降后，英国恢复殖民统治，次年划为直属殖民地。1959年实现自治，成为自治邦，英保留国防、外交、修改宪法、宣布紧急状态等权力。1963年9月16日与马来亚、沙巴、沙捞越共同组成马来西亚联邦。1965年8月9日脱离马来西亚，成立新加坡共和国；同年9月成为联合国会员国，10月加入英联邦。

政　治

独立以来，人民行动党长期执政，政绩突出，地位稳固，历届大选均取得压倒性优势。李光耀自新加坡1965年独立后长期担任总理，1990年交棒给吴作栋。2004年8月，李显龙接替吴作栋出任总理，并于2006年5月、2011年5月、2015年9月和2020年7月四度连任。2015年3月，李光耀逝世。

【宪法】1963年9月，颁布州宪法。1965年12月，州宪法经修改成为新加坡共和国宪法，并规定马来西亚宪法中的一些条文适用于新加坡。宪法规定：实行议会共和制。总统为国家元首。1992年国会颁布民选总统法案，规定从1993年起总统由议会选举产生改为民选产生，任期从4年改为6年。总统委任议会多数党领袖为总理；总统和议会共同行使立法权。总统有权否决政府财政预算和公共部门职位的任命；可审查政府执行内部安全法令和宗教和谐法令的情况；有权调查贪污案件。总统在行使主要公务员任命等职权时，必须先征求总统顾问理事会的意见。2017年2月，新加坡国会通过总统选举修正法案，修改民选总统制度，若某一种族代表连续五届都没有出任总统，下届总统人选将保留给该族候选人。2017年9月，马来族前任国会议长哈莉玛参选总统，成为唯一符合资格的候选人并自动当选，成为保留制总统选举制度下第一位当选总统。

【议会】实行一院制，称“国会”，任期5年。国会可提前解散，大选须在国会解散后3个月内举行。年满21岁的新加坡公民都有投票权。国会议员分为民选议员、非选区议员和官委议员。其中，民选议员从全国14个单选区和17个集选区中由公民选举产生。集选区候选人以3—6人一组参选，其中至少一人是马来族、印度族或其他少数种族。同组候选人必须来自同一政党，或均为无党派者，并作为一个整体竞选。非选区议员从得票率最高的反对党未当选候选人中任命，最多不超过12名，从而确保国会中有非执政党的代表。官委议员由总统根据国会特别遴选委员会的推荐任命，任期两年半，以反映独立和无党派人士意见。本届国会于2020年7月10日选举产生，现共有议员103人。其中，民选议员92人，包括人民行动党83人，工人党9人。另有非选区议员2人，官委议员9人。现任议长陈川仁（Tan Chuan Jin）。

【政府】本届内阁于2020年7月组成。主要成员有：总理李显龙（Lee Hsien Loong），副总理兼财政部长黄循财（Lawrence Wong），副总理兼经济政策统筹部长王瑞杰（Heng Swee Keat），国务资政兼国家安全统筹部长张志贤（Teo Chee Hean），国务资政兼社会政策统筹部长尚达曼（Tharman Shanmugaratnam），国防部长黄永宏（Ng Eng Hen），外交部长维文（Vivian Balakrishnan），内政部长兼律政部长尚穆根（K. Shanmugam），贸工部长颜金勇（Gan Kim Yong），交通部长易华仁（S. Iswaran），永续发展与环境部长傅海燕（Grace Fu，女），教育部长陈振声（Chan Chun Sing），社会及家庭发展部长兼卫生部第二部长马善高（Masagos Zulkifli），卫生部长王乙康（Ong Ye Kung），国家发展部长李智陞（Desmond Lee），通信及新闻部长兼内政部第二部长杨莉明（Josephine Teo，女），总理公署部长兼财政部和国家发展部第二部长英兰妮（Indranee Rajah，女），总理公署部长兼教育部和外交部第二部长孟理齐（Mohamod Maliki Bin Osman），文化、社区及青年部长兼律政部第二部长唐振辉（Edwin Tong），人力部长兼贸工部第二部长陈诗龙（Tan See Leng）。

【行政区划】新加坡是一个城邦国家，故无省市之分，而是以符合都市规划的方式将全国划分为5个社区（行政区）。

【司法机构】设最高法院和总检察署。最高法院由高庭和上诉庭组成。1994年，废除上诉至英国枢密院的规定，确定最高法院上诉庭为终审法庭。最高法院大法官由总理推荐、总统委任。大法官梅达顺（Sundaresh Menon），总检察长黄鲁胜（Lucien Wong）。

【政党】已注册的政党共30多个，主要有：

（1）人民行动党（The People’s Action Party）：唯一执政党。1954年11月由李光耀等人发起成立。党的纲领是维护种族和谐，树立国民归属感；建立健全的民主制度，确保国会拥有多元种族代表，努力建立一个多元种族、多元文化和多元宗教的社会。人民行动党从1959年至今一直保持执政党地位。党内实际领导者为秘书长，党主席系虚职。李光耀长期任该党秘书长，1991年吴作栋接任，2004年李显龙接替吴作栋出任该党秘书长。2018年11月，人民行动党中央执行委员会改选，李显龙连任秘书长，王瑞杰、陈振声分别出任第一和第二助理秘书长，颜金勇出任党主席。

（2）工人党（The Worker’s Party）：1957年11月创立。主张和平、非暴力的议会斗争。1971年重建领导机构，提出废除雇用制，修改国内治安法，恢复言论和结社自由。近年来影响有所扩大，1981年起在大选中数次赢得议席，在2020年大选中获10席。现任秘书长毕丹星（Pritam Singh），2020年大选后担任国会反对党领袖。

【重要人物】哈莉玛·雅各布：总统。女，1954年8月出生于新加坡，马来族，穆斯林。1978年毕业于新加坡大学（新加坡国立大学前身），获法学学士学位，2001年获新加坡国立大学法学硕士学位。大学毕业后加入全国职工总会，担任工业关系兼法律职员，最高职务至助理秘书长。2001年当选裕廊集选区国会议员，2006年和2011年连选连任。任议员期间，曾先后任提名委员会、议事常规委员会、官委议员特别提名委员会、公共陈情委员会等委员会委员。2011年5月任社会发展、青年及体育部政务部长，2012年11月任改组后的社会及家庭发展部政务部长。2013年1月当选新加坡议会第九任议长，2016年1月连任。2017年8月卸任议长，参选总统。同年9月当选新加坡第八任总统，任期6年。 **李显龙**：总理。1952年出生于新加坡。1971年入伍，后获奖学金赴英国深造，获英国剑桥大学数学一等荣誉学位和计算机优等文凭。1978年在美国堪萨斯州参加陆军指挥和参谋培训。1979年获哈佛大学肯尼迪行政学院公共行政学硕士学位。回国后任武装部队参谋长兼联合行动与策划司长，1984年6月升准将军衔，同年12月当选国会议员。历任全国经济委员会主席、贸工部代部长、贸工部长和副总理，先后兼任贸工部政务部长、国防部第二部长和金融管理局主席，2001年11月至2011年5月兼任财政部长。2004年8月任总理。2006年5月、2011年5月、2015年9月和2020年7月四度连任。

经　济

新加坡经济属外贸驱动型经济，以电子、石油化工、金融、航运、服务业为主，高度依赖中、美、日、欧和周边市场。

2017年2月，新“未来经济委员会”发布未来十年经济发展战略，提出经济年均增长2%—3%、实现包容发展、建设充满机遇的国家等目标，并制定深入拓展国际联系、推动并落实产业转型蓝图、打造互联互通城市等七大发展战略。2017年、2018年、2019年经济增长率分别达到3.5%、3.2%、0.8%。2020年受新冠疫情影响，经济衰退5.8%。2021年，新加坡经济实现强劲反弹，同比增长7.6%。2022年主要经济数据如下：

国内生产总值：4671.8亿美元。

人均国内生产总值：8.3万美元。

国内生产总值增长率：3.6%。

货币名称：新加坡元。

汇率：1美元≈1.38新加坡元。

【资源】自然资源匮乏。

【工业】主要包括制造业和建筑业。制造业产品主要包括电子、化学与化工、生物医药、精密机械、交通设备、石油产品、炼油等产品。新是世界第三大炼油中心。

【农业】用于农业生产的土地占国土总面积1%左右，产值占国民经济比重不到0.1%，主要由园艺种植、家禽饲养、水产养殖和蔬菜种植等构成。绝大部分粮食、蔬菜从马来西亚、中国、印度尼西亚和澳大利亚进口。

【服务业】包括金融服务、零售与批发贸易、饭店旅游、交通与电信、商业服务等，系经济增长的龙头。

【旅游业】外汇主要来源之一。游客主要来自中国、东盟国家、印度、澳大利亚和日本。

【交通运输】交通发达，设施便利。世界重要的转口港，有200多条航线连接世界600多个港口。2022年港口处理货运总量约5.78亿吨，集装箱总吞吐量约3730万标箱。联系亚、欧、非、大洋洲的航空中心，新加坡樟宜机场连续多年被评为“世界最佳机场”。2022年樟宜机场共接待乘客3220万人次，相当于新冠疫情前的47.2%；起降航班达21.9万次，为疫情前的57.2%。

【财政金融】2022年，新加坡财政收入约903亿新加坡元，财政支出约1070亿新加坡元。

新加坡未设中央银行，新加坡金融管理局行使央行职能。

【对外贸易】为国民经济重要支柱。2022年对外货物贸易总额约9912.8亿美元。其中，出口额约5154.4亿美元，进口额约4758.4亿美元。

主要出口商品为：成品油、电子元器件、化工品和工业机械等；主要进口商品为：电子真空管、原油、加工石油产品、办公及数据处理机零件等。主要贸易伙伴为：中国、马来西亚、美国。

【对外投资】大力向海外投资。截至2021年底，对外直接投资累计达8985.5亿美元，主要集中在金融服务业和制造业。主要直接投资对象国为中国、印尼、马来西亚、澳大利亚、英国。

【外国资本】截至2021年底，新加坡共吸引海外直接投资约1.77万亿美元，多集中在金融服务业和制造业。主要直接投资来源国为美国、日本、荷兰、英国、中国。

【著名公司】淡马锡控股私人有限公司是世界上最著名的国有资本投资公司之一。成立于1974年，由新加坡财政部完全控股，直接对财政部长负责。拥有政府关联企业1000余家，资本规模超过3000亿新元，涉及交通、船舶修理及工程、电力与天然气、通信、传媒、金融服务、房地产与酒店、房地产管理和咨询、建筑、休闲与娱乐等行业。相继培育出新加坡航空、新加坡电信、星展银行、吉宝集团等一批全球知名企业。现任公司董事长林文兴，执行董事兼首席执行官狄澜。

人民生活

新加坡政府统一修建公共组屋，居民住房拥有率达91%。人均寿命83.2岁，识字率97.5%（15岁以上），每万人拥有24名医生。

军　事

新加坡武装部队组建于1965年，建军节为7月1日。总统为三军统帅。实行义务兵役制，服役期2—3年，现役部队总兵力约7.2万人。新加坡军队主要在国外训练。1971年与英国、澳大利亚、新西兰和马来西亚组成“五国联防”。重视全民防卫教育。致力于建设第三代“智能”军队。2022年国防预算为119亿美元。

文化教育

【教育】新加坡的教育制度强调双语、体育、道德教育、创新和独立思考能力并重。双语政策要求学生除了学习英文，还要兼通母语。政府推行“资讯科技教育”，促使学生掌握电脑知识。学校绝大多数为公立，其中包括新加坡国立大学、南洋理工大学、管理大学和科技设计大学4所大学。

【新闻出版】英文报有《海峡时报》《商业时报》《新报》；华文报有《联合早报》《联合晚报》《新明日报》；马来文报有《每日新闻》；泰米尔文报有《泰米尔日报》。

广播电台于1936年开播，1959年起以马来语、英语、华语、泰米尔语广播。电视于1963年开播，1995年开通有线电视网和卫星电视。1999年，经营电视和广播业的数家公司合并而成新传媒集团。另有私营的报业控股集团设立的优频道和电视通频道。

对外关系

立足东盟，致力维护东盟团结与合作，推动东盟在地区事务中发挥更大作用，2018年担任东盟轮值主席国；高度重视发展同中、美、日、韩、澳关系；突出经济外交，积极推进贸易投资自由化，2018年与澳大利亚、新西兰、加拿大、越南、马来西亚、日本、墨西哥、秘鲁、文莱、智利10个国家签署《全面与进步跨太平洋伙伴关系协定》。2020年签署《区域全面经济伙伴关系协定》，同新西兰、智利发起《数字经济伙伴关系协定》，倡议成立了亚欧会议、东亚—拉美论坛等跨洲合作机制。积极推动《亚洲地区政府间反海盗合作协定》的签署，根据协定设立的信息共享中心于2006年11月正式在新成立。新加坡共与193个国家建立了外交关系。

【同中国的关系】1990年10月3日建交以来，两国高层交往频繁。习近平主席（2015年）、李克强总理（2018年）、韩正副总理（2018年、2022年）、王岐山副主席（2018年）等先后访新。新加坡李显龙总理（2005年、2006年、2008年、2012年、2013年、2017年、2018年、2019年、2023年）、陈庆炎总统（2015年）、哈莉玛总统（2019年、2022年）先后访华。

2022年2月，新加坡总统哈莉玛来华出席北京冬奥会开幕式，习近平主席、李克强总理分别与其会见，王毅国务委员兼外长会见随团来华的新加坡外长维文。6月，全国政协主席汪洋以视频方式会见新加坡国会议长陈川仁。7月，王毅国务委员兼外长在印尼巴厘岛出席二十国集团外长会期间会见新加坡外长维文。8月，王毅国务委员兼外长在柬埔寨金边出席东亚合作系列外长会期间会见新加坡外长维文。11月，习近平主席在泰国曼谷出席亚太经合组织领导人非正式会议期间会见新加坡总理李显龙。李克强总理在柬埔寨金边出席东亚合作领导人系列会议期间会见新加坡总理李显龙。韩正副总理访问新加坡并主持中新双边合作机制会议。中共中央政治局委员、国务委员兼外交部长王毅应约同新加坡外长维文通电话。12月，韩正副总理应约同新加坡副总理王瑞杰通电话。中共中央政治局委员、国务委员兼外交部长王毅应约同新加坡外长维文通电话。

2023年3月27日至4月1日，新加坡总理李显龙正式访华并出席博鳌亚洲论坛2023年年会开幕式，习近平主席同其会见，宣布将两国关系提升为全方位高质量的前瞻性伙伴关系。李强总理同李显龙总理举行会谈，全国人大常委会委员长赵乐际、全国政协主席王沪宁分别同李显龙总理举行会见。5月13日至17日，新加坡副总理兼财政部长黄循财访华，李强总理同其举行会见，丁薛祥副总理同其举行会谈。

中新经贸合作发展迅速。2013—2022年，中国连续十年成为新加坡最大贸易伙伴。据中国海关总署统计，2022年，中新双边贸易额为1151.3亿美元，同比增长22.8%。其中，中国出口额为811.7亿美元，同比增长47.8%；中国进口额为339.6亿美元，同比减少12.5%。2022年4月，新加坡首次超越日本，成为中国累计最大外资来源国。截至2023年3月底，新加坡累计在华实际投资1348.3亿美元，中国累计对新加坡投资812.4亿美元。1999年，中新签署《经济合作和促进贸易与投资的谅解备忘录》，建立两国经贸磋商机制。2008年，双方签署双边自贸协定。2018年，李克强总理访新期间，双方签署自贸协定升级议定书，2020年启动后续谈判。2023年4月，双方实质性完成中新自贸协定升级后续谈判。双方还签署了《促进和保护投资协定》《避免双重征税和防止偷漏税协定》《海运协定》《邮电和电信合作协议》《成立中新双方投资促进委员会协议》等多项经济合作协议。

两国建有苏州工业园区、天津生态城和中新（重庆）战略性互联互通示范项目三大政府间合作项目，广州知识城国家级双边合作项目，以及吉林食品区、川新科技园、南京生态岛等地方合作项目。新加坡与山东、四川、浙江、辽宁、天津、江苏、广东等7省市分别建有经贸合作机制。2019年4月同上海建立全面合作机制，10月同深圳建立智慧城市合作机制。

中国驻新加坡大使：洪小勇，孙海燕（2022年5月以后）。馆址：150 Tanglin Road，Singapore 247969。电话：0065-64180135（使馆办公室），64121900（商务处），64712117（领事部）；传真：64793250。

新加坡驻华大使：陈海泉（Tan Hai Chuan）。馆址：北京市朝阳区建国门外秀水北街1号。电话：010-65321115；传真：65329405。

【同美国的关系】1966年建交。美国是新加坡重要战略和经济伙伴。新加坡支持美国在本地区的军事存在。新美于2003年签署双边自贸协定，2005年签署战略协作框架协议，2012年建立战略伙伴对话机制，2015年签署加强防务合作协议。2019年9月、2022年3月，新加坡总理李显龙访美。2022年5月，李显龙赴美出席美国—东盟特别峰会。

【同马来西亚的关系】1965年建交。由于历史原因，双方围绕供水、填海、开放领空、新马大桥、白礁岛主权、海空域管辖等问题时有摩擦。2005年新马签署协议，解决了柔佛海峡填海争议。2010年5月，新马就丹戎巴葛火车站搬迁事达成协议并于2011年7月实施。2018年马哈蒂尔再次当选马来西亚总理后，新马围绕柔佛州南部空域管理权和新山港口海域界限、供水协议、新马高铁项目存废等问题争议再起，双方同意保持冷静克制，通过对话协商解决争议。两国建有年度领导人非正式会晤机制。新加坡总理李显龙于2019年4月、2022年5月访马。马来西亚总理穆希丁于2020年3月、6月、7月与新加坡总理李显龙通电话。马来西亚总理伊斯迈尔于2021年11月访新，2022年3月同新加坡总理李显龙通电话。2023年1月，马来西亚总理安瓦尔访新。

【同印尼的关系】1966年建交。印尼是新加坡最大邻国，两国间战略关系密切，双方互有需要。2018年，新加坡是印尼最大投资来源国，也是印尼第三大贸易伙伴和游客来源国。独立以来，新始终重视与印尼发展良好关系。两国建有年度领导人非正式会晤机制。2020年2月，新加坡总统哈莉玛访问印尼。7月，新加坡总理李显龙同佐科总统通电话。2021年4月，李显龙赴印尼出席东盟缅甸问题特别峰会。2022年1月，李显龙同佐科总统在印尼民丹岛举行新印领导人非正式峰会。2023年3月，李显龙同到访的印尼总统佐科举行新印领导人非正式峰会。5月，李显龙赴印尼出席第42届东盟峰会。6月，李显龙会见来访的印尼总统佐科。

【同菲律宾的关系】1969年建交。新加坡是菲律宾重要的贸易伙伴和游客来源国。新菲于1997年签署"新菲行动计划"。2019年9月，新加坡总统哈莉玛对菲律宾进行国事访问。2022年9月，菲律宾总统马科斯访新。2023年6月，菲律宾副总统莎拉访新。

【同泰国的关系】1965年建交，双方各领域合作密切，经贸合作、防务合作是两国关系的主要支柱。泰国公主诗琳通于2020年1月、2022年7月访新。新加坡总理李显龙于2019年6月赴泰出席东盟领导人会议，11月赴泰出席东亚合作领导人系列会议。2022年11月，李显龙赴泰国出席亚太经合组织领导人非正式会议。

【同越南的关系】1973年建交。两国于2013年建立战略合作伙伴关系，经贸合作和人员往来密切。新加坡自1996年起在越南相继建设5个新越工业园区，于2001年在河内建立培训中心，为越南官员提供培训。2012年9月，越共中央总书记阮富仲访新。2022年2月，越南国家主席阮春福访新。2023年2月，越南总理范明政访新。

【同缅甸的关系】1966年建交。新加坡长期以来是缅甸重要的贸易伙伴和投资来源国。2016年1月，新加坡在缅甸成立职业培训机构，帮助缅甸在工程机械、电力、基础设施建设等方面开展职业技能培训。2016年12月、2018年6月，缅甸国务资政昂山素季访新。2016年6月，新加坡总理李显龙访缅。

【同印度的关系】1965年建交。2015年两国建立战略伙伴关系。2018年，新加坡是印度第五大贸易伙伴，是印度主要的外资来源国之一。2018年11月，印度总理莫迪访新。2018年1月，新加坡总理李显龙访印。

【同韩国的关系】1975年建交。2006年签署双边自贸协定。2018年，新韩互为第九大贸易伙伴。2019年11月，新加坡总理李显龙访韩。2022年5月，新加坡总统哈莉玛赴韩出席韩国新任总统尹锡悦就职典礼。

【同日本的关系】1966年建交。2002年签署经贸伙伴协议。2018年，日本是新加坡第七大贸易伙伴和第三大外资来源国。新加坡是日本第四大外资来源国。2021年11月，新加坡总理李显龙与日本首相岸田文雄通电话。2022年6月，日本首相岸田文雄访新。5月新加坡总理李显龙访日。2020年10月、2021年5月，李显龙与日本首相菅义伟通电话。

【同澳大利亚的关系】1965年建交。2003年签署双边自贸协定，2015年两国建立全面战略伙伴关系。2016年两国签署自贸协定升级版。新澳防务合作紧密，新加坡军队长期在澳大利亚驻训。2020年7月、2021年9月，新加坡总理李显龙与澳大利亚总理莫里森通电话。2022年6月，新加坡总理李显龙与澳大利亚总理阿尔巴尼斯通电话。10月，新加坡总理李显龙访澳。2023年6月，澳大利亚总理阿尔巴尼斯访新。

（周瑶瑶）

叙 利 亚

国名　阿拉伯叙利亚共和国（The Syrian Arab Republic）。

面积　185180平方公里（包括仍被以色列占领的戈兰高地约1200平方公里）。

人口　1929万（2022年）。其中，阿拉伯人占80%以上，还有库尔德人、亚美尼亚人、土库曼人等。阿拉伯语为国语，通用英语和法语。居民中85%信奉伊斯兰教，14%信奉基督教。穆斯林中逊尼派占80%，什叶派占20%。什叶派中，执政的阿拉维派占75%。

首都　大马士革（Damascus），人口160万（2022年）。

国家元首　总统巴沙尔·阿萨德（Bashar Al-Assad），2000年7月就任，2007年5月、2014年7月、2021年5月三次连任。

重要节日　独立日：4月17日。

简　况

位于亚洲大陆西部、地中海东岸，北靠土耳其，东南邻伊拉克，南连约旦，西南与黎巴嫩、巴勒斯坦、以色列接壤，西与塞浦路斯隔海相望。海岸线长183公里。沿海和北部地区属亚热带地中海气候，南部地区属热带沙漠气候。沙漠地区冬季雨量较少，夏季干燥炎热。最低气温0℃以下，最高气温达40℃左右。年均降水量沿海地区1000毫米以上，南部地区仅100毫米。

公元前3000年时有原始城邦国家存在。公元前8世纪起，先后被亚述帝国、马其顿帝国、罗马帝国、阿拉伯帝国、奥斯曼帝国等统治，1920年4月沦为法国委任统治地。1940年6月被纳粹德国控制。1941年9月27日，"自由法兰西军"总司令贾德鲁将军以同盟国名义宣布叙利亚独立。1943年8月，叙利亚成立自己的政府，舒克里·库阿特利当选叙利亚共和国首任总统。1946年4月17日，英、法两国被迫从叙利亚撤军，叙利亚获得完全独立。1958年2月1日，叙利亚和埃及合并组建阿拉伯联合共和国（简称"阿联"）。1961年9月28日，叙利亚宣布脱离阿联，成立阿拉伯叙利亚共和国。1963年3月8日，阿拉伯复兴社会党组成叙利亚新政府。1970年11月13日，叙利亚国防部长兼空军司令哈菲兹·阿萨德发动"纠正运动"，改组了党和政府，自任总理。1971年3月，阿萨德当选总统，任至2000年6月10日去世，其次子巴沙尔·阿萨德于同年7月10日继任总统并连任至今。

政　治

从2011年3月起，叙利亚局势发生动荡并持续升级。阿盟、联合国等先后介入斡旋，有关各方在瑞士日内瓦召开两次叙利亚问题会议，均无果而终。2015年，叙利亚国内战事激烈，恐怖极端势力坐大，人道主义形势严峻，难民问题溢出效应凸显。9月底，俄罗斯军事介入，战场局势开始朝着有利于叙政府一方发展，国际劝和促谈努力复趋活跃。12月，安理会一致通过第2254号决议，确定政治解决叙利亚问题的主要原则、时间框架和路线图。此后，联合国多番推动叙利亚政府和反对派和谈。截至2022年底，联合国主持召开9轮叙利亚问题日内瓦会谈、8轮宪法委员会会议，俄罗斯、伊朗、土耳其主持召开19轮叙问题阿斯塔纳会谈。

【**宪法**】1973年3月12日经全国公民投票通过。宪法规定叙利亚是人民民主社会主义国家，阿拉伯复兴社会党是国家和社会的领导核心。实行有计划的社会主义经济。2012年2月，叙利亚举行公投，通过新宪法，主要内容包括：国家政治制度以多元化为原则，改一党制为多党制；实行选举民主，总统由人民直接选举产生，任期为7年，只能连任1届等。

【**议会**】又称"人民议会"，国家立法机构。其职能是：提名总统人选；通过法律；讨论内阁政策；通过国家总预算和发展计划；批准有关国家安全的国际条约和协定；决定大赦；接受和批准议员的辞呈，撤销对内阁成员的信任等。人民议会于1971年2月21日成立。2017年9月，哈穆德·萨巴格（Hammoudeh Sabbagh）当选议长。2020年7月，叙利亚举行2011年局势动荡以来的第三次人民议会选举，阿拉伯复兴社会党领导的党团联盟赢得全部250个议席中的180多席，哈穆德·萨巴格连任议长。

【**政府**】本届政府于2021年8月3日成立，有30名成员，主要包括总理侯赛因·阿尔努斯（Hussein Arnous），副总理兼国防部长阿里·马哈茂德·阿巴斯（Ali Mahmoud Abbas），外交和侨民部长费萨尔·米格达德（Faisal Mekdad）等。

【**行政区划**】全国划分为14个省市：大马士革农村省、霍姆斯省、哈马省、拉塔基亚省、伊德利卜省、塔尔图斯省、腊卡省、德尔祖尔省、哈塞克省、德拉省、苏韦达省、库奈特拉省、阿勒颇省和大马士革市。

【**司法机构**】全国设高等宪法法院，各省、市、县设初级法院和调解法庭。

【**政党**】2011年8月，叙利亚颁布新的《政党法》和《选举法》，允许实行多党制，但阿拉伯复兴社会党及其领导下的"全国进步阵线"一直在国家政治生活中居于主导地位。

（1）阿拉伯复兴社会党（The Baath Arab Socialist Party）：成立于1947年4月，是一个持泛阿拉伯意识形态的民族主义政党。党纲确定，该党是民族主义和社会主义政党，其任务是复兴阿拉伯民族，建立一个统一的阿拉伯社会主义祖国。对外主张反帝、反殖、反以色列犹太复国主义，遵循不结盟政策。对内实行国有化、土地改革等政策措施。自1963年以来一直为叙利亚执政党。党的最高领导人是阿拉伯复兴社会党地区领导书记、现任总统巴沙尔·阿萨德。

（2）全国进步阵线（National Progressive Front）：1972年3月成立，是复兴党为团结其他政党而组成的统一战线组织。巴沙尔总统兼任阵线中央领导机构主席。除了复兴党，参加该阵线的还有9个党派：社会主义统一分子党（Unionist Socialist Party）、阿拉伯社会主义联盟（Arab Socialist Union Party）、叙利亚共产党（Communist Party of Syria，巴派）、民族誓言党（National Vow Party）、阿拉伯社会主义者运动（Arab Socialist Party）、民主社会主义统一分子党（Democratic Socialist Unionist Party）、统一叙利亚共产党（United Communist Party of Syria）、阿拉伯民主联盟党（Arab Democratic Unionist Party）、叙利亚民族社会党（Syrian Social Nationalist Party）。

【重要人物】巴沙尔·阿萨德：总统。1965年9月出生于大马士革，已故总统哈菲兹·阿萨德次子。原是眼科医生，其兄巴塞勒死于车祸后，被其父选定为接班人，遂弃医从政。1994年入霍姆斯军事学院学习，1995年晋升少校，1996年1月入参谋指挥学院深造，1998年1月晋升中校，1999年1月晋升上校并担任叙利亚信息协会主席、共和国卫队副司令兼105装甲旅旅长。2000年6月阿萨德总统逝世后，巴沙尔晋升为大将，并任叙利亚武装部队总司令。2000年7月10日，巴沙尔当选总统，2007年5月、2014年7月、2021年5月三次连任。

经　济

2011年叙利亚局势动荡前，经济逐步向市场经济转轨，但受多重因素影响未成功。2011年叙利亚局势动荡后，美国等西方国家、地区国家对叙利亚实施制裁，叙利亚承受石油出口中断、外汇收入锐减、货币贬值、物价上升、失业率高企等多重压力，经济形势更加严峻。2020年6月，美国宣布实施对叙施加单边制裁的《凯撒法案》。主要经济数据如下（因叙局势动荡，数据主要综合往年和最新经济形势估算得出）：

国内生产总值：165亿美元（2021年）。

人均国内生产总值：948美元（2021年）。

国内生产总值增长率：–2.1%（2021年）。

货币名称：叙利亚镑。

汇率：1美元≈2800叙利亚镑（2022年4月）。

通货膨胀率：89.2%（2021年）。

失业率：78%（2020年）。

外汇储备：接近于零（2021年）。

【资源】主要有石油、天然气、磷酸盐、岩盐、沥青等。已探明的石油储量为25亿桶，天然气储量为6500亿立方米，磷酸盐储量为6.5亿吨，岩盐储量为5500万吨。

【工业】现代工业基础薄弱，只有几十年历史。现有工业分为采掘工业、加工工业和水电工业。采掘工业主要有石油、天然气、磷酸盐、大理石等。加工工业主要有纺织、食品、皮革、化工、水泥、烟草等。

【农业】叙利亚是中东地区农业大国，曾是阿拉伯世界的五个粮食出口国之一。2011年局势动荡前，叙利亚农业耕种面积为473.6万公顷，农业人口约440万，主要粮食作物有小麦、大麦、玉米等，主要经济作物有棉花、豆类、甜菜、烟草等，主要畜牧品种有牛、绵羊、山羊、鸡等。2011年局势动荡后，叙利亚农业发展受到严重影响，农产品、畜牧产品产量锐减。

【旅游业】2011年局势动荡前，叙利亚旅游业发展较为迅速，年度赴叙旅游人数一度达600余万人次，旅游收入超过22亿美元，成为叙利亚经济收入重要来源。2011年局势动荡后，叙利亚旅游业发展停滞。

【交通运输】陆运、海运、空运比较发达。国内交通运输以公路为主，总长4.59万公里，连接各城镇，并可通往土耳其、伊拉克、约旦和黎巴嫩。铁路总长2798公里。现有拉塔基亚、塔尔图斯等5个港口。除了大马士革国际机场，还有6个省级地方机场。2011年局势动荡后，受外部制裁影响，叙利亚对外航线锐减。

【财政金融】根据叙利亚政府测算，2020年财政预算为44亿美元，较2019年减少44%。

叙利亚中央银行是货币市场主要参与者。除中央银行外，叙利亚国有银行有：商业银行、农业合作银行、储蓄银行、房地产银行、兴业银行，此外还有一些外资银行和私营银行。

【对外贸易】2011年局势动荡前，叙利亚主要出口产品有石油和石油产品、棉花和棉花制品、磷酸盐、香料、皮革等。主要进口产品有机械、钢材、纺织品、燃料、粮食、罐头、糖、化工原料、文教用品、医药、木材等。主要进口国为法国、意大利、德国、土耳其、中国，主要出口国为德国、意大利、法国、沙特、土耳其。2011年局势动荡后，叙利亚对外贸易锐减，目前主要进口燃料、食品、服装等。

人民生活

人均寿命为75.1岁。

军　事

1946年建军，20世纪70年代发展较快，成为中东一支实力较强的武装力量。武装部队总司令部为最高统帅机关，巴沙尔总统任总司令。实行义务兵役制，服役期30个月。2011年局势动荡前，叙利亚武装部队总兵力40.8万人。其中，陆军30万人、海军8000人、空军与防空军10万人，另有准军事部队40余万人。武器装备主要来自苏联和俄罗斯。2011年局势动荡后，叙利亚兵力无详细统计数据。

文化教育

【教育】普及小学义务教育，初中基本实行义务教育。男生从大学毕业后要到军队服役2年才能拿到文凭，女生毕业后即可拿到文凭。全国有4所综合性大学：大马士革大学、阿勒颇大学、十月大学和复兴大学。

【新闻出版】全国性阿拉伯文日报有《复兴报》《革命报》《十月报》等，地方性阿拉伯文日报有《群众报》《献身报》《阿拉伯主义报》《团结报》等。另还发行英文日报《叙利亚时报》等。

阿拉伯叙利亚通讯社：官方通讯社。

叙利亚广播电台：建立于1936年，在各省、市建立有地方广播电台，电台开办有两套节目，除了用阿拉伯语广播，还用英、法、德、俄、土（耳其）、希（伯来）、西（班牙）7种语言播音。

叙利亚电视台：建立于1960年7月23日，开办了3个频道，除了阿拉伯语节目，还播送英语、法语节目。

对外关系

叙局势动荡以来，主要西方国家和部分阿拉伯国家称叙利亚总统巴沙尔已失去执政合法性，持续对叙制裁、施压。阿盟通过决议，中止叙成员国资格，中止同叙政府的外交合作，断绝经贸往来。2013年3月，阿盟向“全国联盟”移交叙在阿盟席位。俄罗斯、伊朗在政治、军事等方面力挺叙政府。2018年后，随着叙利亚形势发生变化，阿拉伯国家立场出现调整。2018年12月，阿联酋和巴林宣布恢复本国驻叙利亚使馆工作。2019年8月，阿联酋、巴林等8个国家在阿盟会议上公开表示支持恢复叙利亚在阿盟的合法席位。

【同中国的关系】1956年，中国和叙利亚建交。建交以来，两国关系实现良好发展。

2021年11月，习近平主席应约同叙利亚总统巴沙尔通电话。

近年来，中方重要往访有：中共中央政治局常委、全国政协主席贾庆林（2010年），全国人大常委会副委员长、全国妇联主席陈至立（2011年），国务委员兼外交部长王毅（2021年）等。

叙方重要来访有：文化部长里亚德（2010年）、经贸部长拉玛娅（2010年）、总统政治和新闻顾问夏班（2015年、2017年、2019年）、副总理兼外长穆阿利姆（2015年、2019年）、文化部长艾哈迈德（2017年）、民族和解事务国务部长海德尔（2018年）、农业与农业改革部长艾哈迈德（2019年）、复兴党副总书记希拉勒（2019年）等。

2011年叙利亚局势动荡后，双方交往和经贸合作受到影响。据中国海关总署统计，2022年，中叙双边贸易额为4.3亿美元，同比减少27.8%。其中，中国出口额为4.2亿美元，同比减少28.3%；中国进口额为1450万美元，同比减少23.9%。中国对叙方主要出口机电产品、轻工产品等。

中国驻叙利亚大使：冯飚。馆址：83，Rue Ata Ayoubi Damascus，Syria。电话：00963-11-3327968，3339594；传真：3338067。

叙利亚驻华大使：穆罕默德·哈达姆（Mohammed Khaddam）。馆址：北京市朝阳区三里屯东四街6号。电话：010-65321372；传真：65321575。

【同美国的关系】1946年同美国建交，1967年第三次中东战争爆发第二天（6月6日）同美国断交，1974年6月复交。叙美关系一直不睦，叙利亚从1979年开始就一直被美国列入支持恐怖主义活动国家名单。2011年叙利亚局势动荡后，美国关闭其驻叙使馆，驱逐叙利亚驻美外交官，要求叙利亚总统巴沙尔下台，并对叙利亚实施严厉单边制裁，谋求在叙利亚实现政权更迭。2012年12月11日，美国宣布承认叙利亚反对派组织“叙利亚反对派和革命力量全国联盟”为叙利亚人民的合法代表。2013年后，美国逐步扩大对叙利亚反对派的援助。同年，叙利亚发生“8·21”疑似化学武器袭击事件后，美国对叙利亚的军事打击一度箭在弦上。9月底，禁止化学武器组织和联合国安理会分别通过关于叙利亚化武问题的决定、决议，叙利亚化武问题“软着陆”。2014年3月，美国任命叙利亚问题特使并进一步驱逐叙利亚驻美领事馆外交官。9月，美国开始领导所谓的“国际反恐联盟”对叙利亚境内的极端组织实施军事打击。2017年4月和2018年4月，叙利亚两度发生疑似化武袭击事件，美国单独或联合英、法两国对叙利亚实施空袭。2018年12月，美国总统特朗普宣布从叙利亚撤军。2019年3月，特朗普签署总统令，正式承认以色列对原属叙利亚的戈兰高地拥有“主权”。2020年6月，美国宣布实施对叙施加单边制裁的《凯撒法案》。2022年12月，叙利亚外交部致信联合国秘书长和安理会主席，指责美盗运叙利亚石油等行为，给叙方造成259亿美元直接经济损失。

【同俄罗斯的关系】1944年与苏联建交，冷战期间奉行亲苏政策，1980年签署叙苏“友好合作条约”，建立盟友关系。苏联解体后，叙利亚承认苏联各加盟共和国独立，并在互相尊重和互利互惠基础上同这些国家建立外交关系。21世纪以来，随着叙美关系持续恶化，叙俄两国不断走近。2011年叙利亚局势动荡后，俄罗斯在政治、军事、经济等各方面给予叙利亚坚定支持。2015年9月30日，应叙利亚政府邀请，俄罗斯军事介入叙利亚问题。2021年9月，叙总统巴沙尔访俄，与俄总统普京举行会晤。

【同欧盟国家的关系】1995年11月，欧盟15国与地中海南岸12国外长在巴塞罗那召开“欧洲—地中海会议”后，叙欧关系有所发展，特别是经济领域交往与合作有所增强。2011年叙利亚局势动荡后，欧盟对叙利亚实施多轮单边制裁，英、法、西班牙等国关闭驻叙利亚使馆，驱逐叙利亚驻本国外交官。2012年11

月，英、法两国宣布承认叙利亚反对派组织“叙利亚反对派和革命力量全国联盟”为叙利亚人民的唯一合法代表。2013年5月，欧盟决定取消对叙利亚反对派的武器禁运，此后又多次追加对叙利亚政府的单边制裁。2018年4月，叙利亚发生疑似化武袭击事件，英、法两国同美国一道对叙实施空袭。

【同埃及的关系】1958年2月1日，叙利亚同埃及合并，组建阿拉伯联合共和国（简称“阿联”）。后也门王国加入，阿联更名为“阿拉伯合众国”。1961年9月28日，叙利亚国内发生政变，宣布退出。1978年9月，叙利亚因强烈反对埃及同以色列媾和而同埃及断交。1989年12月27日，叙埃两国复交。2000年7月巴沙尔担任叙利亚总统，叙埃往来进一步密切。2005年，黎巴嫩总理哈里里遇刺身亡后，埃及力劝叙利亚从黎巴嫩撤军，但反对对叙利亚施加制裁。2008年10月，埃及对叙利亚和黎巴嫩正式建交表示欢迎。2012年穆尔西担任埃及总统后，宣布支持叙利亚人民诉求，呼吁叙利亚总统巴沙尔下台。2013年6月15日，埃及同叙利亚断交，召回埃及驻叙利亚临时代办，关闭叙利亚驻埃及使馆。7月，埃及政局剧变后，埃及恢复了与叙利亚的领事关系。塞西担任埃及总统后，主张维护叙利亚的国家统一和领土完整，支持通过政治途径解决叙利亚问题，反对对叙利亚进行军事干预。2019年8月，埃及等8个国家在阿盟会议上公开表示支持恢复叙利亚在阿盟的合法席位。

【同海湾阿拉伯国家的关系】1990年海湾战争中，叙利亚应沙特等国要求派出军队。战后，叙利亚积极参与海湾战后安全安排，同海湾国家关系不断发展。2011年叙利亚局势动荡后，海湾国家在对待叙利亚问题上立场出现分化，沙特、卡塔尔、巴林要求叙利亚总统巴沙尔下台，召回本国驻叙利亚大使，驱逐叙利亚驻本国外交官，对叙利亚施加制裁，并向叙利亚反对派提供支持。阿曼、科威特未同叙利亚断交，未关闭本国驻叙利亚使馆和叙利亚驻该国使馆。2012年11月，海合会承认叙利亚反对派组织“叙利亚反对派和革命力量全国联盟”为叙利亚人民的合法代表。2013年3月，“全国联盟”任命驻卡塔尔大使，并在多哈开设使馆。2015年12月和2017年11月，沙特两度召开叙利亚反对派整合会议。2018年后，随着叙利亚形势发生变化，海湾国家的立场也出现调整，阿联酋、巴林、阿曼等国恢复驻叙利亚使馆。2019年8月，阿联酋、巴林等8个国家在阿盟会议上公开表示支持恢复叙利亚在阿盟的合法席位。2020年3月，阿联酋阿布扎比王储穆罕默德同巴沙尔总统通电话，表示将全力支持叙方抗击新冠疫情。2021年11月，阿联酋外长阿卜杜拉访问叙利亚并会见巴沙尔总统。2022年1月，阿曼外交大臣巴德尔访叙并会见巴沙尔总统。3月，叙利亚总统巴沙尔访问阿联酋并会见阿布扎比王储穆罕默德，系巴沙尔总统在叙危机爆发后首次访问阿拉伯国家。（马冠群）

亚美尼亚

国名　亚美尼亚共和国（The Republic of Armenia，Республика Армения）。

面积　2.97万平方公里。

人口　297.68万（2022年）。其中，亚美尼亚族约占98.1%（根据2011年人口普查），其他民族有俄罗斯人、乌克兰人、亚述人、希腊人、格鲁吉亚人、白俄罗斯人、犹太人、库尔德人、雅兹迪人等。官方语言为亚美尼亚语，居民多通晓俄语，主要信奉基督教。

首都　埃里温（Yerevan，Ереван），是亚政治、经济和文化中心，人口107.5万（2022年）。

国家元首　总统瓦格恩·哈恰图良（Ваагн Хачатурян），2022年3月3日当选，为亚美尼亚第5任总统。

重要节日　“种族灭绝”罹难者纪念日：4月24日（亚方纪念1915—1923年奥斯曼土耳其帝国对境内的亚族人实施“种族灭绝”的罹难者）；第一共和国日：5月28日（亚美尼亚1918年5月28日成立第一共和国）；宪法日：7月5日（1995年7月5日亚第一部宪法付诸公投并获得通过）；独立日（国庆日）：9月21日（1991年9月21日，亚美尼亚正式宣布独立）；1988年大地震死难者悼念日：12月7日（1988年12月7日，亚美尼亚斯皮塔克市发生里氏6.9级地震，2.5万余人遇难）。

简　况

内陆国，位于外高加索南部。西接土耳其，南靠伊朗，北临格鲁吉亚，东邻阿塞拜疆。全境逾90%的地区海拔在1000米以上，平均海拔1800米。温带大陆性气候，1月平均气温-5℃，7月平均气温26℃。

公元前9世纪至公元前6世纪，亚美尼亚境内建立了奴隶制的乌拉尔杜国。公元前6世纪至公元3世纪，阿凯米尼德王朝和塞琉古王朝统治亚美尼亚，建立大亚美尼亚国。历史上，亚两次被奥斯曼帝国和波斯帝国瓜分。1804—1828年，两次俄伊战争以伊朗失败告终，原伊朗占领的东亚美尼亚并入沙俄。1918年5月28日，达什纳克楚琼党领导建立了亚美尼亚第一共和国。1920年1月29日，成立亚美尼亚苏维埃社会主义共和国。1922年3月，亚加入外高加索苏维埃社会主义联邦共和国，同年12月30日以该联邦成员国身份加入苏联。1936年12月5日，亚美尼亚苏维埃社会主义共和国成为苏联加盟共和国之一。1990年8月23日，亚美尼亚最高苏维埃通过独立宣言，改国名为亚美尼亚共和国。1991年9月21日，亚美尼亚举行全民公决，正式宣布独立。

政　治

2018年4月亚美尼亚改行议会制，共和党主席、第三任总统谢·萨尔基相转任总理，引发反对派强烈抗议，就任7天后被迫辞职。5月8日，亚议会进行新一届总理选举，抗议活动领袖尼科尔·帕什尼扬（Nikol Pashinyan）作为唯一候选人当选。为推动议会提前选举，帕于10月16日宣布辞职，并暂行代总理职务。12月9日，亚举行非例行议会选举，帕什尼扬代总理领导的“我的行动”政党联盟赢得议会多数席位。2019年1月14日，亚新一届议会召开第一次大会，选举“我的行动”联盟提名的候选人米尔佐扬为新任议长，“我的行动”联盟提名的候选人、代总理帕什尼扬为新任总理。2020年亚美尼亚同阿塞拜疆在“纳卡”地区爆发武装冲突后，民众不满情绪滋长。2021年6月20日，亚举行第八届议会提前选举，帕什尼扬作为总理按法定程序于选前辞职并转任代总理，此后领导“公民协议”党赢得选举并获单独组阁权。8月2日，亚总统任命帕什尼扬为新一届政府总理。2022年1月23日，亚总统阿尔缅·萨尔基相发布辞职声明。2月1日，亚执政党“公民协议党”正式推举高科技产业部长哈恰图良为总统候选人。3月3日，亚议会投票通过，哈恰图良当选为亚第五任总统。

【宪法】1995年7月5日，亚举行全民公投并颁布首部宪法。宪法规定亚实行总统制，立法、行政、司法三权分立。2015年12月6日，亚就宪法改革方案举行全民公决并获得通过。根据新宪法草案，亚政体改为议会制，总统改由议会选举产生，行使代表性职能，任期由5年延长到7年，不得连任。政府为国家最高行政机关，总理行使国家管理职责，对议会负责。总理人选由议会中拥有多数席位的政党或政党联盟推举，由总统任命。

【议会】国民会议，是国家最高立法机关，任期5年，共设至少101个席位，全部为比例制。2021年6月20日，亚美尼亚举行第八届国民会议提前选举。“公民协议”党、“亚美尼亚”政党联盟、“荣誉至上”政党联盟进入议会，共107个议席。8月2日，亚第八届国民会议召开第一次会议，阿连·西蒙尼扬（Ален Симонян）当选议长。

【政府】亚本届政府于2021年8月组建。目前，政府机构由12个部、11个直属政府的监管机构和委员会以及3个直属总理的部级局（署）组成。

政府内阁组成：总理尼科尔·帕什尼扬、副总理穆格尔·格里高良（Мгер Григорян）、副总理季格兰·哈恰特良（Тигран Хачатрян）、外交部长阿拉拉特·米尔佐扬（Арарат Мирзоян）、国防部长苏伦·帕皮基扬（Сурен Папикян）、卫生部长阿纳伊特·阿瓦涅相（Анаит Аванесян，女）、教育科学文化体育部长詹娜·安德烈亚相（Жанна Андреасян，女）、环境保护部长阿科普·西米江（Акоп Симидян）、紧急情况部长阿尔缅·帕姆布赫强（Армен Памбухчян）、国土管理和发展部长格涅尔·萨诺相（Гнел Саносян）、劳动和社会问题部长纳列克·姆克尔特强（Нарек Мкртчян）、高科技产业部长罗伯特·哈恰特良（Роберт Хачатрян）、财政部长瓦格·奥瓦尼相（Ваге Ованисян）、经济部长瓦甘·科罗比扬（Ваган Керобян）、司法部长格里戈尔·米纳相（Григор Минасян）。

【行政区划】全国划分为10个州（阿拉加茨州、阿拉拉特州、阿尔马维尔州、格加尔库尼克州、科泰克州、洛里州、希拉克州、休尼克州、塔武什州、瓦约茨佐尔州）和1个州级市（首都埃里温）。

【司法机构】设最高审判委员会、宪法法院、上诉法院和总检察院。最高审判委员会根据亚宪法修正案于2018年3月组建，主要负责保障法院和律师的独立性。现任委员会主席卡伦·安德烈亚相（Карен Андреасян）于2022年10月7日就职。宪法法院由9名法官组成，其中4名由总统任命、5名由国民会议任命。现任宪法法院院长阿尔曼·迪拉尼扬（Арман Диланян）。上诉法院由16人组成，法官为终身制。现任刑事上诉法院院长姆希塔尔·巴波扬（Мхитар Папоян），现任民事上诉法院院长塔隆·纳扎良（Тарон Назарян）。现任总检察长安娜·瓦尔达佩强（Анна Вардапетян，女）于2022年6月29日就职。

【政党】截至2020年1月，亚美尼亚登记注册的政党共84个。进入第八届国民会议的政党主要为：

（1）“公民协议”党（Гражданский договор）：2015年在亚现任总理帕什尼扬成立的同名协会基础上组建。2021年6月20日，“公民协议”联盟参加亚第八届国民会议选举，获得53.92%的选票，取得107个议席中的71席。主要政治主张：留住或吸引人力、经济、金融等领域人才，巩固民主价值观，保护少数民族权利，在欧安组织明斯克小组框架内和平解决“纳卡”问题，提高社会福祉，鼓励生育。领导人：尼科尔·帕什尼扬，现任亚总理。

（2）亚美尼亚革命联合会“达什纳克楚琼”党（Партия АРФ “Дашнакцутюн”）：该党是亚小资产阶级民族主义政党，由多名亚革命者于1890年在高加索地区创立。2021年6月20日，该党作为“亚美尼亚”联盟的主要力量参加第八届国民会议选举，获得10个席位，是议会反对党。主要政治主张：制定维护亚国际安全与利益的外交政策，维护地区和平稳定；推动社会经济发展，避免大规模移民潮；反腐倡廉，发展社会福利；支持教会活动；在“纳卡”问题上，认为

“纳卡”的独立地位不容置疑，主张以民族自决为原则解决“纳卡”争端。该党在亚部分领导人：伊什汗·萨加捷良（Ишхан Сагателян），现任亚副议长。

（3）亚美尼亚共和党（Республиканская Партия Армении）：1990年成立，1991年在司法部注册，是亚独立后第一个登记注册的政党。2021年6月20日，该党作为“荣誉至上”联盟的主要力量参加第八届国民会议选举，获得4个席位，是议会反对党。主要政治主张：在民族和国家利益基础上联合一切政治和社会力量，进行政治体制改革；加强亚武装力量建设，维护国家安全；支持教会活动；加强国内外亚族人联系；推动国际社会承认“纳卡”的独立地位。领导人：谢尔日·萨尔基相（Серж Саргсян），亚第三任总统。

【重要人物】瓦格恩·哈恰图良：总统。1959年4月22日出生于休尼克州锡西安市。1980年毕业于埃里温国民经济学院（亚美尼亚国立经济大学前身），获得经济学学位，后取得经济学博士学位。1992—1996年任埃里温市市长，1995—1999年为国民会议议员，2021年8月任高科技产业部长，2022年3月3日当选为亚第五任总统。已婚，有两子。 **尼科尔·帕什尼扬**：总理。“我的行动”联盟领导人。1975年6月1日出生于伊杰万市。1991—1995年埃里温国立大学新闻系肄业。自1992年起开始积极参与新闻工作，先后在《教育报》《每日通报》等多家媒体任职，1998年创办《日报》并任主编。1999年出任《亚美尼亚时报》主编。2008年加入亚总统候选人捷尔·彼得罗相（亚独立后首任总统）竞选总部。捷尔·彼得罗相败选后，组织支持者集会示威并参与其中。3月1日，当局强力镇压示威，并将帕列为通缉对象。2009年7月向当局自首，2010年1月被判7年有期徒刑，2011年被大赦释放。2012年作为“亚美尼亚公民大会”党候选人参加议会选举并当选议员。2015年创立“公民协议”党。2017年联合“光明亚美尼亚”党和“共和国”党组建“伊尔科”联盟参加亚第六届国民会议选举，再次当选议员。2018年4月发起大规模抗议示威活动，反对卸任总统谢尔日·萨尔基相转任总理。萨辞职后，帕于5月8日出任总理。10月16日，帕辞职，任代总理，推动提前议会选举。12月，帕领导的“我的行动”联盟赢得第七届议会选举。2019年1月出任总理。2021年6月20日，亚举行第八届国民会议提前选举，帕作为总理按法定程序于选前辞职并转任代总理，此后领导“公民协议”党赢得选举并获单独组阁权。8月2日，亚总统任命帕为新一届政府总理。已婚，有三女一子。 **阿连·西蒙尼扬**：议长。1980年1月5日出生于埃里温市。2000—2002年在亚武装部队服役。2000年毕业于埃里温国立大学法学院。2015年获得亚科学院政治学院硕士学位。2004—2010年从事创业活动。2006—2007年在亚广播电台任栏目主持人。2007—2012年担任音乐制作人、节目制作人、杂志主编等。2013—2015年为“公民协议”党公共政治联盟管理委员会成员。2015年为“公民协议”党主席团成员、发言人。2017—2018年为埃里温市元老会成员。2018—2019年为国民会议议员、欧洲一体化委员会成员。2019—2021年为国民会议副议长。2021年8月2日当选议长。已婚，有三子。 **阿拉拉特·米尔佐扬**：外长。“公民协议”党党员。1979年11月23日出生于埃里温市。2002年毕业于埃里温大学历史系，获硕士学位；2005年毕业于亚科学院，获历史学博士学位。2003—2005年，任亚科学院“种族灭绝”博物馆助理研究员；2005—2007年，任亚国家档案馆社会政治部首席管理员；2007—2010年，任职于汇丰银行亚美尼亚分行；2011—2012年，任俄罗斯REGNUM新闻社国际部分析员；2013—2015年，任职于“亚美尼亚发展倡议”慈善基金会；2014—2017年，任“荷兰多党制民主研究院”专家。2016年，参与创建“公民协议”党并任主席团成员；2017年4月，当选亚第六届国民会议议员；2018年5月，出任亚第一副总理；2018年12月，当选亚第七届国民会议议员；2019年1月14日，当选亚第七届国民会议议长。2021年8月19日，被任命为亚外交部长。已婚，有两子。

经　济

2020年，受新冠疫情和“纳卡”战争影响，亚经济出现负增长。2021年，亚宏观经济呈恢复态势。2022年，亚经济在疫情后继续加快复苏。2018年是亚启用国家货币德拉姆25周年，亚央行于11月22日发行第三版德拉姆，面值分别为1000、2000、5000、10000、20000和50000。第三版德拉姆与现行的第二版同时作为法定货币流通，第二版货币将逐步退出流通。2022年主要经济数据如下：

国内生产总值：195.03亿美元。

人均国内生产总值：约6545美元。

国内生产总值增长率：12.6%。

汇率：1美元≈435德拉姆。

外汇储备：41.1亿美元。

【资源】主要有铜矿、钼矿和多金属矿。此外，还有硫黄、大理石和彩色凝灰岩等。

【工业】2022年亚工业产值达61.6亿美元，同比增长7.9%。对其同比增长拉动明显的有采矿业、加工业和发电业。采矿业产值11.88亿美元，同比减少3.2%。其中，金属矿产值11.16亿美元，同比减少4.7%。加工业产值41.55亿美元，同比增长13.5%。其中，食品加工产值15.99亿美元，同比增长7.1%；饮品加工产值5.04亿美元，同比增长2.3%。烟草产值3.3亿美元，同比增长6.6%。基本金属产值4.42亿美元，同比增长16%。非金属矿产值5.14亿美元，同比增长1倍。电力、燃气和热力供应产值7.55亿美元，同比增长0.9%。发电业产值6.17亿美元，同比增长0.2%。

2022年亚建筑业产值达12.42亿美元，同比增长

12.5%。从预算来源看，国家预算建筑产值3.38亿美元，同比增长3%，居民投资建筑产值约2.35亿美元，同比增长2.2%；从经济活动类型看，供水、排水设施、废物处理和二次原料回收产值同比增长18.1%，不动产交易产值同比增长51.6%，电力、燃气、热力生产及供应产值同比减少35.4%。

【农业】2022年亚农业产值同比减少0.4%，为23.44亿美元。其中，种植业产值11.91亿美元，占农业产值的52.79%，同比增长5.7%；畜牧业产值11.54亿美元，占农业产值的49.21%，同比减少5%。

【服务业】2022年亚服务业产值达59.12亿美元，同比增长28.2%。其中，产值排名前五位的为：金融保险业产值同比增长49.3%，占服务业总产值的30.1%；信息通信业同比增长42%，占比18%；交通运输业同比增长39.1%，占比12.8%；文化娱乐业同比增长4.7%，占比9.5%；住宿餐饮业同比增长17.2%，占比9.4%。

【旅游业】旅游业是亚重点发展产业，亚国内主要旅游景点有首都埃里温、宗教中心埃奇米亚津大教堂、塞万湖自然保护区、加尔尼神庙、格加尔德修道院、塔杰夫修道院、察赫卡佐尔高山滑雪场、杰尔穆克矿泉疗养地等。2022年亚入境游客166.57万人次，同比增长90.2%，其中47.5%来自俄罗斯；亚出境游客113.85万人次，同比增长1.6倍。

【交通运输】以铁路、公路和空运为主。2022年，交通运输业产值同比增长39.1%。

铁路：总长1328.6公里，以租让方式由俄罗斯铁路公司全资子公司独立经营管理。公路总长7792公里。

空运：已开通与俄罗斯、乌克兰、哈萨克斯坦、土库曼斯坦、法国、奥地利、波兰、希腊、格鲁吉亚、黎巴嫩、阿联酋、伊朗等国的航线。首都建有埃里温兹瓦尔特诺茨国际机场，第二大城市久姆里建有希拉克机场。

【财政金融】2022年亚实现财政收入约47.36亿美元，同比增长22.5%，支出约51.47亿美元，同比增长12.8%，预算赤字4.11亿美元。

2022年12月底亚债务规模达106.38亿美元，同比增长15.3%。其中，外债64.51亿美元（政府债务59亿美元，央行债务5.51亿美元），同比减少3%；内债41.87亿美元，同比增长62.5%。2022年美元兑换德拉姆平均汇率为1美元兑435.67德拉姆，德拉姆升值幅度约13.5%。

亚国内主要银行有HSBC（Armenia）、VTB（Armenia）、AMERIA Bank、ARTSHIN Bank、ABB Bank、Converse Bank等。

【对外贸易】2022年，亚对外贸易额为141.29亿美元，同比增长68.6%。其中，出口额为53.6亿美元，同比增长77.7%；进口额为87.69亿美元，同比增长63.5%；贸易逆差34.09亿美元，占对外贸易总额的24.13%。从市场分布看，俄罗斯依然是亚第一大贸易伙伴国，贸易额为50.33亿美元，占对外贸易总额的35.6%，同比增长91.7%。其中，亚向俄出口24.11亿美元，同比增长1.9倍；亚自俄进口26.22亿美元，同比增长46.9%。中国保持亚第二大贸易伙伴国地位。据亚方统计，中亚贸易额达17.58亿美元，同比增长39.4%，占亚对外贸易总额的12.4%。其中，亚自中国进口13.88亿美元，同比增长60%；亚向中国出口3.7亿美元，同比减少6.1个百分点。亚与欧亚经济联盟国家贸易额52.68亿美元，占亚对外贸易总额的37.3%，同比增长92.7%。亚与欧盟之间贸易额22.82亿美元，占亚对外贸易总额的16.2%，同比增长43.8%。

从产品结构看，主要出口产品是:矿产品10.22亿美元，同比增长4.1%；宝石、半宝石和贵金属类产品9.89亿美元，同比增长2倍；食品8.77亿美元，同比增长40.4%；机械设备6.95亿美元，同比增长11.3倍；基本金属及其产品4.6亿美元，同比增长26.2%；交通工具3.22亿美元，同比增长7.3倍。主要进口产品是：机械设备17.22亿美元，同比增长91.5%；矿产品11.96亿美元，同比增长27.6%；交通工具9.66亿美元，同比增长2.2倍；宝石、半宝石和贵金属类产品6.91亿美元，同比增长1.8倍；基本金属及其产品6.24亿美元，同比增长59.6%；化工及相关产品5.87亿美元，同比增长28.7%。

【外国资本】2022年1—9月亚外国投资净流量755.33亿德拉姆（约1.73亿美元），比去年同期同比减少51.7%。统计数据显示，德国2022年1—9月对亚投资62.12亿德拉姆（约0.14亿美元），同比减少90.1%；俄罗斯对亚投资464.6亿德拉姆（约106.64亿美元），同比增长3.6倍。2022年1—9月外国直接投资净流量1128.11亿德拉姆（约2.59亿美元），同比增长26.9%。其中来自俄罗斯的直接投资598.64亿德拉姆（约1.37亿美元），来自德国的直接投资66.03亿德拉姆（约0.15亿美元）。直接投资主要流向电力、燃气、热力生产及供应、采矿业、航空运输、不动产等行业。

2022年个人向亚美尼亚汇款额达51.9亿美元，其中来自俄罗斯的汇款大幅增加，同比增长3.2倍，占汇款总额的69.3%；亚汇出26.07亿美元，侨汇净流入25.83亿美元，同比增长1.9倍。2022年来自美国的个人汇款净流入3.43亿美元，同比减少12.3%；来自俄罗斯的个人汇款净流入31.45亿美元，同比增长5.8倍。截至2022年底亚外汇储备达41.1亿美元，同比增长27.2%。

人民生活

2022年，亚民众名义月工资达24.56万德拉姆（约563.67美元），同比增长15.5%。失业人数5.34万人，同比减少12.4%。

军事

亚美尼亚武装力量组建于1992年，1月28日为亚建军节。根据1997年6月亚国防法，总统为武装力量最高统帅。国防部是领导武装力量的国家机关，国防部长对武装力量进行直接指挥。根据2015年12月亚全民修宪公投规定，自2018年4月亚政体完成向议会制转换后，总理在战时为军队最高统帅。现任国防部长苏伦·帕皮基扬，2021年11月任命。

亚实行义务兵役制和合同制相结合的兵役制度。士兵服役期为两年，每年夏冬两季征兵。军官按合同制服役，入伍时签订三年合同，期满可续签，也可退役。服役满20年可领取退休金。

亚军总兵员4万余人（另有文职人员约1.4万人），编制包括步兵军、航空兵基地、防空导弹旅、防空导弹团、雷达团等。国防部和总参分别下辖若干直属部、分队。2022年亚国防开支约7.95亿美元。

文化教育

【教育】教育体制分学前教育、普通中小学教育、职业技术教育、中等专业教育和高等教育。普通中小学实行免费教育，学制12年。

全国现有26所国立和33所非国立高等院校。主要院校为：埃里温国立大学、"布留索夫"国立语言大学、埃里温工学院、埃里温医学院、埃里温师范大学、亚美尼亚—俄罗斯（斯拉夫）大学等。权威的科研机构是创立于1943年的亚国家科学院。

【新闻出版】主要报刊:《亚美尼亚共和国》，官方报纸，1990年创刊，分别用亚文和俄文出版，发行量3500份;《亚美尼亚时报》，用亚文出版，发行量3000份;《亚美尼亚之声》，社会政治类周刊，1991年创刊，用俄文出版，发行量1200份;《民族周刊》，1991年创刊，用亚文出版，发行量1200份。

主要通讯社：亚美尼亚通讯社，1918年成立，官方通讯社；亚新社，综合类信息社，成立于2009年；亚美尼亚信息社，2001年成立，综合类通讯社；ARKA经济新闻通讯社，1996年成立，私营通讯社；俄罗斯卫星社亚美尼亚分社，成立于2014年，总部在莫斯科，在埃里温设有分社；亚美尼亚国际新闻社，成立于2005年，私营通讯社；TERT新闻社，成立于2008年，综合类通讯社。

主要电台：亚公共广播电台，官方广播电台，也是亚最大的广播电台，1926年建立，用亚美尼亚、俄、阿拉伯、波斯、库尔德、英、法、西班牙、格鲁吉亚、阿塞拜疆、土耳其等语言播音。

知名度较高的电台还有Jan广播电台、Van电台、Lav电台等广播媒体。此外，俄罗斯卫星电台亚美尼亚分站Sputnik和美国自由之声电台亚美尼亚分站Azatutyun均用亚语播出节目，在当地也有一定影响。

主要电视台：亚公共电视台，官方电视台，1956年建台，用亚语播出；闪电电视台，1994年创立，私营电视台，用亚语播出；亚美尼亚电视台，1999年成立，私营电视台，用亚语和英语制作节目；"中心"电视台，2002年成立，私营电视台，用亚语播出。

对外关系

亚新一届政府保持外交政策总体框架不变，奉行务实平衡政策，继续发展与俄罗斯的战略盟友关系，加强与美欧友好合作，重视发展与格鲁吉亚和伊朗的睦邻友好合作关系，重视发展同中国等亚太大国的友好关系。亚与邻国阿塞拜疆因"纳卡冲突"长期处于敌对状态，2020年9—11月亚与阿塞拜疆在"纳卡"地区发生大规模军事冲突以来，两国边境纠纷不断，勘定边界等工作进展缓慢。亚与土耳其因历史问题等原因迄未建立外交关系，双方目前正积极寻求关系正常化。亚参与联合国、独联体、欧安组织、集体安全条约组织、欧洲委员会、法语国家组织等多边组织。2019年亚担任欧亚经济联盟主席国，2022年亚担任集体安全条约组织主席国。截至2021年底，亚已与192个国家建交。

【同中国的关系】自1992年4月6日建交以来，两国关系始终保持着健康稳定发展的良好势头。近年来，两国在共建"一带一路"框架内，稳步推进务实合作，积极促进两国民心相通。2020年，《中亚两国政府间关于互免持普通护照人员签证的协定》正式生效。2021年，中国向亚提供10万剂新冠疫苗无偿援助。2022年是中亚两国建立外交关系30周年，两国元首、总理在建交日（4月6日）互致贺电，4月20日，国务委员兼外交部长王毅同亚外长米尔佐扬就两国建交30周年通电话。建交日当天，亚总统哈恰图良亲赴中国驻亚使馆出席中亚建交30周年庆祝活动。

2022年中亚两国贸易额大幅增长。据中国海关总署统计，2022年，中亚双边贸易额为14.21亿美元，同比增长0.24%。其中，中国出口额为4.8亿美元，同比增长45.39%；中国进口额为9.41亿美元，同比减少13.47%。

中国驻亚美尼亚大使：范勇。馆址：17/4 Admiral Isakov Ave，Yerevan，Armenia。电话：0037410–707501；传真：707511。领事部电话：0037410–707513。商务处电话：0037410–707506。

亚美尼亚驻华大使：谢尔盖·马纳萨良（Сергей Манасарян）。馆址：北京市朝阳区塔园南小街9号。电话：010–65325677；传真：65325654。

【同俄罗斯的关系】亚俄两国为战略盟友关系，两国高层交往频繁，各部门沟通协作密切。2022年，亚总理帕什尼扬多次与俄罗斯总统普京通电话，讨论亚阿关系、地区局势、集体安全条约组织工作等内容。2022年2月，亚美尼亚与俄罗斯在埃里温举行信息安全跨部门磋商。3月，亚外长米尔佐扬在土耳其出席安塔利亚外交论坛期间与俄罗斯外长拉夫罗夫会面。4月，亚总理帕什尼扬向俄罗斯总统普京致贺电，祝贺亚俄建交30周年，并于当月对俄进行正式访问，其间会见俄总统普京、总理米舒斯京等；亚外长米尔佐扬对俄罗斯进行工作访问。6月，亚总统哈恰图良对俄罗斯进行工作访问并参加圣彼得堡国际经济论坛。9月，亚总理帕什尼扬出席在符拉迪沃斯托克举行的东方经济论坛；亚外长米尔佐扬在莫斯科与俄外长拉夫罗夫举行会晤。

【同其他独联体国家的关系】2022年，亚继续加强与其他独联体国家合作，参与独联体地区一体化进程。1月，亚政府派遣100名军人参加集体安全条约组织在哈萨克斯坦开展的维和行动。2月，亚总理帕什尼扬赴哈萨克斯坦出席欧亚政府间理事会会议。3月，亚总理帕什尼扬与土库曼斯坦总统别尔德穆哈梅多夫通电话。5月，亚总理帕什尼扬赴莫斯科出席集体安全条约组织成员国首脑峰会；亚外长米尔佐扬赴杜尚别出席独联体国家外长理事会会议。6月，集体安全条约组织外长会、安秘会在埃里温举行；亚总理帕什尼扬赴明斯克出席欧亚经济联盟政府间理事会会议。8月，亚总理帕什尼扬对吉尔吉斯斯坦进行工作访问。11月，集体安全条约组织峰会在埃里温举行。12月，亚总理帕什尼扬赴比什凯克出席欧亚经济联盟最高理事会会议，赴圣彼得堡参加独联体国家领导人非正式会晤；亚议长西蒙尼扬赴莫斯科出席集体安全条约组织议会大会理事会联席会议和第十五次全体会议。

【同欧盟及欧洲国家的关系】亚高度重视发展对欧盟合作，于2017年签署《关于亚美尼亚与欧盟全面加强伙伴关系协定》，该协定自2021年3月1日起生效。2022年，亚继续加强与欧洲国家的合作。1月，亚外长米尔佐扬会见法国总统顾问杜蒙及欧盟南高加索事务特别代表克拉尔，对卢森堡进行工作访问并会见卢森堡总理、外长、议长等政要。2月，亚总理帕什尼扬会见欧盟南高加索事务特别代表克拉尔；亚外长米尔佐扬参加第58届慕尼黑安全会议。3月，亚总理帕什尼扬与法国总统马克龙通电话，随后率团对法进行工作访问。4月，亚总理帕什尼扬会见来访的意大利外长迪马约。5月，亚总统哈恰图良对瑞士进行工作访问并出席达沃斯世界经济论坛开幕式；亚总理帕什尼扬会见法国参议院法亚友好小组代表团；亚外长米尔佐扬赴都灵参加欧洲委员会第132届部长级会议。7月，亚总理帕什尼扬向法国总统马克龙致国庆贺信。11月，亚总理帕什尼扬赴突尼斯出席法语国家组织峰会并会见法国总统马克龙、欧洲理事会主席米歇尔；亚外长米尔佐扬赴巴黎出席第五届巴黎和平论坛并会见法国外长科隆纳。

【同美国的关系】2022年1月，亚议长西蒙尼扬对美进行工作访问并会见美国众议院议长佩洛西等。3月，亚与美国在两国战略对话框架内举行副部长级跨部门合作线上会议，亚总理帕什尼扬与美国国务卿布林肯通电话。5月，亚外长米尔佐扬访美，会见美国国务卿布林肯并出席亚美战略对话会议。6月，亚总理帕什尼扬会见美国负责欧洲和欧亚事务的助理国务卿凯伦；亚政府与美国国际开发署签署五年发展合作协议，美国将根据该协议对亚援助1.2亿美元，用于民主和经济建设。9月，亚国防部长帕皮基扬在五角大楼会见美国国防部副部长卡尔；美国国会众议长佩洛西访亚。12月，亚美尼亚—美国战略对话框架内国防和安全问题工作组会议在亚首都埃里温举行。

【同北约的关系】1994年10月，亚加入北约“和平伙伴关系计划”。1997年加入“欧洲—大西洋伙伴关系委员会”。2019年9月，亚总理帕什尼扬出席第74届联合国大会并会见北约秘书长斯托滕贝格。2020年10月，亚总统萨尔基相对布鲁塞尔进行工作访问并会见北约秘书长斯托滕贝格。2021年10月，北约秘书长高加索和中亚地区事务特别代表访亚并会见亚总统萨尔基相、总理帕什尼扬等。

【同阿塞拜疆的关系】2020年9月，亚阿两国在“纳卡”地区爆发战争。停火以来，双方积极寻求地区经济、交通解封，勘定两国边界，偶有边境纠纷发生。2022年2月，在法国总统马克龙、欧洲理事会主席米歇尔主持下，亚总理帕什尼扬与阿塞拜疆总统阿利耶夫举行视频会晤，双方就地区解封、亚阿边境局势、“纳卡”地区人道主义准入等问题交换意见。4月，亚总理帕什尼扬在布鲁塞尔与阿塞拜疆总统阿利耶夫、欧洲理事会主席米歇尔举行三方会晤。7月，亚外长米尔佐扬与阿塞拜疆外长拜拉莫夫在格鲁吉亚首都第比利斯举行会晤。8月，亚总理帕什尼扬在欧洲理事会主席米歇尔调解下与阿塞拜疆总统阿利耶夫举行会见；亚外长米尔佐扬在出席联合国大会第77届会议期间与阿塞拜疆外长拜拉莫夫会见。

【同格鲁吉亚和伊朗的关系】亚重视发展与格、伊两国的睦邻友好关系。2022年2月，亚总理帕什尼扬向伊朗总统莱希致信祝贺伊斯兰革命胜利43周年，会见到访的格鲁吉亚内政部长戈梅拉乌里；亚外长米尔佐扬与伊朗外长阿卜杜拉希扬在亚伊建交30周年前夕互致贺电，米在参加第58届慕尼黑安全会议期间与阿会见。4月，亚议长西蒙尼扬会见来访的格鲁吉亚议长帕普阿什维利。5月，亚国防部长帕皮基扬、司法部长安德烈亚相访问格鲁吉亚并会见格总理加里巴什维利。6月，亚总理帕什尼扬会见访亚的格鲁吉亚总理加里巴什维利；亚议长西蒙尼扬访问伊朗并会见伊朗总统莱希。7月，亚总理帕什尼扬向格总理加里巴什维利致贺电庆祝两国建交30周年；亚外长米尔佐扬对格鲁吉亚进行工作访问。8月，亚总理帕什尼扬同格鲁吉亚总理加里巴什维利出席在两国边境举行的亚格“友谊之桥”建成运营仪式。11月，亚总理帕什尼扬访问伊朗并会见伊朗总统莱希；亚议长西蒙尼扬访问格鲁吉亚并会见格议长帕普阿什维利。

（李炫烨）

也 门

国名 也门共和国（The Republic of Yemen）。

面积 52.8万平方公里。

人口 2980万（2022年）。绝大多数是阿拉伯人。官方语言为阿拉伯语。伊斯兰教为国教。

首都 萨那（Sana'a），人口295.7万（2022年）。

国家元首 总统领导委员会主席拉沙德·穆罕默德·阿里米（Rashad Muhammad al-Alimi），2022年4月就任。

重要节日 国庆日：5月22日。

简 况

位于阿拉伯半岛西南端，与沙特、阿曼相邻，濒红海、亚丁湾和阿拉伯海。海岸线长1906公里。境内山地和高原地区气候较温和，沙漠地区炎热干燥，年均最高气温39℃，最低气温-8℃。

也门有3000多年文字记载的历史，是阿拉伯世界古代文明摇篮之一。公元前14世纪起先后建立麦因、萨巴、希米亚里特等王朝，公元575年并入波斯帝国，7世纪成为阿拉伯帝国的一部分，9世纪建立拉希德王朝，16世纪开始先后遭葡萄牙、奥斯曼帝国和英国入侵与占领。1918年，建立独立的也门王国。1934年，英国迫使也门王国承认其对也门南部的占领，也门被正式分割为南、北两部分。1962年9月，以阿卜杜拉·萨拉勒为首的“自由军官”组织发动革命，推翻北部的巴德尔王朝，成立阿拉伯也门共和国。1967年，南部也门摆脱英国殖民统治获得独立并成立也门民主人民共和国。1990年5月，北、南也门宣布统一，成立也门共和国。1994年5月，北、南双方领导人在统一等问题上矛盾激化，爆发内战。7月，内战结束，也门社会党领导的南方军队失败，主要领导人逃亡国外。10月1日，北方领导人、全国人民大会党主席阿里·阿卜杜拉·萨利赫当选总统。1999年9月、2006年9月，萨利赫当选连任。

政 治

实行共和制。2011年初，也门发生要求萨利赫下台的反政府示威游行。后经海合会、联合国等斡旋，萨利赫于11月签署海合会提出的倡议，将总统权限移交给副总统哈迪。2012年2月，也门举行总统选举，哈迪作为唯一候选人当选总统。2014年，胡塞武装组织同也门政府矛盾激化。2015年3月，哈迪总统领导的也门政府流亡沙特。当月下旬，沙特、阿联酋等国组成的阿拉伯联军介入也门问题，也门局势升温。2018年12月，联合国推动也门政府和胡塞组织在瑞典举行和谈并签署《斯德哥尔摩协议》，但未得到落实。此后，联合国等多番斡旋未果。2021年，阿拉伯联军及也门政府军同胡塞组织在多地激战，胡塞组织频繁使用导弹、火箭弹、无人机等攻击沙特、阿联酋平民及其境内民用设施。2022年2月，安理会通过第2624号决议，“强烈谴责胡塞恐怖组织实施的恐怖袭击”，决定将胡塞组织作为实体列名并对其实施武器禁运等制裁。2022年3月底、4月初，海合会主持召开也门对话大会。4月7日，哈迪向以阿里米为主席的总统领导委员会移交全部权力。4月2日，也门交战各方达成临时停火协议，此后两度延期至10月初。

【宪法】1989年11月，原北、南方领导人萨利赫和比德签署“统一宪法草案”。1990年5月，北、南双方议会分别通过该宪法草案。2001年通过宪法修正案，将总统任期由5年延长至7年，并赋予总统解散议会的权力。

【议会和协商会议】议会是国家立法机构，负责制定财政预、决算和经济社会发展大纲等国家大政方针，对政府工作进行指导和监督。议会可对政府提出不信任案，如获多数通过，总理须向总统提出辞呈。总统作出的解散议会的决定，须在30日内举行全民公决，多数赞成才能生效。2009年议会选举因各派分歧严重而延期。2019年4月，也门议会召开特别会议，选举全国人民大会党副总书记苏丹·巴尔卡尼（Sultan al-Burkani）为议长。2022年4月17日，巴尔卡尼议长返回亚丁，18日主持召开议会会议，同日总统领导委员会成员返回亚丁，并于19日在议会见证下宣誓就职。

协商会议是总统的最高咨询机构，负责研究和讨论同国家最高利益有关的国内外重大问题，无立法权，其前身是1979年成立的原北也门协商会议。也门统一后，1997年5月，萨利赫总统宣布成立也门协商会议并任命了59名委员。2001年，协商会议人员规模扩大至111人。2021年1月，哈迪总统任命艾哈迈德·奥贝德·本·达格尔（Ahmed Obaid bin Dagher）为协商会议主席。

【政府】本届政府于2020年12月成立，总理是穆因·阿卜杜勒马利克·赛义德（Maeen Abdulmalik Saeed），主要成员有外交部长艾哈迈德·欧德·本·穆巴拉克（Ahmad Awad bin Mubarak）、国防部长穆罕默德·阿里·马格迪西（Mohammed al-Maqdashi）、内政部长易卜拉欣·阿里·海丹（Ibrahim Ali Haydan）、财政部长萨利姆·萨利赫·本·布里克（Salem Saleh bin Braik）等。

【行政区划】也门行政区划为21个省：萨那、亚丁、塔伊兹、拉赫季、荷台达、阿比扬、伊卜、舍卜沃、宰马尔、哈德拉毛、哈杰、迈赫拉、贝达、萨达、迈赫维特、马里卜、焦夫、阿姆兰、达利、利玛、索科特拉，1个直辖市：萨那市。

【政党】也门主要政党包括：

（1）全国人民大会党（General People's Congress）：1982年8月成立，曾长期是执政党，2011年也门政局动荡后同其他党派联合执政。

（2）伊斯兰改革集团党（Islamic Gathering for Reform）：成立于1990年9月，是也门统一后成立的最大反对党。2011年也门政局动荡后，伊斯兰改革集团党同也门社会党等组成反对党联盟。12月，反对党联盟与全国人民大会党共同组建全国和解政府联合执政。

（3）也门社会党（the Yemeni Socialist Party）：1978年10月成立，曾是南也门执政党。1990年5月，也门社会党同全国人民大会党合作实现了也门统一。1994年5月，两党矛盾激化，爆发内战，也门社会党败北，成为在野党。2011年也门政局动荡后，也门社会党同伊斯兰改革集团党等组成反对党联盟，参与联合执政。

其他政党还有纳赛尔人民统一组织、阿拉伯复兴社会党、拉沙德党等。

【重要人物】拉沙德·穆罕默德·阿里米：总统领导委员会主席。1954年出生于塔伊兹省。全国人民大会党成员，曾先后担任内政部法律事务司司长、移民和护照局局长、塔伊兹省安全局局长等职。2001年任内政部长，2006年任副总理兼内政部长并出任最高安全委员会主席，2014年之后任总统顾问，2022年4月任总统领导委员会主席。　**穆因·阿卜杜勒马利克·赛义德**：总理。1976年出生于塔伊兹省。2013—2014年在也门全国对话会议中担任机构与专门问题独立小组组长、调解委员会成员。2014年任制宪委员会成员、宪法起草人。2015年至2018年10月任也门道路和工程部副部长、部长。2018年10月任总理。2020年12月政府改组，再次任总理。

经　济

经济落后，是世界最不发达国家之一。经济发展主要依赖石油出口。已探明石油可采储量约40亿桶，已探明天然气可采储量0.5万亿立方米。2022年主要经济数据如下：

国内生产总值：227亿美元。

人均国内生产总值：674.4美元。

国内生产总值增长率：1.5%。

货币名称：也门里亚尔。

汇率：1美元≈550也门里亚尔（萨那）；1美元≈1230也门里亚尔（亚丁）。

外汇储备：52.3亿美元。

（资料来源：世界银行）

【资源】除了石油，也门还有铜、铁、铝、铬、镍、钴、金、银、煤、盐、大理石、硫黄、石油、天然气、石膏等矿产资源。

【工业】工业不发达，有纺织、石油、化工、制铝、制革、水泥、建材、卷烟、食品及加工工业。20世纪80年代中期开始开采石油。

【农业】农产品主要有棉花、咖啡、高粱、谷子、玉米、大麦、豆类、芝麻、卡特草、烟叶等。粮食不能自给，棉花和咖啡可供出口。

【交通运输】公路：沥青公路里程数共计16811.92公里。

铁路：全国无铁路。

水运：共有7个港口，主要有：亚丁、荷台达、穆卡拉、拉赫季和塔伊兹。

空运：共有6个国际机场，分别位于：萨那、亚丁、塔伊兹、荷台达、穆卡拉和赛永，最主要的机场为萨那机场和亚丁机场。

【财政金融】据国际货币基金组织估计，2018年也门政府总收入（不含赠予）占其国内生产总值的3.8%。

也门中央银行成立于1971年，1990年也门统一后进行了重组。

【对外贸易】运输工具、机械设备等国内建设所需物资以及大量轻工产品均需进口。出口产品主要有石油、棉花、咖啡、烟叶、香料、海产品等。主要贸易伙伴有中国、美国、阿联酋、意大利、沙特等。2020年对外贸易总额为40.27亿美元。其中，出口额为4.59亿美元，进口额为35.68亿美元。

人民生活

也门经济落后，是世界上最不发达的国家之一，粮食等物资严重短缺，人道主义局势严峻。

军　事

也门共和国军队包括也门陆军（包括也门共和国卫队）、也门海军（包括海军陆战队）和也门空军（包括防空部队）。

文化教育

【新闻出版】也门通讯社（简称“萨巴社”）为官方通讯社。1990年5月也门统一后，由原北也门萨巴通讯社（创建于1968年）和原南也门亚丁通讯社（创建于1970年）合并而成。2015年也门国内局势动荡、哈迪政府流亡沙特后，控制也门首都萨那的胡塞组织及也门合法政府均使用“萨巴社”名称对外发布消息。

对外关系

奉行和平、不结盟政策；坚持睦邻友好、和平共处、不干涉内政，主张以和平方式解决国与国之间的争端与分歧。

【同中国的关系】1956年9月24日，中国同也门穆塔瓦基利亚王国建立公使级外交关系。1963年2月13日升格为大使级（当时已是阿拉伯也门共和国，即北也门）。1968年1月31日，中国同也门民主人民共和国（南也门）建立大使级外交关系。1990年也门统一后，两国建交日期定为1956年9月24日。

中也关系传统友好。近年来，中方访问也门的主要有：国家主席习近平（2008年6月以国家副主席身份访问也门），全国人大常委会副委员长司马义·铁力瓦尔地（2008年11月）。此外，2022年12月，国家主席习近平在出席首届中国—阿拉伯国家峰会期间会见也门总统领导委员会主席阿里米。

也方访华的主要有：总统哈迪（2013年11月），外长科尔比（2014年6月来华出席中阿合作论坛第六届部长级会议），外长耶曼尼（2018年7月访华并出席中阿合作论坛第八届部长级会议），工业和贸易部长梅塔米（2019年4月来华出席第二届“一带一路”国际合作高峰论坛相关活动）等。

据中国海关总署统计，2022年，中也双边贸易额为34.3亿美元，同比增长12.4%。其中，中国出口额为28亿美元，同比增长9%；中国进口额为6.3亿美元，同比增长30.3%。中国主要出口纺织品、机电产品等，主要进口原油等。

2019年4月，中也双方签署政府间共建“一带一路”谅解备忘录。

中国驻也门大使：康勇。中国驻也门大使馆自2015年12月起在沙特首都利雅得办公。原驻亚丁总领事馆已暂时关闭。

也门驻华大使：穆罕默德·阿卜杜勒瓦希德·梅塔米（Mohammed Abdul-Wahed al-Maitami）。馆址：北京市朝阳区三里屯东三街5号。电话：010-65321688，65321558；传真：65327997。（唐浩）

伊　拉　克

国名　伊拉克共和国（The Republic of Iraq）。

面积　43.83万平方公里。

人口　4335万（2022年）。其中，阿拉伯民族约占78%（什叶派约占60%，逊尼派约占18%），库尔德族约占15%，其余为土库曼族、亚美尼亚族等。官方语言为阿拉伯语和库尔德语。居民中95%以上信奉伊斯兰教，少数人信奉基督教新教等其他宗教。

首都　巴格达（Baghdad），人口约721万（2022年）。

国家元首　阿卜杜拉提夫·拉希德（Abdul Latif Rashid），2022年10月13日当选。

重要节日　国庆日：伊拉克战争后，新国庆日尚未确定。

简　况

伊拉克所处的底格里斯河、幼发拉底河两河流域具有悠久的文明。公元前3000年，苏美尔人在两河流域建立城邦国家。此后，古巴比伦王国、亚述帝国、新巴比伦王国、波斯帝国、塞琉古帝国、安息帝国、阿拉伯帝国等先后在该地建立政权。1534年起被奥斯曼帝国统治。1920年，伊拉克沦为英国“委任统治地”。1921年，英国人从麦加哈希姆王室中选送费萨尔到巴格达建立费萨尔王朝。1958年，以卡塞姆为首的自由军官集团发动政变，推翻费萨尔王朝，成立伊拉克共和国。1968年，复兴党政变上台。1979年，萨达姆全面掌权。1980—1988年，伊拉克同伊朗发生战争。1990年8月，伊拉克吞并科威特，引发海湾战争。

2003年3月，美国在未得到联合国安理会授权情况下对伊拉克发动战争，于4月攻占巴格达，推翻萨达姆政权，军事占领伊拉克。2011年12月，美国从伊拉克撤出全部作战部队。2014年，极端组织在伊拉克崛起，美国以国际反恐联盟名义重新军事介入伊拉克局势。2017年12月，伊拉克总理阿巴迪宣布收复被极端组织占领的全部领土，取得反恐战争重大胜利。

政　治

2004年6月，伊拉克临时政府成立。2005年12月，伊拉克选举产生战后首届国民议会，逐步建立起库尔德族（担任总统）、阿拉伯什叶派（担任总理）、阿拉伯逊尼派（担任议长）的分权制度。

【宪法】2005年8月底出台永久宪法草案，并在10月举行的全民公决中获得通过，规定伊拉克实行联邦制，石油资源归全体人民所有，前复兴党成员不得参政。

【议会】称“国民议会”，共有329名议员，任期4年。先后于2010年3月、2014年4月、2018年5月举行第二至四届选举。2021年10月10日举行第五届国民议会选举。12月27日，联邦最高法院核可选举结果。2022年1月9日召开新议会首届会议，逊尼派人士穆罕默德·哈勒布希（Mohamed Al-Halbousi）连任议长。

【政府】本届政府成立于2022年10月，主要包括总理穆罕默德·苏达尼（Mohammed Sudani）、副总理兼外交部长福阿德·侯赛因（Fuad Hussein）、副总理兼石油部长阿卜杜勒加尼·赛瓦德（Abdul Ghani Sewad）、副总理兼规划部长阿里·塔米姆（Ali Tamim）、内政部长卡米勒·沙姆里（Kamil Shamri）、国防部长萨比特·赛义德（Sabit Said）等。

【行政区划】全国共分18个省：巴格达、尼尼微、巴士拉、巴比伦、穆萨纳、纳杰夫、安巴尔、瓦西特、米桑、济加尔、卡迪西亚、卡尔巴拉、迪亚拉、萨拉赫丁、基尔库克、苏莱曼尼亚、埃尔比勒、杜胡克。

【司法机构】2022年8月23日，伊拉克最高司法委员会和最高法院发表联合声明，宣布因受到示威影响，暂停所有会程和审判工作。

【政党】伊拉克党派众多，目前有200余个政党和政治实体，组成多个政党联盟，主要包括：

（1）前进者联盟：由萨德尔运动领导人穆克塔达·萨德尔（Muqtada Al Sadr）领导，什叶派。

（2）法制国家联盟：由前总理努里·马利基（Nouri Al Maliki）领导，什叶派。

（3）开拓联盟：由巴德尔组织领导人哈迪·阿米里（Hadi Al Amiri）领导，什叶派。

（4）前进党：由现任议长哈勒布希领导，逊尼派。

（5）库尔德斯坦民主党：库尔德自治区两大政党之一。

（6）库尔德斯坦爱国联盟：库尔德自治区两大政党之一。

【重要人物】**阿卜杜拉提夫·拉希德**：总统。库尔德族，1944年出生于伊拉克库尔德地区苏莱曼尼亚省。曾长期在库尔德斯坦民主党和库尔德斯坦爱国联盟内任职。2003—2010年任水资源部长，2010—2022年任总统首席顾问。2022年10月13日当选总统。　**穆罕默德·苏达尼**：总理。什叶派，1970年出生于巴格达。曾长期在米桑省任职。2010年起历任人权部长、正义和问责委员会主席、农业部长、劳工和社会事务部长、移民部长等职。2022年10月27日，苏达尼成功组建新政府并出任总理。　**穆罕默德·哈勒布希**：议长。逊尼派，1981年出生于安巴尔省。长期在私营部门任职，2014年当选国民议会议员，曾任议会人权委员会委员，财政委员会委员、主席。2017年任安巴尔省省长。2018年9月当选议长，2022年1月连任。

经　济

伊拉克战争后，经济重建任务繁重。联合国安理会于2003年5月通过第1483号决议，取消对伊除武器禁运以外的所有经济制裁。伊拉克重建重点是恢复和发展能源、教育、卫生、就业、供电、供水、食品等领域，但由于安全局势不稳、基础设施损毁严重，经济重建进展缓慢。2022年主要经济数据如下：

国内生产总值：2184亿美元。

人均国内生产总值：5021美元。

国内生产总值增长率：8.1%。

货币名称：伊拉克第纳尔。

汇率：1美元≈1460伊拉克第纳尔。

外汇储备：约900亿美元。

（资料来源：伊拉克政府网）

【资源】石油、天然气资源丰富。已探明石油储量196亿吨，居世界第5位；已探明天然气储量约25亿吨，居世界第12位。磷酸盐储量约100亿吨。

【工业】能源产业占主导地位，石油出口收入约占国内生产总值的75%，政府财政收入的90%。伊拉克战争结束后，石油生产逐渐恢复。据伊拉克政府统计，2022年上半年，伊拉克原油日产量约54万吨，石油日均出口量约41万吨，上半年石油出口创收约600亿美元。

【农业】可耕地面积占国土总面积的27.6%，农业用地严重依赖地表水，主要集中在底格里斯河和幼发拉底河之间的美索不达米亚平原。农业人口占全国总人口的1/3。主要农作物有小麦、大麦和椰枣等，粮食不能自给。

【旅游业】主要旅游点有乌尔城（公元前2060年）遗址、亚述帝国（公元前910年）遗迹、哈特尔城遗址（俗名“太阳城”）等。位于巴格达西南90公里处的巴比伦是世界著名古城遗址。

【交通运输】交通运输以公路为主。

公路：公路网遍布全国，总长5.96万公里。

铁路：铁路总长2272公里。

水运：水运航道5279公里。港口主要包括：乌姆盖茨尔港、祖拜尔港、巴士拉港等。

空运：巴格达、巴士拉、埃尔比勒、苏莱曼尼亚、纳杰夫、纳西里耶有国际机场，哈迪塞、基尔库克有相对较小的民用机场。

【财政金融】2023财年，预算支出总额为1530亿美元，预算赤字为495亿美元。

伊拉克中央银行成立于1947年。伊拉克的银行体系包括7家国有商业银行，最大的两家分别是拉菲丁银行和拉希德银行，合计资产约占伊拉克银行资产的96%。

【对外贸易】伊拉克战争后，实行开放的外贸政策，对大部分进口商品免征关税。2021年，贸易总额为1074亿美元，其中，出口额为728亿美元，进口额为346亿美元。

人民生活

2003年伊拉克战争后，由于经济重建进展缓慢、安全局势不佳，人民生活水平提升受到影响。目前，伊拉克20%人口生活在贫困线（每天2美元）以下，供电能力不能完全满足需求。人口预期平均寿命74.9岁。其中，男性平均寿命72.6岁，女性平均寿命77.2岁。

军　事

实行募兵制，包括军队和警察，分别隶属国防部和内政部。目前，包括预备役部队在内共有77.8万人。

文化教育

【教育】实施6年制义务教育，适龄儿童小学入学率达98%，中等和高等院校入学率为45%和15%。成人识字率约80%。全国共有20所大学和44所专科院校。

对外关系

2003年伊拉克战争结束后，伊拉克奉行积极务实的外交政策，迄今已同100多个国家建立外交关系。重视发展同美国等西方国家关系，同时大力发展同中国、俄罗斯、印度等国关系；坚持独立自主和不干涉内政原则，积极改善并平衡发展同周边国家关系；积极争取反恐和重建支持，努力重塑国家形象；积极参与国际和地区事务，致力于缓和地区国家间紧张关系，努力推动地区热点问题政治解决进程。2021年8月底，伊方在巴格达召开首届巴格达合作与伙伴关系会议，沙特、土耳其、约旦等地区国家及法国等欧洲国家领导人出席。2022年12月，第二届巴格达合作与伙伴关系会议在约旦首都安曼举行，法国总统马克龙，约旦、埃及等地区国家领导人，以及沙特、伊朗等国外长出席。

【同中国的关系】1958年8月25日，中伊两国建交。1990年海湾危机爆发后，中国根据联合国有关决议中止了与伊拉克的经贸、军事往来。海湾战争后，中国根据联合国安理会"石油换食品"计划同伊拉克开展了一些经贸往来。

2003年，伊拉克战争爆发，中伊双边关系受到影响。战后，中伊关系实现平稳过渡和发展。2004年7月，中国驻伊拉克使馆复馆。10月，两国互派大使。2014年12月，中国驻埃尔比勒总领事馆开馆。2015年12月伊拉克总理阿巴迪访华期间，两国政府发表联合声明，宣布建立战略伙伴关系。

两国各层级保持良好交往。2022年12月，习近平主席在出席首届中国—阿拉伯国家峰会期间会见伊拉克总理苏达尼。2019年9月，伊总理阿卜杜勒马赫迪访华。

两国经贸合作密切。中国是伊拉克最大贸易伙伴，伊拉克是中国在阿拉伯国家中的第三大贸易伙伴。据中国海关总署统计，2022年，中伊双边贸易额为533.7亿美元，同比增长42.9%。其中，中国出口额为139.9亿美元，同比增长30.8%；中国进口额为393.9亿美元，同比增长47.8%。中国是伊拉克第一大原油出口对象国，伊拉克是中国在全球范围内第三大原油进口来源国。2022年，中国从伊拉克进口原油5549万吨。

两国人文交流顺利开展。近年来，中伊双方在"文明古国论坛""世界古代文明保护论坛"等框架内保持良好合作。伊方多次派文艺团组来华演出及参加"阿拉伯艺术节"，伊方多家主流媒体来华采访交流。

2019年10月，伊拉克库尔德自治区首府埃尔比勒市的萨拉赫丁大学开设中文选修课。

中国驻伊拉克大使：张涛，崔巍（2022年4月以后）。馆址：P.O. Box 2386，Al-jadryaa Post Office，Baghdad，Iraq。电话：0096–4–7901912315，7901912305。

伊拉克驻华大使：舒尔什·哈立德·赛义德（Shorsh Khalid Said）。馆址：北京市朝阳区建国门外秀水北街25号。电话：010–65323385，65321873；传真：65321596。

【同美国的关系】2003年，美国发动伊拉克战争并推翻萨达姆政权，在伊拉克建立起什叶派、逊尼派、库尔德族三派分权制度。驻伊美军一度撤出伊拉克，后因极端组织在伊拉克崛起并迅速扩张，美再度军事介入伊拉克局势。美国领导的国际反恐联盟于2021年底宣布结束在伊拉克作战任务，但目前在伊拉克仍保有约2500人驻军及2处军事基地。2022年，伊拉克总理卡迪米在沙特出席"安全与发展"峰会期间会见美国总统拜登。美国近东事务助理国务卿芭芭拉、中央司令部司令科拉雷、国家安全委员会中东北非协调员布雷特等访问伊拉克。

【同伊朗的关系】1980年两伊战争爆发后，伊拉克和伊朗长期处于敌对状态。2003年伊拉克战争结束后，两伊关系回归正常并平稳发展。2022年，伊拉克总统巴尔哈姆、总理卡迪米、总理苏达尼、议长哈勒布希、副总理兼外长侯赛因、总理国家安全顾问阿拉吉等先后访问伊朗。伊朗议长卡利巴夫、外长阿卜杜拉希扬、伊斯兰革命卫队"圣城旅"指挥官卡阿尼等先后访问伊拉克。

【同其他阿拉伯国家关系】2003年伊拉克战争结束后，阿拉伯国家普遍主张维护伊拉克的独立、主权和领土完整，支持伊拉克开展经济重建。伊拉克也积极致力于同其他阿拉伯国家发展关系、开展合作，并为推动地区局势缓和发挥积极作用。2022年以来，伊拉克推动沙特和伊朗在巴格达举行多轮对话。（顾倚安）

伊　朗

国名　伊朗伊斯兰共和国（The Islamic Republic of Iran）。

面积　164.5万平方公里。

人口　8502万（2022年）。全国人口中波斯人约占66%，阿塞拜疆人约占25%，库尔德人约占5%，其余为阿拉伯人、土库曼人等少数民族。城镇人口占总人口的71.8%，农村人口占28.2%。官方语言为波斯语。伊斯兰教为国教，91%为什叶派，7.8%为逊尼派。

首都　德黑兰（Tehran），人口1403万（2022年）。平均海拔1220米。气温最高的月份为7月，平均最低和最高气温分别为22℃和37℃；气温最低的月份为1月，平均最低和最高气温分别为3℃和7℃。

最高领袖　赛义德·阿里·哈梅内伊（Seyyed Ali Khamenei），1989年6月当选。

国家元首　总统赛义德·易卜拉欣·莱希（Seyyed Ebrahim Raisi），2021年6月当选。

重要节日　伊斯兰革命胜利日：2月11日；伊朗历新年：3月21日；伊斯兰共和国日：4月1日。

简　况

位于亚洲西南部，同土库曼斯坦、阿塞拜疆、亚美尼亚、土耳其、伊拉克、巴基斯坦和阿富汗相邻，南濒海湾和阿曼湾，北隔里海与俄罗斯和哈萨克斯坦相望，素有“欧亚陆桥”之称。海岸线长2700公里。境内多高原，东部为盆地和沙漠。属大陆性气候，冬冷夏热，大部分地区干燥少雨。

伊朗是具有5000年历史的文明古国，史称“波斯”。公元前6世纪，古波斯帝国盛极一时。公元7世纪以后，阿拉伯人、突厥人、蒙古人、阿富汗人、土库曼人等先后侵入并统治伊朗。19世纪以后，伊朗沦为英国和沙俄的半殖民地。1925年，巴列维王朝建立。1978—1979年，宗教人士霍梅尼领导伊斯兰革命，推翻巴列维王朝。1979年4月1日，伊朗伊斯兰共和国成立，霍梅尼成为伊朗最高领袖。

政　治

1989年6月霍梅尼病逝，原总统哈梅内伊继任最高领袖。此后，拉夫桑贾尼、哈塔米、艾哈迈迪内贾德和鲁哈尼先后担任伊朗总统。2021年6月，前司法总监莱希当选伊朗第13任总统，于8月5日宣誓就职。

【宪法】1979年12月颁布第一部宪法。1989年4月对宪法进行部分修改，突出伊斯兰信仰、体制、教规、共和制及最高领袖的绝对权力。同年7月，哈梅内伊正式批准经全民投票通过的新宪法。

【议会】伊斯兰议会是国家最高立法机构，实行一院制。议会通过的法律必须经宪法监护委员会批准方可生效。议员共290名，由选民直接选举产生，任期4年。议会设有主席团和12个专门委员会。主席团由议长、2名副议长、3名干事、6名秘书共12人组成，主要负责制订会议议程、起草会议文件等工作，任期1年，任满后由议员投票改选，可连选连任。第11届议会选举于2020年2月举行，当选议员于5月宣誓就职，现任议长为穆罕默德·巴盖尔·卡利巴夫（Mohammad Bagher Ghalibaf）。

【政府】实行总统内阁制。总统既是国家元首，也是政府首脑，可授权第一副总统主持内阁日常工作，并有权任命数名副总统，协助处理其他专门事务。现任副总统共12位，主要有第一副总统穆罕默德·穆赫贝尔（Mohammad Mokhber），负责经济事务的副总统穆赫森·雷扎伊（Mohsen Rezaee），副总统兼国家原子能组织主席穆罕默德·伊斯拉米（Mohammad Eslami）等。

本届内阁于2021年8月通过议会信任投票，主要内阁部长有：外交部长侯赛因·阿米尔-阿卜杜拉希扬（Hossein Amir-Abdollahian），石油部长贾瓦德·欧吉（Javad Oji），内政部长艾哈迈德·瓦希迪（Ahmad Vahidi），国防部长穆罕默德·礼萨·阿什蒂亚尼（Mohammad Reza Ashtiani），财经部长埃赫森·汉杜兹（Ehsan Khandouzi）等。

【行政区划】全国共有31个省：德黑兰省、库姆省、中央省、加兹温省、吉兰省、阿尔达比勒省、赞詹省、东阿塞拜疆省、西阿塞拜疆省、库尔德斯坦省、哈马丹省、克尔曼沙阿省、伊拉姆省、洛雷斯坦省、胡泽斯坦省、恰哈马哈勒-巴赫蒂亚里省、科吉卢耶-博耶尔艾哈迈迪省、布什尔省、法尔斯省、霍尔木兹甘省、锡斯坦-俾路支斯坦省、克尔曼省、亚兹德省、伊斯法罕省、塞姆南省、马赞德兰省、古列斯坦省、北霍拉桑省、霍拉桑拉扎维省、南霍拉桑省、厄尔布尔士省。

【司法机构】司法总监是国家司法系统最高负责人，由最高领袖任命，任期5年。最高法院院长和总检察长由司法总监任命，任期5年。司法部长由司法总监推荐，总统任命，议会批准，负责协调行政系统与司法系统的关系。在司法总监领导下，还设有行政公正法庭和国家监察组织，分别审理民众对政府机关的诉讼和监督国家机关的工作。现任司法总监古拉姆侯赛因·穆赫森尼·埃杰伊（Gholamhossein Mohseni Ejei），最高法院院长莫尔特扎维·穆加达姆（Mortezavi Moghadam），总检察长穆罕默德·贾法尔·蒙塔泽里（Mohammad Jafar Montazeri）。

【专家会议】专家会议是选举最高领袖的机构，成立于1982年12月，现有成员88人。专家会议选举每8年举行1次，其成员由选民根据各省市的人口比例从宗教法学家中选举产生，任期8年，其间如有成员身故或被免职可补选。每年至少举行1次年会，讨论国家大事，监督最高领袖行为，在最高领袖不称职情况下罢免最高领袖或在最高领袖失去领导能力、去世、辞职或遭罢黜后推举新的最高领袖。第五届专家会议于2016年5月成立，现任主席为艾哈迈德·贾纳提（Ahmad Janati）。

【确定国家利益委员会】1988年3月成立，1989年7月经宪法确认。主要职责是为最高领袖制定国家大政方针建言献策，协助最高领袖监督、实施各项大政方针，当议会和宪法监护委员会就议案发生分歧时进行仲裁。现任主席为萨迪克·拉里贾尼（Sadegh Larijani）。

【宪法监护委员会】由12人组成，其中6名宗教法学家由最高领袖直接任命，另6名普通法学家由司法总监在法学家中挑选并向议会推荐，议会投票通过后就任，任期均为6年。主要负责监督专家会议、总统和议会选举及公民投票，批准议员资格和解释宪法；审议和确认议会通过的议案，裁定是否与伊斯兰教义和宪法相抵触，如有抵触则退回议会重新审议和修改。如与议会就议案发生争议且无法解决，则提交确定国家利益委员会进行仲裁。该委员会负责人为宪法监护委员会秘书，现任秘书是艾哈迈德·贾纳提。

【政党】1988年12月，伊朗颁布政党法，宣布准许政党活动，但要遵守三项基本原则，即伊斯兰法、宗教最高权威和伊斯兰共和制度。经过多年发展，2016年10月，确定国家利益委员会通过政党法修正案，要求各党重新提交注册材料。2019年3月，伊朗内政部称98个政党已完成注册程序。目前，伊朗政党及政治组织大小不一，主要以总统选举、议会选举等为主要节点显示存在，按其政治主张和思想倾向，大体可划分为两大集团：

改革派集团：影响较大的有德黑兰战斗教士协会、建设公仆党、伊斯兰工党等。

保守派集团：影响较大的有德黑兰战斗的宗教界协会、伊斯兰联合党等。

【重要人物】赛义德·阿里·哈梅内伊：最高领袖。1939年出生于伊朗什叶派圣城马什哈德。1958年赴库姆神学院学习。1963年后因参加反巴列维国王活动多次被捕和流放。1979年伊斯兰革命胜利后，历任革命委员会成员、国防部副部长、革命卫队司令、德黑兰市教长、最高国防委员会主席、总统等职。1989年6月霍梅尼逝世后继任最高领袖，兼任武装力量总司令。曾于1989年5月以总统身份访华。　**赛义德·易卜拉欣·莱希**：总统。1960年出生于伊朗什叶派圣城马什哈德。早年在库姆神学院深造，师从多位宗教名士。1980年起先后担任哈马丹省检察长，德黑兰省副检察长、检察长，国家监察组织主席和第一司法副总监，2014年调任总检察长，2016年任伊玛目礼萨基金会主席。2019年3月任司法总监并当选专家会议第一副主席。2021年6月当选伊朗第13任总统，8月5日宣誓就职。　**穆罕默德·巴盖尔·卡利巴夫**：议长。1961年出生于霍拉桑拉扎维省图尔加贝。德黑兰大学政治地理学学士、硕士，伊朗师范大学政治地理学博士。历任革命卫队空军司令、治安部队司令、打击走私总部司令等职。2005—2017年任德黑兰市市长。2020年5月当选议长。　**萨迪格·拉里贾尼**：确定国家利益委员会主席。1960年出生于伊拉克纳杰夫。受家庭影响，对宗教十分虔诚。1977年进入库姆神学院学习宗教和教法学，师从多位著名宗教学者，逐渐成为著名宗教学家。1998年进入政坛，当选第三届专家会议成员，后连任。2001年被任命为宪法监护委员会成员，2009年8月被任命为司法总监，2014年8月连任。2019年12月被任命为确定国家利益委员会主席。　**古拉姆侯赛因·穆赫森尼·埃杰伊**：司法总监。1956年出生于伊斯法罕省，早年在库姆神学院学习教法学，后在情报、司法、检察等系统工作。2005—2009年任情报部长，2009—2014年任总检察长，2014—2021年任第一司法副总监。2021年7月被任命为司法总监。　**艾哈迈德·贾纳提**：专家会议主席、宪法监护委员会秘书。1927年出生于伊斯法罕省拉丹，1980年起担任宪法监护委员会成员并自1988年开始担任其秘书。长期同时在专家会议、宪法监护委员会和确定国家利益委员会任职，2016年5月当选专家会议主席。

经　济

近年，受美国单边制裁、新冠疫情等因素影响，伊朗经济发展缓慢，高通胀等问题比较突出。2022年主要经济数据如下：

国内生产总值：3885亿美元（估算值）。

人均国内生产总值：4388美元（估算值）。

国内生产总值增长率：2.7%（估算值）。

货币名称：伊朗里亚尔。

汇率：1美元≈42000伊朗里亚尔。

通货膨胀率：48.5%。

（资料来源：世界银行、国际货币基金组织、伊朗国家数据中心）

【资源】伊朗石油、天然气和煤炭蕴藏丰富。截至2020年底，伊朗已探明石油储量217亿吨，居世界第四位；天然气已探明储量32.1万亿立方米，居世界第二位。

其他矿物资源也十分丰富。目前，已探明矿山3800处，矿藏储量270亿吨。其中，锌矿储量2.3亿吨（平均品位20%），居世界第一位；铜矿储量30亿吨（矿石平均品位0.8%），居世界第三位；铁矿储量47亿吨，铬矿储量2000万吨，金矿储量320吨。此外，还有大量锰、锑、铅、硼、重晶石、大理石等矿产资源。目前，已开采矿种56个，年矿产量1.5亿吨，占全球矿产品总产量的1.2%。

【工业】以石油开采业为主，另外还有炼油、钢铁、电力、纺织、汽车制造、机械制造、食品加工、建材、地毯、家用电器、化工、冶金、造纸、水泥和制糖等，但基础相对薄弱，大部分工业原材料和零配件依赖进口。2021年，伊朗原油日产量240万桶，日均出口量60万桶。

【农业】农业在国民经济中占有重要地位。伊朗农耕资源丰富，全国可耕地面积超过5200万公顷，占其国土面积的30%以上，已耕面积1800万公顷。其中，可灌溉耕地830万公顷，旱田940万公顷。农业人口占总人口的43%，农民人均耕地5.1公顷。近年来，伊朗政府高度重视、大力发展农业，粮食自给率达90%。

伊朗全国有牧场8470万公顷，占国土总面积的52.3%。从事畜牧业的人口约200万，畜牧业产值约21亿美元，占农产品总产值的44%。

伊朗森林总面积为1430万公顷，占国土总面积的8.8%，主要分布在里海沿岸、西部和扎格罗斯山脉、南部海湾和阿曼湾沿岸。荒地面积3400万公顷，占国土面积的35%。

伊朗渔业资源较为丰富，经济鱼类达600种。鱼子酱和鲟鱼是最主要的出口水产品。

【旅游业】伊朗拥有数千年文明史，自然地理和古代文明遗产丰富。伊朗伊斯兰革命发生前，每年到伊朗旅游的游客达数百万人。两伊战争对伊朗旅游业造成较大破坏。1991年起，伊朗政府开始积极致力发展旅游业，旅游业逐渐复苏和发展。德黑兰、伊斯法罕、设拉子、亚兹德、克尔曼、马什哈德是伊朗主要旅游区。

【交通运输】公路是交通运输业的主力。

公路：普通公路约44909公里，高速公路约2761公里。

铁路：已投入使用的铁路总里程为14423公里。

水运：主要海港集中在波斯湾。包括：阿巴斯港、霍梅尼港、布什尔港、阿萨卢耶港以及新建的恰巴哈尔港等。

空运：伊朗机场公司管理伊朗55个机场，其中包括12个国际航空港。

【财政金融】据国际货币基金组织估算，截至2022年，伊朗外汇储备约为1220亿美元。

【对外贸易】伊朗主要出口石油、天然气、金属矿石、皮革、地毯、水果、干果、鱼子酱等，主要进口粮油食品、药品、运输工具、机械设备、牲畜、化工原料、饮料、烟草等。受美国单方面退出伊朗核问题全面协议并全面恢复对伊朗制裁影响，伊朗油气、矿产品等出口受到较大影响。据伊朗海关统计，2022年，伊朗非石油进出口总额约为1129亿美元，同比增长11%。

人民生活

2020年人均寿命为77.3岁，男性76.2岁，女性78.5岁。

军　事

伊朗国家武装力量由军队、伊斯兰革命卫队和治安部队组成。最高领袖是武装力量总司令。最高国家安全委员会是最高军事领导和国防政策的制定机构，由总统、议长、司法总监、武装部队总参谋长、计划与预算组织主席、最高领袖代表、外长、内政部长、情报部长以及军队和伊斯兰革命卫队司令组成。实行义务兵役制，服役期2年。现任主要将领：总参谋长穆罕默德·侯赛因·巴盖里少将（Mohammad Hossein Bageri），革命卫队司令侯赛因·萨拉米少将（Hossein Salami），圣城旅指挥官伊斯马仪·卡尼（Esmayil Gha'ani）。目前，武装力量总兵力约127万人。其中，军队43万人（包括陆军约36.5万人、海军3万人、空军及防空部队3.5万人），革命卫队约44万人，治安部队约40万人。此外，还有约1100万民兵。

文化教育

【教育】实行中、小学免费教育。重视高等教育，鼓励民办高等教育。6岁以上受教育人口占全国人口的82.5%。目前，全国共有高等院校2515所，大学生近440万人。德黑兰大学是伊朗成立最早、规模最大的高等学府。

【新闻出版】目前，伊朗全国发行的各种报刊达1700余种，大部分在德黑兰出版。主要波斯文报纸有《伊朗报》《世界报》《市民报》《东方报》《太阳报》等，英文报纸有《德黑兰时报》《伊朗新闻报》等。

伊朗伊斯兰共和国通讯社是官方通讯社，其前身是1934年建立的波斯通讯社。此外，还有半官方的法尔斯通讯社、塔斯尼姆通讯社、大学生通讯社等。

国家广播电视台成立于1966年，1979年改名为伊朗伊斯兰共和国声像组织，下属13家电台、13家电视台，使用波斯语、阿拉伯语、汉语、英语、法语、德语等25种语言对外播放节目。2007年7月，开通首家英语电视台PRESS TV。

对外关系

奉行独立、不结盟的对外政策，反对霸权主义、强权政治和单极世界。倡导不同文明进行对话及建立公正、合理的国际政治、经济新秩序。认为国家的主权和领土完整应得到尊重，各国有权根据自己的历史、文化和宗教传统选择社会发展道路，反对西方国家以民主、自由、人权、裁军等为借口干涉别国内政或把自己的价值观强加给他国。认为以色列是中东地区局势紧张的主要根源，支持巴勒斯坦人民为解放被占领土而进行的正义斗争，反对阿拉伯国家同以色列和谈，但不干扰和阻碍中东和平进程。主张海湾地区和平安全应由沿岸各国通过谅解与合作实现，反对外来干涉，反对外国驻军，表示愿成为海湾地区的稳定因素。

【同中国的关系】中伊两国友好交往可追溯至公元前2世纪。东汉时期，西域都护班超的副使甘英曾到过伊朗（安息王朝），打通了从中国经伊朗通往古罗马的交通线，即丝绸之路。此后，两国往来连绵不断。1971年8月16日，中伊两国建交。2016年1月，习近平主席对伊朗进行国事访问，两国建立全面战略伙伴关系。

两国各层级交往密切。近年来，中方访问伊朗的主要有：国家主席习近平（2016年1月），国务院副总理刘延东（2017年4月），国务院副总理胡春华（2022年12月），国务委员兼外交部长王毅（2021年3月）等。

伊方访华的主要有：总统鲁哈尼（2018年6月来华出席上合组织青岛峰会并对华进行工作访问），议长拉里贾尼（2019年2月），外长阿卜杜拉希扬（2022年1月、3月）等。

两国各领域务实合作稳步开展。2021年3月，中伊两国签署全面合作计划。据中国海关总署统计，2022年，中伊双边贸易额为158亿美元，同比增长7%。其中，中国出口额为94.4亿美元，同比增长14.3%；中国进口额为63.6亿美元，同比减少2.3%。

两国人文交流密切。中伊双方在两国文化、科学和技术合作协定框架内积极开展文化交流活动，双方艺术团组多次互访和赴对方国家参加艺术活动。近年，中伊双方合作在德黑兰举办的“欢乐春节”系列活动，深受当地民众欢迎。2019年4月，中国作为主宾国参加德黑兰国际书展。

目前，中伊双方合作在伊朗德黑兰大学（2007年10月）和马赞德兰大学（2016年11月）建有2所孔子学院，伊朗已有5所高校开设了中文专业，北京大学、北京外国语大学等12所高校开设了波斯语专业。2021年是中伊两国建交50周年，双方举办了一系列文化庆祝活动，包括音乐会、汉学教育研讨会、历史文献展、联合发行纪念邮票等。

中国驻伊朗大使：常华。馆址：No.73，Movahed Danesh Ave.，Aghdasiyeh，Tehran。电话：0098–21–22291241；传真：22291243。经商处电话：0098–21–22563148；传真：22561567。

伊朗驻华大使：穆赫森·巴赫蒂亚尔（Mohsen Bakhtiyar）。馆址：北京市朝阳区三里屯东六街13号。电话：010–65322040；传真：65321403。

【同美国的关系】伊朗同美国长期对立。2018年以来，美国单方面退出伊朗核问题全面协议并全面恢复对伊朗制裁，伊朗则分阶段逐步减少履行协议义务。2020年1月，美军火箭弹袭击伊拉克首都巴格达国际机场，伊朗伊斯兰革命卫队“圣城旅”指挥官苏莱曼尼在袭击中身亡。伊朗随后向美国驻伊拉克有关军事基地发动导弹袭击，美伊对抗升级。拜登政府上台后，于2021年4月同有关方一道启动伊朗核问题全面协议恢复履约谈判，但未取得进展。2022年9月，伊朗国内发生示威游行后，美国等西方国家以“民主”“人权”等为借口，持续追加对伊朗制裁，导致谈判陷入僵局。

【同欧洲国家的关系】伊朗重视改善和发展同欧洲国家关系。2018年5月，美国单方面退出伊朗核问题全面协议后，欧盟及英国、法国和德国强调将继续维护协议。2021年4月，伊朗核问题全面协议恢复履约谈判启动，欧盟及英、法、德三国同伊朗就恢复履约相关议题保持沟通，欧盟担任美伊间接谈判的中间人。2022年8月，欧盟散发各方达成一致的恢复履约协议“最终案文”。2022年9月，伊朗国内发生示威游行后，欧盟及欧洲国家追随美国对伊朗施加制裁，欧伊关系有所恶化。

【同俄罗斯的关系】伊朗重视发展同俄罗斯的睦邻友好合作关系，双方军工、军贸、核能合作关系密切。近年来，伊俄双方就伊核问题、叙利亚问题、区域合作、核能利用等保持密切沟通。2022年1月和7月，伊俄两国元首实现互访。

【同其他中东国家的关系】2022年，伊朗同其他中东国家关系继续改善和发展。伊朗总统莱希访问卡塔尔，伊朗同沙特、阿联酋等海湾国家就改善关系举行对话。叙利亚总统阿萨德、伊拉克总理苏达尼、土耳其总统埃尔多安等国领导人访问伊朗。（沈琨）

以 色 列

国名　以色列国（The State of Israel）。

面积　根据1947年联合国关于巴勒斯坦分治决议的规定，以色列的面积为1.52万平方公里。1948—1973年，以色列在四次中东战争中占领了大片阿拉伯国家领土，20世纪80年代后陆续部分撤出。目前，实际控制面积约2.5万平方公里。

人口　960万（2022年）。其中，犹太人约占74%，阿拉伯人约占21%，其余为德鲁兹人等。希伯来语为官方语言，阿拉伯语为具有特殊地位的语言，通用英语。犹太人多信奉犹太教，其余民族信奉伊斯兰教、基督教新教等。

首都　建国时在特拉维夫（Tel Aviv），1950年迁往耶路撒冷（Jerusalem），但未获国际社会普遍承认。目前，国际社会同以色列建交的国家普遍将使馆设在特拉维夫或其周边城市。人口约42万（2022年）。

国家元首　总统伊萨克·赫尔佐格（Itzhak Herzog），2021年7月7日就职，为以色列第11任总统，任期7年。

重要节日　犹太新年：约公历9月；赎罪日：约公历10月；住棚节：约公历10月；逾越节：约公历3月、4月；大屠杀纪念日：约公历4月、5月；独立日：约公历4月、5月。

简　况

位于亚洲西部，东接约旦，东北部与叙利亚为邻，南连亚喀巴湾，西南部与埃及为邻，西濒地中海，北与黎巴嫩接壤，是亚、非、欧三大洲结合处。海岸线长198公里。地中海型气候，夏季炎热干燥，最高气温39℃；冬季温和湿润，最低气温4℃左右。

犹太人远祖是古代闪族支脉，起源于约4000年前的美索不达米亚平原，后因躲避自然灾害迁徙至埃及尼罗河三角洲东部，因而得名“希伯来人”，意为“渡（幼发拉底）河而来之人”。公元前13世纪末开始从埃及迁居巴勒斯坦地区。公元前1000年左右，建立以色列国。此后先后被亚述、巴比伦、波斯、古希腊和罗马帝国征服。公元70年被罗马人赶出巴勒斯坦地区，开始长达近2000年的“大流散”。19世纪末，犹太复国主义运动兴起，犹太人开始大批移居巴勒斯坦地区。第一次世界大战结束后，英国对巴勒斯坦地区实行委任统治。1917年11月，英国外交大臣阿瑟·詹姆士·贝尔福致信英国犹太复国主义同盟主席莱昂内尔·罗斯柴尔德，表示英国政府“赞同地看待在巴勒斯坦建立一个犹太人的民族家园”，史称“贝尔福宣言”。1947年11月29日，联合国大会通过决议，决定在巴勒斯坦地区分别建立一个阿拉伯国和一个犹太国。1948年5月14日，以色列国根据该决议正式成立。

政　治

议会制政体。议会是国家最高权力机构，政府由议会中占多数席位的政党或政党联盟组成。党派进入议会门槛极低，因此，以色列历届政府均为联合政府。

【宪法】没有正式的成文宪法，仅有《议会法》《国家土地法》《总统法》《政府法》《国家经济法》《司法制度法》《人的尊严与自由法》《职业自由法》等一系列基本法。

【议会】又称“克奈赛特”（Knesset，原意是“大集会”，是第二圣殿时期以色列的立法机构），实行一院制，设有120个席位，任期4年，拥有立法、修法、对重大政治问题进行表决、批准内阁成员名单、监督政府施政等职权。议会选举采用比例代表制。议长阿米尔·奥哈纳（Amir Ohana），2022年12月29日就职，利库德集团成员。

【政府】由议会中占多数席位（至少61席）的一个或若干个政党联合组成。议会选举结果揭晓后，总统在综合议会各党派意见基础上提名，授权最有可能赢得议会信任投票的政党（一般为第一大党或第二大党）领导人组建政府。总理由成功完成组阁者担任。2022年11月1日举行第25届议会选举，12月29日组建由6个右翼和宗教政党组成的政府，利库德集团主席本雅明·内塔尼亚胡（Benjamin Netanyahu）出任总理。

【行政区划】全国划分为75个市，265个地方委员会，53个地区委员会。

【司法机构】最高法院、地区法院和基层法院组成三级制组织系统，此外还有专项法庭、宗教法院和劳资法院。

【政党】以色列政党较多，且不断变化，目前主要有：

（1）利库德集团（Likud）：右翼政党，1973年9月由加哈尔集团、自由中心、拉姆党、人民党、国土完整运动等党派联合组成，现任主席是本雅明·内塔尼亚胡。1977年首次在大选中击败以色列建国后长期执政的工党，此后数次领衔执政或同工党联合执政。2009—2021年长期执政，内塔尼亚胡超越开国总理本-古里安成为以色列建国后任职时间最长的总理。2021年3月第24届议会选举后，利库德集团领导的右翼宗教阵营未能获得议会多数导致组阁失败，成为反对党。2022年11月1日第25届议会选举后，利库德集团联合其他5个右翼和宗教政党组建政府，内塔尼亚胡再次出任总理。

（2）未来党（Yesh Atid）：世俗中间政党，2012年4月成立，主要支持者为中产阶级，主席为候任总理兼外长亚伊尔·拉皮德（Yair Lapid）。2015年第20届议会选举中获11席，未加入执政联盟。该党原是组成蓝白党的三党之一，后于2020年3月因政见不和退出蓝白党，在2021年3月举行的第24届议会选举中独立参选，获得17席，成为议会第二大党，联合统一右翼党等8个政党组建联合政府。2022年11月1日第25届议会选举后，未来党成为反对党，拉皮德任反对党领袖。

（3）国家团结党（National Unity Party）：中间政党，2022年成立，主体为前国防部长本尼·甘茨（Benny Gantz）领导的蓝白党和前司法部长萨阿领导的新希望党，甘茨担任党主席。在2022年11月1日第25届议会选举中获12个议席，成为反对党。

（4）联合名单（Joint List）：阿拉伯左翼政党联盟，2015年1月成立，由新党联盟、阿拉伯团结名单党、阿拉伯复兴运动、民族民主联盟四个阿拉伯政党联合组建，初衷是确保在议会选举中出线。内部关系相对松散，联合参加2019年9月第22届和2020年3月第23届议会选举。在2021年3月第24届议会选举中，阿拉伯团结名单党（Ra’am）独立参选，其他三党联合参选。

（5）沙斯党（Shas）：代表东方犹太人的正教派犹太人政党，1984年成立，主席是前内政部长阿里耶·德里（Aryeh Deri）。2015年第20届议会选举中获得7席，加入利库德集团领衔的右翼-宗教政党阵营。2019年以来的4次议会选举均在组建新政府问题上同阵营各党保持协调。

（6）犹太教圣经联盟（United Torah Judaism，UTJ）：宗教政党联盟，1992年成立，由以色列联合党和圣经旗帜党合并组成。主席是住建部长伊萨克·古德诺普（Itzhak Goldknop）。2015年第20届议会选举中获得13席，加入利库德集团领衔的右翼-宗教政党阵营。2019年以来的4次议会选举均在组建新政府问题上同阵营各党保持协调。

（7）我们的家园以色列党（Yisrael Beiteinu）：右翼政党，1999年成立，主要代表来自苏联、东欧地区的犹太移民，主席是前财政部长阿维格多·利伯曼（Avigdor Liberman）。2009年以来数次加入以利库德集团为首的执政联盟，也数度退出，一度成为阻碍利库德集团组阁的关键因素。

（8）宗教犹太复国主义党联盟（Religious Zionism）：极右翼政党联盟，2021年成立，由宗教犹太复国主义党、犹太力量党和诺阿姆党联合组建，领导人是财政部长贝察埃尔·斯莫特里奇（Betzalel Smotrich）。在2022年12月举行的第25届议会选举中获得14席，与内塔尼亚胡领导的利库德集团等组建右翼联合政府。

（9）工党（Labor Party）：以色列老牌中左翼政党，成立于1968年，前身是成立于1930年的“以色列领地工人党”（The Workers Party of the Land of Israel），以色列建国后曾长期执政，本-古里安、梅厄、拉宾、佩雷斯等以色列政坛名宿均出自该党。1977年在议会选举中被利库德集团击败，失去连续执政地位。此后也曾领衔执政，或同利库德集团联合执政。2001年在议会选举中失利，此后未再领衔执政，实力逐渐衰败。

（10）梅雷兹党（Meretz）：左翼政党，成立于1992年，由Ratz、Mapam和Shinui等三个左翼政党合并而成，主张社会公正、人权和宗教信仰自由，支持以“两国方案”解决巴以问题。

【重要人物】伊萨克·赫尔佐格：总统。1960年出生于特拉维夫。其父哈伊姆·赫尔佐格是以色列第六任总统。1985年加入以色列工党，2013年11月当选工党主席，曾任以色列福利和社会服务部长。2018年，担任全球最大非营利性犹太组织——犹太代办处主席。2021年6月，当选以色列第11任总统。　**本雅明·内塔尼亚胡**：总理。1949年出生于特拉维夫。美国麻省理工学院硕士。曾任以驻美使馆副馆长、常驻联合国代表。1988年当选议员。1993年当选利库德集团主席。1996年当选总理。1999年5月参加总理竞选失败后辞去利库德集团主席职务，宣布退出政坛。2002—2005年先后任外交部长、财政部长。2005年12月再次当选利库德集团主席。2009年3月出任总理。2013年3月、2015年5月、2020年5月连任。2021年卸任。2022年12月再次出任总理。　**亚伊尔·拉皮德**：反对党领袖。1963年出生于特拉维夫，其父曾任以色列副总理和司法部长。拉皮德曾是著名电视主持人。2012年从政并创建未来党，2013年当选议员，曾任财政部长。2021年第24届议会选举中，未来党获得17个议席，成为议会第二大党。2021年5月，拉皮德受命组阁，组建横跨左中右和阿拉伯政党的8党联合政府，结束前总理内塔尼亚胡12年连续执政。2022年12月，出任反对党领袖。

经　济

混合型经济，工业化程度较高，以知识密集型产业为主。高附加值农业、生化、电子、军工等部门技术水平较高。以色列总体经济实力较强，竞争力居世界前列。2022年主要经济数据如下：

国内生产总值：4963亿美元。

人均国内生产总值：5.2万美元。

国内生产总值增长率：6.5%。

货币名称：新谢克尔。

汇率：1美元≈3.6新谢克尔。

失业率：3.5%。

【资源】矿产资源较贫乏。主要有钾盐、石灰石、铜、铁、磷酸盐、镁、锰、硫黄等。国土森林覆盖率约5.7%，总面积约11.43万公顷。

【工业】主要发展能耗少、资金和技术密集型产业，注重对科技研发的投入。工业部门门类集中在高新技术产业及宝石加工行业，在电子技术、计算机软件、医疗设备、生物技术、信息和通信技术、钻石加工等领域处于世界领先水平。

【农业】农业发达，科技含量较高，其滴灌设备、新品种开发举世闻名。农业组织结构以基布兹（最早形式是集体农庄，其中居民没有私产，没有工资，衣、食、住、行、教育、医疗等均免费，后逐渐发展成为集体社区，现在也从事一些工业和高科技产业）和莫沙夫（通常是一个约60户的村庄，每户拥有自己的房屋和土地，自给自足）为主。主要农作物有小麦、棉花、蔬菜、柑橘等。粮食接近自给，水果、蔬菜自给有余并大量出口。

【旅游业】旅游业在经济中占重要地位，是外汇的主要来源之一。拥有较多名胜古迹，每年吸引数以百万计的游客游览观光。

【交通运输】陆运、海运、空运发达。其中，陆地运输的货物占一半，船舶和航空运输各占1/4。国内公路运输发达，主要城市之间有高速公路相连。主要港口有海法、阿什杜德、埃拉特港等。主要机场有本-古里安国际机场、埃拉特机场、杜夫机场等。主要航空公司有以色列航空公司等。

【财政金融】2020年，以色列预算赤字创历史新高，达到1603亿新谢克尔，占其国内生产总值的11.7%。

以色列银行是以色列的中央银行，独立于政府行使职能，主要负责制定和实施货币政策、管理外汇储备、监督以色列各类银行系统、发行货币。以色列银行行长同时担任政府经济发展顾问职务。

【对外贸易】国内市场相对狭小，经济对外依存度高。以色列是世界贸易组织和经济合作与发展组织成员国，与美国、加拿大、土耳其、墨西哥及欧盟、欧洲自由贸易联盟、南方共同市场签有自由贸易协定。欧盟是以最大贸易伙伴，美国是以最大单一贸易伙伴国。

人民生活

以色列拥有先进的医疗系统，全国有各类医院350多所。

军　事

以色列国防军正式成立于1948年5月26日，其前身是犹太民兵组织“哈加纳”。国防最高决策权和国防军的最高统帅权属于政府。国防部长是国防系统的最高领导，总参谋部是军队最高指挥机关，具体负责全军的作战指挥和军事训练。实行普遍义务兵役制，现役部队18万人，预备役人员45万人。国防预算多年保持在国内生产总值的7%。

文化教育

【教育】政府重视教育事业。3—16岁儿童享受义务教育，免费教育至高中毕业。以色列教育经费长期占国内生产总值的8.5%左右。著名的高等院校有：希伯来大学、特拉维夫大学、海法大学、以色列工程技术学院、魏茨曼科学研究院、巴伊兰大学、本-古里安大学等。

【新闻出版】新闻出版业较发达，主要报刊有：《国土报》，创刊于1918年，希伯来文日报；《耶路撒冷邮报》，创刊于1932年，英文日报；《新消息报》，创刊于1939年，希伯来文日报；《晚报》，创刊于1948年，希伯来文日报;《今日以色列报》，创刊于2007年，希伯来文日报。

以色列广播局：1948年成立，2017年被以色列公共广播公司取代。

以色列电视台：电视一台，国有电视台，1968年开播，每天播放希伯来语和阿拉伯语电视节目，2017年更名为电视十一台。

其他主流电视台包括电视十二台、十三台等，均为私营电视台。

以色列电台：除了“以色列之声”，“以色列国防军之声”也是最主流电台之一，1951年设立，军方电台，用希伯来语广播。

对外关系

以色列奉行以美国为中心的非平衡外交政策，同欧洲国家联系密切，积极发展同中国、印度等新兴市场国家关系。在中东问题上长期持强势立场，同巴勒斯坦、叙利亚、黎巴嫩的领土争端至今没有解决，经常在多边场合因此遭到批评。受此影响，曾同阿拉伯、伊斯兰国家关系长期紧张，但近一段时间以来同部分阿拉伯国家关系有所改善。

【同中国的关系】中以两国于1992年1月24日正式建交。2017年3月21日，两国建立创新全面伙伴关系。近年来，中方重要往访有：中共中央政治局委员、国务院副总理汪洋（2015年11月），国家副主席王岐山（2018年10月），中共中央政治局委员、广东省委书记胡春华（2017年6月），全国人大常委会委员长张德江（2016年9月），最高人民检察院检察长曹建明（2017年4月），中共中央政治局委员、书记处书记、中宣部部长刘奇葆（2013年10月），全国政协副主席王正伟（2015年5月），中共中央政治局委员、国务院副总理刘延东（2014年5月、2016年3月），全国人大常委会副委员长向巴平措（2017年7月），全国政协副主席韩启德（2013年6月）等。以方重要来访有：总理内塔尼亚胡（2013年5月、2017年3月），总统佩雷斯（2014年4月），副总理兼内政部长沙洛姆（2015年10月）、议长埃德尔斯坦（2016年4月）。

1992年两国成立经贸联委会。2005年11月，以色列正式承认中国完全市场经济地位。两国已签署贸易、投资保护协定，避免双重征税协定，文化交流协定，民用航空协定，劳务输出协议，体育合作备忘录，教育合作协议，旅游合作协定，邮电通信合作协议，工业技术研发框架协议，技术创新合作协定，中国旅游团队赴以色列旅游实施方案谅解备忘录，促进产业研究和开发的技术创新合作协定，成立两国创新合作联合委员会的备忘录等协议。据中国海关总署统计，2022年，中以双边贸易额为255亿美元，同比增长11.6%。其中，中国出口额为165亿美元，同比增长7.9%；中国进口额为90亿美元，同比增长19%。中国是以色列亚洲第一大、全球第二大贸易伙伴。

中国驻以色列大使：蔡润。馆址：222 BEN YEHUDA ST. TEL AVIV。电话：00972-3-5467277；传真：5467251。

以色列驻华大使：潘绮瑞（Irit Ben-Abba Vitale，女）。馆址：北京市朝阳区天泽路17号。电话：010-85320500；传真：85320555。

【同美国的关系】1948年5月14日与美国建交。两国是特殊战略盟友关系，美国每年向以色列提供大约30亿美元的军事援助。奥巴马担任美国总统期间，美以关系不和，以色列总理内塔尼亚胡曾于2015年3月在未受到奥巴马邀请的情况下赴美国国会发表演讲。2017年1月特朗普担任美国总统后，内塔尼亚胡于2月访美并同特朗普会面，美以关系迅速升温，双方高层往来密切。2017年12月6日，特朗普正式宣布承认耶路撒冷是以色列首都。2018年5月14日，美国将其驻以色列使馆由特拉维夫正式迁至耶路撒冷。2019年3月25日，在内塔尼亚胡访美期间，特朗普签署公告，正式承认以色列对原属叙利亚的戈兰高地拥有主权。2020年1月，美方公布“中东和平新计划”政治部分，以方表示欢迎，开始酝酿根据该计划单方面划定以巴两国边界，同时陆续宣布了一批新的定居点建设计划，遭到巴方强烈反对。拜登当选美国总统后，与以总理内塔尼亚胡于2021年2月17日首次通话。以美通过战略磋商小组机制就伊朗核问题等加强协调。以联合政府上台后，本内特总理于8月访美，双方高层互动频繁。拜登政府积极推动以色列同阿拉伯国家关系正常化。2022年7月，拜登访问以色列。内塔尼亚胡再次执政后，以美双方在巴勒斯坦、伊朗等问题上分歧增多，拜登政府迄未邀请内塔尼亚胡访美。

【同俄罗斯的关系】1947年，苏联投票赞成联合国大会关于巴勒斯坦分治的决议。以色列建国后，苏联很快与以色列建交。1967年第三次中东战争后，以苏两国断交。1990年10月，以苏两国恢复大使级外交关系。苏联解体后，以色列宣布承认独联体所有国家，并相继同包括俄罗斯在内的独联体15国建交。近年来，以俄关系发展较快，内塔尼亚胡总理于2015年9月，2016年6月，2017年3月和8月，2018年1月和5月，2019年2月、4月和9月9次访问俄罗斯。2020年8月、10月、11月，2021年2月，内塔尼亚胡总理同普京总统4次通电话。2021年10月，本内特总理访问俄罗斯，会见俄总统普京。2021年7月、10月，本内特总理同普京总统2次通电话。12月，赫尔佐格总统同普京总统通电话。乌克兰危机爆发后，以谴责俄对乌采取军事行动，在多边场合投票挺乌，但未追随美西方对俄制裁，未直接向乌提供武器，呼吁通过政治谈判和平解决争端。

【同欧洲国家的关系】以色列与欧洲国家有传统关系。早期犹太复国主义运动的代表人物大多来自欧洲，相似的政体和共同的社会价值观是以色列同欧洲国家发展关系的基础。欧洲也是以色列的重要贸易伙伴，以色列同欧盟于1995年签署自由贸易协定。欧洲各国支持以"两国方案"为基础，通过和平谈判解决巴勒斯坦问题，积极参与中东和平进程。1991年马德里和会后，欧洲在中东问题上发挥作用的趋势有所加强。近年来，欧洲国家在双边层面同以色列关系不断发展。2021年2月，以色列同科索沃正式建交，科在耶路撒冷开设使馆。同月，希腊总理、塞浦路斯总统先后访问以色列。3月，奥地利总理、丹麦首相、捷克总理、匈牙利总理访以。以色列总统瑞夫林访问德国、奥地利、法国。7月，以色列外长拉皮德访问欧盟总部。10月，以色列总统赫尔佐格访问乌克兰，德国总理默克尔访问以色列，瑞典外交大臣访问以色列。11月，以色列总统赫尔佐格访问英国。另一方面，欧盟反对以色列采取单边措施改变以巴现状，反对以方兴建定居点。2013年8月底，欧盟决定对以色列定居点出口商品及与其相关的贸易作出限制，是首个采取此类措施的地区组织。以方对此表示反对。

【同埃及的关系】1979年3月，以埃两国正式签订和平条约，结束战争状态，埃及成为首个同以色列媾和的阿拉伯国家。1980年2月，以埃两国互派大使。1989年3月，以方撤出西奈半岛最后一块埃及领土——塔巴地区。此后，以埃关系有所发展，但由于巴勒斯坦问题长期得不到解决，两国关系总体冷淡。2011年1月埃及政局发生变化后，埃及军方承诺继续遵守埃以和约，以方对此表示欢迎。8月，以国防军误杀数名埃及士兵，引发埃及大规模反以示威。9月，埃及示威民众冲击以色列驻埃及使馆，迫使以方人员紧急撤离。此后，以埃双方围绕重新互派大使、重开使馆等问题多有反复。2016年7月，埃及外长舒克里访问以色列。2017年9月，埃及总统塞西在出席联合国大会期间同以色列总理内塔尼亚胡会见。2018年2月，以埃双方签署150亿美元的10年期合同，以向埃出口640亿立方米天然气。2021年5月，以色列外长阿什肯纳齐访问埃及。9月，以色列总理本内特访问埃及。12月，以色列外长拉皮德访问埃及。此外，2015年以来，埃方多次斡旋以方同加沙地带武装组织达成停火协议。

【同巴勒斯坦的关系】1991年马德里中东和会召开，以巴双方结束了长达几十年的武装对抗，开始谋求通过平等对话与协商解决巴勒斯坦问题。1993—1995年，以巴双方先后签署《临时自治安排原则宣言》（即"奥斯陆协议"）、《加沙和杰里科先行自治协议》、《扩大巴勒斯坦在约旦河西岸自治范围的协议》。1997年1月，巴以双方签署了关于以军在希伯伦重新部署的协议，规定以军从希伯伦80%的地区撤出。1998年10月，巴以双方签署了以色列第二阶段从约旦河西岸撤军协议，即"怀伊协议"。1999年11月8日，巴以双方正式启动最终地位谈判，但未取得进展。2000年7月，美、以、巴首脑戴维营峰会无果而终。同年9月，以色列利库德集团领导人沙龙强行进入耶路撒冷阿克萨清真寺，引发长达4年多的巴以冲突。以军还长期围困巴勒斯坦领导人阿拉法特，直至其病危。2005年阿巴斯成为巴勒斯坦最高领导人后，以巴关系有所改善。同年9月，以方完成从加沙地带和约旦河西岸部分地区撤离犹太人定居点和军队的"脱离计划"。2006年哈马斯赢得巴勒斯坦立法委员会选举后，以方开始长期封锁加沙地带，并于2006年6月和11月、2008年2月底至3月初、2008年底至2009年初、2012年11月、2014年7月至8月先后6次对加沙地带实施大规模军事行动。2007年11月安纳波利斯会议后，以巴和谈时断时续，双方矛盾日渐尖锐。2014年4月底，以巴和谈再次陷入僵局，此后未再重启。特朗普担任美国总统后，以巴关系更加紧张，巴方多次表示将中止执行"奥斯陆协议"、暂停同以方安全协调、努力摆脱对以方经济依赖等。2018年3月底开始，加沙地带的巴勒斯坦民众定期在同以色列交界地区举行"回归大游行"，多次同以军发生冲突，造成300多人死亡、3万多人受伤。2019年5月，以方同加沙地带武装组织再次爆发冲突，后经联合国和埃及斡旋，双方停火。6月，美国公布"中东和平新计划"经济部分，以方表示欢迎。11月，以色列国防军和国家安全总局（辛贝特）袭击巴勒斯坦伊斯兰圣战组织（杰哈德）指挥官阿布阿塔致其身亡，杰哈德同以方一度爆发激烈冲突。2020年1月，美方公布"中东和平新计划"政治部分，以方表示欢迎，并开始酝酿根据该计划单方面划定以巴两国边界，同时陆续宣布了一批新的定居点建设计划，作为反制，巴方宣布中止同以方业已达成的所有协议，巴以关系跌入低谷。拜登当选美国总统后，表示将回归"两国方案"、推动重启巴以和谈，巴方宣布恢复同以方联系。2021年5月7日，以巴再次爆发严重冲突。加沙地带武装向以方发射4300余枚火箭弹，以军针对加沙发动"护墙行动"，造成巴方200余人死亡。经埃及等国斡旋，5月21日以巴双方实现停火。2022年8月，以军在加沙地带发动"破晓"行动，炸死多名杰哈德指挥官。2022年底以色列右翼政府上台后，对巴采取强硬政策，巴以双方冲突不断。

【同约旦的关系】1994年7月25日，以色列和约旦在华盛顿签署和平条约，结束战争状态。同年11月，以、约两国建交并互派大使，实现关系正常化。2017年7月23日，以色列驻约使馆安全官枪杀两名约旦公民，引发以约外交危机。次日，以色列驻约旦使馆人员全部回国。2019年11月，以色列向约旦租借巴古拉和古玛尔两块边界地区（总面积约10平方公里）土地的租约到期，约方宣布不再续约。2021年7月，以色列总统赫尔佐格同约旦国王阿卜杜拉二世通电话。8月，赫尔佐格总统、拉皮德外长秘密访约。

【同黎巴嫩的关系】以黎两国长期对立，双方在谢巴农场、卡弗尔舒巴村、加吉尔村北部等地（目前由以色列占领）归属、地中海海上边界划定等问题上仍有较大争议。2006年7月12日，由于黎巴嫩真主党武装率先袭击以色列并击毙、俘虏以色列国防军数名士兵，以方对真主党武装实施大规模军事行动，造成严重人员伤亡。8月11日，联合国安理会通过第1701号决议，呼吁以黎双方停火。8月14日，以黎双方接受该决议并停火。此后，以黎局势总体稳定，但双方小股摩擦时有发生，以色列军机不时飞越黎巴嫩领空。2018年12月至2019年1月，以色列国防军在以黎边境以方一侧实施“北部屏障行动”，排查和摧毁真主党武装在边境地区挖掘的隧道。2019年9月，以色列和黎巴嫩边境发生小规模冲突，黎巴嫩真主党向一处以军哨所和一辆军用救护车发射反坦克导弹，以军对一座黎方村镇进行报复性打击，双方无人员伤亡。2021年8月，黎巴嫩武装多次向以方发射火箭弹，以军对黎南部地区实施空袭和炮击。2022年10月，经间接谈判，以黎签署海上划界协议。

【同叙利亚的关系】1992年9月，以方首次表明“土地换和平”原则也适用于戈兰高地，之后，以叙和谈时断时续。2008年，以叙双方在土耳其斡旋下进行了4轮非直接谈判，因年底以方对巴勒斯坦加沙地带实施“铸铅”军事行动而终止。2011年叙利亚局势动荡以来，以方多次对叙利亚境内的“伊朗伊斯兰革命卫队”、黎巴嫩真主党武装、伊拉克民兵组织目标实施空袭。

【同其他阿拉伯国家的关系】1994—1996年，以色列先后与摩洛哥、突尼斯、阿曼互设利益办事处或办公室。1999年11月，毛里塔尼亚与以色列建交，后于2009年3月断交。2010年10月，摩洛哥、突尼斯、阿曼宣布冻结与以色列的关系。近年来，以色列同阿拉伯国家特别是海湾阿拉伯国家关系有所发展。2018年10月，以色列总理内塔尼亚胡访问阿曼，与阿曼苏丹卡布斯举行会晤。以方表示这是加强同中东国家关系的重要一步。2019年6月30日至7月1日，以色列外长卡茨赴阿联酋参加在阿布扎比举行的第25届联合国气候变化大会。2020年8—12月，以色列先后与阿联酋、巴林、苏丹、摩洛哥实现关系正常化。2021年，以色列同阿联酋、巴林、摩洛哥实现互派大使并开通直航，以总理本内特访问阿联酋，外长拉皮德访问阿联酋、巴林、摩洛哥。2022年3月，拉皮德外长同阿联酋、巴林、埃及、摩洛哥四国外长及美国国务卿布林肯举行内盖夫会议。

【同土耳其的关系】1949年土耳其宣布承认以色列，是最早承认以色列的国家之一，1950年两国建立公使级外交关系。2010年5月31日，以色列海军突袭向巴勒斯坦加沙地带运送人道主义物资的国际救援船“蓝色马尔马拉”，造成8名土耳其人和1名美国籍土耳其裔人死亡。土方要求以方道歉、赔偿，遭到以方拒绝，两国关系严重受损。2013年5月，经美国斡旋，以土双方就结束外交危机达成协议草案，双方关系开始恢复，但此后又因巴勒斯坦问题再有反复。2016年6月28日，以土双方在土耳其首都安卡拉签署两国关系正常化协议，但双方仍龃龉不断。2021年，双方关系出现缓和。7月，以色列总统赫尔佐格同土耳其总统埃尔多安通电话。2022年8月，两国宣布全面恢复外交关系，并恢复互派大使和总领事。

【同其他亚洲国家的关系】以色列同亚洲多国建立了外交关系，但印度尼西亚、马来西亚等伊斯兰国家暂未同以色列建交。随着亚洲各国经济实力的增长，以色列同亚洲各国联系更加紧密。日本与以色列经贸关系密切，是以色列重要贸易伙伴。2015年1月，日本首相安倍晋三访问以色列。2021年8月，日本外相茂木敏充访问以色列。印度与以色列建有战略伙伴关系，两国在农业、科技、防务等领域合作不断推进。2013年10月，印度总统慕克吉访问以色列。2017年7月，印度总理莫迪访问以色列。2021年10月，印度外长苏杰生访问以色列。11月，以色列总理本内特在英国出席第26届联合国气候变化大会期间会见印度总理莫迪。以色列同韩国的关系较密切。2019年7月，以色列总统瑞夫林访问韩国。2021年5月，以韩正式签署自贸协定，这是以色列与亚洲发达经济体达成的首个自贸协定。2020年12月，以色列与不丹建立外交关系。

【同非洲国家的关系】1967年第三次中东战争和1973年第四次中东战争后，非洲多国相继与以色列断交，只有南非、斯威士兰、莱索托、马拉维与以色列保持外交关系。20世纪90年代中东和平进程启动后，以色列陆续与刚果（金）、利比里亚、科特迪瓦、喀麦隆、多哥、肯尼亚、中非、埃塞俄比亚、厄立特里亚、加蓬、刚果（布）、尼日利亚、安哥拉、赞比亚、贝宁、冈比亚、布基纳法索、津巴布韦、博茨瓦纳等国复交或建交。2016年7月，以色列总理内塔尼亚胡访问乌干达、肯尼亚、卢旺达和埃塞俄比亚四国。2017年1月，塞拉利昂总统科罗马访问以色列。2月，赞比亚总统伦古访问以色列。6月，内塔尼亚胡赴利比里亚出席西非国家经济共同体峰会。7月，卢旺达总统卡加梅访问以色列。11月，内塔尼亚胡赴肯尼亚出席肯尼亚总统肯雅塔就职典礼，并会见卢旺达、加蓬、乌干达、坦桑尼亚、赞比亚、南苏丹、博茨瓦纳、纳米比亚总统和埃塞俄比亚总理。2019年1月，内塔尼亚胡对乍得进行历史性访问，以色列和乍得恢复外交关系。2月，利比里亚总统维阿访问以色列。9月，埃塞俄比亚总理阿比访问以色列。2021年10月，刚果（金）总统齐塞克迪访问以色列。

【同拉美国家的关系】自20世纪60年代起，以色列就与拉美国家发展关系，政府要员频繁出访拉美。以色列每年向拉美国家销售军工产品占以方军品出口的一半以上。萨尔瓦多等国还聘用以方军事顾问。

2014年7月，巴西、厄瓜多尔、智利、秘鲁等国抗议以色列对巴勒斯坦加沙地带实施大规模军事行动，一度召回本国驻以色列大使。但此后不久，双方关系逐渐恢复正常。2017年9月，以色列总理内塔尼亚胡访问阿根廷、哥伦比亚和墨西哥。12月，在美国总统特朗普宣布承认耶路撒冷是以色列首都并决定将美国驻以使馆迁至耶路撒冷后，危地马拉和洪都拉斯也宣布同样的决定。2018年10月，巴西总统博索纳罗在当选后承诺将巴西驻以色列使馆迁至耶路撒冷。12月，内塔尼亚胡访问巴西。2019年4月，巴西总统博索纳罗访问以色列。6月，智利总统皮涅拉访问以色列。9月，洪都拉斯总统埃尔南德斯访问以色列。12月，巴西在耶路撒冷开设贸易办公室。2021年3月，巴西外长阿劳若访问以色列。6月，洪都拉斯总统埃尔南德斯访问以色列，并在耶路撒冷开设洪驻以使馆。7月，危地马拉主办首届线上“中美洲支持以色列论坛”。11月，哥伦比亚总统杜克访问以色列。（李季）

印　度

国名　印度共和国（The Republic of India）。

面积　约298万平方公里（不包括中印边境印占区和克什米尔印度实际控制区等），居世界第7位。

人口　14.17亿（2022年），居世界第2位。有10个大民族和几十个小民族，印度斯坦族占46.3%，泰卢固族占8.6%，孟加拉族占7.7%，马拉地族占7.6%，泰米尔族占7.4%，古吉拉特族占4.6%，坎拿达族占3.9%，马拉雅拉姆族占3.9%，奥里雅族占3.8%，旁遮普族占2.3%。官方语言为印地语和英语。约80.5%的居民信奉印度教，其他宗教有伊斯兰教（13.4%）、基督教（2.3%）、锡克教（1.9%）、佛教（0.8%）和耆那教（0.4%）等。

首都　新德里（New Delhi），人口约3207万（2022年）。

国家元首　总统德劳帕迪·穆尔穆（Droupadi Murmu，女）。2022年7月就职，任期5年。

重要节日　共和国日（Republic Day）：1月26日；独立日（Independence Day）：8月15日；洒红节（Holi，也称“春节”）：每年公历3—4月，印度教四大节日之一；灯节（Divali）：每年10—11月，是印度教徒最大的节日，全国庆祝3天。

简　况

南亚次大陆最大国家。东北部同中国、尼泊尔、不丹接壤，孟加拉国夹在其东北部国土之间，东部与缅甸为邻，东南部与斯里兰卡隔海相望，西北部与巴基斯坦交界。东临孟加拉湾，西濒阿拉伯海，大陆及岛屿海岸线总长7517公里。大体属热带季风气候，一年分为凉季（10月至次年3月）、暑季（4—6月）和雨季（7—9月）三季。降水量不均衡。

世界四大文明古国之一。公元前2500年至前1500年创造了印度河文明。公元前1500年左右，原居住在中亚的雅利安人中的一支进入南亚次大陆，征服当地土著，建立了一些奴隶制小国，确立了种姓制度，婆罗门教兴起。公元前4世纪崛起的孔雀王朝统一印度，公元前3世纪阿育王统治时期疆域广阔，政权强大，佛教兴盛并开始向外传播。公元前2世纪孔雀王朝灭亡，小国分立。公元4世纪笈多王朝建立，统治200多年。中世纪小国林立，印度教兴起。1398年突厥化的蒙古人由中亚侵入印度。1526年建立莫卧儿帝国，成为当时世界强国之一。1600年英国侵入，建立东印度公司。1757年沦为英殖民地，1849年全境被英占领。1857年爆发反英大起义，次年英国政府直接统治印度。1947年6月，英国通过“蒙巴顿方案”，将印度分为印度和巴基斯坦两个自治领。同年8月15日，印巴分治，印度独立。1950年1月26日，印度共和国成立，为英联邦成员国。

政　治

印度独立后长期由国大党统治，反对党曾在1977—1979年、1989—1991年两次短暂执政。1996年后印度政局不稳，到1999年先后举行三次大选，产生了五届政府。1999—2004年，印度人民党为首的全国民主联盟上台执政，阿塔尔·比哈里·瓦杰帕伊任总理。2004—2014年，国大党领导的团结进步联盟在左派政党外部支持下，组成联合政府，曼莫汉·辛格任总理。

2014年4月7日至5月12日，印度举行第16届人民院选举，印度人民党赢得人民院过半数席位，成为第一大党，在中央单独执政，纳伦德拉·莫迪（Narendra Modi）出任总理。2019年4月11日至5月19日，印度举行第17届人民院选举，印度人民党领导全国民主联盟赢得过半数席位，莫迪总理成功连任。

【宪法】宪法于1950年1月26日生效。规定印度为联邦制国家，是主权的、社会主义的、世俗的民主共和国，采取英国式的议会民主制。公民不分种族、性别、出身、宗教信仰和出生地点，在法律面前一律平等。

【议会】联邦议会由总统和两院组成。总统为国家元首和武装部队的统帅，由议会两院及各邦议会当选议员组成选举团选出，任期5年，依照以总理为首的部长会议的建议行使职权。两院包括联邦院（上院）和人民院（下院）。联邦院共250席，由总统指定12名具有专门学识或实际经验的议员，和不超过238名各邦及中央直辖区的代表组成，任期6年，每2年改选1/3。联邦院每年召开4次会议。宪法规定副总统为法定的联邦院议长。现任联邦院议长穆帕瓦拉普·文卡亚·奈杜（Muppavarapu Venkaiah Naidu），2017年8月5日当选，2017年8月11日就职。

人民院为国家主要立法机构，其主要职能为：制定法律和修改宪法；控制和调整联邦政府的收入和支出；对联邦政府提出不信任案，并有权弹劾总统。根据印度宪法规定，人民院议员总数最多不超过552席，其中530席代表各邦，20席代表中央直辖区，2席由总统从英裔印度人中任命。目前，印度人民院共545席，其中543席由选民直接选举产生，每5年举行1次大选。2019年选举产生的第17届人民院得票较多的政党有：印度人民党获302席，国大党获52席，德拉维达进步联盟获23席，草根国大党获22席，YSR国大党获22席。现任人民院议长奥姆·博拉（Om Birla），2019年6月19日当选。

【政府】以总理为首的部长会议是最高行政机关。总理由总统任命人民院多数党的议会党团领袖担任，部长会议还包括内阁部长、国务部长。总理和内阁部长组成的内阁是决策机构。截至2023年7月，内阁部长共29人：总理纳伦德拉·莫迪兼人事、督察和养老金部长、原子能署和空间署署长，国防部长拉吉纳特·辛格（Raj Nath Singh），内政部、合作社部长阿米特·沙（Amit Shah），道路交通和公路部长尼廷·杰拉姆·加德卡里（Nitin Jairam Gadkari），财政部、公司事务部长尼尔玛拉·希塔拉曼（Nirmala Sitharaman，女），农业和农民福利部长纳伦德拉·辛格·托马尔（Narendra Singh Tomar），外交部长苏杰生（Subrahmanyam Jaishankar），部落事务部长阿琼·蒙达（Arjun Munda），妇女和儿童发展部、少数民族事务部长斯姆里蒂·祖宾·伊拉尼（Smriti Zubin Irani，女），商工部、消费者事务、食品和公共分配部、纺织部长皮尤什·高耶尔（Piyush Goyal），教育部、技能发展和创业部长达蒙德拉·普拉丹（Dharmendra Pradhan），议会事务部、煤炭部、矿业部长普拉拉德·乔希（Pralhad Joshi），中小微企业事务部长纳拉扬·塔图·拉内（Narayan Tatu Rane），港口、船运和水道部、传统医学部长萨尔巴南达·索诺瓦尔（Sarbananda Sonowal），社会公平和权利部长维兰德拉·库马尔（Virendra Kumar），农村发展部、乡村自治组织部（潘查亚特事务部）部长基里拉吉·辛格（Giriraj Singh），民航部、钢铁部长乔蒂拉迪特亚·M. 辛迪亚（Jyotiraditya M. Scindia），铁道部、通信部、电子和信息技术部长阿什维尼·维什瑙（Ashwini Vaishnaw），食品加工工业部长帕苏·帕蒂·库马尔·帕拉斯（Pashu Pati Kumar Paras），水利和安全饮用水部长加金德拉·辛格·谢卡瓦特（Gajendra Singh Shekhawat），地球科学部长基兰·利吉居（Kiren Rijiju），电力部、新能源和可再生能源部长拉吉·库马尔·辛格（Raj Kumar Singh），石油和天然气部、住房和城市事务部长哈尔迪普·辛格·普里（Hardeep Singh Puri），卫生和家庭福利部、化工和化肥部长曼苏克·曼达维亚（Mansukh Mandaviya），环境、森林和气候变化部、劳动和就业部长布潘德·亚达夫（Bhupender Yadav），重工业部长马亨德拉·纳特·潘迪（Mahendra Nath Pandey），渔业、畜牧和乳品部长帕索塔姆·卢帕拉（Parshottam Rupala），文化部、旅游部、东北地区发展部长G. 吉山·雷迪（G. Kishan Reddy），信息和广播部、青年事务和体育部长阿努拉格·辛格·塔库尔（Anurag Singh Thakur）。

独立主持部务的国务部长3人：统计和项目执行部国务部长（独立主持）、计划部国务部长（独立主持）拉奥·英德吉特·辛格（Rao Inderjit Singh），科技部国务部长（独立主持）吉坦德拉·辛格（Jitendra Singh），司法部国务部长阿琼·拉姆·梅格瓦尔（Arjun Ram Meghwal）。

【行政区划】包括27个邦和7个联邦属地（不包括克什米尔印度实际控制区等）。

【司法机构】最高法院是最高司法权力机关，有权解释宪法、审理中央政府与各邦之间的争议问题等。各邦设有高等法院，县设有县法院。最高法院法官由总统委任。现任最高法院首席法官钱德拉楚德（Dhananjaya Y. Chandrachud）。总检察长由政府任命，其主要职责是就执法事项向政府提供咨询和建议，行使宪法和法律规定的检察权，对宪法和法律的执行情况进行监督等。现任总检察长文卡塔拉马尼（R. Venkataramani）。

【政党】（1）印度人民党（Bharatiya Janata Party）：1980年4月成立，其前身是1951年成立的印度人民同盟，有1.1亿党员。代表北部印度教教徒势力和城镇中小商人利益，具有强烈的民族主义和教派主义色彩。1996年首次成为议会第一大党并短暂执政。1998—2004年两度执政。2014年再次赢得人民院过半议席，成为第一大党，在中央单独执政。在2019年人民院选举中席位进一步增加。现任党主席贾加特·普拉卡什·纳达（Jagat Prakash Nadda）。

（2）印度国民大会党（英迪拉·甘地派）[The Indian National Congress（Indira Gandhi）]：简称“国大党（英）”，通常称“国大党”。据称有初级党员3000万，积极党员150万。国大党成立于1885年12月，领导了反对英国殖民统治和争取印度独立的斗争。印独立后长期执政，1969年和1978年两次分裂。1978年英迪拉·甘地组建新党，改用现名。2004年和2009年在人民院选举中两次成为议会中第一大党，在2014年人民院选举中遭受重挫，仅获得44个议席。在2019

年人民院选举中稍有起色，获52席。现任党主席马利卡朱·卡杰（Mallikarjun Kharge）。

（3）德拉维达进步联盟（Dravida Munnetra Kazhagam）：1949年9月成立，泰米尔纳德邦地区性政党，主要政治力量在泰邦和本地治理中央直辖区。在2019年人民院选举中位列第三大党，现任党主席斯大林（M. K. Stalin）。

（4）草根国大党（Trinamul Congress Party）：1998年1月成立，主要政治力量在西孟加拉邦，主要代表中低阶层利益。在2019年人民院选举中位列第四大党。现任党主席玛玛塔·班纳吉（Mamata Banerjee，女）。

（5）印度共产党（马克思主义）［Communist Party of India（Marxist）］：简称"印共（马）"。1964年以孙达拉雅和南布迪里巴德为代表的一派从印度共产党分出后成立。党员数量约100万（2018年），是印度最大的左翼政党。曾在西孟加拉邦长期执政，2011年5月结束在该邦连续34年的执政地位。现任总书记西塔拉姆·亚秋里（Sitaram Yechury）。

（6）印度共产党（Communist Party of India）：1920年成立。1964年分裂，以党主席什·阿·丹吉（Shripad Amrit Dange）为首的一派仍沿用印共名称。1981年4月，丹吉因支持英迪拉·甘地与党内发生分歧而被开除出党，该党再次分裂。现任总书记拉贾（D. Raja）。

【重要人物】德劳帕迪·穆尔穆：总统。女，1958年6月出生于印度奥里萨邦。1997年加入印度人民党，2015—2021年任恰尔肯德邦邦长。2022年7月当选为印度第15任总统，系印历史上第二位女总统和首位出身部落的总统。 **纳伦德拉·莫迪**：总理。1950年出生于印度古吉拉特邦。印度教徒，政治学硕士。1987年加入印度人民党，曾任该党古吉拉特邦分部总书记、全国书记和全国总书记。2001年起连续13年担任古吉拉特邦首席部长。在2014年第16届人民院选举中率人民党赢得过半数席位，2014年5月26日就任总理。在2019年第17届人民院选举中率全国民主联盟在大选中获得多数席位，2019年5月30日成功连任。

经济

独立后经济有较大发展。农业由严重缺粮到基本自给，工业形成较为完整的体系，自给能力较强。20世纪90年代以来，服务业发展迅速，占国内生产总值比重逐年上升。印已成为全球软件、金融等服务业重要出口国。2022年主要经济数据如下（以现价计算）：

国内生产总值：3.39万亿美元。

人均国内生产总值：2380美元。

国内生产总值增长率：6.8%。

货币名称：印度卢比。

汇率：1美元≈77.8印度卢比。

通货膨胀率：6.44%。

外汇储备：6013.63亿美元。

【资源】资源丰富，有矿藏近100种。云母产量居世界第一，重晶石产量居世界第二，煤产量居世界第三。主要资源储量估计为：煤3440.2亿吨，铁矿石54.22亿吨，铝土6.56亿吨，铬铁矿1.02亿吨，锰矿石9347.5万吨，锌999.95万吨，铜273.46万吨，铅248.23万吨，石灰石163.36亿吨，磷酸盐4580.75万吨，黄金70吨，石油6.03亿吨，天然气1.37万亿立方米。此外，还有石膏、钻石及钛、钍、铀等。森林面积80.9万平方公里，覆盖率为24.62%。

【工业】主要包括纺织、食品加工、化工、制药、钢铁、水泥、采矿、石油和机械等。汽车、电子产品制造、航空和空间等新兴工业近年来发展迅速。2022/2023财年，印度工业生产指数同比增长6.9%。其中，电力行业同比增长15.1%，采矿业同比增长6.6%，制造业同比增长6.1%。

【农业】拥有世界1/10的可耕地，面积约1.5亿公顷，人均0.11公顷，是世界上最大的粮食生产国之一。农村人口占总人口的65%。

【服务业】近年来，服务业实现较快发展。2020/2021财年增长6.9%。2020/2021财年，服务业对国民经济总增加值的贡献率为55.39%，成为印度创造就业、创汇和吸引外资的主要部门。预计2022/2023财年印全国服务业增加值同比增长9.1%。

【交通运输】铁路部门为最大国营部门，拥有世界第四大铁路网。公路运输发展较快，是世界第二大公路网。海运能力居世界第二十位。

铁路：6.8万公里。

公路：637万公里。

水运：主要海港12个，包括孟买、加尔各答、金奈、科钦、果阿等，承担3/4货运量。孟买为最大港口。

空运：经营定期航班的航空公司共14家，包括印度航空公司、靛蓝航空等，有飞机683架。航线通达各大洲主要城市。共有机场（包括简易机场）464个，其中国际机场29个，分别位于德里、孟买、加尔各答、金奈和特里凡得琅等主要城市。

【财政金融】中央和地方财政分立，预算有联邦和邦两级。每年4月1日至次年3月31日为一个财政年度。2020/2021财年印度财政预算为30.42万亿卢比，财政赤字为18.18万亿卢比，政府总支出为35.1万亿卢比。2020/2021财年财政赤字占国内生产总值的9.2%。

【对外贸易】近几年外贸情况如下（单位：十亿美元）：

	2019/2020	2020/2021	2021/2022
出口额	526.55	497.90	669.65
进口额	602.98	511.96	756.68
差　额	−76.43	−14.06	−87.03

从国别看，印度的前三大贸易伙伴分别为中国、

美国和阿联酋。从贸易结构看，印度的主要出口商品有矿产品、化工产品和贵金属及制品，主要进口商品有矿产品、机电产品和贵金属及制品。

【外国资本】近几年外国直接投资情况如下（单位：十亿美元）：

	2019/2020	2020/2021	2021/2022
外国直接投资额	74.39	81.97	84.84

从投资来源地看，近三年对印度直接投资额累计最多的国家前三名为新加坡、美国和毛里求斯。从投资流向部门看，计算机软硬件、服务业（含金融、保险等）和基础设施建设为近三年吸纳外资最多的三个产业部门。

【著名公司】（1）塔塔集团：印度规模最大的私人企业之一。创立于1868年，总部位于孟买，其业务涉及通信和信息技术、能源化工、汽车等多个领域，拥有超过100家运营公司。2021/2022财年塔塔集团营收约1280亿美元。

（2）信实工业：印度市值最高的私人企业之一。业务涉及能源、通信、零售、纺织等领域。2021年，信实工业在《财富》全球500强名单中排名第155位，在印度所有上榜企业中排名第一。2022年3月31日，信实工业市值为2430亿美元。

人民生活

根据印度政府2018年估算，印人口出生率为20‰，新生儿死亡率为32‰。世界银行数据显示，2020年印度人口预期寿命为70岁。医院和诊所共3.2万家，各类郊区、基础和社区卫生中心17.2万家。

军　事

印军前身为英国殖民主义者的雇佣军。1947年印巴分治后始建分立的三军。1978年创建独立的海岸警卫队。总统是名义上的武装力量统帅，内阁为最高军事决策机构。国防部负责部队的指挥、管理和协调。各军种司令部负责拟定、实施作战计划，指挥作战行动。现陆军参谋长马诺杰·潘德（Manoj Pandey），空军参谋长维韦克·乔杜里（Vivek Chaudhary），海军参谋长拉达克里希南·库马尔（Radhakrishnan Kumar）。实行募兵制。陆海空三军现役兵力为144.4万人，其中陆军123.7万人，海军6.7万人，空军14万人。另有50多万名预备役军人和100多万人的准军事部队。2020/2021财年实际国防支出为4.86万亿卢比，2022/2023财年国防预算为5.25万亿卢比。

文化教育

【教育】实行12年一贯制中小学教育。高等教育共8年，包括3年学士课程、2年硕士课程和3年博士课程。还包括各类职业技术教育、成人教育等非正规教育。印有高等院校3.19万所，其中综合性大学544所，著名的包括德里大学、印度理工学院、尼赫鲁大学、加尔各答大学等。最近一次人口普查（2011年）显示，印全民识字率为74.04%。

【新闻出版】印报刊大多属私人和财团所有。截至2018年3月，共有报刊11.82万种。印地文和英文报刊分别占总数的41%和12%。主要印地文报纸有《旁遮普之狮报》《觉醒日报》《印度斯坦报》等，主要英文报纸有《印度时报》《印度斯坦时报》《政治家报》《印度教徒报》《印度快报》等。

主要新闻机构和通讯社有：（1）新闻发布署：相当于政府中央通讯社，拥有1100多名国内记者和180多名国外特派记者，电传网覆盖全国各地，向8000余家新闻单位供稿，设有8个地区总分社和34个分社。（2）印度报业托拉斯：印最大通讯社，半官方性质，成立于1947年8月，后兼并印联合通讯社和路透社印度分社，于1949年元旦开业。现设136个国内分社和11个海外分社，有员工1000多名，海外记者30多名。英文日发稿量超过10万字。在北京有派驻记者。（3）印度联合新闻社：印第二大通讯社。1959年登记成立，现有分社100多个。目前向4个海湾国家及新加坡、毛里求斯提供新闻服务，在迪拜、华盛顿和新加坡设有分社，向22个国家派驻记者。（4）印度斯坦新闻社：私营，主要编发印地文、马拉地文、古吉拉特文和尼泊尔文新闻。

全印广播电台：隶属政府新闻广播部，广播网覆盖全国人口的99.1%。对内使用24种语言和146种方言广播，对外使用27种语言广播。

全印电视台：于1959年9月试播，1976年脱离全印广播电台成为独立机构，隶属新闻广播部，是世界最大的电视网络之一。

印度有线电视和卫星电视市场兴起于20世纪90年代。电视用户数量从1992年的41万户增长到2018年1.97亿户。截至2016年11月，电视网覆盖全国陆地面积的77.5%和人口的89.6%。印度信息和广播部2018/2019年度报告显示，印度拥有数量庞大的广播和营销部门，包括866个电视频道，6000家多系统运营商，6万家当地有线电视运营商，6家直接到户的卫星电视运营商，以及多家网络电视服务商。2020年12月，全国共有914个获得信息和广播部批准的电视频道。

对外关系

印为不结盟运动创始国之一，与所有国家积极发展关系，力争在地区和国际事务中发挥重要作用。冷战结束后，印政府调整了长期奉行倾向苏联的大国政策，推行全方位务实外交，营造有利于自身发展的持久和平稳定的地区环境。

【对当前重大国际问题的看法和立场】在和平共处五项原则及联合国宗旨和原则的基础上，建立公正合理、考虑到所有国家利益并能为所有人接受的国际政治新秩序，要求进一步加强南南合作和南北对话，呼吁各国共同创造一个有利于第三世界发展的公正合理的国际经济新秩序。积极参加联合国维和行动。2005

年，印度与日本、巴西和德国组成“四国集团”，提出安理会改革框架决议草案，要求扩大安理会，同时增加常任理事国与非常任理事国的数量。

在人权问题上，主张推进人权应考虑各国的具体情况，认为最根本的人权是生存的权利；对发展中国家来说，发展问题优于民主和人权，反对将人权问题政治化，反对利用人权干涉他国内政，从而损害别国的主权和统一。

重视全球环境保护问题，认为解决这一问题应与发展中国家的发展要求相联系，环保的主要责任应由发达国家承担，建议发达国家和发展中国家联合从事研究和开发来解决环境问题。在气候变化问题上坚持“共同但有区别的责任”原则，列名支持《哥本哈根协议》，2016年10月签署《巴黎协定》。

近年来，印政府继续推行全方位大国外交战略，重视印中关系，优先发展与美关系，巩固印俄传统关系，推进与欧、日等主要发达国家的关系。积极参加区域合作，重视并引领南亚区域合作，加入东亚峰会和上合组织。重视同发展中国家关系，在不结盟运动中发挥重要作用。积极参与金砖国家、二十国集团等合作机制。继续推行东向政策。重视能源安全，逐步拓展同海湾、中亚等能源供应国的交往与合作。强调外交为经贸服务，注重发展经贸科技合作，吸收外国资金和技术。

【同中国的关系】1950年4月1日中印建交。20世纪50年代，中印两国领导人共同倡导和平共处五项原则，双方交往密切。1959年西藏叛乱后，中印关系恶化。1962年10月，中印边境发生大规模武装冲突。1976年双方恢复互派大使，两国关系逐步改善。

2020年9月，王毅国务委员兼外长在莫斯科出席上合组织外长会期间会见印度外长苏杰生。

2021年7月，王毅国务委员兼外长在杜尚别出席上合组织外长会期间会见印度外长苏杰生。9月，王毅国务委员兼外长在杜尚别出席上合组织峰会期间再次会见印度外长苏杰生。

2022年3月，王毅国务委员兼外长对印度进行工作访问，会见印度国家安全顾问多瓦尔，并同印度外长苏杰生举行会谈。7月，王毅国务委员兼外长在巴厘岛出席二十国集团外长会期间会见印度外长苏杰生。

中印边界谈判继续向前推进，边境地区总体保持和平与安宁。2018年11月，王毅国务委员兼外长同印度国家安全顾问多瓦尔在成都举行中印边界问题特别代表第21次会晤。2019年12月，王毅国务委员兼外长同印度国家安全顾问多瓦尔在新德里举行中印边界问题特别代表第22次会晤。

中印双边贸易和经济合作领域不断拓展。据中国海关总署统计，2022年，中印双边贸易额为1359.8亿美元，同比增长8.4%。其中，中国出口额为1185亿美元，同比增长21.7%；中国进口额为174.8亿美元，同比减少37.9%。中国对印度主要出口商品有机电产品、化工产品和贱金属及制品等。中国自印度主要进口商品有矿产品及原料和化工产品等。

目前，中国是印度第一大贸易伙伴和最大进口来源国，印度是中国在南亚最大贸易伙伴和重要海外工程承包市场。2022年1—12月，中国在印度新签工程承包合同额为14.2亿美元，同比减少14.4%；完成营业额20.2亿美元，同比增长6.1%。截至2022年12月，中国在印度累计签订承包工程合同额为840.3亿美元，完成营业额588.7亿美元。目前，中国企业在印执行项目主要集中在电力、矿山、地铁、房地产等领域。

印度是中国在南亚地区第一大投资目的地。2022年1—12月，中国对印度直接投资0.805亿美元，同比增长27.4%。截至2022年底，中国在印度各类投资存量为36.1亿美元。2022年1—12月，印度对华直接投资项目为198个，同比增长6.5%。印度在华实际投资225万美元，同比减少64.4%。截至2022年12月，印度累计在华设立企业2920个，累计实际投资9.5亿美元。

2018年3月，中印经贸联合小组第11次会议在印度举行。4月，中印第5次战略经济对话在北京举行。2019年9月，中印第6次战略经济对话在新德里举行。

两国在军事、安全领域的交流与合作进一步发展。2018年10月，国务委员兼公安部长赵克志访印。2019年12月，中印在印度举行第8次陆军反恐联合训练。

两国人文领域的交流与合作不断扩大。2018年12月，王毅国务委员兼外长访问印度并同印度外长斯瓦拉吉共同主持中印高级别人文交流机制首次会议。2019年8月，印度外长苏杰生访华并同王毅国务委员兼外长共同主持中印高级别人文交流机制第二次会议。

中印在重大国际和地区事务中有着广泛的共识，保持良好的合作。两国在联合国、世界贸易组织、金砖国家、二十国集团、上海合作组织和中俄印等机制中保持沟通与协调，在气候变化、能源和粮食安全、国际金融机构改革和全球治理等领域携手合作，维护中印两国和发展中国家的共同利益。

中国驻印度大使：孙卫东。馆址：50-D，Shantipath，Chanakyapuri，New Delhi-110021，India。电话：0091-11-26112345；传真：26885486。领侨处电话：0091-11-24677525。经商处电话：0091-11-24108944。

印度驻华大使：罗国栋（Pradeep Kumar Rawat）。馆址：北京市朝阳区亮马桥北街5号。电话：010-85312500/2501/2502/2503；传真：85312515。

【同美国的关系】2005年7月，印美宣布建立全球伙伴关系。

2020年2月，美国总统特朗普与夫人梅拉尼娅对印度进行为期2天的访问。10月，美国国务卿蓬佩奥赴印度参加第三次印美外长防长“2+2”磋商。

2021年3月，美防长奥斯汀访问印度，表示美国承诺将与印度建立“全面和前瞻性的国防伙伴关系”。5月，印度外长苏杰生访问美国。7月，美国国务卿布林肯首访印度，会见印度总理莫迪、国家安全顾问多瓦尔和外长苏杰生。9月，美国总统气候问题特使克里访问印度。同月，印度总理莫迪访问美国并参加美日印澳“四边机制”领导人首次线下峰会。

2022年2月，印度外长苏杰生赴澳大利亚参加第四次美日印澳“四边机制”外长会期间会见美国国务卿布林肯。4月，印度总理莫迪同美国总统拜登以视频方式举行会见。同月，印度外长苏杰生、国防部长辛格赴美国参加第四次印美外长防长“2+2”磋商。5月，印度总理莫迪赴日本参加美日印澳“四边机制”领导人峰会时与美国总统拜登举行双边会见。6月，印度总理莫迪赴德国参加七国集团峰会时与美国总统拜登举行双边会见。10月，印度外长苏杰生访问美国。11月，印度总理莫迪赴印度尼西亚参加二十国集团领导人峰会时与美国总统拜登举行双边会见。

【同俄罗斯的关系】印俄双边关系密切。2000年，两国宣布建立战略伙伴关系，并建立年度峰会机制。

2020年1月，俄罗斯外长拉夫罗夫访问印度。9月，印度外长苏杰生访问俄罗斯。

2021年4月，俄罗斯外长拉夫罗夫访问印度。7月，印度外长苏杰生访问俄罗斯。12月，俄罗斯总统普京访问印度并参加2021年印俄峰会，签署了28项协议，主要涉及能源、国防等领域，两国首次举行外长防长“2+2”会谈。

2022年2月24日、3月2日、3月7日、7月1日，印度总理莫迪四度同俄罗斯总统普京通电话。4月，俄罗斯外长拉夫罗夫访问印度。7月，印度外长苏杰生分别在印度尼西亚出席二十国集团外长会、乌兹别克斯坦出席上海合作组织外长会期间会见俄罗斯外长拉夫罗夫。9月，印度外长苏杰生在美国出席第77届联合国大会期间会见俄罗斯外长拉夫罗夫。11月，印度外长苏杰生访问俄罗斯。

【同日本的关系】印日关系发展势头良好。2000年，印日建立全球伙伴关系。2004年起，印度成为日本最大海外开发援助对象。2006年12月，印总理辛格访日，双方宣布建立战略性全球伙伴关系。

2020年10月，印度外长苏杰生访问日本。

2022年2月，印度外长苏杰生赴澳大利亚参加第四次美日印澳“四边机制”外长会期间会见日本外相林芳正。3月，日本首相岸田文雄访问印度并参加印度—日本年度峰会。5月，印度总理莫迪赴日本出席美日印澳“四边机制”领导人峰会期间与日本首相岸田文雄举行双边会见。9月，印度总理莫迪赴日本出席日本前首相安倍晋三国葬，其间会见日本首相岸田文雄。同月，印度外长苏杰生、防长辛格访问日本，双方举行了第二次印日外长防长“2+2”会谈。

【同欧盟及欧洲国家关系】2000年，印度与欧盟建立首脑会晤机制。2005年双方正式确立印欧战略伙伴关系。欧盟作为整体是印最大贸易伙伴和重要投资来源地。

2020年1月，捷克外长佩特日切克、拉脱维亚外长林克维奇斯、匈牙利外长彼得、爱沙尼亚外长雷因萨鲁、丹麦外交大臣科弗德、卢森堡外交大臣阿瑟伯恩、欧盟外交与安全政策高级代表丰特列斯分别访问印度。2月，印度外长苏杰生访问德国并出席第56届慕尼黑安全会议。同月，印度外长苏杰生访问比利时并出席欧盟外长理事会会议。同月，葡萄牙总统德索萨对印度进行为期4天的访问。12月，英国外交发展大臣拉布访问印度。

2021年4月，法国外长勒德里昂访问印度。

2022年2月，印度外长苏杰生访问德国、法国并在德国出席第58届慕尼黑安全会议。3月，英国外交大臣特拉斯访问印度。4月，英国首相约翰逊首访印度，与印度总理莫迪和外长苏杰生举行会晤，推动两国在国防、经贸等领域合作。同月，欧盟委员会主席冯德莱恩访问印度。5月，印度总理莫迪访问德国、丹麦和法国，其间与丹麦、冰岛、芬兰、瑞典和挪威五国政府首脑出席印度—北欧峰会。6月，印度总理莫迪赴德国出席七国集团峰会。印度外长苏杰生访问捷克和斯洛伐克。9月，印度总统穆尔穆赴英国出席英女王伊丽莎白二世葬礼。11月，印度总理莫迪赴印度尼西亚出席二十国集团领导人峰会期间，同法国总统马克龙、德国总理朔尔茨、意大利总理梅洛尼、英国首相苏纳克举行双边会见。

【同东盟及其成员国的关系】印度同东南亚国家地理位置相近，有悠久的历史关系。印积极推行“东向政策”，加强同东盟的政治经济关系，积极参与东亚合作。

2020年1月，越南国家副主席邓氏玉盛访问印度。2月，缅甸总统温敏对印度进行为期4天的访问。

2022年2月，印度外长苏杰生访问菲律宾。6月，印度防长辛格对越南进行访问，两国防长签署了关于“2030年前防务伙伴关系”的声明。8月，印度外长苏杰生访问柬埔寨并出席东盟—印度部长级会议。同月，印度外长苏杰生访问泰国。11月，印度总理莫迪赴印度尼西亚出席二十国集团领导人峰会，其间同新加坡总理李显龙、印度尼西亚总统佐科举行双边会见。同月，第19届印度—东盟峰会在柬埔寨举行，双方正式升级为全面战略伙伴关系。

【同南盟及其他南盟国家的关系】印度是南盟创始国之一。作为南盟最大国家，印强调加强南亚各国联系，积极推动在南盟范围内实现物流、人员、技术、知识、资金和文化的自由流动，最终建立南亚经济共同体。2010年4月，印度总理辛格出席在不丹举行的第16届南盟峰会。2011年7月，印度总理辛格出席在马尔代夫举行的第17届南盟峰会。2014年11月，印度总理莫迪出席在尼泊尔举行的第18届南盟峰会。

2020年1月，斯里兰卡外长古纳瓦德纳、马尔代夫外长沙希德分别访问印度。同月，斯里兰卡总理拉贾帕克萨访问印度。2020年10月，阿富汗民族和解高级委员会主席阿卜杜拉访问印度。

2021年1月，印度外长苏杰生赴斯里兰卡进行为期3天的访问。同月，尼泊尔外长贾瓦利访问印度。2月，印度外长苏杰生访问马尔代夫。3月，印度外长苏杰生赴孟加拉国进行为期1天的访问。同月，印度总理莫迪对孟加拉国进行正式访问并出席孟加拉国“国父”穆吉布·拉赫曼100周年诞辰暨庆祝独立50周年活动，此系新冠疫情暴发后印度领导人首次出访。12月，印度总统科温德访问孟加拉国，出席孟加拉国独立50周年系列庆祝活动。

2022年3月，印度外长苏杰生访问马尔代夫和斯里兰卡。4月，尼泊尔总理德乌帕访问印度。同月，印度外长苏杰生访问不丹。5月，印度总理莫迪访问尼泊尔蓝毗尼。

【同非洲国家的关系】印独立后，支持非洲国家反殖民主义和国家民族解放斗争，在非洲国家中赢得了良好声誉。近年来，印加大对非洲的重视和投入。印在非重点推进与南非、毛里求斯、尼日利亚、埃及等国家关系，也借重非盟、东非共同体、“环印度洋区域合作联盟”“印度—巴西—南非”倡议等区域组织促进对非关系。

2020年1月，印度外长苏杰生访问尼日尔和突尼斯。同月，南非国际关系与合作部长潘多尔访印。11月，印度外长苏杰生访问塞舌尔。

2021年2月，印度外长苏杰生访问毛里求斯。4月，厄立特里亚外长奥斯曼、总统政治顾问耶迈尼一行对印度进行工作访问。

2022年5月，印度副总统丹卡尔访问加蓬、塞内加尔。10月，印度外长苏杰生访问埃及。

【同其他国家的关系】2020年1月，伊朗外长扎里夫、乌兹别克斯坦外长卡米洛夫、澳大利亚外长佩恩分别访问印度。同月，巴西总统博索纳罗对印度进行为期3天的访问。2月，新西兰副总理兼外交部长彼得斯对印度进行为期4天的访问。11月，印度外长苏杰生访问巴林和阿联酋。12月，印度外长苏杰生访问卡塔尔。

2021年2月，乌兹别克斯坦外长卡米洛夫、阿联酋外交和国际合作部长阿卜杜拉分别访问印度。7月，印度外长苏杰生访问格鲁吉亚，此系印度外长首次访问该国。9月，澳大利亚外长佩恩、防长达顿访问印度。10月，印度外长苏杰生访问以色列。同月，印度外长苏杰生访问亚美尼亚，此系印度外长首次访问该国。12月，印度在新德里主办第三届中亚—印度外长对话会，印度外长苏杰生与中亚五国外长就地区及国际问题展开讨论并发表29点联合声明。

2022年2月，印度外长苏杰生访问澳大利亚。3月，墨西哥外长埃布拉德访问印度。4月，印度总统科温德对土库曼斯坦进行国事访问，此系印度总统首次访问该国。同月，澳大利亚与印度两国贸易部长以视频会议形式签署经贸协定，进一步增强两国贸易伙伴关系。5月，印度总统科温德对牙买加、圣文森特和格林纳丁斯进行国事访问。同月，印度副总统丹卡尔赴阿联酋出席阿联酋总统哈利法的葬礼。6月，印度副总统丹卡尔访问卡塔尔。同月，印度总理莫迪访问阿联酋。7月，印度外长苏杰生赴乌兹别克斯坦出席上海合作组织外长会。8月，印度外长苏杰生先后访问巴西、巴拉圭、阿根廷、阿联酋。9月，印度总理莫迪赴乌兹别克斯坦出席上海合作组织元首理事会。同月，印度外长苏杰生访问沙特。11月，印度总理莫迪赴印度尼西亚出席二十国集团领导人峰会期间，同澳大利亚总理阿尔巴尼斯举行双边会见。同月，印度外长苏杰生访问新西兰、澳大利亚。

（梁芮文）

印度尼西亚

__国名__ 印度尼西亚共和国（The Republic of Indonesia）。

__面积__ 1913578.68平方公里。

__人口__ 2.76亿（2022年），世界第四人口大国。有百余个民族，其中爪哇族人口占45%，还有巽他族、马都拉族、马来族等。官方语言为印尼语。约87%的人口信奉伊斯兰教，是世界上穆斯林人口最多的国家。

__首都__ 雅加达（Jakarta），常住人口1056万（2022年）。

__国家元首__ 总统佐科·维多多（Joko Widodo），2014年10月就任，2019年10月连任，任期至2024年10月。

__重要节日__ 伊斯兰教开斋节、宰牲节；民族觉醒日（纪念1908年印尼民族运动组织“至善社”成立）：5月20日；独立日：8月17日。

简况

位于亚洲东南部，地跨赤道。与巴布亚新几内亚、东帝汶、马来西亚接壤；与中国、泰国、新加坡、菲律宾、澳大利亚等国隔海相望。系世界上最大的群岛国家，由太平洋和印度洋之间17504个大小岛屿组成，其中约6000个有人居住。海岸线长54716公里。热带雨林气候，年均气温25℃—27℃。

公元3—7世纪建立了一些分散的王朝。13世纪末14世纪初爪哇出现强大的麻若巴歇（满者伯夷）封建帝国。15世纪伊斯兰教王国兴起。16世纪起先后遭葡萄牙、西班牙、英国入侵，1602年荷兰成立具有政府职能的“东印度公司”，开始对印尼进行长达300多年的殖民统治。1942年日本入侵，1945年日本投降后爆发争取民族独立的八月革命，于8月17日宣告独立，成立印度尼西亚共和国。

1945—1950年，先后武装抵抗英国、荷兰的入侵，其间曾被迫改为印度尼西亚联邦共和国并加入荷印联邦。1950年8月重新恢复为印度尼西亚共和国，1954年8月脱离荷印联邦。

政　治

1997年亚洲金融危机对印度尼西亚造成全面冲击，引起局势动荡。1998年5月，执政长达32年的苏哈托总统辞职，副总统哈比比接任总统。1999年10月，印尼人民协商会议（简称“人协”）选举瓦希德为总统，梅加瓦蒂为副总统。2001年7月23日，人协特别会议以渎职罪罢免瓦希德总统职务，梅加瓦蒂接任总统，哈兹任副总统。2004年7月，印尼举行历史上首次总统直选，原政治安全统筹部长苏希洛和人民福利统筹部长卡拉通过两轮直选胜出，10月20日宣誓就任总统和副总统。2009年7月，印尼举行第二次总统直选，苏希洛和原央行行长布迪约诺搭档首轮胜出，10月20日宣誓就任总统和副总统。2014年7月9日，印尼举行第三次总统直选，雅加达省省长佐科和前副总统卡拉搭档胜选，10月20日宣誓就任新一届正副总统。2019年4月17日，印尼举行历史上首次总统和立法机构同步选举。时任总统佐科和印尼伊斯兰教法学者理事会总主席马鲁夫搭档，获得55.5%选票，赢得总统选举，连任至2024年。

佐科政府提出建设海洋强国战略，提出“全球海洋支点”战略，以维护国家安全、发展经济及反腐倡廉为施政重点，致力于解决长期困扰印尼发展的基础设施条件较差的问题，吸引外资刺激经济发展，加强对政府官员的监督，努力创建廉洁政府。

【宪法】现行宪法为《“四五”宪法》。该宪法于1945年8月18日颁布实施，曾于1949年12月和1950年8月被《印尼联邦共和国宪法》和《印尼共和国临时宪法》替代，1957年7月5日恢复实行。1999年10月至2002年8月先后进行过4次修改。宪法规定，印尼为单一的共和制国家，“信仰神道、人道主义、民族主义、民主主义、社会公正”是建国五项基本原则（简称“潘查希拉”）。实行三权分立，总统为国家元首、行政首脑和武装部队最高统帅。2004年起，总统和副总统不再由人民协商会议选举产生，改由全民直选；每任5年，只能连任1次。总统任命内阁，内阁对总统负责。

【人协】全称“人民协商会议”。国家立法机构，由人民代表会议（国会）和地方代表理事会共同组成，负责制定、修改和颁布宪法，并对总统进行监督。如总统违宪，有权弹劾罢免总统。每5年换届选举。本届人协于2019年10月成立，共有议员711名，包括575名国会议员和136名地方代表理事会成员。设主席1名，副主席9名。现任主席为班邦·苏萨迪约（Bambang Soesatyo）。

【国会】全称“人民代表会议”。国家立法机构，行使除修宪之外的一般立法权。国会无权解除总统职务，总统也不能宣布解散国会；但如总统违反宪法，国会有权建议人协追究总统责任。本届国会于2019年10月成立，共有议员575名，兼任人协议员。任期5年。设议长1名，副议长4名。现任议长为布安·马哈拉尼（Puan Maharani）。本届国会共有9个派系，即民主斗争党派系（19.33%），大印尼运动党派系（12.57%），专业集团党派系（12.31%），民族觉醒党派系（9.69%），国民民主党派系（9.05%），繁荣公正党派系（8.21%），民主党派系（7.77%），国民使命党派系（6.84%），建设团结党派系（4.52%）。

【地方代表理事会】2004年10月成立的立法机构，负责有关地方自治、中央与地方政府关系、地方省市划分以及国家资源管理等方面立法工作。成员分别来自全国34个省级行政区，每区4名代表，共136名，兼任人协议员。设主席1名，副主席3名。现任主席为拉·尼亚拉·马塔利蒂（La Nyalla Mattalitti）。

【政府】截至2022年7月，现任内阁成员如下：政治法律安全统筹部长穆罕默德·马福德（Mohammad Mahfud），经济统筹部长艾尔朗加·哈尔达托（Airlangga Hartato），海洋与投资统筹部长卢胡特·宾萨·班查伊丹（Luhut Binsar Pandjaitan），人类发展与文化统筹部长穆哈吉尔·艾芬迪（Muhadjir Effendy），国务秘书部长普拉蒂克诺（Pratikno），内政部长迪托·卡尔纳维安（Tito Karnavian），外交部长蕾特诺·马尔苏迪（Retno Lestari Priansari Marsudi，女），国防部长普拉博沃·苏比延托（Prabowo Subianto），法律人权部长亚索纳·劳利（Yasonna Laoly），财政部长丝莉·穆莉亚妮（Sri Mulyani，女），能源与矿产资源部长阿里芬·达斯里夫（Arifin Tasrif），工业部长阿古斯·古米旺·卡达萨斯米达（Agus Gumiwang Kartasasmita），贸易部长祖尔基弗里·哈桑（Zulkifli Hasan），农业部长夏赫鲁·亚辛·林波（Syahrul Yasin Limpo），环境与林业部长西蒂·努尔巴亚（Siti Nurbaya，女），土地与空间规划部长哈迪·查延多（Hadi Tjahjanto），交通部长布迪·卡利亚·苏马迪（Budi Karya Sumadi），海洋渔业部长瓦赫尤·萨克蒂·特伦哥诺（Sakti Wahyu Trenggono），劳工部长伊达·法吉亚（Ida Fauziah），公共工程与住房部长巴苏基·哈迪穆尔约诺（Basuki Hadimuljono），卫生部长布迪·古纳迪·萨迪金（Budi Gunadi Sadikin），教育与文化部长纳迪姆·玛卡里姆（Nadiem Makarim），社会部长德莉·莉斯玛哈丽妮（Tri Rismaharini，女），宗教部长雅库特·乔利尔·库玛斯（Yaqut Cholil Qoumas），旅游与创意经济部长桑迪亚加·乌诺（Sandiaga Uno），信息与通信部长布迪·阿里·瑟迪雅迪（Budi Arie Setiadi），研究技术部长班邦·布罗佐内戈罗（Bambang Brodjonegoro），中小企业与合作社部长德登·玛斯杜基（Teten Masduki），妇女与儿童部长古斯蒂·阿玉·槟当·达尔玛瓦蒂（Gusti Ayu Bintang Darmawati，女），提高国家机构效率与行政改革部长扎赫约·库莫罗（Tjahjo Kumolo），农村、落后地区发展与移民部长阿卜杜勒·哈利姆·伊斯甘达尔（Abdul Halim Iskandar），国家发展规划部长苏哈尔索·莫诺阿尔法（Suharso Monoarfa），国有企业部长艾瑞克·托希尔（Erick Thohir），青年与体育部长扎伊努丁·阿玛里（Zainudin Amali）共34人，任期至2024年。

【行政区划】共有一级行政区（省级）38个，包括雅加达、日惹、亚齐3个地方特区和35个省。二级行政区（县、市级）共514个。

【司法机构】最高法院独立于立法和行政机构。最高法院院长由最高法院法官选举，现任院长穆罕默德·沙里夫丁（Muhammad Syarifuddin）。

【政党】1975年颁布的政党法只允许3个政党存在，即专业集团党、印尼民主党、建设团结党。1998年5月解除党禁。2019年大选中，共有16个政党参选，9个政党获得国会议席，民主斗争党成为国会第一大党。主要大党包括：

（1）民主斗争党（Partai Demokrasi Indonesia-Perjuangan）：由原印尼民主党分裂出来的人士组成，1998年10月正式成立。系民族主义政党，印尼世俗政治力量代表。以“潘查希拉”为政治纲领，弘扬民族精神，反对宗教和种族歧视。在2019年国会选举中获128个议席，国会第一大党。现任总主席为梅加瓦蒂·苏加诺普特丽（Megawati Soekarnoputri，女）。

（2）专业集团党（Partai Golongan Karya）：1959年组成松散的专业集团联合秘书处，1964年10月由61个群众组织联合成立专业集团，1970年12月扩大为包括291个群众组织的专业组织，1967年至1999年6月为事实上的执政党，但一直自称为社会政治组织。1999年3月7日正式宣布为政党。以“潘查希拉”为政治纲领，主张在民主和民权基础上进行政治体制改革，保障人权，改善民生。在2019年国会选举中获85个议席，国会第二大党。总主席为艾尔朗加·哈尔达托（Airlangga Hartarto）。

（3）大印尼运动党（Gerindra）：成立于2008年2月6日，以“潘查希拉”为政治纲领，倡导民族主义、人道主义。2009年、2014年、2019年大选中力推普拉博沃参加总统或副总统选举，均失败。在2019年国会选举中获78个议席。总主席为普拉博沃·苏比延托（Prabowo Subianto）。普拉博沃拟参加2024年总统竞选。

（4）国民民主党（Partai Nasional Demokrat）：成立于2011年7月，前身是群众组织“国民民主”。以建设独立、统一、公正、繁荣的国家为宗旨，倡导发挥民众集体力量实现印尼复兴。在2014年国会选举中作为参选的唯一新政党，获35个议席。在2019年国会选举中获59个议席。总主席为苏利亚·巴洛（Surya Paloh）。

（5）民族觉醒党（Partai Kebangkitan Bangsa）：成立于1998年7月，主张建立民主、开放、廉洁的国家政治体制，反对宗教政治化和宗教歧视，反对一切破坏民族团结统一的行为，反对建立政教合一的国家。在2019年国会选举中获58个席位。总主席为穆海敏·伊斯甘达尔（Muhaimin Iskandar）。

【重要人物】佐科·维多多：总统。1961年6月出生于中爪哇省梭罗市。信奉伊斯兰教。家境贫寒，本科就读于日惹卡查马达大学林业系。毕业后赴亚齐特区短暂工作。1988年返回梭罗经营家具业，成为当地知名商人。2005年当选梭罗市长，2010年连任。任内政绩卓著，2008年获总统颁发的“功勋之星”奖章，2010年入选世界25位最佳市长。2012年9月当选雅加达省长，2014年10月卸任。2014年7月当选印尼总统，2019年10月连任，本届任期至2024年10月。**马鲁夫·阿敏：**副总统。1943年3月11日出生于万丹省。12岁进入东爪哇知名经学院学习伊斯兰教，1967年毕业于茂物伊本·卡尔敦大学伊斯兰宗教理论系，获学士学位。先后在印尼经学院、高校任教。20世纪60年代加入伊斯兰教士联合会，1971年当选雅加达地方议会议员。1998年7月加入民族觉醒党并任协商理事会主席。1999—2004年担任国会议员，任主管经贸投资和企业的第六委员会主席。2004年不再担任议员，历任伊联咨询委员会、顾问委员会、中央理事会教务委员会主席。2007—2014年任前总统苏希洛顾问委员会成员，负责宗教事务。20世纪90年代加入印尼伊斯兰教法学者理事会（伊学会），先后担任训令委员会副主席。2015年8月至2020年11月担任伊学会总主席，后担任伊学会咨询委员会主席。

经 济

印度尼西亚是东盟最大的经济体。农业、工业、服务业均在国民经济中发挥重要作用。近年印尼政府陆续出台一系列刺激经济政策，经济显现加速复苏迹象，保持较快增长。2020年受新冠疫情影响，印尼经济有所下滑。2022年主要经济数据包括：

国内生产总值：1.29万亿美元。

人均国内生产总值：4783.9美元。

国内生产总值增长率：5.31%。

货币名称：印尼盾。

汇率：1美元≈14992印尼盾。

通货膨胀率：5.51%。

失业率：5.86%。

【资源】富含石油、天然气以及煤、锡、铝矾土、镍、铜、金、银等矿产资源。矿业在印尼经济中占有重要地位，产值占国内生产总值的10%左右。据印尼能矿部统计，印尼石油储量97亿桶（13.1亿吨）、天然气储量4.8万亿—5.1万亿立方米，煤炭已探明储量193亿吨，潜在储量可达900亿吨以上。

【工业】工业发展方向是强化外向型制造业。主要部门有采矿、纺织、轻工等。锡、煤、镍、金、银等矿产产量居世界前列。印尼从2020年1月起禁止出口未加工的镍矿石，从6月10日开始实施铝土矿出口禁令。

【农业】全国耕地面积约8000万公顷。盛产经济作物，如棕榈油、橡胶、咖啡、可可等。渔业资源丰富，政府估计潜在捕捞量超过800万吨/年。森林面积1.37亿公顷，森林覆盖率超过60%。为保护林业资源，印尼宣布自2002年起禁止出口原木。

【旅游业】旅游业是印尼非油气行业中仅次于电子产品出口的第二大创汇行业，政府长期重视开发旅游景点，兴建饭店，培训人员和简化入境手续。2019年国际游客数量为1611万人次。受新冠疫情影响，2020年国际游客数量为402万人次。其中，马来西亚、中国、新加坡、东帝汶和澳大利亚为印尼前五大游客来源国。

主要景点有巴厘岛、龙目岛、雅加达缩影公园、日惹婆罗浮屠佛塔、普拉班南神庙、日惹苏丹王宫、北苏门答腊多巴湖等。

【交通运输】公路和水路系重要运输手段，其中公路担负着国内近90%的客运和50%的货运。铁路设施相对落后，仅爪哇和苏门答腊两岛建有铁路。空运近年发展迅速。

公路：全国公路总里程50.27万公里，其中高速公路1928公里。

水运：全国水运航道21579公里，共有各类港口670个，主要港口25个。河运、海运船只6600艘左右。

铁路：全国铁路总里程6458公里，其中窄轨铁路5961公里。

空运：各类机场共298个。主要机场有首都雅加达的苏加诺–哈达国际机场、泗水的朱安达国际机场、巴厘岛的伍拉莱国际机场等。主要航空公司有鹰航、狮航、室利佛逝、亚航等。

【财政金融】近几年财政预算情况如下（单位：万亿盾）：

	2017	2018	2019
收入	1656	1942	2165
支出	2002	2202	2462
赤字占国内生产总值百分比（%）	2.57	1.86	2.70

截至2022年1月，外债为4136亿美元，占国内生产总值比重为34.6%。截至2021年1月，外汇储备为1380亿美元。

截至2016年底，印尼共有118家商业银行，其中有4家国有银行。按总资产排名，2016年前三位的本地商业银行分别是印尼人民银行、曼迪利银行、中亚银行。2009年印尼同中国签署为期3年、总额为1000亿人民币的双边本币互换协议。2013年10月，两国续签该协议。2015年11月，两国同意将本币互换规模扩大至1300亿人民币。2018年11月，两国续签本币互换协议，规模扩至2000亿人民币。2022年1月，两国续签本币互换协议，规模扩至2500亿人民币。2014年11月，印尼正式加入亚洲基础设施投资银行，成为创始成员国之一。

【对外贸易】外贸在印尼国民经济中占重要地位，政府采取一系列措施鼓励和推动非油气产品出口，简化出口手续，降低关税。近几年外贸情况如下（单位：亿美元）：

	2020	2021	2022
出口额	1631.92	2315.2	2919.8
进口额	1415.69	1961.2	2375.2
差　额	216.23	354.0	544.6

（资料来源：印尼贸易部）

主要出口产品有石油、天然气、纺织品和成衣、木材、藤制品、手工艺品、鞋、铜、煤、纸浆和纸制品、电器、棕榈油、橡胶等。主要进口产品有机械运输设备、化工产品、汽车及零配件、发电设备、钢铁、塑料及塑料制品、棉花等。主要贸易伙伴为中国、日本、新加坡、美国。

【外国资本】外国资本对印尼经济发展有重要促进作用。印尼政府重视改善投资环境，吸引外资。2022年吸引外资456亿美元。主要投资来源地为新加坡、中国、美国、日本。

人民生活

1997年金融危机以后，人民生活水平下降。政府加大救助力度，研究建立全国社会保障体系，同时采取扩大就业和加强能力建设等中长期措施，努力解决结构性贫困问题。截至2022年12月，印尼贫困人口约2636万人，贫困率为9.57%，基尼系数为0.381。据2022年8月公布数据，失业人口842.6万。

军　事

《国防法》规定，总统对全国武装力量拥有最高领导权，在国防与安全委员会及国防部长协助下就国防与安全事务作出重大决策，通过国民军司令和警察总长对全国武装力量实施领导和指挥。国防部负责制定和执行国防政策，国民军司令部负责全军的管理、教育、训练及战时指挥。国家武装力量由正规军和准军事部队组成。实行义务兵与志愿兵相结合的兵役制度，义务兵服役期2年。

正规军印尼国民军于1945年10月5日成立，由荷兰殖民时期的"荷印殖民军"和日本占领时期的"国民后备军"改编而成。设陆海空三个军种，现役总兵力38.8万人。其中，陆军29.9万人，主要编成战略预备部队、特种部队和12个军区；海军6.1万人，主要编成东西两个舰队司令部和海军陆战队、军事海运司令部；空军2.8万人，主要编成第一（西部）、第二（东部）空军作战司令部和维修与物资司令部、特种部队。现任国民军司令尤多海军上将（Yudo Margono）。

陆海空三军分别设军种参谋长，负责部队日常管理和训练。军队曾长期拥有国防安全和社会政治双重职能，现主要担负国防安全任务。

准军事部队包括警察和民兵。警察部队曾于1964年纳入武装部队总部领导，与国民军合称"印尼武装部队"，2000年7月正式独立并直接由总统领导，负责维护国内安全，目前警力近38万人。现任警察总长里斯迪约·希吉特·普拉博沃（Listyo Sigit Prabowo）。

文化教育

【教育】实行9年制义务教育。2023年教育预算为621.3万亿盾，占财政总预算的22.8%。2000年小学入学率为95.5%，初中入学率为78.7%，高中入学率为49.1%，高中以上学历占10岁以上公民的18.32%。

著名大学有雅加达的印度尼西亚大学，日惹的加查马达大学，泗水的艾尔朗卡大学，万隆的万隆工学院、巴查查兰大学，茂物的茂物农学院等。

【新闻出版】共有各类报刊3000多种。主要印尼文报纸有《罗盘报》《专业之声报》《印尼媒体报》《共和国日报等》《革新之声报》《印尼商报》等，英文报纸有《雅加达邮报》《雅加达环球报》《印尼观察家报》等，中文报纸有《国际日报》《商报》《千岛日报》《星洲日报》（原《印度尼西亚日报》）等。

安塔拉通讯社：官方通讯社，1937年12月13日创立，在印尼27个省设有分社，约有300名记者，2007年3月恢复了北京分社，并派驻常驻记者。

广播电视主要有公立的印尼国家电台和印尼国家电视台。印尼国家电台于1945年9月11日成立，设有53个分台和对外广播的"印尼之声"台（用10种语言广播），现有员工8500人。印尼电视台于1962年8月17日正式运营，共有13个分台，395个转播器，覆盖印尼全境。原为政府经营，2000年后成为公共电视台。现有员工约7200人。

私营电视台有雄鹰电视台、教育电视台、美都电视台等十多家全国性电视台以及众多的地方电视台。各地的电台多达1800多个。

对外关系

奉行积极独立的外交政策，以东盟为外交基石，积极推进东盟共同体建设。主张大国平衡，重视同美、中、日、俄、澳、印以及欧盟的关系。重视不结盟运动和南南合作。自2008年起，每年举办"巴厘民主论坛"，迄今已举办15次。2018年8月举办第18届亚运会。2019—2020年担任联合国安理会非常任理事国。2022年担任二十国集团轮值主席国。

【同中国的关系】1950年4月13日中国与印尼建交。两国于1967年10月30日中断外交关系，1990年8月8日恢复外交关系。2005年两国建立战略伙伴关系。2013年两国建立全面战略伙伴关系。2022年11月，两国元首就共建中印尼命运共同体达成重要共识。

两国领导人交往频繁。2018年11月，习近平主席在出席亚太经合组织第二十六次领导人非正式会议期间同印尼总统佐科举行会晤。2019年6月，习近平主席在二十国集团领导人大阪峰会期间会见佐科总统。2022年11月，习近平主席在二十国集团领导人巴厘岛峰会期间同佐科总统会晤。

2019年4月，印尼副总统卡拉来华出席第二届"一带一路"国际合作高峰论坛，习近平主席、王岐山副主席分别同其会见。9月，佐科总统特使、海洋与投资统筹部长卢胡特来华出席第16届中国—东盟博览会，韩正副总理同其会见。11月，佐科总统特使、海洋与投资统筹部长卢胡特来华出席第二届中国国际进口博览会。2022年7月，佐科总统访华，习近平主席同其举行会谈，李克强总理同其会见。

新冠疫情发生以来，习近平主席于2020年2月11日、4月2日、8月31日，2021年4月20日，2022年1月11日、3月16日六次应约同佐科总统通电话。2020年4月13日，习近平主席同佐科总统就庆祝中印尼建交70周年互致贺电。

2020年10月，王毅国务委员兼外长同印尼对华合作牵头人卢胡特部长在云南腾冲举行会谈。2021年1月，王毅国务委员兼外长访问印尼，同卢胡特部长、蕾特诺外长分别举行会谈，并拜会佐科总统。6月，王毅国务委员兼外长同卢胡特部长在贵州贵阳共同主持中印尼高级别对话合作机制首次会议。2020年8月和2021年4月，王毅国务委员兼外长分别在海南保亭和福建南平接待蕾特诺外长访华。2021年6月，王毅国务委员兼外长在重庆出席纪念中国东盟建立对话关系30周年特别外长会期间会见蕾特诺外长。10月，王毅国务委员兼外长在罗马出席二十国集团领导人峰会期间会见蕾特诺外长。2022年3月，王毅国务委员兼外长在安徽屯溪同蕾特诺外长举行会谈。7月，王毅国务委员兼外长访问印尼，拜会佐科总统，同卢胡特部长、蕾特诺外长分别举行会谈，主持中印尼高级别对话合作机制第二次会议，并在东盟秘书处发表演讲。

据中国海关总署统计，2022年，中印尼双边贸易额为1490.9亿美元，同比增长19.8%。其中，中国出口额为713.2亿美元，同比增长17.8%；中国进口额为

777.7亿美元，同比增长21.7%。2022年，中国对印尼非金融类直接投资额为21.5亿美元。

中国企业积极参与印尼基础设施建设，先后承建泗水—马都拉大桥、加蒂格迪大坝等重大工程。2012年起，两国在印尼逐步推进矿业、农业等领域的综合产业园区建设。中国企业还积极参与印尼第一期1000万千瓦电站和3500万千瓦电站项目建设。2016年1月，两国合作建设的雅加达至万隆高速铁路项目举行动工仪式。2017年4月，项目签署工程总承包合作，5月签署贷款协议。截至2023年7月下旬，土建工程已基本完成，全线13条隧道全部贯通，联调联试工作已经完成。

双方就印尼方提出的"区域综合经济走廊"达成合作共识，签署了《关于推进"区域综合经济走廊"建设合作的谅解备忘录》和《建立"区域综合经济走廊"合作联委会谅解备忘录》。2018年10月，两国签署《共建"一带一路"和"全球海洋支点"谅解备忘录》。2019年3月，举行"区域综合经济走廊"合作联委会首次会议，并在第二届"一带一路"国际合作高峰论坛期间签署走廊合作规划文件。2020年8月，两国建立便利必要人员往来的"快捷通道"。2021年1月，双方签署《关于中国和印尼"两国双园"项目合作备忘录》。3月，双方举行"两国双园"联合工作委员会第一次会议。7月，双方共同举办"两国双园"全球招商推介会，会上成功签约项目16个，总投资922.8亿元人民币。2022年11月，双方签署《共建"一带一路"倡议与"全球海洋支点"构想对接框架下的合作规划》、扩大和深化双边经济贸易合作的协定。

两国在文化、教育、科技、防务等各领域保持良好交流与合作。两国人员往来密切。中国系印尼主要游客来源国，2019年中国内地赴印尼游客达200万人次。中国在印尼开设8所孔子学院。印尼在华留学生约1.4万人。

中国驻印尼大使：陆慷。馆址：Jalan Mega Kuningan No.2，Jakarta Selatan 12950，Indonesia。电话：0062-21-5761021，5761022；传真：5761034。经商处电话：0062-21-5761049；传真：5761051。领侨处电话：0062-21-5761025；传真：5761024。

印尼驻华大使：周浩黎（Djauhari Oratmangun）。馆址：北京市朝阳区东直门外大街4号。电话：010-65325485-88；传真：65325368。

【同美国的关系】1949年建交。2015年，两国建立战略伙伴关系。2020年10月，美国国务卿蓬佩奥访问印尼。2021年6月，美国副国务卿舍曼访问印尼。8月，印尼外长蕾特诺访问美国。同月，美国副总统哈里斯访问印尼。10月，印尼海洋与投资统筹部长卢胡特访问美国。12月，美国国务卿布林肯、美国助理国务卿康达访问印尼。2022年3月，美军印太司令访问印尼。7月，美军参谋长联席会议主席访问印尼。

【同日本的关系】1958年建交。2006年建立战略伙伴关系。2020年1月，日外相茂木敏充访问印尼。10月，日本首相菅义伟访问印尼。2022年5月，日本首相岸田文雄访问印尼。7月，印尼总统佐科访问日本。

【同韩国的关系】1956年建交。2006年建立战略伙伴关系，2017年提升为特别战略伙伴关系。2021年7月，韩国外长郑义溶访问印尼。2022年7月，印尼总统佐科访问韩国。

【同澳大利亚的关系】1950年建交。2005年建立战略伙伴关系，2018年提升为全面战略伙伴关系。2021年11月，澳大利亚外长佩恩访问印尼。2022年6月，澳大利亚总理阿尔巴尼斯访问印尼。

【同其他东盟国家的关系】与马来西亚的关系：1957年印尼同马来亚联邦建交，1963年9月马来西亚成立后断交，1967年复交。2021年10月，马来西亚外长赛夫丁访问印尼。11月，马来西亚总理伊斯迈尔访问印尼。2022年12月，马来西亚外长赞比里对印尼进行正式访问。

与新加坡的关系：1967年9月建交。2022年1月，新加坡总理李显龙在民丹岛与佐科总统举行领导人非正式会议。

与泰国的关系：1950年建交。2019年11月，印尼总统佐科赴泰出席东亚合作领导人系列会议。

与菲律宾的关系：1949年建交。两国在反恐、打击跨国犯罪、划分海域边界、加强经贸投资以及联合国改革等问题上合作顺利。2022年9月，菲律宾总统马科斯访问印尼。

与越南的关系：1955年建交。2019年12月，印尼外长蕾特诺访越。

与缅甸的关系：1949年建交。自2022年底就任东盟轮值主席国，印尼一直进行"静默外交"，在幕后与缅甸冲突各方接触，以落实"五点共识"，推动缅甸国内的和平进程。

与其他东盟国家的关系：2022年11月，印尼总统佐科赴柬埔寨出席第40届和41届东盟峰会。

【同南亚国家的关系】与印度的关系：1951年建交。2005年建立战略伙伴关系。2018年1月，印度外长斯瓦拉吉访印尼，印尼总统佐科对印度进行工作访问，两国举行首届印尼—印度安全对话会。5月，印度总理莫迪访问印尼。

与其他南亚国家的关系：2018年1月，印尼总统佐科访问斯里兰卡、巴基斯坦、孟加拉国和阿富汗。2月，印尼副总统卡拉访问阿富汗。10月，巴勒斯坦外长马立利基访问印尼。

【同东帝汶的关系】1999年8月，东帝汶通过全民公决脱离印尼。2002年7月，两国正式建交并成立双边联委会。2006年，东在印尼东努沙登加拉省古邦和巴厘岛登巴萨设立领馆。2022年7月，东帝汶总统奥尔塔访问印尼。

【同南太国家的关系】印尼于2001年8月成为“太平洋岛国论坛”对话伙伴。2002年10月倡议成立“西南太平洋对话”（由印尼、澳大利亚、新西兰、菲律宾、巴布亚新几内亚和东帝汶组成）并举行首次部长级会议。印尼为斐济、图瓦卢、基里巴斯等国家提供财政支持、技术援助和人员培训项目。2021年11月，新西兰外长访问印尼。2022年4月，巴布亚新几内亚总理马拉佩访问印尼。（许莲）

约 旦

国名 约旦哈希姆王国（The Hashemite Kingdom of Jordan）。

面积 8.9342万平方公里。

人口 1128万（含巴勒斯坦、叙利亚、伊拉克难民，2022年数据）。98%的人口为阿拉伯人，还有少量切尔克斯人、土库曼人和亚美尼亚人。国教为伊斯兰教，92%的居民属逊尼派，2%的居民属什叶派和德鲁兹派。信奉基督教的居民约占6%，主要属希腊东正教派。官方语言为阿拉伯语，通用英语。

首都 安曼（Amman），人口464万（2021年），面积1700平方公里。

国家元首 国王阿卜杜拉二世·本·侯赛因（Abdullah II Bin Al-Hussein），1999年2月7日登基。

重要节日 国庆日：5月25日。

简况

约旦位于亚洲西部，阿拉伯半岛西北，西与巴勒斯坦、以色列为邻，北与叙利亚接壤，东北与伊拉克交界，东南和南部与沙特相连，西南一角濒临红海的亚喀巴湾是唯一出海口。西部高地属亚热带地中海型气候，气候温和，平均气温1月为7℃—14℃，7月为26℃—33℃。东部和东南部为沙漠，占全国面积78%。

约旦原是巴勒斯坦的一部分。公元7世纪初属阿拉伯帝国版图。公元1517年归属奥斯曼帝国。第一次世界大战后沦为英国委任统治地。1921年英国以约旦河为界，把巴勒斯坦一分为二，西部仍称巴勒斯坦，东部建立外约旦酋长国。1946年3月22日英承认外约旦独立，5月25日改国名为外约旦哈希姆王国。1948年5月第一次阿以战争中，约占领了约旦河西岸4800平方公里的土地。1950年4月，外约旦同西岸合并，改称约旦哈希姆王国。1967年第三次阿以战争中，以色列占领西岸。1988年7月，侯赛因国王宣布中断同约旦河西岸地区的“法律和行政联系”。1994年10月，约同以色列签署和平条约。1995年2月9日，约收回被以占领的约340平方公里失地。2019年10月25日，约旦收回最后两块被以色列占领土的主权，面积约70平方公里。

政治

约旦是世袭君主立宪制国家，国王是国家元首、三军统帅，权力高度集中。议会设参众两院，实行多党制。长期以来，约政局较为稳定，但也存在贫困、失业、巴勒斯坦难民等经济、社会问题。2011年西亚北非局势动荡以来，约推出全国对话、更换内阁、惩治腐败、修改部分法律、提前举行议会选举等一系列举措。目前局势总体平稳。2020年10月，国王任命其政治顾问比什尔·哈萨瓦纳（Bisher Al Khasawneh）为新首相并授权其组阁，2021年1月，新政府正式成立。

【宪法】首部宪法于1952年1月1日颁布生效。宪法规定，约旦是一个世袭的阿拉伯君主立宪制国家，立法权属国王和议会。国王是国家元首，有权审批和颁布法律、任命首相、批准和解散议会，统率军队。1960年1月，议会通过宪法修正案，授予国王延长众议院任期的权力。1974年1月、1976年2月和1984年1月，议会三次通过宪法修正案，授予国王无限期推迟选举，并在内阁认为有必要修改宪法时召开议会特别会议的权力。2011年修宪的主要内容为成立宪法法院，负责监督现行法律和体制是否符合宪法规定，并享有宪法解释权。2016年修宪后，国王有权任命王储。2022年1月通过的宪法修正案，赋予妇女、青年、残疾人更多权利，提高其在社会中的地位，设立国家安全和外交政策理事会等。

【议会】称“国民议会”，由众议院和参议院组成。众议院议员130人，由普选产生，议员任期4年，可连任。众议长每年由众议员投票产生，可连选连任。2022年11月，约旦第19届国民议会召开第二次常规会议，选举艾哈迈德·萨法迪（Ahmad Safadi）为新一届议会众议长。参议院议员由国王从年龄40岁以上的知名人士中任命，人数不超过众议院的一半。参议长任期2年，议员任期4年，均可连任。本届参议院共有参议员65名。现任参议长费萨尔·法耶兹（Faisal Al-Fayez），从2016年10月连任至今。

【政府】本届政府2021年1月10日成立，经历4次改组，现有内阁成员29名，主要包括首相兼国防大臣比什尔·哈萨瓦纳（Bisher Al Khasawneh）、副首相兼外交与侨务大臣埃伊曼·萨法迪（Ayman Safadi）、内政大臣马金·法拉亚（Mazen Faraya）等。

【行政区划】全国共分12个省：安曼省、伊尔比德省、马安省、扎尔卡省、拜勒加省、马夫拉克省、卡拉克省、塔菲拉省、马德巴省、杰拉什省、亚喀巴省、阿吉隆省。

【司法机构】包括法院和检察院两部分。宪法规定法官独立行使司法权。法官任免由国王依法批准，同时接受高级司法委员会的监督。法院分三类，即民事法院、宗教法院、特别法院。民事法院负责审理有关民事和刑事案件。宗教法院主要负责婚姻、继承、收养等事务。特别法院包括国家安全法院、军事法院、警察法院、重大刑事案法院、海关法院。

【政党】1952年4月9日开始允许建立政党，后均被解散。1991年10月解除党禁。1992年10月颁布政党法，规定约旦实行多党制，各政党重新登记，强调政党必须尊重宪法，不得在军队和安全机构中发展，不得同外国或外部势力有政治、经济联系，各政党须经内政部批准为合法政党后方可开展活动。2008年，约修改政党法，将政党成立的门槛由50名党员提高到500名党员，并要求其党员须来自5个及5个以上省份。2022年初将政党注册登记及管理权限从政府移交独立选举委员会，并规定政党创始人中应至少有一位残障人士，青年（18—35岁）和妇女占比不得低于总人数的20%；给予现有政党一年时间召开成立会议对不符合要求的情况进行整顿，参会人员须过半数且不少于1000人，参会人员应至少来自6个不同的省，每省不少于30人；禁止政党在议会选举期间退出联盟。

目前，约国内有57个合法政党，大多为新近成立的中小型政党，在2020年第19届国民议会选举中政党共获12个众议院席位，占席位总数（130）的9.2%。其中伊斯兰行动阵线党占5席，伊斯兰中间党占5席，约旦统一阵线党和祖国忠诚党各占1席。较有代表性的政党有：

（1）伊斯兰行动阵线党（The Islamic Action Front Party）：1992年12月由穆斯林兄弟会和穆斯林独立人士组成，系约旦人数最多、影响力最大政党，也是最大反对党。该党反对阿以和谈，反对约以和约。在众议院占据5个席位，与部分独立议员组成“改革”党团。

（2）爱国党（National Party）：1997年5月由“誓约党”“祖国党”“觉醒党”“约旦全国联盟党”“阿拉伯民主统一党”“进步正义党”“约旦人民运动党”“约旦人民统一党”“约旦阿拉伯群众党”9个政党合并而成。宗旨是“复兴、民主、统一”。

（3）民族阵线党（National Front Party）：2009年5月成立。主张实行全面改革，实现社会和谐。由前众议长阿卜杜·哈迪·马贾利（Abdul Hadi Majali）组建。

（4）约旦共产党（The Jordanian Communist Party）：该党始建于1948年，1970年分裂成两派。1993年1月获内政部批准登记。1997年12月约共“二大”后，领导层内部再度分裂。该党主张以马克思主义为指南，基本任务是维护民族独立、发展经济、反对帝国主义和犹太复国主义。

【重要人物】**阿卜杜拉二世**：国王。1962年1月30日出生于安曼，系约前国王侯赛因长子。自幼在英国和美国接受教育，曾在英国牛津大学和美国乔治敦大学深造。20世纪80年代初在英国军队中服役，1985年返回约旦进入军界，曾任装甲兵营长等职，其间先后赴英国桑赫斯特皇家军事学院、英国步兵学校、英国指挥与参谋学院及美国装甲兵学校进修军事。1993年起任约特种部队司令，1998年晋升为陆军少将。1999年1月25日被立为王储。同年2月7日继位，6月9日加冕。曾11次访华。已婚，王后拉妮亚，巴勒斯坦血统。育有二子二女，长子侯赛因2009年被立为王储。**比什尔·哈萨瓦纳**：首相兼国防大臣。1969年生。长期在外交系统任职，曾任外交与侨务部发言人、驻埃塞俄比亚（兼非盟）、埃及（兼阿盟）、法国（兼联合国教科文组织）大使（代表）、外交事务国务大臣等职。2018年进入宫廷，先后担任国王联络与协调顾问、政治顾问，兼任国王办公室主任。2020年10月12日被阿卜杜拉二世国王任命为首相兼国防大臣。

经　济

阿卜杜拉二世国王登基后，大力推行经济改革，改善投资环境，积极寻求外援，扭转了约经济长期负增长或零增长的局面。1999年约加入世界贸易组织。2004—2008年经济增长率超过8%。2009年以来，受国际金融危机影响及西亚北非地区局势动荡冲击，约经济增长速度下滑，约政府加大对经济调控力度，并在金融、基建、招商引资、争取外援等方面采取相应措施，取得一定成效。2020年新冠疫情暴发以来，约旦经济受到一定冲击。2021年以来进出口贸易有所反弹。2022年主要经济数据如下：

国内生产总值：480.6亿美元。

人均国内生产总值：约4100美元。

国内生产总值增长率：2.7%。

货币名称：约旦第纳尔。

汇率：1美元≈0.71约旦第纳尔。

外汇储备：174亿美元。

【资源】主要有油页岩、钾盐、磷酸盐、铀、石材、硅砂和少量天然气。约旦境内约60%地表下存有丰富的油页岩矿，存储量约700亿吨，所含石油超过70亿吨。死海是世界上含盐量最高的湖，钾盐资源丰富，储量达40亿吨。境内有4个磷矿，储量达37亿吨。境内铀矿已提取储量据称足够约旦本国使用80年。境内有5个主要的硅砂矿点，总储量预计140亿吨。

【工业】多属轻工业和小型加工工业，主要有采矿、包装和办公用品、化学和化妆品、食品、工程、塑料、家具、皮革和针织、医疗行业等。有磷酸盐、钾盐、炼油、水泥、化肥5个规模较大的工业产业。

【农业】农业人口约占劳动力的15%。农耕面积

22.4万公顷，多集中在约旦河谷，全部私人经营。其中粮食作物7.2万公顷，蔬菜3.3万公顷，果树11.9万公顷。主要粮食作物为小麦和大麦，主要蔬菜为西红柿、马铃薯、茄子和西葫芦，主要果树为橄榄、葡萄、苹果、桃和柠檬。长期以来，约旦高达98%的农副产品需从国外进口：包括小麦、大麦、糖、大米、奶粉、茶、咖啡、玉米、植物油（不包括橄榄油）、奶酪、鹰嘴豆、粉丝和扁豆等。水资源缺乏是约发展农业的主要障碍。现有15个地表水流域、12地下水盆地和3211口井。目前建有10个主要水坝，总容量3.27亿立方米，其中91%位于干旱地区。

【旅游业】约旦三大经济支柱之一和主要外汇来源之一。2019年旅游收入为41亿约第。新冠肺炎疫情给约旅游业造成影响，2020年入境旅游人数123.99万人次，随着入境检疫政策放松，2021年入境游客人数恢复性增长90.9%，达到235.86万人次。主要旅游景区有安曼、死海、杰拉什、佩特拉、阿杰隆古堡、亚喀巴、月亮谷等。2022年，约旦接待国际游客超过500万人次，基本恢复至疫情前水平。

【交通运输】公路：总长8000公里，已基本建成沟通全国城乡的公路网，国际公路网与伊拉克、叙利亚、沙特、以色列等国相通。年运输量超1000万吨。

铁路：截至2017年，全长730公里，客运量3.13万人次，货运量378.95万吨。

海运：亚喀巴港是约旦唯一港口和进出口贸易集散中心，拥有集装箱码头和散装码头，设置31个深水泊位，固定航线29条，通往除西非海岸及南美西部海岸外的200多个港口。

空运：约旦皇家航空公司开通国际航线76条。主要机场有：安曼阿丽娅王后国际机场、安曼民用机场（马尔卡机场）、亚喀巴国际机场。2018年，阿丽娅王后国际机场年客运量达842.5万人次。2020年新冠疫情暴发以来，民航接待旅客数量下降2/3。2021年略有恢复，全年接待455.93万人次，同比增长122.3%，但比2019年仍少48.9%。2022年接待旅客超过710万人次。

【电信业】近年来，约旦大力发展电信和信息产业。1999年，约启动通信技术领域发展倡议，该行业投资已达25亿美元。约旦2018年电信和信息技术部门的收入达到22亿美元，同比增长4.5%。2022年起，约旦开启5G网络设施建设招标。

【财政金融】约旦金融系统比较发达。全国有26家银行，全部是上市私有银行。外国银行可在约设分行，但不得为境外实体融资。国际金融危机后，约加强金融监管，暂停外国银行在约所设分行的业务。

【对外贸易】与世界100多个国家和地区有贸易往来。主要进口原油、机械设备、电子电器、钢材、化学制品、粮食、成衣等，主要进口国为沙特、中国、美国、德国和埃及。主要出口服装、磷酸盐、钾盐、蔬菜、医药制品和化肥等，主要出口国为美国、伊拉克、印度、沙特、叙利亚和阿联酋。2022年约旦对外贸易总额为397.2亿美元，其中进口额为273.3亿美元，出口额为123.9亿美元。

【外国资本】约旦政府致力于改善投资环境，制定和完善投资法规，积极吸引外资，与美国、欧盟及部分阿拉伯国家签署了贸易自由便利化协议。亚喀巴设有经济特区，长期实行优惠政策，积极吸引外资，尤其鼓励外商在约旦工业区投资办厂。2022年外国对约投资额达到1.37亿约第，较2021年增长98.3%。

【外国援助】2018年约旦的外部援助约为30亿美元。2019年支持预算的援助预计约为6亿美元，其中3.37亿美元来自美国。2021年，约旦接受各类援助和优惠贷款共46亿美元。2022年，约旦获得44亿美元国际援助。

人民生活

全国目前共有99家医院，其中卫生部下属医院30家。另有368所医疗中心和56家私人诊所。全国98%的儿童都接种白喉、破伤风、麻疹、结核病等多种疫苗。约对政府职工和军人及家属实行免费医疗制度，对企业职工实行医疗保险制度。政府工作人员根据职业不同，每月可领取交通、出差、服装、住房、家庭人口、物价等各种补贴。约民众普遍拥有小汽车等。人均寿命75.01岁，婴幼儿死亡率12.8‰（2021年）。

军　事

1916年建军，6月10日为建军节。约旦国王为武装部队最高统帅。1976年9月，约开始实行义务兵和志愿兵相结合的兵役制。服役期为两年。1994年约以和约签署后，约改行志愿兵役制。目前，约正规军总兵力约13万人，其中陆军11.8万人、空军1.35万人、海军850人。另有预备役3.5万人、治安部队2万人、公安部队3万人。

文化教育

【教育】约旦公民文化素质较高。国家重视教育事业，实行10年免费义务基础教育。高中教育为非义务性专业学习，学制两年。全国共有10所公立大学和19所私立大学，主要有约旦大学、雅尔穆克大学、约旦科技大学、哈希姆大学、穆塔大学、艾勒·贝塔大学、侯赛因大学、拜勒加应用大学等。另有51所中专院校。

【新闻出版】主要报刊：主要阿文报刊有《宪章报》《言论报》《明天报》《纳巴特人报》等；主要英文报刊有《约旦时报》《约旦新闻报》等。2006年7月，约内阁通过《媒体和出版法》。

佩特拉通讯社：官方通讯社，1969年成立，在贝鲁特设有分社，在开罗、大马士革、波恩、巴黎、哥本哈根、纽约有兼职记者。

约旦广播电台于1959年创建，约旦电视台于1968年建立，均系官方机构。1985年9月，合并成立广播电视总局。

对外关系

约旦外交活跃，在中东问题等地区事务中发挥着独特作用。目前已同133个国家建立外交关系。

【同中国的关系】1977年4月7日中国约旦建交。此后，两国在政治、经济、军事、文化等各方面的关系稳步发展，友好往来不断增加。

近年来，领导人及各层次政治交往不断。2020年7月，国务委员兼外交部长王毅同约旦外交与侨务大臣萨法迪通电话，并共同主持中阿合作论坛第九届部长级会议。2021年12月，全国政协副主席陈晓光同约旦副参议长穆阿什尔举行视频会晤。2022年5月，全国人大常委会委员长栗战书同约旦参议长法耶兹举行视频会晤。

1979年5月，中约两国签订贸易协定。据中国海关总署统计，2022年，中约双边贸易额为64.51亿美元，同比增长46.3%。其中，中国出口额为57.07亿美元，同比增长43.3%；中国进口额为7.44亿美元，同比增长75.1%。

新冠疫情暴发后，中国政府和企业多次向约旦援助口罩、防护服、呼吸机等抗疫物资，向约旦出口和援助多批新冠疫苗，通过卫生专家视频会议同约方分享抗疫经验。

人文交流丰富多彩。2018年1月，中国与约旦签署《中华人民共和国政府和约旦哈希姆王国政府关于在约旦设立中国文化中心的协定》。2021年，安曼中国文化中心启动试运行。

2003年1月，中国正式将约旦列为中国公民出国旅游目的地国，并于当年10月与约方签署《关于组织中国公民赴约旦旅游实施方案备忘录》。2009年2月，约旦对中国公民提供落地签证。

中国驻约旦大使：陈传东。馆址：9 Jakarta Street, Rabyah, Amman, Jordan。电话：0096–26–5516136，5519137（文化处），5518195（商务处）；传真：5518713。

约旦驻华大使：胡萨姆·侯赛尼（Hussam Al-Husseini）。馆址：北京市朝阳区三里屯东六街5号。电话：010–65323906；传真：65323283。

【同美国的关系】海湾战争后，约积极参与美国发起的中东和平进程。2021年7月和9月、2022年5月，阿卜杜拉二世国王多次访美，阿是美国总统拜登就任后会见的第一位阿拉伯国家元首。

【同欧盟国家的关系】约旦与欧盟的贸易额占约对外贸易总额的35%。2020年3月，由于约境内新冠疫情蔓延，欧盟宣布对约旦弱势群体的援助计划。2020年，阿卜杜拉二世国王访问比利时、法国，并会见法国总统马克龙。2021年10月，阿卜杜拉二世国王访问奥地利、波兰、德国、英国等欧洲国家。

【同俄罗斯的关系】2020年2月，阿卜杜拉二世国王会见到访的俄罗斯副外长维尔什宁。同月，外交与侨务大臣萨法迪访问俄罗斯并会见俄外长拉夫罗夫。

【同日本的关系】20世纪70年代以来，约旦同日本的关系不断发展，高层互访频繁。目前，日本是约最大的债权国，债务总额约18亿美元。约是中东地区人均获日本援助最多的国家。

【同巴勒斯坦的关系】1988年11月巴勒斯坦国宣布成立后，约旦立即予以承认；1989年1月，约同意巴解组织驻约办事处升格为大使馆。在中东和谈问题上，巴以谈判所涉及的巴难民、水资源、边界划分及安全安排攸关约切身利益，约十分关注，认为巴勒斯坦问题仍是当前中东问题的核心，坚持“两国方案”。2013年3月，巴勒斯坦总统阿巴斯访约，双方签署了共同保护“圣城”耶路撒冷及阿克萨清真寺等圣迹的协议，确认哈希姆王室对耶城圣迹的监护权。2020年1月，约旦外交与侨务大臣萨法迪、参议长法耶兹、众议长塔拉瓦纳谴责美国“中东和平新计划”，强调约旦反对一切不以“两国方案”、有关国际法准则、联合国决议、阿拉伯和平倡议为基础，损害巴勒斯坦难民回归的解决方案。2021年，约旦同巴勒斯坦、埃及举行三方元首会晤，推动和平解决巴勒斯坦问题，呼吁巴以恢复和谈。

【同伊拉克的关系】约旦主张维护伊主权、安全、统一，呼吁恢复伊安全与稳定，强烈谴责伊境内针对平民的暴力活动，支持伊各派和解进程。2020年3月，阿卜杜拉二世国王会见到访的伊拉克库尔德地区总理巴尔扎尼，就双边关系和地区局势交换意见，协商推进跨境油气输送和边境工业园区等项目。

【同其他阿拉伯国家的关系】2011年5月，海湾合作委员会峰会决定，欢迎约旦申请加入海合会，双方将进一步商谈正式加入的相关问题。12月，海合会峰会决定成立海湾基金，未来5年内分别向约旦和摩洛哥提供25亿美元的发展援助。2012年，沙特、科威特、阿联酋承诺向约提供援助7.5亿美元。2017年，沙特同约方成立资本额30亿美元的共同投资基金。约旦欢迎沙特等国和卡塔尔于2021年全面恢复外交关系。2022年6月，沙特王储穆罕默德·萨勒曼访问约旦。8月，约旦王储侯赛因在约旦国王阿卜杜拉二世见证下，在沙特利雅得与沙特女性拉杰瓦举行订婚仪式。

【同叙利亚的关系】约旦呼吁政治解决叙利亚危机，维护叙主权和领土完整，反对外来军事干涉。约是叙国际支持小组和“叙利亚之友”成员，与叙政府保持代办级外交关系，与叙政府军保持联络员机制，并参与设立叙南部冲突降级区有关工作。约接受、安置大量叙难民。2019年，根据联合国难民署统计数据显示，在约登记叙难民人数约67万。2021年9月，约旦接待十年来首位叙利亚军政高官——叙国防部长阿马德·阿尤布到访。2022年5月，约旦举行叙利亚问题五国外长会，接待叙利亚外交部长费萨尔·梅克达德来访。

【同以色列的关系】1994年7月25日，约旦以色列在华盛顿签署《华盛顿宣言》，宣布结束敌对状态。10月，约以正式签署和约。11月，两国建立外交关系。1995年2月9日，约收回以占领的340平方公里失地。2013年5月，以总统佩雷斯出席在约举行的世界经济论坛中东北非峰会。2014年1月，以总理内塔尼亚胡访约。2014年11月，约旦国王阿卜杜拉二世、美国务卿克里和以色列总理内塔尼亚胡在安曼举行三方会晤，主要就巴以局势、重启巴以和谈等交换看法。2017年7月23日，以驻约使馆安全官枪杀两名约旦公民，引发以约外交危机。2019年10月，约旦正式收回根据1994年和平协议租借给以色列的两块领土。2020年下半年至2021年初，约以两国外长在边境地区举行多次非正式会晤。2021年9月和2022年3月，以色列总统赫尔佐格两度访问约旦。 （李林宸）

越　南

国名 越南社会主义共和国（The Socialist Republic of Viet Nam）。

面积 约33万平方公里。

人口 9847万（2022年）。有54个民族，京族占总人口的86%，岱依族、傣族、芒族、华人、侬族人口均超过50万。主要语言为越南语（官方语言、通用语言、主要民族语言）。主要宗教：佛教、天主教、和好教与高台教。

首都 河内（Ha Noi），人口805万（2019年），面积3340平方公里。夏季平均气温28.9℃，冬季平均气温18.9℃。

国家元首 国家主席阮春福（Nguyen Xuan Phuc），2021年4月当选，7月当选连任。

重要节日 越南共产党成立日：2月3日（1930年）；越南国庆日：9月2日（1945年）；越南南方解放日：4月30日（1975年）；胡志明诞辰日：5月19日（1890年）。

简　况

位于中南半岛东部，北与中国接壤，西与老挝、柬埔寨交界，东面和南面临南海。海岸线长3260多公里。地处北回归线以南，属热带季风气候，高温多雨。年均气温24℃左右，年均降水量为1500—2000毫米。北方分春、夏、秋、冬四季。南方雨旱两季分明，大部分地区5—10月为雨季，11月至次年4月为旱季。

公元968年成为独立的封建国家。1884年沦为法国保护国。1945年9月2日宣布独立，成立越南民主共和国。同年9月法国再次入侵越南，越南进行了艰苦的抗法战争。1954年7月，关于恢复印度支那和平的日内瓦协定签署，越南北方获得解放，南方仍由法国（后成立由美国扶植的南越政权）统治。1961年起越南开始进行抗美救国战争，1973年1月越美在巴黎签订关于在越南结束战争、恢复和平的协定，美军开始从南方撤走。1975年5月南方全部解放，1976年4月选出统一的国会，7月宣布全国统一，定国名为越南社会主义共和国。

政　治

2021年1月召开越共十三大，通过《十三大政治报告》《2011—2020年经济社会发展战略实施总结及制订2021—2030年经济社会发展战略报告》《2016—2020年经济社会发展任务实施评估和2021—2025年经济社会发展方向、任务的报告》《十二届中央党建及党章执行工作总结报告》《十二届中央委员会履行领导职责的评估报告》，提出2025年南方解放和国家统一50周年摆脱中等偏低收入国家行列，2030年建党100周年跨入中等偏高收入国家行列，2045年建国100周年成为高收入发达国家。

【宪法】现行宪法是第五部宪法，于2013年11月在越南13届国会第六次会议上通过，2014年1月1日正式生效，是1946年、1959年、1980年、1992年宪法的继承和发展，体现了越南社会主义过渡时期的国家建设纲领。

【议会】称“国会”，是国家最高权力机关，任期5年，通常每年举行两次例会。现为第15届国会，共有499名国会代表。现任国会主席王庭惠（Vuong Dinh Hue），2021年3月当选、7月当选连任。

【政府】国家最高行政机关。本届政府于2021年7月组成。总理范明政（Pham Minh Chinh），共4位副总理，下设国防部、公安部、外交部、内务部、司法部、计划投资部、财政部、工贸部、农业与农村发展部、交通运输部、建设部、资源环境部、通讯传媒部、劳动荣军与社会部、文化体育旅游部、科技部、教育培训部及卫生部。

【行政区划】全国划分为58个省和5个直辖市。

【司法机构】由最高人民法院、最高人民检察院及地方法院、地方检察院和军事法院组成。最高人民法院院长阮和平（Nguyen Hoa Binh），2016年4月就任，2021年7月当选连任；最高人民检察院检察长黎明智（Le Minh Tri），2016年4月就任，2021年7月当选连任。

【政党和政治组织】越南共产党（Dang Cong san Viet Nam）是唯一政党，1930年2月3日成立，同年10

月改名为印度支那共产党，1951年更名为越南劳动党，1976年改用现名。现有党员约540万人，基层组织近5.6万个，同世界上180多个政党建有党际关系。

越共十三届中央总书记为阮富仲（Nguyen Phu Trong）。政治局委员（18人）：阮富仲、阮春福、范明政、王庭惠、张氏梅（Truong Thi Mai）、武文赏（Vo Van Thuong）、范平明（Pham Binh Minh）、阮文年（Nguyen Van Nen）、苏林（To Lam）、潘庭濯（Phan Dinh Trac）、陈锦绣（Tran Cam Tu）、潘文江（Phan Van Giang）、阮和平（Nguyen Hoa Binh）、陈青敏（Tran Thanh Man）、阮春胜（Nguyen Xuan Thang）、梁强（Luong Cuong）、陈俊英（Tran Tuan Anh）、丁进勇（Dinh Tien Dung）；中央书记处书记（11人）：阮富仲、武文赏、张氏梅、陈锦绣、潘庭濯、阮和平、黎明兴（Le Minh Hung）、阮仲义（Nguyen Trong Nghia）、杜文战（Do Van Chien）、裴氏明怀（Bui Thi Minh Hoai）、黎明慨（Le Minh Khai）；中央检查委员会委员（19人）：陈锦绣、胡明战（Ho Minh Chien）、严富强（Nghiem Phu Cuong）、段英勇（Doan Anh Dung）、陈氏显（Tran Thi Hien）、阮国协（Nguyen Quoc Hiep）、阮文会（Nguyen Van Hoi）、阮文雄（Nguyen Van Hung）、武克雄（Vu Khac Hung）、黄仲兴（Hoang Trong Hung）、陈进兴（Tran Tien Hung）、苏维义（To Duy Nghia）、武太原（Vo Thai Nguyen）、阮文仁（Nguyen Van Nhan）、阮明光（Nguyen Minh Quang）、陈文龙（Tran Van Ron）、陈德胜（Tran Duc Thang）、高文统（Cao Van Thong）、黄文茶（Hoang Van Tra）。

越南祖国阵线（Mat Tran To Quoc Viet Nam）是越南的统一战线组织，成立于1955年9月，南北方统一后于1977年同越南南方民族解放阵线和越南民族、民主及和平力量联盟合并。第九届祖国阵线中央委员会主席杜文战，2021年4月当选。

【重要人物】阮富仲：越共中央总书记。1944年出生于河内市东英县东会乡。政治学博士。1983—1996年历任《共产主义》杂志党建部副主任、主任、编委会委员、党委副书记、书记、副总编辑、总编辑。1994年1月在越共七届七中全会上补选为中央委员。1996年8月至1998年2月任河内市委副书记。1997年12月在越共八届四中全会上当选越共中央政治局委员。1998年3月任中央理论委员会副主席。1999年8月至2000年4月任中央政治局常委。2001年11月起兼任中央理论委员会主席。2001年4月在越共九大上再次当选中央政治局委员。2006年4月在越共十大上当选连任，同年6月当选国会主席。2007年7月连任国会主席。2011年1月在越共十一大上当选越共中央总书记。2016年1月在越共十二大上连任越共中央总书记。2018年10月，越南十四届国会六次会议选举其为新任国家主席，接替病逝的陈大光。2021年1月在越共十三大上连任越共中央总书记，同年4月在第十四届国会第十一次会议上卸任国家主席。曾于1992年、1997年、2001年访华，2003年10月率团赴北京出席中越两党理论研讨会。2007年4月、2011年10月、2015年4月、2017年1月、2022年10月访华。　**阮春福**：越南国家主席。1954年7月20日出生于越南广南省。经济学学士。历任越南广南省人民委员会主席，政府监察总署副总监察长，政府办公厅常务副主任、主任，副总理。2016年4月当选政府总理，7月连任。2021年4月在第十四届国会第十一次会议上当选国家主席，7月在第十五届国会第一次会议上当选连任。越共十一、十二、十三届中央政治局委员。曾于2010年10月来华出席第八届中国—东盟博览会，2015年9月访华并出席第12届中国—东盟博览会。2016年9月对华进行正式访问并出席第13届中国—东盟博览会。2018年11月来华出席首届中国国际进口博览会。2019年4月来华出席第二届“一带一路”国际合作高峰论坛。　**范明政**：越南政府总理。1958年出生于清化省厚禄县花禄乡。法学博士。历任公安部后勤技术总局局长、公安部副部长，广宁省委书记，中央组织部副部长、部长。2021年4月在越南十四届国会第十一次会议上当选政府总理，7月在第十五届国会第一次会议上当选连任。越共第十一届中央委员，第十二、十三届中央政治局委员。　**王庭惠**：越南国会主席。1957年出生于越南义安省。经济学博士。历任越南国家审计署副审计长、审计长，财政部长，中央经济部长，政府副总理和河内市委书记。2021年3月在越南十四届国会第十一次会议上当选国会主席，7月在第十五届国会第一次会议上当选连任。越共第十、十一届中央委员，第十二、十三届中央政治局委员。

经　济

越南系发展中国家。1986年开始实行革新开放。1996年越共八大提出要大力推进国家工业化、现代化。2001年越共九大确定建立社会主义定向的市场经济体制，并确定了三大经济战略重点，即以工业化和现代化为中心，发展多种经济成分，发挥国有经济主导地位，建立市场经济的配套管理体制。2006年越共十大提出继续完善社会主义定向市场经济体制，确定了提高经济增长质量、完善市场经济体制、深化行政改革、加大反腐力度等四方面措施。2011年越共十一大提出五大发展理念，即快速发展和可持续发展相结合、同步推进经济和政治改革、最大限度发挥人的作用、完善社会主义定向市场经济体制、增强经济独立自主，并提出把完善市场经济体制、大力发展人力资源、加强基础设施建设作为破解发展瓶颈的三大突破口。2016年越共十二大提出经济增长模式要从主要依靠出口、投资转向依靠投资、出口和内需共同拉动，并确定了创造条件、大力推进、提高质量的“三步走”路线图。2021年越共十三大确定“两个一百年”奋斗目标，即2025

年南方解放和国家统一50周年时摆脱中等偏低收入国家行列，2030年建党100周年时跨入中等偏高收入国家行列，2045年建国100周年时成为高收入发达国家。

革新开放以来，越南经济保持较快增长，经济总量不断扩大，三产结构趋向协调，对外开放水平不断提高，基本形成了以国有经济为主导、多种经济成分共同发展的格局。2022年主要经济数据如下：

国内生产总值：4090亿美元。

人均国内生产总值：4110美元。

国内生产总值增长率：8.02%。

货币名称：越南盾。

汇率：1美元≈23715越南盾。

消费品价格上涨指数：3.15%。

【资源】矿产资源丰富，种类多样。主要有煤、铁、钛、锰、铬、铝、锡、磷等，其中煤、铁、铝储量较大。有6845种海洋生物，其中鱼类2000种，蟹300种，贝类300种，虾类75种。森林面积约1000万公顷。

【工业】2022年，越南工业生产指数增长7.8%。主要工业产品有煤炭、原油、天然气、液化气、水产品等。

【农业】越南是传统农业国，农业人口约占总人口的75%。耕地及林地占总面积的60%。粮食作物包括稻米、玉米、马铃薯、番薯和木薯等，经济作物主要有咖啡、橡胶、胡椒、茶叶、花生、甘蔗等。2022年越南农林渔业总产值占国内生产总值的比重为11.88%，增长率为3.85%。

【服务业】近年越南服务业保持较快增长，2022年服务业占国内生产总值比重为41.33%，增长率达8.12%。

【旅游业】越南旅游资源丰富，下龙湾等多处风景名胜被联合国教科文组织列为世界自然和文化遗产。近年来旅游业增长迅速，经济效益显著。2022年以来旅游业逐步复苏，全年接待国际游客逾350万人次，旅游总收入约208亿美元。主要旅游景点有：河内市的还剑湖、胡志明陵墓、文庙、巴亭广场；胡志明市的统一宫、芽龙港口、莲潭公园、古芝地道和广宁省的下龙湾等。

【交通运输】近年来，越南交通运输业经过重组，提高服务质量，取得了较好的经济效益。2022年，越南运输业迅速恢复，其中国际航空客运量逾320万人次，是2021年的30倍，货运量约597万吨，同比增长12.64%。

【财政金融】2022年，越南国家财政预算收入约752亿美元，同比增长13.8%，国家财政预算支出约659亿美元，同比增长8.1%。

【对外贸易】越南和世界上150多个国家和地区有贸易关系。近年来越南对外贸易保持高速增长，对拉动经济发展起到了重要作用。2022年进出口总额7325亿美元，同比增长9.5%，其中出口额约达3718.5亿美元，同比增长10.6%，进口额3606.5亿美元，同比增长8.4%。

越南主要贸易对象为中国、美国、欧盟、东盟、日本、韩国。主要出口商品有：原油、服装纺织品、水产品、鞋类、大米、木材、电子产品、咖啡。主要出口市场为欧盟、美国、东盟、日本、中国。主要进口商品有：汽车、机械设备及零件、成品油、钢材、纺织原料、电子产品和零件。主要进口市场为中国、东盟、韩国、日本、欧盟、美国。

【外国资本】外资的进入对越引进先进生产技术和管理经验，推动经济增长，解决就业起到了重要作用。2022年，越南吸引外资277.2亿美元，同比减少11%。

人民生活

2020年以来，虽受新冠疫情和自然灾害影响，但越南居民生活总体稳定，全国贫困户和贫困地区的数量继续减少。

军　事

越南人民军于1944年12月22日建军。实行主力部队、地方部队和民兵组成的三结合“全民国防”体制。越共中央政治局为最高军事决策机构，通过国防部对部队实行统一领导。实行义务兵役制，服役年限2—4年不等。

文化教育

【教育】目前越南已形成包括幼儿教育、初等教育、中等教育、高等教育、师范教育、职业教育及成人教育在内的教育体系。普通教育学制为12年，分为三个阶段：第一阶段为5年小学，第二阶段为4年初中，第三阶段为3年高中。2000年越南宣布已基本实现普及小学义务教育目标。2001年开始普及9年义务教育。全国共有376所高等院校。著名高校有河内国家大学、胡志明市国家大学、顺化大学、岘港大学等。

【新闻出版】越南新闻出版法规定报纸由国家控制。中央及地方新闻单位共450家。主要出版社有国家政治出版社、文化出版社、文学出版社、科技出版社、教育出版社和世界出版社等。各种出版物13515种，年发行量2.18亿册。报社约150家，其余为行业小报。主要报刊有：《人民报》，越共中央机关报，1951年创刊，在国外设有3个分支机构，1998年5月开设电子版；《人民军队报》，越南人民军总政治局机关报；《大团结报》，祖国阵线中央机关报；《西贡解放报》（越文和中文版），越共胡志明市委机关报；《共产主义》月刊，越共中央政治理论刊物，1956年创刊，2001年设电子版；《全民国防》月刊。

越南通讯社：国家通讯社，1945年创立，1976年越南南方解放通讯社与之合并。在全国各省市均设有分社，驻外分社有27个。1998年8月开设电子版（越文、英文、法文、西班牙文）。

“越南之声”广播电台：成立于1954年，有4套对内节目，用越南语及数种少数民族语言播音；对外广播用中国普通话、广东话、俄语、英语、法语、西班牙语、日语、泰语、老挝语、柬埔寨语、印尼语、马来语等。

越南中央电视台：成立于1971年。

对外关系

【同中国的关系】1950年1月18日中国越南建交。两国高层保持频繁接触，各领域的友好交往与合作日益深化，中越全面战略合作伙伴关系内涵进一步充实。2022年1月，李克强总理同越南总理范明政通电话。4月，王毅国务委员兼外长同越南外长裴青山通电话。6月，中共中央政治局委员、全国人大常委会副委员长王晨同越共中央政治局委员、越南国会常务副主席陈青敏举行视频会晤。7月，王毅国务委员兼外长在澜湄合作第七次外长会期间会见越南外长裴青山。同月，王毅国务委员兼外长在广西主持中越双边合作指导委员会第十四次会议。8月，王毅国务委员兼外长在东亚合作系列外长会期间会见越南外长裴青山。9月，李克强总理同越南总理范明政通电话。10月，应中共中央总书记、国家主席习近平邀请，越共中央总书记阮富仲对华进行正式访问。11月，李克强总理在柬埔寨金边会见出席东亚合作领导人系列会议的越南总理范明政。

中国现为越南第一大贸易伙伴。据中国海关总署统计，2022年，中越双边贸易额为2349.2亿美元，同比增长2.1%。其中，中国出口额为1469.6亿美元，同比增长6.8%；中国进口额为879.6亿美元，同比减少4.7%。据中方统计，2022年，中国对越南全行业直接投资13亿美元，在越南投资来源国中排第五。

中国驻越南大使：熊波。馆址：So 46 Pho Hoang Dieu，Ha Noi。电话：0084–24–38453736；传真：38232826。领事部电话：0084–24–38235569；传真：37341181。商务处电话：0084–24–38232845；传真：38234286。

越南驻华大使：范星梅（Pham Sao Mai）。馆址：北京市朝阳区建国门外光华路32号。电话：010–65321125，65321155；传真：65326521。签证处电话：010–65327038；传真：65325414。商务处电话：010–65327035；传真：65325415。

【同美国的关系】1995年7月12日建立外交关系。1997年5月双方首任大使抵任。2006年5月，越美就越加入世界贸易组织达成协议，结束双边市场准入谈判。11月，美国不再把越南列入“宗教特别关注国家”。12月，美国给予越南永久正常贸易关系待遇。近年来两国先后建立副防长级政治、安全和国防战略对话和副防长级防务磋商机制。2022年5月，越南总理范明政出席美国—东盟特别峰会并访问美国。6月，美国副国务卿舍曼访问越南。

【同俄罗斯的关系】越南同苏联于1950年1月30日建交。苏联解体后，俄罗斯联邦继承了苏越外交关系。1994年两国签署《友好关系基本原则条约》。2001年建立战略伙伴关系。

【同东盟的关系】1995年7月，越南加入东盟。2013—2018年，前越南副外长黎良明担任东盟秘书长。2020年，越南担任东盟轮值主席国。

【同老挝的关系】1962年9月5日建交，两国保持特殊团结友好关系。越老高层往来频繁。2022年5月，越南国会主席王庭惠对老挝进行正式访问。

【同柬埔寨的关系】1967年6月24日建交。

【同其他东盟国家的关系】越南与东盟其他国家的关系进一步发展。2022年11月，越南政府总理范明政访问柬埔寨并出席东盟领导人会议。

【同日本的关系】1973年9月21日越南同日本建交。2009年，越日建立致力于亚洲和平与繁荣的战略伙伴关系，建立战略伙伴对话、防务对话和合作委员会等机制。2022年5月，日本首相岸田文雄访问越南。

【同其他国家和地区的关系】2022年2月，越南国家主席阮春福对新加坡进行国事访问。4月，越共中央总书记阮富仲同印度总理莫迪通电话。6月，越南国会主席王庭惠对英国进行正式访问。11月，越南国家主席阮春福出席亚太经合组织第二十九次领导人非正式会议并对泰国进行正式访问。12月，越南国家主席阮春福先后对韩国、印尼进行国事访问。同月，越南总理范明政赴欧洲出席东盟—欧盟建立关系45周年纪念峰会并对卢森堡、荷兰及比利时进行正式访问。国会主席王庭惠访问澳大利亚、新西兰。（肖昶芊）

非洲

阿尔及利亚

国名 阿尔及利亚民主人民共和国（The People's Democratic Republic of Algeria，La République Algérienne Démocratique et Populaire）。

面积 238万平方公里。

人口 4508万（2022年）。多数是阿拉伯人，其次是柏柏尔人（约占总人口20%）。少数民族有姆扎布族和图阿雷格族。官方语言为阿拉伯语，通用法语。伊斯兰教为国教。

首都 阿尔及尔（Algiers），人口376万（2017年）。

国家元首 总统阿卜杜勒马吉德·特本（Abdelmajid Tebboune），2019年12月当选。

重要节日 独立日：7月5日；国庆日：11月1日。

简况

非洲面积最大的国家。位于非洲西北部，北临地中海，东与突尼斯、利比亚，南与尼日尔、马里和毛里塔尼亚接壤，西与摩洛哥、西撒哈拉交界。海岸线长约1200公里。北部沿海地区属地中海气候，中部为热带草原气候，南部为热带沙漠气候。每年8月最热，最高气温29℃，最低气温22℃；1月最冷，最高气温15℃，最低气温9℃。

公元前3世纪，在阿尔及利亚北部建立过两个柏柏尔王国。后遭罗马、拜占庭、阿拉伯、西班牙、土耳其入侵。1830年，法国开始入侵，阿逐步沦为法殖民地。1954年11月1日，阿爆发抗法武装起义。1958年9月19日，阿临时政府成立。1962年7月3日，阿正式宣布独立，7月5日定为独立日。1963年9月，本·贝拉当选首任总统。1965年6月，胡阿里·布迈丁政变上台，成立革命委员会，自任主席兼总理。1976年12月，布当选总统。1979年2月，沙德利·本·杰迪德上校当选总统。1992年1月，杰辞职，以穆罕默德·布迪亚夫为首的5人最高国务委员会成立并行使总统职权。7月，卡菲继任最高国务委员会主席。1994年1月，最高国务委员会主席卸任，拉明·泽鲁阿勒被任命为总统。1995年11月，泽当选总统。1995—1997年，阿完成修宪公投，通过政党法并先后举行总统、立法、地方及民族院（参议院）的选举，各级政权建设基本完成。1998年9月11日，泽宣布提前卸任。1999年4月15日，阿举行总统选举，阿卜杜勒阿齐兹·布特弗利卡当选总统，并于2004年、2009年和2014年三度连任。

政治

2019年2月以来，阿爆发多轮大规模民众示威游行，抗议布特弗利卡总统谋求第5任期。4月2日，布特弗利卡总统宣布辞职。9日，阿议会两院全会投票确认总统职位空缺，由民族院（参议院）议长本·萨拉赫任临时总统。6月2日，阿宪法委员会宣布推迟原定于7月4日举行的大选。12月12日，阿举行大选，前总理阿卜杜勒马吉德·特本首轮胜出，当选总统。现政府于2021年7月成立。

【宪法】阿独立以来共颁布3部宪法。现行宪法于1989年2月颁布，于1996年11月经全民公投修订。修订后的宪法主要内容是：确定阿的伊斯兰、阿拉伯、柏柏尔属性；禁止在宗教、语言、种族、性别、社团主义和地方主义的基础上成立政党；议会由国民议会和民族院组成；总统在议会产生前及其休会期间可以法令形式颁布法律；如政府施政纲领两次被国民议会否决，则解散国民议会，重新选举等。2008年11月，阿议会通过宪法修正案，取消对总统连任次数的限制。2016年2月，阿议会通过新的宪法修正案，规定总统只能连任一次。2020年11月，阿通过修宪公投，规定任何人最多只能任两届总统（无论是否连续），增强总理职权，允许总统经议会授权后向海外派兵。

【议会】由国民议会（众议院）与民族院（参议院）组成，两院共同行使立法权。国民议会通过的法案须经民族院3/4多数通过后方能生效。根据2020年11月通过的修宪公投，2021年6月选举产生新一届国民议会，总共407名议员，其中：民族解放阵线获98席，争取和平社会运动获65席，民族民主联盟获58席，未来阵线获48席，建设运动党获39席，独立人士赢取84席，其他席位由部分小党获得。7月，易卜拉欣·布加利（Ibrahim Boughali）当选国民议会议长。民族院议员中，2/3通过间接、无记名投票选出，另1/3由总统任命。议员任期6年，每3年改选其中一半。本届民族院共有178名议员，2022年2月部分改选，民族解放阵线获54席，民族民主联盟获22席。现任议长为萨拉赫·古吉勒（Salah Goudjil），2021年1月当选，在2022年2月的选举中连任，任期至2024年。

【政府】现政府于2021年7月成立，由总理、30名部长、2名部长级代表和1名政府秘书长组成。主要成员有：总理艾伊曼·阿卜杜拉赫曼（Aimene Benabderrahmane），外交和海外侨民部长拉姆丹·拉马拉（Ramtane Lamamra），内政、地方行政和土地整治部长卡迈勒·贝勒朱德（Kamal Beldjoud），司法、掌玺部长阿卜杜拉希德·特比（Abderrachid Tabi），能源和矿业部长穆罕默德·阿卡布（Mohamed Arkab）等。

【行政区划】全国共分为58个省，包括：阿尔及尔、阿德拉尔、谢里夫、拉格瓦特、乌姆布阿基、巴特纳、贝贾亚、比斯卡拉、贝沙尔、布利达、布依拉、塔曼拉塞特、特贝萨、特雷姆森、提亚雷特、蒂齐乌祖、杰勒法、吉杰尔、塞蒂夫、赛伊达、斯基克达、西迪·贝勒·阿贝斯、安纳巴、盖尔马、君士坦丁、梅德阿、莫斯塔加纳姆、姆西拉、马斯卡拉、乌尔格拉、奥兰、贝伊德、伊利齐、布尔吉·布阿雷里吉、布迈德斯、塔里夫、廷杜夫、蒂斯姆西勒特、瓦德、罕西拉、苏克·阿赫拉斯、蒂巴扎、密拉、艾因·德夫拉、纳阿马、艾因·蒂姆沈特、格尔达亚、赫利赞、布尔吉·巴吉·穆赫塔尔、提米蒙、奥拉德·杰拉勒、贝尼·阿巴斯、因萨利赫、因盖扎姆、图古尔特、贾奈特、穆加伊尔、迈尼阿。

【司法机构】设最高司法委员会，主席和副主席分别由总统和司法部长担任。法院分三级：最高法院、省级法院和市镇法庭。不设检察院，在最高法院和省级法院设检察长，均受司法部领导。2021年9月，塔赫·马姆尼（Taher Mamouni）被任命为最高法院院长。

【政党】根据1996年11月通过的宪法修正案和1997年2月通过的《政党法》，阿原有30多个合法政党。2012年1月，布特弗利卡总统签署新的《政党法》，阿内政部据此批准了30多个新政党。主要政党有：

（1）民族解放阵线（Front de Libération Nationale）：简称“民阵”。前身为“团结与行动委员会”，成立于1954年8月，同年11月1日发动抗法武装起义，改名为“民族解放阵线”，1977年10月又易名为“民族解放阵线党”，1988年11月恢复“民族解放阵线”的名称。民阵积极倡导建立国际经济新秩序，主张恢复阿的国际地位。阿独立后，民阵长期执政。1992年后成为在野党。1997年6月，在首届立法选举时成为议会三大执政党之一。2002年，在阿第二届立法选举中重新成为阿第一大党，并在2007年、2012年的立法选举中继续保持第一大党地位。2005年2月，布特弗利卡总统被推举为名誉主席。2019年5月，穆罕默德·杰麦里当选为总书记。9月，阿里·萨迪基担任代理总书记。2020年5月30日，阿布·法德勒·巴阿吉（Abou El Fadl Baadji）当选总书记。

（2）民族民主联盟（Rassemblement National Démocratique）：简称“民盟”。成立于1997年2月，由老战士组织、老战士子女组织、烈士子女组织、退役军官协会、工会、农会、全国妇女联盟7个有影响的全国性团体组成。1997年6月，在首届立法选举中获40%的议席，一度成为阿第一大政党。在2002年、2007年、2012年的立法选举中均居议会第二大党。民盟主张“多样性、轮流执政”原则，要求深化经济结构改革，推进私有化进程。2019年7月，民盟选举塔兹卡亚·阿兹丁·米胡比为代理总书记，并代表民盟参加了2019年12月举行的总统选举。败北后，米辞去民盟总书记职务。2020年5月28日，塔耶卜·齐图尼（Tayeb Zitouni）当选总书记。

（3）争取和平社会运动（Mouvement de la Société pour la Paix）：简称“和运”。原名“哈马斯”，成立于1990年，1997年4月改为现名，系温和伊斯兰主义政党。既倡导伊斯兰化，也主张民主和轮流执政，鼓励推进私有化，努力解决失业和住房等问题。2004年，该党与民阵、民盟组成“总统联盟”，支持布特弗利卡总统连任。2012年，因与另外两党政治分歧宣布退盟，并与民族改革运动、复兴运动两个伊斯兰政党组成“绿色阿尔及利亚联盟”参加国民议会和地方选举，但表现不佳。现任党主席阿卜杜拉扎克·马克里（Abderrazak Makri）。

（4）阿尔及利亚人民运动（Mouvement Populaire Algérien）：简称“阿人运”。2012年3月获批成立。主张振兴经济，解放妇女，改善民生，改善地区和国际关系，反对伊斯兰主义，反对外国势力干涉阿内政。在2012年11月举行的地方选举中一跃成为仅次于民阵、民盟的第三大党。总书记阿马拉·本尤奈斯（Amara Benyounes）2019年5月因涉嫌腐败被逮捕，后被判处1年徒刑，于2020年11月出狱。

（5）劳工党（Parti des Travailleurs）：1990年3月29日成立，前身是社会主义工人组织。属极端民主派政党，主张一切权力归工人阶级，反对经济私有化，但不反对外国资本进入阿国有经济以外的其他领域。现任总书记露伊莎·哈努娜（Louisa Haroune，女）。

（6）社会主义力量阵线（Front des Forces Socialistes）：1963年成立。主张根据人民的需要和意愿发展国家，尊重言论自由，反对个人专制，主张建设一个自由、进步、团结的社会。2020年7月16日，尤素福·阿乌希什（Youcef Aouchiche）当选党的全国第一书记。

（7）文化与民主联盟（Rassemblement pour la Culture et la Démocratie）：1989年2月11日成立，由柏柏尔人组成。主张党政教分离，建立国家与私人相互补充的市场经济，全面改革教育制度。党主席阿特曼·马祖兹（Atmane Mazouz）。

【重要人物】阿卜杜勒马吉德·特本：总统。1945年生，阿西北部纳阿马省什丽亚市人。1969年从阿国家行政学院毕业后进入地方政府，任杰勒法省秘书长。1983年起先后担任阿德拉尔、提亚雷特和蒂齐乌祖省省长。1991年任内政部负责地方行政事务部长级代表。1999年起历任新闻部长兼政府发言人、内政部长级代表和住房部长。2012年9月任住房和城市规划部长。2017年5月至8月任总理。2019年12月以独立候选人身份参加总统大选并于首轮胜出。

经济

阿尔及利亚经济规模在非洲位居前列。石油与天然气产业是阿国民经济的支柱，多年来其产值一直占阿国内生产总值的30%，税收占国家财政收入的60%，出口占国家出口总额的97%以上。粮食与日用品主要依赖进口。

2010年、2014年，阿分别启动了旨在振兴经济、加快发展、改善民生的国家投资计划。近年来，阿政府正积极推进改革和经济多元化发展，逐步加大对能源和矿产领域开发力度。2022年主要经济数据如下：

国内生产总值：1871亿美元。

人均国内生产总值：4150美元。

国内生产总值增长率：4.1%。

货币名称：阿尔及利亚第纳尔。

汇率：1美元≈135阿尔及利亚第纳尔。

通货膨胀率：9.3%。

失业率：14.9%。

【资源】石油探明储量约17亿吨，占世界总储量1%，居世界第15位，主要是撒哈拉轻质油，油质较高；天然气探明可采储量约4.58万亿立方米，占世界总储量的2.37%，居世界第10位。阿油气产品大部分出口。其他矿藏主要有铁、铅、锌、铀、铜、金、磷酸盐等。其中，铁矿储量为30亿—50亿吨，主要分布在东部乌昂扎矿和布哈德拉矿。铅锌矿储量约1.5亿吨，铀矿5万吨，磷酸盐20亿吨，黄金73吨。阿水利资源较丰富，可开发水资源约172亿立方米，有水坝64座，蓄水能力710亿立方米。

【工业】工业以油气产业为主，钢铁、冶金、机械、电力等其他工业部门不发达。油气产业产值占国内生产总值的45.1%，制造业产值仅占5.2%。目前，阿工业系统共有员工约43万人，其中国营企业职工约33万人，私营企业员工约10万人。

【农业】阿现有农村人口1300万。农业产值约占国内生产总值的12%。主要农产品有粮食（小麦、大麦、燕麦和豆类）、蔬菜、葡萄、柑橘和椰枣等。耕地面积约800万公顷，占国土面积的3%。阿农业“靠天吃饭”，产量起伏较大。阿是世界粮食、奶、油、糖十大进口国之一，每年进口粮食约500万吨。近年来，阿农业发展迅速。

【旅游业】阿旅游资源丰富，全境有7处自然、文化景点被联合国教科文组织列为世界遗产。目前，阿全国有旅游开发区174个，饭店1136家，床位约10万张。

【交通运输】阿陆地运输以公路为主，公路运载量占83%，铁路占17%。

公路：总长约12.3万公里，是非洲密度最大的公路网。其中，国家级公路2.9万公里，省级公路2.4万公里，村镇级公路5.4万公里，另有高速公路1600公里。

铁路：集中在北部地区，总长4773公里。其中，标准轨3683公里，复线345公里，电气化铁路386公里，窄轨1089公里。铁路全线有214个车站，日客运能力约3.2万人次。

水运：共有45个港口，其中渔港31个，多功能港11个，休闲港1个，水利设施专用港2个。最大的港口是阿尔及尔港，有大小泊位37个。阿30%的货物、70%的集装箱通过阿尔及尔港装载。

空运：全国有53个机场，其中29个投入商业运行，包括阿尔及尔、奥兰、安纳巴、君士坦丁等13个国际机场，每年起降飞机10万架次。现有2家国营航空公司和6家私营航空公司，共有飞机60余架，其中大、中型飞机30余架。目前，已开通20个国家的50多条国际航线。阿尔及利亚航空公司开通了阿尔及尔至北京的定期国际直航航线。

【财政金融】据阿《2022年财政补充法》，2022年，阿财政收入493亿美元，财政支出817.6亿美元，财政赤字324.6亿美元。

阿中央银行为阿尔及利亚银行，负责制定国家货币政策、发行货币、管理国家外汇储备等，尤其是监管对外信贷和资本流动。85%的银行贷款由国有银行发放。国有银行国际市场化程度较低，不按商业银行模式运作。阿现有19家授权商业银行，包括阿尔及利亚对外银行、阿尔及利亚国民银行、阿尔及利亚人民信贷银行等。

【对外贸易】原由国家控制，国营公司垄断经营。1991年3月，宣布放开对外贸易，主张贸易多元化。主要出口产品为石油和天然气，主要进口产品为工农业设备、食品、生产原料、非食品消费品等。主要贸易伙伴是西方工业国。近几年对外贸易情况如下（单位：亿美元）：

	2020	2021	2022
出口额	298	378	601
进口额	273	392	410
差　额	25	–14	191

【外国资本】外国资本主要集中在能源、基础设施和消费品生产等领域。主要投资国家是法国、西班牙、美国、科威特等。阿尔及利亚对外国资本限制条件较多，根据世界银行最新公布的《2019年全球营商环境报告》，阿营商环境在189个国家和地区中排名第157位。

人民生活

据阿尔及利亚国家发展与人口统计局数据，2006年，阿人口贫困率不到6%。自2011年起，阿政府每年划拨3000亿第纳尔用作大宗消费品补贴。2012年，阿政府再次投入1.3万亿第纳尔用于家庭、退休、粮、油、电等各类补贴，并将国家最低工资标准提升至每月1.8万第纳尔。2009年以来，阿共创造约300万个就业岗位，失业率从2000年的29.7%持续降低到10.4%。2020年以来，因新冠疫情，阿失业率再度走高，达15%左右。

军　事

阿尔及利亚武装力量前身为民族解放军，独立后改称“阿尔及利亚国家人民军”。实行义务兵役制和志愿兵相结合的兵役制度。义务兵役制规定，男性公民服役期为18个月。国防部是军队最高领导机构。总统任国防部长和三军统帅。最高安全委员会负责就国家安全问题向总统提出建议。国家人民军参谋部是最高军事指挥机构。人民军参谋长为艾哈迈德·萨拉赫·盖德（Ahmed Salah Gaid）中将。全国划分为6个军区，下设若干军分区。装备主要来自俄罗斯，其余来自美、英、法、意等国。

人民军正规部队20.45万人。其中，陆军12.7万人，海军1万人，空军1.4万人。准军事武装（包括宪兵、国家安全部队、共和国卫队、乡镇卫队及合法防卫组织）37.65万人。

文化教育

【教育】阿尔及利亚实行9年制义务教育，小学入学率97%，中学入学率66%。中、小学生教育免费，大学生享受助学金和伙食补贴。主要大学有：阿尔及尔大学、胡阿里·布迈丁科技大学、君士坦丁大学等。

【新闻出版】1990年前，阿尔及利亚新闻出版由国家垄断。1990年，阿颁布新的新闻法，实行有条件的新闻自由，一些政党创立了党报，也出现了一些独立的地方报刊。目前，阿有300余种全国性报刊，其中日报65种，阿文报刊32种，法文报刊33种，平均日发行量243万份。主要报纸有《圣战者报》《自由报》《人民报》《消息报》《晚报》《祖国报》《晨报》等；主要刊物有《阿尔及利亚时事周刊》《非洲革命》等。近年来，阿网络媒体迅速发展，TSA、ALGERIE360等网站影响较大。

阿尔及利亚新闻通讯社：官方通讯社，创建于1961年，在国内48个省设有分社，在国外设有15个分社，用阿、法、英三种文字发稿，每年发稿20万条。

阿尔及利亚广播电台：国营电台，创建于1956年，前身为“战斗的阿尔及利亚之声”，有4套节目。

阿尔及利亚电视台：国营电视台，创建于1962年，前身为法国5台，有5套节目。

对外关系

阿尔及利亚奉行独立、自主和不结盟的外交政策，主张尊重国家主权与领土完整、互不干涉内政、互不使用武力，在相互尊重、互利和对话基础上寻求广泛合作，外交为经济建设服务。特本总统执政后，强调采取更加平衡、务实的外交政策。反对大国强权政治和借口人权干涉别国内政，主张建立公正合理的国际政治、经济新秩序。反对恐怖主义。致力于阿拉伯马格里布联盟建设和地区和平，积极参与阿拉伯事务。促进非洲团结与和平。支持欧盟—地中海合作，平衡发展同美国、俄罗斯等国及欧盟的合作关系，重视加强同中国等发展中大国的关系。

【同中国的关系】中阿传统友谊深厚。1958年9月阿尔及利亚临时政府成立后，中国即予以承认，是第一个承认阿的非阿拉伯国家。同年12月20日两国建交后，双方各领域友好合作关系不断发展。2014年2月，两国发表《关于建立全面战略伙伴关系的联合公报》。5月，习近平主席和布特弗利卡总统共同签署《关于建立全面战略伙伴关系的联合宣言》。

近年来，双边高层互访和政治往来不断。2020年初，习近平主席同阿总统特本就新冠疫情互致信函。3月、12月，李克强总理应约同阿总理杰拉德通电话。7月，王毅国务委员兼外长应约同阿外长布卡杜姆通电话。10月，中共中央政治局委员、中央外事工作委员会办公室主任杨洁篪访阿。2021年2月，王毅国务委员兼外长应约同阿外长布卡杜姆通电话。7月，王毅国务委员兼外长访阿。11月，王毅国务委员兼外长在中非合作论坛第八届部长级会议期间会见阿外长拉马拉。2022年12月，习近平主席在出席首届中国—阿拉伯国家峰会期间同阿总理阿卜杜拉赫曼举行会见。

新冠疫情暴发后，阿方积极支持中国抗疫。中国政府向阿派遣抗疫医疗专家组，协助阿方抗击疫情。中阿两国卫生专家多次举行视频会议，分享抗疫经验。中国政府、企业、地方省市和社会机构等积极向阿方捐赠抗疫物资。阿方积极同中方开展新冠疫苗合作，自科兴公司采购多批新冠疫苗。中方于2021年2月向阿方援助一批新冠疫苗。9月，科兴公司在阿疫苗罐装生产合作项目正式投产。

两国经贸往来日益密切。据中国海关总署统计，2022年，中阿双边贸易额为74.2亿美元，同比减少0.1%。其中，中国出口额为62.8亿美元，同比减少

1.1%；中国进口额为11.4亿美元，同比增长5.8%。

中国驻阿尔及利亚大使：李连和，李健（2022年6月以后）。馆址：34，Boulevard des Martyrs，Alger，Algérie。电话：00213–21–692724，692926；传真：693056，693082。

阿尔及利亚驻华大使：哈桑·拉贝希（Hassan Rabehi）。馆址：北京市朝阳区三里屯路7号。电话：010–65321496，65321120（武官处）；传真：65321648。

【同美国的关系】1962年9月，阿美建交；1967年中东"六五"战争爆发后，阿宣布同美断交；1974年11月，两国复交。近年来，阿美高层互访不断。2020年10月，美国防部长埃斯珀访阿。11月，美总统特朗普签署声明承认摩洛哥对西撒哈拉地区拥有主权，阿方则宣称有关声明是非法、无效的。2021年1月，美空军部长巴雷特访阿。7月，美国务院近东事务代理助卿胡德访阿。8月，阿外长拉马拉同美国务卿布林肯通电话。9月，美军非洲司令部司令汤森访阿。2022年3月，美国务卿布林肯访阿。12月，阿总理阿卜杜拉赫曼赴美出席第二届美非峰会。

【同法国的关系】阿法有传统关系，法是阿尔及利亚最大债权国和最主要的贸易伙伴之一。阿是法在非洲第一大贸易伙伴、重要的能源供应国和商品出口目的地，但两国在殖民历史问题上矛盾未消。阿在法侨民200余万人。2018年4月，阿外长梅萨赫勒访法。9月，阿总统布特弗利卡同法总统马克龙通电话。11月，阿总理乌叶海亚赴法出席第一次世界大战结束100周年纪念活动。2020年1月、10月，2021年12月，法外长勒德里昂多次访阿。2022年8月，法总统马克龙访阿。

【同欧盟及其成员国的关系】欧盟是阿最大贸易伙伴。阿是欧盟第二大天然气供应国，占据欧盟天然气市场的1/4。2018年9月，德国总理默克尔访阿。11月，意大利总理孔特访阿。同月，欧盟委员会副主席、外交与安全政策高级代表莫盖里尼访阿。2022年5月，特本总统访问意大利。

【同俄罗斯的关系】1962年7月，阿尔及利亚独立后与苏联建交，双边关系十分密切。阿大部分武器装备来自苏联，但两国贸易处于较低水平。1991年12月，阿承认俄罗斯联邦和独联体。2018年1月，俄联邦安全会议秘书帕特鲁舍夫访阿。2019年4月，阿外长布卡杜姆出席在莫斯科举行的阿拉伯国家—俄罗斯合作论坛第五届部长级会议。10月，阿临时总统本·萨拉赫出席在俄罗斯索契举行的第一届俄罗斯—非洲峰会。2020年7月，阿外长布卡杜姆访俄。2021年6月，阿军总参谋长谢赫里亚访问俄罗斯。

【同摩洛哥的关系】1963年，阿摩曾因边界争端发生武装冲突。1976年，阿尔及利亚承认"西撒国"后，摩宣布与阿断交。1988年，两国复交。2013年10月，摩方为抗议阿在西撒问题上的相关表态，一度召回摩驻阿大使，两国关系有所紧张。2020年11月，阿方谴责摩洛哥对西撒哈拉盖尔盖拉特缓冲区发动军事行动。2021年7月，阿方强烈谴责摩洛哥官方在联合国散布文件支持阿卡比利地区独立和摩方利用间谍软件在阿实施窃密，并召回阿驻摩大使。2021年8月，阿宣布同摩断交。10月，阿宣布暂停使用经摩洛哥穿越地中海的输气管线。11月，阿3名公民在西撒哈拉地区遇袭身亡，阿方强烈谴责摩方袭击行动。2022年7月，摩国王穆罕默德六世表示希望同阿恢复外交关系。

【同利比亚的关系】利比亚是阿尔及利亚的重要邻国。阿利关系曾因利与摩洛哥结盟而一度冷淡。2020年1月，利民族团结政府总理萨拉吉访阿；特本总统出席利比亚问题柏林峰会。6月，利民族团结政府总理萨拉吉再度访阿。2021年2月，联合国主导利各界代表选举产生新的临时最高权力机构领导人，利于3月成立新的民族统一政府，阿方对此表示欢迎。5月，利民族统一政府总理德拜巴访阿。7月，利总统委员会主席曼菲访阿。2022年10月，利总统委员会主席曼菲访阿。

【同突尼斯的关系】阿尔及利亚与突尼斯于1983年3月签署《友好和睦条约》。两国关系友好，经济合作发展较快。阿每年赴突旅游者约200万人次。2020年2月，突总统赛义德访阿。2021年4月，阿外长布卡杜姆访突。7月，阿外长拉马拉一周内两度访突。12月，特本总统、阿卜杜拉赫曼总理分别访突。2022年11月，突总理娜杰拉访阿。

【同毛里塔尼亚的关系】两国致力发展睦邻友好关系，签有渔业合作协议。2020年3月，阿外长布卡杜姆访毛。2021年9月，阿外长拉马拉访毛。12月，毛总统加兹瓦尼访阿。2022年9月，阿卜杜拉赫曼总理访毛。

（吉志）

埃　　及

国名　阿拉伯埃及共和国（The Arab Republic of Egypt）。

面积　约100.1万平方公里。

人口　约1.04亿（2022年）。官方语言为阿拉伯语。伊斯兰教为国教，信徒主要是逊尼派，占总人口的84%。科普特基督徒和其他信徒约占16%。另有

1000万—1400万海外侨民。

首都　开罗（Cairo），面积约3085平方公里，人口2175万（2022年）。夏季平均气温最高34.2℃，最低20.8℃；冬季平均气温最高19.9℃，最低9.7℃。

国家元首　总统阿卜杜勒法塔赫·塞西（Abdel Fattah Al-Sisi），2014年6月就职，2018年6月连任。

重要节日　国庆日：7月23日。

简　况

跨亚非两大洲，大部分位于非洲东北部，只有苏伊士运河以东的西奈半岛位于亚洲西南部。西连利比亚，南接苏丹，东临红海并与巴勒斯坦、以色列接壤，北濒地中海。海岸线长约2900公里。全境干燥少雨。尼罗河三角洲和北部沿海地区属地中海型气候，1月平均气温12℃，7月平均气温26℃。其余大部分地区属热带沙漠气候，炎热干燥，沙漠地区气温可达40℃。

古埃及是世界四大文明古国之一。约公元前3200年，美尼斯统一上埃及和下埃及，建立了第一个奴隶制国家。古埃及主要经历早王朝、古王国、中王国、新王国和后王朝等时期。古王国时期，开始大规模兴建金字塔。中王国时期，经济发展，文艺复兴。新王国时期，生产力显著提高，开始对外扩张，成为军事帝国。后王朝时期，内乱频繁，外患不断，国力日衰。公元前525年，埃及成为波斯帝国的一个行省。在此后的1000多年间，埃及相继被马其顿人和罗马人征服。公元641年，阿拉伯人进入，埃及逐渐阿拉伯化，成为伊斯兰教一个重要中心。1517年，埃及被土耳其人征服，成为奥斯曼帝国的行省。1882年被英军占领后，埃及成为英“保护国”。1922年2月28日，英国宣布埃及为独立国家，但保留对国防、外交、少数民族等问题的处置权。1952年7月23日，以纳赛尔为首的自由军官组织推翻法鲁克王朝，成立革命指导委员会，掌握国家政权。1953年6月18日宣布成立埃及共和国。1958年2月同叙利亚合并，成立阿拉伯联合共和国。1961年，叙利亚发生政变，退出“阿联”。1970年，纳赛尔总统病逝，萨达特继任总统。1971年9月1日改名为阿拉伯埃及共和国。1981年10月，萨达特总统遇刺身亡，副总统穆巴拉克继任，并4次连任直至2011年辞职。

政　治

2011年1月底，埃及发生大规模反政府示威游行。2月11日，穆巴拉克辞职，武装部队最高委员会接管权力。2012年6月，埃及穆斯林兄弟会创立的自由与正义党主席穆尔西赢得总统选举并宣誓就职。2013年6月底至7月初，反对穆尔西的政治力量和民众在穆尔西执政1周年之际举行大规模游行示威活动，引发流血冲突。7月3日，以国防部长塞西为首的埃及军方罢黜穆尔西，废除宪法，公布政治过渡路线图，推出临时总统和政府。12月，临时政府宣布穆斯林兄弟会为恐怖组织。2014年5月，埃及举行总统选举，塞西以97%的得票率当选总统。6月8日，塞西就职。2018年6月，塞西成功连任总统。

【宪法】原宪法于1971年9月经全民投票通过，1980年、2005年和2007年三次修订，2011年穆巴拉克下台后被废止。2012年12月，埃及全民公投以63.8%的支持率通过新宪法。2013年7月3日，埃及军方宣布中止2012年宪法。2014年1月，新宪法草案以98.1%的支持率（投票率38.6%）通过全民公投。2019年4月，埃及举行全民公投，以88.83%的支持率（投票率44.33%）通过宪法修正案。此次修宪主要内容包括延长总统任期，设立参议院、副总统等。

【议会】2019年4月修宪将议会由一院制改为两院制。众议院拥有立法权、监督权和财政权，政府对众议院负责，受其监督；任期5年，设不少于450个席位。新设的参议院为资政机构，主要职能是就立法、结约、外交政策等重大事项向众议院和总统提出建议；任期5年，设300个席位。2020年，埃及先后举行参议院和众议院选举，现任众议长哈纳菲·贾巴利（Hanafi Jabali），参议长阿卜杜瓦哈卜·阿卜杜拉齐格（Abdel-Wahab Abdel-Razek）。

【政府】现任总理穆斯塔法·卡迈勒·马德布利（Mostafa Kemal Madbouly），2018年就职。除总理外，内阁目前由33名部长组成。

【行政区划】全国划分为27个省，包括：开罗省、吉萨省、盖勒尤比省、曼努菲亚省、杜姆亚特省、达卡利亚省、卡夫拉·谢赫省、贝尼·苏夫省、法尤姆省、米尼亚省、索哈杰省、基纳省、阿斯旺省、红海省、西部省、艾斯尤特省、新河谷省、亚历山大省、布哈拉省、北西奈省、南西奈省、塞得港省、伊斯梅利亚省、苏伊士省、东部省、马特鲁省和卢克索省。

【司法机构】司法机构分为普通司法机构和行政司法机构。最高上诉法院是普通司法机构中的最高部门，院长由穆罕默德·马赫古布（Mohamed Mahgoub）担任。最高行政法院（国家委员会）是行政司法机构的最高部门，院长兼主席由阿德尔·阿扎布（Adel Azab）担任。2019年4月修宪规定设立由总统领导的最高司法委员会，委员会主席由最高上诉法院院长马赫古布担任。开罗还设有最高宪法法院，负责解释法律法规的宪法性质，最高宪法法院院长布洛斯·法赫米（Boulos Fahmy）还担任总统选举最高委员会主席。检察机构包括总检察院和地方检察分院，总检察长哈马达·萨维（Hamada Al-Sawy）。

【政党】1952年革命后，曾禁止政党活动。阿拉伯社会主义联盟于1962年10月成立，为埃及唯一合法政党，纳赛尔总统任主席。1977年开始实行多党制。2011年颁布新政党法，现有政党及政治组织近百个，其中经国家政党委员会批准成立的政党约60个。主要政党有：

（1）自由埃及人党（Free Egyptians Party）：2011

年7月3日成立。主张建立世俗国家和司法独立，保持原有的社会价值观和习俗，全体公民拥有信仰自由及民主、自由权利。妇女应发挥社会作用，参与各领域建设。2014年4月，该党召开党代会，同意民主阵线党并入，该党实力得到增强。主席伊萨姆·哈利勒（Essam Khalil）。

（2）祖国未来党（Nation's Future Party）：2015年8月成立，前身是组织并参与“1·25”革命和“6·30”革命的祖国未来运动。自称为埃及青年的政党，宗旨是以政党政治替代街头政治，以合法、和平方式使青年参与国家政治生活。主席艾什拉夫·拉沙德（Ashraf Rashad）。

（3）华夫脱党（Wafd Party）：1978年2月成立，是穆巴拉克时期的主要反对党。要求加快政治、经济和社会改革，保障基本自由和人权，密切同阿拉伯和伊斯兰国家的关系，重点发展与非洲国家的关系。主席赛义德·拜达维（Al-Sayyid Al-Badawi）。

【重要人物】阿卜杜勒法塔赫·塞西：总统。1954年生。1977年毕业于埃及军事学院，获学士学位。1987年在埃及指挥与参谋学院获硕士学位。曾于2005—2006年在美国陆军作战学院学习。曾在埃及陆军步兵部队服役，历任机械化步兵营营长、国防部情报与安全处处长、驻沙特使馆武官、北方军区参谋长、北方军区司令、军事情报局局长。2011年穆巴拉克下台后，塞西进入武装部队最高委员会。2012年8月被任命为国防部长兼武装部队最高委员会主席。2013年7月在临时政府中担任第一副总理兼国防部长。2014年3月辞去所有职务参选总统并最终胜选，6月8日宣誓就职。2018年6月，塞西连任总统。 **穆斯塔法·卡迈勒·马德布利**：总理。1966年生。获开罗大学工程学院博士学位。2000年起在埃及住房部任职，历任城市规划总局技术部部长、副局长、局长，2012年任联合国人类住区规划署阿拉伯地区署长，2014年任住房部长，2018年6月出任总理。 **哈纳菲·贾巴利**：众议院议长。1949年出生。1975年毕业于开罗大学法学院，1987年获得艾因夏姆斯大学法学院博士学位。曾在埃及司法部、总统府、最高宪法法院及巴林王国宪法法院等部门工作。2010—2011年任阿拉伯宪法法院联盟秘书长，2018年6月起任埃及最高法院院长。2021年1月12日当选众议院议长，任期5年。 **阿卜杜瓦哈卜·阿卜杜拉齐格**：参议院议长。1948年生。1969年毕业于开罗大学法律系。曾在埃及总检察院、行政法院、最高宪法法院等部门工作。2016—2019年任最高宪法法院院长。2019年任祖国未来党主席。2020年起任参议院议长。

经 济

属开放型市场经济，拥有相对完整的工业、农业和服务业体系。服务业约占国内生产总值的46%。工业以纺织、食品加工等轻工业为主，约占国内生产总值的36%。农业占国内生产总值的18%。2022年主要经济数据如下：

国内生产总值：3855.8亿美元。

人均国内生产总值：3780美元。

国内生产总值增长率：6.2%。

货币名称：埃及镑。

汇率：1美元≈25埃及镑。

通货膨胀率：13.9%。

失业率：7.0%。

【资源】主要有石油、天然气、磷酸盐、铁等。已探明的储量约为：石油48亿桶，天然气3.2万亿立方米，磷酸盐70亿吨，铁矿6000万吨。此外，还有锰、煤、金、锌、铬、银、钼、铜和滑石等。埃及平均原油日产量达71.15万桶，天然气日产量达1.68亿立方米，全国天然气消费量占埃及天然气总产量的70%，其余30%供出口。埃及电力供应以火电为主，占86.9%。全国电网覆盖率达99.3%，世界排名第28位。阿斯旺水坝是世界七大水坝之一，全年发电量超过100亿千瓦时。

【工业】工业以纺织和食品加工等轻工业为主。工业产值约占国内生产总值的36%，工业产品出口约占商品出口总额的60%，工业从业人员约274万人，占全国劳动力总数的14%。埃及工业企业过去一直以国营为主体，自20世纪90年代初开始，埃及开始积极推行私有化改革，出售企业上百家。

【农业】埃及是传统农业国，农村人口占全国总人口的55%，农业从业人员约550万人，占全国劳动力总数的31%。埃及政府重视扩大耕地面积，鼓励青年务农。全国可耕地面积为310万公顷，约占国土总面积的3.7%。近年来，随着埃及经济的发展，农业产值占国内生产总值比重有所下降。主要农作物有小麦、大麦、棉花、水稻、马铃薯、蚕豆、苜蓿、玉米、甘蔗、水果、蔬菜等。主要出口棉花、大米、马铃薯、柑橘等。经过改革，农业生产实现了稳定增长，是埃及经济开放见效最快的部门。但随着人口增长，埃及仍需进口粮食，是世界上最大的粮食进口国之一。为扩大耕地面积，增加农业产出，2015年，塞西总统提出“百万费丹”土地改良计划。

【旅游业】埃及历史悠久，名胜古迹众多，具有发展旅游业的良好条件。政府非常重视发展旅游业。主要旅游景点有金字塔、狮身人面像、卢克索神庙、阿斯旺水坝、沙姆沙伊赫等。受新冠疫情影响，2020年埃及旅游业收入为40亿美元，较2019年下降了约70%；2020年有350万外国游客到访埃及，较2019年下降了73%。2022年，埃及共接待1170万人次游客，高于2021年的800万人次，增幅为46.2%。

【交通运输】交通运输便利。近几年，水运、陆运、空运能力增长较快。

铁路：由28条线路组成，总长10008公里，共有

796个客运站，日客运量200万人次。开罗目前共有3条地铁线路，总长89.4公里，共耗资120亿埃及镑；地铁4号线分3个阶段在建。

公路：总长约4.9万公里。

水运：有7条国际海运航线；内河航线总长约3500公里。现有亚历山大港、塞得港、杜米亚特港、苏伊士港等62个港口，年吞吐总量为800万标准集装箱，海港贸易量为1.01亿吨。苏伊士运河是沟通亚、非、欧的主要国际航道。近年来，运河进行了大规模扩建，使过运河船只载重量达24万吨，可容纳第4代集装箱船通过。2022年，苏伊士运河收入达80亿美元，创历史新高。

空运：有民航飞机55架。全国共有机场30个，其中国际机场11个，开罗机场是重要国际航空站。

【财政金融】财政来源除税收外，主要依靠旅游、石油天然气、侨汇和苏伊士运河收入。

【对外贸易】埃及同120多个国家和地区有贸易关系，主要贸易伙伴是中国、美国、法国、德国、意大利、英国、日本、沙特、阿联酋等。由于出口商品少，外贸连年逆差。为扩大对外出口，减少贸易逆差，埃及政府采取了以下措施：发展民族工业，争取生产更多的进口替代商品；限制进口，特别是消费性制成品的进口；争取扩大出口，特别是原油、原棉以外的非传统性商品的出口。2022年，埃及出口额达516亿美元，同比增长18%，创历史新高。埃及主要进口商品是：机械设备、谷物、电器设备、矿物燃料、塑料及其制品、钢铁及其制品、木材及木制品、车辆、动物饲料等。主要出口产品是：矿物燃料（原油及其制品）、棉花、陶瓷、纺织服装、铝及其制品、谷物和蔬菜。埃及出口商品主要销往阿拉伯国家。

【外国资本】1974年6月，埃及政府颁布第一部投资法。自20世纪90年代中期以来，埃及吸引外国直接投资的速度加快。2014年下半年以来，埃及局势逐步趋稳，投资环境得以改善。2017年6月，埃及颁布新投资法，利于吸引外资，在土地出让模式、所得税减免、投资保障、本地雇员数量等方面提供优惠政策。

【外国援助】美国是埃及的主要援助国。向埃及提供援助的还有德国、法国、日本、英国、意大利等国家及世界银行、国际货币基金组织和阿布扎比发展基金等国际组织。

人民生活

为改善人民生活，埃及政府长期实行家庭补贴，并对大米、面包、面粉、食用油、糖和能源物料等基本生活物资实行物价补贴。2014年6月新政府成立后，埃政府努力减少财政开支，宣布削减对面粉、燃油等物资的政府补贴，并开始实施新的阶梯电价。同时，埃政府大力推进保障住房工程，提高养老金标准，确保基本生活物资供应并积极平抑物价。2019年1月，塞西总统提出“体面生活”倡议，旨在改善民生，特别是提高偏远和贫困地区农村居民生活水平。

军　事

埃及实行义务兵和志愿兵相结合的兵役制度，义务兵服役期3年。武装部队总兵力45万，预备役部队25.4万。

文化教育

【教育】实行普及小学义务教育制度。全国共有基础教育（含小学、初中、高中和中等技术教育）学校42184所，其中公立学校37218所、私立学校4966所。共有大学34所，其中公立大学18所、私立大学16所，著名大学有开罗大学、亚历山大大学、艾因·夏姆斯大学、爱资哈尔大学等。大学高等教育平均入学率达32%。

【新闻出版】埃及现有报刊500余种，其中报纸180余种、杂志300余种。主要阿拉伯文报刊有《金字塔报》、《消息报》、《共和国报》、《晚报》、《金字塔经济学家》周刊、《最后一点钟》周刊、《图画》周刊、《鲁兹·尤素福》周刊；主要英文报刊有《埃及公报》。主要私营报刊有《七日报》《今日埃及人报》《日出报》等。主要门户网站有金字塔在线、七日网、国家回声等。

中东通讯社：埃及国家通讯社，是目前中东地区和阿拉伯世界最大的通讯社，1956年2月创立。宣传政府政策，用阿拉伯文、英文、法文3种文字发稿。

全国现有269家广播台站，平均每天播报478小时。国家广播电台创建于1928年，目前每天用80个频率、38种语言向埃国内外广播。中东广播电台建于1964年，主要为商业服务。亚历山大广播电台建于1960年，用阿拉伯语播音。2000年，埃及开始通过“非洲之星”广播卫星和尼罗河卫星等传送广播节目，可覆盖全世界。

电视台在埃及传媒中占据突出地位。埃及电视台建于1960年。目前，埃及电视频道分中央、地方、卫星、专题四类数十个频道，节目覆盖亚、非、欧、北美等地区。2001年6月，私营卫星电视频道获准开播。

对外关系

埃及奉行独立自主、不结盟政策，主张在相互尊重和不干涉内政的基础上建立国际政治和经济新秩序，加强南北对话和南南合作。突出阿拉伯和伊斯兰属性，积极开展和平外交，致力于加强阿拉伯国家的团结合作，推动中东和平进程，关注利比亚、叙利亚等地区热点问题。反对国际恐怖主义。倡议在中东和非洲地区建立无核武器及其他大规模杀伤性武器区。重视大国外交，巩固同美国的关系，加强同欧盟、俄罗斯等的关系，积极发展同新兴市场国家的关系。在阿盟、非盟、伊斯兰合作组织等国际组织中较为活跃。目前，埃及已与165个国家建立了外交关系。

埃及在阿拉伯、非洲和国际事务中均发挥着重要作用。开罗为阿拉伯国家联盟总部所在地，埃及前外长盖特为现任阿盟秘书长。埃及曾任2016/2017年度安理会非常任理事国，2019年非盟轮值主席国。

【同中国的关系】埃及是第一个同新中国建交的阿拉伯、非洲国家。自1956年5月30日建交以来，中埃两国关系发展顺利。1999年4月，两国建立战略合作关系。2006年5月，两国外交部建立战略对话机制。2006年6月，两国签署关于深化战略合作关系的实施纲要。2007年5月，中国全国人大和埃及人民议会建立定期交流机制。自2007年1月27日起，两国互免持中国外交和公务护照、埃及外交和特别护照人员签证。2014年12月，两国建立全面战略伙伴关系。2016年1月，两国签署关于加强全面战略伙伴关系的5年实施纲要和关于共同推进"一带一路"建设的谅解备忘录。

2020年1月，王毅国务委员兼外长访问埃及。3月，习近平主席同塞西总统通电话。6月，塞西总统出席中非团结抗疫特别峰会并发言。2021年2月，习近平主席应约同塞西总统通电话。4月，全国人大常委会委员长栗战书同贾巴利众议长举行视频会晤。5月，全国政协主席汪洋以视频方式会见阿卜杜拉齐格参议长。6月，王毅国务委员兼外长应约同埃及外长舒克里通电话。7月，王毅国务委员兼外长访问埃及。2022年2月，塞西总统来华出席北京冬奥会开幕式。6月，塞西总统出席全球发展高层对话会。12月，习近平主席在出席首届中国—阿拉伯国家峰会期间同塞西总统会晤。

据中国海关总署统计，2022年，中埃双边贸易额为181.9亿美元，同比减少8.8%。其中，中国出口额为171.7亿美元，同比减少5.8%；中国进口额为10.2亿美元，同比减少40.1%。中国向埃主要出口机电产品和纺织服装等，自埃主要进口原油、液化石油气和农产品等。中国是埃及第一大贸易伙伴。

中埃文教、新闻、科技等领域交流合作活跃。近年来，双方举办了文化周、电影节、文物展、图片展等丰富多彩的活动，深受两国人民欢迎。目前，埃及有10所大学开设了中文专业。2002年，中国文化中心在开罗设立。埃及现有4所孔子学院和2个孔子课堂。2007年，开罗大学与北京大学合作成立北非地区第一所孔子学院。2008年，北京语言大学与苏伊士运河大学合建了埃及第二所孔子学院。此外，埃及还有艾因·夏姆斯大学孔子学院、亚历山大大学孔子学院等两所孔子学院。

1983年，两国政府签署科技合作协定。2002年，两国签署政府间和平利用原子能合作协定和中国公民组团赴埃及旅游实施方案的谅解备忘录。2019年，埃及公民来华8.16万人次，同比减少4.2%。两国间现已结成友好省市17对。

新冠疫情发生以来，中埃相互支持，塞西总统第一时间向习近平主席致慰问信，派遣卫生部长作为总统特使访华。中方积极支持埃方抗击疫情，提供抗疫物资援助，及时分享防控诊疗经验。中埃两国积极开展新冠疫苗合作。中国国药集团在埃及开展疫苗三期临床试验，中方向埃方提供多批新冠疫苗援助。2021年4月，中国科兴公司同埃方开展新冠疫苗联合生产合作，埃及成为非洲首个生产新冠疫苗的国家。2022年9月，彭丽媛教授倡导以中国政府名义向埃及妇女儿童捐赠的1000万剂疫苗运抵，科兴公司向埃方援建的可储存1.5亿剂疫苗的全自动化冷库竣工。

中国驻埃及大使：廖力强。馆址：14 Bahgat Aly Street，Zamalek，Cairo，Egypt。电话：00202–27361219；传真：27359459。

埃及驻华大使：阿西姆·哈奈菲（Assem Al-hanafi）。馆址：北京市朝阳区日坛东路2号。电话：010–65321825，65322541；传真：65325365。

【同美国的关系】纳赛尔总统时期，埃美关系比较紧张。1967年"六五"战争后，埃及宣布同美断交。1973年"十月战争"后，埃美关系明显改善和发展。1974年2月两国复交。穆巴拉克总统执政后，两国关系日趋密切，与美有"特殊战略伙伴"关系。美国自1979年起每年向埃及提供21亿美元的援助，其中军援13亿美元。1998年，美埃签署协议，商定美在未来10年内每年减少5%对埃及政府经援，至2008年减至4.07亿美元。但美采取其他方式弥补，经援总额并未大幅减少。2004年，埃美签订"合格工业园区"协定后，双方经济关系进一步加强。在2013年7月初埃及政局再度剧变后，美国对埃及军方强力镇压穆兄会持批评态度，并暂停对埃及部分军事援助和经济援助。2014年6月塞西就任总统后，奥巴马总统向其致电祝贺，国务卿克里于2014年6月、7月两次访埃，并恢复对埃及部分援助，美埃关系有所缓和。2020年6月，塞西总统同特朗普总统通电话，就利比亚和复兴大坝问题最新进展交换意见。2021年5月，塞西总统同拜登总统通电话，就双边关系和巴以冲突、利比亚、复兴大坝、人权等问题交换意见。2022年7月，塞西总统在沙特会见拜登总统，讨论双方共同关心的国际和地区问题。11月，塞西总统会见到访的拜登总统，就加强两国战略伙伴关系和地区国际问题交换意见。12月，塞西总统赴美出席第二届美非峰会。

【同欧盟及其成员国的关系】纳赛尔总统时期，埃及同主要西欧国家关系冷淡。萨达特总统上台后开始注意改善同西欧国家关系。1973年"十月战争"后，埃及同西欧国家关系有较大发展。穆巴拉克总统执政后频繁出访欧盟国家，双方往来密切。2013年7月初埃政局再次剧变后，欧盟积极斡旋调解埃危机。2020年1月，塞西总统先后会见到访的法国外长勒德里昂、欧洲理事会主席米歇尔、意大利总理孔特。3月，塞西总统会见法国防长帕利。6月，塞西总统会见希腊外长登迪亚斯。10月，塞西总统会见西班牙外长冈萨雷斯；赴塞浦路斯出席埃及、塞浦路斯和希腊三国合作机制第八次领导人峰会。11月，塞西总统会见到访的欧洲理事会主席米歇尔；对希腊进行国事访问。2021年3月，塞西总统同希腊总理米佐塔基斯、法国总统马克龙通电话，就复兴大坝等问题交换意见。5月，德国总理默克尔同塞西总统通电话，讨论巴以冲突进展和利比亚问题。6月，塞西总统先后同欧洲理事会主席米歇尔、西班牙首相桑切斯通电话。10月，塞西总统以视频方式会见德国总理默克尔，就双边合作、利比亚、巴勒斯坦、复兴大坝等问题交换意见。11月，塞西总统同法国总统马克龙在巴黎举行会晤，就双边合作、利比亚局势等交换意见。12月，西班牙首相桑切斯对埃及进行正式访问。2022年2月，塞西总统会见法国总统马克龙，就共同关心的地区问题交换看法，表示将共同帮助利比亚恢复安全稳定。2月，塞西总统会见欧洲理事会主席米歇尔、欧盟委员会主席冯德莱恩，双方同意加强各领域合作，推动利问题政治解决。3月，塞西总统同英国首相约翰逊通电话。7月，塞西总统访问德国。11月，塞西总统在沙姆沙伊赫分别会见英国首相苏纳克、法国总统马克龙、德国总理朔尔茨。

【同俄罗斯的关系】1943年，埃及与苏联建立了公使级外交关系，1954年升为大使级关系。纳赛尔总统时期，埃苏关系密切。萨达特总统执政时期，埃苏关系恶化。穆巴拉克总统执政后，两国关系逐步改善。1984年，埃苏恢复互派大使。1991年苏联解体后，埃及承认独联体各国独立，并与大多数独联体国家建立了外交关系。2018年10月，塞西总统访问俄罗斯，两国签署全面合作与战略伙伴关系协议。2019年6月，二十国集团大阪峰会期间，塞西总统同普京总统会面。塞西总统多次同普京总统通电话，就埃俄合作、利比亚问题等交换看法。2022年3月，塞西总统同普京总统通电话，就乌克兰危机等交换意见。

【同沙特等海湾阿拉伯国家的关系】埃及同沙特在经济、人员交往和宗教事务方面有密切的合作关系。1979年《埃以和约》签订后，沙特同埃及断交。1987年11月，埃沙恢复外交关系，沙特恢复了对埃及的经援。海湾危机爆发后，埃及应沙特要求派兵驻沙，沙特决定免除埃及所欠债务，并向埃及提供新的无偿经援15亿美元。2012年4月，沙特逮捕埃及律师吉扎维引发埃及民众抗议示威，沙方一度关闭其驻埃及使领馆并召回大使。2013年7月初埃及政局剧变后，沙特、科威特、阿联酋等海湾国家紧急向埃及提供120亿美元经济援助。2014年6月，沙特王储、科威特埃米尔、巴林国王等出席了塞西总统就职典礼。2015年1月，埃及参加沙特主导的“决心风暴”军事行动，并同阿联酋和科威特举行联合军事演习。同月，沙特、阿联酋、科威特、阿曼四国在埃及经济发展大会上宣布向埃及提供125亿美元的投资、央行存款和援助。卡塔尔支持埃及穆斯林兄弟会，埃及和卡塔尔关系处于僵冷状态。2015年2月，因在埃及空袭利比亚境内“伊斯兰国”目标问题上的尖锐分歧，卡塔尔召回驻埃及大使。2016年4月，沙特国王萨勒曼访问埃及，成为首位在埃议会发表演讲的阿拉伯国家领导人，埃内阁宣布将向沙特移交红海两座无人岛屿的主权。11月，埃及政府宣布取消1960年开始实施的对卡塔尔公民免签政策。2017年6月，埃及、沙特、阿联酋、巴林以卡塔尔“支持恐怖主义”和“破坏地区安全”为由，宣布与卡塔尔断交，并对其实施制裁和封锁。2021年1月，第41届海湾阿拉伯国家合作委员会首脑会议在沙特西部城市欧拉举行，与会领导人在峰会上签署了《欧拉宣言》，埃及、沙特、巴林和阿联酋同卡塔尔恢复全面外交关系。4月，塞西总统会见来访的阿联酋阿布扎比王储穆罕默德。6月，塞西总统在埃及海滨城市沙姆沙伊赫会见沙特王储穆罕默德，讨论双边关系和共同关心的地区和国际问题。8月，塞西总统出席在伊拉克举行的巴格达峰会，先后与伊拉克总统萨利赫、卡塔尔埃米尔塔米姆、科威特首相萨巴赫举行会晤。9月，塞西总统会见巴林国王哈马德，讨论了复兴大坝问题最新进展。11月，塞西总统同阿联酋阿布扎比王储穆罕默德通电话。2022年1月，塞西总统访问阿联酋，会见阿布扎比王储穆罕默德。2月，塞西总统访问科威特，同科威特埃米尔纳瓦夫举行会谈。3月，塞西总统会见沙特国王萨勒曼和王储穆罕默德，讨论加强两国军事和安全合作。5月，塞西总统对阿联酋总统哈利法逝世表示哀悼；祝贺穆罕默德当选新任总统。6月，沙特王储穆罕默德访埃，同塞西总统会谈并发表联合声明。8月，塞西总统同卡塔尔埃米尔塔米姆举行会谈。

【同叙利亚的关系】1958年2月1日，埃及、叙利亚联合组成阿拉伯联合共和国（简称“阿联”），后也门王国加入，阿联更名为“阿拉伯合众国”。1961年9月28日，叙利亚因发生政变宣布退出。叙利亚强烈反对《戴维营协议》和《埃以和约》，并于1978年9月同埃及断交。穆巴拉克总统执政后，主动改善同叙利亚关系。1989年12月27日，埃叙两国正式复交。2000年7月，叙利亚总统巴沙尔上台后，双方往来进一步密切。2005年，黎巴嫩总理哈里里遇害后，埃及力劝叙利亚从黎巴嫩撤军，但反对对叙利亚实施制裁。2008年10月，埃及对叙利亚和黎巴嫩正式建立外交关系表示欢迎。2012年，穆尔西就任总统后，宣布支持叙利亚人民民主改革诉求，呼吁巴沙尔总统下台，主张政治解决危机，避免叙利亚国家分裂和外部军事干涉。埃及倡议成立由埃及、土耳其、伊朗、沙特组成叙利亚问题“四国委员会”。2013年6月15日，埃及宣布断绝同叙利亚外交关系，召回驻叙临时代办，关闭叙利亚驻埃及使馆。7月埃及政局剧变后，埃及恢复与叙利亚领事关系。2016年8月，塞西总统提出结束叙利亚问题的五点倡议，包括尊重叙利亚人民意愿、以和平方式解决危机、维护叙利亚领土完整、解除叙利亚民兵和极端组织的武装以及加速叙利亚重建。2018年1月，埃及派代表出席在俄罗斯索契召开的叙利亚全国对话大会。

【同约旦的关系】约旦政府曾因反对埃以签订《戴

维营协议》，于1979年4月1日与埃及断交。1984年9月25日，约旦宣布与埃及复交。近年来，埃约在中东和谈等问题上保持协调，曾促成巴以签署《沙姆沙伊赫备忘录》，并联合提出埃约和平倡议等。2013年7月初埃及政局再次剧变后，约在政治上大力支持埃及新政权。7月，约旦国王阿卜杜拉二世访埃，成为埃及政局剧变后首位访埃的外国元首。2020年3月，塞西总统同约旦国王阿卜杜拉二世通电话，双方就两国抗击新冠疫情情况交换了意见。2021年2月，塞西总统会见约旦首相哈苏奈，表示埃及期待进一步强化两国合作。6月，塞西总统在伊拉克首都巴格达同约旦国王阿卜杜拉二世、伊拉克总理卡迪米举行三国领导人峰会，就加强政治和安全领域协调等交换意见。9月，塞西总统会见阿卜杜拉二世国王，就埃约关系交换意见。2022年2月、4月，塞西总统同阿卜杜拉二世国王通电话，就双边合作及共同关心的国际和地区问题交换看法。

【同巴勒斯坦的关系】埃及是最早支持巴勒斯坦解放事业的阿拉伯国家之一。巴解组织成立后，埃及即给予坚决支持。埃以媾和后，埃巴关系降到最低点，巴解驻开罗办事处被关闭。1987年11月，埃及重新开放巴解驻开罗办事处。1988年11月巴宣布建国后，埃及即宣布承认，巴解驻开罗办事处也随之升格为大使馆。马德里中东和会后，埃及积极推动巴以和谈，促进巴内部和解，并呼吁国际社会向巴人民提供人道主义援助。2013年7月初埃及政局剧变后，巴勒斯坦总统阿巴斯表示支持埃及维护安全稳定，尊重埃及人民意愿。2014年7月，以色列和哈马斯在加沙爆发冲突后，埃及积极斡旋停火。2015年2月，埃及宣布哈马斯为恐怖组织。2017年10月，在埃及积极斡旋下，法塔赫同哈马斯在开罗签署和解协议。2020年2月，针对美国的“世纪交易”，塞西总统在会见阿巴斯总统时表示，应根据国际法、国际决议在被占的巴勒斯坦领土上建立一个拥有完全主权、独立的巴勒斯坦国，只有通过冲突双方的直接谈判，恢复巴勒斯坦人民的合法权利，结束巴人民苦难，实现安全、稳定与和平的全面解决，才能彻底解决巴勒斯坦问题。2月，塞西总统会见在开罗出席阿盟紧急外长会的阿巴斯总统。2021年10月，塞西总统同阿巴斯总统通电话，就巴勒斯坦问题最新进展交换意见。2022年1月，塞西总统会见阿巴斯总统，重申埃及支持巴事业的坚定立场。

【同苏丹的关系】苏丹是埃及在非洲的最大邻国，历史联系密切。《埃以和约》签订后，苏丹是3个未同埃及断交的阿拉伯国家之一。1995年6月，穆巴拉克总统在埃塞俄比亚参加非统首脑会议途中遇刺脱险后，指责苏丹为幕后策划者。1999年12月后，埃苏关系逐渐缓和。埃及为解决苏南北问题和达尔富尔问题积极斡旋，并参加非盟向达尔富尔派出的维和部队。2017年以来，两国摩擦不断。2021年3月，塞西总统对苏丹进行正式访问，讨论复兴大坝问题。2022年3月，塞西总统同苏丹主权委员会主席布尔汉举行会谈并发表联合声明，双方同意就复兴大坝问题加强沟通协调。

【同利比亚的关系】利比亚1969年“九一”革命后的最初几年，埃利关系较为密切。萨达特总统执政以后，双边关系冷淡。1977年，两国发生边界武装冲突。萨达特总统访以后，双边关系迅速恶化并导致两国于1979年断交。1989年10月，两国元首互访，结束了两国长期交恶史。2011年8月22日，埃及正式承认利“国家过渡委员会”为利国家代表。2014年8月，利比亚局势再度恶化后，在埃及协调组织下，利比亚及其邻国（埃及、突尼斯、阿尔及利亚、苏丹、乍得等国）外长在开罗就解决利比亚冲突、维护利稳定进行闭门磋商。2016年5月，塞西总统会见到访的利比亚民族团结政府总理萨拉吉，强调维护利主权和领土完整，呼吁国际社会解除对利武器禁运。2017年11月，埃及、突尼斯和阿尔及利亚三国外长在开罗举行会议，讨论了重启和谈、修订《利比亚政治协议》等问题。2020年6月，塞西总统同利比亚国民军司令哈夫塔尔、国民代表大会议长阿吉莱签署《开罗宣言》，提出利比亚问题政治解决倡议。2021年2月，塞西总统会见利比亚民族统一政府总理德拜巴，讨论利比亚最新局势，强调埃及愿支持利比亚恢复稳定。3月，塞西总统同德拜巴总理通电话，重申埃及对利比亚新政府的支持。9月，塞西总统会见德拜巴总理，表示愿意提供必要手段帮助利比亚顺利完成年底举行的总统和议会选举。2022年2月，塞西总统会见利比亚总统委员会主席曼菲，表示支持政治解决利危机。

【同土耳其的关系】埃土两国在中东、海湾等重大地区问题上有共同利益，两国经济、贸易和军事关系比较密切。《埃及—土耳其自由贸易协定》于2007年1月正式生效。2013年7月初埃及政局再次剧变后，土指责埃及军方发动政变，要求国际社会介入。埃土关系恶化，两国均召回驻对方国大使。此外，两国在利比亚问题和东地中海油气资源开发方面存在分歧。2016年4月，埃及外长舒克里出席在土耳其伊斯坦布尔举行的第13届伊斯兰合作组织首脑会议并代表塞西总统发言，这是2013年以来埃首次派团访土。2021年5月，两国外交代表团在开罗举行政治磋商，这是2013年以来两国首次正式外交磋商。9月，两国外交代表团在土耳其首都安卡拉举行第二轮政治磋商，并同意继续举行磋商以改善两国关系。2022年11月，塞西总统同土耳其总统埃尔多安在卡塔尔世界杯期间实现会晤。

【同其他非洲国家的关系】其他非洲国家与埃及历史、文化渊源深厚，且对埃及国家安全特别是水资源安全具有战略意义，在埃及对外政策中占据突出位置。穆巴拉克总统执政后更加强调埃及的非洲属性，重视同其他非洲国家的友好合作。埃及积极参与非洲事务，致力于非盟建设。2015年3月，埃及、苏丹、埃塞俄比亚三国元首在苏丹喀土穆共同签署《埃塞复兴大坝原则宣言协议》，为三国在复兴大坝问题上确定了政治原则和合作框架。2019年以来，围绕复兴大坝的争端不断升温。2019年，埃及担任非盟轮值主席国。2021年2月，塞西总统以视频方式参加非盟峰会并发表演讲，强调埃及在复兴大坝问题上一直寻求达成照顾各方利益和关切的协议。2022年5月，塞西总统在“非洲日”之际表示，埃将继续同非洲国家共同努力实现可持续发展。（刘骥）

埃塞俄比亚

国名　埃塞俄比亚联邦民主共和国（The Federal Democratic Republic of Ethiopia）。

面积　110.36万平方公里。

人口　1.2亿（2022年）。全国有80多个民族，主要有奥罗莫族（约占总人口的40%）、阿姆哈拉族（30%）、提格雷族（8%）、索马里族（6%）、锡达莫族（4%）等。居民中45%信奉埃塞正教，40%—45%信奉伊斯兰教，5%信奉基督教新教，其余信奉原始宗教。阿姆哈拉语为联邦工作语言，通用英语，主要民族语言有奥罗莫语、提格雷语等。

首都　亚的斯亚贝巴（Addis Ababa），人口逾522万（2022年）。年均气温16℃，年均降水量1237毫米。

国家元首　总统萨赫勒–沃克·祖德（Sahle-Work Zewde），2018年10月25日当选。

重要节日　阿杜瓦大捷纪念日：3月2日；埃塞俄比亚人民革命民主阵线执政纪念日：5月28日；埃历新年：9月11日。

简　况

非洲东北部内陆国。东与吉布提、索马里毗邻，西同苏丹、南苏丹交界，南与肯尼亚接壤，北接厄立特里亚。高原占全国面积的2/3，平均海拔近3000米，素有“非洲屋脊”之称。年均气温13℃。

具有3000年文明史。公元前8世纪建立努比亚王国。约公元1世纪建立阿克苏姆王国，10世纪末被扎格王朝取代。13世纪，阿比西尼亚王国兴起，19世纪初分裂成若干公国。1889年，绍阿国王孟尼利克二世称帝，统一全国，建都亚的斯亚贝巴，奠定现代埃塞俄比亚疆域。1890年，意大利入侵，强迫埃塞接受其“保护”。1896年，孟尼利克二世在阿杜瓦大败意军，意被迫承认埃塞独立。1928年，海尔·塞拉西登基，并于1930年11月2日加冕称帝。1936年，意大利再次入侵，占领埃塞全境，塞拉西流亡英国。1941年，盟军击败意大利，塞拉西于5月5日归国复位。1974年9月12日，一批少壮军官发动政变推翻塞拉西政权，废黜帝制，成立临时军事行政委员会。1977年2月，门格斯图·海尔·马里亚姆中校发动政变上台，自任国家元首。1979年成立以军人为主的“埃塞俄比亚劳动人民党组织委员会”，推行一党制。1987年9月，门格斯图宣布结束军事统治，成立埃塞俄比亚人民民主共和国。1988年3月，埃塞爆发内战。1991年5月28日，埃塞俄比亚人民革命民主阵线（简称“埃革阵”）推翻门格斯图政权，7月成立过渡政府，埃革阵主席梅莱斯·泽纳维任总统。1994年12月制宪会议通过新宪法。1995年5月举行首次多党选举。8月22日，埃塞俄比亚联邦民主共和国成立，梅莱斯以人民代表院多数党主席身份就任总理。在2000年、2005年、2010年三次大选中，埃革阵均获胜。

政　治

埃革阵执政以来，创建以民族区域自治为基础的联邦政体，以发展经济为重点，注重协调稳定、发展和民族团结之间的关系。2001年，埃革阵四大通过新党章、党纲，确立了各民族平等参与国家事务的“革命民主”和“资本主义自由市场经济”的政治经济发展方向。2012年8月，梅莱斯总理去世。9月，埃塞副总理兼外长海尔马里亚姆出任埃革阵党主席和政府总理。2015年5月，埃革阵再次以绝对优势赢得大选。10月，海尔马里亚姆连任总理。2015年11月起，埃塞部分州示威游行和骚乱延宕起伏，造成重大人员伤亡和财产损失。2016年10月至2017年8月，埃塞政府宣布进入国家紧急状态，并采取多项措施维稳。2017年9月起，埃塞多地爆发冲突和骚乱。11月，埃塞政府决定实施“国家安全规划”，禁止非法抗议集会。2018年2月中旬，奥罗米亚州多地爆发民众游行、罢工罢市。2月15日，海尔马里亚姆宣布辞去埃革阵党主席和政府总理职务。3月27日，阿比·艾哈迈德·阿里（Abiy Ahmed Ali）当选埃革阵主席。4月2日，阿比就任联邦政府总理。6月5日，埃塞宣布解除国家紧急状态。10月初，阿比在埃革阵十一大上连任主席。2019年12月，埃革阵的3个成员党和5个盟党在首都亚的斯亚贝巴举行政党合并签字仪式，宣告成立繁荣党，取代埃革阵成为执政党，阿比任党主席。2021年6月，埃塞举行第6次全国议会选举，繁荣党获胜。10月初，埃塞新政府成立，阿比连任总理。2020年11月，埃塞联邦政府对北部提格雷州发起军事行动。2022年11月，联邦政府与提格雷人民解放阵线达成和平协议。

【**宪法**】1994年12月8日，埃塞制宪会议通过第4

部宪法——《埃塞俄比亚联邦民主共和国宪法》，次年8月22日生效。新宪法共11章106条，规定埃塞为联邦制国家，实行三权分立和议会制。总统为国家元首，任期6年。总理和内阁拥有最高执行权，由多数党或政治联盟联合组阁，集体向人民代表院负责。各民族平等自治，享有民族自决和分离权，任何一个民族的立法机构以2/3多数通过分离要求后，联邦政府应在3年内组织该民族进行公决，多数赞成即可脱离联邦。各州可以本民族语言为州工作语言。保障私有财产，但国家有权进行有偿征用。城乡土地和自然资源归国家所有，不得买卖或转让。组建多民族的国家军队和警察部队，军队不得干政。保障公民的民主自由和基本权利。

【议会】联邦议会由人民代表院和联邦院组成，系国家最高立法机构。人民代表院系联邦立法和最高权力机构，负责宪法和联邦法律的制定与修订。议员由全国普选产生，每5年改选一次，一般不超过550个议席，其中少数民族至少占20席。本届人民代表院有547个议席，现任议长塔格塞·恰福（Tagese Chafo），2018年10月就职。联邦院拥有宪法解释权，有权决定民族自决与分离，解决民族间纠纷。议员任期5年，由各州议会推选或人民直选产生，每个民族至少可有1名代表，每百万人口可增选1名代表。本届联邦院有119名议员，现任议长阿登·法拉赫·易卜拉欣（Aden Farah Ibrahim），2020年6月就职。

【政府】本届政府于2021年10月组成，之后陆续进行调整。除了阿比总理，还有22名内阁成员，包括：副总理兼外交部长德梅克·梅孔嫩（Demeke Mekonnen），和平部长比纳弗·安杜阿勒姆（Binalf Andualem），国防部长亚伯拉罕·贝莱（Abraham Belay），财政部长艾哈迈德·希德（Ahmed Shide），司法部长吉迪恩·提莫德沃斯（Gedion Timotheos），农业部长戈马·阿曼特（Girma Amente），贸易和地区一体化部长格布雷梅斯克凯勒·恰拉（Gebremeskel Chala），工业部长梅拉库·阿勒贝尔（Melaku Alebel），创新与技术部长亚伯拉罕·贝雷（Abrham Belay），交通部长阿勒姆·西梅（Alemu Sime），城市发展与建设部长恰图·萨尼（Chaltu Sani），水和能源部长哈布塔木·伊特法（Habtamu Itefa），矿业与油气部长哈布塔姆·泰格恩（Habtamu Tegegn），教育部长比尔哈努·尼加（Birhanu Nega），劳工与技能部长穆费里亚特·卡米尔（Muferiat Kamil，女），卫生部长莉亚·塔德塞（Lia Tadesse，女），妇女与社会事务部长埃尔戈格·特斯法耶（Ergoge Tesfaye，女），文化与体育部长拉克·阿耶留（Lake Ayalew），旅游部长纳西斯·卡里（Nassise Cahli，女），税务部长拉克·阿亚留（Lake Ayalew），计划与发展部长菲祖姆·阿塞法·阿德拉（Fitsum Assefa Adela，女），灌溉与低地部长埃莎·穆罕默德（Aisha Mohammed，女）。

【行政区划】全国分为包括首都亚的斯亚贝巴市和商业城市迪雷达瓦在内的2个自治行政区，以及9个民族州。2019年11月，锡达玛地区通过公投宣布独立建州。

【司法机构】联邦最高法院为联邦最高司法机构，下辖联邦高级法院和初审法院。院长梅阿扎·阿什娜菲（Meaza Ashenafi，女），总检察长吉迪恩·提莫德沃斯（Gedion Timotheos）。

【政党】全国现有70多个注册政党。主要政党有：

（1）埃塞俄比亚繁荣党（Ethiopian Prosperity Party）：执政党。2019年12月，原执政联盟埃革阵的3个成员党和5个盟党在首都亚的斯亚贝巴举行政党合并签字仪式，宣告成立繁荣党，取代埃革阵成为执政党。现任主席阿比。

（2）团结民主联盟党（Coalition for Unity and Democracy Party）：主要反对党。由原反对党联盟团结民主联盟的4个成员党于2005年9月合并而成，在本届人民代表院中没有席位。反对现行联邦制度，主张土地私有化。

【重要人物】萨赫勒-沃克·祖德：总统。1950年生。毕业于法国蒙彼利埃大学，获博士学位。有近30年驻外工作经历，曾担任埃塞驻多国大使及联合国系统多个职务。1989—1993年任埃塞驻塞内加尔兼驻马里、佛得角、几内亚比绍、冈比亚和几内亚大使；1993—2002年任埃塞驻吉布提大使兼驻伊加特代表；2002—2006年任埃塞驻法国大使兼驻联合国教科文组织代表，兼管突尼斯、摩洛哥；2006—2009年任埃塞驻非盟和联合国非洲经济委员会代表、埃塞外交部非洲司司长。2009年起进入联合国系统工作。2009—2011年任联合国中非共和国建设和平综合办公室特别代表、主任，2011—2018年任联合国内罗毕办事处总干事（副秘书长级）。2018年6月任联合国秘书长非盟特别代表及联合国非盟办事处主任。2018年10月当选总统。 **阿比·艾哈迈德·阿里**：总理。1976年生。2001年获埃塞信息技术大学计算机工程学士学位，2005年在南非获密码学硕士学位，2011年获由英国格林尼治大学与埃塞国际领导力学院合作开展的变革型领导专业硕士学位，2013年获美国阿什兰大学工商管理硕士学位，2017年获亚的斯亚贝巴大学和平安全研究所博士学位。曾参加推翻门格斯图政权的武装斗争，2010年起任奥罗莫人民民主组织（奥民组）中央委员、埃塞人民代表院议员，2014—2016年创建埃塞科技信息中心并任主任，2015年起任奥民组执委、埃革阵执委，2016—2017年任科技部部长，2017年任奥罗米亚州城市发展与规划局局长，2017年11月至2018年2月任奥民组书记处书记。2018年2月当选奥民组主席，3月当选埃革阵主席，4月就任联邦政府总理，10月在埃革阵十一大上连任主席。2019年当选繁荣党主席。2021年10月连任总理。

经　济

系最不发达国家。以农牧业为主，工业基础薄弱。2005年以来，政府实施“以农业为先导的工业化发展战略”，加大农业投入，大力发展新兴产业、出口创汇型产业、旅游业和航空业，吸引外资参与埃塞能源和矿产资源开发，经济保持年均8%以上高速增长，被联合国誉为实现千年发展目标的典范。2010年开始实施第一个“经济增长和转型计划”，加强水电站、铁路等基础设施建设，采取深化税收体制改革、加大打击走私力度、加强外汇管制、扶持制造业、实施进口替代和出口导向政策等一系列措施，目标是到2025年成为中等收入国家。2015年，首个5年“经济增长和转型计划”圆满收官。2016年起实施第二个5年“经济增长和转型计划”。2020年6月，埃塞政府出台主题为“埃塞俄比亚：非洲繁荣的灯塔”未来十年发展规划。2022年主要经济数据如下：

国内生产总值：1267亿美元。

人均国内生产总值：1027.59美元。

国内生产总值增长率：6.4%。

货币名称：埃塞俄比亚比尔。

汇率：1美元≈55.05埃塞俄比亚比尔。

通货膨胀率：26.8%。

外债总额：290亿美元。

外汇储备：79.82亿美元。

对外贸易额：2221亿美元。

（资料来源：世界银行等）

【资源】已探明的矿藏有黄金、铂、镍、铜、铁、煤、钽、硅、钾盐、磷酸盐、大理石、石灰石、石油和天然气。马来西亚、沙特、英国、苏丹、约旦等国公司在埃塞进行油气开发。水资源丰富，有“东非水塔”之称。境内河流湖泊较多，青尼罗河发源于此，但利用率不足5%。森林覆盖率为9%。

【工业】工业门类不齐全，结构不合理，零部件、原材料依靠进口。工业对国内生产总值的贡献率约为17%。制造业以食品、饮料、纺织、皮革加工为主，集中于首都等两三个城市。皮革是第二大出口产品，每年出口收入约5100万美元。近年来，埃塞加快推进工业化，积极建设工业园区。根据规划，拟在首都亚的斯亚贝巴和主要城市阿瓦萨、迪雷达瓦、马克雷、孔波查等重点建设10个工业园。

【农业】农业系国民经济和出口创汇支柱，产值占国内生产总值的约40%。农牧民占总人口的85%以上，主要从事种植和畜牧业，另有少数从事渔业和林业。全国现有农业用地1240万公顷。以小农耕作为主，广种薄收，靠天吃饭，常年缺粮。台麸、小麦等谷类作物占粮食作物产量的84%。近年来，因政府取消农产品销售垄断、放松价格管制、鼓励农业小型贷款、加强农技推广和化肥使用，粮食产量有所上升。经济作物有咖啡豆、恰特草、鲜花、油料作物等。其中，咖啡豆产量居非洲前列，年均产量33万吨左右。咖啡豆出口创汇占埃塞出口总额的约24%，产量占世界产量的15%。埃塞是畜牧业大国，适牧地占国土一半以上，以家庭放牧为主，抗灾力低，产值约占国内生产总值的20%，吸收约30%的农业人口。牲畜存栏总数居非洲之首、世界第十。其中，牛3500万头、绵羊2100万只、山羊1680万只、骆驼100万头。

【旅游业】非洲旅游大国之一。旅游资源丰富，文物古迹及野生动物公园较多，有7处遗迹被联合国教科文组织列入《世界遗产名录》。政府采取扩建机场、简化签证手续等措施促进旅游业发展。

【交通运输】铁路：近年来，为发展本国经济，埃塞政府规划了由八大铁路线路构成的国家铁路网络，总长5039公里。其中，由中国提供融资并建设的亚的斯亚贝巴—吉布提铁路于2016年10月竣工通车，2018年1月1日投入商业运营。

公路：公路运输占全国总运量的90%。目前，埃塞政府正实施公路部门发展计划，对公路系统扩建改造。截至2020年，全国公路通车里程达13.8万公里。未来几年，埃塞政府计划斥资12.4亿美元，用于新建1万公里公路。

水运：曾以厄立特里亚的阿萨布港、马萨瓦港为主要港口。目前，进出货物主要通过吉布提港，使用该港90%的吞吐能力。

空运：共有40多个机场，其中亚的斯亚贝巴、迪雷达瓦和巴赫达尔为国际机场。埃塞俄比亚航空公司现有飞机110多架，包括空客A350、波音787等先进机型。航线遍布各大洲，国内客运目的地21个、国际客运目的地100个，货运目的地35个。

【电信业】埃塞俄比亚电信公司是埃塞俄比亚唯一一家电信运营商。通信密度方面，每100个居民中，手机用户为44.5人，固话用户为1.4人，网络和数据用户为23.8人。目前，由中资公司承建的埃塞俄比亚全国电信网项目已完成四期，全国大部分地区覆盖3G移动网络，但网速较低。埃塞俄比亚电信公司已启动4G网络建设，首都大部分区域可使用4G网络服务。

【财政金融】埃塞政府着力改革税收结构，削减赤字，停止国内借贷，改发国债，国家财政状况一度有所好转。埃塞属重债穷国减债倡议和多边债务减免倡议受惠国，近年来获美国、俄罗斯及世界银行、国际货币基金组织大幅减债。但因整体出口创汇能力短期内难以提升，近年来国际收支形势趋紧，对外债务压力持续累积。

埃塞有商业银行、开发银行、商业建设银行3家国有银行和1家国有保险公司。另有12家私营银行，8家私营保险公司。其中，私营银行在全国共设有363家分支机构，总资产达423亿比尔。

【对外贸易】埃塞进口平均税率为50%。近年出口回升较快，但因进口需求增加，逆差较大。主要出口咖啡、油籽、恰特草、皮革和黄金，进口机械、汽车、石油产品、化肥、化学品等。主要贸易伙伴是中国、德国、日本、意大利、美国、印度、沙特等。

【外国资本】埃塞于1992年颁布《投资法》，并于1996年、1998年和2002年几度修订。近年政府采取放宽投资领域、降低投资最低限额、简化投资审批程序、免税等措施加大吸引投资力度，外国直接投资增长较快。目前，外商投资主要分布在房地产业、制造业、酒店和旅游业、建筑业、教育和服务业等领域，主要投资来源国为中国、美国、印度和沙特。

【外国援助】1998年埃厄边界冲突爆发后，国际货币基金组织和世界银行暂停向其发放新贷款，2000年12月埃厄签署《全面和平协议》后，恢复对其援助。援款主要来自世界银行、国际货币基金组织、非洲开发银行、世界粮食计划署等多边机构及美国、日本、欧盟、意大利和挪威等国家和地区。

人民生活

根据联合国《2020年人类发展报告》人类发展指数统计，埃塞在全球189个国家和地区中居第173位。人均预期寿命66.2岁。

军　事

武装力量由国防军、安全部队和民兵组成。联邦政府总理为武装部队总司令，统率全国武装力量。国防部为最高军事行政机关，下辖空军司令部和陆军司令部，国防军参谋长为最高军事指挥官。国防军由原埃革阵领导的推翻门格斯图政权的军队组成，1991年革命胜利后成为正规国防军，1996年正式实行军衔制，共分12级，上将是全军最高军衔。埃厄边界冲突结束后，埃塞大规模裁军，国防开支不断下降。国防军总兵力约18万人。其中，正规军约15万人，安全部队和民兵预备役约3万人，空军约8000人。安全部队负责重点警务、维持社会秩序。民兵属地方武装组成部分，配合正规部队防卫作战、维持治安。军队装备以苏制武器为主，有作战飞机130余架。

文化教育

【教育】埃革阵执政后，将发展教育、提高国民文化素质和培养技术人才作为政府工作重点之一。全国实行10年义务教育制，包括小学8年、初中2年。共有小学2.1万所，适龄儿童入学率达90%，在校生超过1400万人，教师约21.6万人。中学和大学入学率分别为40.5%和17%。综合性大学数量已从2所增至33所，入学人数已达7.9万人。成年男性识字率为63%，女性为47%。

【新闻出版】全国现有121家报纸杂志。官方报刊有阿姆哈拉文日报《亚的斯泽门》和季刊《泽门》，奥罗莫文周报《贝瑞萨》，阿姆哈拉文和英文季刊《今日埃塞俄比亚》，英文日报《埃塞俄比亚先驱报》，阿拉伯文周报《世界》。

埃塞俄比亚通讯社：官方通讯社，成立于1942年，是非洲大陆历史最悠久的通讯社之一，也是埃塞最早的新闻机构。在国内设有38家分支机构。

瓦尔塔信息中心：私营新闻机构，1993年成立，主要报道国内政治、经济和社会要闻，向国内各广播电台、电视台和主要报刊供稿。

埃塞俄比亚广播电台：现有近百名记者，对内用阿姆哈拉语等8种民族语言，对外用英语、法语和阿拉伯语广播。

埃塞俄比亚电视台：国内唯一的电视台，1965年开播，目前播放阿姆哈拉语、奥罗莫语、提格雷语和英语节目。

为加强广播电视管理，埃塞政府于2002年1月通过《广播法》，并在新闻部辖下成立了广播电视局。

对外关系

奉行全方位外交政策，主张在平等互利、相互尊重、互不干涉内政基础上与各国发展关系。强调外交为经济建设服务。重视加强与周边邻国及非洲国家的友好合作，努力发展与西方国家和阿拉伯国家关系，争取经济援助。重视发展同新兴市场国家关系，注重学习和借鉴中国等亚洲国家的发展经验。重视在非洲特别是东非发挥地区大国作用，积极调解南苏丹、索马里等地区热点问题。系非洲联盟、政府间发展组织（伊加特）、东部和南部非洲共同市场（科迈萨）等组织成员。

【对当前重大国际问题的态度】国际形势：认为和平与发展是当今时代潮流。支持世界多极化和国际关系民主化进程，呼吁发展中国家通过联合自强积极融入全球化进程。非洲应在全球治理问题上拥有更多发言权。

联合国改革：重视联合国作用，认为世界多极化趋势为联合国发挥更大的作用提供了契机。主张促进联合国民主化，支持安理会改革，希望非洲拥有具有否决权的常任理事国席位，坚持非盟共同立场。

非洲发展：呼吁国际社会关注非洲，创新融资方式，增加融资渠道，加大对非援助力度。主张改革国际金融体系，为非洲国家增加相应政策空间，将非洲国家的发展成果和绩效作为提供援助的标准，增加非洲代表性和发言权。认为非洲国家应认真思考自身发展道路和政策，避免被进一步边缘化。

气候变化：坚持“共同但有区别的责任”，认同把《联合国气候变化框架公约》和《京都议定书》作为国际谈判主渠道；呼吁非洲国家加强团结与合作，建立气候变化问题非洲集体谈判机制；基本认同全球升温不超过2℃及2050年使全球温室气体排放量减半的长期目标，要求发达国家履行率先减排义务。

【同中国的关系】埃塞和中国于1970年11月24日建交。埃塞政府坚持一个中国立场，重视对华关系，愿学习和借鉴中国改革开放和经济建设经验。两国签有贸易、经济技术合作，文化合作，互免持外交、公务护照人员签证，民事、商事司法互助等协定和引渡条约。双方高层交往频繁。2019年1月，王毅国务委员兼外长访问埃塞。4月，阿比总理来华出席第二届"一带一路"国际合作高峰论坛。2020年2月，习近平主席同阿比总理通电话。2021年8月，王毅国务委员兼外长同埃塞副总理兼外长德梅克通电话。12月，王毅国务委员兼外长访问埃塞。

两国签有贸易协定、避免双重征税协定，设有经贸联委会。中国是埃塞第一大贸易伙伴。据中国海关总署统计，2022年，中埃塞双边贸易额为26.7亿美元，同比增长0.8%。其中，中国出口额为22.2亿美元，同比减少2.9%；中国进口额为4.5亿美元，同比增长23.9%。中方主要出口机电产品和纺织服装等，进口芝麻、皮革、棉花、咖啡等。中国在埃塞设立了2所孔子学院，为埃塞援建了职业技术学院并派专家和教师协助管理和教学。中国自1974年起向埃塞派遣医疗队，迄今已派出25批共391人次，目前有16名医疗队员在埃塞工作。埃塞是中国青年志愿者开展志愿服务的第一个非洲国家。中埃塞现有9对友好省市，分别为江西省和阿姆哈拉州、河南省和奥罗米亚州、宁夏回族自治区和奥罗米亚州、北京市和亚的斯亚贝巴市、海南省和南方州、山东省济南市和阿尔巴门奇市、河北省石家庄市与迪雷达瓦市、湖南省与奥罗米亚州、福建省与亚的斯亚贝巴市。

中国驻埃塞俄比亚大使：赵志远。馆址：Jimma Road，Higher 24，Kebbele 13，Addis Ababa，Ethiopia。电话：0025111-3711959；传真：3715765。

埃塞俄比亚驻华大使：塔费拉·德贝·伊马姆（Tefera Derbew Yimam）。馆址：北京市朝阳区建国门外秀水南街3号。电话：010-65325258；传真：65325591。

【同美国的关系】埃塞和美国于1903年建交。埃塞重视对美关系，是撒哈拉以南非洲接受美援助最多的国家之一，但反对美指责其侵犯人权。美视埃塞为非洲反恐合作伙伴，支持埃塞出兵索马里。两国保持密切军事合作，美在埃塞设有无人机地面站。两国在教育、减贫、传染病防治等领域保持良好合作。2020年2月，美国国务卿蓬佩奥访问埃塞。4月，阿比总理与美国总统特朗普通电话。2021年，美国非洲之角特使费尔特曼多次访问埃塞。美国深度介入埃塞国内军事冲突，对埃塞实施单边制裁。2022年1月1日，美国宣布取消埃塞《非洲增长与机遇法案》受惠资格。

【同英国的关系】19世纪，英国远征军入侵埃塞，遭到当地军民顽强抵抗。1973年，埃塞与英国签署经济技术合作协定。门格斯图执政时期，双方因埃塞与索马里领土争端关系疏远。埃革阵执政后，两国关系逐步改善。英在埃塞设有文化中心，是埃塞重要援助国。2005年5月埃塞大选后，两国关系因英国指责选举不符合民主标准而受到一定影响。2006年，两国关系有所恢复。埃塞认为，英对埃塞减免债务、加强能力建设、消除贫困、建立社会公共服务体系、建立网络信息平台等方面给予了很大帮助。2020年7月，英国非洲事务外交国务大臣杜特里奇访问埃塞。2021年5月，英国防止饥饿问题和人道主义问题特使尼克戴尔访问埃塞。11月，英国非洲事务外交国务大臣福特与埃塞外交部国务部长莱德万通电话。

【同俄罗斯的关系】冷战结束后，埃塞同俄罗斯交往不多，经贸活动较少。1992年1月，埃塞宣布承认独立的所有苏联加盟共和国。2001年，埃塞总理梅莱斯首次正式访俄。2002年9月，俄罗斯总理卡西亚诺夫访问埃塞，与梅莱斯总理举行会谈，双方就修复原苏联经援项目、开发天然气等合作达成一致。2004年两国建立直接贸易关系。2020年4月，阿比总理与俄罗斯总统普京通电话。2021年2月，俄外长拉夫罗夫与埃塞副总理兼外长德梅克通电话。6月，埃塞副总理兼外长德梅克访俄。2022年7月，俄外长拉夫罗夫访问埃塞。

【同邻国及其他非洲国家的关系】与厄立特里亚的关系：埃塞与厄特于1952年结成联邦。1962年，埃塞政府宣布将厄特并为一个州，引发厄特人民武装独立斗争。1993年，厄特宣布独立，埃塞予以承认并与之建交。1998年两国因边界冲突爆发战争，2000年签署和平协议。因埃塞对联合国埃厄边界委员会裁决先接受后拒绝，埃厄和平进程陷入僵局。2008年7月30日，联合国安理会通过决议，终止埃厄特派团任期。2009年和2011年，埃塞两次推动联合国安理会对厄特实施制裁。2016年6月，双方在边境中段地区发生交火事件。2018年6月5日，埃革阵执委会发表声明，表示埃塞方将完全接受并执行2000年同厄特方签署的《阿尔及尔和平协议》和埃厄边界委员会关于两国边界划定的决议。7月，阿比总理与厄特总统伊萨亚斯实现互访，宣布埃厄结束战争状态，恢复外交关系，实现通航、通信。9月，阿比总理与伊萨亚斯总统在沙特城市吉达签署《和平友好全面合作协定》。2018年11月，联合国安理会通过决议，解除全部对厄特制裁措施。2019年1月，两国宣布开放边境。2020年1月，埃塞、厄特、索马里三国峰会在厄特首都阿斯马拉举办。提格雷州冲突发生后，厄特予以埃塞国防军支持。

与吉布提的关系：埃塞和吉布提于1995年建立领事级关系，1996年正式建交。两国铁路和公路相连，合营埃塞俄比亚—吉布提铁路公司，签有友好合作条约。埃厄交恶后，吉布提港成为埃塞第一大出海通道。目前，埃塞进出口货物的95%通过该港转运，每年向吉布提支付超过8.5亿美元的港口使用费。近年来，双边关系良好，两国领导人多次互访，并签署了安全、港口、贸易、投资等多项合作协议。2019年2月，埃塞外长沃尔基内访问吉布提。5月，埃塞副总理德梅克访问吉布提。2021年5月，阿比总理访问吉布提。10月，吉布提总统盖莱出席埃塞新一届政府就职典礼。

与肯尼亚的关系：埃塞和肯尼亚于1961年建交

（1954年建立领事级关系）。埃革阵执政后，双边关系进一步发展。2020年3月，埃塞总统萨赫勒-沃克访问肯尼亚，与肯尼亚总统肯雅塔讨论复兴大坝等地区问题。2021年1月，埃塞总理特使、前总理海尔马里亚姆访问肯尼亚。6月，肯雅塔总统访问埃塞。6月和9月，肯尼亚外长奥马莫两次访问埃塞。10月，肯雅塔总统出席埃塞新一届政府就职典礼。2022年9月，阿比总理赴肯出席肯新任总统鲁托就职典礼。10月，鲁托总统访问埃塞。

与苏丹的关系：埃塞和苏丹于1956年建交。20世纪80年代，埃塞和苏丹因相互支持对方反政府武装交恶。埃革阵执政后，两国关系特别是经贸合作发展较快，开通了公路和微波通信，埃塞开始从苏丹大量进口石油，并使用苏丹港。埃塞支持苏丹政府在达尔富尔问题上的立场，认为达问题属苏丹内政。近年来，两国高层互访不断。2019年4月，苏丹发生政变。5月，阿比总理会见苏丹过渡军事委员会主席布尔汉，表示不干涉苏丹民主进程。6月，阿比总理访问苏丹，调解苏丹军政府和反对派矛盾。2020年底，埃塞同苏丹发生边境摩擦。此后，双方多次发生摩擦。2022年10月，苏丹主权委员会主席布尔汉访问埃塞。

与南苏丹的关系：埃塞是同时与苏丹、南苏丹为邻的国家。在埃塞皇帝塞拉西推动下，苏丹政府于1972年与苏丹南方当局签署《亚的斯亚贝巴协议》，苏丹第一次内战结束。门格斯图军政府时期，埃塞与苏丹关系相对冷淡。1983年，苏丹第二次内战爆发，埃塞加大对苏丹南部地区反政府武装的支持，苏丹政府亦支持埃塞境内的反政府武装，两国由此交恶。1991年埃革阵推翻门格斯图军政府上台执政后，注意平衡发展与苏丹北南两方的关系，并通过多渠道参与调解苏丹内战。2005年，苏丹北南双方在肯尼亚签署《全面和平协议》（CPA），埃塞为此发挥了积极作用。此后，埃塞与苏丹南方当局分别在朱巴和亚的斯亚贝巴互设领事馆。2011年7月，埃塞与南苏丹建交。同年11月，埃塞将驻朱巴领事馆升格为大使馆。建交后，两国互访频繁，双方成立了部长级联合委员会，确立了战略伙伴关系，在交通、运输、贸易、通信、教育、能力建设、安全等领域加强合作。2013年12月南苏丹爆发武装冲突后，埃塞积极参与斡旋。2014年1月，在伊加特等各方大力斡旋下，南苏丹冲突双方在埃塞谈判并签署停火协议。5月，南苏丹总统基尔和反对派领导人马夏尔在埃塞总理海尔马里亚姆主持下，于亚的斯亚贝巴举行冲突爆发以来的首次会晤，并签署《关于解决南苏丹危机的协议》。2018年5月，南苏丹总统基尔访问埃塞，与埃塞总理阿比就伊加特牵头协调南苏丹和平进程达成共识。10月，埃塞总统萨赫勒-沃克访问南苏丹，讨论南苏丹政府与反对派之间的和平协议。埃塞总统萨赫勒-沃克参加了2018年10月31日在南苏丹首都朱巴举行的《重振协议》签署庆典。2021年8月，南苏丹总统基尔访问埃塞。12月，埃塞副总理兼外长德梅克访问南苏丹。

与埃及的关系：埃塞和埃及在尼罗河水资源使用问题上素有分歧。埃革阵执政后，双边关系逐步改善。两国与苏丹在尼罗河水资源使用问题上保持沟通，成立“东尼罗河流域专家委员会办公室”和“三方论坛”，协调合理开发和利用尼罗河水资源问题。2009年6月，两国签署《关于共同开发利用尼罗河的谅解备忘录》。2010年5月，以埃塞为首的尼罗河上游7国单独签署《合作框架协议》，要求尼罗河流域各国享有公平、合理利用尼罗河水资源的权利，埃及对此予以反对。2015年3月，在苏丹推动下，埃塞总理海尔马里亚姆、埃及总统塞西和苏丹总统巴希尔在苏丹喀土穆共同签署《复兴大坝原则宣言协议》，强调通过协商谈判和平解决分歧，在互利共赢和尊重国际法的基础上进行合作。2018年1月，埃塞总理海尔马里亚姆访问埃及，同埃及总统塞西就尼罗河水资源分配和埃塞复兴大坝建设进行直接对话。同月，苏丹总统巴希尔、埃及总统塞西、埃塞总理海尔马里亚姆在第30届非盟峰会期间举行三方会议，就三国关系特别是建设复兴大坝交换看法，宣布成立由三国水利部长参与的技术委员会，就建设复兴大坝面临的问题进行探讨。5月，埃塞与埃及、苏丹在亚的斯亚贝巴就复兴大坝问题举行新一轮磋商并达成共识。6月，埃塞总理阿比访问埃及，表示复兴大坝不会影响埃及的尼罗河水量份额。2019年以来，在美国、世界银行和非盟斡旋下，埃塞、埃及、苏丹围绕复兴大坝举行多轮磋商，但尚未在关键问题上达成一致。2021年9月，联合国安理会通过了主席声明，敦促埃及、埃塞和苏丹恢复谈判，以就复兴大坝问题达成具有约束力的协议。

与索马里的关系：1964年和1977年，两国曾因欧加登争端两度交战，并于1977年断交。1988年两国关系正常化。埃革阵执政后，埃塞积极参与调解索国内冲突，多次在其境内推动索各派召开和会并发起国际援索会议。2002年1月，伊加特首脑会议授权肯尼亚、埃塞和吉布提等国联合调解索问题。在埃塞等国的推动下，索自2004年以来相继产生过渡联邦议会、总统和政府。2006年12月，埃塞曾出兵索马里协助过渡联邦政府击败反政府武装伊斯兰法院联盟。2010年3月，索过渡政府与重要武装派别逊尼派联盟达成合作协议，埃塞为此发挥了重要作用。2011年12月，埃塞出兵越境打击索反政府武装沙巴布。2012年索新政府成立后，两国高层交往较多，埃塞还促成索政府与朱巴兰地方临时政府达成和解协议。阿比总理就职以来，埃塞同索互访和高层互动频繁。2018年9月，埃塞、厄特、索马里签署《全面合作联合宣言》，三国加强合作，建立密切的政治、经济、社会、文化和安全关系，协调促进区域和平与安全。2020年1月，埃塞、厄特、索马里三国峰会在厄特首都阿斯马拉举办，三国就加强次区域合作达成广泛共识。2021年1月，时任索马里外长马哈茂德访问埃塞。10月，时任索马里总统穆罕默德出席埃塞新一届政府就职典礼。2022年6月，阿比总理出席索马里新任总统马哈茂德就职典礼。

【同阿拉伯国家的关系】埃塞积极发展同阿拉伯国家特别是海湾国家的关系，争取经援和投资。阿比总理就任后，同沙特、阿联酋交往密切，两国为埃塞经济社会发展提供资金援助，并在埃塞同厄特关系改善方面发挥重要作用。2021年7月，阿尔及利亚外长拉马拉访问埃塞。（罗一彰）

安　哥　拉

国名　安哥拉共和国（The Republic of Angola, República de Angola）。

面积　124.67万平方公里。

人口　3560万（2022年）。主要有奥温本杜（约占总人口的37%）、姆本杜（25%）、巴刚果（13%）、隆达等民族。官方语言为葡萄牙语，有42种民族语言，主要包括温本杜语（中部和南部地区）、金本杜语（罗安达和内陆地区）和基孔戈语（北部地区）等。49%的人信奉罗马天主教，13%的人信奉基督教新教，其余大多信奉原始宗教。

首都　罗安达（Luanda），人口约278万（2020年）。

国家元首　总统若昂·曼努埃尔·贡萨尔维斯·洛伦索（João Manuel Gonçalves Lourenço），2017年9月就任，2022年9月连任，任期5年。

重要节日　反殖武装斗争纪念日：2月4日；和平和解纪念日：4月4日；国家奠基者和民族英雄纪念日：9月17日；独立日（国庆日）：11月11日。

简　况

位于非洲西南部，北邻刚果（布）和刚果（金），东接赞比亚，南连纳米比亚，西濒大西洋。海岸线长1650公里。北部大部分地区属热带草原气候，南部属亚热带气候，高海拔地区为温带气候。全年分旱、雨两季：5—9月为旱季，平均气温24℃，相对凉爽，潮湿无雨；10月至次年4月为雨季，平均气温33℃，炎热，温差较大。年均降水量约400毫米，从东北高原地区（最高1500毫米）逐渐向西南沙漠地区（最低50毫米）递减。主要由平原、丘陵和高原组成，西部沿海地区地势低，东部内陆地区地势较高，全国65%的土地海拔在1000—1600米。最高峰莫科峰（Monte Moco）高2620米，第二高峰梅科峰（Monte Meco）高2583米。安境内河流密布，水力资源丰富，较大河流约30条，主要河流有刚果河、库内内河、宽扎河、库邦戈河等。

有约700年文明史。历史上曾分属刚果、恩东戈、马塔姆巴和隆达四个王国。1482年，葡萄牙殖民者船队首次抵达，1576年建立罗安达城。在1884—1885年举行的柏林会议上，安哥拉被划为葡萄牙殖民地。1922年，葡占领安全境。1951年，葡将安改为葡的一个“海外省”，派总督进行统治。20世纪50年代起，安哥拉先后成立了三个民族解放组织：安哥拉人民解放运动（简称“安人运”）、安哥拉民族解放阵线（简称“安解阵”）和争取安哥拉彻底独立全国联盟（简称“安盟”），并于20世纪60年代相继开展争取民族独立的武装斗争。1975年1月15日，上述三个组织同葡萄牙政府达成关于安哥拉独立的《阿沃尔协议》，并于1月31日同葡当局共同组成过渡政府。不久，安人运、安解阵、安盟之间发生武装冲突，过渡政府解体。同年11月11日，安人运宣布成立安哥拉人民共和国，阿戈斯蒂纽·内图任总统。1979年9月，若泽·爱德华多·多斯桑托斯出任总统。

安哥拉独立后长期处于内战状态。在葡萄牙、美国和苏联的推动下，1991年5月31日，安政府与以乔纳斯·萨文比为首的反对派安盟签署《比塞斯和平协议》。1992年8月，安议会决定改国名为安哥拉共和国。9月，安举行首次多党大选。安人运在议会选举中获胜并在总统选举中领先。安盟拒绝接受大选结果，安重陷内战。1994年11月，安人运政府与安盟签署《卢萨卡和平协议》，但该协议未得到有效落实。为推动和解，安人运于1997年4月组建了以其为主体、有安盟成员参加的民族团结和解政府，但遭到安盟领导人萨文比的抵制，安盟分裂，安内战继续。2002年2月22日，安盟领导人萨文比被政府军打死。4月4日，安政府与安盟签署停火协议。安结束长达27年的内战，实现全面和平，进入战后恢复与重建时期。

政　治

2002年结束内战以来，安哥拉政局保持稳定。安政府努力推进战后重建事业，采取有力措施巩固国家和平统一局面。2008年9月，安成功举行了自1992年以来的首次多党议会选举，安人运获得80%以上议席。2010年2月，安国民议会通过新宪法。2012年8月31日，安举行修宪后的首次总统和议会选举。安人运以71.84%的得票率赢得选举，多斯桑托斯连任总统，于9月26日宣誓就职。2017年8月23日，安哥拉举行新一届大选，安人运得票率为61.08%。该党候选人洛伦索当选总统，于9月26日就职。2022年8月24日，安哥拉举行新一届大选，安人运得票率为51.17%，洛伦索总统当选连任，于9月15日就职。

【宪法】1975年11月11日颁布第一部宪法并先后4次修改。现行宪法于2010年2月颁布。宪法规定：安哥拉的首要目标是建立一个自由、公平、民主、和平的国家；实行多党制；共和国总统通过选举产生，任期5年，可连任一次；总统为国家元首、政府首脑和武装部队总司令，有权公布或废除法律，宣布战争或和平状态，任免副总统、政府部长、军队高级将领、省长、总检察长、最高法院法官等。

【议会】安哥拉国民议会是国家最高立法机构。主要职能有：修改宪法，批准、修改或取消法律；审批国民议会常务委员会的立法工作；监督宪法和法律的实施；监督国家和政府机关的工作；批准国民经济计划和国家预算并监督执行；批准大赦；宣布戒严和紧急状态法，以及授权总统宣布战争或和平状态。每届任期5年，每年举行两次例会。

本届议会于2022年9月成立。在220个议席中，安人运占124席，安盟占90席，社会革新党、安解阵、人文主义党各占2席。现任议长为卡罗琳娜·塞凯拉（Carolina Cerqueira，女），来自安人运。

【政府】本届政府于2022年9月成立。除了总统洛伦索、副总统埃斯佩兰萨·玛丽亚·达科斯塔（Esperança Maria da Costa），还有4名国务部长、23名部长和1名部长委员会秘书，包括：国务部长兼总统民事办公室主任亚当·弗朗西斯科·科雷亚·德阿尔梅达（Adão Francisco Correia de Almeida），经济协调国务部长曼努埃尔·若泽·努内斯（Manuel José Nunes Júnior），社会事务国务部长达尔瓦·阿伦（Dalva Maurícia Calombo Ringote Allen，女），国务部长兼军事办公室主任弗朗西斯科·富尔塔多（Francisco Furtado），国防和退伍军人部长若昂·埃内斯托·多斯桑托斯（João Ernesto dos Santos），内政部长欧热尼奥·塞萨尔·拉博里尼奥（Eugénio César Laborinho），外交部长泰特·安东尼奥（Téte António），国土管理部长迪奥尼西奥·达丰塞卡（Dionício Manuel da Fonseca），司法和人权部长马西·洛佩斯（Marcy Cláudio Lopes），财政部长薇拉·达韦斯·德索萨（Vera Daves de Sousa，女），经济和计划部长马里奥·卡埃塔诺·诺昂（Mário Caetano João），公共管理、就业和社会保障部长特蕾莎·罗德里格斯·迪亚斯（Teresa Rodrigues Dias，女），农业和林业部长安东尼奥·阿西斯（António Francisco de Assis），渔业和海洋资源部长卡门·萨克拉门托·内图（Carmen Sacramento Neto），工业和贸易部长维克托·弗朗西斯科·多斯桑托斯·费尔南德斯（Victor Francisco dos Santos Fernandes），矿产资源、石油和天然气部长迪亚曼蒂诺·阿泽维多（Diamantino Pedro Azevedo），交通部长里卡多·德阿布雷乌（Ricardo de Abreu），能源和水利部长若昂·博尔热斯（João Baptista Borges），公共工程、城市化和住房部长卡洛斯·阿尔贝托·多斯桑托斯（Carlos Alberto Gregório dos Santos），电信、信息技术和新闻部长马里奥·奥古斯托·奥利韦拉（Mário Augusto da Silva Oliveira），高等教育、科学、技术和创新部长玛丽亚·桑博（Maria do Rosário Bragança Sambo，女），教育部长路易莎·玛丽亚·阿尔维斯·格里洛（Luísa Maria Alves Grilo，女），卫生部长席尔维娅·卢图库塔（Sílvia Paula Valentim Lutucuta，女），社会行动、家庭和妇女促进部长安娜·保拉·多萨克拉门托·内图（Ana Paula do Sacramento Neto，女），文化和旅游部长菲利佩·扎乌（Filipe Silva de Pina Zau），环境部长安娜·保拉·德卡瓦略（Ana Paula de Carvalho，女），青年和体育部长帕尔米拉·巴尔博萨（Palmira Leitão Barbosa，女），部长委员会秘书安娜·玛丽亚·席尔瓦（Ana Maria de Sousa e Silva，女）。

1991年2月13日，根据宪法，共和国国务委员会成立。该委员会为总统的政治性咨询机构，旨在听取并集中全国各阶层人士意见，供政府制定政策时参考。共和国国务委员会由总统主持，成员包括副总统、议长、宪法法院院长、总检察长、前任总统、拥有议会席位的各政党或政党联盟领袖，以及由总统指定的10位社会知名人士、宗教界人士和大酋长。

【行政区划】全国划分为18个省，分别为：本戈、本格拉、比耶、卡宾达、宽多–库邦戈、北宽扎、南宽扎、库内内、万博、威拉、罗安达、北隆达、南隆达、马兰热、莫希科、纳米贝、威热、扎伊尔。

【司法机构】设有最高法院、军事法庭、上诉法院和总检察院。军事法庭受国防安全委员会直接领导。上诉法院专门受理上诉案件。总检察院为国家法律监督机关，受总统直接领导。最高法院院长若埃尔·莱昂纳多（Joel Leonardo），总检察院总检察长埃尔德·格罗斯（Helder Grós）。

【政党】自1991年起实行多党制。根据安宪法法院2020年统计，全国现有11个合法政党和1个政党联盟。主要政党有：

（1）安哥拉人民解放运动（Movimento Popular de Libertação de Angola，MPLA）：简称“安人运”。1956年12月成立，安独立后一直为执政党。2016年8月召开第七次全国代表大会，选举产生新的中央委员会，多斯桑托斯再次当选为党主席，洛伦索和安东尼奥·卡索马（António Paulo Kassoma）分别当选副主席和总书记。2018年9月召开第六次特别代表大会，选举产生新的中央委员会，洛伦索接任党主席，路易莎·佩德罗·达米昂（Luísa Pedro Damião，女）和阿尔瓦罗·曼努埃尔·德博阿维达·内图（Álvaro Manuel de Boavida Neto）分别当选副主席和总书记。2019年6月召开第七次特别代表大会，对中央政治局及其书记处、中央委员会进行改选，保罗·庞博洛（Paulo Pombolo）当选总书记。2021年12月召开第八次全国代表大会，洛伦索、达米昂、庞博洛分别连任党主席、副主席和总书记。现有500余万名正式党员。设有青年、妇女等组织及老战士协会。

（2）争取安哥拉彻底独立全国联盟（União Nacional para a Independência Total de Angola，UNITA）：简称“安盟”。主要反对党，成立于1966年3月，乔纳斯·萨文比为创始人。1967年开始反对葡萄牙殖民统治的武装斗争。1975年初同安人运、安解阵和葡当局组成过渡政府。安内战爆发后，转移到农村和丛林山区，开展反对安人运政府的游击活动。1991年与安政府签署《比塞斯和平协议》。1992年注册成为合法政党并参加当年的大选，后因拒绝接受选举结果而与政府军重开内战。1994年，安人运政府与安盟签署《卢萨卡和平协议》。1998年9月，内部分裂，部分高级成员成立安盟革新委员会，公开反对党主席萨文比。2002年4月，安盟与安政府正式签署停火协议，完成非军事化并宣布放弃武装夺权目标。2019年11月，安盟召开第十三届全国代表大会，选举产生新一届领导层，阿达尔贝托·达科斯塔·儒尼奥尔（Adalberto da Costa Júnior）当选党主席，但因国籍争议，其当选合法性未获认可。2021年12月，儒尼奥尔重新当选党主席。

较有影响的政党/政党联盟还有社会革新党（PRS）、安解阵（FNLA）等。

【重要人物】**若昂·曼努埃尔·贡萨尔维斯·洛伦索**：总统兼武装部队总司令。1954年3月5日出生于洛比托市。中学时期参加反抗葡萄牙殖民统治的斗争并加入安人运。1978—1982年赴苏联列宁高等学院研修军事指挥课程并就读历史学专业，获历史学硕士学位。1983—1989年历任安哥拉莫希科省委书记兼省长、本格拉省委第一书记兼省长。1989—1991年任安人民解放军政工局长。1991—1998年历任安人运政治局委员兼新闻和宣传书记、安人运议会党团领袖。1998—2003年任安人运总书记。2003—2014年任国民议会第一副议长。2014年任国防部长。2016年当选安人运副主席。2017年8月当选总统，9月就职。2018年9月当选安人运党主席。2022年8月当选连任总统，9月就职。　**埃斯佩兰萨·玛丽亚·达科斯塔**：副总统。女，1961年5月3日出生于首都罗安达。安哥拉内图大学生物学学士，葡萄牙里斯本技术大学生态学硕士、植物生态学博士。先后就职于葡萄牙里斯本科学研究所、安哥拉内图大学；曾任安哥拉内图大学植物学助教，生物系主任、教授，大学标本馆馆长；曾参与设立罗安达标本馆。2020年4月，出任安渔业和海洋部渔业国务秘书。2022年8月当选副总统，9月就职。　**卡罗琳娜·塞凯拉**：议长。女，1956年10月20日出生于北宽扎省。安哥拉内图大学法政学硕士。1984—2008年任安人运公民权和民事办公室主任，2008年当选议员，2010年任新闻部长，2012年再次当选议员并任安人运议会党团副主席。2016年起先后任安文化部长、社会事务国务部长。2022年9月当选安国民议会议长。

经　济

属最不发达国家。实行市场经济，有一定的工农业基础。2002年内战结束后，政府将工作重点转向国家重建、经济恢复和社会发展，调整经济结构，大力投入基础设施建设，优先解决关系国计民生的社会发展项目；同时积极开展同其他国家的经贸互利合作，努力为国家重建吸引外资。安哥拉现已成为撒哈拉以南非洲第三大经济体和最大引资国之一。石油是国民经济支柱产业。2006年12月，安哥拉加入石油输出国组织。2012年，安哥拉启动“安哥拉制造计划”，大力推进经济多元化，逐步降低国民经济对石油产业的依赖度，出台多项具体措施支持中小微企业发展。同年10月，安宣布成立主权财富基金，启动金额为50亿美元，主要来自石油和矿业收益，主要为基础设施建设、金融、工业、农业、旅游业等提供资金支持。2013年7月1日，新石油汇率法正式实施，石油公司和其他外国机构在安经营所得款项均须使用当地货币宽扎结算。2014年下半年以来，受国际油价波动影响，安哥拉经济发展面临的困难增多，财政收入减少，外汇储备下降，从2016年开始经济连年负增长。2020年，受新冠疫情和国际油价下跌双重影响，安经济受到严重冲击，财政困难加剧，债务问题凸显。2021年，国际油价止跌回升，安财政状况有所好转，实现1.1%的增长。2022年主要经济数据如下：

国内生产总值：1256.96亿美元。

人均国内生产总值：3531美元。

国内生产总值增长率：3.3%。

货币名称：宽扎。

汇率：1美元≈485宽扎。

外汇储备：145.52亿美元。

外债总额：710.16亿美元。

（资料来源：《伦敦经济季评》）

【资源】石油、天然气和矿产资源丰富。安哥拉已探明石油可采储量超过130亿桶，剩余可开采储量约90亿桶，天然气储量达7万亿立方米。主要矿产有钻石、铁、磷酸盐、铜、锰、铀、铅、锡、锌、钨、黄金、石英、大理石和花岗岩等。铁矿约17亿吨，磷酸盐约2亿吨，锰矿近1亿吨。安哥拉是非洲第二大林业资源大国，森林面积约5300万公顷，森林覆盖率达35%，出产乌木、非洲白檀木、紫檀木、桃花心木等名贵木材。水力资源较丰富，水资源潜力约1400亿立方米。水力发电量占全国总发电量的63%，火力发电占36%。

【工业】石油和钻石开采是国民经济的支柱产业。为非洲第二大产油国。2020年出口原油4.464亿桶，同比减少7.26%，出口收入约183亿美元。2021年石油产量4.1亿桶，平均日产量112万桶，出口收入278.7亿美元。2022年石油产量3.92亿桶，出口收入399亿美元。钻石储量约1.8亿克拉，为世界第五大产钻国。2020年钻石总销量912.39万克拉，总售价约为11.97亿美元。2021年钻石总产量870万克拉。主要工业还有水泥、建材、车辆组装和修理、纺织服装、食品和水产加工等。

2016年5月，安政府重组安国家石油公司，重组后不再负责石油勘探、生产和招标，仅保留石油业特许经营权，对石油合同进行监督管理。安政府设立石油业高级监管委员会行使国家股东职能，设立石油管理局参与石油区块授予和争端解决。2019年2月，安政府成立国家石油天然气和生物燃料管理局，行使相关领域国家特许经营职能。

【农业】土地肥沃，河流密布，发展农业的自然条件良好。1975年安哥拉独立前，粮食可以自给自足，并出口周边国家，被誉为“南部非洲粮仓”，剑麻和咖啡出口量曾分别位居世界第三和第四。长达数十年的内战给安农业生产体系造成严重破坏，近一半粮食供给依赖进口。全国可开垦土地面积约3500万公顷，目前耕地面积为350万公顷。农业人口约占全国人口的65%，人均耕地面积为0.18公顷。北部为经济作物产区，主要种植咖啡、剑麻、甘蔗、棉花、花生等作物。中部高原和西南部地区为产粮区，主要种植玉米、木薯、水稻、小麦、马铃薯、豆类等作物。农业产值仅占国内生产总值的6.4%。主要农作物平均单产低，玉米为500千克/公顷，水稻为1000千克/公顷，大豆为200千克/公顷。2021年，安哥拉粮食产量超过300万吨。每年粮食进口额超过7.9亿美元。

渔业资源丰富，盛产龙虾、蟹、各种海洋鱼类。渔场作业条件好，风浪小，可全年作业，多数中小渔业公司已私有化。渔业为安重要产业，从业人员约5万人。本格拉和纳米贝是安重要捕鱼区。2020年渔业产量约40万吨，其中手工捕捞量约11.2万吨。

安哥拉牧场面积约5400万公顷，南部为传统畜牧饲养区。畜牧业可满足安国内50%左右的牛羊肉和鸡肉供应。

【旅游业】安哥拉建立了国家公园和保护区，如罗安达省奎卡玛国家公园、莱多角旅游区，马兰热省卡兰杜拉旅游区，宽多-库邦戈省奥卡万戈旅游区，莫希科省卡米亚国家公园等。安哥拉与赞比亚、津巴布韦、博茨瓦纳和纳米比亚建立了跨境自然环境保护区。大黑羚羊是安哥拉独有的动物，也是安哥拉国家的标志和象征。安共有183家酒店、88家度假村和6家旅行社，总床位数达17855张。2018年安旅游业从业人数超11万人。

【交通运输】以公路运输为主。自2005年以来，安政府共投入250亿美元，完成12435公里国家道路修复。

公路：总里程7.5万公里，其中1.8万公里为柏油路面，其余为沙石土路面，干线总长2.5万公里。

铁路：总里程2800公里，有本格拉、纳米贝（又名莫萨梅德斯）和罗安达—马兰热三条主干线。本格拉铁路始建于1903年，全长1350公里，与刚果（金）的铁路连接，曾是南部非洲铁路运输干线之一。纳米贝铁路全长756公里，是非洲最长的铁路之一。

水运：海运船队总吨位10万多吨，主要港口罗安达、洛比托、纳米贝、卡宾达等均可停靠万吨级货船，有水运线路约1300公里。罗安达港年处理能力为1500万吨，负责处理全国约80%的进口货物量，2019年货物吞吐量为700万吨。洛比托港被认为是非洲西海岸最佳良港之一。卡宾达新码头长110米，平均水深8.5米，可停靠承载600—800个货柜、长度为130米的轮船。

空运：安哥拉国家航空公司是国际民航组织成员，航空客货运输量居非洲前列，运营数条国内和国际航线。此外，SONAIR航空公司也是安哥拉主要航空公司之一，运营罗安达至美国休斯敦包机直航，以及国内、地区和国际包机。全国共有各类机场193座，其中大型机场5座。首都罗安达国际机场可起降大型客机，有通往葡萄牙、法国、德国、英国、比利时、巴西、阿联酋、美国，以及莫桑比克、南非、纳米比亚、赞比亚、津巴布韦、刚果（布）、刚果（金）、埃塞俄比亚、尼日利亚、喀麦隆、中非、圣多美和普林西比等国的航班。卡宾达、本格拉等地机场已相继翻新。首都罗安达新国际机场可供空客A380型客机起降，设计客流量可达1500万人次/年，货运量60万吨/年，建成后将成为非洲第一大机场。受新冠疫情影响，2020年安航运送乘客37万人次，同比减少75%；运送货物1.1万吨，同比减少24%。2013年，安哥拉通过《新民航法》，对非法干扰飞行、威胁民航安全、劫机等行为作出明确规定。

【电信业】2001年，安哥拉宣布放弃国家对电信业的垄断，私有化比例最高可达40%。主要电信公司有：国营安哥拉电信公司、联合电信公司、移动电信公司和非洲电信公司。安哥拉正在逐步升级电信系统，引入先进的数字系统。2012年4月，移动电信公司推出新一代LTE服务，标志着安哥拉首个LTE商用网络开始运营。12月，联合电信公司也推出4G LTE服务。截至2022年底，安互联网用户数超过1240万，手机用户数超1940万，已铺设光纤网络2.2万公里。

【财政金融】近年来，安政府大力扶持非石油产业，推动国民经济各领域均衡发展，加强经济多元化，实现国家长期可持续发展。同时，继续调控通货膨胀，实施稳健的债务和货币政策，规范金融行业，维护宏观经济稳定。国际货币基金组织发布的《世界经济展望》报告显示，2020年安债务率为127.1%，2021年降至110.7%。

安哥拉现有20余家商业银行。主要银行有：储蓄和信贷银行、国际信贷银行、安哥拉发展银行、安哥拉投资银行、太阳银行、大西洋千禧银行等。安国家银行发布的《金融稳定报告》显示，2020年上半年，安银行业金融机构总资产为17.39万亿宽扎。

【对外贸易】2022年，外贸总额为672.94亿美元。近几年对外贸易情况如下（单位：亿美元）：

	2020	2021	2022
出口额	206.36	335.82	500.68
进口额	98.89	117.95	172.26
差　额	107.47	217.87	328.42

（资料来源：《伦敦经济季评》）

主要出口石油、钻石、天然气、咖啡、剑麻、木材、棉花、水产品及其他养殖产品等，主要进口机电设备、交通工具及其零部件、药品、食品、纺织品等。

【外国资本】安哥拉是非洲主要外国直接投资目的地国。外资主要集中在石油工业、钻石开采、液化天然气、公共工程、建筑、电信、渔业和加工工业等。主要投资国有美国、法国、意大利、比利时、英国、葡萄牙、德国、西班牙、日本、巴西、南非、韩国等。首都罗安达是外资最集中的投向地。此外，北宽扎、南宽扎、万博、威拉、扎伊尔和卡宾达等省也吸引了较多外资。

2018年6月，安颁布新的《私人投资法》，保障私人投资者权利，推出投资优惠和便利化措施，以吸引更多外国投资，推进经济多元化进程。安政府推出2019—2022年私有化计划，计划对195家国有企业及资产进行私有化。

【外国援助】双边援助主要由美国、日本、荷兰、挪威、瑞典、葡萄牙等国提供。多边援助主要来自欧盟、联合国儿童基金会、联合国难民署、联合国开发计划署、世界银行、国际货币基金组织、非洲开发银行等。

人民生活

全国实行免费医疗。2015年，全国共有各类医疗机构2614家。2017年，平均每万人拥有医生1.4名，床位8张。2019年，全国人口供水覆盖率为70.3%。联合国发布的《2021/2022年人类发展报告》显示，2021年安哥拉人类发展指数为0.586，排在全球第148位。人均预期寿命61.6岁。（资料来源：安政府、联合国开发计划署）

艾滋病患者约30万人，年新增感染者约2000人。近年来，安哥拉艾滋病流行趋于稳定，感染率约为5%，是非洲国家中艾滋病传染率最低的国家之一。全国疟疾发病率约为10%，农村地区疟疾发病率较城镇高14倍。医疗卫生覆盖率为44%。2020年3月，安哥拉发现新冠确诊病例，此后疫情持续发展，延宕反复。截至2021年12月，已有980万人接种新冠疫苗，其中320万人完成全过程接种。

军　事

安哥拉武装力量（FAA）为国家军队，成立于1991年，现有陆军8.4万人、空军1.1万人、海军5000人。国家元首兼任武装部队总司令。武装力量总参谋长安东尼奥·埃吉迪奥·德索萨·桑托斯（António Egídio de Sousa Santos）。国防和公共安全支出占国家预算的18%。

文化教育

安哥拉文化艺术有多种表现形式，主要有音乐、传统舞蹈、手工艺品、乐器、油画和沙画等。

【教育】教育体系分为基础教育、中等教育和高等教育。基础教育为义务教育，学制8年，儿童从7岁起入学。目前，全国拥有100所高等教育机构，其中公立教育机构31所，私人教育机构69所。安哥拉内图大学是唯一的国立综合性大学。2021/2022学年，高校在册学生33.47万人。根据安哥拉国家统计局数据，截至2019年，安共有中小学校1.49万所，其中小学占80%，初、高中分别占12%、8%。2019年，安拥有中小学教师19.5万人，注册学生人数为804.1万人，其中学前75.3万人、小学493万人、初中144.8万人、高中91万人。据安政府统计，2022年安识字率为82%。

【新闻出版】《安哥拉日报》为葡文官方日报，1923年创刊，发行量5万余份，开设政治、经济、体育、文化、社会等版面，信息主要来自安哥拉通讯社、葡通社、法新社、路透社、西班牙埃菲社等，在全国18个省设有记者站。葡文《共和国公报》为安哥拉政府官方不定期刊物。《安哥拉北方》《支部》由安人运主办，《劳动者之声》由工人联合会主办。《对外贸易》《能源》为专业性杂志、季刊。

安哥拉通讯社：国家通讯社，1975年7月在罗安达成立，现有编辑记者数百人，驻外有7个分社。全天24小时播发国内和国际新闻，对内每天发布约300条新闻。对外使用葡语、法语、英语和西语发布新闻，每天30—35条。

安哥拉国家电台：国营电台，总部在罗安达，在18个省设有分支机构，使用调频、中波和短波播出，信号覆盖全国。拥有6个地级电台、18个省级电台、7个地区电台、30个转播中心。对内使用葡语和数十种民族语言播出节目，对外使用葡语、英语、法语播出节目。

安哥拉电视台：总部在罗安达，1975年10月18日在罗安达首播。现有TPA-1（综合）、TPA-2（娱乐和青年）和TPA国际等频道。对内使用葡语和多种民族语言播出节目，对外使用葡、西、英、法等语言播出节目。与葡萄牙电视台建有伙伴关系。

对外关系

奉行和平共处和不结盟的对外政策；主张在相互尊重主权、互不干涉内政、平等互利的基础上，同世界各国建立和保持外交关系；要求建立国际经济新秩序。安是联合国会员国，以及不结盟运动、非洲联盟、南部非洲发展共同体、中部非洲国家经济共同体、葡萄牙语国家共同体、石油输出国组织、77国集团、世界银行、国际货币基金组织、国际民航组织、世界贸易组织等国际和地区组织成员。与100多个国家建立了外交关系，在30余个国家设有使馆，并设有驻欧盟、联合国、联合国教科文组织、欧安组织代表处。2002年实现和平后，安政府外交工作的主要目标是巩固和平和战后重建，把经济外交作为外交工作重点，寻求更多的外援和投资，积极参与国际和地区事务，努力提高在国际和地区事务中的影响力，为地区和平与稳定作贡献。2018年，安政府为节约预算关闭40余家驻外使领馆和代表处。

【同中国的关系】中国同安哥拉于1983年1月12日建交。建交以来，两国友好合作关系顺利发展，各领域交流与合作不断扩大，在国际和地区事务中保持着良好的协调与配合。2010年11月，中安建立战略伙伴关系。

2020年2月，洛伦索总统就新冠疫情向习近平主席致慰问信，习近平主席复函感谢。5月，王毅国务委员兼外长同安外长安东尼奥通电话。9月，习近平主席同洛伦索总统通电话。12月，中央政治局委员、全国人大常委会副委员长王晨同安副议长迪亚斯举行视频会晤。新冠疫情发生后，中国政府向安哥拉政府提供多批防疫物资援助。2021年6月，安人运主席、总统洛伦索就中国共产党成立100周年向习近平总书记致贺信。11月，安外长安东尼奥赴塞内加尔首都达喀尔出席中非合作论坛第八届部长级会议。2022年9月，中国政府非洲事务特别代表刘豫锡赴安哥拉出席洛伦索总统连任就职仪式。

1984年，中安两国政府签订贸易协定。2011年，两国签署劳务合作协定。安哥拉是中国在非洲第二大贸易伙伴和中国在非洲最大工程承包市场之一。据中国海关总署统计，2022年，中安双边贸易额为273.4亿美元，同比增长16.3%。其中，中国出口额为40.9亿美元，同比增长65.0%；中国进口额为232.5亿美元，同比增长10.6%。中国主要从安哥拉进口原油，向安哥拉出口机电产品、钢铁及其制品、鞋类等。中国在安国有、民营企业超过120家，在安人员约4.5万人。

两国签有文化合作协定、航空运输协定、互免持外交和公务护照人员签证协定、引渡条约。2012年4月，中安签署《中华人民共和国公安部和安哥拉共和国内政部关于维护公共安全和社会秩序的合作协议》。2019年4月，公安部工作组赴安与安警方开展联合执法行动，摧毁一个拐骗中国妇女赴安强迫卖淫犯罪团伙，抓获犯罪嫌疑人6名，解救被拐骗妇女6名。

1988—2020年，中国政府共接收安方奖学金生407名。2020—2021年，安在读留学生409人，其中政府奖学金生135名。2015年2月，哈尔滨师范大学与安哥拉内图大学合作开办的孔子学院正式揭牌。

2006年10月，两国签署关于中国向安哥拉派遣医疗队的议定书。中国于2009年向安派出首批医疗队，迄今已派遣5批共70人次。2020年10月，中国政府向安派遣抗击新冠疫情医疗专家组。

中国驻安哥拉大使：龚韬。馆址：Rua Presidente Houari Boumedienne No.196-200，Miramar，Luanda，Angola。电话：00244–222444658，222441683；传真：222444185。

安哥拉驻华大使：若昂·萨尔瓦多·多斯桑托斯·内图（João Salvado dos Santos Neto）。馆址：北京市朝阳区塔园外交办公楼1单元8层1号。电话：010–65326968，65326839，65327143；传真：65322882，65326969。

【同美国的关系】安哥拉内战期间，美国先后支持安解阵和安盟。随着冷战结束以及安盟领导人萨文比不断破坏安哥拉和平进程，美国于1993年停止了对安盟的支持并承认安人运政府。1993年安哥拉和美国正式建立外交关系后，多斯桑托斯总统曾三次访问美国，两国在经贸、能源等领域合作不断扩大，关系发展较顺利。美国同安哥拉于2009年签署贸易和投资协定，并于2010年6月在安哥拉首都罗安达召开了首次美安贸易和投资委员会会议。2020年2月，美国务卿蓬佩奥访安。5月，美国务卿蓬佩奥向安新任外长安东尼奥致贺信。2021年9月，洛伦索总统访美。12月，洛伦索总统以视频方式出席美“领导人民主峰会”。2022年3月，美财政部副部长纳尔逊访安。4月，安国务部长兼总统安全办公室主任富尔塔多访美。5月，美常务副国务卿舍曼访安。10月，安外长安东尼奥同美常务副国务卿舍曼通电话。12月，洛伦索总统应邀赴美出席美非峰会。

安哥拉是美国《非洲增长与机遇法案》受惠国。目前，安哥拉是美国在非洲重要的贸易伙伴和石油供应国。美国主要向安哥拉出口铁路车辆设备、食品、机电产品和飞机等，自安哥拉进口石油、钻石等。

【同欧盟及其成员国的关系】欧盟是安哥拉最大援助伙伴，是安重要的经济合作伙伴，是安最大进口地区和安第三大贸易伙伴。2020年2月，德国总理默克尔访安。9月，安外长安东尼奥同欧盟外交与安全政策高级代表博雷利共同主持召开第五次安哥拉—欧盟部长级会议。2021年4月，西班牙首相桑切斯对安哥拉进行正式访问，欧洲理事会主席米歇尔访安。5月，洛伦索总统赴法国出席非洲经济体融资峰会。9月，洛伦索总统对西班牙进行国事访问。2022年5月，洛伦索总统同法国总统马克龙通电话。11月，洛伦索总统对挪威进行国事访问。

【同葡萄牙的关系】葡萄牙是安哥拉的前殖民宗主国，同安哥拉在政治、经济、社会各领域一直保持比较深的联系。2010年，两国建立战略伙伴关系。2013年底，安单方面中断双方战略伙伴关系。2014年，葡萄牙副总理和外长相继访安，两国关系由此转圜。

2020年1月，安外长奥古斯托访葡。2021年9月，安副总统德索萨代表洛伦索总统赴葡萄牙首都里斯本出席葡前总统桑帕约葬礼。2022年6月，洛伦索总统赴里斯本出席联合国海洋会议，其间会见葡总统德索萨。8月，葡总统德索萨赴安出席安前总统多斯桑托斯葬礼。目前，葡在安有侨民约20万人。葡是安非石油领域最大投资国。2019年，安葡双边贸易额约23.13亿欧元，安对葡贸易逆差约1.63亿欧元。

【同其他非洲国家的关系】重视并优先发展与其他非洲国家的关系，与津巴布韦、纳米比亚、刚果（金）等关系密切，并结成共同防务联盟。重视提升在非盟、南共体、西共体、几内亚湾委员会等地区组织中的影响力和话语权，为促进地区和平稳定、解决冲突争端发挥积极作用。2012年，安哥拉与刚果（金）签署了在两国海上争议区域共同开采石油的协议，并就此成立了双边委员会解决有关问题。2013年3月，安哥拉、纳米比亚和南非三国签署了世界第一个大型海洋生态系统法律框架《安哥拉、纳米比亚和南非关于本格拉洋流公约》，旨在共同保护和可持续利用这一大型海洋生态系统。2014年1月至2017年10月，安哥拉担任大湖地区国际会议轮值主席国。2017年8月起，安哥拉担任南共体政治、防务和安全机构轮值主席国。11月，安哥拉召开"三驾马车"及主席国峰会，讨论津巴布韦问题。2018年4月，安哥拉召开南共体及其政治、防务和安全机构"双三驾马车"特别峰会，讨论刚果（金）、莱索托和马达加斯加局势。8月，安哥拉举办部分地区国家政治协调会议，讨论刚果（金）、南苏丹、中非、布隆迪局势。2019年7月和8月，洛伦索总统两次在罗安达主持召开安哥拉、刚果（金）、卢旺达、乌干达四国领导人峰会，讨论刚果（金）局势等。2020年1月，洛伦索总统访问莫桑比克，出席纽西总统就职仪式。同月，刚果（金）总统齐塞克迪访安。11月，洛伦索总统赴加蓬参加中非国家经济共同体元首峰会。11月起，安再次担任大湖地区国际会议轮值主席国。2021年1月和4月，洛伦索总统以大湖地区国际会议轮值主席身份两次召开关于中非形势的小型峰会。5月、7月和9月，中非总统图瓦德拉三次访安。6月，乍得军事过渡委员会主席穆罕默德访安。7月，洛伦索总统对几内亚进行国事访问。8月，洛伦索总统对加纳进行国事访问。12月，埃塞俄比亚总统萨赫勒–沃克访安。2022年3月，洛伦索总统访问佛得角。5月，塞内加尔总统萨勒访安。8月，佛得角、刚果（布）、刚果（金）、几内亚比绍、莫桑比克、南非、圣多美和普林西比等国总统赴罗安达出席安前总统多斯桑托斯葬礼。9月，赤道几内亚、佛得角、刚果（布）、刚果（金）、几内亚比绍、津巴布韦、纳米比亚、圣多美和普林西比、赞比亚等国总统，斯威士兰、摩洛哥等国首相，加蓬、卢旺达、马达加斯加等国总理赴安出席洛伦索总统连任就职仪式。10月，塞内加尔总统萨勒访安。11月，安哥拉举行刚果（金）东部问题小型峰会，布隆迪、刚果（金）总统及卢旺达、肯尼亚和非盟代表等参会。

（薛爽）

贝　宁

<u>国名</u>　贝宁共和国（The Republic of Benin，La République du Bénin）。

<u>面积</u>　112622平方公里。

<u>人口</u>　1340万（2022年）。共60多个民族，主要有丰族、阿贾族、约鲁巴族、巴利巴族、奥塔玛里族、颇尔族等。官方语言为法语。全国使用较广的语言有丰语、约鲁巴语和巴利巴语。居民中基督教徒占53%，伊斯兰教徒占23.8%，贝宁被认为是世界拜物教（伏都教）的中心，传统宗教在社会各方面均有较深的影响。

<u>首都</u>　波多诺伏（Porto-Novo），国民议会所在地，人口27万（2018年）。最热季节为3月，平均气温26℃—28℃；相对凉爽季节为8月，平均气温23℃—25℃。科托努（Cotonou）为政府所在地，距首都波多诺伏较近，为其外港。

<u>国家元首</u>　总统帕特里斯·纪尧姆·阿塔纳斯·塔隆（Patrice Guillaume Athanase Talon），2016年3月当选，2021年4月连任，任期5年。

<u>重要节日</u>　独立日（国庆日）：8月1日。

简　况

位于西非中南部，东邻尼日利亚，西北、东北与布基纳法索、尼日尔交界，西接多哥，南濒大西洋几内亚湾。海岸线长125公里。沿海平原为热带雨林气候，年均气温20℃—34℃；中部和北部为热带草原气候，年均气温26℃—27℃，最高可达42℃。

16世纪前后，贝宁出现许多小王国和酋长国。18世纪，阿波美王国鼎盛时期统一了南部和中部。16世纪后期，西方殖民者入侵贝宁掠奴贩奴。1904年，贝宁并入法属西非。1913年沦为法国殖民地。1958年成为法兰西共同体内的"自治共和国"。1960年8月1日独立，成立达荷美共和国。1972年10月，马蒂厄·克雷库通过政变上台，宣布"走社会主义发展道路"。1975年11月30日改国名为贝宁人民共和国。1990年3月1日改为贝宁共和国，并开始实行多党制。1991年3月，尼塞福尔·索格洛在首次多党大选中获胜，当选总统。1996年3月，克雷库在换届选举中获胜，再度出任总统，并于2001年连任。2006年3月，独立候选人、西非开发银行前行长托马·博尼·亚伊在大选中获胜。2011年3月，亚伊在总统选举中胜选连任。

政　治

2016年3月，独立候选人塔隆在新一届总统选举中获胜。塔隆执政后，大力推行政府机构改革，精简各部门行政人员，积极惩治腐败，取得一定成效。2019年4月，贝举行第八届国民议会选举。2021年4月，塔隆在总统选举中获胜连任。

【宪法】现行宪法于1990年12月经公民投票通过，是贝宁历史上第七部宪法，2019年11月进行修正。宪法规定“建立一个法制和民主多元化的国家”，实行行政、立法和司法分离的原则和总统内阁制。总统为国家元首、政府首脑和武装部队统帅，由直接普选产生，任期5年，可连选连任一次。2019年宪法修正案规定：任何人一生中不能担任两个以上总统任期；增设副总统职务；废除死刑；2026年举行总统、议会、市镇统一选举等。

【议会】称“国民议会”，为最高立法机构，实行一院制，行使立法权并监督政府工作。议员由直接普选产生，任期4年，可连选连任，但不得兼任其他公职。本届议会于2023年1月选举产生，共有109名议员，其中复兴进步联盟53名，共和阵营28名，民主党28名。议会领导机构为执行局，由议长、副议长、总务主任、议会书记等7人组成。议会设法律和人权、财贸、生产和计划、教育文化和社会事务以及国防安全和对外合作关系等5个委员会。议长为路易·弗拉沃努（Louis Vlavonou）。

【政府】本届政府于2021年5月组成。总统兼政府首脑。本届政府共24名成员（2023年6月改组），除了总统塔隆、副总统玛丽亚姆·沙比·塔拉塔（Mariam Chabi Talata，女），还有国务部长2名、部长19名、国务秘书1名，包括：发展与政府行动协调国务部长阿卜杜拉耶·比奥·查内（Aboudoulaye Bio Tchane），经济财政和合作事务国务部长罗穆亚尔德·瓦达尼（Romuald Wadagni），掌玺、司法与立法部长德切努·伊冯（Detchenou Yvon），外交合作部长奥吕谢甘·阿贾迪·巴卡里（Olushegun Adjadi Bakari），内政与公共安全部长阿拉萨内·赛义杜（Alassane Seidou），生活环境与可持续发展部长若泽·迪迪埃·托纳托（José Didier Tonato），农业、牧业与渔业部长加斯东·多苏惠（Gaston Dossouhoui），权力下放与地方管理部长拉斐尔·多苏·阿科泰尼翁（Raphaël Dossou Akotegnon），劳动与公职部长阿迪贾图·马蒂（Adidjatou Mathys，女），社会事务与小额贷款部长韦罗妮克·托尼福德（Véronique Tognifode，女），卫生部长本杰明·洪帕廷（Benjamin Hounkpatin），高等教育与科研部长埃莱奥诺尔·亚伊（Eléonore Yayi，女），中等教育、技术教育与职业培训部长夸罗·伊夫·查比（Kouaro Yves Chabi），幼儿与初等教育部长卡里穆·萨利马内（Karimou Salimane），旅游、文化与艺术部长让-米歇尔·埃尔韦·阿宾博拉（Jean-Michel Hervé Abimbola），数字与数码化部长奥雷莉·亚当·苏莱（Aurélie Adam Soule，女），工业与贸易部长莎迪娅·阿利玛图·阿苏曼（Shadiya Alimatou Assouman，女），能源、水与矿产部长萨穆·赛义杜·阿当比（Samou Seïdou Adambi），中小企业与就业促进部长莫德斯特·克雷库（Modeste Kerekou），体育部长奥斯瓦尔德·奥梅基（Oswald Homeky），国防部长福尔蒂内·阿兰·努阿丹（Fortunet Alain Nouatin），能源国务秘书爱德华·达荷美（Édouard Dahome）。

【行政区划】全国分为省、县（市）、镇、村四级行政单位，共12个省，77个县（市）（67个县、10个市）。12个省的名称为滨海、大西洋、韦梅、莫诺、库福、高原、祖、丘陵、东加、博尔古、阿黎博里、阿塔科拉。

【司法机构】设有宪法法院、最高法院、高等法院、上诉法院和初级法院。宪法法院独立于最高法院，是最高司法机关，负责审理法律的合宪性，调解国家机关权限纠纷，并对立法选举和总统选举的合法性进行裁决。最高法院是国家行政、司法裁判和国家审计的最高权力机关，由司法、行政、审计3个法庭和1个检察院组成。中央一级设上诉法院，系终审法院，各省设初级法院，县（市）设治安法院，各级法院均委派共和国检察官。高等法院有权审理总统和政府成员在履行职务时所犯叛国和违法行为。本届宪法法院院长约瑟夫·乔贝努（Joseph Djogbénou），最高法院院长维克托·达西·阿多苏（Victor Dassi Adossou），高等法院院长塞茜尔·德拉沃·津津多惠（Cécile Dravo-Zinzindohoué，女）。

【政党】2003年，贝政府颁布新政党宪章，规定合法政党应在每个省至少有10名成员，总人数至少达到120人。2018年7月，贝通过新政党宪章，规定新政党成立时应在每个县（市）至少有15名创始成员，全国至少有1155名创始成员。根据新政党宪章，截至2022年12月，共有18个合法政党，主要有：

（1）复兴进步联盟（Union Progressiste Le Renouveau）：议会第一大党，2022年8月由贝宁进步联盟（UP）同民主复兴党（PRD）两党合并而成。原进步联盟主席、宪法法院院长乔贝努任党主席。

（2）共和阵营（Bloc Républicain）：2018年12月成立，由80个政党和100多个政治运动合并而成。旅游、文化与艺术部长让-米歇尔·埃尔韦·阿宾博拉为党主席。

（3）民主党（Les Democrates）：2020年7月成立。该党主张维护贝宁团结、发展、和平、民主。名誉主席为前总统亚伊，主席为埃里克·温代德（Eric Houndete），另有13名副主席。

【重要人物】**帕特里斯·纪尧姆·阿塔纳斯·塔隆**：总统、国家元首、政府首脑兼武装部队统帅。1958年5月出生于贝宁维达市。曾在塞内加尔达喀尔大学就读，后长期在法国、贝宁经商。1988年成立洲际派送公司。1990年收购贝宁3家国有棉花脱籽加工厂，发展成为贝宁棉花产业领军人物。2016年3月在总统选举中获胜，4月6日就职，系贝宁共和国第六任总统。2021年4月胜选连任。

经　济

系最不发达国家和重债穷国。农业和转口贸易是国民经济两大支柱。主要经济作物有棉花、腰果、油棕榈等，其中棉花是主要出口创汇产品。系西非重要转口贸易国，到港货物多转口销往尼日利亚等周边国家。工业基础薄弱，主要为农产品加工及纺织业。资源较贫乏，已探明矿藏有石油、黄金等，但储量有限。2016年4月塔隆执政后，将农业、旅游业、服务业确定为优先发展领域，制定《2016—2021年政府行动计划》和《2022—2027年政府行动计划》。重视发展新科技产业，计划建设技术与创新园区，大力发展数字经济。重视棉花生产，加快私有化进程。重视能源领域发展，拟订“人人享有能源”计划。改善投资环境，鼓励外国企业在贝投资，取得一定成效，经济保持增长。2020年以来，贝宁经济运行总体稳定，但受到新冠疫情一定影响。2022年主要经济数据如下：

国内生产总值：174亿美元。

人均国内生产总值：约1463美元。

国内生产总值增长率：5.8%（预估值）。

货币名称：非洲金融共同体法郎（简称“西非法郎”）。

汇率：1美元≈622.5西非法郎。

通货膨胀率：2.5%。

（资料来源：国际货币基金组织）

【资源】资源较贫乏。矿藏主要有石油、天然气、铁矿石、磷酸盐、大理石、黄金等。石油已探明储量约52.5亿桶，可开采约9.2亿桶；天然气储量约910亿立方米；铁矿石储量约10亿吨。渔业资源丰富，海洋鱼类约有257种。森林面积313万公顷，约占国土面积的27%。

【工业】基础薄弱，设备陈旧，生产能力较低。主要有食品加工、纺织和建材业。工业人口约占全国劳动人口的11.6%。实行结构调整以来，已有部分企业实行了私有化，剩下的大型国有企业也将陆续私有化。2020年，工业产值占国内生产总值的17.6%。

【农业】农业在贝宁国家经济中占有举足轻重的地位。以种植业为主，占农业的80%。有可耕地面积7万平方公里，实际耕种面积约20%，大量土地长期处于休耕状态。截至2022年1月，贝农业人口占总人口的54.8%，农业灌溉系统普及率为4%，农业机械化率为12%。粮食基本自给，部分出口次区域。主要粮食作物有木薯、山药、玉米、小米等；经济作物有棉花、腰果、棕榈、咖啡等，其中棉花出口额约占出口创汇总收入的70%—80%。约30万人直接或间接从事渔业生产，年均捕鱼量约4万吨。林木年均采伐量2990立方米。2018—2019年，贝宁棉花产量超70万吨，跃居西非地区第一大产棉国。2019年，贝主要农业产品出口增长8%。2020年10月，贝菠萝品种“糖面包”成为贝首个通过非洲知识产权组织“受保护地理标志”认证的农产品。2020—2021年，贝棉花产量72.8万吨，大米产量40万吨。2021年，贝政府决定实施2021—2026年种植园作物发展国家计划，计划在全国建设至少67万公顷大型种植园，优化可耕作土地开发，促进农业发展。同年，贝部长委员会批准植物种子行业国家发展战略（2022—2026），增加主要主食作物的播种面积，预计2026年将良种覆盖率从20%提高到50%。

【旅游业】系贝宁新兴产业，是仅次于棉花的第二大创汇产业。近年来，政府对旅游业的投入不断加大。主要旅游景点有冈维埃水上村、维达古城、维达历史博物馆、阿波美古都、野生动物园、埃维埃旅游公园、大西洋海滩等。现正兴建从科托努至维达的旅游开发区，以发展海滨旅游。年均接待游客约20万人次。拥有各类宾馆、旅店逾300家，其中科托努海滨宾馆为5星级宾馆。

【交通运输】铁路：总长685多公里，其中579公里为主干线。最主要路段连接科托努和帕拉库，长约440公里，属“贝宁—尼日尔铁路运输共同组织”共同经营铁路的一部分，年设计运力为70万人次和35万吨货物。由于年久失修，运力严重下降。

公路：总长3.1万多公里。其中，国家级公路6076公里，省级与市级公路2.5万公里左右。公路主要分为东西和南北两条主干道：东西向为多哥—科托努—尼日利亚沿海公路，南北向为科托努—朱古—纳迪丹古—布基纳法索公路（539公里）。

海运：科托努港为地区性重要转运港口，水深11—14米，可停泊万吨巨轮。该港是西非内陆国家的货物集散地、运输枢纽，承担贝宁90%的对外贸易，约占国家税收收入的50%，占海关收入的80%—85%。2021年3月，《非洲物流》杂志将科托努港列为非洲十大最佳港口第六位。

空运：科托努国际机场是贝宁唯一的国际机场，可起降波音747和空客等大型飞机。年客运量约35万人次，货运量4600吨。现有法国、摩洛哥、南非航空等十几家航空公司在贝运营。此外，贝还有9个国内机场，但不具备夜航条件。

【财政金融】国家财政收入主要依靠税收，其中关税占40%。截至2021年，外汇储备为16.5亿美元，外债总额为74亿美元。2019年7月，贝宁加入亚洲基础设施投资银行。2020年7月，世界银行宣布贝宁过渡到中低收入经济体类别。2021年3月，国际评级机构穆迪将贝长期主权信用评级从“B2，前景积极”提高到“B1，前景稳定”。10月，国际评级机构惠誉将贝长期货币发行评级从“B”上调至“B+”。2021年，贝海关收入4404.79亿西非法郎，较2020年增加850亿西非法郎。

【对外贸易】国民经济支柱产业，收入占到国家预算收入的60%—80%，转口贸易十分活跃，到港货物70%转销到尼日利亚以及尼日尔、布基纳法索等内陆国家。主要出口棉花、腰果、水泥等产品，主要进口食品、日用消费品、化学制品等。2021年，贸易总额69.1亿美元，出口额32.7亿美元，进口额36.4亿美元。主要进口对象为泰国、印度、多哥和中国等，主要出口对象是孟加拉国、印度、越南和尼日利亚等。2019年7月，贝宁签署《非洲大陆自贸区协定》。根据世界银行发布的《2020年营商环境报告》，贝宁全球排名第149位。

【外国援助】主要援助国家和国际机构为丹麦、法国、德国、中国、美国、日本、世界银行、欧盟、非洲开发基金、西非开发银行及国际货币基金组织等。近年年均获得官方外援约5.8亿美元，约占国内生产总值的8%，主要涉及卫生、教育培训等领域。联合国对贝宁2019—2023年发展支持规划总金额1766.13亿西非法郎，主要在卫生、教育、社会安全、食品、可持续发展等领域提供支持。荷兰通过世界粮食计划署在2019年7月至2023年12月捐赠65亿西非法郎用于贝宁校园食堂计划。2021年5月，世界银行国际开发协会批准向贝3.5万家小微企业提供2500万美元，支持其应对新冠疫情危机；欧盟与贝签署协议，欧洲投资银行向贝新冠疫情应对项目和城市卫生项目提供共计1.4亿欧元资金支持。6月，世界银行向贝提供3000万美元额外援助，用于新冠疫苗的采购和运输，世行在应对疫情框架下共向贝提供7200万美元；世行承诺向贝提供1090亿西非法郎，用于电力基础设施建设。12月，世界银行国际开发协会宣布向贝拨款583亿西非法郎，用于加强对妇女儿童权益保护、帮助贝获得可靠和可持续能源、改善贝政府预算和债务管理等。

人民生活

根据联合国开发计划署《2022年人类发展报告》公布的人类发展指数，贝宁居第166位。全国各类医疗卫生机构1302家，其中包括5所国家级医院：位于科托努的国家中心医院、肺结核中心医院、精神病中心医院、老年中心医院与潟湖妇幼保健院；5所省级医院：波多诺伏医院、洛科萨医院、阿波美医院、维达医院和纳蒂丹医院。全国共有病床4053张，各类医务人员5833人。2022年1月起，医疗保险强制参保，政府计划在2030年完成全民医保覆盖。2019年，贝有77.83%的人使用银行、电子支付等金融服务。2021年，西非经济货币联盟公布成员国金融服务使用情况，贝宁使用率为82.4%，为成员国最高。截至2020年底，贝农村地区饮用水接入率从2019年的53.7%提升至70.16%。2021年7月，贝政府正式启动农村电气化项目，承诺2023年12月前为贝2019个村镇通电。2021年6月，国际电信联盟发布《全球网络安全指数》报告，贝宁在194个国家和地区中名列第56位。

军　事

1961年建军，1977年改组为国防军、公安军和民兵。1990年实行军队“非政治化”，国防军改称“武装力量”，保留陆海空三军、宪兵、共和国卫队。实行义务兵役制。2004年，陆海空总兵力约4550人。其中，陆军约4300人、海军约100人、空军约150人。全国宪兵和警察等准军事部队约2500人。总兵力约1.1万人。

现任武装力量总参谋长阿瓦尔·基布里尔·布科·纳尼米（Awal Djibril Bouko Nagnimi）准将。陆军参谋长阿卜杜尔·巴吉尔·萨尼·巴沙比（Abdoul Bakil Sanni Bachabi）上校，空军参谋长贝尔丹·巴达（Bertin Bada）上校，海军参谋长弗朗索瓦·达西斯·贡萨罗（François d’Assise J. Gonsallo）海军中校。

文化教育

【教育】2010年，教育经费占国内生产总值的5.4%。有大学2所，分别为阿波美-卡拉维大学（原贝宁国立大学）和帕拉库大学，在校大学生超过8万人。技术、专科学校112所，普通中学246所，小学3558所。成人识字率38.4%。

【新闻出版】国家设有最高视听管理委员会，作为新闻和通信的监察机构，负责有关新闻、通信法律的咨询工作，保证新闻、通信自由。委员会由9名成员组成，由总统、议会和新闻界各推荐3人，任期5年。本届委员会于2014年7月1日成立，现任主席阿当·博尼·特西（Adam Boni Tessi）。2021年3月，最高视听管理委员会发布贝境内合法报刊清单，包括72种日报、8种周刊、4种双周刊。其中，《民族报》是官方报纸，每周一至五发行。私营报纸主要有《早报》《晨报》《每日回声报》等。《民族报》和《早报》发行量最大，约5000份。

贝宁通讯社：国家通讯社，1961年成立，主要以电讯稿方式向本国报社、电台、电视台发布消息。自1990年起出版《贝宁新闻》和《经济新闻》两种日刊，每周一至周五出版。在国内各省设通讯员。国际新闻多来源于法新社。1997年，贝通社与新华社签署了新闻交换合作协议，1998年起可接收新华社消息。

贝宁广播电视局：拥有1家国营电视台、4家国营电台和5家地方农业电台。

贝宁国家电视台：建成于1972年，1978年12月31日正式开播，本国制作的节目约占45%。

贝宁国家电台：前身为“革命之声”电台，建于1953年，用法语、英语和民族语言广播。自1992年起，用调频转播法国国际广播电台的节目。

对外关系

奉行“实用、灵活和不排他”的多元务实外交政策，积极谋求政治支持和经济援助，主张在和平共处等原则基础上同所有国家发展合作关系。注重保持同法国、美国等西方大国的关系，积极发展同印度等发展中大国关系，重视睦邻友好，主张以和平方式解决同邻国的领土争端。积极参与地区事务，多次派兵参加地区维和行动，是非盟、西非国家经济共同体、西非经济货币联盟等组织成员国。2012年1月至2013年1月，贝担任非盟轮值主席国。2020年8月，贝进行外交领域改革，将其驻外使领馆从27处削减为10处，分别为驻尼日利亚、摩洛哥、美国、巴西、中国、阿联酋、沙特、法国、意大利和俄罗斯大使馆。2021年10月，贝当选2022—2024年联合国人权理事会委员。

【同中国的关系】中贝两国于1964年11月12日建交。1966年1月，贝单方面宣布终止两国关系；4月，贝同台湾当局“复交”。1972年12月29日，中贝恢复外交关系。

2019年6月，贝外交合作部长阿贝农西来华出席中非合作论坛北京峰会协调人会议，中贝签署共建“一带一路”谅解备忘录。12月，全国政协副主席邵鸿访贝，与塔隆总统、弗拉沃努议长分别会见会谈。2021年11月，阿贝农西外长赴塞内加尔出席中非合作论坛第八届部长级会议，王毅国务委员兼外长同其会见。据中国海关总署统计，2022年，中贝双边贸易额为19.5亿美元，同比增长33.7%。其中，中国出口额为16.9亿美元，同比增长38%；中国进口额为2.6亿美元，同比增长11%。中方主要出口纺织、机电产品等，主要进口棉花。目前，在贝中资企业主要有中兴公司、华为公司等。

中国驻贝宁大使：彭惊涛。馆址：Numéro 2 Zone des Ambassades，Route de l’Aéroport，Cotonou，Benin。电话：00229–21301292，21300765；传真：21300841。

贝宁驻华大使：西蒙·皮埃尔·阿多韦兰德（Simon Pierre Adovelande）。馆址：北京市朝阳区光华路38号。电话：010–65322741，65322302；传真：65325103。

【同法国的关系】法是贝前宗主国，两国一直保持着密切关系。1990年，贝实行民主化和自由市场经济后，法大力扶持贝。索格洛执政期间，两国关系陷入低潮。1996年克雷库重新执政后，两国关系得到恢复和发展。法是贝主要出资国和贸易伙伴。2015年，法国总统奥朗德访贝，系贝民主化后首位访贝的法国总统。道达尔公司计划从2021年起15年内向贝宁提供500万吨天然气，以改变贝能源使用结构，并为贝发电厂提供能源动力。2021年4月，贝与法国外贸银行签署总额为3.26亿欧元的信贷协议，用于建设电力基础设施。11月，塔隆总统、法国总统马克龙共同出席在法国总统府举行的归还贝宁文物签字仪式，法国向贝政府归还26件法殖民者掠夺的贝宁阿波美王国文物。12月，法国开发署同贝签署协议，为贝国家技术与职业教育培训提供2000万欧元资助。2022年7月，法国总统马克龙访贝，同塔隆总统会见，双方在反恐合作、职业培训、文化推广等方面签署多项协议，签署2022—2026年战略伙伴协议。8月，塔隆总统访法，出席2022年法国企业家会议并发表演讲。9月，贝外长阿贝农西、财长瓦达尼、中教部长查比、文化部长阿宾博拉等访法，与法国负责发展、法语国家和国际伙伴关系事务的国务秘书夏洛布罗举行高级别工作会议并签署合作计划，将职业培训和文化领域合作作为两国伙伴关系发展的主要方向。

【同美国的关系】1961年，贝美建交。1995年，两国成立军事合作混委会。美在贝设有文化中心和《非洲增长与机遇法案》西非培训中心，并接受贝加入《非洲增长与机遇法案》和“迎接千年挑战国家组织理事会”。2020年1月，塔隆总统访美，会见美国务卿蓬佩奥。9月，美向贝军事指挥医院捐赠价值4180万美元的抗疫物资。10月，美国千年挑战公司总裁凯恩克罗斯访贝。2022年6月，美助理国务卿帮办冈萨雷斯访贝。8月，贝发展与政府行动协调国务部长查内率团赴美与千年挑战公司进行谈判，并同美商务部贸易管理局副局长拉戈举行会谈。

【同德国的关系】1961年贝德建交后，两国关系发展顺利。贝是德对非援助的重点国家，两国每两年举行一次政府间磋商。2020年6月，德向贝提供1000万欧元，支持其地方基础设施建设和社会经济发展。2021年6月，贝德在科托努召开第21届两国政府间协商会议，德在此后两年内向贝提供513.7亿西非法郎资金，两国合作项目资金总量增至3000亿西非法郎。2022年8月，贝政府同德国国际合作机构召开会议，研究审议2021—2026年贝宁税制战略方针计划，进一步优化贝宁税收政策。

【同其他非洲国家的关系】贝重视发展与尼日利亚、阿尔及利亚等地区大国的关系，积极参与地区合作，推动区域一体化进程。2020年12月，塔隆总统赴科特迪瓦首都阿比让参加瓦塔拉总统就职仪式。2021年6月，塔隆总统赴加纳首都阿克拉参加第59届西共体首脑会议。2022年11月，塔拉塔副总统赴突尼斯参加第十八届法语国家组织峰会。同月，塔隆总统赴加纳参加阿克拉倡议国际会议。（庞日东）

博茨瓦纳

国名 博茨瓦纳共和国（The Republic of Botswana）。

面积 581730平方公里。

人口 234.6万（2022年）。绝大部分为班图语系的茨瓦纳人（占总人口的90%）。主要民族有恩瓦托、昆纳、恩瓦凯策和塔瓦纳等，其中恩瓦托族人口最多，约占总人口的40%。另有数万欧洲人和亚洲人。官方语言为英语，通用语言为茨瓦纳语和英语。多数居民信奉基督教，农村地区部分居民信奉传统宗教。

首都 哈博罗内（Gaborone），人口约23.5万（2022年）。年均最高气温28.3℃，年均最低气温12.9℃，年均气温20.7℃。

国家元首 总统莫克维齐·马西西（Mokgweetsi Masisi），2019年11月1日宣誓连任总统。

重要节日 新年：1月1日；劳动节：5月1日；塞莱茨·卡马爵士日：7月1日；总统日：7月15日至16日；独立日：9月30日；圣诞节：12月25日。

简况

南部非洲内陆国家。平均海拔1000米左右。东接津巴布韦，西连纳米比亚，北邻赞比亚，南接南非。大部分地区属热带草原气候，西部为沙漠、半沙漠气候。年均气温21℃，年均降水量400毫米。

独立前称“贝专纳”。公元13—14世纪，茨瓦纳人由北方迁居此地。1885年沦为英国保护地，称“贝专纳保护地”。1966年9月30日宣布独立，定名为博茨瓦纳共和国，仍留在英联邦内，实行多党制，由博茨瓦纳民主党执政，塞雷茨·卡马任总统。

政治

1980年7月，奎特·凯图米莱·琼尼·马西雷接任总统职务。1984年、1989年和1994年，民主党在大选中接连获胜，马西雷3次连任总统。1998年，马西雷主动辞去总统职务，费斯图斯·莫哈埃接任总统。1999年和2004年，民主党在大选中均以压倒优势胜出，莫哈埃两度连任总统。2008年，莫哈埃总统任期届满，原副总统伊恩·卡马接任总统。2009年和2014年，民主党均在大选中获胜，卡马两度连任总统。但在2014年大选中，民主党遭遇来自反对党的强力挑战，仅获57个民选议席中的37席。2018年4月1日，原副总统莫克维齐·马西西接替任期届满的卡马总统，就任博独立以来第5任总统。马西西接任总统后，提出促进经济多元化、消除贫困和社会不公、建设开放的现代化国家等执政目标，将发展教育、创造就业作为优先施政方向。马西西在2019年10月23日举行的全国大选中成功连任，11月1日宣誓就职。2020年，新冠疫情对博造成严重冲击，马西西总统及时启动并延长国家紧急状态，在采取一系列抗疫措施的同时有序推进政府内外工作，带领博进入统筹疫情防控和经济社会发展的“新常态”。2021年，新冠疫情在博持续蔓延，全面考验博政府执政能力，马西西总统延续沉稳务实的执政风格，尽管面临多重挑战，控局能力依然较强。

【宪法】1966年9月30日生效，后几经修改。宪法规定：博实行多党议会制，立法、司法、行政三权分立；总统为国家元首、政府首脑兼武装部队总司令，由国民议会选举产生，任期5年，自首次履行总统职权之日起，累计任职时间不超过10年；总统死亡或辞职时，副总统自动接任总统职务；国民议会行使立法权；国民议会通过的决议、法案须经总统批准才能生效；总统有权召集和解散议会。

【议会】国民议会由总统、57名民选议员、6名特选议员（由总统提名，议会表决通过）和议长（由议员选出，主持议会会议，无投票权）组成，每届任期5年。国民议会的主要职权是：选举总统，制定法律，修改宪法，审议国家发展计划和政府财政预算。一般议案需过半数赞成通过，重要议案需2/3以上赞成通过。本届国民议会于2019年10月大选产生。民主党占38席，民主改革联盟占15席，爱国阵线党占3席，进步联盟党占1席。6名特选议员均为民主党成员。议长潘杜·斯格勒曼尼（Phandu Skelemani，民主党），2019年11月就任。

酋长院是国民议会的咨询机构，原由15名成员组成。2005年4月，国民议会通过对宪法第77条、第78条和第79条的修正案，规定酋长院成员增至35名。其中，8名部族酋长为“当然成员”；7名成员由8名当然成员选举产生，称为“选举成员”；另20名成员由各地区选举产生，称为“特选成员”。酋长院的职责范围和权力仅限于传统的特定事务，如领导职务、部落首领的任免，宪法的修正等。每年国民议会开幕前，酋长院先召开例会，向国民议会提出动议和议案，但不具有任何约束力。酋长院在必要时可要求有关部长到酋长院说明情况，部长也可到酋长院征询意见。2016年1月，酋长院举行第12届大会，选举产生新一届领导人，特罗夸族大酋长哈博罗内（Kgosi Puso Gaborone）连任主席。

【政府】本届内阁于2019年11月5日产生。2022年，马西西总统对内阁部门名称、职能和人员组成进行调整，主要成员有：总统莫克维齐·马西西，副总统斯伦伯·措格瓦内（Slumber Tsogwane），总统部长尼尔·莫尔瓦恩（Neale Morwaeng），国防与安全部长卡希索·穆西（Kagiso Mmusi），外交部长莱莫冈·夸佩（Lemogang Kwape），司法部长马查纳·萨姆库尼（Machana Shamukuni），地方政府与农村发展部长科特拉·奥特韦齐（Kgotla Autlwetse），财政部长佩姬·塞拉迈（Peggy Serame，女），交通与公共事务部长埃里克·莫拉莱（Eric Molale），土地与水资源事务部长凯芬采·姆兹温尼拉（Kefentse Mzwinila），农业部长菲德利斯·莫劳（Fidelis Molao），劳工与内政部长安娜·莫凯蒂（Anna Mokgethi，女），教育与技能发展部长道格拉斯·莱措拉泰贝（Douglas Letsholathebe），卫生部长埃德温·迪科洛蒂（Edwin Dikoloti），矿产与能源部长莱福科·莫阿希（Lefoko Moagi），贸易与工业部长穆西·卡费拉（Mmusi Kgafela），通信、知识与技术部长图拉汉约·塞霍科（Thulaganyo Segokgo），青年、性别、体育与文化部长图米索·拉卡雷（Tumiso Rakgare），环境与旅游部长菲尔达·凯伦（Philda Kereng，女），企业部长卡拉博·哈雷（Karabo Gare）。

【行政区划】全国划分为10个行政区。

【司法机构】由高等法院、上诉法院和传统法院组成。传统法院相当于初级法院，由各民族酋长担任法律执行人。高等法院院长、首席大法官泰伦泽·兰诺瓦内（Terence Rannowane），总检察长安塔利亚·莫罗科姆（Athalia Molokomme）。

【政党】主要政党情况如下：

（1）博茨瓦纳民主党（Botswana Democratic Party）：1962年1月成立。博独立后一直执政，主张经济独立和自力更生，在发展经济的同时保持社会公正；对外实行全方位外交，维护并促进民族利益。总裁莫克维齐·马西西，全国主席斯伦伯·措格瓦内。

（2）民主改革联盟（Umbrella for Democratic Change）：2012年成立。由博茨瓦纳民主运动党（Botswana Movement for Democracy，2010年5月29日成立，是从民主党内分裂出来的一支新反对党，口号是“我们的博茨瓦纳”）、博茨瓦纳民族阵线（Botswana National Front，1967年10月成立，主张在博进行民族民主革命，实现社会主义）、博茨瓦纳人民党（Botswana People's Party，1960年殖民地时期成立，是博成立最早的政党）联合组成，在2014年大选中对民主党形成强有力的挑战。2017年2月3日，博茨瓦纳大会党（Botswana Congress Party，1998年6月成立，由民族阵线中分裂而来，口号是“为了民族自由”）加入民主改革联盟。联盟原三党与大会党正式成立新的反对党联盟，以民主改革联盟的名义参加2019年大选，联盟主张社会民主主义，党派颜色为“皇家蓝”。总裁杜马·博科（Duma Boko）。

（3）博茨瓦纳进步联盟党（Alliance for Progressives）：2017年10月成立。系从反对党民主运动党内分裂出来的一支新反对党，致力于带领博人民建设一个全新的博茨瓦纳共和国。总裁恩达巴·赫拉泰（Ndaba Gaolathe）。

（4）博茨瓦纳爱国阵线党（Botswana Patriot Front）：2019年7月6日成立。由从民主党退党的前总统卡马及其追随者创立，主张加强基础设施建设，重视粮食安全、旅游业发展等，表示将致力于为博带来就业和财富。总裁比海·布塔莱（Biggie Butale）。

【重要人物】莫克维齐·马西西：总统。1962年7月生。1984年获博茨瓦纳大学教育学学士学位。曾赴美国佛罗里达州立大学和英国曼彻斯特大学留学，分别获教育学和经济社会学硕士学位。曾在博教育部和联合国任职。2009年当选国民议会议员，任博总统事务与公共管理部副部长。2011—2014年历任总统事务与公共管理部长、教育部长等职，同时担任内阁消除贫困委员会主席。2014年11月任副总统。2015年7月当选博民主党全国主席，2017年7月连任。2018年4月1日接任总统、民主党总裁。在2019年10月举行的全国大选中胜选连任。　**斯伦伯·措格瓦内**：副总统。1960年生。1999年当选国民议会议员并连任至今。2004—2009年任博财政与经济发展部副部长。2014年至2018年3月任地方政府与农村发展部长。2018年4月1日当选博民主党全国主席，4月4日当选副总统。2019年11月连任副总统。

经　济

博茨瓦纳是非洲经济发展较快、经济状况较好的国家之一。钻石业是其经济支柱，产值约占国内生产总值的1/3。畜牧业是传统产业。近年来，旅游业发展较快，成为新兴产业。独立后，博政府建立了自由市场经济体制，采取优惠措施吸引外资和国外先进技术，先后制定了11个国家发展计划，经济实现了持续快速发展。为了改变经济发展主要依赖钻石的状况，从20世纪80年代后期开始，博政府推行经济多元化政策，取得了一定成效。

马西西接任总统后将促进经济多元化、增加就业和改善民生作为施政首要目标，将钻石业、旅游业、畜牧业、采矿业和金融服务业确定为重点产业。根据相关国际机构公布的数据，博经济自由度、国际竞争力、营商环境等多项指标持续位于非洲前列。在新冠疫情冲击下，经济运转受到严重影响，钻石业、旅游业等支柱产业遭受重创，失业率、通货膨胀率等经济指标升至近年高位。2021年，博政府推出经济“重启”方案，将数字化作为重中之重，强化在线行政服务，推动教育、医疗、农业等领域数字化建设，继续加大民生和基础设施建设投入，积极支持中小微企业发展。2022年主要经济数据如下：

国内生产总值：190.71亿美元。

人均国内生产总值：8082美元。

国内生产总值增长率：5.8%

货币名称：普拉。

汇率：1美元≈13.20普拉。

通货膨胀率：12.1%

（资料来源：博茨瓦纳统计局）

【资源】矿产资源丰富。主要矿藏为钻石，其次为铜镍、煤、苏打灰、铂、金、锰等。钻石储量和产量均居世界前列。已探明的铜镍矿蕴藏量为4600万吨，煤蕴藏量为170亿吨。

【工业】近年来，博政府积极发展钻石加工业，以提高钻石业利润。铜镍是博重要的出口矿产品。2012年，博钻石出口额361亿普拉，占出口总额的79.3%，铜镍出口额33.1亿普拉，占出口总额的7.3%。2014年，全球原材料价格持续大幅下降，博钻石业遭重创，钻石产量锐减至1223万克拉。得益于全球钻石需求复苏，2015年博钻石产量回升至2037万克拉，2018年逾2410万克拉。2020年，受新冠疫情冲击，博采矿业减产超过60%。2021年，由于钻石产量增长，采矿业恢复至疫前水平，工业产值占国内生产总值的19.2%。

【农业】可耕地占全国面积的15%，2017/2018年度耕种面积为26.85万公顷，粮食产量约6.61万吨，只能满足国内粮食需求的22%左右。主要农作物为高粱、玉米、小米、豆类以及水果、蔬菜。政府鼓励农民多种粮，增加粮食自给。

畜牧业约占农业产值的70%，是国民经济传统支柱产业之一，也是农民的主要收入来源。畜牧业以养牛为主，养羊为辅。博有现代化的大型屠宰厂和肉类加工厂，年屠宰能力为40万—50万头牛。2017年，博牛肉出口额为8580万美元，占出口总额的1.31%。家禽养殖业始于1976年，目前肉鸡和鸡蛋能够满足国内需求。

【旅游业】博是非洲主要旅游目的国之一。旅游资源丰富，是非洲野生动物种类和数量较多的国家。政府把全国38%的国土划为野生动物保护区，设立了3个国家公园、5个野生动物保护区。乔贝国家公园和奥卡万戈三角洲野生动物保护区为主要旅游点。旅游业现为博第二大外汇收入来源，是经济多元化战略的重点发展产业。旅游业是博国内生产总值的第二大贡献行业，容纳了最大的就业增长。政府已设立旅游业培训基金，可用于旅游业员工培训。近年来，在新冠疫情冲击下，旅游业陷入停滞。

【交通运输】以公路运输为主，主要城镇之间有公路相连，总长1.94万公里，其中30%为柏油路面。全国各主要城镇之间以及博与南非、赞比亚、津巴布韦和纳米比亚之间基本由柏油路连接，其中干线公路等级较高。

铁路长900公里。主要铁路线跨越弗朗西斯敦、哈博罗内和洛巴策，连接南非和津巴布韦。博铁路公司是负责铁路运输的国有企业。

博航空公司辟有飞往南非的地区航线和国内主要城镇及旅游区之间的航线。现有6个国际机场，首都有卡马国际机场，其余5个机场设在弗朗西斯敦、马翁、卡萨尼、塞莱比-皮奎和杭济。此外有数十个小型机场分散在全国各地。2005年，博成立独立的民用航空管理局。博航空公司年运送旅客近百万人次。

【财政金融】博国家银行于1975年建立，1976年发行本国货币“普拉”。博长期执行审慎的财政政策。前几年受矿业收入下降、普拉对美元升值和政府施行积极财政政策的影响，曾一度出现财政赤字。政府采取了严格控制支出等措施，使财政收支最终处于盈余状态。截至2021年，博外汇储备为52.96亿美元。2021年，外债余额为22.21亿美元。（资料来源：《伦敦经济季评》）

【对外贸易】实行自由贸易政策。主要出口钻石、铜镍矿产品、机电产品等，主要进口钻石、机电产品、燃油、食品等。博主要贸易伙伴为南非、纳米比亚、加拿大和比利时。2021年，博对外贸易总额为149.64亿美元，其中进口额为79.84亿美元，出口额为69.80亿美元，贸易逆差10.04亿美元。

【外国资本】1997年博成立出口发展与投资局，专门负责推动出口和吸引外国投资的工作。2012年4月，博金融服务中心和出口发展与投资局合并，成立博茨瓦纳投资与贸易中心，以促进投资与出口，并为公众提供服务。2018年，博吸引外资10.82亿普拉，创造1042个就业机会。2020年5月，国际评级机构穆迪将博主权信用评级展望从原来的“稳定”下调为“负面”，信用评级仍维持为“A2”。9月，国际评级机构标准普尔将博主权信用评级展望从“稳定”下调至“负面”，但保持博长期和短期本外币债务评级“BBB+”级和“A-2”级不变。2021年，标准普尔已将博经济展望由“负面”调整为“稳定”。

【外国援助】主要援助国和国际组织为日本、美国、瑞典、挪威、德国、联合国开发计划署、非洲开发银行等。博成为中等收入国家后，多数西方国家对博提供的官方发展援助和优惠贷款大幅下降。

人民生活

根据世界银行发布的世界发展指数，2018年博人口年增长率为2.2%，每平方公里人口密度为4.0，贫困人口比例为14.5%，出生人口平均预期寿命为69岁，5岁以下儿童死亡率为43‰，艾滋病平均感染率为21.1%。根据博中央统计局2013/2014年度报告，博全国有医院18所、初级医院17所，带床位的诊所108个、不带床位的诊所180个；全国拥有病床5276张。博电信网络已全部实现数字化。

2020年新冠疫情暴发后，博是非洲乃至全球最后几个出现病例的国家之一，但9月以来，社区传播速度加快，新增病例、现存病例、死亡病例数量不断上升。2021年，博疫情起伏不定，持续恶化。2022年10月，博政府彻底取消口罩令、入境核酸检测、确诊病患隔离等措施。

军　事

1977年建立国防军。现有军人约9000名。现任国防军司令普拉希德·塞霍科（Placid Segokgo）中将。警察部队约1500人，警察总署署长基贝茨韦·马科佩（Keabetswe Makgophe）。

文化教育

【教育】博独立后高度重视国民教育事业，成人识字率从1966年的不足10%提高到目前的85.9%。教育体系完备，包括小学、中学和大学的正规教育及职业技术教育、特殊学校教育和业余教育，其学制为小学7年、初中3年、高中2年。小学和初中阶段为义务教育，小学和高等教育免学费，中学教育自2006年起实行学费分担制度，初中生每人年缴费300普拉、高中生600普拉，其余大部分由政府负担。2015年，全国共有826所小学、293所中学和40所高等教育机构。主要公立大学包括博茨瓦纳大学、国际科技大学、农业与自然资源大学、开放大学。

【新闻出版】现有报纸10余种，包括官方日报《每日新闻》和私营日报《报道者》及私营周报《博茨瓦纳卫报》《太阳报》《博茨瓦纳公报》《回声报》等。《每日新闻》是免费报纸，日发行量约6.5万份，用英文和茨瓦纳文出版。《报道者》和周刊《观察家》为博最大的私人出版公司Dikgang公司发行。《报道者》日发行量约2万份。其他报纸发行量在1.5万—2万份。

博茨瓦纳通讯社：官方通讯社，1981年创建，主要报道国内消息，是《每日新闻》和博广播电台的主要供稿者。

博茨瓦纳广播电台：官方电台，1965年创建，用英语和茨瓦纳语广播。

博茨瓦纳国家电视台：于2000年7月开播，节目分英语和茨瓦纳语，全部使用数字传输技术，可通过卫星覆盖非洲大部分地区。

对外关系

奉行不结盟的对外政策，积极参与地区政治事务及经济合作。主张国家主权平等和互不干涉内政，通过谈判解决争端。提倡建立公正、平等的国际政治经济新秩序。积极参与非洲和地区事务，促进区域稳定、发展和合作。主张发展中国家尤其是中小国家应加强合作，共同应对全球化挑战。南部非洲发展共同体（南共体）秘书处设在哈博罗内，博曾担任2019/2020年度南共体轮值主席国，2020/2021年度南共体政治、防务和安全机构轮值主席国。博还是联合国会员国，以及非盟、英联邦、不结盟运动和南部非洲关税同盟成员。

【同中国的关系】中国与博茨瓦纳于1975年1月6日建交，建交以来两国关系平稳、健康发展。2019年4月，中共中央委员、吉林省委书记巴音朝鲁率中共代表团访博。同月，博交通与通信部长马卡托来华出席第二届“一带一路”国际合作高峰论坛及“设施联通”分论坛。5月，商务部副部长钱克明率团访博，并参加首届中博经贸联委会。2021年1月，国务委员兼外交部长王毅访博。

据中国海关总署统计，2022年，中博双边贸易额为6.2亿美元，同比增长45.1%。其中，中国出口额为2.2亿美元，同比减少13%；中国进口额为4.0亿美元，同比增长130.7%。中方主要出口纺织服装、机电产品、高新技术产品等，主要进口钻石等。

中博分别签有教育和文化合作协定。2008年11月，博茨瓦纳大学与上海师范大学合作成立孔子学院。博系中国公民出境旅游目的地国。

1981年起，中国开始向博派遣医疗队，至2020年已累计派出16批511人次，累计诊治患者266万多人次，实施各种手术12.5万多台次。2011年和2015年，中方开展眼科“光明行”活动，先后为700余名当地患者实施白内障手术。

新冠疫情期间，中博两国通力合作。中国政府、企业等向博方援助多批抗疫物资，并为博方在华进行医疗物资商业采购提供支持。

中国驻博茨瓦纳大使：王雪峰。馆址：Plot 3096，North Ring Road，Gaborone，Botswana。电话：00267–3952209（办公室），3953270（经商处）；传真：3900156。

博茨瓦纳驻华大使：巴特朗·塞雷马（Batlang Serema）。馆址：北京市朝阳区三里屯东三街1号。电话：010–65326898；传真：65326896。

【同欧盟及欧洲国家的关系】博茨瓦纳与欧盟关系密切，欧盟是博最大的国际援助方之一。2004年，欧盟把旨在提高南部非洲国家产品竞争力的“生产力服务中心”设在博。2009年6月，卡马总统访问欧盟委员会，与欧盟签署了临时贸易伙伴协定。2010年，欧盟向博政府提供6.5亿普拉无偿援助，支持博人力资源开发。2012年，欧盟向博提供2.5亿普拉无偿补充发展基金，用于博加强人力资源建设和公共部门改革，并向博非政府组织捐款8000万普拉，用于解决经费紧张问题。2013年1月，欧盟向博政府资助1160万欧元，用于博加快实现联合国千年发展目标中的第四项和第五项指标，即将5岁以下儿童死亡率降低2/3和产妇死亡率降低3/4。2020年5月，欧盟向博政府提供约215万美元资金抗疫支持，提供10.8万美元用于采购防疫医疗设备。6月，欧盟向博援助总价值超过140万普拉的抗疫物资。7月，欧盟向博捐助约227万美元，用于支持博职业技术教育和培训领域改革发展。2021年10月，欧盟对外行动署代表团访博。同月，博国际事务与合作部长夸佩出席第二届非盟—欧盟外长联合会议。11月，博财长与欧盟驻博大使联合发布博欧2021—2027年合作计划。

同英国有传统密切关系，英是博传统援助国和主要贸易伙伴之一。大批英国人在博政府、金融和教育部门任职，博国防军和警察主要由英国人训练。两国官员互访频繁。英国有70多家企业在博投资。2018年

4月，马西西总统赴英出席英联邦政府首脑会议。2021年11月，马西西总统对英国进行工作访问。

同德国经贸关系发展较快，德是博主要贸易伙伴和援助国之一，多年来共向博提供各种援助近10亿普拉，派出250名专家帮助博从事职业培训、中学教育、社区发展、农林业和中小企业发展项目等。2020年8月，德国与欧盟和南共体共同宣布启动“抗疫医药产品计划”，为博茨瓦纳等南共体国家在本地生产个人防护用品、呼吸机、消毒剂、洗手液等医药产品提供支持，以提高地区疫情应对能力。同月，德国宣布向博环境、自然资源保护与旅游部捐款480万欧元，用于缓解疫情对博旅游业的负面影响。

瑞典和挪威也是博重要援助国。近年来，因博被列入中等收入国家，瑞挪两国逐步减少援博数额，改为提供低息贷款或开展政府和企业间的合资、合营和技术合作。2010年5月，博瑞签署《税务合作协定》，瑞为博提供1250万瑞郎资金援助，以帮助博税务部门培训人员和提高审计能力。

法国是博传统友好国家。在政治领域，两国互信较深，国际问题立场相近。在经济领域，法对博直接投资较少，经贸往来不密切。在人文领域，法通过欧盟、联合国及其非政府组织，向博提供抗击艾滋病及卫生、减贫、人力资源培训等援助，效果较好。2021年11月，马西西总统赴法国巴黎出席联合国教科文组织第41届大会，并对法国进行工作访问。2022年3月，法国—博茨瓦纳友好协会主席克莱斯鲍尔访博，与马西西总统、夸佩外长等举行会晤。7月，法国政府向博捐赠30余万剂儿童用新冠疫苗。

【同美国的关系】博美关系密切，高层往来不断。2002年，美同意将博列为最不发达国家，以享受美《非洲增长与机遇法案》的优惠政策。美向博派有和平队。2005年，博与美成立《非洲增长与机遇法案》论坛，以扩大对美出口。2020年4月，美通过总统防治艾滋病紧急救援计划、国防部海外人道主义灾难援助项目、疾病控制与预防中心和国际开发署向博提供465万美元抗疫援助。8月，据南非媒体报道，博茨瓦纳和纳米比亚将在美国“电力非洲”倡议支持下修建功率5000兆瓦的太阳能发电站，博纳美三国将就此签署合作协议，随后开展可行性研究。2021年4月，美政府宣布与博茨瓦纳、纳米比亚政府签署关于建设5吉瓦超级太阳能项目的意向备忘录。2021年8月，美国务院负责政治事务的副国务卿纽兰访博。9月，美通过美国际开发署提供400万美元支持博抗击新冠疫情。同月，马西西总统赴美出席第76届联合国大会，并在耶鲁大学发表演讲。11月，美国防部非洲司令部指挥官汤森访博。12月，美向博捐赠两套价值25万美元的新冠患者隔离设施。同月，马西西总统以视频方式出席美“领导人民主峰会”。2022年3月，美政府向博卫生与健康部捐赠车辆、办公家具等。7月，马西西总统赴摩洛哥出席第14届美非商业峰会。12月，马西西总统赴美出席第二届美非领导人峰会。

【同其他亚洲国家的关系】近年来，日本对博援助逐渐增加。2007年，日在博设立大使馆。2011年6月，日本援博教育频道正式启动，定时在博电视台为小学生和偏远地区学生播放教育节目。2012年，日本与博签署协议，向博提供8.85亿普拉政府援助发展贷款，用于博与赞比亚边境卡尊古拉大桥的建设。2020年6月，日本政府与博政府签署捐助协议，拟向博捐助价值约261.5万美元的医疗设备。

博与印度关系友好。在博印度侨民约有9000人，其中1/3加入博籍。两国签有最惠国待遇贸易协定和避免双重征税协定。博印在人力资源培训领域开展了多项合作。2007年，印在博设立高专署。2018年10月，印度副总统奈杜对博进行正式访问。

【同其他非洲国家的关系】博与邻国保持睦邻友好关系。博与南非、纳米比亚、莱索托和斯威士兰同为南部非洲关税同盟成员国，经济关系密切，与南非在经济、贸易等领域联系尤为紧密。2020年1月，马西西总统出席莫桑比克总统纽西就职仪式。2月，马西西总统赴埃塞俄比亚首都亚的斯亚贝巴出席第33届非盟峰会，并作为唯一的南共体国家元首出席非盟《2063年议程》高级别论坛和第3届非洲商业论坛。同月，马西西总统对纳米比亚进行工作访问。5月，马西西总统赴津巴布韦首都哈拉雷出席南共体政治、防务和安全机构“三驾马车”特别首脑会议，讨论域内国家进一步加强疫情防控和经济发展合作。12月，马西西总统对莫桑比克进行工作访问。2021年3月，马西西总统对马拉维、刚果（金）、南非、赞比亚、津巴布韦等多个南部非洲发展共同体成员国进行工作访问。4月，马西西总统对斯威士兰进行工作访问。5月，马西西总统先后对莱索托、安哥拉进行工作访问。6月，马西西总统对坦桑尼亚进行工作访问。12月，马拉维总统、南共体轮值主席查克维拉对博进行工作访问。

（黄嘉茜）

布基纳法索

国名　布基纳法索（Burkina Faso，Burkina Faso）。

面积　274122平方公里。

人口　2267.37万（2022年）。共有60多个部族，主要有沃尔特和芒戴两大族系。沃尔特族系约占全国人口的70%，主要有莫西族、古隆西族、古尔芒则族、博博族和洛比族；芒戴族系约占全国人口的28%，主要有萨莫族、马尔卡族、布桑塞族、塞努福族和迪乌拉族。在北部地区还有一些从事游牧业的颇尔人和经商的豪萨人。官方语言为法语，主要民族语言有莫西语、迪乌拉语和颇尔语。50%的居民信奉原始宗教，30%信奉伊斯兰教，20%信奉天主教。

首都　瓦加杜古（Ouagadougou），人口305.6万（2022年）。年均气温26℃—28℃，最高可达42℃以上。

国家元首　过渡总统易卜拉欣·特拉奥雷（Ibrahim TRAORE）。2022年9月，布陆军上尉特拉奥雷发动政变。10月，特宣誓就任布过渡总统。

重要节日　独立日：8月5日；国庆日：12月11日。

简　况

系西非内陆国。东北与尼日尔为邻，东南与贝宁相连，南与科特迪瓦、加纳、多哥交界，西、北与马里接壤。属热带草原气候，年均气温27℃。

公元9世纪建立了以莫西族为主的王国。15世纪莫西人首领建立亚腾加和瓦加杜古王国。1895—1896年被法国占领，并成为法属西非的一部分。1957年成为半自治共和国。1958年12月成为法兰西共同体内的自治共和国。1960年8月5日宣告独立，定国名为上沃尔特共和国，莫里斯·亚梅奥果当选总统。1966年，军队接管政权，陆军参谋长阿布巴卡尔·桑古尔·拉米扎纳出任总统。1980年11月，塞耶·泽博上校发动政变上台，任军事委员会主席兼国家元首。1982年11月，让-巴蒂斯特·韦德拉奥果少校和托马斯·桑卡拉上尉联合发动政变，韦德拉奥果任“拯救人民临时委员会”主席兼国家元首，桑卡拉任总理。1983年8月，桑卡拉发动政变，任全国革命委员会主席兼国家元首。1984年8月4日，改国名为布基纳法索。1987年10月，总统府国务部长兼司法部长布莱斯·孔波雷发动政变，解散全国革命委员会，成立人民阵线，自任人民阵线主席、国家元首兼政府首脑。

政　治

孔波雷上台后，于1990年实行多党制，于1991年通过选举成为合法民选总统，并于1998年连选连任。2005年、2010年孔波雷先后两次以绝对优势在总统选举中获胜。2014年10月底，布发生“宪政危机”，孔波雷被迫辞职，流亡科特迪瓦。经国际社会多方斡旋，布各方推举前外长米歇尔·卡凡多为临时总统，卡凡多任命齐达为总理。11月23日，布过渡政府成立，过渡期1年。2015年9月，支持孔波雷的原总统卫队发动政变失败。11月29日，总统选举顺利举行，人民进步运动党候选人罗克·马克·克里斯蒂安·卡博雷获胜当选。卡博雷就任总统以来，重视兑现竞选承诺，同反对派保持对话合作，努力维护民族团结和解局面，执政地位逐步得到巩固。2020年11月26日，卡博雷胜选连任布基纳法索总统。

2019年布暴力事件上升，仅上半年袭击事件已超2018年总和，平民死亡人数是2018年的4倍，流离失所人口达48.6万。2019年初，布政府宣布东部和北部14个省进入安全紧急状态。

2022年1月，布陆军中校桑道戈·达米巴发动军事政变，宣布成立“拯救复兴爱国运动”（MPSR）过渡政权。2月，达米巴宣誓就任布过渡总统。3月，达组建过渡政府。9月，布陆军上尉特拉奥雷发动政变，宣布解除达米巴总统职务，由其本人担任“拯救复兴爱国运动”主席。10月，特宣誓就任布过渡总统。

【宪法】1991年6月2日，全民投票通过独立以来第4部宪法。宪法规定：布是一个民主、统一、非宗教的国家。实行三权分立和多党制。共和国总统是国家元首、部长会议主席、最高司法委员会主席、武装力量最高统帅，须从年满35岁的布基纳法索公民中直选产生。2000年4月，国民议会大会通过宪法修正案，规定总统任期5年，可连任1次。总统临时或最终不能行使职权时，由议长代行。解散国民议会时，总统需与议长协商。2022年2月，布发生政变后颁布《过渡宪章》作为宪法的补充，两者冲突之处以《过渡宪章》为准。

【议会】2002年1月，布国民议会修改宪法，撤销代表院，将议会两院制改为一院制。国民议会拥有127个议席，行使立法权，每年举行两次例会，议员经直接普选产生，任期5年。2022年9月，布陆军上尉特拉奥雷发动政变后成立新一届过渡议会，青年学者奥斯曼·布古马（Ousmane BOUGOUMA）当选议长。

【政府】现过渡政府于2022年10月成立，包括总理、2名国务部长、18名部长和3名部长级代表共计24人。总理阿波里耐·基耶朗·德坦贝拉（Apollinaire KYELEM de TAMBELA），国防和退伍军人事务国务部长卡苏姆·库里巴利（Colonel Major Kassoum

COULIBALY）大校，公职、劳动和社会保障国务部长巴索尔马·巴齐（Bassolma BAZIE），国土管理、地方分权和安全部长布卡雷·宗格拉纳（Colonel Boukaré ZOUNGRANA）上校，外交、地区合作与海外侨民部长奥利维娅·拉尼亚格内文德·鲁安巴（Olivia Ragnaghnewendé ROUAMBA，女），经济、财政与规划部长阿布巴卡尔·纳卡纳博（Aboubacar NACANABO），司法、人权与机构关系和掌玺部长比芭塔·内别·韦德拉奥戈（Bibata NEBIE/OUÉDRAOGO，女），农业、动物和渔业资源部长德尼·韦德拉奥戈（Denis OUÉDRAOGO），数字转型、邮政和电子通信部长阿米娜塔·泽尔博·萨巴内（Aminata ZERBO/SABANE，女），社会团结、人道主义行动、全国和解、性别和家庭部长南迪·索梅·迪亚洛（Nandi SOME/DIALLO，女），健康和公共卫生部长罗贝尔·吕西安·让-克洛德·卡尔古古（Robert Lucien Jean-Claude KARGOUGOU），工业发展、贸易、手工业和中小型企业部长塞尔吉·博达（Serge PODA），基础设施和对外开放部长阿达马·吕克·索尔戈（Adama Luc SORGHO），能源、矿业和采石业部长西蒙·皮埃尔·布西姆（Simon Pierre BOUSSIM），国民教育、扫盲和民族语言推广部长约瑟夫·安德烈·韦德拉奥戈（Joseph André OUÉDRAOGO），高等教育、科研和创新部长阿吉马·蒂翁比亚诺（Adjima THIOMBIANO），环境、水资源和清洁部长奥古斯丁·卡博雷（Augustin KABORE），城市规划、住房和土地事务部长米卡伊鲁·西迪贝（Mikailou SIDIBE），体育、青年和就业部长伊苏夫·西里马（Issouf SIRIMA），新闻、文化、艺术和旅游部长里姆塔尔巴·让·埃马纽埃尔·韦德拉奥戈（Rimtalba Jean Emmanuel OUÉDRAOGO），交通、城市疏导和道路安全部长阿努伊尔托莱·罗兰·索姆达（Anuuyirtole Roland SOMDA），国土管理、地方分权和安全部负责安全事务的部长级代表马哈茂杜·萨纳（Mahamoudou SANA），外交、地区合作与海外侨民部负责地区合作事务的部长级代表卡拉莫科·让·玛丽·特拉奥雷（Karamoko Jean Marie TRAORE，女），经济、财政与规划部负责预算事务的部长级代表法图玛塔·巴科·特拉奥雷（Fatoumata BAKO/TRAORE，女）。

【行政区划】全国分为13个大区、45个省和301个市镇。首都瓦加杜古位于卡迪奥果省。

【司法机构】2002年7月，布对司法制度进行了重大改革。国家最高司法委员会为最高司法机构，主席由国家元首兼任，司法部长为副主席。取消最高法院，设立高等法院、行政法院、审计法院和宪法委员会。高等法院为最高司法机构，由民事、商事、社会和犯罪4个法庭组成。行政法院主要审理国家行政机关之间的纠纷和公民对行政机关的控告，下设两个法庭。审计法院是对国家财政执行情况进行监督的最高专门机构，审理国家企业、中央和地方行政机关财经违法案件，下设三个法庭。宪法委员会监督和保障宪法的实施，解释宪法。

【政党】现有合法政党40余个，主要有：

（1）人民进步运动党（Mouvement du Peuple pour le Progrès）：前执政党，2014年1月成立。前争取民主和进步大会党主席因不满孔波雷，联合该党重量级人物萨利夫·迪亚洛、前瓦加杜古市长西蒙·孔波雷等70多名高层人员脱离该党，并创立人民进步运动党。现任主席阿拉萨内·巴拉·萨康德（Alassane Bala SAKANDÉ）。

（2）进步变革联盟（Union pour le progrès et le changement）：2010年3月成立。其宗旨系通过推动布进行政治、经济和社会变革给人民带来进步。主席泽菲兰·迪亚布雷（Zéphirin DIABRÉ）。

（3）争取民主和进步大会（Congrès pour la Démocratie et le Progrès）：1996年2月5日成立。以孔波雷领导的争取人民民主组织-劳动运动为主体，联合其他10多个政党组建而成。主席埃迪·孔博伊戈（Eddie KOMBOIGO）。

（4）争取民主和联合同盟-非洲民主联盟（Alliance pour la Démocratie et la Fédération-Rassemblement Démocratique Africain）：1998年5月成立。2003年6月出现分裂，原主席埃尔曼·亚梅奥果退出该党，另立争取民主和发展全国联盟（UNDD）。曾为布最大反对党，2005年加入总统阵营联盟支持孔波雷竞选。主席吉尔贝·韦德拉奥戈（Gilbert OUÉDRAOGO）。

（5）争取复兴同盟/桑卡拉运动（Union pour la Renaissance/Mouvement Sankariste）：反对党，2000年成立，系从桑卡拉泛非公约党（CPS）分裂而来。主席本纳温德·斯塔尼斯拉斯·桑卡拉（Bénéwendé Stanislas SANKARA）。

【重要人物】易卜拉欣·特拉奥雷：过渡总统。1988年生。2006—2010年就读于瓦加杜古约瑟夫·基-泽博大学。2010年参军入伍，在位于中北大区卡亚市的第一军区炮兵团服役，其间就读于乔治·纳莫阿诺军事学院。2014年晋升中尉，2020年晋升上尉。2022年1月24日作为“拯救复兴爱国运动”主要成员参与达米巴领导的政变行动。同年3月升任第十支援保障指挥团炮兵团长。2022年9月30日发动政变，出任“拯救复兴爱国运动”主席，推翻达米巴军政权。

经　济

联合国公布的最不发达国家。工业基础薄弱，资源贫乏。国民经济以农牧业为主，棉花是布主要经济作物和出口创汇产品。2022年主要经济数据如下：

国内生产总值：188.8亿美元。

人均国内生产总值：832.9美元。

国内生产总值增长率：1.5%。

货币名称：非洲金融共同体法郎（简称“西非法郎”）。

汇率：1美元≈622.5西非法郎。

通货膨胀率：14.3%。

（资料来源：世界银行）

【资源】已探明的矿藏：黄金储量150万吨，锰1770万吨，磷酸盐2.5亿吨，锌银合成矿1000万吨，石灰石600万吨。

【工业】全国5%的劳动力从事工业生产。2022年，工业产值约占国内生产总值的29.33%。主要为农牧产品加工和轻工业，包括纺织、屠宰、制糖、皮革、啤酒、塑料制品及少量电力、机械工业等。2021年，黄金产量67吨。现有矿业公司24家，其中外资公司11家、合资公司8家、本国独资公司5家。建筑业发展迅速。自1991起，44家国有企业实现私有化。

【农业】全国84%的劳动力从事农牧业生产。2022年，农牧业产值约占国内生产总值的20.4%。全国有耕地327万公顷，可灌溉土地150万公顷。主要粮食作物有高粱、玉米、小米和水稻，主要经济作物有棉花、花生、芝麻和大豆。2021年，棉花产量约68万吨，布系撒哈拉以南非洲第一大棉花出产国。畜牧业为国民经济基础部门之一，畜产品在出口产品中占有重要地位。

【旅游业】全国共有旅馆40多家，旅游从业人员1.5万人。年平均收入超过4000万美元。主要旅游景点有阿尔利国家公园等。

【交通运输】随着经济的发展，交通运输在国民经济中的地位越来越重要。

铁路：全长622公里。全国45%的进出口货物依靠铁路运输。由于管理不善等，铁路运营状况不佳。为摆脱困境，1994年，布政府同科特迪瓦政府和法国博洛莱公司决定共同组建非洲国际交通运输公司，实行私有化，布和科分别占有15%的股份，并于1995年8月正式运营。2001年，布与科共同设立铁路投资基金，计划每年投资20亿西非法郎用于改善铁路基础设施和火车提速。2002年9月科特迪瓦危机爆发后，科布边界关闭，铁路停运，后于2003年9月恢复运行。近年来，非洲国际交通运输公司负责对铁路全线进行修缮。

公路：总里程15304公里，其中国道6728公里、区域道路3550公里、省道5026公里。重要国际通路有：瓦加杜古—博博迪乌拉索—科特迪瓦/马里边境道路、瓦加杜古—法达恩古尔马—贝宁/多哥/尼日尔边境道路，以及作为布基纳法索主要进出口物资通道的瓦加杜古—波镇—加纳边境道路。

空运：全国有各类大小机场49个。瓦加杜古、博博迪乌拉索机场为国际机场，可供大型飞机起降。目前有土耳其、埃塞俄比亚、法国、非洲航空等国际航空公司入驻，开通了瓦加杜古至伊斯坦布尔、亚的斯亚贝巴、布鲁塞尔、巴黎、达喀尔、洛美和博博迪乌拉索等14条国际、国内航线。中国与布基纳法索之间没有直达航班，需经法国巴黎、土耳其伊斯坦布尔、比利时布鲁塞尔、埃塞俄比亚的斯亚贝巴等地转机。

【财政金融】2000年，布被国际货币基金组织和世界银行列入重债穷国减债倡议名单。2002年，布达到重债穷国减债倡议完成点。2005年12月，国际货币基金组织决定免除布欠其所有债务。2019年，外债总额33亿美元，外汇储备1.2亿美元。2020年，外债总额39亿美元，外汇储备1.3亿美元。2020年12月，布基纳法索参与暂缓最贫穷国家债务偿付倡议。

【对外贸易】2021年，进出口总额约为87.96亿美元。其中，进口额约为42.09亿美元，同比增长8.17%；出口额约为45.87亿美元，同比增长11.47%。主要进口来源国为中国、科特迪瓦、法国、美国、俄罗斯，主要出口目的地国为瑞士、印度、科特迪瓦、新加坡。主要进口生产工业品所需的生产资料、石油制品和食品等，主要出口黄金、棉花和乳油木。

【外国援助】外援是布建设资金和弥补预算赤字的主要来源。主要援助国和国际组织为法国、德国、丹麦、荷兰、日本及世界银行、国际货币基金组织、欧盟、非洲发展基金、联合国开发计划署等。

人民生活

根据联合国开发计划署《2021/2022年人类发展报告》公布的人类发展指数，布排名第184位。目前有公职人员3.9万人，平均月工资约13万西非法郎，法定最低工资为每小时143西非法郎。全国有医院8所，地区级医疗中心11个，县级医疗中心53个，基层卫生诊所677个。平均每3万人拥有1名医生，每1823人拥有1张病床。新生儿死亡率为96‰，平均寿命为62岁，平均受教育年限8.1年。贫困人口占全国人口的27.2%。全国共有固定电话约10万部，移动电话约100万部，互联网用户6.46万户。

军　事

1960年11月1日建军。全国武装力量由正规军和准军事部队组成。总统为武装部队最高统帅。正规军6600人，其中陆军6400人，空军200人；警宪部队4200人；民兵4.5万人。有10架各种型号的军用飞机。

文化教育

【教育】有小学3368所，在校学生约70.6万人；中学293所，在校学生约14.7万人。高等学府3所，即瓦加杜古大学、博博工科综合大学和库杜古高等师范学校。其中，瓦加杜古大学为综合性大学，注册学生约1万人，除了本国学生，还有非洲9个国家的数百名留学生。成人识字率23.6%。此外，还有各种扫盲、培训中心3978个，有学生约11万人。

【新闻出版】全国共有报刊40多种，大多数为私营刊物。主要官方报刊有《希德瓦亚报》（发行量3500份）、《非洲十字路口》和《希德瓦亚画报》。主要私营报刊有：日报《帕尔加观察家》（发行量8000份）、《国家》（发行量5000份）、《晚报》（发行量2500份）等；周刊《周四新闻》（发行量1万份）、《独立报》（发行量5000份）等。多数报纸都有电子版。

布基纳新闻社：官方通讯社，成立于1964年。每周出版两期《每日新闻》。

布基纳国家广播电台：1959年落成。每天用法语和民族语言播音约19个小时。

布基纳国家电视台：建于1963年。1978年起开播彩色电视节目，每天播出8小时左右，周末增加播出时间。2006年底电视节目覆盖全国。

另有3家私人电视台。1995年3月，宗教和布道团联合会创办的电视台和电台开播。

对外关系

奉行和平、发展和全面开放的外交政策，强调务实的经济外交。同西方国家特别是法国保持密切关系。近年来，注重加强同美国及亚洲国家交往，以争取更多外援。积极参与地区事务，努力调解多哥、科特迪瓦、马里等国危机，并向中非、马里等国派遣维和部队。2014年10月“宪政危机”后，布积极争取国际社会理解，国际社会对布过渡进程表示支持。随着近期国内安全形势恶化，布进一步加强同国际社会和周边国家安全合作，积极派兵参与萨赫勒五国集团联合部队建设。2019年2月至2020年2月，布基纳法索总统卡博雷担任萨赫勒五国集团轮值主席。2022年，布发生军事政变，非盟及西非国家经济共同体暂停布基纳法索成员资格。

【同中国的关系】1973年9月15日，中布两国建交。1994年2月2日，布政府和台湾当局宣布“复交”。2月4日，中布中止外交关系。2018年5月24日，布政府宣布同台湾当局“断交”。5月26日，王毅国务委员兼外长同来访的布外长巴里代表各自政府在北京签署中布复交联合公报，宣布恢复两国大使级外交关系。2019年1月，王毅国务委员兼外长访布，同卡博雷总统、巴里外长分别会见、会谈。3月，布国民议会议长萨康德访华，全国人大常委会委员长栗战书、全国工商联主席高云龙分别同其会谈、会见。4月，巴里外长来华出席首届中布经贸联委会，王毅国务委员兼外长会见。2021年6月，王毅国务委员兼外长同巴里外长通电话，就双边关系及共同关心的问题交换意见。11月，中非合作论坛第八届部长级会议期间，王毅国务委员兼外长在塞内加尔会见巴里外长。

据中国海关总署统计，2022年，中布双边贸易额为6.08亿美元，同比减少4.1%。其中，中国出口额为5.04亿美元，同比增长14.1%；中国进口额为1.04亿美元，同比减少45.9%。中国是布最大进口来源国。中国主要出口机电产品，主要进口棉花。截至2022年底，中国对布基纳法索累计签订承包工程合同额8.8亿美元，完成营业额2.4亿美元。

从中布建交到1994年中止外交关系，中国共向布派遣9批163名医疗队员，接收23名布留学生。从2018年5月中布复交至2021年底，中国共向布派遣5批45名医疗队员，组织三批“光明行”义诊行动，在布实施超过400例白内障手术。布在华现有留学生480人，包括80名政府奖学金生。

2018年8月，中布签署互免持外交、公务护照人员签证协定，2018年11月起生效。2019年10月，中布签署两国文化合作协定。

中国驻布基纳法索大使：李健，卢山（2022年5月以后）。馆址：Bâtiment 1 Parcelle No.2，lot 38 section F，OUAGA 2000 Zone A，Commune de Ouagadougou，Burkina Faso。电话：00226–25376638。

布基纳法索驻华使馆临时代办：伊萨·约瑟夫·帕雷（Issa Joseph Pare）。馆址：北京市朝阳区塔园外交公寓办公楼2单元061号。电话：010–65323743。

【同法国的关系】法是布前宗主国、最大的贸易伙伴和援助国，每年向布提供约500亿西非法郎的援助。2014年10月布“宪政危机”后，法积极参与调解斡旋，支持布过渡进程。2019年3月，巴里外长同法国外长勒德里昂在纽约共同主持召开萨赫勒五国集团联合部队问题部长级会议。9月，法国萨赫勒问题特使访布，卡博雷总统会见。11月，法国国防部长访布，卡博雷总统会见。2020年1月，卡博雷总统应邀赴法国波城出席萨赫勒五国集团国家反恐特别峰会。2022年9月，布发生政变后，布法关系恶化

【同美国的关系】1962年，布美签署合作协定。美每年提供约1800万美元援助支持布经济发展，并多次同布举行联合军演。2014年10月布“宪政危机”后，美积极参与调解斡旋，支持布过渡进程。2015年9月，布发生政变后，美国强烈谴责总统卫队非法夺权，要求恢复过渡进程，并宣布将援助与和平过渡挂钩。2020年2月，美国务院负责政治事务的助理国务卿访布。8月，美国千年挑战公司同布签署4.5亿美元援助计划。2022年1月，布发生政变后，美暂停在布千年挑战计划，6月，该计划执行机构宣布终止在布运营。10月，美副国务卿纽兰率团访布。11月，美取消布《非洲增长与机遇法案》成员资格。2022年，美国分三批向布提供8000万美元，用于帮助布应对粮食危机。

【同欧盟及其他欧洲国家的关系】布与欧盟保持着良好的合作关系。欧盟在减贫、教育、基础设施建设、司法、国防和安全体系改革等领域向布提供大量援助。2013年，欧盟宣布2014—2020年向布提供6.23亿欧元援助。2019年5月，德国总理默克尔访布，会见卡博雷总统。2020年6月，欧盟国际伙伴关系专员、法国欧洲事务国务秘书、欧盟萨赫勒地区特别代表访布，会见卡博雷总统，欧盟与法国、丹麦合作向布提供一批人道主义援助物资，用于抗击新冠疫情。9月，卡博雷总统会见德国国防部部长级代表。

【同邻国及其他非洲国家的关系】孔波雷执政期间，布积极参与调解几内亚、科特迪瓦、马里等地区热点问题，同尼日利亚、科特迪瓦、加纳等西非国家保持频繁往来，关系密切。2020年，卡博雷总统访问尼日利亚、几内亚比绍、加纳等国，赴埃塞俄比亚出席第32届非盟峰会，赴法国波城出席法国总统马克龙同萨赫勒五国元首特别会议，赴尼日尔首都尼亚美出席第57届西共体峰会，以视频方式出席西共体国家应对新冠疫情特别会议、西共体关于解决马里政治危机特别峰会等多边会议。2022年1月，布发生军事政变，并建立过渡政权，非盟及西共体暂停布成员资格。2月，西共体就布基纳法索局势召开特别峰会，敦促布政变军人尽快提供过渡时间表，恢复宪法秩序，并要求无条件释放被扣押的卡博雷。联合国安理会就布基纳法索问题举行磋商。6月，西共体召开峰会，指定尼日尔前总统伊素福为西共体布基纳法索事务调解员。7月，西共体召开第61届峰会，赞赏布提出的24个月过渡时间表，撤销此前拟对布实施经济和金融制裁的动议，但继续中止布西共体成员资格。（钱韵磊）

布　隆　迪

国名　布隆迪共和国（The Republic of Burundi，La République du Burundi）。

面积　27834平方公里。

人口　1260万（2022年）。有胡图（84%）、图西（15%）和特瓦（1%）三个民族。官方语言为基隆迪语和法语，国语为基隆迪语，部分居民讲斯瓦希里语。居民中61%信奉天主教，24%信奉基督教新教，3.2%信奉原始宗教，其余信奉其他宗教或不信教。

首都　经济首都布琼布拉（Bujumbura），人口约130万（2022年）。政治首都基特加（Gitega），人口约13.5万（2020年）。

国家元首　总统埃瓦里斯特·恩达伊施米耶（Evariste NDAYISHIMIYE），2020年5月20日当选，任期7年。

重要节日　国庆节（独立日）：7月1日。

简　况　位于非洲中东部赤道南侧，系内陆国。北与卢旺达接壤，东、南与坦桑尼亚交界，西与刚果（金）为邻，西南濒坦噶尼喀湖。西部湖滨与河谷及东部为热带草原气候；中西部属热带山地气候。年均气温为20℃—24℃，最高可达33℃。2—5月为大雨季，9—11月为小雨季，其他月为旱季。

17世纪以前建立了封建王国。1890年成为德属东非的一部分。1922年成为比利时委任统治地。1946年，联合国将布交由比利时“托管”。1962年7月1日宣布独立，成立布隆迪王国。1966年11月28日，米歇尔·米孔贝罗发动政变，成立布隆迪共和国。1976年11月1日，让-巴蒂斯特·巴加扎发动政变，成立布隆迪第二共和国。1987年9月3日，皮埃尔·布约亚政变上台就任总统，成立第三共和国。1992年实行多党制。1993年6月，布举行多党总统和立法选举，胡图族最大政党布隆迪民主阵线（简称“民阵”）主席梅尔希奥·恩达达耶当选总统，民阵获议会绝对多数。10月，布发生军事政变，恩达达耶总统被害身亡。政变引发大规模民族流血冲突。1994年1月，国民议会选举民阵成员西普里安·恩塔里亚米拉为总统。4月6日，恩塔里亚米拉遇空难身亡。9月，民阵同原执政党、图西族政党争取民族进步统一党（又称“乌普罗纳党”，简称“乌党”）等反对党达成权力分配“政府契约”，国民议会选举民阵成员西尔维斯特·恩蒂班通加尼亚为总统。1996年7月25日，由图西族控制的军队发动政变，废黜恩蒂班通加尼亚，推举前总统布约亚为总统。2000年8月，在国际社会和周边国家调解下，布政府与各政治派别签署《阿鲁沙和平与和解协议》。2001年11月1日，布隆迪过渡政府成立，布约亚出任过渡期前18个月总统，原民阵总书记、胡图人多米蒂昂·恩达伊泽耶出任副总统。2003年4月30日，根据《阿鲁沙和平与和解协议》顺利实行政权交接，恩达伊泽耶接任总统，图西人阿尔方斯-马里·卡德盖出任副总统，布过渡期平稳进入第二阶段。11月，布政府和最大的反政府武装保卫民主力量（FDD）签署一揽子和平协议，FDD加入过渡政府，布和平进程取得重大进展。

政　治　2005年6月至8月，布顺利举行地方、立法和总统选举。FDD在地方、国民议会和参议院选举中分别赢得63%、55%和88%的席位，成为执政党，其领导人皮埃尔·恩库伦齐扎当选总统，8月26日就职，随后组成新政府。2006年9月7日，布政府与最后一支反政府武装全国解放阵线（FNL）签署全面停火协议。此后，双方因有关落实协议的谈判陷入僵局多次交火，并在国际社会斡旋下多次签署停火或和平协议。2009年4月，FNL正式宣布放弃军事斗争。2010年6月28日，布举行总统选举，因反对党指责政府和执政党在此前举行的地方选举中舞弊而拒绝参选，恩库伦齐扎作为唯一候选人以91.62%的得票率连任。2015年初，布各方因大选问题产生严重分歧，国内局势趋于紧张，并于5月发生未遂军事政变。7月21日，布举行总统选举，恩库伦齐扎得票率为69.41%，首轮直接胜出。2018年5月，布举行公投，高票通过修宪草案。2020年5月20日，布举行总统选举，执政党候选人、总书记恩达伊施米耶以绝对优势胜选，6月18日宣誓就职。

【宪法】 2005年3月18日，布颁布实施《后过渡时期宪法》。宪法规定：实行多党制；胡图和图西两族在政府和国民议会中所占比例分别不超过60%和40%，在参议院中各占50%；政府成员由总统征询副总统意见后任命，由不同政党代表组成，对总统负责；国防和安全力量服从于国家文职权力机关，由专业人员组成，不参加任何党派，任何一族在国防力量中的比例不得超过50%。2018年6月，布颁布新宪法，主要内容包括：总统任期从五年延长至七年，可连任一次；政体从总统制变为半总统半议会制；将两位副总统改为一位副总统和一位总理，均由总统任命。

【议会】 两院制，由国民议会和参议院组成。本届国民议会和参议院于2020年8月成立。国民议会123席，议长热拉泽·达尼埃尔·恩达比拉贝（Gelase Daniel NDABILABE），第一副议长萨比妮·恩塔鲁蒂马纳（Sabine NTAKARUTIMANA，女），第二副议长阿贝尔·加沙特西（Abel GASHATSI）。参议院共39席，参议长埃玛纽尔·辛佐哈盖拉（Emmanuel SINZOHAGERA），第一副参议长斯佩·卡里塔斯·恩杰巴里卡努耶（Sprès Caritas NJEBARIKANUYE，女），第二副参议长希里亚克·恩施米里马纳（Cyriaque NSHIMIRIMANA）。

【政府】 本届政府成立于2020年6月，并于2022年9月改组，由总统、副总统、总理和15名部长组成，名单如下：总统埃瓦里斯特·恩达伊施米耶，副总统普罗斯珀·巴宗班扎（Prosper BAZOMBANZA），总理热尔韦·恩迪拉科布卡（Gervais NDIRAKOBUCA），内政、市镇发展与公共安全部长马丁·尼泰雷采（Martin NITERETSE），国防和退伍军人部长阿兰·特里贝尔·穆塔巴齐（Alain Tribert MUTABAZI），司法部长多米内·班扬金博纳（Domine BANYANKIMBONA），外交与发展合作部长阿尔贝·欣吉罗（Albert SHINGIRO），财政、预算和经济规划部长奥达斯·尼永齐马（Audace NIYONZIMA），国民教育与科研部长弗朗索瓦·哈维亚里马纳（François HAVYARIMANA），公共卫生与艾滋病防治部长西尔薇·恩泽伊马纳（Sylvie NZEYIMANA，女），环境、农业与牧业部长德圣·尼拉吉拉（Sanctus NIRAGIRA），基础设施、装备与社会住房部长迪厄多内·杜昆达内（Dieudonné DUKUNDANE），公职、劳动和就业部长德奥·鲁森瓜米希戈（Déo RUSENGWAMIHIGO），水利、能源和矿业部长亚伯拉罕·乌维泽耶（Abraham UWIZEYE），商业、交通、工业和旅游部长卡比托丽娜·尼永兹吉耶（Capitoline NIYONZIGIYE，女），东共体事务、青年、体育和文化部长埃策希尔·尼比吉拉（Ezéchiel NIBIGIRA），国家团结、社会事务、人权与性别平等部长伊梅尔德·萨布希米克（Imelde SABUSHIMIKE，女），通信、信息技术与媒体部长玛丽·尚达尔·尼金贝雷（Marie Chantal NIJIMBERE，女）。

【行政区划】 全国划分为1个直辖市（布琼布拉市）和17个省，各省名称如下：布班扎、布琼布拉乡村、布鲁里、坎库佐、锡比托克、基特加、卡鲁齐、卡扬扎、基隆多、马康巴、穆朗维亚、穆因加、恩戈齐、鲁塔纳、鲁伊吉、鲁蒙盖、姆瓦罗。2022年7月，布政府宣布重新划分地方行政单位，全国改为5个省、42个区。12月，国民议会投票通过新区划方案，计划于2025年正式实施。

【司法机构】 司法权独立于立法权和行政权，由各级法院、法庭依法行使。主要司法机构包括最高法院、宪法法院、特别最高法院、上诉法院、审计院、商业法庭、劳动法庭、省级法院及总检察院、地方检察院等。最高法院和宪法法院成员由总统任命。最高法院院长埃玛纽尔·加特雷兹（Emmanuel GATERETSE），宪法法院院长夏尔·恩达吉日马纳（Charles NDAGIJIMANA），总检察长西尔韦斯特·恩扬德维（Sylvestre NYANDWI）。

【政党】 根据《宪法》和2011年9月颁布的《新政党法》，实施多党制，政党依法在内政部注册登记。共有30余个合法政党，主要政党有：

（1）保卫民主全国委员会–保卫民主力量（Comité National pour la Défense de la Démocratie-Forces pour la Défense de la Démocratie，CNDD-FDD）：简称“保卫民主力量”。执政党，以胡图族为主体。曾为布最大反政府武装力量，1994年从民阵中分裂出来。随后内部又发生了两次分裂，分成主流派及两个少数派。2003年11月与布过渡政府达成停火协议，于2004年9月正式转为合法政党，并在2005年各级选举中获胜，成为执政党。2007年2月，保卫民主力量召开特别党代会，决定党内最高权力机构为贤人委员会。2016年8月举行特别党代会，对党内机构进行改组，选举出由5人组成的贤人委员会，恩库伦齐扎总统担任贤人委员会主席和终身成员。会议还决定以总书记取代党主席一职，恩达伊施米耶任党总书记。2020年大选后，该党在国民议会和参议院分别占86席和34席。

（2）全国自由大会党（Congrès National pour la Liberté）：最大反对党，2019年2月在“布隆迪人民的希望”联盟基础上成立。党主席阿加东·卢瓦萨（Agathon Rwasa）曾任全国解放力量党主席，在2020年总统选举中得票率为24.19%，位列第二。2020年大选后，该党在国民议会和参议院分别占32席和1席。

（3）争取民族进步统一党（Union pour le Progrès National，UPRONA）：简称“乌党”。图西族最大政

党，1959年1月成立。布独立后曾长期执政。1993年6月多党选举失败后，失去执政党地位。1996年布约亚重新执政后，党内出现分裂。2005年大选后，乌党成为第三大党。在2010年国民议会和参议院选举中，乌党成为第二大党。2016年8月，乌党举行全国党代会，选举新一届领导班子，阿贝尔·加沙特西（Abel GASHATSI）任党主席。2020年大选后，该党在国民议会和参议院分别占2席和1席。

（4）布隆迪民主阵线（Front pour la Démocratie au Burundi，FRODEBU）：简称“民阵”。胡图族主要政党之一，成立于1986年。该党的目标是建立一个尊重、捍卫、促进人的基本权利和自由的真正的主权国家。1993年，民阵在总统大选和立法选举中获胜，党主席恩达达耶当选总统，民阵成为执政党。1994年，党内因政见分歧而发生分裂。2005年立法选举失败后，原总书记莱昂斯·恩冈达库马纳（Léonce NGENDAKUMANA）当选主席，厄弗拉希·比基尔马纳（Euphrasie BIGIRMANA）当选总书记。2006年3月，宣布退出政府，成为反对党。

（5）保卫民主全国委员会（Conseil National pour la Défense de la Démocratie，CNDD）：于1994年10月从民阵中分裂出来，即保卫民主力量少数派之一。原主张武装斗争、国际军事干预和改组布军队。党主席莱奥纳尔·尼昂戈马（Léonard NYANGOMA）现流亡国外。

其他政党还有公民权利运动（MRC）、盾党（MSP INKINZO）、胡图人民解放党（PALIPEHUTU）、人民和解党（PRP）、人民党（PP）、争取民主和经济社会发展集合运动（RADDES）、布隆迪人民联盟（RPB）、争取权利和发展全国联盟（ANADDES）、自由党（PL）、社会民主党（PSD）、劳动者独立党（PIT）、布非拯救联盟（ABASA）、民族复兴党（PARENA）、远见者同盟（INTWARI）、布隆迪争取民主与和解党（PDR）、布隆迪争取发展自由联盟（ALIDE）、布隆迪争取民主和发展新同盟（NADEBU）、布隆迪争取和平与发展联盟（UPD）等。

【重要人物】埃瓦里斯特·恩达伊施米耶：总统。1968年出生于基特加省，胡图族。1991年考入布琼布拉大学法律系。1995年加入反政府武装保卫民主力量，2004年被任命为布国防军负责后勤的副总参谋长。此后，恩先后担任总统府军办主任、民办主任，内政和公安部长等实权要职。2016年成为布执政党总书记，2020年5月20日当选总统。

经　济

农牧业国家，经济以农业为主。20世纪90年代以来，布隆迪战争频仍，局势动荡。1996年7月政变后遭受长达30个月的经济制裁，西方国家援助基本停滞，加之难民问题和气候因素，经济形势严重恶化，国内生产总值比战前累计下降了22%—25%。2000年，布政府与各政治派别达成和平协议后，国际援助逐步恢复，经济形势有所好转。2009年1月，布达到重债穷国减债倡议完成点。2012年2月，布出台《第二代增长和减贫战略框架》文件。2015年初以来，因国内局势紧张，外援大幅减少，布经济状况急剧恶化。2022年主要经济数据如下：

国内生产总值：36亿美元。

人均国内生产总值：285.7美元。

国内生产总值增长率：1.8%。

货币名称：布隆迪法郎（简称“布郎”）。

汇率：1美元≈2063布郎。

通货膨胀率：18.9%。

（资料来源：布隆迪共和国银行）

【资源】矿藏主要有镍、泥炭、铈、钒、锡、金、高岭土等。镍矿储量2.61亿吨，品位为1.5%。泥炭储量约5亿吨。磷酸盐储量3050万吨，品位为11.1%—12.6%。钒储量1600万吨。石灰石储量200万吨。金矿分布较广，西北部储量较大，开采于20世纪30年代，多走私国外。森林覆盖率为10.9%。

【工业】工业基础薄弱。从业人数占劳动力人口的2%。2022年，工业产值约占国内生产总值的10.64%。主要有农产品加工、化工、纺织、烟酒和发电等，均为中小企业。最大的工业生产企业是啤酒饮料厂。

【农业】约有90%的劳动力人口从事农业。全国耕地面积8851平方公里，占国土面积的31.8%，其中可灌溉面积约200平方公里。2022年，农业产值约占国内生产总值的27.6%。粮食种植面积占耕地面积的90%，主要种植玉米、大米、豆类、薯类、芭蕉等。经济作物占耕地面积的10%，主要有咖啡、茶叶、棉花等。畜牧业原较发达，现逐年衰退。天然牧场7277平方公里，占全国面积的28.2%，畜牧业产值约占国内生产总值的5%。

【服务业】近年来，服务业发展较快，对国民经济的贡献率不断上升。2022年，服务业产值约占国内生产总值的45.37%。

【交通运输】无铁路。

公路：各类公路总长1.36万公里。经济首都布琼布拉为交通枢纽。陆运主要线路由布琼布拉向北经卢旺达、乌干达至肯尼亚蒙巴萨，全长2025公里。

水运：主要航道为坦噶尼喀湖，航线总长175公里。主要线路系由坦噶尼喀湖南下至坦桑尼亚基戈马港，再转铁路抵达累斯萨拉姆港，全长1428公里。主要港口为布琼布拉港，有500米长码头，可同时停靠5艘货轮。

空运：布琼布拉国际机场可起降波音747等大型客机，由布隆迪国家航空管理局管理。比利时航空公司开通了从布琼布拉直飞布鲁塞尔的航班。布国家航空公司还辟有通往卢旺达、乌干达、肯尼亚、埃塞俄比亚和南非的航线。

【电信业】世界上电话覆盖率最低的国家之一。国家电信局是布唯一的固定电话运营商，全国共有固话用户1.83万个（2021年）。全国有U-Com、Onatel、Africell、Econet、Lacel、Lumitel等6家移动电话运营商。全国由U-Com、Onatel、Usan Bu和Cbinet等4家网络运营商提供网络支持，互联网普及率约为13.3%。布隆迪布琼布拉城域网2015年初开始运营，连通肯尼亚蒙巴萨、坦桑尼亚达累斯萨拉姆的海底电缆，可以向消费者提供宽带网服务。

【财政金融】财政收入主要靠各种税收和外国、国际组织的贷款和赠款。2019年财政收入1.22万亿布郎，2020—2021年财政收入1.14万亿布郎。

主要银行是布隆迪共和国银行，1964年成立，为中央银行，在政府指导下制定官方汇率。最大的三家商业银行分别是布琼布拉信贷银行、布隆迪商业银行和互助银行。

【对外贸易】主要出口黄金、咖啡、茶叶等，主要进口工业制成品和燃料等。2022年主要出口对象国是阿联酋、刚果（金）、瑞士、巴基斯坦，主要进口来源国是中国、沙特、阿联酋、印度、坦桑尼亚。近几年进出口贸易情况如下（单位：百万美元）：

	2020	2021	2022
出口额	121.8	177.5	181.6
进口额	690.5	785.5	1107.7
差　额	–568.7	–608.0	–926.1

【外国援助】1996年7月政变后，邻国对布实行经济制裁，外援大量减少。1999年制裁解除，西方援助相继重新启动。援助主要来自法国、比利时、美国、日本、挪威、联合国难民署、世界粮食计划署、欧盟、国际开发协会等，主要用于军事、教育、农牧、卫生和技术等方面。因2015年选举危机，西方主要援助伙伴暂停预算和项目援助，仅保留人道主义紧急援助。2022年接受官方发展援助4.202亿美元。

人民生活

约86%的人口生活在农村，50%以上不足17岁，平均每名妇女生育6个孩子，年人口增长率2.7%。2021年，平均预期寿命62岁，5岁以下儿童死亡率8.17%。贫困人口占人口总数的64.6%。

采用医疗互助基金和医疗证办法，军人就医全部免费，平民实行部分免费医疗，公职人员每月向互助基金缴纳工资的6%，政府财政补贴4%。医疗证可全家使用，凭医疗证就医者缴纳医药费的20%。2006年，布政府提出实施5岁以下儿童医疗免费和妇女分娩免费政策。平均每2.5万人有一个卫生医疗中心，70%的医生集中在首都。常见病有疟疾、艾滋病、血吸虫病、肝炎、霍乱等。15—49岁人群中，艾滋病病毒携带者为0.9%（2021年）。

军　事

1967年3月7日建军，2005年结束过渡期后组建新的国防军和警察部队，胡图和图西族官兵各占50%。布隆迪国防军由陆军、空军、海军（又称“湖军”）和宪兵组成。总统为武装部队统帅。军队总参谋部下设海军局和空军局分管海军和空军。总参谋长普里姆·尼勇加博（Prime NIYONGABO）。

全国设1个卫戍区和5个军区，20个兵营。总兵力约4.3万人，其中陆军、海军和空军共2.7万人，警察1.6万人。陆军有步兵、装甲兵、机械兵、炮兵、通信兵、工兵、建筑工程和侦察营等。空军在布琼布拉和基特加设有空军基地，另有一个伞兵营。士兵服役期为6年，军官为职业军人。国防开支一般占国家预算的20%。战乱期间，军费开支比例较高，一度占财政预算的30%。随着布和平进程的推进，军费开支有所下降。近年来，布积极参与联合国和非盟的维和行动，是派遣维和士兵最多的非洲国家之一。

文化教育

【教育】内战期间许多学校关闭或被毁。2005年9月起实行小学6年免费义务教育制，小学入学新生大幅增加，校舍短缺。2021年，布15岁以上人口识字率约75%。中学教育分普通中学、中等师范学校和中等技术专业学校3种类型。布隆迪有7所公立大学、29所私立大学。布隆迪大学是唯一的综合性公立大学，2017年在校生达1.3万余人。此外，还有高等农业学院、城市建设规划技术学院、军事干部学院、神学院、国际关系研究中心和高等贸易、新闻、司法警官等大专院校。

【新闻出版】主要报刊有：《新生报》，官方法文日报，1978年4月创刊；《团结》周刊，基隆迪文官方刊物，主要面向农村。此外，还有多家私营报纸。

布隆迪新闻社：官方通讯社，1976年6月创建。

布隆迪广播电台：国家电台，分一台和二台，一台用基隆迪语对内广播，二台用法语、英语和斯瓦希里语对内对外广播。

布隆迪电视台：国家电视台，1982年12月由法国援建，每天17：00—23：00用基隆迪语、法语播放新闻和专题节目。

对外关系

奉行睦邻友好、不干涉别国内政、不结盟及国际合作的外交政策。重视睦邻友好，希望通过地区合作推动本国内部问题的解决，支持非洲经济一体化计划，呼吁国际社会关注布局势并对布提供援助。2015年以来，因大选问题与西方国家持续对抗。目前，布隆迪已与129个国家建立了外交关系。

【同中国的关系】1963年12月21日，中布两国建交。1965年1月29日，布政府单方面宣布中断与中国的外交关系。1971年10月13日，两国恢复外交关系。此后，两国友好合作关系发展顺利。

2020年11月，王毅国务委员兼外长应约同布外长欣吉罗通电话。2021年3月，习近平主席应约同恩达伊施米耶总统通电话。11月，欣吉罗外长出席中非合作论坛第八届部长级会议，王毅国务委员兼外长同其会见。2022年9月，全国政协主席汪洋以视频方式会见布参议长辛佐哈盖拉。

据中国海关总署统计，2022年，中布双边贸易额为1.3亿美元，同比减少4.0%。其中，中国出口额为1.2亿美元，同比减少5.5%；中国进口额为0.1亿美元，同比增长17.1%。中国主要从布进口茶叶、矿产等，向布出口机电设备、钢铁产品、药品、纺织品等。

中国驻布隆迪大使：赵江平（女）。馆址：Sur La Parcelle 675 A VUGIZO，BUJUMBURA，BURUNDI。电话：00257-22224307；传真：22224082。

布隆迪驻华大使：马丁·姆巴祖穆蒂马（Martin MBAZUMUTIMA，2022年7月离任）；特雷斯弗尔·伊拉姆博纳（Telesphore IRAMBONA，2023年4月到任）。馆址：北京市朝阳区光华路25号。电话：010-65322328；传真：65322381。

【同比利时的关系】布曾是比殖民地，两国传统关系较深。1996年布发生政变后，比曾一度中断了与布的合作。近年来，比加大了对布援助力度。2015年以来，比因反对恩库伦齐扎总统谋求连任，中止了对布除人道主义援助外的其他援助。布随后驱逐了比驻布大使。布政府、执政党保卫民主力量多次公开指责比干涉布内政、支持反对派策划颠覆布政权。2016年10月，比新任驻布大使递交国书。2021年4月至5月，布外长欣吉罗访问比利时、法国和瑞士及欧盟机构。2022年2月，欧盟正式解除对布经济制裁，恩达伊施米耶总统应邀赴比首都布鲁塞尔参加第六届欧非峰会，其间欣吉罗外长会见比外交大臣维尔梅斯。

【同法国的关系】两国签有经济、技术、军事、文化等合作协定，法在布有专家、技术人员150余人。1996年7月布发生政变后，法一度停止了与布的合作，仅向布提供人道援助。2000年《阿鲁沙和平与和解协议》签署后，法逐步恢复了对布援助，并宣布免除布所有债务。2005年10月，布法达成协议，恢复两国间军事合作。2015年布爆发危机后，法中止了与布的军事合作。2016年7月，法提议的关于向布派遣228名联合国警察的第2303号决议在联合国安理会通过，布国内爆发大规模反法游行。2021年4月，欣吉罗外长访法。

【同美国的关系】美在医疗卫生、农业、环保、能源和培训等方面向布提供援助。2005年12月，美将布纳入《非洲增长与机遇法案》。2014年2月，美同布签署《美军地位协定》。2015年11月，美认为恩库伦齐扎总统谋求连任违反民主良政原则，将布从《非洲增长与机遇法案》中除名。同月，美宣布对包括布公安部长在内的4人实施制裁。2018年11月，美宣布继续延长对布公安部长等4人制裁。2021年11月，美宣布解除对布制裁。2022年2月，美宣布与布签署总额达4亿美元的一揽子援助协议。12月，恩达伊施米耶总统应邀赴美出席第二届美非峰会。

【同邻国的关系】布重视睦邻友好，强调邻国对布和平的重要作用，积极恢复和发展同周边国家关系。1999年1月22日，大湖地区国际会议第7次布隆迪问题首脑会议决定中止对布经济制裁后，布与邻国关系不断改善。2006年4月，大湖地区“三方加”会议在布琼布拉召开，布隆迪、卢旺达、刚果（金）外长和乌干达国防部长，以及美国、欧盟、非盟、联合国等国家和组织代表与会，会议就打击本地区非法武装，加强安全合作等进行讨论，并发表联合公报。2007年7月，布正式加入东部非洲共同体（东共体）。2012年7月，布举行独立50周年庆典活动，非洲国家中肯尼亚、中非、赤道几内亚、索马里、刚果（金）、坦桑尼亚六国总统以及乌干达副总统、卢旺达总理等出席。2016年2月，南非、加蓬、塞内加尔、毛里塔尼亚总统及埃塞俄比亚总理受非盟峰会委托共同访布，参与解决布危机的谈判。2020年11月，恩达伊施米耶总统访问赤道几内亚，赴加蓬出席中部非洲国家经济共同体第18次峰会。2021年2月，埃塞俄比亚总统萨赫勒-沃克访布。4月，恩达伊施米耶总统赴刚果（布）参加萨苏总统就职典礼。5月，恩达伊施米耶总统赴肯尼亚参加肯独立日活动。2022年7月，布隆迪接任东共体轮值主席，积极推动解决非洲大湖地区热点问题。

布同卢旺达独立前同属比利时托管地，两国在民族、宗教、语言、文化和风俗等方面相同或相似，两国在民族、侨民等问题上时有摩擦。1996年7月布发生政变后，卢参与了对布制裁。制裁中止后，两国关系迅速改善。2015年布危机爆发后，布指责卢支持布叛乱分子，卢方予以否认。2016年8月，布政府宣布中止对卢贸易，并停止了两国间公共交通线路运营。12月，布方召回其驻卢大使。2020年恩达伊施米耶就任总统后，布卢两国互动增多，两国外长于10月举行会晤。2022年第一季度，布卢互派总统特使，两国司法部长和总检察长实现会晤。10月，布宣布重新开放布卢陆路边境。

布与刚果（金）在历史、地理、经济、文化方面有着密切联系。1998年刚果（金）冲突爆发后，布政府军进入刚果（金）境内清剿本国反政府武装。2001年约瑟夫·卡比拉任刚果（金）总统后，刚允诺不再支持布反政府武装，布从刚撤军。2003年2月，布约亚总统与刚果（金）和卢旺达外长签署了旨在推动地区和平进程的《布鲁塞尔约定》。2010年3月，布在时隔15年后再次向刚派遣大使。4月，恩库伦齐扎总统访刚，这是布总统25年来首次访刚，双方就布选举、安全合作等问题交换了意见。2012年底刚果（金）东部局势再度恶化后，布政府支持刚果（金）政府打击叛军。2017年10月，两国外长、防长召开首届部长级磋商，重点讨论加强两国边境地区安全等议题。2020年10月，刚外长通巴访布。2021年7月，恩达伊施米耶总统访刚。2022年5月，刚总统齐塞克迪访布。

布重视发展同坦桑尼亚关系。布一半以上进出口物资经坦转运。目前，仍有大量布难民流落在坦。1996年7月布发生政变后，坦联合其他布邻国对布实施经济制裁，两国关系严重恶化。1999年制裁中止后，布坦关系开始改善，两国总统多次互访。2015年5月布发生政变时，恩库伦齐扎总统正在坦参加东共体特别峰会。在坦方协助下，恩顺利回国。2016年2月，坦前总统姆卡帕被东共体任命为布危机调解人，与乌干达总统穆塞韦尼一道就布问题进行调停。2020年9月，恩达伊施米耶总统访坦，与坦总统马古富力举行会谈。11月，布总理本约尼赴坦出席马古富力总统就职典礼。2021年7月，坦总统哈桑对布进行国事访问。10月，恩达伊施米耶总统对坦进行国事访问。

布同乌干达关系较密切，布大量物资途经乌进口。1996年7月布发生政变后，乌在对布制裁问题上态度强硬。1998年布启动和平进程后，乌对布制裁终止，两国关系好转。2012年底刚果（金）东部局势再度恶化后，布在大湖地区国际会议框架下与乌加强沟通与合作，恩库伦齐扎总统多次赴乌首都坎帕拉出席大湖地区国际会议首脑会议。2015年布危机爆发后，乌总统穆塞韦尼被东共体任命为布问题调解人，多次赴布斡旋。2021年5月，恩达伊施米耶总统赴乌出席穆塞韦尼总统就职仪式。2022年10月，恩达伊施米耶总统赴乌出席乌独立60周年庆典并会见穆塞韦尼总统。

（甄权铨）

赤道几内亚

国名 赤道几内亚共和国（The Republic of Equatorial Guinea，República de Guinea Ecuatorial）。

面积 28051平方公里，其中大陆部分26017平方公里，岛屿部分2034平方公里。

人口 约167万（2022年）。主要民族为分布在大陆的芳族（约占人口的75%）和居住在比奥科岛的布比族（约占人口的15%）。官方语言为西班牙语，法语为第二官方语言，葡萄牙语为第三官方语言。民族语言主要为芳语和布比语。居民82%信奉天主教，15%信奉伊斯兰教。

首都 马拉博（Malabo），位于比奥科岛，人口约26.6万（2018年）。年均气温25℃。

国家元首 总统特奥多罗·奥比昂·恩圭马·姆巴索戈（Teodoro Obiang Nguema Mbasogo），1979年任最高军事委员会主席和国家元首，1982年任总统，1989年、1996年、2002年、2009年、2016年、2022年6次连任，任期7年。

重要节日 自由政变日：8月3日；宪法日：8月15日；独立日：10月12日。

简况

位于非洲中西部，西临大西洋，北邻喀麦隆，东、南与加蓬接壤。海岸线长482公里。属热带雨林气候，年均气温24℃—26℃。

1471—1778年，葡萄牙先后占领比奥科、科里斯科和安诺本等岛。1778年，葡将包括上述3岛在内的奥戈韦河（今加蓬境内）至尼日尔河沿海地区划归西班牙势力范围。1845年，西班牙在赤几建立殖民统治。1964年1月，赤几实行“内部自治”。1968年10月12日正式宣告独立，成立赤道几内亚共和国，马西埃·恩圭马任总统。1979年8月3日，国家革命武装力量部副部长奥比昂中校发动军事政变，推翻马西埃政权，成立以奥为首的最高军事委员会。

政治

奥比昂总统执政以来，积极致力于维护国家稳定和发展经济。其领导的民主党先后在1993年、1999年、2004年、2008年、2015年和2022年6次议会选举中以绝对优势获胜。近年来，奥继续奉行民族和解和政治多元化政策，改组内阁、严惩腐败、整顿吏治，以提高公共行政效率，加快基础设施建设，扩大农业、教育和医疗的投入。2011年11月，赤几举行全民公投，通过了以限制总统任期、设立副总统职位和参议院等为主要内容的宪法改革方案。2012年2月，奥比昂总统正式签署法令，颁布新宪法。5月，赤几政府内阁进行了大幅调整，设立副总统和第二副总统职位，并吸收反对党入阁。2014年11月召开第五次全国政治对话会议。2015年5月落实第五次全国政治对话会议成果，修订《政党法》《总统选举法》《全民公决、市政和两院选举法》《游行、集会自由法》《政党融资法》等法律。2016年4月24日，赤几举行总统大选，奥比昂以93.7%的得票率获胜，5月20日宣誓就职，第5次连任总统，任期7年。在2017年11月举行的议会和市政选举中，执政的民主党领导的竞选联盟以绝对优势赢得选举。2018年7月召开第六次全国政治对话会议。10月，赤几举行独立50周年盛大庆典。2020年8月，奥比昂总统下令改组政府。2022年11月，总统、议会和市政“三合一”选举提前举行，执政的民主党领导的竞选联盟以绝对优势赢得选举，奥比昂再次连任总统。

【**宪法**】1982年6月通过，1991年11月修订，

2011年11月再次修订。宪法规定：赤几实行共和制，是一个独立、民主、统一的国家；立法、司法、行政三权分立；共和国总统为国家元首和政府首脑，经全民直接选举产生，任期7年，最多可连任一届。

【议会】原称“人民代表院”，是国家最高立法机构。根据2011年11月修订的宪法，实行两院制，人民代表院改设为参议院和众议院。参议院议员70名，其中55名由直接选举产生，15名由总统任命，任期5年；众议院议员100名，由直接选举产生，任期5年。2022年11月选举产生新一届两院议员，民主党领导的竞选联盟赢得100个众议院席位、55个参议院席位和全部市政议员席位。参议长玛丽亚·特蕾莎·埃弗阿·阿桑戈诺（Maria Teresa Efua Asangono，女），众议长高登西奥·穆哈巴·梅苏（Gaudencio Muhaba Mesu）。

【政府】本届政府于2023年2月组成，除总统外，有副总统特奥多罗·恩圭马·奥比昂·曼格（Teodoro Nguema Obiang Mangue），总理曼努埃拉·罗加·博特伊（Manuela Roca Botey），第一副总理兼教育、大学教学和体育部长克莱门特·恩贡加·恩圭马·翁圭内（Clemente Engonga Nguema Onguene），第二副总理安赫尔·马西埃·米布伊（Angel Masie Mibuy，法律事务与议会关系），第三副总理阿方索·恩苏埃·莫库伊（Alfonso Nsue Mokuy），总统府使命国务部长亚历杭德罗·埃武纳·奥沃诺·阿桑戈诺（Alejandro Evuna Owono Asangono），总理府地区一体化事务部长卢卡斯·阿巴加·恩查马（Lucas Abaga Nchama），安全国务部长尼古拉斯·奥巴马·恩查马（Nicolás Obama Nchama），内政和地方机构国务部长福斯蒂诺·恩东·埃索诺·埃扬（Faustino Ndong Esono Eyang），卫生与社会福利部长达马索·米托阿·翁多·阿耶卡巴（Dámaso Mitoha Ondo'o Ayecaba），总统府对外安全事务部长胡安·安东尼奥·比邦·恩楚楚马（Juan Antonio Bibang Nchuchuma），外交、国际合作与侨务部长西蒙·奥约诺·埃索诺·安格（Simeón Oyono Esono Angue），司法、宗教与惩戒机构部长赛尔希奥·埃索诺·阿贝索·托莫（Sergio Esono Abeso Tomo），国防部长维多利亚诺·比邦·恩苏埃·奥科莫（Victoriano Bibang Nsue Okomo），财政与预算部长福尔图纳托·奥法·姆博·恩查马（Fortunato Ofa Mbo Nchama），经济规划与多元部长加夫列尔·姆贝加·奥比昂·利马（Gabriel Mbega Obiang Lima），公共工程、住宅与城市规划部长克莱门特·费雷罗·比利亚里诺（Clemente Ferreiro Villarino），劳动、就业促进与社会保障部长阿尔弗雷多·米托戈·米托戈·阿达（Alfredo Mitogo Mitogo Ada），农业、畜牧业与农村发展部长胡安·何塞·恩东·托莫（Juan José Ndong Tomo），森林与环境部长迪奥斯达多·奥比昂·姆博米奥·恩福诺（Diosdado Obiang Mbomio Nfono），渔业与水资源部长弗朗西斯科·梅迪纳·卡塔兰（Francisco Medina Catalán），矿产与石化部长安东尼奥·奥布罗·翁多（Antonio Oburo Ondo），贸易、工业与企业促进部长本哈明·巴卡莱·恩卡拉（Benjamin Bakale Nkara），电力和可再生能源部长赫瓦西奥·恩贡加·姆巴（Gervasio Engonga Mba），新闻、媒体与广播部长帕梅拉·恩泽·埃沃罗（Pamela Nse Eworo，女），社会事务与性别平等部长玛丽亚·孔苏埃洛·恩圭马·奥亚纳（María Consuelo Nguema Oyana，女），交通、邮政与信息通信新技术部长奥诺拉托·埃维塔·奥马（Honorato Evita Oma），公共职能与行政改革部长欧卡里奥·巴卡莱·安格（Eucario Bacale Anfue），民航部长诺韦尔托·巴托洛梅·门苏伊·马涅·安德梅（Norberto Bartolomé Mensuy Mañe Andeme），文化、旅游与手工业促进部长鲁菲诺·恩东·埃索诺·恩查马（Rufino Ndong Esono Nchama），青年与体育部长帕特里西奥·巴卡莱·姆巴（Patricio Bakale Mba）。

【行政区划】全国划分为7个省、18个区和30个市。

【司法机构】由最高法院、总检察院、上诉法院、初审法庭、市镇法庭以及最高军事法庭组成。最高法院是全国最高审判机关，下辖民事、刑事、行政和习惯法四庭。总检察院为国家法律监督机关和国务委员会的咨询机构。最高法院院长大卫·恩圭马·奥比昂·埃杨（David Nguema Obiang Eyang），总检察长安东尼奥·恩查·恩圭马·曼格（Anatolio Nzang Nguema Mangue）。

【政党】共有17个合法政党，主要有：

（1）赤道几内亚民主党（Partido Democratico de Guinea Ecuatorial）：执政党，成立于1986年。创始人及主席为奥比昂总统，总书记赫罗尼莫·奥萨·奥萨·埃科罗（Jeronimo Osa Osa Ecoro）。

（2）社会民主人民联盟（Convergencia Social Democratica Popular）：1992年成立。现任总书记圣地亚哥·翁多·恩图古·安格索莫（Santiago Ondo Ntugu Anguesomo）。

（3）社会民主联盟（Union Democratica Social）：1990年成立于加蓬。现任主席米格尔·姆巴·恩藏·米奎（Miguel Mba Nzang Mikue）。

此外，还有自由党（Partido Liberal）、民主自由大会（Convencion Liberal Democratica）、赤几社会主义党（Partido Socialista de Guinea Ecuatorial）、赤几人民行动党（Accion Popular de Guinea Ecuatorial）、争取社会民主联盟（Convergencia Para la Democracia Social）及社会民主党（Partido Social Democrata）等。

【重要人物】特奥多罗·奥比昂·恩圭马·姆巴索戈：总统、民主党主席、武装部队总司令。1942年6月5日出生于大陆地区蒙戈莫县，芳族人。1963年考取国土警卫队士官生，同年9月赴西班牙萨拉戈萨军事学院学习两年。回国后历任比奥科岛驻军司令、国防部供应和计划局局长、国家革命武装力量部秘书长和副部长等职。1979年8月3日发动军事政变，任最高军事委员会主席；10月任国家元首和政府首脑。1982年8月就任总统。1986年12月创建民主党并任主席。1989年6月、1996年2月、2002年12月、2009年12月、2016年4月、2022年12月六次连任总统。　**特奥多罗·恩圭马·奥比昂·曼格**：副总统、民主党副主席。1969年生，奥比昂总统长子。早年从军，后涉足商业。20世纪90年代后期开始从政。先后担任总统府森林事务顾问，森林、渔业与环境部长，基础设施与森林部长，农业与森林部长等职。2012年任第二副总统，主管国防与安全事务。2016年6月任副总统。2023年1月，奥比昂总统再次任命其为副总统。

经　济

独立后经济曾长期困难。1987年开始实施经济结构调整计划。20世纪90年代开始石油开发后，经济出现转机，石油和天然气成为经济支柱。1997年制定《经济中期发展战略（1997—2001年）》，采取扩大石油开采，增加信贷投放，提高可可收购价格，降低生产资料零售价格等一系列措施刺激经济发展。2007年召开第二届全国经济大会，制定了2008—2020年国家经济发展远景规划，在强化油气产业发展的同时，全面启动交通、通信、电力和卫生等基础设施建设，推动经济多元化发展，计划2020年建设成为新兴国家。2014年2月，赤几召开首届经济多元化会议，正式启动经济多元化进程。7月，政府成立2020控股公司和共同投资基金，旨在有效利用油气收入，为推行经济多元化提供资金支持。2019年，赤几举行第三届全国经济会议，推出“2019—2022经济复苏议程”，计划大力发展油气产业以及工业、农业、旅游业、电信业、金融服务业等非石油行业，加强民生建设，改善营商环境。2021年5月，赤几政府颁布政令，宣布实施“2035远景规划”中的《赤几2035日程》国家可持续发展战略。近年受国际原油价格下跌、石油产量下降、新冠疫情严重冲击等影响，经济连续负增长，外汇储备大幅减少，财政困难。2022年主要经济数据如下：

国内生产总值：138亿美元。

人均国内生产总值：约9200美元。

国内生产总值增长率：3.6%。

货币名称：中非金融合作法郎（简称“中非法郎”）。

汇率：1美元≈604中非法郎。

通货膨胀率：4.6%。

（资料来源：2023年第一季度《伦敦经济季评》）

【资源】矿藏有石油、天然气、磷酸盐、黄金、铝矾土、锌、钻石等。已探明天然气和石油储量分别为1.3万亿立方米和11亿桶。林、渔业资源丰富，森林覆盖率46%，海上专属经济区31.2万平方公里。

【工业】以石油和天然气为主。自20世纪90年代发现油气资源，石油工业快速发展，工业总产值在国内生产总值中所占比重逐年增加，但结构单一。1998年12月，议会批准了新的《石油开采法》，赤几方获得的石油份额从过去的10%增加到13%—20%。为加强对石油勘探、开采等工作的管理，1999年8月，赤几政府决定成立石油开采工作跟踪委员会，并宣布将今后所有石油收入纳入国家财政预算，石油勘探、开采协议和合同一律由经济财政部签署后交总统批准。2001年成立国家石油公司。2004年9月召开第一届全国石油工业大会，宣布成立国家石油技术研究院。2017年，赤几加入石油输出国组织。但近年石油产量下滑，2020年、2021年、2022年原油日产量分别为10.9万桶、9.3万桶、5.4万桶。目前在赤几开采石油的主要是美孚、马拉松、欧菲尔、道达尔等西方石油公司。根据协议，赤几政府以原油偿还上述石油公司的投资；石油公司则向赤几政府支付一定比例的石油收入，作为用地费用和税款。近年来，赤几政府加大对石油资源的控制，规定赤几政府须在所有合资石油公司中控股35%以上。

2002年，总投资4.15亿美元的甲醇生产基地在首都马拉博建成投产，年产甲醇达92.5万吨，该企业是非洲最大的甲醇生产厂，产量占世界总产量的3%。2005年组建国家天然气公司。2006年12月，赤几颁布《能源和石油天然气法》，重点增强国家对油气资源的控制、管理及国家权益等条款。目前，全国有十几个中小型热电厂和水电站（热电80%、水电20%），多为外国援建，最大装机容量为15400千瓦。

【农业】随着石油工业的快速发展，农业产值在国内生产总值中所占的比重逐年下降，但农业依然是民众的主要谋生手段。2007年，赤几政府通过《农业森林法》，规定每年木材产量最高限额为54万立方米。目前全国可耕地面积约85万公顷，70%的劳动人口从事农业。粮食不能自给。主要粮食作物为木薯、芋头、玉米等，主要经济作物为可可和咖啡。由于近年国际市场价格下降，咖啡和可可生产萎缩，特别是可可产量，已由过去最高年份的4.5万吨降至目前不足500吨。

赤几盛产金枪鱼、非洲黄鱼和大虾等，年捕获量可达7万吨以上，但实际捕捞量不高。目前，法国、西班牙等欧盟成员国的近40艘渔船在安诺本岛海域捕捞金枪鱼。近年来，赤几政府采取一系列措施支持渔业发展，将其作为实现经济多元化的关键之一。

【交通运输】无铁路。

公路：全国公路网3952公里，其中2469公里分布在大陆地区，253公里分布在岛上，还有1230公里林区公路。国家级公路长1009公里，其中沥青路面约400公里。赤几汽车保有量以每年约23%的速度增长。

空运：马拉博和巴塔是主要航空港。全国共有4

家航空公司，其中1家为国营公司，承运马拉博到巴塔和安诺本两条国内航线，以及马拉博到马德里、杜阿拉、阿布贾、利伯维尔、科托努、巴马科等国际航线。此外，喀麦隆、加蓬、尼日利亚、贝宁、西班牙、德国、法国、肯尼亚、埃塞俄比亚等国航空公司有从马拉博飞往杜阿拉、利伯维尔、阿布贾、科托努、马德里、法兰克福、巴黎、内罗毕、亚的斯亚贝巴等地的航班。

水运：马拉博和巴塔是重要海港。马拉博港吞吐能力150万吨。2007年，巴塔港启动改扩建工程，一期工程于2012年完工，是全国最大港口。2019年、2020年吞吐量分别为840万吨、500万吨。赤几海运业总体水平落后，近年有一定发展。

【电信业】起步较晚，整体水平仍比较落后。20世纪90年代与法国电信公司合作成立赤几电信公司（GETESA），其中赤几方持股60%，法方持股40%。2005年5月，赤几电信公司开通宽带互联网。2012年，赤几接入了ACE国际海底光纤网，获得高速互联网国际接口。2010年，赤几引入第二家电信运营商HITS。2012年，由中国中兴通讯股份有限公司与赤几政府合资成立的赤几通讯公司（GECOMSA）成为赤几第三家电信运营商。2018年6月，连接赤几国内地面光缆和国际海缆的“木棉2号”海底光缆完工启用。

【财政金融】自20世纪90年代以来，石油产业成为赤几最重要的财政收入来源，国家收入大幅增长，财政紧张状况有所缓解。2005年，赤几公布法令，中央政府将把每年财政收入的10%拨给地方政府，用于地方建设项目。受国际原油价格下跌等因素影响，外汇储备近年大幅减少。2020年，财政收入约21亿美元，财政赤字占国内生产总值的比重为10%。

1985年赤几信贷银行倒闭后，赤几一直没有国家银行。2006年4月，菲律宾商业银行和赤几方商定共同组建赤几国家银行。9月，赤几国家银行开业。近年来，银行业有较大发展，目前有4家银行经营业务，主要顾客为在赤几的外国公司。保险业发展较慢，全国有3家保险公司和1家再保险公司。

【对外贸易】2021年进出口贸易总额约51亿美元，其中出口额约33亿美元，进口额约18亿美元，顺差约15亿美元。生活日用品和生产资料均依赖进口。主要进口来源国为美国、西班牙、中国、法国等。石油和木材为主要出口产品。主要出口目的地国为中国、日本、英国和法国等。近年来，随着石油工业的快速发展，石油不仅取代木材成为主要出口创汇产品，而且扭转了外贸长期逆差的局面。

【外国资本】主要投资国为美国、法国和西班牙。投资领域主要集中在石油领域。

【外国援助】援助主要来自西班牙、法国和联合国有关机构等。因赤几对欧盟与非加太集团国家间进行经贸合作的《科托努协定》部分条款持异议，欧盟自2008年起停止通过欧盟发展基金向赤几提供援助。

人民生活

根据联合国开发计划署《2020年人类发展报告》公布的人类发展指数，赤几在189个国家中排名第145位。人均预期寿命63.85岁。人口出生率33.31‰，死亡率8.19‰，婴儿死亡率69.17‰。平均每个家庭有子女5.6人。全国有2所大区级医院、4所省级医院、12所区级医院、42个医疗中心和300个卫生站，共有病床1019张。巴塔有1所卫生学校。全国有医生58人、医疗技术人员165人、护士和服务人员800余人。平均每万人有病床21张。卫生状况较差，疾病易流行。主要传染病有伤寒、肝炎、疟疾、黄热病、狂犬病、艾滋病等。68%的人用不上自来水，63%的人有病得不到及时治疗。

2020年3月，赤几报告首例新冠确诊病例。赤几成立由曼格副总统牵头的新冠病毒和检测政策委员会，采取封禁、在重点地区大规模检测和接种疫苗等举措，一定程度上控制了疫情蔓延。

军　事

军队由陆海空三军组成，共5000余人，其中陆军3个营、海军1个营、空军1个连。实行义务兵役制及军官终身制。奥比昂总统是全国武装力量最高统帅。军队装备不足且陈旧落后。近年来，赤几着力加强军事力量。2014年6月，赤几首艘自造军舰“维勒–恩萨斯”号轻型巡洋舰下水。

文化教育

【教育】教育体系分为初等、中等和高等三级。小学学制5年，实行义务教育。儿童年满6岁入学，其中约1/4在私人或教会学校就读。2018—2019学年，全国初等教育学校936所，其中公立学校占60.5%，私立学校占39.5%，学生118004名。中等教育学校232所，其中公立学校占20.3%，私立学校占79.7%，学生53651名。西班牙、法国在马拉博分别设有规模较大的文化中心和语言学校。为适应石油工业高速发展，政府于2005年在马拉博建立“石油技工培训中心”，提供职业教育。全国只有1所大学——赤几国立大学，与西班牙的大学有合作协议。赤几国立大学下设5个学院、2个系，共16个专业。政府不提供奖学金，多数石油公司为赤几留学生提供奖学金。在政府7500多名公务员中，仅3.2%的人具有大学学历。据官方统计，赤几5—24岁公民平均受教育率达84.6%。根据联合国教科文组织2013年度《全民教育全球检测报告》显示，赤几成人识字率达94%，居撒哈拉以南非洲首位。

【新闻出版】目前，赤几只有2份周报和6份刊物。周报为《黑檀木》《坡托坡托》，均由赤几新闻部主办。《加塞塔》是唯一允许发行的民间刊物。此外，还有《保险报》《维纳斯》《你好，赤几》《班图》《木棉》等。

政府在马拉博和巴塔各建有1个国家电台，每天下午播音10小时左右，内容为新闻、音乐和政府通知。2005年3月，由中国援建的巴塔电台短波站开播。私营电台阿松加主要播送新闻和娱乐节目。2005年，赤几国立大学开设了以播送教育节目为主的大学电台。

马拉博和巴塔分别设有国家电视台。2006年，由中国援建的马拉博电视中心建成。此外，还有私营电视台阿松加。赤几卡梅利甘公司经营南非卫星电视业务，转播20多套国际电视节目。

对外关系

赤道几内亚奉行不结盟、睦邻友好和多元化的外交政策。主张在和平共处、平等互利的基础上加强与各国的友好合作关系。反对霸权主义和强权政治，要求建立国际政治经济新秩序。反对外国势力干涉非洲国家内部事务，主张非洲国家制定共同战略，争取正常的发展环境。反对西方借人权问题干涉别国内政。积极参与地区政治交往和经济合作。系非洲联盟、中部非洲国家经济共同体和中部非洲经济与货币共同体成员。2017年6月，赤几当选2018—2019年度联合国安理会非常任理事国。2018年2月，赤几担任联合国安理会轮值主席。

【同中国的关系】1970年10月15日建交以来，两国关系发展顺利，双方高层交往密切。2019年1月，习近平主席特别代表、中共中央政治局委员、中央外事工作委员会办公室主任杨洁篪访问赤几。6月，赤几外长奥约诺来华出席中非合作论坛北京峰会成果落实协调人会议。2021年10月，习近平主席同奥比昂总统通电话。

据中国海关总署统计，2022年，中赤几双边贸易额为17.5亿美元，同比增长30.5%。其中，中国出口额为2.3亿美元，同比增长86.8%；中国进口额为15.2亿美元，同比增长24.8%。

中国驻赤道几内亚大使：亓玫（女）。馆址：Carretera de Aeropuerto Malabo 2 C.P. No.40，Malabo 2 Guinea Ecuatorial。电话：00240-333093505，333090622；传真：333092381。

赤道几内亚驻华大使：贺曼·埃夸·希玛·阿巴加（German Ekua Sima Abaga）。馆址：北京市朝阳区三里屯东四街2号。电话：010-65323679；传真：65323805。

【同西班牙的关系】西班牙为赤道几内亚原宗主国。1977年两国断交。1979年8月奥比昂执政后，两国复交。西是赤几第二大贸易伙伴，2021年双边贸易额约为9亿美元。西每年向赤几提供约2500万美元援助，是赤几主要援助国。2012年11月，赤几外长姆巴访西，与西班牙外长签署了两国航空合作协议。2017年6月，赤几外长姆巴访西。2018年10月，西班牙外交部国务秘书出席赤几独立50周年庆典。

【同法国的关系】近年两国关系发展较快。1985年，赤几加入中非法郎区。1997年正式宣布法语为第二官方语言。2021年两国贸易额约为1.3亿美元。法每年向赤几提供约2000万美元的援助，并向总统府、国防部等政府部门派有顾问。两国设有混委会。2019年9月，奥比昂总统夫妇赴法国出席法前总统希拉克葬礼。11月，奥比昂总统赴法国出席巴黎和平论坛并会见法国总统马克龙。2021年，法国最高法院宣布驳回赤几副总统曼格在“非法资产案”中的上诉，维持有罪判决。赤几民主党、外交部发布声明谴责有关判决。2022年11月，奥比昂总统会见法国总统特使、法国外交部非洲和印度洋司司长比戈。

【同美国的关系】美国是赤几主要贸易伙伴之一，2021年双边贸易额约为3亿美元。1976年两国断交，1979年奥比昂执政后复交。1994年，美国将同赤几的外交关系从大使级降为代办级。1996年，美关闭驻赤几使馆。2000年，美在巴塔开设了名誉领事馆。2020年11月，奥比昂总统致电祝贺拜登当选美国总统。2021年1月，曼格副总统会见到访的美国防部代理副部长塔塔。10月，奥比昂总统、曼格副总统分别会见到访的白宫副国家安全顾问费纳。2022年2月，奥比昂总统、曼格副总统会见到访的美国务院主管非洲事务的助理国务卿莫莉·菲。12月，奥比昂总统赴美出席美非峰会。

【同葡萄牙的关系】赤几积极争取加入葡萄牙语国家共同体。2013年4月，赤几任命首任驻葡萄牙大使。2021年4月，奥比昂总统出席非洲葡萄牙语国家论坛视频会议。5月，葡语国家共同体首届企业峰会在马拉博召开。7月，赤几外长奥约诺代表奥比昂总统出席葡共体第十三届国家元首和政府首脑会议。2022年3月，奥比昂总统会见葡共体新任执行秘书达科斯塔。6月，奥比昂总统赴葡出席第二届联合国海洋会议并访葡，会见葡总统德索萨。

【同邻国的关系】重视同邻国保持睦邻友好关系。20世纪70年代初曾与加蓬发生领土争端，后经非统组织调解，两国签订《友好睦邻协定》和《划分陆、海边界协定》。随着赤几近海发现石油，同加蓬、喀麦隆、尼日利亚、圣多美和普林西比4个邻国确定领海疆界日显重要，赤几表示愿以谈判方式解决有关问题。

1985年，赤几与加蓬就联合开发科里斯科湾自然资源达成原则协议。2003年2月，加国防部长登上与赤几有争议的姆巴涅岛并宣布该岛是加领土。赤几政府迅速发表声明，重申该岛是赤几领土，要求加方立即从该岛撤军。2004年7月，奥比昂总统与加总统奥马尔·邦戈在联合国斡旋下在埃塞俄比亚首都亚的斯亚贝巴签署共同开发姆巴涅岛资源的谅解备忘录。2006年2月，奥比昂总统和奥马尔·邦戈总统赴瑞士日内瓦接受联合国秘书长安南调解两国领土争端。3月，联合国秘书长安南访问赤几，继续调解两国领土争端。9月，奥比昂总统对加蓬进行工作访问，两国元首表示将和平解决两国领土争端。2009年6月，奥比昂总统出席奥马尔·邦戈总统葬礼。10月，奥比昂总统赴加出席阿里·邦戈总统就职典礼。2016年11月，奥比昂总统和阿里·邦戈总统在第22届联合国气候变化大会期间，在联合国秘书长潘基文见证下签署协议，同意将双方争议岛屿姆巴涅、科科特罗斯、孔卡和争议边界提交国际法院裁决。2021年3月，赤几方将2016年与加方签署的特别协议提交国际法院，法院宣布正式启动诉讼程序。2022年3月，奥比昂总统会见加总理奥苏卡。10月，赤几政府向海牙国际法院提交赤几与加领土争端有关文件。

赤几与喀麦隆边界争议与喀麦隆、尼日利亚边界争端交织在一起，问题错综复杂。2010年2月，喀麦隆外长访问赤几，就两国边界划定问题进行磋商，双方就两国海洋划界问题达成协议并签署联合公报。2012年9月，赤几与喀麦隆签署互免持外交、公务护照签证协议。2020年5月，曼格副总统会见喀总统府负责国防事务的部长级代表。7月，奥比昂总统会见喀外长和喀总统府负责国防事务的部长级代表。2021年7月，奥比昂总统会见喀经济、计划和领土整治部长奥斯曼。

2016年3月，尼日利亚总统布哈里对赤几进行正式访问，同奥比昂总统会见并签署建立海上安全监控和巡逻联合委员会的协定。2018年1月，奥比昂总统访问尼日利亚。

1999年6月，赤几同圣多美和普林西比签署两国关于划定海上边界的协定。2019年8月，圣普总统卡瓦略对赤几进行正式访问。2020年2月，圣普总理热苏斯访问赤几。2022年4月，圣普总统诺瓦对赤几进行国事访问。

【同其他非洲国家的关系】 赤几与加纳关系良好。2018年9月，赤几总理奥巴马赴加纳出席联合国前秘书长安南葬礼。

2020年1月，埃塞俄比亚总理阿比访问赤几。6月，赤几总统府对外安全事务部长比邦在中非首都班吉会见中非总统图瓦德拉。8月，奥比昂总统在马拉博会见布基纳法索总统特使、总统特别顾问。11月，布隆迪总统恩达伊施米耶偕夫人访问赤几。12月，中非总统图瓦德拉访问赤几。2021年3月，几内亚比绍总统恩巴洛访问赤几。6月，佛得角总统丰塞卡对赤几进行国事访问。12月，乍得军事过渡委员会主席代比访问赤几。2022年3月，曼格副总统访问乌干达并会见乌总统穆塞韦尼。6月，莫桑比克总统纽西访问赤几。9月，奥比昂总统访问安哥拉并出席安总统洛伦索就职仪式。同月，奥比昂总统会见几内亚比绍总统恩巴洛。10月，毛里塔尼亚总统加兹瓦尼对赤几进行国事访问并出席赤几独立54周年纪念活动。

【同国际和地区组织的关系】 2020年7月，奥比昂总统出席第17届中部非洲国家经济共同体元首峰会视频会议。8月，奥比昂总统在马拉博会见中部非洲国家银行行长。9月，奥比昂总统在联合国成立75周年纪念峰会上发表讲话，在第75届联大一般性辩论致辞。12月，奥比昂总统出席中部非洲国家经济共同体元首视频特别会议。2021年2月，奥比昂总统以视频方式出席第34届非盟峰会并发表致辞。4月，奥比昂总统出席非洲葡语国家论坛视频会议。5月，奥比昂总统以视频方式出席非盟发展署国家元首和政府首脑指导委员会会议。7月，奥比昂总统以视频方式出席联合国艾滋病规划署举办的艾滋病问题高级别会。2022年1月，奥比昂总统率团出席第20届中部非洲国家经济共同体国家元首和政府首脑峰会。2月，奥比昂总统以视频方式出席非盟发展署—非洲发展伙伴关系国家元首和政府首脑指导委员会会议，并率团赴卡塔尔出席天然气出口国论坛第六次峰会。（李率航）

多　哥

国名　多哥共和国（The Republic of Togo，La République Togolaise）。

面积　56785平方公里。

人口　880万（2022年）。全国有41个部族：南部以埃维族和米纳族为主，分别占全国人口的22%和6%；中部阿克波索、阿凯布等族占33%；北部卡布列族占13%。官方语言为法语，民族语言以埃维语和卡布列语较通用。居民中约70%信奉拜物教，20%信奉基督教，10%信奉伊斯兰教。

首都　洛美（Lomé），人口192.6万（2022年）。年均气温约27℃。

国家元首　总统福雷·埃索齐姆纳·纳辛贝（Faure Essozimna Gnassingbé），2005年5月就任，2010年、2015年、2020年3次连任，任期5年。

重要节日　解放日：1月13日；国庆日：4月27日。

简　况　位于非洲西部，南濒几内亚湾，东邻贝宁，西接加纳，北与布基纳法索接壤。海岸线长56公里。南部属热带雨林气候，北部属热带草原气候。年均气温沿海地区为27℃，北部为30℃。

15世纪起，葡萄牙殖民者侵入多哥沿海地带。1884年沦为德国殖民地。1920年9月，多哥的西、东部分别被英国、法国占领。二战后，由英、法分别“托管”。1957年加纳独立时，英托管的西部多哥并入加纳。东部多哥于1956年8月成为法兰西共同体内的“自治共和国”，并于1960年4月27日正式宣布独立，定名为多哥共和国。斯尔法纳斯·奥林匹欧出任第一任总统。1963年，奥遇刺身亡，尼古拉·格鲁尼茨基出任总统。1967年，纳辛贝·埃亚德马就任总统。此后，埃于1979年12月、1986年12月、1993年8月、1998年6月和2003年6月5次连任总统。2005年2月，埃因心脏病突发去世。

政　治

埃亚德马去世后，其子福雷接管权力。2005年2月7日，福雷宣誓就任总统。国际社会强烈反对，西共体和非盟先后宣布对多制裁，欧盟、美国、法国予以谴责。迫于压力，福雷于2月25日辞去总统职务。4月，多举行总统选举，福雷获胜当选。2006年8月，多全国政治对话取得成果，朝野各方共同签署一揽子政治协议，就重组政府、立法选举等重要问题达成一致。9月，福雷重组政府。2007年10月，多举行立法选举，执政党多哥人民联盟获胜，继续掌控议会主导权。2008年9月，福雷改组政府。2010年3月，多举行总统选举，福雷获胜连任。2012年4月，福雷宣布解散多哥人民联盟，成立新的总统多数派政党——保卫共和联盟，并兼任党主席。7月，福雷改组政府。2013年7月，多举行议会选举，保卫共和联盟赢得91个议席中的62席。9月，福雷组成新一届政府。2015年4月，多举行总统选举，福雷再次胜选连任，开启第3个任期。2018年2月至6月，政府与反对派举行4次政治对话。7月，西共体峰会在洛美召开，就解决多政治危机达成路线图。12月，保卫共和联盟赢得议会选举。2020年2月，多举行总统选举，福雷以72.78%的得票率胜选连任。

【宪法】1992年，多公民投票通过第四共和国宪法。2002年，议会对宪法部分条款进行了修改。宪法规定：多哥实行半总统制；总统为国家元首和军队最高统帅，由选民直接选举产生，任期5年，可连选连任；总统有权解散议会、颁布议会通过的法律和实行赦免；总理出自议会多数派，由总统任命，对议会负责；议会可对总理提出不信任案，获议会2/3多数通过即可要求任命新总理。宪法可根据总统和议会的提议进行修改，由议会或公民投票表决通过。2019年，国民议会通过宪法改革法案，对2002年宪法29项条款进行修改，包括总统任期5年维持不变，由无连任限制改为最多连任一次，总统选举由一轮制改为两轮制，前总统不能因其在任期内的行为被指控、逮捕、监禁、审判，所有修改不追溯至已完成与正在执行的任期等。

【议会】2002年宪法规定，多议会实行两院制，由国民议会和参议院组成。国民议会行使立法权并对政府工作进行监督。2019年通过的宪法改革法案规定，议员任期由5年延长至6年，由无连任限制改为最多连任两次。本届议会于2018年12月选举产生，共91个议席。议会下设国防和安全、财政和贸易、社会和文化、经济发展和领土整治、对外关系和合作、法律和行政法规以及人权7个委员会。议席分配如下：保卫共和联盟59席，独立候选人18席，变革力量联盟7席，新承诺党3席，民主发展爱国运动2席，泛非民主党1席，共和中间派运动1席。激进反对派14党联盟抵制选举进程，未参加选举，上届议会最大反对党全国变革联盟失去全部18席。2019年1月，保卫共和联盟总司库雅瓦·吉格博迪·采冈（Yawa Djigbodi Tsegan，女）当选议长。

【政府】本届政府于2020年10月组成。2022年12月，国防部长埃索齐姆娜·玛格丽特·尼亚卡代（Mme Essozimna Marguerite Gnakade，女）被解职。目前，政府共有包括总理在内的34名成员，主要有：总理维克图瓦·西德梅霍·托梅加–多贝（Mme Victoire Sidemeho Tomégah Dogbé，女），领土管理、权力下放与地方机构部长帕亚多瓦·布佩西（Payadowa Boukpéssi），商业、工业与本地消费促进部长科乔·阿德泽（Kodjo Adedze），公职、劳动与社会对话部长吉贝尔·巴瓦拉（Gilbert Bawara），数字经济与技术创新部长西娜·劳森（Mme Cina Lawson，女），安全与公民保护部长达梅哈梅·亚克（Damehane Yark），公路、航空、铁路运输部长阿福·阿查–代吉（Affoh Atcha-Dedji），环境与森林资源部长卡塔里·福利–巴齐（Katari Foli-Bazi），水资源与乡村水利部长波利贾·蒂耶姆（Bolidja Tiem），经济和财政部长萨尼·亚雅（Sani Yaya），初等、中等技术教育与手工业部长科姆拉·多齐·科克罗科（Komla Dodzi Kokoroko），外交、非洲一体化与海外侨民部长罗贝尔·迪塞（Robert Dussey），农牧业与农村发展部长安托万·莱克帕·贝格贝尼（Antoine Lekpa Gbegbeni），掌玺、司法与立法部长皮乌斯·阿贝托梅（Pius Agbetomey），公共工程部长祖雷亚图·查孔多–卡萨–特拉奥雷（Mme Zourehatou Tcha-Kondo Epse Kassah-Traore，女），健康、公共卫生与全民医疗保障部长穆斯塔法·米吉亚瓦（Moustafa Mijiyawa），人权和公民意识教育及共和国机构关系部长、政府发言人埃尼纳姆·马西亚·克里斯蒂安·特里姆瓦（Eninam Massia Christian Trimua），消除闭塞与农村道路部长布赖马·康菲蒂纳·切代–伊萨（Bouraima Kanfitinc Tchede-Issa），高等教育与科研部长伊胡·瓦特巴（Ihou Wateba），基础发展、手工业与青年部长米丽亚姆·多苏–达尔梅达（Mme Myriam Dossou-D'Almeida，女），海洋经济、渔业与海岸保护部长科库·滕盖（Kokou Tengue），社会行动、妇女促进与扫盲部长阿乔薇·洛尼奥·阿佩多·阿纳科马（Mme Adjovi Lolonyo Apedoh Epsc Anakoma，女），投资促进部长卡伊·米维多（Mme Kayi Mivedor，女），城市化、住房与土地改革部长科菲·措莱尼亚努（Koffi Tsolenyanou），新闻与媒体部长、政府发言人阿科达·阿耶瓦丹（Akoda Ayewadan），体育与休闲部长卡马·利迪·凯代卡·贝西（Mme Kama Lidi Kedeka Bessi，女），文化与旅游部长科西·贝尼奥·拉马多库（Kossi Gbenyo Lamadokou），领土管理、权力下放与地方发展部负责地方发展的部长级代表埃索马纳姆·埃杰巴（Essomanam Edjeba），初等、中等、技术教育与手工业部负责技术教育与手工业的部长级代表埃凯·奥丹（Eke Hodin），健康、公共卫生与全民医疗保障部负责全民医疗保障的部长级代表马梅西雷·阿科拉·阿格巴-阿西（Mme Mamessile Aklah Agba-Assih，女），总理府秘书长（部长级）康卡-马利克·纳查巴（Kanka-Malik Natchaba），总统府秘书长（部长级）阿博朗巴·阿霍埃法维·约翰逊（Mme Ablamba Ahoefavi Johnson，女），总统府负责普惠金融与非正规行业管理的部长级代表马扎梅索·阿西（Mme Mazamaesso Assih，女），总统府负责能源与矿产的部长级代表马乌尼约·米拉·阿齐亚博雷（Mme Mawunyo Mila Aziable，女）。计划与合作部、国防部由总统府代管。

【行政区划】全国分为滨海区、高原区、中部区、卡拉区和草原区五大经济区。经济区为地理经济概念，未设行政机构。全国有30个省和4个专区。省下设县、乡（镇）、自治村和村。

【司法机构】设最高法院、上诉法院和初级法院。最高法院是最高司法机构，下设司法、行政两个法庭，由庭长和法官组成。最高法院院长必须是职业法官，由总统任命。现任最高法院院长加马多·阿卡波维（Gamatho Akakpovi）。检察权由设在各级法院的检察长行使。

【政党】共有合法政党及政治组织110余个，主要有：

（1）保卫共和联盟（L'Union pour la République）：执政党，多第一大党。系福雷总统于2012年4月宣布成立的新党。以原执政党多哥人民联盟为主体，曾是多最大政党，福雷在该党第五次特别代表大会上宣布将其解散并与其他政党组织合并成立保卫共和联盟。2017年10月，保卫共和联盟召开第一次全国代表大会，选举产生新一届中央领导机构，福雷继续担任党主席，设立7名副主席、1名负责党内日常事务的执行书记和1名总司库。2018—2020年，接连在国民议会选举、地方选举、总统选举中以较大优势获胜。

（2）变革力量联盟（L'Union des Forces du Changement）：简称“变盟”。反对党。由前总统奥林匹欧之子吉尔克雷斯特·奥林匹欧（Gilchrist Olympio）创建并担任主席。势力主要集中在南部地区。主张建立以多党制为基础、尊重人权的民主法治国家。奥长期流亡加纳，曾在1998年总统选举中获34%的选票，使该党成为影响最大的反对党。2010年5月，该党与执政党多哥人民联盟签署合作协议，成为参政党，7名该党成员入阁。随后斗争路线趋于缓和，影响力有所下降。2018年议会选举中，激进反对派未参选，该党赢得7个议席，重新成为议会最大反对党。

（3）全国变革联盟（Alliance Nationale pour le Changement）：反对党。成立于2010年10月10日，势力主要集中在洛美至阿内霍的南部沿海地区，支持者主要为埃维族人。由被变盟全国党主席奥林匹欧开除党籍的前变盟总书记让-皮埃尔·法布雷（Jean-Pierre Fabré）发起成立并担任党主席。该党宗旨为与奥林匹欧领导的变盟划清界限，坚持斗争路线以实现政权更迭，以建立民主、自由多哥为目标。该党是2017年8月以来反对派示威游行的主要发起者之一。因抵制2018年议会选举而失去全部议席，势力有所削弱。

（4）民主发展爱国运动（Mouvement Patriotique pour la Démocratie et le Développement）：反对党。由被开除多哥人民联盟党籍的前总理阿贝约梅·科乔（Agbéyomé Kodjo）于2008年成立，最初名称为共建团结多哥党（Organisation pour bâtir dans l'union solidaire togolaise，OBUTS），2018年10月改为现名称。主张广泛发动民众，建立团结发展的民主国家。近年来成为多主要反对党，在2018年议会选举中获得2个议席。2020年总统大选中，阿贝约梅·科乔得到洛美天主教会名誉主教支持，得票排名第二。随后自称赢得大选，并发动示威游行质疑大选结果，被当局以威胁国家安全罪名逮捕。

（5）振兴行动委员会（Le Comite d'Action pour le Renouveau）：反对党。成立于1991年4月30日。主张“法律至上，法官独立，尊重人权”。该党创始人、前主席亚沃维·马吉·阿博伊博（Yaovi Madji Agboyibo）曾任多哥总理，2020年5月因病在法国逝世。2012年8月，振兴行动委员会联合部分反对党成立彩虹联盟。

（6）泛非爱国统一党（Convergence Patriotique Panafricaine）：反对党。成立于1999年8月15日，由多哥民主联盟（UTD）、民主行动党（PAD）、民主团结联盟（UDS）和争取团结民主党（PDU）四党合并组成。主张改革现行国家机构，建设民主、自由的法治国家，实现全国和解。该党创始人之一、前主席埃德姆·科乔（Edem Kodjo，已逝）曾担任多哥总理。现任主席为阿科力·阿纳尼（Akolly Anani）。

（7）泛非民族党（Parti National Panafrican）：反对党。成立于2014年11月，创始人和领导人为萨利夫·阿查达姆（Salif Atchadam），支持者主要为中部特姆族人。该党自2017年8月起率先在洛美、索科代等城市多次发起示威游行，呼吁回归1992年宪法，实现政权更迭。该党领导人阿查达姆长期流亡海外。

（8）崛起多哥组织（Sursaut-Togo）：反对党。成立于2010年，以在多哥建立民主、人道社会为目标。其创始人和领导人科菲·扬姆亚尼（Kofi Yamgnane）系法国总统奥朗德前非洲事务顾问。

其他政党还有新承诺党（NET）、泛非民主党（PDP）等。

【重要人物】福雷·埃索齐姆纳·纳辛贝：总统。1966年6月6日出生于多哥的阿法尼昂，系多前总统埃亚德马第三子。曾就读于法国巴黎第九大学和美国乔治·华盛顿大学，获管理学学士学位和工商管理硕士学位。回国后进入公职部门，并两次当选议员。2003年7月起任装备、矿业、邮政和电信部长。2005年2月其父病逝后，在军方支持下接掌政权，后迫于内外压力辞去总统职务。同年4月参加总统大选并胜出，5月宣誓就职。2010年3月、2015年4月、2020年3月三次胜选连任。　**维克图瓦·西德梅霍·托梅加-多贝**：总理。女，1959年12月出生于洛美。获贝宁大学（今洛美大学）企业管理硕士学位，联合国计划署虚拟发展学院经济高等专业文凭。曾在多哥塑料公司、联合国开发计划署等部门工作。2009年5月至2020年9月担任总统府办公厅主任。其间，自2010年5月起兼任基础发展、手工业与青年部长。2020年9月，被福雷总统任命为总理，系多历史上首任女总理。

经　济

联合国公布的最不发达国家。农业、磷酸盐和转口贸易是三大支柱产业。1983年起实行经济结构调整计划。1989年建立洛美保税区以吸引外资。20世纪90年代初由于政局动荡，经济一度陷入严重危机。1994年后，随着政局趋稳，经济逐步走出低谷。2010年12月，多达到重债穷国减债倡议完成点。福雷总统2015年再次连任以来，积极推行经济改革举措，致力于改善营商环境，改善小微企业融资条件，经济保持稳步增长。2019年3月，多启动新国家发展计划（2018—2022），希望借此走上全面发展道路。一是依托区位和港口优势，加强基础设施、能源和信息通信建设，打造地区贸易物流枢纽；二是建立农产品加工与制造业产业园，提高产品附加值，减少贸易逆差；三是采取切实措施改善民生，向贫困家庭发放补贴，增加乡村地区公共服务，计划5年内新增100万个就业岗位。由于基础薄弱，结构单一，加之受新冠疫情影响，多经济总体比较困难。2020年以来，为应对疫情冲击，多政府颁布新发展路线图（2020—2025），主要致力于：加强社会包容和谐，巩固和平；发展经济创造就业；深化结构性改革。2022年1月，阿德蒂科佩工业园投入运营。多部分国有机构和企业完成私有化改革。2022年主要经济数据如下：

国内生产总值：83.41亿美元。

人均国内生产总值：约942.65美元。

国内生产总值增长率：5.81%。

货币名称：非洲金融共同体法郎（简称“西非法郎”）。

汇率：1美元≈622.5西非法郎。

通货膨胀率：7.5%。

【资源】主要矿业资源是磷酸盐，产量居撒哈拉以南非洲前列，已探明优质矿储量2.6亿吨，含少量碳酸盐的约10亿吨。其他矿藏有石灰石、大理石、铁和锰等。

【工业】工业基础薄弱。2020年，工业产值占国内生产总值的22.4%。主要工业门类有采矿、农产品加工、纺织、皮革、化工、建材等。工业企业中75%为中小企业。2020年，磷酸盐产量132万吨。2018—2021年，小型制造业增加值占全部工业增加值的比例保持在80%。

【农业】全国42.2%的人口从事农业生产活动（种植业、狩猎、林业）。可耕地面积约340万公顷，已开垦土地面积约140万公顷，粮食作物种植面积约85万公顷。2020年，农业产值约占国内生产总值的20.3%。主要作物为玉米、高粱、木薯和稻米，其产值占农业产值的67%；经济作物约占20%，主要为棉花、咖啡和可可。2020年、2021年粮食总产量分别约136万吨、129万吨。

畜牧业主要集中在中部和北部地区，产值占农业产值的15%。年捕鱼量为15383吨，自给率为50%。

【旅游业】20世纪80年代以来，旅游业发展较快。后由于社会动乱，旅游业十分不景气。1994年随着社会渐趋稳定，旅游业开始好转。拥有旅馆52家，客房2100间，床位4163张，其中三星级以上客房923间，从业人员1300余名。主要旅游点有洛美、多哥湖、帕利梅风景区和卡拉市。

【交通运输】以公路为主，公路和港口运输是国民经济支柱产业之一。运输和贸易额占国民收入的35%左右，其交通运输网在次区域占有重要地位。

铁路：总长575公里，主要线路为洛美至布里塔（276公里），洛美至帕利梅（161公里）。由于设施陈旧，铁路运输能力较差，仅395公里铁路能投入营运。

公路：总长12040公里，国家级公路2926公里，其中沥青路1650公里，其余为土路。有4条公路干线，连接布基纳法索、加纳和贝宁等国，国际货运量33万吨。

水运：主要港口洛美港水深14—16米，系西非重要港口之一，能同时停泊4艘2.5万吨级的货轮。2020年吞吐量约为2960万吨、170万标箱。但到港集装箱满载、离港集装箱大多空置，出口货物仅占吞吐总量的21%。

空运：全国有2个国际机场、6个小型机场。埃亚德马国际机场是主要航空港，可起降大型客机，跑道长3000米。年客运能力70万人次，货运能力1.1万吨，居西非第三位。2001年12月，多哥航空公司成立，每周两班直飞巴黎。另外，法航、非航、布基纳法索航空公司、科特迪瓦航空公司、埃塞俄比亚航空公司亦有航班经停多哥。ASKY航空公司成立于2007年，总部位于洛美，主要为非洲西部和中部国家提供航班服务，包含阿比让、阿布贾、科纳克里等共计23个目的地城市。

【财政金融】金融部门包括中央银行及6家商业银行和非银行性质的中介金融组织（如保险公司等）。2022年底，不含黄金的外汇储备为21.14亿美元。

【对外贸易】实行自由贸易政策，鼓励进出口贸易。进出口总额占国内生产总值的43%左右。主要出口化工产品、石油制品、棉花和磷酸盐，主要进口日用消费品、中间产品等。2021年，贸易总额为35.25亿美元，出口额为13.5亿美元，进口额为21.75亿美元。主要出口对象国为布基纳法索、马里、贝宁和尼日尔，主要进口国为中国、法国、印度和加纳。

【外国援助】双边援助主要来自法国、德国、英国、美国、加拿大、日本、科威特、沙特等国；多边援助主要来自国际货币基金组织、世界银行和欧盟等。法、美、德等西方国家及欧盟曾中断除人道主义以外的全部经援，后陆续恢复。2020年5月，德国通过德国复兴信贷银行向多提供1300万欧元财政资金支持。6月，法国同多哥政府签署总额为4070万欧元的资助协议。2021年4月，法国宣布向多哥提供7500万欧元援助和4000万欧元贷款，国际货币基金组织承诺提供2.4亿美元特别提款权。2021年，德国在对多伙伴关系下投入约650亿西非法郎。2022年，世界银行对多投入9.175亿美元，涉及教育、卫生、社会保障、环境等领域。2022年12月，德国复兴信贷银行向多提供2000万欧元援助，用于支持多部分市镇发展融资项目，法国开发署向多提供1000万欧元援助，支持北方基础设施建设。

人民生活

根据联合国开发计划署《2020年人类发展报告》公布的人类发展指数，多哥排名第167位。多哥劳动者每周工作40小时，最低月工资1.8万西非法郎，洛美市劳动者平均月工资为2万西非法郎。家庭补贴为每个子女每月2000西非法郎。全国共有医疗卫生机构718个，包括3个大学医疗中心、1所专科医院、6个地区医疗中心、26所县级医院、8家综合性诊所、100个社保医疗救治中心、450个门诊和124个医务室。共有病床约7000张，卫生技术人员约7700人。主要疾病有疟疾、结核病和艾滋病等。平均寿命55岁，新生儿死亡率为78‰。63%的居民饮用自来水。新冠疫情发生后，多哥经历多轮疫情高峰。多政府积极开展检测，推动获取和接种疫苗，疫情高峰期严控聚集活动，强化入境隔离政策。政府先后通过全民医疗保险、免除2021—2022学年公立初高中学费等举措强化社会保障。

军 事

武装部队始建于1961年11月，总统为军队最高统帅，国防部是最高军事决策机构。现任总参谋长为塔苏恩蒂·加多（Tassounti Djato）。实行义务兵和志愿兵相结合的兵役制度，义务兵服役期两年。凡年龄在18—25岁的青年均可报名入伍。

总兵力约9300人，其中陆海空三军约8550人（包括总统卫队750人）、宪兵750人。陆军装备有战车、轻型坦克、装甲车、野战炮等；海军有巡逻艇2艘；空军有战斗机、运输机18架，直升机3架。

文化教育

【教育】普通教育制度分一级教育（小学）、二级教育（初中）、三级教育（高中）和四级教育（大学）。全国小学校5019所，在校学生91.5万人，入学率88%，小学教师2.3万人；初中686所，学生20.4万人，升学率22%，教师5400多人；高中105所，学生3.9万，教师1700多人。此外，全国技术教育和职业培训学校共有68所（包括公立、私立和教会学校）。据世界银行统计，成人总体识字率为65%。

高等学校有洛美大学，1970年建校，设5个学院、5个系、2个研究所和2个培训中心，现有学生约1.7万人，教师约1000人。1999年初，多政府决定在埃亚德马总统的家乡卡拉兴建第二所大学，2004年建成，有学生6000—7000人。

【新闻出版】《多哥新闻报》：官方日报，1962年创刊，1972—1991年曾改称《新征途报》，1991年10月14日恢复原名，发行量约6000份。

自1990年以来出现了20多家私营报刊，主要有《观察家报》《鳄鱼》《非洲回声》《蝎子》《人民战斗》《新时代报道》《民主人士》等。

多哥通讯社：国家通讯社，成立于1975年，负责采编国内新闻和抄收外国通讯社的国际新闻，每周发行5期《每日新闻》，以国内新闻为主。

洛美广播电台：建于1953年8月，用法、英、德语广播，并用埃维、卡布列等民族语言播送新闻，每天播音18.5个小时。

卡拉广播电台：建于1975年，负责对北方地区广播，主要用法语播音，也用埃维语和卡布列语播送新闻、广告，每天播音3次，每次3—7小时不等。

多哥电视台：建于1973年，唯一的官方电视台，主要使用法语播放节目，定时用埃维语和卡布列语播放新闻。

卡拉电视台：建于1993年。

对外关系

奉行中立、不结盟和睦邻友好的外交政策。重视与西方国家关系，争取外援及减免外债。积极发展与发展中国家关系，主张发展中国家团结，进行区域合作和经济联合。坚持睦邻友好，积极参与非洲地区事务，支持非洲一体化进程，先后派兵参与非盟在中非、几内亚比绍和科特迪瓦等国维和行动。近年来大力开展与印度、日本等国合作。多是非盟、西共体、西非货币联盟等组织成员国。同70多个国家建立外交关系。2012年1月至2013年12月，多任联合国安理会非常任理事国。2017年6月至2018年6月，福雷总统担任西共体轮值主席。

【同中国的关系】自1972年9月19日建交以来，中多两国关系发展顺利。2019年7月，全国政协副主席辜胜阻访多。2021年4月，全国人大常委会副委员长王晨同多哥副议长阿朱若维视频通话。

据中国海关总署统计，2022年，中多双边贸易额为33.7亿美元，同比减少3.1%。其中，中国出口额为31.8亿美元，同比增长7.9%；中国进口额为1.9亿美元，同比减少63.9%。

中国驻多哥大使：巢卫东。馆址：B.P.2690，1381 Rue de l'Entente，Cité OUA 2000，Lomé，Togo。电话：00228-22614088；传真：22616370。

多哥驻华使馆临时代办：贾伯（Adjagba Sebabe Tchabode）。馆址：北京市朝阳区东直门外大街11号。电话：010-65322202，65322444；传真：65325884。

【同法国的关系】法是多前宗主国、最大援助国和重要贸易伙伴。两国在各个领域关系密切，签有外交、财政、文化、军事等11项合作协定。埃亚德马总统多次访法，寻求政治支持和经济援助。2020年3月，法总统马克龙向福雷胜选连任总统致贺。2021年1月，迪塞外长访法，会见法外长勒德里昂。4月，福雷总统访法。5月，福雷总统赴法出席由法倡议举办的非洲经济体融资峰会。2022年4月，福雷总统通过社交媒体祝贺马克龙连任法国总统。11月，福雷总统赴突尼斯出席法语国家组织峰会。

【同德国的关系】多曾是德国殖民地，两国传统关系密切。2005年多政治危机期间，德指责福雷违宪上台。两国关系曾受影响，后有所恢复。2020年3月，德总统施泰因迈尔祝贺福雷胜选连任总统。2021年3月，迪塞外长访德。6月，德经济合作发展部长穆勒访多。2021年3月，德援多传染病医院奠基，第一阶段建设费用为20亿西非法郎。

【同美国的关系】多美于1961年建交。近年来，两国关系发展较快。2003年11月，多议会通过与美国签署的互不将对方公民引渡到国际刑事法庭的协议。此外，美还在石油开发、洛美港改扩建和纺织等经贸领域与多开展合作。2008年4月，美宣布将多列入享有《非洲增长与机遇法案》国家。2020年11月，福雷总统祝贺拜登、哈里斯分别当选美总统、副总统。2022年12月，福雷总统出席第二届美非峰会。

【同周边国家及其他非洲国家的关系】多哥同尼日利亚各领域联系与合作广泛，经贸关系密切。2005年，在多发生“宪政危机”后，尼总统奥巴桑乔以非盟执行主席身份指责福雷违宪出任总统，并推动非盟和西共体对多实施制裁。福雷数次赴尼做解释工作并寻求支持。奥态度发生转变，在福雷当选总统后立即予以承认，并积极调解福与多反对派矛盾。此后，双方高层互访频繁。2018年6月，福雷总统访尼。2021年2月，福雷总统发表声明祝贺尼经济学家伊韦阿拉担任世界贸易组织新任总干事。

多哥同加纳历史上曾有“西多哥”归属之争。多前总统奥林匹欧之子曾长期流亡加纳，两国关系时有摩擦并曾一度恶化。1995年，加总统罗林斯访多，两国关系实现正常化。此后，双方高层互访频繁。2020年11月，福雷总统就加前总统罗林斯逝世表示哀悼。2021年1月，福雷总统赴加出席阿库福-阿多总统就职典礼。同月，福雷总统出席在加纳首都阿克拉举行的第58届西共体国家元首和政府首脑视频会议。

多哥同贝宁关系较密切。两国在莫诺河上合建有南贝托水电站。20世纪90年代初，两国关系曾一度冷淡。1996年3月克雷库当选贝总统后，两国友好关系恢复，双方高层往来频繁。2017年10月，贝总统塔隆两次访多斡旋局势。2018年11月，贝总统塔隆访多。

多哥同布基纳法索关系较好。两国总统多次互访。2005年多发生“宪政危机”后，布总统孔波雷被推举成为多全国政治对话斡旋人，成功推动对话各方签署一揽子政治协议。2014年10月布“宪政危机”后，福雷总统积极参与斡旋。2018年3月，福雷总统以西共体主席身份赴布首都瓦加杜古视察布3月2日恐袭现场，并会见布总统卡博雷。2020年12月，福雷总统赴布出席布连任总统卡博雷就职仪式。

多哥与其他非洲国家保持良好关系。2020年，加蓬、南非、科特迪瓦、埃塞俄比亚、卢旺达等国领导人向福雷胜选连任总统致贺。福雷总统先后对加蓬、刚果（布）进行工作访问，赴科特迪瓦出席科连任总统瓦塔拉就职典礼，赴几内亚出席几连任总统孔戴就职仪式，对尼日尔进行短暂工作访问，其间会见尼总统伊素福。会见来访的马里过渡副总统戈伊塔。2021年，福雷总统访问刚果（布），赴尼日尔、刚果（布）出席尼总统巴祖姆、刚总统萨苏就职仪式，赴乍得出席代比总统葬礼。2022年，福雷总统于2月赴刚果（布）出席与刚果（布）、刚果（金）、乌干达小型峰会，于5月访问刚果（布）、科特迪瓦，于8月访问乍得、加蓬。11月，加蓬总统邦戈访多。

【同其他国家及国际和地区组织的关系】多哥积极参与地区与国际合作。2020年6月，福雷总统以视频方式出席主题为“通过国际团结增强抵御新冠疫情能力”的非洲、加勒比和太平洋国家组织领导人峰会。7月、8月，福雷总统以视频方式出席西共体元首特别峰会，旨在商定马里政治危机的解决方案。9月，福雷总统赴尼日尔首都尼亚美出席西共体第57届首脑会议，赴加纳首都阿克拉出席西共体讨论马里危机的首脑会议。12月，福雷总统以视频方式出席非盟关于非洲大陆自贸区第13次特别会议。2021年2月，福雷总统出席西共体国家元首和政府首脑特别视频会议，以视频方式出席第34届非盟峰会。3月，“支持马里过渡小组”第二次部长级会议在洛美举行，福雷总统会见联合国主管维和事务的副秘书长拉克鲁瓦和联合国秘书长马里事务特别代表暨联马团负责人阿纳迪夫。同月，福雷总统出席第22届西非经货联盟国家元首和政府首脑会议。4月，"阿克拉倡议"第十三次会议在洛美召开。5月，福雷总统赴加纳出席西非国家经济共同体特别首脑会议。6月，福雷总统赴加纳首都阿克拉出席第59届西共体首脑会议。7月，福雷总统赴英出席全球教育峰会。9月，福雷总统出席西非国家经济共同体几内亚问题视频特别峰会，并赴加纳出席特别峰会。2022年6月，多正式加入英联邦。同月，福雷总统访问阿联酋，并赴卡塔尔出席第二届卡塔尔经济论坛。8月，世界卫生组织非洲委员会第72次会议在洛美举行。9月，"支持马里过渡小组"第三次会议在洛美举行。同月，福雷总统赴英出席英女王葬礼，赴日出席日前首相安倍晋三葬礼并访问日本。10月，福雷总统赴美出席国际货币基金组织与世界银行年会。福雷总统还在年内多次出席西共体国家元首和政府首脑会议和特别峰会，并赴尼日尔出席非盟特别峰会。（刘莹）

厄立特里亚

国名　厄立特里亚国（The State of Eritrea）。

面积　12.4万平方公里（包括达赫拉克群岛近1000平方公里）。

人口　368万（2022年）。有9个民族：提格雷尼亚（约占总人口的50%）、提格雷（31.4%）、阿法尔（5%）、萨霍（5%）、希达赖伯（2.5%）、比伦（2.1%）、库纳马（2%）、纳拉（1.5%）和拉沙伊达（0.5%）。各族均有独自语言，全国主要用提格雷尼亚语、阿拉伯语，通用英语、意大利语。国民信仰东正教和伊斯兰教的约各占一半，少数人信奉天主教或传统拜物教。

首都　阿斯马拉（Asmara），人口约71万（2020年）。海拔2300—2400米，年均气温16.9℃，年均降水量525.5毫米。

国家元首　总统伊萨亚斯·阿费沃基（Isaias Afwerki），1993年5月22日当选至今。

重要节日　独立日：5月24日；武装斗争纪念日：9月1日。

简　况

位于东非及非洲之角最北部，扼红海南段，南邻埃塞俄比亚，西靠苏丹，东南与吉布提接壤，东北隔红海与也门和沙特相望。海岸线（包括达赫拉克群岛等355个岛屿）长1350公里。中央高原占国土面积的1/3，海拔1800—3000米；西部为低地丘陵，东部为沿海平原。境内最高峰为中部高原的安姆巴–索依拉峰，海拔3013米；最低点为东部平原的科巴尔低地，低于海平面75米。塞迪特河为境内唯一常流河，全长180公里；最大的季节河马雷布河满水期长达440公里。高原地区气候宜人，年均气温为17℃，年均降水量525毫米。12月至次年2月平均气温最低，为15℃，5—6月平均气温最高，为25℃；4—5月为小雨季，6—8月为大雨季，其余为旱季。东部和西部低地气候炎热干燥，年均气温分别为30℃和28℃，年均降水量不到400毫米。红海沿岸多沙漠，3—10月白天气温可达40℃以上。

公元前8世纪，闪米特人和库希特人迁徙此地。公元3世纪起沿海地带兴起若干部落联盟。先后被阿克苏姆王国（埃塞俄比亚帝国）、奥斯曼帝国和埃及占领。1869年，意大利殖民者来此拓殖，在阿萨布港建特权区，并不断向厄内陆推进。1889年，意殖民者同绍阿国王签订《乌西阿利条约》，确认意占有阿萨布、马萨瓦、克伦、阿斯马拉等地。1890年，意合并各殖民地，统一立国，始名"厄立特里亚"（拉丁语意为"红海"）。1941年，意军战败，厄成为英国托管地。1950年12月，联合国将厄作为一个自治体同埃塞俄比亚结成联邦。1952年，厄立法会议选举产生地方政府，埃塞俄比亚皇帝派代表驻厄。1962年，埃塞俄比亚皇帝塞拉西废除联邦，设厄为埃第14个省，厄立特里亚解放阵线（简称"厄解阵"）开始进行武装斗争。1970年，厄立特里亚人民解放阵线（简称"厄人阵"；1994年改称"厄立特里亚人民民主和正义阵线"，简称"人阵党"）成立，并主导独立战争。1991年5月，厄人阵同埃塞俄比亚的提格雷人民解放阵线联手推翻门格斯图政权。5月24日，厄人阵解放厄全境；29日，临时政府成立，伊萨亚斯·阿费沃基出任临时政府总书记兼武装部队总司令。1993年4月23日至25日，厄在联合国监督下举行全民公决，99.8%的民众选择独立。埃塞俄比亚过渡政府接受公决结果，承认厄独立。5月22日，厄人阵中央委员会选举伊萨亚斯为厄首任总统；24日，厄正式宣告独立，并举行开国庆典，厄立特里亚国正式成立。

政　治

独立后，厄政府注重政权建设，加紧经济重建，政局保持基本稳定。1998—2000年，厄与埃塞俄比亚发生边界战争。2000年6月和12月，两国先后在阿尔及利亚首都阿尔及尔签订《停止敌对行动协定》及《全面和平协议》（合称《阿尔及尔和平协议》）。2001年上半年，厄公布"选举法"和"政党组织法"草案，拟于当年底举行大选，逐步实行多党制，但随后人阵党内部发生严重政治分歧，选举无限期推迟。2002年，厄颁布《选举法》，明确提出“多党制不符合厄现状”。近年来，伊萨亚斯总统将巩固政权、维护国家安全作为首要任务，加强地方党政军力量，严控境内外反对派，同时采取利民措施，保持了政局的基本稳定。

【宪法】1994年成立制宪委员会，1996年7月宪法草案出台。1996年12月，厄成立制宪议会。1997年5月23日，制宪议会通过宪法并正式颁布实施。宪法规定：国民议会是国家最高权力机构和立法机关；实行总统内阁制，总统由国民议会选举产生，任期5年；总统拥有任命政府高官、成立或解散有关政府部门和机构等权力；政教分离，宗教平等；民族语言一律平等，不确定国家官方语言；人民享有平等、自由、选举等基本权利。2014年5月，伊萨亚斯总统在独立日庆典上宣布将启动新宪法起草进程。目前，新宪法仍在起草中。

【议会】国民议会设150个议席，包括人阵党中央委员会成员75名、制宪议会成员60名及厄旅外侨胞代表15名，22%为女议员。议长由全体议员选举产生，任期5年，现由伊萨亚斯总统兼任。国民议会负责国家立法，批准预算和选举国家元首。1993—2000年国民议会共召开13次大会，此后一直休会。

【政府】厄实行总统内阁制，总统伊萨亚斯兼任政府首脑。厄首届政府成立于1993年6月7日。此后，伊萨亚斯总统不定期对内阁进行改组，目前内阁成员共有16人：外交部长奥斯曼·萨利赫（Osman Saleh），能源与矿产部长塞巴特·埃弗雷姆（Sebhat Efrem）[现由阿勒姆·格布里布（Alem Kibreab）代理部长一职]，司法部长法齐娅·哈希姆（Fawzia Hashim，女），旅游部长阿丝卡露·门克里奥斯（Askalu Menkerios，女），水土环境部长特斯法伊·格布雷塞拉西（Tesfai Ghebreselassie），财政与国家发展部长乔治斯·特克勒迈克尔（Giorgis Teklemichael），农业部长阿雷费恩·贝尔赫（Arefaine Berhe），教育部长塞梅雷·鲁索姆（Semere Russom）[由佩特罗斯·海尔马里亚姆（Petros Hailemariam）代理部长一职]，卫生部长阿明娜·努尔·侯赛因（Amina Nur Hussein，女），公共工程部长阿布拉哈·阿斯法哈（Abraha Asfaha），海洋资源部长泰沃尔德·克莱蒂（Tewelde Kelati），地方政府事务部长沃尔德迈克尔·阿布拉哈（Woldemichael Abraha），劳动与社会福利部长鲁尔·加布里卜（Luul Ghebreab），交通与通信部长特斯法塞拉西·贝尔哈内（Tesfaselassie Berhane），贸易与工业部长内斯雷丁·贝希特（Nesredin Bekit），新闻部长耶玛尼·格布雷麦斯克尔（Yemane Ghebremeskel）。国防部长暂时空缺。

【行政区划】厄地方政府分为省、县、乡、村四级。全国共有6个省，分别为：南红海省、北红海省、安塞巴省、加什–巴尔卡省、南方省和中央省。

【司法机构】独立后沿用原埃塞俄比亚民法、刑法，略有修改。厄法院分乡、县、省、高等法院四级。高等法院的判决为终审判决，设法官18名，均由总统任命，现任最高法院院长门克里奥斯·贝拉基（Menkerios Beraki）。省级法官由高等法院院长提名经司法部长批准。厄检察机构设在司法部，总检察长由总统任命，现任总检察长阿莱姆塞吉德·海尔·塞拉西（Alemseged Haile Selasie）。

【政党】（1）厄立特里亚人民民主和正义阵线（People's Front for Democracy & Justice，PFDJ）：简称“人阵党”。执政党，唯一合法政党。成立于1970年，原名“厄立特里亚人民解放阵线”，1994年第三次全国代表大会决定改为现名。现有党员60万人，主席伊萨亚斯·阿费沃基。最高领导机构为中央委员会，中央委员会休会期间由中央执行委员会行使中央委员会的职权。

（2）厄立特里亚全国力量联盟（Alliance of Eritrean National Force，ANEF）：反对派联合体。2002年10月由厄14个反对派代表在埃塞俄比亚首都亚的斯亚贝巴成立，选举了28人组成议会并通过联盟章程。该组织囊括了厄大部分反政府组织，主要包括厄解阵、伊斯兰救国运动、解放全国委员会等。厄合作党主席希鲁耶·特德拉·巴伊鲁（Hiruy Tedla Bairu）任秘书长，原厄解阵主席阿卜杜拉·伊德里斯（Abdela Edrisse）任议会主席。

【重要人物】伊萨亚斯·阿费沃基：总统，兼任国民议会议长、政府首脑和武装部队总司令，人阵党主席。1946年出生于厄中部原哈马西恩省一小商贩家庭，信仰东正教。1962年中学毕业后考入埃塞俄比亚的海尔·塞拉西大学（今亚的斯亚贝巴大学）工程学系。三年后辍学参加厄解阵。因政见分歧于1969年脱离厄解阵，参与创建厄人阵。1977年当选厄人阵副总书记，1987年任总书记。1991年5月起任厄临时政府领导人，1993年5月22日当选为厄首任总统。精通提格雷尼亚语、阿姆哈拉语、英语和阿拉伯语，懂法语和意大利语。

经 济

以雨育农业为主，80%的人口从事农牧业。生产落后，丰年粮食自给率仅60%—70%。独立后，厄政府着力经济重建，制定了以私有经济为主导的市场经济发展战略。对内提倡自力更生，积极进行基础设施建设，对外大力争取国外贷款和其他援助，尤重鼓励侨汇。政府先后出台了土地法、投资法和贸易、金融、税收等一系列规定，并积极参与双边和多边经济贸易机制。厄政府采取积极措施扶助农村发展，妥善安置复转军人，改善教育和医疗条件，发展基础设施建设，厄经济社会继续保持基本稳定，但厄仍属最不发达国家和重债穷国。2016年1月，厄启用新版纳克法纸币，废止旧币（1997年发行），此后严格控制银行取现和纳克法外流，对打击黑市取得一定效果。2022年主要经济数据如下：

国内生产总值：22.7亿美元。

人均国内生产总值：616.85美元。

国内生产总值增长率：2.2%。

货币名称：纳克法。

汇率：1美元≈15.15纳克法。

通货膨胀率：4.5%。

外汇储备：2亿美元。

（资料来源：2023年6月《伦敦经济季评》）

【资源】主要矿产有铜、铁、金、镍、锰、重晶石、长石、高岭土、钾碱、岩盐、石膏、石棉、大理石。地热资源丰富，红海沿岸和西部地区可能有石油和天然气，迄未探明储量。目前有16家外资企业与厄政府进行矿业开发合作。厄水资源缺乏，境内河川不多，且多为季节性河流。森林覆盖率为15.8%。

【工业】工业产值占国内生产总值的29.6%。工业基础薄弱，主要工业有纺织、制革、农畜产品加工、金属加工、塑料制品加工、建材等，年总产值约2亿美元。全国共有大中型企业255家，其中食品、饮料类企业89家，纺织、皮革、服装类企业34家，造纸、印刷出版类企业13家，化工、油漆、制药类企业24家，塑料、橡胶类企业12家，非金属类建材企业34家，金属加工类企业18家，家具类企业31家。

【农业】农业产值占国内生产总值的11.7%。可耕地面积550万公顷，人均0.87公顷。实耕面积222万公顷，其中水浇地占8%，谷物平均产量300公斤/公顷。主要粮食作物有玉米、大麦、高粱、小麦、豆类；主要经济作物有油菜籽、芝麻、花生、亚麻、剑麻、棉花、蔬菜和水果。得益于长期以来对农业的重视和投入，厄在确保粮食安全方面已取得一定成效。近年来，粮食年产量维持在35万—45万吨。农业人口中35%—40%从事畜牧业，年产肉类2.8万吨，主要放牧绵羊、山羊、牛、驴和骆驼等。厄牛羊肉基本可自给，并有少量出口。目前，厄拥有7个渔业捕捞加工站，渔民3300名，鱼类供应不能满足国内需求。厄海洋资源部将在引进新捕鱼设备的同时，加大对渔民培训力度。

【旅游业】旅游业为主要创汇产业。厄历史悠久，境内存有不少古王国遗迹。地貌复杂多样，自然景观丰富。2008年，厄以其"独特地貌和原始珊瑚礁群"被英国旅游网站评为世界7个最佳旅游目的地之一。阿斯马拉、马萨瓦、阿萨布和达赫拉克群岛为有名的旅游点。2017年7月，阿斯马拉在第41届世界遗产委员会大会上被列入联合国教科文组织《世界遗产名录》。厄政府鼓励私营机构投资旅游业，但由于基础设施落后，旅游饭店等配套服务缺乏，旅游市场开发滞后。厄旅游部在马萨瓦、特塞尼、阿迪凯三地开设旅游信息中心，为游客提供旅游咨询服务，并在各主要旅游胜地多次召开旅游行业会议，要求加大旅游配套设施建设力度。厄旅游业从业人员约4000人，年访厄游客数量超过10万人次。厄《国家旅游发展计划2000—2020》提出，到2020年，来厄旅游总人数突破100万人次的目标。

【交通运输】公路：目前全国公路总长度约1.5万公里。

铁路：从马萨瓦经阿斯马拉到阿科达特的306公里窄轨铁路建成于1928年，独立战争中遭严重破坏，1995年开始修复，2003年马萨瓦至阿斯马拉段通车，仅限旅游观光。

水运：厄有马萨瓦与阿萨布两大海港。马萨瓦港有9个泊位，年均吞吐量为1.6万集装箱、83.5万吨货物，可同时存储2500个集装箱、12万吨货物。阿萨布港有12个泊位，可存储约2.8万个集装箱、36万吨货物。厄共有3家航运公司，共计7艘货轮。其中，厄立特里亚航运公司拥有4艘货轮，航行苏丹、埃及、吉达、也门、卡塔尔、坦桑尼亚等港口。

空运：厄目前有厄立特里亚航空和纳赛尔航空2家航空公司，另有埃塞俄比亚航空、埃及航空、德国汉莎航空、苏丹航空、也门航空等5家外国航空公司在厄开展业务。厄有阿斯马拉、阿萨布和马萨瓦等3个国际机场，有2个沥青跑道国内机场和4个非沥青跑道国内机场。厄目前共拥有5架客机，其中3架波音、2架空客。

【财政金融】政府日常开支严重依赖侨汇和外援。近年来，厄外债增长不多，几乎全为长期官方债务，2021年外债8.27亿美元。（资料来源：2022年6月《伦敦经济季评》）

现有厄立特里亚银行（中央银行，成立于1993年）、商业银行（成立于1991年）、住宅和商业银行、开发和投资银行（成立于1996年）、厄立特里亚国家保险公司、Himbol兑换服务机构等。厄立特里亚银行在首都阿斯马拉设有总部，在马萨瓦设有分行。商业银行是厄全国最大银行，在全国各城市有17个分行。住宅和商业银行总部设在阿斯马拉，在主要城市设有分行。开发和投资银行位于阿斯马拉，在其他地区设有3个联络办公室。为支持私营业发展，开发和投资银行已累计放贷6亿纳克法。

【对外贸易】厄产品主要出口国为中国、阿联酋、意大利、沙特、肯尼亚、巴基斯坦等，主要进口国为中国、阿联酋、德国、意大利、印度等。中国已成为厄最大贸易伙伴。主要进口机械设备、医药用品、食品、电器和电子产品、建材、文具、家具等；主要出口纺织品、皮革制品、油菜籽、树胶、烟草、盐、大理石、鱼、酒品、黄金等，主要为原材料和初级产品。2022年，厄进出口贸易总额为20.51亿美元。（资料来源：2023年6月《伦敦经济季评》）

【外国援助】2015年12月，欧盟宣布将通过第11期欧盟发展基金，在2016—2020年向厄提供新的2亿欧元长期援助，主要用于发展可再生能源项目。2019年2月，欧盟宣布将在第11期欧盟发展基金中安排总额2000万欧元，以重建埃塞俄比亚边境和厄立特里亚港口间的公路联通。

2019年3月，日本政府与联合国儿童基金会驻厄立特里亚代表处签署协议，提供240万美元的援款，为包括厄儿童和孕妇在内的约85万人提供卫生服务，并提供一笔50万美元的援款，为5.5万人提供可持续的用水、保健和卫生服务。

人民生活

人均预期寿命64.7岁。新生儿死亡率23‰，5岁以下儿童夭折率43‰。战争和灾害造成国内流离失所人口逾5万，流亡国外难民14.5万人。城镇大多数人月工资为1000—2000纳克法，生活相对拮据。全国有固定电话近6万部，手机用户42万户，14%的家庭有电视机，0.8%的人有电脑，1%的人用互联网。城镇74%和乡村7%的人口有干净饮用水。全国有28所医院（其中5所为转诊医院）、13所社区医院、56个卫生中心、252个卫生站及母婴护理所等其他医疗卫生设施。至2020年8月，全国医疗卫生设施达到365个。未来5年，厄政府将新建85个卫生中心。卫生站设计接诊人数为5000人至1万人，卫生中心设计接诊人数为5万人至10万人。医护人员在各卫生机构的分布极不平衡，目前厄医院拥有全国72%的医生、55%的护士，仅七大国家级医院就吸纳了41%的医生和32%的护士。医院的支出占全国卫生总预算的50%以上。全国平均每1.3万人拥有1名医生，每3400人拥有1名护士。厄卫生部工作人员有60%毕业于医学专业。2013年，厄特成为首个完成联合国千年发展目标卫生相关全部三项指标的非洲国家。成人艾滋病感染率至2019年下降到约0.37%。至2020年7月，可常规向民众提供脑膜炎、破伤风、麻疹、肝炎、小儿麻痹症、流感等13种疫苗。

军　事

厄立特里亚国防军归人阵党直接领导，有陆海空三军。总统任武装部队总司令，国防部长暂时空缺，总参谋长菲利伯斯·沃尔德约翰尼斯（Filipos Woldeyohannes）。独立后开始分阶段裁军，1997年整编保留4万正规军。1994年开始实行国民服役计划，18—40岁的公民均须参加18个月以上军训或后备役训练。1998—2000年厄埃边界战争期间，政府大量扩军，曾达30万人。停火后，政府宣布复员20万军人。目前，厄陆军约20万人，海军、空军各1000人。空军有4架苏–27战机、2架米格–29战机和数架直升机，海军有2艘护卫舰及数艘巡逻艇。年度国防开支相当于国内生产总值的20%。厄军士兵目前占全国劳动力的11%，广泛参与农业生产、修路筑桥等经济建设活动。

文化教育

【**教育**】学制为小学5年、初中3年、高中4年、大学本科4年。厄实行从小学到大学的免费教育。阿斯马拉大学曾是唯一的高等学府。2006年，厄政府进行高教改革，将阿斯马拉大学拆分为7所学院，分别为厄技术学院、商业和经济学院、卫生学院、人文学院、海洋科技学院、奥罗特医学院及哈默马罗农学院，分布于厄6个省。目前，阿斯马拉大学仅保留研究生院，并与南非、美国的大学合作办学。全国有中小学校千余所。根据世界银行数据，厄特成人识字率为77%、青年识字率为92%。

【**新闻出版**】1996年6月颁布新闻法，规定：言论自由，但须合法且合乎厄国家发展目标与现实；出版自由，但投资须来自国内。

现有两份官方报纸，均为政府新闻部主办。《新厄立特里亚报》为官方日报，有阿拉伯文、提格雷尼亚文和提格雷文三种版本；《形象报》是英文报纸，每周三、周六出版。

厄立特里亚通讯社：官方通讯社，隶属新闻部，成立于1991年9月，设有国内新闻、国际新闻、发稿三个编辑部，在全国各省设记者站。

“群众之声”电台：全国性广播电台，由新闻部主办。1979年1月开始播音，1999年起每天使用提格雷尼亚语、阿法尔语、提格雷语、阿拉伯语、阿姆哈拉语等11种语言播音。

厄立特里亚电视台：于1993年1月正式开播，亦隶属于新闻部。共有两个频道，通过6个卫星转播非洲、中东、北美和澳洲等地区节目，1频道每周播出70多个小时节目，2频道每周播出45个小时节目。

对外关系

奉行和平、不结盟、睦邻友好的对外政策，主张在和平共处原则基础上发展同其他国家关系，但侧重发展与中东、东亚和西方国家的关系。近年来，西方国家减少对厄经济援助。厄高层领导频繁出访埃塞俄比亚、苏丹、阿联酋、沙特等国，寻求政治支持和经济合作。厄是联合国会员国，非盟、东部和南部非洲共同市场、萨赫勒—撒哈拉国家联合体成员国和阿盟观察员。与近百个国家建有外交关系，现有20个国家在厄设有常驻使馆。厄在30个国家和联合国总部派驻大使。

【**对当前重大国际问题的态度**】呼吁国际关系民主化、法制化，反对国际和地区霸权主义。

关于非洲问题：反对照搬西方民主，认为非洲国家对实行多党民主应持谨慎态度。非盟在解决地区冲突和促进非洲各国经济合作方面仍有许多工作要做，亟须通过改革提高效率。非洲的问题应由非洲人自行解决，反对外部势力插手非洲事务。

【**同中国的关系**】中厄自1993年5月24日建交以来，双边关系稳步发展。1993年5月，中国政府特使、外交部副部长杨福昌出席厄独立庆典，与厄签署两国建交公报、《中厄贸易与经济技术合作协定》等文件。2021—2022年，伊萨亚斯总统在庆祝中国共产党成立100周年，习近平当选连任中共中央总书记、国家主席后均来函致贺。

据中国海关总署统计，2022年，中厄双边贸易额为6.1亿美元，同比增长32.2%。其中，中国出口额为1.48亿美元，同比增长111.9%；中国进口额为4.62亿美元，同比增长18.0%。中方主要出口机电、橡胶、塑料制品等，主要进口铜矿等。

中国驻厄立特里亚大使：蔡革。馆址：No.137 Ribda Street，Administration Tiravollo，Asmara，Eritrea，P.O.Box 204。电话：00291-1-155022；传真：155014。

厄立特里亚驻华大使：泽盖·特斯法齐翁·塞雷克（Tseggai Tesfazion Sereke）。馆址：北京市朝阳区塔园外交人员办公楼2-10-1。电话：010-65326534；传真：65326532。

【同美国的关系】厄独立后同美关系一度密切，伊萨亚斯总统先后6次正式访美。厄埃边界战争爆发后，美8次派总统特使赴厄埃穿梭调解。1999年8月，美与卢旺达、阿尔及利亚、联合国等共同推动落实非统解决厄埃冲突框架协议。2002年1月，美接纳厄为《非洲增长与机遇法案》受惠国。“9·11”事件后，厄美加强情报交流等军事合作，双方军事团组往来频繁。2002年初，双方因美欲在厄设军事基地产生严重分歧。2003年底，美以厄民主和人权状况未达标为由，中止厄《非洲增长与机遇法案》受惠国地位。2005年8月，厄政府驱逐美国国际开发署驻厄人员，并于10月要求联合国埃厄特派团内美欧籍人员离厄。2006年，美非洲事务助理国务卿弗雷泽指示美常驻联合国代表推动安理会“重新审议”2002年边委会裁决未果，随后又提出解决厄埃边界问题的“新倡议”，并希携美方制作的“新地图”访厄，以调解边界问题，遭厄方拒绝。2007年8月，美要求厄关闭其驻奥克兰领馆，并停止美驻厄使馆签证业务。此后，美以厄支持索马里恐怖分子为由，几次威胁将厄列入“支持恐怖主义国家”名单并启动有关制裁法律程序。美驻厄大使公开号召厄民众推翻现政权，弗雷泽助理国务卿两度公开要求厄“更换政权”。2008年10月，美将厄列入禁止军售国家名单。11月，伊萨亚斯总统电贺奥巴马当选美国总统，希美改变对非洲之角政策，实现本地区的和平与公正。2014年以来，厄一直拒绝美派驻大使、恢复正常关系的要求，美未邀请伊萨亚斯总统出席2014年美非峰会。2020年1月底，美国总统特朗普签署公告，将包括厄立特里亚在内的6国列入旅行禁令名单。2021年1月，美国总统拜登就职后，撤销特朗普政府对厄等13个国家和地区的旅行和移民限制。2021年以来，美国宣布对厄总参谋长和国防军、执政党等实体实施制裁。

【同意大利的关系】厄曾是意大利在非洲的第一块殖民地，在经济、建筑和文化上受意影响较深，独立后保持与意传统关系。意是厄重要贸易伙伴和主要援助国。伊萨亚斯总统多次访意。厄重视与意发展关系，但反对其干涉厄内政。2001年9月，因厄没收部分意大利人在厄房产，两国各自召回大使。2002年，两国关系恢复正常，10月重新互派大使。2006年1月，意副外长公开指责厄现行政策，双方关系再度转冷。3月，两国相互驱逐对方外交官1名。12月，伊萨亚斯总统访意。2018年10月，意大利总理孔特访厄，会见伊萨亚斯总统。同月，厄外长参加在意大利罗马举行的第二届意大利—非洲论坛，会见意大利外交和国际合作部长。

【同埃塞俄比亚的关系】厄独立后一度与埃塞保持特殊友好关系。1993年，两国签订《友好合作协定》。1997年11月，厄发行本国货币，两国贸易改用美元结算，经贸纠纷不断。同年，厄认为埃塞发行的地图将部分厄领土划入埃塞版图，双方矛盾激化。1998年5月6日，两国在有争议的边界巴德梅地区爆发大规模武装冲突，引发持续两年的边界战争，关系急剧恶化。2000年6月，厄埃签订《停止敌对协定》，联合国安理会随后成立联合国埃塞俄比亚和厄立特里亚特派团。后因埃塞对边委会裁定先接受后拒绝，和平进程陷入僵局。2008年7月底，特派团任期终止。2009年12月，在埃塞强力推动下，联合国安理会通过对厄制裁决议。2011年12月，在埃塞等（东非）政府间发展组织成员国推动下，联合国安理会通过强化对厄制裁的决议。2016年6月，双方在边境中段地区发生交火事件，均发表声明指责对方发动袭击。2018年6月，埃塞俄比亚发表声明，表示将完全接受并执行2000年同厄方签署的《阿尔及尔和平协议》和边委会关于两国边界划定的决议。此后，两国领导人多次互访，宣布埃厄结束战争状态，恢复外交关系，实现通航、通信。9月，两国在沙特城市吉达签署《和平友好全面合作协定》。11月，联合国安理会一致通过决议，解除对厄制裁措施。近年来，厄埃领导人多次互访或联合出访，探讨地区和平和发展大计。2020年10月，应埃塞俄比亚总理阿比邀请，伊萨亚斯总统对埃塞进行工作访问。两国领导人就双边和地区问题进行广泛磋商，同意全面深化双边合作。2021年3月，阿比总理访问厄立特里亚，同伊萨亚斯总统围绕双边关系和地区形势深入交流。

【同苏丹的关系】独立前，两国关系密切。独立后，因双方相互支持对方反对派，两国关系持续紧张。2005年以来，两国关系明显改善，领导人互访频繁。厄曾主持苏东部问题和谈，促成苏政府和苏东部阵线签署和平协议，并积极参与调解苏达尔富尔问题。两国合作涵盖教育、卫生、农业、贸易和投资等领域。2018年1月，苏单方面宣布关闭与厄边境；2019年1月，边境重开。2019年4月，厄谴责苏丹、卡塔尔、土耳其三国支持极端组织破坏厄埃关系。2020年9月，苏丹主权委员会主席布尔汉访厄，与伊萨亚斯总统就双边关系、地区安全、复兴大坝等问题举行会谈。双方就经贸、安全、军事等领域双边合作达成一致，同意加强协调，促进地区和平。10月、11月和12月，由厄外长奥斯曼、总统政治顾问兼人阵党中央政治部长耶迈尼组成的高级代表团三次访苏，会见苏丹主权委员会主席布尔汉等并转交伊萨亚斯总统信函。双方就双边、区域合作，地区局势等问题进行磋商，一致同意加强双边关系，推进区域合作。2021年1月，苏丹主权委员会副主席穆罕默德访厄。5月，伊萨亚斯总统访苏。

【同吉布提的关系】厄在独立之初与吉布提关系较好。1996年，两国发生领土纠纷。1997年，两国关系恢复正常。1998年，厄埃边界战争爆发，厄指责吉偏袒埃塞，吉随即宣布与厄断交。2000年3月，两国复交，此后政治和经贸合作不断改善。2008年4月，厄吉因边界争端关系再度紧张。6月，厄吉发生边界纠纷。安理会先后通过第1862号、第1907号决议，要求厄从有争议领土撤军。2010年，在卡塔尔调解下，厄从厄吉边界撤军。2016年3月，厄释放4名吉战俘。近年来，两国边境总体平静，人员往来正常。2017年6月，因吉降低在卡塔尔外交代表级别，卡撤回部署在厄吉争议边界吉方区域的维和部队，厄吉边境局势一度紧张。7月，吉外长表示，厄已从争议地区撤军，该地区局势趋缓。2018年9月，伊萨亚斯总统与吉布提总统盖莱在沙特吉达会面，启动两国关系正常化进程。

【同也门的关系】厄独立前，也门支持厄争取独立的斗争。1995年起，两国曾因红海大、小哈尼什岛主权争端发生武装冲突。1998年10月，国际法庭裁决大哈尼什岛等主要岛屿归属也门，厄接受裁决并交还诸岛。11月，两国关系恢复正常。2001年4月，双方签署贸易、农业、能源、交通、海事及技术合作协议，并就捕鱼权等海上仲裁达成谅解，但双方渔业纠纷依旧。双方建有经贸混委会。2015年4月，厄外交部发表声明驳斥关于伊朗通过厄向也门胡塞武装提供武器的报道。

【同联合国的关系】20世纪50年代，联合国处置意大利前殖民地时，先后同意利比亚、索马里独立，但要求厄作为自治体与埃塞俄比亚结成联邦。厄独立后，于1993年5月28日加入联合国，成为其第182个会员国。

近年来，厄政府为应对安理会制裁，主动开展对外宣传和解释工作，积极推行“接触外交”。2015年、2016年和2017年，联合国安理会分别通过第2244号、第2317号和第2385号决议，延长对厄制裁。2016年底，厄与联合国签署《2017—2021战略伙伴合作框架》。2018年11月，联合国安理会通过第2444号决议，解除对厄全部制裁措施。

（翟健博）

佛 得 角

国名 佛得角共和国（The Republic of Cape Verde，República de Cabo Verde）。

面积 4033平方公里。

人口 59.3万（2022年）。绝大部分为克里奥尔人。官方语言为葡萄牙语，通用克里奥尔语。98%的居民信奉天主教，少数人信奉基督教新教。

首都 普拉亚（Praia），人口15.1万（2020年）。最高气温31℃，最低气温20℃。

国家元首 总统若泽·马里亚·佩雷拉·内韦斯（Jose Maria Pereira Neves），2021年10月当选，任期5年。

重要节日 独立日：7月5日。

简 况

在北大西洋的佛得角群岛上，东距非洲大陆最西点佛得角（塞内加尔境内）500多公里，海岸线长912.5公里。属热带干燥气候，终年盛行干热的东北信风，年均气温20℃—27℃。

1495年沦为葡萄牙殖民地。1951年成为葡海外省。自1956年起，在几内亚和佛得角非洲独立党（简称“几佛独立党”）领导下，佛得角人民与几内亚比绍人民并肩开展争取民族独立的运动。1975年7月5日，佛宣布独立，成立佛得角共和国，几佛独立党总书记阿里斯蒂德斯·佩雷拉任首任总统。1981年，佩雷拉同几佛独立党决裂，另立佛得角非洲独立党（简称“独立党”），结束了佛同几内亚比绍两国一党的局面。1990年9月，佛实行多党制。1991年1月和2月，佛相继举行议会选举和总统选举，争取民主运动（简称“民运”）击败独立党获胜，民运候选人安东尼奥·蒙特罗当选总统。

政 治

自1990年实行多党制以来，独立党和民运轮流执政。2016年3月，民运赢得佛议会选举，重新夺回执政地位。该党主席若泽·乌利塞斯·科雷亚·席尔瓦（José Ulisses Correia e Silva）于4月22日就任总理。同年10月，若热·卡洛斯·德阿尔梅达·丰塞卡在总统选举中胜选连任。2021年4月，民运再次赢得议会选举，席尔瓦连任总理。2021年10月，独立党支持的候选人内韦斯在总统选举中获胜，11月9日宣誓就职。2020年初，新冠疫情在佛暴发，佛政府迅速采取一系列封关断航举措。2022年，佛民众疫苗接种率已超85%，政府已逐步解除疫情限制措施。

【宪法】现行宪法为佛第二部宪法，1992年8月经国民议会通过，9月25日起实施。1995年11月和1999年7月进行了两次修改。宪法规定，佛得角是一个民主法治国家，实行多元民主和议会制。总统为国家元首，经普选产生，任期5年，可连任1次。政府为国家最高行政机关，向议会负责。总理为政府首脑，由赢得议会选举的执政党或执政党联盟提名，总统任命。

【议会】国民议会为最高立法机关，其主要职能是：修改宪法，制定法律，监督宪法和实施法律，批准国际条约，发起全民公决，决定大赦，批准政令，审议并通过政府的施政纲领、发展计划和预算。本届议会于2021年4月选举产生，任期5年。民运拥有72个议席中的38席，独立党获30席，佛得角民主独立联盟–基督教民主党获4席。议长奥斯特林诺·塔瓦雷斯·科雷亚（Austelino Tavares Correia），系民运人士，2021年4月当选。

【政府】本届政府于2021年5月20日组成，现主要成员有：总理席尔瓦，副总理兼财政、商业发展与数字经济部长奥拉沃·科雷亚（Olavo Correia），国务部长兼家庭、包容与社会发展部长费尔南多·埃利西奥·弗莱雷（Fernando Elísio Freire），国务部长兼国防部长、国土凝聚部长、部长理事会与议会事务部长雅尼娜·莱利斯（Janine Lelis，女），外交、合作与地区一体化部长鲁伊·菲格雷多·苏亚雷斯（Rui Figueiredo Soares），侨民部长若热·桑托斯（Jorge Santos），内政部长保罗·罗沙（Paulo Rocha），司法部长若阿娜·罗莎（Joana Rosa，女），国家与公共行政现代化部长埃德娜·奥利维拉（Édna Oliveira，女），教育部长阿玛杜·克鲁斯（Amadeu Cruz），卫生部长菲洛梅娜·贡萨尔维斯（Filomena Gonçalves，女），文化与创意产业部长、海洋部长阿布拉昂·维森特（Abraão Vicente），旅游与交通部长卡洛斯·桑托斯（Carlos Santos），农业与环境部长吉尔贝托·席尔瓦（Gilberto Silva），工业、贸易与能源部长亚历山大·蒙特罗（Alexandre Monteiro），基础设施、国土规划与住房部长尤妮斯·席尔瓦（Eunice Silva，女），青年与体育总理助理部长卡洛斯·蒙泰罗（Carlos Monteiro）等。

【行政区划】全国原划分为16个县，1997年1月改划为17个市，2005年5月增至22个市。

【司法机构】法院分最高法院、地区法院和分区法院三级。最高法院院长由总统任免。现任最高法院院长暂由本费拖·莫索·拉莫斯（Benfeito Mosso Ramos）代理。检察院分为三级。总检察长由总统任免。现任总检察长路易斯·若泽·塔瓦雷斯·兰丁（Luís José Travares Landim），2019年10月就职。

【政党】有两个主要政党：

（1）争取民主运动（Movimento para a Democracia）：执政党。1990年3月14日成立，1991—2000年执政，2016年重返执政地位，2021年赢得议会选举继续执政。宗旨是以民主方式发展国家。主张政治多元化和经济私有化，推行市场经济和贸易自由化，在民主基础上同国际上其他政党建立联系。2003年6月，加入中间派民主国际。2013年6月，时任普拉亚市长、现任总理席尔瓦接替卡洛斯·韦加（Carlos Veiga）当选新一届党主席，并于2020年2月连任。现任总书记为路易斯·卡洛斯·席尔瓦（Luis Carlos Silva）。

（2）佛得角非洲独立党（Partido Africano da Independência de Cabo Verde）：主要反对党。1981年与几佛非洲独立党分裂后成立。现有党员1.1万余人。1975年佛独立后长期执政，1991年选举失败，后连续赢得2001年、2006年和2011年议会选举，2016年、2021年败选成为在野党。主张推进民主进程，建立社会正义。1992年加入社会党国际。2021年12月19日，曾在独立党政府中担任国防部长和议会事务部长的鲁伊·门德斯·塞梅多（Rui Mendes Semedo）当选新一届党主席。现任总书记为儒里昂·科雷亚·瓦雷拉（Juliao Correia Varela）。

其他政党还有佛得角民主独立联盟–基督教民主党（União Cabo-Verdiana Independente e Democrática-Partido Democrático Cristão，UCID-PDC）、劳动团结党（Partido de Trabalho e da Solidariedade，PTS）、民主革新党（Partido da Renovação Democrática，PRD）、社会民主党（Partido Social Democrático）等。

【重要人物】**若泽·马里亚·佩雷拉·内韦斯**：总统。1960年3月28日出生于佛得角圣地亚哥岛。获葡萄牙里斯本大学公共政策博士学位。系民运创始人之一。2000年当选为佛独立党主席。2001年、2006年、2011年，三次带领独立党赢得议会选举胜利，三次出任总理。2021年10月在总统选举中胜出，11月9日宣誓就职。 **若泽·乌利塞斯·科雷亚·席尔瓦**：总理。1962年6月4日出生于佛得角圣地亚哥岛普拉亚市。1988年毕业于葡萄牙里斯本科技大学，获企业组织与管理学士学位。1989—1994年在佛得角银行工作，任高级研究员、行政管理部主任等职。1995—1998年任政府财政国务秘书，1999—2000年任财政部长。2006年当选国民议会议员，任议会民运党团领袖、民运副主席。2008年当选普拉亚市市长。2013年当选民运主席。2016年4月出任总理，2021年4月连任。

经　济

经济以服务业为主，产值占国内生产总值的70%以上。粮食不能自给，工业基础薄弱。20世纪90年代初佛得角开始改革经济体制，调整经济结构，推行经济自由化。独立党重新执政后，提出以发展私营经济为核心的国家发展战略，重点发展旅游业、农业、教育、卫生及基础设施建设。2007年12月，佛加入世界贸易组织。2008年，佛正式脱离最不发达国家行列，进入中等收入国家行列。2009年，受国际金融危机和国内自然灾害影响，经济增长放缓。2010年以来，政府大幅增加公共投资，刺激经济发展。2012年下半年以来，国际金融危机和欧洲主权债务危机对佛经济的滞后影响逐步显现，经济发展速度再度趋缓。2016年民运上台后，推出一系列经济改革措施，受改革措施拉动和欧元区回暖影响，经济总体向好，但结构性问题仍待改善。2020年新冠疫情对佛经济发展造成严重冲击，旅游等支柱产业遭受重创。为应对挑战，佛政府相继出台《佛得角2021—2026年发展规划》《经济重启规划》《佛得角第二个可持续发展战略计划（2022—2026）》，促进旅游业复苏和经济多元化，优先发展绿色经济、蓝色经济和数字经济。2022年主要经济数据如下：

国内生产总值：21.48亿美元。

人均国内生产总值：3934美元。

国内生产总值增长率：17.7%。

货币名称：佛得角埃斯库多。

汇率：1美元≈100佛得角埃斯库多。

通货膨胀率：7.9%。

（资料来源：佛得角国家统计局）

【资源】矿产资源匮乏，主要矿产有石灰石、白榴火山灰、浮石、岩盐等，开发潜力有限。风能、太阳能和海洋渔业资源丰富，尚未得到完全开发。

【工业】工业产值占国内生产总值的19.6%，工人约占劳动总人口的29%。基础薄弱，以建筑业为主。中小建筑公司主要从事商业和民用住宅建筑，几家大公司主要从事基础设施和公共工程建设。制造业不发达，近年来在国内生产总值中的比重不断下降，目前不足1%。有中小工厂150余家，主要从事制衣、制鞋、水产加工、酿酒、饮料装瓶等。

【农业】种植业和渔业产值约占国内生产总值的5.4%，全国25%的人口从事种植业和渔业。可耕地3.9万公顷，约占国土总面积的10%，其中水浇地3000公顷、旱田3.6万公顷。耕地大部分集中在圣地亚哥和圣安唐两岛。主要产品有玉米、豆类、薯类、甘蔗、香蕉、咖啡等。由于自然条件较差，经常发生旱灾，粮食不能自给，年产仅能满足15%需求。

佛有73.4万平方公里的专属经济区，渔业资源较丰富，尚未完全开发利用。渔业在国民经济中占重要地位，从事渔业人口约1.4万，捕鱼量每年可达3.7万吨，每年出口海产品约1万吨，主要为龙虾、金枪鱼和虾类。渔业出口额系佛重要外汇来源之一。2019年6月，佛得角与欧盟签署新的可持续捕捞合作伙伴协议，合同期为5年，允许69艘欧盟船只在佛得角领海捕鱼，每年捕鱼量不超过8000吨。佛方每年获得75万美元补偿，其中46%用于可持续渔业管理。

【服务业】在国民经济中占相当重要地位，主要包括旅游、运输、商务和公共服务。2021年服务业产值约占国内生产总值的75.8%。约50%的劳动人口从事服务业。

【旅游业】旅游业已成为国家经济增长和就业的主要来源，2018年旅游业产值约占国内生产总值的46.2%，旅游业就业岗位占全国总就业岗位的40.4%。（资料来源：世界旅游业理事会2019年国别报告）

旅游基础设施发展迅速，截至2018年底，佛共有各类旅馆284家，客房13187间，每日最多可接待游客2.7万人。2019年佛吸引游客总数约81.9万人次，主要客源地为英国、德国、法国、荷兰等欧洲国家。受新冠疫情影响，2020年游客量下降76.3%，2021年下降24.9%。2022年佛旅游业产值增长481.5%，吸引游客78.5万人次，基本恢复到疫情前水平。（资料来源：佛国家统计局）

【交通运输】岛内港口和公路等运输设施较完备。公路总长2250公里，主要是石块路。现有各种机动车7.8万辆。

全国共有9个机场。萨尔岛的阿·卡布拉尔国际机场是佛得角最大的国际机场，可供起降波音747客机，年客流量30万人次。首都普拉亚国际机场、博阿维斯塔岛国际机场分别于2005年11月和2007年10月建成并投入使用。佛得角航空公司成立于1958年，辟有通往欧洲、非洲、巴西和美国的国际航线，葡萄牙等欧洲国家航空公司和包机公司有飞往佛得角的航班。2019年2月，佛得角航空公司正式完成私有化进程。佛政府与冰岛航空公司签署股权购买协议，冰岛航空公司占51%股份。2019年，佛得角全国机场完成起降35202架次，同比增长3.3%；全行业完成旅客运输量277.2万人次，同比增长2.6%。（资料来源：佛国家统计局）

全国共有8个港口，最大的港口是位于圣文森特岛明德罗市的大港（Porto Grande）。佛有通往葡萄牙、西班牙、巴西、北欧和非洲大陆的国际班轮。2018年，佛得角港口船舶流量7784艘次，同比增长11.7%；全国港口完成货物吞吐量260.68万吨，同比增长11.7%；全国港口完成旅客吞吐量97.8万人次，同比增长11.9%。

【财政金融】据国际货币基金组织统计，截至2022年第二季度，外汇储备（不含黄金）为6.63亿美元。截至2021年12月，佛公共债务约28.825亿美元，占国内生产总值的143%，其中内债占41.5%，外债占101.5%。

【对外贸易】80%以上的日常生活用品及全部机械设备和建筑材料、燃料等依靠进口。主要出口产品为船用燃料、火山灰、服装、鞋类、香蕉、金枪鱼罐头、冻鱼、龙虾、食盐等。每年均有巨额贸易逆差。主要贸易伙伴是西班牙、葡萄牙、荷兰、土耳其和阿尔及利亚等。近几年货物贸易情况如下（单位：百万欧元）：

	2020	2021	2022
出口额	113	166	238
进口额	692	775	926
差　额	–579	–609	–688

（资料来源：国际货币基金组织）

【外国资本】据联合国贸易和发展会议公布的《2020年世界投资报告》，佛2019年吸引外国直接投资1亿美元，与上年持平，直接投资存量达21.7亿美元。2022年，佛吸引外国直接投资1.216亿欧元，同比增长58.2%，主要投资来源国为葡萄牙、意大利和安哥拉。世界银行发布的《2020年营商环境报告》显示，佛得角在全球190个经济体中排名137位。

【外国援助】据经济与合作组织统计，佛2019年共接受官方发展援助1.8亿美元。主要援助方为国际开发协会（3712万美元）、欧盟（2341万美元）、葡萄牙（2189万美元）、卢森堡（1593万美元）、日本（1180万美元）、科威特（723万美元）。援款主要用于社会性基础设施、教育和医疗健康领域。

人民生活

根据联合国开发计划署公布的《2021/2022年人类发展报告》，佛得角人类发展指数在190个国家中排名第128位，人均寿命女性76.0岁、男性69.3岁。农村地区通电率达99%。据世界卫生组织数据显示，佛得角卫生支出占国内生产总值的5.2%（2017年），5岁以下儿童死亡率为20‰（2018年）。根据国际电信联盟2018年6月公布的数据，佛得角全国38.1%的家庭有电脑，69.3%接入互联网，国际互联网用户约占全国人口的57.2%，3G网络人口覆盖率达91.1%。佛得角目前已初步完成4G网络覆盖，计划启动5G网络部署。

军　事

军队创建于1967年1月15日，原称“人民革命武装部队”，改行多党制后更名为“佛得角人民革命武装力量”。总统为武装力量最高统帅。政府设国防部，下辖总参谋部，总参谋长由总统根据政府建议任免。实行义务兵役制，服役期14个月。目前总兵力约1200人，分为国民卫队和海岸卫队两大军种，各自拥有空中力量。其中，国民卫队下辖宪兵队、海军陆战队和步兵营。2018年军费开支达1071.4万美元，占中央政府支出的1.76%。现任总参谋长阿尼尔多·伊玛努埃尔·达格拉萨·莫赖斯（Anildo Emanuel da Graca Morais）少将，2016年6月就职。（资料来源：世界银行数据库）

文化教育

【教育】政府重视发展教育事业，2021年教育支出占政府财政支出的15.1%。实行中小学义务教育。小学适龄儿童入学率已达100%，小学辍学率为6.5%（2018年），中学入学率为94.4%（2017年）。重视成人教育，设有各类培训中心。全国共有516家幼儿园，419所小学，49所中学。2018年共有小学教师3043名，中学教师3460名。2006年11月，佛成立第一所公立大学——佛得角大学。目前，佛共有11所高等教育机构，其中6所大学，5所高等学院。2018年共有1416名大学教师。2021年全国成人识字率达91.0%，其中15—24岁青年人口中女性识字率达98.7%，男性识字率达97.6%。（资料来源：世界银行数据库、联合国教科文组织数据库）

【新闻出版】主要有《周报》《岛屿快报》《民族报》和《佛得角报》4份周报，还有《观点》和《自由》等月刊。

新闻通讯社：1998年2月成立，由原《佛得角新报》、佛通讯社和佛出版社合并组成，向社会提供文字新闻。

佛得角广播电视台：国营电视台，1997年由佛得角国家电台和佛得角国家电视台合并而成。

另外，政府还为1家私人电视台和2家有线电视台颁发了许可证，目前尚未营运。全国有12家广播电台。

对外关系

佛得角奉行和平、中立和不结盟外交政策。主张外交为发展服务。愿在相互尊重主权、互不干涉内政、平等互利的基础上与世界各国发展友好合作关系。现为联合国会员国，以及世界贸易组织、不结盟运动、葡语国家共同体、法语国家组织、非洲联盟、西非国家经济共同体等组织成员。同110个国家有外交关系。

【同中国的关系】1976年4月25日，中佛两国建交。建交以来，两国关系始终稳定、健康发展。两国友好交往密切。2019年6月，佛副总理兼财政部长科雷亚来华出席首届中国—非洲经贸博览会。同月，佛外交部长塔瓦雷斯来华出席中非合作论坛北京峰会成果落实协调人会议。2021年11月，佛外交部长苏亚雷斯和贸工部长蒙泰罗赴塞内加尔首都达喀尔出席中非合作论坛第八届部长级会议。

据中国海关总署统计，2022年，中佛双边贸易额为9298.5万美元，同比增长8.8%，基本均为中方出口。

中国驻佛得角大使：杜小丛，徐杰（2022年6月以后）。馆址：B.P. 8 Praia，Achada de Santo António，Praia，Cape Verde。电话：00238–2623027（办公室、签证处），2623029（经商处）；传真：2623047（办公室、签证处），2623007（经商处）。

佛得角驻华大使：阿林多·多罗萨里奥（Arlindo do Rosário）。馆址：北京市朝阳区塔园外交公寓5–1–71。电话：010–65327547，65320758；传真：65327546。

【同葡萄牙的关系】两国保持着特殊关系。双方高层交往频繁，各领域合作密切。葡是佛最大援助国和主要贸易伙伴之一。2020年8月，葡萄牙批准暂停佛得角偿还双边直接贷款至2020年底。10月，葡萄牙向佛得角提供15万欧元洪灾紧急援款。2021年5月，葡萄牙向佛得角援助2.4万剂阿斯利康疫苗及配套设备。同月，葡派出两支援佛医疗队。2022年7月，内韦斯总统访葡。12月，席尔瓦总理会见葡总理科斯塔，科宣布葡方决定将2023年援佛预算从50万欧元增至100万欧元。

【同美国的关系】佛美关系良好。佛得角在美有侨民40万，年均侨汇1000多万美元。佛系《非洲增长与机遇法案》受惠国。佛美签有航空运输合作协议。2020年1月，美国海军国际计划办公室为佛提供4万美元资助，用于采购安装雷达设备，增强佛海岸监视能力。7月，美国巡逻舰访佛，执行打击海上非法行动任务。11月，美国国际开发署向联合国儿童计划署驻佛得角办事处提供10万美元捐助。2021年2月，美国国务卿布林肯同佛外长苏亚雷斯通电话。3月，美国非洲事务助理国务卿戈代克与佛外长苏亚雷斯举行佛美第三次双边关系视频对话。2022年8月，美国驻联合国代表格林菲尔德访佛。12月，席尔瓦总理出席美非峰会。

【同欧盟的关系】双方关系密切，互派有常驻代表。长期以来，欧盟向佛得角提供了大量援助。2020年4月，欧盟向佛得角提供500万欧元抗疫资金援助。12月，欧盟与佛签署1700万欧元投资协议，用于改善佛港口基础设施，促进当地经济发展。2021年2月，欧盟委员会通过对佛简化签证协议，内容包括降低签证费、扩大多次签证申请人范围和简化签证申请材料。2022年6月，应欧盟委员会主席邀请，内韦斯总统参加在布鲁塞尔举行的欧洲发展日活动。

【同葡语国家共同体的关系】佛1996年7月17日加入葡语国家共同体，为创始国之一。强调葡语国家间“共同文化属性”，主张成员国间加强政治、外交、经济和社会方面的合作。2020年5月，佛宣布受新冠疫情影响佛将继续担任葡共体轮值主席国至2021年。2021年内，丰塞卡总统访问几内亚比绍，席尔瓦总理访问圣多美和普林西比。佛得角自2021年5月起担任非洲葡语国家论坛2021—2023年主席国。（郭婧）

冈比亚

国名 冈比亚共和国（The Republic of The Gambia）。

面积 11295平方公里。

人口 270万（2022年）。主要民族有：曼丁哥族（占人口的42%）、富拉族（又称“颇尔族”，占16%）、沃洛夫族（占16%）、朱拉族（占10%）和塞拉胡里族（占9%）。官方语言为英语，民族语言有曼丁哥语、沃洛夫语、富拉语（又称“颇尔语”）以及无文字的塞拉胡里语等。居民90%信奉伊斯兰教，其余信奉基督教新教、天主教和原始宗教。

首都 班珠尔（Banjul），人口3.46万（2020年）。

国家元首 总统阿达马·巴罗（Adama Barrow），2016年12月当选，2021年12月胜选连任。

重要节日 独立日：2月18日。

简况

位于非洲西部，为一狭长平原嵌入塞内加尔共和国境内。西濒大西洋，海岸线长48公里。属热带草原气候，内地平均气温约27℃。

15—16世纪，葡萄牙人曾入侵。此后，英国和法国殖民者也相继入侵。1783年,《凡尔赛和约》把冈比亚河两岸划归英国，把塞内加尔划归法国。1889年，英法达成协议，划定当今冈边界。1965年2月18日，冈正式独立。1970年4月24日，冈宣布为共和国。独立后，人民进步党长期执政，达乌达·凯拉巴·贾瓦拉在实行共和制后当选总统并多次连任。1994年7月，叶海亚·贾梅（Yahya Jammeh）中尉发动兵变，推翻贾瓦拉政权，成立了以贾梅为主席的武装力量临时执政委员会。1996年9月，贾梅当选总统，并于2001年、2006年和2011年三次连任。

政治

2016年12月冈总统选举中，最大反对党联合民主党出身的阿达马·巴罗在7个反对党支持下，以独立候选人身份击败贾梅当选总统。贾梅承认失败后又反悔，但很快在西共体军事干预下流亡赤道几内亚。2017年2月18日，巴罗总统宣誓就职。4月6日，冈举行立法选举，联合民主党获得议会53席中的31席，成为第一大党。2021年12月4日，冈举行新一届总统选举，巴罗总统以53.2%的得票率连任。2022年4月，冈举行立法选举，国家人民党成为第一大党。

【宪法】现行宪法于1996年8月8日经全民公决通过。宪法规定：总统为国家元首、政府首脑和武装部队总司令；总统由直接选举产生，每届任期5年，连任次数不限；副总统、各部部长由总统任命；总统可视情宣布“国家紧急状态”。

【议会】为一院制，称国民议会，是全国最高立法机构，每届任期5年。本届议会于2021年4月选举产生，共58席，含民选议员53名和总统委任议员5名。现任议长法巴卡里·汤邦·贾塔（Fabakary Tombong Jatta），系爱国调整与建设党人士。2022年4月9日冈比亚立法选举中，国家人民党获得18席，联合民主党获得15席，民族和解党获4席，争取独立与社会主义人民民主组织获得2席，爱国调整与建设联盟获得2席，独立人士获12席。

【政府】本届政府成立于2022年5月，目前主要成员有：总统阿达马·巴罗，副总统阿利乌·巴达拉·朱夫（Alieu Badara Joof），总统府秘书长兼国家公务员局局长穆罕默德·贾洛（Mohammed B. S. Jallow），司法部长兼总检察长达乌达·贾洛（Dawda A. Jallow），外交、国际合作和侨民事务部长马马杜·坦加拉（Mamadou Tangara），财政和经济事务部长西迪·凯塔（Seedy M. Keita），国防部长塞林·塞杜·恩吉（Sering Modou Njie），内政部长西亚卡·松科（Siaka Sonko），旅游和文化部长哈马特·巴赫（Hamat N. K. Bah），地方政府和区域事务部长阿巴·萨尼扬（Abba Sanyang），农业部长登巴·萨巴利（Demba Sabally），交通与通信基础设施部长埃布里马·西拉（Ebrima Sillah），卫生部长阿马杜·拉明·萨马特（Amadou Lamin Samateh），基础和中级教育部长克劳迪亚娜·科莱（Claudiana Cole，女），性别、儿童和社会福利部长法图·金特（Fatou Kinteh），石油与能源部长阿卜杜利·乔贝（Abdoudie Jobe），渔业与水利部长穆萨·德拉迈（Musa S. Drammeh），高等教育、研究与科技部长皮埃尔·戈麦斯（Pierre Gomez），环境、气候变化与科技部长罗希·琼·曼章（Rohey Jone Manjang，女），青年和体育部长巴卡里·巴杰（Bakary Badjie），信息部长拉明·奎因·贾梅（Lamin Queen Jammeh）。

【行政区划】全国分为首都班珠尔市（含班珠尔市区和卡尼芬市）和5个地方行政区（西部区、下河区、中河区、上河区和北岸区），区以下分43个县，村为基层单位。

【司法机构】分最高法院和地方法院。以英国司法制度为基础，辅以本国制定的法律、伊斯兰教法以及传统习惯法。1997年成立司法服务委员会，负责任命司法官员和法庭人员等，主席由大法官担任。首席大法官哈桑·贾洛（Hassan Jallow），2017年2月就任。司法部长兼总检察长达乌达·贾洛，2017年2月就任。

【政党】目前，冈主要政党有：

（1）国家人民党（National People's Party，NPP）：2019年12月31日成立，由冈现任总统巴罗成立。宗旨是和平、进步、团结。党首兼总书记为阿达马·巴罗，全国主席为丹博·博江（Dembo Bojang）。

（2）联合民主党（The United Democratic Party，UDP）：1996年8月31日成立，成员多为曼丁哥族人。宗旨是民主、自由、安全、正义、和平、进步。总书记为前副总统乌赛努·达博（Ousainou Dabo）。

（3）民族和解党（The National Reconciliation Party，NRP）：1996年9月成立。主席哈马特·巴（Hamat Bah）。

（4）争取独立与社会主义人民民主组织（People's Democratic Organization for Indenpendence and Socialism，PDOIS）：1986年7月成立。主张社会政治生活不受宗族、宗教和意识形态限制，要求民主、自由、人权。主席为哈里发·萨拉（Halifa Sallah）。

（5）人民进步党（People's Progress Party，PPP）：曾在冈独立后长期执政，创始人为前总统贾瓦拉，主要支持者为曼丁哥族。主张维护冈比亚独立和主权，发展民族经济，实行民主制度，反对大国干涉非洲事务。现任主席为奥马尔·伽罗（Omar Jallow）。

（6）冈比亚争取民主与发展党（Gambia Party for Democracy and Progress，GPDP）：成立于2006年。主席为亨利·哥麦兹（Henry Gomez）。

（7）国民大会党（National Convention Party）：首任总统贾瓦拉时期主要反对党。主张发展民族经济、民族工商业，鼓励私人投资，对外主张奉行不结盟政策。主席为谢里夫·迪巴（Sheriff Dibba）。

（8）冈比亚道德大会（Gambia Moral Gongress）：成立于2009年。宗旨是争取人权和经济公平正义。主席为迈·法蒂（Mai Fatty）。

（9）爱国调整与建设联盟（The Alliance for Patriotic Re-orientation and Construction，APRC）：反对党。1996年8月26日成立，成员多为朱拉族人。宗旨是团结、自力更生、进步。主席为前总统叶海亚·贾梅。

（10）冈比亚民主大会党（Gambia Democratic Congress）：反对党。从爱国调整与建设联盟中脱离，2016年成立。主席为前爱国调整与建设联盟党员马马·康蒂（Mama Kandeh）。

【重要人物】阿达马·巴罗：总统。1965年生。早年曾经商，后旅居英国学习房地产专业。回国后创建房地产公司。1996年加入联合民主党，历任该党全国执委会副司库、上河区委员会协调员、全国总司库。2016年12月，在联合民主党总书记达博被监禁的情况下，以独立候选人身份在联合民主党等7个反对党支持下参加大选并获胜。2021年12月胜选连任。信奉伊斯兰教。已婚。

经　济

系最不发达国家，农业、转口贸易和旅游业为主要收入来源，经济体量小。巴罗上台后，将农业、能源、基础设施建设和卫生确认为施政重点和优先领域，表示将加大投入，并积极推动制造业、采矿业等发展。促进青年就业，改善人民生活；积极寻求英国、法国、欧盟等国家和国际组织的经济援助。2020年，新冠疫情对冈经济发展造成冲击，冈政府采取积极措施应对。2022年主要经济数据如下：

国内生产总值：22.8亿美元。

人均国内生产总值：882.5美元。

国内生产总值增长率：5.6%。

货币名称：达拉西。

汇率：1美元≈51.5达拉西。

通货膨胀率：11.3%。

（资料来源：国际货币基金组织2023年4月《世界经济展望》）

【资源】资源贫乏。已探明有钛、锆、金红石混生矿（储量约150万吨）和高岭土（50多万吨），正在进行石油勘探。

【工业】工业产值约占国内生产总值的17.8%。基础薄弱，发展缓慢。主要为农产品加工和建筑业，还有少量轻工业。

【农业】农业产值约占国内生产总值的23.7%。农业人口占全国总劳动力的75%。可耕地面积60.5万公顷，半数种植花生。主要粮食作物有玉米、小米、谷子、高粱、大米等。粮食不能自给，大米主要从亚洲国家进口。

近10年来，冈政府对渔业投资较多，渔业产值大幅增加。目前，冈有8家渔业加工厂，15艘注册渔轮，3000多名渔民。产量的90%出口欧洲。近年来，由于外国拖捞船的过度捕捞，深海渔业资源已近枯竭。

【旅游业】冈外汇主要来源之一。近年来，旅游业发展较快，已成为全国第二大就业行业。旅游业产值约占国内生产总值的21%，旅游业就业岗位占全国总就业岗位的17.2%，游客消费相当于当年冈出口总额的90.6%。目前，全国共有旅游宾馆40余家，房间约3000个，床位7000张。每年接待外国游客逾20万人次。游客主要来自英国、瑞典、德国等欧洲国家。（资料来源：世界旅游业理事会2017年国别报告）

【交通运输】无铁路。

公路：总长3742公里，其中沥青路723公里，石子路和土路3019公里。

水运：冈比亚河横贯东西全境，是冈内陆地区的主要运输线。班珠尔港是冈主要的国际海运港口，月处理集装箱800标准箱，年吞吐量为200万吨。

空运：首都班珠尔的云杜姆国际机场可起降各类大型客机，每周有定期航班飞往英国、比利时、摩洛哥、加纳、尼日利亚和塞内加尔等国。年接送旅客约100万人次。

【财政金融】财政困难，连年赤字。收入主要为税收，少量为援款。截至2021年10月，外债总额7.7亿美元。截至2021年底，外汇储备6.53亿美元。（资料来源：《伦敦经济季评》）

冈比亚中央银行建于1971年，负责制定和贯彻执行国家货币和信贷政策以及调控商业银行业务。冈比亚标准银行为冈最大的商业银行。

【对外贸易】实行自由贸易政策，进口关税较低，向邻国转口贸易活跃。2021年，冈出口额为3170万美元，进口额为6.073亿美元。（资料来源：2022年1月《伦敦经济季评》）

主要进口食品、机械运输设备、工业制成品、矿产品和燃料润滑油等；主要出口花生及其制品、渔产品等。2021年主要出口对象有塞内加尔、马里、哥伦比亚、几内亚比绍、中国等，进口主要来自挪威、中国、科特迪瓦、土耳其、巴西等。

【外国资本】据联合国贸易和发展会议2020年度《世界投资报告》，冈2019年吸引外国直接投资3200万美元，主要投向旅游领域。

【外国援助】据经济与合作组织统计，冈2019年共接受外援2.35亿美元。主要援助方有欧盟（5209万美元）、非洲开发银行（3011万美元）、国际开发协会（2463万美元）、科威特（2193万美元）、英国（1728万美元）、沙特（1543万美元）、国际农业发展基金会（810万美元）、石油输出国组织（欧佩克）国际发展基金（724万美元）等。

人民生活

根据联合国开发计划署公布的《2020年人类发展报告》，2019年冈的人类发展指数在世界189个国家中排名第172位，与上一年持平。人均预期寿命女性63.2岁、男性60.4岁，5岁以下儿童死亡率为64.4‰。48.6%的人口生活在贫困线以下。医疗设施差。全国有城镇医疗卫生机构50个（其中医院3所）、村庄医疗站291个、妇幼保健站136个。平均每1万人有1.1名医生。疟疾为最大死因，染病率为17.34%，其次是结核病和寄生虫病。2013年成人艾滋病感染率约为1.2%。

军　事

1985年，议会通过武装部队法。1996年，宪法规定实行义务兵役制。军事力量主要包括国民军、海军等。冈选后危机结束后，巴罗总统重新整饬武装力量，目前国内安全主要依靠西共体部队。

文化教育

【教育】2005—2014年每年教育支出占国内生产总值的平均比例为4.1%。成人识字率为55%，小学适龄儿童入学率为87%，小学辍学率为27%。全国设有270个扫盲中心。小学实行免费教育。冈比亚大学为冈最高学府，成立于1999年，设医学、农业与生物、科技、人文、社科、教育及经济学院，年招生约1000名。

【新闻出版】《冈比亚日报》是唯一的官方报纸，每周一、周三、周五出版，逢公共假日停刊，发行量约5000份；《观察家日报》是1992年创办的私人报纸，每周出版5期，发行量约5000份。另有《观点报》《冈比亚新闻与报道》和《冈比亚人》等报刊。

冈比亚广播电台：官方电台，1962年5月建立，用英、曼丁哥、沃洛夫、富拉等语言播音，覆盖面为国土的2/3。1994年10月，该电台改由冈比亚电信公司经营管理，新闻节目由政府监管。

希德广播电台：瑞典人经营的非政治性私人电台，1970年5月起在班珠尔市播音。

另有一家私人经营的立体声广播电台，1990年12月试播，全天播放音乐和商业广告。

冈比亚国家电视台：1995年12月开播。

对外关系

奉行全方位对外友好的外交政策。重视非洲团结、稳定和区域合作，支持非洲经济一体化。巴罗政府上台后，改善同西方国家关系，积极发展与伊斯兰国家的关系，重视同新兴市场国家合作，积极寻求多方支持和援助。现为联合国会员国，以及世界贸易组织、伊斯兰合作组织、非洲联盟和西非国家经济共同体等组织成员。

曾参与利比里亚、塞拉利昂、科特迪瓦、几内亚比绍等热点问题调解，并派兵参与西非国家经济共同体在利比里亚、科特迪瓦和几内亚比绍的维和行动。

【同中国的关系】1974年12月14日，中冈两国建交。1995年7月13日，冈政府决定和台湾当局恢复“外交关系”；7月25日，中国宣布中止同冈比亚的外交关系。2013年11月14日，冈比亚宣布同台湾当局“断交”；11月18日，台湾当局宣布终止同冈比亚“外交关系”。2016年3月17日，冈比亚外长内纳·麦克道尔–盖伊（Neneh MacDouall-Gaye）访华，同中国外交部长王毅在北京签署中冈复交公报，正式宣布两国复交。2016年9月，两国大使分别递交国书。2022年3月，王毅国务委员兼外长在出席伊斯兰合作组织外长会期间会见坦加拉外长。

中国是冈比亚第一大贸易伙伴。据中国海关总署统计，2022年，中冈双边贸易额为4.98亿美元，同比减少15.1%。其中，中国出口额为4.54亿美元，同比减少16.3%；中国进口额为0.44亿美元，同比减少1.0%。中国向冈主要出口纺织原料及制品、金属制品等，主要从冈进口原木、钛矿砂等。

中国驻冈比亚大使：马建春，刘晋（2022年8月以后）。馆址：Kombo Coastal Rd.，Bijilo TDA，The Gambia。电话：00220–4465311。

冈比亚驻华大使：马萨内·纽库·康蒂（Masanneh Nyuku Kintech）。馆址：北京市朝阳区秀水街1号建国门外外交公寓01–5–051/052。电话：010–85326991；传真：85326061。

【同英国的关系】英国系冈殖民时期宗主国。冈于1965年加入英联邦，同英国关系密切。冈英曾在反走私缉毒等领域合作良好。2010年7月，冈英有关部门联手查获一起价值10亿美元的毒品走私案。2011年冈举行总统选举时，贾梅指责英国支持冈反对派，英则批评冈政府的人权记录，两国关系趋冷。2013年10月2日，冈宣布退出英联邦。2017年，巴罗政府上台后宣布将重新加入英联邦。2017年9月，英联邦秘书处代表团访冈，就冈重返英联邦开展评估。2018年2月，冈获准重新加入英联邦。2020年12月，英联邦秘书长帕特里夏·斯科特兰访冈。2021年3月12日，英副国防大臣詹姆斯·希匹访冈。12月，英皇家海军军舰到访班珠尔港。2022年9月18日，冈旅游和文化部长哈马特·巴赫出席英国女王伊丽莎白二世葬礼。

【同美国的关系】1979年，冈美建交。2021年4月，美陆军南欧非洲特种部队司令安德鲁·罗林访冈。6月，美国防部高级官员迈克尔·李访冈。7月，冈国防部长法耶访美。8月，冈财政部长恩杰、美国国际开发署代表彼得共同签署“发展目标协议”。2022年7月，美助理国务卿帮办迈克·冈萨雷斯访冈。12月，冈外长坦加拉出席美非峰会。

【同邻国的关系】冈独立后与塞内加尔关系友好。1982年2月，两国通过协议正式结成塞冈邦联。1989年9月，邦联解体。1991年5月，冈塞两国签署友好合作条约。冈曾为塞政府与塞南部卡萨芒斯地区武装分裂组织和谈的调解人。2005年，因边境税收问题，两国关系一度紧张。2006年2月，两国决定重启塞内加尔—冈比亚常设秘书处。11月，两国重启部长级磋商机制。2014年底冈发生未遂政变，冈方公开对塞收留冈反对派表达不满，两国关系一度紧张。2015年3月，冈同塞边境税收纠纷激烈，冈一度关闭边境。2016年12月巴罗胜选后，塞总统萨勒率先向巴罗总统表示祝贺。2019年4月，巴罗总统赴塞出席塞总统萨勒就职典礼和塞独立59周年庆典。2022年2月，冈武装力量总参谋长德拉梅访塞，就维护和平稳定、开展军事训练交换意见。

冈独立后与尼日利亚关系密切。冈塞邦联解体后，冈尼签署了防务协议。尼曾派大型军训团负责冈国民军的建设和训练，并曾派人出任冈军司令。同时，冈与尼在司法、农业、医疗卫生、教育等领域进行广泛合作，尼向冈派有技术人员。2003年8月，冈国民议会批准了冈比亚—尼日利亚友好合作协定。2016年12月冈选后危机发生后，尼总统布哈里曾赴冈调解。2020年12月，尼前总统乔纳森访冈，推进冈修宪进程。

2017年2月，冈举行巴罗总统就职仪式暨庆祝独立52周年庆典活动，塞内加尔总统萨勒、加纳总统阿多、毛里塔尼亚总统阿齐兹、利比里亚总统瑟利夫、科特迪瓦总统瓦塔拉、布基纳法索总统卡波雷、几内亚比绍总理恩巴洛、塞拉利昂副总统维克多·福、尼日利亚副总统桑博、加纳前总统马哈马等西非国家领导人出席。2020年12月，西共体委员会主席布鲁访冈。2021年5月、6月，巴罗总统赴加纳参加西共体峰会。

（邓农思宇）

刚果（布）

国名 刚果共和国（The Republic of the Congo, La République du Congo），简称“刚果（布）”。

面积 34.2万平方公里。

人口 597万（2022年）。全国有56个民族，属班图语系。最大的民族是南方的刚果族，包括拉利族、巴刚果族、维利族，约占总人口的45%；北方的姆博希族占16%；中部的太凯族占20%；北方原始森林里还生活着少数俾格米人。官方语言为法语，民族语言南方为刚果语、莫努库图巴语，北方为林加拉语。全国居民中一半以上信奉原始宗教，26%信奉天主教，10%信奉基督教新教，3%信奉伊斯兰教。

首都 布拉柴维尔（Brazzaville），人口255万（2022年）。年均气温约26℃。

国家元首 共和国总统德尼·萨苏-恩格索（Denis Sassou-N'guesso），1997年10月就任，2002年3月正式当选，2009年7月、2016年3月、2021年3月胜选连任。

重要节日 独立日：8月15日。

简　况

位于非洲中西部，赤道横贯中部，东、南两面邻刚果（金）、安哥拉，北接中非、喀麦隆，西连加蓬，西南临大西洋。海岸线长156公里。南部属热带草原气候，中部、北部为热带雨林气候，气温高，湿度大。年均气温24℃—28℃。

13世纪末至14世纪初，班图人在刚果河下游建立了刚果王国。1880年10月3日，法国人正式占领这片土地，开始殖民统治。1884—1885年，在柏林会议上，刚果河以西地区被划为法国殖民地，即现刚果（布）。1910年，刚果成为法属赤道非洲四领地之一（另有加蓬、乍得、中非），称中央刚果，布拉柴维尔是法属赤道非洲的首府。1957年取得“半自治共和国”地位。1958年11月成为“自治共和国”。1960年8月15日宣布独立，但仍留在法兰西共同体内，定名刚果共和国。1961年3月27日，菲勒贝尔·尤卢出任总统。1963年爆发“八月革命”，尤卢政权被推翻，阿尔方斯·马桑巴-代巴当选总统。1968年7月31日，马里安·恩古瓦比等联合发动“七三一运动”，推翻马桑巴-代巴。12月，恩古瓦比出任总统。次年12月改国名为刚果人民共和国。1977年，恩古瓦比遇刺身亡，若阿基姆·雍比-奥庞戈出任总统。1979年2月，执政党刚果劳动党（简称“刚劳党”）中央全会罢免雍比，召开特别大会选举德尼·萨苏-恩格索为总统。1990年刚实行多党制。1991年6月重新恢复刚果共和国国名。1992年举行首次多党总统大选，泛非社会民主联盟主席帕斯卡尔·利苏巴击败萨苏，当选总统。1997年6—10月，刚发生内战，萨苏武力击败利苏巴后任总统。

政　治

萨苏再度执政后，推行和平、统一、民族和解政策。2002年1月20日，刚全民公投通过新宪法。3月10日，刚举行总统选举，萨苏以压倒多数当选。此后，刚在除普尔省以外的其他地区顺利举行了立法、地方和参议院选举。8月14日，萨苏就任总统，并组成新一届政府，刚过渡期宣告结束。2003年3月，刚政府与普尔省的最后一支反政府武装签署和平协定。2007年和2008年，刚举行立法选举和地方选举，总统派获绝大多数席位。2009年7月12日，刚举行内战后第二次总统选举，萨苏以78.61%的得票率高票当选连任。2015年10月25日，刚全民公投通过新宪法。2016年3月20日，刚举行总统选举，萨苏以60.39%的得票率获胜连任。2021年3月，刚举行总统选举，萨苏以88.57%的得票率首轮胜出。2022年7月，刚先后举行国民议会和地方议会选举，刚劳党在上述选举中分别获151席中的112席和1154席中的559席。

【宪法】2015年10月25日全民公投通过的新宪法系刚历史上第9部宪法。宪法规定：国家主权属于人民；共和国总统为国家元首和军队最高统帅，主持部长会议，任免总理、部长；总统由直接普选产生，任期5年，可连选连任2次；议会由国民议会和参议院组成，对政府进行监督；总统可解散议会，议会可弹劾政府。总统职位空缺期间，由参议院议长代行总统之职。

【议会】实行两院制，包括国民议会和参议院，均有立法权。

国民议会议员151名，由直接选举产生，任期5年，可连选连任。本届议会于2022年7月中下旬分两轮选举产生。下设经济、司法、外事、国防、教育、医疗卫生、基础设施、环境等8个委员会。议长伊西多尔·姆武巴（Isidore Mvouba），系刚果劳动党政治局委员。

参议院议员72名，经地区选举团间接选举产生，任期6年，每3年改选1/2。2017年8月顺利实行改选。参议院下设法律、行政和人权，经财、生产、装备和环境，外交与合作，防务安全，教育、文化和科技，卫生、就业和社会等6个委员会。现任参议院议长皮埃尔·恩戈洛（Pierre Ngolo），2017年9月由新一届参议院选举产生，系刚果劳动党政治局委员。

【政府】2022年9月刚成立新政府，共有成员38人。总理为阿纳托尔·克利内·马科索（Anatole Collinet MAKOSSO）。其余37人为：公职、劳动和社会保障国务部长菲尔曼·阿耶萨（Firmin AYESSA），贸易、供应和消费国务部长阿方斯·克洛德·恩西卢（Alphonse Claude NSILOU），矿业和地质国务部长皮埃尔·奥巴（Pierre OBA），土地事务和公产管理国务部长皮埃尔·马比亚拉（Pierre MABIALA），领土整治、基础设施和道路养护部长让–雅克·布亚（Jean-Jacques BOUYA），国防部长夏尔·里夏尔·蒙乔（Charles Richard MONDJO），内政、地方分权和地方发展部长雷蒙·泽菲兰·姆布卢（Raymond Zéphirin MBOULOU），国家监察、公共服务质量和打击不良价值观部长让·罗塞尔·伊巴拉（Jean Rosaire IBASA），外交、法语国家和海外侨民部长让–克洛德·加科索（Jean-Claude GAKOSSO），农业、畜牧业和渔业部长保罗·瓦朗坦·恩戈博（Paul Valentin NGOBO），经济和财政部长让·巴蒂斯特·翁达耶（Jean-Baptiste ONDAYE），石油天然气部长布鲁诺·让–里夏尔·伊杜阿（Bruno Jean-Richard ITOUA），新闻和媒体部长、政府发言人蒂埃里·莱赞·蒙加拉（Thierry Lézin MOUNGALA），经济特区和经济多元化部长让–马克·蒂斯特雷·奇卡亚（Jean-Marc THYSTERE TCHICAYA），运输、民用航空和商船部长奥诺雷·萨伊（Honoré Sayi），掌玺官兼司法、人权和土著民族促进部长安热·艾梅·比南加（Ange Aimé BININGA），计划、统计和区域一体化部长安格里德·奥尔加·吉莱纳·埃布卡–巴巴卡斯（Ingrid Olga Ghislaine EBOUKA BABACKAS，女），河运经济和通航河道部长居伊·乔治·姆巴卡（Guy Georges MBAKA），建设、城市规划和住房部长若苏埃·罗德里格·恩古奥宁巴（Josué Rodrigue NGOUONIMBA），环境、可持续发展和刚果盆地部长阿莱特·苏当·诺诺（Arlette SOUDAN NONAULT，女），林业经济部长罗莎莉·马东多（Rosalie MATONDO，女），卫生和人口部长吉尔贝·莫科基（Gilbert MOKOKI），国际合作和促进公私伙伴关系部长德尼·克里斯戴尔·萨苏–恩格索（Denis Christel SASSOU-NGUESSO），能源和水利部长埃米尔·乌奥索（Emile OUOSSO），青年、体育、公民教育、专业技能培训和就业部长于格·恩古埃隆德莱（Hugues NGOUELONDELE），工业发展和私营部门促进部长安托万·托马·尼塞福尔·菲拉·圣–厄德（Antoine Thomas Nicéphore FYLLA SAINT-EUDES），中小企业和手工业部长雅克利娜·莉迪娅·米科洛（Jacqueline Lydia MIKOLO，女），高等教育、科研和技术创新部长埃玛纽埃尔·德尔菲娜·埃迪特·阿杜基（Emmanuelle Delphine Edith ADOUKI，女），学前、初中等教育和扫盲部长让·吕克·穆图（Jean Luc MOUTOU），技术职业教育部长吉兰·蒂埃里·芒盖萨·埃博梅（Ghislain Thierry Manguessa EBOME），邮政、电信和数字经济部长莱昂·朱斯特·伊邦博（Léon Juste IBOMBO），妇女促进、参与发展和非正规经济部长伊内斯·内费尔·贝尔蒂耶·安加妮（Inès Nefer Bertille INGANI，女），预算、公共账户和国库部长吕多维克·恩加采（Ludovic NGATSE），社会事务、团结和人道主义行动部长伊雷娜·玛丽·塞西尔·姆布库·金巴夏·戈玛（Irène Marie Cécile MBOUKOU KIMBATSA née GOMA，女），文化、旅游、艺术产业和娱乐部长莉迪·蓬戈（Lydie PONGAULT，女），总理府负责国家改革的部长级代表约瑟夫·吕克·奥基奥（Joseph Luc OKIO），内政、地方分权和地方发展部负责地方分权和地方发展的部长级代表朱斯特·德西雷·蒙德莱（Juste Désiré MONDELE）。

【行政区划】全国共划分为12个省、6个直辖市、97个县。

【司法机构】新宪法规定：司法权独立于立法权，不得侵犯行政或立法权权限；司法权由最高法院、审计和预算法院、上诉法院和其他国家司法机构行使；共和国总统主持最高司法会议，通过其确保司法独立；最高法院成员和其他各级法院的法官由总统根据最高司法会议的提名任命；设立宪法法院，负责监督各项法律及国际条约和协定的合宪性，监督总统选举和全民公决程序的合法性并公布其结果。最高法院院长普拉西德·朗加（Placide Lenga），宪法法院院长奥古斯特·伊洛基（Auguste Iloki），总检察长乔治·阿基耶拉（Georges Akiera）。

【政党】1990年实行多党制，目前政党总数180多个。由执政党刚劳党领导的多党执政联盟“总统多数派联盟”在刚政坛占据主导地位。2006年8月21日，萨苏总统签署颁布经刚国民议会和参议院通过的《政党法》。《政党法》规定：各政党及政治团体须体现民族多样性，并在刚各省会设有分部以体现地区代表性；政党的成立由国家监控；财政上，政党可享受国家资助；政党活动受法律保护，但不得利用宗教进行有政治目的的宣传。主要政党情况如下：

（1）刚果劳动党（Parti Congolais du Travail，PCT）：简称“刚劳党”。执政党。1969年12月31日成立，现有约80万党员。创始人为已故总统恩古瓦比。2019年12月，刚果劳动党召开第五届全国代表大会，会议确定萨苏总统为下届总统大选候选人，皮埃尔·穆萨（Pierre MOUSSA）为总书记，政治局由41人增至75人，常务书记处由12人增至15人，中央委员会由412人增至750人。2022年立法选举中获111席。

（2）泛非社会民主联盟（Union Panafricaine pour la Démocratie Sociale，UPADS）：简称“泛非联盟”。前政权执政党，现最大反对党。1991年1月成立，6月获合法地位。有约12万名党员，势力范围主要在南方尼阿里、雷库木和布昂扎三省。创始人、主席为前总统利苏巴。2010年12月，泛非联盟召开会议，选举帕斯卡尔·马比阿拉（Pascal Mabiala）为总书记。2022年立法选举中获7席。

（3）民主与社会进步联盟（Rassemblement pour la Démocratie et le Progrès Social，RDPS）：简称“民进盟”。1990年10月19日成立，曾有党员10万人，势力范围主要集中于南方黑角市和奎卢省。创始人为前议长让-皮埃尔·蒂斯特雷·齐卡亚。自称左翼政党。党的目标是建立一个反对独断专横、专制主义和一党制的社会，反对国家成为少数人致富的机器。现任主席马比奥·马翁古-曾加（Mabio Mavoungou-Zinga），总书记米歇尔·贡戈（Michel Konko）。

【重要人物】德尼·萨苏-恩格索：共和国总统、国家元首、政府首脑、武装力量最高统帅。1943年出生于刚果北部盆地省奥旺多，姆博希族人。早年曾先后在阿尔及利亚和法国的军校学习。1961年参军，后历任伞兵营连长、营长、布拉柴维尔军区司令、陆军司令、国家保安局局长等职。1963年8月参加推翻尤卢政权的“八月革命”。1968年参加“七三一运动”，后任全国革命委员会委员。刚劳党创始人之一。1969年刚劳党成立大会上当选中央委员，后历任政治局委员、常设军事委员会常务书记。1975年底任“特别参谋部”成员，兼负责国防和安全工作的部长级代表。1977年3月任革命军事委员会第一副主席，负责党务和国防。1979年3月当选为党中央主席，出任国家元首和部长会议主席。同年8月就任总统。1984年和1989年连任。1989年晋升为上将。1992年8月竞选总统失利后下野。1997年10月再次就任总统。2002年3月10日赢得内战后首次多党大选，当选总统。2009年7月、2016年3月和2021年3月在总统大选中胜选连任。

经　济

石油和木材为两大经济支柱。2009年，制定“未来之路”发展战略，提出实现国家现代化和工业化目标。2010年，达到重债穷国减债倡议完成点。2016年初，制定“走向发展战略”，提出包括支持创办农业企业、促进生产要素投入、对自然资源进行深加工等举措，从而实现经济多样化、减少贫困、创造就业岗位等目的。2020年受新冠疫情影响，加之石油价格暴跌，刚经济再度受到冲击。2022年主要经济数据如下：

国内生产总值：125亿美元。

人均国内生产总值：2550美元。

国内生产总值增长率：2.8%。

货币名称：中非金融合作法郎（简称“中非法郎”）。

汇率：1美元≈604中非法郎。

通货膨胀率：3.5%。

（资料来源：国际货币基金组织）

【资源】石油、天然气资源丰富。20世纪70年代初开始在海上进行大规模开采，内陆油田尚处于勘探阶段。近几年，石油年产量在9000万到1亿桶，是撒哈拉以南非洲主要产油国之一。石油产值约占国内生产总值的61.2%，石油出口占出口总收入的78%（2016年）。钾盐矿储量约60亿吨，磷酸盐矿约600万吨，铁矿约250亿吨。此外，还有铝、锌、铜等金属矿。

【工业】独立后，曾建立200多家工业企业。因企业经营不善和战争破坏，原有生产型项目已基本不存在。现生产型企业基本是外国独资或控股。工业以采掘业为主导，食品、纺织、皮革、化工等制造业对经济贡献有限。黑角炼油厂是刚唯一的炼油厂。2020年，工业产值约占国内生产总值的32.9%。刚全国发电装机总量为361兆瓦，主要为水电和天然气发电。

【农业】2020年，农业产值约占国内生产总值的10.1%。粮食、肉类、蔬菜等均不能自给，90%以上依赖进口。可耕地面积1000万公顷，已耕种面积约20万公顷，主要集中在南方。农村人口约160万。农业生产以个体生产为主，个体农民耕种的土地占已耕面积的68%，国营和外资合营农场占28%，私营农场占2.45%。主要粮食作物有木薯、玉米、稻谷、马铃薯、花生、香蕉等，主要经济作物有甘蔗、可可、咖啡、油棕、烟草等，畜产品有牛、羊、猪、鸡等。

森林面积2200万公顷，约占全国面积的65%。可开采木材多达300余种，主要出口品种有铁木、刺果美等40余种。林业是继石油之后刚政府第二大财政收入来源，对国内生产总值的贡献约占5%。

渔业包括海上、淡水捕鱼和养殖业。法国、西班牙等欧盟国家从刚进口水产品。

【服务业】2020年，服务业产值约占国内生产总值的57%。商业大部分控制在以法资为主的刚果—奎卢·尼阿里贸易公司、刚—法西非贸易公司和桑加·乌班吉贸易公司的手中，零售业主要由马里和黎巴嫩人经营，小型商业服务由西非商人（以塞内加尔、马里人为主）控制。近年来，中国商人增多，大多经营日用百货等小商品。

【交通运输】铁路：大洋铁路是全国仅有的一条铁路，也是非洲最早的铁路之一，1934年由法国殖民者修建。总长886公里，其中主干线长512公里，连接首都布拉柴维尔和港口城市黑角，系刚东西交通命脉。设计年货运量300万吨，因年久失修，目前年货运量仅70万吨，客运量80万人次。

公路：总长2万公里，其中沥青路1200公里。主要有两条干线：1号公路从布拉柴维尔向西至黑角，与大洋铁路平行，长570公里；2号公路从布拉柴维尔向北经奥旺多至韦索，长856公里。2016年，除最北的利库阿拉省外，其他省会城市均与首都布拉柴维尔通柏油路。

水运：内河航线总长约5000公里。黑角港是非洲西海岸三大海港之一，最深水位达16米，可停泊长230米吃水34英尺（约10.4米）的巨轮。年吞吐量为1950万吨左右，拥有2个集装箱码头和2个大型木材装卸码头，运量占全国总航运量的90%。

空运：全国有8个机场，其中布拉柴维尔和黑角有国际航空站。刚果航空公司拥有3架波音737–300，3架波音737–200，1架E–120客机和3架中国生产的新舟60客机、2架运12飞机，主要经营国内航运。

【电信业】共有4家移动通信运营商，分别是ZAIN、MTN、WARID和BINTE。系非洲国家中最晚连接互联网的国家之一，主要城市实现宽带网络覆盖。2010年11月，刚移动电话运营商ZAIN被印度通信公司Airtel收购。

【财政金融】2022年国家财政收入预算为19352.53亿中非法郎，财政支出预算为17349.64亿中非法郎。

目前，刚银行系统中除了代行央行职能的中非国家银行驻刚分行，还有刚果银行、刚果商业信贷银行、刚果债务银行、中非国家发展银行等。2015年7月，中国农业银行与刚方合资设立的中刚非洲银行对外营业，并于2017年5月在黑角开设首家分行。

【对外贸易】近几年对外贸易情况如下（单位：百万美元）：

	2019	2020	2021
出口额	5655	6167	6682
进口额	3293	3051	2439
差　额	2362	3116	4243

（资料来源：2021年第二季度《伦敦经济季评》）

主要出口石油、木材等，主要进口成品油、运输设备、机电、建材、纺织原料和食品等。2022年，主要出口国是中国、比利时、巴西、印度等，主要进口国是中国、法国、比利时、纳米比亚等。

【外国资本】外资在刚主要经济部门中占重要地位，约占石油开采业的80%、建筑业的90%、商业的80%。资金主要来自法国、意大利、美国和中国。其中，石油领域投资主要来自法国、意大利、美国。外资主要投向采掘业。其中，煤炭、石油及天然气领域占68%，金属领域占19%。

【外国援助】目前，刚最大援助国为法国，其次为美国、德国、意大利等，联合国、世界银行、欧盟等国际组织也向刚提供大量援助。国际援助主要集中于基础设施建设、教育、医疗卫生、减贫、环境和森林保护、人力资源培训等领域。

人民生活

人口自然增长率为2.6%，2021年预期寿命64岁。平均每个母亲育有4.5个孩子，新生儿死亡率为19.3‰。刚果（布）是撒哈拉以南非洲城市化程度较高的国家，67.4%的人口生活在城市。2019年贫困人口占总人口的37%，76.5%的人享有可饮用水。电力覆盖率低，只有51.3%的城市人口和35%的农村人口能用上电。现有综合医院4所，妇幼保健医院2所，区县医院43所，医疗中心146个，医疗所464个，各种防治所215个；共有病床1.1万张；各类医务人员7500人，其中医生567人（包括外国医生约100人）。常见病有疟疾、艾滋病、伤寒、结核病、丝虫病、脑膜炎、麻风病、血吸虫病、锥虫病和镰状细胞贫血等。

军　事

独立后组建军队，称“刚果武装部队”。1966年6月22日，改为“刚果国家人民军”，6月22日定为建军节。1992年3月15日通过的宪法恢复“刚果武装力量”名称。

实行义务兵役制，18—35岁的公民必须义务服兵役两年。现有兵力2.2万人，其中陆军1.5万人、海军2000人、空军1500人、宪兵3500人。另有警察等准军事人员5000人。全国划分为9个军区。

文化教育

【教育】撒哈拉以南非洲文化教育水平较高的国家。成人扫盲率79.3%，曾数次在国际上获扫盲奖。刚果（布）历届政府均高度重视教育。小学、初中实行义务教育制，到16周岁为止，中等教育分普通中学和职业技术学校两类。全国有教育工作者2.8万人，在校学生总数为70多万。小学入学率为82%，初中入学率为44%，高中及中等职业技术学校入学率为27%。现有2所大学，分别是马里安·恩古瓦比大学、德尼·萨苏–恩格索大学。

【新闻出版】主要报纸有：《新共和国报》，1999年创刊的官方周报；《布拉柴维尔快讯》，1998年由中部非洲新闻署创办，现为刚发行量最大的报纸和唯一的日报。另有20余种定期和不定期党报和私人报刊。

刚果新闻社：官方通讯社，1960年创建。内战后经营困难，每日新闻改为每周3期。

刚果电台：官方电台，创建于20世纪40年代，独立后改名为“刚果革命之声”，1991年改现名。用法语、英语和刚果语、林加拉语等民族语言广播。

刚果电视台：官方电视台，1973年建立。用法语、莫努库图巴语和林加拉语等播出，覆盖范围为首都布拉柴维尔和黑角市。

对外关系

奉行和平、中立和不结盟的外交政策，主张在平等互利、互不侵犯、互不干涉内政的基础上同一切奉行和平、自由、公正、团结的国家发展友好合作关系，反对霸权主义和强权政治。立足非洲，重点发展与周边国家关系，奉行睦邻友好政策，积极推动中部非洲政治、经济一体化进程。近年来，在优先发展同法国关系的同时，积极发展同美国、欧盟以及亚洲国家的关系，力求实现外交与合作多元化。

【同中国的关系】1964年2月22日，中国与刚果（布）建交，此后双方友好关系发展顺利。2016年7月萨苏总统访华期间，中刚关系提升为全面战略合作伙伴关系。萨苏总统曾15次来华。2021年7月，刚果劳动党主席、总统萨苏以视频方式出席中国共产党与世界政党领导人峰会。2021年12月，中共中央政治局委员、中央外事工作委员会办公室主任杨洁篪访刚。

中刚政府于1984年签署协定，成立中刚经济、贸易和技术混合委员会，混委会第十次会议于2020年10月在北京举行。

据中国海关总署统计，2022年，中刚双边贸易额为65.7亿美元，同比增长22%。其中，中国出口额为9.8亿美元，同比增长44.2%；中国进口额为55.9亿美元，同比增长18.8%。中方主要出口机电、纺织服装和高新技术产品等，主要进口原油和木材等。

中国驻刚果（布）大使：马福林。馆址：Avenue Auxence Ickonga，Brazzaville，République du Congo。电话：00242-222811132；传真：222811135。

刚果（布）驻华大使：雅克·尼昂加（Jacques NYANGA）。馆址：北京市朝阳区三里屯东四街7号。电话：010-65321658；传真：65322915。

【同法国的关系】刚系法国前殖民地。法是刚第一大援助国、第一大投资国、第二大进口来源地和第四大出口目的地国。目前，在刚共有180家法资企业，雇用当地员工1.5万人，法在刚技术人员和侨民有7000多人。2020年10月，法外长勒德里昂访刚。2021年5月，萨苏总统赴法出席由法倡议举办的非洲经济体融资峰会。2021年8月和2022年4月，马科索总理两次访法。12月，萨苏总统对法进行工作访问，同法总统马克龙举行会见。

【同美国的关系】1977年刚美复交。刚果（布）实行多党制后，美国支持利苏巴政府。萨苏上台后，美一度持观望态度。1999年后，两国关系逐渐改善。2000年，刚被美列为《非洲增长与机遇法案》受惠国。美在刚重点投资石油开发，成为刚石油主要进口国。美雪佛龙公司收购了刚果石油公司25%的股份，还获得了刚和安哥拉边境海上油田的开采权。2021年10月，萨苏总统会见美国气候变化特使助理潘兴。2022年2月，美负责中部非洲事务的助理国务卿帮办霍尔曼访刚。8月，萨苏总统同正在访非的美国务卿布林肯通电话。9月，美国海军远征移动基地舰“赫谢尔·伍迪·威廉姆斯”号访问黑角港。12月，萨苏总统赴美出席第二届美非峰会。

【同俄罗斯的关系】刚果（布）与苏联于1964年建交。双方签有文化、科学、贸易、航空、经济技术合作协定和友好合作条约。苏联解体后，原苏联驻刚使馆改为俄罗斯驻刚使馆，同时关闭了在黑角的总领馆。萨苏总统重新执政后，俄同意减免刚部分债务。2012年11月，萨苏总统访俄，双方签署关于在刚建设大型航空器维修站、铺设石油管道等合作备忘录。2019年10月，萨苏总统赴俄出席首届俄非峰会，并与俄总统普京举行双边会晤。2022年7月，俄外长拉夫罗夫访刚。9月，两国经贸混委会在布拉柴维尔召开。

【同其他非洲国家及地区组织的关系】刚果（布）重视睦邻友好，积极参与地区事务，寻求在次区域发挥作用，是中部非洲经济与货币共同体、中部非洲国家经济共同体成员国。同刚果（金）、加蓬、喀麦隆、中非、乍得等邻国和其他非洲国家均保持友好合作关系。

与刚果（金）总体保持睦邻关系。2011年2月，刚果（金）总统约瑟夫·卡比拉官邸遭武装分子袭击，刚果（金）怀疑是流亡在刚果（布）的反政府人士所为，两国关系一度紧张，刚果（金）政府召回驻刚果（布）大使。萨苏总统和伊奎贝外长分别访刚果（金）做解释工作，此后两国关系逐步恢复正常。2020年7月，刚果（金）总统齐塞克迪访问刚果（布）。9月，萨苏总统对刚果（金）进行回访。2021年1月和12月，刚果（金）总统齐塞克迪对刚果（布）进行工作访问。5月，萨苏总统对刚果（金）进行工作访问。2022年6月，刚果（金）总统齐塞克迪对刚果（布）进行工作访问。10月，萨苏总统访问刚果（金）。

积极调解利比亚问题。2020年1月，萨苏总统出席利比亚问题柏林峰会。3月，萨苏总统在刚主持召开非盟利比亚问题联系小组会议。2021年7月，利比亚总统委员会主席穆罕默德·尤尼斯·曼菲应邀对刚进行首次正式访问，萨苏总统同其举行会谈。2022年7月，刚主办利比亚问题特别会议。

积极调解中非共和国危机。2012年12月中非形势恶化后，萨苏总统出任中非危机行动委员会主席，推动中非政府与反政府武装达成和平协议。2019年9月，中非总统图瓦德拉赴刚果（布）出席第五届对非投资论坛。目前，萨苏总统系中非问题后续委员会主席。

与安哥拉签有军事协议，安曾在刚南部有驻军。2020年3月，安哥拉总统特使、外长奥古斯托访刚。2022年4月，安哥拉外长安东尼奥访刚。

积极参与大湖地区事务。2020年11月，大湖地区国际会议第8届首脑会议以视频方式召开，主题为“通过增进地区合作及促进经济发展，推动落实大湖地区安全发展协定”。萨苏总统期满卸任大湖地区国际会议轮值主席。2022年2月，萨苏总统在刚召开小型峰会，邀请乌干达总统穆塞韦尼、多哥总统福雷和刚果（金）总统齐塞克迪就中西部非洲及大湖地区政治安全局势交换意见。

加蓬已故前总统奥马尔·邦戈的夫人为萨苏总统长女，奥马尔·邦戈总统曾积极调解刚各派之间的矛盾和冲突，促成刚政府与反政府各派签署和平协议。2018年2月，加蓬总统邦戈访刚。

积极发展与其他非洲国家的关系。2020年1月和6月，几内亚比绍总统恩巴洛两次访刚。2020年8月，多哥总统福雷访刚。2021年3月，几内亚比绍总统恩巴洛访刚。11月，萨苏总统会见到访的多哥总统福雷。

2022年3月，萨苏总统同到访的几内亚比绍总统恩巴洛举行会谈。4月，卢旺达总统卡加梅访刚。5月，多哥总统福雷对刚进行工作访问。7月，马科索总理对科特迪瓦进行工作访问。9月，萨苏总统赴肯尼亚出席鲁托总统就职仪式。11月，几内亚比绍总统恩巴洛访刚。

2020年2月，萨苏总统赴埃塞俄比亚首都亚的斯亚贝巴出席第33届非盟首脑会议。2022年2月，萨苏总统赴亚的斯亚贝巴出席第35届非盟首脑会议。

【同其他国家及国际组织的关系】2021年10月，萨苏总统赴阿联酋进行工作访问。2022年2月，马科索总理对阿联酋进行工作访问。4月，意大利外长迪马约访刚。9月，萨苏总统在土耳其同埃尔多安总统举行会谈。

2021年8月，石油输出国组织秘书长巴尔金都率团对刚进行工作访问。11月，萨苏总统赴苏格兰出席第26届联合国气候大会世界领导人峰会，并赴法国出席第四届巴黎和平论坛和利比亚问题国际会议。2022年2月，萨苏总统率团赴比利时出席第六届欧盟—非盟峰会。3月，萨苏总统赴塞内加尔出席第九届世界水论坛。4月，马科索总理赴美国华盛顿参加国际货币基金组织和世界银行春季会议。7月，萨苏总统赴塞内加尔参加国际开发协会第20轮增资高级别会议。11月，萨苏总统赴埃及沙姆沙伊赫出席第27届联合国气候变化大会。12月，马科索总理赴安哥拉出席第十届非洲、加勒比和太平洋国家集团首脑会议。（李云蓓）

刚果（金）

国名　刚果民主共和国（The Democratic Republic of the Congo，La République Démocratique du Congo），简称“刚果（金）”。

面积　2344885平方公里。

人口　9901万（2022年）。全国有254个民族，分属班图、苏丹和尼洛特三大语系。班图语系各部族占全国人口的84%，主要分布在南部、中部和东部，其中刚果族为全国第一大族；苏丹语系各部族多居住在北部，人口最多的是阿赞德和孟格贝托两族；尼洛特语系各部族是最早生活在刚境内的土著居民，大多已被其他部族同化，仅余俾格米和阿卢尔等少数部族现生活在赤道密林里。官方语言为法语，官方承认的民族语言为林加拉语、斯瓦希里语、基孔果语和契卢巴语。居民50%信奉罗马天主教，20%信奉基督教新教，10%信奉伊斯兰教，10%信奉金邦古教，其余信奉各种本土原始宗教。

首都　金沙萨（Kinshasa），原名“利奥波德维尔”。人口约1457万（2020年），面积9965平方公里，系刚第一大城市和全国政治、经济、文化中心。年均气温26℃。

国家元首　总统费利克斯–安托万·齐塞克迪·奇隆博（Félix-Antoine Tshisekedi Tshilombo），2019年1月24日正式就职，任期5年。

重要节日　独立日：6月30日。

简　况

地处非洲中部，东邻乌干达、卢旺达、布隆迪、坦桑尼亚，南接赞比亚、安哥拉，北连南苏丹和中非共和国，西隔刚果河与刚果（布）相望。西部有狭长走廊通大西洋。海岸线长37公里。北部属热带雨林气候，南部属热带草原气候。年均气温27℃，年均降水量1500—2000毫米。

13—14世纪是刚果王国的一部分。1884—1885年，柏林会议将刚划为比利时国王的“私人采地”，称“刚果自由国”，后改称“比属刚果”。1960年6月30日宣告独立，约瑟夫·卡萨武布当选总统，帕特里斯·卢蒙巴为总理，定国名刚果共和国，简称“刚果（利）”。1964年8月改国名为刚果民主共和国。1965年11月，国民军总司令蒙博托·塞塞·塞科发动政变推翻卡萨武布，自任总统。1966年5月，首都改名金沙萨，国名简称“刚果（金）”。1971年10月，改国名为扎伊尔共和国。1990年4月，实行多党制。1997年5月，洛朗·德西雷·卡比拉推翻蒙博托政权，自任总统，恢复“刚果民主共和国”国名和独立时的国旗、国歌。1998年8月，刚部分军人在乌干达和卢旺达军队的支持下发动叛乱，津巴布韦、安哥拉和纳米比亚等国应刚政府请求出兵相助，引发地区冲突，并造成刚分裂分治局面。1999年，冲突各方在赞比亚首都卢萨卡签署停火协议，联合国安理会决定成立联合国刚果（金）特派团（联刚团），向刚派驻维和部队。2001年1月16日，洛朗·德西雷·卡比拉遇刺身亡，其子约瑟夫·卡比拉继任总统。约瑟夫·卡比拉继任总统后，在国际社会大力推动下，刚果（金）和平进程重新启动并取得重大进展，外国军队相继撤出，联刚团在刚部署总体进展顺利。2003年4月，刚政府和国内各派就过渡期权力分配问题达成一致，签署《全面包容性协议》和《过渡期宪法》，并于6月组成过渡政府，卡比拉任过渡期总统。

政　治

2017年11月，刚独立选举委员会宣布于2018年12月举行总统、国民议会、省议会“三合一”选举。2018年9月，刚独立选举委员会公布最终总统候选人名单，卡比拉不再参选。2018年12月，刚举行大选投票，登记选民逾4600万名，全国各地共设投票站7.5万个，共21位候选人参选。投票进程总体顺利，未发生严重暴力冲突。2019年1月，民主与社会进步联盟候选人费利克斯–安托万·齐塞克迪·奇隆博当选并就任总统。

【刚果（金）东部问题】2019年1月，齐塞克迪就任总统后，不断强化对东部非法武装打击力度，取得一定成效。2021年2月，意大利驻刚大使在刚东部考察时遭当地非法武装伏击身亡。2022年以来，刚反政府武装"3月23日运动"（简称M23）重新活跃，刚同卢旺达因此产生摩擦，地区国家和组织正加大调解力度，并派遣多国联合部队赴刚打击非法武装。

【宪法】2005年12月，刚举行全民公投通过新宪法。2006年2月18日，约瑟夫·卡比拉总统颁布了新宪法。宪法规定：国家机构由总统、政府、国民议会、参议院和法院组成；总统为国家元首、三军统帅，由普选产生，任期5年，可连任一届，负责维护宪法尊严、国家独立主权和领土安全，在议会监督和政府参与下，保障国家机构正常运行；总理为政府首脑，政府与总统共同制定国策，政府是国策执行的主要负责机构；政府对议会负责，国民议会可对政府成员提出不信任案，总统有权解散议会。

【议会】议会实行两院制，由国民议会和参议院组成，享有立法权和行政监督权。刚国民议会议员500名，参议院议员108名，任期均为5年。本届国民议会、参议院分别于2018年12月、2019年3月选举产生。国民议会议长克里斯托夫·姆博索（Christophe Mboso），参议院议长莫德斯特·巴哈蒂·卢奎博（Modeste Bahati Lukwebo）。

【政府】本届政府于2021年4月组成，2023年4月改组，主要成员如下：总理萨马·卢孔德·基恩格·让–米歇尔（SAMA LUKONDE KYENGE Jean-Michel），副总理兼内政、安全、地方分权和传统习俗事务部长卡扎迪·坎孔德·彼得（KAZADI KANKONDE Peter），副总理兼国防和退役军人部长本巴·贡博·让–皮埃尔（BEMBA GOMBO Jean-Pierre），副总理兼国民经济部长维塔尔·卡梅雷（Vital Kamerhe），副总理兼外交部长卢通杜拉·阿帕拉·潘·阿帕拉·克里斯托夫（LUTUNDULA Apala Pen'Apala Christophe），副总理兼公职、行政现代化、公共部门创新部长利奥·埃布瓦·让–皮埃尔（LIHAU EBUA Jean-Pierre），国务部长兼环境和可持续发展部长巴扎伊巴·马苏迪·夏娃（BAZAIBA Masudi Eve，女），国务部长兼司法和掌玺部长穆通博·基耶斯·罗丝（MUTOMBO Kiese Rose，女），国务部长兼地区一体化部长姆布萨·尼亚穆伊西·安提帕（MBUSA NYAMUISI Antipas），国务部长兼预算部长博吉·桑加拉·巴马尼雷·艾梅（Boji Sangara BAMANyIRE Aimé），国务部长兼国企部长卡欣达·马希纳·阿黛尔（KAHINDA Mahina Adèle，女），国务部长兼计划部长图卢卡·苏姆维娜·朱迪特（TULUKA SUMWINA Judith，女），国务部长兼城建和住房部长穆瓦比卢·姆巴尤·穆卡拉·皮乌斯（MWABILU Mbayu Mukala Pius），国务部长兼乡村发展部长鲁博塔·马松布科·弗朗索瓦（Rubota Masumbuko François），国务部长兼领土整治部长洛安多·姆博约·居伊（LOANDO Mboyo Guy），财政部长卡扎迪·卡迪马–恩祖吉·尼古拉（Kazadi Kadima-Nzuji Nicolas），公共卫生、健康和疾病预防部长康巴·穆朗巴·罗杰·塞缪尔（KAMBA MULAMBA ROGER Samuel），农业部长姆潘达·卡甘古·若泽（Mpanda KaGangu José），交通、运输和道路疏通部长埃基拉·利孔比奥·马克（EKILA LIKOMBIO Marc），渔业和畜牧业部长博凯莱·杰马·阿德里安（Bokele Djema Adrien），工业部长帕卢库·卡洪吉亚·朱利安（Paluku Kahongya Julien），就业、劳动和社会保障部长恩杜茜·姆彭贝（Ndusi M'kembe，女），创业和中小企业部长姆津加·比利汉泽·德西雷（M'zinga BiRihanze Désiré），高等教育和大学部长莫欣多·恩赞吉·布通多（MUhindo Nzangi BUTONDO），科学研究和技术创新部长卡班达·库朗加·吉尔贝（Kabanda KuRHeNGa Gilbert），矿业部长恩桑巴·卡兰巴伊·安托瓦妮特（N'samba Kalambayi Antoinette，女），石油部长布丁布·恩图布安加·迪迪埃（Budimbu Ntubuanga Didier），邮政、电信和信息通信新技术部长基巴萨·马利巴·卢巴拉拉·奥古斯丁（KIBASA MALIBA LUBALALA Augustin），数字化部长科隆盖莱·埃贝兰德·德西雷–卡什米尔（Kolongele Eberande Désiré-Cashmir），土地部长萨孔比·莫朗多·艾梅（SAKOMBI MOLENDO Aimé），水利和电力资源部长姆文泽·穆卡兰·奥利维埃（Mwenze Mukaleng Olivier），外贸部长布萨·通巴·让·吕西安（BUSSA TONGBA Jean Lucien），人权部长普埃拉·阿尔贝–法布里斯（Puela Albert-Fabrice），性别、家庭和儿童部长马桑古·比比·穆洛科·米雷耶（MASANGU BIBI MULOKO Mireille），旅游部长马曾加·穆坎祖·迪迪埃（MAZENGA MUKANZU Didier），新闻和媒体部长、政府发言人穆亚亚·卡腾布韦·帕特里克（Muyaya Katembwe Patrick），社会事务、人道主义行动和民族团结部长穆廷加·穆图沙伊·莫德斯特（Mutinga Mutuishayi Modeste），职业培训和手工艺部长基普卢·卡本加·安托瓦妮特（Kipulu Kabenga Antoinette，女），青年、新公民和民族团结意识启蒙部长邦库卢·佐拉·伊夫（Bonkulu ZOLA Yves），体育和娱乐部长卡布罗·姆瓦纳·卡布罗·弗朗索瓦（KABULO MWANA KABULO François），文化、艺术和遗产部长卡通古·富拉哈·凯瑟琳（Kathungu Furaha Catherine，女），议会关系部长卡鲁梅·巴卡内梅·安妮·玛丽（Karume Bakaneme Anne Marie，女），共和国总统府驻节部长马努阿尼娜·基欣巴·娜娜（Manwanina Kiumba Nana，女），社会事务、人道主义行动和民族团结部负责残疾人和弱势群体事务部长级代表埃桑博·迪亚塔·伊雷娜（Esambo Diata Irène，女）。

【行政区划】2016年2月完成行政区划调整，原11个省被划分成26个省。

【司法机构】根据2006年2月18日颁布的新宪法，国家司法权独立于立法权和行政权，由宪法法院，最高法院，行政院，特别最高军事法院，民事、军事法院法庭和隶属于司法权限的检察院组成。宪法法院总检察长让-保罗·穆科洛·恩科克沙（Jean-Paul Mukolo Nkokesha），最高法院总检察长菲尔明·姆冯德·曼布（Firmin Mvonde Mambu）。

【政党】1990年4月实行多党制后，曾涌现出400多个政党。洛朗·德西雷·卡比拉执政期间曾一度禁止政党活动。2001年5月，约瑟夫·卡比拉总统颁布“政党和政治团体组织活动法”，正式解除党禁，同时规定各党需重新登记。截至2015年9月，在刚内政部注册的政党为477个（现在可能有600多个）。主要政党情况如下：

（1）民主与社会进步联盟（Union Pour la Démocratie et le Progrès Social，UDPS）：成立于1982年2月，曾长期在野，主张实行西方式民主制度。创始人、前党主席艾蒂安·齐塞克迪曾在蒙博托时期任总理、部长、大使等职，在2011年11月举行的总统选举中位列第二。艾蒂安·齐塞克迪拒绝接受选举结果，自行宣布“当选总统”并在家中举行“就职典礼”，被政府宣布无效和违宪。艾蒂安·齐塞克迪去世后，其子费利克斯-安托万·齐塞克迪·奇隆博继任党主席，并于2019年1月当选并就任总统。

（2）争取重建与民主人民党（Le Parti du Peuple pour la Reconstruction et la Démocratie，PPRD）：2003年3月31日成立，是支持前总统约瑟夫·卡比拉的主要政党。该党党章规定，党的理想目标是通过民主途径执掌国家政权，保障民族团结、领土完整和国家繁荣。主要机构包括全国代表大会和全国执行委员会。总部设在金沙萨。常务书记埃玛纽埃尔·拉马扎尼·沙达里（Emmanuel Ramazani Shadary）。

（3）共同争取共和党（Ensemble pour la Republique，EPR）：2019年12月18日成立。总部设在卢本巴希。创始人兼党主席为莫伊斯·卡通比（Moïse Katumbi），原为争取重建与民主人民党成员，后于2015年退出该党。

（4）为公民和发展而战斗党（Engagement pour la Citoyenneté et le Développement，ECIDE）：2009年3月7日成立，主张建设繁荣的国家，维护人民权益，推广民主文化。总部设在金沙萨。党主席玛尔丹·马迪迪·法尤卢（Martin Madidi Fayulu），曾当选国民议会议员，2018年11月被刚主要反对派推举为总统选举反对派共同候选人。

（5）刚果解放运动（Mouvement pour la Libération du Congo，MLC）：1998年11月10日成立，原为前总统蒙博托旧部成立的政治军事组织，曾长期得到乌干达支持，与洛朗·德西雷·卡比拉政府武装对峙。2003年6月宣布转为政党，并参加刚内部政治对话。党主席本巴·贡博·让-皮埃尔为副总理兼国防和退役军人部长。总部设在赤道省，首都金沙萨及全国主要大城市建有分支机构。

（6）刚果国家联盟（Union pour la Nation Congolaise，UNC）：成立于2010年，由前国民议会议长、争取重建与民主人民党总书记维塔尔·卡梅雷创立并任党主席。该党在2018年底举行的总统大选中同齐塞克迪领导的民主与社会进步联盟结盟。齐塞克迪就任总统后，卡梅雷被任命为总统办公厅主任。2020年5月，卡因挪用公款和腐败被判刑。2023年内阁改组时，卡被任命为副总理兼国民经济部长。

【重要人物】费利克斯-安托万·齐塞克迪·奇隆博：总统。1963年6月13日出生于金沙萨市。青年时代曾赴比利时生活，学习传播学和市场营销。2005年回国协助其父开展政治活动。2008年担任民主与社会进步联盟负责涉外事务的全国书记，2011年当选国民议会议员，2016年起先后任民主与社会进步联盟副总书记、主席。2019年1月赢得大选并就任总统。

经　济

联合国公布的最不发达国家。农业、采矿业占经济主导地位，加工业不发达，粮食不能自给。曾是非洲经济状况较好的国家之一，20世纪90年代初起，因政局持续动荡，刚经济连年负增长。1996年的内战和1998年的地区冲突使国民经济雪上加霜，濒于崩溃。2010年7月1日，国际货币基金组织和世界银行宣布刚达到重债穷国减债倡议完成点。2019年，齐塞克迪总统就任后推行“执政百日紧急计划”，大力筹措资金，推进交通、卫生、教育、住房、能源、就业、农渔牧等各领域项目实施。2022年主要经济数据如下：

国内生产总值：639.1亿美元。

人均国内生产总值：660.2美元。

国内生产总值增长率：6.1%。

货币名称：刚果法郎。

汇率：1美元≈1996刚果法郎。

通货膨胀率：8.4%。

外债：94亿美元。

（资料来源：国际货币基金组织）

【资源】自然资源丰富，素有“世界原料仓库”和“地质奇迹”之称。全国蕴藏多种有色金属、稀有金属和非金属矿，其中铜、钴、工业钻石、锌、锰、锡、钽、锗、钨、镉、镍、铬储量颇为可观，在世界上占有重要地位。铁、煤、黄金、银等储量也很丰富，还有白金、铅、磷酸盐、硅酸盐等。主要矿产储量为：铜7500万吨（占世界15%）、钴450万吨（占世界50%）、铌钽3000万吨（占世界80%）、钻石7亿克拉（居世界第二）、锡45万吨、黄金600吨、铁10亿吨、锂3100万吨、铬镍2250万吨、锰700万吨、锌700万吨、铝200万吨。已探明的石油海上储量3150.66万桶，陆地储量2000万桶，天然气海上储量200亿立方米，陆地储量100亿立方米。此外，位于刚果（金）与卢旺达交界处的基伍湖深水中蕴藏着丰富的天然气资源。森林覆盖率为53%，约1.25亿公顷，占全非洲森林面积的47%，占世界森林面积的6.5%，但目前仅开采62万公顷。盛产乌木、红木、花梨木、黄漆木等20多种贵重木材。水力资源极为丰富，预计可开发的水电蕴藏量为1.06亿兆瓦，占非洲水电资源的37%，世界水电资源的6%。

【工业】矿业是刚重要的经济支柱。1990年后，刚经济持续困难，矿业生产全面滑坡。1997年和1998年两次战争均发生在矿产资源丰富的东部地区，生产遭到严重破坏。近年来，随着国内局势不断缓和，矿业生产有所恢复。2018年，工矿业产值占国内生产总值的32.3%。

【农业】农业落后。2019年，农业产值占国内生产总值的19.7%。全国可耕地面积约8000万公顷，早期曾开垦耕地600万公顷。农村人口占全国人口的70%左右，个体农民是农业生产的主体，多采用刀耕火种的种植方式。2012年6月，新农业法正式生效，规定所有农业用地归国家所有，经营者可依法获得经营权，每25年更新一次。刚主要粮食作物有玉米、稻米、木薯、豆类等，主要经济作物有咖啡、棕榈、棉花、可可、橡胶、烟草、茶叶等。

【交通运输】内河航运和空运占重要地位，陆路运输落后。

水运：刚全国河流总长2.3万公里，其中1.5万公里可通航。主要航道为刚果河和开赛河，一般可通行150—400吨船只，有2785公里航道可通行800—1000吨船只。主要河港有马塔迪、博马、金沙萨、伊来博、基桑加尼、姆班达卡、金杜和卡巴洛。另外，东部的坦噶尼喀湖等湖泊均有港口。主要海港为巴纳纳港，有定期通往西非、地中海国家、法国、北欧、美国和日本等6条远洋航线。

空运：空运相对发达，国内航线约3.9万公里，非洲航线约1.4万公里，洲际航线约2.4万公里，与布鲁塞尔、巴黎、伊斯坦布尔、约翰内斯堡、亚的斯亚贝巴、内罗毕、利伯维尔及杜阿拉等有定期航班。刚共有54个机场，其中国际机场6个。

公路：全国原有公路总长14.5万公里，其中一级公路58129公里，乡村公路87300公里，城市公路网7400公里。由于长年战乱破坏和缺乏维护，大部分公路无法正常通行，许多二级公路和乡村公路遭损毁，目前仅剩5万公里的主干道（其中沥青路仅占1.8%），平均每百平方公里只有7公里长的道路。

铁路：全长6111公里，其中电气化线路858公里。

【财政金融】2022年财政预算为110亿美元。收入主要来源为海关、行政税费、矿产、石油出口及外来援助、捐赠、债务减免等。支出主要用于改善民生、机构改革、宏观经济稳定和发展、基础设施建设、国防与安全等方面。

【对外贸易】在国民经济中占有举足轻重的地位。主要出口钴、铜、原油、钻石、农林产品，主要进口粮食、日用消费品、机电产品、各类原材料等。2021年主要出口目的地国为中国、新加坡、南非、阿联酋，主要进口来源国有南非、中国、赞比亚、印度等。近年来，刚对外贸易保持较快增长，进出口基本平衡，统计情况如下（单位：亿美元）：

	2020	2021	2022
出口额	137.89	221.85	261.79
进口额	118.65	182.45	217.67
差 额	19.24	39.40	44.12

（资料来源：《经济学人》）

【外国援助】双边援助方主要有美国、英国、法国、比利时、日本等，多边援助方主要有联合国下属组织和机构、世界银行、非洲开发银行等。为帮助刚政府解决电力短缺、供电不稳等问题，世界银行近年来已经为大英加水电站建设项目出资。英国政府每年向刚提供援助，主要用于公共卫生、教育、供水、市政排污工程等方面。中国向刚提供了大量防护物资和实验医疗设备，为刚抗击新冠疫情和埃博拉疫情作出重要贡献。

人民生活

独立之初基本继承了殖民时期的医疗保障制度，国家对医疗卫生事业投入所占比重较大。1974年，医疗补贴制的试行开非洲之先河。建立中央、省及农村三级医疗体系，分设306个卫生区，由卫生部、省巡视厅分别负责管理。每个卫生区设有10—20个卫生站，保障10万—15万人的医疗。刚婴儿死亡率6.82%（2017年估计），15—49岁的人群中，艾滋病病毒携带者为0.7%（2016年估计），人均预期寿命为57.7岁（2017年估计）。刚是各种传染病多发的国家，死亡率较高的疾病有埃博拉出血热、艾滋病、疟疾、麻风、肺结核、霍乱、昏睡病、伤寒、血吸虫病等。2022年4月，赤道省报告1例埃博拉确诊病例，这是自2021年12月刚埃博拉疫情结束后爆发的第14轮疫情。2022年10月，刚宣布新冠疫情在刚全境终结。

军　事

根据2003年《全面包容性协议》有关规定，对各派武装力量进行整合，重新组建国家军队，名为刚果民主共和国武装力量（Forces Armées de la République démocratique du Congo，FARDC）。刚军总兵力现约12万人，其中陆军10.3万人、海军约6700人、空军约2500人、共和国卫队约8000人。另有准军事部队（警察）约8万人。

文化教育

【教育】采取学校教育与社会教育相结合、国家办学与私人办学并举的教育政策。国家对各类学校进行统一监督和管理。鼓励和支持包括教会在内的各种团体或个人办学，由国民教育部统一对具有办学条件的私立学校进行登记、注册。公立和私立学校的毕业生享受同等待遇，平等参加国家统一考试，合格者方能取得毕业证书。由于政府财政困难，刚大中小学教职员工的工资全部由学生家长承担。刚15岁以上人口文盲率约为22.7%。44.6%的适龄儿童因贫困而失学。80%的小学和60%的中学为教会学校。全国共有4所综合性大学，其中2所位于金沙萨，其他2所分别位于基桑加尼和卢本巴希。目前，刚约有760万5—17岁的失学儿童和青少年。

【新闻出版】新闻传媒较发达，主要集中在首都。截至2017年12月，刚全国有571家纸质媒体、625家广播电台和387家电视台。影响较大的报纸有《潜力报》《参考报》《光荣榜报》《灯塔报》《观察家报》等。有2家通讯社，其中1家国营（刚果通讯社），1家私营（联合通讯社）。

对外关系

奉行独立自主的外交政策，反对外来干涉。主张睦邻友好和在互相尊重主权和领土完整、互利互惠的基础上发展同世界各国的友好合作。积极参与和推动地区经济和安全合作，是中部非洲国家经济共同体、南部非洲发展共同体、东部和南部非洲共同市场成员国。

【同中国的关系】1960年6月30日，刚果共和国独立，周恩来总理和陈毅外长分别致电卢蒙巴政府表示祝贺和承认。10月，刚卡萨武布政府与台湾当局“建交”。1961年2月19日，中国承认基赞加政府为刚唯一合法政府。2月20日，两国建交。同年9月18日，由于基赞加投奔阿杜拉，而阿杜拉政权同台湾有所谓的“外交关系”，故中国决定撤回使馆，中刚关系暂时中止。1971年，刚改国名为扎伊尔共和国。1972年11月24日，中扎两国实现关系正常化。1997年5月，洛朗·德西雷·卡比拉总统上台后，恢复“刚果民主共和国”国名。两国在各领域的友好合作关系继续巩固和发展。2015年，中刚建立合作共赢的战略伙伴关系。

2021年1月，王毅国务委员兼外长访刚。2021年5月，习近平主席应约同齐塞克迪总统通电话。11月，齐塞克迪总统以视频方式出席中非合作论坛第八届部长级会议开幕式并致辞。

据中国海关总署统计，2022年，中刚双边贸易额为218.99亿美元，同比增长51.7%。其中，中国出口额为51.18亿美元，同比增长85.8%；中国进口额为167.81亿美元，同比增长43.7%。中方主要出口机电产品、纺织品、医药和服装等，主要进口铜钴产品、原木、锯材等。

中国驻刚果（金）大使：朱京。馆址：NO.447, AVENUE des AVIATEURS-GOMBE，KINSHASA，REPUBLIQUE DEMOCRATIQUE DU CONGO。电话：00243-851474669。

刚果（金）驻华大使：弗朗索瓦·巴卢穆埃内·恩库纳（François Nkuna Balumuene）。馆址：北京市朝阳区三里屯东五街6号。电话：010-65323224；传真：65321360。

【同美国的关系】洛朗·德西雷·卡比拉夺取政权后，美率先承认。1998年刚武装冲突爆发后，刚指责美偏袒乌干达、卢旺达。约瑟夫·卡比拉执政后多次访美，两国关系有所改善。2011年4月，美刚签署减债协议，美同意对刚减债18.23亿美元。2017年2月，美政府发表声明，呼吁刚各方保持克制，按2016年政治协议尽快组建过渡政府。2018年6月，美政府以在选举进程中存在贪腐和侵犯人权行为为由，宣布对部分刚高层官员实施制裁。2020年3月，齐塞克迪总统访美。2021年2月，齐塞克迪总统同美副总统哈里斯通电话。4月，齐塞克迪总统以视频方式出席美发起的领导人气候峰会。7月，齐塞克迪总统同美国务卿布林肯通电话。2021年9月，齐塞克迪总统在出席第76届联合国大会期间会见美国务卿布林肯。10月，齐塞克迪总统同美国务卿布林肯通电话。12月，齐塞克迪总统以视频方式出席“领导人民主峰会”并发表讲话。2022年2月，美助理国务卿梅迪纳访刚。8月，美国务卿布林肯访刚。12月，齐塞克迪总统赴美出席美非峰会。

【同法国的关系】1998年刚冲突爆发后，法主张应尊重其主权和领土完整。2011年6月，法刚签署减债协议，法对刚减债10亿美元。2016年12月刚各方签署政治协议后，法对此表示欢迎，敦促各方切实履行协议内容。2021年1月，齐塞克迪总统同马克龙总统通电话。4月，齐塞克迪总统访法。5月，齐塞克迪总统赴法出席由法倡议举办的非洲经济体融资峰会。

【同比利时的关系】比系刚重要援助国和贸易伙伴。2011年3月，比政府宣布免除刚1.2亿欧元债务。5月，比宣布继续减免刚7.73亿美元债务。2016年12月刚各方签署政治协议后，比对此表示欢迎，敦促各方切实履行协议内容。2018年1月，比政府发表声明谴责刚安全部门暴力执法，并表示在刚举行可信的选举前，暂停双边合作项目。同月，刚方宣布关闭由比驻刚使馆管理的签证代办机构“申根之家”和比开发署驻刚办公室。2月，刚方关闭在比安特卫普的领馆，并要求比方关闭在戈马、卢本巴希的领馆。2019年3月，“申根之家”重新开放，并改名为“欧洲签证中心”。2020年2月，比看守政府首相维尔梅斯访刚。7月，齐塞克迪总统对比进行私人访问。2021年9月，齐塞克迪总统在出席第76届联合国大会期间会见比首相德克罗。2022年6月，比国王菲利普访刚。

【同德国的关系】刚和平进程启动后，德恢复1991年以来中止的与刚原有合作项目。2020年3月，联合国有关机构宣布，德将提供5000万欧元援助用于改善刚南、北基伍省冲突地区民众生活。2021年3月，齐塞克迪总统同德总理默克尔通电话。8月，齐塞克迪总统赴德国柏林出席二十国集团非洲契约投资峰会，并会见默克尔总理。

【同欧盟的关系】2003年，根据联合国安理会决议，欧盟曾派出2000人的部队驻扎刚东部地区，以保障刚安全局势并改善人道状况，该军事行动后由联合国驻刚果（金）特派团接管。2006—2014年，欧盟向刚提供援助总额近12亿欧元，主要用于国家治理、环境保护、基础设施建设和医疗卫生。2016年10月召开的欧盟外长会通过公报，对刚局势表示担忧，呼吁有关各方尊重宪法，要求刚政府在2017年组织选举。2017年2月至3月，欧盟同联合国、非盟和法语国家组织两次发表联合公报，对2016年政治协议落实情况及开赛地区人道主义危机表示关切。11月，欧盟发布公报，呼吁刚各方积极参与大选进程，落实刚独立选举委员会公布的大选时间表。2018年3月，欧盟宣布向刚境内外的刚难民提供6000万欧元人道主义援助。2020年2月，齐塞克迪总统在埃塞俄比亚首都亚的斯亚贝巴会见欧洲理事会主席米歇尔。2021年2月，齐塞克迪总统同米歇尔主席举行视频会见。

【同其他非洲国家及地区组织的关系】刚果（金）重视发展睦邻友好关系，加强与刚果（布）、南非、安哥拉等非洲国家交往，提升在地区事务中的影响力。

2020年2月，卢旺达、乌干达、安哥拉和刚果（金）两度就缓和卢、乌关系举行四国峰会。4月，中非总统图瓦德拉访刚。10月，齐塞克迪总统主持召开卢旺达、乌干达、安哥拉和刚果（金）四国首脑视频会议，与会各国领导人就维护大湖地区和平稳定、推进地区一体化进程、共同应对新冠疫情等进行深入交流。2021年5月，齐塞克迪总统在刚果（金）北基伍省省会戈马会见卢旺达总统卡加梅。6月，齐塞克迪总统同乌干达总统穆塞韦尼共同出席两国边境公路修复工程启动仪式。7月，布隆迪总统恩达伊施米耶访刚。8月，齐塞克迪总统赴赞比亚出席希奇莱马总统就职典礼。11月，卢旺达总统卡加梅访刚。11月，齐塞克迪总统和乌干达总统穆塞韦尼决定在刚开展联合军事行动，共同打击非法武装“民主同盟军”。2022年2月，齐塞克迪总统同布隆迪总统恩达伊施米耶共同决定设立联合参谋部打击非法武装。4月，肯尼亚、乌干达、卢旺达、刚果（金）四国两次举行小型峰会讨论刚东局势。5月，齐塞克迪总统访问布隆迪。5月以来，刚指责卢旺达支持刚反政府武装M23，刚卢关系持续紧张。9月，在法国总统马克龙倡议下，齐塞克迪总统、卡加梅总统在美国纽约会晤。10月，刚政府驱逐卢旺达驻刚大使离境，并召回刚驻卢旺达使馆临时代办。11月，齐塞克迪总统同卢旺达外长比鲁塔在安哥拉首都罗安达进行会晤，并签署M23同刚政府的停火协议。

刚果（金）同刚果（布）仅一河相隔，两国各层级人员往来频繁。萨苏总统曾多次调解刚果（金）内部矛盾及其同卢旺达关系。2020年2月、2020年7月、2021年1月，齐塞克迪总统先后访问刚果（布）。2021年4月，齐塞克迪总统赴刚果（布）首都布拉柴维尔出席萨苏总统就职典礼。12月，齐塞克迪总统访问刚果（布）。2022年2月，齐塞克迪总统赴刚果（布）出席刚果（布）、刚果（金）、多哥、乌干达四国峰会，讨论地区形势和西非国家政变问题。6月，齐塞克迪总统同萨苏总统在刚果（布）会面，就大湖地区形势交换意见。10月，萨苏总统访问刚果（金）。

刚果（金）同南非在政治、经济、安全等领域交往密切，并积极斡旋刚东问题。2019年5月，齐塞克迪总统赴南非出席拉马福萨总统就职典礼。2020年12月，齐塞克迪总统访南。

刚果（金）同安哥拉关系传统友好，各层次交往频繁。2020年1月，齐塞克迪总统访安。2022年5月，齐塞克迪总统访安。

2020年2月，齐塞克迪总统出席非盟峰会并当选非盟第一轮值副主席。11月，齐塞克迪总统赴博茨瓦纳首都哈博罗内出席南部非洲发展共同体“三驾马车”及联合国刚果（金）稳定特派团快速反应旅出兵国峰会。12月，非盟委员会主席法基访刚。2021年1月，埃塞俄比亚总统萨赫勒·沃克访刚。2月，齐塞克迪总统访问埃及。3月，齐塞克迪总统主持召开非盟成员国国家元首视频会议；非盟委员会主席法基访刚。4月，肯尼亚总统肯雅塔、赞比亚总统伦古先后访刚。5月，齐塞克迪总统先后访问苏丹、埃及、埃塞俄比亚。6月，齐塞克迪总统赴布拉柴维尔出席中部非洲国家经济共同体首脑特别峰会。7月，齐塞克迪总统访问加纳、几内亚、几内亚比绍。11月，塞内加尔总统萨勒访刚。2022年1月，齐塞克迪总统赴布拉柴维尔出席中部非洲国家经济共同体首脑峰会。4月，刚果（金）加入东共体。8月，第42届南共体峰会在金沙萨举行。10月，齐塞克迪总统访问坦桑尼亚。

【同其他国家及国际组织的关系】英国是刚主要捐助国之一。2019年5月，英非洲事务外交大臣鲍德温访刚。2020年1月，齐塞克迪总统赴英国伦敦出席英非峰会。11月，英非洲事务国务大臣杜德里奇访刚。

2019年10月，齐塞克迪总统赴俄罗斯索契出席俄非峰会，并会见普京总统。

2019年8月，齐塞克迪总统赴日本出席东京非洲发展国际会议。

2020年10月，联合国教科文组织总干事阿祖莱访刚。12月，联合国负责维和事务的副秘书长拉克鲁瓦访刚。2021年9月，齐塞克迪总统出席第76届联合国大会。12月，国际货币基金组织总裁格奥尔基耶娃访刚。（刘郅怿）

吉布提

国名　吉布提共和国（The Republic of Djibouti，La République de Djibouti）。

面积　2.32万平方公里。

人口　约112万（2022年）。主要有伊萨族和阿法尔族。伊萨族占全国人口的50%，讲索马里语；阿法尔族约占40%，讲阿法尔语。另有少数阿拉伯人和欧洲人。官方语言为法语和阿拉伯语，主要民族语言为索马里语和阿法尔语。伊斯兰教为国教，94%的居民为穆斯林（逊尼派），其余为基督教徒。

首都　吉布提市（Djibouti-ville），人口约62.3万（2019年）。热季（4—10月）平均气温31℃—41℃，凉季（11月至次年3月）平均气温23℃—29℃。

国家元首　总统伊斯梅尔·奥马尔·盖莱（Ismail Omar Guelleh），1999年4月就任，2005年4月、2011年4月、2016年4月、2021年4月连续4次胜选连任。

重要节日　独立日：6月27日。

简　况

地处非洲东北部亚丁湾西岸，扼红海进入印度洋的要冲曼德海峡，东南同索马里接壤，北与厄立特里亚为邻，西部、西南及南部与埃塞俄比亚毗连。陆地边界线长520公里，海岸线长372公里。沿海为平原和高原，主要属热带沙漠气候，终年炎热少雨。内地以高原和山地为主，属热带草原气候。全年分凉、热两季。4—10月为热季，平均气温37℃，最高气温达45℃以上；11月至次年3月为凉季，平均气温27℃。

殖民者入侵前，吉布提由豪萨、塔朱拉和奥博克三个苏丹王统治。法国1850年开始入侵，1888年占领吉全境。1896年，法在吉成立“法属索马里”殖民政府。1946年，吉成为法海外领地。1967年改名为“法属阿法尔和伊萨领地”，法国政府给予其实际上的自治地位。1975年12月31日，法宣布同意吉布提独立。1977年6月27日，吉宣告独立，定国名为吉布提共和国，哈桑·古莱德·阿普蒂敦出任首任总统。

政　治

吉独立后，古莱德总统同一些政党组成联合政府。1979年，古莱德总统取消多党制，成立争取进步人民联盟（简称“人盟”），于1981年确立一党制。此后，人盟长期执政，政局保持稳定。1991年，北方阿法尔族因不满伊萨族统治发动内战。1994年底，政府与反对派武装签署和平协议，战乱基本平息。2001年实现全国最终和平。吉于1992年宣布实行渐进式多党制，当年的首次多党立法选举中，人盟囊括所有议席。1999年，古莱德总统退休，盖莱当选总统。2002年9月，吉实行全面多党制。2003年1月，人盟等四党组成的“总统多数联盟”在立法选举中获得全部议席。2005年4月，盖莱赢得总统选举，连任总统。2008年2月，“总统多数联盟”再次在立法选举中囊括全部议席。2010年4月，人盟推动议会修改宪法，取消总统只能连任一次的限制。2011年4月，盖莱再次赢得总统选举。2013年2月，吉举行立法选举，“总统多数联盟”赢得65个议席中的55席。2016年4月，盖莱第三次连任总统。2018年2月，吉举行立法选举，“总统多数联盟”赢得65个议席中的57席。2021年4月，盖莱第四次连任总统。目前，吉政局稳定。

【宪法】现行宪法于1992年9月4日经全民公决通过并颁布实施。2010年4月，议会通过宪法修正案，取消了总统连任次数限制，规定总统由直选产生，参选年龄上限为75岁，每届任期5年。宪法还规定废除死刑；政党必须非种族化、非民族化、非宗教化和非地区化。

【议会】2010年4月，宪法修正案决定设立参议院，改一院制为两院制。国民议会是国家最高权力机构，享有立法权。议会每年举行两次年会，主要讨论立法问题和下一年度财政预算。议员共65名，由立法选举产生，任期5年。本届议会于2018年2月选举产生，“总统多数联盟”占57席。议长穆罕默德·阿里·胡迈德（Mohamed Ali Homed），2015年3月当选，2018年3月连任。

【政府】实行总统制，总统兼任政府首脑，并任命总理，总理负责协调各部工作。本届政府于2021年5月成立，主要成员有：总理阿卜杜勒–卡德尔·卡米勒·穆罕默德（Abdoulkader Kamil Mohamed），司法、监狱和人权事务部长阿里·哈桑·巴赫敦（Ali Hassan Bahdon），经济、财政与工业部长伊利亚斯·穆萨·达瓦莱（Ilyas Moussa Dawaleh），外交与国际合作部长兼政府发言人马哈茂德·阿里·优素福（Mahamoud Ali Youssouf），国防、议会关系部长哈桑·奥马尔·穆罕默德·布尔汉（Hassan Omar Mohamed Bourhan），内政部长赛义德·努赫·哈桑（Said Nouh Hassan），预算部长伊斯曼·易卜拉欣·罗布莱（M. Isman Ibrahim Robleh），卫生部长艾哈迈德·罗布莱·阿卜迪莱（M. Ahmed Robleh Abdileh），国民教育与职业培训部长穆斯塔法·穆罕默德·马哈茂德（Moustapha Mohamed Mahamoud），高等教育与研究部长纳比勒·穆罕默德·艾哈迈德（Nabil Mohamed Ahmed），妇女与家庭部长穆娜·奥斯曼·亚丁（Mouna Osman Aden，女），农业、水务、渔业、畜牧与水产资源部长穆罕默德·艾哈迈德·阿瓦莱（Mohamed Ahmed Awaleh），基础设施与装备部长哈桑·胡迈德·易卜拉欣（Hassan Houmed Ibrahim），穆斯林事务与宗教公产部长穆明·哈桑·巴雷（Moumin Hassan Barreh），社会事务与团结部长乌卢法·伊斯梅尔·阿卜杜（Ouloufa Ismail Abdo，女），能源与自然资源部长尤尼斯·阿里·盖迪（Younis Ali Guedi），劳动、规范化与社会保障部长奥马尔·阿卜迪·赛义德（Omar Abdi Said），环境与可持续发展部长穆罕默德·阿卜杜勒–卡德尔·穆萨·赫利姆（Mohamed Abdoulkader Moussa Helem），城市、城市规划与居住部长阿明娜·阿卜迪·亚丁（Amina Abdi Aden，女），通信、邮政与电信部长拉德万·阿卜杜拉希·巴赫敦（Radwan Abdillahi Bahdon），贸易与旅游部长穆罕默德·瓦尔萨马·迪里耶（Mohamed Warsama Dirieh），青年与文化部长希博·穆明·阿索韦（Hibo Moumin Assoweh，女），权力下放部长级代表卡西姆·哈龙·阿里（Kassim Haroun Ali），数字经济与创新部长级代表玛丽亚姆·哈马杜·阿里（Mariam Hamadou Ali，女），投资与私营部门发展国务秘书萨菲娅·穆罕默德·阿里·加迪莱（Safie Mohamed Ali Gadileh，女），体育国务秘书哈桑·穆罕默德·卡米勒（Hassan Mohamed Kamil），体育国务秘书哈桑·穆罕默德·卡米勒（M. Hassan Mohamed Kamil）。

【行政区划】全国共分1个市和5个地区分别是：吉布提市、塔朱拉地区、奥博克地区、阿里萨比赫地区、迪基勒地区和阿尔塔地区。

【司法机构】实行三权分立、司法独立和法官终身制，总统主持的最高法官会议监督法官的工作。司法机构分为县法院、一审法院、上诉法院和最高法院四级。最高法院院长阿卜杜拉曼·谢赫·穆罕默德（Abdourahman Cheick Mohamed），上诉法院院长尼玛·阿里·瓦萨玛（Nima Ali Warsama，女），总检察长贾玛·苏莱曼·阿里（Djama Souleiman Ali）。吉作为伊斯兰国家，还设有属人法法庭（原称“伊斯兰法庭”），现任庭长为阿卜杜勒–卡德尔·艾哈迈德·布拉莱（Abdoulkader Ahmed Boulaleh）。

【政党】宪法规定，吉实行多党制。目前主要有9个合法政党：

（1）争取进步人民联盟（Rassemblement Populaire pour le Progrès，RPP）：简称“人盟”。执政联盟成员党。1979年3月4日成立，主要由原非洲人民争取独立联盟组成。自1981年10月政府取消反对党至1992年吉改行多党制，该党一直是吉唯一合法政党。2022年3月召开第13届全国代表大会，选举盖莱总统连任党主席。

（2）恢复团结和民主阵线（Front pour la Restauration de l'Unité et de la Démocratie，FRUD）：执政联盟成员党。其前身是1991年8月由北方阿法尔族反政府武装建立的政党。1996年被承认为合法政党。1997年举行第一次全国代表大会，决定与执政党人盟结盟，通过和平方式捍卫党的宗旨。

（3）全国民主党（Parti National Démocratique，PND）：执政联盟成员党。1992年10月成立。宗旨是维护国家统一和民族独立。主张建立真正的民主社会，实行自由选举、司法独立和新闻自由等；实行市场经济；反对种族主义和民族主义。

（4）社会民主党（Parti Social Démocrate，PSD）：执政联盟成员党。2002年10月成立。目标是维护社会秩序，恢复经济，协调领导政策，规范工资和降低生活物价。

（5）改革者联盟（Union des Partisans de la Réforme，UPR）：执政联盟成员党。2005年3月1日成立。积极参加“总统多数联盟”活动，2007年12月正式签署文件加入该联盟。主张实行和谐政策，建设符合时代发展要求的国家。

（6）争取发展共和同盟（Alliance Républicaine pour la Démocratie，ARD）：反对党。由原恢复团结和民主阵线分裂而来，2002年10月6日成立。

（7）争取民主和正义联盟（Union pour la Démocratie et la Justice，UDJ）：反对党。2002年10月13日成立。

（8）吉布提发展党（Parti Djiboutien pour le Développement，PDD）：反对党。2002年9月2日成立。

（9）民主人士联合党（Centre des Démocrates unifiés）：反对党。2012年9月成立。

【重要人物】伊斯梅尔·奥马尔·盖莱：总统。1947年11月27日出生于埃塞俄比亚，伊萨族，信奉伊斯兰教。1977年吉独立后任总统办公室主任。1978年兼任国家安全局局长。1982年任人盟中央委员和政治局委员，1997年3月当选为该党第三副主席。1999年初，由执政的两党联盟正式提名为总统候选人，并于4月当选总统。2000年3月当选人盟主席。2005年4月、2011年4月、2016年4月和2021年4月在大选中获胜连任总统。 **阿卜杜勒–卡德尔·卡米勒·穆罕默德**：总理。1951年生。在法国接受高等教育，获水务科学专业硕士学位。曾在吉布提水务部门任职。2005—2011年任农业、畜牧、海洋和水利资源部长，2011年任国防部长，2013年3月任现职，2016年5月连任。

经济

吉是最不发达国家。自然资源贫乏，工农业基础薄弱，95%

以上农产品和工业品依靠进口。交通运输、商业和服务业（主要是港口服务业）在经济中占主导地位，约占国内生产总值的80%。

2001年，吉政府将吉港口和机场的经营管理权转让给迪拜环球港务公司。2018年2月22日，吉布提政府依据2017年9月颁布的《国家战略基础设施保护法》终止迪拜环球港务公司对吉多哈雷集装箱码头的特许经营权。近年来，吉布提政府积极调整经济政策，争取外援外资，重点发展第三产业，并加紧实施基础设施建设项目，积极参与地区一体化建设。2013年，吉布提政府制定《2035年远景规划》，着力发展交通、物流、金融、电信、渔业等行业。目前，经济保持低速增长。近年来，财政赤字保持在3%以内。2022年主要经济数据如下：

国内生产总值：35.15亿美元。

人均国内生产总值：3136.11美元。

国内生产总值增长率：3.12%。

货币名称：吉布提法郎。

汇率：1美元≈175吉布提法郎。

【资源】资源贫乏，主要有盐、石灰岩、珍珠岩和地热资源。盐矿总储量约为20亿吨，主要分布在阿萨尔盐湖。石灰岩和石膏矿均属埋藏浅、储量大、易开发的优质矿；珍珠岩估算储量达4800万吨；内地四个区均发现含金构造。沿海地区已发现含油构造。地热资源丰富，但因地下水含盐度太高，开发难度较大。

【工业】吉科技水平落后且缺乏资金来源，工业较为落后。重工业产值占国内生产总值的15%。主要工业为电力、水利、房屋及公共工程、盐矿开发等，另有一些建筑业以及矿泉水厂、可口可乐饮料厂、面粉厂、制瓶厂、奶品厂、制药厂、水泥厂、机械修配、船舶修理、炼油、制革、发电等小型工业。

【农业】农业以畜牧业为主。可耕地面积1万公顷。粮食不能自给，每年从欧盟、法国、日本等接受粮食援助。渔业资源较丰富，但目前捕捞业仍比较落后，采用手工作业捕鱼。第一产业仅占吉经济的3%。

【服务业】吉国民经济的支柱产业。吉国内生产总值的80%来自交通服务业为主的第三产业。

【旅游业】主要旅游景点有阿萨尔湖、阿贝湖、古拜特·阿尔·卡拉卡魔渊、阿尔都巴火山、达依原始森林、朗达兴奔古瓦莱瀑布、塔朱拉海上乐园等。

【交通运输】港口和铁路运输在国民经济中占重要地位。

水运：吉布提港是东非重要港口之一，现有4个港区，分别为吉布提老港、多哈雷集装箱码头、多哈雷油码头、多哈雷多功能新港。

铁路：建有吉布提与埃塞俄比亚首都亚的斯亚贝巴窄轨铁路，全长850公里，吉境内长194公里。因设备老化，铁路货运量逐年下降，2012年停运。由中国融资兴建的标轨亚吉铁路吉布提段于2017年1月举行通车仪式，2018年1月投入商业运营。

公路：建有连接吉布提和埃塞俄比亚边界的吉布提国家1号公路。

空运：吉布提国际机场可起降大型客、货机。年旅客运输量为26万—29万人次。

【财政金融】据国际货币基金组织统计，2020年，吉财政收入为1286.5亿吉布提法郎，占国内生产总值的比重为21.2%；财政支出为1364.9亿吉布提法郎，占国内生产总值的比重为22.5%。财政收支基本持平。

吉布提中央银行是政策性银行，负责发钞及国家金融监管。吉共有10家商业银行，均为外资银行，包括：非洲银行、红海工商银行、萨巴伊斯兰银行、国际商业银行、吉布提储蓄信贷银行、萨拉姆非洲银行、国际合作农业信用银行、埃及舒拉银行、吉布提丝路国际银行、中国银行吉布提有限公司。

【对外贸易】实行自由贸易政策。港口转口贸易占很大比重。主要进口食品饮料、机械设备、电器产品、运输设备、石油产品、金属制品、纺织品和鞋类等，主要出口食盐、牲畜、皮张等。主要贸易伙伴为索马里、沙特、埃塞俄比亚、印度、中国、法国、也门、英国等。

【外国援助】吉主要援助国为法国、日本、美国、沙特、中国、意大利等，主要援助组织有欧盟、联合国难民署、联合国粮农组织和非洲开发基金等。

人民生活

据《2020年人类发展报告》统计，吉人类发展指数在全球189个国家和地区中列第166位。人均预期寿命67.1岁。

军　事

1977年6月6日建军，实行志愿兵役制。总统为武装部队最高统帅，实际由三军总参谋长负责，国防参谋长为其副手。军队主要职责是国家防务、和平时期参与社会发展和救灾活动。

国家安全部队与警察部队于1995年合并后称国家警察部队，主要负责治安、边检、司法、消防等工作。国际刑警组织吉布提分部成立于1979年2月5日。

国家宪兵队1998年从军队分离，主要任务是执行吉国内法律法规，维护公共安全，保证社会稳定。

文化教育

【教育】独立初期沿袭法国的教育制度和教科书，2000年教改后教育体系分为基础教育、中等教育和高等教育。学制为小学5年、初中4年、高中3年，对6—15岁的青少年实行免费义务教育。除国立学校外，国家允许设立民办中小学，二者数量之比约为4∶1。共有两所大学：吉布提大学和吉布提医学院。

【新闻出版】官方报纸《民族报》以法文每周一、周二、周三、周四、周日出版，每期发行1300份；《号角报》以阿拉伯文每周一、周四出版，每期发行500份；人盟党刊《进步报》为半月刊。

吉布提广播电视台：用法语、索马里语、阿法尔语和阿拉伯语广播，电视台每晚播出综合节目。

2002年，美国在吉设立“美国之音”转播站。2012年，中央电视台、国际广播电台法语频道在吉落地。

对外关系

奉行中立、不结盟和睦邻友好的外交政策。注重保持同法国的传统关系，积极配合美国在非洲之角反恐，与日本关系逐渐升温，法、美、日、意等国在吉建有军事基地。重视发展同阿拉伯国家和邻国关系，积极参与地区合作，致力于调解索马里内部冲突，支持国际社会共同打击索马里海盗。与厄立特里亚有边界纠纷，主张通过外交途径解决。系非洲联盟、阿拉伯国家联盟、伊斯兰合作组织、（东非）政府间发展组织（伊加特）、东部和南部非洲共同市场、萨赫勒—撒哈拉国家共同体等地区组织成员国。为伊加特总部所在地。

【同中国的关系】中吉1979年1月8日建交以来，两国各领域合作顺利发展。

2020年1月，王毅国务委员兼外长访吉。2022年12月9日，习近平主席在沙特首都利雅得会见出席首届中国—阿拉伯国家峰会的盖莱总统。

吉支持中国海军舰队在亚丁湾和索马里海域实施护航任务，并为护航舰队综合补给、应急支援和紧急避险提供便利。

据中国海关总署统计，2022年，中吉双边贸易额为33.59亿美元，同比增长28.3%，以中方出口为主。中方对吉出口以转口贸易为主，大多通过吉港口保税区转运至埃塞俄比亚和索马里。中吉签有文化合作协定。中国自1986年起向吉提供政府奖学金生名额。中国自1981年起向吉派遣医疗队，迄今已派出19批。

中国驻吉布提大使：胡斌。馆址：BP2021，Rue Addis Abeba，Lotissement du Héron，Djibouti。电话：00253–21–350404/352247；传真：354174。

吉布提驻华大使：阿卜杜拉·阿卜杜拉希·米吉勒（Abdallah Abdillahi Miguil）。馆址：北京市朝阳区塔园外交公寓1–1–122。电话：010–65327857；传真：65327858。

【同法国的关系】法是吉原宗主国，也是吉最大援助国和贸易伙伴。法在吉除外交部以外的各政府部门均派有顾问。两国签有防务协定，建有年度例行联合军演机制。法在吉现有驻军约1400人。2019年3月，法国总统马克龙访吉。2021年2月，盖莱总统对法国进行正式访问。2022年3月，盖莱总统致电祝贺马克龙当选连任法国总统。

【同美国的关系】美自1991年起向吉提供各种经济和军事援助。美在吉设有军事基地。“9·11”事件后，吉积极支持美的反恐行动，允许美在吉长期驻军，并使用其港口和机场运送物资。2012年2月，吉国防部长和美驻吉大使签署新一期吉美军事合作协定。2014年5月，盖莱总统访美，会见美国总统奥巴马，就教育、能源、卫生、粮食安全、贸易等领域加强合作达成共识，并签署了美军驻吉基地续租协议。2021年，美向吉提供大批疫苗、资金等抗疫援助，美国非洲之角特使多次访吉。2022年6月，美国务院负责政治事务的副国务卿维多利亚·纽兰访吉。

【同日本的关系】2011年7月，日本在吉军事基地正式启用。2019年8月，盖莱总统赴日出席第七届东京非洲发展国际会议横滨峰会并会见日本首相安倍晋三。2022年5月，日本防卫省政务官中曾根康隆访吉。

【同埃塞俄比亚的关系】两国关系友好，签有友好合作协定和农业科技合作等协议。吉布提港是埃塞对外贸易重要出海口。两国高层交往频繁，定期举行双边磋商，并不断加强在贸易、运输、教育合作和人员自由往来方面的合作。2012年2月，吉、埃塞、南苏丹就加强三国在电信、铁路、输油管道、港口和免税区等领域合作签署谅解备忘录。9月，吉同埃塞签署从埃塞引水至吉布提的谅解备忘录，吉同埃塞、南苏丹签署建设三国跨境输油管道的协议。2015年2月，埃塞总理海尔马里亚姆访吉，双方签署边境贸易、人员往来、矿产资源开发、两国商会建立定期磋商机制和亚吉铁路电气一体化等协议。2021年10月，盖莱总统出席埃塞总理阿比就职典礼。2022年3月，盖莱总统对埃塞进行国事访问。6月，阿比总理对吉进行正式访问。

【同索马里的关系】吉支持并深度参与索马里和平进程。2000年，吉主持召开索马里和会，推动产生索过渡政府。2008年，吉促成索反政府派别与过渡政府达成《吉布提协议》。盖莱总统多次参加索马里问题国际会议。2009年1月，索过渡议会在吉召开会议并选举新总统。2012年索新政府成立后，吉派遣1000名士兵参加非盟驻索马里特派团维和行动，并支持国际社会打击索马里海盗。2012年11月，索总统马哈茂德对吉进行国事访问，此系其当选后首次出访。2014年6月，索议长贾瓦里访吉，双方签署两国议会间合作协议。2015年2月，盖莱总统访索，接受索最高荣誉勋章。2022年7月，索总统马哈茂德对吉进行国事访问。

【同厄立特里亚的关系】两国之间存在领土争端。1998年吉因被厄特指责在埃塞、厄特边界冲突中偏袒埃塞而宣布与厄特断交，2000年两国复交，并于2001年实现两国元首互访。2008年6月，吉厄边界发生武装冲突，导致两国关系紧张。2009年11月，吉与乌干达、埃塞、索马里以厄特破坏索和平进程为由，推动安理会通过制裁厄特的决议草案，包括要求厄特即从吉厄边境撤军并通过对话解决争端等内容。2010年6月，在卡塔尔斡旋下，双方同意从争议地区撤军。2011年10月初，两名在厄特被押战俘逃回吉，引起两国关系再度紧张。2011年12月，埃塞等推动安理会通过强化对厄特制裁决议，吉对此表示支持。2015年10

月，埃塞、吉等再次推动联合国延长对厄特制裁决议。2016年3月，厄特释放4名吉战俘。2017年6月，因吉追随海湾国家降低在卡塔尔外交代表级别，卡撤回部署在吉厄争议边界吉方区域的维和部队，导致吉厄边境局势一度紧张。7月，吉外长优素福表示，厄特已从争议地区撤军，该地区局势趋缓。2018年9月，盖莱总统与厄特总统伊萨亚斯在沙特吉达会面，启动两国关系正常化进程，但领土争端和边界纠纷仍制约两国关系发展。（王鑫）

几　内　亚

国名　几内亚共和国（The Republic of Guinea，La République de Guinée）。

面积　245857平方公里。

人口　1504万（2022年）。全国有20多个民族，其中富拉族（又称“颇尔族”）约占全国人口的33.9%以上，马林凯族约占30%以上，苏苏族约占19.1%。官方语言为法语。各民族均有自己的语言，主要语种有苏苏语、马林凯语和富拉语（又称“颇尔语”）。全国约85%的居民信奉伊斯兰教，5%信奉基督教，其余信奉原始宗教。

首都　科纳克里（Conakry），人口210万（2022年）。最高气温35℃，最低气温22℃。

国家元首　过渡总统马马迪·敦布亚（Mamadi Doumbouya），2021年10月就任。

重要节日　独立日：10月2日。

简　况

位于西非西岸，北邻几内亚比绍、塞内加尔和马里，东与科特迪瓦、南与塞拉利昂和利比里亚接壤，西濒大西洋。海岸线长约352公里。沿海地区为热带季风气候，内地为热带草原气候。年均气温为24℃—32℃。

9—15世纪为加纳王国和马里帝国的一部分。15世纪，葡萄牙殖民者入侵。1885年被柏林会议划为法国势力范围，1893年被命名为法属几内亚。19世纪后期，萨摩利·杜尔建立了乌拉苏鲁王国，坚持抗法斗争。20世纪初，阿尔法·雅雅领导了大规模反法武装起义。1958年9月28日，通过全民公决拒绝留在法兰西共同体内。同年10月2日宣告独立，成立几内亚共和国，塞古·杜尔任总统。杜尔总统长期执政，直至1984年3月病逝。1984年4月，兰萨纳·孔戴上校发动兵变，宣布成立几内亚第二共和国。1992年4月，政党法实施，改行多党制。1993年12月举行多党民主制下的首次总统选举，孔戴当选，并于1998年12月和2003年12月两次连选连任。2008年12月22日，孔戴总统病逝。次日，部分军人发动政变接管国家权力。2009年1月，几军政权组建过渡政府。2010年1月，几军政权宣布还政于民。6月和11月，几先后举行2轮总统选举，几内亚人民联盟主席阿尔法·孔戴胜出，并于12月21日宣誓就职。

政　治

2015年10月举行总统选举，孔戴连任总统，并于12月21日就职。2020年3月，几合并举行立法选举和新宪法公投，新一届国民议会成立。10月，几举行总统选举，孔戴以59.49%的得票率胜选连任，并于12月15日宣誓就职。2021年1月15日，几新政府成立。2021年9月，几发生军人哗变，以马马迪·敦布亚为首的部分军人扣押孔戴，随后组建过渡政府，敦布亚任过渡总统。2022年，几过渡政府同西非国家经济共同体就24个月过渡期原则达成共识。

【**宪法**】2020年3月，几内亚举行新宪法公投，新宪法获得89.76%的支持率，并于4月6日公布实施。新宪法将总统任期由5年改为6年，保留“可连任一次”规定，删除“任何情况下，无论连续与否，任何人担任总统不得超过两届”条款。2021年9月，现行宪法中止实施，几内亚“全国团结和发展委员会”发布过渡宪章。

【**议会**】国民议会为最高立法机构。实行一院制，共114席，议员任期5年。2021年9月，几过渡政权宣布解散议会。

【**政府**】本届政府成员名单如下：过渡总理、政府首脑贝尔纳·古穆（Bernard GOUMOU），掌玺、司法和人权部长阿尔方斯·查尔斯·莱特（Alphonse Charles Wright），国防国务部长阿布巴卡尔·西迪基·卡马拉（Aboubacar Sidiki CAMARA），国土管理和地方分权部长莫里·孔戴（Mory CONDE），安全和民事保护国务部长巴希尔·迪亚洛（Bachir DIALLO），外交、非洲一体化和海外侨民部长莫里桑达·库亚特（Morissanda KOUYATE），经济和财政部长穆萨·西塞（Moussa CISSE），预算部长兰西内·孔戴（Lancinet CONDE），计划和国际合作部长罗丝·波拉·普利斯穆（Rose Pola Pricemou，女），劳动和公职部长朱利安·永布诺（Julien YOMBOUNO），环境和可持续发展部长萨菲亚图·迪亚洛（Safiatou DIALLO，女），农业和畜牧业部长马马杜·纳尼亚朗·巴里（Mamadou Nagnalen BARRY），能源、水利和油气部长阿里·塞杜巴·苏马（Ali Seydouba SOUMAH），矿业和地质部长穆萨·马加苏巴

（Moussa MAGASSOUBA），基础设施和公共工程部长哈吉·甘都·巴里（Elhadj Gando BARRY），交通部长菲利克斯·拉马（Felix LAMAH），邮政、电信和数字经济部长奥斯曼·加乌·迪亚洛（Ousmane Gaoual DIALLO），城镇化、住房、国土整治和回收国家被窃财产部长易卜拉希马·卡利勒·孔戴（Ibrahima Kalil CONDE），渔业和海洋经济部长夏洛特·达费（Charlotte DAFFE，女），贸易、工业和中小企业部长卢普·拉马（Loppou LAMAH，女），高等教育、科研和创新部长迪亚卡·西迪贝（Diaka SIDIBE，女），基础教育和扫盲部长纪尧姆·哈温（Guillaume HAWING），技术教育、职业培训和就业部长阿尔法·巴卡尔·巴里（Alpha Bacar BARRY），健康和公共卫生部长马马杜·帕特·迪亚洛（Mamadou Pathé DIALLO），信息和新闻部长阿米娜塔·卡巴（Aminata KABA，女），青年和体育部长兰萨纳·贝亚·迪亚洛（Lansana Béa DIALLO），促进妇女权利、儿童和弱势群体部长艾莎·娜内特·孔戴（Aicha Nanette CONTÉ，女），文化、旅游和手工业部长阿尔法·苏马（Alpha SOUMAH），政府秘书长阿卜杜·拉赫曼·西凯·卡马拉（Abdourahamane Sikhè CAMARA），宗教事务秘书长哈吉·卡拉莫·迪亚瓦拉（Elhadj Karamo DIAWARA）。

【**行政区划**】分为大区、省、专区三级，共有7个大区和1个首都科纳克里市（与大区同级）、33个省、304个专区。

【**司法机构**】分普通法院和特别法院两类。普通法院包括最高法院、上诉法院、初审法院和治安法院。最高法院下设宪法和行政，民事、刑事、商务和社会事务，以及审计三个法庭。特别法院包括特别最高法庭、军事法庭和劳动法庭。2009年3月，军政权撤销最高法院。2010年3月，军政权恢复最高法院，并任命马马杜·西拉（Mamadou SYLLA）担任最高法院院长，阿伊萨图·巴尔德（Aïssatou Balde）担任总检察长。

【**政党**】1992年4月实行多党制。主要政党情况如下：

（1）几内亚人民联盟（Rassemblement du Peuple de Guinée）：始建于1963年。1992年4月3日注册登记，成为合法政党。成员多为马林凯族人。政党宗旨：将几内亚人民从一切形式的压迫中解放出来，团结全体人民，以平等、博爱为基础，建设民主自由社会，实现国家统一、民族独立、经济繁荣和社会公正。该联盟候选人阿尔法·孔戴于2010年11月当选总统。2012年4月，几内亚人民联盟联合44个政党组成执政联盟几内亚人民联盟－彩虹联盟（RPG-Arc-en-CIEL）。现任总书记萨卢姆·西塞（Saloum Cissé）。

（2）几内亚民主力量同盟（Union des Forces Démocratiques de Guinée）：反对党。成立于1991年9月。政党宗旨：在实现社会团结和民族和解的基础上，建立民主和法治国家，使国家摆脱贫困，实现可持续发展，保障全体公民的合法权利和自由。主席塞卢·达兰·迪亚洛（Cellou Dalein DIALLO），曾于2004—2006年任总理，2010年6月、2020年10月两次参加总统选举。

（3）几内亚共和力量同盟（Union des Forces Républicaines）：反对党。成立于1992年。政党宗旨：实现民族和解，建立民主、多元化社会，改变国家政治、经济和社会三重落后面貌。主席西迪亚·杜尔（Sidya TOURÉ），曾于1996—1999年任总理。

（4）几内亚进步复兴联盟（Union du Progrès et du Renouveau）：由原反对党新共和同盟和复兴进步党于1998年9月15日合并而成。成员多为颇尔族人。政党宗旨：在尊重自由、保障多党民主的基础上，建立三权分立的法治国家，加强民族团结和社会凝聚力，反对一切形式的种族中心主义和地方主义，以实现人的可持续发展和全民福祉的目标，全面推进经济、社会和文化建设。主席奥斯曼·巴（Ousmane Bah）。

【**重要人物**】**马马迪·敦布亚**：过渡总统。1980年3月生，马林凯族。曾在法国军事学校学习，2018年任几特种部队司令，2019年、2020年分别晋升中校、上校。2021年10月出任过渡总统。

经　济

系最不发达国家。农业国，工业基础薄弱，粮食不能自给。重视发展经济，重点保障主要城市的水电供应，大力发展农业，加强基础设施建设，推进财税金融改革，加强对资源开发的管理与控制。2022年主要经济数据如下：

国内生产总值：186亿美元。

人均国内生产总值：1236美元。

国内生产总值增长率：4.8%。

货币名称：几内亚法郎。

汇率：1美元≈8782几内亚法郎。

通货膨胀率：10.5%。

（资料来源：2023年第二季度《伦敦经济季评》）

【**资源**】资源丰富，有“地质奇迹”之称。铝矾土贮藏总量估计为410亿吨，其中290多亿吨已探明，占世界已探明储量的30%，居世界第一位，其品位高达58%—62%。铁矿石已探明储量150亿吨，且品位高达60%。钻石储量为2500万—3000万克拉。此外，还有黄金、铜、铀、钴、铅、锌等。水力资源丰富，是西非三大河流尼日尔河、塞内加尔河和冈比亚河的发源地，有“西非水塔”之称。水电蕴藏量600多万千瓦，开发后年发电量估计可达630亿度。沿海渔业资源较丰富，近海浅层水域鱼类的蕴藏量为23万吨，深海区蕴藏量约100万吨。此外，几内陆河流多，淡水鱼资源也很丰富。沿海大陆架已发现石油。

【**工业**】工业基础薄弱，制造业不发达。主要工业部门是农产品和食品加工、纺织、家具生产等。矿业是较为重要的经济部门，矿业产值一直占国内生产总值的20%左右。主要矿业公司有：博凯、弗里亚、金迪亚三大铝土矿和阿雷多尔黄金钻石开采公司等。力拓、必和必拓、淡水河谷等国际矿业公司先后进入几内亚，与几方商谈开展铁矿开发合作。2011年9月，几全国过渡委员会批准了新政府修订的《矿业法》，其中规定国家将无偿获得新矿业项目15%的股权，另有出资增股20%的权利。2012年2月，几成立国家矿产委员会，负责在"矿产法"基础上参与矿权证签发、延期、更新、吊销等材料的审查工作。

【农业】农业为几国民经济的主要支柱产业之一。农村劳动人口约占全国劳动人口的2/3。可耕地面积约620万公顷，其中80%未开垦，主要种植水稻、小米、玉米等粮食作物和咖啡、可可、棉花等经济作物。粮食不能自给。

全国森林面积65440平方公里，森林覆盖率约26.6%。畜牧业资源可观，中几内亚富塔-贾隆高原、上几内亚萨赫勒草原都是天然牧场。

【旅游业】旅游资源较丰富。全国共有旅游景点201个。1981年，位于几与科特迪瓦交界的宁巴山被联合国教科文组织列为世界自然文化遗产。受次区域局势不稳等因素影响，几旅游资源未得到有效开发。每年入境游客数量约为3万人。

【交通运输】内陆交通不发达，以公路运输为主。

公路：总长超过4.3万公里。国家级干道7000公里（其中沥青路面2400公里），省道1.55万公里，县乡道路2.1万公里。

铁路：有4条铁路干线，总长约1046公里。其中3条为通往矿区的专用线，目前运营良好。另1条长661公里的民用运输线已无法运营。

海运：约95%的货物通过海运运输。科纳克里港为西非重要海港之一，码头主航道长5000米。其他专业码头包括集装箱码头、矿产码头、商用码头、渔业码头等，其中集装箱码头可停靠2.5万吨级船只，年装卸能力5万个集装箱。另有卡姆萨深水港，为博凯铝矿专用港，年吞吐量约1000万吨。

空运：几内亚共有16个机场（其中11个对外开放）。科纳克里格贝西亚机场为几唯一的国际机场。主要有法国、比利时、摩洛哥和塞内加尔等国航空公司经营国际和地区航班。2017年2月，几私营企业BGM和法国REGOURD航空公司合资组建几内亚航空公司。2021年，国际机场出发旅客20.6万人次，到达旅客19.5万人次，中转旅客5.5万人次。

【财政金融】2022年，几外汇储备约为20.67亿美元。近几年财政收支情况如下（占国内生产总值比重）：

	2019	2020	2021
收入	14.4%	12.8%	14.9%
支出	14.9%	15.7%	17.1%

（资料来源：国际货币基金组织2021年7月国别报告和2023年第二季度《伦敦经济季评》）

【对外贸易】近几年对外贸易情况如下（单位：亿美元）：

	2020	2021	2022
出口额	89.31	102.39	76.50
进口额	37.27	41.87	46.78
差　额	52.04	60.52	29.72

主要出口铝矾土、黄金、钻石等，主要进口生产资料、石油制品、半成品、食品、烟草等。2022年，几主要向以下国家出口：印度32.2%，中国11.4%，瑞士5.2%，阿联酋4.4%；主要从以下国家进口：中国17.4%，印度11.5%，荷兰10.9%，比利时8.5%。（资料来源：2023年第二季度《伦敦经济季评》）

【外国援助】主要援助国为法国、美国、日本、德国、科威特、沙特等，其中法国是几内亚最大援助国。主要国际援助机构为联合国系统、欧盟、国际货币基金组织、世界银行、非洲开发银行等。2012年9月26日，几达到重债穷国减债倡议完成点。2018年9月，世界银行宣布2018—2023年将向几提供15亿美元，优先推动农业、工业、基础服务、青年就业、技术、金融等领域发展。国际货币基金组织于2020年底完成对几的中期贷款第五次和第六次审查，正式向几拨款4947万美元，截至2020年底，该项目拨款总额已达1.67亿美元。2021年1月，非洲开发银行和联合国开发署向几政府提供1500万美元的赠款，用于支持青年就业。2022年7月，法国开发署向几政府提供3400万欧元的贷款，用于支持教育事业。

人民生活

根据联合国开发计划署公布的《2020年人类发展报告》，几人类发展指数在全球189个国家中排名第178位。55.2%的人口生活在贫困线以下，240万居民未解决温饱问题，5岁以下儿童和出生婴儿死亡率分别为13.1%和8.1%。

医疗卫生条件落后，是疟疾、霍乱和伤寒等热带传染病高发区。疟疾是导致死亡的首要疾病。全国共有884个卫生服务站、412个卫生中心、43所公立医院、344个私营卫生医疗机构及329家私营药店。平均约每10万人拥有8名医生。2021年人均寿命58.9岁。

军　事

1958年11月成立人民军，后改称几内亚武装力量。总统是最高军事统帅，行使任免军事人员、对外宣战等权力。国防部作为军事行政主管，直接隶属总统府。

几武装力量由野战军、宪兵和共和国卫队组成。

野战军总兵力2万人，其中陆军1.8万人、海军1500人、空军500人。宪兵1800人，共和国卫队1600人。现任三军总参谋长为易卜拉希马·索里·班古拉（Ibrahima Sory BANGOURA）准将。

文化教育

【教育】1984年5月起实行教育改革，规定法语为教学语言，允许私人开办学校。几重视发展教育事业，小学入学率为80.8%，中学入学率为49%，但文盲率仍超过60%。几内亚教育分为初等教育阶段、中等教育阶段和高等教育阶段。初等教育阶段共7年，国家实施义务教育，适龄儿童可以免费入学。科纳克里大学是几最高学府，1962年建立，分社会科学、自然科学和生物科学3个学科。

【新闻出版】《自由报》为官方法文报纸。目前有250多种新闻出版物，10余种报纸定期出版，基本上是周刊。发行量较大的私营报纸有《猞猁》《宁巴报》《外交官报》《观察家报》《独立报》等。

几内亚国家广播电台：官方电台，每天用法语、富拉语、马林凯语和苏苏语等对内广播，用法语和英语等对外广播。

几内亚国家电视台：官方电视台，1977年开播。

对外关系

奉行睦邻友好、不结盟、全面开放和独立自主的外交政策，强调外交为发展服务。愿在平等互利和相互尊重的基础上与世界各国发展友好合作关系。主张加强非洲国家之间的团结与合作，积极参与非洲联盟建设。重视发展同欧盟、美国等西方国家关系，以争取国际支持和援助。注重发展同中国等亚洲国家和阿拉伯国家的关系。现为联合国会员国，世界贸易组织、不结盟运动、伊斯兰合作组织、法语国家组织、非洲联盟、西非国家经济共同体（西共体）、马诺河联盟等组织成员。同110多个国家建立了外交关系。

【同中国的关系】中几于1959年10月4日建交。几是第一个同中国建交的撒哈拉以南非洲国家。长期以来，两国关系发展顺利。2016年10月26日至11月5日，几内亚总统孔戴来华进行国事访问，习近平主席同孔戴总统举行会谈，两国元首一致决定将中几关系提升为全面战略合作伙伴关系。2019年11月，全国人大常委会副委员长武维华访问几内亚并出席中几建交60周年庆祝活动，分别会见孔戴总统和福法纳总理，并同孔迪亚诺议长举行会谈。2021年11月，王毅国务委员兼外长在塞内加尔首都达喀尔出席中非合作论坛第八届部长级会议期间会见几过渡政府外长库亚特。

据中国海关总署统计，2022年，中几双边贸易额为68.1亿美元，同比增长37.7%。其中，中国出口额为22.8亿美元，同比增长6.0%；中国进口额为45.3亿美元，同比增长62.1%。

中国驻几内亚大使：黄巍。馆址：DONKA，CITE MINISTERIELLE，CONAKRY。电话：00224–664006622，664078025（经商处）。

几内亚驻华大使：阿米娜塔·科伊塔（Aminata KOITA，女）。馆址：北京市朝阳区三里屯西六街2号。电话：010–65323649；传真：65324957。

【同法国的关系】几于1963年同法建交。1965年，几政府指责法与“反几阴谋”有牵连，双方宣布断交。1975年两国复交。法为几最大援助国，多年来向几提供了大量投资和援助。2010年11月几总统选举后，法宣布恢复与几正常合作。阿尔法·孔戴总统就职以来访问法国10余次。2017年11月，孔戴总统赴法出席几内亚《2016—2020年国家经济和社会发展计划》筹资会。2021年几暴发埃博拉疫情后，法国承诺向几提供1.4亿欧元援助，完成几首都东卡医院改造并运营管理，另在几建成巴斯德实验室、两个埃博拉治疗中心、一个转运中心和一个培训中心。

【同美国的关系】美是几主要援助国之一。1998年以来，美对几援助总额逾2亿美元。2012年12月，美国与几方签署协议，免除所有几对美双边债务总计9300万美元。2019年9月，孔戴总统访美，会见美国务卿彭佩奥。2021年12月，美副助理国务卿冈萨雷斯访几。

【同日本的关系】近年来，几日关系发展迅速，日向几提供大量援助。2017年6月，孔戴总统对日进行首次正式访问。2019年8月，孔戴总统出席第七届东京非洲国际发展横滨峰会，同日首相安倍晋三举行会谈。

【同邻国的关系】重视发展同邻国的友好合作关系，并在西共体、尼日尔河流域组织、马诺河联盟、冈比亚河开发组织和塞内加尔河流域开发组织中发挥积极作用。

1986年，几同塞拉利昂、利比里亚签订了互不侵犯和安全合作的《马诺河联盟条约》。1999年4月起，几与塞、利交界地区武装冲突不断，几、塞同利相互指责对方支持本国反政府武装，几利关系一度不睦。利内战结束后，几利关系逐步好转。几同塞一直保持良好关系。2019年5月，塞拉利昂总统比奥访几。7月，利比里亚总统维阿访几。同月，孔戴总统出席利比里亚独立庆典。2021年2月，塞拉利昂总统比奥访几。4月，孔戴总统赴塞拉利昂出席塞独立60周年庆典。10月，塞拉利昂总统比奥访几。

1978年，几分别与塞内加尔和科特迪瓦重新互派大使并签订友好合作条约。2015年8月，孔戴总统访塞，会见萨勒总统，萨勒总统授予孔戴总统塞内加尔十字勋章。2019年4月，孔戴总统赴塞出席萨勒总统的就职典礼。

几积极参与马里、几内亚比绍、冈比亚等地区国家危机斡旋。几积极向马派遣维和部队。2014年6月，孔戴总统出席几内亚比绍新当选总统若泽·马里奥·瓦斯就职仪式，此后积极促成几比各方达成解决国内政治危机的《科纳克里协议》。2016年12月冈比亚选后危机爆发后，孔戴总统积极参与调解。2021年6月，冈比亚总统巴罗访几。

【同其他国家的关系】几重视发展同阿拉伯国家的关系。2019年4月，埃及总统塞西对几进行国事访问。

2019年8月，印度总统科温德访几。10月，孔戴总统赴俄罗斯出席首届俄非峰会。（丛浩杰）

几内亚比绍

国名　几内亚比绍共和国（The Republic of Guinea-Bissau，República da Guiné-Bissau）。

面积　36125平方公里。

人口　190万（2022年）。有27个民族，其中巴兰特族占总人口的27%、富拉族占23%、曼丁哥族占12%。官方语言为葡萄牙语，通用克里奥尔语。45%的居民信奉伊斯兰教，10%信奉天主教，其余信奉基督教新教和原始宗教。

首都　比绍（Bissau），人口43万（2017年）。

国家元首　总统乌马罗·西索科·恩巴洛（Umaro Cissoko Embalo），2020年1月当选，2月就职，任期5年。

重要节日　独立日：9月24日。

简　况

位于非洲西部，包括比热戈斯群岛等岛屿。大陆部分北接塞内加尔，东、南邻几内亚，西濒大西洋。海岸线长约300公里。属热带海洋性季风气候，全年高温，年均气温约25℃。

曾为非洲古国桑海帝国的一部分。1879年沦为葡萄牙殖民地。1973年9月24日独立。首任国家元首、国务委员会主席为路易斯·卡布拉尔。独立后，几内亚和佛得角非洲独立党（简称“几佛独立党”）长期一党执政。1980年，部长会议主席若昂·贝尔纳多·维埃拉推翻卡布拉尔政府，成立革命委员会并自任主席。1991年，改行多党制。但此后几比政局一直不稳，发生多次军事政变，最近一次为2012年4月。2022年2月发生一起未遂军事政变。

政　治

在国际社会的大力支持下，几比于2014年4月13日举行总统和立法选举，并于5月18日举行总统选举第二轮投票。前执政党几佛独立党候选人若泽·马里奥·瓦斯赢得总统选举，并于6月23日就职。几佛独立党在立法选举中赢得议会绝对多数，该党新任主席多明戈斯·西蒙斯·佩雷拉（Domingos Simões Pereira）出任总理。国际社会普遍认可选举过程和结果。2015年8月，瓦斯总统宣布解散由佩雷拉总理领导的政府。此后，瓦斯总统先后任命了多位总理，均未获议会认可。2018年4月，几比各方就任命阿里斯蒂德斯·戈梅斯为总理达成共识。2019年3月10日，几比举行议会选举。根据几比国家选举委员会公布的最终结果，几佛独立党赢得47席，成为议会第一大党。2019年底、2020年初，几比举行总统选举两轮投票，民主更替运动–15人小组党候选人恩巴洛胜选，并任命民主党主席努努·戈梅斯·纳比亚姆（Nuno Gomes Nabiam）为总理。2022年5月，恩巴洛总统宣布解散议会，提前举行议会选举。

【宪法】1999年7月通过并颁布的宪法修正案规定，几比实行半总统制。总统是国家元首，总理为政府首脑。总理、政府成员经议会多数党提名后由总统任命。总统每届任期5年，可连任1次。

【议会】全国人民议会行使立法权，每年召开4次例会，就国内外重大问题制定法律，并负责监督国家法律的执行。常设机关为常务委员会，在议会闭会和被解散期间，行使议会职权。议员任期为4年。本届议会于2019年3月选举产生，共有议员102名。其中，几佛独立党47名，民主更替运动–15人小组27名，社会革新党21名，人民团结大会–几比民主党5名，新民主党和变革联盟各1名。4月18日，本届议会选举几佛独立党人士西普利亚诺·卡萨马（Cipriano Cassamá）担任议长。

【政府】本届政府于2020年2月组成，除总理和副总理外，包括19位部长和13位国务秘书。主要成员有：总理努努·戈梅斯·纳比亚姆，副总理苏亚雷斯·桑布（Soares Sambu），外交、国际合作与侨务部长苏齐·卡拉·巴尔博萨（Suzi Carla Barbosa），国防与祖国解放战士部长马西亚诺·巴贝鲁（Marciano Barbeiro），内政部长博切·坎德（Botche Candé），渔业部长奥兰多·门德斯·维埃格斯（Orlando Mendes Viegas），农业与农村发展部长桑吉·法蒂（Sandji Fati），财政部长若昂·法迪亚（João Alage Mamadu Fadia），教育部长马提娜·莫妮兹（Martina Moniz，女），新闻部长费尔南多·门多萨（Fernando Mendonça），公共管理、劳动与社会保障部长希瑞罗·马玛萨里·迪亚洛（Cirilo Mamasaliu Djaló），公共工程、住房与城市化部长菲德里斯·福布斯（Fidelis Forbs），能源与工业部长奥古斯托·波克纳（Augusto Poquena），公共卫生部长迪奥尼西奥·库巴（Dionísio Cumba），妇女、家庭与社会团结部长玛利亚·达孔塞桑·埃武拉（Maria da Conceição Évora，女），司法与人权部长特蕾莎·达席尔瓦（Teresa Alexandrina da Silva，女），交通与通信部长阿里斯蒂德斯·达席尔瓦（Aristides Ocante da Silva），旅游部长费尔南多·瓦斯（Fernando Vaz），商务部长阿巴斯·迪亚洛（Abas Djaló），自然资源部长迪奥尼西奥·加比（Dionísio Cabi）等。

【行政区划】全国划分为8个省和1个自治区（比绍），下辖36个县。

【司法机构】最高法院是最高司法机关，总检察院是最高检察机关。最高法院院长由最高司法委员会选举产生，总统任命。现任最高法院院长若泽·桑布（José Pedro Sambú），2021年12月就职。总检察长由政府提名，总统任命。现任总检察长埃德蒙多·门德斯（Edmundo Mendes），2022年11月就职。

【政党】现有32个政党，主要有：

（1）民主更替运动–15人小组（Movimento para a Alternância Democrática–Grupo dos 15，MADEM–G15）：2018年6月成立，由15名前几佛独立党成员发起。党主席布拉伊马·卡马拉（Braima Camara）。

（2）几内亚和佛得角非洲独立党（Partido Africano da Independência da Guiné e Cabo Verde，PAIGC）：简称“几佛独立党”。1956年9月19日创立。党员约30万人。党的宗旨是实现民族团结，捍卫和巩固独立，为创建在人民团结一致、社会公正和法治国家基础上的民主社会而战斗。1973年几比独立后长期执政。1999年成为在野党。2008年重新执政。2012年4月军事政变后，一度被排除在过渡政权之外。2014年4月该党赢得立法选举，再度执政。2019年大选后再次成为在野党。2022年11月，该党召开第十次全国代表大会，多明戈斯·西蒙斯·佩雷拉连任党主席，安东尼奥·达席尔瓦（António Barbosa da Silva）当选全国书记。

（3）社会革新党（Partido da Renovação Social，PRS）：简称“社革党”。1992年1月24日创立，2000—2003年执政。在工人、农民中影响较大。主张优先进行国家建设、建立民主法制、实施良政，倡导民族团结与和解。2012年12月，该党举行全国代表大会，阿尔贝托·南贝阿（Alberto Nambeia）当选党主席，总书记为弗洛伦蒂诺·佩雷拉（Florentino Pereira）。2014年4月，该党创始人、前主席、几比前总统昆巴·亚拉因病逝世。2017年9月，该党举行全国代表大会，南贝阿、佩雷拉分别连任党主席、总书记。2022年1月，该党举行全国代表大会，南贝阿连任党主席。

【重要人物】乌马罗·西索科·恩巴洛：总统。1972年9月23日出生于比绍市。获得里斯本科技大学国际关系学学士、马德里国际研究院政治学硕士、马德里康普顿斯大学国际关系学博士学位。曾为几比陆军准将、非洲与中东合作事务国务部长、尼亚马乔过渡总统顾问。2016年11月至2018年1月任总理。2020年2月就职总统。

经济

系最不发达国家。农业国，工业基础薄弱，粮食不能自给。渔业资源丰富，发放捕鱼许可证，渔产品出口是其主要外汇收入来源。2010年12月，几比达到重债穷国减债倡议完成点，国际货币基金组织等先后宣布免除其90%以上的债务。2014年大选后，几比政府延续农业优先政策，经济恢复稳定发展。2020年新冠疫情的暴发对几比经济造成严重打击。2020年9月，几比政府提出《2020—2023发展纲要》，将国家资源重点向教育、卫生领域倾斜，兼顾基础设施建设，改善民生。2022年主要经济数据如下：

国内生产总值：17.1亿美元。

人均国内生产总值：898美元。

国内生产总值增长率：3.5%。

货币名称：非洲金融共同体法郎（简称“西非法郎”）。

汇率：1美元≈622.5西非法郎。

通货膨胀率：7.9%。

（资料来源：国际货币基金组织）

【资源】矿产资源尚未开发。主要矿藏有铝矾土（储量约2亿吨）、磷酸盐（储量约8000万吨）。沿海正在进行石油勘探（储量约11亿桶）。

【工业】2020年，工业产值约占国内生产总值的14.9%。基础薄弱，以农产品和食品加工业为主。

【农业】2020年，农业产值占国内生产总值的39.6%。农业人口约占全国劳动力的85%。可耕地约90万公顷，已耕地45.4万公顷。主要粮食作物有水稻、木薯、豆类、马铃薯、甘薯等，主要经济作物为腰果。根据联合国粮农组织统计，几比2016年腰果产量约15.4万吨，为世界第八大、非洲第五大腰果生产国。2020年，腰果出口额为1.13亿美元。

畜牧业产值约占国内生产总值的15%，拥有300万公顷天然牧场，20%的农业人口从事畜牧业。林业资源丰富，森林面积235万公顷，森林覆盖率达56%。木材藏量为4830万立方米，每年可生产10万吨木材。

近年渔业产值增长较快。沿海地区以捕鱼为业的人口有4000—5000人，每年实际捕捞量约为3万吨。每年发放捕鱼许可证收入约为920万美元。2020年，渔产品出口额为160万美元。

【交通运输】无铁路，以公路和水运为主，内河和近海航运占有重要地位。

公路：总长4400多公里，其中二级、三级公路（沥青路面）约550公里。

水运：内河和近海航运通航里程达1800多公里。主要港口比绍港是全国最大的驳运港、渔港和对外贸易中心，港区锚地可停泊7—8艘货轮，年货物吞吐量约50万吨。

空运：首都附近有奥斯瓦尔多·维埃拉国际机场，可供中小型飞机起降。每周有定期航班往返葡萄牙、塞内加尔、佛得角和摩洛哥。

【财政金融】财政困难，连年赤字。近几年财政收支情况如下（单位：亿西非法郎）：

	2019	2020	2021
收入	1301	1347	1825
支出	1637	2191	2363
盈余/赤字	–336	–844	–538

截至2020年底，外债总额约为3.9亿美元。截至2021年底，外汇储备（不含黄金）约为5.08亿美元。（资料来源：国际货币基金组织、世界银行、《伦敦经济季评》）

【对外贸易】近几年外贸情况如下（单位：亿美元）：

	2019	2020	2021
出口额	2.48	2.13	2.84
进口额	3.35	3.07	3.63
差　额	–0.87	–0.94	–0.79

（资料来源：2022年第四季度《伦敦经济季评》）

主要出口腰果、冻虾、冻鱼等，其中腰果出口占出口总额的80%以上；主要进口粮食、燃料、润滑油、运输设备和建材等。2021年，主要出口对象有印度、尼日利亚、科特迪瓦、加纳等，进口主要来自葡萄牙、塞内加尔、中国、荷兰等。

【外国资本】据联合国贸易和发展会议2022年度《世界投资报告》，几比2021年吸引外国直接投资2400万美元，主要投向资源开发领域。

【外国援助】据经济合作与发展组织统计，几比2020年共接受外援1.47亿美元，主要援助方有世界银行国际开发协会（3478万美元），欧盟（2193万美元），葡萄牙（1799万美元），抗击艾滋病、结核病和疟疾全球基金（1699万美元），非洲开发银行（672万美元）等。

人民生活

根据联合国开发计划署公布的《2021/2022年人类发展报告》，几内亚比绍的人类发展指数在191个国家中排名第177位，较前一年下降2位。全国有中心医院2所，省、县级医院16所，卫生所130个，病床1187张，医生150名（含国际合作者）。40%的人能享受医疗服务。疟疾、霍乱、腹泻及脑膜炎等传染病较为流行。成人艾滋病感染率为3.9%。全国有劳动人口45万人，其中领国家固定工资的职工有2.5万人，占5.5%。每百人拥有固定电话32部、移动电话29部。全国仅有10%的居民有水电供应，87%的居民用木炭做饭。据联合国粮农组织统计，几比仅7%的家庭能够保证基本食品安全，70%的家庭长期缺粮，平均每户家庭72%的日常支出用于购买食品。

军　事

军队称人民革命武装部队，创建于1964年11月16日。总统为武装部队最高统帅。政府设国防部，下辖总参谋部，总参谋长由总统根据政府建议任免。几内亚比绍实行义务兵役制，士兵服役期为2—3年，军官为10年以上。现任总参谋长比亚格·纳恩坦（Biaguê Na Ntan），2014年9月就职。目前，登记在册军人总数约4500人，警察等安全部门人员总数约3000人。

文化教育

【教育】重视发展教育事业。几内亚比绍教育经费约占国家财政预算的12%，相当于国内生产总值的3.2%。2013年成人识字率为56.7%。全国主要有小学、中学和技术职业培训学校。卡布拉尔大学为几比第一所公立大学，2004年1月成立。科利纳斯德博埃大学为几比第一所私立大学，2003年成立。几比每年向国外派出一定数量的留学生。

【新闻出版】现全国发行5种报纸。主要有：《前进报》，政府机关报，发行量5000份；《民主报》，2012年创刊，周报，发行量500份；《消息报》等。

几内亚比绍国家通讯社：官方通讯社，创建于1972年3月，无驻外分社或记者。

几内亚比绍国家广播电台：成立于1974年9月。用葡萄牙语、克里奥尔语及其他地方语言播音。每天播出14小时。

几内亚比绍国家电视台：1989年11月14日正式开播，每天均播出电视节目。

对外关系

奉行独立自主、和平、睦邻友好的外交政策，强调外交为发展服务。坚持平等互利、不干涉内政、和平解决争端的原则，重视与西非国家和葡语国家的传统友好关系，积极同新兴市场国家合作。几比是联合国会员国、世界贸易组织成员，以及不结盟运动、伊斯兰合作组织、西非国家经济共同体、葡萄牙语国家共同体、法语国家组织、萨赫勒—撒哈拉国家共同体等组织成员国。2012年4月军事政变后，联合国、欧盟等国际组织对几比实施制裁，非盟中止几比成员国资格。2014年几比大选后，除联合国未解除对军事政变领导人的旅行禁令外，国际社会纷纷解除对几比制裁。非盟于2014年7月正式恢复几比成员国资格。2022年7月，几比总统恩巴洛接任西共体轮值主席，为期1年。

【同中国的关系】1974年3月15日，两国建交。1990年5月26日，几内亚比绍与台湾当局建立所谓“外交关系”；31日，中国宣布中止同几比的外交关系。1998年4月23日，中国和几比恢复外交关系。此后，两国友好合作关系发展顺利。

2018年9月，瓦斯总统来华出席中非合作论坛北京峰会。9月，几佛党主席佩雷拉访华。2021年11月，王毅国务委员兼外长在塞内加尔首都达喀尔出席中非合作论坛第八届部长级会议期间会见几比外长巴尔博萨。

据中国海关总署统计，2022年，中几比双边贸易额为5651.8万美元，同比减少36.3%。中方主要出口机电产品、高新技术品、纺织品等。

中国驻几内亚比绍大使：郭策。馆址：Bairro de Penha，Bissau，Guiné-Bissau，C.P.66。电话：00245–955804048（办公室、领侨组）。

几内亚比绍驻华大使：安东尼奥·塞里福·恩巴洛（Antonio Serifo Embalo）。馆址：北京市朝阳区塔园外交公寓2–2–101。电话：010–65327393；传真：65327106。

【同葡萄牙的关系】同葡保持传统特殊关系。两国签有友好总协定，设有双边混委会。两国高层交往频繁，各领域合作密切。葡是几内亚比绍主要贸易伙伴和援助国之一。2015年7月，葡总理科埃略访问几比，其间双方签署了双边合作五年计划书，葡方将在2015—2020年向几比方提供约4000万欧元的各类援款。2020年7月，几比总理纳比亚姆因私访问葡萄牙并礼节性会见葡总理科斯塔。9月，葡外长席尔瓦对几比进行工作访问。10月，几比总统恩巴洛对葡进行正式访问。2021年1月，几比同葡萄牙签署两国《2021—2025战略合作协议》，预算为6000万欧元，较前一个五年协议上涨50%，涵盖教育、文化、司法、国防安全、卫生、就业、农业、渔业、环境、能源、基础设施建设、经济金融等领域。5月，葡总统德索萨对几比进行正式访问。2022年3月，葡总理科斯塔访问几比。

【同法国的关系】两国于1975年建交。2021年5月，法国恢复对几比双边援助。10月，恩巴洛总统访问法国。2022年7月，法国总统马克龙访问几比。

【同美国的关系】两国于1976年建交。美国国际开发计划署曾在比绍设有代表处，在农业、水利、医疗卫生、教育和沿海安全等方面提供援助，美向几内亚比绍派有和平队。2013年4月，美特工以涉嫌贩毒为由抓捕几比前海军参谋长布博·纳·楚托并将其押解至美国纽约候审，几比过渡政府对此表示不满。2022年12月，恩巴洛总统赴美出席第二届美非峰会。

【同安哥拉的关系】两国保持着密切的双边关系。近年来，两国在政治、经济、社会等各领域的交流与合作发展迅速。2021年7月，几比同安哥拉签署债务重组协议，重整几比政府同安哥拉企业间4900万美元债务。2022年9月，恩巴洛总统出席安哥拉总统洛伦索连任就职仪式。

【同佛得角的关系】几内亚比绍和佛得角人民曾在几佛独立党的统一领导下携手进行了争取民族独立的斗争。两国独立后，继续保持两国一党的局面。1980年，两国关系恶化。佛得角于1981年另立新党——佛得角非洲独立党。1982年，两国关系正常化。近年来，两国关系发展顺利。2020年7月，恩巴洛总统就佛得角独立45周年向佛总统丰塞卡致贺信。2021年1月，佛总统丰塞卡访问几比。2月，几比外长巴尔博萨、佛外长苏亚雷斯实现互访。7月，恩巴洛总统访问佛得角。2022年5月，佛总理科雷拉访问几比。10月，佛总统内韦斯访问几比。

【同其他葡语国家的关系】几内亚比绍重视发展同东帝汶、莫桑比克、圣多美和普林西比及巴西的关系。几比是非洲葡语五国首脑会议成员、葡语国家共同体创始国之一。2012年几比发生政变后，葡共体成员国保持一致立场，呼吁几比尽早举行大选，结束过渡期。2013年1月，东帝汶前总统奥尔塔被任命为联合国秘书长几内亚比绍问题特别代表兼联合国几内亚比绍建设和平综合办事处（联几建和办）主任。东帝汶积极为几比大选提供援助。2014年7月，圣多美和普林西比前总统特罗瓦达继任联合国秘书长特代兼联几建和办主任。2020年7月，恩巴洛总统就圣多美和普林西比独立45周年发表公开贺信。2021年5月，圣多美和普林西比总统卡瓦略访问几比。6月，恩巴洛总统访问圣多美和普林西比。10月，圣多美和普林西比总理特罗瓦达访问几比。

【同几内亚的关系】两国关系密切。1998年6月几内亚比绍兵变后，几内亚出兵协助维埃拉政府。2012年几比发生政变后，几总统阿尔法·孔戴出任西共体几比问题调解人，积极参与斡旋。2016年9月，西共体委派几内亚总统孔戴和塞拉利昂总统科罗马赴几比斡旋。10月14日，在孔戴总统倡议下，几比各方签署关于组建包容性政府的《科纳克里协议》。2021年10月，恩巴洛总统访问几内亚。2022年7月，恩巴洛总统以西共体轮值主席身份访问几内亚。

【同塞内加尔的关系】两国签有友好条约。两国对海域划分有争议，曾就此诉诸日内瓦国际仲裁法庭和海牙国际法院。几内亚比绍同塞南部要求独立的卡萨芒斯地区接壤，曾促成塞政府与卡地区反政府武装卡萨芒斯民主力量运动达成停火协议。双方成立了边境定期接触机制。2009年10月，几比与塞边境地区再次出现纠纷，两国经过协商谈判，达成共识，发表联合公告，决定重启双方中断16年的合作混委会，共同打击边界地区非法活动。2012年几比发生政变后，塞作为西共体成员积极参与危机的调解，促成有关过渡期安排，并在西共体框架下参与向几比派遣安全部队。2015年几比政局再度动荡后，塞总统萨勒亦积极参与调解危机。2021年3月，恩巴洛总统访塞。（宋蕊）

加　纳

国名　加纳共和国（The Republic of Ghana）。

面积　238537平方公里。

人口　约3348万（2022年）。全国有4个主要民族：阿肯族（52.4%）、莫西–达戈姆巴族（15.8%）、埃维族（11.9%）和加–阿丹格贝族（7.8%）。官方语言为英语，另有埃维语、芳蒂语和豪萨语等民族语言。居民69%信奉基督教，15.6%信奉伊斯兰教，8.5%信奉传统宗教。

首都　阿克拉（Accra），人口约260.5万（2022年）。

国家元首　总统纳纳·阿库福–阿多（Nana Akufo-Addo），在2016年12月的总统选举中获胜当选，2020年12月连任，2021年1月7日宣誓就职，任期4年。

重要节日　独立日（国庆节）：3月6日；共和国日：7月1日。

简　况

位于非洲西部、几内亚湾北岸，西邻科特迪瓦，北接布基纳法索，东毗多哥，南濒大西洋。海岸线长约562公里。沿海平原和西南部阿散蒂高原属热带雨林气候，沃尔特河谷和北部高原地区属热带草原气候。4—9月为雨季，11月至次年4月为旱季。各地降水量差别很大，西南部年均降水量2180毫米，北部地区为1000毫米。3—4月气温较高，为23℃—35℃，最高可达43℃；8—9月较凉爽，为22℃—27℃，最低气温15℃左右。

古加纳王国建于公元3—4世纪，其版图在今天的马里和布基纳法索一带，10—11世纪达到鼎盛时期。1471年起，葡萄牙、荷兰、法国和英国殖民者相继入侵现加纳沿海地区，掠夺黄金、贩卖黑奴，这一带被称为“黄金海岸”。1897年，黄金海岸全境沦为英国殖民地。1957年3月6日，黄金海岸独立，改名加纳，原英国托管的“西多哥”并入加纳。1960年7月1日成立加纳共和国，仍留在英联邦内，首任总统为弗朗西斯·恩威亚·克瓦米·恩克鲁玛。1966年恩克鲁玛政府被推翻后，加政局曾长期动荡不安，军事政变不断，政权更迭频繁。1981年12月，杰里·约翰·罗林斯政变上台后，奉行民族和解和经济复兴政策，政局一直较为稳定。1992年，开始实行多党制，同年底，罗林斯当选总统，顺利实现由军政府向民选政府的过渡。1996年12月，罗林斯连任总统。

政　治

2001年1月至2009年1月，新爱国党领导人约翰·阿吉耶库姆·库福尔连任两届总统。2009年1月，全国民主大会党候选人约翰·埃文斯·米尔斯当选总统。2012年7月24日，米因病去世，时任副总统约翰·德拉马尼·马哈马继任总统。同年12月，加举行大选，马哈马获胜连任。2016年12月，新爱国党候选人阿库福–阿多战胜马哈马当选总统。2020年12月，加举行新一届总统和议会选举，阿库福–阿多总统以51.3%的得票率获胜连任，并于2021年1月7日宣誓就职，开启第二任期。当前，加政局总体稳定。

【宪法】现行宪法于1992年4月26日全民公决通过，1993年1月7日起生效。宪法规定：加纳是一个民主国家，致力于实现自由和公正，尊重基本人权、自由和尊严；总统是国家元首、政府首脑和武装部队总司令，任期4年，可连任1届；内阁由总统任命，议会批准；议会须在通过法案并得到总统同意后方可行使制宪权；司法独立，有解释、执行和强制执行法律的权力。

【议会】实行一院制，是国家最高权力机构，有立法和修宪的权力。议员经全国选举产生，任期4年。本届议会于2020年12月选举产生，共275个议席。其中，新爱国党137席，全国民主大会党137席，独立议员1席。议长奥尔本·巴宾（Alban Bagbin），2021年1月就职。

【政府】本届政府于2021年1月组成，由总统、副总统和30名部长组成，后经小范围改组，目前成员包括：总统纳纳·阿库福–阿多，副总统马哈茂杜·巴武米亚（Mahamudu Bawumia），国家安全部长艾伯特·坎–达帕（Albert Kan-Dapaah），财政部长肯·奥福里–阿塔（Ken Ofori-Atta），贸工部长科比纳·塔希尔·哈蒙德（Kobina Tahir Hammond），国防部长多米尼克·尼蒂武（Dominic Nitiwul），内政部长安布罗斯·德里（Ambrose Dery），外交与地区一体化部长雪莉·阿约科·博奇韦（Shirley Ayorkor Botchwey，女），司法部长兼总检察长戈德弗雷德·达梅（Godfred Dame），地方政府、权力下放与农村发展部长丹·博特维（Dan Botwe），议会事务部长奥塞·凯·门萨·邦苏（Osei Kyei Mensah Bonsu），通信与数字化部长厄休拉·奥乌苏·埃库富尔（Ursula Owusu Ekuful，女），食品与农业部长布赖恩·阿昌庞（Bryan Acheampong），能源部长马修·奥波库·普伦佩（Mattew Opoku Prempeh），教育部长约·奥塞·阿杜特武姆（Yaw Osei Adutwum），卫生部长夸库·阿吉耶曼–马努（Kwaku Agyemang-Manu），国土资源部长塞缪尔·阿卜杜拉伊·吉纳波尔（Samuel Abdulai Jinapor），道路部长奎西·阿莫阿科·阿塔

（Kwesi Amoako Atta），工程与住房部长弗朗西斯·阿森索·博阿基耶（Francis Asenso Boakye），交通部长奎库·奥福里·阿夏马（Kweku Ofori Asiamah），渔业水产部长梅维丝·哈瓦·库姆森（Mavis Hawa Koomson，女），铁路发展部长约翰·彼得·阿梅乌（John Peter Amewu），环卫与水资源部长塞西莉亚·达帕（Cecilia Abena Dapaah，女），旅游、艺术与文化部长阿瓦尔·穆罕默德（Awal Mohammed），性别、儿童与社会保障部长哈吉娅·拉丽巴·祖韦拉·阿布杜（Hajia Lariba Zuweira Abudu，女），酋长与宗教事务部长斯蒂芬·阿萨莫阿·博阿滕（Stephen Asomoah Boateng），就业与劳工关系部长伊格内修斯·巴富尔·阿武瓦（Ignatius Bafuor Awuah），新闻部长科乔·奥蓬·恩克鲁玛（Kojo Oppong Nkrumah），青年与体育部长穆斯塔法·优素福（Mustapha Yussif），环境、科技与创新部长夸库·阿夫里耶（Kwaku Afriyie），公共企业部长约瑟夫·库乔（Joseph Cudjoe），工程与住房国务部长弗雷达·普伦佩（Freda Prempeh，女）。

【行政区划】2019年新设6个省，目前全国共16个省、260个市县。

【司法机构】分为司法系统和公共法庭系统。司法系统包括最高法院、上诉法院、高等法院、巡回法院、速审法院、商业法院、少年法庭、检察长办公室等。最高法院为终审法院，由首席法官和6名以上法官组成，首席法官任院长。各级公共法庭是为了确保“人民参加司法程序”，以最终实现司法民主化而于1982年建立的。全国公共法庭为终审法庭。最高法院院长阿宁·耶博阿（Anin Yeboah）。总检察长由司法部长戈德弗雷德·达梅兼任。

【政党】1992年5月加开放党禁后，形成罗林斯派、丹夸-布西亚派和恩克鲁玛派三大政党派系，主要政党有：

（1）新爱国党（New Patriotic Party）：执政党，丹夸-布西亚派。1992年6月2日成立，现有党员约400万名，以知识界精英为骨干。2001—2008年执政，重视人权、民主和法制，主张实行政治多元化和市场经济，推动私有化，对外奉行务实外交，以吸引外资，解决经济问题。党主席斯蒂芬·恩蒂姆（Stephen Ntim），总书记约翰·博阿杜（John Boadu）。

（2）全国民主大会党（National Democratic Congress）：最大在野党。1992年6月10日成立，现有党员约300万名。成员多为罗林斯的支持者，也有不少前恩克鲁玛派和丹夸-布西亚派的成员。1993—2000年、2009—2016年执政。主张政治民主化和经济私有化，开展多方位外交。主席萨缪尔·奥福苏-安波福（Samuel Ofosu-Ampofo），总书记约翰逊·阿塞杜·恩凯提亚（Johnson Aseidu Nketia）。

（3）大会人民党（Convention People's Party）：在野党，恩克鲁玛派。1998年6月15日由人民大会党（People's Convention Party）和全国大会党（National Convention Party）合并而成，成员主要为社会知名人士。主张根据恩克鲁玛思想建立关心社会正义和人民福利的政府，实行混合经济，维护非洲团结与世界和平。主席萨米娅·雅巴·恩克鲁玛（Samia Yaba Nkrumah，女），总书记伊瓦尔·科比纳·格林斯特里特（Ivor Kobina Greenstreet）。

（4）人民全国大会党（People's National Convention）：在野党，恩克鲁玛派。1992年5月29日成立。主张捍卫恩克鲁玛思想，造福人民，积极致力于非洲的政治、经济彻底解放。主席阿尔哈吉·阿赫迈德·拉马丹（Alhaji Ahmed Ramadan），总书记贝尔纳德·莫纳赫（Bernard A. Mornarh）。

此外，其他政党还有加纳全民党（Every Ghanaian Living Everywhere）、加纳民主共和党（Ghana Democratic Republican Party）、民主人民党（Democratic People's Party）、大联合人民党（Great Consolidated Popular Party）、加纳统一运动党（United Ghana Movement）、全国改革党（National Reform Party）、民主自由党（Democratic Freedom Party）等。

【重要人物】纳纳·阿库福-阿多：总统。1944年3月29日出生于加纳首都阿克拉。获加纳大学经济学学士学位，取得英国和加纳律师职业资格。1992年与库福尔共同成立新爱国党，并在库福尔执政期间先后任司法部长兼总检察长、外长。2016年12月当选总统，2020年12月胜选连任，2021年1月宣誓就职。**马哈茂杜·巴武米亚**：副总统。1963年10月7日出生于加纳北部省。获英国白金汉大学学士学位、牛津大学发展经济学硕士学位和加拿大西蒙·弗雷泽大学经济学博士学位。曾任加纳央行副行长。2016年12月作为阿库福-阿多竞选搭档在总统选举中获胜，2020年12月胜选连任，2021年1月宣誓就职。

经　济

以农业为主。矿产品、可可和木材为三大支柱产业。1983年开始实行经济结构调整计划，政府把抑制通胀、发展农业、招商引资作为三大工作重点，经济持续增长，被誉为非洲国家经济结构调整的“样板”，1994年，被联合国取消“最不发达国家”称谓。20世纪90年代末期，由于国际市场黄金、可可价格下跌等外部因素的冲击，加经济陷入困境。2002年加入重债穷国减债倡议。2004年，经国际货币基金组织确认达到重债穷国减债倡议完成点，开始获西方国家大幅减债。按世界银行标准，加自2010年起从低收入国家进入中等偏低收入国家行列。此后，加一度成为非洲乃至世界经济增长最快的国家之一，但受国际大宗商品价格下跌等因素影响，加宏观经济状况出现下行态势。

2017年1月阿库福-阿多就任总统后，将促进经济复苏作为第一执政要务，大力推进经济转型和工业化进程。“一县一厂”“一村一坝”“为了粮食和就业而种植”等经济发展旗舰项目相继落地，同时出台大规模减税和刺激就业政策，发行国债，整顿金融业，改善营商环境，吸引国内外投资，努力改变传统受援模式，力图将加纳打造成西非经济和金融枢纽。海上新油气田正式有效拉动经济增长。2020年以来，受新冠疫情、乌克兰危机等因素影响，加政府财政赤字增长，公共债务问题凸显。2022年7月，加政府正式向国际货币基金组织寻求经济救助。2022年12月，双方达成经济救助工作层协议，国际货币基金组织将在3年内向加提供约30亿美元扩展信贷安排，加方承诺全面债务重组，恢复公共债务可持续。2022年主要经济数据如下：

国内生产总值：715亿美元。

人均国内生产总值：约2179美元。

国内生产总值增长率：3.3%。

货币名称：塞地。

汇率：1美元≈8.27塞地。

（资料来源：2023年第一季度《伦敦经济季评》）

【资源】矿产资源丰富。黄金储量估计为20亿盎司，已探明储量近2亿盎司，居非洲第二位。2021年黄金产量272万盎司。2021年6月，加启动本土黄金购买计划，旨在更好地管理黄金生产，提升黄金储备，为塞地提供更强保障。钻石储量估计为1亿克拉，居世界第四位。铝矾土、锰矿探明储量分别为1.3亿吨、1.02亿吨。此外，还有石灰石、铁矿、红柱石、石英砂和高岭土等。石油探明储量为15亿桶，日产原油约19万桶、天然气约850万立方米。2020年10月，加议会通过《2020年石油中心法案》，推动建立石油生产精炼仓储产业链，并在西部省设立石油产业自贸区。

【工业】工业基础薄弱，原料依赖进口，主要产业为采矿、木材、食品加工、水泥、冶金等。自2000年以来，矿业收入是加外汇主要来源，占其外汇收入的年均比例为38%。黄金、石油开采等采矿业近年成为最有活力的部门。制造业主要有木材和可可加工、纺织、水泥、食品、服装、皮制品、酿酒和碾米等。有3家钢铁厂，主要以废钢铁为原料生产钢筋，年产量12万吨，可满足加市场需求。为保护本国纺织业，加政府于2005年7月采取征收惩罚性关税等措施限制纺织品进口。2017年以来，加纳政府推行“一县一厂”政策，截至2022年9月已有106家工厂建成，直接或间接创造了15万个就业机会，政府计划再建设172家工厂。

【农业】农业是加经济基础。农业人口约1063万，占全国总人口的56.2%。可耕地面积731万公顷，利用率为30%。可灌溉土地11万公顷，但灌溉面积仅占7.5%。粮食作物主要分布在北部，种植面积约250万公顷，主要作物为玉米、薯类、高粱、大米、小米等。2018年首次实现玉米自给自足，并开始向周边国家出口农产品。可可为主要经济作物，种植于北部省以南所有省份，是传统出口产品，加是仅次于科特迪瓦的世界第二大可可出口国，2021年产量约105万吨。2020年12月，加启动可可农退休金计划，150万可可农可以获得养老金保障，可可农自愿缴纳养老金，可可局将相应补充其他部分。其他经济作物有油棕、橡胶、棉花、花生、甘蔗、烟草等。

木材出口有近百年历史。森林覆盖率曾占国土面积的34%，由于缺乏保护和管理，森林覆盖率逐年递减。主要用材林在西南部，面积为8.2万平方公里。有树木360种，可出口的40多种。为保护森林资源和提高出口附加值，政府规定每年只砍伐1/40的森林，从1996年起禁止原木出口，改为出口木材制成品和高附加值产品。2019年3月，加国土资源部宣布停止出口红木。2019年，林业负增长1.7%，产值20.72亿塞地。

渔业资源丰富，分为海上渔业、瀉湖渔业和内河渔业。海上渔业居主导地位，但捕鱼设备简陋，渔船燃料短缺，阻碍了渔业发展。约50万人从事渔业生产，年均捕鱼量约为40万吨，年需求量为90万吨，仍有50万吨需要靠进口解决。金枪鱼和虾类为主要出口产品。近年来，海洋渔业资源萎缩，渔业发展出现放缓趋势。2019年，渔业增长1.7%，对国内生产总值的贡献率为0.9%。

【旅游业】加为非洲十大旅游国之一。政府重视利用自然和人文资源，大力发展旅游业。目前，旅游业已成为增速最快的产业，超过木材成为继黄金、可可后的第三大创汇产业。游客主要来自美国、英国、德国及荷兰，主要旅游点有阿布里植物园、阿科松博、库马西文化中心、海岸角、埃尔米纳奴隶堡及金矿带等。

【交通运输】以公路为主。近年来，加政府重视道路基础设施建设，尤其是铁路建设。

公路：总长6.7万公里，其中干线1.35万公里、支线4.2万公里、乡村公路近1万公里。公路运输担负全国货运总量的98%，客运总量的97%。2021年5月，加政府表示在全国规划建设1.1万公里公路，已完成4000多公里道路建设，剩余6000多公里将在2024年底前竣工。

铁路：总长1300公里，但目前只有64公里铁路能够维持运营，其中54公里连接阿散蒂省和西部省，另外10公里连接阿克拉和特马港。主要担负大批量出口商品，如锰、铝矾土、木材和可可的运输。阿库福－阿多政府决定修缮大阿克拉省、东部省、西部省多段铁路，2018年拨款10亿美元用于修建新铁路。

水运：主要有特马港和塔克拉迪港，已实行港口无纸化通关系统。特马港是非洲最大人造海港，2018年吞吐量1550万吨，主要用于进口物资。2016—2020年该港完成第一期扩建，年吞吐能力由100万标箱升至250万标箱，目前正在进行第二期扩建，建成后每年将增加370万标箱吞吐能力。塔克拉迪港2019年吞吐量达990万吨，主要用于出口物资。2020年2月，塔克拉迪港港口疏浚工程开工，完工后泊位最大水深18.5米，将建成600米石质防波堤，总耗资5亿美元。河运航程168公里，沃尔特湖航程1125公里。2020年10月，博安卡内陆港项目举行动工仪式，由加纳与韩国合资企业实施，投资3.3亿美元，预计3年完成，建成后将为加中北部进出口商服务，并成为布基纳法索、马里和尼日尔过境运输主要通道。

空运：已成立两家本土航空公司，共有8个民用机场，国际航线37条。首都阿克拉科托卡国际机场于2004年启用，年接待旅客能力达750万人次，是西非地区重要航空枢纽，可直飞美国、南非和欧洲、西非各国。塔克拉迪、库马西和塔马利等国内主要城市开设国内航班。2019年4月，国际民航组织报告显示，加纳在全非民航安全评估中获得最高分89.99分。

【财政金融】2020年，税收占国内生产总值的比重为11.5%。2020年2月，加政府发行30亿美元外债。11月，加议会批准政府发行30亿—50亿美元主权债券，用于2021年政府预算和债务管理；世界银行执行董事会批准国际开发协会2.5亿美元贷款、欧洲投资银行投资1.7亿欧元，用于支持建立加纳国家开发银行，帮助加开拓长期融资渠道。2021年3月，在国际资本市场发行30亿美元债券。截至2021年底，外债总额约322亿美元，外汇储备约105.2亿美元。

加央行加纳银行负责管理银行及其他金融部门。1989年，加纳证券交易所成立，现有30家上市公司及2种债券。上市公司主要为制造、酿酒、银行、保险、矿业和石油行业。截至2019年12月，加银行业资产总额1290.6亿塞地，同比增长22.8%。

【对外贸易】实行贸易自由化政策。20世纪90年代以来，对外贸易逐年增长，外贸收入占国内生产总值的40%左右。长期以来近90%的外汇收入来自黄金、可可和木材三大传统出口产品。主要贸易伙伴为中国、美国、印度、比利时、瑞士、南非。2022年，外贸总额约为331亿美元，出口额约174亿美元，进口额约157亿美元。2021年7月1日起，《加纳和欧盟临时经济伙伴关系协定》生效，近80%加纳制造的产品能够免关税、免配额进入欧盟市场，至2029年，逐步免除78%的欧盟进口产品关税。

【外国资本】2018年，加接受外国直接投资33亿美元，是西非外国直接投资最大接受国。2020年和2021年，加分别获得26.5亿美元和9.73亿美元外国直接投资。

【外国援助】双边援助主要来自日、美、德、英、法等国；多边援助主要来自世界银行、欧盟及国际货币基金组织等。2014—2020年，欧盟向加纳提供3.23亿欧元支持。2020年2月，非洲开发银行向加提供8167万美元，帮助加建设东部走廊公路一期项目。10月，加与欧盟签署总额约8700万欧元的“新冠病毒应对协议”。11月，加与韩国签署经济合作协议，韩国将在2020—2022年提供4亿美元优惠贷款，支持加西非海事大学升级改造等5个项目建设；加与瑞士签署协议推进落实《巴黎协定》，加将提供碳排放量给瑞士并获得瑞士金融支持。世界银行共向加提供4.3亿美元贷款，支持加抗击疫情。2021年4月，世界银行决定向加提供1亿美元，支持“加纳有效安全网络项目II期”。10月，加收到抗击艾滋病、结核病和疟疾全球基金捐赠的逾12亿美元资助。11月，世界银行表示，将向加提供7400万美元，用于改善加水资源和卫生设施。2022年4月，欧盟和法国分别向加提供3970万欧元和500万欧元援助，用于建设灌溉设施。美国国际开发署提供2910万美元用于加北部卫生项目。

人民生活

根据联合国开发计划署《2020年人类发展报告》发布的人类发展指数，加纳在189个国家和地区中排名第138位。2020年6月，加纳统计局报告称，45%的加纳人生活在贫困中。政府职员、工人及其他公务员享有医疗、住房、交通等多种补贴及退休金和退休保险。人口增长率约为2.5%，人口平均寿命为58岁。首都阿克拉拥有国立医院4所，各省和大区拥有较大国立医院各1所（共13所），此外还有一些小型私人医院及诊所。全国共有医院、卫生中心和诊所近3000个，医生2000余名，护士1.3万名，平均每1万人拥有1名医生。政府致力于改善全体人民的健康水平，但仍面临严重的传染病及其他疾病、营养不良和妇幼保健等问题。2017年，加政府推出全民医保计划。2017年，艾滋病患病率为1.67%。2018年，加纳彻底清除沙眼病，荣获世界卫生大会表彰。2012年，加纳被国际电信联盟列为信息化建设进步最快的国家之一。阿库福-阿多政府推出一系列措施加强数字经济化，如新身份证、新驾照、房地产数字地址、移动支付等。2018年，加电子交易额达2330亿塞地，商业银行电子支付账户额达26亿塞地，移动支付机构有39.3万个。2020年8月，加议会批准2亿美元，用于支持小微企业和个人创业计划，预计6年内创造约20万个就业机会。2021年，加国民每日最低工资为12.53塞地。截至2021年3月，加全国电力装机总量约5300兆瓦，峰值需求约3200兆瓦，拥有约2000兆瓦过剩产能。

军　事

1957年3月独立时建立陆军，1959年建立海军、空军，但仍由英国人控制。1961年，加政府收回军队指挥权，任用本国军官，同时聘用英国、加拿大等国顾问和教官参与军队训练。军事装备主要来自英国等西方国家。

总兵力约1.55万人，其中陆军1.15万人，海军和空军各2000人。

加纳从1970年起积极参与联合国和西非地区组织的维和行动，是非洲派出联合国维和部队人数最多的国家之一，居世界第8位。此外，加还派兵赴苏丹达尔富尔等地区积极参与非盟在冲突地区的调解维和任务。2021年6月，加公布第一个国家安全战略，目标是保持国家开放、宽容、社会凝聚力、爱好和平和以人为本，维护国家安全和法治，发扬繁荣的宪政民主。

文化教育

加纳以本国传统文化为基础，又吸收了欧洲文化。官方文化主管机构是国家文化委员会，成立于1989年，同教育机构和非官方的文化机构密切合作，执行国家文化政策，保护并促进国家文化的发展。主要艺术团体有国家交响乐团、加纳舞蹈团和加纳戏剧公司等，主要文化场馆有国家剧院、恩克鲁玛陵园和泛非文化纪念中心等。

【教育】独立初期，恩克鲁玛重视发展教育事业，实行免费教育等政策。1988年，政府提出“普及义务基础教育计划”，到2005年使每个学龄儿童都享受义务基础教育，经费主要来自政府拨款和外国援助。2018年，加实现从幼儿园到高中的免费教育。现行学制：小学6年，初中3年（以上两个阶段属义务教育），高中3年（或中等技术学校3—4年），大学2—4年。重要的大学有6所，其中加纳大学、库马西恩克鲁玛科技大学和海岸角大学较为著名。另有38所师范学院、10所地方技术学院、50余所私立大学及学院。全国现有公立小学约1.2万所，学生约410万人；公立初中6418所，学生约145万人；公立高中近474所，学生约90万人（包括技工学校学生）；私立初高中在校生约5万人。

【新闻出版】主要报纸有：《每日写真报》，1950年由英国《每日镜报》集团创办，是最大的全国性官方报纸，发行量约18万份，1998年开始采用新华社消息；《加纳时报》，第二大官方报纸，英文版，1957年由恩克鲁玛创办，日发行量约7.5万份，1998年开始采用新华社消息。

加纳通讯社：官方通讯社，1957年3月5日成立，是国内其他新闻单位主要新闻来源，社长由政府任命，共设有10个省级分社。

加纳广播公司：开设两家全国性的广播电台，一台以埃维、阿肯等6种民族语言广播，二台用英语播送新闻、商务、娱乐等节目，每天播放15.5小时（节假日17.5小时），另外还使用英语、法语对外广播。

1965年7月开始播放黑白电视节目，1986年开始播放彩色电视节目，1995年出现私营电视台。全国现有10家电视台，主要有加纳电视台、电视三台、都市电视台、非洲电视台以及两家卫星电视台。

对外关系

奉行积极中立的外交政策，重视开展经济外交。优先发展与西方发达国家的关系，重视与中国、印度等发展中国家开展互利合作，并与周边国家保持睦邻友好关系。努力维护区域和平与稳定，推动西非和非洲地区经济一体化进程，积极参与地区和国际合作，谋求在西共体、非盟、英联邦、不结盟运动和联合国等国际和地区组织中发挥建设性作用。与国际货币基金组织、世界银行等国际金融机构保持良好关系。系非盟前身非统组织和不结盟运动的创始国之一。与91个国家建立了外交关系，在国外共设50个使领馆或代表团。现有47个国家在加设使领馆，18个国际组织在加设代表处。2021年6月，加当选2022—2023年联合国安理会非常任理事国。

【同中国的关系】1960年7月5日，中加两国建交。1966年10月，加军政府单方面与中国断交。1972年2月，两国复交。两国签有友好条约和经济技术合作、贷款、贸易和文化交流等协定。

2020年7月5日，国家主席习近平同加纳总统阿库福-阿多互致贺电，国务委员兼外交部长王毅同加纳外长博奇韦互致贺电，庆祝两国建交60周年。2021年11月，加方派员赴塞内加尔出席中非合作论坛第八届部长级会议。2022年4月，王毅国务委员兼外长同博奇韦外长通电话。

据中国海关总署统计，2022年，中加双边贸易额为102.7亿美元，同比增长7.3%。其中，中国出口额为79.3亿美元，同比减少1.8%；中国进口额为23.4亿美元，同比增长59.9%。

中国驻加纳大使：卢坤。馆址：No. 6 Agostino Neto road，Airport Residential Area，P.O. Box 3356，Accra，Ghana。电话：00233-30-2780690；传真：2763757。

加纳驻华大使：温弗雷德·哈蒙德（Winfred Nii Okai Hammond）。馆址：北京市朝阳区三里屯路8号。电话：010-65321319；传真：65323602。

【同英国的关系】英为加原宗主国，在加政治、经济、军事、文化等方面存在传统利益和影响。英是加最大投资国和第二大贸易伙伴。加是英在撒哈拉以南非洲的第三大市场和最大受援国。20世纪70年代及80年代初，两国关系一度较冷，后渐有好转。库福尔和米尔斯总统均曾访英。2020年1月，阿库福-阿多总统赴英国伦敦出席首届英非投资峰会，其间会见英国首相约翰逊；英国—加纳商业论坛成立，英向加授信3.26亿英镑支持加建设海上油气项目、库马西机场扩建等项目。2021年7月，阿库福-阿多总统赴英参加全球教育峰会和2021年非洲投资风险与合规峰会。2022年4月，阿库福-阿多总统访英。6月，英武装部队国务大臣希佩访加。12月，英国—加纳商业委员会第七届会议召开。

【同美国的关系】美对加经济技术援助始于1955年。加是世界上第一个接受美国和平队的国家。1976年后，两国关系一度冷淡。20世纪80年代后期以来，美支持加经济改革，恢复对加援助。美在加投资主要集中在采矿和金属加工（金矿开采）、电信、化工及批发贸易等部门。根据《非洲增长与机遇法案》，加可免税向美出口6000项产品，包括纺织品、服装和木薯淀粉等。2020年1月，美提供3500万美元在加设立国家边境安全中心，打击恐怖主义、贩毒和海盗等。2021年7月，美加双方签署《关于战略民用核合作的谅解备忘录》；美国疾病预防和控制中心、加纳政府和加纳大学野口医学研究所合作建设的塔马利教学医院和北部省紧急行动中心分子实验室检测中心举行落成仪式。9月，阿库福-阿多总统赴美出席联大会议，其间在白宫同美副总统哈里斯会谈。2022年1月，巴武米亚副总统访美。12月，阿库福-阿多总统赴美出席美非峰会并会见美国务卿布林肯。

【同德国的关系】德自1961年开始援助加，1980年曾为加最大援助国。2004年1月，德总理施罗德访加，这是加独立47年来德总理首次访加。2020年1月，德加签署合作备忘录，作为德国“与非洲有约”倡议一部分，加纳将获得2.5亿美元，用于升级扩建加纳输电设施；德为加纳军队工程师训练学校捐赠一栋新宿舍楼。2月，德国政府投资2280万欧元建设的上西省17兆瓦太阳能发电厂举行落成仪式。2021年7月，阿库福-阿多总统访德，出席在柏林举行的二十国集团非洲契约峰会。

【同法国的关系】1999年，法与加签署两国促进投资与保护协定，承诺每年向加提供3400万美元援助，并将加列入优先团结区国家名单。此外，法重视同加在文化、教育等领域的合作。库福尔、米尔斯总统均曾访法。2020年8月，法国国际开发署批准价值8500万美元、为期10年的贷款协议，并提供40万欧元技术援助，用于加基础设施投资基金，帮助加落实《巴黎协定》。2022年2月，阿库福-阿多总统访法。

【同日本的关系】1983年以来，两国关系迅速发展。近年来，日本将加作为援非重要基地。1998年加接受日提供的官方发展援助1.477亿美元，成为日在非最大援助对象。库福尔、米尔斯总统均曾访日。2020年5月，日本政府援建的特马高速立交桥项目正式通车，项目造价5700万美元。11月，日产汽车公司在加开设汽车组装厂。2021年10月，加日双方签署一项价值3650万美元的赠款协议，用于建设特马高速公路环岛二期等项目；日本还向世界粮食计划署捐赠450万美元，用于加纳儿童营养改善计划。

【同尼日利亚的关系】同尼日利亚关系密切。两国积极推动西非地区经济一体化进程，并就以“快车道”方式加速地区一体化进程达成协议。两国在调解地区冲突和联合国安理会改革等问题上相互协调，加支持尼“入常”。两国领导人互访频繁。2020年9月，尼日利亚众议长费米访加，会见阿库福-阿多总统等，讨论解决在加纳尼日利亚零售商人遭关闭商店、驱逐出境等问题。

【同邻国、其他国家及国际和地区组织的关系】重视睦邻友好，与周边国家保持良好的合作关系。

加同桑卡拉时期的布基纳法索关系密切，1987年10月布发生政变，两国关系降温。1991年，布派团访加，两国恢复经济合作。1997年罗林斯总统访布，同意将特马港作为转口港供布使用，两国关系改善。2005年7月，两国成立联合铁道委员会，筹备修建北部省塔马利市至布基纳法索帕加市之间的铁路项目。2006年，布取代尼日利亚成为加可可酱、鱼罐头等非传统产品出口第一目的地国。2018年9月，布基纳法索总统卡博雷访加，阿库福-阿多总统向其授予加纳最高荣誉勋章“加纳之星”。2021年6月，阿库福-阿多总统访布。

加与多哥在“西多哥”归属问题上曾存在争议，长期不睦。1994年加总统罗林斯当选西非国家经济共同体主席后，两国关系趋缓。2001年1月，多总统埃亚德马出席库福尔总统就职仪式，库上台后即对多正式访问，两国关系得到较大改善。2012年4月，两国就跨国供水工程达成协议。2017—2018年，阿库福-阿多总统多次访多，积极协调斡旋多“宪政危机”，督促多朝野展开对话。2021年7月，加多两国经过磋商和共同走访争议地点，同意就两国在科尔佩利格河沿岸边界问题提出永久解决方案。

加与科特迪瓦关系曾长期处于“冰冻状态”。1997年3月，科总统贝迪埃率团出席加独立40周年庆典，两国关系迅速升温。2001年10月，库福尔总统访科，两国达成24小时开放边界、科向加提供天然气等协议。2002年9月，科发生内乱后，库福尔总统积极致力于科危机的和平解决。科出现选举危机后，加纳明确反对西共体对科进行军事干预。加纳与科特迪瓦曾长期存在海洋划界争议。2009年，科特迪瓦向联合国大陆架界限委员会递交划界申请，将两国争议的海域划为己有，引起加方强烈不满，两国关系由此受到影响。后在联合国等机构调解下，双边关系有所缓和。2014年底，两国将上述争端提交国际海洋法法庭。2017年9月，该法庭作出裁决，划定了两国海洋边界，双方均表示接受裁决结果。2021年3月，阿库福-阿多总统赴科出席科前总理巴卡约葬礼。

2020年，阿库福-阿多总统作为西共体代表团成员赴马里调停马里国内政治危机；赴尼日尔首都尼亚美出席西共体第57届峰会并当选西共体主席；赴尼日利亚首都阿布贾访问西共体总部；在加首都阿克拉召集西共体首脑会议，讨论解决马里政治危机；并接待马里过渡政府临时总统巴恩达奥访加。2021年，阿库福-阿多总统赴乍得出席第七届萨赫勒地区五国首脑峰会，赴刚果（布）出席萨苏总统就职仪式，赴塞拉利昂参加塞独立60周年庆祝活动，赴南非出席泛非议会会议，赴乌干达出席穆塞维尼总统就职典礼，赴尼日利亚出席西共体会议；接待安哥拉总统洛伦索、南非总统拉马福萨访加。2022年，阿库福-阿多总统访问圭亚那、尼日尔等，赴埃塞俄比亚出席非盟峰会，赴埃及出席《联合国气候变化框架公约》第二十七次缔约方大会；接待匈牙利总统、莫桑比克总统、巴巴多斯总理、刚果（金）总统、韩国总理等访加；在阿克拉召开"阿克拉倡议"首次峰会，多次在阿克拉主持西共体峰会及特别峰会。（周颖）

加　蓬

国名　加蓬共和国（The Gabonese Republic，La République Gabonaise）。

面积　267667平方公里。

人口　222万（2022年）。有50多个民族，主要有芳族、姆蓬韦族、姆贝代族、普奴族等。官方语言为法语。居民50%信奉天主教，20%信奉基督教新教，10%信奉伊斯兰教，其余信奉原始宗教。

首都　利伯维尔（Libreville），人口约85.7万（2022年），是全国政治、经济、文化中心和主要港口。最高气温31℃（1月），最低气温20℃（7月）。

国家元首　总统阿里·邦戈·翁丁巴（Ali Bongo Ondimba），2009年10月就任，2016年9月连任，任期7年。

重要节日　独立日（国庆日）：8月17日。

简　况　位于非洲中部，跨越赤道，西濒大西洋，东、南与刚果（布）为邻，北与喀麦隆、赤道几内亚交界。海岸线长800公里。属典型的热带雨林气候，全年高温多雨，年均气温26℃。

公元12世纪，班图人从非洲东部迁入，在奥果韦河两岸建立了一些部落王国。15世纪，葡萄牙航海者抵达该地区。18世纪沦为法国殖民地。1911年被转让给德国。第一次世界大战后复归法国。1958年成为"法兰西共同体"内的自治共和国。1960年8月17日宣告独立。莱昂·姆巴任首任总统。1967年，副总统奥马尔·邦戈·翁丁巴接替病逝的姆巴任总统。奥马尔·邦戈执政后，推行民主团结政策，加蓬政局长期稳定。1990年改行多党制，政局一度动荡。1993年奥马尔·邦戈连任总统后，政局逐渐恢复稳定。1998年、2005年，奥马尔·邦戈两次连任总统。

政　治　2009年6月，奥马尔·邦戈总统在西班牙病逝。8月，加蓬举行新一届总统选举，奥马尔·邦戈之子阿里·邦戈·翁丁巴当选总统，并于10月就职。反对派质疑选举结果，在少数城市发动骚乱和暴力示威活动，被当局平息。2011年底，加蓬举行立法选举，阿里·邦戈领导的加蓬民主党获得国民议会95%的席位，2013年12月又以较大优势赢得地方选举。2016年8月，加蓬举行总统大选，阿里·邦戈胜选，反对派候选人、前非盟委员会主席让·平不服，首都等地爆发骚乱，让·平还将选举结果上诉至宪法法院。9月24日，宪法法院确认阿里·邦戈胜选。2017年3月至5月，加蓬举行"全国包容性政治对话"，形成多项政治对话成果，包括总统大选和议会选举改为两轮多数制、修改选举法等重要内容。2018年10月，加蓬立法选举顺利举行，执政党加蓬民主党以绝对优势胜选。10月下旬，邦戈总统在沙特出访时因病紧急就医，随后赴摩洛哥拉巴特休养。2019年3月，阿里·邦戈总统正式返加。

【**宪法**】现行宪法为第三部宪法，于1991年3月26日颁布后进行过8次修订。宪法规定：加蓬实行三权分立和多党制；总统为国家元首，任期7年，由直接普选产生，可连选连任；总统职位空缺时，由参议院议长或第一副议长代行总统职权，并在30—45天内组织总统选举；总理为政府首脑，由总统任命。

【**议会**】由国民议会和参议院组成，二者共同行使立法权。其主要职能是制定法律，监督政府工作，批准对外宣战和21天以上的戒严令。每年举行两次例会。国民议会由直接普选和间接选举产生，任期5年。参议院由间接选举或总统提名产生，其中选举产生52人，总统提名产生15人，任期6年。本届国民议会于2019年1月选举产生，共143个席位，其中加蓬民主党占96席。国民议会议长福斯坦·布库比（Faustin Boukoubi）。本届参议院于2021年3月选举产生，共67个席位，其中加蓬民主党占58席。参议长吕西·米勒布·奥比苏（Lucie Milebou-Aubusson）。

【**政府**】本届政府于2023年4月28日改组。包括总理1名、国务部长4名、部长28名和部长级代表12名。主要成员有：总理、政府首脑阿兰-克劳德·比利·比·恩泽（Alain-Claude Bilie-By-Nzé），国务部长兼与宪法机构和独立行政机构关系部长丹尼丝·梅卡姆内·埃齐齐耶·塔蒂（Denise Mekam'ne Edzidzie épouse Taty，女），国务部长兼内政部长朗贝尔·诺埃尔·马塔（Lambert Noël Matha），国务部长兼消费和控制高物价部长热内·恩得梅佐·奥比昂（René Ndemezo'o Obiang），国务部长兼工业发展和中小企业部长布莱兹·卢恩贝（Blaise Louembé），外交部长埃尔曼·伊蒙戈（Hermann Immongault），国防部长费莉西泰·翁古奥丽·恩古比莉（Félicité Ongouori Ngoubili，女），促进良政和反腐败部长弗朗西斯·恩凯亚·恩齐盖（Francis Nkea Nzigue），河湖、森林、海洋、环境、气候计划、可持续发展目标和土地分配计划部长李·怀特（Lee White），就业、公职和劳动部长玛德莱娜·贝尔（Madeleine Berre，女），司法、掌玺和人权部长埃琳·安东妮拉·南贝·达马斯（Erlyne Antonella Nembet épouse Damas，女），权力下放、民族团结和领土发展部长米歇尔·芒加·梅索内（Michel Menga M'essone），渔业和海洋经济部长帕斯卡尔·乌昂尼·昂布卢埃（Pascal Houangni Ambourouet），贸易、中小企业、全国创业和社会经济部长兼政府发言人伊夫·费尔南·芒福姆比（Yves Fernad Mamfoumbi），石油和天然气部长樊尚·德保罗·马萨萨（Vincent de Paul Massassa），卫生兼社会事务部长居伊·帕特里克·奥比昂·恩东（Guy Patrick Obiang Ndong），旅游部长让－诺贝尔·迪拉姆巴（Jean-Norbert Diramba），数字经济部长让－皮埃尔·杜卡加·卡萨（Jean-Pierre Doukaga Kassa），预算和公共账户部长埃迪特·埃基里·穆农比·奥约欧米（Edith Ekiri Mounombi épouse Oyouomi），经济和振兴部长妮科尔·雅妮娜·莉迪·罗博蒂·姆布（Nicole Janine Lydie Roboty épouse Mbou，女），高等教育、科研、技术转让部长帕特里克·达乌达·穆吉亚马（Patrick Daouda Mouguiama），促进投资、公私合营和改善营商环境部长于格·姆巴丁加·马迪亚（Hugues Mbadinga Madiya），农业、粮食安全和乡村赋能部长夏尔·姆韦·埃拉（Charles Mve Ella），国民教育和培训部长卡梅丽娅·恩图图姆·勒克莱尔（Camelia Ntoutoume-Leclercq，女），职业教育、实习和青年就业部长拉斐尔·恩加祖泽（Raphaël Ngazouzé），交通部长罗歇·比巴耶·伊唐达斯（Roger Bibaye Itandas），住房和城市化部长奥利维埃·南·埃科米（Olivier Nang Ekomi），公共工程、装备和基础设施部长图桑·恩库马·埃马内（Toussaint Nkouma Emané），矿业部长西尔维斯特·陈·梅聚伊·姆奥比昂（Sylvestre Chen Mezui M'Obiang）等。

【行政区划】全国划分为9个省，下辖48个州、27个专区、150个区、737个镇、2423个自然村。

【司法机构】设宪法法院、司法法院、行政法院、审计法院、初审法院、上诉法院、最高法院等。各级法院依法独立行使审判权。各级法院均设有检察长，行使检察权。最高司法会议为国家最高司法行政机关，决定法官的任命、派遣、升迁和惩戒，总统任主席，司法部长任副主席。宪法法院是最高法律机构，负责裁定组织法、一般法及国家机构规章制度的合宪性，监督选举和全民公投并宣布结果。现任院长玛丽－玛德莱娜·姆博朗苏奥（Marie-Madeleine Mborantsuo，女）。

【政党】现有合法政党40多个，主要政党有：

（1）加蓬民主党（Parti Démocratique Gabonais，PDG）：执政党。1968年3月成立，党员约30万名。党的宗旨是“对话、宽容、和平”，目标为“巩固民族独立，加强民族团结，发扬民主，促进经济发展和社会正义，维护和平”。全国代表大会为党的最高机构；中央政治局及其常务委员会为党的领导机构，负责执行党的代表大会和中央委员会的决议。奥马尔·邦戈总统为该党创始人。2010年3月，阿里·邦戈当选该党主席。总书记埃里克·多多·布恩冈加（Eric Dodo Bounguendza）。

（2）反对派民主联盟（Coalition Démocratique de l'Opposition）：前身为民主人士党（Les Démocrates）。民主人士党成立于2017年3月，党主席兼创始人为国民议会前议长恩祖巴·恩达马（Nzouba Ndama）。2019年3月，反对派民主联盟成立，恩达马担任党主席。党的目标为建立公正、民主、自由的国家。

（3）保卫加蓬联盟（Rassemblement pour le Gabon，RPG）：参政党。前身为伐木者全国联盟（Rassemblement National des Bûcherons），于1991年获得合法地位。建党初期，曾主张用暴力夺取政权，经济上主张自由竞争，反对国家干预。主席为保罗·姆巴·阿贝索勒（Paul Mba Abessole）。1998年，阿贝索勒与第一书记皮埃尔－安德烈·孔比拉－库姆巴决裂，将“伐木者全国联盟”更名为“保卫加蓬联盟”。

（4）加蓬民主与发展联盟（Union Gabonaise pour la Démocratie et le Développment，UGDD）：反对党。2005年原加蓬民主党行政书记扎沙里·米博托（Zacharie Myboto）退党后创建，2006年内政部批准其为合法政党。

（5）加蓬人民联盟（Union du Peuple Gabonais，UPG）：反对党。1989年7月成立，1991年9月获合法地位。2014年6月，该党召开第一次大会，选举姆克卡尼·伊万古（Mouckagni Iwangou）为新任主席，任期3年。但该党执行书记拒绝承认选举结果，并将争议提交利伯维尔初审法院。8月，利伯维尔初审法院判定伊万古组织的党内选举非法，其当选该党主席无效。

此外，其他政党还有价值复兴联盟（Restauration des Valeurs Républicaines）、加蓬社会民主人党（Sociaux-Démocrates du Gabon）、继承与现代联盟（Rassemblement héritage et modernité）、社会民主党（Parti Social Démocrate）、自由改革者中间党（Centre des Libéraux Réformateurs）、新共和国联盟（Union pour la Nouvelle République）等。

【重要人物】阿里·邦戈·翁丁巴：总统。1959年出生于刚果（布）布拉柴维尔，系加蓬已故总统奥马尔·邦戈·翁丁巴之子。曾就读于巴黎大学，获法学博士学位。1984年任总统私人代表。1989—1991年任外长。1990年成为加蓬民主党革新派领袖，并在首次多党立法选举中当选国民议会议员。1999—2009年任国防部长。2009年10月就任总统。2010年3月当选加蓬民主党主席。2016年8月在总统选举中胜选连任。

经　济

系撒哈拉以南非洲经济状况较好的国家之一，但经济结构单一。以石油为主的采掘业发展较快。工业和农业基础薄弱。近年来，政府积极实施经济多元化战略，着力发展农业和旅游业，积极开发铁、锰、木材等非石油资源，鼓励发展中小企业，收到一定成效。2009年阿里·邦戈就任总统后，制定了以“绿色加蓬、工业加蓬、服务业加蓬”为发展方向、以2025年成为新兴国家为目标的整体发展战略，出台了增加基础设施投资，提高能源、资源产品就地加工比例，逐步禁止原木出口政策等措施。2017年，阿里·邦戈总统在“绿色加蓬、工业加蓬、服务业加蓬”基础上提出增加“蓝色加蓬”，以促进海洋经济发展。同年，加政府提出“2017—2019经济振兴计划”，以应对面临的困境。2022年主要经济数据如下：

国内生产总值：182.69亿美元。

人均国内生产总值：8229美元。

国内生产总值增长率：1.5%。

货币名称：中非金融合作法郎（简称“中非法郎”）。

汇率：1美元≈604中非法郎。

通货膨胀率：4.6%。

【资源】资源丰富，主要有石油、木材、锰矿等。已探明石油储量约22亿桶。锰矿蕴藏量2亿吨，占全球已探明储量的1/4。铌矿储量约40万吨，占世界总储量的5%。铁矿储量8亿—10亿吨，品位在60%以上。其他矿藏有磷酸盐、黄金、重晶石、镍、铬、锌等。加蓬森林资源十分丰富，森林覆盖率高达85%，森林面积约2200万公顷，可开采林地面积1900万公顷，原木储量4亿立方米，产值占国内生产总值的4%，出口收入占对外贸易的9%。全国有400余种商业树木，主要有奥库梅木和奥齐戈木，其中奥库梅木的蓄积量为1.3亿立方米，居世界第一位。水产资源约81.7万吨，其中渔业资源约23.4万吨（海水鱼21万吨，淡水鱼2.4万吨）。

【工业】采掘业、矿业、冶金业、木材行业和农副产品加工业等是加蓬的主要支柱产业。以石油为主的采掘业是加重要经济支柱。石油开发始于20世纪60年代初。2021年，加原油产量达1020万吨，原油出口达990万吨。

矿业和冶金业占加出口总值的11%、国内生产总值的4%、非石油财政收入的1.3%，创造1500个就业岗位。加是世界重要的锰矿生产国，锰矿产量居世界第四，出口量位居世界前三。2020年，加锰矿产量达844.9万吨。

木材行业是排在石油和矿业之后的第三大出口行业，也是创造就业最多的行业之一，创造1.1万个就业岗位。加蓬自2010年5月禁止原木出口。为加快木材加工业的发展，加政府在利伯维尔北部设立了恩考克经济特区，占地面积1126公顷，其中40%用于建设木材加工工厂。2020年，加原木产量达199万立方米，木材产量达114.7万立方米。

除了炼油厂、木材加工厂，加还有制烟厂、制酒厂、制糖厂、饮料厂、面粉与咖啡加工厂等，但制造业普遍较薄弱。

【农业】加拥有500万公顷可耕地，降水充足，年均降水量为1800—4000毫米，水热、土壤等农业生产条件良好。但农牧业发展缓慢，已耕地面积不到全国土地面积的2%，粮、肉、菜、蛋、水果均不能自给。目前，加蓬60%的食品需从国外进口，每年进口食品总值约达5亿美元。主要农产品有木薯、芭蕉、玉米、山药、芋头、可可、咖啡、蔬菜、橡胶、棕榈油等。加棕榈油主要由比利时SIAT公司、新加坡OLAM公司生产。

【服务业】从业人数约占就业人口的17.7%。

【旅游业】阳光、沙滩和多样的动植物生态结构为加发展旅游业奠定了良好的基础，但由于没有特殊激励性政策，旅游业一直处于不温不火的状态。现从业人员3000多名，全国有5家大规模旅行社，近百家旅馆。

【交通运输】陆路运输不发达，主要靠水运和空运，进出口物资90%靠海运。

铁路：仅一条路线，1986年建成，连接奥文多港和弗朗斯维尔市，全长814公里。

公路：全长10378公里，其中沥青路占20%。

水运：水运航线全长1600公里，分海运和河运两类。主要海港有让蒂尔港、奥文多港和马永巴港，年总吞吐量为2500万吨。让蒂尔港主要外运石油；奥文多港主要外运原木和矿石。2017年10月，奥文多港新码头启用，吞吐能力进一步增强。

空运：加蓬拥有44个公共机场，其中利伯维尔、让蒂尔港和弗朗斯维尔3个机场为国际机场。加蓬有通往非洲和欧洲的20多条国际航线。外国航空公司主要有法国、埃塞俄比亚、摩洛哥、土耳其航空公司等。

【电信业】加蓬是中部非洲互联网交换中心。主要移动通信运营商有Libertis、Celtel Gabon和Moov，其中Celtel Gabon市场占有率超过50%。

【财政金融】加蓬外汇储备估算约13.72亿美元。截至2021年，公共外债约116亿美元。加蓬共有加蓬法国国际银行、加蓬国际工商银行、加蓬联合银行、花旗银行、金融银行和加蓬发展银行等6家银行。前5家为商业银行，加蓬发展银行为国家政策性银行。加蓬信托局于2010年8月成立，属工商性质的公共金融机构，旨在振兴国家经济和金融。

【对外贸易】执行自由贸易政策，与140多个国家和地区建立了贸易关系。主要出口石油、木材和锰，主要出口对象国为中国、新加坡、韩国、荷兰；主要进口食品、轻工产品、机械设备等，主要进口来源国为法国、中国、比利时、多哥等。近几年对外贸易情况如下（单位：亿美元）：

	2020	2021	2022
出口额	52.76	76.41	93.45
进口额	28.49	30.88	62.17
差　额	24.27	45.53	31.28

【外国资本】2022年，加蓬吸引外国直接投资15亿美元。

【外国援助】截至2019年，加蓬共获得约1.2亿美元官方发展援助，其中法国援助1.19亿美元，是最大援助方。加蓬外援资金的87%来自优惠贷款，13%来自捐赠及其他形式的援助。援加排名前四位的出资方分别是法国、美国、欧盟、日本。

人民生活

根据联合国开发计划署发布的2018年人类发展指数，加蓬人类发展指数为0.702，在全球位列第110位。医疗卫生水平在中部非洲地区名列前茅。据世界银行统计，2020年，加全国经常性医疗卫生支出占国内生产总值的比重为3.43%，按照购买力平价计算，人均经常性医疗卫生支出228.98美元；2021年，人均预期寿命为65.8岁，居中部非洲第二位，仅次于卢旺达（69岁）。全国有28所医院、632个医疗中心和诊所，共有病床5329张、医生300多人。已有60万人享受到医疗保险，享受医疗保险人口占总人口比例在撒哈拉以南非洲国家中排名居前。人口增长率为1.6%。卫生覆盖率为21%。艾滋病病毒感染率约4%。88%的人口能喝上饮用水。

军　事

最高防务委员会是国家防务最高领导机构，总统任主席，为武装力量最高统帅。加蓬实行志愿兵役制。武装力量由武装部队、共和国卫队和治安部队组成，共1.3万人。其中，武装部队约6000人，包括陆海空三军、轻飞行队和消防营；共和国卫队1500人，由总统亲自指挥和调动；治安部队为准军事力量，包括宪兵和警察，分别有3000人和2500人。全国共有七大军区。利伯维尔和让蒂尔港建有海军基地，利伯维尔和弗朗斯维尔建有空军基地。武器装备80%来自法国，其余来自美国、英国、意大利、德国、巴西等。

文化教育

【教育】平均受教育年限为8.1年。女性识字率为89%，男性识字率为91%。小学实行免费教育，大中学生享受国家助学金。教育制度与法国相似。全国约有小学1200所，教师4600余人，学生25万人；中学近100所，教师2100多人，学生8.3万余人。加蓬有两所综合性大学：国立奥马尔·邦戈大学和马苏库科技大学，学生约9000人。

【新闻出版】政府发行的《团结报》创刊于1973年12月，是加蓬最有影响的报纸，发行量2万份，在加各大城市及部分中非、西非国家有售。1990年，《振兴报》《消息报》《蝉鸣报》等先后创刊。其中，《振兴报》系民主党机关报，《消息报》是保卫加蓬联盟机关报，《蝉鸣报》为私人报纸，均为法文版。

加蓬新闻社：官方通讯社，创建于1966年11月。

国营加蓬广播电台“革新之声”：建于1959年，拥有中波、短波和调频发射台，全天用法语及当地语播音。

第二广播电台：于1973年建立，仅有调频发射台。

莫亚比短波电台（非洲一台）：私营电台，建于1981年，为加蓬与法国合营，在非洲较有影响。

有两个国家电视频道，分别于1963年、1973年开播。1992年开通卫星电视。有非洲电视台、电视加号台等私营电视台。在加蓬还能收到欧洲新闻台、法语电视五台等电视节目。

对外关系

奉行开放、不结盟、国际合作和睦邻友好的外交政策。强调外交为国内经济服务。呼吁非洲团结，推动地区合作。主张通过对话、和解、协商方式解决世界和地区冲突。迄今，加蓬已同101个国家建立了外交关系。2011年3月，联合国在利伯维尔设立驻中部非洲办事处。

【同中国的关系】自1974年4月20日建交以来，两国友好合作关系发展顺利。两国人员交往频繁。奥马尔·邦戈总统曾11次来华。2020年6月，阿里·邦戈总统以视频方式出席中非团结抗疫特别峰会。2022年9月，王毅国务委员兼外长同加蓬外长穆萨在第77届联大期间举行双边会见。

2015年12月，中加两国签订《中华人民共和国政府和加蓬共和国政府关于互免持外交、公务护照人员签证的协定》，并于2016年2月5日生效。

据中国海关总署统计，2022年，中加双边贸易额为45.5亿美元，同比增长50.8%。其中，中国出口额为5.8亿美元，同比增长34.6%；中国进口额为39.7亿美元，同比增长53.5%。中方主要出口机电产品、钢材和水泥等，主要进口石油、锰矿砂、木材等。

中国驻加蓬大使：胡长春，李津津（2022年8月以后）。馆址：Libreville，B.P.3914，Boulevard Triomphal El Hadj Omar Bongo。电话：00241–743207；传真：747596。

加蓬驻华大使：波德莱尔·恩东·埃拉（Baudelaire Ndong Ella）。馆址：北京市朝阳区光华路36号。电话：010–65322810；传真：65322621。

【同法国的关系】同法国保持传统特殊关系，法系加最大的援助国、债权国和主要贸易伙伴，对加内外政策影响大。加70%的投资来自法国，法对加投资主要集中在石油、木材和矿产领域。法主要向加出口机械设备、工业和农副产品，是加第二大进口来源国。法在加有1.5万侨民，在加法企达200多家，涉足加所有经济领域，控制加50%的出口。在加最大的10家企业中，有6家为法资企业。法在利伯维尔设有军事基地，常驻官兵约450人。2019年9月，加蓬参议院议长米勒布与总统府秘书长蒂尔代表阿里·邦戈总统出席法国前总统希拉克葬礼。2021年11月，阿里·邦戈总统访法。

【同美国的关系】加美于1960年建交。奥马尔·邦戈总统曾10余次访美。美多家公司在加蓬从事石油开发。2021年11月，阿里·邦戈总统在赴英出席《联合国气候变化大会框架公约》第二十六次缔约方大会期间同美国总统拜登寒暄。2022年12月，阿里·邦戈总统赴美出席第二届美非峰会。

【同邻国及其他非洲国家的关系】与邻国总体保持睦邻友好关系，积极促进地区和平。2012年底至2013年初中非政局动荡后，阿里·邦戈总统积极斡旋，多次组织召开或参与中部非洲国家经济共同体（中共体）成员国峰会。2015年布隆迪发生政治危机后，阿里·邦戈总统以中共体轮值主席身份参与斡旋。2020年10月，阿里·邦戈总统特使、外长穆贝莱访问刚果（布）、安哥拉和赤道几内亚。12月，奥苏卡总理作为阿里·邦戈总统代表出席科特迪瓦总统瓦塔拉就职仪式，出席几内亚总统孔戴就职仪式。2021年11月，阿里·邦戈总统对摩洛哥进行工作访问。

【与国际和地区组织的关系】积极参与地区和国际事务，推动非洲一体化进程。通过非盟和平与安全理事会及几内亚湾委员会积极参与几内亚湾安全防务工作，打击几内亚湾内海盗、有组织犯罪、毒品交易、武装非法采掘资源、轻小武器泛滥等。2019年3月，恩科格总理代表阿里·邦戈总统出席在乍得首都恩贾梅纳举行的中部非洲经济与货币共同体第14次首脑会议。7月，比利外长代表阿里·邦戈总统出席在尼日尔首都尼亚美举行的第12届非盟特别峰会。11月，恩科格总理代表阿里·邦戈总统出席中部非洲经济与货币共同体特别首脑会议。2020年8月，阿里·邦戈总统以视频方式出席非盟执行局与非洲地区经济共同体主席第三次会议。9月，阿里·邦戈总统以视频方式出席联合国成立75周年纪念峰会。10月，阿里·邦戈总统出席第二次非盟和次区域组织及有关机制视频协调会议。11月，阿里·邦戈总统出席在利伯维尔召开的中共体第18届国家元首和政府首脑线下会议，以视频方式出席第三届巴黎和平论坛并发表讲话。12月，阿里·邦戈总统出席第13届、第14届非盟特别峰会视频会议，作为非洲组主席出席联合国气候雄心峰会视频会议。2021年4月，阿里·邦戈总统出席领导人气候峰会。2021年11月，阿里·邦戈总统赴英国出席《联合国气候变化大会框架公约》第二十六次缔约方大会。2022年10月，阿里·邦戈总统在英国伦敦出席英联邦总部举行的加蓬升国旗仪式。11月，阿里·邦戈总统赴埃及出席《联合国气候变化大会框架公约》第二十七次缔约方大会。　（孟亚斐）

津巴布韦

国名　津巴布韦共和国（The Republic of Zimbabwe）。

面积　39万平方公里。

人口　1632万（2022年）。主要有绍纳族（占84.5%）和恩德贝莱族（占14.9%）。官方语言为英语、绍纳语和恩德贝莱语。58%的居民信奉基督教，40%信奉原始宗教，1%信奉伊斯兰教。

首都　哈拉雷（Harare），人口243万（2022年）。

国家元首　总统埃默森·姆南加古瓦（Emmerson Mnangagwa），2017年11月就任，2018年8月当选连任。

重要节日　独立日：4月18日；英雄节：8月第二个星期一；国防日：8月第二个星期二；团结日：12月22日。

简况

非洲东南部内陆国。东邻莫桑比克，南接南非，西、西北与博茨瓦纳、赞比亚毗邻。属热带草原气候，年均气温22℃。10月温度最高，平均32℃；7月温度最低，平均13℃—17℃。

公元1100年前后开始形成中央集权国家。13世纪，卡伦加人建立莫诺莫塔帕王国，15世纪初王国达到鼎盛时期。1890年沦为英国南非公司殖民地，1895年被命名为南罗得西亚。1923年，英国政府接管该地，给予“自治领”地位。1953年，英国将南罗得西亚、北罗得西亚（今赞比亚）和尼亚萨兰（今马拉维）合组为“中非联邦”。1963年底“中非联邦”解体。1964年，南罗得西亚白人右翼势力组成以伊恩·史密斯为首的政府，并于1965年11月宣布独立。20世纪60年代，津巴布韦非洲人民联盟（简称“人盟”）和津巴布韦非洲民族联盟（简称“民盟”）先后成立，领导人民进行反对白人种族主义统治的武装斗争。1979年，津巴布韦各派在英国主持下召开伦敦制宪会议。1980年2月底举行议会选举，罗伯特·加布里埃尔·穆加贝领导的民盟获胜。同年4月18日独立，定国名为津巴布韦共和国。

政治

独立后，政局曾长期稳定。2000—2002年，津政府实施“快速土改计划”，导致社会矛盾激化，经济下滑，陷入政经危机，朝野尖锐对立。西方国家对津实施不宣布的经济制裁，对津高官实行禁止入境等一系列“精确制裁”，支持反对党，逼迫穆加贝总统下台。2008年3月29日，津举行总统、议会和地方政府“三合一”选举。在议会众议院选举中，民盟首次败给争取民主变革运动茨万吉拉伊派（简称“民革运茨派”），失去多数席位。在总统选举中，民革运茨派候选人摩根·茨万吉拉伊得票率为47.9%，民盟候选人穆加贝得票率为43.2%，但选举结果未及时公布并因此引发争议。由于二人票数均未过半，2008年6月27日，津举行第二轮总统选举，茨万吉拉伊在选前退出，穆加贝以85.5%的得票率当选，但反对党和西方国家对此不予承认，津选举争议因而愈演愈烈。9月15日，在南非总统姆贝基的调解下，津民盟、民革运茨派和争取民主变革运动穆坦巴拉派（简称“民革运穆派”）签署组建联合政府的《全面政治协议》。2009年2月13日，津联合政府正式成立。穆加贝继续任总统，茨万吉拉伊任总理。在2013年7月举行的大选中，穆加贝以61%的得票率击败茨万吉拉伊再次连任总统，民盟获得众议院2/3以上议席，重回一党执政。

2017年11月，津政局发生突变，穆加贝在各方压力下辞去总统职务，前副总统埃默森·姆南加古瓦就任总统。2018年7月31日，津举行总统、议会和地方政府“三合一”大选，民盟候选人姆南加古瓦以50.8%的得票率当选总统，民盟获得众议院2/3以上议席。

【宪法】首部宪法于1979年12月在英国主持下由津各主要党派在英国伦敦举行的制宪会议上制定，独立时开始生效，后经数次修改。宪法规定，津实行总统内阁制。2005年，国民议会通过第17号宪法修正案，增设参议院，规定津议会实行两院制。2007年，津议会通过第18号宪法修正案，规定总统任期由6年改为5年，与议员任期相同；总统、议会和地方政府选举同时举行，并对议会议席数量和产生方式进行调整。根据2008年9月15日津两党三方签订的分权协议，津议会于2009年2月通过第19号宪法修正案，确立联合政府的框架结构，并将在津联合政府成立两年内完成制定新宪法。2013年3月，津新宪法草案顺利通过全民公投，并于5月经穆加贝总统签署生效。新宪法对总统权力予以限制，规定总统任期不得超过两届（10年后生效），总统作出解散议会等重大决定须经议会2/3多数通过等。

【议会】本届议会于2018年7月选举产生。众议院共有270个议席。众议长雅各布·穆登达（Jacob Mudenda，民盟），2013年9月就任，2018年9月连任。参议院共有80个议席。参议长玛贝尔·奇诺莫娜（Mabel Chinomona，女，民盟），2018年9月就任。

【政府】实行总统内阁制，内阁成员由总统任命。2017年12月组成新一届内阁，2018年9月改组，目前主要成员如下：总统埃默森·姆南加古瓦，副总统康斯坦丁诺·奇温加（Constantino Chiwenga），财政和经济发展部长穆苏利·恩库贝（Mthuli Ncube），国防和老兵部长奥帕·穆欣古里（Oppah Muchinguri），地方政府、公共工程和国家住房部长朱利·莫约（July Moyo），外交和国际贸易部长弗雷德里克·沙瓦（Frederick Shava），公共服务、劳工和社会福利部长塞克赛·恩曾扎（Sekesai Nzenza），工商部长曼加利索·恩德洛武（Mangaliso Ndlovu），内政和文化遗产部长凯恩·马泰马（Cain Mathema），高等教育和科技发展部长阿蒙·穆尔维拉（Amon Murwira），基础教育部长保罗·马维马（Paul Mavima），土地、农业、水资源、文化和农村重新安置部长安克希斯·马苏卡（Anxious Masuka），矿业部长温斯顿·奇坦杜（Winston Chitando），能源和电力开发部长苏达·泽木（Soda Zhemu），交通和基础设施发展部长乔尔·马蒂扎（Joel Matiza），新闻、宣传和广播服务部长莫妮卡·穆茨万格瓦（Monica Mutsvangwa，女），信息通信和邮政部长卡赞贝·卡赞贝（Kazembe Kazembe），环境、旅游和接待行业部长普丽斯卡·穆普富米拉（Priscah Mupfumira，女），青年、体育、艺术和娱乐部长柯丝蒂·考文垂（Kirsty Coventry，女），卫生和儿童福利部长康斯坦丁诺·奇温加（兼），司法和议会事务部长齐扬比·齐扬比（Ziyambi Ziyambi），妇女事务、社区和中小企业发展部长西滕比索·尼奥尼（Sithembiso Nyoni，女）。

【行政区划】2004年2月，全国行政区划调整，由8个省增加到10个省，各省的名称分别为：马尼卡兰、东马绍纳兰、中马绍纳兰、西马绍纳兰、马斯温戈、北马塔贝莱兰、南马塔贝莱兰、中部、哈拉雷和布拉瓦约。

【司法机构】全国司法首脑为首席大法官，由总统任命，亦是宪法法院和最高法院的首脑。津司法系统由宪法法院、最高法院、高等法院、劳工法院、行政法院、地方法院和习惯法法院等组成。最高法院是除宪法事务外所有民事和刑事案件的终审上诉法庭。首席大法官卢克·马拉巴（Luke Malaba），2017年3月就职。总检控官约翰内斯·托马纳（Johannes Tomana）。

【政党】实行多党制。主要政党有：

（1）津巴布韦非洲民族联盟–爱国阵线（Zimbabwe African National Union-Patriotic Front）：简称“民盟”。津独立以来执政至今。1963年8月8日成立，1987年与人盟合并，仍称津巴布韦非洲民族联盟–爱国阵线，约有300万名党员。党的宗旨是“建立和保持一个依据我们的历史、文化和社会实际的社会主义社会，并为实现经济独立、繁荣和平均分配国家财富创造条件”。2017年12月，民盟举行全国代表大会，姆南加古瓦出任党主席兼第一书记。民盟于2018年、2019年的两次全国代表大会上推举并确认姆南加古瓦为2023年总统选举民盟唯一候选人。

（2）争取民主变革运动（Movement for Democratic Change）：简称“民革运”。最大反对党。脱胎于津最大工会组织津巴布韦工会大会（Zimbabwe Congress of Trade Unions），1999年9月在哈拉雷成立，约有120万名党员。2005年下半年，民革运在是否参加参议院选举问题上陷入内部纷争，并于2006年初分裂为“抵制派”和“参选派”。“抵制派”主席为摩根·茨万吉拉伊，抵制派也称“茨派”。“参选派”主席为亚瑟·穆坦巴拉，参选派也称“穆派”。2021年1月，民革运举行特别党代表大会，道格拉斯·姆旺祖拉（Douglas Mwonzora）当选新任总裁。

（3）公民变革联盟（Citizens Coalition for Change）：简称“公革联”。最大反对党。2022年1月24日，原民革运联盟领导人纳尔逊·查米萨（Nelson Chamisa）宣布组建公革联。

【重要人物】埃默森·姆南加古瓦：总统、民盟主席兼第一书记。1942年9月生。早年参加津民族独立斗争。1980年津独立后，历任国家安全部长，司法、法律和议会事务部长，代理财政部长，众议长，农村住房与社会和谐部长，国防部长，司法部长等职。2014年12月起任副总统兼司法部长、民盟副主席兼第二书记。2017年10—11月先后被解除司法部长、副总统、民盟副主席兼第二书记职务，并被开除党籍。2017年津政局突变后，于11月19日恢复民盟副主席兼第二书记职务，并于24日接任总统。12月出任党主席兼第一书记，并成为2018年大选民盟总统候选人。曾以不同身份多次访华。　**康斯坦丁诺·奇温加**：副总统、民盟副主席兼第二书记。1956年7月生。1973年加入民盟。曾在赞比亚和坦桑尼亚接受军事训练。1978年任民盟最高军事指挥部副政委。1981年起历任津陆军旅长、陆军司令部后勤局局长、陆军参谋长、陆军司令。2004年出任国防军司令，晋升上将。2017年12月卸任国防军司令并退出现役，出任副总统兼国防和老兵部长、民盟副主席兼第二书记。曾多次访华。2020年8月兼任卫生和儿童福利部长。

经　济

津巴布韦自然资源丰富，工农业基础较好，正常年景粮食自给有余，曾为世界第三大烟草出口国。2000年后，因实施“快速土改计划”受到西方制裁，经济大幅缩水。外汇、燃油和生活必需品短缺，通货膨胀率激增，津元加速贬值，大量人口涌入邻国。2008年3月津发生选举争议后，经济状况进一步恶化，至年底经济基本崩溃，财政、金融和税收等关键部门基本停止运转，水电、通信、医疗、教育等社会公共管理职能几近瘫痪。2009年2月，联合政府成立后，有效控制了恶性通货膨胀，市场供应明显改善，经济形势有所好转。2016年以来，经济困难加剧，流动性严重短缺。2017年12月，姆南加古瓦政府成立后，努力建设“经济新秩序”，但仍面临诸多困难。2022年主要经济数据如下：

国内生产总值：290亿美元。

人均国内生产总值：1716美元。

国内生产总值增长率：2.5%。

货币名称：津自2009年2月起废弃本国货币津巴布韦元，改用美元、南非兰特、人民币等9种外国货币。2016年11月发行债券货币，仅在津国内流通，面额与美元等值。2019年11月废除债券货币，发行新津巴布韦元（简称“新津元”），兑美元汇率为1∶1。2020年6月宣布放弃固定汇率制度，设立外汇拍卖系统。

汇率：1美元≈670新津元。

通货膨胀率：250.4%。

外债总额：140亿美元。

（资料来源：《伦敦经济季评》）

【资源】自然资源丰富，有煤、铬、铁、石棉、铂金、金、钻石等。煤蕴藏量约270亿吨，铁矿储量约300亿吨。铂金矿和铬铁矿储量均居世界第二，钻石和锂矿储量较大。工业用林面积11.5万公顷。

【工业】工业门类主要有金属和金属加工、食品加工、石油化工、饮料和卷烟、纺织服装、造纸和印刷等。工业从业人口约占总劳动力的15%，矿业从业人口约占总劳动力的4.5%。近年来，津制造业持续衰退。姆南加古瓦政府成立后，召开矿业投资大会，推进国有企业改革，将矿业和制造业列入优先发展领域，建立黄金加工中心，出台钻石开采措施，增加矿产品出口附加值。

【农业】主要生产玉米、烟草、棉花、花卉等，畜牧业以养牛为主。耕地面积3328万公顷，农业人口占全国人口的67%。2018年，津谷物产量下降24%左右，但烟草产量创新高。2019年，受飓风“伊代”和旱灾双重影响，农业产值萎缩16%，玉米产量仅77万吨。2020年，津降水量增加，农业生产面临有利条件，粮食紧张程度得到缓解。

【旅游业】津劳动力总数中有4.5%从事旅游业，另有4%从事与此相关行业。全国有70多家星级旅馆。最著名的风景点为维多利亚瀑布，还有26个国家公园和野生动物保护区。2018年，津接待游客258万人次。2020年后受新冠疫情影响较大，旅游业萎缩严重。

【交通运输】以铁路、公路和航空运输为主，海运主要通过南非的德班港（距哈拉雷1700公里）和莫桑比克的贝拉港（距哈拉雷600公里）。

铁路：总长4300公里，通往南非、莫桑比克、赞比亚和博茨瓦纳，其中哈拉雷至达布卡（Dabuka）的300公里为电气化铁路。

公路：总长8.5万公里，其中1.9万公里为国家级公路，1.5万公里为沥青路面。

空运：津有3个国际机场，分别为哈拉雷、布拉瓦约和维多利亚瀑布机场。津巴布韦航空公司曾经营多条国际及国内航线。南非、阿联酋、英国、埃塞俄比亚、肯尼亚等航空公司均在津开设国际航线。

【财政金融】津自2008年3月发生选举争议后，经济持续下滑，财政状况不断恶化。由于缺少资金，政府公共服务体系曾一度瘫痪。联合政府成立后，财政状况有所改善。截至2022年底，津外债总额约140亿美元。

【对外贸易】1991年开始推行贸易自由化后，外贸有较大幅度增长。但近年来，因经济形势恶化，外贸也深受影响。主要出口烟草、黄金、铁合金，主要进口机械、工业制成品和化工产品。约与27个国家或地区有贸易关系。2022年，出口额约为87亿美元，进口额约为99亿美元。(资料来源:《伦敦经济季评》)

【外国资本】姆南加古瓦政府成立后，高举开放、亲商政策旗帜，提高营商便利度，取得一些成效，但仍面临生产投资乏力等挑战。近几年，受新冠疫情、飓风"伊代"、不稳定的金融政策及国际制裁等多重因素影响，津吸收外国直接投资流量持续保持低迷态势，但从2021年起逐年上升。据联合国贸发会议发布的《2023年世界投资报告》，2022年，津直接吸收外资流量为3.42亿美元；截至2022年底，吸收外资存量为64.99亿美元。

【外国援助】根据《2023年津巴布韦政府财政预算报告》，2022年1—9月，发展伙伴（不含中国）为津提供了6.38亿美元援助，其中双边援助4.02亿美元、多边援助2.36亿美元。这些援助被用于资助津经济社会发展的各部门，主要包括卫生、农业、教育、人道主义和治理部门。主要援助方为美国、英国、瑞典、日本、联合国、欧盟等。

人民生活

近年来，由于工资上涨幅度远低于通货膨胀率，导致实际工资下降。联合国发布的《2021/2022年人类发展报告》显示，2021年津人类发展指数为0.593，位列全球第146位。津巴布韦医院分为公立和私立。全国共有各类医院244所、诊所1378个，病床2.1万张，医护人员与病人比例约1：430。60岁以上居民享受免费公立医疗。津巴布韦国家统计局最新数据显示，2022年平均寿命为64.7岁。

军　事

津巴布韦国防军于1980年建立。实行志愿兵役制。最高军事决策机构是国防委员会。总统兼武装部队总司令。津国防军下设陆军和空军两个军种。总兵力4万人，其中陆军3.5万人、空军5000人。现国防军司令菲利普·西班达（Philip Sibanda）上将，陆军司令埃德扎·齐蒙约（Edzai Chimonyo）中将，空军司令埃尔森·莫约（Elson Moyo）中将。

文化教育

【教育】津政府重视并大力发展教育事业，实行中小学低收费普及教育，国民受教育程度在非洲排在前列。基本承袭英国的教育体制和学制。现有小学4734所，中学1570所，高等学校13所。成人识字率为89%，其中男性为93%，女性为85%。津巴布韦大学是津最著名的综合性大学，始建于1953年。

【新闻出版】《先驱报》为津最大日报，发行量16.5万份，政府拥有该报50%的股份。其他主要报纸有《星期日邮报》《新闻日报》《每日新闻报》《金融公报》《津巴布韦独立报》《标准报》等。

津巴布韦全非通讯社：官方通讯社，成立于1981年10月，前身为南非报业协会主办的全非通讯社。

津巴布韦广播公司：1933年成立，为政府所有，分电台和电视台两部分。电台有4个台，即英语台、非洲台、音乐台和教育台，分别以英语、绍纳语和恩德贝莱语播出。除教育台只在周一到周五每天从10：00—22：00播出外，其余各台每天播出时间为5：00—24：00。电视台建于1960年。

对外关系

奉行不结盟政策。推行睦邻友好方针，以发展同非洲国家特别是南部非洲国家关系为外交重点。近年来，津巴布韦大力推行"东向"政策，加强与其他发展中国家尤其是亚洲国家关系。在"民主、人权"等问题上与西方国家存在严重分歧。与西方国家关系紧张，受到美国、欧盟等制裁。积极参与地区和国际事务，是不结盟运动、77国集团、非洲联盟、南部非洲发展共同体成员国。同110多个国家建立了外交关系。

【同中国的关系】中国与津巴布韦于1980年4月18日津独立当天建交。建交以来，两国关系发展顺利。2018年，两国建立全面战略合作伙伴关系。2020年1月，王毅国务委员兼外长访津。2020年4月18日，习近平主席同姆南加古瓦总统就中津建交40周年互致贺电。2020年6月，姆南加古瓦总统出席中非团结抗疫特别峰会。2021年，姆南加古瓦总统以线上或录制视频方式出席中医药与抗击新冠肺炎疫情国际合作论坛、中国共产党与世界政党领导人峰会、第二届联合国全球可持续交通大会、中国国际服务贸易交易会全球服务贸易峰会。2022年4月，姆南加古瓦总统以录制视频方式出席青蒿素问世50周年暨助力人类卫生健康共同体国际论坛。

据中国海关总署统计，2022年，中津双边贸易额为24.2亿美元，同比增长29.1%。其中，中国出口额为11.2亿美元，同比增长22.4%；中国进口额为13.0亿美元，同比增长35.5%。中方主要进口烟草等，主要出口机电、高新技术产品等。

双方签有文化、高等教育等合作协定，引渡条约，互免持外交护照和公务护照人员签证谅解备忘录以及旅游合作谅解备忘录。2021—2022学年，津来华留学在读学生总数为3145名。中方自1985年起向津派遣医疗队，迄今共派出19批次。自2018年7月1日起，津方开始为持普通护照的中国大陆公民办理落地签。

中国驻津巴布韦大使：郭少春。馆址：No. 58 Golden Stairs Road，Mount Pleasant，Harare，Zimbabwe。电话：00263–24–2332760，2332761，2332762；传真：2334716。

津巴布韦驻华大使：马丁·切东多（Martin Chedondo）。馆址：北京市朝阳区三里屯东三街7号。电话：010–65323795，65325381；传真：65325383。

【同美国的关系】美曾为津巴布韦的主要援助国之一。姆南加古瓦政府上台后，美恢复对津高层接触，但表示将视津2018年大选情况决定是否解除制裁。2018—2020年，美总统特朗普连续三年签署"对津巴布韦的制裁再延长一年"的决议。2020年9月，美助理国务卿纳吉同津外长莫约通电话。2022年10月，津外长沙瓦出席美非峰会。

【同英国的关系】津英关系曾十分密切。英曾是津主要贸易伙伴，并在津有大量投资。2000年，由于津政府推行"快速土改计划"触动英利益，两国关系恶化。2008年3月津大选后，英公开要求穆加贝承认失败，早日下台，并与美联手强行推动联合国安理会表决制裁津决议草案。2009年2月，津联合政府成立后，英对津政策有所缓和。2014年以来，欧盟大幅减轻对津制裁。英国脱欧后，继续保持对津制裁。姆南加古瓦就任总统后，英方先后派出3位首相特使访津，推动英津关系正常化。2021年10月30日至11月3日，姆南加古瓦总统赴英参加第26届联合国气候变化大会。

【同其他非洲国家及地区组织的关系】重视发展同其他非洲国家的友好合作关系，积极参与地区政治事务和经济合作。与莫桑比克签有友好条约和防务协定；与安哥拉、纳米比亚和刚果（金）关系密切，签有共同防务协定；与南非、赞比亚和马拉维等周边国家保持睦邻关系，重视与南非在经贸领域的合作。

2008年3月津发生选举争议后，非盟和绝大多数非洲国家主张津问题在非洲内部通过对话和谈判解决。南共体多次召开首脑会议讨论津局势，推动政治解决津问题。津联合政府成立后，南共体积极呼吁和协调本地区国家及国际社会向津提供援助，敦促有关国家尽早取消对津制裁，并积极调解津联合政府内部纷争。2012年6月在安哥拉首都罗安达举行的南共体特别峰会肯定津有关方落实《全面政治协议》的努力。2013年6月，南共体特别峰会在莫桑比克首都马普托举行，讨论了津大选形势，要求津各方采取措施，为举行和平、可信、自由、公正的大选创造有利条件。2017年11月津局势发生突变后，南非等地区国家及南共体积极开展斡旋，推动有关问题和平、妥善解决。姆南加古瓦就任总统后，即出访南非、安哥拉、纳米比亚、莫桑比克、赞比亚、博茨瓦纳等南部非洲国家。2019年8月，第39届南共体峰会决定将10月25日设定为"反制裁日"，呼吁解除对津制裁。2022年联合国大会一般性辩论期间，非盟及多个非洲国家领导人公开呼吁西方尽快解除对津制裁。

【同其他国家的关系】2019年1月，姆南加古瓦总统访问俄罗斯、白俄罗斯、阿塞拜疆和哈萨克斯坦。8月，姆南加古瓦总统赴日本出席东京非洲发展国际会议横滨峰会。10月，姆南加古瓦总统再次赴俄，出席首届俄非峰会。津在乌克兰危机问题上无惧美西方压力，始终支持俄罗斯，拒绝参与对俄制裁。（冯帆）

喀麦隆

国名　喀麦隆共和国（The Republic of Cameroon，La République du Cameroun）。

面积　475442平方公里。

人口　2791万（2022年）。有200多个民族，主要有巴米累克族、富尔贝族、赤道班图族（包括芳族和贝蒂族）、俾格米族、西北班图族（包括杜阿拉族）。法语和英语为官方语言。约有200种民族语言，但均无文字。南部及沿海地区信奉天主教和基督教新教（约占全国人口的40%），内地及边远地区信奉拜物教（约占全国人口的40%），富尔贝族和西北部一些民族信奉伊斯兰教（约占全国人口的20%）。

首都　雅温得（Yaounde），人口433.7万（2022年）。年均气温24.9℃，年均降水量1299毫米，降雨期133天。

国家元首　总统保罗·比亚（Paul Biya），1982年11月6日就任，1984年、1988年、1992年、1997年、2004年、2011年、2018年连任，任期7年。

重要节日　国庆节：5月20日；独立纪念日：1月1日；统一纪念日：10月1日。

简　况

位于非洲中部，西南濒几内亚湾，西接尼日利亚，东北接乍得，东与中非共和国、刚果（布）为邻，南与加蓬、赤道几内亚毗连。海岸基准线长360公里。西部沿海和南部地区为赤道雨林气候，北部属热带草原气候。年均气温24℃—28℃。

公元5世纪起，外来部族大量迁入，并先后形成一些部落王国和部落联盟。1884年沦为德国的"保护国"。第一次世界大战期间，喀东、西部分别被法、英军队占领。1922年，国际联盟将喀东、西部分交法、英"委任统治"。第二次世界大战后，联合国将喀东、西部分交法、英“托管”。1960年1月1日，法托管区根据联合国决议独立，成立喀麦隆共和国，阿赫马杜·阿希乔出任总统。1961年2月，英托管区北部和南部分别举行公民投票。6月1日，北部并入尼日利亚；10月1日，南部与喀麦隆共和国合并，组成喀麦隆联邦共和国。1972年5月20日，喀公民投票通过新宪法，取消联邦制，成立中央集权的喀麦隆联合共和国。1982年11月，阿希乔辞职，保罗·比亚继任总统。1984年1月改国名为喀麦隆共和国。

政　治

比亚总统执政以来实行“民族复兴”纲领，主张“民主化和民族融合”，喀麦隆政局长期稳定。1990年12月实行多党制。1992年举行多党立法选举和总统选举，比亚当选总统，组成以执政党喀麦隆人民民主联盟（简称“人民盟”）为主体的多党联合政府。1997年和2004年，比亚两度连任总统。2008年4月，喀国民议会以压倒性多数通过宪法修正案，取消对总统任期次数的限制。2011年10月，比亚再度连任总统。2018年10月7日，喀举行总统选举，比亚以71.28%的得票率第7次当选总统。

【宪法】现行宪法于1972年5月20日经公民投票通过，后进行7次修改。宪法规定：共和国总统是国家元首和武装部队最高统帅，有权任免总理和政府成员，颁布法律和法令，宣布紧急状态，必要时可提前举行总统选举；总统通过直接选举产生，任期7年，可连选连任；总统不能履行职权时，由参议院议长代行总统职务；总理是政府首脑，领导政府工作，负责执行法律，行使制定规章权，任命行政官员。

【议会】宪法规定，立法权由国民议会和参议院组成的两院制议会行使。国民议会每年召开3次例会，主要讨论和批准国家年度财政预算，审议和通过法律草案。议员由直接普选产生，任期5年。本届国民议会于2020年2月选举产生，共180个席位，来自8个政党。议长卡瓦耶·耶吉·贾布里勒（Cavaye Yeguie Djibril）。本届参议院于2018年3月选举产生，由市镇议员投票产生70名参议员，总统任命30名参议员，共100名参议员，来自7个政党。参议院设参议长1名、副参议长5名。参议长马塞尔·尼亚特·恩吉芬吉（Marcel Niat Njifenji，人民盟）。

【政府】本届政府于2019年1月组成，包括总理1人、国务部长4人、部长35人、部长级代表8人、国务秘书10人。主要成员有：总理迪翁·恩古特·约瑟夫（Dion Ngute Joseph），旅游和娱乐国务部长贝洛·布巴·迈加里（Bello Bouba Maigari），司法国务部长埃索·洛朗（Esso Laurent），高等教育国务部长法姆·恩东戈·雅克（Fame Ndongo Jacques），国务部长兼总统府秘书长费迪南·恩戈·恩戈（Ferdinand Ngoh Ngoh），总统府负责国防事务的部长级代表贝蒂·阿索莫·约瑟夫（Beti Assomo Joseph），总统府负责国家最高监察事务的部长级代表姆巴·阿查·福曼当·罗丝·恩格瓦里（Mbah Achanée Fomundam Rose Ngwari，女），总统府负责公共采购的部长级代表塔尔巴·马拉·易卜拉欣（Talba Malla Ibrahim），总统府负责与议会关系的部长级代表瓦卡塔·博尔维纳（Wakata Bolvine），领土管理部长阿坦加·恩吉·保罗（Atanga Nji Paul），社会事务部长恩盖内·肯代克·波利娜·伊雷娜（Nguéné née Kendeck Pauline Irène，女），农业和乡村发展部长姆拜罗贝·加布里埃尔（Mbairobé Gabriel），艺术和文化部长比敦格·姆克帕特·皮埃尔·伊斯梅尔（Bidoung Mkpatt Pierre Ismaël），商务部长姆巴尔加·阿坦加纳·吕克·马格卢瓦尔（Mbarga Atangana Luc Magloire），新闻部长萨迪·勒内·埃马纽埃尔（Sadi René Emmanuel），权力下放和地方发展部长埃兰加·奥巴姆·乔治（Elanga Obam Georges），地产、地籍和土地事务部长埃耶贝·阿伊西·亨利（Eyebé Ayissi Henri），水资源和能源部长埃伦杜·埃松巴·加斯东（Eloundou Essomba Gaston），经济、计划和领土整治部长阿拉明·奥斯曼·梅伊（Alamine Ousmane Mey），基础教育部长埃通迪·恩戈亚·洛朗·塞尔日（Etoundi Ngoa Laurent Serge），畜牧、渔业和畜产工业部长塔伊加（Taiga），就业和职业培训部长伊萨·奇罗马·巴卡里（Issa Tchiroma Bakary），中等教育部长娜洛瓦·莉翁加·波利娜·埃贝（Nalova Lyonga Pauline Egbe，女），环境、自然保护和可持续发展部长海莱·皮埃尔（Hélé Pierre），财政部长莫塔泽·路易·保罗（Motaze Louis Paul），公职和行政改革部长约瑟夫·勒安德森（Joseph Le Anderson），林业和动物资源部长恩东戈·朱尔·多雷（Ndongo Jules Doret），住房和城市发展部长库尔泰斯·克恰·塞莱斯蒂娜（Courtès née Keutcha Célestine，女），青年和公民教育部长穆努纳·富楚（Mounouna Foutsou），矿产、工业和技术开发部长多多·恩多凯·加布里埃尔（Dodo Ndoké Gabriel），中小企业、社会经济和手工业部长巴西莱金·阿希尔（Bassilekin III Achille），邮电部长利博姆·利·利康·芒多莫·米内特（Libom Li Likeng née Mendomo Minette，女），妇女和家庭事业促进部长阿贝娜·翁多阿·奥巴马·马里·泰雷兹（Abena Ondoa née Obama Marie Thérèse，女），科研和创新部长楚恩特·马德莱娜（Tchuinte Madeleine，女），对外关系部长姆贝拉·姆贝拉·勒热纳（Mbella Mbella Lejeune），公共卫生部长马纳乌达·马拉切（Manaouda Malachie），运动和体育部长穆埃勒·孔比·纳西斯（Mouelle Kombi Narcisse），交通部长恩加莱·比贝埃·让·埃内斯特·马塞纳（Ngallé Bibehe Jean Ernest Masséna），劳动和社会保障部长奥沃纳·格雷瓜尔（Owona Grégoire），公共工程部长恩加努·朱梅西·埃马纽埃尔（Nganou Djoumessi

Emmanuel）等。

【行政区划】全国划分为10个大区（极北、北部、阿达马瓦、东部、中部、南部、滨海、西部、西南、西北），58个省，360个市镇。

【司法机构】司法权由最高法院、上诉法院、各级法庭行使。总统任命法官。最高司法会议协助总统工作。最高法院院长梅科贝·索内·丹尼尔（Mekobe Sone Daniel），总检察长恩乔多·吕克（Ndjodo Luc）。

【政党】共有298个政党。主要政党情况如下：

（1）喀麦隆人民民主联盟（Rassemblement Démocratique du Peuple Camerounais，RDPC）：前身是喀麦隆民族联盟，1966年9月1日成立，1985年3月24日改称现名。现有党员200多万名。成立以来一直保持执政党地位。总目标是建立一个以严格、讲道德、自由和民主以及保证人民充分发展为基础的“集体自由主义社会”。恪守的信条是“团结、进步、民主”。当前的任务是促进全国的团结和统一，发展经济和文化，反对部族主义和宗教特权。1984年9月，比亚总统当选喀麦隆民族联盟主席；1985年，喀麦隆民族联盟改称喀麦隆人民民主联盟后当选为人民盟党主席。1990年6月、1996年12月、2011年9月，人民盟分别举行第一次、第二次、第三次全国代表大会，比亚均当选党主席。该党在国民议会和参议院中分别占152席和87席。

（2）社会民主阵线（Social Democratic Front，SDF）：反对党。1990年5月26日成立，1991年3月1日成为合法政党。以“民主、正义、发展”为口号，宣称以和平手段实现政权交替是该党的责任和义务，主张恢复联邦制。曾抵制1992年的立法选举和1997年的总统选举，在西部英语区和巴米累克人中影响较大。党主席约翰·弗吕·恩迪（John Fru Ndi）。该党在国民议会和参议院中分别占16席和7席。

（3）喀麦隆复兴运动（Mouvement pour la Renaissance du Cameroun，MRC）：反对党。2012年8月成立。主张发起广泛政治讨论，营造更为开放、民主的政治氛围。党主席莫里斯·坎图（Maurice Kamto）。该党在国民议会和参议院中各占1席。

（4）喀麦隆民主联盟（Union Démocratique du Cameroun，UDC）：反对党。1991年3月成立，同年4月取得合法地位。寻求建设一个和平、宽容、自由和正义的社会，主张实现在正义、平等、反对部族主义基础上的和平。在西部大区有一定影响。党主席恩达姆·恩乔亚（Ndam Njoya）。该党在国民议会中占6席，在参议院中无席位。

（5）全国民主进步联盟（Union Nationale pour la Démocratie et le Progrès，UNDP）：参政党。1990年5月成立，1991年3月25日被批准为合法政党。该党在北方穆斯林居住地区影响较大，领导层中有不少人为前总统阿希乔的支持者。强调喀是公民的国家，支持民族团结和统一，反对分裂。主张经济自由化和地方分权，赞成严格执行经济结构调整计划。1997年曾与社会民主阵线联手抵制总统选举。1998年1月与人民盟达成“政府共同纲领”后加入政府，成为参政党。党主席贝洛·布巴·迈加里现任旅游和娱乐国务部长。该党在国民议会和参议院中分别占4席和2席。

（6）喀麦隆人民联盟（Union des Populations du Cameroun，UPC）：参政党。成立于1948年4月，曾为喀独立作出贡献。因从事反殖斗争，1955年被法国殖民当局取缔。喀独立后于1960年2月25日成为合法政党，1966年被当局解散，1991年2月12日再次取得合法地位。主张加速国家民主变革，鼓励政治自由化，广施民主，分散经济管理权，减少国家干预，提高人民生活水平，建立一个在团结和互相补充基础上的社会。该党多次发生分裂，形成以总书记奥古斯坦·科多克（Augustin Kodock）、主席恩代·恩图马扎（Ndeh Ntumazah）以及亨利·奥科贝·恩朗（Henri Hogbe Nlend）为首的三派。2000年1月，前两派宣布和解。该党在国民议会和参议院中各占1席。

【重要人物】**保罗·比亚**：共和国总统、国家元首、全国武装力量最高统帅、人民盟党主席。1933年2月13日出生于喀麦隆南部大区贾埃洛博省。1956—1962年先后在法国路易·勒·克昂公立中学、巴黎大学、海外高等研究学院等攻读法律和政治学，1960年获国际公法学士学位。回国后历任总统府特派员，国民教育、青年和文化部长办公厅主任、秘书长，总统府民事办公室主任，总统府秘书长兼民事办公室主任，总统府国务部长兼秘书长等职。1975年6月出任政府总理。1982年11月任共和国总统至今。1975年2月当选为喀麦隆民族联盟中央委员会副主席，1983年9月任主席。1985年3月任人民盟党主席至今。**迪翁·恩古特·约瑟夫**：总理。1954年3月出生于喀麦隆西南大区恩迪安省。1977年获雅温得大学法律学士学位，后赴英国伦敦大学和沃里克大学学习，获法律硕士和哲学博士学位。回国后在雅温得第二大学任教。1986—1995年任国家行政机构和官员管理中心主任，1991年起兼任国家行政学院院长。1997年12月任对外关系部负责与英联邦合作事务的部长级代表。2018年3月任总统府部长级特派员。2019年1月出任总理。系人民盟中央委员。

经　济

喀麦隆地理位置和自然条件优越，资源丰富。农业和畜牧业为国民经济主要支柱。工业有一定基础。2006年，世界银行、国际货币基金组织确认喀达到重债穷国减债倡议完成点，喀外债获大幅减免。2009年，喀政府公布《2035年远景规划》和《经济增长和就业战略发展规划（2010—2020年）》，重点发展农业，扩大能源生产，加大基础设施投资，努力改善依赖原材料出口型经济结构，争取到2035年将喀建成“民主、统一、多样的新兴国家”。2022年主要经济数据如下：

国内生产总值：437.2亿美元。

人均国内生产总值：1570美元。

国内生产总值增长率：3.4%。

货币名称：中非金融合作法郎（简称“中非法郎”）。

汇率：1美元≈604中非法郎。

通货膨胀率：5.3%。

（资料来源：国际货币基金组织）

【资源】矿产资源较丰富。已探明的主要矿藏有：铝矾土（储量为11亿吨以上，矾土品位为43%，硅石品位为3.4%），铁矿（约50亿吨），金红石（约300万吨，钛含量92%—95%）。此外，还有锡石矿、黄金、钻石、钴、镍等，以及大理石、石灰石、云母等非金属矿产。森林资源丰富，总面积约2250万公顷，约占国土总面积的46%，可开发面积约1700万公顷，总容积量40亿立方米，主要有非洲梧桐、筒状非洲楝、红铁木、柄桑木及浅黄榄仁等树种。全国水域面积3.96万平方公里。可利用淡水资源总量2855亿立方米。石油储量1亿多吨，天然气储藏量约5000亿立方米。根据喀国家石油公司发布的公告，2022年，喀产油量约2495万桶，产气量24.98亿立方米。

喀政府2001年颁布《矿业法》，2010年7月29日修订其中部分条款，进一步明确了矿产证类型、采矿权益保障等内容。目前，喀政府正在酝酿出台新的《矿业法》。目前，喀矿产资源每年财政收入约50亿中非法郎。

【工业】独立后工业发展较快，已有一定基础和规模，工业水平居撒哈拉以南非洲国家前列。全国15%的劳动力从事工业。2022年，喀工业增加值占国内生产总值的比重为25.5%。主要工业部门有食品、饮料、卷烟、纺织、服装、造纸、建材、化工、炼铝、电力、石油开采与加工、木材开采与加工等。自1990年起推行企业私有化政策。近年来，为促进工业发展、增加就业、吸引投资，喀政府积极完善有关法律法规，大力鼓励中小企业发展。但喀工业化发展仍面临能源缺乏、基础设施建设落后、加工制造业成本高昂等困难。

【农业】喀素有“中部非洲粮仓”之称，政府重视农业发展。可耕地面积达到720万公顷，占国土面积的15%，目前仅开发180多万公顷。2022年，喀农业增加值占国内生产总值的比重为17%。种植业、林业、畜牧业、渔业等农业类产业吸纳了全国约60%的劳动力。主要粮食作物有小米、高粱、玉米、稻谷、薯类、芭蕉等，主要经济作物有可可、棉花、咖啡、香蕉、油棕等。喀是世界第五大香蕉生产国。目前，咖啡年产量2.5万吨，可可豆年产量20万吨，香蕉年产量22万吨，棉花年产量35万吨。

林业为喀国民经济支柱产业之一。喀政府重视林业发展，1999年进行林业改革，明令禁止原木出口，并对林地开采权进行公开招标。同年，针对禁止原木出口造成的出口收入下降问题，将树种分为传统树种和推广树种，推广树种原木纳税后准许出口。林业对国内生产总值贡献率为6%。

渔业及相关产业从业者约20万人。海洋捕鱼主要依赖手工作业，水产养殖尚在起步阶段。水产品自给不足，每年需从国外进口11万吨左右渔产品。全国牧场和草原面积1430万公顷。北部地区畜牧业较发达，主要以传统方式进行经营。畜牧业年产值占农业产值的14%。喀政府已着手制定旨在促进养鱼业、捕鱼业、养蜂业等产业多样化发展政策，制定有效防治和减少动物流行病的机制，拟定与国际接轨的兽医服务业标准。

【旅游业】旅游资源丰富，有“微型非洲”之称。喀政府重视发展旅游业，成立了以总理为主席的国家旅游理事会，在国外开设旅游代表处，并鼓励私人投资旅游业。1975年加入国际旅游组织。1985年9月建立喀麦隆旅游公司。1989年成立旅游部。1990年成立全国促进旅游委员会。全国有381个旅游景点，各类保护区45处。主要旅游点有贝努埃、瓦扎和布巴恩吉达等天然动物园。2017年，喀旅游业收入占国内生产总值的3.2%，旅游业领域就业人口达60.45万人。2021年，喀酒店数量达2382家，旅行社数量达326家，接待国际游客约102万人次。

【交通运输】已形成陆海空立体交通网络。公路交通占全国运输总量的90%以上。

公路：总长122108公里，其中沥青路总长约7000公里，主干道总长21490公里，乡村道路长为100243公里。根据喀2020—2035年公路发展指导计划，未来15年，喀公路建设重点是修建联通区、省首府的道路。

铁路：1911年投入使用，总长1000公里，分布在部分大城市，使用单窄轨铁路，至今未能延伸到全国各地。喀政府于2012年推出了“国家铁路指导计划”，作为铁路发展的重要指南。

水运：喀麦隆目前有杜阿拉、林贝、克里比3个海港和加鲁阿内陆河港。杜阿拉港位于距大西洋50公里的五里河港湾口，地理位置优越，是中非地区的重要港口，中非、乍得等内陆国进出口商品均在此转运，设计吞吐量1000万吨/年，近年来实际吞吐量均超过1000万吨，年吞吐量占喀进出口商品的95%以上。林贝和克里比港规模较小。2014年12月，由中方提供贷款建设的克里比深水港一期项目竣工，码头设计年吞吐量120万吨货物和30万TEU集装箱，2018年3月投入运营。加鲁阿港为季节港，每年8—9月为运输期，近几年没有承担运量。

空运：除了雅温得机场、杜阿拉机场、加鲁阿机场、马鲁阿机场四大国际机场，还有马鲁阿-萨拉克、恩冈代雷、贝尔图阿、巴富萨姆-巴姆古姆、巴门达-巴富特等十余个二级机场。根据喀麦隆机场管理公司网站数据，2021年，喀机场客流量共计138.3万人次，货运量1.82万吨。目前共有20家商业航空公司和3家货运航空公司在喀开展业务。喀麦隆航空公司在原喀国有航空公司的基础上组建成立，总部位于杜阿拉市，现有两架波音飞机、两架新舟60飞机和一架庞巴迪飞机，经营国际和国内航线。

【电信业】近年来，喀电信业发展比较迅速。据喀麦隆邮电部统计，2021年，喀电信业营业额为6436亿中非法郎。现有光纤骨干传输网1万多公里，互联网用户超过851万户。喀目前有4家移动通信运营公司。2021年，喀全国移动电话用户数量2127万个。

【财政金融】据喀麦隆2022年政府财政报告，2022年，喀财政收入约为59884亿中非法郎，同比增长18.5%；财政支出为58161亿中非法郎，同比增长14.3%。其中，经常性支出、资本性支出和偿债支出分别占比54%、21.4%和21.7%。

喀银行业尚处于初级发展阶段，且其所在的中部非洲是非洲银行业发展最为落后的地区之一。中部非洲经济与货币共同体6个成员国的中央银行是中部非洲国家银行，总部设在喀麦隆首都雅温得。但银行业监管仍属于各国独立管理范畴。喀现有17家商业银行，其中外资银行有11家。截至2022年6月30日，喀麦隆银行存款同比增长11.2%，达64755亿中非法郎。

杜阿拉证券交易所于2005年5月23日正式开业，于2019年与中非地区证券交易所合并，形成中部非洲经济与货币共同体内的单一股票市场。

【对外贸易】实行贸易开放政策，强调贸易伙伴多样化。同120多个国家和地区有贸易往来，与30多个国家签有贸易协定。主要出口原油、碳氢燃料和润滑油、木材、橡胶、棉花、铝矿、香蕉、咖啡等，主要进口原油、冷冻海鱼产品、大米、药品、化肥、旅游车辆、货物运输车辆等。欧盟始终是喀第一大贸易伙伴，占喀对外贸易总额的50%以上。近几年对外贸易情况如下（单位：亿美元）：

	2020	2021	2022
出口额	44.16	54.78	60.97
进口额	50.95	59.10	77.05
差　额	–6.79	–4.32	–16.08

（资料来源：2023年第四季度《伦敦经济季评》）

【外国援助】主要援助方为法国、国际开发协会、欧盟、德国、非洲发展基金、英国、美国、日本。据喀麦隆财政部统计，2021年，喀获得国际援助约1亿美元。

人民生活

在联合国2018年公布的189个国家人类发展指数排名中列151位。2021年人均预期寿命60岁。城镇人口占56%，15岁以下人口占总人口的41.9%。

医疗卫生状况在中部非洲地区相对较好。2014年4月，世界卫生组织将喀列为脊髓灰质炎风险国家。目前，疟疾仍是喀患者住院、婴儿死亡、适龄儿童辍学的首要原因。2018年，喀因疟疾患病致死人数达3263人。喀全国共有2260所公共医疗机构，包括4所普通医院、3所中心医院、14所大区医院、164所县级医院、155个小区医疗中心、1920个综合卫生中心。

军　事

1960年独立后建军。武装力量由陆军、海军、空军和宪兵组成。总统为全国武装部队最高统帅。2001年7月，喀麦隆军队实行重大改革，建立总统—国防部长—大军区司令—省军区司令的垂直领导体制。全国划分为4个诸军种联合区，司令部分别设在雅温得、杜阿拉、加鲁阿和马鲁阿，10个大区内设立10个军分区。

文化教育

【教育】喀重视发展教育事业，近年来教育经费在政府预算中保持一定增长。喀教育分为学前教育、初等教育、中等教育和高等教育4个阶段。因历史原因，西北大区、西南大区的学校实行英语教学，其余八大区为法语教学。目前，全国共有18135所小学、3590所中学、8所国立大学。据联合国儿童基金会统计，适龄儿童入学率已达90%，全国人口文盲率为24.1%。

【新闻出版】喀麦隆新闻出版公司成立于1977年7月，下辖喀麦隆通讯社、《喀麦隆论坛报》报社等。登记注册的报刊有500家，其中绝大部分因经营困难不能定期出版发行。主要有:《喀麦隆论坛报》，1974年7月1日创刊，全国性官方报纸（法英双语版），日发行量3万余份;《官方公报》，半月刊，由总统府出版发行，法英文合刊，主要刊载总统、总理及各部颁布的法令、法律;《信使报》，1979年11月创刊，是最有影响的私人报纸，每周出版3期，发行量2万份;《新言论报》，私人报纸，每周出版3期，发行量约1万份。此外，还有《动荡报》《前景报》《先驱报》等。

喀麦隆广播电台：总台设在首都雅温得，从5时至次日凌晨2时连续播音21个小时，用法语、英语和多种地方语言广播，覆盖率约为60%。在10个大区的首府设立地区电台，并在雅温得、杜阿拉、布埃亚和巴富萨姆四大城市建立了4个商业性的调频电台。

喀麦隆国家电视台：1986年4月成立，播放彩色电视节目，发射网可覆盖全国领土的约50%。平日播出时间为10个小时，从15时至次日1时；周六和周日延长至13和16个小时。1988年1月建成全国电视制作中心。

2000年4月，政府颁布关于私人视听传媒企业建立和运营条件的法令，允许私人进入视听传媒领域。私人电台在首都雅温得和杜阿拉等城市有所增加。喀现有超过600家新闻机构，近200家电台、154家电视台以及为数众多的网络媒体。法国国际广播电台和英国广播公司均在喀播放调频节目。

对外关系 奉行独立、开放、睦邻友好和多元化的外交政策。主张以和平方式解决国际争端。要求国际社会充分关注发展中国家诉求，建立更加多元、公正的国际关系新秩序。重视发展睦邻友好关系，积极参与地区事务和地区政治、经济一体化进程，努力推动非洲国家的团结和合作。

【同中国的关系】中国与喀麦隆于1971年3月26日建交，此后两国关系稳步发展，在各领域进行了真诚友好的合作。2019年1月，习近平主席特别代表、中共中央政治局委员、中央外事工作委员会办公室主任杨洁篪访喀。2019年6月，喀外长姆贝拉来华出席中非合作论坛北京峰会成果落实协调人会议。

2016年7月，两国签订《中华人民共和国政府和喀麦隆共和国政府关于互免持外交、公务护照人员签证的协定》，2017年8月12日生效。

据中国海关总署统计，2022年，中喀双边贸易额为38.23亿美元，同比减少11.8%。其中，中国出口额为31.67亿美元，同比增长17.3%；中国进口额为6.56亿美元，同比减少59.9%。中方主要进口原油、原木、棉花，主要出口机电和高新技术产品。

中国驻喀麦隆大使：王英武。馆址：B.P.1307，Nouveau Bastos，Yaounde，Cameroun。电话：00237-222210083，222206429（经商处）；传真：222214395，222203191（经商处）。

喀麦隆驻华大使：马丁·姆帕纳（Martin Mpana）。馆址：北京市朝阳区三里屯东五街7号。电话：010-65321828；传真：65321761。

【同法国的关系】法是喀最重要的合作伙伴、最大援助和投资国、第二大进口来源国，每年对喀援助超过1亿欧元，涉及基础设施建设、农业、人力资源培训等领域。两国签有经济、财政、军事、司法等多个合作协定。2012年5月，喀批准两国于2009年签署的《防务伙伴关系协定》生效。2016年6月，喀法双方签署“减债促发展合同”第三期（2017—2025年），在此框架下法方将向喀方提供4000亿中非法郎。2019年10月，比亚总统夫妇出席在法国里昂举行的第六届抗击艾滋病、结核病和疟疾全球基金大会，其间比亚总统同法总统马克龙举行会见。同月，法外长勒德里昂访喀。11月，比亚总统应马克龙总统邀请，赴法出席第二届巴黎和平论坛。2022年7月，马克龙总统访喀。

【同美国的关系】美是喀主要贸易伙伴。喀主要向美出口石油和矿石。美企业在喀油气开发、矿业、城市交通、电力等多个领域占有重要地位。两国政府间合作主要集中在军事、农业和教育领域。2019年3月，美助理国务卿纳吉访喀。2022年12月，比亚总统赴美出席美非峰会。

【同英联邦的关系】喀麦隆西部两个大区曾为英国殖民地。1995年11月1日，喀获准加入英联邦。英国及英联邦在人权、良政、扶贫和高教等领域同喀有多个合作项目。2018年5月，菲勒蒙总理代表比亚总统赴英国伦敦出席英联邦首脑会议。

【同尼日利亚的关系】喀尼边界长1680多公里。由于历史原因，喀同尼日利亚曾在一些陆海疆界问题上存有争议。2006年6月，喀尼签署和平协议，尼从巴卡西半岛撤军，半岛争端和平解决。2008年8月，尼正式将巴卡西半岛主权移交喀方。

【同其他国家及地区组织的关系】喀麦隆重视发展睦邻友好关系，积极参与地区事务，努力推动非洲国家的团结和合作。2019年3月，恩古特总理代表比亚总统赴乍得出席中非经货共同体领导人峰会，乍得总统代比在会上将轮值主席移交比亚总统。10月，中非经货共同体特别首脑峰会在雅温得召开，比亚总统主持会议。12月，恩古特总理代表比亚总统赴肯尼亚出席第九届非加太集团首脑会议，赴加蓬出席中部非洲国家经济共同体峰会。2020年11月、12月，姆贝拉外长先后代表比亚总统赴加蓬出席中部非洲国家经济共同体峰会、出席以视频方式召开的中部非洲国家经济共同体峰会特别首脑峰会。（李云蓓）

科摩罗

国名 科摩罗联盟（The Union of the Comoros，Union des Comores）。

面积 2236平方公里（包括马约特岛）。

人口 约83.6万（2022年）。主要由阿拉伯人后裔、卡夫族、马高尼族、乌阿马查族和萨卡拉瓦族组成。通用科摩罗语，官方语言为科摩罗语、法语和阿拉伯语。超过95%的居民信奉伊斯兰教，主要为逊尼教派。

首都 莫罗尼（Moroni），人口约7万（2022年）。热季为11月至次年5月，平均气温24℃—31℃；凉季为6—10月，平均气温19℃—27℃。

国家元首 总统阿扎利·阿苏马尼（Azali Assoumani），2016年5月就职，2019年4月连任，任期5年。

重要节日 国庆节：7月6日。

简 况

西印度洋岛国，由大科摩罗、昂儒昂、莫埃利、马约特四岛组成。位于莫桑比克海峡北端入口处，东、西距马达加斯加和莫桑比克各约300公里。热带海洋性气候，年均气温23℃—28℃。

西方殖民者入侵前长期由阿拉伯苏丹统治。1841年，法国入侵马约特岛。1912年，科摩罗四岛沦为法国殖民地。1946年，成为法"海外领地"。1961年，取得内部自治。1975年7月6日独立，成立科摩罗共和国，艾哈迈德·阿卜杜拉任总统。1978年10月22日，改国名为科摩罗伊斯兰联邦共和国。1990年3月，赛义德·穆罕默德·乔哈尔当选总统，组成科独立以来第一个多党联合政府。1995年9月，德纳尔发动军事政变，乔哈尔总统被囚，卡阿比总理成立过渡政府。乔哈尔获释后被送往留尼汪"治病"，其间宣布成立合法政府，科出现两个政府共存局面。1996年1月，总统派和总理派实现和解，并于3月16日组织总统选举，穆罕默德·塔基·阿卜杜勒卡里姆当选。1997年7月，昂儒昂岛要求脱离科摩罗归属法国，10月宣布独立。1998年11月塔基病逝，塔基丁出任代总统。1999年4月19日至23日，科各岛和各党派代表在非洲统一组织和马达加斯加等主持下召开岛际会议并达成《塔那那利佛协议》，决定成立科国家联盟，各岛高度自治，但昂儒昂岛代表拒绝签字。4月30日，科军参谋长阿扎利上校发动军事政变上台后，组成文官主导的新政府，吸收更广泛的政党参政，基本稳定科局势，并于2000年8月与昂儒昂岛领导人阿贝德签署《丰波尼共同声明》，原则同意进行民族和解，决定成立带有邦联性质的"科摩罗新集体"。2001年2月，科政府、反对党、昂儒昂岛当局、各岛代表及非洲统一组织等9方签署《科摩罗和解框架协议》，科全面民族和解进程正式启动。12月23日，科通过新宪法草案，决定成立科摩罗联盟，赋予四岛高度自治权。2002年3—4月，科举行大选，阿扎利当选总统。2006年4—5月，科摩罗联盟举行两轮总统选举，昂儒昂岛独立候选人、宗教领袖桑比以58.14%的得票率当选，并于5月26日宣誓就职。2007年6月，昂儒昂岛前领导人非法举行地方选举引发政治危机。2008年2月，非盟峰会发表声明，呼吁成员国对科政府依法在昂岛恢复管辖权予以一切必要支持。2008年3月，科政府军在非洲联盟联军支持下采取军事行动并控制该岛。2009年5月17日，科联盟政府组织全民公投，通过了旨在加强中央权威、削减各自治岛权力的宪法修正案。

政 治

2010年11—12月，科摩罗举行两轮总统选举，原副总统伊基利卢·杜瓦尼纳当选新一任联盟总统。2011年5月26日，伊基利卢就任联盟总统。2016年2月和5月，科摩罗举行两轮总统选举，前总统阿扎利当选新一任联盟总统。2016年5月26日，阿扎利宣誓就职。2018年2月，科摩罗举行全国对话协商大会，在改革总统轮任制、取消副总统职位、取消宪法法院等方面取得共识。2019年3月和4月，科摩罗举行总统选举两轮投票，阿扎利总统成功连任。

【宪法】2001年12月23日，科摩罗通过独立以来第四部宪法，2009年5月进行修正。根据修改后的宪法，科实现行政、立法和司法三权分立体制。联盟设1名总统和3名副总统。总统为国家元首兼政府首脑和军队最高统帅，由各岛轮任，任期5年。各岛政府在尊重国家统一的前提下，实行自治。副总统负责协调和监督各自治岛行政机构依法施政。2018年7月，阿扎利总统推动修订宪法，将总统不得连任、三岛轮任改为允许现任总统连任一次、三岛轮任，并取消副总统职位。8月，阿扎利总统改组政府，取消3位副总统职位。

【议会】国民议会为联盟最高立法机构，共有33名议员，其中24名议员通过直选产生，其他由各岛理事会（地方议会）各指定3人组成，负责讨论通过国家法律法规、国家预算、监督政府行为等，设有常务委员会和4个常设委员会，各委员会均有8名成员。每年召开两次例会，第一次召开时间为4月的第一个星期五，第二次召开时间为10月的第一个星期五。每次例会不超过3个月。

【政府】本届政府于2019年6月成立，2022年5月改组，目前主要成员有：总统阿扎利·阿苏马尼，海空运输部长比安里菲·塔尔米迪（Bianrifi Tharmidhi），农业、渔业、环境、旅游业及手工业部长兼政府发言人胡迈德·姆赛义迪（Houmed M'saidié），卫生、团结、社会保障及促进性别平等部长卢卜·雅各特·扎伊杜（Loub Yacout Zaidou，女），外交与国际合作、海外侨民部长杜瓦希尔·杜勒卡迈勒（Dhoihir Dhoulkamal），司法、伊斯兰事务、公共行政、人权事务、公正透明及公共管理部长贾埃·艾哈迈达·尚菲（Djae Ahamada Chanfi），财政、预算及银行业部长姆泽·阿卜杜·穆罕默德·尚菲乌（Mze Abdou Mohamed Chanfiou），经济、工业、投资及经济一体化部长艾哈迈德·阿里·巴齐（Ahmed Ali Bazi），邮政、电信、数字经济部长卡玛里迪尼·苏埃夫（Kamalidini Souef），内政、新闻、权力下放、国土管理及协调国家机构关系部长马哈茂德·法基迪纳（Mahamoud Fakridine），国民教育、教学、科研、培训及就业部长塔基丁·优素福（Takiddine Youssouf），青年、就业、劳工、体育、艺术和文化部长贾法尔·萨利姆（Djaffar Salim），领土整治、城市化、不动产事务及陆路运输部长阿夫雷坦·优素福（Afretane Yssoufa），能源、水务及燃料部长阿里·伊布鲁瓦（Ali Ibouroi），外交与国际合作、海外侨民及法语事务部国务秘书（负责阿拉伯合作事务）卡西姆·鲁特菲（Kassim Loutfi），农业、渔业、环境、旅游业及手工业部国务秘书（负责旅游业及手工业）莫克塔·乌尔德·达达·哈姆丹（Moctar Ould Dada Hamdane）。

【行政区划】分为大科摩罗、昂儒昂和莫埃利3个自治岛。岛下设县、乡、村，三岛分别有7个、5个、3个县，共24个乡。马约特岛现由法国实际控制。

【司法机构】科联盟宪法规定，最高法院是联盟和各岛司法、行政和财政等问题的最高审判机关，法官终身任职。宪法法院负责审查联盟及各岛法律的合宪性，确认选举结果，审判选举争议，裁决联盟机构之间、联盟与各岛间有关权限问题的争议。院长由宪法法院法官选出，任期6年，可连任。2018年4月，科政府将宪法法院职责暂时移交至最高法院。

【政党】科目前有50多个政党和政治团体，主要有：

（1）科摩罗复兴公约党（Convention pour le Renouveau des Comores，CRC）：2002年7月21日成立。宗旨是捍卫国家统一、领土完整与民族和解成果，支持消除贫困的行动。主要机构有全国理事会、地区理事会、政治理事会、执行局和常设书记处。优素福·穆罕默德·阿里（Youssoufa Mohamed Ali）任总书记。阿扎利总统为该党创始人和名誉主席。

（2）全国争取正义阵线（Front National pour la Justice，FNJ）：伊斯兰教政党。1990年11月19日成立，1992年被国家承认合法。宗旨是争取和平稳定，通过对话解决国家分裂危机。曾派团参加解决昂儒昂岛危机的国际会议，是有关文件签署方之一。总书记艾哈迈德·拉斯德（Ahmed Achid）。前总统桑比是该党创始人之一。

（3）科摩罗民主进步运动（Mouvement pour la Démocratie et le Progrès，MDP）：1988年12月成立，成员多为商人。对内主张实行多党制，经济自由化和私有化；对外主张不结盟，睦邻友好，在相互尊重主权的基础上发展国家间关系。该党在阿卜杜拉、乔哈尔和阿扎利执政时期均为反对党。主席阿巴斯·尤素夫（Abbas Djoussouf）。

【重要人物】阿扎利·阿苏马尼：总统。1959年12月31日出生。1986年起先后担任科内政部移民局长、总统办公厅军务官、国防军司令、总参谋长等职。1999年4月政变上台。2002年4月当选科联盟总统，2006年5月卸任。2016年5月再次当选总统，2019年4月连任。

经济

系最不发达国家。经济以农业为主，工业基础脆弱，严重依赖外援。2017年，科政府提出“2030年新兴国家”发展战略，拟重点推进水资源开发和道路、港口等基础设施建设，改善卫生和教育体系，发展数字化和创新技术。2022年主要经济数据如下：

国内生产总值：12.4亿美元。

人均国内生产总值：1484美元。

国内生产总值增长率：2.4%。

货币名称：科摩罗法郎。

汇率：1美元≈453科摩罗法郎。

通货膨胀率：5.2%。

失业率：9.4%。

（资料来源：世界银行）

【资源】无矿产资源。水力资源匮乏。渔业资源较丰富。

【工业】基础薄弱、规模小，主要为农产品加工业，另有印刷厂、制药厂、可口可乐瓶装厂、水泥空心砖厂和小服装厂等。

【农业】科是农业国家，57.4%的劳动力从事农业生产。全国可耕地面积有7万多公顷。农林牧渔业产值约占国内生产总值的四成，主要粮食作物为水稻、玉米和薯类。粮食不能自给，需从国外进口。丁香、香草、依兰等经济作物是科外汇收入主要来源。近年来，畜牧业有所发展，在大科摩罗岛有两家养鸡场。油料、粮食、肉类和牛奶主要从法国、阿联酋、南非和马达加斯加进口。渔业资源较丰富，主要鱼种为金枪鱼、红鱼和青鱼。但仅能在近海捕捞，捕鱼量不能满足国内需要。现有渔民8000余人，年捕鱼量约1.6吨。科政府与欧盟签有捕鱼协定。

【旅游业】旅游资源丰富，海岛风光秀美，伊斯兰文化鲜明，但旅游资源尚待充分开发。位于大科摩罗岛的加拉瓦阳光度假酒店为科最大旅游设施。

【交通运输】无铁路，岛上交通工具为汽车，岛际交通工具为轮船和飞机。独立以来，政府用于交通运输方面的投资占全部经济建设资金的一半以上。

公路：总长880公里。

水运：国营的科摩罗港口和海运公司有客货两用轮3艘，港口年吞吐量约10万吨。穆察穆都港为科最大港口，可停靠2.5万吨级轮船。

空运：有赛义德·易卜拉欣王子国际机场（哈哈亚机场）。也门、毛里求斯、马达加斯加和法国航空公司有班机经停。

【财政金融】财政收入主要靠税收和外国援助，赤字居高不下。根据经济结构调整计划，近年来科政府努力削减公共开支。多边债权方主要有世界银行、非洲开发银行、阿拉伯非洲发展银行、国际货币基金组织等，法国是科最大双边债权国。

有5家银行：科摩罗中央银行，1962年成立，1975年科独立后用现名；科摩罗工商银行，1990年底成为巴黎国民银行在科分行，注册资本600万法国法郎；科摩罗发展银行，注册资本600万法国法郎，政府拥有50%的资本；科摩罗国家储蓄银行，2008年由坦桑尼亚投资成立的进出口银行。

【对外贸易】生活用品几乎全部依靠进口。主要进口石油产品、交通工具和零配件、大米等。主要出口香料等农产品，丁香、香草、依兰为三大出口香料。主要出口目的国有法国、印度、德国、巴基斯坦等，主要进口来源国有阿联酋、法国、中国、马达加斯加等。

【外国援助】基础设施建设主要依靠外援。联合国系统（含世界银行）援助居科外援首位，约占30%，其他多边援助占24%。法国是最大援助国，其他援助方有欧盟、沙特、科威特、日本、美国、中国等。2017年2月，非洲发展银行与科签署2000万美元援助协议，用于支持科全国公路修缮计划。3月，世界银行与科签署协议，向科提供250万美元无偿援助，用于执行全国第二次人口普查计划。8月，世界银行宣布在未来3年内向科政府提供至少2000万美元的援助，用于支持科政府的经济发展计划。2019年12月，科在法国巴黎举办“科摩罗发展伙伴国会议”，为其“2030年新兴国家”发展战略筹集资金。法国、阿联酋、科威特等国，世界银行、国际货币基金组织等国际金融机构以及有关跨国企业承诺为科提供43亿欧元资金支持。

人民生活

据《2020年人类发展报告》统计，科人类发展指数在189个国家中列第156位。

军　事

科武装力量由军队、宪兵、警察和情报机构四部分组成，其中军队于1990年12月由武装部队和原总统卫队合并而成。总兵力约520人，编制为指挥和支援连、两个战斗连和总统安全分队。实行志愿兵役制，军官、士官从高中毕业生中招募，服役年限根据需要而定。士兵不定期招募，无严格年龄限制，一般服役15年。总统为军队最高统帅，总统府国防国务代表（相当于国防部长）和参谋长负责实际工作。法国与科签有“防御协定”，负责科海、空防务，法军舰定期在科海域巡逻。法在马约特岛设有海军基地和驻军司令部。

文化教育

【教育】科教育分为古兰经式传统教育和现代化教育两大系统。古兰经式传统教育由地方集体办学，国家不干涉。现代化教育采用法国模式，由科教育部管理。学校用法语、科摩罗语和阿拉伯语教学。学制为小学6年、初中3年、高中4年，其中高中分为普通高中和职业技术高中（学制3年）。小学入学率65%，中学入学率17%。成人（15岁以上）文盲率44%。2003年11月，科第一所大学——科摩罗大学成立。此外，国外提供奖学金是科学生接受高等教育的重要途径。20世纪90年代中期以来，科教育经费预算一直占国家预算总额的22%左右，教育工作者占工薪人员的40%。

【新闻出版】科无通讯社，国际新闻主要采编自法新社，国内新闻由官方驻各地记者供稿。

法文《祖国报》：官方报纸，时有科摩罗文版面，主要在国内发行，部分在法国销售。

科摩罗广播电台：国家电台，于法国殖民统治时期成立，主要用科摩罗语播音，每天用法语播报三次新闻，有时也用阿拉伯语、马达加斯加语和斯瓦希里语播音。1991年4月，由德国无偿援建的中波、短波发射台投入使用，可覆盖全国四岛。

2006年5月，中国援建的国家电视台正式开播，并开始每天转播中国中央电视台西班牙语、法语频道节目。昂儒昂岛有一家私人电视台，用科摩罗语播送地方新闻并转播法国电视台节目。

对外关系

奉行独立、睦邻友好、不结盟和全方位务实外交政策。优先发展同本地区国家、法国、欧盟和中国的关系，重视与印度洋邻国的团结与合作，主张建立印度洋和平区，积极发展同阿拉伯国家关系。系非洲联盟、阿拉伯国家联盟、印度洋委员会、东南非共同市场、南部非洲发展共同体成员国。

【同中国的关系】1975年11月13日与中国建交。2019年11月，国民议会副议长卡马尔来华转交阿扎利总统致习近平主席信函。2021年11月，科外交与国际合作、海外侨民部长杜勒卡迈勒出席中非合作论坛第八届部长级会议。2022年1月，王毅国务委员兼外长访问科摩罗。12月，习近平主席在利雅德会见出席首届中国—阿拉伯国家峰会的科总统阿扎利。

中科贸易额较小，基本为中方出口。据中国海关总署统计，2022年，中科双边贸易额为6749.4万美元，同比增长18.3%。其中，中国出口额为6741.6万美元，同比增长18.4%；中国进口额为7.8万美元，同比减少32.0%。中方主要向科出口日用百货、纺织品、小农具、电视机等，主要进口香料。

两国签署有文化合作协定。中国自1982年起向科提供奖学金名额。中国自1994年起向科派遣医疗队，已派出15批160余人次。

中国驻科摩罗大使：何彦军，郭志军（2022年12月以后）。馆址：Coulee De Lave No.c.109 Moroni Comores。电话：00269–7732521；传真：7732866。经商处电话：00269–7732931。

科摩罗驻华大使：毛拉纳·舍利夫（Maoulana Charif）。馆址：北京市朝阳区秀水街1号建国门外外交公寓2–2–122。电话：010–85322041；传真：85322640。

【同法国的关系】两国有着特殊关系，法国一直是科最大贸易伙伴和援助国。1975年科独立后，同法国的关系一度中断。1978年7月1日，两国建交，同年12月，法科签订《友好合作条约》《经济、财政和货币协定》《文化教育协定》《防务协定》，法全面恢复对科援助。法国总统、总理均曾访科，科总统、总理、议长等均多次访法。法国各种顾问、专家遍及科军政各部门。2019年7月，法允诺在3年内向科提供共计1.5亿欧元援助，用于支持科医疗卫生、教育、边防等14个优先领域发展。12月，科府在巴黎召开“科摩罗发展伙伴国会议”。2021年5月，阿扎利总统赴法出席非洲经济体融资峰会。2022年5月，阿扎利总统致电法国总统马克龙，祝贺其胜选。

【同美国的关系】1979年科美建交。1985年8月，美在科建使馆。1990年9月，美向科派出第一位常驻大使，1993年撤馆，由美驻毛里求斯大使兼任驻科大使。美从1988年开始向科派驻和平队，帮助科培训军官和海关人员。美在科有农业合作，并从科进口香料。新冠疫情发生以来，美国向科提供抗疫物资援助，出资改善科三岛地方治理体系。2021年来，美政府已向科组织和公民提供超过8.5万美元援助。2021年，科接受美20万美元抗疫现汇和物资援助。2022年4月，美国向科援助10万剂新冠疫苗。

【同其他阿拉伯国家及其他非洲国家的关系】科历届政府重视发展与其他阿拉伯国家的关系。1993年9月，科加入阿拉伯国家联盟。1998年以来，科历任总统大力推行伊斯兰化，多次出访阿拉伯国家。2003年4月，科加入阿拉伯货币基金组织。阿拉伯国家每年都为科提供军用物资和经济援助。2020年，科同冈比亚建交，签署经济合作协议。阿联酋援科60万剂中国生产的新冠疫苗及抗疫物资，为科驻外机构建设提供资金。摩洛哥代科偿还拖欠非盟的90万美元会费。2021年9月，阿扎利总统在纽约出席第76届联合国大会期间分别会见科威特首相哈立德、坦桑尼亚总统哈桑、塞内加尔总统萨勒，就双边关系发展交换意见。2022年5月，阿扎利总统在塞内加尔接受萨勒总统授予的塞国家十字雄狮勋章。

【同周围岛国的关系】科与马达加斯加签有航空、海运、签证、海关和教育合作等协定。马是非洲统一组织“马约特岛问题特别委员会”成员国，支持科收复马约特岛。1978年，因马发生排科侨事件，两国关系一度中断，1985年恢复正常。马积极推动科民族和解进程，曾于1999年4月在马主持召开科岛际会议。2016年3月，科总统伊基利卢访马。11月，科总统阿扎利赴马出席第十六届法语国家组织峰会。2017年4月，阿扎利总统访问马达加斯加，双方就经贸合作、人文交流等交换意见。

科与毛里求斯签有卫生和文教合作等协定。1999年4月科发生军事政变后，毛对昂儒昂岛采取禁运等制裁措施。2003年，马达加斯加、毛里求斯同南非共同协调，推动科联盟政府与三岛达成《科摩罗过渡措施协议》。2004年10月，阿扎利总统访毛。2005年12月，对科援助方圆桌会议在毛举行。2007年11月，毛资助科30万美元，偿还其欠非洲开发银行的债务。2016年7月，阿扎利总统赴毛出席印度洋委员会秘书长就职典礼，并对毛进行工作访问。

附：

马约特岛问题

马约特岛（Mayotte）位于莫桑比克海峡，与大科摩罗岛、昂儒昂岛、莫埃利岛共同组成科摩罗群岛。马岛面积为374平方公里，居民约18.6万人。经济以农业为主，主要生产香子兰等香料。

马岛于1841年沦为法殖民地。1974年12月，科四岛就独立问题举行全民公决，95.96%的居民赞成独立，但大部分马岛居民反对独立。法借此提出科四岛分别就独立问题重新投票。1975年7月6日，科自治政府宣布包括马岛在内的整个科摩罗群岛独立。1975年11月12日，联合国通过第3385号决议，承认科领土由大科摩罗、昂儒昂、莫埃利和马约特四岛组成。法虽同意科独立，但坚持马岛前途由马民众自决。1976年12月，马岛就独立问题再次举行公民投票，99.4%的民众选择留在法国，法遂确定马岛为法“海外领地”。法在该岛设有海军基地。

科历届政府要求法归还马岛。联合国、非洲联盟及其前身非洲统一组织多次通过决议，重申马岛是科领土。科法双方多次就马岛争端进行对话协商，但迄今为止未有实质进展。

2009年3月29日，法在马岛就该岛由法“海外领地”转变为“海外省”组织公投，获得95.2%的选民支持。法遂宣布马岛自2011年起成为其第101个省，第5个“海外省”。科摩罗拒绝承认公投结果，表示绝不允许法国将马岛从科分裂出去，非盟亦表示公投无效。法国并于2012年推动欧盟理事会批准马约特岛获得欧盟外延区地位，遭到科方强烈反对。近年来，科法关系逐渐转圜，在马约特岛问题上的调门均有所减弱。2017年9月，科外长阿明访问法国，同法国就马约特岛问题进行磋商，双方签订马约特岛与科摩罗人员物资交流往来路线图。2019年7月，阿扎利总统访法，两国签署《关于建立科法新兴合作伙伴关系框架文件》，就处理马约特岛非法移民问题达成一致。

（王鑫）

科特迪瓦

<u>国名</u> 科特迪瓦共和国（The Republic of Côte d’Ivoire, La République de Côte d’Ivoire）。

<u>面积</u> 322463平方公里。

<u>人口</u> 2938万（2022年）。全国有69个民族，分

为四大族系：阿肯族系约占42%，曼迪族系约占27%，沃尔特族系约占16%，克鲁族系约占15%。近年来，来自布基纳法索、加纳、几内亚、马里和利比里亚等国的外国侨民人口数目增长较快，约占人口总数的22%。各民族均有自己的语言，全国大部分地区通用迪乌拉语（无文字）。官方语言为法语。居民42%信奉伊斯兰教，34%信奉基督教，16.7%无宗教信仰，其余信奉原始宗教等。

首都　政治首都亚穆苏克罗（Yamoussoukro），人口25万（2022年）。经济首都阿比让（Abidjan），人口551万（2020年）。2—4月气温最高，平均为24℃—32℃；8月气温最低，平均为22℃—28℃。1983年3月12日，科国民议会决定将首都迁往亚穆苏克罗，但至今政府机构和外交使团仍留在阿比让，2018年成立的参议院位于亚穆苏克罗。

国家元首　总统阿拉萨内·德拉马内·瓦塔拉（Alassane Dramane OUATTARA），2011年5月21日正式就职，2015年10月和2020年11月两次赢得大选获得连任，任期至2025年。

重要节日　国庆日：8月7日。

简　况

位于非洲西部，西与利比里亚和几内亚交界，北与马里和布基纳法索为邻，东与加纳相连，南濒几内亚湾。海岸线长约550公里。属热带气候。北纬7°以南为热带雨林气候，年均气温25℃；北纬7°以北为热带草原气候，年均气温略高于南部。全年分为四个季节：4月至7月中旬为大雨季，7月中旬至9月为大旱季，9月至11月为小雨季，12月至次年3月为小旱季。

中世纪时期境内曾建立过一些小王国。11世纪，塞努弗人在北部建立的宫格城为当时西非南北贸易中心之一。15世纪后半叶，葡萄牙、荷兰、法国殖民者相继入侵。1475年，葡萄牙殖民者将沿海一带命名为“科特迪瓦”。1893年沦为法自治殖民地。1958年12月，成为“法兰西共同体”内的“自治共和国”。1960年8月7日独立，但仍留在“法兰西共同体”内。翌年4月脱离共同体。

政　治

首任总统费利克斯·乌弗埃–博瓦尼，曾7次连任，直至1993年12月7日逝世。议长亨利·科南·贝迪埃继任总统。1995年10月，贝迪埃胜选连任。1999年12月，前总参谋长罗贝尔·盖伊发动军事政变，自任总统和全国救国委员会主席，并成立了过渡政府。2000年10月，人民阵线候选人洛朗·巴博当选总统。2002年9月，科部分军人发动兵变，引发内战。2007年3月，政府军与叛军签署《瓦加杜古协议》，结束内战，宣布进入政治过渡期。2010年10月和11月，科先后举行两轮总统选举，巴博和反对党“共和人士联盟”候选人阿拉萨内·德拉马内·瓦塔拉分别宣布胜选并宣誓就职总统，双方对立最终升级为全国范围的武装冲突，并以巴博被捕宣布选后危机结束。

瓦塔拉于2011年5月宣誓就职总统。2015年10月，瓦塔拉以83.6%的得票率赢得大选，连任总统。2016年10月，科特迪瓦举行全民公投，以93.4%的支持率通过新宪法，决定设立副总统一职，增设参议院。12月，科举行新一届立法选举。2017年1月，瓦塔拉总统任命原总理达尼埃尔·卡布兰·敦坎为科首任副总统，任命原总统府秘书长阿马杜·戈恩·库利巴利为总理，成立新一届政府。2020年7月，总统候选人、总理库利巴利突然去世，瓦塔拉宣布再次参加总统选举，并在10月举行的大选中以94.27%的得票率连任，任期至2025年。2022年4月，瓦塔拉总统改组政府并任命蒂耶莫科·科内（Tiémoko KONE）为副总统。

联合国自2004年4月向科部署驻科特迪瓦行动团（简称“联科团”）。随着科政局恢复稳定，2016年4月，联合国安理会通过决议，决定全面解除对科制裁，并撤出联科团。2017年6月，联科团从科特迪瓦全部撤出。

【宪法】2016年10月科举行联合公投，通过第三部宪法。宪法规定，科实行共和国总统制，行政、立法和司法三权分立。总统是国家元首，也是武装部队最高统帅，享有最高行政权力，由普选产生，任期5年，可连选连任一次。副总统在总统缺位时履行总统职责，与总统一同由选举产生。总理为政府首脑，由总统任命。

【议会】实行两院制，即国民议会和参议院，是国家最高立法机构，每届任期5年。2021年3月，科举行新一届国民议会选举，在255个议席中，执政党统一党获得137席，反对派共获得91席（其中，民主党63席，人民阵线2席，其他反对党26席），独立候选人26席，空缺1席。阿马杜·苏马霍罗连任国民议会议长。2022年5月，苏病逝。6月，副议长阿达马·比克多戈（Adama BICTOGO）当选为新一任国民议会议长。

参议院共有99个席位，其中2/3通过选举产生，1/3由总统任命。2018年3月举行参议院选举，执政联盟获得50席，独立参议员获得16席。本届参议院于2018年4月成立，让诺·阿胡苏–夸迪奥（Jeannot AHOUSSOU-KOUADIO）当选首任参议长。

【政府】本届政府于2021年4月成立，成员包括：总理、政府首脑帕特里克·阿希（Patrick Achi），国务部长兼外交、非洲一体化与海外侨民部长坎迪娅·卡米索科·卡马拉（Kandia KAMISSOKO CAMARA，女），国务部长兼国防部长泰内·比拉希马·瓦塔拉（Téné Birahima OUATTARA），国务部长兼农业与农村发展部长科贝纳·夸西·阿朱马尼（Kobenan Kouassi ADJOUMANI），掌玺、司法与人权部长让·桑桑·康比莱（Jean Sansan KAMBILE），内政与安全部长瓦贡多·迪奥曼德（Gal Vagondo DIOMANDE），水资源与森林部长阿兰·理查德·东瓦希（Alain Richard DONWAHI），计划与发展部长尼娅莱·卡巴（Nialé KABA，女），交通部长阿马杜·科内（Amadou KONE），经济与财政部长阿达马·库利巴利（Adama COULIBALY），公职与行政现代化部长安妮·德西蕾·乌洛托（Anne Désirée OULOTO，女），建设、住房与城市化部长布鲁诺·纳巴涅·科内（Bruno Nabagné KONE），预算与国有资产部长穆萨·萨诺戈（Moussa SANOGO），水利部长洛朗·查巴（Laurent TCHAGBA），装备与道路养护部长阿梅德·科菲·夸库（Amedé Koffi KOUAKOU），国民教育与扫盲部长玛丽亚图·科内（Mariatou KONE，女），和解与民族团结部长贝尔坦·夸迪奥·科南（Bertin KOUADIO KONAN），贸易与工业部长苏莱曼·迪亚拉苏巴（Souleymane DIARRASSOUBA），体育促进与体育经济发展部长保兰·克洛德·丹霍（Paulin Claude DANHO），新闻、媒体与法语国家事务部长阿马杜·库利巴利（Amadou COULIBALY），青年发展、就业安置与公民服务部长马马杜·杜尔（Mamadou TOURE），私营部门投资与发展促进部长埃马纽埃尔·埃斯梅尔·埃西斯（Emmanuel Esmel ESSIS），中小企业促进、手工业与非正式部门转型部长费利克斯·阿诺布莱（Félix ANOBLE），动物与水产资源部长西迪·蒂耶莫科·杜尔（Sidi Tiémoko TOURÉ），旅游与娱乐部长西安杜˙福法纳（Siandou FOFANA），促进良政、能力建设与反腐部长埃皮法纳·佐罗·比·巴洛（Epiphane ZORO BI BALLO），数字经济、通信与创新部长罗歇·费利克斯·阿多姆（Roger Félix ADOM），高等教育和科研部长阿达马·迪亚瓦拉（Adama DIAWARA），健康、公共卫生与全民医疗保险部长皮埃尔·丹巴（Pierre DIMBA），矿业、石油与能源部长托马斯·卡马拉（Thomas CAMARA），清洁与卫生部长布瓦凯·福法纳（Bouaké FOFANA），团结与减贫部长米丝·贝尔蒙德·多戈（Myss Belmonde DOGO，女），就业与社会保障部长阿达马·卡马拉（Adama KAMARA），妇女、家庭与儿童部长娜塞内巴·杜尔（Nasséneba TOURÉ，女），技术教育、职业培训与学习部长科菲·恩盖桑（KOFFI N'GUESSAN），文化、艺术产业与演出部长阿莱特·巴杜·恩盖桑·夸梅（Arlette Badou N'GUESSAN KOUAMÉ，女），环境与可持续发展部长让-吕克·阿西（Jean-Luc ASSI），外交、非洲一体化与海外侨民部负责非洲一体化的部长级代表阿尔西德·杰杰（Alcide DJÉDJÉ），建设、住房与城市化部负责社会住房的国务秘书恩盖桑·拉塔耶·科菲（N'Guessan Lataille KOFFI），公职与行政现代化部负责行政现代化的国务秘书布里斯·夸梅·夸西（Brice Kouamé KOUASSI），交通部负责海洋事务的国务秘书塞莱斯坦·塞雷·多赫（Célestin SEREY DOH），就业与社会保障部负责社会保障的国务秘书克拉丽丝·卡沃·马希（Clarisse KAVO MAHI，女）。

【行政区划】科政府分别于2011年9月和2012年7月对地方行政区划进行改革，调整后的行政区划分为地区、大区、省三级，共有14个地区（2个自治地区和12个普通地区）、30个大区、95个省。

【司法机构】科司法机构主要包括初审法院、上诉法院、最高法院和特别最高法庭。各级法院设有相应的检察院或总检察院。现任最高法院院长尚特尔·纳纳巴·卡马拉（Chantal Nanaba CAMARA），2020年5月就任。现任最高法院总检察长哈达德·苏珊娜（Haddad SUZANNE，女）。

【政党】1990年4月起实行多党制，目前主要政党有：

（1）统一党即“争取民主与和平乌弗埃主义者联盟”（Rassemblement des Houphouëtistes pour la Démocratie et la Paix，RHDP）：执政党。前身是以共和人士联盟（Rassemblement des Républicains）为主体的政党联盟，以科开国总统乌弗埃·博瓦尼的治国理念为指导思想，目标是重建团结，服务国家建设，促进政治稳定、经济发展和社会和谐，实现国家繁荣。2018年7月，统一党召开成立大会，定名为“争取民主与和平乌弗埃主义者联盟”，推举瓦塔拉为党主席并负责组建统一党领导委员会和临时机构。2019年1月，统一党召开首届党代会，并正式确认瓦塔拉为党主席。

（2）科特迪瓦民主党（Parti Démocratique de Côte d'Ivoire）：反对党。1946年4月30日成立，是科成立最早的政党，创始人为科首任总统博瓦尼，自科独立后至1999年底军事政变前长期执政。在阿肯族为主的中东部地区特别是亚穆苏克罗和布瓦凯市影响较大。口号是“和平、自由、务实、开放和对话”，主张对内通过“对话”和“和解”，实现民族团结，对外通过“对话”和“和平”，在正义的基础上建立国际政治经济新秩序。该党曾于科1960年独立后至1999年底执政。2010年该党总统候选人贝迪埃与瓦塔拉结成竞选联盟，该党成员加入了瓦塔拉组成的新政府。2018年9月，民主党主席贝迪埃宣布该党退出执政联盟和统一党建设进程，但仍有不少民主党人士继续留在政府任职。主席亨利·科南·贝迪埃（Henri Konan Bédié），总书记阿尔方斯·马蒂·杰杰（Alphonse Mady DJEDJE）。

（3）科特迪瓦人民阵线（Front Populaire Ivoirien）：简称“人阵”。反对党。1983年3月，在法国成立。骨干力量为知识分子和青年学生。在克鲁族为主的中西部地区及首都阿比让影响较大。主张平等、自由、公正和多党民主，奋斗目标是建立人人平等的民主制度，实行社会主义。同法国社会党关系密切。1992年2月，曾组织大规模游行示威，遭政府镇压后宣布放弃暴力斗争而通过选举和平夺权。1999年军事政变后，参加过渡政府。2000年10月，该党候选人巴博在总统选举中获胜。2011年4月科大选危机结束后，巴博被科政府移交国际刑事法院，党主席恩盖桑等被羁押，部分骨干流亡加纳。人阵抵制了2011年12月的立法选举。2013年8月，人阵党主席恩盖桑获释。2019年1月，巴博被国际刑事法院有条件释放。主席阿菲·恩盖桑（Affi N'Guessan），总书记阿涅·莫奈（Agnès MONNET，女）。

其他政党还有科特迪瓦民主爱国联盟（Union Démocratique et Patriotique de Côte d'Ivoire）、公民民主联盟（Union Démocratique et Citoyenne）、社会民主党（Parti Social Démocrate）等。

【重要人物】阿拉萨内·德拉马内·瓦塔拉：总统。1942年1月1日出生于科特迪瓦丁博克罗。信奉伊斯兰教。曾留学美国，获经济学硕士、博士学位。长期在国际货币基金组织和西非国家中央银行工作。1990年11月被博瓦尼总统任命为科首任总理，直至1993年12月博瓦尼逝世。此后，瓦重返国际货币基金组织工作。1999年返回科特迪瓦，任"共和人士联盟"主席。2010年10月参加总统选举。2011年5月正式就职。2015年10月连任总统。2020年10月再次当选总统。

经　济

独立后，实行以"自由资本主义"和"科特迪瓦化"为中心内容的自由经济体制。2002年爆发内战后，科经济陷入困境。2007年内战结束后，经济低速回升。2011年4月科大选危机结束后，新政府积极开展恢复重建，大力扶持港口、石油等重点部门，振兴咖啡、可可等支持产业，整顿金融市场，开展基础设施建设，改善投资环境，积极争取外援和外资，取得一定成效。2012—2015年，科经济年均增长率约为9.2%。瓦塔拉连任总统后，提出经济结构转型，先后制定了2016—2020国家发展规划和2021—2025国家发展规划。2020年受新冠疫情影响，国民经济出现负增长，疫后经济较快复苏。2022年主要经济数据如下：

国内生产总值：700亿美元。

人均国内生产总值：2500美元。

国内生产总值增长率：6.7%。

货币名称：非洲金融共同体法郎（简称"西非法郎"）。

汇率：1美元≈622.5西非法郎。

通货膨胀率：4.4%。

外汇储备：88亿美元。

（资料来源：2023年第二季度《伦敦经济季评》）

【资源】主要矿藏有钻石、黄金、锰、镍、铀、铁、铜、铬、铝矾土和石油。已探明的石油储量约2.2亿桶，天然气储量1.1万亿立方米，铁矿石15亿吨，铝矾土12亿吨，镍4.4亿吨，锰3500万吨。森林面积250万公顷。2017年，科石油产量为1244万桶。2014年3月，科国民议会通过新《矿业法》。科矿产资源开发占国内生产总值不到5%，目前仅有黄金和锰实现工业化开采，2019年产量分别为32吨和118万吨。2021年科近海勘探发现大规模油气田，初步探明原油储量约15亿至20亿桶、天然气约510亿至680亿立方米。

【工业】农产品加工业是主要工业部门，其次是棉纺织业、炼油、化工、建材和木材加工工业。近年来，矿产能源业在科工业领域所占比重逐年增加。科曾是西非电力大国，多余电力向贝宁、多哥等国出口。受战乱影响，电力行业一度发展缓慢，2010年甚至从周边国家进口电力。2012年起，发电量逐步增加，2015年发电量约为85.27亿千瓦时，同比增长3.79%，并为科创造约1.65亿美元的外汇收入。2017年，发电量为2200兆瓦。

【农业】农业是科经济基础，产值约占国内生产总值的26.3%。全国可耕地面积为802万公顷。农业从业人口占全国劳动力的49%。粮食不能自给，大米年消费的60%需进口。主要农作物有玉米、小米、高粱、稻米、木薯、山药等。2022年，科粮食总产量约为100万吨。主要经济作物是可可和咖啡，种植面积占全国可耕地面积的75%。可可生产和出口量居世界第一位，占全球供给量的40%，2022年产量240万吨。咖啡生产量居非洲第三位，2022年产量9.5万吨。可可和咖啡的出口额占出口总额的50%，占国内生产总值的约15%。近年来，科腰果产量增加，现已成为世界第一大腰果生产国，占全球产量的40%，年产量约100万吨。棉花也是科传统重要经济作物，2019年总产量达45.8万吨，居非洲第三位。科是世界第五大、非洲第二大棕榈油生产国，2018年产量为51.4万吨。近年来，热带水果出口量有所增加，主要有香蕉、菠萝、木瓜等。

森林资源丰富，木材一直是科主要出口产品。由于过量采伐、农业开发、干旱和森林火灾等原因，森林面积从1960年的1500万公顷锐减至1991年的250万公顷。当前森林面积约200万公顷，森林覆盖率16%。畜牧业不发达。禽蛋基本自给，肉类一半靠进口。渔业产值占农业生产总值的7%，就业人口约7万人。年捕鱼量8万—10万吨，仅能满足20%—25%的国内消费需求。

【服务业】服务业以商业和运输业为主。2013年，服务业产值占国内生产总值的52.4%。近年来，在国家的大力扶持下电信业发展迅速。科固定电话用户近年稳定在30万户左右。2019年手机用户3400万，1400万人使用移动网络，1350万人使用手机支付服务，电信领域创造就业岗位20万个。全国共铺设2.5万千米光纤。

【旅游业】重视发展旅游业和开发旅游资源。重要的景点有科莫埃国家公园、塔伊国家公园、宁巴山自然保护区和亚穆苏克罗和平圣母大教堂。前三者和历史城镇大巴萨姆被列入联合国教科文组织《世界遗产名录》。经济首都阿比让毗邻几内亚湾，环绕潟湖，风景优美。由于多年战乱，旅游业受到严重影响，自

2011年选后危机平息后，科政府将旅游业发展作为农业和工业之后的第三大产业，加大了对旅游业投入。2020年，受新冠疫情影响，科旅游业受到冲击。

【交通运输】科是非洲交通最发达的国家之一，尤以海运和公路为最。

海运：98%以上的进出口贸易通过海运。阿比让自治港是西非最重要的天然良港和集装箱码头之一，也是布基纳法索、马里和多哥等西非内陆国家的主要出海口和进出口货物的集散地。港口设备较完善，可同时停泊60多艘船只，年装卸标准集装箱约60万只。2019年，港口吞吐量为2583万吨。2022年，阿比让港改扩建工程竣工。圣佩德罗港是第二大港口，年吞吐量为120万吨，年装卸标准集装箱8万只。主要承运木材、可可等。

公路：公路网四通八达，系西非地区公路最发达的国家。总长近8.3万公里，占整个西非经货联盟道路里程的45%，其中一级公路6500公里（沥青路面）、二级公路7000公里。全国有5850个货运商行，各种车辆31.1万辆，其中货车1.7万辆。

铁路：阿比让—瓦加杜古铁路科境内段为科唯一一条铁路。总长630公里。

空运：全国有大小机场28个，其中阿比让、布瓦凯、亚穆苏克罗3个机场可供大型飞机起降。阿比让机场是法语非洲国家最大的机场，年客运量200万人次。受战乱影响，客运量一度下降，但近年来有所恢复，2019年进出港达227万人次。目前，20多家航空公司经营30余条国际航线。由法航控股的新科特迪瓦航空公司于2001年3月开始运营，2011年9月破产。2012年5月成立新的科特迪瓦航空公司，公司资本约为250亿西非法郎，科政府拥有51%股份，阿加汗集团拥有15%股份，法航拥有20%股份。

【财政金融】近几年财政收支占国内生产总值比重如下：

	2020	2021	2022
收入	14.4%	15.3%	15.1%
支出	20.5%	20.9%	22.4%
赤字	6.2%	5.6%	7.2%

（资料来源：2023年第二季度《伦敦经济季评》）

【对外贸易】外贸在国民经济中占重要地位。主要出口可可、原油、咖啡、木材、腰果、金枪鱼、棕榈油、棉花、橡胶、黄金等，进口石油制品、机械设备、交通工具、化学制品、建筑材料、电器、食品等。近年来，石油制品及原油出口大大增加。

2017年，科主要向以下国家出口：荷兰11.8%，美国7.8%，法国6.5%，比利时6.4%；主要从以下国家进口：尼日利亚15%，法国13.8%，中国11.7%，美国4.4%。近几年进出口情况如下（单位：百万美元）：

	2020	2021	2022
出口额	12500	15320	16614
进口额	9518	12267	16668
差　额	2982	3053	-54

（资料来源：2023年第二季度《伦敦经济季评》）

【外国援助】据经济合作与发展组织统计，2013年科获得的官方发展援助为21亿美元，其中双边援助占50%。主要捐助方为：德国5.1亿美元，美国3.05亿美元，日本2.42亿美元，法国2.39亿美元，西班牙2.34亿美元等。

2013年1月，科政府启动基础设施复兴计划，该计划由世界银行与科政府共同出资执行，为期3年，包括公路、学校、医院、电力和饮用水工程等14个基础设施项目，投资总额为约20亿美元。2月，欧盟宣布向科提供1.15亿欧元的预算援助，支持科政府巩固和平、减少贫困、实现经济增长。3月，联合国与科方签署联合国援助发展框架计划（2013—2015年），联合国向科提供3.426亿美元的援助，用于增加就业、保护环境和可持续发展、教育、卫生、防治艾滋病、饮用水安全等。3月，日本政府决定免除2012年6月1日到期的2.2亿美元债务，要求科政府将其用于减贫和发展等国家发展战略。6月，德国政府免除科5.04亿美元债务，其中4.78亿美元立即免除，另2624万美元以转移支付方式免除，希科政府将转移支付部分的资金用于市镇环境保护项目。2014年1月，日本首相安倍晋三访科期间承诺日将向科提供9000万美元援助。2017年国际货币基金组织宣布向科提供1.365亿美元贷款。

人民生活

根据联合国开发计划署公布的《2021/2022年人类发展报告》，科人类发展指数在世界188个国家中排名第159位。居民平均寿命58岁，人口增长率2.5%。科电网覆盖率47.3%，居民用电率73.4%。77%的城市居民和不到15%的农村居民使用电力照明。科是西非地区城市化水平最高的国家，城市人口占总人口的52%（2012年），首都阿比让集中了全国人口的20%。据世界卫生组织《2012年世界卫生统计》数据显示，科每1万人拥有医生1.4名，护士和助产士4.8名，病床4张。全国60%的人口能饮用干净水。2016年，艾滋病发病率为2.7%。随着近年电信产业的迅速发展，电话、网络普及迅速。

军　事

全国武装力量创建于1960年7月27日，由武装部队、宪兵和共和国卫队组成。国防委员会为最高军事决策机构，总统兼任武装力量总司令，国防部长具体负责武装力量的管理。实行义务兵役制，服役期6个月。武器装备主要由法国提供。2010年12月发生选后危机后，原政府军效忠巴博总统，原北方叛军“新生力量”支持瓦塔拉。2011年3月17日，瓦塔拉以“新生力量”为基础，吸收其他武装力量组建了“科特迪瓦共和武装”。4月巴博被捕后，原政府军已表示效忠瓦塔拉。2012年3月科政府改组后，瓦塔拉总统兼任三军统帅。现任总参谋长拉西纳·杜姆比亚（Lassina DOUMBIA）中将，2017年1月任职。泰内·比拉希马·瓦塔拉为现任国务部长兼国防部长，2021年4月任职。

文化教育

【教育】沿用法国教育体制。初等教育6年，中等教育分两个阶段共7年，高等教育3—4年。科政府重视教育事业。2014年度全国教育、培训投入占国家预算的20.67%，占国内生产总值的4.7%。根据联合国开发计划署统计，2012年小学入学率60.8%，成人文盲率43.8%。科特迪瓦国立大学是一所综合性大学，设2个分校和12个学院。根据联合国教科文组织统计，2006—2007年科全国教师总数约为6.8万人。

【新闻出版】全国有报刊20余种，主要报纸有《博爱晨报》《科特迪瓦晚报》《我们的道路》《爱国者》《民主党人》《今日报》《阵线》《24小时》等日报。

科特迪瓦通讯社：官方通讯社，1961年6月2日成立，在全国各地设10个分社和6个省级记者站，同法新社、路透社及泛非国家通讯社有业务联系。

科特迪瓦国家广播电台：国家电台，分一台和二台，用法语、英语和当地语言广播。

“希望电台”：私营的天主教电台，1991年3月开播。

科特迪瓦广播电视台：官方电视台，分电视一台和电视二台。电视一台于1963年8月开播，可覆盖85%的国土。电视二台原为电视一台的第二套彩色节目，1973年8月开播，1991年11月正式独立成台，覆盖面仅限于阿比让市方圆50公里之内。

科特迪瓦电视台：2010年12月发生选后危机后，瓦塔拉政府为加强舆论引导工作创办的电视台，于2011年1月开播。

对外关系

奉行独立、主权、平等和不干涉内政的外交政策，强调国际合作伙伴多元化。坚持睦邻友好，重视非洲团结与合作，积极参与次区域和非洲经济一体化，呼吁国际社会增加对非援助，减轻非洲债务负担。瓦塔拉政府重点发展同法、美等西方国家关系。同约90个国家建立外交关系。系联合国会员国，世界贸易组织成员，不结盟运动、伊斯兰合作组织、法语国家组织、非洲联盟、西非国家经济共同体和西非经济货币联盟等组织成员国。2012年2月至2014年3月，瓦塔拉总统担任西非国家经济共同体执行主席。2016年1月至2021年3月，瓦塔拉总统担任西非经济货币联盟轮值主席。

【同中国的关系】1983年3月2日中科建交。建交以来，两国友好合作关系发展顺利。

2019年6月，科外长塔诺来华出席中非合作论坛北京峰会成果落实协调人会议，王毅国务委员兼外长同其会见。11月，全国人大常委会副委员长武维华访科，会见瓦塔拉总统，同国民议会议长苏马霍罗、参议院副议长波比举行会谈。2021年10月，科总理阿希以视频方式出席第130届广交会。11月，王毅国务委员兼外长出席中非合作论坛第八届部长级会议期间在达喀尔会见科外交国务部长卡马拉。2022年12月，习近平主席同瓦塔拉总统通电话。同月，全国政协副主席郑建邦同科国民议会议长比克多戈举行视频会晤。

据中国海关总署统计，2022年，中科双边贸易额为44.6亿美元，同比增长18.8%。其中，中国出口额为34.9亿美元，同比增长12.1%；中国进口额为9.7亿美元，同比增长51.2%。

中国驻科特迪瓦大使：万黎。馆址：LOT 134A, M’Badon，Cocody，Abidjan。电话：00225–22437778，22420102（经商处）；传真：22436569，22426373（经商处）。

科特迪瓦驻华大使：阿达马·多索（Adama DOSSO）。馆址：北京市朝阳区三里屯北小街9号。电话：010–65321482，65323192，65321223；传真：65322407。

【同法国的关系】科法于1961年5月18日建交。两国长期保持特殊关系，签有外交、军事、经济、文化、技术等合作协定。科法高层往来频繁。2020年9月和11月，瓦塔拉总统两次访法。2021年5月，瓦塔拉总统赴法出席“非洲经济体融资峰会”。6月，法国外长勒德里昂访科。10月，瓦塔拉总统访法。2022年9月，法国内政部长达马南访科。2023年1月，瓦塔拉总统在巴黎同法国总统马克龙进行工作午宴。

法是科最大援助国、投资国和贸易伙伴，在科投资占科外资的60%。科是法在非洲法语区第一大和撒哈拉以南非洲第四大贸易伙伴。科达到国际货币基金组织重债穷国减债倡议完成点后，法免除科2063.9亿西非法郎债务。2017年，法宣布未来3年向科提供20亿欧元资金支持。11月，由法国提供融资的阿比让地铁一号线开工。

法对科军援每年约60万美元，在科军事顾问有100多名。法在阿比让设有军事基地，常驻海军陆战队员570人。

【同美国的关系】科美于1961年11月21日建交。美是科第四大贸易伙伴，对科投资和援助增加较快。2019年2月，美国负责政治事务的副国务卿黑尔访科。8月，第18届《非洲增长与机遇法案》论坛在阿比让举行。2021年9月，美国非洲司令部司令汤森德访科。2022年12月，阿希总理代表瓦塔拉总统出席第二届美国—非洲领导人峰会。

【同邻国的关系】重视发展同非洲国家，尤其是西非地区各国的关系。瓦塔拉总统就职后，先后访问了西非经货联盟的所有成员国和西非经济共同体的大部分成员国。2017年12月，科工业和矿业部长布鲁出任西共体委员会主席。

同布基纳法索历史上关系密切。布在科侨民约有300万人。2016年7月，科布两国签署友好合作协议。2017年11月，布基纳法索总理蒂耶巴访科，会见瓦塔拉总统。12月，连接两国首都的阿比让—瓦加杜古—卡亚铁路整修项目开工。

同马里关系密切。2018年5月，马里总统凯塔访科。2019年6月，马里总理西塞访科。

同几内亚关系密切。2017年10月，瓦塔拉总统访问几内亚，同孔戴总统举行会谈。

同加纳存在领海争议。两国海岸相邻，但未划定海上边界。2017年9月，国际海洋法庭作出裁决，科加双方均表示接受。2016年6月，加纳总统马哈马正式访科。2017年11月，瓦塔拉总统访加，同加总统阿库福会谈，双方签署了科加战略伙伴关系协定，合作覆盖可可经济、国防安全、矿产能源、环境交通等领域。（丛浩杰）

肯尼亚

国名 肯尼亚共和国（The Republic of Kenya）。

面积 582646平方公里。

人口 4756.4万（2019年）。全国共有44个民族，主要有基库尤族（17%）、卢希亚族（14%）、卡伦金族（11%）、卢奥族（10%）和康巴族（10%）等。此外，还有少数印巴人、阿拉伯人和欧洲人。斯瓦希里语为国语，和英语同为官方语言。全国人口的45%信奉基督教新教，33%信奉天主教，10%信奉伊斯兰教，其余信奉原始宗教和印度教。

首都 内罗毕（Nairobi），人口约350万（2019年）。年均气温17.7℃。

国家元首 总统威廉·萨莫伊·鲁托（William Samoei Ruto），2022年9月当选，9月13日宣誓就职。

重要节日 独立日：12月12日。

简 况

位于非洲东部，赤道横贯中部，东非大裂谷纵贯南北。东邻索马里，南接坦桑尼亚，西连乌干达，北与埃塞俄比亚、南苏丹交界，东南濒临印度洋。海岸线长536公里。境内多高原，平均海拔1500米。全境位于热带季风区，沿海地区湿热，高原气候温和，全年最高气温为22℃—26℃，最低气温为10℃—14℃。

肯尼亚是人类发源地之一，境内曾出土约250万年前的人类头盖骨化石。公元7世纪，东南沿海地带已形成一些商业城市，阿拉伯人开始到此经商和定居。16世纪，葡萄牙殖民者占领了沿海地带。1890年，英、德瓜分东非，肯被划归英国，英政府于1895年宣布肯为其“东非保护地”，1920年改为殖民地。1960年3月，肯尼亚非洲民族联盟（简称“肯盟”）和肯尼亚非洲民主联盟成立。1962年2月，伦敦制宪会议决定由上述两党组成联合政府。1963年5月，肯举行大选，肯盟获胜。同年6月1日成立自治政府，12月12日，宣告独立。1964年12月12日，肯尼亚共和国成立，但仍留在英联邦内。乔莫·肯雅塔是肯独立后的首任总统，其1978年病逝后，副总统莫伊继任并担任总统长达24年。

政 治

独立以来，肯盟长期一党执政，1991年改行多党制后，肯盟于1992年、1997年连续两次赢得多党大选，莫伊连任总统。2002年12月，举行第三次多党大选，反对党联盟全国彩虹联盟击败肯盟，齐贝吉当选总统，全国彩虹联盟获议会多数席位。2007年12月大选后，因执政党民族团结党与反对党橙色民主运动对选举结果存在争议而引发全国性骚乱。在联合国前秘书长安南调解下，争议双方于2008年2月28日签署《关于联合政府伙伴关系原则的协议》，并于4月13日组建联合政府。执政党领袖齐贝吉任总统，反对党领导人奥廷加任新设的总理职位。在2013年3月大选中，朱比利联盟候选人肯雅塔击败改革与民主联盟候选人奥廷加，当选肯尼亚第四任总统。2017年10月，肯雅塔成功连任总统。2022年8月，肯尼亚举行总统大选，联合民主联盟候选人威廉·萨莫伊·鲁托击败奥廷加，于9月13日当选第五任总统。

【**宪法**】1964年颁布共和国宪法，迄今已历经大小30次修改。1982年6月，肯通过修宪确立实行一党制。1991年12月，修宪改行多党制，规定：肯为多党民主国家，总统为国家元首、政府首脑兼国防军总司令，任期5年，连任不得超过两届；总统拥有最高行政权和任免权，有权召集或解散议会；总统和内阁集体对议会负责；公民享有宗教信仰、言论、集会、结社和迁徙的自由。1997年，肯反对党以宪法不适应多党制要求为由，强烈要求全面修宪。同年9月，肯颁布《修宪委员会法案》草案，开始修宪。2010年4月，肯新宪法草案获议会批准，8月通过全民公投并正式颁布实施，其主要内容包括：维持总统制政体，不再设总理职位，但总统权力受到削弱；议会改为两院制，增设参议院；行政区划由中央、省、地区、分区、乡、村六级改为中央和郡两级。

【**议会**】最高立法机构，成立于1963年，当时分设有参议院和众议院。1966年，修订宪法，将参议院并入众议院，形成一院制，设立国民议会。2010年8月，颁布的新宪法规定议会恢复设立参议院。2022年8月，选举产生由国民议会和参议院两院构成的第13届议会。议员任期5年。

本届国民议会由议长和349名议员组成，其中包括290名民选议员（代表全国290个选区）、12名政党指定议员（按各政党在国民议会席位比例分配）、47名民选妇女代表（代表全国47个郡）。议长和副议长由各党分别从本党非议员党员和议员中提名，由全体国民议会议员选举产生。现任国民议会议长摩西·马西卡·韦坦古拉（Moses Masika Wetangula）。国民议会主要职能包括：立法、决定国家税收分配、监督政府和国家财政支出、批准战争、延长国家紧急状态、弹劾总统和副总统、批准重要人事任命等。下设44个委员会。

参议院由参议长和67名参议员组成，其中包括47名民选参议员（代表全国47个郡）、16名政党指定的妇女代表（按各政党在参议院议席比例分配）、2名青年代表（参议院最大两党各1人）、2名残疾人代表（参议院最大两党各1人）。参议长和副参议长由各党分别从本党非议员和议员中提名，由全体参议员选举产生。现任参议长肯尼斯·卢萨卡（Kenneth Lusaka）。参议院主要职能包括：参与议会关于郡事务的立法；审议和通过国家税收在各郡中的分配计划；监督郡政府财政支出情况；弹劾总统、副总统和郡长等。下设21个委员会。

【政府】实行总统制。内阁成员名单如下：总统威廉·萨莫伊·鲁托，副总统里加蒂·加查瓜（Rigathi Gachagua），内阁首席部长穆萨利亚·穆达瓦迪（Musalia Mudavadi），内政部长亚伯拉罕·金迪基（Abraham Kindiki），财政部长恩朱古纳·恩敦古（Njuguma Ndung'u），公共服务和反歧视行动部长艾莎·朱姆瓦（Aisha Jumwa，女），国防部长亚丁·杜阿莱（Aden Duale），水卫生部长爱丽丝·瓦霍姆（Alice Wahome，女），外交和侨务部长阿尔弗雷德·恩甘加·穆图阿（Alfred Nganga Mutua），贸易、投资和工业部长摩西·库里亚（Moses Kuria），东共体、干旱和半干旱及地区发展部长丽贝卡·米亚诺（Rebecca Miano，女），道路、交通和公共工程部长基普春巴·穆尔科门（Kipchumba Murkomen），环境和林业部长索伊潘·图亚（Soipan Tuya），土地、房屋和城市发展部长扎查里亚·姆万吉·恩杰鲁（Zachariah Mwangi Njeru），旅游、野生动物和遗产部长佩尼娜·马隆扎（Peninah Malonza，女），农业和畜牧业发展部长米西卡·林图里（Mithika Linturi），卫生部长苏珊·纳库米查·瓦富拉（Susan Nakumicha Wafula，女），信息通信和数字经济部长埃利乌德·奥瓦洛（Eliud Owalo），教育部长伊齐基尔·马乔古（Ezekiel Machogu），能源和石油部长戴维斯·奇尔奇尔（Davis Chirchir），青年事务、体育和艺术部长阿巴布·纳姆万巴（Ababu Namwamba），合作社和中小微企业发展部长西蒙·切卢吉（Simon Chelugui），矿业、蓝色经济和海洋事务部长萨利姆·姆武里亚（Salim Mvurya），劳动和社会保障部长弗洛伦斯·博雷（Florence Bore），司法部长贾斯廷·穆图里（Justin Muturi）。

【行政区划】全国分为47个郡。

【司法机构】法院实行两层多级法院体制，全国法院分为高级法院和基层法院两个层级。高级法院按级别由高到低分为最高法院、上诉法院、高等法院、就业与劳资关系法院、环境与土地法院及议会设立的与高等法院同级别的特别法院。初级法院包括裁决法院、在穆斯林人口占多数的地区设立的伊斯兰法院、军事法院和通过议会法案成立的其他地方法院。首席大法官玛莎·库梅（Martha Koome）于2021年5月就任。

【政党】1991年实行多党制。目前，肯有注册政党约90个。2022年大选前，各党派着眼加速分化组合，形成了以鲁托组建的联合民主联盟为核心的肯尼亚优先联盟和以奥廷加为首的团结纲领联盟及两大阵营，最终，联合民主联盟在大选中获胜。

主要政党和政党联盟有：

（1）联合民主联盟（United Democratic Alliance）：前身为发展和改革党，2020年12月改为现名。该党提名鲁托作为本党总统候选人参加2022年大选，鲁托总统赢得总统选举，该党成为执政党。现该党在国民议会349个议席中占145席，参议院67个议席中占32席。鲁托总统和副总统加查瓜分任该党正、副领袖。

（2）肯尼亚优先联盟（Kenya Kwanza Alliance）：成立于2022年1月，由联合民主联盟和阿玛尼全国大会党、恢复民主论坛、经济自由党、服务党、肯尼亚共产党、农民党、民主党等十余个政党组成。该政党联盟领导人为威廉·鲁托。鲁托总统赢得大选，肯尼亚优先联盟成为肯尼亚执政联盟。

（3）橙色民主运动（Orange Democratic Movement）：2005年5月底成立。2008年2月28日，该党与齐贝吉总统领导的民族团结党签署分权协议，成为执政联盟成员党。2012年，该党与革新民主运动–肯尼亚党、恢复民主论坛–肯尼亚党及一些小党成立改革与民主联盟，并推选奥廷加代表该联盟竞选总统，后落败。

（4）朱比利党（Jubilee Party）：2016年9月，执政的原朱比利联盟内部12个党派宣布解散各自政党、联合组建朱比利党。2017年10月，时任总统肯雅塔、时任副总统鲁托分别以朱比利党总统、副总统候选人身份赢得大选。2022年2月，朱比利党举行全国代表大会，前总统肯雅塔继续当选党领袖。

（5）团结纲领联盟（Azimio One Kenya Alliance）：2022年3月，朱比利党和橙色民主运动等20多个政党共同组建团结纲领联盟，支持奥廷加作为总统候选人参加2022年总统大选，后败于联合民主联盟候选人鲁托，团结纲领联盟成为反对党联盟。

【重要人物】**威廉·萨莫伊·鲁托**：总统。1966年生，卡伦金族。获内罗毕大学动植物学本科、植物生态学硕士和博士学位。历任国民议会议员、内政部副部长、农业部长、高等教育部长等职。2013年作为肯雅塔竞选搭档当选副总统，2017年连任。2022年8月参选总统并获胜，9月就任肯第五任总统。

经　济

肯是撒哈拉以南非洲经济基础较好的国家之一。农业、服务业和工业是国民经济三大支柱，茶叶等农产品、旅游、侨汇是三大创汇来源。工业在东非地区相对发达，门类较齐全，日用品基本自给。

2017年，肯政府提出粮食安全、住房保障、制造业发展、医疗保障等“四大发展目标”。随着蒙内铁路的开通运营，肯东非区域物流中心的地位得到巩固，对外贸易和服务业均有一定发展。2022年9月以来，政府强调通过“自下而上的经济模式”，赋予经济弱势群体权利，包括加大对中小企业扶持力度、发放更多改善农业生产的贷款，旨在帮助中小企业发展和数百万人摆脱极度贫困。2022年主要经济数据如下：

国内生产总值：1134亿美元。

人均国内生产总值：2099.3美元。

国内生产总值增长率：4.8%。

货币名称：肯尼亚先令（简称“肯先令”）。

汇率：1美元≈113肯尼亚先令。

（资料来源：世界银行）

【资源】矿藏主要有纯碱、盐、萤石、石灰石、重晶石、金、银、铜、铝、锌、铌和钍等，除纯碱和萤石外，多数矿藏尚未开发。森林面积8.7万平方公里，占国土面积的15%。林木储量9.5亿吨。2012年初发现石油蕴藏，已经探明石油储量29亿桶。地热、风能、水力等清洁能源丰富。

【工业】独立以后发展较快，门类比较齐全，是东非地区工业最发达的国家。以制造业为主，食品加工业发达。工业主要集中在内罗毕、蒙巴萨和基苏木这三大城市。制造业约占国内生产总值的10%。较大的企业有炼油、轮胎、水泥、轧钢、发电、汽车装配等厂。85%的日用消费品产自国内，其中服装、纸张、食品、饮料、香烟等基本自给，有些还供出口。

【农业】农业是国民经济的支柱，产值约占国内生产总值的1/3，其出口占肯总出口一半以上。全国约80%的人口从事农牧业。可耕地面积9.2万平方公里（约占国土面积的16%），其中已耕地占73%，主要集中在西南部。正常年景粮食基本自给，小麦和水稻严重依赖进口。鲜切花、剑麻出口额居全球第三位，其中鲜切花出口量占据欧盟约38%的市场份额。渔业资源丰富，大多来自境内的淡水湖泊，其中维多利亚湖每年捕鱼量占渔业生产总量的80%以上。

【旅游业】肯有得天独厚的自然条件，全国国家公园和保护区占国土面积的11%。旅游业是肯支柱产业、肯第二大外汇收入来源，直接创造就业25万人，间接创造就业55万人。2019年，国际游客数量为204万人次，旅游业收入约15亿美元。排名前5位的游客来源国依次为美国、英国、乌干达、中国、印度。主要旅游点有内罗毕、察沃、安博塞利、纳库鲁、马赛马拉等地的国家公园、湖泊风景区及东非大裂谷、肯尼亚山和蒙巴萨海滨等。

【交通运输】以公路运输为主。

公路：肯公路网总长16余万公里。

铁路：总长2885公里，其中约600公里为标准轨铁路（蒙内铁路约480公里，内马铁路约120公里），其余为窄轨铁路。

海运：蒙巴萨港是东非最大港口，有22个深水泊位和2个大型输油码头，可停泊2万吨级货轮，2008年8月起开始24小时运转。蒙巴萨港2019年货物吞吐量为3440万吨，约135万个标准集装箱。

空运：全国共有4个国际机场、100余个国内机场。肯尼亚航空公司开设飞往中国、美国、欧洲的40余条国际航线，在全球设有98个办事处。

【财政金融】财政收入主要靠税收。截至2022年10月，肯政府公共债务总额为721亿美元。2020/2021财年，肯财政收入为1.669万亿肯先令，财政开支为2.749万亿肯先令，财政赤字为1.08万亿肯先令，财政赤字占国内生产总值的8.7%。

【对外贸易】在国家经济中占有重要地位，但长期逆差。主要出口商品为茶叶、花卉、咖啡、水泥、剑麻、除虫菊酯、纯碱、皮革、肉类和石油加工产品等。主要进口商品是机械、钢铁、车辆、化肥、药品等。2021年肯进出口贸易总额为250.08亿美元，其中出口额为68.22亿美元，进口额为181.86亿美元。2021年肯主要出口目的国是乌干达、美国、荷兰，主要进口来源国是中国、印度、沙特。

【外国资本】肯自1963年独立以来，一向重视吸收利用外国资本为本国经济建设服务。1964年政府颁布实施《外国投资保护法》。目前，英、美、德、法等国在肯设有数百家公司，投资领域遍及农业、工业、商业、旅游、金融、交通运输等部门。外国对肯投资主要领域为制造业、农业、能源、建筑、通信和采矿业。2020年，肯吸收外国直接投资7.1亿美元。

【外国援助】主要援助国和国际组织有日本、德国、英国、美国、法国以及世界银行、国际货币基金组织、国际开发协会、联合国开发计划署、非洲开发银行、欧洲发展基金和环球基金等。外援主要用于农业、军事、交通运输、教育、卫生、电信及社会发展项目。

人民生活

肯各地区发展不平衡严重，农村人口贫困率为50%，城镇人口贫困率为30%。联合国发布的《2019年人类发展报告》显示，肯人类发展指数在全球189个国家和地区中居第147位。

1963年独立后建军。总统兼任国防军总司令，拥有最高指挥权。国防军司令部是最高作战指挥机构，总统通过国防军司令统率全军。国防委员会系向总统负责的最高军事决策机构，由国防部长、国防部常务副部长、国防军司令、陆海空三军司令等组成。国防军司令为罗伯特·卡瑞基·基波奇（Robert Kariuki Kibochi）上将。

军　事

奉行积极防御的国防政策，近年积极参与打击恐怖主义及联合国和非盟维和行动。实行志愿兵役制。现役军人3.32万人，其中陆军2.5万人，海军3200人，空军5000人。

文化教育

【教育】政府重视发展教育事业，教育经费一直占政府财政支出的20%左右。成人识字率近90%，在非洲国家中名列前茅。教育体制分为正规和非正规教育两类，正规教育实行小学、中学、大学“8—4—4”学制。非正规教育包括成人教育和扫盲活动。2003年起实行8年免费初等教育。目前，全国有近1000万儿童入读小学，中学、大学数量分别为7000多所与60所，另有30多所职业培训学校、技校等。著名高等学府包括内罗毕大学、莫伊大学、肯雅塔大学、埃格顿大学、肯雅塔农业技术大学和马塞诺大学等。

【新闻出版】主要英文报纸有《民族报》《旗帜报》《人民报》《商业日报》《星报》，均为私人性质。主要期刊有:《每周评论》，为肯最大的私营英文周刊，发行量约1.85万份;《东非人报》，周报，1994年11月首次发行，在肯尼亚、乌干达和坦桑尼亚同时出版。斯瓦希里文报以《民族日报》媒体集团创办的《塔伊法》（意为“今日民族报”）最有影响，发行量约5万份。

肯尼亚通讯社：官方通讯社，成立于1963年，向内罗毕的报刊、广播电台、电视台提供新闻和图片。

肯尼亚广播公司：由英国殖民者建立，电台于1927年开播，用英语、斯瓦希里语、印地语和15种非洲语言广播。1963年肯独立后将其收归国有，改名为“肯尼亚之声”。

肯尼亚广播电视公司：1987年成立，系肯目前规模最大、广播电视节目能覆盖全国的广播电视公司。

肯尼亚电视网：1989年成立，肯第一家私营电视台，用英语播放。

对外关系

奉行和平、睦邻友好和不结盟的外交政策，积极参与地区和国际事务，大力推动地区政治、经济一体化，反对外来干涉，重视发展同西方及邻国的关系，注意同各国发展经济和贸易关系，开展全方位务实外交，强调外交为经济服务。近年来，积极加强同中国等亚洲国家关系。肯尼亚担任2021—2022年联合国安理会非常任理事国。

肯是联合国会员国，非洲联盟、不结盟运动、77国集团成员国,《洛美协定》签字国，也是东非政府间发展组织、东部和南部非洲共同市场、东非共同体和环印度洋地区合作联盟等次区域组织的成员。联合国在内罗毕设有办事处，联合国环境规划署和联合国人居署总部设在内罗毕。肯同100多个国家建立了外交关系。

【对当前重大国际问题的态度】关于国际政治经济新秩序：认为现存的国际政治经济秩序对广大发展中国家不公正、不合理。西方推行霸权主义和强权政治，并利用现存的国际经济秩序从发展中国家渔利，客观上造成了发展中国家特别是非洲国家的贫困。主张政治上遵守《联合国宪章》，恪守主权平等和互不干涉内政等基本国际关系准则；经济上加大发展中国家在制定“游戏规则”中的参与程度，推动建立公正、合理的国际政治经济新秩序。

关于非洲形势：认为冲突、动荡是阻碍非洲发展最主要的因素，主张维护和促进非洲团结合作，以和平方式解决非洲国家之间的争端。非洲在经济全球化中面临进一步被边缘化的威胁，非洲国家应联合自强，通过经济一体化提高应对全球化挑战的能力。呼吁发达国家大幅减免非洲债务，增加对非发展援助，向非洲产品开放市场。

关于气候变化问题：肯是非洲气候变化国家元首和政府首脑委员会成员，支持非盟共同立场。坚持共同但有区别的责任原则，要求发达国家率先减排，反对为发展中国家设定强制减排指标。认为发达国家应该向发展中国家提供资金和技术，帮助其提高适应气候变化的能力。主张联合国环境规划署在气候变化谈判中发挥关键作用。

关于人权问题：认为生存权和发展权是基本人权。发展中国家在相对贫穷、落后的状态下，首先应解决生存和发展问题，否则民主、自由及其他政治、经济和社会权利无从谈起。主张通过对话加强国际人权交流，反对在人权领域搞对抗，反对西方国家利用人权问题对别国施压。

关于国际金融危机：认为国际金融危机在出口、外债、外资等领域均对肯尼亚产生负面影响，危机产生的根源是国际金融体系存在严重问题。主张推进国际金融体制改革，重组国际货币基金组织，使之真正成为国际信贷的砥柱。要求非洲等发展中国家在改革过程中享有话语权。

【同中国的关系】1963年12月14日两国建交。1978年中国改革开放后，两国关系日益密切。近年来，双方重要互访有：全国政协主席汪洋（2018年6

月），中共中央政治局委员、中央外事工作委员会办公室主任杨洁篪（2019年9月），国务委员兼外交部长王毅（2022年1月），中国政府非洲事务特别代表刘禹锡（2022年9月出席鲁托总统就职仪式）等先后访肯；肯雅塔总统（2018年9月来华出席中非合作论坛北京峰会、2018年11月来华出席首届中国国际进口博览会、2019年4月来华出席第二届“一带一路”国际合作高峰论坛），鲁托总统（2023年10月来华出席第三届“一带一路”国际合作高峰论坛）等访华或来华参会。

中肯于1978年签订贸易协定，2001年签订投资保护协定，2011年3月成立双边贸易、投资和经济技术合作联合委员会。2022年，中肯双边贸易额为85.2亿美元，同比增长22.9%。其中，中国出口额为82.5亿美元，同比增长23%；中国进口额为2.7亿美元，同比增长19.3%。中方主要出口电子类产品、服装和纺织纱线、钢铁及其制品等，主要进口矿砂、农产品、皮革制品等。

中肯于1980年9月签署文化合作协定。两国于1994年签订高等教育合作议定书，中方向肯尼亚埃格顿大学提供教学科研仪器，并派遣2名教师。2005年，中方在内罗毕大学建成非洲第一所孔子学院。2008年，中肯建立肯雅塔大学孔子学院。2012年，中肯建立埃格顿大学孔子学院和内罗毕广播孔子课堂。2015年3月，中肯建立莫伊大学孔子学院。

2003年12月，中国将肯尼亚列为中国公民自费旅游目的地国。2008年10月，肯尼亚航空公司开通内罗毕至广州的直航。2015年8月，中国南方航空公司开通广州至内罗毕的直航。2019年6月、2020年11月，中国南方航空公司分别开通长沙至内罗毕、深圳至内罗毕的直航。

新华社、中国国际电视台、中国国际广播电台的非洲总部均设在内罗毕。中国国际广播电台首家海外城市调频电台于2006年2月在内罗毕开播，蒙巴萨调频台于2011年1月开播，中央电视台非洲分台于2012年1月在内罗毕成立并开播。2012年12月，《中国日报非洲版》在内罗毕创刊发行。

中国驻肯尼亚大使：周平剑。馆址：Woodlands Road，Kilimani District，Nairobi，Republic of Kenya。电话：00254-20-2726851（使馆总机），7070214（领事证件咨询电话），5141108（经商处）；传真：2726402，2711540，2713451（经商处）。

肯尼亚驻华大使：玛丽·穆索尼·吉乔希（Mary Muthony Gijoshi，女）。馆址：北京市朝阳区三里屯西六街4号。电话：010-65323381，65322473；传真：65321770。

【同英国的关系】英国是肯原宗主国，两国在政治、经济和军事上保持着传统的密切关系。英是肯主要双边援助国和投资来源国之一，对肯投资总额超过10亿英镑。英每年向肯提供500个奖学金名额，目前肯有5000多名学生在英国留学。2006年，两国续签了军事合作协议。2020年1月，肯雅塔总统在英国出席首届英非投资峰会期间同英国首相约翰逊举行会谈，双方宣布肯英建立战略伙伴关系。11月，肯英签署《战略经济伙伴关系协议》。2021年1月，英国首席大臣兼外交大臣拉布、国防大臣华莱士分别访肯。7月，肯雅塔总统访英。2022年9月，鲁托总统出席英国女王伊丽莎白二世的葬礼。

【同美国的关系】近年来，肯为争取美援，美为获得肯配合其在东非地区反恐，两国关系发展较快。肯是接受美援助最多的撒哈拉以南非洲国家之一，近年来每年约5亿美元。肯自2000年成为美国《非洲增长与机遇法案》的首批受惠国以来，对美纺织品出口激增，近百家美国公司在肯设代表处。2019年5月，肯外长朱马和美非洲事务助理国务卿纳吉共同主持肯美首次双边战略对话，将两国关系升级为战略伙伴关系。2020年2月，肯雅塔总统访美，会见特朗普总统。2020年12月、2021年2月，拜登分别以美国候选总统、总统身份与肯雅塔总统通电话。2021年10月，肯雅塔总统访美。2021年4月、11月，美国国务卿布林肯分别以线上和线下形式访肯，并举行两国第二次战略对话。2022年12月，鲁托总统赴美出席美非峰会。

【同邻国的关系】肯重视发展同邻国的关系，积极推进地区一体化。同坦桑尼亚、乌干达组建东非共同体，实施地区互联互通基础设施项目。

肯积极推动索马里和平进程。2011年10月，肯出兵索马里协助索过渡联邦政府清剿“索马里青年党”（沙巴布），并于2012年6月将在索部队并入非盟驻索马里特派团。2012年8月，索产生新领导人和新政府，肯予以大力支持。2019年以来，肯索海上划界争端逐渐升温，两国关系一度十分紧张，于2020年12月断交。2021年5月，肯、索宣布复交。2021年10月，海牙国际法院对肯索海域划界争端作出判决，肯政府表示拒绝接受。2022年6月，肯雅塔总统出席索马里总统马哈茂德就职典礼，后者于7月访问肯尼亚。

主张和平解决苏丹北南问题。2013年底南苏丹局势动荡后，肯积极参与斡旋，促成南苏丹冲突双方达成和解协议。肯积极参与联合国南苏丹特派团，曾经派有维和士兵和警察约1000人。2019年7月，南苏丹总统基尔对肯进行国事访问。肯对南苏丹《重振和平协议》落实行动缓慢表示关切。

在刚果（金）东部问题上积极发挥作用，推动刚果（金）政府同反政府武装达成共识，于2013年2月同刚果（金）、卢旺达等11个地区国家共同签署《和平、安全与合作框架文件》。2022年4月，东共体轮值主席、肯雅塔总统邀请刚果（金）、乌干达、布隆迪、卢旺达等国在内罗毕举行区域首脑会议，达成政治、军事解决刚东问题的双轨方案；举办“刚人民和平对话”会议，调停刚政府同武装组织关系。（徐贝宁）

莱索托

国名　莱索托王国（The Kingdom of Lesotho）。

面积　30344平方公里。

人口　214万（2022年）。绝大多数人口属班图语系的巴苏陀族和祖鲁族。通用英语和塞苏陀语。约90%的居民信奉基督教新教和天主教，其余信奉原始宗教和伊斯兰教。

首都　马塞卢（Maseru），人口约27.5万（2022年），海拔1500米。

国家元首　国王莱齐耶三世（Letsie III），1996年2月7日登基，1997年10月31日加冕。

重要节日　莫舒舒日：3月11日；英雄日：5月25日；国王诞辰：7月17日；独立日：10月4日。

简　况

非洲南部内陆国家，四周为南非所环抱。国土的75%是东部山地，最高海拔3482米。西部25%的狭长地带为地势较平缓的低地，最低海拔1388米。主要山脉是马洛蒂山和德拉肯斯山，主要河流是奥兰治河和卡勒登河。属大陆性亚热带气候。5—9月为旱季，10月至次年4月为雨季，最高气温33℃（1月），最低气温-7℃（7月）。

独立前称巴苏陀兰。19世纪初，巴苏陀族酋长莫舒舒一世统一各族，建立了王国。1868年，英国正式宣布巴苏陀兰为其“保护地”，并于1871年将其并入英国在南非的开普殖民地。1966年10月4日宣布独立，定名为莱索托王国，实行君主立宪制，莫舒舒二世任国王，巴索托国民党领导人约瑟夫·莱布阿·乔纳森任首相。1970年举行独立后首次大选，巴苏陀兰大会党获胜。1986年，武装部队司令莱哈尼耶少将发动军事政变，接管政权并禁止政党活动。1990年11月，军政府废黜莫舒舒二世，立其长子莱齐耶为国王，即莱齐耶三世。1993年3月，军政府“还政于民”，举行莱第二次大选，巴苏陀兰大会党获胜，该党领袖克莱门特·恩祖·莫赫勒出任首相。1995年1月，莫舒舒二世复位。1996年1月，莫舒舒二世遇车祸身亡。2月，莱齐耶再度登基。1998年5月，举行第三次大选，莱索托民主大会党以绝对优势取胜，该党领袖帕卡利塔·莫西西利任首相。2002年5月和2007年2月，莱按照混合选举模式顺利举行大选，莱索托民主大会党连续赢得大选，莫西西利均连任首相。2012年2月，莱索托民主大会党发生分裂，莫西西利首相另组民主大会党，继续执政。5月26日，莱举行大选，全巴索托大会党领袖莫措阿哈·托马斯·塔巴内正式就任首相，标志着莱独立以来首个多党联合政府诞生。2014年，联合政府因内部矛盾激化走向解体。2015年2月28日，莱提前举行大选。民主大会党、莱索托民主大会党、人民民主阵线、民族独立党、马里马特卢自由党、巴苏陀兰大会党、莱索托人民大会党7党组成联合政府。民主大会党领袖莫西西利时隔3年再次就任首相。2017年3月，莱国民议会通过对莫西西利首相的不信任动议，莱齐耶三世国王决定提前举行大选。6月3日，全巴索托大会党、民主人士联盟、巴索托国民党、莱索托改革大会党组成的反对党联盟在大选中胜出，组成新一届政府。塔巴内再次出任首相，民主人士联盟领袖莫莱莱基任副首相。2019年11月，莱索托国家改革进程取得重要进展，由对话磋商进入落实阶段。2020年5月，首相塔巴内迫于各方压力宣布辞职，财政大臣、全巴索托大会党国民议会议员穆凯齐·马乔罗出任首相。

政　治

2022年10月，新成立不久的繁荣革命党在议会选举中赢得最多席位，并同民主人士联盟、经济变革运动组成新一届执政联盟。10月28日，繁荣革命党领导人萨姆·马特凯恩（Sam Matekane）宣誓就任首相。

【宪法】现行宪法于1993年3月颁布生效。根据宪法，莱是君主立宪制国家。宪法规定：国王为国家元首和立宪君主，内阁为行政机构，首相为政府首脑。2020年4月，莱议会通过宪法修正案，取消首相在国民议会通过对其不信任动议时可单方面建议国王解散议会并提前举行大选的权力。

【议会】莱议会实行两院制。参议院是上议院，有33个席位，由国王根据首相意愿指定的11名议员和21名大酋长组成。现任参议长为玛莫纳恒·莫基提米（Mamonaheng Mokitimi，女）。国民议会是下议院，议员通过选区代表制和比例代表制选举产生，共120名议员，任期5年。目前共有119名议员，繁荣革命党占56席，民主大会党29席，全巴索托大会党8席，巴索托行动党6席，民主人士联盟5席，经济变革运动4席，莱索托民主大会党3席，社会革命党2席，国民独立党1席，巴索托国民党、大众民主阵线、巴索托缔约运动、希望党、莫普乐政治峰会等各1席。现任国民议会议长为特洛汉格·塞卡马内（Tlohang Sekhamane）。

【政府】本届政府于2022年10月组成。目前，内阁主要成员有：首相兼国防、国家安全和环境大臣萨姆·马特凯恩，副首相兼司法、法律和议会事务大臣恩措蒙·马贾拉（Nthomeng Majara，女），卫生大臣塞利贝·莫乔博罗阿内（Selibe Mochoboroane），教育和培训大臣恩托伊·拉帕帕（Ntoi Rapapa），信息、通信、科技和创新大臣恩塔蒂·穆罗西（Nthati Moorosi，女），财政和发展计划大臣莱齐莉西楚·阿德列德·马特兰亚内（Retsilisitsoe Adeliede Matlanyane，女），贸易、工商业发展和旅游大臣莫凯蒂·谢利莱（Mokhethi Shelile），地方政府、酋长事务、内政和警察大臣莱博纳·莱费马（Lebona Lephema），外交大臣姆波乔阿内·莱乔恩（Mpotjoane Lejone），农业、粮食安全和营养大臣塔博·莫福西（Thabo Mofosi），自然资源大臣莫洛米·莫莱科（Mohlomi Moleko），性别、青年、体育、艺术、文化和社会发展大臣皮措·莱索阿纳（Pitso Lesaoana），公共工程和交通大臣马特加托·尼奥·莫泰亚内（Matjato Neo Moteane），公共服务、劳工和就业大臣理查德·穆莱齐（Richard Moeletsi），首相府大臣林福·陶（Limpho Tau）。

【行政区划】全国划分为10个行政区。由社区理事会理事管理地方行政事务。全国成立了129个社区理事会，每个理事会由9—15名理事（人数须为奇数）组成。其中2名理事在酋长中产生，其余理事席位由各党推举的候选人及独立候选人竞争。地方政府任期为4年。2017年9月，在地方政府选举的社区理事会席位中，全巴索托大会党赢得424席，民主大会党251席，民主人士联盟60席，莱民主大会党45席，巴索托国民党25席，经济变革运动28席，大众民主阵线12席，其他小党和独立候选人共计85席。

【司法机构】司法体系基于罗马—荷兰法。由高等法院、上诉法院、10个行政区级法院和酋长主持下的地方习惯法法庭组成。根据莱宪法，上诉法院和高等法院法官可以由外籍人士担任，但上诉法院法官必须是英联邦国家公民。现任高等法院首席大法官恩托蒙·马贾拉（Sakoane Sakoan）。

【政党】主要政党有：

（1）繁荣革命党（Revolution for Prosperity）：由萨姆·马特凯恩于2022年3月创立。以“重塑政府机构、推动经济社会变革”为口号。2022年10月大选后获得莱议会56席，成为议会第一大党，同民主人士联盟、经济变革运动组成执政联盟，繁荣革命党领袖马特凯恩出任首相。

（2）民主大会党（Democratic Congress）：2012年2月由首相帕卡利塔·莫西西利脱离莱索托民主大会党后组建。2012年5月大选中未获半数以上议席，失去执政权。2015年大选后成功与其他6党组成执政联盟，党领袖莫西西利出任首相。2017年大选后成为最大反对党。2020年成为联合执政党之一。2022年10月大选后获得议会29席，成为议会最大反对党。现任领袖为马蒂贝利·莫霍图（Mathibeli Mokhothu）。

（3）全巴索托大会党（All Basotho Convention Party）：2006年10月由塔巴内脱离莱索托民主大会党而成立。2012年大选后与莱索托民主大会党和巴索托国民党等结成联盟执政。2015年大选后失掉执政权，成为反对党。2017年大选后成为最大执政党，领袖塔巴内任首相。2020年5月，塔巴内宣布辞职，该党国民议会议员马乔罗接任首相。2022年1月，原卫生大臣恩卡库·卡比（Nkaku Kabi）在党内选举中获胜，任党领袖。2022年10月大选后失去执政权，获议会8席。

（4）民主人士联盟（Alliance of Democrats）：2016年民主大会党内部派系斗争激烈，副领袖莫尼亚内·莫莱莱基（Monyane Moleleki）于2016年底脱离民主大会党成立民主人士联盟，任党领袖。2022年10月大选后获议会5席，同繁荣革命党、经济变革运动组成执政联盟。

（5）经济变革运动（Movement for Economic Change）：由时任小企业大臣、莱索托民主大会党总书记莫乔博罗阿内于2017年1月脱离莱索托民主大会党后组建。2017年6月大选后获议会6席。2020年5月，党领袖莫乔博罗阿内在联合政府中任发展计划大臣。2022年10月大选后获议会4席，同繁荣革命党、民主人士联盟组成执政联盟，党领袖莫乔博罗阿内在联合政府中任卫生大臣。

（6）莱索托民主大会党（Lesotho Congress for Democracy）：1997年6月，巴苏陀兰大会党发生分裂，以莫赫勒为首的“首相派”脱离该党，成立莱索托民主大会党并执政。1998年5月，该党在大选中获胜并继续执政。2001年，由于该党原副领袖马霍佩另立新党，莱索托民主大会党分裂。在2002年5月的大选中以绝对优势获胜，继续执政。2006年，原通信大臣塔巴内另立新党，该党再度分裂，实力遭到削弱。2012年2月，再次分裂，时任党领袖莫西西利另立民主大会党并执政，该党沦为主要反对党。同年5月26日大选后与全巴索托大会党和巴索托国民党等联合执政。2015年大选后成为联合执政党之一。2017年大选中获得11个议席，沦为反对党。2022年10月大选后获议会3席。现领袖为莫泰乔阿·梅青（Mothetjoe Metsing）。

【重要人物】莱齐耶三世：国王。1963年7月17日出生于莱索托莫里加地区，为已故国王莫舒舒二世的长子。1968—1980年在英国读小学和中学。1980—1984年在莱索托大学学习并获法学学士学位。1984—1986年取得英国布里斯托尔大学英国法律文凭。1986—1987年在剑桥大学和伦敦大学怀伊学院进修发展学和农业经济学。学成归国后，于1989年12月被任命为马欣地区大酋长，曾在马塞卢市政厅和制宪会议任职。1990年11月即位，1995年1月让位于其父莫舒舒二世。1996年1月莫舒舒二世因车祸身亡后，于2月7日再次登基。1997年10月31日举行加冕典礼。 **萨姆·马特凯恩**：首相。1958年3月15日出生于莱索托。高中学历。长期从商，曾经营建材、矿业、农业、养殖、航空、房地产、制药等行业。曾获得福布斯非洲最佳奖、终身成就奖，被授予“非洲杰出企业家”称号。2022年3月成立繁荣革命党，任党领袖。同年10月就任莱索托首相。

经　济

自然资源贫乏，经济基础薄弱，是联合国公布的最不发达国家。经济以农牧业和服装加工出口为主，粮食不能自给。侨汇是国民收入的主要来源之一。近年来，受世界经济低迷、南部非洲关税同盟税收分成减少、莱政局不稳等因素影响，莱吸引外资能力下降，经济发展缓慢。莱政府积极实施《2020年国家经济发展远景规划》，改善投资环境，努力扩大就业，发展农业和基础建设，钻石开采业成为新的经济增长点。根据世界经济论坛发布的《2019年全球竞争力报告》，莱竞争力排名第130位。2016年6月，莱索托等南共体国家在博茨瓦纳与欧盟签署经济伙伴协定（EPA）。2018年9月，国际评级机构惠誉将莱经济增长预期调为负面。根据世界银行2018年经商便利性报告，莱在非洲国家中排名第10位，世界排名第104位。新冠疫情对莱经济造成较大冲击。2022年主要经济数据如下：

国内生产总值：22.4亿美元。

人均国内生产总值：969.9美元。

国内生产总值增长率：1.1%。

货币名称：洛蒂，复数称马洛蒂。与南非兰特等值挂钩。

汇率：1美元≈14.8马洛蒂。

外汇储备（不含黄金）：6.7亿美元。

（资料来源：《伦敦经济季评》、国际货币基金组织）

【资源】主要矿产资源有钻石，少量不具商业开采价值的煤、方铅、石英、玛瑙、铀等。现有探明钻石矿405个。其中，卡奥矿达0.08平方公里，为南部非洲第四大矿，总产量预计1240万克拉；立科邦矿原矿储量达3600万吨，居世界前列。除了钻石资源，砂岩石资源近年来也得到不断开发。莱索托高原山区水资源丰富，水电蕴藏量约为4.5亿瓦，地面水3.4亿立方米/年。

【工业】以制造业和食品加工业为主，生产成衣、制革、食品、饮料、建材、家具、电子等。莱境内的高原水利工程于1991年动工，是非洲最大的水利工程之一，由莱索托和南非共同出资兴建。该工程第一阶段已竣工，莱索托通过向南非输水每年创造可观收入，并可解决自身电力需求。自2000年以来，随着欧美相继向莱开放无关税、无配额的市场，纺织、服装、制鞋等附加值相对较高的出口加工产业发展迅速，成衣业成为莱国民经济第一大支柱产业。莱成为撒哈拉以南非洲地区对美最大服装出口国和美在非第八大贸易伙伴，每年向美出口成衣创汇约5亿美元。2008年以来，受国际金融危机影响，莱服装加工业面临困境，出口下降，多家工厂停产或关闭。2012年，莱纺织服装业由于美国《非洲增长与机遇法案》延期至2015年，困难状况有所缓解。2015年，莱向美出口成衣产值3亿美元，对美出口占莱成衣出口总产值的80%。2016年4月，美国表示莱索托2016年将继续享受《非洲增长与机遇法案》优惠政策，但将继续观察莱落实南共体调查委员会建议情况。《非洲增长与机遇法案》将于2025年到期，莱纺织成衣业可持续发展面临着巨大不确定性。

矿业以钻石开采业为主，另蕴藏少量煤、方铅、石英、玛瑙及铀矿，但不具商业开采价值。

【农业】农业人口占全国人口的80%，农业劳动力占全国劳动力总数的50%。由于水土流失，可耕地逐年减少，现有可耕地面积18万公顷，约占全国面积的10%。粮食自给率约30%。畜牧业占重要地位，全国66%的土地可供放牧，以养羊业为主，是非洲著名马海毛产地。2018/2019年度农耕季节少雨干旱，导致粮食歉收，2019年至少70万人面临粮食短缺。

【旅游业】政府鼓励发展旅游业，近年修建了一些旅馆和山区度假村以及一座国家公园，游客多来自南非。莱索托高水工程极大地促进了莱山区旅游业的发展。滑雪成为近年来新兴旅游项目。

【交通运输】公路总长7000余公里，以砂石路和土路为主。无独立铁路系统。主要机场为马塞卢莫舒舒国际机场，可起降中型民用客机。

【电信业】莱电信业近年来发展迅速。移动电话业务主要由南非VODACOM电信公司与莱索托电信公司合资成立的VODACOM LESOTHO（VCL）电信公司提供。

【财政金融】莱有多家商业银行和专业金融机构，但主要为南非标准银行（Standard Bank）和莱利银行（Ned Bank）垄断。莱索托中央银行负责金融业的监管。银行服务范围目前仅限于城镇地区。

2014年8月，莱成立信贷局，旨在建立和管理信贷市场，交流信贷信息，扩大对当地和外来投资者的信贷规模，促进经济社会发展。信贷局的成立也是落实国际货币基金组织等国际机构对莱金融改革的举措。

【对外贸易】2021年外贸总额为28.54亿美元，其中出口额为9.746亿美元，进口额为18.79亿美元。主要出口纺织品、原材料（羊毛、马海毛等）和牲畜等，主要进口食品、燃料、机械等。2016年1月，世界贸易组织秘书处宣布莱索托获批准加入贸易便利化协议。

【外国援助】双边援助主要由英国、美国、爱尔兰、德国、日本等国提供；多边援助主要来自世界银行、欧盟、非洲发展基金、世界粮食计划署和国际开发协会。莱政府20%的开支来自政府开发援助，最大援助方是美国，其次为欧盟。援款的70%流向社会发展领域，15%支持政府预算，7%投入基础设施建设。

世界银行：2019年6月，世界银行同莱签署低地水利工程贷款协议，总额7800万美元。9月，世界银行承诺向莱低地水利工程项目二期提供11亿马洛蒂贷款，以帮助低地地区实现可持续稳定供水。2020年3月，世界银行同莱签署可再生能源项目协议，承诺为莱提供总价约5290万美元贷款。

欧盟：2019年11月，欧盟承诺向莱提供4100万欧元无偿援助用于建设莱低地水利工程。2022年，莱政府同欧盟签署14亿马洛蒂投资额的伙伴关系协议。

其他：2019/2020财年，莱将获得美国总统紧急防治艾滋病疫情计划援助资金12.5亿马洛蒂。莱首相及国王2019年先后访问日本，获得日政府提供的3950吨小麦面粉援助和5200万美元小型农业发展基金资助。2022年，莱政府同美国千年挑战公司签署3亿美元的援助协议，从世界银行获得4500万美元贷款，从欧佩克基金获得1900万美元贷款。

人民生活

全国劳动力约65万人。约有数万名莱劳工在南非工作，侨汇收入在国民收入中占有一定比例。受国际经济形势影响，莱索托在南非矿业务工人员减少，导致侨汇收入大幅减少，直接影响民生。莱人口的80%可享有医疗服务。全国划分为18个医疗服务区。2019年11月，美国发布莱受艾滋病影响评估报告，报告显示莱成人艾滋病感染率为25.6%，其中女性感染率为30.4%，男性感染率为20.8%。

军　事

莱索托国防军由约3100人组成，包括一支空军中队。2014年6月，塔巴内首相宣布解除国防军司令卡莫利职务，由马豪任国防军司令。2015年大选后，莫西西利首相重新任命卡莫利为国防军司令。2015年6月25日，前国防军司令马豪遭枪杀。2016年12月1日，卡莫利离职，蔻安特勒·莫索莫索（Khoantle Motsomotso）接任国防军司令。2017年9月，莫索莫索被枪杀，莱政府稳妥应对，南共体迅速介入，局势未受冲击。

文化教育

【**教育**】国民受教育程度较高，识字率达89.6%，初级教育普及率达69%，在撒哈拉以南非洲国家中位居前列。从2000年起，小学开始逐步实行免费教育，小学入学率为85%，中学为23%。

近年来，职业技术教育发展较快。现有莱索托大学和与马来西亚合作创办的林国荣创意科技大学两所高等学府。另有两所学院和四所技术学校。

【**新闻出版**】主要报刊：英文报纸主要有《公众眼报》《时代报》《镜报》《观察家》《今日莱索托》等；塞苏陀文报刊主要有《摩洛蒂》《摩索托》等10家。《舒舒妇女杂志》为英文季刊，1991年由新闻和广播部创办并发行全国。

莱索托通讯社：1983年由联合国教科文组织资助建立。

莱索托电台和电视台：用塞苏陀语和英语播放，以塞苏陀语为主。

对外关系

奉行不结盟和睦邻友好政策。积极参与地区政治事务和经济合作。主张与不同政治、经济制度的国家和平共处。系南部非洲关税同盟、南部非洲发展共同体以及兰特货币区等地区组织成员国。近年来，莱在立足南共体的基础上，加强与欧美、联合国专门机构的关系，大力发展与东南亚和中、日、韩等东北亚及北欧国家的关系，积极参与地区与国际事务，大力引进外资，促进经济发展。

【**同中国的关系**】1983年4月30日，中国与莱索托建交。1990年4月，莱军政府与台湾当局"复交"，中国于4月7日中止同莱外交关系。1994年1月12日，莱巴苏陀兰大会党政府与中国恢复外交关系。复交以来，两国关系发展顺利。

近年来，中方访莱的主要有：国务委员王勇（2019年12月）。

莱方访华的主要有：首相塔巴内（2018年9月出席中非合作论坛北京峰会）、外交大臣马霍蒂（2019年6月出席中非合作论坛北京峰会成果落实协调人会议）等。

自1983年以来，中国完成了国家会议中心、布达布蒂工业园、国家图书馆兼档案馆、议会大厦等援莱成套项目和蔬菜种植、沼气技术指导等技术合作项目。近年来，中国多次通过世界粮食计划署向莱提供粮食援助。

新冠疫情暴发以来，中国先后向莱索托提供了多批抗疫物资援助，并通过系列视频会向莱方提供中国疫情防控策略和诊疗方案，分享抗疫措施和防疫经验。2020年9月，应莱方邀请，中国派遣一支抗疫医疗专家组赴莱索托开展抗疫援助工作。

自2005年1月1日起，中方对于从莱索托进口的部分商品给予免关税待遇。2018年6月，中莱经贸联委会机制正式成立。2022年12月1日起，中国对包括莱索托在内的10个最不发达国家的98%税目产品实施零关税。据中国海关总署统计，2022年，中莱双边贸易额为8256.7万美元，同比减少23.6%。其中，中国出口额为6032.9万美元，同比减少28.6%；中国进口额为2223.7万美元，同比减少6%。中国对莱主要出口轻纺和机电产品，进口马海毛、珠宝、贵金属等。

双方签有文化协定和高教发展合作项目协议。2011年，中国赠莱陶艺设备，并派专家赴莱开展技术培训。中国首批医疗队于1997年4月赴莱工作，截至2022年，已累计派出16批173人次。莱系中国公民出境旅游目的地国。

中国驻莱索托大使：雷克中。馆址：United Nations Road，P. O. Box 380，Maseru 100，Lesotho。电话：00266–22316521；传真：22310489。

莱索托驻华大使：肯尼思·拉巴莱（Kenneth Sentle Rabale）。馆址：北京市朝阳区东直门外外交办公楼302

室。电话：010-65326843，65326844；传真：65326845。

（金川）

利 比 里 亚

国名　利比里亚共和国（The Republic of Liberia）。

面积　111370平方公里。

人口　530万（2022年）。有16个民族，较大的有克佩尔族、巴萨族、丹族、克鲁族、格雷博族、马诺族、洛马族、戈拉族、曼丁哥族、贝尔族以及19世纪自美国南部移居来的黑人后裔。官方语言为英语，较大的民族均有自己的语言。居民中8.6%信奉基督教，12%信奉伊斯兰教，其余信奉当地传统宗教等其他宗教或无宗教信仰。

首都　蒙罗维亚（Monrovia），人口162万（2022年）。

国家元首　总统乔治·维阿（George Manneh Weah），2017年12月当选，2018年1月22日就职，任期6年。

重要节日　独立日：7月26日。

简　况

位于非洲西部，北接几内亚，西北接塞拉利昂，东邻科特迪瓦，西南濒大西洋。海岸线长537公里。属热带季风气候，年均气温约25℃。

9—10世纪，靠近撒哈拉沙漠中、西非地区的部分居民移居利比里亚。1820年起，在美国获得解放的黑奴被陆续安置于此，于1839年成立利比里亚联邦，1847年7月26日宣告独立，建立利比里亚共和国。之后百余年均为美国黑人移民后裔统治。1980年，土著克兰族人多伊军士长发动政变，建立军政府，并于1985年当选总统。1989年，流亡国外的前政府官员泰勒率兵返利，引发全面内战。1990年8月，利成立“全国团结临时政府”，索耶出任总统。1994年，利成立国务委员会，由主席和数位副主席集体行使总统权力。1997年，利举行大选，泰勒当选总统。泰勒执政后，利政局持续动荡。2003年8月，迫于内外压力，泰勒向副总统布拉移交权力，并流亡尼日利亚，利内战结束。10月，利各派组成以布赖恩特为主席的全国过渡政府。2005年10月，利举行总统和议会选举，团结党领袖瑟利夫女士当选总统。2011年11月，瑟利夫再次当选总统，并于2012年1月宣誓就职。瑟利夫总统就任后，致力于推进和平进程，积极寻求外援，努力发展基础设施和社会公共事业，致力于推进改革、权力下放和打击腐败，政局基本稳定。2014年，利遭受严重的埃博拉疫情，经济社会发展受到较大冲击。利政府积极寻求国际社会援助，全力以赴抗击疫情。2015年5月9日，世界卫生组织宣布利正式结束疫情。利政府启动疫后经济社会重建。

政　治

2017年10月、12月，利举行两轮总统选举，反对党民主变革联盟候选人、参议员维阿以61.5%的得票率击败执政党团结党候选人、时任副总统博阿凯当选新总统。维阿总统就任后，推动实施“扶贫计划”，政局总体稳定。

【宪法】1986年实施第三部宪法。宪法规定，总统是国家元首、政府首脑和武装部队总司令，任期6年，可连任1次。立法权属议会。总统和议员由直接选举产生。实行多党制。

【议会】为最高立法机构，分参众两院。参议院共30席，每州2席，参议员任期9年，可连选连任。众议院席数根据选区数确定，本届议会共73席。众议员任期6年，可连选连任。此届参议长由副总统朱厄尔·霍华德·泰勒（Jewel Howard-Taylor）兼任，临时参议长为阿尔伯特·切（Albert Chie），众议长为布法尔·钱伯斯（Bhofal Chambers）。

【政府】实行总统制。本届政府于2018年5月组成。主要成员有：外交部长迪-马克斯维尔·凯马亚（Dee-Maxwell Kemayah），财政和发展规划部长塞缪尔·特韦（Samuel Tweah），国防部长丹尼尔·齐安卡恩（Daniel Ziankahn），卫生部长威廉明娜·贾拉（Wilhelmina Jallah，女），教育部长安苏·索尼（Ansu Sonii），内政部长瓦尼·瑟利夫（Varney Sirleaf），土地、矿业与能源部长格斯勒·默里（Gesler Murray），新闻、文化和旅游部长莱德伍德·雷尼（Ledgerhood Rennie），司法部长穆萨·迪安（Musa Dean），公共工程部长鲁斯·柯林斯（Ruth Collins），农业部长珍妮·库珀（Jeanine Cooper，女），交通部长塞缪尔·弗卢（Samuel Wlue），邮电部长弗库珀·克鲁阿（Cooper Kruah），商业与工业部长马尔温·迪格斯（Mawine Diggs），劳工部长查尔斯·吉普森（Charles Gibson），性别发展、儿童和社会福利部长威廉梅特·皮索·赛义迪-塔尔（Williametta Piso Saydee-Tarr，女），青年与体育部长佐格·威尔逊（Zeogar Wilson），不管部长特罗康·克普伊（Trokon Kpui）等。

【行政区划】全国划分为15个州。

【司法机构】设最高法院、地方初级法院和特别军事法庭。各级法官由总统任命。最高法院由1名大法官和4名陪审法官组成。现任首席大法官为戈雅帕·尤赫（Sie-A-Nyene Gyapay Yuoh），2022年9月上任。总检察长由司法部长兼任，现为穆萨·迪安。

【政党】实行多党制，现有20多个政党，主要有：

（1）民主变革联盟（Congress for Democratic Change）：执政党。前身是民主变革大会党，2005年5月成立。2016年12月29日，联合全国爱国党和人民民主党组建民主变革联盟。主张实现和平与团结，推行民主和良政；强调优先发展教育和基础设施；倡导加强国际合作，寻求国际支持和援助。现任领袖为乔治·维阿，主席为姆巴·莫卢（Mulbah Morulu）。

（2）团结党（Unity Party）：主要反对党。1984年8月成立。主张尊重公民权利，强调团结与和解；倡导建立良好的投资环境，发展私营经济；提倡优先发展教育和基础设施。2010年5月，行动党（LAP）和统一党（LUP）正式并入团结党。现任领袖为约瑟夫·博阿凯（Joseph Boakai），主席为卢瑟·塔佩（Rev. J. Luther Tarpeh）。

（3）自由党（Liberty Party）：2005年5月成立，同年6月与“联合民主党”合并。现任领袖为扬布利·康加–劳伦斯（Nyonblee Kanrnga-Lawrence），主席为斯蒂芬·扎戈（Stephen Zargo）。

此外，还有和平民主联盟（Alliance for Peace and Democracy）、利比里亚全国民主党（National Democratic Party of Liberia）、全利联合党（All Liberia Coalition Party）、全国改革党（National Reformation Party）、自由民主党（Free Democratic Party）等。

【重要人物】**乔治·维阿**：总统。1966年生。曾获得世界足球先生、欧洲足球先生、非洲足球先生等荣誉。1997年任联合国儿童基金会亲善大使。2005年、2011年以民主变革大会党领袖身份参加大选，但均失利。2014年成为参议员。2017年第三次参加总统选举并胜选，2018年1月就职。

经　济

利比里亚系最不发达国家。农业国，粮食不能自给，工业不发达，矿产资源丰富。天然橡胶、木材等生产和出口为其国民经济的主要支柱。维阿政府将振兴经济作为执政重心，推出以“扶贫计划”为主的新政。2022年主要经济数据如下：

国内生产总值：39.7亿美元。

人均国内生产总值：749美元。

国内生产总值增长率：4.8%。

货币名称：利比里亚元。

汇率：1美元≈154利比里亚元。

通货膨胀率：7.6%。

（资料来源：国际货币基金组织）

【资源】自然资源丰富。铁矿已探明储量超过100亿吨。另有钻石、黄金、铝矾土、铜、铅、锰、锌、钶、钽、重晶石、蓝晶石等矿藏。森林覆盖率约59%。全国有2000多种植物、600多种鸟类、125种哺乳动物。

【工业】全国10%的人口从事矿业和制造业。内战期间由于政局持续动荡，生产受到严重影响，产值急剧下降，内战结束后，受益于铁矿开发增长有所恢复。2014年，利暴发严重埃博拉疫情，工矿业再次遭受沉重打击，其中铁矿产值增长率从2013年的56.8%下降为–0.3%。2021年工业总产值占国内生产总值的18.9%。（资料来源：2022年第四季度《伦敦经济季评》）

2007年联合国解除对利钻石出口制裁后，利钻石生产和出口逐步恢复，当年生产钻石2万克拉，出口创汇近270万美元。2019年，钻石出口价值4071万美元。（资料来源：2022年第四季度《伦敦经济季评》）

【农业】主要农作物是水稻和木薯。曾为大米出口国，但内战后粮食不能自给，严重依赖进口。2009年，大米产量为20万吨。橡胶为主要经济作物，其他还有可可、咖啡和油棕榈等。2013年，橡胶出口收入约为1.2亿美元，较上年减少32%。牧业不发达，禽蛋主要靠进口。2004—2006年，受联合国木材禁运限制，木材生产停止。2006年联合国解除制裁后，开始恢复生产。2009年，实现首批木材出口，林业收入约2300万美元。2021年，农业总产值占国内生产总值的40.1%。（资料来源：2022年第四季度《伦敦经济季评》）

【交通运输】铁路：内战前全国只有3条铁路，总长500公里，主要用于运输铁矿砂。内战期间遭到严重破坏。目前，从宁巴州的铁矿区至布坎南港铁路已由阿赛洛–米塔尔钢铁公司修复并使用；从邦矿至蒙罗维亚自由港的铁路由中利联投资有限公司进行修复和延长，已可以初步使用。

公路：总长1.1万公里。其中，全天候公路2036公里，柏油路739公里。内战期间受损较严重。在国际社会援助下，已开始修复工作。

水运：利国家港务局管辖蒙罗维亚、格林维尔、哈珀、布坎南4个港口。蒙罗维亚自由港是利最大港口，但年久失修，仅部分泊位可用。内战前布坎南港主要用于运输铁矿砂和木材，现港口本身仍可使用，但装卸和仓储设施已基本不复存在。

空运：内战前，利全国共有47个机场，其中大型机场2个。内战后，大多数机场设施被毁坏。位于首都的罗伯茨国际机场是利当前最主要民用机场，目前正在逐步修复和扩建。利尚未有自己的商业航空公司，国际航空业务主要由达美航空公司、尼日利亚航空公司、摩洛哥航空公司、布鲁塞尔航空公司、法国航空公司、肯尼亚航空公司和埃塞俄比亚航空公司经营。2012年，冈比亚、英国航空公司相继在利开通航线。2014年，利暴发埃博拉疫情期间，多家航空公司停航，目前已恢复。

【财政金融】主要财政收入来自税收、船籍注册收入、出口税和国营企业利润。利是全球第二大方便旗船籍国，截至2021年底登记有利籍船舶4800余艘，总吨位达2亿吨。船籍注册收入一直是利重要的财政来源之一。近几年财政收支情况如下（单位：亿美元）：

	2019	2020	2021
收入	8.44	9.50	9.57
支出	6.61	7.45	7.69
盈余/赤字	1.83	2.05	1.88

（资料来源：国际货币基金组织）

近年来，利在国际社会帮助下积极落实国家减贫战略，加紧推进减债进程，努力减轻政府债务负担，截至2009年6月，累计获得债务减免达30亿美元。2010年6月，利达到世界银行和国际货币基金组织提出的重债穷国减债倡议完成点。2011年6月，利成功获得巴黎俱乐部成员国25.15亿美元债务减免，外债负担进一步减轻。2022年利外汇储备为4.39亿美元，外债余额为16.1亿美元。（资料来源：2022年第四季度《伦敦经济季评》）

【对外贸易】主要出口天然橡胶、铁矿、原木、黄金等，主要进口食品、机械运输设备、制成品等。2021年主要出口目的地国有瑞士、比利时、美国、阿联酋等；主要进口来源国有中国、印度、美国、土耳其等。近几年进出口贸易均为逆差，具体情况如下（单位：百万美元）：

	2020	2021	2022
出口额	608.0	656.7	755.2
进口额	999.2	1139.0	1480.8
差　额	−391.2	−482.3	−725.6

（资料来源：2022年第四季度《伦敦经济季评》）

【外国资本】近年来，外国投资增加迅速。根据2022年世界投资报告显示，2021年利吸收外国直接投资额为4600万美元。

【外国援助】根据经济合作与发展组织统计，利2020年获得外援6.52亿美元，主要援助方为：美国（1.82亿美元）、国际开发协会（1.11亿美元）、国际货币基金组织（6480万美元）、非洲发展基金（4250万美元）、欧盟（4130万美元）、德国（4120万美元）、瑞典（3520万美元）、日本（2380万美元）等。

人民生活

根据联合国开发计划署公布的《2021/2022年人类发展报告》，利比里亚的人类发展指数在191个国家中名列第178位。62.9%的人口生活在贫困线以下。人均寿命约63.7岁，新生儿死亡率为51.2‰，5岁以下婴幼儿死亡率为67.4‰。15—49岁人口艾滋病毒抽样感染率为1.6%。2010年，全国有469家诊所、47个卫生中心和34所医院。医务人员奇缺，全国合格医生不足200人，一半是外国医生。整体医疗水平低，多数乡村居民处于缺医少药状态。2014年，利暴发严重的埃博拉疫情，医疗体系遭受巨大冲击。2015年5月，世界卫生组织宣布利疫情结束。

军　事

1908年2月，组建警察和军事部队。1909年3月，创建利比里亚边防部队。1956年，根据《国防法》正式建立利武装部队。1982年，改称利比里亚国民警卫队。1989年，总兵力曾达5800人。1990年9月多伊政权垮台后，政府军溃散。内战期间，利有多个武装派别，约计6万名战斗人员。2003年全国过渡政府成立后，各派军事力量开始解武工作。2004年11月，解武和复员工作顺利结束。2006年1月，利政府启动武装部队重建计划，美国出资帮助。2009年2月，利新武装部队完成组建。目前，利新军队总人数约为2000名。

文化教育

【教育】实行小学、中学12年义务教育制。由于战乱，利比里亚教育长期处于停滞状态，中小学校舍和教师严重不足。2018年成人文盲率为57.1%。大学学制一般为4年。高等院校有利比里亚大学、卡廷顿学院、AME大学、基督教学院、联合卫理公会大学等。利比里亚大学为公立综合性大学，全国最高学府，现设6个本科学院、3个专业学院及3个研究生项目。

【新闻出版】全国共有36家媒体机构，其中34家为私营。《新利比里亚报》为官方报纸，此外还有《每日观察报》《调查者报》《新闻报》等20多家私人报纸。

利比里亚通讯社：官方通讯社，1979年建立，每周一至周五出版新闻稿。

利比里亚广播公司：官方广播电视机构，建立于1960年，内战中遭到严重破坏，目前只有其所属的ELBC广播电台和ELTV电视台能够运行。

其他较大的广播电台有Star Radio、Radio Veritas、Truth FM等。除Star Radio可覆盖周边各州外，其他电台均只能覆盖首都蒙罗维亚地区。此外，蒙罗维亚地区还有多家电视台，如Real TV、Love TV等，均只能覆盖本地区。

对外关系

奉行独立自主、平等互惠的外交政策。遵循确保国家安全、维护领土完整和主权与尊严、互不干涉内政的原则，主张在自由民主基础上实现国际社会的团结，坚定支持非洲一体化进程，主张非洲国家应“以一个声音说话”。现为联合国会员国，不结盟运动、非洲联盟、西非国家经济共同体、萨赫勒—撒哈拉国家共同体和马诺河联盟等组织成员。目前，同140多个国家建立有外交关系。

【同中国的关系】1977年2月17日同中国建交。1989年10月9日，多伊政权与台湾当局签署关于重新建立“外交关系”的联合公报。10日，中国宣布中止同利比里亚的外交关系。1993年8月10日，中国政府和利比里亚全国团结临时政府签署关于恢复两国外交关系的联合公报。1997年9月5日，泰勒政权宣布承认“两个中国”。9日，中国宣布中止与利外交关系。2003年10月11日，中国与利政府签署关于恢复两国外交关系的联合公报和谅解备忘录，两国恢复大使级外交关系。

近年来，两国政治交往频繁。2018年1月，卫生计生委主任李斌作为习近平主席特使赴利出席利总统就职典礼。9月，维阿总统来华出席中非合作论坛北京峰会。10月，全国政协副主席万钢访利。2019年6月，利外交部长芬德利来华出席中非合作论坛北京峰会成果落实协调人会议。7月，利临时参议长阿尔伯特·切访华。11月，全国人大常委会副委员长武维华访利。2021年3月，全国人大常委会副委员长王晨同利众议院副议长科法举行视频会晤。

据中国海关总署统计，2022年，中利双边贸易额为75.4亿美元，同比增长32.3%。其中，中国出口额为75.2亿美元，同比增长32.3%；中国进口额为0.2亿美元，同比减少36.9%。中国向利主要出口船舶等，进口铁矿砂和原木等。

中国驻利比里亚大使：任义生。馆址：Oldest Congo Town，Monrovia，Liberia。电话：00231–886555556（领事保护），888822589（经商处）。

利比里亚驻华大使：杜德利·麦金利·托马斯（Dudley McKinley Thomas）。馆址：北京市朝阳区霄云路18号京润水上花园G36号。电话：010–64403007；传真：64403918。

【同美国的关系】两国于1864年建交。利美长期保持着特殊关系。2019年2月，维阿总统出席美国政府为利海岸警卫队援建的船坞剪彩仪式。9月，芬德利外长赴美参加第四届利美伙伴关系对话会。2021年1月，维阿总统向美新当选总统拜登致贺电。2022年2月，美国总统非洲事务特别助理班克斯代表美政府出席“美国自由黑人定居利比里亚200周年”庆祝活动。同月，美国众议院外事委员会主席米克斯率团访利。12月，维阿总统赴美出席美非领导人峰会，其间参加美国总统拜登同刚果（金）、加蓬、尼日利亚、马达加斯加和塞拉利昂等六国总统集体会见。

2014年西非暴发埃博拉疫情后，美非洲司令部在蒙罗维亚设立联合指挥中心，在机场驻扎多架运输直升机，负责利境内运送医护人员和防疫物资，并派遣3000名军人协助利等国抗疫。美还在利援建多个治疗中心、6个移动检测实验室，并培训1000余名利医务人员。美国千年挑战项目（2016—2021年）在利投资改造了咖啡山水电站、重建利水务公司原水管道、支持利电力公司管理培训和运营能力建设等项目，总金额为2.57亿美元。

【同尼日利亚的关系】1957年3月两国建交。尼日利亚作为地区大国在调停利内战、推进和平进程等方面发挥了重要作用。2018年3月，维阿总统访尼。4月，泰勒副总统访尼。2019年6月，维阿总统应邀出席尼总统布哈里连任就职仪式。

【同加纳的关系】1960年10月两国建交。加纳为利比里亚结束内战、实现和平作出了积极贡献。20世纪90年代，加纳是西共体驻利维和部队的第二大派兵国。2018年4月，维阿总统和泰勒副总统分别访加。2021年1月，维阿总统出席加纳总统阿库福·阿多的就职典礼。

【同邻国的关系】利比里亚与塞拉利昂于1973年成立马诺河联盟。1980年几内亚加入该联盟。1986年三国签订《互不侵犯和安全合作条约》。1989年，利内战爆发后，几、塞向利派出维和部队。1999年，利、几、塞三国边境地区爆发武装冲突。2002年，三国元首在摩洛哥首都拉巴特举行会晤，决定重启马诺河联盟。

2018年2月，维阿总统访问塞内加尔。5月，塞拉利昂总统比奥访利。同月，维阿总统赴塞拉利昂出席比奥总统就职仪式。7月，维阿总统访问科特迪瓦。2019年1月、4月，维阿总统对塞内加尔进行国事访问。7月，维阿总统对几内亚进行国事访问。2021年10月，维阿总统对多哥进行工作访问。（宋蕊）

利 比 亚

国名　利比亚国（The State of Libya）。

面积　176万平方公里。

人口　710万（2022年）。主要是阿拉伯人，其次是柏柏尔人。官方语言为阿拉伯语。绝大多数居民信仰伊斯兰教。

首都　的黎波里（Tripoli），人口117万（2022年）。

重要节日　国庆日（独立日）：12月24日。

简　况

位于非洲北部，与埃及、苏丹、突尼斯、阿尔及利亚、尼日尔、乍得接壤。北濒地中海，海岸线长1900余公里。沿海地区属地中海型气候，内陆广大地区属热带沙漠气候。

公元前3世纪，利比亚人在反抗迦太基帝国统治的斗争中曾建立统一的努米底亚王国。7世纪，阿拉伯人打败拜占庭人，征服当地柏柏尔人，带来了阿拉伯文化和伊斯兰教。16世纪，奥斯曼帝国攻占的黎波里塔尼亚和昔兰尼加，控制了沿海地区。1912年，利比亚在意土战争后成为意大利殖民地。1943年初，法、英分别占领利比亚南、北部。二战后，由联合国对利全部领土行使管辖权。1951年12月24日，利比亚宣告独立，成立联邦制联合王国，后改名为利比亚国。1969年9月1日，以卡扎菲为首的“自由军官组织”发动政变，推翻伊德里斯王朝，成立阿拉伯利比亚共和国。1977年3月改国名为阿拉伯利比亚人民社会主义民众国。1986年4月改国名为大阿拉伯利比亚人民社会主义民众国。2011年，卡扎菲政权被推翻。2013年5月，国名定为利比亚国。

政　治

2011年2月，利比亚爆发反对卡扎菲政权的游行示威，民众示威游行遭到当局镇压后，迅速演变为内战。反对派在东部城市班加西成立“国家过渡委员会”，与卡扎菲政权分庭抗礼。“国家过渡委员会”由约45名来自各地区的代表组成，穆斯塔法·阿卜杜勒·贾利勒任主席。联合国安理会先后通过第1970号、第1973号决议，对利实施制裁，并授权在利设立“禁飞区”。北约随后对利发动军事行动。8月20日，“国家过渡委员会”武装攻占的黎波里。10月20日，卡扎菲被俘身亡。10月23日，“国家过渡委员会”宣布全国解放。11月22日，利过渡政府成立。过渡政府致力于恢复国内秩序，开展战后重建，并在2012年7月顺利组织举行国民大会（制宪议会）选举，穆罕默德·尤素福·马格里夫任国民大会首任议长（临时国家元首）。8月8日，“国家过渡委员会”向国民大会和平移交权力。10月14日，国民大会选举阿里·扎伊丹为临时政府总理。11月14日，新政府宣誓就职。2013年5月，国民大会通过《政治隔离法》，禁止曾在卡扎菲政权时期担任高官者在新政权中担任要职，马格里夫遂于当月28日宣布辞职。6月25日，国民大会选举努里·阿布萨赫明为新议长。2014年3月，扎伊丹总理被国民大会解职，临时政府国防部长阿卜杜拉·萨尼任代总理。6月，利举行国民代表大会（新一届制宪议会）选举。7月，最终选举结果公布。8月，国民代表大会在利东部城市图卜鲁格举行首次会议。2014年5月，利世俗派和伊斯兰势力两大阵营爆发暴力冲突，利局势急剧恶化。国际社会特别是联合国逐步加大斡旋力度，召开多次利问题国际会议。2015年12月，利各派在摩洛哥签署《利比亚政治协议》，成立民族团结政府总理委员会。2016年3月，总理委员会在的黎波里履职，获得国际社会普遍欢迎。2017年，联合国任命加桑·萨拉迈为新任联合国秘书长利比亚问题特别代表。2018年5月，利比亚国内主要派别在法国巴黎召开会议，就年底举行总统、议会选举达成共识。但8—9月，数支民兵武装在的黎波里爆发激烈冲突，大选被迫推迟。11月，由意大利倡议的利比亚问题国际会议在意大利巴勒莫举行。各方总体支持联合国秘书长利比亚问题特别代表萨拉迈提出的“三步走”方案，即先后举行利全国对话、制宪公投、总统和议会选举。2019年4月，利比亚东部国民军以反恐为名进攻民族团结政府控制的首都的黎波里，双方持续在首都周边激烈交战。11月，利民族团结政府总理法耶兹·穆斯塔法·萨拉吉访问土耳其，同土总统埃尔多安签署两国安全合作、海上划界两个合作文件。2020年1月5日，土耳其宣布应利民族团结政府要求向利部署军队，引发地区国家和欧洲多国强烈反对。1月6日，利东部国民军宣布攻占沿海城市苏尔特，并继续向西推进，在的黎波里郊区同民族团结政府对峙交火。1月19日，利比亚问题柏林峰会召开并发表公报，呼吁在利实现持久停火，重启政治进程，严格执行对利武器禁运，反对外部势力对利干涉。2月12日，安理会通过第2510号决议，核可柏林峰会公报。4月27日，利国民军司令哈利法·贝卡西姆·哈夫塔尔（Khalifa Belqasim Haftar）宣布2015年底签署的《利比亚政治协议》失效，国民军将根据利人民授权接管国家政权，美国、俄罗斯、法国、土耳其、欧盟等国家和组织均对此表示反对。此后，利民族团结政府在土耳其支持下逐步收复西部战略要地，重新控制的黎波里周边并继续向东追击，拒绝同国民军和谈。国民军向东撤退，与民族团结政府在利中部苏尔特–朱夫拉一线对峙至今。国际社会积极斡旋，推动利各派重启谈判。10月23日，联合国促成利冲突双方签署停火协议。11月9日，联合国主导的利政治对话论坛在突尼斯召开首次会议，推动利各派就政治安排达成共识。2021年2月5日，利政治对话论坛选举产生新的总统委员会和过渡政府总理，利前驻希腊大使穆罕默德·尤尼斯·曼菲（Mohammad Younes Menfi）当选总统委员会主席，利“未来运动”政党领导人阿卜杜勒·哈米德·德拜巴（Abdul Hamid Mohammed Dbeibah）当选过渡政府总理。3月10日，利新一届过渡政府民族统一政府通过国民代表大会信任投票宣告成立，接替民族团结政府执政直至2021年12月24日利全国大选日。6月，利比亚问题国际会议在德国柏林召开。11月，利比亚问题巴黎峰会在法国召开。两次会议均呼吁利推进政治过渡进程，按期举行大选。但由于利国内各派矛盾尖锐，大选未能如期举行。2022年2月，利东部国民代表大会推选前内政部长法西·巴沙加（Fathi Bashagha）为总理组建新过渡政府。5月，巴沙加武装同德拜巴麾下武装爆发严重冲突，巴沙加被迫撤出首都，退踞利中部城市锡尔特履职。

【宪法】2011年8月，“国家过渡委员会”公布《宪法宣言》，在政治过渡阶段发挥临时宪法作用。《宪法宣言》规定，利比亚将建立多党制民主国家，实行法治，保障全体人民平等享有基本自由和人权。伊斯兰教为国教，教法是国家立法的主要依据，国家保护非穆斯林民众的宗教信仰自由。因利局势持续动荡，利各派对宪法争议较大，新宪法草案尚未完成。

【议会】2014年6月，利举行国民代表大会选举。8月，利国民代表大会召开首次会议，选举阿吉莱·萨利赫·以萨·卡维德尔(Aguila Saleh Issa Gueider)为议长。2015年12月，利各派在摩洛哥正式签署《利比亚政治协议》。根据该协议，国民代表大会履行议会职能，原国民大会更名为国家最高委员会，为利最高咨询和协商机构。

【政府】2021年2月5日，利政治对话论坛选举产生新的总统委员会和过渡政府总理，利"未来运动"政党领导人阿卜杜勒·哈米德·德拜巴当选过渡政府总理。3月10日，利新一届过渡政府民族统一政府通过国民代表大会信任投票宣告成立。2022年2月，利东部国民代表大会推选巴沙加为总理组建新过渡政府，利再次出现"两个政府"并立局面。

【行政区划】全国划分为22个省及3个地区。

【重要人物】**穆罕默德·尤尼斯·曼菲**：总统委员会主席。图布鲁克人。图布鲁克大学工程学博士。曾任国民议会住房和公用设备委员会主席、利比亚驻希腊大使。2021年2月5日当选总统委员会主席。**阿卜杜勒·哈米德·德拜巴**：民族统一政府总理。米苏拉塔人。加拿大多伦多大学工程学硕士。曾任利比亚伊蒂哈德足球俱乐部主席、利比亚投资发展控股公司董事长。2021年2月5日当选民族统一政府总理。**阿吉莱·萨利赫·以萨·卡维德尔**：国民代表大会议长。出生于利东部古拜地区阿比达特部落。法学学士。曾先后任利司法部助理检察官、绿山省检察长、德尔纳上诉法院案件调查局局长。2011年利内战期间，任利"国家过渡委员会"司法委员会委员。2014年7月当选国民代表大会议员。2014年8月起任国民代表大会议长。**哈利法·贝卡西姆·哈夫塔尔**：国民军司令。出生于利东部城市班加西。卡扎菲执政时期曾任总参谋长，后长期移居美国。2011年利局势动荡后，哈返回利，组建利国民军。

经济

利比亚曾长期实行单一国营经济，依靠丰富的石油资源一度富甲非洲。1992年开始，因洛克比问题而遭受国际制裁，经济状况不断下滑。1999年，联合国中止对利制裁后，随着国际油价走高，利石油收入大幅增加，经济曾出现较好的发展势头。自2003年起，利开始实行经济改革，尝试建立股票市场，加快部分国营企业和银行的私有化进程。2011年内战爆发前，利原油日产量约160万桶。内战结束后，利石油生产一度恢复至战前水平。但由于利国内局势持续动荡，主要油田、油港时常遭关闭，石油产量不稳定。2022年主要经济数据如下：

国内生产总值：388亿美元。

人均国内生产总值：5465美元。

国内生产总值增长率：–5.5%。

货币名称：利比亚第纳尔。

汇率：1美元≈4.99利比亚第纳尔。

【资源】以石油为主，探明储量约为484亿桶，居世界第10位，非洲第1位。其次为天然气，探明储量约达1.54万亿立方米。其他有铁(蕴藏量20亿—30亿吨)、钾、锰、磷酸盐、铜、锡、硫磺、铝矾土等。

【工业】利工业包括石化、建材、电力、采矿、纺织业、食品加工等。石油是利经济命脉和主要支柱，95%以上的出口收入来自石油。20世纪50年代发现石油后，利石油开采及炼油工业发展迅速，主要出口至意大利、德国、西班牙、法国等。

【农业】农业占国内生产总值的约2.6%。农业人口占全国总人口的17%。可耕地面积占全国总面积的1.03%，水浇地不到1%。利农业非常落后，主要农作物有小麦、大麦、玉米、花生、柑橘、橄榄、烟草、椰枣、蔬菜等。畜牧业在农业中占重要地位。利近一半的粮食和畜牧产品依赖进口。沿海水产主要有金枪鱼、沙丁鱼、海绵等。

【交通运输】以公路运输为主，无铁路。

公路：总长约10万公里，其中高级公路5.7万公里，农用路4.2万公里。

水运：主要港口有的黎波里、班加西、图卜鲁格、卜雷加、德尔纳、米苏拉塔、扎维亚和拉斯拉努夫。

空运：拥有利比亚阿拉伯航空公司。各类机场共137个。主要民用机场设在的黎波里、班加西、米苏拉塔、塞卜哈、托卜鲁克、锡尔特和卜雷加。

【财政金融】据国际货币基金组织2020年4月发布的《区域经济展望：中东和中亚》报告，利比亚多年保持财政赤字。

【对外贸易】主要出口产品是石油(产量80%以上供出口)。主要进口粮食、食品、机械、建材、运输设备、电器、化工和轻工产品以及武器装备。主要贸易对象是意大利、土耳其、德国、埃及、中国等。近几年对外贸易情况如下(单位：亿美元)：

	2020	2021	2022
出口额	85.1	162	23.4
进口额	115.8	265	28.7
差　额	–30.7	–103	–5.3

(资料来源：2021年12月《伦敦经济季评》)

人民生活

2011年2月局势动荡前，利比亚全国有17所综合医院和88个医疗中心，平均每千人有病床4.8张，医生2名。全国有12.2万人享受社会保险。

文化教育

【教育】全国15岁以上接受过教育的人口占人口总数的82.6%，为北非最高。受教育时间女性平均10年，男性平均8年。利比亚局势动荡前，全国各级学校教师总数为30.31万人，在校生人数145.55万人。初级师范学院73所，在校学生1.14万人。全国有15所高等院校，主要有的黎波里大学、纳塞尔大学、卜雷加明星大学、加尔尤尼斯大学等。

对外关系

2011年利比亚建立新政权后，总体外交政策出现一定变化，主要特点是：坚持阿拉伯、非洲、伊斯兰和发展中国家属性，强调独立自主、平等互利、互不干涉内政等原则，奉行全方位、均衡外交。摒弃卡扎菲时代“个人外交”“非洲领袖”烙印，践行相对务实、温和的“新外交”理念，将本国利益作为外交政策立场的出发点，重视民意和对外民间交往。

【联合国对利比亚制裁】2011年2月利比亚局势动荡后，联合国安理会于2月26日一致通过制裁利政府的第1970号决议，包括对利实行武器禁运、限制利高官旅行、冻结相关人员海外资产、将利局势提交国际刑事法庭等。3月17日，安理会通过第1973号决议，决定在利设立“禁飞区”，要求有关国家采取一切必要措施保护利平民，并对利实施更为严格的武器禁运和财产冻结制裁。9月16日，安理会通过第2009号决议，解除部分对利制裁，并决定成立联合国利比亚支助团。10月27日，安理会通过第2016号决议，决定在10月31日后终止第1973号决议关于保护平民和设立“禁飞区”的授权。为防止利国内武器泛滥可能对周边国家和平稳定构成的威胁，防止武器扩散，安理会于2011年10月31日和2012年3月12日，分别通过第2017号、第2040号决议。2013年3月14日，安理会通过第2095号决议，放宽对专供人道主义或防护用非致命军事装备的禁运措施。2014年8月27日，安理会通过第2174号决议，进一步加强对破坏利政治过渡进程的组织和个人的制裁力度。2015年3月5日，安理会通过第2208号决议，将禁止从利境内非法出口原油措施的有效期限延长至3月底。3月27日，安理会通过第2213号、第2214号决议，敦促各会员国对利打击恐怖主义提供支持，将破坏利政治进程、从事非法出口原油的个人和团体列入制裁名单。12月，安理会通过第2259号决议，敦促利尽快组建民族团结政府，支持利打击境内恐怖主义。2016年6月，安理会通过第2292号决议，授权会员国在利沿岸公海执行武器禁运，延期至2023年6月5日。2020年2月11日，安理会通过第2509号决议，呼吁会员国全面遵守对利武器禁运。2022年7月，安理会通过第2644号决议，将禁止从利比亚境内非法出口原油措施的有效期限延长至2023年10月30日。此外，安理会还通过多项涉利决议，涉及利局势、资产冻结等内容。目前，联合国尚未解除对利比亚的武器禁运制裁。

【同中国的关系】中国与利比亚于1978年建交。2011年2月，利局势发生动荡，中国从利撤回35860名公民。利“国家过渡委员会”成立后，中方逐步开始与其接触。2019年2月，中共中央政治局委员、中央外事工作委员会办公室主任杨洁篪在出席第55届慕尼黑安全会议期间会见利民族团结政府总理萨拉吉。6月，利民族团结政府外长希亚莱来华出席中非合作论坛北京峰会成果落实协调人会议。11月，利民族团结政府外交部政治事务次长鲁特菲访华。2020年1月，杨洁篪主任出席利比亚问题柏林峰会。7月，王毅国务委员兼外长出席联合国安理会利比亚问题高级别公开视频会议。2022年12月，利总统委员会主席曼菲出席在沙特举办的首届中国—阿拉伯国家峰会。

2011年初，利局势出现动荡，中国所有在建项目全部停工。中国主要出口机电、通信、纺织品等，主要进口原油。据中国海关总署统计，2022年，中利双边贸易额为53.1亿美元，同比减少1.7%。其中，中国出口额为23.8亿美元，同比增长11.9%；中国进口额为29.3亿美元，同比减少10.4%。

利局势动荡后，中国向利提供人道主义物资援助，向埃及、突尼斯提供一定金额的现汇及物资援助，用于安置利与两国边境难民。2016年初，习近平主席访问阿盟总部时，宣布再次向利比亚提供新一批人道主义援助。

2014年7月以来，利民兵武装在首都的黎波里和东部城市班加西等多地爆发激烈武装冲突，安全局势不断恶化。在中国驻利比亚、突尼斯、土耳其、希腊和马耳他等国使领馆协助下，1800多名中国在利人员安全撤出。中国驻利比亚使馆同年撤出并在突尼斯留守。

中利1985年签署两国政府间文化合作协定，在协定框架下，两国签署了多个文化、新闻合作执行计划。2006年和2010年，两国互派演出艺术团组赴对方国家展开文化交流。

中国驻利比亚大使：空缺。馆址：VILLA 20, THE RESIDENCE GOLF COURSE, GAMMARTH, TUNIS（驻利比亚大使馆自2014年7月起在突尼斯首都突尼斯市办公）。电话：00216-27167924。

利比亚驻华大使：空缺。馆址：北京市朝阳区三里屯东六街3号。电话：010-65323666，65323980；传真：65323391。

【同美国的关系】卡扎菲执政后，利美关系一直紧张。1980年里根政府上台后，美指责利比亚支持国际恐怖主义，两国关系迅速恶化。1991年，美英指控利两名情报人员策划了1988年洛克比空难事件，推动安理会对利实施制裁。2003年8月，利在洛克比问题上对美英作出重大让步，表示愿支付27亿美元巨额赔偿并为利官员行为承担责任。2004年，利美恢复代办级外交关系，美宣布全面取消对利经济制裁。2006年，美宣布全面恢复与利比亚的外交关系，并将利从“支持恐怖主义国家名单”中删除。2008年1月，利外长沙勒格姆访美。9月，美国国务卿赖斯访利，标志着两国关系实现正常化。

2011年2月利局势发生动荡后，美公开要求卡扎菲下台。7月15日，美宣布承认“国家过渡委员会”为利合法执政当局。2019年4月，利再次爆发武装冲突后，美国多次呼吁停止敌对行动，强调利冲突只能通过政治途径解决，敦促尽快恢复联合国主导的政治进程。6月，利民族团结政府总理委员会副主席马蒂格访美。11月，利民族团结政府内政部长巴夏阿、外交部长希亚莱访美。2020年，美国驻利大使诺兰德等官员同利各方频繁沟通，推动利冲突降级、恢复政治进程。2021年9月，美国国务院顾问德里克·乔莱特访利。

美驻利大使遇袭身亡事件：2012年9月11日晚，数百名利民众包围美驻班加西领事馆，抗议电影《穆斯林的天真》上映。部分武装分子纵火焚烧领馆建筑，并同馆内安全人员发生交火，造成美驻利大使克里斯托弗·史蒂文斯及3名使馆人员身亡。事发后，利予以强烈谴责，国民大会议长马格里夫第一时间赴美道歉，认为此举是宗教极端分子实施的孤立犯罪，不代表利政府和人民立场，承诺保护外国驻利外交机构和人员安全，愿与美国配合开展相关调查。美认定该事件为恐怖袭击，但表示此事不会影响美利关系。2014年6月，美在利抓获袭击事件主谋之一阿布·卡塔莱。

【同欧盟及其成员国的关系】在利比亚局势动荡前，欧盟是利主要贸易伙伴和石油的主要销售地。2007年，欧盟与利签署全面恢复与利关系的框架协议，并宣布与利建立全面伙伴关系。2011年2月利局势发生动荡后，欧盟于2月28日决定对利政府实施制裁。10月10日，欧盟理事会发布会议声明，承认“国家过渡委员会”为利国家和人民唯一合法代表与合法临时政府，支持“国家过渡委员会”代表利重返联合国。2014年5月利局势再度动荡后，欧盟国家普遍担心利恐怖势力扩散、难民及非法移民浪潮等波及自身，同利方就打击非法移民等问题保持着经常性磋商。2019年4月利再次爆发武装冲突后，欧盟积极调解冲突，敦促停火，推动利问题政治解决，利民族团结政府总理萨拉吉多次访问意大利、德国、法国、英国及欧盟总部寻求支持，利欧双方互动频繁。欧盟在地中海开展“伊瑞尼行动”以监督落实对利武器禁运。2021年4月，欧盟理事会主席米歇尔访利。5月，欧盟驻利比亚使团宣布复馆。

与意大利的关系：欧盟国家中，意大利与利比亚关系最为密切，是利石油主要进口国。2018年11月中旬，由意大利倡议的利比亚问题国际会议在意大利巴勒莫举行。2019年4月，利民族团结政府总理萨拉吉同意大利总理孔特通电话；总理委员会副主席马蒂格访意。5月和9月，利民族团结政府总理萨拉吉访意。12月，意外长迪马约访利。2020年7月，意内政部长拉莫尔杰塞访利。8月，意国防部长圭里尼访利。9月，意外长迪马约访利。10月，利民族团结政府总理萨拉吉、内政部长巴夏阿先后访意。12月，利民族团结政府国防部长纳姆鲁什访意。2021年3月，意外长迪马约访利。

与法国的关系：2011年2月利比亚局势发生动荡后，法国于3月10日承认利反对派“国家过渡委员会”，并建立大使级外交关系。法是最早承认“国家过渡委员会”的国家，也是积极推动安理会通过第1973号决议，并率先发动对利军事行动的国家。2018年5月，法国促成利比亚问题国家会议在法国巴黎召开。会后，利国内主要派别就推进利政治进程发表《巴黎宣言》。2019年5月，利民族团结政府总理萨拉吉访法。11月，利民族团结政府总理委员会副主席马蒂格访法。2020年7月，利民族团结政府总理萨拉吉同法外长勒德里昂通电话。11月，利民族团结政府内政部长巴夏阿访法。2021年1月，利国民代表大会议长阿吉莱访法。3月、11月，利总统委员会主席曼菲访法。11月，利比亚问题巴黎峰会在法召开，利总统委员会主席曼菲、民族统一政府总理德拜巴出席会议。

与英国的关系：由于英指责利比亚支持爱尔兰共和军恐怖分裂活动，两国于1984年4月断交。1999年，利英复交，并互派大使。2011年2月利局势发生动荡后，英积极主张对利进行制裁和军事打击，并参与了北约对利军事行动。2014年5月利局势动荡后，英积极参与利问题国际调解，派员参加利各派对话会。英支持民族团结政府及萨拉迈特别代表的斡旋。2019年5月，利民族团结政府总理萨拉吉访英。8月，萨拉吉总理同英首相约翰逊通电话。2021年6月，利民族统一政府总理德拜巴访英。

与德国的关系：2011年2月利比亚局势发生动荡后，德国对军事干预利比亚持谨慎态度，对安理会第1973号决议投了弃权票。2011年6月，德副总理兼外交部长韦斯特韦勒访问班加西，宣布承认“国家过渡委员会”为利比亚合法代表，并提供援助。2012年1月，德外长韦斯特韦勒再次率团访利，双方就发展双边关系等达成广泛共识。2014年5月利局势恶化后，德积极参与斡旋利问题，曾举办利问题国际会议。2019年2月，利民族团结政府总理萨拉吉赴德出席第55届慕尼黑安全会议。5月，萨拉吉总理访德。10月，德外长马斯访利。2020年1月，利比亚问题柏林峰会在德国举行。8月，德外长马斯访利。10月，萨拉吉总理同德外长马斯通电话。2021年6月，利比亚问题国际会议在德国柏林召开，利民族统一政府总理德拜巴出席会议。9月，利总统委员会主席曼菲访德。

【同其他阿拉伯国家的关系】卡扎菲执政时期，由于卡本人长期推行“个人外交”，常以“非洲领袖”自居，外交政策极富个人色彩，故利比亚与地区及其他阿拉伯国家关系多有不睦。2011年2月利局势动荡后，阿盟遂中止了利在阿盟的席位。8月，阿盟正式承认利“国家过渡委员会”为利人民唯一合法代表，并恢复利在阿盟中的席位。

利新政权建立以来，将恢复和发展与阿拉伯国家的关系作为外交重点，积极化解前政权与部分阿拉伯国家结下的历史恩怨，开展与周边及其他阿拉伯国家的友好合作。2019年4月利再次爆发武装冲突后，阿盟秘书长盖特发表声明，敦促有关各方尽快回到政治谈判轨道，推动军事冲突降级并达成长期停火协议。9月，盖特秘书长在会见利民族团结政府外长希亚莱时强调，任何外部势力对利军事干预只会使形势更加复杂，将受到全体阿拉伯国家的强烈反对。2020年6月，阿盟召开紧急外长会讨论利问题并通过决议，反对外部军事干预，呼吁利冲突双方立即停火，支持政治解决利问题。2021年9月，第156届阿盟部长级理事会会议就利比亚问题通过决议，重申支持利比亚政治对话论坛所商定路线图，支持利总统委员会和民族统一政府为如期举行选举所作努力。

【同其他非洲国家的关系】利比亚新政权建立后，坚持自身非洲属性，明确宣布摒弃卡扎菲政权外交政策，确立务实、平和的对非外交新基调。强调利无意在非洲做与利地位和实力不相称的事，着手大幅缩减对非洲国家援助，并考虑减少驻非洲国家外交机构。利将发展与邻国的友好合作关系视作外交重点，希望邻国以相互尊重、互不干涉内政的原则妥善处理利前政权要员引渡、限制前政权流亡势力问题。

在打击国内恐怖极端势力和跨界有组织犯罪、加强边界管控问题上，利加强与阿尔及利亚、突尼斯、埃及、苏丹、尼日尔等周边国家的协调配合，推动建立地区和周边安全沟通机制，共同应对安全挑战。目前，阿尔及利亚、突尼斯、埃及、苏丹四国同利比亚建有利周边国家外长会机制，已不定期举行多次会议，商讨利局势进展。埃及、摩洛哥、阿尔及利亚、突尼斯等国积极调解利问题，为推动利各方对话、推进政治解决搭建平台。非盟亦积极参与利问题国际斡旋，先后举行多次利问题国际联络小组会议。

【同土耳其的关系】2011年卡扎菲政权倒台后，土耳其迅速同利比亚过渡政府建立联系，同利前民族团结政府关系密切。2019年11月，利民族团结政府总理萨拉吉访土，双方签署海上划界和安全合作协议，引发希腊、埃及等国强烈不满。12月，土方应利民族团结政府请求向利派驻军事人员，协助其守卫首都的黎波里。2020年12月，土议会授权将派驻利比亚的土耳其军队驻扎期限延长18个月。近年来，土积极参与利石油开发和经济重建，两国高层交往密切，双边贸易往来频繁。土支持利政治过渡进程，呼吁举行大选以实现利国家和平稳定。2021年3月、12月，利总统委员会主席曼菲访土。4月，利民族统一政府总理德拜巴访土。5月、6月，土外长查武什奥卢访利。11月，利国家最高委员会主席迈什里访土。（梁宵）

卢　旺　达

国名　卢旺达共和国（The Republic of Rwanda）。

面积　26338平方公里。

人口　1330万（2022年）。官方语言为卢旺达语、英语、法语和斯瓦希里语，国语为卢旺达语，部分居民讲斯瓦希里语。居民56.5%信奉天主教，26%信奉基督教新教，4.6%信奉伊斯兰教。

首都　基加利（Kigali），人口120万（2022年）。年均气温19℃。

国家元首　总统保罗·卡加梅（Paul Kagame），2000年4月17日就任，2003年8月正式当选，2010年8月、2017年8月连任。

重要节日　独立日：7月1日；解放日：7月4日。

简　况　位于非洲中东部赤道南侧，系内陆国。东连坦桑尼亚，南接布隆迪，西与西北和刚果（金）为邻，北与乌干达接壤。大部分地区属热带草原气候。因地处东非高原，气候温和凉爽，年均气温19℃。

16世纪，图西人建立封建王国。1890年沦为“德属东非保护地”。第一次世界大战后由比利时委任统治。第二次世界大战后改由比利时“托管”。1962年7月1日宣告独立，成立共和国。1973年7月5日，成立第二共和国。1990年10月，侨居乌干达的图西族难民组成卢旺达爱国阵线（简称“爱阵”）与胡图族政府军爆发内战。1991年6月，实行多党制。1993年8月4日，卢政府和爱阵在坦桑尼亚阿鲁沙签署和平协定，决定结束内战。1994年4月6日，胡图族总统哈比亚利马纳因飞机失事遇难身亡，引发导致近百万人丧生的大屠杀，内战再度爆发。7月19日，爱阵取得军事胜利夺取政权后，宣布实行5年过渡期，实行爱阵主导、多党参政和禁止党派活动的政治管理模式。卢政府奉行民族和解和团结政策，接待并安置回国难民，审判1994年大屠杀罪犯，政局逐渐稳定。1999年6月，卢政党论坛讨论决定延长过渡期4年。2000年4月，爱阵领导人保罗·卡加梅在议会和内阁联席会议上被推举为总统。

卡加梅总统对内积极开展良政建设，集中精力抓国家重建和恢复经济，同时大力倡导民族和解，召开“第一届全国团结与和解大会”，对外逐步调整与西方国家关系，努力争取外援，执政地位逐步巩固。2003年5月，卢全民公决通过新宪法。8月25日，卢举行

1994年以来首次多党总统大选，卡加梅正式当选总统，任期7年。9月，举行议会参众两院选举，爱阵及其联盟获半数议席。10月，组成多党联合政府，独立人士马库扎出任总理。卢平稳结束过渡期。2008年9月，卢举行议会选举，爱阵及其竞选联盟以78.7%的高票获胜。2010年8月，卢举行总统大选，卡加梅以93%的得票率连任。

政　治

近年来，卢政府积极推行良政建设，促进经济发展，缓和社会矛盾，卢政局保持稳定。2017年8月，卢再次举行总统大选，卡加梅以98.79%的得票率胜选连任。

【宪法】第一部宪法于1962年11月24日颁布，1973年7月废止。第二部宪法于1978年12月17日经公民投票通过。1991年5月30日，国民发展议会审议通过了第三部宪法。2003年5月26日，卢全民公决通过新宪法，其主要内容有：总统为国家元首和武装部队最高统帅，由无记名投票直接普选产生，任期7年，可连任1次；总理由总统任命，政府成员根据各党在议会的比例确定；实行多党制和立法、行政、司法三权分立制度。2015年12月，卢以全民公决方式通过宪法修正案。宪法修正案维持总统只能连任1次的规定，将每届任期由7年缩短为5年，同时在新宪法生效前设置7年过渡期，包括卡加梅在内的任何合法候选人均可参选过渡期总统。

【议会】实行两院制，由参议院和众议院组成。参议院由26名参议员组成，任期5年，其中12名由各省选出，2名由高校院士团选出，8名由总统提名，4名由政党论坛协商提名。本届参议院于2019年产生，任期至2024年，现任参议长奥古斯丁·伊亚穆雷米耶（Augustin Iyamuremye）。众议院由80名议员组成，任期5年。本届众议院于2018年9月选举产生，53个席位通过普选选出，其中卢旺达爱国阵线及其联盟共获40个席位，社会民主党和自由党分别获得5个和4个席位，民主绿党和社会真理党各占2席。妇女、青年和残疾人等推举代表占其余27席。现任众议长多娜泰尔·穆卡巴利萨（Donatille MUKABALISA，女）。

【政府】本届政府于2018年10月成立，近年来多次小幅调整：总理爱德华·恩吉伦特（Edouard Ngirente），地方政府部长让·马里·维亚内·加塔巴齐（Jean Marie Vianney GATABAZI），外交和国际合作部长樊尚·比鲁塔（Vincent Biruta），贸易和工业部长贝娅塔·哈比亚利马纳（Beata HABYARIMANA，女），信息通信技术和创新部长波拉·因加比雷（Paula Ingabire，女），国防部长阿尔贝·穆拉西拉（Albert Murasira），性别和家庭促进部长让内特·巴伊森盖（Jeannette Bayisenge，女），体育部长奥罗拉·米莫萨·蒙扬加朱（Aurore Mimosa Munyangaju，女），应急管理部长玛丽·索朗热·卡伊西雷（Marie Solange Kayisire，女），总统府部长朱迪丝·乌维泽耶（Judith Uwizeye，女），内阁事务部长伊尼斯·曼帕巴拉（Ines Mpambara，女），财政和经济计划部长于齐耶尔·恩达吉吉马纳（Uzziel Ndangijimana），基础设施部长欧内斯特·恩萨比马纳（Ernest NSABIMANA），环境部长让娜·达尔克·穆贾瓦马里亚（Jeanne d'Arc Mujawamariya，女），农业和动物资源部长热拉尔迪娜·穆克希马纳（Geraldine Mukeshimana，女），教育部长瓦伦丁·乌瓦马里亚（Valentine Uwamariya，女），青年和文化部长罗斯玛丽·姆巴巴齐（Rosemary Mbabazi，女），司法部长兼总检察长伊曼纽尔·乌吉拉谢布贾（Emmanuel UGIRASHEBUJA），公共服务和劳动部长方凡·尔万因多·卡伊兰瓜（Fanfan Rwanyindo Kayirangwa，女），卫生部长达尼埃尔·恩加米杰（Daniel Ngamije），国家团结和公民参与部长让·达马瑟纳·比齐马纳（Jean Damascène Bizimana），内政部长阿尔弗雷德·加纳萨（Alfred Gasana），地方政府部社会事务国务部长阿松普塔·因加比雷（Ignatienne Nyirarukundo，女），经济计划国务部长克劳迪娜·乌韦拉（Claudine Uwera，女），财政和经济计划国库国务部长里夏尔·图沙贝（Richard Tusabe，女），司法部宪法和法律事务国务部长索利娜·尼拉哈比马纳（Solina Nyirahabimana，女），教育部中小学教育国务部长加斯帕尔·恩瓦吉拉耶祖（Gaspard Twagirayezu），教育部信息通信技术与职业教育培训国务部长克劳黛特·伊雷雷（Claudette Irere，女），农业和动物资源部国务部长让·克里索斯托姆·恩加比钦泽（Jean Chrysostome Ngabitsinze），卫生部基层医疗保障国务部长塔尔西塞·恩潘加（Tharcisse Mpunga），外交与国际合作部东非共同体事务外交国务部长马纳西·恩舒蒂（Manasseh Nshuti），卢旺达发展署署长克莱尔·阿卡曼齐（Clare Akamanzi，女），基础设施部国务部长帕特里西亚·乌瓦赛（Patricia Uwasa）。

【行政区划】2006年1月1日起实行新行政区划，全国划分为东方、南方、西方、北方四省和基加利市，下设30个县市、416个乡镇。

【司法机构】由最高司法会议、最高法院（包括法院法庭局、终审法院、行政法院、宪法法院、审计法院）、上诉法院、初审法院、县法院组成。最高司法会议由最高法院正副院长及2名法官、各上诉法院1名法官、各上诉法院辖区内的初审法院和县法院法官各1名组成，负责除最高法院正副院长外所有法官的任免、升迁等事宜。初审法院以上各级法院均设检察院，分为初审法院共和国检察院、上诉法院总检察院和终审法院总检察院三级。1994年，内战使卢司法体系遭受严重破坏，直至1996年4月2日最高司法会议成立，司法系统全面恢复，法官由政府任命，但名义上独立。为加速审判1994年大屠杀在押犯（已关押12.5万人），卢于2002年6月启动“民间传统法庭”。2012年6月，卡加梅总统宣布法庭使命结束。该法庭10年间共审理大屠杀相关案件近200万起。

【政党】1991年实行多党制，当时有17个政党，1994年后仅剩8个。1994年下半年，除爱阵外的其他各党基本停止活动。1998年5月，卢政府同意部分开放党禁，要求各党修正在大屠杀期间所犯错误，改革党的领导机构。2003年6月23日，卢国民议会通过政党法，强调团结和平等的原则，反对民族、地区、宗教分裂。规定成立政党须有全国120名创始成员的签名，法官、检察官、军人、警察及治安人员不得加入政党。目前，重新登记获政府承认的合法政党共有11个。

（1）卢旺达爱国阵线（Rwandan Patriotic Front）：执政党。前身是20世纪80年代在乌干达成立的卢旺达全国统一联盟，1987年12月改为现名。党员约60万人。1994年成为执政党。2017年12月16日，爱阵举行成立30周年全国代表大会，卡加梅主席和恩加兰贝总书记分别以99.9%和97.3%的得票率再次连任。2023年3月，爱阵举行第十六次全国代表大会暨成立35周年庆典，卡加梅连任爱阵主席。

（2）社会民主党（Democratic Socialist Party）：参政党。1991年7月1日成立，南方知识分子居多。该党在众议院中占5席。

（3）自由党（Liberal Party）：参政党。1991年7月14日成立，以图西人为主。

此外，还有中间民主党（Centrist Democratic Party）、理想民主党（Democratic Ideal Party）、卢旺达社会党（Rwandan Socialist Party）、卢旺达人民民主同盟（Democratic Popular Union of Rwanda）、团结进步党（Party for Solidarity and Progress）、进步共识党（Party for Progress and Concord）、社会真理党（Social Party Imberakuri）、民主绿党（Democratic Green Party）。

【重要人物】保罗·卡加梅：总统。1957年10月23日出生于吉塔拉马省（今南方省）卡蒙伊。1959年11月随父母流亡乌干达。1980年参加乌干达现任总统穆塞韦尼领导的乌反政府武装。1987年在乌参加卢旺达爱国阵线。1990年10月任爱阵军事领导人。1994年7月爱阵执政后，卡出任卢副总统兼国防部长。1998年2月当选爱阵主席。2000年4月在议会和内阁联席会议上被推举为总统。2003年8月正式当选总统。2010年、2017年胜选连任。

经　济

系最不发达国家。经济以农牧业为主，粮食不能自给。1994年的内战和大屠杀使卢经济崩溃。爱阵上台后，采取了发行新货币、实行汇率自由浮动、改革税收制度、私有化等一系列恢复经济的措施，经济逐步恢复。近年来，卢加快发展现代农业，大力开发信息产业，努力缓解能源短缺困难，经济保持较快速度增长。2002—2012年，卢经济年均增长率达8%。近几年有所回落。2022年主要经济数据如下：

国内生产总值：120亿美元。

人均国内生产总值：1004美元。

国内生产总值增长率：8.2%。

货币名称：卢旺达法郎（简称“卢郎”）。

汇率：1美元≈1055卢郎。

（资料来源：卢旺达国家数据研究所）

【资源】已开采的矿藏有锡、钨、铌、钽、绿柱石、黄金等。锡储藏量约10万吨。铌钽蕴藏量估计为3000万吨。基伍湖天然气蕴藏量约600亿立方米。尼亚卡班戈钨矿是非洲最大的钨矿之一。森林面积约62万公顷，占全国面积的24%。

【工业】2022年，卢工业产值约占国内生产总值的21%。有各类工业企业200余家，除了咖啡、茶叶等农畜产品加工厂，还有卷烟、饮料、火柴、造纸、肥皂、电池、水泥厂等。绝大部分工业品依赖进口。近年来，卢政府实行新工业政策，加速私有化进程，促进投资，拓展矿业，工业产值恢复较快。卡吕吕马锡冶炼厂已成为非洲最大锡厂之一。

【农业】2022年，卢农业约占国内生产总值的25%。从业人口约占劳动力总人口的87%。全国可耕地面积约217.3万公顷，已耕地面积120万公顷，农民人均耕地面积为0.12公顷。天然牧场占全国总面积的1/3。经济作物主要有咖啡、茶叶、棉花、除虫菊、金鸡纳等，大部分供出口。50%以上的农民自己拥有小于1公顷的土地，其余农民尤其是战后归来的难民耕种国有土地，向国家纳税。近年来，卢政府采取新农业政策，增加农业投入，提高粮食产量，促进畜牧业发展，农牧业总产值已超过战前水平。4%的农民养蜂，蜂蜜年产量3500吨，南方省占41%。

【服务业】2022年，服务业约占国内生产总值的46%。从业人员占劳动力总人口的6%。通信业发展迅速。目前卢无线通信市场共有MTN、TIGO和AIRTEL三家运营商，其中MTN为卢旺达无线通信市场第一大运营商，市场份额超过59%。目前卢手机普及率为42%，卢是东非地区手机普及率最低的国家之一。目前卢有互联网服务商11家、电信公司3家、手机用户660万户、网络用户70万户，信息通信技术产业年均收入约1.67亿美元。旅游业恢复较快，2011年被世界经济论坛、世界银行、非洲发展银行评为最具旅游潜力国家之一。自2018年1月1日起，所有国家公民均可免签赴卢，办理落地签后可进行为期不超过30天的旅行。

【交通运输】无铁路，交通运输靠公路和航空。进出口货物通道：一是从基加利经乌干达至肯尼亚的蒙巴萨港，全程1721公里；二是从基加利到布隆迪的布琼布拉，然后由水路经坦桑尼亚的基戈马转铁路至达累斯萨拉姆港，全程1762公里；三是从基加利到鲁苏莫经坦桑尼亚的伊萨卡转铁路至达累斯萨拉姆港，长1638公里。

公路：总长1.31万公里，其中柏油路1100公里。商业运输主要由私人控制。

空运：基加利有国际机场，可起降波音747等大型客机。内战期间卢航空运输一度中断。战后，基加利国际机场很快重新开放。2002年，卢宣布成立卢旺达特快航空公司，该公司拥有1架波音737–600型飞机。2009年3月，更名为卢旺达航空公司。2015年，被国际民航组织评为全球最安全的航空公司之一。目前拥有包括5架波音737在内的飞机17架，运营20条航线（包括承运和代码共享），通往比利时、南非、乌干达、埃塞俄比亚、肯尼亚、坦桑尼亚、布隆迪、刚果（布）、贝宁、加纳、加蓬、尼日利亚、科特迪瓦、赞比亚、津巴布韦、南苏丹和阿联酋等国。2015年10月，卢政府批准设立航空旅行物流有限公司。

【财政金融】税收是财政收入主要来源之一。2022年6月，卢发布的2022/2023年度财政预算总额为4.65万亿卢郎，比上一年度增加2178亿卢郎、增幅5%。卢旺达主要商业银行有：卢旺达商业银行，基加利银行，卢旺达非洲大陆银行，贸易、发展和工业银行以及人民银行。

2022年外汇储备为17.5亿美元，2021年外债总额为89亿美元。

【对外贸易】近几年进出口情况如下（单位：10亿卢旺达法郎）：

	2020	2021	2022
出口额	1855	2136	3084
进口额	3442	3843	5305
差　额	–1587	–1707	–2221

（资料来源：卢旺达国家数据研究所）

主要出口茶叶、咖啡、铌钽矿、锡石，进口石油等燃料及机械设备。2021年主要出口对象国是刚果（金）、土耳其、阿联酋、巴基斯坦等；主要进口来源国有中国、肯尼亚、坦桑尼亚等。

【外国资本】卢积极鼓励吸引外资，成立投资促进机构，推行一系列引进外资的政策。根据卢央行数据，2021年，卢旺达吸收外国直接投资2.1亿美元，同比增长210%。世界银行《2020年营商环境报告》中，卢旺达位列全球第38位，在非洲仅次于毛里求斯。

【外国援助】卢外援主要来源为世界银行、英国、欧盟、非洲开发银行、德国、荷兰、比利时等。

人民生活

卢是世界上人口密度最高的国家之一，每平方公里约有居民490人，80%的人口居住在农村。2022年人口增长率为2.3%。卢约38.2%的人生活在卢国家贫困线以下。2021年人均预期寿命为66岁，新生儿死亡率为0.25%。80%的居民能喝上清洁饮用水，艾滋病感染率为1.7%。1994年，内战导致近100万人死亡，22万儿童成为孤儿，卫生医疗体系解体。经过多年努力，2011年全国有44所中型以上医院，560个医疗服务站。

军　事

卢旺达武装力量原称卢旺达国民军，系1995年在原爱阵武装部队的基础上组建。为实现军队国家化，2002年2月，改称卢旺达国防军。最高军事机构是国防部，下设军队参谋部，总参谋长是让・博斯克・卡祖拉（Jean Bosco KAZURA）上将。目前总兵力约3.3万人。此外，还有由内政部管辖的警察约2000人。

文化教育

【教育】卢教育体系及教育设施因内战严重受损。在国际社会的援助下，教育得到较快恢复。自2005年底起，卢政府开始实行小学和初中免费教育，教育经费占政府总支出的16%左右。2010年起，卢实行9年义务教育。

卢现有高等院校45所，其中公立院校28所。公立大学有卢旺达国立大学、高等农业和畜牧业学院、基加利卫生学院、基加利科学技术学院、基加利教育学院和公共法语高等学院，其中卢旺达国立大学是卢最大的综合性高等学校。私立大学有基特瓦教育学院、中非基督复临大学、基加利自由大学、尼亚基邦达大神学院、布塔雷神学新教学院、基加利基督复临非教会大学。有研究所2个，分别为农业和科技研究所。

【新闻出版】目前有41家媒体，包括19家电台和22家报纸，均为战后创设。《新时代报》是卢唯一日报，此外还有《新接班人报》《大湖地区周刊》《黎明报》等。

卢旺达通讯社：官方通讯社，1975年成立，曾发行《每日新闻》《法文日刊》，1994年后成为自负盈亏的独立通讯社。

卢旺达广播电台：国家广播电台，1961年由联邦德国援建，在尚古古、基布耶、鲁亨盖里和比温巴四省设有转播站，现用卢旺达语、法语、斯瓦希里语和英语广播，共有2套节目，每天播音14小时。

布隆迪电台的节目在卢旺达被广泛收听。

卢旺达电视台：国营电视台，1993年开播，全国覆盖率为70%。1994年战乱期间因物资被盗停播。在德国的援助下，从1997年11月起复播，每晚用卢旺达语、法语、英语播出5个小时的新闻等节目。

1998年2月22日，卢成立国家国内外公众新闻委员会，负责协调向国内外公众提供新闻。

1998年3月27日，英国广播公司正式在卢开播。2015年2月因在节目中有诋毁卢政府、否认大屠杀之嫌停播。

对外关系

奉行和平、中立和不结盟的外交政策。重视发展同世界和非洲大国的关系。强调外交的务实性，将谋求本国安全和争取外资作为外交的主要任务。积极参与地区事务，寻求在次区域发挥作用，卡加梅受非盟峰会委托，负责牵头制定非盟机构改革方案。2009年，加入英联邦。卢系联合国主要维和出兵国之一，2016年，共向中非、苏丹、南苏丹、马里、海地等地的7个维和团派出维和部队及警察6000多人，是第五大维和人员派遣国。2013—2014年，卢任联合国安理会非常任理事国。2018年，卢任非盟轮值主席国。

【同中国的关系】中国与卢旺达于1971年11月12日建交，此后两国友好合作关系发展顺利。

近年来，中方访卢的主要有：国家主席习近平（2018年7月），全国政协副主席郑建邦（2019年4月）等。

卢方访华的主要有：总统卡加梅（2018年9月出席中非合作论坛北京峰会），外交、合作和东共体事务部长穆希基瓦博（2016年11月来华参会并出席中卢建交45周年招待会）等。

2015年1月起，中方给予卢方97%商品免关税待遇。

据中国海关总署统计，2022年，中卢双边贸易额为4.77亿美元，同比增长31.2%。其中，中国出口额为4.07亿美元，同比增长21.4%；中国进口额为0.7亿美元，同比增长145.4%。中方主要出口机电产品、车辆等，进口钽铌矿砂和钨矿砂等产品。

中国驻卢旺达大使：饶宏伟，王雪坤（2022年5月以后）。馆址：34，KN3 Avenue，Kigali，Rwanda。电话：00250-252-570843；传真：570848。

卢旺达驻华大使：詹姆斯·基莫尼奥（James Kimonyo）。馆址：北京市朝阳区秀水街30号。电话：010-65322193；传真：65322006。

【同比利时的关系】卢曾为比殖民地，两国建有经贸混委会，在卫生、教育、农业、基建、旅游、人员培训等领域合作密切。比利时是卢主要援助国之一。卢内战结束后，比很快恢复援助，并替卢偿还对世界银行的部分欠债。比从2007年起将对卢援助提高至每年3500万欧元。2018年6月，卡加梅总统在布鲁塞尔会见比首相米歇尔。

【同法国的关系】1962年卢法建交。1962年至1993年8月，法共向卢提供援助2.83亿美元，赠款3655万美元，免除卢债务1417万美元。2018年5月，卡加梅总统对法国进行工作访问。2021年5月，卢、法通过“报告外交”就卢1994年大屠杀责任问题达成基本共识，法国总统马克龙随即访卢，公开承认法国对卢旺达大屠杀负有深重责任。

【同美国的关系】1963年卢美建交。美向卢经济结构调整计划和战争难民提供援助，并向卢派出和平队员。1994年卢新政权上台后，美很快与其建立外交关系。2006年11月，卢被纳入美“千年挑战账户”援助计划，每年可获5000万美元援助。2018年，因卢方宣布禁止进口二手服装，美卢发生贸易摩擦，美方对卢方的《非洲增长与机遇法案》受惠国资格启动审查并决定暂停卢在该框架下享有对美出口服装免关税待遇。2020年4月，卡加梅总统同美国总统特朗普通电话。5月，两国签署《驻军地位协定》。7月，美国国际开发署同卢签署一项5年期共计6.438亿美元的融资协议，并向卢方交付4860万美元现金援助。

【同德国的关系】德国是卢历史上第一个宗主国。卢独立后同联邦德国一直保持密切关系。从1962年起，德开始援助卢旺达。两国混委会轮流在两国首都举行。2019年2月，卡加梅总统赴德国出席慕尼黑安全会议。2020年1月，德国向卢基加利绿色城市项目提供1000万欧元融资。11月，德国宣布在2020—2022年向卢提供约9055万欧元援助。

【同英国的关系】英国是卢旺达第二大投资来源国。2009年11月，卢正式加入英联邦，成为其第54个成员国。2019年8月，卡加梅总统访英。2020年1月，卡加梅总统赴伦敦出席英国—非洲投资峰会。2022年6月，英联邦国家首脑会议在卢旺达首都基加利举行。

【同日本的关系】日在卢主要援助领域为水处理、水土保持、交通运输及能力建设等。2005年，日国际协力机构在卢设立代表处。2019年1月，卡加梅总统访问日本，同日本首相举行会见。8月，卡加梅总统赴日本出席东京非洲发展国际会议。2020年7月，日本向卢提供2800万美元资金支持。

【同欧盟的关系】欧盟是卢重要捐助方，2003—2008年对卢援助1.89亿欧元，2008—2013年对卢援助2.944亿欧元，2014—2020年提供4.6亿欧元援助，其中80%为财政援助。欧盟对卢援款使用情况十分满意，双方计划在能源、农业等领域加强合作。2017年11月，卡加梅总统赴科特迪瓦出席第五届欧盟—非盟峰会。2019年6月，卡加梅总统赴布鲁塞尔出席“欧洲发展日”活动。

【同其他非洲国家及地区组织的关系】1999年，卢正式加入东部和南部非洲共同市场。2000年11月，卢签署非洲联盟章程。2007年，加入东非共同体。同年退出中部非洲国家经济共同体，2015年重返。2016年7月，第27届非盟峰会在卢召开。卡加梅总统2016年担任非盟机构改革牵头人以来，以及2018年担任非盟轮值主席期间，积极推动非盟机构改革和非洲一体化进程，先后代表非洲出席联合国大会、二十国集团峰会、世界经济论坛等国际会议，同主要大国高层互动密切。

卢旺达与乌干达曾联手介入刚果（金）冲突。因两国军队在刚东部数次发生大规模武装冲突，卢乌关系一度恶化。后两国总统多次会晤，卢乌矛盾逐渐缓解。2018年3月，卡加梅总统访乌并同穆塞韦尼总统举行会谈。2019年2月，卢旺达宣布因卢乌中部边境站施工，自乌入卢的重型卡车需临时转移至其他边境站过境。卢乌双方就此相互指责，两国关系一度紧张，后在地区国家斡旋下有所缓和。

1998年8月，卢支持刚果（金）反政府武装发动叛乱并直接出兵，占据刚东部大片领土，与刚政府关系破裂。2002年7月，两国签署和平协议，卢从刚全部撤军。此后，两国总统多次会晤，政府部长实现互访，两国展开联合军事行动，共同打击刚东部地区非法武装。2009年卢刚恢复外交关系。2019年3月，卡加梅总统会见来卢出席非洲CEO论坛的刚果（金）总统齐塞克迪。5月，卢总统卡加梅、安哥拉总统洛伦索赴刚果（金）出席刚总统齐塞克迪之父葬礼并与齐塞克迪总统举行三方会谈。7月，卡加梅总统赴安哥拉参加小型峰会，会上刚果（金）、安哥拉、卢旺达、乌干达四国发表联合声明，表示将致力于缓解卢乌关系。8月，卢旺达、乌干达、安哥拉和刚果（金）四国峰会在安哥拉首都罗安达举行，其间卢乌签署缓和两国关系的谅解备忘录。2019年9月、12月和2020年2月，卢乌先后三次举行落实谅解备忘录特别委员会会议。2020年2月，卢旺达、乌干达、安哥拉和刚果（金）又两度就缓和卢乌关系举行四国峰会。10月，卢旺达、刚果（金）、乌干达、安哥拉就地区形势、一体化进程等问题举行四国元首视频峰会。2022年4月，卢参与东共体倡议召开的区域领导人会议，同肯尼亚、刚果（金）、布隆迪、乌干达就解决刚果（金）东部问题达成共识。2022年5月，因非法武装“3·23运动”在刚果（金）东部地区再次作乱，卢同刚果（金）关系急剧恶化。

卢同南非建有经贸混委会，在能源、畜牧业、电信等领域合作密切。2018年3月，南非总统拉马福萨表示南卢两国正在努力改善双边关系。2019年5月，卡加梅总统赴南非出席拉马福萨总统就职典礼。

2015年初以来，卢旺达与布隆迪关系趋于紧张，布指责卢暗中参与支持布国内反对派策动武装叛乱，卢方对此予以否认。2016年，布隆迪宣布禁止两国贸易，并中断两国间公共交通。2020年6月布新政府上台后，双方互动有所增加，两国外长于10月实现会晤。（姚美）

马达加斯加

国名 马达加斯加共和国（The Republic of Madagascar, La République de Madagascar）。

面积 59.2万平方公里（包括周围岛屿）。

人口 2961.17万（2022年）。马达加斯加人占总人口的98%以上，由18个民族组成，包括伊麦利那（占总人口的26.1%）、贝希米扎拉卡（14.1%）、贝希略（12%）、希米赫特（7.2%）、萨卡拉瓦（5.8%）、安坦德罗（5.3%）和安泰萨卡（5%）等。各民族语言、文化、风俗习惯大体相同。在马定居的尚有少数科摩罗人、印度人、巴基斯坦人和法国人，另有华侨和华裔约5万。民族语言为马达加斯加语（属马来–波利尼西亚语系），官方通用法语。居民中信奉传统宗教的占52%，信奉基督教（天主教和新教）的占41%，信奉伊斯兰教的占7%。

首都 塔那那利佛（Antananarivo），人口约370万（2022年）。

国家元首 总统安德里·尼里纳·拉乔利纳（Andry Nirina RAJOELINA），2019年1月19日宣誓就职，任期5年。

重要节日 独立日：6月26日。

简况

位于非洲大陆以东、印度洋西部，是非洲第一大岛、世界第四大岛，隔莫桑比克海峡与非洲大陆相望。海岸线长约5000公里。东南沿海属热带雨林气候，终年湿热，年均气温24℃；中部为热带高原气候，温和凉爽，年均气温18.3℃；西部为热带草原气候，干旱少雨，年均气温26.6℃。

16世纪末，伊麦利那人在中部建立了伊麦利那王国。1794年，伊麦利那王国发展为中央集权的封建国家，并于19世纪初统一全岛，建立马达加斯加王国。1896年沦为法国殖民地，1958年10月14日，成为“法兰西共同体”内的自治共和国。1960年6月26日宣布独立，成立马尔加什共和国，亦称“第一共和国”。1975年12月21日，改国名为马达加斯加民主共和国，亦称“第二共和国”，迪迪埃·拉齐拉卡就任总统。1990年，实行多党制。1992年8月19日，通过“第三共和国宪法”，改国名为马达加斯加共和国。1993年2月，在马首次多党选举中，阿尔贝·扎菲战胜拉齐拉卡，当选第三共和国总统。1997年2月，拉齐拉卡在总统选举中获胜，重掌政权。2001年12月16日，马举行总统选举。拉齐拉卡与主要反对派候选人、首都市长马克·拉瓦卢马纳纳围绕选举结果展开激烈争斗，马陷入长达半年的政局动荡。2002年4月，马最高宪法法院宣布拉瓦卢马纳纳当选马总统。5月6日，拉瓦卢马纳纳宣誓就职。2006年12月3日，拉瓦卢马纳纳以绝对优势胜选连任，并于2007年1月19日宣誓就职。此后，拉瓦卢马纳纳创建的“我爱马达加斯加党”相继赢得众议院选举、市镇选举和参议院选举。2009年1月，马首都等地发生严重骚乱和流血冲突。3月，拉瓦卢马纳纳总统在部分哗变军队压力下被迫交权并流亡国外，反对派领导人、原首都市长拉乔利纳宣布自任总统。非盟、南共体中止马成员国资格，美国、法国、欧盟等谴责拉乔利纳违宪夺权。经南共体多轮斡旋，2011年9月，马主要政治派别签署南共体解决马危机路线图及其实施框架。新过渡政府、过渡期国会、过渡期最高理事会和过渡期国家独立选举委员会先后宣告成立。2013年10月和12月，马举行总统选举两轮投票。埃里·拉乔纳里曼皮亚尼纳以53.49%的得票率当选。

政　治

2018年11月和12月，马分别举行两轮总统选举投票。2019年1月8日，马高等宪法法院公布大选正式结果，拉乔利纳以55.66%的得票率当选新一任总统。

【宪法】1992年8月19日通过“第三共和国宪法”，经1995年9月、1998年3月和2007年4月三次修订。宪法赋予总统直接任命总理、解散议会的权力，任期5年，可连任两届，由直接选举产生；国民议会和参议院均需2/3的多数方可中止总统权力；地方政权实行自治。2007年，修宪取消了自治省，设立拥有行政和财政自治权的地区和乡镇。2010年11月，马过渡政权推动通过新宪法，宣布正式成立第四共和国。新宪法主要内容包括将总统任职年龄由40岁降为35岁，并将总统最高连续任职期限由三届改为两届。

【议会】马议会是国家最高立法机构，实行两院制，由国民议会和参议院组成。国民议会现有151个席位，议员任期5年，通过普选产生。2019年5月马国民议会举行选举，执政联盟“支持拉乔利纳总统”占绝对多数，执政联盟候选人、前司法部长克里斯蒂娜·拉扎纳马哈苏瓦（Christine Razanamahasoa，女）当选马国民议会议长。参议院现有18个席位，2/3的参议员由地方选举产生，其余1/3由总统任命产生，议员任期5年。2020年12月参议院举行选举，在12个选举产生的参议员席位中，执政联盟获10席。2021年1月，埃里马纳纳·拉扎菲马海法（Herimanana Razafimahefa）当选参议长。

【政府】政府是国家最高行政机构。本届政府于2020年1月组成，2020年8月小幅改组，2021年8月大幅改组，改组后政府包括：总理克里斯蒂安·恩蔡（Christian Ntsay），国防部长兼代理外交部长莱昂·让·里夏尔·拉库图尼里纳（Léon Jean Richard RAKOTONIRINA）中将，掌玺、司法部长海里拉扎·因比基（Herilaza IMBIKI），内政和地方分权部长皮埃尔·奥尔德·拉马胡利马西（Pierre Holder RAMAHOLIMASY），经济和财政部长琳德拉·哈辛贝卢·拉巴里尼里纳里松（Rindra Hasimbelo RABARINIRINARISON），公共安全部长法努梅赞楚阿·罗德利斯·兰德里亚纳里松（Fanomezantsoa Rodellys RANDRIANARISON），工业化、商业和消费部长埃德加·拉扎芬德拉瓦希（Edgar RAZAFINDRAVAHY），领土整治和土地管理部长哈乔·安德里亚奈纳里韦卢（Hajo ANDRIANAINARIVELO），劳动、就业、公职和社会法部长吉塞勒·拉南皮（Gisèle RANAMPY），旅游部长若埃尔·兰德里亚曼德兰图（Joël RANDRIAMANDRATO），高等教育和科研部长埃利娅·贝亚特丽斯·阿苏马库（Elia Béatrice ASSOUMACOU，女），环境和可持续发展部长瓦希纳拉·鲍米亚武采（Vahinala BAOMIAVOTSE），国民教育部长玛丽·米歇尔·萨洪德拉里马拉拉（Marie Michelle SAHONDRARIMALALA，女），交通和气象部长蒂努卡·罗贝托·米夏埃尔·拉哈鲁阿里拉拉（Tinoka Roberto Michael RAHAROARILALA），公共卫生部长泽利·阿里韦卢·拉德里亚马南塔尼（Zely Arivelo RANDRIAMANANTANY），新闻和文化部长拉拉蒂亚娜·拉库通德拉扎菲·安德里亚通加里武（Lalatiana RAKOTONDRAZAFY ANDRIATONGARIVO，女），公共工程部长杰里·哈特雷芬德拉扎纳（Jerry HATREFINDRAZANA），能源和碳氢燃料部长安德里·拉马鲁松（Andry RAMAROSON），水务和清洁部长拉迪斯拉斯·阿德里安·拉库通德拉扎卡（Ladislas Adrien RAKOTONDRAZAKA），农业和畜牧业部长哈里菲迪·拉米利松（Harifidy RAMILISON），渔业和蓝色经济部长波贝尔·马哈坦泰（Paubert MAHATANTE），技术教育和职业培训部长加布丽埃拉·拉汉塔尼里纳·瓦维察拉（Gabriella Rahantanirina VAVITSARA），手工业和工艺部长索菲·拉齐拉卡（Sophie RATSIRAKA），数字化发展、数字化转型、邮政和通信部长塔希亚纳·拉扎芬德拉马卢（Tahiana RAZAFINDRAMALO），人口、社会保障和妇女发展部长普林西娅·苏瓦菲利拉（Princia SOAFILIRA，女），青年和体育部长哈韦尔·马穆德–阿里（Hawel MAMOD'AL）。

【行政区划】全国共设6个省、23个大区、119个县、1695个乡镇和1.8万个社区/村。

【司法机构】设最高法院、最高司法法院、高等宪法法院。最高法院包括终审法院、国务委员会和审计法院。首席院长和总检察长是最高法院首长。最高司法法院由最高法院首席院长、2名终审法庭庭长、2名上诉法院院长、2名国民议会议员、2名参议员组成。高等宪法法院由9名成员组成，任期7年，不得连任。其中3名成员由总统任命，2名由国民议会任命，2名由参议院任命，2名由最高司法委员会选举产生。院长由总统任命。

【政党】实行多党制，政党众多。目前影响力较大的政治派别主要包括：

（1）支持拉乔利纳总统联盟（MAPAR）：执政党。由支持拉乔利纳的“马达加斯加青年准备着”（TGV）、“争取变革民主共和人士联盟”（UDR-C）等政党和政党联盟组成。

（2）“我爱马达加斯加党”（TIM）：前执政党。前身为拉瓦卢马纳纳创建的“我爱马达加斯加协会”，在拉瓦卢马纳纳2001年竞选总统活动中发挥了重要作用。拉瓦卢马纳纳就任总统后于2002年7月将其转变为政党。基层组织较完备。拉瓦卢马纳纳2009年下台并流亡海外后，该党两次发生分裂。

（3）马达加斯加新生力量党（HVM）：前执政党。2014年由埃里组建。2015年赢得市镇选举和参议院选举。

【重要人物】**安德里·尼里纳·拉乔利纳**：总统。1974年5月生，高原族人。先后创办数字印刷企业、传媒集团，曾当选马年度最佳青年企业家。2007年成立政治组织“马达加斯加青年准备着”，同年当选首都塔那那利佛市市长。2009年3月，在法国和部分军方人士支持下，迫使时任总统拉瓦卢马纳纳辞职并流亡南非，自任新组建的“最高过渡权力机构”领导人，3月21日宣誓就职过渡期总统。2013年，在国际调解下，与拉瓦卢马纳纳同时放弃参加总统大选，其支持的候选人埃里当选总统。2018年11月和12月参加马总统大选两轮投票。2019年1月8日以55.66%的得票率当选新一届总统，并于1月19日宣誓就职。**克里斯蒂安·恩蔡**：总理。1961年生。塔那那利佛大学经济学本科专业，曾在巴黎财经银行研究中心研修企业管理。2002年5月至2003年1月任马旅游部长。2008—2018年任国际劳工组织驻马达加斯加、科摩罗、毛里求斯、塞舌尔局局长。2018年6月被任命为联合过渡政府总理。2019年1月被任命为马新一届政府总理。2019年7月、2020年8月、2021年8月，马政府分别进行技术性调整及改组，恩蔡总理留任。

经济

马属最不发达国家。经济以农业为主，严重依赖外援，工业基础薄弱。拉瓦卢马纳纳执政后提出“快速、持续”发展口号，出台国家10年减贫战略文件，确定中长期社会经济发展目标，推出“马达加斯加行动计划”，鼓励私营部门发展，改善投资环境，吸引外资，经济实现持续增长。2003—2006年，年均经济增长率为6.2%。2009年政治危机发生后，马遭遇国际社会停援减援制裁，外国投资锐减，经济每况愈下，农产品加工、纺织品加工、旅游业等支柱产业和基础设施建设遭遇重创。2014年埃里上台后，积极争取国际社会恢复对马援助，制定2年期国家发展紧急计划和2015—2019国家发展规划，致力于改善投资环境，吸引外资，创造就业。2019年1月拉乔利纳当选总统后，致力于实施“马达加斯加振兴倡议”，推动能源、农业、住房、卫生、基础设施等重点领域建设。2020年12月2日，马政府举行部长会议，审议《马达加斯加振兴计划》，决定尽快提交各多双边合作伙伴及投资者。《马达加斯加振兴计划》旨在落实拉乔利纳13条竞选承诺、“马达加斯加振兴倡议”及拉乔利纳政府施政纲领，并就马未来几年发展战略及实施办法作出部署。2022年主要经济数据如下：

国内生产总值：149.5亿美元。

人均国内生产总值：505美元。

国内生产总值增长率：3.8%。

货币名称：阿里亚里。

汇率：1美元≈4086.4阿里亚里。

（资料来源：世界银行）

【资源】矿藏丰富，主要矿产资源有石墨、铬铁、铝矾土、石英、云母、金、银、铜、镍、锰、铅、锌、煤等，其中石墨储量居非洲首位。此外，还有较丰富的宝石、半宝石资源以及大理石、花岗岩和动植物化石。河流湍急，水力发电潜力大。森林面积123279平方公里，约占国土面积的21%。珍稀动植物种类繁多，一些动植物为马独有。

【工业】工业基础十分薄弱，2015年工业产值占国内生产总值的18.1%。有大小企业约25.8万家，一半以上设在塔那那利佛。主要有炼油、发电、纺织和服装加工、农产品加工、饮料、烟草、造纸、制革、建材等。1989年设立免税区。

【农业】农业人口占总人口的80%以上，出口收入的70%来自农业。土地肥沃，气候适合各种热带、温带粮食和经济作物生长。耕地的2/3以上种植水稻，其他粮食作物有木薯、甘薯、玉米等，粮食不能自给。主要经济作物有甘蔗、香草、丁香、胡椒、咖啡、可可、棉花、花生、棕榈等。其中香草生产和出口量居世界首位，约占世界市场总量的2/3。全国牧场面积340484平方公里，占国土面积的58%。沿海以及河流、湖泊盛产各类鱼虾、海参、螃蟹等。

【旅游业】旅游资源丰富，但服务设施不足。20世纪90年代以来，马将旅游业列为重点发展行业，鼓励外商投资旅游业。1990年建立一所旅游学校培养专门人才。1991年成立国家旅游开发委员会。1994年实行国内和地区航运自由化，允许留尼汪、毛里求斯和南非的航空公司进入马航运市场。1997年改革签证制度，允许游客申请落地签证，同时取消旅馆对外国游客高收费的做法。游客主要来自法国（50%以上）、留尼汪、美国、英国、瑞士、德国和意大利等。主要旅游点是努西贝岛、圣玛丽岛。据世界银行2022年统计数据，2020年来马外国游客总数达8.7万人次，位列全球第173位。

【交通运输】水陆交通不发达。铁路为单轨铁路。公路总里程3.8万公里。拥有7个海港和10个河港，海运集中在东部港口塔马塔夫，年吞吐量约400万吨。拥有2个国际机场。马达加斯加航空公司为国有航空公司，有定期航班飞往欧洲、亚洲、非洲和西南印度洋诸岛国。

【财政金融】金融业欠发达，全国1/3以上金融业务由马达加斯加中央银行经营，另有5家商业银行及一些办理储蓄和贷款业务的机构。

【对外贸易】1987年开始实行贸易进出口自由化政策，鼓励出口多样化，出口额有所增加。主要进口石油、车辆、机械设备、药品、日用消费品及食品等。主要出口咖啡、虾、铬矿石、香草、丁香、棉纺织品等。主要贸易伙伴是法国、美国、中国、欧盟、南非、南共体、东南亚部分国家和印度洋诸岛国等。

【外国资本】电信、矿产和石油开发是近年外资注入的重点领域。拉乔利纳总统就任后，积极致力于吸引外资，创造就业。

【外国援助】经济发展严重依赖外援。主要援助方有法国、美国、日本、德国、挪威、国际货币基金组织等。2009年马政治危机发生后，国际社会对马采取减援、停援措施，美国取消马《非洲增长与机遇法案》受惠国地位，欧盟暂停向马提供发展援助。随着2013年马顺利举行总统选举，联合国、世界银行、法国、美国、欧盟等主要合作方恢复对马援助，美国恢复马《非洲增长与机遇法案》受惠国地位。近年来，世界银行、联合国、欧盟、美国、中国、法国等向马提供多双边援助。

人民生活

据《2019年人类发展报告》统计，马人类发展指数在188个国家和地区中列第161位。公职部门的职工享受国家的劳保、医疗、住房、子女补贴，其他部门职工由雇主支付社会和医疗保险。65%的居民能得到基本卫生保障，39.6%的居民家庭可获得饮用水，16%的家庭或14%的人口可使用电。2019年，女性人均预期寿命为68.7岁，男性为65.4岁。

军　事

独立后组建人民军。总统为军队最高统帅。国防部为军事行政机构。全国设6个军区。实行义务兵役制，服役期约18个月。

文化教育

【教育】实行5年义务教育。城市地区使用法语教学，农村地区大部分中小学使用马语教学。自1978年起，正式教育分为：5年基础（小学）教育、4年普通初中教育、3年高中教育和高等教育。

【新闻出版】主要报纸有《马达加斯加午报》《快报》等。全国通讯社为国家通讯社。马国家广播电台建于1931年4月，有两套节目，第一套节目用马达加斯加语，第二套节目用法语和英语，每天均播音24小时。马达加斯加国家电视台建于1967年，用马语、法语每天播出约9小时（周末15小时）。

对外关系

马政府外交政策多元。保持同法国等传统伙伴国关系，加强同新兴经济体合作，注重维护同周边国家关系。现为非洲联盟、东南非共同市场、南部非洲发展共同体、印度洋委员会、环印度洋区域合作联盟成员。主张对联合国安理会进行改革，与非洲联盟共同立场保持一致。

【同中国的关系】中马1972年11月6日建交以来，两国友好合作关系发展顺利。近年来，两国高层互访有：2020年，中马团结互助，开展抗疫合作。中方与马方保持密切沟通，向马方提供抗疫物资及医疗队援助，并协调防疫商业采购。2021年11月，马达加斯加外交部长拉乔利纳出席中非合作论坛第八届部长级会议。2022年8月，中国政府非洲事务特别代表许镜湖访马。

据中国海关总署统计，2022年，中马双边贸易额为20.8亿美元，同比增长29.2%。其中，中国出口额为14.55亿美元，同比增长13.9%；中国进口额为6.25亿美元，同比增长87.8%。中国主要出口纺织纱线、电子产品、机电产品等，主要进口矿砂、农产品等。

1980年两国签订文化合作协定。2008年11月，塔那那利佛大学孔子学院揭牌成立。2015年2月，塔马塔夫大学孔子学院成立。中国自1973年起向马提供奖学金名额。中国自1975年起向马派遣医疗队，现有4个援马医疗点。

中国驻马达加斯加大使：郭晓梅（女）。馆址：Nanisana-Ambatobe Antananarivo Madagascar。电话：0026120–2240129，2240856；传真：2240215。

马达加斯加驻华大使：让·路易·罗班松（Jean Louis Robinson）。馆址：北京市朝阳区三里屯东街3号。电话：010–65321353；传真：65322102。

【同法国的关系】法国是马前宗主国，两国有着传统关系。法是马最大贸易国、双边援助国和直接投资国。马65%的直接投资来自法国，法在马拥有500多家企业。法在马侨民约2.6万人，在马文化、教育、卫生等领域具有较大影响。法在马设有文化中心，每年向马提供数量可观的赴法学习、进修或培训奖学金。法国际台在马设有调频转播台。2020年7月20日，法国外交部长勒德里昂访马。11月，拉乔利纳政府同法国达成协议，法方同意返还马文物“女王御辇王冠”。2021年4月，法国驻马使馆宣布向马捐赠150万欧元，用于帮助马南部受旱灾影响民众，超过5万人受益。8月，拉乔利纳总统访问法国并同法国总统马克龙举行会见。2022年8月，拉乔利纳总统赴法国访问并同马克龙总统会见。

【同美国的关系】马美1960年6月建交。2000年，美国将马列入《非洲增长与机遇法案》首批受惠国，马向美出口总额由1999年的0.8亿美元增至2001年的2.5亿美元。2020年，美国累计向马提供1.335亿美元援助。2021年12月，美国际开发署向马提供2500万美元，主要用于振兴马农业，缓解马南部粮食危机。2022年4月，拉乔利纳总统赴美出席第二届美非峰会。

【同邻近印度洋岛国的关系】马系印度洋委员会成员国，积极参与地区事务，推动成员国间经济合作。马向周围岛国供应农产品和海产品，贸易有出超。2015年3月，印度洋委员会粮食安全出资方会议在马举行。4月，拉维总理卢纳里武访问毛里求斯。5月，印度洋委员会第30届部长理事会会议在马举行。10月，埃里总统与科摩罗总统伊基利卢在纽约出席联合国大会期间举行会谈。2016年3月，科摩罗总统伊基利卢访马。同月，埃里总统访问毛里求斯。2019年3月，拉乔利纳总统对毛里求斯进行访问，并作为主宾出席毛独立51周年庆典。2022年8月，拉乔利纳总统会见毛里求斯红衣主教一行。（王鑫）

马 拉 维

国名 马拉维共和国（The Republic of Malawi）。

面积 118484平方公里。

人口 约2040万（2022年）。绝大多数为班图语系黑人。主要民族为契瓦族、隆韦族和尧族。官方语言为英语和奇契瓦语。约82%的居民信奉基督教新教和天主教，14%信奉伊斯兰教，其余信奉原始宗教。

首都 利隆圭（Lilongwe），人口约122万（2022年）。

国家元首 总统拉扎勒斯·麦卡锡·查克维拉（Lazarus McCarthy Chakwera），2020年6月28日就任。

重要节日 英雄纪念日：1月15日；烈士纪念日：3月3日；劳动节：5月6日；自由日：6月14日；国庆节：7月6日。

简 况

非洲东南部内陆国家，与莫桑比克、赞比亚、坦桑尼亚为邻。3/4国土的海拔为1000—1500米。属热带草原气候。雨量适中，气候温和。年均气温在20℃左右，分凉干（5—8月）、热（9—11月）、雨（12月至次年4月）三季。热季最高温度为29℃，凉干季最低温度为7℃。年均降水量为1000—1500毫米。

16世纪，班图人开始大批进入马拉维湖（旧称"尼亚萨湖"）西北一带，并在马拉维及毗邻地区定居。1891年，英国正式宣布这一地区为"英属中非保护地"，又名"尼亚萨兰"。1953年10月，英国强行将尼亚萨兰同南罗得西亚（今津巴布韦）、北罗得西亚（今赞比亚）组成"中非联邦"。1963年2月1日，中非联邦解体，尼亚萨兰实行内部自治。1964年7月6日独立，改名为马拉维。1966年7月6日，宣布成立共和国。马拉维大会党（简称"大会党"）主席海斯廷斯·班达任终身总统。

政 治

独立以来，政局一直保持稳定。1994年5月，举行首次多党制选举，联合民主阵线主席巴基利·穆卢齐当选总统，并于1999年6月连任。2004年5月，宾古·穆塔里卡当选马第三任总统，并于2009年5月连任。2012年4月5日，穆塔里卡总统突发心脏病逝世。7日，副总统乔伊丝·班达（Joyce Banda，女）接任总统。2014年5月，马举行首次总统、议会、地方政府三合一选举，前总统宾古·穆塔里卡胞弟、民主进步党主席彼得·穆塔里卡当选总统。2019年5月，穆塔里卡胜选连任总统并于当月就职。2020年2月，马临时宪法法院就大选争议案作出裁决，宣布2019年大选结果无效。6月23日，马重新举行总统选举。大会党和联合变革运动等9党联盟总统候选人、大会党主席查克维拉战胜民主进步党–联合民主阵线联盟候选人穆塔里卡当选总统，并于6月28日就职。

【**宪法**】现行宪法于1994年5月颁布，1995年修订。宪法规定，马实行多党制，总统为国家元首兼政府首脑，任期5年，只能连任1次；保护多党民主和独立的司法权。

【**议会**】实行一院制。议会由总统、议长、副议长、民选议员等组成，每届任期5年。本届议会于2019年6月组成，共193个议席，大会党59席，民主进步党56席，联合民主阵线10席，联合变革运动5席，人民党4席，争取民主联盟1席，独立议员58席。议长凯瑟琳·哈拉（Catherine Hara，女），来自大会党。本届议会任期延长1年至2025年。

【**政府**】本届政府于2020年7月组成，2022年1月进行大幅调整。主要成员有：总统兼国防军总司令拉扎勒斯·麦卡锡·查克维拉，副总统索洛斯·克劳斯·奇利马（Saulos Klaus Chilima），农业部长塞缪尔·卡瓦莱（Samuel Kawale），财政和经济事务部长索斯滕·艾尔弗雷德·古文圭（Sosten Alfred Gwengwe），旅游部长维拉·卡姆图库莱（Vera Kamtukule，女），外交部长南希·滕博（Nancy Tembo，女），国防部长哈里·姆坎达维雷（Harry Mkandawire），性别部长让·穆奥瑙瓦乌扎·森德扎（Jean Muonaowauza Sendeza，女），国土安全部长肯·奇卡莱·恩格马（Ken Zikhale Ng'oma），司法部长泰特斯·姆瓦罗（Titus Mvalo），教育部长马达利索·威里马·坎鲍瓦（Madalitso Wirima Kambauwa），卫生部长昆比泽·坎多多·奇蓬达（Khumbize Kandodo Chiponda），劳工部长阿格尼丝·恩亚隆杰（Agnes Nyalonje，女），能源部长易卜拉欣·马托拉（Ibrahim Matola），土地部长多伊斯·贡巴（Deus Gumba），贸易和工业部长辛普莱克斯·齐塞奥拉（Simplex Chithyola），国家团结部长蒂莫西·帕戈纳奇·姆坦博（Timothy Pagonachi Mtambo），自然资源与气候变化部长迈克尔·比兹维克·乌西（Michael

Bizwick Usi），青年与体育部长乌奇兹·姆坎达维雷（Uchizi Mkandawire），矿业部长莫妮卡·昌阿纳姆诺（Monica Chang'anamuno，女），信息和数字化部长摩西·库姆库约（Moses Kumkuyu），交通和公共工程部长雅各布·哈拉（Jacob Hara），地方政府、团结与文化部长理查德·奇姆文多·班达（Richard Chimwendo Banda），水卫生部长阿比达·西迪克·米亚（Abida Sidik Mia，女）。

【行政区划】全国划分为三个大区，分别是北部区、中央区和南部区。

【司法机构】分最高上诉法院、高等法院和地方法院。

【政党】主要政党有：

（1）马拉维大会党（Malawi Congress Party，MCP）：执政党。1944年成立。原名"尼亚萨兰非洲人国民大会"，1959年改称现名。1964年马独立后至1994年为马唯一合法政党，执政时间长达30年。1994年马首次多党制选举后沦为反对党，2020年6月大选后重新上台执政。现任主席为拉扎勒斯·麦卡锡·查克维拉。

（2）联合变革运动（United Transformation Campaign，MTC）：执政联盟成员。2018年，奇利马同彼得·穆塔里卡总统决裂后，领导发起"奇利马运动"。同年7月，奇宣布将"奇利马运动"改名为联合变革运动，并注册为政党。2020年3月，联合变革运动同大会党等组成9党竞选联盟，并在6月重新举行的大选中获胜。现任主席为索洛斯·克劳斯·奇利马。

（3）民主进步党（Democratic Progressive Party，DPP）：2005年2月，由马时任总统宾古·穆塔里卡创立，曾于2005年2月至2012年3月、2014年5月至2020年5月执政。根据该党公布数据，有党员250万名。主张团结所有马拉维人，致力于恢复经济增长和减贫。现任主席为彼得·穆塔里卡。

（4）人民党（People's Party）：2011年，由时任副总统班达建立，曾于2012年4月至2014年4月执政。该党以"团结、平等、发展"为建党理念，主张保障公民宪法权利，推进政治决策民主化、经济自由化与出口产品多元化，大力发展工商业、教育和艾滋病防控，促进就业、保障粮食安全。现任主席为乔伊丝·班达。

（5）联合民主阵线（United Democratic Front，UDF）：前身为1992年3月在利隆圭成立的联合民主独立党，同年10月改为现名。1994年起执政，2005年，因宾古·穆塔里卡总统脱离该党另立新党执政而沦为反对党。2022年5月，阿图佩莱·穆卢齐辞去主席职务，现任代理主席为莉莉安·帕特尔（Lilian Patel，女）。

【重要人物】拉扎勒斯·麦卡锡·查克维拉：总统。1955年4月5日出生。马拉维大学哲学学士，南非大学神学硕士，美国三一国际大学教牧学博士。1983年起在马拉维神召会神学院担任讲师，并于1996年出任该院院长，同时担任马全国神学院联合会主任。先后担任马国家石油控制委员会主席、国家体育委员会主席、公立大学工作委员会委员等职务。2013年4月加入大会党，10月当选大会党主席。2014年和2019年，作为大会党候选人参加总统选举，均败给彼得·穆塔里卡。在2020年6月重新举行的总统选举中，查克维拉以约59%的得票率击败彼得·穆塔里卡当选总统，并于6月28日就职。　**索洛斯·克劳斯·奇利马：**副总统。1971年2月12日出生。先后获马拉维大学经济学与计算机科学学士学位、马拉维大学经济学硕士学位、英国博尔顿大学哲学博士学位。曾在多家私营企业从事管理工作。2014年，作为彼得·穆塔里卡的竞选搭档参加总统选举并当选副总统。2018年11月被彼得·穆塔里卡调整出内阁。后领导发起"奇利马运动"，于2018年7月将其改名为联合变革运动并注册为政党，同时出任党主席。2019年作为联合变革运动候选人参加总统竞选，得票率位列第三。2020年6月作为查克维拉竞选搭档参加总统选举，并再次当选副总统。

经　济

马拉维为农业国，经济十分落后，是联合国公布的最不发达国家，经济发展严重依赖外援。主要种植烟草、棉花、玉米等，是非洲主要烟草生产国之一，烟草出口占国家外汇收入的70%。白肋烟质量上乘，在世界烟草界享有盛誉。

2020年6月，查克维拉总统就职以来，马新政府高度重视经济发展，以推进经济可持续包容性增长、增强市场经济稳定性和强化财政金融管理为支柱，重点解决电力短缺问题，加快供水等水利基础设施建设，着力提升农业发展水平等。为实现发展目标，马新政府还推出了《2063年国家发展远景规划》。2022年，经济受新冠疫情影响较大，主要经济数据如下：

国内生产总值：87.04亿美元。
人均国内生产总值：444美元。
国内生产总值增长率：1.7%。
货币名称：克瓦查。
汇率：1美元≈1027克瓦查。
通货膨胀率：9.3%。
外汇储备：3.27亿美元。
外债总额：33.78亿美元。
（资料来源：《伦敦经济季评》）

【资源】矿藏有煤、铝矾土、石棉、石墨、磷灰石、铀、铁矿等。森林面积约73万公顷。水利资源丰富。

【工业】主要是初级产品加工业，包括烟草、茶叶、蔗糖、酿酒、棉纺、菜油、建材和食品加工等。

【农业】系国民经济支柱产业。2021年，农业产值占国内生产总值的27%，全国86%的人口从事农业，38%的土地为可耕地。主要粮食作物有玉米、高粱、小米、豆类、水稻、木薯等，主要经济作物有烟草、茶叶、甘蔗等，是非洲最大烟草生产国之一。畜牧业以饲养牛、羊、猪、鸡为主。渔业资源丰富，马拉维湖和希雷河上游为主要产鱼区。全国约24万人从事捕鱼业。

【旅游业】近年来，马大力改进旅游设施，旅游业发展较快。2019年，马旅游业实现产值占国内生产总值的7.7%。游客主要来自莫桑比克、津巴布韦、南非、坦桑尼亚、英国、美国等。主要旅游胜地有马拉维湖、国家公园、狩猎区和自然保护区等。

【交通运输】为内陆国，最近的港口为莫桑比克的纳卡拉港和贝拉港。国内以陆路交通为主。

铁路：总长790公里，与莫桑比克铁路相接。

公路：总长2.49万公里，其中沥青路4073公里，与莫桑比克、坦桑尼亚、赞比亚、津巴布韦、博茨瓦纳及南非的公路连接。

空运：有民用机场4个，其中2个为国际机场，国际航线通往南非、肯尼亚、坦桑尼亚、埃塞俄比亚和赞比亚等。

水运：2010年，南部恩桑杰国际内陆码头一期竣工，完成与赞比亚铁路连接。

【财政金融】查克维拉总统就任以来，马新政府提出强化财政金融管理。2021/2022财年，马拉维政府预算总额为19.4亿美元。

【对外贸易】主要出口烟草、茶叶、蔗糖、咖啡，主要进口工业产品及交通运输设备、石油、化肥、化工产品等。主要贸易对象是南非等南部非洲关税同盟成员国，英国等欧洲国家以及中国、印度等新兴发展中国家。近几年进出口情况如下（单位：亿美元）：

	2020	2021	2022
出口额	8.88	10.12	9.71
进口额	24.98	27.22	31.78
差　额	–16.10	–17.10	–22.07

（资料来源：《伦敦经济季评》）

【外国援助】英国、欧盟、美国、世界银行、日本等是马的主要援助方。2003年底，西方国家以政府打击腐败不力为由，冻结向马援助款目。2004年5月，宾古·穆塔里卡执政后加大反腐败力度，精兵简政，紧缩开支，获得西方国家认可。2005年起援款逐步解冻。2009/2010年度获世界银行、英国等援助7.92亿多美元，涉及扶贫、电力、水利建设、投资环境、艾滋病防治等项目。2011年，马与西方国家关系恶化，西方逐渐削减对马援助。2012年4月班达总统就任后，推出一系列经济措施，着力改善与西方关系，西方逐渐恢复并增加对马援助。2013年10月，马政坛曝出公职人员贪污公款的“现金门”丑闻，西方传统援助方再度暂停对马预算援助。2017年5月，世界银行率先宣布恢复对马直接预算支持。2019年11月，国际货币基金组织亦宣布向马提供直接预算支持。

人民生活

约有劳动力400万人。有4所中心医院、25所地区医院、48所乡村医院、440个医疗中心、101个诊所。平均1万人拥有1.3张床位、0.2名医生。2018/2019年度，用于医疗卫生事业的支出为870亿克瓦查，占马政府开支的第二位。联合国发布的《2021/2022年人类发展报告》显示，2021年马拉维人类发展指数为0.512，位列全球第169位。人均预期寿命为62.9岁。（资料来源：联合国开发计划署）

军　事

马拉维武装力量包括正规军和警察。总统兼国防军和警察部队总司令。正规军总兵力9000人，由陆、海（马拉维湖）、空三军组成。实行义务兵役制，服役期2年。武器主要由英国、法国等提供。

文化教育

【教育】马拉维沿袭英国教育制度。学校有公立和私立两种。学制为小学8年、中学4年。1994年起实行小学免费义务教育。全国共有中学近1000所，小学5000余所，教师2万多人。全国共有公立大学4所，即马拉维大学、姆祖祖大学、利隆圭农业与自然资源大学和马拉维科技大学，有多所私立大学。成人识字率为73.6%。

【新闻出版】主要报刊有:《每日时报》，1895年创刊，英文，日发行量1.4万份;《马拉维新闻》，1959年创刊，英文、奇契瓦文周刊，日发行量1.9万份;《民族报》，1993年创刊，英文日报，民间报刊，日发行量1.6万份。

马拉维通讯社：官方通讯社，1966年创办。

马拉维国家广播公司：2010年，马国家电视台与国家电台合并，成立新的马拉维国家广播公司，隶属马政府。两台主要用英语、奇契瓦语编播节目。电台有8个频道。

对外关系

奉行睦邻友好和不结盟外交政策。主张通过谈判解决国际争端和地区冲突。马拉维是非洲联盟、不结盟运动、南部非洲发展共同体、东南部非洲共同市场等国际和地区组织成员国。同90多个国家建立了外交关系。

【同中国的关系】2007年12月28日，中马两国建交。建交以来，两国关系发展势头良好，双方各领域交往与合作全面展开，两国人民之间的相互了解和友谊不断加深。

2020年2月，彼得·穆塔里卡总统就新冠疫情向习近平主席致慰问信。9月，王毅国务委员兼外长同马拉维外长姆卡卡通电话。新冠疫情发生以来，中国政府向马拉维政府提供多批防疫物资援助。2021年6月，马拉维大会党主席、总统查克维拉向习近平总书记致函，祝贺中国共产党成立100周年。8月，习近平主席同查克维拉总统通电话。2022年4月，全国人大常委会委员长栗战书同马拉维议长哈拉举行视频会晤。12月，王毅国务委员兼外长同马拉维外长滕博互致贺电，庆祝两国建交15周年。

据中国海关总署统计，2022年，中马双边贸易额为2.93亿美元，同比增长1.6%。其中，中国出口额为2.81亿美元，同比增长0.8%；中国进口额为0.12亿美元，同比增长26.9%。中国主要出口纺织品、服装、机电产品和家具等，主要进口烟草、棉花、茶叶等农产品。

建交以来，两国在文化、教育、卫生、体育、新闻、青年、妇女等领域的合作广泛开展。2010年，两国政府签署《中华人民共和国政府和马拉维共和国政府文化协定》。中国向马拉维派出了医疗队和青年志愿者，接收马拉维留学生和各类人员来华学习和培训。2012年以来，中国驻马拉维使馆结合国内团组访演或联合马政府部门连续多次成功举办“欢乐春节”活动。2013年8月，国家汉办和对外经贸大学同马拉维大学签署协议，合作建设1所孔子学院。2016年，孔子学院正式挂牌招生。2015年、2016年，马拉维代表队来华参加汉语桥——世界中学生中文比赛，并两度荣获团体赛非洲区冠军。2017年1月，中超广州富力足球队赴马参加马拉维宾古国家体育场启用仪式暨中马足球友谊赛。2019年5月，马拉维高等教育代表团访华。

2012年1月，马拉维成为中国公民组团出境旅游目的地国家。2020年，马拉维访华0.01万人次。

中国驻马拉维大使：刘洪洋，龙舟（2022年7月以后）。馆址：Plot 13/188，Lilongwe，Malawi。电话：00265-1794751；传真：1794752。

马拉维驻华大使：阿兰·J. 钦泰扎（Allan J. Chintedza）。馆址：北京市朝阳区东直门外大街23号503。电话：010-65325889；传真：65326022。

【同其他非洲国家的关系】马拉维政府重视改善和加强同邻国的关系。马于1967年同南非建交，是当时非洲唯一与南非有外交关系的国家。两国签有贸易协议，并在交通、教育、贸易、卫生等方面开展合作。南非是马最大的贸易伙伴。马同赞比亚、津巴布韦、莫桑比克、坦桑尼亚等国也保持着密切关系。2020年8月，查克维拉总统出席南部非洲发展共同体第40届首脑会议，马拉维当选2020/2021年度南共体轮值副主席国。9月，查克维拉总统携夫人对赞比亚进行正式访问。10月，查克维拉总统分别对莫桑比克、坦桑尼亚、津巴布韦进行正式访问。2021年3月，博茨瓦纳总统马西西对马进行国事访问。4月，查克维拉总统赴莫桑比克出席南部非洲发展共同体特别峰会。8月，查克维拉总统赴赞比亚出席希奇莱马总统就职仪式。11月，查克维拉总统对肯尼亚进行访问。同月，莫桑比克总统纽西对马进行正式访问。12月，赞比亚总统希奇莱马对马进行工作访问。同月，查克维拉总统对博茨瓦纳进行访问。2022年1月，南部非洲发展共同体领导人特别峰会在马举行。5月，查克维拉总统对赤道几内亚进行访问。8月，查克维拉总统赴刚果（金）出席南部非洲发展共同体第42届首脑峰会。9月，查克维拉总统赴肯尼亚出席鲁托总统就职仪式。12月，莫桑比克总统纽西访问马拉维。2021年8月至2022年8月，马担任南部非洲发展共同体轮值主席国。

【同西方国家的关系】马重视发展同西方国家的关系。欧盟、美国、英国和日本是马拉维主要援助方。2020年1月，彼得·穆塔里卡总统率团出席首届英国—非洲投资峰会。11月，姆卡卡外长访问以色列。2021年8月，查克维拉总统赴英国出席全球教育峰会。11月，查克维拉总统赴英国出席《联合国气候变化框架公约》第二十六次缔约方大会。12月，查克维拉总统赴美国出席“领导人民主峰会”。2022年2月，查克维拉总统赴比利时出席欧盟—非盟峰会。5月，查克维拉总统赴美出席联合国第五届最不发达国家会议并对美进行访问。8月，查克维拉总统赴瑞士达沃斯出席世界经济论坛年会。9月，查克维拉总统赴美出席联合国大会并对美进行访问。

【同其他新兴市场国家的关系】马拉维独立之初即同印度建交，现有印度后裔和侨民约1.15万人。印度企业涉足马拉维农产品加工、矿产能源开发、制造业等多个领域。巴西同马拉维合作较为密切，淡水河谷公司在马拉维投资10亿美元，参与新建和重建铁路。2018年11月，印度副总统奈杜访问马拉维。2019年10月，彼得·穆塔里卡总统赴俄罗斯出席首届俄非峰会。

（孙优扬）

马　里

国名　马里共和国（The Republic of Mali，La République du Mali）。

面积　124万平方公里。

人口　2259万（2022年）。全国有23个民族，主要有班巴拉族（占全国人口的34%）、颇尔族（11%）、塞努福族（9%）和萨拉考列族（8%）等。各民族均有自己的语言，官方语言为法语，通用班巴拉语（1972年形成文字）。80%的居民信奉伊斯兰教，18%信奉传统拜物教，2%信奉天主教和基督教新教。

首都　巴马科（Bamako），人口292万（2022年）。4月气温最高，平均为34℃—39℃；1月气温最低，平均为16℃—33℃。

国家元首　过渡总统阿西米·戈伊塔（Assimi GOITA），2021年6月7日就任。

重要节日　独立日：9月22日。

简　况

位于非洲西部撒哈拉沙漠南缘，西邻毛里塔尼亚、塞内加尔，北、东与阿尔及利亚和尼日尔为邻，南接几内亚、科特迪瓦和布基纳法索，系内陆国。北部为热带沙漠气候，干旱炎热。中、南部为热带草原气候。全年分为三个季节：3—5月为热季，6—10月为雨季，11月至次年2月为凉季。热季最高气温达50℃，凉季最低气温为14℃。

历史上曾是加纳帝国、马里帝国和桑海帝国的中心地区。1895年，沦为法国殖民地。1958年，成为“法兰西共同体”内的“自治共和国”。1959年，与塞内加尔结成马里联邦。1960年9月22日独立，莫迪博·凯塔当选首任总统。1968年，穆萨·特拉奥雷发动军事政变上台。1991年3月，阿马杜·图马尼·杜尔发动政变，建立军人过渡政权，改行多党制。1992年4月，马里举行首次多党选举，非洲团结正义党候选人阿尔法·乌马尔·科纳雷当选总统。1997年5月，科纳雷连任总统。2002年，杜尔复出政坛，于5月作为独立候选人当选总统，2007年4月连任。杜尔总统执政期间，马里政局总体稳定。

2012年3月22日，马首都部分军人发动政变，杜尔政府被推翻。马国内主要政党和国际社会一致谴责政变，要求军人立刻恢复宪政、还政于民。经西共体多轮调解，马于4月下旬成立过渡政府，5月下旬正式进入为期一年的过渡期，原国民议会议长特拉奥雷任过渡期总统。同时马面临严峻的北方分裂危机。2012年初，马北方图阿雷格族分裂武装发动叛乱，3月以来已控制了马北方三个大区，并于4月6日成立“阿扎瓦德独立国”。“伊斯兰马格里布基地组织”等恐怖和极端力量也借机在马北方扩充势力。2013年1月，马里北方反叛武装南下，向马政府军控制地区发动进攻。应马过渡政府要求，法国和一些非洲国家出兵协助马政府军平叛。此后，马政府基本控制北方地区。6月，马过渡政府与北方图阿雷格族武装就在全境举行大选和包容性对话达成初步协议。8月，马总统选举顺利举行，马里联盟党候选人莫迪博·凯塔当选总统并于9月正式就职，随后组建新政府。2014年7月以来，马政府与北方图阿雷格族武装在阿尔及尔启动和谈，在国际调解方的共同努力下，经过多轮谈判，于2015年6月正式签署《和平与和解协议》。2017年9月，联合国安理会通过第2374号决议，决定设立马里问题制裁机制，对违反《和平与和解协议》、破坏马里和平进程的人员和实体实施旅行禁令、资产冻结等制裁措施。但北方安全形势依然严峻。恐怖组织活动日趋频繁，制造了多起袭击事件。

政　治

2018年8月，凯塔总统再次赢得总统选举，成功连任。9月，凯塔总统组建新一届政府，苏梅卢·布贝耶·马伊加继续担任总理。2019年4月，马伊加总理辞职，原财长布布·西塞出任新总理并于5月组建新政府。2020年5月，马举行立法选举，反对派对选举结果提出质疑并多次组织示威游行。8月，马部分军人扣押凯塔总统等高官，凯塔总统随后辞职，“拯救人民国家委员会”接管国家权力。9月，马各方达成政治过渡安排，前国防部长巴·恩多任过渡总统，“拯救人民国家委员会”主席阿西米·戈伊塔任过渡副总统，前外交部长莫克塔·瓦内任过渡政府总理。2021年5月，过渡总统恩多遭马部分军人扣押后宣布辞职，副总统戈伊塔宣誓就任过渡总统。2022年7月，经同有关各方商谈，马里过渡政府宣布将过渡期延长至2024年2月。

2012年12月20日，联合国安理会通过第2085号决议，决定授权向马派遣为期一年的“非洲领导的驻马里国际支持特派团”（简称“非马团”）。2013年4月25日，联合国安理会通过马里问题第2100号决议，授权成立“联合国驻马里综合稳定特派团”（简称“联马团”），总兵力约为12600人，“非马团”部分人员将并入“联马团”。7月1日，联合国在马维和行动正式启动，每年延期一次。联马团近年遭遇多次袭击，其中2016年5月31日，“联马团”驻加奥营地遭遇恐怖袭击，造成中国维和人员1人遇难，多人受伤。6月，安理会通过决议，将其兵力上限增至13289人，警务人员增至1920人，同时要求其采取更为主动和强势态势履行职权。2022年6月，联合国通过决议，再次将“联马团”任期延长一年。

【宪法】现行宪法于1991年7月制定，1992年6月付诸实施。1999年1月全民公决通过宪法修正案。宪法规定：实行立法、行政、司法三权分立；总统由直接普选产生，任期5年，可连选连任一次；总统是国家元首，拥有任免总理和部长、颁布法令、组织公民投票、解散议会、宣布紧急状态等重要行政权力；国民议会享有立法和监督权；政府是由总统直辖的最高行政机构，向国民议会负责；司法独立；公民享有思想、宗教、信仰、言论、结社、劳动、休息、私人财产不受侵犯、自由经营和社会救助等权利。

【议会】国民议会是最高立法机构，实行一院制。议员由普选产生，任期5年。主要机构由执行局、专门委员会和议会党团组成。本届国民议会（第6届）于2020年4月选举产生，共有147名议员。其中，马里联盟党51席，非洲团结正义党24席，共和民主联盟19席，“为了马里”行动党10席，民主和平联盟6席。议长为穆萨·廷比内（Moussa TIMBINE），2020年5月11日当选。2020年8月，凯塔总统宣布解散议会。12月，马成立全国过渡委员会，代行议会职能。

【政府】本届政府成立于2021年6月，总理乔格尔·科卡拉·马伊加（Choguel Kokalla MAIGA）。其他内阁成员为：国防和退伍军人部长萨迪奥·卡马拉（Sadio CAMARA），司法、人权和掌玺部长穆罕默杜·卡索格（Mohamadou KASSOGUE），国家重建部长易卜拉欣·伊卡萨·马伊加（Ibrahim Ikassa MAIGA），国土管理和地方分权部长阿卜杜拉耶·马伊加（Abdoulaye MAIGA），安全和公民保护部长达乌德·阿里·穆罕默迪内（Daoud Aly MOHAMMEDINE），和解、和平和国家融合部长（Ismaël WAGUE），运输和基础设施部长登贝莱·马迪纳·西索科（DEMBELE Madina SISSOKO，女），外交和国际合作部长阿卜杜拉耶·迪奥普（Abdoulaye DIOP），经济和财政部长阿卢塞尼·塞努（Alousséni SANOU），国民教育部长西迪贝·德杜·奥斯曼（SIDIBE Dedeou OUSMANE，女），高等教育和科研部长阿马杜·凯塔（Amadou KEITA），矿业、能源和水利部长拉明·塞杜·特拉奥雷（Lamine Seydou TRAORE），卫生和社会发展部长迪米纳图·桑加雷（Diéminatou SANGARE，女），劳动、公职和社会对话部长迪亚瓦拉·奥瓦·保尔·迪亚洛（DIAWARA Aoua Paule DIALLO，女），青年和体育部长穆萨·阿格·阿塔希尔（Mossa AG ATTAHER），侨务和非洲一体化部长阿尔哈姆杜·阿格·伊林（Alhamdou AG ILYENE），农村发展部长莫迪博·凯塔（Modibo KEITA），国家创业、就业和职业培训部长巴卡里·杜姆比亚（Bakary DOUMBIA），妇女、儿童和家庭促进部长瓦迪迪·富内·库利巴利（WADIDIE Founè COULYBALY，女），工业和贸易部长马哈茂德·乌尔德·穆罕默德（Mahmoud OULD MOHAMED），城市化、住房、产业、土地规划和人口部长布雷希马·卡梅纳（Bréhima KAMENA），环境、清洁和可持续发展部长莫迪博·科内（Modibo KONE），新闻、数字经济和行政管理现代化部长哈尔乌纳·马马杜·杜尔（Harouna Mamadou TOUREH），手工业、文化、旅馆业和旅游部长安多戈利·金多（Andogoly GUINDO），宗教事务、信仰和习俗部长马马杜·科内（Mamadou KONE），总理助理部长法图玛塔·塞库·迪科（Fatoumata Sékou DICKO，女），卫生和社会发展助理部长乌马鲁·迪亚拉（Oumarou DIARRA），农村发展助理部长尤巴·巴（Youba BA）。

【行政区划】全国划分为10个大区和1个中央直辖管区（首都巴马科）。

【司法机构】由最高法院、宪法法院、高级法院、行政法院、上诉法院、重罪法庭、一审法院等机构组成。最高法院系终审法院，下设司法院和行政财务院。高级法院由国民议会议员组成，负责审理涉及国家元首和国家高级官员的诉讼案。一审法院为初审法院，同级的还有巴马科地区法院、商业法院、治安法院和劳动法院等。最高法院院长法托玛·德拉（Fatoma Théra）于2022年6月就职。

【政党】1991年3月，实行多党制，同年7月，召开的全国会议制定并通过了《政党法》。2005年8月，国民议会对《政党法》进行了修改，对政党的组建和运作等作出新的规定。现主要政党有：

（1）马里联盟党（Le Rassemblement pour le Mali）：由部分原非洲团结正义党成员于2001年6月成立。宗旨是在多党共和体制下实行社会民主，实现国家团结，全体公民最广泛地参与政治协商和国家管理，相互尊重，共同发展，建立自由、正义、团结、民主的社会。主张实行市场经济，国家对私营经济加以规范，强调社会发展应以人为本。该党成员成分广泛，来自社会各阶层。国内及海外均建有党部。国内党部下设分党部（市镇一级），全国每一个村庄都至少建立了一个基层委员会，党组织在全国的覆盖率超过90%。党的领导机构为全国政治局，共53名成员。在2013年议会选举中获66席，成为议会第一大党。2016年10月，马里联盟党召开第4届全国代表大会，选举博卡里·特雷塔（Bokari TRETA）为新任主席。总书记为巴伯尔·加诺（Baber GANOI）。

（2）非洲团结正义党（Alliance pour la Démocratie au Mali-Parti Africain pour la Solidarité et la Justice）：前身为马里民主联盟，1991年5月成立。宗旨是建立民主、繁荣、独立的新马里和法制、自由、公正、进步的社会，巩固和扩大民主，推动经济、社会和文化的发展，合理分配收入。“自由、劳动、团结”为该党箴言。组织机构有基层委员会、分支部、支部和联合会。下设妇女、青年等群众组织。1992年，该党在议会选举中获绝对多数席位，成为执政党。2001年，原党主席易卜拉欣·布巴卡尔·凯塔退党，该党出现较大分裂，力量受到削弱。2002年，该党在议会选举中失去绝对多数席位。2003年，该党再次出现分裂，原党第三副主席苏马伊拉·西塞（Soumaïla Cissé）及其追随者退党。2007年，该党联合其他42个政党组成“民主进步同盟”，支持杜尔总统连任，并在议会选举中获51席，再次成为议会第一大党。在2018年总统选举中，该党支持凯塔总统连任。党主席为蒂耶默科·桑加雷（Tiémoko Sangaré），总书记为马里芒蒂亚·迪亚拉（Marimantia Diarra）。

（3）共和民主联盟（Union malienne pour la République et la Démocratie）：正式成立于2003年6月。由原非洲团结正义党第三副主席苏马伊拉·西塞及其追随者脱离非洲团结正义党后创立，最初旨在支持西塞角逐2002年总统选举。该党领导层多出身马里纺织发展公司，属于原非洲团结正义党中的“棉派”。主张建立自由、平等、公正和团结的社会，保障人民自由、民主权利，实现国家的全面发展和繁荣。2007年，该党与非洲团结正义党结盟，支持杜尔总统连任，并在议会选举中获34席，成为议会第二大党。2010年12月，马民主和复兴党并入共和民主联盟。党主席为苏马伊拉·西塞，总书记为达乌达·图雷（Daouda Touré）。

其他政党还有复兴爱国运动（Mouvement Patriotique pour le Renouveau）、全国民主创议大会党（Le Congrès National d'Initiative Démocratique）、民族复兴党（Parti pour la Renaissance Nationale）、非洲民主独立团结党（Solidarité africaine de la Démocratie et l'Indépendance）、苏丹联盟–非洲民主联盟（Union Soudanaise-Rassemblement Démocratique Africain）、马里民主党（Parti Démocratique Malien）、复兴公约党（Convention pour la Renaissance）等。

【重要人物】阿西米·戈伊塔：过渡总统。1983年生。陆军上校军衔，曾任马中部军区特种部队独立营总指挥。2020年9月任过渡副总统。2021年6月任现职。

经　济

系最不发达国家。经济以农牧业为主，粮食不能自给。系非洲主要产棉国和产金国，受2012年北方危机影响，国民经济下滑。近年来，马里政府重点发展农业，加强水利、道路等基础设施建设，加快石油勘探和矿产开发。为增加税收、扩大就业，政府积极招商引资，兴建水泥、汽车组装、食品加工、制糖等一批新兴企业，积极推进《总统紧急救助计划》并设立发展基金，加大基础设施、农业、民生等领域投入，国民经济逐步恢复，但尚未达到危机前水平。世界银行2020年发布的《世界营商环境报告》中，马里营商便利指数在全球190个经济体中排名第148名。2022年主要经济数据（估计）如下：

国内生产总值：192亿美元。

人均国内生产总值：842美元。

国内生产总值增长率：3.7%。

货币名称：非洲金融共同体法郎（简称"西非法郎"）。

汇率：1美元≈622.5西非法郎。

通货膨胀率：10.1%。

（资料来源：国际货币基金组织、西非国家央行）

【资源】矿业是马国家经济支柱，占国民收入的25%。现已探明的主要矿藏资源及其储量：黄金900吨，铁13.6亿吨，铝矾土12亿吨，硅藻土6500万吨，岩盐5300万吨，磷酸盐1180万吨，锰1500万吨，铀5200吨。系非洲第四大黄金出口国，黄金是马里第一大出口产品，2022年黄金产量约72.2吨，黄金产业收入为13亿美元，同比增长35%。2022年8月，马里政府批准成立马里矿产资源勘探开发公司。森林面积110万公顷，覆盖率不到1%。水力资源丰富。目前有3个水电站，12个火力发电站，1个太阳能电站。2006年5月，马政府启动了矿产10年规划，总投资1000亿西非法郎。

【工业】2020年，马工业年产值占国内生产总值的19.5%。马全国共有工业企业489家，绝大多数为私营企业，主要部门有食品加工、出版印刷、纺织、建筑材料等。57%的企业位于首都巴马科，17%位于塞古，50人以下的企业占86%，200人以上的企业仅占3.6%。

【农业】农业和畜牧业是马经济支柱。2020年，农业产值占国内生产总值的36.3%。农村人口占总人口的68%。从事农业生产的人口占全国人口的40%。全国可耕地面积3000万公顷，已耕地面积350万公顷。主要经济作物有：小米、玉米、稻谷、花生、棉花等。

马是非洲主要产棉国，每年棉花对国民经济贡献达850亿—1230亿西非法郎，占国内生产总值的8%，棉花产业从业人口约450万。2022年，马里棉花产量39万吨，棉总产量由非洲第一降至第三位。

畜产品是马在黄金、棉花之后第三大出口产品。畜牧业产值占国内生产总值的10%左右，2016年，有牛1100多万头、羊3600多万只。

渔业是马国民经济重要部门。全国有7.3万渔民，约50万渔业从业人员。2017年，全国渔业量为12.8万吨，同比增长17.9%。

【服务业】服务业主要由交通、通信、商业和行政等部门构成。2020年，服务业产值约占国内生产总值的44.2%。

【旅游业】旅游资源丰富，但交通不便。杰内古城、通布图古城、多贡遗迹和加奥阿斯基亚王陵被列入《世界遗产名录》。主要旅游城市有首都巴马科、古城通布图和水城莫普提，最佳旅游季节为11月至次年1月。全国有109家旅行社、439家旅馆饭店、6012套客房。近年来，马旅游业受北方安全形势影响严重下滑。通布图古城遭到极端分子破坏，16座列入世界文化遗产的陵墓中有14座被毁。2014年3月，联合国教科文组织开始修复被毁陵墓。

【交通运输】系内陆国，国内运输主要靠公路。进出口物资须经邻国港口转运。两条国际公路干线经巴马科通往科纳克里和阿比让，公路总长分别为1110公里和1115公里。

公路：总长89024公里，其中沥青路面3997公里；各型机动车约12万辆，以摩托车和小型卡车为主。连接邻国的主要交通干线为：巴马科—阿比让公路，长1115公里，是马里最重要的运输通道，承担60%以上的进出口货物运输量。除此之外，还有巴马科—洛美公路（途经布基纳法索），长1600公里；巴马科—科纳克里公路，长1100公里。

铁路：仅有一条连接库利克罗、巴马科和达喀尔的国际窄轨铁路，总长1287公里，马里境内长641公里。

水运：内河航线总长1.27万公里；马里航运公司负责内河航运的经营和管理，拥有各种船只数十艘。水路运输并不发达，干旱、沙漠化、河道泥沙淤积等造成年通航时间不断减少，加之马里船运局的船只年久失修，内河运输量极少。

空运：全国大小机场近30个，其中巴马科、加奥、莫普提、锡加索和通布图机场为国际机场。2017年，巴马科机场客运量69.89万人次，抵离港飞机12863架次，运送货物8934吨。2020年7月，马里航空公司被正式获准运营商业空运业务，计划以巴马科国际机场为基地，分阶段实施国内、国际航线运营。

【财政金融】近几年国家财政预算收支情况如下（单位：亿西非法郎）：

	2020	2021	2022
收入	21818	21552	21307
支出	26048	28081	27483
盈余/赤字	–4228	–6529	–6176

截至2022年底，外债约为10.52亿美元。

（资料来源：马里经济和财政部、2024年第一季度《伦敦经济季评》）

【对外贸易】实行贸易自由化政策，政府通过发放进出口意向书对贸易进行宏观管理。现同100多个国家和地区有贸易关系。2021年，对外贸易额估计为97.37亿美元。其中，出口额约为47.15亿美元，进口额约为50.22亿美元。主要出口黄金、棉花、活畜等；进口石油、食品和化工产品等。

【外国援助】据经济合作与发展组织统计，马政府2018年获得官方发展援助15.86亿美元。主要捐助方为：欧盟2.23亿美元，美国2.18亿美元，国际开发协会1.92亿美元，法国1.01亿美元，德国1.00亿美元，加拿大0.90亿美元，国际货币基金组织0.89亿美元，非洲发展基金0.68亿美元等。2019年7月，马里和世界银行签署四项融资协议。通过上述协议，世界银行向马里提供总金额为2.48亿美元的融资，其中贷款约1.68亿美元，无偿援助约0.8亿美元。该笔资金将用于马里"经济振兴和可持续发展框架"所确定的重点领域，具体包括优化电力部门、整治采矿行业、提升公共服务质量和加强气候变化应对能力四个方面。

人民生活

根据联合国开发计划署公布的《2022年人类发展报告》，马里的人类发展指数在191个国家中名列第186位。2021年，马里贫困人口占全国总人口的44.6%。全国共有医疗中心1172个，实力较强的医院多在首都巴马科。2020年财政预算中医疗卫生支出约合2.3亿美元，占预算比例的5.2%，占国内生产总值的比例约为1.3%。2019年，马里电话注册用户数达2316.8万人（其中手机用户2292.6万人，固话24.2万人），互联网用户数达703.7万人（其中手机用户689.5万人，宽带用户14.3万人）。2021年，马电力覆盖率为53.4%。可饮用水覆盖率为80%。

军　事

独立后，马里政府召回在法国外籍军团中的本国青年，并以此为基础组建了马里武装部队。1961年1月20日，马要求法撤走驻军，后将这一天定为建军节。实行义务兵、志愿兵和合同兵相结合的兵役制度，义务兵役期为2年。武装力量由陆军、空军、海军、宪兵、警察、共和国卫队和民兵组成，总兵力1.5万余人。其中，陆军6900人，空军400人，海军50人，宪兵1800人，警察1000人，共和国卫队2000人，民兵3000人。总统是全国武装力量最高统帅。现任军队总参谋长为乌马尔·迪亚拉（Oumar DIARRA），2020年8月就职。

文化教育

重视保护和发展民族文化，鼓励文学创作。官方文艺团体有国家歌舞团、民族乐团和话剧团等。文化设施集中在首都巴马科，主要有伊斯兰文化中心、国家博物馆和国家图书馆。

【教育】沿用法国教育体制。初等教育实行9年制义务教育，中等教育3年，高等教育4—5年。2015年5月，世界银行向马提供200亿西非法郎，旨在帮助马政府推进高等教育改革，提高马高校竞争力。2015—2016学年，新开设4所职业培训学校。2017年，教育预算占国内生产总值的3.8%。2017年，小学入学率为77%。2018年，文盲人口约为406.6万人。

【新闻出版】全国发行报刊共47种，主要有：《发展报》，综合性官方日报，发行量约1万份；《回声报》，非洲团结正义党的周刊。此外，还有《独立人报》《晨报》《巴马科晚报》《共和国人报》等。

马里新闻和广告社：官方通讯社，创建于1961年，每周发行1期《新闻周刊》，刊登国内外新闻，有近百名记者。

马里出版印刷社：唯一国营出版社，始建于1972年，日常业务以出版小说、儿童读物和学校课本为主，现已私有化。

马里广播电台：官方电台，始建于1957年，播音覆盖面占全国人口的98%。用法语、班巴拉语、颇尔语和桑海语等9种语言对内广播；用法语、英语和阿拉伯语对外广播。

居民收音机拥有量270万台，全国市镇广播覆盖总数398个。此外，还有200余家私营电台。

马里电视台：唯一官方电视台，创建于1984年，使用语言为法语和班巴拉语等其他民族语言。全国建有25个转播站，电视覆盖率占全国人口的85%。每天播放7小时节目。

对外关系

奉行独立、和平、睦邻友好和不结盟的对外政策。主张尊重国家主权，不干涉别国内政，通过和平方式解决国际争端和地区冲突；积极参与地区和国际事务，努力维护地区和平与稳定，推动非洲团结、一体化进程和地区合作。强调外交为发展服务，广泛寻求外援。现为联合国会员国，以及世界贸易组织、不结盟运动、法语国家组织、伊斯兰合作组织、萨赫勒—撒哈拉国家共同体等组织成员。同133个国家建立外交关系。

【同中国的关系】1960年10月25日，中马建交。

60多年来，两国关系始终健康、稳定发展。

2018年8月，凯塔总统来华参加中非合作论坛北京峰会，习近平主席同其举行双边会见。9月，习近平主席特使、全国政协副主席郑建邦赴马出席凯塔总统就职典礼。11月，马里社会融合、民族和平与和解部长布阿雷访华。2021年11月，王毅国务委员兼外长在出席第八届中非合作论坛部长级会议期间会见马里外长迪奥普。2022年9月，王毅国务委员兼外长在出席第77届联大一般性辩论期间会见马里外长迪奥普。

据中国海关总署统计，2022年，中马双边贸易额为6.71亿美元，同比减少7.3%。其中，中国出口额为5.8亿美元，同比减少2.2%；中国进口额为0.9亿美元，同比减少31.3%。

中国驻马里大使：陈志宏。馆址：No. 2259 Route de Koulikoro，Bamako，Mali。电话：00223–20213597，20206712（经商处）；传真：20213443，20203882（经商处）。

马里驻华大使：迪迪埃·达科（Didier DACKO）。馆址：北京市朝阳区三里屯东四街8号。电话：010–65321704；传真：65321618。

【同法国的关系】法国是马原宗主国。1960年11月3日，两国关系正常化。双方保持着传统的特殊关系。近年来，两国高层互访频繁。2018年6月，马里总理马伊加访法。2019年2月，法国总理菲利普访马。9月，马里总理西塞访法。11月，马里总统凯塔赴法出席第二届巴黎和平论坛。2020年1月，马里过渡总统恩多访法。2021年6月，法总统马克龙宣布法国将结束在萨赫勒地区的“新月沙丘”行动。2022年8月，法军全部撤出马里。

【同美国的关系】两国于1960年9月29日建交。近年来，两国关系发展较快。马系美国“千年挑战账户”援助对象国，两国于2007年9月正式启动有关合作项目，美方提供2300亿西非法郎，主要用于尼日尔河地区土地整治、巴马科机场扩建等项目，其中机场扩建项目于2009年1月开始实施。2012年3月马里政变后，美国认为马里民主倒退，决定在《非洲增长与机遇法案》年度规划中取消马里的优先贸易伙伴国地位。两国军事合作近年逐渐增多。2018年11月，美国负责非洲事务的助理国务卿纳吉访马。2019年3月，马里总理马伊加访美。2020年2月，美国助理国务卿黑尔访马。10月，美国驻萨赫勒地区特使法姆访马。2022年3月，美国副助理国务卿刚萨雷斯访马。10月，美国副国务卿纽兰访马。

【同日本的关系】两国于1960年10月4日建交。2017年7月，日本宣布提供157万美元帮助马加强边境管理能力。8月，第8届日本—马里混委会在巴马科召开。2019年8月，马里总统凯塔出席东京非洲发展国际会议横滨峰会。

【同邻国的关系】同几内亚关系长期稳定，高层互访频繁。2018年10月，马总统凯塔赴几内亚出席几独立日庆祝活动。2020年12月，马过渡总统恩多赴几内亚出席孔戴总统就职典礼。2022年9月，几过渡总统敦布亚访问马里。

同阿尔及利亚关系密切。阿曾在调解马里北部图阿雷格族武装分裂问题上发挥重要作用。2019年7月，马外长德拉梅访阿。2020年9月，阿外长布卡杜姆访马。2022年9月，阿外长拉马拉访马。

同塞内加尔、科特迪瓦有着传统经济、贸易关系。达喀尔港和阿比让港是马主要出海口。2017年11月，马总统凯塔赴塞内加尔出席第4届“达喀尔非洲和平与安全国际论坛”。2019年11月，马总理西塞赴塞出席西非经货联盟高级别会议。

2017年11月，马总统凯塔赴科特迪瓦出席第5届非盟—欧盟峰会。2019年6月，马总理西塞对科进行工作访问。

同毛里塔尼亚存在边界纠纷，但未影响双边友好交往。2017年2月，毛塔总统阿齐兹赴马出席萨赫勒五国集团特别峰会。2019年8月，马总统凯塔赴毛塔出席加兹瓦尼总统就职典礼。2020年2月，凯塔总统赴毛塔出席萨赫勒五国元首峰会。

同布基纳法索有1100公里的共同边界，曾于1974年和1985年两次发生大规模武装冲突。1986年12月，两国政府接受海牙国际法庭的最终裁决，关系修复，并于同年互设使馆。近年来，两国关系发展顺利。2017年2月，布总统卡波雷赴马出席萨赫勒五国特别峰会。6月，马总统凯塔赴布基纳法索出席国际防治沙漠化活动。10月，马里同布基纳法索、尼日尔在萨赫勒五国联合部队框架下举行首次联合军事演习。2018年4月，两国决定在马布边境建立经济特区。2019年2月，马总统凯塔赴布基纳法索出席第五届萨赫勒五国峰会。9月，凯塔总统赴布出席萨赫勒五国反恐特别峰会。

（杜敬心）

毛里求斯

国名　毛里求斯共和国（The Republic of Mauritius）。

面积　2040平方公里（包括属岛面积175平方公里）。

人口　126.1万（2022年）。居民主要为印度和巴基斯坦后裔（69%）、克里奥尔人（欧洲人和非洲人混血，27%）、华裔（2.3%）和欧洲裔（1.7%）等。官方语言为英语，法语亦普遍使用，克里奥尔语为当地人最普遍使用的语言。居民中52%信奉印度教，30%信奉基督教新教，17%信奉伊斯兰教，另有少数人信奉佛教。

首都　路易港（Port Louis），人口约12万（2022年）。热季平均气温27℃，其中1月气温最高，达23℃—30℃；凉季平均气温18℃，其中6—8月气温最低，为17℃—24℃。

国家元首　总统普里特维拉杰辛格·鲁蓬（Prithvirajsing Roopun），2019年12月就任。

重要节日　独立日（或共和国日）：3月12日。

简　况

位于非洲大陆以东、印度洋西南部，包括本岛及罗德里格岛、圣布兰登群岛、阿加莱加群岛、查戈斯群岛（现由英国管辖）和特罗姆兰岛（现由法国管辖）等属岛。西距马达加斯加约800公里，距肯尼亚蒙巴萨港1800公里；南距留尼汪160公里；东距澳大利亚4827公里。海岸线长250公里。属亚热带海洋性气候，终年温暖潮湿。沿海地区年均气温25℃，中央高原年均气温20℃。

原为荒岛，16世纪初，葡萄牙探险队占据现在的毛里求斯和留尼汪诸岛，取名为马斯克林群岛。1598年荷兰人占领该岛，并以荷兰君主“毛里求斯”命名。1715年法国占领毛岛并改名为“法兰西岛”。1814年成为英国殖民地，并被重新命名为“毛里求斯”。1961年9月实行自治。1968年3月12日宣布独立，实行君主立宪制，英王为国家元首，总督代表其行使权力。1992年3月12日改行共和制，实行议会制，总统为国家元首，系礼仪性职务，总理掌握行政实权。

政　治

毛里求斯独立以来，历届政府均坚持维护民族团结与和睦，实行文化多元化政策，保持了政局的长期稳定。毛独立后一直实行多党制，社会主义战斗党、工党、毛里求斯战斗党等主要政党轮流执政或联合执政。2019年11月，由社会主义战斗党、自由运动党等组成的毛里求斯联盟赢得国民议会选举，总理普拉温德·库马尔·贾格纳特（Pravind Kumar Jugnauth）连任。12月，普里特维拉杰辛格·鲁蓬出任总统，马利·西里·艾迪·博塞仁（Marie Cyril Eddy Boissézon）出任副总统。

【**宪法**】1968年颁布，1991年和1996年两次修改。根据现行宪法，毛是议会共和制国家，总统为礼仪性国家元首，由总理提名，经议会批准后产生，任期5年。总理由议会多数党领袖担任，行使国家行政权，有组成和改组政府以及解散议会、提前举行大选的权力。实行多党制及立法、行政、司法三权分立制度。

【**议会**】原为立法议会，1991年12月修宪后，改为国民议会，实行一院制，为国家最高立法机构。负责制定法律、讨论国家政策，批准政府各项法令和财政预算。由70名议员组成，任期5年。其中62人经选举产生，其余8人为官委议员，由总统根据选举委员会的建议在落选人中任命产生。现议会为第13届议会，2019年11月成立，共有议员70名，其中毛里求斯联盟拥有42席；反对党26席（工党、毛里求斯社会民主党等组成的国民联盟16席、毛里求斯战斗党10席）；罗德里格岛地方议会政党罗德里格人民组织2席。议长由新议会首次会议选举的非议员担任，任期5年，负责召集和主持议会会议，无表决权，但在议会表决出现僵局时有裁决权。现议长苏鲁杰德夫·波基尔（Sooroojdev Phokeer），2019年11月就职。

【**政府**】本届政府成立于2019年11月12日，现有21名成员：总理兼国防、内政、对外交通部长，罗德里格岛、外岛和领土完整部长普拉温德·库马尔·贾格纳特；第一副总理兼住房和土地使用规划部长、旅游部长路易斯·史蒂芬·奥比加杜（Louis Steven Obeegadoo）；副总理兼教育、高等教育和科技部长莉拉·德维·杜昆–卢丘蒙（Leela Devi Dookun-Luchoomun，女）；副总理兼地方政府、灾害应急管理部长穆罕默德·安瓦尔·胡斯努（Mohammad Anwar Husnoo）；道路交通和轻轨部长兼外交、地区一体化和国际贸易部长艾伦·加努（Alan Ganoo）；财政和经济规划与发展部长伦加纳登·帕达亚奇（Renganaden Padayachy）；能源和公共事业部长乔治斯·皮埃尔·莱斯琼加德（Georges Pierre Lesjongard）；社会融合、社会保障和国家团结部长法齐拉·吉娃–道里亚武（Fazila Jeewa-Daureeawoo，女）；工业发展、中小企业和合作社部长苏米尔杜特·博拉（Soomilduth Bholah）；环境、固体废物处理和气候变化部长卡维达斯·拉马诺（Kavydass Ramano）；金融服务和良政部长马亭·库马尔·西鲁通（Mahen Kumar Seeruttun）；总检察长兼农业和粮食安全部长马尼什·戈宾（Maneesh Gobin）；青年赋权、体育和休闲部长让·克里斯托夫·斯特凡·图桑（Jean Christophe Stephan Toussaint）；国家基础设施和社区发展部长马亨德拉努特·沙尔马·胡里拉穆（Mahendranuth Sharma Hurreeram）；技术、通信和创新部长达萨南德·巴尔戈宾（Darsanand Balgobin）；劳动、人力资源发展和培训部长兼商业和消费者保护部长苏德什·萨特卡姆·卡利丘恩（Soodesh Satkam Callichurn）；卫生和健康部长凯莱什·库马尔·辛格·贾古特帕尔（Kailesh Kumar Singh Jagutpal）；蓝色经济、海洋资源、渔业和船运部长苏迪尔·莫杜（Sudheer Maudhoo）；性别平等和家庭福利部长卡尔帕娜·德维·昆朱–沙（Kalpana Devi Koonjoo-Shah，女）；艺术和文化遗产部长阿维纳什·蒂卢克（Avinash Teeluck）；公共服务、行政和机构改革部长蒂鲁特拉杰·胡多亚尔（Teeruthraj Hurdoyal）。

【行政区划】全国分为4个大区和5个直辖市，区下设126个村。

【司法机构】毛司法独立。最高法院是国家最高司法机构。最高法院由大法官（即最高法院院长）、次席大法官以及陪席推事组成。大法官由总统与总理协商后任命；次席大法官由总统与大法官协商后任命；陪席推事由总统与司法和法律委员会协商后任命。在法律界工作5年以上才有资格被任命为最高法院法官。现任最高法院院长为蕾哈娜（Bibi Rehana Mungly-Gulbul，女）。

最高法院下设刑事法庭、中级法庭、地方法庭、劳资关系法庭、常设仲裁法庭等。民事上诉法院和刑事上诉法院是最高法院的两个分支机构，其法官由最高法院当值法官担任。

【政党】主要政党有：

（1）社会主义战斗党（Mouvement Socialiste Militant，MSM）：简称“社战党”。1983年3月组建，由从原战斗党分裂出来的成员和原社会党部分成员合并而成。曾先后与工党、社民党、战斗党联合执政。1995年12月被工党和战斗党联盟击败，结束12年的执政地位。1999年1月，社战党与战斗党结盟，阿内罗德·贾格纳特任联盟领袖。2000年2月，社战联盟解散。7月，社战党与战斗党再次结盟，并在9月举行的大选中击败工党执政，阿内罗德·贾格纳特出任总理。2003年4月，阿内罗德·贾格纳特辞去社战党领袖职务，普拉温德·贾格纳特继任。根据两党结盟协议，阿内罗德·贾格纳特于2003年9月改任总统。2005年，社战联盟在大选中失败，失去执政地位。2010年，社战党在大选中参加工党领导的“未来联盟”，获胜后参加政府。2011年8月，执政联盟破裂，社战党退出政府，成为反对党。2014年，社战党领导的“人民联盟”在大选中获胜，获得执政地位。2019年11月，社战党同自由运动党等组成的“毛里求斯联盟”再次赢得国民议会选举。该党对内主张实行西式民主，进行社会改革，扩大生产性就业，建立一个“更美好公正”的毛里求斯；对外主张务实外交政策，与不同社会制度的国家发展关系，反对种族歧视，支持建立印度洋和平区。领袖为普拉温德·库马尔·贾格纳特。

（2）毛里求斯社会民主党（Parti Mauricien Social Démocrate，PMSD）：简称“社民党”。前身是毛里求斯人民联盟，1953年易名为毛里求斯人党，1964年改称现名。1983—1988年、2000—2005年、2006年4月至2007年9月参加政府。主要由毛籍法国人后裔、克里奥尔人、少数穆斯林及华人组成。代表农场主、资本家特别是白人资本家的利益。2014年，社民党与社战党、自由运动党联合组成的“人民联盟”在大选中获胜，进入政府。2016年12月，社民党退出政府，成为反对党。2019年，同工党等组成的中左翼反对党联盟“国民联盟”在大选中落败。在国际上，与西方一些右翼党派关系密切。领袖为沙·杜瓦尔（Charles Gaetan Xavier Luc Duval）。

（3）工党（Parti Travailliste，PTr）：1936年2月23日成立，是毛第一个政党，曾为争取毛独立进行积极斗争。独立后长期单独执政。1982年，工党在大选中失败，1983年开始与社战党、社民党、战斗党等联合执政。1990年，联合政府中工党部长因反对实行共和制而被解职，工党成为反对党。1995年，工党与战斗党联盟赢得大选，纳文钱德拉·拉姆古兰出任总理。1997年6月，执政联盟破裂，工党再次单独执政。2000年9月，工党大选失利成为在野党。2005年，以工党为首的“社会联盟”赢得选举，拉姆古兰再次出任总理。2010年5月，工党联合社战党、社民党组成的“未来联盟”赢得新一届大选，拉姆古兰连任总理。2014年，工党与战斗党组成的联盟在大选中落败，成为反对党。2019年，工党同社民党等组成的中左翼反对党联盟“国民联盟”在大选中再次落败。该党对内主张为工人阶级和小农服务，发展民族经济；对外奉行不结盟政策，主张与东西方国家都发展关系，尤其是加强与非洲各国的团结，主张建立印度洋和平区。领袖为纳文钱德拉·拉姆古兰（Navinchandra Ramgoolam）。

（4）毛里求斯战斗党（Mouvement Militant Mauricien，MMM）：简称“战斗党”。1969年成立，主要由知识分子、青年、穆斯林和印度裔组成。曾是毛最大的政党，先后与工党、社战党结盟。2000年9月社战联盟执政后，贝朗热出任副总理兼财长。根据两党结盟协议，贝朗热从2003年9月起担任总理。2005年大选失败，失去执政地位，成为反对党。2010年大选中与国家团结党和社民党组成“心之联盟”参选，再度失败。2014年与工党结盟参加大选，但依然败选。2019年单独参加大选落败。该党对内主张政治民主化，实行新闻、结社、工会自由，经济上对外开放，发展民族经济；对外主张不结盟和中立，与各国建立友好关系，反对印度洋军事化，要求英国归还迪戈加西亚岛。领袖为保罗·贝朗热（Paul Berenger）。

【重要人物】普拉温德·库马尔·贾格纳特：总理兼国防、内政、对外交通部长，罗德里格岛、外岛和领土完整部长。1961年12月25日出生，系前总理阿内罗德·贾格纳特之子。曾先后在英国白金汉大学、林肯律师学院和法国普罗旺斯艾克斯大学学习，获法学硕士学位，并担任过律师。1987年加入社战党，1999年出任该党副领袖，2003年起担任领袖，曾多次当选国会议员，并在历届政府中担任过农业部长，副总理兼财长，技术、通信和创新部长，财政和经济发展部长等职务。2017年1月接任总理。2019年11月连任总理。

经　济

毛里求斯是非洲经济发展较好的国家之一，在世界经济论坛2019年《全球竞争力报告》中，毛位居第52位，在非洲国家中位列第一。独立初期，毛经济结构单一，主要生产和出口蔗糖。20世纪70年代末开始调整经济结构，实行多元化产业政策，逐步形成制造业、金融服务业、旅游业和信息通信业四大经济支柱，积极开拓国际市场，实现经济快速发展，被誉为“毛里求斯奇迹”。1990年以来，毛积极发展离岸金融业，将路易港建为自由港，服务业在毛经济比重已超70%。2008年，国际金融危机对毛出口加工业、纺织业和旅游业造成一定冲击。“人民联盟”政府2014年上台后，以实现“第二次经济奇迹”为口号，制订“2030愿景”计划，加大宏观调控力度，推进经济结构调整，重点打造港口发展、高端制造、信息创新、海洋经济等新兴产业支柱，保障经济平稳增长。普拉温德·贾格纳特总理2017年继任后，制定3年发展战略，推行务实经济政策，重点向基础设施建设、吸引外资、减贫惠民等领域倾斜。2020年，受新冠疫情影响，毛旅游业等支柱产业遭受严重打击。7月，日本货轮“若潮”号在毛东南海域搁浅并发生漏油，引发生态灾难，冲击经济复苏。2022年主要经济数据如下：

国内生产总值：134.14亿美元。

人均国内生产总值：10625美元。

国内生产总值增长率：8.7%。

货币名称：毛里求斯卢比。

汇率：1美元≈41.95毛里求斯卢比。

通货膨胀率：10.8%。

外汇储备：90.09亿美元。

（资料来源：毛里求斯国家统计局）

【资源】毛矿产资源匮乏，石油、天然气等完全依赖进口，水资源有限，近海海域渔业资源稀少，但230万平方公里（其中40万平方公里与塞舌尔共同管理）海洋专属经济区渔业资源丰富，盛产金枪鱼。

【工业】以制糖业和出口加工业为主。制糖业是毛传统工业，其外汇收入曾占总收入近一半，正常年景毛糖产量每年可达50万—60万吨，但随着毛经济结构及欧盟糖业配额制度调整，蔗糖业发展逐步萎缩。2022年毛累计产糖约24万吨，较2021年25.58万吨减少6.2%。出口加工业是20世纪80年代初发展起来的新兴工业，主要产品是纺织品、服装、钟表、珠宝首饰、仪表等。毛出口加工区内企业以本国资本为主，其余来自法国、德国、意大利、印度等国和中国香港地区。

【农业】全国可耕地面积为11.08万公顷，占全国总面积的46%，其中蔗田76186公顷，粮田5262公顷。每年需进口粮食20万吨左右。其他农作物有茶叶、烟草、洋葱、水果等。畜牧业以饲养牛、羊、猪、鹿、鸡等为主。80%的奶制品和90%的牛肉依靠进口，猪肉、鸡和蔬菜基本自给。2022年，毛农业产值增长预计达2.8%。毛海岸线长约250公里，有230万平方公里的专属经济区，经济价值较高的渔业资源主要为金枪鱼。20世纪80年代，毛捕鱼业发展较快。从1992年起，为保护渔业资源，避免过量捕捞，政府开始采取限制措施。因此，海产品不能自给，每年还需大量进口。近年来，毛为加速经济转型，鼓励发展渔产品加工业，将其列为吸引外资的重点产业之一。2022年上半年，毛鱼类产量从2021年上半年的14132吨下降至12048吨，降幅为14.7%。其中，深海鱼（金枪鱼等）的捕捞量下降16.8%，沿海鱼类捕捞量上涨40.4%。

【旅游业】为毛重要创汇产业，产值占毛国内生产总值的7.8%左右。作为世界著名旅游胜地，毛具备较强的旅游接待能力，全国拥有56家大型酒店，约有3.1万人为旅游业服务。2019年，旅游收入为631亿卢比，较2018年减少约10亿卢比，累计接待外国游客138.35万人次，同比减少1.1%。其中，欧洲游客占60.4%，非洲游客占22.5%，亚洲游客占13.7%，法国、英国和留尼汪为三大游客来源地。2020年，赴毛游客数量为30.9万人次，毛旅游业收入为176亿卢比，同比减少约72%。2021年，赴毛游客数量约18万人次，同比减少41.8%，游客主要来自欧洲，其中排前三位的分别是法国、英国、德国。2022年，赴毛游客数量为99.7万人次，游客平均住宿时间为11.4晚。

【交通运输】以公路运输为主。无铁路，毛政府正在推进各大城市间单轨铁路项目建设。

公路：毛公路交通较发达，公路总长达2112公里。截至2020年6月，全国注册机动车58.92万辆，较2019年底增加1.5%。

海运：全国90%以上的进出口物资依靠海运。路易港是毛唯一的国际商港，1993年被宣布为自由港。该港口现代化程度高，集装箱吞吐量大，能停靠最现代的集装箱船，拥有26公顷的集装箱码头和3台现代化集装箱起重机，是撒哈拉以南非洲地区最大集装箱港口之一。毛政府努力把路易港建设成地区海运中心之一。目前有20多条来往亚洲、欧洲、大洋洲和南非的国际班轮经停路易港。

空运：毛现有两个机场，即位于普莱桑斯的拉姆古兰国际机场和罗德里格岛民用机场。前者由中国政府提供优惠贷款并由中资企业建设，航站楼面积3.2万平方米，现代化程度较高，可起降大型客机。毛里求斯航空公司成立于1967年6月。现已开通近30条国际航线，连接10多个欧、亚、非国家，与上海、新加坡、伦敦、巴黎、约翰内斯堡、珀斯等20多个城市有直航。2020年4月，受新冠疫情影响，毛里求斯航空公司启动破产保护程序。

【财政金融】根据毛里求斯财政和经济规划与发展部公布的数据，2021/2022财年，财政赤字与国内生产总值之比为5.6%，这一比例在2022/2023财年降为3.9%。

毛金融保险市场自由、开放。外资银行和保险公司经批准可以在毛注册营业；银行利率放开，由各商业银行自行决定；无外汇管制，当地货币卢比可与外币自由兑换。2017年，毛金融保险业产值增长5.5%。毛央行按英国央行模式设立和运作，直接向议会报告，在监管金融机构以及清算、支付和结算体系管理方面发挥积极作用。毛里求斯商业银行和毛里求斯国家银行系毛排名前两位的商业银行，分别占国内市场份额的40%和30%，经营范围除了普通银行业务，还涉及融资租赁、保险理财、投资管理、基金、证券等。其中，毛里求斯商业银行在《银行家》杂志评比中综合排名位居东非地区首位，非洲排名第20位。汇丰、巴克莱、德意志、渣打等10余家外资银行均在毛设立子行或分行，主要经营离岸银行业务，其中以汇丰和巴克莱银行业务量最大。

【对外贸易】外贸是毛国民经济的重要组成部分。主要出口蔗糖和出口加工区产品，进口粮食及其他食品、棉毛原料、机器设备、石油产品等。同100多个国家和地区有贸易往来，主要贸易伙伴国是法国、英国、美国、印度、中国等。2022年，毛进出口总额约为93.94亿美元，出口额约为24.24亿美元，进口额约为69.7亿美元。

人民生活

毛里求斯实行免费医疗、免费教育、失业救济、米面价格补贴等福利政策。全国共有医院15所，地区医疗中心21个，社区医疗中心130个，共有床位4437张。平均每万人拥有医生19.3名。平均预期寿命男性为71.4岁，女性为78岁。2020年，人口出生率为10.4‰，死亡率为8.8‰。新生儿死亡率为15.6‰。2021年，新生婴儿12982人，较2020年减少483人；死亡13274人，较2020年增加2214人。

毛拥有现代化的电话网，国内外通信方便。电话普及率较高，截至2017年，共有固定电话41.3万部，移动电话184万部。2021年，互联网用户有181.17万人，互联网普及率达75%。近年来，毛政府加紧发展电信业，投入巨资建设网络城、教育和培训设施、政府网站以及公共区域免费Wi-Fi等。每年有15天公假日。

军　事

毛里求斯无正规作战部队，武装力量由警察、国家安全局、反贩毒和走私部队、直升机部队、海岸巡逻队、特别机动部队组成，共1万余人，配备有小型飞机、直升机、装甲车、大炮、巡逻艇。宪法规定总统为武装力量总司令，但武装力量实际控制权掌握在总理手中。

毛武装力量系依靠英国、法国和印度建立。三国与毛的军事交流与互访频繁。三国定期派遣军事专家来毛训练特别机动部队，毛警察部队官兵也被派往上述三国接受训练。

文化教育

【教育】毛里求斯承袭英国教育体制，中、小学学制分别为6年。实行大、中、小学免费教育，是发展中国家人口受教育程度较高的国家之一。30岁以下的人口受教育率为95%。1997年起，毛开始实行9年制义务教育，力争将中学入学率提高到95%。截至2021年10月，毛全国共有学前教育学校789所，在校生2.36万余人；小学319所，在校生约8.4万人；中学178所，在校生约10.27万人；职业学校110所，在校生8000余人。

毛现有2所大学，分别为毛里求斯大学和毛里求斯技术大学，培养本科生、研究生和博士生。另有8所专科学校。其中，毛里求斯教育学院是以培训中小学教师为主的专科学院，甘地学院是由印度援建的东方语言艺术学院。

【新闻出版】毛独立后历届政府实行新闻自由政策。现有报纸、杂志数十种。无通讯社，新闻部门通过电传向报界转发西方各大通讯社的国际新闻。发行量最大的日报是《快报》《毛里求斯人报》《挑战报》。此外，还有《华侨时报》等4种中文报纸。毛里求斯广播电视公司受总理府直接领导，其前身是创办于1937年的毛里求斯广播公司，广播电视节目大部分为法语，其次是英语、印地语、克里奥尔语等，也有少量的客家话和广东话节目。2002年4月，先后有两家私营电台Radio One和Radio Plus开播。

印度洋出版社是毛出版发行图书的半官方机构，负责出版该国教育学院和甘地学院编写的中小学教科书，同时进口批发外国图书，不定期举办国际书展。

对外关系

奉行中立、不结盟和全方位外交政策，坚持外交为经济建设服务，主张与所有国家发展友好关系，积极参与地区合作和南南合作，重视发展同东部和南部非洲国家、毛人口来源国和印度洋沿岸国家关系。近年来，毛在本地区积极发挥“小岛大国”作用，倡导减免发展中国家债务，推动非洲区域一体化。以小岛屿国家代言人自居，积极在气候变化等国际问题上发挥作用。

毛是不结盟运动、非洲联盟、东南部非洲共同市场、南部非洲发展共同体、环印度洋联盟、印度洋委员会等组织成员，是环印度洋联盟、印度洋委员会秘书处所在地。

【同中国的关系】1972年4月15日建交。建交以来，两国友好合作关系发展顺利。

2018年2月，毛国民议会议长哈努曼吉访华。3月，中国政府非洲事务特别代表许镜湖赴毛出席毛独立50周年庆典。7月，国家主席习近平过境毛里求斯并进行友好访问，会见贾格纳特总理。陪同访问的国务委员兼外交部长王毅会见毛外长卢切米纳赖杜。9月，毛总理贾格纳特来华出席中非合作论坛北京峰会，习近平主席、李克强总理分别会见。2019年6月，全国人大常委会副委员长王晨访毛。2020年2月，毛总理贾格纳特就新冠疫情向习近平主席致慰问信。2021年4月，毛总理、社战党领袖贾格纳特致函习近平总书记，祝贺中国共产党成立100周年。2022年4月15日，两国元首就中毛建交50周年互致贺电。10月，毛总理、社战党领袖贾格纳特致函习近平总书记，祝贺中共二十大召开。

建交以来，中毛经济技术合作与经贸往来持续发展。两国政府签有税收协定及其议定书、经济技术合作协定等，并于1985年成立经济、技术和贸易合作联合委员会。据中国海关总署统计，2022年，中毛双边贸易额为10.06亿美元，同比增长10.8%。其中，中国出口额为9.74亿美元，同比增长11.7%；中国进口额为0.32亿美元，同比减少11.5%。2019年10月，中毛签署双边自贸协定，于2021年1月1日正式生效实施。

两国金融合作起步良好。中国“银联”支付已在毛实现全覆盖。中国银行于2016年9月在毛设立子行。2022年12月，中国银行毛里求斯子行人民币清算行启动。

两国政府签有文化合作协定（1980年）。1988年，中方在毛里求斯建立了海外第一个中国文化中心。双方文化演出团组互访频繁。毛是唯一将春节定为法定假日的非洲国家。2003年，中国宣布毛里求斯为中国公民出境旅游目的地国。2013年8月，两国签署全面互免签证协定。目前，两国已开通了香港、上海至毛里求斯的直航航线。1981—2019年，中方共接收毛奖学金留学生560名。2016年12月，毛里求斯大学孔子学院正式揭牌。

新冠疫情发生以来，中国政府、地方、企业等向毛方提供了多批抗疫援助物资，并积极协助毛方在华商业采购抗疫物资。中方还向毛方提供疫苗援助，并协助毛政府在华采购疫苗。

中国驻毛里求斯大使：朱立英。馆址：Embassy of People’s Republic of China，Royal Road，Belle Rose，Republic of Mauritius。电话：00230-4674600，4549113（商务处），4663716（领事部），2088595（文化处）；传真：4646012。

毛里求斯驻华大使：王纯万（Alain WONG YEN CHEONG）。馆址：北京市朝阳区东直门外大街23号外交办公大楼202号。电话：010-65325695，65325698（领事处）；传真：65325706。

【同印度的关系】毛印关系特殊。印是毛主要人口来源国，其传统文化、宗教甚至种姓制度均对毛有深远影响。印是毛重要援助国，两国间设有经贸混合委员会，在信息技术、海洋等领域签有合作协定。2015年3月，印总理莫迪访毛期间承诺给予毛5亿美元优惠贷款，并在阿加莱加岛综合开发、毛警卫队建设等方面给予支持。印是毛主要贸易伙伴。毛是外国投资印度重要金融平台，2000年4月至2020年3月，毛对印直接投资额达1427.1亿美元，占同期印接收对外直接投资额的30%。2016年5月，毛印签署新的《避免双重征税》协定议定书。近年来，双边高层交往密切。2018年3月，印总统科温得出席毛独立50周年庆典。8月，印外长斯瓦拉吉赴毛参加世界印地语大会。2019年1月，毛总理贾格纳特赴印出席第15届海外印裔人大会。5月，贾格纳特总理赴印参加印总理莫迪就职仪式。2021年2月，印外长苏杰生访毛，两国签署《全面经济合作伙伴关系协定》。11月，毛总统鲁蓬访印。

【同法国的关系】毛法关系密切。法国人后裔掌握毛大多数制糖厂及许多工商界大企业。法是毛重要援助国，截至2017年9月，法国发展署对毛累计援助超过4亿欧元。法是毛最大投资来源国，目前法在毛企业160多家，涉及国民经济各个领域。法是毛第一大出口目的地国，2018年，毛对法出口占毛对外出口的16.6%。法还是毛最大游客来源国，2018年，法国赴毛游客为28.53万人次，同比增长4.35%。毛岛和法属留尼汪岛素有“姐妹岛”之称，交往较多，2018年，留尼汪赴毛游客为13.84万人次。毛法在特罗姆兰岛主权问题上有争议，2010年6月，签署《共同开发特罗姆兰岛框架协议》。2018年3月，法外交国务秘书勒穆瓦纳出席毛独立50周年庆典。9月，毛总理贾格纳特赴巴黎出席经合组织区块链政策论坛。2020年2月，法国外长勒德里昂访毛。

【同英国的关系】毛是英联邦成员国，同英保持传统关系，在语言文化、立法、行政和司法体系、教育制度等方面均承袭英国体系。英是毛第三大出口目的地国，2018年，毛对英出口占毛对外出口的12%。英是毛第二大游客来源国，2018年，英国赴毛游客为15.18万人次，同比增长6.98%。两国高层交往较多。2018年4月，贾格纳特总理赴英出席英联邦会议。毛英在查戈斯群岛主权问题上存在争议。2017年6月，第71届联大应毛方要求通过决议，请求国际法院就英将查岛从毛分离并持续管理该岛对毛完成非殖民化进程的影响和有关法律后果发表咨询意见。2019年2月25日，国际法院发表咨询意见，认定英国将查岛从毛里求斯分离造成毛的非殖民化进程未合法完成，英方应尽快结束对查岛的管理，各国应协助联大尽快实现毛的非殖民化。5月22日，联大表决通过非洲组提交的关于执行国际法院查岛咨询意见决议草案。2020年1月，贾格纳特总理在伦敦同英国首相约翰逊会见，双方同意就查岛问题继续展开对话和讨论，以推动该问题的有效解决。2022年2月，毛政府派员登上查岛并举行升旗仪式。5月，毛在第26届印度洋金枪鱼委员会年会上提交涉英国成员国资格提议。11月，两国政府正式启动查岛主权问题谈判。

【同美国的关系】毛美关系密切。美是毛重要出口市场，在《非洲增长与机遇法案》项下给予毛出口商品优惠政策。近200家美国公司在毛设立代表处。2018年，毛对美出口占毛对外出口的12.5%。美在毛英存在主权争议的查戈斯群岛中的迪戈加西亚岛上驻军是两国关系中的敏感问题。2016年11月，英决定将迪戈加西亚岛租借给美建立军事基地的租约自动延长至2036年，毛对此予以驳斥。

【同南非的关系】1993年12月，毛里求斯同南非建交。毛与南关系密切，在南约有2万名侨民。南是毛主要进口国和重要游客来源国。两国签有避免双重征税协定。

【同邻国的关系】1982年倡议成立地区组织印度洋委员会，1997年倡议成立环印度洋地区合作联盟（现为“环印度洋联盟”）。2007年10月，毛外长杜卢在塞舌尔出席印度洋委员会特别部长会议，会议决定毛里求斯、马达加斯加、塞舌尔、科摩罗4国成立印度洋岛国地区组，旨在与欧盟商签《经济伙伴协议》的过程中更好地维护地区国家共同利益。毛重视发展与非洲大陆国家关系。2015年，毛总统法基姆、第一副总理杜瓦尔、财长卢切米纳赖杜等赴南非、加纳等非洲多国访问，并接待加纳总统、马达加斯加总理等访毛。2017年10月，塞舌尔总统富尔对毛进行国事访问。2019年1月，莫桑比克总统纽西对毛进行国事访问。3月，马达加斯加总统拉乔利纳赴毛出席毛独立日庆典活动。4月，肯尼亚总统肯雅塔对毛进行国事访问。毛高度重视对非经贸合作，将“向非发展”确定为基本国策，积极谋求与加纳等国共建经济特区，与多个非洲国家签署投资、税收、贸易协定，为毛企业进入非洲铺路。毛积极加强与非洲大陆人文交流，提供政府奖学金，给予非洲近30国免签证待遇。（黄嘉茜）

毛里塔尼亚

国名 毛里塔尼亚伊斯兰共和国（The Islamic Republic of Mauritania，La République Islamique de Mauritanie）。

面积 103万平方公里。

人口 480万（2022年）。总体上分为摩尔族和黑非民族两大类。其中，白摩尔人（阿拉伯-柏柏尔血统）占30%，具有阿拉伯文化语言传统的哈拉廷人（又称“黑摩尔人”）占40%，黑非民族占30%。主要黑非民族是图库勒族、颇耳族、索宁克族、沃洛夫族和班巴拉族。阿拉伯语为官方语言，法语为通用语言，民族语言有哈桑语、布拉尔语、索宁克语和沃洛夫语。约96%的居民信奉伊斯兰教。

首都 努瓦克肖特（Nouakchott），人口143万（2022年）。9月为最热月，气温约24℃—34℃（内陆地区最高气温接近40℃）；12月为最冷月，气温约13℃—28℃。

国家元首 总统穆罕默德·乌尔德·谢赫·艾哈迈德·加兹瓦尼（Mohamed Ould Cheikh Mohamed Ahmed Ghazounai），2019年8月就任。

重要节日 独立日（国庆节）：11月28日。

简况

位于非洲撒哈拉沙漠西部，与西撒哈拉、阿尔及利亚、马里和塞内加尔接壤。西濒大西洋，海岸线全长667公里。属热带沙漠性气候，高温少雨，年均气温约25℃。

毛里塔尼亚最早的居民是巴富尔黑人民族。后北非柏柏尔人迁入毛北部。公元7世纪，阿拉伯人进入毛并建立封建王朝。1920年，毛成为“法属西非洲”管辖下的殖民地。1956年，毛成为“半自治共和国”。1958年9月，毛加入“法兰西共同体”。11月，“毛里塔尼亚伊斯兰共和国”宣布成立。

政治

1960年11月28日，毛宣告独立，达达赫任总统。1978年，军人发动政变，成立了“全国复兴军事委员会”（后易名为“救国军事委员会”），萨莱克任主席。1980年，海德拉出任军委会主席、国家元首兼政府总理。1984年12月，参谋长塔亚政变上台，任军委会主席、国家元首。1992年、1997年和2003年，塔亚三度当选总统。2005年8月，国家安全局局长瓦尔等人发动政变，成立“争取公正与民主军事委员会”并接管政权。2007年3月25日，毛举行大选，独立候选人阿卜杜拉希当选总统。2008年8月6日，以总统府特别参谋长阿齐兹为首的军人成立“最高国务委员会”，接管政权。2009年7月18日，毛举行总统选举，阿齐兹当选。2014年6月21日，阿齐兹再次当选总统。2019年6月22日，执政党争取共和联盟候选人、前国防部长加兹瓦尼当选毛第10任总统。2020年8月，毛前总统阿齐兹因涉嫌贪腐被警方拘留接受调查。同月，加兹瓦尼总统改组政府，任命比拉勒为总理。2021年6月，毛前总统阿齐兹因贪污、洗钱、滥用职权等罪名入狱。2022年3月、9月，毛政府三次小范围改组。目前，毛政局总体稳定。

【宪法】1961年5月20日颁布第一部宪法。1991年7月12日通过的宪法确立了“三权分立”原则，被认为是毛第一部民主宪法。主要内容是：实行总统制，总统为国家元首，由普选产生，任期6年，可连选连任；建立议会制和多党制。2005年8月政变后，以瓦尔为首的军政权对1991年宪法进行调整和补充，于2006年6月举行修宪公投，修宪案以96.97%的支持率获得通过。修改后的宪法规定：毛总统任期从原来的6年缩短为5年，总统只可连任1次，其候选人的年龄不得超过75岁；修宪至少须1/3议员提议，2/3议员赞成才能提交全民公投。2017年8月，毛举行修宪公投，此次公投的投票率为53%，85%的选民投票赞成修宪案。根据公投结果，毛取消了参议院，合并高等法院、伊斯兰高级理事会和共和国调解院，修改了国旗、国歌。

【议会】1991年通过的宪法规定立法权属议会。毛原实行国民议会和参议院两院制，但2017年8月修宪公投通过后，参议院被撤销，国民议会成为国家唯一立法机构。国民议会共157个席位，由直接选举产生，国民议会议员任期5年。2018年10月，谢赫·乌尔德·巴亚（Cheikh Ould Baye）当选国民议会议长。

【政府】2022年3月，加兹瓦尼总统再次任命穆罕默德·乌尔德·比拉勒（Mohamed Ould Bilal）为总理。政府有25位成员，主要有：外交与合作部长穆罕默德·萨利姆·乌尔德·马尔祖克（Mohamed Salem Ould Merzoug）、国防部长哈纳·乌尔德·西迪（Hanena Ould Sidi）。

【行政区划】全国划分为15个省、53个县，县下设区。全国共有33个行政区和216个市镇。15个省为：西努瓦克肖特、北努瓦克肖特、南努瓦克肖特、阿德拉尔、阿萨巴、布拉克纳、达赫莱特–努瓦迪布、戈尔戈尔、吉迪马卡、东霍德、西霍德、因奇利、特拉扎、塔岗、提里斯–宰穆尔。

【司法机构】1991年宪法规定，司法权独立于立法权和行政权。总统保证司法的独立性，并主持最高司法会议。政府设有司法部。毛司法机构由县级法院、省级法院、劳工法院、上诉法院、刑事法院、最高法院组成。最高法院院长由总统任命，任期5年，须信奉伊斯兰教。现任最高法院院长为侯赛因·乌尔德·纳吉（El houssein Ould Naji），最高法院总检察长为西迪·穆罕默德·拉明（Sidi Mohamed Lemine）。

【政党】毛独立初期曾实行多党制，达达赫执政时期实行一党制。1978年军人执政后，毛取缔一切政党。塔亚执政时期，毛于1991年8月宣布开放党禁，颁布政党法，实行多党制。2005年8月瓦尔政变后，完全开放党禁。主要政党有：

（1）公正党（Parti El Insaf）：现为执政党。2009年3月成立，共有党员约50万人。2016年3月，党主席西迪·穆罕默德·乌尔德·马哈姆率团访华，两国执政党正式建立关系。2019年12月，西迪·穆罕默德·塔利布·阿玛尔当选为党主席。2022年7月，穆罕默德·马拉阿因·乌尔德·埃伊赫（Mohamed Melainine Ould Eyih）当选为党主席。该党主张推行多元化政治和民主制度，维护民族团结；鼓励私营经济，改善人民生活；发展睦邻友好，捍卫国家领土和主权；主张普及教育，实现经济社会发展。

（2）民主与发展全国同盟（Pacte National Pour la Démocratie et le Développement）：2008年1月成立。主席为叶海亚·乌尔德·艾哈迈德·瓦格夫（Yahya Ould Ahmed Waghf）。

（3）民主力量联盟（Rassemblement des Forces Démocratiques）：主要反对党之一。脱胎于毛最早的反对党——民主力量联盟–新时代党（1991年毛实行多党制时成立）。2000年10月被政府解散，其部分领导人于2001年6月成立民主力量联合会，继续作为反对党存在。党主席为艾哈迈德·乌尔德·达达赫（Ahmed Ould Daddah）。

（4）进步力量联盟（Union des Forces du Progrès）：1998年初自原民主力量联盟–新时代党分裂而来，核心成员是20世纪60—70年代在毛组成的共产党和劳动党骨干。属原反对党内的温和派，主张通过对话协商解决分歧。主要支持者为知识分子、中层民众。党主席为穆罕默德·乌尔德·马乌鲁德（Mohamed Ould Maouloud）。

（5）争取民主与革新共和党（Parti Républicain pour la Démocratie et Renouveau）：原民主社会共和党，塔亚时期执政党，1991年8月成立，2005年10月更名。2005年8月瓦尔政变后，该党宣布承认新政权，支持军委会改革措施，表示要与过去决裂。2005年10月，该党召开第三次全国代表大会，选举了由280人组成的全国委员会。12月，该党选举西迪·穆罕默德·乌尔德·穆罕默德·瓦尔（Sidi Mohamed Ould Mohamed Vall）为总书记。

（6）人民进步联盟（Alliance Populaire Progressiste）：成立于1991年10月，是毛最早的反对党之一。主要支持者为下层民众。党主席为马苏德·乌尔德·布勒凯尔（Messaoud Ould Boulkheir）。

（7）全国改革与发展联盟（Rassemblement National Pour La Reforme Et Le Developpement）：2007年8月成立，前身是中心改革者集团，温和伊斯兰政党，具有穆斯林兄弟会背景，是第一大反对党。现任党主席为穆罕默德·吉米勒·乌尔德·曼苏尔（Mohamed Jemil Ould Mansour），2012年12月当选。

其他主要政党有民主进步联盟（Union pour la Démocratie et le Progrès）、民主团结联盟（Rassemblement

Pour la Démocratie et L'UNI）等。

【重要人物】**穆罕默德·乌尔德·谢赫·艾哈迈德·加兹瓦尼**：总统。1956年出生于毛里塔尼亚阿萨巴。1978年参加国民军，2004年任参谋部军情局局长，2005年升任国家安全总局局长，2008年任总参谋长并晋升少将。2018年10月担任国防部长。2019年6月当选总统。

经济

1986年，毛里塔尼亚被联合国定为最不发达国家。毛经济结构单一，基础薄弱，矿业和渔业是国民经济的两大支柱，油气产业是新兴产业。外援在国家发展中起着重要作用。1992年，毛与国际货币基金组织和世界银行达成协议，开始执行经济结构调整计划，推进自由化进程，同时采取国家调控、监督市场和稳定物价等措施。随后，毛实行经济自由化政策和减贫发展战略，制定吸引外资的优惠政策，推进市场经济体制改革，加大对农业和基础设施的投入。2008年8月政变后，总额达5亿多美元的外援遭冻结，但作为经济支柱的渔业、矿业、石油国际合作未受到制裁影响，毛经济取得低速增长。2009年8月阿齐兹就任总统后，国际援助、合作逐步恢复。阿大力发展农工业，积极开发矿产资源，吸引外国投资，加大基础设施建设，致力于改善民生和改变国家落后面貌。2015年以来，毛在海上发现大型天然气田，有望改善经济状况。近年来，受新冠疫情及国际原材料价格下跌影响，毛矿产特别是铁矿石收入减少，导致国家财政吃紧，经济下行压力加大。2022年主要经济数据如下：

国内生产总值：100.9亿美元。

人均国内生产总值：2330美元。

国内生产总值增长率：4%。

货币名称：乌吉亚。

汇率：1美元≈36乌吉亚。

通货膨胀率：7.1%。

【资源】矿产资源主要有铁矿，探明储量约为87亿吨。其他资源储量约为：铜矿2300万吨、石膏40亿吨、磷酸盐1.4亿吨、黄金184吨、石油1.2亿桶、天然气2.8万亿立方米。

【工业】工业不发达，主要是一些采矿和小型加工业。采矿业以开采铁矿为主，是世界第七大铁矿石供应国。2012年，毛生产铁矿石1200万吨，铁矿出口收入超过10亿欧元。铁矿石主要出口中国、意大利、德国、法国等。油气生产因原油产量逐年下降，于2018年停产。2019年，毛南部海域GTA天然气项目开工建设，预计于2023年投产。

【农业】毛现有可耕地面积53.5万公顷，其中13.5万公顷为灌溉田，35万公顷为雨水田，5万公顷为绿洲。农业靠天吃饭，受自然灾害影响大。农业产值占国内生产总值的5%，主要农作物有高粱、水稻、小米、玉米、小麦、大麦、豆类、椰枣等。毛粮食自给率为35%，每年大量进口粮食，并需国际援助。畜牧业在国民经济中占重要地位，产值占国内生产总值的6%，主要畜养羊、牛和骆驼。目前，毛牲畜总存栏量为：羊1633.3万只、骆驼134.2万峰、牛200万头。毛渔业资源丰富，储量为400万吨，其海域是西非渔场重要组成部分。渔业是毛国民经济的支柱产业，年捕捞量超过65万吨，渔业产值约占国内生产总值的15%，渔业收入占外汇收入的40%。

【交通运输】交通不发达。只有一条长675公里的铁路，主要承担铁矿砂运输。公路作为主要交通方式，承担了90%的客运和80%的货运。国内公路网总长约11000公里，总体路况堪忧，其中铺面道路仅为5935公里。主要港口城市是努瓦克肖特和努瓦迪布，总吞吐量1670万吨。其中，努瓦克肖特友谊港400万吨，努瓦迪布港120万吨，工矿公司矿石码头1200万吨。毛里塔尼亚航空公司于2007年倒闭，现公司由突尼斯航空公司和当地企业家合资组建，有客机3架。毛有机场27个，其中努瓦克肖特、努瓦迪布机场为国际机场。

【财政金融】毛1973年前使用西非法郎，为发展民族经济，1973年退出西非法郎区，开始使用本国货币乌吉亚，实行收支平衡的财政政策。2018年1月1日，毛全境发行新货币，回收旧货币，新旧乌吉亚兑换率为1∶10。2021年，毛外汇储备20.5亿美元，外债71亿美元。

毛目前有1家中央银行、10家商业银行、4家保险公司、1家租赁公司、若干信用合作社和百余所小型信贷机构。

【对外贸易】2022年，毛进出口总额为74.1亿美元，其中出口额为31.6亿美元，进口额为42.5亿美元。主要出口铁矿砂和渔产品，铁矿砂主要出口中国、欧盟，渔产品主要出口西班牙、日本、尼日利亚。主要进口能源和矿产品、食品和农产品、机械设备及消费品。所需生活资料的80%及大部分生产资料靠进口，其中22.1%为机械设备，16.8%为石油产品，15.8%为粮食，其余为化工、建材、轻纺用品等。进口商品80%来自欧盟，石油来自阿尔及利亚。近几年对外贸易情况如下（单位：百万美元）：

	2020	2021	2022
出口额	2039	4540	3160
进口额	2923	3360	4250
差　额	–884	1180	–1090

人民生活

贫困人口约占全国人口的42%。毛医疗卫生条件十分简陋，缺医少药，医疗人员不足千人。2017年，平均寿命为64.5岁，成人文盲率46%。2020年，人口自然增长率为2.78%，婴幼儿死亡率为5.15%。65岁以上人口占总人口的3.14%。2019年，毛在联合国人类发展指数中排名第157位。目前，固定电话7万户，移动电话331万户。

军　事

独立后建立国民军，指挥官多为法国人。1965年开始起用本国军官，到1973年指挥官全部由本国军官担任。实行义务兵（两年）和志愿兵相结合的兵役制度。总统任武装部队统帅，主持国防会议和最高委员会。国防部设有陆海空三军。自1995年起，国防部长由文官担任。国民军参谋长直接指挥三军。

文化教育

【教育】毛政府重视发展教育事业，把提高全民教育水平作为脱贫的重要途径。2004年，各级教育平均入学率为46%。全国有5所高等院校：努瓦克肖特大学（建于1980年，是毛第一所综合性大学）、国家行政学校、高等师范学院、高等科学院和高等伊斯兰学院，另外还有5所技术学校。除现代教育外，毛全国各地存在传统的古兰经学校（音译为马哈德拉学校）。

【新闻出版】毛新闻自由度在阿拉伯国家中排名前列。主要报刊有《人民报》（阿文版）和《视野报》（法文版）。注册的阿文、法文独立报刊有100多种，正常出版的报刊仅有20余种。

毛里塔尼亚新闻通讯社：官方通讯社，1975年成立时称“毛新社”，1990年与毛新闻印刷公司合并后改称“毛通社”。无外派记者，所发国外消息主要来源于法新社和路透社。通过阿拉伯联合酋长国通讯社往国外发消息。

毛里塔尼亚电视台：国营电视台，由伊拉克出资，法国承建。1983年试播，1984年正式开播。现有两套彩色节目，用阿拉伯语、法语和黑非少数民族语言播放，平均日播19—20小时。1996年，毛卫星电视接收系统竣工。

毛里塔尼亚广播电台：国家广播电台，1960年建立，现使用的广播设备由德国援建，有两套节目，每日各播送16小时，用阿拉伯语、法语、布拉尔语、索宁克语和沃洛夫语播送。

对外关系

奉行独立、和平、中立的外交政策，强调自身阿拉伯、非洲属性，致力于睦邻友好，积极推动非洲联合及阿拉伯马格里布联盟建设。重视发展与欧盟、海湾国家等的关系。近年来，毛突出外交为经济服务的方针，努力拓展国际空间，争取更多外援。迄今共与110个国家建立了外交关系。2018年7月1日至2日，毛在首都努瓦克肖特举办第31届非盟峰会。2020年6月，毛同法国共同主持召开萨赫勒五国集团努瓦克肖特峰会。

【同中国的关系】1965年7月19日中毛建交后，毛历届政府均对华友好，两国关系持续稳定发展。

近年来，两国各层次友好往来不断。2020年4月，王毅国务委员兼外长应约同毛外交与合作部长艾哈迈德通电话。2021年11月，王毅国务委员兼外长在塞内加尔首都达喀尔出席中非合作论坛第八届部长级会议期间会见毛外交与合作部长艾哈迈德。2022年12月，习近平主席在出席首届中国—阿拉伯国家峰会期间同毛总统加兹瓦尼会见。

据中国海关总署统计，2022年，中毛双边贸易额为21.3亿美元，同比减少21.1%。其中，中国出口额为9.4亿美元，同比增长3.7%；中国进口额为11.9亿美元，同比减少33.6%。

中国驻毛里塔尼亚大使：李柏军。馆址：N°33 Bis, IIot K Extention Secteur 1, Tevragh Zeina, Nouakchott, Mauritania。电话：00222–452–52070；传真：52462。

毛里塔尼亚驻华大使：穆罕默德·阿卜杜拉希·布哈里·维拉利（Mohamed Abdellahi Elboukhary Elvilaly）。馆址：北京市朝阳区三里屯东三街9号。电话：010–65321346，65321703；传真：65321685。

【同法国的关系】毛同法有密切的传统关系，两国签有防务协定。法是毛重要的贸易伙伴和最大投资国。法每年向毛提供各类援助约3000万美元。法在毛侨民和各部门专家有4000多人。2020年1月，加兹瓦尼总统赴法出席萨赫勒五国集团峰会，并同法国总统马克龙举行会谈。6月，毛外交与合作部长艾哈迈德同法国外长通电话。2021年1月，加兹瓦尼总统赴法出席“一个星球”峰会并会见马克龙总统。3月，毛经济与生产发展部长卡内访法。5月，加兹瓦尼总统赴法出席非洲经济体融资峰会。2022年11月，加兹瓦尼总统在突尼斯出席第十八届法语国家组织峰会期间会见马克龙总统。

【同美国的关系】1961年毛美建交。美每年向毛提供小额援助。1995年以来，毛美关系不断发展，美逐步加大对毛的人道主义援助。2008年8月毛政变后，美表示谴责，并采取了停止经济援助、限制旅行等制裁措施。美参与国际联络小组，积极调解毛问题。2009年阿齐兹当选总统后，毛美关系得到改善。近年来，两国在反恐方面开展合作。2020年2月，美副国务卿黑尔访毛。8月，加兹瓦尼总统同美国务卿蓬佩奥通电话。11月，加兹瓦尼总统向新任美总统拜登致贺电。2021年7月，美国非洲司令部副司令安德鲁访毛。10月，美国家安全事务副助理维纳访毛。2022年12月，加兹瓦尼总统赴美出席第二届美非峰会。

【同其他马格里布国家的关系】毛里塔尼亚对其他马格里布国家采取睦邻友好与平衡政策，努力同其他马格里布国家保持良好关系，加强在经济、文化、科研等方面的友好合作。2020年3月，阿尔及利亚外长布卡杜姆访毛。同月，加兹瓦尼总统分别同突尼斯总统赛义德、阿尔及利亚总统特本通电话。5月，加兹瓦尼总统分别同突尼斯总统赛义德、阿尔及利亚总统特本通电话。6月，萨赫勒五国集团峰会在努瓦克肖特举行，加兹瓦尼总统会见阿拉伯马格里布联盟秘书长巴库什。同月，阿尔及利亚外长布卡杜姆访毛。11

月，加兹瓦尼总统同摩洛哥国王穆罕默德六世通电话。12月，加兹瓦尼总统同阿尔及利亚总统特本通电话。2021年4月，毛外交与合作部长艾哈迈德分别访问突尼斯、阿尔及利亚、利比亚三国。5月，加兹瓦尼总统同阿尔及利亚总统特本通电话。同月，毛外交与合作部长艾哈迈德访问摩洛哥。7月，加兹瓦尼总统同突尼斯总统赛义德通电话。8月，加兹瓦尼总统同阿尔及利亚总统特本通电话，就阿北部火山爆发表示慰问。同月，毛外交与合作部长艾哈迈德分别同摩洛哥外交大臣布里达、阿尔及利亚外长拉马拉通电话。9月，阿尔及利亚外长拉马拉对毛进行工作访问。同月，毛外交与合作部长艾哈迈德访问摩洛哥。11月，毛内政与地方分权部长马尔祖克访问阿尔及利亚。12月，利比亚总统委员会副主席拉菲访毛。同月，加兹瓦尼总统对阿尔及利亚进行国事访问。2022年9月，阿尔及利亚总理阿卜杜拉赫曼访毛。11月，加兹瓦尼总统赴突尼斯出席第十八届法语国家组织峰会。

【同塞内加尔的关系】毛里塔尼亚与塞内加尔有传统关系。两国边民曾经发生流血冲突，并导致两国关系急剧恶化、断交。1992年4月，两国复交，并恢复通航、通邮，重开陆界口岸。1993年，两国实现关系正常化，双边合作发展顺利，影响两国关系的难民问题也逐步得到解决。2020年2月，塞总统萨勒访毛，加兹瓦尼总统与其举行会谈。5月、6月，加兹瓦尼总统与萨勒总统两次通电话。2021年4月，塞石油和能源部长格拉蒂玛访毛。7月、11月，塞内加尔总统萨勒两度访毛。2022年1月，塞外长萨勒访毛。（郑洁）

摩洛哥

国名 摩洛哥王国（The Kingdom of Morocco，Le Royaume du Maroc）。

面积 45.9万平方公里（不包括西撒哈拉26.6万平方公里）。

人口 3667万（2022年）。阿拉伯人约占80%，柏柏尔人约占20%。官方语言为阿拉伯语，通用法语。信奉伊斯兰教。

首都 拉巴特（Rabat），人口190.71万（2021年，含郊区）。

国家元首 国王穆罕默德六世（S.M. Le Roi Mohammed VI），1999年7月30日登基。

重要节日 国庆日（国王登基日）：7月30日；独立日：11月18日。

简况

位于非洲西北端，东部及东南部接阿尔及利亚，南部为西撒哈拉，西濒大西洋，北隔直布罗陀海峡与西班牙相望，是扼地中海入大西洋的门户。海岸线长1700多公里。

最早的居民是柏柏尔人。公元7世纪，阿拉伯人进入，并于8世纪建立第一个阿拉伯王国。现在的阿拉维王朝建立于1660年，穆罕默德六世国王是该王朝的第23位君主。从15世纪起，西方列强先后入侵。1912年3月30日，沦为法国保护国。同年，法国同西班牙签订《马德里条约》，摩北部地带和南部伊夫尼等地被划为西班牙保护地。1956年独立。1957年8月14日，定国名为摩洛哥王国，苏丹改称国王。1961年2月，穆罕默德五世国王逝世。3月，哈桑二世国王登基。1999年7月23日，哈桑二世国王病逝，王储西迪·穆罕默德于同日即位，7月30日正式登基，称穆罕默德六世。

政治

摩洛哥实行君主立宪制，国王拥有最高权力。穆罕默德六世国王于1999年即位后，坚持君主立宪制、多党制等既定政策，注重发展经济，强调依法治国，优先解决贫困、就业等社会问题，同时加大反恐力度，积极参与国际反恐合作。2011年，为应对西亚北非政局动荡冲击，穆罕默德六世国王主动进行宪法改革，削减王权，扩大议会和政府权力。2016年10月，摩举行新宪法颁布后的第二次众议院选举，伊斯兰政党公正与发展党再次成为众议院第一大党，该党总书记班基兰连任首相。但因组阁5个月未成，2017年3月，穆罕默德六世国王解除班职务，任命公正与发展党全国委员会主席欧斯曼尼为新首相，4月，欧完成组阁。2019年10月，摩内阁重组，欧斯曼尼首相留任。2021年9月，全国自由人士联盟在立法选举中成为议会第一大党，其党主席阿赫努什出任首相，并于10月组建新内阁。目前，摩政局总体保持稳定。但摩区域发展不均衡、失业率较高，游行、罢工等事件仍有发生。

【宪法】摩独立以来已颁布6部宪法。现行宪法于2011年7月1日经公投通过。宪法规定：摩为君主立宪制国家，王权源自宪法；国王是国家元首、宗教领袖和武装部队最高统帅，并担任“大臣委员会”和“最高安全委员会”主席，掌握重大决策的最终决定权；王位世袭；首相是政府首脑，由议会选举中得票最多的政党任命，拥有提名和罢免大臣、解散议会等重要权力，议会拥有唯一立法权，众议院占主导地位。

【议会】议会由众议院和参议院两院组成。众议院议员全部由直接选举产生，共395名，任期5年；参议院议员共120名，由地方行政机构、各行业协会代表选出，原则上任期6年，每3年改选1/3。

本届众议院于2021年9月产生。全国自由人士联盟为议会第一大党，真实性与现代党、独立党分别为第二大党、第三大党。现任众议长拉希德·塔尔比·阿拉米（Rachid Talbi Alami），2021年10月当选。

本届参议院于2021年10月产生。现任参议长纳阿姆·米亚拉（Naam Miyara），2021年10月当选。

【政府】本届政府为摩独立以来第34届政府，成立于2021年10月，共25人，由全国自由人士联盟、真实性与现代党、独立党3个政党和无党派人士组成。主要成员有：首相阿齐兹·阿赫努什（Aziz Akhannouch），内政大臣阿卜杜勒瓦菲·拉夫提（Abdelouafi Laftit），外交、非洲合作与海外侨民大臣纳赛尔·布里达（Nasser Bourita），司法大臣阿卜杜拉提夫·瓦赫比（Abdellatif Ouahbi），宗教基金与伊斯兰事务大臣艾哈迈德·图菲克（Ahmed Toufiq），经济与财政大臣纳迪娅·法塔赫·阿拉维（Nadia Fettah Alaoui，女）等。

【行政区划】全国划分为12个大区（包括西撒哈拉），62个省和13个省级市，1503个市镇。

【司法机构】司法机构分4级：最高法院、上诉法院（21个）、初级法院（68个）和初级法院派驻的法官处。全国设有最高司法委员会。法院院长和法官由国王任命。

【政党】实行多党制。现有35个政党，各党均宣布拥护国王和伊斯兰教，在大政方针上与国王保持一致。2021年9月立法选举后，共有12个政党在众议院中拥有席位，主要政党有：

（1）全国自由人士联盟（Rassemblement National des Indépendants）：1978年成立，长期参政，系众议院第一大党，在395个议席中占102席。现任主席为阿齐兹·阿赫努什（Aziz Akhannouch）。

（2）真实性与现代党（Parti Authenticité et Modernité）：2008年成立，由5个小党派合并而成，系众议院第二大党，在395个议席中占87席。现任总书记为伊利亚斯·奥马里（Ilyas Omari，2017年8月辞职，但该党中央政治局驳回其辞职请求）。

（3）独立党（Parti de l'Istiqlal）：1943年成立，系摩最早的民族主义政党，党内领导层多为大企业家、大农场主，在工商界、政界及人民群众中均有较大影响，长期执政或参政。系摩众议院第三大党，在395个议席中占81席。现任总书记为尼查尔·巴拉卡（Nizar Baraka，摩经社理事会主席）。

（4）人民力量社会主义联盟（Union Socialiste des Forces Populaires）：简称“社盟”。1975年成立，代表中小资产阶级及知识分子的利益，在知识分子、青年学生和工人中颇有影响。在众议院395个议席中占34席。现任总书记为德里斯·拉什加尔（Driss Lachgar）。

（5）人民运动（Mouvement Populaire）：1957年成立，全力支持国王的各项政策。在众议院395个议席中占28席。现任总书记为穆罕尼德·安索尔（Mohand Laenser）。

（6）进步与社会主义党（Parti du Progrès et du Socialisme）：简称“进社党”。1943年成立，是目前北非地区最大的共产党，也是阿拉伯国家中人数较多，且具有一定政治影响的共产党。在众议院395个议席中占22席。现任总书记为穆罕默德·纳比尔·本阿卜达拉（Mohamed Nabil Benabdallah）。

（7）宪政联盟（Union Constitutionelle）：1983年成立，代表新兴资产阶级力量，主要由资本家、高级官员及知识分子等组成。在众议院395个议席中占18席。现任总书记为穆罕默德·萨吉德（Mohamed Sajid）。

（8）公正与发展党（Parti de la Justice et du Développement）：前身是1967年成立的“人民民主宪政运动”，1998年更用现名，系温和的伊斯兰政党，拥护君主制，反对暴力和恐怖主义，主张以渐进方式对社会进行变革、实行温和的伊斯兰主义。在众议院395个议席中占13席。现任总书记为阿卜杜拉·班基兰（Abdelilah Benkirane）。

【重要人物】穆罕默德六世：国王。1963年8月21日出生，是已故哈桑二世国王的长子。1985年毕业于拉巴特穆罕默德五世大学法学院，获法学学士学位。1993年获法学博士学位。1979年被立为王储。1985年被任命为皇家武装部队总参谋部协调员。1994年晋升少将军衔。1999年7月30日登基。爱好阅读、游泳和赛艇运动，精通阿拉伯语和法语，懂英语和西班牙语。有一子一女。　**阿齐兹·阿赫努什**：首相。1961年1月出生于摩洛哥西南部苏斯马萨大区一柏柏尔人家庭。1986年获加拿大舍布鲁克大学工商管理学硕士学位。长期从商，系摩洛哥首富。2003年当选苏斯马萨大区议会主席，2007年加入全国自由人士联盟，并被任命为农业大臣。2016年起任全国自由人士联盟党主席。2021年9月被穆罕默德六世国王任命为首相。已婚，有3个子女。　**拉希德·塔尔比·阿拉米**：众议长。1958年出生于得土安。2002—2007年先后任工业、贸易与通信大臣，负责经济事务大臣级代表。2014—2019年任青年与体育大臣。2003年当选得土安市市长。2009年当选丹尼尔-得土安大区议会主席，并于2012年连任。全国自由人士联盟党员。2014—2017年任众议长。2021年10月再次当选众议长。　**纳阿姆·米亚拉**：参议长。1968年出生于西撒哈拉地区塞马拉市。1991年进入地方政府部门任职。1996年当选全国地方政府工作人员工会大区书记。2017年任摩劳工总联合会总书记。独立党党员。2009年起连续当选3届参议员。2021年10月当选参议长。已婚，有2个子女。

经　济

摩经济总量在非洲排名第五，北非排名第三。磷酸盐出口、旅游业、侨汇是摩经济主要支柱。农业有一定基础，但粮食不能自给。渔业资源丰富，产量居非洲首位。工业发展势头良好，特别是汽车产业发展迅速且初具规模，近年来年出口额已超过磷酸盐。纺织服装业是摩重要产业之一。摩1983年开始实行经济改革，推行企业私有化和贸易自由化。1996年同欧盟签署联系国协议后，进一步优化经济结构，改善投资环境，加强基础设施建设。2010年同欧盟建立自由贸易区。近年来，世界经济低迷、国际市场磷酸盐需求降低、西亚北非地区局势动荡等使摩经济遇到较大挑战。摩政府致力于扩大内需，加强基础设施建设，扶持纺织、旅游等传统产业，发展信息、清洁能源等新兴产业，积极吸引外资，经济继续保持增长。2022年主要经济数据如下：

国内生产总值：1428.7亿美元。

人均国内生产总值：3900美元。

国内生产总值增长率：1.3%。

货币名称：摩洛哥迪拉姆。

汇率：1美元≈10.19摩洛哥迪拉姆。

失业率：11%。

【资源】磷酸盐为主要资源，储量约1100亿吨，占世界总储量的75%。其他矿产资源有铁、铅、锌、钴、锰、钡、铜、盐、磁铁矿、无烟煤、油页岩等。其中，油页岩储量达1000亿吨以上，含原油60亿吨。

摩能源资源贫乏，目前超过95%的基础能源依赖进口，18%的电力从西班牙进口，每年能源需求增速达6.5%。风能、太阳能资源较丰富。由于石化燃料缺乏，为保障国家能源安全，摩能源战略正从依赖进口向发展可再生能源转型，计划到2030年将可再生能源总装机量提高到占其全部电力生产的52%。预计电力市场总投入约320亿美元。

【工业】工业部门主要有农业食品加工、采矿、纺织服装、皮革加工、化工医药和机电冶金等。磷酸盐是摩经济的重要支柱，摩是世界磷酸盐出口第一大国。2020年，摩磷酸盐产量约3700万吨。摩有纺织企业约1700家，从业人口超过20万，纺织服装产值约占国内生产总值的16%，出口额占总出口额的30%，主要出口法国、西班牙、英国、德国、意大利等。手工业在国民经济中占重要位置，主要产品有毛毯、皮革制品、金属加工品、陶瓷和木制家具。

【农业】农业产量起伏较大，粮食不能自给，农业人口约占全国总劳力的42%，产值约占国内生产总值的11.6%（2016年），出口收入（主要为柑橘、橄榄油）占总出口收入的30%。摩有可耕地面积895万公顷，蓄水坝90余座，可灌溉土地面积100万公顷。粮食种植面积为558万公顷，主要农作物有小麦、大麦、玉米、水果、蔬菜等。2008年，摩推出“绿色摩洛哥”计划，以提高摩农业生产技术。2020年，摩粮食产量达到324万吨。

畜牧业较发达，草地和牧场面积为2029万公顷，2020年牲畜存栏数为3093万头。

渔业资源丰富，是非洲第一大产鱼国，沙丁鱼出口量居世界首位。现拥有近海渔船2539艘，远洋渔船448艘，另有几千艘小船。从业人员40余万。为保护渔业资源，摩政府规定的休渔期长达8个月，2020年捕鱼量约138万吨。摩是非洲最大的渔业产品生产国、世界第十七大渔业产品生产国和世界第一大沙丁鱼出口国。

【旅游业】旅游业发达，已成为摩第二大支柱产业、第二大平衡国际收支来源和第二大吸引就业行业。2010年，摩提出有关旅游业发展的“2020愿景”战略。摩是非洲第一大旅游目的地国，2018年共吸引游客1230万人次，旅游收入达78亿美元。受新冠疫情影响，2020年游客人数及旅游收入大幅下降，共吸引游客140万人次，旅游收入约37亿美元。2022年，摩旅游收入达89.6亿美元，同比增长166.1%，较疫情前增长15.9%。主要旅游城市有：拉巴特、马拉喀什、卡萨布兰卡、非斯、阿加迪尔、丹吉尔等。

【交通运输】陆路交通较发达，在国内运输业中占主导地位，90%的客运和75%的货运通过陆路交通完成。

铁路：摩在铁路基础设施建设方面位列非洲前列，投入运营线路1907公里，其中复线370公里，50%线路实现电气化。另有765公里磷酸盐运输线。2003年，摩与西班牙达成协议，两国共同修建一条穿过直布罗陀海峡的海底复线铁路。该工程是连接欧非两大洲的首条铁路线。摩政府计划在2030年建成两条高铁线路，分别是丹吉尔—卡萨布兰卡—阿加迪尔线和卡萨布兰卡—乌吉达线，这两条高铁线路总长度约为1500公里，造价总额将超过1000亿迪拉姆。摩同法国合作修建丹吉尔—卡萨布兰卡高铁线路，时速达320公里，该项目于2011年启动，2018年11月竣工，系非洲第一个高铁项目。

公路：总长42158公里。其中，一级公路10119公里，二级公路9253公里，三级公路22768公里。高速公路包括拉巴特—丹吉尔、拉巴特—卡萨布兰卡—塞达特、拉巴特—梅克内斯—非斯—乌季达、卡萨布兰卡—马拉喀什等多段。

水运：现拥有港口30个，其中11个为多功能港口，11个为运输、捕鱼用港口。主要港口有卡萨布兰卡、穆罕默迪耶、萨非、丹吉尔、阿加迪尔等。其中，卡萨布兰卡为全国最大港口，占全国港口总吞吐量的26%。丹吉尔地中海港为地中海和非洲第一大集装箱港口。

空运：全国共有机场28个，其中国际机场12个，如卡萨布兰卡穆罕默德五世机场、拉巴特-萨累机场、阿加迪尔机场、丹吉尔机场等。摩皇家航空公司有飞机47架，开通75条航线，航线通往四大洲32个国家，总航线30多万公里。摩皇家航空公司制定了2016—2025年发展规划，通过增设新航线加强对非洲覆盖率，飞机数量将于2025年扩充至105架，投资将达37.89亿美元。

【电信业】摩信息与通信技术使用率位列非洲第4，具有良好的有线和无线通信系统，5条国际海底电缆和3个卫星地面站与国际卫星组织和阿拉伯卫星组织相连。通信枢纽是卡萨布兰卡和拉巴特。截至2020年底，摩洛哥移动电话用户为4942万。摩主要电信运营商为摩洛哥电信和地中海电信。

【财政金融】2022年底，摩外汇储备达335.3亿美元。

【对外贸易】摩同90多个国家和地区有贸易往来。2021年，摩外贸总额为889.6亿美元，其中进口额为548.9亿美元，出口额为340.7亿美元。主要贸易伙伴为欧洲国家，占摩进出口总额约70%。西班牙是摩最大贸易伙伴。2004年，摩与突尼斯、埃及、约旦签署了《阿加迪尔协定》，宣布成立四国自由贸易区。同年，摩分别与美国和土耳其签署双边自由贸易协议。2006年1月，摩美自贸协定正式生效。2008年，摩获得欧盟给予的优先地位（介于成员国与联系国之间）。2010年，摩与欧盟建立自由贸易区。近几年对外贸易情况如下（单位：亿美元）：

	2020	2021	2022
出口额	365.1	548.9	422
进口额	585.2	340.7	730
差　额	–220.1	208.2	–308

2022年，摩主要贸易伙伴：出口伙伴为西班牙（23.9%）、法国（22%）、意大利（4.4%），进口伙伴为西班牙（15.4%）、中国（12.2%）、法国（12%）。主要出口机电产品、运输设备、非针织服装、肥料、无机化学品、建筑材料等，主要进口矿物燃料、机电产品、机械设备、运输设备、粮食等。

【外国资本】摩鼓励外国投资，尤其是20世纪80年代后，把鼓励和促进外国投资作为优先政策之一，颁布了投资法和投资指南，放宽外汇管理，简化投资手续，保证外国投资者的利益。法国、阿联酋、西班牙、沙特、美国、德国等在摩均有投资。摩外来直接投资主要集中在工业、房地产、能矿和金融等领域。2021年，摩吸引外国直接投资21.5亿美元，同比增长52.48%。

【外国援助】摩接受的援助主要来自欧盟、海合会、世界银行和非洲开发银行等。近年来，欧盟对摩提供的无偿援助稳定在每年2亿欧元，沙特、阿联酋等海湾国家对摩援助承诺增长迅速。沙特、阿联酋、科威特、卡塔尔在2012—2016年每年向摩提供10亿美元的无偿援助。摩是法国的第二大受援国，西班牙的第一大受援国。

人民生活

摩政府执行振兴经济政策，增加就业，发展医疗卫生、司法及其他社会服务，逐步缩小社会差别，改善低收入者生活水平，对生活必需品给予部分补贴。2020年7月起，摩最低工资标准为每小时14.81迪拉姆，月最低工资为2828.71迪拉姆。93%的农村人口能用上电。摩全国有公立医院12所，军医院5所，私立医院102所，医疗中心和医疗诊所1360个，地方医院78所，产院、计划生育中心443个，大学医务中心2个。全国共有病床3万张。每个省均有省级卫生中心。

军　事

摩皇家武装部队建于1956年5月14日，1957年和1960年建立空军和海军。5月14日为建军节。现无国防部，只设国防行政管理机构，主管国防行政事务。陆海空三军均设有总监（将军、大臣级），由国王直接指挥。穆罕默德六世国王为军队最高统帅兼总参谋长。1966年7月，开始实行义务兵役制，兵役期为18个月。

三军总兵力19.58万人，宪兵和辅助部队4万人。其中，陆军17.5万人，编有3个司令部、4个机械化旅、2个伞兵旅、11个机械化团等；海军1万人，包括1500人的陆战部队，有4个海军基地、29艘作战舰艇，装备有导弹驱逐舰、护卫舰、海防舰艇、两栖舰艇、支援舰艇；空军1.35万人，有6个中队、96架作战飞机，装备有战斗机、侦察机、武装直升机、教练机、地空导弹、空空导弹等。摩还有预备役15万人，准军事人员4.2万人。装备主要来自美国、法国等。

文化教育

【教育】摩视教育为国家发展的根基，强调教育普及化、教材统一化、教师摩洛哥化和教学阿拉伯化。每年教育预算约占国家预算总支出的1/4。全国文盲率已从1960年的87%降至2015年的25.4%。现有高校64所，中学1168所，小学4350所。6岁儿童入学率为95%，7—12岁儿童入学率为94.5%，12—14岁少年入学率为73%。小学在校学生410万名，教师13.28万名；中学在校学生180万名，教师8.68万名；大学在校学生28.6万名，教师9773名。国立中小学教师已全部摩洛哥化，大学教师97%为摩洛哥人。大学24所，著名的高等学府有穆罕默德五世大学、哈桑二世大学、穆罕默德一世大学、卡迪伊亚德大学、卡鲁维因宗教大学和穆罕默德·本·阿卜杜拉大学。

【新闻出版】目前出版的报刊共560多种，其中阿拉伯文报刊375种，法文报刊185种。主要报刊有：官方报《新闻报》、半官方报《撒哈拉晨报》、独立党法文机关报《舆论报》、独立党阿拉伯文机关报《旗帜报》、进社党机关报《宣言报》、全国自由人士联盟机关报《马格里布报》、宪政联盟机关报《民族使命报》。

马格里布阿拉伯通讯社：成立于1959年，1977年成为国家通讯社。与阿拉伯国家通讯社间有供稿联系，与法新社、美联社、塔斯社和新华社等签有交换新闻的协定，与亚、非、拉60个通讯社签有合作协定。在12个国家设有分社。

摩洛哥广播电台：建于1928年，1959年归国家掌管，由新闻部领导。在全国设有9个分台，采用阿、法、英、西4种语言和柏柏尔语3种方言广播。

摩洛哥电视台：建于1962年，1972年开始播放彩色电视节目，建有64个转播站，平均每天播放12小时。全国84%的人可收看电视。

对外关系

摩奉行不结盟、灵活、务实、多元的外交政策，注重对外关系的均衡发展。维护民族独立和国家主权，保持和加强与欧美等西方国家的传统关系。1996年，摩与欧盟签署联系国协议。2008年，摩获得欧盟给予的优先地位。2010年，首届欧盟—摩洛哥峰会在西班牙举行。摩注重加强阿拉伯世界的团结，尤其重视与海湾国家发展关系，努力在国际事务特别是中东和平进程和伊斯兰世界中发挥作用。2011年，海合会与摩建立优先伙伴关系。穆罕默德六世国王是现任伊斯兰合作组织下属的耶路撒冷委员会主席。摩主张非洲国家团结，但1984年因非洲统一组织（非盟前身）接纳“西撒国”而宣布退出该组织。2017年1月，在非盟第28届峰会上，时隔33年，摩重返非盟。截至目前，摩与近150个国家建立了外交关系。

【同中国的关系】中国与摩洛哥自1958年11月1日建交以来，两国关系持续、健康发展。双方交往频繁，在国际事务中合作良好。

近年来，中摩友好合作关系继续保持良好发展势头，各层次往来密切。2020年8月，习近平主席同穆罕默德六世国王通电话。3月、8月、10月，王毅国务委员兼外长先后3次应约同摩外交大臣布里达通电话。2021年4月，全国人大常委会委员长栗战书同摩众议长马尔基举行视频会晤。2022年1月，中摩签署共建“一带一路”合作规划。12月，摩首相阿赫努什出席在沙特举行的首届中国—阿拉伯国家峰会。

经贸合作进一步发展，双边贸易增长较快。据中国海关总署统计，2022年，中摩双边贸易额为66.51亿美元，同比增长2.2%。其中，中国出口额为57.41亿美元，同比增长1.1%；中国进口额为9.1亿美元，同比增长10.1%。

中摩在政党、议会、文化、卫生、新闻、人力资源培训、旅游、教育等领域的交流与合作进一步密切，团组互访不断。2016年6月摩对中国公民实施全面免签证政策后，中国赴摩游客人数快速增加，2019年全年超过20万人次。2020年7月，布里达外交大臣出席中阿合作论坛第九届部长级会议。12月，摩经济与财政大臣阿拉维出席线上中国—摩洛哥旅游论坛暨重返伊本·白图泰访华之路旅游推介会。

新冠疫情暴发后，中国政府、地方省市、民间机构及有关企业积极向摩洛哥捐赠检测试剂、医用N95口罩、医用防护服、呼吸机等抗疫物资，并通过卫生专家视频会议同摩方分享抗疫经验。中摩两国积极开展新冠疫苗合作，中国国药集团在摩开展疫苗三期临床试验，摩方并从国药集团采购多批疫苗。2021年7月，中国国药集团同摩方合作设立疫苗本地灌装生产线，双方签署疫苗原液供应协议。

中国驻摩洛哥大使：李昌林。馆址：16，Avenue Ahmed Balafrej-Souissi，Rabat，Morocco。电话：00212–53–7754056，7752718（商务处）；传真：7757519，7756966（商务处）。

摩洛哥驻华大使：阿齐兹·梅库阿尔（Aziz Mekouar）。馆址：北京市朝阳区工体北路1号院三里屯外交公寓办公楼2单元041/042。电话：010–65321796，65321489；传真：65321453。

【同美国的关系】摩美关系密切，两国间高层互访频繁。美在摩建有战略油库为美第六舰队提供补给。美已取代法国成为摩最主要小麦供应国。美还在摩丹吉尔修建了美本土之外最大的“美国之音”转播站。2020年9月，布里达外交大臣同美国务卿蓬佩奥举行视频会议。10月，美防长埃斯珀访摩。12月，穆罕默德六世国王同美国总统特朗普通电话，特签署声明承认摩在西撒拥有完全主权，宣布美方将在西撒达赫拉设领事馆。2021年5月，布里达外交大臣同美国务卿布林肯通电话。11月，布里达外交大臣访美。2022年5月，美摩联合举办打击“伊斯兰国”国际联盟部长级会议。12月，阿赫努什首相出席在华盛顿举行的第二届美非峰会。

【同法国的关系】摩法有传统关系，两国元首和政府首脑多次互访。法是摩第二大贸易伙伴、第一大投资国和最大债权国。两国军事关系密切，摩军装备大部分由法提供。在法国支持下，摩与欧盟签有联系国协议，并于2008年获得欧盟给予的优先地位（介于成员国和联系国之间）。2020年11月，法国外长勒德里昂访摩。2021年4月，布里达外交大臣同法国外长勒德里昂举行视频会晤。2022年12月，法国外长科隆纳访摩。

【同西班牙的关系】摩西有特殊传统关系。两国领导人互访不断。西是摩第一大贸易伙伴和主要援助国，在摩有大量投资。2009年，摩在西有71万侨民。摩西有领土纠纷，摩要求收回现为西占领的休达、梅利利亚及地中海沿岸一些小岛，西则认为这些领土主权属西。两国曾因摩北部地中海沿岸雷拉岛主权归属问题发生争端。2007年11月，西班牙国王访问休、梅两市，摩曾短期召回驻西大使。2018年12月，西班牙首相桑切斯访摩。2021年4月，西撒人阵领导人加利赴西班牙就医，引发摩洛哥不满，并引发摩西两国之间的移民危机。5月，摩召回驻西班牙大使。2022年4月，西班牙首相桑切斯访摩，宣布西支持摩西撒自治方案，双方关系实现转圜。

【同阿尔及利亚的关系】摩洛哥与邻国阿尔及利亚历史上存在领土纠纷，曾因边界问题发生武装冲突。

1976年，因阿支持西撒人阵，承认“西撒国”，摩阿断交。1988年5月，两国复交。穆罕默德六世国王执政以来，摩阿关系有所改善。2005年3月，摩国王与阿总统恢复中断14年之久的元首会晤。2017年10月，阿尔及利亚外长梅萨赫勒称，摩向非洲贩卖大麻并洗钱，摩各界强烈反对梅上述言论，摩外交与国际合作部宣布召回摩驻阿大使。2018年11月，穆罕默德六世国王发表“绿色进军”日讲话，释放改善摩阿关系信号。2019年7月，穆罕默德六世国王在登基20周年纪念日讲话中再次表达改善摩阿关系的意愿。2021年8月，阿尔及利亚宣布同摩洛哥断交。9月，阿尔及利亚宣布对摩洛哥关闭领空。2022年11月，布里达外交大臣出席在阿尔及利亚举行的第31届阿盟峰会。

【同其他阿拉伯国家的关系】摩同大部分阿拉伯国家保持良好关系。摩同海湾产油国关系尤为密切，海湾国家是摩外援和能源的重要来源。2020年2月，布里达外交大臣访问毛里塔尼亚。同月，摩国王顾问希玛、外交大臣布里达访问沙特、卡塔尔。2021年1月，阿联酋外交大臣阿卜杜拉访摩。7月，布里达外交大臣访问突尼斯。9月，毛里塔尼亚外长艾哈迈德访摩。12月，阿赫努什首相访问阿联酋并出席迪拜世博会。2022年8月，因突尼斯邀请西撒领导人加利参加东京非洲发展国际会议峰会，摩召回驻突大使。

【同以色列的关系】摩洛哥同以色列有较深的历史渊源。二战中，摩王室为保护犹太人作出贡献。1994年，摩以互设利益代表处。2000年9月底巴以发生冲突后，摩召回驻以代表，关闭以驻摩代表处。2014年6—7月，针对巴以形势，摩外交与合作部多次发表公报，谴责以色列在东耶路撒冷建立定居点，呼吁以立刻停止对加沙不可接受的、无理的攻击。2017年7月，穆罕默德六世国王以圣城委员会主席身份致信联合国秘书长古特雷斯，强烈谴责以色列相关宗教政策，要求以方停止单方面决定耶路撒冷命运的行为，并呼吁国际社会予以关注。2020年12月，穆罕默德六世国王同美国总统特朗普通电话；特朗普宣布摩洛哥同以色列关系正常化。同月，美、摩、以发表联合声明，宣布摩以两国全面恢复外交关系。2021年8月，以色列外长拉皮德访摩。11月，以色列副总理兼国防部长甘茨访摩。2022年7月，以色列国防军总参谋长科哈维访摩，此系以军方高层首次访摩。（朱晓薇）

莫桑比克

__国名__　莫桑比克共和国（The Republic of Mozambique，A República de Moçambique）。

__面积__　799380平方公里。

__人口__　3300万（2022年）。主要民族有马库阿-洛姆埃族（约占总人口的40%）、绍纳-卡兰加族、尚加纳族、佐加族、马拉维-尼扬加族、马孔德族和尧族等。官方语言为葡萄牙语，各大民族有自己的语言，绝大多数属班图语系。28.4%的居民信奉天主教，17.9%信奉伊斯兰教，其他多信仰原始宗教和基督教新教。

__首都__　马普托（Maputo），人口186万（2021年）。

__国家元首__　总统菲利佩·雅辛托·纽西（Filipe Jacinto Nyusi），2014年10月当选，2015年1月就职，2019年10月再次当选，2020年1月就职，任期5年。

__重要节日__　莫桑比克英雄日：2月3日；莫桑比克妇女节：4月7日；劳动节：5月1日；国庆节：6月25日；胜利日：9月7日；莫桑比克人民解放力量建军节与革命节：9月25日；和平与和解日：10月4日；圣诞节/家庭日：12月25日。

简　况

位于非洲东南部，南邻南非、斯威士兰，西界津巴布韦、赞比亚、马拉维，北接坦桑尼亚，东濒印度洋，隔莫桑比克海峡与马达加斯加相望。海岸线长2630公里。高原、山地约占全国面积的3/5，其余为平原。属热带草原气候，年均气温20℃（南部）、26℃（北部）。10月至次年3月为暖湿季，4—9月为凉干季。

13世纪，马绍纳人在现津巴布韦和莫桑比克一带建立莫诺莫塔帕王国。16世纪初，国势渐衰。1505年，遭葡萄牙殖民者入侵。1700年，沦为葡萄牙的“保护国”。1752年，由葡总督进行直接统治，当时称“葡属东非洲”。1951年，葡将其改为“海外省”。殖民统治时期，莫人民为争取民族解放进行了顽强的斗争。1974年9月7日，莫桑比克解放阵线（简称“解阵党”）同葡政府签署了关于莫桑比克独立的《卢萨卡协议》。9月20日成立以解阵党为主体的过渡政府。1975年6月25日正式宣告独立，成立莫桑比克人民共和国。1990年，改国名为莫桑比克共和国。独立后，莫桑比克全国抵抗运动（简称“抵运”）长期进行反政府武装活动。1992年10月4日，莫政府和抵运在罗马签署了和平总协议，从而结束了长达16年的内战。

政　治

1992年恢复和平以来，莫政局长期稳定。政府积极维护民族团结，内外政策较为稳妥务实。在1994年、1999年、2004年、2009年、2014年和2019年的6次多党议会和总统选举中，解阵党均获胜。但抵运和政府军长期龃龉不断，近年来不时爆发小规模冲突。在2014年10月举行的选举中，解阵党赢得议会250个议席中的144席，纽西以57%的得票率当选总统。2015年4月，纽西政府出台2015—2019五年计划，将巩固国家和平与统一、发展人力资源、促进就业、加强基础设施建设、可持续开发自然资源作为施政重点。纽西总统执政以来，继续执行稳妥务实的政策，将发展经济和消除贫困作为施政的首要任务，严惩腐败并撤换工作不力的官员，积极同抵运开展政治对话，并于2019年8月签署《和平与和解协议》，保持了经济形势和政局的稳定。在2019年10月举行的选举中，解阵党赢得议会250个议席中的184席，纽西以73%的得票率连任总统。

【宪法】现行宪法于2004年12月生效。宪法规定：以多党制取代一党制，实行党政分开和司法独立；总统为国家元首和政府首脑，总统和议员均由全民直接选举产生，任期5年，可连任一次；实行多种经济成分并存的市场经济；扩大公民自由与权利，废除死刑等。

【议会】莫桑比克共和国议会是国家最高立法机构。本届议会于2020年1月根据第六次大选结果组成，任期5年。在250个议席中，解阵党占184席，抵运占60席，民主运动党占6席。现任议长：埃斯佩兰萨·比亚斯（Esperança Nhiuane Bias）。

【政府】实行总统内阁制，总统为国家元首和政府首脑，内阁中设总理，受总统委托召集并主持部长会议。部长会议是国家最高执行机关，向共和国议会负责。现政府于2020年1月成立，主要成员有：总理阿德里亚诺·马莱阿内（Adriano Maleiane），外交与合作部长韦罗妮卡·马卡莫（Verónica Macamo，女），经济和财政部长埃内斯托·托内拉（Ernesto Tonela），国防部长克里斯托旺·楚梅（Cristovao Chume），内政部长阿塞尼娅·马辛格（Arsenia Massingue），农业和农村发展部长塞尔索·科雷亚（Celso Correia），劳动和社会保障部长玛格丽达·塔拉帕（Margarida Talapa，女），总统府民办事务部长康斯坦丁诺·巴塞拉（Constantino Bacela），海洋、内水和渔业部长利迪娅·达格拉萨·卡多佐（Lídia da Graça Cardoso，女），矿产资源和能源部长卡洛斯·若阿金·扎卡里亚斯（Carlos Joaquim Zacarias），司法、宪法和宗教事务部长埃莱娜·基达（Helena Kida，女），卫生部长阿明多·迪亚戈（Armindo Tiago），教育和人力发展部长卡梅莉塔·纳马舒卢阿（Carmelita Namashulua，女），工业和贸易部长西尔维诺·奥古斯托·若泽·莫雷诺（Silvino Augusto José Moreno），交通和通信部长马特乌斯·马加拉（Mateus Magala），土地和环境部长伊薇特·迈巴塞（Ivete Maibaze，女），科技、高等教育和职业教育部长丹尼尔·尼瓦加拉（Daniel Nivagara），公共工程、住房和水利部长卡洛斯·梅斯基塔（Carlos Mesquita），文化和旅游部长埃尔德维娜·马特卢拉（Eldevina Materula，女），国家管理和公职人员部长安娜·科莫阿纳（Ana Comoana，女），性别、儿童和社会行动部长涅莱蒂·蒙德拉内（Nyeleti Mondlane，女），战士事务部长若塞菲娜·姆佩洛（Jossefina Mpelo，女）。

【行政区划】全国行政区划为省、市、县。现有10个省，53个市（含1个直辖市），144个县。10省为：德尔加杜角省、尼亚萨省、太特省、楠普拉省、赞比西亚省、索法拉省、马尼卡省、伊尼扬巴内省、加扎省、马普托省。直辖市：马普托市。全国主要城市有马普托市、贝拉市、楠普拉市等。

【司法机构】设有最高法院及省、县、区级法院及共和国检察院。最高法院院长安德利诺·穆尚加（Adelino Muchanga），2014年7月经议会投票批准，2019年7月经议会投票连任。总检察长比阿特丽丝·布西莉（Beatriz Buchili），2014年7月任命，2019年8月连任。

【政党】1990年改行多党制。1991年《政党法》正式生效。《政党法》规定，各党派必须遵循维护国家统一、发扬爱国主义精神和巩固莫桑比克民主三项原则，强调各政党必须具有全国性质，不得以个别地区、部落、宗教为基础；必须有利于国家的和平与稳定，不得谋求通过暴力改变国家的政治与社会秩序；不得搞分裂主义；每省至少有100名党员方能登记，其总部必须设在首都。全国有20多个合法政党。

（1）莫桑比克解放阵线党（Partido Frelimo）：简称“解阵党”。执政党。1962年6月25日成立，原名“莫桑比克解放阵线”，1977年2月改为现名。党员近450万人（2017年）。1977年，解阵党“三大”确定为“马列主义先锋党”。1989年，“五大”改为“全民党”。主张“尊重人权，维护和平与进步，缩小国内社会和地区差别，更加公平地分配财富”，目标是“建立以民主社会主义、平等、自由和团结为基础的莫桑比克社会”。2015年3月，解阵党召开十届四中全会，前总统格布扎辞去党主席职务，纽西当选解阵党主席。2022年9月，解阵党召开第十二次全国代表大会，进行了总书记、中央委员会委员和政治委员会委员的换届选举。纽西连任党主席，罗克·席尔瓦（Roque Silva）连任总书记。

（2）莫桑比克全国抵抗运动（Renamo）：简称“抵运”。系莫第二大党，主要反对党。1976年初成立，其后长期从事反政府武装活动，曾拥有部队1万余人。1994年，抵运正式宣布由军事组织转变为政党。同年被批准为合法政党。在1994年10月举行的首次多党大选中，该党获得37.78%的选票，在议会中占112席，成为莫第二大党。2018年5月3日，抵运前领导人德拉卡马病逝。2019年1月，抵运举行第六届党代表大会，奥苏福·莫马德（Ossufo Momade）当选新任党主席。在2019年10月举行的大选中，抵运党获得60个议席，其总统候选人、党主席莫马德获得21.88%的选票。总书记为克莱门蒂娜·邦巴（Clementina Bomba，女）。

较有影响的政党还有莫桑比克民主运动党（MDM），和平、民主与发展党（PDD），民主联盟（UD）和工党（PT）。

【重要人物】菲利佩·雅辛托·纽西：总统，解阵党主席。1959年2月9日出生。前捷克斯洛伐克布尔诺军事学院机械工程学学士，英国曼彻斯特维多利亚大学管理学硕士。历任莫国家港口和铁路公司铁路部主任、经理、执行董事、国防部长等职。2014年10月当选总统，2015年1月就职。2015年3月当选解阵党主席，2022年9月连任。2019年10月再次当选总统，2020年1月就职连任。**阿德里亚诺·马莱阿内**：总理。1949年11月6日出生。莫桑比克蒙德拉内大学经济学学士、英国伦敦大学农业经济和金融硕士。经济学家，有企业高层任职经历。曾任经济和财政部长、莫桑比克央行行长，2022年3月起任现职。

经　济

莫为农业国，是联合国公布的最不发达国家和重债穷国。独立后因受连年内战、自然灾害等影响，经济长期困难。1992年实现和平后，政府大力调整经济结构，改善投资环境，鼓励引进外资，加大对农业和农村地区投入，加快基础设施建设，倡导增收节支，经济恢复性增长较快，年均增长率一度接近10%。

近年来，莫在自然资源勘探开发领域发展较快，煤炭、钛、铁、天然气等均获重大发现，部分已经进入实质开发阶段，为莫经济发展提供了强劲动力。英国《经济学人》杂志预测，莫未来在能源、矿产和基础设施领域有望获得高达900亿美元的投资。2016年以来，受国际大宗商品价格持续走低、旱涝灾害频发、债务负担加大等因素影响，莫经济下行压力增大。针对上述困难，莫政府采取改善投资环境、刺激国内企业发展、维护金融市场稳定等措施积极进行应对。2017年以来，随着莫北部鲁伍马盆地海上天然气4区块项目正式启动，莫经济形势有所好转，主要大国和国际金融机构普遍看好莫长期发展前景。2019年3月和4月，热带气旋“伊代”“肯尼斯”引发灾害，对莫经济造成较大负面影响。2020年以来，受新冠疫情影响，莫主要出口产品煤、铝价格一度腰斩，北部海上天然气开发进程放缓。2022年11月，莫海上天然气项目开始商产，实现液化天然气出口。2022年主要经济数据如下：

国内生产总值：182亿美元。

人均国内生产总值：550美元。

国内生产总值增长率：4.0%。

货币名称：梅蒂卡尔。

汇率：1美元≈63.9梅蒂卡尔。

外汇储备：28.04亿美元。

外债总额：628.19亿美元。

（资料来源：《伦敦经济季评》）

【资源】有煤、铁、铜、金、钽、钛、铋、铝、石棉、石墨、云母、大理石和天然气等，其中已发现天然气储量5.5万亿立方米，煤蕴藏量320多亿吨，铁矿5亿多吨，钛600多万吨，钽矿储量居世界首位，约750万吨。大部分矿藏尚未开采。莫51%的国土被森林覆盖，林木资源总量约17.4亿立方米。水利资源丰富，赞比西河上的卡奥拉巴萨水电站装机容量为207.5万千瓦。南非SASOL公司正在开采莫南部伊尼扬巴内省的天然气，并修建了莫至南非的输气管线。由必和必拓公司、日本三菱商事集团、南非工业发展公司和莫政府共同出资成立的MOZAL铝厂于2000年正式投产，该厂是莫第一家合资企业，也是莫最大企业。巴西淡水河谷公司、澳大利亚Riversdale公司（英国力拓集团控股）在莫中部太特省勘探开发煤炭。法国、意大利、美国、中国、韩国、葡萄牙、加拿大、日本、马来西亚等多家外国石油公司正在北部鲁伍马盆地陆上和近海区域开展石油天然气勘探。

【工业】主要是加工工业，有铝加工、制糖、制茶、粮食及腰果加工、卷烟、榨油、纺织、木材、水泥、炼油、机车车辆制造、电池及轮胎业等，主要集中在马普托、贝拉和楠普拉等市。随着MOZAL铝厂、巴西淡水河谷、澳大利亚Riversdale公司煤炭开采项目等大型合资企业的建成投产，工业产值占国内生产总值的比重近年大幅上升。

【农业】莫是农业国，农村人口占总人口的66.6%。国家可耕地面积3600万公顷，已开发600万公顷，可灌溉耕地面积330万公顷，仅14%已开发。畜牧面积为1200万公顷。农业产值占整个国内生产总值的25%，占莫出口比重的15%。腰果、棉花、糖、剑麻是传统出口农产品。主要粮食作物有玉米、稻谷、大豆、木薯等。2017—2018年度莫全国棉花种植面积18.1万公顷，总产量6.6万吨。莫渔业资源发展潜力巨大，潜在渔获量可达200万吨。

【旅游业】莫桑比克建有国家公园和保护区，并正在与南非、津巴布韦建立跨境国家公园。主要国家公园和保护区有：林波波国家公园、戈隆戈萨国家公园、尼亚萨保护区、马普托特别保护区等。2015年，莫桑比克参加了意大利“米兰世博会”和“威尼斯双年展”，并获选为世界旅游组织执行委员会（2015—2019年）委员国。2018年，莫旅游业行业收入为5亿梅蒂卡尔，共接待280万国际旅客。

【交通运输】莫铁路、港口主要为本国和内陆邻国服务。国际货运曾是主要外汇来源之一。

铁路：总长3372公里。主要由三条东西走向，互不连接的铁路系统组成。2014年建成的莫阿蒂泽—纳卡拉铁路项目长902公里，连接太特省莫阿蒂泽煤矿区，借道马拉维南部和莫桑比克尼亚萨省，直达楠普拉省纳卡拉港，年均可运1800万吨煤炭，于2016年初开始运营。2017年，莫铁路货运量达2200万吨，同比增长38%。

公路：总长约3.05万公里。其中柏油公路7344公里，南北公路干线（国家公路1号线）正在分段修复中，东西向公路干线分别为南部的马普托走廊（国家公路4号线），中部的贝拉走廊（国家公路6号线）和北部的纳卡拉走廊。2017年，莫道路交通业产值同比增长32%。

水运：内河航线1500公里，海岸线2600多公里。有马普托、贝拉和纳卡拉等15个港口。其中马普托港始建于1544年，是莫最大港口，东非最大港口之一，也是非洲著名的现代化港口之一，现有25个码头，最大的水深14.3米，可停靠12万吨级船只，年吞吐能力为2500万吨，港内有铁路通往南非、津巴布韦和斯威士兰。贝拉港为莫第二大港，有12个码头，水深8—10米，年吞吐能力为500万吨，可容纳5万吨级货轮，港内铁路通往津巴布韦和马拉维。纳卡拉港为莫第三大港，有6个码头，年吞吐能力为220万吨，建有专门的煤码头并有铁路通往太特省煤炭产区。2017年，莫港口吞吐量总计4400万吨，同比增长26%。

空运：莫桑比克航空公司拥有大小飞机7架。首都与各省均有航线，国际航线通往南非、埃塞俄比亚、卡塔尔、土耳其、肯尼亚、葡萄牙等国。有大小机场20余个，其中国际机场4个。2017年9月，埃塞俄比亚航空公司和马拉维航空公司中标莫国内航线运营权，成为首批运营莫国内航线的外国航空公司。

【财政金融】全国共有19家商业银行，大部分为葡资参股银行，主要有千禧（莫桑比克）银行、标准银行、贸易和投资银行、巴克莱（莫桑比克）银行、国际贸易银行等。共有5家保险公司，主要有莫桑比克保险公司、忠诚保险等。

【对外贸易】随着MOZAL铝厂等几家大型合资企业建成投产，近年来莫外贸出口大幅上升，制造业已取代农业和渔业成为主要出口行业。莫主要出口产品是铝锭、煤炭、电力、天然气、重砂、对虾、糖、棉花、烟叶、木材等，主要进口产品为机械设备、汽车、石油、粮食等。近几年对外贸易情况如下（单位：亿美元）：

	2020	2021	2022
出口额	34.82	55.79	86.23
进口额	60.68	78.37	135.32
差　额	–25.86	–22.58	–49.09

（资料来源：《伦敦经济季评》）

【外国资本】1984年8月颁布《外国投资法》，1987年1月颁布《私人投资法》，鼓励国内外私人投资和兴办合资企业。1993年公布的新法规简化了投资审批手续。2017年，莫成立投资和出口促进局。2018年，莫吸引外资金额23亿美元，较2017年下降26%。中国是莫主要投资来源国之一。

【外国援助】莫独立后，国际组织和金融机构多次召开援助莫桑比克捐赠国会议，成立了由19个国家以及国际和地区组织组成的19国援助集团，通过无偿援助、信用贷款及减免债务等途径向莫提供经济援助。双边援助主要由德国、葡萄牙、意大利、瑞典、美国、英国、爱尔兰、日本等国提供。多边援助主要来自国际开发协会、欧盟、世界银行、非洲开发银行、联合国开发计划署、联合国粮食署、联合国难民署等。莫政府已明确提出未来国家发展将逐步降低对外援的依赖，更多依靠自身经济发展。2015年，德国、荷兰、比利时、挪威、丹麦5国退出19国集团。2016年4月媒体披露，莫政府为莫金枪鱼公司举借的8.5亿美元高息商业贷款提供主权担保，另有2笔总额超过10亿美元的主权担保贷款未向国际货币基金组织通报，美国、英国、14国集团、国际货币基金组织等多个西方援助国和国际组织因此暂停对莫国家预算提供直接经济援助，涉及金额近5亿美元。2018年1月，世界银行表示，2018—2021年将每年向莫提供4.1亿美元贷款，但将缩小发展援助规模，主要支持莫社会民生领域。2022年5月，世界银行公布2023—2027年新五年援莫桑比克计划，拟向莫提供总额约51亿美元融资、投资和援助，以支持莫减贫和就业增收计划。

人民生活

内战结束后，世界银行等国际组织出资帮助莫恢复或重建医院和医疗站。据莫国家统计局资料，2015年，全国共有医疗机构1435个。其中，医院64所，卫生中心1307个，卫生所164个。2018年，平均每1万人拥有7张床位、0.6名医生，预期人均寿命为58.9岁。

近年来，莫积极采取措施降低疟疾和肺结核死亡率，控制艾滋病传播。霍乱、腹泻、寄生虫和疟疾等主要传染病发病率降低8.1%。莫绝对贫困人口指数为54%。病死亡率为0.127%。2015年，莫艾滋病感染率为13.2%，是全球艾滋病感染率最高的10个国家之一。2019年，莫共有220万名艾滋病毒携带者，其中接受逆转录治疗患者人数超过100万。2016年，莫全国140万人粮食安全受到威胁，43%的儿童营养不良。联合国发布的《2021/2022年人类发展报告》显示，2021年莫桑比克人类发展指数为0.446，位列全球第185位。

（资料来源：联合国开发计划署）

军　事

莫军队设有陆海空三军和民事服役部队，实际兵力为步兵营7个、特种兵营3个、工兵营2个、运输营1个、炮兵连3个、海军陆战连2个及少量的后勤、通信、管理人员，共13000人左右。总统兼任武装部队总司令。总参谋部是军队的最高指挥机构。总参谋长为若阿金·曼格拉斯（Joaquim Mangrasse），2021年3月任命。国防军下设北部、中部和南部军区，其司令部分别设在楠普拉、贝拉和马托拉。实行义务兵役制，服役期2年。近年来，莫积极参与执行联合国的维和任务。曾先后向东帝汶、刚果（金）、科摩罗及布隆迪派兵参加联合国或非盟的维和部队。

文化教育

【教育】1983年改革教育制度，分为普通教育、成人扫盲教育、职业技术教育、教师培训和高等教育。小学实行义务教育，为7年制。1990年，再度实行教育制度改革，鼓励社会团体和私人办学。全国人均受教育1.6年。蒙德拉内大学是莫唯一综合性大学。1996年，成立了贝拉天主教大学和马普托理工科综合高等学院。受内战影响，1983—1992年约有60%的中小学校设施遭到破坏，约50万学生无法入学。1992年和平总协议签署后，国际社会资助莫政府陆续恢复和建设了一些学校。2014年，莫议会通过职业教育法，将职业技术教育作为莫教育系统的子系统，莫政府每年将为职业技术教育提供2400万梅蒂卡尔的预算。2022年起，莫初等教育由7年缩短至6年。据莫教育部统计，2022年，莫初等教育共有学校21684所，教师127181名，学生6861424名；中等教育共有学校1019所，教师28247名，学生1123086名。据莫国家统计局资料，莫文盲率达49.2%。

【新闻出版】全国性报刊10余种。主要有：《消息报》，1926年4月15日创刊，葡文日报，发行量2万多份，系莫官方背景媒体及全国最大报纸；《国家报》，莫最大传媒集团SOICO旗下报刊，2005年5月28日创刊，发行量2万多份；《莫桑比克日报》，1902年创刊，1981年改为现名，葡文日报，发行量2万份，该报为私营报纸；《星期天报》，1981年创刊，葡文周报；《时代》，1971年创刊，葡文周刊，发行量2.5万份；《挑战报》，1987年创刊，葡文体育周报。

莫桑比克通讯社：国家通讯社，1976年成立，使用葡萄牙语和英语发稿。

莫桑比克电台：官方电台，1975年成立，用葡语、英语和民族语言广播。对内广播19小时，对外约5小时。

莫桑比克电视台：国营，1981年成立，每周播出7天，每天播出18小时，通过卫星在全国播出，在各主要省份设有代表处和播出中心。

STV电视台：私营，2002年成立，全天播出，覆盖莫主要省市，与巴西媒体环球电视网和富图拉频道建有合作关系。

对外关系

奉行“广交友，不树敌”的独立、不结盟外交政策，主张在相互尊重主权和领土完整、平等、互不干涉内政和互利的原则基础上与其他国家发展友好合作关系。重视睦邻友好和地区经济合作。主张通过谈判解决国家之间的争端。支持在非洲联盟内部建立预防和解决冲突的机制，支持全面裁军的原则。主张南南合作，要求建立国际政治、经济新秩序。强调外交工作的宗旨是为国家发展和安全服务，重视经济外交。系联合国会员国，世界贸易组织成员，非洲联盟、南部非洲发展共同体、不结盟运动、英联邦、伊斯兰会议组织、环印度洋地区合作联盟、葡语国家共同体、非洲开发银行等国际和地区组织成员国。同119个国家有外交关系。2022年6月，莫桑比克以192票全票当选联合国2023—2024年联合国安理会非常任理事国。

【同中国的关系】1975年6月25日中莫建交后，两国关系发展顺利。2016年5月，中莫建立全面战略合作伙伴关系。

2020年1月，习近平主席特使、全国人大常委会副委员长蔡达峰赴莫出席莫总统纽西就职仪式。2月，纽西总统就新冠疫情向习近平主席致慰问信。疫情发生以来，中国政府向莫桑比克政府提供多批防疫物资援助。2021年6月，莫桑比克解放阵线党主席、总统纽西致信习近平总书记，祝贺中国共产党成立100周年。7月，纽西总统以视频方式出席中国共产党与世界政党领导人峰会并发言。11月，莫桑比克外长马卡莫率团出席中非合作论坛第八届部长级会议。2022年9月，全国政协主席汪洋同莫桑比克议长比亚斯举行视频会晤。11月，纽西总统以视频方式出席第五届中国国际进口博览会开幕式并致辞。

据中国海关总署统计，2022年，中莫双边贸易额为46.3亿美元，同比增长14.9%。其中，中国出口额为32.9亿美元，同比增长14%；中国进口额为13.4亿美元，同比增长17.1%。中方向莫主要出口机电设备、服装及纺织品、车辆及零件、陶瓷产品、家居产品、塑料制品、橡胶制品、玻璃制品、光学仪器、钢铁、矿物燃料、金属制品等，从莫主要进口木材及其制品、矿砂、油料作物、水产品、金属及其制品、首饰等。自2022年9月1日起，中方给予莫方98%输华产品免关税待遇。

两国签有文化合作协定、科学技术合作协定、互免持外交和公务护照人员签证协议等。

2011年4月，中方与莫方合作在莫首都马普托建立蒙德拉内大学孔子学院。截至2018年底，中方共接收莫奖学金生408名。2018年，莫在华留学生659人，其中政府奖学金生226人。自1976年起，中方先后向莫派出24批医疗队，共359人次。

中国已将莫桑比克列为中国公民自费出境旅游目的地国。

湖北省与加扎省、海南省与楠普拉省互为友好省份，上海市与马普托市、成都市与马普托市互为友好城市。2014年9月，莫桑比克在澳门开设总领事馆。

中国驻莫桑比克大使：王贺军。馆址：Av. Julius Nyerere No.3142，Maputo，Mozambique。电话：00258–21491560；传真：21491196。经商处电话：00258–21491560–8027；传真：21491196。

莫桑比克驻华大使：玛丽亚·古斯塔瓦（Maria Gustava，女）。馆址：北京市朝阳区塔园外交人员办公楼1单元7楼2号。电话：010–65323664，65323578；传真：65325189。

【同美国的关系】莫桑比克独立后不久即同美国建交。1982年后两国关系得到改善和发展。美国先后取消对莫提供经援和军援的禁令。美曾参与推动莫国内和平进程。目前，莫为撒哈拉以南非洲接受美国援助较多的国家，是美国《非洲增长与机遇法案》的受惠国。2004年，美国宣布莫桑比克成为第一批有资格从“千年挑战账户”计划中申请资金援助的16个国家之一。2019年6月，美非商业峰会在马普托举行，美商务部副部长凯利赴莫出席。2021年1月，美国防部政策副次长塔塔访莫。7月，美国务卿布林肯与纽西总统通电话。2022年6月，美副国务卿纽兰访莫。7月，美副国务卿泽亚访莫。12月，纽西总统赴美出席美非峰会，会见美国务卿布林肯。

【同葡萄牙的关系】葡萄牙原是莫桑比克宗主国，两国政治、经济关系密切。葡曾参与推动莫和平进程，并为莫培训新军及警察。2020年1月，葡总统德索萨赴莫出席纽西总统连任就职仪式。11月，纽西总统与葡总理科斯塔通电话。12月，葡国防部长克拉维尼奥访莫。2021年1月，葡外长席尔瓦作为欧盟外交与安全政策高级代表博雷利特使访莫。5月，莫国防部长内托访葡。2021年7月和2022年6月，葡外交部外交与合作国秘安德烈先后两次访莫。2022年11月，纽西总统应邀对葡进行工作访问。

【同其他欧洲国家的关系】莫桑比克重视发展同欧洲国家的关系。北欧诸国为莫传统的援助国。英国、法国、瑞士、瑞典、芬兰等国每年对莫都有数千万美元的固定财政和物资援助。英法还曾积极参与莫和平进程，为莫培训国防军。西班牙曾为莫培训警察。2020年1月，纽西总统赴英国出席首届英国非洲投资峰会。2月，挪威王储哈康、法国外长勒德里昂先后访莫。2021年5月，纽西总统赴法国巴黎出席非洲经济体融资峰会，并会见法国总统马克龙。2022年7月，意大利总统马塔雷拉访莫。11月，纽西总统应邀访问芬兰。

【同其他非洲国家的关系】积极发展同其他非洲国家特别是南部非洲周边国家的关系，实行睦邻政策。邻国南非是莫主要投资国之一，两国政治、经贸关系密切。莫是非洲联盟、南部非洲发展共同体、非洲开发银行等地区组织成员国。莫与博茨瓦纳、南非、斯威士兰等签署了互免签证协议，便利人员往来。2011年，莫与科摩罗、坦桑尼亚等签署了《莫桑比克与科摩罗关于确定海上边界的协议》《莫桑比克与坦桑尼亚关于确定海上边界的协议》《莫桑比克、坦桑尼亚和科摩罗关于确定海上边界三方分界点的协议》，并与赞比亚完成了陆地边界的界定。2020年1月，南非、津巴布韦、纳米比亚、赞比亚、博茨瓦纳、佛得角、卢旺达、毛里求斯、塞舌尔、斯威士兰、赤道几内亚等非洲国家元首和政府首脑出席纽西总统连任就职仪式。8月，纽西总统出席南部非洲发展共同体第40届首脑会议，莫桑比克当选2020/2021年度南共体轮值主席国。2021年1月，纽西总统在坦桑尼亚会见坦总统马古富力。2月，纽西总统出席第34届非盟峰会。4月，纽西总统在卢旺达首都基加利会见卢总统卡加梅。6月，纽西总统出席南共体特别峰会。同月，访问津巴布韦并会见津总统姆南加古瓦。7月，纽西总统赴赞比亚首都卢萨卡参加赞开国总统卡翁达葬礼。11月，纽西总统访问马拉维并会见查克维拉总统。2022年5月，纽西总统对加纳进行工作访问。8月，纽西总统赴安哥拉出席安前总统多斯桑托斯葬礼。9月，纽西总统赴肯尼亚出席鲁托总统就职仪式。12月，纽西总统对马拉维进行工作访问。

【同其他亚洲国家的关系】近年来，莫积极加强同日本、印度、越南、韩国等亚洲国家在能源和矿产资源开发、人员培训、农业等领域的合作，不断扩大经贸往来，吸引亚洲国家对莫投资港口、铁路等基础设施和能源。日本是莫主要援助国之一，主要投资领域为天然气和矿产开发。2019年7月，印度国防部长辛格访莫。8月，莫经济和财政部长马莱阿内作为纽西总统代表赴日本出席东京非洲发展国际会议横滨峰会。11月，莫国防部长姆图穆克访问印度。2021年11月，纽西总统对韩国进行工作访问，出席海上浮式平台启航仪式。2022年3月，纽西总统对约旦进行工作访问。7月，莫议长比亚斯访问印度。10月，纽西总统对阿联酋进行工作访问，莫国防部长楚梅赴印度出席第十二届印度国防展览及印非对话会并会见印防长辛格。11月，韩国国务总理韩德洙对莫进行工作访问。（陆隽）

纳米比亚

国名 纳米比亚共和国（The Republic of Namibia）。

面积 824269平方公里。

人口 257万（2022年）。88%为黑人，白人和有色人约占总人口的12%。奥万博族是最大的民族，占总人口的50%。其他主要民族有：卡万戈、达马拉、赫雷罗、卡普里维、纳马、布什曼、雷霍伯特和茨瓦纳族。官方语言为英语，通用阿非利卡语、德语、广雅语、纳马语及赫雷罗语。90%的居民信仰基督教新教，其余信奉原始宗教。

首都　温得和克（Windhoek），人口40.5万（2022年）。年最高气温30℃，最低气温7℃。

国家元首　总统哈格·根哥布（Hage Geingob），2014年11月当选，2015年3月21日就职，2019年11月赢得连任，并于2020年3月就职，任期5年。

重要节日　元旦：1月1日；独立日：3月21日；劳动节：5月1日；非洲日：5月25日；英雄日：8月26日；人权日：12月10日；圣诞节和家庭日：12月25日和26日。

简　况

原称“西南非洲”，北同安哥拉、赞比亚为邻，东、南毗博茨瓦纳和南非，西濒大西洋。海岸线长1600公里。全境大部分地区在海拔1000—1500米。西部沿海和东部内陆地区为沙漠，北部为平原。主要河流有奥兰治河、库内内河和奥卡万戈河。气候燥热少雨，年均气温18℃—22℃，分春（9—11月）、夏（12月至次年2月）、秋（3—5月）、冬（6—8月）四季。

15—18世纪，葡萄牙、荷兰、英国等殖民者先后侵入。1890年被德国占领。1915年，南非参加协约国对德作战，出兵占领西南非洲。1920年，国际联盟委托南非统治西南非洲。1949年，南非非法吞并西南非洲。1960年4月，西南非洲人民组织（简称“人组党”）成立，开始进行争取民族独立的斗争。1966年，联合国通过决议，取消南非对西南非洲的委任统治。1968年，联合国大会根据西南非洲人民的意愿决定将西南非洲更名为纳米比亚。1978年，联合国安理会通过第435号决议，支持纳实现独立。1989年，在联合国监督下举行制宪议会和总统选举，人组党获胜，其候选人努乔马当选总统。1990年3月21日宣布独立。

政　治

纳米比亚独立后，政局一直保持稳定。人组党政府重视教育、卫生、基础设施建设等，注重人民生活的改善，经济社会事业不断发展。2014年11月，纳举行独立后第5次议会和总统大选，根哥布作为人组党总统候选人参加竞选，以87%的得票率当选，于2015年3月21日就职。人组党赢得国民议会全部104个议席中的85席。2019年11月，纳举行独立后第6次议会和总统大选，根哥布总统以56.3%的得票率胜选连任，并于2020年3月21日就职。人组党赢得国民议会96个直选议席中的63席。

【宪法】现行宪法于1990年2月制定。宪法规定：纳实行三权分立、两院议会和总统内阁制，总统为国家元首、政府首脑兼武装部队总司令，任期5年，不得超过两任；经内阁建议，总统可以宣布解散国民议会并举行全国大选；同时总统应辞职并在议会解散后的90天内选举新的总统；修改宪法须经议会两院各2/3多数通过等。2014年8月纳议会通过第4次宪法修正案，内容包括增加国民议会和全国委员会席位，设立副总统职位等。

【议会】由国民议会和全国委员会组成。根据2014年新通过的宪法修正案，国民议会由直接选举和按比例代表制产生的96名议员和总统指定的不超过8名议员组成，每届任期5年。本届国民议会于2020年3月组成，共104个议席，在96个直选议席中，人组党占63席，另有总统提名议员8名，任期至2025年3月。本届国民议会议长为彼得·卡贾维维（Peter Katjavivi），2015年3月就职，并于2020年3月连任。

根据2014年通过的宪法修正案，全国委员会由全国14个区委员会选举的42名代表组成。每年至少举行两次会议。总统无权解散全国委员会。第6届全国委员会于2020年12月15日宣誓就职，人组党委员卢卡斯·穆哈（Lucas Muha）当选本届委员会主席。

【政府】本届政府于2020年3月组成。现主要成员有：总统哈格·根哥布，副总统南戈洛·姆奔巴（Nangolo Mbumba），总理莎拉·库贡盖卢瓦–阿马蒂拉（Saara Kuugongelwa-Amadhila，女），副总理兼国际关系与合作部长内通博·南迪–恩代特瓦（Netumbo Nandi-Ndaitwah，女），总统事务部长克里斯蒂娜·赫贝斯（Christine Hoebes，女），国防和老兵事务部长彼得·哈费尼·维罗（Peter Hafeni Vilho），内政、移民与安全保卫部长弗兰斯·卡波菲（Frans Kapofi），工业和贸易部长露西亚·伊蓬布（Lucia Iipumbu，女），财政部长伊蓬布·希米（Iipumbu Shiimi），教育、艺术与文化部长卡安娜·恩吉蓬多卡（Anna Nghipondoka，女），体育、青年与国家服务部长阿格尼丝·琼加雷罗（Agnes Tjongarero，女），工程和运输部长约翰·穆托尔瓦（John Mutorwa），信息化与通信技术部长佩亚·穆舍伦加（Peya Mushelenga），性别平等、减贫与社会福利部长多琳·西奥卡（Doreen Sioka，女），农业、水资源和土地改革部长卡勒·舍尔特魏因（Calle Schelttwein），城乡发展部长埃拉萨图斯·乌托尼（Erasatus Uutoni），卫生与公共服务部长卡伦比·尚古拉（Kalumbi Shangula），高等教育、技术与创新部长伊塔·坎吉–穆兰吉（Itath Kandjii-Murangi，女），环境、林业与旅游部长波汉巴·希费塔（Pohamba Shifeta），渔业与海洋资源部长阿尔伯特·卡瓦纳（Albert Kawana），司法部长伊冯娜·道萨布（Yvonne Dausab，女），劳工、劳资关系与就业创造部长乌托尼·努乔马（Utoni Nujoma），公共企业部长莱昂·朱斯特（Leon Jooste），矿业与能源部长托马斯·阿尔温多（Tom Alweendo）。

【行政区划】全国划分为14个行政区。分别是库内内区、奥穆萨蒂区、奥沙纳区、奥汉圭纳区、奥希科托区、西卡万戈区、东卡万戈区、卡普里维区、奥乔宗朱帕区、埃龙戈区、奥马海凯区、霍马斯区、哈达普区、卡拉斯区。

【司法机构】由最高法院、区法院和地方法院组成。最高法院大法官和总检察长由总统商内阁和司法咨询委员会后任命。区和地方法院法官由司法部长任命。最高法院大法官彼得·希武特（Peter Shivute），总检察长艾伯特·卡瓦纳（Albert Kawana）。

【政党】有大小政党40多个，主要政党有：

（1）西南非洲人民组织（South West African People's Organization，SWAPO-PARTY）：简称"人组党"。执政党。1960年4月19日成立，前身是1958年成立的奥万博兰人民组织，得到纳最大民族奥万博族及其他社会阶层的广泛支持。1966年8月开始武装斗争。1989年11月在制宪议会选举中获胜，成为执政党。1991年12月举行纳米比亚独立后的第一次全国代表大会，决定从民族解放组织转变为群众性政党。2022年11月召开第七次全国代表大会，根哥布、恩代特瓦分别当选连任主席和副主席，索菲娅·沙宁瓦（Sophia Shaningwa，女）当选连任总书记。

（2）大众民主运动（Popular Democratic Movement）：原称"特恩哈尔民主联盟"，2018年1月改为现名。由白人共和党联合10个民族集团于1977年11月成立，1989年经重新组合后包括12个政党和派别，宣称"既反对共产主义，也反对种族主义"。2003年，其重要成员共和党和全国团结民主组织相继宣布退盟。现任主席麦克亨利·韦纳尼（McHenry Venaani）。该党在2019年大选中获得16个议席。目前为第一大反对党。

（3）民主与进步大会（Rally for Democracy and Progress）：2007年11月，由前外交部长希迪波·哈穆滕尼亚和前矿业与能源部长杰萨亚·恩亚穆共同组建。在2009年11月举行的大选中首次参选并在国民议会中获8个席位。主张进一步巩固民主、尊重人权，反对独裁和威权体制，反对个人崇拜；加大减贫力度，积极推动社会经济发展。该党在2019年大选中获得1个议席。

【重要人物】**哈格·根哥布**：总统。1941年8月3日出生于纳北部奥乔宗朱帕省，达马拉族。1964—1974年在美国期间获得政治学学士、硕士学位，2004年获英国利兹大学政治学博士学位。青年时代投身纳解放运动，参与创建人组党，系纳独立宪法起草人之一。1975—2002年担任人组党政治局委员。1990年3月纳独立后出任总理，并连任至2002年。2002年8月退出纳政坛，2003年移居美国，受邀请担任政府间国际组织"非洲事务全球联盟"执行书记。2004年重返政坛。2007年重新当选人组党政治局委员，出任人组党副主席、国民议会党团领袖。2008年4月任贸易与工业部长。2012年再次出任总理。在2014年11月举行的大选中当选总统，2015年3月21日就职。2019年11月，纳米比亚举行第6次大选，根哥布胜选连任总统。

经　济

世界上海洋渔业资源最丰富的国家之一，铀、钻石等矿产资源和产量居非洲前列。矿业、渔业和农牧业为三大传统支柱产业，种植业、制造业较落后。独立后，人组党政府先后制定了五个五年经济发展计划及2030年远景规划，大力吸引外资，发展制造业、矿产品加工业、旅游业和金融服务业，扶持黑人企业发展，同时注意维护白人合法利益。纳经济保持平稳增长。受国际金融危机影响，经济增速一度有所放缓。为此，纳政府采取加大基础设施建设和矿产资源开发投入、刺激消费等措施，取得良好成效。根哥布总统上任以来，将消除贫困、缩小贫富差距、实现工业化作为施政重点，致力于民生改善和国家经济独立，取得一定实效。新冠疫情暴发后，纳旅游业等支柱产业遭受重创，经济发展较为困难。2022年7月，纳政府宣布成功遏制疫情，全面取消防疫措施，各项经济社会活动逐步重回正轨。在采矿业、农牧渔业、旅游业持续复苏带动下，纳经济逐步回升。2022年主要经济数据如下：

国内生产总值：126.1亿美元。

人均国内生产总值：约4911美元。

国内生产总值增长率：4.6%。

货币名称：纳米比亚元（简称"纳元"）。

汇率：1美元≈18.16纳元。

通货膨胀率：6.1%。

外债总额：83亿美元。

外汇储备：27.8亿美元。

（资料来源：世界银行）

【资源】矿产资源十分丰富，素有"战略金属储备库"之称。主要矿藏有：钻石、铀、铜、铅、锌、金等。

【工业】制造业不发达，80%的市场由南非控制。制造企业约300家，90%以上为小规模私人企业，主要行业有食品饮料、纺织服装、皮革加工、木材加工和建材化工等。矿业是纳传统支柱产业，90%的矿产品出口，主要生产氧化铀、钻石、黄金等。2020年纳铀产量约5413吨。纳是重要钻石供应国。近年来，纳钻石销售市场扩大，除了美国，还销往中东和日本等地。

【农业】纳70%的人口生活在农村地区，农业吸纳了纳65%的劳动力。种植业一直较落后。全国可耕地面积6900万公顷，主要粮食作物有玉米、高粱和小米等。由于雨量稀少，土地贫瘠，农作物产出率低且不稳定，粮食不能自给。目前，70%的粮食依靠进口，主要来自南非。政府正在推行"绿色农业计划"，力求增加粮食产量。畜牧业较发达，85%的可耕地被用来发展畜牧业，收入占农牧业总收入的88%，以养牛、羊为主，每年养牛180万—300万头，养羊400万只，大部分出口南非和欧洲。所产紫羔羊皮驰名世界。近年来，畜牧业作为纳农业支柱的地位继续得到巩固。纳渔业资源丰富，捕鱼量位居世界前10名，主产鳕鱼、金枪鱼、沙丁鱼、荚鱼、龙虾和蟹，其中90%供出口。

【旅游业】旅游业较发达，产值占国内生产总值的

15%左右。海滩、自然保护区等旅游景点集中在北部和南部地区，其中北部的艾淘沙公园闻名世界。1997年，纳成为世界旅游组织成员。

近年来，赴纳国际游客逐年递增。2016年，共有147万外国游客赴纳观光。纳发展旅游业条件优越，地形地貌丰富多彩，生物多样化特点突出，注重生态保护以及交通基础设施相对完善。

【交通运输】基础设施较发达。

铁路：总长2600公里。平均每年客运量60.2万人次，货运周转量68.7万吨/公里。

公路：总长约6.4万公里，其中沥青路5000公里。年均客运量5万人次，货运量18万吨。

水运：沃尔维斯湾是纳唯一深水港和西南非地区最大的贸易和渔港，年吞吐量约200万吨。

空运：纳米比亚航空公司经营的国际和地区航线通往法兰克福、开普敦、约翰内斯堡、卢萨卡、哈拉雷和罗安达等城市，国内航线通往纳各主要城市及一些偏远城市。纳各大城市均有机场。

【财政金融】纳是南部非洲关税同盟和兰特货币区成员国。财政金融大权集中于中央，90%的财政收入源于税收。从南部非洲关税同盟所得收入占每年财政收入的20%—30%。另据调查，纳65%的银行为外国资本掌握。

【对外贸易】主要出口矿产品、渔产品、畜牧产品及初级加工产品，其中钻石出口占出口收入总额的33%。经济对进口依赖性强，绝大部分生产、生活资料需要进口。接近90%的进口商品来自南非。主要出口市场为南非、英国、美国等。近几年进出口情况如下（单位：百万美元）：

	2019	2020	2021
出口额	3879	3164	3540
进口额	5181	4072	5466
差　额	–1302	–908	–1926

（资料来源:《伦敦经济季评》）

人民生活

纳米比亚虽为中等收入国家，但贫富差距较大。纳政府重视提高人民的医疗卫生条件，医疗卫生经费占财政总预算的9%左右。经过多年努力，纳艾滋病感染率趋于稳定。艾滋病母婴传播比例从2005年的20%降至2013年的4%，新增病例数量降低了50%。同时实现了85%的治疗覆盖率。联合国发布的《2021/2022年人类发展报告》显示，2021年纳米比亚人类发展指数为0.615，位列全球第139位。（资料来源：联合国开发计划署）

军　事

独立后，政府在整编前纳米比亚解放军和前西南非洲地方军的基础上，建立起一支统一的国防军，总兵力1.9万人。其中，陆军1.67万人，空军1100人，海军1200人；另有警察部队1.4万人。

文化教育

【教育】独立后建立普及教育制度，2012年实现小学免费义务教育。全国拥有1500所中小学校和特种学校。纳米比亚大学是全国唯一的综合性大学，建于1993年，有学生4000多人；另有10多所中等技术学校和师范学校。近年来，纳教育投入持续增加，教育拨款从2000年的18亿纳元提高到2018年的150.5亿纳元，占预算总额的24%。目前，初等教育入学率达93.6%，高中入学率为49.5%，高等教育普及率为24%。纳全国识字率从独立时不到75%上升至目前的90%。纳还分别与南非、德国、中国等签署了联合研究和科技合作文件，但教育事业发展仍面临辍学率和不及格率过高、教师严重缺乏和教学质量不尽如人意等挑战。

【新闻出版】全国有192家新闻机构和组织。有报刊10余种，主要报刊和发行量为:《纳米比亚人报》（1万份），1985年创刊;《共和者报》（1万份），1977年创刊;《大众民主运动机关报》，有英、德、南非（阿非利卡）文;《新时代报》（7000份），人组党报;《温得和克广告者报》（1.1万份）。

纳米比亚广播公司为全国性广播和电视机构，成立于1990年，其前身是1979年成立的西南非洲广播公司，产权为国家所有。下设广播电台，用英、德、南非阿非利卡语和13种地方语广播。电视台主要用英语播出节目。纳米比亚通讯社为半官方通讯社。南非在纳设有电视转播站。

近年来，纳国有新闻、通信产业业绩突出。移动通信核心骨干网络进行了升级改造。随着信号传送基站建设速度加快，纳广播公司调频广播和电视信号的覆盖范围分别达到全国的98%和68%。纳通社第一次开通全天多媒体新闻服务，并在全国设立了6个分部，地方新闻采访能力明显提高。

对外关系

纳米比亚迄今已与150个国家建立外交关系。奉行不结盟、睦邻友好的外交政策，强调外交为经济建设服务，支持加强非洲国家间的合作，主张建立国际政治经济新秩序、加强南南合作、南北对话。注重周边外交。加强同周边国家、亚洲国家的经贸往来。

【同中国的关系】中纳于1990年3月22日建交，两国关系顺利发展，近年高层往来频繁。2018年3月，根哥布总统来华进行国事访问。5月，全国人大常委会委员长栗战书访纳。9月，根哥布总统来华出席中非合作论坛北京峰会。2019年6月，中纳两国外交部举行第四次政治磋商。11月，国务院副总理孙春兰访纳。2020年1月，根哥布总统就新冠疫情向习近平主席致慰问信。4月，习近平主席同根哥布总统通电话。疫情发生以来，中国政府向纳米比亚政府提供多批防疫物资援助。2021年7月，根哥布总统以视频方式出席中国共产党与世界政党领导人峰会并发言。

据中国海关总署统计，2022年，中纳双边贸易额为11.5亿美元，同比增长1.7%。其中，中国出口额为5.6亿美元，同比增长40.6%；中国进口额为5.9亿美元，同比减少19.2%。中国主要出口机电产品、纺织品、家具等，主要进口天然铀、矿产品（铅、锰、铜矿砂）等。两国政府签有文化、教育合作协定。2012年5月，中国地质大学同纳米比亚大学合作建立纳米比亚大学孔子学院。中国派遣了多名教授和讲师赴纳米比亚任教。自1994年至2017年底，中国共接受纳米比亚奖学金留学生262名。2020—2021学年，在华就读的纳米比亚学生总数为363名。中国在纳米比亚派有医疗队，共派遣15批60人次。中国于2005年12月宣布纳米比亚为中国公民出境旅游目的地国。中纳还签署了引渡条约和司法协助条约。迄今，两国共有13对友好省（市）。2018年6月，在重庆举行的2018中国足协中国之队国际足球赛上，中纳两国U23国家男子足球队进行了友谊赛。2019年8月，中国航天员代表团访纳。

中国驻纳米比亚大使：张益明。馆址：28 Hebenstreit Street，Windhoek 9000，Namibia，P.O.Box 22777，Windhoek。电话：264–61–402656；传真：402655，402659。

纳米比亚驻华大使：伊莱亚·乔治·凯亚莫（Elia George Kaiyamo）。馆址：北京市朝阳区塔园外交人员办公楼2–9–2。电话：010–65324810，65324811，65322211；传真：65324549。

【同其他非洲国家的关系】纳米比亚重视发展同其他非洲国家，特别是南部非洲发展共同体国家的关系。主张南共体国家建立促进贸易、投资、地区经济发展的共同机制，支持南共体政治、防务与安全机构的工作。支持非盟主导非洲事务。2018年8月至2019年8月，纳担任南部非洲发展共同体轮值主席。2022年9月，根哥布总统赴安哥拉出席洛伦索总统连任就职仪式。

【同欧盟及西欧、北欧国家的关系】同西欧、北欧国家有密切的经贸联系，德国、瑞典、挪威、法国是纳米比亚主要的援助国。纳独立后即加入洛美协定并与西欧、北欧国家签有多项经贸、文化和技术合作协定。欧盟向纳主要援助领域包括教育、乡村发展、能力和基础设施建设、政府管理和非政府组织活动等，旨在帮助纳促进减贫和实现可持续增长。纳与德国关系特殊，目前在纳有近4万德裔白人，有30所学校教授德语。2014年同欧盟就《经济伙伴协定》达成共识。2021年，与德国就种族屠杀达成和解协议。2022年11月，根哥布总统在埃及举行的联合国气候变化大会期间，同欧盟委员会主席冯德莱恩签订纳欧战略伙伴关系协议。

【同美国的关系】美是纳米比亚主要援助国之一，每年向纳提供1000万—1500万美元的双边和地区发展基金。美国公司占外国在纳公司的1/3以上。美和平队青年志愿者计划自纳独立伊始即开始实施，目前，约有100名青年志愿者在纳政府机构、中小企业、诊所、学校和社区组织开展志愿服务。2001年，纳获得美《非洲增长与机遇法案》受惠国待遇。2006年，美接受纳为“千年挑战账户”受惠国。2019年6月，根哥布总统赴莫桑比克出席美非商业峰会。

【同其他国家的关系】近年来，纳米比亚推行多元化外交。2015—2018年，根哥布总统共出访47个国家，平均每年12国。此外，纳米比亚积极推行“东向”政策，加强同亚洲国家的合作。在高度重视对华关系的同时，积极加强同日本、印尼、印度、泰国、越南、马来西亚、新加坡等国在天然气开发、公务员培训、远程教育、农业、海洋渔业、港口建设、人力资源、旅游等领域的合作，扩大经贸往来。2019年8月，根哥布总统赴日本出席东京非洲发展国际会议横滨峰会。10月，根哥布总统赴俄罗斯出席首届俄非峰会。

（孙优扬）

南　非

国名　南非共和国（The Republic of South Africa）。

面积　1219090平方公里。

人口　6200万（2022年）。分黑人、有色人、白人和亚裔四大种族，分别约占总人口的81%、8.8%、7.6%和2.6%。黑人主要有祖鲁、科萨、斯威士、茨瓦纳、北索托、南索托、聪加、文达、恩德贝莱9个部族，主要使用班图语。白人主要为阿非利卡人（以荷兰裔为主，融合法国、德国移民形成的非洲白人民族）和英裔白人，语言为阿非利卡语和英语。有色人主要是白人同当地黑人所生的混血种人，主要使用阿非利卡语。亚裔主要是印度人（占绝大多数）和华人。有11种官方语言，其中英语和阿非利卡语为通用语言。约80%的人口信仰基督教新教，其余信仰原始宗教、伊斯兰教、印度教等。

首都　比勒陀利亚（Pretoria）为行政首都，人口274万（2022年）；开普敦（Cape Town）为立法首都，人口477.3万（2022年）；布隆方丹（Bloemfontein）为司法首都，人口58.8万（2022年）。

国家元首　总统西里尔·拉马福萨（Cyril Ramaphosa），2018年2月就任，2019年5月连任。

重要节日　新年：1月1日；人权日：3月21日；耶稣受难日：复活节前的星期五；复活节；家庭日：复活节后的星期一；自由日（国庆日）：4月27日；劳动节：5月1日；青年节：6月16日；妇女节：8月9日；传统节：9月24日；和解日：12月16日；圣诞节：12月25日；友好日：12月26日。

简　况

位于非洲大陆最南端，东濒印度洋，西临大西洋，北邻纳米比亚、博茨瓦纳、津巴布韦、莫桑比克和斯威士兰，另有莱索托为南非领土所包围。海岸线长约3000公里。全国大部分地区属热带草原气候。

最早的土著居民是桑人、科伊人及后来南迁的班图人。17世纪后，荷兰人、英国人相继入侵并不断将殖民地向内地推进。19世纪中叶，白人统治者建立起4个政治实体：2个英国殖民地，即开普、纳塔尔殖民地；2个布尔人共和国，即德兰士瓦共和国和奥兰治自由邦。1899—1902年，英布战争以英国人艰难取胜告终。1910年，4个政治实体合并为“南非联邦”，成为英国自治领。南非当局长期在国内以立法和行政手段推行种族歧视和种族隔离政策。1948年，国民党执政后，全面推行种族隔离制度，镇压南非人民的反抗斗争，遭到国际社会的谴责和制裁。1961年，退出英联邦（1994年重新加入），成立南非共和国。1989年，德克勒克出任国民党领袖和总统后，推行政治改革，取消对黑人解放组织的禁令并释放非洲人国民大会（简称“非国大”）主席纳尔逊·曼德拉等黑人领袖。1991年，非国大、南非政府、国民党等19方就政治解决南非问题举行多党谈判，并于1993年就政治过渡安排达成协议。1994年4—5月，南非举行首次不分种族大选，以非国大为首的非国大、南非共产党、南非工会大会三方联盟以62.65%的多数获胜，曼德拉出任南非首任黑人总统，非国大、国民党、因卡塔自由党组成民族团结政府。

政　治

以非国大为主体的民族团结政府奉行和解、稳定、发展的政策，妥善处理种族矛盾，全面推行社会变革，努力提高黑人的政治、经济和社会地位，实现由白人政权向多种族联合政权的平稳过渡。1996年，国民党退出民族团结政府，非国大领导的三方联盟基本实现单独执政。非国大继续奉行种族和解政策，努力保持社会稳定，不断提高黑人社会地位和生活水平，连续赢得1999年和2004年大选。2008年9月21日，总统塔博·姆贝基在被非国大召回后宣布辞职。9月25日，国民议会选举非国大副主席卡莱马·莫特兰蒂为新总统。2009年4月22日，南非举行第四次民主选举。非国大以65.9%的得票率再次赢得选举胜利，并在除西开普省以外的8省选举中获胜。反对党民主联盟取得西开普省选举胜利。5月6日，国民议会选举非国大主席祖马为南非新总统。2014年5月7日，南非举行第五次大选，非国大以62.15%的得票率再次胜选，祖马连任总统，拉马福萨任副总统。2017年12月16—20日，非国大举行第54次全国代表大会，非国大原副主席、副总统拉马福萨当选非国大主席。2018年2月14日，祖马总统在被非国大召回后宣布辞职。2月15日，国民议会选举拉马福萨为新总统，拉于当日宣誓就职。2019年5月8日，南非举行第六次大选，非国大以57.5%的得票率再次胜选，拉马福萨连任总统，马布扎任副总统。2022年12月，非国大举行第55次全国代表大会，拉马福萨连任非国大主席，马沙蒂莱当选非国大副主席。2023年2月，马布扎辞去副总统职务。3月，保罗·马沙蒂莱（Paul Mashatile）任副总统。

【宪法】1994年临时宪法是南非历史上第一部体现种族平等的宪法。1996年，在临时宪法基础上起草的新宪法被正式批准，并于1997年开始分阶段实施。宪法规定实行行政、立法、司法三权分立制度，中央、省级和地方政府相互依存，各行其权。宪法中的人权法案被称为南非民主的基石，明确保障公民各项权利。修改宪法序言须国民议会3/4议员和省务院中的6省通过；修改宪法其他条款须国民议会2/3议员通过；如修宪部分涉及省级事务条款，须省务院中的6省通过。

【议会】实行两院制，分为国民议会和全国省级事务委员会（简称“省务院”），任期均为5年。本届议会由2019年5月举行的全国和9省选举产生。国民议会共设400个议席，其中200个席位根据全国选举结果分配，另200个席位根据省级选举结果分配。非国大获230席，民主联盟84席，经济自由斗士44席，因卡塔自由党14席，新自由阵线10席，其余席位由非洲基督教民主党、联合民主运动等政党占有。国民议会议长诺西维韦·马皮萨-恩卡库拉（Nosiviwe Mapisa-Nqakula，非国大，女）。省务院共90名代表，每省10名代表，分别由省长、3名特别代表（由省长任命）和6名常任代表（由省议会选派，依各政党在省议会中的比例选出）组成。省务院主席阿莫斯·马桑多（Amos Masondo，非国大）。南非国民议会和省务院下设与政府各部门相对应的专门委员会、临时委员会和两院联合委员会。

【政府】分为中央、省和地方三级。现内阁成员名单如下：总统西里尔·拉马福萨，副总统保罗·马沙蒂莱，总统府部长昆布佐·恩特沙韦尼（Khumbudzo Ntshavheni），国际关系与合作部长娜莱迪·潘多尔（Naledi Pandor，女），农业、土地改革和农村发展部长托科·迪迪扎（Thoko Didiza，女），基础教育部长安吉·莫采卡（Angie Motshekga，女），通信和数字技术部长蒙德利·冈古贝尔（Mondli Gungubele），联合执政和传统事务部长滕比·恩卡迪蒙（Thembi Nkadimeng，女），国防和退伍军人部长坦迪·莫迪塞（Thandi Modise），森林、渔业和环境部长芭芭拉·克里西（Barbara Creecy，女），就业和劳动部长图拉斯·恩克塞西（Thulas Nxesi），财政部长埃诺赫·戈东瓜纳（Enoch Godongwana），卫生部长乔·法赫拉（Joe Phaahla），高等教育和科学创新部长布莱德·恩齐曼迪（Blade Nzimande），内政部长阿伦·莫措阿莱迪（Aaron Motsoaledi），人居部长玛莫罗科·库巴伊（Mmamoloko Kubayi，女），水利和公共卫生部长森佐·姆许努（Senzo Mchunu），司法和狱政部长罗纳德·拉莫拉（Ronald Lamola），矿产资源和能源部长格韦德·曼塔谢（Gwede Mantashe），警察部长贝基·塞莱（Bheki Cele），总统府妇女、青年及残障部长恩科萨扎娜·德拉米尼–祖马（Nkosazana Dlamini-Zuma，女），总统府规划、监督和评估部长马罗佩妮·拉莫科帕（Maropene Ramokgopa，女），总统府电力部长科西恩乔·拉莫科帕（Kgosientsho Ramokgopa），国有企业部长普拉温·戈尔丹（Pravin Gordhan），公共服务及管理部长诺克索洛·基维特（Noxolo Kiviet，女），公共工程和基础设施部长西赫莱·齐卡拉拉（Sihle Zikalala），小企业发展部长丝特拉·恩达贝尼–亚伯拉罕斯（Stella Ndabeni-Abrahams，女），社会发展部长琳迪韦·祖卢（Lindiwe Zulu，女），体育、艺术和文化部长齐齐·科杜瓦（Zizi Kodwa），旅游部长帕特里夏·德利莱（Patricia De Lille，女），贸易、工业和竞争部长易卜拉欣·帕特尔（Ebrahim Patel），交通部长辛迪西韦·奇昆加（Sindisiwe Chikunga）。

【行政区划】全国共划分为9个省，设有278个地方政府，包括8个大都市、44个地区委员会和226个地方委员会。

【司法机构】司法体系基本分为法院、刑事司法和检察机关三大系统。法院由宪法法院、最高上诉法院、高等法院、地方法院等组成。宪法法院首席大法官雷蒙德·宗多（Raymond Zondo）。最高上诉法院院长马胡贝·贝蒂·莫莱梅拉（Mahube Betty Molemela，女）。总检察长莎米拉·巴托希（Shamila Batohi，女）。

【政党】实行多党制。国民议会现有13个政党。

（1）非洲人国民大会（African National Congress）：简称“非国大”。主要执政党，最大的黑人政党。主张建立统一、民主和种族平等的新南非，领导了南非反种族主义斗争。创立于1912年，1925年改现名，成员约100万名。曾长期主张非暴力斗争。2017年12月，非国大举行第54次全国代表大会，拉马福萨当选主席。在2019年5月8日举行的南非第六次大选中，非国大以57.5%的得票率再次获胜，继续执政。2019年10月，来自最大反对党民主联盟的约翰内斯堡市市长马沙巴宣布辞职，非国大候选人马库博在随后举行的市长补选中获胜，帮助非国大重新夺回约翰内斯堡市执政权。2021年11月举行的第六次地方选举中，非国大支持率为46.04%。2022年12月，非国大举行第55次全国代表大会，拉马福萨连任主席，马沙蒂莱当选副主席。

（2）民主联盟（Democratic Alliance）：第一大反对党。前身为民主党，2000年6月，与新国民党合并后改为现名。主要成员为白人，代表英裔白人工商金融界利益。系白人“自由派”左翼政党，主张废除种族隔离，积极参与南非和平进程。2001年10月，新国民党退出民主联盟。为壮大力量，民盟实行战略转变，致力于建立包括黑人、白人党员在内的全民政党。2003年9月，与黑人政党因卡塔自由党结成“变革联盟”共同应对2004年大选，并在全国选举中赢得12.37%选票，获国民议会50个议席。在2009年4月第四次大选中，赢得16.66%选票，获国民议会67个议席。在西开普省选举中获得52%的选票，赢得该省执政权。在2014年5月第五次大选中，赢得22.23%选票，获国民议会89个议席，在西开普省支持率升至59%。在2016年8月3日举行的地方选举中得票率为26.9%，继续在开普敦单独执政，并在约翰内斯堡、茨瓦内、曼德拉湾市同其他小党联合执政。在2019年5月第六次大选中，赢得20.77%支持率和84个议席，继续在西开普省执政。现领袖为约翰·斯汀霍森（John Steenhuisen）。在第六次地方选举中得票率为21.84%。

（3）经济自由斗士党（Economic Freedom Fighters）：由非国大青联前主席朱利叶斯·马莱马（Julius Malema）于2013年6月发起成立。主张采取激进政策，无偿收回所有土地并重新分配，实施矿业国有化政策，承诺为全民提供免费教育和医疗。在2014年5月第五次大选中一跃成为第三大党，获6.35%的支持率和国民议会25个议席。在2016年8月3日举行的地方选举中得票率为8.19%。在2019年5月第六次大选中赢得10.79%支持率和44个议席。2019年12月，召开第二次全国代表大会，选举产生新一届领导层，朱利叶斯·马莱马成功连任党主席。

（4）因卡塔自由党（Inkatha Freedom Party）：以夸祖鲁–纳塔尔地区祖鲁族为主的黑人民族主义政党。前身是“民族文化解放运动”，成立于1928年，1990年向所有种族开放，改为政党并用现名。以争取黑人解放为宗旨，主张通过和平谈判解决南非问题。1994年4月，在全国大选中得票率居第三位，进入民族团结政府。1996年后，在夸祖鲁–纳塔尔省主政。1999年大选后，继续参加中央政府，与非国大在夸–纳省联合执政。2003年9月，与民主联盟结成“变革联盟”共同应对2004年大选，在大选中赢得6.97%选票，获国民议会28个议席；在其传统势力范围夸–纳省选举中得票率降为36.87%，丧失该省第一大党地位。在2009年4月第四次大选中，赢得4.55%选票，获国民议会18个议席；在夸–纳省选举中得票率进一步降至20.5%。2011年1月25日，因卡塔自由党前全国主席扎内勒·姆西比宣布脱离该党而另建新党“民族自由党”（National Freedom Party），使因卡塔自由党实力大为削弱。在2014年5月第五次大选中获得10个议席。在2016年8月3日举行的地方选举中得票率为4.25%。在2019年5月第六次大选中赢得3.38%的支持率和14个议席。主席韦伦科西尼·赫拉比萨（Velenkosini Hlabisa）。

（5）南非共产党（South African Communist Party）：1921年7月成立。与非国大、南非工会大会结成“三方联盟”。其党员以非国大成员身份参选、入阁。1950年被南非当局宣布为“非法”组织。1990年2月重新获得合法地位。始终将实现共产主义作为其最终奋斗目标，坚持“社会主义的工人阶级政党”性质，但认为南非基本上是一个经过特殊殖民主义发展的、依附性较强的资本主义社会，当前的任务仍是推进以黑人彻底解放为目标的民族主义革命。2022年7月，召开第15次全国代表大会，选举产生新一届领导层，时任第一副书记索利·马派拉（Solly Mapaila）当选总书记。

此外，其他政党还有新自由阵线（Freedom Front Plus）、人民大会党（Congress of the People）、联合民主运动（United Democratic Movement）、非洲基督教民主党（African Christian Democratic Party）、泛非主义者大会（Pan Africanist Congress）、少数阵线（Minority Front）、非洲转型运动党（African Transformation Movement）、好党（Good Party）等。

【重要人物】西里尔·拉马福萨：总统。1952年生。法学学士。早年从事黑人学生运动，并创立南非全国矿工大会。1991年当选非国大总书记。1994年新南非成立后任国民议会议员、立宪会议主席。1997年角逐非国大主席失利后弃政从商（仍保留非国大全国执委等党内职务）。2012年当选非国大副主席。2014年5月任副总统。2017年12月当选非国大主席。2018年2月14日，祖马总统被非国大召回后被迫宣布辞职，拉马福萨接任总统。2019年5月，非国大在南非第六次全国大选中获胜，拉马福萨连任总统。2022年12月连任非国大主席。

经　济

南非属于中等收入的发展中国家，也是非洲经济最发达的国家。自然资源十分丰富。金融、法律体系比较完善，通信、交通、能源等基础设施良好。矿业、制造业、农业和服务业均较发达，是经济四大支柱，深井采矿等技术居于世界领先地位。但国民经济各部门、地区发展不平衡，城乡、黑白二元经济特征明显。2013年以来，由于美联储退出量化宽松政策等因素影响，南非出现大幅资本外流。近几年来，受全球经济走低、国内罢工频发、电力短缺、消费不振等多重因素影响，南非经济总体低迷，增长乏力。拉马福萨总统先后推出“新投资倡议”“经济刺激与复苏计划”，举办就业峰会和投资大会，致力于恢复经济增长。2014—2019年经济增长率保持在1%上下，2020年受新冠疫情和“封禁”举措影响经济收缩6.4%，2021年出现较强复苏，经济增长4.9%。2022年主要经济数据如下：

国内生产总值（名义）：4056亿美元。

人均国内生产总值（名义）：6771美元。

国内生产总值增长率：1.9%。

货币名称：兰特。

汇率：1美元≈16.29兰特。

（资料来源：《伦敦经济季评》）

【资源】矿产资源丰富，是世界五大矿产资源国之一。现已探明储量并开采的矿产有70余种。铂族金属、氟石、铬、黄金、钒、锰、锆、钛、磷酸盐矿、铀、铅、锑等储量居世界前列。

【工业】制造业、建筑业、能源业和矿业是南非工业四大部门。制造业门类齐全、技术先进，产值约占国内生产总值的17.2%。主要产品有钢铁、金属制品、化工、运输设备、机器制造、食品加工、纺织、服装等。钢铁工业是南非制造业的支柱，拥有六大钢铁联合公司、130多家钢铁企业。近年来，纺织、服装等缺乏竞争力的行业萎缩，汽车制造等新兴出口产业发展较快。

近年来，南非建筑业发展较快，但设备陈旧、技术工人缺乏等问题比较突出。南非政府目前正在实施基础设施发展规划，建筑业面临进一步发展的大好时机。

能源工业基础雄厚，技术较先进。电力工业较发达，国营企业南非电力公司供应南非95%的用电量。近年来，由于电力生产和管理滞后等原因，全国性电力短缺现象严重。在开普敦附近建有非洲大陆唯一的核电站——库贝赫核电站，发电能力180万千瓦。此外，南非萨索尔公司的煤合成燃油及天然气合成燃油技术商业化水平居世界领先地位，其生产的液体燃油一度占南燃油供应总量的1/4。

矿业生产历史悠久，具有完备的现代矿业体系和先进的开采冶炼技术，是南非经济的支柱。产值约占国内生产总值的18%。矿产品是主要出口产品，2020年，矿产品出口额约占出口总额的25%。南非是世界上重要的黄金、铂族金属和铬生产国和出口国。钻石产量约占世界的9%。南非德比尔斯公司是世界上最大的钻石生产和销售公司，总资产200亿美元，其营业额一度占世界钻石供应市场90%的份额，目前仍控制着世界粗钻石贸易的60%。

【农业】农业较发达，产值占国内生产总值的3%。可耕地面积约占土地面积的12%，但适于耕种的高产土地仅占22%。农业、林业、渔业就业人数约占总人口的7%，其产品出口收入占非矿业出口收入的15%。农业生产受气候变化影响明显。玉米是最重要的粮食作物。各类罐头食品、烟、酒、咖啡和饮料畅销海外。盛产花卉、水果，葡萄酒享有盛誉。

畜牧业较发达，主要集中在西部2/3的国土。牲畜种类主要包括牛、绵羊、山羊、猪等，家禽主要有鸵鸟、肉鸡等。主要产品有禽蛋、牛肉、鲜奶、奶制品、羊肉、猪肉、绵羊毛等。所需肉类85%自给，15%从纳米比亚、博茨瓦纳、斯威士兰等邻国和澳大利亚、新西兰及一些欧洲国家进口。绵羊毛产量可观，是世界第四大绵羊毛出口国。

【旅游业】是当前南非发展最快的行业之一，产值占国内生产总值的9%，从业人员达140万人。旅游资源丰富，设施完善。旅游点主要集中于东北部和东、南沿海地区。生态旅游与民俗旅游是南非旅游业最主要的两大增长点。2010年6月11日至7月11日，第十九届世界杯足球赛决赛圈比赛在南非举行，有力拉动了南旅游业。2020年到南非旅游的外国游客为388万余人次，较2019年1479万余人次大幅下降。（资料来源：世界银行）

【交通运输】有非洲最完善的交通运输系统，对本国以及邻国的经济发挥着重要作用。以铁路、公路为主，空运发展迅速。近年加强了城镇及经济开发区交通基础设施建设。

铁路：总长约3.41万公里，其中1.82万公里为电气化铁路。年度货运量约1.75亿吨。由比勒陀利亚驶往开普敦的豪华蓝色客车享有国际盛誉。连接行政首都比勒陀利亚和约翰内斯堡奥立弗·坦博国际机场的高速铁路于2011年8月通车，总长约80公里。

公路：分为国家、省及地方三级。总里程（含各级公路和街道）约75.5万公里，其中国家级公路16170公里。年客运量约450万人次。

水运：海洋运输业发达，约98%的出口靠海运完成，主要港口有开普敦、德班、东伦敦、伊丽莎白港、理查兹湾、萨尔达尼亚和莫瑟尔湾。德班是非洲最繁忙的港口及最大的集装箱集散地。

空运：南非航空公司是非洲大陆最大的航空公司之一。现约有27个民航机场，其中11个是国际机场。主要国际机场有奥立弗·坦博国际机场（原约翰内斯堡国际机场）、开普敦国际机场和德班沙卡王国际机场等。

【电信业】南非电信和信息技术产业发展较快。南非电信公司TELKOM是非洲最大的电信公司，最大的两家信息技术公司DIDATA和DATATEC已在英美市场占有一席之地。其卫星直播和网络技术水平在世界上竞争力较强，南非米拉德国际控股公司已垄断了撒哈拉以南非洲的绝大部分卫星直播业务。软件业也开始走向国际市场。

【财政金融】2022年，官方外汇储备667亿美元，外债总额1551亿美元。南非储备银行（The South African Reserve），系南中央银行，始建于1920年，为股份制银行，除行长与副行长由政府任命外，享有很大的独立决策权。总部设在比勒陀利亚。

目前，南非共有注册银行31家，另有42家外国银行在南非设有代表处。最大的四家银行是：标准银行（Standard Bank）、第一兰特银行（First Rand Bank）、南非联合银行集团（Amalgamated Banks of South Africa Group）、莱利银行（NedBank Limited）。上述四大商业银行总资产约占南商业银行总资产的84.6%。

【对外贸易】南非实行自由贸易制度，是世界贸易组织创始成员。欧盟与美国等是南非传统的贸易伙伴，但近年与亚洲、中东等地区的贸易也在不断增长。2022年，南非货物进出口额为2315亿美元，同比增长8%。其中，出口额为1216亿美元，进口额为1098亿美元，贸易顺差为118亿美元。

主要出口矿产品、贵金属及制品、运输设备等，主要进口机电产品、矿产品、化工产品及运输设备等。2020年，前十大出口目的地国为：中国、美国、德国、英国、日本、荷兰、博茨瓦纳、印度、莫桑比克、纳米比亚；前十大进口来源国为：中国、德国、美国、印度、沙特、尼日利亚、泰国、日本、意大利、英国。

【外国资本】主要来自欧美，尤以欧洲为主。欧洲占对南非累计投资额近70%，美洲占近20%。外资以证券资本为主，直接投资较少。在南非拥有资产的外国公司投资大多集中于采矿、制造、金融、石油加工和销售等部门。2018年，南非吸收外国直接投资49亿美元，2019年为46亿美元。由于新冠疫情导致全球经济衰退，2020年南非吸引外国直接投资下滑至31亿美元。据联合国贸易和发展会议报告显示，截至2020年底，南非吸引外资存量1367.4亿美元。

【外国援助】1994年以来，各国政府、国际组织承诺向南非政府提供援助，用于支持“重建与发展计划”。主要援助国有美国、英国、德国等。多边组织如世界银行和国际货币基金组织也均向南非提供援助。近年对南非的援助开始进入新能源领域，用以支持南非公正能源转型投资计划。

人民生活

南非属中等收入国家，但贫富悬殊。2/3的国民收入集中在占总人口20%的富人手中。1994年以来，南非政府先后推出多项社会、经济发展计划，通过建造住房、水、电等设施和提供基础医疗保健服务改善贫困黑人的生活条件。1997年，制定《社会保障白皮书》，把扶贫和对老、残、幼的扶助列为社会福利重点。2020年，平均预期寿命约为65.5岁。艾滋病问题是目前南非面临的严重社会问题之一，艾滋病感染率约为13%（南非统计局2020年估计数）。2020年3月开始出现新冠疫情，截至2023年1月，南非累计确诊病历约404万例，死亡10.2万人，接种疫苗3803万人次。

军　事

总统为武装力量最高统帅。最高国防决策机构是国家安全委员会，下辖国防咨询委员会和国防部。国防部长代表总统处理军队日常事务。国防军司令主持全军的作战、指挥和军事训练等事务，由总统任命，平时对国防部长负责，战时由总统直接领导。南非国家安全部队包括国防军和警察部队。国防军的陆、海、空军分别建于1912年、1922年和1920年。新南非成立后将原种族隔离时期的国防军同非国大、泛非大、前黑人家园民族解放组织的部分武装进行合并整编，并确定其任务是维护国家主权和领土完整，履行国际义务，协助维护国内治安等。1997年，义务兵役制改为志愿兵役制。现南非国防军总兵力7.94万人。其中，陆军约5.43万人，海军约8000人，空军约1.11万人，卫生部队6000人，另有1.5万人分属国防与退伍军人部、联合作战司令部等指挥机关。警察部队13.8万人。

文化教育

【教育】因长期实行种族隔离的教育制度，黑人受教育机会远远低于白人。1995年1月，南非正式实施7—16岁儿童免费义务教育，并废除了种族隔离时代的教科书。政府不断加大对教育的投入，着力对教学课程设置、教育资金筹措体系和高等教育体制进行改革。学制分为学前、小学、中学、大学、研究生5个阶段。现有公立高等院校23所，学生75万人；私立高等学院90所，学生3.5万人；继续教育学院和培训学院150所，学生35万人；中小学27850所，学生1214万人。全国有教师36.6万人。2015年成人识字率为94.4%，接受过高等教育的人口占总人口的约9.1%。著名的大学有：金山大学、比勒陀利亚大学、南非大学、开普敦大学、斯坦陵布什大学、约翰内斯堡大学等。

【新闻出版】定期出版的报刊数量居非洲之首。共有日报、周报50余种，另有200多种省和地方性报纸，600多种各类杂志。发行量较大的有：《星期日时报》（英文）、《每日太阳报》（英文）、《报道报》（阿非利卡文）、《索韦托人报》（英文）、《城市报》（英文）、《星报》（英文）、《公民报》（英文）。其中，《星期日时报》《报道报》是全国性报纸。

南非通讯社曾是非政府、非营利性的唯一全国性通讯社，已于2015年3月底正式停止运营，主要业务由非洲新闻社取代。南非广播公司下辖广播电台和电视台。广播电台共有18套国内节目，用11种语言向全国广播，拥有2000万听众；对外节目“非洲频道”用4种语言向国外广播。电视台有4个频道，其中2套公共服务节目，2套商业电视节目。M-NET是非洲最有影响力的收费电视频道。

对外关系

新南非奉行独立自主的全方位外交政策，主张在尊重主权和平等互利基础上同一切国家保持和发展双边友好关系。对外交往活跃，国际地位不断提高。已同186个国家建立外交关系。积极参与大湖地区和平进程以及津巴布韦、南北苏丹等非洲热点问题的解决，努力促进非洲一体化和非洲联盟建设，大力推动南南合作和南北对话。系联合国会员国，以及非洲联盟、英联邦、二十国集团等国际组织或多边机制成员国。2004年，成为泛非议会永久所在地。2007—2008年、2011—2012年、2019—2020年担任联合国安理会非常任理事国。2011年11月，承办《联合国气候变化框架公约》第十七次缔约方会议。2010年12月，被吸纳为金砖国家成员，并于2013年3月在德班主办金砖国家领导人第五次会晤。2018年7月，在约翰内斯堡主办金砖国家领导人第十次会晤。2023年接任金砖国家轮值主席国。

【同中国的关系】1998年1月1日建交以来，中国南非双边关系全面、快速发展。2000年，双方建立中南国家双边委员会机制。2008年，两国建立战略对话机制。2010年8月，祖马总统访华期间，两国元首共同签署《中华人民共和国和南非共和国关于建立全面战略伙伴关系的北京宣言》，将双边关系提升为全面战略伙伴关系。2013年3月，习近平主席对南非进行国事访问期间，双方发表联合公报，一致同意将中南关系作为各自国家对外政策的战略支点和优先方向。2014年12月，祖马总统对华进行国事访问，双方签署《中华人民共和国和南非共和国5—10年合作战略规划2015—2024》。2022年3月，双方签署《中华人民共和国和南非共和国十年合作战略规划2020—2029》。

双方高层保持密切互访和交往。2020年4月和5月，习近平主席两次应约同拉马福萨总统通电话。6月，拉马福萨总统出席中非团结抗疫特别峰会并致辞。2021年6月，南非执政党非国大主席拉马福萨总统向习近平主席致贺函，热烈祝贺中国共产党成立100周年。7月，拉马福萨总统出席中国共产党与世界政党领导人峰会并致辞。11月，拉马福萨总统以视频方式出席中非合作论坛第八届部长级会议开幕式。2022年3月，习近平主席同拉马福萨总统通电话。11月，习近平主席在出席二十国集团领导人巴厘岛峰会期间同拉马福萨总统举行双边会见。

中国是南非最大贸易伙伴，南非是中国在非洲最大贸易伙伴。2004年6月，南非承认中国的市场经济地位。据中国海关总署统计，2022年，中南双边贸易额为567.4亿美元，同比增长5.0%。其中，中国出口额为242.0亿美元，同比增长14.8%；中国进口额为325.4亿美元，同比减少1.3%。中国对南主要出口电器和电子产品、纺织产品和金属制品等，从南主要进口矿产品。2018年11月，南非作为主宾国参加首届中国国际进口博览会。2019年6月，中国政府组织贸易促进团成功访南，双方共签署93项合作协议，协议金额近20亿美元。

两国双向投资规模不断扩大。截至2022年8月，中国对南直接投资（含金融类）存量为101亿美元，涉及矿业、金融、制造业、基础设施、媒体等领域。南对华直接投资8.9亿美元，集中在食品、矿业等行业。2018年以来，南非举办五届投资大会，中国派出高级别政府代表团和大型企业家代表团通过线上线下等形式参会。人民币是南非储备货币之一。

中南两国签有文化合作协定及其执行计划，多层次、多渠道文化交流与合作发展顺利。近年来，“中国文化非洲行”“感知中国・南非行”“欢乐春节”等大型活动在南举行，反响热烈。南多个艺术团组来华参加“国际民间艺术节”“相约北京——非洲主宾洲”等活动。2017年，中南高级别人文交流机制正式启动并在南非举办首次会议。2018年，机制第二次会议在北京举行，其间举办“中国南非相知相亲——庆祝中南高级别人文交流机制第二次会议暨中南建交20周年文艺晚会”。2023年2月，机制第三次会议在南非举行。目前，中国已有10余所大学与南非的大学建立合作关系。湖南大学和南非斯泰伦布什大学、东北师范大学和南非比勒陀利亚大学入选中非合作论坛框架内的“中非高校20+20合作计划”，分别结成了合作伙伴。目前，南非设有6所孔子学院和3所独立孔子课堂。2015年，南非在非洲国家中率先将汉语教学纳入国民教育体系。

新华社、《人民日报》《经济日报》《科技日报》和中央电视台在南设有记者站，《中国与非洲》杂志在南设有代表处，《北京周报》在南成立“中国与非洲传媒出版有限公司”。

双方已有33对省市建立了友省（市）关系，主要有北京市与豪登省、上海市与夸祖鲁–纳塔尔省、山东省与西开普省、浙江省与东开普省、江苏省与自由州省等。

2002年，南成为中国公民出境旅游目的地国，是目前接待中国游客最多的非洲国家之一。

中国“南非年”于2014年在华成功举办。南非“中国年”于2015年在南非成功举办。

新冠疫情发生以来，中方向南方提供了多批抗疫物资援助，并积极同南方探讨开展新冠疫苗合作。

中国驻南非大使：陈晓东。馆址：225 ATHLONE STREET，Arcadia 0083，Pretoria，South Africa。电话：0027–12–4316500；传真：3424154。

南非驻华大使：谢胜文（Siyabonga Cyprian Cwele）。馆址：北京市朝阳区东直门外大街5号。电话：010–85320000；传真：65327319。

【同其他非洲国家的关系】南非视非洲为其外交政策立足点和发挥大国作用的战略依托，将维护南部非洲地区安全与发展、推动南部非洲地区一体化作为其外交首要考虑，参与制订并积极推动实施“非洲发展新伙伴计划”，积极参与调解津巴布韦、苏丹、马达加斯加等热点问题，在多边场合努力为非洲国家代言。近年来，积极推动联合国加强与非盟合作，致力于促进非洲地区和平与安全。2012年7月，南内政部长德拉米尼–祖马当选非盟委员会主席，2017年1月卸任。2020年2月，南非接任非盟轮值主席国，任期1年。

南非与其他非洲国家高层互访频繁。2020年2月，拉马福萨总统出席非盟峰会开幕式。3月，拉马福萨总统赴刚果（布）参加利比亚联络小组成立仪式。12月，拉马福萨总统赴莫桑比克出席南共体磋商会议。2020年，埃塞俄比亚总理阿比、莱索托首相马乔罗、马拉维总统查克维拉等访问南非。2021年，拉马福萨总统访问赞比亚、斯威士兰、科特迪瓦、塞内加尔等国。2022年，拉马福萨总统访问莫桑比克、刚果（金），以视频方式出席第35届非盟峰会，赴赤道几内亚参加非盟第16届特别峰会，赴刚果（金）参加第42届南共体峰会。几内亚比绍总统恩巴洛、科特迪瓦总统瓦塔拉访问南非。2023年1月，拉马福萨总统赴纳米比亚出席南共体政治、防务、安全特别峰会。

【同欧盟及欧洲国家的关系】南非与欧洲国家（主要是西欧、北欧国家）保持着良好的政治、经济关系。欧盟是南非最大的区域贸易伙伴、投资方及援助方。南非与欧盟签有贸易、发展与合作协议，建有合作联委会机制，并于2007年5月建立战略伙伴关系。2020年2月，德国总理默克尔对南非进行正式访问。2021年5月，拉马福萨总统对法国进行工作访问。6月，拉马福萨总统赴英国出席七国集团领导人峰会。2022年2月，拉马福萨总统赴比利时出席第六届欧非峰会。5月，德国总理朔尔茨访问南非。6月，拉马福萨总统赴德国参加七国集团峰会。7月，欧洲理事会主席米歇尔访问南非。10月，西班牙首相桑切斯对南非进行国事访问。11月，拉马福萨总统对英国进行国事访问。

【同美国的关系】两国合作领域广泛。签有“防御互助条约”和军事协定。美是南第二大贸易伙伴国，南是美在撒哈拉以南非洲最大的出口市场，也是美《非洲增长与机遇法案》第二大受惠国。2020年，美向南提供约4160万美元抗疫支持。4月，拉马福萨总统同美总统特朗普通电话交流抗疫事宜。11月，拉马福萨总统同美当选总统拜登通电话，就加强双边关系、深化抗疫合作等交换意见。2021年6月，拉马福萨总统同拜登总统在英国会晤。2022年4月，拉马福萨总统同拜登总统通电话。8月，美国务卿布林肯访问南非。9月，拉马福萨总统在华盛顿与拜登总统举行会谈。

【同俄罗斯的关系】南非种族隔离政权时期，因苏联支持南非共产党和非国大的反种族隔离斗争，两国于1957年断交，后于1992年复交。双方签有军事合作协议，建有政府间联合委员会。1999年曼德拉总统访俄，双方签署《南非和俄罗斯友好合作伙伴原则声明》，从双边、地区和全球三方面规划两国未来关系发展方向。2006年9月，俄总统普京对南进行国事访问，双方签署《友好伙伴关系条约》，确立了两国战略伙伴关系。2020年4月，拉马福萨总统同普京总统通电话，重点就抗击新冠疫情合作进行交流。11月，拉马福萨总统出席普京总统主持的金砖国家领导人第十二次会晤（以视频方式举行）。2022年3月和10月，拉马福萨总统同普京总统两次通电话。2023年1月，俄罗斯外长拉夫罗夫访问南非。6月初，拉马福萨总统同普京总统通电话。6月中，拉马福萨总统同科摩罗、塞内加尔、赞比亚总统等非洲国家领导人组成非洲和平代表团，访问乌克兰和俄罗斯，推动和平解决乌克兰问题。

【同亚太、中东和拉美地区国家的关系】南非重视发展与亚太、中东以及拉美地区国家的关系，合作领域不断拓展。

南非与亚太地区国家合作不断加强。南非与日本建有部长级"南非—日本伙伴论坛"。两国有传统的贸易关系，日本是南非第四大贸易伙伴，也是南非重要的投资国和援助国之一。2019年6月，拉马福萨总统赴日本出席二十国集团领导人大阪峰会。8月，拉马福萨总统对日本进行工作访问。

南非与印度有传统友好关系，双方建有双边联合委员会，并于1997年曼德拉总统访印时确立了战略伙伴关系。2019年1月，拉马福萨总统对印度进行国事访问。2021年2月，拉马福萨总统同印度总理莫迪通电话。

2018年6月，拉马福萨总统赴加拿大出席七国集团扩大会议。2022年11月，拉马福萨总统赴印尼出席二十国集团领导人峰会。

南非同所有中东地区国家继续保持友好合作关系。南非与沙特、伊朗等国在国防、能源等领域的合作不断加强，贸易不断增长。关注中东和平进程，希望各方以"土地换和平"原则谈判解决问题；谴责以色列在巴以冲突中滥用武力，杀害无辜的巴勒斯坦平民，并强烈要求以停止使用武力，遵循联合国有关决议，和平谈判解决争端。2018年7月，拉马福萨总统对沙特、阿联酋进行国事访问。2022年3月，拉马福萨总统访问阿联酋并出席迪拜世博会南非国家馆日庆祝活动。10月，拉马福萨总统对沙特进行国事访问。11月，拉马福萨总统赴埃及参加《联合国气候变化框架公约》第二十七次缔约方大会。

近年来，南非与巴西、阿根廷等拉美国家关系不断发展。2000年12月，南非成为"南方共同市场"的"联系国"。2003年，南非、巴西、印度三国成立"印—巴—南对话论坛"。2018年11月，拉马福萨总统赴阿根廷出席二十国集团领导人峰会。2019年11月，拉马福萨总统赴巴西出席金砖国家领导人第十一次会晤。（郑守辉）

南苏丹

国名　南苏丹共和国（The Republic of South Sudan）。

面积　约62万平方公里。

人口　约1459万（2022年）。南苏丹是多部族国家，有丁卡、努维尔、希鲁克、巴里等64个部族。官方语言为英语，通用阿拉伯语。居民大多信奉原始部落宗教，约18%的居民信奉伊斯兰教，约17%的居民信奉基督教。

首都　朱巴（Juba），人口52.6万（2017年）。

国家元首　总统萨尔瓦·基尔·马亚尔迪特（Salva Kiir Mayardit），2011年7月9日南苏丹独立建国后，成为南苏丹首位总统。

重要节日　独立日：7月9日；和平日：1月9日；建军日：5月19日；烈士日：7月30日。

简　况

位于非洲东北部，北纬4°—10°线之间，系内陆国。东邻埃塞俄比亚，南接肯尼亚、乌干达和刚果（金），西邻中非，北接苏丹。地形呈槽状，东部、南部、西部边境地区多丘陵山地，中部为黏土质平原，南部边境的基涅提山（Kinyeti）海拔3187米，为全国最高峰。属热带草原气候，每年5—10月为雨季，气温20℃—40℃，11月至次年4月为旱季，气温30℃—50℃。

19世纪以前，南苏丹没有成文历史。一般认为，丁卡族、努维尔族和希鲁克族于10世纪左右进入南苏丹。16—18世纪，阿赞德人与阿凡加拉人相继在该地区建立统治。18世纪初开始，欧洲人在阿拉伯人协助下，在包括南苏丹在内的非洲大陆猎奴。19世纪初，埃及与苏丹侵入南苏丹地区。1899年，英国与埃及共管苏丹，并于1902年将南北作为两个实体分而治之。1955年，苏丹宣布独立前夕，约瑟夫·阿古领导黑人部队发动兵变，南北苏丹第一次内战爆发。1972年，阿古与苏丹政府签署《亚的斯亚贝巴协定》，第一次内战结束。1983年，约翰·加朗发动兵变，成立"苏丹人民解放运动/解放军"，第二次内战爆发。2005年1月，苏丹南北双方签署《全面和平协议》（CPA），第二次内战结束。根据协议，南苏丹于2011年1月举行全民公投，98.83%的选民赞成独立。7月9日，南苏丹共和国成立。

政　治

南苏丹实行立法、行政、司法三权分立体制，中央、州两级政权享有立法权。2013年12月，南苏丹总统基尔与前副总统马夏尔为首的反对派之间爆发武装冲突。2015年8月，南苏丹冲突各方签署《解决南苏丹冲突协议》。2016年4月，南苏丹组建民族团结过渡政府。7月，南苏丹政府军再度与反对派爆发武装冲突。2018年8月5日，南苏丹冲突各派在苏丹首都喀土穆达成共识，基尔将继续担任总统，马夏尔担任第一副总统。9月12

日，南苏丹主要派别在埃塞俄比亚首都亚的斯亚贝巴签署《解决南苏丹冲突重振协议》（简称《重振协议》），就政治权力分配、政治过渡进程、安全安排等达成一致。根据该协议，2018年9月至2019年5月为政治过渡预备期，2019年5月将开始为期3年的政治过渡期。协议签署后，全国过渡预备期委员会、国家修宪委员会、联合防务委员会等政治过渡期机制先后建立，向前推进政治过渡进程。2019年5月，政府间发展组织（简称“伊加特”）通过决议，同意南苏丹各派将政治过渡预备期延长半年至11月。11月，经苏丹、乌干达斡旋，南苏丹各派将政治过渡预备期再次延长100天。2020年2月，南苏丹成立联合过渡政府。3月，南苏丹联合过渡政府任命内阁成员。此后，南苏丹有关各派就10个行政州和3个行政区分配达成一致。2021年1月，南苏丹有关各派达成共识，确定政治过渡期延续至2023年2月。2022年8月，南苏丹主要派别签署协议，将政治过渡期自2023年2月延长24个月至2025年2月，并于2024年12月举行大选。

【宪法】2011年7月9日南苏丹独立当日，原南方自治政府主席基尔签署南苏丹过渡期宪法，宣誓就任南苏丹共和国首任总统。过渡期宪法共16部分201条，分为总章、公民基本权利、国家经济发展战略、国家机构、军队、州及地方政府和土地所有制与自然资源管理等内容。2015年8月，南苏丹冲突各方签署的《解决南苏丹冲突协议》要求成立国家修宪委员会，将协议内容纳入宪法。2018年9月，南苏丹冲突各方签署的《重振协议》亦要求成立国家修宪委员会，在过渡期开始24个月内完成永久宪法制定工作，目前制宪进展缓慢。

【议会】实行两院制，包括国民议会和州委员会。国民议会议长为杰玛·努努·昆巴（Jemma Nunu Kumba），州委员会议长为邓·邓·阿孔（Deng Deng Akon）。

【政府】现政府于2020年2月成立，由总统直接主持，不设总理职务。总统萨尔瓦·基尔·马亚尔迪特（Salva Kiir Mayardit），第一副总统瑞克·马夏尔（Riek Machar），副总统詹姆斯·瓦尼·伊加（James Wani Igga），副总统侯赛因·阿卜杜勒巴吉（Hussein Abdelbagi），副总统塔班·邓·盖（Taban Deng Gai），副总统丽贝卡·尼安登·德·马比奥（Rebecca Nyandeng de Mabior，女）。主要部长有：总统事务部长巴拿巴·马瑞尔·本杰明（Barnaba Marial Benjamin），内阁事务部长马丁·埃利亚·罗姆洛（Martin Elia Lomuro），外交与国际合作部长马伊克·阿伊·邓（Mayiik Ayii Deng），国防与退伍军人事务部长安吉丽娜·简尼·特尼（Angelina Jany Teny，女），内政部长马哈茂德·索罗门·阿古克（Mahmoud Solomon Agok），国家安全部长奥布图·马穆尔·麦特（Obutu Mamur Mete），新闻、通信技术与邮政服务部长迈克尔·马奎·鲁埃斯（Michael Makuei Lueth），财政与计划部长阿加克·阿奎尔·鲁阿勒（Agak Achuil Lual），石油部长普奥特·康·绰尔（Puot Kang Chol）。

【行政区划】南苏丹独立时，全国共划分为北加扎勒河、西加扎勒河、瓦拉卜、湖泊、团结、上尼罗河、琼格莱、东赤道、中赤道和西赤道10州。2015年10月，基尔总统颁布总统令，撤销原有10州，设立28州。南苏丹反对派指责此举违反宪法及和平协议精神。伊加特、联合国安理会等均呼吁南苏丹暂停实施有争议的28州方案。2017年1月，基尔总统颁布总统令，再次调整行政区划，共设32州。2020年2月，南苏丹政府公布新的行政州划设方案，共设立10个行政州和3个行政区。

【司法机构】由最高法院、上诉法院、高等法院和其他法院等共同构成。过渡期宪法规定，各级行政和立法机构应尊重并保护司法机构的独立性。最高法院由首席法官、副首席法官和不少于9名其他法官组成，皆由总统提名、议会2/3多数通过。现任首席法官为钱·瑞克·马杜特（Chan Reec Madut）。

【政党】执政党为苏丹人民解放运动（SPLM），其他主要政治派别包括：苏丹人民解放运动反对派（SPLM-IO）、苏丹人民解放运动前被拘押高官派（SPLM-FDs）、南苏丹反对派联盟（SSOA）、其他反对派（OPP）等。

【重要人物】萨尔瓦·基尔·马亚尔迪特：总统。1951年生，丁卡族人。20世纪60年代加入南方反政府的“阿尼亚尼亚”运动。1972年和平协议签署后加入政府军。1983年与加朗共同创立苏丹人民解放军（SPLA）。1986年出任苏丹人民解放军副总参谋长。2005年7月担任南方自治政府副主席。2005年8月出任苏丹民族团结政府第一副总统、南方自治政府主席，2010年4月连任。2011年7月9日，南苏丹独立后出任首任总统。

经 济

南苏丹是最不发达国家，道路、水电、医疗卫生、教育等基础设施及社会服务严重缺失，商品基本依靠进口，价格高昂。国际社会在基础设施建设和公共服务等方面向南苏丹提供了大量援助。2011年7月，南苏丹央行发行新货币南苏丹镑。南苏丹经济严重依赖石油资源，主要有1/2/4区、5区、3/7区等开发项目。石油收入约占政府财政收入的98%。2012年初，由于与苏丹就石油利益分配问题矛盾不断升级，南苏丹全面关井停产。2013年4月，经过国际社会斡旋和两苏艰苦谈判，南苏丹石油恢复生产。2013年底和2016年7月，南苏丹国内两次爆发冲突，石油生产受到严重影响。受国际油价低迷和新冠疫情影响，南苏丹石油收入大幅下跌。目前，南苏丹石油日产量约为15.6万桶。2022年主要经济数据如下：

国内生产总值：78.7亿美元。

人均国内生产总值：539.5美元。

国内生产总值增长率：6.6%。

货币名称：南苏丹镑。

汇率：1美元≈669南苏丹镑。

（资料来源：国际货币基金组织）

【资源】自然资源丰富，主要有石油、铁、铜、锌、铬、钨、云母、金、银等，水利资源也很丰富。探明石油储量约为47亿桶，可采储量为22.6亿桶。

【工业】几乎没有规模化工业生产，工业产品及日用品完全依赖进口。

【农业】土地肥沃，适合大规模农林牧业发展，可耕地面积约为2500万公顷。适合耕种的作物种类很多，特别是一些热带和亚热带作物。主要作物有棉花、花生、高粱、小米、麦、阿拉伯胶、甘蔗、木薯、芒果、木瓜、香蕉、马铃薯、芝麻等。森林覆盖率超过36%。

【财政金融】2020/2021财年，政府预期总收入21.13亿美元，其中石油净收入占85.4%；财政支出19.97亿美元。

南苏丹的国家银行是南苏丹银行，是宪法规定发行南苏丹镑的唯一机构，以及外汇政策的制定者和汇率的发布者。南苏丹共有近30家商业银行。其中，本土银行包括象牙银行、尼罗河商业银行等。

【对外贸易】南苏丹没有全面的进出口统计数据。有限的贸易数据显示，南苏丹从乌干达和肯尼亚进口的商品中60%为农产品。

人民生活

当地医疗设施落后，普遍缺医少药。

军　事

南苏丹武装力量为“南苏丹人民国防军”。武装部队的使命是捍卫南苏丹宪法，维护领土完整，保卫人民安全。总统基尔兼任武装部队总司令。国防部是军队最高领导机构，总参谋部是最高军事指挥机关。

文化教育

【教育】南苏丹教育水平相对落后，教学设施匮乏。文盲率为73%，6岁以上儿童入学率为37%。高等学府有朱巴大学、上尼罗河大学、伦拜克大学、托里特大学、北加扎勒河大学等。

对外关系

南苏丹独立后，迅速获得国际社会广泛承认，已与包括联合国安理会5个常任理事国在内的90多个国家建交。2011年7月14日，南苏丹被接纳为联合国会员国，此后相继被接纳为非盟、伊加特和东非共同体等组织成员。南苏丹注重均衡发展与各国的友好合作。目前，南苏丹在埃及、埃塞俄比亚、厄立特里亚、肯尼亚、乌干达、刚果（金）、津巴布韦、尼日利亚、南非、澳大利亚、挪威、比利时、英国、加拿大、美国和中国等国设有使馆或代表机构。苏丹、中国、美国、英国、德国、意大利、挪威、荷兰、印度、埃及、埃塞俄比亚、厄立特里亚、肯尼亚、利比亚、尼日利亚、南非、乌干达、津巴布韦、土耳其等国已在南苏丹设立使馆或代表机构。

【同中国的关系】20世纪70年代，中国就派医疗队、农业专家到苏丹南方，向当地人民提供帮助。苏丹南方自治政府成立后，中国与苏丹南方各层次友好交往不断加强，双方合作日益增多。2008年9月2日，中国驻朱巴总领馆开馆。2011年7月9日，南苏丹举行独立庆典，中国住房和城乡建设部部长姜伟新作为胡锦涛主席特使应邀参加，代表中国政府与南苏丹外长阿鲁尔签署建交公报。同日，中国驻南苏丹大使馆开馆。2020年11月，南苏丹农业与粮食安全部次长卡尼西奥以视频方式出席第三届中国国际进口博览会开幕式。2021年6月，南苏丹总统基尔就中国共产党成立100周年向习近平总书记致贺电。7月，习近平主席同基尔总统、王毅国务委员兼外长同南苏丹外交与国际合作部长碧翠丝分别就中南建交10周年互致贺电。同月，基尔总统以视频方式出席中国共产党与世界政党领导人峰会并致辞。11月，基尔总统以视频方式向第六届中非民间论坛开幕式致贺。2022年3月，中国外交部非洲之角事务特使薛冰访问南苏丹。10月，基尔总统致函热烈祝贺习近平再次当选中共中央总书记。

南苏丹冲突爆发后，中方率先向南苏丹提供紧急人道主义援助。中国政府积极参与南苏丹经济社会建设，援建医院、活动板房学校，提供医疗设备、抗疟药品和紧急人道主义物资，开展打井供水、人力资源培训等项目，得到当地民众好评。南苏丹独立建国后，两国经贸关系发展顺利。2011年11月，双方签订两国贸易、经济和技术协定，并成立双边经贸联委会。据中国海关总署统计，2022年，中南双边贸易额为3.94亿美元，同比减少10.4%。其中，中国出口额为1.57亿美元，同比增长11.9%；中国进口额为2.37亿美元，同比减少20.9%。

新冠疫情暴发后，南苏丹对中国抗击疫情表示坚定支持，对中国防控效果表示高度赞赏。2020年4月，南苏丹疫情暴发后，中国积极向南苏丹提供呼吸机、口罩、防护服、检测试剂等防疫物资及技术援助。8月，中国政府派出抗疫医疗专家组，并举行视频会同南苏丹分享抗疫经验，帮助南苏丹抗击疫情。

中国驻南苏丹大使：华宁，马强（2022年9月以后）。馆址：Independence Road，Juba，South Sudan。电话：00211-912386010。

南苏丹驻华大使：蒙代·塞马亚·肯尼斯·昆巴（Monday Semaya Kenneth Kumba）。馆址：北京市朝阳区霄云路18号京润水上花园别墅H1-2。电话：010-64649925；传真：64649928。

【同美国的关系】南苏丹曾与美国关系密切。1983—2005年苏丹内战期间，美国支持苏丹南方。2001年9月，美国总统布什宣布介入苏丹南北和平进程。"9·11"事件后，美国调整对苏丹政策，加速推动苏丹南北和平进程，并最终促成南北方于2005年1月签署《全面和平协议》(CPA)，结束了苏丹长达22年的内战。苏丹南方自治政府成立以后，美国在南方首府朱巴设立总领馆，并在自治政府中派遣众多"志愿者"协助工作。南苏丹独立当日，美国总统奥巴马、国务卿希拉里分别致贺，美方以互换照会方式同南苏丹正式建交。2013年底南苏丹内战爆发后，美国积极介入调解，同英国、挪威共同组建南北苏丹问题"三驾马车"。2016年7月南苏丹再度爆发内战后，美国开始对南苏丹施加制裁，于2018年上半年连续推动联合国安理会通过两份对南苏丹制裁决议。2018年11月，美国总统国家安全事务助理博尔顿在阐述对非洲新战略时，公开批评南苏丹领导人，强调美国不会向南苏丹推进政治过渡提供资金支持。2019年12月，南苏丹政府谴责美对南政策阻碍南和平进程，召回南驻美大使。2020年1月，美非洲事务助理国务卿纳吉访南。11月，美国南苏丹问题特使斯图亚特访南。2020年，美国向南苏丹提供2180万美元的抗疫援助。2021年，美国向南苏丹提供4.82亿美元人道主义援助，并通过"新冠疫苗实施计划"向南苏丹提供超过65万剂新冠疫苗。5月，美国两苏问题特使布斯访南。2022年，美国通过"三驾马车"多次发表声明，指责南苏丹政府对暴力冲突负有责任，敦促南苏丹领导人采取行动结束暴力，并追究肇事者责任。9月，美国通过"三驾马车"发表声明，反对南苏丹延长政治过渡期，呼吁南苏丹领导人承担责任，切实落实全面和平协议。

【同苏丹的关系】2011年7月9日，南苏丹独立建国，苏丹和平分裂。但由于双方在边界划分、石油利益分配、阿卜耶伊地区归属等重大问题上分歧严重，有关谈判进展缓慢，两国龃龉不断，并曾爆发激烈的边境冲突。2012年9月，两苏元首在埃塞俄比亚首都亚的斯亚贝巴就双边合作以及边境安全、经济、公民地位等问题签署一系列协议。但双方在边界划分及阿卜耶伊地区归属问题上仍存分歧。在非盟的积极斡旋下，2013年3月，两苏在亚的斯亚贝巴就执行边界安全协议和非盟提出的执行已达成协议的时间表达成一致。2013年底南苏丹内战爆发后，苏丹积极参与伊加特的斡旋行动。2016年以来，两苏关系进一步缓和、改善。2018年，经苏丹总统巴希尔大力斡旋，南苏丹国内主要派别于9月在苏丹首都喀土穆签署全面和平协议，开启政治过渡进程。2019年10月，苏丹和平谈判在南苏丹首都朱巴正式启动。11月，经苏丹等国斡旋，南苏丹政治过渡预备期延长100天至2020年2月。2020年9月，南苏丹石油部长访问苏丹。10月，苏丹过渡政府同主要反对派武装在朱巴签署《朱巴和平协议》。2021年3月，苏丹主权委员会主席布尔汉访问南苏丹。8月，苏丹过渡政府总理哈姆杜克访问南苏丹。2022年3月，苏丹主权委员会主席布尔汉访问南苏丹。8月，苏丹主权委员会主席布尔汉出席南苏丹首批统一部队毕业典礼。

【同埃塞俄比亚的关系】南苏丹与埃塞俄比亚关系较为密切，南苏丹是埃塞重要的商品出口市场。1972年，在埃塞皇帝塞拉西调解下，苏丹南北双方签署了《亚的斯亚贝巴协议》。埃塞的门格斯图政府是苏丹人民解放运动最重要的外国援助者。2011年7月，埃塞俄比亚同南苏丹建交。此后，双方高层互访频繁，两国成立了部长级联合委员会，建立了战略伙伴关系，在交通、运输、贸易、通信、教育、能力建设、安全等领域加强合作。2013年底、2016年7月，南苏丹两度爆发内战，埃塞作为伊加特轮值主席国积极发挥调解、斡旋作用，并于2017年底至2018年上半年在亚的斯亚贝巴倡议召开3次"重振南苏丹和平协议高级别论坛"会议。埃塞还同苏丹、乌干达等国密切配合，促成南苏丹国内主要派别签署全面和平协议。埃塞在南苏丹派有1200余人的维和部队。2020年5月，埃塞外长格杜访南。2021年8月，南苏丹总统基尔访问埃塞。

【同肯尼亚的关系】肯尼亚是南苏丹重要邻国，双方有200多公里共同边界，长期保持友好关系。肯尼亚积极参与苏丹南北和平进程，南北双方2005年1月达成的《全面和平协议》(CPA)于肯尼亚首都内罗毕签署。肯尼亚积极帮助南苏丹发展经济，在医疗、教育、基础设施建设和人员培训等方面提供了大量援助。2013年底南苏丹内战爆发后，肯尼亚作为伊加特成员国，在南苏丹问题上发挥积极调解作用，并与其他方一道，促成南苏丹冲突各方签署多份和平协议。2022年5月，南苏丹总统基尔赴肯尼亚出席肯前总统齐贝吉的葬礼。9月，基尔总统赴肯尼亚出席肯新任总统鲁托的就职仪式。12月，肯尼亚总统鲁托访问南苏丹。

【同乌干达的关系】乌干达是南苏丹重要邻国。2011年7月，乌干达总统穆塞韦尼访问朱巴，参加南苏丹独立庆典。同日，乌干达发表声明承认南苏丹。同月，乌干达和埃塞俄比亚签署协议，成立部级委员会，共同支持南苏丹发展。2013年底南苏丹爆发冲突后，乌干达出兵协助南苏丹政府打击反对派武装。2015年，乌干达宣布从南苏丹撤军。2016年7月南苏丹再度爆发内战后，乌干达再度出兵帮助南苏丹维护社会稳定。2018年，乌干达积极参与促成南苏丹国内主要派别签署全面和平协议。2019年底，乌干达参与斡旋，促成南苏丹政治过渡预备期技术性延长。2022年6月，南苏丹国民议会议长昆巴访问乌干达。7月，南苏丹总统基尔访问乌干达。 （李林嘉）

尼　日　尔

国名　尼日尔共和国（The Republic of Niger，La République du Niger）。

面积　126.7万平方公里。

人口　2590万（2022年）。全国有5个主要民族：豪萨族（占全国人口的56%）、哲尔马–桑海族（22%）、颇尔族（8.5%）、图阿雷格族（8%）和卡努里族（4%）。官方语言为法语，各民族均有自己的语言，豪萨语可在全国大部分地区通用。88%的居民信奉伊斯兰教，11.7%信奉原始宗教，其余信奉基督教。

首都　尼亚美（Niamey），人口140.7万（2022年）。最高气温41℃（5月），最低气温14℃（1月），平均气温28.9℃。

国家元首　总统穆罕默德·巴祖姆（Mohamed Bazoum），2021年3月当选，2021年4月2日就职，任期5年。

重要节日　国庆日：8月3日。

简　况

位于撒哈拉沙漠南缘北纬11°—23°、东经0°—16°，系西非内陆国家。东邻乍得，西界马里、布基纳法索，南与贝宁、尼日利亚接壤，北与阿尔及利亚、利比亚毗连。北部属热带沙漠气候，南部属热带草原气候，全年分旱、雨两季（6—9月为雨季，10月至次年5月为旱季），年均气温30℃，是世界上最热的国家之一。

历史上未形成过统一的王朝。7—16世纪，西北部属桑海帝国。8—18世纪，东部属博尔努帝国。18世纪末，颇尔人在中部建立了颇尔帝国。1904年成为法属西非领地。1922年沦为法国殖民地。1957年获得半自治地位。1958年12月18日成为法兰西共同体内的自治共和国。1960年7月退出法兰西共同体，8月3日正式宣告独立。哈马尼·迪奥里为首任总统。1974年4月，武装部队总参谋长赛义尼·孔切中校发动军事政变，推翻了迪奥里政权，成立最高军事委员会，自任主席兼国家元首。1987年11月，孔切病逝，总参谋长阿里·赛义布上校继任。1990年实行多党制。1993年3月，马哈曼·奥斯曼当选总统，组成首届民选政府。1996年1月，武装部队参谋长迈纳萨拉·巴雷发动政变上台，同年7月当选总统。1999年4月，总统卫队长瓦拉姆·万凯发动政变枪杀巴雷，自任国家元首兼全国和解委员会主席。1999年11月，尼举行总统和议会选举，全国发展社会运动党候选人马马杜·坦贾当选总统，并于2004年12月连任。2009年5月起，为谋求继续执政，坦贾先后解散国民议会和重组宪法法院，举行全民公投通过第六共和国宪法，将其任期延长3年并取消连任限制，遭到反对派反对和西非国家经济共同体、欧盟等制裁，尼陷入“宪政危机”。2010年2月18日，尼部分军人发动政变，扣押坦贾并接管国家权力，成立“恢复民主最高委员会”并推举吉博为主席。军政权随后承诺还政于民，成立过渡政府、全国协商委员会和全国独立选举委员会，确定为期一年的过渡期。10月，尼举行全民公投通过第七共和国宪法。2011年1月，尼举行地方、立法和总统选举。3月，尼日尔争取民主和社会主义党候选人穆罕默杜·伊素福在第二轮总统选举中以将近58%的得票率获胜当选。伊素福于4月7日宣誓就职，并于2016年3月连任。2020年12月，尼举行立法选举和总统选举第一轮投票。因总统选举首轮无人获得超过半数支持，2021年2月，尼举行第二轮选举，民社党候选人巴祖姆在第二轮中以55.66%的支持率当选，于4月2日正式就职，实现尼独立以来首次政权和平交接。

政　治

巴祖姆总统上任后，延续前总统伊素福施政理念，出台实施“复兴计划三期”，致力于巩固社会团结，加强反恐能力，同时推动经济发展，着力改善民生，开展灵活多元外交，取得一定成效，经济保持较快发展。目前尼局势总体稳定。

尼安全形势严峻。2009年底以来，伊斯兰马格里布基地组织等地区恐怖主义势力从尼日尔与马里、阿尔及利亚等国交界的边境地区向尼内地渗透，实施了一系列绑架人质事件，并多次与尼政府军交火。2015年以来，恐怖组织“博科圣地”亦向尼边境渗透并多次袭击迪法大区，造成严重人员伤亡，尼日尔政府宣布迪法大区进入紧急状态。2016年10月以来，蒂拉贝里大区和塔瓦大区多次发生恐怖袭击，尼日尔政府于2017年3月宣布上述两大区靠近马里边境部分省份进入紧急状态。2018年底，尼政府宣布将环首都的蒂拉贝里大区多数省份列入紧急状态。2019年以来，尼安全形势恶化，蒂拉贝里、迪法大区等地区的军营、哨所、村庄、保护区等多次遭到恐怖袭击，造成尼士兵、平民大量伤亡和在尼外国公民遇害。2020年8月，尼政府宣布蒂拉贝里大区全境进入紧急状态。2021年，尼蒂拉贝里、迪法、塔瓦大区恐怖袭击事件继续呈上升趋势，造成数百人死亡。2022年，尼至少发生18起恐怖袭击，造成百余人死亡。

【**宪法**】2010年10月31日，经全民公投通过第七共和国宪法。宪法规定，尼实行半总统制，总统为国家元首和军队统帅，通过两轮多数选举产生，任期5

年，可连选连任1次。总理为政府首脑，领导、组织和协调政府工作，由总统任命，对议会负责。总统任免总理，并根据总理的提名，任免其他政府成员。

【**议会**】第七共和国宪法规定，尼实行一院制。议员任期5年，由直接普选产生。本届议会于2021年3月组成（共171个议席，其中5个海外议席因疫情原因于2023年6月改选），其中尼日尔争取民主和社会主义党84席（含2个补选海外议席），争取非洲联合尼日尔民主运动党23席（含2个补选海外议席），共和国爱国运动党14席，全国发展社会运动党14席（含1个补选海外议席），共和团结党8席，民主共和复兴党7席，尼日尔爱国运动党6席，尼日尔争取民主和进步同盟3席，和平公正进步党2席，争取民主和进步联盟2席，争取和平和进步联盟2席，民主复兴联盟2席，尼日尔崛起运动联盟2席，争取尼日尔崛起民主运动2席，社会民主运动党1席，争取尼日尔民主更迭党1席，民主社会党1席，民主共和联盟1席，民主和和平联盟1席。国民议会议长赛义尼·奥马鲁。

【**政府**】2021年4月成立，后多次调整。目前，共有包括1名总理、2名国务部长、28名部长、3名部长级代表在内的34名成员，名单如下：总理、政府首脑乌胡穆杜·穆罕默杜（Ouhoumoudou Mahamadou），外交与合作国务部长哈苏米·马苏杜（Hassoumi Massoudou），总统府国务部长里萨·阿格·布拉（Rhissa Ag Boula），国防部长阿尔卡苏姆·因达图（Alkassoum Indattou），内政与地方分权部长阿尔卡什·阿尔哈达（Alkache Alhada），职业教育部长卡苏姆·马曼·莫克塔（Kassoum Maman Moctar），高等教育和研究部长马穆杜·吉博（Mamoudou Djibo），公共卫生、人口与社会事务部长伊利亚苏·伊迪·马伊纳萨拉（Illiassou Idi Maïnassara），矿业部长乌赛尼·哈迪扎图·雅各巴（Ousseini Hadizatou Yacouba），邮政和信息技术部长哈桑·巴拉泽·穆萨（Hassane Barazé Moussa），交通部长奥马鲁·阿尔马（Oumarou Malam Alma），人道行动和灾害处理部长拉万·马加吉（Laouan Magagi），畜牧业部长、政府发言人蒂贾尼·伊德里萨·阿卜杜勒–卡德里（Tidjani Idrissa Abdoulkadri），装备部长哈马杜·阿达穆·苏莱（Hamadou Adamou Souley），司法和掌玺部长布巴卡尔·哈桑（Boubacar Hassan），新闻、协调各机构关系部长扎达·穆罕默杜（Zada Mahamadou），财政部长艾哈迈德·吉杜德（Ahmat Jidoud），商业、工业和青年创业部长加多·萨博·莫克塔（Gado Sabo Moctar），农业部长阿朗贝吉·阿巴·伊萨（Alambedji Abba Issa），城市规划、住房和清洁部长迈尊布·拉瓦勒·阿马杜（Maïzoumbou Laoual Amadou），计划部长阿布杜·拉比乌（Abdou Rabiou），石油、能源和可持续能源部长马哈曼·萨尼·穆罕默杜（Mahamane Sani Mahamadou），文化、旅游和手工业部长穆罕默德·哈米德（Mohamed Hamid），国土整治和地方发展部长马曼·易卜拉欣·马哈曼（Maman Ibrahim Mahaman），促进妇女与儿童保护事业部长阿拉乌丽·阿米娜塔·祖尔卡莱尼（Allahoury Aminata Zourkaleini，女），国民教育部长拉比乌·奥斯曼（Rabiou Ousman），水利部长阿达穆·马哈曼（Adamou Mahaman），公职和劳动部长阿塔卡·扎哈拉图·阿布–巴卡尔（Ataka Zaharatou Aboubacar），环境和防治沙漠化部长加拉玛·萨拉图·拉比乌·伊努萨（Garama Saratou Rabiou Inoussa），就业和社保部长易卜拉欣·布卡里（Ibrahim Boukary），青年和体育部长塞古·多罗·阿达穆（Sekou Doro Adamou），财政部预算部长级代表艾哈迈德·阿萨莱克（Ahmed Assalek），内政部地方分权部长级代表达尔达乌·扎内杜（Dardaou Zaneidou），外交部非洲一体化部长级代表优素福·穆罕默德·穆科塔（Youssouf Mohamed Almouctar）。

【**行政区划**】全国划分为蒂拉贝里、多索、塔瓦、马拉迪、津德尔、阿加德兹和迪法7个大区、1个大区级市（即首都尼亚美）、63个省和266个镇。

【**司法机构**】根据第七共和国宪法，司法权由宪法法院、最高法院、国家行政法院、审计法院等管辖。宪法法院主管涉及宪法和选举的法律事项。最高法院是最高司法机构。国家行政法院负责对行政权力机构越权进行初审和终审判决，对有关行政行为合法性的上诉进行衡量和解释。审计法院是监管公共财政的最高司法机关。

【**政党**】1990年11月实行多党制。现有超过100个合法政党，主要有：

（1）尼日尔争取民主和社会主义党—塔雷亚（Parti Nigérien pour la Démocratie et le Socialisme–Tarayya）：议会第一大党和执政党。1991年1月8日成立，主要由工人和知识分子组成，集中于塔瓦省。系具有全国影响的左派政党，主张在自由、民主、正义和公平的基础上，建立稳定、现代的民主共和体制，促进非洲大陆的政治、经济一体化。国际联系较广泛，与法国社会党以及科特迪瓦、布基纳法索和塞内加尔等国政党都有联系。1996年成为社会党国际成员。前总统伊素福、现总统巴祖姆曾先后当选党主席。现任党主席富马科耶·加多（Foumakouye Gado）。

（2）争取非洲联合尼日尔民主运动党—卢马纳（le Mouvement Démocratique Nigérien pour une Fédération Africaine–Lumana Africa）：反对党。2010年3月成立。成员以西部哲尔马人为主，系从全国发展社会运动党分裂组成。在蒂拉贝里、尼亚美等地影响较大。主张秉持民主和主权在民等原则，维护民族团结以及国家政治、体制的稳定。2010年7月召开第一次党代会，哈马·阿马杜当选党主席。2011年4月至2014年8月，阿马杜任国民议会议长。后该党一度陷入分裂。现任党主席为赛杜·塔伊胡（Seydou Tahirou），哈马·阿马杜为该党领导人。

（3）全国发展社会运动党—纳萨拉（Mouvement National pour la Société de Développement–Nassara）：前执政党和参政党，2010年2月政变后失去执政地位。前身是赛义布时期的唯一政党“全国社会发展运动”，成立于1989年5月。尼实行多党制后，1991年3月改为现名。该党社会基础广泛，在广大农牧民中有较强的影响力。主张通过对话实现社会团结与稳定，提倡发展经济，保障贫困阶层人民享有基本社会服务。2010年3月，前党主席哈马另立新党，该党力量遭到削弱。2014年11月，该党召开新一届代表大会并选出新政治局。现任党主席赛义尼·奥马鲁（Seini Oumarou）。

（4）共和国爱国运动党（Mouvement Patriotique pour la République）：2015年10月成立，系全国发展社会运动党分裂而来。现任党主席阿尔巴德·阿布巴（Albade Abouba）。

【重要人物】穆罕默德·巴祖姆：总统。1960年出生于迪法大区，阿拉伯–图布族。获得哲学硕士和博士预科文凭。1991年出任尼过渡政府外交与合作国务秘书。1993年、2004年、2011年三度当选国民议会议员，并于1993—1995年、2004—2009年担任第二、第三副议长，曾于1995年出任多党联合政府外长。2011年4月起，历任外长、总统府国务部长、内政国务部长。2021年3月当选，4月就职。　**乌胡穆杜·穆罕默杜**：总理。1954年出生于塔瓦大区，豪萨族。曾在法国学习，获经济学硕士。1991—1993年任矿业、能源、工业和手工业部长；2011—2012年任财政部长；2015—2020年任伊素福总统办公厅主任、部长。2021年4月起任现职。

经　济

以农牧业为主，是联合国公布的最不发达国家。坦贾总统执政后，加强宏观调控，整顿国家财政，西方国家和国际金融机构陆续恢复对尼援助，尼成为重债穷国减债倡议和减贫与增长信托基金达标国，经济状况有所好转。2009年尼“宪政危机”后，部分国家停止对尼援助，尼财政状况恶化。此外，该国粮食生产受气候影响严重歉收。伊素福总统执政后，出台“复兴计划”“2012—2015年经济社会发展规划”，并积极推进基础设施建设，初步建成本国石油化工产业，同时在巴黎举办融资圆桌会议，争取外援和投资。2016年伊素福总统连任后，继续推进“粮食自给自足倡议”“复兴计划二期”“2016—2020年经济社会发展规划”，大力发展农业、能源、电力、交通等产业，致力于整顿经济、改善民生，取得一定成效，经济保持小幅增长。巴祖姆总统执政后，颁布《政府总政策宣言》，推动农村现代化、基础设施建设和开发经济发展潜力，并实施“复兴计划三期”。但尼经济基础薄弱，受自然灾害、国际市场波动和国内安全形势影响较大，总体仍十分困难。2020年以来，受新冠疫情影响，尼经济困难加剧。2022年，尼经济呈现复苏势头，主要经济数据如下：

国内生产总值：139.7亿美元。

人均国内生产总值：533美元。

国内生产总值增长率：11.5%。

货币名称：非洲金融共同体法郎（简称“西非法郎”）。

汇率：1美元≈622.5西非法郎。

通货膨胀率：4.2%。

（资料来源：世界银行）

【资源】已探明铀储量42万吨。磷酸盐储量12.54亿吨，尚未开发。煤储量600万吨。初步探明石油储量4.99亿吨。此外，还有锡、铁、石膏、黄金等矿藏。

【工业】基础薄弱，2020年工业产值占国内生产总值的20.1%。主要有石油炼制、采矿、电力、纺织、农牧产品加工、食品、建筑和运输业等。根据1998—1999年经济改革计划，尼开始对电信、能源、水、燃料等领域的国营企业实行私有化。主要大型铀矿开采合营公司有阿伊尔矿业公司（SOMAIR）和阿库塔矿业公司（COMINAK），尼政府分别占33%和31%的股份。因铀矿储量枯竭，阿库塔矿业公司已于2021年3月停产。近年来，尼铀产量有所下降，2019年、2020年铀产量分别为2982吨、2992吨。

【农业】农业是最主要的经济部门。2020年，农业产值占国内生产总值的38.4%，全国近79%的劳动人口从事农业。粮食生产不稳定，2020年耕地面积1628万公顷，主要粮食作物有小米（350万吨）、高粱（213万吨）、薯类（46万吨）和豆类。2016年，尼爆发粮荒，200多万人面临粮食短缺。2020年，尼遭受特大洪水灾害，造成全国逾63万人受灾，7000公顷农田被淹。2020年，全国牲畜存栏数为：牛1613.9万头，羊1365.4万只，骆驼185.8万峰。

森林资源贫乏。由于人口增长、大面积开垦耕地和居民日常生活以柴薪为主要燃料等原因，森林面积日益萎缩，从20世纪70年代初的1600万公顷降至2020年的938万公顷。

【旅游业】20世纪80年代起步。主要旅游景点：南部有W自然保护区和尼日尔河谷，北部有阿伊尔高地、贾多高原、阿加德兹图阿雷格族城和泰内雷沙漠等。尼日尔非洲国际时装节为尼重要旅游项目，1998年首次举办。最近一次举办系2021年。

【交通运输】尼为内陆国。进出口物资主要经科托努、拉各斯和洛美等邻国港口转运和空运。

铁路：2016年1月，“科托努—尼亚美—瓦加杜古—阿比让”四国铁路环线项目“尼亚美—多索”段铁路竣工，该段铁路长143公里，是尼首条铁路，但从未投入商业运营。

公路：2020年总长为21353公里，其中沥青路4908公里，占22.9%，其余为土路。2011—2020年，尼新建沥青公路1114公里，修复公路729公里。

空运：有尼亚美、阿加德兹和津德尔3个国际机场。尼亚美机场可起降波音747大型客机，阿加德兹和津德尔机场可起降波音737客机。另有5个国内民用机场。在尼经营的航空公司有法国航空公司、阿尔及利亚航空公司、埃塞俄比亚航空公司、摩洛哥皇家航空公司、土耳其航空公司、ASKY航空公司、布基纳法索航空公司等14家航空公司。2020年，受新冠疫情影响，尼政府自3月中旬起暂停国际商业客运航班，直至8月1日复航。当年，尼亚美国际机场客运量为18万人次。2021年，尼全国民用机场共起降商业航班2.02万架次，客运量31万人次。其中，尼亚美国际机场起降航班9123架次，客运量25.9万人次，货运量90.18万吨。

水运：尼日尔河横贯尼境内550公里，有小型机动货船通行，雨季可航行较大船只。

【财政金融】国家财政预算严重依赖外援。2022年，国际货币基金组织、欧盟、法国、卢森堡、瑞士、加拿大等为尼政府提供了3490亿西非法郎预算支持。2000年，世界银行将尼列入重债穷国减债倡议国家名单，尼获减债6860亿西非法郎，占其外债总额的53.5%。2020年，尼外汇储备12.04亿美元，财政预算原定为2.27万亿西非法郎，后为应对新冠疫情，尼政府两度修正预算，预算总额提高到2.51万亿西非法郎。2021年，尼外债总额47.73亿美元，外汇储备11.68亿美元，财政预算为2.82万亿西非法郎，较前增加1815.5亿西非法郎。2022年，尼初始财政预算为2.90万亿西非法郎，后提高为3.12万亿西非法郎。（资料来源：国际货币基金组织、尼日尔财政部官网）

金融部门包括商业银行、保险公司、邮政储蓄所和全国社会保障基金会等。2020年，尼金融业产值占国内生产总值的1.3%。主要银行有尼日尔银行集团（前国家银行）、非洲国际银行、非洲银行和尼日尔商业银行。

【对外贸易】主要出口铀、石油和黄金等。主要出口国家为尼日利亚、布基纳法索、中国和马里。主要进口国家为中国、美国、法国和德国。2020年，铀、石油出口分别占当年出口收入的38.4%、26%。2020年，尼对外贸易额为32.09亿美元。其中，出口额为9.32亿美元，进口额为22.77亿美元。（资料来源：尼日尔国家统计局）

【外国援助】对外援依赖严重。主要援助国和国际组织有法国、美国、德国、日本及欧盟、世界银行和非洲开发银行等。2019年2月，联合国与尼日尔政府签署2019—2021年联合国发展援助计划框架协议，宣布将在未来3年向尼提供3.16亿美元资金援助，并筹集4.89亿美元在尼开展人道主义行动。6月，欧盟与尼政府签署协议，计划向尼提供8600万欧元预算援助，帮助尼抵御经济风险和完善金融体系建设。8月，欧盟与尼政府签订协议，计划向尼提供1000万欧元预算援助，支持尼公共财政、安全、司法、移民等领域发展。10月，欧盟宣布向尼政府提供1500万欧元预算援助，支持尼食品安全、农业、水利等领域发展。同月，日本同尼政府签署两项协议，共向尼提供75亿西非法郎援助，用于支持尼农业、水利等领域发展。2021年6月，世界银行同尼签署总额3.35亿美元的融资协议，用于实施改善尼东北部道路基础设施、适应性社会网、萨赫勒地区畜牧业等项目。

人民生活

根据联合国开发计划署《2022年人类发展报告》公布的人类发展指数，尼日尔排名第189位。2017年，人口出生率45.5‰，死亡率7.3‰，婴幼儿死亡率95.5‰，平均预期寿命64.5岁。全国共有各级医院、医疗中心等公立医疗卫生机构56所。其中，国家级医院和医疗中心7所，省级医院7所，私营医院5所，县市级卫生局和医院36所，妇产科医院1所。全国医疗覆盖率为92%。2020年，平均每20351人拥有1名医生，每3208人拥有1名护士。主要疾病有脑膜炎、脊髓灰质炎、疟疾、霍乱等。

2020年，尼卫生饮用水覆盖率72.39%，全国电力普及率29.75%，98.45%的农村人口无法获得电力服务。

军　事

武装力量由军队、宪兵、警察、共和国卫队和总统卫队组成。军事力量为陆军和空军，由国防部统辖，总参谋部指挥。准军事力量包括宪兵、警察、共和国卫队和总统卫队，除宪兵归国防部领导外，其余由内政部领导。总统为武装力量最高统帅。实行义务兵和志愿兵相结合的兵役制度。2003年11月成立军事法庭。现任总参谋长：萨利富·莫迪（Salifou Modi）。

正规军兵力4万人，包含陆军及空军两个军种，全国设尼亚美、阿加德兹、津德尔3个军区。空军拥有1架波音737座机和4架运输机。2022年，土耳其向尼军交付6架TB-2无人机。准军事力量4.8万人，其中宪兵1.5万人，警察1.6万人，共和国卫队1.7万人。2017年、2018年、2019年国防预算分别占当年财政预算的17.56%、21.56%、14.5%。

尼分别与法国和美国签有军事合作协议。

文化教育

【教育】20世纪90年代以前，国民教育在各年度预算中一直占国家拨款的20%以上，但从90年代中期开始，所占比例不足10%。2011年伊素福总统执政以后，尼政府每年教育投入达预算的20%。全国共有小学18276所，中学、师范学校及各类职业学校871所。小学、初中和高中文化普及率分别为76.1%、19.8%和4.1%。成人识字率为29%。16岁以下义务教育得到普及。有尼亚美综合大学和伊斯兰大学等9所高等学府。

【新闻出版】新闻机构由通讯部统管，最高新闻委员会负责制定新闻方面的有关法规和监督新闻自由的落实。全国共有23家报社，其中国有报社2家，其余为私营报社。官方报纸《萨赫勒报》为全国唯一的日报，创刊于1974年，每周一至周四出日报，周五出周末版《萨赫勒星期日刊》，发行量为5000份。私营报纸主要有《历史车轮》《共和主义者》《调查者》，各发行1500—2000份。

尼日尔通讯社：官方通讯社，成立于1987年，在全国设有5个记者站，无驻外记者，主要接收法新社和泛非通讯社的消息。1997年4月与新华社签署了新闻交流合作协定，国际新闻主要采用新华社电讯稿。

萨赫勒之声：国家广播电台，创建于1958年，由法国海外广播公司统一管理。每天播音14小时，除了用法语，还用豪萨、哲尔玛、卡努里、阿拉伯、图布等8种民族语言广播，节目覆盖率为95%。

法国国际广播电台在尼亚美建有广播站，每天24小时广播。2007年以来，中国国际广播电台先后在尼亚美、马拉迪、津德尔和阿加德兹市开播调频节目。

萨赫勒电视台：国家电视台，建于1975年，自1988年11月起每天播出，用法语和6种民族语言播放，可覆盖国土面积的70%和全国人口的80%。2001年12月开通TAL-TV数字频道。

对外关系

奉行和平中立的外交政策，主张在平等、互相尊重国家主权和领土完整的基础上发展同一切国家或组织的友好关系。执行外交为国内政治和经济发展服务的方针。重视发展同西方大国、国际金融机构以及发展中国家的关系。坚持睦邻友好，积极参与地区事务。2007年，与阿尔及利亚、马里等签署边界安全协议。针对近年来萨赫勒—撒哈拉地区日益猖獗的恐怖活动和武器、毒品走私问题，加强同马里、毛里塔尼亚、阿尔及利亚等国合作，共同打击恐怖主义和走私犯罪活动。曾向利比里亚、塞拉利昂、几内亚比绍和科特迪瓦派遣维和部队，向东帝汶派遣民事警察。近年来，派兵参与在马里维和行动，并同尼日利亚、乍得等组成多国联合部队，进入尼日利亚打击“博科圣地”；同毛里塔尼亚、马里、布基纳法索、乍得成立萨赫勒五国集团，并组建萨赫勒五国集团联合部队。积极参加萨赫勒问题高级别协调会议及优先投资计划融资协调会议，为萨赫勒五国集团联合部队筹措资金。2018年2月至2019年2月，尼日尔接任萨赫勒五国集团轮值主席国。2019年6月，尼日尔当选为2020—2021年度联合国安理会非常任理事国。同月，伊素福总统当选西共体轮值主席，2020年9月卸任。2022年12月，巴祖姆总统当选西非国家经济货币联盟轮值主席。

【同中国的关系】1974年7月20日同中国建交。1992年7月22日与台湾当局“复交”，中国于7月30日宣布中止同尼的外交关系。1996年8月19日中尼复交，此后两国关系发展顺利。

2020年6月，伊素福总统应邀出席中非团结抗疫特别峰会并在会上发言。9月，尼外长卡拉应邀出席中国与联合国经社部、联合国开发计划署共同举办的减贫与南南合作高级别视频会议。2021年5月，尼外长哈苏米出席王毅国务委员兼外长主持召开的安理会高级别视频会议。9月，王毅国务委员兼外长同哈苏米外长通电话。10月，商务部副部长钱克明同哈苏米外长以视频方式共同主持召开中尼经贸联委会第六次会议。11月，哈苏米外长赴塞内加尔出席中非合作论坛第八届部长级会议。2022年3月，王毅国务委员兼外长在出席伊斯兰合作组织外长会期间会见尼外长哈苏米。4月，全国人大常委会副委员长王晨与尼国民议会第一副议长卡拉举行视频会晤。

1974—1992年，中方共承建农业合作、特腊水库、埃尔地区打井、蒂亚吉埃尔下垦区、综合体育场等项目。1996年中尼复交后，中方又完成恩东加节制闸工程、社会住宅建设、津德尔市政供水工程、尼亚美综合医院、尼日尔河二桥及延长线项目、津德尔市供水项目、尼日尔河三桥项目等。近年来，两国在能源资源领域互利合作也取得积极进展。

两国签有经济贸易合作协定，设有经贸合作混委会，共举办过五次混委会会议。据中国海关总署统计，2022年，中尼双边贸易额为9.94亿美元，同比增长30.6%。其中，中国出口额为6.76亿美元，同比增长72.6%；中国进口额为3.18亿美元，同比减少14%。

中尼两国政府签有文化和教育合作协定。自1978年起中方向尼提供奖学金名额。2020—2021学年，尼在读留学生363人，其中奖学金生128名。目前，尼在册留学生总数为239人。

两国签有中国向尼派遣医疗队议定书。中方自1976年起向尼派遣第一批医疗队员29人，截至1992年共派出8批医疗队员。两国复交后，中方于1996年12月恢复向尼派遣医疗队。现为第23批，2022年12月抵尼，在尼亚美综合医院工作。

中尼2018年8月签署关于互免持外交、公务护照人员签证的协定，2018年12月15日正式生效。

尼在香港设有名誉领事馆。

中国驻尼日尔大使：蒋烽。馆址：No.4 Boulvard des Ambassades，Quartier Goudel，Niamey，Niger。电话：00227-20723283；传真：20723285。

尼日尔驻华大使：塞尼·加尔巴（Seyni Garba）。馆址：北京市朝阳区三里屯外交办公楼公寓1单元21号。电话：010-65324279；传真：65327041。

【同法国的关系】法是尼前宗主国、最大援助国和主要军事合作伙伴。2003年10月，法国总统希拉克访尼，成为21年来首位访尼的法国元首。2020年1月，伊素福总统赴法参加萨赫勒五国集团反恐特别峰会。4

月，尼外长卡拉、防长卡坦贝出席萨赫勒五国集团成员国与法外长视频会议。7月，法开发署与尼政府签署三项协议，决定向尼提供共计6000万欧元的融资帮助尼应对粮食安全问题。10月，法尼签署协议，将提供1800万欧元融资支持尼卫生和青年工作。11月，法防长、外长先后访尼。2021年1月，伊素福总统访法。2021年4月，法外长赴尼亚美出席巴祖姆总统就职典礼；法国民议会副议长、法国—尼日尔友好小组主席雅克访尼。5月，巴祖姆总统赴法出席非洲经济体融资峰会。7月，巴祖姆总统赴法国事访问并同马克龙总统会见。2022年7月，法防长、外长访尼，分别会见巴祖姆总统、外长哈苏米。12月，巴祖姆总统在法国巴黎同马克龙总统会见，并主持召开尼日尔经济社会发展圆桌会议。

【同美国的关系】1960年尼美建交。20世纪80年代两国关系发展较快，尼国家元首孔切曾两次访美。90年代初，美每年向尼提供约2000万美元援助。1996年1月巴雷政变上台后，美中止对尼官方援助。1999年底坦贾当选总统后，美恢复对尼援助。2009年尼"宪政危机"后，美宣布停止向尼提供除人道主义援助以外的其他援助。2011年，伊素福总统应邀赴美访问，美恢复"千年挑战账户"项下援助，项目总额约为2300万美元。2020年1月，美国际开发署资助的尼粮食安全发展项目启动，该署将分5年向尼提供1.53亿美元资助农业帮扶项目。7月，美"千年挑战账户"尼日尔援助计划框架下农业发展项目启动，合同总额达30亿西非法郎。8月，美向尼军捐赠总价值40亿西非法郎的军事车辆和维护装备。2021年5月，美国际开发署资助的价值295亿西非法郎的"KULAWA母婴、计生合作项目"启动。6月，两国签署关于防止非法贩运核物质和其他放射性物质的谅解备忘录。7月，美向尼提供两批共30.24万剂强生新冠疫苗援助。8月，美国副国务卿纽兰访尼。2022年7月，尼外长哈苏米访美，分别会见美副国务卿谢尔曼、美总统国家安全事务助理沙利文。9月，巴祖姆总统赴美出席第77届联大会议，其间同美国务卿布林肯会晤。12月，巴祖姆总统赴美出席第二届美非峰会。

【同德国的关系】1999年4月尼发生政变后，德中止对尼援助。2000年，尼总理哈马访德，德恢复对尼援助。2020年5月，德决定通过联合国粮食计划署向尼提供2400万欧元援助，助尼应对粮食安全威胁。11月，德国复兴信贷银行同尼政府签订协议，在教育和就业促进计划下向尼提供65.6亿西非法郎用于保障民生。2021年7月，巴祖姆总统赴德工作访问，会见默克尔总理。2022年5月，德总理朔尔茨访尼。

【同日本的关系】日是尼主要援助国之一。自1976年以来，日对尼无偿援助总额约2400多亿西非法郎。目前，有近百位日志愿者和专家顾问在尼工作。2020年2月，日向尼捐赠价值5亿日元的7290吨大米。7月，日向尼粮食产品办公室捐赠价值8.21亿西非法郎的运输车辆。8月，日同尼政府签署协议，决定向尼提供250亿西非法郎的医疗设备和大米援助。9月，日本政府通过日本国际协力机构向尼捐赠价值1亿西非法郎的物资用于应对水灾灾情。

【同周边国家及地区组织的关系】与邻国长期保持睦邻友好关系。

2020年2月，伊素福总统赴埃塞俄比亚出席第33届非盟峰会，其间主持召开西共体领导人特别峰会，赴毛里塔尼亚出席萨赫勒五国集团成员国第六次峰会。3月，西共体第五届议会第一次会议在尼亚美举行。4月，伊素福总统主持召开西共体成员国抗疫特别视频峰会，出席西非经济货币联盟成员国特别视频峰会。5月，伊素福总统作为西共体轮值主席召开非洲抗冲击能力和疫后全球治理视频圆桌会。6月，伊素福总统出席非盟第二次抗疫特别峰会，赴毛里塔尼亚出席萨赫勒五国集团成员国峰会。8月，伊素福总统以西共体轮值主席身份两次主持召开西共体马里政治危机问题特别视频峰会。9月，伊素福总统主持西共体峰会，赴几内亚比绍工作访问。10月，伊素福总统赴布基纳法索友好访问，几内亚比绍总理访尼。11月，多哥、贝宁、利比亚等多国外长赴尼出席伊斯兰合作组织第47届外长理事会会议。12月，伊素福总统赴科特迪瓦出席瓦塔拉总统就职仪式、赴布基纳法索出席卡博雷总统就职仪式；马里过渡总统、多哥总统访尼。2021年1月，伊素福总统赴加纳出席加当选总统阿库福-阿多的就职典礼，出席西共体视频峰会；马里副总统阿西米·戈伊塔访尼。2月，伊素福总统赴刚果（布）工作访问、赴乍得出席萨赫勒五国集团峰会，拉非尼总理出席西共体视频峰会；马里过渡总统巴·恩多访尼。4月，布基纳法索、马里、加纳、塞内加尔、乍得等非洲10余国国家元首和政府首脑赴尼亚美参加巴祖姆总统就职典礼；巴祖姆总统赴尼日利亚工作访问，赴乍得出席已故总统代比葬礼。5月，巴祖姆总统赴尼日利亚出席乍得湖流域委员会特别峰会，赴加纳出席西共体国家首脑关于马里局势的特别峰会。7月，巴祖姆总统赴阿尔及利亚工作访问，双方就重开边境达成共识。2022年1月，巴祖姆总统赴加纳阿克拉参加西非经济货币联盟和西非国家经济共同体的特别峰会。2月，巴祖姆总统赴埃塞俄比亚出席非盟峰会。3月，巴祖姆总统赴尼日利亚访问。5月，巴祖姆总统赴赤道几内亚出席非盟特别峰会。7月，巴祖姆总统赴乍得访问，赴加纳出席西非国家经济共同体第61次峰会。11月，非盟工业化和经济多样化及非洲大陆自贸区峰会在尼日尔首都尼亚美举办，尼日利亚、几内亚比绍、科摩罗、博茨瓦纳等国领导人出席。（李景聿）

尼 日 利 亚

国名　尼日利亚联邦共和国（The Federal Republic of Nigeria）。

面积　923768平方公里。

人口　2.22亿（2023年）。有250多个民族，其中最大的3个民族是北部的豪萨－富拉尼族（占全国人口的29%）、西部的约鲁巴族（占21%）和东部的伊博族（占18%）。官方语言为英语，主要民族语言有豪萨语、约鲁巴语和伊博语。50%的居民信奉伊斯兰教，40%信奉基督教，10%信仰其他宗教。

首都　阿布贾（Abuja），人口约365万（2022年）。平均最高气温为35℃，平均最低气温为20℃。

国家元首　总统穆罕马杜·布哈里（Muhammadu Buhari），2015年5月就职，2019年2月连任，5月宣誓就职。

重要节日　国庆节：10月1日。

简　况

位于西非东南部，东邻喀麦隆，东北隔乍得湖与乍得相望，西接贝宁，北界尼日尔，南濒大西洋几内亚湾。边界线长约4035公里，海岸线长800公里。地势北高南低。境内河流众多。属热带季风气候，全年分为旱季和雨季，年均气温为26℃—27℃。

尼日利亚系非洲文明古国。公元8世纪，扎格哈瓦游牧部落在乍得湖周围建立了卡奈姆－博尔努王国，该王国延续了1000多年。从10世纪开始，约鲁巴族在尼日尔河下游建立了伊费、奥约和贝宁等王国。11世纪前后，豪萨族在尼北部地区建立了7个城堡王国，史称“豪萨七邦”。16世纪，这7个王国被西部的桑海帝国所征服。1472年，葡萄牙殖民者入侵。16世纪中叶，英国殖民者入侵。1914年，正式沦为英国殖民地。1960年10月1日宣布独立，并成为英联邦成员国。1963年10月1日，尼日利亚联邦共和国成立。

尼日利亚独立后多次发生军事政变，军人长期执政。1998年6月，军政府首脑萨尼·阿巴查病逝，国防参谋长阿卜杜勒萨拉米·阿布巴卡尔接任国家元首，制订还政于民计划。1999年2月，人民民主党候选人奥卢塞贡·奥巴桑乔当选总统，2003年4月连任。2007年4月，人民民主党候选人奥马鲁·亚拉杜瓦当选总统。2010年5月，亚拉杜瓦病逝，副总统古德勒克·乔纳森继任总统，2011年4月连任。2015年3月，尼日利亚举行总统、国民议会选举，全体进步大会党获胜，结束了人民民主党连续执政16年的局面。穆罕马杜·布哈里当选新总统，于5月就职，并于2019年2月连任。

政　治

近年来，尼政局总体保持稳定，但仍存在较多不稳定因素。安全形势复杂严峻，被《2023年全球恐怖主义指数报告》列为全球第八大受恐怖主义影响最严重国家。“博科圣地”“伊斯兰国西非省”等跨国恐怖组织和本地武装团伙频繁发动各类袭击事件。南部产油区破坏活动不断，部分地区存在反政府武装活动，农牧民冲突、宗教纷争时有发生，几内亚湾海盗袭扰不绝，社会治安不靖，以索要赎金为目的的绑架案件高发频发。

【宪法】尼日利亚独立以来制定过5部宪法，即1960年、1963年、1979年、1989年（未颁布）和1999年宪法。现行宪法以1979年宪法为基础修订而成，于1999年5月5日颁布，同年5月29日（即奥巴桑乔总统执政之日）起正式实施。主要内容包括：尼是不可分割的主权国家，实行联邦制；实行三权分立的政治体制，总统为最高行政长官，领导内阁；国民议会分参众两院，是国家最高立法机构；最高法院为最高司法机构；总统、国民议会均由直接选举产生，总统任期4年，连任不得超过两届。

【议会】国民议会由参众两院组成，议员由直接选举产生，任期4年，可连选连任。2019年2月选举产生第九届国民议会，在参议院109席和众议院360席中，全体进步大会党分别获得62席和206席，占据两院多数席位，主要反对党人民民主党分获44席和118席。新一届议会于2019年6月正式组成，参议长艾哈迈德·拉万（Ahmad Lawan），众议长费米·格巴贾比亚米拉（Femi Gbajabiamila）。

【政府】尼日利亚联邦政府设立联邦执行委员会，即内阁。本届内阁截至2022年底尚未组建完成。国民议会已批准提努布总统任命20名总统特别顾问。安全、政治、工业等部分顾问人选已确定。按照尼法律规定，提努布总统需在就职后60天内向议会提交政府内阁成员名单以供审批。

【行政区划】实行联邦制。设联邦、州和地方三级政府。1996年10月重新划分行政区域，全国划分为1个联邦首都区、36个州以及774个地方政府。

【司法机构】联邦设有最高法院、上诉法院和高等法院，各州设高级法院，地方政府设地方法院。现任首席大法官奥卢卡约德·阿瑞沃拉（Olukayode Ariwoola），2022年6月宣誓就职。

【政党】1998年6月开放党禁。2020年2月，尼日利亚独立选举委员会取消74个不符合选举资格政党的注册登记。目前，尼共有18个注册政党，主要政党情况如下：

（1）全体进步大会党（All Progressives Congress，APC）：执政党。2013年8月在尼独立选举委员会正式注册，由原主要反对党尼日利亚行动大会党（Action Congress Of Nigeria，ACN）、进步变革大会党（Congress for Progressive Change，CPC）和全尼日利亚人民党（All Nigerian People's Party，ANPP）合并组成。2014年6月13日，该党举行首次全国代表大会，近7000名党员代表与会。会议选举了全国执行委员会委员，并通过党章。2022年3月26日，该党举行全国代表大会，选举阿卜杜拉希·阿达穆（Abdullahi Adamu）为新任全国主席。

（2）人民民主党（People's Democratic Party，PDP）：反对党。1998年8月成立，曾长期执政。该党目标是：维护尼统一、团结与主权；主张各民族和睦相处，建立自由、平等和公正的社会；促进和巩固尼日利亚政治、经济和社会独立。在尼北部、中部和东南部地区影响较大。现任主席为伊约基亚·阿育（Iyorchia Ayu）。

【重要人物】穆罕马杜·布哈里：总统。1942年出生于北部卡齐纳州，豪萨－富拉尼族。信奉伊斯兰教。1962年进入卡杜纳军事培训学院学习，曾在印度、美国、英国的军事院校留学。20世纪七八十年代曾担任州长、石油部长、最高军事委员会成员、国家石油公司主席等职。1983年军事政变后上台执政至1985年。曾于2003年、2007年、2011年三次参加总统选举。2015年3月在总统选举中获胜当选。2019年2月在新一轮总统选举中胜选连任，5月29日宣誓就职。

经　济

原为农业国。20世纪70年代起成为非洲最大的产油国。80年代后，随着国际市场油价下跌，尼经济陷入困境。1992年，被国际货币基金组织列为低收入国家。1995年起，政府对经济进行整顿，取得一定成效。目前是非洲第一大经济体，2022年经济总量全球排名第28位。石油系支柱产业，其他产业发展滞后，粮食不能自给，基础设施落后。近年来，政府加大对基础设施、农业和制造业的投入，推进电力、石油行业改革，经济实现较快增长。2017年，尼发布《2017—2020年经济复苏与增长计划》，对尼近中期经济社会发展作出全面规划。为应对新冠疫情，尼发布《2020年经济可持续发展计划》，实施调整货币政策、减少非必要支出等措施。2020年9月，尼宣布实施《2050年尼日利亚议程和中期国家发展计划》，计划未来10年内使尼1亿人口摆脱贫困。2022年主要经济数据如下：

国内生产总值：4773亿美元。

人均国内生产总值：2237美元。

国内生产总值增长率：3.3%。

货币名称：奈拉。

汇率：1美元≈423奈拉。

通货膨胀率：18.85%。

（资料来源：世界银行、尼日利亚央行）

【资源】资源丰富。已探明有30多种矿藏。主要有石油、天然气、锡、煤、石灰石等。已探明石油储量372亿桶，居非洲第二、世界第十。2016年成为非洲最大原油生产国。2018年日均产油196万桶。已探明天然气储量达5.3万亿立方米，居非洲第一、世界第八。煤储量约27.5亿吨，为西非唯一产煤国。森林覆盖率为17%。

【工业】石油工业是国民经济的主要支柱。2022年，尼联邦政府财政收入的43%、国内生产总值的12.9%来源于石油行业。2022年12月，尼原油日产量反弹至135万桶，为8个月来最高点。因国内炼油能力较低，约85%国内成品油消费需依赖进口。现有电力装机容量1250万千瓦，仅不足四成家庭通电。全国有3座钢厂，年产量仅1万余吨。纺织、车辆装配、木材加工、水泥、饮料和食品加工等行业大多集中在拉各斯及其周围地区。制造业发展水平低，多数工业制品仍依赖进口。

【农业】独立初期，棉花、花生等许多农产品在世界上居领先地位。随着石油工业的兴起，农业迅速萎缩，产量大幅下降。近年来，随着尼政府加大对农业投入，农作物产量有所回升，年均增长7%以上。2018年，尼农业在国内生产总值中所占比重为31%。全国70%的人口从事农业生产。可耕地面积6800万公顷，已耕地3400万公顷。农业主产区集中在北方地区。木薯年产量4000万吨，位居世界第一。大米、面粉等粮食不能自给，年均500万吨大米消费量中有200万吨依靠进口。

2014—2018年，尼农业领域共吸引外资79亿美元，主要投向化肥、种子、家禽业和棕榈油、水稻生产等领域。2017年公布的《经济复苏与增长计划》中提出要努力实现农业发展和粮食安全，加大对农业投资。2019/2020财年实现小麦自给自足。2022年第一季度，尼农业部门资本进口从2021年第四季度的2.38亿美元下降至176万美元，下降幅度达99.23%。

【旅游业】旅游资源丰富，但尚未很好开发。主要旅游景点有：奥逊州的奥索博神树林，阿达玛瓦州的宿库卢文化遗产，夸拉州和高原州的瀑布，博尔诺州的乍得湖寺院，十字河流州的大牧场，伊莫州的奥古塔湖，翁多州的温泉和包奇州的杨卡里野生动物园。

【交通运输】以公路运输为主，以水路、铁路运输为辅。交通运输较为紧张。

公路：总长194394公里（铺装路面60068公里），其中高速公路1194公里。已基本形成一个连接首都阿布贾和各州首府的交通网，利用率逾90%。公路运输分别占国内货运量的93%和客运量的96%。

铁路：总长3557公里，均为1.067米轨距的单轨线。尼国家铁路公司在15个州有268个车站。机动车日运行能力为190辆。但因年久失修，运行能力低。

2006年8月，尼政府宣布用25年完成铁路现代化改造，计划到2043年新建铁路6000公里。其中，铁路现代化项目规划南起拉各斯市，途经首都阿布贾，北至北部重镇卡诺市，全长1315公里，采取中国标准，分段执行，建成后将贯穿南北主要贸易通道。2016年7月，项目一期阿布贾至卡杜纳段投入运营，全长186.5公里。2017年3月，项目二期拉各斯至伊巴丹段开工建设，全长156公里，2021年6月正式通车运营。2018年7月，阿布贾城铁一期开通运营，全长45公里。据尼国家统计局数据，2022年，尼铁路运输业营业额为49.6亿奈拉，运送旅客321.29万人次，运输货物11.85万吨。

水运：内河航线总长3000公里，承担内河航运的主要是贝努埃河和尼日尔河。全国有8个主要海港：拉各斯的莱基深水港、阿帕帕港、廷坎港、科科港、瓦里港、哈科特港、卡拉巴尔港和萨派勒港。其中，最大的港口为拉各斯港（阿帕帕港和廷坎港），年运力在70万标准箱以上，是西非最大、最繁忙的港口，承担了尼70%左右的进出口货物运输。2018年3月，拉各斯莱基深水港项目启动，由中方承建，于2022年10月竣工。该港口建成后成为西非枢纽港口，水深16米，设计年吞吐量150万标准箱，并有望扩至450万标准箱。

空运：尼日利亚国有航空公司曾开设多条国内和国际航线，但经营不善，亏损严重。2005年，尼政府将其私有化。目前，尼航空业的主力军为Aero Contractors、Arik Air、Air Peace、Azman Air、Dana Air、First Nation、Med-View和Overland等私营航空公司，主要运营国内航线及少量国际航线。国际航线多为外国航空公司垄断。全国有37个机场，主要分布在联邦首都区和各州首府，其中5个为国际机场，分别在拉各斯、阿布贾、卡诺、哈科特港和卡拉巴尔。尼与65家国际航空公司签有航空协议。2021年，尼机场起降航班共约25.3万架次，运送乘客1580万人次。

【财政金融】尼财政收入主要靠石油出口和税收。尼是地区金融和商业中心，拥有西非第一大证券交易所，西非50强企业中有44家来自尼。2014年以来，由于国际油价持续下跌，尼经济受到较大冲击，财政收入减少。2017年，国际油价有所回升，尼政府财政收入增加。2019年11月，布哈里总统签署《深海和内陆盆地石油生产分成合同法修正案》，预计每年将为尼政府增加财政收入14亿美元。2021年8月，布哈里总统签署《石油工业法案》，为尼石油工业提供了法律、治理、监管和财政框架，是尼近十年来油气领域重大改革，旨在彻底改变尼同国际石油公司分享石油资源的方式，吸引新的石油和天然气投资。2020年，联邦政府财年总收入3.94万亿奈拉，其中石油占38.6%，非石油税收占32.5%，企业所得税占17.1%，增值税占4.9%。截至2022年7月，尼外汇储备385.4亿美元，外债399.7亿美元，外债主要来自世界银行和非洲开发银行等多边机构。

【对外贸易】主要出口产品为石油、可可、橡胶和棕榈仁，主要进口产品是机械设备、交通设施和消费品等。主要出口国为印度、美国、西班牙和法国等，主要进口国为中国、印度、美国、比利时、英国等。2017年1月，尼正式签署《贸易便利化协定》，成为世界贸易组织第107个正式接受该协定的国家。2018年8月，尼加入国际可可协定。2019年7月，尼日利亚签署非洲大陆自贸区协定。2021年，尼进出口贸易额约为969亿美元。其中，出口额为496亿美元；进口额为472亿美元。（资料来源：2022年第二季度《伦敦经济季评》）

【外国资本】外国投资领域主要是石油、银行、制造和建筑业。主要投资来源国为美国、法国和英国。根据世界经济论坛《2020年全球竞争力报告》，尼在全球141个国家和地区中排名第116位。根据世界银行《2020年营商环境报告》，在全球190个经济体中，尼日利亚营商环境排名第131位，较上年上升15位。尼2021年吸引外资48.5亿美元。

【外国援助】主要援助国和国际组织为美国、英国、加拿大、联合国、欧盟和世界银行等。2020年4月，欧盟宣布提供5000万欧元，支持联合国在尼日利亚开展抗击新冠疫情项目。12月，世界银行批准对尼日利亚15亿美元一揽子贷款，支持尼疫后经济恢复。2021年12月，世界银行批准对尼7亿美元贷款，用于尼半干旱地貌农业气候复原力项目。目前，世界银行在尼有30个合作项目，总投资约100亿美元。

人民生活

根据联合国开发计划署《2022年人类发展报告》公布的人类发展指数，尼日利亚排名第163位。近年来，尼贫困化现象日益严重，根据非洲开发银行2019年《尼日利亚经济展望》报告，约有1.52亿尼日利亚人每天生活费不到2美元，占全国人口的80%。据尼国家统计局统计，2018年，尼15—64岁的劳动力中，女性失业率为21.2%，男性失业率为16.5%。医疗条件较差。全国约有2万余名医生，10万张病床，患者与医生的比例为4400：1。截至2018年12月，尼感染艾滋病毒人数超过410万，居全球第二，其中仅有不到50万人得到治疗。疟疾死亡率为40%，艾滋病毒感染率为3.17%。截至2022年7月2日，尼日利亚全国已累计报告新冠确诊病例超过25.7万例，治愈25万例，死亡3144例。人均寿命55岁，人口增长率为2.7%。尼现有移动电话用户约为1.5亿，网络用户为1亿，居非洲第一位。

军　事

奉行“威慑与防御”相结合的战略方针。自1985年以来，武装部队总司令一直由国家元首兼任。武装部队由陆海空三军、联合特遣部队、民兵和预备役部队组成，总兵力约19.3万人。实行志愿兵役制。7月6日和1月15日分别为建军节和阵亡将士纪念日。

文化教育

【教育】1976年起实行小学免费教育。但由于经济困难，自1985年起改为收费。1999年9月，尼政府出台全国基础教育计划，恢复小学免费义务教育。学制为小学6年，初中3年，高中3年，大学4年。截至2016年，全国共有大学143所，著名大学有艾哈迈德·贝罗大学、拉各斯大学、伊巴丹大学、尼日利亚大学和伊费大学等；共有技术院校近百所，普通高中14555所，初中19244所，小学85286所。大多数学校教学设施陈旧，师资不足，全国文盲率40%。据联合国儿童基金会数据，2021年，尼失学儿童数量约1050万，适龄儿童失学率约33%，为全球最高。

【新闻出版】新闻和出版业较发达。全国有各种期刊杂志上百种，报纸20余种，电台和电视台近百家。联邦和各州政府设有主管宣传事务的新闻部。主要报纸有《今日报》《卫报》《每日信报》《新尼日利亚人报》《每日时报》《抨击报》《先锋报》等。

尼日利亚通讯社：官方通讯社，1978年10月成立，在国内36个州派有记者300名，在6个国家设有分社并派常驻记者，与新华社、路透社、法新社、塔斯社、美联社等10多个通讯社签订了新闻交换协议或销售协议。泛非通讯社西非地区总分社的工作亦由尼通讯社承担。

尼日利亚联邦广播电台：前身是尼日利亚广播公司，1990年改为现名，受联邦政府新闻和通信部领导。主要负责对内广播，使用语言为英语。全国各州均有自己的电台，使用当地语言或英语。

尼日利亚之声：前身是尼日利亚广播公司对外广播部，1990年正式脱离尼广播公司改为现名，主要负责用英语、法语、斯瓦希里语、豪萨语、阿拉伯语等8种语言每天对外广播。

尼日利亚国家电视台：成立于1962年，由联邦政府新闻和通信部领导，总部设在阿布贾。全国划为6个电视区。有2套节目，日均播放时间15小时。各州均有电视台通过卫星转收国家电视台节目。

目前，尼全国共有45个电视台，其中13个为私人有线电视和卫星转播站。部分州的电视台仍为黑白台。

对外关系

奉行广泛结好、积极参与国际事务、促进和平与合作的外交政策。长期执行以非洲为中心的外交战略，力图发挥地区大国作用。积极倡导南南合作、南北对话。重视发展与西方、发展中大国关系。重视保护海外侨民利益。新冠疫情期间及乌克兰危机、苏丹武装冲突爆发后，多次安排海外撤侨行动。积极参加联合国维和行动。与100多个国家建立了外交关系，共设105个驻外机构。系联合国会员国，不结盟运动、77国集团、世界贸易组织、石油输出国组织、非盟和西非国家经济共同体等国际和地区组织成员。2016年12月以来，尼日利亚前环境部长阿明娜·穆罕默德担任联合国常务副秘书长。2021年2月15日，尼日利亚籍候选人、前财政部长恩戈齐·奥孔乔–伊维拉当选为世界贸易组织总干事。

【同中国的关系】中尼自1971年2月10日建交以来，友好合作关系发展顺利。2005年4月，奥巴桑乔总统访华，两国元首一致同意建立战略伙伴关系。2009年，中尼举行首次战略对话。2020年1月，两国建立中尼政府间委员会机制。

近年来，两国高层交往频繁，政治互信加深。2018年9月，布哈里总统来华出席中非合作论坛北京峰会，习近平主席和李克强总理分别同其会见，双方签署《中华人民共和国政府与尼日利亚联邦共和国政府关于共同推进丝绸之路经济带和21世纪海上丝绸之路建设的谅解备忘录》。2019年9月，习近平主席特使、中共中央政治局委员、中央外事工作委员会办公室主任杨洁篪访尼，分别会见布哈里总统、奥尼亚马外长。2020年6月，布哈里总统以视频方式出席中非团结抗疫特别峰会。8月，国务委员兼外交部长王毅同尼日利亚外长奥尼亚马通电话。2021年1月，国务委员兼外交部长王毅访问尼日利亚。

中尼签有贸易、经济、技术、科技合作和投资保护等协定，并设有经贸联委会。尼是中国在非洲的第一大工程承包市场、第一大出口市场、第二大贸易伙伴和主要投资目的地国。据中国海关总署统计，2022年，中尼双边贸易额为239亿美元，同比减少6.6%。其中，中国出口额为223亿美元，同比减少1.1%；中国进口额为16亿美元，同比减少47.2%。出口商品主要为机电产品和纺织服装，进口原油和液化天然气等。截至2022年底，中国企业在尼累计签订承包工程合同额1522.4亿美元，主要涉及铁路、公路、房屋建设、电站、水利、通信、打井等领域。2018年4月，中国人民银行与尼日利亚央行在北京签署了中尼（日利亚）双边本币互换协议。2021年5月，该协议续签3年。

中尼签有文化合作协定和高校合作议定书。2012年3月，中尼签署互设文化中心的协定。5月，尼日利亚文化中心在北京设立。2013年9月，设在尼首都阿布贾的中国文化中心举行揭牌仪式。中国自1964年起向尼提供政府奖学金名额，至今共接收政府奖学金生1701名。2021—2022学年，尼在读学生共计5664人，其中奖学金生331人。尼日利亚拉各斯大学和阿齐克韦大学各设立了1所孔子学院。中国苏州大学与尼日利亚拉各斯大学在教育部“中非大学20+20合作计划”项下结成合作伙伴。截至2019年底，中国在尼日利亚共开设各类汉语及文化课程341班次，培养注册学员1万余人。

中国驻尼日利亚大使：崔建春。馆址：Plot 302–303，Central District，Abuja，Nigeria。电话：00234–9–

4618661，4618662；传真：4618660。驻拉各斯总领事馆地址：Plot 161A Idejo Street，Victoria Island，Lagos，Nigeria。电话：00234–1–2715351，2713535；传真：2715583。

尼日利亚驻华大使：巴巴·艾哈迈德·吉达（Baba Ahmad Jidda）。馆址：北京市朝阳区三里屯东五街2号。电话：010–65323631，65323632，65323633；传真：65321650。

【同美国的关系】尼美1960年建交后，两国关系密切。尼在美约有100万侨民。美自1952年开始对尼进行无偿援助，截至2020年累计援助约97亿美元。尼是美在撒哈拉以南非洲第二大受援国，是美《非洲增长与机遇法案》框架下向美出口最多的撒哈拉以南非洲国家。美是尼最大的贸易伙伴之一，尼产品的40%销往美国，美曾连续多年是进口尼石油最多的国家。美在尼石油工业中的投资占尼外资的30%。2020年2月，尼外长奥尼亚马访美，出席两国国家双边委会议。4月，布哈里总统就新冠疫情应邀同美国总统特朗普通电话。9月，尼外长奥尼亚马应邀同美国国务卿蓬佩奥通电话。11月，布哈里总统发推特，祝贺拜登就任美国总统。2021年4月，美国国务卿布林肯“虚拟访问”尼日利亚，同布哈里总统以视频方式会见。9月，布哈里总统赴美出席第76届联大会议。11月，美国国务卿布林肯访尼，布哈里总统同其会见，奥辛巴乔副总统和奥尼亚马外长分别同其会谈，双方签署两国2021—2026年发展目标援助协议联合声明。2022年9月，奥辛巴乔副总统访美，分别会见美副总统哈里斯、美气候问题特使克里。同月，布哈里总统赴美出席第77届联大会议。12月，布哈里总统赴美出席美非领导人峰会并会见美国总统拜登。

【同英国的关系】尼独立后两国关系密切，英国曾是尼日利亚最大投资国。尼在英约有100万侨民。2020年1月，布哈里总统赴伦敦出席首届英非投资峰会，会见英国首相约翰逊。2021年8月，布哈里总统赴英国出席全球教育峰会。11月，布哈里总统赴英国出席《联合国气候变化框架公约》第二十六次缔约方大会世界领导人峰会。2022年9月，奥辛巴乔副总统赴英国出席英国女王伊丽莎白二世葬礼。11月，布哈里总统赴英国进行例行体检期间会见英王查尔斯三世。

【同法国的关系】阿巴查军政府时期，法国曾中止对尼经济援助和军事合作。1999年和2000年，法国总统希拉克和奥巴桑乔总统实现互访。法将尼列为开展南北合作和提供援助的优先国家之一。2021年4月，法国外贸部长里斯特访尼。5月，布哈里总统赴法出席非洲经济体融资峰会，同法国总统马克龙举行会谈。11月，布哈里总统赴法国出席第四届巴黎和平论坛，并同法国总统马克龙会晤。

【同俄罗斯的关系】奥巴桑乔政府执政后，尼俄双边交往与合作增多。双方签有《关于友好与伙伴关系联合声明》，在军事技术、和平利用核能合作、外太空探索、石油合作等领域签有合作协议。俄为尼发射了3颗人造卫星。2018年11月，尼俄签署双边刑事司法协助条约。2019年10月，布哈里总统赴俄出席俄非峰会，俄罗斯总统普京与其会见。

【同德国的关系】尼是德在非洲的第二大贸易伙伴和主要石油供应国之一，德是尼第六大贸易伙伴。2020年4月，德向尼日利亚人道主义基金捐赠550万欧元，用于帮助尼方抗击新冠疫情。2021年9月，布哈里总统同德国总理默克尔通电话。

【同南非的关系】尼日利亚曾长期支持南非人民反对种族隔离制度的斗争。两国于1994年建交。2020年12月，布哈里总统会见来访的南非总统特使、南矿业资源与能源部长曼塔谢。2021年11月，布哈里总统赴南非出席第二届非洲商品交易会开幕式。12月，南非总统拉马福萨访尼，两国举行双边合作委员会第十次会议。

【同喀麦隆的关系】两国于20世纪90年代为争夺位于两国边界的巴卡西半岛爆发武装冲突，尼日利亚军队进占巴岛大部分地区。2006年6月，两国元首在联合国秘书长安南主持下就和平解决巴卡西半岛领土争端问题达成协议。8月，尼从巴卡西半岛撤军。2008年8月，尼政府正式向喀政府移交巴卡西半岛管理权。2011年7月，尼喀混委会第28次会议在尼举行，会议要求尽快完成两国边界划定，以解决有关巴卡西半岛争端遗留问题。2012年5月，两国宣布计划在年内完成边界立碑工作；10月，尼政府正式宣布放弃上诉国际法院关于半岛归属喀麦隆的判决。布哈里总统上台后，多次重申将遵守国际法院裁决，承认巴卡西半岛系喀领土，强调将加紧完成尼喀边境划界工作。

【同其他非洲国家的关系】与邻国贝宁、乍得、尼日尔等经贸往来密切，但2019年8月，尼日利亚政府关闭同尼日尔、贝宁的陆上边境口岸，以保护本国大米、纺织业等产业发展。同贝宁、乍得等国在领土或领海划分上存在争端。在非洲和次区域事务中努力发挥主导作用，积极斡旋利比里亚、苏丹达尔富尔、塞拉利昂和科特迪瓦等热点问题。2020年，布哈里总统赴埃塞俄比亚出席第33届非盟峰会，以视频方式分别出席西共体国家应对新冠疫情特别会议、联合国“新冠疫情与发展融资问题”高级别会议、萨赫勒五国国际事务联盟会议等多边会议，塞内加尔总统萨勒、几内亚比绍总统恩巴洛、加纳总统阿库福–阿多、布基纳法索总统卡博雷、冈比亚总统巴罗等访问尼日利亚。2021年，布哈里总统以视频方式出席西共体第58届峰会、第34届非盟峰会，赴加纳出席共同体第59届峰会，赴法国出席非洲经济体融资峰会；贝宁总统塔隆、尼日尔总统巴祖姆、几内亚比绍总统恩巴洛、乍得军事过渡委员会主席穆罕默德、赞比亚总统特使坦加拉等访问尼日利亚。2022年，布哈里总统赴埃塞俄比亚出席第35届非盟峰会，赴比利时出席第六届欧非峰会，赴肯尼亚出席联合国环境规划署50周年纪念会，赴科特迪瓦出席《联合国防治荒漠化公约》缔约方会议第十五届会议，接见来访的埃塞俄比亚总统艾哈迈德，赴赤道几内亚参加非盟特别人道主义峰会。

（李景聿）

塞拉利昂

国名 塞拉利昂共和国（The Republic of Sierra Leone）。

面积 71740平方公里。

人口 754万（2021年）。全国有20多个民族。南部的曼迪族最大，北部和中部的泰姆奈族次之，两者各占全国人口的30%左右；林姆巴族占8.4%；由英、美移入的“自由”黑人后裔克里奥尔人占10%。官方语言为英语，民族语言主要有曼迪语、泰姆奈语、林姆巴语和克里奥尔语。居民60%信奉伊斯兰教，30%信奉基督教，10%信奉拜物教。

首都 弗里敦（Freetown），人口约60万（2021年）。年均气温25.5℃。

国家元首 总统朱利叶斯·马达·比奥（Julius Maada Bio），2018年3月当选，任期5年。

重要节日 独立日：4月27日。

简况 位于非洲西部，北、东北与几内亚接壤，东南与利比里亚交界，西、西南濒临大西洋。海岸线长约485公里。属热带季风气候，年均气温约27℃。

曼迪人于13世纪进入该地区。1462年，葡萄牙殖民者侵入。1808年，沿海地区成为英国殖民地，1896年，沦为英“保护地”。1961年4月27日，宣布独立，但仍留在英联邦内。1971年4月19日，成立共和国，史蒂文斯出任总统。1978年，公民投票通过一党制共和国宪法。在1985年大选中，武装部队司令莫莫少将当选总统。莫莫执政后期，塞通过修宪完成了一党制向多党制政体的转变。1991年，桑科领导的“革命联合阵线”（简称“联阵”）发动叛乱，塞内战爆发。1992年、1996年、1997年发生三次军事政变。1996年2月，塞举行首次多党总统和议会选举，人民党候选人艾哈迈德·泰詹·卡巴当选总统，次年因政变流亡几内亚。1998年2月，西非国家经济共同体维和部队推翻塞军政权。3月，卡巴回国复职。1999年11月，联合国向塞部署维和行动。2002年1月，塞内战结束。5月，卡巴在大选中获胜连任。2005年12月，联合国撤出驻塞维和部队，成立联合国驻塞拉利昂综合办事处（2008年10月更名为建设和平综合办事处），继续向塞提供防务和发展方面的帮助。2007年9月，塞举行总统和议会选举，全国人民大会党候选人欧内斯特·巴伊·科罗马获胜，当选新一任总统。

2012年11月，科罗马总统连选连任。塞局势保持总体稳定。2014年3月，联合国驻塞建设和平综合办事处结束任务，象征塞顺利完成和平重建进程。2014年5月，塞暴发埃博拉疫情并不断扩散蔓延，对经济社会发展造成较大冲击。在各方共同努力下，2015年11月，世界卫生组织宣布塞疫情结束。

政治 2018年3月7日，塞拉利昂举行总统选举。在首轮投票中，塞拉利昂人民党候选人比奥得票率为43.3%，全国人民大会党候选人卡马拉得票率为42.7%。在3月31日举行的第二轮选举中，比奥以51.8%的得票率获胜当选总统，并于4月4日宣誓就职。比奥总统上台后，提出“新方向”战略，将教育、农业、旅游等作为施政重点，推出发展经济新举措，实现经济多元化。

2020年初，新冠疫情在塞暴发，比奥政府迅速建立国家防控指挥体系，采取断航、关闭边境、宵禁等紧急措施，疫情缓解后逐步解封。

【宪法】现行宪法于1991年9月24日颁布。宪法规定总统为国家元首、内阁首脑和武装部队总司令，有权任免副总统、内阁部长、军队司令、警察总监、总检察长和首席法官。总统任期5年，可连任，但不得超过两任。

【议会】实行一院制，议员任期5年。本届议会于2018年4月产生，包括14名大酋长议员和132名民选议员（塞拉利昂人民党占58席，全国人民大会党占59席）。议长阿巴斯·邦杜（Abass Bundu），2018年4月当选。

【政府】比奥政府内阁成员主要包括：首席部长雅各布·萨法（Jacob Jusu Saffa），农林业部长阿布·巴卡尔·卡里姆（Abu Bakarr Karim），能源部长哈吉·西赛（Alhaji Kanja Sesay），财政部长丹尼斯·万迪（Denis K. Vandi），外交与国际合作部长戴维·弗朗西斯（David Francis），国防部长凯利·康特（Kellie Conteh），健康和卫生部长奥斯汀·登比（Austin Demby），信息通信部长穆罕默德·斯瓦莱（Mohamed Swaray），内政部长戴维·潘达–诺厄（David Maurice Panda-Noah），司法部长兼总检察长穆罕默德·塔拉瓦利（Mohamed Lamin Tarawalley），劳工和社会福利部长阿尔法·廷博（Alpha Osman Timbo），土地住房部长图拉德·塞尼西（Turad Senessie），地方政府和农村发展部长坦巴·拉米纳（Tamba Lamina），海洋资源部长埃玛·科瓦–贾洛（Emma Kowa-Jalloh），矿产资源部长穆萨·卡巴（Musa Kabba），政治和公共事务部长福戴·尤姆凯拉（Foday Yumkella），计划和经济发展部长弗朗西斯·卡伊卡伊（Francis Kaikai），基础和高中教育部长戴维·森格（David Sengeh），社会福利部长班杜·达萨马（Baindu Dassama），技术和高等教育部长阿尔法·武里（Alpha Wurie），旅游和文化部长梅穆娜图·布拉德（Memunatu Pratt），贸易和工业部长爱德华·桑迪（Edward Hinga Sandy），交通航空部长卡比内·卡隆（Kabineh Kallon），水资源部长P. K. 兰萨纳（P. K. Lansana），工程和公共资产部长彼得·康特（Peter Bayuku Conteh），青年事务部长穆罕默德·班古拉（Mohamed Bangura），体育部长易卜拉欣·涅凯（Ibrahim Nyehenkeh），性别与儿童事务部长曼蒂·塔拉瓦利（Manti Tarawalli），环境部长福戴·贾沃德（Foday Jaward），副总统府国务部长弗朗西斯·奥加利（Francess Piagie Alghali）。

【行政区划】全国划分为4个省（即东方省、南方省、北方省、西北省）和西区。

【司法机构】由上级法院和下级法院构成。上级法院有最高法院、上诉法院和高等法院。下级法院包括地区治安法院和酋长领地地方法院。最高司法机关是最高法院。首席法官和上级法院法官由总统直接任命。现任首席大法官为戴斯蒙德·爱德华（Desmond B. Edwards）。总检察长由司法部长穆罕默德·塔拉瓦利兼任。

【政党】实行多党制，现有17个注册政党，主要有：

（1）塞拉利昂人民党（The Sierra Leone People's Party，SLPP）：执政党。1951年4月成立，是塞最早成立的政党。宗旨是为巩固、维护和促进民主与人权的基本原则而奋斗。党员主要来自曼迪族，在伊斯兰教信徒中影响广泛。现任党领袖为比奥总统，副领袖为副总统贾洛，党主席为普林斯·哈丁（Prince Harding），总书记为乌马鲁·科罗马（Umaru Koroma）。

（2）全国人民大会党（All People's Congress，APC）：主要反对党。1960年9月成立。1967年赢得议会选举后，未及组阁即被军政权推翻，1968年军政权下台后长期执政至1992年。1996年大选失利后成为在野党，2007年大选后再度执政，2018年下台。党的宗旨是促进民主和多党制，保护自由与人权，建立公平社会，实现可持续发展。现任党领袖和主席为前总统科罗马，总书记奥斯曼·福戴·扬桑内（Osman Foday Yansaneh）。

【重要人物】朱利叶斯·马达·比奥：总统。1964年5月12日出生。信奉天主教。军人出身。1996年就任“全国临时执政委员会”主席，掌握国家最高权力，但很快还政于民。2005年加入塞拉利昂人民党，2018年3月参选总统并获胜。

经　济

系最不发达国家。经济以农业和矿业为主，粮食不能自给。长期内战使塞基础设施毁坏严重，国民经济濒于崩溃。内战结束后，塞政府集中精力重建经济。科罗马执政时期经济一度保持两位数增长。2014年埃博拉疫情暴发，加之国际铁矿石价格下跌，经济陷入负增长。2016年以来，经济逐步恢复。2022年以来，受新冠疫情、乌克兰危机影响较大，全国油价上涨，通货膨胀严重。比奥总统执政后，大力发展经济，努力增加财政收入，保持宏观经济稳定。2022年主要经济数据如下：

国内生产总值：39.7亿美元。

人均国内生产总值：461.3美元。

国内生产总值增长率：3.5%。

货币名称：利昂。

汇率：1美元≈20.7新利昂。（2022年7月，塞为缓解高通胀发布新利昂，1新利昂等额1000旧利昂）

通货膨胀率：27.2%。

【资源】矿藏丰富，主要有钻石、黄金、铝矾土、金红石、铁矿砂等。钻石储量2300多万克拉。黄金矿砂发现5处，其中仅南方省包马洪地区储量即达2000万吨，每吨矿砂含金0.2盎司。铝矾土储量1.22亿吨，金红石储量约2.78亿吨，铁矿砂储量近20亿吨。渔业资源丰富，水产储量约100万吨。全国森林面积约32万公顷，占土地总面积的6%，盛产红木、红铁木等，木材储量300万立方米。

【工业】2021年，工业生产总值约占国内生产总值的5.9%，同比增长3.8%。采矿业是主要工业部门，包括黄金、钻石和铝土矿，增长4.6%，其余有建筑业、食品加工、制鞋、石油提炼、制漆和水泥等。

【农业】2021年，农业生产总值约占国内生产总值的57.4%，同比增长3.7%。全国60%以上的劳动力从事农业生产。塞可耕地面积占国土面积的75%，但只有24.2%为已耕地。塞土地肥沃，雨量充沛，适宜农作物生长，但生产方式落后，大多以家庭为单位采用传统方法耕作。粮食不能自给。主要农作物有可可、木薯、咖啡、稻米、甘薯、花生、玉米等，畜牧业以饲养牛、羊、猪、鸡为主。

【旅游业】海滨地区风光秀丽，十分适宜发展旅游业。但由于交通不便和缺乏资金，旅游资源一直得不到有效开发。2019年塞旅游与文化部报告称，塞共有459家酒店，其中拥有100—150间客房的酒店占比0.7%，47%的酒店房间数少于10间。主要景点有：50公里长、未被污染的原始沙滩、滨图玛尼山脉和铁吉山脉等。受埃博拉疫情影响，2018年，塞全国旅游业收入为3900万美元。2021年，塞入境游客7.1万人次。

【交通运输】铁路：20世纪60年代末有600公里，1974年后停用。

公路：总长约11999公里，其中8555公里为等级公路（初级、二级、支线），40%的等级公路路况较差。

水运：有33个大小不等的港口和码头，多由外国公司经营。主要港口弗里敦为深水良港，可停泊万吨轮船，年吞吐量125万吨。佩佩尔、邦特、尼蒂为矿产品和农副产品出口港。内河航线750公里，终年可通航的有600公里，部分河流每年仅3个月可通航。

空运：隆吉机场是唯一的国际机场。另有国内机场12个，可停降小型飞机。目前，塞国际航班均由外国航空公司运营。

【财政金融】根据塞政府统计，2019年度财政收支情况如下：总收入5.6万亿利昂，同比增长23%。根据《伦敦经济季评》统计，2021年末，塞外汇储备（不含黄金）9.4亿美元。塞财政部数据显示，2019年塞外债17.84亿美元。

塞拉利昂银行是塞中央银行，负责制定规章制度和监督金融运作。全国共有8家商业银行、2家票据贴现银行以及数十个外汇兑换所。

【对外贸易】主要出口铁矿砂、钻石、金红石、可可、咖啡等，主要进口燃油、机械、食品、工业制成品等。2021年主要出口对象为中国、索马里、荷兰、韩国等；主要进口对象为中国、阿联酋、土耳其等。近几年对外贸易情况如下（单位：亿美元）：

	2020	2021	2022
出口额（离岸价格）	6.09	10.47	13
进口额（离岸价格）	12.21	16.31	18.91
差　额	–6.12	–5.84	–5.91

（资料来源：2023年第三季度《伦敦经济季评》国别报告）

【外国援助】2019年接受外援总额5.94亿美元。排在前四位的援助方依次是：英国1.13亿美元、国际开发协会8147万美元、欧盟机构7354万美元、美国5973万美元。

人民生活

根据联合国开发计划署公布的《2020年人类发展报告》，塞拉利昂的人类发展指数在189个国家中居第182位。57.9%的人口生活在贫困线以下。2012年，男性人均寿命为55.23岁，女性为60.42岁。儿童死亡率较高，约有16.1%的儿童在5岁前夭折。孕产妇死亡率为1.1%。疟疾、肺结核、伤寒、霍乱和拉沙热等疾病流行。

军　事

1961年建军，称塞拉利昂皇家部队，1971年改称塞拉利昂共和国武装部队。最高指挥机构为国防部，总统为武装部队总司令。实行志愿兵役制。1997年军事政变后，国家安全防卫和清剿叛军的任务由西非国家经济共同体驻塞维和部队和塞民防部队承担。根据1999年7月7日签订的洛美协议规定，西共体维和部队自1999年8月开始撤出，维和任务由联合国驻塞拉利昂特派团替代；联阵、民防部队、塞拉利昂军队和准军事组织的所有战斗人员的武装将被解除，重新组建塞武装部队。2002年1月，解除武装进程完成，联阵和民防部队共有4.7万余人被解除武装。此后，塞重组共和国武装部队。塞现有总兵力9874人，其中陆军9544人，海军298人，空军32人。现任总参谋长为彼得·拉瓦洪（Peter K. Lavahun）。

文化教育

【教育】20世纪90年代初成立国家基础教育委员会，实行9年义务教育制。成人文盲率40.9%，适龄儿童入学率22.8%。根据塞基础教育部2021年3月统计，目前，塞有小学7020所，学生1759775人；初中1600所，学生467585人；高中658所，学生327499人；师范学校6所。塞有大学5所，即塞拉利昂大学、恩加拉大学、欧内斯特·巴伊·科罗马科技大学、马克尼大学、弥尔顿·马尔盖科技大学。

【新闻出版】共发行报刊40种，均为英文，多数为周报，发行量较小。其中,《每日邮报》和《自由之声》为官方报纸。另有《阿沃克报》《协和时报》《独立观察家报》《团结报》等私营报纸。

塞拉利昂新闻社：简称“塞新社”，成立于1980年，是隶属于新闻部的官方新闻社，由联合国教科文组织向其提供技术和设备。塞新社是泛非新闻社成员，向泛非社、英国广播公司等国际新闻机构和塞拉利昂广播系统提供新闻稿。每天出版《新闻公报》。

塞拉利昂广播电台：始建于1955年，每天用英语、曼迪语、克里奥尔语广播，覆盖全国。塞全国共有约40家私营广播电台，节目内容涉及政治、宗教、文化、音乐、教育等。美国之音和英国广播公司在塞设有转播站。

塞拉利昂电视台：建于1963年，后因设备破旧停播。1994年2月，获外商援助重新开播，但仅能覆盖首都弗里敦地区。

此外，还有1家私营电视台，另有南非数字卫星电视台（DSTV）在塞开展卫星电视业务。

对外关系

奉行不结盟和睦邻友好政策。致力于非洲团结和地区合作；主张南北对话和南南合作，反对外来干涉，呼吁建立国际经济新秩序；重视发展同英、美等国关系，努力改善同欧盟及国际金融机构的关系，以争取对其和平进程及经济重建的支持；继续保持与主要伊斯兰国家的友好交往。现为联合国会员国，以及世界贸易组织、不结盟运动、伊斯兰合作组织、英联邦、非洲联盟、西非国家经济共同体、马诺河联盟等组织成员。同世界上160多个国家建立了外交关系。现为非盟安理会改革十国元首委员会主席。

【同中国的关系】1971年7月29日，两国建交，此后两国关系发展顺利。

2020年7月，王毅国务委员兼外长同塞外长图尼斯通电话。2021年5月，习近平主席同比奥总统通电话。2021年11月，王毅国务委员兼外长在达喀尔会见出席中非合作论坛第八届部长级会议的塞外长弗朗西斯。2021年12月，中共中央政治局委员、中央外事工作委员会办公室主任杨洁篪访塞。2022年7月，王毅国务委员兼外长同塞外长弗朗西斯通电话。

据中国海关总署统计，2022年，中塞双边贸易额为13.3亿美元，同比增长52.4%。其中，中国出口额为5.7亿美元，同比增长17.7%；中国进口额为7.6亿美元，同比增长95.9%。中国向塞主要出口机电产品、金属制品等，进口原木、矿产品等。

中国驻塞拉利昂大使：胡张良。馆址：29 Spur Loop，Wilberforceloop，Freetown，Sierra Leone。电话：00232–22–231571；传真：231797。

塞拉利昂驻华大使：欧内斯特·姆班巴·恩多马希纳（Ernest Mbaima Ndomahina）。馆址：北京市朝阳区东直门外大街7号。电话：010–65322174；传真：65323752。

【同英国的关系】1961年4月与英国建交。塞为英联邦成员，两国关系密切。英系塞主要援助国。2020年9月，英国国际发展部向塞提供1600万美元援助，支持塞改善学校教育。2021年7月25日，比奥总统赴英国参加全球教育峰会，同英首相约翰逊会谈，就双边关系和"重建美好未来"疫后复苏计划等交换意见。

【同美国的关系】1961年4月同美国建交。2021年6月，塞外长弗朗西斯访美。2022年12月，比奥总统赴美出席第二届美非峰会，同其他非洲领导人集体会见美国总统拜登。

【同尼日利亚的关系】1961年4月同尼日利亚建交。两国签有安全协定。尼曾在塞驻军，负责塞总统府等要地的守卫，并帮助训练塞军队。2018年，尼向塞选举委员会提供物资支持。同年5月，比奥总统访问尼日利亚。2019年7月，比奥总统赴尼出席尼日利亚国防学院毕业典礼并发表演讲。

【同利比里亚的关系】1961年4月同利比里亚建交。1973年10月，两国签订关于成立马诺河联盟的宣言。2018年5月，利总统维阿出席比奥总统就职仪式。2019年7月，比奥总统赴利出席利独立172周年庆典。2021年4月，利总统维阿赴塞出席塞独立60周年庆典。

【同几内亚的关系】1961年4月与几内亚建交。2021年2月，比奥总统访问几内亚，就两国边境问题达成一致，同意重启解决扬加镇领土争端共同委员会机制，开展边境地区联合巡逻。4月，几内亚总统孔戴出席塞独立60周年庆典。9月，比奥总统应几内亚过渡总统敦布亚邀请访几，双方就两国间安全合作、几内亚宪法秩序恢复及西非国家经济共同体民主过渡路线进行讨论。2022年10月，几内亚过渡总统敦布亚访塞。

（邓农思宇）

塞内加尔

国名　塞内加尔共和国（The Republic of Senegal，La République du Sénégal）。

面积　19.67万平方公里。

人口　1731.64万（2022年）。全国有20多个民族，主要是沃洛夫族（占全国人口的43%）、颇尔族（24%）和谢列尔族（15%）。官方语言为法语，全国80%的人通用沃洛夫语。94%的居民信奉伊斯兰教，5%信奉拜物教，其余信奉天主教。

首都　达喀尔（Dakar），人口404万（2022年）。9—10月气温最高，平均为24℃—32℃，1月气温最低，平均为18℃—26℃。

国家元首　总统马基·萨勒（Macky SALL），2012年3月当选，2019年2月连任，任期5年。

重要节日　国庆日：4月4日。

简　况

位于非洲西部凸出部位的最西端，北接毛里塔尼亚，东邻马里，南接几内亚和几内亚比绍，西濒大西洋。海岸线长约500公里。属热带草原气候，年均气温29℃，最高气温可达45℃。11月至次年6月为旱季，7—10月为雨季。

公元10世纪，图库勒尔人建立泰克鲁王国，14世纪和16世纪先后并入马里帝国和桑海帝国。1864年沦为法国殖民地。1909年划入法属西非。1958年11月成为"法兰西共同体"内的"自治共和国"。1959年4月与苏丹（今马里共和国）结成马里联邦。1960年4月4日，同法国签署"权力移交"协定。6月20日，马里联邦宣告独立。8月20日，塞退出联邦，成立独立的共和国，列奥波尔德·塞达·桑戈尔为首任总统。独立后，桑戈尔总统领导的社会党长期一党执政。1974年起实行多党制。1980年12月31日，桑戈尔总统主动引退，总理阿卜杜·迪乌夫接任。此后，迪乌夫于1983年、1988年、1993年三次连选连任。2000年3月，民主党候选人阿卜杜拉耶·瓦德击败迪乌夫当选总统，结束社会党长达40年的执政历史。2007年2月，瓦德连选连任。2012年3月，反对党争取共和联盟领导人萨勒在大选中凭借广泛的反对派联盟支持，击败瓦德当选总统。2019年2月，萨勒再次赢得大选，连任总统。

政　治

塞政局总体稳定。南部卡萨芒斯地区一直存在分裂势力。2004年底，塞政府与该地区分裂组织“卡萨芒斯民主力量运动”在济金绍尔签署和平协议，此后塞政府军和“卡萨芒斯民主力量运动”虽时有交火，但总体平稳。2020年初，新冠疫情在塞暴发，萨勒政府迅速建立国家防控指挥体系，成立团结抗疫基金，一度采取断航、关闭边境、宵禁等较严格措施。截止2022年底，塞累计确诊8.8万余例，死亡1968例，死亡率2.22%。

【宪法】现行宪法于2001年1月经全民公决通过，后经多次修改。宪法规定：总统是国家元首和武装部队最高统帅，由直接普选产生，任期7年，2008年7月通过的宪法修正案规定，只能连任1次。总统缺位，由国民议会议长代理。总理为政府首脑，由总统任命。2009年5月和6月，塞国民议会和参议院先后通过宪法修正案，增设副总统职位。2012年9月，塞通过宪法修正案，废除参议院和副总统职位。2016年3月，萨勒总统提出的宪法修正案获得全民公投通过，宪法改革措施涉及政治、社会等多个领域，规定自2019年起总统任期由7年缩短至5年。2019年5月，议会通过政府提交的取消总理职位宪法修正案。2022年9月复设总理一职。

【议会】国民议会由普选产生，任期5年。本届国民议会于2022年8月成立，共165个席位。萨勒总统领导的执政联盟“共同希望联盟”获82席。现任议长为阿马杜·马姆·迪奥普（Amadou Mame DIOP）。

【政府】本届政府成立于2019年4月，2022年9月改组。现政府成员包括：总理阿马杜·巴（Amadou BA），武装力量部长西迪基·卡巴（Sidiki KABA），司法和掌玺部长伊斯梅拉·马迪奥尔·法勒（Ismaila Madior Fall），外交和海外侨民部长艾莎塔·塔勒·萨勒（Aissata Tall SALL，女），内政部长费利克斯·安托万·阿卜杜拉耶·迪奥姆（Felix Antoine Abdoulaye DIOME），财政和预算部长阿马杜·穆斯塔法·巴（Amadou Moustapha BA），基础设施、陆路运输和改善地区交通部长曼苏尔·法耶（Mansour FAYE），农业、乡村设施和粮食安全部长阿利·恩古耶·恩迪亚耶（Aly Ngouille NDIAYE），经济、计划和合作部长乌利玛塔·萨尔（Oulimata SARR），国民教育部长谢赫奥马尔·安内（Cheikh Oumar ANN），高等教育、研究和创新部长穆萨·巴尔德（Moussa BALDE），职业培训、学习和社会融入部长玛利亚马·萨尔（Mariama SARR，女），水利和环卫部长塞里涅·姆巴耶·蒂亚姆（Serigne Mbaye THIAM），妇女、家庭、性别和儿童保护部长法图·迪亚内（Fatou DIANE，女），卫生和社会行动部长玛丽·凯梅斯·恩戈姆·恩迪亚耶（Marie Khemesse Ngom NDIAYE，女），矿业和地质部长奥马尔·萨尔（Oumar SARR），石油和能源部长索菲·格拉迪马·西比（Sophie GLADIMA SIBY，女），航空运输与航空基础设施发展部长杜杜·卡（Doudou KA），可持续发展与生态转型部长阿利翁·恩多耶（Alioune NDOYE），渔业和海洋经济部长帕帕·萨尼亚·姆巴耶（Papa Sahna MBAYE），劳动、社会对话和与国家机构联系部长桑巴·西（Samba SY），住房和公共卫生部长阿卜杜拉耶·赛义杜·索乌（Abdoulaye Saydou SOW），贸易和中小企业部长兼政府发言人阿卜杜·卡里姆·福法纳（Abdou Karim FOFANA），工业和中小工业部长穆斯塔法·迪奥普（Moustapha DIOP），基层发展、国家团结、社会和领土平等部长桑巴·恩迪奥贝纳·卡（Samba Ndiobène KA），小微金融和互助社会经济部长维克多琳·恩德耶（Victorine NDEYE，女），地方发展治理和领土整治部长马马杜·塔拉（Mamadou TALLA），青年、创业和就业部长帕普·马利克·恩杜尔（Pape Malick NDOUR），旅游和休闲部长马梅姆·巴耶·尼昂（Mame Mbaye NIANG），文化和历史遗产部长阿里翁·索乌（Alioune SOW），新闻、电信和数字经济部长穆萨·博卡尔·迪亚姆（Moussa Bocar THIAM），公职和公共领域转型部长加洛·巴（Gallo BA），手工业和非正式产业转型部长帕普·阿马杜·恩迪亚耶（Pape Amadou NDIAYE），畜牧业和畜牧生产部长阿里·萨利赫·迪奥普（Aly Saleh DIOP），外交和海外侨民部负责海外侨民的部长级代表安妮特·塞克（Annette SECK，女），司法部负责促进人权和良政的部长级代表马马杜·萨利乌·索乌（Mamadou Saliou SOW），内政部负责地方安全和民防的部长级代表比拉梅·法耶（Birame FAYE），水利和环卫部负责内涝预防和管理的部长级代表扬胡巴·伊萨·迪奥普（Yankhoba Issa DIOP）。

【行政区划】目前全国共有14个大区、172个县市、385个乡镇。

【司法机构】现行宪法规定，司法权由宪法委员会、最高法院、审计法院、各级地方法院和法庭行使。1992年，塞进行司法体制改革，成立宪法委员会、行政法院。2001年宪法延续该体制。2008年4月，塞国民议会通过关于成立最高法院的法案，决定将行政法院和上诉法院合并为最高法院，并于8月对宪法相关条款进行了修改。11月，最高法院成立。现任宪法委员会主席帕普·奥马尔·萨科（Pape Oumar SAKHO），最高法院院长马马杜·巴迪奥·卡马拉（Mamadou Badio CAMARA），总检察长谢赫·艾哈迈德·迪迪安·库里巴利（Cheikh Ahmed Tidiane COULIBALY）。

【政党】塞现有超过250个合法政党，主要有：

（1）争取共和联盟（Alliance Pour la République）：执政党。由原民主党二号人物马基·萨勒于2008年12月创立，主要成员为原民主党内萨勒的支持者。纲领是坚定维护共和价值观，将民主进行到底，把塞人民的关切作为行动的中心，箴言是劳动—团结—尊严。党主席为现任总统萨勒。

（2）进步力量联盟（Alliance des Forces de Progrès）：参政党。由部分原社会党成员于1999年8月组建，主张建立民主政治，依靠政治方式维护社会稳定。总书记为尼亚斯。2012年总统选举第二轮与萨勒结盟。

（3）塞内加尔社会党（Parti Socialiste du Sénégal）：参政党。党员120万人。前身为塞内加尔民主集团，1958年与塞内加尔行动社会党合并为塞内加尔进步联盟，1976年12月改为现名。纲领是实行“民主社会主义”，即在保留非洲特性的同时，建立一个开放、民主和人道主义的社会。总书记为阿米娜塔·姆本格·恩迪亚耶（Aminata Mbengue Ndiaye）。

（4）塞内加尔民主党（Parti Démocratique Sénégalais）：反对党。由前总统瓦德于1974年7月31日创立。以正义、尊严和博爱为箴言，宗旨是通过民主手段建立一个民主、社会主义和全面发展的社会。2000—2012年为执政党，2012年瓦德选举失利后成为主要反对党。党主席为前总统瓦德。

（5）爱国党（Le Parti des Patriotes du Sénégal）：反对党。于2015年创立，提倡经济爱国主义。2019年总统选举中首轮得票数位列第三。总书记为松科。

此外，还有非洲争取民主和社会主义党、国家党、民主复兴联盟、独立劳动党、民主联盟（原为民主联盟—争取劳动党运动，2008年12月改为现名）、复兴公民党、塞内加尔共和运动、非洲群众独立党、塞内加尔民主联盟（革新派）、塞内加尔共和党、塞内加尔非洲生态学者党、争取民主和联邦制联盟等。

【重要人物】马基·萨勒：总统。1961年生。先后在达喀尔大学、法国石油研究院马赛高等物理学院就读。2000年瓦德当选总统后，历任总统顾问、国务部长，2004年4月被任命为总理。2007年10月任国民议会议长。2008年11月，萨勒辞去国民议会议长职务。2009年3月当选法蒂克市市长。2012年3月当选总统，2019年2月胜选连任。

经　济

系最不发达国家，但经济门类较齐全，现为西非第四大经济体。粮食不能自给，农业以种植花生、棉花为主，是西非地区主要产棉国之一。渔产品、花生、磷酸盐出口和旅游是塞四大传统创汇产业。萨勒总统执政后，优先发展高附加值、劳动密集型的外向型经济，促进中小企业发展，加强农业投入，改善电力供应，重视基础设施建设。2022年主要经济数据如下：

国内生产总值：289亿美元。

人均国内生产总值：1880美元。

国内生产总值增长率：4.7%。

货币名称：非洲金融共同体法郎（简称“西非法郎”）。

汇率：1美元≈622.5西非法郎。

（资料来源：非洲开发银行）

【资源】矿产资源不丰富，主要有磷酸盐、铁、黄金、铜、钻石、钛等。磷酸钙储量约1亿吨，磷酸铝储量约5000万—7000万吨，锆石储量约8亿吨。2003年出台矿业法，对勘探阶段的企业实行减免税收等鼓励政策，矿业开采取得快速发展。近海已发现有油气，计划2023年实现商业开采。内陆有天然气储备。森林面积占国土面积的43.8%。塞同马里、毛里塔尼亚和几内亚成立了“塞内加尔河开发组织”，同冈比亚、几内亚、几内亚比绍成立了“冈比亚河开发组织”，共同进行相关水域综合开发。

【工业】西非地区工业发展相对较好的国家之一。工业产值约占国内生产总值的25.3%。大部分工厂企业集中在达喀尔。食品加工业、化工业、采矿业等是最主要的工业部门。近年来，汽车装配业、建筑业获得较快发展。

【农业】农业产值约占国内生产总值的18.1%。农业人口占全国总人口的60%以上。耕地面积占国土面积的16.9%。主要经济作物有花生和棉花。除满足国内需要外，绝大部分花生用于出口，是国民经济重要支柱之一。主要农作物有小米、高粱、玉米等。粮食不能自给。近年来，随着政府加大对农田水利设施投资，耕地面积扩大，水稻等农作物产量有所增加。

畜牧业以饲养牛、羊、猪、马、家禽为主，近年产值在国内生产总值中所占比例约为4.3%。

渔业是塞经济主要支柱之一，是塞第一大创汇产业。全国渔业从业人员有50多万，占就业人口的15%，是第二大就业产业。近年来，受渔业资源萎缩影响，渔业从业人员数量有所减少。

【旅游业】是塞经济的四大支柱之一，为塞第二大创汇产业，被塞政府列入促进经济快速增长战略中优先发展的产业。旅游点主要集中在达喀尔、捷斯、济金绍尔、圣路易地区。12月至次年2月为旅游旺季。为促进旅游业的进一步发展，塞政府自2007年3月起将旅游业增值税由18%降至10%。

【交通运输】国内运输主要靠公路和铁路，有以达喀尔为中心的联结全国各地的陆路交通干线网。

公路：全国公路总长约15000公里，其中柏油路约5300公里。全国共有各类机动车40.2万辆，其中72.8%的车辆集中在首都达喀尔。

铁路：全国铁路网主干线总长达906公里，二级铁路总长151.8公里。连接达喀尔和马里首都巴马科的铁路是最重要的铁路线之一，总长1287公里（其中塞境内646公里）。2003年，加拿大公司Canac-Getma获得该线路25年经营权。

水运：塞内加尔河全年通航距离为220公里，汛期可通航924公里。达喀尔港是西非重要港口之一，境内及对非洲和欧洲的货运往来频繁。港口管理局与迪拜港世界公司合作，正在实施现代化扩建计划，以增强其竞争力。其他港口有圣路易港和济金绍尔港。

空运：达喀尔列奥波尔德·塞达·桑戈尔机场为国际机场，法航、葡航等国际航班起降桑戈尔国际机场。2017年12月，布莱茨·迪亚涅国际机场建成并替代桑戈尔国际机场投入使用。自1998年起，圣路易有包机飞往法国。另有12个二级机场，其中较重要的有济金绍尔机场。塞内加尔航空公司曾与摩洛哥皇家航空公司以股权合作方式组建塞内加尔国际航空公司。2003年，塞航曾被评为非洲最佳航空公司。近年来，受巨额债务所累，塞航运营困难。几经波折后，塞政府终止同摩航合作，以塞航为基础组建新的国营航空公司，于2010年下半年恢复营业，但并未改变塞航运营情况。

【财政金融】财政收入的主要来源是各种税收和外国援助。2019—2021年中央财政收支占国内生产总值比重如下：

	2019	2020	2021
收入	20.4%	20.0%	20.1%
支出	24.4%	26.4%	26.4%
差额	–4.0%	–6.4%	–6.3%

截至2021年，塞外汇储备约为42.12亿美元，外债总额约196.46亿美元。

（资料来源：2022年第一季度《伦敦经济季评》）

【对外贸易】主要出口渔业产品、花生、磷酸盐、石油产品、棉花和肥料等，进口粮食、原油、机电和日常消费品等。主要贸易伙伴是法国、中国、马里、印度、尼日利亚、瑞士、荷兰等。近几年对外贸易情况如下（单位：亿美元）：

	2020	2021	2022
出口额	41.38	41.14	57.82
进口额	74.90	71.41	95.99
差　额	–33.52	–30.27	–38.17

（资料来源：《伦敦经济季评》）

【外国援助】据经合组织统计，塞政府2019年获得官方发展援助额为9.25亿美元。

人民生活

根据联合国开发计划署公布的《2022年人类发展报告》，塞人类发展指数在世界191个国家和地区中排第170位。5.8%的人口生活在贫困线以下。人均预期寿命为67.1岁，新生儿死亡率为1.5‰。全国一半以上的综合医院及3/4的医护人员集中在达喀尔和捷斯。15—49岁人口艾滋病毒抽样感染率为0.4%。随着政府投入的增加，近年塞疟疾死亡病例、发病率显著下降。

军　事

1960年8月22日建军。塞内加尔总统为武装部队最高统帅，最高军事决策机构是国防委员会。政府设国防部，军队设总参谋部，下辖七大军区。实行义务兵役制，服役期两年。

三军总兵力2.3万人，此外还有宪兵5000人。陆军1.19万人，编有步兵部、工兵营、总统卫队、炮兵群、侦察中队、伞兵连等部队；海军950人；空军770人。现任总参谋长谢赫·瓦德（Cheikh WADE）。积极参与西非国家经济共同体、非洲联盟、联合国在多国的维和行动，是联合国维和任务第七大出兵国。

文化教育

【教育】塞内加尔教育发展较快。2013年，塞全国有8984所小学，1660所初中，604所高中，300所职业技术学校。2013年，小学入学率为93.1%，初中入学率为88.8%，高中入学率28.6%。成年人识字率为57.7%。全国有公立大学10所，私立大学10余所，私立高等专业院校100余所。其中，达喀尔大学（谢赫·安达·迪奥普大学）创立于1957年，是撒哈拉以南非洲历史最悠久的高等学府之一，设有5个系和21所学院及研究所。目前，在校学生约6万人，教师1150名，行政技术人员1200名。

【新闻出版】全国日报和周报约有15种。1970年创刊的《太阳报》是国内最大的由政府控制的法文日报，日发行量6.5万份。此外，还有反映伊斯兰教派观点的《震旦报》，以及私营报纸《南方日报》《政客》《达喀尔晚报》《经济日报》等。报纸和周刊均用法文出版。

塞内加尔通讯社：国家通讯社，成立于1957年，国内有7个分社，国外无分社，同20个外国通讯社签有新闻交流协定。

1999年8月，第一家私营通讯社Ava Presse成立。

1973年建立广播电视局，1992年改为国营公司，名为"塞内加尔广播电视"，统管广播电视工作。从1992年开始，塞与法国合作开办调频台，可收听法国国际台和设在加蓬的"非洲第一台"的广播。国家电视台的节目覆盖全国80%的面积。在达喀尔，通过卫星天线可收到美国有线电视新闻网、法国国际台和第五电视台等西方媒体的节目。

对外关系

塞内加尔奉行全方位和不结盟政策。认为国际关系民主化和多元化是世界稳定的重要因素。积极主张维护非洲团结，推动非洲经济一体化及南北对话、南南合作和建立国际政治经济新秩序。重点保持与法国传统"特殊关系"，同时积极发展同美国的关系。重视发展同邻国和阿拉伯国家的关系，积极参与国际和地区事务。现为联合国会员国，世界贸易组织成员，不结盟运动、法语国家组织、伊斯兰合作组织、非洲联盟、西非国家经济共同体和萨赫勒—撒哈拉国家共同体等组织成员国。同世界大多数国家建立了外交关系。

【同中国的关系】1971年12月7日，中塞建交。1996年1月3日，塞内加尔政府宣布与台湾当局"复交"。9日，中国宣布中止同塞外交关系。2005年10月

25日，中国外交部长李肇星与塞外交国务部长加迪奥在北京签署复交公报，两国恢复外交关系。

2020年6月，习近平主席与塞总统萨勒、南非总统拉马福萨共同倡议并主持中非团结抗疫特别峰会。2021年11月，习近平主席以视频方式同萨勒总统（现场）共同出席中非合作论坛第八届部长级会议开幕式，王毅国务委员兼外长访塞并出席中非合作论坛第八届部长级会议。2022年6月，萨勒总统以视频方式出席习近平主席主持的全球发展高层对话会。2022年11月，习近平主席在出席二十国集团巴厘岛峰会期间会见萨勒总统。

据中国海关总署统计，2022年，中塞双边贸易额为43.4亿美元，同比增长14.8%。其中，中国出口额为40.7亿美元，同比增长21.8%；中国进口额为2.7亿美元，同比减少38.7%。

中国驻塞内加尔大使：肖晗。馆址：Rue 18 Prolongee, Fann Residence, Dakar, Republique Du Senegal。电话：00221-338647775；传真：338647780。

塞内加尔驻华大使：伊布拉依玛·索里·锡拉（Ibrahima Sory SYLLA）。馆址：北京市朝阳区东直门外大街23号外交办公大楼303–305。电话：010-65325035；传真：65327330。

【同法国的关系】1960年6月19日建交。两国保持着传统的“特殊关系”。法是塞最大的投资和贸易伙伴。两国领导人多次互访。2020年8月，萨勒总统对法国进行工作访问。11月，萨勒总统赴法出席巴黎和平论坛。2021年5月，萨勒总统赴法出席非洲经济体融资峰会。11月，萨勒总统赴法出席巴黎和平论坛。

法系塞最重要的援助国。2016年，法国通过双边、多边渠道共向塞提供援助1.18亿欧元。2018年，法国宣布提供15亿欧元支持“振兴塞内加尔计划”二期项目。

塞法签有军事协定，法在塞有驻军并派有军事顾问。近年来，法逐步减少在塞驻军的同时加大对塞军的技术援助，并多次与包括塞在内的非洲国家举行联合军事演习。2010年4月，瓦德总统单方面宣布关闭法国驻塞军事基地。后经双方协商，法于当年6月起逐步撤出驻塞军事基地，保留一个350人的地区合作行动基地。该基地为联合国马里维和等地区军事行动提供后勤、培训和指挥支持发挥了重要作用。此外，法国是塞第一大留学目的地，塞在法留学生总数和奖学金生人数居撒哈拉以南非洲国家首位。达喀尔法国文化中心是法国在非洲最大的文化中心。

【同美国的关系】1960年6月20日建交。近年来，塞美关系有较大发展。两国签有相互鼓励和保护投资协定。美对塞内加尔援助和投资逐年增加，已成为塞主要贸易伙伴之一。2020年2月，美国助理国务卿黑尔和国务卿蓬佩奥相继访塞。7月，美国国务卿蓬佩奥与萨勒总统通电话。2021年11月，美国国务卿布林肯访塞。2022年6月，艾莎塔外长赴美出席美洲峰会时同美国国务卿布林肯举行会谈。2022年12月，萨勒总统赴美出席第二届美非峰会。

美对塞援助近年来逐年递增。2009年9月，两国签署总额达5.5亿美元的“千年挑战账户”援款协议，帮助塞加强农业、道路、水利等基础建设。2017年12月，美国驻塞大使科尔达表示美方将通过“金色计划”在塞投入110亿西非法郎用于发展民生项目。

近年来，美塞不断加强军事合作。2016年5月，塞美签署防务协议，塞同意美军在执行地区反恐任务或应对人道主义危机时快速入驻塞军事设施。

【同冈比亚的关系】1965年3月18日建交。1982年2月，塞冈两国结成邦联，塞总统迪乌夫和冈总统贾瓦拉分别任邦联正副总统。1989年9月，邦联解体。1991年，两国签署《塞冈友好合作条约》。2019年1月，萨勒总统赴冈比亚出席塞冈大桥通车仪式。2020年3月，冈比亚总统巴罗访塞。2021年3月，巴罗总统访塞。

【同几内亚比绍的关系】1974年9月24日建交。几比同塞内加尔南部要求独立的卡萨芒斯地区接壤，曾参与调解卡萨芒斯问题，并促成塞政府与卡地区反政府武装“卡萨芒斯民主力量运动”达成停火协议。2020年1月和3月，几比当选总统恩巴洛两次访塞。9月，萨勒总统对几比进行国事访问并出席几比国庆活动。2021年11月，萨勒总统赴几比出席几比独立日庆祝活动。

【同毛里塔尼亚的关系】1960年11月28日建交。1989年8月，两国因边民冲突酿成大规模相互驱赶侨民事件而断交。1992年4月，两国复交，此后双边合作发展顺利，影响两国关系的难民问题逐步得到解决。2020年2月，萨勒总统访问毛塔。2021年7月，萨勒总统访问毛塔。11月，萨勒总统赴毛塔出席连接塞毛边境的罗索大桥开工仪式。　（林牧）

塞　舌　尔

<u>国名</u>　塞舌尔共和国（The Republic of Seychelles）。

<u>面积</u>　陆地面积455平方公里，领海面积约40万平方公里，专属经济区面积约140万平方公里。

<u>人口</u>　10.71万（2022年）。居民主要为班图人、

克里奥尔人（欧洲人和非洲人混血）、印巴人后裔、华裔和英法后裔等。官方语言为克里奥尔语、英语和法语，官方行文、报刊多使用英文。居民90%信奉天主教，4%信奉伊斯兰教，其余信奉基督教新教、印度教或其他宗教。

首都 维多利亚（Victoria），人口约3万（2022年）。热季（12月至次年3月）平均气温30℃，凉季（4—11月）平均气温24℃。

国家元首 总统瓦韦尔·拉姆卡拉旺（Wavel Ramkalawan），2020年10月26日就任，任期5年。

重要节日 国庆节：6月29日。

简况 位于非洲东面的印度洋上，由115个大小岛屿组成。西距肯尼亚蒙巴萨港1593公里，西南距马达加斯加925公里，南与毛里求斯隔海相望，东北距印度孟买2813公里。属热带海洋气候，终年高温多雨。

16世纪，葡萄牙人曾到此地，取名“七姊妹岛”。1756年，法国占领该地，并以“塞舌尔”命名。1794年，英国取代法国统治塞。后英法多次易手，轮流占领。1814年，英法签订和约，塞舌尔成为英国殖民地，归英国在毛里求斯的殖民当局管辖。1903年改为英直辖殖民地。1970年实行内部自治。1976年6月29日宣告独立，成立塞舌尔共和国，仍留在英联邦内。

政治 塞独立初期，民主党主席曼卡姆任总统，人民联合党主席勒内任总理。1977年6月5日，勒内发动政变推翻曼卡姆，任总统。勒内执政后，实行一党制，推行医疗、教育免费等高福利政策，保持了政局的长期稳定。1991年，塞改行多党制。勒内于1993年7月、1998年3月、2001年9月三次连任总统。2004年4月，勒内将总统职务移交副总统米歇尔。米上台后，出台经济社会调整计划，振兴经济、改善民生，缓解社会矛盾。2006年7月，塞举行独立以来的第四届总统选举，米歇尔以53.73%的得票率当选总统。2011年5月，米歇尔以55.5%的得票率连任总统。2015年12月，经过两轮投票，米歇尔以50.15%的得票率第三次当选总统。2016年9月，反对党联盟赢得议会选举。这是塞自1991年改行多党制以来，人民党（现更名为“联合塞舌尔党”）首次失去议会多数席位。9月27日，米歇尔宣布辞去总统职务，由副总统丹尼·富尔继任并完成本届总统的剩余4年任期。10月16日，富尔宣誓就职。2020年10月，塞举行总统和议会选举，塞舌尔民主联盟候选人拉姆卡拉旺当选第五任总统。塞舌尔民主联盟再次获得议会多数席位。

【宪法】现行宪法于1993年6月制定并生效，截至2017年4月已进行8次修改。宪法规定：塞实行立法、行政、司法三权分立，总统为国家元首兼政府首脑、全国武装部队总司令，由普选产生，任期5年，可连选1届。最新修订的宪法对总统权力交接作出新规定：如当选总统去世、辞职或者被罢免，应在90天内重新举行选举，副总统接替总统职位不得超过90天。宪法任命委员会是塞重要的独立决策机构，履行宪法和其他法律授予的职权，行使职权时不受任何人或机构指令和控制，由5人组成，其中总统和反对党领导人各提出2名人选，第5名人选由被提名的4人任命。现任主席米歇尔·菲力克斯（Michel Felix），2017年就任。司法权属最高法院。

【议会】称“国民议会”，一院制，为塞最高立法机构，下设2个常务委员会（议事规则委员会及财政和公共账目委员会）和5个委员会（国际事务委员会、妇女议员委员会、媒体委员会、政府保证委员会及改革和现代化委员会），议员任期5年。本届议会于2020年10月成立。共有35名议员，其中26名由各选区直接选出，9名按各政党得票总数的比例分配，25名议员来自执政党塞舌尔民主联盟，10名来自反对党联合塞舌尔党。议长罗杰·曼西安纳（Roger Mancienne）。

【政府】实行总统制。内阁为国家最高行政机构，负责制定和执行国家政策。本届政府于2020年11月组成。现有15名成员：总统瓦韦尔·拉姆卡拉旺，副总统艾哈迈德·阿菲夫（Ahmed Afif），指定部长让–弗朗索瓦·费拉里（Jean-Francis Ferrari），财政、经济规划和贸易部长纳迪尔·哈桑（Naadir Hassan），外交和旅游部长西尔韦斯特·拉德贡德（Sylvestre Radegonde），内政部长埃罗尔·丰塞卡（Errol Fonseka），交通、陆路运输、民航、港口和海运部长安东尼·德雅克（Anthony Derjacques），卫生部长佩姬·维多（Peggy Vidot，女），土地和住房部长比利·朗加萨米（Billy Rangasamy），青年、体育和家庭事务部长玛丽·塞利娜·齐亚洛（Marie Celine Zialor，女），投资、企业和工业部长德薇卡·维多（Devika Vidot，女），地方政府和社区事务部长罗丝·玛丽·瓦罗（Rose Marie Hoareau，女），农业、气候变化和环境部长费拉维安·茹贝尔（Flavien Joubert），教育部长朱斯坦·瓦朗坦（Justin Valentin），就业和社会事务部长帕特丽夏·弗兰古（Patricia Francourt，女）。

【行政区划】全国共划分为26个行政区，其中8个区隶属首都维多利亚市。

【司法机构】由最高法院、上诉法院、治安法院和租赁委员会组成。最高法院由大法官、陪席法官和助理法官组成。上诉法院由院长、两名或两名以上上诉法官和文职法官组成。总检察长为政府的首席法律顾问。总统根据宪法任命委员会提议任命检察长、大法官、上诉法院院长、上诉法官、法官助理等，上述职务任期均为7年，检察长、法官任职期间，不得解除其职务。此外还设有制宪法庭，专门受理违宪诉讼，保证宪法的权威性。总检察长弗兰克·唐纳德·罗伯特·阿里（Frank Donald Robert Ally），最高法院大法官罗伊·戈文登（Rony Govinden），上诉法院院长安东尼·费尔南多（Anthony Fernando）。

【政党】目前，塞舌尔主要政党有：

（1）塞舌尔民主联盟（Lionyon Demokratik Seselwa）：执政党联盟，于2016年4月注册成立。2016年首次在议会选举中赢得多数席位。2020年10月赢得总统大选和议会选举，获得执政地位，在议会中拥有25个议席。该联盟主要包括3个政党：

塞舌尔民族党（Seychelles National Party）：1993年成立，1998年改现名，在执政联盟三党中力量最强。瓦韦尔·拉姆卡拉旺为党主席，总书记为罗杰·曼西安纳。

塞舌尔社会正义与民主党（Seychelles Party for Social Justice and Democracy）：2015年4月成立。主席阿力克西娅·阿姆斯柏瑞（Alexcia Amesbury）。

塞舌尔联合党（Seselwa United Party）：执政党联盟成员。前身为1964年曼卡姆创立的塞舌尔民主党。2005年1月，曼卡姆辞去民主党主席职务。2011年更名为新民主党，2013年更名为塞舌尔联合党。现任党主席为罗伯特·厄尔奈斯塔（Robert Ernesta）。

（2）联合塞舌尔党（United Seychelles）：主要反对党，1977—2020年曾长期执政。在议会中拥有10个议席。前身是塞舌尔人民联合党，成立于1964年，1978年6月更名为塞舌尔人民进步阵线，2009年6月更名为塞舌尔人民党。2018年12月，更名为联合塞舌尔党。党主席为帕特里克·赫米尼（Patrick Herminie）。

（3）一个塞舌尔（One Seychelles）：2019年4月由塞前旅游部长圣·安热（Alain St. Ange）创建。2020年12月，人民党前副书记彼得·西农（Peter Sinon）任总书记。2020年10月，圣·安热首次参加总统选举，获1.6%选票。

（4）塞舌尔联盟（Lalyans Seselwa）：2015年4月成立，由几位退休的人民党前部长和人民党成员等组成。主席为前议长帕特里克·乔治·皮莱（Patrick Georges Pillay）。2015年，皮第一次参加总统大选，在首轮投票中获14.19%选票，在第二轮投票中与塞民族党结盟。2020年大选，皮未获得参选资格，该党也未获得议会席位。

【重要人物】**瓦韦尔·拉姆卡拉旺**：总统。1961年3月15日出生。神学硕士，1985年成为牧师。1991年创建塞舌尔人党，成为塞实行多党制后第一个政党。1993年与其他反对党共同组建联合反对党，在议会选举中赢得1个席位，担任议员。1998年、2001年、2006年、2011年、2015年5次参加总统选举，均败选。2016年，联合其他反对党组建塞舌尔民主联盟（LDS），在议会选举中历史性赢得多数席位。在2020年10月总统选举中以54.9%的得票率击败时任总统丹尼·富尔，当选塞舌尔第5任总统。

经　济

旅游业和渔业为两大经济支柱。旅游业创造七成以上的国内生产总值。全境半数地区为自然保护区，享有“旅游者天堂”的美誉。渔业资源丰富，鱼类产品位居出口商品首位。工农业基础薄弱，粮食、生活用品和生产资料依赖进口，价格昂贵。2008—2013年，塞政府开始实行与国际货币基金组织商定的经济改革方案，主要内容包括重组外债、货币贬值、紧缩货币并鼓励储蓄和投资、精减公职人员、增收节支等。2011年与所有债权国达成债务重组协议。近年来，政府加大推进私有部门发展，加强国企管理，取得显著成效。

新冠疫情暴发以来，塞旅游业收入一度大幅下滑，外汇收入锐减。随着疫情得到控制，塞旅游业逐步恢复，2022年底已基本达到疫情前水平。2022年主要经济数据如下：

国内生产总值：13亿美元。

人均国内生产总值：1.3万美元。

国内生产总值增长率：8%。

货币名称：塞舌尔卢比。

汇率：1美元≈16.9塞舌尔卢比。

（资料来源：国际货币基金组织）

【资源】渔业资源丰富，目前已发现300多种鱼类。森林面积约2000公顷。

【工业】主要是中小型企业，有啤酒厂、香烟厂、金枪鱼罐头厂、鱼粉厂、饮料厂、制茶厂、乳制品厂、饲料厂、涂料厂、混凝土厂、碎石厂等。工业产品有食品、油漆、家具等。

【农业】农业基础薄弱，耕地面积仅约30平方公里，约占全国土地面积的6.21%。主要种植椰子、肉桂、茶叶等经济作物。粮食、肉类和蔬菜多靠进口。金枪鱼产量占世界总产量的10%，金枪鱼罐头和对虾分别为塞第一、第二大出口商品。

【旅游业】塞风景秀丽。主要景点有马埃岛、普拉兰岛、拉迪格岛和鸟岛等。旅游业为塞第一大经济支柱，直接或间接创造了约72%的国内生产总值，以及30%的就业。2019年，塞接待外国游客38.4万人，同比增长5%。2020年，受新冠疫情影响，游客数量减少至11.4万人，较2019年减少70.1%。旅游者主要来自德国、法国、阿联酋、意大利、英国和南非。近年来，塞旅游部门越来越注重开发中国、印度、海湾国家等亚洲新兴旅游市场。塞拥有较大的星级饭店32家，中小型旅馆62家。加拿大、德国、马来西亚、新加坡、南非和海湾多家公司在塞兴建星级酒店。近年来，塞每年举办国际嘉年华会及克里奥尔节，以吸引更多的国际游客。

【交通运输】以空运和水运为主。

公路：总长532公里，其中沥青路390公里。2016年登记的机动车共有22499辆，其中包括13839辆私家车，200多辆公交车，250多辆出租车。有30多家租车公司。

空运：塞拥有马埃岛机场、普拉兰岛机场和10多个简易机场，航空交通控制系统先进，其中马埃岛机场跑道约3000米，可起降波音、空中客车等大型客机。2012年起，塞舌尔航空公司与阿提哈德航空公司合作经营。2018年，塞通往欧洲方向的航线有巴黎、伦敦、法兰克福；通往非洲的航线有约翰内斯堡、毛里求斯、马达加斯加、内罗毕；通往亚洲的航线有迪拜、阿布扎比、孟买和科伦坡等。2013年3月，塞开通至中国香港的直航。国内航线以马埃岛为中心，可通往普拉兰岛、拉迪格岛、鸟岛等10多个岛屿。2014年，塞航空公司实现纯利润320万美元，连续3年盈利，并获世界旅游大奖评比“印度洋最佳公务舱”和“印度洋最佳空乘人员”奖项。

港口：维多利亚港建于1975年，是塞唯一的天然深水良港，位于印度洋国际航道，是印度洋上重要的交通枢纽，且在印度洋台风带外，现分为商业和渔业码头两部分，深水泊位面积2.6平方公里。商业码头内侧水深9.5米，外侧水深13米，可进行集装箱装卸作业。渔业码头长120米。2015年新建一渔业码头，长425米，总投资1800万美元。

【财政金融】2008年以来，塞舌尔一直在如约履行多边债务偿还义务。至2018年底，塞外债比重下降至国内生产总值的28%。新冠疫情导致塞经济遭受重创，财政赤字增加，货币大幅贬值，2022年底债务占国内生产总值的比重从2019年的54%激增至99.4%。2022年底，塞公共债务占国内生产总值的比重下降至68.8%。截至2021年12月，塞外汇储备为7.03亿美元。

除中央银行外，塞当地主要商业银行有9家：塞舌尔国际商业银行、塞舌尔开发银行、英国巴克莱银行、塞舌尔新银行、巴基斯坦哈比卜银行、印度巴罗达银行、毛里求斯商业银行、塞舌尔储蓄银行和斯里兰卡锡兰银行等。塞舌尔发展银行系塞政策银行，塞政府拥有55%股份，其他股东为法国发展银行（20%）、欧洲投资银行（15.91%）、德国DEG银行（5%）、英国巴克莱银行（2%）、塞新银行（1.59%）。

【对外贸易】基本为净进口国家，生活用品和生产资料等均靠进口。主要出口鱼、椰干、肉桂皮等，进口纺织品、机械设备、车辆、日用品、食品及石油等。英国、法国、意大利、德国、荷兰、南非、毛里求斯和新加坡等为主要贸易伙伴。塞于2015年3月加入世界贸易组织。2021年，塞贸易总额为14.78亿美元。其中，出口额为5.14亿美元，进口额为9.64亿美元。

【外国援助】塞主要援助国和国际机构是阿联酋、中国、日本、印度、欧盟、世界银行、世界卫生组织、非洲发展银行等，援助项目主要包括学校、医院、办公大楼、游泳池、电厂、海水淡化、飞机、渔业、环保、能力建设及填海工程等。2020年7月，非洲发展银行和世界银行分别向塞提供1000万美元和1500万美元贷款。2021年5月，世界银行向塞提供3000万美元贷款。

人民生活

塞政府推行高福利政策，实行免费义务教育、免费医疗、终身保健制度和全面就业计划，向低收入者提供建房贷款、发放各种救济金。实行统一工资制度，规定居民最低工资为1700卢比，63岁退休。

塞政府医疗卫生预算连续多年居政府各部门预算前两位。男性人均寿命70.3岁，女性78.5岁。儿童死亡率为10‰左右。无疟疾、黄热病、痢疾等非洲大陆常见病。艾滋病发病率低。全国共有医院6所，床位302张，保健中心18个，私人诊所9个，牙科诊所6个；医务工作者1551人，牙医18人，护士432人，药剂师7人。塞舌尔医院（前身为维多利亚医院）是塞舌尔主要医院，建于1924年，科室齐全，共有约70名医生和300名护士。2/3的医生来自古巴、印度、巴基斯坦、东欧国家及其他非洲国家。

塞舌尔推行“居者有其屋”计划，向低收入者提供优惠住房贷款。目前，绝大多数人拥有自己的住房，每7人拥有一辆汽车。2017年，塞固定电话数为19562部，移动电话拥有数为167282部，互联网用户为83628户。

军　事

1977年6月创建人民解放军，1980年改称人民国防军，由陆军、海岸警卫队和塞舌尔国民卫队组成。实行志愿兵役制。总统兼任国防部长及武装部队总司令。现任国防军司令罗塞特（Michael Rosette，2021年1月1日上任，任期2年）。总兵力800人（包括陆军、海岸警卫队和总统卫队）。国民卫队系民兵，主要负责政府部门、外国驻塞使团、国家领导人和部分部长官邸的安全保卫工作，2004年前属警察部队，2004年起编入国防军。1993年，实行党、政、军分离制度。1994年，为减少国防开支和提高效能，将作战部和后勤部合并。现有警察约800人，分常规警察、机动警察和消防队，由内政部管辖。1977年9月，塞舌尔加入国际刑警组织。

文化教育

【教育】塞政府重视发展教育事业。2018年，教育和人力资源发展部预算为10.65亿卢比，在各部门预算中位列第二，约占全年预算的13.4%。塞儿童自6岁开始接受义务教育，包括小学6年、中学6年。塞教育法规定，无故旷课3周以上儿童的父母将被罚款1000卢比或判3个月监禁。根据塞教育部2016年报告，塞现有幼儿园33所，小学28所，中学14所。塞舌尔大学是塞唯一一所综合性大学，成立于2009年，前身是中国援建的综合工艺学院，主要在英国伦敦大学教学指导框架下办学，设有信息技术、工商管理、财会、金融、旅游、教育、英语、法语、法学等专业，在校学生约250人。

塞2000年起开始普及中学后教育，陆续建立了数十所教育机构，包括综合工艺学院、艺术学院、商业与会计学院、视觉艺术学院、旅游学院、教育学院、工业培训学院、卫生与社会研究学院、农业学院、海事学院、成人教育与远程教育中心，基本实现全民文化教育。政府承担就读大学预科学生及赴国外留学生学费的60%。目前15岁以上人口识字率达95.2%。

【新闻出版】主要报刊有：《塞舌尔民族报》，官方日报，1976年创刊，时称《民族报》，用英、法、克里奥尔文出版，日发行量3200—3500份；《今日报》，第二大日报，2011年创刊，日发行量2500—3000份；《人民报》，系执政党联合塞舌尔党党报，1964年创刊，是塞创办最早、历史最长的新闻报刊，每周发行4500份；《维多利亚时报》，2013年创办，无党派立场；《政府公报》，不定期出版，主要刊登政府政策性文件或新措施等；《印度洋与阿拉伯海之声》，民主党月刊，前身为《塞舌尔评论》，由前总统曼卡姆于1994年4月出资创办，2010年改为现名；《塞舌尔周》（SUP），联合党党报，1963年创刊，1977年被取缔，1992年9月复刊，1994年自动停刊，2002年4月再次复刊，曾一度更名为《新塞舌尔周报》；《塞舌尔周报》（SNP），民族党党报，周报，1991年塞实行多党制后创刊，发行量3000份。

塞舌尔新闻通讯社：官方通讯社，1979年成立，用英文、法文发稿。

塞舌尔广播公司：前身为塞舌尔广播电视台，负责塞舌尔所有广播和电视业务，半官方机构，由总统指定的10人董事会负责。

塞舌尔广播电台：建于独立前，原为私有，后改为政府电台，每天用克里奥尔语、英语和法语24小时不间断播送，设调幅和调频立体声两个广播频道。

塞舌尔国家电视台：于1983年投入使用，24小时不间断播出节目，主要转播英国广播公司、法国电视台、中国中央电视台英语频道、今日俄罗斯、美国有线电视新闻网、韩国广播公司的节目。

本国制作的节目占总播放量的20%，用克里奥尔语、英语和法语播出。塞舌尔全国电视机拥有量约14000台，即平均约5.8人拥有一台。

对外关系

奉行中立、不结盟、睦邻友好和务实外交政策，主张在尊重主权和不干涉别国内政的基础上同所有国家建立和发展关系。强调大小国家一律平等，积极维护中小国家利益，主张加强南南合作和南北对话。近年来，重点加强同西方国家和国际金融机构的关系，积极发展同中国、印度等新兴大国的关系，争取外援外资。重视气候变化和小岛屿发展中国家可持续发展问题，支持国际社会打击索马里海盗，积极参与东部非洲和印度洋地区事务，倡议建立印度洋和平区。系不结盟运动、非洲联盟、南部非洲发展共同体、东南部非洲共同市场、环印度洋联盟、印度洋委员会等组织成员国及印度洋金枪鱼委员会总部所在地。2015年7月，正式成为南共体自贸区成员。

【同中国的关系】中国与塞舌尔1976年6月30日建交。两国友好合作关系发展顺利。

近年来，双方重要交往如下：2020年1月和2月，富尔总统就新冠疫情两次向习近平主席致慰问电（函）。6月，富尔总统就中国政府向塞提供抗疫援助向习近平主席致感谢信。2020年10月，习近平主席向拉姆卡拉旺总统致贺电，祝贺其当选塞舌尔共和国总统。2021年6月，王毅国务委员兼外长与塞外交和旅游部长拉德贡德就中塞建交45周年互致贺电。2022年10月，拉姆卡拉旺总统就中国共产党第二十次全国代表大会胜利召开向习近平主席致贺信。同月，拉姆卡拉旺总统致函祝贺习近平再次当选中共中央总书记。

建交以来，中塞经济技术合作与经贸往来持续发展。两国签有经济技术合作协定、避免双重征税和防止偷漏税的协定等。

据中国海关总署统计，2022年，中塞双边贸易额为9570.3万美元，同比增长40%。其中，中国出口额为9563.3万美元，同比增长39.9%；中国进口额为7万美元，同比增长435.1%。中国对塞主要出口产品为机电产品、高新技术产品、农产品、钢材等，从塞进口少量海产品。

1983年，两国签订文化合作协定。中国多个文艺团组曾赴塞访问演出，并在塞举办电影周、图片展等活动。中国向塞派有体育教练和音乐教师。中国从1985年起向塞派遣医疗队，迄今共18批108人次。截至2018年8月，中方已为塞培训了1478名各类人员，向塞派出8批共106名青年志愿者和2名农技专家。塞系中国公民出境旅游目的地国。2013年5月，两国签署互免签证协议。2014年起，中塞已连续举办6届塞舌尔“中国日”活动，包括“欢乐春节”文艺演出、庙会等。

新冠疫情暴发以来，中国中央和地方政府、企业等通过多渠道向塞提供了各类抗疫援助。

中国驻塞舌尔大使：郭玮（女）。馆址：St. Louis，Victoria，Mahe，Seychelles。电话：00248-4671700（总机），2713988（领保）；传真：4266667。

塞舌尔驻华大使：安妮·拉福蒂纳（Anne Lafortune，女）。馆址：北京市朝阳区秀水街1号建国门外外交公寓6号楼2单元121号。电话：010-85325655；传真：85325612。

【同法国的关系】塞法传统关系密切。法国是塞舌尔的主要援助国和重要贸易伙伴。法主要在渔业、农业、卫生、旅游、教育、广播电视和人员培训方面给予塞方援助。勒内总统先后7次访法。双方签有医疗合作计划、文化合作协议、促进和保护双边投资协议、旅游与就业培训协议、海洋划界协定等。法国与塞舌尔军事合作密切，法军舰多次访塞。2018年11月，富尔总统赴法出席“巴黎和平论坛”。2022年2月，拉姆卡拉旺总统赴法出席“一个海洋”峰会。

【同英国的关系】塞舌尔系英联邦成员国。英国是塞重要贸易伙伴。英每年援塞金额约100万英镑，主要用于提供技术援助和奖学金。2018年4月，富尔总统出席在伦敦举行的英联邦政府首脑会议。2019年10月，富尔总统赴英国进行工作访问。2020年6月，富尔总统主持英联邦抗疫视频首脑会议。

【同欧盟的关系】2019年10月，第七届塞欧政治对话在塞首都维多利亚举行。2021年6月，拉姆卡拉旺总统访问奥地利，出席第五届奥地利世界峰会。2022年2月，拉姆卡拉旺总统赴比利时出席第六届欧盟—非盟峰会。目前，塞正同欧盟商签全面经济伙伴关系协议。

【同美国的关系】勒内执政初期，塞与美国关系冷淡。20世纪80年代后期，两国关系明显改善。美国给予塞舌尔《非洲增长与机遇法案》的优惠贸易政策。2020年，美驻塞使馆及美非洲司令部向塞捐赠2900个N95口罩和200个防护面罩。2020年5月，美政府向塞提供2.4万美元以培训塞审计人员。11月，塞总统拉姆卡拉旺就拜登当选美国总统致贺电。

【同俄罗斯的关系】俄罗斯是塞舌尔第三大外国直接投资国。两国军事、文化、教育、体育及反海盗合作持续深化，塞视俄罗斯为亲密合作伙伴。

【同印度的关系】塞印关系密切，印度人后裔和侨民在旅塞外国侨民人数中居第一位。2020年6月，印向塞捐助价值120万卢比（约6.8万美元）医疗物资以及两个空中疏散吊舱。12月，印度外长苏杰生对塞进行工作访问。2021年6月，印度向塞捐赠一艘快速巡逻舰。

【同日本的关系】2019年9月，富尔总统赴日本出席第七届东京非洲发展国际会议，日向塞提供8亿日元援款，用于加强海上安全。11月，日本开设驻塞舌尔使馆。2020年7月，日本政府应塞政府要求向塞提供1亿日元（约95万美元）援款。

【同阿联酋的关系】塞与阿关系密切。2020年12月和2021年2月，拉姆卡拉旺总统对阿联酋进行工作访问。2022年8月，拉姆卡拉旺总统出席第八届东京非洲发展国际会议，并会见日本外相林芳正。

【同南非的关系】1992年4月，塞与南非正式建交。南非曾因1981年其雇佣军侵塞赔偿塞300万美元，现为塞主要贸易伙伴之一。2019年5月，富尔总统赴南出席南新任总统拉马福萨就职仪式。

【同邻国的关系】塞重视发展同毛里求斯、马达加斯加等邻国的关系。塞与毛里求斯1988年6月17日建交。2020年11月，拉姆卡拉旺总统上任伊始即对毛进行国事访问。塞同马达加斯加1989年4月12日建交，关系友好。（周哲）

圣多美和普林西比

国名 圣多美和普林西比民主共和国（The Democratic Republic of Sao Tome and Principe; República Democrática de São Tomé e Príncipe）。

面积 1001平方公里。

人口 22.31万（2021年）。90%为班图人，其余为混血种人。官方语言为葡萄牙语。90%的居民信奉天主教。

首都 圣多美（São Tomé），人口约7.1万（2021年）。最高气温（3月）23℃—31℃，最低气温（7月、8月）21℃—28℃。

国家元首 总统卡洛斯·诺瓦（Carlos Nova），2021年9月当选，10月宣誓就职，任期5年。

重要节日 独立日：7月12日；建军节：9月6日。

简况 非洲中西部几内亚湾东南部岛国，距非洲大陆201公里。由圣多美、普林西比以及罗拉斯、卡罗索等14个小岛组成。东与加蓬、东北与赤道几内亚隔海相望。海岸线长220公里。圣、普两岛均属火山岛。属热带雨林气候，终年湿热。两岛平均气温27℃。1—5月为大雨季，6—9月为旱季，10—12月为小雨季。年均降水量1000—2500毫米。

15世纪70年代，葡萄牙人到达圣普，将其作为奴隶贸易的据点。1522年，沦为葡属殖民地。17—18世纪为荷兰、法国占领。1878年，再度为葡统治。1951年，成为葡的海外省。1960年，圣普解放委员会成立（1972年易名为圣普解放运动，1990年又改名为圣普解放运动–社会民主党，简称“解运”），要求无条件独立。1974年，葡当局同解运达成独立协议。1975年7月12日宣告独立，定国名为圣多美和普林西比民主共和国，曼努埃尔·平托·达科斯塔任总统。独立后曾长期由解运一党执政。1990年8月起，实行多党制。1991年1月，民主统一党（简称“民统党”）在议会选举中获多数席位，成为执政党；同年3月，米格尔·特罗瓦达当选总统。1996年7月，特罗瓦达连任总统。1998年11月，解运重新在议会选举中获胜，并于1999年1月组成新政府。2001年8月，民主独立行动党（简称“民独党”）候选人弗拉迪克·德梅内塞斯击败解运候选人达科斯塔当选总统并于9月3日正式就职。2006年7月，德梅内塞斯作为民主运动变革力量/自由党（简称“民运党”）和民统党两党联盟候选人再次当选总统。2010年8月，圣普举行议会选举，民独党获多数席位，该党总书记帕特里斯·特罗瓦达出任总理。2011年8月，独立候选人、前总统达科斯塔当选总统。2014年10月，圣普举行议会选举，民独党获得55个席位中的33席，其领导人特罗瓦达单独组建政府，再次出任总理。

政　治

2016年8月，圣普举行总统选举，民独党候选人埃瓦里斯托·卡瓦略当选。2018年10月，圣普举行议会选举，解运党及其友党票数超过议会半数。11月，卡瓦略总统颁布总统令，宣布由解运党组阁，任命解运党主席若热·博姆·热苏斯为总理。2021年7—9月，圣普举行总统选举，卡洛斯·诺瓦当选总统。2022年9月，圣普举行议会选举，民独党获得绝对多数席位。民独党主席特罗瓦达再次出任总理，于11月宣誓就职。

【宪法】现行宪法于2003年1月颁布，其中规定：圣普是一个独立的主权国家，是建立在基本人权基础上的民主法治国家；政教分离、司法独立；总统是国家元首、武装力量总司令；由普选产生，任期5年，可连任1届；总统有权任免总理、解散议会以及颁布法律、法令和命令等。

【议会】国民议会是国家最高代表和立法机构。议员每届任期4年。本届议会于2022年9月产生，共有议员55名，其中民独党30席，解运党18席，“独立公民运动/社会党—国家统一党”联盟5席，“够了运动”党2席。现任议长塞尔米拉·萨克拉门托（Celmira Sacramento）。

【政府】本届政府于2022年11月成立，包括1位总理、13位部长。总理特罗瓦达，司法、公共管理和人权部长伊尔扎·玛利亚·多斯桑托斯·阿马多·瓦斯（Iza Maria dos Santos Amado Vaz，女），内阁、议会事务和可持续发展部长卢西奥·丹尼尔·利马·马加良斯（Lúcio Daniel Lima Magalhães），外交、合作和海外侨民部长加雷斯·阿达·多埃斯皮里托·桑托·瓜达卢佩（Gareth Haddad do Espírito Santo Guadalupe），国防和内政部长若热·阿马多（Jorge Amado），农业、农村发展和渔业部长阿贝尔·达席尔瓦·博姆·热苏斯（Abel da Silva Bom Jesus），计划和财政部长吉内斯奥·瓦伦廷·阿丰索·达马塔（Genésio Valentim Afonso da Mata），劳动和团结部长塞尔西奥·罗德里格斯·达维拉·克鲁斯·容凯拉（Celsio Rodrigues da Vera Cruz Junqueira），经济部长迪斯尼·莱特·拉莫斯（Disney Leite Ramos），卫生和妇女权利部长安热拉·多斯桑托斯·拉莫斯·若泽·达科斯塔（Angela dos Santos Ramos José da Costa，女），基础设施和自然资源部长若泽·多纳斯西门托·卡瓦略·德里奥（José do Nascimento Carvalho de Rio），环境部长尼尔达·博尔热斯·达马塔（Nilda Borges da Mata），教育、文化和科学部长伊莎贝尔·玛利亚·科雷亚·维埃加斯·德阿布雷乌（Isabel Maria Coeia Viegas de Abreu，女），青年和体育部长欧里迪丝·博尔热斯·塞梅多·梅代罗斯（Euridice Borrges Semedo Medeiros，女）。

【行政区划】全国分为6个大区和普林西比自治区。

【司法机构】最高司法法院为最高司法机关，负责监督法院对法律的解释和应用，其成员由议会任命。2017年，宪法法院从最高司法法院脱离后单独成立，主要负责合宪性案件审理，其判决具有最高效力，法官由议员投票选出，院长由法官内部投票选出。总检察院负责捍卫民主与法制，总检察长由政府提名，总统任命。最高司法法院院长曼努埃尔·席尔瓦·戈麦斯·格拉维德（Manuel da Silva Gomes Gravid），宪法法院院长罗伯托·拉波索（Roberto Raposo），总检察长伊诺迪·克尔维·诺布罗·德卡瓦略（Inaudy Kelve Nobre de Carvalho）。

【政党】根据1990年9月颁布的政党法规定，一个政党不得少于250人，且在向国家最高上诉法院登记注册后方为合法。主要政党如下：

（1）民主独立行动党（Acção Democrática Independente）：1993年3月21日正式成立。现为执政党。主席帕特里斯·特罗瓦达（Patrice Trovoada）。

（2）圣多美和普林西比解放运动–社会民主党（Movimento da Libertação de São Tomé e Príncipe–Partido Social Democrata）：成立于1960年9月。原名“圣多美和普林西比解放委员会”，1972年改称“解放运动”，1990年改为现名。主席若热·博姆·热苏斯（Jorge Bom Jesus）。

（3）民主统一党（Partido da Convergência Democrática）：前身为思索小组，成立于1990年11月。现作为民变联成员参政。主席达尼尔松·科图（Danilson Cotu）。

（4）公民发展民主联盟党（União dos Democratas para Cidadania e Desenvolvimento）：2005年5月成立，现作为民变联成员参政。主席曼努埃尔·纳西门托（Manuel Nascimento）。

此外，圣普还有变革力量民主运动/自由党（Movimento Democrãtico-Força da Mudança/Partido Liberal）、社会民主运动/绿党（Movimento Social Democrata–Partido Verde）、圣普独立公民运动党（Movimento do Cidadão Independente de São Tomé e Príncipe）、“够了运动”（Movimento Basta）等政党。

【重要人物】卡洛斯·诺瓦：总统。1959年7月27日出生。2010年加入民主独立行动党。曾担任公共工程和自然资源部长、国会议员等职务。　**帕特里斯·特罗瓦达**：总理。1962年3月18日出生。2001年以来长期担任民独党主席。曾于2008年、2010年、2014—2018年三次担任总理。

经　济

系以种植可可等经济作物为主的农业国，联合国公布的最不发达国家。独立后曾长期实行以国营经济为主的经济政策。1985年开始实行经济自由化。1987年实行经济结构调整计划。此后，与国际货币基金组织签订减债和经济增长计划。2005年，圣普—尼日利亚联合开发局与美国等能源公司签署联合开发区第一区块石油分成合同，圣普获得4920万美元签约金。这是该国取得的第一笔石油美元。近年来，圣普政府积极寻求葡萄牙等国及国际货币基金组织援助，同时采取降低关税、改善投资环境和建立自由贸易区等措施吸引外资，重点投资港口、电力等基础设施，积极发展旅游等新兴产业，经济保持一定增长。但由于外来援助和投资有限，货币持续贬值、物价上涨等原因，国家财政持续拮据，民众生活水平两极分化严重。据圣普政府统计，2017年，圣普贫困率为66.7%，极端贫困人群占47%。2020年，圣普经济受到新冠疫情严重冲击，政府推出8400万美元的纾困计划，以提振经济、保障民生。2022年主要经济数据如下：

国内生产总值：5.34亿美元。

人均国内生产总值：2386.7美元。

国内生产总值增长率：0.07%。

货币名称：多布拉。

汇率：1欧元=24.7多布拉（固定汇率）。

通货膨胀率：18%。

【资源】1999年，美孚石油公司在圣普近海发现油田。目前已探明蕴藏量60亿—100亿桶，开发尚处起步阶段。英荷皇家壳牌集团、葡萄牙高浦能源公司、法国道达尔能源公司、英国石油公司、美国科斯莫斯能源公司、安哥拉国家石油公司等在圣普开展石油勘探开发业务。森林资源丰富。近年来，由于破坏性采伐，原始热带雨林覆盖率已下降至28%。拥有16万平方公里的专属经济区。

【工业】仅有陶瓷、砖瓦、饮料、木材加工、制衣、印刷、汽车修理等小工厂。此外，还有2座水电站和2座热电站。

【农业】全国51%的人口从事农业生产。可耕地面积4.8万公顷，已耕地3.8万公顷。1993年开始土地改革，实行包产到户。粮食不能自给，粮食进口占进口总额的比重超过20%。主要经济作物有可可、椰干、咖啡、棕榈仁等。2020年可可出口2431吨，创汇670万美元；棕榈油出口4882吨，创汇363万美元。

【旅游业】独特的地理位置和优美的自然景观为圣普提供了丰富的旅游资源，但交通不便及基础设施落后影响了旅游业的发展。20世纪90年代以来，旅游设施有了较大改观。2004年2月，议会批准政府提案，允许在圣普开设赌场。2016年，全国共有各类旅馆60多家，床位1400多张。2019年，圣普共接待游客约3.5万人次。2020年，受新冠疫情严重影响，圣普接待外国旅客降至1.07万人次，主要来自葡萄牙、法国、安哥拉和德国。

【交通运输】全国有公路380公里，其中250公里为沥青路。港口和机场各两个。有通往里斯本、罗安达、利伯维尔等港口的海上航线，主要由葡萄牙和荷兰船运公司经营。葡萄牙、安哥拉、加蓬、加纳、佛得角、赤道几内亚和喀麦隆等国均有飞往圣多美的航班。

【财政金融】2007年，圣普获国际货币基金组织、巴黎俱乐部等大幅免债，外债从3亿多美元减至约8000万美元，财政状况有所改观。2020年外债总额约2.9亿美元，负债率61.5%。2020年外汇储备约5890万美元。2021年，外汇储备约9770万美元。

【对外贸易】主要出口产品为可可，此外还有棕榈油、巧克力、椰油等。主要进口粮食、燃料、工业产品和日用消费品。主要出口对象国为荷兰、比利时、葡萄牙，主要进口来源国为葡萄牙、安哥拉。2022年对外贸易额约2亿欧元，其中进口额1.84亿欧元，出口额0.16亿欧元。（资料来源：圣普国家统计局）

【外国援助】圣普是世界上人均接受外援最多的国家之一，90%的发展资金依靠外援。主要援助国家和多边机构为葡萄牙、法国、美国、德国、日本、欧盟、世界银行、非洲开发银行、联合国开发计划署和国际货币基金组织等。2020年，世界银行向圣普提供1000万美元、非洲开发银行提供700万美元、国际货币基金组织提供400万美元财政援助；圣普与联合国国际农业发展基金签署融资协议，农发基金将在6年内向圣普提供2500万美元资金用于扶持农户；世界银行提供350万美元资金、世界卫生组织提供价值400万美元的物资和技术援助、联合国开发计划署提供250万美元物资援助、非洲开发基金提供1000万美元赠款支持圣普抗击新冠疫情；全球基金向圣普提供1200万美元用于2021—2023年开展传染病防治项目；日本向圣普提供2800吨大米援助；科威特基金提供1700万美元贷款用于圣普国家中心医院改建。2021年3月，世界银行批准向圣普社会保障和技能发展项目追加800万美元援助，项目援助总额达1800万美元。6月，世界银行宣布为圣普增拨600万美元资金援助，用于支持新冠疫苗接种工作。2022年3月，国际货币基金组织向圣普拨付270万美元财政援助。5月，世界银行批准向圣普提供1800万美元的社会援助项目，用于支持新冠疫情后社会复苏。

人民生活

根据联合国开发计划署《2021/2022年人类发展报告》，圣普人类发展指数0.618，排名全球第138位。人口预期寿命67.6岁，35.6%人口生活在收入贫困线以下，基尼指数40.7%。全国有3所医院、6所产院、3个综合门诊部、

1个妇幼保健中心和1个国家卫生教育中心。共有医务人员218名，其中医生76人，病床580张。

军　事

武装力量创建于1975年（1991年后称圣普革命武装力量），由武装部队、警察、总统卫队和民兵组成，共约1000人。武器装备主要来自葡萄牙、利比亚和南非。总统为武装部队最高司令。总参谋长为若昂·克拉维德（João Cravid）少将。全国共有约600名警察。

文化教育

【教育】国家重视教育事业，实行中小学免费教育。全国共有小学约90所，中学20所，1所公立大学和2所私立大学。2004年2月，圣普对教育体制进行改革，基础义务教育由4年改为6年。2020年，人口识字率达91%，儿童入学率超过95%。2018年初、高中入学率分别为68%和32%。2020/2021学年，圣普注册学生人数约8.2万人。政府注重师资培训，并聘请外国教师执教。此外，国家每年还选派留学生到国外深造。全国有图书馆6个，藏书1.4万册；档案馆和博物馆各1个。

【新闻出版】新闻国务秘书处为国家新闻单位主管机构。新闻单位主要有国家通讯社、国家电视台、国家电台等。电视台自1982年起开播。2000年4月，由葡萄牙援建的普林西比自治区电台正式开播。电台每日用葡语播音17小时。另外，法国国际广播电台和美国之音等在圣普建有中转站。2007年11月，法国TV5《非洲世界》节目在圣普开播。

对外关系

奉行和平与睦邻友好的对外政策，主张同所有国家建立和发展友好合作关系，以更好地利用国际合作资源，为圣普的经济发展服务；重点发展与周边国家、非洲葡语国家以及西方援助国的关系；维护非洲团结，重视区域合作，支持实现非洲一体化；强调通过对话解决争端，要求建立国际政治、经济新秩序。系非洲联盟、中非国家经济共同体、葡语国家共同体成员国和法语国家组织成员国。2023年将接任葡语国家共同体轮值主席国。

【同中国的关系】中圣普于1975年7月12日建交。1997年5月6日，圣普宣布同台湾当局“建交”。7月11日，中国政府决定中止同圣普的外交关系。

2013年11月，中国驻圣普联络处挂牌成立。2016年12月20日，圣普宣布同台湾当局“断交”。12月26日，外交部长王毅在北京与应邀访华的圣普外长博特略分别代表各自政府签署《中华人民共和国和圣多美和普林西比民主共和国关于恢复外交关系的联合公报》，宣布恢复两国大使级外交关系。2018年1月，外交部长王毅访问圣普。2018年9月，特罗瓦达总理来华出席中非合作论坛北京峰会。2019年3月，圣普总理热苏斯来华出席博鳌亚洲论坛2019年年会，李克强总理会见。6月，中共中央政治局委员、全国人大常委会副委员长王晨访问圣普，分别会见圣普总统卡瓦略、总理热苏斯，并同议长内韦斯举行会谈。同月，圣普外交、合作和海外侨民部长平托来华出席中非合作论坛北京峰会成果落实协调人会议，王毅国务委员兼外长会见。12月，圣普议长内韦斯访华，全国人大常委会委员长栗战书、副委员长王晨分别同其举行会谈、会见。2021年11月，王毅国务委员兼外长同圣普外交、合作和海外侨民部长滕朱瓦在中非合作论坛第八届部长级会议期间于达喀尔举行会见。

1975年中圣普建交至1997年中止外交关系期间，中国帮助圣普援建并移交人民宫、竹草编培训中心等6个项目。1975年，两国签署贸易协定。因圣普方外汇短缺，1980年起，双方中止现汇贸易。1983年，两国签订易货贸易议定书，此后曾进行4次易货贸易，1991年中止。2016年中圣普复交后，两国于2017年4月建立经贸联委会机制，9月，举行首次经贸联委会会议。2021年12月，两国签署《关于共同推进丝绸之路经济带和21世纪海上丝绸之路建设的谅解备忘录》。2019年7月，第14届中国与葡语国家企业经贸合作洽谈会在圣多美成功举办。

据中国海关总署统计，2022年，中圣普双边贸易额为1543.8万美元，同比增长2.5%。其中，中国出口额为1528.8万美元，同比增长2.4%；中国进口额为15万美元，同比增长13%。

1975年中圣普建交至1997年中止外交关系期间，中国共向圣普派遣12批171位医疗队员，接收25名圣普留学生。2016年中圣普复交后，中方于2017年2月恢复向圣普派遣医疗队。截至2020年底，已派出5批39位医疗队员。2020年，中国政府向圣普提供多批抗疫物资援助，并派遣抗疫医疗专家组协助抗击新冠疫情。

2019年，圣普首家孔子学院圣多美和普林西比大学孔子学院揭牌；湖北大学龙狮团、杭州艺术团先后赴圣普访问演出。2017年4月，中圣普签署《中国旅游团赴圣多美和普林西比旅游实施方案的谅解备忘录》，圣普成为中国公民组团出境旅游目的地。2022年8月，澳门特别行政区同圣普阿瓜格兰德大区缔结友好城市关系。

中国驻圣普大使：徐迎真（女）。馆址：Avenida Kwame N’ Kruma 24 B，Ponta Mina，São Tomé，São Tomé e Príncipe。电话：00239-2221643；传真：2227578。

圣普驻华大使：伊莎贝尔·多明戈斯（Isabel Domingos，女）。馆址：北京市朝阳区秀水街1号建国门外外交公寓4-2-92。电话：010-85324825，85328971，85321245-8001。

【同葡萄牙的关系】葡萄牙是圣普最大援助国，两国签有友好合作、经贸、文化和科技等多项协定。葡向圣普派有医生、教师及工程技术人员。2020年，葡萄牙防长访问圣普。2021年，葡总统德索萨出席诺瓦总统就职仪式，葡总理科斯塔访圣普，热苏斯总理访葡。2022年，热苏斯总理赴葡出席第二届联合国海洋大会，特罗瓦达总理访葡。

【同美国的关系】美国每年向圣普提供一定数量援助。两国签有军事合作协议。2021年11月，美海军少将雷诺兹访圣普。12月，诺瓦总统视频出席“领导人民主峰会”。圣普海岸警卫队近年参加由美非洲司令部主导、几内亚湾国家参与的多国海上军事演习。2022年12月，特罗瓦达总理在纽约同美总统拜登举行会见。

【同安哥拉的关系】安哥拉是圣普重要邻国和能源提供国，两国人员交往频繁。2020年，圣普外长腾朱瓦访安，安副总统德索萨访问圣普。2021年，诺瓦总统访安，卡瓦略总理赴安出席葡语国家共同体首脑会议，安副总统德索萨出席诺瓦总统就职仪式，圣普议会表决通过《圣普和安哥拉关于互免两国公民签证的协议》。2022年5月，诺瓦总统对安进行国事访问。8月，诺瓦总统和热苏斯总理赴安出席安前总统多斯桑托斯葬礼。12月，特罗瓦达总理访安。

【同尼日利亚的关系】圣普同尼日利亚曾存在海上油田划界问题。2001年，两国正式签署关于共同开发海上混合专属经济区的协议，并于2002年成立石油开发部长级联合委员会。2021年，诺瓦总统候任期间赴尼会见尼副总统奥辛巴乔。12月，热苏斯总理赴尼出席尼日利亚企业家论坛。2022年1月，圣普总参谋长帕希雷访尼。5月，圣普议长内韦斯赴尼参加非洲国家议会主席会议。

【同其他非洲国家的关系】同莫桑比克、几内亚比绍、佛得角等葡语国家及赤道几内亚、加蓬等邻国关系较密切。2015年，特罗瓦达总理赴喀麦隆出席中非国家打击伊斯兰博科圣地极端组织会议，赴赤道几内亚访问。2016年，达科斯塔总统访问佛得角、出席刚果（布）总统和赤道几内亚总统就职仪式，特罗瓦达总理访问摩洛哥、赤道几内亚、加蓬，佛得角总理访问圣普。2017年，特罗瓦达总理出席卢旺达总统卡加梅就职仪式，迪奥戈议长访问赤道几内亚。2018年，卡瓦略总统赴赤道几内亚出席赤几独立50周年庆典，特罗瓦达总理访问赤道几内亚、加蓬、布基纳法索、塞内加尔、马里，加蓬总统、佛得角总理访问圣普。2019年，卡瓦略总统访问赤道几内亚，赴加蓬出席中部非洲国家经济共同体峰会；热苏斯总理访问摩洛哥；内韦斯议长赴佛得角出席葡语国家共同体议会会议，对摩洛哥进行正式访问；赤道几内亚议长穆哈巴，加蓬总统特使、外长恩泽访问圣普。2020年，卡瓦略总统先后出席中部非洲国家经济共同体视频峰会和在加蓬举行的线下峰会，热苏斯总理访问赤道几内亚。2021年，卡瓦略总统访问几内亚比绍。热苏斯总理出席非盟第34届峰会视频会议并发言。几内亚比绍总统恩巴洛、佛得角总理席尔瓦等访问圣普。2022年，诺瓦总统先后赴赤道几内亚参加非盟峰会、访问加蓬、赴赤道几内亚参加奥比昂总统就职典礼。热苏斯总理访问佛得角。　　（奚仕琛）

圣赫勒拿、阿森松和特里斯坦-达库尼亚

名称　圣赫勒拿、阿森松和特里斯坦-达库尼亚（Saint Helena，Ascension and Tristan da Cunha）。

面积　412平方公里（圣赫勒拿岛122平方公里）。

人口　圣赫勒拿岛人口约4203人（2022年），绝大多数是圣赫勒拿人，为欧洲移民与部分印度人和非洲黑人的混血种人。通用英语。居民大部分信奉基督教，多属圣公会。

首府　詹姆斯敦（Jamestown），人口约714人（2016年）。

总督　菲利普·拉什布鲁克（Philip Rushbrook），2019年5月11日就职，任期至2022年6月。奈杰尔·菲利普斯（Nigel Phillips），2022年4月被任命为总督，2022年8月上任。

简　况

位于南大西洋，是英属领地，由圣赫勒拿岛、阿森松岛、特里斯坦-达库尼亚群岛组成。主岛圣赫勒拿岛距非洲大陆西南海岸1930公里，为一火山岛，地处热带，但由于受凉爽的南大西洋季风影响，气候温和。詹姆斯敦年均气温21℃。年均降水量沿海为200毫米，中部为760毫米。

1502年5月21日（圣赫勒拿日），为葡萄牙服务的西班牙航海家诺瓦发现并到达此地。1513年，为葡萄牙领地。1633年，被荷兰人侵占。1659年，英国东印度公司取代荷兰，在此行使管辖权。1815—1821年，法国皇帝拿破仑被放逐、囚禁并死于此。1834年4月，英国议会通过决议，规定圣赫勒拿为英国直属殖民地，由英国派任总督。二战期间，圣赫勒拿曾为英国海军基地。1945年，英国驻军撤离。

政　治

1981年英国修订国籍法后，圣赫勒拿居民失去英国公民身份，无权到英国工作定居、赚取外汇，圣赫勒拿经济逐步萧条。由于失业率居高不下，圣赫勒拿的生活及福利水平下降。1998年2月，一些英国属地的代表在伦敦举行会议，探讨这些属地的法律地位及发展经济的措

施。2002年，英国政府发布海外领地法，宣布给予包括圣赫勒拿在内的属地居民英国公民权及居英权。2009年以前，其名称为圣赫勒拿及属岛，2009年9月通过的新宪法赋予三岛平等地位。

【宪法】1981年10月，总督任命宪法委员会修订宪法。现行宪法于2009年正式生效。圣赫勒拿立法会议由议长、3名官方长官（首席秘书、财政大臣和总检察长）及12名当选议员组成；行政会议（咨询机构）由总督领导，由上述3名官方长官和当选议员中的5名成员组成。作为立法会议和行政会议成员的总检察长没有投票权。立法会议成员中产生政府各委员会主席及大多数成员。属岛的行政和立法职能由总督实施。每4年举行一次立法委员会选举。1997年7月9日，其成员第一次成为领取固定薪水的专职人员。现无政党活动。

【议会】立法会议是立法机构，为一院制，设有15个议席，12名议员在4年一次的选举中选出，其余3位为首席大臣、财政大臣和总检察长。最近一次立法会议选举发生在2021年10月。

【政府】总督奈杰尔·菲利普斯，首席大臣朱莉·多尼·托马斯（Julie Dorne Thomas，女），财政大臣马克·布鲁克斯（Mark Brooks）。政府由6个部门组成，分别主管财政和基础设施发展、教育就业、环境和自然资源、内政安全、健康和社会福利以及行政协调。

【司法机构】设有最高法院、地方法院、债务法院和少年法院。总检察长为艾伦·坎西克（Allen Cansick）。

经　　济

经济很大程度上依赖英国政府提供的发展援助和财政援助。主要经济活动是农业和旅游业。近年来，木材加工业得到发展。圣赫勒拿岛劳动人口中有相当部分前往阿森松岛和马尔维纳斯群岛等地谋生。全职农业人口不超过20人，70—100人从事农业相关经营活动。主要农业活动有：蔬菜种植、咖啡种植、香蕉种植、牲畜饲养和养蜂。2022年，农业、林业和渔业产值约26万英镑。岛上有40余种特有植物。丰富的动植物资源及曾作为拿破仑流放地的历史，使其旅游业得以发展。2017年，抵圣赫勒拿岛游客约为5000人次。2022年主要经济数据如下：

地区生产总值：3900万英镑。

人均地区生产总值：8850英镑。

地区生产总值增长率：–1.7%。

货币名称：圣赫勒拿镑（与英镑等值）。

汇率：1美元≈0.73圣赫勒拿镑。

通货膨胀率：5.7%。

（资料来源：英国外交部网站、圣赫勒拿政府网站）

【交通运输】无铁路，对外联系主要靠海上交通和航空。圣赫勒拿轮船公司每年有4次班轮通往英国，停靠加那利群岛、阿森松岛、开普敦等地，每年停靠特里斯坦–达库尼亚群岛1次。詹姆斯敦港为唯一港口。2011年，英政府投资2.85亿英镑在圣赫勒拿岛修建圣赫勒拿机场，已于2016年投入使用。机场旨在为圣赫勒拿岛提供航空通道，履行英国政府保持该岛通航的承诺，同时通过发展旅游业和出口农产品提高圣赫勒拿岛经济增长。2022年，岛上汽车保有量为3095辆。

【财政金融】2021/2022年度，政府收入4730万英镑，支出4850万英镑。

【对外贸易】高度依赖进口。2021/2022年，进口额为2080万英镑。主要进口食品、饮料、烟草、燃油、建材、动物饲料、机器设备及汽车等；主要出口鱼，还有少量咖啡、手工艺品，出口额约40万英镑（2019/2020年）。主要贸易对象为英国、南非、美国、坦桑尼亚、日本、西班牙、澳大利亚等。

【外国援助】2021年4月，接受英外交发展部专项援助款项3080万英镑。

人民生活

2018年，平均寿命男74.5岁、女81岁；出生率为8.2‰，死亡率为12.0‰。

文化教育

【教育】实行三级教育制，对5—15岁儿童实行免费义务教育。成人识字率达97%。圣赫勒拿岛有3所小学、1所中学和1所社区学院。

【新闻出版】《圣赫勒拿新闻》周刊，创刊于1986年，由政府主办，发行量1300份。政府广播机构每周播音81小时。全天24小时可收看2个频道的电视节目。1994年7月，1个卫星电视节目中继站投入使用。

附：

阿森松岛（Ascension Island）：英属领地圣赫勒拿的属岛，是位于圣赫勒拿岛西北约1131公里的小火山岩岛，面积88平方公里。政府驻地乔治敦（Georgetown）。地处热带，盛行东南信风，气候宜人。年均降水量沿海为135毫米，山区为635毫米。岛上无原住居民，人口约为870人（2011年），主要是英国和美国的军事人员、圣赫勒拿的行政人员、通信公司的工作人员以及为该岛提供公共服务的工作人员。通用货币为圣赫勒拿/阿森松镑。

1501年，葡萄牙海员发现该岛。1815年，英国海军占领该岛。1922年11月，由英殖民部接管，管辖权属圣赫勒拿。该岛战略地位重要，二战期间曾是美国空军的加油基地，1965年又改为卫星和导弹追踪站。该岛不仅是英国在南大西洋的重要供应站，还是国际重要通信中心，通过卫星和电缆向欧洲、南非和其他地区提供电讯服务。1982年，英国和阿根廷因马尔维纳斯群岛主权归属问题发生战争后，英国恢复向该岛派驻军队，现有约170人。2016年，美国能源部开始在该岛运营一个移动气候研究设施。

圣赫勒拿轮船公司每两个月有客货船只往来于该岛和英国卡迪夫、南非开普敦之间。英国国防部船只每月来岛一次，美国货船每三个月来岛一次。英国空军飞机每周两次、美国空军飞机每周一次抵离该岛。岛上有人数不多的警察和一所邮局。英国有关组织通过阿森松服务机构为居民提供教育、医疗等公共服务。行政长官是圣赫勒拿政府的代表，在两个顾问组的协助下主持工作。2019年3月，史蒂文·钱德勒（Steven Chandler）出任行政长官。

该岛以盛产"绿色海龟"而闻名。2016年1月，英国政府宣布阿森松岛周围的一个地区成为海洋保护区，以保护其多样而独特的生态系统，包括世界上最大的马林鱼、大量的绿海龟和岛上特有的护卫舰鸟。保护区面积约为23.4万平方公里。

特里斯坦–达库尼亚群岛（Tristan da Cunha Grp.）：英属领地圣赫勒拿的属岛，位于圣赫勒拿岛以南2300公里，东距南非开普敦2800公里，气候温和湿润。由特里斯坦–达库尼亚岛（98平方公里）、戈夫岛（91平方公里）、英纳塞西布岛（10平方公里）和奈丁格尔群岛（2平方公里）等岛屿组成，总面积201平方公里，行政驻地七海爱丁堡（Edinburgh of the Seven Seas）。特里斯坦–达库尼亚岛人口260余人，居民多信奉圣公会，少数信奉罗马天主教；戈夫岛有一个南非开设的小气象站；其他岛屿无人居住。特里斯坦–达库尼亚群岛被发现于1506年，但在1790—1817年美国捕鲸者来此之前无人居住。1817年，英国海军占领该群岛。1938年1月，归属圣赫勒拿。1961年火山爆发后居民撤离，1963年返居。

渔业税、邮票及手工艺品收入为主要收入来源。小龙虾捕捞业是主要行业。农产品有马铃薯等。无机场。圣赫勒拿轮船公司每年有船抵此。来自南非的捕龙虾船每年来此约6次。偶尔也有巡逻船到此。出口渔产品，贸易对象主要为美国、法国和日本。英国对其援助于1980年终止。有1所医院和1所学校（招收15岁以下的儿童）。行政长官由圣赫勒拿政府指派，由1个委员会协助其工作。委员会包括8名选举成员（其中至少有1名女性）和3名指定成员，具有立法和行政建议权。现任行政长官为菲奥娜·克尔帕特里克（Fiona Kilpatrick，女）、史蒂夫·汤森德（Steve Townsend）于2020年1月24日任职，每3个月轮流执政。

戈夫岛位于南纬40°20′、西经10°，北距特里斯坦–达库尼亚岛约350公里，是世界上最大的海鸟栖息地。1995年，联合国教科文组织将戈夫岛列入《世界遗产名录》。 （侯悦晗）

斯威士兰

国名 斯威士兰王国（The Kingdom of Eswatini）。

面积 17363平方公里。

人口 约120万（2022年）。其中，斯威士族占90%，祖鲁族和通加族占6%，白人占2%，其余为欧非混血种人。官方语言为英语和斯瓦蒂语。居民约60%信奉基督教，30%信奉原始宗教，10%信奉伊斯兰教。

首都 姆巴巴内（Mbabane），人口10.7万（2018年）。1—2月最热，气温为15℃—25℃；6月最冷，气温为5℃—19℃。1月最湿，月均降水量252毫米；6月最旱，月均降水量18毫米。

国家元首 国王姆斯瓦蒂三世（Mswati III），1986年4月25日登基。

重要节日 英联邦日：3月9日；国王姆斯瓦蒂三世生日：4月19日；国旗日：4月25日；芦苇舞节：每年7月、8月间约一周时间；独立日：9月6日。

简况 非洲东南部内陆国家，北、西、南三面为南非所环抱，东与莫桑比克为邻。属亚热带气候，年均气温西部为16℃，东部为22.2℃。

15世纪后期，斯威士兰人由中部非洲和东非逐渐向南迁移，16世纪定居于此地并建立王国。1907年后，成为英国"保护地"。1968年9月6日宣布独立，定名斯威士兰王国。索布扎二世国王在位61年，1982年8月逝世，大王后泽莉维摄政。1983年，"王室委员会"立马科塞蒂韦（Makhosetive）王子为王储，由王储之母恩通比王后摄政。1986年4月25日，马科塞蒂韦王储登基，称姆斯瓦蒂三世。斯威士兰是南部非洲唯一迄今仍禁止政党参加选举的国家，也是世界上少数几个仍实行绝对君主制的国家之一。20世纪90年代以来，该国要求解除党禁、实行多党制的呼声逐渐增多。1992年，斯实施"廷克汉德拉"选举法，也称部落居住区选举法，属传统选举法，候选人只能以个人身份参选。此举遭到"多党制"提倡者的强烈反对，多次举行大规模全国罢工，提出解除党禁、实现民主化等政治要求。为缓和局势，斯成立修宪委员会（后被宪法起草委员会取代）。原定于1999年底完成的修宪工作一再推延。直到2003年5月，宪法起草委员会才向国王递交了新宪法草案。

政　治

斯于2006年2月颁布新宪法，仍然维持了国王对斯司法、行政、议会事务的绝对权力，对政党合法化问题表述模糊，引起斯民间社会极大不满。近年来，斯爆发多起大规模示威活动，要求国王退位、解除党禁、还政于民，遭到当局严厉镇压。2018年9月，斯举行议会选举，11月成立新一届政府。

【宪法】旧宪法于1978年10月制定，规定斯是一个没有种族歧视、不分肤色信仰、人人平等、享有自由和公正的国家；私有财产不可侵犯；禁止一切政党活动；国王为权力至高无上的国家元首，其行政权通过由首相主持的内阁实施。新宪法2006年2月生效，规定保护司法独立、保障人权和言论、结社自由，但并未根本触及解除党禁以及国王对司法、行政、议会事务拥有的绝对权力。国王仍可根据自己的意愿否决法令、解散议会、任命和解职首相或内阁及部分两院议员。

【议会】由参众两院组成，任期5年，其职能仅限于辩论政府提案并向国王提供咨询。本届议会由2018年9月的选举产生。现有参议院议员30名，其中20名由国王任命，10名由众议院议员选举产生。众议院议员66名，其中10名由国王任命，另56名由选举产生。

【政府】本届政府于2018年11月成立。内阁主要成员有：首相克里奥巴斯·德拉米尼（Cleopas Dlamini，2021年7月任职），副首相腾巴·马苏库（Themba Masuku），财政大臣尼尔·雷肯伯格（Neil Reikenburg），商贸大臣曼科巴·库马洛（Manqoba Khumalo），司法和宪法事务大臣福莱尔·德拉米尼（Pholile Dlamini），信息、通信和技术大臣西卡妮索公主（Princess Sikhanyiso），内政大臣琳迪韦公主（Princess Lindiwe），公共工程和交通大臣恩德拉卢拉扎·恩德万德韦（Ndlaluhlaza Ndwandwe），住房和城市发展大臣西梅拉内亲王（Prince Simelane），外交和国际合作大臣图利·德拉德拉（Thuli Dladla），卫生大臣莉齐·恩科西（Lizzy Nkosi，女），体育、文化和青年事务大臣哈里斯·马泽·布伦加（Harries Madze Bulunga），旅游和环境事务大臣摩西·维拉卡蒂（Moses Vilakati），农业大臣贾布拉尼·马布扎（Jabulani Mabuza），传统治理和发展大臣戴维·恩赫赞帕拉拉（David Ngcamphalala），教育和培训大臣霍华德·马布扎（Howard Mabuza），劳动和社会安全大臣菲拉·布泽雷兹（Phila Buthelezi），公职大臣马布拉拉·马塞科（Mabulala Maseko），经济计划和发展大臣坦伯·吉纳（Tambo Gina）。

【行政区划】全国划分为4个区：希塞尔韦尼（Shiselweni）、卢邦博（Lubombo）、曼齐尼（Manzini）、霍霍（Hhohho）。

【司法机构】实行罗马荷兰法系和传统习惯法双重法律体系。司法机构由宪法法院、最高法院（前上诉法院）、高级法院、区法院和斯威士（酋长）法庭组成。宪法法院对以上两种法庭体系的判决有最终裁决权。斯威士法庭只负责审理本酋长所管辖地区的民事和刑事案件。

【重要人物】姆斯瓦蒂三世：国王。原名马科塞蒂韦，意即"各族之王"。1968年4月19日出生于姆巴巴内，是已故国王索布扎二世的第67子、恩通比王后的独子。1983年被推选为王储，随后前往英国求学。1986年4月25日登基。

经　济

斯被世界银行列为中等偏下收入国家。奉行自由市场经济，重视利用私人和外国资本，鼓励出口。经济开放度高，出口以农产品为主，经济增长受气候条件和国际市场变化影响较大。斯在20世纪80年代末期经济发展较快，国内生产总值年增长率曾达7.8%。90年代经济出现回落，年均增长率为6.5%。2003年，推出新的经济增长战略，在增收减支的同时，努力促进农业发展，保障粮食安全，实现农作物种植多样化。斯经济严重依赖南非，自身回旋余地小，出口商品单一，发展不均衡，社会贫富差距悬殊。新冠疫情对斯经济造成较大冲击，2020年国内生产总值下降5.6%。2021年以来，斯经济企稳回升，但发展动能不足问题依然严峻。2022年主要经济数据如下：

国内生产总值：47.9亿美元。

人均国内生产总值：3987美元。

国内生产总值增长率：–2%。

货币名称：里兰吉尼，复数称埃马兰吉尼。

汇率：1美元≈14.8埃马兰吉尼。

【资源】自然资源较丰富，主要矿藏有石棉、煤、黏土、锡石等，另有少量黄金和钻石储量。森林面积54.1万公顷，约占斯总面积的31.5%。境内有5条主要河流，水力资源较丰富，河流流经斯后进入南非和莫桑比克境内。

【工业】工业产值居国民经济首位。2019年，工业产值占国内生产总值的35%。主要生产石棉、钻石、煤、加工木材、纸浆、水果罐头和棉纺织品等产品。

【农业】农业在国民经济中占重要地位。斯80%的人口从事农业。2019年，农业产值占国内生产总值的9.1%。斯可耕地面积占国土总面积的14.3%，但目前粮食不能自给。草地牧场面积约占国土总面积的67%。主要作物有甘蔗、玉米、棉花等。甘蔗种植是斯就业人口最多的行业。

【旅游业】斯旅游业较发达，但基本由南非财团控制。博彩业是斯旅游业的一大特色，每年访斯外国游客超过70万人次，约60%为赌客，游客主要来自欧洲、南非等地。近年来，斯政府通过开发野生动物园和展示斯丰富多彩的礼仪文化招揽游客。礼仪文化包括王宫内的各种庆祝活动、斯传统婚礼以及各种民族舞蹈等。旅店设施较好，有数家五星级宾馆。

【交通运输】交通以公路运输为主。

公路：公路总长3800公里，其中约1500公里为沥青路，其余为土路或石路等地区道路。与邻国南非、莫桑比克间有国家公路相连。

铁路：总长370公里，与莫桑比克和南非的铁路相连。铁路货运是斯国内及与周边国家开展贸易的重要运输方式。

空运：曼齐尼国际机场有定期国际航班通往南非等国。斯威士兰航空公司是斯唯一的航空公司，系由斯政府和南非航空出资成立的合资公司。

【财政金融】斯是南部非洲关税同盟成员国，每年从该组织所获税收份额是其财政收入的最大进项。2021年4月启动为期三年的财政调整计划，旨在稳定公共债务、恢复经济发展。截至2020年，斯外汇储备（不包括黄金）为5.72亿美元，外债9亿美元。

【对外贸易】外贸在斯国民经济中占有重要地位，主要出口产品包括软饮料浓缩液、纺织品、蔗糖、纸浆等，主要进口产品有食品、活禽、石化产品、仪器、机械、运输设备等。南非是斯最主要的贸易伙伴。2020年，斯对南进出口额分别占其进出口总额的76.1%和65%。其他重要贸易伙伴还有中国、印度、美国、坦桑尼亚等。近几年进出口额如下（单位：百万美元）：

	2019	2020	2021
出口额	1981	1739	1956
进口额	1723	1499	1639
差　额	258	240	317

（资料来源：《经济学人》）

【外国资本】截至2020年底，外国在斯投资存量8.8亿美元，其中2020年新增4100万美元。

【外国援助】20世纪90年代以来，斯每年从国际社会获得官方发展援助，2017年，获各类官方援助共1.67亿美元。日本是斯最大的双边援助国，欧盟是斯最大的多边援助方。

人民生活

2022年失业率约为23.4%，在南部非洲发展共同体国家中列第四位，高于撒哈拉以南非洲国家的平均数。斯是世界艾滋病感染率最高的国家，2018年达到27.3%。根据世界卫生组织统计，2018年，斯新生儿死亡率为43‰，产妇死亡率为4.37‰，人均预期寿命为59岁。《2019年人类发展报告》显示，斯人类发展指数位于全世界138位。

军　事

斯威士兰国防军于1973年建军，主要负责国家防务和维持国家秩序，国王为法定的武装部队总司令。实行义务兵役制，总兵力约4500人。现任国防军司令为斯坦利·德拉米尼（Major General Stanley S. Dlamini）少将，副司令帕特里克·莫察（Brigadier General Patrick V. Motsa）准将。另有警察和王室卫队。

文化教育

【教育】斯政府重视教育，实行小学义务教育制。2019年，斯教育经费占政府预算总额的15.3%。成人识字率为88.4%。2015年，斯小学入学率为94.4%，中学为27.7%。斯威士兰大学是全国唯一综合性高等学府，有学生近4000人。另有5所师范和职业培训学校，学生1800多人。

【新闻出版】主要报刊有：《斯威士兰时报》，创办于1897年，英文日报，发行量1.1万份；《斯威士兰观察家》，英文日报，发行量1万份；《斯威士兰新闻》，英文周刊，发行量7000份；《斯瓦蒂日报》，发行量4000份；《国家》，新闻杂志，双月刊；《斯威士兰农业》，季刊。

电台和电视台由国家掌控，主要有：斯威士兰新闻广播电台，建于1966年，半官方半商业化管理，用英语和斯瓦蒂语广播；斯威士兰国际广播电台，建于1974年，用29种语言对东、中、南部非洲及远东国家广播；斯威士兰电视台，创建于1978年，为国立英语台。

对外关系

奉行不结盟和睦邻友好对外政策。主张各国相互尊重主权和互不干涉内政，并通过和平谈判途径解决国家间的纷争；重视发展同非洲国家的友好合作关系；要求建立国际经济新秩序，赞成南北对话；支持促进人类和平与正义。美国、英国、南非、莫桑比克、印度等国在斯设有常设外交代表机构，斯在布鲁塞尔、哥本哈根、伦敦、比勒陀利亚、马普托、内罗毕、科威特城、华盛顿和联合国派驻常驻外交机构。

【同中国的关系】斯威士兰与中国无外交关系。斯1968年独立后即与台湾当局“建交”。

【同西方国家的关系】斯与美国关系较为密切，两国1972年建交。美援助项目主要涉及抗艾滋病、农业、教育、小型企业发展、机构和人力资源发展、军事培训、贸易能力建设等领域。斯每年派遣20名学生及选送一些军官赴美学习深造和受训。2000年底，斯获准成为美国《非洲增长与机遇法案》受惠国。2015年1月，美国以劳工保护不力和侵犯人权等为由，取消斯享受该优惠待遇。2017年12月，美国宣布将恢复斯的《非洲增长与机遇法案》受惠国待遇。2009年6月，两国签署了“美国总统防治艾滋病紧急援助计划”援斯协议，将美对斯艾滋病领域援助提高至每年2800万美元。美国志愿者组织“和平队”在撤出斯9年后，于2003年重返斯，并于2009年6月与斯签署了关于“和平队”拓展在斯任务的谅解备忘录。美国每年向斯派遣80名“和平队”志愿人员参与斯经济建设。

斯是英联邦成员国，同英国关系密切。两国签有军事合作协议。英有军事专家在斯常驻，帮助斯培训军官。2012年5月，斯国王应邀赴英出席英女王伊丽莎白二世登基60周年庆典活动。

斯同法国、瑞典等国分别签有烟草种植和贸易协定，德国、丹麦和瑞典也是斯的主要援助国。2016年2月，斯因旱灾进入国家紧急状态，美国等一些西方国家向斯提供粮食援助。

【同南非的关系】斯与南非政治经济关系密切。南非是斯最重要的贸易伙伴。1993年，两国正式建立外交关系，两国高层往来频繁。2011年8月，南向斯提供了3.5亿美元的贷款，但因南附有政治、财政和对外关系方面条件而落实进展缓慢。南执政党非国大和工会组织要求斯政府推进民主改革、改善人权状况。2019年3月，南非总统拉马福萨访问斯威士兰。5月，姆斯瓦蒂三世国王赴南非出席拉马福萨总统就职典礼。

【同其他非洲国家的关系】斯同南部非洲国家关系友好，是南部非洲发展共同体、南部非洲关税同盟和东南非共同市场成员国。2008年9月至2009年9月，斯任南共体政治、防务和安全委员会轮值主席，两次主持召开有关解决津巴布韦、马达加斯加问题“三驾马车”峰会。2018年4月，应斯国王邀请，非盟委员会主席法基访问斯威士兰。2019年4月，毛里塔尼亚总统阿齐兹访问斯威士兰。7月，姆斯瓦蒂三世国王回访毛里塔尼亚。2021年7月，莱索托国王莱齐耶三世对斯进行了工作访问。（金川）

苏 丹

国名 苏丹共和国（The Republic of the Sudan）。

面积 188万平方公里。

人口 约4668万（2022年）。阿拉伯语为官方语言，通用英语。居民大多信奉伊斯兰教，属逊尼派。

首都 喀土穆（Khartoum），人口约700万（2022年）。最热月为5月（26℃—42℃），最冷月为1月（16℃—32℃）。

国家元首 2019年8月20日成立过渡期最高权力机构主权委员会，阿卜杜勒·法塔赫·阿卜杜勒–拉赫曼·布尔汉（Abdel-Fattah Abdelrahman Al-Burhan）任主席。

重要节日 独立日（国庆节）：1月1日；救国革命日：6月30日；建军节：8月14日。

简 况

位于非洲东北部、红海西岸，北邻埃及，西接利比亚、乍得、中非，南毗南苏丹，东接埃塞俄比亚、厄立特里亚，东北濒临红海。海岸线长约720公里。苏丹全国气候差异很大，自北向南由热带沙漠气候向热带雨林气候过渡，最热季节气温可达50℃，全国年均气温21℃，常年干旱，年均降水量不足100毫米。苏丹地处生态过渡带，极易遭受旱灾、水灾和沙漠化等气候灾害。

苏丹历史悠久，早在4000年前就有原始部落居住。公元前2800年至公元前1000年为古埃及的一部分。公元前750年，努比亚人在苏丹建立了库施王国。公元6世纪，苏丹进入基督教时期。13世纪，阿拉伯人征服苏丹，伊斯兰教得以迅速传播。15世纪，出现了芬吉和富尔伊斯兰王国。16世纪，苏丹被并入奥斯曼土耳其帝国势力范围。19世纪70年代，英国开始向苏丹扩张。1881年，苏丹宗教领袖穆罕默德·艾哈迈德领导群众开展反英斗争，于1885年建立了马赫迪王国。1899年，苏丹成为英国和埃及的共管国。1953年，建立自治政府。1956年1月1日宣布独立，成立共和国。1969年5月25日，尼迈里军事政变上台，改国名为苏丹民主共和国。1985年4月6日，达哈卜军事政变上台，改国名为苏丹共和国。1986年4月，苏丹举行大选，萨迪克·马赫迪出任总理。1989年6月30日，奥马尔·哈桑·艾哈迈德·巴希尔（Omar Hassan Ahmed al-Bashir）军事政变上台，成立“救国革命指挥委员会”（简称“革指会”）。1993年10月，革指会解散，巴希尔改任总统。

政 治

巴希尔上台后，解散议会、内阁及地方政府；取缔一切政党，停止一切非官方新闻机构的活动；1991年起在全国范围内（南方部分省除外）实行伊斯兰法，以《古兰经》和《圣训》作为制定政治、经济、社会生活方针和政策的准则。1996年3月，苏丹举行首次总统和议会选举，巴希尔当选总统，原全国伊斯兰阵线（简称“伊阵”）领导人哈桑·阿卜杜拉·图拉比（Hassan Abudulla Turabi）当选议长。1998年6月，苏丹颁布新宪法，明确规定言论、结社自由和政治协商等原则，承认宗教平等、信仰自由，确立了独立、开放和不干涉别国内政的外交政策。同年底，政府制定并通过《政治结社组织法》，约30个党派注册成为合法政党。1999年底，巴希尔宣布解散议会，图拉比随后宣布退出执政的全国大会党，另组建反对党人民大会党。

2004年后，苏丹继续奉行全国和解政策。在美国和政府间发展组织（简称“伊加特”）的直接参与下，苏丹政府与南方反政府武装苏丹人民解放运动（SPLM）的和平谈判取得积极进展，双方于2005年1月9日在肯尼亚首都内罗毕签署《全面和平协议》（CPA）。至此，长达22年之久的苏丹内战宣告结束。苏丹于2005年7月9日起进入为期6年的过渡期，过渡期内由北南双方联合执政，巴希尔继续任总统，苏丹人民解放运动主席加朗就任苏丹第一副总统（加于7月31日坠机身亡，其副手萨尔瓦·基尔继任）。9月，民族团结政府成立。10月，南方成立以苏丹人民解放运动为主的自治政府，基尔任主席。

2010年4月，苏丹举行全国大选。总统巴希尔和南方自治政府主席基尔分别当选连任。2011年1月9日至15日，苏丹南方就独立问题举行公投。2月7日，苏丹南方公投委员会公布公投最终结果，在有效投票中，98.83%的选民选择分离。7月9日，南苏丹共和国独立建国，苏丹即予承认。2011年以来，受西亚北非地区局势持续动荡、南苏丹独立等影响，苏丹政局受到一定冲击。巴希尔总统依靠全国大会党努力巩固执政地位，维护了局势稳定。2014年以来，巴希尔总统倡议开展全国对话，积极推进国内和解。2015年4月，苏丹举行大选，巴希尔以94.05%的得票率第5次连任总统。

2018年12月，苏丹持续爆发大规模示威游行。2019年2月，巴希尔总统宣布国家进入紧急状态。4月，军方解除巴希尔总统职务，成立军事过渡委员会接管政权。8月，苏丹成立过渡期最高权力机构主权委员会，主席由原军事过渡委员会主席布尔汉担任。9月，苏丹过渡政府成立，反对党派代表阿卜杜拉·哈姆杜克任过渡政府总理。2020年7月，哈姆杜克改组内阁。10月，苏丹过渡政权与主要武装派别在南苏丹首都朱巴正式签署《朱巴和平协议》。

2021年10月25日，军方扣押过渡政府总理哈姆杜克等反对党派官员，解散政治过渡权力机构，宣布将成立新的议会和政府。10月27日，哈姆杜克获释。11月1日，军方宣布成立新主权委员会，布尔汉继续担任主席。11月21日，布尔汉同哈姆杜克签署政治协议，恢复哈总理职务，并由哈组建技术官僚政府。2022年1月2日，哈姆杜克组阁未果，宣布辞职。1月20日，布尔汉任命外长等15名部长，总理及部分部长职位暂空缺。4月，联合国、非盟、伊加特成立三方机制，推动苏丹国内对话。12月5日，军方同部分反对党派签署《框架政治协议》。

【宪法】1973年4月实行首部宪法，1985年4月废止，同年10月颁布过渡宪法，1989年6月30日废止。1998年6月30日，苏丹颁布并实行新宪法，规定：苏丹是多种族、多文化、多宗教国家，国家实行建立在联邦制基础上的非中央集权制；总统是国家主权的最高代表、军队最高统帅，拥有立法、司法、行政最高裁决权，由全民选举产生，任期5年，可连选连任1届；议会为立法机构；司法独立；确立言论、结社自由原则和政治协商原则；宗教信仰自由，各宗教平等相处，南北方公民与义务平等。2002年4月，全国大会党协商会议就修宪问题作出决定，取消总统任期两届的规定，可连选连任。2005年7月，巴希尔总统签署了成立苏丹民族团结政府的过渡期宪法。过渡期为6年，过渡期内苏丹保持统一，实行“一国两制”，建立南北两套立法系统。南方成立自治政府，北方保持建立在伊斯兰法基础上的政府机构，过渡期后南方可行使民族自决权。2011年南苏丹独立建国后，苏丹沿用过渡期宪法，并研究制定新宪法。2019年4月，军方宣布解除巴希尔总统职务，成立军事过渡委员会接管政权，中止宪法。

【议会】根据1998年颁布实施的宪法，国民议会为苏丹国家立法机构，75%的议员由直选产生，25%由社团、组织间接选举产生，议长由第一次议员大会选举产生，每届议会任期4年。第一届苏丹全国议会于1996年4月1日成立，共有议员400人，议长为图拉比。1999年12月，巴希尔总统宣布解散议会，罢免议长图拉比。2000年12月，苏丹选举产生新一届议会。2001年2月，艾哈迈德·易卜拉欣·塔希尔当选为议长。2005年8月，苏丹选举产生新一届过渡期国民议会，塔希尔连任议长。2010年4月，塔希尔再次连任。南苏丹独立后，南苏丹籍议员自动离职。2013年12月，法提赫·伊扎丁当选议长。2015年5月，易卜拉欣·艾哈迈德·奥马尔当选议长。2019年4月，苏丹军事过渡委员会接管政权，解散议会。

【政府】2019年4月，苏丹军事过渡委员会接管政权，解散原政府。8月，哈姆杜克就任过渡政府总理。9月，哈姆杜克宣布过渡政府部长名单，过渡政府成立。2020年7月、2021年2月，过渡政府两次进行改组。2021年10月25日，军方解除哈姆杜克总理职务，解散联合政治过渡机构，接管权力。截至2022年底，新过渡政府仍未成立。

【行政区划】全国共设18个州，包括：喀土穆州、北方州、尼罗河州、红海州、卡萨拉州、加达里夫州、杰济拉州、森纳尔州、白尼罗河州、青尼罗河州、北科尔多凡州、南科尔多凡州、西科尔多凡州、北达尔富尔州、西达尔富尔州、南达尔富尔州、中达尔富尔州、东达尔富尔州。

【司法机构】全国设高级司法委员会。下设最高法院和总检察院。首席法官目前空缺，代理总检察长为哈利法·艾哈迈德·哈利法（Khalifa Ahmed Khalifa）。

【政党】目前，苏丹全国有30余个注册政党，主要有：

（1）人民大会党（Popular Congress Party）：由图拉比博士于2000年6月创立。图拉比曾任苏丹国民议会议长（1996—1999年）。1999年，图拉比与巴希尔总统矛盾激化，巴宣布解散议会，图随后宣布退出执政的全国大会党，另组建反对党人民大会党。2001年2月，人民大会党与反政府武装苏丹人民解放军（SPLA）在日内瓦签署了共同推翻巴希尔政权的协定，苏丹政府迅速作出反应，禁止该党活动，查封其党部。2004

年3月，图拉比因涉嫌政变被捕入狱。2007年8月，人民大会党宣布正式恢复与全国大会党对话。2016年3月，图拉比去世。2017年3月，人民大会党召开年会，选举原副书记阿里·哈吉（Ali Al-Haji）为新任总书记，审议并通过有条件参加苏丹民族和解政府决议，成为第一个参加政治对话的反对党。2017年5月，人民大会党入阁参政，前总书记塞努西被任命为总统助理。2019年4月后，人民大会党未再入阁参政。

（2）乌玛党（Umma Party）：由苏丹伊斯兰安萨教派第二任教长阿卜杜拉赫曼·马赫迪于1945年1月创立。1956年同人民民主党联合执政。1989年，巴希尔发动军事政变，推翻了乌玛党主导的政府。1996年12月，乌玛党前领袖萨迪克·马赫迪带领部分该党领导人逃亡厄立特里亚，后转至埃及。2000年11月，萨迪克结束流亡返回苏丹，并开始参与苏丹政治事务。2011年底，其子阿卜杜拉赫曼·马赫迪被任命为总统助理。2014年5月，萨迪克被苏丹当局逮捕，获释后宣布退出全国对话，重返反对党联盟阵营。萨迪克曾任总理（1985—1989年），2020年11月因感染新冠去世，其第一副手法德鲁拉·布尔玛·纳赛尔（Fadlallah Burma Nasser）担任代理党主席。

（3）民主联盟党（Democratic Unionist Party）：成立于1967年，由民族联合党和人民民主党合并组成。现任党主席为穆罕默德·奥斯曼·米尔加尼（Mohamed Othman Al-Mirghani）。2011年底，民主联盟党入阁参政，米尔加尼之子穆罕默德被任命为第一总统助理。2019年4月后，民主联盟党未再入阁参政。

【重要人物】阿卜杜勒·法塔赫·阿卜杜勒–拉赫曼·布尔汉：主权委员会主席。1960年生。早年在苏丹军事学院学习，后赴埃及、约旦军事学院进修。参军后加入苏丹边防部队，先后任达尔富尔中部边防部队情报部门负责人、总统达尔富尔区代表、苏丹武装部队陆军总司令等职务。2008—2011年任苏丹驻华使馆武官。2018年底任军队总监。2019年4月任临时最高权力机构军事过渡委员会主席。8月任主权委员会主席。2021年11月主权委员会重组后，再次任主席。

经　济

苏丹是联合国公布的最不发达国家，经济结构单一，基础薄弱，工业落后，对自然环境及外援依赖性强。20世纪90年代至21世纪初，随着石油大量出口及高油价拉动，苏丹经济保持快速增长，成为非洲经济发展最快的国家之一。2011年南苏丹独立对苏丹经济产生冲击。近年来，苏丹国内物价上涨，货币贬值，财政收入锐减。为消除消极影响，一方面，苏丹政府逐步加大对水利、道路、铁路、电站等基础设施以及教育、卫生等民生项目的投入力度；另一方面，努力改变财政严重依赖石油出口的情况，将发展农业作为长期战略。2022年主要经济数据如下：

国内生产总值：516.62亿美元。

人均国内生产总值：1102.25美元。

国内生产总值增长率：–0.95%。

货币名称：苏丹镑。

汇率：1美元≈509苏丹镑。

通货膨胀率：166%。

【资源】有金、铁、银、铬、铜、锰、铝、铅、铀、锌、钨、石棉、石膏、云母、滑石、钻石、石油、天然气和木材等丰富的自然资源。

【工业】基础薄弱，主要工业部门有纺织、制糖、制革、食品加工、制麻、烟草和水泥等。近年来，苏丹政府积极调整工业结构，重点发展石油、纺织、制糖等工业。1999年，苏丹石油开发取得较大进展，成为石油出口国。2011年南苏丹独立后，原苏丹75%石油储量被划归南方，苏丹石油产量大幅减少。

【农业】农业是苏丹经济的主要支柱。农业人口占全国总人口的70%以上。粮食作物主要有高粱、谷子、玉米和小麦。经济作物在农业生产中占重要地位，占农产品出口额的66%，主要有棉花、花生、芝麻和阿拉伯胶，大多数供出口。长绒棉产量仅次于埃及，居世界第二；花生产量居阿拉伯国家之首，在世界上仅次于美国、印度和阿根廷；芝麻产量在阿拉伯和非洲国家中排名第一位，出口量占世界的一半左右；阿拉伯胶种植面积约504万公顷，年均产量约6万吨，占世界总产量的80%。

【交通运输】铁路：总长7300公里（2022年）。

公路：3.1万公里（2022年）。

水运：有远洋商船10艘，总吨位达12.2万吨。内河航线总长4068公里，有轮船300多艘。苏丹港是苏丹主要商港，年吞吐量850万吨，承担95%的进出口运输任务。

空运：空运在苏丹运输中占据重要地位，苏丹国内90%的运输通过空运进行。苏丹民航局有大型喷气式客机10多架，全国共有67个机场，喀土穆、苏丹港、卡萨拉、朱奈纳机场为国际机场。

【财政金融】苏丹共有银行26家。苏丹银行建于1959年，为苏丹中央银行。双尼罗河工业发展银行和喀土穆银行属于国有银行，其余为商业银行。

【对外贸易】外贸在苏丹经济中占有重要地位。2022年，苏丹对外贸易总额为151.3亿美元，其中出口额为40.4亿美元，进口额为110.9亿美元。中国、阿联酋、沙特、印度、埃及等国以及欧盟是其主要贸易伙伴。

人民生活

苏丹人口增长率为2.4%，人均寿命约66岁，14岁以下人口占总人口的40%。一般家庭基本生活费用占工资的66.52%，住房费用占12.36%。实行全民免费医疗。

军　事

武装部队建立于英国殖民统治时期。独立后，军队实行苏丹化。8月14日为建军节。实行义务兵役制，规定18—

30岁的苏丹人必须有两年服役期。武装部队总兵力约20万人，由陆、海、空3个军种组成。苏丹还组织和训练军事部队性质的民防军约10万人。军事院校主要有最高军事学院、参谋指挥学院和军事学院。

文化教育

【教育】实行小学免费教育。苏丹各地区教育发展不均衡，北方教育发展较快。全国人口的41%为文盲，25%的学龄儿童不能入学。全国有中小学校1.3万余所，综合大学6所，独立的高等学院14所，专科院校23所。在校学生约500万人，其中大学生约25万人，教师约13万人。喀土穆大学建于1902年，是苏丹最早建立的高等学府。

【新闻出版】主要报纸有《关注报》《苏丹人报》等，均为阿文日报。《褐色大地报》为英文周报。

苏丹通讯社：官方通讯社，1971年5月成立，在内罗毕、摩加迪沙、恩贾梅纳、开罗、吉布提市设有分社。现已同法国、德国、伊朗、伊拉克、摩洛哥等国的通讯社以及中东通讯社、塔斯社、新华社等建立了业务联系。每日发布阿文、英文新闻电讯稿各400多条。在印度、美国和联合国派有记者。

苏丹国家广播电台：设在喀土穆以北的恩图曼，建于1940年，用阿、英、法、索马里等语言对国内外播音。在国内共有9个发射台，每日除了用阿语播放19小时节目，还用英、法等语言广播3.5小时。

苏丹国家电视台：设在喀土穆以北的恩图曼，建于1963年12月，每日用阿语、英语播送节目约15小时，同各阿拉伯国家和一些外国电视台有业务交流，收视观众约1000万人。

对外关系

奉行独立自主的外交政策，维护国家主权和统一，反对西方强权政治，主张加强阿拉伯国家团结，密切同非洲国家的合作，重视同中国等国家发展友好合作关系。目前，苏丹同世界上近100个国家建有外交关系。

【同中国的关系】中国与苏丹于1959年2月4日建交后，两国友好合作关系不断发展。2020年4月，李克强总理同苏丹过渡政府总理哈姆杜克就新冠疫情通电话。2020年2月、2021年5月，王毅国务委员兼外长分别同苏丹时任外长阿斯玛、玛利亚姆就新冠疫情通电话。2021年5月，中国驻法国大使作为中方代表出席在巴黎举办的支持苏丹转型国际会议并会见苏丹过渡政府总理哈姆杜克。10月22日，中苏举行两国外交部政治磋商。11月4日，中国政府中东问题特使翟隽同苏丹军方任命的外交事务临时负责人萨迪克通电话。29日至30日，萨迪克作为苏方代表赴塞内加尔首都达喀尔出席中非合作论坛第八届部长级会议。2022年3月，中国政府中东问题特使翟隽访问苏丹。9月，中国外交部非洲之角事务特使薛冰访问苏丹。2022年10月，苏丹主权委员会主席布尔汉先后致函热烈祝贺中国共产党第二十次全国代表大会胜利召开和习近平再次当选中共中央总书记。2022年12月8日，习近平主席在利雅得会见出席首届中国—阿拉伯国家峰会的苏丹主权委员会主席布尔汉。

据中国海关总署统计，2022年，中苏双边贸易额为29.1亿美元，同比增长12.4%。其中，中国出口额为20.3亿美元，同比增长12.4%；中国进口额为8.8亿美元，同比增长12.5%。

新冠疫情发生以来，中国政府、地方省市、民间机构及有关企业积极向苏方提供医用口罩、防护服、检测试剂、医用手套等多批抗疫物资。中苏卫生专家多次举行视频会议，分享抗疫经验。2020年5月，中国政府向苏丹派遣抗疫医疗专家组，协助苏方抗击疫情。2021年，中国向苏丹提供25万剂疫苗援助。

中国驻苏丹大使：马新民（2022年12月以后空缺）。馆址：Manshia District，Khartoum，Sudan。电话：00249–1–83272730；传真：83271138。

苏丹驻华大使：欧麦尔·穆罕默德·艾哈迈德·萨迪格（Omer Mohamed Ahmed Siddig）。馆址：北京市朝阳区三里屯东二街1号。电话：010–65323715；传真：65321280。

【同南苏丹的关系】2011年7月9日，南苏丹独立建国，苏丹和平分裂。但是，由于双方在边界划分、石油利益分配、阿卜耶伊地区归属等重大问题上分歧严重，有关谈判进展缓慢，两国龃龉不断，并曾爆发激烈的边境冲突。2012年4月，非盟提出解决两苏问题“路线图”。其后，两苏在非盟主持下进行多轮谈判。9月27日，两苏元首在埃塞俄比亚首都亚的斯亚贝巴就双边合作以及边境安全、经济、公民地位等问题签署一系列协议。但双方在边界划分及阿卜耶伊地区归属问题上仍存分歧。在非盟的积极斡旋下，2013年3月，两苏在亚的斯亚贝巴就执行边界安全协议和非盟提出的执行已达成协议的时间表达成一致。9月和10月，南苏丹总统基尔和苏丹总统巴希尔互访，两苏关系趋于缓和。2013年底南苏丹爆发冲突后，苏丹积极参加伊加特的斡旋努力。2014年以来，两国元首多次互访，双方关系总体缓和，但在部分未决问题上仍有分歧。2017年以来，两苏关系出现改善势头，两国就石油过境费问题达成共识。苏丹开辟多条陆路、水路通道，运送联合国机构向南苏丹提供的人道主义救援物资。2018年，巴希尔总统亲自斡旋，促成南苏丹签署全面和平协议。2019年4月巴希尔下台后，苏方延续在南苏丹问题上积极斡旋姿态。9月，苏丹主权委员会成员哈马达尼同南苏丹主要反对派领导人马夏尔以及南苏丹总统基尔商谈落实和平进程。2020年10月，南苏丹总统基尔出席苏丹过渡政府同主要反对派武装在南苏丹首都朱巴签署《朱巴和平协议》的仪式。2021年3月，苏丹主权委员会主席布尔汉访南，感谢基尔总统主持苏丹政府同各武装派别的和平谈判并促成《朱巴和平协议》。8月，苏丹过渡政府总理哈姆杜克访南。2022年3月和8月，布尔汉主席两度访南。

【同美国的关系】1952年，美在喀土穆设联络处，苏丹独立后升格为大使馆。1967年，苏丹为抗议美支持以色列对阿拉伯国家发动侵略战争，同美断交。1972年复交。1989年巴希尔政变上台后，两国关系急剧恶化。1993年，美将苏列入"支持恐怖主义国家"名单，并于1996年推动联合国安理会通过决议，对苏进行外交和航空制裁。1997年，美单方面对苏实施经济制裁。1998年8月，美指责苏卷入美驻坦桑尼亚和肯尼亚使馆爆炸案，并以苏丹希法制药厂生产违禁化学武器为由，炸毁该药厂，苏美关系严重恶化。"9·11"事件后，苏政府在反恐问题上配合美，两国关系较前有所缓和。2009年10月，美公布对苏新政策，由过去一味施压转为保持压力与进行接触并重，表示将与苏保持对话，并根据苏方表现予以奖惩。2011年2月，美表示如苏承认苏丹南方独立，将启动把苏从"支持恐怖主义国家"名单中除名进程。但南苏丹独立后，美仍未将苏从名单中除名，同时维持对苏制裁。2015年以来，苏美关系逐渐有所改善。2017年10月，美国宣布解除对苏丹经济制裁。此后，双方在政治、经贸、石油、教育等领域交流增多。2019年9月，苏丹过渡政府成立后，美国第一时间向苏丹表示祝贺。12月，美国宣布将苏丹从"违反宗教自由国家"名单中除名。2020年8月，美国务卿蓬佩奥访苏，重点讨论苏以（色列）关系正常化、苏民主过渡进程及和平谈判等问题。10月，美苏以三国领导人发表联合声明，宣布苏以同意实现关系正常化，美随后将苏从"支持恐怖主义国家"名单中除名，并于12月完成有关除名行政和立法程序。2021年2月，美国务卿布林肯分别同苏丹主权委员会主席布尔汉、过渡政府总理哈姆杜克通电话。3月，美国向苏丹提供11.5亿美元临时贷款帮助苏偿还对世界银行欠款。6月，美国政府决定全面恢复美苏外交关系正常化。6月、8月，美国务卿布林肯两度同哈姆杜克总理通电话。10月25日，苏丹局势发生变化后，美国务卿布林肯多次同布尔汉主席、哈姆杜克总理通电话，敦促苏丹军方恢复过渡政府。2022年8月，美驻苏丹大使戈弗雷抵苏履职，系25年来首位美驻苏丹大使。

【同埃及的关系】苏丹与埃及互为邻国，两国关系历史悠久，埃及曾占领或同英国共管苏丹近百年。1956年苏丹独立后，两国关系时紧时缓，在边境哈莱伊卜地区存在领土争端。穆巴拉克任埃及总统时期，苏丹支持埃及穆兄会，两国关系陷入低谷。2016年10月初，两国建立全面战略伙伴关系。在尼罗河水资源问题上，苏丹态度相对中立，但苏丹作为上游国家，同埃及在尼罗河水资源分配上亦存在分歧。2017年以来，两国摩擦不断。5月，苏丹指责埃及对达尔富尔地区北部和东部的叛军提供支持，双方关系紧张。苏丹宣布禁止进口埃及农畜产品。6—8月，两国外长互访，关系有所缓和。11月之后，两国在复兴大坝建设、哈莱伊卜地区领土争端等问题上分歧加剧。2018年1月，苏丹紧急召回苏驻埃及大使。1月底，巴希尔总统同埃及总统塞西在埃塞俄比亚首都亚的斯亚贝巴举行会晤，商定妥善解决两国分歧。2019年，苏丹局势发生变化后，埃及发表声明支持苏丹军方领导推进政治过渡。4月，塞西总统以非盟轮值主席身份召开特别会议，推动非盟放宽苏丹过渡委员会向文官政府交权期限。5月，苏丹军事过渡委员会主席布尔汉访问埃及。2020年10月，埃及总理乌德布里出席苏丹过渡政府同主要反对派武装在南苏丹首都朱巴签署《朱巴和平协议》的仪式。自2020年7月埃塞俄比亚完成复兴大坝第一阶段蓄水后，苏方对复兴大坝问题关切上升。2021年2月，苏方提出成立由非盟、欧盟、美国、联合国组成的四方机制解决该问题，得到埃及方面支持。3月，塞西总统访问苏丹，苏丹过渡政府总理哈姆杜克访问埃及。6月，苏丹、埃及两国外长分别致函联合国安理会，坚决反对埃塞俄比亚单方面蓄水，并要求安理会尽快召开紧急会议讨论该问题。同月，两国发表联合声明，重申有关立场。9月，联合国安理会通过复兴大坝问题主席声明，敦促苏丹、埃及和埃塞俄比亚在非盟主导下恢复谈判。2022年3月、9月、12月，苏丹主权委员会主席布尔汉3次访问埃及，会见塞西总统，就两国关系及复兴大坝等问题交换意见。

【同埃塞俄比亚的关系】苏丹与埃塞俄比亚曾因相互支持对方反对派而长期交恶。2018年1月，苏丹总统巴希尔、埃塞总理海尔马里亚姆、埃及总统塞西在出席非盟峰会期间举行会晤，决定成立由三国外长和情报部门负责人组成的委员会，就三国关系保持沟通，成立由三国水利部长组成的技术委员会商讨解决复兴大坝建设中面临的问题。2020年10月，埃塞总统萨赫勒-沃克出席苏丹过渡政府同主要反对派武装在南苏丹首都朱巴签署《朱巴和平协议》的仪式。11月，埃塞政府对提格雷州采取执法行动，苏丹趁机占领苏埃边境争议地区法什卡，两国爆发边境冲突。2021年5月，埃塞俄比亚民兵在政府军配合下在法什卡发动军事行动，苏丹军队予以反击。9月，两国在法什卡地区再次发生交火。2022年6月，埃塞俄比亚民兵突袭法什卡，造成苏丹士兵、平民伤亡。8月，埃塞空军宣称击落一架来自苏丹领空、搭载供应"提格雷人民解放阵线"武器的飞机。10月，苏丹主权委员会主席布尔汉同埃塞总理阿比在埃塞首都亚的斯亚贝巴举行会见，双方同意妥善解决两国边境争端等问题。

【同乍得的关系】苏丹与乍得的关系曾数次因达尔富尔问题紧张。2008年5月，苏丹达尔富尔地区反政府武装"正义与平等运动"（JEM）袭击苏丹首都喀土穆，苏丹指责乍参与策划和实施了这一袭击行动，遂宣布与乍断交。8月，在利比亚斡旋下，苏乍同意恢复外交关系。2009年5月，在卡塔尔和利比亚等国努力下，苏乍双方在卡塔尔首都多哈签署和平协议。此后，乍得指责苏丹支持乍反政府武装，同时多次空袭达尔富尔地区，并派遣地面部队进入苏丹境内追捕叛军。苏丹对此予以否认并保持克制。其后，双方均有意改善关系，承诺不再支持对方叛军。2010年，两国总统互访，双方关系实现正常化。2014年以来，两国总统多次互访，双边关系逐步改善，两国在经济、安全、边境贸易等领域开展多项合作。2019年，苏丹局势发生变化后，乍得总统代比向苏丹军事过渡委员会表示支持。2020年10月，乍得总统代比出席苏丹过渡政府同主要反对派武装在南苏丹首都朱巴签署《朱巴和平协议》的仪式。2021年4月，苏丹主权委员会主席布尔汉出席乍得总统代比葬礼。

【达尔富尔问题】达尔富尔地区位于苏丹西部，面积约50万平方公里，分为北达、南达、西达、中达和东达5个州，生活着80多个部落，共750万人。20世纪60年代以来，当地农牧民常因争夺水草、土地资源发生冲突。2003年初，“苏丹解放运动”（SLM）和“正义与平等运动”等反政府武装发动军事行动，造成大量平民死亡和严重的难民问题，达尔富尔问题引起国际社会广泛关注。美国等西方国家指责苏丹政府纵容、支持达区部族武装“金戈威德”滥杀平民，推动联合国安理会先后通过多项决议，对苏丹进行制裁。近年来，苏丹大力推进达尔富尔政治进程，宣布在达区实施停火，努力维护达区和平稳定。2016年3月，在非盟南北苏丹问题高级别执行小组（AUHIP）斡旋下，苏丹政府签署了执行小组提出的旨在结束国内冲突、开展全国对话的和平“路线图”。在国际社会压力下，苏丹反对党及达区叛军签署“路线图”。4月，达区顺利举行行政地位公投，维持达区当前5个州的划分。10月，苏丹全国对话顺利闭幕，达区部分反对派宣布加入对话。

2007年7月，安理会通过第1769号决议，设立联合国—非盟驻达尔富尔混合行动（简称“联非达团”），是目前规模最大、耗资最多的联合国维和行动之一。此后，联非达团与苏丹政府合作不畅。苏方一直要求联非达团撤出，与联合国、非盟组成三方机制多次商谈。2017年6月，安理会通过关于联非达团授权延期并分阶段裁减规模的第2363号决议，联非达团“撤出战略”正式实施。从2018年1月31日起，联非达团兵力减至军事人员8735人（裁减44%），民事警察2500人（裁减30%）。2018年7月，安理会通过第2429号决议，决定将联非达团军事维和人员削减至4050人，并在2020年6月30日前撤出苏丹。2019年10月，安理会决议决定将联非达团授权任期延长至2020年10月31日。2020年6月，安理会决议决定将联非达团授权任期延长至2020年12月31日。12月，安理会决议决定于12月31日结束联非达团授权，并于2021年6月30日前撤出全部维和人员。（周启明）

索　马　里

国名　索马里联邦共和国（The Federal Republic of Somalia）。

面积　637657平方公里。

人口　1269万（2022年）。绝大多数是索马里族，分萨马莱和萨布两大族系。其中，萨马莱族系占全国人口的80%以上，分为达鲁德、哈维耶、伊萨克和迪尔四大部族；萨布族系分为迪吉尔和拉汉文两大部族。官方语言为索马里语和阿拉伯语，通用英语。伊斯兰教为国教，穆斯林占总人口的99%。

首都　摩加迪沙（Mogadishu），人口261万（2022年）。热季平均气温26℃—32℃，凉季平均气温23℃—28℃。

国家元首　总统哈桑·谢赫·马哈茂德（Hassan Sheikh Mahmud），2022年5月16日当选，6月9日宣誓就职，任期4年。

重要节日　独立日：6月26日（索北部独立）；国庆节：7月1日（索南部独立，同日索南、北部合并成立索马里共和国）。

简　况

位于非洲大陆最东部的索马里半岛上，北临亚丁湾，东、南濒印度洋，西邻肯尼亚、埃塞俄比亚，西北接吉布提。海岸线长3300公里。大部分地区属热带沙漠气候，西南部属热带草原气候，终年高温，干燥少雨。

公元前1700多年，非洲之角即出现了以出产香料著称的“邦特”国。公元7世纪起，阿拉伯人和波斯人不断移居于此并建立贸易点和若干个苏丹国。1887年，索北部沦为英国“保护地”（英属索马里）。1925年，索南部沦为意大利殖民地（意属索马里）。1941年，英国控制整个索马里。1960年6月26日，索北部独立。7月1日，南部独立。同日，南、北部合并，成立索马里共和国。1969年，索国民军司令穆罕默德·西亚德·巴雷政变上台，成立索马里民主共和国。1991年1月，西亚德政权被推翻，索自此陷入内战，多个政权并存。同年2月，阿里·迈赫迪·穆罕默德成立新政府，自任“临时总统”。同年5月，索马里北部宣布“独立”，成立“索马里兰共和国”。1995年6月，索当时最大的武装派别“索马里和解与恢复委员会”领导人穆罕默德·法拉赫·艾迪德宣布在摩加迪沙成立临时政府，自任“总统”。1996年8月，艾迪德之子侯赛因·穆罕默德·艾迪德在其病故后继任“临时政府总统”。1998年7月，阿卜杜拉希·优素福·艾哈迈德在索东北部成立“邦特兰”政府并任主席，该自治政权不谋求独立，承认其是索马里的一部分。2000年8月，吉布提主持召开索全国和解会议（阿尔塔和会），选举产生3年期过渡全国政府，阿布达卡西姆·萨拉特·哈桑出任总统，但遭索国内派别联合抵制。2002年3月，拉汉文抵抗军宣布成立“索马里西南国”，该势力后并入索过渡联邦政府，不再寻求自治。1991年2月以来成立的上述政权均未获国际社会承认。

政 治

为结束索马里军阀割据状态，国际社会先后召开13次索全国和解会议，均无果。2002年10月，东非政府间发展组织（伊加特）在肯尼亚召开第14次索全国和解会议。2004年2月23日，索各派割据势力、政治集团及民间组织等代表通过索《过渡宪章》。同年10月10日，索过渡议会在肯尼亚首都内罗毕选举阿卜杜拉希·优素福·艾哈迈德为索过渡联邦政府总统，任期5年。2005年1月15日，索过渡联邦政府正式成立，并于同年6月迁回索境内办公。2006年12月，索过渡联邦政府在埃塞俄比亚军队支持下击溃了反政府的“伊斯兰法院联盟”武装，控制了首都摩加迪沙及周边地区，但未能实现对索全境的有效控制。2008年12月29日，阿卜杜拉希·优素福·艾哈迈德总统辞职。2009年1月31日，主要反对派“重新解放索马里联盟”领导人谢赫·谢里夫·谢赫·艾哈迈德当选索新总统，任命奥马尔·阿卜迪拉希德·阿里·舍马克为总理并成立了新的过渡政府。反政府武装“索马里青年党”（沙巴布）和伊斯兰党拒绝与过渡政府进行对话，并武装占领摩加迪沙大部分街区和索中南部大部分地区，暗杀多名政府要员，造成大量人员伤亡。过渡政府在非盟驻索马里特派团（AMISOM）的支持下守住了摩加迪沙部分街区和索中部部分地区，双方形成僵持。2010年3月15日，过渡政府与索重要武装派别“逊尼派联盟”达成协议，后者宣布加入政府。2011年6月，索总统谢赫·谢里夫·谢赫·艾哈迈德和议长谢里夫·哈桑·谢赫·阿丹在乌干达的斡旋下就延长过渡期问题达成《坎帕拉协议》，一致同意将过渡期延长至2012年8月。2012年9月10日，哈桑·谢赫·马哈茂德当选索总统。同年11月，索结束长达8年的政治过渡期，成立内战爆发21年来首个正式政府。2016年9月，索启动新一届议会选举。同年12月27日，第十届联邦议会在摩加迪沙宣誓就职。2017年2月8日，穆罕默德·阿卜杜拉希·穆罕默德在联邦议会两院联席会议举行的总统选举中击败寻求连任的马哈茂德总统，当选索新总统。2月23日，穆罕默德总统任命哈桑·阿里·海尔为联邦政府总理。3月29日，联邦议会通过海尔总理关于新一届内阁人选的提名。2020年7月，海尔总理被穆罕默德总统罢免。9月，穆罕默德总统任命穆罕默德·侯赛因·罗布莱为联邦政府新总理。2022年5月16日，前总统马哈茂德击败时任总统穆罕默德，成功当选总统。6月15日，马哈茂德总统任命哈姆扎·阿卜迪·巴雷为总理。

【宪法】现行宪法为2012年8月1日索全国制宪大会通过的《索马里联邦共和国临时宪法》，规定索实行立法、行政、司法三权分立的政治体制和联邦体制，明确人人平等，公民享有言论、出版、集会、结社等基本权利；总统为国家元首和军队总司令，掌握实权，由联邦议会选举产生，任期4年，无明确任期限制；总理由总统任命，为联邦政府首脑，负责任命副总理、各部部长、国务部长和副部长，非议员也可担任部长级官员；司法独立，建立宪法法院、联邦法院和州法院三级法院体制；国家安全部门由军队、情报、警察和监狱等组成。

【议会】根据临时宪法，联邦议会行使联邦立法权，实行两院制，分别为人民院和上院，互不隶属。议员任期4年，可连选连任。人民院设议员275名，上院人数不得超过54名。两院各设议长1名、副议长2名，由本院议员无记名投票产生，议长不得兼任政府和政党职务。在2016年联邦议会选举中，人民院275个席位采用“4.5部族分权模式”，由135名各族长老挑选14025名选举人作为各部族代表，然后每51名部族代表选举本部族1名议员。现任人民院议长为阿丹·穆罕默德·努尔（Adan Mohamed Nur）。上院54个席位中的48个被平均分配给6个联邦成员州，其余6个席位由索马里兰和邦特兰平分。现任上院议长为阿卜迪·哈希·阿卜杜拉希（Abdi Hashi Abdullahi）。

【政府】总统哈桑·谢赫·马哈茂德。内阁除总理哈姆扎·阿卜迪·巴雷外，主要有副总理萨拉赫·艾哈迈德·贾马（Salah Ahmed Jama），宗教捐赠与宗教事务部长穆科塔·罗博·阿布·曼苏尔（Mukhtar Robow Abu Mansoor），司法与宪法事务部长哈桑·马卡林（Hassan Macallin），内政部长艾哈迈德·马卡林·费齐（Ahmed Moallin Fiqi），财政部长艾尔米·马哈茂德·努尔（Elmi Mohamud Nur），国防部长阿卜杜卡迪尔·穆罕默德·努尔（Abduqadir Mohamed Noor），外交与国际合作部长阿卜希尔·奥马尔·胡鲁塞（Abshir Omar Huruuse），教育与高等教育部长法拉赫·谢赫·阿卜杜卡迪尔（Farah Sheikh Abdulqadir），计划与投资部长马哈茂德·阿卜迪拉赫曼·本纳·本讷（Mohamud Abdirahman Beena Beene），港口与交通事务部长阿卜杜拉希·艾哈迈德·贾马（Abdullahi Ahmed Jama），陆空交通部长法杜萨·奥斯曼·德霍尔（Fardowsa Osman Dhore），邮政与通信部长贾马·哈桑·哈里夫（Jama Hassan Khalif），畜牧业部长哈桑·胡赛因·伊雷（Hassan Hussein Elaay），产业贸易部长吉布里·阿卜迪拉希德（Jibril Abdirashid），公共工程与住房部长伊斯梅尔·谢赫·巴希尔（Ismail Sheikh Bashir），妇女事务部长卡迪加·穆罕默德·迪里耶（Khadija Mohamed Diriye，女），石油与矿产资源部长克里萨科·奥马尔·穆罕默德（Crisaaq Omar Mohamed），内部安全部长穆罕默德·杜迪歇（Mohamed Doodishe），农业与灌溉部长艾哈迈德·马多比·努诺（Ahmed Madobe Nuunow），卫生部长阿里·哈吉·阿丹（Ali Haji Adan），渔业与海洋资源部长艾哈迈德·哈桑·阿丹（Ahmed Hassan Adan），新闻部长达沃德·阿维斯（Daoud Aweys），劳动与人力资源部长毕西·伊曼·西格（Bihi Iman Cige），电力与水力资源部长贾马·塔卡尔（Jama Takal），青年与体育事务部长穆罕默德·巴雷·马哈茂德（Mohamed Barre Mohamud），环境与气候变化事务部长哈迪佳·阿玛佐米（Khadija Al-Makhzoumi）等。

【行政区划】全国划分为18个州，分别为：奥达勒、西北、托格代尔、萨纳格、索勒、巴里、努加尔、穆杜格、加尔古杜德、希兰、中谢贝利、贝纳迪尔、巴科勒、拜、下谢贝利、盖多、中朱巴、下朱巴。各州又分为若干地区。

2012年，索制定临时宪法，规定两个或多个州可在自愿基础上合并组成联邦成员。2016年，全国联邦成员组建工作结束，共形成6个联邦成员州，分别为：索马里兰（由奥达勒州、西北州、托格代尔州、萨纳格州、索勒州组成）、邦特兰（由巴里州、努加尔州以及穆杜格州北部组成）、加尔穆杜格（由穆杜格州南部和加尔古杜德州组成）、希尔谢贝利（由希兰州和中谢贝利州组成）、西南（由巴科勒州、拜州和下谢贝利州组成）、朱巴兰（由盖多州、中朱巴州和下朱巴州组成）。

【主要反政府势力】“索马里青年党”（沙巴布）（Al-Shabaab）：原为索反政府武装“伊斯兰法院联盟”下属青年武装组织，主要负责保护该组织领导人并实施针对外国人的暗杀行动。2006年底“伊斯兰法院联盟”被击溃后，“沙巴布”继承其衣钵，趁索过渡联邦政府羸弱和埃塞俄比亚撤兵之机迅速壮大，成为索实力最强的反政府武装组织，曾一度控制索中南部大部分地区及首都摩加迪沙部分街区。该组织以在索建立极端伊斯兰政权为目标，主张在索实施严格的伊斯兰教法，向异教徒和外国“侵略者”发动圣战。2008年被美国国务院认定为恐怖主义组织。2012年2月，该组织宣布正式与“基地”组织合流并宣誓效忠“基地”组织领导人扎瓦希里。除了与索政府和非盟驻索特派团武装对峙，“沙巴布”还在索境内以及乌干达、肯尼亚等国频繁制造恐怖袭击。2011年下半年以来，该组织在索安全部队、非盟驻索马里特派团以及肯尼亚、埃塞俄比亚军队的联合打击下遭受重创，活动范围大幅缩小。2015年7月，“沙巴布”对摩加迪沙半岛皇宫酒店发动自杀式汽车炸弹袭击，造成15人死亡、40余人受伤，其中中国驻索使馆负责安全警卫的工作人员1死4伤。2017年10月，摩加迪沙闹市区一家酒店附近发生汽车炸弹袭击，造成570多人死伤，系索历史上单次伤亡人数最多的恐袭事件。

【重要人物】哈桑·谢赫·马哈茂德：总统。1955年生。获摩加迪沙国立科技大学学士学位、印度巴卡图拉大学硕士学位。1993—1995年在联合国儿童基金会任职。1999—2010年担任索马里管理和行政学院院长。2011年创建和平与发展党。2012年9月至2017年2月出任索总统。2017年竞选连任失利。2022年5月再次当选总统。 **哈姆扎·阿卜迪·巴雷**：总理。1974年生。2001年获得也门科技大学管理学学士学位，2009年获得马来西亚国际伊斯兰大学MBA学位。2011—2017年担任现总统马哈茂德创建的索和平与发展党（PDP）秘书长。2014—2015年担任摩加迪沙市长高级管理事务顾问。2015—2019年担任索联邦宪法事务部高级顾问。2019—2020年担任朱巴兰州独立边界和选举委员会主席。2021年12月当选朱巴兰州基斯马尤地区联邦议会人民院议员。2022年担任索政府总理。

经济

索马里是最不发达国家。经济以畜牧业为主，工业基础薄弱。20世纪70年代初，由于国有化政策过激，加上自然灾害等因素，经济严重困难。80年代，在世界银行和国际货币基金组织支持下，调整经济政策，经济一度好转。1991年后，由于连年内乱，工农业生产和基础设施遭到严重破坏，经济全面崩溃。2012年索联邦政府成立后，着力发展基础设施建设、公共服务、制造业、房地产和建材等行业，经济发展初现生机，外资开始进入，大批侨民返乡，人民生活水平有所改善。2016年，索联邦政府制定30年来首个国家发展规划，确定了经济发展优先领域，将加强基础设施建设，发展农、渔、畜牧业，建立健全金融、税收和审计体系等。穆罕默德总统上台后，积极落实2017—2019年国家发展规划，加强政府与私营部门合作，就索减债问题做国际社会工作。2021年主要经济数据如下：

国内生产总值：49.18亿美元。

人均国内生产总值：309美元。

国内生产总值增长率：–1.459%。

货币名称：索马里先令。

汇率：1美元≈23605索马里先令。

（资料来源：2021年12月《伦敦经济季评》）

【资源】主要有铀、铁、锡、石膏、铝土、铜、铅、煤等。此外，还有石油和天然气。多数矿藏未开发。渔业资源丰富，森林覆盖率为13%。

【工业】以中小型企业为主，主要部门有纺织、皮革、制糖、制药、烟草、食品加工、炼油、电力和建材工业等。1991年内战爆发后，工业生产基本停顿。

【农业】全国有可耕地面积820万公顷，占国土面积的13%。已耕地仅有100余万公顷。粮食作物主要有高粱、玉米、小麦、木薯和水稻，经济作物主要有棉花、甘蔗、香蕉、椰子、芝麻、芒果、没药等。粮食不能自给，经济作物主要用于出口。

畜牧业是主要经济支柱，产值约占国内生产总值的40%，畜牧产品出口收入占到出口总收入的50%以上。主要饲养骆驼、牛、羊等，是世界上饲养骆驼最多的国家。

拥有非洲大陆最长的海岸线，渔业资源丰富。据联合国粮农组织估计，年捕捞量可达18万吨，但受捕捞方式落后、市场销量不大等因素限制，实际捕捞量很小。另外，外国渔船在索海域偷捕严重。

【交通运输】交通以公路为主，无铁路。截至2010年，公路总里程2.21万公里，其中2608公里为沥青铺设路面。

海运：主要港口有摩加迪沙港、基斯马尤港、柏培拉港和博萨索港。摩加迪沙港由土耳其公司运营，2016年大宗货物吞吐量近72万吨，到港集装箱船舶128艘，处理94400标箱。1997年和1999年，欧盟两次出资对柏培拉港和博萨索港进行升级改造。2016年，阿联酋开始对柏培拉港进行扩建。

空运：有大小机场62个，绝大部分条件简陋，仅有7个机场拥有铺设路面的跑道。摩加迪沙机场由土耳其公司运营，国际航班可直达内罗毕、吉布提、伊斯坦布尔、迪拜和亚的斯亚贝巴。索马里兰首府哈尔格萨有直飞亚的斯亚贝巴、吉布提和迪拜的国际航班。

【电信业】索1991年陷入内战后，电信业完全瘫痪。近年来，一些私营公司进入该行业。固定电话不发达，2015年仅有约5.1万用户。移动通信较发达，2015年用户达583.6万，移动支付较普遍。

【财政金融】截至2017年，索外债总额约30亿美元。近年来，因战乱而停业的银行开始恢复。目前索较大的银行有：索马里兰中央银行、邦特兰中央银行（1999年8月成立）、索马里巴拉卡特银行（设在摩加迪沙，1996年开业；2001年“9·11”事件后，其在美国及欧洲的分支机构被关闭）和索马里—马来西亚商业银行（设在摩加迪沙，1997年4月开业）。2020年3月，国际货币基金组织与世界银行宣布索达到重债穷国减债倡议完成点。

【对外贸易】外贸在经济中占有重要位置，但连年逆差。传统出口商品为活畜、香蕉、木炭、鱼。主要进口物资为食品、燃油和建材。主要出口目的地为阿联酋、也门、阿曼、沙特等中东国家，主要进口来源国为印度、中国、阿曼、肯尼亚等。2017年，索进口额为28.5亿美元，出口额为4.5亿美元。

【外国援助】主要来自西方国家和国际金融组织以及土耳其，大约有150家机构向索提供人道主义援助。2005年索过渡联邦政府成立后，得到包括中国在内的一些国家援助。美国是索最大援助国。2012年，随着索成立正式政府并结束政治过渡期，国际社会纷纷加大对索的关注和投入。

人民生活

索长期战乱，治安不靖，经济落后，日常生活必需品短缺，是非洲医疗水平最低的国家之一。2015年人均预期寿命55.4岁。产妇死亡率和婴儿死亡率均居全球第三位。痢疾、霍乱、伤寒等食物和水传染疾病多发。用电人口仅占全国人口的约15%。首都摩加迪沙仅有一所公立医院。2010—2012年，索发生严重旱灾，造成人道主义灾难。2016—2017年再次发生的旱情导致550万人受灾，其中300万人严重受灾，30万名儿童重度营养不良。受连年战乱、部族冲突和灾荒影响，大批索公民在国内流离失所、移居海外或涌入别国沦为难民。2019年，索国内流离失所者达260万人。索海外侨民为100万至150万人，主要分布在美国、英国、肯尼亚、加拿大、阿联酋、挪威等国。在肯尼亚、埃及、埃塞俄比亚、吉布提、也门等国境内的索难民约有100万人，其中1/3集中在肯尼亚的达达布难民营。

军　事

1990年，索马里总兵力约为6.45万人。1991年西亚德政权被推翻后长期没有统一的国家军队，各派别和部族武装林立。2005年索过渡联邦政府成立后，着手建立国家安全力量。2012年索联邦政府成立后，重组安全部队、警察、情报机构并收编亲政府武装。目前，索国家安全力量由国民军（陆军）、海军、空军和警察部队组成。陆军设定规模1.8万人以上，特种部队“闪电突击队”设定规模4000人，警察部队（含海岸警卫队）设定规模3.2万人。此外，索马里兰和邦特兰各自拥有自己的武装部队、警察等安全力量。

文化教育

【教育】教育事业落后。20世纪70年代初，西亚德政府重视发展教育事业，开展扫盲运动，使识字率从独立前的2%提高到60%。1991年内战爆发后，国家公共教育体系崩溃，文盲率剧增。在联合国教科文组织及其他一些非政府组织帮助下，许多地区开始重建学校。1998年9月，阿瓦多地区的阿茂德大学建成，成为索1991年以来开学的首家大学。索马里兰首府哈尔格萨也有一所大学。2015年，索小学入学率为42%。

【新闻出版】国家级官方通讯社为索马里国家通讯社。官方电视台为索马里国家电视台，2011年4月4日重新建立。官方广播电台为摩加迪沙广播电台，广播是受众最多的信息传播渠道。主要新闻网站有索马里国家通讯社网站、希兰在线、加罗韦在线等。

对外关系

奉行各国平等、尊重各国主权和领土完整、互不干涉内政、加强睦邻友好的外交政策。

【同中国的关系】中索于1960年12月14日建交。

1990年底，索内战爆发，中国驻索使馆、医疗队和工程技术人员于1991年1月被迫撤离。此后，由中国驻肯尼亚使馆代管索有关事务。中国一贯支持并积极推动索和平进程，曾于2003—2007年担任联合国安理会索马里问题协调员。在索过渡联邦政府成立后，中国政府即予承认，并于2005年12月28日接受过渡联邦政府委派的驻华大使。自1992年起，中国政府和中国红十字会多次向索提供药品和一般物资援助，并多次通过世界粮食计划署向索提供人道主义粮食援助。2014年7月，中国向索派出复馆小组。10月12日，中国正式恢复驻索使馆。2015年7月26日，中国驻索使馆所在酒店遭到自杀式汽车炸弹袭击，造成使馆负责安全警卫的工作人员1死4伤。

索政府高度重视发展对华关系，坚持一个中国立场，多次表示愿进一步加强与中国的合作。2020年11月，王毅国务委员兼外长同索外长阿瓦德通电话。2022年9月，王毅国务委员兼外长在纽约出席联合国大会期间会见索外长胡鲁塞。12月，习近平主席同索总统马哈茂德在首届中国—阿拉伯国家峰会期间会晤。

据中国海关总署统计，2022年，中索双边贸易额为10.54亿美元，同比增长4.6%。其中，中国出口额为10.46亿美元，同比增长4.9%；中国进口额为0.07亿美元，同比减少31.5%。中国主要出口农产品、机电产品、纺织品等，主要进口冻鱼、芝麻等。

中国驻索马里大使：费胜潮。馆址：Halane, International Airport，Mogadishu，Somalia。电话：00252-617023354。

索马里驻华大使：阿瓦莱·阿里·库拉内（Awale Ali Kullane）。馆址：北京市朝阳区三里屯路2号。电话：010-65321651；传真：65321651。

【同美国的关系】1954年，美国在摩加迪沙开设国际开发署办公室。1962年起，美向索派遣和平队，设立新闻中心。1964年，索对美向埃塞俄比亚提供军事援助表示不满。1969年西亚德政权上台后采取亲苏联政策，驱逐美和平队，索美关系一度紧张。1977年欧加登战争爆发后，由于苏联支持埃塞俄比亚，索苏关系全面恶化，美借机修复对索关系。1982年，西亚德访美。冷战结束后，索在美外交战略中地位下降。1990年，索国内局势恶化，美停止对索援助。1991年，美驻索外交人员撤离摩加迪沙。1993年，摩加迪沙发生美军武装直升机被击落事件，19名美军士兵死亡。此后，美军事人员撤出索马里。2001年“9·11”事件后，美开始积极支持国际社会调停索国内冲突，支持联合国和伊加特调解索和平进程的努力，为在肯尼亚召开的索全国和解会议提供财政援助，支持索过渡联邦政府在埃塞俄比亚军队支持下打击“伊斯兰法院联盟”武装并提供大量援助。2009年，美向索新一届过渡政府提供1000万美元武器弹药，并开始为索安全部队提供战术培训、后勤补给、医疗服务和士兵津贴方面的援助。2009年9月，美军突击队在索南部地区打死“基地”组织在东非地区的重要头目纳卜汉。2010年之后，美在继续向索过渡政府提供支持的同时，加强与索马里兰、邦特兰等地方政府的关系。2012年9月索联邦政府正式成立后，美多次派高级别代表团访索，并于2013年1月正式承认该政府。2016年，美自1991年以来首次任命专职驻索大使，常驻内罗毕。2018年12月，美在索首都摩加迪沙重开使馆。2019年10月，美宣布将向索提供新一轮2.57亿美元人道主义援助。2020年2月，美宣布恢复对部分直接参与打击“沙巴布”军事行动的索安全部队援助。2020年9月，美宣布3年内免除索10多亿美元的债务。10月，美宣布将撤出在索境内的全部（约700名）美军。2021年1月，美宣布完成撤军。目前，美是索最大援助国，对索援助主要用于为非盟驻索特派团和索安全部队提供后勤支持及培训、政府能力建设、医疗卫生、食品安全等领域。近年来，美持续对“沙巴布”实施无人机打击，并通过扶持索安全和情报机构遏制“沙巴布”势力蔓延。

【同英国的关系】英国原为索北部地区的宗主国。20世纪80年代，一些索反对派在伦敦组建反政府组织，索英关系一度紧张。西亚德政权被推翻后，英支持联合国向索派遣维和部队。维和行动失败后，英支持国际社会调停索国内各派矛盾，支持索和平进程，是索重要援助国。2020年12月，英宣布通过世界粮食计划署向索提供500万英镑人道主义援助。2021年2月，英向索国民军提供2180万英镑用于简易爆炸装置处理培训和装备援助。

【同意大利的关系】意大利原为索南部地区的宗主国，索意两国传统关系密切。1960年索独立后，意通过与索签订各类协议，对索政治经济保持重要影响。2004年，意积极支持伊加特主导的索和平进程，为索新一轮全国和解会议提供资助，向两届索过渡联邦政府提供大量援助。2018年10月，穆罕默德总统访问意大利，同意大利总理孔特会谈。自2016年10月世界银行成立“多伙伴索马里基础设施基金”以来，意共捐资350万欧元。2019年4月，意大利国防部长特伦塔访问摩加迪沙。同时，意通过主导欧盟索马里培训团，在索安全领域发挥重要作用。

【同欧盟的关系】欧盟是索最大援助方之一，对索援助集中在安全、人道主义和发展领域，是非盟驻索特派团的唯一捐资方。2010年4月起派驻欧盟索马里培训团，对索政府和安全机构提供战略咨询和营级以上指挥官军事培训，意大利在培训团中历来占据主导地位。2020年2月，穆罕默德总统在亚的斯亚贝巴出席非盟峰会期间会见欧盟理事会主席查尔斯·米歇尔，欧盟方面承诺进一步加大对索支持。2020年5月，欧盟宣布向索提供4500万欧元援助，支持索应对新冠疫情、洪灾和蝗灾等。

【同土耳其的关系】两国历史渊源可以追溯到土耳其奥斯曼帝国时期。2010年以来，土加大对索投入，先后于2010年5月、2012年5月两次主办索马里问题伊斯坦布尔国际会议。2011年8月，土总理埃尔多安访索，访问后，土发起全国范围向索捐款活动并募得3亿美元捐款。2012年3月，土耳其航空公司开通伊斯坦布尔至摩加迪沙航线。2015年2月，土总统埃尔多安访索。2016年6月，土总统埃尔多安访索并出席土驻索使馆开馆仪式。2017年，土为索建设的军事训练基地落成，用于土军队训练索及其他非洲国家军队，土还为索培训和武装"雄鹰"特种部队（Gorgor）。2017年4月、2018年8月和10月，索总统穆罕默德先后三次访土。2021年7月，索土签订协议，土向索分批提供共3000万美元援助用于支持索经济改革和政府能力建设。2021年12月，穆罕默德总统赴土参加第三届土耳其—非洲峰会，并同土耳其总统埃尔多安举行双边会见。目前，土是在索开展经贸合作项目最多、影响最广的国家，涉及项目涵盖公路、机场、港口、供水、航空、医疗、安全、人道主义救助等领域。索首都摩加迪沙机场和港口由土公司经营。土政府每年向索提供大量留学生名额，并为索培训政府官员、军警、医护人员。索不少政府高官亲属长期旅居土耳其。

【同其他阿拉伯国家的关系】索是伊斯兰国家，1974年加入阿拉伯国家联盟，与其他阿拉伯国家有着悠久的宗教、文化和贸易关系。沙特、科威特、埃及、也门、阿联酋等阿拉伯国家是索重要援助国和贸易伙伴。1991年西亚德政权被推翻后，埃及、也门等阿拉伯国家及阿盟积极推动索各派和解。阿盟反对埃塞俄比亚和其他外国势力干涉索内政，曾希望国际社会客观看待索反对派"伊斯兰法院联盟"，并斡旋索过渡政府和"伊斯兰法院联盟"于2006年在苏丹首都喀土穆举行两轮和谈。2016年沙特与伊朗关系恶化，索支持沙特并宣布驱逐伊朗驻索大使，索、伊（朗）两国断交。2017年6月海湾外交危机中，索宣布保持中立态度。2018年4月，穆罕默德总统出席在沙特举行的第29届阿拉伯国家联盟峰会。2019年2月，穆罕默德总统赴埃及出席首届欧盟—阿盟峰会。2021年10月，罗布莱总理访问卡塔尔。2021年11月，穆罕默德总统访问卡塔尔，同卡首相举行双边会见。

【同埃塞俄比亚的关系】埃塞俄比亚系索最大邻国，与索存在历史恩怨和领土争端。1977年，索、埃塞两国爆发欧加登战争，同年9月，两国断交。埃塞军队在苏联支持下击败索军队，索于1978年从欧加登撤军。1988年两国签订关系正常化协议，恢复互派大使。1991年索内战爆发后，埃塞积极参与索和平进程，多次推动召开索全国和解会议。2006年12月，埃塞出兵帮助索过渡政府击溃"伊斯兰法院联盟"，控制了首都摩加迪沙及索大部分地区。2009年1月，埃塞军队撤出索马里。2010年，埃塞促成索过渡联邦政府与索武装派别"逊尼派联盟"达成协议。2011年12月，埃塞再次出兵协助索过渡联邦政府清剿"沙巴布"。2014年，埃塞入索部队加入非盟驻索马里特派团。2020年1月，穆罕默德总统访问厄立特里亚，同埃塞总理阿比、厄立特里亚总统伊萨亚斯举行三方会谈。2020年11月，埃塞总理阿比派遣国家安全顾问访索，就欧加登地区问题交换意见。2021年10月，穆罕默德总统赴亚的斯亚贝巴参加埃塞总理阿比连任就职仪式，并同阿比举行双边会见。

【同吉布提的关系】吉布提原系法国殖民地，独立前被称为"法属索马里"。吉布提人与索马里人同种同源。1977年吉布提独立后，对索局势十分关注，希望索政局早日恢复稳定，积极参与调解索问题。2020年12月，穆罕默德总统赴吉布提参加政府间发展组织峰会，在吉协调下，穆罕默德同肯总统肯雅塔举行双边会见。2021年5月，罗布莱总理赴吉布提参加吉总统盖莱就职仪式。

【同肯尼亚的关系】肯尼亚系索邻国，双方曾有领土纠纷，1984年两国签订协议，索宣布永久放弃对肯境内索马里人聚居区的领土要求。1991年西亚德政权被推翻后，索国内局势动荡，大量难民涌入肯境内。肯积极推动索和平进程，多年来向索全国和解会议提供大量资金支持。2014年8月，索向国际法院提起诉讼，要求该法院就两国领海、专属经济区、大陆架进行划界。2016年，索将肯告上海牙国际法庭。2019年3月，穆罕默德总统同埃塞总理阿比一同前往肯尼亚与肯雅塔总统会见，寻求解决索肯海洋划界争端。2020年12月，索指责肯尼亚侵犯其主权与领土完整、干涉索内政，宣布与肯断绝外交关系。同月，穆罕默德总统同肯总统肯雅塔在吉布提举行双边会晤。2021年5月，索肯先后发表声明宣布复交。同年10月，国际法院对索肯海洋划界争端作出最终裁决，肯第一时间表示拒绝执行裁决。索不少政府高官亲属长期旅居肯尼亚。

【同厄立特里亚的关系】2018年7月，穆罕默德总统访问厄立特里亚，两国宣布将建立外交关系并互派大使。8月，厄立特里亚外长奥斯曼访问索马里。9月，穆罕默德总统再次访问厄立特里亚，同厄立特里亚总统伊萨亚斯、埃塞总理阿比举行三方会谈。10月，厄立特里亚外长奥斯曼、埃塞俄比亚外长沃尔基内联袂访问索马里。12月，厄立特里亚总统伊萨亚斯访问索马里。2019年4月，穆罕默德总统再次访问厄立特里亚并与伊萨亚斯总统会见。同月，厄特外长访索。2020年1月，穆罕默德总统访问厄立特里亚，同埃塞总理阿比、厄立特里亚总统伊萨亚斯举行三方会谈。10月，穆罕默德总统再次访问厄特，与伊萨亚斯总统会见，双方宣布将提升两国合作关系，推动落实2018年索、厄特及埃塞俄比亚签署的三方协议。（许栋诚）

坦桑尼亚

国名 坦桑尼亚联合共和国（The United Republic of Tanzania）。

面积 94.5万平方公里。其中，桑给巴尔面积2657平方公里。

人口 6174万（2022年）。其中，桑给巴尔人口188万。分属126个民族，人口超过100万的有苏库马、尼亚姆维奇、查加、赫赫、马康迪和哈亚族。另有一些阿拉伯人、印巴人和欧洲人后裔。斯瓦希里语为国语，与英语同为官方通用语。坦噶尼喀（大陆）居民中32%信奉天主教和基督教新教，30%信奉伊斯兰教，其余信奉原始拜物教；桑给巴尔居民几乎全部信奉伊斯兰教。

首都 多多马（Dodoma），人口约308万（2022年），占地面积2576平方公里。年均气温22.7℃。原首都为达累斯萨拉姆，目前中央政府机构已迁至多多马，但外国驻坦使馆仍在达累斯萨拉姆。

国家元首 总统萨米娅·苏卢胡·哈桑（Samia Suluhu Hassan，女），2021年3月在原总统约翰·蓬贝·约瑟夫·马古富力逝世后根据宪法规定正式接任。

重要节日 国庆日（又称“坦噶尼喀和桑给巴尔联合日”）：4月26日。

简况

位于非洲东部、赤道以南，北与肯尼亚和乌干达交界，南与赞比亚、马拉维、莫桑比克接壤，西与卢旺达、布隆迪和刚果（金）为邻，东濒印度洋。大陆海岸线长840公里。东部沿海地区和内陆部分低地属热带草原气候，西部内陆高原属热带山地气候。大部分地区平均气温21℃—25℃。桑给巴尔的20多个岛屿属热带海洋性气候，终年湿热，年均气温26℃。

人类发源地之一。公元前即同阿拉伯、波斯和印度等地有贸易往来。7—8世纪，阿拉伯人和波斯人大批迁入。阿拉伯人于10世纪末曾建立伊斯兰王国。1886年，坦噶尼喀内陆被划归德国势力范围。1917年11月，英军占领坦全境。1920年，坦成为英国“委任统治地”。1946年，联合国大会通过决议，将坦改为英“托管地”。1961年5月1日，坦取得内部自治，并于12月9日宣告独立，一年后成立坦噶尼喀共和国。桑给巴尔于1890年沦为英国“保护地”，1963年6月24日获得自治，12月10日宣告独立，成为苏丹王统治的君主立宪国家。1964年1月12日，桑人民推翻苏丹王统治，成立桑给巴尔人民共和国。1964年4月26日，坦噶尼喀和桑给巴尔组成联合共和国。10月29日改国名为坦桑尼亚联合共和国。朱利叶斯·坎巴拉吉·尼雷尔任开国总统，后两度连任，直至1985年主动辞职。姆维尼于1985年10月27日当选联合共和国总统，1990年连任。1995年10月，坦举行首次多党大选，姆卡帕当选联合共和国总统，萨勒明以微弱优势连任桑给巴尔总统。2000年10月，姆卡帕连任联合共和国总统，革命党候选人卡鲁姆当选桑总统。2005年12月，基奎特当选联合共和国总统，卡鲁姆连任桑总统。2010年11月，基奎特连任联合共和国总统，革命党候选人谢因当选桑总统。2015年10月，马古富力当选联合共和国总统，谢因连任桑总统。2020年10月，马古富力连任，革命党候选人姆维尼当选桑总统。2021年3月17日，马古富力逝世。3月19日，原副总统哈桑根据宪法规定接任总统。

政治

革命党长期执政，政局稳定。1995年10月举行首次多党大选，反对党公民联合阵线（CUF）指责革命党在大选中舞弊。1996年6月，革命党召开全国代表大会，姆卡帕当选党主席，实现党政一元化领导。1997年11月，姆卡帕连任革命党党主席。1999年10月，坦“国父”、前总统尼雷尔去世，姆卡帕在高举尼倡导的联合、团结旗帜的同时，大力加强执政党和政权建设，政局继续保持稳定。2000年10月，革命党在第二次多党选举中以绝对优势胜出。2002年10月，姆卡帕连任革命党主席后，继续以发展经济、脱贫减困为施政重点，同时推进反腐、良政，缓解宗教矛盾和朝野矛盾，革命党执政地位进一步巩固。2005年12月，原外长基奎特在第三次多党选举中当选总统，革命党在同期举行的议会选举中赢得232个选区席位中的206席，占88%。2006年6月，基奎特当选革命党主席。基奎特执政后，提出以“新热情、新活力、新速度”全面推进各项事业，加强党建和党内团结，力主同反对党对话，推动联合政府同桑给巴尔革命政府定期磋商，加大力度惩治腐败，努力塑造亲民、务实的政府形象。2010年，革命党以较大优势赢得总统和议会选举，反对党在议会席位有所增加。2012年11月，革命党召开第八次全国代表大会，基奎特连任党主席。2015年10月，马古富力当选总统。2016年7月，革命党召开全国特别代表大会，选举马古富力为党主席。马古富力上任后，多次改组内阁。2020年10月，马古富力以创纪录的83%得票率再度当选，革命党赢得国民议会264个直选席位中的256个。2021年3月，马古富力逝世，哈桑接任总统。4月，革命党召开特别党代会，哈桑全票当选党主席。哈桑就任后，在总体延续马古富力政府和革命党施政重点的同时，采取一系列新举措以改善坦营商环境和应对新冠疫情挑战，实现权力平稳过渡。

【坦、桑联合问题】坦噶尼喀和桑给巴尔于1964年组成坦桑尼亚联合共和国，此后联合问题时有起伏。1992年12月，桑给巴尔政府擅自加入伊斯兰会议组织，遭联合政府强烈反对，遂于1993年被迫退出，但联合之争并未平息。1996年以后，桑反对党公民联合阵线加紧反对联合的行动。在联合政府的坚决支持下，桑政府采取强硬措施压制反对党活动，坚决维护联合体制。2000年10月卡鲁姆当选桑总统后，多次表示维护国家联合的立场，进一步打击了桑分裂势力。2001年以来，联合政府继续巩固统一局面，维护联合政体，争取温和力量，打击桑给巴尔分裂势力，并在预算资金分配和其他事关桑给巴尔切身利益的问题上给予照顾，公联阵不再公开主张分离，转而要求给予桑给巴尔更多自治权力。2010年初，桑岛政治和解取得重要进展，革命党和公联阵就组建桑岛团结政府达成一致。7月，桑全民公投通过了建立民族团结政府体制的新宪法，11月，桑大选顺利举行，桑民族团结政府成立，桑总统、第二副总统和11名部长来自革命党，桑第一副总统和8名部长来自公联阵。2015年10月，桑给巴尔大选，因存在舞弊行为，结果宣布无效。2016年3月，桑给巴尔重新举行总统选举，革命党候选人谢因以91.4%得票率成功连任，公联阵以选举缺乏法律依据为由予以抵制。2020年12月，革命党候选人姆韦尼当选总统，变革与透明联盟候选人哈马德被任命为桑岛第一副总统，桑成立新一届民族团结政府。2021年2月，哈马德因病去世。3月，变革与透明联盟领导成员奥斯曼·马苏德·奥斯曼就任桑岛第一副总统。

【宪法】1977年4月制定联合共和国宪法，后经14次修改。联合共和国分设联合政府和桑给巴尔地方政府。1992年，第8次宪法修正案明确提出，坦桑尼亚是多党民主国家，奉行社会主义和自力更生政策。1994年，第11次宪法修正案规定，联合共和国政府设总统和1名副总统，总统为国家元首、政府首脑和武装部队总司令，由选民直选产生，获简单多数者当选，任期5年，可连任一届。总统与副总统必须来自同一政党，并分别来自大陆与桑给巴尔，副总统不能由桑总统或联合共和国总理兼任，每届任期5年，连任不得超过两届。总统任命总理，由总理主持联合政府日常事务。2000年，第13次宪法修正案重新界定了坦政治体制，确认原宪法中的“社会主义”和“自力更生”等原则代表民主、自立、人权、自由、平等、友爱、团结。2010年大选后，坦国内修宪呼声不断。2011年11月，《宪法修订法案》获议会通过。2012年4月，修宪委员会成立。6月和12月，新宪法一稿和二稿先后出台，提出设立坦噶尼喀、桑给巴尔和联合政府三个政府、缩减联合事务、限制总统权力等重大修改。2014年10月，制宪会议通过新宪法草案，决定维持两政府架构。新宪法草案原定于2015年4月进行公投，但因技术原因被无限期推迟。

桑给巴尔现行宪法于1979年制定，后历经修订。根据2010年修订的桑宪法，桑总统为桑团结政府首脑，取消首席部长设置，新设第一和第二副总统。桑选举与联合共和国总统大选同时举行，桑总统候选人由桑各政党提名，经桑全体选民直选，获1/2以上选票者当选，任期5年，可连任一届。总统对政府事务拥有决定权，第一和第二副总统向总统负责。第一副总统由在大选中获代表会议第二大议席的政党的成员出任。第二副总统由与总统来自同一政党的议员担任，经总统任命，作为总统的主要助手并在代表会议中负责政府事务，在总统逝世或无法履行公务时代行职权。总统和副总统根据各政党的议席比例分配和任命内阁部长。桑政府有权处理除外交、国防、警务、税收、银行、货币、外汇、航空、港口和邮电等22项联合事务以外的桑内部事务。

【议会】一院制，称国民议会，是联合共和国最高立法机构。议会选举与总统选举同时进行，每5年举行一次。总统有权任命10名议员。本届议会是独立后的第十二届议会，2020年11月成立。现任议长图利娅·阿克松（Tulia Ackson，女）。

桑给巴尔人民代表会议为桑立法机构，拥有联合事务以外的桑事务立法权。本届代表会议于2020年10月选出，法定代表共76人，其中革命党71人。议长祖贝尔·阿里·毛利德（Zubeir Ali Maulid）。

【政府】设有联合政府和桑给巴尔地方政府。联合政府实行总统制，内阁由总统、副总统、总理、桑给巴尔总统和各部部长组成。2021年3月哈桑总统上任后成立联合政府新内阁，主要成员有：副总统菲利普·伊斯多·姆潘戈（Philip Isdor Mpango），桑给巴尔总统侯赛因·阿里·姆维尼（Hussein Ali Mwinyi），总理马贾利瓦·卡西姆·马贾利瓦（Majaliwa Kassim Majaliwa），外交与东非合作部长斯特戈梅纳·劳伦斯·塔克斯（Stergomena Lawrence Tax，女），总统府省级行政和地方政府事务国务部长安吉拉·凯鲁基（Angela Kairuki，女），总统府公务管理和良政事务国务部长穆罕默德·奥马里·姆琴盖鲁瓦（Mohamed Omary Mchengerwa），财政计划部长姆维古卢·恩琴巴（Mwigulu Nchemba）等。

本届桑给巴尔政府于2020年11月组成，主要成员有：总统侯赛因·阿里·姆维尼（Hussein Ali Mwinyi），第一副总统奥斯曼·马苏德·奥斯曼（Othman Masoud Othman，在原第一副总统哈马德去世后接任），第二副总统苏莱曼·阿卜杜拉（Suleiman Abdalla）。

【行政区划】共有31个省，下辖172个县。其中，大陆26个省，桑给巴尔5个省。

【司法机构】设有宪法特别法院、上诉法院、高级法院、地方法院以及检察院、司法人员委员会和常设调查委员会。桑给巴尔岛和奔巴岛各设一伊斯兰教法庭，处理违反伊斯兰教义案件。大法官伊卜拉罕·哈米斯·祖马（Ibrahim Hamis Juma），总检察长伊利沙·姆布基·费莱希（Eliezer Mbuki Feleshi）。

桑给巴尔独立行使司法权，但上诉案件由联合共和国上诉法院审理。桑大法官哈米德·马哈姆德·哈米德（Hamid Mahamoud Hamid），总检察长阿德拉德斯·凯兰基（Adelardus Kilangi）。

【政党】坦政党经历了由多党制向一党制，又从一党制向多党制转变的历程。1992年7月改行多党制，现有正式注册政党19个，其中包括：

（1）坦桑尼亚革命党（Chama Cha Mapinduzi）：执政党。由原坦噶尼喀非洲民族联盟和桑给巴尔非洲设拉子党于1977年合并而成。全国代表大会是最高权力机构，每5年举行一次。全国执行委员会是最高决策机构，中央委员会负责领导和处理日常工作。建有省、县、乡支部百户区（WARD）、十户组（CEU）等各级组织机构，影响深入坦社会的各个层面。主张坚持社会主义和自力更生原则，强调发展经济，在公正、平等和人道的基础上建立一个平等、正义的社会。2000年坦宪法修正案对“社会主义”含义进行了重新界定，但革命党迄未修改党章。主席萨米娅·苏卢胡·哈桑。革命党称目前有党员约1500万人。

（2）民主发展党（Chama Cha Demokrasia na Maendeleo）：1992年成立。主张单独成立坦噶尼喀政府，反对种族歧视，提倡人人平等。主席弗里曼·姆博维（Freeman Mbowe），总书记温森特·马赛基（Vincent Mashinji）。有党员约100万人。

（3）公民联合阵线（The Civic United Front）：亦称“人民党”（Chama Cha Wananchi），反对党。1992年由桑给巴尔多党促进委员会和人民党合并组成，政治影响主要集中在奔巴岛和桑给巴尔岛。提倡人民共同富裕的原则，在联合问题上极力维护桑给巴尔的民族利益和自主权，主张成立联合政府及坦噶尼喀和桑给巴尔地方政府三个政府。主席伊布拉西姆·利蓬巴（Ibrahim Lipumba），总书记哈拉伯·萨米思（Haroub Shamis）。有党员约160万人。

（4）变革与透明联盟（Alliance for Change and Transparent）：2014年注册成立，政治影响主要集中在奔巴岛和桑给巴尔岛。主张发展经济、完成政府架构、在以人民为本的宪法上建立公平公正的联合政府。该党领袖左托·卡布韦（Zitto Kabwe），主席赛义夫·沙里夫·哈马德（Seif Sharif Hamad），已故，总书记阿多·沙布（Ado Shaibu）。

（5）坦桑尼亚劳动党（Tanzania Labour Party）：反对党。1993年成立。1999年原全国建设和改革会议主席姆雷马率其支持者集体反水加入劳动党后，该党实力大增。主席奥古斯丁·姆雷马（Augustine Mrema）。

（6）联合民主党（United Democratic Party）：反对党。1994年成立。主张成立坦噶尼喀政府，重视社会发展，强调应加大对教育和医疗事业投入，推行土地私有化。主席约翰·切约（John Cheyo）。

（7）全国建设和改革会议（The National Convention for Construction and Reform）：反对党。1991年成立。主要由律师和学者组成，要求扩大民主，保护基本人权和自由，主张在联合体制内建立三个政府，即联合政府、坦噶尼喀政府和桑给巴尔政府，争取坦噶尼喀民族权利。主席詹姆斯·姆巴蒂阿（James Mbatia），总书记伊丽莎白·姆哈伽玛（Elizabeth Mhagama，女）。

其他反对党有多党民主联盟（The Union for Multi-Party Democracy）、坦桑尼亚民主联盟党（Tanzania Democratic Alliance Party）、全国民主联盟（National League for Democracy）、国家重建同盟（The National Reconstruction Alliance）、联合人民民主党（United People’s Democratic Party）等。

【重要人物】萨米娅·苏卢胡·哈桑：总统、政府首脑、武装部队总司令。女，1960年生。历任世界粮食计划署桑给巴尔项目官员，坦非政府组织协会执行主任，桑给巴尔劳动、性别发展和儿童部长，旅游、贸易和投资部长等职。2010年11月任坦副总统府联合事务国务部长。2015年10月当选副总统，2020年10月连任。2021年3月就任总统。

经　济

被联合国列为最不发达国家。经济以农业为主，平年粮食勉强自给。工业生产技术低下，日常消费品需进口。1967年实行国有化和计划经济，以建设集体农庄为中心，开展严重脱离国情的“乌贾马”社会主义运动，致使经济发展严重滞后。1986年起接受国际货币基金组织和世界银行的调改方案，连续三次实行“三年经济恢复计划”。2001年以来，大力推动经济发展，减免外资企业税费和高科技产品进口税，出台微型信贷政策，扶植中小企业。国际货币基金组织和世界银行认定坦达到重债穷国减债倡议完成点，于20年内减免其30亿美元外债。2002年10月，国际货币基金组织将其在非洲的第一个技术援助中心——东非技援中心设在坦。2011年，出台《国家发展规划五年计划（2011—2015）》，确定了农业、基础设施、工业、旅游、人力资源、信息通信六大优先发展领域。2015年10月，马古富力总统执政后，积极落实竞选承诺，大刀阔斧推进改革，着力改善政府服务水平和民生。2016年出台《国家发展规划五年计划（2016—2020）》，将工业经济转型、经济和人力发展整合、创造良好的营商投资环境和加强监管确定为四大优先发展领域。近10年，坦桑尼亚经济平均增长率约7%，在撒哈拉以南非洲国家中名列前茅，制造业、矿业和旅游业发展强劲，外国直接投资存量持续增长。2020年7月1日，世界银行指出，坦桑尼亚人均国民收入已达1080美元，超过中等收入国家1036美元标准，决定将坦列入中等收入国家组别，坦提前5年实现了该目标。2021年3月，哈桑就任总统后，总体延续马古富力政府大政方针，积极推进重大基础设施项目，同时大力优化坦营商环境，对外推行经济外交，争取外部发展支持。但坦经济结构单一、基础设施落后、发展资金和人才匮乏等长期阻碍经济发展的问题仍然存在。2022年主要经济数据如下：

国内生产总值：757.10亿美元。

人均国内生产总值：1192美元。

国内生产总值增长率：4.6%。

货币名称：坦桑尼亚先令。

汇率：1美元≈2295坦桑尼亚先令。

外债总额：278.36亿美元。

外汇储备：50.9亿美元。

（资料来源：世界银行）

【资源】矿产资源丰富，有8个绿岩带，地层大多属太古代岩石，历史上曾出产过近百吨黄金。已探明的主要矿产及储量为：钻石250万吨（含量6.5克拉/吨），黄金80万吨，煤3.24亿吨，铁1.3亿吨，磷酸盐1000万吨，天然气5.7万亿立方米。近年来，发现世界级氦气田，储量高达15.29亿立方米。2018年，勘探发现钕镨稀土金属矿，目前，已探明储量约1900万吨。目前，除天然气、钻石、宝石、黄金、镍矿、盐矿、磷酸盐、煤、石膏、瓷土和锡矿等被部分国际矿业公司开采外，其他矿藏均未得到开发利用。大陆、桑给巴尔及近海海域有若干储油前景良好的区域。目前，已有多家矿业开采公司在坦注册，主要依靠外国资金和技术，其中大部分从事黄金开采。此外，澳大利亚、加拿大、爱尔兰等国公司在坦从事石油勘探；世界银行、欧洲投资银行等资助坦开发松戈松戈气田（探明储量300亿立方米），由加拿大管道公司负责建设；有美国公司正拟在姆特瓦拉地区建设天然气发电厂和输电线；另有外国公司正与坦方探讨开发姆纳西湾气田项目（探明储量150亿立方米）的可行性。2021年1月，坦政府与英国公司签署协议，共同开发卡盖拉省镍矿项目。森林面积约4400万公顷，占国土面积的46%，出产安哥拉紫檀、乌木、桃花心木、栲树等。水力资源丰富，发电潜力超过4.78亿千瓦。

【工业】大陆制造业以农产品加工和进口替代型轻工业为主，包括纺织、食品加工、皮革、制鞋、轧钢、铝材加工、水泥、造纸、轮胎、化肥、炼油、汽车装配和农具制造等。桑给巴尔工业以农产品加工为主，主要有椰子加工厂、丁香油厂、碾米厂、糖厂、石灰厂、自来水厂、发电厂和印刷厂等。

【农业】以种植业、林业、渔业、牧业为主，是坦主要经济支柱。农业吸收全国劳动力的2/3。全国可耕地面积4400万公顷，已耕地面积1020万公顷。主要农作物有玉米、小麦、稻米、高粱、小米、木薯等。主要经济作物有咖啡、棉花、剑麻、腰果、丁香、茶叶、烟叶、除虫菊等。近年来，坦政府提出“农业第一”战略和南部经济发展走廊计划，大力推动农业生产，粮食不断增产。目前丰年自给有余并可少量向邻国出口。

【服务业】约占国内生产总值的一半，主要为贸易、酒店、餐饮、交通、金融、房地产等。2019年服务业产值增长6%，主要由通信、交通运输和旅游业快速发展拉动。

【旅游业】旅游资源丰富，非洲三大湖泊维多利亚湖、坦噶尼喀湖和尼亚萨湖（马拉维湖）均在坦边境线上，海拔5895米的非洲第一高峰——乞力马扎罗山世界闻名。其他自然景观有恩戈罗恩戈罗火山口、东非大裂谷、马尼亚纳湖等，另有桑岛奴隶城、世界最古老的古人类遗址、阿拉伯商人遗址等历史人文景观。坦1/3国土为国家公园、动物和森林保护区。共有塞伦盖蒂、恩戈罗恩戈罗等15个国家公园，以及50个野生动物保护区、1个生态保护区、2个海洋公园和2个海洋保护区，超过3万间旅馆客房。2019年，外国游客赴坦人数达152.7万人次，比2018年增加3.7万人次。坦央行数据显示，2019年坦旅游业外汇收入26亿美元，同比增长6.1%。

【交通运输】以公路运输为主。

公路：总长89604公里，其中2015—2020年新建成公路2023公里。桑给巴尔公路总长1984公里。

铁路：总长3676公里，主要有坦赞铁路、中央铁路及东非铁路。连接大陆17个省，并与赞比亚、刚果（金）、布隆迪、卢旺达、乌干达及肯尼亚等国相连，是东非内陆国家重要的出海通道。目前正在新建中央铁路标轨项目，同时对既有中央铁路进行修复改造。

水运：沿海有达累斯萨拉姆、姆特瓦拉、坦噶尼喀和桑给巴尔四大港口。达累斯萨拉姆港是进出口贸易的主要通道，也是赞比亚、布隆迪、乌干达、卢旺达、刚果（金）和马拉维等内陆国家的出海口。维多利亚湖、坦噶尼喀湖和尼亚萨湖的湖上运输对坦桑和邻国沿湖地区的物资交流和人员作用重要。

空运：现有机场58个，其中达累斯萨拉姆、乞力马扎罗和桑给巴尔为国际机场，达累斯萨拉姆机场和乞力马扎罗机场可停降波音747客机，桑给巴尔机场可停降波音737客机。达累斯萨拉姆机场、伊林加、林迪、莫希、姆特瓦拉5座机场具有双跑道。

【财政金融】2021/2022财年，国家财政收入24.39万亿坦桑尼亚先令，占国内生产总值的14.8%；财政支出31.14万亿坦桑尼亚先令，占国内生产总值的18.9%。

坦桑尼亚独立伊始，对国内的私营银行和外资银行采取限制和取消的政策，直至1990年后，随着私有化改革，逐步开放了原来的管制政策。当前，坦央行对银行在境内外设立分支机构政策公开透明，只要符合条件即可申请设立。

【对外贸易】出口以初级农产品为主，其中棉花、剑麻、腰果、咖啡、烟草、茶叶、丁香出口占外汇收入的80%。工矿业出口产品主要有钻石、黄金、纺织品、服装、皮革制品、鞋、树胶、铝制品等。进口以工业生产资料和工业品为主，主要有仪器、饮料、机械设备、金属制品、交通运输工具、石油等。2022年，坦对外贸易总额为174.26亿美元。其中，出口额为82.45亿美元，进口额为91.81亿美元。主要贸易伙伴有中国、印度、德国、英国、日本、沙特、荷兰、意大利、新加坡、肯尼亚等。

【外国援助】外国援助在坦国民经济中占有重要地位，近年来坦每年接受外援9亿美元左右，其中发展伙伴通过总体预算支持等方式向坦提供援助。主要发展伙伴有英国、印度、南非、荷兰、肯尼亚、美国、加拿大、意大利、德国和国际货币基金组织、世界银行、欧盟、非洲开发银行等。

【外国资本】1990年成立投资促进中心，负责审批投资项目，向国内外投资商提供咨询。1997年颁布《坦桑尼亚1997年投资法》。2002年颁布《出口加工区法案》。截至2019年底，坦吸引外资存量为218亿美元。据联合国贸发会议发布的2020年《世界投资报告》显示，2019年，坦吸收外资流量为11.1亿美元。外资主要集中在矿业、旅游业、农业、制造业和通信业等领域。坦政府鼓励外商更多投资于农业、教育、医疗，以及公路、铁路、机场和旅馆建设等项目。目前，中国、英国、印度、肯尼亚、南非等是坦主要外资来源地，其中来自中国、南非、印度等新兴经济体的投资较为活跃。中国是坦第一大外资来源国。

人民生活

全国医疗条件较差，共有公立医疗机构3565个，私立医疗机构1959个。全国共有病床26030张。医生与人口比例为1：64000，远低于世界卫生组织建议的1：10000。疟情严重，每年约30万人死于疟疾。2017年，坦成人艾滋病感染率为4.9%。2019年，坦人口增长率为3%，婴儿死亡率为3.6%。

军　事

武装力量由人民国防军、国民服务队和预备役组成。总统兼任武装力量总司令，最高军事决策机构和指挥机构分别为国防与安全委员会和国防军总部。国防军建于1964年，总兵力2.8万人。陆军约2.3万人，编成5个步兵旅，另有3个坦克团及若干炮兵团/高炮团（部分配属给步兵旅）、萨姆导弹营、反坦克营、通信团、工兵团等。海军1900余人，下辖舰队司令部，桑给巴尔、姆万扎、基戈马、坦噶等海军站，训练学校，船舶修理厂，3个岸防雷达中队，1个机动雷达站，岸防营，海军陆战连。海军司令部和舰队司令部均位于达累斯萨拉姆基加姆博尼海军基地。空军约3000人，编成1个空军基地、2个飞行团、直升机中队、飞行学院和其他勤务部队。现任国防部长斯特格门娜·塔克斯（Stergomena Tax，女），国防军司令韦南斯·马贝约（Gen. Venance Mabeyo）上将。国民服务队建于1963年，受国防部和国防军总部双重领导，共4000人。预备役部队受国防军总部指挥，主要任务是配合国防军保卫本地区或本单位的安全，在灾害救援等行动中配合军方行动。

文化教育

重视发展民族文化，大力推广斯瓦希里语。设有国家艺术委员会、国家斯语委员会、图书馆服务理事会和民间文化协会等。达累斯萨拉姆设有国立中央图书馆和国家博物馆等。

【教育】实行中小学免费义务教育，成人识字率为90.4%，是非洲文盲率最低的国家之一。近年来，因国家财政拮据，教育经费不足，政府提出教育改革政策，鼓励私人或集体办校。发展伙伴亦将教育作为优先投资领域，投入可观资金。全国共有101所高等院校，其中32所公立院校，69所私立院校，达累斯萨拉姆大学、多多马大学为综合性大学，另有10余所大专院校、20多所师范院校。

【新闻出版】主要有以英文出版的《每日新闻》《卫报》《公民报》，以斯瓦希里文出版的《今日新闻》《消息报》和《国民报》。另有《快报》（每周两期）、英文周刊《商业时报》《东非人报》、斯瓦希里文双周刊《火焰报》。

坦桑尼亚通讯社：国家通讯社，1976年10月成立，大陆各省设有分社，有少数记者驻邻国。

坦桑尼亚电（视）台：国家电台，始建于1951年，设在达累斯萨拉姆，分别用英语和斯瓦希里语进行广播，1994年增设广播电视台。

桑给巴尔革命之声：桑给巴尔电台，建于1964年，用斯瓦希里语广播，每天播音9小时。

桑给巴尔电视台：国营电视台，1973年建立，用斯瓦希里语播送节目。

海岸电视网：大陆的私营电视台，1994年建立。

独立电视台：私营电视台，1994年建立。

对外关系

曾是著名的“前线国家”，为非洲大陆的政治解放作出过重大贡献。奉行不结盟和睦邻友好的外交政策，主张在互不干涉内政和相互尊重主权的基础上与各国发展友好合作关系。近年务实倾向增强，强调以经济利益为核心，淡化不干涉内政原则，发展同所有捐助国、国际组织和跨国公司的关系，谋求更多外援、外资。重点营造睦邻友好，全力促进区域经济合作。积极参与调解与其利益相关的地区问题。重视与亚洲国家关系，学习和借鉴亚洲国家的发展经验。系联合国会员国，以及不结盟运动、英联邦、非洲联盟、东非共同体、南部非洲发展共同体及环印度洋地区合作联盟等组织成员国。同115个国家建有外交关系。

【同中国的关系】中国于1961年12月9日与坦噶尼喀建交，1963年12月11日与桑给巴尔建交。坦噶尼喀与桑给巴尔联合后，中国自然延续与二者外交关系，将1964年4月26日坦、桑联合日定为与坦桑尼亚联合共和国建交日。建交以来，中坦关系长期健康稳定发展。

两国高层交往密切。2020年12月，习近平主席同马古富力总统通电话。2021年6月，习近平主席同哈桑总统通电话。2021年11月，王毅国务委员兼外长出席中非合作论坛第八届部长级会议期间会见坦外长穆拉穆拉。2022年11月，哈桑总统对中国进行国事访问，习近平主席同其举行会谈。

中坦两国经贸合作成果丰硕。据中国海关总署统计，2022年，中坦双边贸易额为83.1亿美元，同比增长23.7%。其中，中国出口额为77.7亿美元，同比增长27.1%；中国进口额为5.4亿美元，同比减少11.3%。中国主要出口机电产品、塑料、钢铁等，主要进口芝麻、铜等。

中国驻坦桑尼亚大使：陈明健（女）。馆址：No.2，Kajificheni Close，Toure Drive，Dar es Salaam，Tanzania。电话：00255–22–2667475，2668064；传真：2666353。

坦桑尼亚驻中国大使：姆贝尔瓦·布赖顿·凯鲁基（Mbelwa Brighton Kairuki）。馆址：北京市朝阳区亮马河南路8号。电话：010–65321491；传真：65324351。

【同美国的关系】坦美于1961年建交。美是坦主要投资和援助国之一。多年来，美在坦实施“总统艾滋病紧急救助计划”“总统防治疟疾行动计划”“全球健康行动计划”“保障未来粮食供给计划”和“千年挑战账户”等项目，每年向坦提供无偿援助近10亿美元。2019年4月，美国务院助卿帮办访坦，会见坦外长卡布迪。9月，坦外长卡布迪赴美出席第74届联合国大会一般性辩论并访问美国。2020年，美宣布向坦提供560万美元新冠疫情援助。2021年7月，哈桑总统同美国国务卿布林肯通电话。同月，美国国务院国务次卿（政治事务）访问坦桑尼亚。

【同英国的关系】坦英关系密切。英是坦第二大投资来源国、主要贸易伙伴和援助国，每年援助额约8000万美元。英宣布免除了坦所欠全部债务，积极支持国际货币基金组织和世界银行等国际金融机构减免坦债务。2018年8月，英国国际发展部官员访坦期间宣布英国将向坦提供约1.35亿美元援助，用于教育、医疗和反腐败。2019年2月，英国政府向坦提供5000万美元用于支持坦公民社会组织发展。2021年6月，英非洲事务大臣访坦。11月，哈桑总统赴苏格兰出席第26届联合国气候变化大会。

【同邻国及其他非洲国家关系】在地区事务中奉行“广交友、不树敌、促和平、谋发展”政策。重视与周边邻国发展睦邻友好关系。重视在地区事务中发挥影响，致力于维护地区和平与稳定。参与调解肯尼亚选后危机、津巴布韦大选政治危机，大力斡旋刚果（金）、马达加斯加问题，关注索马里和平进程，为非盟驻索马里维和部队提供培训，参与调解南苏丹问题和布隆迪问题。参与联合国在苏丹达尔富尔、刚果（金）、科特迪瓦和南苏丹等维和任务。

【同其他亚洲国家的关系】坦重视发展与亚洲国家的关系。2018年，印度海军3艘军舰访坦，与坦海军举行联合演习。

日本每年向坦提供约1亿美元无偿援款，向坦派出专家和志愿者。2018年8月，日本副外相佐藤正久访坦。2019年2月，马古富力总统会见来访的日本国际协力机构高级副总裁。2019年8月，马贾利瓦总理和卡布迪外长赴日出席东京非洲发展国际会议横滨峰会。2019年7月，越南副总理王廷惠访坦。（罗棠）

突尼斯

国名 突尼斯共和国（The Republic of Tunisia，La République Tunisienne）。

面积 约16.2万平方公里。

人口 约1200万（2022年）。90%以上为阿拉伯人，其余为柏柏尔人。官方语言为阿拉伯语，通用法语。伊斯兰教为国教，主要是逊尼派，少数人信奉天主教、犹太教。

首都 突尼斯市（Tunis），人口264.37万（2017年）。

国家元首 总统凯斯·赛义德（Kais Saied），2019年10月当选，任期5年。

重要节日 独立日（国庆节）：3月20日。

简况 位于非洲北端，西与阿尔及利亚为邻，东南与利比亚接壤，北、东临地中海，隔突尼斯海峡与意大利相望。海岸线全长约1300公里。北部属地中海型气候，夏季炎热干燥，冬季温和多雨。南部属热带沙漠气候。8月为最热月，日均气温21℃—33℃；1月为最冷月，日均气温6℃—14℃。

公元前9世纪初，腓尼基人在今突尼斯湾沿岸地区建立迦太基城，后发展为奴隶制强国。公元前146年，成为罗马帝国阿非利加省的一部分。公元5—6世纪，先后被汪达尔人和拜占庭人占领。703年，被阿拉伯穆斯林征服。13世纪，哈夫斯王朝建立了强大的突尼斯国家。1574年，沦为奥斯曼土耳其帝国的一个省。1881年，成为法国保护领地。1956年3月20日，法国承认突尼斯独立。1957年7月25日，突制宪会议通过决议，废黜国王，宣布成立突尼斯共和国，布尔吉巴任第一任总统，1975年，经议会批准，布尔吉巴成为终身总统。1987年11月7日，总理本·阿里废黜布尔吉巴，长期任总统。

政　治

2010年底至2011年初，突发生大规模骚乱，政局陷入动荡。本·阿里于2011年1月14日流亡沙特，突进入政治过渡期。2014年12月，埃塞卜西在总统选举中获胜，突结束政治过渡进程。2015年11月，由于多次发生恐袭事件，埃塞卜西总统宣布突进入为期3个月的全国紧急状态，此后多次延期。2019年7月25日，埃塞卜西总统因病去世。9月、10月，突先后举行总统大选和议会选举。独立人士凯斯·赛义德经过两轮投票当选总统。2021年7月以来，赛义德总统罢免总理，无限期冻结议会工作。10月，赛任命无党派学者娜杰拉·布登·拉马丹（Najla Bouden Romdhane，女）担任总理。

【宪法】1959年6月1日，制宪议会通过共和国第一部宪法，规定突是自由、独立的主权国家，实行共和制政体。1998年，突通过修改宪法和选举法，降低总统候选人的参选年龄，扩大参选范围。总统任期5年，可连任两届。2002年，突举行独立后首次全民公决，通过宪法修正案，取消对总统连任次数的限制，并将总统候选人的年龄上限增至75岁。2011年3月4日，突过渡政府宣布，废除现行宪法。2014年1月26日，突制宪议会投票通过新宪法，确定突实行共和制，伊斯兰教为国教，总统由直选产生，任期5年，不得超过两届，实行一院制，立法机构称人民代表大会。2021年7月以来，赛义德总统冻结议会，启动新宪法修订进程，并计划于2022年7月25日举行宪法全民公投。

【议会】原为一院制，称国民议会。2002年宪法修正案改为两院制，由众议院和参议院组成。2011年3月4日，突过渡政府宣布解散参众两院。10月23日，突制宪会议选举顺利进行。复兴运动在217个议会席位中获89席，为议会第一大党。2014年10月，突举行议会选举，世俗派政党突尼斯呼声党在217席中占据86席，成为议会第一大党，投票选出的人民代表大会取代具有过渡性质的制宪会议。2014年11月，穆罕默德·纳塞尔当选人民代表大会主席。2016年3月，10余名突尼斯呼声党议员退出议会，复兴运动取代突尼斯呼声党成为议会第一大党。2019年10月6日，突举行议会选举。复兴运动获52席，成为议会第一大党；突尼斯之心党获38席，排名第二。11月，复兴运动领导人拉希德·格努希当选议长。2021年7月25日，赛义德总统宣布暂停议会工作。12月，赛宣布无限期冻结议会工作。

【政府】2021年7月25日，赛义德总统宣布免除总理迈希希职务。同年10月，赛任命无党派学者娜杰拉担任总理。政府由总理、24位部长、1位外交国务秘书组成。主要成员有：总理娜杰拉·布登·拉马丹，内政部长陶菲格·沙拉夫丁（Taoufik Charfeddine），国防部长伊马德·迈米什（Imed Memmiche），司法部长莱依拉·贾法勒（Leila Jaffel，女），外交、移民和侨民部长奥斯曼·杰兰迪（Othman Jarandi），经济、财政部长斯赫姆·布格迪里（Siham Boughediri）等。

【行政区划】全国划分为24个省，下设264个行政区，共有350个市。

【司法机构】最高司法委员会是突尼斯司法系统最高机构。委员会行使对法官任命、晋升、调动和纪律处分的职能。总统根据委员会的建议任命法官，委员会2/3成员为选举产生，1/3成员为任命，任期6年。委员会主席在级别最高的成员中选出。全国有1个最高法院，10个上诉法院，24个一审法院，83个地方法庭。每个法院下辖若干民事、刑事法庭。此外，还设有专门审理军事犯罪的军事法庭。最高法院院长为哈迪·卡迪里（Hedi Guediri）。突无独立的检察院，但在每个法院均设有检察机构。总检察长为巴希尔·艾克里米（Bechir Akremi）。

【政党】突于1981年4月开始实行多党制，2011年1月本·阿里政权倒台后，过渡政府宣布取缔原执政党宪政民主联盟，取消党禁，大量政党涌现。目前，突共有200余个政党，主要有：

（1）复兴运动（Mouvement Ennahdha）：温和伊斯兰政党，成立于1981年6月，原名“伊斯兰倾向运动”。20世纪90年代初遭当局打压并取缔。2011年本·阿里政权倒台后，该党获得合法地位并很快成为突政坛影响最大的政治力量。主张基于伊斯兰价值观的民主，强调突的阿拉伯、伊斯兰属性，致力于实现伊斯兰与民主和谐共存。党主席为拉希德·格努希（Rachid Ghannouchi）。

（2）突尼斯之心党（Qalb Tounes）：前身为争取突尼斯社会和平党，2019年6月更为现名。该党强调人民应决定自己的命运，主张消除贫困、吸引投资、振兴科教事业、鼓励人才发展等。2019年总统选举候选人纳比勒·卡鲁维（Nabil Karoui）任党主席。

（3）民主潮流党（Courant Démocratique）：2013年5月成立，吸纳许多民主人士，发展较快。主张实现全社会公正，注重财富平均分配，致力于实现免费教育、医疗等。党总书记穆罕默德·阿布（Mohamed Abbou）曾任保卫共和大会党总书记，后因党内权力之争退出保卫共和大会党，并建立民主潮流党。

（4）自由宪政党（Parti Libéral Constitutionnel）：该党由本·阿里时期前总理哈米德·卡鲁伊于2013年12月成立，原名“宪政运动”，旨在吸纳前宪政联盟支持者，坚持布尔吉巴主义，系极右翼政党。2016年8月，阿比尔·穆希（Abir Moussi）任党主席，明确党的口号为“保持忠诚，完成使命”，并将党名改为自由宪政党。

（5）人民运动党（Mouvement du Peuple）：突政治变革前与反对本·阿里政权的“突尼斯纳赛尔主义组织”关系密切，2011年3月突政治变革后获得合法地位。该党系民族主义政党，信奉纳赛尔主义，口号为“自由、社会主义、团结”。

（6）祝福突尼斯党（Tahia Tounes）：2019年1月27日成立。该党成员以议会全国联盟党团成员为主，主张以布尔吉巴思想和突改革思想为基础，坚持共和、民主、现代与社会公正的原则，全面推动经济发展，着力反腐、反恐。

（7）突尼斯呼声党（Nidda Tounes）：世俗派政党，由埃塞卜西于2012年6月创建，以世俗精英、前政府要员、中左翼人士为骨干。主张走世俗化道路，建设法治国家，发展自由经济，维护社会公平。曾为议会第一大党。2016年3月，呼声党内讧，10余名呼声党议员退出议会。

【重要人物】凯斯·赛义德：总统。1958年出生于首都突尼斯市。宪法专家、教授。曾任突尼斯宪法协会秘书长、副主席，苏斯大学普通法系主任，突尼斯大学法学教授，突尼斯宪法修订专家委员会成员。2019年10月当选突总统。　**娜杰拉·布登·拉马丹**：总理。女，1958年出生于凯鲁万省。地质学教授。先后任突高教部部长顾问、部长办公室主任等职。2021年10月起任总理。

经　济

突尼斯经济中工、农、服务业并重。工业以石油和磷酸盐开采、制造业和加工工业为主。农业是国民经济重要产业。旅游业较发达，在国民经济中占重要地位。1986年，突经济实行“结构调整计划”，由计划经济向市场经济过渡。1995年，突与欧盟签署联系国协议。2008年，突与欧盟启动自贸区。此后几年，突经济稳步发展，国内生产总值年均增长5%左右。法国和意大利分别为突第一、第二大贸易伙伴。2012年，突获得欧盟给予的优先伙伴地位。突政治过渡期间，经济增长缓慢，高失业、高赤字、高通胀明显，旅游、磷酸盐等支柱产业受到冲击。突新政府采取一系列措施应对，广泛寻求国际援助，积极吸引外资，努力振兴经济。新冠疫情给突经济造成较大冲击。2022年主要经济数据如下：

国内生产总值：462.8亿美元。

人均国内生产总值：3820美元。

国内生产总值增长率：2.2%。

货币名称：突尼斯第纳尔。

汇率：1美元≈3突尼斯第纳尔。

通货膨胀率：8.3%。

（资料来源：《伦敦经济季评》）

【资源】主要有磷酸盐、石油、天然气、铁、铝、锌等。已探明储量约为：磷酸盐20亿吨，石油7000万吨，天然气615亿立方米，铁矿石2500万吨。2021年，突磷酸盐产量约为390万吨。

【工业】支柱产业为机电产品和纺织，占国内生产总值的20%左右。突机械电子制造业是其最重要的工业支柱，行业出口额约占突工业品出口总额的37.5%，占行业第一位，主要产品有电线、电缆、汽车零配件等。突全国共有1789家纺织服装企业（按雇员超过10人以上规模统计），其中1503家是纯出口企业。突纺织业最主要的市场是法国、意大利、比利时和德国，突尼斯分别是法国和欧盟纺织产品的第二和第五大供应国。

【农业】全国可耕地面积约900万公顷，已耕地500万公顷，其中7%为水浇地，约34.5万公顷。由于盐碱化、沙漠化等因素，每年约有2万公顷耕地流失。全国有29万公顷天然和人工牧场。

突于2015年实现粮食生产自给自足，并有盈余用于出口。2021年，突尼斯食品贸易逆差额为19.464亿第纳尔，较2020年增加了一倍多，其中出口额减少5.8%，进口额增长14.1%。

突是橄榄油主要生产国之一，橄榄油产量占世界橄榄油总产量的4%—9%，橄榄油成为突主要的出口创汇农产品。全国种植橄榄8000万株，占地180万公顷。

【旅游业】旅游业在国民经济中居重要地位，是突第一大外汇来源。全国约800家旅馆，拥有23万张床位，居非洲和阿拉伯国家前列。直接或间接从事旅游业人员达35万人，约占全国人口的3.6%，解决了12%的劳动力就业问题。旅游设施主要分布在东部沿海地带，有五大旅游中心，苏斯“康达维”中心是全国最大的旅游基地。突尼斯市、苏斯、莫纳斯提尔、崩角和杰尔巴岛是著名的旅游区。2015年，突先后发生两起严重恐怖袭击事件，造成大量外国游客伤亡，旅游业受到严重冲击。2017年突旅游业回暖。2019年，突共接待外国游客约942万人次，同比增长13.6%。根据突尼斯央行报告，截至2021年10月，突尼斯旅游业收入约为19亿第纳尔，同比增长6%。

【交通运输】交通运输比较发达。

铁路：总长2190多公里，其中轨距1米的窄轨铁路1713公里，余为轨距1.44米的铁路。

公路：总长约2万公里。陆路运输目前占突尼斯货运总量的50%，客运总量的90%。

海运：有30个港口，其中大型商业港口8个，石油转运港1个。有2支船队，总吨位22.4万吨。主要港口是突尼斯–古莱特、比塞大、布尔基巴、斯法克斯、加贝斯、苏斯、扎尔西斯、拉迪斯及斯基拉港等。

空运：有两个国营航空公司，主要是突尼斯航空公司。突与国内外44个城市通航。年客运总量为1200万人次。全国有9个国际机场：突尼斯迦太基国际机场、吉尔巴迪纳国际机场、莫纳斯蒂尔卡奈斯国际机场、杰尔巴扎尔齐斯国际机场、斯法克斯蒂纳国际机场、杜泽尔内夫塔国际机场、塔巴卡11.7国际机场、加贝斯玛玛塔国际机场和加夫萨盖斯尔国际机场。

【**财政金融**】2011年以来，突高赤字、高通胀明显，外汇储备短缺。据国际货币基金组织统计，突2021年公共债务占国内生产总值比重高达82%。突尼斯中央银行数据显示，截至2021年底，突尼斯外汇储备约79.98亿美元。

突尼斯银行业信贷机构共46家，其中银行23家，包括国有银行7家，私营银行2家。

【**对外贸易**】突推行贸易自由化政策，迄今自由进口的商品额占进口总额的85%，自由出口的商品额占出口总额的95%。近几年对外贸易情况如下（单位：亿美元）：

	2020	2021	2022
出口额	143.18	168	180
进口额	183.04	212	225
差　额	–39.86	–44	–45

欧盟是突主要贸易伙伴，法国、意大利、德国是突前三大出口市场，意大利、法国、中国是突前三大进口来源国。突主要出口产品是机械和电子工业品、能源、矿产等。主要进口产品是能源、机电设备、农业和食品加工产品等。

【**外国资本**】突外国直接投资主要来自欧盟国家、美国和阿拉伯国家。法国是第一大投资来源国，投资额达4.6亿第纳尔，占外国投资总额的38%，其后分别是意大利（1.6亿第纳尔）、卢森堡（1.1亿第纳尔）和德国（1亿第纳尔）。2021年，突吸引外国直接投资18.76亿第纳尔，主要集中在工业、能源、服务业等领域。

人民生活

突尼斯自20世纪70年代以来，实行对基本食品实施物价补贴的社会福利政策。90年代后，政府开始缩小补贴范围，减少补贴费用，分期提高基本食品价格，同时采取措施，保护困难户和低工资收入者的购买力。全国78%的居民拥有自己的住房，74%的居民享受医疗保险，8%的居民持有免费医疗证。中产阶层和社会保障覆盖率分别达80%和93%。2020年，突最低工资收入为2.11第纳尔/小时（每周48小时）和2.64第纳尔/小时（每周40小时）。

全国卫生系统共有各类医务人员和职工4万人。全国平均每1200人有1名医生，平均每6500人有1名牙医，平均每330人有1名护士。医疗设施分公立医院、私人医院和个人诊所，以公立医院为主，共176所，有17269张床位，私人医院有床位1800张，另有卫生站1050个。全国有21%的家庭拥有汽车，90%的家庭拥有电视机，82%的家庭拥有冰箱，34%的家庭拥有洗衣机，6%的家庭拥有空调，99.9%的家庭拥有固定电话，80%的人拥有移动电话，90%的家庭享有饮用水和供电。

军　事

1956年建立国民军，1959年建立海军和空军。总统为武装部队总司令。1975年起，突尼斯实行义务兵役制，服役期1年。总兵力约5万人。陆军3.8万人，包括3个机械化步兵旅、1个撒哈拉旅、2个特种部队群和8个独立团，拥有各类坦克199辆、各型装甲车985辆、各型火炮302门。海军6000人，拥有各类舰艇50艘。空军6000人，有各型军用飞机150余架，直升机88架。国民警卫队约4万人。军事装备主要来自法国、美国、意大利、土耳其等。

文化教育

【**教育**】突尼斯实行基础义务免费教育制（至16岁），从1989/1990学年起，将过去的小学6年、初中3年合并为9年一贯制基础教育。全国近1/4的人口在各级学校学习。小学入学率为99%，大学入学率为31.7%。各类大专院校178所，学生33.6万。大学共16所，主要有：宰敦大学（伊斯兰高等学府）、突尼斯大学、突尼斯玛纳尔大学、迦太基11.7大学、玛努巴大学、中部大学、斯法克斯南方大学等。

【**新闻出版**】主要报纸有《复兴报》《自由报》和《新闻报》，主要周刊有《现实周刊》等。

突尼斯非洲通讯社：简称“突通社”，创建于1961年1月，为国家通讯社。现有记者、编辑550余人。在巴黎、波恩、纽约、布鲁塞尔、阿尔及尔、拉巴特、开罗、科威特城、达喀尔等地派有常驻记者。

突尼斯广播电视总署：1990年成立，统管全国广播和电视工作，下设主席办、办公厅、电视总局和广播总局。

突尼斯国家广播电台：1936年首播，现有3个全国性频道对外广播。1个为国内频道，每天24小时以阿语广播；1个为国际频道，每天18小时以法、德、意、英和西语对外播音；还有1个青年频道，1995年11月开播。

突尼斯国家电视台：1966年6月1日开播，现分一台（阿语）和二台（法语），还有突尼斯7台和青年台。

突直接转播意大利国家电视台和法国商业电视台节目。1991年始设有线电视台转播法国有线电视台节目。

对外关系

突尼斯奉行温和、务实、平衡的外交政策。坚持外交为经济建设和提升国际地位服务，致力多元外交。重点发展与欧盟特别是法国的关系，注重加强同阿拉伯国家的经济合作，积极推动马格里布联盟和地中海联盟建设，同时致力提升同亚洲国家特别是中、日、韩的关系。目前，突与世界138个国家建立了外交关系。突是2020—2021年度联合国安理会非常任理事国。

【同中国的关系】1964年1月10日，周恩来总理访问突尼斯时两国宣布建交。1967年9月中方关闭驻突使馆，1971年10月复馆。2011年，突政局发生动荡后，中突友好合作关系实现了平稳过渡，继续保持顺利发展。近年来，中突双边关系不断发展。2020年2月，突总统赛义德就新冠疫情向习近平主席致慰问函。7月，突外长拉伊出席以视频方式举行的中阿合作论坛第九届部长级会议。2021年6月，李克强总理就突总理迈希希感染新冠向其致慰问电。7月，赛义德总统就河南省等地遭受强降雨并发生特大洪涝灾害向习近平主席致慰问电。同月，全国人大常委会委员长栗战书就突议长格努希感染新冠向其致慰问电。10月，李克强总理向突新任总理娜杰拉致贺电。11月，王毅国务委员兼外长在中非合作论坛第八届部长级会议期间同突外长杰兰迪举行会见。2022年12月，习近平主席在出席首届中国—阿拉伯国家峰会期间同赛义德总统会见。

据中国海关总署统计，2022年，中突双边贸易额为21.3亿美元，同比减少0.5%。其中，中国出口额为18.8亿美元，同比增长0.9%；中国进口额为2.5亿美元，同比减少10%。

中国驻突尼斯大使：张建国。馆址：22，Rue Du Docteur-Burnet，Mutuelleville，Tunis。电话：00216–71780064；传真：71792631。

突尼斯驻华大使：空缺。馆址：北京市朝阳区三里屯东街1号。电话：010–65322435，65322436；传真：65325818。

【同法国的关系】突法关系较深，经济合作密切。法国在突尼斯外贸和外资中居首位，也是突旅游业的主要客源。突是人均接受法对外援助最多的国家，法每年向突提供约1亿欧元的援贷款。法是突军事装备的主要来源国之一，每年为突培训近百名中级军官，两国经常举行联合军事演习。2020年3月和6月，赛义德总统两次同法国总统马克龙通电话。6月，赛义德总统对法国进行工作访问。12月，迈希希总理对法国进行工作访问。2021年3月，赛义德总统同马克龙总统通电话。4月，杰兰迪外长同法国外长勒德里昂通电话。5月，赛义德总统应邀赴法国参加非洲经济体融资峰会，其间会见马克龙总统。6月，法国总理卡斯泰访突。10月，赛义德总统同马克龙总统通电话。11月，娜杰拉总理赴法国出席第四届巴黎和平论坛，其间会见马克龙总统。2022年2月，赛义德总统在赴比利时首都布鲁塞尔出席第六届欧盟—非盟峰会期间会见马克龙总统。11月，马克龙总统出席在突举办的第十八届法语国家组织峰会。

【同美国的关系】突美关系密切。美较重视突尼斯对马格里布地区稳定的作用。2020年7月，突外长拉伊同美国务卿蓬佩奥通电话。8月，赛义德总统同美国务卿蓬佩奥通电话。9月，赛义德总统会见到访的美非洲司令部司令汤森德。同月，美国防部长埃斯珀访突。2021年1月，赛义德总统向美国新任总统拜登致贺信。5月，赛义德总统与美国副总统哈里斯通电话。6月，迈希希总理同美国副国务卿谢尔曼举行视频会晤。7月，赛义德总统同美国国务卿布林肯通电话。同月，赛义德总统同美国总统国家安全事务助理沙利文通电话。9月，杰兰迪外长在美国纽约会见美国负责政治事务的副国务卿诺兰德。11月，赛义德总统同美国务卿布林肯通电话。2022年12月，赛义德总统赴美参加第二届美非峰会。

【同欧盟及其成员国的关系】欧盟是突尼斯最大贸易伙伴和投资方。突同欧盟贸易占其对外贸易总额的80%。1995年7月，突同欧盟正式签署了《欧洲—地中海国家联系国协议》，并在2008年启动了突欧自由贸易区，系首个签署协议并启动自贸区建设的地中海南岸国家。2012年11月，突获得欧盟给予的优先伙伴地位。2020年3月，赛义德总统分别同西班牙国王费利佩六世、意大利总统马塔雷拉通电话。4月，赛义德总统分别同德国总统施泰因迈尔、葡萄牙总统德索萨和比利时国王菲利普通电话。6月，希腊外长登迪亚斯访突。8月，意大利外交与国际合作部长迪马约访突。2021年3月，迈希希总理同意大利新任总理德拉吉通电话。同月，杰兰迪外长对意大利进行工作访问。4月，杰兰迪外长对西班牙进行工作访问。同月，杰兰迪外长同比利时外交大臣维尔梅斯通电话。5月，赛义德总统同德国总统施泰因迈尔通电话。同月，迈希希总理访问葡萄牙。6月，赛义德总统访问比利时并参加第二届突尼斯—欧盟峰会。同月，赛义德总统访问意大利。7月，赛义德总统同意大利总统马塔雷拉通电话。9月，赛义德总统同德国总理默克尔通电话。同月，希腊外长登迪亚斯访突。12月，匈牙利外长兼商务部长西雅尔多访突。同月，意大利外交与国际合作部长迪马约访突。2022年2月，赛义德总统在赴比利时首都布鲁塞尔出席第六届欧盟—非盟峰会期间会见西班牙首相桑切斯。11月，比利时首相德克罗出席在突举办的第十八届法语国家组织峰会。

【同其他马格里布国家的关系】突尼斯积极推动马格里布联盟建设，重视睦邻友好，以维护周边安全。突与地区各国高层互访频繁，并建有高级别混委会。2020年2月，赛义德总统对阿尔及利亚进行国事访问。3月，赛义德总统分别同毛里塔尼亚总统加兹瓦尼、摩洛哥国王穆罕默德六世通电话。4月，赛义德总统同利比亚民族团结政府总理萨拉吉通电话。5月，赛义德总统分别同阿尔及利亚总统特本、毛里塔尼亚总统加兹瓦尼通电话。6月，赛义德总统同摩洛哥国王穆罕默德六世通电话。同月，摩洛哥国王特使、外交大臣布里达访突。7月，阿尔及利亚总统特使、外长布卡杜姆访突。12月，赛义德总统同阿尔及利亚总统特本通电话。2021年2月，赛义德总统同利比亚新当选总统委员会主席曼菲通电话。同月，杰兰迪外长同阿尔及利亚外长布卡杜姆通电话。3月，赛义德总统同利比亚民族统一政府候任总理德拜巴通电话，祝贺其政府通过利国民代表大会信任投票。同月，赛义德总统访问利比亚。4月，阿尔及利亚外长布卡杜姆访突。同月，毛里塔尼亚外长艾哈迈德访突。同月，利比亚外长曼古什访突。5月，迈希希总理访问利比亚。7月，赛义德总统分别同毛里塔尼亚总统加兹瓦尼、阿尔及利亚总统特本通电话。同月，阿尔及利亚外长拉马拉作为总统特使访突，摩洛哥外交大臣布里达作为国王特使访突，利比亚总统委员会副主席拉菲访突。8月，阿尔及利亚外长拉马拉访突。9月，利比亚总理德拜巴访突。10月，赛义德总统同阿尔及利亚总统特本通电话。同月，娜杰拉总理同阿尔及利亚总理阿卜杜拉赫曼通电话。11月，赛义德总统同阿尔及利亚总统特本通电话。同月，娜杰拉总理访问阿尔及利亚。12月，阿尔及利亚总理阿卜杜拉赫曼访突。同月，阿尔及利亚总统特本对突进行国事访问。2022年7月，赛义德总统对阿尔及利亚进行工作访问。8月，因突方邀请西撒人阵领导人加利参加第八届东京非洲发展国际会议峰会，摩洛哥召回驻突大使，突方随后也召回驻摩大使。11月，利比亚总理德拜巴访突。

【同其他阿拉伯国家的关系】突支持巴勒斯坦人民正义事业，巴解政治部现仍设在突。突同情伊拉克人民因制裁所遭受的苦难，向伊提供了部分人道主义援助。2020年2月，卡塔尔埃米尔塔米姆对突进行国事访问。同月，赛义德总统同巴勒斯坦总统阿巴斯通电话。3月，赛义德总统分别同埃及总统塞西、约旦国王阿卜杜拉二世通电话。4月，赛义德总统分别同沙特国王萨勒曼、阿联酋阿布扎比王储穆罕默德和卡塔尔埃米尔塔米姆通电话。同月，突总理法赫法赫同巴勒斯坦总理阿什提耶通电话。5月，赛义德总统同埃及总统塞西通电话。7月，赛义德总统会见到访的沙特外交大臣费萨尔。8月，赛义德总统就黎巴嫩首都贝鲁特爆炸事件向黎总统致慰问电。9月，赛义德总统对科威特埃米尔萨巴赫去世表示哀悼。11月，赛义德总统访问卡塔尔。2021年2月，杰兰迪外长分别同科威特外交大臣萨巴赫、埃及外长舒克里通电话。3月，赛义德总统同埃及总统塞西通电话。同月，迈希希总理同沙特内政大臣阿卜杜勒阿齐兹亲王通电话。4月，赛义德总统对埃及进行国事访问。同月，埃及总统特使、外长舒克里访突。同月，赛义德总统同约旦国王阿卜杜拉二世通电话。同月，迈希希总理同卡塔尔首相兼内政大臣哈立德通电话。同月，杰兰迪外长同索马里外交与国际合作部长阿瓦德通电话。5月，赛义德总统同巴勒斯坦总统阿巴斯通电话。同月，利比亚总统委员会主席曼菲访突。同月，迈希希总理访问卡塔尔。7月，赛义德总统分别同卡塔尔埃米尔塔米姆、科威特埃米尔纳瓦夫、沙特国王萨勒曼、埃及总统塞西、巴勒斯坦总统阿巴斯、利比亚总统委员会主席曼菲、约旦国王阿卜杜拉二世、阿联酋阿布扎比王储穆罕默德通电话。同月，沙特外交大臣费萨尔访突。8月，埃及总统特使、外长舒克里，阿联酋总统特使、外事顾问卡尔什，巴林外交大臣扎耶尼，沙特非洲事务国务大臣卡坦分别访突。同月，赛义德总统同沙特国王萨勒曼通电话。10月，赛义德总统分别同埃及总统塞西、卡塔尔埃米尔塔米姆通电话。同月，娜杰拉总理赴沙特出席“绿色中东”倡议首次会议。同月，娜杰拉总理同埃及总理马德布利通电话。同月，科威特外交大臣兼内阁事务国务大臣艾哈迈德访突。12月，巴勒斯坦总统阿巴斯访突。2022年5月，赛义德总统访问阿联酋。11月，赛义德总统赴阿尔及利亚出席第31届阿盟峰会。

（刘培智）

乌干达

国名 乌干达共和国（The Republic of Uganda）。

面积 241550平方公里（其中陆地面积199807平方公里，水面和沼泽地41743平方公里）。

人口 4725万（2022年）。全国约有65个民族。按语言划分，有班图人、尼罗人、尼罗–闪米特人和苏丹人四大族群。每个族群由若干民族组成。班图族群占总人口的2/3以上，包括巴干达（占总人口的18%）、巴尼安科莱（占总人口的16%）、巴基加和巴索加等20个民族。尼罗族群包括兰吉、阿乔利等5个民族。尼罗–闪米特族群包括伊泰索、卡拉莫琼等7个民族。苏丹族群包括卢格巴拉、马迪等4个民族。官方语言为英语和斯瓦希里语，通用卢干达语等地方语言。居民主要信奉天主教（占总人口的45%）、基督教新教（40%）、伊斯兰教（11%），其余信奉东正教和原始拜物教。

首都 坎帕拉（Kampala），人口365.2万（2022

年）。年均气温23℃左右，4月、5月、9月、10月为雨季，其余为旱季。

国家元首　总统约韦里·卡古塔·穆塞韦尼（Yoweri Kaguta Museveni），1986年1月武装夺取政权，并出任总统。1996年5月成为民选总统，2001年3月、2006年2月、2011年2月、2016年2月、2021年1月5次连任总统。

重要节日　独立日：10月9日；抵抗运动胜利日：1月26日；建军节：2月6日。

简　况

位于非洲东部，系地跨赤道的内陆国。东邻肯尼亚，南与坦桑尼亚和卢旺达交界，西与刚果民主共和国接壤，北与南苏丹毗连。境内多为海拔1200米左右的高原，丘陵连绵，山地平缓。东非大裂谷的西支纵贯西部，谷底湖泊众多。南部拥有非洲最大的淡水湖——维多利亚湖（面积约6.7万平方公里）近一半的水域，为尼罗河源头之一。属热带草原气候，年均气温22℃左右，气候温和，雨量充沛。

公元1000年，地处乌南部的布干达地区就建立了王国。19世纪中叶，布干达王国成为东非地区最强盛的国家。1850年后，阿拉伯商人和英国、德国殖民主义者相继进入布干达，布境内爆发了基督教新教、天主教和伊斯兰教信徒间的连年战争，布干达王国迅速衰落。1890年，英、德签订瓜分东非协议，布干达划为英势力范围。1894年6月，英宣布布干达为其“保护国”。1896年，英将“保护国”范围扩展到乌全境，并于1907年在乌设总督。

1962年10月9日，乌宣布独立，保留布干达等4个自治王国，成立乌干达联邦，仍留在英联邦内。1963年10月，乌修改宪法，取消英派驻乌的总督，由布干达国王穆特萨二世任总统。1966年4月，奥博特任总统。1967年9月，废除封建王国和联邦制，建立乌干达共和国。1971年1月，阿明发动政变，同年3月，就任总统。1979年4月，乌全国解放军攻占首都，卢莱、比纳伊萨、穆万加先后担任总统或国家元首。1980年12月，奥博特在大选中获胜，再度出任总统。1985年7月，奥凯洛发动政变，推翻奥博特政权，并出任国家元首。1986年1月26日，全国抵抗军攻占首都，推翻奥凯洛军政权，1月29日，穆塞韦尼就任总统。

政　治

1986年穆塞韦尼执政后，结束了乌连年内战的混乱状态，建立并逐步完善以乌干达全国抵抗运动（以下简称“抵运”）为核心的独特的“运动制”政治体制（为乌特有的一种党政合一的政治制度，它包容各政党、民族、教派和各界人士，允许政党存在但限制其活动），力促民族和解，化解宗教矛盾，组成了以抵运为主，兼顾各方利益的基础广泛的联合政府，政局日趋稳定。

2005年，乌政治体制发生重大转变。7月，乌就保留“运动制”或实行多党制举行全民公决，92.5%的民众赞成开放党禁，乌至此进入多党制国家行列。8月，乌议会表决通过以取消总统任期限制为主要内容的宪法修正案。2006年2月，乌举行首次多党大选，抵运候选人穆塞韦尼以59.28%的支持率再次当选总统。2011年2月，乌举行第二次多党大选，穆以68.38%的得票率再次胜出。2016年2月18日，乌举行全国大选，穆塞韦尼以60.75%的得票率连任。2017年12月，乌议会通过取消总统候选人年龄限制的宪法修正案。2021年1月14日，穆塞韦尼以58.34%的支持率再次胜选连任乌干达总统。

【**宪法**】1995年10月8日正式颁布实施新宪法，2005年11月和2017年12月作出两次重大修改。规定总统由直接选举产生，任期5年，无任期限制，无年龄上限；议会有权弹劾总统和罢免不称职的部长，总统进行重大任命、决定和签署重要条约均应先经议会批准。

【**议会**】1986年抵运政府成立后，由“全国抵抗运动委员会”代行临时议会职能。根据1995年新宪法，乌于1996年6月选举产生新的国民议会，“运动制”拥护者获议会多数席位。2021年5月，乌干达第十一届议会成立，任期5年，共有556名议员。其中，抵运336名，占议员总数的63.6%。议长阿内塔·阿蒙（Anita Among，女）。

【**政府**】本届政府于2021年6月成立，主要成员有：总统约韦里·卡古塔·穆塞韦尼，副总统杰西卡·阿卢波（Jessica Alupo，女），总理罗比娜·纳班贾（Robinah Nabbanja，女），第一副总理兼东共体事务部长瑞贝卡·卡达加（Rebecca Kadaga，女），第二副总理兼议会政府事务副领袖摩西·阿里（Moses Ali），第三副总理兼不管部长卢基娅·纳卡达马（Lukia Nakadama，女），教育和体育部长珍妮特·卡塔哈·穆塞韦尼（Janet Kataaha Museveni，女），总统事务部长玛丽亚姆·多卡·巴巴兰达（Mariam Dhoka Babalanda，女），安全部长吉姆·穆赫韦齐（Jim Muhwezi），科技和创新部长兼总统府司库莫妮卡·穆塞内罗（Monica Musenero，女），坎帕拉市政部长哈贾蒂·米茜·卡班达（Hajati Misi Kabanda，女），总理事务部长卡苏莱·卢蒙巴（Kasule Lumumba），政府督导托马斯·塔耶布瓦（Thomas Taybwa），减灾和难民事务部长奥尼克·希拉里（Onek Hilary），卡拉莫贾事务部长玛利亚·戈雷蒂·齐图图（Maria Goretti Kitutu，女），农业、牧业和渔业部长弗兰克·托姆韦巴泽（Frank Tumwebaze），总检察长基里奥瓦·基瓦努卡（Kiryowa Kiwanuka），国防和退伍军人事务部长文森特·巴穆兰加基·塞姆皮贾（Vincent Bamulangaki Ssempijja），能源和矿业部长露丝·南卡比鲁瓦（Ruth Nankabirwa，女），卫生部长简·阿曾（Jane Aceng，女），财政、规划和经济发展部长马蒂亚·卡萨伊贾（Matia Kassija），外交部长杰杰·奥东戈（Jeje Odongo），性别、劳工和社会事务部长贝蒂·阿蒙吉（Betty Amongi，女），新闻和信息通信技术部长克里斯·巴里奥蒙西（Chris Baryomounsi），内政部长卡欣达·奥塔菲雷（Kahinda Otafire），土地、住房和城市开发部长朱迪丝·纳巴科巴（Judith Nabakooba，女），地方政府部长拉斐尔·马杰齐（Rafael Magyezi），公共服务部长穆鲁利·穆卡萨（Muruli Mukasa），旅游、野生动物和遗产保护部长汤姆·布蒂梅（Tom Butime），贸易、工业和商业部长弗朗西斯·姆韦贝萨（Francis Mwebesa），水利和环境部长切普托雷斯·曼古绍（Cheptoris Mangusho），工程和交通部长卡通巴·瓦马拉（Katumba Wamala）。

【行政区划】乌干达行政区划有过多次变迁和调整，现有135个区和1个首都市。

【司法机构】全国设最高法院、高等法院、上诉法院和地方法院。政府设司法和宪法事务部长。首席法官阿丰塞·奥维尼–多洛（Alfonse Owiny-Dollo）。

【政党】现有30多个注册政党，主要有：

（1）全国抵抗运动（National Resistance Movement）：简称“抵运”。执政党。1981年6月，穆塞韦尼创建反政府组织“全国抵抗运动”，其军事组织为“全国抵抗军”，政治组织为“全国抵抗运动委员会”，下设各级基层委员会。1986年1月，抵运夺取全国政权，全国抵委会代行议会职能，各级抵委会取代各级地方行政机构，“运动制”在全国确立。1995年9月，乌制宪议会通过新宪法，规定“运动制”延续到2000年，每5年举行一次全民公决，由全体人民就继续实行“运动制”还是改行多党制作出选择。1996年6月，乌选举产生议会，取代全国抵委会的议会职能。2000年6月，乌举行全民公决，决定保留“运动制”。2005年7月，乌全民公决决定弃“运动制”改行多党制。至此，在乌实行近20年的“运动制”宣告退出历史舞台，抵运遂转变为政党。在2006年、2011年、2016年、2021年大选中，该党在议会中均获得绝对多数席位。

抵运的政治纲领通常被称为“四大纲领”和突破“十大发展瓶颈”，由穆塞韦尼制定，1984年7月颁布，其宗旨是：爱国主义、泛非主义、民主和经济社会转型；建立人民民主制度；恢复和保障人身及合法财产的安全；加强民族团结和消除一切形式的本位主义；捍卫和巩固民族独立；建立一个独立、一体化、能自我生存的国民经济；恢复和改善社会公益设施，重建被战争破坏的地区；消除腐败和滥用职权；安置无家可归者和改善人民生活；与其他非洲国家携手合作，捍卫非洲人民的民主权利和建立混合经济体制。

（2）全国团结平台（National Unity Platform）：前身为“人民力量运动”，由反对派领导人鲍比·韦恩创立，现为乌最大反对党。韦恩号称“平民总统”，2003年毕业于乌最高学府麦克雷雷大学艺术系，18岁出道并逐渐成为东非地区著名流行音乐歌手。2014年后歌曲逐渐由社会现实问题转向政治题材。2017年，韦初步涉足竞选政治，以独立候选人身份参加坎帕拉一选区国会议员补选并以压倒性优势获胜。在韦恩由艺术家向政客转变的过程中，人民力量运动逐渐发展壮大，2020年7月，该运动正式改组为政党，韦恩自任主席并注册参加2021年乌干达大选。该党支持者主要由城市青年组成，在乌干达中部布干达地区实力较强，影响力蹿升迅速，在2021年议会选举中赢得61席，占比12.22%。

（3）民主变革论坛（The Forum for Democratic Change）：由原改革议程组织、议会鼓动论坛和全国民主论坛于2004年8月8日合并组成。该党吸收了乌前内政国务部长比希杰、前军队司令穆温图等曾居抵运政府要职的元老和重量级政客，并推举比希杰为其党魁。比希杰于2001年首次竞选总统。比得票率27.82%，仅次于穆塞韦尼。此后，比希杰又于2006年、2011年、2016年三次竞选总统，得票率均排名第二。比希杰在2021年总统大选前夕宣布不再参选。该党在2021年议会选举中表现不佳，失去议会第一大反对党地位。

（4）民主党（The Democratic Party）：成立于1956年，受天主教派支持，在巴干达族和城市工商界中影响较大，在国际上曾得到英、美、德、梵蒂冈等西方国家青睐。1961年在大选中获胜，组成第一届乌干达自治政府。翌年在议会选举中败给人大党与卡巴卡耶卡党的联盟。1969年12月被人大党政府取缔。1973年，该党宣传书记保罗·塞莫格雷雷流亡美国，在美重建民主党。后该党加入乌全国解放阵线并参加了阿明下台后的历届政府。1992年5月在坎帕拉等地开始陆续重建支部并恢复活动。信奉自由资本主义，主张议会民主；抨击“运动制”为一党专制，呼吁实行多党民主，并抵制了2000年6月举行的乌政体全民公决。

（5）乌干达人民大会党（The Uganda People's Congress）：简称“人大党”。创建于1960年3月，由以奥博特为首的乌国民大会党激进派同民族进步党、乌干达人民联盟党合并而成。1964—1971年和1980—1985年，人大党两次成为执政党，奥博特两度出任总统。1986年1月抵运执政后，该党部分领导人以个人身份参加了抵运政府。近年来，该党总体对抵运政府采取合作态度，并有议员加入抵运政府内阁。

（6）保守党（The Conservative Party）：原名“国王第一党”，主要由布干达国王的支持者组成，成立于1960年9月，1980年5月改为现名。1962年，该党与人大党联手参加大选获胜，布干达国王穆特萨二世出任总统。1964年，该党被人大党排挤出内阁，穆特萨流亡英国。代表布干达封建王室贵族和酋长利益，反对政府集权，主张建立联邦制国家。

【主要反政府武装】(1) 上帝抵抗军（Lord's Resistance Army，LRA）：1987年初，一名自称艾丽丝·拉奎娜（Alice Lakwena）的女巫聚集起五六千人，打出"圣灵运动"的旗号，活动于乌北部地区。后在政府军围剿下，拉奎娜逃往肯尼亚。1989年后，"圣灵抵抗军"的残余分子由拉奎娜之弟约瑟夫·科尼（Joseph Kony）领导的乌干达人民民主军（UPDA）残部所吸收，改称"上帝抵抗军"，驻扎在苏丹南部、刚果（金）东部地区，在乌北部地区继续作乱，扰乱社会治安。乌政府自1993年起开始了对上帝抵抗军的清剿。2002年3月，在苏丹政府的配合下，乌军进入苏南部对"上帝抵抗军"进行大规模围剿，北部安全形势得到较大改观。2006年7月起，乌军与上帝抵抗军开始了时断时续的和谈，双方于2006年8月26日签署了20年来首个正式协议——《停止敌对状态协议》，但谈判双方在很多议题上仍存在分歧，和谈进程面临不少障碍。2007年，和谈形势趋于好转，乌政府军先后与上帝抵抗军签署新的停火协定和《责任与和解协议》，上帝抵抗军还首次派团赴首都谈判，乌北部安全形势继续改善。2008年3月26日，双方签署了《监督与实施协议》，谈判正式结束。但科尼以国际刑事法院未解除对其通缉、人身安全缺乏保障为由，拒绝签署《最终和平协议》。2008年12月，乌军与刚果（金）、苏丹南方军队对上帝抵抗军采取联合军事行动，重创上帝抵抗军，其残余势力逃窜至中非共和国，已不再对乌北部构成威胁。2011年10月，美国宣布向乌及刚果（金）、中非、南苏丹派遣100名特种兵，协助四国打击上帝抵抗军。2012年3月，乌干达、南苏丹、刚果（金）和中非四国成立5000人的联合部队用于打击上帝抵抗军。2017年，乌干达从中非撤军。

(2) 民主同盟军（Allied Democratic Forces，ADF）：其成员多为青年极端主义者，声称要从运动制下解放全国并建立伊斯兰国家。领导人姆波扎（Mpoza），原为政府军一名副营长。1997年乌支持洛朗·卡比拉推翻蒙博托政权后，与刚果（金）政府达成谅解，刚果（金）协助乌军在两国边境共同围剿ADF，ADF遭毁灭性打击。1998年，乌以追剿西部叛匪为名出兵刚果（金）东部，刚果（金）政府予以强烈谴责。ADF活动一度又趋活跃，以刚果（金）东部地区为依托，频频袭击乌西部有关地区，使乌西部地区安全受到严重威胁。此后，乌政府军占领刚东部地区，获得较大战略纵深，切断了ADF的补给线，给予其重创。2017年以来，ADF再趋活跃，在刚东部地区频繁实施暴力恐怖袭击，乌政府对其活动高度关注，一直呼吁刚果（金）政府军和相关联合国维和部队予以清剿。2017年12月，乌军对ADF实施远距离跨境打击。2022年4月18日，刚果（金）和乌干达联军在伊图里省伊穆鲁地区发动联合军事行动，共同打击非法武装"民主同盟军"。

【重要人物】约韦里·卡古塔·穆塞韦尼：总统兼武装部队总司令、全国运动主席。1944年生，安科莱族。1966—1969年在坦桑尼亚达累斯萨拉姆大学攻读政治经济学，获学士学位。1970年回国后任奥博特总统府研究助理秘书。1971年阿明上台后流亡坦桑，穆参加反对阿明的斗争。1979年阿明被推翻后任全国解放阵线执委兼军委会副主席，历任国防国务部长、国防部长和地区合作部长等职。1980年创建"乌干达爱国运动"。1981年6月，穆与卢莱共同创建"乌干达全国抵抗运动"，先后任副主席、临时主席、主席。1986年1月推翻奥凯洛军政府，就任总统兼国防部长、武装部队总司令。1996年5月在乌首次全民大选中当选总统，2001年3月连任。2006年乌实行多党选举后，穆于2006年、2011年、2016年、2021年四次连任。

经　济

自然条件较好，土地肥沃，雨量充沛，气候适宜。农牧业在国民经济中占主导地位，贡献了45%的出口额，吸纳了64%的就业人口，粮食自给有余。工业较落后，企业数量较少、设备较差。对外贸易在国民经济中占重要地位，但长期处于深度贸易逆差状态，主要靠吸引外资和收取侨汇实现国际收支平衡。系联合国公布的最不发达国家。由于连年战乱，经济一度濒临崩溃。1986年抵运执政后，实行务实、稳妥的经济发展政策，积极进行结构调整，优先发展农业，整顿国营企业，扶植私人经济，大力发展基础设施建设，推行自由贸易等措施。自1991年以来，经济年均增长6%左右。受国际金融危机和新冠疫情影响，乌经济增速下滑。自2010年起制订并实施国家五年发展规划，2020年公布了第三个国家五年发展规划（2021—2025年）。2021/2022财年主要经济数据如下：

国内生产总值：457亿美元。

人均国内生产总值：1046美元。

国内生产总值增长率：4.6%。

货币名称：乌干达先令。

汇率：1美元≈3720乌干达先令（2021年2月）。

通货膨胀率：3.4%。

【资源】已探明矿产资源有：铜、锡、钨、绿柱石、铁、金、石棉、石灰石和磷酸盐等。森林覆盖率为12%，产硬质木材。水产资源丰富，维多利亚湖是世界上最大的淡水鱼产地之一。电力供应结构以水电为主，火电、地热和太阳能发电为辅。水力发电潜力约2000兆瓦。乌西部阿尔伯特湖附近已发现石油，探明可采储量约12亿桶。

【工业】工业落后。主要工业部门有建筑、食品、饮料、烟草、钢铁、五金、金属矿产、纺织、服装、皮革及制鞋等。企业数量少，规模小，设备差且使用率较低。为吸引外资发展工业，乌政府于1991年成立投资局，迄今已吸引2000余家外资企业投资，实际投资额超过25亿美元。乌政府大力推行私有化政策，目前已有122家国有企业实现私有化，尚有36家国企待出售。

【农业】农牧业在整个国民经济中居主导地位，粮食自给有余。全国可耕地面积占陆地总面积的42%，已耕地面积500万公顷。主要粮食作物有饭蕉、小米、木薯、玉米、高粱、水稻等。主要经济作物有咖啡、棉花、烟草、茶叶等。

河流湖泊面积36902.6平方公里，渔业资源较丰富。渔业是乌经济的一个重要组成部分，水产品是乌重要出口产品。

【旅游业】主要旅游点有尼罗河源头、伊丽莎白国家公园、默齐森国家公园和基代坡河谷国家公园等。20世纪60—70年代初，旅游业是仅次于咖啡和棉花的第三大创汇产业。但此后，连年不断的内战使旅游业遭到严重破坏。抵运执政后，随着国内局势日益稳定，旅游设施逐步恢复，旅游业得以复兴。2014年，乌入选撒哈拉以南非洲十大新兴旅游目的地。2017年，美国有线电视新闻网将乌列为世界第五大旅游目的地国。第二十一届联合国教科文组织大会将乌的布恩迪国家公园、鲁文佐里山国家公园、卡苏比王陵列入《世界遗产名录》。2018年，乌吸引外国访客150万人次，为乌创造外汇收入16亿美元，占国内生产总值的7.7%。受新冠疫情影响，乌旅游业在2020年后遭遇重挫。

【交通运输】乌为内陆国家，90%以上的进出口物资经肯尼亚的蒙巴萨港。国内运输以公路为主。据乌官方统计，近年运输情况如下：

公路：总长约7.8万公里，承担99%的客运和95%的货运。2008年机动车保有量约47万辆。2018年建成坎帕拉至恩德培机场高速公路，拟建设坎帕拉至第二大城市金贾的高速路。

铁路：总长1241公里。自1997年以来，铁路客运停止运营，但铁路运输仍为乌进出口货物的一种运输方式。货物运输量2005年达18.6万吨公里。乌干达有意将现有铁路升级改造为标轨铁路，分别连接肯尼亚、南苏丹、刚果（金）、卢旺达。

空运：乌干达境内共有34个机场。恩德培国际机场是乌唯一口岸机场，距首都坎帕拉45公里。2019年，乌国家航空公司恢复运营，现有通往地区国家的多条航线。

【财政金融】乌财政来源主要有三个方面：税收、国外援助和出口。2005年初，乌对税务局进行了改革，改进了管理效率，增强了直接税收。2021/2022财年，乌预算支出为101亿美元，其中10.8亿美元将用于电力、道路、机场扩建及信息科技等基础设施建设领域，6.8亿美元用于教育事业，8.4亿美元用于提升安保力量。

【对外贸易】在国民经济中占重要地位，近年来进出口额总体呈增长趋势。2020年，乌对外贸易总额为123.99亿美元。主要出口商品有：咖啡、渔产品、烟草、玉米、花卉、皮革等。主要进口商品有：成品油、汽车、钢铁、电信和声像设备、医疗设备和药品等。

【外国资本】乌投资局极力吸引外资，将外资集中引入园艺、食品加工、纺织和包装业等领域。截至2018年底，乌吸收外资存量达133.33亿美元。据联合国贸发会议发布的2019年《世界投资报告》显示，2018年，乌吸收外资量为13.37亿美元。

【外国援助】抵运执政后，乌政局稳定，经济情况不断好转。尤其是乌政府接受国际货币基金组织和世界银行提出的经济结构调整方案后，乌外援不断增加，美国、英国等西方国家将乌列为对非重点援助国。近年来，乌商业环境改善显著，得到国际社会青睐，外援大幅增长。外援中，多边援助主要来自世界银行、国际货币基金组织、联合国开发计划署和欧盟，双边援助主要来自美国、英国、德国、丹麦和荷兰。2017年，世界银行宣布恢复对乌资助，预计将为乌提供15亿美元融资。

人民生活

近年来，乌医疗卫生事业取得长足进步，人民生活逐步改善。婴儿死亡率从1986年的122‰降至2016年的43‰。成人识字率从1991年的54%升至目前的75%。电力普及率从2010年的11%升至2016年的23%。艾滋病感染率已下降至7.3%（2018年）。人口年均增长率约为3%。人均寿命63.3岁（2017年）。乌传染病风险较高。2010年，乌北部暴发黄热病疫情，造成数百人感染，50多人死亡。2012年，乌首都附近暴发埃博拉疫情，造成17人死亡。2017年，乌东部地区暴发马尔堡疫情，造成3人死亡。2018年，乌邻国暴发埃博拉疫情，乌政府加大投入，阻止疫情输入，取得良好效果。2020年3月，乌干达出现首例新冠确诊病例。近年来，乌贫困人口比例下降，但贫富分化加剧，贫困人口比例从1986年的56%下降至2017年的21.4%，基尼指数从1992年的0.36上升至2015年的0.47。

军　事

“乌干达人民国防军”创建于1981年2月，当时称“全国抵抗军”，后称“乌干达人民抵抗力量”，抵运执政后改为政府军。1995年1月起用现名。1987年组建空军。军队统帅为穆塞韦尼总统。根据乌政府与西方国家的有关协议，乌每年军费开支占国内生产总值的2%以内，军费紧缺。

文化教育

【教育】实行英国教育体制：小学7年，初中4年，高中2年。麦克雷雷大学为乌最高学府，始建于1937年，目前，乌在校本科生约3.5万名，研究生约3000名。此外，还有姆巴莱伊斯兰大学、姆巴拉拉科技大学、东非基督教大学、乌干达烈士大学等20余所大学。全国10岁以上人口识字率为70%。自1997年起实行免费教育制度，政府为全国每户四个孩子提供免费小学教育。2008年，乌小学14179所，教师13.1万名，在校生747

万人；初中1907所，教师4.03万名，在校生83万人。

【新闻出版】共有10余种用英文和卢干达文出版的全国和地区性报刊，发行总量约10万份。主要报纸有：《新愿景报》，唯一的官方英文日报，1986年5月创刊，其前身为奥博特第二届政府时期的官方《镜报》，发行量约4万份；《每日箴言报》，私营英文报纸，1992年创刊，现为日报，发行量约3.8万份；《布坎迪报》，卢干达文日报，1911年创刊，是乌历史最久的报纸，原为天主教报纸，后由愿景集团经营；《东非人报》，英文周报，1994年11月首次发行，在坦桑尼亚、肯尼亚和乌干达同时出版。

乌干达通讯社为国家新闻机构，设有地球卫星转播站。2005年11月，乌干达新闻部成立乌干达广播公司取代该通讯社。

乌现有4家广播电台，其中3家为私人电台。国家广播电台设有中波、短波、调频等波段，以英语、斯瓦希里语播音为主，另有卢干达语等30个部族语言的广播。2005年与乌干达电视台一起归乌干达广播公司管理，并改称"乌干达广播公司电台"。

乌干达电视台在6个乡镇设有转播台，覆盖全国。

对外关系

奉行独立自主和不结盟的外交政策，主张在平等互惠的基础上同所有国家发展友好关系。重视同西方国家关系，但是反对外部干涉。倡导非洲联合振兴，推动地区一体化，主张非洲联盟和次区域组织在解决地区冲突中发挥主导作用。积极参与地区和国际事务，调解刚果（金）、南苏丹、布隆迪等地区热点问题，是非盟驻索马里特派团最大出兵国，是非洲最大难民接收国之一。

现为非盟安理会改革十国元首委员会和非洲气候变化国家元首和政府首脑委员会成员，是英联邦、不结盟运动、非洲联盟、东非共同体、东南非共同市场和政府间发展组织等成员国。

【同中国的关系】1962年10月18日，中乌建交。建交以来，两国一直保持友好关系。1986年乌干达"全国抵抗运动"执政后，中乌关系发展进入新阶段，双方在政治、经济、文化等各领域的交流与合作日益深化。同时，两国在许多重大国际问题上持相同立场，在众多国际事务中相互支持。

2018年6月，全国政协主席汪洋访乌。9月，穆塞韦尼总统来华出席中非合作论坛北京峰会。2019年6月，穆塞韦尼总统应邀对我国进行工作访问，作为特邀嘉宾出席中非合作论坛北京峰会成果落实协调人会议并出席首届中非经贸博览会。12月，中共中央政治局委员、中央外事工作委员会办公室主任杨洁篪访乌。2021年2月，中共中央政治局委员、中央外事工作委员会办公室主任杨洁篪访乌。10月，全国人大常委会委员长栗战书同乌干达议长欧兰亚视频会晤。

中乌经贸合作成果丰硕。据中国海关总署统计，2022年，中乌双边贸易额为11.4亿美元，同比增长6.6%。其中，中国出口额为10.8亿美元，同比增长5.5%；中国进口额为0.6亿美元，同比增长33.8%。中国主要出口机电产品、服装鞋类等，主要进口皮革、芝麻、咖啡、棉花等。

中国驻乌干达大使：张利忠。馆址：37，Malcolm X Avenue，Kololo，Kampala，Uganda。电话：00256-414-259881；传真：254456。

乌干达驻华大使：奥利弗·沃内卡（Oliver Wonekha，女）。馆址：北京市朝阳区三里屯东街5号。电话：010-65321708；传真：65322242。

【同美国的关系】两国关系密切。乌系撒哈拉以南非洲国家中接受美援最多的国家之一，亦是美《非洲增长与机遇法案》受惠国之一。2010年，美向乌提供5.26亿美元发展援助，并从"总统救助艾滋病应急计划"中向乌提供2.85亿美元援助。乌支持由美领导的国际反恐行动，美亦将乌国内两支反政府武装——上帝抵抗军和民主同盟军列为恐怖组织。2003年，双方签订乌不将美国公民引渡给国际法庭的《国际刑事法庭豁免协定》，美宣布将乌列为首批享受美国150亿美元艾滋病专项基金的非洲国家之一。自2007年以来，美已向非盟驻索马里特派团出兵国乌干达和布隆迪提供超过1.85亿美元军事援助。2011年10月，美派遣100人军事顾问团帮助乌、中非、南苏丹和刚果（金）等国打击上帝抵抗军残余力量，其主要任务是提供情报支持，并不直接作战。2013年，美国向乌提供7.23亿美元援助。2014年5月，美宣布对乌颁布《反同性恋法》实施进一步的制裁措施，包括限制相关人员进入美国、取消军事演习、削减支持乌警方的资金及将本用于乌医疗机构的援助资金转向其他国家等。2016年，美国多次公开指责乌干达政府在大选前后侵犯公民和媒体自由，威胁将重新审议乌是否具有享受《非洲增长与机遇法案》提供的对美优惠贸易待遇资格。乌政府新闻部长公开发表讲话，反对美方对乌内政指手画脚。2017年美对乌融资额为9.71亿美元。2021年1月，穆塞韦尼总统胜选连任后，美国国务院发表声明谴责乌大选过程中出现的暴力、限制反对派和公民社会组织的行为。2021年，应美政府请求，乌干达接纳美自阿富汗撤离人员约2000人。2022年12月，穆塞韦尼总统赴美出席美非峰会。

【同英国的关系】英为乌前宗主国，对乌有传统影响，两国关系一直友好。穆塞韦尼总统曾多次访英。英每年向乌提供约6000万美元援助和200多个奖学金名额。1999年12月，英宣布免除乌2250万美元债务。2004年12月，英宣布向乌提供2.57亿美元无偿援助。2005年，英国政府以乌政治过渡进程缺乏透明度和民主为由，宣布暂停对乌的500万英镑援助。但英对乌的援助项目、人道主义救援等方面的实际投入仍在增加。2018年4月，穆塞韦尼总统赴英国出席第25届英联邦首脑峰会，并会见英国剑桥公爵威廉王子。

【同法国的关系】“全国抵抗运动”政府执政以来，乌法关系发展较快。法为乌经济复兴计划、医疗卫生、采矿业和供水工程等提供了大量援助。1992年卢旺达内战爆发后，法因乌插手卢内战曾一度中止对乌援助。1997年，法对乌干涉前扎伊尔内政表示不满。1998年法公开谴责乌出兵刚果（金）。为缓和与法国的矛盾，改善双边关系，穆塞韦尼总统2001年和2002年多次访法，法国外长等官员也多次访乌，双边关系得以快速改善和发展。目前，法是乌重要援助国和乌产品重要出口市场。

【同日本的关系】日本长期重视同乌干达关系。两国建交以来，日本为乌干达援建了电力、桥梁等众多基础设施，并为乌方修缮医院。2018年4月，穆塞韦尼总统会见访乌的日本外务省非洲事务负责人，其间双方签署了总金额约2亿美元的贷款和援助协议。6月，乌外长库泰萨访日。2019年8月，穆塞韦尼总统赴横滨出席第七届东京非洲发展国际会议。

【同苏丹的关系】乌苏关系曾长期不睦，两国相互指责对方支持各自国内的反对派。1995年4月，乌宣布与苏断交。2001年6月，两国宣布恢复代办级外交关系。2002年初，穆塞韦尼总统访苏，两国签署边界和安全协议，苏允许乌军进入苏丹打击上帝抵抗军，乌政府也宣布不再支持苏人解，并劝说该组织与苏政府达成和平协议。同年，两国正式恢复大使级外交关系。2019年7月，穆塞韦尼总统在恩德培总统府同苏丹过渡军事委员会主席布尔汉举行会谈，双方就苏丹局势进行了探讨。

【同南苏丹的关系】2011年7月，穆塞韦尼总统访问朱巴，参加南苏丹独立庆典。同日，乌发表声明，承认南苏丹。同月，乌和埃塞俄比亚签署协议，成立部级委员会，共同支持南苏丹发展。10月，两国警方成立联络办公室，共同打击边境犯罪。2012年12月，穆塞韦尼总统访问南苏丹，会见基尔总统。2013年底南苏丹爆发冲突后，乌出兵协助南苏丹政府打击反政府武装。2015年10月，乌方宣布从南苏丹撤离军队。2016年7月南苏丹再次爆发冲突后，乌方主张增派伊加特国家或非盟领导的地区武装力量入南维和。2017年7月，穆塞韦尼总统召集南苏丹执政党苏丹人民解放运动三个派别代表在乌签署《恩德培宣言》，推动三派和解进程。目前，有超过15万乌公民在南苏丹工作。2021年1月，南苏丹总统基尔发表声明祝贺穆塞韦尼胜选连任。

【同刚果（金）的关系】1997年，乌曾支持洛朗·卡比拉推翻蒙博托政权，乌同刚果（金）关系一度十分密切。后来，乌指责卡庇护乌反政府武装，两国关系恶化。1998年8月，乌支持刚反对派与政府开战，并直接出兵参战。1999年7—8月，刚冲突各方签署卢萨卡停火协议后，刚问题转入政治解决阶段。2001年10月，乌开始撤出驻刚军队，并于2002年9月恢复与刚的外交关系。2003年2月，穆塞韦尼总统和刚总统约瑟夫·卡比拉会晤，决定增设伊图里和平委员会，以便在乌从该地区撤军后维护该地区和平与安全。4月，乌、刚果（金）和卢旺达总统在南非首都比勒陀利亚举行刚果（金）和平进程地区峰会。5月，乌完成从刚全部撤军。10月，刚地区合作部长访乌，双方决定实现关系正常化，互派大使，并承诺加强安全合作，不准对方的反政府武装在各自领土上活动。11月，两国总统同意就刚指控乌对其进行武装入侵而上诉国际法院案达成庭外和解。2006年4月，刚果（金）指责乌驻刚果（金）大使曾参与掠夺刚东部资源，乌随即召回驻刚果（金）大使，拟新派的大使则未得到刚认可，而刚也不愿向乌派出大使。2007年3月以来，乌多次要求刚果（金）对清剿其境内的乌反政府武装予以配合。9月，两国总统在坦桑尼亚进行会谈，签署涉及双边安全、外交和经济合作等领域的多个协议，同意尽快恢复两国大使级外交关系。12月，两国外长签署联合公报，决定全面恢复外交关系。2009年8月，两国互派大使，双边关系全面恢复。2018年7月，乌刚两国军队因“非法捕鱼”在爱德华湖上发生冲突，造成乌4名士兵死亡、30名渔民死亡或失踪。2019年，刚果（金）总统齐塞克迪两次访问乌干达。2021年11月，乌干达和刚果（金）两军联合启动代号为“英雄”的军事行动，针对恐怖组织民主同盟军在刚东部地区的据点进行精确打击。

【同肯尼亚和坦桑尼亚的关系】乌与肯尼亚、坦桑尼亚关系良好，肯蒙巴萨港和坦达累斯萨拉姆港是乌货物主要进出口港。肯是乌最大贸易伙伴和主要投资来源地之一。三国是东非共同体创始国，并在此基础上于2005年建立关税同盟，2010年建立共同市场，并计划最终建立东非联邦。目前，乌肯正在探讨携手打造连接坎帕拉、内罗毕、蒙巴萨等两国重要城市的东非铁路网北部走廊，乌坦已就建设从乌干达阿尔伯特湖区油田至坦桑尼亚坦噶港的外输石油管线达成共识。近年来，穆塞韦尼总统多次对坦、肯两国进行国事和工作访问，并分别出席坦桑尼亚总统马古富力和肯尼亚总统肯雅塔的就职仪式。

【同卢旺达的关系】1994年乌支持卢旺达爱国阵线夺取卢政权后，乌卢关系十分密切。1997年，两国共同支持洛朗·卡比拉推翻蒙博托政权，1998年又联合支持刚果（金）反政府武装并出兵刚。但1999年8月后，双方在刚问题上分歧加剧，两国军队曾3次在刚东部发生冲突，致使关系恶化。2001年11月以来，双边关系趋缓。2018年3月，卢总统卡加梅访乌。其间，双方否认乌卢关系紧张，同意加强在情报安全及基础设施等发展领域的沟通。2019年11月，乌发表声明谴责卢旺达安全人员在乌卢边境地区枪杀两名乌边民。2020年2月，双方相互遣返被拘押的对方国家人员，紧张关系得以暂时缓解。2022年4月，卢旺达总统卡加梅因私访问乌干达并会见穆塞韦尼总统，两国关系回暖、重开边界。

【同布隆迪的关系】双方关系良好。1993—2003年，乌干达参与斡旋布隆迪国内和平谈判。布隆迪是乌干达商品主要出口市场之一。两国均系非盟驻索马里特派团出兵国。2015年以来，布隆迪各党派围绕总统恩库伦齐扎“第三任期”问题激烈博弈。穆塞韦尼总统被东共体任命为布隆迪问题调停人，多次赴布斡旋，但未取得实质性进展。乌认为东共体应在布问题上加强协调，坚持协商对话、政治解决。但一旦布局势持续恶化，应考虑向布派遣维和军队。（翟健博）

西撒哈拉

名称　西撒哈拉（Western Sahara）。

面积　26.6万平方公里。

人口　61.2万（2021年）。居民为阿拉伯人和柏柏尔人。通用阿拉伯语和西班牙语。信奉伊斯兰教。

首府　阿尤恩（Laayoune）。

简　况

位于非洲西北部，北接摩洛哥，东、南邻阿尔及利亚和毛里塔尼亚，西濒大西洋。海岸线长约900公里。境内大部分为沙漠和半沙漠地带，属热带沙漠气候。西部沿海气候湿润，东部高原气候干燥。内陆日平均温差11℃—14℃。

公元7世纪，阿拉伯人进入该地区。15世纪中叶，葡萄牙人入侵。19世纪，西班牙人入侵，1886年将西撒划为“保护地”，1958年改划为海外省。西班牙的殖民统治遭到阿尔及利亚、摩洛哥和毛里塔尼亚的反对。1973年5月，萨基亚哈姆拉和里奥德奥罗人民解放阵线（简称“西撒人阵”或“波利萨里奥阵线”）宣布成立，决定通过武装斗争争取西撒独立。1975年11月，摩洛哥组织“绿色进军”，35万名志愿者开进西撒。同月，西班牙、摩洛哥、毛里塔尼亚签订《马德里协议》，规定西于1976年2月26日撤离西撒。摩、毛随即签订分治西撒协定，摩控制北部17万平方公里，毛控制南部9万平方公里。阿尔及利亚谴责摩、毛分治西撒，西撒人阵于1976年2月27日宣布成立“阿拉伯撒哈拉民主共和国”（简称“西撒国”）。此后，摩、毛同西撒人阵之间的武装冲突不断。1979年8月，毛放弃对西撒的领土要求，退出西撒战争。摩遂控制原毛占区，并不断向西撒腹地推进。至1987年，摩几乎控制了西撒全部领土。与此同时，摩在西撒建立起6道总长2720公里的防御墙，派驻数万军队并设立行政管理机构。2006年3月，摩国王穆罕默德六世访问西撒首府阿尤恩。2008年2月，西撒人阵召开大会，选举产生西撒民族院。摩对此强烈反对。2016年5月31日，西撒人阵领导人阿卜杜拉·阿齐兹因病去世。7月9日，布拉西姆·加利当选西撒人阵总书记和“西撒国”总统。

政　治

【国际承认】“西撒国”和摩洛哥对西撒地区主权均未得到联合国和国际社会广泛承认。“西撒国”同阿尔及利亚、南非等国长期保持外交关系。1984年11月，第20届非统首脑会议接纳“西撒国”为成员国，摩洛哥因此宣布退出非统组织。2017年1月，摩洛哥获大多数非洲国家支持，时隔33年顺利重返非盟。

2020年11月，美国总统特朗普签署声明，承认摩洛哥对西撒拥有主权。阿尔及利亚、西撒人阵对此强烈反对，表示该决定非法、无效。联合国秘书长古特雷斯表示，联合国在西撒问题上的立场没有改变。

【解决西撒问题有关进程】自20世纪70年代以来，非统组织和联合国为和平解决西撒哈拉争端进行了积极斡旋，并通过多项决议，但均未取得任何效果。1989年6月，联合国秘书长德奎利亚尔提出解决西撒争端的和平计划，主要内容是：任命一位秘书长个人特使，全权负责在西撒组织公民投票；成立“联合国西撒哈拉全民投票特派团”（简称“西撒特派团”），包括民事、军事和治安3个小组，负责监督停火，组织公民投票。该计划得到摩与西撒人阵的积极响应。1990年6月，安理会批准了该计划。

1991年，联合国安理会通过在西撒地区举行公民投票以确定其归属的第690号决议，即《解决计划》。决议规定：自联合国通过特派团预算之日起16周内，宣布在西撒停火；停火后第20周举行公投。9月5日，联合国特派团进驻西撒。9月6日，摩与西撒宣布正式停火，结束了长达16年之久的西撒战争。西撒公投原定于1992年初举行，但因摩在公投问题上立场变化，冲突双方在确定选民资格问题上出现严重分歧，《解决计划》的执行屡陷僵局，联合国驻西撒特派团任期一延再延。2020年10月30日，联合国安理会通过决议，将西撒特派团任期延长至2021年10月31日。

2001年6月，联合国秘书长及其西撒问题个人特使、美国前国务卿贝克提出《框架协议》草案，核心内容是：西撒最终地位由当地居民在协议执行5年内举行公投决定，此前西撒享有高度自治，但外交、国防、安全由摩负责，参加拟议公投的选民必须在投票前一年全年在西撒居住。《框架协议》草案遭到西撒人阵与阿尔及利亚的强烈反对。2003年初，贝克提出《和平计划》草案。7月，提出该计划修正案，主要内容是：自《和平计划》签署生效起4—5年举行全民公决，决定西撒是独立、并入摩还是继续实行权力分治。公决前由西撒行政当局行使管辖权，摩在外交、国家安全、领土完整等方面对西撒拥有绝对权力。西撒人阵和阿均未表异议，摩表示反对。

2004年6月，贝克辞去联合国秘书长西撒问题个人特使职务。2005年7月，联合国秘书长安南任命荷兰籍人士范瓦尔苏姆为其西撒问题个人特使。2005年8月，在美调解下，被西撒人阵关押的最后一批摩战俘404人获释。

2006年10月，阿尔及利亚等国在第61届联合国大会非殖民化委员会（四委）提出关于西撒问题的草案，主张在联合国关于通过举行公投决定西撒归属的有关决议的基础上解决西撒问题，并在四委经表决通过。同年12月，第61届联大核准该决议。

2007年，摩洛哥提出“西撒自治新方案”，其原则是在西撒地区主权属摩的情况下实行高度自治。2007年2月，摩国王派遣特使遍访安理会常任理事国和摩传统关系国，就西撒自治新方案进行游说，争取支持。阿尔及利亚和西撒人阵随即发表声明，表示“坚决反对任何企图抛弃联合国框架、背离民族自决原则的西撒问题解决方案”。4月11日，摩方正式向联合国安理会提交了“关于谈判西撒地区自治法的倡议”。4月30日，经各方妥协，安理会一致通过了第1754号决议。该决议欢迎摩近来为解决西撒问题所作的努力，确认西撒人民的自决权，并鼓励当事方进行不设条件的谈判。摩、阿和西撒人阵最终均表示接受。

2007年6月、8月和2008年1月、3月，在联合国秘书长个人特使范瓦尔苏姆主持下，摩洛哥与西撒人阵在美国纽约举行了四轮直接谈判。谈判中，摩方坚持西撒主权属摩，认为其方案是解决冲突的唯一现实和不可分割的解决办法。西撒人阵则坚持前任联合国秘书长个人特使贝克提出的《和平计划》有关原则，要求根据民族自决原则就西撒最终地位举行公投。由于分歧太大，谈判未取得实质性进展。

2009年1月，联合国秘书长任命美国外交官罗斯为其西撒问题个人特使。罗斯主张先举行由各方参加的小型非正式会谈，重建互信，寻求共识，为摩洛哥和西撒人阵举行第5轮直接谈判作准备。为此，罗斯于2月和6月访问摩洛哥、西撒、阿尔及利亚、西班牙、法国和毛里塔尼亚等地。各方均表示支持其倡议。2009年8月至2012年7月，在罗斯的主持下，摩洛哥和西撒人阵代表共举行了9轮非正式会谈，阿尔及利亚和毛里塔尼亚也分别派团出席。会谈中，摩西（撒）双方仍坚守固有立场，均不接受以对方方案作为未来谈判的唯一基础，会谈未取得实质进展，但双方都重申愿依据联合国安理会有关决议，共同努力寻求政治解决方案。2012年12月，罗斯表示将就西撒问题开展“穿梭外交”。自2012年底，罗斯数次访问地区国家，旨在协调各方立场，为下一阶段磋商作准备。

2014年5月，联合国秘书长潘基文任命加拿大籍金·博尔达克女士为联合国秘书长西撒问题特别代表兼西撒特派团团长。特派团除了监督停火协议执行情况，还肩负组织和监督公民投票的使命。

2014年6月29日，非盟任命莫桑比克前总统希萨诺为非盟西撒问题特使。7月1日，摩外交与合作部发表公报，反对非盟任命西撒特使。公报指出，西撒问题的政治解决方案应由联合国负责，非盟此举违背了联合国相关决议，呼吁安理会成员抵制非盟该项决议。

2016年3月，联合国秘书长潘基文访问西撒地区，在阿尔及利亚首都阿尔及尔接受媒体采访时提及西撒地区“40年前被占领”。摩政府强烈抗议，要求潘基文道歉，并要求联合国西撒公投特派团81名民事官员和3名非盟观察员离境。后潘基文就使用“占领”一词向摩方表达“歉意”。摩方同联合国秘书处多次协商后和解。2017年上旬，特派团民事人员全部返回。

2016年12月，联合国秘书长潘基文任命中国籍王小军少将担任特派团部队指挥官。此前，2007年9月，中国籍赵京民少将就被任命为联合国西撒特派团指挥官，成为联合国维和部队指挥官中首位来自中国的军官。

2017年3月，联合国秘书长西撒问题个人特使罗斯请辞。8月，联合国秘书长古特雷斯任命德国前总统、国际货币基金组织前总裁霍斯特·科勒为联合国秘书长西撒问题个人特使。10月，科勒访问西撒及周边地区，并于12月起走访安理会常任理事国及其他重要相关国家。11月，联合国秘书长古特雷斯任命联合国原驻非盟办事处副主任斯图尔特（加拿大籍）为联合国秘书长西撒问题特别代表兼西撒特派团团长。在科勒主持下，2018年12月、2019年3月，摩洛哥、西撒人阵、阿尔及利亚与毛里塔尼亚在日内瓦举行两轮圆桌会议讨论西撒问题。2019年5月，科勒以健康原因宣布辞职。2021年8月，西撒特派团原高级政治顾问伊万科（俄罗斯籍）被任命为联合国秘书长西撒问题特别代表兼西撒特派团团长。10月，联合国秘书长前阿富汗问题特别代表、叙利亚问题特使斯塔凡·德米斯图拉（Staffan de Mistura，瑞典籍）被任命为联合国秘书长西撒问题个人特使。

【盖尔盖拉特缓冲区冲突】盖尔盖拉特（Guergerat）缓冲区位于西撒和毛里塔尼亚交界处。2016年8月，摩洛哥以维持治安、打击贩毒等名义派员进入该地区，西撒人阵派出武装人员同摩方对峙。后在联合国秘书长呼吁下，摩方于2017年2月先行撤出。2018年1月，西撒人阵武装人员再度进入盖尔盖拉特缓冲区，摩向联合国秘书处提出抗议，呼吁联合国充分履责，同时吁请安理会成员支持。

2020年10月，西撒人阵对盖尔盖拉特缓冲区进行封锁。11月，摩方在该地区发起军事行动，驱散西撒人阵有关人员，未造成人员伤亡。西撒人阵对此强烈谴责，宣布退出1991年同摩方签署的停火协议。

经　济

西撒哈拉磷酸盐矿藏丰富，仅布克拉一地的储量即达17亿吨，建有现代化的磷酸盐开采场。1976年发生战争后，磷酸盐生产陷于停顿，1980年恢复生产。此外，还有钾、铜、石油、铁、锌等资源。

多数居民从事畜牧业，主要饲养羊和骆驼。沿海渔业资源丰富，居民以捕鱼为生。

附：

一、摩洛哥控制区

摩洛哥现实际控制西撒90%以上土地。根据摩2015年最新大区划分，西撒地区被划分为阿尤恩大区和达赫拉－黄金谷地大区。摩还建立各级行政管理机构和地方议会、协商会议。摩十几个政党也在西撒活动，设立支部。

近年来，摩在西撒投资十几亿美元进行基础设施建设。新修和扩建公路2060公里。在西撒首府阿尤恩修建哈桑二世国际机场，有直升机40架，年客运量可达20万人次。同时，还修建14个诊所和9个康复中心，共有病床400张。2015年11月，在摩“绿色进军”40周年纪念之际，摩国王穆罕默德六世宣布启动“南部地区发展新模式”项目，计划在西撒地区投资约80亿美元，推动该地区经济、社会管理及磷酸盐产业等全面发展。

目前，摩洛哥在西撒驻军以及行政人员共15万人。

二、西撒人阵控制区

“西撒国”把西撒分为五大行政区，但实际仅控制与摩洛哥、毛里塔尼亚和阿尔及利亚交界的狭窄地带，自然条件恶劣。西撒人阵难民营设在阿尔及利亚廷杜夫省境内，由奥赛尔德、布支杜尔、达赫拉、阿尤恩、斯马拉5个难民点和拉布尼组成。各难民点有学校、医院、卫生所，并进行生产活动。根据联合国难民署统计，西撒难民总数约为9万人，西撒人阵则称这一数字为16.5万人。

联合国难民署自1986年起每年向西撒难民提供约350万美元的援助。（吉志）

英属印度洋领地

英属印度洋领地（British Indian Ocean Territory）位于马埃岛（塞舌尔群岛的主要岛屿）以东约1770公里，包含岛屿、礁盘、暗沙等。其中，岛屿总称查戈斯群岛（Chagos Archipelago），包括总数达2300个大大小小的热带岛屿，总陆地面积60平方公里，海岸线长698公里，周边水域面积54400平方公里。气候炎热、潮湿，受信风影响。地形平坦低矮，大多数地区海拔不超过两米。无首府。通用英语。英镑和美元为通用货币。

1814年，英国根据《巴黎公约》从法国手中得到查戈斯群岛。该群岛位于毛里求斯东北1930公里处，后受毛里求斯总督管辖。1965年11月，英国将原塞舌尔的阿尔达布拉（Aldabra）、德罗什（Desroches）及法夸尔（Farquhar）与查戈斯群岛合并为英属印度洋领地，以满足英国和美国的防务需要。1976年6月塞舌尔独立时，阿尔达布拉、德罗什及法夸尔归还塞舌尔。此后，英属印度洋领地只剩下查戈斯群岛，包括珊瑚岛迪戈加西亚。冷战期间，查戈斯群岛成为英美重要军事基地，是美军在印度洋的唯一军事基地。基地占地面积2700公顷，驻有1500名官兵。基地拥有港口、海军航空站、通信站和其他后勤设施，可支援中东和波斯湾，监视和控制印度洋海域。1991年海湾战争、2001年阿富汗战争和2003年伊拉克战争期间，迪戈加西亚岛均作为美军轰炸机发动攻击的出发地。

最初，查戈斯群岛的主要经济产业是椰子加工业，包括椰子种植园均属私人公司所有。二战后，椰子加工业逐渐衰落。20世纪60年代英国王室购买查岛后，不再经营种植业。岛上居民大部分迁到毛里求斯，还有一部分迁到塞舌尔。后毛里求斯在非统组织和印度的支持下，要求索回查岛。毛还支持原查岛居民向英国索取迁徙补偿。1999年3月，英国承诺将给予英国海外领地居民公民权和居英权，但不包括原查岛居民。2007年5月，英国上诉法院裁决支持英国高等法院2006年5月作出的裁决，允许岛民及其家属返回查岛中除迪戈加西亚岛以外的所有岛屿。2015年8月，第35届南部非洲发展共同体（南共体）首脑会议在博茨瓦纳首都哈博罗内发表公报，要求英国立即结束对查岛的非法占领。2019年2月，国际法院就查岛从毛里求斯分离的合法性发表咨询意见，认定英国1965年从毛分离查岛、造成毛非殖民化进程尚未完成，不符合国际法，应尽快结束对查岛的管理。同年5月，联合国通过旨在执行上述咨询意见的决议。但英国不认可国际法院咨询意见，拒不执行上述决议。

该领地由英王任命一名专员管理，由一名副专员和行政长官协助，拥有自己的法律和行政管理体系。保罗·坎德勒（Paul Candler）任领地非常驻专员（2021年6月就任），副专员为斯蒂芬·希尔顿（Stephen Hilton），行政长官领地专员代表由驻迪戈加西亚皇家海军指挥官担任。领地的大法官、高级地方法官和法律顾问都是英国居民。1966年，英美两国签订协议，将迪戈加西亚岛租借给美国，租期50年。2016年11月，英国将租期延长20年。（江鹏）

赞　比　亚

国名　赞比亚共和国（The Republic of Zambia）。

面积　752614平方公里。

人口　1940万（2022年）。大多属班图语系黑人。有73个民族，奔巴族为最大部族，约占全国人口的33.6%，其他较大民族还有嬢家族、通加族。官方语言为英语，另有31种民族语言。以基督教为国教，80%的人信奉基督教新教和天主教，其余信奉伊斯兰教、印度教、佛教及当地原始宗教。

首都　卢萨卡（Lusaka），人口约310万（2022年）。海拔1280米。10月最热，日平均最高气温31℃，最低18℃；7月最凉，日平均最高气温23℃，最低9℃。

国家元首　总统哈凯恩德·希奇莱马（Hakainde Hichilema），2021年8月24日就任，任期5年。

重要节日　青年节：3月12日、13日；非洲解放日：5月25日；独立日：10月24日。

简　况　非洲中南部内陆国家，东接马拉维、莫桑比克，南接津巴布韦、博茨瓦纳和纳米比亚，西邻安哥拉，北靠刚果（金）及坦桑尼亚。大部分地区海拔1000—1500米。属热带草原气候，5—8月为干凉季，气温为15℃—27℃；9—11月为干热季，气温为26℃—36℃；12月至次年4月为雨季。年均气温18℃—20℃。

公元9世纪，赞境内先后建立过卢巴、隆达、卡洛洛和巴罗兹等部族王国。1889—1900年，英国人罗得斯建立的“英国南非公司”逐渐控制了东部和东北部地区。1911年，英国将上述两地区合并，以罗得斯的名字命名为“北罗得西亚保护地”。1959年，北罗得西亚联合民族独立党（简称“民独党”）成立，发动群众通过“积极的非暴力行动”争取民族独立。1964年1月，北罗得西亚实现内部自治，同年10月24日正式宣布独立，定国名为赞比亚共和国，仍留在英联邦内。民独党领袖卡翁达（Kenneth David Kaunda）任首任总统。

政　治　1973年，卡翁达取消多党制，实行由民独党执政的“一党民主制”。1990年恢复多党制。1991年11月，赞举行多党选举，多党民主运动（简称“多民运”）领袖奇卢巴当选总统，1996年11月连任。2001年12月，多民运领袖姆瓦纳瓦萨当选总统，2006年10月连任。2008年8月，姆瓦纳瓦萨总统在巴黎病逝。10月30日，赞举行总统补选，多民运候选人、代总统班达当选总统。2011年9月，赞比亚举行总统、议会和地方政府“三合一”大选，爱国阵线领袖萨塔当选总统。2014年10月，萨塔总统在伦敦病逝。2015年1月20日，赞比亚举行总统补选，爱国阵线候选人伦古当选。2016年8月11日，赞比亚举行总统选举，伦古总统获胜并于9月13日宣誓就职。2021年8月12日，赞比亚举行总统、议会和地方政府“三合一”大选，国家发展联合党领袖哈凯恩德·希奇莱马获胜并于8月24日宣誓就职。

【宪法】1964年制定第一部宪法，1973年制定第二部宪法。1990年议会修改宪法，恢复多党制。宪法规定：总统为国家元首、政府首脑兼武装部队总司令，由普选产生，任期5年，可连任两届；实行总统内阁制，增设副总统，内阁部长由总统从议员中任命；实行立法、司法和行政三权分立；允许反对党存在等。1996年6月，议会再次修改宪法，增加“总统候选人父母和本人必须是赞比亚人”“酋长不能从政”等条款。2003年，围绕总统选举程序改革，新一轮宪改进程启动。2007年12月，全国修宪会议召开。2010年12月，政府向议会提交宪法修正案。该宪法修正案内容主要包括：实行比例代表选举制，增加妇女、青年和残疾人代表性，提高国家治理参与度；增加全国选区数量；承认国民双重国籍。2011年4月，该宪法修正案在议会表决中未获通过。2011年9月萨塔总统就任后，宣布将在90天内通过新宪法。2012年4月，赞比亚宪法起草技术委员会秘书处公布了新宪法草案（初稿），公开征求社会意见。2015年12月，赞议会通过赞宪法修正案，规定总统候选人必须获得半数以上选票才能当选，副总统作为总统竞选伙伴参选，承认赞国民双重国籍。2016年1月，赞宪法修正案正式获得总统签署生效。

【议会】国民议会是国家最高立法机关，实行一院制，共设164个席位，任期5年。其中156个席位由直选产生，总统可另指派8位任命议员。本届议会于2021年8月选举产生，是独立后的第十三届国民议会，议长内莉·穆蒂（Nelly Mutti，女），国家发展联合党占91席、爱国阵线占59席、独立候选人占13席、国家团结与进步党占1席。

【政府】本届内阁于2021年9月组成，由总统、副总统和25名部长组成。主要成员如下：总统哈凯恩德·希奇莱马，副总统穆塔莱·纳卢曼戈（Mutale Nalumango，女），财政部长西通贝科·穆索科图瓦内（Situmbeko Musokotwane），能源部长彼得·卡帕拉（Peter Kapala），外交部长斯坦利·卡库博（Stanley Kakubo），水资源开发与用水卫生部长迈克·姆波沙（Mike Mposha），卫生部长西尔维娅·马塞博（Sylvia Masebo，女），社区发展部长多琳·姆万巴（Doreen Mwamba，女），技术与科学部长费利克斯·穆塔蒂（Felix Mutati），交通与物流部长弗兰克·塔亚利（Frank Tayali），劳动与社会保障部长布兰达·坦巴坦巴（Brenda Tambatamba，女），土地与自然资源部长伊莱贾·穆奇马（Elijah Muchima），国防部长安布罗斯·卢富马（Ambrose Lufuma），教育部长道格拉斯·西亚卡利马（Douglas Siakalima），内政部长雅各布·姆温布（Jacob Mwiimbu），司法部长穆兰博·汉贝（Mulambo Haimbe），基础设施、住房与城市发展部长查尔斯·米卢皮（Charles Milupi），地方政府部长加里·恩肯博（Garry Nkombo），旅游与文化部长罗德尼·西孔巴（Rodney Sikumba），中小企业部长伊莱亚斯·穆班加（Elias Mubanga），信息与媒体部长楚茜·卡桑达（Chushi Kasanda，女），绿色经济与环境部长柯林斯·恩佐武（Collins Nzovu），畜牧业与渔业部长马科佐·奇科特（Makozo Chikote），矿业与矿产部长保罗·卡布斯韦（Paul Kabuswe），农业部长鲁本·菲里（Reuben Phiri），商业与贸易部长奇波卡·穆伦加（Chipoka Mulenga），青年与体育部长埃尔维斯·恩坎杜（Elvis Nkandu）。

【行政区划】全国分为10省103区。10省分别为中央省、铜带省、卢萨卡省、卢阿普拉省、穆钦加省、东部省、南部省、西部省、北部省、西北省。

【司法机构】由最高法院、高等法院、劳资关系法院、初级法院和地方法庭组成。首席大法官姆巴·马里拉（Mumba Malila）。

【政党】赞目前有注册政党逾50个，主要有：

（1）国家发展联合党（United Party for National Development，UPND）：简称“国发党”。执政党。1998年12月成立，成立以来发展较快，在南方省和西方省影响较大。经济上以发展农业为主，改变经济结构单一现状。改革选举制度，保证三权分立、相互制衡。主张实行免费教育和医疗服务。扩大就业机会。领袖哈凯恩德·希奇莱马。

（2）爱国阵线（The Patriotic Front，PF）：前执政党，目前最大在野党。2001年成立。其纲领是政治上主张分权而治，保障人类的基本权利、自由和社会公平、正义，减少政府行政开支，提高行政效率，反对腐败和滥用公共资源；经济上奉行自由贸易政策，主张实行低税率和低利率以刺激经济发展，主张大力发展教育、卫生事业和基础设施，积极创造就业，提高民众收入。代理党首吉文·卢宾达（Given Lubinda）。

（3）多党民主运动（The Movement for Multi-Party Democracy，MMD）：简称“多民运”。1990年12月成立。政治纲领是实行政治多元化、经济自由化、私有化；保护人民参与政治、经济活动的权利；提倡言论、集会、结社自由；党政分开，确保酋长的职能与传统统治。领袖奈弗斯·蒙巴（Nevers Mumba）。

【重要人物】哈凯恩德·希奇莱马：总统。1962年6月出生于赞比亚南部省，通加族。英国伯明翰大学金融和商业战略硕士。曾长期从商，是巴克莱银行赞比亚分行最大当地股东、赞第二大牧场主。2006年加入国家发展联合党，同年接替去世的国发党创始人马佐卡成为党首。自2006年始先后6次参加总统大选，直至2021年8月当选赞比亚第7任总统。

经　济

主要包括农业、矿业和服务业，其中以铜开采和冶炼为主体的矿业占重要地位。赞比亚独立后至20世纪70年代中期经济发展较快，此后由于国际矿业市场价格下跌，政府国有化政策失误等原因，经济陷入困境。1991年多民运上台执政，大力推行经济私有化和多元化，积极吸引外资，经济保持较快增长。2005年达到重债穷国减债倡议完成点，获巨额债务减免，外债由2005年底的55亿美元降至2006年底的6.35亿美元。2008年，受国际金融危机影响，矿业遭受较大冲击，经济下滑。班达政府采取降低矿业税率、加速实施经济多元化战略等措施积极应对，取得一定成效。此后，随着国际市场铜价回升，2009年后，经济明显复苏，保持增长势头。2011年，世界银行将赞列入低水平中等收入国家。2014—2016年，赞货币贬值、债务上升、粮食减产、电力短缺等发展困难和挑战增多，经济内生动力不足问题凸显。2017年以来，赞比亚政府多措并举推进经济复苏，经济发展逐步向好，货币汇率趋稳，通胀持续回落。2017年6月，伦古总统公布第七个国家发展规划，以推进经济多元化、创造就业、削减贫困、提高政府效能为重点，争取于2030年建设成为繁荣的中等收入国家。近年来，赞面临干旱、电力短缺、农业歉收、外债高企等不利因素，新冠疫情更是加剧了赞经济的脆弱性。2021年9月，新一届内阁宣誓就职，致力于推动国家团结、经济增长、保障民生及社会平等。2022年主要经济数据如下：

国内生产总值：265.68亿美元。

人均国内生产总值：1369美元。

国内生产总值增长率：1.9%。

货币名称：克瓦查。

汇率：1美元≈19.1克瓦查。

通货膨胀率：11%。

（资料来源：《伦敦经济季评》）

【资源】 自然资源丰富，以铜为主。铜蕴藏量1900万吨，约占世界铜总蕴藏量的6%，素有“铜矿之国”之称。钴是铜的伴生矿，储量约35万吨，居世界第二位。此外，还有铅、镉、硒、镍、铁、金、银、锌、锡、铀、绿宝石、水晶、钒、石墨、云母等矿物。全国森林覆盖率为45%。

【工业】 采矿业较发达，是国民经济主要支柱之一。其主体是铜矿和钴矿的开采和冶炼。2018年铜产量为80万吨。铜产量过去4年均值为80.5万吨，镍产量增至3394吨，黄金、煤炭、钴、绿松石产量下降。2020年受新冠疫情影响，国际铜价下跌，赞矿业发展受到重创。9月，伦古总统在议会讲话上强调，采矿业仍是经济支柱产业，政府将黄金列为战略储备，鼓励中小手工业者参与开采。2021年以来，国际铜价持续走高，给赞经济带来利好。

制造业较落后。独立前，工业制成品基本依赖进口。独立后，政府积极致力于发展国有制造业。多民运执政后，对制造业实行私有化。1998年以后，制造业得到较快发展。食品、饮料、烟草、纺织和皮革等行业产值约占整个制造业的75%。

【农业】 农业是赞国民经济的重要部门，产值约占国内生产总值的20%。全国约2/3人口从事农业。目前开发的可耕地面积为620万公顷，只占全部可耕地的14%。土地肥沃，气候温和，适合多种农作物生长。主要农作物是玉米、小麦、大豆、水稻、花生、棉花、烟草等。正常年景玉米可自给。赞耕地普遍缺乏灌溉系统，农作物抗灾能力较弱。2020年，赞粮食产量340万吨，粮食储备100万吨；木薯、大米、大豆、花生、烟草等作物耕种面积120万公顷；种子产量12.9万吨，实现自给自足并对外出口；水产业产值5100万美元，产量12.7万吨。

【旅游业】 有世界著名的维多利亚瀑布和19个国家级野生动物园，其中卡富埃国家公园占地面积最大。赞还辟有32个狩猎管理区。2013年8月，赞比亚和津巴布韦联合举办了第20届联合国世界旅游组织大会。

【交通运输】 以公路为主，铁路次之。

公路：总长3.73万公里，其中柏油路7000公里左右。公路运输量约占赞国内货运总量的83.4%。

铁路：总长2100公里，由坦赞铁路（赞境内为886公里）和其他一些线路组成。赞国内货运15.3%左右依靠铁路。除了坦桑尼亚，赞还与津巴布韦和刚果（金）有铁路相连。

空运：全国有4个国际机场，即卢萨卡、恩多拉、利文斯敦和姆富韦国际机场，5个二级机场和5个简易机场，共有11家航空公司经营国际客货运业务。

【财政金融】 赞政府从20世纪70年代起大举借债，财政预算较多依赖国际援助。近年来，赞债务快速积累。2020年，赞外债总额攀升至120亿美元，成为疫情发生以来非洲首个主权违约国家。根据英国经济学人智库数据，截至2021年底，赞负债率和偿债率分别为153.8%和44.6%。2022年6月，二十国集团《缓债倡议后续债务处理共同框架》下赞比亚个案债权人委员会成立，中国、法国担任联合主席。

【对外贸易】 主要出口铜、钴、锌、木材、烟草、食糖、咖啡等，其中铜出口是赞主要的外汇来源。主要进口机械设备、石油、化工产品、医药和纺织品等。主要出口国为瑞士、中国、南非、刚果（金）和埃及等，主要进口国为南非、刚果（金）、中国、印度等。近几年进出口额如下（单位：百万美元）：

	2020	2021	2022
出口额	7816	11141	22100
进口额	5318	7095	8418
差　额	2498	4046	13682

（资料来源：英国经济学人智库）

【外国援助】 赞所获外援主要来自世界银行等国际金融机构和巴黎俱乐部国家。2005年4月，赞达到重债穷国减债倡议完成点，获得巨额债务减免。2018年9月，因赞社区发展与社会服务部、教育部等被曝光涉及腐败案件，英国、瑞典、爱尔兰及联合国儿童基金会等暂停部分对赞援助。新冠疫情以来，赞获得美国、欧盟及其成员国、日本以及多边机构约40亿克瓦查抗疫援助。

人民生活

联合国发布的《2021/2022年人类发展报告》显示，2021年赞比亚人类发展指数为0.565，位列全球第154位。人均预期寿命61.2岁。贫困率较高。赞比亚艾滋病人感染率为14.3%。近年来，赞比亚政府在艾滋病防治方面取得显著成效，除部分偏远和农村地区外，已经基本实现向所有艾滋病感染者免费发放药物。目前，全国有2.2万名专业医护人员，每千人中有1.4名临床工作者，低于世界卫生组织建议的每千人2.5名临床工作者标准。

军　事

赞比亚正规军为3.5万人，其中陆军2.2万人、空军约6000人，另有国民服务队（准军事部队）7000人、警察2.5万人。武器装备主要来自苏联、美国、意大利、加拿大、德国等。

文化教育

【教育】 实行9年制普及义务教育。成人识字率约为75%。目前，赞全国有基础学校8801所，高中690所，技术教育和职业培训院校268所，大学3所（赞比亚大学、铜带省大学和穆隆古希大学）。约95%的适龄儿童能入学，其中有20%可继续升入中学，20—24岁的青年中有2%左右能享受高等教育。近年来，政府利用外国援助，不断加大对教育部门的资金投入。赞比亚政府在各地设有文化村或文化中心，以保留和发展民间传统文化和艺术。

【新闻出版】主要报纸有：《赞比亚时报》，官方最大报纸，日发行量1.5万份；《赞比亚每日邮报》，官方报纸，日发行量1.2万份。

赞比亚新闻通讯社：隶属于赞新闻与广播服务部，2005年由赞比亚新闻署与赞比亚通讯社合并而成，在全国各省均设有分支机构，全面负责对赞境内的新闻报道。

赞比亚国家广播公司：成立于1988年，下设2个电视台和3个广播电台。电视台和广播2台、3台用英语广播，广播1台用7种本国语言广播。

赞是泛非新闻社南部非洲地区分社所在地。该分社负责对安哥拉、博茨瓦纳、莱索托、马拉维、莫桑比克、赞比亚和津巴布韦进行新闻报道。

对外关系

推行经济外交政策，促进区域经济一体化、和平解决冲突，确保赞比亚人及其他非洲公民在多边机构中的参与度及代表性，提升驻外使团工作专业性。同时积极扩大国际参与，在双边、区域、国际层面实现国家利益最大化。

【同中国的关系】1964年10月29日，中赞建交。赞比亚是南部非洲第一个与中国建交的国家。中赞传统友谊深厚，两国领导人多次互访，双边友好合作关系发展顺利。近年来，双边高层交往主要有：2020年7月，习近平主席同伦古总统通电话。2021年2月，中共中央政治局委员、中央外事工作委员会办公室主任杨洁篪访问赞比亚。2022年5月，习近平主席同希奇莱马总统通电话。

1986年，两国成立经贸混委会。1996年，两国签署相互促进和保护投资协定。2010年，两国签署避免双重征税协定。目前，在赞中资企业超过570家，累计投资额超过46亿美元，涉及矿业、农业、建筑等多个领域。各类中国企业在赞创造长期就业岗位超过5万个。2007年2月，中国在非洲的第一个经贸合作区——赞比亚中国经贸合作区揭牌。2005年1月1日起，中方对赞部分出口中国产品给予免关税待遇。2014年12月，双方就中国将向赞输华商品免关税待遇范围扩大到97%完成换文。据中国海关总署统计，2022年，中赞双边贸易额为67.3亿美元，同比增长30.2%。其中，中国出口额为9.8亿美元，同比增长25.5%；中国进口额为57.5亿美元，同比增长31%。中国主要从赞进口铜，向赞出口机电、钢铁制品。2022年12月起，中国对原产于赞比亚98%税目产品实施零关税。

两国签有文化合作协定。2003年，赞成为中国公民组团出境旅游目的地国。1995年11月，四川省泸州市与赞卡布韦市结为友好城市。2012年7月，广西壮族自治区与赞南部省结为友好省份。1978年以来中国共向赞派出医疗队员23批631人次，接收赞奖学金生1446名，为赞培训各类人员6900余人。2010年，河北经贸大学同赞比亚大学合作建成赞比亚大学孔子学院。2019年8月，由北京工业职业技术学院和中国—赞比亚职业技术学院合作开办的孔子课堂在赞比亚卢安夏举行签约仪式，此系全国首家高职院校申办的独立孔子课堂。2020年，郑州大学第一附属医院与利维·姆瓦纳瓦萨综合医院成立对口医院合作机制。新冠疫情发生以来，时任总统伦古等赞方领导人多次向中方表示慰问和支持。中方向赞方提供多批抗疫物资援助。

中国驻赞比亚大使：李杰，杜晓晖（2022年4月以后）。馆址：7430 United Nations Avenue，7430 Lusaka，Zambia。电话：0026-211-251169；传真：251157。

赞比亚驻华大使：空缺。馆址：北京市朝阳区三里屯东四街5号。电话：010-65321554，65321778；传真：65321891。

【同美国的关系】赞美关系良好。赞比亚是美《非洲增长与机遇法案》及“总统防治艾滋病紧急救援计划”受惠国。美国是赞最大援助方，美国际开发署于1977年在赞设立办公室，迄今已为赞经济、政治和社会发展提供超过800亿克瓦查（约40亿美元）支持。2020年7月，赞美双方签署长期战略合作协议，美政府允在未来5年内向赞提供390亿克瓦查（约19.5亿美元）援助，在卫生、教育、经济发展和民主治理等领域提供支持。2021年8月，美国贸易发展署代理署长埃邦代表拜登总统出席希奇莱马总统就职仪式。9月，希奇莱马总统访问美国，会见美副总统哈里斯，美国际开发署宣布增加1850万美元无偿援助，助赞加强民主、保护人权、抗击新冠疫情及艾滋病、推动能源转型。2022年4月，美国宣布在驻赞比亚使馆开设美军非洲司令部“安全合作办公室”。9月，希奇莱马总统赴美国出席第77届联合国大会系列活动。12月，希奇莱马总统赴美国出席美非峰会。

【同英国的关系】赞比亚曾是英国殖民地，独立后与英国保持传统关系。英是赞主要援助、投资国和贸易伙伴之一。2007年，两国签订为期10年、英每年向赞提供4000万美元资金援助的协议，用于减贫、直接预算支持、选举及卫生等项目。2018年11月，哈里王子访问赞比亚。2020年10月，英国外交部非洲事务大臣杜德里奇访赞。2021年7月，杜德里奇赴赞出席开国总统卡翁达葬礼。8月，杜德里奇赴赞出席希奇莱马总统就职仪式。

【同日本的关系】赞日关系良好。2018年12月，伦古总统对日进行正式工作访问，双方发表联合声明。2019年8月，伦古总统出席在日本横滨举行的第七届东京非洲发展国际会议。

【同邻国的关系】赞比亚努力与周边邻国及其他非

洲国家保持良好关系，积极参与地区政治、安全和经济合作。2020年，伦古总统出席莫桑比克总统纽西就职典礼，祝贺纳米比亚、坦桑尼亚总统连任，接待马拉维总统查克维拉访赞。2021年7月，南非总统拉马福萨、津巴布韦总统姆南加古瓦和肯尼亚总统肯雅塔等赴赞出席开国总统卡翁达葬礼。8月，肯尼亚、津巴布韦、南非、博茨瓦纳、马拉维、莫桑比克、刚果（金）、纳米比亚、坦桑尼亚、斯威士兰等10国元首赴赞出席希奇莱马总统就职仪式。

赞比亚作为非盟、东南部非洲共同市场（总部设在卢萨卡）、南部非洲发展共同体成员国，重视上述地区组织和“非洲发展新伙伴计划”在解决冲突、促进地区团结、实现经济增长等方面的作用。积极参与地区事务，将地区合作和政治、经济一体化置于优先地位，关注非洲地区和平与发展。（刘同惰）

乍 得

国名 乍得共和国（The Republic of Chad，La République du Tchad）。

面积 128.4万平方公里。

人口 1740万（2022年）。全国共有民族256个。北部、中部和东部居民主要是阿拉伯血统的柏柏尔族、瓦达伊族、图布族、巴吉尔米族等，约占全国人口的45%；南部和西南部的居民主要为萨拉族、马萨族、科托科族、蒙当族等，约占全国人口的55%。官方语言为法语和阿拉伯语。南方居民通用苏丹语系的萨拉语，北方通用乍得化的阿拉伯语。居民中58%信奉伊斯兰教，18%信奉天主教，16%信奉基督教新教，4%信奉原始宗教，其余信奉其他宗教或不信教。

首都 恩贾梅纳（N’Djamena），原名“拉密堡”（Fort-Lamy），1973年9月5日改为现名，人口153.3万（2022年）。最高气温42℃（4月），最低14℃（12月）。

国家元首 穆罕默德·伊德里斯·代比·伊特诺（Mahamat Idriss Deby Itno），军事过渡委员会主席，代行总统职权。

重要节日 独立日（国庆日）：8月11日；自由民主日（即代比执政日）：12月1日。

简 况

位于非洲中部、撒哈拉沙漠南缘，系内陆国。东邻苏丹，南与中非、喀麦隆交界，西与尼日利亚和尼日尔为邻，北接利比亚。北部属沙漠或半沙漠气候，中部属萨赫勒热带草原气候，南部属热带稀树草原气候，全年高温炎热。除北部高原山地外，大部分地区年均气温27℃以上，北部可达29℃。

早期居民为萨奥人，“萨奥文化”是非洲文化宝库的重要组成部分。9—17世纪先后建立加涅姆-博尔努帝国、瓦达伊王国和巴吉尔米等穆斯林王国。1902年沦为法国殖民地，1910年成为法属赤道非洲的一个领地。1911年，部分领土被法出让给德国以换取德承认法对摩洛哥的“保护”。第一次世界大战后重归法国。1946年成为法海外领地。1957年初成为“半自治共和国”。1958年11月28日成为“法兰西共同体”内的“自治共和国”。1960年8月11日宣告独立，弗朗索瓦·托姆巴巴耶任国家元首。1975年后，政权几经更迭，政局持续动荡。1982年6月，侯赛因·哈布雷攻占首都，并出任总统。1989年4月，乍武装部队总司令伊德里斯·代比·伊特诺等人与哈布雷决裂，并于1990年3月创建爱国拯救运动（简称“爱拯运”）。同年12月，代比推翻哈布雷政权，出任国务委员会（临时政府）主席、国家元首，1991年3月4日就任总统。

政 治

代比执政后，实行多党制。1993年初，乍得召开了由各党派参加的最高全国会议，确立过渡机制。1996年3月，乍举行全民公决通过新宪法。6月，举行总统选举，代比胜出。1997年3月，乍举行立法选举，爱拯运获议会绝对多数。2001年5月和2002年4月，代比和爱拯运分别再度赢得总统大选和立法选举。2005年，反政府武装死灰复燃并迅速发展壮大，活跃在东部与苏丹交界地区，并屡次西进。2006年5月，乍举行总统大选，代比在反对党集体抵制的情况下胜选连任。12月，主要反政府武装之一“变革联合阵线”归顺政府。2007年8月，爱拯运等总统多数派政党与18个反对党签署政治协议，宣布实现和解。2008年1月底至2月初，反政府武装联军自东部发动攻势，曾一度占领首都恩贾梅纳大部分市区。2009年，乍8支主要反政府武装组成反政府武装联军“抵抗力量联盟”并与政府军交战。2011年1月，乍举行独立50周年暨第20个自由民主日纪念活动。2月和4月，乍分别举行议会和总统选举，爱拯运赢得议会绝对多数席位，代比以83.59%的得票率再次连任总统。2016年4月，代比在总统大选首轮投票中以59.92%的得票率第五次胜选连任。2019年1月，乍反政府武装发动自2008年以来最大规模行动，后被击溃。2021年4月，盘踞在利比亚的乍反政府武装对乍北部地区发动袭击，代比亲率重兵清剿，被反政府武装击伤，不治身亡。此后，法军支持乍方对乍反政府武装持续发动空中和地面打击，令其遭受重创。

【宪法】独立后第一部宪法于1962年4月制定。1993年4月4日，乍得最高全国会议通过了《过渡时期宪章》，作为过渡时期临时宪法。1996年3月31日，举行全民公决，通过新宪法，规定总统是国家元首，通过直接普选产生，任期5年，可连任两届。总理为政府首脑，负责执行部长会议通过的国家政策。议会由国民议会和参议院构成，行使立法权。2005年6月，乍得举行全民公决通过宪法修正案，取消对总统连任次数和年龄的限制，将参议院改为由总统任命的经济、社会和文化理事会。2018年5月4日，颁布新宪法，规定总统是国家元首和政府首脑，有权任命政府成员，颁布法律和法令，宣布紧急状态。总统通过直接普选产生，任期6年，可连选连任一次。代比去世后，乍颁布《过渡宪章》。宪章规定，过渡期国家领导机构由军事过渡委员会、全国过渡理事会、过渡政府组成。过渡期18个月，经全国过渡理事会多数理事表决同意后可延长1次。《过渡宪章》在新宪法公投通过后失效。

【议会】国民议会是最高立法机构。共有188个议席，任期5年。本届国民议会于2011年2月13日选出，5月6日进行补选，6月20日选举爱拯运总书记阿鲁恩·卡巴迪（Haroun Kabadi）为议长。各党派在国民议会中所占席位如下：爱拯运118席，争取发展与革新全国同盟7席，争取民主进步联盟9席，争取革新与民主同盟8席，乍得全国民主同盟8席，争取共和行动阵线4席，争取民主进步全国联盟VIVA派4席。2021年4月代比去世后，穆罕默德出任国家元首，宣布解散议会。2021年9月，乍宣布组建国家过渡理事会代行国民议会职能。

【政府】过渡政府于2021年5月进行改组，共41人，包括总理、国务部长1人、部长30人、国务秘书8人、政府副秘书长1人。主要有总理帕希米·帕达克·阿尔贝（Pahimi Padacket Albert），全国和解与对话国务部长阿谢赫·伊本·乌玛尔（Acheikh Ibn Oumar），外交、非洲一体化和海外侨民事务部长谢里夫·穆罕默德·泽内（Cherif Mahamat Zene），司法、掌玺和人权事务部长穆罕默德·艾哈迈德·阿拉博（Mahamat Ahmat Alhabo），总统府负责国防、老兵和战争受害者事务部长级代表达乌德·亚亚·卜拉辛（Daoud Yaya Brahim），新闻部长兼政府发言人阿卜德拉曼·库拉马拉（Abdraman Khoulamallah），财政和预算与公共账户部长塔伊尔·哈米德·吉兰（Tahir Hamid Nguilin），领土及地方分权部长穆罕默德·贝希尔·谢里夫（Mahamat Bechir Cherif），农业发展部长卡穆格·内·德内–阿苏姆（Kamougue Nee Dene-Assoum，女），基础设施和改善地区交通部长帕塔莱·热奥（Patalet Geo），妇女、家庭和儿童保护部长阿米娜·普里希尔·隆戈（Amina Priscille Longoh，女），邮政和数字经济部长伊德里斯·萨利赫·巴沙尔（Idriss Saleh Bachar），职业培训和小手工业部长伊莎贝尔·乌斯娜·卡西雷（Isabelle Housna Kassire，女），公职、劳动和社会协商部长布拉·穆罕默德（Brah Mahamat），交通和道路安全部长法蒂姆·古库妮·韦戴（Fatime Goukouni Weddeye，女），贸易和工业部长阿里·加达·康帕尔（Ali Djadda Kampard），城市和乡村水利部长阿里欧·阿卜杜拉·易卜拉欣（Alio Abdoulaye Ibrahim），环境、渔业和可持续发展部长穆罕默德·拉齐纳（Mahamat Lazina），公共安全和移民事务部长伊德里斯·多科尼·阿迪克（Idriss Dokony Adiker），卫生和国民团结部长阿布杜勒马德吉·阿布德拉伊姆（Abdoulmadjid Abderahim），青年、体育和促进企业创新部长马穆德·阿里·塞伊德（Mahmoud Ali Seid），土地管理、住房发展和城市化部长穆萨·巴特拉基（Moussa Batraki），高等教育、科研和创新部长阿里·韦伊杜（Ali Weidou），石油和能源部长杰拉塞姆·勒贝马杰尔（Djerassem Le Bemadjiel），国民教育和公民促进部长莫格纳·吉乌姆塔（Mogna Djihoumta），经济、发展规划和国际合作部长穆罕默德·哈米德·库阿（Mahamat Hamid Koua），民航和国家气象部长伊桑·塔伊尔（Hissein Tahir），旅游发展和手工业部长穆妮拉·阿萨巴拉（Mounira Hassaballah，女），矿业和地质部长阿卜杜勒–卡里姆·穆罕默德·阿卜杜勒–卡里姆（Abdelkerim Mahamat Abdelkerim），畜牧和肉制品部长阿卜杜勒–拉希姆·阿瓦特·阿泰卜（Abderahim Awat Atteib），文化和多样性推广部长恩杜戈娜·博卡瑟·蕾拉德吉姆（Ndougona Bokasse Reradjim，女）等。

【行政区划】根据2018年8月通过的全国行政区划改革方案，全国划分为23个地区、95个省、365个市镇。

【司法机构】司法体系由最高法院、上诉法院、初审法院组成。最高法院是最高司法机构，包括司法法庭、行政法庭、宪法法庭、审计法庭和特别法庭，由43名成员组成，院长由总统以法令形式任命，每届任期7年。

【政党】1991年9月，乍得实行多党制。目前有240余个合法政党，主要有：

（1）爱国拯救运动（Mouvement Patriotique du Salut，MPS）：简称“爱拯运”。执政党。1990年3月11日成立，原为反哈布雷的政治、军事组织。其政治纲领是：主张多党民主，发展混合经济；捍卫民族团结和领土完整；对外奉行独立自主、睦邻友好、不干涉别国内政和不结盟政策，遵守联合国和非盟宪章，同一切爱好和平、正义的国家发展友好合作关系。该党设全国代表大会、中央委员会和执行局，在全国各地均有基层组织。全国代表大会是最高权力机构，每两年举行一次会议。中央委员会是最高执行机构，执行局是中央委员会常设机构，现有40名成员。应2/3以上中央委员要求可召开全国特别代表大会。2021年6月，爱拯运在原总书记巴达缺席且反对的情况下，召开第10届全国特别代表大会，推举原国民议会议长阿鲁纳·卡巴迪（Haroun Kabadi）为新任总书记。

（2）争取发展与革新全国同盟（Union Nationale pour le Développement et le Renouveau，UNDR）：反对党。1992年7月21日取得合法地位。主张维护国家和平、团结，实现民族和解；建立一支真正全国性的职业化军队；发展社会经济、农业、畜牧渔业、水电、交通、旅游和手工业；实行地方分权，让妇女和有能力的人参加国家管理；发展教育卫生事业；实现粮食自给等。主席为萨莱赫·凯布扎博（Saleh Kebzabo），曾任第一届过渡政府的贸工部长、乍新社社长，《恩贾梅纳周刊》的创始人。2007年参与政治和解进程。该党曾为第一大反对党，作为时任乍得反对派领袖的凯布扎博在2016年4月总统选举中得票率12.77%，位居第二。2019年4月，由于该党1名议员加入爱拯运，该党议会席位减少为7个，少于争取革新与民主同盟，失去第一大反对党地位。2021年，UNDR的2名党员进入过渡政府，分别担任农业发展部长、畜牧和肉制品部长。

（3）争取民主进步联盟（Rassemblement pour la Démocratie et le Progrès，RDP）：参政党。1992年3月10日取得合法地位。创始人洛尔·马哈马特·舒瓦，曾任国家元首和过渡时期最高委员会主席。1997年12月，该党与爱拯运签署合作协议。2001年总统大选中支持代比。2003年12月，舒瓦宣布解除与爱拯运的联盟关系。2007年8月，参与国内和解进程，签署“8·13和解协议”。现任党主席为穆罕默德·阿拉胡·塔希尔（Mahamat Allahou Taher）。目前，该党在国民议会中拥有9席。

此外，乍其他党派还有争取共和行动阵线、争取民主进步全国联盟VIVA派、争取革新与民主同盟、乍得全国民主同盟、乍得争取发展运动。

【重要人物】穆罕默德·伊德里斯·代比·伊特诺：军事过渡委员会主席。1984年出生于恩贾梅纳。军人出身，多次参与打击反政府武装等军事行动。2021年4月，其父代比在第6次当选总统次日牺牲，穆罕默德·伊德里斯·代比·伊特诺领导成立军事过渡委员会，代行总统职权。

经　济

农牧业国家，经济落后，系最不发达国家。近年来，乍得政府大力推行旨在提高人民收入水平的宏观经济政策和国家减贫战略，加强和改善财政管理，有效控制财政支出，维持收支平衡；重点加大对基础设施建设、农村发展、医疗卫生、能矿开发、教育、通信等优先发展领域的资金投入，努力发展经济，减少贫困，改善民生。同时加强经济立法，鼓励工商、农牧业发展，采取切实措施平抑物价，打击投机倒把和偷税漏税，取得一定成效。2022年主要经济数据如下：

国内生产总值：129.5亿美元。

人均国内生产总值：754美元。

国内生产总值增长率：3.1%。

货币名称：中非金融合作法郎（简称“中非法郎”）。

汇率：1美元≈604中非法郎。

通货膨胀率：5.3%。

【资源】矿产资源较丰富，但大多尚未开采。主要矿产有天然碱、石灰石、白陶土和钨、锡、铜、镍、铬等。1970年以来，乍得湖塞迪吉地区、多巴盆地和瓦达伊盆地均发现石油。

【工业】乍得工业以食品加工为主，饮料工业由乍得啤酒公司垄断。全国有22家棉花加工厂，总加工能力为18.8万吨。另有一些纺织、卷烟、面粉、制糖、农机制造等中小企业。乍电力供应不足，电价昂贵，受电力不足和资金短缺等困扰，乍工业发展困难较多。中资企业在乍建成水泥厂和炼油厂，帮助乍工业实现突破。

【农业】乍得是传统农牧业国、非洲四大产棉国之一和中部非洲地区主要畜产国。全国可耕地面积3900万公顷，已开发450万公顷。乍得湖平原和南部地区是主要农业区。主要粮食作物有高粱、玉米和小米，还有少量稻米和小麦等，粮食大部分依赖进口。农村人口占全国人口的70%以上。其他经济作物有烟草、花生、芝麻、甘蔗和阿拉伯树胶等。

【服务业】20世纪80年代以来，乍商业、交通、电信、金融等服务性行业逐步发展。全国20%的人口从事服务业，主要集中于交通运输业和公共领域。

【交通运输】乍为内陆国，无铁路，主要靠公路运输。

公路：据世界经济论坛2020年《全球竞争力报告》道路质量指数显示，2019年，乍公路总长3200公里，道路质量在非洲国家中排名最末，较上年的第34位进一步下滑。

水运：主要集中于沙里河和洛贡河，内河航道总长4830公里，其中2000公里河段能四季通航。出海须经喀麦隆杜阿拉港（距恩贾梅纳1970公里）或尼日利亚的哈科特港（距恩贾梅纳1700公里）转运。

空运：乍得航空拥有4条国内航线（阿贝歇、蒙杜、萨尔和法亚–拉若）和5条邻国航线（杜阿拉、班吉、尼亚美、卡诺和喀土穆），计划以联通国内主要城市为起点，逐步向非洲国家扩大服务范围，最终将扩展到中东和欧洲等目的地。目前，在乍得有14家航空公司（含2家货运公司）开展业务，其中法国、喀麦隆、苏丹、埃塞俄比亚、土耳其、摩洛哥、埃及、赤道几内亚和科特迪瓦航空公司等有定期航班飞往乍得。

【财政金融】随着石油开发不断推进，乍得财政收入逐年增加。但由于近年国际油价低迷，反恐支出上升较快，乍得政府财政状况严峻。外汇储备约为3.1亿美元。（资料来源：世界银行）

货币发行受中部非洲国家银行掌控。金融市场不健全，贷款利率较高，居民储蓄率低。现有乍得发展银行、乍得国际农业银行、乍得信贷银行、法国兴业银行乍得分行、子午线银行集团西非国家银行乍得分行、财政银行、苏丹商业银行乍得分行、乍得阿拉伯利比亚银行和萨赫勒—撒哈拉投资商业银行乍得分行等9家商业银行。

【对外贸易】2003年起原油成为第一大出口商品，畜产品和棉花是乍传统出口商品，主要进口石油制品、化工、机电产品、建筑材料、汽车、纺织品、食品、药材等。主要出口对象国是中国、阿联酋、印度、美国，主要进口来源国是中国、喀麦隆、法国、美国。近几年外贸情况如下（单位：亿美元）：

	2018	2019	2020
出口额	31.6	32.05	21.55
进口额	25.5	26.66	24.91
差　额	6.1	5.39	–3.36

（资料来源：世界贸易组织）

【外国援助】外援在财政收入和预算中占很大比重。主要来自美国、法国、德国、瑞士以及联合国、欧盟和非洲开发银行等。近年来，乍得平均每年接受外援4亿—5亿美元。

人民生活

乍被联合国列为最不发达国家。2019年，乍男性和女性人均寿命分别为53岁和56岁，15—60岁男女死亡率分别为38.1%和33.8%。2018年，乍新生儿死亡率为3.4%，1岁以下婴儿死亡率为7%，5岁以下儿童死亡率为11.8%。目前，乍得全国共有429个医疗卫生设施，每1000人拥有0.4个床位。全国综合性医院仅有7所，恩贾梅纳市有4所，另外3所分布在东南部的3个城市。据乍得卫生部门统计，平均28466人拥有1名医生，远低于世界卫生组织制定的每万人配一名医生的标准。乍得常见病有疟疾、伤寒、霍乱、脑膜炎、黄热病、腹泻、痢疾、麻疹和艾滋病。

军　事

1991年1月，代比总统将全国武装部队改编为乍得国民军。全国共划分为10个防卫区。实行义务兵役制，服役期一年半。目前，乍得武装力量共4.5万人，其中国民军约28500人、宪兵7000人、警察和游牧警卫队9500人。

文化教育

【教育】乍是撒哈拉以南非洲文化教育水平较低的国家。小学与中学入学率分别为98.5%和29%。高等教育主要由恩贾梅纳大学、费萨尔国王大学、蒙杜大学、蒙杜商业技校、阿贝歇科技学院、萨尔赫天文和环境学院等提供，全国共有在校大学生约4万人。

【新闻出版】全国有35家报社，多数为私人所有。《进步报》为发行量最大的日报，每日发行量约3万份。较有影响的报刊还有《恩贾梅纳半周刊》《观察家》等。

乍得新闻社：国家通讯社，成立于1966年。

乍得国家广播电台：1965年成立，主要用法语、萨拉语、阿拉伯语广播。

乍得国家电视台：1987年12月成立，节目覆盖首都和乍西南部地区，用法语和阿拉伯语播放节目。

对外关系

奉行独立自主、务实的全方位外交政策，强调维护国家统一、主权和领土完整，保持稳定的周边环境；支持非洲团结，致力于加强同西方大国和国际金融机构的关系；重视发展同阿拉伯国家及非洲国家的关系。系2014—2015年度联合国安理会非常任理事国、2016年度非盟轮值主席国。2017年1月，乍得前总理兼外交部长穆萨·法基·穆罕默德当选新一届非盟委员会主席，任期4年，并于2021年2月成功连任。2021年11月，希塞因·易卜拉欣·塔哈当选伊斯兰合作组织秘书长。

【同中国的关系】1972年11月28日，中乍两国建交。1997年8月12日，乍得政府违背中乍建交公报原则，与台湾当局“复交”，中国政府宣布中止同乍得的外交关系。2006年8月6日，中国外交部长李肇星与乍得外交部长阿拉米在北京签署两国关于恢复外交关系的联合公报。

2018年6月，中共中央政治局委员、重庆市委书记陈敏尔访问乍得。9月，代比总统出席中非合作论坛北京峰会。

据中国海关总署统计，2022年，中乍双边贸易额为13.68亿美元，同比增长143.8%。其中，中国出口额为2.82亿美元，同比减少22.5%；中国进口额为10.86亿美元，同比增长451.6%。中国主要进口原油和棉花，出口机电产品、化工产品等。

中国驻乍得大使：李津津，王晰宁（2022年9月以后）。馆址：BOULEVARD MAHAMAT KHAMIS DJONGOS，DEUXIEME ARRONDISSEMENT，N’DJAMENA，REPUBLIQUE DU TCHAD。电话：00235–22524457。

乍得驻华大使：迈蒂纳·朱恩贝（Maïtine Djoumbé）。馆址：北京市朝阳区塔园外交公寓4号楼2单元4层。电话：010–85323822；传真：85322783。

【同法国的关系】乍得与法国关系密切，两国签有财政、经济、文化、教育和军事等一系列合作协定。法有100多名专家在乍政府主要部门工作，在乍侨民超过1600人。法在乍设有军事基地，驻军1200人。法军向乍政府军提供情报和后勤支持，并曾协助其击退叛军对首都的进攻。苏丹达尔富尔危机爆发后，法派200名军人赴乍苏边境执行人道救援任务。法公司几乎承包了全部乍喀石油管道建设工程。2020年1月，代比总统赴法出席法国与萨赫勒五国集团峰会。同月，法国防长帕利访问乍得。2021年4月，法国总统马克龙出席代比葬礼。11月，穆罕默德赴法出席第4届巴黎和平论坛和利比亚问题国际会议。2022年2月，穆罕默德访问法国。5月，穆罕默德同法国总统马克龙通电话祝贺其成功连任。

【同美国的关系】乍得与美国1961年建交。美现为乍第一大援助国、第一大出口目的地国。美石油公司参与乍得石油开发，有2000多名美石油技术人员在乍工作。美不定期向乍派遣军事顾问团为乍进行军事、反恐培训，并在乍派有和平队。美乍签有司法信息管理和人员培训援助协议和民用航空安全司法合作协议。2020年2月，乍军参加美军非洲司令部举办的"燧发枪"军事演习，共有16个西方国家和15个非洲国家参演。2022年3月，美国负责非洲事务的副国务卿莫莉·菲访问乍得。2022年12月，穆罕默德总统赴美国出席第二届美非峰会。

【同苏丹的关系】乍得与苏丹曾长期友好，苏丹达尔富尔问题爆发后，乍苏关系出现波折。两国一度断绝外交关系，并处于"交战状态"。在利比亚等国斡旋下，双方于2010年1月签署两国关系正常化协议。2010年2月，乍得总统代比访苏。7月，苏丹总统巴希尔出席在乍举行的"萨赫勒—撒哈拉国家共同体"首脑会议。2018年4月，代比总统赴苏丹与苏丹总统巴希尔共同出席乍苏边境发展和安全会议闭幕式。2019年1月，代比总统在喀土穆技术经停期间会见苏丹总统巴希尔。同月，苏丹副总统凯比尔访乍。4月，代比总统访问苏丹。5月，代比总统在赴沙特出席第14届伊斯兰合作组织首脑峰会期间会见苏丹过渡军事委员会主席布尔汉。6月，苏丹过渡军事委员会主席布尔汉访问乍得。8月，代比总统赴喀土穆出席苏丹过渡军事委员会同主要反对派签署《政治宣言》等文件仪式。11月，苏丹主权委员会副主席达加洛访问乍得。12月，苏丹过渡政府总理哈姆杜克访问乍得。2022年3月，穆罕默德会见苏丹过渡主权委员会主席布尔汉。

【同利比亚的关系】乍得与利比亚因领土争端等问题曾长期不和。1994年2月3日，国际法院将乍利争议领土"奥祖地带"裁决归乍后，乍利关系改善并不断发展。双方签署了《乍利睦邻、友好与合作条约》及多项合作协定。2018年7月，利民族团结政府总理萨拉杰访乍。2019年7月，代比总统会见利比亚联合政府总理萨拉杰，双方就和平解决利比亚危机进行了磋商。2022年1月，穆罕默德会见利比亚过渡政府总理德贝巴。

【同中非关系】1997年1月，乍得派兵参与了在中非的维和行动。2001年11月，中非前总参谋长弗朗索瓦·博齐泽流亡乍得后，两国关系持续紧张，多次发生边界冲突。2003年博齐泽武装夺取中非政权后，两国关系迅速改善。博齐泽总统几乎每年均访乍。2012年底中非局势动荡后，乍积极参与调解中非危机。2019年4月，乍外长谢里夫赴中非出席中非国际援助组织会议。12月，中非外长拜波赴乍出席两国合作混委会会议。2021年5月，中非政府军袭击乍得前沿哨所，造成乍军人员伤亡。事发后，中非外交部长、国防部长等紧急访乍，双方表示将尽快查明事件原委，避免再次发生类似事件。

【同其他非洲国家的关系】乍得是非洲联盟、中部非洲经济与货币共同体、中部非洲国家经济共同体、萨赫勒—撒哈拉国家共同体、尼日尔河流域国家组织、乍得湖盆地委员会等非洲区域性组织的成员。乍得重视发展同邻国及其他非洲国家的友好合作关系，积极参加地区合作。 （孟亚斐）

中非

国名 中非共和国（The Central African Republic, La République Centrafricaine）。

面积 62.3万平方公里。

人口 511.9万（2022年）。全国共有60多个民族，主要有巴雅族、班达族、班图族、桑戈族等，其中巴雅族人数最多，班达族分布最广。官方语言为法语、桑戈语。约50%的居民信奉基督教，约15%信奉伊斯兰教，其余信奉原始宗教。

首都 班吉（Bangui），人口约93万（2022年）。最炎热的月份是2月，气温21℃—34℃；最凉爽的月份为7—8月，气温21℃—29℃。

国家元首 总统福斯坦·阿尔尚热·图瓦德拉（Faustin Archange Touadéra），2016年2月当选，2021年1月连任。

重要节日 独立日：8月13日；国庆日：12月1日。

简况

位于非洲大陆中部，系内陆国。东接苏丹、南苏丹，南接刚果（布）、刚果（金），西连喀麦隆，北邻乍得。北部属热带草原气候，南部属热带雨林气候，年均气温26℃。5月至10月为雨季，11月至次年4月为旱季。

公元9—16世纪，曾建立班加苏、腊法伊和宰米奥等三个部落王国。1891年沦为法国殖民地。1910年被划为法属赤道非洲领地，称乌班吉沙立。1958年12月1日成立自治共和国。1960年8月13日宣告独立，成立中非共和国。1976年12月成立中非帝国。1979年9月废除帝制，恢复共和。1991年实行多党民主制。1993年9月，昂热-菲利克斯·帕塔塞在首次多党大选中当选总统，并于1998年连任总统。2003年3月，前总参谋长弗朗索瓦·博齐泽·杨古翁达率部攻占班吉，推翻帕塔塞政权并就任总统。2005年当选总统，2011年连任总统。

政　治

2012年12月，"争取团结民主力量联盟"等数支反政府武装组成联盟"塞雷卡"，连续攻占北部和中部多座城市，中非安全形势恶化。3月24日，"塞雷卡"武力推翻博齐泽政权。根据中部非洲国家经济共同体特别峰会决议，中非全国过渡委员会于4月12日成立，宣布启动18个月的过渡期，"塞雷卡"领导人乔托迪亚当选过渡期国家元首，原全国联合政府总理尼古拉·蒂昂盖伊留任。2014年1月，乔托迪亚和蒂昂盖伊在中共体特别峰会上辞职。中非过渡委选举卡特琳娜·桑巴-庞扎（女）为过渡国家元首。7月，中非全国和解与对话论坛在刚果（布）首都布拉柴维尔举行，中非各武装和政治派别、公民社会和宗教团体代表出席并签署停火协议。9月，联合国中非共和国多层面综合稳定团（MINUSCA）接管非盟部队在中非维和任务。2015年12月30日和2016年2月14日，中非分别举行总统选举首轮和第二轮投票，中非前总理、独立候选人图瓦德拉在第二轮投票中以62.7%的得票率当选总统。2019年2月，在非盟主导和联合国支持下，中非政府同境内全部14个武装团体签署和平协议。2020年12月27日中非总统和立法选举前，中非各派展开激烈博弈，并爆发武装冲突。在国际社会特别是联合国维和部队支持下，大选最终如期平稳举行，现任总统图瓦德拉首轮胜出，实现连任。

【宪法】2013年3月博齐泽政权被推翻后，宪法被废除。7月，过渡委员会审议通过《过渡宪法草案》，过渡国家元首乔托迪亚签署法令，宣布《过渡宪法》生效。2015年12月13日，中非举行新宪法全民公投，新宪法以93%的支持率获通过。

【议会】由国民议会和参议院组成，二者共同行使立法权。参议院迄今尚未成立。国民议会议员由直接普选产生，任期为5年。2020年12月27日举行立法选举首轮投票，2021年3月23日和7月25日举行补选。2021年5月5日，前总理、执政党"团结一心运动党"（MCU）全国执行总书记萨兰吉当选议长。

【政府】本届政府于2022年2月改组，共32名成员，包括：政府总理兼经济、计划和合作国务部长菲利克斯·莫卢瓦（Felix Moloua），司法、人权促进、良政和掌玺国务部长阿尔诺·朱贝·阿巴泽内（Arnauld Djoubaye Abazene），解武、复员、安置、遣返及和平和解政治协议后续国务部长让·维利比罗-萨科（Jean Willybiro-Sako），交通和民航部长贡特朗·乔诺-阿哈巴（Gontran Djono-Ahaba），国防和军队重建部长克洛德·拉莫·比罗（Claude Rameaux Bireau），外交、法语国家事务和海外侨民部长茜尔维·拜波·泰蒙（Sylvie Baïpo Témon，女），内政公安部长米歇尔·尼凯斯·纳桑（Michel Nicaise Nassin），财政和预算部长埃尔韦·恩多巴（Hervé Ndoba），数字经济与邮电部长朱斯坦·古尔纳-扎克科（Justin Gourna-Zacko），国家教育部长穆卡达斯·努尔（Moukadas Noure），人道主义行动、民族团结与和解部长维尔日妮·姆拜夸（Virginie Mbaïkoua，女），环境和可持续发展部长蒂埃里·卡马什（Thierry Kamach），公共卫生部长皮埃尔·索姆塞（Pierre Somse），新闻和媒体部长兼政府发言人塞尔日·吉兰·乔里（Serge Ghislain Djorie），促进青年、体育和公民教育部长阿里斯蒂德·白里安·勒博亚斯（Aristide Briand Reboas），公职与行政改革部长马塞尔·吉马斯（Marcel Djimasse），政府秘书处事务与共和国机构关系部长马克西姆·巴拉卢（Maxime Balalou），设备与公共工程部长吉斯马拉·哈姆扎（Guismala Hamza），工商部长姆布瓦·内·莱娅·科亚苏姆-杜姆塔（Mboua née Léa Koyassoum-Doumta，女），能源发展和水力资源部长阿蒂尔·贝特朗·皮里（Arthur Bertrand Piri），河流、森林、狩猎和渔业部长阿明特·伊德里斯（Amit Idriss），畜牧业和动物卫生部长哈桑·布巴（Hassan Bouba），国土行政、权力下放和地方发展部长布律诺·雅庞德（Bruno Yapande），高等教育、科研和技术创新部长让·洛朗·西萨-马加莱（Jean Laurent Syssa-Magale），性别促进与妇女、家庭和儿童保护部长玛格丽特·拉马丹（Marguerite Ramadan，女），矿产和地质部长吕芬·贝纳姆-贝尔通古（Rufin Benam-Beltoungou），农业和农村发展部长埃里克·赫科斯-卡莫（Eric Rokosse-Kamot），中小企业、手工业和促进私营部门部长穆罕默德·拉万（Mohamed Lawan），艺术、文化和旅游部长樊尚特·玛丽亚·利昂内尔·珍妮弗·萨拉伊瓦-扬泽雷（Vincente Maria Lionele Jennifer Saraiva-Yanzere，女），城镇化、城市和人居部长妮科尔·恩奎（Nicole Nkoue，女），劳动、就业、社会保障和职业培训部长米歇尔·姆旺加（Michelle Mwanga），解武、复员、安置、遣返及和平和解政治协议后续部长级代表吉尔贝·图穆·德亚（Gilbert Toumou Deya）。

【行政区划】全国划分为16个省、1个直辖市（首都班吉），省以下设69个县。

【司法机构】原主要司法机构有宪法法院、最高法院、行政法院、审计法院、仲裁法院、普通法院和法庭等。2013年3月，"塞雷卡"武装夺权后，原司法审判机构被解散，目前正在逐步恢复重建。2015年6月，中非政府成立"中非特别刑事法庭"，负责调查审理中非2003年以来包括反人类罪和战争罪等严重违反人权的罪行。

【政党】1991年4月起实行多党制。目前全国有合法政党40多个，主要有：

（1）"团结一心运动"政党联盟（Mouvement

Coeurs Unis, MCU）：2018年11月，支持图瓦德拉总统的20多个政党和非政府组织组建“团结一心运动”（以下简称“运动”），选举产生由10人组成的全国执行局和20名全国书记，选举时任总理萨兰吉为全国执行书记，行使总书记职权。运动规定该组织为中间、民主、世俗和统一的政党联盟。

（2）劳动党（Parti KWA NA KWA，KNK）：原名“KNK全国联合会”（Convergence Nationale-KWA NA KWA），系博齐泽总统竞选口号，在桑戈语中意为“劳动，艰苦地劳动”。2004年12月为支持博齐泽参加总统选举成立，由支持博参选的中小政党、社会团体、民间协会和独立人士等组成。全国代表大会是最高决策机构，下设全国执行局，为最高领导机构。2009年8月更名为劳动党，博齐泽任党主席。2013年3月博齐泽政权被推翻后，该党丧失执政党地位。

（3）中非人民解放运动（Mouvement de Libération du Peuple Centrafricain，MLPC）：1978年成立，1981年取得合法地位。1993年党主席昂热–菲利克斯·帕塔塞（Ange-Félix Patasse）在首次多党选举中当选总统，该党成为执政党。2003年帕被博齐泽推翻后流亡国外。2007年6月，该党召开代表大会，前总理马丁·齐盖莱（Martin Ziguélé）当选党主席。2020年12月，齐盖莱在中非总统选举首轮投票中以7.46%的得票率位列第三。

（4）中非民主联盟（Rassemblement Démocratique Centrafricain，RDC）：1987年2月成立。创始人为前总统安德烈·科林巴（André Kolingba）。科林巴执政时期，该党曾是中非唯一合法政党。科林巴因病旅居巴黎后，该党分裂为正统派和革新派。2010年2月科林巴逝世后，纳孔波担任党主席。安德烈·科林巴之子德西雷·科林巴（Désiré Kolingba）2015年2月当选党主席，并作为该党候选人在2015年中非总统选举中以12.04%的得票率位列第三。

（5）中非复兴联盟（Union pour le Renouveau Centrafricain，URCA）：2013年10月成立。创始人兼党主席为前总理阿尼塞–乔治·多罗盖莱（Anicet-Georges Dologuélé），属于社会民主党阵营。2015年7月，该党召开第一次代表大会，多罗盖莱被推举为总统候选人。12月，多罗盖莱在总统选举第一轮投票中以23.74%的得票率位列第一，但在2016年2月第二轮投票中以37.3%的得票率败给图瓦德拉。2020年12月，多罗盖莱在总统选举首轮投票中以21.01%的得票率位列第二。

（6）民主进步联盟（Union Nationale pour la Démocratie et le Progrès，UNDP）：2014年7月正式成立。党主席米歇尔·阿米那（Michel Amine）于2014年11月在本党第一届代表大会上被推选为2015年总统选举候选人，但其提名2015年12月被中非过渡宪法法院判定无效。

（7）恢复民主人民军（Armée pour la Restauration de la Démocratie，APRD）：原反政府武装，现反对党。2005年12月成立，系亲前总统帕塔塞的武装力量。2008年5月，该武装与政府签署一揽子和平停火协议。12月成为合法政党。最高领导机构为政治局，党主席为前国防部长德马福特。

此外，其他政党还有争取进步爱国阵线、国家团结党、现代民主论坛、民主自由党、公民论坛、争取共和联盟等。

【重要人物】福斯坦·阿尔尚热·图瓦德拉：总统。1957年4月21日出生于班吉。曾获法国里尔第一科技大学和喀麦隆雅温得第一大学数学博士学位。曾任班吉大学理学院数学系助教，理学院副院长、院长，法语及印度洋国家教学计划协调国家间委员会成员及主席，班吉大学校长等职。2008年1月被博齐泽总统任命为总理，2013年1月卸任。2016年2月20日当选总统。在2020年总统选举首轮以53.16%的得票率胜出，2021年3月30日宣誓就职。

经　济

联合国公布的最不发达国家。经济以农业为主，工业基础薄弱，80%以上的工业品靠进口。木材、钻石、棉花、咖啡是经济四大支柱。20世纪90年代初曾3次同国际货币基金组织和世界银行达成协议，执行结构调整计划。因政局持续动荡，战乱不止，生产无法正常进行，经济形势不断恶化。博齐泽总统上台后，整顿林、矿业，严格审查并重新签发开采许可权，打击偷税漏税，整治贪污腐败，努力争取外援，取得一定成效。2008年，受国际金融危机影响，中非的木材、钻石出口收入下降。2009年6月，中非达到重债穷国减债倡议完成点，获得7.63亿美元债务减免。2012年底以来，中非局势再次动荡，经济遭受重创，政府财政极度困难。2016年图瓦德拉总统就职以来，重视经济发展，积极争取国际援助，重点发展农业，优先保障饮用水、能源、教育、卫生、交通等基础设施服务，鼓励私营企业发展带动青年就业，总体经济形势有所好转。2021年主要经济数据如下：

国内生产总值：25.27亿美元。

人均国内生产总值：527美元。

国内生产总值增长率：3%。

货币名称：中非金融合作法郎（简称“中非法郎”）。

汇率：1美元≈604中非法郎。

通货膨胀率：6.3%。

（资料来源：2022年第一季度《伦敦经济季评》、国际货币基金组织）

【资源】矿产主要是钻石（储量4000万克拉）。此外，还有铀（储量2万吨）、铁（储量350万吨）、黄金、铜、镍、锰、铬、锡、汞等。北部地区发现有石油。森林面积10.2万平方公里，约占全国面积的16%，可采面积2.8万多平方公里，木材储量约9000万立方米，盛产热带名贵木材。水力资源丰富。北部和东部有大象、犀牛等野生动物。

【工业】2020年工业产值占国内生产总值的16.7%。加工工业十分落后。工业企业主要集中于首都班吉，以生产进口替代产品为主。主要工业有：食品加工、机械组装（自行车、摩托车等）、日用化工、电力、卷烟、啤酒、纺织、皮革等。出口行业主要为木材、钻石、农产品。矿业目前限于钻石和黄金开采，以手工操作为主，近年来钻石年产量30多万克拉。2020年钻石出口额约为1030万美元。

【农业】2021年农业产值占国内生产总值的30.1%，全国从事农业的人口约180万。可耕地面积约510万公顷，已耕地约60万公顷。主要种植棉花、咖啡、木薯、花生、玉米等作物。林业一度发展较快，2000年超过钻石成为第一大出口创汇产业。2008年，中非政府出台《森林法》，要求木材企业在中非加工量必须达到70%，原木直接出口量不得超过采伐量的30%，并对未按期递交月度生产和出口报告的公司实施制裁。2020年木材出口额约9390万美元。

【交通运输】无出海口，亦无铁路，空运规模很小，主要靠公路和河运。

公路：总长24578公里，其中国家级公路5400公里，地方公路3910公里，乡村便道15268公里。由于遭受战乱及年久失修，多数道路状况不佳，在雨季更难以通行。

水运：内河航运对外贸起重要作用。全国共有内河航道7080公里。进出口物资多由水路经刚果（布）运输，乌班吉河（刚果河支流）是主要的国际运输线。班吉是全国最大的河港，年吞吐量约30万吨。

空运：有12个中型机场和50多个简易机场。年均客流量为10万人次。班吉姆波科为国际机场。有定期航班通往巴黎、杜阿拉、恩贾梅纳等地。

【财政金融】财政收入主要靠税收。局势陷入动荡后，政府财政收入大幅下滑。2022年政府收入预计为2.16亿美元、支出为4.80亿美元，外汇储备5.23亿美元。

【对外贸易】主要出口木材、钻石、咖啡、棉花和烟草，进口轻工、纺织、粮油食品和石油产品。2020年，中非主要出口对象国是法国、阿联酋、喀麦隆、中国、瑞士，主要进口来源国是法国、中国、喀麦隆、尼泊尔、丹麦。近几年进出口情况如下（单位：百万美元）：

	2020	2021
出口额	150.7	188.1
进口额	523.8	519.3
差　额	–373.1	–331.2

（资料来源：2022年第一季度《伦敦经济季评》）

【外国援助】法国是中非的最主要援助国之一，1997年以前每年向中非提供援助达6000万—9000万美元。1997年起，法对中非援助急剧下降至每年3000万美元左右，但仍占中非所获外援总额的30%左右。2021年以来，法同中非关系趋紧，暂停对中非部分援助。

人民生活

在2022年联合国公布的世界191个国家人类发展指数排名中列188位。人均寿命52.8岁。职工最低工资1.3万中非法郎，公职人员享受相当于工资10%的补贴。医疗卫生落后，全国仅有医疗机构786个，其中117家为私营，公共卫生从业人员3314名，其中护理人员1915名，平均每1.25万人拥有一名医生。65%的人口能在5公里范围内就医。平均1075人占有一张病床，首都和外省的医患比例分别为1：6000和1：90000。婴儿死亡率96.1‰。中非为疟疾和艾滋病高发区，2021年15—49岁成人艾滋病感染率为2.7%。

军　事

1960年独立后在法国帮助下创建军队，全国划分为4个军区。实行义务兵役制，服役期为2年。2018年7月，图瓦德拉总统任命泽菲林·马马杜（Zephirin Mamadou）上校为中非国防军总参谋长。

文化教育

【教育】大、中、小学均实行免费教育。2002—2003年的政局动荡影响了教育系统正常运作。2015年，中非成年人文盲率为63.2%，教育开支占国内生产总值的1.2%；小学入学率95.2%，中学入学率17.8%，大学入学率2.8%。全国共有6所大学。班吉大学是全国唯一的综合性大学，创办于1969年，有学生约7000人，设有法律、经济、文学、医学等专业，以及实用语言和数学教学研究所等。

【新闻出版】官方日报《桑戈阿非利加报》，1986年7月1日创刊，原称《团结报》，1994年7月17日改为现名，每日发行量约1000份。

中非新闻社：1974年5月建立。

中非广播电台：1958年12月建立。

中非电视台：建于1972年，每天播放4小时，只有首都班吉和姆拜基市可收看节目。

对外关系

奉行睦邻友好、不结盟和多元化外交政策，强调外交为本国利益服务。以争取外援为重点积极展开外交活动，积极发展与周边国家、西方国家及国际与地区组织关系。

【同中国的关系】1964年9月29日，两国建交。1966年1月博卡萨上台后，同中国断交。1976年8月20日，双方签署两国关系正常化公报。1991年7月8日，中非政府同台湾当局“复交”，中国与中非中止外交关系。1998年1月29日，两国签署联合公报，决定恢复大使级外交关系。复交以来，两国关系不断巩固和加强。

2018年9月，图瓦德拉总统出席中非合作论坛北京峰会。2019年4月，图瓦德拉总统在班吉会见到访的中国全国政协副主席郑建邦。

2021年11月，中非外交、法语国家事务和海外侨民部长拜波出席中非合作论坛第八届部长级会议，王毅国务委员兼外长同其会见。

据中国海关总署统计，2022年，中国与中非双边贸易额为0.77亿美元，同比减少5.1%。其中，中国出口额为0.52亿美元，同比增长15.2%；中国进口额为0.25亿美元，同比减少30.6%。中国主要出口机电产品，进口原木和锯材。

中国驻中非大使：陈栋。馆址：Avenue Des Martyrs Bangui, République Centrafricaine。电话：00236–21612760；传真：21613183。

中非驻华大使：前任大使让·皮埃尔·姆巴佐阿（Jean-Pierre Mbazoa）已于2021年底离任，截至2023年6月尚未任命新大使。馆址：北京市朝阳区塔园外交公寓1–1–132。电话：010–65327353；传真：65327354。

【同法国的关系】同法国保持传统的密切关系。独立后与法国签订10多个双边合作协定。法是中非主要援助国和经贸伙伴。2019年6月，中非国防部长科亚拉、国防军参谋长马马杜先后访法。9月，图瓦德拉总统访法并与法总统马克龙举行会晤。10月，图瓦德拉总统赴法出席全球防治艾滋病、结核病和疟疾基金会第六次筹资会议。

法曾在中非设有军事基地，1997年关闭。2006年10月，法派兵帮助中非政府军击退反政府武装，此后约230名法军长期驻扎中非。2012年底中非局势恶化后，法增兵350人，保护法和欧盟在中非侨民。2013年12月，在联合国安理会授权下，法向中非派兵1600人开展“红蝴蝶行动”，协助维持中非安全秩序和解除当地非法武装。2016年10月，法国防部长勒德里昂访问中非，正式宣布结束“红蝴蝶行动”，但法仍在中非部署约350人部队。2018年11月，法外长勒德里昂访问中非。2020年12月中非大选前，法总统马克龙两次与图瓦德拉总统通电话，并派出战斗机前往中非巡航，支持大选如期举行。

【同美国的关系】1960年同美国建交。美在中非有和平队员121人。2002年，美关闭了其驻中非使馆。2005年1月，美驻中非使馆重新开馆。7月，美驻中非使馆临时代办宣布与中非全面恢复合作关系，重开班吉美国文化中心。2007年3月，美负责非洲事务的助理国务卿舒瓦纳访问中非。8月，美向中非派驻大使。2011年11月，美向中非上姆博穆省派遣了特种兵，协助中非打击在中非境内活动的乌干达反政府武装“上帝抵抗军”。2014年1月，庞扎当选过渡国家元首后，美国务卿克里表示祝贺。2017年4月，在中断13年后，中非重返美国《非洲增长与机遇法案》受惠国行列。2019年4月，图瓦德拉总统访问美国。12月，图瓦德拉总统赴美会见美负责非洲事务的助理国务卿纳吉和国际货币基金组织总裁格奥尔基耶娃。2020年1月，美负责非洲事务的助理国务卿纳吉访问中非。2022年12月，图瓦德拉总统应邀参加第二届美非峰会。

【同俄罗斯的关系】1963年同苏联建交，1991年俄罗斯继承苏联同中非外交关系。2018年5月，图瓦德拉总统赴俄出席圣彼得堡国际经济论坛并会见俄总统普京。8月，中非国防部长科亚拉同俄国防部长绍伊古在莫斯科签署军事合作协议。2019年10月，图瓦德拉总统赴俄索契出席首届俄非峰会并会见俄总统普京。2020年10月，图瓦德拉总统赴俄会见俄外长拉夫罗夫。12月，中非大选前，俄根据双边防务协议向中非派出武装人员，为大选提供安全保障。2021年11月，图瓦德拉总统同俄总统普京通电话。

【同欧盟的关系】长期以来同欧盟保持良好关系。欧盟是中非的主要援助方之一，援助主要涉及和平安全、人道主义、社会发展等领域。2012年中非爆发危机以来，欧盟在法国推动下在中非实施了一系列军事行动。2014年4月，欧盟在中非部署约700人规模的部队，协助法军开展军事行动。2015年1月，欧盟向中非派遣一支由60名中高级军官组成的军事顾问团，协助中非方加强培训管理，推动安全部门改革。2016年7月，欧盟向中非派遣军事培训团，共170人，为期2年，主要任务是帮助重建中非国防军。同年11月，中非筹资会议在布鲁塞尔召开，图瓦德拉总统率团与会，欧盟作为会议主办方之一承诺出资4.5亿美元，用于支持中非未来3年解除武装、重建和平和经济发展。2018年7月，欧盟通过决议，将军事培训团任期延长至2020年9月19日。2020年10月，图瓦德拉总统应邀访问欧盟，会见欧盟理事会主席米歇尔。2022年2月，图瓦德拉总统应邀赴比利时布鲁塞尔出席第六届欧盟—非盟峰会。

【同乍得的关系】同乍得签有卫生、睦邻友好和反偷猎协定。2012年底中非局势动荡后，乍积极参与调解中非危机。2016年5月，图瓦德拉总统访乍。8月，图瓦德拉总统赴恩贾梅纳出席乍得总统代比就职仪式。11月，图瓦德拉总统访问乍得。2017年6月，图瓦德拉总统访问乍得。2021年5月，中非政府军袭击乍得前沿哨所，造成乍军人员伤亡。事发后，中非外交部长、国防部长等紧急访乍，研究避免再次发生类似事件。

【同加蓬的关系】重视发展与加蓬的友好合作关系。加已故总统奥马尔·邦戈曾积极调解中非国内矛盾，推动中部非洲经济与货币共同体向中非派遣维和部队，并派兵参与。2017年10月，中部非洲国家经济共同体中非问题部长级特别会议在加首都利伯维尔举行。2018年3月、6月，图瓦德拉总统两次访加。

【同刚果（布）的关系】同刚果（布）签有矿产开发协议，2012年底中非局势动荡后，刚果（布）积极参与调解中非危机。萨苏总统担任中非和平行动后续委员会主席。2018年8月，图瓦德拉总统访问刚果（布）。2019年9月，图瓦德拉总统赴刚果（布）出席第五届对非投资论坛。2020年4月，图瓦德拉总统访问刚果（布）。

【同苏丹的关系】同苏丹签有贸易、关税、领事和保护边界安全协定。2011年5月，中非、苏丹、乍得三国元首在苏丹首都喀土穆举行会晤，决定联手打击三国交界地区叛军，共同维护边境安全。2016年9月，图瓦德拉总统访问苏丹，并赴北达尔富尔州首府达希尔出席《多哈达尔富尔和平文件》签署5周年纪念仪式。其间，图瓦德拉总统与苏总统巴希尔、乍得总统代比举行三方会谈，就在边境地区部署联合部队等问题交换意见。2017年12月，图瓦德拉总统访问苏丹。2019年2月，图瓦德拉总统赴喀土穆见证中非政府与境内14支武装组织草签和平协议。

【同其他非洲国家及地区组织的关系】积极发展睦邻友好关系，努力为国家发展争取稳定的周边环境。重视中部非洲地区经济合作，是中部非洲国家经济共同体、中部非洲经济与货币共同体和大湖地区国际会议成员国。同刚果（金）签有双边防务协定。2020年1月，图瓦德拉总统访问安哥拉。2020年2月，图瓦德拉总统赴亚的斯亚贝巴出席第33届非盟首脑会议。2020年4月，图瓦德拉总统访问刚果（金）。6月，图瓦德拉总统访问布基纳法索。2021年1月29日，大湖地区国际会议在安哥拉首都罗安达就中非问题举行小型峰会，安哥拉、中非、刚果（布）、乍得等地区国家领导人出席。2021年8月，图瓦德拉总统访问卢旺达。

【同其他国家及国际组织的关系】2018年3月，葡萄牙总统德索萨访问中非。4月，图瓦德拉总统赴纽约出席联合国建设和平委员会中非问题高级别会议及安全部门改革会议。同月，图瓦德拉总统到访比利时，会见比利时首相米歇尔。2019年8月，图瓦德拉总统赴东京出席第七届东京非洲发展国际会议。9月，图瓦德拉总统赴西班牙出席和平论坛。同月，图瓦德拉总统赴纽约出席联大会议。2022年5月，图瓦德拉总统出席韩国总统尹锡悦就职典礼并访韩。9月，图瓦德拉总统赴纽约出席联大会议并发表讲话。（刘郅怿）

欧 洲

阿尔巴尼亚

国名 阿尔巴尼亚共和国（The Republic of Albania，Republika e Shqipërisë）。

面积 2.87万平方公里。

人口 279万（2022年）。其中，阿尔巴尼亚族占98%，少数民族主要有希腊族、罗马尼亚族、马其顿族、罗姆族等。官方语言为阿尔巴尼亚语。56.7%的居民信奉伊斯兰教，6.6%信奉东正教，10.1%信奉天主教。

首都 地拉那（Tirana），人口92万（2022年）。

国家元首 总统巴伊拉姆·贝加伊（Bajram BEGAJ），2022年7月就职，任期5年。

重要节日 国庆节暨独立日：11月28日；反法西斯解放日：11月29日。

简 况

位于东南欧巴尔干半岛西部，北部和东北部分别同黑山、塞尔维亚、北马其顿接壤，南部同希腊为邻，西临亚得里亚海，隔奥特朗托海峡同意大利相望。境内山地和丘陵占总面积的77%，平原占23%。森林覆盖率为36%，可耕地面积占24%，牧场占15%。海岸线长472公里。属亚热带地中海气候。降水量充沛，年均1300毫米。1月平均气温约5℃，7月约25℃。

1190年建立封建制公国。1415年起被奥斯曼帝国统治近500年。1912年11月28日宣布独立。第一次世界大战期间，被奥匈、意、法军占领。1925年建立共和国。1928年改行君主制，至1939年4月意大利入侵。第二次世界大战期间，先后被意、德法西斯占领。1944年11月29日全国解放。1946年1月11日成立阿尔巴尼亚人民共和国，1976年改称阿尔巴尼亚社会主义人民共和国。1991年改国名为阿尔巴尼亚共和国。

政 治

2022年6月，阿尔巴尼亚举行总统选举，时任阿军队总参谋长贝加伊少将当选，7月就职。社会党自2013年起连续执政，党主席埃迪·拉马（Edi RAMA）担任总理。2021年4月，阿举行议会选举，社会党再次获胜。9月，拉马连任总理。

【宪法】1998年11月，阿尔巴尼亚经全民公决通过新宪法。2008年修改宪法。宪法规定，阿尔巴尼亚为议会制共和国，实行自由、平等、普遍和定期的选举。总统为国家元首，由议会以无记名方式选举产生，每届任期5年，可连任一届。总统任命总理，根据总理提名任命政府成员。

【议会】国家最高权力机关和立法机构，实行一院制，任期4年。本届议会于2021年4月产生，9月就职，共140席，其中社会党74席、民主党领导的变革联盟59席、自由党4席、社会民主党3席。议长琳迪塔·尼科拉（Lindita NIKOLLA，女）。

【政府】称部长会议，任期4年。2021年9月成立新政府，有17名成员，名单如下：总理埃迪·拉马，副总理兼基础设施和能源部长贝琳达·巴卢库（Belinda BALLUKU，女），欧洲事务和外交部长奥尔塔·扎奇卡（Olta XHAÇKA，女），内务部长布莱达·楚奇（Bledar ÇUÇI），财政和经济部长戴莉娜·伊布拉希马伊（Delina IBRAHIMAJ，女），教育和体育部长埃维斯·库希（Evis KUSHI，女），司法部长乌尔西·马尼亚（Ulsi MANJA），企业保护国务部长埃多娜·比拉利（Edona BILALI，女），国防部长尼科·佩莱希（Niko PELESHI），农业和乡村发展部长弗里达·克里弗察（Frida KRIFCA，女），卫生和社会福利部长奥盖尔塔·马纳斯蒂尔利乌（Ogerta MANASTIRLIU，女），旅游和环境部长米雷拉·库姆巴罗（Mirela KUMBARO，女），文化部长埃尔娃·马加里蒂（Elva MARGARITI，女），青年和儿童国务部长博拉·穆扎奇（Bora MUZHAQI，女），服务标准国务部长米尔娃·埃科诺米（Milva EKONOMI，女），与议会关系国务部长埃莉萨·斯皮罗帕利（Elisa SPIROPALI，女），国务部长兼加入欧盟谈判首席代表马伊琳达·祖卡（Majlinda DHUKA，女）。

【行政区划】全国划分12个州，下辖61个市。

【司法机构】设宪法法院、最高法院、总检察院、上诉法院、地方法院。最高法院和各级法院行使审判权。最高法院院长和总检察院检察长由议会选举产生。最高法院代院长索科尔·萨杜什（Sokol SADUSHI），宪法法院院长维托蕾·图沙（Vitore TUSHA，女），总检察长奥尔西安·切拉（Olsian ÇELA）。

【政党】目前，阿尔巴尼亚有注册政党近50个。主要政党有：

（1）社会党（Partia Socialiste e Shqipërisë）：执政党。1991年6月12日成立。前身为阿尔巴尼亚劳动党。现有党员约15万人。政治上主张实行政治多元化和议会民主，建立法治国家；经济上主张以所有制多元化为基础的市场经济；外交上主张欧洲一体化，优先发展同美国关系，加强同巴尔干各国联系。

（2）民主党（Partia Demokratike e Shqipërisë）：在野党。1990年12月12日成立。现有党员约10万人。主张民主、人权，全盘私有化，建设自由市场机制。

（3）自由党（Partia e Lirisë）：前身为2004年9月成立的争取一体化社会运动党，2022年7月更为现名。

（4）社会民主党（Partia Socialdemokrate e Shqipërisë）：1991年4月成立。

【重要人物】巴伊拉姆·贝加伊：总统。1967年3月20日出生。地拉那大学医学博士。历任阿军队总参谋部卫生监察局局长、军队总医院院长、条令和训练司令部司令。2020年7月至2022年6月任总参谋长（少将）。2022年6月当选总统，7月就职。　**埃迪·拉马**：总理。1964年7月4日出生。毕业于地拉那艺术学院。社会党主席。1986年起在地拉那艺术学院任教。1996年任地拉那索罗斯基金会执行董事会成员。1998年任阿尔巴尼亚文化、青年和体育部长。2000年任地拉那市长。2003年加入阿社会党，2005年10月当选社会党主席。2013年9月出任总理，2017年9月和2021年9月连任。　**琳迪塔·尼科拉**：议长。女，1965年10月22日出生。地拉那大学公共管理学硕士。2007—2013年任地拉那市一区区长。2013—2019年任教育和体育部长。2021年9月出任议长。

经　济

20世纪90年代初开始由计划经济向市场经济过渡。近年来，阿尔巴尼亚经济保持稳定增长。2022年主要经济数据如下：

国内生产总值：189亿美元。

人均国内生产总值：6803美元。

国内生产总值增长率：4.8%。

货币名称：列克。

汇率：1美元≈107列克；1欧元≈121列克。

通货膨胀率：6.7%。

失业率：11.8%。

（资料来源：阿尔巴尼亚财政和经济部、国家统计局、阿中央银行、世界银行等，下同）

【资源】主要矿藏有石油、铬、铜、镍、铁、煤等。探明石油储量约4.37亿吨，铬矿储量3730万吨。水力资源较丰富。

【工业】主要工业部门有食品、纺织、木材、石油、水泥、采矿等。2020年工业增加值29.9亿美元，同比减少3.6%；2020年发电量5313吉瓦时，同比增长2%。

【农业】近年来，阿以发展有机农业为目标。耕地面积62万公顷。2021年主要农牧业产品产量为：蔬菜134万吨，谷物69万吨，马铃薯26万吨，芸豆2万吨，草料705万吨，橄榄11万吨。2021年主要牲畜养殖情况：牛34万头（奶牛28万头），绵羊148万头，山羊78万头，猪16万头。2020年阿农业增加值28.5亿美元。

【旅游业】近年来，阿政府将旅游业作为优先发展的产业。2022年，入境外国游客达754万人次，同比增长33%。

【交通运输】以公路运输为主，公路总里程约2.8万公里。实际运营铁路线总长为334公里。2022年，铁路客运量为1.1万人次，同比减少55.8%，铁路货运量为20万吨。全国共有都拉斯、发罗拉、萨兰达、申津4个海港。其中，都拉斯港是最大的海港，同意大利的里雅斯特港和巴里港通航。2022年，全国港口货物吞吐量380万吨，同比减少20.4%。全国建有地拉那特蕾莎修女国际机场和库克斯国际机场。2022年，阿航空客运量为524万人次，同比增长78.9%。

【电信业】根据阿尔巴尼亚电信和邮政局数据，截至2020年底，阿固定电话用户22万，手机用户262万。沃达丰移动公司、阿尔巴尼亚电信公司、Albtelecom电信公司为阿境内主要移动电话运营商。

【财政金融】2022年，阿财政收入5728亿列克，支出6510亿列克，财政赤字782亿列克。截至2022年，阿公共债务余额13784亿列克，约占国内生产总值的67%。外汇储备52.6亿美元，外债余额6458亿列克。

主要银行：阿尔巴尼亚银行为阿中央银行。目前，阿尔巴尼亚共有16家商业银行，均为私有银行，且绝大多数为外资银行。从存款规模看，市场份额最大的4家银行分别为国民商业银行、奥地利中央合作银行、Credins银行、联合圣保罗银行，占全国商业银行吸收存款总额的近70%。

【对外贸易】2022年，阿对外贸易总额134.5亿美元，同比增长23%。其中，阿方出口额45.6亿美元，同比增长32%；进口额88.9亿美元，同比增长18.7%，逆差43.3亿美元。主要出口商品：纺织品、鞋类、建材。主要进口商品：机械设备、食品、饮料、塑料。主要贸易伙伴：意大利、土耳其、中国。

【外国资本】2022年吸引外资13.7亿美元，前五大外资来源国分别为瑞士、荷兰、加拿大、意大利、土耳其。

【外国援助】2020年，外国向阿提供政府援助净额共计7676万美元。主要援助方有欧盟机构、德国、瑞士、美国等。

人民生活

2022年平均月工资6.2万列克，最低工资3.4万列克。

军　事

1992年，阿尔巴尼亚“人民军”改名为“国民军”，建军节为12月4日。最高军事指挥机关为总参谋部。阿军实行志愿兵役制，由陆军、海军、空军、支援司令部、条令和训练司令部组成，总员约12500人。2021年，阿尔巴尼亚国防预算2.4亿美元，约占国内生产总值的1.4%。国防部长佩莱希。阿军队总参谋长阿尔班·金吉（Arben KINGJI）。

文化教育

【教育】实行9年制义务教育，教育较为普及。全国有超过5000所学校，2021/2022学年学前教育注册学生72384人，9年制基础教育注册学生278138人，注册中学生103467人，高等教育注册学生123880人。公立高校15所，私立高校26所，地拉那大学是阿尔巴尼亚著名综合性大学。

【新闻出版】全国各种报刊约200余种，主要报刊有《全景报》《阿尔巴尼亚报》《当代报》《阿尔巴尼亚人报》《阿尔巴尼亚日报》《地拉那时报》等。

阿尔巴尼亚电讯通讯社为国家通讯社。目前，全国影响力较大的电视台有阿广电总台、Top Channel、TV Klan、Ora News，私营电台Top Albania Radio、+2 Radio等。

对外关系

阿奉行务实外交政策。优先发展同美欧等西方国家关系，将加入欧盟作为战略目标，重视改善和发展同邻国关系，积极参与区域合作和国际事务。2009年4月，阿尔巴尼亚加入北约。2014年6月获得欧盟候选国地位。2022年7月，欧盟正式同阿开启入盟谈判。阿尔巴尼亚已同150多个国家建立外交关系，向50多个国家和国际组织派出代表机构。

【同中国的关系】中阿两国于1949年11月23日建立大使级外交关系。1954年互设大使馆。近年来，双边关系发展顺利。2021年2月，阿尔巴尼亚总理拉马以视频方式出席中国—中东欧国家领导人峰会。6月，阿民主党主席卢尔齐姆·巴沙、社会党总书记陶兰特·巴拉分别就中国共产党成立100周年向习近平总书记致贺函。7月，阿社会党总书记巴拉以视频方式出席中国共产党与世界政党领导人峰会。10月，王毅国务委员兼外长访阿。2022年，阿社会党总书记达米安·吉克努里向中共二十大胜利召开致贺。

据中国海关总署统计，2022年，中阿双边贸易额为8.9亿美元，同比增长17.9%。其中，中国出口额为7亿美元，同比增长19.1%；中国进口额为1.9亿美元，同比增长13.3%。截至2021年底，中国对阿直接投资总额600万美元，阿对华直接投资累计1217万美元。

中国驻阿尔巴尼亚大使：周鼎。馆址：SKENDERBEJ STR. 57，TIRANA，ALBANIA。电话：00355–4–2232385；传真：2233159。

阿尔巴尼亚驻华大使：塞利姆·贝洛尔塔亚（Selim BELORTAJA）。馆址：北京市朝阳区光华路28号。电话：010–65321120；传真：65325451。

【同美国的关系】阿尔巴尼亚同美国于1922年建交，1946年断交，1991年复交。近年来，阿美关系密切。2021年6月，阿总理拉马在布鲁塞尔同美国务卿布林肯会晤。2022年2月，阿总理拉马同美国务卿布林肯在华盛顿会晤。5月，美前国务卿蓬佩奥访阿。6月，美前副总统彭斯访阿。9月，阿总理拉马同美国务卿布林肯通电话。

【同欧盟及其成员国的关系】加入欧盟是阿尔巴尼亚外交战略目标之一，阿同欧盟及其成员国交往密切。2014年6月，阿获得欧盟候选国地位。2022年7月，欧盟正式同阿开启入盟谈判。2022年2月，阿总理拉马访问意大利。3月，欧盟外交与安全政策高级代表博雷利访阿。4月，阿总理拉马访问德国，欧盟睦邻扩大委员沃尔海伊访阿。5月，欧洲理事会主席米歇尔访阿。6月，阿总理拉马访问奥地利，阿议长尼科拉访问德国，芬兰总理马林访阿。7月，阿总统梅塔访问斯洛文尼亚，阿总理拉马访问荷兰。8月，卢森堡首相贝泰尔访阿。9月，意大利总统马塔雷拉访阿。10月，欧盟委员会主席冯德莱恩访阿。11月，阿总理拉马访问德国。12月，德国总统施泰因迈尔访阿。12月，欧盟—西巴尔干峰会在地拉那召开。

【同北约的关系】2009年4月1日，阿尔巴尼亚正式成为北约成员国。2022年1月，北约库乔瓦空军基地（位于阿贝拉特大区）重建项目启动。3月，阿总理拉马参加北约特别峰会并会见北约秘书长斯托尔滕贝格。6月，阿总理拉马出席北约马德里峰会。7月，阿总理拉马访问北约总部并会见北约秘书长斯托尔滕贝格。

【同周边国家的关系】阿尔巴尼亚重视发展睦邻友好关系。2022年5月，阿总理拉马在布鲁塞尔出席西巴尔干领导人非正式会晤。6月，阿总理拉马赴北马其顿出席“开放巴尔干”倡议峰会。9月，阿总理拉马赴塞尔维亚出席“开放巴尔干”倡议峰会。

【同其他国家的关系】2022年1月，土耳其总统埃尔多安访阿。5月，乌克兰总统泽连斯基以视频方式在阿议会发表讲话。6月，阿总理拉马访问乌克兰。8月，阿总理拉马访问土耳其。9月，阿宣布同伊朗断绝外交关系，阿议长尼科拉在耶路撒冷会见以色列议长列维。10月，阿总理拉马访问以色列、阿联酋。11月，阿总理拉马访问突尼斯。

【同联合国的关系】阿尔巴尼亚担任2022—2023年度联合国安理会非常任理事国。 （王鑫豪）

爱尔兰

国名 爱尔兰（Ireland）。

面积 7万平方公里。

人口 510万（2022年）。绝大部分为爱尔兰人。官方语言为爱尔兰语和英语。天主教徒占84.2%，其余主要信奉基督教新教。

首都 都柏林（Dublin），人口59.27万（2022年）。

国家元首 总统迈克尔·希金斯（Michael D. Higgins），2011年10月当选，2018年10月连任，任期至2025年。

重要节日 国庆日：3月17日（圣帕特里克节）。

简况

位于欧洲西部的爱尔兰岛中南部，西濒大西洋，东北与英国北爱尔兰接壤，东隔爱尔兰海同不列颠岛相望。海岸线长3169公里。温带海洋性气候。平均气温2月为3.2℃，8月为16.2℃。

公元前7000年左右，来自不列颠岛的猎户成为爱尔兰最早的定居者。公元前6世纪，凯尔特人陆续从中欧入侵爱尔兰，逐渐形成统一的文字和语言，建立起许多小王国，但未形成统一国家。公元432年，基督教传入爱尔兰。1169年遭英国入侵。1541年起英王成为爱尔兰国王。1801年爱尔兰正式并入英国。1916年，都柏林爆发抗英的“复活节起义”。1921年，爱英双方签署《爱英条约》，爱南部26郡次年成立“自由邦”。1937年爱通过宪法，成立共和国并设立总统。1948年，爱宣布脱离英联邦。1949年4月18日英承认爱独立。

政治

【宪法】现行宪法于1937年6月14日经议会通过，同年12月29日生效。宪法规定，爱尔兰为共和国，总统由选民直接选举产生，任期7年，有权召集和解散议会，任命内阁总理及部长，并任军队统帅。1999年12月，根据爱英两国政府及北爱有关各方达成的《贝尔法斯特协议》，爱政府修改宪法，取消了有关要求北爱领土主权的条款。

【议会】由总统和众参两院组成。众议员按比例代表制选举产生，任期5年。本届众议院于2020年2月产生，共有众议员160名，其中共和党38席、新芬党37席、统一党35席、绿党12席、工党6席、其他党派和独立议员32席，众议长为肖恩·奥法乔尔（Sean O’Fearghail）。新一届参议院于2020年6月产生，参议长为杰里·布蒂默（Jerry Buttimer）。

【政府】2020年2月，爱举行众议院选举，由于无一党派获得单独组阁所需的80个席位，爱统一党、共和党、绿党经过谈判，于6月就联合组阁达成协议，同意由共和党领袖米歇尔·马丁（Micheál Martin）和统一党领袖利奥·瓦拉德卡（Leo Varadkar）轮流执掌内阁。马丁先任总理至2022年底，2022年12月17日，瓦拉德卡接任总理至本届政府5年任期结束（2025年6月）。政府成员包括：总理利奥·瓦拉德卡（统一党），副总理兼外交与国防部长米歇尔·马丁（共和党），企业、贸易与就业部长西蒙·科文尼（Simon Coveney，统一党），环境、气候、通信部兼交通部长埃蒙·瑞安（Eamon Ryan，绿党党首），财政部长迈克尔·麦格拉思（Michael McGrath，共和党），公共支出与改革部长帕斯卡尔·多诺霍（Paschal Donohoe，统一党），旅游、文化、艺术、爱尔兰语、体育与媒体部长凯瑟琳·马丁（Catherine Martin，女，绿党），住房、地方政府与遗产部长达拉赫·奥布莱恩（Darragh O’Brien，共和党），教育部长诺尔玛·福利（Norma Foley，女，共和党），社会保障部兼农村和社区发展部长希瑟·汉弗莱斯（Heather Humphreys，女，统一党），儿童、平等、残障人士、融合与青年部长罗德里克·奥戈尔曼（Roderic O’Gorman，绿党），继续教育、高等教育、研究、创新和科学部长兼司法部长西蒙·哈里斯（Simon Harris，统一党），卫生部长斯蒂芬·唐纳利（Stephen Donnelly，共和党），农业、食品与海洋部长查理·麦克纳洛格（Charlie McConalogue，共和党）。

【行政区划】全国划分为26个郡、3个郡级市和2个市郡。

【司法机构】最高法院即终审法院为最高司法机关，下设高等法院、巡回法院和地区法院。法官由政府推荐，总统任命。全国共设26个地区法院管辖区、8个巡回法院管辖区。地区法院有法官63名、巡回法官37名、高等法官36名。最高法院由大法官、高等法院院长、上诉法院院长和其他9名法官组成。另设特别刑事法院，由从高等法院、巡回法院和地区法院抽调的11名法官组成，专门审理危害公共安全的案件。大法官唐纳尔·奥唐纳（Donal O’Donnell），高等法院院长大卫·巴尼维尔（David Barniville）。总检察长保罗·加拉格（Paul Gallagher）负责就法律和立法事务向政府提出建议。

【政党】主要政党有：

（1）共和党（Flanna Fáil）：成立于1926年，党

员约10万人。该党长期单独或参与联合组阁。1932—2011年一直为议会第一大党，2011年大选惨败，2020年大选后重新成为议会第一大党。传统上较为保守，对内主张减税，增加就业机会，对外主张实行中立政策，支持欧洲一体化建设。党首为米歇尔·马丁。

（2）新芬党（Sinn Féin）：成立于1905年，原是爱尔兰共和军的政治组织。1986年起政治主张趋向缓和，开始取得较大发展，2020年大选中首次成为议会第二大党。目前是英国北爱尔兰地方议会第一大党，在英国议会下院有7席（但不出席英议会会议）。党首为玛丽·麦克唐纳（Mary McDonald，女）。

（3）统一党（Fine Gael）：成立于1933年，党员约3.5万人。代表富裕农民、中产阶级和工商业资本家集团利益。对内主张削减公共开支，降低税率和私有化；对外主张经济开放，参与欧洲一体化建设。党首为利奥·瓦拉德卡。

【重要人物】迈克尔·希金斯：总统。1941年生。曾就读于爱尔兰国立戈尔韦大学、英国曼彻斯特大学和美国印第安纳大学，获社会学学士学位。1973—1977年任参议员，1981年当选众议员，历任戈尔韦市长，爱政府首任艺术、文化和爱尔兰语区事务部长。2011年11月就任爱第9任总统，2018年10月胜选连任。 **利奥·瓦拉德卡**：总理。1979年1月出生于都柏林。2003年毕业于圣三一大学医学院。2007年当选众议员。历任交通、旅游与体育部长，卫生部长，社会保障部长，总理，副总理兼企业、贸易与就业部长等职。2017—2020年任总理。2022年底再次担任总理。

经 济

爱传统经济以农牧业为主。1959年设立的香农开发区是世界上首个经济特区，被誉为区域性开发的成功典范。20世纪80年代以来，大力发展软件和生物工程等高科技产业，以良好投资环境吸引大量海外高新技术投资，经济结构迅速完成由农牧型转向知识型的跨越，实现较快增长。2020年，爱尔兰是新冠疫情背景下为数不多保持经济正增长的欧盟经济体，国内生产总值达4286.09亿美元。2021年，爱国内生产总值达5133.92亿美元，是2021年经济增长最快的欧洲经济体。2022年主要经济数据如下：

国内生产总值：5331.4亿美元。

人均国内生产总值：10.4万美元。

国内生产总值增长率：9.43%。

货币名称：欧元。

汇率：1美元≈0.95欧元。

【资源】铅锌矿储量丰富，是欧洲最大的铅锌生产国。锌产量占世界的4.3%，铅产量占世界的2%。泥煤分布占全国面积的13%。天然气储量估计为382亿立方米。所需能源的70%依靠进口。

【工业】主要有电子、电信、化工、制药、机械制造、采矿、纺织、制衣、皮革、造纸、印刷、食品加工、烟草、木材加工等部门。近年来，化工、电子工程、计算机软件产业等发展迅速，传统的服装、制鞋及皮革业所占比重明显下降。

【农业】以畜牧业为主。家畜及其产品约占农业总产值的70%以上。主要农作物有小麦、燕麦、马铃薯、甜菜等。耕地和林地面积占陆地总面积的75%。

【交通运输】内陆交通运输以公路和铁路为主。

公路：总长9.6万公里。承担96%客运量和90%货运量。

铁路：2021年，爱尔兰铁路总里程约为2100.4公里。

海运：绝大多数国际贸易货物运输由海运承担。都柏林、香农、科克等是爱主要港口，承担着爱50%的海运任务，与英、法等国有定期班船。

空运：主要有都柏林、香农和科克3个国际机场。

【财政金融】2021年，爱税收收入为684亿欧元，同比增长19.7%，达到有史以来最高纪录，政府支出为875亿欧元。截至2021年底，爱政府债务为2361亿欧元，占当年国内生产总值的比重为55.4%。

爱尔兰中央银行（Central Bank of Ireland）：成立于1943年，2003年5月重组并更名为爱尔兰中央银行和金融管理局（Central Bank and Financial Service Authority of Ireland）。2002年1月1日起使用欧元。

【对外贸易】在经济中占有举足轻重的地位。主要贸易伙伴是欧盟其他成员国、美国、中国等。主要出口商品是药品、有机化学品，主要进口商品是飞机、机械产品。2022年，爱贸易额再创新高，出口总额2080亿欧元，同比增长26%，进口总额1400亿欧元，同比增长35%。

【对外援助】重视对外发展援助。2021年，爱在海外发展援助上支出9.67亿欧元，比2020年的8.68亿欧元有所增加，占国民总收入的比重为0.3%，主要用于支持全球获得疫苗和应对人道主义危机。

【著名公司】（1）百利公司：经营世界知名的百利甜酒及其他饮料，销往160多个国家。

（2）吉尼斯公司：1759年创建于爱尔兰都柏林，创始人阿瑟·吉尼斯，主要生产烈性黑啤酒。1833年发展成为爱最大酿酒厂，吉尼斯黑啤酒从此闻名世界。1886年在伦敦设立分公司。1954年，英国吉尼斯啤酒公司执行董事休·比佛成立专门小组，收集并认证有关世界纪录的资讯，编纂《吉尼斯世界纪录大全》。1955年，第一本《吉尼斯世界纪录大全》出版。

人民生活

爱尔兰医疗保健体系分为公立服务和私立服务。爱尔兰人的平均预期寿命为82岁。

军 事

奉行中立政策，非北约成员，1999年加入北约“和平伙伴关系”计划。国防军及预备役人员近万人。武装部队直接受国防部领导，总统为最高统帅。实行志愿兵役制，服役期3年，预备役期6年。

文化教育

【教育】中小学实行义务教育，大学由国家提供部分经费。主要高等学府有都柏林大学、科克大学、戈尔韦大学、圣三一大学等综合性大学。

【新闻出版】有全国性日报、星期日报、周报、月报及杂志、地方性报纸近百种。主要报刊有《爱尔兰时报》《爱尔兰独立报》《观察者报》。

无官方通讯社。爱尔兰国家广播公司于1926年成立并开始用英语广播，1961年开始播放电视节目。另有爱尔兰语广播电台。

对外关系

爱重视联合国作用，主张以联合国为国际集体安全体系核心，依据国际法和平解决国际争端，以国际合作和多边主义维护各国安全和福祉。主张大小国家在国际事务中平等发挥作用，积极推动联合国改革，通过参与联合国维和与发展援助等扩大自身影响。担任2021—2022年联合国安理会非常任理事国。重视气候变化问题，主张发达国家对气候变化负有历史责任，应率先大幅减排，并在资金和技术转让方面给予发展中国家以支持。

【同中国的关系】1979年6月22日，中爱签署建交公报，1980年两国互派大使。建交后中爱双边关系发展迅速。1998年和2005年，爱政府分别制定了“亚洲战略”和新阶段的“亚洲战略”，2020年1月出台全球化发展战略亚太区域2025规划，将中国列为爱在亚太地区的重要合作伙伴。新冠疫情暴发后，习近平主席、李克强总理、栗战书委员长、王毅国务委员兼外长分别同希金斯总统、瓦拉德卡总理、奥法乔尔众议长、科文尼外长互致函、电或通电话，表达相互支持与慰问。2020年11月，王毅国务委员兼外长应约同爱尔兰外交与国防部长科文尼通电话，2021年5月科文尼访华。10月，栗战书委员长以视频方式同爱尔兰众议长奥法乔尔举行会谈。2023年2月，中共中央政治局委员、中央外事工作委员会办公室主任王毅在出席慕尼黑安全会议期间会见爱尔兰副总理兼外交与国防部长马丁。

中爱经贸合作近年来发展迅速。中国是爱全球第四大贸易伙伴。爱连续多年对华贸易顺差，是欧盟内为数不多对华贸易保持顺差的国家。据中国海关总署统计，2022年，中爱双边贸易额为238亿美元，同比增长3.8%。其中，中国出口额为57亿美元，同比增长7.6%；中国进口额为181亿美元，同比增长2.7%。

中爱双方已在爱合作设立3所孔子学院。在爱中国留学生数量近5000人。2019年7月1日起，爱尔兰向中国公民颁发5年多次入境商务签证和旅游签证。

两国已有7对友城（省）结好，分别是北京市和都柏林市、上海市和科克市、甘肃省和斯莱果郡、江苏省和科克郡、成都市和芬戈郡、云南省和克莱尔郡、海南省和威克洛郡。

中国驻爱尔兰大使：何向东。馆址：40 AILESBURY ROAD，DUBLIN 4，IRELAND。电话：00353-1-2601119；传真：2839938。

爱尔兰驻华大使：安黛文（Ann Derwin，女）。馆址：北京市朝阳区日坛东路3号。电话：010-85316200；传真：65326857。

【同英国的关系】对英关系在爱尔兰对外关系中占据重要地位。北爱问题是爱英关系中的重要问题。1998年4月，爱英双方达成《贝尔法斯特协议》。1999年11月，北爱成立由亲英的共和派和亲爱的统一派联合执政的自治政府。但此后由于两派准军事组织在解除武装、彻底放弃准军事活动等问题上出现反复，英数次中止自治政府运作，恢复对北爱直接统治。2005年8月，爱尔兰共和军宣布放弃暴力并完全解除武装。2006年10月，在爱英政府主导下，北爱各派政治力量在苏格兰举行会晤并签署《圣安德鲁斯协议》。

爱尔兰是唯一与英国有陆上边界的国家，英是爱重要贸易伙伴。爱尔兰致力于维护英脱欧后爱英边界管理、贸易投资的稳定性。2020年12月24日，英欧达成《贸易与合作协议》，签署了《北爱尔兰议定书》，同意英脱欧后爱尔兰与北爱尔兰之间原有边境安排不变。

【同美国的关系】爱美于1923年建立外交关系。美是爱最大出口市场和外资来源地，在爱对外关系中占据特殊地位。美约有3500万爱移民及后裔，美总统肯尼迪、里根、克林顿、拜登等均为爱裔。爱总理每年爱国庆日（3月17日）赴美同美总统一起出席在白宫举行的庆祝活动。

【同欧盟的关系】1973年加入欧洲共同体，支持欧洲一体化，但争取维护小国利益。1999年1月首批加入欧元区，2002年1月1日起正式使用欧元。分别于2002年、2009年全民公决通过有关欧盟东扩的《尼斯条约》和有关欧洲一体化进程的《里斯本条约》。

【同其他亚洲国家的关系】1998年制定“亚洲战略”，2005年制定并实施第二阶段“亚洲战略”，2020年出台全球化发展战略亚太区域2025规划。近年来，爱积极拓展同日本、印度、韩国、东盟国家等的关系。

【同非洲国家的关系】重视与非洲的关系，积极开展对非洲国家的援助。

（钟桦）

爱沙尼亚

国名 爱沙尼亚共和国（The Republic of Estonia，Eesti Vabariik）。

面积 4.53万平方公里。

人口 133万（2022年）。主要民族有爱沙尼亚族、俄罗斯族、乌克兰族和白俄罗斯族。官方语言为爱沙尼亚语。英语、俄语亦被广泛使用。主要信奉基督教路德宗、东正教和天主教。

首都 塔林（Tallinn），面积159.4平方公里，人口43.7万（2022年）。始建于1248年丹麦王国统治时期，1991年恢复独立后成为爱沙尼亚共和国首都。塔林市位于爱西北部，濒临波罗的海，历史上一度是连接中东欧和南北欧的交通要冲，被誉为"欧洲的十字路口"。气候受海洋影响明显，春季凉爽少雨，夏秋季温暖湿润，冬季寒冷多雪，年均气温6.8℃。塔林港是爱最大的港口。

国家元首 总统阿拉尔·卡里斯（Alar Karis），2021年10月11日当选，任期5年。

重要节日 独立日（国庆日）：2月24日；恢复独立日：8月20日；胜利日：6月23日（纪念1919年爱抗击德国军队获胜）。

简 况

位于波罗的海东海岸，东与俄罗斯接壤，南与拉脱维亚相邻，北邻芬兰湾，与芬兰隔海相望，西南濒里加湾。边界线长1445公里，海岸线长3794公里。属海洋性气候，冬季平均气温-5.2℃，夏季平均气温17.7℃，年均降水量500—700毫米。

爱沙尼亚族形成于12—13世纪。历史上屡遭外族入侵。1918年2月24日，爱宣布摆脱沙俄统治独立，成立爱沙尼亚共和国。同年2月，德国乘虚而入占领爱沙尼亚。同年11月，苏维埃俄国宣布对爱拥有主权。1920年2月，苏维埃俄国承认爱独立。1940年6月，苏联出兵爱沙尼亚，同年7月成立爱沙尼亚苏维埃社会主义加盟共和国。1991年8月20日，爱脱离苏联，宣布恢复独立。同年9月17日，联合国宣布接纳爱为会员国。爱于2004年3月29日加入北约，5月1日加入欧盟，2007年12月21日加入申根区，2011年1月1日加入欧元区。

政 治

爱沙尼亚政治局势总体稳定。2021年1月26日，爱议会改革党、中间党组成执政联盟上台，改革党主席卡娅·卡拉斯（Kaja Kallas，女）出任总理。6月3日，执政联盟破裂。总理卡拉斯邀请祖国联盟党、社会民主党组阁谈判。7月18日，三党组成联合政府宣誓就职，共有15名政府成员，卡拉斯继续担任总理，祖国联盟党副主席乌尔马斯·雷因萨鲁（Urmas Reinsalu）任外长。

【宪法】现行宪法于1992年6月28日通过，7月3日生效，除序言部分外共分15章、168条。宪法确定，爱是独立主权的民主国家，国家最高权力属于人民，独立和主权至高无上、不可剥夺。爱实行三权分立的多党议会民主制。

【议会】一院制，共101个议席，任期4年。主要职能：通过法律；决定全民公决；选举共和国总统；批准或宣布废除条约；授权总理组成政府；通过并批准国家预算；决定对共和国政府、总理及部长进行不信任投票；宣布全国处于紧急状态；解决宪法所规定的总统、政府、其他国家机关或地方政府职权以外的所有行政问题等。年满21周岁且有选举资格的公民均可竞选议员。第14届议会共有5个政党，分别是改革党（34席）、中间党（25席）、保守人民党（19席）、祖国联盟党（12席）及社会民主党（10席），此外有无党团议员1人。2021年3月，前总理于里·拉塔斯（Jüri Ratas，中间党主席）当选议长。

【政府】改革党主席卡娅·卡拉斯出任总理，内阁成员包括改革党部长4名：财政部长凯特·彭图斯-罗西曼努斯（Keit Pentus-Rosimannus），国防部长汉诺·佩夫库尔（Hanno Pevkur），农村事务部长乌尔马斯·克鲁斯（Urmas Kruuse），社会保障部长西格内·瑞萨洛（Signe Riisalo）。社会民主党部长5名：内政部长劳里·莱内梅茨（Lauri Läänemets），环境部长马迪斯·卡拉斯（Madis Kallas），文化部长皮雷特·哈特曼（Piret Hartman），经济事务和基础设施部长瑞娜·西库特（Rinna Sikkut，女），卫生与劳工部长皮普·彼得森（Peep Peterson）。祖国联盟党部长5名：外交部长乌尔马斯·雷因萨鲁，教育与研究部长托尼斯·卢卡斯（Tõnis Lukas），公共行政部长瑞娜·索尔曼（Riina Solman，女），司法部长莉亚·丹尼尔森-雅尔格（Lea Danilson-Järg，女），企业与信息技术部长克里斯蒂安·雅尔凡（Kristjan Järvan）。

【行政区划】全国共分15个省，大小城镇254个。

【司法机构】分城乡地区法院、上诉法院和最高法院三级。最高法院院长维鲁·科维（Villu Kove），2019年2月上任，任期9年。总检察长拉安德列斯·帕尔马斯（Andres Parmas），2020年2月上任，任期5年。

【政党】主要政党有：

（1）改革党（Estonian Reform Party）：成立于1994年，现有党员约1.2万人。属中右自由民主党，党主席为卡娅·卡拉斯。

（2）中间党（Estonian Center Party）：成立于1991年，现有党员约1.5万人。属中间自由政党，党主席为于里·拉塔斯。

（3）保守人民党（Estonian Conservative People's Party）：成立于2012年，现有党员约8500人，属右翼民粹保守政党，党主席为马丁·赫尔姆（Martin Helme）。

（4）祖国联盟党（Isamaa）：2006年6月由祖国联盟与共和国党合并而成，现有党员约8800人。属右翼政党，党主席为赫伊尔–瓦尔多·赛德（Helir-Valdor Seeder）。

（5）社会民主党（Social Democratic Party）：原名"温和党"（The Moderates），成立于1996年，2004年2月改为现名，2012年2月与爱沙尼亚俄罗斯党（Estonian Russain Party）合并，现有党员约6000人。属中左社会民主政党，党主席为劳里·莱内梅茨（Lauri Läänemets）。

较有影响的政党还有：爱沙尼亚200（Estonia 200）、绿党（Estonian Greens）等。

【重要人物】阿拉尔·卡里斯：总统。1969年生。1981—2003年从事科学研究工作，2003—2007年任爱沙尼亚生命科学大学校长，2007—2012年任塔尔图大学校长，2013—2018年任审计长，2018—2021年任国家博物馆馆长。2021年8月31日当选总统，10月11日就任总统，任期5年。　**于里·拉塔斯**：议长，中间党主席。1978年生。毕业于塔林理工大学经济学专业。2000年加入中间党，2002年起历任塔林市市长经济顾问、塔林市副市长、塔林市市长、议会议员、副议长。2016年11月当选中间党主席，11月23日当选总理，2019年4月29日连任。2021年1月13日，因中间党涉嫌一起腐败案辞职。2021年3月当选议长。　**卡娅·卡拉斯**：总理，改革党主席。女，1977年生，其父西姆·卡拉斯为爱改革党奠基人。获得爱沙尼亚商学院硕士学位。2010年加入改革党，2013年当选改革党副主席，2014年任欧洲议会议员，2018年当选党主席，2019年3月任爱议会议员。2021年1月26日出任总理。

经　济

自恢复独立以来，爱一直奉行自由经济政策，大力推行私有化，实行自由贸易政策，经济发展迅速，年均经济增速在欧盟成员国内位列前茅。2022年主要经济数据如下：

国内生产总值：257.04亿欧元。

人均国内生产总值：27167欧元。

国内生产总值增长率：–1.3%。

货币名称：欧元。

汇率：1美元≈0.95欧元。

失业率：5.6%。

（资料来源：欧洲统计局）

【资源】自然资源匮乏。主要矿产有油页岩（已探明储量约60亿吨）、泥煤（储量约40亿吨）、磷矿（储量约7亿吨）、石灰岩等。森林面积244.6万公顷，森林覆盖率达54%，森林蓄积量4.66亿立方米，人均木材拥有量达362立方米。

【工业】主要工业部门有机械制造、木材加工、建材、电子、纺织和食品加工业。据爱沙尼亚统计局统计，2021年工业生产总值160.26亿欧元，同比增长21.8%。

【农业】农林牧渔业中以畜牧业和种植业为主，畜牧业主要饲养奶牛、肉牛和猪，主要农作物有小麦、黑麦、马铃薯、蔬菜、玉米、亚麻和饲料作物。2022年爱农业生产总值为15.95亿欧元，同比增长41.2%。近几年主要农业、林业产品产量分别为（单位：万吨）：

	2020	2021	2022
谷　物	163.27	128.57	152.85
马铃薯	9.44	7.11	7.79
蔬　菜	5.89	5.23	4.40

（资料来源：爱沙尼亚中央统计局）

【交通运输】公路：公路总里程16609公里。2022年公路货运总量2720万吨，同比减少5.88%。

铁路：铁路总里程2144公里，其中，公共铁路线1514公里，非公共铁路线630公里。2022年铁路客运量为704.9万人次；2022年铁路货运量为1800万吨，同比减少24%。

空运：2021年航空客运量为34.53万人次，同比增长158%；塔林机场（爱沙尼亚唯一国际机场）。2021年航空货运量为1.05万吨，同比增长15.3%。

海运：2022年港口货物吞吐量为3300万吨，同比减少15%。2022年港口客运量为713万人次，同比增长94.8%。主要港口有塔林港、西由拉迈港、昆达港、北帕尔迪斯基港、帕尔努港等。

【财政金融】爱沙尼亚政府重视控制财政赤字，实行较为保守的财政政策。近几年财政情况如下（单位：亿欧元）：

	2020	2021	2022
收入	109.00	122.40	139.31
支出	122.00	120.00	142.67
盈余/赤字	–13.00	2.40	–3.36

主要银行有：（1）瑞典银行：成立于1991年4月30日。

（2）SEB银行：成立于1992年12月15日。

（3）爱沙尼亚诺底亚银行：成立于1995年2月27日。

【对外贸易】2022年，爱对外出口数额最大的前三名国家依次为：芬兰（14.5%），拉脱维亚（14.1%），瑞典（9.18%）；进口国前三名为：芬兰（16.9%），立陶宛（10.2%），德国（9.91%）。电子、通信产品，矿产品，机械设备和木材、木质制品这四大类产品一直是爱最主要的进出口商品。近几年对外贸易情况如下（单位：亿欧元）：

	2020	2021	2022
出口额	143.04	182.17	212.62
进口额	151.49	199.86	245.27
差　额	–8.45	–17.69	–32.65

【著名公司】（1）瑞典银行股份有限公司：创建于1992年1月10日，主要从事银行及金融业务。地址：Liivalaia 8，15040，Tallinn；电话：00372–6310310；传真：6310410。

（2）爱沙尼亚能源公司：创建于1998年8月11日，主要从事生产及分配电能业务。地址：24 Laki St. 12915，Tallinn；电话：00372–7152222；传真：7152200。

（3）爱沙尼亚电信公司：创建于1991年4月16日，主要从事电信业务。地址：Valge 16，19095，Tallinn，Estonia；电话：00372–6111470；传真：6311224。

（4）塔林港股份有限公司：创建于1990年11月14日，从事海运业务。地址：Sadama 25，15051，Tallinn；电话：00372–6318555；传真：6318166。

人民生活

2022年，爱沙尼亚居民月平均工资为1619欧元，同比增长4.58%。爱全国共有医院30所。

军　事

爱沙尼亚总统是全国武装力量的最高统帅。国防委员会是总统国防事务的最高咨询机构。国防部是政府执行和实施国防政策的部门。国防军司令是军队最高指挥官。国家实行义务兵役制，服役期8—12个月。国防军总兵力约6600人，其中包括义务兵3300人。国防联盟（民兵组织）兵力约15800人。预备役约60000人。现任国防军司令为马丁·哈雷姆中将（Lieutenant General Martin Herem），国防军总参谋长为恩瑙·莫茨准将（Brigadier General Enno Mõts）。

文化教育

【教育】实行9年制义务教育。2021年，共有学前教育机构601所，各类中小学校511所，各类技术职业学校37所，高等教育机构18所，其中大学7所（6所国立，1所私立），各类职业高等教育机构12所。2021年，共有23.3万人在各类学校学习。其中，中小学学生16.2万人，各类技校及职业学校学生2.59万人，大学学生4.46万人。

2022年，共有各类公共图书馆506个（含各类学校图书馆及农村图书馆），各类博物馆170个。

塔尔图大学是爱沙尼亚著名高等学校，建于1632年瑞典国王阿道夫·古斯塔夫二世统治时期，1919年由古斯塔夫学院改称塔尔图大学。塔尔图大学设有神学、法律、医学、哲学、生物和地理、物理和化学、教育、体育、经商管理、数学和信息科学、社会学等11个学科，下属13个系和研究所，被尊为“爱沙尼亚的启蒙圣母”，爱沙尼亚许多政要和知名人士均毕业或曾任教于该校。该校师资人员共约1650名（其中教授209名），学生13915人。

【新闻出版】主要通讯社为波罗的海通讯社，成立于1990年4月，私营通讯社，有近220名工作人员。主要报纸有《邮差报》《爱沙尼亚晚报》《爱沙尼亚快报》《爱沙尼亚日报》等。

共有5家公共广播电台和31家私营广播电台。主要电台：（1）布谷电台，私营电台，成立于1992年，每天24小时用爱沙尼亚语广播。（2）俄罗斯电台，私营电台，1998年建台，每天21小时用俄语广播。

共有3家公共电视台和16家私营电视台。主要电视台：（1）爱沙尼亚国家广播电台与电视台，由爱沙尼亚电台（1926年建台）与国家电视台（1955年建台）于2007年6月合并成立。用爱沙尼亚语和俄语播放节目。（2）TV3，私营电视台，用爱沙尼亚语播放节目。（3）Kanal 2，私营电视台，1993年建台，用爱沙尼亚语和俄语播放节目。

对外关系

以欧盟和北约为经济、安全依托，重视与波罗的海及北欧国家的传统友谊，着力推动和加强区域合作，进一步加大参与国际事务力度，不断巩固与美国关系，对俄罗斯关系积怨较深。2020—2021年任联合国安理会非常任理事国。

【同中国的关系】1991年9月11日，中爱两国建立外交关系。1992年初，中国在爱设立使馆。1993年2月，中国向爱派驻大使。爱方于1997年在华设立使馆并派驻临时代办。2002年4月，爱向中国派驻首任大使。

2019年4月，国务院总理李克强在克罗地亚杜布罗夫尼克会见了出席第八次中国—中东欧国家领导人会晤的爱总理拉塔斯。9月，全国人大中国—爱沙尼亚友好小组组长徐绍史率团访爱。10月，文化和旅游部部长雒树刚率团访爱。10月，民航局局长冯正霖率团访爱，与爱沙尼亚经济事务与通信部副部长库宁格举行会谈并签署了《中爱民航主管部门间谅解备忘录》。11月，爱农村事务部长马特·雅威克来华出席第二届中国国际进口博览会。2020年5月，王毅国务委员兼外长同爱沙尼亚外长雷因萨鲁通电话。2022年1月，王毅国务委员兼外长同爱沙尼亚外长利梅茨举行视频会晤。

截至2022年12月，中方在爱累计直接投资676万美元，工程承包营业额1607万美元。爱企业在华有49个投资项目，对华累计投资1.131亿美元。2022年，中爱双边贸易额为8.29亿美元，同比减少0.5%。其中，中国出口额为6.27亿美元，同比减少3.8%；中国进口额为2.02亿美元，同比增长11.2%。中国对爱出口的主要商品有通信设备及其零部件、机电产品、家具和机动车、非机动车零部件等。自爱主要进口通信设备零部件、木材、光学、计量精密仪器和设备以及铜和铜废料等。（资料来源：中国海关总署）

中国驻爱沙尼亚大使：李超。馆址：Narva mnt. 98，15009 Tallinn，Estonia。电话：00372-6015830，6015831；传真：6015833。经商处电话：00372-6607867，6607868；传真：6607818。

爱沙尼亚驻华大使：韩朔（Hannes Hanso）。馆址：北京市朝阳区亮马桥北小街1号。电话：010-85316700；传真：85316701。

【同欧盟的关系】 支持欧盟应对欧债危机相关举措。支持欧盟完善单一市场建设，加快发展数字市场。主张欧盟继续实施自由贸易政策，与美国、加拿大、日本及欧盟东部伙伴国签订全面自贸协议。爱国家领导人积极利用欧盟内部会议、国际会议等多边场合，不断扩展、深化同欧盟国家的合作，同时努力为本国在欧盟内争取利益。支持欧盟扩员，积极参与欧洲一体化进程。2017年下半年担任欧盟轮值主席国。

【同波罗的海邻国的关系】 爱沙尼亚与立陶宛、拉脱维亚在政治、经济、历史、地理、文化等众多方面有着密不可分的传统联系。三国之间除了设有国家元首、政府首脑及部长级定期会晤机制，还建立了波罗的海大会、波海地区国家经济论坛、三国首都会议机制等。三国还就推动建立波海三国统一能源市场、修建波海联合铁路等问题取得一定进展。

【同美国的关系】 对美关系在爱总体外交中具有极其重要的位置，爱不断密切与美国关系，保持多层次、多领域的交往。

【同俄罗斯的关系】 爱沙尼亚同俄罗斯历史积怨深重，乌克兰危机爆发后，爱俄关系更趋对立，爱极力推动对俄制裁。

【同其他国家的关系】 积极发展与周边国家关系，以加强波罗的海—北欧（NB8）合作为优先方向。高度重视进一步加强与传统贸易伙伴北欧国家的关系，双边和多边合作不断深化，关系日益密切。爱积极拓展同世界其他地区交流合作并加大经贸合作力度，重点加强对亚洲国家及新兴市场国家关系。　（杨婧仪）

安　道　尔

国名　安道尔公国（The Principality of Andorra）。

面积　468平方公里。

人口　79877人（2022年）。其中，安道尔人占48.7%，属加泰罗尼亚族。外国移民中西班牙人占24.6%，其次为葡萄牙人（11.6%）和法国人（4.4%）。官方语言为加泰罗尼亚语，通用西班牙语、法语和葡萄牙语。居民多信奉天主教。

首都　安道尔城（Andorra la Vella），人口22480人（2022年）。

国家元首　法国总统埃马纽埃尔·马克龙（Emmanuel Macron）和西班牙乌赫尔地方主教胡安·恩里克·比韦斯（Joan Enric Vives）同为国家元首，称为两大公。

重要节日　宪法日：3月14日；国庆节：9月8日。

简　况

位于西班牙和法国之间，地处比利牛斯山脉中部，为内陆国，北部与法国接壤57公里，南部与西班牙接壤64公里。全境为山地，平均海拔高度1996米。属山地气候，年均气温9.9℃。

有关安道尔的记录始于公元839年的《乌赫尔大教堂落成纪要》，称安道尔为乌赫尔伯爵的领地。从11世纪起，乌赫尔主教权力逐步延伸至整个安道尔，1133年安道尔成为其教区。13世纪，法国弗阿伯爵与乌赫尔主教争夺安道尔主权，双方为此进行了多次战争，最后于1278年和1288年达成两项协议，决定共管安道尔，并对经济、法律、军事等方面权限进行分工，安道尔由此成为公国，一直延续到1993年。其间，1793年法国因爆发大革命而暂时失去对安道尔的统治权，1806年拿破仑一世收回权力。法国实行共和制后，这一权力归总统所有。1982年1月4日实行体制改革，政府取代议会行使行政权。1993年3月14日，安道尔全民公决通过首部《宪法》，成为独立主权国家，但继续沿用两大公体制。

政　治

1993年12月，安首次举行议会选举，由里瓦斯·雷格领导的全国民主联盟在选举中获得相对多数，并于1994年初组阁。此后，自由党长期执政。2019年4月安举行第8次议会选举，执政党安道尔民主主义者党保持议会第一大党地位，但失去绝对多数席位，与安道尔自由主义党和公民承诺党组建联合政府，新政府于2019年5月22日成立。

【宪法】 1993年3月14日颁布《宪法》，宣告成立独立、法治、民主和社会福利的国家。宪法明确规定，由西班牙乌赫尔主教和法国总统分别担任安道尔的两大公，主权属于安道尔人民。宪法共分9章107条，对安道尔的主权、权利与自由、大公、总委员会（议会）、政府、地方机构、司法、宪法法院和机构改革等方面作了规定。

【议会】一院制，称总委员会，1419年成立，代表安道尔人民行使立法权，通过预算，监督政府行为。总委员会由普选产生，共28名委员，其中14名由全国选举产生，其余由全国7个行政区各选2名，任期4年。

【政府】首相为政府首脑，由总委员会选举产生、两大公任命。现任首相哈维尔·埃斯波特·萨莫拉（Xavier Espot Zamora）。

【行政区划】全国划为7个行政区：安道尔城、卡尼略、马萨纳、圣胡利娅·德洛里亚、恩坎普、莱塞斯卡尔德–恩戈尔达和奥尔迪诺。

【司法机构】领导机构为司法高等理事会，由5名成员组成，任期6年。司法系统包括初级法院、中级法院和高级法院。另设宪法法院。

【政党】主要政党有：

（1）安道尔民主主义者党：由自由党等联合组成的中右政党，领导人哈维尔·埃斯波特·萨莫拉。

（2）社会民主党：领导人佩尔·洛佩兹·阿格拉斯（Pere López Agràs）。

【重要人物】**胡安·恩里克·比韦斯**：安道尔大公、西班牙乌赫尔地方主教。1949年7月24日出生于西班牙巴塞罗那。1974年9月被授予神甫职位，并获神学、哲学和教育科学硕士学位。曾担任巴塞罗那大主教管区代理主教、教区神甫、神学院神甫，加泰罗尼亚神学院及拉蒙·柳利大学教授。1993年6月被任命为诺纳主教和巴塞罗那副主教，2001年6月被任命为乌赫尔地方主教。2003年5月12日被任命为乌赫尔地方大主教和安道尔大公。　**哈维尔·埃斯波特·萨莫拉**：首相。1979年10月30日出生。西班牙ESADE商学院法律硕士、西班牙拉蒙尤以大学哲学系人文学士。曾担任安社会、司法与内政事务国务秘书、大臣。

经　济

2022年财政预算收入4.65亿欧元，同比增长16.83%，财政预算支出4.91亿欧元，同比增长6.04%。2022年，安实际国内生产总值同比增长8.8%，达28亿欧元；名义国内生产总值同比增长13.4%，达32亿欧元。

【资源】农业种植面积8.01平方公里，占全国面积1.7%。主要矿藏有铁、明矾和铅。森林面积178.79平方公里，占全国面积的38.2%，归国家所有。水力资源丰富，利用高山融雪建成多座小水电站，可满足全国1/4用电需求，其余从法国和西班牙进口。

【工业】工业以香烟制造为主，其次有建筑、纺织、木材和食品加工业。

【农业】主要农产品有烟草和马铃薯等，畜牧业以牛、马、羊为主业。

【旅游业】以旅游业为主的服务业占安道尔国内生产总值的80%。截至2022年9月，安道尔接待游客约300万人次。

【交通运输】没有铁路，公路长度279公里。每千人拥有汽车数量1098辆。

【财政金融】1991年7月1日，加入欧洲关税同盟。2002年1月1日起使用欧元作为支付货币。实行低税制，不征所得税，有“无税天堂”之称。主要银行有安道尔银行、安道尔萨巴德尔银行、安道尔信贷银行等。

【对外贸易】2021年进出口总额为16.66亿欧元。其中，安出口额为1.25亿欧元，同比增长21.99%；进口额为15.41亿欧元，同比增长21.42%。主要贸易伙伴为西班牙和法国，其次是欧洲其他国家以及亚太和北美洲国家。主要出口羊毛、牲畜、皮革、香烟、木材、黄油、奶酪；主要进口建筑材料、香烟、电器、化妆品、汽油燃料、服装、光学产品、各种加工食品及生活日用品。

人民生活

2010年，全国有健康中心363家，其中综合医院1所，全国医护人员共计995人。

军　事

无常规军事部队，只保持人数极少的军事力量，国防主要由法国和西班牙负责。

文化教育

【教育】小学至高中实行免费义务教育。实行三种教育体制：（1）安道尔教育，由安政府负责；（2）西班牙教育，由西教育部负责发放西班牙语教材；（3）法国教育，由法国负责，实施法教育部计划，用法语教学。安只有一所大学，为安道尔大学。中学生毕业后可选择在国内或到西班牙、法国接受高等教育。

对外关系

1993年独立前对外关系由西班牙和法国代管。1993年6月3日，安道尔与法国和西班牙签署合作协议，两国宣布承认安道尔为主权国家并同其建立外交关系。同年7月28日加入联合国，后陆续加入国际电信联盟、国际劳工组织、国际红十字会、世界卫生组织、世界知识产权组织、世界旅游组织、欧洲委员会、欧洲安全和合作组织、国际民航组织、伊比利亚美洲首脑会议等22个国际和地区组织。安奉行和平睦邻友好政策，将发展同西班牙、法国及其他欧盟国家关系作为重点。目前与世界上约80个国家签有建交协议，但只在奥地利、比利时、西班牙、法国、葡萄牙和美国设有使馆，在日内瓦设有常驻代表团，在斯特拉斯堡设有常驻代表处。西班牙、法国在安设有使馆。

【同中国的关系】1994年6月29日，安道尔同中国正式建立大使级外交关系。中国驻西班牙大使兼任驻安道尔大使。

据中国海关总署统计，2022年，中安双边贸易额为1.51亿人民币，同比增长365.5%。其中，中国出口额为1.5亿人民币，同比增长438.1%；中国进口额为

128万人民币，同比减少72.3%。

2005年2月，中安签署了旅游合作谅解备忘录。2007年1月1日起，安正式成为中国公民出境旅游目的地国。

汉语教学方面，巴塞罗那孔子学院在安设有孔子课堂。

文化方面，2019年，中国歌剧舞剧院赴安道尔举行庆祝中安建交25周年音乐会。

中国驻安道尔大使：吴海涛（驻西班牙大使兼任）。馆址：C/Arturo Soria，113，28043，Madrid，Spain。电话：0034-915194242。（蔡洋）

奥　地　利

国名　奥地利共和国（The Republic of Austria，Die Republik Österreich）。

面积　8.3879万平方公里。

人口　910.4万（2022年）。其中外国人173万，占19.0%。官方语言为德语。

首都　维也纳（Wien），人口198.2万（2022年）。

国家元首　联邦总统亚历山大·范德贝伦（Alexander Van der Bellen）。2016年12月当选，2022年10月连任，任期至2028年。

重要节日　新年：1月1日；复活节：每年春分月圆之后第一个周日（3月21日至4月25日）；五一国际劳动节：5月1日；国庆日：10月26日；圣诞节：12月25日。

简　况　中欧南部的内陆国。东邻匈牙利和斯洛伐克，南接斯洛文尼亚和意大利，西连瑞士和列支敦士登，北与德国和捷克接壤。属海洋性向大陆性过渡的温带阔叶林气候。平均气温1月为-2℃，7月为19℃。

公元996年，史书中第一次提及“奥地利”。12世纪中叶在巴本堡家族统治时期形成公国，成为独立国家。1278年开始了哈布斯堡王朝长达640年的统治。18世纪初，哈布斯堡王朝领土空前扩大。1815年维也纳会议后成立了以奥为首的德意志邦联，1866年，奥在普奥战争中战败，邦联解散。1867年与匈牙利签约，成立奥匈帝国。1918年第一次世界大战结束后，帝国解体，成立奥地利共和国，即第一共和国。1938年3月被德国吞并。二战后被苏、美、英、法四国占领。1945年4月成立第二共和国。1955年5月，四个占领国同奥签订《重建独立和民主的奥地利国家条约》，宣布尊重奥的主权和独立。10月占领军撤出，奥重获独立。10月26日，国民议会通过永久中立法，宣布不参加任何军事同盟，不允许在其领土上设立外国军事基地。自1965年起，10月26日被定为国庆日。

政　治　实行联邦制和议会民主制下的总理负责制。总统任期6年，无实权。2016年12月4日，独立候选人、前绿党主席范德贝伦当选联邦总统，2017年1月26日宣誓就职。2022年10月9日，范连任联邦总统。

总理任期5年，掌实权。2020年1月7日，由人民党和绿党联合组阁的新一届政府正式宣誓就职。人民党主席卡尔·内哈默（Karl Nehammer）出任总理，绿党主席维尔纳·科格勒（Werner Kogler）任副总理兼艺术、文化、公务员和体育部长。

【宪法】现行宪法于1920年11月10日生效。1925年和1929年通过两项附则。1934年宪法被废除。1945年奥重建后宣布1920年宪法和两个附则继续有效。宪法规定，奥为联邦制共和国，总统是国家元首，总理为政府首脑。

【议会】由国民议会和联邦议会组成。国民议会制定并通过法律，主持新政府就职仪式，可通过不信任表决罢免联邦政府及其成员。联邦议会代表各州利益，有权将国民议会通过的法律提案驳回，但如国民议会坚持原案，联邦议会不得再提异议。国民议会共183席，按比例代表制产生，任期5年。2019年9月29日，奥国民议会提前举行选举，各党所占席位：人民党71席，社民党40席，自由党30席，绿党26席，新奥地利党15席，无党派人士1席。议长任期5年，现任议长沃尔夫冈·索博特卡（Wolfgang Sobotka，人民党）。联邦议会共61席，由各州按人口比例选派，议长由各州轮任，任期半年。2023年下半年联邦议会议长为克劳迪娅·阿尔帕（Claudia Arpa，女，社会民主党）。

【政府】2020年1月7日人民党和绿党组成联合政府，设14个部，成员如下：总理卡尔·内哈默，副总理兼艺术、文化、公务员和体育部长维尔纳·科格勒，财政部长马格努斯·布鲁纳（Magnus Brunner），负责欧盟和宪法事务的总理府部长卡罗琳娜·埃特施塔德勒（Karoline Edtstadler，女），气候保护、环境、能源、交通、创新和技术部长莱奥诺蕾·格韦斯勒（Leonore Gewessler，女），内政部长格尔哈德·卡纳尔（Gerhard Karner），劳工和经济部长马丁·科赫尔（Martin Kocher），教育和科研部长马丁·波拉谢克（Martin Polaschek），负责妇女、家庭、移民融入和媒体事务的总理府部长苏珊娜·拉布（Susanne Raab，女），社会福利、卫生、护理和消费者保护部长约翰纳斯·劳赫（Johannes Rauch），欧洲和国际事务部长亚历山大·沙伦贝格（Alexander Schallenberg），国防部长克劳迪娅·坦纳（Klaudia Tanner，女），农林、地区和水利部长诺伯特·托奇尼克（Nobert Totschnig），司法部长阿尔玛·扎迪奇（Alma Zadić，女）。此外，劳工和经济部，艺术、文化、公务员和体育部，财政部和总理府各设1名国务秘书。

【行政区划】全国划为9个州：布尔根兰、克恩滕、上奥地利、下奥地利、萨尔茨堡、施蒂利亚、蒂罗尔、福拉尔贝格、维也纳。州下设市、区、镇（乡）。

【司法机构】全国有三个法院系统：宪法法院，审理涉及宪法，特别是地方与联邦政府纠纷的案件，院长克里斯托弗·格拉本瓦特尔（Christoph Grabenwarter）；行政法院，负责涉及官方机构及其工作人员的行政纠纷案件，院长鲁道夫·蒂内尔（Rudolf Thienel）；最高法院，负责刑事和民事案件，院长伊丽莎白·洛夫雷克（Elisabeth Lovrek，女）。

【政党】主要政党有：

（1）奥地利人民党（Österreichische Volkspartei，ÖVP）：执政党。前身是1887年建立的基督教社会党，1945年改为现名。主席卡尔·内哈默。

（2）绿党（Die Grünen）：执政党。前身是"绿色和平组织"。1986年成立。2019年9月国民议会选举中获得14%选票，与人民党联合组阁执政。主席维尔纳·科格勒。

（3）奥地利自由党（Freiheitliche Partei Österreichs，FPÖ）：在野党。1955年成立，前身是"独立者联盟"，曾于1983—1986年和社会党组成联合政府。2000年2月与人民党联合执政，2005年党内发生分裂后失去执政地位。2017年12月同人民党组成联合政府，2019年5月因时任党主席"通俄门"视频丑闻导致执政联盟破裂。主席赫伯特·基克尔（Herbert Kickl）。

（4）奥地利社会民主党（Sozialdemokratische Partei Österreichs，SPÖ）：在野党。1889年成立。1919—1920年执政，1934年被取缔。1945年改名为社会党，1991年改为现名。主席安德里亚斯·巴布勒（Andreas Babler）。

（5）新奥地利党（Das Neue Österreich，NEOS）：在野党。由奥地利企业家马蒂亚斯·施特洛尔茨于2012年10月27日创建。主席贝亚特·迈因-赖辛格（Beate Meinl-Reisinger，女）。

【重要人物】**亚历山大·范德贝伦**：总统。1944年1月18日出生于维也纳。1994年当选国民议会议员。1997年起先后任绿党主席、议会党团主席。2016年12月4日当选联邦总统，2017年1月26日就任，2022年10月9日连任。 **卡尔·内哈默**：总理。1972年出生于维也纳。毕业于克雷姆斯多瑙大学，政治传播学硕士。曾在奥联邦军服役，担任步兵军官与信息官。退役后一度从事沟通培训工作，后长期活跃于人民党联邦及地方机构。2018—2020年任人民党秘书长。2020年1月起任奥内政部长。2021年12月6日就任奥总理。

经　济

2022年，奥地利主要经济数据如下：

国内生产总值：4469亿欧元。

人均国内生产总值：49160欧元。

国内生产总值增长率：4.9%。

货币名称：欧元。

汇率：1美元≈0.95欧元。

通货膨胀率：3.0%。

失业率：5.0%。

（资料来源：奥地利统计局）

【资源】矿产主要有石墨、镁、褐煤、铁、石油、天然气等。森林、水力资源丰富，森林面积375万公顷，森林覆盖率43%。木材蓄积量11.35亿立方米。（资料来源：奥地利统计局和奥地利联邦农林、环境和水利部）

【工业】2022年，工业产值1168亿欧元，同比增长10.2%。主要门类包括采矿、建筑、机械制造、电子和汽车制造等。（资料来源：奥地利统计局）

【农业】2022年，农、林、渔业产值为58.7亿欧元，同比增长19.3%。农业用地133万公顷，占全国面积的16%。农业发达，机械化程度高。

【旅游业】旅游业发达。2022年接待过夜游客1.36亿人次，其中外国游客3979万人次。外国游客主要来自德国、荷兰、瑞士、捷克、比利时和意大利等国。（资料来源：奥地利统计局）

【交通运输】奥地利地处欧洲中部，是欧洲重要的交通枢纽。

铁路：全国铁路总长5575公里。2022年客运量2.95亿人次，2022年货运量约1.03亿吨。

公路：全国各类公路总长约12.75万公里，其中高速公路和快速路2249公里。2022年货运量5.9亿吨。

水运：多瑙河航线长350公里。2022年航运货运量640万吨。

空运：奥地利航空公司成立于1957年，2009年成为德国汉莎航空公司的子公司。全国有6个机场，主要国际机场是维也纳施威夏特机场。2022年民用航空客运量2650万人次。（资料来源：奥地利统计局）

【财政金融】近几年财政收支情况如下（单位：亿欧元）：

	2020	2021	2022
盈余/赤字	−80	−59	−158

2022年，公共负债3508亿欧元，相当于国内生产总值的78.4%。（资料来源：奥地利统计局）

【对外贸易】外贸在经济中占重要地位，近几年外贸情况如下（单位：亿欧元）：

	2020	2021	2022
出口额	1426	1655	1946
进口额	1444	1779	2152
差　额	–18	–124	–206

主要进出口产品是机械与汽车、加工品、化工品、其他制成品。（资料来源：奥地利统计局）

【**对外投资**】2022年奥在国外直接投资为2158亿欧元，主要投资对象国是德国、美国、荷兰、捷克、波兰等。（资料来源：奥地利央行）

【**外国资本**】2022年外国在奥直接投资为1912亿欧元。主要投资来源国是德国、瑞士、美国等。（资料来源：奥地利央行）

【**对外援助**】奥系经济合作与发展组织成员国，2021年官方发展援助额12.4亿欧元，同比增长11%，占国民总收入的0.31%。（资料来源：奥欧洲和国际事务部）

人民生活

实行全国社会保险和救济制度，主要有医疗、失业、养老和事故四大类保险。

军　事

1955年9月，奥地利颁布《国防法》，创建联邦军。总统为武装力量最高统帅。国家安全委员会为联邦政府在外交、安全和国防事务上的总咨询机构，由联邦总理，副总理，外交、国防、内政、司法部长及议会各议会党团代表等多名有表决权的正式成员组成，联邦总理任主席，联邦军总参谋长列席。国防部为最高军事指挥机关，平时由联邦政府授权国防部长对联邦军行使指挥权。总参谋长是国防部长的最高军事顾问，代表国防部长对奥军境内外行动实施指挥。联合作战司令部是战略级的指挥机构，统一指挥地面和空中部队。奥军实行义务兵役制，服役期6个月。奥长期奉行中立政策。自1995年加入欧盟后，积极参与欧盟共同防务建设。自1996年起，多次参加联合国维和行动。2017年1月，奥地利宣布在不影响中立的基础上参加欧盟“永久结构性防务合作”。2022年国防支出25.96亿欧元，占国民生产总值的1.1%。

文化教育

【**教育**】学龄儿童享受9年义务教育，学费、书费和上学交通费由国家负担。凡持有高中毕业文凭可免试上大学。2020/2021年度有各类中小学、职业学校5941所，在校学生114万人。2021年有大学生39.1万人。著名的维也纳大学创立于1365年，系德语国家最古老的大学之一。（资料来源：奥地利统计局）

【**新闻出版**】全国有各类报纸259种，其中日报27种，周报229种。主要报刊有《皇冠报》《小报》《信使报》《新闻报》《标准报》《新闻周刊》《侧面》《趋势》。

奥地利通讯社：1946年建立，以向奥报纸和电台提供世界各大通讯社的消息为主，有时也发布奥官方消息。

1924年9月建立国家广播电台，1958年1月开播电视节目。2017年，国家广播电台下设15个广播电台，4套电视节目。

对外关系

奥地利外交政策的基点是以和平中立为基础，以欧盟为依托，积极推动欧盟深化和扩大，在重大国际问题上与欧盟协调一致。重视加强同周边邻国特别是中东欧国家关系，保持和深化同大国关系，谋求在国际事务中发挥独特作用。

【**同中国的关系**】1971年5月28日，中国同奥地利建立外交关系，建交后两国关系总体发展平稳。

2020年2月，王毅国务委员兼外长在出席慕尼黑安全会议期间会见奥总理库尔茨和外长沙伦贝格。3月、4月，李克强总理、王毅国务委员兼外长分别同奥总理库尔茨、外长沙伦贝格就中奥抗疫合作通电话。2021年是中奥建交50周年。5月28日，习近平主席、李克强总理、王毅国务委员兼外长分别同奥总统范德贝伦、总理库尔茨、外长沙伦贝格互致贺电。3月，王毅国务委员兼外长同沙伦贝格外长通电话。11月，栗战书委员长同奥国民议会议长索博特卡举行视频会晤。2022年4月，李克强总理应约同奥总理内哈默通电话。10月，习近平主席致电祝贺范德贝伦当选连任奥总统。

据中国海关总署统计，2022年，中奥双边贸易额为133.6亿美元，同比减少3.0%。其中，中国出口额为51.2亿美元，同比减少4.3%；中国进口额为82.4亿美元，同比减少2.2%。截至2022年12月底，中国与奥签订技术引进合同2737项，累计合同金额69.8亿美元。截至2022年12月底，中国共批准奥在华投资项目1523个，实际利用奥资28.9亿美元。截至2022年12月底，中国累计对奥全行业直接投资7.9亿美元。

双方已结成20对友好省州或城市（区）关系。

中国驻奥地利大使：李晓驷。馆址：Metternichgasse 4，1030 Wien，Austria。电话：00431–7143149；传真：7136816。商务处电话：00431–714314921。签证处电话：00431–7103648。

奥地利驻华大使：安德烈亚斯·利肯（Andreas Riecken）。馆址：北京市朝阳区建国门外秀水南街5号。电话：010–85311700；传真：65321505。领事处电话：010–85311750。

【**同美国的关系**】奥重视对美关系，同美长期保持友好关系，各领域合作密切，但对美保护主义行为感到担忧，认为任何消极举动均会增加欧美贸易不确定性并严重损害双方经济。美如对欧洲汽车产品加征关税，将对欧、奥经济和就业带来巨大冲击。主张气候保护是全球共同责任，关乎所有人利益，认为特朗普政府退出《巴黎协定》是不负责任行为。2020年2月，奥外长沙伦贝格访美，强调无论在双边关系还是国际问题上美国都是奥地利的重要合作伙伴，双方将大力推进战略伙伴关系建设。8月，时任美国国务卿蓬佩奥访奥，双方发表旨在促进奥美战略伙伴关系的联合声明。2022年3月，奥总理内哈默出席欧盟领导人峰会期间同美国总统拜登会谈。同月，奥美建立副外长级政治磋商机制并举行第一次会议。

【同俄罗斯的关系】奥重视与俄务实合作，支持欧俄进行对话。2019年3月，奥外长访俄两国并建立索契对话机制，促进两国科技、教育、艺术和文化领域民间交流。奥是对俄能源依赖最深的欧洲国家之一，80%的天然气从俄进口，在俄境内有600多家企业，奥银行在俄有上百亿欧元金融资产，俄在奥也有200多亿欧元投资。2022年2月乌克兰危机爆发后，奥强烈谴责俄军事行动，要求俄政府尽快从乌撤军，并全面参与欧盟对俄制裁措施。囿于对俄能源依赖，奥反对实施对俄能源禁运，对俄制裁将使奥成为受影响最大的国家之一。奥积极劝和促谈，愿在西方与俄之间发挥“架桥人”作用。奥总理内哈默4月访问俄罗斯并同俄总统普京会晤，5月再次同普京通电话，表示愿发挥斡旋作用。

【同周边国家的关系】奥在东南欧和西巴尔干地区有特殊影响力，注重发挥东西欧间桥梁作用，赞同并积极推动西巴尔干国家加入欧盟，认为西巴尔干国家入盟符合欧盟政治、安全、经济利益，欧盟应在西巴尔干地区发挥更大作用，与相关国家保持对话，推动地区改革、打击腐败及极端化、促进地区合作、解决地区冲突、实现西巴尔干地区政治稳定、经济富强及融入欧盟的共同目标。奥积极支持西巴尔干国家抗击新冠疫情，并向其提供防疫物资和医疗救治援助。2021年7月，在北马其顿举行的多国对话论坛上，奥外长沙伦贝格重申奥支持与西巴尔干国家开启入盟谈判，欧盟不应该再用借口拖延阿尔巴尼亚与北马其顿入欧谈判，缺乏西巴尔干半岛国家的欧盟是不完整的。2022年6月，奥总理内哈默出席欧盟—西巴尔干峰会时表示，奥同欧盟周边国家经济联系密切，对其安全和稳定负有特殊责任，始终坚持应对所有希入盟国家采取相同标准。（陈宁）

白俄罗斯

国名　白俄罗斯共和国（The Republic of Belarus，Республика Беларусь）。

面积　20.76万平方公里。

人口　920.06万（2022年）。共有100多个民族，其中白俄罗斯族占84.9%，俄罗斯族占7.5%，波兰族占3.1%，乌克兰族占1.7%，犹太族占0.1%，其他民族占2.7%。官方语言为白俄罗斯语和俄罗斯语。白俄罗斯共有25个教派，宗教团体总数超过3300个。最普遍的宗教是基督教，包括东正教、天主教、东仪天主教和新教，其他还有犹太教、伊斯兰教。东正教为最主要的宗教（70%以上），西北部一些地区信奉天主教、东正教与天主教的合并教派。

首都　明斯克（Minsk，Минск），面积348.85平方公里，人口199.55万（2022年）。1月平均气温为-2.1℃，7月平均温度为17.9℃（2022年）。

国家元首　总统亚历山大·格里戈里耶维奇·卢卡申科（Александр Григорьевич Лукашенко），1994年7月10日就任，2001年9月、2006年3月、2010年12月、2015年10月、2020年8月五次连任，任期至2025年。

重要节日　公历新年：1月1日；东正教圣诞节：1月7日；卫国战争胜利日：5月9日；独立日（共和国日）：7月3日，纪念1944年7月3日苏军解放被德国法西斯占领的明斯克；人民团结日：9月17日；十月革命日：11月7日。

简　况　内陆国，位于东欧平原西部，东邻俄罗斯，北、西北与拉脱维亚和立陶宛交界，西邻波兰，南接乌克兰。境内地势低平、多湿地，平均海拔高度160米，最高峰为捷尔任斯基峰，海拔345米。拥有近960万公顷的森林，森林覆盖率为39.9%，以针叶林为主，主要树种是松类，其次有云杉、白桦、橡树等。占地面积1165平方公里的别洛韦日自然森林保护区在欧洲享有盛誉。截至2021年，可耕地面积566万公顷。属温带大陆性气候，冬季温和潮湿，夏季温暖，年均气温4.4℃—7.4℃。1月平均气温-8℃—-4.5℃；7月平均气温17℃—18.5℃。年均降水量为600—700毫米。

白俄罗斯人是东斯拉夫族的一支。白俄罗斯（“白色罗斯”）一词始见于1135年编年史。公元862年，白俄罗斯土地上建成波洛茨克城堡。9—12世纪，以该城堡为中心形成波洛茨克公国。13世纪上半叶形成白俄罗斯语言文字。13世纪中期至18世纪末，先后归属立陶宛大公国和立陶宛-波兰王国等。18世纪起并入俄罗斯帝国。1918年3月，亲德的白俄罗斯全体会议执行委员会在德占区宣布成立白俄罗斯人民共和国。1919年1月，白俄罗斯苏维埃社会主义共和国成立并于1922年12月30日加盟苏联。1990年7月27日，白最高苏维埃通过国家主权宣言。1991年12月8日，废除1922年加入苏联时签订的条约，12月19日改名为白俄罗斯共和国，简称“白俄罗斯”。

政　治

【宪法】现行宪法于1994年3月15日通过。1996年11月24日，全民公决通过总统提出的宪法修正案，11月27日生效。2004年10月17日，全民公决决定取消其中第81条关于总统任期连续不得超过两届的限制。2022年2月27日，白俄罗斯举行修宪公投，以65.16%的支持率通过宪法修正案，同年3月15日生效。白宪法修正案规定：白俄罗斯实行总统制；总统为国家元首和武装力量总司令，由选民直接选举产生，任期5年，可以连选连任，恢复总统任期连续不得超过两届的限制；总统有权确定全民公决、任命政府总理（须经国民会议代表院批准）、任免所有副总理以下政府成员、任免总检察长、国家监察委员会和国家银行负责人（须经国民会议共和国院批准）、决定政府辞职等；设立全白俄罗斯人民大会作为白俄罗斯人民政权最高代表机构，赋予其确定国家内政外交基本方向、批准国家经济发展规划、审议选举合法性、罢免总统以及提议修改宪法和举行全民公投等权力。

【议会】称国民会议，由共和国院（上院）和代表院（下院）组成，每届任期5年。本届国民会议为第七届，于2019年12月组成。共和院下设立法和国家建设常委会，经济、预算和金融常委会，教育、科技、文化和社会发展常委会，地区政策和地方自治常委会，国际事务和国家安全常委会。共和国院共64名代表，其中56名由全国6州1市（明斯克）的地方苏维埃代表会议以秘密投票方式各选举8名产生，另8名由总统任命。主要职能是通过或否决下院通过的法案；批准总统关于总检察长、国家监察委员会和国家银行负责人的任命；审议总统关于战争状态和紧急状态的命令等。主席娜塔利娅·伊万诺夫娜·科恰诺娃（Наталья Ивановна Кочанова，女），2019年12月6日当选。代表院下设立法委员会，国家建设、地方自治和议事规程委员会，国家安全委员会，经济政策委员会，预算和金融委员会等14个委员会。代表院由110名代表组成，以秘密投票方式直接普选产生。代表院主要职能是审议各类法案、确定总统大选、批准总统关于总理的任命、对政府表示不信任、接受总统辞职等。主席弗拉基米尔·巴甫洛维奇·安德烈琴科（Владимир Павлович Андрейченко），2019年12月6日当选连任。

【政府】称部长会议，并设有部长会议主席团。2020年6月组建新一届部长会议。部长会议主席团成员有：总理罗曼·亚历山大罗维奇·戈洛夫琴科（Роман Александрович Головченко），国家监察委员会主席瓦西里·尼古拉耶维奇·格拉西莫夫（Василий Николаевич Герасимов），第一副总理尼古拉·根纳季耶维奇·斯诺普科夫（Николай Геннадьевич Снопков），副总理列昂尼德·康斯坦丁诺维奇·扎亚茨（Леонид Константинович Заяц），副总理彼得·亚历山德罗维奇·帕尔霍姆奇科（Петр Александрович Пархомчик），副总理伊戈尔·维克托罗维奇·彼得里申科（Игорь Викторович Петришенко），副总理安纳托利·亚历山德罗维奇·西瓦克（Анатолий Александрович Сивак），经济部长亚历山大·维克托罗维奇·切尔维亚科夫（Александр Викторович Червяков），财政部长尤里·米哈伊洛维奇·谢利维奥尔斯托夫（Юрий Михайлович Селивёрстов），外交部长谢尔盖·费德罗维奇·阿列伊尼克（Сергей Федорович Алейник）。

【行政区划】全国划分为明斯克、布列斯特、维捷布斯克、戈梅利、格罗德诺、莫吉廖夫6个州和具有独立行政区地位的首都明斯克市。

【司法机构】设宪法法院、最高法院和总检察院。宪法法院院长彼得·彼得罗维奇·米克拉舍维奇（Пётр Петрович Миклашевич），2008年2月就任。最高法院院长瓦连京·奥列格维奇·苏卡洛（Валентин Олегович Сукало），1997年1月就任。总检察长安德烈·伊万诺维奇·施韦德（Андрей Иванович Швед），2020年9月9日就任。

【政党】没有执政党。国民会议选举不按党派而是按选区原则分配名额，在白议会中没有固定的议会党团。政党在社会政治生活中影响有限。共有15个合法政党，25个合法工会，3025个合法社会团体（其中国际性团体230个）。15个政党中较大的有：白俄罗斯共产党（Коммунистическая партия Беларуси）、自由民主党（Либерально-демократическая партия）、共和国劳动与公正党（Республиканская партия труда и справедливост）、白俄罗斯农业党（Белорусская аграрная партия）、白俄罗斯绿党（Белорусская партия “Зеленая”）、白俄罗斯左派党“正义的世界”（Белорусская партия левых “Справедливый мир”）、白俄罗斯人民阵线党（Партия белорусского народного фронта）、联合公民党（Объединенная гражданская партия）等。此外，还有白俄罗斯社会民主党（人民大会）、白俄罗斯社会民主大会党、共和党、白俄罗斯爱国党、白俄罗斯社会体育运动党、基督教保守党—白俄罗斯人民阵线以及人民和谐社会民主党。

【重要人物】**亚历山大·格里戈里耶维奇·卢卡申科**：总统。1954年8月30日出生于白俄罗斯维捷布斯克州奥尔尚斯基区科佩斯村，白俄罗斯族。先后毕业于莫吉廖夫师范学院和白俄罗斯农业科学院，专业为历史学、经济学。1975—1977年在苏联边防军服役。1979年加入苏联共产党。曾担任莫吉廖夫州什克洛夫区团委书记、集体农庄党委书记、国营农场场长。1990年当选为共和国最高苏维埃代表。1993年担任白最高苏维埃反腐败临时委员会主席。1994年7月10日就任白俄罗斯共和国首任总统。2001年9月、2006年3月、2010年12月、2015年10月、2020年8月五次连任。爱好冰球、滑雪等体育运动。已婚，有三子。　**罗曼·亚历山大罗维奇·戈洛夫琴科**：总理。1973年8月10日出生于白俄罗斯明斯克州。1996年毕业于俄罗斯莫斯科国际关系学院，2003年毕业于白俄罗斯总统管理学院。1997—2006年先后在白俄罗斯国家安全会议秘书处、总检察院、总统办公厅任职。2006—2009年先后担任白俄罗斯国家安全会议国际安全合作处首席顾问、国家安全会议秘书处国际安全局首席顾问。2009年7—12月任白俄罗斯驻波兰大使馆公使衔参赞。2009—2013年任白俄罗斯国家军事工业委员会第一副主席。2013—2018年任白俄罗斯驻阿拉伯联合酋长国兼驻卡塔尔国、科威特国、沙特阿拉伯王国特命全权大使。2018—2020年任白俄罗斯国家军事工业委员会主席。2020年6月4日被任命为白俄罗斯政府总理。　**娜塔利娅·伊万诺夫娜·科恰诺娃**：国民会议共和国院主席。女，1960年9月25日出生于白俄罗斯维捷布斯克州波洛茨克市。1982年毕业于白俄罗斯新波洛茨克理工学院。2006年毕业于白俄罗斯总统管理学院。1982—2002年先后任波洛茨克市企业调度员、工程师、代理总经理、技术生产部门高级工程师。2002—2007年先后任波洛茨克市执委会住宅及公用设施部主任、执委会副主席、主席。2007—2014年任新波洛茨克市执委会主席。2014—2016年任白俄罗斯副总理。2016—2019年任白俄罗斯总统办公厅主任。2019年12月6日当选第七届国民会议共和国院主席。　**弗拉基米尔·巴甫洛维奇·安德烈琴科**：国民会议代表院主席。1949年1月2日出生于白俄罗斯维捷布斯克州，白俄罗斯族。1977年毕业于俄罗斯韦利科卢克斯基农业学院，1988年毕业于明斯克高级党校。白俄罗斯功勋农业工作者。1968—1970年在苏军服役。1970年开始在里奥兹涅斯基区从事共青团、党务和经济工作。1981—1991年先后担任区农业局局长、区执委会主席、白俄罗斯共产党上德维纳区委第一书记。1991—1994年先后担任维捷布斯克州执委会农业和居民粮食保障委员会第一副主席、主席。1994年11月任维捷布斯克州执委会主席。1996年、2000年、2004年三次当选白国民会议议员。2008年9月当选国民会议代表院议员，10月当选第四届国民会议代表院主席。2012年10月18日当选第五届国民会议代表院主席。2016年10月11日当选第六届国民会议代表院主席。2019年12月6日当选第七届国民会议代表院主席。

经　济

白工业基础较好。机械制造业，冶金加工业，机床、电子及激光技术比较先进；农业和畜牧业较发达，马铃薯、甜菜和亚麻等产量在独联体国家中居于前列。2022年，受乌克兰危机、美西方对俄白加大制裁以及全球经济衰退等因素影响，白经济一改前一年的复苏增长态势，但整体好于多方预期。据白国家统计委员会数据，2022年主要经济数据如下：

国内生产总值：640.261亿美元。

国内生产总值增长率：–4.7%。

货币名称：白俄罗斯卢布（简称“白卢布”）。

汇率：1美元≈2.82白卢布。

通货膨胀率：12.8%。

外汇储备：79.29亿美元（截至2023年1月1日）。

（资料来源：白国家统计委员会和白国家银行）

【资源】主要矿产资源有钾盐、岩盐、泥炭、磷灰石等。能源和原材料绝大部分依靠进口。其中，石油储量3.5亿吨；褐煤储量15亿吨；天然气储量67.2亿立方米；钾盐储量75亿吨。大小河流2万多条，总长9.06万公里。有1万余个湖泊，享有“万湖之国”美誉。森林覆盖率40%。境内有3.1万种动物。

【工业】2020年白工业产值为1165亿白卢布，按可比价格同比减少0.7%。2021年白工业产值为1544亿白卢布，按可比价格同比增长6.5%。2022年白工业产值为1696.33亿白卢布，按可比价格同比减少5.4%。主要工业部门有机械制造、金属加工、化工、电子、光学仪器、石油加工、木材加工、轻工、食品加工等。

【农业】白农业用地面积839.1万公顷，耕地面积571.3万公顷。从业人员37.5万人，约占总劳动力的8.7%。2020年白农业产值为229亿白卢布，按可比价格同比增长4.9%。2021年白农业产值为250亿白卢布，按可比价格同比减少4.2%。2022年白农业产值为318亿白卢布，按可比价格同比增长3.6%。

【服务业】2020年，白服务业产值为733.63亿白卢布，占国内生产总值的比重为49%（其中，交通运输占5.3%；信息和通信占7.1%；不动产交易占6.1%；其他经济活动占30.5%）。2021年，白服务业产值为836.34亿白卢布，占国内生产总值的比重为48.3%（其中，交通运输占5.1%，信息和通信占7.4%，不动产交易占6.0%，其他经济活动占29.8%）。2022年，白服务业产值为617.70亿白卢布，占国内生产总值的比重为44.3%（其中，交通运输占5.0%，信息和通信占6.8%，不动产交易占6.0%，其他经济活动占26.5%）。

【旅游业】白旅游业发展具有一定潜力，境内主要旅游景点包括：4处世界遗产——别洛韦日森林公园、米尔城堡建筑群、涅斯维日拉济维乌家族城堡建筑群和斯特鲁维地理探测弧线，以及伟大卫国战争历史博物馆、斯大林防线、布列斯特要塞、哈丁村等。休憩疗养是白旅游业的金字招牌，境内有474家疗养休闲机构，其中疗养院77家。截至2022年底，白共有1203家旅游机构，592家酒店（其中星级酒店53家）。

【交通运输】公路和铁路交通网较发达，是欧洲交通走廊的组成部分。主要国际机场是明斯克国家机场。同时，白长途运输以铁路为主，铁路总长5480公里，其中电气化铁路约1268.5公里。此外，白公路总长达101100公里，石油运输管道约3000公里，天然气运输管道约7900公里，石油产品运输管道约1100公里。2020年，白公路货运量1.6亿吨，同比减少1.2%，公路客运量9.93亿人次，同比减少16.3%；铁路货运量1.25亿吨，同比减少14.1%，铁路客运量6000万人次，同比减少24.7%；航空货运量3.2万吨，同比增长12.1%，明斯克国家机场客运量193.9万人次，同比减少62%。2021年，白各类运输方式的客运总量为207.15亿人公里，同比增长11.7%；货运总量为1188亿吨公里，同比减少3.6%。2022年，白各类运输方式的客运总量为210.017亿人公里，同比增长3.9%；货运总量为886亿吨公里，同比减少25.4%。

【财政金融】2019年白中央财政收入243亿白卢布，占年度计划的100.4%；支出211亿白卢布，占年度计划的96.5%；盈余32亿白卢布，占国内生产总值的2.4%。2020年白中央财政收入237亿白卢布，占年度计划的101.4%；支出256亿白卢布，占年度计划的97%；赤字19亿白卢布，占国内生产总值的1.3%。2021年白中央财政收入280亿白卢布，占年度计划的101.6%；支出286亿白卢布，占年度计划的95.7%；赤字6亿白卢布，占国内生产总值的0.3%。

截至2022年6月1日，白债务总额为605.056亿白卢布，占国内生产总值的33%。其中，外债总额为184.059亿美元，占国内生产总值的26%；内债总额为128.638亿白卢布，占国内生产总值的7%。

白国家银行作为中央银行，负责制定有关货币信贷政策，协助政府就宏观经济运行状况进行调节。截至2023年6月，白共有21家国有和商业银行。白较大的银行有白俄罗斯银行、白俄罗斯农工银行、白俄罗斯工业建设银行、白俄罗斯外经银行和白俄罗斯投资银行。

【对外贸易】据白国家统计委员会数据，2020年，白对外货物贸易总额为616.6亿美元，同比减少14.9%。其中，出口额290.4亿美元，同比减少11.9%；进口额326.2亿美元，同比减少17.4%。2020年，白前五大对外贸易国为俄罗斯（47.9%）、乌克兰（7.4%）、中国（7.3%）、德国（4.3%）、波兰（4%）。2021年，白对外货物贸易总额为817亿美元，同比增长34.1%。其中，出口额398.89亿美元，同比增长37.4%；进口额418.11亿美元，同比增长31.0%。2021年，白前五大对外贸易国为俄罗斯、乌克兰、中国、德国、波兰。2022年，白对外货物贸易总额为768.978亿美元，同比减少6.0%。其中，出口额382.959亿美元，同比减少4.2%；进口额386.019亿美元，同比减少7.6%。2022年，独联体国家是白的主要贸易伙伴，在其进出口额中的占比分别为67.5%和62.5%。

白主要出口商品类别包括化工产品、农产品和食品、车辆设备和交通工具、矿物产品、金属制品、木材和纸制品；主要进口商品类别包括车辆设备和交通工具、矿物产品、化工产品、农产品和食品、金属制品、纺织品。

【对外投资】2020年，白对外投资49亿美元。主要投资目的国为俄罗斯、乌克兰、英国；投资领域包括工业、交通运输业、批发和零售业。2021年，白对外投资59亿美元。主要投资目的国为俄罗斯（80.1%）、乌克兰（4.9%）、塞浦路斯（2.4%）。2022年，白对外投资63亿美元，主要投资目的国为俄罗斯（56.1%）、塞浦路斯（14.7%）、荷兰（4.1%）和乌克兰（2.9%）。

【外国资本】2020年，白实际引资86.802亿美元。主要投资来源国为俄罗斯、塞浦路斯、奥地利、英国、乌克兰；投资领域包括工业、交通运输业、批发和零售业、汽车修理业、信息通信业。2021年，白实际引资86.987亿美元，主要投资来源国为俄罗斯（42.6%）、乌克兰（15.2%）、塞浦路斯（13.9%）。2022年，白实体经济部门获得外商投资共计70亿美元，主要投资来源国为俄罗斯（56.1%）、塞浦路斯（14.7%）、荷兰（4.1%）和乌克兰（2.9%）。

【对外援助】白为主要受援国，对外援助微乎其微。

【外国援助】2018年，白接受国际援助1.38亿美元。2019年，白接受国际援助1.28亿美元。2020年，白接受国际援助1.55亿美元，其中国际技术援助7150万美元，国际人道主义援助8365万美元。国际社会对白俄罗斯援助主要集中在社会民生、基础设施和能力建设方面。其中，欧盟对白提供的援助主要用于实施白国家和区域发展规划，“东部伙伴关系”计划中与白相关项目等。联合国框架计划旨在深化白与其他会员国在以下方面的合作：经济发展和社会保障、节能环保、预防艾滋病和防治结核病、抗击新冠疫情、高效负责的国家治理和公民安全。

【著名公司】（1）白俄罗斯国家石化康采恩：成立于1997年，主营石油和石油产品的生产、加工和运输，产品种类超过500种，产量占白工业品生产的15%。

（2）白俄罗斯轻工业康采恩：成立于1992年，主要从事轻工产品生产与销售，共有96家成员企业，2020年产值达6.5亿美元，产品出口至全球52个国家。

（3）白俄罗斯钾肥公司：成立于2013年，是白俄罗斯生产钾肥的独家出口商，多年来在全球钾肥出口领域始终保持领先地位，产品出口至近140个国家。

（4）白俄罗斯汽车制造厂（“别拉斯”）：建于1948年，是目前世界最大的矿山自卸车生产商之一，产品涵盖550多个型号，载重为30—450吨，占据全球市场份额约30%。“别拉斯”于2009年进行股份制改造，国家持有全部股权。

人民生活

2020年，白居民月平均名义工资1251白卢布，同比增长14.7%。2020年，白居民实际可支配收入同比增长4.6%。2021年，白居民月平均名义工资为1675.3白卢布，同比增长4.4%。2022年，白居民月平均名义工资为1630.9白卢布，白居民实际可支配收入较2021年减少3.6%。

截至2022年底，白官方登记失业人口数约为4600人。

白俄罗斯有13所医学和药品科研所、4个中央科研实验室、4所医学院和4所医生进修学院等。目前，白有专家型医生5.91万人，普通医务人员12.72万人。

军　事

1991年9月23日，白俄罗斯最高苏维埃通过决定，根据“足够原则”建立本国防御体系和军队。1992年1月11日，白宣布接管其境内苏军的所有常规力量。3月20日，白最高苏维埃通过《武装力量法》，决定从即日起在接管的原苏军部队基础上组建本国军队。1994年，白最高苏维埃决定继承原苏军的传统，将每年的2月23日（原苏联建军节）定为白俄罗斯祖国保卫者和武装力量日（即建军节）。

2016年7月，卢卡申科签署总统令批准了第三部《军事学说》。根据白《军事学说》，白奉行防御性军事战略。白军事安全保障的主要目标是防止针对白俄罗斯的军事威胁，将其控制在局部范围内并最终予以消除。《军事学说》规定，白不参加其他国家间的军事冲突，但在自身遭到侵略或武装入侵并在政治、外交、法律、经济等手段均无效的情况下，将使用军事力量捍卫自己的国家利益；保障国家军事安全的任务由武装力量协同列入国家军事组织的其他军队和军事单位共同完成。同时致力于取得无核地位，主张稳定地裁减常规军备并进行双边、多边裁军对话，以多边或双边国际条约和协议为基础同其他国家合作。2021年11月4日，俄白两国总统签署新版《联盟国家军事学说》。白军事政策的基本方向在总统领导下制定，由白国民会议代表院批准，安全会议和部长会议负责实施。根据白宪法，总统是武装力量总司令并领导安全会议。安全会议统一协调和领导国防部、内务部、国家安全委员会和国家边防委员会等强力部门。安全会议主席由总统担任。现任安全会议国务秘书为亚历山大·格里戈里耶维奇·沃利福维奇中将，国防部长为维克多·根纳季耶维奇·赫列宁中将。2022年10月，俄白宣布在白常态部署俄白地区联合军队集群。

白俄罗斯武装力量由陆军、空防军两个军种和特种作战力量一个兵种组成，总兵力约6.5万人。白实行普遍义务兵役制和合同兵役制相结合的兵役制度，未受过高等教育的义务兵服役期为18个月，受过高等教育的义务兵服役期为12个月。

文化教育

【教育】白基础教育实行11年制免费义务教育，高等院校本科学制4—5年，硕士研究生学制1—2年，博士学制3—5年，分公费和自费两种形式。教育体系包含基础教育、补充教育和特殊教育。基础教育包括学前教育、中小学、职业学校、中专以及高等教育。补充教育包括儿童、青少年、成人补充教育。根据白国家统计委员会发布的2022年《白俄罗斯年鉴》，教育综合预算支出81.48亿白卢布，占国内生产总值总量的4.7%。白现有50所高等院校（其中国立高等院校42所，非国立高等院校8所，囊括15个领域382个领先专业和331个普通专业）。2021—2022年白全国高校本科招生人数为5.52万人，本科应届毕业生5.54万人，本科在校生共24.3万人（其中包括公费生11.03万人，自费生13.27万人）。2021—2022年全国硕士研究生招生人数为9123人，硕士应届毕业生6199人，在校硕士研究生共12275人［在白外国留学生共24338人（本硕），其中在白中国留学生8011人，占比32.9%，位居首位］。2021—2022年全国副博士研究生（等同于中国博士研究生）招生人数为1179人，副博士毕业生869人，全国副博士研究生共4709人。白俄罗斯国立大学是白第一所公立综合性大学和最高学府，2023年QS世界大学排名288位。截至目前，白俄罗斯国立大学在读本科、硕士、博士超过20000人，教职人员数量超过7500人（教师3000人，博士300人，副博士900人，通讯院士11人，白俄罗斯科学院院士5人）。

【新闻出版】白共有1608种出版物，其中报纸720种，杂志847种，其他41种（含31份公报、8份目录、2份年鉴）；国有媒体428家（包括214份报纸、203份杂志、11份公报），非国有媒体1180家（包括506份报纸、644份杂志、20份公报、8份目录、2份丛刊）。

白出版物主要以白俄罗斯文、俄文为主，有少量英文、波兰文、乌克兰文和德文版。

主要报刊:《今日白俄罗斯报》，总统办公厅机关报;《共和国报》，白政府机关主办，日报，混用俄、白两种文字出版;《人民报》，议会机关报;《祖国荣誉报》，国防部机关报;《我们的田野》，白文版反对派报纸。

共有9家通讯社（其中私营7家）。白俄罗斯国家通讯社（白通社）为最大官方通讯社，成立于1918年12月，曾隶属于苏联塔斯社（白俄罗斯分部），1991年10月正式改称“白通社”，现隶属总统办公厅。向白及其他独联体国家的220家新闻单位提供白文、俄文和英文新闻及互联网多文种新闻和图片新闻。出版周刊《七日》，发行4万份；俄英双语季刊《白俄罗斯经济》，发行4200份；月刊《白俄罗斯思想库》，发行6000份。除了独联体国家，还与中国、伊朗、马来西亚、古巴等国通讯社建立业务联系。独立通讯社“别拉潘”（“白俄罗斯非官方新闻社”的俄语缩写），1993年成立。

白共有265家广播电视台，其中广播电台163家（私营27家），电视台98家（私营54家）。较大的有：白俄罗斯国家广播电视公司（下辖白俄罗斯国家电视1台、2台、3台、4台、5台、24台，公共电视台，首都电视台），白俄罗斯广播电台1台，“首都”广播电台，“白俄罗斯”国际电台。白近年网络媒体发展很快，

2010年2月总统签署“关于完善国家互联网使用”的法令，同年在国家电信总公司下成立国家话务交换中心，对网络资源使用统一管理。全白在BY下共注册约134510个域名，有9万余个网站。同时，有线电视迅速普及，通过有线电视可以收看130多套节目。

对外关系

白奉行多元外交政策的同时，加大力度开展“东向”外交。2022年，白继续发展同俄罗斯的联盟国家关系，两国不断走近，一体化水平持续提高。白同俄在欧亚经济联盟、独联体、集体安全条约组织等地区性组织中始终保持密切协调配合，同俄一道推进地区一体化进程深入发展。乌克兰危机爆发后，白为前线俄军提供大量物资、医疗、器械维修等后勤支持。白高度重视发展对华合作，中白关系正式提升为全天候全面战略伙伴。白同美西方关系持续恶化。美西方出台多轮对白制裁措施。白积极参与联合国等国际和地区组织中的事务，继续加大同亚洲、拉美、中东、非洲等地区国家的交往，争取外部销售市场，吸引外资，扩大务实合作。白同183个国家建交，共设有57个驻外使馆、2个常驻代表团、11个总领事馆和1个领事馆。

【同中国的关系】1992年1月20日中白正式建交。两国关系发展顺利，高层交往频繁。2020年6月、2021年1月、2022年1月，习近平主席三次与卢卡申科总统通电话。2022年9月，习近平主席在出席上海合作组织撒马尔罕峰会期间同卢卡申科总统举行双边会见。两国元首决定，将双边关系定位提升为全天候全面战略伙伴关系。2023年2月末至3月初，应习近平主席邀请，卢卡申科总统对中国进行国事访问。

据中国海关总署统计，2022年，中白双边贸易额为50.8亿美元，同比增长33%。其中，中国出口额为32.8亿美元，同比增长20%；中国进口额为18.0亿美元，同比增长65.4%。

人文、教育、科技合作持续发展。2023年，中白政府间合作委员会文化合作分委会第五次会议成功举办。明斯克中国文化中心举办丰富多彩的线上线下文化交流活动，中白合作举办“中国旅游文化周”“天涯共此时”“欢乐春节”等文化交流品牌活动。2023年5月在明斯克首次举办的“茶和天下”雅集活动吸引数万白民众参与，获得巨大成功。影视领域交往日益密切，中国电影家协会应明斯克“落叶时节”国际电影节邀请，于2021年、2022年连续在该电影节期间举办“中国金鸡海外影展（白俄罗斯）”。2022年，中国作家协会支持创办了白俄罗斯中国文学读者俱乐部并举办中国作家何建明、张炜和叶梅的俄文版作品推介会。体育领域交流互动频繁，北京冬奥会前，白冬季两项奥运冠军多姆拉切娃执教中国冬季两项国家队。2023年3月，卢卡申科总统访华期间，两国元首见证签署《中国国家体育总局与白俄罗斯体育和旅游部合作谅解备忘录》。

2022年，在白设立的6所孔子学院和2所孔子课堂运行良好。中白政府间合作委员会教育合作分委会第六次会议及白中文教学研讨会成功召开。第21届“汉语桥”世界大学生中文比赛、第15届世界中学生中文比赛白俄罗斯赛区选拔赛、留白学生翻译大赛、中国大使奖学金颁奖典礼及中白学生线上新春联欢晚会成功举办。中国留白学者联合会第四届留白博士学者大讲堂活动及为留白学生送温暖活动顺利举行。

2022年，中白政府间合作委员会第四次科技分委会会议召开，会上双方总结了近两年来科技合作成果并确定了新的政府间科技合作项目及未来两年科技合作活动计划。中白巨石工业园“火炬园”建设初具规模；中关村管委会、山东省科学院、甘肃省农科院与白国家科学院分别就在北京设立代表处、成立白俄罗斯研究中心以及在土壤、蔬菜及马铃薯研发领域开展合作签署协议；广东省科学院中白产业技术联合创新中心与白科学院6个项目研发与产业化合作取得圆满成功；第九届新地平线2022中白青年论坛、创新之桥、上合组织青年科技创新论坛、2022上合组织现代农业发展圆桌会议等论坛、会议、竞赛如期在线上线下举办。

中国驻白俄罗斯大使：谢小用。馆址：Проспект Победителей 67A，г. Минск，Республика Беларусь。电话/传真：00375–17–2853683。领事侨务处电话：00375–17–2853391。经商处电话/传真：00375–17–2340789。

白俄罗斯驻华大使：尤里·阿列克谢耶维奇·先科（Юрий Алексеевич Сенько）。馆址：北京市朝阳区日坛东一街1号。电话：010–65321691，65326426；传真：65326417。政治、科技及人文合作处电话：010–65323918。经贸问题小组电话：010–65321806，65326398，65326505，85325545。

【同俄罗斯的关系】两国1992年6月25日建交。1997年签订俄白联盟条约，1999年签订《关于成立俄白联盟国家的条约》，2000年条约正式生效。白支持俄推进独联体一体化，积极参与集体安全条约组织和“欧亚经济联盟”建设。2022年，俄白联盟国家建设快速发展，两国一体化进入新阶段。1月，白总统卢卡申科批准俄白于2月举行名为“联盟决心–2022”的联合军事演习。2月，俄白“联盟决心–2022”联合军演正式在白拉开帷幕。同月，白总统卢卡申科对俄进行年度首场工作访问，同俄总统普京在莫斯科举行会晤，两国总统还共同在俄战情室内观看了俄白联合军演情况。同月，俄与乌克兰在白举行首轮和谈。3月，俄乌第二、三轮谈判在白布列斯特州举行。同月，白总统卢卡申科对俄进行工作访问并在莫斯科同俄总统普京举行会晤。4月，白总统卢卡申科对俄进行工作访问并参访俄远东地区。同月，白总理戈洛夫琴科同俄总理米舒斯京通电话。5月，白总统卢卡申科赴莫斯科出席集体安全条约组织领导人峰会期间同俄总统普京举行简短双边会晤。同月，白总统卢卡申科再度对俄进行工作访问，并同俄总统普京在索契举行会晤。6月，白总统卢卡申科在圣彼得堡同俄总统普京举行会晤。同月，白总理戈洛夫琴科同访白的俄总理米舒斯京举行会晤。同月，白总统卢卡申科、时任外长马克伊分别同访白的俄外长拉夫罗夫举行会晤。7月，白总统卢卡申科同俄总统普京通电话。8月，俄总统普京于白总统卢卡申科生日当天同卢通电话，向其致以生日祝福。同月，白安全会议国务秘书沃尔福维奇同俄联邦安全会议秘书帕特鲁舍夫举行会见。9月，白总统卢卡申科在索契同俄总统普京举行工作会晤。10月，白总统卢卡申科在圣彼得堡出席独联体国家元首非正式峰会并同俄总统普京单独会谈。同月，白总统卢卡申科召开国家安全会议，宣布将在白境内部署俄白区域联合部队。同月，白总理戈洛夫琴科在莫斯科同俄总理米舒斯京举行会晤。11月，白总统卢卡申科同俄总统普京通电话。同月，白总理戈洛夫琴科对俄进行工作访问。12月，白总统卢卡申科同俄总统普京通电话。同月，白总统卢卡申科在独立宫会见访白的俄总统普京一行。两国元首及双方政府高官共同出席大范围会晤。大范围会晤后，卢普还举行了单独会见，共同出席新闻发布会并接受现场记者采访。白外长阿列伊尼克在外交部同陪同普京访白的俄外长拉夫罗夫举行会晤。

【同其他独联体国家的关系】2022年，白继续坚持发展与独联体各国友好关系，积极参加集体安全条约组织、欧亚经济联盟、独联体峰会等机制框架内活动。1月，白总统卢卡申科积极参与推动哈萨克斯坦国内局势尽快稳定，先后同俄罗斯总统普京、哈萨克斯坦总统托卡耶夫、集安条约组织秘书长扎西、亚美尼亚总理帕什尼扬通电话并出席集安条约组织集体安全理事会紧急线上会议。白并参与集安条约组织向哈派遣维和部队。3月，白总统卢卡申科同土库曼斯坦当选总统别尔德穆哈梅多夫通电话。4月，白总理戈洛夫琴科访问乌兹别克斯坦，同乌总统米尔济约耶夫、总理阿利波夫举行会晤。5月，白总理戈洛夫琴科出席独联体政府首脑理事会视频例会。同月，时任白外长马克伊在杜尚别出席独联体国家外长理事会会议。同月，白国防部长赫列宁出席集安条约组织国防部长理事会视频会议。6月，时任白外长马克伊在埃里温出席集安条约组织外长理事会会议。同月，白安全会议国务秘书沃尔福维奇在埃里温出席集安条约组织安全会议秘书理事会全会。7月，时任白外长马克伊同乌兹别克斯坦外长诺罗夫通电话。8月，白外交部就纳卡地区局势发表声明，称对纳卡地区局势恶化深表关切，呼吁阿亚双方保持克制，遵守停火协议。同月，白内务部长库布拉科夫在塔什干出席上合组织内务部长和公安部长会议。同月，白国防部长赫列宁在塔什干出席上合组织国防部长会议。9月，白总统卢卡申科在撒马尔罕出席上合组织元首峰会。同月，白总统卢卡申科同吉尔吉斯斯坦总统扎帕罗夫通电话。同月，时任白外长马克伊在撒马尔罕同乌外长诺罗夫举行会见。10月，白总统卢卡申科对塔吉克斯坦进行正式访问，同塔总统拉赫蒙举行了小、大范围会晤，并分别同塔代表院（议会下院）主席佐基尔佐达、总理拉苏尔佐达举行会晤。同月，白总统卢卡申科在阿斯塔纳出席亚信第六次峰会，并同哈萨克斯坦总统托卡耶夫举行双边会晤。同月，白总统卢卡申科在阿斯塔纳出席独联体国家领导人小、大范围会晤。同月，白总理戈洛夫琴科在埃里温出席欧亚经济委员会政府间理事会会议并同亚美尼亚总理帕什尼扬举行双边会晤。同月，白总理戈洛夫琴科在阿斯塔纳出席独联体成员国政府首脑理事会会议，并同哈萨克斯坦总理斯迈洛夫、塔吉克斯坦总理拉苏尔佐达举行会晤。11月，白总统卢卡申科同哈萨克斯坦总统托卡耶夫通电话。同月，白总统卢卡申科在埃里温出席集安条约组织领导人峰会。同月，白总理戈洛夫琴科以视频方式出席上海合作组织总理会并发表讲话。同月，时任白外长马克伊、国防部长赫列宁、安全会议国务秘书沃尔福维奇在埃里温出席了集安条约组织外长理事会、防长理事会、安全会议秘书委员会联席会议。12月，白总统卢卡申科在比什凯克总统官邸出席欧亚经济联盟最高权力机构——欧亚经济委员会最高理事会小、大范围会晤。同月，白总统卢卡申科在圣彼得堡出席独联体国家领导人非正式会晤。

【同欧盟及美西方国家的关系】2022年，白同美西方关系持续恶化，美西方以白总统大选、瑞安航空事件、白欧边境难民危机、乌克兰危机等为由对白施加多轮制裁。1月，立陶宛交通部决定于2月1日起终止立陶宛铁路公司同白俄罗斯钾肥公司签订的钾肥运输合同。2月，白总统卢卡申科先后同法国总统马克龙、乌克兰总统泽连斯基、俄总统普京、土耳其总统埃尔多安通电话，推动俄乌两国同意在白乌边境普里皮亚季河流域举行和谈。3月，英国、欧盟先后宣布对白实施新制裁，涉及多家白重要企业和诸多白政商要人。同月，白外交部宣布驱逐部分乌克兰驻白外交人员，要求乌驻白使馆以“1+4”的形式工作，即大使和4名工作人员。4月，白公布对白不友好国家名单，涉及美国、英国、欧盟成员国等39国。同月，白宣布自4月15日起对立陶宛和拉脱维亚公民实施免签入白政策。6月，欧盟理事会批准第六轮对俄制裁清单，其中还包括12名白公民和8家白企业。7月，白宣布自7月1日起对波兰公民实行免签入白政策。同月，白决定召回驻英国大使，并将两国关系降为代办级。8月，美国务卿布林肯宣布对100名白政府官员实施签证制裁。同月，流亡国外的白反对派领袖季哈诺夫斯卡娅宣布组建“联合过渡内阁”。9月，白宣布将爱沙尼亚驻白使馆工作人员数量降至1名外交人员和1名行政技术人员。10月，白总统卢卡申科在哈萨克斯坦阿斯塔纳出席亚信第六次峰会期间同土耳其总统埃尔多安举行双边会晤。

【同其他发展中国家的关系】2022年，白积极开展同亚洲、拉美、中东、非洲等发展中国家交往，扩大经济贸易合作，争取更多国际支持。6月，白总统卢卡申科在独立宫会见阿联酋“伊玛尔地产”董事长穆罕默德·阿拉巴尔，双方主要就该公司对明斯克“北岸”智慧城市投资项目的具体实施细节和该公司同白高新科技园的合作问题等事宜交换意见。9月，白总统卢卡申科在出席上合组织撒马尔罕峰会期间同伊朗总统莱希举行会晤。同月，时任白外长马克伊在纽约同伊朗外长阿布杜拉希扬举行会晤。10月，白总统卢卡申科在阿斯塔纳出席亚信第六次峰会期间同巴基斯坦总理谢里夫举行双边会晤。同月，时任白外长马克伊对伊朗进行工作访问并在德黑兰同伊朗外长阿卜杜拉希扬举行双边会晤。11月，白总理戈洛夫琴科访问伊朗并同伊第一副总统莫赫贝尔举行会晤。同月，白总理戈洛夫琴科访问叙利亚并同叙总理阿尔努斯举行会晤。同月，时任白外长马克伊在新德里出席白俄罗斯—印度政府间委员会第11次会议。（郑耀烁）

保加利亚

国名　保加利亚共和国（The Republic of Bulgaria，Република България）。

面积　11.1万平方公里。

人口　683万（2021年）。其中保加利亚族占84%，土耳其族占9%，罗姆族占5%，马其顿族、亚美尼亚族等占2%。保加利亚语为官方语言，土耳其语为主要少数民族语言。居民主要信奉东正教，少数人信奉伊斯兰教。

首都　索非亚（София），人口130.7万人（2021年）。属温带大陆性气候，1月平均气温为-1℃，7月为21℃，年均降水量约701毫米。

国家元首　总统鲁门·拉德夫（Румен РАДЕВ），2016年11月当选，2017年1月就职，任期5年。2021年11月，拉德夫总统胜选连任，2022年1月开启第二任期。

重要节日　国庆节：3月3日（1878年3月3日摆脱奥斯曼土耳其统治）。保加利亚教育文化和斯拉夫文字节：5月24日。

简　况

位于欧洲巴尔干半岛东南部，北部与罗马尼亚隔多瑙河相望，西部与塞尔维亚、北马其顿相邻，南部与希腊、土耳其接壤，东部临接黑海。海岸线总长378公里。北部属大陆性气候，南部属地中海式气候。平均气温1月为-2℃—2℃，7月为23℃—25℃。

公元681年，色雷斯人、斯拉夫人和古保加利亚人在多瑙河流域建立斯拉夫保加利亚王国，史称第一保加利亚王国。1018年被拜占庭占领。1185年建立第二保加利亚王国。1396年被奥斯曼土耳其帝国吞并。1877年俄国对奥斯曼土耳其宣战，土耳其战败，保加利亚于次年宣布独立。两次世界大战保加利亚均为战败国。1944年9月，成立以保加利亚共产党和农民联盟为主体的祖国阵线政府并宣布建立保加利亚人民共和国。此后保加利亚共产党长期执政。1989年东欧剧变期间，保加利亚政权更迭，改行多党议会民主制。1990年11月，改国名为保加利亚共和国。

政　治

2021年4月和7月，保加利亚两次举行议会选举，各政党未能成功组阁。11月，举行年内第三次议会选举。“我们继续改变”党同社会党、“有这样的人民”党、“民主保加利亚”党联合组阁，“我们继续改变”党联合主席基里尔·佩特科夫（Кирил ПЕТКОВ）出任总理。2022年6月，保加利亚国民议会通过对政府不信任案。8月，保总统拉德夫宣布第47届国民议会解散，任命格勒布·多内夫（Гълъб ДОНЕВ）为看守政府总理。10月2日举行议会提前选举。10月21日，第48届国民议会成立。

【宪法】现行宪法于1991年7月12日通过，并于次日公布后生效。宪法规定，保加利亚为议会共和制国家，总统象征国家团结并在对外交往中代表国家。

【议会】议会称国民议会，议长称国民议会主席。根据宪法，国民议会行使立法权和监督权，并有对内政外交等重大问题作出决定的权力。实行一院制，共240个议席，议员按比例制通过直接选举产生，任期4年。

2022年10月，保加利亚第48届国民议会选举成立。争取欧洲进步公民党67席，“我们继续改变”党53席，争取权利与自由运动党36席，复兴党27席，以社会党为首的为了保加利亚联盟25席，“民主保加利亚”党20席，“保加利亚崛起”党12席。议长韦日迪·拉希多夫（Вежди РАШИДОВ），2022年10月21日当选。

【政府】内阁称部长会议。2022年8月2日，保总统拉德夫任命看守政府，总理多内夫。政府成员有：副总理兼劳动和社会政策部长拉扎尔·拉扎罗夫（Лазар ЛАЗАРОВ），副总理兼交通和通信部长赫里斯托·阿列克西埃夫（Христо АЛЕКСИЕВ），副总理兼内务部长伊万·德梅尔吉埃夫（Иван ДЕМЕРДЖИЕВ），副总理阿塔纳斯·佩卡诺夫（Атанас ПЕКАНОВ），财政部长罗西察·维尔科娃–热列娃（Росица ВЕЛКОВА-ЖЕЛЕВА，女），国防部长迪米特尔·斯托亚诺夫（Димитър СТОЯНОВ），卫生部长阿森·梅吉迪埃夫（Асен МЕДЖИДИЕВ），区域发展和公共事务部长伊万·希什科夫（Иван ШИШКОВ），教育和科学部长萨绍·佩诺夫（Сашо ПЕНОВ），外交部长尼科拉伊·米尔科夫（Николай МИЛКОВ），司法部长克鲁姆·扎尔科夫（Крум ЗАРКОВ），文化部长维利斯拉夫·米内科夫（Велислав МИНЕКОВ），环境和水资源部长罗西察·卡拉姆菲洛娃–布拉戈娃（Росица КАРАМФИЛОВА-БЛАГОВА，女），农业部长亚沃尔·格切夫（Явор ГЕЧЕВ），经济工业部长尼科拉·斯托亚诺夫（Никола СТОЯНОВ），能源部长罗森·赫里斯托夫（Росен ХРИСТОВ），创新增长部长阿列克桑德尔·普列夫（Александър ПУЛЕВ），旅游部长伊林·迪米特罗夫（Илин ДИМИТРОВ），青年和体育部长维塞拉·列切娃（Весела ЛЕЧЕВА，女），电子政务部长格奥尔基·托多罗夫（Георги ТОДОРОВ）。

【行政区划】共有28个大区和265个市。

【司法机构】设最高司法委员会、最高上诉法院、最高行政法院、总检察院、特别侦察局、最高律师委员会，各行政区、市设有法院与检察院。最高司法委员会主席博扬·马格达林切夫（Боян МАГДАЛИНЧЕВ），2017年10月就职；最高上诉法院院长加利娜·扎哈罗娃（Галина ЗАХАРОВА，女），2022年2月就职；最高行政法院院长格奥尔基·乔拉科夫（Георги ЧОЛАКОВ），2017年11月就职；总检察长伊万·格舍夫（Иван ГЕШЕВ），2019年12月就职；特别侦察局局长安托安·格切夫（Антоан ГЕЧЕВ），2021年6月就职。

【政党】保加利亚注册政党300多个，主要有：

（1）保加利亚争取欧洲进步公民党（Граждани за Европейско Развитие на България，ГЕРБ）：简称“公民党”。2006年12月成立。奉行基督教民主主义原则，努力推行基督教旨、家庭和民主价值观。希望建立自由、民主、团结、公正的社会，推动保加利亚更好融入欧洲。党主席博伊科·博里索夫（Бойко БОРИСОВ）。

（2）“我们继续改变”党（Продължаваме Промяната）：2021年9月成立。旨在为中小企业自由发展、吸引高新技术和战略投资创造良好营商环境，消除腐败和滥用国家资源。倡导公正、均衡、法治。提高公民教育和医疗质量，建立现代化基础设施，提高退休人员收入。党联合主席基里尔·佩特科夫、阿森·瓦西列夫。

（3）争取权利与自由运动党（Движение за Права и Свободи）：1990年1月成立，4月注册为政党。主张民族平等，尊重所有人的权利与自由，通过制定正确的民族政策实现民族和解与团结。党主席为穆斯塔法·卡拉达伊厄（Мустафа КАРАДАЙЪ）。

（4）复兴党：2014年8月成立。支持中小企业和工业企业发展，增加就业。加强国防建设，保障每位保加利亚人的安全。加大科技投入。推动保加利亚在国际舞台上保持独立，提升国际地位。党主席科斯塔丁·科斯塔迪诺夫（Костадин КОСТАДИНОВ）。

（5）保加利亚社会党（Българска Социалистическа Партия，БСП）：简称“社会党”。前身是保社会民主工党，1891年8月成立。1919年5月更名为共产党并加入第三国际。1944年后连续执政47年。1990年4月更名为社会党。党主席科尔内莉娅·妮诺娃。

（6）“民主保加利亚”党（Демократична България）：2018年4月成立。由“是，保加利亚”“为了强大保加利亚民主者”“绿色运动”3党联合组成。主张改变现行国家治理模式、强化民主和欧洲大西洋价值观。改善民生、提高国家经济竞争力、保护环境。党联合主席赫里斯托·伊万诺夫（Христо ИВАНОВ）、阿塔纳斯·阿塔纳索夫（Атанас АТАНАСОВ）。

（7）保加利亚“崛起”党（Български Възход）：2022年5月成立。主张维护国家法治和民主模式，尊重公民基本权利和自由以及普世价值观，坚持市场经济，促进教育、文化、社会、卫生、环境保护领域发展。党主席斯特凡·亚内夫（Стефан ЯНЕВ）。

【重要人物】鲁门·拉德夫：总统。1963年出生于哈斯科沃大区迪米特罗夫格勒市。曾在保加利亚空军服役。2014年6月出任保加利亚空军司令、少将。2016年8月退役，参加总统选举。2016年11月当选总统，2017年1月宣誓就职，任期5年。2021年11月胜选连任总统，并于2022年1月开启第二任期。 **韦日迪·拉希多夫**：议长。1951年出生于迪米特罗夫格勒。保科学院院士，曾任文化部长，著名雕塑家，2022年10月当选第48届国民议会议长。 **格勒布·多内夫**：总理。1960年出生于索菲亚。毕业于保加利亚国家与世界经济大学财政专业、鲁塞大学法律专业。曾任劳动和社会政策部副部长。2017年1月、2021年5月和9月三次被任命为看守政府劳动和社会政策部长。2022年1月任总统人口和社会政策事务秘书。2022年8月被任命为看守政府总理。

经　济

1989年东欧剧变前，外贸伙伴主要是经互会国家。1989年后，逐步向市场经济过渡，发展包括私有制在内的多种所有制经济，优先发展农业、轻工业、旅游和服务业。2004年底，大部分国有资产完成私有化。2001—2008年，经济年增长率保持在5%以上。2009年，经济受国际金融危机和欧洲主权债务危机冲击有所衰退。2010年起经济逐步企稳回升。2022年主要经济数据如下：

国内生产总值：845.6亿欧元。

人均国内生产总值：1.2万欧元。

国内生产总值增长率：3.4%。

货币名称：列弗；1列弗=100斯托丁卡。

汇率：1美元≈1.88列弗；1欧元≈1.95583列弗。

通货膨胀率：16.9%。

失业率：4.3%。

（资料来源：保加利亚国家统计局、国家银行，下同）

【资源】保加利亚是自然资源较贫乏的国家，在原料供应和能源方面很大程度上依赖进口。主要矿藏有煤、铅、锌、铜、铁、铀、锰、铬、矿盐和少量石油。森林面积412万公顷，占国土面积的34%。

【工业】主要工业部门有机械制造、电子、冶金、食品、轻纺、造纸、化工等。2022年工业产值249.45亿欧元，占国内生产总值的29.5%。近几年主要工业品产量如下（单位：万吨）：

	2019	2020	2021
铜矿石	3162.2	3240.7	3077.4
铅、锌、锡矿石	89.8	82.5	88.1
硅酸盐水泥	245.6	286.6	250.0

【农业】农业是保加利亚优势产业。主要农产品有小麦、葵花籽、玉米、烟草等。玫瑰精油、葡萄酒、酸奶并称为“保加利亚三宝”。2022年农业产值42.28亿欧元，占国内生产总值的5.0%。

【服务业】20世纪90年代以来，服务业保持快速发展，其中旅游业是重要产业之一。2022年服务业产值553.9亿欧元，占国内生产总值的65.5%。

【旅游业】旅游资源较丰富。2022年，保累计接待外国游客1088.8万人次，主要来自罗马尼亚、土耳其、希腊。截至2022年12月，保当地拥有超过10个床位的住宿设施有2072家，共有57500个房间、118300张床位。著名景点有涅夫斯基大教堂、古罗马露天剧场、大特尔诺沃城堡、卡赞勒克玫瑰谷、里拉国家公园、内塞伯尔等。

【交通运输】以陆运为主。2021年货运量6164.9万吨，其中陆运3207.7万吨，水运2954.6万吨，空运2.6万吨；客运量5.1亿人次，其中陆运3.1亿人次，水运15.3万人次，空运527.6万人次，城市交通1.9亿人次。

有4个主要机场：索非亚机场、普洛夫迪夫机场、布尔加斯机场和瓦尔纳机场。

有3个主要港口：瓦尔纳港、布尔加斯港和鲁塞港。

【财政金融】截至2022年底，外债总额439.2亿欧元，占国内生产总值的52.1%。近几年财政收支情况如下（单位：亿欧元）：

	2019	2020	2021
收入	220.2	226.6	243.2
支出	222.1	244.7	268.3
盈余/赤字	–1.9	–18.1	–25.1

截至2022年底，保加利亚共有商业银行25家，除保加利亚开发银行为国有政策性银行外，其他均为股份制银行，银行系统资产总额约为795亿欧元，银行系统总利润约为10.6亿欧元，同比增长4%。保加利亚央行名为保加利亚国家银行，保加利亚央行将商业银行分为三类：一类是保加利亚最大的5家商业银行，二类是13家商业银行，三类是7家外国银行支行及规模较小外国银行。

【对外贸易】2022年对外贸易总额为1036.3亿欧元，同比增长39.6%，其中出口额为482.5亿欧元，同比增长37.9%，进口额为553.8亿欧元，同比增长41.1%。近几年外贸情况如下（单位：亿欧元）：

	2020	2021	2022
出口额	278.4	347.3	482.5
进口额	304.9	392.1	553.8
差　额	–26.5	–44.8	–71.3

主要出口机械及运输装备、工业制成品、食品、化工产品，主要进口机电产品、金属矿石、化工材料、燃料、食品。主要出口目的地国有：德国、意大利、罗马尼亚、土耳其、希腊、法国；主要进口来源国有：德国、俄罗斯、意大利、罗马尼亚、土耳其、西班牙。

【外国资本】1991年5月17日颁布实施外国投资法，1992年修订后重新公布。允许外商在保加利亚合资或独资经营，军事等特定部门和领域除外。1996年4月，保加利亚宣布吸引外资新举措：对私有股份超过66%的外资和合资企业，在税收方面给予为期5年的优惠，利润税头3年免征，后2年减免50%，条件是这些企业必须将利润的50%进行再投资；向外资开放部分能源、原材料等重点企业和30%的电信业。2022年，外国对保直接投资22.5亿欧元。

人民生活

2022年，职工平均月工资961欧元。2022年人均消费：肉及肉制品37.8公斤，蛋160个，鲜奶18.5升，酸奶28.5公斤，水果53.6公斤，蔬菜75.1公斤。

军　事

保加利亚军队建立于1944年9月。1990年1月26日国务委员会决定禁止在军队开展党派活动。同年9月成立总统安全委员会，主席由总统担任。安全委员会负责制定与武装力量有关的对内对外政策，战时制定反对外来侵略的方针政策。1991年11月8日，国防部长改由文职官员担任。保加利亚总兵力约3万人，2022年国防预算20.8亿欧元。

文化教育

受斯拉夫文化影响显著，历史上曾融入拜占庭、奥斯曼土耳其等文化元素。19世纪的保加利亚作家伐佐夫、波特夫在世界文学史上占有一席之地。霍罗舞是保加利亚有代表性的民族舞蹈。全国有75家剧院、69家电影院、174家博物馆、47家图书馆。

【**教育**】全国普及12年制义务教育，小学、初中、高中均为4年。2021/2022学年有各类教学单位2002所，在校生930880人，教师74539人。中小学校1956所，中等专业技术学校及职业技术培训中心417所，高等学校54所。著名高等学府有索非亚大学、普洛夫迪夫大学、大特尔诺沃大学、新保加利亚大学、国民和世界经济大学等。

【**新闻出版**】主要报刊有：《劳动报》，1946年创刊；《24小时报》，1991年4月18日创刊；《言论报》，前身为《工人事业报》，1927年3月5日创刊，1990年4月4日改名；《监视器报》，1998年创刊；《现在报》，1997年10月21日创刊；《标准报》，1992年8月10日创刊；《日志报》，2001年2月12日创刊。

主要通讯社：保加利亚通讯社，国家通讯社，成立于1898年，同世界上许多国家通讯社有合作关系和业务联系，其领导人由议会任免。索非亚新闻社，成立于1967年，国家资助，民间经营，主要负责对外宣传和报道。

保加利亚国家广播电台：国家广播电台，成立于1929年，业务受议会监督，其领导人由议会任免。1958年后开始全天播音。现有2套全国性节目。对外用10种语言广播。

保加利亚电视台：国家电视台，业务受议会监督，其领导人由议会任免。1958年建成，1959年正式开播。现有3套节目。

对外关系

保加利亚于2004年3月29日加入北约，2007年1月1日加入欧盟。保加利亚政府在优先发展与欧美关系的同时，积极参与地区合作，注重睦邻友好，开展多元外交，致力于加入申根区。

【**同中国的关系**】中国与保加利亚于1949年10月4日建交。2014年1月，两国建立全面友好合作伙伴关系。2019年7月，两国建立战略伙伴关系。同年7月，保总统拉德夫出席第十三届夏季达沃斯论坛并对华进行国事访问，双方发表《中华人民共和国和保加利亚共和国关于建立战略伙伴关系的联合声明》。10月，两国领导人互致贺电庆祝中保建交70周年。11月，保副总理尼科洛娃来华出席第二届中国国际进口博览会。2020年1月，保副总理尼科洛娃来华出席第17次经济联委会会议。2月，新冠疫情发生后，保总统拉德夫、总理博里索夫、议长卡拉扬切娃、副总理兼外长扎哈里埃娃分别向习近平主席、李克强总理、栗战书委员长、王毅国务委员兼外长致慰问信。3月，李克强总理应约同保总理博里索夫通电话。王毅国务委员兼外长向保副总理兼外长扎哈里埃娃致慰问电。中国政府、中央军委及地方、企业、社会各界向保政府、国防部、民间捐赠防疫物资。2021年2月，保副总理尼科洛娃出席中国—中东欧国家领导人峰会。2022年6月，全国政协副主席张庆黎同保副议长伊万诺夫举行视频会晤。

两国经贸合作稳步提升。据中国海关总署统计，2022年，中保双边贸易额41.2亿美元，同比增长0.3%。其中，中国出口额为28.5亿美元，同比增长23.4%；中国进口额为12.7亿美元，同比减少29.3%。截至2020年底，中国对保直接投资存量1.56亿美元，保对华直接投资8057万美元。

中国驻保加利亚大使：董晓军。馆址：58 JAMES BOURCHIER BLVD，SOFIA 1407，REPUBLIC OF BULGARIA。电话：00359–2–9733873，9733947（领事部），9710238（商务处）；传真：9711081。

保加利亚驻华使馆临时代办：伊瓦伊洛·约尔达诺夫（Ивайло ЙОРДАНОВ）。馆址：北京市朝阳区建国门外秀水北街4号。电话：010–65321946，65321916；传真：65324502。

【**同美国的关系**】1903年建交。1941—1947年两国外交关系经历了不同阶段。1950年断交，1959年复交，1966年外交关系由公使级提升为大使级。双边关系曾长期紧张，1989年后逐步改善并恢复正常。2022年2月，美国国务院顾问乔莱特访保。3月，保总理佩特科夫同美国副总统哈里斯通电话。美国国防部长奥斯汀访保。5月，保总理佩特科夫访美。美国助理国务卿唐弗里德访保。10月，美国助理国务卿皮亚特访保。12月，保总统拉德夫同美国国务卿布林肯通电话。

【**同俄罗斯的关系**】1879年建交。两国在文化和历史层面关系密切，俄是保最大能源供应国。2022年2月，保宣布驱逐2名俄驻保外交官。3月，保再次驱逐10名俄驻保外交官。4月，俄宣布驱逐10名保驻俄外交官。5月，俄再次驱逐1名保驻俄外交官。7月，保总理佩行科夫宣布驱逐70名俄驻保外交官。8月，俄宣布驱逐14名保驻俄外交官。

【**同其他欧洲国家的关系**】睦邻周边，积极推动西巴尔干国家入盟。2022年1月，保总理佩特科夫访问北马其顿。保总统拉德夫同北马其顿总统彭达罗夫斯基通电话。北马其顿总理科瓦切夫斯基访保。2月，保总理佩特科夫访问塞尔维亚。保总理佩特科夫同乌克兰总统泽连斯基通电话。保总统拉德夫访问罗马尼亚。波兰总统杜达访保。4月，乌克兰外长库列巴访保。保总理佩特科夫访问乌克兰、罗马尼亚。保总统拉德夫访问葡萄牙、西班牙。5月，保总统拉德夫访问捷克、德国，同法国总统马克龙、波兰总统杜达通电话。保总理佩特科夫访问梵蒂冈、意大利。荷兰首相吕特访保。6月，德国总理朔尔茨访保。9月，北马其顿总理科瓦切夫斯基访保。10月，保总统拉德夫访问摩尔多瓦。11月，保总理多内夫访德。保总统拉德夫同捷克总理菲亚拉、荷兰首相吕特通电话。科索沃“总统”萨德利乌访保。

【同其他国家的关系】强调务实合作和对外关系多元化，重视加强同中东、亚洲等国家合作。2022年3月，韩国副外长李相和访保。5月，沙特外交大臣费萨尔访保。阿塞拜疆外长巴伊拉莫夫访保。9月，保总统拉德夫访问阿联酋。12月，保议长拉希多夫访问土耳其。

【同国际和地区组织的关系】2022年2月，保总理佩特科夫出席在布鲁塞尔举行的欧盟—非盟峰会。保总理佩特科夫出席第二届安塔利亚外交论坛。保总统拉德夫出席在布鲁塞尔举行的北约峰会。3月，保总理佩特科夫出席在布鲁塞尔举行的欧盟峰会。4月，欧盟委员会主席冯德莱恩访保。保总理佩特科夫出席在希腊德尔斐举行的西巴尔干地区领导人非正式午餐会。5月，保总理佩特科夫出席在瑞士举行的达沃斯世界经济论坛、出席欧盟特别峰会。6月，保总统拉德夫出席在罗马尼亚布加勒斯特举行的"布加勒斯特9国"峰会、在拉脱维亚里加举行的第七届"三海倡议"峰会。保总理佩特科夫出席在布鲁塞尔举行的欧洲理事会例会和欧盟—西巴尔干峰会。7月，保总统拉德夫出席在西班牙马德里举行的北约领导人峰会。10月，保总统拉德夫出席在捷克布拉格举行的欧盟领导人非正式会晤。（杨旭）

北马其顿

国名　北马其顿共和国（The Republic of North Macedonia，Republika Severna Makedonija）。

面积　2.5713万平方公里。

人口　209.7万（2021年）。主要民族为马其顿族（54.2%），阿尔巴尼亚族（29.5%），土耳其族（4%），罗姆族（2.3%）和塞尔维亚族（1.2%）。官方语言为马其顿语；北马其顿修改并通过《语言使用法》后，阿尔巴尼亚语使用范围逐步扩大。居民多信奉东正教，少数信奉伊斯兰教。

首都　斯科普里（Skopje），人口52.7万（2021年）。2021年7月日均最高气温31℃，1月日均最低气温-4℃，全年日均最高气温13℃，年均降水总量568毫米。

国家元首　总统斯特沃·彭达罗夫斯基（Stevo PENDAROVSKI），2019年5月当选，任期5年。

重要节日　国庆节：9月8日。

简　况

位于欧洲巴尔干半岛中部，西邻阿尔巴尼亚，南接希腊，东接保加利亚，北部与塞尔维亚接壤。气候以温带大陆性气候为主。

7世纪，斯拉夫人迁居马其顿地区。10世纪下半叶至11世纪初，塞缪尔始建第一个斯拉夫人的国家。1912年第一次巴尔干战争结束后，塞尔维亚、保加利亚、希腊军队占领马其顿地区。经过1913年第二次巴尔干战争，塞尔维亚、保加利亚和希腊重新瓜分马其顿地区。地理上属于塞尔维亚的部分称瓦尔达尔马其顿，属于保加利亚的部分称皮林马其顿，属于希腊的部分称爱琴马其顿。第一次世界大战后，瓦尔达尔马其顿作为塞尔维亚的一部分并入塞尔维亚人-克罗地亚人-斯洛文尼亚人王国（1929年改称南斯拉夫王国）。第二次世界大战后，南斯拉夫联邦人民共和国成立（1963年改称南斯拉夫社会主义联邦共和国）。

1991年11月20日，马其顿宣布独立，定宪法国名为"马其顿共和国"。因希腊坚决反对该国名，1993年4月7日，马其顿以"前南斯拉夫马其顿共和国"的临时国名加入联合国。2018年6月12日，马其顿和希腊两国总理宣布就国名问题达成协议，同意马其顿国名更改为"北马其顿共和国"，并于6月17日签署正式协议。2019年2月12日，北马其顿政府宣布和希腊政府签署的相关协议以及本国宪法有关修正案即日起生效，"马其顿共和国"正式更名为"北马其顿共和国"。

政　治

2020年7月，北马其顿举行新一届议会选举，8月新政府成立，社会民主联盟党主席扎埃夫出任总理。2021年10月，扎埃夫因社民盟地方选举失利宣布辞去社民盟主席和总理职务，12月获议会批准正式辞去总理职务。2022年1月，社会民主联盟党主席迪米塔尔·科瓦切夫斯基（Dimitar KOVACEVSKI）出任总理。

【宪法】1991年11月17日，北马其顿通过新宪法，规定北马其顿是一个主权、独立、民主和福利的国家，总统以无记名投票方式通过普选产生，任期5年，最多不得超过两任。1992年1月，北马其顿议会修宪，声明北马其顿对邻国没有领土要求。2001年11月，议会第二次修宪，扩大阿尔巴尼亚族自治权。2019年1月，议会第三次修宪，将国名"马其顿共和国"更改为"北马其顿共和国"。

【议会】国家最高立法机关。议员通过直选产生，任期4年。本届议会于2020年7月选举产生，设120个议席。社会民主联盟同"贝萨运动"党组成的竞选联盟46席，内部革命组织竞选联盟44席，阿尔巴尼亚族融合民主联盟15席，阿尔巴尼亚人联盟和选择党竞选联盟12席，左翼党2席，阿尔巴尼亚族民主党1席。议长塔拉特·贾菲里（Talat XHAFERI，阿族融合民主联盟），2020年8月21日当选。2021年11月，"贝萨运动”党宣布退出执政联盟。2021年12月，选择党加入执政联盟。

【政府】国家权力执行机构。本届政府成立于2022年1月，总理迪米塔尔·科瓦切夫斯基。政府成员有：第一副总理兼政治体系和民族间关系部长阿尔坦·格鲁比（Artan GRUBI），主管欧洲事务的副总理博扬·马里契奇（Bojan MARICIC），主管经济事务的副总理法特米尔·比蒂克伊（Fatmir BITIKJI），主管反腐事务的副总理斯拉维卡·格尔科芙斯卡（Slavica GRKOVSKA，女），国防部长斯拉芙扬卡·佩特罗芙斯卡（Slavjanka PETROVSKA，女），内务部长奥利弗·斯帕索夫斯基（Oliver SPASOVSKI），财政部长法特米尔·贝西米（Fatmir BESIMI），外交部长布亚尔·奥斯马尼（Bujar OSMANI），教育与科学部长耶唐·沙奇里（Jeton SHAQIRI），交通与基础设施部长布拉戈伊·博奇瓦尔斯基（Blagoj BOCHVARSKI），农业、林业和水利部长柳普乔·尼科洛夫斯基（Ljupco NIKOLOVSKI），劳动与社会政策部长约娃娜·特伦切芙斯卡（Jovana TRENCHEVSKA，女），信息社会与公共管理部长阿德米里姆·阿利蒂（Admirim ALITI），环境与区域规划部长纳塞尔·努雷迪尼（Naser NUREDINI），经济部长克雷什尼克·贝克特希（Kreshnik BEKTESHI），司法部长尼科拉·图潘切夫斯基（Nikola TUPANCEVSKI），地方自治政府部长戈兰·米莱夫斯基（Goran MILEVSKI），卫生部长贝基姆·萨利（Bekim SALI），文化部长比塞拉·斯托伊切芙斯卡（Bisera STOJCEVSKA，女），主管侨务的部长（不设部）杰马伊尔·楚皮（Xhemail CUPI）。

【司法机构】设宪法法院、普通法院和检察院。宪法法院院长多布丽拉·卡察尔斯卡（Dobrila KACARSKA，女），2021年6月就任。普通法院分初级（区法院）、中级（地区法院）和最高法院3级。最高法院院长贝萨·阿德米（Besa ADEMI，女），2021年2月就任。检察长柳博米尔·约韦斯基（Ljubomir JOVESKI），2017年就任。另外还设有经济法院和军事法院。

【行政区划】2004年8月，北马其顿议会通过《新行政区划法》，设立84个地方行政单位。

【政党】共有约80个政党。实行多党制，主要政党有：

（1）马其顿社会民主联盟（The Social Democratic Union of Macedonia）：前身为马其顿共产主义者联盟，1989年改称“马其顿共盟–民主改革党”，1993年改为现名，简称“社民盟”。党员约5.1万人。对内主张建立民主的北马其顿国家和遵循市场经济规律的新经济体制，对外执行和平外交政策，致力于实现欧洲大西洋一体化，同邻国发展等距离的睦邻友好关系。党主席迪米塔尔·科瓦切夫斯基。

（2）马其顿内部革命组织–民族统一民主党（Internal Macedonian Revolutionary Organization-Democratic Party for Macedonian National Unity）：简称“内革党”。成立于1990年6月。约有党员7万人。主张维护北马其顿国家独立、主权和领土完整，保障少数民族权利，反对国家分裂，通过实行市场经济将北马其顿建成富裕的国家，同邻国发展睦邻友好关系，致力于实现欧洲大西洋一体化。党主席赫里斯蒂扬·米茨科斯基（Hristijan MICKOSKI）。

（3）阿族融合民主联盟（Democratic Union for Integration）：简称“阿民盟”。成立于2002年6月。主张北马其顿所有公民一律平等，保证阿族人参加政治生活，以彻底改变北马其顿的阿尔巴尼亚族人地位。党主席阿里·阿赫麦提（Ali AHMETI）。

（4）阿尔巴尼亚人联盟（Alliance for Albanians）：主张全面落实《奥赫里德框架协议》，保证阿尔巴尼亚族与马其顿族拥有平等权利。党主席齐阿丁·塞拉（Ziadin SELA）。

（5）选择党（Alternativa）：成立于2019年。主张保护阿尔巴尼亚族权利。党主席阿夫里姆·加希（Afrim GASHI）。

（6）左翼党（Levica）：成立于2015年。主张工人权利和社会正义，反对狭隘民族主义。党主席迪米塔尔·阿帕西埃夫（Dimitar APASIEV）。

（7）“贝萨运动”党（Besa Movement）：成立于2014年11月。主张提升阿尔巴尼亚族权利，与马其顿族实现政治、经济、教育等各领域地位平等，消除民族歧视。党主席比拉尔·卡萨米（Bilal KASAMI）。

（8）阿族民主党（Democratic Party of Albanians）：成立于1994年2月。主张遵循欧洲标准，实现公民和多种族间的高度民主平等，法律面前人人平等。党主席曼杜赫·塔奇（Manduh THACI）。

【重要人物】斯特沃·彭达罗夫斯基：总统。1963年生。毕业于斯科普里大学法学院，在政治、法律和社会学研究院获得博士学位，无党派人士。曾任内务部部长助理、国家安全顾问兼外交政策首席顾问、国家选举委员会主席。2016年当选议员。2017—2019年任北马其顿政府北约事务国家协调员。2019年5月当选总统。已婚，有一子。 **迪米塔尔·科瓦切夫斯基**：总理。1974年生。黑山大学经济学博士。1994年加入马其顿社会民主联盟。2020年9月担任北马其顿财政部副部长。2022年1月出任总理。已婚，有两个孩子。 **塔拉特·贾菲里**：议长。1962年生，阿尔巴尼亚族。毕业于斯科普里大学法学院。阿族融合民主联盟成员。曾任议员、国防部副部长。2017年4月当选议长，2020年8月连任。

经济

独立后，北马其顿经济深受前南危机影响，后又因国内安全形势恶化再遭重创。近年来，随着国内外环境的改善和各项改革措施的推进，北马其顿经济有所恢复和发展。2022年主要经济数据如下：

国内生产总值：129亿欧元。

人均国内生产总值：6365.6欧元。

国内生产总值增长率：2.1%。

货币名称：代纳尔。

汇率：1美元≈58.6代纳尔；1欧元≈61.6代纳尔。

通货膨胀率：14.2%。

失业率：13.4%。

（资料来源：北马其顿财政部、国家统计局，下同）

【**资源**】矿产资源比较丰富，有煤、铁、铅、锌、铜、镍等，其中煤的蕴藏量约9.4亿吨。还有非金属矿产碳、斑脱土、耐火黏土、石膏、石英、蛋白石、长石等。森林覆盖率为38.9%。

【**工业**】2022年工业产值约占国内生产总值的30.5%。主要工业部门有矿石开采、冶金、化工、电力、木材加工、食品加工等。

【**农业**】2022年农业产值约占国内生产总值的8.1%。农业用地面积为125.6万公顷，其中耕种面积为51.4万公顷，畜牧面积74.2万公顷。

近几年主要农产品产量如下（单位：吨）：

	2020	2021	2022
小麦	246031	243676	224632
玉米	146434	130769	143106
烟草	26112	24329	25978

近几年牲畜存栏数如下（单位：头/只）：

	2020	2021	2022
牛	222202	177622	164751
绵羊	630634	633281	646688
猪	164074	186146	182604
家禽	1643462	1484025	1561933

【**旅游业**】有1000余处教堂和修道院，4200余处考古遗址。主要旅游设施有旅店、浴场、家庭旅馆、汽车宿营地等。主要旅游区是奥赫里德湖、斯特鲁加、多伊兰湖、莱森、马弗洛沃山和普雷斯帕湖等地。2020年游客总人次46.7万，其中国内游客34.9万人次，国外游客11.8万人次。2021年游客总人次70.2万，其中国内游客40.8万人次，国外游客29.4万人次。2022年游客总人次96.9万，其中国内游客43.2万人次，国外游客53.7万人次。

【**交通运输**】客运以公路为主，货运以公路（约97%）和铁路（约3%）为主。

公路：2020年公路总长18179公里。2022年客运量346万人次，货运量7463.9万吨。

铁路：2020年铁路总长907公里。2022年客运量40.6万人次，货运量137.2万吨。

空运：主要机场是斯科普里机场和奥赫里德机场。2022年航空客运量236.6万人次。

【**财政金融**】近几年财政收支情况如下（单位：百万代纳尔）：

	2020	2021	2022
收入	189800	218505	243033
支出	243700	257288	278518
盈余/赤字	–53900	–38783	–35485

截至2022年底，外汇储备38.6亿欧元。2022年外债115.8亿美元。

主要银行：商业银行，成立于1955年。

【**对外贸易**】2022年北马其顿对外贸易总额为214.9亿美元，同比增长9.75%。其中，出口额为87.3亿美元，同比增长6.6%；进口额为127.6亿美元，同比增长12%。

主要贸易伙伴为德国、英国、希腊、塞尔维亚、保加利亚、中国等。主要进口产品为未锻造或粉末状铂金及铂金合金、石油及电力。主要出口产品为含贵金属及其化合物的催化剂、绝缘电线、电缆等。近几年进出口情况如下（单位：亿美元）：

	2020	2021	2022
出口额	66.3	81.9	87.3
进口额	87.1	113.9	127.6
差　额	–20.8	–32.0	–40.3

【**外国资本**】2021年外国直接投资存量63亿美元。2021年外国直接投资6亿美元，2022年外国直接投资7.9亿美元。

人民生活

63.5%家庭拥有汽车，97.7%家庭拥有电视机，68.4%家庭拥有上网电脑。每百人中拥有18部电话机，106部手机。2022年12月，税后平均工资34364代纳尔，约合605美元。

军　事

1992年3月28日，北马其顿创建军队。总统为武装力量最高统帅。国防政策以维护国家的独立主权和领土完整为主要任务，履行北约成员国义务。实行职业军人兵役制。现役军人8133名（满编）。2023年国防预算总额2.7亿欧元。现任总参谋长梅托迪亚·韦利奇科夫斯基（Metodija VELICHKOVSKI）中将。

文化教育

【**教育**】普及9年制义务教育。2019年，教育经费占财政开支的11%，约占国内生产总值3.7%。2021/2022学年度共有初级学校（小学和初中）在校学生186649人，中等学校（高中、职业学校）在校学生71018人，高等学校在校学生51582人。主要高校有：斯科普里大学、比托拉大学、泰托沃大学等，教职工4556人。

【**新闻出版**】2020年出版报纸21种，总发行量574.7万份，主要报纸有《新马其顿报》《日报》《晚报》《信使报》等；刊物7种，总发行量为72万册，主要刊物有《论坛》《东方》《马其顿太阳》《马其顿体育》等。

通讯社：国家新闻社，另有马其顿新闻社和马其顿新闻中心。

电视台：全国有电视台43家，其中公共电视台1家，商业电视台42家。用马其顿语、阿尔巴尼亚语等7种语言播放。

广播电台：共有62个广播电台，其中公共广播电台1个，商业广播电台57个，非营利广播电台4家。用马其顿语、阿尔巴尼亚语、土耳其语、吉卜赛语、弗拉西语、塞尔维亚语、保加利亚语和希腊语广播。

对外关系

对外政策的主要目标是维护国家的独立、主权和领土完整；致力于融入欧洲大西洋一体化进程；优先发展同大国和邻国的关系。截至2022年12月，北马其顿已同181个国家建立外交关系。

【同中国的关系】1993年10月12日，中国同北马其顿建交。1999年1月27日，北马其顿外长迪米特罗夫在台北同台湾地区外事部门负责人胡志强签署“建交公报”；2月8日，北马其顿政府正式批准“建交公报”；2月9日，中方宣布同北马其顿中止外交关系。2001年6月18日，北马其顿正式同台湾当局断绝“外交关系”，中国外长唐家璇和北马其顿外长米特雷娃在北京签署《两国关系正常化的联合公报》，中国同北马其顿关系恢复正常。近年来，双边关系发展顺利。2019年6月，北马其顿议长贾菲里访华。11月，国家副主席王岐山在出席第二届巴黎和平论坛期间会见北马其顿总统彭达罗夫斯基。2020年2月，北马其顿总统彭达罗夫斯基致函习近平主席，支持中国抗击新冠疫情。中国政府、中央军委及地方、企业、社会各界向北马其顿政府、国防部、民间捐赠防疫物资。2021年2月，北马其顿总理扎埃夫出席中国—中东欧领导人峰会。

据中国海关总署统计，2022年，中北马双边贸易额为4.1亿美元，同比减少29.8%。其中，中国出口额为2.3亿美元，同比增长4.9%；中国进口额为1.8亿美元，同比减少51.1%。

中国驻北马其顿大使：张佐。馆址：Street Lermontova, No.2，1000，SKOPJE，NORTH MACEDONIA。电话：00389–2–3110390；传真：3107016。

北马其顿驻华使馆临时代办：伊丽莎贝塔·乔尔吉耶娃（Elizabeta GJORGJIEVA，女）。馆址：北京市朝阳区三里屯外交公寓办公楼1–32。电话：010–65327846；传真：65327848。

【同美国的关系】1994年2月，美国正式承认北马其顿。1995年9月，美国同北马其顿建交。2019年2月，北马外长迪米特罗夫访美。10月，美国务卿蓬佩奥访问北马。2020年10月，美副国务卿克拉奇访问北马。2022年6月，北马外长奥斯马尼访美并同对方举行战略对话。

【同俄罗斯的关系】1994年1月，俄罗斯同北马其顿建交。2022年3月，北马宣布驱逐5名俄外交官。2022年4月，北马宣布驱逐6名俄外交官。

【同欧盟的关系】加入欧盟是北马其顿对外政策的战略目标。1996年1月，北马同欧盟建立外交关系。2000年4月，北马同欧盟签署《稳定和联系公约》。2004年3月，北马正式向欧盟递交入盟申请。2005年12月，欧盟首脑会议决定给予北马欧盟候选国地位。2022年7月，北马正式开启入盟谈判。

【同北约的关系】1998年5月，北马其顿加入北约“和平伙伴关系计划”。2019年2月，北约成员国代表在布鲁塞尔签署接纳北马其顿共和国加入北约议定书。12月，北马总理扎埃夫出席北约伦敦峰会暨北约成立70周年大会。2020年3月，北马驻美国使馆临时代办佩特科夫斯卡向美国务院负责欧洲和欧亚事务的代理助理国务卿里克缴存加入北约批准书，完成加入北约的全部程序。3月，北马正式成为北约第30个成员国。10月，北马派遣44名士兵加入北约在科索沃的维和部队。2022年9月，北马总统彭达罗夫斯基同北约秘书长斯托尔滕贝格通电话。

【同周边国家的关系】北马其顿主张在相互尊重主权、领土完整、互不干涉内政的原则基础上，同邻国保持平等的睦邻友好关系。

与希腊的关系：北马其顿独立后，希腊认为马其顿地理概念广泛，其范围包括希腊的北部地区，坚决反对将“马其顿”或“马其顿”的派生词作为北马其顿国名。1995年9月13日，在联合国秘书长特使万斯的主持下，北马其顿、希腊双方在联合国签署两国关系正常化的《临时协议》，但双方未就北马其顿国名问题的谈判取得实质性进展。2017年12月，北马其顿、希腊双方代表与联合国国名问题特使尼米兹开会讨论国名问题解决方案。2018年10月，北马其顿举行国名问题全民公投。2019年2月，北马其顿、希腊联合致函联合国秘书长，通报双方国名问题的协议生效。2020年9月，北马总理扎埃夫访问希腊并会见希腊总理米佐塔基斯，双方签署天然气互联互通协议等。2022年5月，北马总理科瓦切夫斯基访问希腊，同欧洲理事会主席米歇尔、塞尔维亚总统武契奇、保加利亚总理佩特科夫等共同考察希腊液化天然气接收站。

与保加利亚的关系：1992年1月15日，北马其顿同保加利亚建交，但保不承认马其顿民族和马其顿语。2017年8月，两国签订《友好睦邻合作条约》。2020年11月，北马总统彭达罗夫斯基同保总统拉德夫通电话。2022年7月，北马议会通过旨在解决北马同保争端的“法国提案”。2022年9月，北马总理科瓦切夫斯基访保。

与阿尔巴尼亚的关系：1993年4月26日，阿尔巴尼亚承认北马其顿。12月24日，北马同阿建交。2019年10月，北马总统彭达罗夫斯基访阿。2022年6月，北马举行“开放巴尔干”峰会，阿总理拉马、塞尔维亚总统武契奇等应邀出席。

与塞尔维亚的关系：1996年4月8日建交。2020年10月，北马其顿总理扎埃夫、塞尔维亚总统武契奇、阿尔巴尼亚总理拉马举行“小申根”合作视频会议。2022年6月，北马举行“开放巴尔干”峰会，塞总统武契奇、阿总理拉马等应邀出席。

与斯洛文尼亚的关系：2019年1月，斯洛文尼亚国防部长埃里亚韦茨访问北马其顿。2月，北马议长贾菲里访斯。7月，北马总统彭达罗夫斯基访斯。2022年10月，北马国防部长佩特罗芙斯卡访斯。

与克罗地亚的关系：2019年2月，克罗地亚副总理兼国防部长科尔斯蒂切维奇访问北马其顿。2021年6月，北马总统彭达罗夫斯基访克。（陈明卉）

比 利 时

国名 比利时王国（The Kingdom of Belgium, Le Royaume de Belgique）。

面积 陆地面积3.0688万平方公里，领海及专属经济区3454平方公里。

人口 1169.8万（2023年）。官方语言为荷兰语、法语和德语。80%的居民信奉天主教，20%的居民信奉基督教新教或有其他信仰。

首都 布鲁塞尔（Brussels，Bruxelles），首都大区人口124.1万（2023年），外籍人约占全市人口的35.3%。布鲁塞尔是欧盟和北约总部所在地，有“欧洲首都”之称。

国家元首 国王菲利普（Phillipe），2013年7月21日即位。

重要节日 国庆日：7月21日；国王日：11月15日。

简况

位于西欧，北连荷兰，东邻德国，东南与卢森堡接壤，南和西南与法国交界，西北隔多佛尔海峡与英国相望。海岸线长66.5公里。属海洋性温带阔叶林气候。

公元前凯尔特族的比利其人在此居住。公元前57年起长期为罗马人、高卢人、日耳曼人分割统治。9—14世纪被各诸侯国割据。14—15世纪建立了勃艮第王朝。随后又陆续为西班牙、奥地利、法国所统治。1815年并入荷兰。1830年10月4日独立。1867年成为永久中立国。在两次世界大战中均被德国占领。二战后加入北约。1958年加入欧共体，并与荷兰、卢森堡结成经济联盟。1993年完成国家体制改革，正式实行联邦制。

政治

2019年5月26日，比利时举行联邦、地区、欧洲议会“三合一”选举，共选举150名联邦众议员、313名地区议会议员和21名欧洲议会议员。新弗拉芒联盟党保持北部荷语区和全国第一大党地位，法语社会党保持南部法语区第一大党地位。

【宪法】1831年制定首部宪法。1994年2月出台新宪法，保留了原宪法有关基本自由、权力分享和国家民主等条款，并规定：比实行世袭君主立宪的联邦制，国王为国家元首、三军最高统帅，与议会共同行使立法权，与政府共同行使行政权，但实权在政府，政府对议会负责。议会实行两院制，主要由众议院行使立法权，参议院只在修宪、外交事务、国家体制改革等方面与众议院享受同等权力，在其他方面仅有立法建议和咨询权。新宪法扩大了地区政府的内政和外交权力。新宪法首次承认女性王室成员的王位继承权。2014年1月，议会对宪法进行最新修订，议会任期从4年延长至5年，参议院改为非常设机构，联邦政府进一步向地方政府下放权力。

【议会】联邦议会由150名众议员和60名参议员组成，任期5年。众议员由全国11个选区直选产生。2014年5月起，联邦参议院为非常设机构，参议员首次由之前71名减少到60名，其中由各大区、语区议会指派50名，参议院宣誓就职后再自行遴选10名。年满18岁的国王子女是法定参议员，但不参加投票。本届联邦议会于2019年5月26日选举产生。各党派席位分布如下：

党派	众议院	参议院
新弗拉芒联盟党	24	9
法语社会党	19	7
弗拉芒利益党	18	7
法语革新运动党	14	7
法语生态党和荷语绿党	21	9
荷语基督教民主党	12	5
比利时劳动党	12	5
荷语开放自民党	12	5
前进党	9	4
行动者党	5	2
法语民主联邦党	2	—
无党派	2	—

2020年10月13日，法语社会党议员伊莲·蒂利厄（Eliane Tillieux，女）当选众议长，荷语开放自民党议员斯蒂芬妮·德奥斯（Stephanie D’Hose，女）当

选参议长。

【政府】2020年10月1日，法语社会党、荷语开放自民党、荷语基民党等七党组成比利时新一届联邦政府。荷语开放自民党副主席亚历山大·德克罗（Alexander De Croo）出任首相。除首相外，本届内阁共有7位副首相兼大臣、7位大臣和5位国务秘书。

【行政区划】全国分为10个省和581个市镇。10个省为：安特卫普、西弗兰德、东弗兰德、林堡、弗拉芒布拉邦、瓦隆布拉邦、列日、埃诺、那慕尔和卢森堡（省）。

【司法机构】全国设229个治安审理所，13个初审法院，5个上诉法院，1个最高法院。10省和布鲁塞尔首都大区各设1个重罪法庭。三级法院均有相应的检察机构。各级法院的法官均由国王直接或根据同级议会的提名任免，终身任职。各级检察长由国王根据政府提名任免。最高法院院长德康尼克（Beatrijs Deconinck，女）。最高检察院检察长亨克斯（André Henkes）。

【政党】主要政党有：

（1）新弗拉芒联盟党（NVA）：2001年成立，前身为成立于1954年的人民联盟党（Volksunie）。2010年联邦大选中成为荷语区第一大党，赢得众议院最多席位。2019年在联邦、地区、欧洲议会“三合一”选举中保持全国、荷语区第一大党地位。现任主席巴尔特·德维沃（Bart De Wever）。

（2）法语社会党（PS）：南部法语区第一大党。前身是1885年创立的比利时工人党（POB）和1945年成立的比利时社会党（PSB）。1978年，社会党按语言分裂为法语社会党（PS）和荷语社会党（SP）。现任党主席保罗·马涅特（Paul Magnette）。

（3）弗拉芒利益党（Vlaams Belang）：1978年12月，弗拉芒国家党（VNP）和弗拉芒人民党（VVP）合并为弗拉芒集团（Vlaams Blok），后更名为弗拉芒利益党。现任党主席汤姆·范赫里肯（Tom Van Grieken）。

（4）法语革新运动党（MR）：前身是建于1846年的自由党（PL），是比利时历史最久的政党，后分裂。2002年3月24日，法语革新自由党（PRL）、法语民主阵线（FDF）、国民革新运动（MCC）合并组成法语革新运动党（MR）。现任党主席乔治–路易斯·布歇（Georges-Louis Bouchez）。

（5）法语生态党（Ecolo）：成立于1980年。该党实行集体领导，现任双主席为拉嘉·玛乌安（Rajae Maouane，女）和让–马克·诺莱（Jean-Marc Nollet）。

（6）荷语绿党（Groen）：前身为1982年成立的荷语生态党（Agalev），2003年改为现名。该党实行集体领导，现任双主席为纳迪亚·纳吉（Nadia Naji，女）和杰里米·范埃克豪特（Jeremie Vaneeckhout）。

（7）荷语基督教民主党（CD&V）：前身是1968年从比基督教社会党分裂独立的荷语基督教人民党，1999年改现名。现任党主席萨米·马赫迪（Sammy Mahdi）。

（8）比利时劳动党（PTB）：成立于1979年，前身为“一切权力归工人”党。现任党主席拉乌尔·赫德布（Raoul Hedebouw）。

（9）荷语开放自民党（OPEN VLD）：成立于1992年11月，前身为成立于1972年的荷语自由进步党（Partij voor Vrijheid en Vooruitgang，PVV）。现任党主席埃尔伯特·拉赫尔特（Egbert Lachaert）。

（10）前进党（Vooruit）：1978年，比利时社会党因民族矛盾分裂为荷语社会党（SP）和法语社会党（PS）。2001年，SP更名为SP.A（Socialistische Partij Anders）。2021年，SP.A更名为前进党（Vooruit）。现任党主席康纳·卢梭（Conner Rousseau）。

（11）行动者党（Les Engagés）：1968年由基督教社会党分裂而成法语基督教社会党（PSC）。2002年，更名为法语人道主义民主中心党（CDH）。2022年，更名为行动者党（Les Engagés）。党主席为马克西姆·普雷沃特（Maxime Prévot）。

此外，还有法语民主联邦党、法语人民党等小党。

【重要人物】菲利普：国王。1960年4月15日出生。1978—1981年就读于比利时皇家军校，之后到英美高校深造，主修政治学。1993年8月起，菲利普任比外贸局理事会名誉主席，兼任联邦可持续发展委员会名誉主席。1994年6月21日宣誓成为联邦参院参议员。2001年被授予少将军衔。2013年7月21日登基。已婚，有两女两子。　**亚历山大·德克罗**：首相。1975年11月生于比利时菲尔福德市。历任荷语开放自民党主席、联邦参议员，副首相兼退休金大臣，副首相兼发展合作、数字化、通信和邮政事务大臣，副首相兼财政、反偷漏税和发展合作大臣。2020年10月1日被国王任命为比利时联邦政府首相。

经　济

比利时为发达的资本主义工业国家，经济高度对外依赖，80%的原料靠进口，50%以上的工业产品供出口。2022年主要经济数据如下：

国内生产总值：5834.36亿美元。

人均国内生产总值：4.99万美元。

国内生产总值增长率：3.1%。

货币名称：欧元。

汇率：1美元≈0.95欧元。

通货膨胀率：10.3%。

失业率：5.6%。

公债率：105.1%。

（资料来源：比利时国家银行）

【资源】自然资源贫乏，资源对外依存度较高。煤炭曾为比利时经济发展作出突出贡献，但已开发殆尽。全国逾95%的能源需求依赖进口。2021年，电力能源的50.2%来自核电，24.4%来自化石能源，25.4%依靠风能、太阳能等可再生能源。有少量铁、锌、铅、铜。森林面积6041平方公里。比利时的原油、天然气完全依赖进口，主要来源地包括中东、挪威、英国。

【工业】2020年工业附加值645.96亿欧元，约占国内生产总值的15.98%。主要工业部门有钢铁、机械、有色金属、化工、纺织、玻璃、煤炭等行业。建筑业增加值为220.6亿欧元，约占国内生产总值的5.4%。

【农业】2020年农牧渔业附加值为32.44亿欧元，约占国内生产总值的0.8%。2020年农业用地面积约为136.4万公顷。2020年农业就业人口4.4万，约占总劳动人口的0.9%。2021年主要农作物耕地面积如下（单位：万公顷）：

谷物	31.02
经济作物	9.53
蔬菜	5.09
马铃薯	8.99

2021年主要牲畜存栏数如下（单位：万头/万只）：

牛	231.0
其中奶牛	53.7
猪	604.2

（资料来源：比利时统计局）

【服务业】第三产业发展迅速，2020年附加值为3142.36亿欧元，约占国内生产总值的77.76%。服务业就业人数约377.65万人，占总劳动人口的78.62%。

【旅游业】2022年接待国内外游客1760.9万人次。主要旅游点是阿登山区、北海海滨和布鲁塞尔市等。

【交通运输】铁路：总长3607公里，疫情前年均客运量2.44亿人次，货运量6300万吨。

公路：总长14.9万公里，其中高速公路1763公里，2021年公路货运量2.78亿吨。

水运：内河航道总长2043公里。有5个海港，7个内河港，2021年海运到港货运量1.53亿吨。

空运：空中运输网络联系49个国家，74个城市。2021年，比利时机场客运年吞吐量共计约为1350万人次，比2019年下降62%。

【财政金融】2021年比联邦政府财政收入为2508.13亿欧元，财政支出2787.44亿欧元，财政赤字279.31亿欧元。

截至2021年12月，比外汇储备（含黄金）418.72亿美元。

主要银行有比利时国家银行、比利时联合银行、法国巴黎银行富通、荷兰国际集团比利时银行、安盛欧洲银行、比弗斯银行、比利时新农业银行、比利时邮政银行等。

【对外贸易】贸易立国，出口占国内生产总值比重近六成，位列全球第12位（2021年）。自然资源贫乏，经济对外依存度高，80%的工农业原料靠进口，50%以上的工业产品供出口，中小企业为经济主力。安特卫普港是欧洲第二大港。弗拉芒大区出口占全国出口总额近80%。进出口主要产品是原料制品、运输器材、化工产品和食品。主要贸易伙伴为德国、法国、荷兰、美国。

比利时是世界原钻集散地，控制了世界八成的原钻交易。世界第四大钻石进口国，主要来源地是俄罗斯、阿联酋、印度、博茨瓦纳和加拿大。世界第二大钻石出口国，主要出口目的地是印度、阿联酋、中国香港地区、美国和以色列。

【对外投资】重点投资国家：瑞典、西班牙、法国、荷兰、卢森堡、英国、巴西、美国、德国。

【外国资本】比利时政府对外国资本采取鼓励政策，其特点以多国或跨国公司形式居多，对解决就业和扩大出口起到促进作用。主要投资部门为工业和服务业。

【对外援助】2021年提供官方公共发展援助21.9亿欧元，占国内生产总值的比例约为0.43%。比发展合作和人道主义援助计划的受援国包括刚果（金）、卢旺达、布隆迪、巴勒斯坦等14国。

【著名公司】比利时著名企业情况如下：

名称	范围	所在地
英博啤酒集团	啤酒	布鲁塞尔
苏威集团	化工	布鲁塞尔
贝尔卡特集团	钢丝制品	科特利克

人民生活

2020年，比利时全国共有医生4.78万名，护士15.2万名，助理护士10.95万名，其他医疗行业从业人员10.66万名，医院病床总数约6.38万张。

军　事

比利时宪法规定国王是武装力量名义上的最高统帅。议会负责批准国防预算和与军事有关的法律。政府负责制定防务政策。内阁防务委员会是最高军事决策机构，同时也是国王的最高防务咨询机构。国防大臣在首相领导下，负责执行防务政策。武装力量由陆、海、空、卫生兵四部分组成。2002年撤销总参谋部，在国防部下设国防参谋部，是最高军事指挥机构。1995年取消义务兵制度，实行志愿兵制，国内服役期1年，国外服役期10个月。

2020年，比利时军队总人数削减至2.62万人。2020年国防预算32亿欧元，约占国内生产总值的1.07%。

文化教育

【教育】比利时实行6—18岁免费义务教育制。教育由地区政府管理。2018年，教育经费占公共财政支出的12%。全国共有大学17所，高等专科学院（含艺术院校）59所。建于1425年的鲁汶天主教大学是历史最为悠久的综合性大学。

【**新闻出版**】有日报30种，周报千余种，其他期刊5000余种，主要用荷文和法文出版，少数用英文出版，极少数用德文出版。

主要报刊有:《标准报》(荷文)、《自由比利时报》(法文)、《最新消息报》(法文)、《晚报》(法文)。

比利时通讯社于1936年创建。国家广播局建于1930年，1960年分为两个独立的广播电视台，分别用法语、荷语播送广播、电视节目，隶属地区政府领导。

对外关系

比利时推行积极的欧洲政策，主张加快欧洲一体化建设步伐；支持参与联合国维和行动和人道主义援助；重视与美国的关系；主张加强与独联体和东欧国家的交往；在积极推动发展中国家民主化进程的同时，注意保持平稳关系；重视发展与发展中大国和新兴经济体之间的关系。努力维持或重塑与利比亚、突尼斯等经历过“阿拉伯之春”的中东传统友好国家的关系。突出经济外交的重要性，重视公共外交等“软实力”建设。比利时现与约160个国家有外交关系，在90多个国家设有使领馆。

【**同中国的关系**】1971年10月25日，中国与比利时建交。近年来，两国高层交往密切。2019年4月，李克强总理在出席第21次中国—欧盟领导人会晤期间会见比利时首相米歇尔。11月，阿斯特里德公主访华。2020年4月，习近平主席应约同菲利普国王就抗疫合作通电话。2021年5月，王毅国务委员兼外长应约同维尔梅斯副首相兼外交大臣通电话。12月，李克强总理同德克罗首相举行视频会晤。2023年2月，德克罗首相会见出席慕尼黑安全会议的中共中央政治局委员、中央外事工作委员会办公室主任王毅。

比是中国在欧盟的第七大贸易伙伴。据中国海关总署统计，2022年，中比贸易额为443.6亿美元，同比增长14.1%。其中，中国出口额为356.3亿美元，同比增长17.6%；中国进口额为87.3亿美元，同比增长1.8%。中国从比主要进口珠宝首饰、药品、化工产品等，中国向比主要出口机械设备和工具、电机电器设备、有机化学品等。截至2022年底，比在华投资存量24.1亿美元。

科技交流持续展开。1979年中比签订《发展经济、工业、科学和技术合作协定》。中比(联邦)科技混委会自1979年以来已召开19次会议。2017年，首届中比科技创新对话在布鲁塞尔举行。2021年，第二届中比科技对话以线上线下相结合方式在北京举行。

文化交流蓬勃发展。1980年两国签订文化合作协定。2016—2019年春节期间，中国驻比利时使馆同布鲁塞尔、安特卫普等市政府共同举办了四届“欢乐春节”盛装巡游活动。2020年，“欢乐春节”盛装巡游活动首次在列日市举行。2023年，“中国春节游园庙会”活动在那慕尔市成功举办。

中比开展大熊猫合作研究。2019年8月，大熊猫“好好”二度产崽，顺利产下龙凤胎，习近平主席和菲利普国王就此互致贺电。

中国驻比利时大使：曹忠明。馆址：443–445 AVENUE DE TERVUREN，1150 WOLUWE SAINT-PIERRE，BRUXELLES，BELGIQUE。值班电话：0032–2–7712038；传真：7792895。领侨处电话：0032–2–6633001，7632006(领事保护)。商务处电话：0032–2–7712038。

比利时驻华大使：高洋(Jan HOOGMARTENS)。馆址：北京市朝阳区三里屯东三街3号。电话：010–65321736；传真：65325097。

【**同美国的关系**】1832年2月9日建交。比利时重视美国在世界上的领导作用，但反对美单边主义，支持建立多极化国际格局。比重视同美国的盟友关系。保持和发展同美在政治、经济和军事方面的合作关系，美是比在欧盟外第一大贸易合作伙伴(2021年)。

比是北约创始成员国，认为北约不仅是共同防御组织，是欧洲安全的根本保障，也是共同价值观的载体，是维系欧美同盟关系的主要保证，为捍卫欧美共同利益发挥着重要作用。

【**同邻国的关系**】比利时是欧盟创始成员国，与邻国关系密切，同荷兰、卢森堡两国关系尤为特殊。1958年，三国签署《比荷卢经济联盟条约》，共同协商财政、经济和社会事务政策，在欧共体、世界卫生组织等国际机构中采取共同立场。三国之间还有防务协定。1990年6月，比同荷、卢、法、德签署五国商品、资本、人员自由流通协定。

比外贸的主要对象是欧盟国家。德国是比第一大贸易伙伴(2021年)。

【**同其他国家的关系**】重视发展与非洲国家的关系，承认欧洲原宗主国对非洲国家负有巨大的历史责任，希通过向非洲提供发展援助发挥独特影响。比利时确立了优先向非洲提供发展援助的原则，65%的发展合作援助流向非洲。在非洲大湖地区有传统影响，关注中部非洲局势，提出“大湖地区和平行动计划”，支持南非等非洲重要国家在热点问题上发挥应有作用。

重视发展与新兴国家的关系，加强与印度、南非等国接触与合作，开展经济合作。

关注乌克兰危机、伊朗问题、叙利亚人道主义危机等问题。 (吴鑫凯)

冰　岛

国名　冰岛（Iceland，Ísland）。

面积　10.3万平方公里。

人口　37.6万（2022年）。绝大多数为冰岛人，属日耳曼族。冰岛语为官方语言，英语为通用语言。85.4%的居民信奉基督教路德宗。

首都　雷克雅未克（Reykjavík），人口23.8万（2021年）。1月平均气温1.4℃，7月平均气温11.7℃。

国家元首　总统古德尼·索尔拉修斯·约翰内松（Guðni Thorlacius Jóhannesson），2016年8月1日就职，2020年6月连任，任期至2024年。

重要节日　国庆节：6月17日。

简　况

位于北大西洋中部，靠近北极圈，为欧洲第二大岛。海岸线长约4970公里。属寒温带海洋性气候，变化无常。因受墨西哥湾暖流影响，较同纬度其他地方温和。夏季日照长，冬季日照极短。秋冬季可见极光。多火山和地热喷泉。

8世纪末，爱尔兰修道士首先移居冰岛。9世纪后半叶，挪威开始向冰岛移民。930年建立议会和冰岛联邦。1262年臣属于挪威。1380年冰挪同归丹麦统治。1904年获内部自治。1918年冰丹签订联盟法案（Danish–Icelandic Act of Union），规定冰为主权国家，但外交事务仍由丹负责。1940年丹麦被德国占领，冰丹联盟关系实质性终止。同年英军进驻，次年美军取代英军驻冰。1944年6月16日，冰议会正式宣布解散冰丹联盟，17日成立共和国。

政　治

政局总体稳定。

【宪法】1944年6月17日颁布，后经多次修订。宪法规定，冰岛实行共和制。议会和总统共同执掌立法权，法院执掌司法权，总统和政府共同拥有行政权。总统通过直接选举产生，任期4年，可连选连任。

【议会】议会原分上下两院，1991年10月合并为一院。共有议员63名，任期4年。本届议会于2021年9月25日大选后产生，由8个政党组成，其中独立党16席，进步党13席，左翼绿色运动党8席，社会民主联盟6席，人民党6席，海盗党6席，革新党5席，中间党3席。议长比吉尔·奥尔曼松（Birgir Ármannsson，独立党）。

【政府】2021年9月，冰岛举行议会选举。11月28日，独立党、进步党和左翼绿色运动党组成右、中、左联合政府，共有阁员12人：总理卡特琳·雅各布斯多蒂尔（Katrín Jakobsdóttir，女，左翼绿色运动党），财政与经济事务部长比亚德尼·贝内迪克松（Bjarni Benediktsson，独立党），基础设施部长西于聚尔·英伊·约翰松（Sigurður Ingi Jóhannsson，进步党），食品、渔业与农业部长斯万迪丝·斯瓦瓦尔斯多蒂尔（Svandís Svavarsdóttir，女，左翼绿色运动党），环境、能源与气候部长格维兹勒于尔·索尔·索尔达松（Gudlaugur Þór Þórdarson，独立党），外交部长索尔迪丝·科尔布伦·雷克菲约兹·吉尔法多蒂尔（Þórdís Kolbrún Reykfjörd Gylfadóttir，女，独立党），文化与商务部长利利娅·阿尔弗雷兹多蒂尔（Lilja Alfreðsdóttir，女，进步党），教育与儿童事务部长奥斯门迪尔·埃纳尔·达达松（Ásmundur Einar Daðason，进步党），社会事务与劳动市场部长格维兹门迪尔·英伊·古德布兰松（Guðmundur Ingi Guðbrandsson，左翼绿色运动党），高等教育、科学与创新部长奥斯莱于格·阿尔娜·西于尔比约登斯多蒂尔（Áslaug Arna Sigurbjörnsdóttir，女，独立党），司法部长古德伦·哈弗斯黛因斯多蒂尔[（Guðrún Hafsteinsdóttir，女，独立党，2023年6月接替前司法部长约恩·贡纳松（Jón Gunnarsson）]，卫生部长威廉·索尔·索尔松（Willum Þór Þórsson，进步党）。

【行政区划】全国分69个市。

【司法机构】2018年1月起实行地方法院、上诉法院和最高法院三级审判制。最高法院共有7名大法官，由总统任命，终身任职。院长班内迪克特·博加松（Benedikt Bogason）。此外，还有2个特别法庭：劳工法庭和国家弹劾法庭。

【政党】主要政党有：

（1）独立党（Independence Party）：执政党。1929年成立。主张将冰美双边防务合作协定作为安全防务政策基石，同时加强与其他北约成员国尤其是北欧和西欧国家的合作；在冰岛获准保留对渔业资源和其他自然资源的控制权之前，不加入欧盟和欧元区；重视环保；主张国有企业私有化。主席比亚德尼·贝内迪克松。

（2）左翼绿色运动党（The Left-Green Movement）：简称“绿党”。执政党。1999年成立。主张奉行独立的外交政策，反对加入任何军事组织，反对外国在冰驻军；重视环保和保护低收入者利益；反对加入欧盟和欧元区。主席卡特琳·雅各布斯多蒂尔。

（3）进步党（Progressive Party）：执政党。1916年成立。主张继续加强与欧盟的联系，条件成熟时可考虑加入欧盟和欧元区；主张经济私有化，提高社会福利。主席西于聚尔·英伊·约翰松。

（4）革新党（Liberal Reform Party）：在野党。2016年成立。由独立党分离而出。主张适时加入欧盟。支持农业补贴改革和保护性关税措施。支持绿色经济政策，关注社会福利。主席索尔杰尔迪·卡特琳·贡纳尔斯多蒂尔（Þorgerður Katrín Gunnarsdóttir，女）。

（5）海盗党（Pirate Party）：在野党。2012年成立。主张信息革命，呼吁言论自由、互联网政治透明及网络信息分享合法化。主席哈尔多拉·摩根森（Halldóra Mogensen，女）。

（6）社会民主联盟（Social Democratic Alliance）：在野党。2000年成立。由社会民主党（Social Democratic Party）、人民联盟（People's Alliance）和妇女组织（Women's List）合并而成。支持改革社会福利制度，主张加入欧盟和欧元区。主席罗伊·毛尔·恩纳松（Logi Már Einarsson）。

（7）中间党（Centre Party）：在野党。2017年成立。由进步党分离而出。反对加入欧盟，强调中立，对左右翼政党治国理念均持开放态度，在保护个人权益的同时加强社会保障。主席西格蒙杜尔·戴维·贡劳格松（Sigmundur David Gunnlaugsson）。

（8）人民党（People's Party）：在野党。2016年成立。主张消除贫困，对恐怖主义等外来威胁采取强硬态度，强调对冰岛语言和文化的保护。主席古兹蒙杜尔·英吉·克里斯丁松（Guðmundur Ingi Kristinsson）。

【重要人物】古德尼·索尔拉修斯·约翰内松：总统。1968年生。冰岛著名历史学家。冰岛大学和牛津大学历史学硕士，伦敦大学历史学博士。曾在冰岛历史学家协会和冰历史学会多年担任主席。长期在冰岛大学、伦敦玛丽女王大学等高校任教，无从政经历。2016年8月出任总统，2020年6月连任。 **卡特琳·雅各布斯多蒂尔**：总理。女，1976年生。1999年、2004年先后获得冰岛大学冰岛语本科、硕士学位。2007年起任议员，先后任议会教育委员会、经济与税务委员会、环境与通信委员会、外事委员会、经济与贸易委员会委员。2013年起任左翼绿色运动党主席，2009—2013年任教育、科学与文化部长和北欧合作部长。2017年11月出任总理，2021年11月连任。

经　济

渔业是冰岛的经济支柱，工业以炼铝等高能耗工业和渔产品加工业为主。外贸依存度高。2017年3月，冰政府正式宣布结束所有针对公民、企业及养老基金的资本管制措施，冰重新回归国际金融市场。2020年，因新冠疫情暴发，冰岛经济遭受重创，2021年开始企稳复苏。2022年主要经济数据如下：

国内生产总值：3.81万亿冰岛克朗。

人均国内生产总值：840万冰岛克朗。

国内生产总值增长率：6.4%。

货币名称：冰岛克朗。

汇率：1美元≈131.88冰岛克朗（2022年6月）。

通货膨胀率：7.6%。

失业率：3.7%。

（资料来源：冰岛政府、冰岛统计局、冰岛中央银行、欧洲中央银行）

【资源】渔业、水力和地热资源丰富，其他自然资源匮乏，石油等产品需要进口。可开发的年水力发电量为640亿度，地热能年发电量可达72亿度。2018年水力发电量为50600兆焦耳，利用地热发电66.5亿度。目前，约90%的冰岛居民利用地热取暖。

【工业】基础较弱。除渔产品加工和针织等轻工业外，主要为炼铝业和制药业。2019年工业产值约占国内生产总值的19.39%。

【农业】所处纬度高，日照量少，仅南部几个农场年产400—500吨农作物。可耕地面积1000平方公里，占全国总面积的1%。畜牧业占较主要地位，大部分农业用地被用作饲料草场。毛纺业和制革业比较发达。肉、奶、蛋自给有余，粮食、蔬菜、水果基本依靠进口。2019年农业产值约占国内生产总值的4.34%。

渔业为冰岛的支柱产业。2019年捕鱼总量为104.8万吨，主要鱼种有鳕鱼、黑线鳕、绿鳕和雄鲑；产值占国内生产总值的4.5%；绝大部分渔产品出口，出口额占冰外贸出口总额的34.4%。

【服务业】在国民经济中占重要地位。2019年服务业和零售业产值占国内生产总值的65.5%。

【旅游业】2013年以来，旅游业取代渔业成为冰岛最大的创汇产业。2014年外国游客人数首次突破百万大关。2017年再创历史新高，达到220万人次。2018年外国游客230万人次，增速放缓。2019年受冰岛WOW航空公司破产和冰岛航空停飞波音737MAX飞机导致运力大幅下降影响，访冰外国游客数量减少14.2%，不足200万。受新冠疫情影响，2020年游客过夜数330万，同比减少70.4%。2021年冰岛旅游业蓄势复苏，游客过夜数501万，同比增长51.8%。2022年游客过夜数880万，同比增长77%。旅游业占国内生产总值比重为7.8%，比2021年提高3个百分点。主要旅游景观有冰川、火山地貌、地热喷泉和瀑布等。

【交通运输】无铁路，海运和空运比较发达。

国家级公路：总长约1.3万公里。截至2018年底，冰岛登记在册机动车31万辆，其中9座以下26.7万辆。

水运：注册船只2300艘。雷克雅未克为主要港口，承担了全国约70%的进出口和中转运输。年货物吞吐量27万个标准集装箱。

空运：共有飞机395架。凯夫拉维克机场为主要航空港，2018年运送旅客约980余万人次。

【财政金融】近几年国家财政情况如下（单位：占国内生产总值的百分比）：

	2020	2021	2022
收入	41.9	41.4	41.8
支出	49.5	49.8	46.1
盈余/赤字	−7.6	−8.4	−4.3
政府债务	113.5	110.5	101.1

（资料来源：冰岛统计局）

【对外贸易】经济单一，对外贸依赖度高，2019年全年贸易和服务出口额为13440亿冰岛克朗，进口额为12039亿冰岛克朗，主要贸易伙伴为荷兰、德国、挪威、英国和美国等。

【外国资本】外国资本主要来自比利时、卢森堡、美国、瑞士等国。主要投资项目为铝厂、硅铁厂、水电站和滤净剂厂。

【对外援助】2017年对外援助金额约为国民总收入的0.28%。主要用于冰岛开发署向非洲国家提供援助以及参与联合国儿童基金项目、联合国妇女发展项目、世界粮食计划署项目等重要的国际援助项目。

人民生活

全国平均每千人有小轿车671辆，电视机450台，电话630部，手机1076部。互联网普及率98%。全国平均每千人有3.7名医生，8.4名护士。女性平均寿命为84.1岁，男性为80.4岁。

军　事

根据宪法，冰不设军队。1949年加入北大西洋公约组织，1951年同美国签订防务协定，由美负责其防务。2006年9月，美撤销驻冰军事基地并将协议区域内土地和设施归还冰岛。冰设有一支海洋巡逻队，约100人，配备3艘巡逻艇、两架直升机和一些小型飞机，负责渔区保护和海上救护工作。全国有警察700余名。2008年，冰议会通过《防务法案》并在外交部下设防务局，负责管理海防、空防系统，参与、协调冰同国际组织的防务合作。2010年3月，冰政府宣布逐步撤销防务局，其职能将分摊至包括海岸警卫队在内的多个部门。

文化教育

【教育】国民受教育程度较高，早在18世纪中叶就已实现全民扫盲。实行10年免费义务教育。教育经费约占政府开支的8.3%。全国共有15所高等院校，冰岛大学是最大的综合性大学。

【新闻出版】全国性报纸有《晨报》《新闻日报》《24小时报》。最大的《晨报》日发行量约5万份。有国家广播电台和电视台各1家，其中国家广播电台有5套节目播出。私人电视台10家，其中3家可覆盖全国，另有数家私人广播电台。

对外关系

作为北约成员与美国进行防务合作并保持与大西洋两岸国家的良好关系是冰外交政策的核心。冷战结束后，为顺应国际形势的变化，冰除继续重点保持与美等西方国家的伙伴关系外，注意加强与亚洲等其他地区国家的关系，并通过联合国积极参与国际事务。目前，冰在18个国家设有使馆，4个国家设有总领馆，5个城市设有常驻代表团。

【对当前重大国际问题的态度】关于世界形势：认为冷战结束后直接军事威胁虽已消除，但地区及民族间冲突有所加剧，建立新安全机制的努力尚未取得重大进展，全球局势仍存在诸多不确定因素，气候变化、环境污染和传染病等全球性问题带来的威胁凸显，全球化及多边主义面临挑战。

环境和气候变化问题：冰是世界上可再生能源使用比例最高的国家之一，在气候变化问题上态度积极，承诺严格执行《京都议定书》和《巴黎协定》有关环保标准及目标，将于2040年实现碳中和。认为环境治理和应对气候变化需要世界共同合作，发达国家在环保方面应发挥更大作用。

中东和叙利亚问题：认为巴以冲突是整个中东问题的症结所在，呼吁巴以双方无条件重新开始谈判，敦促以色列遵守联合国安理会有关决议，从巴勒斯坦被占领领土撤军。支持建立独立的巴勒斯坦国。主张叙利亚问题应在联合国安理会框架内通过政治对话方式解决。

防扩散问题：认为核扩散是对国际和平与安全的严重威胁，支持一切旨在防止大规模杀伤性武器扩散的国际努力；反对朝鲜拥核，支持有关各方通过谈判以和平方式解决朝核问题。反对伊朗拥核，支持保留伊核协议，认为该协议对维护国际核不扩散体系和地区安全至关重要，对美国宣布退出表示担忧。

国际反恐问题：谴责任何形式的恐怖主义行径，认为世界的和平与稳定正在受到极端分子的威胁，主张所有民主国家团结一致，使用一切合法手段打击恐怖主义，大国小国都应为此作出贡献。

北极问题：冰外交优先方向之一。认为北极地区环境的快速变化对当地生态、人类生命和生活产生重要影响，主张加强北极问题国际合作，强调北极可持续发展和环境保护，北极新航道开通和其他活动应避免对该地区生态环境造成破坏，确保土著居民权益得到保障。2019—2021年轮值北极理事会主席国，以“共同促进可持续发展”为工作主题，工作重点是环境、海洋及土著居民。

【同中国的关系】中冰于1971年12月8日建交。次年5月中国在冰设立使馆并派驻大使。1983年，中国驻冰大使改由中国驻丹麦大使兼任，在冰保留使馆，设临时代办。冰驻华大使则一直由巡回大使或驻第三国大使兼任。1995年1月，冰在华设立使馆并派出首任常驻大使。12月，中国恢复向冰派驻大使。2019年5月，冰岛教科文部长阿尔弗雷兹多蒂尔访华。2021年12月，国务委员兼外交部长王毅同冰岛外长吉尔法多蒂尔举行视频会晤。2023年5月，全国人大常委会委员长赵乐际同冰岛议长奥尔曼松举行视频会晤。

2006年以来，中国连续多年成为冰岛在亚洲最大贸易伙伴。据中国海关总署统计，2022年，中冰双边贸易额为5亿美元，同比增长39.8%。其中，中国出口额为3.1亿美元，同比增长50.3%；中国进口额为1.9亿美元，同比增长25.5%。冰岛是第一个承认中国市场经济地位（2005年）的西欧国家，也是第一个同中国签订双边本币互换协议（2008年）和双边自由贸易协定（2013年）的欧洲国家。

地热合作成果丰硕。2016年12月，中石化新星公司和冰岛国家能源局、冰岛极地绿色能源公司共同组建中冰地热技术研发合作中心。2018年9月，两国签署共建地热合作工作组的协议。

北极合作稳步发展。2019年5月，“北极圈论坛”中国分论坛在上海举行。

双边人文交流活跃。近年来，两国在对方国家举办了画展、邮票展等多项展览，并互派文艺团体进行演出。2019年，“欢乐春节”活动首次走进冰岛，冰总统约翰内松夫妇出席该活动。

中国驻冰岛大使：何儒龙。馆址：Bríetartún 1，105 Reykjavík，Iceland。电话：00354–5276688；传真：5626110。

冰岛驻华大使：易卜雷（Thórir Ibsen）。馆址：北京市朝阳区亮马桥北小街1号。电话：010–85316900；传真：65907801。

【同北约的关系】视北约为其外交和安全政策的重中之重，防务完全依赖北约。认为北约对维护欧洲和平与稳定具有关键作用，支持北约东扩。近年来，冰不断增加投入，确保北约在冰设施有效运转，并积极参加北约在冰开展的联合军事演习。

【同美国的关系】冰美关系在冰外交和安全政策中占据重要地位。2007年8月起，冰美联合挪威、丹麦、拉脱维亚等北约国家在冰举行年度例行防务和安全演习。2016年，冰美签署新的安全协议，美重申在冰面临安全威胁时承担对冰防务义务。经济上，美是冰主要贸易伙伴之一和最大游客来源国。2019年2月，美国国务卿蓬佩奥访冰，宣布建立两国年度经济对话机制。

【同欧盟的关系】欧盟是冰最大贸易伙伴。冰重视加强与欧盟在经济、外交和安全领域的磋商与合作，在多数重大问题上与欧盟保持一致。认为自身安全和经济利益同欧洲大陆紧密相连，但由于担心欧盟共同渔业和农业政策将损害自身利益及不认同欧盟的管理方式，迄未加入欧盟。

【同其他北欧国家的关系】与其他北欧国家保持着传统的密切合作关系。主张北欧国家在欧洲及周边事务中加强内部协调与合作。积极支持并参与北欧理事会和北欧部长理事会活动。

【同俄罗斯的关系】2019年5月，两国外长在北极理事会部长级会议期间举行双边会见。2022年乌克兰危机爆发以来，冰政府发声谴责俄罗斯，支持欧盟对俄采取的制裁措施，率先关闭驻俄使馆。

【同波罗的海三国的关系】积极支持波罗的海三国争取独立的努力，并于1991年8月率先与三国建交。积极参与北欧国家与三国在政治、经济等领域的合作，支持波海三国加入北约。在波罗的海委员会、北极理事会、巴伦支海理事会等合作机制内，积极发展同波海三国的关系。（盛媛）

波　兰

国名　波兰共和国（The Republic of Poland，Rzeczpospolita Polska）。

面积　312705平方公里。

人口　3790万（2022年）。其中波兰族约占96.5%（2021年全国普查数据），此外还有德意志、白俄罗斯、乌克兰、俄罗斯、立陶宛、犹太等少数民族。官方语言为波兰语。全国约九成的居民信奉罗马天主教。

首都　华沙（Warsaw），面积517平方公里，人口179.42万（2020年）。

国家元首　总统安杰伊·杜达（Andrzej Duda），2015年8月就职，任期5年。2020年7月在总统选举中成功胜选连任，任期至2025年。

重要节日　国庆节：5月3日（宪法日，1791年5月3日波兰颁布第一部宪法）；独立日：11月11日（1918年11月波兰宣布恢复独立）。

简　况

位于欧洲中部，西与德国为邻，南与捷克、斯洛伐克接壤，东邻俄罗斯、立陶宛、白俄罗斯、乌克兰，北濒波罗的海。边界线长3511公里，海岸线长661公里。属海洋性向大陆性气候过渡的温带阔叶林气候。

波兰国家起源于西斯拉夫人中的波兰、维斯瓦、西里西亚、东波美拉尼亚、马佐维亚等部落的联盟。公元9—10世纪建立封建王朝，14—15世纪进入鼎盛时期，18世纪下半叶开始衰落。1772年、1793年和1795年三次被沙俄、普鲁士和奥匈帝国瓜分，1918年11月11日恢复独立。1939年9月1日，法西斯德国入侵波兰，第二次世界大战全面爆发。战后建立波兰共和国，后改名为波兰人民共和国。波兰统一工人党（共产党）执政40余年。1980年，反政府组织——团结工会组织全国大罢工，当局于1981年12月至1983年7月实行战时状态，宣布团结工会为非法组织。1989年4月，议会通过团结工会合法化和实行议会民主等决议。团结工会在当年6月提前举行的议会大选中获胜，成立以其为主体的政府。12月29日，议会通过宪法修正案，改国名为波兰共和国，将5月3日定为国庆日。

政　治

2019年10月，波兰举行新一次议会选举。执政的右翼联盟再次获胜并获独立组阁权。11月，以马泰乌什·莫拉维茨基（Mateusz Morawiecki）为首的内阁通过议会信任投票，新政府正式成立。2020年7月，波兰举行总统选举，杜达总统胜选连任。

【宪法】1997年4月，波兰国民大会（众参两院联席会议）通过新宪法。该宪法于当年10月生效，确立三权分立的政治制度和以社会市场经济为主的经济体制，规定：众议院和参议院拥有立法权，总统和政府拥有执法权，法院和法庭行使司法权；经济体制的基础为经济自由化、私有制等原则；武装力量在国家政治事务中保持中立。根据该宪法，如总统否决议会或政府提交的法案，众议院可以3/5的多数否决总统的决定。

【议会】由众议院和参议院组成，是国家最高立法机构，任期4年。众议院议员460名，参议员100名，均通过直接选举产生。本届议会于2019年10月成立。众议院席位分配情况：法律与公正党228席，公民联盟（以公民纲领党为主体）126席，联合左翼（以新左翼为主体）43席，波兰联盟（人民党、欧洲民主联盟、保守党议员）24席，联盟党12席（分为两党团），波兰2050党6席，共识党4席，库奇兹运动3席，民主左翼3席，波兰事务党3席，独立议员8席。众议长埃尔日别塔·维泰克（Elżbieta Witek，女，法律与公正党），2019年11月连任。参议院席位分配情况：法律与公正党46席，公民联盟39席，人民党4席，联合左翼1席，波兰2050党1席，共识党1席，民主左翼1席，独立议员3席，无所属议员2席，空缺2席。参议长托马什·格罗兹基（Tomasz Grodzki，公民纲领党），2019年11月当选。

【政府】本届政府于2019年11月成立。内阁名单（2023年6月）如下：部长会议主席（亦称总理）马泰乌什·莫拉维茨基（Mateusz Morawiecki），副总理雅罗斯瓦夫·卡钦斯基（Jarosław Kaczyński），基础设施部长安杰伊·阿达姆契克（Andrzej Adamczyk），国防部长马柳什·布瓦什查克（Mariusz Błaszczak），体育与旅游部长卡米尔·博特尼丘克（Kamil Bortniczuk），发展与技术部长瓦尔德玛·布达（Waldemar Buda），数字化部长雅努什·切什斯基（Janusz Cieszyński），教育与科学部长普热梅斯瓦夫·查尔内克（Przemysław Czarnek），文化与民族遗产部长/公共资产事务委员会主席彼得·格林斯基（Piotr Gliński），内务与行政部长兼特勤部门协调人马柳什·卡明斯基（Mariusz Kamiński），家庭与社会政策部长玛尔莱娜·玛隆格（Marlena Maląg，女），气候与环境部长安娜·莫斯科娃（Anna Moskwa，女），卫生部长亚当·涅杰尔斯基（Adam Niedzielski），基金与区域政策部长格热戈日·普达（Grzegorz Puda），外交部长兹比格涅夫·拉乌（Zbigniew Rau），财政部长马格达莱娜·热奇科夫斯卡（Magdalena Rzeczkowska，女），国有资产部长雅采克·萨辛（Jacek Sasin），农业与农村发展部长罗伯特·泰鲁斯（Robert Telus），司法部长兹比格涅夫·焦布洛（Zbigniew Ziobro），欧盟事务部长西蒙·辛科夫斯基（Szymon Szynkowski vel Sęk）等。

【行政区划】1998年7月，议会通过政府制订的关于地方自治机构改革方案，决定将原有的49个省调整为16个省，同时重新设立县制，由省、乡两级改为省、县、乡三级，共设16个省，314个县，2477个乡。新机制于1999年1月1日启动。

【司法机构】最高法院是国家最高审判机关，主要职责是监督下属法院的审判活动。法官由总统任命，任期6年。现任最高法院院长玛乌格热塔·马诺夫斯卡（Małgorzata Manowska，女），2020年5月就职。总检察院是国家最高检察机关，主要职责是领导和监督下属检察院的工作，该职由司法部长兼任。现任总检察长兹比格涅夫·焦布洛（Zbigniew Ziobro），2016年2月就职。

【政党和团体】根据宪法和1998年实施的新政党法，必须收集1000名以上年满18岁的成年人签名方可建立政党。目前，波政坛主要政党有：

（1）法律与公正党（Law and Justice）：执政党。2001年6月成立，党员约4.5万人（截至2022年11月）。该党具有保守主义和基督教民主主义性质。政治上，主张实行政治家财产公开制度，建立强有力的反腐机构，严惩犯罪分子；实行向家庭倾斜的政策，特别是为不富裕的多子女家庭提供国家补助，鼓励生育。外交上，主张亲美融欧，同时在欧盟内部强调自主权，坚定维护本国利益，重视拉紧同其他中东欧国家关系，对俄强硬。现任党主席雅罗斯瓦夫·卡钦斯基（Jarosław Kaczynski）。

（2）公民纲领党（Civic Platform）：最大在野党。2001年1月成立，党员约3.3万人（截至2020年底）。该党兼具保守自由主义、新自由主义和基督教民主主义色彩。主要纲领为：实行自由市场经济、大力发展教育，同贪污腐败作斗争，使国家非政治化及对农村进行结构改造。外交上，积极主张全面融欧，与邻国发展睦邻关系。现任党主席唐纳德·图斯克（Donald Tusk）。

（3）人民党（Polish People's Party）：在野党。原农民党，该党历史可追溯到19世纪。东欧剧变后，于

1990年5月重新创立，党员约8.7万人（截至2021年12月）。该党在意识形态上具有中间主义、新平均地权主义、基督教民主主义和新凯恩斯主义的性质。主张国家扶持农业，提供免费教育和医疗，放缓私有化步伐，反对单一税制，支持欧洲一体化。现任党主席弗瓦迪斯瓦夫·科希尼亚克-卡梅什（Władysław Kosiniak-Kamysz）。

（4）新左翼（New Left）：在野党。2021年由原民主左翼联盟和春天党组合成立，有约2万名（2022年）党员。该党为社会民主主义政党，为波主要中左翼力量之一。主张弥合社会分歧，消除体制转轨影响，打造更公平经济制度，注重社会世俗化、性别平等、LGBT权益、气候变化议题。现任共同党主席弗沃吉米什·查扎斯特（Włodzimierz Czarzasty）和罗伯特·比得隆（Robert Biedroń）。

（5）自由独立联盟（Confederation Liberty and Independence）：在野党。2018年12月成立，原为参选欧洲议会选举而成立的右翼政党联盟，后作为正式党派保留。持欧洲怀疑主义，主张简化司法程序，普遍减税，赋予父母参与决定孩子所接受教育内容的权力，希望通过强化自身国防建设减少对军事联盟的依赖。现任共同党主席雅努什·科尔温-米克（Janusz Korwin-Mikke）、罗伯特·温尼斯基（Robert Winnicki）、阿图尔·季安博尔（Artur Dziambor）、格热戈日·布劳恩（Grzegorz Braun）。

（6）波兰2050党（Poland 2050）：在野党。由西蒙·霍沃夫尼亚（Szymon Hołownia）在2020年总统选举中获得第三名后作为一项具有中间派特征的波兰社会政治运动建立。该党派在意识形态上支持绿色政治和基督教民主原则，也融合了自由主义、社会民主主义和保守主义的一些元素，主张社会市场经济和可持续发展。现任党主席西蒙·霍沃夫尼亚（Szymon Hołownia）。

重要团体有：团结工会（NSZZ Solidarność, Independent Self-governing Labour Union "Solidarity"），1980年成立。有68万成员（截至2012年）。1982年12月波兰当局宣布实行军管时被取缔。1989年4月恢复合法地位，同年6月赢得议会选举并成立以其为主体的政府。1993年9月大选中未进入议会。1996年6月联合基督教民族统一党、中间派协议会等35个右翼政党和团体组成"团结工会选举联盟"（简称"团选联"），赢得1997年议会大选，并与自由联盟联合组阁。2001年，由于执政联盟内部矛盾以及改革措施不力，政府支持率明显下降，不少党派和议员纷纷退出"团选联"。在2001年选举中，"团选联"未进入议会。10月，团结工会召开第14次全国代表大会并做出决议，禁止任何政治组织使用"团结工会"这一名称和标志，禁止工会领导人同时担任政党领导职务。团结工会成为纯工会性质的社会组织。主席彼得·杜达（Piotr Duda），2010年10月当选。

【重要人物】安杰伊·杜达：总统。1972年生。雅盖隆大学法律专业博士学位，曾在雅盖隆大学任助教。2005年加入法律与公正党，历任该党议员团司法委员会顾问、司法部副国务秘书、国家检察院检察官、总统府副国务秘书。2011年当选众议员，2013年出任法律与公正党新闻发言人，2014年当选欧洲议会议员。2015年5月当选总统，2020年连任，任期至2025年8月。已婚，有一女。**马泰乌什·莫拉维茨基**：总理。1968年生。毕业于波兰弗罗茨瓦夫大学。长期从事财经领域工作，曾供职于德意志银行、西部银行，参与波兰加入欧盟谈判，担任总理经济顾问。2015年11月任副总理兼经济发展部长，2016年9月起兼任财政部长。2017年12月出任总理，2019年11月连任。已婚，有四个子女。

经济

1989年剧变后，波政府采取"休克疗法"，导致经济一度下滑。1992年，经过"休克疗法"后，波经济止跌回升，并逐步成为中东欧地区发展最快的国家之一。加入欧盟后，经济更是突飞猛进。2009年，受国际金融危机影响，经济明显下滑，但仍好于欧盟多数国家，为欧盟内唯一实现正增长的国家。2019年，波经济增长4.1%，经济总量位列欧盟第7位（不含英国）。2020年，受新冠疫情影响，波经济下降2.8%。2021年，波兰经济复苏，国内生产总值同比增长5.7%。2022年，受乌克兰危机影响，波经济增速放缓，初步估计为4.9%，主要经济数据如下：

国内生产总值：6550亿欧元。

人均国内生产总值：14600欧元。

国内生产总值增长率：4.9%。

货币名称：兹罗提，1兹罗提=100格罗什。

平均汇率：1美元≈3.86兹罗提；1欧元≈4.56兹罗提。

通货膨胀率：13.2%。

失业率：5.2%。

（资料来源：欧盟统计局）

【资源】主要矿产有煤、页岩气、硫黄、铜、锌、铅、铝、银等。截至2020年底，已探明硬煤储量为646.8亿吨，褐煤231.4亿吨，硫黄4.99亿吨，铜32.11亿吨。森林（绿地）面积926.5万公顷，森林覆盖率29.6%。（资料来源：《2022年波兰统计年鉴》，下同）

【工业】2021年工业总产值按现行价格计算为19475.7亿兹罗提，占当年国内生产总值的74.27%。工业部门从业人员324.6万，占就业总数的21.6%。主要工业产品有煤炭、原钢、小轿车、水泥等。

【农业】2021年农业用地1495.29万公顷。2021年农村人口1528.39万，占全国人口的40.2%。农林渔就业人数113.78万，占总数的7.59%。2021年农业总产值按现行价格计算为1348.21亿兹罗提，占当年国内生产总值的5.14%。主要粮食农作物有小麦、黑麦、大麦、燕麦、甜菜、马铃薯、油菜籽等，主要出口的农副产品有肉、奶、蔬菜、水果、可可及其加工食品。

【**旅游业**】2021年接待外国游客645.74万人次。游客多来自德国、英国、乌克兰、意大利、法国、俄罗斯、西班牙、以色列、瑞典、白俄罗斯、荷兰、立陶宛等。主要旅游胜地有首都华沙，沿海城市革但斯克、索波特和什切青，以及托伦、奥尔什丁、南部古城克拉科夫、山城扎科帕内、克雷尼察和东部的比亚沃维扎森林区等。

【**交通运输**】2021年交通运输情况如下：

铁路：铁路总长19326公里，其中标准轨铁路19326公里（包括电气化铁路12137公里）；客运量2.45亿人次，货运量2.38亿吨。

公路：公路总长42.98万公里；有2589万辆小轿车，414万辆载重汽车；客运量1.68亿人次，货运量19.5亿吨。

水运：内河航运线总长3768公里，内河货运量346.5万吨，内河客运量98.6万人次；海运货运量958.7万吨，海上客运量148.7万人次。共有远洋船只130艘，其中货船82艘，货船载重255.4万载重吨；海运商港6个，货物吞吐量9666.3万吨，其中转运1439.1万吨，主要海港有革但斯克、格丁尼亚、希维诺乌西切、什切青等。

空运：客运量699.6万人次，货运量9.1万吨。主要国际机场是华沙肖邦国际机场。

【**财政金融**】2021年波财政收入为4948.44亿兹罗提，财政支出为5212.17亿兹罗提，财政赤字263.73亿兹罗提。截至2021年底，波兰外债总额为3657.36亿兹罗提，至2022年底外汇储备为1565亿欧元。（资料来源：波兰国家银行）

【**对外贸易**】主要进口石油、汽车、钢铁、合成材料及工业成品油等。主要出口汽车、内燃机、橡胶制品、铝制品、农产品等。近几年进出口情况如下（单位：亿欧元）：

	2019	2020	2021
出口额	1745	2375	2858
进口额	1811	2255	2864
差　额	–66	120	–6

2021年，波兰主要进出口贸易伙伴及占外贸进、出口总额的比例如下：

出口：德国（28.8%）	捷克（5.9%）	法国（5.7%）
进口：德国（20.9%）	中国（14.8%）	俄罗斯（5.9%）

【**外国资本**】2021年波兰吸引外国直接投资约合248亿美元，主要投资国为德国、比利时、卢森堡、荷兰、瑞典、美国、英国等。（资料来源：经济发展与合作组织）

人民生活

2021年，国民经济各部门的人均月工资为5682.97兹罗提（约合1472美元）。2021年，全国有医师129893名，牙医师34874名，药剂师28436名，护士214533名，助产士28388名。

军　事

1943年10月12日建立波兰人民军。1990年更名为波兰军队，将8月15日定为建军节（1920年8月15日，波兰军队在华沙近郊击退苏俄红军进攻并转入反攻）。总统为武装力量最高统帅。总统任主席的国防委员会是最高国防决策机构。国防部为最高军事行政机关。总参谋部是最高军事指挥机构，负责指定军队发展规划。2013年7月，波总统签署法令，对波军指挥系统进行改革。国防部长领导波军总参谋长、各军种司令。总统可在总理要求下指定战时总指挥。总参谋部负责制订军队发展规划，为总统、总理及国防部长提供防务建议。总参谋长是莱蒙德·安德莱伊查克（Rajmund Andrzejczak）中将，2018年7月就职。

截至2022年，波兰现役军人人数约为17万人。2022年国防开支为约160亿美元，占国内生产总值的2.22%。（资料来源：波兰国防部）

文化教育

【**教育**】从2017年9月1日起，波兰实行新的国民教育体制，取消初中，分为小学8年、普通中学4年或职业技术学校2—5年。高等教育一般为3或5年。著名高等学府有克拉科夫雅盖隆大学（1364年）、华沙大学（1816年）、波兹南密茨凯维奇大学（1919年）、华沙工业大学等。2021/2022学年各级学校、学生、教师数目如下：

	学校（所）	学生（万人）	教师（万人）
小　学	14144	312.6	27.13
普通高中	1331	65.3	5.02
技　校	1854	65.7	5.48
高等院校	347	121.8	9.37

【**新闻出版**】2021年，全国出版发行各类报纸杂志共6295种，其中主要的综合类报纸有《选举报》《事实日报》《超级快讯》《共和国报》《法律日报》。此外，还有《政治周刊》《直言周刊》《论坛报》和《新闻周刊》等。

国家主要通讯社有波兰通讯社、广播新闻社。国家主要电台和电视台是波兰广播电台和波兰公共电视台。1990年10月，众议院通过关于允许开办私营电台和电视台的法令。截至2020年底，共有321家广播电台，其中全国性电台10家；共有电视台21家，其中全国性电视台19家。

对外关系

1999年3月12日加入北约，2004年5月1日加入欧盟，2007年12月加入申根协定。政治和经济上立足欧盟，安全和防务上倚靠北约和美国，积极构建全方位外交格局，力求在欧盟和北约中发挥更大作用。近年来，波兰更加注重维护自身利益，通过次区域合作及域外多元外交提升在地区和国际事务中的影响力。现同195个国家保持外交关系。2018—2019年，波兰担任联合国安理会非常任理事国。

【同中国的关系】1949年10月7日，中波两国建立大使级外交关系。2004年，国家主席胡锦涛对波兰进行国事访问，两国建立友好合作伙伴关系。2011年12月，波兰总统科莫罗夫斯基对中国进行国事访问，两国关系提升为战略伙伴关系。2016年6月，国家主席习近平对波兰进行国事访问，两国关系提升为全面战略伙伴关系。

2020年3月，习近平主席应约同波兰总统杜达通电话。4月，李克强总理应约同波兰总理莫拉维茨基通电话。2021年1月，王毅国务委员兼外长应约同波兰外长拉乌通电话。4月，全国政协主席汪洋以视频方式会见波兰参议长格罗兹基。5月，波兰外长拉乌访华。7月，波兰参议长格罗兹基以视频方式出席2021年生态文明贵阳论坛开幕式并致辞。2022年2月，波兰总统杜达来华出席北京冬奥会开幕式并同习近平主席会见。6月，王毅国务委员兼外长同波兰外长拉乌以视频方式共同主持召开中波政府间合作委员会第三次全会。7月，习近平主席应约同波兰总统杜达通电话。9月，王毅国务委员兼外长在第77届联合国大会期间同波兰外长拉乌会面。

据中国海关总署统计，2022年，中波双边贸易额为432.23亿美元，同比增长2.7%。其中，中国出口额为381.63亿美元，同比增长4.5%；中国进口额为50.6美元，同比减少8.7%。

中国驻波兰大使：孙霖江。馆址：BONIFRATERSKA 1，00-203 WARSZAWA。电话：0048-22-8313836；传真：6354211。商务处电话：0048-22-8313861。

波兰驻华大使：赛熙军（Wojciech Zajączkowski）。馆址：北京市朝阳区建国门外日坛路1号。电话：010-65321235；传真：65321745。商务处电话：010-65321888；传真：65324958。领事处电话：010-65321235；传真：65323567。

【同欧盟的关系】以“依托欧盟促进经济与社会发展、加强在欧盟内地位与作用”为外交重点，在保持独立自主前提下主张加强欧盟内部团结和共同行动。高度重视欧盟单一市场建设、能源安全，提倡建设更有竞争力、开放和安全的欧盟。主张强化欧盟机构作用，提高决策效率，推动欧盟在国际舞台上发挥更加重要的作用。2014—2020年度共获得1195亿欧元欧盟资金，成功争取到包括碳排放交易免费额度在内的气变补偿。尚未加入欧元区。2015年，法律与公正党政府掌权后，强调自主自决，力图通过次区域合作及域外多元外交提升波在欧盟内话语权和“能见度”。2014年8月，波兰总理图斯克被推选为欧洲理事会主席，12月1日就任，2017年3月连选连任至2019年。2016年以来，欧盟对波国内司法、媒体等改革表达担忧，2017年底欧委会根据欧盟条约第七条正式对波启动审查程序，并多次向欧洲法院提起诉讼。2021年欧盟以司法问题冻结波2021—2027财年拨款和疫后复苏基金，波宪法法院裁决欧盟条约中的部分条文不符合波宪法，双方矛盾升级。

【同欧洲大国的关系】波兰视波德关系为波兰最重要的双边关系之一。德国是波兰最大贸易伙伴，是波兰最大出口国、绿地投资国和贸易顺差国，双方经济利益捆绑紧密。波兰为德国新总理朔尔茨上任后首次外访中的一站。视法国为传统盟友，双方在安全、政治、经济、人文领域交流活跃。重视“魏玛三角”（德国、法国、波兰）机制。波兰同英国系传统盟友，在政治、经济、安全等领域合作密切，波英在维护跨大西洋关系和欧洲安全问题上具有高度共识。

【同美国及北约的关系】认为波美关系具有特殊重要意义，视美国为特殊盟友。2019年2月，波美在华沙召开“推进中东和平与安全部长级会议”，美副总统彭斯、国务卿蓬佩奥、总统特别顾问库什纳等与会。6月，波兰总统杜达访问美国，双方签署关于加强美在波军事存在的共同声明。9月，波美签署深化军事合作联合声明。同月，美副总统彭斯访波，双方签署《美波关于5G网络问题的联合声明》。2019年6月，波兰总统杜达对美进行工作访问，8月美国务卿蓬佩奥访波期间波美签署《加强防务合作协议》。9月，波美签署深化军事合作联合声明。同月，美副总统彭斯访波，双方签署《美波关于5G网络问题的联合声明》。2020年6月，杜达总统访美。同年8月美国务卿蓬佩奥访问波兰。2022年因爆发乌克兰危机，波美关系迅速升温，高层互访不断，两国军事安全合作水平达到新高度。

视北约为国家安全重要支柱，支持深化跨大西洋合作和北约东扩，目前约有10000名北约各国驻军在波轮换值守。坚持共同防御原则，积极参与制定北约新战略和阿富汗重建，向驻阿国际安全援助部队派兵1000余人，2014年底正式结束维和使命。乌克兰危机爆发后，在增加自身军事投入同时，更加注重强化跨大西洋安全合作，强烈要求北约增加东翼力量，呼吁北约在波境内长期驻军。2016年7月北约峰会在华沙举行。

【同俄罗斯、东欧国家的关系】波俄关系历史错综复杂，纠葛颇多，近年来几经滑坡，长期处于紧张状态。受乌克兰危机影响，波俄关系处于历史低点，尚无改善迹象。高度重视欧盟“东部伙伴关系”计划，推动东部邻国进行政治、经济改革，加强民主体制建设，更好地融入欧洲。因不承认白俄罗斯卢卡申科选举结果，高调支持诱拉白反对派。

【同其他中东欧国家的关系】视其他中东欧国家为其在欧盟内的战略依托，高度重视维谢格拉德集团、

“三海倡议”、“布加勒斯特9国”等次区域组织或多边机制合作，认为地区国家国情相近，发展水平相当，应加强立场协调，通过共同发声和一致行动形成合力，维护自身及地区国家共同利益。2019年，波兰作为“柏林进程”轮值主席国举办西巴尔干峰会等系列活动。2020年7月至2021年6月担任维谢格拉德集团轮值主席国。乌克兰危机后，波积极充当地区安全代言人，依托“布加勒斯特9国”机制加大同美沟通，影响欧洲大国行动。

【同其他国家的关系】关注西亚北非局势发展及难移民问题，高度重视拓展同日本、韩国、印度等亚洲国家关系，逐步深化同拉美、非洲和中东地区经贸、能源等领域合作。（王雍）

波斯尼亚和黑塞哥维那

国名　波斯尼亚和黑塞哥维那（Bosnia and Herzegovina，Bosna i Hercegovina）。

面积　5.12万平方公里。

人口　323万（2022年），其中波黑联邦约占62.8%，塞尔维亚族共和国约占34.8%，布尔奇科特区约占2.4%。主要民族为：波什尼亚克族，约占总人口50.1%；塞尔维亚族，约占总人口30.8%；克罗地亚族，约占总人口15.4%。三族分别信奉伊斯兰教、东正教和天主教。官方语言为波斯尼亚语、塞尔维亚语和克罗地亚语。

首都　萨拉热窝（Sarajevo），人口34.4万（2022年）。

国家元首　主席团行使国家元首职责，由波什尼亚克族、塞尔维亚族和克罗地亚族各一名代表组成，任期4年。主席团轮值主席由三族代表轮流担任，每8个月轮换一次。本届主席团于2022年11月组成。主席团成员为：热莉卡·茨维亚诺维奇（Željka CVIJANOVIĆ，女，塞族），热利科·科姆希奇（Željko KOMŠIĆ，克族）和戴尼斯·贝契罗维奇（Denis BEĆIROVIĆ，波族）。

重要节日　三族共同庆祝新年（1月1日）、国际劳动节（5月1日）和波黑武装力量日（12月1日）。宗教节日较多，包括开斋节、宰牲节、圣诞节、复活节等。

简　况

位于欧洲巴尔干半岛中西部，南、西、北三面与克罗地亚毗连，东与塞尔维亚相邻，东南与黑山接壤。大部分地区位于迪纳拉高原和萨瓦河流域。南部极少部分濒临亚得里亚海，海岸线长约21.2公里。南部属地中海式气候，北部属温带大陆性气候。南部1月平均气温6.3℃，7月平均气温27.4℃；北部1月平均气温-0.2℃，7月平均气温22.7℃。年均气温11.2℃。

6世纪末7世纪初，部分斯拉夫人南迁到巴尔干半岛，在波斯尼亚和黑塞哥维那等地定居。12世纪末，斯拉夫人建立独立的波斯尼亚公国。14世纪末，波斯尼亚进入鼎盛时期。1463年后成为奥斯曼土耳其属地，1878年被奥匈帝国占领。1914年6月28日，奥匈帝国皇储弗朗茨·斐迪南大公在萨拉热窝遭当地青年暗杀，引发第一次世界大战。

1918年第一次世界大战结束后，南部斯拉夫民族成立塞尔维亚人-克罗地亚人-斯洛文尼亚人王国。1929年改称南斯拉夫王国，波黑是其中的一部分，被划分为4个行政省。1945年，南斯拉夫各族人民取得反法西斯战争胜利，成立南斯拉夫联邦人民共和国（1963年改称南斯拉夫社会主义联邦共和国），波黑成为其中一个共和国。1992年3月，波黑就国家是否独立举行全民公决，波族和克族赞成独立，塞族抵制投票。此后，波黑三族间爆发战争。1992年5月22日，波黑加入联合国。1995年11月21日，在美国主持下，南斯拉夫联盟共和国塞尔维亚共和国总统米洛舍维奇、克罗地亚共和国总统图季曼和波黑共和国总统伊泽特贝戈维奇签署《波黑和平总体框架协议》（又称《代顿协议》），波黑战争结束。

政　治

自1995年《代顿协议》签署以来，波黑民族关系有所缓和，政局基本稳定。

【宪法】1995年11月，波黑根据《代顿协议》制定宪法。宪法规定：波黑正式名称为“波斯尼亚和黑塞哥维那”；波什尼亚克族、塞尔维亚族和克罗地亚族三个民族为主体民族；波黑由波黑联邦和塞族共和国两个实体以及布尔奇科特区组成；波黑设三人主席团，由三个主体民族代表各一人组成，主席团成员分别由两个实体直接选举产生。

【议会】由代表院和民族院组成，任期4年。代表院由42名代表组成，其中28名来自波黑联邦，14名来自塞族共和国。代表院设主席团三人，分属三族。主席一职由三族轮流担任，每8个月轮换一次。代表院议员的产生方式是通过大选中参选各政党的具体得票数来分配名额。本届议会代表院于2022年12月成立。主席团成员为戴尼斯·兹维兹迪奇（Denis ZVIZDIĆ，波族）、马林科·查瓦拉（Marinko ČAVARA，克族）和内博伊沙·拉德马诺维奇（Nebojša RADMANOVIĆ，塞族）。民族院设15个席位，由波黑联邦的10名代表（波族、克族各5人）和塞族共和国的5名塞族代表组成。民族院议员由波黑联邦议会民族院和塞族共和国人民议会根据主体民族比例和大选结果推选产生。主席、副主席轮值方式与代表院相同。截至2022年底，新一届民族院尚未成立，本届民族院于2019年2月产生，波族代表中，民主行动党3人，争取波黑更美好未来联盟1人，社会民主党1人；克族代表中，克罗地亚族民主共同体4人，民主阵线党1人；塞族代表中，独立社会民主人士联盟4人，塞尔维亚族民主党1人。巴基尔·伊泽特贝戈维奇（Bakir IZETBEGOVIĆ，波族）、德拉甘·乔维奇（Dragan ČOVIĆ，克族）和尼科拉·什皮里奇（Nikola ŠPIRIĆ，塞族）为主席团成员。

【政府】波黑政府称部长会议，由主席和部长组成，任期4年。部长会议主席由主席团任命，经议会代表院批准。部长由部长会议主席任命。波黑于2022年10月举行大选，新一届部长会议截至2022年底尚未成立，本届部长会议于2019年12月组成，主席为佐兰·特盖尔蒂亚（Zoran TEGELTIJA，塞族）。部长会议成员有：副主席兼外交部长比塞拉·图尔科维奇（Bisera TURKOVIĆ，女，波族），副主席兼财政部长弗耶科斯拉夫·贝万达（Vjekoslav BEVANDA，克族），外贸和经济关系部长斯塔沙·科沙拉茨（Staša KOŠARAC，塞族），民政部长安基察·古黛列维奇（Ankica GUDELJEVIĆ，女，克族），交通通信部长沃因·米特罗维奇（Vojin MITROVIĆ，塞族），安全部长塞尔莫·齐科蒂奇（Selmo CIKOTIĆ，波族），司法部长约西普·格鲁贝沙（Josip GRUBEŠA，克族），国防部长西费特·波季奇（Sifet POĐIĆ，波族），人权和难民部长暂缺。

【行政区划】波黑由波黑联邦和塞族共和国两个实体及布尔奇科特区组成。波黑联邦下设10个州（乌纳–萨纳州、波萨维纳州、图兹拉州、泽尼察–多博伊州、波斯尼亚–波德里涅州、中波斯尼亚州、黑塞哥维那–内雷特瓦州、西黑塞哥维那州、萨拉热窝州、第十州），塞族共和国下设10个市（巴尼亚卢卡、东萨拉热窝、比耶利纳、多博伊、普里耶多尔、兹沃尔尼克、特雷比涅、格拉迪什卡、戴尔文塔、拉克塔希）和54个区。1999年设立布尔奇科特区，直属国家。

【司法机构】根据宪法，波黑设宪法法院和国家法院。宪法法院是裁决两实体之间以及两实体内部各机构间纠纷的唯一法律授权机构，拥有终审决定权。宪法法院由9名法官组成，法官任期5年，其中4人由波黑联邦议会代表院选出，2人由塞族共和国人民议会选出，其余3人由欧洲人权法院院长推选，但不能是波黑或波黑邻国的公民。宪法法院院长瓦莱里娅·加利奇（Valerija GALIĆ，女）。国家法院院长兰科·代贝韦茨（Ranko DEBEVEC）。国家检察院检察长米兰科·卡伊加尼奇（Milanko KAJGANIĆ）。两实体分设波黑联邦最高法院和塞族共和国最高法院。

【政党】主要政党有：

（1）独立社会民主人士联盟（Savez Nezavisnih Socijaldemokrata，SNSD）：执政党。1996年成立，系塞族第一大党。支持以《代顿协议》为基础的波黑体制，积极致力于发展和加强同塞尔维亚的“特殊平行关系”。主席米洛拉德·多迪克。

（2）波黑克罗地亚族民主共同体（Hrvatska Demokratska Zajednica BiH，HDZ）：主要执政党。1990年8月成立，系克族第一大政党，欧洲人民党成员。主张维护波黑克族利益。主席德拉甘·乔维奇。

（3）社会民主党（Socijal Demokratska Partija，SDP）：执政党。1990年成立，系多民族政党，社会党国际成员。倡导建立多民族、多宗教、多元文化的波黑，主张民族和解。主席内尔明·尼克希奇（Nermin NIKŠIĆ）。

（4）人民与正义党（Narod i Pravda，NiP）：执政党。2018年3月成立，系以波族为主的多民族政党，致力于建设人人平等的民主国家。主席为埃尔梅丁·科纳科维奇（Elmedin KONAKOVIĆ）。

（5）我们的党（Naša Stranka，NS）：执政党。2008年4月成立，系多民族政党，欧洲自由民主联盟党成员。主张维护社会自由。主席埃丁·福尔托（Edin FORTO）。

（6）民主阵线党（Demokratska Fronta，DF）：在野党。2012年7月成立，多民族政党。主张建立民主的多元化社会。主席热利科·科姆希奇。

（7）民主行动党（Stranka Demokratske Akcije，SDA）：在野党。1990年5月成立，系波族第一大党，欧洲人民党成员。主张建立完整和统一的波黑。主席巴基尔·伊泽特贝戈维奇。

（8）塞尔维亚族民主党（Srpska Demokratska Stranka，SDS）：在野党。1990年7月成立，系塞族政党。主张遵守《代顿协议》安排，维护塞族共和国实体权力，反对激进分离主义。代理主席米兰·米利切维奇（Milan MILIČEVIĆ）。

（9）民主进步党（Partija Demokratskog Progresa，PDP）：在野党。1999年9月成立。主张维护塞族合法权益，维护波黑领土完整。主席布拉尼斯拉夫·博雷诺维奇（Branislav BORENOVIĆ）。

（10）争取波黑更美好未来联盟（Savez za Bolju Budućnost，SBB）：在野党。2009年成立。主张维护波黑的统一，大力发展经济，改善民生。主席法赫鲁丁·拉东契奇（Fahrudin RADONČIĆ）。

【重要人物】热莉卡·茨维亚诺维奇：主席团塞族成员，独立社会民主人士联盟副主席。女，1967年出生于泰斯利奇市。毕业于萨拉热窝大学哲学院、巴尼亚卢卡大学哲学院和法学院。曾任波黑塞族共和国总理、总统等职。2022年11月当选波黑主席团塞族成员，现任轮值主席。系波黑建国后首位女性国家元首。**热**

利科·科姆希奇：主席团克族成员，民主阵线党主席。1964年出生于萨拉热窝市。毕业于萨拉热窝大学法学院。曾任萨拉热窝市议会主席、萨拉热窝市副市长、新萨拉热窝区区长等职。2022年11月连任波黑主席团克族成员，系第四次当选该职。　**戴尼斯·贝契罗维奇**：主席团波族成员，社会民主党副主席。1975年出生于图兹拉市。毕业于图兹拉大学、萨拉热窝大学。曾任波黑议会代表院、民族院议员。2022年11月当选波黑主席团波族成员。　**佐兰·特盖尔蒂亚**：部长会议主席，独立社会民主人士联盟主席团成员。1961年出生于姆尔科尼奇格拉德区，塞尔维亚族。本科毕业于萨拉热窝大学经济学院，研究生就读于塞尔维亚贝尔格莱德阿尔法大学。历任塞族共和国人民议会议员、姆尔科尼奇格拉德区议会议员、姆尔科尼奇格拉德区长、塞族共和国财政部长等职。2019年12月出任波黑部长会议主席。

经　济

波黑战争给波黑经济带来严重破坏，几近崩溃。战后在国际社会援助下，波黑经济恢复取得一定进展。2021年，波黑农业、林业和渔业占比6.03%，工业占比24.72%，建筑业占比5.10%，商业、运输、通信、酒店餐饮业占比27.86%，金融、房地产、咨询行业占比14.28%，其他服务业占比21.99%。2021年主要经济数据如下：

国内生产总值：233.61亿美元。

人均国内生产总值：6769美元。

国内生产总值增长率：7.5%。

货币名称：可兑换马克，或称“波黑马克”。

汇率：1欧元≈1.96可兑换马克。

通货膨胀率：2.0%。

失业率：17.4%。

（资料来源：波黑国家统计局，下同）

【**资源**】矿产资源丰富，主要有铁矿、褐煤、铝矾土、铅锌矿、石棉、岩盐、重晶石等，其中煤炭蕴藏量达55亿吨。图兹拉地区食用盐储量为欧洲之最。波黑水资源丰富，水力发电潜能400万千瓦以上。森林覆盖率53%，其中65%为落叶植物，35%为针叶植物。

【**工业**】金属加工业是波黑经济重要产业之一，产品以出口为主。2021年，金属加工产品出口达59.79亿马克，同比增长47.93%。金属加工业的主要产品为钢铁、铅、锌及铜加工产品。

【**农业**】波黑拥有发展多样化农业的自然条件，食品加工业传统悠久。波黑多山，农业用地占土地总面积的42.2%，共约239万公顷，其中100万公顷为集约化农业耕地。波黑有104万公顷天然草地和牧场，35万公顷土地专用于果园、葡萄园以及用于种植生产医药保健品的草药和香料香草等。波黑奶制品、水果、蔬菜等农产品具有出口欧盟资质。南部地区流行种植蜡菊等芳香植物。

【**旅游业**】旅游业是波黑经济重要产业之一。2021年，波黑接待游客人数96.04万人次，同比增长91.7%；过夜天数223.09万天，同比增长79.6%。其中，中国游客1945人次，过夜天数6609天。波黑旅游项目和设施主要有温泉、滑雪、漂流、打猎以及疗养、文化、宗教场所等，共有2万多张床位。萨拉热窝曾举办1984年冬季奥运会，冰雪旅游资源丰富。

【**交通运输**】波黑位于前南斯拉夫的中心地区，连接前南与欧洲的部分重要交通干线经过波黑。交通运输以铁路和公路为主。截至2021年底，波黑全国注册机动车115.08万辆，其中小汽车98.48万辆，货车9.59万辆，公共汽车3944辆，摩托车1.31万辆。

公路：波黑现有公路总长9110公里，其中干线公路4237公里，高速公路220.42公里。

铁路：波黑现有铁路1018公里，其中单轨铁路925公里，其中656公里为电气化铁路；双轨铁路93公里，全部为电气化铁路。波黑铁路设施老旧，最高时速仅70—90公里/时。

空运：波黑现有4个机场，分别位于萨拉热窝、莫斯塔尔、巴尼亚卢卡和图兹拉。2021年运送旅客分别为76.71万人次、13.99万人次、0.19万人次、30.60万人次，同比分别增长207.3%、218.6%、39.3%、33.7%。2019年12月5日起，波黑收回全部领空服务和管控权。

【**财政金融**】波黑国家预算在很大程度上依赖于两实体上缴的部分税收，另外一部分收入依靠征收印花税。2021年，波黑财政收入160.54亿马克，占国内生产总值比重41.55%；财政支出147.95亿马克，占国内生产总值比重38.29%；财政盈余12.60亿马克；公共债务128.16亿马克，同比增长5.11%，占国内生产总值比重34.82%。

波黑中央银行于1997年6月根据《代顿协议》和波黑宪法的规定成立，当年8月正式营业。目前，波黑银行大多数是私人或外资银行。主要外资银行有：意大利联合圣保罗银行、奥地利中央合作银行、奥地利联合信贷银行、土耳其泽拉特银行、伊斯兰波斯尼亚国际银行、德国信贷银行。

【**对外贸易**】2021年，波黑进出口总额为216.4亿美元，同比增长35%。其中，出口额为86.1亿美元，同比增长40%；进口额为130.3亿美元，同比增长32%；贸易逆差44.2亿美元，同比增长18.8%。2021年，波黑主要出口商品为：金属及制品、机电产品、矿产品、化学工业及相关工业产品、木材制品等。主要进口商品为：金属及制品、机电产品、矿产品、化学工业及相关工业产品、食品饮料及烟酒等。2021年，欧盟继续保持波黑最大贸易伙伴的地位，双方贸易额占波黑贸易总额的64.46%。对中欧自贸区国家进出口额占波黑贸易总额的14.41%。

【**外国资本**】据联合国贸发会议《世界投资报告》显示，2021年，波黑吸收外资流量6.79亿美元；截至

2021年底，波黑吸收外资存量94.74亿美元。

【外国援助】波黑战争后约有50个捐资国、30个国际组织和400多个非政府组织参与了波黑的恢复与重建项目。国际社会共组织5次布鲁塞尔波黑重建国际捐资会议，筹集55.8亿美元的援助，其中无偿援助占69.56%，优惠贷款占30.44%，主要捐资方为欧盟、世界银行、美国、日本、荷兰、英国等。2001年，国际社会结束对波黑的大规模援助。

2020年波黑接收国际援助总金额为4.37亿美元，主要包括人道主义援助、社会基础设施建设、经济基础建设和服务、教育等援助。新冠疫情期间，美国、欧盟、国际货币基金组织、世界银行等国家和国际组织向波黑援助抗疫物资和提供资金支持，中国政府和社会各界向波黑捐赠20多批抗疫物资。

人民生活

1992年波黑战争爆发后，人民生活水平急剧下降，食品和医药用品极端匮乏。国际社会向波黑提供大量人道主义援助。1995年《代顿协议》签署后，人民生活有所改善。波黑全国共有大型综合性医院和专科医院29所，医护人员约5万人。

军　事

波黑战争期间，波、塞、克三族均拥有武装。战后，波黑联邦和塞族共和国两个实体各自成立了国防部和军队，同时开始在北约监督下大幅裁军。2003年12月，波黑颁布首部《国防法》，决定组建波黑国防部。2005年10月，波黑通过《国防法》修正案和《兵役法》，决定组建全国统一的职业化军队。主席团为波黑武装力量最高统帅，国防部为波黑最高军事领导机构，议会对军队实施监督。截至2022年12月，波黑武装力量总人数8739人。2022年度国防预算为3.07亿马克（约合1.56亿美元），占国内生产总值的比重为0.76%。现任国防部长为西费特·波季奇（Sifet POĐIĆ），总参谋长为塞纳德·马绍维奇（Senad MAŠOVIĆ）中将。

文化教育

【教育】波黑教育体制趋向欧盟教育体制标准。2021/2022学年度，波黑共有32200名儿童就读于427所学前教育机构；小学1748所，学生264802人，教师24601人；中学313所，学生108327人，教师12763人；高校49所，学生76028人，其中全日制学生65561人。2021年，波黑毕业的本科学生有12324人。主要大学有萨拉热窝大学、巴尼亚卢卡大学、莫斯塔尔大学和图兹拉大学等。

【新闻出版】波黑全国共发行各类报刊近200种，主要报刊有《每日之声报》《解放报》《独立报》《塞族之声报》《晚报》和《每日报》等。波黑无国家通讯社，两个实体最大的通讯社为波黑联邦通讯社和塞族共和国通讯社。截至2022年底，全国有电视台34家。主要电视台包括波黑国家广播电视台、塞族共和国广播电视台、波黑联邦电视台、N1电视台、半岛电视台巴尔干频道等。

对外关系

波黑将加入欧盟作为外交中心任务，重点发展与美国、欧盟关系，致力于睦邻修边，加强区域合作。截至2022年12月，共有182个国家同波黑建交。

【同中国的关系】1992年5月22日，联合国大会通过决议，同意接纳波黑以独立国家身份加入联合国，中国投了赞成票。1995年4月3日，中国和波黑建立大使级外交关系。2018年5月，《中华人民共和国政府和波黑部长会议关于互免持普通护照人员签证的协定》生效。2021年2月，波黑主席团轮值主席多迪克出席中国—中东欧国家领导人峰会。7月，波黑主席团塞族成员、独立社会民主人士联盟主席多迪克等7个主要政党代表出席中国共产党与世界政党领导人峰会。中国向波黑出口和援助新冠疫苗。2022年2月，波黑部长会议主席特盖尔蒂亚来华出席北京冬奥会开幕式。

据中国海关总署统计，2022年，中波黑双边贸易额为3.08亿美元，同比增长12.19%。其中，中国出口额为1.85亿美元，同比增长35.34%；中国进口额为1.22亿美元，同比增长10.85%。截至2022年底，中国对波黑直接投资总额约2122万美元。

中国驻波黑大使：季平。馆址：Braće Begić 17，71000 Sarajevo。电话：00387–33–215102；传真：215108。

波黑驻华大使：暂缺。办公地址：北京市朝阳区塔园外交人员办公楼1单元5楼501号。电话：010–65326587；传真：65326418。

【同美国的关系】1992年4月，美国承认波黑独立；同年8月，两国建交。1995年11月21日，在美国主持下，南斯拉夫联盟共和国塞尔维亚共和国、克罗地亚共和国和波黑共和国领导人在美国俄亥俄州代顿空军基地就全面政治解决波黑问题达成协议。波黑停战后，美国对波黑战后重建提供经济援助总额超过20亿美元。2022年，美国国务院西巴尔干事务特别代表埃斯科巴多次访问波黑。

【同欧盟及其他欧洲国家的关系】欧盟支持波黑融入欧洲一体化，波黑致力于尽早入盟。2008年6月，波黑与欧盟签署《稳定与联系协议》。2015年6月，《稳定与联系协议》正式生效，波黑取得入盟联系国地位。2016年2月，波黑正式递交入盟申请。9月，欧盟委员会正式接受波黑申请，并于12月向波黑政府发出入盟调查问卷。2019年3月，波黑完成入盟调查问卷和补充问题清单。2020年4月，波黑主席团、部长会议和议会两院共同成立“推动波黑入盟特别小组”。2022年内，欧洲理事会主席米歇尔、欧盟委员会主席冯德莱恩、欧盟外交与安全事务高级代表博雷利等分别访问波黑。12月，欧洲理事会决定给予波黑欧盟候选国地位。

【同北约的关系】波黑三个主体民族对加入北约持

不同立场，波什尼亚克族和克罗地亚族支持入约，塞尔维亚族反对。2010年，北约有条件地邀请波黑加入“成员国行动计划”。2018年12月，北约同意接受波黑提交首份“年度国别报告”，准备启动波黑加入北约“成员国行动计划”程序。2019年12月，波黑向北约提交“波黑改革计划”。2021年初，波黑成立“北约合作委员会”，负责协调有关改革计划实施。2022年6月，波黑防长波季奇应邀出席北约马德里峰会，与会代表积极评价波黑同北约的合作，并决定通过“国防能力建设”倡议向波黑国防部门提供援助。2022年11月，波黑部长会议一致通过并向北约提交2021年度和2022年度“波黑改革计划”。

【同邻国的关系】波黑奉行睦邻友好政策。

与塞尔维亚关系：2022年，波黑主席团塞族成员多迪克同塞尔维亚总统武契奇多次会见。11月，波黑主席团轮值主席茨维亚诺维奇会见武契奇。

与克罗地亚关系：波克关系近年来总体平稳发展，克积极支持波黑加入欧盟。2022年，波黑克族民主共同体主席乔维奇多次访问克罗地亚并会见克总统米拉诺维奇、总理普连科维奇、外交和欧洲事务部长拉德曼等。

【同其他国家的关系】2022年3月，德国外长贝尔伯克访问波黑。同月，波黑部长会议副主席兼外长图尔科维奇访问巴基斯坦并出席伊斯兰合作组织会议。4月，波黑主席团轮值主席扎费罗维奇访问荷兰。5月，英国外交大臣特拉斯访问波黑。9月，波黑主席团塞族成员多迪克访问俄罗斯。（黄雪佳）

丹　麦

国　名　丹麦王国（The Kingdom of Denmark，Kongeriget Danmark）。

面积　4.3094万平方公里（不包括格陵兰和法罗群岛）。

人口　592.8万（2022年）。丹麦人约占85.6%，外国移民约占14.4%。官方语言为丹麦语，英语为通用语。约74%的居民信奉基督教路德宗，0.6%的居民信奉罗马天主教。

首都　哥本哈根（Copenhagen，København），人口81.5万（2022年）。

国家元首　女王玛格丽特二世（Margrethe II），1972年1月14日即位。

重要节日　女王玛格丽特二世生日：4月16日。宪法日：6月5日，纪念1849年6月5日颁布丹麦王国宪法。

简　况

位于欧洲北部，南同德国接壤，西濒北海，北与挪威、瑞典隔海相望。海岸线长7314公里。地势低平，平均海拔约30米。属温带海洋性气候，平均气温1月为0℃，8月为16℃。年均降水量约860毫米。

公元985年形成统一王国。公元8—12世纪为强盛的海盗时期，曾征服现英国、挪威、法国诺曼底、莱茵河畔等地。14世纪走向强盛，并于1397年成立以丹麦女王玛格丽特一世为盟主的卡尔马联盟，疆域包括现丹麦、挪威、瑞典、冰岛、格陵兰、法罗群岛以及芬兰的一部分。15世纪末开始衰落。1523年瑞典脱离联盟独立。1814年将挪威割予瑞典。1849年建立君主立宪政体。1944年冰岛脱离丹麦独立。两次世界大战中均宣布中立。1940年4月至1945年5月被纳粹德国占领。1949年加入北约，1973年加入欧共体。拥有对格陵兰和法罗群岛的主权。

政　治

政局总体稳定。2022年12月，丹麦社会民主党、自由党与温和党组成跨阵营联合政府，施政重点主要涵盖经济、福利改革、绿色、外交等领域。主要包括出台通胀纾困措施，优化税收结构；2050年在1990年基础上减排110%，2045年实现碳中和；完善国家福利体系，推进公共部门、教育和医疗改革，优化提前退休制度；竞选2025—2026年联合国安理会非常任理事国等。

【宪法】宪法于1849年制定，1866年、1915年、1920年、1953年四度修宪。宪法规定，丹实行君主立宪制。

【议会】一院制，共179个议席。议员经普选产生，任期4年。本届议会于2022年11月大选后产生，由社民党（50席）、自由党（23席）、温和党（16席）、社人党（15席）、丹麦民主党（14席）、自由联盟（14席）、保守党（10席）、红绿联盟（9席）、激进党（7席）、丹人党（6席）、选择党（6席）、新保守党（4席）组成。此外，格陵兰和法罗群岛各占2席。无党派人士1席。议长瑟伦·加德（Søren Gade，自由党）。

【政府】2022年12月，丹麦社会民主党、自由党与温和党组成跨阵营联合政府。内阁共23人，包括：首相梅特·弗雷泽里克森（Mette Frederiksen，女），副首相兼国防大臣雅各布·埃勒曼-延森（Jakob Ellemann-Jensen），外交大臣拉尔斯·勒克·拉斯穆森（Lars Løkke Rasmussen），财政大臣尼古拉·瓦门（Nicolai Wammen），经济大臣特罗尔斯·伦德·波尔森（Troels Lund Poulsen），内政与卫生大臣苏菲·洛德（Sophie Løhde，女），司法大臣彼得·胡梅尔高（Peter Hummelgaard），文化大臣雅各布·英格尔–施密特（Jakob Engel-Schmidt），工业、商业与金融事务大臣莫滕·博斯科夫（Morten Bødskov），发展合作与全球气候政策大臣达恩·约恩森（Dan Jørgensen），环境大臣马格努斯·霍伊尼克（Magnus Heunicke），社会事务与住房大臣佩妮莱·罗森克兰兹–泰尔（Pernille Rosenkrantz-Theil，女），就业大臣安妮·哈尔斯博–约恩森（Ane Halsboe-Jørgensen，女），儿童与教育大臣马蒂亚斯·特斯法耶（Mattias Tesfaye），移民与融合大臣卡雷·迪布瓦德·贝克（Kaare Dybvad Bek），税务大臣耶珀·布鲁斯（Jeppe Bruus），食品、农业和渔业大臣雅各布·延森（Jacob Jensen），宗教、乡村与北欧合作大臣露易丝·莎柯·埃尔霍尔姆（Louise Schack Elholm，女），交通大臣托马斯·丹尼尔森（Thomas Danielsen），高教与科学大臣克里斯蒂娜·英格伦德（Christina Egelund，女），数字化与性别平等大臣玛丽·碧耶尔（Marie Bjerre，女），养老大臣梅特·克尔凯郭尔（Mette Kierkgaard，女），气候、能源与公用事业大臣拉尔斯·埃高（Lars Aagaard）。

【行政区划】全国设5个大区、98个市和格陵兰、法罗群岛2个自治领（自治领的国防、外交和货币政策由丹麦中央政府负责）。

【司法机构】法院分三级。全国有1所最高法院、2所国家法院和82所地方法院。此外，还有海事与商业法庭、特别诉讼法庭等专门法庭。最高法院由1名院长和18名法官组成，院长和法官由政府（司法大臣）推荐，女王任命，任职到退休。法院独立行使职权。最高法院院长延斯·彼得·克里斯滕森（Jens Peter Christensen）。检察机构隶属司法部，设总检察长1名和国家检察官3名。总检察长严·莱肯多尔夫（Jan Reckendorff）。议会监察专员尼尔斯·冯格（Niels Fenger）。

【政党】主要政党有：

（1）社会民主党（The Social Democratic Party）：执政党，1871年成立。主张发展绿色经济，完善和发展福利制度，积极参与国际合作。2022年11月大选支持率27.5%，系丹第一大政党。主席梅特·弗雷泽里克森。

（2）自由党（The Liberal Party）：执政党，1870年成立，为丹麦最古老政党。支持欧盟合作，主张自由竞争，反对中央集权。2022年11月大选支持率13.3%，系丹第二大党。主席雅各布·埃勒曼–延森。

（3）温和党（The Moderates）：执政党，2021年由丹麦前首相拉尔斯·勒克·拉斯穆森创立。支持降低税收、深化医疗改革、促进社会公平。2022年11月首次参加大选，支持率9.3%。主席拉尔斯·勒克·拉斯穆森。

（4）社会主义人民党（The Socialist People's Party或Green Left）：在野党，1959年从丹麦共产党分裂而成。重视人权、民主、福利和环保，主张加强欧盟合作、采取更广泛的安全政策。2022年11月大选支持率8.3%。主席皮娅·奥尔森·迪赫尔（Pia Olsen Dyhr，女）。

（5）丹麦民主党（The Denmark Democrats）：在野党，极右翼政党，2022年6月由丹前移民大臣、自由党前副主席英格尔·斯特伊贝尔（Inger Støjberg）创立。主张强硬的移民政策，支持减少欧盟和丹政府对市场的监管，支持完善老龄人口的福利政策。2022年11月首次参加大选，支持率8.1%。主席英格尔·斯特伊贝尔（Inger Støjberg）。

（6）自由联盟（Liberal Alliance）：在野党，原称新联盟，2007年由原激进党议员纳萨·卡德尔（Naser Khader）等三人组建，2008年8月改称现名。主张降低税收、增进社会融合，支持促进和平、自由与自由贸易的外交政策，加强同欧盟、北约的合作。2022年11月大选支持率7.9%。主席埃里克斯·万奥普斯拉（Alex Vanopslagh）。

（7）保守党（The Conservative People's Party）：在野党，1916年成立。主张坚持私有制和自由贸易，采取更强硬的移民政策，积极参与国际合作。2022年11月大选支持率5.5%。主席索伦·佩普·鲍尔森（Søren Pape Poulsen）。

（8）红绿联盟（Red-Green Alliance或Unity List）：在野党，1989年由原丹麦共产党、共产主义工人党及反欧盟势力组建。反对大幅增加国防开支，主张降低失业率、加强环境保护等。1994年9月第一次进入议会。2022年11月大选支持率5.2%。采取集体领导制。

（9）激进党（The Danish Social-Liberal Party）：在野党，1905年成立。2022年11月大选支持率3.8%。重视个人尊严、自由及环境问题，主张参与国际合作。主席马丁·利泽高（Martin Lidegaard）。

（10）丹麦人民党（The Danish People's Party）：在野党，1995年10月由退出进步党的议员组成。有强烈的民族主义色彩，支持严格的移民难民政策，强调保持丹麦政策独立性。2022年11月大选支持率2.6%。主席莫滕·梅塞施密特（Morten Messerschmidt）。

（11）选择党（The Alternative）：在野党，2013年11月由原激进党党员、前文化大臣埃尔贝克（Uffe Elbæk）组建。支持绿色环保、自由民主和社会公正，主张改善难民庇护政策，加强国际合作。2015年首次参加大选，2022年11月大选支持率3.3%。主席弗朗西斯卡·罗森基勒（Franciska Rosenkilde）。

（12）新保守党（The New Right）：在野党，极右翼政党，2015年由2名原保守党党员发起成立。持反移民立场，支持遣返所有非法移民；支持私有制和自由贸易，反对增加税收。2022年11月大选支持率3.7%。主席拉尔斯·博耶·马蒂亚森（Lars Boje Mathiesen）。

此外，丹还有基督教民主党（The Christian Democratic Party）、自由绿色党（The Independent Greens）、强硬党（Hard Line）等数个议会外政党。

【重要人物】玛格丽特二世：女王。1940年4月16日出生于哥本哈根。曾就读于丹麦哥本哈根大学、奥胡斯大学、法国巴黎大学、英国剑桥大学和伦敦政治经济学院。1972年1月14日登基。1967年6月10日与亨里克亲王（法国伯爵，2018年2月病逝）结婚。有二子，长子腓特烈王储、次子约阿希姆王子。兴趣广泛，在考古、美术和文学方面颇有造诣。曾于1979年来华进行国事访问，是中国改革开放后第一位访华的西方国家元首。2014年4月再次对华进行国事访问。**梅特·弗雷泽里克森**：首相，社民党人。女，1977年生。哥本哈根大学非洲研究学硕士。曾任就业大臣、司法大臣等职。2001年起任议会议员，2015年起任社民党主席。2019年6月任首相，2022年12月连任首相。已婚，有两个子女。系丹历史上最年轻的首相和第二位女首相。

经　济

丹麦是发达的西方工业国家，人均国内生产总值居世界前列。2008年下半年国际金融危机爆发后，丹麦银行业出现银行间市场冻结、流动性不足等问题，房贷市场受影响较大，股市遭重创。2009年经济陷入轻度衰退，工业生产、私人消费、进出口、私营部门投资持续下降，企业破产率和失业率大幅上升，通货膨胀抬头。2010年以来，丹麦经济逐步复苏。连续多年被世界银行评为“欧洲最佳营商地”，在世界经济论坛2022年全球竞争力报告中列第1位。2022年主要经济数据如下：

国内生产总值：约4055亿美元。

人均国内生产总值：约6.9万美元。

国内生产总值增长率：3.8%。

货币名称：丹麦克朗；1丹麦克朗=100欧尔。

汇率：1美元≈6.95丹麦克朗。

通货膨胀率：约7.7%。

失业率：5.8%。

（资料来源：丹麦统计局、经济合作与发展组织、世界银行。以下除注明外，均来自丹麦统计局）

【资源】自然资源贫乏。除石油和天然气外，其他矿藏很少。石油探明剩余可采储量为11.6亿桶，居世界第38位。天然气探明剩余可采储量为1010亿立方米，居世界第54位。探明褐煤储量9000万立方米。森林覆盖面积48.6万公顷，覆盖率约11.4%。北海和波罗的海为近海重要渔场。（资料来源：美国中央情报局）

【工业】工业在国民经济中占重要地位，但近年来比重逐渐下降，工业总产值约占国内生产总值的34.5%（2022年）。主要工业部门有：食品加工、机械制造、石油开采、造船、水泥、电子、化工、冶金、医药、纺织、家具、烟草、造纸和印刷设备等。工业制成产品60%以上供出口，约占出口总额的70%。船用主机、水泥设备、助听器、酶制剂和人造胰岛素等产品享誉世界。企业以中小型为主。

【农业】农牧业高度发达，农牧结合，以牧为主。产量和品质不断提升。近年受欧盟共同农业政策影响较深，农业在国民经济中所占份额逐年下降，但在外贸中仍占较大比重。农牧业总产值约占国内生产总值的3.4%（2022年），有耕地2.8万平方公里，农场4.2万个。农业科技水平和生产率居世界先进国家之列。农畜产品除满足国内市场外，大部分供出口，占产品出口总额约7.5%，猪肉、奶酪和黄油出口量居世界前列。

【服务业】服务业发达，产值约占国内生产总值的62.82%（2022年）。主要包括商业、电信、金融、保险、旅游和技术服务等。

【旅游业】旅游业是丹麦服务行业中的重要产业。主要旅游点有首都哥本哈根、安徒生故乡欧登塞、乐高乐园、克隆堡及日德兰半岛西海岸和最北角斯卡晏等。

【交通运输】海、陆、空交通发达。

铁路：铁路总长约2682公里，客运量2.9亿人次，货运量850万吨。

公路：公路总长约7.5万公里，其中高速公路1346公里，共有各种汽车约365万辆，其中小轿车265万辆、货车38万辆、卡车2.8万辆、拖拉机8.7万辆、拖车114万辆、摩托车16.2万辆、公共汽车1.3万辆。公路货运量为1.6亿吨。

水运：水路总长400公里，船舶1727艘，总吨位2136万吨，港口装卸集装箱46.7万个，货运量9373万吨，客运量4180万人次。全国有港口137个，奥胡斯港和菲德烈西亚港货运量居前列。

空运：共有23个机场，各类民用飞机千余架。北欧航空公司为瑞典、丹麦、挪威共有。哥本哈根凯斯楚普机场是丹最大航空港，也是欧洲北部重要航空枢纽。

【财政金融】近几年中央政府财政收支情况如下（单位：亿丹麦克朗）：

	2020	2021	2022
收入	11390	11478	12786
支出	11561	12433	12506
盈余/赤字	–171	–955	280

2022年，中央政府债务占国内生产总值比重为30.1%。中央银行黄金和外汇储备为798亿美元。有银行67家，雇员3.57万人。其中最大的两家银行为北欧银行和丹麦银行。（资料来源：丹麦国家银行、金融管理局）

【对外贸易】外贸是丹经济命脉。主要原料靠进口，产品销售依赖国际市场。政府制定优惠政策，鼓励产品出口。同100多个国家和地区有贸易往来，1987年以来一直保持较大顺差。主要进口产品为运输设备、电信产品、纸张、原油、煤炭、钢铁、机械和饲料等。主要出口产品为乳制品、肉、鱼、家具、医药、电子产品、仪表、船舶、纺织品和服装等。近几年丹麦对外贸易情况如下（单位：亿美元）：

	2021	2022
外贸总额	2468	2832
出 口 额	1218	1547
进 口 额	1250	1285
差　　额	32	262

2022年，丹与主要贸易伙伴贸易情况如下（单位：亿美元）：

	出口额	进口额
德国	191.0	262.0
瑞典	113.0	159.0
荷兰	73.7	112.0
挪威	74.5	59.4

【对外投资】2022年丹对外直接投资额为17570亿丹麦克朗，外国对丹直接投资额为10716亿丹麦克朗。（资料来源：丹麦国家银行）

【对外援助】2022年丹官方发展援助支出为27.7亿美元，占国民总收入的0.71%。主要关注减贫、妇女、教育、健康等。（资料来源：丹麦外交部）

【著名公司】（1）A.P.穆勒–马士基集团（A.P. Moller-Maersk Group）：成立于1904年。全球最大集装箱航运公司。总部设在哥本哈根。还从事石油天然气勘探与开发、航空运输、商品零售等。1984年成为首家获准在华开设办事处的外国船商，在华设立马士基（中国）航运有限公司，现为国内最大的外国航运公司。

（2）诺和诺德集团（Novo Nordisk）：1923年创建，世界著名医药和生化制品集团公司。2000年，诺和诺德决定将两类核心业务拆分，负责制药业务的公司沿用原名，负责酶制剂业务的公司改名为诺维信（Novozymes）。诺和诺德生产的胰岛素和诺维信生产的酶制剂分别占世界市场份额的50%和40%以上。总部在哥本哈根，在欧美、亚洲均设有生产厂。产品从20世纪60年代起进入中国市场。

（3）维斯塔斯集团（Vestas）：成立于1989年，国际风力发电技术领域的主导生产企业，全球最大的风电设备生产商之一。全球雇员近19700人，在75个国家装有超过5.6万台风机。2006年在天津设厂，2009年在天津建成其全球最大规模的一体化风电生产基地。

（4）丹佛斯集团（Danfoss）：成立于1933年，丹最大工业集团，在制冷、供热、水处理和传动控制制造领域居世界领先地位，产品注重环保、节能、增效。丹佛斯（天津）有限公司1995年成立，是其在亚洲的最大生产基地。

人民生活

以高福利、高收入、高税收、高消费为特征。2021年社会福利（公共服务及秩序、教育、医疗卫生、社会保障、住房、文化娱乐）开支为7823亿丹麦克朗，约占当年国内生产总值的28%。

军　事

根据丹麦宪法，玛格丽特二世女王是武装力量最高统帅。国防部是武装力量最高行政机关，国防大臣为文职，向议会和首相负责，对武装力量实施行政领导。国防司令部是武装力量最高指挥机构，负责丹三军的作战、训练和后勤保障。现任国防司令弗莱明·兰特费（Flemming Lentfer，2020年12月上任）。实行义务兵和志愿兵相结合的兵役制。义务兵服役期8—12个月。丹麦武装力量由陆海空三军和国民卫队组成，其中陆海空三军为现役正规军队。截至2022年底，丹军总兵力约1.95万人，2022年国防预算约56.4亿美元，约占国内生产总值的1.39%。（资料来源：丹麦国防部）

文化教育

文化教育事业发达。童话作家安徒生、原子物理学家尼尔斯·玻尔、音乐家卡尔·尼尔森等举世闻名；迄有13位丹麦人获诺贝尔奖。在生物学、环境学、气象学、免疫学等方面处于世界领先地位。奉行使每个社会成员在文化方面享有平等发展权利的文化方针，鼓励地方发展文化事业。

2022年，丹麦拥有全国公共图书馆420个，总藏书量1745万册。拥有各类博物馆384所，参观人次1559万。拥有169家影院，全年播放国内外电影490部，观影989万人次。

【教育】教育事业发达。1973年起实行9年制免费义务教育。2022年，全国共有学校2820所，学生约120万人，其中小学1260所，学生68.2万人；高中178所，学生14.2万人；职业学校482所，学生11.2万人；综合性大学8所，学生13.6万人。最著名的高等学府有哥本哈根大学（建于1479年）、奥胡斯大学（建于1928年）和丹麦技术大学。

【新闻出版】全国有日报32种，发行量约125万份。周报11种，发行量67万份。主要报纸有《日德兰邮报》（1871年）、《政治报》（1884年）、《贝林时报》（1749年）。

丹麦通讯社：1866年创建。丹麦唯一的全国性通讯社，由各大报纸合办。

丹麦广播公司：1925年创立。丹麦最大的全国性广播电台和电视台。

丹麦电视二台：1988年创立，1989年开播。

对外关系

积极参与地区和全球事务，努力发挥自身影响力。视联合国、欧盟和北约为其外交三大支柱，视美国为最重要战略盟友，视北约为其安全保障，积极拓展以北欧合作为基础的环波罗的海合作。重视应对全球化挑战，强调发展对中国、印度、巴西等新兴国家关系。积极推行“绿色外交”，支持气候变化《巴黎协定》。重视对外发展援助，强调以外援促进人权与民主。

【对当前重大国际问题的态度】关于国际形势：认为国际安全形势趋向严峻，乌克兰危机是冷战结束后欧洲面临的最大安全威胁，恐怖主义、难民、民族和宗教问题等非传统安全因素成为威胁国际安全与稳定的突出问题。认为世界政治朝多极化方向发展，主张各大国加强对话与合作，共同应对气候变化和能源安全等全球性挑战。

关于联合国作用和改革：重视联合国作用，视联合国为国际社会构架的基础和国际和平、安全与稳定的保障。希望安理会进行必要改革，增加效率和效力。反对扩大否决权，建议对新增常任理事国设立任期等时间性限制。赞同优先增加发展中国家特别是非洲国家代表性的主张，但亦认为应增加发达国家代表性。认为当前各国分歧过大，安改问题在短期内难以取得突破。

关于国际反恐：认为恐怖主义已成为国际社会面临的最严重威胁和核心挑战之一，反恐重点应是减少极端主义、恐怖主义和激进行为滋生的土壤，将继续帮助脆弱国家实现稳定，发展民主和人权，改善政府职能和执法能力。积极参与全球反恐行动，与美等盟友就打击“伊斯兰国”保持密切协调，派战机参与打击行动。密切监控本国公民出境参加“圣战”后回流动向。

关于阿富汗问题：曾参与国际安全援助部队在阿行动，向阿提供民事援助。不承认阿富汗塔利班政权。

关于非洲问题：重视对非关系，支持推动非洲实现联合国2030可持续发展目标。重视对非援助，积极开展对非经济外交，扩大对非出口和投资，并加大对丹麦企业投资非洲的支持力度，推动非洲国家改革以促进包容性和绿色增长。

关于北极问题：视北极事务为对外政策重点之一。利用北极理事会成员国身份，积极参与并希在北极事务中发挥主导作用，呼吁各方遵循有关国际法、和平利用北极资源及实现北极地区无核化，反对“北极争夺战”，强调通过磋商解决有关分歧和争议，重视保护北极生态环境，呼吁通过国际、地区、多边和双边合作促进北极发展。2014年12月与格陵兰自治政府共同提交格陵兰北部海域200海里以外大陆架划界案，强调横跨北极的罗蒙诺索夫海岭是格陵兰岛的自然延伸，成为全球第一个对北极点提出正式声索的国家。2016年补充提交三项相关局部提案。支持中国、日本和韩国等成为北极理事会观察员国。2022年乌克兰危机爆发后，丹麦决定暂停参加俄方参与的北极理事会及其附属机构所有会议。

【同中国的关系】1950年1月9日正式承认新中国，1950年5月11日建交。20世纪80年代以来，中丹科技、环保等领域合作发展较好，先后签署科技合作议定书、环境合作协议、关于清洁发展机制项目合作的谅解备忘录、加强双边科技合作谅解备忘录等。2008年，中丹建立全面战略伙伴关系。2017年3月，丹麦外交大臣萨穆埃尔森访华。5月，丹麦首相拉斯穆森正式访华。9月，丹麦王储腓特烈访华。2018年6月，丹麦外交大臣萨穆埃尔森访华。9月，丹麦王储腓特烈来华出席“2018北京国际设计周”哥本哈根主宾城市活动。2021年11月，丹麦外交大臣科弗德访华。

据中国海关总署统计，2022年，中丹双边贸易额为159.1亿美元，同比减少10.8%。其中，中国出口额为101.9亿美元，同比减少6.2%；中国进口额为57.2亿美元，同比减少18.0%。

中国驻丹麦大使：冯铁。馆址：Øregårds Allé 25，2900 Hellerup，Copenhagen，Denmark。电话：0045–39460889；传真：39625484。

丹麦驻华大使：马磊（Thomas Østrup Møller）。馆址：北京市朝阳区三里屯东五街1号。电话：010–85329900；传真：85329999。

【同美国及北约的关系】视美国为重要盟友，高度重视维持和深化同美国的密切关系。在反恐、安全以及地区热点问题上紧跟美国步伐。与美经贸联系紧密，近年对美出口增长迅速。1949年以创始成员国身份加入北约，视北约为丹国防与安全政策的基石，支持北约东扩和战略转型，认为北约在集体防御外，还应承担捍卫自由、民主及人权等共同价值观的责任，力求在推进民用警力合作等方面发挥作用。积极参与北约对科索沃、伊拉克、苏丹、亚丁湾、利比亚的军事行动。丹前任首相安诺斯·福格·拉斯穆森于2009年8月至2014年9月出任北约秘书长。积极回应北约要求其成员国增加军费开支的呼吁，计划至2023年将国防预算提升到国内生产总值的1.5%，到2033年提升至国内生产总值的2%。

【同欧盟的关系】支持欧盟东扩和一体化建设，在重大外交政策上与欧盟保持一致，期待欧盟在国际事务中发挥更大作用。2015年12月全民公投否决取消对欧盟司法合作保留，2021年6月全民公投废除对欧盟防务合作保留，目前在欧盟合作中仍有“两项保留”（货币、欧洲公民权）。2015年难民潮涌入欧洲后，认为难民问题是欧盟面临的最大危机，欧盟一体化和内部融合问题堪忧。

【同中东欧国家及波罗的海三国的关系】重视发展同中东欧和波罗的海国家的关系，认为北约和欧盟双东扩有利于保持欧洲的长期稳定。曾积极支持波海三国独立，同其他北欧国家一起最早承认并同三国建交，强调继续加强同波海三国在经济、社会保障、军事等领域的合作，积极推动环波罗的海地区合作。

【同俄罗斯的关系】对俄发展走向和欧俄关系存在较多疑虑，认为俄方举动使波罗的海地区、欧洲东部地区安全形势恶化。对俄在北极的军事行动存在关切。不承认俄“吞并”克里米亚。2022年乌克兰危机爆发后，丹参与对俄多轮制裁，并向乌克兰援助武器。

【同新兴市场国家的关系】2012年5月出台《新兴市场国家战略》，希保持和发展丹对新兴市场国家服务出口的领先地位。（张一鸣）

附：

法罗群岛

名称 法罗群岛（The Faroe Islands，Føroyar），丹麦属地。

面积 1393平方公里。

人口 5.4万（2022年）。居民绝大部分为斯堪的纳维亚人后裔。语言主要为法罗语，通用丹麦语。多数人信奉基督教路德宗。

首府 托尔斯港（Thorshavn），人口约1.4万（2022年）。

高级专员 莉娜·莫耶·约翰森（Lene Moyell Johansen，女），2017年5月15日上任。

简 况 位于挪威、苏格兰和冰岛之间的北大西洋海域。由18个小岛（其中17个有人定居）组成。海岸线总长1117公里。平均海拔高度逾300米。属温带海洋性气候。托尔斯港平均气温1月为5.9℃，7月为10.3℃。年均降水量1321毫米。（资料来源：丹麦气象局）

约公元650年爱尔兰的基督教徒移居此地。约1035年成为挪威属地。1380年丹麦与挪威结成联合王国，法罗群岛从此受丹麦管辖。二战期间曾受英国控制。1948年起成为丹麦的自治领。岛上设有北约雷达设施和丹麦海军基地。有自己的旗帜、邮票、特别护照和货币。丹麦克朗也可流通。1974年与欧共体签署自由贸易协定。1977年宣布渔区由20海里扩至200海里。1984年宣布为无核区。1985年宣布群岛对地下资源拥有主权。1992年，丹麦政府同意将地下矿产主权移交自治政府。1998年，丹麦政府与自治政府签署新的经济关系协议，同意自治政府自行处理经济和金融事务。2000年，法罗群岛自治政府与丹麦政府就独立问题进行了四轮谈判，后因财政补贴年限和减免债务等分歧谈判破裂。2003年11月，法罗群岛与欧盟签署协议，开始享有与其他欧盟国家同等的内部免关税贸易权利。2005年，法罗群岛自治政府与丹麦政府签署了关于提高法罗群岛自治度的联合声明，赋予法罗群岛更多自治权。

政 治 设有自治议会和自治政府，在丹麦议会中有2个席位。丹麦中央政府掌管法罗群岛的防务、外交、司法、货币等事务，并派驻高级专员（相当于总督）负责联络、协调和民法领域工作。岛内教育、卫生和社会事务由中央政府和自治政府共同负责，其他事务由自治政府负责。

【议会】自治议会（Løgting）每4年选举一次，共有33个议席，分7个选区按比例代表制普选产生。议会下属财政、外事、贸工、自治事务、文化、司法和发展事务等7个委员会。本届议会于2022年12月大选产生。社会民主党9席，联合党7席，人民党6席，共和党6席，进步党3席，中间党2席。议长比约特·萨穆埃尔森（Bjørt Samuelsen，共和党）。

【政府】本届自治政府于2022年12月由社民党、共和党和进步党组成，共有9名成员：总理阿克塞尔·约翰内森（Aksel Johannesen，社民党），工业和外交部长海格尼·霍伊达尔（Høgni Hoydal，共和党），社会事务和文化部长斯莉德·斯坦伯格（Sirid Stenberg，共和党，女），财政部长鲁斯·范（Ruth Vang，进步党），卫生部长玛吉特·斯托拉（Margit Stórá，社民党），渔业部长丹尼斯·霍尔姆（Dennis Holm，共和党），教育和儿童事务部长迪琼尼·诺尔索·乔恩森（Djóni Nolsøe Joensen，社民党），环境部长英吉琳·斯特罗姆（Ingilín D. Strøm，社民党，女），司法和内政部长比亚尔尼·卡拉松·彼得森（Bjarni Kárason Petersen，进步党）。

【政党】主要政党有：

（1）社会民主党（Social Democratic Party）：1925年建党，1928年进入自治议会。主张法罗群岛继续保留在丹麦王国联合体中，支持更高程度的自治，支持北欧合作，强调保障人民福利水平。主席阿克塞尔·约翰内森（Aksel Johannesen）。

（2）共和党（Republican Party）：1948年建党，1950年进入议会。支持法罗群岛完全独立，主张实行共和制。主席海格尼·霍伊达尔（Høgni Hoydal）。

（3）进步党（Progressive Party）：2011年建党，由原人民党党员组建，同年进入议会。主张法罗群岛独立。主席鲁斯·范（Ruth Vang）。

（4）联合党（Union Party）：1906年建党以来，一直在议会拥有席位。主张法罗群岛继续保留在丹麦王国联合体中，但强调与丹麦及格陵兰三方在联合体中的平等地位，致力于法罗群岛人民在经济、文化等领域稳定、自由的发展。主席贝尔索尔·艾·斯泰格·尼尔森（Bárður á Steig Nielsen）。

（5）人民党（People's Party）：1940年建党，同年进入议会。主张法罗群岛以渐进式自治的方式脱离丹麦王国联合体，在政治和经济上取得独立地位，自治议会拥有完全立法权，支持法罗群岛以独立身份加入北约。主席贝尼尔·约翰内森（Beinir Johannesen）。

（6）中间党（Center Party）：1992年建党，1994年进入议会。主张继续保留在丹麦王国联合体中，但反对法罗群岛加入欧盟，致力于基督教理念在社会的推广。主席詹尼斯·阿夫·拉纳（Jenis av Rana）。

（7）新自治党（New Self-Rule）：1906年建党，除1943—1946年外一直在议会拥有席位，直至2022年大选落败未获议席。主张以渐进式的自治方式获得法罗群岛实际上的独立。强调当地语言与丹麦语地位同等。主席约格凡·斯格尔海姆（Jógvan Skorheim）。

（资料来源：法罗群岛官方网站）

经　济

20世纪90年代初经济出现困难，1995年起增长较快，1997—2001年经济平均增长率达到5.2%。2002—2004年经济增长放缓。2008年国际金融危机期间，法罗群岛的经济形势相对稳定。丹麦政府的经济援助占地区生产总值约1.1%。渔业资源丰富。除鱼产品和部分羊肉能自给外，工业品主要靠进口。渔业在经济中占主导地位，产值约占地区生产总值20%，鱼产品占出口总额95%以上。旅游业发展较快，手工业、建筑业、贸易、服务和运输业也在法罗群岛经济中占有一定地位。2021年主要经济数据如下：

地区生产总值：229亿法罗群岛克朗。

人均地区生产总值：43.1万法罗群岛克朗。

地区生产总值增长率：4.4%。

货币名称：法罗群岛克朗。

汇率：1美元≈6.95法罗群岛克朗；1法罗群岛克朗=1丹麦克朗。

通货膨胀率：8.3%。

失业率：0.8%。

（资料来源：法罗群岛官方网站、法罗群岛统计局）

【农业】由于夏季气温低，仅能种植马铃薯和一些蔬菜。草场茂盛，畜牧业较发达。主要饲养羊、牛和马。农业人口约占人口总数的15%。

渔业在经济中占重要地位。主要捕捞鳕鱼、黑线鳕、鲱鱼、鲭鱼、军曹鱼及虾。2022年渔获价值47亿法罗群岛克朗。拥有20吨以上渔船150艘，总吨位约10.4万吨。

【交通运输】水运：有港口20余个，多为渔港。岛与岛之间有固定渡轮，岛外有航线直通冰岛、英国和欧洲大陆，到美洲的货运主要通过丹麦、冰岛和荷兰。

空运：位于维格夷岛的维格尔机场是法罗群岛的唯一机场。全年有固定航班直飞丹麦和冰岛，夏季有航班飞往苏格兰和挪威。年客运量逾40万人次。

【财政金融】近几年财政收支情况如下（单位：亿法罗群岛克朗）：

	2019	2020	2021
收入	111.6	110.1	118.3
支出	103.4	118.7	117.0
盈余/赤字	8.2	−8.6	1.3

【对外贸易】外贸在国民经济中占主导地位。主要出口鱼产品、钓具、毛线及皮草，进口食品、牲畜、机械、交通工具、化工产品、原料、燃料等。2022年对外贸易总额为248.3亿法罗群岛克朗。2022年，法罗群岛与其主要贸易伙伴进出口情况如下（单位：亿法罗群岛克朗）：

	进口额	出口额
丹麦	27.8	16.9
挪威	14.9	3.5
中国	7.4	6.1
冰岛	2.9	3.6
英国	2.5	18.1
法国	1.8	4.6
俄罗斯	1.2	10.1

人民生活

78%的民众是基督教法罗群岛教会成员，有61所教堂，医院3所，影院2家。机动车辆4.1万辆，其中私人小轿车2.8万辆。

文化教育

实行9年制义务教育。丹麦语为必修课程。有中小学61所，学生7309人；有师范、技术、商业、航海、医护等专业学校13所，学生约1000人。法罗大学是唯一的综合性高等院校。有4家报社，1家广播电视公司。

（张一鸣）

格 陵 兰

名称　格陵兰（Greenland，Kalaallit Nunaat），丹麦属地。

面积　216万平方公里（无冰区35万平方公里）。

人口　5.6万（2022年）。官方语言为格陵兰语和丹麦语。大多数居民信奉基督教路德宗。

首府　努克（Nuuk），前称戈特霍布（Godthaab）。人口1.9万（2022年）。

高级专员　朱莉·普拉斯特·威尔彻（Julie Præst Wilche，女），2022年5月1日上任。

简　况

世界第一大岛，位于北美洲东北部。全岛约4/5的面积在北极圈以内，近85%的土地终年冰雪覆盖。海岸线长4.4万公里。年均气温在0℃以下，最低可达−70℃。平均气温1月为−5.7℃，7月为6.3℃。年均降水量752毫米。

公元前约1000年，加拿大北部因纽特人迁至格岛北部定居，以狩猎为生。1261年成为挪威殖民地。

1397年，丹麦、挪威及瑞典等组成卡尔马联盟，格陵兰转由丹管辖。挪1905年独立后与丹就格陵兰归属发生争议。1933年，海牙国际法庭将格判归丹麦。1953年，丹麦宪法规定格陵兰为丹一部分。1973年格陵兰随丹麦一起加入欧共体，1985年退出。

1978年，丹通过格陵兰内部自治法。1979年5月1日，格正式实行内部自治，通过当地普选产生自治议会和自治政府。2004年，丹格联合成立“格陵兰–丹麦自治委员会”，在丹宪法基础上研究扩大格陵兰自治权。经丹中央政府和自治政府批准和格陵兰公投通过，2009年6月格陵兰获得“充分自治”地位，承认格陵兰人民是国际法定义下享有自决权的民族，明确格陵兰语为格官方语言，进一步扩大格自治权。

政　治

设有自治议会。格陵兰在丹麦议会中有2个议席，有自己的旗帜和邮票。丹中央政府负责格陵兰防务、外交、司法和货币，并派驻高级专员（相当于总督）负责联络、协调和民法领域工作。其他事务均由自治政府负责。政局基本稳定。

【议会】自治议会（Inatsisartut）经普选产生，任期4年，设31个议席。本届自治议会于2021年4月选举产生，议长汉斯·埃诺克森（Hans Enoksen，基准党）。

【政府】自治政府于2021年4月成立，目前由因纽特人共同体党和基准党组成。内阁共有10名成员：总理兼外交和气候部长穆特·布鲁普·埃吉德（Múte Bourup Egede，因纽特人共同体党），财政和内政事务部长亚西·凯姆尼茨·纳鲁普（Asii Chemnitz Narup，因纽特人共同体党），住房、基建、矿产和性别平等事务部长纳亚·纳森尼尔森（Naaja H. Nathanielsen，因纽特人共同体党），教育、文化、体育和教会事务部长彼得·奥尔森（Peter P. Olse，因纽特人共同体党），渔业和狩猎事务部长阿加鲁阿格·埃吉德（Aqqaluaq B. Egede，因纽特人共同体党），农业、供应、能源和环境部长卡利斯塔特·隆德（Kalistat Lund，因纽特人共同体党），卫生部长克尔斯滕·芬克（Kirsten L. Fencker，基准党），社会事务和劳工部长米米·卡尔森（Mimi Karlsen，因纽特人共同体党），儿童、青年、家庭和司法部长帕内拉克·奥勒森（Paneeraq Olsen，因纽特人共同体党）、工业和贸易部长皮利·布罗伯格（Pele Broberg，基准党）。

【行政区划】全岛分为东格陵兰、西格陵兰和北格陵兰三部分。

【政党】主要政党有：

（1）前进党（Siumut）：1977年成立。属温和社会主义民主党派，主张实现更高程度的自治。主席埃里克·延森（Erik Jensen）。

（2）因纽特人共同体党（Inuit Ataqatigiit）：1978年成立。由从前进党分裂出来的左翼人士组成。主张格陵兰脱离丹麦完全独立。主席穆特·布鲁普·埃吉德。

（3）民主党（Demokraatit）：2002年成立，由2001年从前进党中分裂出来的自治议会议员佩尔·贝斯勒森（Per Berthelsen）发起组建。主张加强格陵兰的民主化，走温和的中间道路。主席延斯–腓特烈·尼尔森（Jens-Frederik Nielsen）。

（4）基准党（Partii Naleraq）：2014年成立，由从前进党分裂出来的议员汉斯·安诺克森组建，在2014年选举中获得议会3个席位。该党属中间党派，主要关注渔业、农业和偏远地区，反对前进党的渔业政策。主席汉斯·埃诺克森（Hans Enoksen）。

（5）团结党（Atassut）：1978年成立。前身是团结运动，1981年改为现名。倾向保守，主张加强格陵兰与丹麦的关系。主席阿卡鲁·杰里米亚森（Aqqalu Jerimiassen）。

（6）“我们的后代”党（Nunatta Qitornai）：2017年成立，由从前进党分裂出来的前商业、劳工、贸易和外交部长维特斯·库贾基索克发起组建，是主张尽早独立的分离主义政党。该党还主张权力下放，并根据目前的人口分布建立17个市。主席维特斯·库贾基索克（Vittus Qujaukitsoq）。

（7）合作党（Samarbejdspartiet）：2018年成立，由从民主党分裂出来的议员迈克尔·罗欣（Michael Rosing）和蒂莉·马丁努森（Tillie Martinussen，女）组建。该党主张加强社区合作，追求格陵兰语和丹麦语平等，增加移民数量及融合度，赞成开放经济，支持国有企业私有化。主席蒂莉·马丁努森。

经　济

捕鱼业和鱼产品加工业是主要经济部门。1977年建立200海里渔区。主要海产品为北极虾、格陵兰大比目鱼、鳕鱼和鲑鱼。2021年主要经济数据如下：

地区生产总值：225.2亿丹麦克朗。

人均地区生产总值：35.2万丹麦克朗。

地区生产总值增长率：1.3%。

货币名称：丹麦克朗。

汇率：1美元≈6.95丹麦克朗。

通货膨胀率：0.3%。

失业率：1.6%。

（资料来源：格陵兰统计局，下同）

【资源】地下蕴藏铅、锌、冰晶石、铬、煤、钨、钼、铁、镍、铀和石油等资源。其中，冰晶石已自1987年起被禁采。1989年在该岛东部发现金矿，初步探明储量价值约12亿丹麦克朗，每年可采12吨。近年来，矿业开采前景良好。2014—2018年的矿业主要项目有格陵兰岛北部的锌铅矿，南部的稀土矿，西南部的钙长石矿等。2016年共申请或批准勘探、开采矿相关许可证共74项。

【农业】狩猎业是传统行业，2019年有约6995人持有狩猎执照。2018年猎获海豹约5.05吨，2019年猎获鲸鱼14.86吨、鸟类3.7万只。畜牧业以羊和驯鹿为主，2019年养羊1.78万只，驯鹿0.3万只。

【交通运输】主要交通工具为船、飞机、直升机和雪橇等，没有铁路交通。同丹麦、加拿大和冰岛有定期航班或客货轮联系，有14个机场和16个港口。

【财政金融】近几年财政预算收支情况如下（单位：亿丹麦克朗）：

	2017	2018	2019
收入	116	128	118
支出	112	115	130
盈余/赤字	4	13	–12

2019年，丹麦政府对自治政府的拨款为52.3亿丹麦克朗。

【对外贸易】主要出口鱼、虾等水产；进口机械、矿产品、燃料、食品、烟酒和运输工具等。近几年贸易进出口情况如下（单位：亿丹麦克朗）：

	2017	2018	2019
出口额	37.6	40.6	55.2
进口额	46.5	52.9	65.9
差　额	–8.9	–12.3	–10.7

2019年主要贸易伙伴占进出口总额百分比如下（单位：%）：

	出口额	进口额
丹麦	88	47
冰岛	3.4	3.5

（资料来源：格陵兰统计局）

人民生活　有医院、医疗所18所，病床约450张。2020年有机动车辆11962辆，其中载人汽车5375辆。

军　事　丹在格岛设有格陵兰司令部，具体负责渔区巡逻、海上救援、海洋测量、气象服务及同美军事基地的联络。1941年4月9日，丹美签订《格陵兰防务协定》，美取得在岛上建立军事设施的权利。美国设有图勒军事基地、雷达站和预警系统。2004年8月，格与丹美三方签署了关于升级图勒雷达基地的防务协议，将图勒雷达基地纳入美国国家导弹防御系统。2020年6月10日，美在格岛重新开设领事馆。

文化教育　**【教育】**实行9年制免费义务教育，教学用语为格陵兰语，丹麦语为学生必修课程。有中小学87所，职业学校10所，贸易学院、教育学院、小型大学（格陵兰大学）各1所。绝大多数学生到丹麦高等院校接受高等教育。

【新闻出版】主要报刊有《格陵兰邮报》、《格陵兰报》、前进党党报《前进报》和团结党党报《团结报》。有1家格陵兰广播电视台，2家广播电台和若干地方小电视台。

（张一鸣）

德　国

国名　德意志联邦共和国（The Federal Republic of Germany，Die Bundesrepublik Deutschland）。

面积　35.7588万平方公里（2020年12月）。

人口　8440万（2023年），是欧盟人口最多的国家，每平方公里人口密度为236人（2023年），是欧洲人口最稠密的国家之一。主要是德意志人，有少数丹麦人和索布族人。外籍人口1230万（2023年），占人口总数的17%，其中最多的是土耳其人，共134万。通用德语。居民中信奉基督教新教的占27.1%，信奉罗马天主教的占28.9%。

首都　柏林（Berlin），人口375.5万（2022年）。年均气温约9.5℃。（资料来源：德国联邦统计局）

国家元首　总统弗兰克–瓦尔特·施泰因迈尔（Frank-Walter STEINMEIER），2017年2月12日首次当选，2022年2月13日连任，任期至2027年。

重要节日　新年：1月1日；复活节：每年春分月圆之后第一个周日（3月21日至4月25日之间）；五一国际劳动节：5月1日；德国统一日（国庆节）：10月3日；圣诞节：12月25日。

简　况　位于欧洲中部，东邻波兰、捷克，南毗奥地利、瑞士，西界荷兰、比利时、卢森堡、法国，北接丹麦，濒临北海和波罗的海。陆地边界全长3876公里，海岸线长2389公里。位于北纬47°—55°的北温带，西北部海洋性气候较明显，往东、南部逐渐向大陆性气候过渡。平均气温1月为–5℃—1℃，7月为14℃—19℃。

公元962年建立德意志民族神圣罗马帝国。1871年建立统一的德意志帝国。1914年挑起第一次世界大战。1919年建立魏玛共和国。1939年发动第二次世界大战。战后被美、英、法、苏四国占领。1949年5月23日西方占领区颁布《基本法》，建立德意志联邦共和国。同年10月7日苏联占领区成立德意志民主共和国。1990年10月3日，德国实现统一。

政　治

实行议会民主制下的总理负责制，总理拥有组阁权，负责制定和实施内外政策，直接对议会负责。总统无实权，任期5年。

在2021年9月举行的第20届德国联邦议院选举中，社民党成为议会第一大党，绿党得票率创历史新高，两党同选票略涨的自民党组成“红绿灯”政府。2021年12月8日，新一届联邦政府正式成立，社民党总理候选人朔尔茨出任总理。

【宪法】《德意志联邦共和国基本法》于1949年5月23日生效。基本法确定了德国五项基本制度：共和制、民主制、联邦制、法治国家和社会福利制度。1956年、1968年曾作过较大修改。1990年8月，两德统一条约对《基本法》部分条款又作了适应性修订，10月3日起适用于全德国。

【议会】由联邦议院和联邦参议院组成。联邦议院行使立法权，监督法律的执行，选举联邦总理，参与选举联邦总统和监督联邦政府的工作等。每届任期4年。参加联邦议院的各党议员分别组成议会党团。本届（第20届）联邦议院于2021年10月组成，现有736席。各党席位分配为：社民党206席，联盟党（基民盟/基社盟）197席，绿党118席，自民党92席，选择党78席，左翼党39席，无党团6席。议长贝贝尔·巴斯（Bärbel BAS，社民党）。

联邦参议院参与联邦立法并对联邦的行政管理施加影响，维护各州的利益。按各州人口比例由各州政府指派3—6名州政府成员组成，共69席。参议长由各州州长轮流担任，任期1年，总统因故不能行使职权时代行总统职务。现任参议院主席由汉堡市长彼得·辰切尔（Peter TSCHENTSCHER，社民党）担任，2022年11月1日就任，任期至2023年10月31日。

【政府】本届联邦政府由社民党、绿党和自民党于2021年12月8日组成。奥拉夫·朔尔茨（Olaf SCHOLZ，社民党）任总理。政府其他主要成员有：副总理兼经济和气候保护部长罗伯特·哈贝克（Robert HABECK，绿党），财政部长克里斯蒂安·林德纳（Christian LINDNER，自民党），内政和国土部长南希·费泽（Nancy FAESER，女，社民党），外交部长安娜莱娜·贝尔伯克（Annalena BAERBOCK，女，绿党），司法部长马尔科·布施曼（Marco BUSCHMANN，自民党），劳工和社会保障部长胡贝图斯·海尔（Hubertus HEIL，社民党），国防部长鲍里斯·皮斯托里乌斯（Boris PISTORIUS，社民党），食品和农业部长杰姆·厄兹代米尔（Cem ÖZDEMIR，绿党），家庭、老年、妇女和青年部长莉萨·保斯（Lisa PAUS，女，绿党），卫生部长卡尔·劳特巴赫（Karl LAUTERBACH，社民党），数字化和交通部长福尔克·维辛（Volker WISSING，自民党），环境、自然保护、核安全和消费者保护部长施特菲·莱姆克（Steffi LEMKE，女，绿党），教育和研究部长贝蒂娜·施塔克–瓦青格（Bettina STARK-WATZINGER，女，自民党），经济合作和发展部长斯韦尼娅·舒尔策（Svenja SCHULZE，女，社民党），住房、城市发展和建设部长克拉拉·盖维茨（Klara GEYWITZ，女，社民党），总理府部长沃尔夫冈·施密特（Wolfgang SCHMIDT，社民党）。

【行政区划】德国行政区划分为联邦、州、市镇三级，共有16个州，10998个市镇。各州的名称是：巴登–符腾堡、巴伐利亚、柏林市、勃兰登堡、不来梅市、汉堡市、黑森、梅克伦堡–前波莫瑞、下萨克森、北莱茵–威斯特法伦、莱茵兰–普法尔茨、萨尔、萨克森、萨克森–安哈尔特、石勒苏益格–荷尔斯泰因和图林根。其中柏林、不来梅和汉堡为市。

【司法机构】联邦宪法法院是德国宪法机构之一，主要负责解释《基本法》，监督《基本法》的执行，并对是否违宪作出裁定。共有16名法官（含正、副院长），由联邦议院和联邦参议院各推选一半，由总统任命，正、副院长由联邦议院和联邦参议院轮流推举，法官任期12年，不得连选连任。现任院长施特凡·哈巴特（Stephan HARBARTH），2020年6月就任。

此外设有联邦法院（负责民事和刑事案件）、联邦行政法院、联邦财政法院、联邦劳工法院、联邦社会法院等。

联邦和州法院相应设有检察院，但不受法院的管辖，不干预法院的审判工作，其任务主要是领导刑事案件的侦查并提起公诉。检察院受联邦或州政府司法部的领导，在行使职权时相对独立。联邦检察院由联邦总检察长和若干名联邦检察官组成，现任联邦总检察长彼得·弗兰克（Peter FRANK）于2015年10月就任。

【政党】主要有以下政党：

（1）德国基督教民主联盟（Christlich-Demokratische Union Deutschlands）：简称“基民盟”。主要在野党。1945年6月成立。曾于1949—1969年、1982—1998年、2005—2021年执政。共有党员约40万人，党主席弗里德里希·梅尔茨（Friedrich MERZ）。

（2）基督教社会联盟（Christlich-Soziale Union in Bayern e. V.）：简称“基社盟”。在野党。1945年成立。根据与基民盟达成的协议，该党只在巴伐利亚州发展组织并开展活动，在联邦议院与基民盟组成联盟党议会党团。共有党员约13.9万人，党主席马库斯·索德尔（Markus SÖDER）。

（3）德国社会民主党（Sozialdemokratische Partei Deutschlands）：简称“社民党”。主要执政党。成立于1863年，是世界上成立最早的工人党之一。1878年，被俾斯麦政府宣布为非法，1890年重新获得合法地位。1933年，社民党被纳粹政权取缔，战后重建。1990年9月，东、西德社民党合并。共有党员约40万人，党主席萨斯基娅·艾斯肯（Saskia ESKEN，女）和拉尔斯·克林贝尔（Lars KLINGBEIL）。

（4）左翼党（Die Linke）：在野党。2007年6月16日由左翼党–民社党（Demokratische Linke–PDS）和劳动与社会公平选举抉择党（Wahlalternative Arbeit und Soziale Gerechtigkeit）合并而成。共有党员约6万人，党主席雅尼娜·威斯勒（Janine WISSLER，女）和马丁·席尔德万（Martin SCHIRDEWAN）。

（5）联盟90/绿党（Bündnis 90/Die Grünen）：简称“绿党”。执政党。德国西部的绿党成立于1980年1月。1993年5月与东部的联盟90/绿党合并。共有党员约12万人，党主席奥米德·诺利普尔（Omid NOURIPOUR）和里卡达·朗（Ricarda LANG，女）。

（6）自由民主党（Freie Demokratische Partei）：简称“自民党”。执政党。成立于1948年12月。共有党员约7万人，党主席克里斯蒂安·林德纳（Christian LINDNER）。

（7）德国选择党（Alternative für Deutschland）：在野党。2013年2月成立，共有党员约3.2万人，党主席提诺·克鲁帕拉（Tino CHRUPALLA）和艾丽斯·魏德尔（Alice WEIDEL，女）。

【重要人物】弗兰克–瓦尔特·施泰因迈尔：联邦总统。1956年出生于北莱茵–威斯特法伦州戴特摩尔德。法学博士。1999—2005年任联邦总理府办公厅主任。2005—2009年任联邦外交部长（2007年起兼任副总理）。2009—2013年任联邦议院社民党议会党团主席。2013—2017年再次任外交部长。2017年2月当选第12任联邦总统，2022年2月连任。已婚。　**奥拉夫·朔尔茨**：联邦总理。1958年出生于下萨克森州奥斯纳布吕克市。法律行业出身，1985年在汉堡担任律师事务所合伙人。1998年当选联邦议员。2002—2004年担任社民党秘书长。2007—2009年担任联邦劳动与社会事务部长。2011年当选汉堡市第一市长。2018年担任联邦副总理兼财政部长。2021年当选联邦总理。已婚。

经　济

德国是高度发达的工业国。经济总量位居欧洲首位，世界第四。截至2022年底，国家负债总额2.37万亿欧元，占国内生产总值的61.0%。2022年主要经济数据如下：

国内生产总值：3.86万亿欧元。
人均国内生产总值：4.58万欧元。
国内生产总值增长率：1.9%。
货币名称：欧元。
汇率：1美元≈0.95欧元。
通货膨胀率：7.9%。
失业率：5.4%。
（资料来源：德国联邦统计局）

【资源】德国是自然资源较为贫乏的国家，除硬煤、褐煤和盐的储量丰富之外，在原料供应和能源方面很大程度上依赖进口，约2/3的初级能源需进口。天然气储量约3820亿立方米，能满足国内需求量约1/4。硬煤探明储量约2300亿吨，褐煤约800亿吨；其他矿藏的探明储量为：钾盐约130亿吨，铁矿石16亿吨，石油5000万吨。东南部有少量铀矿。森林覆盖面积1076.6万公顷，占全国面积约30%。水域面积86万公顷，占全国面积2.4%。

【工业】截至2021年，工业企业（不含建筑业）总产值9501.4亿欧元，占国内生产总值的26.6%。2021年工业就业人数（不含建筑业）808.8万，占国内总就业人数（4490万）的18.0%。工业结构及特点：（1）侧重重工业。汽车和机械制造、化工、电气等部门是支柱产业，其他制造行业如食品、纺织与服装、钢铁加工、采矿、精密仪器、光学以及航空航天业也很发达。（2）高度外向。主要工业部门的产品一半以上销往国外。（3）中小企业是中流砥柱。约2/3的工业企业雇员不到100名。众多中小企业专业化程度强，技术水平高，灵活性强。（4）垄断程度高。占工业企业总数2.5%的1000人以上的大企业占工业就业人数的40%和营业额的一半以上。

【农业】农业发达，机械化程度很高。2022年共有农业用地1660万公顷，占德国国土面积近一半，其中农田面积约1169万公顷。2022年拥有农业企业25.9万家，以中小企业和家庭企业为主。2021年农林渔业就业人口56万，占国内总就业人数的1.25%。2021年农林渔业产值680亿欧元，约占国内生产总值的1.9%。近几年主要农产品产量如下（单位：万吨）：

	2020	2021	2022
谷物	4319.80	4349.60	4347.80
水果	—	112.00	120.00
葡萄酒（亿升）	—	—	8.94
蔬菜	—	—	357.00
猪存栏数（万头）	2547.97	2380.00	2136.00
牛存栏数（万头）	1142.34	1118.00	1293.00
水产品	—	—	2.66

（资料来源：同上）

【服务业】包括商业、交通运输、电信、银行、保险、房屋出租、旅游、教育、文化、医疗卫生等部门。2021年，服务业就业人数为3366万，占总就业人数的75.0%。近几年服务业产值如下（单位：亿欧元）：

	2019	2020	2021
服务业总产值	21602	21209	22501
商业、餐饮业、交通	5008	4734	5184
信息通信业	1532	1552	1618
金融保险业	1169	1164	1221
房地产业	3272	3345	3462
企业服务	3613	3384	3668

公共服务、教育、卫生	5816	5940	6202
其他服务行业	1192	1090	1146

（资料来源：同上）

【旅游业】旅游业发达，著名景点有科隆大教堂、柏林国会大厦、波恩文化艺术展览馆、罗滕堡、慕尼黑德意志博物馆、海德堡古城堡、新天鹅石宫和德累斯顿画廊等。2022年旅游过夜人次为4.5亿，同比增长45.3%。其中，国内游客过夜人次3.8亿，国外游客过夜人次6810万。

【交通运输】交通运输业十分发达，公路、水路和航空运输全面发展。2022年，德国公路货运总量31亿吨，铁路3.6亿吨，内河约1.8亿吨，海运2.7亿吨。2021年铁路、公路及城市轨道交通客运总量78.8亿人次，同比减少4%。2022年航空客运量总计1.55亿人次，同比增长111%。其中国内旅客同比增长98%，出入境旅客同比增长111.9%。

【财政金融】2022年，德国公共财政总收入1.75万亿欧元，总支出1.88万亿欧元，国家财政预算总赤字1273亿欧元。2022年前三季度，德国公共财政总收入1.26万亿欧元，总支出1.33万亿欧元，国家财政预算总赤字657亿欧元。截至2021年底，德国联邦银行黄金储备约3370吨，价值约1840亿欧元；截至2022年底，外汇储备344亿欧元，在国际货币基金组织的特别提款权份额为83.5亿欧元。近几年联邦政府财政状况如下（单位：亿欧元）：

	2020	2021	2022
收入	14890	16290	17480
支出	16790	17620	18750
盈余/赤字	–1900	–1330	–1270

（资料来源：同上）

主要银行有：（1）德国联邦银行：1948年成立，是德国的中央银行，决定国家货币政策、负责货币发行并管理外汇黄金储备，截至2022年底总资产规模约3万亿欧元。

（2）德意志银行：1870年成立，德国最大的商业银行。1998年11月该行收购美国信孚银行，一度成为全球最大的商业银行。截至2022年底资产总额约为2.7万亿欧元。

（3）商业银行：1870年成立。2008年9月收购1872年成立的德累斯顿银行，成为德国第二大商业银行。同年12月，该行被德国政府部分国有化。资产总额为4730亿欧元。

【对外贸易】德国是世界贸易大国，同世界上230多个国家和地区保持贸易关系，全国近1/3的就业人员从事的工作与出口有关。曾于1986—1990年、2003—2008年保持世界第一出口大国的地位。2022年德国外贸总额为3.07万亿欧元，其中出口额为1.58万亿欧元，进口额为1.49万亿欧元，顺差8232万欧元。主要出口产品有汽车、机械产品、化工产品、通信技术、供配电设备和医学及化工设备。主要进口产品有化学品、汽车、石油天然气、机械、通信技术和钢铁产品。主要贸易对象是西方工业国，其中进出口一半以上来自或销往欧盟国家。近几年外贸情况如下（单位：亿欧元）：

	2020	2021	2022
出口额	12050	13755	15768
进口额	10255	12022	14942
差 额	1795	1733	826

（资料来源：同上）

德国出口业素以质量高、服务周到、交货准时而享誉世界。主要出口产品有汽车、机械产品、化工产品、通信技术、供配电设备和医学及化工设备。主要进口产品有化学品、汽车、石油天然气、机械、通信技术和钢铁产品。主要贸易对象是西方工业国和中国，其中进出口一半以上来自或销往欧盟国家。2016年起，中国连续七年成为德国最大贸易伙伴。2022年，德国对前十大主要贸易伙伴国出口和进口情况如下（单位：亿欧元）：

	出口额	进口额	差 额
中国	1068.79	1919.80	–851.01
美国	1562.13	924.77	637.36
荷兰	1006.18	1194.29	–188.11
法国	1160.16	692.80	467.36
波兰	905.15	773.84	131.31
意大利	875.25	722.72	152.53
奥地利	887.26	576.39	310.87
瑞士	706.32	553.49	152.83
比利时	617.96	623.13	–5.17
捷克	544.87	586.31	–41.44

（资料来源：同上）

【双向投资】德国是世界第四大经济体，也是欧洲头号经济大国。据联合国贸发会议发布的2022年《世界投资报告》显示，2021年，德国吸收外资流量为312.7亿美元，德国对外投资流量为1516.9亿美元；截至2021年底，德国吸收外资存量为11391.1亿美元，德国对外投资存量为21412.7亿美元。（资料来源：联合国贸发会议《2022年世界投资报告》）

【对外援助】德国是经合组织发展援助委员会的第二大官方发展援助提供国。2022年，德国按赠款等值计算的官方发展援助总额上升至国民总收入的0.73%。德国官方发展援助在国民总收入中占比在发援会成员国排名第四。2020年5月，德国联邦经济合作与发展部发布《2030改革战略》，将战胜饥饿和贫困、实现2030年可持续发展议程作为对外援助的主要目标。

2021年底，德新政府承诺德国官方发展援助将保持在占国民生产总值0.7%的水平，其中，占国民总收入0.2%的官方发展援助将用于最不发达国家。德国新政府发展合作的重点领域包括：抗击新冠疫情、气候变化、全球健康和研发、性别平等、可持续农林业、加强多边主义。

【著名公司】（1）大众汽车股份公司（Volkswagen AG）：成立于1938年，主要生产销售各式汽车、发动机和有关配件。现任董事长布鲁姆（Oliver BLUME）。地　址：Volkswagen AG Berliner Ring 2，38436 Wolfsburg。

（2）戴姆勒股份公司（Daimler AG）：前身为1886年成立的奔驰汽车厂和戴姆勒汽车厂。1998年与美国克莱斯勒汽车公司合并，主要生产各种车辆、飞机发动机和内燃机等。2007年8月，公司将克莱斯勒80.1%的股权出售给美国私募基金泽普世资本管理公司。2009年4月，宣布转让克莱斯勒剩余股份。董事会主席康林松（Ola KÄLLENIUS）。地址：Daimler AG Mercedesstr. 137，70546 Stuttgart。

（3）西门子股份公司（Siemens AG）：1847年成立，主要生产经营各类电气设备、电子元件等。董事长博乐仁（Roland BUSCH）。地址：Siemens AG 80333 München。

（4）巴斯夫集团（BASF）：又称“巴登苯胺苏打公司”，1865年建立，主要经营石油、化工产品和药品等。董事长薄睦乐（Martin BRUDERMÜLLER）。地址：BASF AG 67056 Ludwigshafen。

（5）安联保险集团（Allianz Group）：成立于1890年，主要提供保险、风险管理咨询及投资理财服务。董事长奥利弗·拜特（Oliver BÄTE）。地址：ALLIANZ AG Königinstrasse 28，80802 München。

人民生活

2022年德国国民总收入2.84万亿欧元，2021年家庭月平均收入为4979欧元，全职雇员平均月收入为3136欧元。

军　事

德国联邦国防军成立于1955年11月。军队在和平时期由国防部长领导，战时由联邦总理任最高统帅。联邦国防军总监察长为军队最高指挥官，现任总监察长艾伯哈德·佐恩（Eberhard ZORN，2018年4月上任）。

2022年度，德国国防预算为503亿欧元，同比增长7.3%，占政府预算的10.0%。总兵力约18.3万人，其中陆军约6.5万人、海军约1.7万人、空军约2.8万人（资料来源：德国联邦国防军网），其余为中央卫勤、联合支援和网络与信息空间部队三大职能部队。2016年5月，德国宣布将在2023年前扩军14300人、新增军队文职人员4400人，系德统一以来德军首次扩员。2016年7月，德国政府发布题为《2016白皮书——安全政策与联邦国防军的未来》的国防白皮书，系德10年来首次更新国防白皮书。2017年2月，国防部宣布将在此前公布的中期规划基础上增大扩军规模，到2024年使现役军人总数增长10%至19.8万人。德国已于2011年7月1日起取消义务兵役制，改为志愿兵役制。

德国国防政策的主要内容：军事战略从本土防御转向危机处置和冲突预防；推动欧盟独立防务建设，使欧盟和北约在危机处置上成为平等的战略伙伴；拓展德军军事能力建设领域；确保德军在需要时迅速重建其本土防御的能力；积极参与北约传统防区外行动；调整国防开支重点，压缩维持费，稳步提高装备费比例；以欧洲内部和跨大西洋合作为平台，加强军事装备的联合开发。2022年2月24日乌克兰危机爆发后，联邦议院批准1000亿欧元国防特别基金，计划将国防开支提高至占国内生产总值的2%，加大对国防研发和对北约东翼国家防务投入。

文化教育

【教育】德国教育和文化艺术事业主要由各州负责，联邦政府主要负责教育规划和职业教育，并通过各州文教部长联席会议协调全国的教育工作，在中小学教育、高等教育以及成人教育和进修方面，主要立法和行政管理权属于各州。全国性的文化艺术活动由联邦政府予以资助。对外文化交流由外交部负责协调。大、中、小学和职业教育发达。实行12年制义务教育，公立学校学费全免，教科书等学习用品部分减免。小学学制4—6年，中学学制5—9年，高等学校享有一定自主权，对高中毕业生原则上实行自由入学，对部分学科规定名额限制。职业教育实行双元制，即职业学校理论学习和企业中的实践相结合。成人教育和业余教育十分普及。教师为终身公务员，必须受过高等教育。2022年，德国各类中小学4.26万所，高校423所；在校中小学生1110万人，大学生292万人。（资料来源：德国联邦统计局）

【新闻出版】新闻出版业十分发达，报刊种类繁多。2022年，德国各类日报的日发行总量约1460万份。2021年发行总量约1230万份，其中发行量最大的日报是《图片报》，约121万份。其他全国性大报发行量如下：《南德意志报》，32万份；《法兰克福汇报》，20万份；《商报》，13.4万份；《世界报》，7.08万份。有各类杂志近万种，最重要的时事政治周刊《明镜》2021年发行量约68.3万份。

通讯社：德意志新闻社，简称“德新社”，1949年成立，为私营股份有限责任公司，下设报纸、广播和电视新闻等200多个部门，属于世界最大通讯社之一。总社在汉堡，图片新闻编辑总部在法兰克福，在国内其他50多个城市设有分社或编辑部，在80多个国家派驻记者或聘用撰稿人。系德国大众传媒的主要消息来源，其客户包括500余家国内和750余家国外新闻单位及大量非新闻机构。德新社用德文、英文、西班牙文和阿拉伯文发稿，内容包括国内外政治、经济、科技、文化等各个领域，在德国日报中的采用率达99%。此外，还有一些专业性通讯社，如福音教新闻社、体育新闻社、联合经济新闻社等。

主要广播电台：(1) 德国广播电台，1994年成立，分别在柏林和科隆进行广播，由联邦政府和州广播电台出资兴办，主要负责对国内广播。(2) 德国之声电台，1960年成立，总部设在波恩，由联邦政府出资兴办，用包括汉语在内的31种语言向全世界广播，并用德、汉、英等语言播放电视新闻节目。此外，还有11家州电台。

主要电视台：(1) 德国电视一台，1950年成立，由各州电台、德国广播电台和德国之声电台组成德国广播协会，共同经营，播放全国性的第一套节目及地方性的第三套节目。(2) 德国电视二台，1961年由各州共同组建，总部设在美因兹，是德国最大的电视台，播放第二套节目。(3) 其他一些卫星电视节目和私营电视台如SAT1、RTL、PRO7也拥有大量观众。

对外关系

德国政府将欧盟和跨大西洋伙伴关系作为外交政策的两大支柱；认为英国离开欧盟后仍是欧盟和德国的重要伙伴，应保持同英国在各领域的合作；致力于欧盟团结和联合自强，在应对新冠疫情、推动欧盟经济复苏、强化欧盟主权和法治、加强应对气候变化等方面作出积极贡献。美国拜登政府上台后，德美关系回温，跨大西洋伙伴关系恢复热度。重视多边主义在现行国际秩序中的重要地位，审慎应对大国角力对自身战略利益带来的冲击。传统上重视同俄罗斯关系，2022年2月24日乌克兰危机爆发后，德俄关系陷入僵局，参与对俄制裁，但依然致力于同俄保持有限对话；继续利用自身地缘和政治经济优势，深化与中东欧国家关系，维持在该地区传统影响力；重视新兴市场国家作用，注重与中、印等国的协调合作，继续谋求联合国安理会常任理事国地位；通过向非洲、拉丁美洲推广德国政经模式，谋求扩大影响；积极谋求在气候变化、能源安全、伊朗核等国际问题上发挥作用。

【**同中国的关系**】1972年10月11日，中华人民共和国与德意志联邦共和国建立外交关系。2010年，中德建立战略伙伴关系，并同意建立政府磋商机制。2014年建立全方位战略伙伴关系，同年双方发表《中德合作行动纲要》。

近年来，双边关系发展顺利，两国高层互访频繁。2018年，德国总统施泰因迈尔访华。2019年3月、6月，习近平主席对法国进行国事访问及赴日本大阪出席二十国集团峰会期间两次同德国总理默克尔举行双边会晤。5月，王岐山副主席访问德国。2022年11月，德国总理朔尔茨访华。

新冠疫情发生以来，中德两国高层继续保持密切沟通。习近平主席于2020年1月、3月、6月、11月和2021年4月、9月先后6次同德国总理默克尔通电话，于2021年10月同默克尔举行视频会晤，于2020年9月和12月同德国总理默克尔、法国总统马克龙、欧洲理事会主席米歇尔、欧盟委员会主席冯德莱恩分别举行中德欧及中德法欧领导人视频会晤，于2021年4月、7月两次同法国总统马克龙、德国总理默克尔举行中法德领导人视频峰会。李克强总理于2020年2月同德国总理默克尔通电话，2020年6月、2021年10月同默克尔举行视频会晤。2022年12月，习近平主席同德国总统施泰因迈尔通电话。

2021年德国新政府成立后，习近平主席于2021年12月21日应约同德国总理朔尔茨通电话，于2022年5月9日同朔尔茨总理举行视频会晤，并于2022年3月8日同朔尔茨总理及法国总统马克龙举行中法德领导人视频峰会。2022年1月17日，李克强总理应约同朔尔茨总理通电话。

多年来，德国一直是中国在欧盟最大贸易伙伴。根据中国海关总署统计，2022年，中德双边贸易额为2276.3亿美元，同比减少3.1%。其中，中国出口额为1162.3亿美元，同比增长1%；中国进口额为1114亿美元，同比减少7.1%。中国连续七年成为德国在全球最大贸易伙伴。

两国立法机构往来密切，中国全国人大同德国联邦议院建有交流合作机制。新冠疫情发生以来，全国人大常委会副委员长王晨与时任德国联邦议院副议长弗里德里希多次共同主持中国全国人大与德国“中国之桥”协会视频会议。

德国是欧洲对华技术转让最多的国家。截至2023年4月，中国累计从德国引进技术27577项，合同金额1019.2亿美元。德国是欧盟对华直接投资最多的国家。截至2023年4月，中国累计批准德国企业在华投资项目12394个，德方实际投入414.1亿美元。

两国在教育、科技、文化等各领域的交流与合作富有成效。2021年，中国赴德留学生为8018人。2020—2021学年，在华德国留学生共计1907人（奖学金生195人）。两国合作建立并投入运营19所孔子学院和2所独立孔子课堂。2019年6月，孙春兰副总理赴德国出席中德职教创新对话论坛。

德国是中国最重要的科技合作伙伴之一。1978年，两国签署科技合作协定并建立科技合作联合委员会机制。2020年10月，中国科技部推动中德智能制造科技创新合作联盟（中方）先期成立。2021年12月，科技部长王志刚同德国联邦教研部长施塔克–瓦青格举行视频会晤。2017年9—10月，德国在华举办“德国8：德国艺术在中国”展览。

地方合作日益加强。截至2021年底，两国已建立103对友好省州（市）关系。

中国驻德国大使：吴恳。馆址：Märkisches Ufer 54，10179 Berlin，Germany。电话：0049-30-275880；传真：27588221。领事部地址：Brückenstraße

10，10179 Berlin；电话：0049-30-27588572；传真：27588519。经商处地址：Märkisches Ufer 54，10179 Berlin，Germany；电话：0049-30-88668280；传真：88668288。

德国驻华大使：傅融（Patricia Hildegard FLOR，女）。馆址：北京市朝阳区东直门外大街17号。电话：010-85329000；传真：85329281。

【同美国的关系】美国是德国最重要盟友之一。德国认为欧美具有共同价值观和诸多共同利益，是世界上相互联系和依赖最为密切的经济伙伴。主张加强德美相互信任和政治协调。特朗普政府时期，双方在贸易、货币、欧洲政策、气候变化、全球治理方面的分歧扩大，但德国对美方批评谨慎回应，表态总体克制，强调跨大西洋伙伴关系仍是德国外交政策基石，愿在尊重民主、自由、人权等共同价值观基础上与美国密切合作。拜登就任美国总统后，德美关系出现重归正常化趋势，德国促美重回多边主义，加强在应对疫情、气候变化、解决欧美贸易摩擦、国际地区局势热点问题等领域合作。2020年11月，德国总统施泰因迈尔向拜登致函、时任总理默克尔以电话讲话形式向拜登当选新任美国总统表示祝贺。2021年12月，德国总理朔尔茨当选后首次同拜登总统通电话。2022年2月，朔尔茨上任后首次访问美国并同拜登会谈。6月，朔尔茨在七国集团领导人峰会前与拜登进行双边会晤。

【同法国的关系】德法特殊关系是德国欧盟政策的核心。二战后，德国主动与法国和解。德法领导人现建有6—8周会晤一次及每年举行两次联合内阁会议的机制，发挥欧洲一体化的发动机作用，共同规划欧盟未来发展大计。欧债危机爆发后，德国主导欧盟应对危机，影响增强。当前，德法轴心面临新一轮调整，但两国领导人均高度重视彼此关系。法国总统马克龙当选后，德国领导人均表示欢迎，表示德国将加强德法合作，为欧盟注入正能量和新动能。2019年1月，时任德国总理默克尔和法国总统马克龙在德国亚琛签署新的德法合作与融合《亚琛条约》，对外释放德法加强合作、推进欧洲一体化的信号。4月，默克尔邀请马克龙赴柏林出席小型西巴尔干峰会，大力展现“欧洲团结”。同月，时任法外长勒德里昂和时任德外长马斯在美国纽约出席联合国安理会会议期间，共同倡议建立“多边主义联盟”。2020年新冠疫情发生以来，德法在双边和欧盟层面保持密切协调，两国领导人、外长多次通电话、举行视频会议。5月，两国联合提出《德法在新冠危机后的欧洲经济复苏倡议》，促成欧盟史上最大规模救助计划。6月，马克龙访德，是疫情以来默克尔首次接待外国元首来访。8月，默克尔访问法国。德国外长贝尔伯克、总理朔尔茨就任后多次访问法国。

【同英国的关系】德国重视英国的实力和影响，视英国为重要伙伴。两国高层互访频繁，时任德国总理默克尔2015年首次出访即选择英国。认为英国脱欧是对欧洲一体化进程的重大打击。2020年1月，欧洲议会通过英国脱欧协议后，默克尔表示，英国脱欧对欧英双方而言均是一个重大转折，双方拥有共同价值，愿在英脱欧后继续与英保持特殊的伙伴关系。7月，时任德国外长马斯访问英国。12月，默克尔在欧英达成脱欧后贸易协议后表示，该协议对双方未来关系具有历史性意义，是双方关系开启新篇章的基础，英国脱欧后仍是德国和欧盟的重要伙伴。2021年12月，外长贝尔伯克访问英国，交接七国集团轮值主席国事宜。2022年4月，朔尔茨总理访问英国，就双边关系、乌克兰危机等问题交换意见。

【同俄罗斯的关系】德国视俄罗斯为政治军事大国，认为从地缘政治角度考虑，德俄关系及欧俄关系具有战略意义。在安全领域主张同俄罗斯合作而非对抗，强调德俄合作不损害第三国利益。两国政府建有政府磋商、民间对话等各种合作机制，致力于继续发展和深化同俄罗斯的现代化战略伙伴关系，扩大双方在经贸和能源领域合作，同时突出对俄罗斯民主、人权等问题的关注。

乌克兰危机爆发后，强烈谴责俄罗斯，参与多轮对俄制裁，认为俄方违反国际法、冲击自《赫尔辛基最后文件》签署以来的欧洲安全秩序。

【同其他亚太国家的关系】德国认为亚洲在世界政治经济舞台上迅速崛起，全球影响力上升，是关乎德国和欧洲未来的核心地区，积极谋求通过双边和多边渠道加强同亚洲国家关系，以谋取经济利益。2020年，德国出台“印太政策指导方针”，加大在亚太地区投入。认为中国和印度的崛起不仅对本地区，也将对未来世界格局产生重要影响，先后同中国和印度建立政府磋商机制。重视同日本、韩国关系，认为日本和韩国是德国在亚洲可以信赖的重要伙伴。看重中国、印度、日本对解决地区冲突的作用，支持亚洲区域合作，致力于同东盟合作和推动亚欧会议进程。推动欧盟完成欧日自由贸易协定谈判，推动同印度尼西亚、印度自由贸易谈判取得进展。自新冠疫情发生以来，德国同有关国家领导人以电话、视频会议形式就抗击疫情、疫苗研发合作及双边关系等保持沟通协调。施泰因迈尔总统就职以来已访问中国、哈萨克斯坦、阿富汗、新加坡、澳大利亚、新西兰、日本、韩国、印度等多个亚太国家。2022年4月，朔尔茨总理就任后首次访问亚洲，到访日本，与日本建立政府磋商机制，并同日本首相岸田文雄举行会谈。5月，朔尔茨与到访的印度总理莫迪会晤并主持第六轮德印政府磋商。

【同非洲国家的关系】德国重视发展同非洲国家的关系，增加对非发展援助，努力扩大影响。看重非洲发展潜力和能源、原材料资源优势，支持非洲区域经济发展，推动非洲融入经济全球化进程。2019年3月，德国联邦议会审议通过新的对非洲政策指导方针，确立未来德对在非维护和平、推动可持续发展、管控移民、倡导以规则为基础的国际秩序、建立公民社会伙伴关系五大领域的合作政策方针。5月，时任德国总理默克尔访问布基纳法索、马里、尼日尔三国。11月，德国举办第三次“G20非洲契约”峰会。2020年2月，默克尔再次访问非洲，到访南非和安哥拉，重点推进同非洲经贸、能源和发展合作。同月，德国总统施泰因迈尔对肯尼亚、苏丹进行国事访问。新冠疫情发生以来，德派员赴非开展抗疫合作，包括提供医疗物资、协助建立医院和实验室以及人员培训等。本届政府成立以来，德国加强与非洲国家气候保护、能源转型等领域合作。2022年5月，朔尔茨总理就任后首访非洲，先后到访塞内加尔、尼日尔和南非。2022年6月，德国邀请塞内加尔、南非领导人出席在德国举行的七国集团峰会。

【同拉美国家的关系】 德国看好拉美地区经济发展潜力，认为欧洲和拉美经济互补性强，积极加强同拉美国家在共同价值观基础上的合作。2019年4月，时任德外长马斯访问巴西、哥伦比亚、墨西哥三国。5月，德外交部举办拉美和加勒比会议。2020年6月，马斯同拉美和加勒比地区外长举行视频会议。2022年6月，德国邀请阿根廷参加七国集团峰会。

（刘赫暄、陈宁、李彬）

俄 罗 斯

国名 俄罗斯联邦，亦称“俄罗斯”（The Russian Federation，Russia，Российская Федерация，Россия）。

面积 1712.5191万平方公里。

人口 1.464亿（2022年）。民族193个，其中俄罗斯族占77.7%，主要少数民族有鞑靼、乌克兰、巴什基尔、楚瓦什、车臣、亚美尼亚、阿瓦尔、摩尔多瓦、哈萨克、阿塞拜疆、白俄罗斯等族。俄语是俄罗斯联邦全境内的官方语言，各共和国有权规定自己的国语，并在该共和国境内与俄语一起使用。主要宗教为东正教，其次为伊斯兰教。根据全俄民意研究中心的调查结果，50%—53%的俄民众信奉东正教，10%信奉伊斯兰教，信奉天主教和犹太教的各为1%，0.8%信奉佛教。

首都 莫斯科（Москва），面积为2561平方公里，常住人口约1310.4万（2022年）。平均气温1月为–8℃，7月为21℃。

国家元首 俄罗斯联邦总统弗拉基米尔·弗拉基米罗维奇·普京（Владимир Владимирович ПУТИН）。2012年3月4日当选，5月7日宣誓就职。2018年3月18日，普京再次赢得大选获得连任，5月7日宣誓就职。

重要节日 公历新年：1月1日；东正教圣诞节：1月7日；俄历新年：1月13日；祖国保卫者日（原苏联建军节）：2月23日；国际妇女节：3月8日；春天与劳动节（原苏联劳动者团结日）：5月1日；伟大卫国战争胜利日：5月9日；俄罗斯日（国庆日）：6月12日；人民团结日（2004年设立，为纪念莫斯科打败波兰入侵者）：11月4日。

简 况

俄罗斯横跨欧亚大陆，北邻北冰洋，东濒太平洋，西接大西洋。东西最长9000公里，南北最宽4000公里。邻国西北面有挪威、芬兰，西面有爱沙尼亚、拉脱维亚、立陶宛、波兰、白俄罗斯，西南面是乌克兰，南面有格鲁吉亚、阿塞拜疆、哈萨克斯坦，东南面有中国、蒙古国和朝鲜。东面与日本和美国隔海相望。海岸线长33807公里。俄罗斯大部分地区处于北温带，以大陆性气候为主，温差普遍较大，1月气温平均为–40℃—–5℃，7月气温平均为11℃—27℃。年均降水量为150—1000毫米。

15世纪末至16世纪初，以莫斯科大公国为中心，逐渐形成多民族的封建国家。1547年，伊凡四世（伊凡雷帝）改大公称号为沙皇。1721年，彼得一世（彼得大帝）改国号为俄罗斯帝国。1861年废除农奴制。1917年2月，资产阶级革命推翻了专制制度。1917年11月7日（俄历10月25日）举行十月社会主义革命，建立世界上第一个社会主义国家政权——俄罗斯苏维埃联邦社会主义共和国。1922年12月30日，俄罗斯联邦、外高加索联邦、乌克兰、白俄罗斯成立苏维埃社会主义共和国联盟（后扩至15个加盟共和国）。1990年6月12日，俄罗斯苏维埃联邦社会主义共和国最高苏维埃发表《国家主权宣言》，宣布俄罗斯联邦在其境内拥有“绝对主权”。1991年8月，苏联发生“8·19”事件。9月6日，苏联国务委员会通过决议，承认爱沙尼亚、拉脱维亚、立陶宛三个加盟共和国独立。12月8日，俄罗斯联邦、白俄罗斯、乌克兰三个加盟共和国领导人在别洛韦日签署《独立国家联合体协议》，宣布组成“独立国家联合体”。12月21日，除波罗的海三国和格鲁吉亚外的苏联11个加盟共和国签署《阿拉木图宣言》和《独立国家联合体协议议定书》。12月26日，苏联最高苏维埃共和国院举行最后一次会议，宣布苏联停止存在。至此，苏联解体，俄罗斯联邦成为完全独立的国家，并成为苏联的唯一继承国。1993年12月12日，经过全民投票通过了俄罗斯独立后的第一部宪法，规定国家名称为“俄罗斯联邦”，和“俄罗斯”意义相同。

政　治

2021年，俄国内重大事件主要有：1月17日，俄罗斯反对派领导人纳瓦尔内返回莫斯科后被捕。此后，俄多地爆发支持纳瓦尔内的大规模游行示威活动。4月21日，俄总统普京向联邦会议发表2021年度国情咨文，画出俄罗斯外交安全“红线”。5月9日，为纪念卫国战争胜利76周年，俄莫斯科红场等地举行多项活动纪念胜利日。但受新冠疫情影响，“不朽军团”游行活动仍采取线上模式。5月11日，俄喀山市一所学校发生枪击事件，造成9人死亡、21人受伤。普京总统当天下令，要求加强该地区枪支管控。6月2日至5日，第24届圣彼得堡国际经济论坛在圣彼得堡举行。6月16日，普京总统与美国总统拜登在日内瓦举行会晤，系拜登就任总统后首次与普京总统面对面会晤。9月2日至4日，第六届东方经济论坛在符拉迪沃斯托克举行。9月10日，北溪二号天然气管道工程项目正式竣工。9月19日俄举行国家杜马（议会下院）选举。执政的统一俄罗斯党保住“宪法多数”地位。9月20日，俄彼尔姆州立大学发生枪击事件，导致8人死亡、28人受伤，普京总统向遇难者家人致以慰问。10月12日，统一俄罗斯党推举的国家杜马主席候选人沃洛金再次当选国家杜马主席。12月10日，俄外交部就与美国和其他西方国家开展安全保障对话发表声明，要求美国和北约就排除进一步东扩的可能性提供法律保障。12月23日，普京总统第17次举行年度记者会，系新冠疫情暴发以来普京总统首次线下参加媒体见面会。12月7日、31日，普京总统和拜登总统举行二次线上会晤，就俄美关系、北约东扩、乌克兰问题等进行讨论。

2022年，俄国内重大事件主要有：2月4日，普京总统来华出席北京冬奥会开幕式，同习近平主席举行会谈。双方发表《中华人民共和国和俄罗斯联邦关于新时代国际关系和全球可持续发展的联合声明》。2月21日，普京总统发表电视讲话，承认乌克兰东部“顿涅茨克人民共和国”和“卢甘斯克人民共和国”为独立国家，批准俄罗斯同两个“共和国”签署友好合作互助条约的联邦法。2月24日，普京总统发表电视讲话，宣布对乌克兰进行特别军事行动。4月6日，俄罗斯自由民主党主席日里诺夫斯基因病去世，斯卢茨基当选自民党新任党主席。5月9日，为纪念卫国战争胜利77周年，俄罗斯首都莫斯科和多个地区举行阅兵和庆祝活动。6月15日至18日，第25届圣彼得堡国际经济论坛在圣彼得堡举行。8月30日，苏联最后一任领导人戈尔巴乔夫去世。9月5日至8日，东方经济论坛在符拉迪沃斯托克举行。9月16日，俄罗斯退出欧洲委员会和《欧洲人权公约》。9月21日，普京总统宣布进行部分军事动员，总动员人数为30万人。9月23日至27日，“顿涅茨克人民共和国”、“卢甘斯克人民共和国”、扎波罗热、赫尔松举行入俄公投。9月26日，连接俄罗斯和德国的北溪一号和北溪二号天然气管道发生爆炸。9月30日，普京总统会见“顿涅茨克人民共和国”、“卢甘斯克人民共和国”、扎波罗热、赫尔松领导人并签署上述四地加入俄罗斯的有关文件。12月31日，普京在俄南部军区发表新年致辞。

【宪法】1993年12月12日经全民投票通过，同年12月25日正式生效。该宪法是俄罗斯独立后的第一部宪法，规定俄罗斯是共和制的民主联邦法制国家，确立了总统制的国家领导体制。俄于2020年6月25日至7月1日举行修宪全民投票，共74215555名选民参与投票，投票率为67.97%。77.92%选民赞成，21.21%选民反对，宪法修正案顺利通过。

【议会】俄罗斯联邦会议（议会）由联邦委员会（上院）和国家杜马（下院）组成。

（1）联邦委员会目前共178名参议员，由每个联邦主体的立法（代表）机关和权力执行机关各1名代表组成。任期与其代表的立法（代表）机关或者权力执行机关任期相同，一般为5年。此外，根据2020年3月修订的宪法规定，因任期届满或提前辞职而停止履行职权的俄联邦前总统可以成为终身议员。俄联邦总统有权任命30名代表成为参议员（终身议员不超过7名）。除终身议员外，总统任命的参议员任期6年。主要职能是批准联邦法律、联邦主体边界变更、总统关于战争状态和紧急状态的命令，决定境外驻军、总统选举及弹劾、中央同地方的关系问题等。联邦委员会主席瓦莲京娜·伊万诺芙娜·马特维延科（Валентина Ивановна МАТВИЕНКО，女），2011年9月21日首次当选，并分别于2014年10月1日、2019年9月25日连任。

（2）国家杜马共450名代表（议员），自2007年12月第五届国家杜马起，议员按比例代表制原则从各党派中选举产生，规定得票率达到7%的政党能参与议员席位分配。2011年12月，俄修订国家杜马代表选举法，在政党进入国家杜马的“门槛”不变的情况下，规定得票率超过5%不足6%的政党可获1个席位，得票率在6%—7%的政党可获2个席位；代表任期由4年延长至5年。2013年2月，俄再次修订该法，规定将在2016年举行的第七届国家杜马选举中，恢复实行混合选举制，即225个议席由参选政党按得票比例进行分配，另外225个议席由全国225个选区的获胜代表组成。国家杜马的主要职能是通过联邦法律、宣布大赦、同意总统关于政府首脑的任命等。2021年9月19日，俄举行第八届国家杜马选举并组成5个议员团，分别为统一俄罗斯党党团（321席）、俄罗斯联邦共产党党团（57席）、“公正俄罗斯—为了真理”党党团（28席）、俄罗斯自由民主党党团（23席）、新人党党团（15席），另有无党团议员2席，有4个席位暂时空缺。共设32个委员会。维亚切斯拉夫·维克多罗维奇·沃洛金（Вячеслав Викторович ВОЛОДИН）2016年10月5日首次担任国家杜马主席，并于2021年10月12日连任第八届俄国家杜马主席。

【政府】俄罗斯联邦政府是国家权力最高执行机关。2020年1月16日普京签署总统令，任命米舒斯京为政府总理。1月21日，普京批准新政府成立。目前，俄政府共有总理1名、第一副总理1名、副总理9名和部长21名。政府成员名单：总理米哈伊尔·弗拉基米罗维奇·米舒斯京（Михаил Владимирович МИШУСТИН），第一副总理安德烈·莱莫维奇·别洛乌索夫（Адрей Рэмович БЕЛОУСОВ），副总理兼政府办公厅主任德米特里·尤利耶维奇·格里戈连科（Дмитрий Юрьевич ГРИГОРЕНКО），副总理维克托利亚·瓦列里耶夫娜·阿布拉姆琴科（Виктория Валериевна АБРАМЧЕНКО，女），副总理塔季扬娜·阿列克谢耶夫娜·戈利科娃（Татьяна Алексеевна ГОЛИКОВА，女），副总理兼工业和贸易部长杰尼斯·瓦连京诺维奇·曼图罗夫（Денис Валентинович МАНТУРОВ），副总理亚历山大·瓦连京诺维奇·诺瓦克（Александр Валентинович НОВАК），副总理阿列克谢·洛戈维诺维奇·奥维尔丘克（Алексей Логвинович ОВЕРЧУК），副总理兼俄总统驻远东联邦区全权代表尤里·彼得罗维奇·特鲁特涅夫（Юрий Петрович ТРУТНЕВ），副总理马拉特·沙基尔佳诺维奇·胡斯努林（Марат Шакирзянович ХУСНУЛИН），副总理德米特里·尼古拉耶维奇·切尔内申科（Дмитрий Николаевич ЧЕРНЫШЕНКО），交通部长维塔利·根纳季耶维奇·萨维里耶夫（Виталий Геннадьевич САВЕЛЬЕВ），民防、紧急情况和消除自然灾害后果部长亚历山大·维亚切斯拉沃维奇·库连科夫（Александр Вячеславович КУРЕНКОВ），自然资源与生态部长亚历山大·亚历山德罗维奇·科兹洛夫（Александр Александрович КОЗЛОВ），远东和北极发展部长阿列克谢·奥列格维奇·契坤诺夫（Алексей Олегович ЧЕКУНКОВ），内务部长弗拉基米尔·亚历山德罗维奇·科洛科利采夫（Владимир Александрович КОЛОКОЛЬЦЕВ），劳动和社会保障部长安东·奥列格维奇·科佳科夫（Антон Олегович КОТЯКОВ），启蒙教育部长谢尔盖·谢尔盖耶维奇·克拉夫佐夫（Сергей Сергеевич КРАВЦОВ），外交部长谢尔盖·维克托罗维奇·拉夫罗夫（Сергей Викторович ЛАВРОВ），文化部长奥尔加·鲍里索夫娜·柳比莫娃（Ольга Борисовна ЛЮБИМОВА，女），体育部长奥列格·瓦西里耶维奇·马特辛（Олег Васильевич МАТЫЦИН），卫生部长米哈伊尔·阿利别尔托维奇·穆拉什科（Михаил Альбертович МУРАШКО），能源部长尼古拉·格里高利维奇·舒里津诺夫（Николай Григорьевич ШУЛЬГИНОВ），农业部长德米特里·尼科拉耶维奇·帕特鲁舍夫（Дмитрий Николаевич ПАТРУШЕВ），经济发展部长马克西姆·根纳季耶维奇·列舍特尼科夫（Максим Геннадьевич РЕШЕТНИКОВ），财政部长安东·格尔曼诺维奇·西卢阿诺夫（Антон Германович СИЛУАНОВ），科学与高等教育部长瓦列里·尼古拉耶维奇·法尔科夫（Валерий Николаевич ФАЛЬКОВ），司法部长康斯坦丁·阿纳托利耶维奇·崔琴科（Константин Анатольевич ЧУЙЧЕНКО），数字发展、通信和大众传媒部长马克苏特·伊戈列维奇·沙达耶夫（Максут Игоревич ШАДАЕВ），国防部长谢尔盖·库茹盖托维奇·绍伊古（Сергей Кужугетович ШОЙГУ），建设和住房公共事业部长伊列克·恩瓦洛维奇·法伊祖林（Ирек Энварович ФАЙЗУЛЛИН）等。

【行政区划】俄罗斯联邦现由89个联邦主体组成，包括24个共和国、9个边疆区、48个州、3个联邦直辖市、1个自治州、4个民族自治区。另设有8个联邦区，每个联邦区派驻总统全权代表。

【司法机构】俄罗斯联邦司法机关主要有联邦宪法法院、联邦最高法院和联邦总检察院。联邦宪法法院院长瓦列里·德米特里耶维奇·佐尔金（Валерий Дмитриевич ЗОРЬКИН），2003年2月起任该职。联邦最高法院院长维亚切斯拉夫·米哈伊洛维奇·列别杰夫（Вячеслав Михайлович ЛЕБЕДЕВ），1991年1月起任该职（1989—1991年任俄罗斯苏维埃联邦社会主义共和国最高法院院长）。总检察长伊戈尔·维克多维奇·克拉斯诺夫（Игорь Викторович КРАСНОВ），2020年1月22日起任该职。联邦委员会根据总统提名任命联邦宪法法院院长、联邦最高法院院长和联邦总检察长。

【政党】2012年4月，修改后的《政党法》正式生效，政党登记注册条件放宽，俄政党数量大幅增加。截至2021年12月，在俄司法部获准注册的政党为31个。在2021年9月第八届国家杜马选举中，统一俄罗斯党、俄罗斯联邦共产党、“公正俄罗斯—为了真理”党、俄罗斯自由民主党、新人党五个政党进入本届杜马。杜马政党组成由四个升为五个，但统俄党“一党独大”格局未发生根本变化，执政党仍占据宪法多数。俄共、公俄党和自民党选票一定程度上遭到瓜分。2011年5月，在时任俄政府总理普京的提议下，“全俄人民阵线”（Общероссийский Народный Фронт）成立，最初目的是支持普京竞选下任总统。2013年6月11日至12日，“全俄人民阵线”正式举行成立大会，成为超党派社会运动组织，更名为“人民阵线—为了俄罗斯”，推举普京为最高领导人。当前俄主要政党有：

（1）统一俄罗斯党（Всероссийская политическая партия “Единая Россия”）：党主席为俄联邦安全会议副主席梅德韦杰夫，2012年5月出任，2021年12月二度连任。最高委员会主席为格雷兹洛夫（Борис Вячеславович ГРЫЗЛОВ），总委员会书记为图尔恰克（Андрей Анатольевич ТУРЧАК）。该党成立于2001年12月1日，由“统一”党、“祖国”运动和“全俄罗斯”运动合并而成。截至2022年12月，党员人数超过220万，在本届国家杜马中有321名代表，占2/3多数。在全国各级立法机构中，统俄党议员均占据多数。俄绝大多数联邦主体行政长官由该党党员或其支持者担任。

领导机构包括党的最高委员会、总委员会和中央执行委员会。最高委员会确定党的发展战略，总委员会为党的日常决策机构，中央执委会履行日常党务管理和执行职能。该党拥护总统的各项方针政策，主张将强有力的国家管控与尊重公民自由和人权结合起来，改革国家治理方式，提高政府工作效率，逐步实现国家职能由经营者向调控者转变。主张将市场经济与社会公正结合起来，经济改革和发展以改善人民物质生活水平为宗旨。

2021年，统俄党召开第二十次代表大会暨建党二十周年纪念大会，此系统俄党历史上持续时间最长的代表大会。大会第一阶段于6月举行，第二阶段于8月举行，第三阶段于12月举行。俄总统普京出席第一阶段会议，并在第三阶段会议上发表视频讲话，强调他永远将统俄党视为强大可靠的政治力量并对其寄予厚望，认为该党能够将负责任的爱国公民团结在“共同的目标”周围。党主席梅德韦杰夫出席会议并指出，统俄党在极端困难的情况下守住了自身阵地，统俄党人经受了不平凡的考验，承担了解决最艰巨问题的责任。梅德韦杰夫充分肯定过去二十年统俄党在本党项目及党内民主发展、干部队伍更新等方面成绩。代表大会对统俄党的领导机构进行改选。

（2）俄罗斯联邦共产党（Коммунистическая партия Российской Федерации）：中央委员会主席久加诺夫（Геннадий Андреевич ЗЮГАНОВ）。截至2022年12月，俄共党员人数超过16万，在国家杜马拥有57名议员。

俄共成立于1990年6月，当时是苏联共产党的一部分。1991年“8·19”事件后，俄共被当局禁止活动，财产被没收。1993年2月，俄共召开第二次代表大会，重建并恢复活动。2016年6月，俄共召开党的第十七次代表大会，大会通过了杜马选举竞选纲领并提出候选人名单。2017年12月，俄共召开党的第十七次代表大会第二阶段会议，决定推选莫斯科州企业“列宁国营农场”场长帕维尔·格鲁季宁作为该党总统候选人参加2018年俄总统选举。俄共主席久加诺夫不再作为候选人参加俄总统选举。2021年4月，俄共召开党的第十八次代表大会，重点就党内组织工作作出安排。久加诺夫与俄共中央第一副主席梅利尼科夫全票连任，原俄共中央副主席阿福宁晋升为第一副主席。

（3）“公正俄罗斯–为了真理”党（Социалистическая политическая партия “СПРАВЕДЛИВАЯ РОССИЯ – ПАТРИОТЫ – ЗА ПРАВДУ”）：党主席米罗诺夫（Сергей Михайлович МИРОНОВ），自任公俄党国家杜马议会党团领导人。2006年10月28日，由“祖国”党、退休者党和生活党合并而成。2018年10月召开党的第十次代表大会，米罗诺夫当选党主席。2022年2月，公正俄罗斯党、争取真相党和俄罗斯爱国者党三党合并成立新左翼政党“公正俄罗斯–为了真理”党，米罗诺夫再次当选党主席。截至2022年12月，党员人数约为15万，在国家杜马拥有28名议员。公俄党是具有社会民主主义取向的左翼政党，主要目标是实现社会民主、团结，在人道主义基础上争取社会公正。

（4）俄罗斯自由民主党（Либерально-демократическая партия России）：党主席斯卢茨基（Леонид Эдуардович СЛУЦКИЙ）。成立于1989年12月，是苏联实行多党制后成立的第一个政党。截至2022年12月，党员人数超30万，在国家杜马拥有23个议席。2022年4月，自民党创始人、首任党主席日里诺夫斯基患病逝世。5月，国家杜马国际事务委员会主席斯卢茨基接任党主席职位。

该党具有较浓厚的民族主义色彩，有较为稳定的选民队伍。对内主张集权，建立单一制国家，对重要部门实行国家垄断。对外主张在苏联时期领土内恢复俄罗斯帝国版图，提出国界“只能外推，不能内缩”；主张加强同东欧的联系以建立斯拉夫国家联盟；推行南下战略，称俄罗斯士兵应“洗靴印度洋”。前党主席日里诺夫斯基经常发表轰动性言论，以吸引民众注意力。基本支持当局在各领域的政策。

（5）新人党（Партия “Новые люди”）：党主席涅恰耶夫（Алексей Геннадьевич Нечаев），成立于2020年3月。2020年地方杜马选举中，新人党首次参选便一举跨越4个联邦行政主体议会门槛。第八届国家杜马选举中，新人党成功跻身国家杜马第五大政党，现有15个议席。新人党系俄中右翼政党，党的意识形态五大关键思想是革新、进步与发展、多数人利益优先、自由与公正、诚信。根据该党党纲，“新人”泛指苏联解体后出生的俄公民。新人党支持者主要为俄新中产阶级，平均年龄在40岁左右。

【重要人物】弗拉基米尔·弗拉基米罗维奇·普京：俄罗斯联邦总统。1952年10月7日出生于列宁格勒市（今圣彼得堡市）。1975年毕业于列宁格勒大学法律系。曾在苏联克格勃系统工作15年，其中1985—1990年在民主德国工作。1990年回国后，先后任列宁格勒大学校长外事助理、圣彼得堡市市长顾问、市政府外联委主席。1994年任圣彼得堡市第一副市长。1996年任俄总统事务局副局长。1997年3月任俄总统办公厅副主任兼监察局局长。1998年5月任总统办公厅第一副主任，7月任联邦安全总局局长。1999年3月起兼任联邦安全会议秘书，8月9日被任命为第一副总理、代总理，8月16日就任总理。12月31日叶利钦辞去总统职务，任命普京为代总统。2000年3月26日当选总统。2004年3月14日再次当选，5月7日正式宣誓就职。2008年5月8日其总理提名在国家杜马通过，同日被梅德韦杰夫任命为政府总理。2012年3月4日当选新一届俄罗斯总统，5月7日宣誓就职。2018年3月18日再次当选俄罗斯新一届总统，5月7日宣誓就职。酷爱体育，懂德语。离异，有两女。 **米哈伊尔·弗拉基米罗维奇·米舒斯京**：俄罗斯联邦政府总理。1966年3月出生于莫斯科。1989年毕业于莫斯科机床工具学院（现莫斯科国立技术大学）。1992—1998年，在俄"国际计算机俱乐部"担任多个职位。1998—1999年，任俄联邦税务局副局长。1999—2004年，任俄税收和征税部副部长。2004—2006年，任俄联邦不动产地籍管理局负责人。2007—2008年，任俄联邦经济特区管理署署长。2008年辞去政府职务，并在接下来的两年中担任俄罗斯联合金融集团总裁，负责资产管理和私募股权，在此期间还担任俄罗斯高等经济学院房地产经济研究所学术主任。于2010年重返政府部门，于4月起任俄罗斯联邦税务局局长。2020年1月16日，被普京总统任命为俄罗斯政府总理。已婚，有三子。 **瓦莲京娜·伊万诺芙娜·马特维延科**：俄罗斯联邦联邦委员会主席。女，1949年4月7日出生于乌克兰舍佩托夫卡市。1972年毕业于列宁格勒化学制药学院，后从事共青团工作。1986年任列宁格勒市执行委员会副主席。1989年当选苏联人民代表，任苏联最高苏维埃妇幼和家庭事务委员会主席。1991—1998年历任苏联（俄罗斯）驻马耳他大使、俄外交部地方、议会与社会组织局局长、俄驻希腊大使。1998年任负责社会事务的副总理。2003年被任命为总统驻西北联邦区全权代表，同年10月当选圣彼得堡市长。2011年9月21日当选联邦委员会主席，并分别于2014年10月1日、2019年9月25日连任。已婚，有一子。 **维亚切斯拉夫·维克多罗维奇·沃洛金**：俄罗斯联邦国家杜马主席，统俄党成员。1964年2月4日出生于萨拉托夫州。1986年毕业于萨拉托夫卡利宁农业机械学院；后毕业于俄罗斯联邦国家公务学院。1990年起先后任萨拉托夫市议员、办公厅副主任，萨拉托夫州杜马议员、副主席和副州长。1999年作为"祖国–全俄罗斯"党成员被选为国家杜马议员。2001年领导该党。2007年作为"统一俄罗斯"党成员被选为国家杜马议员。2010年10月任联邦副总理兼政府办公厅主任。2011年12月27日任总统办公厅第一副主任。2016年10月5日首次担任国家杜马主席，2021年10月12日连任国家杜马主席。已婚，有两子一女。

经　济

2022年，俄罗斯主要经济数据如下：

国内生产总值：2.2万亿美元。

人均国内生产总值：1.2万美元。

国内生产总值增长率：–2.1%。

货币名称：卢布。

汇率：1美元≈68.4卢布。

通货膨胀率：11.9%。

失业率：3.7%。

【资源】俄罗斯自然资源十分丰富，种类多，储量大，自给程度高。森林覆盖面积8.09亿公顷，占国土面积46.6%，居世界第一位，木材蓄积量1022亿立方米。主要矿产资源有煤、铁、泥炭、石油、天然气、铜、锰、铅、锌等。储量居世界前列的有：天然气已探明蕴藏量为37.4万亿立方米，占世界探明储量的19.9%，居世界第一位；石油探明储量308亿吨，占世界探明储量的8%，居世界第六位；煤蕴藏量1621亿吨，居世界第二位；铁矿石蕴藏量1124亿吨，居世界第一位；铝蕴藏量4.9亿吨，居世界第五位；铀蕴藏量占世界探明储量的8%；黄金储量2298.6万吨，居世界第六位；镍蕴藏量890万吨，占世界探明储量的11%；锡蕴藏量216万吨；铜蕴藏量9905.5万吨。非金属矿藏也极为丰富，石棉、石墨、云母、菱镁矿、刚玉、冰洲石、宝石、金刚石的储量及产量都较大，钾盐储量与加拿大并列世界首位。

水力资源丰富，境内有300余万条大小河流，280余万个湖泊；贝加尔湖是世界上蓄水量最大的淡水湖。渔业资源相当丰富，生物资源总量2580多万吨，鱼类为2300万吨。

【工业】2021年，俄工业生产增长5.3%。2022年，俄工业生产减少0.6%。

（1）石油天然气工业

石油天然气工业长期以来在俄经济中发挥核心及主导作用，乌拉尔牌石油价格是俄制定国家财政预算的重要依据。2021年俄罗斯石油（包括凝析油）产量为5.35亿吨，同比增长2.1%。出口石油2.4亿吨，同比增长7%。当年俄天然气开采量为6726亿立方米，同比减少11.8%。出口量为1706亿立方米，同比减少30.7%。液化天然气出口量为460亿立方米，同比增长8.7%。本行业主要企业包括：

① 俄罗斯天然气工业公司：成立于1993年2月，主要从事天然气勘探、开采、运输、加工和销售，为俄罗斯营业额和利润最大的公司，也是世界最大的天然气开采企业。2021年《财富》500强第52位。2022年该公司天然气开采量为4126亿立方米，同比减少20%。天然气出口量1851亿立方米，同比增长14.1%。当年石油产量5910万吨，同比增长5%。

② 俄罗斯石油公司：成立于1993年，是俄罗斯最大国有石油公司，2021年《财富》500强第118位，当年石油产量1.79亿吨，同比减少2%。

③ 卢克石油公司：成立于1991年，俄最大的私人石油公司，2021年《财富》500强第67位，当年石油产量8100万吨，同比增长6%。

④ 苏尔古特石油天然气股份公司：成立于1993年，当年石油产量5960万吨，同比增长7%。

⑤ 诺瓦泰克公司：成立于1994年，当年天然气开采量836万吨，同比增长1.7%。

⑥ 俄罗斯石油运输公司：成立于1992年11月，

为俄罗斯国有石油运输公司，垄断俄罗斯国内生产石油的管线运输。

此外，2021年俄罗斯其他大型油气公司产油量为：俄罗斯天然气工业石油公司3857万吨；鞑靼石油公司2783万吨；巴什石油公司1377万吨，俄罗斯石油公司已于2016年取得该公司控股权；斯拉夫石油985万吨；诺瓦泰克805万吨；罗斯石油公司668万吨。

（2）冶金业

俄罗斯矿产资源丰富，铁、铝、铜、镍等金属矿产的储量和产量都居于世界前列，矿石开采和冶金业在俄罗斯经济中发挥重要作用，冶金业是俄罗斯重要的工业部门之一，其产值约占俄罗斯国内生产总值的12.6%。冶金产品是俄罗斯主要出口商品之一，但乌克兰危机发生后美西方对俄金属及其制品制裁。2022年，俄罗斯金属及其制品出口额约为522.1亿美元，同比增长2.3%，占俄对外出口总额比重为8.8%。俄罗斯冶金业的主要企业包括：

① 诺里斯克镍业公司：成立于1993年，前身为“诺里斯克镍业”康采恩，1997年完成私有化，为世界上最大的贵金属和有色金属生产企业之一，该公司镍产能占全球产量的14%，占俄罗斯市场的96%；钴和铜产能分别占全球产能的10%和3%以上，占俄罗斯市场的95%和55%。

② 俄罗斯铝业联合公司：2006年由俄罗斯铝业公司、西伯利亚乌拉尔铝业公司和瑞士嘉能可公司联合组建，是世界最大的铝和氧化铝生产企业，其铝产量占世界产量12%，氧化铝产量占世界产量15%。

③ 北方钢铁公司：1993年成立为股份公司，世界最大的黑色金属冶金公司之一。

④ 耶弗拉兹公司：成立于1992年，俄罗斯最大的钢铁生产和开采公司之一。

（3）国防工业

俄罗斯国防工业继承了苏联庞大国防的大部分，从设计、研发、试验到生产体系较为完整，部门较为齐全，是世界上少有的能生产海、陆、空、天武器和装备的国家。在俄罗斯国内装备更新速度有限的情况下，俄罗斯国防工业大力发展对外合作与出口，2019年俄罗斯武器出口额为141亿美元，2020年为130亿美元，2021年为99.6亿美元，2022年为80亿美元，在全球出口国中仍处于第二名。在俄罗斯出口武器名单中，占据首位的是军用飞机，随后依次为防空武器、陆军装备和海军舰艇。

【农业】2021年俄粮食产量为1.21亿吨，同比减少9%，农业总产值同比减少1.3%。2022年俄粮食产量为1.54亿吨，同比增长26.6%，农业总产值同比增长10.2%。主要粮食作物有小麦、大麦、黑麦、燕麦、玉米、大米、豆类。经济作物以亚麻、向日葵和甜菜为主。畜牧业主要为养牛、养羊、养猪业。

【服务业】据俄财政部数据，2021年俄联邦财政预算收入为3513.8亿美元，支出为3444.4亿美元，财政盈余69.4亿美元，占国内生产总值的0.3%。2022年俄联邦财政预算收入为4064亿美元，支出为4547亿美元，财政赤字570亿美元，占国内生产总值的2.3%。

【旅游业】俄罗斯共有30处遗产被列入联合国教科文组织《世界遗产名录》，数量位列世界第九。受新冠疫情和乌克兰危机叠加影响，俄入境旅游在2022年间并未如预期恢复至疫情前水平。据俄海关部门统计，2022年全年俄入境游客共计824.3万人次，相比2020年、2021年的635.9万人次、708万人次有所回升但并不明显，与疫情前2019年的2441.9万人次相比，差距甚大，而2022年中国赴俄游客仅为3万人次。出境游方面，2022年俄出境游客共计2248.7万人次，相较2020年的1236.1万人次和2021年的1919.9万人次有所恢复，但较2019年的4533万人次仍有显著差距，其中2022年俄罗斯赴华游客仅为1.7万人次。

【交通运输】公路：截至2022年，俄罗斯公路网总里程155万公里，位居世界第5位。

铁路：截至2022年，俄罗斯公用铁路网总运营里程为8.7万公里，居世界第3位。2022年，俄罗斯铁路客运量11.4亿人次，同比增长7.9%；货运量12.4亿吨，同比减少3.7%。

空运：俄罗斯机场总数232个，其中71个为国际机场。2022年，俄罗斯空运客运量0.95亿人次，同比减少14.2%；货运量60.6万吨，同比减少58.9%。

水运：截至2022年，俄罗斯内河通航里程为10.2万公里。欧洲地区河运航道是伏尔加河，也是俄罗斯与欧洲国家相连的最重要的河运航道，莫斯科有“五海之港”之称。2022年，俄罗斯内河水运客运量914万人次，同比增长5.8%；货运量1.1亿吨，同比减少0.8%。

【财政金融】据俄罗斯央行统计，截至2022年1月1日，俄罗斯国际储备额为6306亿美元。截至2023年2月1日，俄罗斯国际储备额为5970亿美元。

据俄罗斯央行统计，截至2022年1月1日，俄外债余额为4800亿美元，同比增长2.8%。从外债构成看，俄政府举债621亿美元（其中，苏联债为3亿美元，俄罗斯新债为617亿美元）；央行举债为343亿美元；商业银行举债为804亿美元；其他部门（企业）为3032亿美元。截至2023年1月1日，俄外债余额为3805亿美元，同比减少21.1%。从外债构成看，俄政府举债461亿美元（其中，苏联债为2.3亿美元，俄罗斯新债为461亿美元）；央行举债为935亿美元；其他部门为2410亿美元。

2022年3月，标普国际评级机构将俄罗斯长期外币主权债务信用评级下调至“CC”，前景展望“负面”。

【对外贸易】据俄海关署统计，2022年俄外贸总额为8505亿美元，较2021年增长8.1%。其中，出口额为5915亿美元，同比增长19.9%；进口额为2591亿美元，同比减少11.7%；顺差3324亿美元。

2022年俄主要贸易伙伴排名依次为：(1)中国1904亿美元（同比增长28%）；(2)土耳其近700亿美元（同比增长84%）；(3)荷兰464亿美元（同比减少0.1%）；(4)德国439亿美元（同比减少23%）；(5)白俄罗斯434亿美元（同比增长10%）。中国已连续第十三年保持俄第一大贸易伙伴国地位。

2022年，俄出口商品结构整体较为稳定，能源产品仍是其主要出口商品，出口总额为3837.3亿美元，占俄出口总额的65%。其他各主要出口商品为：金属及其制品522.1亿美元，占比8.8%；农产品和食品412.8亿美元，占比7.0%；化肥193亿美元，占比3.3%；贵金属和宝石185亿美元，占比3.1%；木材及其制品89.7亿美元，占比1.5%。2022年，车辆和设备为俄主要进口商品，进口额为1086亿美元，占俄进口总额的41.9%；其他主要进口商品为：化工产品623亿美元，占比24%；农产品和食品357亿美元，占比13.8%；金属及其制品183亿美元，占比7.1%，纺织品和鞋类158亿美元，占比6.1%。

人民生活

据俄联邦统计局数据，2022年俄失业率降至历史低位，为3.7%。2022年俄罗斯居民平均月工资为657美元，同比增长12.6%。近5年俄居民实际可支配收入（经通货膨胀和强制性缴费调整后的收入）总体增长，其中，2018年同比增长0.7%，2019年同比增长1.2%，2020年同比减少2.0%，2021年同比增长3.3%，2022年同比减少1.0%。

军　事

俄罗斯军队是在苏联军队基础上组建的。1992年3月16日，俄罗斯总统叶利钦发布关于组建俄罗斯联邦国防部的命令，同年5月7日发布了关于组建俄罗斯武装力量的命令。

俄罗斯联邦总统、俄罗斯联邦会议（包括上院联邦委员会、下院国家杜马）、俄罗斯联邦政府对保障国家安全、国防能力状况，对俄罗斯武装力量和其他部队的战斗准备程度、动员准备程度和战斗力状况负全责。俄罗斯联邦总统是国家元首和武装力量最高统帅，负责确定联邦军事政策的基本方针，批准《俄罗斯联邦军事学说》，对俄联邦武装力量、其他部队、军事单位和机关实施领导等。俄罗斯联邦会议负责审核联邦预算法规定的国防预算开支、通过国防领域的联邦法律、批准俄联邦总统关于在俄全境或部分地区实行战争状态或紧急状态的命令、决定关于在俄境外使用俄联邦武装力量的问题等。俄罗斯联邦政府负责落实其职权范围内对武装力量、其他部队、军事单位和机关的国防保障措施，拟定并向联邦会议提出联邦预算中国防预算开支的建议，组织制定和完成武器和国防工业综合体发展的国家规划等。俄罗斯国防部长通过国防部对武装力量实施全面领导，俄罗斯联邦武装力量总参谋长根据国防部长的命令通过总参谋部对武装力量实施作战指挥。

俄罗斯联邦总统兼武装力量最高统帅普京（2018年5月7日正式就任）。国防部长绍伊古（2012年11月6日任现职），国防部第一副部长兼总参谋长格拉西莫夫大将（2012年11月9日任现职），国防部第一副部长察里科夫（2015年12月任现职），国防部副部长兼常务秘书潘科夫（文职，2005年9月13日任现职），国防部副部长兼军事政治工作总局局长戈列梅金上将（2022年7月任现职），国防部副部长萨多文科上将（2013年11月7日任现职），国防部副部长叶夫库罗夫上将（2019年7月任现职），国防部副部长伊万诺夫（文职，2016年5月任现职），国防部副部长克里沃鲁奇科（文职，2018年6月13日任现职），国防部副部长库兹缅科夫上将（2023年4月任现职，曾任俄南部军区副司令、俄联邦国民卫队总局副局长），国防部副部长波波夫大将（2013年11月7日任现职），国防部副部长福明上将（2017年1月31日任现职），国防部副部长舍夫佐娃（女，文职，2010年8月4日任现职）（排序以俄国防部网站2023年7月3日内容为准）。

俄联邦武装力量由陆军、空天军、海军3个军种及战略火箭兵、空降兵2个独立兵种组成。根据俄总统普京2022年8月25日签署的命令，自2023年1月1日起，俄武装力量编制员额增至2039758人，其中现役军人由1013028人增至1150628人。根据俄总统普京2022年底签署的命令，俄现役军人编制员额将增至150万人，其中合同制军人69.5万人。目前，俄陆军30万人，空天军18.8万人，海军13万人，战略火箭兵7.5万人，空降兵4.5万人，其余27.5万人分属总部机关、院校和其他部队。

俄联邦武装力量“三位一体”战略核力量由陆基洲际弹道导弹、战略核潜艇及搭载的潜射弹道导弹、战略轰炸机及搭载的战略巡航导弹组成。截至目前，俄军装备陆基洲际导弹376枚，潜射弹道导弹208枚，战略轰炸机74架，共计核弹头2400颗左右。陆军主要装备各型主战坦克2600余辆，装甲车7600余辆，火炮及火箭炮2500余门，导弹发射车140余辆。空天军主要装备各型飞机、直升机3300余架，防空导弹98个营套，各型雷达900多部，军用和军民两用卫星近100颗。海军主要装备各型舰艇840余艘，总吨位230余万吨，其中主要作战舰艇150余艘，包括战略核潜艇14艘、巡航导弹核潜艇9艘、攻击型核潜艇18艘、常规潜艇25艘、航空母舰1艘、导弹巡洋舰4艘、导弹驱逐舰13艘、导弹护卫舰20艘；海军航空兵各型飞机和直升机400余架。空降兵主要装备各型伞兵战车近2000辆、装甲输送车650余辆、步战车200余辆、火炮400余门。

俄陆军由摩托化步兵、坦克兵、导弹兵与炮兵、队属防空兵等兵种，以及专业兵和物资技术保障部队与机构组成。下辖12个集团军，其中，东部军区下辖第5集团军、第29集团军、第35集团军、第36集团军、第68步兵军；南部军区下辖第8集团军、第49集团军、第58集团军；西部军区下辖第1近卫坦克集团军、第6集团军、第20近卫集团军；中部军区下辖第2近卫集团军、第41集团军。所辖部队编成11个作战师、30个作战旅、近90个支援保障旅。空天军由航空兵、防空反导兵、航天兵三个兵种，以及专业兵种及物资技术保障分队组成。下辖9个集团军：第1防空反导集团军，第15空天集团军，第37战略集团军（远程航空兵），第61战略集团军（军事运输航空兵），第4、6、11、14、45空防集团军。所辖部队共编为8个航空兵师、12个防空师。海军由潜艇兵、水面舰艇兵、海军航空兵、海岸导弹炮兵和海军陆战队等兵种组成。编成北方舰队、太平洋舰队、波罗的海舰队、黑海舰队和里海区舰队，包括5个海军基地、12个舰艇总队、2个海军航空兵师、3个航空兵基地、3个步兵军等。战略火箭兵编成3个导弹集团军，共12个导弹师、47个导弹团。空降兵编成4个空降师、5个空降旅和1个通信旅，以及其他保障兵团和军事院校。

军事区划。西部军区：2010年9月1日正式组建，司令部设在圣彼得堡。辖区包括25个联邦主体，面积约259万平方公里。下辖陆军第1近卫坦克集团军、第6集团军、第20近卫集团军，海军波罗的海舰队，空天军第6空防集团军，驻德涅斯特河沿岸地区战役集团。南部军区：2010年10月4日正式组建，司令部设在罗斯托夫。辖区包括15个联邦主体，面积约59万平方公里。下辖陆军第8集团军、第49集团军、第58集团军，海军黑海舰队、里海区舰队，空天军第4空防集团军，第102军事基地。中部军区：2010年10月12日正式组建，司令部设在叶卡捷琳堡。辖区包括29个联邦主体，面积约690万平方公里。下辖陆军第2近卫集团军、第41集团军，空天军第14空防集团军，第201军事基地。东部军区：2010年10月中旬组建，司令部设在哈巴罗夫斯克。辖区包括11个联邦主体，面积约为691万平方公里。下辖陆军第5集团军、第29集团军、第35集团军、第36集团军、第68步兵军，海军太平洋舰队，空天军第11空防集团军。北方舰队：2014年12月1日正式组建，司令部设在北摩尔曼斯克。2020年6月5日，普京总统签署第374号总统令“关于俄罗斯联邦军事行政区划”，北方舰队被正式赋予军事行政区划地位。其辖区包括4个联邦主体，面积（含海域面积）约119万平方公里。下辖北方舰队、第45空防集团军及直属部队。根据俄总统普京2022年底签署的命令，将重建莫斯科军区和列宁格勒军区，两个军区的指挥机构和两个集团军目前正在组建中。

俄武装力量兵员补充实行双轨制，即义务兵役制与合同兵役相结合的混合兵役制。从2008年1月1日起，应征入伍的义务兵服役期缩短至1年。截至目前，俄军约100万编制员额中，军官编制约22万人，合同兵编制约42.5万人，其余为义务兵。根据俄国家杜马2023年3月提交的议案，俄义务兵服兵役年龄将从18—27岁，逐步调整为21—30岁。

根据俄联邦国家统计局的数据，俄罗斯近年国防支出：2020年为30562亿卢布，2021年为31000亿卢布，2022年为35104亿卢布。

截至2020年底，俄军驻纳戈尔诺-卡拉巴赫（纳卡）地区维和人员1900人；驻摩尔多瓦共和国德涅斯特河沿岸战役集群约1600人；驻亚美尼亚久姆里第102军事基地4500人；驻塔吉克斯坦第201军事基地（摩步师）7200人（有俄军事专家称9000人）；驻吉尔吉斯斯坦第999坎特空军基地800人；驻阿布哈兹古达乌塔第7军事基地3800人；驻南奥塞梯茨欣瓦利第4近卫军事基地2600人。在哈萨克斯坦巴尔喀什、塔吉克斯坦努列克、白俄罗斯巴拉诺维奇各驻有1个雷达站。驻越南金兰湾海军补给站约50名工作人员。驻叙利亚塔尔图斯港海军基地约720名军人及技术保障人员；驻叙利亚拉塔基亚赫梅米姆空军基地1000—1500名军人。

文化教育

截至2022年，全俄有5625家博物馆，其中，俄文化部下属的联邦级博物馆71家；公共图书馆21674家，其中，俄文化部下属联邦级图书馆8家；剧院986家，俄文化部下属联邦级剧院21家；此外，还有乐团193家，音乐厅389家，俄文化部下属联邦级乐团4家。

2022年，随着俄罗斯国内新冠疫情渐趋稳定，俄罗斯逐渐取消了相关疫情限制举措。3月，俄政府取消对剧院、电影院、博物馆、音乐厅等观众上座率限制举措，观众进入室内场所仅需戴口罩即可。7月1日起包括口罩制度在内的所有疫情限制措施均被取消，俄文化机构完全恢复常态化运营，各类线下活动正常开展。

2022年，俄罗斯大力发展国内文化基础设施建设和公共文化项目，实施国家级项目“文化”，促进文化行业稳步发展。为尽快恢复新冠疫情对俄国内文化领域造成的冲击，鼓励居民文化消费，2021年9月1日，俄面向全国约1300万名14—22岁青少年启动“普希金卡”项目，全国1800多家文化机构的逾1.4万个文化项目入选，符合条件的用户注册后即可获得一张面额为3000卢布的电子卡，可用于购买博物馆、剧院、画廊和音乐厅等文化场所门票。2022年俄政府将此前推出的“普希金卡”消费额度由3000卢布提升至5000卢布，自2月起购买俄国产电影票亦纳入卡片消费范围，用于支持俄国产电影事业发展。此外，俄政府从储备资金中加拨55亿卢布用于支持160余部国产新电影创作，加上联邦预算划拨的90亿卢布，2022年俄电影业获得超过145亿卢布的专项资金。未来三年，俄政府还将从国家预算划拨280亿卢布来支持文化、艺术和创意产业发展，其中2022年划拨80亿卢布，2023年和2024年将分别划拨100亿卢布，计划推出俄罗斯创意周、全俄创意产业奖、最佳创意旅游路线竞赛等活动。乌克兰危机爆发以来，美西方国家对俄罗斯采取全方位制裁，文化领域也未能幸免，文娱影视领域，以好莱坞为代表的美西方影视片、电视频道全面退出俄文娱市场。2022年，俄电影发行总票房收入达237亿卢布，相比2021年407亿卢布，同比减少41.8%。俄文化艺术界人士也遭受西方强力封杀，多个艺术团组的出国巡演被取消，俄罗斯本土举办的国际艺术节、艺术赛事遭受抵制。受复杂国际环境影响，俄联邦文化部宣布取消2022年圣彼得堡国际文化论坛。尽管面临不利外部环境影响，6月，首届拉赫玛尼诺夫国际音乐大赛依然如期举办，来自全球11个国家的参赛选手参赛。

受新冠疫情影响，2022年中俄两国文化机构互访、民间和地方线下文化交流仍未恢复。中俄官方文化、旅游领域交流机制会议以视频形式召开，中俄文化节、中俄文化大集等两国共同经营的品牌活动或在云端举行，或采取线上线下相结合的方式。2022年俄罗斯在中国成功举办“俄罗斯文化节”，其中由俄罗斯国家青年交响乐团和北京交响乐团少年管弦乐团的联袂演出，吸引了近70万观众在线观看，取得了良好的社会效益。中俄双方还积极参加上合、金砖等框架下的文化部长视频会议，在多边文化合作框架内密切协作。

【教育】根据《俄联邦教育法》，俄罗斯教育主要包括基础教育、职业教育和保障落实终生学习权（不间断教育）的补充教育和职业培训。基础教育包括：学前教育、初级普通教育（小学1—4年级）、基础普通教育（初中5—9年级）、中级普通教育（高中10—11年级）。职业教育包括中等职业教育（技术学校、职业技术学院）和高等职业教育，即高等教育。高等教育培养学士（4年制本科）、专家（5年或6年制理工类、艺术类、医学类等应用型学科，我国认证为硕士）、硕士（仅针对4年制本科毕业生）和副博士。副博士分为艺术实践类副博士（硕士学位或专家学位申请，2年制应用型艺术类高技能人才）和理论型副博士（硕士学位获得者或理工类、艺术类专家学位获得者、医学临床硕士学位获得者可申请，4年制理论型高水平研究人才）。2年或4年毕业后可获得相应毕业证书，理论型副博士通过论文答辩后由国家最高学术委员会授予副博士学位（我国认证为博士学位）。2022年俄高等教育体系正在酝酿改革，并于2023年在高校试点。补充教育包括儿童和成人补充教育、补充职业教育。截至2022—2023学年初，俄联邦青少年儿童在读人数为3240万人。2022年，俄联邦政府用于教育领域的综合预算资金共计5379.84亿卢布，实际执行5274.2亿卢布，执行率为98%，主要包括联邦国家项目预算2426.09亿卢布，实际执行2367.25亿卢布；非国家项目预算897.48亿卢布，实际执行876.39亿卢布；综合性活动预算2056.27亿卢布，实际执行2030.57亿卢布。

（1）基础教育

① 学前教育

根据《俄联邦政府2022年教育领域国家政策实施情况报告》，2022—2023学年初俄罗斯共有幼儿园和看护机构3.9万个，学前教育教师66.59万人；学龄前儿童数量继续下滑，在读儿童700.81万人，其中城镇儿童565.78万，农村儿童135.04万，残疾儿童8.69万。2022年，新建幼儿园1600多所，新增23.36万个学位，2个月—3岁年龄段学前教育覆盖率为98.09%，3—7岁年龄段学前教育覆盖率为99.66%。俄继续在国家教育工程框架内实施“支持有孩子家庭”联邦项目，发展学龄前儿童家长咨询中心体系，建有学龄前儿童个性化教育家长帮助、支持中心，就儿童教育和发展问题免费为家长们提供方法、心理、预测和咨询帮助。

② 普通教育

2022—2023学年初，全俄从事普通教育的机构有39440家，其中城镇17396家，农村22044家；公立机构38549家，私立机构891家。在读学生总数1774.5万人，教职工215.73万人。普通教育阶段（小学到高中）学习期限一般为11年，一些艺术学校为12年。小学入学年龄要求是7岁。教学计划一学年的时间通常为34周，每周课时量为27—38学时。课程分为必修课程和选修课程。必修课程分为人文系列（俄语、文学、外语、俄罗斯史、世界史、经济、地理、法律基础、政治学、体育等），自然科学系列（数学、物理、化学、生物、生态学、天文学等）以及技术类课程（绘画、制图、家政、裁缝、烹调、金属加工等），选修课主要是一些反映地方特色和学生兴趣的课程。2022年俄罗斯教育指数上升，基础教育质量超过预期指标，进入世界前十。

俄罗斯自2001年起试行国家统一考试，2009年起大学招生实施国家统一考试。2019年起，汉语被列入国家统一考试科目。2022年考试科目共15门，其中数学、俄语为必考科目，其他为选考科目。

2022年底，俄罗斯《联邦学前教育大纲》和《联邦普通教育大纲》经教育部确认，将于2023年9月1日开始实施。大纲对学前教育和中小学各阶段教育教学内容进行规定，确定必修科目，组织编写社会学、生命安全、俄语、文学、地理和历史科目统一教学大纲。这是俄罗斯构建统一联邦教育空间，保障儿童拥有接受平等、优质教育条件的一项新举措。基础教育阶段继续加强思想教育，开展“谈谈大事”课外教学活动，辅以升国旗、奏国歌仪式，将爱国主义思想融入课内外教学。

2022年，俄联邦“童年十年”“科技十年”及体育运动、人工智能、农村地区发展规划继续实施，中小学基础设施建设顺利推进。2022年6月27日俄联邦总统令确定2023年为教师与导师年。

（2）补充教育

补充教育是俄罗斯教育体系的重要特色，起源于苏联时期的校外教育，1992年的俄联邦教育法正式将校外教育的名称变更为补充教育。

俄政府于2014年9月批准了俄联邦《儿童补充教育发展纲要》。2022年，补充教育已覆盖83.4%适龄儿童。国家教育工程框架内"每个孩子的成功"联邦项目提出的补充教育覆盖率到2030年达到82%的目标已经提前实现。

截至2021年底，俄儿童补充教育机构共计10909所，其中，城市7703所，农村3206所，非公立机构443所。2022年进一步发展补充教育，新建7个教育中心，开设3.4万个体育俱乐部、1.9万个学校博物馆和2.8万个学校剧团。儿童补充教育机构共提供2840万项课程服务，其中包括一人参与多项课程的情况。补充教育课程包括技术、自然科学、人文社会、旅游方志、艺术、体育运动、预先职业教育等几个方向。

俄宣布，2021—2023年，在国家"教育"工程框架内将新增68万个学位，所有地区都将建有儿童青少年能力与天赋发现、支持和发展中心，以中小学为基地建成145个儿童技术园"量子园"和190个"IT"小组。为农村和小城市普通教育机构配置"成长之家"，承担数字和人文领域补充教育的功能。

（3）职业教育

① 中等职业教育

中等职业教育由俄教育部统一管理，办学目标是培养技术工人，面向中学9年级和11年级毕业生招生。中等职业教育体量与高等教育相差无几，入学人数逐年增加。2022年招生近150万，培养方向和专业共计493个，65%的9年级毕业生和30%的11年级毕业生选择进入中职院校学习。学生培养宽进严出，采用申请制入学，9年级和11年级毕业生都可以申请，但只有通过国家毕业考试才能取得相应学历。学习形式灵活，可全日制、夜校、函授学习。中职毕业生仍然可以申请进入高校继续学习。

2020年，教育部发布《2030中等职业教育发展战略》，确立5个优先方向，分别是：更新教学大纲，构建新型中等职业教育网络，提高财政投入稳定性和设立专项支持项目，提升中等职业教育系统工作人员工作技能，发展职业竞赛文化。企业积极参与联邦"技术工人"计划，向中等职业学校提供资助超过10亿卢布。该计划于2022年9月1日正式实施，旨在打造由企业和政府共建的管理体系，通过强化学习，缩短人才培养周期来缓解原子能、铁路交通、轻工业、机械制造、冶金、农业、制药和化学等经济建设领域技术工人短缺的矛盾。2022年，"技术工人"计划在俄30个地区开展，34000名教师和生产技师接受高水平培训，新建3174个现代化作坊和59个前沿职业培训中心。

2022—2023学年，全俄从事中等职业教育活动的各类机构共4627所，其中，职业教育机构及其分校（职业学院、技术学校）3828所，开展中等职业教育的高等院校及其分校799所。开展职业培养计划70848项，再培训项目21185项，技能提升项目19956项。拥有教学生产工坊11113个，教学实验场2902个，教学实践基地16303个。2022年，中等职业教育领域共有在校学生355.99万人，其中夜校7.18万人，函授38.2万人，教师20.07万人，占全体教职工总数的54.3%。

2022年，俄联邦"工匠"计划启动，旨在创建教育生产集群，引入强化教育计划，重点关注劳动力市场和特定企业的需求培养人才。根据总统命令，到2028年经济和工业关键部门中等职业教育系统的毕业生人数将超过100万人。职业技能锦标赛运动将在俄罗斯重启。

② 高等职业教育

2022年，全俄共有722所高等教育机构，其中国立和公立高校500所，私立高校222所，另有分校525所，教育部直属师范大学34所。2022—2023学年，高等院校在籍学生人数为4030018人，招生1201541人，毕业816315人。在籍学生中，公费生2121722人，自费生1908296人。2022年招收学士、专家、硕士学制生总计1201541人。其中，公费生609460人，自费生592081人。

截至2021年10月1日，全俄高校有外国留学生288681人，其中，学士学制175287人，专家学制76812人，硕士学制36582人。在籍外国留学生中，公费生35139人。2021年俄高校招收外国留学生92284人，其中，学士学制53350人，专家学制18293人，硕士学制20641人。招收学生中，公费生11784人。外国留学生主要来自独联体国家、中国、越南等。

2022年，全俄高校工作人员共计560681人，其中拥有高等教育学历者457193人。在所有工作人员中，在编教师共有215085人，其中具有高等学历者215044人，拥有科学博士学位者32768人，拥有副博士学位者124313人；拥有教授职称者20234人，拥有副教授职称者81710人。另有合同制教师65658人。

俄高等教育的教学计划一般为36周一学年。大学生一周的最高课时量（包括上课和课外学习）不能超过54学时，上课时数平均为每周27学时，硕士生每周上课时数平均为14学时。

2020年12月，由普京总统提议组建以总统为主席的国务委员会。委员会下设教育分委会和科学分委会。基础教育和中等职业教育为教育分委会工作方向，高等教育为科学分委会工作方向。

2022年，联邦政府启动"优先2030"计划，目标是集中资源保障高水平大学的发展，促使其为实现2030年国家发展目标作出贡献，解决国家发展中的科学技术问题。至2022年12月初，56个俄罗斯主体的

132所高校入围该计划，每所高校将获得每年1亿卢布的基础资助，其中，科学和高等教育部所属高校86所。“优先2030”计划还设立“科研领军”和“地区、行业”领军专项资助。2022年，经过遴选，来自22个地区的48所高校获专项资助。

为了实现技术独立，俄科教领域提出优先发展工程教育和技术企业的策略，注重科研成果向实体经济转换。为此启动两个联邦计划：“先进工科学校”和“大学技术企业平台”。“先进工科学校”计划通过遴选的方式选出30个建设方案，在大学基础上与工业企业合作创办工科学校，一方面要培养急需的工科人才；另一方面，教师、学生、研究人员要参与解决企业的具体任务。同时，2022年工科专业招生增加20500个名额。“大学技术企业平台”旨在高校中形成企业文化，为大学生参与技术创业、自我实现提供条件。2022年，在18个地区创建20个大学创业工作室。每个初创企业项目获得100万卢布的资助。

2022年，俄罗斯高等教育主管部门多次表示退出博洛尼亚进程的意愿，后提出构建自己独特的高等教育体系。普京总统在2022年度国情咨文中指出，俄罗斯教育应回归传统的4—6年的高等教育培养体系，建议根据具体职业领域和劳动力市场需求实行灵活的教育大纲和培养期限。根据总统要求，俄罗斯高等教育体系将在2023年进行试点改革。高教体系划分为三个层级，分别是基础阶段（本科）、专业化阶段（普通硕士、临床医学硕士、实践类艺术硕士）和研究生阶段（副博士、博士）。基础阶段培养学士或专家，学制4—6年，在教学中坚持学科交叉、以实践为导向的人才培养模式，学制时长根据就业市场的需求而定。

【新闻出版】俄罗斯合法注册新闻媒体8万多家。其中，纸制印刷媒体约5.3万家，杂志占37%，报纸占28%；电子媒体约1.3万家，占11%；广播电视媒体占10%；通讯社有1486家。90%为非国有媒体。俄各大新闻媒体在《俄罗斯联邦宪法》和《俄罗斯联邦大众传媒法》规定框架下有序运行。

主要报刊有：（1）《俄罗斯报》，政府机关报，1990年11月11日创刊，在俄全境及独联体国家发行，日发行量11.6万份。俄国家的各种法律法令文件生效后须在该报全文发表。目前，该报在俄国内设有13个记者站，在独联体和欧洲设有14个分社。2006年，在北京设立分社。（2）《消息报》，私营报业，社会政治类报纸，曾为苏联政府机关报，1917年3月创刊。1991年苏联解体后，该报重组为私营报业。每周一至周五出版五期，并在莫斯科和圣彼得堡发行周末增刊。在俄境内的发行量约15万份，在独联体发行2.8万份，在欧洲发行4000份。（3）《独立报》，私营报业，1990年12月21日创刊。以报道俄国内及国际重大社会、政治问题，以及文化、体育等新闻为主。（4）《生意人报》，1989年12月创刊，当时为周报，也是苏联第一份私营商业出版物。1992年9月改为日报。目前，旗下有知名社会政治类杂志《星火》、生活类杂志《生意人报周末》、专题月刊《金钱》、汽车类月刊《自动驾驶仪》、面向少年儿童的《生意人儿童》及彩色时尚和生活类月刊《风格》。（5）《共青团真理报》，为苏联时期主要报刊之一，1925年3月13日创刊，在世界53个国家出版发行。目前，该报分日报和周报两种，是俄普通读者最喜爱的报刊之一。（6）《劳动报》，创刊于1921年，是苏联时期主要报刊之一，现为周报，每周五出版，面向俄罗斯和独联体国家出版发行，其网站设有“中国之窗”专栏。（7）《专家》杂志，创刊于2000年，为周刊，是俄目前较有权威性和影响力的经济和社会政治类题材刊物，在俄国内各个地区和独联体国家均有发行。此外，在俄较有影响的刊物还有《公报》《莫斯科共青团员报》《论据与事实报》《真理报》《议会报》《明日周报》《莫斯科时报》，以及《剖面》《政权》《金钱》《星火》《世界经济与国际关系》《国际生活》《远东问题》《自由思想》《俄罗斯观点》等杂志。

主要通讯社有：（1）塔斯社，官方通讯社，俄三大通讯社之一。其前身是苏联时期的塔斯社及1992年1月成立的俄通社，随后更名为俄通—塔斯社，并于2014年9月1日再次更名为塔斯社。目前，在俄境内拥有数十个记者站，在世界各地拥有63个代表机构，包括在中国北京和上海设立的2个记者站。同路透社、美联社、共同社和新华社等70多家世界各地的通讯社建立了信息合作关系。（2）“今日俄罗斯”国际通讯社，官方通讯社，俄三大通讯社之一。根据2013年12月9日俄联邦总统令，俄罗斯新闻社（简称“俄新社”）和“俄罗斯之声”广播电台重组合并而成。目前是俄政府对外宣传的主要通讯社，其通信网络覆盖了全俄、独联体及世界其他地区的47个国家，每天以多种文字发布社会、政治、经济、科学和金融方面的消息。该社拥有举办新闻发布会的专业信息平台，为俄总统办公厅、政府、议会、各大部委、地方权力机关及其他社会团体提供信息服务。2004年5月，其前身俄新社在北京设立分社。（3）国际文传电讯社，私营通讯社，俄三大通讯社之一。成立于1989年9月，是苏联时期首家非国有通讯社，也是俄目前在现代信息技术领域和其他经济部门中唯一掌握金融市场信息的专业化机构。用多种语言发布各类信息，并专门设有“国际新闻”“中国新闻”以及“中国经贸述评”等栏目。

主要广播电台有：（1）“卫星”广播电台，隶属于“今日俄罗斯”国际新闻通讯社，是俄政府主要外宣媒体。其前身为1929年成立的苏联国有广播电台，1989年1月1日更名为“俄罗斯之声”广播电台。目前，用38种语言全时段通过短波、中波、调频、卫星和移动电话网络向160个国家和地区播发信息，潜在听众达1.2亿人次。（2）“俄罗斯”广播电台，成立于1990年

12月10日，是俄国有媒体及唯一联邦级广播电台，隶属于全俄国家电视广播公司，每日潜在听众达1.2亿人次。（3）“灯塔”广播电台，是历史悠久并较有影响的俄国家音乐电台，1964年根据苏联政府的有关决定建立。2011年，该电台被全俄国家电视广播公司收购，成为国有广播电台。该电台每半个小时播发5分钟的新闻内容，其他节目的设置还有音乐、直播、晨间幽默、专访和广播电影等栏目。该广播电台目前拥有3个广播频道。（4）“莫斯科回声”广播电台，私营电台，成立于1990年。全天使用俄语广播，主要受众为俄国内和独联体地区。

主要电视台有：（1）“全俄国家电视广播公司”，俄最大国有电视媒体，成立于1990年7月。旗下设有“俄罗斯-1”综合频道、“俄罗斯-2”社会频道、“俄罗斯-文化”频道等3个联邦级电视频道，“俄罗斯-24”新闻频道，面向海外俄侨俄人的“星球”国际频道，俄语版“欧洲新闻”频道，以及“体育”频道。此外，该公司旗下还有“俄罗斯”“灯塔”“文化”“调频-新闻”“青少年”等5个广播电台。其中，“俄罗斯-1”综合频道成立于1991年5月，覆盖全俄及部分独联体和波罗的海国家，俄境内观众约占全国总人口的98.5%，独联体和波罗的海国家约有5000万观众。“俄罗斯-1”综合频道节目种类多样，包括新闻、电视剧、电影、电视评论、脱口秀、大型文艺和纪录片等，同时直播重要大型活动和社会政治事件。该频道的《消息》节目在俄具有重要影响力，收视率很高，多次获得俄国内电视新闻类节目大奖。“俄罗斯-24”新闻频道，为俄唯一一家全天24小时播发新闻节目的电视频道，以播发俄国内新闻和国际新闻为主，同时以传播迅速、信息量大见长，重要新闻节目连续滚动播出。2006年，在北京设立分社。（2）“第一频道”电视台，国家参股的综合性电视台，其前身是成立于1939年的苏联中央电视台，受全苏广播电视委员会领导。苏联解体后，1991年在其基础上成立奥斯坦基诺国家电视广播公司。1995年2月28日，奥斯坦基诺国家电视广播公司并入新成立的俄罗斯公众电视股份公司，并改称俄罗斯公众电视台，2002年9月更名为第一电视台。在俄本土覆盖率达到99.8%，观众1.4亿。1994年，在北京设立分社。（3）“今日俄罗斯”电视台（RT），是俄主要国有外宣电视媒体，根据普京总统令成立于2005年。下设英语、阿拉伯语、西班牙语和法语4个频道，均为24小时对外播报；RT-America、RT-UK两个电视频道分别设在纽约和伦敦；此外，还有纪录片频道，以及总部设在德国柏林的Ruptly音像图片社。“今日俄罗斯”电视台于2012年将全部频道升级为高清频道。目前，该台已成为俄5大联邦级电视媒体之一，其在俄境内收视率仅次于俄“第一频道”电视台、全俄国家电视广播公司，并已同全球80多个国家的上万家电视媒体建立了合作关系。2007年，该电视台成功登陆“YouTube”视频网站，目前点击率近33亿人次。（4）“独立”电视台（HTB），成立于1993年，是当时俄政府批准的唯一一家联邦级私营电视台，后被“俄气媒体集团公司”收购。目前，下设有HTB-热点频道、HTB-电视剧频道、HTB-生活频道、HTB-法制频道。除了俄本土，还覆盖到独联体国家以及西欧、中东、美国和加拿大等国家和地区。（5）中心电视台，隶属于莫斯科市政府，成立于1997年。节目覆盖俄大部分地区和部分独联体国家以及欧洲国家。

对外关系

2016年12月1日，普京总统批准新版《俄罗斯联邦外交政策构想》，这是俄独立以来第五次发布该文件，明确俄外交活动所遵循的基本原则，对俄外交政策制定具有指导作用。《构想》指出，俄对外政策的最优先方向依然是与独联体国家进行双多边合作，加强一体化，强调欧亚经济联盟在一体化中的重要作用。《构想》首次提及“伊斯兰国”威胁，认为建立广泛国际反恐联盟、合作打击国际恐怖主义是最重要的国家任务。《构想》强调以政治方式解决叙利亚问题，反对以颠覆政权为目的干涉别国内政。《构想》将欧盟定位为“重要经贸和外交伙伴”，认为未来双方关系需在法律基础和合作机制上不断完善，进一步发展外交和军事政治领域的合作，最终“打造从大西洋到太平洋的共同人文经济空间”。《构想》称，俄愿与美国开展建设性对话，进行全方位合作并在全球发挥独特作用；俄同时指责美及其盟友实施遏俄政策。《构想》突出“向东看”外交新方向，强调亚太地区地位，称俄中两国是地区和全球稳定的主要因素，俄中将共同应对威胁与挑战，在国际组织和多边机构中开展合作，解决全球和地区问题。

2016年12月5日，普京总统批准新版《俄联邦信息安全学说》，这是俄罗斯自独立以来颁布的第二版信息安全学说。新版学说在继承以往国家信息安全战略的基础上，根据新时期信息技术的发展以及信息安全环境的变化，提出了今后一段时期俄在信息领域的国家战略规划。新版学说由俄联邦安全委员会编写，指出了俄在保障国防领域、国家和社会安全领域、经济领域、科技教育领域和网络空间这五个方面的信息安全战略目标和主要方向，明确对信息领域国家利益的认定、信息威胁的判断进行了补充和扩展，提出发展具有竞争力的本国信息技术产业、提高俄军信息对抗能力、构建国际信息安全体系等保障信息安全的战略目标。此举反映出俄旨在通过新版学说的实施维护国家信息安全，并从战略层面防止和遏制与信息技术相关的军事冲突。

2021年7月3日，普京总统批准新版《俄联邦国家安全战略》，这是时隔6年俄再次出台该文件。新版战略一方面延续俄一贯战略诉求和对外政策精神，另一方面对国家安全威胁概念和维护国家安全手段进行策略性调整。《战略》强调，世界处于转型期，俄面临复杂严峻的内外安全威胁，"保护俄人民"、维护国内安全系国家利益重中之重。维护国家战略安全方面，应坚持以国防力量为支撑，维持必要核遏制潜力；推动经济、科技与生态安全相互依托，实现可持续发展；拓展文化安全内涵，有效抵御外部文化侵蚀与破坏；开展国际合作，维持俄作为世界一极的重要地位。

2022年7月31日，普京总统批准新版《海洋学说》，这是继2001年和2015年后俄罗斯发布的第三版《海洋学说》。新版学说重申俄罗斯海洋强国目标，强调俄国家利益遍及北冰洋、太平洋、大西洋、印度洋、南北极和里海，力求在世界多极化背景下维护全球海洋领域战略平衡。新版学说将北极确定为俄海洋利益最优先方向，强调将继续巩固俄北极大国地位和军事优势，加快北极资源开发和北方航道建设。同时，俄罗斯着眼特别军事行动和同美西方关系恶化大背景，首次提出航母建设计划和扩建海外军事基地，明确美国是俄罗斯海上安全威胁，确立战时动员安排。

根据俄外交部网站信息，截至2023年4月24日，俄罗斯共与191个国家建有外交关系，设有147个使馆、89个领馆、12个常驻国际组织代表机构、2个驻其他国家代表处。151个国家在俄设有外交代表机构。

2022年，在特别军事行动背景下，俄罗斯一方面应对美西方制裁打压，因应形势变化及时出台经济和社会扶持措施，保障宏观经济平稳运行，改善社会民生。加强爱国主义教育和宣传，凝聚社会共识，推动俄国内形成挺俄挺普京挺特别军事行动的"顿巴斯共识"，维护社会团结稳定。另一方面，俄罗斯高举反霸大旗，加强同美西方博弈周旋，全力推进"东向外交"，积极参与阿富汗、利比亚、叙利亚调解进程，拉住稳住广大发展中国家和中坚力量，寻求突破美西方孤立封锁。

年内，俄罗斯同国际伙伴保持密切接触，普京同各国元首和国际组织的负责人举行70多次会晤，参加近300次外交活动，并同各国领导人通话220余次。独联体方面，俄罗斯以独联体、欧亚经济联盟和集安条约组织为抓手加大经略欧亚地区，启动"中亚+俄罗斯"合作机制，同中亚国家就阿富汗局势及时对表，加快同白俄罗斯建设联盟国家和统一安全空间，积极斡旋"纳卡"冲突和吉塔边境摩擦，加快推进欧亚经济一体化进程和经济合作。亚太方向，俄罗斯"向东看"趋势提速，强化对中国、印度、东盟等亚太国家的战略依托，重点巩固同中国和印度的经贸联系，推进"一带一路"倡议同欧亚经济联盟相对接，在上海合作组织、亚太经济合作组织、东亚合作领导人系列会议和亚洲相互协作与信任措施会议框架下深化同亚太国家合作。美欧方向，俄罗斯同美北约安全保障协议谈判，俄罗斯对乌克兰发起特别军事行动，美国及其盟友对俄实施大规模、全领域制裁，同俄关系全面恶化。俄罗斯高举反霸大旗，坚决反对美推行所谓"基于规则的国际秩序"、非法单边制裁和西式价值观，加强同美欧博弈缠斗。俄欧关系方面，双方在乌克兰危机爆发前后保持高强度接触，但未能阻止事态恶化，此后双方互动断崖式下跌，能源、贸易、金融等各领域合作持续下滑。中东方向，俄加强同土耳其、沙特、阿联酋等中东国家互动，积极同"欧佩克"组织对话稳定国际油价，着力提升在中东地区影响力。非洲和拉美方向，俄在金砖国家机制、二十国集团框架下团结巴西、南非等地区主要大国，对非和拉美外交取得一定成效。

【对当前重大国际问题的态度】国际秩序：俄积极支持国际关系民主化、国际秩序多极化，反对单极世界和单边主义。坚持联合国在国际关系中拥有核心地位和最高权威，在《联合国宪章》之友小组框架内同志同道合国家加强合作，坚持国际法至上原则，尊重各国主权，尊重各国选择适合本国国情的发展道路，主张建立平等和不可分割的安全架构，主张通过对话谈判和平解决国际争端，反对干涉主权国家内政。

联合国改革：俄支持对联合国进行必要、平等、公正改革，认为西方国家在联合国机构中代表比例过高破坏了多极化原则，主张增加亚洲、非洲和拉丁美洲的发展中国家在联合国安理会中的席位以满足现代地缘政治需要，支持印度成为联合国安理会常任理事国。

中东问题：俄支持全面、公正解决中东问题，支持以安理会和联大相关决议为基础推进中东和解进程，认为巴以矛盾是中东问题的核心，中东长治久安的重要条件是解决长期存在的巴勒斯坦问题，支持通过中东问题国际四方调解机制解决巴以问题。俄与冲突各方及中东有关国家保持密切外交接触，主张坚持公正平衡立场，全力促进政治谈判进程，通过对话与合作解决争端，反对滥用制裁和使用武力，反对一切形式的恐怖主义和打恐"双重标准"。

朝鲜半岛问题：俄坚持朝鲜半岛无核化，认为半岛局势紧张升级的根本原因在于美国及其盟友通过实弹演习等加大对朝鲜施压，主张联合国安理会全面审议朝鲜半岛局势，按照联合国安理会涉朝决议寻求政治和外交解决朝鲜半岛局势的途径，支持美朝在相互尊重基础上进行直接接触对话，敦促有关方面应解除对朝鲜的单边非法制裁，改善朝鲜人道主义局势。俄呼吁国际社会重视俄中关于调解朝鲜半岛问题"路线图"的倡议，希望有关各方本着"同步走、分阶段、一揽子"的原则综合解决朝鲜半岛问题，实现东北亚长治久安。

伊朗核问题：俄坚决维护《伊朗核问题全面行动计划》完整性，支持早日恢复完整、有效执行全面协议和联合国安理会第2231号决议，强调美国政府不放弃对伊朗"极限施压"政策是当前全面协议出现问题的根源，呼吁美国和伊朗保持克制，共同维护国际核不扩散体系。

叙利亚问题：俄强调应尊重叙利亚主权、独立、统一和领土完整，主张在联合国安理会第2254号决议等文件基础上，按照“叙人主导、叙人所有”原则推进叙利亚问题和平政治解决，推动各方在包括“阿斯塔纳机制”框架内解决有关问题。欢迎叙利亚同阿拉伯国家关系正常化，欢迎叙利亚重返阿盟，反对美国等其他国家在叙部署非法军事存在、掠夺叙石油和粮食等资源，谴责以色列对叙利亚实施军事打击。

阿富汗问题：俄积极抢抓阿富汗问题政治调解进程主动权，积极参加阿富汗邻国外长会议，11月在莫斯科举办“莫斯科模式”会议，支持上合组织阿富汗联络小组发挥作用，利用集安条约组织和独联体有关会议对阿富汗问题施加影响。俄关切阿境内“伊斯兰国”及恐怖主义势力发展及其威胁扩散，支持同塔利班政权进行持续接触。

【同中国的关系】2022年，中俄新时代全面战略协作伙伴关系更加成熟坚韧，始终保持健康稳定发展势头。两国战略协作水平不断提升，在涉及彼此核心利益问题上继续相互坚定支持。两国各领域务实合作稳步推进，人文交流有序开展，取得丰硕成果。

（1）两国高层交往密切

两国元首3次会晤（含1次视频会晤），2次通话，为中俄关系发展定向领航。2月4日，国家主席习近平在北京同俄罗斯总统普京举行会谈，就中俄关系及事关国际战略安全稳定的一系列重大问题深入充分交换意见，共同发表《中华人民共和国和俄罗斯联邦关于新时代国际关系和全球可持续发展的联合声明》。2月25日，习近平主席同普京总统通电话，对普京总统来华出席北京冬奥会开幕式再次表示感谢，对俄罗斯运动员取得的成绩表示祝贺，并重点就乌克兰局势交换意见。6月15日，习近平主席同普京总统通电话，就双边关系、务实合作、乌克兰问题深入交换意见。6月17日，习近平主席应邀以视频方式出席第二十五届圣彼得堡国际经济论坛全会并致辞。9月15日，习近平主席出席上海合作组织成员国元首理事会第二十二次会议期间同普京总统举行双边会见，就中俄关系以及共同关心的国际和地区问题交换意见。12月30日，习近平主席同普京总统举行视频会晤，全面总结2022年中俄关系发展成果，为2023年双边关系发展布局定调。

12月5日，国务院总理李克强同俄罗斯总理米舒斯京以视频方式共同举行中俄总理第二十七次定期会晤。

（2）两国立法机构顺畅交往

4月15日，全国人大常委会委员长栗战书以视频方式同俄罗斯联邦委员会主席马特维延科举行会谈，并在会谈后接受俄方授予俄罗斯“友谊勋章”。6月6日，全国人大常委会委员长栗战书应集体安全条约组织议会大会主席、俄罗斯国家杜马主席沃洛金邀请，在集体安全条约组织议会大会全体会议上发表视频致辞。9月7日至10日，应俄罗斯国家杜马主席沃洛金邀请，全国人大常委会委员长栗战书对俄罗斯进行正式友好访问，并在俄出席第七届东方经济论坛全会。

（3）两国各领域保持密切高层交往

6月7日，国务委员王勇同俄罗斯总统驻伏尔加河沿岸联邦区全权代表卡马罗夫举行中国长江中上游地区和俄罗斯伏尔加河沿岸联邦区地方合作理事会双方主席视频会晤。11月17日，国务院副总理胡春华同俄罗斯副总理兼总统驻远东联邦区全权代表特鲁特涅夫以视频方式共同主持召开中国东北地区和俄罗斯远东及贝加尔地区政府间合作委员会第四次会议。11月22日，国务院副总理孙春兰同俄罗斯副总理戈利科娃以视频方式共同出席中俄人文合作委员会第二十三次会议。11月29日，第四届中俄能源商务论坛以线上线下相结合的方式在北京和莫斯科两地举行，国务院副总理韩正出席论坛开幕式，宣读习近平主席贺信并致辞。12月2日，国务院副总理胡春华与俄罗斯副总理切尔内申科以视频方式共同主持召开中俄总理定期会晤委员会第二十六次会议。

（4）两国外交部长保持密切接触

2月3日，国务委员兼外交部长王毅在北京会见俄罗斯外长拉夫罗夫，为两国元首会晤作政治准备并就共同关心的国际和地区问题深入对表。3月30日，王毅国务委员兼外长同来华出席第三次阿富汗邻国外长会的拉夫罗夫外长举行会谈，就中俄关系、国际多边事务以及乌克兰局势交换意见。7月7日，王毅国务委员兼外长在出席二十国集团外长会期间在巴厘岛会见拉夫罗夫外长，就维护发展中国家共同利益等问题交换意见。7月28日，王毅国务委员兼外长在塔什干出席上海合作组织外长会期间会见拉夫罗夫外长，就上海合作组织问题交换意见。8月5日，王毅国务委员兼外长在金边出席东亚合作系列外长会期间应约会见拉夫罗夫外长，双方表示要更有力地维护以联合国为核心的国际体系和以国际法为基础的国际秩序。9月21日，王毅国务委员兼外长在纽约出席第77届联合国大会期间会见拉夫罗夫外长，就积极参与全球治理，合力应对全球挑战等问题交换看法。两国外长全年多次通电话，就重大国际和地区问题交换意见。

（5）中俄战略协作水平持续提升

中俄在联合国、上海合作组织、金砖国家、二十国集团等多边框架内密切沟通协作，积极展现大国担当，积极推动国际和地区热点问题政治解决进程，成为践行真正的多边主义、推动全球治理体系朝着更加公正合理方向发展的重要力量，为国际社会树立了新型国际关系典范。

（6）两国务实合作全面推进

据中国海关总署统计，2022年，中俄双边贸易额为1902.7亿美元，同比增长29.3%，连续5年突破千亿美元大关。中国连续13年稳居俄罗斯第一大贸易伙伴国地位。双方能源合作稳步推进，中俄原油管道、东线天然气管道稳定运营。同江铁路桥、黑河公路桥等重要跨境基础设施通车运营。

（7）两国人文交流和地方合作日益密切

2022年2月，国家主席习近平同俄罗斯总统普京共同宣布2022—2023年中俄体育交流年正式启动。双方在体育交流年框架内举办了系列活动。双方在教育、文化、卫生、旅游、媒体、电影、档案、青年等多个领域开展了一系列富有成果的合作。双方已建立150余对友好省州及城市，数十对经贸结对省州。"东北—远东"政府间合作委员会，"长江—伏尔加河"地方合作理事会等机制运行良好。

中国驻俄罗斯大使：张汉晖。馆址：NO.6，UL. DRUZHBY，MOSCOW，RUSSIA，117330。电话：007–499–9518443；传真：9518321。

俄罗斯驻华大使：伊戈尔·莫尔古洛夫（Игорь Владимирович Моргулов）。馆址：北京市东城区东直门北中街4号。电话：010–65322051；传真：65324851。

【同美国的关系】2022年，俄罗斯指责美北约军事化举措威胁俄西部边境，两国围绕乌克兰问题博弈持续升级，双边关系继续下探。1月10日至13日，俄罗斯同美国和北约举行安全保障谈判，双方就欧洲安全和军控问题进行磋商。俄罗斯主要诉求在于北约停止扩张和美国撤离部署在东欧地区的武器和军队等，但未得到美国和北约积极回应。2月12日，普京同拜登总统通电话，就俄罗斯安全保障、乌克兰局势等交换意见。拜登对俄罗斯发出警告，强调一旦俄"入侵"乌克兰，美国及其盟友将坚决回应并让俄付出惨重代价。普京称美国故意散播"入侵"虚假信息，强调美国及其盟友一直向乌克兰提供新型武器，煽动乌克兰军队对顿巴斯和克里米亚地区发起挑衅，批评西方国家没有对乌克兰施加应有的压力，未能推动其履行明斯克协议规定的义务。4月27日，俄美在土耳其安卡拉机场完成在押人员互换手续，在俄罗斯被定罪的美国公民特雷弗·罗迪·里德与2010年被美国法院判处20年有期徒刑的俄罗斯公民康斯坦丁·亚罗申科进行了交换。12月8日，俄美在阿拉伯联合酋长国阿布扎比机场完成在押人员互换手续，俄公民维克托·布特与美国女篮运动员布里特妮·格里纳进行了交换。俄罗斯在乌克兰开展特别军事行动后，美国大幅升级对俄罗斯制裁措施，将俄罗斯银行踢出环球银行间金融通信协会系统，冻结俄罗斯外汇储备，对俄罗斯官员和法人进行制裁等。在国际多边场合，俄美围绕乌克兰局势、核不扩散、军备军控等问题激烈交锋，美联合盟友对俄进行国际孤立，俄美双边高层交往几乎中断，双边关系持续恶化。

【同欧洲国家的关系】2022年，乌克兰危机导致俄欧关系急转直下。俄开展特别军事行动以来，欧盟对俄实施11轮制裁（截至2023年6月），涵盖贸易、金融、能源、外交等各领域，双边经贸、能源、科技、人文合作持续降温。俄同法国、德国等欧洲国家领导人曾在年初密集通话，就俄罗斯安全保障、乌克兰危机等保持密切沟通。俄开展特别军事行动后，俄同欧洲国家各层级往来明显减少。1月21日，普京同芬兰总统尼尼斯托通电话，就欧洲安全问题、乌克兰危机解决前景和俄芬关系等交换意见。1月28日，普京同法国总统马克龙通电话，就俄罗斯安全保障、乌克兰局势、欧洲安全问题、伊核问题等交换意见。1月31日，普京同法国总统马克龙通电话，就乌克兰周边局势、俄罗斯安全保障等问题交换意见。2月1日，普京同意大利总理德拉吉通电话，就乌克兰局势、俄罗斯安全保障和两国各领域合作等问题交换意见。2月1日，普京在莫斯科同匈牙利总理欧尔班举行会谈，就双边经贸、能源、文化、人道主义合作以及俄罗斯安全保障等问题交换意见。2月2日，普京同英国首相约翰逊通电话，就俄罗斯安全保障交换意见。2月3日，普京同法国总统马克龙通电话，就乌克兰问题和俄罗斯安全保障等交换意见。2月7日，普京在莫斯科会见法国总统马克龙，就俄法双边关系、人道主义合作、欧洲安全问题等交换意见。2月12日，普京同法国总统马克龙通电话，就俄罗斯安全保障、乌克兰局势和伊核问题等交换意见。2月15日，普京在莫斯科会见德国总理朔尔茨，就国际和地区热点问题、俄罗斯安全保障和乌克兰问题等交换意见。2月20日，普京同法国总统马克龙通电话，就乌克兰周边局势、俄罗斯安全保障等问题交换意见。普京呼吁美国和北约认真对待俄安全保障要求并给予切实回应。2月21日，普京同法国总统马克龙和德国总理朔尔茨通电话，就俄罗斯安全保障、俄承认"卢甘斯克人民共和国"和"顿涅茨克人民共和国"等交换意见。2月24日，普京同法国总统马克龙通电话，就乌克兰局势、俄罗斯特别军事行动等交换意见。2月28日，普京同法国总统马克龙通电话，就俄罗斯特别军事行动、俄罗斯安全关切和乌克兰局势等交换意见。3月3日，普京同法国总统马克龙通电话，就乌克兰局势、俄罗斯特别军事行动、人道主义合作等交换意见。3月4日，普京同德国总理朔尔茨通电话，就俄罗斯特别军事行动、俄乌谈判等交换意见。3月6日，普京同法国总统马克龙通电话，就扎波罗热核电站、乌克兰境内平民撤离和俄乌谈判等问题交换意见。3月7日，普京同欧洲理事会主席米歇尔通电话，就俄罗斯特别军事行动、乌克兰人道主义局势和俄乌谈判等交换意见。3月9日，普京同德国总理朔尔茨通电话，就俄乌谈判、乌克兰人道主义局势等交换意见。3月10日，普京同法国总统马克龙和德国总理朔尔茨通电话，就乌克兰问题交换意见。3月11日，普京同芬兰总统尼尼斯托通电话，就俄罗斯特别军事行动、乌克兰人道主义问题等交换意见。3月12日，普京同法国总统马克龙和德国总理朔尔茨通电话，就乌克兰人道主义局势和俄乌谈判等交换意见。3月14日，普京同卢森堡首相贝泰尔通电话，就俄罗斯特别军事行动、俄乌谈判等交换意见。3月15日，普京同欧洲理事会主席米歇尔通电话，就俄罗斯特别军事行动、乌克兰人道主义局势、俄乌谈判等交换意见。3月18日，普京同德国总理朔尔茨通电话，就乌克兰局势、俄乌谈判等交换意见。3月18日，普京同法国总统马克龙通电话，就乌克兰局势、人道主义走廊、俄乌谈判等交换意见。3月19日，普京同卢森堡首相贝泰尔通电话，就乌克兰局势、俄乌谈判等交换意见。3月22日，普京同法国总统马克龙通电话，就乌克兰局势和俄乌谈判等交换意见。3月23日，普京同德国总理朔尔茨通电话，就乌克兰局势和俄乌谈判等交换意见。3月29日，普京同法国总统马克龙通电话，就乌克兰局势、乌克兰人道主义问题和天然气卢布结算令等交换意见。3月30日，普京同德国总理朔尔茨通电话，就天然气卢布结算令、俄乌谈判、乌克兰平民撤离等交换意见。3月30日，普京同意大利总理德拉吉通电话，就俄罗斯特别军事行动、天然气卢布结算令等交换意见。3月31日，普京同挪威首相斯特勒通电话，就俄罗斯特别军事行动、俄乌谈判等交换意见。4月6日，普京同塞尔维亚总统武契奇通电话，祝贺其成功当选总统，就双边关系、科索沃局势和俄乌谈判等交换意见。4月6日，普京同匈牙利总理欧尔班通电话，就俄匈关系、俄乌谈判等交换意见。4月22日，普京同欧洲理事会主席米歇尔通电话，就乌克兰局势、"纳卡"问题等交换意见。4月28日，普京同安哥拉总统洛伦索通电话，就双边关系、俄罗斯特别军事行动等交换意见。5月3日，普京同法国总统马克龙通电话，就其当选总统表示祝贺，双方并就乌克兰局势、俄乌谈判、全球粮食安全问题交换意见。5月13日，普京同德国总理朔尔茨通电话，就乌克兰局势、俄乌谈判等交换意见。5月14日，普京同芬兰总统尼尼斯托通电话，就芬兰申请加入北约、乌克兰局势等交换意见。5月26日，普京同意大利总理德拉吉通电话，就乌克兰局势、全球粮食问题和能源问题等交换意见。5月27日，普京同奥地利总理内哈默通电话，就俄罗斯特别军事行动、全球粮食安全、俄奥能源合作等交换意见。5月28日，普京同法国总统马克龙和德国总理朔尔茨通电话，就乌克兰问题、俄乌谈判、美西方向乌提供武器、全球粮食问题等交换意见。5月19日，普京同塞尔维亚总统武契奇通电话，就双边关系、乌克兰局势和科索沃局势等交换意见。8月19日，普京同法国总统马克龙通电话，就扎波罗热核电站、乌克兰粮食出口等问题交换意见。9月11日，普京同法国总统马克龙通电话，就扎波罗热核电站和全球粮食安全问题交换意见。9月13日，普京同德国总理朔尔茨通电话，就乌克兰局势、扎波罗热核电站、欧洲能源问题和黑海粮食外运协议等交换意见。12月2日，普京同德国总理朔尔茨通电话，就乌克兰局势、黑海粮食外运协议和北溪天然气管道爆炸等交换意见。普京强调美西方向乌克兰提供武器和其他支持导致乌拒绝恢复谈判，要求在俄参与下对北溪天然气管道爆炸事件进行调查。

【同其他独联体国家的关系】2022年，俄在特别军事行动背景下重视独联体国家内部合作，推动欧亚一体化进程，保持在欧亚地区影响力。多边机制层面。独联体、集体安全条约组织、欧亚经济联盟活动保持平稳运行，相关机制性会议按时举行。5月16日，为纪念《集体安全条约》签署30周年和集安条约组织成立20周年，集安条约组织峰会在莫斯科举行，重点就组织内部合作、国际和地区热点问题及完善应对安全挑战措施等交换意见。10月7日，独联体国家领导人非正式会晤在圣彼得堡举行，组织各成员国元首出席，就推动成员国关系和各领域合作交换意见。10月14日，独联体国家元首理事会会议在阿斯塔纳顺利召开。同日，首届俄罗斯—中亚首脑会议在阿斯塔纳举行。12月26日，独联体国家领导人非正式会晤在圣彼得堡举行，重点就成员国经贸、金融、文化等各领域合作交换意见。欧亚经济联盟框架内的最高欧亚经济理事会年内多次举行视频会议。

双边关系层面。俄罗斯与哈萨克斯坦。2022年，俄哈双边关系保持平稳发展。年内，普京多次同哈萨克斯坦总统托卡耶夫通电话，就双边关系、各领域务实合作、哈国内局势、两国在集安条约组织框架下共同采取反恐行动、俄罗斯特别军事行动、欧亚经济一体化等交换意见。托对集安条约组织以及俄罗斯助哈平乱表示感谢。2月10日，普京在莫斯科会见托卡耶夫总统，就哈国内局势、俄哈双边关系、各领域合作等交换意见。5月16日，普京在莫斯科会见托卡耶夫总统，就双边经贸合作、集安条约组织内部合作等交换意见。6月17日，普京在圣彼得堡会见托卡耶夫总统，就双边关系等交换意见。8月19日，普京在索契会见托卡耶夫总统，就双边关系、各领域合作和独联体框架下合作等交换意见。11月28日，普京在莫斯科会见托卡耶夫总统，就双边关系和务实合作交换意见。

俄罗斯与吉尔吉斯斯坦。5月16日，普京在莫斯科会见扎帕罗夫总统，就双边关系等交换意见。9月15日，普京在撒马尔罕会见吉尔吉斯斯坦总统扎帕罗夫，就双边关系、各领域合作等交换意见。10月13日，普京同扎帕罗夫总统和塔吉克斯坦总统拉赫蒙举行三方会晤，就俄吉、俄塔双边关系等交换意见。12月6日，普京同扎帕罗夫总统通电话，祝贺其生日，并就双边关系等交换意见。年内，普京多次同扎帕罗夫总统通电话，就双边关系、各领域合作、俄罗斯特别军事行动等进行对表。

俄罗斯与塔吉克斯坦。5月16日，普京在莫斯科会见拉赫蒙总统，就双边关系、两国经贸合作、地区局势等交换意见。6月28日，普京在杜尚别会见拉赫蒙总统，就双边关系、阿富汗局势和乌克兰局势交换意见。年内，普京多次同拉赫蒙总统通电话，就双边关系、哈萨克斯坦局势、阿富汗局势、集安条约组织合作、乌克兰局势等交换意见。

俄罗斯与乌兹别克斯坦。9月15日，普京赴撒马尔罕出席上合组织峰会并会见米尔济约耶夫总统，就双边关系等交换意见。普京向米尔济约耶夫授予亚历山大·涅夫斯基勋章。年内，普京同米尔济约耶夫总统频繁通电话，就双边关系、哈萨克斯坦国内局势、乌克兰问题、俄罗斯特别军事行动、上合组织峰会等交换意见。

俄罗斯与土库曼斯坦。6月10日，普京在莫斯科会见谢尔达尔·别尔德穆哈梅多夫总统，就双边关系和两国政治、经贸、人文合作以及国际热点问题交换意见。普京向土库曼斯坦总统授予俄罗斯友谊勋章。6月29日，普京在阿什哈巴德会见谢尔达尔·别尔德穆哈梅多夫总统并出席第六届里海峰会。9月15日，普京在撒马尔罕会见谢尔达尔·别尔德穆哈梅多夫总统，就双边关系、各领域合作和上合组织框架内合作等交换意见。11月3日，普京在莫斯科会见土前总统、国民会议人民委员会主席库尔班古力·别尔德穆哈梅多夫，就俄土关系等交换意见。年内，普京多次同谢尔达尔·别尔德穆哈梅多夫总统通电话，就双边关系、各领域合作以及国际热点问题交换意见。

俄罗斯与白俄罗斯。2月18日，普京在莫斯科同卢卡申科总统举行会谈，就俄白关系、联盟国家建设和欧洲安全问题等交换意见。3月11日，普京在莫斯科会见卢卡申科总统，就俄白关系、乌克兰局势等交换意见。4月12日，普京在阿穆尔州会见卢卡申科总统，就双边关系以及两国经贸、科技等领域合作交换意见。5月16日，普京在莫斯科短暂会见卢卡申科总统。5月23日，普京在索契会见卢卡申科总统，就共同应对美西方制裁、俄白关系、双边合作、乌克兰问题等交换意见。6月25日，普京在圣彼得堡会见卢卡申科总统，就俄白关系、双边合作、国际和地区热点问题、军事合作等交换意见。9月26日，普京在索契会见卢卡申科总统，就双边关系、特别军事行动、乌克兰局势等交换意见。12月19日，普京访问白俄罗斯并同卢卡申科总统举行会晤，就联盟国家建设、应对美西方制裁和安全问题交换意见。12月27日，普京在圣彼得堡会见卢卡申科总统，就双边关系等交换意见。2022年，普京同卢卡申科通话10余次，就哈萨克斯坦局势、深化俄白联盟关系、加强务实合作、强化联盟国家安全、特别军事行动和乌克兰局势、共同应对美西方制裁等加强沟通对表。

俄罗斯与亚美尼亚、阿塞拜疆。俄方积极斡旋“纳卡”问题，同阿、亚两国高层交往密切。2月22日，普京在莫斯科同阿塞拜疆总统阿利耶夫举行会谈，就双边关系、“纳卡”问题、俄阿亚三方协议落实情况等交换意见，签署《俄罗斯联邦与阿塞拜疆共和国联盟协作宣言》，将两国关系提升至联盟级别。4月19日，普京在莫斯科州会见亚美尼亚总理帕什尼扬，就俄亚关系、双边合作、“纳卡”问题等交换意见。5月16日，普京在莫斯科会见亚美尼亚总理帕什尼扬，就双边关系、“纳卡”问题和地区局势等交换意见。6月17日，普京在圣彼得堡会见亚美尼亚总统哈恰图良，就双边关系、“纳卡”问题等交换意见。6月29日，普京在阿什哈巴德同阿塞拜疆总统阿利耶夫举行会见，就双边关系、经贸合作、“纳卡”问题等交换意见。9月7日，普京在滨海边疆区会见亚美尼亚总理帕什尼扬，就双边关系、各领域合作和“纳卡”问题等交换意见。9月至10月，普京两度会见阿塞拜疆总统阿利耶夫，就双边关系、“纳卡”局势等交换意见。10月31日，普京在索契分别会见阿塞拜疆总统阿利耶夫和亚美尼亚总理帕什尼扬，并举行三方会晤，就俄阿、俄亚关系以及“纳卡”问题、俄阿亚三方协议执行情况等交换意见。11月23日，普京在埃里温同亚美尼亚总理帕什尼扬举行会晤，就双边关系、“纳卡”问题和集安条约组织等交换意见。12月9日，普京在比什凯克会见亚美尼亚总理帕什尼扬，就双边关系、“纳卡”问题和俄维和部队等交换意见。2022年全年，普京频繁同阿利耶夫总统和帕什尼扬总理通电话，就哈萨克斯坦国内局势、“纳卡”问题、双边合作等加强沟通协调。

俄罗斯与摩尔多瓦。俄摩关系总体冷淡，双方官方交往较少。

俄罗斯与乌克兰。2月24日，俄罗斯总统普京宣布对乌克兰开展特别军事行动。同日，乌克兰总统泽连斯基宣布同俄罗斯断交。2月至4月，俄罗斯同乌克兰举行多轮谈判，但最终未能达成停火。截至2023年7月，俄罗斯特别军事行动仍在继续。

【同其他亚太国家的关系】2022年，俄罗斯大力发展东向外交，大力加强同中国、印度、东盟等国家关系，重视参与上海合作组织、东盟、亚太经合组织等区域性组织活动，加快调整对外经济合作布局。1月17日，普京同巴基斯坦总理伊姆兰汗通电话，就俄巴经贸、能源、人道主义合作以及抗疫合作交换意见。2月17日，普京同日本首相岸田文雄通电话，就俄罗斯安全保障、乌克兰问题和俄日经贸合作等交换意见。2月24日，普京在莫斯科会见巴基斯坦总理伊姆兰汗，就双边关系、各领域合作和南亚局势等交换意见。2月24日，普京同印度总理莫迪通电话，就双边关系和俄罗斯特别军事行动等交换意见。3月2日，普京同印度总理莫迪通电话，就在乌克兰印度公民撤离等问题交换意见。3月7日，普京同印度总理莫迪通电话，就俄罗斯特别军事行动、印度公民撤离、俄乌谈判等问题交换意见。4月28日，普京同印度尼西亚总统佐科通电话，就双边合作、二十国集团合作和俄罗斯特别军事行动等交换意见。6月30日，普京在莫斯科会见印度尼西亚总统佐科，就双边关系、乌克兰问题、二十国集团峰会等交换意见。7月1日，普京同印度总理莫迪通电话，就双边关系、经贸合作、俄罗斯特别军事行动进展和全球粮食问题等交换意见。7月6日，普京同斯里兰卡总统拉贾帕克萨通电话，就双边关系和经贸、能源、农业和运输领域合作交换意见。9月7日，普京在滨海边疆区会见缅甸领导人敏昂莱，就双边关系和各领域合作交换意见。9月7日，普京在滨海边疆区会见蒙古国总理奥云额尔登，就双边关系和各领域合作交换意见。9月15日，普京在撒马尔罕会见巴基斯坦总理谢里夫，就双边关系、各领域合作等交换意见。9月16日，普京在撒马尔罕会见印度总理莫迪，就双边关系、各领域合作、乌克兰问题等交换意见。12月16日，普京同印度总理莫迪通电话，就双边关系和两国投资、能源、运输合作以及乌克兰问题交换意见。

【同中东、拉丁美洲及非洲国家的关系】2022年，俄罗斯积极运筹同中东、拉丁美洲和非洲国家关系，同埃及、沙特、阿联酋、土耳其和其他友好国家保持接触，致力于全面发展同中东、拉美和非盟等区域性组织合作，加强同发展中国家经济、金融和能源合作。年内，普京频繁同土耳其总统埃尔多安、以色列总理贝内特通电话，就俄罗斯安全保障协议、中东问题、俄罗斯特别军事行动等交换意见，多次同沙特王储本·萨勒曼、阿联酋总统穆罕默德、巴林国王哈马德通电话，就俄罗斯特别军事行动、西方制裁、全球能源市场和双边关系等交换意见。1月19日，普京在莫斯科会见伊朗总统莱西，就双边关系、国际和地区问题以及伊核问题等交换意见。2月3日，普京在莫斯科会见阿根廷总统费尔南德斯，就两国经贸、人文、人道主义合作以及双边关系和国际地区热点问题等交换意见。2月16日，普京在莫斯科会见巴西总统博尔索纳罗，就两国经贸、科技、文化合作以及国际地区热点问题交换意见。2月24日，普京同伊朗总统莱西通电话，就乌克兰周边局势、俄开展特别军事行动、伊核问题等交换意见。2月25日，普京同叙利亚总统阿萨德通电话，就俄罗斯特别军事行动、叙利亚问题和俄叙双边合作等交换意见。3月1日，普京同阿布扎比王储穆罕默德通电话，就双边合作、欧佩克+协议实施进展和乌克兰局势等交换意见。3月1日，普京同委内瑞拉总统马杜罗通电话，就乌克兰局势、双边关系等交换意见。3月5日，普京在莫斯科会见以色列总理贝内特，就乌克兰问题等交换意见。3月9日，普京同塞内加尔总统萨勒通电话，就俄罗斯特别军事行动、俄非合作、俄塞合作等交换意见。3月9日，普京同埃及总统塞西通电话，就俄埃关系、俄罗斯特别军事行动等交换意见。3月10日，普京同南非总统拉马福萨通电话，就俄南关系、金砖合作、俄罗斯特别军事行动等交换意见。4月18日，普京同巴勒斯坦总统阿巴斯通电话，就双边关系、巴以问题、俄罗斯特别军事行动等交换意见。4月18日，普京同阿尔及利亚总统特本通电话，就两国建交60周年互致祝贺，并就双边关系、巴以问题和乌克兰局势等交换意见。6月3日，普京在索契会见到访的非盟主席、塞内加尔总统萨勒，就俄非关系和双边政治、经济和人道主义合作等交换意见。6月15日，普京同南非总统拉马福萨通电话，就双边关系、两国经贸投资合作、粮食安全问题、乌克兰问题和金砖合作等交换意见。6月27日，普京同巴西总统博尔索纳罗通电话，就全球粮食问题和双边关系等交换意见。6月29日，普京在阿什哈巴德会见伊朗总统莱西，就双边关系、经贸合作和里海合作等交换意见。7月19日，普京访问伊朗并同伊朗总统莱西举行会谈，就双边关系、叙利亚问题等交换意见。7月19日，普京在德黑兰会见土耳其总统埃尔多安，就双边关系和叙利亚问题交换意见。8月5日，普京在索契会见土耳其总统埃尔多安，就双边关系、务实合作和国际地区热点问题交换意见。8月9日，普京同以色列总统赫尔佐格通电话，就双边关系和各领域合作等交换意见。8月18日，普京同印度尼西亚总统佐科通电话，就双边关系、全球粮食安全问题和G20峰会等交换意见。9月15日，普京在撒马尔罕会见伊朗总统莱西，就双边关系、伊核问题、西方对俄制裁等交换意见。10月4日，普京同马里过渡总统戈伊塔通电话，就黑海粮食倡议、双边安全合作等交换意见。10月11日，普京在圣彼得堡会见阿联酋总统穆罕默德，就双边关系、两国经贸和抗疫合作、乌克兰局势等交换意见。10月13日，普京在阿斯塔纳会见卡塔尔埃米尔塔米姆，就双边关系、经贸投资合作等交换意见。10月13日，普京在阿斯塔纳会见巴勒斯坦总统阿巴斯，就双边关系、巴以问题、人道主义合作等交换意见。10月25日，普京在莫斯科会见几内亚比绍总统恩巴洛，就双边关系、乌克兰问题、西非安全等交换意见。11月11日，普京同中非共和国总统图瓦德拉，就双边关系、全球粮食问题等交换意见。11月22日，普京在莫斯科会见古巴总统迪亚斯-卡内尔，就双边关系、各领域合作、美西方对俄制裁等交换意见。11月24日，普京同伊拉克总理苏丹尼通电话，就双边关系、能源合作、伊拉克局势等交换意见。12月18日，普京同阿根廷总统费尔南德斯通电话，祝贺阿根廷足球队赢得卡塔尔世界杯。12月20日，普京同巴西新当选总统卢拉通电话，祝贺其当选总统并就双边关系、各领域合作和国际协作等交换意见。　（王诗华、鲁中华）

法 国

国名 法兰西共和国（The French Republic，La République Française）。

面积 约55万平方公里（不含海外省和海外领地）。

人口 6583万（2023年，不含海外省和海外领地）。官方语言为法语。约52%居民信奉天主教，约有600万穆斯林（占总人口9%左右）和少数基督教新教、犹太教、佛教教徒。

首都 巴黎（Paris），市区人口212万（2022年，法国国家统计局2023年2月预测）。属海洋性气候，夏季温暖舒适，日照充足，气温15℃—25℃；春秋季温和凉爽，骤冷骤热时有发生；冬季白天凉爽、夜晚寒冷，最低气温一般在3℃左右，很少低于-5℃。年均降水量641毫米。

国家元首 总统埃马纽埃尔·马克龙（Emmanuel Macron），2017年5月首次当选，任期5年。2022年4月24日连任，5月7日就职。

重要节日 国庆节：7月14日。1880年议会立法确认，1789年法国资产阶级大革命攻克巴士底狱日为国庆节。

简 况

位于欧洲西部，本土呈六边形，三面临海。与比利时、卢森堡、德国、瑞士、意大利、西班牙、安道尔、摩纳哥接壤，西北隔拉芒什海峡与英国相望。平原占总面积的2/3。主要山脉有阿尔卑斯山脉、比利牛斯山脉、汝拉山脉等。濒临四大海域：北海、英吉利海峡、大西洋和地中海。本土边境线总长度为6337公里，其中海岸线长3424公里，陆地线长2913公里。海外边境线长1263公里，海岸线长2000公里。西部属温带海洋性气候，南部属亚热带地中海气候，中部和东部属大陆性气候。平均气温1月北部为1℃—7℃，南部为6℃—8℃；7月北部为16℃—18℃，南部为21℃—24℃。

古称“高卢”，公元1世纪被罗马人占领，5世纪，法兰克人移居于此，843年建立查理曼帝国，成为独立国家。10—14世纪加佩王朝统治时期改称法兰西王国。17世纪下半叶波旁王朝路易十四统治时期达到鼎盛。1789年7月14日爆发资产阶级大革命，发表《人权宣言》，废除君主制，1792年建立第一共和国。此后历经拿破仑建立的第一帝国、波旁王朝复辟、七月王朝、第二共和国、第二帝国、第三共和国。1871年3月，巴黎人民武装起义，成立世界上第一个无产阶级政权——巴黎公社，当年5月被镇压。第一次世界大战中，法国参加协约国，对同盟国作战获胜。第二次世界大战期间遭到德国入侵，戴高乐将军组织了反法西斯的“自由法国”运动，1944年8月解放巴黎。1946年10月，法兰西第四共和国成立，进入政坛不稳定时期，12年间更迭了20多届政府。1958年，第五共和国成立，戴高乐出任首任总统。此后，蓬皮杜、德斯坦、密特朗、希拉克、萨科齐、奥朗德、马克龙先后出任总统。

政 治

半总统半议会制政体，政局总体稳定。近年来，政治生态发生深刻变化。2017年，以中间派领袖马克龙当选为标志，打破左右翼两大政党对垒和轮流坐庄的传统政治格局。马克龙就任后，积极兑现竞选承诺，对内全面推进政治、经济、教育等领域改革，破除积弊；对外开展全方位外交，将“国际关系平衡者、欧洲振兴领导者、热点问题调停者”确立为法国外交新定位，加大对欧盟内外政策的引领塑造，坚定主张欧盟战略自主。2015—2016年，法国先后3次遭受严重恐怖袭击，安全形势严峻，法国政府强化安全措施，全力加强反恐。2021年，法国颁布《巩固共和原则法》和《整体安全法》。近几年来，法国再未发生重大恐袭事件，但小规模独狼式恐怖袭击事件时有发生。

【宪法】现行第五共和国宪法系1958年9月公民投票通过，10月4日生效，是法国历史上第16部宪法。曾进行过多次修改。宪法规定，总统为国家元首和武装部队统帅，任期5年，由选民直接选举产生。总统任免总理并批准总理提名的部长；主持内阁会议、最高国防会议和国防委员会；有权解散议会，但一年内不得解散两次；可不经议会而将某些重要法案直接提交公民投票表决；在非常时期，总统拥有“根据形势需要采取必要措施”的全权。在总统不能履行职务或空缺时，由参议长暂行总统职权。

【议会】实行国民议会和参议院两院制，拥有制定法律、监督政府、通过预算、批准宣战等权力。国民议会共577席，任期5年，采用两轮多数投票制，由选民直接选举产生。本届国民议会于2022年6月选出，总统多数派中间联盟“在一起”赢得相对多数，复兴党（总统派）议员娅艾尔·布朗-皮韦（Yaël Braun-Pivet，女）当选新任议长。

参议院共348席，由国民议会和地方各级议会议员组成选举团间接选举产生，任期为6年，每3年改选1/2。本届参议院于2020年9月改选产生，右翼的共和人党维持多数席位，议长热拉尔·拉尔歇（Gérard Larcher，共和人党）。各党派在两院中所占席位如下：

国民议会：

复兴党	170
国民联盟	89
“不屈的法兰西”-生态与社会新人民联盟	75
共和人党	62
民主运动及独立人士	50
社会党及协同议员	31
远景党及协同议员	30
绿党	23
民主与共和左翼	22
民主运动、独立人士及海外领地	20
无党团议员	4
空缺	1

（资料来源：法国国民议会网站2022年10月）

参议院：

共和人党党团	145
社会、生态与共和党团	64
中间联盟党团	57
民主、进步和独立党团	24
共产、共和、公民和生态党团	15
欧洲社会民主联盟党团	14
独立人士“共和国与国土”党团	14
生态、团结与国土党团	12
无党派人士	3

（资料来源：法国参议院网站2022年10月）

【政府】本届政府于2022年5月20日成立，7月4日改组。除总理外，包括部长16名，部长级代表15名，国务秘书10名。主要成员有：总理伊丽莎白·博尔内（Élisabeth Borne，女），经济、财政及工业、数字主权部长布鲁诺·勒梅尔（Bruno Le Maire），内政和海外事务部长热拉尔德·达尔马宁（Gérald Darmanin），欧洲和外交部长卡特琳·科隆纳（Catherine Colonna，女），掌玺和司法部长埃里克·迪蓬-莫雷蒂（Éric Dupond-Moretti），国防部长塞巴斯蒂安·勒科尔尼（Sébastien Lecornu），劳动、充分就业和社会融入部长奥利维耶·迪索普特（Olivier Dussopt），国民教育和青年部长帕普·恩迪亚耶（Pap Ndiaye），高等教育和科研部长西尔薇·勒塔约（Sylvie Retailleau，女），农业和粮食主权部长马克·费诺（Marc Fesneau），生态转型和国土协调部长克里斯托夫·贝许（Christophe Béchu），能源转型部长阿涅丝·帕尼耶-吕纳谢（Agnès Pannier-Runacher，女），文化部长丽玛·阿卜杜勒-马拉克（Rima Abdul-Malak，女），卫生和疾病预防部长弗朗索瓦·布朗（François Braun），互助、老龄化和残疾人部长让-克里斯托夫·孔布（Jean-Christophe Combe），公共职能与转型部长斯坦尼斯拉斯·盖里尼（Stanislas Guerini），体育、奥运会和残奥会部长阿梅莉·乌代亚-卡斯泰拉（Amélie Oudéa-Castéra，女）等。

【行政区划】分为大区、省和市镇。本土划为13个大区、96个省，还有5个海外单省大区、5个海外行政区和1个地位特殊的海外属地。全国共有34945个市镇（2023年1月1日）。

【司法机构】分为两个相对独立的司法管辖体系，即负责审理民事和刑事案件的普通法院与负责公民与政府机关之间争议案件的行政法院。

普通法院有两类：民事法院、刑事法院。普通法院系统纵向分为四级：初审法院、高等法院、上诉法院和最高法院。最高法院是最高一级司法机关，负责受理对36个上诉法院所作判决的上诉。

行政法院是最高行政诉讼机关，下设行政法庭。行政法院对行政法令的合法性作最后裁决，并充当政府在制定法律草案方面的顾问。行政法院院长名义上由总理担任，后者委托副院长行使管理权。

法国的检察机关没有独立的组织系统，其职能由各级法院中配备的检察官行使。检察官虽派驻在法院内，但职能独立于法院，其管理权属于司法部。最高法院设总检察长1人，检察官若干人；上诉法院设检察长1人，检察官若干人；高等法院设检察官1人，代理检察官和助理检察官若干人。

【政党】法国实行多党制，主要政党有：

（1）复兴党（Renaissance）：执政党和国民议会第一大党。2022年5月5日，共和国前进党（La République en Marche!，LREM）宣布更名为复兴党参加6月的国民议会选举。前身为马克龙于2016年4月领导创建的“前进”运动（En Marche!），2017年5月更名为共和国前进党。其核心创始成员大多来自社会党改革派和民间社会，后又陆续吸纳了大量来自右翼温和派、中间派等其他派别成员。2017年6月赢得立法选举，取得国民议会的绝对控制权。称党员和支持者近40万人。2020年5月以来，部分议员另组新派系，共和国前进党失去国民议会绝对多数席位。主张超越传统左右翼理念分歧和党派之争，兼容并蓄，博采众长。经济上奉行右翼自由主义，倡导改革创新，推行以促进就业、增强市场活力为核心的经济政策；社会政策上奉行左翼价值观，重视民生教育，维护社会公平正义和稳定；外交政策上坚持以独立自主为核心的“戴高乐-密特朗主义”，以欧盟为重点，努力捍卫欧洲一体化，平衡发展同世界各大国的关系，努力维护法国在欧盟内部和国际舞台上的地位和影响力，维护法国和欧洲主权。现任总代表为斯坦尼斯拉斯·圭里尼（Stanislas Guerini）。

（2）共和人党（Les Républicains，LR）：主要反对党和参议院第一大党，属中右政党。原名“人民运动联盟党”，2015年5月更名为“共和国人党”。前身系2002年总统大选中的竞选联盟，核心为原保卫共和联盟（戴党），并吸收了自由民主党和法兰西民主联盟的主要力量。党员人数超过10万人。内部存在较多派系，政策主张不尽相同。总体而言，经济上遵循自由主义路线，主张减轻企业税负，增强市场活力；安全上主张加强安全保障，保持社会秩序，严厉打击恐怖主义；社会政策上主张适度收紧移民政策，强调法兰西身份认同。现任党主席为埃里克·乔蒂（Eric Ciotti），2022年12月当选。

（3）社会党（Parti Socialiste，PS）：反对党，左翼政党。前身是1905年成立的“工人国际法国支部”，1920年发生分裂，多数派另组共产党，少数派则保留原名。1969年改组成立社会党，1971年与其他左翼组织合并，仍用现名。现有党员和支持者约4万人。主张维护劳工利益，同时采取务实的经济政策；对外主张维护法国独立核力量，推动欧洲一体化建设，并加强南北对话。现任总书记为奥利维耶·富尔（Olivier Faure），2018年3月当选，4月正式就任。

（4）国民联盟（Rassemblement National，RN）：原名“国民阵线”（Front National），2018年6月1日正式更名为“国民联盟”。极右翼政党，成立于1972年10月。1986年议会选举中首次进入国民议会。代表极端民族主义思潮，强调“要把法国从欧洲控制和世界主义中拯救出来”。近年来，在欧债危机爆发、法国经济复苏乏力、失业率居高不下、难民危机和恐怖主义接踵而至的影响下，国民联盟强化移民、安全、就业议题，民意支持持续冲高。党员和支持者超过8万人。现任党主席为乔丹·巴德拉（Jordan Bardella）。

（5）不屈的法兰西（France Insoumise）：极左翼政党。成立于2016年2月。宣扬以公平、公正、开放、包容等理念为核心的左翼传统价值观和政策主张，“反建制”色彩鲜明。反对经济自由化政策，主张“彻底政治变革”。呼吁通过公投制定新宪法，建立第六共和国，号召民众发起“公民革命”，“用选票将执政者扫地出门”。称党员和支持者约37万人。创始人为让-吕克·梅朗雄（Jean-Luc Mélenchon），协调人为曼努埃尔·邦帕德（Manuel Bompard）。

（6）民主和独立派联盟（Union Des Démocrates Et Indépendants，UDI）：中间派政党，成立于2012年9月。现有党员近1万人。该党定位为“开放、富有建设性的反对派”，“平和、可信的替代力量”，欧洲一体化建设、绿色增长和经济竞争力是其首要关切，提出建设“人性化的自由主义”。现任主席埃尔维·马赛（HervéMarseille），2022年12月当选。

（7）法国共产党（Parti Communiste Français，PCF）：1920年12月成立。二战后初期达到顶峰，最多时拥有党员80多万人，曾是法第一大党。2021年党员4.3万人。现任全国书记法比安·鲁塞尔（Fabien Roussel）。

（8）其他政党有：

中间派：民主运动（Mouvement démocrate）、我们公民（Nous Citoyens）、共和人民联盟（Union populaire républicaine）、远景党（Horizons）等。

右翼：法兰西站起来（Debout la France）、法兰西运动（Mouvement pour la France）、基督教民主党（Parti chrétien-démocrate）、团结共和党（République solidaire）等。

左翼：共和与公民运动（Mouvement Républicain et Citoyen）、欧洲生态-绿党（Europe Ecologie les Verts）、进步主义者运动（Mouvement des progressistes）等。

极右：全国共和运动（Mouvement National Républicain）、南方联盟（Ligue du Sud）、土地和人民（Terre et Peuple）等。

极左：工人斗争党（Lutte Ouvrière）、左翼阵线（Front de Gauche）、独立工人党（Parti ouvrier indépendant）、法国工人共产党（Parti communiste des ouvriers de France）等。

【重要人物】埃马纽埃尔·马克龙：总统。1977年12月21日出生于法国亚眠。毕业于巴黎第十大学、巴黎政治学院、国家行政学院。2006年加入社会党，曾任总统府副秘书长。2014—2016年任经济、工业和数字部长。2016年创建政治团体“前进”运动，并以独立候选人身份参加总统选举。2017年5月7日当选法兰西共和国第8位暨第11任总统。5月14日正式就职。2022年4月24日连任，系希拉克以后首位成功连任的法国总统。5月7日就职。 **伊丽莎白·博尔内**：总理。女，1961年4月出生于巴黎。曾就读于巴黎综合理工学院、法国国立路桥学校、法国工程师学院。先后供职于法国装备部、教育部、总理办公厅、国营铁路公司以及巴黎市政府等部门。马克龙第一任期5年间，先后担任交通部长、生态部长、劳工部长。2022年5月16日，法国总统马克龙任命博尔内为总理。

经　济

法国是世界上最发达的工业国家之一，在核电、航空、航天和铁路方面居世界领先地位。2022年主要经济数据如下：

国内生产总值：2.78万亿美元。

人均国内生产总值：4.09万美元。

国内生产总值增长率：2.6%。

货币名称：欧元。

汇率：1美元≈0.95欧元。

通货膨胀率：5.2%。

失业率：6.9%。

（资料来源：法国国家经济研究与统计局）

【资源】铁矿蕴藏量约10亿吨，但品位低、开采成本高，煤储量几近枯竭，所有铁矿、煤矿均已关闭，所需矿石完全依赖进口。有色金属储量很少，几乎全部依赖进口。能源主要依靠核能，约69%的法国本土电力靠核能提供（2021年）。此外，水力和地热资源的开发利用也比较充分。据法国国家林业局和国家地理和森林信息研究所统计：2021年，法国本土森林面积本土约1710万公顷，覆盖率31%。

【工业】法国是最发达的工业国家之一，在核电、航空、航天和轨道交通等方面居世界领先地位。2022年法国工业产值2740亿欧元，约占国内生产总值的13.5%。主要工业部门有汽车制造、造船、机械、纺织、化学、电子、日常消费品、食品加工和建筑业等，钢铁、汽车和建筑业为三大工业支柱。核能、石油化工、海洋开发、航空和宇航等新兴工业部门近年来发展较快。

【农业】法国是欧盟最大的农业生产国，也是世界主要农产品和农业食品出口国。据法国国家统计局资料，2022年农业产值958亿欧元（不含补贴），同比增长17.4%。农业人口67.5万（2020年）。本土农业用地2670万公顷（2022年）。

农业的传统地区结构为：中北部地区是谷物、油料、蔬菜、甜菜的主产区，西部和山区为饲料作物主产区，地中海沿岸和西南部地区为多年生作物（葡萄、水果）的主产区。法国已基本实现农业机械化，农业生产率很高。农业食品加工业是法国对外贸易的支柱产业之一。

【服务业】服务业在法国国民经济和社会生活中占有举足轻重的地位，自20世纪70年代以来发展较快，连锁式经营相当发达，已扩展至零售、运输、房地产、旅馆、娱乐业等多种行业。据法国国家统计局数据，2021年第三产业用工2390万人，占总就业人数的79.9%。法国大型零售超市众多，拥有家乐福、欧尚等世界著名品牌。

【旅游业】法是全球旅游主要目的地之一。2022年接待国际旅客6660万人次，国际旅游收入约580亿欧元，位居世界第二。旅游业产值约占国内生产总值的8%，直接、间接创造就业岗位200万个。（法国外交部资料）根据法国国家统计局2023年2月发布的数据，法本土有16611家酒店，7432家营地，3518家各类小旅店、度假村、民宿、青年之家。

【交通运输】交通运输发达，水、陆、空运输均极为便利。

铁路：由国家铁路公司管理和运营。2021年，法国国家铁路网全长28000公里，连接9750个市镇，服务的站点和车站超过3000个，是欧盟第二长的铁路网络。全国铁路网每天约有15000列商业火车运行，每日运送旅客500万人次，每日货运量约25万吨。

公路：法国公路网是世界最密集、欧盟国家中最长的，总长度超过110.3万公里。全国公路网包括20656公里，分为11618公里高速公路和9044公里国道。与意大利、西班牙、比利时、德国、卢森堡、瑞士等周边国家相连。

水运：内河航道总长14932公里，其中可通行1500吨级以上船舶的航道约1900公里。巴黎是主要内河港口。主要海港有马赛港、勒阿弗尔港和敦刻尔克港。

空运：2022年，法国空运商业旅客数量1.7亿人次，较2021年增加91.8%，较2019年减少18.8%，执行商业航班165.4万架次，较2021年增加47.6%，较2019年减少16%。主要航空公司为法航，主要机场有巴黎戴高乐机场和奥利机场、尼斯机场等。2022年，巴黎的机场旅客数量8666万人，较2021年增加106.7%，较2019年减少19.8%。（资料来源：法国机场联盟）

【财政金融】政府财政收入主要来源于税收，税率高于美日等国。主要税种有增值税、所得税、公司税、社会福利税等。据法国国家经济研究与统计局数据：2022年，法国公共财政支出1.5361万亿欧元，财政收入1.4117万亿欧元，公共财政赤字为1245亿欧元，占国内生产总值的4.7%；截至2022年底，法国公共债务2.95万亿欧元，占国内生产总值的111.8%。根据法国经财部数据，截至2022年底，法国官方储备资产和其他外币资产总额为2376.82亿欧元。

据法国央行数据：截至2021年，法共有注册金融机构769家。巴黎国民银行、兴业银行、农业信贷银行、里昂信贷等八大银行资产占全国银行总资产的一半以上。

【对外贸易】与世界各大地区和100多个国家有贸易往来，世界第六大出口国（2021年）。据法国经财部数据：2022年，货物出口贸易额为5945亿欧元，同比增长18.5%，货物进口贸易额为7581亿欧元，同比增长29.1%，贸易逆差1636亿欧元；服务出口贸易额为3101亿欧元，同比增长21.9%，服务进口贸易额为2602亿欧元，同比增长19.4%，顺差499亿欧元。近年来，法国政府把促进出口作为带动经济增长的重要手段，在保持和扩大原有国际市场的同时，积极开发拉美、亚太等地区的市场。

法国进口商品主要有能源和工业原料、设备等，出口商品主要有纺织品、药品、农食产品、化工产品和化妆品、航空航天产品、汽车、能源等。2022年，55.5%的法国货物出口在欧盟内部，主要货物出口伙伴国为德国（803亿欧元）、意大利（542亿欧元）、美国（480亿欧元）、比利时（455亿欧元）；主要进口货物伙伴国为：德国（925亿欧元）、中国（777亿欧元）、比利时（687亿欧元）、美国（615亿欧元）。（资料来源：法国经财部）

【对外投资】据法国中央银行网站数据，截至2020年底，法国对外直接投资存量为1.26万亿欧元。根据法国国家统计局数据，2021年法国对外投资131亿欧元。法国对外投资主要集中在欧盟成员国，对美国和石油输出国组织成员国、非洲、拉美的投资也较高，并以工业、能源、服务部门为主。大多数投资采用企业兼并或购买公司股份的形式。

【外国资本】近年来，外国对法国服务业和工业部门的投资加快，主要领域有机械、汽车、化工产品、钢铁、农产品、食品、服装等。截至2021年底，外国对法直接投资存量8460亿欧元。根据法国国家统计局数据，2021年外国对法投资228亿欧元。据法国商务投资署数据，2022年，法国吸引1725个外资项目，同比增长7%，美国为第一大投资来源国，其次为德国、英国、意大利，为欧洲最具投资吸引力国家。

【对外援助】2023年4月，经合组织公布了2022年全球官方发展援助初步数据，法国成为全球第四大援助国，官方发展援助占国民总收入的0.56%。资金使用的五大方向为卫生、教育、男女平等、气候与环境、改善脆弱性。非洲国家是法国官方发展援助的主要受援国，包括塞内加尔、乍得和马里等国。（资料来源：法国外交部）

人民生活

法国是高福利国家。社会保险制度始建于1945年，现已发展得较为完善。2021年社会保障总支出5641亿欧元。资金主要来源于雇员和雇主交纳的社会分摊金以及对工资外收入征收的普通社会税金，保障范围涵盖退休金、养老金、医疗保险费、家庭津贴、待业金（失业补助和职业培训费）、残疾人补助等。由于人口老龄化等问题，政府财政逐渐不堪重负，多次进行退休制度改革和医疗保险改革以减轻国家财政负担。马克龙总统连任后，重启退休制度改革，遭遇议会反对党强力阻挠及大规模示威游行。法政府动用宪法特殊条款，强行通过改革法案，涉险过关。

法国长期实行最低标准工资制度，2023年1月1日起最低工资为每月1709.28欧元（每周35小时净额1353欧元），同比增长1.81%。2020年私营部门平均月工资2520欧元。截至2021年1月1日，全法共有21.42万名医生（70岁以下）、76.43万名护士、7.2万名药剂师、4.2万名牙医。2021年3月卫生部数据显示，平均每10万人拥有318位医生。截至2021年底，全法共有2984家医疗机构（公立医院1342所、非营利性私立医院661所、诊所981个），住院床位38.26万张，临时床位8.25万张。截至2021年1月1日，法国58%的家庭拥有自己主要住房的产权，法国本土共有3720万套住房。法国汽车、手机、个人电脑、互联网等普及率居世界前列。

军　事

法国目前的国防体制是在1959年《国防组织法》基础上建立起来的。1958年宪法规定，总统是武装力量的最高统帅，只有总统本人有使用核打击力量的决定权，在其领导下的国防决策机构包括内阁会议、国防委员会、小范围国防委员会和高级国防委员会，其中内阁会议是最高决策机构，负责制定国防政策、任免将级军官，有权宣布总动员、发布戒严令和紧急状态令等。法国奉行独立自主的防务政策，逐步推进军队职业化改革，以职业兵役制替代义务兵役制；以独立的战略核力量为主要防务手段，由战略航空力量、战略海洋力量、太空力量构成；国防工业实施以合并、推动高科技及真正走上市场为内容的改组。

武装力量由陆海空三军和宪兵组成。根据法国国防部数据，2020年，法国总兵力205853人，后备役41162人（不含宪兵）。2022年国防预算为409亿欧元，占国家总预算的14.5%。2021年国防预算为392亿欧元。

陆军编有1个地面作战司令部、1个后勤司令部、8个作战旅、4个专业旅和1个后勤旅。主要装备有：坦克222辆、履带装甲车181辆、轮式装甲车6220辆、加农火炮119门、直升机265架。

海军编有战略海军司令部和水面、反潜、扫雷、潜艇等各专业作战司令部以及海军航空兵司令部和海军陆战队司令部。主要装备有：核动力航母1艘、弹道导弹核潜艇4艘、攻击型核潜艇5艘、其他各种战舰和支援舰艇共61艘、各类飞机101架、直升机62架。

空军编有1个空军司令部、1个空中防卫和作战司令部、1个战略空军司令部和人力资源管理部门。主要装备有：战斗机211架、运输机69架、直升机73架以及各式支援型飞机23架、教练机92架。（资料来源：法国国防部2021年7月数据）

三军总参谋长蒂埃里·伯克哈德（Thierry BURKHARD，2021年7月7日任命）上将，陆军参谋长皮埃尔·席尔（Pierre SCHILL，2021年7月22日任命）上将，海军参谋长皮埃尔·范迪埃（Pierre Vandier，2020年9月1日任命）上将，空军参谋长斯蒂芬·米勒（Stéphane MILLE，2021年9月10日任命）上将。

海外驻军超3万人，其中约7150人部署在法国海外领地，约740人接受联合国指挥执行维和任务。法国在非洲、印度洋和太平洋等地区拥有军事基地及可使用机场、港口10余处。驻外部队的主要任务是：维护法国海外省和海外领地的主权独立、领土完整及安全利益；执行与法国签有双边军事合作协定国家的驻军任务；参加联合国维和部队。

文化教育

【教育】法国教育在20世纪50—60年代进行了两次重大改革，逐渐形成现今极具特点、复杂多样的教育体制。6—16岁为义务教育。公立小学和中学免收学费，免费提供小学和初中教材。高等学院除私立学校外，一般只缴纳少量注册费。初等教育学制5年，入学率100%。中等教育包括普通教育和职业技术教育两类。普通中等教育分为初中和高中两个阶段，学制7年各为4年和3年。中等职业技术教育近年来发展较快，主要包括技术高中、职业高中、艺徒培训中心、就业前教育适应班4种类型和层次。高等教育分为综合性大学、高等专业学院、高等技术学校和承担教学任务的科研教育机构4类。根据法国高等教育署数据，法拥有超过3500所公立和私立高等教育机构，包括72所大学、25所大学社区、271所博士学院、227所工程学院、220所商业和管理学院、45所公共艺术学院、22所建筑学校和3000所私立学校。2022年高等教育和科研部预算246亿欧元。法国著名高校有：巴黎大学、斯特拉斯堡大学、里尔大学、里昂大学以及巴黎综合理工学院、国家行政学院、巴黎政治学院、巴黎高等商业学院、巴黎高等师范学院、巴黎高等矿业学院等。

【新闻出版】2020年，全国共有各种报纸杂志6050种（资料来源：法国文化部），注册记者3.5万名。发行量最大的全国性报纸是《费加罗报》，2022年发行量约35.2万份，其他发行量较大的全国性报纸主要有《世界报》《回声报》《队报》等。发行量最大的地方报纸是《西部法兰西报》。主要杂志有《快报》《观点》《新观察家》《巴黎竞赛画报》《费加罗杂志》等。法约有1万家出版社。（资料来源：国家出版工会）

通讯社：法新社，世界主要通讯社之一。1835年创立，原名“哈瓦斯通讯社”，1944年8月改组并改用现名。1957年，政府确定法新社的独立地位，但其财政管理仍由国家控制。在国外有260多家分社，约2400名员工，辐射151个国家，向全球约7000家报纸、2500家电台和400家电视台供稿。

广播电台：法国国家广播公司成立于1975年，下设7个广播电台（国内综合台、新闻台、文化台、音乐台、蓝色台、巴黎联合广播电台、青年摇滚电台）。此外，为加强对外宣传，国家广播公司专设独立的法国国际电台RFI，除法语外，以12种语言全天对外广播，几乎覆盖全世界。1982年，政府通过法令，取消国家对电台的垄断，允许私人和团体设立电台。2017年，法国本土有1229家广播电台，其中9家为公立，1220家为私营。

电视台：现有5家全国性国营电视台由法国电视台100%控股，分别是法国2台、法国3台、法国4台、法国5台、CultureBox（文化频道）。另有FranceInfo（资讯台）、TV5 Monde、Arte等频道。25家全国性私营台，包括法国1台、法国6台、CANAL+（收费台）等。另有几十家中央或地方的有线电视台，主要通过ADSL和TNT（数字地面电视）方式播出，并可接收大部分国际卫星电视频道。TV5和法国国际台France24是覆盖世界大部分地区的法国电视台。

对外关系

法国是联合国安理会常任理事国、欧盟创始国及北约成员国；是联合国教科文组织、国际刑警组织、经合组织、欧洲议会等重要国际和地区组织总部所在地，同191个国家建立了外交关系，驻外机构数量居全球第三。（资料来源：法国外交部）

外交具有独立自主、积极进取的鲜明特色。在重大外交问题上敢于坚持原则和自身立场。善用联合国等国际组织和多边机构，积极介入国际和地区热点问题并努力发挥独特作用。马克龙上任以来，将“国际关系平衡者、欧洲振兴领导者、热点问题调停者”确立为法国外交新定位。

在多边层面，以气候变化、发展援助、全球治理规则等问题为重点，提升话语权。在欧盟层面，全力推进欧洲一体化建设，积极倡导欧洲战略自主，提出重塑欧盟构想，倡导改革欧元区机制，加快欧盟共同防务建设。继续积极介入乌克兰、叙利亚、利比亚、伊朗核、缅甸等热点问题。

【同中国的关系】法国是第一个同中华人民共和国正式建交的西方大国。1964年1月27日，中法两国建立大使级外交关系。建交后，两国关系总体发展顺利。20世纪90年代初，中法关系因法国政府参与西方对华制裁并批准售台武器一度受到严重影响。1994年1月12日，两国政府发表联合公报，法方承诺不再批准法国企业参与武装台湾地区，双边关系恢复正常。两国在政治、经济、文化、科技、教育等各个领域的合作富有成果。1997年和2004年，法国在西方大国中率先同我国建立全面伙伴关系和全面战略伙伴关系。2008年，中法关系因涉藏问题出现重大波折。2009年4月1日，中法发表新闻公报，中法关系逐步恢复良好发展势头，各领域合作进展顺利。

马克龙当选总统后，总体延续前任对华政策方针，把发展对华关系作为外交重点之一，积极推进对华合作。2018年12月，习近平主席在出席二十国集团领导人布宜诺斯艾利斯峰会期间同马克龙举行会晤。2019年3月，习近平主席对法国进行国事访问，开启了中法关系的新篇章。访问期间，两国元首就打造更加富有雄心和活力的中法全面战略伙伴关系达成重要共识，双方还发表《关于共同维护多边主义、完善全球治理的联合声明》。6月，二十国集团领导人大阪峰会期间，两国元首再次成功会晤。11月，法国总统马克龙结合出席第二届中国国际进口博览会对华进行国事访问，双方发表《中法关系行动计划》和《中法生物多样性保护和气候变化北京倡议》。2020年1月22日、2月18日、3月23日、6月5日、12月9日，2021年2月25日、10月26日和2022年2月16日、5月10日，习近平主席应约同马克龙总统通电话。2020年11月12日，习近平主席以录制视频方式出席第三届巴黎和平论坛线上全会。12月12日，习近平主席以录制视频方式出席纪念应对气候变化《巴黎协定》达成5周年气候雄心峰会。12月30日，习近平主席同德国总理默克尔、法国总统马克龙、欧洲理事会主席米歇尔、欧盟委员会主席冯德莱恩举行视频会晤。2021年4月16日、7月5日和2022年3月8日，习近平主席同法国总统马克龙、德国总理默克尔/朔尔茨三次举行中法德领导人视频峰会。

2021年10月，马克龙总统以录制视频方式出席联合国《生物多样性公约》第十五次缔约方大会领导人峰会并致辞。2022年7月，法国担任中国国际消费品博览会主宾国，马克龙总统在开幕式上发表视频致辞。11月15日，二十国集团领导人巴厘岛峰会期间，习近平主席会见马克龙总统。

近年来，双方其他高层互访频繁。2019年1月，王毅国务委员兼外长赴法举行中法战略对话。2月，法国总统外事顾问埃蒂安访华。4月，法国总统特别代表、外长勒德里昂来华出席第二届“一带一路”国际合作高峰论坛。6月，法国经财部长勒梅尔访华。7月，法国总统外事顾问博纳来华同王毅国务委员兼外长举行中法战略对话。10月，王毅国务委员兼外长赴法同法国外长勒德里昂共同主持中法高级别人文交流机制第五次会议。11月，王岐山副主席赴法出席第二届巴黎和平论坛。12月，全国人大常委会副委员长陈竺率团访问法国并出席中法议会（参议院）定期交流机制第九次会议。同月，中国政府欧洲事务特别代表吴红波率团访问法国。2020年1月，法国经财部长勒梅尔访华。8月，王毅国务委员兼外长对法国进行正式访问。12月，全国人大常委会委员长栗战书通过视频方式出席中国全国人大与法国国民议会交流机制第十一次会议开幕式并致辞。2021年1月，韩正副总理以视频方式出席第四届“一个星球”峰会并发表讲话。同月，王毅国务委员兼外长同法国总统外事顾问博纳共同主持中法战略对话。5月，韩正副总理以视频方式出席非洲经济体融资峰会并致辞。9月，李克强总理以视频方式出席在法国马赛举行的第七届世界自然保护大会开幕式。12月，胡春华副总理同法国经财部长勒梅尔通过视频方式举行第八次中法高级别经济财金对话。12月，陈竺副委员长与法国参议院法中友好小组主席雷纳尔通过视频方式共同主持中法议会（参议院）机制交流第十次会议。2022年1月，王毅国务委员兼外长同法国总统外事顾问博纳在江苏无锡共同主持中法战略对话，其间王岐山副主席、刘鹤副总理同博纳视频会见。2月，王岐山副主席在法方举办的“一个海洋”峰会高级别会议上发表视频致辞。7月、9月，王毅国务委员兼外长在巴厘岛出席二十国集团外长会、在纽约出席第77届联合国大会期间两次会见法国外长科隆娜。9月，王毅国务委员兼外长在出席第77届联合国大会一般性辩论期间会见法国总统外事顾问博纳。11月，陈竺委员长赴法国巴黎出席法方举办的第五届巴黎和平论坛。

法国是中国在欧盟内第三大贸易伙伴、第三大实际投资来源国、第二大技术引进国。中国是法国亚洲第一大、全球第七大贸易伙伴。核能、航空航天、金融、可持续发展、第三方市场等是双方重点合作领域。两国实施了多项战略性合作项目，并向联合生产、联合投资、联合研发和联合开拓国际市场等方向发展。据中国海关总署统计，2022年，中法双边贸易额为812.28亿美元，同比减少4.4%。其中，中国出口额为456.63亿美元，同比减少0.5%；中国进口额为355.65亿美元，同比减少9%。

法国是最早开展对华投资的西方国家之一。中法双向投资近年来发展较快，同中国开展技术合作较为开放。2022年，法对华投资金额7.57亿美元，中国对法直接投资5610万美元。截至2022年底，法国在华投资累计203.03亿美元，中国对法直接投资存量49.20亿美元。

中国驻法国大使：卢沙野。馆址：20，Rue Monsieur，75007 Paris。电话：0033–149521950；传真：147205946。领侨处地址：11，avenue George V，75008 Paris；电话：0033–140700401；传真：147206328。科技处地址：20，Rue Monsieur，75007 Paris；传真：0033–147230656。经商处地址：20，Rue Monsieur，75007 Paris；电话：0033–153577000；传真：147230656。教育处地址：20，Rue Monsieur，75007 Paris；电话：0033–0–637575145。文化处地址：20，Rue Monsieur，75007 Paris；电话：0033–149521950；传真：145252338。

法国驻华大使：白玉堂（Bertrand LORTHOLARY）。馆址：北京市朝阳区天泽路60号。电话：010–85312000；传真：85312390（商务处）。

【同欧盟的关系】欧盟是法国维护自身利益和国际地位的根基。马克龙就职总统以来，提出重塑欧洲构想，主张简化欧盟机构行政程序和去官僚化，加强民主建设；强化法德轴心，2024年前全面统一法德市场；推进“多速欧洲”，深化欧元区改革，建立欧元区统一财税，设立欧元区财长和欧元区预算；加快欧盟共同防务建设，改革边防管理体系以及难移民政策，新设难民管理机构和欧洲边境警卫队；加强警务司法合作，设立欧盟检察官；强化欧盟主权，对欧盟扩员持谨慎保守态度，推动欧盟在保护成员国及民众利益方面发挥更大作用，加强在国际和地区问题上的协调和合作；加强对外国对欧投资的监管，打击跨国企业避税行为；新设创新机构，推动人工智能等领域联合研究。2022年，法为推进欧洲建设取得新的实质性突破，提出系列新倡议，包括重建欧洲安全、成立“欧洲政治共同体”、欧盟内成员国开展“差异化合作”、修改欧盟条约、推进欧盟议程等。

【同非洲国家的关系】非洲是法国政治、经济、军事影响最集中的地区，是法国维系大国地位的重要支撑。根据2017年11月马克龙总统首次正式访非阐述的对非政策，法国承诺终结对非特殊政策和法国非洲主义，突出共同安全利益和反恐合作，推动将法非关系纳入欧非关系框架，强调综合施策化解难移民危机，恢复并加强法在非传统影响。对非安全政策方面，法国对非洲保持较高的反恐安全投入，着力打造中西非反恐安全体系，从政治、外交、军事、后勤等多方面积极鼓励和支持萨赫勒五国联合反恐。经济政策方面，积极进行非洲经济价值“再开发”。发展援助方面，每年向撒哈拉以南非洲提供援助。2021年，法国36%的双边官方发展援助用于非洲（29亿欧元），其中70%以上（20亿欧元）用于撒哈拉以南非洲。2021年，法国议会通过《团结发展和对抗全球不平等法案》，拟于2022年将法国官方发展援助增加到国民总收入的0.55%，2025年增加到7%，并将撒哈拉沙漠以南19个非洲国家列为优先受援国。2021年5月，由马克龙总统发起的非洲经济体融资峰会在巴黎举行，讨论帮助非洲国家克服新冠疫情影响，推动经济发展。

【同美国的关系】法国视美国为特殊重要伙伴，两国在政治、军事、经济等领域开展了密切合作。同时，法国坚持独立自主，反对单边主义，对美退出气候变化《巴黎协定》、联合国教科文组织、伊朗核协议等举动反应强烈。2021年9月，美英澳宣布建立三边安全伙伴关系（AUKUS）及合作为澳建造核动力潜艇，引发法美信任危机。2022年美国出台《通胀削减法案》后，法国对由此引发的不公平竞争和欧洲企业资本技术外流表示担忧和不满，主张欧盟团结，强力应对。马克龙总统就任后，多次同美国总统会晤。2019年6月，特朗普总统赴法出席诺曼底登陆75周年纪念活动。2021年10月，二十国集团峰会召开前夕，马克龙总统同拜登总统在意大利罗马举行会晤。2022年12月，马克龙总统对美国进行正式访问。（王维）

梵　蒂　冈

国名　梵蒂冈城国（The Vatican City State）。

面积　0.44平方公里。

人口　常住人口618人（2022年），以意大利人为主。官方语言为意大利语和拉丁语。信奉天主教。

首都　梵蒂冈城（The Vatican City），常住人口618人（2022年）。

国家元首　教皇方济各（Francesco），原名豪尔赫·马里奥·贝尔戈里奥（Jorge Mario Bergoglio），阿根廷人，意大利后裔，2013年3月13日当选，19日举行就职仪式。

简　况

位于意大利罗马城西北角的高地上，是世界上国土面积最小的国家。属亚热带地中海气候，年均气温16℃，1月平均气温为7℃，7月平均气温为24℃。

公元756年，教皇斯提芬二世获得法兰克国王丕平所赠罗马城及周围区域，拥有宗教和世俗管理权。此后，在意大利中部建立教皇国。1870年被意大利王国吞并。1929年2月，墨索里尼同教皇庇护十一世签订《拉特兰条约》，教皇正式承认教皇国灭亡，另建梵蒂冈城国，意大利承认梵蒂冈为主权国家，主权属于教皇。

政　治

梵蒂冈是政教合一的国家。教皇是梵蒂冈的首脑，集最高立法、行政、司法权于一身，是世界各国天主教徒的精神领袖。教皇由80岁以下枢机主教组成的教皇选举团选举产生，终身任职。新任教皇必须获得2/3以上选票方能当选。教皇之下设有枢机主教团，作为教皇的咨询机构。作为枢机主教团的补充，教皇保罗六世于1965年设立世界主教大会（Sinodo），不定期召开会议，就涉及天主教会发展的重大问题进行研讨。梵蒂冈拥有自己的卫队（由瑞士人担任）、邮电机构、公共事业机构和银行等。发行的邮票可在意大利流通使用。

20世纪70年代以来，梵蒂冈将保护人的尊严和权利，维护和平，促进民主，推动不同种族、宗教和文化之间和平相处与对话作为基本政策。教皇约翰·保罗二世（Giovanni Paolo II）曾公开为伽利略等在历史上遭到天主教会迫害的著名人物平反。2000年3月，教皇约翰·保罗二世对天主教会在历史上所犯七大罪过（第一，背离福音，强迫教徒忏悔罪恶；第二，进行十字军东征等宗教战争和设立宗教裁判所审判异端；第三，分裂基督教；第四，敌视犹太教，对二战时纳粹分子残害犹太人保持沉默；第五，强行传教；第六，歧视妇女；第七，不关心社会问题）表示忏悔。

现任教皇方济各出身耶稣会，生活简朴，作风亲民务实，主张强化教会服务大众的意识。坚持天主教传统，在非纯教义问题上持开明态度。主张教会“走出去”，鼓励传教士广泛接触群众，积极传播信仰。反对歧视异教徒，主张世界各宗教开展对话。2013年7月，教皇方济各发布有关天主教信仰的通谕《信德之光》，2015年6月发布有关气候变化和环境问题的通谕《赞美你》，2020年10月发布通谕《众弟兄》，阐述其对后疫情时代的思考。截至2023年6月，梵枢机主教团人数为222人，其中教皇选举团成员121人。

【政府】2022年3月，教皇方济各颁布教廷宪章《传播福音》宣布对教廷改革，对内部机构进行调整。中央机构设有国务院、部等。

国务院是教皇直接领导的工作机构，协助教皇行使职权，主管内政和外交事务，由枢机主教衔的国务卿领导。国务卿由教皇任命，管理梵蒂冈行政。现任国务卿为彼得罗·帕罗林（Pietro Parolin，意大利人），外长为保罗·理查德·加拉格尔（Paul Richard Gallagher，英国人）。

各部负责处理天主教的各种日常事务，由部长负责，下设秘书长和副秘书长。现有福音传播部、信仰教理部、慈善事务部、东方教会部、圣事礼仪部、封圣部、主教部、圣职部、宗教机构团体部、平信徒与家庭和生活部、促进基督徒合一部、跨宗教对话部、文化教育部、促进人类全面发展部、法律文书部、宣传部等16个部。此次改革将福音传播作为教廷首要职责，扩大教廷官员代表性，明确男女平信徒均可在教廷内担任职务。教廷职位任期5年，最多连任1次。

【司法机构】梵蒂冈设有三个法院，分别是圣赦法院、最高法院和圣轮法院。

【重要人物】教皇方济各，豪尔赫·马里奥·贝尔戈里奥：1936年12月17日出生于阿根廷布宜诺斯艾利斯，意大利后裔，耶稣会士。1963年哲学专业毕业，1969年12月晋铎。1973年当选耶稣会阿根廷省会长。1992年5月被教皇约翰·保罗二世任命为天主教布宜诺斯艾利斯总主教区辅理主教，1998年晋升为该教区总主教。2001年2月，教皇约翰·保罗二世擢升其为枢机主教。后曾先后供职于梵圣事礼仪部、圣职部、修会部，并兼任家庭理事会理事、拉美事务委员会委员。2013年3月13日当选为第266任教皇，成为天主教历史上首位南美籍、1300多年来首位来自欧洲以外地区的教皇。

经　济

梵蒂冈自然资源匮乏，没有工农业生产。其财政收入主要依靠旅游业、发行邮票和钱币、不动产出租、宗教银行盈利，以及教徒捐款等。梵蒂冈在北美、欧洲许多国家有数百亿美元投资，在意大利涉足银行信贷、房地产等众多行业，仅地产就达46万余公顷。黄金、外汇等储备达100多亿美元。

文化教育

梵蒂冈在意大利、法国、西班牙、比利时、美国、加拿大、巴西、智利、埃塞俄比亚、菲律宾、日本等国设有大学或神学院，并在世界许多国家和地区设有学校、医院和文化机构。梵蒂冈图书馆世界知名，馆藏典籍十分丰富。梵蒂冈博物馆是世界上最著名的博物馆之一，收藏着无数艺术珍品，每年接待游客超过500万人次。

【新闻出版】《罗马观察家报》是梵蒂冈唯一官方日报，创办于1861年。官方月刊为《教廷文汇》，官方年鉴为《宗座年鉴》。国际信德通讯社为官方通讯社。梵蒂冈拥有广播电台，建于1931年，可用35种语言24小时播音，并建有新闻网站。梵蒂冈印刷厂可将教会文件译成94种文字发行。

对外关系

梵蒂冈同183个国家、地区和组织建立外交关系。86个国家在罗马建有独立的驻梵蒂冈使馆并派驻使节。梵蒂冈派驻天主教国家的使节享受使团长待遇。梵蒂冈是经合组织成员以及联合国、欧安组织、联合国粮农组织、世界知识产权组织等重要国际或地区组织观察员。

【同中国的关系】中华人民共和国同梵蒂冈无外交关系，梵蒂冈与台湾当局保持所谓“外交关系”。中华人民共和国成立后，梵蒂冈拒不承认中国，并对中国内政进行无端指责和粗暴干涉，反对中国天主教徒的爱国运动。中国广大爱国天主教徒对此予以坚决反对和强烈谴责，并决心走独立自主自办教会的道路。

20世纪80年代以来，梵蒂冈一再表示希望同中国改善关系，但仍同台湾当局保持“外交关系”。2000年10月，梵蒂冈不顾中方的强烈反对，将近代史上曾在中国犯下丑恶罪行的一些外国传教士及其追随者封为“圣人”，引起中国政府和人民以及中国天主教会的极大愤慨。2001年10月24日，教皇约翰·保罗二世在有关利玛窦的研讨会致辞中，就天主教会在历史上对中国和中国人民犯下的错误表达歉意。

教皇方济各当选后，以不同方式表示希望与中国改善关系，两国关系有所缓和。2018年9月22日，中国外交部副部长王超同梵蒂冈代表团团长、教廷与各国关系部副部长卡米莱利在北京举行会谈，并签署关于主教任命的临时性协议。2019年5月，北京故宫博物院与梵蒂冈博物馆合作举办的“传心之美——梵蒂冈博物馆藏中国文物展”亮相故宫博物院神武门展厅。2020年2月，王毅国务委员兼外长在出席慕尼黑安全会议期间会见梵蒂冈外长加拉格尔。新冠疫情暴发后，中国红十字会向梵蒂冈大药房捐赠抗疫物资。10月，双方经友好协商，决定将关于主教任命的临时性协议延期2年。2022年2月，教皇方济各公开表达对北京冬奥会和冬残奥会的支持。10月，双方决定将临时性协议再度延期2年。

【同意大利的关系】梵蒂冈同意大利关系密切。意总统、总理、议长等国家政要同教皇保持经常性会晤，教皇每年对意一些城市进行宗教访问。2020年访问巴里、阿西西。2021年3月，意总理德拉吉赴梵出席纪念《拉特兰条约》签署92周年活动。2022年5月，教皇方济各访问热那亚。11月，教皇方济各访问阿斯蒂。近年来，面对世俗化的冲击，天主教会坚持维护传统伦理道德观，教廷同意大利激进党派经常在同性恋婚姻、堕胎、安乐死等敏感问题上爆发激烈论战。意大利普通民众中，教皇本人具有很高威信。

【同美国的关系】1984年1月，梵美在断交117年后复交。教皇约翰·保罗二世和本笃十六世多次访美，美多任总统也曾到访梵蒂冈。2013年3月，美国副总统拜登出席教皇方济各就职仪式。2015年9月，教皇方济各访问美国并出席第70届联合国大会，美国总统奥巴马、副总统拜登偕家人赴机场迎接。教皇方济各在美国与古巴关系正常化过程中发挥重要斡旋作用。2017年5月，美国总统特朗普访问梵蒂冈。2020年10月，美国国务卿彭佩奥访问梵蒂冈。2021年10月和6

月，美国总统拜登和国务卿布林肯分别访问梵蒂冈。

【同其他欧洲国家的关系】梵同欧洲国家，特别是信奉天主教的国家关系密切，高层互动频繁。2018年，教皇方济各访问瑞士、爱尔兰、爱沙尼亚、拉脱维亚、立陶宛。2019年，教皇方济各访问保加利亚、北马其顿、罗马尼亚。2021年9月，教皇方济各访问匈牙利和斯洛伐克。12月，教皇方济各访问塞浦路斯和希腊。2022年4月，教皇方济各访问马耳他，同月于梵蒂冈会见匈牙利总理欧尔班。

【同独联体国家的关系】梵蒂冈于1992年同乌克兰、亚美尼亚、阿塞拜疆、格鲁吉亚、摩尔多瓦、白俄罗斯、哈萨克斯坦、乌兹别克斯坦、吉尔吉斯斯坦等国建立外交关系。2007年7月，俄罗斯总统普京访问梵蒂冈，与教皇本笃十六世就进一步改善两国关系交换了意见。2009年，俄罗斯总统梅德韦杰夫访梵，两国宣布建立完全外交关系。2015年6月，俄总统普京再次访梵，与教皇方济各举行会晤，教廷授予普京"和平天使"奖章。2016年2月，教皇方济各在古巴首都哈瓦那与俄罗斯东正教大牧首基里尔举行了历史性会晤，这是自1054年以来基督教信仰东西两个分支领导人的首次会面。2016年，教皇方济各还先后访问亚美尼亚、格鲁吉亚、阿塞拜疆。乌克兰危机爆发后，教皇方济各多次发声呼吁俄乌停火止战。2022年9月，教皇方济各出席在哈萨克斯坦举办的第七届世界和传统宗教领袖大会。

【同亚非拉国家的关系】非洲和拉美地域辽阔，人口众多，天主教在上述地区的很多国家拥有传统影响力。近年来，当地天主教信徒日益减少，天主教内的解放神学派发展较快，同梵分歧加深。为巩固和扩大天主教影响，历任教皇均重视对非洲、拉美国家的访问，在减贫、禁毒、可持续发展等亚非拉国家关心的问题上给予充分关注。2012年，教皇本笃十六世访问墨西哥、古巴。访古期间，教皇表示希望古政府继续推进改革，建立开放社会，试图巩固天主教会在古巴的地位和影响。2013年1月，梵在马来西亚设立大使馆并派驻大使。2月，梵同南苏丹建交。7月，教皇方济各访问巴西并出席第28届世界青年日活动。2014年教皇方济各访问韩国，与韩国总统朴槿惠举行会晤并出席一系列宗教活动。2015年教皇方济各访问斯里兰卡、菲律宾、厄瓜多尔、玻利维亚、巴拉圭、古巴、肯尼亚、乌干达和中非。2016年，教皇方济各访问墨西哥。2017年，教皇方济各访问缅甸、孟加拉国、哥伦比亚。2018年，教皇方济各访问智利、秘鲁。2019年教皇方济各访问泰国、日本。

【同中东地区国家的关系】1993年12月，梵同以色列签署了实现双方关系正常化和相互承认的协定，次年6月宣布建立大使级外交关系。1994年2月梵同约旦建交。天主教与东正教、犹太教和伊斯兰教的关系逐步改善。教皇本笃十六世主张在宗教和解的背景下保持天主教价值观，鼓吹将犹太人"改造为基督徒"，引起其他宗教人士的不满。2007年，梵宣布与阿拉伯联合酋长国建交。2009年，教皇本笃十六世访问以色列，呼吁巴以和解。2012年访问黎巴嫩，呼吁黎巴嫩国内基督徒与穆斯林和平共处，敦促不同宗教摒弃激进主义，进行真正对话，推动和平。2014年5月，教皇方济各访问以色列、约旦和巴勒斯坦，呼吁巴以领导人为和平共同努力。2017年，教皇方济各访问埃及。2021年3月，教皇方济各访问伊拉克。（牟俊宏）

芬 兰

国名 芬兰共和国（The Republic of Finland，Suomen tasavalta，Republiken Finland）。

面积 33.8万平方公里。

人口 557.5万（2023年）。芬兰族人约占85.9%，瑞典族人约占5.2%，其余为萨米族人等。官方语言为芬兰语和瑞典语。65.2%的居民信奉基督教路德宗，1.1%信奉东正教。

首都 赫尔辛基（Helsinki），人口66.4万（2022年）。夏季平均气温17.1℃，冬季平均气温-1.8℃。

国家元首 总统绍利·尼尼斯托（Sauli Niinistö），2012年3月就任，2018年1月连任，任期至2024年。

重要节日 12月6日（独立日暨国庆日）。

简 况

位于欧洲北部，与瑞典、挪威、俄罗斯接壤，南临芬兰湾，西濒波的尼亚湾。海岸线长1100公里。地势北高南低。内陆水域面积占全国面积的10%，有岛屿约17.9万个，湖泊约18.8万个，有"千湖之国"之称。全国约1/4的土地在北极圈内。属温带海洋性气候，平均气温冬季为-14℃—3℃，夏季为13℃—17℃。年均降水量600毫米。

约9000年前冰河末期，芬兰人的祖先从南方和东南方迁居至此。8—9世纪，逐步形成了索米、海梅和卡累利阿三个主要部落。12世纪后半叶开始隶属于瑞典，14世纪中叶正式成为其一部分，被瑞典统治长达6个世纪。1809年俄瑞战争后成为俄国的大公国。1917年12月6日宣布独立，1919年成立共和国。1939—1940年苏芬战争（即第一次苏芬战争，芬称"冬季战争"）之后，芬被迫同苏联签订和约，向苏割让领土。

1941—1944年纳粹德国进攻苏联，芬参与对苏战争（即第二次苏芬战争，芬称“继续战争”）。1947年2月，芬作为战败国与苏联等国签订巴黎和约。1948年4月，芬同苏联签订《友好合作互助条约》，冷战结束后废除。1955年加入联合国。1995年加入欧盟。1999年加入欧洲经济与货币联盟（欧元区），2002年1月欧元正式在芬流通。2023年4月正式加入北大西洋公约组织。

政治

芬兰的政体是内阁制，自1917年12月6日宣布独立以来，芬兰一直是一个独立的共和国。

【宪法】1919年7月17日颁布生效。宪法规定，国家立法权由议会和总统共同行使；总统拥有任命政府、掌管外交、统帅三军等实权，每6年选举一次。1999年芬议会通过新宪法，加强了议会和政府在国家政治生活中的作用，削减了总统部分权力。

【议会】一院制，国家最高立法机关。由选民直接选举的200名议员组成，任期4年。主要职能是立法、监督政府、监督财政。本届议会于2023年4月选举产生。议长尤西·哈拉–阿霍（Jussi Halla-aho，芬兰人党），2023年6月就任。

【政府】2023年4月，芬举行议会大选，民族联合党取代社民党成为议会第一大党，党主席奥尔波牵头组阁。同年6月，由民族联合党、芬兰人党、瑞典族人民党和基督教民主党组成的联合政府正式宣誓就职。本届政府共设11个部、19个内阁席位，彼得里·奥尔波（Petteri Orpo，民族联合党）出任总理。其他内阁成员还有：外交部长埃利娜·瓦尔托宁（Elina Valtonen，女，民族联合党），财政部长丽卡·普拉（Riikka Purra，女，芬兰人党），欧盟事务和资产管理部长安德斯·阿德勒克罗伊茨（Anders Adlercreutz，瑞典族人民党），发展合作和外贸部长维莱·塔维奥（Ville Tavio，芬兰人党），地方和地区政府部长安娜–凯萨·伊科宁（Anna-Kaisa Ikonen，女，民族联合党），司法部长莱娜·梅里（Leena Meri，女，芬兰人党），内政部长玛丽·兰塔宁（Mari Rantanen，女，芬兰人党），国防部长安蒂·海凯宁（Antti Hakkanen，民族联合党），教育部长安娜–马娅·亨里克松（Anna-Maja Henriksson，女，瑞典族人民党），科学文化部长萨丽·穆尔塔拉（Sari Multala，女，民族联合党），青年、运动和体育部长桑德拉·贝里奎斯特（Sandra Bergqvist，女，瑞典族人民党），农林部长萨丽·埃萨耶（Sari Essayah，女，基督教民主党），交通通信部长露露·兰涅（Lulu Ranne，女，芬兰人党），就业部长阿托·萨托宁（Arto Satonen），经济事务部长维莱·吕德曼（Wille Rydman，芬兰人党），社会卫生部长凯萨·尤索（Kaisa Juuso，女，芬兰人党），社会保障部长桑妮·格兰–拉索宁（Sanni Grahn-Laasonen，女，民族联合党），环境和气候变化部长凯·米凯宁（Kai Mykkanen，民族联合党）。

【行政区划】芬兰实行两级行政体制，即行政区和市镇。全国共分为19个行政区，下设309个市镇（2023年6月）。其中，奥兰行政区为自治区。此外为便于统计和管理，全国设置7个地方行政管理局，分管19个行政区。

【司法机构】最高司法机关为最高法院和最高行政法院。最高法院由院长和18名法官组成（2023年6月），负责审理民事和刑事案件。最高行政法院由院长和22名法官组成（2023年6月），负责审理政府机构和省、市（县）机构的行政案件。起诉机关是各级检察院。另设有国家法律监察官，有权出席内阁会议，监督总统、内阁和政府各部门的决定是否符合宪法规定。最高法院和最高行政法院院长、法官以及最高检察长均由总统任命。最高法院院长塔图·莱帕宁（Tatu Leppänen），2019年就任；最高行政法院院长卡里·库西涅米（Kari Kuusiniemi），2018年就任；最高检察长阿里–佩卡·科伊维斯托（Ari-Pekka Koivisto），2022年就任；政府法律监察官托马斯·波尔斯蒂（Tuomas Pöysti），2018年就任；议会法律监察官佩特里·耶斯基莱宁（Petri Jääskeläinen），2010年就任。

【政党】主要政党有：

（1）民族联合党（The National Coalition Party）：执政党。1918年成立。主要代表工商企业界利益，以保障国家独立、维护民族的政治和经济利益、追求经济和精神生活的发展为基本目标。现有党员约2.7万人，现任议员48人。主席彼得里·奥尔波。

（2）芬兰人党（Finns Party）：执政党。1995年成立。主张维护小农、城市平民和中小企业利益，鼓励创新经济。对外坚持民族主义和疑欧立场。现有党员1.5万人，现任议员46人。主席丽卡·普拉。

（3）瑞典族人民党（The Swedish People's Party）：执政党。1906年成立。由芬兰的瑞典族人组成。主张维护瑞典族居民的社会地位和权利。现有党员约2.6万人，现任议员10人。主席安娜–马娅·亨里克松。

（4）芬兰基督教民主党（The Finnish Christian Democratic Party）：执政党。1958年成立。以基督教教义为宗旨，主张实行对社会和生态负责的市场经济，注重环保和可持续发展，要求保障平等高效的社会福利。对外主张建立一个开放、安全的欧洲，发展共同防务。现有党员约8400人，现任议员5人。主席萨丽·埃萨耶。

（5）芬兰社会民主党（The Finnish Social Democratic Party）：在野党。1899年成立。对内主张政治、经济民主，实现充分就业和公平分配，保障社会福利，发展社会民主主义；对外主张裁军，实现国际和平。现有党员2.9万人，现任议员43人。主席桑娜·马林（Sanna Marin，女，2020年当选）。

（6）芬兰中间党（Centre Party of Finland）：在野党。1906年成立。以建立平等和公正的社会为目标，对内反对政治经济权力垄断，主张保障农林业在国民经济中的地位，维护中小企业和农业生产者的利益；对外主张实行积极的和平外交政策，重视与北欧和波罗的海地区国家的关系。现有党员7.7万人，现任议员23人。主席安妮卡·萨里科（Annika Saarikko，女，2020年当选）。

（7）绿色联盟（The Green League）：在野党。1988年成立。主张保护环境，支持芬和平外交政策，积极参加和平与环保活动。现有党员7800人，现任议员13人。主席玛利亚·奥希萨洛（Maria Ohisalo，女，2019年当选）。

（8）芬兰左翼联盟（The Finnish Left Alliance）：在野党。1990年成立。主张政府扩大投资，刺激经济发展，保障社会福利，发展可再生能源。对外主张积极参加联合国维和行动，加强国防建设。现有党员1.1万人，现任议员11人。主席莉·安德松（Li Andersson，女，2016年当选）。

（9）现在行动党（Movement Now）：在野党。2018年成立，2019年11月正式注册为政党。目前有8000名党员。关注巴伦支海保护及企业社会安全等问题。现任议员1人。主席哈里·哈尔基莫（Harry Harkimo，2018年当选）。

【重要人物】绍利·尼尼斯托：总统。1948年生。法律硕士。1987年当选议员。1994年出任民族联合党主席、副总理兼财长。2003年出任欧洲投资银行副行长。2007年3月当选议长。2012年3月当选总统，2018年1月连任。曾多次访华。2013年4月对华进行国事访问并出席博鳌亚洲论坛年会，2019年1月对华进行国事访问。已婚，有三子。　**彼得里·奥尔波**：总理。1969年生。政治学硕士。2007年当选议员。2014年6月担任农林部长。2015年5月担任内政部长。2016年起任民族联合党主席。2016年6月至2019年6月担任财政部长，2017年起兼任副总理。2023年6月任总理。

经　济

发达资本主义国家。

近年来，芬经济总体稳定发展，在生态环保、信息通信、清洁技术、新能源、机械制造等领域居世界前列。2022年主要经济数据如下：

国内生产总值：2805亿美元。

人均国内生产总值：5.03万美元。

国内生产总值增长率：–5.4%。

货币名称：欧元。

汇率：1美元≈0.95欧元。

通货膨胀率：7.1%。

失业率：6.8%。

（资料来源：芬兰统计局，下同）

【资源】森林覆盖率约76%，约2241万公顷，人均4.2公顷，木材储积量25亿立方米。矿产资源中以铜为主，还有少量的铁、镍、钒、钴等。泥炭资源丰富，已探明储量约690亿立方米。有两座核电站共五个核反应堆，其中第五个反应堆于2022年3月12日并网发电。能源结构中，石油占21.0%，核能占19.1%，天然气占5.8%，煤炭占5.5%，水能占4.4%，风能占2.2%，余下为太阳能、泥炭等。

【工业】工业在20世纪90年代得到快速发展，已从劳动、资金密集型转变为技术密集型。建立在森林基础上的木材加工、造纸和林业机械制造业为经济支柱，并具有世界领先水平，整个森林工业产量占世界总产量的5%，是世界第二大纸张、纸板出口国（占世界出口量的25%）及世界第四大纸浆出口国。

【农业】林业发达，农畜产品自给有余。耕地约229.8万公顷，农林密切结合，几乎所有的农户都经营一定数量的林地。近年来，在传统农林业基础上大力发展生物经济。

【服务业】服务业发达，分为私人服务业和公共管理服务业两大类。主要包括商业、贸易、旅馆、饭店、银行、保险、社会性服务业和公共服务业。

【旅游业】2022年，全国酒店过夜数2200万人次，其中外国游客500万人次，主要来自瑞典、德国、英国、美国、日本、挪威等。主要旅游目的地有赫尔辛基、罗瓦涅米、图尔库、东部湖区和奥兰岛。

【交通运输】交通运输业发达，以铁路和公路为主。交通运输情况（2019年）：

铁路：总长5923公里，客运量9280万人次，货运量3846万吨。

公路：道路总长15.7万公里，其中公路7.7万公里，高速公路约926公里。各种机动车425.3万辆，其中小汽车约357.4万辆、公共汽车1.91万辆、货车16.2万辆。

水运：商船687艘，总吨位173.7万吨；内河航线长9818公里；沿海航线长10350公里；水运港口近30个，重要港口有赫尔辛基、图尔库、科特卡和波里。

空运：有76个机场，22家航空公司，注册飞机1476架；客运量2626.7万人次；货运量2.25亿吨；国际机场有赫尔辛基、图尔库、坦佩雷、罗瓦涅米、奥卢等。

【电信业】信息产业发达，芬兰是互联网接入比例和人均手机持有量最高的国家之一，网络接入率超过90%，每1000人拥有手机1722部。

【财政金融】近几年中央财政收支情况如下（单位：亿欧元）：

	2019	2020	2021
收入（不包括借债）	531.94	496.64	549.17
支出	541.75	544.53	614.65
盈余/赤字	–9.81	–47.89	–65.48

2022年政府总债务达1948亿欧元，占国内生产总值的73%。

【对外贸易】近几年对外贸易情况如下（单位：亿欧元）：

	2020	2021	2022
出口额	598	686	815
进口额	564	726	923
差　额	34	−40	−108

芬出口商品主要有机电产品、化工产品、纸张纸板、金属等；进口商品主要有金属、原油、化工产品等。主要贸易对象为欧盟国家，占进出口总额的57%。芬主要贸易伙伴依次为德国、瑞典、俄罗斯、荷兰、中国、美国、法国、比利时、爱沙尼亚、波兰。

【对外投资】芬直接投资目的地国主要为瑞典及其他欧盟国家，外国对芬直接投资主要来自瑞典、荷兰、卢森堡、丹麦等国家。截至2021年底，芬对外直接投资1250亿欧元，吸引外资762亿欧元。

【对外援助】20世纪90年代初芬经济衰退，政府被迫大幅削减外援款项，1996年后有所增加。主要受援国为：阿富汗、尼泊尔、埃塞俄比亚、坦桑尼亚、莫桑比克、肯尼亚、缅甸等。近几年对外援助情况如下（单位：亿欧元）：

	2019	2020	2021
总额	7.80	11.50	12.57
占国民总收入（%）	0.42	0.48	0.50

【著名公司】（1）诺基亚集团成立于1865年，早期从事造纸、化工、橡胶行业，20世纪60年代进入电信市场，90年代主要生产移动和固定电信网络设备及移动电话，发展迅速。2013年9月，诺基亚将旗下手机业务出售给微软，并专注于网络研发、设备及服务。2016年1月，诺基亚完成收购阿尔卡特-朗讯，成为全球第二大移动通信网络设备供应商。

（2）芬欧汇川集团是世界最大的纸和纸制品生产商之一，具有百年历史，在芬拥有93万公顷森林，年平均消费林材24万立方米。主要生产纸张纸浆、纸板和包装薄膜，近年加大对生物能源的开发生产。

（3）斯道拉-恩索纸业集团由瑞典斯道拉纸业公司和芬兰恩索纸业公司于1998年合并组建而成，芬、瑞分别占股51%、49%，是一家林、纸、包装一体化集团，主要生产文化用纸、包装纸板和木材制品等。1998年在苏州收购紫兴纸业有限公司，年产15万吨铜版纸。2006年与山东华泰纸业有限公司合资兴建山东斯道拉恩索华泰纸业有限公司，年产超级压光纸20万吨。2012年与广西高峰集团签署北海林浆纸一体化项目合资协议。

（4）通力集团是全球最大电梯和自动扶梯供应商之一，是开发环保节能产品的先锋，全球无齿轮电梯和无机房电梯的领导者。1998年开始在华业务，投资5800万美元在江苏昆山成立通力电梯有限公司，在华业务包括电梯及自动扶梯的销售、安装、维护和更新改造。承接了国家大剧院、鸟巢、上海虹桥机场扩建等具有影响力的项目。

（5）富腾工程有限公司是欧洲主要能源公司之一，由耐思特工程公司、IVO有限公司等组成。经营范围包括石油和天然气，电力和热能，工程建造、运营和维护，业务几乎涉及所有能源领域。2001年在华投资建立辽河富腾热电有限公司。在美国《财富》杂志评选的“全球五百强”排行榜（2022年）中位居第56位。

人民生活

生活水平较高，社会保障制度完善。人均寿命约82岁，全国有医生20970人，每千人拥有3.8名医生；人均住房面积40.3平方米。

军　事

总统为军队最高统帅。国防委员会是最高咨询机构。总理负责领导民政方面的国防活动。国防军总司令负责军事方面的国防活动。现任总司令陆军上将蒂莫·基维宁2019年8月上任。实行普遍义务兵役制，服役期6—12个月。常备武装力量2.2万人。

文化教育

【教育】教育事业发达，实施科教兴国政策。1921年起实行义务教育。1980年起在全国实行九年一贯制免费义务教育。连续多年在经济合作与发展组织的“国际学生评价体系”中列为首位。2022年全国共有各类学校2999所，在校学生超过187万人（包括成人教育及各类业余学校的在校生）。教育支出约占国内生产总值的6.5%，研发投入占国内生产总值的3.3%。著名高等学校有赫尔辛基大学、阿尔托大学、坦佩雷大学等。芬兰各级学校数、学生人数：

	学校（所）	学生（万人）
基础学校	2039	54.84
普通高中	331	12.20
成人教育中心	172	43.09
音乐学院	83	6.09
应用技术大学	24	16.79

2021年，芬兰全国有公共图书馆728家，移动图书馆128家，人均借阅量和人均出版量均居世界前列。

【新闻出版】截至2022年，全国共有报纸282种（其中地方报纸159种），各种杂志和期刊2553种。主要报刊有:《赫尔辛基新闻》，1904年创刊;《晨报》，1882年创刊;《图尔库新闻》，1904年创刊。

有5家通讯社，其中最大的是芬兰通讯社，简称“芬通社”，1915年成立，属半官方性质，同世界主要通讯社均有业务联系。外国在芬的通讯分社有15家。

芬兰广播公司：1926年成立，1934年改为国营。对外用芬兰语、瑞典语、英语、德语和法语广播。1958年开播电视。此外，还有赫尔辛基有线电视台、私营广告电视台等。20世纪70年代开始有有线电视。

2007年芬兰全面实行数字电视。

对外关系

二战后，长期奉行同苏联保持睦邻友好关系、不介入大国冲突、同各国发展友好关系的“积极的和平中立政策”。冷战结束、苏联解体后，芬兰对其外交政策进行了重大调整，将发展同欧盟的关系作为外交重点，继续坚持奉行军事不结盟和独立可靠的防务政策。1995年正式加入欧盟，1999年加入欧元区，2001年加入申根协定。芬已与186个国家缔结了外交关系。

【对当前重大国际问题的态度】关于国际形势：认为近年来国际政治和经济力量演变使世界格局和国际关系发生重大变革，各国对全球利益和安全地位的争夺日益激烈，西方国家实力衰落，新兴经济体力量上升，基于规则的国际秩序受到侵蚀。恐怖主义、极端主义、气候变化、环境污染、经济金融风险等全球性安全威胁突出。各国应当加强国际合作，共同应对挑战。

关于联合国的作用：认为联合国宗旨和原则是全球治理的根本支柱，应当加强联合国在国际事务中的核心地位和主导作用。支持安理会改革，认为安理会代表性不足、作用弱化，应当同时增加安理会常任和非常任理事国数量。

关于防扩散、裁军问题：致力于全球军控进程，支持打击核恐怖主义，支持《不扩散核武器条约》，关注《中导条约》未来走向。

关于气候变化：是首个将应对气候变化列为国家战略的国家。支持欧盟等发达国家率先减排，为发展中国家提供技术支持。重点关注北极地区气候变化及黑碳排放问题，呼吁发展中国家改良能源结构，减少黑碳排放。

【同中国的关系】芬兰是最早同新中国建交的西方国家之一（1950年10月28日），也是最早同中国签署政府间贸易协定的西方国家（1953年）。1951年中芬互设公使馆，1954年升格为大使馆。

近年来，中芬关系保持良好发展势头。2017年4月，习近平主席对芬兰进行国事访问，中芬发表《中华人民共和国和芬兰共和国关于建立和推进面向未来的新型合作伙伴关系的联合声明》。2019年1月，尼尼斯托总统对华进行国事访问，双方共同发表了《关于推进中芬面向未来的新型合作伙伴关系的联合工作计划（2019—2023）》，两国元首还共同启动了“2019中芬冬季运动年”。

其他重要访问包括：2019年7月，全国人大常委会副委员长张春贤访问芬兰。12月，孙春兰副总理赴芬出席“2019中芬冬季运动年”闭幕式。2020年4月，习近平主席同尼尼斯托总统就新冠疫情防控合作通电话。2021年6月，习近平主席再次同尼尼斯托总统通电话。7月，芬兰外长哈维斯托访华。12月，全国人大常委会委员长栗战书同芬兰议长韦赫维莱宁举行视频会晤。2022年7月，王毅国务委员兼外长同芬兰外长哈维斯托通电话。

据中国海关总署统计，2022年，中芬双边贸易额为98.3亿美元，同比增长7.6%。其中，中国出口额为45.5亿美元，同比增长19.8%；中国进口额为52.8亿美元，同比减少1.0%。

中国驻芬兰大使：陈立，王同庆（2022年5月以后）。馆址：Vanha kelkkamäki 9–11，00570 Helsinki，Finland。电话：00358–9–22890110；传真：22890168。

芬兰驻华大使：孟蓝（Leena-Kaisa Mikkola，女）。馆址：北京市朝阳区新源南路8号院启皓北京西塔19层。电话：010–85198300；传真：85198301。

【同欧盟的关系】芬兰视欧盟为对外政策依托。主张欧盟应加强团结、坚持一体化方向，希望欧盟继续扩大影响，在周边和重大全球问题中发挥更大作用。呼吁对欧盟共同外交和国防安全政策的决策方式进行全面改革，但不建议组建欧洲军队。目前，芬有14名欧洲议会议员。

【同美国的关系】重视对美关系，认为美国是芬兰和欧洲的最重要合作伙伴之一，强调巩固跨大西洋战略关系和北约在欧洲安全格局中的核心地位，希望通过双边和北约和平伙伴关系等渠道保持对美关系。乌克兰危机爆发以来，芬强化同盟友安全防务合作，在美国等盟友大力支持下加入北约。

【同俄罗斯的关系】独立以来长期奉行对俄（苏）友好政策，积极推动改善欧俄关系。乌克兰危机爆发后，芬国内反俄呼声迅速高涨，积极参与欧盟对俄制裁，坚定挺乌抗俄。

【同其他北欧国家及波罗的海三国的关系】重视发展同其他北欧国家、波罗的海三国及其他波海地区国家的合作，认为这对促进欧洲北部安全稳定具有重要意义。主张加强地区节能环保、能源开发、文化、教育、军备等方面合作。推动北欧国家在气候变化、节能环保领域整合资源，合作开辟亚洲等新兴市场。

（刘为）

荷 兰

国名 荷兰王国（The Kingdom of the Netherlands, het Koninkrijk der Nederlanden）。

面积 4.1528万平方公里。

人口 1782万（荷兰统计局，2022年）。76.8%为荷兰族，此外还有弗里斯族，摩洛哥、土耳其、德意志、苏里南为较大的少数族裔。官方语言为荷兰语，弗里斯兰省讲弗里斯语。本土15岁及以上居民中18.2%信奉天主教，13.2%信奉基督教新教，57.2%无宗教信仰。

首都 阿姆斯特丹（Amsterdam），人口90.5万（2022年）。政府所在地海牙（The Hague），人口55.3万（2022年）。

国家元首 国王威廉–亚历山大（King Willem-Alexander），2013年4月30日即位。

重要节日 国王日（即国庆日，系现任国王威廉–亚历山大生日）：4月27日；解放日（二战期间盟军解放荷兰日）：5月5日。

简 况

位于欧洲西北部，东邻德国，南接比利时，西、北濒北海。海岸线长1075公里。24%的面积低于海平面，1/3的面积仅高出海平面1米。从13世纪即开始围海造田，增加土地面积约6000平方公里。属海洋性温带阔叶林气候。沿海地区平均气温夏季为16℃，冬季为3℃；内陆地区平均气温夏季为17℃，冬季为2℃。年均降水量797毫米。

16世纪前长期处于封建割据状态。1568年爆发历时80年的反抗西班牙统治的战争。1581年北部7省成立荷兰共和国（正式名称为尼德兰联省共和国）。1648年《威斯特伐利亚和约》签署后，西班牙正式承认荷兰独立。17世纪曾为海上殖民强国，经济、文化、艺术、科技等各方面均非常发达，被誉为该国的“黄金时代”。18世纪后，荷兰殖民体系逐渐瓦解，国势渐衰。1795年法国军队入侵。1814年脱离法国，1815年成立荷兰王国。1848年宪法正式确立君主立宪制。第一次世界大战期间保持中立。第二次世界大战初期宣布中立，1940年5月遭德军入侵，王室和内阁成员流亡英国，成立流亡政府。二战后放弃中立政策，加入北约和欧共体（欧盟）。

政 治

政局稳定。

【宪法】1814年3月29日颁布，1848年修改。规定荷兰是世袭君主立宪王国，立法权属国王和议会，行政权属国王和内阁。枢密院为最高国务协商机构，主席为国王本人，其他成员由国王任命。

【议会】由一院和二院组成。两院议员任期均为4年，但改选不在同一年进行。

一院（参议院）无立法权，不能提出或修改法案，但有权同意或拒绝批准法案。议员75名，由省议会间接选举产生。本届一院于2023年5月30日选举产生，6月13日宣誓就职。扬·安东尼·布劳恩（Jan Anthonie Bruijn，自民党）连任议长。

二院（众议院）主要职责是立法和监督内阁执政。立法权体现在二院可自行提出法案、批准或否决内阁提案和修改法案。监督权体现在二院具有预算核准权、独立调查权和质询权。议员150名，按比例代表制通过直接普选产生。本届二院于2021年3月产生。现任议长费拉·博格坎普（Vera Bergkamp，女，六六民主党）。一院、二院席位分配如下：

党派	一院	二院
自民党	10	34
六六民主党	5	24
自由党	4	17
基民盟	6	14
社会党	3	9
工党	14	9
左翼绿党	8	—
基督教联盟	3	5
其他党派	22	38
总计	75	150

【政府】现任内阁于2022年1月成立，由自民党、六六民主党、基督教民主联盟和基督教联盟组成。自民党党首马克·吕特（Mark Rutte）连任首相，内阁还包括3名副首相、16名大臣和9名国务秘书。

【行政区划】荷兰王国由荷兰本土、博纳尔、圣尤斯特歇斯和萨巴3个海外特别行政区以及阿鲁巴、库拉索、荷属圣马丁3个海外属地组成。荷兰本土划分为12个省，省下设342个市镇。

【司法机构】全国设11个地区法院、4个上诉法院和1个最高法院。此外还设有军事法庭、行政法庭等若干特别法庭。各级法院法官均系高等院校法律专业毕业，由国王任命，任期终身（实际到70岁）。

地区法院为初审法院，负责审理一般性民事、刑事及行政诉讼，上诉法院专门负责审理上诉、抗诉案件，最高法院是最高司法机构，对不服从上诉法院判决结果的案件进行终审，对下级法院的判决有否决权。

最高法院终审不是通过对法律事实的再次认定，而是审查上诉法院在判决过程中是否正确使用了法律。最高法院仅审理民事案件、刑事案件和涉税案件，其他最高审判机关为枢密院下属行政法庭（审理公民、庇护申请者等个体对政府普遍行政行为的诉讼）、交易与工业行政上诉法院（审理经社领域的行政诉讼）和中央上诉法庭（审理涉公务员和社保诉讼）。

【政党】主要政党有8个：自由民主人民党、六六民主党、自由党、基督教民主联盟、社会党、工党、左翼绿党、基督教联盟。荷政党实行领导人负责制，党主席负责日常党务工作。

（1）自由民主人民党（Volkspartij voor Vrijheid en Democratie，VVD）：成立于1948年，现有党员2.5万人。曾多次参政，2006年大选后成为在野党。2010年、2012年、2017年、2021年大选均当选第一大党并牵头组阁。崇尚自由主义，主张充分尊重个人的自由，推动经济自由化和市场化，代表企业主的利益。领导人吕特（Mark Rutte），主席卫泽尔斯（Eric Wetzels）。

（2）六六民主党（Democraten 66，D66）：1966年由工党、自由党中分裂出来的左翼分子组成。现有党员约2.7万人。系中间党派，20世纪70年代以来多次参与组阁。2017年大选并列第三大党并参与组阁。2021年大选跃居第二大党并参与组阁。主张对现有的民主模式进行改革，建立开放的民主制度，保障公民的个人权利。领导人卡格（Sigrid Kaag，女），主席艾弗哈尔特（Victor Everhardt）。

（3）自由党（Partij voor Vrijheid，PVV）：2004年，威尔德斯（Geert Wilders）脱离自民党并成立一人政治派系"Group Wilders"。2006年2月，威尔德斯正式注册成立自由党，首次参加大选即获9个席位，被誉为"政坛黑马"。2010年大选位居第三，2017年大选跃升为第二大党，但因民粹主张被排除在组阁阵营外。2021年大选位居第三。主张降低税收，提高教育质量，反对接收外来移民尤其反对伊斯兰教。领导人、主席威尔德斯。

（4）基督教民主联盟（Christen-Democratisch Appèl，CDA）：由历史上的天主教人民党、基督教历史同盟和反对革命党3个党派于1980年合并组成。现有党员约3.7万人。21世纪前十年基本一直是荷兰第一大党，2010年大选位居第四但参与组阁。2012年大选再度失利退居第五大党。2017年大选位居第三并参与组阁。2021年大选位居第四并参与组阁。属基督教民主主义政党，既代表垄断资产阶级利益，也得到深受基督教影响的农业地区和小城市选民及商界的广泛支持。反对过分强调政府或市场的作用，主张维护传统价值观和道德观。领导人胡克斯特拉（Wopke Hoekstra），主席霍伊贝尔斯（Hans Huibers）。

（5）社会党（Socialistische Partij，SP）：成立于1972年，现有党员约3.2万人。主张实现求真、平等、互助的人类社会，强调人人拥有良好的工作、收入、福利、教育和健康权利。领导人玛莱恩尼森（Lilian Marijnissen，女），主席维舍尔（Jannie Visscher，女）。

（6）工党（Partij van de Arbeid，PvdA）：1946年成立，现有党员约4.1万人，历史上曾多次执政。2012年大选中成为第二大党并参与组阁。2021年大选位居第五。为传统左翼政党，主张在实现经济发展和社会公正之间保持平衡，合理分配权力、收入和知识财富，代表工人、职员、知识分子和中小企业主利益。领导人库伊肯（Attje Kuiken，女），主席埃斯特–米利亚姆·森特（Esther-Mirjam Sent，女）。

（7）左翼绿党（GroenLinks，GL）：由4个左翼小党于1990年创建。主张实现社会公正，维护中下层人民的利益，特别强调环境保护。该党规模较小，议会席位极少超过10席。2017年大选成为黑马，获得14个席位。2021年大选获得8个席位。领导人克拉维尔（Jesse Klaver），主席埃克伦布姆（Katinka Eikelenboom，女）。

（8）基督教联盟（Christen Unie）：成立于2000年，现有党员约2.5万人。2006年首次入阁。主张和谐的劳资关系，推迟退休年龄，反对人为堕胎。领导人比克尔（Mirjam Bikker，女），主席范塔滕霍夫（Ankie Van Tatenhove，女）。

【重要人物】威廉–亚历山大：国王。1967年4月27日出生。1987年入莱顿大学学习，1993年获历史硕士学位。2013年4月30日继承王位，为荷兰王国第七代君主。爱好网球、滑雪、登山、驾驶飞机。育有三女。1999年4月以王储身份陪同贝娅特丽克丝女王访华，2005年10月、2007年5月以水利专家身份非正式访华，2008年北京奥运会和2010年上海世博会期间以王储身份访华。2015年10月首次以国王身份对中国进行国事访问。2018年2月7日至8日再次来华进行工作访问。2018年10月李克强总理访荷期间同其会见。**马克·吕特**：内阁首相，自民党党首。1967年2月14日出生。毕业于莱顿大学历史系。曾长期担任联合利华公司人力资源经理。2002年步入政坛，当年7月至2004年5月担任社会福利部国务秘书，其间任二院议员4个月。2004年6月至2006年6月担任教科文部国务秘书。2006年5月担任自民党党团主席。在2010年6月9日的议会大选中，其领导下的自民党一举成为第一大党，并与基民盟组成少数内阁。同年10月就任首相。2012年4月23日内阁因减赤分歧严重而倒台，吕特留任看守内阁首相。在2012年9月、2017年3月举行的议会大选中，自民党均保持第一大党地位，并牵头组阁，吕特连任首相。2021年1月15日，内阁因"儿童福利案"集体辞职，吕特任看守内阁首相。在同年3月的大选中，吕特再次带领自民党胜选，并连任首相。

经　济

发达资本主义国家。外向型经济，80%的原料靠进口，60%以上的产品供出口。对外贸易的80%在欧盟内实现。商品与服务的出口约占国民生产总值的80%。电子、化工、水利、造船以及食品加工等领域技术先进，金融服务和保险业发达；陆、海、空交通运输十分便利，是欧洲大陆重要的交通枢纽；农业高度集约化，农产品出口额居世界前列。2022年主要经济数据如下：

国内生产总值：约9445亿欧元。

人均国内生产总值：5.3万欧元。

国内生产总值增长率：4.5%。

货币名称：欧元。

汇率：1美元≈0.95欧元。

通货膨胀率：10%。

失业率：3.5%。

（资料来源：荷兰统计局，下同）

【资源】自然资源贫乏，但北部格罗宁根省天然气储量丰富。2012年底，在其所属北海海域发现油田。

【工业】工业发达，占国内生产总值17.8%。主要工业部门有食品加工、石油化工、冶金、机械制造、电子、钢铁、造船、印刷、钻石加工等。系世界主要造船国家之一。鹿特丹是欧洲最大的炼油中心。自20世纪80年代以来，荷政府积极鼓励发展新兴工业，特别重视发展空间、微电子和生命科学等高技术产业。

【农业】农业高度集约化，农业产值约占国内生产总值1.7%，从业人员17.5万，常年位居世界第二大农产品出口国。2022年，农产品出口总额为1223亿欧元，同比增长17.2%。花卉产业发达，是世界上最大的花卉生产和出口国。

【服务业】服务业是国民经济支柱产业，占国内生产总值69.8%，主要集中于物流、银行、保险、旅游和法律等行业。

【财政金融】2022年财政赤字率预估3.4%，高于欧盟设定的3%红线，政府债务占国内生产总值比重53%，低于欧盟60%的警戒线。

主要金融机构：（1）荷兰国际集团：荷兰第一大金融机构。由荷兰中产－邮政银行集团与荷兰国民人寿保险公司于1991年合并而成。全球500强企业，资产总额约1万亿欧元。2005年3月，与北京银行签订战略合作伙伴协定。

（2）荷兰银行：由荷兰通用银行和阿姆斯特丹－鹿特丹银行于1991年合并而成，在世界上拥有3000多家分支机构，是世界上拥有银行网络最多的银行之一。集团资产总额约4000亿欧元。1903年首次进入中国设立分行，进入中国已经百余年，现已发展成为在华最重要的外资金融机构之一。

（3）荷兰农业合作银行：由荷兰数家农村信用社于1973年合并而成，为荷兰第二大银行，资产总额约6300亿欧元。主要从事农业、农业机械和食品工业等行业的金融交易。在北京、上海等地设有办事处。

【对外贸易】外贸在经济中占重要地位。2021年货物贸易总额为11140亿欧元，其中进口额为5270亿欧元，出口额为5870亿欧元。进口主要是工业原料、原油、半制成品和机械等；出口主要是食品、机械、化工、石油制品、电子产品、船舶和农产品等。

【对外投资】为世界主要对外投资大国之一，其中约一半流向欧盟成员国，美日是荷兰除欧盟以外投资的重点。近年来，荷加强了对东欧和东南亚国家的投资。

【外国资本】外国对荷直接投资主要来自美国、英国、比利时、卢森堡、德国等国家。主要领域集中在信息、化工、医学设备仪器、电子通信等。自2010年以来，中国成为荷第二大直接投资来源国。

【对外援助】20世纪80年代以来，荷兰官方外援金额在国内生产总值中所占比重一直保持在0.8%左右，居发达国家前列。受欧债危机影响，2011年、2012年这一比值降至0.7%，2014年更是降至0.4%。2015年预算重新加大发展援助投入，紧急援助预算近6亿欧元，在全球排名前十。2020年对外援助约30亿欧元。本届荷兰政府的发展援助主要针对以下地区：西非/萨赫勒、非洲之角、中东和北非等。

【著名公司】荷兰著名的跨国公司有：

（1）皇家飞利浦公司：成立于1891年，业务遍及100多个国家和地区，共有员工约7.7万人（2022年）。其股票在9个国家的16个交易所上市。主要生产视听产品、照明、电子元件、半导体、医疗设备、小家电、工业电子及商业电子等，其中照明设备、彩色显像管、电动剃须刀、X光分析仪及音响设备在国际市场居领先地位。总部设在阿姆斯特丹。

（2）阿斯麦公司：1984年从飞利浦公司独立出来，总部位于费尔德霍芬，在光刻机制造领域全球领先，占全球市场份额超80%。共有员工约3.9万人（2022年），在全球60多个城市设有办事处。

（3）阿克苏－诺贝尔公司：跨国化工和医药集团，1994年由荷兰阿克苏公司和瑞典诺贝尔公司合并而成。公司主要有药品、涂料和化学3个部门，共有员工约3.5万人（2022年），分布在全球150多个国家和地区。主营盐、碱、塑料、添加剂、工业及纺织用纤维、各种薄膜、医疗设备、药品及药品生产用原料等。

人民生活

社会保障体系较完备，居民福利水平较高。2019年家庭平均收入为67500欧元。

军　事

二战前为中立国，战后加入北约，并以北约的集体防卫政策作为国防政策的基础。国王是全国武装力量最高统帅，实际指挥权掌握在内阁手中。国防委员会是荷最高安全决策机构，首相为委员会主席。现任国防大臣卡耶莎·奥隆格伦（Kajsa Ollongren，女）。1997年1月1

日起军队全面实行职业化，通过与志愿者签订合同形式招募人员。现役部队6.9万人。2021年国防开支约117亿欧元，占国内生产总值比重为1.36%。2022年6月，荷兰宣布提高国防支出。

文化教育

【教育】实行12年（5—16岁）全日制义务教育。中小学校分为公立和私立两类。荷高等教育分为大学和高等职业教育。荷现有13所公立研究型大学，其中9所综合性大学、4所理工大学。著名高等院校有莱顿大学、乌特勒支大学、阿姆斯特丹大学、阿姆斯特丹自由大学、格罗宁根大学、鹿特丹伊拉斯谟大学、代尔夫特理工大学和瓦格宁根农业大学等。高等教育水平位居世界前列，2022年，10所研究型大学跻身《泰晤士高等教育》世界著名大学前200名。

著名院校介绍：（1）莱顿大学，建于1575年，是欧洲历史最悠久的大学之一，治学严谨，综合学术水平享誉全球。这里最早开设了人体解剖课，拥有欧洲大陆最著名的汉学院和中文图书馆，诞生了世界上第一座低温物理实验室和第一台心电图仪，爱因斯坦曾在此担任了26年的客座教授。贝娅特丽克丝女王、威廉–亚历山大国王、吕特首相均毕业于此。现有学生3.09万人，其中外国留学生超过3000人，教职员工7100人。

（2）代尔夫特理工大学，原属1842年建立的“皇家学院”的一个理工分院，1905年正式取得大学地位，世界顶尖理工大学之一。荷兰历史最悠久、规模最大、专业涉及范围最广的理工大学，专业几乎涵盖了所有的工程科学领域，尤其是航空工程、电子工程、水利工程等学科在全球具有领先地位和卓越声望。与瑞士苏黎世联邦工学院、德国亚琛理工大学、瑞典查尔姆斯理工大学、意大利米兰理工大学构成IDEA联盟。现有学生2.73万人，其中外国留学生6400名，教职员工超6300人。

（3）瓦格宁根大学，始建于1876年（时为荷兰国家农业大学），是一所研究生命科学的著名高等学府，最近几十年发展为一个国际性的科研机构，致力于向全世界提供充足和优质的粮食作物。在农业实践教育方面首屈一指，是欧洲农业与生命科学领域最好的研究型大学之一，在农业学科方面的研究机构中排名世界第二，在环境科学与生态学方面的研究机构中排名世界第一。现有学生1.36万名，其中外国留学生3186人，教职员工5600余人。

【新闻出版】报刊发行始于1618年。现共有日报近90种（其中全国性日报9种），综合性和专业性期刊约4000种。主要报刊有《人民报》《新鹿特丹商报》《忠诚报》《金融日报》《电讯报》等，主要周刊有《埃尔什维尔》《自由荷兰》《HP时代》《绿色阿姆斯特丹人》等。

荷兰通讯社：半官方新闻机构。

共有5个全国广播电台、10个地区广播电台和150个地方广播电台。电视广播覆盖率100%，其中90%的家庭可接收有线电视。全国有35个广播电视组织，由荷兰广播电视协会根据各组织会员人数分配广播电视的播放时间，其中8个广播电视组织在3套半官方的全国性电视节目中拥有绝大部分播放时间。近年来，商业电视台发展较快。

对外关系

荷兰为欧盟和北约创始成员国。国家安全、经济利益、民主人权是对外政策三大支柱。视美国为传统盟友，积极参与欧盟事务，原外交大臣蒂莫曼斯任欧盟委员会执行副主席。重视联合国等国际组织作用，积极参与多边事务，当选2018年联合国安理会非常任理事国。积极拓展同新兴市场国家关系。支持贸易和投资自由化。

【同中国的关系】1954年11月19日两国建立代办级外交关系，1972年5月18日升格为大使级。此后双方关系起伏发展。1981年5月，因荷政府批准荷公司售台潜艇，两国外交关系降为代办级。1984年2月1日，中荷恢复大使级外交关系。

新冠疫情发生以来，两国高层保持密切沟通。习近平主席同威廉–亚历山大国王互致信函。2020年4月和12月，李克强总理两次应约同荷兰首相吕特通电话。8月，王毅国务委员兼外长对荷进行正式访问。2021年1月，韩正副总理以视频方式出席荷方举办的首届气候适应峰会开幕式并致辞。8月，王毅国务委员兼外长应约同荷兰外交大臣卡格通电话。10月，吕特首相会见在罗马出席二十国集团峰会的习近平主席特别代表、国务委员兼外交部长王毅。2022年1月和8月，李克强总理两次同吕特首相举行视频会晤。2月和3月，王毅国务委员兼外长两次应约同荷兰副首相兼外交大臣胡克斯特拉通电话。5月，习近平主席同威廉–亚历山大国王就中荷建立大使级外交关系50周年互致贺电，李克强总理同吕特首相互致贺电。7月，王毅国务委员兼外长在巴厘岛出席二十国集团外长会期间会见荷兰副首相兼外交大臣胡克斯特拉。11月，习近平主席在巴厘岛会见荷兰首相吕特，全国政协主席汪洋在北京以视频方式会见荷兰议会一院议长布劳恩。

荷兰是中国在欧盟内第二大贸易伙伴。据中国海关总署统计，2022年，中荷双边贸易额为1302亿美元，同比增长12%。其中，中国出口额为1177亿美元，同比增长15.1%；中国进口额为125亿美元，同比减少10.6%。

目前共有近1万名中国留学生在荷。现已有20多所荷兰高等院校与中国有关高校建立了长期校际交流关系，主要有：莱顿大学、阿姆斯特丹大学和北京大学；代尔夫特理工大学和清华大学等。2005年5月两国政府签订相互承认高等教育学位证书及入学的协议（2006年6月生效）。中国在格罗宁根大学和南方应用科技大学共设有2所孔子学院和11所孔子课堂。海牙中国文化中心于2016年11月正式揭牌。两国已建立31对友好省市关系。

中国驻荷兰大使：谈践。馆址：Willem Lodewijklaan 10，2517JT，Den Haag，the Netherlands。电话：0031-70-3065099；传真：3551651。领侨处电话：0031-682065084（证件咨询）、682278165（领事保护）；传真：70-3065085。

荷兰驻华大使：贺伟民（Wim Geerts）。馆址：北京市朝阳区亮马河南路4号。电话：010-85320200；传真：85320300。

中国于1996年开始派驻常驻荷兰武官。荷兰于2006年在华设立武官处并派驻首任武官。

荷兰在中国上海、广州、重庆、香港设有总领事馆。中国在荷属加勒比地区威廉斯塔德设有总领事馆。

（评伟）

黑　山

国名　黑山（Montenegro，Crna Gora）。

面积　1.39万平方公里。

人口　61.7万（2023年）。其中，黑山族占45%，塞尔维亚族占29%，波什尼亚克族占8.6%，阿尔巴尼亚族占4.9%。主要宗教为东正教。

首都　波德戈里察（Podgorica），人口约18.9万（2020年）。

国家元首　总统亚科夫·米拉托维奇（Jakov MILATOVIĆ），2023年4月当选，5月就职，任期5年。

重要节日　国庆日：7月13日。

简　况

位于欧洲巴尔干半岛中西部，东南同阿尔巴尼亚为邻，东北同塞尔维亚相连，西北同波黑和克罗地亚接壤，西南濒临亚得里亚海。海岸线长293公里。西部和中部为丘陵平原地带，北部和东北部为高原和山地。气候依地形自南向北分为地中海式气候、温带大陆性气候和山地气候。1月平均气温5℃，7月平均气温25℃。

公元6世纪末至7世纪初，部分斯拉夫人移居到巴尔干半岛。9世纪，斯拉夫人在黑山地区建立“杜克里亚”国家。11世纪，“杜克里亚”改称“泽塔”，并于12世纪末并入塞尔维亚。1356年，“泽塔”脱离塞尔维亚独立。15世纪，奥斯曼土耳其帝国占领现波德戈里察及其以北地区。1878年柏林会议承认黑山为独立国家。1918年第一次世界大战后，黑山加入“塞尔维亚人-克罗地亚人-斯洛文尼亚人王国”，1929年改称南斯拉夫王国。1941年，德意法西斯入侵并占领南斯拉夫王国。1945年，南斯拉夫人民赢得反法西斯战争胜利。同年11月29日，南斯拉夫联邦人民共和国宣告成立。1963年改称南斯拉夫社会主义联邦共和国。

20世纪90年代初，南斯拉夫联邦解体，黑山和塞尔维亚两共和国联合组成南斯拉夫联盟共和国。2003年2月4日，南斯拉夫联盟共和国议会通过《塞尔维亚和黑山宪法宪章》，改国名为塞尔维亚和黑山。2006年5月，黑山就国家独立举行公投并获通过。同年6月3日，黑山宣布独立。6月28日，黑山加入联合国。

政　治

独立后，黑山政局保持稳定。2022年4月28日，黑山本届政府成立，联合改革运动党主席德里坦·阿巴佐维奇（Dritan ABAZOVIĆ）出任总理。8月，黑山议会通过对政府不信任案，本届政府倒台，成为看守政府，直至新一届政府成立。2023年4月，黑山举行总统选举，“欧洲现在”运动党副主席米拉托维奇当选。6月，黑山举行议会选举，“欧洲现在”运动党成为议会第一大党。

【宪法】2007年10月，黑山议会通过现行宪法。官方语言为黑山语。

【议会】国家立法机构，一院制。议员通过直选产生，任期4年。本届议会于2020年9月23日组成，共有81个议席，将留任至下届议会正式组成。议长为达妮耶拉·久罗维奇（Danijela ĐUROVIĆ，女）。目前，议会中各竞选联盟所获议席数为：社会主义者民主党29席、民主阵线联盟15席、民主黑山联盟10席、社会主义人民党5席、变革运动联盟5席、联合改革运动党4席、社会民主者党3席、波什尼亚克族党3席、社会民主党3席、阿尔巴尼亚族党2席，无党派议员2席。

【政府】国家权力执行机构。本届政府于2022年4月成立。总理德里坦·阿巴佐维奇，副总理兼农林水利部长弗拉迪米尔·约科维奇（Vladimir JOKOVIĆ），副总理兼资本投资部长埃尔文·伊布拉希莫维奇（Ervin IBRAHIMOVIĆ），司法部长马尔科·科瓦奇（Marko KOVAČ），内务部长菲利普·阿季奇（Filip ADŽIĆ），财政部长阿莱克桑达尔·达姆亚诺维奇（Aleksandar DAMJANOVIĆ），经济发展和旅游部长戈兰·久罗维奇（Goran ĐUROVIĆ），体育与青年部长瓦西里耶·拉洛舍维奇（Vasilije LALOŠEVIĆ），公共管理部长马拉什·杜卡伊（Marash DUKAJ），劳动和社会福利部长阿德米尔·阿德罗维奇（Admir ADROVIĆ），教育部长米奥米尔·沃伊诺维奇（Miomir VOJINOVIĆ），卫生部长德拉戈斯拉夫·什切基奇（Dragoslav ŠĆEKIĆ），文化和媒体部长玛莎·弗拉奥维奇（Maša VLAOVIĆ，女），生态和空间规划与城市化部长阿娜·诺瓦科维奇–久罗维奇（Ana NOVAKOVIĆ-ĐUROVIĆ，女），人权和少数民族权利部长法特米尔·杰卡（Fatmir GJEKA），科学和技术发展部长比利娅娜·什切帕诺维奇（Biljana ŠĆEPANOVIĆ，女），不管部长佐兰·米利亚尼奇（Zoran MILJANIĆ）。

【行政区划】全国共设25个行政区。

【司法机构】设最高法院、宪法法院、行政法院、上诉法院、经济法院、中级法院和初级法院。国家检察体系设最高检察院、1个特别检察院、2个高级检察院和13个初级检察院。最高法院代理院长韦斯娜·武奇科维奇（Vesna VUČKOVIĆ，女）。宪法法院院长布迪米尔·什切帕诺维奇（Budimir ŠĆEPANOVIĆ），2020年12月当选。最高检察院代理检察长塔特娅娜·贝戈维奇（Tatjana BEGOVIĆ，女）。

【政党】黑山主要政党有：

（1）“欧洲现在”运动党（“Europe Now” Movement）：2022年成立。党主席为米洛伊科·斯帕伊奇（Milojko SPAJIĆ）。

（2）社会主义者民主党（Demokratska Partija Socijalista Crne Gore）：原为黑山共产主义者联盟党，1991年改为现名。代理党主席为达尼耶尔·日夫科维奇（Danijel ŽIVKOVIĆ）。

（3）民主黑山党（Demokratska Crna Gora）：2015年成立。党主席为阿莱克萨·贝契奇（Aleska BEČIĆ）。

（4）联合改革运动党（United Reform Action）：2015年成立。党主席为德里坦·阿巴佐维奇。

（5）新塞尔维亚民主党（Nova Srpska Demokratija）：2009年成立。党主席为安德里亚·曼迪奇（Andrija MANDIĆ）。

（6）民主人民党（Demokratska Narodna Partija）：2012年成立。党主席为米兰·克奈热维奇（Milan KNEŽEVIĆ）。

【重要人物】亚科夫·米拉托维奇：总统。1986年12月7日出生。毕业于黑山大学经济学院。毕业后曾就职于德意志银行、欧洲复兴开发银行。2020—2022年任黑山经济发展部长。2022年6月参与组建“欧洲现在”运动党。2023年4月当选总统，5月21日就任。　**德里坦·阿巴佐维奇**：总理。1985年12月25日出生。波黑萨拉热窝大学政治学博士。2012年当选黑山议会议员。2015年参与组建联合改革运动党。2017年任该党主席。2020年12月任副总理，2022年4月任总理。　**达妮耶拉·久罗维奇**：议长。女，1973年3月27日出生。黑山大学自然科学和数学系硕士。曾任新海采尔格市议会议长、副市长等职。2020年9月当选黑山议会议员。2022年4月当选议长。

经　济

前南斯拉夫解体后，黑山因受战乱、国际制裁影响，经济持续下滑。近年来，随着外部环境改善及各项经济改革推进，经济逐步恢复，总体呈增长态势。黑山政府将旅游、能源、农业、基础设施作为重点领域，重视改善投资环境和吸引外资。2022年主要经济数据如下：

国内生产总值：59.2亿欧元。

人均国内生产总值：9598欧元。

国内生产总值增长率：6.4%。

货币名称：欧元（未加入欧元区）。

汇率：1美元≈0.95欧元。

通货膨胀率：17.2%。

失业率：16.2%。

（资料来源：黑山国家统计局、中央银行，下同）

【资源】森林和水利资源丰富，森林覆盖率为60%。铝、煤等资源丰富，约有4000万吨铝土矿石和3.5亿吨褐煤。

【工业】2021年，工业产值较2020年增长4.9%。主要工业有采矿、建筑、冶金、食品加工、电力和木材加工业等。

【农业】农牧业为黑山重要产业。全国农业用地约为25.6万公顷，占国土总面积的18.5%。农业用地中绝大部分为牧场和人工草场，可耕地面积为33.40万公顷。主要农产品为小麦、大麦、玉米、马铃薯、李子、橄榄、葡萄，主要畜牧产品为牛、猪、羊、家禽、马。

【服务业】服务业较为发达，其中旅游业为黑山最重要的产业之一。黑山主要服务业包括批发零售、住宿餐饮、房地产、电信、金融等。

【旅游业】旅游业是黑山国民经济重要组成部分和主要外汇收入来源。主要风景区是亚得里亚海滨和国家公园等。2022年，外国赴黑山游客总数约204万，较2021年增长约31.1%。游客主要来自塞尔维亚、波黑等。

【交通运输】以铁路和公路运输为主。

铁路：总长250公里，共有46个车站。

公路：总长9825公里。

空运：有2个机场，分别是波德戈里察机场和蒂瓦特机场，连接欧洲和中东30多个目的地。

水运：巴尔港为黑山主要港口，可停泊大型远洋轮船。2022年总吞吐量为293万吨。

【财政金融】截至2021年12月31日，公共债务36.9亿欧元，约占国内生产总值的75.6%。

【对外贸易】主要贸易伙伴为：塞尔维亚、中国、德国、希腊、波黑等。2022年，对外贸易总额为42.3亿欧元，同比增长43.9%。其中，出口额为7亿欧元，同比增长60.2%；进口额为35.3亿欧元，同比增长41.1%。近几年对外贸易情况如下（单位：亿欧元）：

	2020	2021	2022
出口额	3.6	4.4	7.0
进口额	21.0	25.0	35.3

差 额	−17.4	−20.6	−28.3

【外国资本】2022年吸引外资约5.9亿欧元，主要集中在基建、不动产和金融等领域。

人民生活

2022年，税后平均月工资712欧元。约有127万移动电话用户。

军 事

总统是武装部队最高统帅。国家安全委员会是黑山最高军事决策机构。现任总参谋长佐兰·拉扎雷维奇（Zoran LAZAREVIĆ）。2006年取消义务兵役制。

文化教育

【教育】黑山教育体系完备，包括学前教育、初等教育、中等教育、高等教育、成人教育和特殊教育。已经普及8年制义务教育。黑山大学为国立综合性高等学府，另有下戈里察大学和地中海大学两所民办大学。

【新闻出版】主要报纸有《胜利报》《消息报》《昼报》《日报》等。黑山通讯社为该国唯一通讯社。黑山国家广播电视台为国家公共媒体。

对外关系

融入欧洲–大西洋一体化进程是黑山外交战略目标。重视发展同大国的关系，奉行睦邻友好政策。截至2022年12月，黑山同182个国家建立外交关系。

【同中国的关系】中国同黑山2006年7月6日建交以来，双边关系发展顺利。2021年2月，黑山总统久卡诺维奇以视频方式出席中国—中东欧国家领导人峰会。5月，习近平主席同久卡诺维奇总统通电话。7月，王毅国务委员兼外长同黑山外长就中国同黑山建交15周年互致贺电。2022年11月，全国政协副主席汪永清同黑山议会副议长博什尼亚克举行视频会晤。

据中国海关总署统计，2022年，中黑双边贸易额为2.7亿美元，同比增长148.0%。其中，中国出口额为2.2亿美元，同比增长128.1%；中国进口额为0.5亿美元，同比增长316.6%。

中国驻黑山大使：刘晋，范琨（2022年9月以后）。馆址：Radosava Burića bb，Podgorica，Montenegro。电话/传真：00382–20–609275。

黑山驻华使馆临时代办：达妮耶拉·久尔吉奇·戴迪奇（Dnijela ĐURĐIĆ DEDIĆ，女）。馆址：北京市朝阳区三里屯外交公寓3号楼1单元12号。电话：010–65327610；传真：65327690。

【同美国的关系】2006年8月15日，黑山同美国建交。2022年4月，美国国务院助理国务卿唐弗里德、西巴尔干事务特别代表埃斯科巴访问黑山。12月，美国西巴尔干事务特别代表埃斯科巴再次访问黑山。

【同欧盟及其成员国的关系】2010年获欧盟候选国地位，2012年开启入盟谈判。2022年5月，总理阿巴佐维奇、外长兰科·克里沃卡皮奇访问欧盟总部。6月，欧洲理事会主席米歇尔、芬兰总理马林分别访问黑山。7月，总统久卡诺维奇访问匈牙利，总理阿巴佐维奇访问奥地利。10月，欧盟对外行动署副秘书长莫拉访问黑山。10月，总统久卡诺维奇访问波兰。

【同北约的关系】2017年6月5日加入北约。2022年5月，外长克里沃卡皮奇赴德国出席北约外长会。6月，总统久卡诺维奇赴西班牙出席北约峰会，副总理兼国防部长拉什科·科涅维奇赴比利时出席北约防长会。

【同周边国家的关系】奉行睦邻友好政策，积极参与区域合作。2022年6月，总理阿巴佐维奇赴北马其顿出席“开放巴尔干”倡议峰会，分别会见阿尔巴尼亚总理拉马、北马其顿总理科瓦切夫斯基、波黑部长会议主席特盖尔蒂亚、塞尔维亚总统武契奇。7月，总理阿巴佐维奇访问克罗地亚。10月，议长久罗维奇访问塞尔维亚。

（吕哲）

捷 克

国名 捷克共和国（The Czech Republic，Česká republika）。

面积 7.89万平方公里。

人口 1053万（2022年）。其中90%以上为捷克族，斯洛伐克族占2.9%，德意志族占1%，此外还有少量波兰族和罗姆族（吉卜赛人）。官方语言为捷克语。主要宗教为罗马天主教。

首都 布拉格（Prague），面积496平方公里，人口127.5万（2022年）。年均气温10.5℃。

国家元首 总统米洛什·泽曼（Miloš Zeman），2013年1月当选，3月就职。2018年1月成功连任，任期5年。

重要节日 国庆日：第一次世界大战导致奥匈帝国瓦解，1918年10月28日，捷克斯洛伐克共和国成立。1993年1月1日，捷克、斯洛伐克各自独立，捷克沿用10月28日为国庆日。

简 况

地处欧洲中部，东靠斯洛伐克，南邻奥地利，西接德国，北毗波兰。四季分明，夏季平均气温约18.5℃，冬季平均气温约–3℃，气候湿润，年均降水量683毫米。

5—6世纪，斯拉夫人西迁到今天的捷克和斯洛伐克地区，公元830年在该地区建立了大摩拉维亚帝国。9世纪末、10世纪上半叶在今捷克地区成立了捷克公国。1419—1437年，捷克地区爆发了反对罗马教廷、德意志贵族和封建统治，要求宗教改革的胡斯运动。1620年，捷克被哈布斯堡王朝吞并。第一次世界大战后奥匈帝国瓦解，捷克与斯洛伐克联合，于1918年10月28日成立捷克斯洛伐克共和国。1938年9月，英、法、德、意四国代表在慕尼黑签署了《慕尼黑协定》，将捷克斯洛伐克的苏台德地区割让给德国。1939年3月，捷被纳粹德国占领。1945年5月9日，捷在苏军帮助下获得解放。1948年2月，捷克斯洛伐克共产党开始执政。1960年7月改国名为捷克斯洛伐克社会主义共和国。1968年8月20日，苏、波、匈、保、民德五国出兵捷克斯洛伐克，镇压"布拉格之春"改革运动。1969年4月，胡萨克出任捷共第一书记（后为总书记），1975年任总统。1989年11月，捷政权更迭，实行多党议会民主制。1990年改国名为捷克和斯洛伐克联邦共和国，同年6月举行首次议会选举，捷克地区的"公民论坛"和斯洛伐克地区的"公众反暴力"组织分别在本地区获胜，占据联邦议会中的多数席位，并组成联邦政府。1992年6月，捷联邦举行第二次议会选举，由"公民论坛"演变而来的公民民主党（简称"公民党"）和从"公众反暴力"组织分裂出来的争取民主斯洛伐克运动获胜，成为执政党。1992年12月31日，捷斯联邦解体。1993年1月1日起，捷克和斯洛伐克分别成为独立主权国家。

政　治

2021年10月，捷克举行议会众议院选举，由公民党、人民党、TOP09党组成的竞选联盟在选举中获胜。12月17日，公民党、人民党、TOP09党、市长联盟、海盗党组建联合政府，公民党主席菲亚拉任总理。2022年1月13日，新政府通过议会信任投票。

【宪法】1960年7月，国民议会通过宪法，改国名为捷克斯洛伐克社会主义共和国。1968年10月，国民议会通过宪法法律，规定捷克斯洛伐克是由捷克族和斯洛伐克族两个平等民族组成的联邦制国家。1989年11月，联邦议会取消宪法中关于捷共在社会中领导作用的条款。1990年4月，联邦议会通过宪法修正案，将国名改为捷克和斯洛伐克联邦共和国，并修改了国徽。1992年11月25日，联邦议会通过了"联邦解体法"。12月15日，捷克民族议会决定接管联邦议会的职能，并于16日通过了新宪法，改国名为捷克共和国，修改了国徽，确定了多党议会民主制和平等、自由、法治的原则。新宪法于1993年1月1日生效。

【议会】国家最高立法机构，实行参众两院制。众议院共有议席200个，任期4年。参议院共有议席81个，任期6年，每两年改选1/3参议员。

本届众议院于2021年10月选举产生，有7个政党进入议会：ANO2011运动72席、公民民主党34席、市长联盟33席、基督教民主联盟–捷克斯洛伐克人民党23席、自由和直接民主党20席、TOP09党14席、海盗党4席。主席玛尔格塔·贝卡洛娃·亚当莫娃（Markéta Pekarová Adamová，女）。

1996年11月，捷举行了战后首次议会参议院选举。每两年进行1/3参议院换届选举，2022年10月举行了最新一次改选。主席为米洛什·维斯特奇尔（Miloš Vystrčil）。

【政府】现政府于2022年1月13日正式就职。主要成员有：彼得·菲亚拉（Petr Fiala），第一副总理兼内务部长维特·拉库尚（Vít Rakušan），副总理兼劳动和社会事务部长马里安·尤雷奇卡（Marian Jurečka），负责数字化事务的副总理兼地方发展部长伊万·巴尔托什（Ivan Bartoš），副总理兼卫生部长弗拉斯蒂米尔·瓦列克（Vlastimil Valek），财政部长兹比涅克·斯坦尤拉（Zbyněk Stanjura），国防部长雅娜·切尔诺霍娃（Jana Černochová，女），司法部长帕维尔·布拉热克（Pavel Blažek），外交部长扬·利帕夫斯基（Jan Lipavský），工贸部长约瑟夫·西凯拉（Jozef Síkela），交通部长马丁·库普卡（Martin Kupka），教青体部长弗拉迪米尔·巴拉什（Vladimír Balaš），环境部长彼得·赫拉迪克（Petr Hladík），农业部长兹德涅克·内库拉（Zdeněk Nekula），文化部长马丁·巴克萨（Martin Baxa），负责欧洲事务的无任所部长米库拉什·贝克（Mikuláš Bek），负责科研创新事务的无任所部长赫列娜·朗沙德洛娃（Helena Langšádlová，女），负责立法事务的无任所部长米哈尔·沙洛蒙（Michal Šalomoun）。

【行政区划】全国共划分为14个州级单位，其中包括13个州和首都布拉格市。各州下设市、镇。

【司法机构】全国设宪法法院、最高法院和最高监察院，院长均由总统任命。宪法法院院长帕维尔·里赫茨基（Pavel Rychetský），2003年就任，任期10年，2013年获连任。最高法院院长彼得·安吉亚洛希（Petr Angyalossy），2020年就任，任期10年。最高检察院院长伊果尔·斯特日什（Igor Stříž），2021年就任。州、市（区）均设法院、检察院、公证机关和经济仲裁机关。

【政党】全国目前共有定期开展活动的政党、运动、联盟等政治组织30余个。主要有：

（1）公民民主党（Občanská demokratická strana）：简称"公民党"。约有党员1.2万人。成立于1991年4月，其前身为1989年11月成立的"公民论坛"。该党属右翼保守政党，推崇民主、自由，强调继承欧洲基督教传统、捷第一共和国的人道和民主传统，反对马列主义意识形态和任何形式的集体化倾向，主张实行彻底的私有化和市场经济。2021年众议院选举中，公民党、人民党、TOP09党组成的竞选联盟获胜。党主席彼得·菲亚拉。

（2）ANO2011运动（“不满意公民运动”）：2011年由捷克亿万富豪、食品制造业巨头巴比什创建。主张增加就业、支持企业经营及降低增值税。现有成员约2600人。2012年，该党曾参加参议院和地方选举，未有斩获。2013年众议院选举中异军突起，一举成为众议院第二大党。2017年众议院选举中以较大优势获胜，获得牵头组阁的权利并与社民党联合执政。2021年众议院选举中不敌公民党领导的竞选联盟，未能进入政府。党主席安德烈·巴比什（Andrej Babiš）。

（3）市长与独立者联盟运动（Starostové a nezávislí）：简称“市长联盟运动”。2004年成立，因其成员大多为全国各地市、镇长而得名。现有成员约2200人。政治立场偏右，属欧洲人民党党团成员，2017年众议院选举中位列第九。2021年众议院选举中与海盗党组成竞选联盟得以进入议会。党主席维特·拉库尚。

（4）基督教民主联盟—捷克斯洛伐克“人民党”（Křesťanská a demokratická unie-Československá strana lidová）：简称“人民党”。成员近2万人。成立于1918年，1945年加入捷共的民族阵线，1989年11月恢复原党的“非社会主义传统”。自称为中右党，强调基督教传统。2017年众议院选举中位列第七。2021年众议院选举中，公民党、人民党、TOP09党组成的竞选联盟获胜。党主席马里安·尤雷奇卡。

（5）自由与直接民主运动（Svoboda a přímá demokracie）：成立于2015年6月，由上届议会第六大党曙光党分裂而来，系“欧洲民族与自由运动”组织成员，现有成员1万余人。主张捷克实行“直接民主”，变革现有政治和管理体制，由全民公投决定所有重要事项，扩大民众政治自决权，彻底清除政治腐败。反对《里斯本条约》，抵制欧洲一体化进程，主张捷退出欧盟和北约，反对加入欧元区，反对接收难民，被视为“极右民粹政党”。2017年众议院选举中并列第三大党。2021年众议院选举中支持率仅次于ANO2011和两大竞选联盟。党主席冈村富雄（Tomio Okamura），日捷混血，为前曙光党主席。

（6）TOP09党：成立于2009年6月，右翼政党，成员约3000人。T、O、P三字母分别为捷克语中传统、责任和繁荣三个单词的首字母，“09”代表成立时间为2009年。该党崇尚民主和保守主义，反对民粹主义，2017年众议院选举中位列第八。2021年众议院选举中，公民党、人民党、TOP09党组成的竞选联盟获胜。党主席玛尔凯塔·佩卡洛娃·亚当莫娃（Markéta Pekarová Adamová，女），名誉主席卡雷尔·施瓦岑贝格（Karel Schwarzenberg）。

（7）捷克海盗党（České pirátské strany）：成立于2009年6月，约有党员1200人，系国际与欧洲海盗联盟成员。该党成员多是20—35岁的IT界精英，热衷“网络问政”，主张共享信息、直接民主、通信自由、保护隐私、电子政务等，反对网络审查，要求由公民直选各级政府和管理机构，被称为捷克的“变革力量”，其政策主张具有鲜明的反传统和民粹主义色彩。2017年众议院选举中一举跻身议会第三大党。2021年众议院选举中支持率暴跌，但凭借与市长联盟运动组成竞选联盟得以进入议会。党主席伊万·巴尔托什（Ivan Bartoš）。

（8）捷克和摩拉维亚共产党（Komunistická strana Čech a Moravy）：简称“捷摩共”。现有党员2万余人。由原捷克斯洛伐克共产党演变而来，成立于1990年3月31日。该党在历届议会中一直占有一定席位。2017年众议院选举中位列第五。2021年众议院选举中未能进入议会。党主席卡特日娜·科内奇娜（Kateřina Konečná，女）。

（9）捷克社会民主党（Česká strana sociálně demokratická）：简称“社民党”。现有党员7500余人。最早成立于1878年，1938年解散，1945年恢复活动，1948年6月27日与捷克斯洛伐克共产党合并，1989年11月19日开始独立活动。自称中左党，政治上主张维护工人和其他劳动者的利益，经济上主张实行社会市场经济。1998年6月首次成为执政党。在2002年议会众议院大选中再次获胜并组建以该党为首的联合政府，2006年沦为在野党。2013年在众议院大选中获胜并与ANO2011运动、人民党联合执政至2017年底。2017年众议院选举中大败，位列第六，与ANO2011运动联合执政。2021年众议院选举中未能进入议会。党主席米哈尔·什马尔达（Michal Šmarda）。

【重要人物】米洛什·泽曼：总统。1944年9月出生于科林市。1968年加入捷克斯洛伐克共产党。1969年毕业于布拉格高等经济学院，后留校执教。1985—1989年在捷克斯洛伐克科学院经济研究所工作。1989年东欧剧变后，加入“公民论坛”。1990年到捷克斯洛伐克科学院预测研究所工作。同年加入社会民主党，并当选为联邦议会民族院议员。1990—1991年出任联邦议会主席团委员。从1990年6月起，任联邦议会民族院计划和预算委员会主任。1993年2月当选社会民主党主席。1996年出任众议院主席。1998—2002年任总理。2013年1月当选总统，3月就职。2018年1月成功连任，任期5年。　**彼得·菲亚拉**：总理。1964年9月出生于捷克布尔诺市。政治学博士，教授。长年在马萨里克大学任教。2004—2011年任马萨里克大学校长。2012—2013年任捷克教青体部长。2013年起连续当选众议员，2014年起当选公民党主席，并于2016年、2018年、2020年连任。2021年10月，公民党等三党组成的竞选联盟赢得众议院选举，12月被任命为总理。

经　济

捷克为中等发达国家，工业基础雄厚，外贸依存度较高。近年来，捷克实行积极、平衡、稳健的经济政策，增长势头强劲。2022年主要经济数据如下：

国内生产总值：2909.2亿美元。

人均国内生产总值：约2.76万美元。

国内生产总值增长率：2.5%。

货币名称：捷克克朗。

年均汇率：1美元≈23.36克朗；1欧元≈24.09克朗。

通货膨胀率：9.0%。

失业率：2.6%。

（资料来源：世界银行）

【资源】褐煤、硬煤和铀矿蕴藏丰富，其中褐煤和硬煤储量约为134亿吨，分别居世界第三位和欧洲第五位。石油、天然气和铁砂储量甚小，依赖进口。其他矿物资源有锰、铝、锌、萤石、石墨和高岭土等。森林面积266.8万公顷，约占全国总面积的34%。伏尔塔瓦河上建有多座水电站。

【工业】主要工业有机械、汽车、化工、冶金、纺织、电力、食品、制鞋、木材加工和玻璃制造等。近几年主要工业产品产量如下：

	2019	2020	2021
电（亿度）	814	815	849
净煤（万吨）	3760	2965	2941
钢板（万吨）	165.8	186.4	222.3

（资料来源：捷克国家统计局）

【农业】2022年粮食产值120752百万克朗，畜牧业产值66079百万克朗。近几年主要农牧产品产量如下：

	2020	2021	2022
马铃薯（万吨）	83.08	81.21	79.32
牛肉（万吨）	16.50	16.48	17.02
猪肉（万吨）	29.08	29.65	27.91
禽肉（万吨）	25.92	25.72	25.85
奶（百万升）	3181.82	3222.89	3251.37
蛋（百万个）	1522.00	1609.00	1608.00

近几年主要农畜存栏数如下（单位：万头、万匹或万只）：

	2020	2021	2022
牛	134.0	135.9	139.0
猪	154.6	149.3	132.8
羊	20.4	18.3	17.4
马	3.8	3.3	3.7
家禽	2424.7	2380.8	2302.6

（资料来源：捷克国家统计局）

【旅游业】游客主要来自德国、斯洛伐克、波兰、中国、美国、俄罗斯、英国、韩国、意大利等国。近年来，中国游客大幅增长。主要旅游城市有布拉格、捷克克鲁姆洛夫、卡洛维伐利等。据捷方统计，2022年捷克共吸引外国游客734.3万人，排名第一的是德国游客，184.3万人；第二和第三分别是斯洛伐克77.6万人，波兰61.3万人；中国游客3.4万人。（资料来源：捷克国家统计局）

【交通运输】以公路、铁路和航空运输为主。

公路：总长55838公里，其中高速公路1346公里。2022年客运量总计3.34亿人次，货运量总计4.74亿吨。

铁路：总长9523公里，电气化铁路3234公里。2022年客运量总计1.76亿人次，货运量总计9338.5万吨。

水运：内河航道726.2公里，2022年货运量总计126.6万吨。

空运：2022年客运量总计406.5万人次，货运量总计7.33万吨。主要国际机场为布拉格瓦茨拉夫·哈维尔机场。（资料来源：捷克国家统计局）

【财政金融】近几年财政收支情况如下（单位：亿克朗）：

	2019	2020	2021
收入	21349	20904	21966
支出	20365	23128	24891
盈余/赤字	984	–2224	–2925

据捷国家银行公布数据，截至2023年4月，捷国家银行外汇储备为1340亿美元。

（资料来源：《2022年捷克统计年鉴》、捷克国家银行）

【对外贸易】外贸在捷克经济中占有重要位置，国内生产总值85%依靠出口实现。近几年对外贸易情况如下（单位：亿克朗）：

	2020	2021	2022
出口额	3430	3881	4418
进口额	3250	3890	4620
差　额	180	–9	–202

出口商品主要有：轿车及配件、电力、钢材、机械设备、玻璃制品、木材、化工产品、轮胎、家具等。进口商品主要有：石油、天然气、计算机、轿车及配件、电信设备、机械设备、医药产品和器械、化工产品、铁矿石、载重汽车和家用电器等。主要贸易对象为：德国、斯洛伐克、波兰、中国、意大利、法国、奥地利、英国和荷兰。捷克著名企业有斯科达汽车、PPF集团等。（资料来源：《2022年捷克统计年鉴》及《经济公报》）

【外国资本】2022年，捷克实际吸引外资约36亿美元。1993—2022年，累计吸引外资1369亿美元。主要投资国为荷兰、德国、奥地利、美国、英国、瑞士。（资料来源：世界银行）

人民生活

2022年人均月工资40317克朗，约合1726美元，同比增长5.1%。

军　事

捷克和斯洛伐克于1993年1月1日各自独立后，原联邦国家军队和武器装备按2∶1分割，总统是军队最高统帅。1996年总兵力为6.5万人，2021年减至为2.7万人。捷加入北约后，为满足北约提出的在军队和装备方面与缔约国接轨的要求，按北约各国模式改建了军队。2021年，军费开支为39.4亿美元，占国内生产总值的1.4%。（资料来源：《2022年捷克统计年鉴》、世界银行）

文化教育

【**教育**】实行9年制义务教育。高中、大学实行自费和奖学金制，但国家对学生住宿费给予补贴。根据1990年颁布的有关法律，允许成立私立和教会学校。著名大学有查理大学、捷克技术大学、马萨里克大学、布拉格经济大学和帕拉茨基大学。2021/2022年度各类学校数量、学生及教师人数如下：

	学校（所）	学生（万人）	教师（万人）
幼儿园	5349	36.0	3.3
9年制小学	4238	96.4	7.1
高中（含技校）	1285	44.6	4.1

2022年，捷克共有59所大学，其中28所公立大学，31所私立大学。大学在校生30.4万，其中外国留学生5万。位于首都的查理大学是中欧最古老的学府，创办于1348年，现有17个院系（其中3个在外地）。创办于1707年的捷克技术大学，在中欧同类大学中也拥有最悠久的历史。（资料来源：《2022年捷克统计年鉴》）

【**新闻出版**】2021年，捷克全国发行各种报纸1639种，主要报纸有《今日青年阵线报》《权利报》《经济报》《人民报》等。

捷克通讯社：简称“捷通社”。国家商业性通讯社，在国外有12个分社，与20多个国家的通讯社有业务联系。

捷克广播电台：2021年，公共电台播音约16万小时，私人电台播音约50万小时。

捷克国家电视台：1953年5月1日开始试播，1954年正式开播。

2021年，公共电视台播放时间约51101小时，私人电视台播放时间约146.8万小时。（资料来源：《2022年捷克统计年鉴》）

对外关系

捷克系北约、欧盟成员国，奉行经济靠欧盟、安全靠美国的对外政策，积极参与欧盟共同外交和安全政策及北约行动并将“经济外交”和“人权外交”作为重点。捷现已与195个国家建立了外交关系并加入了联合国、欧安合作组织、国际货币基金组织及世界银行等国际组织。

【**同中国的关系**】1949年10月6日，中国同原捷克斯洛伐克建交。1957年3月27日，双方签订了中捷友好条约。1989年11月捷剧变后，中捷两国在和平共处五项原则基础上保持和发展了友好合作关系。1992年底捷联邦议会通过联邦解体法后，中国政府即照会捷方，决定从1993年1月1日起承认捷克共和国，并与其建立大使级外交关系。双方延用1949年10月6日作为建交日。2016年3月，中捷两国元首签署《中华人民共和国和捷克共和国关于建立战略伙伴关系的联合声明》。

2019年4月，捷克总统泽曼应邀来华出席第二届“一带一路”国际合作高峰论坛和2019北京世界园艺博览会开幕式，国家主席习近平、中央书记处书记王沪宁、国务院副总理孙春兰分别同其会见。同月，国务院总理李克强出席中国—中东欧国家领导人杜布罗夫尼克会晤期间，同巴比什总理举行双边会见。11月，捷克议会众议院主席冯德拉切克来华出席第二届中国国际进口博览会，全国政协委员会委员长栗战书在京同其会见。2020年4月，习近平主席同泽曼总统通电话。2021年2月，泽曼总统以视频方式出席中国—中东欧国家领导人峰会。7月，习近平主席同泽曼总统通电话。

据中国海关总署统计，2022年，中捷双边贸易额为236.5亿美元，同比增长11.8%。其中，中国出口额为182.3亿美元，同比增长20.7%；中国进口额为54.2亿美元，同比减少10.5%。

中国驻捷克大使：张建敏，冯飚（2022年10月以后）。馆址：Pelléova 18，Praha 6，16000，Czech Republic。电话：00420–224311323；传真：224319888。商务处电话：00420–233028898。

捷克驻华大使：弗拉迪米尔·托姆希克（Vladimir Tomšík）。馆址：北京市朝阳区建国门外日坛路2号。电话：010–85329500；传真：85329590。商务处电话：010–85329531。领事处电话：010–85329521。

【**同其他欧洲国家的关系**】捷克是欧盟成员国，与斯洛伐克保持“超国家标准”关系，优先发展同东欧和西巴尔干国家关系，重视与德国、奥地利开展睦邻合作。2022年7月起任欧盟轮值主席国。积极倡导次区域合作，努力加强维谢格拉德集团（波兰、匈牙利、捷克、斯洛伐克）在地区事务中的作用与影响，2019年下半年至2020年上半年任维谢格拉德集团轮值主席国。反对欧盟难民配额计划，支持欧盟恢复边境管控。

【**同美国的关系**】捷克视美国为重要盟友，同美国关系密切，积极参加北约行动。

【**同其他国家的关系**】捷克不承认克里米亚公投合法性，不承认乌东两个共和国独立地位，支持美国和欧盟对俄实施最强硬制裁。视亚太地区为本国在欧洲以外的重要经济合作伙伴，希加强同东亚、印度、越南等国的关系。

【**同国际和地区组织的关系**】捷积极参与欧盟事务

和重要国际和地区组织活动，重视联合国及其机构的作用。

（段伟昕）

克 罗 地 亚

国名　克罗地亚共和国（The Republic of Croatia，Republika Hrvatska）。

面积　5.66万平方公里。

人口　406万（2022年）。主要民族有克罗地亚族（90.4%），其他为塞尔维亚族、波什尼亚克族、意大利族、匈牙利族、阿尔巴尼亚族、斯洛文尼亚族等，共22个少数民族。官方语言为克罗地亚语。主要宗教是天主教。

首都　萨格勒布（Zagreb），人口80万（2022年）。

国家元首　总统佐兰·米拉诺维奇（Zoran MILANOVIĆ），2020年2月就任，任期5年。

重要节日　国庆节：5月30日（纪念1990年议会成立）。

简　况

位于欧洲中南部，巴尔干半岛西北部，西北和北部分别同斯洛文尼亚和匈牙利接壤，东部和东南部同塞尔维亚、波斯尼亚和黑塞哥维那、黑山为邻，西部和南部濒亚得里亚海。岛屿众多，海岸线曲折，长1880公里。

6世纪末至7世纪初，斯拉夫人移居到巴尔干半岛定居。8世纪末和9世纪初，克罗地亚人建立早期封建国家。10世纪，克罗地亚王国建立。1102—1527年，克罗地亚处于匈牙利王国统治之下。1527—1918年，克罗地亚受哈布斯堡王朝统治，直到奥匈帝国崩溃。1918年12月，克罗地亚同一些南部斯拉夫民族联合成立塞尔维亚人–克罗地亚人–斯洛文尼亚人王国，1929年改称南斯拉夫王国。1945年，南斯拉夫各族人民赢得反法西斯战争胜利，11月29日宣告成立南斯拉夫联邦人民共和国，1963年改称南斯拉夫社会主义联邦共和国，克罗地亚成为南联邦6个共和国之一。1991年6月25日，克议会根据全民公决结果通过决议，宣布脱离南斯拉夫社会主义联邦共和国独立。1992年5月22日，克罗地亚加入联合国。

政　治

2016年，克罗地亚举行议会选举，民主共同体党主席安德烈·普连科维奇（Andrej PLENKOVIĆ）出任总理。2020年1月，社会民主党人米拉诺维奇当选总统，2月19日就职。7月，民主共同体党在新一届议会选举中获胜，普连科维奇连任总理。

【宪法】1990年12月22日，克罗地亚共和国颁布新宪法。宪法规定，总统任期5年，任期不得超过两届。2000年11月，克罗地亚议会通过宪法修正案，改半总统制为议会内阁制。2001年3月，议会再度修宪，决定取消省院，改两院制为一院制。2010年6月，议会第4次修宪，主要确定了克罗地亚加入欧盟和作为欧盟成员国的法律基础，包括对欧盟的主权让渡、入盟公投、履行欧盟法律义务和欧盟成员国公民在克权利等。

【议会】国家最高权力和立法机构，一院制。议员通过直选产生，任期4年。本届议会于2020年7月22日成立，由151名议员组成。目前，议会内政党有23个。其中，民主共同体党62席、社会民主党13席、社会民主人士党11席、桥党7席、国土运动党5席、“我们能”政治平台党4席。议会下设29个专门委员会。议长为戈尔丹·扬德罗科维奇（Gordan JANDROKOVIĆ），2017年5月就任，2020年7月连任。

【政府】国家权力执行机构。总理安德烈·普连科维奇（Andrej PLENKOVIĆ）。政府成员有：副总理兼退伍军人部长托莫·梅德韦德（Tomo MEDVED），副总理兼内务部长达沃尔·博日诺维奇（Davor BOŽINOVIĆ），副总理兼海洋、交通和基础设施部长奥莱格·布特科维奇（Oleg BUTKOVIĆ），副总理兼空间规划、建设和国有资产部长布兰科·巴契奇（Branko BAČIĆ），副总理阿妮娅·希姆普拉加（Anja ŠIMPRAGA，女），财政部长马尔科·普里莫拉茨（Marko PRIMORAC），外交和欧洲事务部长戈尔丹·格尔里奇·拉德曼（Gordan Grlić RADMAN），区域发展和欧盟基金部长希梅·埃尔利奇（Šime ERLIĆ），旅游和体育部长妮科莉娜·布尔尼亚茨（Nikolina BRNJAC，女），科学和教育部长拉多万·富茨赫斯（Radovan FUCHS），经济和可持续发展部长达沃尔·菲里波维奇（Davor FILIPOVIĆ），卫生部长维利·贝罗什（Vili BEROŠ），农业部长玛丽娅·武奇科维奇（Marija VUČKOVIĆ，女），劳动、养老金制度、家庭、社会政策部长马林·皮莱蒂奇（Marin PILETIĆ），国防部长马里奥·巴诺日奇（Mario BANOŽIĆ），司法和管理部长伊万·马莱尼察（Ivan MALENICA），文化和媒体部长妮娜·奥布莲·科尔日奈克（Nina Obuljen KORŽINEK，女）。

【行政区划】全国设20个省和1个省级直辖市，下辖128个市和428个区。

【司法机构】设宪法法院和最高法院等。宪法法院院长米罗斯拉夫·舍帕罗维奇（Miroslav ŠEPAROVIĆ），2016年就任。最高法院院长拉多万·多布罗尼奇（Radovan DOBRONIĆ），2021年就任。

【政党】目前共有150多个政党和政治组织登记注册。主要政党有：

（1）民主共同体党（Hrvatska demokratska zajednica）：执政党。1989年6月成立。现有党员约21万人。主张通过民主方式联合所有愿意在社会和政治生活中运用基督教文明和伦理道德价值观的人，争取实现克罗地亚精神和物质生活的全新复兴。党主席为安德烈·普连科维奇。

（2）社会民主党（Socijaldemokratska partija Hrvatske）：在野党。1990年11月成立。现有党员约3万人。主张保护劳动人民、中下层和需要特殊照顾的少数民族利益，建立民主政治和法律社会秩序，促进社会和谐快速发展，为推动地区自治和区域平衡发展创造社会、经济和政治条件。党主席为佩贾·格尔宾（Peđa GRBIN）。

（3）社会民主人士党（Socijaldemokrati）：在野党。2022年7月成立。主张发扬社会民主，积极进取，深度融入欧盟，致力于改善卫生、教育、住房、养老，推行司法和选举法改革，保护人权，促进社会公平。党主席达沃尔科·维多维奇（Davorko VIDOVIĆ）。

（4）国土运动党（Domovinski pokret）：在野党。2020年2月成立。奉行保守主义，主张保护国土、就民族权益进行公开对话。党主席为伊万·佩纳瓦（Ivan PENAVA）。

（5）桥党（Most）：在野党。2012年成立于达尔马提亚地区小镇梅特科维奇，最初为地方政党，后逐步吸纳社会各界独立人士加入。主张发扬社会民主，提升公民意识，提倡社会对话、包容，组建专家型政府，对国家政治、经济、金融、教育、卫生等进行全方位改革，实现国家复兴。党主席为博若·佩特罗夫（Božo PETROV）。

【重要人物】**佐兰·米拉诺维奇**：总统。1966年10月30日出生。毕业于萨格勒布大学法学院，后获比利时布鲁塞尔自由大学欧盟法专业硕士学位。2003—2004年任外交部部长助理。2006—2007年任社民党发言人。2007—2016年任该党主席。2011—2016年任总理。2020年1月当选总统，2月就职。　**安德烈·普连科维奇**：总理。1970年4月8日出生。毕业于萨格勒布大学法学院，法学硕士。2010—2011年任外交部国务秘书。2011—2013年任议员。2014—2016年任欧洲议会外事委员会副主席。2016年6月，当选克罗地亚民主共同体党主席。同年10月出任总理，2020年7月连任。　**戈尔丹·扬德罗科维奇**：议长。1967年8月2日出生。毕业于萨格勒布大学政治学院。2003年起连续当选6届议会议员。2008—2010年任外长。2010—2011年任副总理兼外长。2016—2017年任副议长。2017年5月当选议长，2020年7月连任。

经　　济

经济基础良好，旅游、建筑、造船和制药等产业发展水平较高。2022年主要经济数据如下：

国内生产总值：674亿欧元。

人均国内生产总值：1.7万欧元。

国内生产总值增长率：6.3%。

货币名称：欧元。

汇率：1美元≈0.95欧元。

通货膨胀率：10.7%。

失业率：7.1%。

（资料来源：克罗地亚统计局、克罗地亚中央银行等，下同）

【资源】克罗地亚森林和水力资源丰富，2022年全国森林面积276万公顷，森林覆盖率48.7%。主要矿产资源有石油、天然气、煤、铝矾土、优质泥灰石。此外，还出产铁、锰、石墨等。

【工业】主要工业部门有食品加工、木材加工、造船、建筑、电力、石化、冶金、制药、机械制造和纺织等。食品加工业较发达，是加工业中就业人数最多的行业。近几年主要工业产品产量如下：

	2019	2020	2021
发电量（亿度）	126.1	132.6	147.3
天然气（亿立方米）	10.3	16.8	7.5
原油（万吨）	72.3	74.5	61.5

【农业】农业主要包括种植业、畜牧业、林业、渔业等。全国农业可耕地面积为154.6万公顷。近几年主要农副产品产量如下（单位：万吨）：

	2019	2020	2021
小麦	79.0	85.8	96.2
玉米	229.8	243	224.2
甜菜	70.9	77.4	70.2
马铃薯	17.3	17.4	12.8
苹果	6.9	5.5	6.1
李子	1.0	1.3	0.4
葡萄	10.8	12.5	11.6
橄榄	3.3	3.3	2.4

主要牲畜和家禽存栏总数如下：

	2019	2020	2021
牛（万头）	42.0	41.2	42.8
猪（万头）	102.2	107.2	97.1
绵羊（万只）	65.8	79.7	65.4
家禽（万只）	1274.7	1326.5	1040.0

渔业捕获量如下（单位：千吨）：

	2019	2020	2021
海水鱼	66.1	66.5	59.7
淡水鱼	3.1	2.6	—

水产品养殖量如下（单位：千吨）：

	2019	2020	2021
蟹、虾	1.0	1.9	—
牡蛎、贝类	1.8	5.0	0.9
其他海鱼	16.6	15.2	22.9

【旅游业】旅游业发达，是克罗地亚国民经济的重要组成部分和外汇收入的主要来源。2021年，克罗地亚旅游收入91亿欧元，约占国内生产总值的16%，游客数量1380万人次，同比增长77%。2022年游客数量1890万人次、同比增长37%。游客主要来自德国、斯洛文尼亚、奥地利和波兰等欧洲国家。主要风景区有亚得里亚海海滨、普利特维采湖和布里俄尼岛等。

【交通运输】交通运输业较为发达，以公路和铁路为主。

公路：2021年总长26412公里，其中高速公路1316公里。2021年，公路客运量为3099万人次，货运量为8495万吨。

铁路：2021年总长2617公里，客运量为1354万人次，货运量为1518万吨。

水运：2021年海上客运量为1228万人次，货运量为1780万吨；内河货运量655万吨。克罗地亚拥有7个可以停泊大型远洋轮船的海港，分别为里耶卡、普拉、希贝尼克、扎达尔、斯普利特、普洛切、杜布罗夫尼克。其中里耶卡港地位突出，经由此港可通达克罗地亚全境及整个欧洲。

空运：有7个国际机场（萨格勒布、斯普利特、杜布罗夫尼克、扎达尔、里耶卡、普拉、奥西耶克）和3个小型商用机场（布拉奇、洛什尼、弗尔萨尔），其中主要机场是萨格勒布图季曼机场。2021年客运量为106万人次。

【对外贸易】主要出口商品有石油产品、矿物燃料及润滑剂、药品、电子设备、食品；主要进口商品有原油和天然气、矿物燃料及润滑剂、交通工具、药品、机床设备。重要贸易伙伴为意大利、斯洛文尼亚、德国等。近几年进出口情况如下（单位：亿美元）：

	2020	2021	2022
出口额	170	217	264
进口额	261	321	460
差　额	–91	–104	–196

【对外投资】主要目的国为波黑、斯洛文尼亚、塞尔维亚、黑山和波兰，对上述5国投资占其对外直接投资总额的81%，投资主要集中在焦炭和精炼石油产品、海运、零售贸易和金融等领域。

【外国资本】克罗地亚外资主要来源国为荷兰、奥地利、意大利、德国。上述4国对克投资总额约占克吸引外资额的53%。外资主要集中在金融、制造业、不动产、贸易和电信等领域。

人民生活

截至2020年底，克罗地亚固定电话用户数为32.1部/百人，移动电话用户数为108.1部/百人。互联网用户为78.3户/百人。全国医疗工作者共6.8万人，病床约2.3万张。克罗地亚平均每千人拥有医生1.9人、病床5.4张。截至2021年底，克罗地亚平均每千人拥有小汽车463辆。

军　事

克罗地亚于1991年建立军队，5月28日为建军节。克军实行志愿兵役制度，截至2021年12月31日，军队总人数16990人，其中现役15008人，占88.3%；文职1982人，占11.7%。2022年国防预算约为9.8亿欧元，2021年国防预算占国内生产总值的2.16%。宪法规定，总统为武装力量的最高统帅。克军总参谋长罗贝尔特·赫拉尼海军上将（Robert HRANJ），2020年3月就职，任期5年。

文化教育

2021年，克罗地亚有121家广播电台、26家电视台、80家专业剧院、175家影院、126家博物馆、1760家图书馆。

【教育】克罗地亚文化教育程度较高，具备较为完整的教育体系，包括学前教育、初等教育、中等教育、职业教育、高等教育、成人教育和特殊教育等。全国普及实施8年制小学义务教育。主要有萨格勒布大学、里耶卡大学、奥西耶克大学、斯普利特大学、扎达尔大学、杜布罗夫尼克大学和普拉大学等高等学府。截至2021/2022学年末各级学校情况如下：

	学校（所）	学生（人）	教师（人）
学前教育	1708	142440	14505
初等教育	1984	308777	35263

【新闻出版】克罗地亚全国发行的主要报纸有《24小时》《晚报》《晨报》，地方性日报有《自由达尔马提亚报》《新报》等。克罗地亚通讯社为国家通讯社，成立于1990年7月。克罗地亚国家电视台成立于1956年，现有4个国内频道和1个卫星频道。克罗地亚国家广播电台成立于1926年。

对外关系

克罗地亚在立足欧盟的同时，重视发展同美国、俄罗斯、中国等大国的关系。致力于睦邻友好和地区合作。截至目前，克罗地亚已同世界上180多个国家建立外交关系。

【同中国的关系】1992年5月13日两国建交。双边关系发展顺利。2005年，两国建立全面合作伙伴关系。2022年5月，习近平主席同克罗地亚总统米拉诺维奇就中克建交30周年互致贺电。10月，米拉诺维奇总统来函祝贺习近平主席当选中共中央总书记。

据中国海关总署统计，2022年，中克双边贸易额为24.2亿美元，同比增长4.8%。其中，中国出口额为22.6亿美元，同比增长14.8%；中国进口额为1.6亿美元，同比减少53.3%。2022年7月，中国企业承建的克罗地亚佩列沙茨大桥通车。截至2022年底，克罗地亚对中国直接投资总额1239万美元。

中国驻克罗地亚大使：齐前进。馆址：Mlinovi 132，10000 Zagreb，Croatia。电话：00385-1-4637011；传真：4637012。

克罗地亚驻华大使：达里欧·米海林（Dario MIHELIN）。馆址：北京市朝阳区建国门外大街9号齐家园外交公寓别墅5-2。电话：010-65326242；传真：65326257。

【同美国的关系】1992年8月6日，克同美国建交。2020年10月，美国务卿蓬佩奥访克。2022年10月，美众议长佩洛西访克。

【同俄罗斯的关系】1992年5月25日建交。2020年12月，俄外长拉夫罗夫访克。

【同欧盟及其成员国的关系】2013年7月1日，加入欧盟。2020年上半年，担任欧盟轮值主席国。2021年4月，法国外长勒德里昂访克。7月，欧盟委员会主席冯德莱恩访克。10月，西班牙首相桑切斯、马耳他总统维拉分别访克。11月，法国总统马克龙访克。2022年5月，克总理普连科维奇访问塞浦路斯。6月，克总理普连科维奇访问德国。11月，西班牙国王菲利普六世、奥地利总理内哈默访克。

【同北约的关系】2009年4月，加入北约。2020年8月，参加北约“联盟天空”空中警训；11月，参加北约“网络联盟2020”演习。2021年5月，参加北约“星界骑士2021”和“快速反应2021”演习；11月，参加北约“网络联盟2021”演习。

【同周边国家的关系】与波黑的关系：1992年7月建交。2020年9月，波黑主席团塞尔维亚族成员多迪克访克。2021年12月、2022年7月，克总理普连科维奇访问波黑。

与黑山的关系：2006年7月建交。2020年6月，克总统米拉诺维奇访问黑山。2021年12月，黑山总统久卡诺维奇访克。2022年7月，黑山总理阿巴佐维奇访克。

与北马其顿的关系：1992年3月建交。2021年6月，北马其顿总统彭达罗夫斯基访克。 （黄雪佳）

拉脱维亚

国名 拉脱维亚共和国（The Republic of Latvia）。

面积 6.4573万平方公里，其中陆地面积6.2046万平方公里，内水面积2543平方公里。

人口 188.3万（2022年）。拉脱维亚族占63%，俄罗斯族占24.9%，白俄罗斯族占3.2%，乌克兰族占2.2%，波兰族占2.0%，此外还有犹太、爱沙尼亚等民族。官方语言为拉脱维亚语，通用俄语。主要信奉基督教路德宗和东正教。

首都 里加（Riga），人口60.58万（2022年）。1月平均气温-4.6℃，7月平均气温21.4℃，年均气温6.7℃。

国家元首 总统埃吉尔斯·莱维茨（Egils LEVITS），2019年5月当选，任期4年。

重要节日 新年（1月1日）、复活节（3月末4月初）、劳动节（5月1日）、宣布恢复独立日（5月4日）、夏至节（6月23—24日）、国庆节（11月18日）、圣诞节（12月25—26日）。

简况

位于波罗的海东岸，北与爱沙尼亚，南与立陶宛，东与俄罗斯，东南与白俄罗斯接壤。国界线总长1862公里。平均海拔87米，地貌为丘陵和平原。气候属海洋性气候向大陆性气候过渡的中间类型。1月平均气温-4.6℃，7月平均气温21.4℃，夜晚平均气温11℃。年均降水量732毫米。

公元10世纪，建立早期的封建公国。12世纪末至1562年，被日耳曼十字军侵占，后归属德利沃尼亚政权。1583—1710年，先后被瑞典、波兰-立陶宛公国瓜分。1710—1795年，被沙皇俄国占领。1795—1918年，拉东部和西部分别被俄罗斯和德国割据。1918年11月18日，拉成为独立的共和国。1939年8月，苏联和德国签订秘密条约，拉被划入苏联势力范围。1940年6月，苏军根据苏拉双边友好协议进驻拉，建立苏维埃政权，同年7月21日成立拉脱维亚苏维埃社会主义共和国，8月5日并入苏联。1941—1945年，被德国侵占。二战结束后，重新并入苏联。1990年5月4日，拉最高苏维埃通过关于恢复拉脱维亚独立的宣言，并改国名为拉脱维亚共和国。1991年8月22日，拉最高苏维埃宣布拉脱维亚共和国恢复独立。同年9月6日，苏联国务委员会承认拉独立。9月17日，拉加入联合国。

政治

【宪法】1993年7月6日，拉议会通过决议，恢复1922年拉独立初通过的宪法。1994年、1996年和1997年，议会三次对宪法进行了修订。宪法规定拉脱维亚是独立的民主共和国，议会是国家最高立法机构，总统由议会选举产生，任期4年，最多任2届，总任期不超过8年。总统任命总理并授权其组成政府（须经议会简单多数通过）。

【议会】国家最高立法机构，实行一院制，由100名议员组成，任期4年，议员由18岁以上的公民直接选举产生。参选党必须获得5%以上的选票才能进入议会。本届议会是2022年10月1日选举产生的第十四届议会，共有7个党派获得议席，新团结党（26席），绿党和农民党联盟（16席），联合名单（15席），民族联盟党（13席），为了稳定党（11席），进步党（10席），拉脱维亚第一（9席）。联合名单成员斯米尔滕斯（Edvards Smiltēns）任议会议长。议会领导机构为议会主席团，由主席（即议长）、2名副主席、秘书长和副秘书长5人组成。议会下设16个委员会，每年举行春季和秋季2次会议。

【政府】政局基本稳定。现政府于2022年12月成立，系由新团结党、联合名单和民族联盟组成的三党执政联盟。内阁成员名单如下：总理克里什亚尼斯·卡林什（Krisjanis KARINS，新团结党），国防部长伊娜拉·穆尔涅采（Inara Murniece，女，民族联盟），外交部长埃德加斯·林克维奇斯（Edgars RINKEVICS，新团结党），经济部长伊尔泽·因德里克松内（Ilze INDRIKSONE，民族联盟），财政部长亚尼斯·雷伊尔斯（Janis REIRS，新团结党），财政部长阿维尔斯·阿舍拉登斯（Arvils Ašeradens，新团结党），内政部长马里斯·库钦斯基斯（Māris Kučinskis，联合名单），教育和科技部长安达·查克莎（Anda Čakša，新团结党），气候和能源部长雷蒙兹·丘达尔斯（Raimonds Čudars，新团结党），文化部长瑙里斯·蓬图里斯（Nauris Puntulis，民族联盟），福利部长埃维卡·西莉娜（Evika Siliņa，女，新团结党），交通部长亚尼斯·维滕伯格斯（Nauris PUNTULIS，民族联盟），司法部长伊内斯·利比娜–埃格耐瑞（Inese Lībiņa-Egnere，女，新团结党），卫生部长莉加·格尔松内（Līga Meņģelsone，女，联合名单），环境保护和地区发展部长马里斯·斯普林朱克斯（Māris Sprindžuks，联合名单），农业部长迪吉斯·史密茨（Didzis Šmits，联合名单）。

【行政区划】设有36个区和7个全国级市。

【司法机构】最高法院院长安格尔斯·斯特鲁佩斯（Aigars STRUPISS），2020年就职。总检察长尤瑞斯·斯图坎斯（Juris STUKANS），2020年就职。

【政党】在司法部登记注册政党和政治团体主要有：

（1）新团结党（New Unity）：执政联盟成员。中右翼政党。前身为2010年由新时代党（New Era）、公民联盟（Civic Union）和政治变革社团（Society for Political Change）合并成立的团结党（Unity）。2018年，团结党先后合并5个地方政党——库尔迪加县党、为了瓦尔米埃拉和维泽梅党、为了图库姆斯市和图库姆斯县党、叶卡布皮尔斯地区党以及拉特加尔党组成新团结党。在第十四届议会中有26席。

（2）绿色农民联盟（Union of Greens and Farmers）：在野党。绿色保守主义、重农主义中右翼政党。由拉脱维亚农民联盟（Latvian Farmers'Union）和拉脱维亚绿党（Green Party of Latvia）于2002年合并成立。在第十四届议会中有16个议席。

（3）联合名单（The United List）：执政联盟成员。中翼政党。由拉脱维亚绿党、拉脱维亚地区协会、利耶帕亚党共同组成，首次进入议会。在第十四届议会中有15个议席。

（4）民族联盟–一切为了拉脱维亚、为了祖国和自由/民族保守党联盟（National Alliance "All For Latvia!" – "For Fatherland and Freedom/LNNK"）：简称"民族联盟"。执政联盟成员。民族主义右翼政党。由极右翼的一切为了拉脱维亚党（All For Latvia!）和右翼的为了祖国和自由/民族保守党联盟（For Fatherland and Freedom/LNNK）于2010年结盟组成。2011年7月23日转为单一政党。民族联盟在第十四届议会中有13个议席。

（5）为了稳定党（Political Party "For Stability"）：在野党。中翼党派。该党主要领导人系从俄族政党和谐党脱离。首次进入议会，在第十四届议会中有11个议席。

（6）进步党（Progressives）：在野党。中左翼政党，前身为同名非政府组织。首次进入议会，在第十四届议会中有10个议席。

（7）拉脱维亚第一（Latvia in First Place）：在野党。右翼政党，首次进入议会，在第十四届议会中有9个议席。

【重要人物】埃吉尔斯·莱维茨：总统。1955年6月出生于拉脱维亚巴尔噶斯市。毕业于汉堡大学法律学院并就职于德国东欧问题研究所。积极参与拉脱维亚恢复独立运动。拉恢复独立后，历任驻德国等国大使、副总理兼司法部长、欧洲人权法院法官等职务。2019年5月当选拉恢复独立以来第6任总统，7月8日宣誓就职，任期4年。　**爱德华兹·斯米尔滕斯**：议长。1984年出生于拉脱维亚。毕业于拉脱维亚大学，获法学学士学位。2009年进入政坛，议会工作经验丰富。2022年11月就任议长。　**克里什亚尼斯·卡林什**：总理。1964年12月出生于美国特拉华州威尔明顿市。先后就读于美国圣约翰学院（安纳波利斯分校）、宾夕法尼亚大学，获语言学学士、硕士和博士学位。1994年移居拉脱维亚并参与创办LACI食品冷藏公司。2002年参与创建拉脱维亚新时代党，并当选议会议员，任新时代党议会党团主席。2004年12月至2006年4月任经济部长。2006年连选连任议员并继续担任新时代党议会党团主席。2009年当选欧洲议会议员，并于2014年连选连任欧洲议会议员。2018年初任新团结党共同主席并被推举为新团结党总理候选人。2019年1月7日由总统提名为总理人选并牵头组阁，1月23日经议会多数通过正式就任总理。2022年12月连任。

经　济

1991年恢复独立后，拉脱维亚按西方模式进行经济体制改革，推行私有化和自由市场经济。1998年被正式接纳为世界贸易组织成员。近年来，受益于欧盟经济复苏，拉经济发展势头整体向好。拉在农业、木材加工业、交通物流等领域具有一定优势。截至2022年5月，国际主要评级机构对拉脱维亚主权信用评级：标普为A+，展望为稳定；穆迪为A3，展望为稳定；惠誉为A–，展望为稳定。2022年主要经济数据如下：

国内生产总值：391亿欧元。

人均国内生产总值：20719欧元。

国内生产总值增长率：2%。

货币名称：欧元。

汇率：1美元≈0.95欧元。

通货膨胀率：17.3%。

失业率：7.1%。

（资料来源：拉脱维亚中央统计局）

【资源】拉脱维亚主要资源有石灰石、石膏、泥炭、白云石、石英砂等少量矿产。拉是东北欧泥炭主要输出国，泥炭可开采量1.9亿吨，位居全球前十。拉有1.4万个野生物种，森林面积349.7万公顷，其中168.6万公顷为国有林，森林覆盖率为49.9%。

【工业】工业支柱产业有采矿、加工制造及水电气供应等。2021年工业产值为47.47亿欧元，同比增长7.4%，占国内生产总值比重为16.5%，其中化学品和化学产品制造同比增长25.6%，橡胶和塑料制品制造增长11.2%、金属制品制造增长10%。

【农业】主要包括种植业、畜牧业、渔业等行业。2021年农业生产总值13.27亿欧元，同比减少6.8%，占国内生产总值比重为4.6%。（资料来源：拉脱维亚中央统计局）

近几年主要农业、渔业、林业产品产量分别为（单位：万吨）：

	2020	2021	2022
谷物	349.71	299.46	324.37
马铃薯	18.10	16.30	14.90
蔬菜	15.91	12.71	—
捕鱼	10.43	9.91	10.33

近几年主要牲畜和家禽存栏量如下（单位：万头/万只）：

	2020	2021	2022
牛	39.90	39.35	39.14
其中奶牛	19.60	19.26	19.07
猪	30.68	32.70	30.79
绵羊	9.19	9.03	8.73
家禽	583.00	585.00	574.00

（资料来源：拉脱维亚中央统计局）

【服务业】服务业是拉脱维亚的支柱产业。2021年拉服务业产值为226.87亿欧元，占国内生产总值比重为78.9%。

【旅游业】2021年拉接待游客共计130.6万人次，同比减少10.7%，其中外国游客数量为44.2万人次，同比减少38.2%；当地游客为86.4万人次，同比增长15.6%。2021年中国游客赴拉旅游1308人次。拉主要旅游城市和风景区有：里加古城、尤尔马拉海滨、希古达和采西斯风景区、露天民俗博物馆、隆达列宫等。全国旅游公司主要有：拉脱维亚旅游公司、里加旅行社、塔斯旅游公司、大学生青年旅行社、波罗的海旅游公司等。

【交通运输】铁路：拉脱维亚全国公用铁路总长1860公里，与独联体国家使用相同铁路轨距（1520mm），其中电气化铁路251公里。拉共有152个火车站（包括75个货运站）。2022年铁路货运量2130万吨，客运量1570万人次。

公路：拉脱维亚铺面公路总长20124公里。从拉脱维亚乘国际巴士可前往华沙、明斯克、塔林、维尔纽斯等地。2022年公路货运量8094万吨。

水运：内河航线全长350公里。共有10个港口。3大港口为里加、文茨皮尔斯和利耶帕亚，均为全年不冻港。2021年拉脱维亚港口货运量4173万吨。

空运：有里加、文茨皮尔斯、利耶帕亚三个国际机场。里加机场是波罗的海三国最大的机场，属于拉脱维亚国营机场。2022年，里加国际机场客运量为380万人次。波罗的海航空公司创建于1995年，是拉唯一的国际航空公司，国家占97.97%的股份。目前，该公司拥有飞机34架空客A220–300。里加现有直飞伦敦、曼彻斯特、斯图加特、维也纳、巴黎、罗马、米兰、法兰克福、都柏林、慕尼黑、布鲁塞尔、斯德哥尔摩、赫尔辛基、哥本哈根、华沙、特拉维夫、布拉格、塔林、维尔纽斯、基辅、奥德萨、明斯克、塔什干、伊斯坦布尔等地的国际航班。中国与拉脱维亚没有直航，可以在赫尔辛基、维也纳、法兰克福、华沙、柏林、斯德哥尔摩、伊斯坦布尔等城市转机。2016年9月，中国民航局与拉脱维亚交通部签署了《关于航权安排的谅解备忘录》。

【财政金融】近几年财政收支情况如下（单位：亿欧元）：

	2020	2021	2022
收入	98.9	124	139.93
支出	100.0	148	157.14
盈余/赤字	–1.1	–24	–17.21

（资料来源：拉脱维亚中央统计局）

拉脱维亚银行（央行）成立于1922年9月19日。1991年9月3日，拉脱维亚银行恢复了可以发行货币的央行地位。1993年，拉脱维亚银行正式发行拉特。2014年，拉加入欧元区。外资进入拉脱维亚银行业较早，最大的投资国为瑞典和芬兰。截至2021年5月，拉脱维亚共有18家本国及其他国家银行分支机构，其中包括13家在拉注册的银行，2家非欧盟国家银行分支机构。北欧银行集团在拉脱维亚银行业中占主导地位。

【对外贸易】拉脱维亚与世界120多个国家和地区有贸易关系。2022年，拉进出口贸易总额为477.7亿欧元，同比增长32.8%。其中，进口额为265亿欧元，同比增长35.8%；出口额为212.7亿欧元，同比增长29.3%。近几年进出口贸易额情况如下（单位：亿欧元）：

	2020	2021	2022
出口额	131.89	164.9	212.7
进口额	150.77	194.3	265.0
差　额	–18.88	–29.4	–52.3

（资料来源：拉脱维亚中央统计局）

拉脱维亚主要贸易伙伴为周边欧盟成员国和独联体国家，经济发展对周边国家依赖程度较高。2022年拉主要出口国为立陶宛、爱沙尼亚、德国、俄罗斯、瑞典，主要进口国为立陶宛、爱沙尼亚、德国、波兰、俄罗斯。拉主要出口商品是木材、木制品及木炭、钢铁、矿物燃料；主要进口商品为矿物燃料、机械用具及零配件、车辆及零配件。

【对外投资】截至2022年第四季度，拉脱维亚对外投资累计53.24亿欧元。对外投资主要集中在金融保险业、批发零售、机动车和摩托车修理、制造业、科研和技术活动等领域。

【外国资本】截至2022年第四季度，拉脱维亚吸引外资存量为225.9亿欧元，对拉主要投资国有瑞典、爱沙尼亚、立陶宛等。对拉投资主要集中在金融和保险业、房地产、批发零售、机动车和摩托车修理、制造业等领域。拉已同奥地利、保加利亚、白俄罗斯、比利时、加拿大、中国、瑞士、捷克、丹麦、埃及、西班牙、爱沙尼亚、芬兰、法国、英国、希腊、克罗地亚、匈牙利、冰岛、以色列、意大利、韩国、科威特、立陶宛、摩尔多瓦、挪威、荷兰、波兰、葡萄牙、罗马尼亚、新加坡、斯洛伐克、瑞典、土耳其、乌克兰、乌兹别克斯坦、越南等国家和地区签署投资保护协定。

【外国援助】2009年初，欧盟联合国际货币基金组织、世界银行和欧洲复兴开发银行等国际金融机构以及部分东欧和北欧国家向拉脱维亚提供总额75亿欧元紧急援助贷款。由于经济情况有所好转，拉脱维亚政府于2011年12月21日分别与欧盟委员会和国际货币基金组织签署关于结束向拉脱维亚提供国际援助贷款计划的备忘录，标志着该国援助贷款计划正式结束，贷款偿还期将于2025年结束。据拉脱维亚中央财政和合同署官网2021年9月报道，拉脱维亚可进一步在2014—2020年欧盟资金中获得20亿欧元，在2021—2027年欧盟资金中获得44亿欧元，在REACT-EU融资中获得2.641亿欧元（截至2023年底），在复苏基金投资中获得18.2亿欧元（截至2026年8月底）。

【著名公司】（1）“阿尔达利斯”啤酒厂：拉最大的啤酒酿造企业，有140余年历史。主要生产各种啤酒和无酒精饮料，年销售额近3800万美元。产品出口爱沙尼亚、立陶宛、俄罗斯、哈萨克斯坦等国。

（2）“莱依玛”巧克力厂：拉最大的巧克力糖果生产企业，1924年建厂，年销售额3500多万美元。主要产品有：巧克力糖、巧克力糕点、奶糖、水果糖等。产品出口美国、德国、以色列、瑞典、瑞士、爱沙尼亚、立陶宛和独联体等国家和地区。

（3）“格林戴克斯”制药有限公司：波罗的海三国制药行业的龙头企业，经营范围包括药品研发、生产、销售等。生产多种药品，包括几种专利产品，其产品销售到50多个国家。在拉脱维亚、爱沙尼亚和俄罗斯有4家子公司，在10个国家设有办事处。

（4）拉脱维亚黑药酒公司：成立于1900年，现属于琥珀饮料控股集团，是波罗的海地区最大的酒精饮料生产商，旗下130多种品牌产品出口至全球170多个市场，名牌产品为里加黑药酒，由多种传统草药加入纯伏特加制作而成。

（5）富友联合食品公司：全球化的乳制品和冰激凌制造商，总部设在里加，在拉脱维亚拥有里加牛奶厂、瓦尔米耶拉牛奶厂、里加乳业公司，还在爱沙尼亚、立陶宛、丹麦、挪威、罗马尼亚、俄罗斯、白俄罗斯等国建厂经营，产品出口至全球25个市场。该公司于2018年在中国内蒙古自治区建成日处理740余吨鲜奶、年生产能力近20万吨的乳制品加工基地，生产产品涵盖酸奶及新鲜奶酪。

（6）里加油漆涂料厂：波罗的海最大的矿物漆和涂料生产工厂，成立于1898年，现为一家私营企业。该工厂生产的矿物漆以其环保、色正、抗菌等优良特性受到中国消费者的欢迎。现已被应用于北京大兴新机场10万平方米的核心区域，并将应用于哈尔滨市老城区改造及新城区建设。

人民生活

2022年，拉人均税前工资1373欧元/月，同比增长7.5%。拉脱维亚医疗条件较好，截至2020年，拉脱维亚全国共有60所医院、10045张病床、6941名职业医师、1305名医学领域专家、7957名高级护士。医院实行医药分开制度，药品供应正常，价格合理，药品销售监管严格。拉脱维亚实行强制医疗保险。根据拉中央统计局公布数据显示，2022年拉脱维亚平均预期寿命为：男性69.4岁，女性79.3岁，总预期寿命75.2岁。

军　事

1991年8月23日开始组建军队，11月成立国防部。国防力量由陆、海、空军和国民卫队组成。2006年前实行义务兵役，2007年1月开始实行军队职业化。根据本人意愿，军队与士兵签署3—15年的服役合同。军队实力计划维持在5100人左右。在组建军队过程中，特别是2004年4月拉加入北约后，美、英、德、法及北欧国家为拉提供了培训和武器装备等方面的协助。迄今，拉已同40多个国家的军队建立联系，同近30个国家签署了军事合作协议。从1996年4月起，拉军开始参加国际维和行动。拉2022年国防预算为7.5835亿欧元，占国内生产总值的2.2%。拉政府将在未来三年内逐步提高国防预算至国内生产总值的2.5%。

文化教育

拉科教水平较高，曾是苏联多项重要技术的研发中心。加入欧盟后，拉更加重视发展教育及科技创新。拉科研出版物密度指数高于欧盟平均水平，与美国持平。截至2021年，拉脱维亚共有111所博物馆、20家电影院、558个文化中心、1487所图书馆和8家剧院。

【教育】拉脱维亚实行九年义务教育，允许私人办学校。大学实行公费和自费两种制度。全国90%以上的儿童就读国立学校。拉现有职业学校55所，高等教育机构和学院53所。主要高等院校有：拉脱维亚大学、里加工业大学、拉脱维亚农业大学、波罗的海俄罗斯学院、拉脱维亚医学院、拉脱维亚海洋学院、拉脱维亚音乐学院、拉脱维亚艺术学院等。创办于1919年的拉脱维亚大学是拉建校最早的大学。

【新闻出版】拉报纸和杂志主要用拉文和俄文发行。拉文报纸主要有《拉脱维亚报》《日报》《独立报》《经济日报》《里加晚报》等，俄文报纸主要有《今日新闻报》《电讯报》（周报），英文报纸有《波罗的海时报》（周报）。

主要通讯社有拉脱维亚通讯社和波罗的海新闻社。拉通社成立于1920年，原为国家通讯社，1997年实行私有化，主要提供波罗的海三国新闻，用拉、俄、英三种文字发稿。波罗的海通讯社1990年成立于爱沙尼亚，于1992年在拉脱维亚和立陶宛成立子公司，主要提供北欧和环波海地区国家新闻，用拉脱维亚文、立陶宛文、爱沙尼亚文、俄文和英文5种文字发稿。拉有20多名驻外记者，主要在俄罗斯、立陶宛、爱沙尼亚、美国、比利时等国进行采访报道。在拉现有100多名外国常驻记者，其中50余名来自俄罗斯各大报纸、通讯社和电视台，其他来自中国、立陶宛、爱沙尼亚、波兰、芬兰、丹麦、德国、加拿大等国。路透社、德通社和新华社在拉设有记者站。有50家全国和地方广播电台，分别用拉语和俄语广播。拉国家广播电台为公共电台，成立于1925年。

全国和地方电视台有58家。拉脱维亚国家电视台是拉最大的公共电视台，成立于1954年。商业电视台主要有拉脱维亚独立电视台、电视三台和电视五台。

对外关系

恢复独立后，拉将加入欧盟和北约作为外交优先方向。2004年4月2日，拉正式加入北约；5月1日，正式加入欧盟；12月30日，拉宣布自2005年1月1日起拉特与欧元正式挂钩，汇率浮动不超过1%。2014年1月1日，拉正式启用欧元，成为欧元区第18个成员国。2015年上半年首次担任欧盟轮值主席国。在对外关系上，拉全力深化与欧盟、美国的关系，谋求发展与俄罗斯的务实合作，拓展外交空间。截至2021年，拉与190个国家建立了外交关系。

【同中国的关系】1991年9月12日，中拉两国建立外交关系。1992年1月4日，中国在拉设立大使馆。同年1月底，拉政府与台湾当局签署所谓“建立领事关系的联合声明”，于2月上旬允许台在里加开设“总领事馆”。中国政府决定从拉撤出大使馆。1994年7月，拉政府代表团访华，承诺断绝同台湾的领事关系，中拉签署了两国关于实现关系正常化的联合公报。同年8月，中国大使馆恢复在里加工作。

2019年中拉友好合作关系进一步发展。4月，拉经济部长耐米罗率团出席第二届“一带一路”国际合作高峰论坛高级别会议。10月，拉副总理兼国防部长帕布里克斯来华出席第九届香山论坛和第七届世界军人运动会。同月，文化和旅游部长雒树刚访问拉脱维亚并为里加中国文化中心揭牌。11月，拉经济部长耐米罗来华出席第二届中国国际进口博览会。同月，拉国家警察总局长库兹访华，并同中国公安部签署《中华人民共和国和拉脱维亚共和国国家警察总局关于加强合作打击跨电信网络等新型有组织犯罪谅解备忘录》。2021年2月，拉外长林克维奇斯出席中国—中东欧国家领导人视频峰会。9月，拉交通部长林凯茨线上出席中国主办的第二届联合国全球可持续交通大会。

据中国海关总署统计，2022年，中拉双边贸易额为14亿美元，同比增长1.1%。其中，中国出口额为10.25亿美元，同比减少10.5%；中国进口额为3.75亿美元，同比增长57%。拉出口商品主要是机械和电子设备、运输工具、金属制品、化工产品、木材及其制品等，进口商品主要是纺织品、机械设备和电子设备、金属制品等。截至2022年12月底，中国对拉累计投资2111万美元；拉在华项目64个，拉在华累计投资420万美元。中国对拉脱维亚主要投资领域为通信行业、木材加工、建筑、电气设备、房地产和酒店餐饮。中资企业主要有：施丹兰公司、拉脱维亚华大智造有限责任公司、华为技术拉脱维亚子公司、通宇通信（拉脱维亚）有限责任公司。同时，数十家从事食品工业、银行业、信息技术和高科技、翻译、化妆品、木材加工、物流、房地产、机械和矿产生产的拉脱维亚企业已进入中国市场。近几年中拉贸易额情况如下（单位：亿美元）：

	2020	2021	2022
中国出口额	10.52	11.46	10.25
中国进口额	2.00	2.39	3.75

差　额　8.52　9.07　6.50

（资料来源：中国商务部）

中国驻拉脱维亚大使：梁建全。馆址：5 Ganibu Dambis Street，Riga，LV–1045，Latvia。电话：00371–67357023，67357024；传真：67357025。经济商务参赞处地址：2 Darba Street，Riga，LV–1046，Latvia；电话：00371–67805475；传真：67805470。

拉脱维亚驻华大使：玛雅·马尼卡（Maija MANIKA，女）。馆址：北京市朝阳区东方东路22号亮马桥外交公寓A区02–02别墅。电话：010–85323009；传真：85321925。

【同欧盟的关系】拉脱维亚积极发展同欧盟及各成员国的关系，积极参与欧盟决策，重点在预算问题上维护自身利益。支持欧盟通过“财政契约”和银行业监管，赞成欧元区扩大并成为稳定、强大的统一货币联盟。主张欧盟各成员国均衡发展，要求欧盟为拉农村发展拨款，并将对拉农业补贴提高至欧盟平均水平的80%。拉脱维亚于2015年1—6月担任欧盟轮值主席国。2019年11月拉前总理东布罗夫斯基斯出任欧盟委员会副主席兼金融服务委员。

【同波罗的海邻国的关系】拉脱维亚与立陶宛、爱沙尼亚在政治、经济、历史、地理、文化等众多方面有着密不可分的传统联系，三国之间除了设有国家元首、政府首脑及部长级定期会晤机制，还建立了波罗的海大会、波海地区国家经济论坛、三国首都会议机制等。三国还就推动建立波海三国统一能源市场、修建波海联合铁路等问题取得一定进展。

【同美国的关系】拉脱维亚和美国于1991年9月5日建交。同美国的关系是拉脱维亚双边外交重点之一。从2008年11月17日起，美国给予拉公民赴美免签证待遇。

【同俄罗斯的关系】拉脱维亚同俄罗斯历史积怨深重，乌克兰危机爆发后，拉俄关系更趋对立，拉极力推动对俄制裁。（杨婧仪）

立　陶　宛

国名　立陶宛共和国（The Republic of Lithuania）。

面积　6.53万平方公里。

人口　280.6万（2022年）。立陶宛族占85.1%，波兰族占6.6%，俄罗斯族占5.1%，此外还有白俄罗斯、乌克兰、犹太等民族。官方语言为立陶宛语，多数居民懂俄语。主要信奉罗马天主教，此外还有东正教、基督教路德宗等。

首都　维尔纽斯（Vilnius），面积401平方公里，人口55.2万（2022年）。1月平均气温–1.3℃，7月平均气温17.7℃，年均气温7.6℃。

国家元首　总统吉塔纳斯·瑙塞达（Gitanas NAUSEDA），2019年7月就职，任期5年。

重要节日　国家重建日（国庆日，1918年2月16日立陶宛宣布国家重建，立陶宛共和国成立）：2月16日；恢复独立日（1990年3月11日立陶宛发表恢复独立宣言）：3月11日；国家日（1253年7月6日立陶宛国王明道加斯加冕）：7月6日。

简　况

位于波罗的海东岸，北接拉脱维亚，东连白俄罗斯，南邻波兰，西濒波罗的海和俄罗斯加里宁格勒州。国境线总长1644公里，海岸线长90公里。属海洋性向大陆性过渡气候。最高点海拔293.6米。

1009年史书首次提及立陶宛，为历史古国。1240年成立统一的立陶宛大公国。1385年后立陶宛与波兰三次联合，1387年接受天主教为国教。维陶塔斯大公执政期间（1392—1430年）是立鼎盛时期，成为当时欧洲面积最大的国家之一。1795年后逐步被沙俄吞并。第一次世界大战期间，立曾一度被德国占领。1918年2月16日，立宣布独立并建立资产阶级共和国。1920年10月9日，波兰占领维尔纽斯和立东部地区，第二大城市考纳斯成为立临时首都。1939年8月，苏联和德国签订秘密条约，立被划入苏联势力范围，次年初苏军进驻立境内。1941年苏德战争爆发后，立被德国占领。1944年苏联军队进入立，立陶宛苏维埃社会主义共和国成立并加入苏联。1990年3月11日，立通过恢复独立宣言，宣布脱离苏联独立。1991年9月6日，苏联国务委员会承认立独立，9月17日立加入联合国。2004年3月29日立加入北约，5月1日成为欧盟成员国。2015年1月加入欧元区。

政　治

立陶宛政局总体保持稳定。2020年10月议会选举中，祖国联盟–立陶宛基督教民主党（简称“祖基党”）等党派进入议会。12月，祖基党、自由运动党和自由党联合组成新一届执政联盟。

【宪法】1992年10月25日经全民公决通过，11月2日生效，后多次修订。现行宪法共15章154条。规定立陶宛是独立的民主共和国，主权属于全体人民，公民权利一律平等。立为议会制国家。议会是国家最高立法机关，批准或否决总统提名的总理人选；任命和解除国家领导人的职务；有权弹劾总统，但须经3/5以上议员支持。总统由公民直接投票选举产生，任期5年，最多任2届。凡年龄在40岁以上且近3年在立连续居住的立公民均可竞选总统。如总统病故、辞职、被弹劾或由于健康原因无法履行职务时，其职责由议长代为行使。总统是国家武装力量最高统帅，就重大外交问题作出决策，经议会同意任命和撤换总理，根据总理推荐任命和撤换部长。

【议会】国家最高立法机关，实行一院制，共有141个席位，任期4年。凡年满25岁、在立定居的立公民均有权竞选议员。其中71名议员由全国71个选区直接选出，其余70名由进入议会的政党产生，获得5%以上选票的政党和7%以上选票的政党联盟可进入议会，并根据各自获得选票的比例分配议席。本届议会于2020年10月选举产生。主要党团及所占议席分别为：祖国联盟–立陶宛基督教民主党50席、农民与绿色联盟党19席、社会民主党12席、自由运动党12席、自由党11席、劳动党8席、"为了立陶宛"民主党16席、立陶宛地区党9席，其他2席。现任议长维克托丽娅·奇米莉特–尼尔森（Viktorija ČMILYTĖ-NIELSEN，女），2020年10月当选。

【政府】本届政府为独立后第18届政府，由祖国联盟–立陶宛基督教民主党、自由运动党和自由党于2020年12月组成，下设14个部门。总理因格里达·希莫尼特（Ingrida SIMONYTE），其他内阁成员包括环境部长西莫纳斯·根特维拉斯（Simonas GENTVILAS），能源部长代纽斯·克雷维斯（Dainius KREIVYS），经济与创新部长奥什丽内·阿尔莫奈特（Ausrine ARMONAITE，女），财政部长金塔蕾·斯凯斯特（Gintare SKAISTE，女），国防部长阿尔维达斯·阿努绍斯卡斯（Arvydas ANUSAUSKAS），文化部长西莫纳斯·凯里斯（Simonas KAIRYS），社会保障与劳动部长莫妮卡·纳维茨基埃内（Monika NAVICKIENE，女），交通与通信部长马留斯·斯库奥迪斯（Marius SKUODIS），卫生部长阿鲁纳斯·杜尔基斯（Arunas DULKYS），教育科学与体育部长尤尔吉塔·舒格日迪尼埃内（Jurgita SIUGZDINIENE），司法部长埃韦莉娜·多布罗沃尔斯卡（Evelina DOBROVOLSKA，女），外交部长加布里埃柳斯·兰茨贝尔吉斯（Gabrielius LANDSBERGIS），内务部长阿格内·比洛泰特（Agne BILOTAITE），农业部长克斯图蒂斯·纳维茨卡斯（Kestutis NAVICKAS）。

【行政区划】2011年6月，立陶宛进行行政区划改革，取消县制，全国改为由7个城市、43个区、8个自治机构和2个疗养区共60个地方行政单位构成，大小城镇100余座。主要城市有维尔纽斯、考纳斯、克莱佩达、希奥利艾等。

【司法机构】宪法法院院长戴纽斯·扎力马斯（Dainius Zalimas），2014年7月就职。最高法院院长里姆维达斯·诺库斯（Rimvydas Norkus），2014年12月就职。总检察长妮达·格鲁恩斯基埃内（Nida GRUNSKIENE，女），2020年就职，任期5年。

【政党】截至2021年3月，立共有40余个政党和政治组织注册登记，主要政党有：

（1）祖国联盟–立陶宛基督教民主党（Homeland Union-Lithuanian Christian Democrats "LITHUANIAN CONSERVATIVES"）：联合执政党。2008年5月成立，现有党员1.37万人。党主席兰茨贝尔吉斯，前总统兰茨贝尔吉斯之孙，现外长。

（2）自由运动党（Liberals Movement of the Republic of Lithuania）：联合执政党。2006年2月25日成立，主要由从自由中间联盟中退出的成员组成，现有党员7000余人。党主席维克托丽娅·奇米莉特–尼尔森（Viktorija Čmilytė-Nielsen），现议长。

（3）自由党（Freedom Party）：联合执政党。2019年6月1日成立，主要由自由运动党退出的成员组成，现有党员3400余人，党主席奥什丽内·阿尔莫奈特（Aušrinė Armonaitė），现经济与创新部长。

（4）农民与绿色联盟党（Lithuanian Peasant and Greens Union）：在野党。2001年创建，现党员人数4500余人。历史上曾多次更名，一度影响了其政党形象和知名度。2012年以来沿用现名。党主席雷蒙纳斯·卡尔包斯吉斯（Ramunas Karbauskis）。

（5）社会民主党（Lithuanian Social Democratic Party）：在野党。1896年创建，是该国最古老的政党。1989年8月12日重建，2001年1月27日与立陶宛劳动民主党（前身为立陶宛共产党）合并。现有党员1.65万余人。党主席维利亚·布林凯维丘斯（Vilija Blinkevičiūtė）。

（6）劳动党：在野党。2003年10月成立。现有党员1万余人，党主席维克托尔·乌斯帕斯基茨赫（Viktor Uspaskich），欧洲议会议员。

（7）地区党（Lithuanian Regions Party）：在野党。2021年由社会民主劳动党更名为地区党。2018年4月成立，主要成员来自2017年执政联盟分裂后坚持与农绿党继续合作并退党的立陶宛社会民主党前党员。现有成员3500余人，党主席为约纳斯·平斯库斯（Jonas Pinskus）。

（8）"为了立陶宛"民主党（Democratic Party "For Lithuania"）：在野党。成立于2021年10月18日，主要由农民与绿色联盟党退出的成员组成，党主席萨乌柳斯·斯克维尔内利斯（Saulius Skvernelis），上届政府总理。

【重要人物】吉塔纳斯·瑙塞达：总统。1964年5月19日出生于立陶宛克莱佩达市。1989年毕业于维尔纽斯大学产业经济司，获硕士学位。后赴德国深造，1993年获博士学位。1994—2000年曾担任立央行货币政策司司长、央行董事会成员等职。2000—2018年先后担任立维尔纽斯银行、立瑞典银行首席经济学家、总裁顾问。2009年起任维尔纽斯大学国际商学院兼职副教授。2019年5月在立总统选举中胜出，7月12日宣誓就职。 **维克托丽娅·奇米莉特－尼尔森**：议长。女，1983年出生于立陶宛希奥利艾市。2007年获拉脱维亚大学英语语言文学学士学位。前著名职业国际象棋手。2011年获欧洲女子国际象棋冠军。2015年告别棋坛从政，并加入自由运动党。2016年当选立议会议员。2019年9月出任自由运动党主席。2020年10月出任议长。已婚，育有四子。 **因格里达·希莫尼特**：总理，1974年11月15日出生。1996年获维尔纽斯大学工商管理学士学位，1998年获维尔纽斯大学经济学硕士学位。长期在立陶宛财政部和维尔纽斯大学任职。2009年出任财政部长。2016年当选立陶宛议会议员，2020年连任。2020年12月起就任总理。未婚，无子女。

经　济

立陶宛是资本主义国家。食品加工、木材加工、交通物流、生物技术、激光技术为其优势产业。2022年主要经济数据如下：

国内生产总值：667.9亿欧元。

人均国内生产总值：23576.1欧元。

国内生产总值增长率：1.9%。

货币名称：欧元。

汇率：1美元≈0.95欧元。

【资源】森林和水资源丰富。森林面积217.7万公顷，覆盖率为33.4%。有722条河流，长度超过100公里的河流有21条，最长的涅穆纳斯河全长937公里，在立境内长度为475公里。立境内湖泊众多，水域面积超过880平方公里，面积超过0.5公顷的湖泊有2834个，其中最大的德鲁克夏伊湖面积42.26平方公里。此外，还有泥炭、矿物建筑材料等资源。

【工业】2022年工业产值285.5亿欧元，同比增长9.5%。近几年主要工业产品产值如下（单位：千欧元）：

	2020	2021	2022
原油和天然气	9328	11436	16543
食品与烟草	3693828	3996461	4979935
饮料	423961	441664	507783
纺织品	455830	543802	685391
皮革及皮革制品	16162	18947	23482
纸张及纸制品	564219	692988	859155
家具	1933171	2427620	3002531

（资料来源：立陶宛统计局）

【农业】2022年农业产值50.0亿欧元，同比增长62.8%。近几年主要农产品产量及家禽（畜）存栏数如下：

	2020	2021	2022
谷物（千吨）	6918.6	5621.3	6014
马铃薯（千吨）	299.8	204.6	231.8
油菜（千吨）	966.6	904.4	896
马（匹）	12773	12809	12502
牛（头）	634582	629505	628705
猪（头）	5508035	580389	573840
羊（只）	167286	155314	151599
家禽（只）	8649035	8363576	9026290

（资料来源：立陶宛统计局）

【旅游业】2022年，立陶宛宾馆、旅店、疗养院等旅游机构共接待境内外游客382.5万人次，其中外国游客115.0万人次，占30.1%，主要来自拉脱维亚、波兰和德国等国。2022年，立公民赴国外旅游30.4万人次，同比增长17.8%，主要目的国为拉脱维亚、英国、波兰。截至2022年底，立共有各类宾馆、酒店等4580家，客房41885间。主要旅游景点：维尔纽斯老城、特拉盖古堡、凯尔纳维遗址、尼达沙丘、帕兰加、希奥利艾十字架山、德鲁斯基宁盖等。

【交通运输】交通体系完备，铁路网与欧洲及独联体国家连成一体，可直接或转车前往有关国家；公路网发达，有E28、E67、E77、E85、E262、E272等6条欧洲公路干线经过；克莱佩达港是立陶宛最大海港，与世界200多个港口通航。国内交通运输以公路、铁路为主。

2022年，立全年货运总量为1.49亿吨，同比减少18.9%。客运总量为3.09亿人次，同比增长47.9%。

【财政金融】据立陶宛国家统计局数据显示，2022年，立政府财政收入236.55亿欧元，同比增长13.3%；支出237.33亿欧元，同比增长10.7%。

【对外贸易】据立陶宛国家统计局数据显示，2022年进出口总额为968.5亿欧元，其中，出口额为443.1亿欧元，同比增长28.5%，进口额为525.4亿欧元，同比增长39.4%。

主要出口商品为矿产品、机电设备、电气设备、木材等，主要进口商品为矿产品、机电设备、电气设备、化工产品、蔬菜及水果等。主要贸易伙伴为德国、拉脱维亚、爱沙尼亚、波兰等欧盟国家及俄罗斯。近几年进出口贸易额如下（单位：亿欧元）：

	2020	2021	2022
出口额	286	354.7	443.1
进口额	290	377.5	525.4
差　额	–4	–22.8	–82.3

【对外投资】截至2022年底，立陶宛累计对外直接投资105.8亿欧元，较上年上涨4.4%。对外投资总额中53.8%投向欧盟国家。对外投资主要集中在教学、科研和技术活动、制造业、批发零售、机动车和摩托车修理、金融保险业。

【外国资本】截至2022年底，立陶宛累计吸引外国直接投资297.4亿欧元，较上年增加9.7%。外国投资主要集中在制造业、金融保险业、房地产、批发零售、机动车和摩托车维修、信息通信等领域。

人民生活 2022年，立陶宛家庭平均可支配月收入1491欧元，较上年增长2.9%。2022年立失业率为5.9%，较上年减少1.2个百分点，总就业人口239.3万，失业人口8.93万。

军　　事 1992年11月19日组建军队，2004年3月29日加入北约。总统为武装力量最高统帅，国家国防委员会是协助总统处理国防事务的决策机构，由总统、议长、总理、国防部长和三军司令组成。现阶段实行行政领导与作战指挥相分离的军政、军令双轨领导体制，即由国防部文职人员控制军队，由三军司令及其领导的国防参谋部指挥部队执行各种作战训练任务。现任三军司令瓦尔德马拉斯·鲁普希斯（Valdemaras RUPSYS）中将。2020年，立军共有2.1万余人，编为陆军、空军、海军、特种作战部队、后勤保障部队、军事教育训练机构和部队等，其中，陆军约8000人，空军约1000人，海军约600人，还有6000余名预备役人员。2022年国防预算为16.5亿欧元，占国内生产总值的2.46%。

文化教育 【**教育**】教育管理机构主要是教育和科学部、议会教科文委员会和国家科学委员会。重大教育问题由议会或政府与国家科学委员会协商决定。采取十年基础教育制度，即初等小学（1—4年）、基础中学（5—10年）。基础中学毕业后，学生可选择进入高级中学（2年）、职业学校（3—4年）、音乐学院（6年）或职业教育中心。高级中学毕业后可进入高校进行为期4—5年的本科学习。此外，立陶宛还设立强化高中（通常为私立中学，4年）、特殊教育学校（为残疾儿童而设）和青年学校等。

2022/2023学年，立共有各类学校910所，注册学生总数为473698人，教师总数40789人。全国共有大学17所，在校大学生102366名，教师10386名。主要高等院校有：维尔纽斯大学、维尔纽斯师范大学、盖迪米纳斯理工大学、考纳斯维陶塔斯大学、考纳斯理工大学、考纳斯医学院和立陶宛军事学院等。维尔纽斯大学创建于1579年，是立最著名的综合性大学，也是欧洲最古老的高等学府之一，现有学生2.2万名。

【**新闻出版**】2022年，立陶宛定期出版466种期刊，年发行总量3711万份；140种报纸，年发行总量5465万份。主要报刊有《立陶宛晨报》《共和国报》《晚间消息报》《商业新闻》《考纳斯日报》《西部快报》《人物杂志》等。

主要通讯社：立陶宛通讯社、波罗的海通讯社等，均为私营通讯社。

主要电视台：立陶宛电视台（国家电视台）、自由独立频道、TV–3电视台、TV–4电视台等。

主要电台：立陶宛电台（国家电台）、M–1电台、“中央电台”、“自由之波”电台、俄语电台“俄罗斯广播”、波兰语电台ZNAD WILII等。

对外关系 2004年3月29日加入北约，5月1日加入欧盟。2007年12月21日，正式成为申根协议成员国。奉行务实的对外政策，重视睦邻友好合作，努力扩大在波罗的海地区乃至欧盟的影响力。积极参与国际事务，已先后加入60多个国际和地区组织。大力发展与乌克兰、摩尔多瓦、外高加索和巴尔干地区国家的关系，支持其加入欧盟和北约。2011年，立任欧洲安全与合作组织轮值主席国，积极推动该组织在应对跨国威胁、维护地区安全、发展与地中海国家关系等方面加强对外合作。2012年担任波罗的海与北欧八国区域合作机制协调员。2013年下半年接任欧盟轮值主席国，将促进经济增长、增加就业、推进能源安全与东部伙伴计划作为主要任务。2014—2015年任联合国安理会非常任理事国。截至2022年，立陶宛建交国总数为189个。

【**同中国的关系**】1991年9月14日，中国与立陶宛建立外交关系。2021年7月，立陶宛宣布允许台湾当局以“台湾”名义设立“代表处”。8月，中国政府决定召回中国驻立陶宛大使，并要求立政府召回驻中国大使。11月，立陶宛批准台湾当局设立所谓“驻立陶宛台湾代表处”，中方宣布与立陶宛双边外交关系降为代办级。

据中国海关总署统计，2022年，中立双边贸易额为18.8亿美元，同比减少28.4%。其中，中国出口额为17.9亿美元，同比减少18.4%；中国进口额为0.9亿美元，同比减少79%。

中国驻立陶宛代办：空缺。代办处地址：Algirdo g–36，Vilnius，Lithuania；电话：3705–2162861，2162972（领事部）；传真：2162682。经商处地址：Blindziug–34，Vilnius，Lithuania；电话：3705–2722375；传真：2722161。

立陶宛驻华代办：空缺。

【**同美国的关系**】立陶宛独立以来，一直与美保持密切关系，在重大国际问题上基本支持美方立场，积极参与美领导的军事行动。2020年，立陶宛外长林克维丘斯访美，同美国务卿蓬佩奥签署5G建设联合声明。同年，美副国务卿斯蒂芬·比根访立，同立讨论白俄罗斯危机问题。2021年，立总统、总理、外长、防长分别访美或同美高层通话，寻求美对立多方面支持。

【**同俄罗斯的关系**】1991年10月9日与俄罗斯建立外交关系，但受历史和现实等因素影响，双边关系时有龃龉。乌克兰危机爆发后，立冲在反俄挺乌第一线，高调参与欧盟对俄制裁施压。2022年4月布查事件后，立宣布与俄外交关系降级，驱逐俄驻立大使并关闭俄驻克莱佩达总领馆。6月，立单方面宣布封锁俄飞地加里宁格勒州的部分过境货物运输。10月，立宣布驱逐俄驻立临时代办。

【同波罗的海邻国的关系】立陶宛与拉脱维亚、爱沙尼亚在政治、经济、历史、地理、文化等众多方面有着密不可分的传统联系，三国之间除了设有国家元首、政府首脑及部长级定期会晤机制，还建立了波罗的海大会、波海地区国家经济论坛、三国首都会议机制等。三国间各级别、各领域交往频繁，寻求维护在欧盟内的共同利益。三国还就推动建立波海三国统一能源市场、修建波海联合铁路等问题取得一定进展。

【同欧盟的关系】支持欧盟应对欧债危机相关举措，呼吁各国严肃财政纪律。认为欧盟应积极解决促进经济增长、就业、改善商业环境、中小企业发展等问题。积极推动波海三国在能源、欧盟财政分配、地区安全等问题上统一立场，力争欧盟内话语权，维护共同利益，反对“多速”欧洲。（陈相）

列支敦士登

国名　列支敦士登公国（The Principality of Liechtenstein，Das Fürstentum Liechtenstein）。

面积　160平方公里。

人口　39680人（2022年）。其中，外国人约占34.4%，主要来自瑞士、奥地利、德国和意大利。官方语言为德语。天主教为国教，信奉天主教的居民约69.6%，基督教新教约8.1%，伊斯兰教约6.0%。

首都　瓦杜兹（Vaduz），人口5229人（2021年）。

国家元首　汉斯-亚当二世（Hans-Adam II）公爵。2004年8月15日起，王储阿洛伊斯（Alois）摄政，代公爵处理国内、国际事务。

重要节日　国庆节：8月15日；圣诞节：12月25日。

简况

位于阿尔卑斯山中部和莱茵河谷的内陆国，西邻瑞士，东接奥地利。气候温和，平均气温1月为1.1℃，7月为19.9℃。

列支敦士登人是公元500年以后迁移到此的日耳曼民族的后裔。1719年1月23日以列支敦士登亲王之姓氏建国。1806年列作为主权国家加入“莱茵联盟”，1815年加入“德意志联盟”。1852年，与奥匈帝国签订关税条约，1919年，条约随奥匈帝国崩溃而终止。1923年，列与瑞士签订了关税条约，两国边界开放，建立共同经济区，使用统一货币——瑞士法郎。两次世界大战期间，列均保持中立。

政治

实行议会民主的君主立宪制，公爵拥有最高权力。人民通过选举议员或提出倡议、参加公民投票行使政治权利。2021年新一届政府成立，由激进公民党和祖国联盟联合组成，未来四年的政策基于两党的合作协定。

【宪法】宪法规定国家政体为君主立宪制，国家元首世袭。旧宪法于1921年10月5日制定。公爵与议会自1995年9月起就公爵、政府及议会间权力分配问题进行修宪谈判，经过艰难讨价还价，2003年3月，列公民投票通过公爵汉斯-亚当二世提出的修宪案。2003年8月14日新宪法正式生效。

【议会】实行一院制。人民直接选举议会，议长是人民最高代表，议会参与立法和缔结国家条约、掌管财政，监督政府。议会任期4年。议长每年改选一次。现任议长阿尔伯特·弗里克（Albert Frick）。议长及议员均为兼职。本届议会2021年2月产生，有25名议员，激进公民党10席，祖国联盟10席，自由名单3席，独立党2席。

【政府】由5名成员组成，除首相和副首相外，其余3名政府委员均为兼职。根据列宪法规定，政府成员由公爵根据议会的建议任命，任期4年。本届政府2021年3月组成。首相兼财政部长丹尼尔·里施（Daniel Risch），副首相兼内政、经济和环境部长萨比娜·莫瑙尼（Sabine Monauni，女），政府委员兼基础设施和司法部长格拉齐拉·玛洛克-瓦赫特（Graziella Marok-Wachter，女），政府委员兼外交、教育和体育部长多米尼克·哈斯勒（Dominique Hasler，女），政府委员兼社会和文化部长马努埃尔·弗里克（Manuel Frick）。

【行政区划】全国划分为11个区，均为一级行政区。

【司法机构】法院分三级：地方法院、中级法院和最高法院。最高法院共有5名法官，由公爵根据议会的推举任命，任期4年，院长胡贝图斯·舒马赫（Hubertus Schumacher）。

【政党】现有4个主要政党：

（1）激进公民党（Fortschrittliche Bürgerpartei）：1918年成立。主席莱纳尔·格普（Rainer Gopp）。

（2）祖国联盟（Vaterländische Union）：1918年成立。主席托马斯·茨魏弗霍费尔（Thomas Zwiefelhofer）。

（3）自由名单（Freie Liste）：1986年成立，成员为青年知识分子、环保主义者。1993年首次进入议会。由6人组成主席团。

（4）独立党（Die Unabhängigen）：为参加2013年大选成立，由10名独立竞选人组成，首次进入议会即获4席。党主席哈利·克瓦德勒（Harry Quaderer）。

【重要人物】**汉斯-亚当二世公爵**：国家元首。1945年2月14日出生于瑞士苏黎世。曾在维也纳和瑞士圣加仑学习并在伦敦一家银行受过职业培训。获经济学学士学位。1984年8月，其父弗朗茨·约瑟夫二世将大部分权力授予他，由他负责政府事务。1989年11月13日约瑟夫二世逝世，同日汉斯-亚当宣布继位，定名汉斯-亚当二世。在金融和经济方面有专长，主张积极参与国际事务。在其执政后，列先后加入联合国、欧洲自由贸易联盟和欧洲经济区。已婚，有四个子女。 **阿洛伊斯王储**：1968年6月11日出生于苏黎世。1987年赴英国桑赫斯特皇家军事学院学习，曾在中国香港和英国伦敦服役。获奥地利萨尔茨堡大学法学硕士学位。1993—1996年在伦敦一家经济评估公司工作。1990年8月15日宣誓为公爵继承人。2004年8月15日起摄政。已婚，有三子一女。

经济

原是贫穷的农业国，大多数人从事畜牧业，只有小规模的纺织和陶瓷等工业。战后逐步发展成为发达的工业国家。工业是国民经济的支柱，工业产品95%以上供出口。低税收政策和银行保密法促进了金融业发展，但同时使列成为"避税天堂"。有14家银行，2019年净收益3.5亿瑞郎，银行管理的资金量为1742亿瑞郎。1912年开始发行邮票，列国邮票闻名遐迩，也是国家财政的重要来源之一。主要经济数据如下：

国内生产总值：66亿瑞郎（2021年）。

人均国内生产总值：14.5万瑞郎。

国内生产总值增长率：9.2%（2021年）。

货币名称：瑞士法郎；1瑞士法郎=100生丁。

汇率：1美元≈0.92瑞郎。

通货膨胀率：2.8%（2022年）。

失业率：1.3%（2022年）。

【资源】有大理石矿。森林面积67平方公里，占国土面积的43.1%。

【工业】工业发达，主要有金属加工、机械、仪表制造、陶瓷、化工、医药、电子、纺织和食品加工等。真空镀膜产品、用于造船工业和建筑业的射钉枪、钻孔机以及假牙产品享有国际声誉。工业产品质量高，有竞争力，主要向欧美国家出口。

【农业】农业用地面积35.9平方公里，占国土总面积的22.4%。以种植马铃薯、玉米、葡萄为主。45%的农业毛产值来自牛奶产业，2019年牛奶产量13834吨。

【服务业】服务业发达，主要包括旅游业、金融和保险业。

【旅游业】地处欧洲南北交通要道，绮丽的自然风光、"袖珍国家"所独有的魅力、王室藏画展和高山滑雪场等为发展旅游业创造了有利条件。

【交通运输】以公路运输为主，境内无高速公路和铁路。

【财政金融】近几年列政府财政收支情况如下（单位：亿瑞郎）：

	2018	2019	2020
收入	17.51	18.16	23.29
支出	15.51	15.72	18.83
盈余/赤字	2.00	2.44	4.46

（资料来源：列支敦士登统计局）

【对外贸易】2021年进出口总额为53.5亿瑞郎（不包含对瑞士贸易），其中进口额18.5亿瑞郎，同比增长12.6%；出口额35亿瑞郎，同比增长22.9%。主要贸易伙伴是瑞士、德国、美国。

人民生活

列是世界上最富有的国家之一。2019年，全国有正式医生128人。邮局服务点12个。2019年，全国拥有固定电话机14032部，移动电话48307部。2020年，每千人拥有小汽车785辆。

军事

1868年废除军队。根据宪法规定，紧急情况下，"每个有持械能力"的公民（60岁以下）都有义务保卫祖国。1933年成立"列支敦士登安全团"，现有警察120余人。

文化教育

【教育】幼儿园2年，小学5年，初中4年，高中4年。中学毕业生大多到瑞士和奥地利上大学。2000年，列第一所高等院校——列支敦士登人文科学大学正式建立，设有心理学和神经学两门学科。与瑞士开展职业教育合作。有一所音乐学校。2020/2021年度，列在校大学生约881人，中小学及"特殊学校"在校生总数为4728人，教师765名。

【新闻出版】主要有3家报纸：《列支敦士登人民报》《列支敦士登祖国报》《列支敦士登周报》。1955年建立第一家私营广播电台。1998年3月批准成立第一家私营电视台。

对外关系

永久中立、依附瑞士、根据本国利益积极参与国际活动是列外交政策的三大支柱。列是联合国、欧洲委员会、欧洲自由贸易联盟和欧洲经济区成员国。同70个国家建立大使级外交关系。

与瑞士保持特殊关系。根据1919年两国达成的协议，瑞士驻外机构代表列国在外国的利益，但列保留与其他国家建立外交关系的权利。

与奥地利的关系也很密切。1938年以前，列支敦士登的公爵都在维也纳定居。目前，列奥两国除了签有国家条约，在司法合作、教育及社会生活领域也签有一系列协定。

近年来，列积极开展经济和实效外交。深化与欧盟合作，积极寻求加入《申根协定》，但反对加入欧盟。由于低税政策和银行保密法，部分欧洲国家指责列成为邻国企业和富人逃税的"天堂"。列因此多次成为欧盟国家打击逃税和洗钱行为的目标。

【同中国的关系】根据列支敦士登公国与瑞士联邦于1919年签订的协议和1951年瑞士驻华公使馆同中国外交部的换文，中瑞1950年9月14日建交时，中列两国同时建立了外交关系。1988年9月，中国向列国首次委派总领事（由中国驻苏黎世总领事兼任）。2013年6月列驻香港名誉领事馆开馆。

中列贸易关系始于20世纪50年代。近年来，两国经贸关系发展稳定。2014年7月1日生效的《中国—瑞士自由贸易协定》自动适用于中列间的货物贸易领域，有力推动两国贸易往来。据中国海关总署统计，2022年，中列双边贸易额为2.5亿美元，同比减少1.1%。其中，中国出口额为0.6亿美元，同比减少9.0%；中国进口额为1.9亿美元，同比增长1.8%。截至2021年底，中国累计批准列支敦士登企业在华投资项目40个，列方实际投入0.98亿美元。截至2021年底，中国对列直接投资4000万美元。截至2021年7月，中国自列技术引进累计金额1.6亿美元，项目数102个。

2020年9月14日，习近平主席同列支敦士登摄政王储阿洛伊斯就中列建交70周年互致贺电。

2004年6月，中国与瑞士签署旅游目的地国实施谅解备忘录（包括列），并于9月1日开始执行，列正式成为中国公民出境旅游目的地国。2008年1月，中国证监会与列支敦士登金融管理局在北京签署《证券期货监管合作谅解备忘录》。同年，列出版两套以北京奥运会为主题的邮票。2019年12月，中国美术馆与列支敦士登国家博物馆签署战略合作框架协议。2020年9月，中国集邮总公司发行中列建交70周年纪念邮封，列支敦士登邮政发行列中建交70周年纪念邮票和纪念邮封。

中国驻苏黎世兼驻列支敦士登公国总领事：陈昀（女）。馆址：Bellariastrasse 20，CH–8002 Zürich，Switzerland。电话：0041–44–2058421（礼宾）；传真：2017712。领侨处地址：Mythenquai 100/ Seestrasse 161，CH–8002 Zürich，Switzerland；电话：2091500；传真：2091501。

瑞士驻华大使（代表列支敦士登在华利益）：白瑞谊（Jürg Burri）。馆址：北京市朝阳区三里屯东五街3号。电话：010–85328888（总机），85328755（签证处）；传真：65324353（总机）。（张丰野）

卢　森　堡

国名　卢森堡大公国（The Grand Duchy of Luxembourg，Le Grand-Duché de Luxembourg）。

面积　2586.3平方公里。

人口　64.5万（2022年）。其中，卢森堡人占52.8%，外籍人占47.2%（主要为葡、法、意、比、德、英、荷侨民）。官方语言是法语、德语和卢森堡语。法语多用于行政、司法和外交；德语多用于报刊新闻；卢森堡语为民间口语，亦用于地方行政和司法。97%的居民信奉天主教。

首都　卢森堡市（Luxembourg），面积51.2平方公里，人口12.8万（2021年）。

国家元首　大公亨利（Le Grand-Duc Henri），2000年10月7日即位。

重要节日　国庆日：6月23日。

简　况

位于欧洲西北部，东邻德国，南毗法国，西部和北部与比利时接壤。属海洋–大陆过渡性气候，平均气温1月为0.8℃，7月为17.5℃；年均气温9℃。年均降水量782.2毫米。

公元前，卢森堡曾是高卢人的居住地。公元400年后日耳曼人入侵，先后成为法兰克王国和查理曼帝国的一部分。公元963—1354年，先后为神圣罗马帝国阿登伯爵、卢森堡伯爵和卢森堡公爵的自治领地。15—18世纪历受西班牙、法国和奥地利统治。1815年维也纳会议决定卢为大公国，由荷兰国王兼任大公，同时又是德意志同盟的成员。1839年伦敦协定承认卢为独立国家。1867年成为中立国。1868年实行君主立宪制。1890年前拿骚公爵阿道夫成为卢大公，彻底摆脱荷兰国王的统治。两次世界大战中均被德国入侵。1945年成为联合国创始国，1948年放弃中立政策，1949年加入北约，20世纪50年代参与创建欧共体（后成为欧盟），并与荷兰、比利时结成经济联盟。1995年3月26日成为首批申根区国家之一，1999年1月1日成为首批欧元国之一。

政　治

实行君主立宪制。政局长期保持稳定，政府推进经济社会体制改革与多元化战略，注重保障民生，经济实现持续发展，外交活跃。

【宪法】1868年10月17日颁布，后经多次修改。宪法规定，大公为国家元首、武装部队统帅，拥有立法权和行政权，有权解散议会。实际上，议会行使立法权，政府行使行政权，对议会负责。

【议会】一院制，为最高立法机构。有议员60名，任期5年。本届议会于2018年10月14日选举产生。议长费尔南·埃特让（Fernand Etgen）。

【政府】本届政府于2018年12月5日由民主党、

社工党和绿党联合组成，内阁共17名成员（1名首相、2名副首相、14名大臣）。主要成员有：首相兼国务大臣格扎维埃·贝泰尔（Xavier Bettel），副首相兼消费者保护大臣、卫生大臣、社会安全部长级代表波莱特·勒内（Paulette Lenert，女），副首相兼国防大臣、交通、公共工程大臣弗朗索瓦·鲍什（François Bausch），外交、欧洲事务大臣兼移民、避难大臣让·阿瑟伯恩（Jean Asselborn）。

【行政区划】全国划分为3个大区、12个省、102个市镇。

【司法机构】司法独立，由法院和法庭具体行使职权。全国设宪法法院，负责裁定法律是否违宪。设司法法院和行政法院两套司法体系。前者负责受理民事、刑事案件和政治权利争议，下设治安法院、区域法庭和最高法院；后者负责行政纠纷，下设行政法庭、行政法院。

【政党】主要政党有：

（1）基督教社会党（Parti Chrétien Social，CSV）：简称“基社党”。1914年成立。原名“右派党”，1944年改用现名。主席克劳德·维瑟勒（Claude Wiseler）。

（2）民主党（Parti Démocratique，DP）：1904年成立。前身是自由党，1945年重建，称民主爱国集团，1955年改用现名。主席科琳娜·卡昂（Corinne Cahen，女）。

（3）社会工人党（Parti Ouvrier Socialiste Luxembourgeois，LSAP）：简称“社工党”。1902年成立。原名“卢森堡社会民主党”，1945年改用现名。两主席弗朗希娜·克劳泽内（Francine Closener，女）和丹·比安卡拉纳（Dan Biancalana）。

（4）绿党（Parti Vert，Déi Gréng）：1983年成立。1986年分裂，1994年12月重新合并。两主席容娜·伯纳德（Djuna Bernard，女）和梅里·瑟奥维奇（Meris Sehovic）。

（5）选择民主改革党（Parti réformiste d'alternative démocratique，ADR）：1989年成立。原名“民主与合理退休金行动委员会”，2006年4月改用现名。主席弗雷德·库普（Fred Keup）。

（6）左派党（La Gauche/Déi Lénk）：1999年由部分来自卢森堡共产党、新左派、社会革命党等党派的成员创建。全国协调委员会为最高领导机构，委员会成员轮流担任党主席和书记等职。

（7）卢森堡海盗党（Piratepartei）：2009年成立。两主席兼发言人斯塔斯凯·福楼（Starsky FLOR）和丽贝卡·刘（Rebecca LAU，女）。

【重要人物】**大公亨利**：国家元首。1955年4月16日出生。1975年在英国桑赫斯特皇家军事学院学习并获得军官文凭。1978年在瑞士日内瓦大学获政治学学士学位，曾获多项荣誉博士学位。1989年成为卢军上校，并被授予英国伞兵团荣誉少校军衔。1980—1998年任国务委员会成员。1998年以来任国际奥委会委员。2000年10月7日正式即位。曾于1988年、1994年、1998年三度以大公储身份访华。2006年9月以大公身份对华进行国事访问，2008年8月以卢国家元首及国际奥委会委员身份来华出席北京奥运会开幕式及相关活动。2010年10月出席上海世博会卢森堡国家馆日活动。2022年2月出席北京冬奥会开幕式，习近平主席同其会见。

经济

发达资本主义国家，国小民富，人均国内生产总值连续多年位居世界前三。自然资源贫乏，市场狭小，经济对外依赖性大。金融业是卢经济发展支柱，1/3人口从事金融行业。2022年主要经济数据如下：

国内生产总值：816.42亿美元。

人均国内生产总值：12.5万美元。

国内生产总值增长率：1.5%。

货币名称：欧元。

汇率：1美元≈0.95欧元。

通货膨胀率：5.4%。

【资源】资源贫乏，能源基本依靠进口。主张发展清洁能源，清洁能源使用水平欧洲领先，反对发展核能。

【工业】20世纪70年代石油危机之后，工业比重逐年下降，截至2023年初，全国仅3万人从事工业生产，工业产值占国内生产总值比重不足1/5。以钢铁为主，化工、机械制造、橡胶、食品工业也较发达。

【农业】占国内生产总值比重不断下降。农业用地主要位于卢北部、东部，多半由拥有50公顷以上土地的大农场经营。畜牧业占农业生产50%以上，另有葡萄种植、林业、狩猎、渔业等。

【旅游业】古迹众多，底蕴丰厚。游客主要来自德国、法国、荷兰等周边欧洲国家。2021年接待游客约85.3万人次，其中酒店住宿65.3万人次，野外露营14.2万人次。

【交通运输】截至2022年，国家级公路总长2909公里，铁路271公里，航空公司客运量411万人次，货运量97万吨。

【财政金融】金融业发达，占国内生产总值25%。截至2022年底，共26国125家银行在卢注册。系世界第二、欧洲最大的基金管理中心，管理资金超5兆亿欧元，占全球基金市场份额56%。

【对外贸易】主要出口产品为机械设备、钢铁制品等。原料和消费品大多靠进口。主要贸易伙伴是欧盟国家。

【对外援助】发展援助是卢外交政策的重要组成部分，援助重点为非洲国家。

【著名公司】（1）阿塞洛-米塔尔集团：卢第一大企业，世界第一大钢铁集团。总部设在卢森堡市。2001年，卢阿尔贝德钢铁公司（创建于1882年）与法国北方和西班牙阿塞拉利亚合并，形成阿塞洛集团。2006年7月，阿塞洛又与世界第一大钢铁公司米塔尔合并，成立阿塞洛－米塔尔集团。

（2）欧洲卫星公司：成立于1985年，总部设在卢森堡。该公司通过运营ASTRA、AMERICOM及NEW SKIES卫星系统为客户提供电视、广播和多媒体直接到户的信息传送服务。全球领先的卫星运营商，目前拥有卫星数量70颗。

（3）卢森堡货运航空公司：成立于1970年，是欧洲最大全货运航空公司。拥有现代化的波音747–8F和波音747–400F货机，航线覆盖全球90个目的地，在全球50余个国家拥有超过85家办事处。2014年1月，中国河南航投集团收购了卢森堡货运航空35%的股权。

（4）卢森堡广播电视公司：系卢与德国联合组建的欧洲最大的视听媒体集团，目前在10个国家拥有54家电视台和29个广播电台。

人民生活

连续多年人均收入水平排名世界前三，人均寿命80岁。卢森堡市是世界最安全和生活水平最高的城市之一。

军　事

大公为武装力量最高统帅，实际由国防大臣直接指挥。设空军和陆军，共计1128人，12%为女性。

卢森堡是北约成员国，奉行依靠北约的集体安全政策。北约在卢无驻军，但设有1个预警机基地，驻有14架E–3A型预警机。卢同美国签有共同防务协定，同德国签有共同防卫边境地区领土的协定。

文化教育

【教育】法律规定，在卢森堡年满4—18岁儿童和青少年必须接受义务教育。2003年建立首所完整的大学——卢森堡大学。

【新闻出版】共120多家日报，主要文字为德文和法文。电视台、广播电台用法、德、荷、英、卢语等播放。

卢森堡广播电视公司有54家电视台和29个广播电台，节目覆盖整个欧洲。

对外关系

卢森堡主张在国际关系中应遵循的准则是：平等、不使用武力或以武力相威胁、反对军备竞赛、遵守国际法、尊重人权、尊重小国利益。卢对外政策以欧洲为重点，与比利时、荷兰结成经济联盟，是欧盟和北约成员国。主张在北约、欧盟和欧安会组织的框架内建立欧洲集体安全体系，积极推动欧洲一体化进程。发展和扩大与亚太地区国家的经贸合作。发展援助以消除贫困、促进发展、维护安定为目标，重点是非洲。

【同中国的关系】1972年11月16日建交。建交以来中国与卢森堡大公国关系发展良好。两国在金融、航空货运、钢铁等领域合作进展顺利，投资基金、卫生、环保等新领域合作效果良好。2019年1月，卢财政大臣格拉梅尼亚访问中国香港。2月，中共中央政治局委员、中央外事工作委员会办公室主任杨洁篪出席第55届慕尼黑安全会议期间同卢外交大臣阿瑟伯恩举行双边会见。3月，卢首相贝泰尔来华出席博鳌亚洲论坛2019年年会，李克强总理同其会见。6月，卢副首相兼司法大臣布拉兹访华。9月，卢财政大臣格拉梅尼亚访华。同月，全国政协副主席杨传堂访问卢森堡。10月，卢副首相兼交通大臣鲍什、体育大臣凯尔什率团来华出席第七届世界军人运动会。11月，卢副首相兼经济大臣施奈德来华出席第二届中国国际进口博览会。2020年3月、2021年3月，王毅国务委员兼外长同阿瑟伯恩外交大臣通电话。2021年8月，交通运输部部长李小鹏同卢副首相兼国防、交通和公共工程大臣鲍什举行视频会晤。9月，卢首相贝泰尔以预录视频方式出席太原能源低碳发展论坛。同月，栗战书委员长同卢国民议会议长埃特让举行视频会晤。2022年2月，亨利大公来华出席北京冬奥会开幕式，习近平主席同其会见。

据中国海关总署统计，2022年，中卢双边贸易额为8.54亿美元，同比减少51.9%。其中，中国出口额为5.26亿美元，同比减少63.5%；中国进口额为3.27亿美元，同比减少1.4%。

截至2022年底，卢在华直接投资68.7亿美元。中国对卢直接投资共207.48亿美元。金融、钢铁、航空货运为中卢三大传统合作领域。卢森堡是首个加入亚投行的欧洲国家，于2015年12月向中国交存《亚洲基础设施投资银行协定》批准书，正式成为亚投行创始成员国。卢是欧元区三大人民币离岸中心之一。2019年3月，中卢签署《中华人民共和国政府与卢森堡大公国政府关于共同推进丝绸之路经济带和21世纪海上丝绸之路建设的谅解备忘录》。

中国驻卢森堡大使：杨小茸（女），华宁（2022年8月以后）。馆址：2，Rue Vander Meulen，Dommeldange L-2152 Luxembourg。电话：00352–436991；传真：422423。

卢森堡驻华大使：俞博生（Marc Hübsch）。馆址：北京市朝阳区工体北路甲2号盈科中心B座1701室。电话：010–85880900；传真：65137268。

【同美国的关系】美国是卢森堡在欧洲外第一大贸易伙伴。卢森堡认为跨大西洋关系是国际社会稳定的关键，北约的团结是跨大西洋关系的重要表现。主张欧美在中东、伊拉克、伊朗、反恐等重大问题上加强合作，共同促进民主和人权。

【同其他国家的关系】卢森堡同比利时、荷兰有历史传统关系，并结成经济联盟。欧洲是卢外交重点。作为欧共体创始国之一，卢积极主张和推动欧洲一体化建设进程，同时强调兼顾大小国家利益，反对大国支配欧洲事务。支持欧盟深化改革，1992年7月批准《马斯特里赫特条约》，1998年7月批准《阿姆斯特丹条约》。重视发展与亚洲国家及新兴大国的关系，同时注意加强发展与拉美国家的关系。　（于洁）

罗马尼亚

国名 罗马尼亚（Romania，România）。

面积 23.8万平方公里。

人口 1905万（2023年）。罗马尼亚族占89.3%，匈牙利族占6%，罗姆族占3.4%，日耳曼族和乌克兰族各占0.2%，其余民族为俄罗斯、土耳其、鞑靼等。城市人口所占比例为56.4%，农村人口所占比例为43.6%。官方语言为罗马尼亚语，主要少数民族语言为匈牙利语。主要宗教有东正教（信仰人数占总人口数的86.5%）、罗马天主教（4.6%）、基督教新教（3.2%）。

首都 布加勒斯特（Bucureşti），人口216万（2022年）。平均气温1月为–2.9℃，7月为22.8℃。

国家元首 总统克劳斯·约翰尼斯（Klaus IOHANNIS），2014年11月当选，12月22日就职。2019年11月胜选连任，任期5年。

重要节日 国庆日：12月1日（1918年国家统一日）；建军节：10月25日（1944年全境解放日）。

简况

位于东南欧巴尔干半岛北部，北部和东北部分别同乌克兰和摩尔多瓦为邻，南接保加利亚，西南和西北分别同塞尔维亚和匈牙利接壤，东南临黑海。海岸线长245公里。属温带大陆性气候，四季分明，平均气温1月为2℃，7月为23℃。年均降水量637毫米。

罗马尼亚人的祖先为达契亚人。约公元前1世纪，布雷比斯塔建立了第一个中央集权和独立的达契亚奴隶制国家。公元106年，达契亚国被罗马帝国征服后，达契亚人同罗马人共居融合，形成罗马尼亚民族。14世纪先后建立瓦拉几亚、摩尔多瓦、特兰西瓦尼亚3个公国。16世纪后成为奥斯曼帝国的附属国。1859年，瓦拉几亚公国和摩尔多瓦公国合并，称罗马尼亚，仍隶属奥斯曼帝国。1877年5月9日，罗马尼亚宣布独立。1881年，改称罗马尼亚王国。1918年12月1日，特兰西瓦尼亚公国同罗马尼亚王国合并。至此，罗马尼亚形成统一的民族国家。二战期间，安东尼斯库政权参加德、意、日法西斯同盟。1944年8月23日，罗举行反法西斯武装起义。1945年3月6日，罗成立联合政府。1947年12月30日，成立罗马尼亚人民共和国。1965年，改国名为罗马尼亚社会主义共和国。1989年12月22日，齐奥塞斯库政权被推翻，罗马尼亚救国阵线委员会接管国家一切权力，改国名为罗马尼亚，定国庆日为12月1日。

政治

2019年11月，罗再次举行总统选举，约翰尼斯胜选连任。2020年12月，罗举行议会选举，5党进入议会，国家自由党、拯救罗马尼亚自由统一团结联盟党、匈牙利族民主联盟党联合组阁，国家自由党时任副主席弗洛林·克楚（Florin CÎŢU）出任总理。2021年9月，政府解散。11月，国家自由党、社会民主党、匈牙利族民主联盟党联合组阁，国家自由党时任副主席、前政府国防部长尼古拉·丘克（Nicolae CIUCĂ）出任总理。2022年4月，丘克当选国家自由党主席。

【宪法】 罗宪法规定：罗马尼亚是一个主权、独立、统一和不可分割的民族国家；政体为共和制。2003年10月，罗修改宪法，进一步确立政治多元化、三权分立的制衡原则；明确规定保障和保护私有财产；允许少数民族在地方行政及司法程序中使用本民族语言；保障男女平等；取消义务兵役制；增补罗加入欧盟、北约的相关条款，规定罗公民同欧盟公民依法享有同等权利和义务等。

【议会】 议会是罗人民最高代表机构和唯一立法机关，由参议院和众议院组成。任期4年。本届议会于2020年12月普选产生，现有466名议员，其中参议员136人，众议员330人。参议院代议长为国家自由党副主席阿利娜·戈尔吉乌（Alina GORGHIU，女），众议长为社民党主席马切尔·乔拉库（Marcel CIOLACU）。目前，议会中各党派所占议席数如下：

	参议院	众议院
社会民主党	48	108
国家自由党	39	81
拯救罗马尼亚联盟党	22	43
罗马尼亚人团结联盟党	12	27
匈牙利族民主联盟党	9	20
少数民族议员	0	17
无党派人士	6	34

【政府】 2021年11月成立新政府，有22名成员，名单如下：总理尼古拉·丘克，副总理兼交通和基础设施部长索林·格林代亚努（Sorin GRINDEANU），副总理胡诺尔·凯莱门（Hunor KELEMEN），财政部长阿德里安·克丘（Adrian CÂCIU），内务部长卢奇安·博德（Lucian BODE），外交部长波格丹·奥雷斯库（Bogdan AURESCU），司法部长克特林·普雷多尤（Cătălin PREDOIU），国防部长安杰尔·特尔沃尔（Angel TÎLVĂR），研究、创新、数字化部长塞巴斯蒂安·布尔杜扎（Sebastian BURDUJA），投资和欧盟项目部长马切尔·博洛什（Marcel BOLOŞ），经

济部长弗洛林·斯珀塔鲁（Florin SPĂTARU），能源部长维尔吉尔·波佩斯库（Virgil POPESCU），环境、水利、森林部长巴尔纳·坦措什（Barna TÁNCZOS），发展、公共事务和行政部长奥蒂洛·切凯（Attila CSEKE），劳动和社会团结部长马留斯·布得伊（Marius BUDĂI），卫生部长亚历山德鲁·拉菲拉（Alexandru RAFILA），教育部长利贾·德卡（Ligia DECA，女），创业和旅游部长达尼埃尔·卡达留（Daniel CADARIU），家庭、青年、机会均等部长加布里埃拉·菲雷亚（Gabriela FIREA，女），文化部长卢奇安·罗马什卡努（Lucian ROMAŞCANU），体育部长爱德华·诺瓦克（Eduard NOVÁK），农业和乡村发展部长彼得·达埃阿（Petre DAEA）。

【行政区划】1个直辖市和41个省，下设市和乡。

【司法机构】中央设有宪法法院、审计法院、最高法院、最高检察院，省、市、乡设各级法院和检察院。宪法法院院长马里安·埃纳凯（Marian ENACHE），2022年6月就任。审计法院院长米哈伊·布苏约克（Mihai BUSUIOC），2017年就任。最高法院院长科丽娜·科尔布（Corina CORBU，女），2019年7月就任。最高检察院检察长加布里埃拉·斯库泰亚（Gabriela SCUTEA，女），2020年2月就任。

【政党】主要政党有：

（1）国家自由党（Partidul Naţional Liberal）：执政党。自由党国际和欧洲人民党成员。始建于1864年，1990年1月重建。2001年1月，该党主流派同罗马尼亚联盟党合并，保留国家自由党的名称。奉行保守自由主义价值观，主张实行自由主义市场经济，保护企业利益和私有财产。党主席为尼古拉·丘克。

（2）社会民主党（Partidul Social Democrat）：执政党。社会党国际和欧洲社会党成员。前身为成立于1989年12月的救国阵线。2001年6月，改称社会民主党。主张建立保障公民福利的现代化国家，实施市场经济，广泛开展对外交往。党主席为马切尔·乔拉库。

（3）匈牙利族民主联盟党（Uniunea Democrată Maghiară din România）：执政党。欧洲人民党成员。成立于1989年12月。主要宗旨是代表罗马尼亚境内匈牙利族人利益，保护匈族文化。党主席为胡诺尔·凯莱门。

（4）拯救罗马尼亚联盟党（Uniunea Salvaţi România）：在野党。欧洲复兴党成员。前身为成立于2015年7月的拯救布加勒斯特联盟党，2019年9月改称拯救罗马尼亚联盟党。主张推动政策公正透明、建设现代和有活力的社会。党的代主席为克特林·德鲁勒（Cătălin DRULĂ）。

（5）罗马尼亚人团结联盟党（Alianţa pentru Unirea Românilor）：在野党。2019年12月为纪念罗马尼亚统一100周年成立。主张促进罗马尼亚民族团结和社会公正，实现能源自主。党的共同主席为乔治·西米翁（George SIMION）和克劳迪乌·特尔济乌（Claudiu TÂRZIU）。

【重要人物】克劳斯·约翰尼斯：总统。1959年6月13日出生，德意志族。1983年毕业于克卢日巴贝什·博尧伊大学物理系。1983—1997年在锡比乌中小学任教。1997—2000年任锡比乌省教育局副总学监、总学监。2000—2014年任锡比乌市市长。2010年当选罗马尼亚德意志族民主论坛党主席。2013年加入国家自由党并任该党副主席。2014年6月当选国家自由党主席。11月当选总统，之后辞去国家自由党主席职务。2019年11月再次当选总统。　**尼古拉·丘克：**总理。1967年2月7日出生。2003年获罗马尼亚国防大学军事学博士学位。2014—2015年任罗军副总参谋长。2015—2019年任总参谋长。2019—2021年任国防部长。2021年11月出任总理。2022年4月当选国家自由党主席。　**阿利娜·戈尔吉乌：**参议院代议长。女，1978年9月16日出生。2012年获罗马尼亚雅西亚历山德鲁·扬·库扎大学法学博士学位。2008年当选众议员。2010—2012年任议会法律委员会书记。2012年任众议院副议长。2014—2016年任国家自由党主席。2017年出任该党副主席。2018年当选参议院副议长，2020年连任。2022年6月出任参议院代议长。　**马切尔·乔拉库：**众议长。1967年11月28日出生。2012年获罗马尼亚国家行政学院公共财政管理学硕士学位。2008—2012年任布泽乌市副市长。2012年当选众议员。2014—2016年任众议院常设局书记。2017—2018年任副总理。2019—2020年任众议长。2020年当选社会民主党主席。2021年11月再次出任众议长。

经　济

2000—2008年经济持续增长。受国际金融危机影响，2009—2010年经济负增长，2011年起企稳回升。2020年，受新冠疫情影响经济下滑。2022年主要经济数据如下：

国内生产总值：2857亿欧元。
人均国内生产总值：1.5万欧元。
国内生产总值增长率：4.7%。
货币名称：列伊。
汇率：1美元≈4.6列伊；1欧元≈4.9列伊。
通货膨胀率：13.8%。
失业率：5.6%。
（资料来源：罗马尼亚国家统计局公报）

【资源】矿藏有石油、天然气、煤、铝土矿、金、银、铁、锰、锑、盐、铀、铅等，森林面积为653万公顷，约占全国面积的27.3%，水力资源蕴藏量为625万千瓦。内河和沿海产多种鱼类。

【工业】主要工业部门有冶金、汽车制造、石油化工、仪器加工等。2021年工业产值同比增长7.1%，其中加工业增长7%，采掘业下降2.3%，能源行业增长11.3%。近几年主要工业产品产量如下：

	2019	2020	2021
钢（万吨）	343	282	339
发电量（亿千瓦时）	636	672	610
煤（万吨）	393	259	296
天然气（亿立方米）	105	98	50
原油（万吨）	324	310	310
小汽车（万辆）	49	44	42
水泥（万吨）	890	1056	1070

（资料来源：罗马尼亚国家统计局公报）

【农业】农业在罗经济中占有重要地位。土地肥沃、雨水充足，农业生产条件良好。2021年粮食产量2720万吨。全国农业面积1470万公顷，其中耕地面积1000万公顷。近几年主要农产品产量如下（单位：万吨）：

	2019	2020	2021
粮食	2950	1815	2720
玉米	1696	1010	1445
小麦	987	639	1033
蔬菜	357	348	344
马铃薯	272	160	138
水果	180	176	191
葡萄	97	94	100
油料作物	468	323	453
向日葵	450	212	282

近几年牲畜和家禽存栏数如下：

	2019	2020	2021
牛（万头）	192	188	182
猪（万头）	396	378	362
羊（万只）	1192	1189	1154
禽（万只）	7545	7118	7695

（资料来源：罗马尼亚国家统计局公报）

【服务业】2019年、2020年、2021年，罗马尼亚服务业占国内生产总值比重分别为58%、60%、58%，产值同比分别增长10.6%、–36.2%、71.3%。

【旅游业】旅游资源较为丰富，主要旅游点包括布加勒斯特、黑海海滨、多瑙河三角洲、摩尔多瓦地区、喀尔巴阡山山区等。2019年、2020年、2021年，接待外国旅游者分别为267万、45万、84万人次。

【交通运输】以公路、铁路运输为主。

铁路：总长10615公里，其中电气化铁路占37.4%。2020年铁路货运量4967万吨，客运量5056万人次。

公路：总长8.6万公里，其中高速公路949公里，国家级公路1.8万公里。2020年公路货运量为2.7亿吨，客运量2.7亿人次。

水运：河道长1779公里，拥有港口35个、海港3个。2020年内河货运量为3052万吨，海运货运量为4722万吨。康斯坦察港现有156个泊位，是黑海第一大港。

空运：已开辟连接首都和国内17个城市、欧洲大多数国家的航线。主要航空公司为罗马尼亚航空公司。有6个国际机场，最重要的是布加勒斯特广达国际机场，还有康斯坦察、蒂米什瓦拉、阿拉德、锡比乌、苏恰瓦等机场。2020年空运货运量为4万吨，客运量719万人次。

（资料来源：罗马尼亚国家统计局公报）

【财政金融】2020—2022年预算执行情况如下（单位：亿欧元）：

	2020	2021	2022
收入	285	354	422
支出	499	533	360
盈余/赤字	–214	–179	62

截至2022年12月，外汇储备466亿欧元，另有黄金储备104吨。外债1415亿欧元。

【对外贸易】罗马尼亚同世界180多个国家和地区有经贸往来。2022年对外贸易进出口总额2180亿欧元，同比增长26%。近几年对外贸易情况如下（单位：亿欧元）：

	2020	2021	2022
出口额	622	747	920
进口额	806	984	1260
差　额	–184	–237	–340

主要出口产品有：鞋类、服装、纺织品。主要进口产品：机电、家电、矿产品、石油产品。主要贸易伙伴：德国、意大利、法国。

（资料来源：罗马尼亚国家统计局公报）

【外国资本】2022年吸引外资102亿欧元。主要投资国为荷兰、奥地利、德国。

人民生活

2021年人均月收入约792欧元。全国有综合性医院524所，病床14万张，医生6万人，平均寿命男性71.6岁、女性78.7岁。居民互联网使用率75.7%。

军　事

1994年10月25日建军。最高国防委员会是罗最高军事决策机构，约翰尼斯总统兼任委员会主席。国防部是罗军领导机构。1994年3月起国防部长改由文职人员担任。2003年10月取消义务兵役制。2007年基本实现军队职业化。现有军人7.3万人。2022年国防预算为56.5亿欧元，约占国内生产总值的2%。罗军总参谋长达尼埃尔·彼得雷斯库（Daniel PETRESCU）上将。

文化教育

【教育】现行教育体制分学龄前、小学、初中、高中、职业教育、高等教育和大学后教育。全国普及11年制义务教育。2020—2021学年，全国共有小学和初中3899所，在校学生157万人。高中1461所，在校学生62万人。大学95所，在校学生56万人。全国共有教师23.6万人。全国著名高等学府有：布加勒斯特大学、布加勒斯特理工大学、布加勒斯特经济学院、克卢日巴贝什·博尧伊大学、雅西亚历山德鲁·扬·库扎大学。2022年教育预算为59亿欧元，约占国内生产总值的2.3%。

【新闻出版】主要报纸有《真理报》《自由罗马尼亚报》《每日事件报》《金融日报》《九点钟报》等。

罗马尼亚通讯社：国家新闻通讯社，前身系1889年成立的罗电报通讯社，系罗最早的政府新闻机构。

罗马尼亚广播公司：国家广播电台，1994年在罗广播电台基础上组建，用罗马尼亚语和12种外语广播。

罗马尼亚电视公司：国家电视台，创办于1958年，1994年组建为电视公司。

1990年后陆续建立的PRO TV电视台、天线电视台、PRIMA电视台、现实电视台、DIGI 24电视台等私营电视台迅速发展，具有较大规模和较高收视率。罗同100多个国家的广播、电视系统有联系。有线电视用户500万户。

对外关系

罗马尼亚同约190个国家建立了外交关系。对外坚持欧美优先、兼顾周边、重视大国原则。罗于2004年3月29日加入北约，2007年1月1日加入欧盟。

【同中国的关系】1949年10月5日，中罗建交。两国保持传统友好合作。2004年6月，中罗建立全面友好合作伙伴关系。2021年2月，罗方高级别代表出席中国—中东欧国家领导人峰会。6月，罗马尼亚社会民主党主席乔拉库、亲罗马尼亚党主席蓬塔分别就中国共产党成立100周年向习近平总书记致贺函。2022年2月，罗马尼亚体育部长诺瓦克来华观看北京冬奥会比赛。10月，罗马尼亚社会民主党主席、众议长乔拉库，国家和人民同行党主席登奇勒分别就中国共产党二十大胜利召开向习近平总书记致贺函；亲罗马尼亚党主席蓬塔致函祝贺习近平主席再次当选中共中央总书记。

两国经贸合作总体保持稳定。据中国海关总署统计，近几年中罗双边贸易额情况如下（单位：亿美元）：

	2020	2021	2022
中国出口额	51.2	67	74.0
中国进口额	26.4	35	30.7
差　额	24.8	32	43.3

截至2021年底，中国对罗直接投资总额4亿美元，罗对华直接投资总额3亿美元。

中国驻罗马尼亚大使：姜瑜（女），韩春霖（2022年5月以后）。馆址：Şos. Nordului nr. 2，Sector 1，Bucureşti，România，codul postal 014101。电话：0040–21–2328858；传真：2330684。领事证件咨询电话：0040–21–2334188。领事保护电话：0040–722455618。

罗马尼亚驻华大使：瓦西利克·康斯坦丁内斯库（Vasilică CONSTANTINESCU）。馆址：北京市朝阳区日坛路东2街。电话：010–65323442；传真：65325728。商务处电话：010–65323315。签证处电话：010–65323879。

【同美国的关系】美国于1880年6月14日在罗马尼亚设立办事处，同年8月11日，该办事处升为公使馆。1941年12月，罗美断交。1946年2月，罗美恢复公使级外交关系。1964年6月1日，罗美建立大使级外交关系。2007年8月，美在罗设立军事基地。2015年11月，美在罗南部德维塞卢空军基地部署“标准–3”导弹拦截装置。2022年，美总统拜登同包括罗总统约翰尼斯在内的欧洲国家领导人及北约、欧盟机构领导人多次举行电话会议，讨论乌克兰局势。美副总统哈里斯访罗。

【同独联体国家的关系】罗马尼亚同俄罗斯于1878年9月建立公使级外交关系。1918年两国断交，1934年6月9日，两国恢复外交关系。1941年6月22日，两国再次断交。1945年8月6日，双方建立公使级外交关系，同年8月24日，两国外交关系升格为大使级。乌克兰危机发生后，罗俄关系趋冷。

2022年与独联体国家主要往来有：罗总统约翰尼斯访问摩尔多瓦，同法国、德国、意大利领导人一同访问乌克兰。罗向乌提供多批援助物资。乌总统泽连斯基以视频方式在罗议会发表演讲。

【同欧洲国家的关系】2022年主要往来有：罗总统约翰尼斯赴英国参加英女王伊丽莎白葬礼，同法国总统马克龙、波兰总统杜达、荷兰首相吕特等分别通电话。德国总统施泰因迈尔、法国总统马克龙、波兰总统杜达、匈牙利总统诺瓦克、保加利亚总统拉德夫访罗。

【同其他国家的关系】2022年，罗总统约翰尼斯同阿塞拜疆总统阿利耶夫通电话；罗总理丘克、众议长乔拉库赴日本参加日前首相安倍晋三葬礼，共同访问韩国；巴勒斯坦总统阿巴斯、格鲁吉亚总统祖拉比什维利访罗。

【同国际和地区组织的关系】2022年，罗总统约翰尼斯出席北约峰会；北约秘书长斯托尔滕贝格访罗；欧盟委员会主席冯德莱恩访罗。（王鑫豪）

马 耳 他

国名 马耳他共和国（The Republic of Malta）。

面积 316平方公里。主要由5个岛屿组成，其中马耳他岛最大，面积245.73平方公里；第二大岛为戈佐岛，面积67.08平方公里。

人口 53.3万（2022年）。主要是马耳他人，占总人口的88.2%（2016年），其余为阿拉伯人、意大利人、英国人等。官方语言为马耳他语和英语。天主教为国教，信奉人数占98%，其余主要信奉基督教新教和东正教。

首都 瓦莱塔（Valletta），0.8平方公里，人口约0.7万（2021年）。

国家元首 总统乔治·维拉（George Vella），2019年4月就职，任期5年。

重要节日 国庆日（独立日）：9月21日。

简 况

位于地中海中部的岛国，有"地中海心脏"之称。海岸线长190余公里，多天然良港。属亚热带地中海式气候，年均气温19.7℃，最高气温40℃，最低气温5℃。年均降水量560毫米。

自公元前5000年起，岛上出现人类活动。公元前10至公元前8世纪，腓尼基人到此定居。公元前218年起，受罗马人统治。公元9世纪起，先后被阿拉伯人、诺曼人占领。1530年，耶路撒冷圣约翰骑士团从罗得岛移居这里。1798年，法国军队将骑士团逐出。1800年被英国人占领，1814年沦为殖民地并成为英国重要海军基地。二战后，英于1947年允许马成立内部自治政府，但于1959年1月再次进行直接统治。1964年9月21日，马正式宣布独立，实行君主立宪制，仍保留英联邦成员国身份。1966年，马举行独立后首次大选，国民党获胜执政。1971—1987年，工党连续执政。此后国民党和工党两党长期轮流执政。1979年3月31日，英从马撤出军事基地。

政 治

马于2004年5月加入欧盟，2007年12月加入申根区，2008年1月启用欧元。

【**宪法**】1964年9月21日颁布独立宪法，实行君主立宪制，英王为国家元首。1974年12月13日通过宪法修正案，成为共和国，总统为国家元首，但仍留在英联邦内。

【**议会**】一院制，称众议院，经普选产生，任期5年，为立法机构。本届议会于2022年3月选举产生，现共67席，其中工党（执政党）占38席，国民党（反对党）占29席。议长安格鲁·法鲁贾（Anglu Farrugia）。

【**政府**】2022年3月举行大选，上届政府总理阿贝拉带领工党以55.1%多数票当选连任。内阁其他成员包括副总理兼卫生部长克里斯·费恩（Chris Fearne），外交、欧洲事务和贸易部长伊恩·博奇（Ian Borg），经济、欧洲基金和土地部长西尔维奥·斯肯布里（Silvo Schembri），交通、基础设施和大型项目部长阿隆·法鲁贾（Aaron Farrugia），环境、能源和企业部长米丽娅姆·达利（Miriam Dalli，女），公共事务和规划部长斯特凡·兹林佐·阿佐帕迪（Stefan Zrinzo Azzopardi），内政、安全、改革和平等部长拜伦·卡米莱里（Byron Camilleri），国家遗产、艺术和地方政府部长欧文·邦尼奇（Owen Bonnici），财政和就业部长克莱德·卡鲁阿纳（Clyde Caruana），教育、体育、青年、研究和创新部长克里夫顿·格里马（Clifton Grima），戈佐事务部长克林特·卡米莱里（Clint Camilleri），社会政策和儿童权利部长迈克尔·法尔宗（Michael Falzon），包容、志愿组织和消费者权益部长尤利娅·法鲁贾·波尔泰利（Julia Farrugia Portelli，女），司法部长乔纳森·阿塔德（Jonathan Attard），旅游部长克莱顿·巴尔托洛（Clayton Bartolo），农业、渔业和动物权益部长安东·瑞法罗（Anton Refalo），社会保障性住房部长罗德里克·加尔德斯（Roderick Galdes），应对老龄化部长乔-艾蒂安·阿贝拉（Jo-Etienne Abela），地方政府事务国务秘书艾莉森·泽拉法·奇韦利（Alison Zerafa Civelli，女），青年、研究和创新事务国务秘书基思·阿佐帕迪·坦提（Keith Azzopardi Tanti），社会对话事务国务秘书安迪·埃卢尔（Andy Ellul），欧盟基金事务国务秘书克里斯·博内特（Chris Bonett），改革和平等事务国务秘书丽贝卡·布蒂吉格（Rebecca Buttigieg，女），渔业、水产养殖和动物保护事务国务秘书阿莉西亚·布贾·萨义德（Alicia Bugeja Said，女）等。

【**行政区划**】全国共有67个地方市政委员会，其中马耳他岛53个，戈佐岛14个。

【**司法机构**】高等法院为最高司法机构，由1名首席大法官和16名大法官组成，由总统根据总理推荐任命，65岁退休。首席大法官马克·凯特库蒂（Mark Chetcuti），2020年就任。检察长维多利亚·布蒂吉格（Victoria Buttigieg），2020年就任。

【**政党**】（1）工党（Partit Laburista，PL）：执政党，中左派，欧洲社会党团成员。1921年成立，早期党员以劳工阶层居多。对内主张权利平等，关注弱势群体，建立福利社会；发展自主经济，工会参与企业管理，出售部分国有企业股份。对外主张中立和不结盟，不参加任何军事集团，重视同地中海国家关系。现任领袖罗伯特·阿贝拉，2020年1月当选。

（2）国民党（Partit Nazzjonalista，PN）：主要反对党，中右派，欧洲人民党团成员。1880年成立，早期党员主要是工商业者、教职员、律师、农民。对内主张把马建成信奉天主教、具有欧洲传统和民族精神、自由正义的民主国家，保护国内传统和生活方式，反对过度开发、引进外来移民和劳工，近年来政治立场趋中间化。对外主张加强同欧洲国家和地中海各国合作。现任领袖伯纳德·格雷克（Bernard Grech），2022年5月当选连任。

【重要人物】乔治·维拉：总统。1942年4月出生。马耳他大学医学博士。1978年当选议员开始从政，系马政坛资深人物。历任马耳他工党副领袖、议会议事程序委员会和外交事务委员会委员等职务。1996—1998年担任工党政府副总理兼外交和环境部长。1998年后作为反对派议员期间，长期担任影阁外交事务发言人。2013年工党赢得大选上台执政，再度出任外长。2017年议会提前大选后未连任。2019年4月就任马总统。已婚，有二女一子。　**罗伯特·阿贝拉**：总理，工党领袖。1977年12月出生，系马第8任总统乔治·阿贝拉（Gorge Abela，2009—2014年在任）之子。马耳他大学法学博士。曾长期从事律师工作，是马律师协会成员。2017年首次当选议员，并担任时任马总理穆斯卡特法律顾问。2020年1月当选工党领袖并出任马第14任总理。已婚，有一女。

经　济

马自然资源贫乏，工业基础薄弱，粮食基本依赖进口，对外贸易长期逆差。旅游业是传统支柱产业和外汇最主要来源。造船和修船业发达。受新冠疫情影响，2020年马经济陷入衰退，国内生产总值约128.2亿欧元，同比减少5.7%。2021年、2022年马经济逐步复苏，据世界银行统计，2022年马国内生产总值约177.7亿欧元，同比增长6.9%，失业率2.8%，通货膨胀率6.2%。

【资源】除建筑用石灰岩外，无矿产资源，石油、天然气完全依赖进口。太阳能、风能资源丰富，但开发不足，可再生能源使用率低。淡水资源匮乏，一半以上生活用水依靠海水淡化。

【工业】近年来，制造业产值不断减少，国内生产总值占比低于西方国家总体水平；从业人员占总劳动力的比例不足20%。主要产品有电子、化工、机械设备、医药、食品饮料等。

【农业】可耕地约9000公顷，且严重缺水，制约了农业发展。农业、林业、渔业产值占马总体经济产值不足1%，全职农业人口不足2000人。大部分粮食、牛奶、植物油、水果等依赖进口。

【旅游业】旅游业是经济支柱和主要外汇来源。2022年马耳他放宽防疫限制，旅游业逐渐恢复，2011年马接待游客总数约230万，旅游收入20亿欧元。英国、意大利、德国、法国等欧盟国家为赴马游客的主要来源国。

【交通运输】境内无铁路和内陆水路，与岛外的交通主要依赖航空和海运。卢卡国际机场是唯一机场，年吞吐量最高超700万人次，与欧、美、北非等主要大城市有多条直飞航线。马耳他航运业发达，马耳他岛南部的自由港系地中海沿岸第三大港，年吞吐量最高达300万只20尺标箱，与世界110个港口有货物往来。截至2017年12月，在马耳他注册船只共计8123艘，总吨位7520万吨。按吨位计算，马是欧洲第一大、世界第六大船舶登记国。全国公路约2200公里，无高速交通系统。全国共有约40.2万辆汽车（2020年），人均车辆保有率居世界前列。

【财政金融】马加入欧盟后公共财政状况总体良好，在国内生产总值增长、降低结构性赤字和公共债务等方面取得积极成果。2021年，马耳他政府债务总额为82.44亿欧元，占国内生产总值比重上升至57%。中央政府外债总额为80.97亿欧元。2021年财政赤字约为11.43亿欧元。

【对外贸易】马对外贸易长期逆差。欧盟一直保持马最大贸易伙伴地位。马主要进口矿物燃料、非电子机械、交通工具、食品等，主要进口来源国是加拿大、意大利、英国、法国、中国等。主要出口电子机械、矿物燃料、化学品等，主要出口市场是意大利、德国、法国等。2022年，马货物贸易进出口总额为137.56亿欧元。其中，进口额为92.55亿欧元，同比增长38.7%；出口额为45.01亿欧元，同比增长26.4%；贸易逆差47.54亿欧元。

人民生活

实行免费教育、免费医疗及退休保险制度。男性平均寿命79.6岁，女性为83.3岁，总体平均寿命81.5岁，世界排名第20位（2018年）。互联网入户率84%（2018年）。

军　事

武装部队总人数不到2000人。武装部队司令杰弗里·柯米（Jeffrey Curmi）准将，2013年12月就职。根据1980年同意大利签订的双边防务协定，意负责为马提供安全保障。马警察力量约2400人，由内政部管辖。

文化教育

【教育】共有各类学校约340所，在校生约8.4万人，教师近1万人，公立学校均实行免费教育，另有各类私立和教会学校。马耳他大学系马唯一一所大学，其他高等院校包括旅游学院、马耳他人文科技学院等。

【新闻出版】有4份主要日报，马耳他文和英文各2份。较大的报纸有《时报》和《独立报》，另有多种周刊。

马耳他电视台为国家电视台，1962年开始播放电视节目，由政府公共广播服务有限公司运营。国民党和工党分别开设各自电视台Net TV和One TV。

对外关系 奉行中立政策，同欧洲大陆和地中海沿岸国家保持友好关系。推动并积极参与地中海议会大会、地中海联盟等欧洲–地中海合作进程，重视并积极发展同美国、俄罗斯、中国、澳大利亚、印度、南非等域外大国和新兴经济体的关系。

担任2023—2024年联合国安理会非常任理事国。重视联合国等多边国际组织作用，赞成联合国改革，支持扩大安理会，但主张应坚持协商一致。积极参与国际反恐合作。重视气候变化问题，支持在联合国气候变化框架公约内就减排尽快采取行动，呼吁重视小岛国受气候变化负面影响的脆弱性。高度关注近年来日益严重的地中海非法移民问题，倡导在欧盟内部建立强制性“责任分摊”制度，主张加大同难民来源国、中转国的发展合作，从源头解决问题。

【同中国的关系】中马两国关系自1972年1月31日建交以来保持稳定发展。2020年，习近平主席、李克强总理、王毅国务委员兼外长分别同维拉总统、阿贝拉总理、巴尔托洛外长互致函电或通电话，就抗击新冠疫情表达相互支持与慰问。2020年1月，李克强总理向阿贝拉总理致就职贺电。2021年12月，中央政治局委员、中央外事工作委员会办公室主任杨洁篪过境经停马耳他，维拉总统、阿贝拉总理同其会见。2022年1月，习近平主席同维拉总统通电话。9月，王毅国务委员兼外长在第77届联合国大会期间会见马耳他外长博奇。

两国经贸关系不断发展。2020年11月，马耳他能源和水利部长法鲁贾线上出席第三届中国国际进口博览会。2021年7月，马耳他外交与欧洲事务部长巴尔托洛访华，王毅国务委员兼外长同其会见。

2018年，中国贸促会与马总商会建立战略伙伴关系。据中国海关总署统计，2022年，中马双边贸易额为25.6亿美元，同比减少7%。其中，中国出口额为19.7亿美元，同比减少10.2%；中国进口额为5.9亿美元，同比增长5.7%。截至2022年10月，马在华投资项目约70个，投资存量8137万美元，中国对马投资存量1.8亿美元。

近年来，中马在文化、卫生、教育、军事、警务、民政、青年等领域的交流与合作不断深化，签有多个合作文件。马在上海设有总领馆。苏州市姑苏区与桑塔露西亚市结好。

中国驻马耳他大使：于敦海。馆址：Karmnu Court，Lapsi Street，St. Julian’s，STJ1264，Malta。电话：00356–23798804；传真：21364730。

马耳他驻华大使：白瀚轩（John Busuttil）。馆址：北京市朝阳区三里屯办公楼1–51。电话：010–65323114；传真：65326125。

【同欧盟的关系】坚持欧盟共同外交与安全政策，主张欧盟发挥更大政治影响力，强化跨大西洋关系，促进与非盟和阿盟的关系，支持欧盟进一步扩大。

【同北约的关系】马国民党政府曾于1994年5月加入北约“和平伙伴关系计划”。1996年工党执政后，以违反马宪法关于中立、不结盟规定为由退出。1998年9月，国民党重新执政，与北约保持密切关系，于2008年4月重新加入北约“和平伙伴关系计划”。

【同意大利的关系】重视同邻国意大利的关系。根据有关双边协定，意大利为马提供防务安全保障，并向马提供一定的财政援助。两国开展联合海上巡逻，并就应对非法移民、联合海上搜救、油气开采等保持沟通与合作。

【同英国的关系】英联邦成员，同英保持传统友好关系。2015—2018年，马担任英联邦轮值主席，任期两年半。

【同美国的关系】同美国关系密切，美军舰经常在马停靠补给。2008年，两国签署避免双重征税协定。2009年12月，马加入美免签计划。

【同北非及中东国家的关系】重视与北非及中东国家的关系，与利比亚、突尼斯、阿尔及利亚等北非阿拉伯国家在投资、金融、侨务等领域有着密切的传统联系，高度关注中东局势，积极利用自身地缘优势发挥斡旋作用，支持通过和平对话解决巴以冲突和利比亚问题。（侯悦晗）

摩尔多瓦

国名 摩尔多瓦共和国（The Republic of Moldova）。

面积 3.38万平方公里。

人口 国内常住人口260.4万（2022年，不含“德左”地区和本德尔市）。其中，摩尔多瓦族占75.1%，罗马尼亚族7.0%，乌克兰族6.6%，加告兹族4.6%，俄罗斯族4.1%，保加利亚族1.9%，茨冈族0.3%，其他民族0.5%（根据2014年摩最新一次人口普查数据）。主要信奉东正教。官方语言为摩尔多瓦语。

首都 基希讷乌（Chisinau），面积571.6平方公里，人口77.9万（2022年）。年均气温10.6℃，年均降水量562毫米。

国家元首 总统马娅·桑杜（Maia Sandu，女），

2020年12月24日就职，任期4年。

重要节日　公历新年：1月1日；东正教圣诞节：1月7日；东正教复活节：4月；胜利日/欧洲日：5月9日；独立日（国庆日）：8月27日；语言节：8月31日。

简况

摩为内陆国，东、南、北与乌克兰为邻，西连罗马尼亚。属温带大陆性气候。2021年平均气温北部8.9℃，中部10.6℃，南部11.4℃。年均降水量为北部605毫米，中部666毫米，南部490毫米。

摩尔多瓦人的祖先为达契亚人。13—14世纪，蒙古鞑靼人和匈牙利人入侵，达契亚人逐渐分为三支：摩尔多瓦人、瓦拉几亚人、特兰西瓦尼亚人。1359年，摩尔多瓦人在喀尔巴阡山以东至德涅斯特河之间的大部分领土上建立了摩尔多瓦公国。1487年，摩公国沦为奥斯曼帝国附庸，直至18世纪均处于奥斯曼帝国的统治之下。1600年，摩尔多瓦、瓦拉几亚、特兰西瓦尼亚三个公国实现短暂的统一。1812年，沙俄通过对土耳其战争夺取了摩公国部分领土，即比萨拉比亚。1859年，摩尔多瓦与瓦拉几亚合并，称罗马尼亚。1918年1月，比萨拉比亚宣布独立，3月与罗马尼亚合并。1940年6月，苏联占领比萨拉比亚，将其大部分领土与德涅斯特河左岸的摩尔达维亚自治共和国合并，使其成为苏联15个加盟共和国之一。1941年，比萨拉比亚划归罗马尼亚。1944年9月，《苏罗停战协定》规定恢复1940年的苏罗边界，比萨拉比亚被划归苏联。1990年6月，摩尔达维亚苏维埃社会主义共和国改国名为摩尔多瓦苏维埃社会主义共和国，1991年5月23日更名为摩尔多瓦共和国，1991年8月27日宣布独立。

政治

2020年12月23日，基库政府宣布解散。由于议会政党间分歧严重，摩两次组阁失败。2021年4月28日，总统桑杜签署总统令解散议会。7月11日，摩举行议会提前选举，行动与团结党以绝对优势赢得大选，获得议会多数。8月6日，摩议会通过以加夫里利察为总理的新内阁任命，结束了摩近8个月的临时政府状态。2023年2月10日，加夫里利察宣布辞职，桑杜提名总统安全事务顾问兼摩国家最高安全委员会秘书雷切安为新任总理候选人。16日，摩议会通过对总理雷切安及其内阁成员提名，新政府内阁成员当天宣誓就职。

【德涅斯特河左岸问题】摩尔多瓦德涅斯特河左岸地区（简称“德左”）位于德涅斯特河东侧并与乌克兰相邻，面积4163平方公里。人口46.52万，其中俄罗斯族占33.8%、摩尔多瓦族占33.2%、乌克兰族占26.7%。俄在“德左”地区有驻军。2006年9月，“德左”地区就未来地位举行全民公决，97.1%的民众支持独立并加入俄罗斯。2009年3月，摩总统沃罗宁、俄总统梅德韦杰夫、“德左”领导人斯米尔诺夫在莫斯科就“德左”问题签署共同声明，重申“5+2”机制的重要性，同意在“德左”问题解决后将三方维和部队改为由文职人员组成的欧安组织部队。2013年5月，“5+2”谈判在敖德萨举行，就德河两岸自由通行、“德左”地区放射性物质外运、加强德河两岸执法部门合作、德河生态环境保护等问题交换了意见。2016年6月，“5+2”谈判在柏林举行，摩政府与“德左”制订了解决德河两岸民生问题统一行动计划。2017年1月，摩总统多东与“德左”领导人克拉斯诺谢利斯基在本德尔市举行自2008年以来德河两岸领导人首次会晤，双方讨论了教育、交通、通信、人员通行等合作议题，表示将努力改善双方关系，逐步解决两岸民生问题。2017年11月至2019年11月，“德左”问题“5+2”谈判分别在维也纳、罗马、布拉迪斯拉发举行了3次会议，双方就摩方受理“德左”高校学历证书认证、“德左”为其地区内采用罗语教学的学校提供必要保障、“德左”为在杜伯萨里区拥有耕地的摩公民颁发务农许可，以及建立电话通信网互联等问题达成共识并签署有关议定书，重点评估了“柏林+”一揽子协议关于增强互信措施相关内容。2020年，因“德左”单方面收紧两岸人员往来管控、非法拘禁摩公民，双方摩擦龃龉不断，“5+2”谈判持续中断。12月，欧安组织部长级理事会第27次会议就“德左”问题通过新宣言，重申“5+2”协调机制是全面、可持续解决“德左”问题的唯一途径，呼吁双方加强政治互信，为重启协商对话创造有利氛围。2021年12月，“德左”地区举行领导人换届选举，克拉斯诺谢里斯基胜选连任。

【宪法】1994年7月29日，摩议会通过新宪法，其中规定：摩是一个主权、独立、统一和不可分割的国家；坚持在政治多元化条件下的民主，实行三权分立；公有和私有制并存；摩永远为中立国家，不允许在摩领土上驻扎外国军队；国语为摩尔多瓦语。1999年7月25日，摩议会决定将7月29日定为宪法日。2000年7月28日，摩由半议会半总统制改为议会制，摩总统由议会选举产生。2016年3月4日，摩宪法法院做出裁决，恢复实行全民选举总统。

【议会】议会是摩最高立法机关。摩议会实行一院制，共101个议席，任期4年。2021年7月11日，摩举行议会提前选举，行动与团结党、摩共产党人党–社会主义者党联盟、绍尔党进入第11届议会。现任议长为行动与团结党主席伊戈尔·格罗苏（Igor Grosu）。目前，议会占席情况为：行动与团结党63席，摩共产党人党–社会主义者党联盟32席（其中摩共10席，社者党22席），绍尔党6席。

【政府】2021年8月，摩政府实行机构改革，由原下设9个部门增至13个，包括：外交与欧洲一体化部、基础设施与区域发展部、财政部、经济部、司法部、农业与食品工业部、卫生部、国防部、内务部、教育与研究部、文化部、环境部、劳动与社会保障部，2023年2月增设能源部。现内阁成员有：总理多林·雷切安（Dorin Recean），副总理兼经济发展与数字化部长杜米特鲁·阿莱巴（Dumitru Alaiba），副总理兼外交与欧洲一体化部长尼古拉·波佩斯库（Nicolae Popescu），副总理兼农业与食品工业部长弗拉基米尔·鲍里亚（Vladimir Bolea），统一事务副总理奥莱格·塞雷布里安（Oleg Serebrian），财政部长维罗妮卡·西雷夏努（Veronica Sireseanu，女），内务部长安娜·雷文科（Ana Revenco，女），司法部长维罗妮卡·米哈伊洛夫–莫拉鲁（Veronica Mihailov-Moraru，女），能源部长维克托·帕尔里科夫（Victor Parlicov），卫生部长阿拉·内梅连科（Ala Nemerenco，女），国防部长阿纳托利·诺萨特伊（Anatolie Nosatii），基础设施与区域发展部长莉莉娅·达比扎（Lilia Dabija，女），教育与研究部长阿纳托利·托帕勒（Anatolie Topala），文化部长塞尔久·普罗丹（Sergiu Prodan），环境部长约尔丹卡–罗迪卡·约尔丹诺夫（Iordanca-Rodica Iordanov，女），劳动与社会保障部长阿列克谢·布祖（Alexei Buzu），加告兹自治区行政长官埃夫盖妮亚·古楚尔（Evghenia Gutul，女）。

【行政区划】2003年6月，摩实行新行政区划，全国共分32个区及2个地方行政区（加告兹自治区、德涅斯特河左岸行政区）。32个区如下：新阿涅内、巴萨拉贝亚斯卡、布里恰内、卡胡尔、坎泰米尔、卡拉腊什、克乌谢尼、奇米什利亚、克柳列尼、栋杜谢尼、德罗基亚、杜伯萨里、埃迪内茨、弗洛雷什蒂、弗莱什蒂、格洛代尼、亨切什蒂、亚洛韦尼、莱奥瓦、尼斯波列内、奥克尼察、奥尔海伊、雷齐纳、勒什卡尼、辛杰拉、索罗卡、斯特勒谢尼、索尔德内什蒂、斯特凡沃达、塔拉克利亚、泰莱内什蒂、温盖尼。

【司法机构】摩主要司法机构有宪法法院、最高法院、最高检察院以及地方法院等。宪法法院院长尼古拉·罗什卡（Nicolae Rosca），2023年4月就职；最高法院院长暂空缺；最高检察院代理总检察长扬·蒙特亚努（Ion Munteanu），2022年11月就职。

【政党】摩主要政党有：

（1）行动与团结党（The Action and Solidarity Party）：成立于2016年5月26日。积极主张欧洲一体化目标，崇尚自由主义，倡导充分发挥私有经济作用，为欧洲人民党观察员，现有党员12811人。党主席：伊戈尔·格罗苏（Igor Grosu）。

（2）摩尔多瓦社会主义者党（The Party of Socialists of the Republic of Moldova）：成立于1997年6月29日。现有党员15892人。该党倡导社会民主价值理念，主张摩应保持永久中立地位，加强与俄罗斯友好合作。2021年12月，该党修改党章，不再设党主席，党的执行委员会代行党的领导权。

（3）摩尔多瓦共产党人党（Party of Communists of the Republic of Moldova）：成立于1993年10月23日，现有党员9800人，全国共有41个区级组织，基层党组织1465个。曾于2001—2009年执政。以实现共产主义为目标，主张推进国家经济现代化、融入欧洲和加强社会团结。党主席：弗拉基米尔·沃罗宁（Vladimir Voronin）。

（4）绍尔党（Sor Party）：成立于1998年10月27日，前身为社会政治平等共和运动联盟。代表民粹力量，提倡建全社会保障制度，强调摩尔多瓦民族认同，现有党员52464人。党主席：伊兰·绍尔（Ilan Sor）。

【重要人物】马娅·桑杜：总统。女，1972年5月24日出生。毕业于基希讷乌财经学院、摩尔多瓦公共行政管理学院和哈佛肯尼迪政治学院。1994—1999年就职于摩经济部。1999—2005年任世界银行驻摩代表处经济研究员。2005—2006年任摩经济部宏观经济政策与发展计划司司长。2007年任联合国开发计划署在摩项目协调员。2007—2009年任摩中央公共行政改革署顾问。2009—2012年先后在索罗斯基金会、世界银行任职。2012—2015年任摩教育部长。2016年5月成立摩尔多瓦行动与团结党并任党主席。同年11月初次竞选总统失利。2019年6—11月任摩政府总理。2020年11月15日在总统选举第二轮投票中击败前总统多东胜选，并于12月24日宣誓就职。懂罗语、俄语、英语。未婚。**伊戈尔·格罗苏**：议长。1972年11月30日出生。毕业于摩国立大学、摩“扬·克良格”国立教育大学。1993—1997年任摩民主促进会主席。1997—2001年任摩非政府组织信息援助中心协调员。2001—2003年任摩青年委员会秘书。2003—2008年在摩经济部任职。2005—2012年任摩大赦国际理事会成员。2012—2015年任摩教育部副部长、总理教育顾问。2016—2018年在德国康纳德·阿登纳基金会任职。2019年6月至2021年7月任摩议会行动与团结党党团主席，议会安全、国防和公共秩序委员会副主席。2022年5月当选摩行动与团结党主席。懂罗语、俄语、英语。**多林·雷切安**：总理。1974年3月17日出生。毕业于摩经济学院、美国纽波特大学比利时分校。1995—2002年任摩企业重组和援助局（世界银行项目）项目经理。2002—2010年先后任摩TeleMedia集团市场部经理、执行总裁。2010—2012年任摩信息与通信部副部长。2012—2015年任摩内务部长。2016—2022年在多个国际组织从事大数据信息分析。2022年至2023年2月任摩总统国防安全事务顾问、国家最高安全委员会秘书。2023年2月宣誓就职摩总理。懂罗语、俄语、英语。

经　济

摩尔多瓦是传统农业国家，葡萄种植和葡萄酒酿造业发达。摩独立后，经济长期困难，主要依赖农业、出口、外援和侨汇。2021年随着疫情形势向好、农业增产丰收，摩经济实现回暖增长。2022年，摩经济增长乏力，主要经济数据如下：

国内生产总值：145.08亿美元。

人均国内生产总值：5715.28美元。

国内生产总值增长率：–5.9%。

货币名称：摩尔多瓦列伊，简称“摩列伊”；1列伊=100巴尼。

汇率：1美元≈18.9摩列伊。

【资源】摩境内非金属矿藏较丰富，主要有大理石、石灰岩、硅藻土、磷钙石、褐煤等。地下水资源丰富，约有2200个天然泉。森林覆盖率为12.7%，主要树种有橡树、椴树、榆树、杨树等。野生动物有獐、狐狸和麝鼠等。

【工业】2022年工业生产总值同比减少5.1%。其中，制造业减少4.5%，采掘业减少4.9%，电力、热力、燃气产能减少8.4%。

【农业】2022年农业生产总值同比减少29.2%。其中，种植业减少36.8%，畜牧业减少2.6%。

【服务业】2022年零售业同比减少1.8%，机动车交易额增长19.8%，批发业增长25.9%，居民服务业增长10.4%，企业服务业增长28.2%。

【旅游业】2022年，摩旅游行业接待游客33.39万人次，同比增长1.9倍。其中，入境游人数增长2.4倍，出境游人数增长1.5倍，国内游人数增长1.56倍。

【交通运输】以铁路和公路运输为主。全国铁路1157公里，公路9431.5公里，其中国道5842.0公里，地级公路3589.5公里。2022年，铁路、公路、水路和航空货运量2090万吨，同比增长5.9%，货物周转量为60.72亿吨公里，同比增长14.1%。

【财政金融】2022年，国家财政收入915.05亿摩列伊，同比增长18.2%；财政支出1003.74亿摩列伊，同比增长22.4%；财政赤字88.69亿摩列伊，同比增长91.1%。截至2022年12月31日，外汇储备39.02亿美元。

【对外贸易】2022年，对外贸易额为135.55亿美元，同比增长31.33%。其中，出口额为43.35亿美元，同比增长37.9%；进口额为92.2亿美元，同比增长28.5%；贸易逆差为48.84亿美元，同比增长21.1%。

对欧盟出口额为25.4亿美元，同比增长32.3%，占出口总额的58.6%；对独联体国家出口额为10.43亿美元，同比增长220%，占出口总额的24.1%。从欧盟国家进口额为43.65亿美元，同比增长38.6%，占进口总额的47.3%；从独联体国家进口额为21.86亿美元，同比增长14.7%，占进口总额的23.7%。主要出口商品：蔬菜、水果、粮食及其制品、奶制品、肉制品、食用油、服装、鞋类、机械及运输设备、酒类、烟草、纺织物、金属制品、药品、化学制品等。2022年，摩主要出口情况如下：

国家	出口额（亿美元）	同比增长（%）	所占比重（%）
罗马尼亚	12.4	48.9	28.6
意大利	3.3	38.0	7.60
土耳其	3.0	–2.9	7.00
德国	2.3	–6.0	5.30
俄罗斯	1.9	–31.2	4.40

主要进口商品：机械设备、电器、纺织品、金属制品、石油、天然气、化学制品、药品、蔬菜、水果、粮食及其制品、鱼、肉及其制品、奶制品、烟、酒等。2022年，摩主要进口情况如下：

国家	进口额（亿美元）	同比增长（%）	所占比重（%）
罗马尼亚	16.6	100.0	17.9
俄罗斯	11.5	8.7	12.4
中国	9.5	13.2	10.3
乌克兰	8.5	28.0	9.3
土耳其	6.6	21.6	7.2
德国	5.8	5.8	6.3

人民生活

2022年，摩公民月平均工资10529摩列伊，同比增长15.5%。财政拨款部门月平均工资8844.6摩列伊，同比增长13.6%，实体经济部门月平均工资11126.6摩列伊，同比增长16%。失业率为3.1%。

军　事

建军时间：1992年9月3日。1992年3月17日摩最高苏维埃通过《国防法》《武装力量法》《摩尔多瓦公民兵役法》《军队和接受军训的公民及其家属的社会保障和法律保障法》。同日，摩总统就任摩武装力量总司令，宣布原苏联驻摩的军队、装备和设施归摩所有，并在此基础上组建摩国防军。现役军人6500人。

摩总统为武装力量的最高统帅，即武装力量总司令。武装力量由国防军、边防军和警察部队组成。国防部行使对国防军的领导。此外，军事指挥机关还有边防部队局和属内务部管辖的警察部队总局。在和平时期，国防军总参谋部负责制订武装力量的军事训练计划。如遇战争，总参谋部将在武装力量总司令的领导下，领导军事单位保卫国家。国防政策的主要目标是确保国家和人民的安全，按照国际法的准则预防战争和军事冲突，保卫国家独立和领土完整。摩宪法规定摩为中立国家，不容许外国在摩领土上驻军，也不容许利用摩领土进攻其他国家，摩不首先对他国发动军事行动。

文化教育

2022年，摩有公共图书馆2600座，馆藏书刊约5832.72万册。博物馆132座，剧院16座，电影院10家，公共休闲活动中心1194间。

【教育】摩实行免费义务教育。教育结构分为：学龄前教育、初级教育、中等教育和高等教育。主要高等院校有摩国立大学、国立技术大学、国立医药大学、国立农业大学等。2022/2023学年，摩有1218所中小学教学机构，90所职业教育机构，21所高等教育机构。

【新闻出版】共发行报纸杂志274种，其中113种为罗文版，其余为俄文或罗俄文双语版。主要罗文报纸有:《时间报》《卫报》《基希讷乌新闻》《文学和艺术报》《基希讷乌周刊》；俄文报纸有:《摩尔多瓦共青团真理报》《经济评论》《事实与论据》。主要杂志有:《IT–摩尔多瓦》《银行与金融》《商界》《工作与休闲》等。

主要新闻通讯社有摩尔多瓦国家通讯社、Infotag通讯社、Noi通讯社、Ipn通讯社等，主要电视台有摩尔多瓦国家电视台、TVR摩尔多瓦、NTV摩尔多瓦、TV8、Pro TV等。

对外关系

摩奉行融入欧洲一体化政策，优先发展同欧盟、美国关系，为欧盟候选国；重视发展同罗马尼亚、乌克兰等邻国关系；务实发展同俄罗斯及其他独联体国家关系，与北约签有和平伙伴关系。摩已加入联合国、世界银行、国际货币基金组织、世界贸易组织、欧洲安全与合作组织、欧洲委员会、欧洲复兴开发银行、国际移民组织等国际组织。目前，摩同143个国家建立了外交关系，共设立42个驻外使领馆或代表处。

【同中国的关系】1992年1月30日建交。同年6月，中国在基希讷乌设立大使馆。1996年3月，摩在北京设立大使馆。

2019年6月，全国政协副主席刘新成访摩。8月，摩农业部长明库赴华出席第12届中国—东北亚博览会。9月，摩议长格列恰内赴华出席第八届欧亚经济论坛，并访问上海、北京，全国人大常委会委员长栗战书、国务院副总理胡春华同其会见。2020年，新冠疫情暴发后，中国向摩提供多批抗疫援助物资。

2016年12月，中摩启动自由贸易协定联合可行性研究。2017年5月，中国商务部与摩经济部签署了《关于结束中国—摩尔多瓦自由贸易协定谈判联合可行性研究的谅解备忘录》。12月，双方签署《中华人民共和国商务部和摩尔多瓦共和国经济与基础设施部关于启动中国—摩尔多瓦自由贸易协定谈判的谅解备忘录》，正式启动中摩自贸协定谈判，截至2020年底已举行3轮谈判。2021年1月，中国海关总署与摩食品安全局签署《中华人民共和国海关总署与摩尔多瓦共和国食品安全局关于进出口食品安全合作的谅解备忘录》。

根据中国海关总署统计，2022年，中摩双边贸易额为2.92亿美元，同比增长2.9%。其中，中国出口额为2.07亿美元，同比增长15.8%；中国进口额为0.85亿美元，同比减少18.9%。

中国驻摩尔多瓦大使：闫文滨。馆址：Str. Mitropolit Dosoftei，124，Chisinau，Republic of Moldova。电话：00373–22–210712；传真：295960。领事业务电话/传真：00373–22–296104。商务处地址：Str. Mitropolit Dosoftei，124，Chisinau，Republic of Moldova；电话：00373–22–225500；传真：295960。

摩尔多瓦驻华大使：杜米特鲁·贝拉基什（Dumitru Braghis）。馆址：北京市朝阳区塔园外交人员办公楼2–9–1号。电话：010–65325494；传真：65325379。

【同欧盟的关系】2010年，摩加入欧洲能源共同体协议。2010年1月，摩与欧盟启动联系国协定谈判；同年6月，摩与欧盟启动签证自由化谈判。2014年4月，摩获欧盟免签待遇，同年6月，摩与欧盟签署联系国协议和自由贸易协定。2022年3月，摩提出入盟申请。6月，欧盟正式授予摩欧盟候选国资格。

2022年1月，欧盟委员会批准向摩提供1.5亿欧元财政援助；摩议会代表团出席欧洲委员会议会大会扩大会议，摩副议长波普绍伊当选大会副主席；摩副总理兼外长波佩斯库访问欧盟，其间会见欧洲议会外交事务委员会主席麦卡利斯特、欧盟睦邻与扩大事务副总干事马瑟诺娃；欧安组织少数民族事务高级专员阿布德拉赫曼诺夫访摩，其间会见摩副总理兼外长波佩斯库。2月，摩总统桑杜分别同欧洲理事会主席米歇尔、欧盟委员会主席冯德莱恩通电话。3月，欧安组织秘书长施密德访摩，其间会见摩总统桑杜、副总理兼外长波佩斯库；欧盟外交与安全政策高级专员博雷利、欧盟睦邻和扩大事务专员瓦尔赫伊访摩，其间会见摩总统桑杜、副总理兼外长波佩斯库；摩总统桑杜同欧洲议会主席梅措拉通电话；欧盟外交与安全政策高级代表博雷利宣布向摩提供1亿欧元紧急人道主义援助；摩副总理兼外长波佩斯库访问欧盟，其间同欧盟外交与安全政策高级代表博雷利、欧盟内政事务专员约翰逊、欧盟睦邻和扩大事务专员瓦尔赫伊、欧洲议会副主席巴利举行会谈；欧安组织轮值主席、波兰外长拉乌访摩，其间会见摩总统桑杜、总理加夫里利察、副总理兼外长波佩斯库；欧洲议会高级代表团访摩，其间会见摩总统桑杜、总理加夫里利察、议长格罗苏。4月，欧盟通过欧盟民事保护机制向摩提供5300万欧元援助；摩副议长波普绍伊率团出席摩尔多瓦–欧盟议会委员会第十一次会议；摩副总理兼外长波佩斯库访问卢森堡，其间会见欧盟睦邻和扩大事务专员瓦尔赫伊；欧洲议会及德国基民盟代表团访摩，其间会见摩总统桑杜、议长格罗苏。5月，欧洲理事会主席米歇尔访摩，其间会见摩总统桑杜、总理加夫里利察；摩总统桑杜访问欧盟总部布鲁塞尔，其间会见欧洲理事会主席米歇尔、欧盟委员会主席冯德莱恩、欧盟外交与安全政策高级代表博雷利、欧洲议会主席梅措拉、欧洲议会外交事务委员会主席麦卡利斯；摩副总理兼外长波佩斯库出席欧洲委员会成员国外长会，其间会见欧洲委员会秘书长布里奇。6月，摩副总理兼外长波佩斯库访问欧盟，其间会见欧盟农业事务专员沃伊切霍夫斯基；欧洲委员会议会监督委员会代表团访摩，其间会见摩总统桑杜；欧洲理事会批准向摩提供4000万欧元军事援助。7月，欧洲检察官办公室主任劳拉访摩，其间会见摩总统桑杜、总理加夫里利察、司法部长利特维年科；欧盟向摩援助7500万欧元。8月，欧盟向摩援助7620万欧元；摩副总理兼外长波佩斯库出席欧盟外长会。9月，摩总统桑杜出席联大活动，其间会见欧盟委员会主席冯德莱恩。10月，摩总统桑杜赴捷克布拉格出席欧洲政治共同体峰会；摩副总理兼外长波佩斯库访问欧盟总部，其间会见欧盟外交与安全政策高级代表博雷利。11月，欧盟委员会冯德莱恩访摩，其间会见摩总统桑杜；欧洲议会主席梅措拉访摩，其间同摩总统桑杜会谈，会见摩议长格罗苏、总理加夫里利察。12月，摩副总理兼外长波佩斯库出席欧安组织第29届部长理事会；摩总统桑杜会见欧洲委员会秘书长布里奇；摩副总理兼外长波佩斯库出席欧盟东部伙伴关系外长峰会；摩总统桑杜同欧洲委员会秘书长布里奇通电话。

【**同美国的关系**】2022年1月，美通过“新冠疫苗实施计划”（COVAX）机制向摩捐赠10.06万剂新冠疫苗。3月，美国务卿布林肯访摩，其间会见摩总统桑杜、总理加夫里利察、副总理兼外长波佩斯库；美向摩援助3000万美元。4月，美国际开发署署长鲍尔访摩，其间会见莫总统桑杜；摩总统桑杜同美总统安全事务顾问沙利文通电话；摩副总理兼外长波佩斯库访美，其间同美负责欧洲和欧亚事务的助理国务卿唐弗里德共同主持召开摩美战略对话会、同美国务卿布林肯举行会谈。7月，摩总理加夫里利察访美，其间会见美国务卿布林肯、国际开发署署长鲍尔、国家安全委员会欧洲办公室主任斯洛特。8月，美向摩赠款6300万美元。9月，摩总统桑杜出席美国国际开发署“民主光点”峰会，美国务卿布林肯、国际开发署署长鲍尔等与会。12月，摩总统桑杜访美并出席民主峰会框架下的国际反腐败大会，其间会见美副总统哈里斯、国家安全顾问沙利文、众议长佩洛西、能源事务国务卿格兰霍夫、国际开发署署长鲍尔。

【**同俄罗斯的关系**】2022年10月，摩副议长、社会主义者党执行书记巴特雷恩察，执行委员会委员切博塔里访俄；摩以俄对基辅和其他乌城市进行导弹袭击违反国际人道主义法为由，宣布驱逐一名俄驻摩使馆工作人员。11月，俄宣布对等驱逐一名摩驻俄使馆工作人员。

【**同乌克兰的关系**】2022年1月，摩乌两国外交部举行副部长级磋商。2月，摩副总理兼外长波佩斯库同乌克兰外长库列巴通电话，双方就地区形势交换意见。3月，摩政府宣布向乌提供价值750万欧元的人道主义物资援助。5月，摩议长格罗苏访乌，宣布摩将向乌提供120万美元人道主义援助。6月，摩总统桑杜同乌总统泽连斯基通电话并应邀访乌，双方就两国入盟前景、“德左”问题等交换意见。9月，摩副总理兼外长波佩斯库、副总理兼基础设施与区域发展部长斯珀努共同出席在敖德萨举行的乌–摩–罗三国能源非正式部长级会议。12月，摩总理加夫里利察访乌，其间同乌总理什梅加尔会谈。

【**同罗马尼亚的关系**】2022年1月，罗政府批准向摩提供1亿欧元财政援助。2月，摩罗两国政府联席会议在基希讷乌召开，双边内阁全体成员与会，双方签署了《摩罗政府间关于实施技术和财政援助计划的协议》《摩罗国防部间关于军事教育领域合作议定书》《摩罗政府关于修建普鲁特河边境公路桥的合作协议》等13个双边合作文件，会后罗总理丘克会见摩总统桑杜、议长格罗苏；摩总统桑杜、总理加夫里利察、副总理兼外长波佩斯库分别同罗总统约翰尼斯、总理丘克、外长奥雷斯库通电话。3月，罗总统约翰尼斯、总理丘克、外长奥雷斯库访摩，其间分别会见摩总统桑杜、总理加夫里利察、副总理兼外长波佩斯库。4月，摩副总理兼外长同罗外长奥雷斯库通电话，波表示摩罗关系处于近代以来历史最好水平。5月，罗总统约翰尼斯同摩总统桑杜通电话；罗摩经济论坛在摩举行。6月，摩总统桑杜在出席欧洲人民党大会期间会见罗总理丘克；罗众议长乔拉古访摩，其间会见摩总统桑杜、议长格罗苏、总理加夫里利察；摩统一事务副总理塞雷布里安访罗，其间会见罗国防部长登库；摩主办首届摩罗议会联席会议，摩议长格罗苏、罗众议长乔拉古、参议长克楚共同主持会议，会后双方发表联合声明，强调罗将为摩国家现代化、民主化、欧洲化提供“无条件支持”。7月，摩总统桑杜对罗进行国事访问，其间同罗总统约翰尼斯、总理丘克举行会谈，罗方授予桑杜军事荣誉勋章；摩议长格罗苏访罗，其间会见罗众议长乔拉古、代理参议长戈尔吉乌。9月，摩罗两国外交部间政治磋商在摩举行。10月，罗政府宣布向摩赠款5000万罗列伊（约合1000万欧元），以支持摩克服能源危机。11月，摩总统桑杜、议长格罗苏访罗，其间桑杜同罗总统约翰尼斯、总理丘克举行会谈，格罗苏会见罗代理参议长戈尔吉乌。12月，罗外长奥雷斯库访摩，其间会见摩总统桑杜、总理加夫里利察、议长格罗苏、副总理兼外长波佩斯库。

【**同其他独联体国家的关系**】2022年2月，摩议长格罗苏访问阿塞拜疆，其间会见阿总统阿里耶夫、总理阿萨多夫、议长加法罗娃；摩副总理兼外长波佩斯库访问阿塞拜疆，其间会见阿总统阿里耶夫、外长巴伊拉莫夫。3月，摩总统桑杜同阿塞拜疆总统阿里耶夫通电话。5月，摩总统桑杜同阿塞拜疆总统阿里耶夫通电话。10月，摩总理加夫里利察访问阿塞拜疆，其间会见阿总统阿里耶夫、总理阿萨多夫、议长加法罗娃。12月，摩总统桑杜同阿塞拜疆总统阿里耶夫通电话。

【**同其他欧洲国家的关系**】2022年2月，荷兰首相吕特访摩，其间会见摩总统桑杜；克罗地亚外长拉德曼访摩，其间会见摩总统桑杜、副总理兼外长波佩斯库；摩副总理兼外长波佩斯库访问匈牙利，其间会见匈副总理塞姆延、外长西亚尔托、国会主席克韦尔、投资促进局局长埃西克；摩总理加夫里利察同立陶宛总理西莫尼特通电话。3月，摩总统桑杜分别同立陶宛总统瑙达塞、德国总理朔尔茨、捷克总理彼得菲亚拉通电话；法国外长勒德里昂、欧盟危机管理专员莱纳希奇访摩，其间会见摩总统桑杜、副总理兼外长波佩斯库、内务部长雷文科；摩总理加夫里利察同波兰总理莫拉维茨基通电话；摩副总理兼外长波佩斯库分别同法国外长勒德里昂、奥地利外长沙伦贝格通电话；丹麦外交大臣科福德访摩，其间会见摩总统桑杜、副总理兼外长波佩斯库、统一事务副总理塞雷布里安；意大利外长迪马约访摩，其间会见摩总统桑杜、总理加夫里利察、议长格罗苏、副总理兼外长波佩斯库；西班牙外长阿尔瓦雷斯访摩，其间会见摩总统桑杜、总理加夫里利察、议长格罗苏、副总理兼外长波佩斯库；爱沙尼亚总统卡利斯访摩，其间会见摩总统桑杜；波兰总统杜达访摩，其间会见摩总统桑杜；瑞士联邦主席卡西斯访摩，其间会见摩总统桑杜，此系瑞士国家元首首次访摩；斯洛伐克总统恰普托娃访摩，其间会见摩总统桑杜、总理加夫里利察。4月，奥地利、捷克、斯洛伐克三国外长联合访摩，其间会见摩总统桑杜、副总理兼外长波佩斯库，奥地利外长沙伦贝格宣布向摩赠款1000万欧元；摩总理加夫里利察率团访德，其间出席德–法–罗–摩四方外长联席会议和阿等那基金会圆桌论坛，德、法、罗三国外长在四方联席会议期间宣布将向摩提供总额为6.95亿欧元的财政援助；摩副总理兼外长波佩斯库在柏林同加拿大、荷兰、列支敦士登等国外长举行会见；捷克宣布向摩提供逾60万欧元医疗物资援助；拉脱维亚总统莱维茨访摩，其间同摩总统桑杜举行会谈；摩总理加夫里利察访问波兰，其间会见波兰总理莫拉维茨；列支敦士登公国外交、教育和体育部长哈勒斯访摩，其间会见摩总统桑杜、议长格罗苏；比利时首相德克罗访摩，其间会见摩总统桑杜、总理加夫里利察；摩副总理兼外长波佩斯库分别同法国外长勒德里昂、意大利外长迪马约通电话，就“德左”地区形势交换意见；摩总统桑杜同加拿大总理特鲁多通电话。5月，立陶宛总统瑙达塞访摩，其间会见摩总统桑杜；摩副总理兼外长波佩斯库分别同希腊外长登迪亚斯、立陶宛外长兰茨贝尔吉斯通电话；摩副总理兼外长波佩斯库赴德国出席七国集团外长峰会，其间同欧盟外交与安全政策高级代表博雷利及德、法、乌、日等国外长举行会晤；瑞典宣布向摩提供400万欧元资助；摩总统桑杜访法，其间会见法国总统马克龙、上议院议长拉歇尔、开发署署长雷米里乌；摩副总理兼外长波佩斯库访问捷克，其间会见捷外长利帕夫斯基；摩总统桑杜同格鲁吉亚总统祖拉比什维利通电话。6月，摩总统桑杜分别同德国总统施泰因迈尔、外长贝尔伯克通电话；西班牙首相桑切斯访摩，其间会见摩总统桑杜；德国联邦议会代表团访摩，其间会见摩总统桑杜；法国总统马克龙访摩，其间会见摩总统桑杜；摩总统桑杜同荷兰首相吕特通电话。7月，摩总统桑杜在希腊出席《经济学人》年度圆桌会议，其间会见黑山总理阿巴佐维奇、希腊外长登迪亚斯；摩总统桑杜应邀访问立陶宛，其间被立总统授予立国家最高荣誉勋章；摩副总理兼外长波佩斯库同荷兰副首相兼外长胡克斯特拉通电话；摩总统桑杜应邀访问波兰，其间会见波兰总统杜达；爱尔兰外交和国防部长科文尼访摩，其间会见摩副总理兼外长波佩斯库。8月，英国议会代表团访摩，其间会见摩总统桑杜。9月，摩副总理兼外长波佩斯库访问挪威，其间会见挪外交大臣惠特菲尔特、石油和能源大臣艾斯兰德；摩议长格罗苏访问丹麦，其间接受丹女王玛格丽特二世接见；立陶宛外长兰茨贝尔吉斯、爱尔兰外交和国防大臣康威内联合访摩，其间会见摩副总理兼外长波佩斯库；摩总统桑杜赴英国出席英女王伊丽莎白二世葬礼，其间会见英国平等和政府间关系大臣扎哈维。10月，保加利亚总统拉德夫访摩，其间会见摩总统桑杜；摩总理加夫里利察同挪威总理斯托尔通电话。11月，第八届摩尔多瓦—波兰议会间混委会在摩举行；摩副总理兼外长波佩斯库、国防部长诺萨特伊访问法国，其间出席巴黎和平论坛并会见法武装部队司令塞巴斯蒂安、法总理欧洲事务顾问若万、法国民议会外事委员会主席路易斯；法、德两国外长宣布欧洲伙伴计划于年底前向摩提供1亿欧元财政支持；立陶宛总理西莫尼特访摩，其间会见摩总统桑杜。12月，摩副总理兼外长波佩斯库访问瑞典，其间会见瑞典外长比尔斯特伦、国际合作促进发展部长福塞尔；摩副总理兼外长波佩斯库访问克罗地亚，其间同克外长拉德曼会谈；摩总统桑杜同德国总统施泰因迈尔通电话。

【同其他国家的关系】2022年2月，摩副总理兼外长波佩斯库同加拿大外长乔利通电话；摩副总理兼外长波佩斯库同以色列外长拉皮德通电话，就两国建交30周年庆祝活动交换意见；摩同埃及举行两国外交部间首次政治磋商；摩副总理兼外长波佩斯库同印度外长苏杰生通电话，双方就协调自摩撤离印度公民交换意见。3月，摩总统桑杜分别同土耳其总统埃尔多安、加拿大外长乔利通电话；摩副总理兼外长波佩斯库分别同日本外相林芳正、格鲁吉亚外长扎尔卡利亚尼通电话。6月，摩总理加夫里利察访问卡塔尔，其间会见卡塔尔埃米尔塔米姆及总理哈立德；摩同日本举行两国外交部副部长级磋商。9月，摩总理加夫里利察访问日本，其间出席日本前首相安倍晋三国葬，会见日首相岸田文雄。10月，摩副总理兼外长波佩斯库访问埃及，其间同埃参议长拉泽克、总理马德布利、外长舒克里举行会谈，此系摩埃建交以来摩首次派高级别代表团赴埃访问；格鲁吉亚总统祖拉比什维利访摩，其间会见摩总统桑杜。12月，摩总统桑杜访问日本，其间会见日本首相岸田文雄、外相林芳正及多位国会议员；摩副总理兼外长波佩斯库访问土耳其，其间同土副总理兼外长恰武什奥卢会谈。

【同国际和地区组织的关系】2022年1月，摩副总理兼外长波佩斯库访问北约总部，其间会见北约秘书长斯托尔滕贝格、副秘书长杰瓦纳；摩总理加夫里利察会见黑海经合组织秘书长科默内斯库，就摩担任黑海经合组织轮值主席交换意见。3月，国际货币基金组织派团访摩，其间代表团团长阿托扬会见摩总统桑杜、副总理兼外长波佩斯库；摩总统桑杜同联合国秘书长古特雷斯通电话。5月，联合国秘书长古特雷斯访摩，其间会见摩总统桑杜、总理加夫里利察、议长格罗苏。7月，摩总理加夫里利察在访美期间会见世界银行行长马尔帕斯。8月，联合国秘书长古特雷斯访摩，其间会见摩总统桑杜；世界银行宣布通过全球环境基金向摩赠款310万美元。9月，摩总统桑杜赴美出席第77届联大。11月，摩副总理兼外长波佩斯库出席北约成员国外长会议。12月，摩总统桑杜同国际货币基金组织总裁格奥尔基耶娃会谈；联合国人权事务高级专员沃尔克访摩，其间会见摩总理加夫里利察。（宋一丰）

摩纳哥

国名　摩纳哥公国（The Principality of Monaco, La Principauté de Monaco）。

面积　2.08平方公里，其中约0.5平方公里为填海造地。

人口　39050人（2022年），其中摩纳哥籍9686人（截至2022年12月）。其他人口来自130多个国家，以法国人、意大利人居多。官方语言为法语，通用意大利语和英语，另有摩纳哥方言，仅为老人及在初级教育中使用。86%的人口信奉天主教。

首都　摩纳哥（Monaco），人口39050人（2022年）。

国家元首　亲王阿尔贝二世（Prince Albert II），2005年7月12日即位。

重要节日　国庆日：11月19日。

简　况

位于欧洲西南部，三面被法国包围，南濒地中海。边境线长5.47公里，海岸线长3.83公里。地形狭长，东西长约3公里，南北最窄处仅200米。境内多丘陵，最高海拔不足200米。属亚热带地中海式气候，夏季干燥凉爽，冬季潮湿温暖。年均气温为15℃—20℃，年均降水量为600—700毫米。

先后有利古利亚人、腓尼基人和迦太基人在此居住。1297年，格里马尔迪家族夺取了摩纳哥城堡，开始了对摩长达700年断断续续的统治。14世纪形成公国雏形，先后成为西班牙、法国的保护国。1861年同法国签署协定，摩放弃对芒通、罗克布伦两大市镇的所有权，领土由20平方公里缩小到现有面积，法承认摩独立。同年，摩法建立关税同盟。1911年首次颁布宪法，成为君主立宪制国家。1918年同法国签署确定两国政治关系的条约，摩承诺在完全尊重法国政治、经济、航海和军事利益的前提下行使主权，法国负责保障摩的独立、主权和领土完整。1954年同法签署睦邻和行政互助协定。

政　治

2002年10月，摩法签署新的双边关系条约，再次确认两国传统特殊友好关系，同时赋予摩更多的主权和权力。

【宪法】现行宪法于1962年12月颁布，2002年4月修改。根据宪法，摩纳哥为世袭君主立宪制国家，亲王为国家元首，王位继承人须是亲王的合法直系子嗣（男性优先）以及亲王的兄妹及其直系子嗣。亲王对外代表国家，拥有最高行政权，有权签署和批准条约。政府首脑，即国务大臣，须为摩纳哥籍或法国籍，由亲王任命并得到法国政府批准，可代表亲王执掌包括外交在内的各项工作并签署政府法令，对亲王负责。立法权和预算权由亲王和议会共同掌管。

【议会】一院制，共有24名议员，通过直接普选产生，任期5年。立法权由亲王和议会共同行使，亲王负责提出法案，议会进行讨论和投票，最后由亲王批准。本届议会于2022年10月选出，议长布丽吉特·博科尼-帕吉斯（Brigitte Boccone-Pagès，女）。

【政府】又称政府委员会，由6名大臣组成。由亲王任命并对亲王负责，在亲王领导下行使行政权。现政府成员包括：国务大臣皮埃尔·达荷杜（Pierre DARTOUT，2020年9月1日起任职），内政大臣帕特里斯·塞拉里奥（Patrice CELLARIO），财政与经济大臣让·卡斯特利尼（Jean CASTELLINI），社会与卫生事务大臣克里斯托弗·罗比诺（Christophe ROBINO），装备、环境与城市规划大臣席琳娜·卡隆-达焦尼（Céline CARON-DAGIONI，女），对外关系与合作大臣伊莎贝尔·贝罗-阿马代（Isabelle BERRO-AMADEI，女）。

【行政区划】全国设1个市镇单位，下辖4个区（非行政单位）。市镇委员会由15名成员组成，通过直接选举和按名单投票方式产生，任期4年。市长和副市长由市镇委员会从其成员中选出。现任市长为乔治·马桑（Georges MARSAN），2003年首次当选，2007年3月、2011年3月、2015年3月、2019年3月四次连任。

【司法机构】亲王拥有司法权，法院以其名义执法，独立审理案件。司法机构包括治安法庭、初审法院、上诉法院、重审法院、重罪法院和最高法院等。此外，还有劳工法庭、房租仲裁委员会和高等仲裁法院等专门法庭。最高法院有5名正式法官及2名候补法官，分别由议会、国务委员会、枢密院、法院推荐，并由亲王任命，任期4年，负责审理行政诉讼和裁定援引的法律条文是否适当。最高法院院长由亲王指定。现任最高法院院长为迪迪埃·利诺特（Didier LINOTTE）。

【枢密院】枢密院为亲王的咨询机构，由7名摩纳哥籍人组成，任期3年，可连任。亲王指定主席和3名成员，其他成员由议会提名，亲王任命。枢密院每年至少召开2次会议，对涉及国家最高利益的问题提出处理意见。亲王在签署重要国际条约，解散议会，审理入籍申请及特赦、大赦等问题上必须咨询枢密院。现任主席米歇尔·博埃利（Michel BOERI）。

【国务委员会】咨询机构，由亲王挑选并任命的12名成员组成，负责对亲王拟订的法律和敕令草案提出咨询性意见。

【政党】无固定政治组织和党派。在议会选举期间，一些政见相同的人临时组成政治团体参加竞选。

【重要人物】阿尔贝二世亲王：国家元首。1958年3月14日出生于摩纳哥。美国马萨诸塞州阿姆赫斯特大学毕业，政治学学士，并获爱尔兰梅努斯教皇大学名誉哲学博士学位。自1976年起，曾先后在摩政府部门，法国海军，巴黎和纽约的商业公司、银行、法律事务所工作。1982年任摩红十字会主席。1983年任摩游泳联合会主席。1984年任摩游艇俱乐部主席和摩田径联合会主席。1988年起，任国际奥委会委员兼田径联合会副主席、蒙特卡洛电视节组委会主席。1993年起，任摩出席联合国大会代表团团长。1994年起，任摩奥委会主席。1996年任亚特兰大奥运会协调委员会委员。2005年4月，前任国家元首兰尼埃三世亲王逝世后摄政，7月即位。主张积极发展对华关系。已先后11次访华。1993年6月和1999年6月分别以国际奥委会委员和摩王储身份访华。2002年11月来华出席摩驻上海名誉领事馆开馆仪式。2004年11月率摩经贸代表团非正式访华。2007年4月对华进行国事访问。2008年8月来华出席北京奥运会开幕式。2010年10月来华出席上海世博会摩纳哥国家馆日活动。2014年8月来华出席南京青奥会开幕式。2015年8月来华出席世界田径锦标赛。2018年9月对华进行国事访问。2022年2月来华出席北京冬奥会开幕式。酷爱体育，曾代表摩参加奥运会比赛。2010年6月与南非游泳选手夏琳·威兹托克订婚，2011年7月完婚。2014年底，王室龙凤双胞胎诞生，男孩雅克·奥诺雷·兰尼埃被立为王储。

经济

摩纳哥国土面积狭小，自然资源稀少。20世纪50年代以来，摩政府采取多元化、高附加值和无污染的经济发展方针，积极推动第三产业发展，取得显著成就，其中尤以金融业最为突出。除本国银行外，许多世界著名的银行均在摩设有分支机构。摩在房地产、广告、保险、咨询、贸易、服务业等领域发展迅速。摩有少量工业，主要是化工、医药、化妆品等。一年一度的世界一级方程式赛车锦标赛（F1）摩纳哥大奖赛较为著名。摩纳哥是欧洲著名旅游胜地。摩国民经济统计还习惯使用“国民经济营业额”概念。2022年摩国民经济营业额约为188.32亿欧元，同比增长15%。其中，批发业营业额58.99亿欧元，零售业营业额20.64亿欧元，住宿和餐饮业营业额8.68亿欧元，工业部门营业额9.14亿欧元，不动产业营业额9.22亿欧元，建筑业营业额24.74亿欧元，运输和仓储业营业额7.35亿欧元，科技和行政部门营业额31.99亿欧元，其他服务业营业额9.05亿欧元，信息和通信业营业额7.41亿欧元，行政、教育、卫生和社会服务营业额1.12亿欧元。2021年主要经济数据如下：

国内生产总值：86.26亿美元。

人均国内生产总值：23.51万美元。

国内生产总值增长率：21.87%。

货币名称：欧元。

汇率：1美元≈0.95欧元。

【工业】为支持工业发展，政府积极给予企业财政支持，并克服国土狭小的困难，努力为工业发展提供地皮。鼓励建立高附加值、无污染的出口型企业，积极发展高技术产业。2022年工业部门营业额为9.14亿欧元。主要工业部门有橡胶和塑料加工（占2022年工业营业额的30.9%）、化工产品（16%）、电力、燃气、蒸汽和空调生产及配送（9.9%）、制药业（5.9%）、成衣加工业（5.5%）等。

【旅游业】旅游业是支柱产业之一。摩是欧洲著名旅游胜地，每年都举行许多文体活动吸引游客，其中蒙特卡洛国际杂技节、国际礼花节、一级方程式汽车大奖赛等闻名于世。娱乐、住宿设施完善。2022年有星级旅馆13家，客房总数2499间，床位5354张。近年来，摩注重发展商业旅游设施，兴建了大型会议中心，吸引一些国际会议在摩召开。2022年接待旅客约29万人次。

【交通运输】2022年，摩公路总长57公里，与欧洲高速公路网连接。铁路总长1.7公里，并入法国铁路网，由法国国营铁路公司管理。有2个港口，主要用于停靠各类游艇，商船则可在锚地短期停泊，有直升机航班往返于法国尼斯和摩纳哥之间。

【财政金融】国民收入主要来自旅游业、不动产、中小企业、银行、保险、博彩等。烟草、邮票等由国家专卖。税收在国民收入中所占比重逐渐增大。政府不征收个人所得税，对企业征收税率为33.33%的利润税。摩不是欧盟成员国，但根据有关协议，被视作欧盟关税区内的实体。增值税制及税率与法国相同，普通税率为19.6%，优惠税率自2012年起由原来的5.5%

升至7%（生活必需品仍维持5.5%）。此外还征收遗产税等。

2022年国家财政收入20.73亿欧元，支出20.41亿欧元，财政盈余0.32亿欧元。

银行业发达，除本国银行外，世界上一些大银行均在摩设有分支机构。2022年，共有银行和营业所28个，金融公司4个，吸收储蓄额577亿欧元。

【对外贸易】2022年进出口贸易总额约为35.16亿欧元（对欧贸易占76.6%），其中，进口额约为21.45亿欧元（自欧进口占72%），出口额约为13.71亿欧元（对欧出口占83.7%），逆差7.74亿欧元。主要进口商品有：化工产品、交通运输设备、电子设备等；主要出口商品有：化工产品、电子设备、交通运输设备、食品等。

人民生活

摩纳哥经济发达，人民生活水平很高，2021年人均国内生产总值位居世界前列。摩政府不征收个人所得税，因此吸引了数量可观的富人移民。

军　事

摩纳哥无军队，根据摩法有关双边条约，法国承诺保护摩独立、主权和领土完整。摩有500名治安警察，人均警察数量排名全球第一。

文化教育

【教育】摩纳哥对6—12岁的儿童实行义务教育，教育体制与法国相同。公立学校包括6所幼儿园及小学、1所初中、1所高中和1所酒店管理学校；私立学校有1所小学和1所小学至高中混合学校。高等院校包括摩纳哥国际大学和造型艺术学院等。课程设置方面，摩纳哥历史是必修课，小学、初中开设摩纳哥语课程。摩纳哥国际大学提供工商管理、金融和奢侈品管理专业学士、硕士和博士的英语课程。

【新闻出版】主要报刊有《尼斯晨报摩纳哥专版》和《摩纳哥周刊》等。蒙特卡洛广播电台和电视台收听、收视率较高，是西欧重要的广播电台和电视台，用36种语言播音。

摩每年都举办蒙特卡洛国际杂技节等文化交流活动。摩海洋博物馆和研究所享誉世界，此外还有拿破仑纪念馆、国家博物馆、卡罗琳图书馆、蒙特卡洛歌剧院等文化设施。

对外关系

摩纳哥主张普遍裁军，维护世界和平、安全、进步、自由、人权，推进经济和社会发展，支持国际人道主义行动，反对国际恐怖主义。十分重视世界环保事业，特别是海洋、生态保护及研究。

1918年摩法条约规定，摩采取外交行动须事先与法国政府达成协议。2002年10月，摩法两国签署新条约，摩首次获得对外正式建交权，摩无须预先征得法国同意，即可自主地与其他国家谈判建立正式外交关系。2005年12月1日该条约生效。2006年1月1日，法国同摩纳哥的领事关系升格为大使级。对法关系是摩外交重心，两国在经济、安全等领域合作密切，摩在国际热点问题上紧随法方立场。

据摩官方数字，截至2022年12月，摩纳哥与156个国家有外交关系。摩在法国、意大利、中国、西班牙、荷兰、比利时、卢森堡、瑞士、德国和列支敦士登等28个国家和14个国际组织派有15名常驻或非常驻大使，在全球82个国家和地区设立了130个领事代表处。共有132个国家在摩派外交代表，84个国家设领馆。

摩于1993年5月28日加入联合国，是联合国教科文组织、国际电信联盟、世界卫生组织、世界旅游组织等近70个国际组织的成员。国际海道测量组织、国际体育总会、国际业余田联等10余个国际机构总部设在摩纳哥。蒙塔纳经济论坛、能源峰会等国际会议常年在摩举行。

摩主张在保护本国经济利益的同时加强与欧盟的关系。2004年10月加入欧洲委员会。持申根签证可赴摩。

【同中国的关系】中国与摩纳哥于1995年1月16日建立领事关系。2006年2月6日，中摩关系升格为大使级。中国驻法国大使兼任驻摩纳哥大使。2008年10月31日，中方向摩首任驻北京名誉领事闫兰女士颁发名誉领事证书。2020年8月，阿尔贝二世亲王任命马思颂女士为摩新任驻华大使（非常驻）。摩并在北京、上海和香港各设一名名誉领事。

建交以来，中摩关系平稳发展。近年来，重要互访有：2018年9月，阿尔贝二世亲王对中国进行国事访问；2019年3月，习近平主席对摩纳哥进行国事访问；2022年2月，阿尔贝二世亲王来华出席北京冬奥会开幕式。

据中国海关总署统计，2022年，中摩双边贸易额为2638万美元，同比增长10%。其中，中国出口额为1204万美元，同比增长111.4%；中国进口额为1434万美元，同比减少21.5%。中国自摩进口产品主要包括化学工业产品、机电音像设备及其零部件、塑料及其制品、橡胶及其制品等；中国向摩出口产品主要包括机电音像设备及其零部件、贱金属及其制品、塑料及其制品、橡胶及其制品等。截至2021年11月底，摩纳哥累计在华投资项目27个，实际投资723万美元。

中摩在文化、艺术、教育、旅游领域开展了一系列交流。自1982年起，中国每年派杂技团参加在摩纳哥举办的蒙特卡洛国际杂技节大赛并多次获奖，2012年1月，上海市杂技团参演杂技节并荣获两尊“金小丑”最高奖。2017年7—9月，中国故宫文物展在摩举办，阿尔贝二世亲王和习近平主席代表、时任中国驻法国大使翟隽出席开幕式。2018年9—11月，作为回访展览，“贵胄绵绵：摩纳哥格里马尔迪王朝展（13世纪至21世纪）”在故宫博物院午门展厅举办，阿尔贝二世亲王出席开幕式并宣布展览开幕。

自2016年11月1日起，摩纳哥被中国政府纳入适用72小时过境免签政策和144小时过境免签政策适用国家名单。2018年9月，中摩达成互免持外交护照人员签证安排，同年10月5日生效。

中国驻摩纳哥大使：卢沙野（驻法国大使兼任）。馆址：20，Rue Monsieur，75007 Paris。电话：00331-49521950；传真：47205946。经商处电话：00331-49521950；传真：47230656。驻马赛总领馆：20，Boulevard Carmagnole，13008 Marseille。签证认证咨询电话：0486879879；公证护照咨询电话：0491320267；领事保护电话：0671905835。

摩纳哥驻华大使（非常驻）：马思颂（Marie-Pascale Boisson，女）。北京名誉领事馆馆址：北京市朝阳区西大望路3号蓝堡国际中心一座1509；电话：010-85991891。上海名誉领事馆馆址：上海市东方路710号23楼；电话：021-58314008；传真：50584833。香港名誉领事馆馆址：香港特别行政区湾仔港湾道25号海港中心33楼东方海外（国际）有限公司；电话：852-28930669；传真：28279779。（李墨泉）

挪威

国名 挪威王国（The Kingdom of Norway，Kongeriket Norge）。

面积 38.517万平方公里（包括斯瓦尔巴群岛、扬马延岛等属地）。

人口 544万（2022年）。84%为挪威人，外来移民约占16%。少数民族萨米族，有5万至8万人，跨境分布在挪威、瑞典、芬兰和俄罗斯北部。官方语言为挪威语和萨米语。多数人信奉基督教路德宗，挪威教会成员占人口总数的64%（2022年底）。

首都 奥斯陆（Oslo），人口约71万（2022年）。年均气温8℃，年均降水量527毫米。

国家元首 国王哈拉尔五世（Harald V），1991年1月21日即位。

重要节日 宪法日：5月17日（即国庆日，纪念1814年5月17日通过第一部宪法）。

简况

位于北欧斯堪的纳维亚半岛西部，东邻瑞典，东北与芬兰和俄罗斯接壤，南同丹麦隔海相望，西濒挪威海。约1/3国土在北极圈以内，大部分地区属温带海洋性气候。

9世纪形成统一王国。9—11世纪进入全盛期。14世纪中叶开始衰落，1397年与丹麦和瑞典组成卡尔马联盟，受丹麦女王玛格丽特一世统治。1814年被丹让予瑞典。1905年6月7日脱离瑞挪联盟独立，选丹麦王子为国王，称哈康七世。第一次世界大战期间中立。第二次世界大战中被德国占领。1945年5月德占领军宣布投降，挪威光复。1947年接受“马歇尔计划”，经济逐步恢复。1949年加入北约。1959年加入欧洲自由贸易联盟。1972年和1994年两次公民投票分别反对加入欧共体和欧盟。1999年加入申根协定。

政治

政局总体稳定。现政府是由工党和中间党组成的少数联合政府，2021年10月上台执政。

【宪法】现行宪法于1814年5月17日通过，后经多次修订。宪法规定实行君主立宪制。国王为国家元首兼武装部队统帅，并提名首相人选，但无权解散议会。

【议会】国家最高立法机关，拥有立法权、财政监督权和行政监督权。实行一院制，由169名议员组成。议会大选采用比例代表直选制，每4年举行一次。本届议会于2021年9月选举产生，各党议席分别为：工党48席，保守党36席，中间党28席，进步党21席，社会主义左翼党13席，红党8席，自由党8席，绿色环境党3席，基督教民主党3席，关注患者党1席。议长马苏德·加拉哈尼（Masud Gharahkhani，工党）。

【政府】本届政府内阁大臣共19人，其中工党11人，中间党8人。成员为：首相约纳斯·加尔·斯特勒（Jonas Gahr Støre，工党），财政大臣特吕格弗·斯洛格斯沃尔·韦杜姆（Trygve Slagsvold Vedum，中间党），教育大臣托妮耶·布伦纳（Tonje Brenna，女，工党），研究与高等教育大臣奥拉·博腾·穆厄（Ola Borten Moe，中间党），贸易与工业大臣扬·克里斯蒂安·韦斯特勒（Jan Christian Vestre，工党），国际发展事务大臣安娜·贝娅特·特温内赖姆（Anne Beathe Tvinnereim，女，中间党），外交大臣安妮肯·维特费尔特（Anniken Huitfeldt，女，工党），气候与环境大臣埃斯彭·巴尔斯·艾德（Espen Barth Eide，工党），渔业与海洋大臣比约纳·塞尔内斯·谢兰（Bjørnar Selnes Skjæran，工党），儿童与家庭事务大臣谢丝蒂·托泊（Kjersti Toppe，女，中间党），国防大臣比约恩·阿里尔·格拉姆（Bjørn Arild Gram，中间党），交通大臣约恩-伊瓦尔·尼戈尔（Jon-Ivar Nygård，工党），劳工与融合事务大臣玛特·米约斯·佩尔森（Marte Mjøs Persen，女，工党），卫生与护理大臣英薇尔·谢科尔（Ingvild Kjerkol，女，工党），农业与食品大臣桑德拉·博克（Sandra Borch，女，中间党），司法与公共安全大臣艾米丽·恩格尔·梅尔（Emilie

Enger Mehl，女，中间党），石油与能源大臣泰耶·奥斯兰（Terje Aasland，工党），地方政府与地区发展大臣西格比约恩·耶尔斯维克（Sigbjørn Gjelsvik，中间党），文化与平等事务大臣卢卜娜·博比·贾弗里（Lubna Boby Jaffery，女，工党）。

【行政区划】全国设11郡，356市镇。

【司法机构】法院独立行使职能，分三级：最高法院，6个高等法院，64个区、市初审法院。此外还设有劳资纠纷法院、社会保障法院、土地认证法院等。最高法院设1名首席大法官（院长）和19名大法官，首席大法官（院长）图莉尔·玛丽·厄于耶（Toril Marie Øie，女，2016年就任）。检察系统独立行使职能，分三级：检察长办公室、地方级检察机构（包括10个地区检察院、国家经济和环境犯罪调查起诉局、国家有组织和重大犯罪检察院）、警察检察机构（设在12个警区、国家犯罪调查局、警察安全局内）。检察长约恩·西居尔·马乌吕德（Jørn Sigurd Maurud，2019年就任）是检察系统最高领导，办公室行政事务由司法部负责。

【政党】全国有20多个注册政党。主要政党有：

（1）工党（Labour Party）：执政党，1887年成立。议会第一大党。主张实行福利社会，实现充分就业、可持续发展、公正分配和加强社会福利。党员约5万人。主席约纳斯·加尔·斯特勒。

（2）中间党（Centre Party）：执政党，1920年成立。代表农场主和家庭农户利益，反对加入欧盟。党员约2万人。主席特吕格弗·斯洛格斯沃尔·韦杜姆。

（3）保守党（Conservative Party）：第一大在野党，1884年成立。代表金融、航运和工商业大垄断资本利益，强调自由市场竞争，支持加入欧盟。党员约3万人。主席埃尔娜·索尔贝格（Erna Solberg，女）。

（4）进步党（Progress Party）：在野党，1973年成立。主张减税、优化养老服务、严格移民政策和加强社会融合，反对加入欧盟。党员约1.6万人。主席西尔维·利斯特豪格（Sylvi Listhaug，女）。

（5）社会主义左翼党（Socialist Left Party）：在野党，1975年成立。奉行社会民主主义路线，反对加入欧盟。主张社会公平、减贫、推进绿色转型。党员约1.6万人。主席基尔斯蒂·贝格斯多（Kirsti Bergstø，女）。

（6）红党（The Red Party）：在野党，2007年成立。共产主义政党，由红色选举联盟和工人共产党合并而成。以创建无阶级社会为最终目标，主张福利社会和加大对富人征税，解决社会不平等问题，反对加入欧盟。党员约1.4万人。主席比约尔纳尔·莫克斯内斯（Bjørnar Moxnes）。

（7）自由党（Liberal Party）：在野党，1884年成立。代表中小资产阶级利益，主张社会公平、减税、创造就业，重视教育和环境议题，支持加入欧盟。党员约7200人。主席古丽·梅尔比（Guri Melby，女）。

（8）绿色环境党（The Green Party）：在野党，1988年成立。主张绿色环保、社会公平。支持加入欧盟。党员约1.2万人。主席阿里尔·赫尔姆斯塔德（Arild Hermstad）。

（9）基督教民主党（Christian Democratic Party）：在野党，1933年成立。主张维护基督教传统道德观念，支持向发展中国家提供援助，反对加入欧盟。党员约1.6万人。主席奥劳格·韦尔维克·博勒斯塔德（Olaug Vervik Bollestad，女）。

（10）关注患者党（Patient Focus）：在野党，2021年成立。主张扩建特罗姆斯和芬马克郡阿尔塔市医院。主席伊雷娜·奥亚拉（Irene Ojala，女）。

其他政党：挪威共产党（Norwegian Communist Party）等。

【重要人物】哈拉尔五世：国王。1937年生。1940年4月德国入侵挪威后，随其母及两个姐姐侨居美国，战后回国。1955年入挪威军事学院学习。1960—1962年在英国牛津大学学习，1984年获英国约克大学荣誉博士学位。1977年获陆海空上将军衔。1957年9月被立为王储，1991年1月21日即位。1985年4月以王储身份访华。1997年10月偕宋雅王后对华进行国事访问。2008年8月偕宋雅王后来华出席北京奥运会开幕式并观赛。2018年10月偕宋雅王后对华进行国事访问。**约纳斯·加尔·斯特勒**：首相。1960年生。巴黎政治学院历史和社会经济学毕业。1989年起历任首相府特别顾问、首相府国际司总司长、挪驻日内瓦代表团代表、世界卫生组织总干事办公厅主任、首相府国务秘书兼办公厅主任。2005—2012年任外交大臣。2012—2013年任卫生与护理大臣。2014年起任工党主席。2021年10月14日起任首相。

经　济

挪威是拥有现代化工业的发达国家。20世纪70年代经济发展速度较快，80年代有起有落，90年代初因取消石油生产限额，收入剧增。在油气出口巨额收益的支撑下，近年来，经济状况良好，失业率和通货膨胀率维持在较低水平。2008年金融危机、2014年油价下跌危机曾短暂冲击国内经济。新冠疫情暴发以来，挪疫情形势总体可控，社会基本面稳定，经济较快实现止跌复苏。2022年主要经济数据如下：

国内生产总值：5805亿美元。

人均国内生产总值：102万挪威克朗。

国内生产总值增长率：32.2%；大陆经济（不含油气等离岸产业）增长3.8%。

货币名称：挪威克朗。

汇率：1美元≈9.62挪威克朗。

通货膨胀率：5.8%。

失业率：3.2%。

（资料来源：挪威政府网站、国家统计局、央行等，下同）

为加强对石油收入的合理利用与长远规划，挪于1990年设立“石油基金”，2006年更名为“政府养老基金—全球”（即挪威主权财富基金），由财政部委托中央银行管理。截至2022年底，基金市值12.43万亿挪威克朗。

【资源】油气、水力、森林、渔业资源丰富。截至2022年底，原油及天然气预计总储量为158亿立方米（石油当量），已开采52%。水力资源丰富，水电占电力约90%，总装机量3.3万千瓦。森林覆盖率约38%。北部沿海是世界著名渔场。

【工业】离岸油气、化工、航运、水电、冶金等尤为发达。欧洲重要铝、镁生产国和出口国，硅铁合金产品大部分供出口。世界第三大天然气出口国、第八大原油出口国、第四大航运国。2022年油气总产量约为2.32亿立方米，出口值约为1.9万亿挪威克朗，占全国货物出口总值的73%。

【农业】农业面积98.5万公顷，占国土2.6%，肉蛋奶制品自给率达96%以上，谷物、果蔬等自给率较低。农业从业者3.8万人，人均年收入23.6万挪威克朗。生产林面积约8.6万平方公里，2022年生产木料1163万立方米。北部沿海是世界著名渔场。渔业和水产养殖业发达，主要捕捞鱼种为鳕鱼、鲭鱼、鲱鱼等，养殖以三文鱼为主，是全球第二大水产出口国。

【服务业】包括商业、旅游、运输、通信、金融保险、房地产、建筑、公共服务等。主要旅游城市有首都奥斯陆、第二大城市卑尔根等，西北部地区的峡湾和冰川等自然景观享有盛名。

【交通运输】海运业发达，商船队总吨位1901万吨。铁路总长约4200公里，公路总长9.8万公里。国内年客运周转量约729亿人公里，货运周转量约555亿吨公里。主要港口有奥斯陆、卑尔根和特隆赫姆，奥斯陆港年吞吐量约590万吨。主要机场有奥斯陆、卑尔根和斯塔万格机场等。

【财政金融】近几年财政收支情况如下（单位：亿挪威克朗）：

	2020	2021	2022
收入	18744	24481	35992
支出	19631	20014	21488
盈余/赤字	–887	4467	14504

主要银行有：挪威中央银行，国家住房银行等国家政策性银行，挪威银行，北欧银行等商业银行。

【对外贸易】外向型经济体，主张自由贸易。近几年对外货物贸易情况如下（单位：亿挪威克朗）：

	2020	2021	2022
出口额	7795	14991	26317
进口额	7689	8526	10306
差　额	106	6465	16011

主要出口原油、天然气、焦炭与精炼石油制品、金属、各类机械、渔产品。主要进口机械、机动车、电子光学产品、金属、化学原料及制品、食品。主要出口国有英国、德国、荷兰等。主要进口国包括瑞典、德国、中国等。

【对外投资】截至2021年底，挪威在国外直接投资存量约1.866万亿挪威克朗，主要集中在欧洲、北美等地，主要覆盖采矿、油气开发、制造、金融等行业。

【外国资本】截至2021年底，外国在挪直接投资存量约1.454万亿挪威克朗。主要来源地有美国、瑞典、英国、丹麦等，主要集中在采矿和采石、金融和保险、制造、批发和零售贸易、房地产等行业。

【对外援助】坚持将国民总收入约1%用于外援，主张推动经济可持续发展和促进人权，致力于加强在环境和气候变化领域的援助。2021年外援总额约401亿挪威克朗，约占国民总收入的0.93%。

【著名公司及经济团体】（1）挪威工商联合会：1989年1月成立，由雇主协会、工业协会和手工业协会合并组成，是挪最大的企业家组织，成员包括全国2.5万多家企业。

（2）挪威国家石油公司：成立于1972年，是挪最大石油公司、北海最大原油生产商和西欧最大原油销售商。

（3）挪威海德鲁公司：创建于1905年，全球著名铝制品生产商。主要经营化工、轻金属、化肥、水电、食品、医药等。

人民生活

社会福利水平高，连续多年位居联合国“人类发展指数”排名之首。近几年主要数据如下（单位：万挪威克朗）：

	2020	2021	2022
年平均工资	58.8	61.0	66.5
失业率	5.0%	3.2%	3.2%

军　事

国王为名义上的最高统帅。内阁通过国防大臣掌握全军。最高作战指挥机构为最高国防司令部，国防司令埃里克·克里斯托弗森上将（Eirik Kristoffersen，2020年8月上任）。北约创始成员国，建有北约联合作战中心。实行义务兵役制，服役期12个月。现役军人和文职人员共约1.6万人。自1947年以来先后参加近百项国际行动，参加人员约10万人次。

文化教育

【教育】1998年起实行10年制义务教育。学校大多数为公立，中央负责高等教育，地方负责中等和初等教育。有高等院校44所，学生约23.5万人。主要高校包括奥斯陆大学、卑尔根大学等。

【新闻出版】全国出版各类报纸200余种，年发行量500余万份。主要报纸有《晚邮报》《世界之路报》《日报》《卑尔根时报》等。

挪威通讯社：国家通讯社，1867年成立，非官方。

挪威国家广播公司：国家广播电台，1933年成立，分广播、电视两部分，隶属文化部。

对外关系 重视联合国作用，积极参与联合国维和行动和国际及地区热点问题斡旋，担任2021—2022年度安理会非常任理事国。挪威人赖伊于1946—1953年担任首任联合国秘书长。未加入欧盟，是欧洲自由贸易联盟和申根成员国。系最先出台北极战略和政策文件的北极国家。重视海洋、气候变化及减排问题，是最早批准《巴黎协定》的发达国家之一。与140多个国家建有外交关系。

【同中国的关系】1954年10月5日建交。建交以后，两国关系平稳发展。但2010年10月至2016年12月，中挪关系因诺贝尔和平奖问题陷入低谷。2016年12月19日，挪威外交大臣布伦德访华，李克强总理、王毅外长分别同其会见、会谈，两国政府发表《中华人民共和国政府与挪威王国政府关于双边关系正常化的声明》。2017年4月，挪威首相索尔贝格对华进行正式访问，习近平主席、李克强总理、张德江委员长分别同其会见、会谈。2018年1月，挪威议长托马森随北欧和波罗的海国家议长代表团访华。2018年10月，挪威国王哈拉尔五世对华进行国事访问，习近平主席、栗战书委员长分别同其会谈、会见。2019年5月，栗战书委员长对挪威进行正式友好访问，分别同挪威国王哈拉尔五世、议长特罗恩、首相索尔贝格会见、会谈。2020年8月，王毅国务委员兼外长访问挪威，分别同挪威首相索尔贝格、外交大臣瑟雷德会见、会谈。

据中国海关总署统计，2022年，中挪双边贸易额为131.6亿美元。同比减少13.4%。其中，中国出口额为51.9亿美元，同比增长17.9%；中国进口额为79.7亿美元，同比减少26.2%。

中国驻挪威大使：易先良。馆址：Tuengen Allé 2B，0378 Oslo，Norway。电话：0047–22492052；传真：22921978。

挪威驻华大使：白思娜（Signe Brudeset，女）。馆址：北京市朝阳区三里屯东一街1号。电话：010–85319600；传真：65322392。

【同美国及北约的关系】视美国为最重要盟友，将发展同美国及北约合作视为其外交和安全政策基石。1949年作为创始成员国加入北约。强调北约在欧洲安全政策上的主导作用，主张加强跨大西洋纽带，积极参加北约行动。前首相延斯·斯托尔滕贝格自2014年10月起出任北约秘书长。

【同俄罗斯的关系】同俄罗斯接壤，重视对俄罗斯关系。2011年与俄就巴伦支海划界问题达成协议。强烈谴责俄罗斯“非法入侵”乌克兰，在乌克兰危机上同北约、欧盟保持一致立场，仍与俄保留渔业领域等少量务实往来。

【同欧盟的关系】曾两次全民公投分别否决加入欧共体、欧盟，与欧盟政治、经济、外交等联系密切，欧盟地区占挪威出口贸易70%—90%、进口贸易60%—70%。

【同其他亚洲国家的关系】重视发展同亚洲国家及新兴市场国家关系。2012年成为亚欧会议成员国。2015年成为东盟对话伙伴国。同新加坡、韩国、菲律宾、印度尼西亚等签署自贸协定。（刘凌璇）

附：

斯瓦尔巴群岛

名称 斯瓦尔巴群岛（Svalbard Archipelago）。主权属于挪威王国。

面积 6.1022万平方公里。

人口 2829人（2022年）。绝大多数居住在朗伊尔城和新奥尔松。主要为挪威人，另有少量俄罗斯人及各国科研人员。

首府 朗伊尔城（Longyearbyen），位于斯匹次卑尔根岛（Spitsbergen）。

简　况 位于北冰洋，南距挪威北海岸657公里，由9个主岛和众多小岛组成。近60%的区域被冰川覆盖。年均气温最高7℃，最低–22℃；年均降水量约200毫米。

12世纪由北欧维京人发现，17世纪成为重要的捕鲸中心，20世纪初发现煤炭资源。几个世纪以来，英国、荷兰、丹麦和挪威等国对其提出主权要求。1920年2月，18个国家签署《斯瓦尔巴群岛条约》。根据该条约，缔约国在承认挪威对斯瓦尔巴群岛拥有完全主权的前提下，可享有在该群岛地域及其领水内的捕鱼、狩猎权，开展海洋、工业、矿业、商业活动的权利和在一定条件下开展科学调查活动的权利，但严禁将该岛用于战争目的或修建军事设施。1925年，中国等33个国家参加该条约，同年斯瓦尔巴群岛正式并入挪威。中国于2004年在新奥尔松地区建立北极黄河站，此系中国建立的第一个北极科考站。此外，法国、德国、意大利、荷兰、挪威、英国、印度、日本、韩国、捷克、波兰等国也在群岛建有科考站。俄罗斯在巴伦支堡地区经营煤矿公司，并建有多所科研机构。

政　治 斯瓦尔巴总督既是最高行政长官，也是最高司法长官。总督由挪威政府任命，受挪威司法和公共安全部管辖。任期3年，可延长2年。现任总督拉尔斯·福斯（Lars Fause，2021年6月24日任命）。挪威极地研究所负责提供政策咨询服务。

经　济 经济活动十分有限，主要为采煤业。

【资源】煤炭资源蕴藏丰富。其他矿藏包括铁、磷酸盐、亚硫酸盐、石棉、硬石膏和石灰石等。

【旅游业】每年约有6万名游客前往观光。

【交通运输】对外交通主要通过空运和海运。朗伊尔城建有机场和深水海港，有日常航班直飞挪威首都奥斯陆和北部城市特罗姆瑟，海运仅限6—8月三个月。此外，还有俄罗斯修建的直升机站、移动雷达站等少量航空设施。

【财政金融】通用挪威克朗。财政预算主要来自挪政府直接拨款。一部分收入来自出售捕鱼许可证。

岛上有银行、医院、学校等基础设施，建有斯瓦尔巴大学。（刘凌璇）

扬马延岛

名称 扬马延岛（Jan Mayen），挪威领地。

面积 373平方公里。

简 况 小火山岩岛，位于北冰洋，与挪威、格陵兰岛、斯瓦尔巴群岛和冰岛隔海相望。气候恶劣，寒冷多雾。1970年9月，岛上火山自19世纪初以来首次喷发。未发现可开采的矿藏，地表也十分贫瘠，目前主要用于气象观察、导航和无线电传输。约有50名居民（通常一次居住时间仅为一年）。没有公共交通和食宿设施。

17世纪曾有捕鲸者和狩猎者在岛上短暂居住。19世纪中期以来成为挪威人重要的海豹捕猎场所。20世纪初，挪气象学会上岛开始气象观察活动，并于1922年宣布占据该岛。1929年5月8日，挪威国王颁布法令宣布对扬马延岛拥有主权，1930年正式并入挪威版图。扬马延岛是二战期间唯一未被德军占领的挪领土，挪政府和盟军继续利用该岛的气象站并修建了无线电定位站。1946年，在岛上建立集气象观测站和海岸无线电台于一体的基地，后来成为北大西洋防务合作中远程导航（LORAN）系统的一部分。基地司令兼任该岛最高行政长官。1980年，经与冰岛谈判，挪政府宣布将扬马延岛专属经济区扩大至200海里。2010年，挪政府宣布扬马延岛为挪自然保护区，对域外访客采取更严格的限制措施。（刘凌璇）

布韦岛

名称 布韦岛（英语：Bouvet Island，挪威语：Bouvetøya），挪威属地。

面积 49平方公里。

简 况 位于南大西洋，地处南纬54°26′、东经3°24′，好望角西南约2400公里、南极洲以北约1600公里处，处于《南极条约》冻结土地范围之外。布韦岛本身为一冰川覆盖的火山锥，最高点奥拉夫峰（Olav Peak）海拔780米，四周为陡峭岩石和冰崖，自然资源贫乏。海岸线长29.6公里。属极地气候，年均气温-1℃。

1739年1月1日由法国探险家布韦（J. B. C. Bouvet de Lozier）发现。1930年正式被挪威纳为领地，1971年被设立为自然保护区。该岛属挪司法和公共安全部管辖，岛上无人居住，无经济活动，建有科研站，挪科研人员定期来岛考察。（刘凌璇）

葡萄牙

国名 葡萄牙共和国（The Portuguese Republic，A República Portuguesa）。

面积 9.2226万平方公里。

人口 1034.2万（2022年），主要为葡萄牙人。2022年，劳动人口约522万。2022年，外国合法居民约78.2万人，主要来自巴西、英国、佛得角、印度、意大利、安哥拉等国家。官方语言为葡萄牙语。约80.2%的居民为天主教徒。

首都 里斯本（Lisbon），人口288万（2022年，里斯本大区）。

国家元首 总统马塞洛·雷贝洛·德索萨（Marcelo Rebelo de Sousa），2016年首次当选。2021年1月当选连任，3月9日正式就任，任期5年。

重要节日 4月25日：纪念1974年4月25日推翻独裁统治；6月10日：国庆日；10月5日：共和国日；12月1日：恢复独立日。

简 况 位于欧洲伊比利亚半岛的西南部，东、北与西班牙毗邻，西、南濒临大西洋。海岸线长832公里。地形北高南低，多为山地和丘陵。北部属海洋性温带气候，南部属亚热带地中海式气候。葡萄牙气候宜人，四季分明，冬季温暖湿润，夏季相对干燥，最热月（8月）气温为17℃—28℃（平均日最低温及最高温），最冷月（1月）气温为8℃—14℃。年均降水量为500—1000毫米。

1143年成为独立王国。15—16世纪成为海上强国，在非、亚、美洲建立大量殖民地。1580年起隶属西班牙王室，1640年摆脱西班牙统治。18世纪末，法国拿破仑军队入侵葡萄牙，1811年，葡萄牙在英国帮助下赶走法国军队。1820—1910年实行君主立宪制。1910年10月成立共和国。1926年5月建立军人政府。1932年，萨拉查就任总理，实行法西斯独裁统治。1949年加入北约。1955年加入联合国。1974年4月25日，一批中下级军官组成的“武装部队运动”推翻极右政权，开启国家民主化进程，并宣布放弃在非洲的殖民地，葡萄牙正式成为西方民主制度国家。1986年1月1日加入欧共体，1999年1月1日成为欧元区创始成员国之一。

政　治

议会制共和国。权力机关包括总统、议会、内阁政府，总统依照议会决定任免政府首脑。系联合国会员，欧盟、北约组织和世贸组织成员。

【宪法】现行宪法于1976年制定，后经历7次修订，最近一次修订于2005年完成。宪法规定，总统、议会、政府和法院是国家权力机构；总统为武装部队最高司令，根据政府提名任免总参谋长和三军将领。总统有权在听取各党派、国务委员会意见后解散议会，并在必要时解散政府、罢免总理。

【议会】一院制，议员230人，任期4年。本届议会为1974年4月25日民主化进程以来的第15届议会，于2022年1月选举产生。社会党人奥古斯托·桑托斯·席尔瓦（Agusto Santos Silva）任议长。两位副议长分别为：埃迪特·埃斯特雷拉（Edite Estrela，女，社会党），亚当·席尔瓦（Adão Silva，社民党）。各党派议席分配如下：社会党120席，社民党77席，“够了”党12席，自由事业党8席，共产党6席，左翼集团5席，人动物自然党1席，自由党1席。

【政府】本届政府为第23届宪法政府，于2022年3月30日就职，由社会党执政。总理安东尼奥·科斯塔（António Costa），政府部长理事会部长玛丽安娜·维埃拉·达席尔瓦（Mariana Vieira da Silva，女），外交部长若昂·戈梅斯·克拉维尼奥（João Gomes Cravinho），国防部长玛丽亚·卡雷拉斯（Maria Carreiras，女），内政部长若泽·路易斯·卡内罗（José Luís Carneiro），司法部长卡塔里娜·萨尔门托·卡斯特罗（Catarina Sarmento e Castro，女），财政部长费尔南多·梅迪纳（Fernando Medina），议会事务部长安娜·卡塔里娜·门德斯（Ana Catarina Mendes，女），经济和海洋部长安东尼奥·科斯塔·席尔瓦（António Costa Silva），文化部长佩德罗·亚当·席尔瓦（Pedro Adão e Silva），科学、技术和高等教育部长埃尔薇拉·福尔图纳托（Elvira Fortunato，女），教育部长若昂·科斯塔（João Costa），劳工、团结和社会保障部长安娜·门德斯·戈迪尼奥（Ana Mendes Godinho，女），卫生部长曼努埃尔·皮萨罗（Manuel Pizarro），环境和气候行动部长若泽·杜阿尔特·科代罗（José Duarte Cordeiro），基础设施部长若昂·加兰巴（João Galamba），住房部长马里纳·贡萨尔维斯（Marina Gonçalves，女），国土融合部长安娜·阿布鲁尼奥萨（Ana Abrunhosa，女），农业和粮食部长玛丽亚·多塞乌·安图内斯（Maria do Céu Antunes，女）。

【行政区划】全国分为18个大区，分别为：里斯本、波尔图、科英布拉、维亚纳堡、布拉加、雷阿尔城、布拉甘萨、瓜达、莱里亚、阿威罗、维塞乌、圣塔伦、埃武拉、法鲁、布朗库堡、波塔莱格雷、贝雅、塞图巴尔。另有马德拉和亚速尔两个自治区。

【司法机构】最高法院是最高司法机构，院长由法官选举产生。最高法院院长在国家领导人中排名第四，位于总统、议长和总理之后，如前三位领导人不在国内或无法履行职责时，最高法院院长可代行国家元首职务。现任最高法院院长为恩里克·阿劳若（Henrique Araújo），2021年6月7日就职。总检察院是最高检察机构，总检察长卢西利亚·加戈（Lucília Gago，女），2018年10月12日就职。

【政党】葡实行多党制，主要政党有：

（1）社会党（Partido Socialista）：执政党。1973年4月在“葡萄牙社会主义运动”基础上重建。党员约10万人。2015年11月，社会党联合左翼集团和共产党在议会否决社民党–人民党联合政府施政纲领，迫其下台，并成功上台执政。2021年11月4日，因2022年度国家预算案未获通过，德索萨总统宣布解散议会。2022年1月30日举行议会选举，执政党社会党赢得绝对多数席位。总书记安东尼奥·科斯塔。

（2）社会民主党（Partido Social Democrata）：在野党。1974年5月成立，原名“人民民主党”，1976年改为现名。党员约11.2万人。在2015年10月议会选举中执政联盟再度赢得大选，但丧失议会多数优势，因施政纲领未获议会通过而被迫下台。现任党主席路易斯·蒙特内格罗（Luís Montenegro）。

（3）“够了”党（Chega）：在野党。2019年4月成立，党员约4万人。2019年10月在议会选举中首次获得议席。2022年1月在议会选举中赢得12个席位，成为议会第三大党。主席安德烈·文图拉（André Ventura）。

（4）自由事业党（Iniciativa Liberal）：在野党。前身为2016年9月创立的“自由事业联盟”，2017年11月正式成立，登记党员4000人。2022年1月，自由事业党在议会选举中赢得8个席位。主席鲁伊·罗沙（Rui Rocha）。

（5）葡萄牙共产党（Partido Comunista Português）：在野党。1921年成立。党员5.89万人。总书记保罗·雷蒙多（Paulo Raimundo）。

（6）左翼集团（Bloco de Esquerda）：在野党。1999年3月成立。党员约1万人。政治委员会常委兼发言人卡塔里娜·马丁斯（Catarina Martins，女）。

其他政党还有：人动物自然党（Partido Pessoa-Animais-Natureza）、自由党（Livre）、人民党（CDS-Partido Popular）、联盟党（Aliança）、绿党（Partido Ecologista “Os Verdes”）等。

【重要人物】马塞洛·雷贝洛·德索萨：总统。

1948年12月12日出生于里斯本。1971年获里斯本大学法学学士学位，后获法学硕士和政治法学博士学位。长期在里斯本大学任教，兼任葡天主教大学和里斯本新大学客座教授。1974年加入葡社民党。1975年当选为议会议员。1981—1983年先后出任部长会议助理国秘和议会事务部长。1996—1999年担任社民党主席。创立《快报》和《周报》，并担任主编。2000—2015年担任电视政治评论员。2006—2015年任葡总统最高国务咨询机构国家理事会成员。2016年竞选总统获胜。2021年1月当选连任，3月9日正式就任，任期5年。分居，有一子一女。**安东尼奥·路易斯·桑托斯·达·科斯塔**：总理。1961年出生于里斯本。先后获里斯本大学法学学士和葡萄牙天主教大学欧洲学硕士学位。1975年加入社会党青年团，1982—1993年任社会党里斯本市议员，先后于1987—1990年和1994—2011年任社会党书记处书记。1991—1995年当选为议员。1995—2002年先后担任议会事务国秘、议会事务部长和司法部长，并担任1998年里斯本世博会政府总负责人。2002—2004年任社会党议会党团主席。2004—2005年任欧洲议会副主席。2005—2007年担任国务部长兼内政部长。2007年当选里斯本市长，后在2009年和2013年的市政选举中高票连任。2014年11月当选社会党总书记。2015年10月在议会选举中败于时任总理科埃略。11月联合左翼集团和共产党在议会否决政府施政纲领，迫其下台。同月，科斯塔组阁成功并宣誓就职。2019年10月、2022年3月，科斯塔两次连任总理。

经　济

欧盟中等发达国家，工业基础薄弱。纺织、制鞋、酿酒、旅游等是国民经济支柱产业。软木产量占世界总产量一半以上，出口位居世界第一。2021年6月，葡首个获得欧盟批准复苏计划，获得166亿欧元资金支持。2022年主要经济数据如下：

国内生产总值：2392.53亿欧元。

人均国内生产总值：2.1万欧元。

国内生产总值增长率：6.7%。

货币名称：欧元。

汇率：1美元≈0.95欧元。

通货膨胀率：7.8%。

失业率：6.0%。

（资料来源：当代葡萄牙数据库）

【资源】矿产资源较丰富，主要有：钨、铜、黄铁、铀、赤铁、磁铁矿和大理石，钨储量在西欧国家中第一位。森林面积347万公顷，覆盖率39%。

【工业】包括采掘业、加工业、水、电、煤气和冷气生产业等。主要工业部门有电力、纺织、服装、制鞋、食品、化工、造纸、电子器械、陶瓷、酿酒、软木等。2022年，葡萄牙工业产值达1172亿欧元，同比增长21%。

【农业】主要农作物包括：油橄榄、葡萄、玉米、燕麦等。年产葡萄酒735.85万升，橄榄油228.95万升。渔业方面88%以上的水产品为海洋捕捞，以沙丁鱼、鲭鱼、竹荚鱼为主，淡水鱼主要为鳟鱼。注册渔民约1.5万人。2022年，葡萄牙农业总产值为103.9亿欧元，农业总增加值为31.76亿欧元，占国内生产总值的1.3%。

【服务业】服务业从20世纪90年代起迅速发展。20世纪末，其占国民经济及全国就业人口的比重基本达到欧洲发达国家水平。2020年服务业实现增加值1302.56亿欧元，占国内生产总值的64.2%。2022年服务业从业人口356.8万人，占就业总人口的72.7%。

【旅游业】旅游业是葡外汇收入重要来源。2022年，随着葡逐步取消新冠疫情防控限制措施，葡旅游业复苏强劲，已基本恢复至疫情前水平。游客主要来自英国、德国、西班牙、法国等国家。主要旅游目的地有里斯本、波尔图、阿尔加维大区、马德拉群岛等。2022年，葡萄牙旅游住宿达到2650万人次，同比增长83.3%。2022年全年，葡萄牙旅游收入211亿欧元，同比增长109.7%。

【交通运输】陆路运输总里程超过8万公里，是葡交通运输的主要方式。

铁路：截至2022年，国内运营铁路总长3621公里。2021年铁路客运量1.21亿人次，货运量970万吨。

公路：葡萄牙公路网由高速公路、主要公路、辅助公路、国道和地区公路组成。截至2022年，葡公路总长为15056公里。2021年公路客运量3.8亿人次，货运量1.47亿吨。

水运：内陆河运总里程210公里，水运主要为海运。主要港口有里斯本、阿威罗、塞图巴尔、锡尼什、丰沙尔（位于马德拉群岛）和蓬塔德尔加达（位于亚速尔群岛）。2021年国内河运客运量为127.03万人次，货运量8347万吨。

空运：全国有15座大型机场，38座小型机场，11座直升机场。大陆部分主要国际机场在里斯本、波尔图和法罗等地，都位于沿海地区。亚速尔自治区有9座机场，马德拉自治区有2座机场。2021年全国机场客运量达2560万人次。

【财政金融】近几年葡政府财政收支情况如下（单位：亿欧元）：

	2020	2021	2022
收入	870.4	957.5	1061.4
支出	987.3	1017.3	1070.8
盈余/赤字	–116.9	–59.8	–9.4

2022年，葡财政赤字占国内生产总值比重为0.4%。2022年底，葡公债总额2726亿欧元，相当于国内生产总值的113.9%。

截至2022年12月，葡外汇储备56.3亿欧元。侨汇收入是葡重要经济来源之一，主要来自居住在法国、瑞士、美国、德国、西班牙、英国、卢森堡、安哥拉、加拿大和委内瑞拉等国的葡萄牙侨民。（资料来源：葡萄牙央行、当代葡萄牙数据库）

【对外贸易】近几年外贸统计如下（单位：亿欧元）：

	2020	2021	2022
出口额	537.6	634.8	782.1
进口额	681.5	825.2	1092.4
差　额	−143.9	−190.4	−310.3

进口主要产品有燃料、农产品、机械设备、仪表、汽车、化工产品和常用金属、塑料、橡胶和食品等；出口主要产品为机械、矿物燃料、普通金属、仪表、汽车、塑料、橡胶、服装、纸浆、矿石、农产品、食品、纺织品、鞋类、木材和软木等，大理石出口居世界前列。

主要出口目的地国家包括西班牙、法国、德国、美国、英国、意大利、荷兰、比利时、安哥拉、波兰等。主要进口来源地国家包括西班牙、德国、法国、荷兰、意大利、中国等。（资料来源：葡萄牙国家统计局、当代葡萄牙数据库）

【对外投资】20世纪90年代和21世纪初，葡萄牙对西班牙和巴西进行大量投资。2001年以来，对欧盟成员国投资额大幅增加。投资领域主要包括金融保险、加工业、科技咨询、建筑业、零售及批发贸易、电力、天然气、房地产、计算机及通信等。投资目的地主要有荷兰、西班牙、德国、巴西、安哥拉、卢森堡、美国、英国、波兰、莫桑比克等。2022年第四季度，葡萄牙对外直接投资存量609亿欧元。

【对外援助】葡对外发展援助分为单边援助和多边援助两类。单边援助主要针对非洲葡语国家、东帝汶等最不发达国家，大部分是无息贷款，以及少量专项贷款。多边援助一般通过联合国、欧盟、世界银行和地区发展银行等国际机构实施。对外援助领域包括教育、卫生、工农业生产、人道主义援助和基础设施等。（资料来源：经济合作与发展组织）

【外国援助】2011年4月，葡看守政府向欧盟请求财政援助。同年5月，“三驾马车”同意在此后3年内向葡提供总金额为780亿欧元的援助贷款，帮助其应对主权债务危机。2014年5月，葡按期完成援助备忘录，正式退出救助。2021年6月，葡首个获得欧盟批准复苏计划，获得166亿欧元资金支持。

人民生活

2022年1月1日起，葡最低工资上调至705欧元/月。2021年，预期人均寿命81.0岁，其中男性78.1岁，女性83.5岁。

2021年，葡公共行政卫生支出达到163.5亿欧元，占国内生产总值的7.6%。全国共有各类医院240所，36249张床位，医生58735名，护士80238名，药剂师16055名，每10万人有348.3张床位。

军　事

总统为三军最高统帅，国防部长通过总参谋部和各军种参谋部领导武装力量。总参谋长若泽·努内斯·达丰塞卡（José Nunes da Fonseca）。武装力量由正规军和国家安全部队组成。实行义务兵、志愿兵、合同兵三结合的兵役制。服役期：义务兵4个月，志愿兵8—10个月，合同兵不定期，但至少一年以上。每年国防预算开支约20亿欧元，约占政府预算总额的1%—2%。正规军总兵力4万人，其中陆军2.2万人，海军1.1万人，空军0.7万人。此外，还有包括共和国卫队和公安警察在内的准军事部队及预备役部队20余万人。

文化教育

【教育】实行12年义务教育，包括基础教育（小学4年，中学预备班2年，初中3年）和中等教育（3年，相当于我国高中）。高等教育为大学4—5年。主要高等院校有里斯本大学、科英布拉大学、波尔图大学、里斯本理工大学、米尼奥大学、阿威罗大学、埃武拉大学和国家行政管理学院。2021年，葡萄牙教育支出为100亿欧元，占当年国内生产总值的4.6%。2021年，葡萄牙在职基础教育和中等教育教师共15万人，高等教育教师3.9万人。2022年，葡萄牙注册学生总数为202.5万人。

【新闻出版】葡全国有各种期刊1910种，其中489种有网络版。自20世纪90年代起，葡所有报社皆为私营。主要日报有:《新闻日报》《公众报》《新闻报》和《晨邮报》；主要周刊有:《快报》《太阳报》；主要商务金融性刊物有:《经济日报》《生意日报》和《经济周刊》。

国家通讯社为卢萨社，1987年由葡萄牙通讯社和葡萄牙新闻社合并而成。

主要电台有葡萄牙广播电台、复兴电台、商业电台等。主要电视台有葡萄牙国家电视台、SIC电视台和独立电视台等。

对外关系

主张在平等互利的基础上同世界各国普遍发展友好合作关系。跨大西洋关系、欧盟、葡语国家共同体、葡侨、全球化与多边主义、新兴市场国家是葡对外政策六大主要方向。坚定支持欧洲一体化进程，主张维护欧元区稳定。在反恐、欧洲难民潮等问题上尊重欧盟立场。重视发展跨大西洋关系。同葡语国家交往活跃，积极推动葡语国家共同体发展。大力开展经济外交，扩大同亚洲、非洲、拉美等新兴市场国家合作，是亚洲基础设施投资银行创始成员国。与世界上194个国家和地区建有外交关系，共设133个驻外使领馆。其中使馆76个，领馆48个，驻国际组织代表团9个。

【同中国的关系】中葡1979年2月8日建交。1987年4月，中葡两国政府通过协商就解决历史遗留的澳门问题达成协议，并签署关于澳门问题的联合声明，中国于1999年12月20日恢复对澳门行使主权。2005年12月，两国建立全面战略伙伴关系。近年来，中方主要往访有：国家主席习近平（2018年），国务院总理李克强（2016年过境特塞拉岛），国务委员兼外交部长王毅（2018年）。葡方主要来访有：外交部长席尔瓦（2018年），议长罗德里格斯（2018年），总统德索萨（2019年访华并出席第二届“一带一路”国际合作高峰论坛）。

据中国海关总署统计，2022年，中葡双边贸易额为90.2亿美元，同比增长2.4%。其中，中国出口额为59.8亿美元，同比增长11.8%；中国进口额为30.4亿美元，同比减少12.1%。2022年中国对葡萄牙直接投资2.87亿欧元，同比增长17.32%。

双方签有《政府间科技合作协定》，迄今已召开9届中葡科技合作联委会。2016年签署《关于海洋领域合作的谅解备忘录》，2017年签署《关于建立“蓝色伙伴关系”概念文件及海洋合作联合行动计划框架》。2018年签署《关于推动2030年中葡科技伙伴关系合作的谅解备忘录》和《关于执行中葡星海联合实验室的谅解备忘录》。两国签有《相互承认高等教育学历、学位证书的协定》和《外交部、教育和科学部教育和培训合作执行计划》。葡萄牙米尼奥大学、里斯本大学、阿威罗大学、科英布拉大学和波尔图大学先后开设孔子学院。在司法领域，两国签有《中葡刑事司法协定》《中葡引渡条约》和《中葡移管被判刑人条约》。两国地方和民间交往密切。结有9对友好城市：北京—里斯本、上海—波尔图、深圳—波尔图、无锡—卡斯卡伊斯、珠海—布兰科堡、铜陵—莱里亚、蓬莱—莱里亚、永川—托列斯维德拉斯、沈阳—布拉加。2000年12月，中国葡萄牙友好协会在北京成立。全国人大和葡议会互设友好小组。

中国驻葡萄牙大使：赵本堂。馆址：Rua do Pau de Bandeira 13，Lapa，1200–756，Lisboa，Portugal。电话：00351–213928430，213928441；传真：213928431。商务处地址：Avenida das Descobertas，8，Restelo，Lisboa，Portugal。电话：00351–213041260；传真：213014950。

葡萄牙驻华大使：保罗·纳西门托（Paulo Jorge Pereira do Nascimento）。馆址：北京市朝阳区三里屯东五街8号。电话：010–65323497，65323220；传真：65324637。商务处电话：010–65320401；传真：65326746。

【同欧盟的关系】欧盟是葡对外关系的基础。葡积极支持并参与欧洲一体化进程，赞成欧盟东扩；反对将成员国分为不同等级，反对欧盟决策权过分集中在少数国家手中。2007年下半年，成功担任欧盟轮值主席国，主持完成修订和签署《里斯本条约》，使欧盟走出“制宪”困境，并完成申根区东扩至中东欧9国。保持与西、法、德等欧盟大国的高层交往，促进经济和科技合作；积极推进欧盟能源战略规划，积极发展可再生能源；重视与欧盟各国联合打击非法移民和反对恐怖主义，正式启动电子生物指纹护照和签证制度；成功促成欧洲海洋安全局总部落户里斯本。欧债危机爆发后，葡认为在货币联盟基础上强化经济治理有助于保障欧盟稳定和一体化发展。

【同美国的关系】葡是美国的传统盟国，历来把同美国的关系放在优先地位。1995年，葡美签署《防务合作协定》，葡允许美使用亚速尔群岛的拉日什空军基地。“9·11”事件后，坚决支持美反恐军事行动，在保持发展与美政治、经济关系的同时，进一步加强军事合作。2007年，加强与美在安全防务领域的实质合作，支持美设立非洲司令部。与美签署共同打击恐怖主义协议，接收2名叙利亚籍关塔那摩恐怖嫌犯。2018年6月，葡总统德索萨赴美出席葡国庆日庆祝活动并与特朗普总统举行会谈。葡美设有双边常设委员会，2022年6月、11月分别在华盛顿、里斯本召开第47届、48届会议，并发表双方联合声明。

【同非洲葡语国家及巴西的关系】由于历史原因，葡同非洲葡语五国（莫桑比克、安哥拉、佛得角、几内亚比绍、圣多美和普林西比）关系较为密切。作为葡语国家最集中的地区和葡石油、天然气的主要供应地，非洲在葡外交中的分量愈加重要。近年来，为发挥在欧非两个大陆之间的桥梁作用，葡积极发展同五国的合作，高层互访频繁，加大在非能源、军事、金融和商贸等领域投入。积极响应“地中海联盟”倡议，重视同北非马格里布国家的关系，维护南欧地区和平与稳定，保证能源供应多元化，开拓葡出口市场。2022年，德索萨总统访问安哥拉。

重视加强与巴西的传统关系。近10年来累计对巴投资超过90亿欧元。2012年9月至2013年6月，葡巴分别在对方国家举办文化年活动。2013年4月，两国重启葡巴峰会筹备工作。5月，波尔塔斯访巴，加大吸引巴对葡投资。6月，巴西总统罗塞芙对葡进行正式访问。2016年执政以来，现任葡总统德索萨已多次访问巴西。

葡还积极利用葡语国家共同体（简称“葡共体”），推动葡语国家之间的政治、外交、经贸、文化合作。葡共体于1996年7月由葡萄牙和巴西倡议成立，总部设在里斯本，成员国包括葡萄牙、巴西、安哥拉、莫桑比克、佛得角、几内亚比绍、圣多美和普林西比、东帝汶（2002年加入）。2008年7月至2010年7月，葡担任葡共体轮值主席国。

【同西班牙的关系】葡萄牙1974年“四二五”革命后，葡西关系一度紧张，1975年末趋于缓和。1977年11月，两国签订友好和互不侵犯条约。两国政府首脑定期举行会晤。2016年，西国王费利佩六世两度访葡并出席德索萨总统就职仪式。2018年2月，葡总理科斯塔访问西班牙。4月，德索萨总统对西班牙进行国事访问。7月，西班牙首相桑切斯访问葡萄牙。2021年

10月，两国签署新友好合作条约，拓展在双边、欧盟及多边层面战略合作。2022年3月，葡总理科斯塔同西班牙首相桑切斯在葡维亚纳堡举行第33届伊比利亚政府首脑会晤并发表联合声明，加强两国创新合作。

【同东帝汶的关系】东帝汶是葡萄牙前殖民地，1951年名义上改为葡海外省。葡“四二五”革命后，葡新政权主张非殖民化，允许东帝汶举行公民投票，实行自决。1992—1999年，在联合国秘书长主持下，葡与印度尼西亚就东帝汶问题进行12轮谈判，最终就东帝汶民族自决问题达成共识。1999年8月，东帝汶举行全民公投，78.5%的东帝汶人支持独立。2012年5月，葡总统席尔瓦对东帝汶进行国事访问，出席东建国10周年庆典及新总统就职仪式。葡支持东担任2014—2016年葡共体轮值主席国。（蒋朝夕）

瑞 典

国名 瑞典（Sweden，Sverige）。

面积 44.9964万平方公里。

人口 1054万（2023年）。79.6%为瑞典人。外国移民约215万人（2022年），北部萨米族是唯一的少数民族，约2万人。官方语言为瑞典语。64%的国民为瑞典教会成员（信奉基督教路德宗）。

首都 斯德哥尔摩（Stockholm），市区人口约98.5万（2022年），年均气温7.9℃（1991—2020年）。

国家元首 国王卡尔十六世·古斯塔夫（Carl XVI Gustaf），1973年9月15日即位。

重要节日 国庆日：6月6日。

简 况

位于北欧斯堪的纳维亚半岛东半部。西邻挪威，边境线长1619公里；东北接芬兰，边境线长586公里；东临波罗的海，西南濒北海，同丹麦隔海相望，海岸线长3218公里。地形狭长，地势自西北向东南倾斜。北部为诺尔兰高原，南部及沿海多为平原或丘陵。湖泊约10万个，可通航河流较少。大部分地区属温带针叶林气候，最南部属温带阔叶林气候。受北大西洋暖流影响，平均气温1月北部为-15℃，南部为1℃—2℃；7月北部为8℃，南部为18℃（1991—2020年）。

11世纪初开始形成国家。1157年兼并芬兰。1397年与丹麦、挪威组成卡尔马联盟，受丹统治。1523年脱离联盟独立。1654—1719年为强盛时期，领土包括现芬兰、爱沙尼亚、拉脱维亚、立陶宛以及俄国、波兰和德国的波罗的海沿岸地区。1718年对俄国、丹麦和波兰作战失败后逐步走向衰落。1805年参加拿破仑战争，1809年败于俄国后被迫割让芬兰，1814年从丹麦取得挪威，结成瑞挪联盟，1905年挪独立。瑞典在两次世界大战中均保持中立。1995年加入欧盟。

政 治

2022年9月，瑞典举行全国议会选举，温和党、自由党与基督教民主党组成少数联合政府，瑞典自由党为政府支持党。本届政府施政重点包括打击犯罪、促进就业和经济增长、保障能源供应安全和加入北约等。

【宪法】现行宪法由政府法典（1809年制定，1974年修订）、王位继承法（1810年制定，1979年修订）、新闻自由法（1949年制定）和言论自由法（1991年制定）四个基本法组成。此外，还有议会组织法（1866年制定，1974年、2014年修订）。宪法规定瑞典实行君主立宪制。国王是国家元首，作为国家象征仅履行代表性或礼仪性职责，不能干预议会和政府工作。议会是立法机构，由普选产生。政府是国家最高行政机构，对议会负责。国王的长子女是法定王位继承人。

【议会】一院制，共349名议员，议员经普选产生，任期4年。议会组织法规定，政党在大选中需获得全国选票的4%或一个选区的12%才能进入议会。本届议会于2022年9月选出，共有8党进入议会，其中社会民主党107席，瑞民党73席，温和党68席，左翼党24席，中间党24席，基民党19席，环境党18席，自由党16席，设有16个常设委员会。议长安德烈亚斯·诺尔连（Andreas Norlén，温和党）。

【政府】2022年10月，温和党、自由党与基民党组成新一届联合政府。现共有阁员24人。首相乌尔夫·克里斯特松（Ulf Kristersson，温和党），副首相埃芭·布施（Ebba Busch，女，基民党），欧盟事务大臣耶西卡·罗斯瓦尔（Jessika Rosvall，女，温和党），外交大臣托比亚斯·比尔斯特伦（Tobias Billström，温和党），对外援助和外贸大臣约翰·福塞尔（Johan Forssell，温和党），国防大臣波尔·荣松（Pål Jonson，温和党），民防大臣卡尔-奥斯卡·博林（Carl Oskar Bohlin，温和党），财政大臣（伊丽莎白·斯万特松，Elisabeth Svantesson，女，温和党），民政大臣埃里克·斯洛特纳（Erik Slottner，基民党），金融市场大臣尼克拉斯·维克曼（Niklas Wykman，温和党），教育大臣马茨·佩尔松（Mats Persson，自由党），学校大臣洛塔·埃德霍尔姆（Lotta Edholm，女，自由党），能源与工商大臣由副首相埃芭·布施（Ebba Busch，女，基民党）兼任，气候与环境大臣罗米娜·普尔穆赫塔里（Romina Pourmokhtari，女，自由党），乡村事务大臣彼得·库尔格伦（Peter Kullgren，基民党），基础设施和住房大臣安德烈亚斯·卡尔松

（Andreas Carlson，基民党），文化大臣帕丽萨·利里耶斯特兰德（Parisa Liljestrand，女，温和党），社会事务大臣雅各布·福斯梅德（Jakob Forssmed，基民党），卫生大臣阿科·安卡贝里·约翰松（Acko Ankarberg Johannsson，女，基民党），养老和社会保险大臣安娜·滕耶（Anna Tenje，女，温和党），社会服务大臣卡米拉·瓦尔特松·格伦瓦尔（Camilla Waltersson Grönvall，女，温和党），劳动市场与融合事务大臣约翰·佩尔松（Johan Pehrson，自由党），性别平等大臣保利娜·布兰德贝里（Paulina Brandberg，女，自由党），司法大臣贡纳尔·斯特勒默（Gunnar Strömmer，温和党），移民大臣玛丽亚·马尔默·斯蒂纳加德（Maria Malmer Stenergard，女，温和党）。

【行政区划】全国划分为21个省和290个市县。省长由政府任命，市级领导机构由选举产生，省、市均有较大自主权。

【司法机构】法院分三级：最高法院、6所中级（上诉）法院、72所初审法院，此外另设28所行政法院。皇家最高法院由16名政府任命的终身法官组成，现任院长安德斯·埃卡（Anders Eka）。全国设国家检察院、6个中级检察院、38个区级检察院和11个专司经济犯罪的检察院。国家检察长由政府任命，现为佩特拉·伦德（Petra Lundh，女）。设有独立监察官，对议会负责，监督各级政府机构和官员。现任总监察官埃里克·吕曼森（Erik Nymansson）。

【政党】主要政党有：

（1）社会民主党（Socialdemokraterna）：简称“社民党”。1889年成立。瑞典第一大政党，曾长期执政，现为反对党。现有党员约8万人。主张保持和发展福利制度，积极参与国际合作。主席玛格达莱娜·安德松（Magdalena Andersson，女）。

（2）环境党（Miljöpartiet）：在野党。1981年成立。现有党员约1.5万人。强调环保，主张关闭核电站，反对加入欧元区。实行集体领导制，主要领导人玛尔塔·斯特内维（Märta Stenevi，女）和佩尔·布隆德（Per Bolund）。

（3）温和党（Moderaterna）：联合执政党。1904年成立。原名“温和联合党”，2006年改为现名。现有党员约5万人。主张坚持私有制和为企业减税，积极参与国际合作，主张加入北约。主席乌尔夫·克里斯特松。

（4）中间党（Centerpartiet）：在野党。1913年成立，原名“农民协会”，1958年改为现名。现有党员约2.3万人。反对中央集权，强调环保。主席穆哈雷姆·德米罗克（Muharrem Demirok）。

（5）左翼党（Vänsterpartiet）：在野党。1917年成立。原名“左翼党–共产党人”，1990年改为现名。现有党员约1.1万人。要求缩短工时，重视妇女权利，反对加入欧盟。主席努史·达格斯塔（Nooshi Dadgostar）。

（6）自由党（Liberalerna）：执政党。1934年成立。原名“人民党”，2015年改为现名。主张自由竞争和宽松的移民政策。现有党员约1.1万人。主席约翰·佩尔松。

（7）基督教民主党（Kristdemokraterna）：执政党。1964年成立，原名“基督教社会民主党”，1996年改为现名。现有党员约2.5万人。坚持基督教价值观，重视家庭。主席埃芭·布施。

（8）瑞典民主党（Sverigedemokraterna）：在野党。1988年成立。党员约3.6万人。极右翼政党，要求政府实行更加严格的移民政策。2010年首次进入全国议会。主席吉米·奥克松（Jimmie Åkesson）。

【重要人物】卡尔十六世·古斯塔夫：国王。1946年4月30日出生于斯德哥尔摩。1966年高中毕业后在部队接受军事训练，1968年在乌普萨拉大学和斯德哥尔摩大学进修。1973年9月15日即位。爱好体育运动。1976年6月与德国人西尔维娅·索莫莱特结婚，有二女一子，长女维多利亚公主为王储。1981年9月和2006年7月偕王后访华。2008年8月出席北京奥运会闭幕式。2010年5月出席上海世博会，11月随瑞典皇家工程院科技考察团访华。2011年2月与王后对沪进行私人访问。　**乌尔夫·克里斯特松**：首相。1963年生。1985年加入温和党青年团。1988—1992年任青年团主席。1991年当选国会议员，先后担任议会社会保障委员会、教育委员会、劳动力市场委员会委员等。2010年出任社会保障大臣。2017年成为温和党主席。2022年10月当选首相。已婚，有三个女儿。

经　济

经济高度发达。20世纪90年代初受世界性经济危机影响出现经济衰退。1994年经济开始回升，此后大力发展电子和信息技术产业，经济曾长期保持2%—4%的增长速度。2008年以来，国际金融危机对瑞典实体经济造成冲击。面对危机，瑞典政府采取一系列措施稳定金融市场，刺激经济增长。2009年起瑞经济企稳回升。2020年受新冠疫情影响，经济陷入衰退。2022年受地缘政治危机、能源供应短缺、高通胀等因素影响，经济复苏艰难。2022年主要经济数据如下：

国内生产总值：59628亿瑞典克朗。

人均国内生产总值：56.7万瑞典克朗。

国内生产总值增长率：2.6%。

货币名称：瑞典克朗；1瑞典克朗=100欧尔。

汇率：1美元≈10.04瑞典克朗。

通货膨胀率：9.7%。

失业率：7.2%。

（资料来源：瑞典中央统计局）

【资源】铁矿、森林和水力是瑞典三大资源。瑞典系欧洲最大的铁矿砂出口国，2022年铁矿石产量约8700万吨，采矿业总营业额约690亿瑞典克朗。森林覆盖率为58%（2017—2021年），蓄材35.5亿立方米（2017年）。水力在瑞典清洁能源中占比最大，瑞每年水力发电约68亿千瓦时，占瑞典全国总发电量45%。此外，北部和中部地区有硫、铜、铅、锌、砷等矿，储量不大。（资料来源：瑞典地质调查局、能源局等）

【工业】工业发达，主要有矿业、机械制造业、森林及造纸工业、电力设备、汽车、化工、电信、食品加工等。

【农业】全国耕地面积共285万公顷，占国土面积的7%（2017—2021年）。农业产值在国内生产总值的占比较小。粮食、肉类、蛋和奶制品自给有余，蔬菜、水果主要靠进口，农产品自给率达80%以上。

【服务业】服务业发达，从业人员主要分布在医疗护理、商业、运输通信、金融、企业服务、教育、科研、公共行政部门、文化服务及家庭服务等领域。

【旅游业】旅游业稳定发展。主要旅游地有首都斯德哥尔摩，北部自然保护区，南部的哥德堡市和斯科纳省。

【交通运输】铁路：总长1.56万公里。

公路：总长21.4万公里，其中有国道、省道约14万公里。

水运：现有船只共571艘，其中商船317艘。2021年瑞典港口约67万次船只停靠，总吨位约320万吨。（资料来源：瑞典交通运输局、交通管理局）

空运：1946年瑞典、丹麦和挪威共同成立北欧航空公司，瑞典约占3/7股份；此外瑞还有布拉森航空等十余个从事商业旅行服务和国内短途旅行的小型航空公司。

【财政金融】瑞典财政状况良好，政府债务负担适中，2022年公共债务占国内生产总值比率低于18%。

【对外贸易】鼓励自由贸易，积极拓展外贸市场。外贸依存度较高，2022年对外货物贸易总额为4.043万亿瑞典克朗，同比增长25%。其中，进口额约为2.045万亿瑞典克朗，同比增长27%；出口额约为1.999万亿瑞典克朗，同比增长23%。出口商品主要有：机械与交通运输设备、木材与纸张产品、化工与塑料制品、工业机械、电子与电信设备、矿产品、道路交通工具等。2022年主要贸易伙伴（单位：亿瑞典克朗）：

	进口额	出口额
德国	3130	2030
荷兰	2170	960
挪威	2520	2160
丹麦	1300	1490
中国	1218	712

（资料来源：瑞典中央统计局）

【对外投资】1989年正式取消外汇管制。主要投资对象是美国和欧洲国家。

【外国资本】近年来，瑞典以良好的基础设施和充足的高科技人才吸引了大量外资。瑞典的外国投资者主要来自德国、芬兰、美国、英国、荷兰等国。

【对外援助】2022年瑞典外援额为525亿瑞典克朗，约占国民总收入的1%。主要受援对象是乌克兰、阿富汗和撒哈拉以南非洲国家。（资料来源：瑞典国际开发署对外援助信息网站）

【著名公司】2022年排名世界500强的瑞重要公司（单位：亿美元）：

公司名称	营业收入	排名
沃尔沃集团	433.88	323
Investor公司	309.48	461

（资料来源：《财富杂志》网站）

人民生活

生活水平较高。社会保障制度完善，医疗卫生体系发达。共有医生约4万人，护士约10万人。（资料来源：瑞典国家卫生与福利委员会）

军　事

受乌克兰危机影响，改变200多年军事不结盟政策，于2022年6月申请加入北约。国王为全国武装力量最高代表。三军总司令负责提出军事战略，领导部队训练，指挥全军作战。全国划分为四个军区。2017年7月1日，瑞典开始实行义务兵役制。常规军总兵力1.46万人，预备役3.25万人。现任三军总司令为米凯尔·毕登（Micael Bydén）上将。

文化教育

文化生活较丰富。全国有公共图书馆2268个，各类博物馆416个，电影院425所。

【教育】实行十年一贯制义务教育。小学和初中在校生约95万人，高中在校生约32万人。全国有各类高校48所（其中综合性大学11所，艺术类院校5所），在校学生40万人，教师15万人。国民教育程度高，25—64岁的国民中约40%接受过高等教育。著名高校有斯德哥尔摩大学、乌普萨拉大学、隆德大学、皇家工学院等。

【新闻出版】年出版图书近1.6万种，日报170种，总发行量超过450万份。主要报纸有《每日新闻》《瑞典日报》《晚报》等。主要新闻媒体有瑞典通讯社、瑞典广播电台、瑞典电视台和教育电视台等。

对外关系

将维护国际法和尊重人权作为对外政策两大基石，视北欧周边地区为自身安全基础。加入欧盟、申根协定，但未加入欧元区。系北约伙伴国，乌克兰危机后加强同北约合作，2022年6月18日，正式提交加入北约的申请。支持欧盟一体化进程，主张加强跨大西洋合作，重视发展同新兴市场国家关系。重视联合国等国际组织作用，积极推动联合国改革，密切关注国际热点问题，希通过提供发展援助、参与国际维和行动等方式发挥影响，外援占国民总收入比重约1%。

【对当前重大国际问题的态度】关于国际形势：认为全球安全形势严峻，乌克兰危机是冷战结束后欧洲和平与安全面临的最大挑战。瑞典社会发展和周边环境正面临冷战结束以来最重大的考验。“伊斯兰国”恐怖势力、难民、网络犯罪等威胁不容忽视。人权、气候变化、贫困等问题仍困扰世界。核扩散引发的恐惧和军备竞赛将威胁世界和平，应该坚定推动核不扩散进程。

关于自由贸易：坚定支持自由贸易，反对贸易保护主义。积极通过双边、多边机制和地区性贸易协定推动自由贸易，重视世界贸易组织机制。要求欧盟内部加强市场建设，推动欧盟同重要伙伴国尽快完成双边或地区自由贸易谈判。

关于北极问题：认为北极地区环境脆弱，但发展潜力巨大。应该重点保护北极地区生态和原住民文化。对域外国家参与北极事务原则上持积极开放态度。

关于巴以问题：支持“两国”解决方案，在国际法基础上积极参与中东和平进程，推动欧盟、联合国及其他有关各方加大介入力度，实现持久和平。承认巴勒斯坦国，同时重视同以色列友好关系。

关于阿富汗问题：阿富汗是其最大的双边发展合作伙伴国，长期致力于阿富汗经济社会的和平发展，向阿提供援助，参与阿重建进程。不承认阿富汗塔利班政权，援助不通过塔利班政权进行，但将继续为阿富汗民众特别是妇女和儿童提供帮助。

【同中国的关系】瑞典于1950年5月9日同新中国建交，是第一个与中国建交的西方国家。建交后两国关系稳定发展。1957年两国签署政府间贸易协定，瑞典是最早同中国签署政府间贸易协定的国家之一。20世纪80年代以来，两国科技、教育、环保等领域合作发展较好，先后签署教育与科技合作意向书、高等教育合作框架协议、环境与能源技术合作框架协议、在可持续发展方面加强战略合作框架文件等。

2015年3月，瑞首相勒文来华出席博鳌亚洲论坛年会。4月，瑞副首相兼气候和环境大臣罗姆松访华。2017年6月，勒文首相来华出席第11届夏季达沃斯论坛。2018年1月，瑞典第一副议长芬尼同北欧和波罗的海国家议长联合访华。

据中国海关总署统计，2022年，中瑞双边贸易额为205.6亿美元，同比减少1.7%。其中，中国出口额为114亿美元，同比增长3.3%；中国进口额为91.6亿美元，同比减少7.2%。

中国驻瑞典大使：崔爱民。馆址：Lidovägen 8，11525 Stockholm，Sweden。电话：0046–8–57936459；传真：57936454。

瑞典驻华大使：宋莲（Helena Sångeland，女）。馆址：北京市朝阳区东直门外大街3号。电话：010–65329790；传真：65329792。

【同欧盟的关系】欧盟成员国，将对欧政策作为瑞外交政策最重要一环，坚定支持欧洲一体化。推动欧盟建立积极的外交与安全政策以及自由公平的贸易政策。

【同美国的关系】将瑞美关系置于瑞对外关系的优先议程，认为欧美有着共同的利益和价值观，应联手推动全球化、应对全球化挑战，实现共赢。

【同俄罗斯的关系】2022年乌克兰危机爆发后，强烈谴责俄罗斯，追随欧美共同政策，支持欧盟对俄采取制裁。

（淡雅）

瑞　士

国名　瑞士联邦（The Swiss Confederation，Schweizerische Eidgenossenschaft）。

面积　4.1284万平方公里。

人口　873.9万（2022年），其中外籍人口约占25%。德语、法语、意大利语及拉丁罗曼语4种语言均为官方语言，居民中讲德语的约占62.8%，法语占22.9%，意大利语占8.2%，拉丁罗曼语占0.5%，其他语言占5.6%。居民中信奉天主教的占37.2%，基督教新教占25.0%，其他宗教占7.4%，无宗教信仰占24.0%。（资料来源：瑞士联邦统计局）

首都　伯尔尼（Bern），市区人口14.4万（2022年）。（资料来源：伯尔尼市官方网站）

国家元首　联邦委员会全体成员集体作为国家元首。联邦主席由联邦委员会7名委员轮任，对外代表瑞士，任期1年。2022年12月7日，瑞士联邦议会两院联合大会选举阿兰·贝尔塞（Alain Berset，社民党）为2023年联邦主席。

重要节日　复活节：春分月圆后第一个星期日；国庆节：8月1日；圣诞节：12月25日；新年：1月1日。

简　况

位于中欧的内陆国，与奥地利、列支敦士登、意大利、法国和德国接壤。地处北温带，受海洋性气候和大陆性气候交替影响，气候多变，年均气温9℃。

1291年8月1日，乌里、施维茨和下瓦尔登三个州在反对哈布斯堡王朝的斗争中秘密结成永久同盟，此即瑞士建国之始。1815年维也纳会议确认瑞士为永久中立国。1848年制定宪法，设立联邦委员会，成为统一的联邦制国家。在两次世界大战中均保持中立。

政　治

议会民主制。

【宪法】1848年制定通过，1874年以来曾多次修改。瑞士实行“公民表决”和“公民倡议”形式的直接民主。凡修改宪法条款、签订期限为15年以上的国际条约或加入重要国际组织，必须经过公民表决并由各州通过方能生效。1999年瑞士公民表决通过新宪法，明确规定瑞士是联邦制国家，各州有自己的宪法。联邦政府管辖外交、财政、金融、联邦税收、货币、国防、海关、铁路、邮电、能源、电视、广播和社会保障等，其他事务由各州自行管辖。各州必须遵守联邦的全国性法规并接受联邦的监督。新宪法还确定了国际法高于国内法的原则。

【议会】联邦议会是最高立法机构，由具有同等权限的国民院和联邦院组成。只有两院一致批准，法律或决议方能生效。国民院有200名议员，由公民普选产生，任期4年；联邦院有46名议员，由各州选派，任期因州而异，最长4年。两院议长任期均为1年。2022/2023年度国民院议长马丁·坎迪纳斯（Martin Candinas，中间党），联邦院议长布里吉特·哈伯莉–科勒（Brigitte Häberli–Koller，中间党）。本届议会2019年10月产生，各主要政党在两院所占席位如下：

	国民院	联邦院
瑞士人民党	55	8
社会民主党	39	6
中间党团（基督教民主人民党、公民民主党、新教人民党）	31	14
绿党	30	5
自由民主党	29	12
自由绿党	16	0

【政府】联邦委员会是国家最高行政机构，由7名委员组成，分任7个部的部长，实行集体领导，任期4年。设联邦主席和联邦副主席，由联邦委员轮任，任期1年，不得连任。2022年12月7日，瑞士联邦议会两院联合大会补选2名联邦委员后，2023年度联邦委员会组成如下：联邦主席兼内政部长阿兰·贝尔塞（社民党），联邦副主席兼国防、民防和体育部长薇奥拉·阿姆赫德（Viola Amherd，女，中间党），联邦委员兼经济、教研部长居伊·帕姆兰（Guy Parmelin，人民党），联邦委员兼外交部长伊尼亚齐奥·卡西斯（Ignazio Cassis，自民党），联邦委员兼财政部长卡琳·凯勒–祖特尔（Karin Keller–Sutter，女，自民党），联邦委员兼环境、交通、能源和通信部长阿尔贝特·勒斯蒂（Albert Rösti，人民党），联邦委员兼司法警察部长伊丽莎白·鲍默–施耐德（Elisabeth Baume-Schneider，女，社民党）。

【行政区划】瑞士的行政区划分为三级，即联邦、州、市镇。全国由26个州组成（其中6个州为半州）：苏黎世、伯尔尼、卢塞恩、乌里、施维茨、上瓦尔登（半州）、下瓦尔登（半州）、格拉鲁斯、楚格、弗里堡、索罗图恩、巴塞尔城（半州）、巴塞尔乡（半州）、沙夫豪森、外阿彭策尔（半州）、内阿彭策尔（半州）、圣加仑、格劳宾登、阿尔高、图尔高、提契诺、沃州、瓦莱、纽沙泰尔、日内瓦、汝拉。

【司法机构】联邦法院是瑞最高司法机构。法院内设民事、刑事、公法和社会法法庭，现有联邦法官38名，均由议会选举产生，正、副院长每两年改选一次。现任联邦法院院长为伊夫·唐萨雷斯（Yves Donzallaz），副院长为弗朗索瓦·谢（François Chaix）。

此外，瑞士还设有联邦行政法院和联邦刑事法院，负责审理行政申诉或上诉案件、渎职案件及恐怖袭击、泄密、叛国、洗钱等特殊刑事案件。

【政党】大小政党共有30多个，主要政党有：

（1）瑞士人民党（SVP）：法语区称“中间民主联盟”，1971年由农民党和民主党合并组成。现任主席马克·谢莎（Marco Chiesa）。

（2）自由民主党（FDP）：法语区称“激进民主党”，1894年成立。主席蒂埃里·布尔卡特（Thierry Burkart）。

（3）社会民主党（SP）：法语区称“社会党”，1888年成立。双主席玛蒂亚·梅耶尔（Mattea Meyer，女）和塞德里克·韦尔姆斯（Cédric Wermuth）。

（4）中间党（Die Mitte）：2021年1月由基督教民主人民党（CVP）和公民民主党（BDP）合并而成。主席格哈德·普菲斯特（Gerhard Pfister）。

（5）绿党（GPS）：建于1983年。主席巴尔特哈萨·格莱特里（Balthasar Glättli）。

（6）自由绿党（GLP）：建于2004年，自2007年起在全国范围内参选。主席约尔克·格罗森（Jürg Grossen）。

（7）新教人民党（EVP）：建于1919年。主席莉莉安·施图德（Lilian Studer，女）。

【重要人物】**阿兰·贝尔塞**：联邦主席兼内政部长。1972年4月出生，社民党。经济学博士。2003—2011年任联邦议员，2011年12月当选联邦委员，2012年1月出任联邦委员兼内政部长。2018年、2023年轮任联邦主席。

经　济

瑞士是高工资、高福利、高消费国家，是高度发达的工业国。实行自由经济政策，政府尽量减少干预。对外主张自由贸易。2021年主要经济数据如下：

国内生产总值：7317亿瑞郎。

人均国内生产总值：84055瑞郎。

国内生产总值增长率：4.2%。

货币名称：瑞士法郎（简称“瑞郎”）；1瑞郎＝100生丁。

汇率：1美元≈0.92瑞郎。

通货膨胀率：2.8%。

（资料来源：瑞士联邦经济事务秘书处、瑞士联邦统计局）

【资源】瑞士矿产资源匮乏，仅有少量盐矿、煤矿、铁矿和锰矿。生产生活所需能源、工业原料主要依赖进口。水力资源丰富。森林面积127.1万公顷，森林覆盖率为29.3%。

【工业】机械制造、化工、医药、高档钟表、食品加工是瑞士的主要支柱产业。工业技术水平先进，产品质量精良，在国际市场具有很强的竞争力。除ABB、雀巢、诺华、苏尔寿等著名大公司外，绝大多数为中小企业。

【农业】主要农作物有小麦、燕麦、马铃薯和甜菜。肉类基本自给，奶制品自给有余。

【旅游业】旅游业十分发达，是仅次于机械制造和化工医药的第三大创汇行业。2022年，瑞士接待过夜游客5564万人次，较去年同期增长60%。

【交通运输】以公路和铁路运输为主。

铁路：总长5317公里（2020年），全部电气化，密度居世界前列，全国共1672个火车站。

公路：总长84114公里（2021年），其中高速公路1544公里。2020年，全国共有机动车约660万辆，其中汽车约470万辆。

水运：水路航线总长514公里（2020年）。2022年，全国私人船只9.8万艘。重要内河港口为巴塞尔。

空运：主要国际机场有苏黎世机场、日内瓦机场和巴塞尔机场。2022年，民航总客运量4360万人次。

【财政金融】近几年联邦财政收支情况如下（单位：亿瑞郎）：

	2020	2021	2022
收入	719	761	769
支出	878	883	812
盈余/赤字	–159	–122	–43

（资料来源：瑞士联邦统计局）

金融业发达，2021年全国共有银行239家。最大城市苏黎世是国际金融中心之一，是仅次于伦敦的世界第二大黄金交易市场。

瑞士大型银行：2023年6月12日，瑞银集团宣布完成对瑞士信贷银行收购，瑞士第一大银行和第二大银行合二为一。该交易由瑞士联邦政府强力主导，主要原因是防止因经营不善导致巨额亏损的瑞信银行引发系统性金融危机。合并后，瑞银集团资产负债表达1.6万亿美元，管理资产达5万亿美元，成为全球银行业的“巨无霸”，成立于1856年的瑞信银行成为历史。

保险公司：苏黎世金融服务集团，1872年成立。1997年与英国最大的烟草集团BAT的金融保险业务分部合并，组成苏黎世金融服务集团，总部设在苏黎世。2012年更名为苏黎世保险集团。员工约5.4万人。2022年营业额699亿美元。

【对外贸易】外贸在经济中占重要地位。95%的原料、能源和60%的消费品依靠进口；工业产品的70%—90%外销，商品和服务出口占国内生产总值的40%。2022年进出口总额7237亿瑞郎。近几年进出口情况如下（单位：亿瑞郎）：

	2020	2021	2022
出口额	2994	3477	3827
进口额	2737	2965	3410
差　额	257	512	417

（资料来源：瑞士联邦统计局）

主要出口商品是机械设备、化工产品、医药、精密仪器、钟表及食品，主要进口商品是原料、半成品和耐用消费品。主要贸易伙伴是欧盟、美国和中国。

【对外投资】2021年瑞士对外直接投资减少1110亿瑞郎，海外投资存量约1.4万亿瑞郎。瑞士企业在海外共有员工约214万人。（资料来源：瑞士央行）

【外国资本】2021年外国在瑞士直接投资减少1430亿瑞郎，投资存量约1万亿瑞郎。（资料来源：瑞士央行）

【对外援助】瑞士将帮助战乱国家恢复和平、发展经济、消除贫困作为其发展援助的主要目标，并通过双边和多边途径加以实施。援助对象主要是非洲、亚洲、拉美地区贫穷的中、小发展中国家以及东欧和独联体国家。2022年，瑞士对外援助支出42.7亿瑞郎。

【著名公司】（1）雀巢公司：成立于1866年，总部设在沃维，现已发展成为世界最大的食品工业集团。拥有员工27.5万人。2022年营业额944亿瑞郎。公司主要产品有饮料、奶制品、冷冻食品、成品及半成品食物、巧克力和糖果等。董事长保罗·布尔克（Paul Bulcke），首席执行官马克·施耐德（Mark Schneider）。

（2）ABB集团：1988年由ASEA公司和BBC Brown Boveri公司合并而成，是一个业务遍及全球的电气工程集团，主要业务包括开发、生产和销售发电设备、高压输电设备及系统、中低压配电设备及安装和电力机车等。总部在苏黎世。2022年营业额294亿美元，拥有员工10.5万人。集团董事长彼得·傅赛（Peter Voser），首席执行官比约恩·罗森格伦（Björn Rosengren）。

（3）诺华公司：总部在巴塞尔，世界第二大医药公司。由瑞士两大化工集团汽巴·嘉基和山度士于1996年3月合并而成。2022年营业额505亿美元。主要经营医疗保健，农用化学品和食品。全球共有员工约10.6万人。集团董事长约克·雷因哈特（Jörg Reinhardt），首席执行官瓦桑特·纳拉斯罕（Vasant Narasimhan）。

人民生活

瑞士有全球最发达的公共医疗保健系统，拥有高水平的医疗专家以及采用最先进医疗技术的诊所和医疗机构。

军　事

实行民兵制，现役编制兵力14万人，有陆军、空军两个军种。凡20—34岁身体健康的男性公民都必须服兵役，服役人员一生中参加军训时间总计280天。服役期间和退役后，单兵武器装备均归个人保管。1995年，瑞士颁布了第一部民役法，规定自1997年起公民可在军役和民役间自由选择。联邦委员会拥有最高指挥权并通过国防部领导军队。总体作战指导思想是防御战。2022年国防开支约58.7亿瑞郎，约占全部财政支出的0.76%。

文化教育

【教育】教育事业由各州管理，自筹经费，自编教材。全国实行九年义务教育制，各类学校1.1万余所。有30余所高等院校，其中苏黎世联邦理工大学和洛桑联邦理工大学直属联邦。2021/2022年度义务教育学生约98.8万人。2022/2023年度高等院校学生27.5万人。

【新闻出版】瑞士通讯社为全国唯一通讯社。全国有报纸约80种，影响较大的是德文报纸《新苏黎世报》和《每日导报》。瑞士荣格集团创立于1883年，是瑞士最大的综合性媒体集团，总部在苏黎世，全球拥有员工7000余人，2022年实现销售额9.3亿瑞郎。

各语区均有各自语言的广播电视。瑞士公共广播电视公司，总部设在伯尔尼，1997年开播，享有联邦广播特许权，负责用四种官方语言制作和播送广播和电视节目。瑞士国际广播电台用官方语言和英语、西班牙语及阿拉伯语制作节目，通过无线电短波、卫星向国外传送。

对外关系

瑞士为永久中立国，自1815年以来一直奉行中立政策。近年来，为更好地维护自身利益，瑞士逐步调整外交政策，由传统保守的中立向“积极的中立”过渡，把促进和平共处，尊重人权并促进民主，维护瑞士海外经济利益，减少全球危机与贫困以及维护人类基本生存条件视为其外交政策的五大目标。自2002年9月加入联合国以来，瑞士外交政策更加突出人权和人道主义，大力开展斡旋外交，力图在国际事务中发挥独特作用，扩大瑞士的国际影响。瑞士2020—2024年外交政策重点为维护和平与安全、促进国家繁荣、推动可持续发展、巩固数字化治理。2022年6月当选2023/2024年度联合国安理会非常任理事国，2023年5月任联合国安理会主席国。

【同中国的关系】1950年9月14日中国与瑞士建交。近年来，中瑞高层交往频繁，两国关系继续保持良好发展势头。2020年1月，国务院副总理韩正访问瑞士并出席达沃斯世界经济论坛年会。同月，瑞士联邦议会国民院议长莫雷访华，全国人大常委会委员长栗战书同其会谈，全国政协主席汪洋同其会见。2月，瑞士联邦主席索马鲁加、联邦委员兼外长卡西斯分别向习近平主席、王毅国务委员兼外长就新冠疫情致慰问函。4月，王毅国务委员兼外长应约同瑞士联邦委员兼外长卡西斯通电话，就抗疫合作等交换意见。9月14日，习近平主席、王毅国务委员兼外长分别同瑞士联邦主席索马鲁加和联邦委员兼外长卡西斯就中瑞建交70周年互致贺电。2021年3月，国务院副总理刘鹤应约以视频形式与瑞士联邦委员兼财政部长毛雷尔举行会谈，王毅国务委员兼外长同瑞士联邦副主席兼外长卡西斯通电话。11月，王毅国务委员兼外长同瑞士联邦副主席兼外长卡西斯举行电话会谈。12月，刘鹤副总理应约以视频形式与瑞士联邦委员兼财政部长毛雷尔举行会谈。2022年3月，王毅国务委员兼外长同瑞士联邦主席兼外长卡西斯通电话。

自2010年起，中国是瑞士全球第三大贸易伙伴国和亚洲最大贸易伙伴。2013年7月，两国签订《中瑞自由贸易协定》，是中国与欧洲大陆国家及全球经济前20强国家签署的首个双边自贸协定。2014年7月1日，中瑞自贸协定正式生效。据中国海关总署统计，2022年，中瑞双边贸易额为573.3亿美元，同比增长30%。其中，中国出口额为76.2亿美元，同比增长22.2%；中国进口额为497.1亿美元，同比增长31.2%。中国进口以机电产品、化工医药产品、光学仪器、医疗设备和钟表为主；出口以纺织品、机电产品、化工原料、玩具、体育器材和皮革制品为主。

瑞士1982年开始在华投资。截至2022年12月，中国累计批准瑞士在华投资项目2327个，瑞方实际投入99.5亿美元。瑞士是中国在欧洲重要的技术引进来源国。截至2022年12月，中国自瑞士技术引进累计金额154.7亿美元，项目达到3389个。

在共建“一带一路”倡议下开展金融、创新、第三方市场合作成为中瑞合作新亮点。瑞士联邦主席连续出席两届“一带一路”国际合作高峰论坛。2019年4月，瑞士联邦主席毛雷尔访华期间，双方证券交易机构、保险集团、金融科技企业签署了相关合作文件。2021年10月，中国银行日内瓦分行开业。2022年7月，中瑞证券市场互联互通存托凭证业务（GDR）正式开通。

截至2022年，双方已结成20对友好省州（城市）关系。

中国驻瑞士大使：王世廷。馆址：Kalcheggweg 10, 3006 Bern，Switzerland。电话：0041–31–3513072；传真：3514573。

瑞士驻华大使（代表列支敦士登在华利益）：白瑞谊（Jürg Burri）。馆址：北京市朝阳区三里屯东五街3号。电话：010–85328888（总机），85328755（签证处）；传真：65324353（总机），65326210（签证处）。

【同欧盟的关系】与欧盟在经济、政治、社会等领域联系紧密，欧盟是其第一大贸易伙伴。认为欧盟作为世界重要经济体，在欧洲发挥主导作用，是欧洲繁荣稳定的支柱，同欧盟保持良好关系意义重大。视欧盟为其外交最优先方向，重视发展和维护同欧盟及其成员国关系，同时注重保持自身独立性。瑞欧关系发展以一系列涵盖各领域的瑞欧双边合作协议为基础，被称为“双边道路”模式。瑞士2016年出台的《外交战略文件（2016—2019年）》将同欧盟建立新的制度性框架协议、同时寻求同欧盟就实施“反大规模移民”公民倡议的保护条款达成双方满意的解决方案作为未来4年对欧关系目标。近年来，双方谈判取得进展，但在劳工与劳资保护、国家援助及欧盟公民准则等问题上仍有明显分歧。2020年1月，瑞士发布《外交战略文件（2020—2023年）》，明确指出将继续致力于同欧盟达成建立框架协议、走“双边道路”模式，同时针对双方无法达成一致的情况瑞士亦将做好准备。2021年5月，瑞士联邦政府宣布拒绝签署与欧盟的双边框架协议，并停止与欧盟就此协议草案继续谈判。为解决分歧，双方不定期举行探索性会谈，正推动开启新一轮谈判。

【同美国的关系】同美国关系密切。强调多边主义和通过外交手段解决冲突。美国是瑞士第一大投资来源国，2021年美国取代德国成为瑞士最大出口市场，瑞士是美国第六大投资来源国。10%的海外瑞籍侨民生活在美国。瑞方反对时任美国总统特朗普政府退出气候变化《巴黎协定》、重筑关税贸易壁垒、实施“禁穆令”等做法。2019年2月，瑞士联邦委员兼外交部长卡西斯访美，与美国国务卿蓬佩奥举行会谈。5月，瑞士联邦主席兼财政部长毛雷尔访美，与特朗普举行会谈，就瑞美自贸协定等交换意见。6月，美国国务卿蓬佩奥访瑞，与瑞士联邦委员兼外交部长卡西斯举行会谈，就加强两国双边与经贸关系等交换意见。2020年5月、9月，美国国务卿蓬佩奥两次与瑞士联邦委员兼外交部长卡西斯通电话，就抗疫、经贸合作等交换意见。2021年6月，瑞士联邦主席帕姆兰和联邦副主席兼外长卡西斯于日内瓦同美国总统拜登举行双边会谈，主要就气候、职业培训和贸易协定进行讨论。2022年5月，瑞士联邦主席兼外交部长卡西斯同美国国务卿布林肯通电话，就双边关系等交换意见。

（张丰野）

塞尔维亚

国名 塞尔维亚共和国（The Republic of Serbia，Republika Srbija）。

面积 8.85万平方公里。

人口 841万（含科索沃地区177万，2022年）。主要民族为塞尔维亚族（80.6%），少数民族有匈牙利族（2.8%）、波什尼亚克族（2.3%）、罗姆人（2%）和阿尔巴尼亚族（0.9%）（以上数据不包括科索沃地区）。主要宗教是东正教。

首都 贝尔格莱德（Belgrade，Beograd），人口约168万（2022年）。1月平均气温0.8℃，7月平均气温24.3℃。

国家元首 总统阿莱克桑达尔·武契奇（Aleksandar VUČIĆ），2017年5月就任。2022年4月胜选连任，5月31日就任，任期5年。

重要节日 国庆节：2月15日。

简　况

位于欧洲巴尔干半岛中北部，东北与罗马尼亚、东部与保加利亚、东南与北马其顿、南部与阿尔巴尼亚、西南与黑山、西部与波黑、西北与克罗地亚相连。以温带大陆性气候为主，四季分明，冬季寒冷，夏季炎热。1月平均气温2.5℃，7月平均气温24.4℃，年均气温13.5℃。

6—7世纪，部分斯拉夫人越过喀尔巴阡山移居巴尔干半岛。9世纪，塞尔维亚国家形成。14世纪上半叶，塞尔维亚是巴尔干最强盛的国家之一。15世纪，奥斯曼土耳其帝国征服包括塞尔维亚在内的巴尔干大部分地区，统治达500年。1878年，柏林会议承认塞尔维亚独立。1882年，塞尔维亚成为王国。第一次世界大战后，部分南部斯拉夫民族于1918年12月联合成立塞尔维亚人–克罗地亚人–斯洛文尼亚人王国，1929年改称南斯拉夫王国，塞尔维亚成为其中一部分。第二次世界大战期间，南斯拉夫被德意法西斯占领。1945年5月15日，南全国解放，同年11月29日，铁托领导下的南斯拉夫联邦人民共和国成立，塞尔维亚成为6个共和国之一。1963年4月修改宪法，改国名为南斯拉夫社会主义联邦共和国。1991年，斯洛文尼亚、克罗地亚、波黑和北马其顿先后宣布脱离南联邦独立。1992年4月27日，塞尔维亚、黑山两个共和国联合成立南斯拉夫联盟共和国。2003年2月，南斯拉夫联盟议会通过《塞尔维亚和黑山宪法宪章》，南联盟更名为塞尔维亚和黑山。2006年6月3日，黑山宣布独立。6月5日，塞尔维亚共和国宣布独立，继承塞黑国际法主体地位。

政　治

近年来，塞尔维亚政局总体保持稳定。2022年4月，塞举行总统、议会和地方政府选举，武契奇连任总统，5月31日就任。10月25日，新一届政府成立，布尔纳比奇连任总理。

【宪法】2006年11月，塞尔维亚议会通过新宪法。

根据新宪法，塞尔维亚是塞民族和所有生活在塞公民的国家，建立在法制和社会公正基础上，奉行民主，尊重人权和少数民族权利，秉持欧洲价值观；科索沃享有高度自治，是塞尔维亚共和国领土的一部分。

【议会】国家最高权力机构，实行一院制。议员通过直选产生，任期4年。本届议会于2022年8月3日成立，共有250个议席。议席分配情况为：前进党联盟120席，“团结为了塞尔维亚的胜利”联盟38席，社会党联盟31席，“国家民主替代”联盟15席，“我们必须”联盟13席，“塞尔维亚王国爱国集团”和“守护者”党各10席，其余议席由少数民族政党获得。议长弗拉迪米尔·奥尔利奇（Vladimir ORLIĆ）。

【政府】最高权力执行机构。本届政府成立于2022年10月25日，系由塞前进党、塞社会党等组成的联合政府。政府总理阿娜·布尔纳比奇（Ana Brnabić，女）。政府成员有：第一副总理兼外交部长伊维察·达契奇（Ivica DAČIĆ），副总理兼财政部长西尼沙·马利（Siniša MALI），副总理兼国防部长米洛什·武切维奇（Miloš VUČEVIĆ），副总理兼文化部长玛娅·戈伊科维奇（Maja GOJKOVIĆ，女），经济部长拉戴·巴斯塔（Rade BASTA），农业、林业和水利部长耶莱娜·塔纳斯科维奇（Jelena TANASKOVIĆ，女），环保部长伊雷娜·武约维奇（Irena VUJOVIĆ，女），建设、交通和基础设施部长戈兰·韦西奇（Goran VESIĆ），矿业和能源部长杜布拉夫卡·杰多维奇（Dubravka ĐEDOVIĆ，女），内外贸易部长托米斯拉夫·莫米罗维奇（Tomislav MOMIROVIĆ），司法部长玛娅·波波维奇（Maja POPOVIĆ，女），国家管理和地方自治部长阿莱克桑达尔·马尔蒂诺维奇（Aleksandar MARTINOVIĆ），人权、少数族裔权利和社会对话部长托米斯拉夫·日格马诺夫（Tomislav ŽIGMANOV），内务部长布拉蒂斯拉夫·加希奇（Bratislav GAŠIĆ），欧洲一体化部长塔尼娅·米什切维奇（Tanja MIŠČEVIĆ，女），教育部长布兰科·鲁日奇（Branko RUŽIĆ），卫生部长达妮察·格鲁伊契奇（Danica GRUJIČIĆ，女），劳动、就业、退伍军人和社会事务部长尼科拉·塞拉科维奇（Nikola SELAKOVIĆ），家庭和人口事务部长达里娅·基西奇（Darija KISIĆ，女），体育部长佐兰·加伊奇（Zoran GAJIĆ），农村事务部长米兰·克尔科巴比奇（Milan KRKOBABIĆ），科学、技术发展和创新部长耶莱娜·贝戈维奇（Jelena BEGOVIĆ，女），旅游和青年部长胡赛因·梅米奇（Husein MEMIĆ），信息和电信部长米哈伊洛·约万诺维奇（Mihailo JOVANOVIĆ），公共投资部长马尔科·布拉戈耶维奇（Marko BLAGOJEVIĆ），负责市政发展的不管部长诺维察·顿切夫（Novica TONČEV），负责侨民事务的不管部长乔尔杰·米利切维奇（Đorđe MILIĆEVIĆ），负责地区均衡发展事务的不管部长埃丁·杰尔莱克（Edin ĐERLEK）。

【行政区划】共有30个州，下辖198个区。

【司法机构】设有最高法院、共和国检察院、宪法法院、地方各级法院和检察院等。最高法院和各级法院行使审判权。最高法院院长和检察院检察长由议会选举产生。最高法院院长娅斯米娜·瓦索维奇（Jasmina VASOVIĆ，女），2021年4月就任，任期5年。共和国检察长扎戈尔卡·多洛瓦茨（Zagorka DOLOVAC，女），2023年5月就任，任期6年。宪法法院院长斯内扎娜·马尔科维奇（Snežana MARKOVIĆ，女），2022年12月当选，2023年1月就任，任期3年。

【政党】塞尔维亚主要政党有：

（1）塞尔维亚前进党（Srpska Napredna Stranka）：执政党。成立于2008年10月。系由塞尔维亚激进党分裂出来的党派。主张将塞尔维亚建设成为东西方间的桥梁和有自尊的欧盟成员国。主席米洛什·武切维奇（Miloš VUČEVIĆ）。

（2）塞尔维亚社会党（Socijalistička Partija Srbije）：执政党。成立于1990年7月，由原塞尔维亚共产主义者联盟和塞尔维亚劳动人民社会主义联盟合并而成。主张实行民主社会主义，建立现代法治国家和经济发达、文化繁荣的国家。主席伊维察·达契奇。

（3）塞尔维亚自由和正义党（Stranke Slobode i Pravde）：在野党。成立于2019年4月，主张塞加入欧盟，以社会民主和绿色政治为导向。主席德拉甘·吉拉斯（Dragan ĐILAS）。

（4）民主党（Demokratska Stranka）：在野党。成立于1990年2月。主张保障议会民主、法治和人权自由。主席佐兰·卢托瓦茨（Zoran LUTOVAC）。

【重要人物】阿莱克桑达尔·武契奇：总统。1970年生。毕业于贝尔格莱德大学法学院。1993年加入塞激进党，1994年当选该党秘书长。2008年加入塞前进党，任该党副主席。2012年9月，当选塞前进党主席。1998—2000年任南联盟政府信息部长。2012年7月至2013年9月任塞国防部长。2013年9月至2014年4月任塞第一副总理。2014年4月27日起任总理。2017年4月当选塞尔维亚总统，2022年4月连任，5月就任。　**弗拉迪米尔·奥尔利奇**：议长。1983年生。毕业于贝尔格莱德大学电子工程学院。2007—2014年在塞企业和研究机构担任高级工程师。2014年当选塞国民议会议员。2016—2020年任塞国民议会前进党议员团副团长。2020—2022年任塞国民议会副议长。2022年8月任塞国民议会议长。　**阿娜·布尔纳比奇**：总理。女，1975年生。英国赫尔大学工商管理硕士。曾任美国大陆风能公司塞尔维亚分公司经理。2006年参与创立塞地方经济发展联盟，任管委会主席。2013年被评为“塞尔维亚年度商业女性”。2016年8月任塞国家管理和地方自治部长。2017年6月出任塞尔维亚总理，

2020年10月、2022年10月两次连任。

经 济

近年来，塞尔维亚积极实行经济改革、推进私有化、改善投资环境，经济实现增长。2022年主要经济数据如下：

国内生产总值：603亿欧元。

人均国内生产总值：8917欧元。

国内生产总值增长率：2.3%。

货币名称：塞尔维亚第纳尔。

汇率：1美元≈112塞尔维亚第纳尔；1欧元≈117.27塞尔维亚第纳尔。

通货膨胀率：15.1%。

失业率：9.4%。

（资料来源：塞尔维亚国家统计局，下同）

【资源】矿藏有煤、铁、锌、铜等。森林覆盖率31.12%。水力资源丰富。

【工业】主要工业部门有冶金、汽车制造、纺织、仪器加工等。

【农业】土地肥沃，雨水充足，农业生产条件良好。农业用地506万公顷，主要集中在北部的伏伊伏丁那平原和中部地区，其中耕地329万公顷，果园24万公顷，葡萄园5.6万公顷，草场62.1万公顷，牧场84.5万公顷。

【服务业】主要有旅馆、餐厅、咖啡馆和酒吧等。2021年，塞尔维亚共有旅馆1116家。

【旅游业】旅游业发展良好。主要旅游区有浴场、滑雪场和国家公园等。2021年共接待外国游客177万人次，主要来自波黑、土耳其、俄罗斯等，接待国内游客209万人次。

【交通运输】以铁路和公路为主。

铁路：总长3354公里，其中电气化铁路1290公里。

公路：总长44908公里，其中高速公路928公里。共有小轿车2164818辆，公共汽车9900辆。

空运：塞尔维亚航空公司共有20架飞机，1540个客位。共有6个机场，主要机场为贝尔格莱德尼古拉·特斯拉机场。

【财政金融】2021年，塞尔维亚财政收入16800亿第纳尔，支出19100亿第纳尔，财政赤字2300亿第纳尔，占国内生产总值的4%。

塞尔维亚国民银行为塞中央银行。塞尔维亚法律规定，国民银行属于独立的金融机构，对国家议会负责，主要负责货币政策、外汇及其储备管理、维护本国市场价格和汇市稳定、监管本国银行等。塞尔维亚在银行领域对外资开放。根据塞尔维亚国民银行网站信息，塞目前拥有商业银行20家，全部为股份制银行。其中，外资银行15家，本地银行5家。

【对外贸易】近年来，塞尔维亚对外经贸活动日渐活跃，外贸额总体平稳。近几年外贸情况如下（单位：亿美元）：

	2020	2021	2022
出口额	195.0	255.6	290.6
进口额	262.3	337.9	411.5
差　额	–67.3	–82.3	–120.9

2022年主要出口产品为：铜矿石及精矿，飞机和汽车零部件，电器和机械产品，电力，轮胎，洗涤和清洁制剂等；主要进口产品为：石油及其制成品，天然气，电力，药物，尿素等。前五大出口国是：德国、波黑、意大利、匈牙利、罗马尼亚；前五大进口国是：中国、德国、俄罗斯、意大利、匈牙利。

人民生活

2022年人均月工资115315第纳尔，约合983欧元，税后工资84227第纳尔，约合718欧元。

军 事

塞尔维亚军队是2006年6月在接收原塞尔维亚和黑山军队的基础上组建而成。建军节为4月23日。总统是武装力量最高统帅，国防部是武装力量军事领导机构。总参谋部为武装力量军事指挥机构。总参谋长为米兰·莫伊西洛维奇（Milan MOJSILOVIĆ）将军。2022年国防预算约1320亿第纳尔，约合11.23亿欧元。

文化教育

【教育】塞尔维亚实行8年制义务教育。全国主要大学有贝尔格莱德大学、诺维萨德大学、尼什大学、克拉古耶瓦茨大学等，教职工103028人。目前共有初级学校（小学和中学）在校学生740166人，高等学校在校学生248508人。

【新闻出版】2021年，全国共有报纸340种，主要日报有《政治报》《新闻晚报》《今日报》和《信使报》等，用塞尔维亚文出版。期刊主要有《新闻周刊》《时代》等。贝塔通讯社、FoNet通讯社为主要私营通讯社。电视台主要有塞尔维亚国家电视台、PINK电视台、N1电视台等。广播电台主要有塞尔维亚国家广播电台、贝尔格莱德广播电台、B92电台等。

对外关系

塞尔维亚积极争取加入欧盟，全力发展同美国、俄罗斯、中国等大国关系，睦邻修边，积极参与区域合作。

【同中国的关系】2019年4月，塞总统武契奇来华出席第二届“一带一路”国际合作高峰论坛。塞总理布尔纳比奇出席中国—中东欧国家领导人杜布罗夫尼克会晤。11月，塞总理布尔纳比奇来华出席第二届中国国际进口博览会。2020年2月，塞第一副总理兼外长达契奇访华。4月，习近平主席同塞总统武契奇通电话。10月，中共中央政治局委员、中央外事工作委员会办公室主任杨洁篪访塞。同月，塞总理布尔纳比奇在第十三届浦江创新论坛开幕式上发表视频致辞。11月，塞总统武契奇在第三届中国国际进口博览会开幕式上发表视频致辞。2021年2月，塞总统武契奇以视频方式出席中国—中东欧国家领导人峰会。5月，塞外长塞拉科维奇访华。6月，习近平主席同塞总统武契奇通电话。同月，全国人大常委会委员长栗战书以视频方式同塞国民议会议长达契奇举行会谈。7月，塞总统、前进党主席武契奇以视频方式出席中国共产党与世界政党领导人峰会。同月，塞总理布尔纳比奇在2021年生态文明贵阳国际论坛开幕式上发表视频致辞。10月，王毅国务委员兼外长访塞。2022年2月，塞总统武契奇来华出席北京冬奥会开幕式，习近平主席同其举行双边会见。4月，王毅国务委员兼外长同塞外长塞拉科维奇通电话。9月，塞总统武契奇在中方举办的产业链供应链韧性与稳定国际论坛上发表视频致辞。同月，塞总统武契奇在纽约同正在出席第77届联合国大会的王毅国务委员兼外长会见。11月，全国人大常委会副委员长郝明金同塞国民议会副议长博日奇共同主持中塞立法机构合作委员会第三次会议。

根据中国海关总署统计，2022年，中塞双边贸易额为35.3亿美元，同比增长10.1%。其中，中国出口额为21.8亿美元，同比减少2.9%；中国进口额为13.5亿美元，同比增长39.8%。截至2022年底，中国对塞直接投资总额42亿美元，塞对华直接投资总额3470万美元。

中国驻塞尔维亚大使：陈波（女）。馆址：Užička 25，Beograd。电话：00381-11-3695057；传真：3066001。

塞尔维亚驻华大使：玛娅·斯特法诺维奇（Maja STEFANOVIĆ，女）。馆址：北京市朝阳区三里屯东六街1号。电话：010-65323516，65321562；传真：65321207。商务处电话：010-65323616。

【同欧盟的关系】将加入欧盟作为外交首要任务。2014年1月，欧盟同塞正式开启入盟谈判。2019年3月，欧委会睦邻政策与扩大谈判委员会总干事丹尼尔森访塞；欧洲对外关系委员会代表团访塞。7月，塞总理布尔纳比奇出席在波兰召开的柏林进程西巴尔干峰会。2020年1月，欧盟外交与安全政策高级代表博雷利访塞。2月，塞总统武契奇、总理布尔纳比奇分别访问欧盟总部。6月、7月，塞总统武契奇两度访问欧盟总部。10月，欧洲议会代表团访塞，欧盟贝尔格莱德-普里什蒂纳对话和西巴尔干其他事务特别代表莱恰克访塞。2021年2月，塞总统武契奇赴欧盟总部出席欧盟—西巴尔干领导人会晤。4月，塞总统武契奇访问欧盟总部。2022年5月，欧洲理事会主席米歇尔访塞。6月，武契奇总统出席欧盟—西巴尔干峰会，欧盟贝尔格莱德-普里什蒂纳对话和西巴尔干其他事务特别代表莱恰克访塞。10月，欧盟委员会主席冯德莱恩访塞。

【同其他欧洲国家的关系】2020年1月、8月，波黑主席团塞族成员多迪克对塞进行工作访问。2月，塞总理布尔纳比奇访问德国、英国。5月，匈牙利总理欧尔班访塞。7月，塞总统武契奇访问法国。8月，塞总统武契奇访问斯洛文尼亚。10月，摩纳哥亲王阿尔贝二世访塞。2021年2月，塞总统武契奇访问法国。同月，捷克总理巴比什访塞。5月，塞总统武契奇访问捷克，塞总理布尔纳比奇访问希腊，保加利亚总统拉德夫访塞。6月，塞总统武契奇访问斯洛文尼亚，塞总理布尔纳比奇访问奥地利。7月，匈牙利总理欧尔班访塞。9月，德国总理默克尔访塞，奥地利总理库尔茨访塞，塞总理布尔纳比奇访问匈牙利。11月，塞总理布尔纳比奇访问法国，黑山总理克里沃卡皮奇访塞。2022年2月，希腊总理米佐塔基斯访塞，塞总统武契奇访问摩纳哥、西班牙。5月，塞总统武契奇访问希腊、德国。6月，德国总理朔尔茨访塞。7月，西班牙首相桑切斯访塞。9月，匈牙利总统诺瓦克、总理欧尔班访塞。11月，塞总统武契奇访问法国、挪威。12月，塞总统武契奇访问匈牙利。

【同美国的关系】2019年2月，美国家安全委员会欧洲事务高级主任埃拉斯访塞。3月，美副国务卿黑尔访塞。7月，美众议员恩格尔访塞；美军欧洲司令、北约欧洲部队司令沃尔特访塞；塞第一副总理兼外长达契奇在纽约会见美国国家安全事务助理博尔顿。8月，塞总统武契奇在纽约会见美国国务卿蓬佩奥。2020年3月，塞总统武契奇访美。9月，塞总统武契奇访美。同月，美总统科索沃-塞尔维亚对话特使格雷内尔访塞。2021年7月，塞总理布尔纳比奇访美。2022年8月，美国副助理国务卿埃斯科巴访塞。

【同俄罗斯的关系】2019年1月，俄总统普京访塞。3月，俄罗斯联邦委员会副主席、统一俄罗斯党总委员会书记图尔恰克访塞。10月，俄总理梅德韦杰夫访塞。2020年6月，俄外长拉夫罗夫访塞，塞总统武契奇访俄。12月，俄外长拉夫罗夫访塞。2021年10月，俄外长拉夫罗夫访塞。11月，塞总统武契奇访俄。

【同其他国家的关系】2020年1月，塞总统武契奇访问土耳其，塞总理布尔纳比奇访问阿联酋。2月，安哥拉议长访塞。2021年2月，塞总统武契奇访问阿联酋、巴林。6月，塞总理布尔纳比奇访问土耳其。9月，塞总统武契奇访问土耳其。10月，加纳总统阿库福-阿多访塞。11月，塞总统武契奇出席阿联酋迪拜世博会。2022年1月，塞总统武契奇访问土耳其。7月，埃及总统塞西访塞。9月，土耳其总统埃尔多安访塞，塞总统武契奇访问阿联酋。10月，阿联酋总统穆罕默德访塞。11月，阿塞拜疆总统阿利耶夫访塞。12月，塞总统武契奇访问阿塞拜疆。

（高凯）

塞浦路斯

国名 塞浦路斯共和国(The Republic of Cyprus)。

面积 9251平方公里，其中塞北部土耳其族区面积3355平方公里。

人口 塞浦路斯实际控制区人口91.8万(2021年)，土耳其军事占领地区38.2万(2019年)，全境人口约125万(2021年)。其中，希腊族约占60%，土耳其族约占15%，外籍人占25%。主要语言为希腊语和土耳其语，通用英语。希腊族信奉东正教，土耳其族信奉伊斯兰教。

首都 尼科西亚(Nicosia)，人口35.2万(2021年)。年均最高气温31℃—37℃，最低气温5℃—15℃。

国家元首 总统尼科斯·阿纳斯塔夏季斯(Nicos Anastasiades)，2018年2月28日就任，任期5年。

重要节日 国庆日：10月1日。

简况

位于地中海东北部，为地中海第三大岛。海岸线长782公里。属亚热带地中海型气候，夏季干热，冬季温湿。平均气温夏季为28℃—35℃，冬季为4℃—10℃。

公元前1500年，希腊人移居塞浦路斯岛。后曾被埃及、波斯等国征服。公元前58年并入罗马帝国。公元395年归属拜占庭帝国。1571年由奥斯曼帝国统治。1878年被割让给英国，1925年成为英“直辖殖民地”。1959年2月19日与英国、希腊、土耳其签订《苏黎世-伦敦协议》。1960年8月16日宣布独立，成立塞浦路斯共和国。1961年加入英联邦。独立后，希、土两族多次发生冲突。1974年后，土族北迁，并于1975年和1983年先后宣布成立“塞浦路斯土族邦”和“北塞浦路斯土耳其共和国”，形成两族南北分治局面。目前，“北塞浦路斯土耳其共和国”仅得到土耳其承认。

政治

2013年2月，民主大会党主席阿纳斯塔夏季斯当选总统，并组建以民大党为核心、民主党和欧洲党参与的三党联合政府。2014年2月，因不满民大党在塞浦路斯问题谈判上让步过多，民主党宣布退出联合政府。3月，阿纳斯塔夏季斯总统宣布对内阁进行小范围改组。2015年5月，阿纳斯塔夏季斯总统与土族新任领导人阿肯基举行首次正式会晤，重启塞浦路斯问题谈判，双方重点就被占财产归还、经济结构等进行磋商。2018年2月，阿纳斯塔夏季斯成功连任总统。

【宪法】现行宪法于1960年8月16日公布。宪法规定国家体制为总统内阁制。总统是国家元首、政府首脑，任期5年，可连任一次，由希族人担任，土族人任副总统，行政权属总统、副总统，他们对行政方面的重大决定均有最后否决权。立法权属议会，司法权由法院行使。由于两族争端，宪法并未得到贯彻实施。

【议会】实行一院制，议会每5年选举一次。独立之初，议会共有50个席位，其中希族35席，土族15席。1964年两族冲突爆发后，土族议员退出议会。1985年通过宪法修正案，议席增至80个，其中希族56席，土族24席(土族长期以来另立议会，共50个席位，由土族各党派通过选举产生)。现议会2021年5月选出，为塞第14届议会，议长为来自民主大会党的阿妮塔·迪米特里乌(Annita Demetriou，女)。议会56个议席分配情况：民主大会党(右翼)17席，劳动人民进步党(左翼)15席，民主党(中右)9席，国民前线党3席，社会民主运动党4席，民主阵线党4席，绿党3席，独立议员1席。

【政府】政府主要成员有：外交部长尼科斯·赫里斯托都利迪斯(Nicos Christodoulides)，财政部长康斯坦蒂诺斯·佩特里迪斯(Constantinos Petrides)，内政部长尼科斯·努利斯(Nikos Nouris)，国防部长哈拉兰波斯·佩特里迪斯(Charalambos Petrides)，教育与文化部长普罗德洛默斯·普罗德洛穆(Prodromos Prodromou)，交通、通信与工程部长雅尼斯·卡鲁索斯(Giannis Karousos)，能源与工商业部长娜塔莎·皮莉都(Natasa Pilides，女)，农业增长与环境部长科斯塔斯·卡迪斯(Costas Kadis)，劳工与社会保障部长泽塔·艾米丽娅尼都(Zeta Emilianidou，女)，司法与公共秩序部长斯黛菲·德拉古(Stephie Dracos，女)，卫生部长米哈利斯·哈齐潘戴拉(Michalis Hadjipantela)。

【行政区划】全国划分为6个行政区：尼科西亚、利马索、法马古斯塔、拉纳卡、帕福斯和基雷尼亚。基雷尼亚和法马古斯塔的大部分及尼科西亚的一部分由土族控制。

【司法机构】有最高法院、刑事法院、区级法院、家庭事务法院、军事法院等。最高司法理事会由共和国总检察长和最高法院院长及法官组成。最高法院院长斯特里奥斯·纳夏纳伊(Stelios Nathanael)。总检察长科斯塔斯·克莱里泽斯(Costas Clerides)。

【政党】主要政党有：

(1)民主大会党(Democratic Rally)：议会第一大党。1976年7月4日成立。约有党员1万人，多系银行家、工商企业家、律师、医生和高级职员等。该党主张对内发展西方民主，对外同希腊等西方国家及欧盟大力发展政治、经济和文化等关系，主张通过谈判解决塞问题。主席阿维罗夫·奈奥菲多（Averof Neofyto）。

（2）劳动人民进步党（The Working People's Progressive Party）：议会第二大党。1926年8月成立，前身为塞浦路斯共产党。1941年改组并改用现名。现有党员约1.4万人。该党主张各党派合作制定解决塞问题的共同路线和策略。总书记斯特法诺斯·斯特法努（Stefanos Stefanou）。

（3）民主党（Democratic Party）：议会第三大党，1976年7月11日成立。约有党员8000人，成员多系中小企业主、职员、自由职业者和富裕农民等。基本目标是实现国家统一和完全独立，争取国家的进步和经济发展。主张维护塞的独立、主权、领土完整、统一和不结盟。坚持土耳其从塞撤军和根据联合国决议寻求解决塞问题。主席尼古拉斯·帕帕多普洛斯（Nikolas Papadopoulos）。

（4）社会民主运动（Social Democratic Movement）：1969年2月成立。党员约3000人。该党目标是促进民族和社会的发展。对内主张机会均等，消灭人剥削人制度，在人民控制生产资料和资源的基础上建设社会主义；对外反对美国和北约对塞的控制，主张积极发展与不结盟国家、社会主义国家和阿拉伯国家的关系。该党曾于1998年参政，1999年由于克莱里季斯总统决定不在塞南部部署俄制地空导弹而退出政府，与中央重组运动（Movement for the Regrouping of the Centre）合并后易名，但很快分裂。主席马利诺斯·西佐普洛斯（Marinos Sizopoulos）。

（5）团结运动党（Solidarity Movement）：2016年1月成立。从民主大会党分裂，由原欧洲党解散后并入的右翼政党，主席埃莉妮·塞奥赫鲁斯（Eleni Theocharous，女）。

土族主要政党：

（1）民族团结党（National Unity Party）：1975年成立，主席费兹·苏楚格鲁（Faiz Sucuoglu）。

（2）共和土族党（Republican Turkish Party）：1970年成立，主席图范·阿胡曼（Tufan Erhürman）。

（3）民主党（Democratic Party）：1992年成立，主席费克里·阿塔奥格鲁（Fikri Ataoğlu）。

（4）公共民主党（Communal Democracy Party）：2007年成立，主席米内·阿特里（Mine Atlı，女）。

（5）改革党（Reform Party）：2006年成立，主席图尔加伊·阿夫基（Turgay Avci）。

【重要人物】尼科斯·阿纳斯塔夏季斯：总统。1946年9月27日出生于塞浦路斯利马索。1969年毕业于希腊雅典大学法学系，1971年获伦敦大学航海法硕士学位。1976年任民主大会党青年组织利马索省首任书记，1987年任党青年组织主席。1981年当选该党历史上最年轻议员，并于1986年、1991年、1996年连任。1997年当选党主席，2001年、2006年和2011年自动连任议员，在议会先后任议会人权委员会、外事委员会主席和代议长。2013年2月当选总统，2018年成功连任。2015年来华出席亚洲政党丝绸之路专题会议。2019年4月来华出席第二届“一带一路”国际合作高峰论坛。　**阿妮塔·迪米特里乌**：议长。女，1985年10月18日出生于塞浦路斯拉纳卡。毕业于塞浦路斯大学，获英国肯特大学国际关系专业硕士。2012—2016年任拉纳卡市特鲁洛伊区议员。2016年1月当选塞全国议会议员。曾任议会书记官、教育文化委员会副主席、女性政治领导人代表等职务，现任民大党副主席。2021年成功连任议员，5月出任议长。

经　济

20世纪60年代，国民经济的支柱是农业。自70年代中期塞分裂以来，经济结构发生较大变化。从70年代至80年代中期，经济发展主要依靠制造业。之后，船运、旅游、金融业等服务业取代制造业，成为拉动经济增长的主力。1998年成为欧盟成员候选国后，开始按照入盟要求对经济政策、结构进行调整。2004年5月1日，正式加入欧盟。2008年1月1日顺利加入欧元区，此后经济进一步融入欧洲。2012年6月，受希腊债务减记影响陷入财政危机，不得不向欧盟申请救助。2013年3月25日，塞与“三驾马车”达成100亿欧元救助原则性协议，条件是对境内第一、第二大银行超过10万欧元以上的存款进行重组。2016年3月，塞成功退出“三驾马车”救助计划。自欧盟复苏基金获得14亿欧元无偿援助和贷款。2022年主要经济数据如下：

国内生产总值：270.1亿欧元。

人均国内生产总值：3.1万美元。

国内生产总值增长率：5.6%。

货币名称：欧元。

汇率：1美元≈0.95欧元。

通货膨胀率：8.4%。

失业率：6.7%。

（资料来源：塞浦路斯国家统计局）

土族当局的人口普查显示，土族区实际人口约38.2万人。土族区经济规模小，以农业和旅游业为主，人均收入逾1万美元。

【资源】矿藏以铜为主，其他有硫化铁、盐、石棉、石膏、大理石、木材和土性无机颜料。近年来，矿源开采量逐年下降。森林面积1735平方公里。水力资源贫乏，已建立大型水坝6个，总蓄水量1.9亿立方米。

【工业】由于国内市场不大，塞工业产品和加工农产品大部分用于出口。工业企业大多为私企，规模不大，雇用工人在30人以下。主要工业部门有食品、纺织、皮革、木材、金属、机械、运输、电力、光学、化工等。

【农业】主要作物是谷物、稻草和绿色饲料。农产品贸易在对外贸易中仍具有举足轻重的地位。对外出口最多的五种产品中有三种为农产品：柠檬、马铃薯和奶酪。

【服务业】金融、保险、服务及旅游业等较为发达。注重发展度假旅游产业，近年来旅游业成为国家外汇收入主要来源和拉动经济增长的支柱产业。2022年旅游业复苏，抵塞游客320.1万人次，同比增长65%，旅游收入24.39亿欧元，同比增长61%。主要旅游城市有帕福斯、利马索、拉纳卡等。

【交通运输】有公路1.7万公里，其中一半以上是已铺路面道路。北部土族区道路里程占35%。2021年全年共注册机动车34716辆，其中小汽车注册数量为26634辆。主要港口有利马索（年吞吐量60万标准箱）、拉纳卡（年吞吐量25万标准箱）、法马古斯塔（塞岛分裂前的主要港口，现仅土族使用）。海运业发达，在塞注册船舶世界排名第11。2021年，塞注册船只总吨位超过2500万吨，海运业每年的经济贡献超过10亿欧元，海运业收入约占国内生产总值的7%—8%。

【财政金融】2022年财政盈余为5.7亿欧元，占国内生产总值的2.1%。公共债务高达233.7亿欧元，相当于国内生产总值的86.5%。

【对外贸易】2022年进口额约为112.9亿欧元，同比增长30.5%；出口额为41.89亿欧元，同比减少24.2%；贸易逆差为71.01亿欧元。主要出口商品为医药用品、机械用具、柑橘、服装、奶酪、酒类及部分轻工产品和农产品。主要进口矿产品、机械、运输设备、贱金属及其制品、化学工业及相关工业产品等。

【外国援助】2007年，欧盟批准2007—2013年欧洲渔业基金（EFF）执行准则，向塞提供1750万欧元资助。2011年塞与俄罗斯签订总额为25亿欧元政府贷款，贷款期限4.5年。受2013年银行业危机影响，人民生活水平有所降低。2013年3月25日，欧盟同意向塞提供100亿欧元金融救助贷款。2020年，塞浦路斯获得27亿欧元欧盟复苏基金支持。

人民生活

在医疗资源方面，塞浦路斯设有公立总医院、私立医院和诊所，医药分开。

军　事

武装力量为国民警卫队，建于1964年，分为陆海空三军。司令和一些高级军官由希腊军官担任。实行义务兵役制，服役期为14个月，总兵力约1.2万人，另有辅助兵力750人，预备役人员6万人。

希腊在塞驻军约1000人；土耳其在“北塞”驻军约4.75万人；英国在塞有两个主权军事基地，驻军3700人；联合国驻塞浦路斯维和部队900人。

土族常规部队“保安旅”有5000人，编为7个步兵营和1个装甲连，另外还有武装警察部队1853人。

文化教育

【教育】小学和初中实行义务教育，15岁以上人口受教育率为97%。近年来，教育经费占政府预算的7%左右，列欧盟第二。有各类教育机构约1270所，在校学生约18万人，其中约70%就读于公立学校。各种高等专科学校30所。有一所综合性大学。

【新闻出版】有各种报刊30余种。希族主要报刊有：《自由爱好者报》，1955年创刊，发行量2万份；《黎明报》，1956年创刊，发行量1.4万份。另有《公民报》《斗争报》《今日报》《自由新闻报刊》《真理报》和《新闻报》等。土族主要报刊有：《灰狼报》，1951年创刊，发行量5000份。塞浦路斯通讯社于1976年4月成立，为非官方通讯社。1997年2月与新华社签署合作协议，开始进行新闻交流与合作。

共有10个覆盖全岛范围的电台。塞浦路斯广播电台建于1952年，除了用希腊语广播，还用土、英、法、阿拉伯和亚美尼亚语广播。土族电台建立于1963年。另有38个地方广播电台。

共有7个覆盖全岛范围的电视台，包括2个国家电视台、3个私人电视台、2个卫星电视台。国家电视台建于1957年。土族电视台建于1976年。另有6个地方电视台。

对外关系

奉行中立的和平外交政策，支持不结盟运动，是不结盟运动25个创始国之一。塞浦路斯问题是核心关切。积极推进全方位外交，强调维护国家独立、主权、统一和领土完整，发展同世界各国的友好关系。主张用和平手段解决地区及国际争端，国家不论大小一律平等，关注小国安全。追求全面、平等地参与欧盟事务，申请加入北约“和平伙伴关系计划”，深化同周边国家关系，推动与阿拉伯世界的关系进一步发展，提升与美国、俄罗斯、中国等其他国家的双边关系。认为塞浦路斯问题依然是关乎民族存亡的最大挑战，需要集体的力量来解决。2004年5月加入欧盟，随后宣布退出不结盟运动，追求全面、平等地参与欧盟事务，并以欧盟为依托在国际事务中发挥更大作用。与世界上178个国家建立了外交关系，因塞浦路斯问题与土耳其长期敌对，无外交关系。

【同中国的关系】1971年12月14日两国建立大使级外交关系，2021年11月两国建立战略伙伴关系。当前中塞关系发展良好。近年来，重要往访有：国务委员兼外交部长王毅（2019年、2021年），中共中央政治局委员、中央外事工作委员会办公室主任杨洁篪（2021年）。近年来，重要来访有：总统阿纳斯塔夏季斯（2019年出席第二届“一带一路”国际合作高峰论坛），议长西卢里斯（2019年访华并出席第二届中国国际进口博览会）。

中塞两国于1981年2月签署了中塞贸易协定。据中国海关总署统计，2022年，中塞双边贸易总额为12亿美元，同比增长34.3%。其中，中国出口额为11.7亿美元，同比增长34.9%；中国进口额为0.3亿美元，同比增长15.7%。

2014年，塞首家孔子学院在塞欧洲大学挂牌成立。2016年，两国签署旅游合作谅解备忘录。2017年5月，两国签署《关于相互承认高等教育学位和学历的协议》。2018年6月，中塞签署引渡条约。2021年5月，塞欧洲大学与福建闽江学院正式合作设立闽江学院国际数字经济学院。2022年2月，中塞签署医学与科学合作执行计划。5月，两国签署《中塞高等教育科学研究合作谅解备忘录（2022—2026）》。

中国驻塞浦路斯大使：刘彦涛。馆址：30 Archimidous Street，2411 Engomi，Nicosia，Cyprus。电话：00357–22352182（办公室）；传真：22353530。商务处电话：00357–22375252；传真：22353530。

塞浦路斯驻华大使：玛莎·玛夫罗玛蒂（Martha Mavrommati，女）。馆址：北京市朝阳区塔园外交人员办公楼2–13–2。电话：010–65325057；传真：65324244。

【同美国的关系】美国支持联合国秘书长为解决塞问题所做的努力，曾多次提出塞问题解决方案，寻求解决塞问题的途径，并同塞保证国希腊、土耳其、英国等保持着密切接触。2014年5月，美副总统拜登对塞进行为期两天的访问，是1962年以来首位访塞的美国副总统。2015年12月，美国务卿克里访塞。2016年，美国国务院更新免签证访美计划（VWP），塞浦路斯成为第39个享有免签访美资格的国家。2018年11月，塞外长赫里斯托都里迪斯访美。2019年10月、2020年9月，美国国务卿蓬佩奥访塞。

【同欧盟的关系】塞的历史、文化和经济根系欧洲，加入欧盟是塞基本国策。1971年开始与欧共体（欧盟前身）谈判，1972年签署《联系国协定》，1987年与欧共体签订关税同盟条约。1990年7月，正式申请加入欧共体。1997年，欧盟接纳塞为首批入盟候选国。1998年11月，与欧盟开始入盟谈判。1999年，欧盟赫尔辛基会议正式确认“解决塞问题不是塞入盟的前提条件”。2003年3月，欧洲议会外事委员会通过塞入盟决议，同意塞入盟申请。9月，签署加入欧盟经济区协议。2004年5月，正式加入欧盟并表示，希望欧盟在塞问题上发挥积极作用。2008年7月，议会批准《里斯本条约》。2012年下半年，塞轮任欧盟主席国。2016年11月至2017年5月，塞担任欧洲委员会轮值主席国。

【同英国的关系】塞是英联邦成员国。英国是塞安全保证国之一，在塞有两个主权军事基地。投资、贸易和旅游人数在塞均居首位。英国支持联合国秘书长为解决塞问题所做的斡旋努力。塞国防部与英方签有年度军事合作计划，在分享专业知识、联合演习、参与研讨会和救援行动等方面开展合作。2014年1月，塞总统阿纳斯塔夏季斯访英。2015年7月，英外交大臣哈蒙德访塞。2021年2月，英外交大臣拉布访塞。

【同希腊的关系】两国关系密切。希族一直保持着希腊的语言、文化传统和宗教信仰。希腊是塞的安全保证国，塞始终将发展和加强同希腊关系置于其对外关系的首位。希腊一贯支持塞在加入欧盟及解决塞问题上的立场。

【同土耳其的关系】与土无外交关系，且矛盾复杂尖锐。1974年，土耳其出兵塞岛。1983年11月“北塞浦路斯土耳其共和国”宣布成立后，土即予以承认，成为国际上唯一承认“北塞”的国家。每年土族近一半的财政支出由土耳其援助。2011年7月、2020年10月、2021年7月土总统埃尔多安访问塞土族区。

【同俄罗斯的关系】俄支持联合国有关解决塞问题的努力，主张塞岛非军事化及以联合国有关决议为基础通过政治对话解决塞问题。2011年12月，俄罗斯与塞浦路斯签署双边政府贷款协议，俄分批向塞提供总额25亿欧元贷款，年收益率达到4.5%，贷款期限为4.5年。2015年12月、2020年8月，俄外长拉夫罗夫访塞。2017年10月，塞总统阿纳斯塔夏季斯访俄。乌克兰危机发生后，塞参与对俄制裁。（潘梓阳）

圣马力诺

国名　圣马力诺共和国（The Republic of San Marino，La Repubblica di San Marino）。

面积　61.19平方公里。

人口　33698人（2022年），其中80%拥有圣马力诺国籍。官方语言为意大利语。居民大多信奉天主教。

首都　圣马力诺（San Marino），人口约4000人（2022年）。

国家元首　由两名权力相等的执政官共同担任，任期半年，不能连任，3年后可再次当选。执政官由大议会选举产生，分别于每年3月和9月改选，4月1日和10月1日就职。执政官既是国家元首，又是议会首脑。2022年4月1日至2022年10月1日为奥斯卡尔·米纳（Oscar Mina）和保罗·龙代利（Paolo Rondelli）。2022年10月1日至2023年4月1日为玛丽亚·路易莎·贝尔蒂（Maria Luisa Berti，女）和马努埃莱·恰瓦塔（Manuel Ciavatta）。

重要节日　国庆节：9月3日。

简　况　位于欧洲亚平宁半岛东北部的内陆国，距亚德里亚海仅23公里。四周与意大利接壤。境内起伏多山，最高点蒂塔诺山海拔755.24米。属亚热带地中海式气候，年均气温16℃，冬季最低气温–2℃，夏季最高气温30℃。年均降水量880毫米。

相传公元301年，一位叫马力诺的基督徒石匠为逃避罗马皇帝的迫害，藏身于蒂塔诺山顶。圣马力诺的地名由此而来。最初圣实行族长管理，1243年确立了两个执政官联合执政的制度，成为当今世界上最古老的共和国。在两次世界大战中，圣始终保持中立。战后，圣经济稳定发展，并加入联合国等一些重要国际组织。

政　治　实行多党民主制。2019年12月，圣马力诺举行议会选举。由基督教民主党、RETE运动、自由行动党等组成的联盟获得60个席位中的44席，并于2020年1月8日正式组成新一届政府。

【宪法】圣马力诺没有真正的宪法，1974年7月8日通过的法律《公民权利与圣马力诺基本制度原则宣言》行使宪法的职责，该法律源于古代习惯法、1600年通过的《圣马力诺法令》等，2002年2月26日曾进行修订。

【议会】一院制，名为大议会，由两名执政官主持。拥有立法、选举执政官、批准条约、通过财政预算和任命高级官员等权力。本届为第18届议会，由60名议员组成，全国按比例制普选产生，任期5年。议会讨论和通过的法律，需由执政官公布、内政部发表公报后方可生效。

【政府】政府成员由大议会任命。不设总理，外长行使总理职责。本届政府为圣马力诺第30届政府，于2020年1月成立，任期5年。组成如下：外交、国际经济合作和电信部长卢卡·贝卡里（Luca Beccari），内政、公共职能部长埃莱娜·托尼尼（Elena Tonnini，女），财政、预算和交通部长马克·加蒂（Marco Gatti），社会安全、公平竞争和技术创新部长罗贝托·奇亚瓦塔（Roberto Ciavatta），国土、环境、农业部长斯特法诺·坎蒂（Stefano Canti），劳动、经济规划、体育和信息化部长泰奥多罗·隆费尼尼（Teodoro Lonfernini），工业、手工业和贸易部长法比奥·里基（Fabio Righi）、司法和家庭部长马西莫·安德烈·乌戈里尼（Massimo Andrea Ugolini），旅游、邮政和合作部长费德里克·佩蒂尼·阿玛迪（Federico Pedini Amati），教育、文化、大学、科研和青年政策部长安德烈·贝鲁奇（Andrea Belluzzi）。

【行政区划】全国划分为9个行政区，分别是：阿夸维瓦、博尔戈·马乔列、基耶萨诺瓦、多玛尼亚诺、法埃塔诺、费奥伦蒂诺、蒙泰贾迪诺、塞拉瓦莱和圣马力诺城。

【政党】主要政党有：

（1）基督教民主党（Partito Democratico Cristiano Sammarinese）：执政党，中右翼政党，成立于1948年，在议会中拥有21个议席。

（2）RETE运动（Movimento Civico R.E.T.E.）：执政党，中左翼政党，成立于2012年，在议会中拥有11个席位。

（3）自由行动党（Domani Motus Liberi）：执政党，中左翼政党，在议会中拥有4个席位。

（4）社会党（Partito Socialista）：执政党，中左翼政党，成立于2012年，由“新社会党”和“改良社会主义党”组成，在议会中拥有2个席位。

（5）社会民主党（Partito dei Socialisti e dei Democratici）：执政党，左翼政党，成立于2005年，在议会中拥有3个席位。

（6）民主运动–共同党（Movimento Democratico San Marino Insieme）：执政党，成立于2016年，在议会中拥有1个席位。

（7）圣马力诺人党（Noi Sammarinesi）：执政党，成立于2006年，在议会中拥有2个席位。

（8）自由圣马力诺党（Libera San Marino）：在野党，成立于2020年，由“左翼社民党”和“十号公民运动”合并组成，在议会中拥有10个席位。

（9）共和未来党（Repubblica Futura）：在野党，成立于2017年，由中间党派“人民联盟”和“共和国联盟”组成，在议会拥有6个议席。

经　济　20世纪60年代逐步由农业国转变为工业和服务业发达的国家，中小企业是经济支柱，以服装、机械制造、电子设备、化工、建筑、酿酒为主。第三产业发展迅速，就业人口中第三产业占40%。旅游业和邮票发行也是圣国民收入的重要来源。近年来，圣经济形势较为平稳，失业率有所降低。2020年主要经济数据如下：

国内生产总值：15.41亿美元。

人均国内生产总值：4.53万美元。

国内生产总值增长率：–6.65%。

货币名称：欧元。

汇率：1美元≈0.95欧元。

【资源】自然资源贫乏，全部能源从意大利进口。

【工业】主要工业部门有纺织、电子、服装、水泥、制革、造纸、家具、陶瓷、酿酒等。铝制品厂是欧洲最大的铝制品厂之一。

【农业】传统农牧业有谷物种植、养羊等。现今农牧业日益衰退，主要集中在谷物、葡萄、果树种植以及牲畜饲养。可耕地面积6000公顷。主要农产品有葡萄、橄榄、小麦、玉米、奶酪和肉类产品等。

【旅游业】旅游业发达，收入占国民生产总值的50%以上。

精美绝伦的集邮册、首日封和圣马力诺硬币是其旅游收入的重要来源之一。1894年首次在意大利发行纪念邮票和贴邮票的信封。全国所有10家邮局均出售纪念邮票和可收藏硬币，1979年起，境内使用注名邮戳。

【交通运输】无铁路、机场和港口，公路总长220公里，无高速公路。

【财政金融】财政收入主要来源包括税收、发行邮票和纪念币。

【对外贸易】资源匮乏，国力有限，石油制品、工业原料、电力、粮食和副食品主要依赖从意进口。主要贸易伙伴是意大利、欧盟其他成员国、美国和中国。

人民生活

全体公民享受公费医疗。

军　事

奉行中立政策，无正规军，也不实行义务兵役制，但在遭受外来侵略情况下，所有16—65岁的公民都将应征保卫国家。国防预算主要用于国内安全、治安和执法等非军事项目。

大议会卫队：成立于1740年，当时用于保卫大议会及执政官，目前作为执政官仪仗队。

城堡卫队：主要负责对政府机构常规服务与边境巡逻，保卫议会所在地和执政官的安全，在重大仪式中组成仪仗队炮兵，必要时与宪兵合作。

民兵：成立于1600年，16—55岁的公民均可参加。负责参加官方典礼或仪式，在特殊时期协助宪兵与警察。

宪兵：成立于1842年。负责预防及打击犯罪，维护公共秩序，保护公民及其财产安全，监督法律法规的执行等。由受过专门训练的人员组成。

市政警察：成立于1963年。不属于军队建制，但可与宪兵合作，负责管理交通并维持民事、工业、商业、旅游、金融及税收秩序。

文化教育

【教育】实行小学和中学10年义务教育制。全国有托儿所7所，幼儿园14所，小学14所，初中2所，高中5所，大学1所，以及一些专业培训班和夜校。高中入学率为95%，大学入学率为68%。

境内文化机构包括：公共图书馆5所，国家博物馆5所，私人博物馆5所。

【新闻出版】全国有3家报纸和期刊，其中《新闻》由外交部主办，《圣马力诺》由基民党主办。共有2个电台，1993年建立圣马力诺广播电视台。

对外关系

外交政策的宗旨是维护国家的主权和独立，愿同一切友好的国家发展关系。奉行积极中立的外交政策，主张互相尊重独立、主权和领土完整；反对武装干涉和侵略，维护世界和平；支持裁军与核不扩散条约，主张全面销毁核武器；强调加强南北对话，支持各国开展合作；重视保护人权，支持并遵守有关国际条约；主张大小国家一律平等，致力于促进合作与稳定，为建设和平、公正的世界而努力；认为世界正经历着深刻变化，世界局势由紧张对峙走向安全与合作；主张各国增强相互信任与合作，通过和平方式解决地区冲突。参与了欧洲安全与合作组织的创建，认为该组织具有重大历史意义，是保证未来欧洲和平、安全与合作最有效的机制，必须加强其作用。积极参加国际活动，发展同国际组织的关系。1992年3月2日正式加入联合国。同年9月加入国际货币基金组织。目前是国际法院、世界卫生组织、世界旅游组织、国际红十字会等29个国际组织的正式成员，还是欧洲委员会成员国。进入21世纪以来加快同世界各国建交进程，现已同153个国家建立外交关系。

【同中国的关系】1971年5月4日中圣达成建交协议，5月6日正式建立领事级外交关系。1991年7月15日起升格为大使级外交关系。1995年7月，萨维娜·扎费拉尼被任命为首任驻华大使（非常驻）。2018年6月，伊拉里娅·萨利奇奥尼被任命为第二任驻华大使（非常驻）。2021年1月，达里奥·加拉西被任命为新任驻华大使（非常驻）。

2016年中圣建交45周年之际，两国外长互致贺电，中国驻圣马力诺使馆和全国对外友协分别举行庆祝招待会。2017年5月，圣中友协主席泰伦齐来华出席“一带一路”国际合作高峰论坛。2021年是中圣建交50周年，习近平主席和王毅国务委员兼外长分别同圣执政官和外长互相致贺电。中圣联合发表《中国和圣马力诺建交50周年联合新闻稿》，发行了“中圣建交50周年纪念封”。

中圣两国自1988年开始直接贸易往来，双边贸易额一直较小。据中国海关总署统计，2022年，中圣双边贸易额为1472.7万美元，同比增长4.5%。其中，中国出口额为971万美元，同比增长12.5%；中国进口额为501.7万美元，同比减少8.1%。

中国驻圣马力诺大使（驻意大利大使兼任）：李军华。馆址：Via Bruxelles 56，00198 Roma Italy。总机：0039–06–96524200；传真：85352891。

圣马力诺在华未设使馆。2021年1月达里奥·加拉西（Dario Galassi）出任新任驻华大使（非常驻）。

【同意大利的关系】圣意关系十分密切。圣重视改善和发展同意大利的关系。早在1897年，两国就签有《友好睦邻条约》，1971年签订《友好睦邻条约》的补充协定。1979年两国外交关系由总领事级升为大使级。1990年，意总统科西嘉访圣。2002年3月，圣执政官和外长访意，双方签署文化、科学合作以及避免双重征税协定。2010年1月，意经济发展部长斯卡约拉访圣，会见圣执政官并与圣外长穆拉罗尼举行会谈，就两国经贸、金融、投资合作交换意见。2014年6月，意总统纳波利塔诺对圣马力诺进行国事访问。2020年7月，艾米利亚–罗马涅大区主席博纳奇尼访问圣马力

诺，会见圣外长贝卡里。（李冰清）

斯洛伐克

国名 斯洛伐克共和国（The Slovak Republic，Slovenská Republika）。

面积 4.9万平方公里。

人口 543万（2022年）。斯洛伐克族占81.2%，匈牙利族占8.4%，罗姆族（吉卜赛人）占2%，其余为捷克族、卢塞尼亚族、乌克兰族、德意志族、波兰族、俄罗斯族等。官方语言为斯洛伐克语。居民大多（约62%）信奉罗马天主教。人口密度111人/平方公里。

首都 布拉迪斯拉发（Bratislava），面积368平方公里，人口47.7万（2022年）。

国家元首 总统苏珊娜·恰普托娃（Zuzana Čaputová，女），2019年6月15日就任，任期5年。

重要节日 1992年9月1日，捷克斯洛伐克联邦斯洛伐克民族委员会通过斯洛伐克共和国宪法。1993年1月1日斯洛伐克独立，将1月1日、9月1日均定为国庆日。

简况

欧洲中部内陆国。东邻乌克兰，南接匈牙利，西连捷克、奥地利，北毗波兰。属海洋性向大陆性气候过渡的温带气候。年均气温11.8℃，年均降水量400毫米。

5—6世纪，西斯拉夫人在此定居。公元830年后成为大摩拉维亚帝国的一部分。906年帝国灭亡后，沦于匈牙利人统治之下，后为奥匈帝国的一部分。1918年奥匈帝国解体，10月28日成立独立的捷克斯洛伐克共和国。1939年3月，被纳粹德国占领，后建立傀儡斯洛伐克国。1945年5月9日，捷克斯洛伐克在苏军帮助下获得解放，恢复共同国家。1948年2月，捷克斯洛伐克共产党执政。1960年改国名为捷克斯洛伐克社会主义共和国。1989年11月，捷克斯洛伐克政权更迭，改行多党议会民主和多元化政治体制。1990年3月，改国名为捷克斯洛伐克联邦共和国，同年4月，再次更改国名为捷克和斯洛伐克联邦共和国。1992年12月31日，捷克和斯洛伐克联邦共和国解体。自1993年1月1日起，斯洛伐克共和国成为独立主权国家。

政治

2020年2月29日，斯洛伐克举行独立后的第八次国民议会选举，共6个政党进入议会。3月21日，由普通公民组织、我们是家庭党、自由与团结党和惠民党四党执政联盟组建的新一届政府宣誓就职。普通公民组织主席伊戈尔·马托维奇（Igor Matovič）任总理。2021年3月底，斯政府因执联危机改组，马托维奇辞职。4月1日，普通公民组织副主席爱德华·黑格尔（Eduard Heger）出任总理。新一届政府仍由普通公民组织、我们是家庭党、自由与团结党、惠民党四党联合执政，内阁成员共16名，席位分配未变。2022年9月，斯政府改组，自由与团结党退出执政联盟。12月，斯国民议会通过对政府的不信任案，总统签署法令解散政府，并授权黑格尔及其内阁成员履行看守政府职能。

【宪法】1992年7月17日，斯洛伐克国民议会通过宪法，规定斯实行多党议会民主制。同年9月1日，该法在捷克和斯洛伐克联邦斯洛伐克民族委员会获得通过，并于10月1日生效。

【议会】国民议会为斯洛伐克最高立法机构，实行一院制，共150个席位，每届任期4年。本届议会由2020年2月29日大选产生，3月20日正式成立，共有6个党派，包括普通公民组织、我们是家庭党、自由与团结党和惠民党4个执政党，以及方向党和人民党2个在野党。2020年6月，方向党副主席佩列格里尼率部分议员退出方向党，随后成立民声党。执政联盟四党最初拥有94个议席，后因个别议员退党减少至88席。本届议会设议长和3位副议长（最初为4位副议长），下设特权与豁免委员会，宪法法律委员会，欧洲事务委员会，财政和预算委员会，经济事务委员会，农业和环境委员会，公共管理和地方发展委员会，社会事务委员会，卫生健康委员会，国防与安全委员会，文化和媒体委员会，外交委员会，教育、科学、青年和体育委员会等19个委员会。现任议长为我们是家庭党主席博里斯·科拉尔（Boris Kollár）。

【政府】现政府于2021年4月1日就职，由总理、2位副总理及14位部长组成。主要成员有：总理兼财政部长爱德华·黑格尔，副总理兼投资、地方发展和信息化部长韦罗妮卡·雷米绍娃（Veronika Remišová，女），副总理斯特凡·霍利（Štefan Holý），经济部长查理·希尔曼（Karel Hirman），交通和建设部长安德烈·多莱扎尔（Andrej Doležal），农业和农村发展部长萨穆尔·弗尔昌（Samuel Vlčan），内务部长罗曼·米库莱茨（Roman Mikulec），国防部长雅罗斯拉夫·纳吉（Jaroslav Naď），司法部长威廉·卡拉斯（Viliam Karas），外交和欧盟事务部长拉斯蒂斯拉夫·卡切尔（Rastislav Káčer），劳动、社会事务和家庭部长米兰·克拉伊尼亚克（Milan Krajniak），环境部长扬·布达伊（Ján Budaj），教育、科研和体育部长扬·霍莱茨基（Ján Horecký），文化部长纳塔利娅·米兰诺娃（Natália Milanová，女），卫生部长弗拉基米尔·伦格瓦尔斯基（Vladimír Lengvarský）。2022年12月，斯国民议会通过对政府的不信任案，总统签署法令解散政府，并授权黑格尔及其内阁成员履行看守政府职能。

【行政区划】全国分为8个州，下设141个市、2890个村镇。

【司法机构】宪法法院、最高法院是国家最高司法机关。宪法法院院长、副院长、法官由议会选举产生，总统任命。最高法院院长、副院长由司法理事会选举产生，总统任命。总检察院是国家最高检察机关，总检察长由议会选举产生，总统任命。宪法法院院长伊万·菲亚昌（Ivan Fiačan），2019年就任，任期12年。最高法院院长扬·希库塔（Ján Šikuta），2020年就任，任期5年。总检察长马罗什·日林卡（Maroš Žilinka），2020年就任，任期7年。地方还设有地方法院、检察院。

【政党】注册党派约160个，主要政党有：

（1）普通公民和独立个人组织（Obyčajní ľudia a nezávislé osobnosti）：简称"普通公民组织"。执政党。成立于2011年。倡导为民请愿，反对腐败。党主席伊戈尔·马托维奇。

（2）我们是家庭党（SME RODINA）：执政党。成立于2011年，原名"斯洛伐克公民党"。自称代表每一个普通斯洛伐克家庭的利益，批评一切传统政党，标榜不为任何政治集团站台。党主席博里斯·科拉尔（Boris Kollár）。

（3）自由与团结党（Sloboda a Solidarita）：简称"自团党"。执政党。成立于2009年2月，主张尊重个人自由和社会团结，推崇自由市场经济和私有制，反对国家干预。党主席里哈德·苏利克（Richard Sulík）。

（4）惠民党（Za ľudí）：执政党。成立于2019年。主张提高政府效率，改革司法，反对腐败。党主席韦罗妮卡·雷米绍娃（Veronika Remišová，女）。

（5）社会民主–方向党（SMER-SD）：简称"方向党"。在野党。1999年11月由脱离斯民主左翼党的菲佐等人创立。2005年1月，与民主左翼党、民主选择党和社会民主党合并，更名为社会民主–方向党。该党首要目标为建立有序、公正和稳定的社会，政策具有明显的社会民主党性质。党主席罗贝尔特·菲佐（Robert Fico）。

（6）我们的斯洛伐克–人民党（Ľudová strana Naše Slovensko）：在野党。成立于2000年，在2016年议会大选中首次进入议会。反对欧盟，主张斯洛伐克的绝对独立。主席马里安·科特莱巴（Marian Kotleba）。

【重要人物】**苏珊娜·恰普托娃**：总统。女，1973年6月出生。毕业于斯洛伐克考门斯基大学法学院。曾在斯洛伐克佩齐诺克市政府及多家非政府组织任职，长期从事律师工作，致力于环保和公益事业。2017年参与筹建斯新兴政党"进步斯洛伐克"，2018年1月当选该党副主席，参选总统后于2019年3月退党。2019年3月30日当选斯总统，6月15日就职，系斯独立以来的首位女性总统。　**博里斯·科拉尔**：议长。1965年8月出生。毕业于斯卡利察中欧学院。曾长期从事商业活动。2015年改组我们是家庭党并任主席。2016年3月首次当选国民议会议员，2020年2月连任，3月当选国民议会议长。　**爱德华·黑格尔**：总理。1976年5月出生。毕业于布拉迪斯拉发经济大学商学院。从政前长年经商。2016年当选国民议会议员，2020年连任。2020年3月出任斯副总理兼财政部长，兼任普通公民组织副主席。2021年4月1日起任总理。2022年12月，斯国民议会通过对政府的不信任案，总统签署法令解散政府，并授权黑格尔及其内阁成员履行看守政府职能。

经　济

斯洛伐克早年为农业区，基本无工业。捷克斯洛伐克共产党执政期间在斯洛伐克逐步建立了钢铁、石化、机械、食品加工及军事工业，缩小了同捷克在经济上的差距。1989年剧变后，斯根据联邦政府提出的"休克疗法"开始进行经济改革，导致经济大衰退。1993年1月斯独立后，推行市场经济，加强宏观调控，调整产业结构。近年来，斯政府不断加强法制建设，改善企业经营环境，大力吸引外资，逐渐形成以汽车、电子产业为支柱，出口为导向的外向型市场经济。2019年国内生产总值为944亿欧元，同比增长2.5%。受新冠疫情影响，2020年国内生产总值为934亿欧元，同比减少3.3%。2021年国内生产总值为1003亿欧元，同比增长4.9%。2022年主要经济数据如下：

国内生产总值：1097亿欧元。

人均国内生产总值：2.02万欧元。

国内生产总值增长率：1.7%。

货币名称：欧元。

汇率：1美元≈0.95欧元。

通货膨胀率：12.8%。

失业率：6.2%。

【资源】有褐煤、硬煤、菱镁矿。石油、天然气依赖进口。

【工业】2021年工业生产总值为211亿欧元，占国内生产总值的21.0%。主要工业部门有钢铁、食品、烟草加工、石化、机械、汽车等。

【农业】2021年农业生产总值为17.2亿欧元，占国内生产总值的1.7%。主要农作物有大麦、小麦、玉米、油料作物、马铃薯、甜菜等。

【交通运输】以公路和铁路运输为主，近年来航空运输有所发展。2021年交通运输情况如下：

公路：总长18152公里，其中高速公路545公里。客运量总计1.49亿人次，货运量总计1.54亿吨。截至2021年底，斯共有汽车343.6万辆，其中私人汽车249.3万辆。

铁路：总长3626.5公里，其中电气化铁路1585公里。客运量总计4634.5万人次，货运量总计5224.5万吨。

水运：内河航道172公里，客运量总计6.2万人次，货运量总计190万吨。

空运：客运量总计23.5万人次。（资料来源：斯洛伐克国家统计局）

【财政金融】近几年财政收支情况（单位：亿欧元）：

	2020	2021	2022
财政赤字	−50.35	−59.7	−22.35
占国内生产总值（%）	5.47%	6.15%	2.04%
公共债务	550.1	612.6	633.8
占国内生产总值（%）	59.74%	63.07%	57.8%

（资料来源：斯洛伐克国家统计局、央行）

【对外贸易】2021年，斯外贸总额为1749亿欧元，同比增长18.1%。其中，出口额为883亿欧元，同比增长16.3%；进口额为866亿欧元，同比增长19.3%。外贸顺差17亿欧元。2022年，斯外贸总额达2100亿欧元，同比增长20.1%。其中，出口额为1028亿欧元，同比增长16.4%；进口额为1072亿欧元，同比增长23.8%。外贸逆差44亿欧元，为2008年以来首次出现贸易逆差。

主要出口商品有：钢材、电子产品、交通工具、机械产品、化工产品、矿物燃料、金属和金属制品、电力设备等。主要进口商品有：石油、天然气、机械设备、原材料、食品、化工产品等。主要贸易伙伴为德国、捷克、波兰、匈牙利、法国等。

【外国资本】截至2021年底，斯吸收外资存量为593.67亿美元。外资主要投向金融、房地产、汽车、电子制造等行业。主要投资来源国为德国、意大利、奥地利、荷兰、韩国、捷克、匈牙利、日本等。主要跨国公司有西门子、大众、三星、起亚、索尼、戴尔、联想等。主要外资项目有大众汽车制造厂、标致雪铁龙汽车制造厂、起亚汽车制造厂、捷豹路虎汽车制造厂、三星液晶显示器厂、索尼液晶电视机厂等。（资料来源：斯洛伐克国家统计局数据库）

人民生活

2020年，人均月工资1133欧元。2021年，人均月工资1211欧元，同比增长6.9%。2022年，人均月工资1304欧元，同比增长7.7%。

军　事

1993年捷克和斯洛伐克联邦解体后，捷与斯按2∶1原则分割原捷联邦的军队及其装备。总统是斯全国武装力量最高统帅，国防委员会是国防与安全问题的最高决策机构，国防部是政府主管军事的行政机关，总参谋部是全军最高指挥机构。2005年，斯军队开始职业化，现有兵力约1.6万人。2022年5月4日，丹尼尔·兹梅科（Daniel Zmeko）上将就任斯军总参谋长，任期4年。

文化教育

【教育】实行10年制义务教育，国家对食宿给予补贴。2021年，全国有3102所幼儿园、2070所小学、233所中学、435所职业中学、17所音乐学校、33所大学。2021年高校就读人数10.83万，其中外国留学生14006人。最著名高等院校有考门斯基大学、斯洛伐克技术大学、布拉迪斯拉发经济大学、马杰·贝尔大学等。

【新闻出版】斯报刊实行私有化。主要日报有《真理报》《存在报》《新时代》《经济报》《N日报》等。主要通讯社有斯洛伐克通讯社（简称“斯通社”，国家商业性通讯社）、斯洛伐克信息通讯社（私营通讯社）。主要电视台有斯洛伐克国家电视台、TA3电视台、JOJ电视台、Markiza电视台等。

对外关系

斯外交较活跃，以欧盟和北约为依托，注重睦邻友好，重视发展同大国关系，积极推动地区合作，广泛参与国际事务。外交不断进取，国际地位显著提高。2004年3月和5月分别加入北约和欧盟；2006—2007年担任联合国安理会非常任理事国；2007年12月成为《申根协定》缔约国；2009年1月1日起加入欧元区。

【同中国的关系】1949年10月6日，中国同原捷克斯洛伐克建交。1957年3月27日，双方签订了中捷友好条约。1993年1月1日斯洛伐克共和国独立，双方商定中国同捷斯联邦签署的条约和协定对斯继续有效，并沿用1949年10月6日为两国建交日。

近年来，两国高层保持交往。2019年4月，李克强总理在出席中国—中东欧国家领导人杜布罗夫尼克会晤期间同斯总理佩列格里尼举行双边会见。同月，斯外长莱恰克、经济部长日加等来华出席第二届“一带一路”国际合作高峰论坛有关活动。7月，王毅国务委员兼外长访斯。斯副总理莱希先后于6月和11月率团来华出席在宁波举行的中国—中东欧国家博览会和第二届中国国际进口博览会。2020年5月，王毅国务委员兼外长同斯外长科尔乔克通电话。2021年2月，斯总理马托维奇出席中国—中东欧国家领导人视频峰会。

据中国海关总署统计，2022年，中斯双边贸易额为121.5亿美元，同比增长0.5%。其中，中国出口额为44.4亿美元，同比减少2.4%；中国进口额为77.1亿美元，同比增长2.3%。

2019年4月，双方签署《中华人民共和国海关总署和斯洛伐克共和国国家兽医和食品监管总局关于斯洛伐克输华乳品动物卫生和公共卫生条件议定书》。11月，双方签署《中华人民共和国交通运输部与斯洛伐克共和国交通建设部关于交通运输和物流领域合作的谅解备忘录》。2021年2月，双方签署《中华人民共和国海关总署和斯洛伐克共和国兽医食品总局关于中国从斯洛伐克输入羊肉的检验检疫和兽医卫生要求议定书》。

中国驻斯洛伐克大使：孙立杰。馆址：Jancova 8B，81102，Bratislava，Slovak Republic。电话：00421-2-62804291；传真：62804289。经商处电话：00421-2-52920154。办公室（领事部）电话：00421-2-62804283。

斯洛伐克驻华大使：彼得·利扎克（Peter Lizák）。馆址：北京市朝阳区建国门外日坛路2号。电话：010-65321531，65321530；传真：65324814。

【同其他欧洲国家的关系】斯高度重视发展同其他欧洲国家特别是周边国家的关系，尤其与捷克保持“超标准国家关系”，同西巴尔干国家交往频繁，支持该地区国家加入欧盟。

【同美国的关系】视美国为重要盟友，同美国关系密切，积极参加北约行动。

【同国际和地区组织的关系】积极参与欧盟和北约事务，2016年下半年担任欧盟轮值主席国。2017年9月，斯外长莱恰克担任第72届联合国大会主席，任期一年。注重加强维谢格拉德集团（V4）合作，2019年先后担任欧安组织和经合组织部长理事会主席国，2022年至2023年7月任维谢格拉德集团轮值主席国。

（赵涵宇）

斯洛文尼亚

国名　斯洛文尼亚共和国（The Republic of Slovenia，Republika Slovenija）。

面积　20273平方公里。

人口　211万（2022年）。主要民族为斯洛文尼亚族，约占83%。少数民族有塞尔维亚族、克罗地亚族、匈牙利族、意大利族等。官方语言斯洛文尼亚语，主要宗教为天主教。

首都　卢布尔雅那（Ljubljana），人口28.7万（2022年）。1月气温约2.4℃，7月气温约21.9℃，年均降水量约1350毫米。

国家元首　总统娜塔莎·皮尔茨·穆萨尔（Nataša Pirc MUSAR，女），2022年11月当选，任期5年。

重要节日　国庆节：6月25日。

简　况

位于欧洲中南部、巴尔干半岛西北端，西接意大利，北邻奥地利和匈牙利，东部和南部同克罗地亚接壤，西南濒亚得里亚海。海岸线长46.6公里。特里格拉夫峰为境内最高山峰，海拔2864米。最著名的湖泊是布莱德湖。气候分山地气候、大陆性气候、地中海式气候。夏季平均气温21.3℃，冬季平均气温-0.6℃，年均气温10.7℃。

6世纪末，斯拉夫人迁移到现斯洛文尼亚一带。9—20世纪初，斯洛文尼亚受德意志国家和奥匈帝国的统治。1918年，斯洛文尼亚同其他一些南部斯拉夫民族联合成立塞尔维亚人-克罗地亚人-斯洛文尼亚人王国，1929年改称南斯拉夫王国。1941年，德意法西斯入侵南斯拉夫。1945年，南斯拉夫各族人民赢得反法西斯战争胜利，11月29日宣告成立南斯拉夫联邦人民共和国（1963年改称南斯拉夫社会主义联邦共和国），斯洛文尼亚为其中一个共和国。1991年6月25日，斯洛文尼亚议会通过决议，宣布脱离南斯拉夫社会主义联邦共和国，成为独立的主权国家。1992年5月，斯洛文尼亚加入联合国。

政　治

斯洛文尼亚独立后政局总体保持稳定。2020年1月，斯总理沙雷茨辞职。3月，民主党、现代中间党、新斯洛文尼亚党、退休者民主党联合组建新政府，民主党主席亚内兹·扬沙（Janez JANŠA）出任总理。12月，退休者民主党退出执政联盟。2022年4月，举行议会选举，自由运动党成为国民议会第一大党。5月，斯国民议会通过总统对自由运动党主席罗伯特·戈洛布（Robert GOLOB）出任新总理的提名。6月，国民议会通过戈提交的内阁名单，斯新一届政府成立，戈洛布就任总理。

【宪法】1991年12月23日，斯洛文尼亚议会通过新宪法。1997年和2000年两次修宪。宪法确立立法、行政、司法三权分立原则。

【议会】国家最高立法和监督机构，分为国民议会和国民委员会。国民议会由90名议员组成，通过直接选举产生，任期4年。全国共分8个选区，每个选区选出11名代表，保留2个席位给意大利族和匈牙利族议员。本届国民议会于2022年5月组成。现任议长乌尔什卡·克拉科查尔-祖潘契奇（Urška Klakočar ZUPANČIČ，女）。议会各党派所占议席数为：自由运动党41席、民主党27席、新斯洛文尼亚党8席、社会民主人士党7席、左翼党5席、少数民族议员2席。国民委员会由来自社会、经济、专业、地方4个界别40名委员组成，任期5年，按界别和地方社区划分选区，实行间接选举。本届国民委员会于2022年12月成立，主席马尔科·洛特里奇（Marko LOTRIČ）。

【政府】国家权力执行机构。本届政府成立于2022年6月，2023年1月政府部门进行调整。总理罗伯特·戈洛布。政府成员有：副总理兼外交和欧洲事务部长塔妮娅·法永（Tanja FAJON，女），副总理兼劳动、家庭、社会事务和平等机会部长卢卡·梅塞茨（Luka MESEC），副总理兼卫生部长达尼耶尔·贝希奇·洛雷丹（Danijel Bešič LOREDAN），财政部长克莱门·博什特扬契奇（Klemen BOŠTJANČIČ），国防部长马尔扬·沙雷茨（Marjan ŠAREC），司法部长多米尼卡·什瓦尔茨·皮潘（Dominika Švarc PIPAN，女），公共管理部长兼代理内务部长萨妮娅·阿亚诺维奇·霍夫尼克（Sanja Ajanović HOVNIK，女），团结未来部长西蒙·马列瓦茨（Simon MALJEVAC），环境、气候和能源部长博扬·库梅尔（Bojan KUMER），教育部长达尔约·费尔达（Darjo FELDA），高等教育、科学和创新部长伊戈尔·帕皮奇（Igor PAPIČ），经济、旅游和体育部长马特亚日·汉（Matjaž HAN），文化部长阿斯塔·弗雷奇科（Asta VREČKO，女），农业、林业和食品部长伊雷娜·欣科（Irena ŠINKO，女），基础设施部长阿伦卡·布拉图舍克（Alenka BRATUŠEK，女），自然资源和空间规划部长乌罗什·布雷让（Uroš BREŽAN），凝聚和区域发展部长阿莱克桑戴尔·耶夫舍克（Aleksander JEVŠEK），数字化转型部长埃米利娅·斯托伊梅诺娃·杜赫（Emilija Stojmenova DUH，女），海外斯洛文尼亚人事务不管部长马特伊·阿尔琼（Matej ARČON）。

【**行政区划**】全国分为12个地区，共有212个市级行政单位。

【**司法机构**】法院和检察院是国家司法机构。法院分为宪法法院、最高法院、高等法院、地区法院、县级法院。另外设有专业法院：劳动和社会法院（主要负责处理雇佣关系和社会福利方面的法律案件）、行政诉讼法院、审计法院。宪法法院主要负责判定议会有关立法是否同宪法相抵触，由9名法官组成，院长马特伊·阿克托（Matej Accetto），2021年12月就任。最高法院为最高司法机构，院长达米扬·弗洛尔扬契奇（Damijan FLORJANČIČ），2017年2月就任。检察院分为共和国检察院、高等检察院（4个）、地区检察院（11个）。总检察长德拉戈·什凯塔（Drago ŠKETA），2017年3月就任。

【**政党**】斯洛文尼亚主要政党有：

（1）自由运动党（Gibanje Svoboda）：前身为绿色行动党，2022年改为现名。主张推动国家发展、社会进步、绿色转型。党主席为罗伯特·戈洛布。

（2）民主党（Slovenska Demokratska Stranka）：前身为1989年2月成立的社会民主协会，后更名为社会民主党，2003年9月改为现名。主张民主、自由、尊重人权，建设法治国家，法律面前人人平等，认为经济增长是国家持久繁荣的基础。党主席为亚内兹·扬沙。

（3）新斯洛文尼亚党（Nova Slovenija）：成立于2000年8月。奉行基督教民主主义和保守主义。党主席为马特伊·托宁（Matej TONIN）。

（4）社会民主人士党（Socialni Demokrati）：成立于1993年5月，原名“社会民主人士联合名单党”，2005年改为现名。倡导尊重人权，确保人的自由，发展经济，建立安全、平等、经济发展的社会，建设法治国家，保护少数者权利。党主席为塔尼娅·法永。

（5）左翼党（Levica）：成立于2017年6月。主张推动福利社会建设，发展可再生能源，保护环境。党主席为卢卡·梅塞茨。

【**重要人物**】**娜塔莎·皮尔茨·穆萨尔**：总统。女，1968年生。毕业于卢布尔雅那大学法学院。2015年获维也纳大学法学博士学位。2003年起，从事法律工作，创办个人律师事务所，曾担任美国前总统特朗普夫人梅拉尼娅、斯国民议会议长祖潘契奇等的法律顾问。曾任欧洲刑警组织联合监督机构主席。2022年11月当选，任期5年。　**罗伯特·戈洛布**：总理。1967年生。毕业于卢布尔雅那大学电气工程系。1999—2000年任负责能源事务的国务秘书。2006—2021年任Gen-I公司董事长。2022年1月当选自由运动党主席，6月当选总理。　**乌尔什卡·克拉科查尔-祖潘契奇**：国民议会议长。1977年生。毕业于卢布尔雅那大学法律系。2008—2021年任卢布尔雅那地方法院法官。2022年初加入自由运动党并担任副主席，5月当选国民议会议长。　**马尔科·洛特里奇**：国民委员会主席。1963年生。曾先后从事金属品制造、精密电子机械领域工作。1991年创立以其个人姓氏命名的专业计量检测公司。洛还曾担任斯手工业雇主和企业家协会主席、什科菲亚洛卡地区商会主席等社会职务。2022年12月，当选国民委员会主席。

经　济

斯洛文尼亚拥有良好的工业和科技基础、现代化的经济和产业结构，在汽车制造、高新技术、电气、制药等领域具有一定优势。2007年1月1日加入欧元区。2022年主要经济数据如下：

国内生产总值：589亿欧元。

人均国内生产总值：2.8万欧元。

国内生产总值增长率：5.4%。

货币名称：欧元。

汇率：1美元≈0.95欧元。

通货膨胀率：10.5%。

失业率：4.0%。

（资料来源：斯洛文尼亚国家统计局，下同）

【**资源**】森林和水资源丰富，森林覆盖率为66%。矿产资源相对贫乏，主要有汞、煤、铅、锌等。

【**工业**】主要工业门类有：汽车制造、机械设备和家用电器制造、电气机械和仪表制造、化工（含制药）、电力能源、冶金、橡胶和塑料产品加工、非金属矿物质制品加工、食品饮料加工、木材加工、家具制造、造纸、印刷出版、纺织、成衣和皮革制品加工等。2022年工业生产总值约132亿欧元，同比增长1.5%。

【农业】农业在国民经济中比重较小。2021年农业用地47.9万公顷，农业人口7.3万人，农业产值约13.19亿欧元。2022年生产小麦15万吨、玉米27.9万吨、苹果4.9万吨、葡萄8.1万吨。

【服务业】服务业为国民经济重要组成部分。包括：批发和零售、修理、旅馆饭店、运输、通信、仓储、金融中间机构、房地产、租赁、企业服务、公共管理、社会服务、其他社区或个人服务。从业人口超过全国人口总数的1/5。2022年服务业占国内生产总值的56.4%，约351亿欧元。

【旅游业】旅游业较为发达。2022年，接待游客580万人次，过夜1560万人次。国外游客主要来自德国、奥地利、意大利、克罗地亚。主要旅游区是亚得里亚海海滨和阿尔卑斯山区。主要旅游景点：特里格拉夫山区国家公园、布莱德湖、波斯托伊纳溶洞。主要旅游设施：海滨浴场、滑雪场、温泉、溶洞、旅馆、汽车宿营地等。

【交通运输】地理位置较好，电气化铁路和现代化公路占相当大比重。

铁路：铁路总长2177.5公里，其中电气化铁路610公里，复线铁路331公里。2021年客运量1186万人次，货运量2034万吨。

公路：公路总长38906公里，其中高速公路746公里。2021年公路客运量3915万人次，货运量9891万吨。

海运：有3个港口，分别是科佩尔港、伊佐拉港和皮兰港。其中，科佩尔港为斯第一大港。该港建成于1958年，港区面积为450公顷，有2000米的海岸可供装卸货物，有25万平方米的仓储面积。2021年海运货运量2006万吨。

空运：2020年航空载客29万人次，卢布尔雅那约热·普奇尼克机场为斯最大的国际机场。

【财政金融】近几年财政收支情况如下（单位：亿欧元）：

	2020	2021	2022
收入	90.8	233.0	251.3
支出	125.6	257.1	274.2
盈余/赤字	–34.8	–24.1	–22.9

【对外贸易】斯洛文尼亚经济为高度外向型，对外贸易在国民经济中占有较高比重。主要贸易伙伴国为德国、意大利、克罗地亚、奥地利、瑞士。主要出口商品：汽车零部件、药品、石油加工产品、电器等；主要进口商品：机械设备、石油和矿产品、塑料产品、农产品等。近几年对外贸易情况如下（单位：亿欧元）：

	2020	2021	2022
出口额	329	394	527
进口额	320	420	567
差　额	9	–26	–40

【对外投资】截至2021年底，对外直接投资总额为78亿欧元，主要投资对象国为克罗地亚、塞尔维亚、波黑、俄罗斯、北马其顿。

【外国资本】截至2020年底，外国对斯洛文尼亚的直接投资总额为166亿欧元。主要投资来源国有美国、意大利、奥地利、卢森堡、瑞士、德国、荷兰。

【对外援助】斯主要通过欧盟、联合国和世界银行等机构提供对外援助，援助对象主要集中在西巴尔干地区。

【著名公司】（1）戈兰尼亚家电公司。主要产品：洗衣机、电冰箱等家用电器。注册资本：1亿欧元。创建于20世纪50年代。2018年，海信集团收购戈兰尼亚家电公司95.42%股权。

（2）雷诺轿车组装厂。主要生产：轿车和轿车零部件。注册资本：5500万欧元。创建于20世纪50年代。

（3）克尔卡制药公司。主要生产：药品。注册资本：5470万欧元。创建于20世纪50年代。

人民生活

斯政府重视提高和改善人民生活水平，实行覆盖所有纳税人家庭和个人的医疗保障和社会保障制度，包括免费医疗、免费教育、失业保障金、退休金、残疾人福利等。2021年人均月净收入为1970欧元。斯共有医院29所。其中，综合性医院18所，妇产医院2所，肺病专科医院2所，神经疾病医院4所，整形医院2所，康复医院1所，共有病床9294张。全国医生和护士分别有5000多人。每万人拥有30.8名医生、31.2名护士、7名牙医和7.1名药剂师，每10万人拥有3.1个卫生中心、1.3所医院、1.2家药房。

军　事

斯国家武装部队正式成立于1991年6月，原名“领土保卫部队”，1993年10月改名为斯洛文尼亚军队。总统为国家武装力量最高统帅。1998年起，斯按照西方标准改组军队体制，分为基本国防部队、加强部队、快速反应部队。截至2020年3月，斯军队总人数7013人，其中常规军人数6353人、预备役660人。2019年国防支出为5亿欧元。斯在以下国家和地区派有军事人员：科索沃、阿富汗、黎巴嫩、叙利亚、波黑、北马其顿、塞尔维亚、马里、伊拉克、拉脱维亚。

文化教育

【教育】实行12年义务教育制度。学制：小学8年，中学4年，大学4—6年。2020/2021学年在校学生人数分别为：小学生和初中生19.3万人，高中生7.4万人，大学生8.3万人。各类教师共计3.9万人。全国共有国立综合性大学4所，高中111所，小学和初中772所。

【新闻出版】斯有1000多种纸质媒体。主要报刊有《24小时报》《斯洛文尼亚新闻》《劳动报》《日报》《晚报》等。

电视台：共有55个电视频道。国家电视台为斯洛文尼亚广播电视台（6个频道，1958年成立）。私营商业电视台主要有Kanal A（1989年成立）和POP TV（1993年成立）。2000年10月，POP TV的母公司美国Super Plus收购了Kanal A，但仍使用其名称。

广播电台：共有76个广播频道。全国听众人数最多的电台有Radio 1、Val 202和斯广播电台第一套节目。

国家通讯社：斯洛文尼亚通讯社，成立于1991年6月20日。

对外关系

斯洛文尼亚于2004年3月29日加入北约，同年5月1日加入欧盟。致力于融入欧盟体系。积极发展同德国、法国、美国、俄罗斯、中国等大国关系。注重发展同其他前南斯拉夫国家关系，积极参与协调西巴尔干事务及国际热点问题的解决。截至目前，斯已同180多个国家建立外交关系。

【同中国的关系】1992年5月12日中斯建交。近年来，两国关系发展顺利。2019年4月，李克强总理在克罗地亚杜布罗夫尼克会见出席第八次中国—中东欧国家领导人会晤的斯总理沙雷茨。9月，全国政协副主席杨传堂访斯。12月，王毅国务委员兼外长访斯。5月，斯副总理兼教育、科学、体育部长皮卡洛访华。6月，斯副总理兼基础设施部长布拉图舍克访华。4月和11月，斯经济发展和技术部长波契瓦尔舍克先后来华出席第二届“一带一路”国际合作高峰论坛和第二届中国国际进口博览会。9月，斯举办第六届中国—中东欧国家高级别智库研讨会。2020年2月，斯总统帕霍尔、副总理兼外长采拉尔分别致函习近平主席、王毅国务委员兼外长，支持中国抗击新冠疫情。斯政府向中国捐赠口罩等抗疫物资。3月，王毅国务委员兼外长向斯外长洛加尔致慰问电。12月，王毅国务委员兼外长同斯外长洛加尔通电话。中国政府、企业和红十字会向斯方捐赠抗疫物资。2021年2月，斯副总理兼经济部长波契瓦尔舍克出席中国—中东欧国家领导人峰会。5月，中央政治局委员、中央外事工作委员会办公室主任杨洁篪访斯。9月，全国政协副主席张庆黎同斯国民委员会主席科弗什察举行视频会晤。

据中国海关总署统计，2022年，中斯双边贸易额为74.5亿美元，同比增长24.4%。其中，中国出口额为68.6亿美元，同比增长28.1%；中国进口额为5.9亿美元，同比减少6.7%。截至2020年底，斯对华直接投资总额7360万美元。

中国驻斯洛文尼亚大使：王顺卿。馆址：Koblarjeva 3，1000 Ljubljana，Republic of Slovenia。电话：00386–1–6202507；传真：2822199。

斯洛文尼亚驻华大使：苏岚（Alenka SUHADOLNIK，女）。馆址：北京市朝阳区亮马桥北小街7号亮马桥外交公寓C区别墅LC04–02。电话：0086–10–85326191；传真：85322026。

【同美国的关系】1992年8月，斯洛文尼亚同美国建交。两国关系密切，高层交往较频繁。2022年8月，斯外交部国务秘书日博加尔会见出席布莱德战略论坛的美国助理国务卿米歇尔和副助理国务卿加布里埃尔。9月，美国向斯洛文尼亚等18个欧洲国家提供10亿美元国防援助。

【同俄罗斯的关系】1992年5月，斯洛文尼亚同俄罗斯建交。两国关系发展良好。2019年9月，斯总理沙雷茨访俄。2021年5月，斯外长洛加尔访俄。乌克兰危机发生后，斯强烈谴责俄。2022年，斯洛文尼亚驱逐33名俄驻斯外交官。

【同欧盟及其成员国的关系】1992年4月13日，斯洛文尼亚同欧盟建交。2004年5月1日，斯加入欧盟。2022年6月，斯总统帕霍尔访问克罗地亚，参加“三海倡议”峰会。奥地利外长沙伦伯格访斯。斯国民议会议长乌尔什卡同波兰议长维特克举行视频会晤。斯总理戈洛布访问欧盟总部，出席欧盟峰会。斯外长法永参加在卢森堡召开的欧盟外长会。7月，斯外长法永访问德国、克罗地亚。斯总理戈洛布访问德国。匈牙利总统诺瓦克访斯。8月，斯总统帕霍尔访问克罗地亚。冰岛总统约翰内松访斯。9月，斯总理戈洛布访问法国。10月，斯总理戈洛布出席在捷克布拉格举行的欧盟领导人非正式峰会。10月，斯总统帕霍尔访问德国。11月，斯总统帕霍尔出席柏林进程峰会，访问斯洛伐克、克罗地亚，同波兰总统杜达通电话。12月，匈牙利总理欧尔班、欧洲理事会主席米歇尔、奥地利总统范德贝伦访斯。斯总统帕霍尔访问意大利。

【同西巴尔干国家的关系】斯洛文尼亚重视发展同西巴尔干国家关系，致力于加强合作。

2022年6月，斯总统帕霍尔出席在希腊举行的东南欧合作进程年度会议。7月，阿尔巴尼亚总统梅塔访斯。斯总统帕霍尔同北马其顿总统彭达罗夫斯基通电话。9月，斯总统帕霍尔访问塞尔维亚。10月，斯外长法永访问北马其顿。

【同其他国家的关系】2022年6月，乌克兰议会副议长孔德拉蒂乌克访斯。斯总理戈洛布同乌克兰总理施米哈尔通电话。斯外长法永同乌克兰外长库列巴通电话。7月，斯外长法永访问乌克兰。10月，阿尔及利亚议长布加利访斯。12月，斯副总理兼外长法永访问塞尔维亚、黑山。（杨旭）

乌克兰

国名　乌克兰（Ukraine，Україна）。

面积　60.35万平方公里。

人口　4116.73万（2022年，未统计克里米亚及顿巴斯部分地区人口）。共有130多个民族，乌克兰族约占77.82%，俄罗斯族约占17.28%，其余为白俄罗斯、犹太、克里米亚鞑靼、摩尔多瓦、波兰、匈牙利、罗马尼亚、希腊、德意志、保加利亚等民族。官方语言为乌克兰语，居民通晓俄语。主要宗教为东正教和天主教。

首都　基辅（Kyiv，Київ），面积827平方公里，人口295万（2021年），全国政治、经济、文化、教育和科学中心。

国家元首　根据乌宪法，乌为议会–总统制国家，总统为国家元首，主要负责外交和军事等事务。第6任总统弗拉基米尔·亚历山德罗维奇·泽连斯基（Володимир Олександрович Зеленський），2019年5月20日就任，任期至2024年。

重要节日　公历新年：1月1日；东正教圣诞节：1月7日；统一日（纪念东西乌克兰合并）：1月22日；国际妇女节：3月8日；国际劳动节：5月1日；纪念与和解日：5月8日；胜利日：5月9日；宪法日（纪念1996年颁布乌独立后首部宪法）：6月28日；独立日（国庆节）：8月24日；乌克兰保卫者日：10月14日；天主教圣诞节：12月25日。

简　况

位于欧洲东部，黑海、亚速海北岸。国土的95%为平原。东西长1316公里，南北长893公里。北邻白俄罗斯，东接俄罗斯，西连波兰、斯洛伐克、匈牙利，南沿黑海、亚速海并同罗马尼亚、摩尔多瓦毗邻。陆地边界线长5631公里，海岸线长1959公里。最大山系为西部的喀尔巴阡山，最高峰戈尔维拉峰海拔2061米。大部分地区为温带大陆性气候。1月平均气温–7℃，7月平均气温20.5℃。

“乌克兰”一词最早见于《罗斯史记》（1187年）。公元9世纪下半叶建立古罗斯国家——基辅罗斯。后在其境内逐步形成三个主要民族：乌克兰族、俄罗斯族和白俄罗斯族。1240年，蒙古帝国拔都率西征军占领基辅。1654年，哥萨克首领赫梅利尼茨基与沙俄签订《佩列亚斯拉夫和约》，乌东部开始并入沙俄。1917年12月，乌建立苏维埃政权。1918年1月22日，彼得留拉等人成立乌克兰人民共和国，是乌近代史上首个民族国家，但很快被斯科罗帕茨基领导的乌克兰国推翻，最后被苏维埃政权取代。1919年1月，乌克兰苏维埃社会主义共和国成立，并于1922年加入苏联（西部地区1939年加入）。1990年7月16日，乌最高苏维埃通过《乌克兰国家主权宣言》。次年8月24日乌宣布独立。

政　治

【乌克兰危机】2013年11月21日，亚努科维奇总统冻结签署《乌克兰—欧盟联系国协定》，大量反对者上街示威，“广场革命”由此爆发并愈演愈烈，最终发展为流血冲突。2014年2月22日，亚努科维奇逃往俄罗斯。乌克兰克里米亚自治共和国及东部顿涅茨克、卢甘斯克两州相继发生骚乱。3月18日，俄罗斯归并克里米亚。顿涅茨克州、卢甘斯克州部分地区的地方武装宣布独立，分别成立“顿涅茨克人民共和国”“卢甘斯克人民共和国”，骚乱演变为乌政府军与地方武装持续不断的武装冲突。

为解决乌克兰危机，在国际社会斡旋调解下，乌克兰、俄罗斯、“顿涅茨克人民共和国”和“卢甘斯克人民共和国”四方先后于2014年9月、2015年2月在明斯克签署《明斯克协议》和《新明斯克协议》。协议规定双方停火、撤军、接受欧安组织监督、释放战俘、通过和平外交手段解决危机等内容。乌、俄、欧安组织三方成立“明斯克三方联络小组”以推动协议落实和商讨有关具体问题。2014年6月，俄罗斯、乌克兰、法国、德国四国领导人在诺曼底就乌克兰问题举行会晤，由此开创了解决乌克兰危机的“诺曼底模式”。

近年来，冲突双方时有违反停火协议，死伤不断。乌、俄、德、法四国继续通过“诺曼底模式”推进危机调解工作，乌、俄、欧安组织则保持在“明斯克三方联络小组”模式下举行例行会议，防止危机进一步恶化。美西方国家普遍把对俄制裁与俄是否落实《明斯克协议》挂钩。2019年12月9日，“诺曼底模式”四国领导人在巴黎举行峰会并发表共同声明，内容涉及落实《明斯克协议》、排雷、撤军、交换战俘等。各方确认《明斯克协议》是解决冲突的基础。2020年7月22日，乌克兰问题三方联络小组各方达成一致，自7月27日零时起在顿巴斯地区实施全面停火。协议生效后，平民伤亡和交火事件显著下降。同年9月23日，乌克兰总统泽连斯基在第75届联合国大会一般性辩论发言中邀请各成员国参与建立“克里米亚平台”。2021年8月23日乌举办首届“克里米亚平台”峰会，引发俄强烈谴责。2021年底，俄罗斯在两国边境地区陈兵十余万，对乌保持强大军事威慑。2022年2月21日俄罗斯总统普京发表电视讲话，宣布承认顿涅茨克人民共和国和卢甘斯克人民共和国。2022年2月24日乌克兰危机全面升级。

【宪法】1996年6月28日，乌议会通过独立后首部宪法，确定乌为主权、独立、民主的共和国；总统为国家元首；最高拉达（议会）为立法机关；政府为行政机关；乌克兰语为官方语言。2004年12月8日，乌议会通过宪法修正案，规定2006年1月1日起乌政体由总统议会制转变为议会总统制。2010年10月1日，乌宪法法院裁定2004年修宪违宪，全面恢复1996年宪法效力，政体恢复总统议会制。“广场革命”推翻亚努科维奇政权后，乌议会于2014年2月17日决定恢复2004年宪法，政体再次变回议会总统制。

【议会】乌克兰议会称“最高拉达”，是国家最高立法机构，实行一院制，共设议席450个，任期5年，一半席位通过党派推选产生，一半席位通过选区直选产生。设议长1人、第一副议长1人、副议长1人。2021年10月7日，乌克兰议会议长拉祖姆科夫被解职。现任乌克兰议长为斯特凡丘克。

2019年7月21日，乌议会提前举行换届选举，人民公仆党、反对派平台–为了生活党、欧洲团结党、祖国党、声音党等5个党派进入议会。8月29日，乌第九届议会议员集体宣誓就职，并召开首次全会，选举人民公仆党主席德米特里·拉祖姆科夫（Дмитро Разумков）为议长，乌总统驻议会代表鲁斯兰·斯特凡丘克（Руслан Стефанчук）为第一副议长，祖国党成员叶连娜·孔德拉秋克（Олена Кондратюк，女）为副议长。

新一届议会下设23个委员会，分别为：农业及土地政策委员会，反腐败事务委员会，预算问题委员会，人文与信息政策委员会，生态政策与自然开发事务委员会，经济发展事务委员会，能源与公共服务委员会，民众健康、医疗服务与医保事务委员会，外交与议会间合作委员会，乌欧一体化事务委员会，青年与体育事务委员会，国家安全、国防与侦查事务委员会，国家机关、地方自治地区发展及城市建设委员会，教育、科学与创新委员会，人权、临时被占领土再一体化及少数民族与族际关系问题委员会，法律事务委员会，执法事务委员会，议会章程、议员行为及议会组织工作事务委员会，言论自由事务委员会，社会政策与退伍军人维权事务委员会，交通与基础设施事务委员会，财政、税务及海关事务委员会，数字化转型事务委员会。

【政府】根据乌克兰政府法，政府是国家最高权力执行机构，对总统负责。政府总理候选人由总统根据议会多数派的建议提名，由议会任命。如果总统在法定期限内没有向议会提名总理候选人，议会将根据多数派的提名任命总理。

2020年3月4日，乌议会任命新任总理。乌现任内阁由总理、4名副总理、18名部长组成：总理杰尼斯·什梅加尔（Денис Шмигаль），第一副总理兼经济部长尤利娅·斯维里坚科（Юлія Свириденко，女），副总理兼临时被占领土一体化事务部长伊莲娜·韦列修科（Ірина Верещук，女），副总理（主管欧洲和欧洲大西洋一体化事务）奥尔加·斯特凡妮希娜（Ольга Стефанішина，女），副总理兼重建部长亚历山大·库布拉科夫（Олександр Кубраков），副总理兼数字转型化部长米哈伊尔·费奥多罗夫（Михайло Федоров），部长办公厅主任奥列格·涅姆奇诺夫（Олег Немчінов），能源部长格尔曼·加卢申科（Герман Галущенко），青年与体育部长瓦季姆·古采伊特（Вадим Гутцайт），外交部长德米特里·库列巴（Дмитро Кулеба），社会政策部长奥克桑娜·伊万妮夫娜（Оксана Іванівна，女），退役军人事务部长尤利娅·拉普季娜（Юлія Лапутіна，女），卫生部长维克托·利亚什科（Віктор Ляшко），司法部长杰尼斯·马留斯卡（Денис Малюська），财政部长谢尔盖·马尔琴科（Сергій Марченко），内务部长伊戈尔·克利缅科（Ігор Клименко），国防部长阿列克谢·列兹尼科夫（Олексій Резніков），战略工业部长亚历山大·卡米什因（Олександр Камишін），农业政策与粮食部长尼古拉·索利斯基（Микола Сольський），生态和自然资源部长鲁斯兰·斯特里莱茨（Руслан Стрілець），文化与信息政策部长亚历山大·特卡琴科（Олександр Ткаченко），城镇与领土发展部长阿列克谢·切尔内绍夫（Олексій Чернишов），教育与科学部长奥克先·利索维（Оксен Лісовий）。

【行政区划】全国原有24个州、1个自治共和国、2个直辖市，共27个行政区划。乌克兰危机爆发后，克里米亚自治共和国和塞瓦斯托波尔直辖市归并入俄罗斯，乌政府实际管辖的行政区划变为25个，具体为：基辅州、文尼察州、沃伦州、第聂伯罗彼得罗夫斯克州、顿涅茨克州（2014年5月12日该州部分地区武装宣布独立并脱离乌政府管辖，但未获任何国家或地区承认）、日托米尔州、外喀尔巴阡州、扎波罗热州、伊万诺–弗兰科夫斯克州、基洛夫格勒州、卢甘斯克州（2014年5月12日该州部分地区武装宣布独立并脱离乌政府管辖，但未获任何国家或地区承认）、利沃夫州、尼古拉耶夫州、敖德萨州、波尔塔瓦州、罗夫诺州、苏梅州、捷尔诺波尔州、哈尔科夫州、赫尔松州、赫梅利尼茨基州、切尔卡瑟州、切尔诺夫策州、切尔尼戈夫州和基辅直辖市。2022年2月24日乌克兰危机全面爆发后，乌政府丧失卢甘斯克州、顿涅茨克州、扎波罗热州及赫尔松州部分控制。截至2022年1月1日，乌共有140个区、461个市、882个镇和28372个村。

【司法机构】2016年6月，乌开启新一轮司法改革。乌克兰法院分为四级：地方法院、上诉法院、高级法院、最高法院。最高法院院长瓦莲京娜·达尼舍夫斯卡娅（Валентина Данішевська，女），2017年11月当选。司法监督由总检察长及其下属的地方检察长执行，检察长任期5年。总检察长伊琳娜·韦涅季克托娃（Ірина Венедіктова，女），2020年3月就职。1996年10月18日成立宪法法院，负责审理总统、议会及政府有关法律、法规和法令的合宪性。宪法法院院长亚历山大·图皮茨基（Олександр Тупицький），2019年9月就职。

【政党】截至2022年1月1日，共有370个政党在乌司法部注册登记，其中影响较大的政党有：

（1）"人民公仆"党（Партія «Слуга народу»）：乌克兰执政党。2016年4月13日在乌司法部注册成立，2017年12月2日更名为"人民公仆"党。2019年1月，该党推举弗拉基米尔·泽连斯基为总统选举候选人，泽在总统选举第一轮中以30.24%的得票率名列第一，在第二轮中以73.22%的得票率战胜时任总统波罗申科当选乌第六任总统。2019年7月，该党在提前议会选举中获得254个席位，成为乌历史上首个获得议会半数以上席位的政党。截至目前，该党议会党团共有245名成员。2020年2月15日，该党召开党代会，将党的意识形态确定为"乌克兰中派主义"。现任党首为亚历山大·科尔尼延科，议会党团主席为达维德·阿拉哈米亚。

（2）"反对派平台–为了生活"党（Партія «Опозиційна платформа–За життя»）：前身为1999年9月成立的"中心"党，2016年7月更名为"为了生活"党，2018年12月14日更名为"反对派平台–为了生活"党。2019年3月，博伊科代表该党参加乌总统选举，并在第一轮中以11.67%的得票率位列第四。7月，该党在议会选举中获得44个席位，成为乌第九届议会最大反对党。2022年9月15日，乌克兰最高法院禁止其在乌的活动。现任党首为瓦季姆·拉比诺维奇、尤里·博伊科、维克多·梅德韦丘克。

（3）全乌克兰"祖国"联盟（Всеукраїнське об'єднання «Батьківщина»）：简称"祖国"党。1999年9月16日在乌司法部注册成立，该党主张建立民主国家和公民社会，推行市场经济，扩大社会福利，加速私有化进程。2019年3月，季莫申科代表该党参加乌总统选举，并在第一轮中以13.4%的得票率位列第三。7月，该党在议会选举中获得26个席位。党首为乌克兰前总理尤利娅·季莫申科（Юлія Тимошенко，女）。

（4）"欧洲团结"党（Партія «Європейська Солідарність»）：前身为2001年11月成立的"团结党"，2014年8月24日在乌司法部重新注册。2014年9月，与"打击党"联合参加第八届议会选举，获得131个席位并成为乌第八届议会最大政党，与"人民阵线"党、"自助"党、激进党、"祖国"党组成"欧洲团结"执政联盟。2015年8月与"打击党"合并，更名为波罗申科集团"团结"党。2019年5月更名为"欧洲团结"党，在7月议会选举中获得25个席位。目前，该党议会党团共有27名成员。现任党首为乌第五任总统彼得·波罗申科（Петро Порошенко）。

（5）"声音"党（Партія «Голос»）：前身为2015年2月10日由中小企业代表组建的"倡议平台"党，2019年5月21日正式在乌司法部注册。该党主张民主政治，倡导"人民是国家政治的中心"，主张反腐并消除寡头政治，经济上主张对外流资本征税、建立土地市场、实行企业私有化、打击海关及税收领域非法体系等。2019年7月，该党在议会选举中获得20个席位。党首为乌著名歌手斯维亚托斯拉夫·瓦卡尔丘克（Святослав Вакарчук）。

（6）激进党（Радикальна партія Олега Ляшка）：原名"乌克兰激进民主党"，成立于2010年8月18日，同年9月28日在乌司法部注册。2011年8月，将党的名称更改为奥列格·利亚什科激进党。该党主张实行大规模经济社会改革，积极向世界宣传乌民族文化；谨慎看待乌"加盟"，反对"入约"；号召人民拿起武器保护自已的自由，加强国防。在2014年议会选举中，该党以7.44%的得票率获得21个席位并加入执政联盟，2015年退出执政联盟转为反对派。2019年1月，该党推举利亚什科为总统候选人。现任党主席为奥列格·利亚什科（Олег Ляшко）。

（7）"力量与诚信"党（Партія «Сила і Честь»）：2009年10月26日成立，该党主张提高国家安全及国防水平，铲除腐败，推行农业改革，彻底改变国家外交方针等。该党曾参加2014年、2019年议会选举，但均未获得席位。现任党首为前乌总统情报委员会主席（2014年10月至2015年3月）伊戈尔·斯梅什科（Ігор Смешко）。

（8）反对派集团–和平与发展党（Опозиційний блок–Партія миру і розвитку）：前身为"反对派集团"党，2014年9月由乌克兰发展党、中心党、新政策党、国家中立党、乌克兰–前进党和劳动乌克兰党联合组成并参加当年议会选举。2018年11月，该党时任联合主席尤里·博伊科脱离该党，与拉比诺维奇的"生活"党签署协议，联合参加2019年总统及议会选举。2018年12月，该党重新注册为"反对派集团–和平与发展"党。2019年1月，该党推选亚历山大·维尔库尔为总统候选人。2019年7月，该党与"我们"党、"复兴"党联合参加议会选举。现任联合党首为瓦季姆·诺温斯基（Вадим Новинський）、叶夫根尼·穆拉耶夫、鲍里斯·科列斯尼科夫。

（9）自助党（Об'єднання «Самопоміч»）：2012年12月29日在乌司法部注册。2019年7月，时任党首安德烈·萨多维带领该党参加议会选举，得票率仅为0.62%。选举失利后，萨宣布退党。现任党首为乌第八届议会副议长奥克萨娜·瑟罗耶德（Оксана Сироїд，女）。

（10）人民阵线（Народний Фронт）：成立于2014年3月，乌第八届议会执政联盟组成党之一。

此外，还有“乌克兰战略”党（Українська Стратегія Гройсмана）、“沙里亚”党（Партія Шарія）、人民意志党（Воля народу）、复兴党（Відродження）、乌克兰自由运动（Всеукраїнське об’єднання «Свобода»）、公民立场党（Громадянська позиція）等。

【重要人物】**弗拉基米尔·亚历山德罗维奇·泽连斯基**：总统。1978年1月25日出生于第聂伯罗彼得罗夫斯克州克里沃罗格市，就读于基辅国立经济大学克里沃罗格经济研究所法学院。1997年，泽连斯基与同伴组建“第九十五街区”喜剧工作室，并担任队长、演员及编剧。2018年12月31日，泽连斯基在乌“1+1”电视台发表新年问候，并正式宣布参加2019年乌总统选举。2019年4月2日，乌中央选举委员会计票结果显示，泽连斯基以30.24%的得票率与时任总统波罗申科共同进入总统选举第二轮。4月30日，中选委宣布泽连斯基以73.22%得票率战胜波当选乌第六任总统。已婚，有一子一女。 **杰尼斯·阿纳托利耶维奇·什梅加尔**：总理。1975年10月15日出生于利沃夫市。先后就读于利沃夫理工大学生产管理专业、乌国家科学院区域研究所经济学专业，获副博士学位。1999—2009年在有关商业机构任会计师、经理职务。2009—2011年任利沃夫州经济管理局局长。2014年任利沃夫州税务局副局长。2017—2019年任乌克兰西部电力热能公司副总裁、代总裁。2019年8月1日任伊万诺弗兰科夫斯克州州长。2020年2月4日任副总理兼城镇与领土发展部长，3月4日出任总理。已婚，有两女。 **鲁斯兰·阿列克谢耶维奇·斯特凡丘克**：议长。1975年10月29日出生于捷尔诺波尔市。先后就读于赫梅利尼茨基地区行政法学院（现赫梅利尼茨基管理与法律大学）、波多利亚理工大学（现赫梅利尼茨基国立大学）。2000—2005年在赫梅利尼茨基管理与法律大学任高级讲师、副教授、民法学科系教授，2005—2011年任赫梅利尼茨基管理和法律大学副校长。2011—2013年任乌克兰最高拉达立法研究所国家立法发展部负责人。2013—2014年任赫梅利尼茨基管理和法律大学民法学科系主任。2014—2016年任乌克兰检察官办公室国家研究院副院长。2016—2019年任乌克兰国家律师协会高等宣传学院副校长。2019年，任总统候选人泽连斯基竞选总部政治顾问，成为代表人民公仆党的议员，并于5月21日被泽连斯基总统任命为总统顾问——最高拉达总统代表。2019年8月29日任第一副议长。2021年10月8日出任议长。已婚，一子一女。

经　济

2022年，乌克兰主要经济数据如下：

国内生产总值：1605亿美元。

人均国内生产总值：3900美元。

国内生产总值增长率：–29.1%。

货币名称：格里夫纳；1格里夫纳=100戈比。

汇率：1美元≈37格里夫纳。

通货膨胀率：16.6%。

失业率：30%。

【资源】乌国土面积的2/3为黑土地，占世界黑土地面积总量的1/4。境内有100多条流长超过100公里的河流，2万多个湖泊。森林资源较为丰富，森林覆盖率为15.9%，跨越三个植被带：森林沼泽带、森林草原带和草原带。乌已探明80多种可供开采的富矿，主要包括煤、铁、锰、镍、钛、汞、石墨、耐火土、石材等，分布于全国7000多个矿区，其中有4000多个矿区已进行开发。乌已探明铁矿石储量达275亿吨，锰矿石储量超过21亿吨，位居世界前列；煤、陶土、地蜡和石墨的储量也较丰富。乌石油和天然气资源相对匮乏，为摆脱对俄石油和天然气依赖，乌近年来加大油气勘探和开采力度。2022年乌开采天然气185亿立方米，同比减少6.6%；进口天然气26亿立方米，同比减少83%，俄罗斯天然气过境量203.5亿立方米，下降51%。乌国内所需石油仍需大量进口，2021年乌进口石油及原油156万吨，同比增长25.3%，主要石油进口国为阿塞拜疆、阿尔及利亚、利比亚，石油产品进口增长9.6%，达到879万吨，2021年的原油出口量为8.9万吨。2021年煤炭开采2941万吨，同比增长7%。

【工业】2022年，乌工业产值2.81万亿格里夫纳，同比减少21.5%，其中采矿采石业3981亿格里夫纳，同比减少30.9%；制造业1.5万亿格里夫纳，同比减少31.8%；供电、供气、供热及供冷业8740.58亿格里夫纳，同比增长13.2%；供水，污水处理、垃圾处理和维修工作336.8亿格里夫纳，同比减少16.6%。

【农业】2021年，乌农业产值1.35万亿格里夫纳，同比增长52.8%。2022年乌克兰粮食及豆类产量5390万吨，同比减少37%；葵花籽产量1013万吨，同比减少38.2%；甜菜产量900万吨，同比减少15.2%。截至2022年1月1日，乌共有母牛154万头，同比减少8.9%；羊109万只，同比减少4.3%；猪560万头，同比减少4.6%；家禽2.02亿只，同比增长0.74%。

【旅游业】2021年，外国赴乌旅游人次为350万，其中70%来自法国、意大利、波兰、德国等欧洲国家，24%来自印度、印度尼西亚、塔吉克斯坦等亚洲国家，仅有2.8%来自北美，1.7%来自非洲。主要前往景点分布地为：切尔诺贝利、基辅、敖德萨、利沃夫、外喀尔巴阡山等地。2022年，外国赴乌旅游人次锐减。其中，年内访问基辅的游客数仅为27万人次，同比减少11.5倍。

【交通运输】2022年，乌克兰仅敖德萨港、南方港和切尔诺莫斯克港三个港口在粮食协议框架下允许运行，其他港口以及境内大多数机场处于关闭状态。2022年，乌克兰的货运量为3.17亿吨，同比减少49.8%。全年铁路运输量1.5亿吨，比2021年减少

52.1%。公路运输量1.75亿吨，同比减少22%。通过航空运输仅为1500万吨，同比减少85%。港口货物转运量为5900万吨，同比减少61%。

【财政金融】截至2022年12月31日，国家预算普通基金收入为1.79万亿格里夫纳，完成预算收入135%；财政支出2.7万亿格里夫纳，完成预算支出180.4%；外汇储备285亿美元；国家和国家担保债务总额（截至2022年12月31日）4.07万亿格里夫纳，其中外债2.61万亿格里夫纳，内债1.46万亿格里夫纳。

【对外贸易】2022年，乌对外商品贸易总额为1036.76亿美元，同比减少27%。其中，商品出口总额为441.73亿美元，同比减少35%；商品进口额为595.03亿美元，同比减少19%。主要出口目的地国是波兰（66.6亿美元）、罗马尼亚（38.6亿美元）和土耳其（29.4亿美元）；主要进口来源国是中国（86.8亿美元）、俄罗斯（55.6亿美元）和波兰（55.5亿美元）。

【外国资本】截至2022年12月31日，外商对乌克兰直接投资存量为514.17亿美元。其中，2022年外商投资净流出3.32亿美元。

【著名公司】（1）克里沃罗格钢铁公司：20世纪30年代成立，位于第聂伯罗彼得罗夫斯克州，主要生产并出口各种冶金制品。

（2）南方机器制造厂：苏联时期成立，位于第聂伯罗彼得罗夫斯克州，设计生产导弹和宇航产品。

（3）切尔卡瑟氮肥股份公司：苏联时期成立，位于切尔卡瑟州，生产并出口各种矿物肥。

（4）安东诺夫飞机制造厂：1946年成立，位于基辅市郊，集设计、试验和生产于一身。

人民生活

2022年1月，乌克兰人均月平均名义工资为14847格里夫纳，约合506.4美元。

军　事

1991年8月24日，乌克兰宣布独立，并在原苏联基辅军区、喀尔巴阡军区、敖德萨军区基础上组建自己的军队，继承大量武器装备及战略储备物资，包括大批核武器和现代化装备。2005年10月，尤先科政府把加入北约列为国家战略目标，并据此制定了《乌武装力量2006—2011年发展规划》。2014年4月，乌东地区冲突爆发，乌军进入顿巴斯地区遂行“反恐作战”；12月，乌放弃“不结盟地位”，视俄为“侵略者”，宣布大力发展军备，深化与北约军事合作。2015年9月，乌新版军事学说（2015—2020年）生效，将俄定性为“军事对手”，确立了“2020年前乌军全面达到北约成员国军队标准”的军事改革目标。2016年3月，乌出台《国防与安全发展构想》，将俄罗斯侵略视为乌面临的主要安全威胁。2017年，乌军总兵力达到25万人，预备役人员约100万。2018年5月，乌将东部的“反恐行动”更名为“联合力量行动”，由总参联合作战司令部负责行动指挥和部队管理。2020年国家安全与国防预算达2458亿格里夫纳（约90亿美元），占国内生产总值的5.4%；2021年国家安全与国防预算达2670亿格里夫纳（约96亿美元），占国内生产总值的5.93%；2022年国家安全与国防预算达3231亿格里夫纳（约120亿美元），占国内生产总值的6%。

文化教育

乌克兰文化底蕴深厚，艺术种类丰富多样，绘画、舞蹈、音乐等艺术享誉世界，文化氛围自由，文化艺术教育发达。乌克兰文化政策的宗旨是：国家对文艺组织和艺术家提供法律保障，重视民族文化的传承，支持民族文化的发展，保持文化艺术在其存在和发展过程中所表现出的自身价值和独立性；保证创作自由，保护文化遗产，鼓励文化创意产业发展；国家吸引各方资金，支持文化基层单位和主要文化机构开展活动，为各民族人民进一步发展其传统文化创造必要条件。截至2021年2月，乌共有各类剧院115所，各级博物馆近5000家（其中国家级博物馆571家），国家级乐团39家，马戏团17家，图书馆近15000个，电影院187家（银幕数量525块）。3个项目列入联合国教科文组织《人类非物质文化遗产代表作名录》。

【教育】实行国家管理和社会自治相结合的教育管理体制。教育科技部是国家教育主管部门，参与制定国家教育、科学和干部职业培训法规，制定教育发展纲要、国家教育标准和教育工作的具体政策，统筹全乌教育工作。地方教育由地方权力执行机构及地方自治机构负责管理并建有专门的教育管理机构，学前教育、基础教育、校外教育机构和中等师范学校均隶属上述机构。地方教育管理机构负责向其所属学校拨款，为教育工作者及青少年提供社会保障，为学生就近入学并接受教育创造必要条件。

教育体制主要由学前教育、普通中等教育、职业技术教育、高等教育组成，另外，还包括校外教育、继续教育和自学教育。截至2021年，乌克兰共有高校664所，其中私立高校约200所，在校学生约250万人。有来自158个国家的约8万外国留学生在乌克兰240所高校进行本科、硕士、博士阶段学习。著名高校包括国立基辅大学、国立技术大学（基辅理工学院）、国立哈尔科夫大学、乌克兰音乐学院、国立基辅美术与建筑学院、国立哈尔科夫理工大学、国立敖德萨理工大学、国立利沃夫大学、哈尔科夫国立航空大学、基辅国立航空大学等，受乌克兰危机影响，目前在乌外国留学生数量大大减少。

【新闻出版】1992年10月2日，乌克兰最高苏维埃通过《乌克兰信息政策法》。乌新闻机构管理部门为乌国家广播电视信息政策委员会，前身为乌信息政策部，隶属乌内阁，主要负责乌新闻机构的政策指导、业务管理和协调。

主要电视台：乌国家电视1台、国际电视台、“新频道”电视台、“1+1”电视台、ICTV电视台、“五频道”

电视台和基辅电视台等。2014年，乌克兰成立由总统直属的“乌克兰国家广播电视和新闻理事会”，主管乌广播电视电影等意识形态领域工作，负责对全国广播、电视、电影政策指导和监督、许可证颁发等政策管理。同时，在政府还设有乌克兰广播电视委员会，负责对全国广电媒体运营的业务管理和协调指导。乌国家电视1台和各州市电视台均属于国家管理。其他电视台均为私营，目前有50多家。

主要广播电台：乌国内共有40多个全国广播的电台，100多个地方电台，影响较大的有乌国家广播公司、基辅市广播电台、“自由”电台、“金门”电台等。乌国家广播公司创建于1924年，共4套节目，每天播出94.5小时，覆盖乌全境。

主要通讯社：共有1家官方通讯社、20余家私营通讯社。乌国家通讯社，简称“乌通社”，创建于1918年，每天用乌克兰语、俄语、英语、德语四种语言发布消息，向乌政府机关、500多家新闻机构、社会团体、企业、驻乌外交使团提供新闻稿，是“欧洲通讯社联盟”成员，在俄罗斯、美国、英国等10多个国家有常驻记者。

主要报纸：《事实报》《政府信使报》《乌克兰之声》《今日报》《日报》《基辅导报》《镜报周刊》《2000报》《共青团真理报》《生意人报》《工人报》《基辅电讯报》等。

对外关系

乌视美西方为外交优先方向，推进加盟入约进程，谴责俄罗斯侵略行径，拒不承认克里米亚并入俄罗斯，积极争取国际社会同情和支持。2014年9月16日，议会正式批准同欧盟签署的联系国协定。12月23日，议会以绝对多数票通过放弃不结盟地位法案，决定加强与北约合作。2016年1月，乌欧自贸协定正式启动。2017年9月，乌欧联系国协定正式生效。2018年9月，乌宣布废除乌俄友好合作伙伴关系条约。2018年10月，乌借君士坦丁堡牧首教区废除1686年法令之机，宣布基辅都主教区脱离莫斯科大牧首宗教管辖。2018年11月，乌俄海军在刻赤海峡发生海上军事摩擦，双方相互指责对方违反国际法，侵犯本国主权。2019年2月，乌议会通过宪法修正案，将“加盟入约”写入宪法。2020年6月，乌获得北约机会增强伙伴国地位。2021年，乌继续对标北约和欧盟标准进行改革并取得一定成效，但“加盟入约”未有明显进展。2022年6月23日，欧洲理事会授予乌克兰加入欧盟的候选国地位。

【同中国的关系】1992年1月4日，中乌正式建立外交关系。建交以来，双边关系稳步健康发展。2011年6月，中乌建立战略伙伴关系。2020年，面对新冠疫情和全球经济衰退等多重压力，双方围绕抗疫和经贸合作互动频繁，机制性合作有序推进。一是新冠疫情暴发后，泽连斯基总统第一时间向习近平主席致慰问信，多次公开称赞中国抗疫成果，感谢中方向乌提供多批抗疫援助物资。泽连斯基并签署总统令，宣布对来乌旅游的中国游客实施为期半年的临时免签政策。外长库列巴、总统办公厅提出“向东看”战略。王毅国务委员兼外长同乌外长库列巴通电话，外交部副部长乐玉成同乌第一副外长贾巴罗娃举行视频政治磋商。二是抗疫合作成果丰硕。双方先后举行三次抗疫经验视频交流会，乌总理什梅加尔亲自赴中国驻乌使馆出席活动。中方向乌提供多批抗疫人道主义援助，获得乌官方和民众好评。三是务实合作逆势上扬。乌克兰新内阁组建后，任命副总理斯特凡妮希娜为中乌政府间委员会乌方主席，委员会下设分委会相继召开会议。12月23日，中乌政府间委员会第四次会议以视频方式成功举行，中共中央政治局委员、国务院副总理刘鹤与乌克兰副总理斯特凡妮希娜共同主持会议。2021年1月，王毅国务委员兼外长同乌外长库列巴通电话。4月，外交部副部长乐玉成同乌克兰副外长叶宁以视频方式举行两国外交部磋商。7月，习近平主席应约同乌总统泽连斯基通电话。2022年乌克兰危机全面升级后，中国对乌提供多批人道主义援助。2022年3月1日及4月4日，王毅国务委员兼外长应约同乌外长库列巴通电话。

据中国海关总署统计，2022年，中乌双边贸易额为76.56亿美元，同比减少60%。其中，中国出口额为33亿美元，同比减少64.8%；中国进口额为43.56亿美元，同比减少55.4%。

中国驻乌克兰大使：范先荣。馆址：м. Київ, вул. Грушевського，32。电话：00386–1–6202507；传真：2822199。

乌克兰驻华大使：帕夫洛·里亚比金（Pavlo Riabikin）。馆址：北京市朝阳区三里屯东六街11号。电话：010–85326191；传真：85322026。

【同欧盟及其他欧洲国家的关系】加入欧盟、融入欧洲是乌战略目标。2017年，欧洲议会全会以压倒性多数票批准法案，乌克兰公民入境欧盟获得免签待遇。2018年，乌克兰进一步推动融入欧洲一体化进程，乌高层频繁访欧，与德法等国及欧盟领导人保持密切来往，与东欧、北欧国家保持积极互动。欧盟是乌第一大贸易伙伴，乌欧自贸区协议于2017年1月1日起正式生效。乌2018年对欧的主要诉求包括争取更多的政治和经济支持，强烈谴责俄罗斯侵略，呼吁欧加大对俄制裁，游说欧盟支持向乌东地区派遣维和人员，阻拦“北溪–2”天然气管道项目实施等。欧盟对乌的诉求多予以形式上的回应和口头上的支持。欧同时要求乌厉行反腐，建立独立公正的反腐法院，深化各领域改革并推动明斯克进程。此外，匈牙利、波兰等乌克兰邻国因少数民族语言和历史纠葛的原因多次批评乌克兰，匈牙利甚至威胁称要阻止乌加入欧盟。2021年，乌继续优先发展对欧关系。乌总统泽连斯基出访多个欧盟北约国家，欧盟整体仍保持乌最大贸易伙伴地位，其中波兰、德国分别占据乌第二大和第三大贸易伙伴国地位。欧盟于2021年10月向乌划拨6亿欧元宏观财政援助，帮助乌应对新冠疫情带来的经济影响。乌欧在“北溪–2”项目问题上矛盾加深，德国稳慎推进“北溪–2”项目落地，乌同波罗的海和东欧国家对此强烈反对。2021年7月，德国促美国取消对“北溪–2”项目制裁，乌担忧自身失去能源过境国地位，与波兰发表联合声明予以抵制，称该项目为俄向欧扩张的地缘政治工具。

【同美国的关系】美国的乌克兰政策对乌内政外交具有重大影响。2019年乌总统大选期间，脱俄入欧是各候选人的一致口号，在这一背景下走马上任的泽连斯基政权基本延续了“加盟入约”政策，视美为重要的战略伙伴和依靠力量，继续与美保持密切互动。美对泽连斯基上台也持欢迎态度，特朗普在泽连斯基当选后即对其表示祝贺。2020年，乌克兰同美国保持密切交往，时任美国务卿蓬佩奥和副国务卿比根先后访乌。美向乌提供2.5亿美元军事援助。11月拜登当选美总统后，泽连斯基第一时间祝贺，表示乌将继续在安全、贸易、投资、民主、反腐等领域同美开展合作。2021年，美加大对乌支持。4月初，拜登上台执政后首次与泽连斯基通电话，承诺为乌提供支持。同月，美国国会参议院外交关系委员会通过了《乌克兰安全伙伴关系法案》，将美每年对乌军事援助增加到3亿美元。6月，美国防部宣布了金额为1.5亿美元的一揽子援助计划，用于帮助乌军队抵御侵略、维护本国领土完整。9月1日，泽连斯基访美同拜登会晤，双方签署《美乌战略伙伴关系联合声明》及一系列涉及国防和武器研发的协议，美计划年内向乌提供超过4.63亿美元的援助，用于乌国内改革，并将扩大两国在网络安全、情报等领域的合作能力。美还计划向乌提供总额6000万美元的军事援助，包括“标枪”反坦克导弹等。2022年乌克兰危机全面升级后，美国在经济、军事、人道等层面大力援乌。截至2023年1月美对乌各项援助金额近800亿美元，军援金额达466亿美元。2022年12月，泽连斯基访美，乌美关系进一步深化。

【同欧亚地区国家的关系】2021年，乌俄关系持续恶化，双方围绕克里米亚、乌东问题等问题持续博弈。2月，俄乌边境出现紧张局势并不断升温。8月，乌在独立30周年之际举行国际多边会议“克里米亚平台”峰会，46个国家和国际组织代表与会，各方谴责俄侵占克里米亚。11月起，俄乌边境军队集结，局势剑拔弩张。2022年2月24日乌克兰危机全面升级，乌克兰宣布与俄断交。乌同摩尔多瓦等与俄存在争议的国家关系发展较好，均相互支持对方维护主权、独立和领土完整，并积极在各领域谋划合作。2021年5月，乌克兰、格鲁吉亚、摩尔多瓦三国签署协议组成“联系国三方”，共同谋求加入欧盟。2020年8月27日，白俄罗斯大选引发民众抗议，乌政府谴责白当局镇压群众集会，乌白关系恶化，2021年未有改善。2022年白俄罗斯为俄在乌军事行动提供协助便利，并在国际场合涉乌议题投票上多次反乌，乌白关系进一步恶化。乌同中亚等国关系保持平稳。

【同西亚中东国家的关系】2018年，总统波罗申科同土耳其总统埃尔多安多次举行会晤。乌在土耳其安塔利亚市开设领馆。2019年8月7日至8日，泽连斯基总统访土耳其并与埃尔多安举行会晤，双方就巩固战略伙伴关系、扩大贸易往来等问题进行了讨论。2020年2月3日，埃尔多安访乌，与泽连斯基举行会晤并出席乌土高层战略委员会会议，双方签署了系列新合作协议。3月5日，泽连斯基称乌土关系迈上新台阶。10月17日，泽连斯基结束对土的访问，两国发表联合声明强调，土支持乌加入北约，将帮助乌达成入约条件。12月18日，乌土首次举行“2+2”访长会晤，表示将共同制订新的跨国军演及培训计划，维护黑海航运安全。

2021年，乌土关系继续深化。4月10日至11日，泽连斯基访问土耳其，同土总统埃尔多安举行会谈。双方就推动经贸合作、加快两国贸易自由化谈判等问题达成共识。10月，乌国防部证实其自土采购的拜拉克塔尔–TB2无人机被用于顿巴斯地区，引起俄强烈警告。11月17日，泽连斯基再次与埃尔多安通电话，泽连斯基感谢土对乌主权和领土完整的支持，对土积极参与“克里米亚平台”机制表示赞赏。2022年2月乌克兰危机爆发后，土耳其在黑海粮食外运、换俘等议题积极开展斡旋。

2018年5月，时任总统波罗申科对以色列进行正式访问。2019年1月21日，乌以双方签署自贸协定。2019年8月6日，泽连斯基总统签署关于批准乌以自贸协定的法案。2019年8月19日，以色列总理内塔尼亚胡访乌，这是以总理1999年来首次访乌。内塔尼亚胡在与泽连斯基举行会晤时表示，以方将尽快批准双边贸易协定。2020年5月25日，泽连斯基同内塔尼亚胡通电话，泽连斯基祝贺内塔尼亚胡连任，希以方尽快批准乌以自贸协定。2021年1月1日，乌以自贸区生效。6月17日泽连斯基与以色列新任总理贝内特通电话，祝贺其当选并邀请其参加克里米亚平台峰会及乌独立30周年纪念活动。土耳其、以色列等国坚定支持乌主权与领土完整，不承认俄归并克里米亚。

【同其他亚太国家的关系】乌克兰重视同日本、加拿大、澳大利亚等亚太国家发展关系。2019年7月，泽连斯基访问加拿大，与加拿大总理特鲁多举行会见，泽连斯基强调乌“加盟入约”方针不变，希就欧洲大西洋一体化加强与加合作。双方就在投资及服务领域扩大双边自贸协定等问题达成共识。10月，泽连斯基对日本进行正式访问。日是泽连斯基就职以来出访的首个亚洲国家，泽连斯基本人也成为乌首位受邀参加日本天皇即位仪式的总统。在与日本首相安倍晋三举行的会晤中，泽连斯基感谢日给予乌政治支持及经济援助，安倍则高度评价乌国内改革成果，承诺将一如既往对乌给予支持。2020年5月，乌总统办公厅副主任若夫克瓦称亚洲方向是乌发展国际关系的优先方向之一，要同日本、印度等国家深化合作。2021年2月，日本首相岸田文雄同泽连斯基通电话，表示日方愿为乌提供至少1亿美元紧急贷款。7月，泽连斯基出席“乌克兰独立30周年—国际政治”论坛时，称印度、日本、巴西为乌的伙伴，表示乌外交未对亚洲国家给予足够重视。

【同国际和地区组织的关系】国际组织是乌克兰寻求支持和发挥影响的重要平台，联合国、北约和国际货币基金组织等多边机构在乌多边外交中占据重要位置。2018年，波罗申科总统同联合国秘书长古特雷斯会面并通电话。波罗申科在联大发表讲话，谴责俄侵略行径，指责俄修建刻赤大桥违法，呼吁国际社会维护乌主权与领土完整，强调应积极推动向乌东部派遣联合国维和团。乌外长克里姆金积极参与联合国框架内有关活动，促成联合国大会通过关于克里米亚、黑海及亚速海部分水域军事化的决议。2019年9月，泽连斯基率团参加第74届联大会议。泽连斯基在演讲中强调，结束乌东战争、收复被占领土并实现和平是其任期主要任务，但绝不能以牺牲乌人民生命及国家独立自主为代价。外长普里斯塔伊科就乌被占领土局势发表讲话，呼吁联合国向不受乌控制的乌俄边境地区派遣维和部队。2020年2月，外长普里斯塔伊科到访联合国总部并会见联合国秘书长古特雷斯。普里斯塔伊科表示联合国在调解乌俄冲突、收复被占领土等问题上发挥着积极作用。古表示支持联合国关于尊重乌主权和国际公认边境内领土完整的决议。9月，泽连斯基在联大第75届会议一般性辩论上发言，呼吁联合国在乌恢复主权和领土完整上应发挥重要作用。2021年9月21日，泽连斯基赴美参加第76届联大，其间会见联合国秘书长古特雷斯，双方谈及解决乌东冲突和收复克里米亚等问题。23日，泽连斯基在联大第76届会议上发言，批评联合国软弱无能，无法保障人权和疫苗公平；呼吁联合国及会员国加入“克里米亚平台”机制。

发展同北约关系对乌安全具有现实意义。乌始终积极寻求同北约开展安全防务合作。北约始终坚定支持乌克兰的核心关切。2019年2月，乌克兰议会正式通过宪法修正案，把乌加入欧盟和北约作为国家基本方针写入宪法。4月，北约秘书长斯托尔滕贝格致电乌新任总统泽连斯基，祝贺泽连斯基当选并邀请其访问北约总部，强调北约将继续向乌提供强大的政治和实务支持。10月，斯托尔腾贝格访乌并与泽连斯基举行会见。泽连斯基重申乌将继续密切与北约的联系，积极作好准备加快加入北约的进程，将致力于实行改革以适应北约的标准，乌与北约将以新的形式进行合作，北约将对乌克兰提供新一批的援助。12月，乌与北约签署国防技术合作路线图，审查了2019年武器部门合作及乌国防工业改革成果，确定了2020年合作优先任务。2021年9月21日，泽连斯基在联大期间会见北约秘书长斯托尔滕贝格，双方讨论了乌东和克里米亚问题。11月2日，泽连斯基在联合国气候变化大会期间再次会见北约秘书长斯托尔滕贝格。13日，乌海军与美国、土耳其和罗马尼亚等北约成员国海军在黑海举行联合军事演习。演习采用北约标准，包括战术机动、信号和通信等演练科目，旨在提升乌海军与北约成员国海军的协同性。15日，乌外长库列巴同北约秘书长斯托尔滕贝格在布鲁塞尔举行会谈。双方就推进双方各领域务实合作、深化黑海地区安全领域协作交换意见。同日，库列巴在同北约成员国外长共进早餐时表示，俄方在乌俄边境的举动是其制约欧洲战略的重要组成部分。26日，北约秘书长斯托尔滕贝格表示，乌是北约伙伴国，而不是成员国，因此北约的集体防御原则并不适用于乌。但北约及其成员国将给予乌不可小觑的政治和军事支持。斯托尔滕贝格并警告俄不要攻击乌。2022年北约国家大力军援乌克兰。

以国际货币基金组织为代表的国际金融机构援助和贷款是乌政府维持财政和汇率稳定的重要依靠，也是敦促乌全方位改革的外部力量。2018年，国际货币基金组织共计向乌贷款14亿美元，促成乌成立反腐法院、提高天然气价格，计划将新一笔贷款与进行土地改革等要求直接挂钩。2019年，乌继续寻求与国际货币基金组织间合作，并致力于通过推进各领域改革获得贷款。4月，国际货币基金组织代表团赴乌进行评估工作，表示愿在新政府组建完成后再次赴乌讨论后续合作。7月，国际货币基金组织第一副总裁利普敦访乌并与泽连斯基举行会见。泽连斯基强调与国际货币基金组织合作是乌优先方向，邀请国际货币基金组织代表团在新政府组建后访乌，落实合作规划。泽连斯基并表示，新议会将通过改革法案，致力于推行能源、土地市场、私有化等重要领域改革，保障经济稳定发展。12月，泽连斯基与国际货币基金组织总裁格奥尔基耶娃通电话时商定，国际货币基金组织将在中期贷款框架下授予乌40亿美元特别提款权（约合55亿美元），乌希尽快商定具体计划。2020年3月11日，乌总理什梅加尔同国际货币基金组织领导层通电话，双方同意在不改变现有政策的条件下继续合作。6月，国际货币基金组织通过50亿美元对乌贷款项目，并向乌发放了第一笔21亿美元贷款。2021年，为获得国际货币基金组织50亿美元剩余贷款，乌政府继续按照国际货币基金组织提出的要求推进国内能源、反腐和司法等领域改革。（刘娇）

西　班　牙

国名　西班牙王国（The Kingdom of Spain，Reino de España）。

面积　50.6万平方公里。

人口　4761.5万（2022年）。主要是卡斯蒂利亚人（即西班牙人），少数民族有加泰罗尼亚人、加里西亚人和巴斯克人。官方语言为卡斯蒂利亚语（即西班牙语），少数民族语言在本地区亦为官方语言。多数居民信奉天主教。

首都　马德里（Madrid），人口328万（2022年）。平均气温1月为4.9℃，8月为22.5℃。

国家元首　国王费利佩六世（Felipe VI），2014年6月19日登基。

重要节日　国庆节：10月12日；宪法日：12月6日。

简　况

位于欧洲西南部伊比利亚半岛，西邻葡萄牙，东北与法国、安道尔接壤，北濒比斯开湾，南隔直布罗陀海峡与非洲的摩洛哥相望，东部和东南部濒临地中海。海岸线长约7800公里。中部高原属大陆性气候，北部和西北部沿海属海洋性气候。

1492年“光复运动”胜利后，西班牙建立统一的封建王朝。哥伦布发现新大陆后西开始海上扩张，逐渐发展为海上强国，在欧、美、非、亚各洲均有殖民地。1588年，以“无敌舰队”被英国击溃为标志，开始衰落。1873年建立第一共和国。1931年建立第二共和国。1936—1939年爆发内战。1947年佛朗哥宣布西为君主国，自任终身国家元首。1975年11月佛朗哥病逝，胡安·卡洛斯一世国王登基。1976年7月胡安·卡洛斯一世国王任命原国民运动秘书长阿道夫·苏亚雷斯为首相，西开始向西方议会民主政治过渡，1978年宣布实行议会君主制。

政　治

2014年6月，胡安·卡洛斯一世国王宣布退位，将王位传给王储，费利佩六世国王登基。

系议会君主制国家，国王为国家元首，议会由参众两院组成。国王根据同各党沟通结果提名首相候选人，获众议院多数支持者当选首相。首相是政府首脑，由其提名内阁大臣组建政府。

【宪法】现行宪法于1978年12月6日由全国公民投票通过，12月29日生效。宪法规定西班牙是社会与民主的法治国家，实行议会君主制，王位由胡安·卡洛斯一世的直系后代世袭。国王为国家元首和武装部队最高统帅，代表国家。政府负责治理国家并向议会报告工作。宪法承认并保证各民族地区的自治权。

【议会】由参议院和众议院组成，行使立法权，审批财政预算，监督政府工作。立法权以众议院为主，参议院为地区代表院。议员由普选产生，任期4年。议会共有众议员350名，参议员266名。

【政府】2020年1月7日，西班牙工社党与左翼联盟“联合起来我们能”成功组建政府，首相为佩德罗·桑切斯·佩雷斯-卡斯特洪（Pedro Sánchez Pérez-Castejón），内阁有22名成员，包括：第一副首相兼经济与数字化改造事务大臣纳迪娅·玛丽亚·卡尔维尼奥·圣玛丽亚（Nadia María Calviño Santamaría，女），第二副首相兼劳工与社会经济大臣约兰达·迪亚斯·佩雷斯（Yolanda Díaz Pérez，女），第三副首相兼生态转型与人口挑战大臣特雷莎·里韦拉·罗德里格斯（Teresa Ribera Rodríguez，女），外交、欧盟与合作大臣何塞·曼努埃尔·阿尔瓦雷斯·布埃诺（José Manuel Albares Bueno），司法大臣皮拉尔·略普·昆卡（Pilar Llop Cuenca，女），国防大臣玛丽亚·玛加丽塔·罗夫莱斯·费尔南德斯（María Margarita Robles Fernández，女），财政与公共职能大臣玛利亚·赫苏斯·蒙特罗·夸德拉多（Maía Jesús Montero Cuadrado，女），内政大臣费尔南多·格兰德-马拉斯卡·戈麦斯（Fernando Grande-Marlaska Gómez），运输、出行与城市议程大臣拉克尔·桑切斯·希门尼斯（Raquel Sanchéz Jiménez，女），教育与职业培训大臣皮拉尔·阿莱格里亚·孔蒂嫩特（Pilar Alegría Continente，女），工业、贸易与旅游大臣雷耶斯·马罗托·伊列拉（Reyes Maroto Illera，女），农业、渔业与食品大臣路易斯·普拉纳斯·普查德斯（Luis Planas Puchades），首相府、议会关系与民主记忆大臣费利克斯·博拉尼奥斯·加西亚（Félix Bolaños García），地方政策大臣兼政府发言人伊莎贝尔·罗德里格斯·加西亚（Isabel Rodríguez García，女），文化与体育大臣米格尔·伊赛塔·略伦斯（Miguel Iceta Llorens），卫生大臣卡罗琳娜·达里亚斯·圣塞巴斯蒂安（Carolina Darías San Sebastián，女），社会权利与2030议程大臣伊奥妮·贝拉拉·乌尔特加（Ione Belarra Urteaga，女），科学与创新大臣迪亚娜·莫兰特·里波特（Diana Morant Ripoll，女），平等大臣伊雷妮·玛丽亚·蒙特罗·希尔（Irene María Montero Gil，女），消费大臣阿尔维托·卡洛斯·加尔松·埃斯皮诺萨（Alberto Carlos Garzón Espinosa），包容、社会保障与移民大臣何塞·路易斯·埃斯克里瓦·贝尔蒙特（José Luis Escrivá Belmonte），大学大臣霍安·苏比拉茨·胡梅特（Joan Subirats Humet）。

【行政区划】全国划分为17个自治区、50个省、8000多个市镇，在摩洛哥境内另有休达和梅利利亚两块飞地。

【司法机构】司法领导机构是司法总委员会，由20名成员组成，总委员会主席由最高法院院长代理。最高法院代理院长弗朗西斯科·马林·卡斯坦（Francisco Marín Castán）。司法机构分司法法院和行政法院两大系统。最高检察机构是国家总检察院，下辖各级检察院及派驻各司法部门的检察官。现任总检察长阿尔瓦罗·加西亚·奥尔蒂斯（Alvaro García Ortiz）。

【政党】西实行多党制。主要政党有：

（1）西班牙工人社会党（Partido Socialista Obrero Español）：中左翼执政党。成立于1879年，1982—2011年曾六度执政，2018年6月2日成功弹劾拉霍伊政府后再度执政，组建少数一党政府。在2019年4月的大选中成为议会第一大党，在同年11月的大选中保持第一大党地位。2020年1月7日，工社党与左翼竞选联盟“联合起来我们能”组阁提案通过西众议院信任投票。总书记佩德罗·桑切斯·佩雷斯–卡斯特洪。

（2）人民党（Partido Popular）：最大在野党，中右翼。原名“人民同盟”，1977年创立，1989年易名为“人民党”。执行“中间改良主义”路线。1996年5月首次上台执政。2000年3月蝉联执政。2011年11月再次赢得大选。2016年11月经历两轮大选和数次组阁谈判后组建政府。2018年6月1日，人民党政府遭弹劾下台，前首相拉霍伊辞去党主席职务。2018年7月21日，巴勃罗·卡萨多·布兰科（Pablo Casado Blanco）当选党主席。2022年5月，党内发生内讧，卡萨多被迫辞职，阿尔维托·努涅斯·费霍（Alberto Núñez Feijóo）当选党主席。在2019年4月、11月的大选中均为议会第二大党。

（3）呼声党（Vox）：极右翼政党。2013年12月成立。在2019年4月的大选中获众议院24个议席，系该党首次在众议院获得议席。在同年11月的大选中获52个议席，成为议会第三大党。党主席圣地亚哥·阿瓦斯卡尔（Santiago Abascal）。

（4）“我们能”党（Podemos）：左翼政党。2014年1月成立。在2016年6月的全国大选中赢得43个众议院席位，成为众议院第三大党。在2019年11月的大选中成为第四大党。2020年1月7日，与工社党联合组阁的提案通过西众议院信任投票。现任总书记伊奥妮·贝拉拉·乌尔特加（Ione Belarra Urteaga，女）。

【重要人物】**费利佩六世**：国王。1968年1月30日出生于马德里，是胡安·卡洛斯一世国王和索菲亚王后的幼子。1985年从加拿大雷克菲尔德高中毕业后，在西班牙萨拉戈萨陆军学院、马林海军学院和圣哈维尔空军学院接受为期三年的正规军事教育。结束军校学习后，进入马德里自治大学学习法律、经济、信息技术和历史，随后赴美国乔治城大学深造并获国际关系硕士学位。1986年成为王储，2014年6月登基。喜爱滑雪和打壁球，擅长帆船运动。2004年与平民莱蒂齐亚·奥尔蒂斯·罗卡索拉诺结婚，有二女，长女莱昂诺尔公主为西班牙王储。　**佩德罗·桑切斯·佩雷斯–卡斯特洪**：首相。1972年2月29日生。经济及企业管理博士。2014年6月当选工社党总书记。2016年10月1日，辞去党总书记职务。2017年5月21日再次当选。2018年5月25日，以涉人民党腐败案为由在众议院成功弹劾时任首相拉霍伊，6月2日宣誓成为新任首相。2020年1月8日再度就任首相。

经　济

中等发达的资本主义工业国，经济总量居欧盟第4位、世界第14位。近年来，西班牙经济受国际金融危机和欧债危机负面影响较大，2014年起实现恢复性增长。受新冠疫情影响，西是2020年欧元区衰退最严重的国家之一，在欧盟复苏基金中获得共1400亿欧元无偿援助和贷款。2021年起，西致力于经济复苏和绿色数字转型。2022年主要经济数据如下：

国内生产总值：1.33万亿欧元。

人均国内生产总值：2.79万欧元。

国内生产总值增长率：5.5%。

货币名称：欧元。

汇率：1美元≈0.95欧元。

通货膨胀率：5.7%。

失业率：12.4%。

【资源】主要矿产储藏量：煤88亿吨，铁19亿吨，黄铁矿5亿吨，铜400万吨，锌190万吨，汞70万吨。森林总面积1500万公顷，森林覆盖率30%。

【工业】工业产值占西班牙国内生产总值比重较高，主要工业部门包括纺织、食品、汽车制造、冶金、化工、能源、电力等。其中，汽车工业是西支柱产业之一，2022年产量达221.9万辆，同比增长5.8%，位居欧盟第二、世界第八。2022年西班牙对外出口汽车193.2万辆，同比增长2.9%，占汽车总产量的87%。

【农业】西班牙农业用地面积3000万公顷，居欧盟第二位，占国土面积59.3%。农作物种植种类主要有葡萄、橄榄、柑橘等。畜牧业以猪、羊、牛为主，猪肉产量居欧盟第一、全球第三，羊肉产量居欧盟首位。橄榄的种植面积及橄榄油的产量均居世界首位，全世界约一半的橄榄油产自西班牙。葡萄的种植面积居世界首位，达95万公顷，占世界总种植面积的13%。

【服务业】国民经济的重要支柱之一，包括文教、卫生、商业、旅游、科研、社会保险、运输业、金融业等。其中，旅游业发达，是国民经济的重要支柱之一。受新冠疫情影响，2020年西班牙入境旅游人数为1890万人次，同比减少77.3%，为历史最低水平。入境旅游收入197.4亿欧元，同比减少78.5%。随着疫情防控形势好转，西旅游业逐步复苏。2022年西班牙入境旅游人数为7160万人次，旅游总收入约占西国内生产总值的12%。加泰罗尼亚是吸引外国游客最多的自治区。西班牙的著名旅游胜地有马德里、巴塞罗那、塞维利亚、太阳海岸等。世界旅游组织总部设在马德里。

【交通运输】以陆路交通运输为主。

铁路：总里程1.565万公里，其中在运营高速铁路3966.7公里（2022年），居欧洲第一、世界第二，仅次于中国。

公路：各级公路总里程约66.7万公里（2022年）。

水运：2021年全国港口吞吐量约5.45亿吨。较大的港口有阿尔赫西拉斯、巴伦西亚、巴塞罗那、卡塔赫纳、毕尔巴鄂等。

空运：2022年客、货运量分别为2.44亿人次、100万吨。较大机场有欧盟第四大机场马德里巴拉哈斯机场、欧盟第五大机场巴塞罗那埃尔普拉特机场等。

【财政金融】2022年公共债务总额为1.5万亿欧元，为国内生产总值的1.14倍。2022年财政赤字率为4.8%。

西班牙主要银行：桑坦德银行（Banco Santander），总资产超过1.68万亿欧元（截至2022年第四季度），毕尔巴鄂比斯开对外银行、凯克萨银行等。

【对外贸易】2022年，西货物贸易进出口总值为8465.3亿欧元，同比增长28.4%。其中，进口额为4573.2亿欧元，出口额为3892.1亿欧元，贸易逆差681.1亿欧元，同比增长160.2%。近几年外贸情况如下（单位：亿欧元）：

	2020	2021	2022
出口额	2746	3252	3892.1
进口额	2880	3541	4573.2
差　额	–134	–289	–681.1

主要进口石油、工业原料、机械设备和消费品。主要出口汽车、钢材、化工产品、皮革制品、纺织品、葡萄酒和橄榄油等。主要贸易伙伴是欧盟、亚洲、拉美和美国。

人民生活

西班牙是高社会福利制国家，全民享有社会医疗保险。

军　事

武装力量由正规军和准军事力量（国家安全部队）组成，国王为最高统帅。国防委员会是国防最高决策机构，国王任主席，政府首相主持工作。成员有副首相，国防、外交、内政大臣，国防参谋长，三军参谋长。国防部负责制定防务政策并领导国防工业。三军参谋长联席会议是首相和国防大臣的军事顾问机构。西班牙已取消义务兵役制，实现军队职业化。2023年国防预算为123.17亿欧元，同比增长25.8%，现役军人约12万人，其中陆军7.6万人，海军2.1万人，空军2.3万人。

文化教育

【教育】中、小学实行免费义务教育（6—16岁）。小学为6年，中学为4年，大学4—5年。高等学府主要有：马德里康普顿斯大学、马德里自治大学、萨拉曼卡大学、巴塞罗那大学等。2023年教育预算为53.54亿欧元，同比增长6.6%。（资料来源：西班牙教育部）

【新闻出版】主要报纸有《国家报》《世界报》《阿贝塞报》《先锋报》《理性报》等。

埃菲社：官方通讯社，1939年1月创办，是全球十大通讯社之一，西班牙语发稿量居全球首位。

广播电视总局统一管理电台、电视台，主要有西班牙国家广播电台和私营的西班牙广播公司、洲际电台、西班牙人民广播电台。西班牙国家电视台是公立电视台中唯一的全国性综合类电视台。影响力较大的私营电视台有电视4台、电视5台、电视6台、天线3台等。

对外关系

西班牙是联合国会员，欧盟、北约成员，二十国集团永久嘉宾国。奉行欧洲主义，高度重视深化同美国关系，注重维持与伊比利亚美洲传统关系，加强与地中海地区、非洲、阿拉伯国家关系，积极开拓同亚洲新兴国家的合作。坚持多边主义，重视参与联合国等国际组织，将人道主义、气候变化、2030年可持续发展议程、性别平等、反恐等热点问题作为多边外交优先议题。重视经济外交和公共外交，整合政治、经济、文体、教育、艺术等积极因素，打造良好国家形象。

【同中国的关系】1973年3月9日中西建交。2005年11月，两国建立全面战略伙伴关系。近年来，访西的中国领导人有：国家主席习近平（2018年11月对西班牙进行国事访问、2019年11月过境西班牙），中共中央政治局委员、中央外事工作委员会办公室主任杨洁篪（2020年9月），国务委员兼外交部长王毅（2019年12月在马德里出席第十四届亚欧外长会议）等。

访华的西班牙领导人有：工业、贸易与旅游大臣马罗托（2018年10月），外交大臣博雷利（2019年4月以首相特使身份来华出席第二届“一带一路”国际合作高峰论坛）。

中西经贸合作持续发展，中国是西班牙在欧盟外第一大贸易伙伴，西是中国在欧盟内第五大贸易伙伴和投资来源国。据中国海关总署统计，2022年，中西双边贸易额为515.14亿美元，同比增长6.5%。其中，中国出口额为417.50亿美元，同比增长15.7%；中国进口额为97.64亿美元，同比减少20.5%。中国主要进口商品有：猪肉、机械设备、交通运输设备、塑料及其制品、矿产品、医药品等。

中国驻西班牙大使：吴海涛。馆址：C/Arturo Soria，113，28043 Madrid，España。电话：0034–915194242；传真：915192035。领事侨务处电话：0034–917414728。经商处电话：0034–917161741。

西班牙驻华大使：拉斐尔·德斯卡亚·德马萨雷多（Rafael Dezcallar de Mazarredo）。馆址：北京市朝阳区三里屯路9号。电话：010–65323629；传真：65323401。

【同欧盟的关系】奉行欧洲主义，坚定支持欧洲一体化进程。视欧洲为其对外政策三大传统支柱之首，融入欧盟并积极在欧盟内发挥作用。认为强大和团结的欧洲是世界进步的保障，支持欧盟战略自主，根据《联合国宪章》担负维护世界和平与安全的责任。

【同美国的关系】视对美关系为对外政策重要支点。2018年6月，国王费利佩六世访美。2022年6月北约马德里峰会期间，费利佩六世国王和桑切斯首相分别会见美国总统拜登。

【同北非国家的关系】将近邻北非地区作为外交重点。推动有关国家和平民主进程，对非发展援助向医疗卫生等福利项目倾斜。2022年3月，西调整传统立场，首次公开赞成摩洛哥提出的西撒哈拉“高度自治”方案。

【同拉丁美洲国家的关系】与拉美国家有特殊传统关系，把发展与拉美国家的关系作为其战略重点。主张建立伊比利亚美洲共同体，倡导并积极参与伊比利亚美洲首脑会议（常设秘书处设立在马德里）。主张通过建立欧盟–拉美战略伙伴关系，推动欧盟与拉美关系进一步接近。积极推动于2023年7月举办新一届欧盟–拉共体峰会。

【同其他亚洲国家的关系】认为世界经济重心加速向亚太地区转移，愿进一步发展同亚太国家政治、经贸、文化关系，提升在亚太地区影响力。（李敬国）

希 腊

国名 希腊共和国（The Hellenic Republic）。

面积 13.1957万平方公里，其中15%为岛屿。

人口 1043.2万（2022年）。98%以上为希腊人，其余为穆斯林及其他少数民族。官方语言为希腊语，东正教为国教。

首都 雅典（Athens），人口379.2万（2022年）。最高气温（7月）18℃—41℃，最低气温（1月）0℃—18℃。

国家元首 总统卡特里娜·萨克拉罗普卢（Katerina Sakellaropoulou，女），2020年3月13日宣誓就职，任期5年。

重要节日 国庆节：3月25日；复活节：春分月圆后第一个星期日；抗击意大利入侵日：10月28日；圣诞节：12月25日。

简 况

位于巴尔干半岛最南端，北同保加利亚、北马其顿、阿尔巴尼亚相邻，东北与土耳其的欧洲部分接壤，西南濒爱奥尼亚海，东临爱琴海，南隔地中海与非洲大陆相望。海岸线长约15021公里，领海宽度为6海里。属亚热带地中海气候。平均气温冬季为0℃—13℃，夏季为23℃—41℃。

希腊是西方文明的发祥地。公元前3000年至前1100年克里特岛曾出现米诺斯文化，公元前1600年至前1050年伯罗奔尼撒半岛出现迈锡尼文化。公元前800年形成奴隶制城邦国家，前5世纪为鼎盛时期。公元前146年并入罗马帝国。15世纪中期被奥斯曼帝国统治。1821年，爆发争取独立的战争。1832年成立王国。1974年通过全民公投改为共和制。此后由新民主党和泛希腊社会主义运动（简称“泛希社运”）轮流执政。1981年加入欧共体。2001年加入欧元区。

政 治

2015年1月，支持“反紧缩”政策的激进左翼联盟（简称“左联党”）在议会选举中胜出，与右翼小党独立希腊人党组成联合政府，左联主席齐普拉斯任总理。8月，由于左联党内就与欧盟、欧洲央行和国际货币基金组织“三驾马车”签署金融救助协议存在分歧，齐普拉斯辞职并解散政府。9月，希腊再次举行议会选举，齐普拉斯再次出任总理。2019年1月，由于在马其顿国名问题上与左联产生分歧，独立希腊人党退出执政联盟，齐普拉斯内阁沦为少数派政府。7月，新民主党在议会选举中成为第一大党并单独组阁，米佐塔基斯出任总理。

【宪法】现行宪法于1975年6月11日生效，后于1986年、2001年、2008年，2019年先后经历四次修订。宪法规定国家体制为“总统议会共和制”，总统为国家元首，立法权属议会和总统，行政权属总理，司法权由法院行使。1986年通过的宪法修正案取消了1975年宪法赋予总统的重大权力，总统不再有权力解散议会，只有在政府建议之下并征得议会大多数成员同意才能举行全民公投，实际权力缩小。2001年修正案对司法系统进行大幅改革，并加大向地方放权。2008年修正案授予议会修改国家预算并监督预算执行的权力。2019年11月第四次修宪，将总统选举与议会大选脱钩。

【议会】一院制。议会的主要职能是立法和监督政府工作。议会由全国56个选区普选产生，共有300名议员。本届议会于2019年7月选举产生，任期4年。现议会议席分配如下：新民主党158席，左联党86席，变革运动党22席，希腊共产党15席，希腊解决方案党

10席，欧洲抵抗先锋党9席。新民主党人康斯坦丁诺斯·塔苏拉斯（Constantine An. Tassoulas）任议长。

【政府】现政府于2019年7月8日组成，2021年8月小幅改组。现有部委19个，内阁成员58人：总理基里亚科斯·米佐塔基斯（Kyriakos Mitsotakis），副总理帕纳约蒂斯·比克拉梅诺斯（Panagiotis Pikrammenos），外交部长尼科斯·登迪亚斯（Nikos Dendias），财政部长赫里斯托斯·斯泰库拉斯（Christos Staikouras），发展和投资部长斯皮里宗–阿佐尼斯·乔治亚季斯（Spyridon-Adonis Georgiadis），公民保护部长帕纳约蒂斯·西奥多里卡科斯（Panagiotis Theodorikakos），气候危机和民防部长赫里斯托斯·斯提利亚尼迪斯（Christos Stilianidis），国防部长尼科斯·帕纳约托普洛斯（Nikos Panagiotopoulos），教育和宗教事务部长妮基·凯拉梅乌斯（Niki Kerameus，女），劳工和社会福利部长科斯蒂斯·哈齐扎基斯（Kostis Chatzidakis），卫生部长阿萨纳修斯·普莱弗里斯（Athanasios Plevris），环境和能源部长科斯塔斯·斯克雷卡斯（Kostas Skrekas），文化和体育部长莉娜·门佐尼（Lina Mendoni，女），司法部长科斯塔斯·齐亚拉斯（Kostas Tsiaras），内政部长马基斯·沃里季斯（Makis Voridis），数字治理部长基里亚科斯·皮埃拉卡基斯（Kyriakos Pierrakakis），基础设施和交通部长康斯坦丁·卡拉曼利斯（Constantine Karamanlis），海运与岛屿政策部长扬尼斯·普拉基奥塔基斯（Giannis Plakiotakis），农业发展和食品部长斯皮利奥斯·利瓦诺斯（Spilios Livanos），旅游部长瓦西里斯·基基利亚斯（Vasilis Kikilias），移民和庇护部长帕纳约蒂斯·米塔拉基斯（Panagiotis Mitarakis），国务部长乔治·耶拉佩特里蒂斯（Giorgos Gerapetritis）和阿基斯·斯凯佐斯（Akis Skertsos），国务副部长赫里斯托斯·特里昂多普洛斯（Christos Triantopoulos）和约阿尼斯·伊科诺穆（Ioannis Oikonomou）。

【行政区划】全国分为13个行政省（大区）和325个行政市。

【司法机构】最高司法机构包括最高法院和最高行政法院及检察机构。民事和刑事法院系统包括地方法庭、初审法院、上诉法院和最高法院，行政法院系统包括初审法院、上诉法院和最高行政法院。各层级设有相应的检察院，检察官由司法部管理。

【政党】主要政党有：

（1）新民主党（New Democracy）：1974年10月成立，创始人是康斯坦丁·卡拉曼利斯。该党曾于1974—1981年、1990—1993年、2004—2009年、2012—2014年执政。在2019年7月议会选举中胜选并单独组阁。主席基里亚科斯·米佐塔基斯。

（2）激进左翼联盟（SYRIZA，Coalition of the Radical Left）：成立于2004年1月，由十余个左翼小党组成，主要是当年希共国内派成员。2012年6月议会选举中，成为第一大反对党。2013年召开首届党大会，正式完成从竞选联盟到政党的转变。于2015—2019年执政。在2019年7月议会选举中败选，目前为第一大反对党。主席阿莱克西斯·齐普拉斯（Alexis Tsipras）。

（3）泛希社运–变革运动党（PASOK-Movement for Change）：2017年11月成立，由泛希社运合并民主左翼中左力量以及河流党组建而成，后两者因在马其顿国名问题上政见分歧先后脱离该党。泛希社运创始人是安德烈·帕潘德里欧，该党于1981—1989年、1993—2003年、2009年底至2011年执政，2012年6月与新民主党、民主左翼共同组建联合政府。主席尼科斯·安德鲁拉基斯（Nikos Androulakis）。

（4）希腊共产党（Communist Party of Greece）：1918年成立。总书记迪米特里斯·古楚巴斯（Dimitris Koutsoumpas）。

（5）希腊解决方案党（Greek Solution）：2016年6月28日成立。创始人是基里亚科斯·维洛普洛斯（Kyriakos Velopoulos），于2019年7月首次进入议会。

（6）欧洲抵抗先锋党（European Realistic Disobedience Front）：成立于2018年的左翼政党。创始人和书记是前左联议员、前财政部长亚尼斯·瓦鲁法基斯（Yanis Varoufakis）。该党是2025欧洲民主运动、欧洲之春和进步国际（Progressive International）的参与者。

【重要人物】卡特里娜·萨克拉罗普卢：总统。无党派。女，1956年出生于希腊萨洛尼卡。毕业于雅典大学法学院，并获巴黎第二大学公法及宪法和行政法学位。1982年进入希腊最高行政法院工作，2018年10月当选最高行政法院院长，系该院首位女性院长。2020年1月22日在议会第一轮投票中当选希腊第8任总统，同时也是希腊历史上首位女性总统，3月13日宣誓就职。**基里亚科斯·米佐塔基斯**：总理。1968年3月4日出生。其父为希腊前总理，其长姊为前雅典市长、前外交部长巴戈雅尼。毕业于哈佛大学，获社会研究学士学位和工商管理硕士学位，并获斯坦福大学国际关系硕士学位。早年曾在大通银行、麦肯锡公司任高管。2004年当选希腊议会议员，后连选连任至今。2013年6月至2015年1月任行政改革部长。2019年7月起任总理。

经　济

希腊属欧盟内中等发达国家，经济基础较薄弱，工业制造业较落后。海运业发达，与旅游、侨汇并列为希外汇收入三大支柱。农业较发达，工业主要以食品加工和轻工业为主。近年来，希政府积极推行经济和社会福利改革，鼓励外来投资，取得一定效果。2019年9月，希腊取消所有资本管制。新冠疫情严重冲击希腊经济。作为欧盟复苏基金第三大受益国，希腊将总计获得320亿欧元支持。2021年8月，希腊收到欧盟发放的40亿欧元预付款，成为首批获得欧盟预融资的国家之一。2022年4月，希腊提前还清国际货币基金组织救助贷款。8月，希腊退出欧盟强化监管机制。近年来，希政府积极推行经济和社会改革，大力吸引投资，逐渐摆脱债务危机负面影响。2022年主要经济数据如下：

国内生产总值：1921亿欧元。

人均国内生产总值：2.0675万美元。

国内生产总值增长率：5.9%。

货币名称：欧元。

汇率：1美元≈0.95欧元。

失业率：12.2%。

（资料来源：希腊国家统计局）

【资源】主要矿产有铝矾土（储藏量约10亿吨）、褐煤（储藏量58亿吨）、镍、铬、镁、石棉、铜、铀、金、石油、大理石等。森林覆盖率为17%。

【工业】工业基础较薄弱，规模较小，技术较落后。2022年工业产值约295亿欧元，占国内生产总值的16%。主要工业有采矿、冶金、食品加工、纺织、造船、建筑等。

【农业】希腊属丘陵地区，可耕种地面积占国土面积的30%，其中灌溉农业面积占37%。64%的耕地面积种植粮食作物，其他为果树、橄榄树和蔬菜等。希主要农产品都能自给自足，水果蔬菜可批量出口欧洲、俄罗斯等地，只进口少量肉、奶及调剂类农产品。希出口的农产品还有烟草、棉花、橄榄油、水果和甜菜等。2022年农业产值72亿欧元，占国内生产总值的3.6%，农产品出口额40.5亿欧元，占全国出口总额的21.3%，其中62%的农产品出口至欧盟国家。

【服务业】服务业是希经济的重要组成部分。2022年服务业产值约1235亿欧元，占国内生产总值的68%。

【旅游业】旅游业是希获得外汇来源和维持国际收支平衡的重要经济部门。近年来，希政府将旅游业发展重心从增加游客数量转向提高游客消费水平，取得较好经济和社会效益。主要旅游景点有：雅典卫城、德尔菲太阳神庙、奥林匹亚古运动场遗址、克里特岛迷宫、埃皮达夫罗斯露天剧场、维尔吉纳马其顿王墓、圣山、罗得岛、科孚岛等。2004年雅典奥运会为希腊旅游业打下了良好的基础，特别是基础设施得到明显改善。2022年希腊旅游业强劲复苏，接待游客2780万人次，同比增长89.3%，旅游业总收入达176亿欧元，同比增长67.9%。

【交通运输】国内运输以公路和海运为主，铁路为辅，对外贸易主要靠海运。

公路：希腊高速公路里程为2098公里。近年来，希政府在欧盟支持下，大力发展基础建设，高速公路、机场、桥梁及其他交通枢纽设施建设，高等级公路及城市主干道建设增加较多，城市交通状况明显改善。特别是在奥运会期间，以雅典为中心连接全国的交通网络为奥运会成功举办发挥了重要作用。2022年希腊乘用汽车保有量约541万辆。

海运：希腊是世界航运大国，海运业是国家经济的重要支柱产业。海运业共为19万人提供了就业机会，海运业带动的金融、保险、咨询服务业、船用设备、维修等相关产业吸纳了13万劳动力，仅在比雷埃夫斯港就有1000多家企业开展与海运业相关的经营活动。希有各类港口150个，主要有比雷埃夫斯、萨洛尼卡、沃洛斯、佩特雷、伊拉克里翁。2022年，希腊船东控制全球运力的21%和欧盟船舶吨位的59%，商船共计5514艘；希腊海运业对经济总贡献超110亿欧元，占国内生产总值的7%，对就业率贡献超3%。

铁路：希铁路系统比较落后，利用率低，经济效益不佳。希腊铁路总长约2279公里，年货运量135.8万吨，年客运量1679.5万人次。2021年希政府加大对地铁、市内轻轨建设的投入，计划在雅典建设一条全长13公里，造价16亿欧元的地铁4号线。该项目预计于2023年开工，是希腊未来10年最大的公共基础设施项目。

空运：爱琴航空是希腊最大的航空公司，成立于1987年，提供定期及包机服务，由雅典和萨洛尼卡前往其他主要的希腊城市和一些欧洲主要城市。奥林匹克航空公司是希腊另一大型航空公司，2009年3月将部分股权出售给一私人公司，并改名为Olympic Air。2012年10月，爱琴航空公司宣布与奥林匹克航空公司达成并购协议。2013年10月，有关协议最终获得欧盟竞争委员会通过，爱琴航空公司正式收购奥林匹克航空公司，后者依然以前者子公司的身份存在和运营。全国有39个机场。主要机场有维尼泽洛斯（雅典）国际机场、萨洛尼卡、克里特和罗德岛机场等。

【财政金融】近几年财政状况如下（单位：亿欧元）：

	2020	2021	2022
财政盈余/赤字	–161	–136	–186.3
占国内生产总值（%）	9.7	7.4	9.7
公共债务	3740	3534	3407.85
占国内生产总值（%）	222	193.3	177.4

（资料来源：希腊国家统计局、央行，欧盟统计局）

希腊共有各类金融机构约60家，其中当地银行22家，外国银行或分行21家，15家合资银行等。四大商业银行有：国民银行、欧元银行、阿尔法银行、比雷埃夫斯银行等。

【对外贸易】希同100多个国家有贸易关系，欧盟成员国是其最大贸易伙伴，占其进出口总额的42%—47%。德国、意大利、英国、塞浦路斯、保加利亚、俄罗斯和中国为其主要贸易伙伴。近几年外贸情况如下（单位：亿欧元）：

	2020	2021	2022
出口额	307.05	399.30	546.80

进口额	486.22	642.80	930.50
差　额	–179.17	–243.50	–383.70

（资料来源：希腊国家统计局）

主要出口商品为石油产品、铝、药品、食品、橄榄油、电信产品、铜铝等。主要进口商品为原材料、石油及石油产品、日用品、交通运输设备、天然气等。

【对外投资】希对外投资主要集中在保加利亚、罗马尼亚、北马其顿和阿尔巴尼亚等邻国。截至2021年8月，希对华直接投资项目累计213个，对希腊全行业直接投资存量2.4亿美元。

人民生活

希腊有健全的医疗保障体系，人均寿命为82.2岁。

军　事

总统是名义上的武装部队最高统帅。总理负责国防政策和部队建设，任最高国防委员会主席。国防部长在总理领导下实施国防政策并管理武装部队。总参谋长主管作战指挥机构。军队受本国和北约双重指挥。实行义务兵役制，服役期为12个月。正规军总兵力近15万人，其中陆军9.35万人、海军1.5万人、空军3.3万人。陆军编为1个集团军、4个军、1个装甲师、3个机械化师、9个步兵师、1个支援师、2个机械化旅、1个山地突击团、1个伞兵团和1个海军陆战队团。主要装备有2285辆主战坦克、2364辆装甲车、2279门火炮和205架直升机；海军有8艘潜艇、6艘巡逻艇、57艘其他舰艇和20架武装直升机。空军编为7个战斗机联队、1个防空导弹大队、4个训练联队、2个运输联队，装备各型飞机600余架。除正规军外，准军事部队（国民警卫队、警察、港警等）共5万人。

文化教育

【教育】实行11年义务教育制，包含2年学前教育、6年小学教育和3年初中教育。全国共有24所大学，均为公立，著名大学有雅典大学、雅典理工大学、亚里士多德大学、克里特大学。

【新闻出版】希腊发行各类报纸近200种、杂志上千种，但发行量有限。全国发行量较大的主要日报有《消息报》《每日报》《论坛报》和《自由新闻报》等。

雅典马其顿通讯社：官方通讯社，同世界各主要通讯社均有联系，由1905年成立的雅典通讯社和1991年成立的马其顿通讯社于2008年合并成立。

希腊广播电视公司：成立于1938年，起初仅有广播电台，1966年开始播出电视节目。2013年6月11日，作为紧缩和改革措施的一部分，政府宣布停播希腊广播电视公司并成立规模大为缩小的希腊新广播、互联网和电视公司。2015年齐普拉斯政府上台后宣布复播。

对外关系

致力于发挥扼守欧亚非三大洲十字路口的地缘优势，在主要大国间维持平衡，争取自身利益最大化。把欧盟作为外交政策立足点，重视发展同中国、美国、俄罗斯等大国关系，希望借助希独特地缘区位优势，在巴尔干发挥经济、政治和安全引领作用。

【同中国的关系】中希于1972年6月5日建交，于2006年1月建立全面战略伙伴关系。2019年4月，齐普拉斯总理来华出席第二届“一带一路”国际合作高峰论坛。同月，在中国—中东欧国家领导人杜布罗夫尼克会晤上，希腊成为中国—中东欧国家合作正式成员。5月，帕夫洛普洛斯总统对中国进行国事访问并出席亚洲文明对话大会。11月，米佐塔基斯总理来华出席第二届中国国际进口博览会，希腊任主宾国。同月，习近平主席对希腊进行国事访问取得圆满成功。2021年2月，米佐塔基斯总理在线上出席中国—中东欧国家领导人峰会。

近年来，中希双边经贸关系日益密切。据中国海关总署统计，2022年，中希双边贸易额为138.2亿美元，同比增长14%。其中，中国出口额为129.9亿美元，同比增长16.5%；中国进口额为8.3亿美元，同比减少14.4%。

2009年10月，中远公司取得希腊比雷埃夫斯港2号和3号集装箱码头35年特许经营权，这是中国企业首次获得欧洲大型港口特许经营权。2016年1月，中远海运集团成功中标希腊比雷埃夫斯港港务局私有化项目，并收购比雷埃夫斯港港务局67%股份。比港现有六大业务板块，分别是集装箱码头、物流仓储、修船业务、邮轮码头、汽车码头、渡轮码头。比港集装箱年吞吐能力达720万标准箱，年吞吐量世界排名从2010年第93位提升至2022年第33位。同时，比港也发展成为欧洲最大的渡轮港口，地中海重要的邮轮母港、汽车船中转港和修船中心。

2019年11月，“文明古国论坛”第三届部长级会议在北京召开。2017年9月，中国国际航空公司开通北京—雅典直航。2019年中希签署《引渡条约》。2021年9月，李克强总理和米佐塔基斯总理共同以视频方式出席中希文化旅游年开幕式。2022年10月，中希建交50周年音乐会在中国国家大剧院成功举办。

中国驻希腊大使：肖军正。馆址：Demokratias 10–12，Paleo Psychico，15452 Athens，Greece。电话：0030–2160036690，2106783807；传真：2106723819。

希腊驻华大使：埃夫耶尼奥斯·卡尔佩里斯（Evgenios Kalpyris）。馆址：北京市朝阳区光华路19号。电话：010–85325493；传真：85326858。

【同美国的关系】二战后在政治、经济、军事上与美国关系紧密。两国建有战略对话机制，签有防务合作协定。希军事装备的80%来自美国。2022年5月，希腊总理基里亚科斯·米佐塔基斯访问美国。2022年，美国公司辉瑞、亚马逊、微软、谷歌先后宣布对希腊进行投资。

【同欧盟的关系】将欧盟作为外交政策立足点，支持欧盟扩大和一体化走向深化，认为在全球化条件下，欧盟不应满足于建立货币联盟，必须建成真正的政治联盟，统筹协调区内经济、社会政策，施行全面治理，并在国际事务中发挥更大作用。认为巴尔干国家加入欧盟有利于地区稳定与繁荣，希望在东南欧国家加入欧盟的进程中发挥主导作用。认为债务危机考验欧盟机构能力和政治团结，将推动欧盟一体化走向深入，南欧国家应在欧盟未来进程中发挥更加重要的作用。

【同巴尔干邻国的关系】主张睦邻友好，视巴尔干为重要外交场所，积极推动巴尔干的区域合作，谋求在该地区发挥主导作用。支持邻国加入欧盟和北约，反对科索沃独立。2019年2月与北马其顿解决了存在数十年的国名分歧，在巴尔干地区稳定和发展上发挥更大作用。

【同阿拉伯国家的关系】希同阿拉伯国家有着传统友谊，积极推动中东和平进程。希是最早呼吁黎以冲突停火的国家之一，并利用各种方式及时向黎提供人道主义援助。积极为应对该地区局势和缔造未来中东和平贡献力量。

【同土耳其的关系】希支持土加入欧盟，但把塞浦路斯问题全面解决作为土入盟前提，要求土履行候选国义务，遵守有关原则。希与土保持经济、文化、旅游等方面的交流与合作，努力扩大双边经贸合作。希土在东地中海海洋权益问题上存在矛盾，2021年1月，两国就专属经济区划界恢复探索性对话。

【同塞浦路斯的关系】希是塞独立的三个保证国之一，两国关系十分密切。希支持塞希族在解决塞问题上的立场，主张根据塞希、土两族人的比例建立一个独立、统一和中央集权的联邦国家。继续致力于在联合国有关决议基础上找到一个公正、可行的解决方案。支持塞两族开展直接贸易等交流，改善气氛。

（孙天骄）

匈牙利

国名 匈牙利（Hungary，Magyarország）。

面积 9.3023万平方公里。

人口 967.8万（2022年）。主要民族为马扎尔族，约占90%。少数民族有斯洛伐克、罗马尼亚、克罗地亚、塞尔维亚、斯洛文尼亚、日耳曼等族。官方语言为匈牙利语。居民主要信奉天主教（66.2%）和基督教新教（17.9%）。

首都 布达佩斯（Budapest），人口170.6万（2022年）。

国家元首 总统诺瓦克·卡塔琳（Novák Katalin，女），2022年5月10日就职，任期5年。

重要节日 3月15日：1848年革命和自由斗争纪念日；8月20日：匈牙利国庆节；10月23日：1956年革命和自由斗争纪念日暨1989年共和国成立日。

简况

中欧内陆国。东邻罗马尼亚、乌克兰，南接斯洛文尼亚、克罗地亚、塞尔维亚，西靠奥地利，北连斯洛伐克，边界线全长2246公里。属大陆性气候，凉爽湿润，年均气温10.8 ℃，夏季平均气温21.7 ℃，冬季平均气温-1.2℃，年均降水量约为630毫米。

896年，马扎尔游牧部落从乌拉尔山西麓和伏尔加河湾一带移居多瑙河盆地。1000年，圣·伊什特万建立封建国家，成为匈第一位国王。1526年土耳其人入侵，匈封建国家解体。1541年匈一分为三，分别由土耳其苏丹、哈布斯堡王朝和埃尔代伊大公统治。1699年起全境由哈布斯堡王朝统治。1848年爆发革命自由斗争，并于1849年4月建立匈牙利共和国，后被哈布斯堡王朝联合沙俄军队镇压。1867年改制为奥匈二元帝国。1919年3月建立匈牙利苏维埃共和国，8月被奥匈帝国海军上将霍尔蒂率军推翻，恢复君主立宪制。1949年8月20日宣布成立匈牙利人民共和国并颁布宪法。1956年10月爆发匈牙利事件。1989年10月23日国名改为匈牙利共和国。2012年1月1日起更名为匈牙利。

政治

2022年4月，匈举行国会换届选举，执政党青年民主主义者联盟（简称“青民盟”）和基督教民主人民党（简称“基民党”）组成的竞选联盟获胜；民主联盟、动力运动、社会党、尤比克-保守党、我们的祖国党、对话-绿党和绿党进入国会。5月16日，青民盟主席欧尔班连任总理。

【宪法】1989年10月18日国会通过宪法修正案，对宪法做了重大修改，确定匈实行多党议会民主制，建立独立、民主、法治的国家，执行立法、行政、司法三权分立的原则。2011年4月18日国会通过名为《基本法》的新宪法，将“匈牙利共和国”更名为“匈牙利”，确定基督教为匈牙利历史和文明的基础。

【议会】国会是立法机关和国家最高权力机构，实行一院制。根据匈新《选举法》规定，自2014年起匈国会议席减少至199席，每4年普选一次。本届国会于2022年5月由青民盟（116席）、基民党（19席）、民主联盟（15席）、动力运动（10席）、社会党（10席）、尤比克-保守党（8席）、我们的祖国党（6席）、对话-绿党（6席）和绿党（5席）组成。独立议员3席，匈牙利日耳曼族（少数民族）议员1席。国会下设16

个常设委员会。国会每年分春季会期和秋季会期。国会主席格维尔·拉斯洛（KÖVÉR László，青民盟），2022年5月连任。

【政府】国家最高行政机构。按照法律规定，各部部长由总理提名，共和国总统任命。现政府于2022年5月组成，主要部门有总理府、总理办公室、农业部、内务部、建设和投资部、国防部、司法部、文化和创新部、外交与对外经济部、财政部、经济发展事务部、能源部。政府成员有总理欧尔班·维克多（ORBÁN Viktor），总理府部长古雅什·盖尔盖伊（GULYÁS Gergely），总理办公室部长罗甘·安道尔（ROGÁN Antal），农业部长纳吉·伊什特万（NAGY István），内务部长宾戴尔·山多尔（PINTER Sandor），建设和交通部长拉扎尔·亚诺什（LÁZÁR János），国防部长萨罗伊–鲍布罗夫尼茨基·克里斯多夫（Szalay-Bobrovniczky Kristóf），司法部长沃尔高·尤迪特（VARGA Judit，女），文化和创新部长查克·亚诺什（CSÁK János），外交与对外经济部长西雅尔多·彼得（SZIJJÁRTÓ Péter），财政部长沃尔高·米哈伊（VARGA Mihály），经济发展事务部长纳吉·玛顿（NAGY Márton），能源部长朗多什·乔鲍（LANTOS Csaba），以及副总理兼民族、教会政策和教会外交事务不管部长谢姆延·若尔特（SEMJÉN Zsolt），区域发展和欧盟资金使用事务不管部长瑙夫劳齐赤·蒂博尔（NAVRACSICS Tibor）。

【行政区划】全国划分为首都和19个州，设有24个州级市。

【司法机构】法院和检察院是国家司法机构。法院分最高法院、地区法院、州法院和地方法院四级，实行两审终审制；检察机构分最高检察院、地区检察院和州检察院三级。现任最高法院院长沃尔高·安德拉什（Prof. Dr. VARGA Zs. András），于2021年1月就职，任期9年。最高检察长波尔特·彼得（Dr. POLT Péter），2010年12月当选，2019年12月连任，任期9年。自1990年1月起设宪法法院，现任院长舒尤克·道玛什（Dr. SULYOK Tamás），2016年11月就任，任期9年。

【政党】登记注册的政党有200余个，大部分成立于20世纪80年代末。国会中主要党派有：

（1）青年民主主义者联盟–匈牙利公民联盟（FIDESZ-Magyar Polgári Szövetség）：执政党。1988年3月30日成立，主要成员为青年知识分子。主席欧尔班·维克多。

（2）基督教民主人民党（KDNP）：执政党。1989年9月30日成立，主要成员由支持右翼的基督教信众组成。主席谢姆延·若尔特（SEMJÉN Zsolt）。

（3）民主联盟（Demokratikus Koalíció）：反对党。2011年11月22日成立，由社会党中分离出来的人士组成。主要成员为知识分子。主席久尔恰尼·费伦茨（GYURCSÁNY Ferenc）。

（4）动力运动（Momentum Mozgalom）：反对党。2015年春成立，主要成员为青年人。主席为盖伦切尔·费伦茨（GELENCSÉR Ferenc）。

（5）匈牙利社会党（Magyar Szocialista Párt）：反对党。1989年10月7日成立，主要成员为知识分子、职员和企业家。联合主席昆豪尔米·阿格奈什（KUNHALMI Ágnes）和科姆亚特·伊姆莱（KOMJÁTHI Imre）。

（6）尤比克–保守党（为了更好的匈牙利，Jobbik-Konzervatívok）：反对党。2003年10月24日成立，主要成员为青年人。主席久久什·玛顿（GYÖNGYÖSI Márton）。

（7）我们的祖国党（Mi Hazánk Mozgalom）：反对党。2018年8月20日成立，由尤比克党中分立出来的人士组成。主席托罗茨考伊·拉斯洛（TOROCZKAI László）。

（8）对话–绿党（A Párbeszéd-A Zöldek Pártja）：反对党。2013年2月17日成立，主要由从绿党中分离出来人士组成，主要成员为青年知识分子。联合主席萨博·瑞贝卡（SZABÓ Rebeka，女）和托尔达伊·本采（TORDAI Bence）。

（9）绿党（Lehet más a Politika）：反对党。2009年2月26日成立，主要成员为青年知识分子。联合主席舒穆克·伊丽莎白（SCHUMUCK Erzsébet，女）和乌佳·彼得（UNGÁR Péter）。在野党还有：匈牙利工人党（Magyar Munkáspárt）、双尾犬党（Kétfarkúkutya párt）等。

【重要人物】诺瓦克·卡塔琳：总统。女，1977年9月6日出生于塞格德。2001年毕业于考文纽斯大学。2010—2012年任外交部长顾问，2012—2014年任人力资源部部长办公室主任，2014—2020年任人力资源部家庭和青年事务国务秘书，2017—2021年任青民盟副主席，2020—2021年任家庭事务不管部长。2022年3月10日当选总统，5月10日正式就职。　**欧尔班·维克多**：总理。1963年5月31日出生于塞盖什白城。毕业于罗兰大学法学院。1988年加入青民盟，为青民盟创始人之一，1993年起任青民盟主席。1990年起为国会议员，1998—2002年任总理。2010年5月再次出任总理。2014年6月、2018年5月、2022年5月连任总理。　**格维尔·拉斯洛**：国会主席。1959年出生于维斯普雷姆州。毕业于罗兰大学法学院。青民盟创始人之一。1990年当选国会议员，1998年任主管情报的不管部长。2002年任国会国家安全委员会主席、青民盟议员团副主席、全国选举委员会主席等。2010年7月当选国会主席。2014年6月、2018年5月、2022年5月连任国会主席。

经　济

属中等发达国家，经合组织成员国。东欧剧变后经济转轨顺利，私有化基本完成，市场经济体制已经确立。目前，私营经济的产值约占国内生产总值的86%。2022年主要经济数据如下：

国内生产总值：1800亿欧元。

人均国内生产总值：1.76万欧元。

国内生产总值增长率：4.6%。

货币名称：福林。

汇率：1美元≈384.91福林；1欧元≈407福林。

通货膨胀率：24.5%。

失业率：3.8%。

（资料来源：匈牙利中央统计局）

【资源】自然资源比较贫乏。主要矿产资源是铝矾土，探明储量约9亿吨，蕴藏量居欧洲第三位，此外有少量煤炭、铜、锰、铁等。2021年探明可开采储量分别为褐煤22.46亿吨、烟煤19.15亿吨、铜矿7.27亿吨、锰矿0.52亿吨、铁矿石0.44亿吨。森林覆盖率为20.4%（2021年数据）。2022年采矿从业人员5.6万，约占全国就业人口总数的0.1%。（资料来源：匈牙利中央统计局）

【工业】工业发展较快。2022年工业生产总值同比增长5.8%，总产值57.7万亿福林。2022年工业从业人员146.5万，占全国就业人口总数的31.2%。近几年主要工业产品产量如下（单位：万吨）：

	2020	2021	2022
电（亿度）	349.0	361.0	354.0
煤炭	729.3	604.0	—
天然气（亿立方米）	18.0	15.9	—
原钢	151.3	110.0	—

（资料来源：匈牙利中央统计局，下同）

【农业】农业基础较好。主要种植小麦、玉米、甜菜、马铃薯、葡萄等。农业用地面积508.1万公顷。2022年小麦平均每公顷产量4400公斤，玉米3420公斤。2022年农牧林渔业从业人员20万，约占全国就业人口总数的4.3%。近几年主要农畜产品产量如下（单位：万吨）：

	2019	2020	2021
小麦	537.8	512.1	529.0
玉米	827.8	841.4	646.2
甜菜	82.3	78.0	67.8
马铃薯	34.4	27.0	24.0
水果	73.3	59.8	67.5
葡萄	46.3	44.6	44.6
蔬菜	149.3	142.4	139.8

近几年主要农畜存栏数如下（单位：万只或万头）：

	2020	2021	2022
肉牛	93.3	90.2	88.5
肉猪	285.0	272.6	255.8
肉羊	94.4	88.7	87.2
禽类	3920.8	3994.4	—

【服务业】发展迅速。各种小商店、小饮食店、小旅馆和其他服务网点的私有化已经完成。2022年全国零售商店数128340个，零售总额为170859亿福林。2022年服务业就业人数303万，约占全国就业人数的64.5%。

【旅游业】比较发达。2022年外国游客来匈4634.3万人次，收入2302.98亿福林。2022年旅游业从业人数18.2万，约占全国就业人数的3.9%。主要旅游区域：布达佩斯、巴拉顿湖、多瑙河湾、马特劳山。

【交通运输】目前已形成以首都为中心、通向全国和邻国的铁路和公路网。

铁路：总长7889公里，其中电气化铁路3221公里。货车8806辆，客车2121辆。2021年货运量109.0亿吨公里，占货运总量的20%，客运量54.3亿人公里。（2021年数据）

公路：总长3.26万公里，其中高速公路1324公里。2022年全国机动车持有量为498.1万辆。公路货运量365.5亿吨公里，占货运总量的61.71%，客运量90亿人公里。（2021年数据）

水运：水路长1638公里。水运在匈牙利交通运输中仅起辅助性作用。（2021年数据）

空运：2022年全年航班总班次57886次，货运吞吐量13381.6万吨，旅客吞吐量1220.5万人次。2个国际机场：布达佩斯李斯特·费兰茨机场和德布勒森机场。

【财政金融】近几年财政收支情况如下（单位：万亿福林）：

	2020	2021	2022
收入	16.27	25.10	20.85
支出	20.99	29.88	25.46
盈余/赤字	–4.7	–4.7	–4.6

【对外贸易】匈同欧盟国家的进、出口贸易分别占匈进、出口总额的68.7%和76.7%，同其他国家分别占31.3%和23.3%。近几年进出口情况如下（单位：亿欧元）：

	2020	2021	2022
贸易总额	2043.53	2368.34	2929.70
出口额	1049.86	1192.28	1421.89
进口额	993.67	1176.06	1507.81
差额	56.19	16.22	–85.92

2022年，主要进口产品中机械设备占41.2%，加工产品占36.0%，燃料与电能占15.1%，食品、烟、酒占5.2%，原材料占2.5%。主要出口产品中机械设备占55.1%，加工产品占30.6%，燃料与电能占4.3%，食品、烟、酒占7.2%，原料占2.8%。

【外国资本】积极鼓励吸收外资。主要集中在加工业、汽车制造业、贸易、运输和通信、金融、房地产等行业。欧洲国家是外资主要来源地。其中，德国为匈牙利第一大外资来源国，其次为卢森堡、荷兰、奥地利和法国。亚洲地区主要对匈投资国为韩国、日本、中国、新加坡和印度。

人民生活

重视提高和改善居民生活水平，不断增加退休金、家庭补贴、生育和抚养儿童的补助金等。此外，在医疗、教育、文化、体育和旅游等方面实行优惠补贴。2022年人均月收入50万福林。截至2022年12月，全国退休人员共有199万人，占全国总人口的20.6%，相关费用支出在国内生产总值中占8%。2022年全国共有医生44727名，病床66655张，药店3133所。

军　事

1990年2月匈牙利人民军改名为匈牙利国防军。1999年3月，匈正式成为北约成员国。宪法规定共和国总统是武装力量最高统帅。国防部是最高军事统帅机关。2004年12月取消义务兵役制。截至2021年底，军队总人数为3万。共和国总统诺瓦克担任国防军司令，鲁辛-森蒂·罗姆鲁斯上将（Dr. RUSZIN-SZENDI Romulusz）担任总参谋长。

文化教育

【教育】实行12年制义务教育，幼儿免费入托，小学免费教育。学制：小学8年，中学（包括职业中学）4年，大学4—6年，医科大学7年。除了公办学校，还有教会学校、私立学校和基金会学校。1986年9月实施新教育法，扩大各类学校业务上和经济上的自主权，促使学校生活民主化。1993年通过了第一部高等教育法。2022/2023学年各级学校数量、学生及教师人数如下：

	学校（所）	学生（万人）	教师（万人）
幼儿园	4599	32.3	3.1
小学	3573	71.5	7.4
中学	1614	36.1	3.6
高等院校	63	20.7	2.6

【新闻出版】发行量较大的全国性报纸主要有：《匈牙利民族报》，1938年创刊，2022年发行量1.7万份；《匈牙利新闻报》，1968年创刊，2022年发行量0.9万份；《人民之声报》，1873年创刊，2022年发行量2.5万份；《世界经济报》，1969年创刊。

主要杂志有《世界经济周刊》《布达佩斯时代周刊》。

匈牙利通讯社：国营，1880年成立。

主要广播电台有科苏特广播电台、裴多菲广播电台和巴尔托克广播电台均为国营电台。此外，还有尤文图斯广播电台、多瑙广播电台，均为商业电台。

国营电视台有匈牙利电视台，1957年成立；多瑙电视台，1992年成立。私营电视台有RTL Klub电视台，1997年成立；TV2电视台，1997年成立。

对外关系

1999年3月加入北约，2004年5月加入欧盟。2007年12月正式加入申根协定。主要外交目标和任务是保障国民安全，服务国内经济发展和改善民生；高效应对全球化挑战；加强中欧地区合作，积极参与欧洲一体化建设；加强匈族人团结。提出“向东开放”战略，致力成为亚欧贸易桥梁。

【同中国的关系】1949年10月6日建交。2004年6月，两国建立友好合作伙伴关系。2017年5月，两国建立全面战略伙伴关系。

2020年5月，习近平主席应约同欧尔班总理通电话。11月，欧尔班总理在第三届中国国际进口博览会开幕式上以视频形式致辞。

2021年1月13日，中共中央政治局委员、全国人大常委会副委员长王晨与匈牙利国会常务副主席玛特劳伊举行视频会晤。1月29日，王毅国务委员兼外长应约同西雅尔多外长通电话。2月9日，欧尔班总理出席习近平主席以视频形式主持召开的中国—中东欧国家领导人峰会。2月19日，全国人大常委会委员长栗战书以视频形式同匈国会主席格维尔会谈。4月29日，习近平主席应约同欧尔班总理通电话。5月31日，王毅国务委员兼外长在贵州贵阳接待西雅尔多外长访华。

2022年3月7日、4月4日，7月17日，王毅国务委员兼外长应约同西雅尔多外长通电话。9月21日，王毅国务委员兼外长在纽约出席联合国大会期间同西雅尔多外长会见。12月13日，中共中央政治局委员、国务委员兼外交部长王毅同匈外长西雅尔多举行视频会晤。

据中国海关总署统计，2022年，中匈双边贸易额为155.2亿美元，同比减少1.2%。其中，中国出口额为104.7亿美元，同比增长3.3%；中国进口额为50.5亿美元，同比减少9.4%。中匈双边贸易以附加值较高的机电和高新技术产品为主，其中，电机、电气设备及零部件，锅炉、机械器具及零部件，车辆及零部件，光学、照相、医疗设备及零部件等四大领域在双边贸易额中的占比超过80%。

截至2022年底，中国在匈直接投资存量4.26亿美元，涉及贸易、化工、金融、通信设备、新能源、物流等行业。烟台万华集团收购的匈牙利宝思德化工公司项目。华为公司在匈牙利设立了欧洲供应中心和欧洲物流中心，建立了覆盖欧洲、独联体、中亚、北非等地区的物流网络。中国通用技术集团中技公司在匈考波什堡市投资兴建100兆瓦光伏电站项目，系中东欧地区最大光伏电站之一。深圳比亚迪、四川波鸿集团和上海延锋汽车内饰公司等汽车产业企业均在匈投资设厂。我在匈设有中国匈牙利宝思德经贸合作区和中欧商贸物流合作园区两个国家级境外经贸合作区。

2021年8月，中国证监会与匈中央银行签署《证券期货监管合作谅解备忘录》。11月，中国商务部同匈创新与技术部签署《关于推动绿色发展领域投资合作的谅解备忘录》《关于加强数字经济领域投资合作的谅解备忘录》。

2021年12月，匈发行10亿人民绿色"熊猫债"，募集资金将用于匈促进低碳发展和可持续发展经济。2022年11月，匈发行20亿元绿色主权熊猫债。

中国驻匈牙利大使：齐大愚。馆址：1068 Budapest, Városligeti fasor 20–22。电话：00361–4132401；传真：3229067。经商处电话：00361–4133369。领事部电话：00361–4132415。

匈牙利驻华大使：白思谛（PESTI Máté Imre）。馆址：北京市朝阳区三里屯东直门外大街10号。电话：010–65321431；传真：65325053。商务处电话：010–65323182。

【同其他欧洲国家的关系】2004年5月1日，匈牙利正式成为欧盟成员国。匈牙利在欧洲议会中占有22个席位。2007年12月21日，匈牙利正式加入申根区。2011年1月1日至6月30日，匈牙利曾担任欧盟轮值主席国。近年来，匈牙利与欧盟其他成员国领导人互访频繁。2021年，匈总理欧尔班访问英国、斯洛文尼亚、塞尔维亚、捷克、波黑、波兰等；外长西雅尔多访问波黑、葡萄牙、斯洛伐克、立陶宛、波兰、芬兰等；法国总统马克龙、波兰总统杜达、捷克总理巴比什、阿尔巴尼亚总理拉马、斯洛文尼亚总理黑格尔、塞尔维亚议长达契奇、瑞典外长林德、俄罗斯外长拉夫罗夫、克罗地亚外长拉德曼、瑞士外长卡西斯、塞浦路斯外长克里斯托利德斯、意大利外长迪马约、拉脱维亚外长莱维茨、塞尔维亚欧洲一体化部长约克西莫维奇、罗马尼亚经济商业与旅游部长纳西特等访匈。2022年，匈总统诺瓦克访问波兰、斯洛文尼亚、梵蒂冈、罗马尼亚、塞尔维亚、捷克、乌克兰；匈总理欧尔班访问英国、德国、西班牙、俄罗斯、奥地利、斯洛文尼亚、土耳其、梵蒂冈、塞尔维亚；外长西雅尔多访问英国、塞尔维亚、克罗地亚、马耳他、希腊；黑山总统久卡诺维奇、克罗地亚外交和欧洲事务部长格里克·拉德曼、摩尔多瓦外长波佩斯库、斯洛伐克外长科尔乔克、格鲁吉亚总理加里巴什维利等访匈。

【同其他国家的关系】匈重视发展与亚太地区各国的关系和加强同广大发展中国家的往来。2021年，匈总理欧尔班访问以色列、土耳其等；外长西雅尔多访问土耳其、日本、乌兹别克斯坦、哈萨克斯坦、吉尔吉斯斯坦、蒙古国、塔吉克斯坦、塞舌尔、卢旺达；韩国总统文在寅、阿塞拜疆议长加法洛娃、塞舌尔外长拉德贡德、吉尔吉斯斯坦外长卡扎克巴耶夫、澳大利亚环境部长莱伊、世卫组织总干事谭德塞等访匈。2022年，匈总统阿戴尔访问加纳、肯尼亚；总统诺瓦克访问巴西、伊拉克、以色列；匈总理欧尔班访问乌兹别克斯坦；外长西雅尔多访问斯里兰卡、阿联酋、印度、阿根廷、卡塔尔、老挝；乌兹别克斯坦总统米尔济约耶夫、巴西总统博索纳罗、安哥拉能源与水利部长巴普蒂斯塔、韩国贸易部长安德根、伊朗财经部长汉杜兹等访匈。

【同国际和地区组织的关系】2021年，总统阿戴尔赴保加利亚出席"三海倡议"成员国峰会。总理欧尔班出席中国—中东欧国家领导人视频峰会、V4+斯洛文尼亚首脑峰会。外长西雅尔多出席V4外长同美国国务卿布林肯集体会谈、V4+埃及外长会、中欧五国外长会、突厥语国家合作委员会峰会、联合国大会。匈担任2019—2023年度联合国教科文组织执行局成员。2022年，匈总统诺瓦克出席第77届联合国大会、巴黎和平论坛；匈总理欧尔班出席维谢格拉德集团政府首脑会晤；匈外长西雅尔多出席联合国安理会"儿童与武装冲突"高级别公开辩论、"开放巴尔干"倡议峰会。

（边舒娴）

意　大　利

国名　意大利共和国（The Republic of Italy, La Repubblica Italiana）。

面积　30.1333万平方公里。

人口　5885万（2022年）。主要是意大利人。官方语言为意大利语，西北部的瓦莱·达奥斯塔、东北部的特伦蒂诺–上阿迪杰和弗留利–威尼斯·朱利亚等少数民族地区分别讲法语、德语和斯洛文尼亚语。大部分居民信奉天主教。

首都　罗马（Roma），人口约421.6万（2022年）。最热月份为7月，一般气温在20℃—32℃；最冷月份为1月，一般气温在1℃—10℃。

国家元首　总统塞尔焦·马塔雷拉（Sergio Mattarella），2015年2月当选，2022年2月连任，任期至2029年。

重要节日　元旦：1月1日；主显节：1月6日；复活节：春分后第一次月圆之后的第一个星期日；解放日：4月25日；劳动节：5月1日；国庆日：6月2日；圣母升天节：8月15日；万圣节：11月1日；胜利日：11月4日；圣诞节：12月25日。

简　况　位于欧洲南部，包括亚平宁半岛及西西里、撒丁等岛屿。北以阿尔卑斯山为屏障与法国、瑞士、奥地利、斯洛文尼亚接壤，东、南、西三面分别临地中海的属海亚得里亚海、爱奥尼亚海和第勒尼安海。海岸线长7200多公里。大部分地区属亚热带地中海式气候。平均气温1月为2℃—10℃，7月为23℃—26℃。

意大利半岛史前就有人类活动迹象，最早可追溯到旧石器时代早期。公元前9世纪伊特鲁里亚人曾创造灿烂的文明。公元前754年罗马建城。古罗马先后经历王政（前753—前509年）、共和（前509—前27年）、帝国（前27—476年）三个阶段，存在长达1000年。共和时期，罗马基本完成疆域扩张，帝国时期，成为以地中海为中心，跨越欧、亚、非三大洲的大帝国。西罗马帝国于公元476年灭亡，东罗马帝国于1453年灭亡。962年至11世纪，意大利北部和中部成为“日耳曼民族神圣罗马帝国”的一部分，而南部则为拜占庭领土，直至11世纪诺曼人入侵意南部并建立王国。12—13世纪在意大利的神圣罗马帝国统治瓦解，分裂成许多王国、公国、自治城市和小封建领地。随着经济实力增强，文化艺术空前繁荣。15世纪，人文主义和文艺复兴运动在意大利应运而生，16世纪在欧洲广泛传播。15世纪末，法国和西班牙争夺亚平宁半岛斗争激化，导致了持续数十年的意大利战争。16世纪起，大部分领土先后被法、西、奥占领。18世纪民族精神觉醒。19世纪民族复兴运动兴起。1861年3月建立王国。1870年攻克罗马，完成领土统一。此后，意同其他欧洲列强进行殖民扩张竞争，曾先后占领了厄立特里亚（1885—1896年）、索马里（1889—1905年）、利比亚和爱琴群岛（1911—1912年），并在中国天津取得一块商业租界（1902年）。一战时获得了东北部特伦蒂诺-上阿迪杰、威尼斯·朱利亚和多德卡尼索斯等地区。1922年10月31日墨索里尼上台执政，实行长达20余年的法西斯统治；其间包括入侵埃塞俄比亚（1930—1936年）、帮助佛朗哥在西班牙打内战和与德国结成罗马—柏林轴心（1938年）、随后卷入二战（1939—1945年）并沦为战败国。1946年6月2日全民公投，废除君主立宪，同年7月12日组成共和国第一届政府。二战后，参加马歇尔计划、签署《大西洋公约》并积极参加欧洲一体化进程，系欧盟创始国之一。

政　治　实行议会共和制。总统为国家元首，总理行使管理国家职责。本届政府成立于2022年10月，系意战后第68届政府，总理为焦尔吉娅·梅洛尼（Giorgia Meloni，女）。

【**宪法**】现行宪法于1947年12月22日由立宪会议通过，1948年1月1日颁布，2001年10月7日，全民公决通过修改后的宪法。总统为国家元首和武装部队统帅，代表国家的统一，由参众两院联席会议选出。总理由总统任命，对议会负责。

【**议会**】议会是最高立法和监督机构，由共和国参议院和众议院组成。参众两院权力相等，决议、法案等需经过两院都通过方有效。2020年9月，意大利以69.64%的支持率通过修宪公投，赞成削减议员人数，参众两院据此正式修正《宪法》相关条文，参议院议席从315席减少至200席，众议院议席从630席减少至400席，由总统任命的终身参议员在任何情况下都不得超过5席。议会的主要职能是：制定和修改宪法和法律，选举总统，审议和通过对政府的信任或不信任案，监督政府工作，讨论和批准国家预算、决算，对总统、总理、部长进行弹劾，决定战争状态和授予政府必要的政治决定权力等。本届为战后第19届议会，于2022年9月选举产生。伊尼亚齐奥·拉鲁萨（Ignazio La Russa）和洛伦佐·丰塔纳（Lorenzo Fontana）分别当选参议长、众议长。

【**政府**】现政府于2022年10月22日宣誓就职，包括：总理焦尔吉娅·梅洛尼，副总理兼外交与国际合作部长安东尼奥·塔亚尼（Antonio Tajani），副总理兼基础设施与可持续交通部长马泰奥·萨尔维尼（Matteo Salvini），内政部长马泰奥·皮安泰多西（Matteo Piantedosi），司法部长卡洛·诺尔迪奥（Carlo Nordio），国防部长圭多·克罗塞托（Guido Crosetto），经济财政部长贾恩卡洛·焦尔杰蒂（Giancarlo Giorgetti），企业与“意大利制造”部长阿道夫·乌尔索（Adolfo Urso），农业和粮食主权部长弗朗切斯科·洛洛布里吉达（Francesco Lollobrigida），环境和能源安全部长吉尔贝托·皮凯托·弗拉廷（Gilberto Pichetto Fratin），劳动和社会政策部长玛丽娜·卡尔代罗内（Marina Calderone，女），教育部长朱塞佩·瓦尔迪塔拉（Giuseppe Valditara），大学和科研部长安娜·玛丽亚·贝尔尼尼（Anna Maria Bernini，女），文化部长真纳罗·圣朱利亚诺（Gennaro Sangiuliano），卫生部长奥拉齐奥·斯基拉奇（Orazio Schillaci），旅游部长达妮埃拉·桑坦凯（Daniela Santanchè，女），议会关系部长卢卡·奇里亚尼（Luca Ciriani），公共管理部长保罗·赞格里洛（Paolo Zangrillo），大区及自治区事务部长罗伯托·卡尔代罗利（Roberto Calderoli），海洋政策和南方部长塞巴斯蒂亚诺·穆苏梅奇（Sebastiano Musumeci），体育和青年部长安德烈亚·阿博迪（Andrea Abodi），家庭、生育和公平机遇部长欧金尼娅·罗切拉（Eugenia Roccella，女），残疾人事务部长亚历山德拉·洛卡泰利（Alessandra Locatelli，女），机构改革部长伊丽莎白·卡塞拉蒂（Elisabetta Casellati，女），欧洲事务、政策协调和经济复苏计划部长拉法埃莱·菲托（Raffaele Fitto），总理府国务秘书阿尔弗雷多·曼托瓦诺（Alfredo Mantovano）。

【**行政区划**】全国划分为20个行政区，101个省，8003个市镇。20个行政区包括15个普通自治行政区：皮埃蒙特、伦巴第、威内托、利古里亚、艾米利亚-罗马涅、托斯卡纳、翁布里亚、拉齐奥、马尔凯、阿布鲁佐、莫利塞、坎帕尼亚、普利亚、巴西利卡塔、卡拉布里亚，以及5个特别自治行政区：瓦莱·达奥斯塔、特伦蒂诺-上阿迪杰、弗留利-威尼斯·朱利亚、西西里岛及撒丁岛。

【司法机构】最高司法委员会是最高司法权力机构，拥有独立司法体制以及任命、分配、调遣、晋升法官等权力。由33人组成，总统任主席，最高法院院长和总检察长为当然成员。其他成员由议会选举的10名委员（律师和司法教授）和全体法官选出的20名法官组成，任期4年，不得连任和兼职。宪法法院负责处理法律法规的合宪性审查，协调并解决中央政府各部门、中央与地方、地方与地方之间权力划分的争议，并依据宪法处理对总统和内阁部长的指控。由15名法官组成，任期9年，不得兼职，享有豁免权。宪法法院院长西尔瓦纳·夏拉（Silvana Sciarra），最高法院院长玛格丽塔·卡萨诺（Margherita Cassano，女），总检察长路易吉·萨尔瓦托（Luigi Salvato）。此外，还设有地方调解法官、初审法院、上诉法院、审计院（主管公共账目和养老金）等机构。

【政党】实行多党制，各主要政党如下：

（1）意大利兄弟党（Fratelli d'Italia）：极右翼政党，主要执政党。2013年自由人民党解散后，以焦尔吉娅·梅洛尼、伊尼亚齐奥·拉鲁萨和圭多·克罗塞托为代表的极右派人士组建了兄弟党，焦尔吉娅·梅洛尼（Giorgia Meloni，女）任党主席。

（2）联盟党（Lega）：中右翼执政党。1989年12月成立，前身是意中北部6个自治运动联盟。全国书记马泰奥·萨尔维尼（Matteo Salvini）。

（3）力量党（Forza Italia）：中右翼执政党。2013年，由意大利力量党、民族联盟等联合组成的自由人民党（Popolo della Libertà）分裂，前总理西尔维奥·贝卢斯科尼（Silvio Berlusconi）及其支持者宣布解散自由人民党，恢复意大利力量党，由贝卢斯科尼任党主席。贝逝世后由该党全国协调人、副总理兼外长塔亚尼（Antonio Tajani）代理党主席。

（4）民主党（Partito Democratico）：中左翼最大政党，在野党。2007年10月成立，由雏菊党、左翼民主党等多个左翼党派联合组建。现任全国书记埃利·施莱恩（Elly Schlein）。

（5）五星运动（Movimento 5 Stelle）：中左翼非传统政党，在野党。2009年10月成立，起源于“格里洛朋友运动”，擅长通过街头演讲、微博、脸书等形式进行联络、宣传和开展活动。2021年，五星运动进行内部改革，创始人格里洛担任该党担保人，前总理孔特（Giuseppe Conte）出任党首。

【重要人物】塞尔焦·马塔雷拉：总统。1941年出生于西西里大区巴勒莫市。罗马大学法学专业毕业。1983年首次以天民党候选人当选众议员，1987年再次当选。1987—1990年先后担任与议会关系部长、公共教育部长。1998—2001年历任副总理、国防部长。2006年参与组建民主党。2011年被议会推选为宪法法院法官。2015年2月就任意第13任总统，2022年2月当选连任。 **焦尔吉娅·梅洛尼**：总理。女，1977年出生于意大利罗马。2006—2008年任副众议长。2008年任贝卢斯科尼政府青年与体育部长，是意史上最年轻的女性部长。2012年参与创建极右翼政党——意大利兄弟党，2014年起任党首至今。2022年10月22日宣誓就任意大利战后第68届政府总理。 **伊尼亚齐奥·拉鲁萨**：参议长。1947年出生于意大利西西里大区。1992年起连续26年担任众议员。1995年主导法西斯政党“意大利社会运动”改组为“民族联盟”。2008年推动“民族联盟”同贝卢斯科尼的力量党合并为“自由人民党”，并出任贝政府国防部长。2012年退党并同前青年部长梅洛尼等共同组建意大利兄弟党。2022年10月当选参议长。 **洛伦佐·丰塔纳**：众议长。1980年出生于意大利维罗纳。获帕多瓦大学政治学、罗马欧洲大学历史学和宗座圣多玛斯大学哲学等专业学士学位。2009年、2014年两度当选欧洲议会议员。2016年出任联盟党副书记。2018年大选后曾任副众议长、家庭部长、欧洲事务部长等职。2022年10月当选众议长。

经　济

意大利是发达工业国，欧洲第四大经济体、世界第八大经济体。服务业发达，占国内生产总值的2/3。中小企业发达，被誉为“中小企业王国”，中小企业数量占企业总数的98%以上。地区经济发展不平衡，北方工商业发达，南方以农业为主，经济较为落后。2020年意经济遭受新冠疫情严重冲击，在欧盟复苏基金中获得2090亿欧元支持，占基金总额28%，欧委会于2021年6月通过意复苏计划，2022年4月、7月分别向意发放249亿、210亿欧元复苏基金。2022年主要经济数据如下：

国内生产总值：1.9万亿欧元。

人均国内生产总值：3.2万欧元。

国内生产总值增长率：3.7%。

货币名称：欧元。

汇率：1美元≈0.95欧元。

失业率：8%。

（资料来源：意大利国家统计局）

【资源】自然资源贫乏，仅有水力、地热、天然气等能源和大理石、黏土、汞以及少量铅、铝、锌和铝矾土等矿产资源。本国石油和天然气产量分别仅能满足4.5%和22%的国内市场需求，能源和主要工业原料供给依赖进口。

【工业】实体经济发达，是欧盟内仅次于德国的第二大制造业强国。各类中等技术含量消费品和投资产品在世界市场上占有相当份额，但高技术产品相对较少。主要工业有：石油化工、汽车制造、家用电器、电子仪器、冶金、机械、设备、纺织、服装、制革、家具、食品、饮料、烟草、造纸、出版、印刷、建筑等。中小企业专业化程度高，适应能力强，传统上以出口为导向，在制革、制鞋、服装、纺织、家具、厨卫、瓷砖、丝绸、首饰、酿酒、机械、大理石开采及机械工业等领域具有较强的国际竞争力。

【农业】农林渔业占国内生产总值的2.4%。农业可用土地1780万公顷，其中已利用土地1270万公顷，农业企业约160万家。

【服务业】服务业在国民经济中占有重要地位，产值占国民生产总值的2/3，多数服务业与制造业产品营销或供应有关。

【旅游业】旅游业发达，是世界主要旅游目的地国。主要旅游城市包括罗马、威尼斯、佛罗伦萨等。旅游从业人员约32万人。

【交通运输】交通基础设施完善，但建设时期早，普遍较为陈旧。国内运输主要依靠公路，铁路、水路和航空运输也较发达。全国高速公路总长6757.8公里，铁路网总长16779公里。有热那亚、那不勒斯、威尼斯、的里雅斯特、塔兰托、里窝那、锡拉库扎等主要大港。全国共有机场126座。

【财政金融】巨额赤字和公共债务一直是意经济的两大难题。2011年，受国际金融危机和希腊主权债务危机影响，意主权债务形势趋于严峻，经济持续疲软。近10年来，意分别于2008年、2012—2014年、2019年历经三次经济衰退。2022年财政赤字率为8%，公债总额约2.77万亿欧元，占国内生产总值的144.7%。

意大利主要金融机构有：联合圣保罗银行、裕信银行、卡皮塔里亚集团、锡耶纳银行、忠利集团等。

【对外贸易】对外贸易是意经济的主要支柱。外贸产值占国内生产总值40%以上。意产品在国际上有较强竞争力，出口商品种类齐全。主要以机械仪器、汽车、农产品加工、钢铁、化工化学、制药、家用电器、服装、制鞋、贵重金属等工业制成品为主。2022年，意大利出口总额为7092亿欧元，同比增长21.4%；进口总额为7387亿欧元，同比增长35.9%。意主要贸易伙伴为欧盟国家，意对欧盟国家贸易占其对外贸易总量的一半以上。近年来，意大利对世界其他地区市场出口份额逐渐增加，美国、中国、土耳其、俄罗斯等国家已成为意大利在欧盟外的重要贸易伙伴。

【著名公司】意著名公司情况如下：

（1）莱昂纳多公司：前身为意大利芬梅卡尼卡集团是意大利规模最大的高科技集团公司，公司总产值占意大利国防工业总产值约70%，国家控股32.4%，涉及航空、航天、能源、电子防务、交通和信息技术等领域。集团主要进行飞机、直升机、卫星、导弹系统、雷达、火车及发电机组的设计和生产。2016年该集团更名为莱昂纳多公司。

（2）忠利集团：成立于1831年。欧洲第三大保险集团，世界十大保险集团之一，旗下有保险、金融与房地产公司等。忠利集团与50多个国家有业务往来。

（3）菲亚特集团：1899年7月创立于意大利都灵市，除了主营汽车，集团还经营商用车辆、农用机械和建筑机械、冶金、零部件、生产系统、航空、出版、通信、保险等业务。2014年1月与美国第三大汽车工业公司克莱斯勒并购成立菲亚特–克莱斯勒汽车公司。2021年1月，法国汽车制造商PSA集团和菲亚特–克莱斯勒汽车公司合并成立斯特兰蒂斯汽车公司，是全球第四大汽车制造商，总部位于荷兰阿姆斯特丹，拥有40万名员工，在130多个国家和地区提供服务与产品。

（4）倍耐力集团：成立于1872年。主要经营橡胶轮胎、电缆和通信设备，是全球第五大轮胎制造商。总部设在米兰，目前在全世界12个国家拥有24家子公司。业务遍布全球160多个国家，拥有约1万家经销商及零售商。2005年，倍耐力进入中国。2007年底，倍耐力在山东建立子午线轿车轮胎生产线，正式投产高性能轿车轮胎。2015年8月中国化工集团公司斥资71亿欧元收购倍耐力集团26.2%的股份，成为倍最大的单一股东。

（5）意大利电信公司：前身是意大利电信集团，有上百年历史，总部设在米兰。40%股份由意大利和其他一些国家政府控制。公司在多个国家开展业务，共拥有约760万宽带客户，其中意境内客户约为610万人。

（6）埃尼集团：总部在米兰。1953年2月由国家控制的石油、天然气、石油化工企业合并而成。经营范围包括：原油、天然气、化学品和石油化工产品、核燃料、煤、机械设备、采矿业与冶金，并承包工程建筑及贸易。同约70个国家有业务往来，有员工8.4万人。2013年，中国石油天然气集团公司斥资42亿美元收购埃尼集团东非公司28.57%股权。

（7）国家电力公司：1962年成立，国家控股68%，1999年在米兰和纽约上市，是意大利第一大电力公司和第二大天然气输送公司。员工人数约6.4万人，生产能力42000兆瓦，电力领域拥有3000万用户。

（8）芬坎蒂尼集团：前身为成立于1959年的国家控股公司意大利造船金融集团，1984年成为自营公司，是世界最大且造船种类最多的船企之一。拥有20多家造船厂，员工1.9万多人，主要从事军用舰艇、大型民营船舶建造、海洋钻井平台和特种船舶制造、豪华游轮建造和维修等业务。总部位于的里雅斯特，主要设计中心位于的里雅斯特、热那亚。

人民生活

意大利南北方经济发展不平衡。南方地区包括阿布鲁佐、莫利塞、坎帕尼亚、普利亚、卡拉布里亚、巴西利卡塔大区，以及西西里岛和撒丁岛。南方地区面积为12.3万平方公里，占意大利国土总面积的40.8%，人口2085万，占全国人口的36%。由于历史原因，南方经济和社会发展严重滞后，某些大区在欧盟中甚至处于最落后水平。南方人均国内生产总值仅占中北部地区的一半。此外，南方“黑手党”等有组织犯罪猖獗，虽然近年来受到警方沉重打击，但仍对南方发展产生消极影响。

意大利的医疗卫生分为社区公共卫生、家庭医生服务、专业服务、医院治疗、专业治疗和康复。

军　事

总统为武装部队最高统帅，总理对国防政策及军队建设负责。国防部是最高军事行政机关，负责武装力量的建设和管理，实行以国防部长（文官）为首、国防参谋长和国防秘书长分别主管军事和后勤管理的双轨制。国防参谋部是最高军事指挥机构，下辖陆军、海军、空军参谋部和宪兵总部。参谋长委员会为国防部最高咨询机构，成员有国防参谋长、三军参谋长、国防秘书长和宪兵总部司令，由国防参谋长任主席。国防参谋长是最高军事长官，通过国防参谋部、国防秘书厅和军种参谋部对三军实施行政管理，通过三军作战司令部、舰队司令部、空军作战司令部指挥部队的作战和演习。目前是志愿兵与职业军人相结合的兵役制度，志愿兵可通过不同等级考试成为职业军人。意从1997年起开始逐步裁军，目前约30万人，2022年国防预算259.6亿欧元。意是北约成员，北约南欧盟军司令部设在那不勒斯。美国在意设有数十处军事基地，在加埃塔、那不勒斯等地设有海军基地，在阿维亚诺设有空军基地，在维琴察、里沃那设有陆军基地。意大利军队曾多次参与联合国、北约、欧盟框架下涉及多个国家的国际维和任务。

文化教育

【教育】意大利教育体系分为三个阶段，即5年初级教育（小学），8年中级教育（3年初中，5年高中），大学、专科院校等高等教育，16岁以下可享受义务教育。著名大学有罗马大学、米兰博可尼大学、米兰理工大学、都灵理工大学、波伦亚大学、帕多瓦大学、那不勒斯大学、比萨大学和佛罗伦萨大学等。

【新闻出版】新闻出版业比较发达，全国有各种报纸杂志52种。主要报纸有《晚邮报》《共和国报》《新闻报》《24小时太阳报》《体育报》《信使报》《赛场体育邮报》《日报》等。此外，还有一些地方报和主要政党的机关报。

主要综合性期刊有《展望》周刊、《快报》周刊、女性周刊《现代妇女》、宗教性期刊《基督教家庭》等。

安莎通讯社：1945年建立，意最大通讯社。

意大利广播电视公司：成立于1954年，国有电视公司，目前有3个主要频道播送综合广播电视节目。

意广播电视事业发达，全国有私人广播电视台500余家。

对外关系

对外政策基本点是立足欧洲，积极参加欧盟建设，促进欧洲一体化进程；依靠北约，重视发展跨大西洋盟友关系，主张联合国安理会改革，但坚决反对增加常任理事国，强调联合国在建立国际新秩序和解决地区冲突中的主导作用，积极参加联合国框架下的维和与人道主义救援行动；主张世界多极化和加强地区性合作；认为应对现行国际金融体制进行改革，加强全球经济治理；主张通过对话解决地区冲突和南北差距，减免债务和增加对第三世界国家的援助；关注巴尔干半岛局势和地中海事务，积极推动中东和平进程；拓展同亚太地区国家的关系，强调维护人权。同120多个国家建立外交关系。

【同中国的关系】1970年11月6日中国与意大利建交。2004年5月温家宝总理访意期间，两国建立全面战略伙伴关系，并成立中意政府委员会。迄今两国已召开10次政府委员会联席会议，最近一次会议于2020年12月以线上形式召开。近年来，中意高层保持密切交往。

2019年1月，王毅国务委员兼外长访问意大利。3月，习近平主席对意大利进行国事访问。4月，意大利总理孔特来华出席第二届“一带一路”国际合作高峰论坛。11月，意大利外长迪马约来华出席第二届中国国际进口博览会。2020年2月、3月，王毅国务委员兼外长同意大利外长迪马约通电话。3月，习近平主席同意大利总理孔特通电话。8月，王毅国务委员兼外长访问意大利。11月，习近平主席同意大利总统马塔雷拉通电话。12月，王毅国务委员兼外长同意大利外长迪马约举行视频会晤。2021年5月，李克强总理同意大利总理德拉吉通电话。6月、8月，王毅国务委员兼外长同意大利外长迪马约通电话。10月，王毅国务委员兼外长作为习近平主席特别代表出席在意大利罗马举行的二十国集团领导人第十六次峰会并访问意大利。2022年3月，王毅国务委员兼外长同意大利外长迪马约举行视频会晤。4月，全国政协主席汪洋同意大利参议长卡塞拉蒂举行视频会晤。11月，习近平主席在出席二十国集团领导人巴厘岛峰会期间会见意大利总理梅洛尼。同月，王毅国务委员兼外长同意大利副总理兼外长塔亚尼通电话。

目前，意大利是中国在欧盟的第四大贸易伙伴，中国是意大利在亚洲的第一大贸易伙伴。据中国海关总署统计，2022年，中意双边贸易额为778.8亿美元，同比增长5.4%。其中，中国出口额为509亿美元，同比增长16.8%；中国进口额为269.8亿美元，同比减少11%。2022年，意在华直接投资项目共计7094个，实际投入80.4亿美元；中国对意大利直接投资存量37亿美元。

2019年3月，习近平主席访问意大利期间中意企业家委员会第六次会议在罗马召开。

两国于1978年签署中意政府间科技合作协定，成立中意科技合作混委会。2010年11月，首届中意创新合作论坛在罗马召开，之后更名为中意创新合作周，每年在两国轮流举办，迄已举办11届。

中意在文化、教育等领域的交流与合作密切。2019年4月至6月，“归来——意大利返还中国流失文物展”在中国国家博物馆举办，取得热烈反响。2020年1月，中意文化和旅游年开幕式在罗马成功召开，习近平主席同马塔雷拉总统致信祝贺。2022年，中意文化和旅游年重启。7月，“意大利之源——古罗马文明展”在中国国家博物馆开幕，习近平主席、意大利总统马塔雷拉分别向展览开幕致贺信。目前，双方已在意合作建立12所孔子学院，39个孔子课堂。截至2022年底，中意两国已建立86对友好省市和地区关系。两国主管部门签署《中意警务联合巡逻合作谅解备忘录》，并于2016年5月在意大利举行首次联合巡逻，迄今双方已在意大利举行4轮警务联巡，在华举行3轮警务联巡，取得良好效果。

中国驻意大利大使：李军华。馆址：Via Bruxelles, 56, 00198 Roma, Italy。电话：0039–06–965242；传真：85352891。

意大利驻华大使：安博思（Massimo Ambrosetti）。馆址：北京市朝阳区三里屯东二街2号。电话：010–85327600，85327600–1–2（商务处），65322187（文化处）；传真：65324676。

【同欧盟的关系】意大利作为欧盟创始成员国之一，高度重视并积极推动欧洲一体化建设。认为欧盟一体化建设是应对全球化挑战的有效手段，只有建立强大团结的欧盟才能最大程度维护意安全和利益。支持欧盟机构改革，积极参与欧盟对外行动署的筹建和运作。欧洲主权债务危机爆发后，倡议在欧盟内部设立应对危机的统一基金，支持欧盟三大经济治理措施，即由欧洲统一发债，赋予欧洲央行更大权力以及加大体制改革协调力度。

【同美国的关系】意大利是美国传统盟友，战后一直与美国保持密切政治、经济和军事关系。重视发展跨大西洋伙伴关系，承认美国在世界新秩序中的主导作用，主张发展与美特殊伙伴关系。2019年10月和2020年9月，美国前国务卿蓬佩奥先后两次访意。2021年6月，美国国务卿布林肯访问意大利并出席二十国集团外长会。10月，美总统拜登赴意出席二十国集团领导人罗马峰会并同意总理德拉吉举行双边会见。2022年5月，意总理德拉吉访美。11月，意总理梅洛尼在二十国集团领导人巴厘岛峰会期间同美总统拜登举行双边会见。

【同北约的关系】认为北约是欧洲主要防务力量，在保障欧洲和各成员国安全方面发挥核心作用。主张北约与欧盟在危机处理和维和行动方面进行密切合作。支持北约组建快反部队，主张北约和欧盟快反部队互为补充，共同维护跨大西洋联盟。支持北约东扩，曾提出倡导北约与俄罗斯建立新型伙伴关系。主张北约坚持防御性安全政策，并在解决地区冲突、反恐和防扩散行动中发挥重要作用。

【同俄罗斯的关系】意视俄为世界政治、军事和能源大国，重视俄在欧洲政治、安全的合作，同俄能源、经贸合作密切，曾率先提出俄与欧洲有着共同的文化和宗教渊源，俄应成为未来大欧洲的一员。2022年2月乌克兰危机爆发后，意强烈谴责俄军事行动，认为俄严重侵犯乌主权和领土完整。意支持并广泛参与欧盟出台的多项制裁措施，对乌提供资金、医疗物资等人道主义援助，接纳乌难移民，向乌输送军事装备，会同北约向东欧进行军事调动。同时意认为保持对话畅通至关重要，主张通过谈判和平解决危机。

【同巴尔干国家的关系】出于地缘政治考虑，积极参加“中欧倡议”组织活动，促进该地区合作，谋求在中南欧特别是巴尔干地区发挥更大作用。曾负责联合国驻阿尔巴尼亚多国维和部队的指挥工作，为稳定阿局势发挥了重要作用。用于巴尔干重建的投资额在欧盟国家中居第二位，仅次于德国。是中东欧国家的重要贸易伙伴。

【同地中海国家的关系】意认为自己是欧洲和地中海的桥梁，历届政府一直将该地区视为意地缘战略的重点。作为“地中海和平稳定宪章”的倡议国和欧盟–地中海伙伴关系国成员，意积极推动欧盟与地中海国家之间的对话与合作，实施欧盟—地中海战略，支持巴塞罗那进程。强调北约南翼的重要性，呼吁欧盟关注地中海地区局势，支持2010年建立欧盟—地中海自由贸易区。推动北约成立“地中海常设舰队”，与法、西组建“地中海快速反应部队”。2015年12月意在罗马举办首届“地中海对话论坛”，此后每年定期举办。近年来，意多次举办利比亚问题会议。

【同其他国家的关系】意重视同亚太地区国家的关系，加强同东南亚国家的经济合作。主张印巴和解，积极推动朝鲜半岛和平进程，促进印尼的民主进程。意积极参与阿富汗战后重建工作。在与其他亚洲国家的关系中，意重点发展与日本、伊朗及中亚各国的双边关系。意是第一个同朝鲜建交的西方国家，关注朝鲜半岛局势。认为朝核问题涉及国际安全，主张通过外交手段和平解决；同北非国家有较深历史渊源，近年来积极拓展同广大非洲国家关系，不断深化经贸、文化等合作，扩大发展援助规模。

（王一彤）

英 国

国名 大不列颠及北爱尔兰联合王国（The United Kingdom of Great Britain and Northern Ireland）。

面积 24.41万平方公里（包括内陆水域）。英格兰地区13.04万平方公里，苏格兰7.88万平方公里，威尔士2.08万平方公里，北爱尔兰1.41万平方公里。

人口 6750.9万（2022年）。官方语言为英语，威尔士北部还使用威尔士语，苏格兰西北高地及北爱尔兰部分地区仍使用盖尔语。居民多信奉基督教新教（约占总人口的51%），主要分英格兰教会（亦称英国国教圣公会）和苏格兰教会（亦称长老会）。另有天主教会及伊斯兰教、印度教、锡克教、犹太教和佛教等较大的宗教社团。

首都 伦敦（London），人口883万（2022年）。最热月份为7月，气温通常在16℃—24℃；最冷月份为1月，气温通常在5℃—9℃。

国家元首 国王查尔斯三世（King Charles III），1948年11月出生，2022年9月登基。

重要节日 国庆日：6月第二个星期六。

简 况

岛国，位于欧洲西部，由大不列颠岛（包括英格兰、苏格兰、威尔士）、爱尔兰岛东北部和一些小岛组成。隔北海、多佛尔海峡、英吉利海峡与欧洲大陆相望。海岸线总长11450公里。属海洋性温带阔叶林气候。通常最高气温不超过32℃，最低气温不低于-10℃。北部和西部年均降水量超过1100毫米，其中山区超过2000毫米，中部低地为700—850毫米，东部、东南部只有550毫米。每年2—3月最为干燥，10月至翌年1月最为湿润。

公元1—5世纪，大不列颠岛东南部受罗马帝国统治。后盎格鲁、撒克逊、朱特人相继入侵。7世纪开始形成封建制度。829年英格兰统一，史称“盎格鲁-撒克逊时代”。1066年诺曼底公爵威廉渡海征服英格兰，建立诺曼底王朝。1536年英格兰与威尔士合并。1640年爆发资产阶级革命，1649年5月19日宣布为共和国。1660年王朝复辟。1688年发生“光荣革命”，确立君主立宪制。1707年英格兰与苏格兰合并，1801年又与爱尔兰合并。18世纪60年代至19世纪30年代成为世界上第一个完成工业革命的国家。1914年占有的殖民地比本土大111倍，是名副其实的“日不落帝国”。1921年爱尔兰南部26郡成立“自由邦”，北部6郡仍归英国。第一次世界大战后，英国开始衰落，其世界霸主地位逐渐被美国取代。第二次世界大战严重削弱了英经济实力。随着1947年印度和巴基斯坦相继独立，英殖民体系开始瓦解，但英仍是英联邦56个成员国的盟主。英官方称在海外有14块领地。

政 治

1973年1月加入欧共体。2016年6月举行公投，脱欧获得51.9%支持，卡梅伦随后宣布辞去首相职务。7月，特雷莎·梅（Theresa May，女）接任保守党领袖，成为继撒切尔夫人后英国历史上第二位女首相。梅上任后，强调要促进社会公正，维护国家统一，促进经济增长。2017年3月，英正式启动《里斯本条约》第50条规定的脱欧程序。6月，英提前举行大选。梅领导保守党继续保持议会第一大党地位，但未能赢得过半席位，后在北爱尔兰民主统一党支持下组建新政府并连任首相。2019年6月，因脱欧方案接连受挫，梅在党内压力下卸任保守党领袖。7月，鲍里斯·约翰逊（Boris Johnson）当选保守党新领袖，就任首相。12月，约翰逊率保守党在大选中以较大优势获胜，连任首相。2020年1月，《脱欧协议法案》获英国议会通过，英国于伦敦时间2020年1月31日退出欧盟，进入过渡期（至2020年12月31日）。2020年12月25日，英欧宣布达成《贸易与合作协议》，伦敦时间2020年12月31日23时（布鲁塞尔时间2021年1月1日零时）脱欧过渡期结束，协议付诸实施，英欧关系总体平稳过渡。

【苏格兰和威尔士地方议会和政府】1999年5月，苏格兰和威尔士选举成立地方议会，分别设129个和60个议席。7月1日，两地议会和政府正式运作。苏格兰议会在地方政务、司法、卫生、教育、经济发展等方面享有一定的立法权和行政权，并享有部分征税权，可将所得税的基本税率浮动3%。经英国中央政府授权，英国苏格兰地区于2014年9月18日就是否脱离英国实现独立举行公投。公投结果显示，55%的民众反对独立，45%支持独立，“苏格兰独立”公投以未获通过告终。现任苏格兰首席部长尼古拉·斯特金（Nicola Sturgeon）。威尔士议会主要在就业、卫生、教育和环境等问题上拥有决策权，但没有调整税率的权力。现任威尔士首席部长马克·德雷克福德（Mark Drakeford）。

【北爱尔兰自治政府】1998年4月10日，英国和爱尔兰政府及北爱尔兰冲突各方签署和平协议，英向北爱移交地方事务管理权，爱尔兰放弃对北爱领土的主权要求，之后选举产生北爱地方议会，推举成立由北爱多党分享权力的北爱自治政府，行使除国防、外交和税收之外的立法和行政权。由于北爱各派在缴械等问题上的争执，英政府先后4次被迫中止北爱政府的运作。经过多次波折，2005年7月28日，爱尔兰共和军发表声明，宣布从即日起放弃武装斗争，不再从事任何非和平活动。随后，英政府拆毁在北爱的部分军事设施并分阶段撤军。2007年3月9日，北爱举行地方议会选举，民主统一党和新芬党得票总数过半。5月8日，北爱各方经过艰苦谈判，就权力分配达成妥协，北爱地方联合政府宣告重启。2010年2月，民主统一党和新芬党就移交警务和司法权问题达成协议，北爱的警务和司法权从英议会移交至北爱地方议会。2015年9月，联合政府因爱尔兰共和军前成员遇刺事件引发危机，北爱地方政府首席部长彼得·罗宾逊（Peter Robinson）率多位部长辞职。12月，阿莱娜·福斯特（Arlene Foster，女）当选民主统一党新领袖并担任北爱地方政府首席部长，新芬党的马丁·麦吉尼斯（Martin McGuinness）任副首席部长。2017年1月，麦吉尼斯宣布辞职，以抗议福斯特力推的“可再生热能激励项目”。根据1998年和平协议相关安排，副首席部长辞职后，首席部长不能单独完全履职，北爱尔兰政府无法正常运转。3月，北爱尔兰提前举行议会选举。北爱尔兰两大政党民主统一党和新芬党得票领先。在选举产生的90名议员中，民主统一党占28人，新芬党27人，均未过半。2020年1月，民主统一党和新芬党达成联合组阁协议，阿莱娜·福斯特续任首席部长，新芬党副领袖米歇尔·奥尼尔（Michelle O'Neil）出任副首席部长，北爱地方政府恢复运作。2021年5月，因党内反对，福斯特辞去民主统一党党首，并于6月底辞任首席部长，保罗·吉万（Paul Givan）接任。2022年2月，吉万因反对《北爱尔兰议定书》辞任首席部长，北爱地方政府陷入停摆。5月，新芬党在北爱尔兰议会选举中赢得29.0%的得票率和27个议席，跃居北爱尔兰议会第一大党。

【宪法】英国宪法不是一个独立的文件，由成文法、习惯法、惯例组成。主要有大宪章（1215年）、人身保护法（1679年）、权利法案（1689年）、议会法（1911年、1949年），以及历次修改的选举法、市自治法、郡议会法等。政体为君主立宪制。君主是国家元首、最高司法长官、武装部队总司令和英国国教圣公会的“最高领袖”，形式上有权任免首相、各部大臣、高级法官、军官、各属地的总督、外交官、主教及英国圣公会的高级神职人员等，并有召集、停止和解散议会，批准法律，宣战媾和等权力，但实权在内阁。苏格兰有自己独立的法律体系。

【议会】最高立法机构，由君主、上院（贵族院）和下院（平民院）组成。上院议员包括王室后裔、世袭贵族、终身贵族、教会大主教及主教。1999年11月，上院改革法案获得通过，除92人留任外，600多名世袭贵族失去上院议员资格，非政治任命的上院议员由专门的皇家委员会推荐。2006年7月首次经过选举产生上院议长。现有791名上院议员，现任议长为约翰·麦克福尔勋爵（Lord McFall）。下院议员由普选产生，共650席，采取简单多数选举制度，任期5年，但政府可提议提前大选。本届议会下院于2019年12月选出，保守党获得364席、工党203席、苏格兰民族党48席、其他党派35席。现任议长为林赛·霍伊尔（Lindsay Hoyle）。（资料来源：英国议会网站）

【政府】实行内阁制。由君主任命在议会中占多数席位的政党领袖出任首相并组阁，向议会负责。现任内阁主要成员为：首相兼首席财政大臣、文官大臣里希·苏纳克（Rishi Sunak），副首相兼兰开斯特公爵郡大臣奥利佛·道登（Oliver Dowden），司法大臣亚历克斯·乔克（Alex Chalk），财政大臣杰里米·亨特（Jeremy Hunt），外交发展大臣詹姆斯·克莱弗利（James Cleverly），内政大臣苏拉·布雷弗曼（Suella Braverman，女），国防大臣本·华莱士（Ben Wallace），地区平衡发展、住房和社区事务大臣迈克尔·戈夫（Michael Gove），卫生和社会福利大臣史蒂夫·巴克利（Steve Barclay），枢密院大臣兼议会下院领袖彭妮·莫当特（Penny Mordaunt，女），掌玺大臣兼议会上院领袖特鲁勋爵（Lord True），能源安全和净零排放大臣格兰特·沙普斯（Grant Shapps），环境、食品和乡村事务大臣特蕾丝·科菲（Thérèse Coffey，女），商业和贸易大臣兼妇女和平等事务国务大臣凯米·巴德诺赫（Kemi Badenoch），就业和养老金大臣梅尔·斯泰德（Mel Stride），教育大臣吉莉安·基根（Gillian Keegan），交通大臣马克·哈珀（Mark Harper），科学、创新和技术大臣米歇尔·唐兰（Michelle Donelan，女），文化、媒体和体育大臣露西·弗雷泽（Lucy Frazer，女），不管部大臣格雷格·汉兹（Greg Hands），北爱尔兰事务大臣克里斯·希顿–哈里斯（Chris Heaton-Harris），苏格兰事务大臣阿利斯特·杰克（Alister Jack），威尔士事务大臣大卫·戴维斯（David Davies）。

【行政区划】分为英格兰、威尔士、苏格兰和北爱尔兰四部分。英格兰划分为9个地区，下辖伦敦、56个单一管理区政府、201个非都市区和36个都市区政府。苏格兰下设32个区。威尔士下设22个区。北爱尔兰下设11个地方市郡。苏格兰、威尔士议会及其行政机构全面负责地方事务，中央政府仍控制外交、国防、总体经济和货币政策、就业政策，以及社会保障等。

伦敦也称“大伦敦”，下设独立的32个城区和1个“金融城”。各区议会负责各区主要事务，但与大伦敦市长及议会协同处理涉及整个伦敦的事务。

【司法机构】有三种不同的法律体系：英格兰和威尔士实行普通法系，苏格兰实行民法法系，北爱尔兰实行与英格兰相似的法律制度。司法机构分民事法庭和刑事法庭两个系统。在英格兰和威尔士，民事审理机构按级分为郡法院、高等法院、上诉法院民事庭、最高法院。刑事审理机构按级分为地方法院、刑事法院、上诉法院刑事庭、最高法院。最高法院是英国所有民事案件的最终上诉机关，也是英格兰、威尔士和北爱尔兰所有刑事案件的最终上诉机关。苏格兰高等法院是苏格兰所有刑事案件的最终上诉机关。

1986年成立皇家检察院，负责受理所有由英格兰和威尔士警察机关提交的刑事诉讼案。总检察长和副总检察长是英政府的主要法律顾问。现任总检察长苏拉·布雷弗曼（Suella Braverman）。

2007年5月，英内政部改组，分为内政部、司法部两个独立部门。内政部专责安全、反恐、移民，打击犯罪、毒品、反社会行为及建立身份证制度等事务；司法部负责法院、监狱、缓刑等事务。

【政党】政党体制从18世纪起即成为英宪政中的重要内容。现英国主要政党有：

（1）保守党（Conservative Party）：议会第一大党。现任党首里希·苏纳克，2022年10月上任。前身为1679年成立的托利党，1833年改名。1979—1997年曾连续执政18年。2010年连续执政至今。主张自由市场经济，严格控制货币供应量，减少公共开支，压低通货膨胀，限制工会权力，加强法治等。2005年卡梅伦出任党首后，提出富有同情心的保守主义，关注教育、医疗、贫困等社会问题。强调维护英国主权，主导完成脱欧。

（2）工党（Labour Party）：议会第二大党。1900年成立，原名"劳工代表委员会"，1906年改名。1997—2010年曾连续执政13年。2010年大选失利成为反对党至今。现任党首基尔·斯塔默（Keir Starmer），2020年4月当选。主张保持宏观经济稳定增长，重视社会福利制度建设。倡导积极参与国际合作，同欧洲保持相对紧密的关系。

英国其他政党还有苏格兰民族党（Scottish National Party）、自由民主党（Liberal Democrat Party）、威尔士民族党（Plaid Cymru）、绿党（Green Party），以及北爱尔兰一些政党，如北爱尔兰统一党（Ulster Unionist Party）、民主统一党（Democratic Unionist Party）、社会民主工党（Social Democratic and Labour Party）、新芬党（Sinn Fein）等。

【重要人物】查尔斯三世：国家元首。全名查尔斯·菲利普·亚瑟·乔治·蒙巴顿-温莎，1948年11月14日出生于伦敦白金汉宫，系已故英国女王伊丽莎白二世和爱丁堡公爵菲利普亲王的长子。2022年9月8日，伊丽莎白二世女王逝世后继承王位，称查尔斯三世国王。前妻戴安娜·斯宾塞（1981年结婚，1996年离婚，1997年逝世），育有二子，长子威廉王子现为王储，受封威尔士亲王。现任妻子卡米拉·帕克-鲍尔斯（2005年结婚），受封王后。 **里希·苏纳克**：首相。1980年5月出生。毕业于牛津大学。2015年当选议会下院议员，2019年任财政部首席国务大臣，2020年升任财政大臣。2022年10月，时任首相特拉斯辞职，苏纳克参选保守党党首并胜选，于10月25日接任首相。

经　济

英是世界第六大经济体，欧洲第二大经济体。私有企业是英经济的主体，占国内生产总值的90%以上，服务业占国内生产总值的3/4以上，制造业占1/10左右。2022年国内生产总值2.2万亿英镑，同比增长4%。受通货膨胀、劳动力短缺、乌克兰危机等因素影响，英国能源供应吃紧、价格上涨。英格兰银行自2021年12月起连续加息，2022年12月基准利率上调至3.5%。国际货币基金组织将英国2023年经济增长预期下调至-0.6%。2022年1月，英国《国家安全和投资法案》正式实施，授权政府对危害国家安全的外国投资进行审查和干预。2021年主要经济数据如下：

国内生产总值：2.3万亿英镑。

人均国内生产总值：32555英镑。

国内生产总值增长率：7.5%。

货币名称：英镑。

汇率：1美元≈0.73英镑。

通货膨胀率：5.4%。

失业率：4.1%。

【资源】英能源资源较丰富，主要有煤、石油、天然气、核能和水力等。能源产业在英经济中占有重要地位。近年来，政府倡导提高能源利用效率，开发核能和可再生能源，减少对传统矿物燃料的依赖，鼓励高效节能技术研发，发展"低碳经济"。

【工业】主要工业有：采矿、冶金、化工、机械、电子、电子仪器、汽车、航空、食品、饮料、烟草、轻纺、造纸、印刷、出版、建筑等。生物制药、航空和国防是英工业研发的重点，也是英最具创新力和竞争力的行业。目前，英工业产值约占国内生产总值的17%。同许多发达国家一样，随着服务业的不断发展，英制造业自20世纪80年代开始萎缩，80年代和90年代初两次经济衰退加剧了这一态势。英制造业中电子和光学设备、人造纤维和化工产品，特别是制药行业仍保持雄厚实力。

【农业】主要包括畜牧、粮食、园艺、渔业，可满足国内食品需求总量的近2/3。目前，农业在英国内生产总值占比不到1%，从业人数约45万，不到总就业人数的2%，低于其他主要工业国家。农用土地占国土面积的70%，其中多数为草场和牧场，仅1/4用于耕种。农业人口人均拥有70公顷土地。英是欧洲国家中最大捕鱼国之一，捕鱼量满足国内2/3的需求量。

【服务业】服务业包括金融保险、零售、旅游和商业服务等，是英经济的支柱产业，产值占国内生产总值的80%以上。伦敦是世界著名金融中心，拥有现代化金融服务体系，从事跨国银行借贷、国际债券发行、基金投资等业务，同时也是世界最大外汇交易市场、最大保险市场、最大黄金现货交易市场、最大衍生品交易市场、全球第三大保险市场、重要船贷市场和非贵重金属交易中心，并拥有数量最多的外国银行分支机构或办事处。

【旅游业】英国旅游业收入居世界第五位，仅次于美国、中国、德国和日本，是英最重要的经济部门之一，从业人员约330万，占就业人口的10%（2018年）。主要旅游地区有：伦敦、爱丁堡、卡迪夫、布莱顿、牛津和剑桥等。主要观光景点有：歌剧院、博物馆、美术馆、古建筑物、主题公园和商店等。2021年，英国共接待海外游客620万人次，获得58亿英镑营收。

【交通运输】英交通基础设施较齐全。陆路、铁路、水路、航空运输均较发达。英国共有火车站2567个，铁路总长15904公里（2020年3月）。日均发送旅客493万人次，日均货物周转量4740万吨公里。全国铁路和伦敦地铁分别承担了铁路系统运输量的50%和40%，其余由轻轨承担。

2020年，英公路总长39.8万公里，其中3735公里为高速公路；4.75万公里为A级公路。2020年新增机动车59.9万辆。

伦敦有十分发达的地铁网。1994年英法海底隧道贯通，将英国与欧洲大陆的铁路系统连接起来。2010年保守党和自民党联合执政后，推出建设高铁计划。2012年，英政府批准英国高速铁路2号工程，于2020年开工，总长531公里，包含伦敦—伯明翰、伯明翰—利兹、伯明翰—曼彻斯特等三段路线。

水运：英内河航道共3200公里，其中620公里用于货运。泰晤士河是最繁忙的内陆水运河，其次为福斯河。海运承担了95%的对外贸易运输。英国大小港口众多，其中100个为重要商业港口，有52个港口年吞吐量在100万吨以上。吞吐量超过1000万吨的港口有：格里姆斯比-因明翰、伦敦、蒂斯-哈特浦尔、福斯、米尔福德-黑文、南安普顿、利物浦、萨仑沃、菲利克斯托、多佛等。通过发展航运金融和海事服务，英国保持了全球航运定价中心和管理中心地位。伦敦是国际海事组织、国际海运联合会等国际航运机构总部所在地。

空运：英国所有航空公司和大多数机场均为私营企业。目前，英共有50多家航空公司，460个机场，其中34个机场年客流量在10万人次以上。英国航空公司是世界最大航空公司之一，拥有300多架飞机，航线覆盖90多个国家和地区，约220座城市。2019年，英空运客流量总计2.96亿人次。其中，英最大机场伦敦希思罗机场客流量达8056万人次；第二大机场盖特威克机场客流量达4645万人次。其他重要机场还有曼彻斯特机场、斯坦斯特德机场、卢顿机场等。（资料来源：英国国家统计局、欧洲统计局）

【财政金融】财政年度自每年4月6日开始。政府财政预算支出包括公共支出（中央政府和地方政府开支）、支付债务利息和财务调整。财政预算收入含直接税、间接税和国民保险税收入三项。2020/2021财年，英国公共债务达到2.13万亿英镑，占国内生产总值的97%。政府赤字达到3003亿英镑，相当于国内生产总值的14.5%。（资料来源：英国国家统计局、英国财政部）

英央行为英格兰银行，重要银行包括汇丰银行控股公司、劳合社、巴克莱银行、皇家苏格兰银行、渣打银行等。

【对外贸易】英基础设施完善，政府配套服务措施到位，鼓励自由贸易，重视引进新技术、新产品和新的管理方法，以增加出口，提高就业。英与多个国家和地区有贸易关系，主要贸易对象为欧盟、美国、日本和中国。脱欧公投后，英更加重视拓展与欧盟以外国家的经贸关系，在政府部门增设国际贸易部。截至2021年10月，英政府外汇储备总额为2009亿美元。2021英国货物出口3124亿英镑，同比增长4.9%，进口4655亿英镑，同比增长8.4%。

【对外投资】英一直是国际资本的重要输出大国，这一特点随着英1979年取消外汇管制和北海油田的发现更加突出。20世纪80年代上半期英对外投资额可与美、日媲美，但随着90年代初期的经济衰退，英对外投资也随之大幅下降，之后又开始大幅攀升。2021年，英国海外直接投资108亿美元。

【外国资本】英国政府鼓励吸引外资。2021年英吸引外国直接投资280亿美元。外资在英投资项目主要为计算机软件、信息技术、互联网、电子商务、电子和通信、医药和生物技术、管理行业、汽车、食品和饮料等。

【对外援助】根据联合国千年发展目标，英逐步将对具体项目的援助改为向落实减贫战略的国家政府直接提供援助。2011年，英停止直接援助俄罗斯、中国、越南、塞尔维亚等16国，将援助集中于埃塞俄比亚、孟加拉、尼日利亚、刚果（金）、巴基斯坦等27个最不发达国家和地区。2013年，英成为七国集团中首个对外援助达到国民总收入0.7%的国家。2021年，英官方发展援助共计114.23亿英镑，比2020年减少30.54亿英镑。2020年，英国宣布在本国财政情况好转之前，将发展援助削减至国民收入的0.5%。

【著名公司及经济团体】英国石油公司：主要经营炼油业务。

汇丰银行控股公司：主要经营金融业务。

乐购：主要经营食品及药品业务。

保诚集团：主要经营保险投资业务。

沃达丰：主要经营电信业务。

联合利华：英国与荷兰联合公司，主要经营食品及洗剂用品。

巴克莱银行：主要经营金融业务。

劳合社：主要经营金融业务。

葛兰素史克：主要经营制药业务。

力拓集团：英国和澳大利亚联合公司，主要经营矿产业务。

皇家苏格兰银行：主要经营金融业务。

英国电信公司：主要经营电信业务。

阿斯利康：主要经营制药业务。

渣打集团：主要经营金融业务。

罗尔斯·罗伊斯公司：主要经营汽车、飞机发动机设计、生产和销售业务。

英中贸易协会：前身是1953年由一批冲破西方对华贸易封锁的英中小企业成立的“48家集团”。后英政府又成立了半官方的“英中贸易协会”。两组织于1991年合并为“英中贸易48家集团”，1998年更名为“英中贸易协会”。现任主席为古沛勤（Sherard Cowper-Coles），2019年就任。该会受英政府资助和指导，现有1000多名会员，核心会员近300家，绝大部分是长期从事对华经贸合作的企业、银行和贸易公司。主要任务是促进中英双边贸易和经济技术合作，主要活动包括组织贸易代表团访华，接待中国到访代表团，举办展览会，为英商提供中英贸易信息和咨询，出版《中英贸易回顾》和《英国工业》等。（资料来源：英中贸协）

人民生活

英实行公共保健、社会保险等福利制度，是最早实施福利制度的西方国家。实行五天工作制。2020年第四季度，英16—64岁劳动力人口就业率75%，就业人口3239.3万。国民医疗服务体系是英福利体系的标志。1948年由当时的工党政府创立，并一直延续至今，为全民提供免费医疗服务。由于初级健康保健实施良好，英人均寿命与其他发达国家相当，但正逐步走向老龄化。

军　事

英建军时间约在17世纪中叶。国王查尔斯三世为英军名义上的最高统帅。最高军事决策机构是“国防与海外政策委员会”，首相任主席，成员有国防大臣、外交大臣、内政大臣和财政大臣等；必要时，国防参谋长和三军参谋长列席会议。国防部为国防执行机构，既是政府行政部门，又是军事最高司令部。现任国防大臣本·华莱士（Ben Wallace）。

英是北约集团的创始国和主要成员国，拥有核力量，将北约集体防务力量作为英国安全的基础；积极推动建立欧洲快速反应部队；保持强大的常规部队及核威慑力量；突出强调质量建军和联合快速反应部队的建设，重点提高英军处理各种危机、应付突发事件的快速反应能力，努力维护英在欧洲及海外传统势力范围的战略利益。

英实行正规军与预备役部队相结合的武装力量体制。总兵力19.61万，包括现役正规军14.73万人、雇佣兵3720人、志愿预备役3.71万人。其中，现役军人为陆军8.0万人、海军3.35万人、空军3.29万人。实行志愿兵役制，服役期3年、6年、9年、12年、15年不等，一般最长为22年。目前，英军方共公布了16处海外军事基地，数量多、势力范围广。海外驻军主要部署在伊拉克、科索沃、直布罗陀、德国、加拿大、塞浦路斯、马尔维纳斯群岛（英称福克兰群岛）、波黑和塞拉利昂等地。

英军事工业发达，武器装备的现代水平居世界先进行列。军事工业规模可观、种类齐全、技术力量雄厚，具有独立研制大型武器装备的能力，某些技术和装备居世界一流水平。英是世界武器出口大国，主要出口类别包括军用飞机、战术导弹、作战舰艇和军事电子设备。

2021年3月，英国发布《安全、防务、发展和外交政策综合评估报告》，全面规划英未来国家安全与防务建设的优先方向和工作重点。英国计划扩大国防开支，推进英军装备现代化，并将把其所拥有核弹头的数量上限从180枚增加到260枚。2022年6月，英首相约翰逊称到2030年，英国将把军费开支从目前占国内生产总值的2.3%提高到2.5%。

2014年9月，英开始参与美主导的打击伊拉克境内“伊斯兰国”军事行动。10月，英结束在阿富汗军事行动。2015年10月，加入军事打击叙利亚境内“伊斯兰国”目标行列。2015年12月，英议会授权英军空袭叙利亚境内“伊斯兰国”目标。2016年7月，英议会通过议案，斥资400亿英镑更新4艘三叉戟核潜艇。2017年12月，英国海军“伊丽莎白女王”号航母正式服役。2021财年，英国防预算总额为424亿英镑，国防开支占国内生产总值的2.3%。

文化教育

英国是世界文化大国之一，文化产业发达。全国约有2500家博物馆和展览馆对外开放，其中大英博物馆、国家美术馆等闻名于世。英国皇家芭蕾舞团、伦敦交响乐团等艺术团体具有世界一流水准。每年举行500多个专业艺术节，其中爱丁堡国际艺术节是世界上最盛大的艺术节之一。当今世界80%的信息以英语传播。（资料来源：英国国家统计局）

【教育】英格兰、威尔士和苏格兰实行5—16岁义务教育制度，北爱地区实行4—16岁义务教育制度。义务教育归地方政府主管，高等教育则由中央政府负责。英重视教育和科研水平的提高，目前正进行教育改革，允许高校增收学费，同时继续加大教育投资。中小学公立学校学生免交学费，学生占学生总数的90%以上。私立学校师资条件与教学设备较好，但收费高，学生多为富家子弟，约占学生总数的7%。英文盲率仅为1%。约40%中学毕业生能够接受高等教育。全国有110多所大学和高等教育学院。著名的高等院校有牛津大学、剑桥大学、帝国理工学院、伦敦政治经济学院、圣安德鲁斯大学、伦敦大学学院、华威大学、曼彻斯特大学、爱丁堡大学和卡迪夫大学等。

【新闻出版】英国新闻出版业发达。目前，全国共有约1300种报纸，8500种周刊和杂志。其中，全国性日报11份，每周日发行的报纸11份。主要报纸、杂志有《泰晤士报》《金融时报》《每日电讯报》《卫报》《独立报》《观察家报》《星期日泰晤士报》和《经济学家》等。英15岁以上人口中有超过2/3的人至少阅读一份全国性日报。英互联网普及率较高，2019年，16—44岁的成年人中有99%是近期的互联网用户。

通讯社主要有3家：（1）路透社：1851年成立于德国亚琛，是世界重要通讯社之一，总部设在伦敦，在130个国家设有190多个分支机构，拥有编辑、记者和摄影师及各类工作人员约5.5万人。（2）新闻联合社：1868年创办，由PA新闻、PA体育、PA检索和PA数据设计4家公司联合经营，专门为英国和加拿大的企业提供公关和投资信息。（3）AFX新闻有限公司：由法新社与《金融时报》联合经营，向欧洲的金融及企业界提供信息和服务，在欧洲12国、美国及日本设立分支机构，总部设在伦敦。

英共有5家通过地面发射的覆盖全国的电视台，即英国广播公司、独立电视台、第4频道、第5频道和专门针对威尔士地区并使用威尔士语的S4C。此外，还有卫星电视和有线电视，如天空电视等。

英国广播公司除了提供电视节目，还提供无线电广播服务。该公司系由几个无线电制造商于1922年创办，最初只向全英提供有限的无线电广播服务，现成为世界大型广播公司，拥有10多个传统及在线广播电台、10多个传统及数码交互式电视频道。该节目每周在全球约有各类听众和观众2.79亿人，其中1/4年龄在15—25岁。

英国独立电视台始播于1955年，面向全国提供24小时全天服务，其中1/3时间播放新闻，其他时间播放体育、喜剧、游戏和电影等。经费来源主要靠广告赞助。第4频道自己不制作节目，所播节目主要从独立制片人或包括海外的节目制作商处获取。节目从形式到内容以表现实验性、改革性和创新性为主。第5频道于1997年3月开播，主要播出时政、儿童节目、电影、戏剧和体育节目。

对外关系

英国是联合国安理会常任理事国以及二十国集团、七国集团、北约、英联邦等120多个重要国际组织成员，系5个核大国之一。英官方称共有14块海外领地。冷战结束后，英努力维护大国地位，利用传统影响和软实力，力求发挥“超出自身实力”的影响力。2020年1月31日正式脱欧，结束了47年的欧盟成员国身份，过渡期至2020年12月31日。重视新兴经济体的影响和作用，致力于提高“后脱欧时代”国际竞争力，打造“全球化英国”，拓展与中东、亚太、非洲等地区国家关系，在叙利亚、阿富汗、朝鲜核等国际和地区热点问题上积极进取。

【对当前重大国际问题的态度】关于联合国和安理会改革：认为联合国是国际体系的基石、国际集体行动合法性的最有力来源和最具广泛代表性的国际组织。主张在国际问题上更多发挥联合国作用，推动联合国增加对减贫、疾病防治和环境保护的投入，呼吁实现联合国千年发展目标，将人权、安全及发展问题更紧密联系起来，提高联合国预防和解决冲突的能力。主张对联合国安理会进行必要改革，支持安理会同时扩大常任和非常任理事国，支持德国、日本、印度、巴西四国和非洲国家“入常”，但反对新常任理事国享有否决权。

关于全球经济治理和二十国集团：支持积极参与全球经济治理，倡导保持世界经济自由开放、协调各国宏观经济政策和加强金融监管。主张发展议题是二十国集团的主要任务之一，推动建设二十国集团“三驾马车”机制。

关于气候变化：英认为《巴黎协定》意义重大，同时主张各方应更加重视后续落实行动。支持全球减排努力，提出到2035年将英温室气体排放水平在1990年标准上减少78%，到2050年实现“净零排放”。英于2021年11月举办《联合国气候变化框架公约》第26次缔约方大会。

关于反恐：认为恐怖主义是英面临的主要安全威胁之一，将反恐置于国家安全战略的重要位置。宣布加大打击极端主义和恐怖主义力度。升级反恐战略，成立新的反恐行动中心。通过强化国际合作升级高风险地区反恐和反极端主义专家网络，构建更强大而有效的全球安全情报网。2020年11月法国和奥地利发生袭击事件后，英国内政部将恐怖威胁等级调整至“严重”。

关于伊拉克问题：英关注伊拉克战后重建和人道主义援助。2017年11月，前首相梅访问伊拉克，为配合此次访问，唐宁街宣布了一系列与伊拉克的联合安全措施，包括提供1000万英镑的额外援助支持反恐。

关于叙利亚局势：支持通过政治方式解决叙利亚问题，反对巴沙尔继续执政，要求根据“日内瓦公报”及联合国安理会相关决议组建叙过渡政府。重视对叙人道主义援助。2018年4月，美国联合英国和法国对叙利亚军事设施实施打击。

关于伊朗核问题：英支持和维护执行全面协议，但对伊提升和能力、减少与国际原子能机构合作、地区行为、弹道导弹研发等严重关切。2019年1月底，英法德三国宣布已与伊朗建立“贸易互换支持工具”（Instex），用于与伊朗之间的非美元结算。2022年6月，英国、法国和德国外长发表联合声明，表示已准备恢复全面协议，对伊朗未能抓住“窗口机遇”表示遗憾。

关于朝鲜半岛核问题：关注朝核问题，谴责朝退出《核不扩散条约》，认为此举威胁到地区稳定。敦促朝以“明确和可核查的”方式放弃核武计划，允许国际原子能机构派监督员返朝，并全面、无条件地遵守所有相关国际条约和义务。英强烈谴责朝鲜多次进行核试和射星，支持联合国对朝采取严厉措施。

关于防扩散、核裁军：认为在防扩散领域做发展中国家工作至关重要。认为核裁军与金融危机和气候变化同等重要。支持建立无核武器的世界，愿适时参与多边核裁军谈判。

关于乌克兰问题：视乌克兰危机为冷战结束后欧洲面对的最大安全挑战。与美国、欧盟密切沟通协调，共同应对危机。2014年乌克兰危机爆发后，英积极推动和参与欧美等对俄制裁，并努力推动政治解决乌问题。2022年乌克兰危机爆发后，英国积极参与制裁俄罗斯，并对乌克兰提供军事援助，2022年向乌克兰提供23亿英镑军事援助。英向乌提供的先进武器包括“挑战者2”主战坦克、“暴风阴影”巡航导弹等。

关于阿富汗问题：认为阿富汗稳定事关反恐大局，事关北约战略转型，该问题是英外交首要优先内容。表示英并不指望阿富汗拥有“完美民主”，而是希望阿能保持局势稳定并维护自身安全。英作战部队于2014年底撤离阿富汗，但仍将继续为阿提供长期的经济、政治和安全支持。2021年8月，阿富汗塔利班接管首都喀布尔，英国表示将通过制裁等手段对塔利班政权施加影响，同时承诺向阿提供人道主义援助。

【同中国的关系】英国于1950年承认中华人民共和国，是最早承认中华人民共和国的西方大国。中英于1954年6月17日建立代办级外交关系，1972年3月13日升格为大使级外交关系。此后30多年，中英关系历经波折，总体上朝着积极稳定的方向发展。1997年香港政权顺利交接后，两国关系进入全面发展的新阶段。

2020年1月，王毅国务委员兼外长应约同英首席大臣兼外交大臣拉布通电话。2月，习近平主席应约同英首相约翰逊通电话。中共中央政治局委员、中央外事工作委员会办公室主任杨洁篪应约同英内阁秘书兼首相国家安全顾问塞德维尔通电话。3月，习近平主席应约同英首相约翰逊通电话。王毅国务委员兼外长应约同英首席大臣兼外交大臣拉布通电话。4月，胡春华副总理应约同英财政大臣苏纳克通电话。6月，李克强总理应约翰逊首相邀请在全球疫苗峰会视频会议致辞；6月、7月，王毅国务委员兼外长先后两次同英首席大臣兼外交大臣拉布通电话。9月，中共中央政治局委员、中央外事工作委员会办公室主任杨洁篪同英首相国家安全顾问塞德维尔通电话。

2021年2月，李克强总理向英48家集团俱乐部、英国中国商会和英中贸协联合举办的2021年“破冰者”新春庆祝线上活动发表视频致辞；李克强总理在京出席由欧盟委员会前贸易委员、英前首席大臣兼商业大臣曼德尔森主持的同欧洲企业家高级别视频对话会。5月，王毅国务委员兼外长同英首席大臣兼外交发展大臣拉布通电话。7月，李克强总理在京同英国工商界代表举行视频对话会。8月，王毅国务委员兼外长同英国外交发展大臣特拉斯通电话。9月，韩正副总理在北京通过视频方式会见来华访问的联合国气候变化格拉斯哥大会候任主席夏尔马。10月，王毅国务委员兼外长同英国外交发展大臣特拉斯通电话。12月，胡春华副总理同英财政大臣苏纳克通电话。

2022年2月，王毅国务委员兼外长同英国外交发展大臣特拉斯通电话。3月，习近平主席同英国首相约翰逊通电话。9月，李克强总理向英新任首相特拉斯致就职贺电。习近平主席就伊丽莎白二世女王逝世向查尔斯三世国王致唁电，李克强总理向特拉斯首相致唁电。王岐山副主席前往英驻华使馆吊唁，并作为习近平主席特别代表出席伊丽莎白二世女王葬礼。查尔斯宣告登基后，习近平主席向其致贺电。王毅国务委员兼外长在联合国大会期间会见英外交发展大臣克莱弗利。10月，李克强总理向英新任首相苏纳克致就职贺电。

英国是中国在欧洲第三大贸易伙伴，中国是英国在亚洲最大贸易伙伴。据中国海关总署统计，2022年，中英双边贸易额为1033亿美元，同比减少8.1%。其中，中国出口额为815亿美元，同比减少6.1%；中国进口额为218亿美元，同比减少15%。截至2022年底，双向投资存量510.2亿美元，其中英国企业在华投资291.7亿美元，我国企业对英国投资218.5亿美元。

中国对英国主要投资并购领域为金融、通信、汽车、运输、石化、传媒、服装、医药等行业。近年来，主要投资项目包括：吉利汽车在考文垂投资建设制造新型电力伦敦出租车的新工厂、腾讯收购英国手机游戏公司Space Ape Games 62%股份、陕西炼石有色收购英国航空零部件制造商Gardner Aerospace、京东收购英国奢侈品电商Farfetch股权、招商局集团旗下联合光伏公司收购英国太阳能发电站、山东济宁如意毛纺织股份有限公司收购雅格狮丹、首农股份与中信农业收购英国樱桃谷农场有限公司100%股权、中再集团收购英国侨社保险、中国投资有限责任公司收购伦敦希思罗机场10%的股份、北京建工集团获得曼彻斯特“空港城”的建设参与权、河北敬业钢铁集团收购英国钢铁公司等。目前，已有超过500家中资企业落户英国。两国经贸合作呈多样化发展趋势，英国在中国优先发展的交通、能源、化工、机械制造领域及信息、生物工程等高新技术方面具有优势，同时也是中国机电、纺织、化工、金属制品、服装以及初级产品的重要市场。英国对参与中国西部大开发态度较积极，对华投资区域正逐渐从沿海向中西部内陆地区扩展。2016年2月，中英经贸联委会第12次会议在英举行，成立了中英地方合作联合工作组，这是中国与欧洲国家建立的首个地方经贸合作机制。

伦敦是世界第一大人民币离岸外汇交易中心和全球第二大人民币离岸清算中心。2018年11月，英约克公爵安德鲁王子、国际贸易大臣福克斯率团出席首届中国国际进口博览会。2019年6月，第十次中英经济财金对话期间，中方任命朱民为中英经济财金对话机制下中英“一带一路”金融与专业服务合作中方联络人，中英签署第三方市场合作谅解备忘录，“沪伦通”开通。同年，中资银行首次在伦敦公开发行英镑债券。2019年11月，30家英国企业参加第二届中国国际进口博览会。2020年11月，43家英国企业参加第三届中国国际进口博览会。

中英人文交流持续活跃，在卫生、气候变化、可持续城市、人员交往以及野生动物保护等领域合作势头良好。2019年，中国国家京剧院等以中华人民共和国成立70周年为主题在英举办演出。

目前，中国在英孔子学院和孔子课堂分别达到30所和164间，全英开设汉语教学的中小学达600多所。英国是与我国开展教育合作交流较早的欧洲国家之一，2020年起英国成为中国留学生首选目的地国家。2016年1月，双方宣布为从事商务、旅游等活动且符合条件的对方国家公民颁发2年有效、多次入境的相应类别签证。

卫生方面，2019年1月，第五届中英全球卫生对话在伦敦举办。

目前，两国已缔结友好省、郡、区67对。中国在英国设有三个总领馆（曼彻斯特、爱丁堡、贝尔法斯特），英国在华设有五个总领馆（香港、上海、广州、重庆、武汉）。

中国驻英大使：郑泽光。馆址：49 PORTLAND PLACE，LONDON W1B 1JL。电话：0044–20–72994049；传真：76362981，76365578。领事部地址：31 PORTLAND PLACE，LONDON，W1B 1QD；电话：0044–20–74368294，24小时领事保护与协助电话：74368294；传真：74369178。经商处地址：16 LANCASTER GATE，LONDON W2 3LH；电话：0044–20–70784949；传真：77062777。文化处地址：11 WEST HEATH ROAD，HAMPSTEAD NW3 7UX；电话：0044–20–74318830；传真：74318810。教育处地址：50 PORTLAND PLACE LONDON W1B 1NQ；电话：0044–20–76120262；传真：75804474。科技处地址：10，GREVILLE PLACE，LONDON NW6 5JN；电话：0044–20–76250079；传真：76250070。

英国驻华大使：吴若兰（Caroline Wilson，女）。馆址：北京市朝阳区光华路11号。电话：010–51924000；传真：65321937/8/9。领事签证处地址：北京市朝阳区光华路1号嘉里中心21层；电话：010–85296600；传真：85296081（领事），85296080（签证）。文化教育处地址：北京市朝阳区东三环北路8号亮马河大厦4层；电话：010–65906903；传真：65900977。国际发展处地址：北京市朝阳区光华路1号嘉里中心南座30层；电话：010–85296882。

【同其他国家的关系】与美国关系：从维护西方世界团结和对多极秩序主导权的目的出发，强调美国的领导地位和国际作用不可或缺，将英美特殊关系作为外交基石，认为这种特殊关系是建立在两国人民的密切接触与广泛的商业联系基础之上，在重大国际和热点问题上与美协调并提供协助。

与法德关系：注重与法德合作，加强与法国的军事合作，支持德国成为联合国安理会常任理事国。

与西巴尔干地区国家关系：看重西巴尔干国家的重要战略位置，与该地区各国均保持了密切联系，并通过双边渠道向有关国家提供发展援助。承认科索沃单方面宣布独立，在科设立大使馆并向科当局提供援助。

与俄罗斯关系：认为俄实现民主、保持稳定有利于欧洲和平，鼓励俄进一步改革。英是俄罗斯重要的投资国，俄是英重要的能源供应方，双方经贸关系较密切。2014年乌克兰危机爆发后，英积极推动和参与欧美等对俄制裁，并努力推动政治解决乌问题。2018年，俄罗斯前情报人员在英国中毒，英方称俄应为此事负责，并驱逐多名俄外交官。2022年乌克兰危机爆发后，英国积极参与制裁俄罗斯，并对乌克兰提供军事援助。

与中东欧及其他独联体国家关系：欢迎中东欧、独联体国家加入北约，关注格鲁吉亚、乌克兰、乌兹别克斯坦、塔吉克斯坦和吉尔吉斯斯坦等国的民主进程及人权状况。

与日本关系：重视在全球化背景下增强与日政治、经济和军事关系，积极发展双方在环境、科技、人道援助、反恐等领域的合作。重视日在朝鲜半岛、伊拉克、中东等地区热点问题上的作用，支持日成为联合国安理会常任理事国，欢迎日积极参与国际维和行动。2016年以来，英日两国举行多次联合军演。2022年，英国、日本、意大利宣布开展“全球作战空中计划”（GCAP）联合研制下一代战机。

与巴基斯坦关系：对巴基斯坦局势表示高度关切，重视与巴反恐合作，支持打击巴宗教极端主义势力，希巴局势尽快恢复稳定，高度关注阿、巴边境安全形势，在制定对巴援助政策时重点考虑帮助巴减少贫困。

与中东国家关系：支持中东和平进程，重视同该地区国家发展关系。认为阿以冲突是中东问题的症结，支持“以土地换和平”的原则，呼吁阿以双方停止暴力，通过政治途径实现中东问题的全面解决。承认以色列对西耶路撒冷的实际控制，但不承认以对耶城拥有主权。反对扩大犹太人定居点。认为巴勒斯坦享有包括建国在内的自决权，支持向巴提供援助。强调推动中东和平进程对根除国际恐怖主义的重要性。

与英联邦国家关系：英政府主张加强英联邦的作用，积极改善并发展与英联邦国家传统联系，增加对成员国的援助，注重经援与民主、法治、人权和良政挂钩，希以民主自由观念增进英联邦国家的凝聚力，利用英联邦广泛的联系提升英国际影响，实现英外交政策目标。2018年4月，英国在伦敦主办第25届英联邦政府首脑峰会。印总理莫迪出席峰会，因印度兼具英联邦成员和重要新兴经济体地位，英尤其强调加强同其关系。2022年，英国首相约翰逊出席在卢旺达举办的第26届英联邦政府首脑峰会。

与非洲国家关系：英将非洲问题作为外交重点之一。支持“非洲发展新伙伴计划”，支持非盟发挥更大作用，主张国际社会在减债、投资和市场准入等方面为非洲提供更有利的条件，增加对非援助。英大力推动千年发展目标。认为非洲发展的关键是实行西方“民主制度”和“良治”，强调对非援助与之挂钩。关注非洲地区冲突，参与非洲地区的维和行动。呼吁国际社会共同为减贫而努力。英十分关注中国在非行动，愿与中方加强在非洲问题上的合作，开展涉非三方合作。

与拉美国家关系：主张与拉美国家加强双边交往，密切欧洲与拉美地区的联系，重视与西班牙开展拉美地区合作，促进双方在该地区的利益。支持巴西成为联合国安理会常任理事国，主张与古巴发展关系，要求古促进人权和政治自由，呼吁促进委内瑞拉国内政治和解。自2011年起，英国与阿根廷关于马岛归属的争端有所加剧。2013年3月，马岛居民就主权争议举行公投，结果98.8%的选票支持继续保留英国“海外属地”的政治地位，阿根廷政府宣布不承认该公投结果。

（江鹏）

直布罗陀

名称 直布罗陀（Gibraltar）。现为英国海外领地（British Overseas Territory）。

面积 6.8平方公里。

人口 32688人（2022年）。主要是直布罗陀人（意大利、马耳他、西班牙人后裔），其次是英国人，其余为摩洛哥人、印度人、葡萄牙人、巴基斯坦人和西班牙人。主要语言为英语，亦通用西班牙语、意大利语和葡萄牙语。72.1%的居民信奉天主教，7.7%的居民信奉英国国教，3.6%的居民信奉伊斯兰教。

总督 大卫·斯蒂尔中将（Vice Admiral Sir David George Steel），2020年6月11日就职。

重要节日 民族日：9月10日。

简　况

位于伊比利亚半岛南端，海岸线长12公里。属地中海气候，平均温度冬季为12℃—18℃，夏季为13℃—29℃。

1501年正式纳入西班牙版图。西班牙国王卡洛斯二世无嗣，嘱由法国波旁王族继承王位。1700年卡洛斯二世死后，法国王路易十四之孙菲力普被宣布为西国王。但卡洛斯二世的外甥、奥地利查理大公按哈布斯堡王族的血缘关系也要求继承王位。由此引发1701年王位继承战争。英国和荷兰支持查理大公，并于1704年攻占直布罗陀。1713年交战双方签订《乌特勒支和约》，承认菲力普的西班牙国王地位，但作为交换条件，直布罗陀被割让给英国。英占直布罗陀后，驱逐了原有的西班牙居民，从外地大量移民。1909年英国在直布罗陀与西本土之间的中立地带修筑军事基地和机场并设栅栏，形成现今的边界。

西班牙从未放弃收复直布罗陀的要求。第二次世界大战后，西加强了收复活动。1946年，联合国通过第66（I）号决议，将直布罗陀列入联合国“非自治领土”清单。1964年联合国非殖民化特别委员会认为“联大1960年第1514（XV）号决议《给予殖民地国家和人民独立宣言》的条款完全适用于直布罗陀”，要求英西两国政府谈判解决直布罗陀争端。1966年联合国大会又通过决议，敦促“加快直布罗陀非殖民化”。英国拒绝谈判，并加速推行直布罗陀“自治”，于1967年9月10日在直布罗陀举行了归属问题的公民投票，结果绝大多数人赞成直布罗陀继续归属英国。联大通过决议指出这次公民投票违背了联合国决议，再次敦促英西举行谈判。1969年直布罗陀议会通过新宪法，宣称直“是英国的一部分”，在“没有完全充分表达民意的公民投票的情况下，直布罗陀不应交给他国”。西班牙对此表示强烈不满，于1969年封锁边界，撤走在直工作的工人，中断与直的通信和交通联系，禁止英国飞机飞越西领空，使直布罗陀成为孤岛。

1980年，西英两国商定通过对话解决关于直布罗陀的一切分歧并恢复直布罗陀地区的直接联系。1981年，英国授予直布罗陀居民完全的英国国籍，使西英争端更为复杂。1984年11月，英方首次表示同意谈判包括直主权在内的各种问题。此后西英双方举行了多轮谈判，但进展不大。2000年4月，西英两国政府就直布罗陀问题达成协议，明确英政府是处理直涉外事务的唯一政府。2001年11月，西英两国外交大臣举行正式会谈，双方同意今后达成一项涵盖有对外合作与主权等重大问题的全面协议，共同致力于让直享有更大的自治权。2002年11月，直布罗陀就主权归属问题举行公民投票，99%以上的直居民反对西英两国对直主权共享。西英两国都明确表示对直公投结果不予承认。

政　治

2020年1月31日，英国正式脱欧。

2020年12月31日，西班牙与英国政府达成协议，自2021年1月1日起，直布罗陀继续执行申根区、关税制度等欧盟政策，避免直布罗陀与西班牙之间形成欧盟边界。西外交大臣冈萨雷斯表示，西将保证申根区条约继续适用于直布罗陀。

2022年8月29日，直布罗陀申报城市地位经英国政府认可生效。

【宪法】现行宪法于2006年11月经直公民投票通过，2007年1月2日生效。新宪法依旧保留了1969年宪法序言部分的陈述。总督为英国国王查尔斯三世的代表，其职责包括防务、外交以及内部安全事务等。

【议会】直布罗陀议会（Gibraltar Parliament）为一院制，有18个席位，其中17席经普选产生，任期4年，议长席位由议会任命。本届议会于2019年10月17日选出，议长为无党派人士梅尔文·法罗尔（Melvyn Farrell），社会主义工党-自由党联盟占7席，自由党占3席，社民党占6席，“共同直布罗陀”占1席。

【政府】直布罗陀作为英国的海外领地，由英国王室委派总督兼驻军司令，负责涉外事务、防务和内部安全事务。政府由总督和部长会议组成。部长会议由议会选举产生，首脑为首席部长。本届政府由社会主义工党-自由党联盟领导，于2019年10月组成，主要成员：首席部长法比安·皮卡多（Fabian Picardo，社会主义工党），副首席部长约瑟夫·加西亚（Joseph Garcia，自由党）。

【司法机构】司法系统包括上诉法院、最高法院、初审法院和地方法院。

【政党】主要政党有：

（1）直布罗陀社会主义工党（Gibraltar Socialist Labor Party，GSLP）：成立于1978年。中左翼政党。1988—1996年为执政党。2015年再度执政。领导人法比安·皮卡多。

（2）直布罗陀自由党（Liberal Party of Gibraltar）：成立于1991年，也称直布罗陀国民党（Gibraltar National Party）。中间派政党。与社工党联合执政。领导人约瑟夫·加西亚。

（3）直布罗陀社会民主党（Gibraltar Social Democrats，GSD）：成立于1989年。中左翼政党。1996—2011年执政。2013年，该党领导人、前首席部长彼得·卡鲁阿纳退休，丹尼尔·费萨姆（Daniel Feetham）接任。2017年，前民主进步党主席基思·阿佐帕尔蒂（Keith Azopardi）当选新任党主席。

（4）“共同直布罗陀”（Together Gibraltar，TG）：成立于2018年11月，由部分直布罗陀社会民主党原党员组建，为社会自由主义政党。党首马琳·哈桑·纳洪（Marlene Hassan Nahon）。

【重要人物】大卫·斯蒂尔中将：总督。1961年4月6日出生。前英国皇家海军高级军官，2012—2015年担任第二海务大臣，2020年6月11日就任直布罗陀总督。　**法比安·皮卡多**：首席部长。1972年2月18日出生于直布罗陀。1993年获得英国牛津大学奥里尔学院法学学士学位。系英国四大律师学会之一的格雷律师学会的成员，并于1994年取得律师资格。曾是直布罗陀国民党（现称“直布罗陀自由党”）创始人之一。2003年脱离自由党，加入直布罗陀社会主义工党。2011年4月取代任职多年的乔·博萨诺成为该党领导人。同年12月出任首席部长。2019年10月获得连任。

经　济

直布罗陀缺乏自然资源。主要经济行业是金融业（占地区生产总值22%）、修船业（占20%）和零售/旅游业（占25%），网络游戏业发展迅猛。

直布罗陀劳动人口约3万人。其中，从事工业的人口占1.8%，从事服务业的人口占98.2%，每天有约1.4万名边界工人往返西班牙和直布罗陀边界工作。财政收入主要来自个人所得税、关税、不动产税、邮政和彩票。公路长约50公里，有机场和海港各1个，注册船舶232艘。近年来，直旅游业一直快速增长，2018年抵达直布罗陀的游客约780万人次。直布罗陀是“避税天堂”，6.8平方公里面积内有约3万家注册企业。2002年10月，欧盟委员会决定对直的金融体系进行深入调查，同时敦促英国取消或对直现行的免税体制进行改革。2022年主要经济数据如下：

地区生产总值：27.38亿英镑。

人均地区生产总值：80517英镑。

名义地区生产总值增长率：7.5%

实际地区生产总值增长率：1.2%

货币名称：直布罗陀镑，简称“直镑”，与英镑等值。

汇率：1美元≈0.73直镑。

通货膨胀率：6.2%。

【对外贸易】主要进口产品：燃料、制成品和食品；主要出口产品：转口石油产品（51%）、制成品。直依赖对欧盟国家的贸易，2019年同欧盟国家贸易总额为51.6亿欧元，其中，自欧盟进口额为49.97亿欧元，出口额为1.63亿欧元。主要贸易伙伴是英国，其次为西班牙、德国和荷兰。

人民生活

根据2019年估计，直布罗陀居民平均预期寿命为80岁，其中男性为77.1岁，女性为83岁。

军　事

长期以来，直布罗陀的军事防务由英国负责。1991年3月，英国陆军正式将直布罗陀的防务移交给由当地人组成的一个团队，同时还保留了部分驻军，从此结束了英国在直布罗陀长达287年的军事管辖。战略地位重要的军民合用机场直布罗陀机场目前由英国皇家空军管理，是英国重要的空军基地。其附近建有英国皇家海军的军事基地。

文化教育

【教育】直布罗陀对5—15岁少年儿童实行义务教育。

【新闻出版】共有6种报刊，主要报纸杂志是《直布罗陀纪实报》和《见解》杂志。

直布罗陀广播公司提供电视和广播服务。

（蔡洋）

美 洲

阿 根 廷

<u>国名</u> 阿根廷共和国（The Argentine Republic，República Argentina）。

<u>面积</u> 278.04万平方公里。

<u>人口</u> 4604万（2022年）。白人和印欧混血种人占95%，多属意大利和西班牙后裔。印第安人口95.5万，其中人口最多的少数民族为马普切人（Mapuche）。官方语言为西班牙语。73.9%的居民信奉天主教，6.6%的居民信奉基督教新教（2020年）。

<u>首都</u> 布宜诺斯艾利斯（Buenos Aires），人口308万（2022年）。气候温和，年均气温17.4℃，年均降水量970毫米。

<u>国家元首</u> 总统阿尔韦托·费尔南德斯（Alberto Fernández）。2019年12月10日就职，任期至2023年12月10日。

<u>重要节日</u> 国庆节：5月25日；独立日：7月9日。

简 况 位于南美洲东南部，东濒大西洋，南与南极洲隔海相望，西邻智利，北与玻利维亚、巴拉圭交界，东北与乌拉圭、巴西接壤。南北长3694公里，东西宽1423公里。陆上边界线长2.57万公里，海岸线长4725公里。北部属热带气候，中部属亚热带气候，南部为温带气候。年均气温北部24℃，南部5.5℃。

16世纪前居住着土著印第安人。16世纪中叶沦为西班牙殖民地。1810年5月25日爆发反抗西班牙殖民统治的“五月革命”，成立了首个政府委员会。1812年，民族英雄圣马丁率领人民抗击西班牙殖民军，于1816年7月9日宣布独立。此后阿长期处于动乱和分裂状态。1853年，乌尔基萨将军制定了第一部宪法，建立联邦共和国，乌成为阿制宪后第一任总统。1860年改为共和国。20世纪30年代起，军人多次执政。1943年庇隆总统执政后，阿逐步实现工业化。70年代中后期，军政府曾对左翼反对派人士进行残酷镇压。1982年同英国因马尔维纳斯群岛主权争端爆发战争，战败后军政府倒台。1983年激进党的阿方辛民选政府上台，恢复并大力推进民主化进程，民主政体逐渐巩固。正义党领袖梅内姆自1989年起连续执政10年，经济一度有较大发展。梅执政后期，经济转入衰退，社会问题日益突出。1999年激进党人德拉鲁阿当选总统后，未能遏止持续3年的经济衰退。2001年12月，阿爆发严重的政治、经济和社会危机，德被迫辞职。此后阿形势严重动荡，10日之内数易总统。2002年1月1日，正义党人杜阿尔德被国会推举为总统，仍无法扭转政经颓势。2003年5月，正义党人基什内尔就任总统后，阿经济快速复苏，政局稳定，民生改善，国际和地区影响力重新回升。2007年10月，基什内尔总统夫人克里斯蒂娜作为中左翼跨党派联盟“胜利阵线”候选人赢得大选，成为阿历史上首位民选女性总统。克执政后，基本承袭基什内尔政府各项内外政策。2011年克成功连任。2015年11月，反对党联盟“我们改变”候选人马克里当选总统。马克里主张实行自由市场经济，减少政府干预，提升经济竞争力。

政 治 2018年、2019年，阿根廷经济金融形势多次剧烈波动。2019年10月，阿举行大选，左翼联盟“全民阵线”候选人费尔南德斯击败马克里当选新一届总统，并于同年12月10日就职，任期4年。目前，阿根廷社会总体保持稳定。

【宪法】1853年制定第一部宪法。1994年8月22日，宪法经第四次修改后实施。修改后的宪法规定：阿根廷为联邦制国家，实行代议制民主；总统为国家元首和政府首脑，兼任武装部队统帅；总统通过直选产生，任期4年，可连选连任一次。

【议会】国家最高权力机构，由参众两院组成，拥有联邦立法权。参议员、众议员均由直选产生，可连选连任。参议院72席，全国24个省区各3席。参议员任期6年，每2年改选1/3。众议院257席，由各省区按人口比例分配。众议员任期4年，每2年改选1/2。2022年，各主要党派在议会的席位如下：

党团名称	众议院	参议院
全民阵线	118	35
共谋变革联盟	116	33
其他党派	23	4

（资料来源：阿参议院、众议院网站）

宪法规定参议长由副总统兼任，现任副总统兼参议长为克里斯蒂娜·费尔南德斯·德基什内尔（Cristina Fernández de Kirchner，女），2019年12月10日就职，任期4年。另常设临时参议长1名，在副总统空缺或代行总统之职时，代行参议长职责。现任临时参议长克劳迪娅·阿夫达拉（Claudia Abdala，女），2019年12月10日就职。现任众议长塞西莉亚·莫雷阿乌（Cecilia Moreau），2022年8月2日就任。

【政府】本届政府于2019年12月10日成立。目前主要阁员如下：内阁首席部长胡安·曼苏尔（Juan Manzur），外交部长圣地亚哥·卡菲耶罗（Santiago Cafiero），经济部长塞尔希奥·马萨（Sergio Massa），内政部长爱德华多·德佩德罗（Eduardo de Pedro），国防部长豪尔赫·塔亚纳（Jorge Taiana），公共工程部长加夫列尔·卡托波的斯（Gabriel Katopodis），国土发展和住房部长豪尔赫·费拉雷西（Jorge Ferraresi），卫生部长卡拉·比索蒂（Carla Vizzotti，女），安全部长阿尼瓦尔·费尔南德斯（Aníbal Fernández），妇女、性别和多样化部长伊丽莎白·戈麦斯·阿尔科塔（Elisabeth Gómez Alcorta，女），社会发展部长胡安·萨瓦莱塔（Juan Zabaleta），教育部长海梅·佩尔西克（Jaime Perczyk），文化部长特里斯坦·鲍尔（Tristán Bauer），司法部长马丁·索里亚（Martín Soria），旅游和体育部长马蒂亚斯·拉蒙斯（Matías Lammens），科技部长丹尼尔·菲尔穆斯（Daniel Filmus），环境部长胡安·卡万迭（Juan Cabandié），交通部长迪亚哥·休利亚诺（Diego Giuliano），劳工部长克劳迪奥·莫罗尼（Claudio Moroni），央行行长米格尔·安赫尔·佩塞（Miguel Ángel Pesce），总统府秘书长（部长级）胡利奥·比托贝略（Julio Vitobello），总统府战略事务国秘（部长级）古斯塔沃·贝利斯（Gustavo Béliz）。

【行政区划】全国划分为24个行政单位。由23个省和联邦首都（布宜诺斯艾利斯市）组成。

【司法机构】由最高法院和各联邦法院组成。最高法院由正、副院长和5名大法官组成，院长和大法官由总统提名后经参议院批准任命，任期3年，可连选连任。另设法官理事会，负责挑选联邦法院法官并管理全国司法事务。现任高法院长奥拉西奥·罗萨蒂（Horacio Rosatti），2021年10月就任。副院长卡洛斯·罗森克兰茨（Carlos Rosenkrantz）。总检察长爱德华多·卡萨尔（Eduardo Casal）。

【政党】主要政治力量有：

（1）正义党（Partido Justicialista）：执政党。又名“庇隆主义党”，基督教民主党国际成员。1945年由庇隆创建，党员主要来自中低收入阶层，以工会力量为支柱。曾8次执政。现有党员323万余人。政治民主、经济独立、社会公正是庇隆主义的三大支柱。强调资本为民族经济服务，追求社会福利，主张劳资调和，维护劳工权益。党主席为阿尔韦托·费尔南德斯（Alberto Fernández）。

2019年，费尔南德斯以正义党内本派力量为主、联合部分中左政党组建执政联盟——“全民阵线”，成为阿第一大政治力量。

（2）“共谋变革联盟”：反对党联盟。2015年3月成立，由共和国方案联盟、激进公民联盟等政党组成：

①共和国方案联盟（Propuesta Republicana）：新兴中右派。2005年由变革承诺党和发展重建党联合成立。主张减少国家干预，实行自由市场经济。现有党员16万余人，影响力主要集中在首都布宜诺斯艾利斯及周边省份。党主席帕特里西亚·布里奇（Patricia Bullrich，女）。

②激进公民联盟（Unión Cívica Radical）：亦称“激进党”，社会党国际成员。1891年成立，是阿历史最悠久的政党，曾6次执政。现有党员约188万人。信奉人道主义，主张政治多元化和社会改良。党主席赫拉尔多·莫拉莱斯（Gerardo Morales）。

【重要人物】阿尔韦托·费尔南德斯：总统。1959年4月2日出生于布宜诺斯艾利斯市。毕业于布宜诺斯艾利斯大学法律系。曾担任经济部法律事务局副局长、国家保险监管局局长、布宜诺斯艾利斯市议员、内阁首席部长。2019年10月当选总统，12月10日就职，任期4年。离异，有两子。

经　济

阿根廷是拉美地区综合国力较强的国家。工业门类较齐全，农牧业发达。自2012年以来，受国际经济金融形势等影响，阿经济增速明显放缓，通货膨胀压力增大，外汇储备下降。2014年7月，阿政府与“秃鹫基金”债务谈判失败，阿在美国部分资金被冻结，阿陷入技术性债务违约。马克里执政后，出台取消外汇管制、放松进出口管制等举措，并解决“秃鹫基金”债务纠纷，重返国际资本市场。2018年，阿经济金融形势多次剧烈波动。政府实行经济改革措施，大力实施紧缩政策，积极争取国际支持，获得国际货币基金组织援助贷款支持。2019年8月，阿金融形势再次剧烈波动，经济下行压力较大。2020年以来，阿根廷分别同美国等主要债权人、巴黎俱乐部、国际货币基金组织妥处债务问题。2022年主要经济数据如下：

国内生产总值：6322.4亿美元。

人均国内生产总值：13660美元。

国内生产总值增长率：5.2%。

货币名称：阿根廷比索。

汇率：1美元≈218阿根廷比索。

通货膨胀率：94.8%。

失业率：6.3%。

（资料来源：国际货币基金组织）

【资源】矿产资源丰富，居世界第六位，是拉美主要矿业国之一。主要有石油、天然气、金、锂、铜、铝、铀、铅、锌、硼酸盐、黏土等，大部分位于与智利、玻利维亚交界的安第斯山脉附近。但矿产资源勘探水平较低，预计尚有75%的资源未得到勘探开发。现已探明蕴藏量：石油3.63亿立方米，天然气3761.2亿立方米，可开采页岩气22.71万亿立方米，可开采页岩油270亿桶，煤炭8.25亿吨，铁3亿吨，锂1700万吨，铀7080吨。水力、渔业资源丰富。森林面积125.3万平方公里，森林覆盖率为45.06%。

【工业】工业较发达，主要有钢铁、汽车、石油、化工、纺织、机械制造、食品加工等，门类齐全。工业地理分布不均衡，主要集中在布宜诺斯艾利斯省和科尔多瓦省，内地省份工业基础薄弱。核工业发展水平居拉美前列，拥有3台运行中的核电机组和较完整的核燃料循环体系，能独立生产浓缩铀。目前正在筹建第四座核电站。食品加工业较先进，主要有肉类加工、乳制品、粮食加工、水果加工、酿酒等行业。近几年主要工业产品产量如下：

	2020	2021	2022
粗钢（万吨）	365.12	487.52	509.40
铝（万吨）	31.00	33.80	—
铁（万吨）	245.50	354.98	349.40
发电量（亿千瓦时）	1341.76	1417.97	1387.47
水泥（万吨）	987.10	1211.70	1302.90
原油（万立方米）	2797.00	2979.90	3379.60
天然气（亿立方米）	123.21	123.65	—
汽车（万辆）	25.72	43.47	53.69

（资料来源：阿根廷国家统计和普查局、汽车生产商协会）

【农业】农牧业发达，是世界粮食和肉类重要生产和出口国，素有“世界的粮仓和肉库”之称。全国大部分地区土壤肥沃，气候温和，适于农牧业发展。东部和中部的潘帕斯草原是著名的农牧业区。全国可耕地和多年生作物用地2720万公顷，占国土面积的9.8%。长期牧场面积1.42亿公顷，占国土面积的51.2%。人均耕地面积0.77公顷，居世界前列。主要种植大豆、小麦、玉米、高粱、葵花籽等。近几年主要农产品产量如下（单位：万吨）：

	2019/2020	2020/2021	2021/2022
大豆	4900	4600	4400
玉米	5150	6050	5900
小麦	1950	1760	2210
葵花籽	330	340	400
高粱	250	330	280
水稻	120	140	120

（资料来源：阿根廷农牧渔业部）

畜牧业历史悠久，牲畜品种及畜牧水平在世界均占先进地位。畜牧业占农牧业总产值的40%。全国牲畜的80%集中在潘帕斯大草原，以牛羊为主。阿是注射疫苗非口蹄疫区和非疯牛病疫区。

阿根廷是牛肉生产、出口和消费大国。2022年全国牛出栏量超过1300万头，出口量89.93万吨。2022年主要畜牧产品情况为：

	屠宰量（万头、亿只）	出口量（万吨）	人均年消费量（千克）
牛	1349.90	89.93	48.66
猪	766.60	0.95	15.80
家禽	7.51	22.70	45.70

（资料来源：阿根廷农牧渔业部）

渔业资源丰富。渔业生产60%在南部，超过50%集中在马德普拉塔港口。主要渔产品为鳕鱼、鱿鱼、对虾等。2022年捕鱼量为79.35万吨，同比增长1.5%；2022年出口49.04万吨，出口额18.23亿美元，同比分别下降4.8%和8.4%。

【旅游业】旅游业发达，是南美主要旅游国家。近年来，赴阿游客大幅增加。旅游业成为阿第三大创汇产业。2022年共接待外国游客约43.11万人次，较2021年增长了45%。全国有国家公园35个，总面积超过380万公顷，有各类自然保护区39个，有世界自然和文化遗产11处，2009年联合国教科文组织将探戈舞正式列入《人类非物质文化遗产代表作名录》。主要旅游点有巴里洛切风景区、伊瓜苏大瀑布、莫雷诺冰川等。

【交通运输】是交通运输最发达的拉美国家之一，公路、铁路、航空和海运均以首都为中心，向外辐射，形成扇形交通网络。国内交通运输以陆运为主，外贸货物的90%通过水路运输。铁路总长3.4万公里。

首都布宜诺斯艾利斯是最早修建地铁的南美城市，地铁网络发达，共有6条线路，总长62.8公里，2022年共输送旅客2.2246亿人次，较2021年提高142%。（资料来源：enelSubte.com）

公路：总里程超过50万公里，其中普通公路总长3.39万公里，高速公路总长2799公里。2022年全年生产汽车53.69万辆。

水运：全国有海港38个，内河港口25个。2022年港口吞吐量共计167.92万个标准集装箱，其他货物1.7亿吨。重要港口有布宜诺斯艾利斯港、布兰卡港和罗萨里奥港等。巴拉圭—巴拉那河道是阿主要内河航线，全长3302公里。

空运：全国有机场56个。各省省会、主要城市及重要旅游点每天均有航班往来。2022年客运量2161万人次，同比增长67.4%，其中国内航线客运量1353万人次，国际航线客运量808万人次。首都埃塞伊萨国际机场是全国最大的航空港。阿根廷航空公司是阿最大航空公司。

【财政金融】政府财政收入曾长期赤字。2018年以来，阿政府裁撤政府机构，下调公共投资、财政开支和社会补贴，对出口商品和服务加征关税。2022年阿政府初级财政赤字19551.41亿比索，相当于国内生产总值的2.4%。截至2022年底，阿外债余额2767亿美元，占国内生产总值的43.8%。

截至2022年底，共有各类银行金融机构和非银行金融机构78家，其中国有银行13家，私有银行50家，非银行金融机构15家。（资料来源：阿根廷央行）

【对外贸易】对外贸易在国民经济中占有重要地位。近年来，阿政府大力促进出口，积极推动产品出口结构和出口市场多元化。主要出口产品为油料作物、石油、天然气、汽车、谷物、牛肉、皮革、奶制品、钢铁、渔产品和林产品等；进口核反应堆及机械设备、汽车、电子产品、燃料、有机化学品、塑料及其制成品、钢铁、医药产品等。主要贸易伙伴为巴西、中国、欧盟、美国、智利、墨西哥、日本等。2022年，阿对外贸易总额为1669.65亿美元。其中，出口额为884.56亿美元，同比增长13.5%；进口额为815.56亿美元，同比增长29.1%；顺差69亿美元。近几年对外贸易情况如下（单位：亿美元）：

	2020	2021	2022
出口额	548.84	779.34	884.56
进口额	423.56	631.84	815.56
差　额	125.28	147.50	69.00

（资料来源：阿根廷国家统计和普查局）

【外国资本】阿根廷吸引外资的历史始于19世纪上半叶。第二次世界大战前，英国资本占半数以上。二战后，美国资本后来居上。1990—1999年，外国投资总额达1210亿美元，其中主要来源于西班牙、美国、法国、智利等国家。外国投资主要集中在石油、天然气、汽车制造、医药、化工、金融、民航、电信、服务业等部门。近几年吸收外国直接投资额如下（单位：亿美元）：

	2019	2020	2021
投资额	66.63	40.19	65.34

（资料来源：阿根廷国家统计和普查局、联合国贸易和发展会议）

人民生活

截至2022年贫困率和赤贫率分别为39.2%和8.1%。据联合国开发署2021/2022年报告，阿人类发展指数为0.842，超过拉美和加勒比地区0.754的平均水平，在该地区排名第二。人均预期寿命75.4岁，其中男性72.2岁，女性78.6岁。出生率16.2‰，死亡率7.6‰，新生儿死亡率为8‰（2022年）。阿人均拥有医生比例及医疗占国内生产总值比重均达到发达国家水平。2022年卫生预算为6439.44亿比索，占全年预算支出的4.9%。

军　事

阿根廷总统为武装力量最高统帅，下设国防委员会和危机委员会。国防委员会由副总统、内政部长、外交部长、国防部长和经济部长组成，协助总统制定和评估国防政策和国防战略。危机委员会由国防部长、武装力量联合参谋长和陆军、海军、空军参谋长组成，协助总统进行军事行动、军事战略评估和决策。国防部长全面主持国防事务，并直接对总统负责。联合参谋长协调各军种工作，并直接对国防部长负责。陆军、海军、空军参谋长主持各自军种事务，并直接对国防部长负责。

联合参谋长胡安·马丁·帕莱奥（Juan Martín Paleo），陆军中将。陆军成立于1810年5月29日，现任陆军参谋长是吉列尔摩·奥莱加里奥·佩雷达（Guillermo Olegario Pereda）陆军中将。海军成立于1814年5月17日，现任海军参谋长是胡利奥·奥拉西奥·瓜尔迪亚（Julio Horacio Guardia）海军上将。空军成立于1912年8月10日，现任空军参谋长是哈维尔·胡利安·伊萨克（Xavier Julián Isaac）空军准将。

自1995年起由义务兵役制改为志愿兵役制，18—24周岁公民可根据协议期限志愿服兵役，最高服役年龄至28周岁。武装力量由正规军和准军事部队组成，其中正规军由陆海空三军组成。现有三军总兵力7.8万人。准军事部队3.1万人。此外，还有预备役部队37.5万人。阿是南美地区军费开支最低的国家之一。2022年国防预算为2163亿比索，占全年预算支出的1.6%。没有海外基地和驻军。（资料来源：阿根廷国防部）

文化教育

【教育】阿根廷教育水平居拉美国家前列。2006年颁布的《国家教育法》规定，全国实行13年制义务教育，包括学前1年，小学6年，初中3年，高中3年，小学入学年龄为6岁。规定中央及各省市教育专项经费占国内生产总值比例不得低于6%。其他主要教育法规还有，1995年颁布的《高等教育法》、2005年颁布的《职业技术教育法》、2006年颁布的《教育融资法》等。每年9月11日为教师节。

2010年人口普查显示，阿全国文盲64.18万人，文盲率为1.9%。2022年教育和文化预算8178.81亿比索，占全年预算支出的6.2%。

著名大学有布宜诺斯艾利斯大学、拉普拉塔国立大学、科尔多瓦国立大学等。其中科尔多瓦国立大学成立于1613年，是阿历史最悠久的高等学府。

【新闻出版】主要报纸有：《号角报》，1945年创刊，发行量20.6万份；《国民报》，1870年创刊，发行量10.3万份；《金融界报》，1976年创刊，金融类报纸，发行量8万份；《新闻报》，1869年创刊，发行量3000份；《纪事报》，1963年创刊，以社会新闻为主，发行量8000份。目前，各大报均已推出网络版，纸质报纸发行量持续下降。重要周刊有《市场》《索莫斯》《人物》等。

美洲通讯社：国家通讯社，成立于1945年，由总统府新闻国务秘书处领导，设28处国内记者站，无国外记者站。报联社为私人通讯社，是阿最大新闻社，1982年成立，用户为阿全国大多数报社、电台、电视台及一些企业、国家机构和政党。

阿第一家广播电台成立于1920年。全国有调幅电台260个，调频电台1150余个（大部分无许可证），短波电台6个。

公共广播电台1台：阿唯一的全国性国家电台，成立于1937年，有1套调幅节目和3套调频节目。

阿根廷对外广播电台：成立于1958年，现用7种语言进行对外广播。

收听率最高的调幅电台主要有：米特雷电台，1925年成立，综合电台；网络电台，1929年成立，原名“细刨花电台”，1991年更改为现名，主要播放体育、时事新闻类节目；大陆电台，1969年成立，主要播放文艺类节目；美洲电台，1948年成立，综合电台。

阿全国有线电视公司共8家，有线电视用户580万人，有线电视覆盖率为80.92%，卫星电视覆盖率为4%。

阿根廷有线电视集团：成立于1981年，拥有用户152万，是阿最大的有线电视公司，集团下属收视率较高的电视台有TELEFE电视台、电视13台（美洲电视台、电视9台和电视7台（国有电视台）。

对外关系

奉行独立自主的多元化外交政策，主张多边主义和国际关系民主化，奉行不干涉内政、保护人权和恪守国际法等原则。实行多元务实均衡的外交路线，积极拓展同美欧国家传统关系，重视发展同巴西等新兴大国关系。大力推进南美一体化，密切南方共同市场同拉美“太平洋联盟”经贸合作。致力于恢复行使对马尔维纳斯群岛等领土的主权。同184个国家建有外交关系，是联合国、世界贸易组织、二十国集团、77国集团、美洲国家组织、拉美和加勒比国家共同体、南方共同市场等国际和地区组织及多边机制成员。2019年3月，举办第二次联合国南南合作高级别会议。2022年担任拉共体轮值主席国。2022年10月起担任联合国拉美和加勒比地区经贸委员会轮值主席国。

【同中国的关系】1972年2月19日中国与阿根廷建交。建交以来，两国关系稳步发展，各领域友好合作日益扩大。2014年7月，习近平主席应邀对阿根廷进行国事访问，中阿建立全面战略伙伴关系。

2020年9月，习近平主席同费尔南德斯总统通电话。2021年6月，费尔南德斯总统致函习近平主席，热烈祝贺中国共产党成立100周年。8月，索拉外长出席新冠疫苗合作国际论坛首次会议。10月，王毅国务委员兼外长在出席二十国集团领导人第十六次峰会期间会见卡菲耶罗外长。2022年2月，费尔南德斯总统来华出席北京冬奥会开幕式并访华。7月和9月，王毅国务委员兼外长分别在出席二十国集团外长会和第77届联大期间会见卡菲耶罗外长。11月，习近平主席在出席二十国集团领导人第十七次峰会期间同费尔南德斯总统举行会见。中阿双方建有26对友好省、市关系。

据中国海关总署统计，2022年，中阿双边贸易额为213.62亿美元，同比增长20.0%。其中，中国出口额为127.69亿美元，同比增长19.6%；中国进口额为85.93亿美元，同比增长20.6%。目前，阿根廷是中国在拉美第六大贸易伙伴，中国是阿全球第二大贸易伙伴。两国在基础设施建设、能矿、金融、农业、机械制造、电信等领域的合作开展顺利。

中国驻阿根廷大使：邹肖力。馆址：Av.Crisólogo Larralde 5349，1431–Buenos Aires，República Argentina。电话：005411–45478100，45478199；传真：45451141。商务处电话：005411–45542613，45541258；传真：45538939。领事部电话：005411–45478128。

阿根廷驻华大使：牛望道（Gustavo Sabino Vaca Navarja）。馆址：北京市朝阳区三里屯东五街11号。电话：010–65322090，65322142。商务处电话：010–65322875。签证处电话：010–65322354。

【同其他拉美国家的关系】奉行睦邻友好政策，将发展同其他拉美国家尤其是地区大国的关系作为外交优先目标。重视南方共同市场一体化。与智利、墨西哥建有战略伙伴关系。

【同美国的关系】重视发展对美关系。2021年8月，美国总统国家安全事务助理沙利文访问阿根廷。2022年6月，费尔南德斯总统赴美出席第九届美洲峰会。

【同欧盟及欧洲国家的关系】重视发展同欧洲的传统关系。阿积极推动南方共同市场与欧盟合作。2020年2月，费尔南德斯总统访问意大利、梵蒂冈、西班牙、法国和德国。2021年5月，费尔南德斯总统访问葡萄牙、西班牙、法国、意大利、梵蒂冈等国。2022年5月，费尔南德斯总统访问西班牙、德国和法国。

2012年、2013年分别是阿英马岛战争30周年和英国武装占领马岛180周年。2013年3月，马岛当局就是否保持英国海外领地地位进行公投，99.8%的马岛居民投赞成票。阿方对公投强烈反对，不承认公投结果，同英国关系一度紧张。马克里总统上台后重申对马岛的主权诉求，强调希改善同英国的关系。2018年5月，英国外交大臣约翰逊赴阿出席二十国集团外长会，此系22年来英国外交大臣首次访问阿根廷。10月，阿根廷外长福列对英国进行回访。

【同亚太国家的关系】重视拓展与亚太国家关系。2017年5月，马克里总统访问中国和日本。2019年2月，马克里总统访问印度、越南和阿联酋，6月赴日本出席二十国集团领导人大阪峰会并访问印尼。2020年1月，费尔南德斯总统访问以色列。（宗舒怀）

阿鲁巴

名称　阿鲁巴（Aruba）。

面积　180平方公里。

人口　10.67万（2022年）。人口中约75%为欧洲人、印第安人与非洲人的混血。官方语言为荷兰语，通用帕皮阿门托语（荷兰语、西班牙语、英语、印地语和西非方言混合而成），也讲西班牙语和英语。居民中超75%信奉天主教。

首府　奥拉涅斯塔德（Oranjestad），人口约3.5万（2015年）。

总督　胡安·阿方索·博浩特（Juan Alfonso Boekhoudt），2017年1月1日就任。

重要节日　旗帜日：3月18日。

简　况

阿鲁巴岛位于加勒比海南部，小安的列斯群岛最西端，南距委内瑞拉北岸28公里，属背风群岛一部分。属热带气候，年均气温28.6℃，年均降水量600毫米。岛上最早居民是印第安部族阿拉瓦克人。1499年西班牙占领该岛。1643年易手荷兰。1807年被英国夺取。1814年重归荷兰管辖，并成为荷属安的列斯一部分。1986年1月1日宣布正式脱离荷属安的列斯，成为荷兰王国一单独政治实体（自治国），荷兰继续负责该岛防务和对外事务。在经济和货币事务方面，阿鲁巴和荷属其他海外领地组成合作联盟。

政　治

【宪法】1986年1月1日施行。荷兰国王为其元首，总督为国王代表。阿鲁巴拥有完全内部事务自治权，实行议会制。

【议会】立法机构，一院制，由普选产生，有21个议席，任期4年。本届议会于2021年6月25日大选产生，人民选举运动党9席，阿鲁巴人民党5席，RAIZ党2席，阿鲁巴主权运动党2席，Accion 21党1席，独立议员2名。议长埃德加·弗洛里克（Edgard Vrolijk）。

【政府】本届内阁于2021年9月20日宣誓就职，由人民选举运动党和RAIZ党组成。人民选举运动党领导人埃维莉娜·韦弗尔–克罗斯（Evelyn Wever-Croes，女）出任首相兼总务、创新、政府组织、设施和城市规划部长。本届内阁其他成员为经济、通信和可持续发展部长杰弗里·韦弗（Geoffrey Wever），交通、廉政、自然和安老服务部长乌塞尔·阿伦兹（Ursell Arends），财政和文化部长苏美拉·马杜罗（Xiomara Maduro），司法和社会事务部长罗科·特琼恩（Rocco Tjon），劳工、能源和社会融合部长格伦伯特·克罗斯（Glenbert Croes），公共卫生和旅游部长丹纪尧姆·奥杜贝尔（Danguillaume Oduber），教育和体育部长恩迪·克罗斯（Endy Croes），阿鲁巴驻海牙全权公使胡安·戴森（Juan Thijsen）。

【司法机构】本岛设初审法庭，阿鲁巴、荷属圣马丁、博奈尔、圣尤斯特歇斯、萨巴设立联合高级法院。

【政党】主要政党有：

（1）人民选举运动党（Movimiento Electoral di Pueblo，MEP）：执政党，属于社会党。1971年成立，有党员1200人。领袖为首相兼总务部长埃维莉娜·韦弗尔–克罗斯。

（2）阿鲁巴人民党（Arubaanse Volkspartij，AVP）：在野党，属于基督教民主党。1942年成立。领袖为前首相迈克·埃曼（Mike Eman）。

还有RAIZ党、阿鲁巴主权运动党（Partido Movimiento Arubano Soberano，MAS）、Accion 21党、阿鲁巴爱国运动（Movimento Patriotico Arubano，MPA）、骄傲和尊敬的人民党（Pueblo Orguyoso y Respeta，POR）、民主选举联盟（Network of Electoral Democracy，RED）、真正民主党（Democracia Real）、阿鲁巴自由组织（Organisacion Liberal Arubiano，OLA）、阿鲁巴爱国党（Partido Patriótico Arubano）等。

【重要人物】**胡安·阿方索·博浩特**：总督。1965年出生于阿鲁巴岛。曾先后担任阿鲁巴海运总局局长、阿鲁巴红十字会主席等职。2013—2016年任阿鲁巴首席大臣。2017年1月出任阿鲁巴第4任总督。**埃维莉娜·韦弗尔–克罗斯**：首相。女，出生于1966年。曾担任阿鲁巴议会议员、人民选举运动党主席。2017年11月7日出任阿鲁巴第4任首相。2021年9月连任首相。

经　济

旅游业、芦荟出口、离岸金融是阿鲁巴经济的支柱产业。此前一直作为阿鲁巴主要产业的石油冶炼和存储转运业已经于2009年基本结束。近十年来，旅游业的快速增长也带动了相关经济部门的持续发展，旅游业及相关产业占地区生产总值3/4。2022年主要经济数据如下：

地区生产总值：3.54亿美元。

人均地区生产总值：3317.7美元。

地区生产总值增长率：12%。

货币名称：阿鲁巴弗罗林。

汇率：1美元≈1.8阿鲁巴弗罗林。

通货膨胀率：5.5%。

失业率：7.8%。

【工业】目前工业除提供船舶转载设施外，仅限于烟草制品、饮料和一些消费品。建有“自由工业区”。海水淡化厂可日淡化海水2080万公升，为世界最大的海水淡化厂之一。

【农业】土质贫瘠，农业不发达。主要农产品有芦荟、牲畜、鱼。

【旅游业】国民经济支柱之一。该岛终年阳光充足，气候宜人，热带风光独具一格。著名的“棕榈海滨浴场”及早期印第安人岩洞吸引着不少游人。20世纪后期，大力发展旅游业。目前，每年接待游客超过150万人，游客75%来自美国，其他来自荷兰及南美洲国家。

【交通运输】无铁路。公路总长约800公里，有全天候的公路网。水路交通发达，主要港口奥拉涅斯塔德可停泊远洋轮。位于首府的贝娅特丽克丝国际机场有通往美国、欧洲、中美洲、南美洲和加勒比国家的航线。

【财政金融】2022年，财政赤字为1.5亿阿鲁巴弗罗林。

【对外贸易】2022年，进口额为26.4亿阿鲁巴弗罗林，出口额为1.9亿阿鲁巴弗罗林。

主要进口商品有机械和电子设备、原油（用于提炼和再出口）、化工产品、食品等，主要出口商品有活牲畜及其产品、艺术及收藏品、机械和电子设备、运输设备等。美国和荷兰是主要进出口对象国。

人民生活

有1所荷兰援建的现代化医院，有床位320张。政府对低收入者、政府公务员及其家庭成员以及参加社会保险的私营企业雇员及家庭提供免费医疗服务。居民平均预期寿命76.6岁。

军　事

防务、外交均由荷兰负责。荷兰任命的总督为岛上武装力量总司令。荷兰在阿鲁巴驻扎海军。1999年以来美国海军和空军在岛上设有巡逻基地以对付该地区的非法贩毒活动。

文化教育

【教育】自1999年开始，对4—16岁儿童实行义务教育。教育制度与荷兰类似。初等教育从6岁开始，学制6年。中等教育学制5年。成人识字率约98%。有小学68所，中学12所，大学5所，有些学生选择赴北美、南美或欧洲接受高等教育。

【新闻出版】全国有6家日报，主要是:《阿鲁巴朋友报》，1884年创刊，荷兰文日报，发行量为1.1万份（包括荷属安的列斯）;《新闻报》，英文日报，发行量近1万份。

主要通讯社为阿鲁巴通讯社。荷兰通讯社和美联社在该岛设有办事机构。有6家广播电台，除1家为宗教和文化电台外，其余为商业电台。均用荷兰语、英语、西班牙语、帕皮阿门托语播音。

阿鲁巴电视台为1963年创立的商业电视台。

对外关系

阿鲁巴为国际劳工组织、国际货币基金组织、国际刑警组织、国际奥委会、万国邮政联盟、金融行动特别工作组和国际工会联合会成员，联合国教科文组织、世界旅游组织和加勒比国家联盟联系成员，加勒比共同体观察员。

【同中国的关系】2007年，阿鲁巴政府授权中国国际技术智力合作公司的全资子公司中智国际商务发展中心作为“阿鲁巴中国事务投资促进办公室”，负责阿鲁巴与中国贸易、投资、旅游、文化交流等事务的沟通与联络。2013年6月，中国外交部长王毅与荷兰外交大臣蒂默曼斯就中方在威廉斯塔德设立总领事馆一事达成一致，领区包括荷属加勒比地区库拉索、阿鲁巴、荷属圣马丁3个自治国以及博奈尔、萨巴、圣尤斯特歇斯3个行政市。10月，中国首任驻威廉斯塔德总领事陈绮曼（女）赴库履新。2014年9月，驻威廉斯塔德总领事馆正式开馆。驻荷兰大使陈旭出席开馆仪式并与阿鲁巴议长举行会见。

中国驻威廉斯塔德总领事馆（荷属加勒比地区）总领事：李意钢。地址：Schottegatweg Oost 32, Willemstad，Curaçao，Dutch Caribbean。电话：005999-7385446；传真：7384446。　（谭伟）

安圭拉

名称　安圭拉（Anguilla）。

面积　91平方公里。

人口　约18403人（2021年）。主要的居民构成有非洲裔（黑人）85.3%、西班牙裔4.9%、混血种人（穆拉托人）3.8%、白人3.2%。另有4000名侨民常住美属维尔京群岛，1万名侨民常住英国。英语为官方语言。居民中信奉基督教新教的占73.2%，天主教的占6.8%。

首府　瓦利（The Valley），人口1000人（2018年）。

总督 迪琳·丹尼尔–塞尔瓦拉特南（Dileeni Daniel-Selvaratnam，女），2021年1月就任。

重要节日 安圭拉日：5月30日（1967年），每年庆祝日期略有不同；宪法日：8月11日。

简况

安圭拉位于东加勒比海背风群岛的北端，在圣基茨岛西北113公里，包括安圭拉岛、松布雷罗岛等。属亚热带气候。由于受信风影响，气候湿热，各月平均气温22℃—30℃，年均降水量889毫米（2—3月为旱季，9—10月为雨季）。

安圭拉1650年沦为英国殖民地。1825年6月，英将其划归圣基茨岛管辖。1958年，圣基茨、尼维斯与安圭拉成为西印度联邦的一部分。1962年，该联邦解体。1967年2月，英国将安圭拉与圣基茨、尼维斯合并成为一个单独的英国属地，取名为“圣基茨–尼维斯–安圭拉”，实行内政自治，外交与国防由英国负责。安圭拉不愿接受圣基茨和尼维斯的统治，同年5月举行公民投票，宣布脱离同圣基茨和尼维斯的联合。1969年2月，再次举行公民投票，宣布独立，成立共和国；3月，英国军队占领该岛。1969年英国在安圭拉设专员进行管理，直至1972年。1976年2月，英国为安圭拉制定新宪法。1980年12月19日安圭拉正式脱离圣基茨–尼维斯联邦，重新成为直属英国的自治领。1982年4月1日改由总督管理。现为英国的海外领地（British Overseas Territory）。

政治

2019年起，政府首脑称谓由“首席部长”（chief minister）改为“总理”（premier）。

2020年6月，“安圭拉进步运动”在新一届大选中获胜，其领导人艾利斯·韦伯斯特（Ellis Webster）出任总理；11月，迪琳·丹尼尔–塞尔瓦拉特南被任命为新总督；12月30日，总督蒂姆·福伊卸任。2021年1月，迪琳·丹尼尔–塞尔瓦拉特南就任。

【宪法】现行宪法于1982年4月1日起施行，1990年修订，后于2019—2020年再次修订。规定总督由英王任命，拥有行政权，负责外事、防务、司法和内部安全。在其他事务上与以总理为首的执行委员会协商。执行委员会对议会负责。

【议会】一院制议会（House of Assembly）。2020年，为在议会中实现更大的民主，宪法修正案将由普选产生的当选议员由7名增加到11名。此外，仍设2名当然成员（副总督和总检察长），但废除了在议会中设2名提名成员的安排。修宪后的议会将由13名议员组成，任期5年。

本届议会于2020年6月29日选举产生，参选政党“安圭拉进步运动”获得7席，“安圭拉联合阵线”获得4席。2018年10月，副议长特里·哈里根（Terry Harrigan）接任议长。2020年7月，芭芭拉·韦伯斯特–伯恩（Barbara Webster-Bourne，女）被选为新议长。下届议会选举将于2025年进行。

【政府】称“执行委员会”（Executive Council），总督任主席，通常由在议会中占多数议席的政党组成，包括总理、其他部长和2名当然成员（副总督和总检察长）。2020年6月29日，新政府成立。2022年7月11日，安圭拉总理宣布改组政府，包括重组、调整各部门及任免相关人员，政府组成人员随之有小幅变动。政府现主要成员有：总督迪琳·丹尼尔–塞尔瓦拉特南，总理兼财政、经济发展与投资和卫生部长艾利斯·韦伯斯特，副总督培林·布莱德利（Perin Bradley），社会发展、文化事务、青年事务、性别事务、教育和图书馆服务部长迪安·肯蒂什–罗杰斯（Dee-Ann Kentish-Rogers，女），民政、移民、劳工、人权、宪法事务、信息和广播、土地和资源规划部长肯尼斯·霍奇（Kenneth Hodge），基础设施、通信、公共事业、住房和旅游部长海顿·休斯（Haydn Hughes），可持续发展、改革和环境部长昆西亚·甘布斯–玛丽（Quincia Gumbs-Marie，女），总检察长德怀特·霍斯福德（Dwight Horsford）。

【司法机构】设高等法院、上诉法院和地方法院。高等法院开庭时，东加勒比最高法院派一名法官参加。最高可上诉至英国枢密院。

【政党】（1）安圭拉进步运动（Anguilla Progressive Movement，APM）：执政党。成立已久，前身为“安圭拉统一运动”（Anguilla United Movement，AUM），在2019年10月的选举进程中，正式更名为“安圭拉进步运动”。领导人艾利斯·韦伯斯特。

（2）安圭拉联合阵线（Anguilla United Front，AUF）：2000年1月7日由安圭拉民族联盟（Anguilla National Alliance，ANA）和安圭拉民主党（Anguilla Democratic Party，ADP）组成的保守派联盟。领导人科拉·理查森–霍奇（Cora Richardson-Hodge，女），2020年7月就任反对党领袖。

（3）安圭拉民主、机遇、愿景、赋权党［俗称“鸽党”，Anguilla Democracy，Opportunity，Vision & Empowerment（DOVE）］：领导人萨特克莱夫·霍奇（Sutcliffe Hodge）。

【重要人物】迪琳·丹尼尔–塞尔瓦拉特南：总督。女，出生于英国什罗普郡。法学专业出身，取得英格兰和威尔士律师资格后曾任内殿律师学院见习大律师，后供职于英国政府各部门近20年。2004—2007年任宪法事务部政策顾问；2007—2015年供职于司法部，历任部长秘书、罪犯管理战略副主管、英国法院和法庭事务部战略与变革副主任等；2015—2017年任商业、能源和工业战略部策略与变革总监；2017—2020年任内阁办公室主任。2021年1月任安圭拉总督。

经济

安圭拉因其土地干旱贫瘠，基本不适合发展农业，其经济活动属小型开放经济，严重依赖旅游业与境外投资，包括豪华旅游、离岸公司注册管理、专属保险业务、龙虾捕捞和侨汇。旅游业的发展同时带动了与之相关的建筑业对地区经济的贡献。当地政府近年来正在努力发展离岸银行业务。2020年，受全球新冠疫情影响，安圭拉经济活动急剧缩减。当地政府为应对危机制订未来三年财政计划并送交英国政府批准，英国承诺对安圭拉增加经济援助以缓解疫情冲击。2021年，全球旅行限制放宽，当地豪华型酒店和其他企业的重新开放使失业率随之下降，外来投资增加，安圭拉经济得以复苏向好。2022年，当地经济继续保持回升态势，增长速度加快，主要经济数据如下：

地区生产总值：7.07亿东加勒比元。

人均地区生产总值：5.94万东加勒比元。

地区生产总值增长率：21.6%。

货币名称：东加勒比元；1东加勒比元=100分。

汇率：1美元=2.7东加勒比元（固定汇率，1976年起）。

通货膨胀率：10.8%。

【资源】自然资源贫乏，土地贫瘠，饮用水供应不足。盛产盐、龙虾等。

【工业】以建筑业为主，还有晒盐业、造船业和鱼虾加工业等。晒盐业主要生产工业用盐，向特立尼达和多巴哥等国出口。2020年，建筑业缩减–19.9%；2021年，英国政府资助的项目工程和当地其他住宅建筑活动使建筑业反弹27.8%；2022年，建筑业靠住宅建设拉动持续回升，增长了16.0%。此外，制造业触底后复苏强劲。2020年、2021年、2022年，制造业分别增长了0.8%、4.8%、18.0%。

【农业】主要种植水果和蔬菜，满足岛内需要。主要农作物有豌豆、红薯和玉米。家畜养殖是传统的出口创汇来源。渔业发展较快，部分鱼、虾（龙虾）用于出口，出口额占出口总额的90%。2020年、2021年、2022年，农业（含畜牧业和林业）增长率分别为–41.4%、3.0%、–5.8%，渔业增长率分别为–79.2%、15.4%、6.3%。

【服务业】安圭拉金融服务业规模较小，但是发展势头强劲，在国际金融中占有一定地位，是全球十大“金融岛”之一。服务业在安圭拉经济中占有极为重要的地位，电信产业对整体国内生产总值的贡献也相对较高。2020年10月5日，安圭拉因“全球税务透明度和税务信息交换论坛的评级低于‘基本符合’”，被欧盟列入《税务不合作司法管辖区名单》，即欧盟“避税天堂”黑名单。2021年初，安圭拉议会通过了一系列经过修正的法案。为提高税务透明度并符合反洗钱金融行动特别工作组指定的标准，安圭拉废止之前的《国际商业公司法》和《公司法》，通过了《2022年商业公司法》和《2022年商业登记处和实益拥有人登记法》。2022年7月1日，新法生效。2022年10月3日，欧盟在安圭拉被移除出避税黑名单仅一年后将其重新列入黑名单，原因是该地区企业所得税税率为零或仅为名义税率，并在没有实体经济活动的情况下获取利润。2020年、2021年、2022年，金融服务业增长率分别为–6.4%、–0.4%、2.6%。

【旅游业】旅游业是安圭拉经济的主体，是地区生产总值的最大贡献者，且对其他经济部门有强劲拉动作用。但由于游客多来自工业发达国家，因此这些国家的经济状况以及安圭拉的天气状况对旅游收入会有较大影响。2020年，由于全球新冠疫情的重创，旅游业缩减了71.7%。当地政府计划多举措刺激旅游业复兴，重点包括着手重新铺设克莱顿·J.劳埃德国际机场跑道，并已得到英国政府400万英镑的资助，用以修缮机场，该项目计划于2021年3月完成。2021年，国际游客量逐渐恢复，酒店餐饮业增长了11.8%。2022年，旅游业强劲反弹，增长率为102.6%。

【交通运输】2019年交通运输和通信业产值估计占地区生产总值的9.9%。2020年、2021年、2022年，交通和通信业增长率分别为–34.7%、–7.6%、22.3%。

公路：总长175公里，其中约100公里为柏油路。

水运：主要港口是鼓风角（Blowing Point）、路德港（Road Bay）。

空运：有航线通往圣基茨、英属维尔京和加勒比其他岛屿。安圭拉共有2个机场（2020年），其中克莱顿·J.劳埃德国际机场是全岛唯一的现代化机场。该机场原名“沃尔布莱克机场”，2010年7月正式改为现用名。

【财政金融】财政年度从当年1月1日至当年12月31日。财政曾数年保持盈余，2000财年因飓风灾害首次出现赤字。财政收入除来自英国外，大部分来自在国外工作的劳工汇款，此外还有关税和印花税收入。2020财年，经常性收入为1.93亿东加勒比元，较上年减少18.05%，经常性支出为2.23亿东加勒比元，较上年增长6.36%。2021财年，财政运行态势好转，收入表现超过预算：经常性收入为2.52亿东加勒比元，经常性支出为2.12亿东加勒比元。2022财年，财政税收增长强劲，经常性收入为3.46亿东加勒比元，增长了37.3%，占国内生产总值的30.4%；同时，经常性支出增加到2.27亿东加勒比元，占国内生产总值的20.0%。2020年、2021年、2022年，公共债务总额占国内生产总值比重分别为65.6%、53.1%、34.6%。

【对外贸易】长期逆差。主要进口燃料、粮食、机器设备、化工产品、卡车、纺织品等，主要出口龙虾和鱼、家畜、盐、建材、朗姆酒等。主要贸易对象是美国、波多黎各、英国等。2020年、2021年、2022年，货物进口总额分别为3.99亿、5.52亿、6.73亿东加勒比元，货物出口总额分别为670万、1870万、2820万东加勒比元。

人民生活

安圭拉有1所医院和数家诊所。2019年固定电话拥有量约为每百人42部，移动电话约为每百人182部，电信系统已于当年通过海底电缆连接到加勒比海群岛和美国。2021年估计居民平均预期寿命82岁。

军　事　安圭拉的防务由英国负责。

文化教育　【教育】安圭拉对5—17岁儿童实行免费义务教育。有公立小学6所，学生1460人；公立中学1所，学生1062人。无高等学校。成人识字率为95%。

【新闻出版】有《光明》(周刊)、《安圭拉人》(周刊)、《安圭拉生活杂志》(每年三期）等，还有邻近岛屿圣马丁出版的《每日先驱报》和《纪事》。有9家电台和1家电视台。

安圭拉电台：1969年创立。1976年起为政府所有和经营，每天播音17个小时。

加勒比灯塔电台：私人商业性和宗教性电台，创建于1981年，每天播音24小时。

对外关系　外交由英国掌管。安圭拉为万国邮政联盟、加勒比开发银行、东加勒比国家组织、东加勒比货币联盟成员，加勒比共同体准成员，设有国际刑警组织安圭拉支局。2021年，安圭拉派团参加了在日本东京举行的第32届夏季奥林匹克运动会。

【同中国的关系】安圭拉和中国均属承诺加入境外金融账户共同申报准则体系进行金融涉税信息互换的国家和地区。2017年，安圭拉与中国在《多边主管当局间协议》框架下实现“配对”，安圭拉已确定会将中国税收居民的金融资产信息提交给中国。2018年9月，安圭拉向中国政府提交中国税收居民在安圭拉金融机构所持有账户的信息。（叶雯）

安提瓜和巴布达

国名　安提瓜和巴布达（Antigua and Barbuda）。

面积　442.6平方公里。

人口　10.1万（2022年）。绝大多数为非洲黑人后裔。英语为官方语言和通用语。多数居民信奉基督教。

首都　圣约翰（St. John's），人口约2.9万（2022年）。

国家元首　英国国王查尔斯三世，总督为其代表。现任总督罗德尼·威廉斯（Rodney WILLIAMS），2014年8月14日就任。

重要节日　独立日：11月1日。

简　况　位于东加勒比。属热带海洋性气候，年均气温27℃，年均降水量约1020毫米。

1493年，哥伦布第二次航行美洲时到达该岛，并以西班牙塞维利亚安提瓜教堂的名字命名。1520—1629年曾先后遭西班牙和法国殖民者入侵。1632年被英国占领。1667年根据《布雷达条约》正式成为英国殖民地。1967年成为英国的联系邦并成立内部自治政府。1981年11月1日宣布独立，为英联邦成员国。

政　治　独立后，安提瓜工党（2012年更名为安提瓜和巴布达工党）长期执政。2004年和2009年，联合进步党两度赢得大选。2014年，工党重新执政。2018年大选连任。2023年1月，安提瓜和巴布达举行大选，工党赢得众议院17席中的9席，再次执政，党领袖贾斯顿·布朗（Gaston BROWNE）第三次任总理。2020年新冠疫情在全球暴发以来，安巴政府积极采取防疫举措。目前，安提瓜和巴布达政局稳定。

【宪法】1981年11月1日正式生效。宪法规定安提瓜和巴布达是“统一和享有主权的民主国家”；总督必须由本国人担任，由英国国家元首根据总理的建议任命，并根据内阁的决定行使职权。

【议会】由参众两院组成，任期5年。参议院17人，由总督任命，其中11人（必须有1名巴布达居民）由总理提名，4人由反对党领袖提名，1人由总督决定，1人由巴布达委员会（巴布达地方政府的主要机关，其成员和作用由议会决定）提名。众议院17人，由直接选举产生。本届议会于2023年2月组成，参议长阿琳西亚·威廉斯-格兰特（Alincia WILLIAMS-GRANT，女），众议长杰拉尔德·瓦特（Gerald WATT）。

【政府】本届政府于2023年1月组成。成员包括：总理兼财政、公司管理和公私关系部长贾斯顿·布朗，卫生、健康、社会转型和环境部长莫尔温·约瑟夫（Molwyn JOSEPH），教育、创意产业和体育部长达里尔·马修（Daryl MATTHEW），住房、工程和土地与城市发展部长玛丽亚·布朗（Maria BROWNE，女），信息通信技术、公用事业和能源部长梅尔福德·尼古拉斯（Melford NICHOLAS），旅游、民航、交通和投资部长查尔斯·费尔南德斯（Charles FERNANDEZ），外交、农业、贸易和巴布达事务部长保罗·格林（Paul GREENE），总检察长兼司法、公共安全、移民和劳工部长斯特德罗伊·本杰明（Steadroy BENJAMIN）等。

【行政区划】全国共分为安提瓜、巴布达和雷东达3座岛。安提瓜岛设6个行政区，即圣约翰、圣彼得、圣乔治、圣菲利普、圣玛丽和圣保罗。

【司法机构】全国设地方法院，最高司法机关是东加勒比最高法院（设在圣卢西亚，由高等法院和上诉法院组成，有1名法官常驻安提瓜和巴布达），终审可上诉至英国枢密院。

【政党】主要政党有：

（1）安提瓜和巴布达工党（Antigua and Barbuda Labour Party）：执政党。成立于1946年，1976—2004年，该党长期执政。2014年6月、2018年3月、2023年1月，工党三次赢得大选，连续执政。党领袖贾斯顿·布朗。

（2）联合进步党（The United Progressive Party）：反对党。1992年3月，由统一国家民主党、进步劳工运动及安提瓜加勒比解放运动合并成立。其中进步劳工运动曾于1971—1976年执政。2004年和2009年，联合进步党两度赢得大选。党领袖贾马尔·普林格尔（Jamale PRINGLE）。

此外，还有巴布达人民运动（Barbuda People's Movement）、国家民主联盟（Democratic National Alliance）等政党。

【重要人物】**罗德尼·威廉斯**：总督。出生于1947年。曾就读于安提瓜和巴布达文法学校、西印度大学并获医学学士学位。曾任文法学校教师、西印度大学董事会成员。1984—2004年代表工党连续当选圣保罗选区众议员，历任众议院副议长、政府顾问、经济发展、教育、旅游部长等职。已婚，有三子。**贾斯顿·布朗**：总理兼财政、公司管理和公私关系部长。出生于1967年。1999年起担任众议员。曾任规划和贸易部长。2012年11月当选工党领袖，2014年6月率领工党赢得大选并出任总理，2018年3月、2023年1月两次连任。已婚，有二子。

经　济

经济基础脆弱，门类单一。旅游业是最重要经济部门。农业在国民经济中比重逐年下降，粮食不能自给。工业基础薄弱，以制造业、建筑业为主。2020年以来，新冠疫情重创安巴经济，支柱产业旅游业因疫情停摆。近两年，安巴经济出现复苏势头。2022年主要经济数据如下：

国内生产总值：16.9亿美元。

人均国内生产总值：16787美元。

国内生产总值增长率：6.02%。

货币名称：东加勒比元。

汇率：1美元=2.7东加勒比元（固定汇率）。

通货膨胀率：8.5%。

（资料来源：国际货币基金组织）

【资源】仅有少量石灰石、黏土、建筑用石料及重晶石。

【工业】以简单产品加工制造为主，主要生产服饰、酒和家居等用品，基本用于满足国内需求。据安巴统计局数据，2021年，安巴国内生产总值构成中，工业所占比重为22.81%。

【农业】包括家畜业、林业和渔业。农业在国民经济中的地位持续下降。粮食不能自给。近年来，安提瓜和巴布达政府鼓励发展农业，减少对进口食品依赖。目前主要农产品有玉米、蔬菜、水果及少量海岛棉等。安提瓜岛捕捞少量鱼和龙虾。

【旅游业】在国民经济中占主导地位。游客主要来自美国、欧洲、加拿大以及加勒比其他国家。安提瓜岛以海滩、国际赛艇比赛和狂欢节而著名，巴布达岛发展较为落后，但岛内各种野生动物每年也吸引了大量游客。

【交通运输】全国有干线公路384公里，辅助公路780公里，无铁路。首都圣约翰是天然深水港，有现代化的设施，可停靠万吨级远洋客货轮。维尔·伯德机场位于首都圣约翰东北9公里，有通往北美、欧洲和加勒比地区其他英语国家的航线，安提瓜和巴布达两岛之间每天有定期航班。

【财政金融】近年来，受全球经济增速放缓及新冠疫情影响，安巴经济增长缓慢。2022年，安巴的收入和赠款合计为8.16亿东加勒比元，经常性收入为9.06亿东加勒比元，经常性支出为10.83亿东加勒比元，赤字达1.77亿东加勒比元。

安巴有多家离岸银行和商业银行，提供全方位的商业及个人银行服务。国际金融服务包括银行、保险、信托、离岸公司注册、国际金融机构及公司。

【对外贸易】由于工业不发达，从小五金到各类电子产品、汽车等商品几乎全部进口，历来逆差很大。主要进口机械设备、运输工具、生产用原料（含半制成品）、燃料与润滑油、建材、农产品、汽车、食品及日用品等。出口少量朗姆酒、海岛棉、服装、皮棉、加工食品等。主要贸易对象是美国和加勒比国家。2022年，安提瓜和巴布达进出口总额7.46亿美元，其中出口额0.18亿美元，进口额7.28亿美元。（资料来源：世界贸易组织）

人民生活

国家提供免费医疗和养老金，能够保障基本医疗和卫生。2021年，安提瓜和巴布达人均寿命76.6岁，人口增长率为0.81%。

军　事

国防军现役军人350人。

文化教育

【教育】中小学实行义务教育，小学阶段5—12岁，中学阶段12—16岁。大部分中小学为公立。西印度大学五岛校区提供完整本科学历教育。安提瓜国立学院向大学预科学生提供基础教育和部分职业专科教育。安提瓜和巴布达国际技术学院、安提瓜和巴布达旅游培训学校提供高等职业专科教育。西印度大学五岛校区是目前安巴唯一的正规大学。学生还可通过西印度大学入学考试进入分设在加勒比其他国家（牙买加、特立尼达和多巴哥、巴巴多斯）的西印度大学分校接受高等教育。安提瓜美国大学为私立医学院，提供大学本科教育。

【新闻出版】主要报纸有《观察家日报》《观点速递》。

安提瓜和巴布达广播公司为安提瓜和巴布达新闻部下属机构，下设电视台和广播电台。另有1家私人商业电视台开设有线电视频道。

对外关系

积极推行务实外交，在主权平等的基础上与各国发展友好合作关系。积极参与地区一体化进程，是加勒比共同体、东加勒比国家组织成员，支持加勒比共同体单一市场和经济，将加强与加勒比国家的关系视为外交政策的核心。重视同英美等传统友好国家发展关系，并努力开拓同中国、日本等亚洲国家的关系。关注可持续发展问题，呼吁国际社会照顾小国关切，避免小国在国际社会中日益被边缘化。系小岛屿国家联盟成员，2021年起，安巴担任小岛屿国家联盟轮值主席国。主要诉求有：在气候变化问题上要求将全球温升控制在1.5℃以内，要求发达国家提供适应气候变化所需资金和技术。

【同中国的关系】1983年1月1日，中国与安提瓜和巴布达建交。建交以来，两国友好关系顺利发展，双边各层级互访和各领域交流与合作不断加强。2020年新冠疫情暴发以来，中安积极开展抗疫合作。中国发生新冠疫情后，安巴总督威廉斯、总理布朗分别致函习近平主席表示慰问。安巴出现新冠疫情后，中国向安巴援助疫苗等抗疫物资、分享诊疗经验。

2018年、2019年，安提瓜和巴布达外长格林出席首届、第二届中国国际进口博览会。

2022年，安巴外长格林参加王毅国务委员兼外长与加勒比建交国外长集体视频会晤。

建交以来，中安经济技术合作稳步推进。安巴承认中国完全市场经济地位，是中国公民出境旅游目的地国。2018年6月，中安签署共建"一带一路"谅解备忘录。

据中国海关总署统计，2022年，中安双边贸易额为1.06亿美元，同比减少6.5%。其中，中国出口额为1.05亿美元，同比减少5.2%；中国进口额为0.01亿美元，同比减少61.0%。中国主要出口船舶、矿物燃料和机械设备，主要进口鱼虾、铜废碎料和电气设备。

两国在教育、文化、医疗和旅游等领域的交流合作进展顺利。2018年，中国"光明行"眼科专家组两度赴安巴提供白内障义诊；中国海军"和平方舟"号医院船访安巴，提供免费医疗和人道主义援助。

中国驻安提瓜和巴布达大使：张艳玲（女）。馆址：MARBLE HILL ROAD，St. John's，Antigua，W.I.。电话：001–268–4621125；传真：4626425。

安提瓜和巴布达驻华大使（非常驻）：布莱恩·斯图亚特–杨（Brian STUART-YOUNG）。办公地址：北京市朝阳区工体北路1号三里屯外交公寓办公楼1–52。电话：010–65320148；传真：65320149。

【同美国的关系】与美国经贸关系紧密，美国的援助和游客是其外汇收入的重要来源。安巴不满美国对其博彩业打压，要求美国解除对古巴禁运。

【同英国的关系】系英联邦成员，在政治、司法及教育方面仍承袭英国体制。英每年向安提瓜和巴布达提供相当数量的援助，包括人员培训等。

【同其他加勒比国家的关系】系加勒比多个地区组织成员，与加共体，尤其是东加勒比国家组织中其他成员保持密切关系，主张实现加勒比一体化和更广泛的区域性合作，加强地区协商对话。2019年6月，安提瓜和巴布达举办第68届东加勒比国家组织政府首脑会议。　（朱倩）

巴巴多斯

国名　巴巴多斯（Barbados）。

面积　431平方公里。

人口　29.0万（2022年）。其中90%以上为非洲黑人后裔，2%为欧洲人后裔。英语为官方语言和通用语。居民多信奉基督教。

首都　布里奇顿（Bridgetown）。人口约9.9万（2022年）。

国家元首　总统桑德拉·普鲁内拉·梅森（Sandra Prunella MASON，女），于2021年11月30日宣誓成为巴改制后首任总统。

重要节日　独立日：11月30日。

简　况

位于东加勒比海小安的列斯群岛最东端。海岸线长97公里。热带海洋性气候，年均气温23℃—30℃。

16世纪前为印第安人阿拉瓦克族和加勒比族居住地。1518年西班牙人登岛，十余年后葡萄牙入侵。1624年被英国占领，1627年设总督管辖。1958年加入西印度联邦。1961年10月实现内部自治。1966年11月30日独立，为英联邦成员国。2021年11月30日改制为共和国。

政　治

独立后，民主工党和工党交替执政，政局保持稳定。2018年5月24日，巴巴多斯举行大选，反对党工党以绝对优势胜选上台，该党领袖米娅·莫特利（Mia MOTTLEY，女）出任巴历史上首位女总理。2022年1月，莫特利带领执政党工党再次囊括众议院30个席位蝉联执政。目前，巴政局稳定。

【宪法】现行宪法于1966年巴巴多斯独立时生效，此后经过修订。宪法规定，总统任命众议院多数党领袖为总理，并根据总理提名任命部长。内阁由总理和不少于5名部长组成，对议会负责。反对党领袖亦由总统任命。

【议会】分参众两院，任期均为5年。参议院21席，由总统任命，其中12席由总理提名，2席由反对党领袖提名，另7席由总统在社会名流中选任。众议院30席，普选产生。2018年5月大选中，工党获全部30个议席。参议长理查德·切尔特纳姆（Richardd CHELTENHAM），众议长阿瑟·霍尔德（Arthur HOLDER），均于2018年5月就任。

【政府】本届政府于2018年5月成立，主要内阁成员有：总理兼财政、经济事务和投资部长米娅·莫特利，副总理兼交通、工程和水资源部长桑蒂娅·布拉德肖（Santia BRADSHAW，女），总检察长兼法律事务部长戴尔·马歇尔（Dale MARSHALL），卫生和健康部长杰罗姆·沃尔科特（Jerome WALCOTT），外交和外贸部长克里·西蒙兹（Kerrie SYMMONDS）等。

【行政区划】全国共分11个教区。

【司法机构】由上诉法院、高等法院和地方法院组成。首席大法官帕特森·切尔特纳姆（Patterson CHELTENHAM），2020年11月就任。终审法院为加勒比法院。

【政党】主要政党有：

（1）巴巴多斯工党（Barbados Labour Party）：执政党。1938年成立，曾于1976—1986年、1994—2008年执政，2018年5月再次执政。党领袖米娅·莫特利。

（2）民主工党（Democratic Labour Party）：反对党。1955年由原工党成员创建。曾于1961—1976年、1986—1994年、2008—2018年执政。2018年败选下台。党领袖维尔拉·德佩萨（Verla DE PEIZA，女）。

【重要人物】**桑德拉·普鲁内拉·梅森**：总统。女，1949年1月17日出生。毕业于西印度大学、伦敦皇家公共管理学院、加拿大温莎大学，法学学士。执业律师。1978年任巴青少年和家庭法庭法官，1991—1999年任联合国儿童权利委员会委员、副主席、主席，1992—1994年任巴驻委内瑞拉大使，1994年任巴最高地方法官，1997—2005年任巴最高法院书记员，2008年起任巴上诉法庭大法官、英联邦秘书处仲裁庭成员。2018年1月8日就任总督。2021年11月30日宣誓为巴巴多斯首任总统。　**米娅·莫特利**：总理。女，1965年10月1日出生。毕业于伦敦政治经济学院，法学学士。1994—2001年任教育、青年事务和文化部长，2001—2003年任总检察长兼内政部长，2003—2006年任副总理，2006—2008年任副总理兼经济事务和发展部长。2018年5月出任总理。

经　济

传统产业为制糖业。20世纪80年代以来推行经济多元化，旅游、离岸金融、轻工业和信息服务业发展迅速，为全球著名离岸金融中心。近年来，巴经济形势低迷。政府2018年起实施经济复苏和转型计划，渐收成效。2020年，新冠疫情沉重打击巴经济。2022年主要经济数据如下：

国内生产总值：56.8亿美元。

人均国内生产总值：19110美元。

国内生产总值增长率：10.0%。

货币名称：巴巴多斯元。

汇率：1美元=2巴巴多斯元（固定汇率，1975年起）。

通货膨胀率：8.5%。

（资料来源：巴巴多斯央行、国际货币基金组织）

【资源】石油储量约200万桶，天然气储量1.1亿立方米。石灰石储量约300亿吨。浮石储量13.2亿吨。

【工业】没有完整的工业体系。制造业主要有制糖、饮料、朗姆酒和啤酒酿造、化学药品、电子零部件、服装、家具和食品加工等。旅游基础设施建设近年来发展迅速，已成为经济增长主要动力之一。巴大型建筑公司还承建加勒比其他国家道路、机场和工业设施。

【农业】全国土地65%为可耕地。近年来，原糖产量大幅下降。政府鼓励发展蔬果种植业以减轻食品进口压力。

【旅游业】主要经济支柱之一。游客主要来自欧洲、美国和加拿大。2020年新冠疫情使旅游业遭受重创，2021年开始恢复。

【交通运输】空运：东加勒比地区重要航运中心。距首都布里奇顿18公里的格兰特利·亚当斯机场是加勒比地区最现代化的国际机场之一，24小时运营，有17个停机泊位和飞往美国、英国、加拿大、南美和多个加勒比国家的直达航班。

水运：首都布里奇顿为全天候深水港，可停靠万吨级远洋客货轮。有8个泊位，能同时为5艘轮船提供燃料补给。

公路：总长约1793公里。

【财政金融】2021/2022财年，巴财政收入35.36亿巴元，支出39.14亿巴元。（资料来源：国际货币基金组织）

受国际经济疲软拖累，巴外汇储备锐减，债务率高企。（资料来源：巴巴多斯央行、国际货币基金组织）

【对外贸易】主要出口原糖、朗姆酒、化学制品、食品、饮料等，进口食品、饮料、石油、机械设备、汽车等。主要贸易伙伴为美国、英国、特立尼达和多巴哥、加拿大。2022年，巴巴多斯商品贸易总额为23.1亿美元，同比增长27.8%。其中，进口额为20.6亿美元，同比增长29.8%；出口额为2.5亿美元，同比增

长13.0%。(资料来源：国际货币基金组织)

人民生活 2021年，巴人均寿命76岁，人口增长率0.29%。

军 事 国防军始建于1978年，包括常备军、后备军和学生军训团。1974年成立的海岸警卫队在国防军成立后成为其海上部队。1981年建立空军。

文化教育 【教育】实行大中小学免费义务教育。小学入学率100%，中学入学率89%，全国成人识字率99.7%。设有西印度大学凯夫希尔分校。

【新闻出版】主要报刊有：《主张报》，1895年创刊，发行量1.7万份；《民族报》，1973年创刊，发行量2.5万份；《今日巴巴多斯》，综合网络媒体，2010年创立，电子报刊月浏览量约200万人次。

加勒比媒体公司：2000年由加勒比通讯社和加勒比广播公司合并成立，业务涵盖广播、电视和互联网服务。

巴国营电视台：1964年开始播放黑白电视节目，1971年11月在加勒比地区首播彩色电视节目。

对外关系 奉行独立自主和不结盟的外交政策，主张外交多元化，外交为经济发展服务。系加勒比共同体创始成员国之一，积极推动加勒比地区一体化。在气候变化等国际问题上表现活跃，积极为小岛屿国家发声。在巩固与美国、英国、加拿大等国传统友好关系的同时，积极探索与巴西、中国、印度、日本等国发展平等互利关系。2020年上半年，巴巴多斯担任加勒比共同体轮值主席国，3月，主办第31届加共体届间政府首脑会议。

【同中国的关系】1977年5月30日，中国与巴巴多斯建交。近年来，两国各层级往来不断，各领域友好合作进一步加强，在国际事务中保持良好沟通与配合。

2019年，巴外长沃尔科特来华出席中国和加勒比建交国外交部间第七次磋商。2021年7月，习近平主席同巴总理莫特利通电话。

巴承认中国完全市场经济地位。中巴签有鼓励和相互保护投资协定以及所得税避免双重征税和防止偷漏税协定。2019年2月，中巴签署共建“一带一路”谅解备忘录。

据中国海关总署统计，2022年，中巴双边贸易额为1.88亿美元，同比减少26.1%。其中，中国出口额为1.61亿美元，同比减少32.5%；中国进口额为2655万美元，同比增长74.2%。中国主要向巴出口电动车辆、配件及家具等，主要进口医疗设备、饮料、朗姆酒、咖啡等。

巴是中国公民出境旅游目的地国。中巴签有文化协定。2019年8月，首届中国电影节在巴举办。2021年5月，湖南省长沙麓山实验小学与巴巴多斯查尔斯布鲁姆小学建立友好联系。

2019年5月，巴巴多斯—中国友好协会在巴成立。巴央行前行长沃雷尔（DeLisle WORRELL）任会长。

中国驻巴巴多斯大使：延秀生。馆址：NO.17, Golf View Terrace，Rockley，Christ Church，Barbados。电话：001-246-4356890；传真：4358300，4356607。

巴巴多斯驻华大使：哈伦·亨利（Hallam HENRY）。馆址：北京市朝阳区东方东路22号亮马桥外交公寓A区09-02号。电话：010-85325404；传真：85325437。

【同美国的关系】巴历届政府均十分重视同美传统友好关系，双方在反恐、禁毒等领域保持密切合作。2018年5月，巴工党执政后，莫特利总理多次赴美。2019年5月，第7届美国—加勒比安全合作委员会会议在巴举行。

【同英国的关系】英是巴重要贸易伙伴，为巴出口蔗糖、朗姆酒及其他产品提供优惠待遇。英是巴最大旅游客源国之一和巴在海外移民最集中的国家，在英的巴移民5万余人。2019年6月，巴总理莫特利访问英国。2021年11月英国王储查尔斯访巴，参加梅森总统的就职仪式。

【同加拿大的关系】加是巴第二大游客来源地和第四大商品出口市场。巴与加保持着密切金融往来，在巴注册的约6000家从事离岸金融或其他离岸业务的银行、国际商务公司、外国代销公司和豁免保险公司大部分来自加拿大。

【同加勒比国家的关系】巴视加强同加勒比各国的友好合作关系为其外交政策核心。巴是加勒比共同体、加共体单一市场首批成员，将加勒比法院作为其终审法院。2020年上半年，巴巴多斯担任加勒比共同体轮值主席国，3月主办第31次加共体届间政府首脑会议。

（白硕）

巴 哈 马

国名 巴哈马国（The Commonwealth of The Bahamas）。

面积 陆地面积13878平方公里，国土总面积（含水域）25.9万平方公里。

人口 39.4万（2022年）。其中，黑人占90.6%，欧美白人后裔占4.7%，混血种人占2.1%。官方语言为英语。多数居民信奉基督教。

首都　拿骚（Nassau），人口约27.5万（2022年）。

国家元首　英国国王查尔斯三世，总督为其代表。现任总督科尼柳斯·阿尔文·史密斯（Cornelius Alvin SMITH），2019年6月28日就任。

重要节日　独立日：7月10日。

简　况

巴哈马群岛位于美国佛罗里达州东南、古巴东北海域，由西北向东南延伸，长1223公里，宽96公里。由700多个岛屿及2400多个珊瑚礁组成，其中30个岛屿有人居住。属亚热带气候，8月为最热月份，平均气温30℃；1—2月为最冷月份，平均气温20℃。年均气温23.5℃，年均降水量1000毫米。

原为印第安人居住地。1492年哥伦布首航美洲最先到达巴哈马群岛中部的圣萨尔瓦多岛（华特林岛）。1647年首批欧洲移民抵达。1649年为英国人占据。1717年英国宣布巴哈马群岛为其殖民地。1783年英国、西班牙签订《凡尔赛和约》，正式确定该群岛为英属地。1964年1月实行内部自治。1973年7月10日独立，为英联邦成员国。

政　治

巴沿用英国政治体制，实行君主立宪制。1973年独立后，巴进步自由党和自由民族运动党交替执政，政局长期保持稳定。2021年9月16日，反对党进步自由党赢得大选，重返执政地位，党领袖菲利普·戴维斯（Philip DAVIS）出任总理。

【宪法】现行宪法于1973年7月10日生效。宪法规定，巴哈马为主权民主国家，必须保证公民的基本人权和自由。

【议会】由参议院和众议院组成，任期5年。参议院由总督任命的16名议员组成，其中9名由总理提名，4名由反对党领袖提名，另3名由总理和反对党领袖协商提出。众议院由普选产生的39名议员组成。本届众议院于2021年10月组成，进步自由党占32席，自由民族运动党占7席。参议长朱莉·拉谢尔·阿德利（Julie LaShell ADDERLEY，女），众议长帕特里西娅·德沃（Patricia DEVEAUX，女），均于2021年10月当选。

【政府】总理为政府首脑。本届政府于2021年9月组成。主要内阁成员有：总理兼财政部长菲利普·戴维斯，副总理兼旅游、投资与航空部长艾萨克·切斯特·库珀（Isaac Chester COOPER），总检察长兼法律事务部长利奥·瑞安·平德（Leo Ryan PINDER），外交和公共服务部长弗雷德里克·米切尔（Frederick A. MITCHELL），教育、技术与职业培训部长格莱妮丝·汉纳·马丁（Glenys Hanna MARTIN，女），工程与公用事业部长艾尔弗雷德·迈克尔·西尔斯（Alfred Michael SEARS），卫生与健康部长迈克尔·达维尔（Michael R. DARVILLE），经济事务部长迈克尔·布赖恩·哈尔基蒂斯（Michael Brian HALKITIS），农业、海洋资源与外岛事务部长克莱·格伦福德·斯威廷（Clay Glennford SWEETING），国家安全部长韦恩·芒罗（Wayne R. MUNROE），社会服务与城市发展部长奥比·威尔奇科姆（Obie WILCHCOMBE），劳工与移民部长基思·贝尔（Keith BELL），环境与自然资源部长沃恩·米勒（Vaughn MILLER），交通与住房部长乔贝丝·科尔比–戴维斯（Jobeth COLEBY-DAVIS，女），大巴岛事务部长金杰·莫克西（Ginger MOXEY，女），青年、体育与文化部长马里奥·鲍莱格（Mario BOWLEG）等。

【行政区划】全国共分31个区、19个岛组，在新普罗维登斯（首都拿骚所在地）、大巴哈马、安德罗斯、阿巴科、伊柳塞拉等主要岛屿上设有地方专员。

【司法机构】设有最高法院、上诉法院和地方法院。均受理刑事和民事案件。英国枢密院为终审法院。

【政党】（1）进步自由党（Progressive Liberal Party，PLP）：执政党。成立于1953年10月。1973年7月领导巴哈马取得独立。主要代表黑人和中小资产阶级利益。独立后，该党连续执政至1992年，并于2002—2007年、2012—2017年执政，2021年9月再次胜选上台。党领袖菲利浦·戴维斯（Philip DAVIS）。

（2）自由民族运动党（Free National Movement，FNM）：反对党。成立于1972年。由从进步自由党分裂出来的议员和联合巴哈马人党（United Bahamian Party）组成。领导层多为中产阶级和知识分子。曾于1992—2002年、2007—2012年、2017—2021年执政。党领袖迈克尔·平塔德（Michael PINTARD）。

（3）民主全国联盟（Democratic National Alliance，DNA）：在野党。由自由民主运动党前议员布兰威尔·麦卡特尼（Branville MCCARTNEY）于2011年4月组建，在2012年、2017年大选中均未获议席。

另有巴哈马民主运动（Bahamas Democratic Movement）等政党，在巴政治生活中影响较小。

【重要人物】**科尼柳斯·阿尔文·史密斯**：总督。1937年4月7日出生于巴哈马。美国迈阿密大学毕业，获商务管理硕士学位。资深政治家、外交官，20世纪70年代从政，执政党自由民族运动的创始人之一。1982年起连续20年当选众议员。历任巴哈马多个内阁部长及巴驻美洲多国大使。2019年6月28日就任总督。　**菲利普·戴维斯**：总理。1951年6月7日出生于巴哈马。曾就读于圣约翰学院，获律师从业资格。曾任克里斯蒂和英格拉哈姆律师事务所合伙人、巴律师委员会主席、加勒比共同体法律教育委员会成员。2002年加入进步自由党，当选众议员。2009年10月当选进步自由党副领袖。2012—2017年任副总理兼工程与城市发展部长。2017年当选进步自由党领袖。2021年9月率领该党赢得大选，出任总理。

经　济

巴是加勒比地区最富裕的国家之一，人均国内生产总值在西半球国家中仅次于美国和加拿大。旅游业和金融业是国民经济支柱产业，船舶服务业是国民经济重要部门。近年来，巴政府提出实现经济多样化发展策略，大力吸引外资，重点发展工业和农业，取得一定进展。2019年9月，巴哈马遭受史上最强飓风“多里安”，经济损失高达70亿美元。2020年以来，新冠疫情一度对巴经济造成严重影响，旅游业遭受重创，近两年经济开始复苏。2022年主要经济数据如下：

国内生产总值：128.9亿美元。

人均国内生产总值：32299美元。

国内生产总值增长率：14.4%。

货币名称：巴哈马元。

汇率：1美元=1巴哈马元（固定汇率）。

失业率：13.9%。

（资料来源：国际货币基金组织）

【资源】海产资源丰富。有石油、天然气、盐等。可耕地少，淡水不足，农业资源有限。

【工业】有伐木、小船制造、水泥、食品加工、饮料、酿酒、手工艺品和制药等，主要集中在大巴哈马岛的自由贸易区内。为实施经济多样化战略，巴政府鼓励发展中小企业，并为此制定了优惠政策。

【农业】巴土层薄，土壤贫瘠，农业不发达。只种植少量蔬菜、水果，主要农作物有甘蔗、番茄、香蕉、玉米、菠萝、豆类等。食品80%靠进口，部分蔬菜和柑橘类水果能自给并有少量出口，肉类生产基本上满足国内需求。巴政府对农产品和水果产品实行保护政策。

巴海域是世界重要渔场之一，主要出产龙虾、海螺、石斑鱼、马林鱼、旗鱼和金枪鱼等，其中龙虾约占海产总量的60%。

【服务业】金融服务业是巴国民经济第二大支柱产业，由于巴与美国毗邻，国内政治经济形势稳定，有严格的银行保密法，无直接税和外汇管制，巴已成为全球重要的离岸金融中心。据国际货币基金组织估计，巴国际离岸金融服务业资产为9425亿美元，位列世界离岸金融服务业第五位。

船舶服务业是巴第三大经济部门，商船注册居世界第三，船舶注册量1400多艘，吨位超过5000万吨。

【旅游业】旅游业是巴国民经济第一大支柱产业。游客主要来自美国、加拿大和欧洲。全国共有酒店客房约15000间。坐落在天堂岛的亚特兰蒂斯饭店举世闻名。2020年新冠疫情使旅游业遭受重创，2021年开始恢复。

【交通运输】航空和海运较发达。

水运：巴是国际海运中心之一，有拿骚和自由港两个主要港口。

空运：有通往美国、加拿大、欧洲、古巴等国的定期航班。有两个主要国际机场（拿骚和自由港），可降大型客机；另有55处国内机场，各主要岛屿间有航班运营。

公路：公路总长3350公里，其中新普罗维登斯岛上约966公里，其余主要分布在伊柳塞拉岛、大巴哈马岛、长岛以及卡特岛上。

【财政金融】政府收入主要来自关税和印花税等。2020/2021财年，巴政府财政收入18亿美元，赤字为13亿美元，财政支出31亿美元。

【对外贸易】主要商品长期依赖进口，每年均有巨额贸易赤字，主要靠旅游业收入维持国际收支平衡。2022年，巴进出口总额为49.78亿美元，其中出口额为7.83亿美元，进口额为41.95亿美元。巴主要出口海产品、化工产品、药品、朗姆酒、食盐，进口食品、消费品、机械设备和汽车等。主要贸易对象是美国、加拿大、欧盟、日本等。

人民生活

巴人均国内生产总值在美洲地区仅次于美国和加拿大，但贫富悬殊较严重。家庭居民房屋拥有率为60%。

军　事

皇家国防军（海岸警卫队）是巴哈马唯一的安全部队，约1000人，负责国家安全、港口及航行安全、灾害救援、缉毒、遣返非法移民等。

文化教育

【教育】小学6年制，中学6年制。公立学校对5—14岁儿童实行免费义务教育。适龄儿童入学率为小学98%，中学89%。学生多在巴哈马当地就读大学，巴哈马大学为巴最高学府。西印度大学在巴设有旅游分院。

【新闻出版】主要报刊有《拿骚卫报》《巴哈马日报》和《论坛报》。

巴哈马广播公司：国营，1936年建立。

巴哈马电视台：国营，1977年建立，属巴哈马广播公司所有。

此外，还可接收美国电视节目和一些卫星节目。

对外关系

奉行和平合作、尊重各国主权的外交政策。倡导民族自决、独立自主、领土完整和互不干涉内政原则，主张国际合作及和平解决争端。注重外交为经济发展服务。系联合国会员国，加勒比共同体、加勒比国家联盟、美洲国家组织、英联邦以及不结盟运动成员国。

【同中国的关系】1997年5月23日，中国与巴哈马建交。近年来，中巴关系发展顺利，双方保持高层互访势头。

2013年6月，国家主席习近平在访问特立尼达和多巴哥期间同巴哈马总理克里斯蒂举行双边会晤。2015年1月，巴总理克里斯蒂来华出席中拉论坛首届部长级会议开幕式。6月，巴副总理戴维斯来华出席首届中国—拉美和加勒比国家基础设施合作论坛。2018年11月，巴外长亨菲尔德来华出席首届中国国际进口博览会。2022年4月，王毅国务委员兼外长与加勒比建交国外长集体视频会晤。

巴承认中国完全市场经济地位。据中国海关总署统计，2022年，中巴双边贸易额为4.06亿美元，同比减少17.2%。其中，中国出口额为3.97亿美元，同比减少16.1%；中国进口额为8825万美元，同比减少48.8%。中国主要出口矿物燃料及其产品、钢铁制品、船舶、油漆、服装等，进口有机化学品及少量动物产品、锅炉、机器及零件等。

两国文化交流内容丰富。巴政府文化代表团、国家青年合唱团、民族歌舞团、巴哈马—中国友好协会代表团等文化团组曾访华。中国杂技团、河北杂技团、山东杂技团、扬州木偶团、天津“华夏未来”少儿艺术团、河南少林武僧团等文艺团组和中国人民对外友好协会代表团曾访巴。巴哈马大学建有孔子学院。

2014年2月，《中华人民共和国政府和巴哈马国政府关于互免签证的协定》正式生效实施。根据协定规定，中国公民凭有效的普通、公务普通、公务、外交护照均可免签入出境巴哈马，每次停留不超过30日。

中国驻巴哈马大使：戴庆利（女）。馆址：Shirley Street East，Nassau，The Bahamas。电话：001-242-3931415；传真：3930733。

巴哈马驻华大使：空缺。馆址：北京市朝阳区东方东路22号亮马桥外交公寓A区09-01号。电话：010-65322922；传真：65322304。

【同美国的关系】同美国保持传统友好关系。美是巴最大的经贸合作伙伴，为巴游客和消费品的主要来源地。巴美在金融、反毒、反恐等方面合作密切，两国签署了反毒、司法互助和税收情报交换协议等政府间协定。2019年3月，巴总理明尼斯赴美出席美总统特朗普与加勒比5国领导人集体会晤，并与特朗普举行双边会见。

【同其他加勒比国家的关系】与加勒比邻国关系密切。1983年7月加入加勒比共同体，积极参与加共体事务，推动加强地区安全合作，打击非法移民和毒品等，但未加入加共体单一市场与经济。（白硕）

巴拉圭

国名　巴拉圭共和国（The Republic of Paraguay，República del Paraguay）。

面积　40.68万平方公里。

人口　745.5万（2022年）。95%为印欧混血种人，其余为印第安人和白种人。官方语言为西班牙语和瓜拉尼语。89.6%的居民信奉天主教。1.8%的居民是土著人。

首都　亚松森（Asunción），人口52万（2022年）。夏季气温22℃—35℃，冬季气温12℃—22℃。

国家元首　总统马里奥·阿夫多·贝尼特斯（Mario Abdo Benítez），2018年8月就职，任期至2023年8月。

重要节日　独立日：5月14日。

简况

南美洲内陆国家，与阿根廷、玻利维亚和巴西为邻。地处拉普拉塔平原北部，巴拉圭河从北向南把全国分成东、西两部分。东部为丘陵、沼泽和波状平原，全国90%以上的人口集中于此；西部为原始森林和草原。属亚热带气候，夏季平均气温27℃，冬季平均气温17℃。年均降水量东部为1500毫米，西部为500毫米。

原为印第安瓜拉尼人居住地。1537年沦为西班牙殖民地。1811年5月14日宣告独立。1865年，洛佩斯政府为扩大地盘，进攻当时巴西的西南地区，巴西、阿根廷、乌拉圭联军对巴宣战。战争历时5年，巴拉圭战败，洛佩斯政府割地赔款，疆域缩小近一半，并失去出海口，成为内陆国家。19世纪70年代后，红党与自由党轮流执政。1932—1935年，巴同玻利维亚为争夺石油资源发生查科战争，双方签订和平协定，巴得到查科地区3/4的土地。1954年5月4日，军人斯特罗斯纳伙同红党右翼发动政变上台，实行军事独裁长达35年。1989年2月2日，巴第一军区司令罗德里格斯发动政变，推翻斯特罗斯纳独裁政权，并于同年5月举行了第一次民主选举，罗本人当选总统。在1993年总统选举中，红党候选人瓦斯莫西获胜，成为1954年后第一届民选文官政府。

政治

2008年4月21日，反对党“争取变革全国联盟”候选人、前主教卢戈当选总统，结束了红党连续执政61年的历史。2012年6月，巴北部发生警察与占地农民间的冲突，红党以卢戈处置不当为由，推动国会通过对卢戈弹劾案。卢戈被迫宣布辞职，副总统弗朗哥接任总统。2013年8月，红党候选人奥拉西奥·卡特斯就任总统。2018年4月，红党候选人马里奥·阿夫多·贝尼特斯当选总统，并于2018年8月就职。

【宪法】现行宪法于1992年6月20日颁布。宪法规定巴为代议制国家。总统由普选产生，任期5年，不得连任。设副总统1名，现任副总统乌戈·阿达尔韦托·贝拉斯克斯·莫雷诺（Hugo Adalberto Velázquez Moreno），红党，2018年8月就职，任期至2023年8月。

【议会】分为参众两院，参议员45人，众议员80人，均由普选产生，任期5年。本届议会于2018年4月选举产生。各党派在议会所占席位如下：

	众议院	参议院
红党	42	17
真正激进自由党（蓝党）	30	14
瓜苏阵线	—	7
亲爱祖国党	3	3
其他	5	4
总计	80	45

参议长、众议长任期1年，每年改选。现任参议长奥斯卡·萨洛蒙（Oscar Salomón），现任众议长卡洛斯·洛佩斯（Carlos López）。

【政府】本届政府主要内阁成员有：总统府秘书长埃尔南·卡洛斯·许特曼·波尔西温库拉（Hernán Carlos Huttemann Porciúncula），外交部长胡利奥·塞萨尔·阿里奥拉·拉米雷斯（Julio César Arriola Ramírez），财政部长奥斯卡·利亚莫萨斯·迪亚斯（Oscar Llamosas Díaz），国防部长贝尔纳迪诺·索托·埃斯蒂加里维亚（Bernardino Soto Estigarribia），内政部长阿尔纳多·欧克利德斯·乔齐奥·贝尼特斯（Arnaldo Euclides Giuzzio Benítez），公共工程和通信部长阿诺尔多·威恩斯（Arnoldo Wiens），工业和贸易部长路易斯·卡斯蒂廖尼（Luis Castiglioni），农牧业部长圣地亚哥·贝尔托尼·伊卡尔（Santiago Bertoni Hícar），公共卫生和社会福利部长胡利奥·丹尼埃尔·马佐莱尼（Julio Daniel Mazzoleni），教育和科学部长爱德华多·佩塔·圣马丁（Eduardo Petta San Martín），司法部长阿尔贝托·贝尼特斯（Alberto Benítez），劳工和社保部长卡拉·巴希加卢波（Carla Bacigalupo，女），妇女部长妮尔达·罗梅罗（Nilda Romero，女），社会发展部长马里奥·巴雷拉（Mario Varela），环境和可持续发展部长阿列尔·奥维耶多（Ariel Oviedo），儿童和青少年部长特蕾莎·马丁内斯（Teresa Martínez，女）等。

【行政区划】全国划分为17个省和1个特别区（首都亚松森）。

【司法机构】根据宪法，国家设司法委员会，由8人组成。最高法院由9名大法官组成，大法官由司法委员会提名并经政府同意后，由参议院任命。现任最高法院院长塞萨尔·曼努埃尔·迪塞尔·容汉斯（César Manuel Diesel Junghanns）。

【政党】主要政党有：

（1）红党（Partido Colorado）：又名全国共和联盟（Asociación Nacional Republicana，ANR）或国家共和党。巴第一大党，执政党。现有党员约200万。1887年9月11日成立，历史上多数时期为执政党。主要代表大地主、大牧场主和大资产阶级利益。对内注重发展民族经济和打击腐败，对外致力于加强南方共同市场和地区一体化建设。现任主席奥拉西奥·卡特斯（Horacio Cartes）。

（2）真正激进自由党（Partido Liberal Radical Auténtico，PLRA）：又称"蓝党"。最大在野党。有近100万名党员。1977年从激进自由党分裂出来。1989年2月获合法地位。在工人、农民和知识界有一定影响。对内主张实行土改、发展民族经济，要求实行民主开放和国家的全面改造；对外主张维护民族独立、反对外来干涉，同世界各国发展友好关系。现任主席为埃弗拉因·阿莱格雷（Efraín Alegre）。

（3）亲爱祖国党（Partido Patria Querida，PPQ）：在野党。前身为亲爱祖国运动（Movimiento Patria Querida），2000年成立，2003年9月更为现名。主张推进全面变革，认为严惩腐败是首要任务。现任主席为赛瓦斯蒂安·比利亚雷霍（Sebastian Villarejo）。

（4）瓜苏阵线（Frente Guasú，FG）：中左、左翼反对党联盟。2010年成立。由国家团结党（Partido País Solidario，PPS），广泛阵线党（Partido Frente Amplio，PFA），公民参与党（Partido de la Participación Ciudadana，PPC），巴拉圭共产党（Partido Comunista Paraguayo，PCP），特科霍哈人民党（Partido Popular Tekojoja，PPT），社会主义人民集会党（Partido Convergencia Popular Socialista，PCPS），人民爱国运动党（Partido del Movimiento Patriótico y Popular，PMPP），人民团结党（Partido de la Unidad Popular，PUP）组成。主张进行土地改革，保障国家能源安全，缩小收入差距，加强公共卫生建设。主要领导人为前总统、现任参议员费尔南多·卢戈·门德斯（Fernando Lugo Méndez）。现任主席为卡洛斯·费利佐拉（Carlos Filizzola）。

（5）全国聚会党（Partido Encuentro Nacional，PEN）：在野党。1991年成立。党员约18万人。主要由独立派人士组成。政治上主张多元化，改变传统政党长期执政局面；经济上主张改革，实现社会财富公平分配。

【重要人物】马里奥·阿夫多·贝尼特斯：总统。1971年出生于亚松森。曾在美国学习并获得管理学学士学位。于2004年从政，2008—2011年担任红党副主席，2013年当选参议员，2015—2016年担任参议长。2018年4月当选巴拉圭总统，任期至2023年8月。

经　济

国民经济以农牧业为主，工业基础薄弱，是拉美最落后的国家之一。经济活动主要集中在首都亚松森和东方市，经济受气候及国际初级产品价格影响。2022年主要经济数据如下：

国内生产总值：419.35亿美元。

人均国内生产总值：5626美元。

国内生产总值增长率：–0.3%。

货币名称：瓜拉尼。

汇率：1美元≈7290瓜拉尼。

通货膨胀率：8.1%。

失业率：6.7%。

（资料来源：巴拉圭央行、世界银行）

【资源】盐矿和石灰石储量较大，还有少量铁、铜、锰、铁钒土、云母、铌、天然气、铝矾土等。水力资源丰富。出产珍贵的硬质木材。

森林覆盖率约40%。70%的森林资源集中在格兰查科地区。

石油及其衍生品全部依赖进口。近年，在靠近玻利维亚边界的查科地区发现储量丰富的天然气。水力资源丰富，水能资源蕴藏量约为5.6万兆瓦。与巴西共同建设伊泰普水电站，装机容量为1400万千瓦。与阿根廷共同建设亚西雷塔—阿皮培水电站，装机总量300万千瓦。

【工业】工业基础薄弱，以轻工业和农牧产品加工业为主，主要产品有肉类罐头、面粉、饮料、烟草、柴油和石脑油等。

【农业】农业是国民经济的主要支柱。主要农产品有大豆、棉花、烟草、小麦和玉米等。畜牧业在经济中占有重要地位。近年来，国际市场对肉类需求增加，巴肉类出口大幅上升。

【旅游业】旅游业是外汇收入主要来源之一。游客主要来自阿根廷、巴西、乌拉圭和玻利维亚。近年来，受地区经济低迷等影响，旅游业发展面临挑战增多。

【交通运输】铁路：总长1147公里。共有12条线路，其中中央铁路长441公里，连接首都和阿根廷边境城市安卡尔纳森。

公路：总长1.23万公里，其中柏油路7460公里，石板路1300公里，碎石路1000公里。

水运：全国共有7个港口，主要港口是亚松森。国家商船队主要承担巴至阿根廷和乌拉圭的短途河运。巴拉圭海外船运公司有班轮通往美国和欧洲一些主要港口。内河水路总长3100公里。

空运：有两个国际机场，分别位于亚松森和东方市。巴拉圭航空公司，有定期航班通往阿根廷、乌拉圭、巴西、玻利维亚、美国等。

【财政金融】外汇储备为88.41亿美元（2022年12月），外债余额为128.89亿美元（2022年12月）。

【对外贸易】2022年，对外贸易总额为290.66亿美元。其中，出口额为138.75亿美元，进口额为151.91亿美元。主要贸易对象国为巴西、乌拉圭、智利、阿根廷、美国、日本等。主要出口产品为粮食、植物油和肉类等。近几年对外贸易情况如下：

2020—2022年对外贸易统计表（单位：亿美元）：

	2020	2021	2022
出口额	115.05	139.79	138.75
进口额	100.35	130.38	151.91
差　额	14.70	9.41	13.16

（资料来源：巴拉圭央行）

2019—2021年主要产品出口额统计表（单位：百万美元）：

	2019	2020	2021
大　豆	1576.12	2146.55	2975.12
谷物	709.04	678.29	772.10
肉制品	1093.26	1185.10	1655.76
木　材	61.11	57.87	84.06

（资料来源：巴拉圭海关）

【外国资本】1991年制定《国内外投资法》，对外资实行特别优惠政策，规定5年内免缴95%的赢利税。外资主要来源于美国、巴西、阿根廷，投资集中在食品、加工、纺织和化工行业。

人民生活

社会两极分化较严重。贫困人口占人口总数的26.9%（2022年）。土地高度集中，不到1%的人占有全国75%以上的土地。

军　事

宪法规定，总统为武装部队总司令。国防委员会是最高军事决策机构，由总统、全体内阁部长、武装力量参谋长和陆海空三军司令组成，总统任主席，国防部长任副主席。国防部为最高军事行政机关。此外，还设有武装部队资格评判特别委员会，由总司令、武装部队司令、总参谋长、陆海空三军司令和后勤部队司令组成，总司令任该委员会主席，主要职能是决定军官晋升和退役。实行义务兵役制，服役期陆军和空军为一年半，海军两年。

文化教育

【教育】实行九年义务教育制。全国有两所公立大学：亚松森国立大学和天主教大学，另有10所私立大学。宪法规定教育预算应占总预算的20%以上。政府自1990年起执行全国教育发展计划，开展扫盲运动。

【新闻出版】主要报纸有《彩色ABC》《今日报》《最新时刻报》等。

全国广播电台为国家电台，另有11个私营商业电台和5家电视台。

对外关系

实行对外开放和多元化外交政策。主张维护国家主权、人民自决、不干涉别国内政、反对在国际关系中使用武力或以武力相威胁等原则，主张通过谈判解决国际争端。重视与拉美国家，特别是南方共同市场其他成员国的关系，努力参与地区事务和一体化进程。积极发展同美国、西欧国家关系。

巴拉圭是联合国会员国，世界贸易组织、世界卫生组织、美洲国家组织、拉美经济体系、拉美一体化协会、拉美和加勒比共同体、南方共同市场、安第斯共同体（联系国）等国际和地区组织的成员。

2012年6月卢戈总统遭到弹劾并宣布辞职后，多数拉美国家及主要地区组织均对巴国会弹劾程序提出质疑，南方共同市场宣布中止巴成员国资格。卡特斯当选总统后，积极开展周边外交，并出席南美国家联盟首脑峰会等国际会议，南美国家联盟和南方共同市场分别宣布恢复巴成员国资格。2016年10月，巴当选为2017—2020年万国邮联理事会成员。2017年1月，巴成为经济合作与发展组织发展中心成员。2018年6月，巴当选2019—2021年联合国经社理事会成员。2021年，巴当选联合国人权理事会成员。

【同中国的关系】中巴无外交关系。巴于1957年同台湾当局"建交"。台在巴首都设有"大使馆"，在巴第二大城市东方市设有"总领馆"。

据中国海关总署统计，2022年，中巴双边贸易额为19.79亿美元，同比增长8%。其中，中国出口额为18.95亿美元，同比增长6.5%；中国进口额为0.84亿美元，同比增长55.8%。

【同美国的关系】重视与美关系，在打击国际犯罪、缉毒合作、反恐问题上与美积极配合。2018年9月、2019年12月，阿夫多总统访美。2021年6月，美副国务卿纽兰访巴。2022年10月，美国务院反腐专员内普夫访巴。

【同巴西的关系】同巴西保持传统友好关系。巴西在政治、经济、文化等方面对巴拉圭有较大影响，是巴拉圭在南方共同市场最重要的贸易伙伴，两国签订有多项双边合作协定。2019年3月，阿夫多总统访问巴西。2022年6月，巴拉圭总统阿夫多同巴西总统博索纳罗举行会见。

【同阿根廷的关系】同阿根廷长期保持睦邻关系。双方经贸关系密切，在水电合作上成果显著。2022年5月，巴总统阿夫多同阿根廷总统费尔南德斯举行会见。

【同其他拉美国家的关系】同拉美各国关系稳步发展，高层交往频繁。2021年2月，阿夫多总统访问乌拉圭。2022年5月，乌拉圭总统拉卡列访问巴拉圭。

【同日本的关系】与日本保持密切的经济合作关系。日本是巴最大援助国。在巴有日侨约7000人。2021年1月，日本外相茂木敏充访问巴拉圭。 （李眷）

巴　拿　马

国名　巴拿马共和国（The Republic of Panama，La República de Panamá）。

面积　7.55万平方公里。

人口　440万（2022年）。印欧混血种人占65%，其他依次为非洲裔12%、欧洲裔10%、华裔7%、印第安人6%。西班牙语为官方语言。85%的居民信奉天主教。

首都　巴拿马城（Panama City，Ciudad de Panamá），人口88万（2022年）。气温常年保持在21℃—32℃，1—4月为旱季，5—12月为雨季。

国家元首　总统劳伦蒂诺·科尔蒂索·科恩（Laurentino Cortizo Cohen），2019年7月1日就职，任期5年。

重要节日　独立日：11月3日。

简　况

位于中美洲地峡，东连哥伦比亚，南濒太平洋，西接哥斯达黎加，北临加勒比海。巴拿马运河从北至南联通大西洋和太平洋。

原为印第安人居住地。1501年，沦为西班牙殖民地。1821年，独立并加入大哥伦比亚共和国。1903年，在美国支持下"第二次独立"。同年，巴美签订《运河条约》，美取得修建和经营巴拿马运河的永久垄断权及运河区的永久占领和使用权。1914年，美开通运河。1977年，巴美签署《新运河条约》和《关于巴拿马运河的永久中立和经营条约》，统称《托里霍斯–卡特条约》，规定条约正式生效后，运河主权归巴拿马，但运营管理权仍属美国。该条约于1979年10月1日正式生效。1989年，美国对巴拿马军事入侵并扶植新的亲美政府。1999年12月31日，巴拿马正式收回运河区主权和经营管理权。

政　治

2019年5月5日，巴拿马举行大选，巴拿马民主革命党候选人科尔蒂索赢得大选，于7月1日起就职，任期5年。民主革命党结束十年在野，组成强势政府重新上台执政。科尔蒂索政府积极推进政治改革，推行以投资、出口为主轴的经济新政，取得一定成效。目前，巴形势总体保持稳定。

【宪法】现行宪法于1972年生效，历经1978年、1983年、1994年和2004年4次修改。规定国家三权分立，总统为国家元首，通过直接选举产生，任期5年，不得连任，但可隔届竞选。1994年，巴议会通过宪法修正案，取消军队，建立警察部队。2004年，再次修宪将国民议会更名为国民大会，仅保留1个副总统职位。

【议会】称"国民大会"，一院制，由71名议员组成，任期5年。本届议会于2019年7月1日组成，各党派所占席位如下：民主革命党35席，民主变革党18席，巴拿马主义党8席，民族主义共和运动党5席，无党派人士5席。国会主席：海梅·巴尔加斯（Jaime Vargas，民主革命党），2023年7月当选，任期1年。

【政府】本届政府于2019年7月1日组成，主要成员有：副总统何塞·加百利·卡里索（José Cabriel

Carrizo），总统府部长何塞·辛普森·波洛（José Simpson Polo），政府部长罗赫尔·特哈达（Roger Tejada），外交部长哈奈娜·特瓦奈伊（Janaina Tewaney，女），教育部长马鲁哈·戈尔黛·德比利亚洛沃斯（Maruja Gorday de Villalobos，女），公共工程部长拉斐尔·何塞·萨翁赫·维拉尔（Rafael José Sabonge Vilar），卫生部长路易斯·弗朗西斯科·苏克雷·梅希亚（Luis Francisco Sucre Mejía），劳工部长多丽丝·雅内丝·萨帕塔·阿赛韦多（Doris Yaneth Zapata Acevedo，女），工商部长费德里科·阿尔法罗·博伊德（Federico Alfaro Boyd），住房及土地管理部长罗赫略·恩里克·帕雷德斯·罗夫莱斯（Rogelio Enrique Paredes Robles），农牧业发展部长奥古斯托·拉蒙·瓦尔德拉玛（Augusto Ramón Valderrama），社会发展部长玛利亚·伊内斯·卡斯蒂略（María Inés Castillo，女），经济和财政部长埃克托尔·埃内斯托·亚历山大（Héctor Ernesto Alexander），运河事务部长阿里斯蒂德斯·罗约·桑切斯（Aristides Royo Sánchez），公安部长胡安·皮诺（Juan Pino），环境部长米尔希亚德斯·康塞普西翁（Milciades Concepción），文化部长吉塞列·冈萨雷斯（Giselle González，女），女性部长胡安娜·埃雷拉·阿劳斯（Juana Herrera Araúz，女）。

【行政区划】全国划为10个省和5个印第安居民区，省下设县（市），县（市）下设区。

【司法机构】司法权由高等法院和国家总检察院行使。高等法院设9名法官，任期10年。高等法院院长玛丽亚·欧亨尼娅·洛佩斯（María Eugenia López，女）。国家总检察长哈维尔·卡拉瓦略（Javier Caraballo）。

【政党】主要政党有：

（1）民主革命党（Partido Revolucionario Democrático）：执政党。由托里霍斯将军发起成立。1979年3月建党。现有党员72.7万人。现任主席贝尼西奥·埃纳西奥·罗宾逊（Benicio Enacio Robinson），现任总书记鲁文·德·莱昂（Rubén de León）。

（2）民主变革党（Partido Cambio Democrático）：在野党。1998年5月建党。现有党员30.2万人。现任主席罗慕洛·罗克斯（Rómulo Roux）。

（3）巴拿马主义党（Partido Panameñista）：在野党。1931年10月建党，曾多次更名，2005年起使用现名。历史上曾9次执政。现有党员24.7万人。现任主席何塞·伊莎贝尔·布兰东（José Isabel Blandón）。

（4）实现目标党（Partido Realizando Metas）：在野党。2021年3月建党。现有党员23万人。现任主席里卡多·阿尔韦托·马丁内利·贝罗卡尔（Ricardo Alberto Martinelli Berrocal）。

【重要人物】劳伦蒂诺·科尔蒂索·科恩：总统。1953年1月30日出生。毕业于美国得克萨斯州立大学，商学博士。曾供职于巴数家私营公司，涉足农牧业和建材业等。1994—2004年担任国民大会议员，其中1998—1999年任国民大会第一副主席，2000—2001年任国民大会主席。2004年加入民主革命党，同年任农牧业发展部长。2019年5月作为民主革命党候选人参加大选获胜，7月1日就任总统。

经　济

运河航运、金融服务、科隆自贸区和旅游业是巴经济的主要支柱。服务业收入在国民经济中占有重要地位。近年来，巴经济保持温和增长。2022年主要经济数据如下：

国内生产总值：734.5亿美元。

人均国内生产总值：16710美元。

国内生产总值增长率：10.8%。

货币名称：流通美元，另发行巴波亚作为辅币。

汇率：与美元等值。

通货膨胀率：2.9%。

失业率：9.9%。

（资料来源：巴拿马国家统计局）

【资源】全国70%以上的土地被热带森林所覆盖，林业资源丰富，主要有红木、雪松、棕榈树、橡胶树等。矿产有金、银、铁、铜、钼、铝矾土、盐、汞、硫黄和煤等。

【工业】以食品加工业和轻工业为主，无重工业。2022年，制造业、建筑业、采矿业同比分别增长5.1%、18.5%、6.3%。

【农业】耕地面积占全国土地面积的22.6%。全国20%以上的劳动人口从事农牧渔业。水稻、玉米、豆类为主要农作物，香蕉、甘蔗、菠萝、香瓜、西瓜和咖啡为主要经济作物。

【旅游业】巴有6处景点被联合国教科文组织列为世界自然遗产。著名旅游区有巴拿马运河、孔塔多拉旅游区、桑普拉斯群岛、牛口群岛和雷岛等。2022年巴接待游客194.5万人次，同比增长141.9%。

【交通运输】公路：巴公路总长为1.53万公里。

铁路：巴铁路网全长355公里，连接巴拿马城和科隆市的巴拿马—科隆铁路是主要客、货运线路，2008年被私营公司收购。总投资18.8亿美元、全长15.8公里的巴拿马城地铁一号线于2014年4月投入运营。

海运：巴是海运大国。巴拿马运河连通大西洋和太平洋，全世界约6%的贸易航运途经巴拿马运河。2016年6月运河扩建工程竣工通航。2022财年（2021年10月至2022年9月），运河货物通行量5.18亿吨，过河费30.28亿美元，同比分别增长0.4%和2%。巴波亚港、克里斯托瓦尔港、科隆集装箱码头、曼萨尼略港是最主要的4个港口。2022年巴各港口集装箱吞吐量851万标箱，同比减少1.2%。

空运：巴是拉美和加勒比民航枢纽之一。巴拿马航空公司是拉美主要航空企业之一，航线覆盖西半球31个国家。托库门国际机场是巴最大的国际机场，位于巴拿马城以东11公里处，接待能力1000万人次/年。2022年托库门机场共接待旅客1577.9万人次，同比增长72.2%。

【财政金融】巴是拉美地区最重要的金融中心之一，现有银行66家。2022年巴共吸引外国直接投资27.2亿美元，外债368.5亿美元。近几年巴中央政府财政收支情况如下（单位：百万美元）：

	2020	2021	2022
收入	6627	7790	9284
支出	11513	12317	12392
盈余/赤字	–4886	–4527	–3108

（资料来源：巴拿马经济财政部）

【对外贸易】货物贸易历年均有巨额逆差。2022年，巴进出口总额为445.27亿美元，出口额为152.78亿美元（含科隆自贸区116.26亿美元），进口额为292.49亿美元（含科隆自贸区140.19亿美元），同比分别增长36.79%、16.09%、50.85%。主要出口产品为铜矿、香蕉、鱼粉、蔗糖等，主要出口对象为中国、日本、韩国、西班牙、印度等。主要进口石油产品、汽车及汽车零部件、机械和电子产品、药品等，进口主要来自美国、中国、墨西哥等地。（资料来源：巴拿马国家统计局）

科隆自由贸易区位于巴拿马运河大西洋入海口处，建于1948年，是仅次于中国香港的世界第二大自由贸易港。2022年，科隆自贸区贸易总额为256.45亿美元。其中，进口额为140.19亿美元，转（出）口额为116.26亿美元，分别同比增长37.6%、55.1%和21.1%。（资料来源：巴拿马国家统计局）

人民生活

预期寿命76岁。全国人口出生率18‰，死亡率6‰，婴儿死亡率12‰。2022年4月就业人口为184.6万人，失业人口为19.9万人。（资料来源：世界银行、巴拿马国家统计局）

军　事

1989年美军入侵巴拿马，逮捕原国防军司令诺列加。1990年，巴决定解散国防军，建立由政府直接领导的警察部队，负责维护国家治安和防务。1994年巴通过宪法修正案，取消军队。2022年国家警察力量约2万人。

文化教育

【教育】自1995年起实行11年义务教育，包括2年学前教育、6年小学和3年初中。文盲率为4.8%。著名高等学府有巴拿马大学、技术大学、圣玛丽亚大学和地峡大学。2022年教育事业支出占政府总支出的11.8%。

【新闻出版】有7份全国性西班牙文日报，分属《新闻报》《巴拿马美洲报》《巴拿马星报》三大报社集团。有3份中文日报：《拉美快报》《拉美侨声》《新报》。

较具规模的全国性电视媒体有MEDCOM集团的第13频道、第14频道、第2频道、第21频道及以文教艺术节目为主的国家电视台第11频道等。广播媒体发达，全国性主要电台包括大陆电台、RPC电台、成功电台、国家电台等。

对外关系

奉行中立、不结盟的外交政策。基本目标是：维护国家的主权与独立，维护民主；保持运河的中立地位；开展有利于国家发展的国际合作，推进与美国、欧盟、日本、俄罗斯、印度等关系；广泛吸引外资，通过商签自由贸易协定扩大出口。在国际事务中，巴倡导对话和解，主张依靠联合国和多边主义化解冲突。

巴是联合国会员国，世界贸易组织、国际货币基金组织、世界银行、世界卫生组织、77国集团、不结盟运动、拉美和加勒比国家共同体、美洲国家组织、中美洲一体化体系等国际和地区组织成员。2021年10月，巴同哥斯达黎加、多米尼加成立民主发展联盟。

【同中国的关系】2017年6月13日，中巴两国外长在北京签署《中华人民共和国和巴拿马共和国关于建立外交关系的联合公报》，中巴正式建立大使级外交关系。建交后，两国各层级交往频繁。2021年10月，科尔蒂索总统以视频方式出席在华举行的第二届联合国全球可持续交通大会。全国人大常委会副委员长蔡达峰同巴国民大会副主席法诺维奇举行视频会晤。12月，王毅国务委员兼外长同巴拿马外长莫伊内斯通电话。2022年4月，巴拿马外长莫伊内斯访华，王毅国务委员兼外长同其举行会谈。6月，中国政府拉美事务特别代表邱小琪访巴。2023年6月，巴拿马外交部秘书长琼斯·库珀来华出席全球人权治理高端论坛。

据中国海关总署统计，2022年，中巴双边贸易额为138.9亿美元，同比增长22.5%。其中，中国出口额为126.5亿美元，同比增长24.5%；中国进口额为12.4亿美元，同比增长5.5%。

中国驻巴拿马大使：魏强。馆址：El Edificio Smart Business Center，Vía Cincuentenario y Avenida 3C Sur，Corregimiento de San Francisco，Distrito y Provincia de Panamá。电话：00507–2654061/62；传真：2654051。

巴拿马驻华大使：甘林（Leonardo Alfonso Kam Binns）。馆址：北京市朝阳区亮马桥北小街7号亮马桥外交公寓C区别墅LC04-04。电话：010–65325981；传真：65326822。

【同美国的关系】20世纪初，巴拿马在美国支持下脱离大哥伦比亚共和国并出让运河开凿权。1914年，美开通运河。1977年，巴美签署《新运河条约》和《关于巴拿马运河的永久中立和经营条约》，统称《托里霍斯–卡特条约》，规定条约正式生效后，运河主权归巴拿马，但运营管理权仍属美国。该条约于1979年10月1日正式生效。1989年美国对巴拿马军事入侵并扶植新的亲美政府。1999年12月31日，巴拿马正式收回运河区主权和经营管理权。巴美签有自贸协定，美是巴拿马运河最大用户和巴主要贸易伙伴。两国在反毒、反洗钱、打击有组织犯罪方面保持密切合作。2021年7月，科尔蒂索总统访美。2022年4月，美国务卿布林肯访巴。5月，美国第一夫人吉尔·拜登访巴。6月，科尔蒂索总统赴美国洛杉矶出席第九届美洲峰会。6月、10月，美国南方司令部司令理查德森访巴。11月，巴外长特瓦奈伊、工商部长阿尔法罗访美。

【同其他拉美国家的关系】巴积极参与拉美一体化建设，是美洲国家组织、拉美和加勒比国家共同体、中美洲一体化体系、中美洲议会成员和拉美议会所在地。2022年1—6月，巴担任中美洲一体化体系轮值主席国。3月、4月，科尔蒂索总统出席民主发展联盟峰会。6月，科尔蒂索总统出席第九届美洲峰会，其间会见哥斯达黎加、多米尼加、智利等拉美国家领导人。

【同其他国家的关系】欧盟是巴资金和技术重要来源地，巴重视发展同欧盟国家的传统友好关系。2022年5月，欧盟外交与安全政策高级代表博雷利访巴。近年来，巴同日本、韩国、越南、印度等亚洲国家交往与合作增多。2016年4月，巴雷拉总统访日。2017年8月，德圣马洛副总统兼外长访问韩国和日本。2018年5月，印度副总统纳依度访巴。7月，越南副总理兼外长访巴。2022年1月，卡塔尔外长访巴。4月，莫伊内斯外长访问中国、越南、印尼和新加坡。5月，土耳其外长访巴。

（邹晓娜）

巴 西

国名 巴西联邦共和国（The Federative Republic of Brazil，República Federativa do Brasil）。

面积 851.49万平方公里。

人口 2.03亿（2022年）。白种人占53.74%，黑白混血种人占38.45%，黑种人占6.21%，黄种人和印第安人等占1.6%。官方语言为葡萄牙语。64.6%的居民信奉天主教，22.2%的居民信奉基督教福音教派。

首都 巴西利亚（Brasília），人口385.8万（2022年）。年均气温21℃。

国家元首 总统雅伊尔·梅西亚斯·博索纳罗（Jair Messias Bolsonaro），2019年1月1日就任，任期至2022年12月31日。

重要节日 独立纪念日（即巴西国庆日）：9月7日。

简 况

位于南美洲东部，北邻法属圭亚那、苏里南、圭亚那、委内瑞拉和哥伦比亚，西接秘鲁、玻利维亚，南接巴拉圭、阿根廷和乌拉圭，东濒大西洋。海岸线长约7400公里。国土的80%位于热带地区，最南端属亚热带气候。北部亚马孙平原属赤道热带雨林气候，年均气温27℃—29℃。中部高原属热带草原气候，分旱、雨两季，年均气温18℃—28℃。南部地区年均气温16℃—19℃。

1500年4月22日，葡萄牙航海家佩德罗·卡布拉尔抵达巴西。16世纪30年代葡派远征队在巴建立殖民地，1549年任命总督。1808年，拿破仑入侵葡萄牙，葡王室迁往巴西。1821年，葡王室迁回里斯本，王子佩德罗留巴任摄政王。1822年9月7日，佩德罗王子宣布独立，建立巴西帝国。1889年11月15日，丰塞卡将军发动政变，推翻帝制，成立巴西合众国。1964年3月31日，军人政变上台，实行独裁统治，1967年改国名为巴西联邦共和国。1985年1月，反对党在总统间接选举中获胜，结束军人执政。此后，代议制民主政体日益稳固。

政 治

2002年10月，以劳工党为首的左翼政党联盟候选人路易斯·伊纳西奥·卢拉·达席尔瓦（Luiz Inácio Lula da Silva）赢得大选，成为巴西历史上首位直选左翼总统。2010年10月，迪尔玛·罗塞芙作为劳工党候选人赢得大选，成为巴西历史上首位女总统。2016年8月31日，巴西参议院表决通过总统弹劾案，罗塞芙总统被罢免职务，代总统特梅尔正式接任总统。2018年10月，巴西举行总统大选，社会自由党候选人博索纳罗当选新任总统，于2019年1月1日正式就职。2022年10月，卢拉再次赢得大选，于2023年1月1日正式就职。

【宪法】第一部宪法制定于1882年。1988年10月5日颁布巴西历史上第八部宪法，规定总统由直接选举产生，任期5年，取消总统直接颁布法令的权力。在公民权利方面，宪法保障人身自由，废除死刑，取消新闻检查，规定罢工合法，16岁以上公民有选举权等。1994年和1997年议会分别通过宪法修正案，将总统任期缩短为4年，并允许总统和各州、市长连选连任1次。设副总统1名，现任副总统安东尼奥·汉密尔顿·马尔丁斯·莫朗（Antônio Hamilton Martins Mourão），共和党党员，2019年1月就职，任期至2022年12月31日。

【议会】国会是国家最高权力机构。主要职能是：制定一切联邦法律；确定和平时期武装力量编制及兵力；制订全国和地区性的发展计划；宣布大赦令；授权总统宣布战争或和平；批准总统和副总统出访；批准或撤销总统签署的临时性法令、联邦干预或戒严令；审查总统及政府行政开支；批准总统签署国际条约；决定临时迁都等。

国会由参众两院组成。两院议长、副议长每2年改选1次，同届议员任期内不可连选连任。参议长兼任国会主席。参议员81人，每州3人，任期8年，每4年改选1/3或2/3。众议员512人，任期4年，名额按各州人口比例确定，但最多不得超过70名，最少不低于8名。现任参议长罗德里戈·帕谢科（Rodrigo Pacheco，民主党），2021年2月当选，任期至2023年2月；现任众议长阿图尔·里拉（Arthur Lira，进步党），2021年2月当选连任，任期至2023年2月。各主要政党席位如下：

	参议院	众议院
劳工党	7	57
巴西联盟党	7	54
进步党	7	55
巴西民主运动	12	37
民主社会党	12	47
自由党	9	77
共和党	1	43
社会民主党	6	22
社会党	1	23
民主工党	4	19
团结党	0	7
我们能党	8	8
其他政党	7	63
共计	81	512

【政府】本届联邦政府于2019年1月1日成立，目前有24个部级单位。内阁成员如下：总统府民事办公室主任西罗·诺盖拉（Ciro Nogueira），司法和公共安全部长安德森·托雷斯（Anderson Torres），国防部长保罗·塞尔吉奥·诺盖拉（Paulo Sérgio Nogueira），外交部长卡洛斯·弗兰萨（Carlos França），经济部长保罗·格德斯（Paulo Guedes），基础设施部长马塞洛·桑帕约（Marcelo Sampaio），农业、渔业和供给部长马科斯·蒙特斯（Marcos Montes），教育部长维克多·戈多伊（Victor Godoy），劳动与社会保障部长若泽·卡洛斯·奥利维拉（José Carlos Oliveira），公民部长罗纳尔多·维埃拉·本托（Ronaldo Vieira Bento），卫生部长马塞洛·奎罗加（Marcelo Queiroga），矿产和能源部长阿道夫·萨奇西达（Adolfo Sachsida），通信部长法比奥·法利亚（Fábio Faria），科技部长保罗·阿尔维姆（Paulo Alvim），环境部长若阿金·莱特（Joaquim Leite），旅游部长卡洛斯·布里托（Carlos Brito），地区发展部长丹尼尔·费雷拉（Daniel Ferreira），联邦监察总署署长瓦格纳·罗萨里奥（Wagner Rosário），女性、家庭和人权部长克里斯蒂安·罗德里格斯·布里托（Cristiane Rodrigues Britto，女），总统府总秘书处部长路易斯·爱德华多·拉莫斯（Luiz Eduardo Ramos），总统府政府秘书处部长塞利奥·法利亚·茹尼奥尔（Célio Faria Júnior），总统府机构安全办公室主任奥古斯托·埃莱诺（Augusto Heleno），联邦大律师局局长布鲁诺·比安科·莱亚尔（Bruno Bianco Leal），央行行长罗伯托·坎波斯·内图（Roberto Campos Neto）。

【行政区划】全国共分26个州和1个联邦区。州下设市，全国共有5570个市。

【司法机构】根据1988年颁布的宪法，司法机构包括联邦最高法院、联邦法院、高等司法法院、高等劳工法院、高等选举法院、高等军事法院和各州法院。联邦最高法院由11名大法官组成，大法官必须是年龄在35岁以上、65岁以下的巴西公民，由总统提名，经参议院批准后任命。联邦最高法院院长路易斯·福克斯（Luiz Fux）2020年9月就任，任期2年。2022年9月，罗莎·韦伯（Rosa Weber，女）当选新任联邦最高法院院长，任期2年。联邦总检察长奥古斯托·阿拉斯（Augusto Aras）2019年9月26日就任，2021年8月24日当选连任，任期2年。

【政党】现登记有33个政党，主要有：

（1）巴西民主运动（Movimento Democrático Brasileiro，MDB）：1965年成立，党员约207万人，在军政府时期长期为唯一合法的反对党。对内主张维护民主制度，实行土地改革和保护民族工业。主张社会公正，缩小贫富差距。对外主张执行独立的外交政策，尊重各国自决权。主席巴莱亚·罗西（Baleia Rossi）。

（2）劳工党（Partido dos Trabalhadores，PT）：1980年2月成立，主要由城乡劳动者、工会领导人和知识分子组成，现有党员约160万人。该党政治上主张建设真正代表社会群体利益的政党，实行改革，保障劳动者的权益；经济上主张公平分配财富；对外主张各国相互尊重，加强国际合作，维护世界和平。主席格莱西·霍夫曼（Gleisi Hoffmann）。

（3）社会民主党（Partido da Social Democracia Brasileira，PSDB）：1988年6月25日成立，由一批退出民主运动党的人组成，党员约132万人。主张完善民主制度，实行经济开放，鼓励外国投资，改革分配制度，消除贫富差别。主席布鲁诺·卡瓦尔坎蒂·德阿劳若（Bruno Cavalcanti de Araújo）。

（4）自由党（Paritido Liberal，PL）：2006年10月成立，党员约76万人。主张贸易保护主义和对市场进行适当干预。主席瓦尔德马尔·科斯塔·内图（Valdemar Costa Neto）。

（5）巴西联盟党（União Brasil，UNIÃO）：2021年10月由社会自由党和民主党合并而成，党员约106万人。主张实行紧缩性财政政策，推进私有化，降低税率。主席卢西亚诺·卡尔达斯·比瓦尔（Luciano Caldas Bivar）。

（6）进步党（Partido Progressista，PP）：1995年9月由改革进步党和进步党合并而成，党员约129万人。信奉基督教义，推崇自由、进步与社会正义。主张在不损害国家主权和尊严的基础上，逐步推行改革开放。在保障全国各地区、各阶层均衡发展的前提下，实现社会正义和国家现代化。主席西罗·诺盖拉（Ciro Nogueira）。

（7）社会党（Partido Socialista Brasileiro，PSB）：1947年4月成立，其前身为1946年成立的民主左派党，1947年更为现名。党员约63万人，政治上主张国家管理民主化，保障党派活动享有充分自由；经济上主张注重发展工业生产；社会领域主张充分维护工人权利；对外主张遵循国家权利和义务平等的原则，实现国家关系的和谐发展。主席卡洛斯·西凯拉（Carlos Siqueira）。

（8）民主社会党（Partido Social Democrático，PSD）：2011年3月成立，由前圣保罗市市长吉尔贝托·卡萨布联合民主党、进步党和社会民主党部分人士共同组建，党员约41万人。政治上主张在现有宪法框架下通过民主选举获取政权，反对独裁，维护社会公正；经济上奉行经济自由主义，主张经济发展和环境保护并重；社会领域主张机会均等，促进就业和社会包容。对外主张世界多极化，积极参与国际事务。主席吉尔贝托·卡萨布（Gilberto Kassab）。

（9）共和党（Republicanos）：2005年8月成立，由时任副总统若泽·阿伦卡尔组建，党员约50万人。信奉基督教义，经济上主张新自由主义。主席马尔克斯·安东尼奥·佩雷拉（Marcos Antonio Pereira）。

（10）民主工党（Partido Democrático Trabalhista，PDT）：1979年成立，党员约113万人。前身为巴西工党的一部分，系社会党国际成员。主张实行多党制，工会独立，实行土地改革，消除贫富不均和扶助中小企业。对外主张民族独立，人民自决，各民族和平相处和不结盟。主席卡洛斯·卢皮（Carlos Lupi）。

（11）共产党（Partido Comunista do Brasil，PCdoB）：1962年从原“巴西的共产党”中分裂出来，将1922年3月25日作为建党日，党员约41万人。主要成员是城乡劳动者、青年学生和自由职业者。1985年7月获合法地位。主席卢西亚娜·桑托斯（Luciana Santos，女）。

（12）工人革新党（Partido Renovador Trabalhista Brasileiro，PRTB）：1994年成立，党员约15万人。奉行民族主义和保守主义。巴副总统莫朗2018年5月加入该党。主席阿尔迪尼娅·菲德利什（Aldinea Fidelix，女）。

其他政党还有“我们能”党（Podemos）、巴西工党（Partido Trabalhista Brasileiro）、社会主义自由党（Partido Socialismo e Liberdade）、新党（Partido Novo）、绿党（Partido Verde）、公民党（Cidadania）、基督教社会党（Partido Social Cristão）、民族动员党（Partido da Mobilização Nacional）等。

【重要人物】雅伊尔·梅西亚斯·博索纳罗：总统。1955年3月21日出生。1977年毕业于巴西黑针军事学院，后服役于巴西陆军空降兵部队，曾任上尉。1988年当选里约热内卢市议员，1991—2018年担任联邦众议员。2018年10月28日当选巴西总统，2019年1月1日就职，任期4年。2019年11月，博索纳罗退出社会自由党，于2021年11月加入自由党。　**路易斯·伊纳西奥·卢拉·达席尔瓦**：候任总统，劳工党人。1945年10月出生。工人运动出身，1972年当选巴西圣保罗冶金工人工会第一书记，1979年参与组建劳工党，1986年当选众议员，曾三次参选总统失败。2003—2010年连续担任两届总统。2022年10月，巴西举行总统选举第二轮投票，卢拉以50.9%得票率战胜博索纳罗，再次当选巴西总统，于2023年1月1日就职，任期4年。

经　济

巴西经济实力居拉美首位，世界第12位（2022年）。农牧业发达，是多种农产品主要生产国和出口国。工业门类齐全，石化、矿业、钢铁、汽车工业等较发达，民用支线飞机制造和生物燃料产业具有世界领先水平。服务业产值占国内生产总值近六成，金融业较发达。2010年曾成为世界第七大经济体。近年来，受国际经济复苏乏力、大宗商品价格低迷以及本国经济结构性问题等影响，巴西经济发展面临一定挑战。2022年主要经济数据如下：

国内生产总值：9.9万亿雷亚尔。

人均国内生产总值：46154.6雷亚尔。

国内生产总值增长率：2.9%。

货币名称：雷亚尔。

汇率：1美元≈5.29雷亚尔。

通货膨胀率：5.79%。

失业率：9.3%。

基准利率：13.75%。

外汇储备：3247亿美元。

（资料来源：国际货币基金组织、巴西地理统计局、巴西央行、巴西经济部）

【资源】矿产、土地、森林和水力资源十分丰富。铌、锰、钛、铝矾土、铅、锡、铁、铀等29种矿物储量位居世界前列。铌矿储量已探明520万吨，产量占世界总产量的90%以上。已探明铁矿储量333亿吨，占世界总储量的9.8%，居世界第5位，产量居世界第2位。已探明石油储量149亿桶，居世界第15位，南美地区第2位（仅次于委内瑞拉）。2007年以来，在沿海陆续发现多个特大盐下油气田，预期储量500亿—1500亿桶，有望进入世界十大储油国之列。森林覆盖率达62%，木材储量658亿立方米，占世界1/5。水力资源丰富，拥有世界18%的淡水，人均淡水拥有量2.9万立方米，水力蕴藏量达1.43亿千瓦/年。

巴西是使用可再生能源较多的国家，2022年，可再生能源在一次性能源生产结构中所占比例为47.7%。

巴西是世界十大电力大国之一。截至2019年，全国共有电站7406座，装机总容量17.15万兆瓦。其中水电站1337座，装机容量10.4万兆瓦，占全国装机总量的60.8%；火电站306座，装机容量4.21万兆瓦，占全国装机总容量的24.8%；风力发电站2462座，装机容量1.99万兆瓦，占全国装机总量的11.6%；核电站2座，装机容量1990兆瓦，占全国装机总容量的1.2%。

【工业】工业体系较完备，实力居拉美首位。20世纪70年代即建成比较完整的工业体系，工业基础较雄厚。2019年工业产值1.30万亿雷亚尔，占国内生产总值的17.8%。2021年工业产值增长3.9%。2022年工业产值同比减少0.7%。主要工业部门有：钢铁、汽车、造船、石油、水泥、化工、冶金、电力、建筑、纺织、制鞋、造纸、食品等。民用支线飞机制造业和生物燃料产业在世界上居于领先水平。20世纪90年代中期以来，药品、食品、塑料、电器、通信设备及交通器材等行业发展较快；制鞋、服装、皮革、纺织等行业萎缩。

【农业】农牧业发达，大豆、咖啡、蔗糖、柑橘产量居世界首位，是全球第一大大豆生产国、第二大转基因作物种植国，是世界上最大的牛肉和鸡肉出口国、第四大猪肉出口国。全国可耕地27亿多亩，尚有15亿亩未开发利用，被誉为21世纪的世界粮仓。2022年粮食总产量3.122亿吨，其中大豆、玉米、大米三大农作物产量分别达1.548亿吨、1.2585亿吨和994万吨。（资料来源：巴西农业供给公司、巴西农牧业协会、巴西国家地理统计局）

【服务业】服务业对巴西经济发展举足轻重，它不仅是产值最高的产业，也是创造就业机会最多的行业。主要部门包括不动产、租赁、旅游业、金融、保险、信息、广告、咨询和技术服务等。2019年，巴西服务业产值4.59万亿雷亚尔，占国内生产总值的62.9%。2022年巴西服务业产值较2021年增长8.3%。

【旅游业】2022年，巴西接待外国游客约363万人次，较2021年增长近5倍。全国主要旅游城市和景点：里约热内卢、圣保罗、萨尔瓦多、巴西利亚、伊瓜苏大瀑布、马瑙斯、黑金城、巴拉那石林和大沼泽地等。

【交通运输】铁路：铁路运力居拉美首位，目前铁路网总长度约为30374公里，主要分布在巴西南部、东南部和东北部，其中35%以上建于60年前。除零星旅游线路外，大多为运输铁矿石、农产品等货运线路。

公路：总长175万公里，承担全国逾2/3的货物运输量，柏油路21.9万公里，高速公路1万公里。

水运：全国共有港口235座，其中国有港口36座，2022年吞吐量为12.09亿吨。桑托斯港为巴西最大港口，吞吐量占全国1/3。位于亚马孙河中游的马瑙斯港为最大内河港口，可停泊万吨级货轮。

空运：全国共有2498个飞机起降点，居世界第二，其中国际机场34个，与世界主要地区有定期航班。圣保罗国际机场是全国航空枢纽，年运送乘客3500万人次。

【财政金融】2022年，巴西公共初级财政盈余540.856亿雷亚尔。联邦政府财政税收2.21万亿雷亚尔，同比增长8.18%。公共债务5.951万亿雷亚尔，同比增长6.02%。

巴西银行：成立于1808年，是巴西最大的国家银行，在21个国家设有代表处。2004年10月在上海开设办事处，2014年升格为分行。

巴西经济社会发展银行：成立于1952年，主要职责是为巴西大型基础设施和工程提供资金帮助。

【对外贸易】近年来，巴西政府积极采取措施鼓励出口，实现贸易多样化，对外贸易额增长迅速。近几年巴西对外贸易情况如下（单位：亿美元）：

	2020	2021	2022
出口额	2069	2804	3345
进口额	1567	2194	2727
差　额	502	610	618

（资料来源：巴西经济部）

主要进口机械设备、电子设备、药品、石油、汽车及零配件和小麦等。出口汽车及零部件、飞机、钢材、大豆、药品和矿产品（主要是铁矿砂）等。2022年与各主要贸易伙伴进出口情况如下（单位：亿美元）：

	中国	美国	阿根廷
进口额	620	513	131
出口额	1095	374	153
总　额	1715	887	284

（资料来源：巴西经济部、中国海关总署）

【外国资本】目前在巴约有1.14万家外资企业，雇员约170万人。外国在巴主要投资部门为汽车、能源、通信、金融、冶金、化工、交通运输、机械等。据联合国贸易和发展会议数据显示，2020年，巴吸引外国直接投资约330亿美元，同比减少51%。主要投资国是美国、中国、卢森堡、荷兰、日本、西班牙、法国、澳大利亚和德国等，外资主要投向银行、能源、冶金、机械制造等领域。

【著名公司】（1）巴西石油公司（PETROBRAS）：1953年10月成立，负责国家在石油领域的垄断经营。1997年8月，政府颁布法令，允许私人和外资参与该公司经营，打破国家对石油领域垄断，但巴西石油公司仍为巴境内最大的石油企业。2022年，公司拥有生产平台57个，炼油厂12个，油（气）井5042个，输油（气）管道1.69万公里，各类油轮123艘，定点加油站7665个，火力发电站15座，风力发电站4座，光伏电站1座，生物燃料厂3座，化肥厂3个。公司在世界17个国家经营业务，总部设在里约热内卢。2022年，公司营业收入1244.74亿美元，同比增长48.2%；盈利367.55亿美元，同比增长83.9%。现任总裁盖乌斯·安德拉德（Caio Paes de Andrade）。

（2）巴西航空工业公司（EMBRAER）：世界第三大民用飞机制造企业和巴西主要出口创汇企业之一，在生产120座以下支线飞机方面居世界领先地位。成立于1969年，1994年实行私有化。目前国家持股0.8%，但拥有否决权。2018年，同美国波音公司达成并购协议。2020年4月，波音以巴航未满足并购必要条件为由，宣布终止履行并购合同。主要产品为ERJ-145系列和E170/190系列支线喷气客机、“超级大嘴鸟”螺旋桨战斗机等。总部在圣保罗州的圣若泽多斯坎普斯市，同时在美国、英国、法国、荷兰、葡萄牙、爱尔兰、中国、新加坡和阿联酋设有办公机构和客户服务中心等。2022年，公司营业收入45亿美元。现任首席执行官弗朗西斯科·戈麦斯·内托（Francisco Gomes Neto）。

（3）淡水河谷公司（VALE）：1942年成立，世界第二大矿业公司，最大铁矿石生产和出口商。1997年巴政府将公司私有化后，公司盈利不断上升，经营规模逐步扩大。除了传统的铁、铝、镍、锰、铜等矿产品，还将业务拓展到铁路、水路运输、热力发电和金融证券等领域。公司在上海设有办事处，同上海宝钢在巴西合资开发铁矿砂。2022年，公司净利润167.3亿美元。现任总裁爱德华多·巴托洛梅奥（Eduardo Bartolomeo）。

（4）书赞桉诺纸浆和纸张公司（Suzano）：巴西历史最悠久的企业之一，是全球最大桉树纸浆生产商和纸张销售商之一。目前，公司生产的桉树纸浆、纸张销往全世界百余国。公司行政总部位于圣保罗，生产工厂分布在圣保罗州、巴伊亚州等内陆城市，在巴西拥有77.1万公顷森林。公司在全球有约3.9万名员工，在美国、瑞士、阿根廷、奥地利设立分公司，在中国、英国拥有销售代表处，在阿根廷设立纸张分拨中心，在以色列建立科研实验室。现任总裁瓦尔特·沙尔卡（Walter Schalka）。

人民生活

巴西实行社会养老保险的福利政策。2022年政府设定的最低月工资为1212雷亚尔。2021年中产阶层人口为1.01亿，占总人口的47%。近年来，贫困人口减少3600万。2021年人均预期寿命77岁。2020年新生儿死亡率12.4‰。据统计，全国共有医院7580所，平均每千人拥有病床2.1张。还有4.17万个卫生站等卫生服务机构，平均每千人拥有2.1名医生。

军　事

总统为全军最高统帅。军队由海陆空三军组成，分别建立于1823年12月11日、1848年8月25日和1940年10月23日。目前全军总兵力约37.6万人，其中陆军21.4万人、海军8.1万人、空军8.1万人。实行义务兵役制，服役期1年或1.5年。自1947年起参加联合国维和行动，是十大维和人员派遣国之一。

文化教育

【**教育**】教育体系分基础教育和高等教育两级，基础教育又分初级教育和中等教育。初级教育相当于我国的小学和初中，中等教育相当于我国的高中。高等教育指各类大学，学制一般为4年。实行9年义务教育制（6—14岁），对贫困生入学实行国家助学金制度。目前，高等教育机构共2199所，其中公立大学252所，私立大学1947所，在校生约640.8万人。著名高等学府有圣保罗大学、坎皮纳斯大学、巴西利亚大学、里约热内卢天主教大学等。

【**新闻出版**】全国日报有500多种，发行量在15万份以上的主要报纸有《圣保罗页报》《圣保罗州报》《环球》等。全国杂志有3000余种，主要杂志有《请看》《时代》《这就是》等，均为周刊。

全国有广播电台4000余家，大多为私人所有。巴西广播公司为官方电台。大型电视台有7家，全国覆盖面达99.77%，并通过卫星向美洲、欧洲主要国家和日本传送节目。“环球台”为全国最大私营电视台，其他较大的私营电视台有“巴西电视网”和“纪录”等。政府管理的有2家，即国家电视台和教育电视台。上述电台和电视台均使用葡萄牙语。

对外关系

奉行国家独立、民族自决、主权平等、不干涉内政、尊重主权和领土完整、和平解决争端的对外政策，主张加强联合国作用，积极推动联合国安理会改革，争当安理会常任理事国。同197个国家建有外交关系。系联合国会员国，世界贸易组织、美洲国家组织、南方共同市场等国际和地区组织以及金砖国家、二十国集团、77国集团等多边机制成员，不结盟运动观察员。巴是拉美和加勒比国家共同体成员，但自2020年1月起暂停参与该机制框架内所有活动。卢拉当选后即作出重返拉共体决定。

【**同中国的关系**】1974年8月15日，巴西与中国建交。建交以来，中巴在政治、经贸、科技、文化等领域的友好合作关系全面发展。1993年中巴建立战略伙伴关系，2012年提升为全面战略伙伴关系。双方建有中国—巴西高层协调与合作委员会（简称“高委会”）、立法机构定期交流、外长级全面战略对话等机制。

近年来，两国高层交往频繁。2020年3月，习近平主席应约同巴西总统博索纳罗通电话。9月，王毅国务委员兼外长应约同巴西外长阿劳若通电话。2021年3月，栗战书委员长应约同巴西新任众议长里拉举行视频通话。4月，王毅国务委员兼外长应约同巴西新任外长弗兰萨通电话。10月，王毅国务委员兼外长与巴西外长弗兰萨视频会晤。2022年5月，王岐山副主席在北京以视频方式与巴西副总统莫朗共同主持中巴高层协调与合作委员会第六次会议。

据中国海关总署统计，2022年，中巴双边贸易额为1714.92亿美元，同比增长4.9%。其中，中国出口额为619.7亿美元，同比增长15.7%；中国进口额为1095.22亿美元，同比减少0.4%。中国是巴西第一大贸易伙伴，巴西是中国第九大贸易伙伴国和在拉美地区最大贸易伙伴国。截至2020年底，中国在巴西投资额超过600亿美元。2017年5月，中巴扩大产能合作基金正式启动。该基金规模200亿美元，由中巴双方共同出资、共同管理。中国企业在巴西承建了天然气管道、火电厂、港口疏浚等项目。

中巴科技、人文交流成果丰硕。中巴联合研制地球资源卫星项目被誉为南南合作的典范，已成功发射5颗卫星。双方建有农业联合实验室、气候变化和能源创新技术中心，以及纳米研究中心、南美空间天气实验室，并正在筹建气象卫星联合中心和生物技术中心。

中国教育部在巴西利亚大学和圣保罗大学建有汉语教学点，孔子学院总部在巴西建有11所孔子学院和3所孔子学堂。中国传媒大学和巴西圣保罗大学亚洲文化中心分别设有葡萄牙语水平考试和汉语水平考试考点。中国社会科学院拉美研究所和北京大学分别设有巴西研究中心和巴西文化中心。中央电视台和中国国际广播电台分别在巴西建有拉美中心站和拉美地区总站。

中国驻巴西大使：杨万明，祝青桥（2022年12月以后）。馆址：SES-Av. das Nações，Lote 51，CEP：70443-900，Brasília DF，Brasil。电话：0055-61-21958200，999816188（领保电话）；传真：33463299。商务处电话：0055-61-32481446；传真：32482139。在圣保罗、里约热内卢和累西腓分别设有总领馆。

巴西驻华大使：高望（Marcos Galvão）。馆址：北京市朝阳区光华路27号。电话：010-65322881，65322993（签证处）；传真：65322751。在上海、香港、广州、成都（尚未正式开馆）设有总领馆。

【同其他拉美国家的关系】将发展同其他拉美国家关系置于外交政策优先位置。推动南方共同市场提高自由贸易水平，密切同拉美“太平洋联盟”的经贸合作。主张拉美国家自主解决地区事务。

【同美国的关系】巴西独立后，美国是首个承认巴西的国家。2019年7月，美国正式宣布巴西为“非北约主要盟友”。2020年3月，博索纳罗总统访问美国。6月，博索纳罗赴美参加美洲峰会。目前，美是巴第二大贸易伙伴，2022年巴美贸易总额为887亿美元。

【同欧盟的关系】巴西同欧盟政治、经济、文化关系密切，重视发展同欧盟关系，双方建有峰会、政治磋商机制和战略伙伴关系。积极推动南方共同市场同欧盟达成自由贸易谈判。

【同其他亚洲国家的关系】认为东亚和东南亚是当今世界最具经济活力的地区，重视发展同亚洲国家，尤其是同中国、日本、印度、韩国和东盟国家的政治和经贸关系。积极参与“东亚—拉美合作论坛”。2011年，与东盟签署《东南亚友好合作条约》，成为拉美首个东盟对话伙伴国。系拉美唯一的亚洲基础设施投资银行创始成员国。

日本同巴西于1895年建交。日在巴拥有最大海外侨社，旅巴日侨和日裔约160万人，旅居日本的巴西移民也达到20万人。日是巴西发展与亚太地区国家关系的重点之一，也是巴在亚洲的重要贸易伙伴和投资来源国。2019年10月，博索纳罗总统访问日本。

【同非洲国家的关系】同非洲有种族、文化和历史渊源，高度重视发展同非洲国家，特别是同非洲葡语国家的关系。积极参加联合国在非洲的维和行动，免除部分非洲国家的债务。推动提高对非合作水平。

【同俄罗斯的关系】重视俄罗斯大国地位和对国际事务的影响。2000年，巴俄正式启动两国副总统—总理级高级合作委员会，确立了面向21世纪的两国关系框架。2022年2月，博索纳罗总统访问俄罗斯。

（王祉祎）

百慕大

名称　百慕大（Bermuda）。

面积　54平方公里。

人口　约6.35万（2022年），2022年人口增长率为-0.36%。居民构成中黑人占53.8%，白人占31%，混血种人占7.5%，其他人种占7.1%（2010年估计）。英语为官方语言和通用语，少数使用葡萄牙语。居民多信奉基督教。

首府　汉密尔顿（Hamilton），位于百慕大岛，人口约1万（2018年）。

总督　雷娜·拉尔吉（Rena Lalgie，女），2020年12月14日就任。

重要节日　百慕大日：5月24日。

简　况

北大西洋西部群岛，距美国东海岸的南卡罗来纳州917公里，由7个主岛及130余个小岛和礁群组成。气候温和湿润，年均气温21℃，年均降水量1470毫米。

1503年西班牙人胡安·百慕大抵达该岛。1609年，英国人在岛上定居。1684年沦为英国殖民地，是英联邦中最早的英国殖民地。1940年3月，英美签订《行政协定》，美以一些旧驱逐舰为代价，租借该群岛中的摩根、特克尔和圣大卫3个岛屿，为期99年。1957年英国军队最后撤出百慕大群岛。1968年百慕大群岛获得内部自治权，实行政党体制。现为英国的海外领地（British Overseas Territory）。

政　治

百慕大进步工党（Progressive Labour Party，PLP）于1998年上台执政，并连续在2003年、2007年的大选中获胜。2012年大选，反对党“一个百慕大联盟”（One Bermuda Alliance，OBA）获胜后上台执政。2017年7月18日举行大选，反对党进步工党获胜；7月19日，爱德华·戴维·伯特（Edward David Burt）接任总理。2020年10月1日，执政党进步工党在新一届众议院选举中再度获胜，同年12月，总督约翰·兰金（John Rankin）离任，新总督雷娜·拉尔吉就任。

【宪法】1968年6月8日施行。1973年、1979年、1989年、2001年和2003年5次修订。宪法规定：百慕大为英国殖民地，设自治政府；总督代表英王，通过总督委员会掌管外事、防务和内部治安；总理由议会多数党领袖担任，由总督任命；其他部长由总理任命；内阁对议会负责。

【议会】两院制议会，由参议院和众议院组成，参议院有权审查和否定众议院通过的法案。参议院共设11席，议员由总督任命3名，总理任命5名，反对党领袖任命3名，议员任期5年；众议院设36席，普选产生，议员最长任期5年。本届议会于2017年7月选举产生。2020年10月1日，众议院再度选举，进步工党获得30席，“一个百慕大联盟”获得6席。现任议长丹尼斯·李斯特（Dennis Lister），进步工党成员，当选后即放弃所有党派关系。下届参议院选举将在2022年进行，众议院选举将于2025年前进行。

【政府】由总理主持并由在大选中赢得最多席位的政党或获得众议院多数议员支持的政党组成，包括总理和其他至少6名议员。本届政府于2020年10月组成，主要成员：总理兼财政部长爱德华·戴维·伯特、内政部长沃尔顿·布朗（Walton Brown）等。

【行政区划】有9个教区和2个自治区。

【司法机构】设最高法院、上诉法院和3个地方法院。最高法院对一切严重的刑事、民事案件行使裁判权，并接受地方法院案件的上诉。上诉法院成立于1964年，职权与其他英联邦国家的上诉法院相同。终审权在英国枢密院的司法委员会。

【政党】主要政党有：

（1）进步工党：执政党。1963年建立，1998—2012年执政。左翼党，党员大多数为黑人。主张经济“百慕大化”，推行更公平的税收制度、健全福利制度以及争取独立。2016年，爱德华·戴维·伯特被选为领导人。2017年7月，该党赢得大选上台执政，爱德华·戴维·伯特就任总理一职。2020年10月，该党再度赢得众议院选举。

（2）一个百慕大联盟：在野党。2011年5月17日由百慕大联合党和百慕大民主联盟合并而成。2017年7月，该党在大选中落败，时任领导人，前总理迈克尔·邓克利（Michael Dunkley）随后辞任；11月21日，该党成员珍妮·阿瑟登（Jeanne Atherden，女）被任命为百慕大反对党领袖。2020年10月，该党在众议院选举中再次落败。

【重要人物】雷娜·拉尔吉：总督。2020年12月14日就任，是百慕大历史上第一位女性总督和第一位黑人总督。2015—2016年任英国贸易与投资署运营总监，2016—2020年任英国财政部金融制裁执行办公室主任。**爱德华·戴维·伯特**：总理。2017年7月19日就任，时年38岁，是迄今百慕大历史上最年轻的总理。

经　济

百慕大是世界人均地区生产总值最高的地区之一。与美国经济联系紧密。国际商务，包括保险及其他金融服务，是百慕大经济的真正基石，一直占地区生产总值约85%。百慕大是世界保险和再保险业中心之一，其资产超过350亿美元，规模仅次于伦敦和纽约。国际商务、金融中介、置业和理财服务收入约占国民生产总值的40%，为外汇收入主要来源。旅游业是该国的第二大产业，占地区生产总值约5%，同时提供了更大占比的就业率。百慕大超过80%的游客来自美国，近年来，随着美国经济走缓，其旅游业受到影响，经济增速减缓。百慕大高度依赖进口，农业和制造业在经济中所占份额很小。百慕大的人均收入始终居世界高位。2020年，受全球新冠疫情影响，百慕大经济遭遇严重冲击，衰退迹象明显，经济活动一度中断。2021年，百慕大政府着力于重建经济，实施一系列刺激性措施，地区经济经受住了疫情的负面影响，经济活动有序恢复，缓慢复苏。2022年，在国际商务活动不断增多和旅游业持续复苏的推动下，百慕大经济继续保持增长。主要经济数据如下：

地区生产总值：70.01亿美元（2021年）。

人均地区生产总值：10万美元（2021年估计）。

地区生产总值增长率：5.8%（2021年）。

货币名称：百慕大元；1元=100分。

汇率：1美元≈1百慕大元。

通货膨胀率：1.5%（2022年估计）。

失业率：6%（2018年估计）。

【资源】自然资源相对缺乏，石灰岩资源丰富，水资源稀缺。

【工业】由于缺乏自然资源，只有船舶修理、小船制造、制药和手工艺品等小型工业。2014年从业人口约占劳动力总数的15%。近年来，政府积极鼓励发展轻工业生产，建筑业在地区生产总值中的比例上升。2019年、2020年、2021年，制造业产值分别为3831万美元、2317万美元、2524万美元。2022年前三季度，新开工建筑项目总价值从2021年的8340万美元增加到1.01亿美元，增长了20.6%。

【农业】有可耕地839英亩，一半用于种植蔬菜和水果，主要有马铃薯、柑橘、香蕉等；另一半为休耕地。90%以上的食品靠进口，奶、蛋基本自给。农业劳动力占就业人口总数的2%（2013年估计）。小规模的渔业生产仅能满足约1/3的当地需求。2021年、2022年，农业（含畜牧业和林业）产值稳步上升，分别为1760万美元、2117万美元。

【服务业】金融服务业是第二大经济部门，也是经济支柱之一。由于百慕大政局相对稳定，没有外汇管制，并严格遵守金融保密法，该群岛成为世界上最大的境外金融和商业中心之一。金融业已超过旅游业成为百慕大外汇收入的主要来源。保险业相当发达，约占世界意外险种再投保量的1/3。2018年底，百慕大出台《经济实质法案》，2019年起实施，其核心是要求在当地注册成立从事特定活动的公司、合伙企业等实体应具备充足的商业实质，否则将面临罚款甚至是注销的风险。2022年，共计有812家新国际公司和合伙企业在百慕大注册，这同时为当地提供了近5000个工作岗位。全年金融服务业总收入达7965万美元，较2021年增长了8.98%。2022年10月3日，欧盟宣布将百慕大从避税黑名单中移除。

【旅游业】最主要的支柱性经济部门和第二大产业，收入占地区生产总值的32%、外汇总收入的40%。从业人口占全国劳动力的60%。主要接待高收入游客。2018年，航空旅客增加了4.6%，邮轮游客则增加了15.9%，酒店和餐饮业的产出增长了17.9%。2019年，旅游业复苏强劲。2020年，旅游业受疫情重创，总游客人数较上年下降了93.7%。2021年，上一年近乎零收入的旅游业及与之相关的税收损失对政府收入影响巨大。2022年，赴岛游客数量剧增，航空到达旅客量增加了80%，邮轮游客量激增了2735%，旅游业收入高出财政预算431万美元。2022年旅游业整体表现依旧未恢复到2019年以前的水平。

【交通运输】2021年，交通运输和通信业产值1.58亿美元。

公路：总长447公里，其中222公里为私有。

水运：主要港口为汉密尔顿（Hamilton）、爱尔兰岛（Ireland Island）和圣乔治（Saint George）。2020年在百慕大注册的商用船只为138艘。

空运：百慕大国际机场是百慕大唯一的机场。有通往英国、美国的航线。

【财政金融】财政年度为每年的4月1日至翌年的3月31日。关税、公司税、印花税和土地税是政府收入主要来源，其中关税占总收入的35%—40%。政府总支出的一半用于支付工资。2020/2021财年，政府预算总收入为11.2亿美元，预算总支出为11.4亿美元，负债总额27亿美元。2021/2022财年：政府预算总收入为9.99亿美元，增加了4%；预算总支出为11.2亿美元，减少了6.8%；负债总额33.5亿美元，增加了24.7%。2022/2023财年：政府预算总收入为10.8亿美元，增加了4.6%；预算总支出为11.5亿美元，增加了0.2%；负债总额33.5亿美元，与上财年持平；赤字7000万美元，减少了40.4%。

【对外贸易】外贸历年巨额入超，几乎所有商品均依赖进口。主要进口来源国为美国、韩国、加拿大；主要出口目的国为牙买加、卢森堡、美国。主要进口产品为服装、燃料、机械和运输设备、建筑材料、化工产品、食品和活畜等。出口产品以药品的再出口为主，其次为化妆品和鲜花。2019—2020年，商品出口总额下降了29%。2021年，主要出口商品是车辆零部件，出口总额实现回升，增长了50%，达2860万美元；进口商品以食品、饮料和烟草为主，商品进口总额为10.55亿美元。2022年，商品出口总额为3610万美元，商品进口总额为9.19亿美元。

人民生活

政府实行社会保险和养老金制度，为所有就业者提供养老金。政府为所有居民提供医疗保险，并为儿童提供免费医疗，为老人提供医疗补贴。2016年7月估计互联网用户6.91万户。2019年固定电话拥有量约为每百人35部，移动电话拥有量约为每百人103部。2021年估计居民平均预期寿命为82.9岁。

军　事

防务由英国负责，驻有皇家百慕大团，并装备有轻武器。

文化教育

【教育】百慕大公立学校为5—16岁儿童提供免费义务教育，并为高等教育及教师培训提供大量奖学金。2005年识字率为98%。目前有26所中小学，其中小学18所，中学5所，高中2所，特殊教育学校1所。百慕大学院建于1972年，为大专性质；国内无大学。学生中学毕业后一般赴美国、英国或加拿大的大学深造，如学生被名牌学校录取，百慕大政府将为其提供奖学金。政府近年一直在加大对教育的投资力度。2021年，当地总入学人数同比减少2%，达到历史低点。

【新闻出版】主要报纸有《皇家报》和《百慕大太阳》（一周两期）。广播电视公司有2家：百慕大广播公司和VSB。有3家电视台，另提供有线电视及卫星电视转播服务。约有10家广播电台。

对外关系

外交由英国掌管。百慕大作为英国代表团的成员参加国际劳工组织、世界卫生组织和其他国际组织。百慕大为万国邮政联盟、国际奥委会成员，加勒比共同体准成员，设有国际刑警组织百慕大支局。美国在百慕大派有总领事。百慕大体育代表团参加了2012年伦敦奥运会、2014年索契冬奥会、2016年里约奥运会和2018年平昌冬奥会。2021年，百慕大派团参加了在日本东京举行的第32届夏季奥林匹克运动会，并获得其奥运历史首金，随后参加了第16届夏季残疾人奥林匹克运动会。

【同中国的关系】2017年1月16—17日，应英属百慕大政府邀请，驻英国大使刘晓明赴该地访问；2月6日，驻英国大使刘晓明在使馆会见英属百慕大总理邓克利。2017年，中国中央政府授权香港特区政府与英属百慕大群岛谈判税务资料交换协定。百慕大和中国均属承诺加入境外金融账户共同申报准则体系进行金融涉税信息互换的国家和地区。2017年，百慕大与中国在《多边主管当局间协议》框架下实现“配对”，百慕大已确定会将中国税收居民的金融资产信息提交给中国。2018年9月，百慕大向中国政府提交中国税收居民在百慕大金融机构所持有账户的信息。2021年、2022年，中国与百慕大货物进出口额分别为7914万美元、8335.93万美元，贸易差额分别为7910.4万美元、8326.93万美元。（叶雯）

秘　鲁

国名　秘鲁共和国（The Republic of Peru，La República del Perú）。

面积　128.52万平方公里。

人口　3339.67万（2022年）。其中，印第安人占45%，印欧混血种人占37%，白人占15%，其他人种占3%。官方语言为西班牙语，一些地区通用克丘亚语、阿伊马拉语和其他30多种印第安语。96%的居民信奉天主教。

首都　利马（Lima），人口约1000万（2022年）。年均气温18.7℃。

国家元首　总统迪娜·埃尔西利亚·博鲁阿尔特·塞加拉（Dina Ercilia BOLUARTE Zegarra，女），2022年12月7日就职，任期至2026年7月。

重要节日　独立日：7月28日。

简　况

位于南美洲西部，北邻厄瓜多尔、哥伦比亚，东界巴西、玻利维亚，南接智利，西濒太平洋。海岸线长2254公里。山地占全国面积的1/3。安第斯山纵贯南北。全境从西向东分为热带沙漠、高原和热带雨林气候。年均气温西部12℃—32℃，中部1℃—14℃，东部24℃—35℃。

11世纪，印第安人以库斯科城为首府，在高原地区建立印加帝国。15—16世纪初形成美洲三大古代文明之一——印加文明。1533年沦为西班牙殖民地。1544年成立秘鲁总督区，成为西班牙在南美殖民统治的中心。1821年7月28日宣布独立，成立秘鲁共和国。1835年，秘鲁与玻利维亚合并，成立秘鲁—玻利维亚邦联，1839年邦联瓦解。1879—1883年，联合玻利维亚同智利进行了“太平洋战争”，秘战败割地。20世纪秘鲁多半遭受内乱外患，军人多年执政。1980年5月，秘鲁举行民主选举，恢复文人政府。1990—2000年，“改革90”领导人藤森（日裔）两次担任总统，2000年11月流亡日本，2007年9月，被秘鲁从智利引渡回国。2009年4月，因“践踏人权罪”被判入狱25年。2001—2006年，“秘鲁可行”党领导人托莱多任总统。2011年7月28日，民族主义党主席乌马拉就任总统，任期5年。

政　治

2016年6月，秘鲁中右政党“为了变革的秘鲁人”党候选人库琴斯基以微弱优势当选总统，并于7月28日就职。2017年12月21日，秘鲁国会以涉腐案为由对库琴斯基总统弹劾表决，支持票未达到总议席的2/3，弹劾案被否决。2018年3月21日，库琴斯基总统在国会准备再次对其弹劾前夕宣布辞职。3月23日，第一副总统比斯卡拉依宪接任总统，任期至2021年7月。比斯卡拉就任后将打击腐败、政治改革、重振经济、地方分权和改善民生作为五大工作重点，如期举办美洲峰会，获各方普遍认可。2019年4月，前总统库琴斯基因涉嫌贪腐被预防性羁押，前总统、阿普拉党党首加西亚因涉嫌贪腐被预防性羁押前开枪自杀。7月，比斯卡拉总统向国会提交修宪法案，拟推动提前大选并就此公投。9月底，国会否决修宪法案，比斯卡拉总统申请信任投票，后以国会“事实性否决”投票申请为由，宣布立即解散国会，随即重组内阁。2020年1月，提前举行国会选举。3月，新国会正式成立，将完成上届国会任期至2021年7月。9月，国会以“道德缺失”为由弹劾比斯卡拉总统但未获通过。11月，国会再次弹劾比斯卡拉总统并于11月9日通过。10日，国会主席梅里诺依宪就任代总统。14日，首都利马等地发生全国性反政府大游行，引发严重警民冲突，导致2人死亡。15日，梅里诺迫于压力辞职。16日，紫党国会发言人萨加斯蒂当选国会主席并于次日宣誓就任代总统。2021年7月20日，左翼自由秘鲁党候选人卡斯蒂略当选总统。2021年12月、2022年3月，国会发起2次对卡斯蒂略弹劾，但均未通过。2022年12月7日，国会通过对卡斯蒂略的弹劾案，同日副总统博鲁阿尔特接任总统。

【宪法】现行宪法于1993年12月31日生效。宪法规定总统可连任一届，隔届可再当选；设第一副总统和第二副总统；国会由两院制改为一院制；对恐怖分子可处极刑等。2000年11月2日，秘国会通过宪法修正案，规定总统不得连任，但可隔届参选。2005年3月11日，秘国会再次通过宪法修正案，正式赋予军人和警察投票权。

【议会】称“国会”，一院制，由130名议员组成。议员由选举产生，任期5年，可连选连任。国会每年有两次会期，休会期间由常务委员会主持工作。每届国会任期5年。2021年4月11日，秘鲁举行国会选举，选出130名议员和5名安第斯议会议员。2022年国家前进党议员何塞·丹尼尔·威廉姆斯·萨帕塔（José Daniel WILLIAMS Zapata）当选为新任国会主席，任期至2023年7月27日。国会议席分配情况（截至2022年12月31日）：自由秘鲁党15席、人民力量党24席、人民行动党14席、争取进步联盟10席、教师派10席、人民革新党8席、国家前进党9席、“我们是秘鲁”党6席、正直与发展6席、秘鲁两百年6席、民主秘鲁6席、“为了秘鲁联合”党5席、无党派议员11名。

【政府】本届内阁于2022年12月成立，由部长会议主席和18名部长组成，2023年1月10日通过国会信任投票，系博鲁阿尔特总统任内首届内阁。部长会议主席路易斯·奥塔罗拉（Luis OTAROLA），外交部长安娜·赫瓦西（Ana GERVASI，女），国防部长豪尔赫·查韦斯（Jorge CHÁVEZ），经济和财政部长亚历克斯·孔特雷拉斯（Alex CONTRERAS），内政部长比森特·费尔南德斯（Vicente FERNÁNDEZ），司法和人权部长何塞·特略（José TELLO），教育部长奥斯卡·贝塞拉（Oscar BECERRA），卫生部长罗莎·古铁雷斯（Rosa GUTIÉRREZ，女），农业和灌溉部长内莉·帕雷德斯（Nelly PAREDES，女），劳动和就业促进部长阿方索·奥赫达（Alfonso OJEDA），生产部长劳尔·雷耶斯（Raúl REYES），外贸和旅游部长路易斯·埃尔格罗（Luis HELGUERO），能源和矿业部长奥斯卡·贝拉（Oscar VERA），交通和通信部长保拉·拉萨尔特（Paola LAZARTE，女），住房、建设和用水部长阿尼娅·佩雷斯·德奎利亚尔（Hania PÉREZ DE CUÉLLAR，女），妇女和弱势群体部长南希·托伦蒂诺（Nancy TOLENTINO，女），环境部长阿尔维娜·鲁伊斯（Albina RUIZ，女），文化部长莱斯利·乌特亚加（Leslie URTEAGA，女），发展与社会融合部长胡利奥·德马尔蒂尼（Julio DEMARTINI）。

【行政区划】全国划分为26个一级行政区，包括24个省（大区）、卡亚俄宪法省和利马省（首都区）。

【司法机构】法院分四级：最高法院、高级法院、一审法院和调解法院。各级法官均通过全国或地方法官委员会考核推荐，由总统任命。最高法院院长从大法官中选举产生，任期2年。现任最高法院院长哈维尔·阿雷瓦洛（Javier Arévalo）。

国家检察院为独立机构，检察长由最高检察团选举产生，任期3年，可连选连任一次，但第二任期不得超过2年。现任国家检察长帕特里西亚·贝纳维德斯（Patricia BENAVIDES）。审计署为独立机构，审计署长由政府提名，国会任命，任期7年。现任国家审计署长内尔松·爱德华多·沙克·雅尔塔（Nelson EDUARDO Shack Yalta）。

【政党】秘鲁政党主要有：

（1）自由秘鲁党（PPNPL）：2016年成立。主张由劳动者、社会团体、政党和宪法专家组成制宪会议，制定新宪法，摒弃新自由主义发展模式，建立“人民市场经济”，加强政府对经济调控，保障国家能资源主权，整饬社会治安，加强基层组织配合。党主席弗拉基米尔·塞隆（Vladimir Cerrón）。2021年7月，该党候选人卡斯蒂略当选总统。

（2）人民力量党（Fuerza Popular）：2010年藤森庆子（Keiko FUJIMORI，女）为参加2011年大选创建“2011力量”党，后改名为人民力量党。政治立场中右。尊重民主与法制，主张平等和社会正义，促进地区均衡发展。倡导根除腐败、严打各种犯罪行为，维护社会治安。党主席藤森庆子。

（3）人民行动党（Partido Acción Popular）：1956年由费尔南多·贝朗德（Fernando BELAÚNDE）等人在原“全国青年民主阵线”基础上创建。核心政治主张为民主、民族主义和革命。对内主张实行代议制民主和混合经济模式；对外强调独立自主和不结盟原则，支持拉美一体化。该党曾于1963—1968年、1980—1985年执政，时任党主席贝朗德出任总统。现任党主席梅西亚斯·格瓦拉·阿马西富安（Mesías Guevara AMASIFUÉN）。

（4）争取进步联盟（Alianza para el Progreso）：2015年成立，中右翼政党。主张人本主义、地方分权和加强民主，通过增加投资实现社会公平，建设高质量教育、医疗体系和完善的基础设施。党主席为前总统候选人塞萨尔·阿库尼亚·佩拉尔塔（César ACUÑNA Peralta）。

【重要人物】**迪娜·埃尔西利亚·博鲁阿尔特·塞加拉**：总统。女，1962年5月出生于秘鲁阿普里马克大区西南部城市查尔万卡。秘鲁圣马丁德波雷斯大学法学学士、硕士。2007—2021年任国家身份和婚姻登记局法律办公室主任。2017年加入自由秘鲁党前身自由主义党。2021年，博代表自由秘鲁党与卡斯蒂略搭档参加大选，当选第一副总统，兼任社会发展和融合部长。12月7日国会将卡斯蒂略弹劾去职后，博接任总统，成为秘历史上首位女总统。

经　济

秘鲁为传统农矿业国家，矿业、渔业资源丰富，属拉美中等发展水平经济体。经济总量居拉美第6位，世界第51位。重视发挥市场主导作用，倡导自由贸易。2022年主要经济数据如下：

国内生产总值：2408.84亿美元。

人均国内生产总值：7212美元。

国内生产总值增长率：2.68%。

货币名称：新索尔。

汇率：1美元≈3.6新索尔。

通货膨胀率：8.46%。

失业率：7.3%。

外汇储备：785.4亿美元。

外债：211.95亿美元。

贫困率：25.9%。

（资料来源：秘鲁中央储备银行）

【资源】矿产资源丰富，是世界十二大矿产国之一。主要矿产有金、银、铜、锌、锡等。森林覆盖率58%，面积7800万公顷，在南美洲仅次于巴西。渔业资源丰富，鱼粉产量居世界前列。2021年，石油储量6.6亿桶，液化天然气储量6.96亿桶，铜矿储量7700万吨，铁矿储量11.6亿吨。

【工业】秘鲁是世界第二大铜、锌生产国。银储量世界第一，铜、钼储量世界第三。矿产品出口占秘鲁货物出口总额的59%。工业以加工和装配业为主，石化、冶金、基建、电力、制药等产业发展相对缓慢。

2022年，铜产量245万吨，同比增长4.9%；钢铁产量1294万吨，同比增长6.5%；金产量96.74吨，同比减少0.5%；锌产量137万吨，同比减少10.7%；白银产量3083吨，同比减少8.7%；铅产量25.54万吨，同比减少3.4%；锡产量2.8万吨，同比增长4.6%；钼产量3.2万吨，同比减少7.5%。

2022年，总发电量为59643吉瓦时，同比增长3.9%。其中，水电、天然气、风电分别占50%、45%、3%。（资料来源：秘鲁能源和矿业部）

【农业】秘鲁是世界十大农产品生产国之一，是世界主要鱼粉、鱼油生产国。农牧业用地占全国土地总量的30%，达3874.2万公顷。2022年，秘鲁农牧渔业产品出口额为98.07亿美元，同比增长12.3%。主要出口对象国依次为美国、欧盟国家。（资料来源：秘鲁农业和灌溉部、外贸和旅游部）

【旅游业】秘鲁是印加文明的发祥地，旅游资源丰富。2022年共吸引200万人次外国游客来访。主要旅游景点有库斯科城、马丘比丘遗址、利马大广场、黄金博物馆等。（资料来源：秘鲁外贸和旅游部）

【交通运输】以公路为主，公路货运量占全国运输总量的80%。水上运输较发达，外贸主要依靠海上运输。

公路：2022年公路总里程18.04万公里，主要是纵贯南北的泛美公路和横跨东西的中央公路。高速公路约300公里。2020年，全国注册机动车量合计约410万辆。

铁路：秘鲁是南美最早修建铁路的国家，1851年建成第一条利马至卡亚俄的铁路，长度13.7公里。2022年铁路总里程1952.9公里，主要有中部铁路、南部铁路和东南部铁路，均为私营。秘鲁铁路长期疏于维护和维修，设备老化严重，行车速度较慢，主要用于山区农产品和矿产品运输。南部铁路主要用于旅游客运。

水运：秘鲁濒临太平洋，沿海多优良港口。内陆地区尤其是亚马孙地区河流纵横，水路运输便利。2022年，秘鲁有108个港口，其中海港59个。主要港口有卡亚俄、派塔、钦博特、伊洛、萨拉维里等。

空运：秘鲁是南美地区空运的枢纽，有大小规模不等的146个机场，其中国际机场11个。国际航线可通往美国多个城市、欧洲部分国家和拉美各主要国家。最主要国际机场有豪尔赫·查维斯机场和阿雷基帕、奇克拉约、伊基托斯、库斯科机场等。（资料来源：秘鲁交通和通信部）

【财政金融】据秘鲁经济财政部数据，2022年，秘鲁执行预算收入为1245.51亿新索尔，执行预算支出为2101.82亿新索尔，财政赤字率由2020年的8.9%下降至1.6%。

秘鲁国民银行是政策性金融机构，行使政策性信贷权力，现主要业务是为中小企业融资，支持其发展。秘鲁金融开发公司是秘鲁国有金融机构，其主要功能是为国家经济发展筹集资金，并对政府的基础设施等项目提供贷款支持。除了上述金融机构，秘鲁金融体系还包括：16家商业银行，18家保险公司，11家金融公司，12家城市储蓄公司，6家农村储蓄公司，9家小微企业发展机构和租赁、担保、信托服务公司等。其中，本地较大私人商业银行主要有秘鲁信贷银行、秘鲁国际银行等。

【对外贸易】秘鲁实行自由贸易政策。主要出口矿产品、石油、农牧业产品、纺织品和渔产品等。主要贸易伙伴及所占外贸份额依次为中国（29.4%）、美国（18.6%）、欧盟（9.4%）、巴西（4.6%）等。2020年，受全球新冠疫情影响，秘鲁外贸进出口总额同比减少15.6%。2021年，得益于国内生产恢复和部分大宗商品国际价格大幅上涨，秘鲁外贸进出口总额同比增长35.9%。近几年进出口贸易情况如下（单位：亿美元）：

	2020	2021	2022
总　额	745	1026	1177
出口额	407	562	631
进口额	338	464	546
差　额	69	98	85

（资料来源：秘鲁外贸和旅游部）

【外国资本】1991年3月，秘鲁政府修改外资法，取消了对外国投资的某些限制措施，允许外商在能源、电信、自来水等部门投资，利润自由汇出。受疫情影响，2020年秘鲁吸引外国直接投资额为13.82亿美元，仅为2019年外国直接投资额（88.92亿美元）的15.5%。2021年，秘鲁吸引外国直接投资额恢复至62.01亿美元。2022年，秘吸引外国直接投资额为51.38亿美元，同比减少17.1%。英国、西班牙、智利、美国是秘主要投资来源国。

人民生活

2021年秘鲁全国共有医院580所、医疗中心4262个、卫生所14037个。新生儿死亡率从21‰降至17‰。（资料来源：秘鲁国家统计信息局）

军　事

秘鲁总统为武装力量最高统帅。国防委员会为最高军事决策机构，总统任主席。最高军事指挥机构是武装力量联合指挥部，直属总统领导，成员为三军司令，并轮流担任主席。现任联指司令曼努埃尔·戈麦斯·德拉托雷（Manuel Gómez de la Torre），陆军司令大卫·吉列尔莫·奥赫达·帕拉（David Guillermo OJEDA Parra），海军司令阿尔韦托·阿尔卡拉·卢纳（Alberto Alcalá Luna），空军司令阿方索·哈维尔·阿尔塔迪·萨莱蒂（Alfonso Javier Artadi Saletti），国民警察司令劳尔·恩里克·阿尔法罗·阿尔瓦拉多（Raúl Enrique Alfaro Alvarado）。秘鲁实行义务兵制，服役期两年。2022年秘三军总兵力11.5万人，预备役38.6万人。陆军7.5万人，海军2.7万人，空军1.3万人。另有约16万名国民警察组成的警察部队。2022年，国防预算23.75亿美元。

文化教育

【**教育**】秘鲁政府重视发展教育事业。现行教育体制为：学前教育1—2年，小学6年，中学6年，大学5年。秘全国著名高等院校大多集中在首都利马。最著名的国立大学是圣马科斯大学（建于1551年），亦是拉美历史最悠久的高等学府。排名前五位的私立大学分别是：天主教大学、利马大学、圣马丁·德彼雷斯大学、里卡多·帕尔马大学和太平洋大学。

【**新闻出版**】全国共有各种报纸及刊物20余种。主要有:《商报》，发行量约28万份;《快报》，发行量15万份;《共和国报》，发行量15万份;《秘鲁人报》，发行量25万份;《太阳报》，发行量3万份。主要政论期刊有:《假面具》周刊，发行量3.5万份;《请听》和《是》，各发行1万份。

秘鲁新闻社和安第斯新闻社为官方通讯社。全国共有广播电台1107家，除1家国家电台外，其余均为私人电台。影响较大的电台有：国家电台、圣罗莎电台、秘鲁节目电台、团结电台和联合电台等。全国共有电视发射台和转播台90家，其中7家有全国广播网。电视7台为国家台，其余均为商业性电视台。影响较大的商业性电视台有拉丁台（电视2台）、美洲台（电视4台）、泛美台（电视5台）、安第斯台（电视9台）、OK台（电视11台）和全球网台（电视13台）。

对外关系

秘鲁奉行独立自主的外交政策，强调外交为经济发展服务。主张在国际事务中遵循国际法、《联合国宪章》和泛美体系准则，维护国际和平与安全。支持联合国改革，主张加强联合国的权威。尊重普世人权观。重视同美国的关系，积极发展同拉美国家关系，支持地区团结和一体化，反对地区军备竞赛，努力拓展同欧盟及亚太国家关系。现与130多个国家保持外交关系。秘鲁是联合国会员国，不结盟运动、77国集团、亚太经合组织、美洲国家组织、拉美和加勒比国家共同体、南美国家联盟、安第斯国家共同体、拉美一体化协会、拉美经济体系、亚马孙合作条约组织、太平洋经济合作理事会、南太平洋常设委员会、太平洋联盟等国际和地区组织的成员国。2015年10月，秘鲁举办世界银行和国际货币基金组织年会。2008年、2016年，秘鲁先后两次主办亚太经合组织领导人非正式会议，并将于2024年再次主办上述会议。2018年4月，第八届美洲国家首脑会议在秘鲁首都利马举行。2021年9月，卡斯蒂略总统赴墨西哥出席第六届拉共体峰会并访问美国。2022年6月，卡斯蒂略赴美出席第九届美洲峰会。9月，卡斯蒂略赴美出席第77届联合国大会。10月，第52届美洲国家组织大会在秘鲁首都利马举行。11月，副总统博鲁阿尔特赴泰国出席亚太经合组织第二十九次领导人非正式会议。

【**同中国的关系**】1971年11月2日建交。2008年11月胡锦涛主席访秘鲁期间，中秘宣布建立战略伙伴关系。2013年4月，秘鲁总统乌马拉访华期间，两国将双边关系提升为全面战略伙伴关系。2020年2月，比斯卡拉总统就新冠疫情向习近平主席致慰问函。4月，习近平主席应约同比斯卡拉总统通电话。5月，应秘鲁政府请求并考虑到秘方抗疫需要，中国政府向秘鲁派遣抗疫医疗专家组，这是中方向拉美地区派出的第二支专家组。2021年11月，习近平主席同卡斯蒂略总统就中秘建交50周年互致贺电。同月，栗战书委员长同秘鲁国会主席阿尔瓦举行视频会晤。2022年3月，卡斯蒂略总统就北京冬奥会和中国农历新年向习近平主席致函祝贺。6月，最高人民法院院长周强同秘鲁最高法院院长巴里奥斯举行视频会晤。11月，中共中央政治局委员、国务委员王毅在曼谷出席亚太经合组织第二十九次领导人非正式会议期间应约会见秘鲁外长兰达。

两国经贸合作不断深化。2019年4月，两国签署共建“一带一路”合作谅解备忘录。10月，秘鲁总统卡斯蒂略以预录视频方式出席第130届中国进出口商品交易会并发表致辞。11月，秘鲁作为主宾国参加第二届中国国际进口博览会。中秘经济合作发展较快，秘是中国在拉美主要投资对象国之一，主要涉及矿产、石油资源开发等领域。

中国是秘鲁全球第一大贸易伙伴、第一大出口市场和第一大进口来源国，秘鲁是中国在拉美第二大投资目的地国和第四大贸易伙伴。据中国海关总署统计，2022年，中秘双边贸易额为376.43亿美元，同比增长0.4%。其中，中国出口额为135.32亿美元，同比增长2%；中国进口额为241.11亿美元，同比减少0.5%。中国主要出口高新技术产品、塑料产品、汽车、服装等，主要进口鱼粉和铜、铁等矿产品。

中国驻秘鲁大使：梁宇，宋扬（2022年8月以后）。馆址：Jirón José Granda 150 San Isidro Lima 27, Perú。电话：00511–4429458；传真：4429566。

秘鲁驻华大使：路易斯·费利佩·克萨达·因乔斯特吉（Luis Felipe Quesada Incháustegui）。馆址：北京市朝阳区三里屯外交人员办公楼1单元91号。电话：010–65323719，65322976（领事处）；传真：65322178。

【同美国的关系】秘美1826年建交。美是秘鲁主要贸易伙伴和出口市场。2006年4月，两国政府签署自贸协定，并于次年获美国会通过。2019年4月，美国国务卿蓬佩奥访秘。2021年9月，卡斯蒂略总统赴墨西哥出席第6届拉共体峰会并访问美国。2022年10月，美国国务卿布林肯赴秘出席第52届美洲国家组织年会并访秘。

【同其他拉美国家的关系】秘鲁重视同地区内国家特别是邻国的关系，积极推动地区一体化进程，反对地区军备竞赛。2022年1月，卡斯蒂略总统赴哥伦比亚出席第6届秘哥两国内阁联席会议、出席第16届太平洋联盟首脑会议。4月，卡斯蒂略总统赴厄瓜多尔参加第14届秘厄两国内阁联席会议。8月，秘鲁接任安第斯共同体轮值主席国。

【同独联体国家和东欧国家的关系】苏联解体后，秘鲁政府相继承认独联体各国。1997年，秘先后与哈萨克斯坦、白俄罗斯和立陶宛建立大使级外交关系。2008年11月，俄罗斯总统梅德韦杰夫出席在利马举行的亚太经合组织第十六次领导人非正式会议并对秘进行国事访问，梅德韦杰夫系首位访秘的俄最高领导人。2016年11月，俄罗斯总统普京出席在利马举行的亚太经合组织第二十四次领导人非正式会议并对秘进行国事访问。2011年以来，俄罗斯、乌克兰、亚美尼亚等国外长曾访秘。

【同亚太地区的关系】藤森总统执政期间，秘日关系发展迅速，日本在秘鲁对外关系中的地位明显上升。秘是拉美国家中接受日援最多的国家。2011年，秘同日本签署经济伙伴协定；秘总统乌马拉访日，日本文仁亲王夫妇访秘。2019年7月，日本真子内亲王访秘。

2011年，秘同韩国自由贸易协定生效。2013年，秘同泰国完成自贸协定谈判。2017年1月，秘与印度启动自贸协定谈判。7月，秘同澳大利亚启动自贸协定谈判，首届秘鲁—印度外交政策混合委员会举行。9月，秘政府宣布朝鲜驻秘大使金学哲为不受欢迎人员。

积极参与亚太经合组织事务及跨太平洋伙伴关系协定的谈判。2017年1月特朗普政府退出后，包括秘在内的启动谈判的11个亚太国家于当年11月完成“全面与进步跨太平洋伙伴关系协定”谈判，并于2018年3月在智利签署。

【同欧盟及其成员国的关系】欧盟是秘鲁重要贸易伙伴和投资来源地。2010年，秘同“欧洲自由贸易联盟”签署自贸协定。2012年，秘鲁—挪威贸易优惠协定正式生效，至此，秘鲁与欧洲自由贸易联盟所有成员国贸易协定全部生效。2017年4月，瑞士联邦主席洛伊特哈德访问秘鲁，此系秘瑞建交134年来瑞士联邦主席首次访秘。10月，秘政府表示反对西班牙加泰罗西亚自治区单方面宣布独立。同月，秘同比利时举行外交部间政治磋商。11月，秘与芬兰举行两国第五次政治磋商。2019年2月，比斯卡拉总统访问西班牙、葡萄牙。2021年10月，欧盟外交与安全事务高级代表博雷利访问秘鲁。

【同中东和阿拉伯国家的关系】秘鲁重视发展同该地区国家关系。2016年2月，土耳其总统埃尔多安访秘。（李先耀）

波 多 黎 各

名称　波多黎各自由邦（The Commonwealth of Puerto Rico），拥有美国联邦领土地位（US Commonwealth Territory）。

面积　9104平方公里，其中陆地面积8959平方公里，海岸线长501公里。

人口　约319.8万（2022年）。白人（多为西班牙裔）占59.97%，非洲裔占11.30%，混血种人占9.69%，美洲印第安裔占0.17%，亚裔占0.18%，其他族裔占18.68%。官方语言为西班牙语和英语。居民主要信奉基督教，天主教占85%，基督教新教及其他占15%。

首府　圣胡安（San Juan），市区人口约244.3万（2022年）。

总督　佩德罗·彼尔路易西（Pedro Pierluisi），2021年1月2日就职，任期4年。

重要节日　解放日：3月22日。

简　况 位于加勒比海大安的列斯群岛东部，北临大西洋，南濒加勒比海，东与美属、英属维尔京群岛隔水相望，西隔莫纳海峡与多米尼加共和国为邻。科地勒拉山穿过境内。属热带海洋性气候，雨量充足，1月平均气温24℃，7月平均气温27℃。

原为印第安人居住地。1493年哥伦布第二次去美洲大陆时抵达此岛。1509年沦为西班牙殖民地。1869年，波多黎各人民起义，宣布成立共和国，遭西班牙军镇压。1897年获得政治和行政自治权。1898年美西战争后被西班牙割让给美国。1917年，波多黎各人被赋予美国公民权。波多黎各居民可以参加美国全国的政党初选，但不能参加美国总统大选。1947年开始自行选举总督。1952年通过的宪法规定，在实现内部自治的前提下，保持与美国的联系。美国国会通过法律给予波多黎各美国联邦领土地位（即在内部事务方面享有自治地位）。波多黎各现仍维持美国联邦领土地位，但宪法地位问题（即与美国关系的法律地位问题）仍是内部争执的焦点，即维持目前美国联邦领土地位还是成为美国的一个州。在1993年11月的全民投票中，48%的人赞成保持美国联邦领土地位，46%赞成成为美国的一个州，4%赞成完全独立。在2012年11月的全民投票中，33%的人赞成保持美国联邦领土地位，61%赞成成为美国的一个州，5%赞成完全独立。

政　治 2017年6月11日，波多黎各举行第五次全民投票，超过97%的选民支持波多黎各成为美国的一个州。2020年11月，波多黎各再次举行全民公投，53%的选民赞成成为美国的一个州，47%的选民持反对意见。

【宪法】根据1952年通过的宪法，总督为最高行政长官，由选举产生，任期4年。下设部长会议。美国国会有权废止波多黎各议会通过的法律。

【议会】分参众两院。参议员27人，众议员51人，任期4年。由于不实行美国税务法律，该岛在美国国会无代表权。该岛居民选举出属地居民代表常驻美国国会，只在众院各委员会参加表决。现任代表为詹妮弗·冈萨雷斯（Jenniffer A. González，女），2017年当选，此后连选连任至今。

【政府】本届政府于2021年产生。总督拥有行政权，也是民兵总司令，有权宣布戒严。现任总督佩德罗·彼尔路易西。

【政党】主要政党有：

（1）人民民主党（Partido Popular Democratico）：1938年成立。1948年实行选举产生总督以来，该党曾多次执政。主张保持波多黎各的美国联邦领土地位。现任主席卡洛斯·阿尔铁里（Carlos Delgado Altieri）。

（2）新进步党（Partido Nuevo Progresista）：1967年成立。曾数次执政。主张成为美国一州。现任主席佩德罗·彼尔路易西。

（3）波多黎各独立党（Partido de la Independencia Puertoriqueno）：1946年成立。主张波从美国独立出来。现任主席鲁本·贝里奥斯（Ruben Berrios）。

其他政党还有波多黎各国家民主党、国家共和党、社会党、共产党等。

经　济 美国税收优惠政策和联邦援助项目对波经济至关重要，但最低工资标准等相关制度也成为波经济发展阻力。近年来，波日益注重发展同加勒比地区和拉美国家经济联系，致力于将本岛建成拉美国家面向美加自由贸易区成员的制成品加工中心。受2006年波政府取消美国制造商税收减免政策等影响，波制造业外流严重，经济发展困难增大，失业率达8.27%（2021年），45%的人口生活在贫困线以下。波债务危机严重，债务总额一度突破750亿美元，政府数次宣布无法按时足额偿还债务。2017年9月，波遭飓风“艾尔玛”和“玛丽亚”重创，基础设施严重受损，财政危机加剧，波政府努力探寻债务问题的解决方案。2022年，美国地方法院法官批准了美国海外属地波多黎各的债务重组方案。根据方案，波多黎各政府总债务将从330亿美元（约合2096亿元人民币）减少至约74亿美元（约合470亿元人民币）。至此，历时近5年的波多黎各破产风波告一段落。

历史上曾以甘蔗种植业为主，在20世纪40年代后，制造业超过农业成为经济支柱。目前，制造业在地区生产总值中的占比超过50%，服务业占比接近50%，农业仅占不到1%。主要经济部门包括：制药、电子、纺织、石化、食品加工、金融保险、房地产和旅游业。2022年主要经济数据如下：

地区生产总值：1134.35亿美元。

人均地区生产总值：3.52万美元。

地区生产总值增长率：3.36%。

货币名称：美元。

【旅游业】旅游业是国民经济重要支柱产业。每年接待游客约320万人次，绝大多数来自美国大陆。主要名胜有：蓬塞艺术博物馆、圣胡安老城、圣胡安大教堂、云盖雨林和波多黎各16—17世纪家庭博物馆等。

【交通运输】运输业较发达。波为加勒比地区空运中心，圣胡安、蓬塞、马亚古埃斯均为海空良港。

【财政金融】波多黎各共有17家商业银行，政府拥有2家开发银行、1家房产银行和1个为商业融资的政府保证基金会。波最大的银行是本地政府拥有的人民银行，其他大银行有美国的花旗银行等。

【对外贸易】2021年，波多黎各出口贸易额为181亿美元。前五大出口市场为荷兰（28.3亿美元）、西班牙（20.7亿美元）、日本（15.6亿美元）、比利时（14.3亿美元）和德国（14.2亿美元）。主要出口商品是药品、有机化学品、光学医疗设备、石油及煤炭产品、电机电气设备等。

2021年，波多黎各进口贸易额为225亿美元。前五大进口来源地依次为爱尔兰（71.4亿美元）、瑞士（18亿美元）、新加坡（13.9亿美元）、中国（10.5亿美元）和墨西哥（86.3亿美元）。主要进口商品为有机化学品、药品、石油及煤炭产品、汽车、电机电气设备等。

人民生活 2014年以来，波多黎各大规模移民速度加快。飓风“艾尔玛”和“玛丽亚”过后，人民健康状况恶化。据联合国《2022年世界人口展望》报告，2021年，波人口出生率为8.14‰。据世界银行数据，2022年，波人口出生时预期寿命为80岁。

军　事 美国联邦政府负责波多黎各防务。实行义务兵役制，拥有主要由美国联邦政府提供预算的国民警卫队1.1万人。

文化教育 【教育】波多黎各对6—16岁儿童实行免费义务教育。授课用西班牙语进行，但所有年级英语都是必修课。约73.9%的人口接受过高中及以上教育。著名高校包括圣胡安大学、波多黎各大学等。

【新闻出版】主要报纸有：《世界报》《新日报》《圣胡安明星报》等。

对外关系 波多黎各为国际奥委会成员、联合国拉美及加勒比经社理事会准成员，拥有加勒比共同体和共同市场的观察员地位。

（宋英杰）

玻利维亚

国名 多民族玻利维亚国（The Plurinational State of Bolivia，Estado Plurinacional de Bolivia）。

面积 109.8万平方公里。

人口 1183.2万（2022年）。印第安人占总人口的54%，印欧混血种人占31%，白人占15%。官方语言为西班牙语和克丘亚语、阿依马拉语等36种印第安民族语言。多数居民信奉天主教。

首都 政府、议会所在地为拉巴斯（La Paz），人口190.8万（2022年），海拔3627米，年均气温14℃。法定首都（最高法院所在地）为苏克雷（Sucre），人口约36万（2022年），年均气温21.8℃。

国家元首 总统路易斯·阿尔塞（Luis ARCE），2020年11月在重新大选中首轮胜出，任期至2025年。

重要节日 独立日（即国庆节）：8月6日。

简　况 位于南美洲中部，内陆国。东北与巴西为界，东南毗邻巴拉圭，南邻阿根廷，西南邻智利，西接秘鲁。属温带气候。

13世纪为印加帝国的一部分。1538年沦为西班牙殖民地，史称上秘鲁。1825年8月6日宣布独立，为纪念解放者玻利瓦尔取名玻利瓦尔共和国，后改为现名。1952年4月爆发人民武装起义，民族主义革命运动领导人帕斯·埃斯登索罗就任总统。此后，军事政变频繁，政局长期动荡。1983年10月恢复民主政体。

政　治 2005年12月18日，玻利维亚提前举行大选，左翼“争取社会主义运动”（争社运）候选人埃沃·莫拉莱斯以54%的选票当选，成为玻建国以来首位印第安人总统。莫拉莱斯总统就职后，提出在玻建设“社群社会主义”，在政治、经济、社会等领域推进重大变革，如成立制宪大会，实施油气资源国有化、土改等。2009年1月，玻举行新宪法公投，以约60%的支持率获得通过。3月，莫拉莱斯宣布将原国名“玻利维亚共和国”改为“多民族玻利维亚国”。12月，莫拉莱斯以63%的选票再次当选总统。2014年12月，莫拉莱斯总统在大选中成功连任。2016年2月21日，玻举行修宪公投，决定是否将总统和副总统连选连任次数由一次改为两次。24日，玻选举法院宣布公投未获通过。2017年11月，玻宪法法院通过释法确认莫拉莱斯总统有权参加2019年总统选举。2019年10月，玻大选结果“争议”引发政局突变，总统莫拉莱斯被迫辞职并赴墨西哥寻求政治庇护（后转赴阿根廷庇护）。玻第二副参议长珍妮娜·阿涅斯宣布接任“临时总统”。因新冠疫情流行，原定于2020年5月3日举行的大选推迟至2020年10月18日举行。争社运总统候选人路易斯·阿尔塞以55.1%的得票率在首轮胜出，并于11月8日正式就职。

【宪法】1826年颁布。宪法规定，国体为共和制，总统和副总统均由直接选举产生，总统任期为5年，可连任一次。

2009年1月25日，玻新宪法获得公投通过。新宪法对原宪法作出了上百处修改，主要有：（1）强调玻多民族国家性质，赋予公民更多权利，政府应承担更多义务。（2）建立四权分立政治体制，印第安人较前更受重视，提出除行政、立法、司法权力机关外，建立多民族选举机构为第四种国家权力机关。（3）规定总统和副总统可连任一次。（4）改变现行行政区划体制，实行符合宪法的自治制度。（5）国家政权在经济中扮演重要角色，采取复合经济模式，限制大地产和双重地契。

（6）关于后续立法及未来的宪法修订，若修改整个宪法或涉及根本内容，需由土著人全权制宪会议进行。

【议会】玻多民族立法大会由参众两院组成，拥有通过和修改法律、审查议员资格、处理违法议员、弹劾政府部长等职权。宪法规定，副总统兼任国会主席。现任立法大会主席为副总统戴维·乔克万卡（David CHOQUEHUANCA）。众议院设130席，按各省人口比例分配，其中68位众议员由各区选民直接选举产生，其余在大选中产生。年满25岁、服过兵役、无犯罪记录、由政党或合法团体提出的候选人均可竞选。参议院设36席，每省4席，参议员经大选直接选举产生。年满35岁、具有当选众议员资格的公民方能当选。每届国会任期5年。参议长、众议长由两院分别选举产生，任期1年，可连选连任。现任参议长安德罗尼科·罗德里格斯（Andrónico RODRIGUEZ），众议长耶尔格斯·梅尔卡多（Jerges MERCADO）。

【政府】总统内阁制。总统为国家元首，政府首脑和武装部队统帅。内阁成员如下：外交部长罗赫略·马伊塔·马伊塔（Rogellio MAYTA Mayta），总统府部长玛利亚·内拉·普拉达·特哈达（Maria Nela PRADA Tejada，女），内政部长卡洛斯·爱德华多·德尔·卡斯蒂略（Carlos Eduardo Del CASTILLO），国防部长埃德蒙多·诺维略·阿吉拉（Edmundo NOVILLO Aguilar），发展规划部长塞尔希奥·库西坎基（Sergio Armando CUSICANQUI Loayza），经济与财政部长马塞洛·亚力杭德罗·蒙特内格罗（Marcelo Alejandro MONTENEGRO），环境和水资源部长玛利亚·平克特德帕斯（María PINCKERT DE PAZ，女），公共工程和住房部长埃德加·蒙塔尼奥（Edgar MONTAÑO），司法和法制透明部长伊万·马诺洛·利马（Ivan Manolo LIMA），农业农村部长雷米·冈萨雷斯（Remmy Rubén GONZALES Atila），油气能源部长富兰克林·莫利纳·奥尔蒂斯（Franklin MOLINA Ortiz），矿业和冶金部长马塞利诺·基斯佩·洛佩斯（Marcelino QUISPE López），生产发展和多种经济部长内斯托尔·万卡（Nestor HUANCA），卫生和体育部长玛丽亚·雷内·卡斯特罗·库斯坎基（María Renée CASTRO Cusicanqui，女），文化部长萨维纳·奥雷利亚纳（Sabina ORELLANA，女），教育部长阿德里安·鲁文·克尔卡（Adrian Ruben QUELCA）。

【行政区划】全国共分为9省。

【司法机构】2015年11月直选产生新一届司法机构法官。由大法官、农业环境法院法官、宪法法院法官和法官委员会委员等共56人组成，土著人法官占多数。目前，里卡多·托雷斯（Ricardo Torres Echalar）任最高法院院长，保罗·弗朗哥（Paul Enrique Franco Zamora）任宪法法院院长。总检察长由多民族立法大会选举产生，任期6年，不得连任。现任总检察长福斯托·胡安·兰奇帕·庞塞（Fausto Juan LANCHIPA Ponce），2018年10月就任。

【政党】全国合法政党23个，主要有：

（1）争取社会主义运动（Movimiento Al Socialismo，MAS）：1997年7月成立。玻左派政党，系广泛参与的全国性民主力量。反对新自由主义经济和经济全球化。玻议会第一大政治力量。党主席为前总统埃沃·莫拉莱斯。

（2）"公民社群"联盟（Comunidad Ciudadana）：最大反对党联盟，2014年6月由"民族团结党"（Unidad Nacional）和"社会民主运动党"（Movimiento Demócrata Social）合并而成，主张维护中产阶级和企业界利益，党的领导人为玻前总统卡洛斯·梅萨（Carlos Mesa）。

（3）基督教民主党（Partido Demócrata Cristiano）：1954年2月成立。主张改革现有经济模式，维护社会稳定，促进生产发展。党的领导人为前总统豪尔赫·基罗加（Jorge Quiroga）。

（4）国家革命运动党（Movimiento Nacional Revolucionario）：1941年成立，主要由知识分子、工人、农民和小资产阶级组成。主张"革命民族主义"和"阶级联合"，通过社会变革实现真正民主。党的领导人为前总统候选人路易斯·费尔南多·卡马乔（Luis Fernando Camacho）。

其他主要政党有："玻利维亚说不"（Bolivia dice No）、新共和力量党（Nueva Fuerza Republicana）、公民团结阵线（Frente de Unidad Nacional）、自由玻利维亚运动（Movimiento Bolivia Libre）、左革阵（Movimiento de Izquierda Revolucionaria）、社会党（Alianza Social）、共产党（Partido Comunista）等。

【重要人物】路易斯·阿尔韦托·阿尔塞·卡塔科拉：总统，争取社会主义运动党党员。1963年9月28日出生于玻利维亚拉巴斯。获玻圣安德烈斯大学经济学学士学位，后获英国华威大学经济学硕士学位。1987—2006年就职于玻中央银行，2006—2017年任玻经济与财政部长，2017—2018年因病去职。2019年1月病愈后再任经财部长。曾任圣安德烈斯大学等多所大学客座教授。2020年1月，前总统莫拉莱斯宣布阿为争取社会主义运动党总统候选人参加2020年大选。2020年10月，阿在大选中以55.1%得票率首轮当选。2020年11月8日，阿正式宣誓就职。

经　济

玻利维亚是世界著名的矿产品、天然气出口国，工业不发达，农牧产品可满足国内部分需求，为南美最贫穷的国家之一。莫拉莱斯上台后，摒弃新自由主义经济政策，大幅提升政府在经济生活中的作用，宣布对油气资源实行国有化，提高天然气出口价格，并推动土地改革，取得积极成效。2022年主要经济数据如下：

国内生产总值：443.15亿美元。

人均国内生产总值：3745.35美元。

国内生产总值增长率：3.48%。

货币名称：玻利维亚诺。

汇率：1美元≈6.9玻利维亚诺。

通货膨胀率：3.12%。

失业率：4.3%。

外汇储备：38.08亿美元（截至2022年11月）。

外债总额：126.64亿美元（截至2022年6月）。

（资料来源：玻利维亚国家统计局、央行）

【资源】矿产资源丰富，主要有锂、锡、锑、钨、银、锌、铅、铜、镍、铁、黄金等。锂储量2100万吨，居世界第一。锡储量为115万吨，占世界储量的1/4。铁储量约450亿吨，在拉美仅次于巴西。2022年矿产品产量64.06万吨。石油探明储量为9.29亿桶，天然气为10.7万亿立方英寸。森林覆盖面积50万平方公里，占国土面积的48%。

【工业】工业落后，以小工业及食品、纺织、皮革、酿酒、卷烟等加工业为主。有色金属冶炼有一定能力，拥有号称世界第三的平托冶炼厂。

【农业】农业较落后。全国可耕地面积3.4万平方公里，约占国土面积的3%。农产品年产量2153万吨（2021年），其中马铃薯、洋葱、番茄等自产量远高于进口量。2021年牛、羊、猪、羊驼等牲畜存栏总量为2663万头。主要经济作物有棉花、咖啡、烟草、甘蔗、向日葵和古柯等。主要农牧产品为玉米、水稻、小麦、薯类产品和大豆等。

【旅游业】旅游基础设施相对落后。近年来，重视发展旅游业。游客多来自秘鲁、阿根廷、美国、巴西及西欧国家。玻现有具备接待能力的各级旅店1200余家，床位4.4万张。主要旅游景点有的的喀喀湖、印加帝国古城蒂亚瓦纳科和伊利马尼雪山等。2019年接待入境国际游客124万人次。

【交通运输】主要公路和铁路网集中在西部，边远地区依靠航空沟通。

公路：2021年各类公路总长20.2万公里，其中柏油路和石子路面分别占15.3%和24.7%，土路占55.9%。2022年有各类机动车辆249.3万辆。

铁路：2022年铁路总长3126公里，客运量为1.2万人次，货运量277万吨。

空运：拥有玻利维亚国家航空公司等4家民用航空公司和8家航空运输公司。拉巴斯、圣克鲁斯和科恰班巴各有1座国际机场。2019年有国内航线11条、国际航线4条运营中。2022年航空客运量为506.7万人次，货运量2.23万吨。

水运：内河航运线6000多公里，2019年水运货运量197万吨。

【财政金融】玻利维亚国家统计局数据显示，2022年，玻财政赤字率为7.2%。玻利维亚金融业不发达，仅有几家私人公司经营证券业务，规模很小。除玻利维亚中央银行外，玻目前共有59家金融机构。

【对外贸易】玻历届政府均重视发展对外贸易，特别是鼓励出口以拉动经济增长。玻积极参与地区一体化进程，与多数拉美国家签有经济互补协定。近年来，玻大力开拓其天然气出口市场，并制定了“南方共同市场能源供应地战略”。现与世界80多个国家和地区保持着贸易关系。

2022年，玻外贸总额为267.1亿美元。其中，出口额为136.7亿美元，进口总额为130.4亿美元。主要进口原材料及中间产品、工业设备、消费品、运输设备和食品。主要贸易对象国为巴西、中国、阿根廷、印度、智利、美国。近几年进出口额如下（单位：亿美元）：

	2020	2021	2022
出口额	70.15	110.80	136.70
进口额	70.80	96.10	130.40
差　额	–0.65	14.70	6.26

（资料来源：玻利维亚国家统计局）

人民生活

玻利维亚政府将教育文化、健康营养、卫生设施、城市建设和住房、就业等列为社会发展政策中迫切需要解决的问题。莫拉莱斯执政以来，注重对社会事业的投入和改善民生，玻各项社会发展指标有所好转，社会贫富差距进一步缩小，玻已从低收入国家跨入中低收入国家行列。贫困率由2005年的60.6%下降至2019年的37.2%，赤贫率由2005年的38.2%下降至2019年的12.9%。5岁以下儿童死亡率从2000年的8%下降到2019年的5.7%，5岁以下儿童营养不良率从2008年的27.1%降到2016年的16%；15岁以上人口识字率由2001年的86.4%增至2019年的97.73%。2020年人均预期寿命71.8岁；2021年最低工资标准约合每月326美元，手机网络覆盖率97%，互联网网民占全国总人口逾80%。

军　事

玻利维亚实行义务兵役制，凡年满18岁的男性公民必须服兵役，服役期1年。自1995年起，军官服役期延长至35年。总兵力4万人，其中：陆军2.5万人，编为10个师，有各类坦克、装甲车200辆，轻型炮200门；空军8000人，编为4个旅，下辖13个飞行大队，有战斗机25架、运输机30架、直升机30架；海军7000人，编为6个海区，下辖8个陆战队，有内河巡逻艇10艘，美制“波士顿”级救生艇8艘。警察部队总警力3.7万人，归内政部管辖。各军种装备较陈旧落后。

文化教育

【教育】玻利维亚文化教育落后，其文盲率是拉美最高的国家之一。2018年文盲率为2.4%。2020年，教育机构数量15961家。国家对6—12岁儿童实行义务教育，但基础设施薄弱，资金缺乏。2019年，儿童辍学率为2.7%，较2015年下降0.6个百分点。著名大学有圣弗朗西斯科·哈维尔大学和圣安德烈斯大学。

【新闻出版】主要报刊有:《日报》，发行量5万份;《责任报》，发行量4万份;《理性报》，发行量约3万份;《时代报》，发行量约2.5万份;《新闻报》，发行量4万份;《变革报》，发行量1.2万份。

有广播电台639家。其中，322家设在城市，317家设在农村。多为商业电台，用西班牙语、阿依马拉语和克丘亚语广播。

国家电视台创建于1964年，在拉巴斯等7个省有转播台。另有9家私营电视台及3家有线电视和卫星电视台。

对外关系

玻利维亚一度奉行反帝、反殖、反霸、独立自主、和平和不结盟的对外政策，维护民族独立和主权，坚持各国一律平等、人民自决、不干涉别国内政、和平解决国际争端等原则。以消除贫困、气候变化和地区一体化为外交重点，注重区域外交、务实外交、多元外交，主张外交为经济建设服务，力争提升玻国际地位。玻历届政府均坚持向智利提出恢复太平洋出海口的要求。2018年10月1日，国际法院以12票对3票就玻智主权出海口争端作出最终判决：智没有义务就玻主权出海口诉求同玻谈判。阿尔塞总统上台后，扭转“临时政府”时期外交政策亲美倾向，迅速恢复同古巴、委内瑞拉等地区左翼国家关系，但反美调门较莫拉莱斯政府弱化。

玻系联合国会员国，不结盟运动、世界贸易组织、77国集团、美洲国家组织、拉美和加勒比国家共同体、南美国家联盟、美洲玻利瓦尔联盟、安第斯共同体、拉普拉塔河流域组织、亚马孙合作条约组织、南方共同市场等成员。同80多个国家保持外交关系。

【同中国的关系】中玻于1985年7月9日建交。建交以来，两国关系发展顺利。政治关系不断加强，经贸关系逐步发展，文化、科技和军事等领域的交流与合作不断深化，在一些重大国际和地区问题上立场相同或相似，相互理解和支持。2021年1月，习近平主席应约同阿尔塞总统通电话。2022年10月1日，阿尔塞总统祝贺中华人民共和国成立73周年。10月23日，玻执政党“争取社会主义运动”党主席、前总统莫拉莱斯祝贺习近平主席再次当选中共中央总书记。

近年来，双方贸易额增长较快，经贸合作发展迅速，在能矿、基础设施和高科技等领域合作成果丰硕。据中国海关总署统计，2022年，中玻双边贸易额为19.3亿美元，同比增长18.4%。其中，中国出口额为10.6亿美元，同比增长7.7%；中国进口额为8.7亿美元，同比增长34.8%。中国是玻全球第二大贸易伙伴、第二大进口来源国和第八大出口目的地国。中国主要出口汽车、摩托车、轮胎、高新技术产品等，主要进口矿砂、皮革、原木和锯材等。

中国驻玻利维亚大使：黄亚中。馆址：Calle 1, No.8532，Los Pinos，Calacoto，La Paz，Bolivia。电话：00591-2-2793851（办公室），2792902（值班室），2111011（商务处）；传真：2797121。

玻利维亚驻华使馆临时代办：毛利西奥·贝尔蒙特（Mauricio Belmonte）。馆址：北京市朝阳区塔园外交人员办公楼2-3-2号。电话：010-65323074-809，65323074-812（领事）；传真：65324686。

【同美国的关系】玻美于1825年6月8日建交。历史上两国保持密切关系。美在玻驻有外交和军事使团，派有帮助培训缉毒部队的军事顾问。玻是接受美援助最多的拉美国家之一。

2008年9月，玻以干涉内政为由驱逐美大使，两国迄今未恢复互派大使。2011年11月，玻美签署基于互相尊重主权原则的双边框架协定，玻美关系有所缓和。2013年以来，玻美关系因玻方驱逐美国际发展计划署官员和“棱镜门”事件等再度恶化。2016年2月，前总统莫拉莱斯指责美在玻修宪公投前夕支持反对派，干涉玻内政，两国关系再度紧张。2017年初，莫拉莱斯表示，愿在相互尊重主权和互不干涉基础上与美新政府实现关系正常化，并重新互派大使。3月，美西半球事务助理国务卿菲茨帕特里克与玻副外长帕洛梅克举行会谈，此系特朗普就任美总统后玻美最高级别的官方交往。2021年1月，阿尔塞总统祝贺拜登就任美国总统。

【同其他拉美国家的关系】重视同拉美各国，特别是安第斯共同体以及巴西和阿根廷等邻国的传统友好关系，高层往来频繁。玻利维亚与多数拉美国家签有经济互补和投资保护协定，积极参与地区一体化进程，谋求实现成为贯通两大洋的通道。莫拉莱斯总统上台后玻与古巴、委内瑞拉结成“反新自由主义阵营”和拉美“正义轴心”，并推动玻加入委倡导的美洲玻利瓦尔选择（2009年6月更名为“美洲玻利瓦尔联盟”）。

玻积极参与地区一体化，努力加强与周边国家的相互信任和合作。2015年7月，玻正式加入南方共同市场。2022年1月，马伊塔外长出席在布宜诺斯艾利斯举办的第22届拉共体外长会。8月，阿尔塞总统赴秘鲁利马出席安第斯共同体第22届总统理事会。12月，阿尔塞总统出席在古巴举办的第22届美洲玻利瓦尔联盟峰会。

玻地区外交积极活跃。2022年3月，阿尔塞总统应邀出席智利总统博里奇就职典礼。4月，阿尔塞总统访问阿根廷。8月，阿尔塞总统应邀出席哥伦比亚总统佩德罗就职典礼；墨西哥外长埃布拉德访问玻利维亚。9月，阿尔塞总统访问巴西；马伊塔外长访问委内瑞拉。12月，罗德里格斯参议长访问墨西哥。

【同欧盟及欧洲国家的关系】玻利维亚重视发展同欧盟各国的关系，争取贷款和援助。2019年3月，前总统莫拉莱斯访问希腊、奥地利。7月，前总统莫拉莱斯访问俄罗斯，并会见俄总统普京，就能源领域、“两洋铁路”工程等交换意见。2021年1月、4月与8月，阿尔塞总统三次同俄罗斯总统普京通电话。

【同其他国家的关系】2019年2月，前总统莫拉莱斯出席联合国印第安土著语言大会。4月，前总统莫拉莱斯访问土耳其、阿联酋。9月，前总统莫拉莱斯出席联合国大会一般性辩论开幕式。2021年3月，阿尔塞总统与联合国秘书长古特雷斯举行视频会晤。9月，阿尔塞总统赴纽约出席第76届联合国大会并发言。大会期间，玻同卢旺达建立外交关系。11月，阿尔塞总统出席格拉斯哥气候变化峰会。2022年2月，能源部长莫利纳出席在卡塔尔首都多哈举办的天然气出口国论坛第六次峰会。4月，阿尔塞总统线上出席联合国与自然和谐相处互动对话会开幕式并发表视频讲话。9月，阿尔塞总统出席第77届联合国大会。（戴旭煌）

伯　利　兹

国名　伯利兹（Belize）。

面积　22966平方公里。

人口　40.5万（2022年）。混血种人和克里奥尔人分别占总人口的48.7%和24.9%，其次还有印第安人、印度人、华人和白人。官方语言为英语，但近半数居民通用西班牙语或克里奥尔语。居民中49.6%信奉天主教，25.5%信奉基督教新教，另有少数伊斯兰教徒。

首都　贝尔莫潘（Belmopan），人口约1.33万（2022年）。

国家元首　英国国王查尔斯三世，总督为其代表。现任总督芙罗拉·查拉姆（Froyla TZALAM，女），2021年5月就任。

重要节日　独立日：9月21日。

简　况

位于中美洲东北部，北与墨西哥接壤，西和南与危地马拉毗邻，东濒加勒比海。海岸线长386公里。属热带雨林气候，年均气温25℃—27℃。南方降水量高达4550毫米。

原为玛雅人居住地。16世纪初沦为西班牙殖民地。1638年英国殖民者入侵，1862年正式宣布其为英国殖民地，改名英属洪都拉斯。1973年6月改为伯利兹。1981年9月21日独立，为英联邦成员国。

政　治

独立以来，统一民主党和人民统一党轮流执政。2020年11月11日，伯举行大选。人民统一党胜选执政，党领袖约翰·布里塞尼奥（John BRICENO）任总理。

【宪法】现行宪法于1981年9月生效。宪法规定：英国国王为伯利兹国家元首，由国王任命的总督（须是伯利兹公民）代表；总督任命众议院多数党领袖为政府总理，并根据总理提名任命副总理及部长。

【议会】由参众两院组成，任期均为5年。参议员12名，由总督任命，其中6名由总理提名，3名由反对党领袖提名，伯利兹教会、工商界和工会组织各推荐1名。众议员31名由大选产生。

【政府】本届政府于2020年11月组成，主要包括总理兼财政、经济发展和投资部长约翰·布里塞尼奥，副总理兼自然资源、石油和矿业部长科尔德尔·海德（Cordel HYDE），农业、食品安全和企业部长阿贝拉多·麦（Abelardo MAI），公共事业和物流部长罗德维尔·弗格森（Rodwell FERGUSON），基础设施发展和住房部长朱利尔斯·埃斯帕特（Julius ESPAT），教育、文化和科技部长弗朗西斯·丰塞卡（Francis FONSECA），国防和边境安全部长弗洛伦西奥·马林（Florencio MARIN），农村转型、社区发展、劳工和地方政府部长奥斯卡·雷克尼亚（Oscar REQUENA），人类发展、家庭和原住民事务部长德洛丽斯·巴尔德拉莫斯·加西亚（Dolores Balderamos GARCIA，女），内政和新增长产业部长卡里姆·穆萨（Kareem MUSA），可持续发展、气候变化和灾害风险管理部长奥兰多·哈贝特（Orlando HABET），青年、体育和电子政务部长凯文·伯纳德（Kevin BERNARD），卫生和福利部长米歇尔·切巴特（Michel CHEBAT），旅游和侨民关系部长安东尼·马勒（Anthony MAHLER），蓝色经济和民航部长安德烈·佩雷斯（Andre PEREZ），公共服务、宪法和政治改革部长亨利·查尔斯·厄舍（Henry Charles USHER），外交外贸和移民部长伊蒙·考特尼（Eamon COURTENAY），总检察长玛加利·马林·杨（Magali Marin YOUNG，女）等。

【司法机构】设上诉法院、最高法院和区法院。2010年2月，伯利兹宣布将加勒比法院取代英国枢密院作为伯终审法院。

【政党】主要政党有：

（1）人民统一党（People's United Party，PUP）：简称“蓝党”。执政党。1950年成立，支持者多来自混血种人。曾于1954—1984年、1989—1993年、1998—2008年执政，2020年11月赢得大选。领袖约翰·布里塞尼奥。

（2）统一民主党（United Democratic Party，UDP）：简称“红党”。反对党。1974年由民族独立党、人民发展运动、自由党和黑人联合发展协会合并组成，主要得到黑人的支持。曾于1984—1989年、1993—1998年、2008—2020年执政。领袖夏恩·巴罗（Shyne BARROW）。

【重要人物】约翰·布里塞尼奥：总理。1960年出生于伯利兹。获美国得克萨斯大学商务管理学士学位。1992年加入人民统一党从政。1993年当选众议员。1994年任人民统一党共同主席。1996—2007年任党副领袖。1998—2007年任副总理、自然资源和环境部长、工商部长等职，并协助总理处理外交事务。2008年3月任党领袖，2011年11月因健康原因辞去党领袖。2016年2月重新就任党领袖至今，并于2020年11月任总理。

经　济

以农业为主。近年来，旅游业逐步成为支柱产业，离岸金融业、渔业、轻工业和建筑业等有较快发展。工业不发达，人民生活用品绝大部分靠进口。人民统一党执政以来，致力于吸引外资，发展旅游业，加大对教育、住房及医疗卫生等领域投入，增加政府财政收入，改善国家债务状况。新冠疫情对伯支柱产业旅游业造成严重影响，贸易和侨汇收入大幅减少，整体经济收缩。目前经济开始复苏，2022年主要经济数据如下：

国内生产总值：26.76亿美元。

人均国内生产总值：6096美元。

国内生产总值增长率：3.5%。

货币名称：伯利兹元。

汇率：1美元≈2伯利兹元。

通货膨胀率：6.6%。

【资源】森林和渔业资源丰富。森林面积约1.6万平方公里，覆盖率70%左右。产红木、苏木、染料木等贵重木材，红木被称为国木。盛产龙虾、旗鱼、海牛和珊瑚等。西北地区有石油、重晶石、锡石、黄金等矿藏。伯已证实的石油储量为670万桶。为保护自然环境，伯政府于2017年底开始禁止境内石油开发。

【工业】工业不发达，主要工业部门为制衣、制糖、柑橘加工、啤酒及饮料。工业生产主要为了满足国内消费，出口产品生产集中在制糖、服装以及粮食生产等领域。近年来，服装业发展较快，成为仅次于制糖的第二大创收行业和提供就业机会的主要部门。

【农业】农业是经济支柱，农田占伯国土面积的1/3。主要农作物有甘蔗、柑橘、香蕉、水稻、玉米、可可等。

【旅游业】旅游业起步较晚，但发展迅速。拥有世界第二大、北半球第一大堤礁和玛雅遗迹，吸引着越来越多的游客。拥有八大野生动物保护区，包括世界仅存的美洲虎和红足鲣鸟保护区。新冠疫情后政府重视旅游业复苏，游客人数迅速增加。

【交通运输】公路：总长为3007公里。主要城镇间有公路相通，全国有4条主要交通干线，其中有2条与邻国墨西哥和危地马拉相通。

水运：伯利兹城是主要港口，可停靠集装箱轮船。与牙买加有定期班轮，与美国、英国和欧洲大陆等地有良好的海上运输线。

空运：菲利普·戈德森国际机场位于伯利兹市郊区，有通往美国、中美洲邻国的航线。国内有玛雅、热带等航空公司。

【财政金融】2021/2022财年，伯政府财政收入10.48亿伯利兹元，财政支出12.17亿伯利兹元。（资料来源：伯利兹政府）

【对外贸易】高度依赖进口，对外贸易长期逆差。主要出口糖、香蕉、成衣、水果、木材、海产品；主要进口机械和运输设备工业制品、日用品、食品、燃料和药品。主要贸易对象为美国、英国、欧盟、墨西哥、加拿大、加勒比共同体国家。2022年，伯进出口总额为8.25亿美元。其中，出口额为1.42亿美元，进口额为6.83亿美元。

人民生活

政府推行全国卫生计划，门诊病人享受免费治疗。2022年人均寿命74.95岁，人口增长率为1.31%。

军　事

国防军建于1978年，包括陆军、空军和海防队。

文化教育

【教育】政府一贯对教育部门予以强有力的财政支持，其经常项目开支的1/4用于教育事业，5—14岁儿童享受免费义务教育。教育体系主要由初等、中等及高等教育三个层次组成。初等教育为8年制，中等教育为4年制。

【新闻出版】主要报刊有：《伯利兹时报》，周报；《报道者》，周报，1968年创刊；《阿曼达拉报》，周报；《今日伯利兹》，月刊；《人民的脉搏》，周报。

伯利兹电台：国家电台，建于1937年。每天用英语和西班牙语广播。另有一家私营电台。

伯利兹广播网：建于1952年，属国家所有，但独立经营，下设两个电台。用英语和西班牙语播音。还有若干小电视台，24小时播放，主要播放美国卫星电视节目。

对外关系

奉行不结盟的外交政策。积极维护和发展与加勒比各国的关系，参与地区一体化进程，强调睦邻友好，努力促进中美洲和平与稳定，注重发展同英国传统关系和对美关系，积极维护和发展与加勒比各国的关系，努力促进中美洲的和平与稳定。1974年5月加入加勒比共同体，1990年成为美洲国家组织成员国。

【同中国的关系】1987年2月6日中伯建交。1989年10月11日，伯与台湾当局“建交”；10月23日，中国政府宣布中止与伯外交关系。1997年6月，中伯签署了《中华人民共和国政府和伯利兹政府关于将伯利兹驻香港名誉领事馆改为“伯利兹贸易办事处”的协议》。据中国海关总署统计，2022年，中伯双边贸易额为3.289亿美元，同比增长87.4%。其中，中国出口额为3.282亿美元，同比增长87.1%；中国进口额为71.1万美元，同比增长1475.0%。

【同美国、英国的关系】伯美关系密切。美是伯最大的贸易伙伴和经援国。美国公司在伯投资主要投资领域为旅游业。伯独立后继续保持与英国的传统关系，英向伯提供经援。

【同其他加勒比国家的关系】与其他加勒比国家在历史、政治、文化、经济以及社会等方面相似，是加勒比共同体成员，积极支持并参与地区一体化进程，2006年1月加入加共体单一市场。（李慧）

多米尼加

国名　多米尼加共和国（The Dominican Republic，La República Dominicana）。

面积　4.87万平方公里。

人口　1122.9万（2022年）。黑白混血种人和印欧混血种人占73%，白人占16%，黑人占11%。官方语言为西班牙语。90%以上居民信奉天主教，少数人信奉基督教新教和犹太教。

首都　圣多明各（Santo Domingo），人口333.9万（2022年）。年均气温25℃。

国家元首　总统路易斯·阿比纳德尔（Luis Abinader），2020年7月当选，8月16日就职，任期4年。

重要节日　国庆日：2月27日。

简　况

位于加勒比海北部、大安的列斯群岛中的伊斯帕尼奥拉岛东部，东隔莫纳海峡与波多黎各相望，西接海地，南临加勒比海，北濒大西洋。北部、东部属热带雨林气候，西南部属热带草原气候，平均气温25℃。

原为印第安人居住地。1496年西班牙人在岛上建立圣多明各城，成为欧洲殖民者在美洲的第一个永久性居民点。1795年归属法国。1809年复归西班牙。1844年2月27日独立，成立多米尼加共和国。1930年特鲁希略发动军事政变上台，实行长达30年的独裁统治。1965年被美国出兵占领。1966年恢复民主政体。此后，革命党、基督教社会改革党、解放党、现代革命党分别执政。

政　治

近年来，多政局保持稳定。2020年7月5日，现代革命党候选人阿比纳德尔以52.52%的得票率当选总统，于8月16日就职，任期4年。阿执政以来，积极防控新冠疫情，努力恢复经济和就业，加大对教育、社保等民生事业及基础设施建设的投入，推动司法改革，严惩腐败，取得积极成效，其民意支持率近70%。

【宪法】根据1966年11月颁布的宪法，多实行总统制，设总统和副总统。总统由直接选举产生，是国家元首、政府首脑和武装部队最高统帅。此后多次修改宪法，规定总统只可连任1次。

【议会】分参众两院。参议院设32个席位，由各省和首都大区（即首都）各选1名。众议院设190个席位，其中包括7名海外议员，每个省至少选2名议员。议员任期4年。议长任期1年，可连选连任。本届议会于2020年8月成立。在参议院中，现代革命党17席，人民力量党8席，解放党4席，基督教社会改革党2席，多米尼加变革党1席。在众议院中，现代革命党95席，解放党72席，人民力量党11席，基督教社会改革党3席，革命党3席，国家联合2席，公民创新党1席，社会制度党1席，广泛阵线1席，多米尼加基督教民主党1席。现任参议长爱德华多·埃斯特雷利亚（Eduardo Estrella），众议长阿尔弗雷多·帕切科（Alfredo Pacheco），均于2020年8月16日就职，于2021年、2022年8月16日连任。

【政府】本届政府于2020年8月16日组成，任期4年。主要成员：副总统拉克尔·培尼亚（Raquel Peña），总统府部长利桑德罗·马卡鲁利亚（Lizandro Macarrulla），总统府行政部长何塞·伊格纳西奥·帕利萨（José Ignacio Paliza），国防部长卡洛斯·卢西亚诺·迪亚斯·莫尔法（Carlos Luciano Díaz Morfa），外交部长罗伯托·阿尔瓦雷斯·希尔（Roberto Álvarez Gil），内政和公安部长赫苏斯·巴斯克斯·马丁内斯（Jesús Vásquez Martínez），财政部长霍奇·比森特（Jochi Vicente），工业、贸易和中小微企业部长维克托·比索诺·阿萨（Víctor Bisonó Haza），经济、规划和发展部长帕韦尔·伊萨·孔特雷拉斯（Pavel Isa Contreras），教育部长罗伯托·富尔卡尔（Roberto Fulcar），公共工程和通信部长德利涅·阿森西翁·布尔戈斯（Deligne Ascención Burgos），高等教育、科学和技术部长富兰克林·加西亚·费尔明（Franklin García Fermín），旅游部长戴维·科利亚多（David Collado），劳工部长路易斯·米格尔·德坎普斯（Luis Miguel de Campus），能源和矿业部长安东尼奥·阿尔蒙特（Antonio Almonte），公共卫生部长丹尼尔·恩里克·德·赫苏斯·里韦拉·雷耶斯（Daniel Enrique de Jesús Rivera Reyes），妇女部长迈拉·希门尼斯（Mayra Jiménez，女），农业部长林韦尔·克鲁斯（Limber Cruz），文化部长米拉格罗斯·赫尔曼（Milagros Germán），环境和自然资源部长米格尔·塞亚拉·阿顿（Miguel Ceara Hatton），公共管理部长达里奥·卡斯蒂略·卢戈（Darío Castillo Lugo），体育部长弗朗西斯科·卡马乔（Francisco Camacho），青年部长拉斐尔·菲利斯·加西亚（Rafael J. Féliz García），住房、人居和建筑部长卡洛斯·博尼亚（Carlos Bonilla）等。

【行政区划】全国划分为31个省和1个首都大区（即首都），省下设市和乡。

【司法机构】由最高法院、检察院和司法部门共同行使司法权。最高法院由16名大法官组成，最高法院院长由参议院任命。总检察长由总统任命。全国有11个上诉法院、4个土地法院、6个劳工法院、5个少年儿童法院、1个高等行政法院、33个税务法院以及治安法院等各类法院、50个法庭。全国设11个司法管辖大区、35个司法管辖区。最高法院院长路易斯·亨利·莫利纳·佩尼亚（Luis Henry Molina Peña）。总检察长米丽娅姆·赫尔曼（Miriam Germán，女）。

【政党】全国有20多个政党，主要包括：

（1）多米尼加现代革命党（Partido Revolucionario Moderno，PRM）：执政党，2014年从多米尼加革命党分裂出来。总书记为卡罗琳娜·梅西亚（Carolina Mejía，女），党主席为何塞·伊格纳西奥·帕利萨（José Ignacio Paliza）。

（2）多米尼加解放党（Partido de la Liberación Dominicana）：反对党，又称"紫党"。1973年成立，由从多米尼加革命党脱离出来的已故前总统胡安·博什和前总统莱昂内尔·费尔南德斯等人创建。现有党员260余万人。总书记为前参议员查理·马里奥蒂·塔皮亚（Charlie Mariotti Tapia），党主席为前总统达尼洛·梅迪纳·桑切斯（Danilo Medina Sánchez）。

（3）多米尼加革命党（Partido Revolucionario Dominicano）：反对党，又称"白党"。1939年由胡安·博什等人创建。1973年博什另组解放党后，该党发生分裂，分成布兰科派、马赫卢塔派和戈麦斯派。系社会党国际成员。现有党员50余万人。党主席为前任外长米格尔·巴尔加斯·马尔多纳多（Miguel Vargas Maldonado）。

（4）基督教社会改革党（Partido Reformista Social Cristiano）：反对党，又称"红党"。1961年成立，原称多米尼加改革党，1984年与基督教社会革命党合并改称现名。曾执政多年。前党主席巴拉格尔去世后，该党影响有所下降。党主席为费德里科·安东·巴特耶（Federico Antón Batlle）。

（5）人民力量党（Partido La Fuerza del Pueblo）：反对党。2019年从多米尼加解放党分裂出来，由前总统莱昂内尔·费尔南德斯联合劳动党成立。党主席为前总统莱昂内尔·费尔南德斯（Leonel Fernández）。

【重要人物】**路易斯·阿比纳德尔**：总统。1967年7月12日出生于首都圣多明各。圣多明各科技大学经济学学士，美国霍特商学院项目管理硕士，曾在美国哈佛大学及达特茅斯学院进修金融及管理课程。2012年大选代表革命党竞选副总统。2016年大选代表现代革命党竞选总统，败于时任总统梅迪纳。2020年再次代表现代革命党竞选并获胜，8月就职，任期至2024年8月。

经　济

旅游业、出口加工业和侨汇是多经济的主要支柱。自新冠疫情暴发以来，多米尼加经济、外贸等均遭受一定程度的影响，旅游业等支柱产业收入锐减。2021年以来，多政府加快恢复经济，重开旅游业，侨汇收入持续增长。2022年主要经济数据如下：

国内生产总值：1140亿美元。

人均国内生产总值：10733美元。

国内生产总值增长率：4.9%。

货币名称：多米尼加比索。

汇率：1美元≈55.78多米尼加比索（2023年7月）。

通货膨胀率：7.83%。

失业率：10.3%。

（资料来源：多米尼加央行）

【资源】矿产资源丰富，主要有金、银、铁、镍和铝矾土等。森林覆盖率39.2%。石油、煤炭和水力资源缺乏，能源主要依靠进口。电力供应不足，输配电损耗较大，近年来有所改善。

【工业】烟草加工、制糖、化肥和水泥生产为主要产业，其次有纺织和食品加工业等。2022年，制造业、建筑业和矿业等工业产值占国内生产总值32.1%。（资料来源：多米尼加央行）

【农业】国民经济的重要部门。以种植甘蔗、烟草、咖啡、可可为主，还有水稻、香蕉、水果等。耕地面积占国土面积26.7%。2022年，农牧业产值占国内生产总值5.5%。（资料来源：多米尼加央行）

【服务业】国民经济的主要支柱部门。2022年，酒店、餐饮、交通、通信、水、电、金融等服务业产值占国内生产总值55.6%。（资料来源：多米尼加央行）

【旅游业】多政府重视旅游业发展。2022年共吸引847万人次游客，较2021年增长69.6%，主要来自美国、欧洲及南美国家。主要旅游景点有圣多明各、蓬塔卡纳、拉罗马纳、银港和金色海滩等。

【交通运输】以公路为主。全国公路总里程约2.3万公里。铁路1784公里，其中80%用于甘蔗运输。有12个港口、30家船运公司。主要港口有圣多明各港、海纳港、博卡奇卡港和圣佩德罗-德马科里斯港。全国有圣多明各、拉罗马纳、普拉塔港、蓬塔卡纳、巴拉奥纳、萨马娜和圣地亚哥西瓦奥等7个国际机场。2022年航空客运量约为1548万人次。

【财政金融】2022年多外汇储备144亿美元，同比增长10.8%。侨汇收入98.6亿美元，同比减少5.2%。2022年吸收外资35亿美元，是中美洲及加勒比地区吸引外资主要国家。多是国际货币基金组织、世界银行

和美洲开发银行等国际和地区金融机构的援助对象国。（资料来源：多米尼加央行）

【对外贸易】主要出口蔗糖、可可、咖啡、烟草、服装和金、银、镍铁合金等，进口石油、燃料、食品、机电产品和化工原料等。主要贸易伙伴包括美国、欧盟、日本、委内瑞拉、墨西哥等。近几年贸易进出口情况如下（单位：亿美元）：

	2020	2021	2022
出口额	98.53	124.60	123.90
进口额	172.78	241.40	310.46
差　额	–74.25	–116.80	–186.56

（资料来源：多米尼加海关）

人民生活　根据联合国和世界银行的贫困标准（按购买力平价每人每天消费不足2美元），2021年多贫困率23.85%，赤贫率3.06%。2021年出生率18.4‰，死亡率6.7‰。平均寿命73岁，其中男性69岁，女性76岁。多全国共有公立医院和诊所2065所，床位1.01万个，医务人员7.38万人。平均每千人拥有3.3名医生及1张病床床位。

军　事　实行义务兵役制，服役期4年。全国武装力量人员总数约5.5万人。其中空军5500人，军用飞机75架；海军1.5万人，舰船34艘。2021年国防预算约为6.15亿美元，占国内生产总值的0.65%。

文化教育　【教育】对6—15岁的儿童实行义务教育。2021年全国文盲率5%。2021年小学入学率为97%，平均每19名小学生有1名教师；中学入学率为75%，平均每27名中学生有1名教师。共有幼儿园9624所，中小学1137所，各类高校46所，其中大学36所，高等专业学院6所，高等技术学院4所。主要大学有圣多明各自治大学、圣多明各科技学院、圣地亚哥科技大学、加勒比大学、圣多明各天主教大学、伊比利亚美洲大学等。

【新闻出版】主要报刊有:《里斯汀日报》，1889年创刊，发行量12万份;《加勒比报》，1948年创刊，发行量5万份;《国民报》，1966年创刊，发行量8万份;《今日报》，1981年创刊，发行量10万份;《新闻报》，1915年创刊，发行量2.5万份。还有2份免费日报:《自由日报》，2001年创刊，发行量15万份;《日报》，2002年创刊，发行量4.5万份。全国有各类出版社15家。

全国有48家电视台和325家广播电台。多米尼加国家广播电视台为主要电视台，另有安的列斯电视台、彩色屏幕电视台、系统电视台、国家新闻网、新闻网等；主要广播电台有大千广播电台、多米尼加教育广播电台、商业广播电台等。

对外关系　奉行尊重领土完整和主权独立、互不干涉内政的外交政策；主张国际和平与安全应建立在尊重国家主权、意识形态多元化和各国人民自决权的基础上；呼吁建立更加合理的国际经济新秩序，反对贸易保护主义；支持联合国改革，认为改革应充分考虑使全球化进程向有利于世界各国人民利益的方向发展；谴责跨国贩毒和恐怖主义。

【同中国的关系】2018年5月1日，王毅国务委员兼外长同多米尼加外长巴尔加斯在北京签署《中华人民共和国和多米尼加共和国关于建立外交关系的联合公报》，多米尼加政府即日断绝同台湾当局的所谓“外交关系”，中多建立大使级外交关系。2020年新冠疫情暴发以来，中多积极开展抗疫合作，中方向多方提供疫苗及抗疫物资、分享诊疗经验等。2021年6月，习近平主席应约同多总统阿比纳德尔通电话，就双边关系、抗疫合作等交换意见。2022年7月，中国政府拉美事务特别代表邱小琪访问多米尼加。2023年7月，商务部国际贸易谈判代表兼副部长王受文访问多米尼加，与多外长阿尔瓦雷斯和多经济、规划和发展部长伊萨共同主持召开中多经贸混委会首次会议。

据中国海关总署统计，2022年，中多双边贸易额为48.38亿美元，同比增长11.6%。其中，中国出口额为43.18亿美元，同比增长8.3%；中国进口额为5.2亿美元，同比增长49.2%。

中国驻多米尼加大使：张润。馆址：No.4 Calle Freddy Prestol Castillo，Ensanchez Piantini，Santo Domingo，República Dominicana。电话：001809–3733825；传真：7405217。

多米尼加驻华大使：布里乌尼·加拉维托·塞古拉（Briunny Garabito Segura）。馆址：北京市朝阳区东方东路19号亮马桥外交办公大楼LD01–0–1501。电话：010–85326145；传真：85326231。

【同美国的关系】同美国关系密切，美是多最大贸易伙伴和投资、援助、侨汇来源国。2022年，多近45.5%对外贸易、84.4%的侨汇、37.92%的外国投资来自美国。两国在反毒、反洗钱、打击有组织犯罪等方面保持密切合作。

【同其他拉美和加勒比国国家的关系】同其他拉美和加勒比国家保持传统友好关系，支持并积极参与地区一体化进程。2013年，多加入中美洲一体化体系，成为太平洋联盟观察员。近年来，因强行大规模遣返海地移民同海地关系一度紧张。2020年3月起接任加勒比国家联盟轮值主席国，为期一年。2021年10月，同哥斯达黎加、巴拿马共同成立“民主发展联盟”。

【同其他国家的关系】欧盟是多米尼加的主要援助方和投资方之一，双方有贸易优惠安排。近年来，多与摩洛哥、卡塔尔、阿拉伯联合酋长国、印度、南非、斯里兰卡、吉尔吉斯斯坦、阿富汗、孟加拉国和图瓦卢等国建立外交关系，并成为非洲联盟观察员。当选2019—2020年度联合国安理会非常任理事国。

（孙欣宇）

多米尼克

国名 多米尼克国（The Commonwealth of Dominica）。

面积 751平方公里。

人口 7.40万（2022年）。主要为黑人和黑白混血种人。官方语言为英语。居民多数信奉天主教，少数信奉基督教新教。（数据来源：国际货币基金组织）

首都 罗索（Roseau），人口约2万（2022年）。

国家元首 总统查尔斯·安杰洛·萨瓦林（Charles Angelo SAVARIN），2013年10月就任。2018年10月连任。

重要节日 独立日：11月3日。

简 况

位于东加勒比海向风群岛东北部，东临大西洋，西濒加勒比海，南与马提尼克岛隔马提尼克海峡、北同瓜德罗普隔多米尼克海峡相望。岛内多山，年均气温25℃—32℃，属热带海洋气候。

原为来自南美印第安部落的阿拉瓦克人和加勒比人居住地。1493年哥伦布抵达该岛。1763年《巴黎条约》将该岛划归英国，后被法国两度占领。1805年法国占领者放火烧毁罗索，英国支付8000英镑"赎金"后正式占领该岛。1958年加入西印度联邦。1967年实行内部自治。1978年11月3日独立，现为英联邦成员国。

政 治

独立后，自由党曾长期执政。此后，自由党和统一工人党交替执政。2000年1月，工党在大选中以微弱优势获胜，与自由党组成联合政府。2004年1月，罗斯福·斯凯里特（Roosevelt SKERRIT）接任总理和工党领袖，并于2005年、2009年、2014年、2019年和2022年带领工党连续赢得大选，连任总理。目前，多政局稳定。

【宪法】现行宪法于1978年独立时生效。宪法规定，总统由议会选举产生，任期5年，不得超过两任。

【议会】一院制，任期5年。共30席，21席由选举产生，为众议员；9席由总理和反对党领袖提名产生（总理提名5人，反对党领袖提名4人），由总统任命，为参议员。本届议会于2020年2月组成，21席众议员中，工党占18席，统一工人党占3席。议长约瑟夫·伊萨克（Joseph ISSAC），2020年2月就任。

【政府】本届政府于2022年12月13日组成，内阁主要成员有：总理兼投资和治理部长罗斯福·斯凯里特，财政、经济发展、气候韧性和社会保障部长欧文·麦金泰尔（Irving MCINTYRE），外交、国际商务、贸易和能源部长文斯·亨德森（Vince HENDERSON），国家安全和法律事务部长雷伯恩·布莱克莫尔（Rayburn BLACKMOORE），卫生、健康和社会服务部长卡萨尼·拉维尔（Cassanni LAVILLE），住房和城市发展部长梅莉萨·波蓬-斯凯里特（Melissa POPONNE-SKERRIT，女），农业、渔业、蓝色和绿色经济部长罗兰·罗耶（Roland ROYER），旅游部长丹尼丝·查尔斯（Denise CHARLES，女），公共工程、公共设施和数字经济部长菲德尔·格兰特（Fidel GRANT），劳动、公共服务改革、社会伙伴关系、企业创新和小企业发展部长米丽娅姆·布兰查德（Miriam BLANCHARD，女），文化、青年、体育和社区发展部长格蕾塔·罗伯茨（Gretta ROBERTS，女），环境、乡村现代化、原住民事务和选区赋权部长科齐尔·弗雷德里克（Cozier FREDERICK），教育、人力资源规划、职业培训和国家人才部长奥克塔维娅·艾尔弗雷德（Octavia ALFRED，女），劳动、公共服务改革、社会伙伴关系、企业创新和小企业发展部国务部长达伦·皮纳德（Daren PINARD），农业、渔业、蓝色和绿色经济部国务部长朱兰·迪福（Jullan DEFOE），文化、青年、体育和社区发展部国务部长奥斯卡·乔治（Oscar GEORGE），公共工程、公共设施和数字经济部国务部长切姬拉·洛克哈特-海波利特（Chekira LOCKHART-HYPOLITE，女），卫生、健康和社会服务部国务部长卡桑德拉·威廉姆斯（Cassandra WILLIAMS，女），教育、人力资源规划、职业培训和国家人才部议会秘书费内拉·韦纳姆（Fenella WENHAM，女），环境、乡村现代化、原住民事务和选区赋权部议会秘书达龙·劳埃德（Darron LLOYD），农业、渔业、蓝色和绿色经济部议会秘书拉克亚·约瑟夫（LaKeyia JOSEPH，女），卫生、健康和社会服务部议会秘书肯特·爱德华兹（Kent EDWARDS）。

【行政区划】多米尼克全国划分为10个区，包括：圣约翰、圣安德鲁、圣彼得、圣约瑟夫、圣戴维、圣帕特里克、圣保罗、圣乔治、圣卢克和圣马克，由区议会管理。罗索市和朴次茅斯市由市议会管理。

【司法机构】由东加勒比最高法院和地方初审法院组成。东加勒比最高法院6名陪审法官中须有一位常驻多米尼克，负责即席裁决。地方初审法院处理涉及不超过500东加勒比元的案件。2014年7月，多米尼克议会通过议案，决定以加勒比法院取代英国枢密院作为多终审法院。

【政党】主要政党有：

（1）多米尼克工党（Dominica Labor Party，DLP）：执政党。1955年成立，1978—1980年执政。2000年与自由党组成联合政府。2005年、2009年、2014年、2019年和2022年大选中均获胜。党领袖斯凯里特。

（2）多米尼克统一工人党（United Workers' Party，UWP）：反对党。1988年7月成立，1995—2000年执政。党领袖汤姆森·方丹（Thomson FONTAINE）。

（3）多米尼克自由党（Dominica Freedom Party，DFP）：1968年成立，前身为联合人民党。1980—1995年执政，2000年与工党组成联合政府。2005年和2009年大选中均未获得议席，2014年、2019年和2022年均未参加大选。

【重要人物】查尔斯·安杰洛·萨瓦林：总统。1943年10月2日出生。英国剑桥大学毕业。从政前曾从事教师、工会工作。曾任旅游、外交、能源、国家安全部长，驻欧盟及联合国日内瓦办事处代表，多国家开发公司总经理。1996—2006年任多自由党领袖。**罗斯福·斯凯里特**：总理。1972年6月8日出生。毕业于多米尼克国立学院、美国新墨西哥州立大学和密西西比大学，心理学、英文学士。曾任中学教师、公司顾问、国立学院讲师。2000年当选众议员，先后任体育和青年事务部长、教育和人力资源开发事务部长。2004年1月继任总理兼财政、计划和加勒比事务部长。2005年、2009年、2014年、2019年和2022年带领多工党连续胜选，连任总理。

经　济

以农业为主。2017年9月遭史上最强飓风“玛利亚”袭击，全岛基础设施损毁严重，据不完全统计，此次飓风造成损失达10亿美元。近年来，受新冠疫情影响，多经济面临严峻挑战。2022年，随着疫情好转，多经济逐步复苏，主要经济数据如下：

国内生产总值：6.12亿美元。

人均国内生产总值：8271美元。

国内生产总值增长率：10.2%。

货币名称：东加勒比元。

汇率：1美元=2.7东加勒比元（固定汇率）。

通货膨胀率：7.5%。

（资料来源：国际货币基金组织、东加勒比央行）

【资源】蕴藏大量浮石，年产10万吨。地热、水力资源较丰富，有待开发。森林面积约360平方公里。

【工业】基础薄弱，有小型水果加工、服装、卷烟、酿酒、肥皂、榨油等轻工业。建筑业和制造业占国内生产总值比例较小。

【农业】主要种植香蕉、椰子、柑橘、芒果等。致力于推行农业生产多元化，发展花卉业、水产养殖和蔬菜生产。

【旅游业】旅游资源丰富，热带雨林、温泉、冷泉、瀑布等景观发展潜力较大。近年来，多大力发展生态旅游。游客主要来自美国、加拿大、欧洲和加勒比其他国家。

【交通运输】以公路运输为主，无铁路。

公路：岛内有全天候公路1200公里，其他公路200公里。

水运：最大港口为罗索，其次为朴次茅斯。年吞吐量约10万吨。

空运：有两个机场，仅供小型飞机起降。年客运量约2万人。

【财政金融】2021/2022财年，多财政收入2.04亿美元，支出1.82亿美元。（资料来源：多米尼克政府）

近年来，多大力发展离岸金融业，但规模尚小。

【对外贸易】主要出口香蕉等农产品，进口石油、日用品、食品等。2022年，多米尼克进出口总额为2.88亿美元。其中，出口额为0.22亿美元，进口额为2.66亿美元。（资料来源：东加勒比央行）

人民生活

2020年预期人均寿命78.2岁。全国有1所综合性医院（中多友谊医院）、7个卫生中心和44个卫生所，全国约有81名医生、230名护士，整体医疗水平较为薄弱。

军　事

无军队。警察、海岸警卫队约400人。

文化教育

【教育】对5—15岁青少年实行免费义务教育。

【新闻出版】主要报纸有：《纪事报》，每周五发行；《太阳报》，每周一发行。主要电视台有政府新闻电视台、玛频有线电视台、萨特有线电视台。主要电台有多米尼克广播公司、凯瑞调频、Q95。主要新闻网站为“多米尼克在线”。

对外关系

推行务实外交，提倡互惠合作。强调发展与美国、加拿大、欧盟、日本等国家和地区的关系，重视发展与中国、古巴、委内瑞拉等国的关系。

【同中国的关系】2004年3月23日，中国同多米尼克建交。近年来，中多高层交往不断，两国关系发展顺利。2020年新冠疫情暴发以来，中多积极开展抗疫合作。

2021年1月，习近平主席同斯凯里特总理通电话。2022年4月，王毅国务委员兼外长与奥斯特里代总理共同主持中国和加勒比建交国外长会。11月，全国政协副主席辜胜阻同多米尼克议长伊萨克举行视频会晤。

建交以来，中多经济技术合作稳步推进。多承认中国完全市场经济地位，是中国公民出境旅游目的地国。2018年7月，中多签署共建“一带一路”谅解备忘录。

据中国海关总署统计，2022年，中多双边贸易额为3490.4万美元，同比减少2.6%。其中，中国出口额为3447.2万美元，同比增长0.1%；中国进口额为43.2万美元，同比减少69.8%。中国主要向多方出口塑料制品、橡胶制品、陶瓷产品、钢铁制品、光学器具、车辆及其零件、电器零件、日用家电和家具等，主要向多方进口服装、鞋靴、电器零件、日用家电、精油香膏、塑料制品等。

多是中国公民出境旅游目的地国。中国在多派有农业和医疗专家组。2014年8月，中国“光明行”眼科专家组赴多提供白内障义诊。中华全国青年联合会、中国人民对外友好协会、广东省友好代表团、广东省艺术团等曾访多。多新闻记者团、青年代表团、工党干部考察团等曾访华。2018年10月，中国海军“和平方舟”号医院船访多，提供免费医疗和人道主义援助。2022年5月，多米尼克国立大学孔子课堂正式揭牌。9月，多米尼克—中国友好协会正式成立。

中国驻多米尼克大使：林先江。馆址：Morne Daniel，Roseau，The Commonwealth of Dominica。电话：001–767–6177772（值班手机）；传真：4400088。

多米尼克驻华大使：马丁·查尔斯（Martin CHARLES）。办公地址：北京市朝阳区新东路1号塔园外交公寓5号楼1单元22号。电话、传真：010–65322791。

【同其他加勒比国家的关系】支持并积极参与加勒比地区一体化进程，是加勒比共同体、东加勒比国家组织、加勒比国家联盟、美洲玻利瓦尔联盟等地区组织成员。（朱涛）

厄瓜多尔

国名 厄瓜多尔共和国（The Republic of Ecuador，La República del Ecuador）。

面积 25.64万平方公里。

人口 1800万（2022年）。其中，印欧混血种人占77.42%，印第安人占6.83%，白人占10.46%，黑白混血种人占2.74%，黑人和其他人种占2.55%。官方语言为西班牙语，印第安人通用基丘亚语。87.5%的居民信奉天主教。

首都 基多（Quito），人口287万（2022年）。海拔2818米。全年气温在10℃—23℃。年均气温13.5℃。

国家元首 总统吉列尔莫·拉索（Guillermo Lasso），2021年4月当选，5月就职。

重要节日 独立日（即国庆节）：8月10日。

简况

位于南美洲西北部，东北与哥伦比亚毗连，东南与秘鲁接壤，西临太平洋。海岸线长930公里。赤道横贯国境北部（国名即西班牙语“赤道”之意）。东西部属热带雨林气候。山区盆地为热带草原气候，山区属亚热带森林气候。平均气温沿海为23℃—25℃，东部地区23℃—27℃。年均降水量2000—3000毫米，山区1000毫米。

古代境内居住着印第安部落。15世纪属于印加帝国。1532年沦为西班牙殖民地。1809年8月10日宣布独立，但仍被西班牙殖民军占领。1822年结束西班牙的殖民统治并加入由哥伦比亚、委内瑞拉和巴拿马组成的大哥伦比亚共和国。1830年该共和国解体后，宣布成立厄瓜多尔共和国。第二次世界大战后，厄政局长期动荡，军人多次执政。1979年，军政府还政于民，政局趋于稳定。1996—2006年，由于政治腐败、经济发展迟缓等原因，先后有3位民选总统在任内被罢免或推翻。2006年11月26日，主权祖国联盟运动候选人拉斐尔·科雷亚·德尔加多在第二轮总统选举中当选总统，并于2007年1月15日就职。科雷亚执政后，以“美好生活社会主义”为指导思想，全面推行“公民革命”，成功推动修宪，并根据新宪法于2009年、2013年两次当选总统。

政治

2017年4月，主权祖国联盟运动候选人莱宁·莫雷诺·加尔塞斯在第二轮总统选举中当选总统并于5月就职。莫雷诺执政后，将反腐败、同反对派及各行业组织对话作为施政重点，增加民生投入，推出“陪伴一生”等社会计划。2021年4月，创造机会运动–基督教社会党联盟候选人吉列尔莫·拉索当选总统并于5月就职，厄右翼政党时隔15年重新上台。拉索坚持新自由主义理念，主张改革前左翼执政路线，全盘调整内外政策，将抗疫、推动经济复苏作为执政重点。

【宪法】现行宪法于2008年9月28日通过。新宪法建立了五权分立的政治体制，在加强行政权、改革立法权和司法权的基础上，增设公民参与社会管理权和选举权。加强政府对国民经济的宏观规划和计划性指导，严格控制涉及国计民生的战略性部门，加强金融监管，取消中央银行自主权。成立债务委员会，严格审查和批准举借外债手续。

【议会】称“厄瓜多尔国民代表大会”，实行一院制。议员共137人，其中全国议员15人，省议员116人，海外议员6人。本届国会于2021年5月14日正式成立，任期4年。国会主席、副主席由国民代表大会全体会议选举产生，任期两年，可连选连任。2022年5月，国会主席瓜达卢佩·略里（Guadalupe Llori）遭罢免，原国会第一副主席比尔希略·萨基塞拉（Virgilio Saquicela）接任国会主席。国会第一副主席马尔塞拉·奥尔古因（Marcela Holguín），第二副主席达里文·佩雷拉（Darwin Pereira）。

【政府】总统为国家最高行政首脑。现政府于2021年5月组成，多次调整，现组成如下：副总统阿尔弗雷多·博雷罗（Alfredo Borrero），政府部长弗朗西斯科·希门尼斯（Francisco Jiménez），外交和移民事务部长胡安·卡洛斯·奥尔古因（Juan Carlos Holguín），公共卫生部长何塞·鲁阿莱斯（José Ruales），教育部长玛利亚·布朗·佩雷斯（María Brown Pérez，女），经济与社会包容部长埃斯特万·贝尔纳尔（Esteban Bernal），城市发展与住房部长玛丽亚·阿吉莱拉（María Aguilera，女），文化和遗产部长玛利亚·埃莱娜·马丘卡（María Elena Machuca，女），能源和矿业部长费尔南多·桑托斯·阿尔维特（Fernando Santos Alvite），电信和信息化社会部长比亚纳·迈诺（Vianna Maino），交通和公共工程部长达里奥·埃雷拉（Darío Herrera），环境和水资源部长古斯塔沃·曼里克（Gustavo Manrique），国防部长拉腊·哈拉米略（Lara Jaramillo），经济财政部长巴勃罗·阿罗塞梅纳（Pablo Arosemena），生产、外贸、投资和渔业部长胡里奥·何塞·普拉多（Julio José Prado），农业和畜牧业部长贝尔纳多·曼萨诺（Bernardo Manzano），劳动部长帕特里西奥·多诺索（Patricio Donoso），旅游部长尼尔斯·奥尔森（Niels Olsen），体育部长塞瓦斯蒂安·帕拉西奥斯（Sebastián Palacios）。

【行政区划】全国划分为24个省，下设221个市、1449个区。

【司法机构】国家司法法院（Corte Nacional de Justicia）为国家最高司法机关，共有25名法官（包括院长在内）。现任院长伊万·萨基塞拉（Iván Saquicela），总检察长迪亚娜·萨拉萨尔（Diana Salazar，女），总监察长胡安·拉雷亚（Juan Larrea）。

【政党】全国性主要政党有：

（1）创造机会运动（Movimiento Creo Oportunidad）：执政党，2012年1月由现任总统拉索建立。中右翼政党，倡导代议制民主，反对国家干预，要求摒弃以原材料出口和举债为动力的发展模式，主张优先同美国发展关系。与其他独立议员组成的执政党国会党团拥有23个国会议席。党主席吉多·奇里沃加（Guido Chiriboga）。

（2）公民革命党（Partido de Revolución Ciudadana，原主权祖国联盟运动科雷亚派）：反对党，2018年1月，由前总统科雷亚及其支持者脱离主权祖国联盟运动后创立，呼吁捍卫科雷亚执政时期"公民革命"成果，反对莫雷诺总统的"背叛行为"和保守主义。党的领导人为前总统科雷亚，但该党尚未获得合法政党身份。2020年，该党加入社会承诺力量运动，并联合民主中间运动、全国妇女常设论坛、人民和农民土著组织联合会等8个中左翼党团组成"希望联盟"，推举科雷亚派领导人阿劳斯作为总统候选人参加2021年大选，在大选第二轮中败选。希望联盟国会党团拥有47个国会议席。党主席马塞拉·阿吉尼亚加（Marcela Aguiñaga）。

（3）帕恰库蒂克多民族团结运动（Movimiento de Unidad Plurinacional Pachakutik）：反对党，1995年6月建立。主张建立团结、公正、平等的新式民主和多元文化国家，在相互尊重和平等基础上发展对外关系，反对全球化。拥有25个国会议席。党总书记马隆·桑蒂（Marlon Santi）。

（4）民主左派党（Partido Izquierda Democrática）：反对党，1977年建立，由厄瓜多尔激进自由党分裂出的一派组成。主张民主、自由、社会正义，发展民族经济，建立民主社会主义社会，维护民族独立和主权。拥有16个国会议席。党主席恩里克·查韦斯（Enrique Chávez）。

（5）基督教社会党（Partido Social Cristiano）：1945年成立时称基督教民主党，1951年改为现名。1956—1960年和1984—1988年两次执政。代表企业家利益，主张基督教民主。拥有13个国会议席。2021年与创造机会运动结为竞选联盟，其候选人拉索当选总统。后由于在国会选举中产生分歧，两党联盟破裂。党主席阿尔弗雷多·塞拉诺（Alfredo Serrano）。

（6）主权祖国联盟运动（Movimiento Alianza PAIS）：在野党，曾为厄瓜多尔第一大党，2005年11月由前总统科雷亚建立。前总统莫雷诺与前总统科雷亚决裂后，该党分裂。现有党员141万人。主张通过参与式和代议制民主，巩固国家法治和人民自由，反对腐败；致力于满足人民的物质和文化需要，增加人民福祉，实现经济、社会、环境协调发展；维护国家独立和主权，尊重国际法。2020年3月3日，该党领导委员会召开会议，认为党主席莫雷诺放弃对该运动的政治领导，几乎不参加党内会议、未履行执政纲领、向其他党分配政治权力，严重违反党规，决定将莫雷诺开除出党。由于政治内耗，在本届议会没有获得议席。

【重要人物】吉列尔莫·拉索：总统。1956年11月16日出生于厄瓜多尔瓜亚基尔市。厄瓜多尔美洲大学荣誉博士，银行家。曾任厄瓜多尔经济部长、瓜亚斯省省督等职务。2012年1月建立全国性中右翼政党创造机会运动并担任党主席。2021年5月就任总统。已婚，有三子两女。

经　济

厄瓜多尔为南美地区经济相对落后的国家，工业基础薄弱，农业发展缓慢，石油业是厄瓜多尔第一大经济支柱。经济发展分为可可、香蕉和石油三个不同发展时期。厄以"香蕉之国"闻名于世，1992年起连续多年香蕉产量和出口量均居世界第一位。2021年首次成为全球最大产虾国。

2000年，厄瓜多尔正式实施经济美元化政策。2004年，厄政府同国际货币基金组织等国际金融机构达成外债重组和贷款协议，宏观经济继续保持增长势头。但美元化也带来竞争力下降、出口乏力等弊端。2007年1月科雷亚总统执政后，宣布摒弃新自由主义经济模式，加强国家对经济运行的控制力度，重审与外国签署的投资保护协定。在资源问题上强调国家利益与主权。2013年科雷亚总统连任后，大力推进经济结构转型，提出发展五大基础工业，大力扶持科技创新，实施选择性进口替代措施，通过大规模公共投资和出口拉动经济增长，推动油气产业上中下游一体化，全力推进水电、风能等新能源开发利用。厄经济实现持续较快增长。2016年4月，厄瓜多尔发生里氏7.8级强烈地震，直接损失33.44亿美元，约占国内生产总值3%，重建资金规模大体相当，灾后重建任务艰巨，当年厄经济增长–1.5%，系厄实行经济美元化以来首次出现负增长。莫雷诺总统执政后，强调减少国家对经济的干预，鼓励私人部门和外国投资，推出“2017—2021年国家发展计划”，严控财政开支，积极向国际多边金融机构寻求融资。2020年，新冠疫情暴发，厄经济受到严重冲击。拉索总统执政后，奉行新自由主义经济路线，鼓励生产和外贸，重启同多国的自贸谈判进程，寻求重返国际仲裁机构。但受新冠疫情影响，经济持续低迷，复苏缓慢，吸收外国直接投资明显下降，经济结构单一、投资环境不佳等问题犹存。2022年主要经济数据如下：

国内生产总值：1150.49亿美元。

人均国内生产总值：6395美元。

国内生产总值增长率：2.9%。

货币名称：美元。

通货膨胀率：3.7%。

失业率：3.2%。

外汇储备：83.99亿美元（截至2022年10月）。

外债余额：464.55亿美元（截至2022年9月）。

（资料来源：厄瓜多尔央行、统计局）

【资源】自然资源较丰富。已探明石油储量为83亿桶，位居拉美第三。天然气储量110亿立方米。此外，金、银、铜、钯、锌、铅、铁、锰等金属和硫黄、石灰岩、黏土、硅砂、石膏、煤、重晶石、磷、泡沫岩石等非金属矿藏丰富。森林覆盖率50.3%。水力和渔业资源丰富。

【工业】主要有石油和采矿业、制造业、建筑业、食品加工业、纺织业和电力工业等。2021年，制造业、采矿业产值分别为296亿美元、65.9亿美元。2022年，厄石油产量为1.75亿桶。

【农业】2020年，全国可耕地面积为1435.6万公顷，种植面积507万公顷，其中马纳维省种植面积最广，达76.6万公顷。2021年，农业增长3.4%，农业就业人员占比为28.2%。粮食不能自给。香蕉、花卉、可可、咖啡、水产为传统出口农产品。香蕉业作为支柱产业在厄国民经济中地位十分重要。厄香蕉以出口为主，目前保持世界出口第一、种植第四和生产第五的地位。近年来，水产品出口在厄国民经济中比重上升，金枪鱼捕捞量占世界总捕捞量的32.9%，位居世界第一。2021年厄生产白虾101万吨，首次成为全球最大产虾国。

【旅游业】历来重视旅游业，旅游业已成为厄第四大创汇行业，约有50万人直接或间接从事旅游业。2020年，接待外国游客46.9万人次，旅游业收入7亿美元，外国游客主要来自哥伦比亚、美国、秘鲁等国。全国共有星级宾馆659家。其中，3星级364家，4星级127家，5星级22家。主要旅游点有基多、瓜亚基尔、昆卡、因巴布拉省、东部亚马孙河流域和加拉帕戈斯群岛（龟岛）。基多市、龟岛和昆卡市被联合国教科文组织列入《世界文化与自然遗产名录》。

【交通运输】交通事业自20世纪80年代起发展较快。

公路：总长4.36万公里，其中沥青路6467公里，硬石路3.7万公里。2021年，保有机动车数量290.17万辆。

铁路：总长965公里，车站15个。近20年铁路建设基本处于停滞状态。2020年，客运人数为13.5万人次。

空运：国际机场6个，分别在基多、瓜亚基尔、埃斯梅拉达斯、拉塔昆加、曼塔和昆卡。国内航线的民用机场有17个，跑道98条；另有350个简易机场，多为军用机场，主要集中在亚马孙地区。厄瓜多尔航空公司为国营，拥有10架大型客机。另有厄军方经营的TAME航空公司、2家国内私人航空公司和8家外国航空公司在厄运营。

海运：拥有一支以8艘油船组成的石油船队、1700余艘渔船和2家较小的私人海运公司。主要港口有瓜亚基尔、埃斯梅拉达斯、玻利瓦尔、曼塔和巴拉奥。其中，瓜亚基尔港是厄最古老也是最主要的港口。

【财政金融】2022年前11个月税收总额约157亿美元，同比增长13%；财政赤字率降至1.7%。

【对外贸易】奉行出口商品和市场多样化、保护和发展民族工业、鼓励工业制成品和半制成品出口等政策。主张同世界不同制度和意识形态的国家发展贸易并进一步寻求新市场。与90多个国家和地区有贸易关系。2013年11月以来，为减少进口和平衡贸易逆差，厄政府对293项产品实施进口限制措施。拉索总统执政后鼓励生产和外贸，重启同多国的自贸谈判进程。近几年进出口贸易情况如下（单位：亿美元）：

	2020	2021	2022
总　额	372	459	630
出口额	202	242	327
进口额	170	217	303
差　额	32	25	24

（资料来源：厄瓜多尔央行）

厄主要出口石油、香蕉、大虾和鲜花，主要进口机械设备、工业原料、燃料和消费品等。主要贸易伙伴是美国、中国、欧盟、巴拿马、哥伦比亚。

【外国资本】1997年，厄瓜多尔颁布《促进与保障投资法》，规定在国防、安全、广播电视、新闻等领域不能接受外国直接投资，在其他领域的外国投资与本国享受同等待遇。2008年，厄颁布新宪法规定，国内资本优先于外资，外资为本国资本的补充。2022年，厄吸收外国直接投资7.9亿美元。

【外国援助】2007年，厄启动亚苏尼环保项目，希望以不开发亚苏尼地区石油资源换取国际社会环保资金支持，但响应者寥寥，截至2013年8月仅到位1330万美元。2013年8月，厄政府决定开发该地区油气资源。

人民生活

2020—2022年，贫困率由33.0%降至25.2%，极端贫困率由15.4%降至8.2%。2022年基尼系数0.47，通货膨胀率为3.7%。2021年，全国630家卫生机构共有2.3万张病床；婴儿死亡率10.7‰；卫生开支约14.4亿美元，约占国内生产总值的1.3%。2021年互联网用户总数1017万人。

军　事

厄瓜多尔总统为武装部队最高统帅，通过国防部长和三军联合指挥部统率全军。国防部长由总统任免，可为现役或退役军人。三军联合指挥部由联指司令和陆海空三军司令组成，负责从战略层面规划、领导训练和作战计划的制订，并提供国防和战争政策咨商。实行义务兵役制，服役期1年。现任三军联指司令为内尔松·普罗阿尼奥（Nelson Proaño），陆军司令为弗兰克林·阿科斯塔（Franklin Acosta），海军司令为约翰·梅洛·莱昂（John Merlo León），空军司令为加夫列尔·加西亚（Gabriel García）。总兵力约5.5万人，其中陆军3.5万人，编有4个师、14个旅，装备主战坦克124辆、轻型坦克108辆、装甲侦察车200辆、步兵战车272辆、装甲运兵车177辆、轻型装甲车1434辆，弹道导弹8枚，各型火炮1000门，飞行器127架。海军1.4万人，设有3个军区，编有1个舰队、1个潜艇分队，装备各型舰艇38艘、各型潜艇30艘、飞机20架。陆战队1500人，编为3个陆战营。海军航空兵250人。空军6000人，设有3个军区、4个司令部，编有7个联队、16个中队，装备飞机200余架，其中作战飞机78架。另有海岸警卫队200人，预备役军人10万人。2022年，厄军事开支24.09亿美元，占国内生产总值的2.2%。

文化教育

【教育】厄瓜多尔宪法规定，国民生产总值至少6%用于基础和中等教育。2021年厄全国文盲率为6%。2020年基础教育入学率96%，高等教育入学率35%。目前国立大、中、小学实行免费教育，大学实行自治，保护私人办学自由。著名高等院校有厄瓜多尔中央大学、天主教大学、瓜亚基尔大学和昆卡大学。

【新闻出版】厄瓜多尔新闻事业比较发达。有50多种报纸和21种杂志，多为私人经营。主要报纸和发行量：《电讯报》，国营报纸，发行量20万份；《商报》，为曼蒂利亚家族的私营报纸，发行量9万份；《宇宙报》，7.5万份；《快报》，6万份。《浏览》是发行量较大的综合性杂志。以上报刊均为西班牙文版。

全国电台共460多家，首都有54家。主要有厄瓜多尔电台、天主教电台、基多电台、成就电台和安第斯之声电台。电台绝大多数为私人所有。

全国主要电视台有2台、4台、8台、10台和13台。

对外关系

厄瓜多尔奉行独立、自主、和平的外交政策。主张各国相互尊重主权和领土完整，互不干涉内政，倡导多边主义，和平解决国际争端。强调外交为经济建设服务。主张全面裁军，减少核武器，拉美应成为真正的无核区。主张加强联合国的作用，安理会应具有更广泛的代表性，并增加其工作透明度和决策民主性。主张积极发展同亚太地区国家的政治与经贸关系。同147个国家保持外交关系。系联合国会员国，世界贸易组织、77国集团、美洲国家组织、拉美和加勒比共同体、安第斯共同体、南美进步论坛等国际和地区组织成员，是亚投行首个拉美正式成员。2021—2022年担任安第斯共同体轮值主席国。拉索政府秉多元务实外交政策，积极参与国际和地区事务，广泛开展国际抗疫合作。

【同中国的关系】中国与厄瓜多尔于1980年1月2日建交。2015年1月，两国建立战略伙伴关系。2016年11月，两国建立全面战略伙伴关系。

近年来，双方高层交往频繁。2020年6月，习近平主席应约同莫雷诺总统就抗击新冠疫情国际合作等通电话。2021年8月，习近平主席应约同拉索总统通电话。2022年2月，拉索总统应邀出席北京冬奥会开幕式并访华。

中国是厄瓜多尔第二大贸易伙伴，厄是中国在拉美第八大贸易伙伴。据中国海关总署统计，2022年，中厄双边贸易额为130.9亿美元，同比增长19.7%。其中，中国出口额为62.9亿美元，同比增长14.8%；中国进口额为68亿美元，同比增长24.6%。中国主要出口机电产品、高新技术产品、钢材、纺织品、汽车及零配件等，主要进口原油、对虾、香蕉、鲜花、鱼粉等。

中国驻厄瓜多尔大使：陈国友。馆址：Avenida Atahualpa No.349 y Avenida Amazonas，Quito，Ecuador。电话：00593–2–2433337（接待处），2444362（办公室），2433407（领事部），2433474（经商处），2433502（文化处）；传真：2444362。

厄瓜多尔驻华大使：卡洛斯·温贝托·拉雷亚·达维拉（Carlos Humberto Larrea Davila）。馆址：北京市朝阳区三里屯办公楼2–62号。电话：010–85319499；传真：85319415。

【同美国的关系】厄瓜多尔与美国于1848年8月12日建交。两国经济关系密切，厄资金和技术大部分来自美国。美是厄主要石油出口国和第一大贸易伙伴。美政府支持厄政府实行经济美元化。1999年4月厄美签署协议，厄允美租用曼塔空军基地用于反毒。2009年9月租约到期后，厄政府不再续约。2011年4月，美厄两国因“维基解密”事件相互驱逐大使，2012年两国重新互派大使，外交关系恢复正常。2014年，美国驻厄缉毒合作办公室和美国际开发署关闭在厄办公机构。2017年莫雷诺总统执政后，重启同美国际开发署合作，美副总统彭斯、国务卿蓬佩奥等高官先后访厄。2020年2月，莫雷诺总统正式访美，系近17年来厄总统首次访美。2021年1月，莫雷诺总统再次访美。2021年拉索总统执政后，美国务卿布林肯、国家安全副顾问辛格、南方司令部司令理查德森、美参议院代表团等先后访厄。拉索总统及厄副总统博雷罗、外长奥尔古因、财经部长阿罗塞梅纳等先后访美。

【同其他拉美和加勒比国家的关系】系拉美和加勒比国家共同体（拉共体）、安第斯共同体等地区组织成员国，重视发展同地区国家，尤其是邻国关系。积极支持哥伦比亚和平进程，在委内瑞拉移民问题上表现活跃。2019年6月，莫雷诺总统访问智利，并同智利总统皮涅拉共同主持第五次双边内阁联席会议。2021年7月，拉索总统访问秘鲁。8月，拉索总统访问墨西哥。9月，拉索总统访问哥伦比亚，并同哥伦比亚总统杜克共同主持第十次内阁联席会议。2022年1月，拉索总统访问哥伦比亚，出席太平洋联盟第16届峰会和南美进步论坛第三届峰会。8月，拉索总统赴哥伦比亚出席哥新任总统佩特罗就职仪式；访问秘鲁，出席安第斯共同体第22届总统理事会会议。11月，拉索总统访问墨西哥。

【同欧盟、日本的关系】欧盟和日本是厄瓜多尔所需资金、技术的重要来源，又是厄传统出口产品的重要市场，相互间签有多项经贸和科技合作协定。2018年9月，莫雷诺总统访问日本，庆祝两国建交100周年。2019年7月，莫雷诺总统访问意大利、法国和荷兰。2021年10月，拉索总统赴英国出席《联合国气候变化框架公约》第二十六次缔约方大会。11月，拉索总统访问西班牙。2月，拉索总统同西班牙国王费利佩六世通电话。8月，拉索总统出席哥伦比亚总统佩特罗就职仪式期间会见西班牙国王费利佩六世。同月，西班牙首相桑切斯访厄。9月，拉索总统出席第77届联大期间，分别同与会的瑞士联邦主席卡西斯、爱沙尼亚总统卡里斯、葡萄牙总理科斯塔举行双边会见。

（徐惠宁）

法属圣马丁

__名称__ 圣马丁海外领地（Overseas Collectivity of Saint Martin, Collectivité d'Outre-Mer de Saint-Martin），简称“法属圣马丁”（Saint-Martin）。

__面积__ 54.4平方公里（包括圣马丁岛北部及邻近一些小岛）。

__人口__ 32489人（2019年，法国国家经济研究与统计局）。包括克里奥尔人（也称“穆拉托人”，指黑人、白人混血儿）、黑人、瓜德罗普梅斯蒂索人（法国人与东亚人混血儿）、白人和东印度人等。法语是官方语言，也使用英语、荷兰语、当地方言、西班牙语、帕皮亚门托语（荷属安的列斯方言）。居民信奉天主教、耶和华见证会、基督教新教、印度教等。

__首府__ 马里戈特（Marigot），地处圣马丁岛中西部沿海，人口3166人（2019年）。

__行政长官__ 文森特·贝尔顿（Vincent Berton），2022年3月28日就任。

__重要节日__ 法国国庆日（巴士底日，Bastille Day）：7月14日（1789年）；舍尔歇日（废除奴隶制节，Schoalcher Day）：7月12日（1848年，“法国的废除奴隶制之父”维克托·舍尔歇在第二共和国时期任海军部副部长，起草废除殖民地奴隶制的著名法令）。

简况

圣马丁岛（法文Saint-Martin，荷兰文Sint Maarten）位于加勒比海东部、波多黎各岛东南300公里，在小安的列斯群岛中向风群岛的北端，是世界上最小的分属两国的岛屿。地形丘陵起伏。地处北纬18度，属热带气候，气候温和，气温集中在20℃—32℃，年均气温28℃。7—10月为湿季，有飓风；12月至次年5月为干季。

1493年11月11日（圣马丁节），第二次远航安的列斯群岛的哥伦布登上圣马丁岛。之后，该岛先后成为法国、荷兰和西班牙的殖民地。1648年，法国与荷兰将圣马丁岛瓜分。岛的南部（占全岛1/3，34平方公里）由荷兰管辖，北部（占2/3，56平方公里）由法国统治，两部分之间没有关税壁垒。

荷属圣马丁曾为荷属安的列斯的一部分，2010年10月10日，荷属安的列斯解体，荷属圣马丁成为荷兰王国内单独的政治实体（海外属地）。

法属圣马丁曾长期归瓜德罗普管辖。2003年，法属圣马丁居民公投通过要求脱离瓜德罗普、成为法国直辖海外行政区（Les Collectivités d'Outre-Mer, COM）的决议。2007年2月7日，法国国会通过法案，分别授予其和邻近的圣巴泰勒米岛海外行政区的地位。同年7月15日，法属圣马丁正式成为法国单独的海外领地。

政　治　领地议会主席路易·穆森东（Louis Mussington），2022年4月3日当选。法属圣马丁和圣巴泰勒米在法国国民议会共有1个席位，现任国民议会议员为弗朗茨·冈布斯（Frantz Gumbs，属中间派联盟“在一起”）。2022年6月当选，任期5年。法属圣马丁在法国参议院有1个席位，现任参议员为阿妮克·贝特鲁斯（Annick Petrus，女，属共和人党党团），2020年9月当选，任期6年。

【宪法】实行法国宪法，行政长官（Préfet）为法国总统的代表。

【议会】一院制的领地议会（Le Conseil Territorial）。任期5年，有23个席位，议员由普选产生。本届议会于2022年3月20日和27日选举产生：圣马丁人联盟/轮替16席，民主联盟5席，“希望一代”两席。

【政府】称“执行委员会”（Le conseil exécutif），领地议会主席任执委会主席（政府首脑）。执委会主席路易·穆森东。还设有咨询机构——经济社会和文化委员会（Le conseil économique social et culturel）。

【政党】主要政党有：圣马丁人联盟/轮替（Rassemblement saint-martinois-Alternative），领导人路易·穆森东；民主联盟（Union pour la démocratie），领导人丹尼埃尔·吉博斯（Daniel Gibbs）；“希望一代”（Generation Hope），领导人于勒·夏维尔（Jules Charville）等。

经　济　主要经济数据如下：

地区生产总值：5.82亿欧元（2014年）。

地区人均生产总值：16572欧元（2014年）。

地区失业率：33.9%（15—64岁人口，2019年）。

（资料来源：法国银行海外发行机构IEDOM）

【服务业】圣马丁岛拥有得天独厚的洁净海滩和宜人的气候。法属圣马丁的经济活动主要领域是第三产业，2020年，超80%的公司和超60%的就业人口集中在第三产业。但受疫情影响，2020年该地区旅游业遭受较大打击。2020年该地区共接待游客58万人次，比前一年下降71.3%。

【财政金融】2020年，地区财政收入为1.491亿欧元，地区财政支出为1.308亿欧元，地区财政盈余1830万欧元。截至2020年底，共有5262家企业在该地区注册。其中贸易业占26.3%，建筑和公共服务业占15.6%，酒店餐饮业占13.6%。截至2020年底，该地区共有注册金融机构5家，其中2家银行从属法国银行协会，另3家为互助银行。共开设银行账户35237个。

【交通运输】法属圣马丁有2个港口和1个小型机场，国际机场为位于荷属圣马丁的朱丽安娜国际机场。

文化教育　【教育】2020年该地区有19所公立学校，其中初等学校（学前班、小学）14所，高等学校（初中、高中）5所。2020年，该地区共有教职人员717人，初等学校共接收学生3593名，高等学校共接收学生3396名。（向优）

格林纳达

国名　格林纳达（Grenada）。

面积　344平方公里。

人口　11.4万（2022年）。黑人约占82%，混血人占13%，白人及其他人种占5%。英语为官方语言和通用语。居民多信奉天主教。

首都　圣乔治（St. George's），人口约1万（2022年）。

国家元首　英国国王查尔斯三世，总督为其代表。现任总督塞茜尔·拉格雷纳德（Cecile LA GRENADE，女），2013年5月就任。

重要节日　独立日：2月7日。

简　况　位于东加勒比海向风群岛最南端，南距委内瑞拉海岸约160公里。属热带海洋性气候，1—5月为旱季，6—12月为雨季。8—11月天气较热，最高气温35℃。12月至次年3月，天气较凉爽，最低气温18℃。年均气温26℃。

原为印第安人居住地。1498年被哥伦布“发现”，1650年归属法国，1762年被英国占领。1763年法国根据《巴黎条约》将格转让给英国，1779年被法国重新占领。1783年根据《凡尔赛条约》正式确认为英国所有，从此沦为英国殖民地。1974年2月7日宣布独立，同年加入联合国。1979年3月，“新宝石运动”发动军事政变，成立人民革命政府，毕晓普担任总理。1983年10月，副总理科尔德等人发动政变，杀害毕晓普总理等人。美国遂以保护侨民和应东加勒比国家组织请求干预为由，与牙买加、多米尼克、巴巴多斯等6个加勒比国家联合出兵格林纳达。1984年格恢复大选。

政　治　2022年6月，格林纳达举行大选。反对党民族民主大会党获得众议院9席，党领袖迪康·米切尔（Dickon MITCHELL）就任总理。格实现政权平稳交接，目前政局稳定。

【宪法】现行宪法于1974年独立时生效。1979年3月13日因内乱停止实施。1984年1月1日恢复实施。

【议会】分参众两院，本届议会于2022年8月组成，任期为5年。参议院13席，由总督根据总理和反对党领袖提名任命。参议长德西玛·威廉姆斯（Dessima WILLIAMS）。众议院15席，由普选产生。民族民主大会党拥有9席。众议长利奥·凯托（Leo CATO）。

【政府】本届政府于2022年6月30日组成。主要成员有总理兼国家安全、内政、公共管理、新闻和灾害管理部长，基础设施、实体发展、公用事业、民航和交通部长迪康·米切尔（Dickon MITCHELL），外交、贸易和出口发展部长约瑟夫·安德尔（Joseph ANDALL），卡里亚库和小马提尼克、地方政府部长特文·安德鲁斯（Tevin ANDREWS），财政部长丹尼斯·康沃尔（Dennis CORNWALL），教育、青年、体育和文化事务部长戴维·埃夫林·安德鲁（David Evlyn ANDREW），教育、青年、体育和文化事务部负责青年和体育的国务部长罗恩·雷德黑德（Ron REDHEAD），气候变化、环境和可再生能源部长克琳·曾内尔·詹姆斯（Kerryne Zennelle JAMES），社会和社区发展、住房和性别平等事务部长菲利普·艾尔弗雷德·特莱斯福德（Philip Alfred TELESFORD），社会和社区发展、住房和性别平等事务部负责社会发展和性别平等事务的国务部长格洛丽亚·安·托马斯（Gloria Ann THOMAS，女），动员、实施和转型部长安迪·威廉姆斯（Andy WILLIAMS），经济发展、规划、旅游和信息通信技术部长伦诺克斯·约翰·安德鲁斯（Lennox John ANDREWS），经济发展、规划、旅游和信息通信技术部负责农业、渔业、合作社的国务部长阿德里安·托马斯（Adrian THOMAS），卫生、福利和宗教事务部长盖顿·乔纳森·拉克雷特（Gayton Jonathan LACRETTE），总检察长兼司法、劳工和消费者事务部长克劳德特·约瑟夫（Claudette JOSEPH）。

【行政区划】全国划分为6个区和2个岛：圣乔治区、圣戴维区、圣安德鲁区、圣帕特里克区、圣马克区、圣约翰区、卡里亚库岛和小马提尼克岛。各区间以河流、小溪和山梁等自然地理条件为界。

【司法机构】设有最高法院和地方法院。最高法院包括高等法院和上诉法院。1991年格加入东加勒比国家组织后，其司法权移至东加勒比最高法院，但终审机构为英国枢密院司法委员会。

【政党】主要政党有：

（1）民族民主大会党（National Democratic Congress）：执政党。1987年10月成立，系由新民族党部分成员和民主劳工大会、格林纳达民主劳工党合并而成。于1990年、2008年、2022年赢得大选。2023年3月5日，民族民主大会党选举产生新一届全国执委会，现任领袖迪康·米切尔，副领袖约瑟夫·安德尔。

（2）新民族党（New National Party）：反对党。1984年8月成立后，曾六次（1984年、1995年、1999年、2003年、2013年、2018年）大选获胜组阁。现任领袖基思·米切尔（Keith MITCHELL），副领袖格雷戈里·鲍恩（Gregory BOWEN）。

【重要人物】**塞茜尔·拉格雷纳德**：总督。女，1952年生。曾就读于西印度大学、美国马里兰大学，获化学博士学位。长期从事食品科学研究工作。2013年5月7日就任格林纳达总督，为格历史上首位女总督。**迪康·米切尔**：总理。1977年10月8日出生于格林纳达。早年就读于西印度大学，获法学学士学位。2002—2022年主要从事律师工作。2021年11月当选为民族民主大会党政治领袖。2022年6月领导民族民主大会党大选获胜，就任总理。

经　济

新冠疫情后经济复苏进程加快。民族民主大会党政府加大经济刺激力度，在努力恢复旅游业的基础上，加快推动教育、农业、创意产业、数字转型、商贸等领域发展。2022年主要经济数据如下：

国内生产总值：11.9亿美元。

人均国内生产总值：10480美元。

国内生产总值增长率：3.6%。

货币名称：东加勒比元。

汇率：1美元=2.7东加勒比元（固定汇率）。

通货膨胀率：4.5%。

（资料来源：国际货币基金组织）

【资源】有一定储量的石油，但尚未开采。森林面积40.47平方公里。

【工业】工业不发达。主要为小型加工制造业，包括农产品加工、食品、饮料、纺织、轻型组装等。

【农业】农业基础薄弱，主要种植肉豆蔻、香蕉、可可、椰子、甘蔗等。有“香料之国”之称，曾是世界第二大肉豆蔻生产国，肉豆蔻产量曾占世界总产量的1/3。

【旅游业】格经济重要部门。2020年以来受新冠疫情冲击较大。2022年，格取消所有疫情防控措施，恢复举办狂欢节等传统文化活动，疫情后旅游业基本复苏。

【交通运输】全国有公路1127公里，无铁路。海空交通便利。首都圣乔治有深水港设施，可停靠大型远洋客货轮。2003年竣工的圣乔治港扩建工程使格具备停泊国际上先进大型货轮的条件。位于首都圣乔治的莫里斯·毕晓普国际机场有通往部分加勒比共同体国家和北美、欧洲的客货航班。

【财政金融】根据格林纳达2021年财政预算报告，2020年，格财政收入约2.42亿美元，占国内生产总值的比重为23.2%；财政盈余约3044万美元，占国内生产总值的比重为2.9%，连续6年实现财政盈余，但低于过去5年5.3%的平均占比。

格外汇储备存于东加勒比国家组织设立的东加勒比中央银行。格有四大商业银行，均为外资银行。

【对外贸易】主要出口肉豆蔻、香蕉、可可等；进口食品、机械、交通设备和基本制成品。每年贸易均有巨额逆差。主要贸易伙伴为特立尼达和多巴哥、美国。2020年，格林纳达进出口总额为3.67亿美元。其中，出口额为0.22亿美元，进口额为3.45亿美元。

人民生活

2022年人均寿命77.3岁，人口增长率0.46%，出生率1.60%，死亡率0.96%。全国共有公立医院3所，私立医院3所，平均每1150人拥有一名医生，每170人有一张病床。

军　事

无军队，有警察约900人。

文化教育

【教育】对5—16岁儿童实行免费义务教育，全国识字率96%。小学和中学学制均是7年。有20所公立中学，有1所医学院、1所艺术学院。首都圣乔治有一所免费公共图书馆。每个区都设有职业培训中心。

【新闻出版】有几家周报，主要是:《今日格林纳达》《新今日报》《格林纳达声报》《信息报》。

格林纳达广播公司：国营，成立于1972年，包括格林纳达广播公司电视台。

对外关系

以"外交服务国家发展"为宗旨，推动多元务实外交，愿与世界所有国家发展贸易和文化交往。反对以武力解决国际争端。支持全球反恐斗争，支持打击跨国犯罪，打击毒品、武器走私和洗钱。主张通过解决发展问题消除贫穷、饥饿、失业等问题，发达国家应向发展中国家提供技术、经济以及其他形式的援助。主张改革全球贸易体系，呼吁发达国家停止对农业进行补贴，消除非关税和其他阻碍农产品贸易的技术壁垒。在重大国际问题上主张与本地区组织协调一致立场。重视气候变化外交，多次在多边场合呼吁国际社会重视小岛国在气候变化问题上的关切。

【同中国的关系】中格于1985年10月1日建交。1989年7月19日，格政府宣布与台湾当局"建交"；8月7日，中国中止了与格的外交关系。2005年1月20日，中格签署了关于恢复外交关系的联合公报，宣布自即日起正式恢复外交关系。2020年新冠疫情暴发以来，中格积极开展抗疫合作。中国发生新冠疫情后，格林纳达总理米切尔致函习近平主席表示慰问，格参议长汉弗莱、众议长皮埃尔联合致函栗战书委员长表示慰问。格林纳达出现新冠疫情后，中国向格援助抗疫物资、分享诊疗经验。

2013年6月，国家主席习近平在访问特立尼达和多巴哥期间同格林纳达总理米切尔举行双边会晤。2022年4月，格林纳达外长约瑟夫参加中国和加勒比建交国外长会。

中格经济技术合作稳步推进。格承认中国完全市场经济地位，是中国公民出境旅游目的地国。2018年9月，中格签署共建"一带一路"谅解备忘录。

据中国海关总署统计，2022年，中格双边贸易额为2302.4万美元，同比增长12.6%。其中，中国出口额为2275.1万美元，同比增长11.4%；中国进口额为27.2万美元，同比增长1026%。

两国在教育、文化、医疗、农业和旅游等领域的交流合作进展顺利。2015年，格玛丽秀社区大学成立孔子课堂，2022年7月，孔子课堂升级为孔子学院。2015年，两国全面互免签证协议正式实施，中国新闻代表团访格并出席加勒比广播联盟第46届年会。2015年和2018年，中国海军"和平方舟"号医院船两次访格，向格民众提供免费医疗和人道主义服务。2018年9月，中国与加勒比地区国家反腐败执法合作会议在格举行。2019年1月，中格双边引渡条约和刑事司法互助条约正式生效。10月，中国和加勒比国家共建"一带一路"国际合作会议在格举行。广东省佛山市与格首都圣乔治建有友好城市关系。中国在格林纳达派有农业专家组。

中国驻格林纳达大使：韦宏添。馆址：Azar Villa At Calliste St. George's，Grenada。电话：001-473-4141228；传真：4396231。

格林纳达驻华大使：空缺。办公地址：北京市朝阳区塔园外交公寓5-2-52。电话：010-65321208，65321209；传真：65321015。

【同其他加勒比国家的关系】格重视加勒比地区一体化，主张东加勒比各国应首先联合。积极主张实现加勒比经济一体化和更广泛的区域合作，支持向风群岛一体化。不断加强与邻国的双边交往和经贸往来。2010年6月，格与其他东加勒比国家组织成员共同成立东加勒比经济联盟。2017年7月，格主办第38届加共体政府首脑会议。（白硕）

哥伦比亚

__国名__　哥伦比亚共和国（The Republic of Colombia，La República de Colombia）。

__面积__　114.17万平方公里。

__人口__　5188万（2022年），居拉美第三位。其中，印欧混血种人占60%，白人占20%，黑白混血种人占18%，其余为印第安人和黑人。官方语言为西班牙语。多数居民信奉天主教。

__首都__　波哥大（Bogotá），人口790万（2022年）。

年均气温14℃。

国家元首 总统古斯塔沃·弗朗西斯科·佩特罗·乌雷戈（Gustavo Francisco PETRO Urrego），2022年8月就任，任期至2026年8月。

重要节日 独立日：7月20日。

简　况 位于南美洲西北部，东邻委内瑞拉、巴西，南接厄瓜多尔、秘鲁，西北与巴拿马相连，北临加勒比海，西濒太平洋。海岸线长2900公里。境内分为东部平原区和西部山地区。哥地处热带，气候因地势而异。东部平原南部和太平洋沿岸属热带雨林气候，海拔1000—2000米的山地属亚热带雨林气候，西北部属热带草原气候。

原为奇布查族等印第安人的居住地。1536年沦为西班牙殖民地。1810年7月20日宣布独立，后遭镇压。1819年，南美解放者西蒙·玻利瓦尔领导的起义军大败西班牙殖民军后，哥重获解放。1821年与现厄瓜多尔、委内瑞拉、巴拿马组成大哥伦比亚共和国。1829—1830年，委内瑞拉、厄瓜多尔先后退出，大哥伦比亚共和国解体。1831年改名为新格拉纳达共和国，1861年称哥伦比亚合众国，1886年改称现名（1903年巴拿马独立）。历史上，自由党和保守党曾长期轮流执政。2002年5月，独立人士阿尔瓦罗·乌里韦当选总统并于2006年连任。2010年8月，民族团结社会党候选人胡安·曼努埃尔·桑托斯当选总统，并于2014年连任。2018年6月，民主中心党候选人伊万·杜克当选总统，履职至2022年8月。

政　治 2022年6月19日，左翼竞选联盟“历史联盟”候选人古斯塔沃·弗朗西斯科·佩特罗·乌雷戈当选哥伦比亚历史上首位左翼总统，并于8月7日就职。佩特罗政府践行“全面和平”理念，同时着手进行多领域社会改革，积极推进能源转型进程。

2016年底，哥政府同国内最大反政府武装“哥伦比亚革命武装力量”（简称“哥武”）签署和平协议并正式生效。当年，时任总统桑托斯被授予“诺贝尔和平奖”。2017年，“哥武”解除武装工作顺利完成并改制成立政党“大众革命替代力量”。2021年底，哥和平协议签署5周年，联合国秘书长古特雷斯专程访哥并出席庆祝活动，美国务院将“哥武”移出其“外国恐怖主义组织”等名单。2022年11月，佩特罗政府重启同“民族解放军”等非法武装组织和谈。

【宪法】现行宪法是在1886年宪法基础上修改而成的，于1991年颁布。新宪法扩大民主参与范围，并加强司法权力。主要内容有：实行三权分立的代议制民主；总统为国家元首兼政府首脑、武装部队最高统帅，直选产生，任期4年；省长、市长为直选产生；保障公民人身安全、信仰、结社、劳动、思想和教育自由等人权。2004年，哥议会通过允许总统连选连任法案；2005年，宪法法院批准了该法案。2015年通过修宪将总统任期改为不可连选连任。

【议会】国会由参众两院组成，国会主席兼任参议长。本届国会于2022年7月20日成立，任期4年，其中参议员108名，众议员188名。现任国会主席兼参议长亚历山大·洛佩兹·玛雅（Alexander LÓPEZ Maya）于2023年6月6日任职、众议长大卫·里卡多·拉塞罗·马约尔加（David Ricardo RACERO Mayorca）于2022年7月就职，任期均至2023年7月20日。主要党派在本届议会中的席位如下：

	参议院	众议院
历史联盟	20	25
民主中心党	13	15
自由党	13	33
激进变革党	11	18
保守党	15	27
人民团结党	10	16
绿色联盟	8	15
大众党	5	5
其他	13	34

【政府】本届政府于2022年8月组成。现内阁成员为：副总统弗朗西亚·埃莱娜·马尔克斯·米纳（Francia Elena MARQUEZ Mina，女），外交部长阿尔瓦罗·莱瓦·杜兰（Álvaro LEYVA Durán），内政部长路易斯·费尔南多·贝拉斯科（Luis Fernando VELASCO），财政与公共信贷部长里卡多·博尼利亚（Ricardo BONILLA），司法和法律部长内斯托·伊万·奥苏纳·帕蒂尼奥（Néstor Iván OSUNA Patiño），国防部长伊万·贝拉斯克斯·戈麦斯（Iván VELASQUEZ Gómez），农业和农村发展部长珍妮弗·莫西卡（Jhenifer MOJICA，女），卫生和社会保障部长吉列尔莫·阿方索·哈拉米略（Guillermo Alfonso JARAMILLO），劳动部长格洛丽亚·伊内斯·拉米雷斯·里奥斯（Gloria Inés RAMIREZ Ríos，女），矿业和能源部长伊莱娜·贝雷斯·托雷斯（Irene VELEZ Torres，女），贸易、工业和旅游部长赫尔曼·乌马尼亚·门多萨（Germán UMAÑA Mendoza），教育部长奥罗拉·贝尔加拉·菲格罗亚（Aurora VERGARA Figueroa，女），环境和可持续发展部长玛利亚·苏珊娜·穆罕默德·冈萨雷斯（María Susana MUHAMAD González，女），住房、城市和国土部长玛尔塔·卡塔利娜·贝拉斯科·康普萨诺（Marta Catalina VELASCO Campuzano，女），信息技术和通信部长毛里西奥·利斯卡诺（Mauricio LIZCANO），交通部长威廉·卡马戈（William CAMARGO），文化部长豪尔赫·伊格纳西奥·索罗·桑切斯（Jorge Ignacio ZORRO Sánchez），科技创新部长耶塞尼亚·奥拉亚（Yesenia OLAYA，女），体育部长阿斯特里德·比维亚纳·罗德里格斯·科尔特斯（Astrid

Bibiana RODRÍGUEZ Cortés，女）。

【**行政区划**】全国分32个省和波哥大首都区。

【**司法机构**】最高法院、行政法院、宪法法院、高级司法委员会和总检察院组成哥司法体系。最高法院是最高司法机关，由23名大法官组成。国家行政法院和宪法法院分别由26名和9名大法官组成。高级司法委员会由13名大法官组成。各法院院长均由大法官选举产生，任期1年。总检察院属哥司法系统的组成部分，但享有行政和预算自治权。最高法院院长费尔南多·卡斯蒂略·卡德纳（Fernando CASTILLO Cadena），行政法院院长海梅·恩里克·罗德里格斯·纳瓦斯（Jaime Enrique RODRÍGUEZ Navas），宪法法院院长克里斯蒂娜·帕尔多·施莱辛格（Cristina PARDO Schlesinger，女），高级司法委员会主席奥雷利奥·恩里克·罗德里格斯·古斯曼（Aurelio Enrique RODRÍGUEZ Guzmán），总检察长弗朗西斯科·罗伯托·巴尔沃萨·德尔加多（Francisco Roberto BARBOSA Delgado）。

【**政党**】全国主要政党如下：

（1）人文哥伦比亚（Colombia Humana）：主要执政党，2011年10月由现总统佩特罗成立，原名“进步运动”，2021年10月正式获得法人地位，为左翼政党。重视保护人权、保护环境、性别平等、工业化和农业现代化等理念。

（2）民主中心党（Centro Democrático）：最大反对党，2014年7月成立，右翼政党。领导人为前总统阿尔瓦罗·乌里韦（Álvaro URIBE），全国领导委员会主席努比亚·斯特拉·马丁内斯·鲁埃达（Nubia Stella MARTÍNEZ Rueda）。

（3）人民团结党（Partido de la Unión por la Gente，常作Partido de la U）：中右政党，2005年成立，创始人为前总统桑托斯，原名“民族团结社会党”（Partido Social de Unidad Nacional）。该党纲领强调代表广大民众利益，尊重政治发展多元化，重视社会民主建设，监督政府机构，巩固民主宪政，推动建设公正、自由、繁荣的国家和社会。党主席迪里安·弗朗西斯卡·托罗（Dilian Francisca TORO）。

（4）激进变革党（Partido Cambio Radical）：中右政党，1998年成立。对内主张实行民主变革，增加公共管理透明度，消除贫困，重建道德，完成国内和平进程，对外主张实行全方位外交，尊重国际法，和平解决争端。党主席为前副总统赫尔曼·巴尔加斯·耶拉斯（Germán VARGAS Lleras），总书记赫尔曼·科尔多瓦·奥多涅斯（Germán GÓRDOBA）。

（5）自由党（Partido Liberal）：哥历史最悠久的政党，1848年成立，中左政党。现有党员400万人左右。主张维护国家主权，发展民族经济，实行政治经济改革。1989年6月，该党加入社会党国际。党主席为前总统塞萨尔·加维里亚·特鲁希略（César GAVIRIA Trujillo），总书记为米格尔·安赫尔·桑切斯·巴斯克斯（Miguel Angel SANCHEZ Vásquez）。

（6）保守党（Partido Conservador）：哥主要传统政党，1849年成立，中右政党，现有党员160万人。1987年曾易名为社会保守党，1992年改回原名。主张维护民族独立和国家主权，发展民族经济和意识形态多样化。党主席为参议员埃弗拉因·何塞·塞佩达·萨拉比亚（Efraín José CEPEDA Sarabia）。

（7）民主选择中心党（Polo Democrático Alternativo）：2006年成立。左翼政党，主要支持力量为工会、企业行会和中下阶层人士等。党主席为参议员亚历山德·洛佩斯·玛雅（Alexánder LOPEZ Maya）。

（8）绿色联盟党（Partido Alianza Verde）：2009年9月成立，中右政党。主张“为国家政治生活输氧”，要求尊重宪法体制，追求社会公正，尊重生命，反对暴力，提倡保护环境和生物多样性，实现经济、社会和环境的可持续发展。联合党主席为安塔纳斯·莫克库斯（Antanas MOCKUS）、安东尼奥·纳瓦罗·沃夫（Antonio NAVARRO Wolff）、卡洛斯·安德烈斯·阿马亚·罗德里格斯（Carlos Andrés AMAYA Rodríguez）。

（9）大众党（COMUNES）：原名“大众革命替代力量”（Fuerza Alternative Revolucionaria Del Común），2017年8月成立，左翼政党。由反政府武装“哥伦比亚革命武装力量”同政府签署和平协议后转型成立，承诺放下武器、上缴财产，通过和平、合法方式参政，继续为实现哥伦比亚公平、民主、独立、和平而奋斗。现任党主席罗德里戈·隆多尼奥（Rodrigo LONDOÑO）。

【**重要人物**】**古斯塔沃·弗朗西斯科·佩特罗·乌雷戈**：总统。1960年4月19日出生于哥伦比亚科尔多瓦省。毕业于哥埃斯特尔纳多大学经济学专业。年轻时加入“四一九”运动（M19）成为游击队员，后投身政治。曾三次出任众议员（1991—1994年、1998—2002年、2002—2006年），两次出任参议员（2006—2010年、2018—2022年），并任首都波哥大市长（2012—2015年）。佩特罗三次竞选总统，于2022年6月成功当选哥历史上首位左翼总统。夫人维罗尼卡·德尔索科罗·阿尔科塞尔·加西亚（Verónica del Socorro Alcocer García），共有六子。

经　济

哥伦比亚在拉美属中等发展水平，市场化程度较高。2022年主要经济数据如下：

国内生产总值：3439.4亿美元。

人均国内生产总值：6660美元。

国内生产总值增长率：7.5%。

货币名称：哥伦比亚比索。

汇率：1美元≈4255.44哥伦比亚比索。

通货膨胀率：13.12%。

失业率：11.2%。

贫困率：38%。

基尼系数：0.53。

（资料来源：哥伦比亚国家统计局）

【资源】自然资源丰富。截至2022年12月，石油储量20.74亿桶，天然气储量797.7亿立方米。已探明煤炭储量约70.64亿吨，居拉美第二位。铝矾土储量1亿吨，铀储量4万吨。此外，还有金、银、镍、铂、铁等矿藏。2020年哥森林面积约5910万公顷。

【工业】采矿业有石油、煤炭、黄金、绿宝石、铀、镍、铝矾土、铁和铂等。20世纪80年代以来，石油业发展迅速，成为哥支柱产业之一。2022年哥工业制造业增长10.7%，能矿业增长0.1%。

【农业】耕地面积467万公顷，占国土的8.5%。系世界第九大热带水果出口国，共出口433种水果。2022年，哥农林渔牧业产值同比减少1.87%。2022年哥咖啡出口量为1140万袋（每袋60公斤），同比减少8%。

【服务业】服务业发展较快。主要包括供电、煤气和水，商业餐饮和旅馆，金融部门，社区、社会与个体服务等。2021年，金融保险业增长6.47%，不动产增长2.0%，通信产业增长14.2%，娱乐产业增长37.9%。

【旅游业】主要旅游区有：波哥大、卡塔赫纳、麦德林、卡利、圣玛尔塔、圣安德烈斯群岛、巴兰基亚和库库塔等。2022年，哥接待外来游客460万人次。

【交通运输】以公路为主。

公路：2015年总长20.6万公里，桥梁5097座，机动车辆总数为680万辆。2019年客运量1.36亿人次，货运量24699万吨。

铁路：铁路总里程3553公里。地铁长度为31.3公里，系哥国内运营的唯一地铁。

水运：主要海港有布埃纳文图拉、圣玛尔塔、卡塔赫纳和巴兰基亚。2015年哥伦比亚内河水运航道总长为24725公里，其中18225公里可供通航。2019年内河客运量314万人次。

空运：共有74个哥伦比亚民航局所属的机场，其中11个为国际机场，主要机场有埃尔多拉多国际机场和何塞·玛丽亚·科尔多瓦国际机场。有3家航空公司，哥伦比亚国家航空公司是拉美最早成立的航空公司，与17个国家通航。2019年，哥航空客运量为4555万人次，同比增长8.1%。

【财政金融】哥伦比亚财政部信息显示，2022年，哥国家财政预算为343.9万亿比索，执行率94.1%，财政赤字率为5.3%。财政收入占国内生产总值的比重为16.3%，财政支出占国内生产总值的比重为23.4%。

哥伦比亚的中央银行是共和国银行。目前，哥伦比亚金融市场共有28家商业银行机构，本土银行占绝大多数。

【对外贸易】推动外贸出口和自贸战略是哥本届政府施政重点。主要出口产品有石油、化工产品、煤炭、咖啡、农副产品和纺织品等。其中，绿宝石储量居世界第一位，鲜花出口居世界第二位，咖啡出口居世界第三位。主要进口机械设备、化工产品、农副产品、纺织品和金属材料等。主要贸易对象为美国、墨西哥、中国和日本等。2022年，哥外贸总额为1345.28亿美元。其中，进口额为774.13亿美元，出口额为571.15亿美元，同比分别增长31.5%、26.7%、38%，贸易逆差143.31亿美元。（资料来源：哥伦比亚国家统计局）

【对外投资】哥伦比亚主要投资对象依次为巴拿马、墨西哥、英国、萨尔瓦多、巴西、秘鲁和洪都拉斯，主要投资领域为工业制造业、金融与企业服务业、交通、仓储与通信业、水电气。据哥央行统计，2022年哥直接对外投资总额为34.017亿美元。（资料来源：哥伦比亚央行）

【外国资本】哥外资主要来源国为美国、巴拿马、瑞士、英国、西班牙。外资主要投向石油、矿业、制造业、金融、服务业。据哥央行统计，2022年哥共吸收外国直接投资168.69亿美元，同比增长76.44%。（资料来源：哥伦比亚央行）

人民生活

2022年，哥伦比亚人均寿命为77.3岁。

军　事

哥伦比亚总统为武装力量最高统帅。军事力量总司令部是最高军事指挥机构。最高国防委员会为最高军事咨询机构。实行义务兵役制，服役期2年。现任武装力量总司令埃尔德·费尔南·吉拉尔多·博尼亚（Helder Fernán GIRALDO Bonilla），陆军司令路易斯·毛里西奥·奥斯皮纳·古铁雷斯（Luis Mauricio OSPINA Gutiérrez），海军司令弗朗西斯科·埃尔南多·库比德斯（Francisco Hernando CUBIDES），空军司令路易斯·卡洛斯·科尔多瓦·阿文达诺（Luis Carlos CORDOBA Avendaño），国家警察局长威廉·雷内·萨拉曼卡（Willam René Salamanca）。

三军总兵力28.52万人，其中陆军23.75万人，海军3.46万人，空军1.31万人。国民警察14.41万人。2022年，哥国防预算约89亿美元，同比增长9%。

文化教育

【教育】哥伦比亚2011年起实行11年免费义务教育。2020年，中、小学教育覆盖范围分别为79%、89%，高等教育覆盖范围为51.6%。著名高等学府有：哥伦比亚国立大学、哈维里亚那大学、安第斯大学、国立师范大学等。

【新闻出版】全国约有400种报刊。主要报纸有《时代报》《观察家报》《共和国报》等，主要杂志（均为周刊）有《星期》《变革》等。哥伦比亚新闻社是哥最大的私人通讯社，成立于1981年，向全国近20家报纸和电台提供新闻。

全国共有582家广播电台。“国家电台”是唯一国营电台，创建于1940年。“哥伦比亚广播公司”“全国广播公司”和“W电台”为3家较大的私人广播公司，在各地设有广播发射台和转播台。

电视业始于1954年。全国共有15家电视台，其中3家为国家电视台和播放台，但一、二台通过合同向私人电视节目制作台和播放台出租，第三台为国家直接管理，播放文化教育等节目。蜗牛电视台、RCN电视台、CMI电视台等为主要私人电视机构。

对外关系　贯彻和平理念，奉行独立自主和多元外交政策，努力提高哥的国际地位，在应对气候变化等领域展现一定领导力。同171个国家保持外交关系。系联合国会员国，不结盟运动、77国集团、美洲国家组织、拉美和加勒比国家共同体、太平洋联盟、安第斯共同体、经济合作与发展组织等国际和地区组织成员。

【同中国的关系】1980年2月7日两国建交。近年来，双边关系继续顺利发展，两国各领域交流合作进一步扩大。2019年7月，杜克总统来华进行国事访问，习近平主席同杜克总统会谈，为其举行欢迎仪式和欢迎晚宴。2020年3月，王毅国务委员兼外长应约同布鲁姆外长就抗击新冠疫情国际合作等通电话。2021年2月，习近平主席应约同杜克总统就双边关系、抗疫合作等通电话。3月，习近平主席应杜克总统邀请向哥伦比亚民众发表视频讲话。6月，杜克总统以预录视频方式出席“一带一路”亚太区域国际合作高级别会议。2022年8月，中国驻哥大使作为习近平主席代表出席哥新任总统佩特罗权力交接仪式并面交习近平主席亲署函。

据中国海关总署统计，2022年，中哥双边贸易额为226.42亿美元，同比增长13.4%。其中，中国出口额为156亿美元，同比增长8.7%；中国进口额为70.42亿美元，同比增长25.3%。中国是哥伦比亚第二大贸易伙伴，哥伦比亚是中国在拉美第五大贸易伙伴。

中国驻哥伦比亚大使：蓝虎。馆址：Calle72#2A-41（Al lado del Ed. BASIKA 71），BOGOTA，COLOMBIA。电话：0057-6017212339（办公室）。

哥伦比亚驻华大使：卡夫雷拉（Sergio CABRERA）。馆址：北京市朝阳区光华路34号。电话：010-65323367，65323377，65321713，65323166（领事部），65326461（武官处）；传真：65321969。

【同美国的关系】哥美于1822年6月17日建交。两国传统关系密切，美是哥第一大投资国和贸易伙伴，哥系美“非北约主要盟友”。2006年2月，哥美签署双边自贸协定并于2012年5月正式生效。2009年，哥允许美军使用哥境内的7个军事基地。2018年5月成为北约在拉美首个全球伙伴国。2022年2月，美副国务卿纽兰访哥。3月，杜克总统访美同拜登会晤，6月访美出席哥美建交200周年系列庆祝仪式。佩特罗总统当选后即同拜登、布林肯分别通电话，就职后接待美国国务卿布林肯、美国国会众议院代表团、南方司令部司令等访哥。

【同欧盟及欧洲国家的关系】欧盟是哥重要合作伙伴。2012年，哥伦比亚与欧盟签署自贸协定。2022年2月，杜克总统对卢森堡、法国、比利时、荷兰四国进行访问，西班牙内政大臣访哥。4月，杜克总统和乌克兰总统通电话。5月，哥副总统兼外长拉米雷斯访问西班牙。杜克总统出席达沃斯世界经济论坛并先后访问英国、土耳其、瑞士。11月，佩特罗总统访问法国。

【同其他拉美国家的关系】与其他拉美国家保持密切的传统关系。哥伦比亚是太平洋联盟成员国，同委内瑞拉、厄瓜多尔、智利、秘鲁、墨西哥签有双边自由贸易协定。同中美洲和加勒比地区的自由贸易和经济合作取得显著进展，积极谋求加强同南方共同市场的关系。2022年1月，哥总统杜克同巴哈马总理戴维斯举行视频会。4月，巴拉圭总统贝尼特斯访哥，杜克总统访问多米尼加。5月，杜克总统出席哥斯达黎加总统查韦斯就职仪式。6月，杜克总统出席第九届美洲峰会开幕式。7月，马尔克斯副总统出访巴西、智利、阿根廷、玻利维亚。8月，哥委关系恢复正常化，佩特罗总统多次访委。11月，佩特罗总统访问墨西哥。

（刘枫铃）

哥斯达黎加

国名　哥斯达黎加共和国（The Republic of Costa Rica，La República de Costa Rica）。

面积　5.11万平方公里。

人口　521.34万（2022年）。白人和印欧混血种人占95%，黑人占3%，印第安土著居民约占0.5%。官方语言为西班牙语。95%的居民信奉天主教。

首都　圣何塞（San José），人口163万（2018年）。最热月（7月）平均气温21℃—27℃，最冷月（1月）平均气温9℃—26℃。

国家元首　总统罗德里戈·查韦斯·罗夫莱斯（Rodrigo Chaves Robles），2022年5月8日就职，任期4年。

重要节日　独立日：9月15日。

简　况　位于中美洲南部，东临加勒比海，西濒太平洋，北接尼加拉瓜，东南与巴拿马毗连。海岸线长1200公里。

原为印第安人居住地。1564年沦为西班牙殖民地。1821年9月15日宣布独立。1823年加入中美洲联邦，1838年退出。1848年8月30日成立共和国。

政　　治

2022年4月，民主社会进步党候选人查韦斯当选哥第49届总统，并于5月8日就职。

【宪法】现行宪法于1949年11月7日生效。宪法规定，国家实行立法、司法和行政三权分立的共和制。总审计署和最高选举法院为独立机构。总统为国家元首和政府首脑，可隔届再次当选；总统和副总统由直接选举产生，任期4年；总统缺位时，依次由第一副总统、第二副总统和议长接任。

【议会】称“立法大会”，一院制，为全国最高立法机构，由57名议员组成。议员由选民直接选举，任期4年，不得连任。本届立法大会于2022年5月组成，其中执政党民主社会进步党10席、民族解放党19席、基督教社会团结党9席、新共和国党7席、进步自由党6席、广泛阵线党6席。现任主席为民族解放党的罗德里戈·阿里亚斯·桑切斯（Rodrigo Arias Sánchez），2023年5月就职，任期1年。

【政府】本届政府于2022年5月成立。主要成员有：第一副总统斯特凡·布伦纳·内比格（Stephan Brunner Neibig），第二副总统兼公共卫生部长玛丽·穆尼韦·安赫穆列尔（Mary Munive Angermüller，女），总统府部长娜塔莉亚·迪亚斯·金塔纳（Natalia Díaz Quintana，女），外交和宗教事务部长阿诺尔多·安德烈·蒂诺科（Arnoldo André Tinoco），财政部长诺基·阿科斯塔·哈恩（Nogui Acosta Jaén），外贸部长曼努埃尔·托瓦尔·里维拉（Manuel Tovar Rivera），经济、工业和贸易部长弗朗西斯科·甘博亚·索托（Francisco Gamboa Soto），规划和经济政策部长劳拉·费尔南德斯·德尔加多（Laura Fernández Delgado，女），科技与电信部长葆拉·博冈特斯·萨莫拉（Paula Bogantes Zamora，女），公共教育部长凯瑟琳·穆列尔·马林（Katherine Müller Marín，女），住房部长杰西卡·马丁内斯·波拉斯（Jéssica Martínez Porras，女），环境和能源部长弗兰斯·塔滕巴赫·卡普拉（Franz Tattenbach Capra），公共工程与交通部长路易斯·阿马多尔·希门内斯（Luis Amador Jiménez），劳动和社会保障部长安德烈斯·罗梅罗·罗德里格斯（Andrés Romero Rodríguez），文化和青年部长纳尤里韦·瓜达穆斯·罗萨莱斯（Nayuribe Guadamuz Rosales，女），农业和畜牧业部长维克托·卡瓦哈尔·波拉斯（Víctor Carvajal Porras），司法与和平部长赫拉德·坎波斯·巴尔维德（Gerald Campos Valverde），旅游部长威廉·罗德里格斯（William Rodríguez），妇女权益部长辛迪·克萨达·埃尔南德斯（Cindy Quesada Hernández，女）。

【行政区划】全国划分为7个省，下设81个县市，421个区。各省名称如下：瓜纳卡斯特、阿拉胡埃拉、埃雷迪亚、卡塔戈、圣何塞、利蒙、彭塔雷纳斯。

【司法机构】最高法院是最高司法机构，由22名法官组成，任期8年。任满时如无立法大会2/3议员的反对，可自动连任。下设4个法庭，第一、第二、第三法庭各由5名法官组成，第四法庭（宪法法庭）由7名法官组成。地方分省、市、区三级法院。最高法院院长奥兰多·阿吉雷·戈麦斯（Orlando Aguirre Gómez），2022年9月当选。

【政党】主要政党有：

（1）民主社会进步党（Partido Progreso Social Democrático）：执政党。2018年5月成立。2022年该党首次执政。党主席鲁斯·阿尔皮萨·洛伊萨（Luz Alpizar Loaiza）。

（2）民族解放党（Partido de Liberación Nacional）：1952年4月成立。曾9次执政。党主席卡蒂亚·里维拉·索托（Kattia Rivera Soto，女）。

（3）基督教社会团结党（Partido Unidad Social Cristiana）：1983年12月由民主复兴党、民族共和党、基督教民主党和人民联盟党组成。党主席兰达尔·基罗斯（Randall Quirós）。

（4）广泛阵线（Frente Amplio）：2004年成立。从原共产党中分裂出来的左翼政党。党主席帕特里西亚·莫拉·卡斯特利亚诺斯（Patricia Mora Castellanos，女）。

【重要人物】**罗德里戈·查韦斯·罗夫莱斯**：总统。1961年6月10日出生于哥斯达黎加。毕业于哥斯达黎加大学，获美国俄亥俄州立大学经济学博士学位。1993年入职世界银行并工作20余年。2019年12月至2020年5月返哥担任财长。2022年5月作为民主社会进步党候选人当选总统，任期至2026年5月。

经　　济

经济发展水平在中美洲名列前茅。菠萝、香蕉、咖啡等热带农产品生产和出口国。外贸、旅游、服务业在国民经济中占据重要地位。倡导自由贸易，努力扩大出口。积极吸引外资，对外开放电信、保险等行业。鼓励发展农牧业、旅游业、高科技制造业和创新产业，加大科技、教育、基础设施投入，开发利用可再生能源和清洁能源。有关举措取得一定成效，近年来哥经济保持恢复性增长。2022年主要经济数据如下：

国内生产总值：822.3亿美元。

人均国内生产总值：1.31万美元。

国内生产总值增长率：4.3%。

货币名称：科朗。

汇率：1美元≈542科朗。

通货膨胀率：7.88%。

失业率：11.7%。

【资源】自然资源丰富。铝矾土蕴藏量约1.5亿吨，铁蕴藏量约4亿吨，煤蕴藏量约5000万吨。森林覆盖面积60万公顷。

【工业】以轻工和制造业为主，主要有纺织、电子产品、机械、食品、木材、化工等产业。石油全部进口，主要来自委内瑞拉。2022年，制造业总产值6.29万亿科朗，占国内生产总值的16.2%，就业人数23.53万人；建筑业总产值1.42万亿科朗，占国内生产总值的3.7%，就业人数13.53万人。

【农业】系中美洲农业发展水平最高的国家之一。2022年，农牧渔业总产值为1.61万亿科朗，占国内生产总值的4.2%，就业人数23.84万人；哥是世界上仅次于厄瓜多尔的第二大香蕉出口国。2018年香蕉种植面积4.29万公顷，2022年创汇10.31亿美元，主要出口对象为美国和欧盟。2021年，菠萝种植面积5.73万公顷，2022年出口创汇10.21亿美元。哥是咖啡生产国协会和国际咖啡组织的成员。2021年哥咖啡从业人员1.46万人。2022年咖啡种植面积7.44万公顷，出口量46.48万吨，创汇3.71亿美元，主要出口对象为美国和欧盟。

【服务业】在国民经济中占有重要地位。主要有金融保险、不动产、企业服务、公共管理、社区服务、中介服务等。2022年，服务业总产值26.6万亿科朗，占国内生产总值的68.8%，就业人数148.9万人。

【旅游业】旅游业发达，是外汇收入主要来源之一。游客主要来自北美、中美和欧洲等地区。自20世纪90年代以来，哥政府充分利用自然资源，将生态旅游业发展为国家主要经济支柱之一。旅游胜地有伊拉苏火山、波阿斯火山、阿雷纳火山、西班牙殖民文化遗址等。全国有30多个国家森林公园和自然保护区。2022年哥接待外国游客234.9万人次，收入31.02亿美元。

【交通运输】国内交通以公路为主。

公路：国家公路网由国道和地方道路组成，国道由国家公路委员会管理，地方道路由各地方政府进行运营管理。系中美洲公路里程最长的国家。泛美高速公路贯穿南北。

铁路：总长278公里，由国家铁路局运营。由于缺乏投资和年久失修，自1995年起哥铁路基本处于停运状态，只承运少量货运及往返圣何塞和莫因市的游客。2005年起圣何塞至周边城市的铁路恢复运营。

水运：拥有轮船1029艘。4个主要港口为利蒙港、莫因港、蓬塔雷纳斯港、卡尔德拉港。其中利蒙港和莫因港的总吞吐量占全国的80%以上。

空运：两家航空公司经营10条国内航线、15条国际航线。有两个国际机场，首都有胡安·圣玛丽亚国际机场，年客运量200万人次。北部利比里亚市有丹尼尔·奥杜韦国际机场。

【电信业】哥电信业发达，居拉美国家前列。2013年，全国共有电话线153万条，手机用户540万户，互联网使用者为167万人。

【财政金融】2022年外汇储备85.5亿美元，外债436.08亿美元。2022年哥政府财政赤字1.12万亿科朗，占国内生产总值的2.5%。近几年政府财政收支情况如下（单位：十亿科朗）：

	2020	2021	2022
收入	4776	6320	7341
支出	7682	8330	8458
盈余/赤字	–2906	–2010	–1117

（资料来源：哥斯达黎加央行）

中央银行（1950年成立）和国家银行（1936年成立）为哥斯达黎加主要金融机构。中央银行行长为罗赫尔·马德里加尔·洛佩斯（Róger Madrigal López）。

【对外贸易】哥实行贸易开放政策，与中国、美国、欧盟、墨西哥、智利、秘鲁、中美洲五国、多米尼加、新加坡等签有自由贸易协定，与世界50多个国家（地区）有贸易关系。对外贸易在国民经济中占重要地位。主要出口电子芯片、集成电路、纺织品、香蕉、菠萝、咖啡、医疗器械、加工食品、机械和电子配件等，主要出口对象为美国、中国、欧盟、中美洲邻国；主要进口原材料、消费品、燃料、润滑油和资本货物，主要进口来源为美国、欧盟、委内瑞拉、墨西哥。近几年进出口情况如下（单位：百万美元）：

	2020	2021	2022
出口额	12293	15687	17902
进口额	11359	21092	24744
差　额	934	–5405	–6842

（资料来源：哥斯达黎加央行）

【外国资本】外资主要来自美国、加拿大、墨西哥和西班牙等国。2021年哥吸引外资31.96亿美元，同比增长81.28%。

【外国援助】主要从国际货币基金组织、世界银行和美洲开发银行获得贷款，用于生产性行业、基础设施建设和经济结构调整。

人民生活

2021年，全国贫困率为23.0%，其中极端贫困率6.3%。人均预期寿命80.9岁，出生率10.5‰，死亡率6.02‰，婴儿死亡率8.47‰。2016年共有劳动力227.8万人，2022年就业人口217万人。根据《2015年人类发展报告》，哥人类发展指数排名世界第69位。

军　事

1948年12月1日宣布废除武装力量，成立国民警卫队，成为世界上第一个没有军队的国家。

文化教育

【教育】高度重视教育。实行中小学义务教育，全国有小学6884所，20.4%的人口接受高等教育。2015年教育支出占国内生产总值7.7%。教育水平居拉美国家前列。主要高等院校有哥斯达黎加大学和国立大学。文盲率3.7%。

【新闻出版】全国日报主要有：《民族报》，发行量8.5万份；《共和国报》，发行量5.88万份。全国有130家电台、12家电视台。影响较大的商业性电视台有哥斯达黎加电视7台、2台、13台。

对外关系

哥奉行和平中立的外交政策，支持各国人民自决权和不干涉内政原则，重视发展同拉美各国的传统友好关系，积极推动地区一体化进程。三度当选联合国安理会非常任理事国（1974—1975年、1997—1998年、2008—2009年），是2012—2016年、2023—2025年联合国人权理事会成员。2014年1月至2015年1月任拉美和加勒比国家共同体轮值主席国。同154个国家保持外交关系。

【同中国的关系】中哥于2007年6月1日建交。

2020年初，哥总统、外长、卫生部长等政府高层就新冠疫情对中国政府和人民表达慰问和声援。哥政府向中国捐赠128万件口罩、手套等医疗物资，用于帮助中国抗击新冠疫情。6月，习近平主席同哥总统阿尔瓦拉多通电话。11月，王毅国务委员兼外长同哥外长索拉诺通电话，双方就两国关系和抗疫合作等交换意见。

2022年是中国同哥斯达黎加建交15周年。王毅国务委员兼外长同安德烈外长互致贺电。9月，王毅国务委员兼外长同哥外长安德烈在联大会晤。

中国是哥第二大贸易伙伴。2010年4月8日，两国签署自贸协定。2011年8月1日，该协定正式生效。2007年10月，两国签署促进和保护投资协定。2016年10月，该协定生效。

据中国海关总署统计，2022年，中哥双边贸易总额为43.77亿美元，同比增长42.7%。其中，中国出口额为23.68亿美元，同比增长5.2%；中国进口额为20.09亿美元，同比增长146.4%。

两国人文领域交流日益活跃。2022年6月，中国交响乐团和哥斯达黎加国家交响乐团联合举办庆祝中哥建交15周年音乐会。

中国驻哥斯达黎加大使：汤恒。馆址：De la casa de D. Oscar Arias 100 metros al sur y 50 metros al oeste, Rohrmoser，Pavas，San José，Costa Rica。电话：00506–22914811；传真：22914820。领侨处、文教科组办公地址：Frente a la casa de D. Oscar Arias，Rohrmoser，Pavas，San José，Costa Rica；电话：00506–22914650；传真：22914654。

哥斯达黎加驻华临时代办：乔纳森·古斯曼·奥万多（Jonathan Guzmán Obando）。馆址：北京市朝阳区建国门外交公寓1号楼5单元41–42。电话：010–65324157；传真：65324546。领事部电话：010–65234157–807。

哥斯达黎加驻上海总领事：何思明（José Martí Alvarez Hidalgo）。馆址：上海市南京西路1376号上海商城507室。电话：021–62898368；传真：62898369。领区：上海、江苏、浙江、安徽。

【同美国的关系】哥美于1851年建交。两国关系密切，高层互访不断。双方在反恐、禁毒、军事等领域保持密切合作。美在哥建有拉美警察学校，美军舰使用哥太平洋和大西洋港口。2020年11月，哥总统阿尔瓦拉多同美当选总统拜登通电话。双方一致同意在多边领域主动而有创造性地应对国际重要挑战，包括促进民主、人权、应对气候变化及实现包容、可持续经济增长等，将在哥担任中美洲一体化体系轮值主席国后共同推动相关议程，并充分发挥中美洲经济一体化银行作用。2022年5月，美第一夫人吉尔·拜登访哥。6月，查韦斯总统赴美出席第九届美洲峰会，并会见美副总统哈里斯，双方就哥美关系及美洲地区联盟等问题交换意见。

【同其他拉美国家的关系】重视发展同其他拉美国家特别是中美洲各国的睦邻友好合作关系，保持密切高层往来，推动中美洲地区一体化进程，并积极协调解决地区冲突。2017年上半年，担任中美洲一体化体系轮值主席国，积极推动中美洲一体化体系机制改革。

【同欧盟及欧洲国家的关系】同欧洲国家有传统经贸往来。2012年6月，哥与中美洲有关国家同欧盟签署《中美洲—欧盟伙伴关系协议》。2013年7月，哥立法大会批准该协议。

【同亚太国家的关系】近年来，哥日益重视开展同亚太国家的经贸合作，主张中美洲与东盟国家建立经常性的政治和经济磋商机制。（杨舵洲）

古　巴

国名　古巴共和国（The Republic of Cuba，La República de Cuba）。

面积　10.99万平方公里。

人口　约1121万（2022年）。城市人口占77%。白人占总人口66%，黑人占11%，混血种人占22%，华人占1%。官方语言为西班牙语。主要信奉天主教、基督教新教、非洲教、古巴教、犹太教等。

首都　哈瓦那（La Habana），人口约214.6万（2022年）。年均气温25.6℃。最热月（8月）平均气温24℃—32℃，最冷月（1月和2月）平均气温18℃—

27℃。

国家元首 国家主席米格尔·迪亚斯–卡内尔·贝穆德斯（Miguel Díaz-Canel Bermúdez），2019年10月当选，2023年4月当选连任。

重要节日 国庆日：1月1日（革命胜利纪念日）；起义日：7月26日（攻打蒙卡达兵营纪念日）；建军节：12月2日（“格拉玛”号登陆日）。

简 况

位于加勒比海西北部墨西哥湾入口，北距美国佛罗里达半岛217公里，东与海地和多米尼加隔海相望（77公里），南距牙买加140公里，西离墨西哥尤卡坦半岛210公里。由古巴岛、青年岛等1600多个岛屿组成，是西印度群岛中最大的岛国。古巴岛长1250公里，宽31—191公里。海岸线长5746公里。全境大部分地区属热带雨林气候，年均气温25℃。5—10月为雨季，11月至次年4月为旱季。6—11月为飓风多发期。

1492年10月27日，哥伦布发现古巴岛。1510年西班牙开始对古巴进行殖民统治。1868年和1895年两次爆发独立战争。1898年美西战争后被美国占领。1902年美国扶植成立“古巴共和国”。1903年美强租两处古海军基地，其中关塔那摩基地迄今仍被美占领。此后，古基本上由亲美独裁政府统治，政局动荡。1953年7月26日，菲德尔·卡斯特罗·鲁斯率领一批进步青年攻打蒙卡达兵营，失败后被捕入狱，1955年流亡墨西哥。1956年12月，卡斯特罗率领81名起义战士乘“格拉玛”号游艇返古，在马埃斯特拉山区开展游击战。1959年1月1日，卡斯特罗率起义军推翻了巴蒂斯塔独裁统治，建立革命政府。1961年，古巴军民在吉隆滩击败美国雇佣军入侵，卡斯特罗宣布开始社会主义革命。1962年，美宣布对古实行经济、贸易和金融封锁。

政 治

近年来，古政局保持稳定。2006年7月31日，卡斯特罗主席因病将职权移交其胞弟劳尔·卡斯特罗·鲁斯临时代理。2008年2月24日，在古巴第七届全国人民政权代表大会上，劳尔当选国务委员会主席兼部长会议主席，并接任革命武装力量总司令。2011年4月，在古共六大上劳尔当选古共中央第一书记。2013年2月24日，在古巴第八届全国人民政权代表大会上，劳尔再次当选国务委员会主席兼部长会议主席，米格尔·迪亚斯–卡内尔·贝穆德斯当选国务委员会第一副主席兼部长会议第一副主席。2018年4月，在古巴第九届全国人民政权代表大会上，劳尔主席卸任国家领导人职务，迪亚斯–卡内尔当选新任国务委员会主席兼部长会议主席。2019年10月，在第九届全国人大第四次特别会议上，迪亚斯–卡内尔当选首任国家主席。2021年4月，在古共八大上，迪亚斯–卡内尔当选古共中央第一书记。2023年4月，迪亚斯–卡内尔在第十届全国人大会议上当选连任国家主席。

【宪法】现行宪法于2019年4月颁布实施，系1959年古巴革命胜利后制定的第三部宪法。宪法坚持社会主义制度和古巴共产党为国家最高领导力量，明确坚持全民所有制和计划经济的主导地位，坚持国有企业的主体作用，承认市场的客观存在和作用，承认非公有制经济的重要补充作用，重申对外政策基本准则，谴责单边主义、霸权主义、强权政治。

【议会】全国人民政权代表大会为国家最高权力机关，享有修宪和立法权。每届任期5年。每年举行2次例会。全国人大代表候选人由群众和学生组织提名后交市级人民政权代表大会审批，然后由全体选民以无记名方式直选产生。第十届全国人大成立于2023年4月，共有代表470人，埃斯特万·拉索·埃尔南德斯（Esteban Lazo Hernández）连任主席。

根据古巴2019年4月颁布的新宪法规定，国务委员会是全国人民政权代表大会常设机构，在全国人民政权代表大会休会期间行使立法等国家权力，由主席、副主席、1名秘书和18名委员组成。全国人大主席和副主席兼任国务委员会主席和副主席。本届国务委员会成立于2023年4月。现任主席是埃斯特万·拉索·埃尔南德斯，副主席是安娜·玛丽亚·马里·马查多（Ana María Mari Machado，女）。

【政府】2023年4月，古巴第十届全国人民政权代表大会根据国家主席迪亚斯–卡内尔的提名，表决通过曼努埃尔·马雷罗·克鲁斯（Manuel Marrero Cruz）再次出任总理。拉米罗·巴尔德斯·梅嫩德斯（Ramiro Valdés Menéndez）、伊内丝·玛丽亚·查普曼（Inés María Chapman，女）、豪尔赫·路易斯·塔皮亚·丰塞卡（Jorge Luis Tapia Fonseca）、亚历杭德罗·希尔·费尔南德斯（Alejandro Gil Fernández）、里卡多·卡布里萨斯·鲁伊斯（Ricardo Cabrisas Ruíz）、豪尔赫·路易斯·佩尔多莫·迪莱亚（Jorge Luis Perdomo Di-Lella）6位副总理留任。

部长会议是国家最高行政机关，2023年4月产生新一届部长会议成员。现任主要成员有：部长会议执行委员会秘书何塞·阿马多·里卡多·格拉（José Amado Ricardo Guerra），革命武装力量部长阿尔瓦罗·洛佩斯·米耶拉（Álvaro López Miera），内务部长拉萨罗·阿尔韦托·阿尔瓦雷斯·卡萨斯（Lázaro Alberto Álvarez Casas），经济计划部长亚历杭德罗·希尔·费尔南德斯（兼任，Alejandro Gil Fernández），外贸外资部长里卡多·卡布里萨斯·鲁伊斯（兼任，Ricardo Cabrisas Ruíz），建设部长雷内·梅萨·比利亚法尼亚（René Mesa Villafaña），外交部长布鲁诺·罗德里格斯·帕里利亚（Bruno Rodríguez Parrilla），交通部长爱德华多·罗德里格斯·达维拉（Eduardo Rodríguez Dávila），科技与环境部长埃尔娃·罗莎·佩雷斯·蒙托亚（Elba Rosa Pérez Montoya，女），司法部长奥斯卡·曼努埃尔·西尔维拉·马丁内斯（Oscar Manuel Silvera Martínez），内贸部长贝齐·迪亚斯·贝拉斯克斯（Betsy Díaz Velázquez，女），文化部长阿尔皮迪奥·阿隆索·格劳（Alpidio Alonso Grau），通信部长迈拉·阿雷维奇·马林（Mayra Arevich Marín，女），公共卫生部长何塞·安赫尔·波塔尔·米兰达（José Angel Portal Miranda），农业部长伊达埃尔·赫苏斯·佩雷斯·布里托（Ydael Jesús Pérez Brito），劳动和社会保障部长玛尔塔·埃莱娜·费托·卡夫雷拉（Marta Elena Feitó Cabrera，女），旅游部长胡安·卡洛斯·加西亚·格兰达（Juan Carlos García Granda），中央银行行长华金·阿隆索·巴斯克斯（Joaquín Alonso Vázquez），食品工业部长曼努埃尔·圣地亚哥·索夫里诺·马丁内斯（Manuel Santiago Sobrino Martínez），工业部长埃洛伊·阿尔瓦雷斯·马丁内斯（Eloy Álvarez Martínez），能源和矿产部长比森特·德拉欧·莱维（Vicente de la O Levy），国家水资源委员会主席安东尼奥·罗德里格斯·罗德里格斯（Antonio Rodríguez Rodríguez），国家体育运动娱乐委员会主席奥斯瓦尔多·卡里达·本托·蒙蒂列尔（Osvaldo Caridad Vento Montiller），教育部长纳伊玛·阿里阿德尼·特鲁希略·巴雷托（Nayma Ariadne Trujillo Barreto，女），高等教育部长瓦尔特·巴卢哈·加西亚（Walter Baluja García），财政与价格部长弗拉迪米尔·雷格洛·阿莱（Vladimir Regueiro Ale），古巴信息与社会传播委员会主席阿方索·诺亚·马丁内斯（Alfonso Noya Martínez），土地规划和城市化委员会主席劳尔·阿科斯塔·格雷戈里奇（Raúl Acosta Gregorich）。

【行政区划】全国划分为15个省（包括省级市哈瓦那市），1个特区（青年岛特区）。省下设168个市。

【司法机构】最高人民法院是国家最高司法机构。共和国总检察院负责行使司法监督权。最高人民法院院长、法官、总检察长、副总检察长均由全国人民政权代表大会选举和罢免。最高人民法院院长鲁文·雷米西奥·费罗（Rubén Remigio Ferro），1999年1月就任。总检察长亚米拉·培尼亚·奥赫达（Yamila Peña Ojeda，女），2018年8月就任。

【政党】古巴共产党（Partido Comunista de Cuba, PCC），是古唯一合法政党。宪法规定，古巴共产党是马蒂思想和马列主义先锋组织，是古巴社会和国家的最高领导力量。1961年，"七二六运动"、人民社会党和"三一三革命指导委员会"合并成"古巴革命统一组织"，1962年改名为"古巴社会主义革命统一党"，1965年改用现名。

古共成立以来共召开8次全国代表大会（1975年12月、1980年12月、1986年2月、1991年10月、1997年10月、2011年4月、2016年4月、2021年4月）。古共四大决定，允许信仰宗教的先进革命分子入党。古共五大通过政治、经济和修改党章3项决议，并选举产生中央委员会和中央政治局。2006年7月，古共五届五中全会决定恢复设立中央书记处。2008年4月，古共五届六中全会决定成立政治局委员会，作为政治局最高决策机构，由国务委员会主席、第一副主席和5名副主席组成，并增补3名政治局委员。2011年4月，古巴共产党第六次全国代表大会召开，劳尔接替卡斯特罗担任古共中央第一书记，何塞·马查多·本图拉（José Machado Ventura）担任第二书记。2016年4月，古共七大召开，选举产生了第七届中央委员会（142人）、中央政治局（17人）和书记处（6人）。劳尔·卡斯特罗连任古共中央第一书记，何塞·拉蒙·马查多连任古共中央第二书记。古共现有党员约80万人。2021年4月，古巴共产党第八次全国代表大会召开，迪亚斯–卡内尔接替劳尔担任古共中央第一书记，未设第二书记。

【重要人物】**米格尔·迪亚斯–卡内尔·贝穆德斯**：古共中央第一书记、古巴国家主席。1960年4月20日出生。2003年起担任古共中央政治局委员。2013年起担任国务委员会第一副主席兼部长会议第一副主席。2018年4月接替劳尔·卡斯特罗担任国务委员会主席兼部长会议主席。2019年10月当选古巴国家主席，2023年4月当选连任。2021年4月当选古共中央第一书记。曾于2013年6月以国务委员会兼部长会议第一副主席身份访华，并于2015年9月来华出席中国人民抗日战争暨世界反法西斯战争胜利70周年纪念活动。分别于2018年11月、2022年11月对华进行国事访问。**劳尔·卡斯特罗·鲁斯**：古巴革命领导人，原古巴共产党中央第一书记。1931年6月3日出生，菲德尔·卡斯特罗胞弟。1959年古革命胜利后任革命武装力量部长。1965年起任古共中央第二书记。1976年起任国务委员会第二副主席兼部长会议第一副主席，同年被授予大将军衔。2008年2月当选国务委员会主席兼部长会议主席，兼任革命武装力量总司令。2013年2月连任国务委员会主席兼部长会议主席，兼任革命武装力量总司令。2011年4月当选古共中央第一书记，2016年4月连任。2018年4月卸任国务委员会主席兼部长会议主席职务。2021年4月卸任古共中央第一书记。

经　济

长期实行计划经济体制。旅游、制糖业和镍出口为重要经济支柱。曾长期维持以蔗糖生产为主的单一经济发展模式，从1990年起糖工业逐渐丧失主导地位。20世纪80年代末期，东欧剧变使古经济受剧烈冲击。1990—1993年，古巴国内生产总值累计下降超过35%。1993年开始逐步推出"特殊阶段的措施"，允许个人拥有外汇，扩大个体经济，改革农业体制。1994年推出扩大企业自主权，实行财税改革，开放农贸自由市场和小商品市场，向外资开放生产部门等举措。1997年，古共五大首次提出把经济工作摆在优先地位。1998年启动国企改革。2003年收紧外汇管理，禁止本国企业开设美元账户。1994—2003年，古经济年均增长3.6%。2004—2007年，经济进入快速发展时期，年均增长9.2%。2008—2010年，受国际金融危机、严重飓风灾害及美国封锁等影响，古经济形势严峻。2011年古共六大后，古工作重心转向经济建设，加快经济模式更新，出台了一系列经济社会政策调整措施。此后古个体经营规模扩大，经济活力有所增强。新冠疫情对古巴支柱产业旅游业以及糖、镍出口产生较大冲击。2021年1月，古巴政府正式实施货币与汇率并轨，施行1美元=24古巴比索的单一汇率，逐步取消可兑换古巴比索，并同步实施工资、价格、财税等领域整改措施。2021年主要经济数据如下：

国内生产总值：513.34亿古巴比索。

人均国内生产总值：4619古巴比索。

国内生产总值增长率：1.3%。

货币名称：古巴比索。

汇率：1美元=24古巴比索。

全年消费者物价指数：77.3%。

失业率：1.4%（2020年）。

（资料来源：古巴国家统计局）

【资源】镍储量约1600万吨，居世界第三位，年产量约7万吨，居世界第四位。铁、铬、钴蕴藏量分别为35亿吨、200万吨、80万吨。此外，还有锰、铜等。森林覆盖率29.8%（2021年）。物种多样，已知有9432种植物、21059种动物（2021年）。

【工业】近年来，工业结构明显调整，采矿、发电、炼油、炼钢、食品加工、机械、轻纺、电子、水泥等行业发展较快，制糖业在国民经济中比重呈下降趋势。制造业以生物技术和制药工业为重点。

【农业】1959年革命胜利后，古政府实行土地改革，建立了大量国营农场和农村合作社，确立了国有制主导的发展模式，农业以甘蔗、烟草种植为主。20世纪90年代初，古再次推行农业改革，允许国营农场将部分土地租借给合作社，以优化农业结构。

2002年糖工业重组后，大量甘蔗田转种其他作物或用于发展林业。2021年古全国耕地面积276.5万公顷，其中国营农场55.1万公顷，占19.9%；农业生产基层组织、农牧业生产合作社、服务与信贷合作社及个体农民共计拥有耕地221.4万公顷，占80.1%。甘蔗、可可、水稻、烟草、香蕉和酸性水果的种植面积分别为36.2万公顷、0.4万公顷、6.65万公顷、1.38万公顷、11.00万公顷和1.07万公顷。古大米、豆类和小麦等主要依赖进口。（资料来源：古巴国家统计局）

【服务业】从业人员素质高、经验丰富，可在医疗、教育、信息、电信、航空、海上运输、船舶修理等领域提供专业服务。2016年，服务业产值约占国内生产总值的72.7%。

【旅游业】旅游资源丰富。全国有适宜旅游海滩约300处，其中巴拉德罗海滩是著名旅游胜地。近年来，旅游业成为古重点发展方向、第一大创汇产业和重要就业来源。据统计，全国共有旅馆479家，客房8.1万间。2019年接待外国旅客约662.0万人次。受新冠疫情影响，2020年接待外国游客164.6万人次，2021年接待外国游客36.2万人次，2022年接待外国游客161.4万人次。游客主要来自俄罗斯、加拿大、西班牙、德国等。（资料来源：古巴国家统计局）

【交通运输】以公路为主。

公路：总长4.9万余公里（其中高速公路682公里）。中央公路横贯古巴岛。公路客运量为11.40亿人次，货运总量为4128.64万吨。

铁路：总长8334公里，其中一半以上为甘蔗运输专线。另有124公里电气化铁路。客运量150万人次，货运总量为1029.24万吨。

海运：有16个商业港口和23个辅助港口。1980年前是加勒比地区最大海运国家，曾有6家船运公司，商船约100艘，总吨位120万吨。主要港口有哈瓦那港和圣地亚哥港。海运货物总量为672.58万吨。

空运：共有20个机场，其中11个为国际空港，年接待总能力为800万人次。哈瓦那和巴拉德罗国际机场每年入境人数占全国70%。航空客运量为140万人次，货运总量为8800吨。

【财政金融】2019—2021年古巴财政收支情况如下（单位：亿古巴比索）：

	2019	2020	2021
收入	595.39	554.51	2590.12
支出	657.75	742.58	3205.02
盈余/赤字	–62.36	–188.07	–614.90

（资料来源：古巴国家统计局）

古巴除中央银行外，有8家商业银行、15家非银行金融机构、12家外资银行代表处和4家外资非银行金融机构代表处。

古巴国民银行是最大商业银行，1948年12月成立。1997年5月起不再承担中央银行职能而改为商业银行，主要承办对国家有重大影响项目的贷款、转贷或担保业务，不办理储蓄业务。

【对外贸易】主要出口镍、雪茄烟、蔗糖、蜂蜜、龙虾及对虾、咖啡、浓缩果汁、酸性水果、朗姆酒等，主要进口石油、粮食、机械、化肥、化工产品等。2021年进出口总额为103.97亿古巴比索，其中出口额为19.66亿古巴比索、进口额为84.31亿古巴比索，同比分别增加16.4%、15.4%和16.6%。主要出口对象为加拿大、中国、西班牙、委内瑞拉等，主要进口来源国为中国、西班牙、俄罗斯、阿根廷、意大利、荷兰、美国、越南等。2019—2021年古巴进出口情况如下（单位：亿古巴比索）：

	2019	2020	2021
出口额	20.62	17.03	19.66
进口额	99.01	72.30	84.31
差 额	–78.39	–55.27	–64.65

（资料来源：古巴国家统计局）

【外国资本】1995年9月，古巴颁布外资法。2014年，古巴出台新的《外国投资法》，鼓励外资进入除医疗、教育、国防以外的所有领域。2016年11月，古巴出台新的《外国投资项目目录》，计划引资90亿美元。外资主要集中在镍矿、石油、旅游和电信等行业，其中50%以上来自欧盟。主要投资来源国为西班牙、加拿大、意大利、法国、英国、墨西哥、中国等。截至2015年，与62个国家签署促进和相互保护投资协定，与8个国家签署避免双重征税协定。

【对外援助】援外对象主要是拉美、加勒比和非洲国家。目前，古巴有7万余名援外人员在上百个国家提供医疗、体育、教育等服务。医务援外人员约5.4万人，分布在60余个国家；通过实施"奇迹计划"，为30多个国家的近50万名患者进行眼科手术；援外教育工作者约1.5万名；接收了来自130多个国家的4.7万名青年留学生；参加了近20个国家的扫盲工作。

人民生活

实行全民免费医疗制度。拥有完整的医疗卫生保健网络：家庭医生—门诊医院—综合医院/专门医院，家庭医生保健体系覆盖全国99.1%的人口。2020年，平均寿命78.89岁，人口出生率9.78‰，死亡率9.3‰，新生儿死亡率4.9‰，人口增长率–0.06‰。医疗卫生和社会保障支出127.4亿古巴比索，占财政总支出的28%。每百人拥有电话（含移动电话）59部。2021年，全国共有医院150所，床位6.2万张，综合门诊部449个，医生10.61万人（其中家庭医生2.16万人），平均每105人就有1名医生，是世界上人均拥有医生率最高的国家之一。

2021年，古全国就业人口约461.91万人。国有部门就业人口312.06万人，私营部门149.86万人。

军　事

实行义务兵役制，服役期2年，每年征兵2次。古巴革命武装力量部前身为起义军，1959年改为现名。12月2日为建军节。革命武装力量部负责三军的指挥和管理，现任部长阿尔瓦罗·洛佩斯·米耶拉。

文化教育

古巴政府重视发展文化教育，系拉美识字率和平均受教育水平最高的国家之一。拥有较高水准的芭蕾舞团、交响乐团等文艺团体。群众文化普及程度较高，据2021年古官方统计，全国有剧院85家、电影院221家、录像厅256家、图书馆385家、书店299家、画廊100家、博物馆237家、文化之家328个。全国有电视频道45个，电视节目播出总时长9.8万小时；广播电台100家，节目播出总时长约53万小时。

【教育】古巴教育水平居世界前列，实行全民免费教育制度，共分3级：第一级为学龄前教育；第二级包括小学、初中和大学预科；第三级为高等教育。全国共有大、中、小学及特殊教育机构共计10646所，在校学生201.7万人，教师30.48万人。适龄儿童入学率近100%，近85%的高中毕业生可进入大学或专科学校，15岁以上人口文盲率为0.2%。2021年教育经费投入为511.73亿古巴比索，约占财政支出15.9%。

哈瓦那大学建于1728年，是古巴最古老、规模最大的高等学府，拥有13个系，30多个专业，下设14家科研所。

【新闻出版】主要报刊：《格拉玛报》，古巴共产党机关报，创办于1965年10月，发行量70万份；《起义青年报》，共青盟中央机关报；《劳动者报》，中央工会机关报；《波希米亚》，周刊，创办于1908年5月，发行量30万份。

主要通讯社：拉美通讯社，官方国际通讯社，创建于1961年，在全世界设有37家分社；国家通讯社，创建于1974年，主要负责国内新闻报道。

全国性广播电台5家：时钟电台、进步电台、起义电台、音乐电台和古巴哈瓦那国际电台（用8种语言播音）。

全国性电视台2家：古巴国家电视台和起义电视台。

对外关系

主张尊重各国主权和领土完整，尊重民族自决权，反对干涉别国内政。主张世界各国和各国人民一律平等。谴责一切形式的霸权主义、干涉主义、单边主义和歧视政策，反对使用或威胁使用武力，反对包括国家恐怖主义在内的一切形式的恐怖主义。

古巴是联合国创始会员国，世界贸易组织、不结盟运动、拉美和加勒比国家共同体、拉美一体化协会、加勒比国家联盟、美洲玻利瓦尔联盟等国际和地区组织成员。担任2023年度77国集团轮值主席国。

【同中国的关系】古巴是西半球第一个与中华人民共和国建交的国家。1960年9月2日，菲德尔·卡斯特罗宣布古巴断绝同台湾当局的关系，并表达了与中华人民共和国建交的意愿。28日，中古两国政府发表建交联合公报。

两国关系良好，两国高层互访频繁，各领域平等互利合作不断扩大。近年来，中方访古主要有：

2020年1月，古共中央第一书记劳尔·卡斯特罗和古巴国家主席迪亚斯–卡内尔就中国遭受新冠疫情分别向习近平总书记、国家主席致慰问电。2月，习近平主席同迪亚斯–卡内尔主席通电话。9月，习近平总书记、国家主席分别同劳尔·卡斯特罗第一书记、迪亚斯–卡内尔主席，李克强总理同马雷罗总理，王毅国务委员兼外长同罗德里格斯外长就中古建交60周年互致贺电。

2021年3月，古共中央第一书记劳尔·卡斯特罗和古巴国家主席迪亚斯–卡内尔向习近平总书记、国家主席致亲署函，祝贺中国脱贫攻坚战取得全面胜利。4月，习近平总书记、国家主席向迪亚斯–卡内尔致贺电，祝贺其当选古共中央第一书记。5月，习近平总书记、国家主席同古共中央第一书记、古巴国家主席迪亚斯–卡内尔通电话，就深化两党两国关系达成重要共识。7月，古共中央第一书记、古巴国家主席迪亚斯–卡内尔就中国共产党成立100周年向习近平总书记、国家主席致贺函，并以视频方式出席中国共产党与世界政党领导人峰会并致辞；古共中央向中共中央致贺电；古巴共产党举办庆祝中国共产党成立100周年活动，古巴革命领导人劳尔·卡斯特罗，古共中央第一书记、古巴国家主席迪亚斯–卡内尔等50多位党政主要领导人出席。8月，习近平总书记、国家主席同古共中央第一书记、古巴国家主席迪亚斯–卡内尔通电话。

2022年11月，古共中央第一书记、古巴国家主席迪亚斯–卡内尔对中国进行国事访问，同中共中央总书记、国家主席习近平举行会谈。双方发表《中华人民共和国和古巴共和国关于深化新时代中古关系的联合声明》。

中国是古巴第一大货物贸易伙伴，古巴是中国在加勒比地区第二大贸易伙伴。据中国海关总署统计，2022年，中古双边贸易额为8.72亿美元，同比减少14.6%。其中，中国出口额为4.14亿美元，同比减少28%；中国进口额为4.58亿美元，同比增长2.8%。中国主要出口机电、高新技术、轻纺类和化工产品等，主要进口镍、食糖、酒类、废金属等。

古巴支持“一带一路”倡议、全球发展倡议、全球安全倡议和全球文明倡议。2018年11月，中古签署“一带一路”合作谅解备忘录。2021年10月，古巴成为“一带一路”能源合作伙伴。2022年1月，古加入全球发展倡议之友小组。古外长第一时间表示支持全球安全倡议。2023年3月，迪亚斯–卡内尔主席发文支持习近平主席在中国共产党与世界政党高层对话会上提出的全球文明倡议。

两国在文教、卫生、科技、新闻、体育、军事等领域互利友好合作进展顺利。2003年，古巴成为美洲首个中国公民自费旅游目的地国。2015年12月，中古开通商业直航，这是中国同加勒比国家开通的首条直航航线。2020年3月，中国国航根据民航局有关新冠疫情防控规定暂停此航线执飞。2023年2月，文旅部公布恢复旅行社经营中国公民出境团队游首批国家名单，古巴位列其中。

中国驻古巴大使：马辉。馆址：Calle 13，No.551 entre C y D，Vedado，Plaza de la Revolución，La Habana，Cuba。电话：00537–8333005；传真：8333092。领事部电话：00537–8360037。商务处地址：Calle 42 No.313 esq. 5ta. Av. Miramar，Ciudad de La Habana，Cuba；电话：00537–2042585；传真：2041021。

古巴驻华使馆临时代办：马里奥·阿尔苏加赖·罗德里格斯（Mario Alzugaray Rodríguez）。馆址：北京市朝阳区建国门外秀水南街1号。电话：010–65321855，65326656；传真：65322870，65325636。商务处电话：010–65321243。经济处电话：010–65321984。

【同美国的关系】1959年1月，美国宣布承认古巴革命临时政府。1961年1月3日，美古断交。4月，美国雇佣军入侵古巴吉隆滩失败。1962年2月7日，美国宣布对古巴实行全面经济封锁政策。1977年，双方互设“照管利益办事处”。苏联解体后，美国加大对古巴施压力度，先后于1992年和1996年颁布“托里切利修正案”和“赫尔姆斯–伯顿法”，强化对古巴经济封锁。

“9·11”事件后，美国将古巴列为“邪恶轴心”外围国家，指责古巴支持恐怖主义和研发生化武器。2004年，美国宣布中止同古巴移民谈判，再度将古巴列入“支持恐怖主义国家”名单。2009年奥巴马总统就任后，美国对古巴政策有所缓和，但仍将古巴列入“支恐国家”名单。2014年12月，古美启动关系正常化进程。2015年5月，美国将古巴从“支恐国家”名单中删除。7月，双方恢复外交关系并重新相互开设使馆。2016年3月，奥巴马总统访问古巴，实现美国总统时隔88年首次访古。美国出台措施逐步放宽对古封锁，取消对古巴特殊移民政策。双方恢复通邮、通航等基础合作。

2017年，特朗普担任总统后，美对古态度趋于强硬，古美关系倒退。6月，美国政府出台加强对古封锁政策。11月，美方颁布制裁古巴军方下属企业和个人、限制美国公民赴古等措施。2019年5月2日起，美国允许实施“赫尔姆斯–伯顿法”第三编的全部内容，即美国公民可以向美国法院起诉被美国列入制裁名单的古巴实体和与古巴有经贸往来的外国企业。随后，古巴外交部发表声明，强烈谴责美国执行“赫尔姆斯–伯顿法”第三编的部分内容，认为这是对古巴“侵略行为的新升级”。2021年1月11日，美国国务院宣布将古巴列入“支持恐怖主义国家”名单。随后，古巴外交部发表声明，强烈谴责特朗普政府将古巴列入“支持恐怖主义国家”名单，表示美方做法旨在抹黑古巴国际形象，为未来双边关系改善制造障碍。古巴发生“7·11反政府游行”后，拜登总统、布林肯国务卿等密集谴责古政府“镇压”，对古多位官员和实体进行制裁，并纠集20国发表声明谴责古巴。

自2022年初以来，美古互动有所增加，美多个政府官员、议员团及农业团组访古。5月，美国务院宣布部分放宽对古限制政策，主要包括增加赴美国签证受理数量、放宽旅行和侨汇限制、恢复美古民间团组往来等。2023年以来各项举措逐步落地。1月，美驻古使馆正式恢复办理移民类签证业务。3月，美全境基本恢复对古汇款业务，美古间多个航班恢复。4月，双方在华盛顿再次举行副外长级移民对话，美两年来首次向古遣返100余名非法移民。美古恢复举行反恐合作工作层磋商。

【同其他拉美和加勒比国家的关系】积极推动地区一体化进程，同其他拉美国家关系总体良好。古巴同其他拉美国家贸易额占古外贸总额40%以上。古巴向不少拉美国家派有医生、教师和体育教练，每年吸收近千名拉美留学生。

古巴同委内瑞拉、玻利维亚等国家关系密切，共同创建美洲玻利瓦尔联盟。2022年5月，举办第21届美洲玻利瓦尔联盟峰会。古委在经贸、能源、医疗、金融、通信等领域开展了广泛合作。12月，古巴国家主席迪亚斯–卡内尔访问圣文森特和格林纳丁斯、巴巴多斯、格林纳达并出席第八届古巴—加共体峰会。

【同俄罗斯的关系】1960年5月8日与苏联建交。苏联解体后，古俄关系一度较冷淡。2004年以来，俄罗斯调整对古政策，双边关系逐步恢复。2009年和2012年，劳尔主席两次访俄。2013年1月，时任俄罗斯总理梅德韦杰夫访古。2014年7月，俄总统普京访古，宣布免除古巴在苏联时期积欠的约320亿美元债务（约占积欠债务总额的90%），双方签署能源、工业、医疗、防灾等领域合作文件。2015年，俄外长、防长、国家杜马主席访古。劳尔主席访俄并出席俄“5·9”纪念活动。2016年2月，俄东正教大牧首同罗马天主教教皇在古举行历史性会晤。5月，迪亚斯–卡内尔以第一副主席身份访问俄罗斯。2018年11月，时任国务委员会主席兼部长会议主席迪亚斯–卡内尔访问俄罗斯。2019年10月，时任俄罗斯总理梅德韦杰夫访问古巴并与迪亚斯–卡内尔举行会谈；同月，古巴国家主席迪亚斯–卡内尔访问俄罗斯并与俄总统普京举行会晤。2020年2月，俄罗斯外长拉夫罗夫访问古巴并同古巴外长罗德里格斯举行会谈。9月，古巴副总理卡布里萨斯访问俄罗斯。2021年4月、6月、8月，迪亚斯–卡内尔与俄罗斯总统普京通电话。2022年2月，俄罗斯副总理鲍里索夫、国家杜马主席沃洛金先后访问古巴。11月，古巴国家主席迪亚斯–卡内尔访问俄罗斯并会见俄总统普京。2023年4月，俄外长拉夫罗夫访问古巴并会见古革命领导人劳尔、国家主席迪亚斯–卡内尔。

【同加拿大的关系】1945年3月16日与加拿大建交。加拿大是古巴主要贸易对象和投资国，也是古巴最大旅游客源国，每年有近100万加拿大游客赴古巴旅游。加拿大反对美国“赫尔姆斯–伯顿法”，并于1997年通过“外国治外法权措施法”，允许本国公司反诉美国公司。2000年，卡斯特罗主席赴加参加特鲁多总理葬礼。2005年，加拿大谢里特公司与古方签订镍矿合资公司扩大生产规模的协议，协议总金额4.5亿美元，双方各出资50%。2016年11月，加拿大总理特鲁多访问古巴。2023年3月，古加两国举行外交部间第五次政治磋商。

【同欧盟及其成员国的关系】欧盟反对美国利用“赫尔姆斯–伯顿法”干涉自由贸易的做法。1996年，发表对古巴“共同立场”政策文件，主张同古巴进行建设性对话，通过加强经贸文化往来促古“向民主转变”。2003年，欧盟谴责古巴审判75名“持不同政见者”和判处3名劫船犯死刑，古欧关系出现倒退。2005年以来，双方恢复官方接触，古欧关系有所改善，但在人权等问题上仍有分歧。2008年，古巴签署联合国人权两公约，欧盟全面解除对古制裁。2010年西班牙担任欧盟轮值主席国期间，积极推动废除欧盟对古“共同立场”，但因古巴异见人士绝食身亡事件而搁浅。2014年2月，欧盟宣布在维持“共同立场”的前提下同古方商签政治对话与合作协议，双方于2016年12月正式签署该协议，2017年11月正式生效。2016年2月，劳尔主席对法国进行国事访问，这是古巴国家元首21年来首次访法。2016年12月，古巴同欧盟正式签署政治对话与合作协议，2017年7月该协议获欧洲议会表决通过。2018年5月，欧古举行首届部长级会议。2019年9月，欧古举行第二届部长级会议。2021年1月，欧古通过视频会议形式举行第三届部长级会议。2023年5月，第三届古巴—欧盟联合委员会在哈瓦那举行。6月，古巴国家主席迪亚斯–卡内尔访问意大利、梵蒂冈、塞尔维亚和法国。

【同非洲国家和其他亚洲国家的关系】古巴同亚非国家保持传统友好关系。古巴革命胜利后曾向部分非洲国家提供军事援助和派出军事人员，并长期向非洲国家提供医疗、人员培训等援助。迄今共有8万多名古巴援外人员曾在28个非洲国家工作过，现仍有4000多名各类专家和技术人员在非工作。迄今，古方共接收了3.3万名非洲留学生，现有非洲留学生2200多名。古巴还在5个撒哈拉以南非洲国家实施扫除文盲计划。

2018年11月，迪亚斯–卡内尔主席访问朝鲜、越南、老挝。2021年9月，越南国家主席阮春福访问古巴。2022年3月，古全国人大主席拉索与越南国会主席王廷惠视频通话。2016年9月，日本首相安倍晋三访问古巴，实现日本首相历史上首次访古。韩国尚未同古巴建立外交关系。2016年6月，韩国外长尹炳世访问古巴，实现韩国外长历史上首次访古。2017年11月，朝鲜外相李勇浩访问古巴。2020年2月，乌干达副总统塞坎迪访问古巴并会见古巴国家主席迪亚斯–卡内尔。2022年9月，柬埔寨首相洪森访问古巴并会见古革命领导人劳尔和古国家主席迪亚斯–卡内尔。9月至10月，古巴总理马雷罗访问越南、老挝、柬埔寨。11月，古巴国家主席迪亚斯–卡内尔访问阿尔及利亚并会见阿总统特本，访问土耳其并会见土总统埃尔多安。2023年4月，越共中央政治局委员、越南国会主席王廷惠访问古巴。4月，新加坡外长维文访问古巴。6月，伊朗总统莱希访问古巴并会见古革命领导人劳尔。

（姚川）

圭 亚 那

国名 圭亚那合作共和国（The Cooperative Republic of Guyana）。

面积 21.5万平方公里。

人口 77.6万（2022年）。其中，印度裔占43.5%，非洲裔占30.2%，混血种人占16.7%，印第安人占9.1%。英语为官方语言和通用语，也使用克里奥尔语、乌尔都语、印第安语和印地语。居民34.8%信奉基督教新教，24.8%信奉印度教，7.1%信奉天主教，6.8%信奉伊斯兰教。

首都 乔治敦（Georgetown），人口约25万（2022年）。

国家元首 总统伊尔凡·阿里（Irfaan ALI），2020年8月2日就职，任期5年。

重要节日 共和国日：2月23日；独立日：5月26日。

简况 位于南美洲北部，西北与委内瑞拉交界，南与巴西毗邻，东与苏里南接壤，东北濒大西洋。属热带雨林气候，年均气温24℃—32℃，年均降水量1500—2000毫米。

公元9世纪起为印第安人定居地。15世纪西班牙人入侵，17世纪、18世纪被荷兰占领，1814年荷将其转让给英国，1831年正式成为英殖民地，取名英属圭亚那。1966年5月26日宣告独立。1970年2月23日成立圭亚那合作共和国。

政治 圭亚那独立以来，人民进步党曾长期执政。2020年3月2日，圭举行大选，人民进步党胜选，该党候选人阿里出任总统。目前，圭政局稳定。

【宪法】现行宪法于1980年10月6日生效。宪法规定总统为国家元首、政府首脑和武装部队最高统帅，任期5年，可连选连任两届。总统有权解散议会。

【议会】一院制，由国民议会和总统组成，任期5年。国民议会设65席，其中40席为不分区议员，按比例代表制在全国范围内选举产生，25席为地区议员，按人口比例从全国10个选区中分别选出。

【政府】本届政府于2020年8月组成。主要成员包括总统伊尔凡·阿里，副总统巴拉特·贾格迪奥（Bharrat JAGDEO），总理马克·菲利普斯（Mark PHILLIPS），外交和国际合作部长休·托德（Hugh TODD），总统府财政事务高级部长阿什尼·库马尔·辛格（Ashni Kumar SINGH），卫生部长弗兰克·安东尼（Frank ANTHONY），总检察长兼司法部长莫哈比尔·阿尼尔·南德拉尔（Mohabir Anil NANDLALL），议会事务和治理部长盖尔·特谢拉（Gail TEIXEIRA，女），农业部长祖莱卡·穆斯塔法（Zulaikar MUSTAPHA），文化、青年和体育部长小查尔斯·拉姆斯森（Charles RAMSON Jr.），美洲印第安人事务部长保利娜·苏凯（Pauline SUKHAI，女），教育部长普里娅·马尼克钱德（Priya MANICKCHAND，女），内政部长罗伯逊·本（Robeson BENN），住房和水务部长科林·戴维·克罗尔（Collin David CROAL），人力资源和社会保障部长文迪娅·佩尔绍德（Vindhya PERSAUD，女），劳工部长约瑟夫·林登·哈密尔顿（Joseph Linden HAMILTON），地方政府部长奈杰尔·迪奥纳林·达拉姆拉尔（Nigel Deonarine DHARAMLALL），自然资源部长维克拉姆·巴拉特（Vickram BHARRAT），人事部长索尼娅·萨维特里·帕拉格（Sonia Savitri PARAG，女），公共工程部长胡安·安东尼·埃奇希尔（Juan Anthony EDGHILL），旅游、工业和贸易部长奥妮奇·沃尔伦德–阿利科克（Oneidge WALDRON-ALLICOCK，女）等。

【行政区划】全国分为10个行政区，基本以河流为名。有1个城市和9个自治镇。

【司法机构】最高法院由上诉法院和高等法院组成。现任上诉法院代院长约妮特·卡明斯–爱德华兹（Yonette CUMMINGS-EDWARDS，女），高等法院代院长罗克珊·乔治–威尔特希尔（Roxane GEORGE-WILTSHIRE，女）。终审法院为加勒比法院。

【政党】主要政党有：

（1）人民进步党（The People's Progressive Party）：1950年1月成立，执政党。党领袖、总书记巴拉特·贾格迪奥（Bharrat JAGDEO）。

（2）人民全国大会党（The People's National Congress）：伯纳姆等人脱离人民进步党后于1959年组建。领袖奥布里·诺顿（Aubrey NORTON），总书记吉塔·钱丹–埃德蒙（Geeta CHANDAN-EDMOND）。

（3）变革联盟（Alliance for Change）：2005年10月成立，被称为“第三势力”，由前人进党和人大党中央执委联合组建。领袖凯姆拉什·拉姆加谭（Khemraj RAMJATTAN），主席拉斐尔·特罗特曼（Raphael TROTMAN）。

【重要人物】伊尔凡·阿里：总统。1980年4月25日出生于圭亚那第三区莱奥诺拉村。印度古鲁大学人力资源规划发展专业硕士，西印度大学市政和地区规划专业博士。1997年加入人进党，2004年至今任人进党中央执委和财政书记。2006—2020年任国民议会议员，2009—2015年任住房和水务部长，其间曾兼任旅游、工业和贸易部长。2015—2019年任议会反对党财政事务发言人、议会公共财政委员会主席。2020年8月出任总统。

经济

圭亚那经济以初级产品生产为主。近年来，圭政府进行大规模石油开发，经济快速增长。2022年主要经济数据如下：

国内生产总值：144亿美元。

人均国内生产总值：1.93万美元。

国内生产总值增长率：62.3%。

货币名称：圭亚那元。

汇率：1美元≈208.5圭亚那元。

（资料来源：国际货币基金组织）

【资源】自然资源丰富。矿藏有铝矾土、金、钻石、锰、钼、铜、钽、钨、镍、铀等，其中铝矾土蕴藏量丰富，约3.6亿吨。森林面积16.4万平方公里，占全国土地面积的83%。水力资源丰富。2015年起，圭近海斯塔布鲁克等区块先后发现丰富石油资源，已探明可采储量约110亿桶。

【工业】以采矿业和制糖业为主。主要开采铝矾土、黄金和钻石。

【农业】农林渔业产值约占国内生产总值的30%。主要种植水稻和甘蔗，产量约占圭农业总产量的一半，此外还种植椰子、水果、蔬菜、烟草等。

【旅游业】近年来，圭重视开发旅游资源，但基础设施落后，宾馆业不配套，旅游发展受限。

【交通运输】公路及水运都集中在沿海地区。

铁路：有长约187公里的黄金运输专用铁路。

公路：全长7970公里，其中沥青路面约1300公里。

水运：有5900公里内河航道。首都乔治敦和新阿姆斯特丹为主要港口。

空运：主要为契迪·贾根国际机场，内地有数个小型简易机场。

【财政金融】2022年圭中央财政总收入20.6亿美元，其中从自然资源资金提取6.07亿美元，中央财政总支出28.44亿美元，赤字占非油气经济的11.8%，与2021年基本持平。（资料来源：圭亚那财政部）

【对外贸易】主要出口原油、黄金、糖、海产品、铝土、大米、木材等；进口燃油、润滑油和消费品等。主要贸易伙伴为美国、欧盟、加拿大和加共体国家。（资料来源：国际货币基金组织）

人民生活

国家为老人提供养老金，为工伤事故者提供抚恤金。人均寿命68.6岁，人口增长率0.4%，出生率2.36%，死亡率0.77%。（资料来源：圭亚那2023年预算报告）

军事

圭国防军有现役军人4150人，包含陆军、海军、空军。实行志愿兵役制，服役期3年。现任国防军参谋长戈弗雷·贝斯（Godfrey BESS）准将，2020年7月就任。

文化教育

【教育】对6—15岁青少年实施免费义务教育。成人识字率约88.5%。

【新闻出版】圭亚那四大日报：《圭亚那纪事报》，1881年由政府创办，官方报纸，日发行量约1.6万份；《圭亚那时报》，2009年创办，私营报纸，日发行量约2.2万份；《凯丘新闻报》，1997年创办，私营报纸，目前日发行量居第一位，约2.3万份；《斯塔布鲁克新闻报》，1986年创办，私营报纸，日发行量1.4万份。

圭亚那电视台：国家电视台，主要转播英国广播公司和美国有线电视新闻网的新闻，以及美国和印度电影。

对外关系

圭亚那奉行独立、不结盟的外交政策，与各国发展友好合作关系。目标是维护国家主权、领土完整和独立，促进国家经济和社会发展，塑造良好国际形象。

【同中国的关系】1972年6月27日，中国与圭亚那建交。

近年来，两国友好合作关系发展顺利，高层往来不断，在国际事务中保持良好配合。2021年3月，国家主席习近平同圭亚那总统阿里通电话。2022年4月，圭亚那外长托德参加王毅国务委员兼外长与加勒比建交国外长集体视频会晤。6月，全国人大常委会委员长栗战书同圭亚那议长纳迪尔举行视频会晤。

圭承认中国完全市场经济地位。2018年7月，中圭签署共建“一带一路”谅解备忘录。两国建有经贸混委会机制，迄已举行11次会议。据中国海关总署统计，2022年，中圭双边贸易额为18.80亿美元，同比增长164.9%。其中，中国出口额为5.77亿美元，同比增长48.1%；中国进口额为13.03亿美元，同比增长307.2%。中国主要向圭出口机电产品、钢材、高新技术产品、塑料产品、纺织品、轮胎等，进口石油、木材、锯材及农产品等。2022年，圭总统阿里以视频方式出席第五届中国国际进口博览会开幕式。

两国文化、旅游和教育等领域的合作取得积极进展。中圭签有文化协定。2005年，我国宣布圭为中国公民出境旅游目的地国。中方曾数次向圭派出体育团队、教练，并多次派杂技团、艺术团赴圭访演。圭曾派乒乓球队来华参加亚非拉乒乓球友好邀请赛。2013年，圭亚那大学设立孔子学院，2014年正式揭牌。福建省福州市与圭首都乔治敦市、重庆市南川区与圭林登市分别建有友好城市关系。

中国驻圭亚那大使：郭海燕（女）。馆址：Lot 2，Mandela Avenue，Botanic Gardens，Georgetown，Guyana。电话：00592-2254297；传真：2259228。领

事保护值班电话：00592–6246702。

圭亚那驻华大使：周雅欣（Choo An Yin，女）。办公地址：北京市朝阳区建国门外秀水东街1号。电话：010–65321337；传真：65325741。

【同美国的关系】圭美1966年8月建交。美在基础设施建设、减贫、防治艾滋病、教育、打击犯罪等方面向圭提供经济和技术援助，并给予债务减免，在促进圭经济和社会发展方面起着举足轻重的作用。圭美签有加勒比盆地安全计划一揽子协议、《开放航空服务协定》、《毒品防控与执法议定书》、《加强能源和基础设施融资及营销建设合作框架协议》、《合作打击海空非法运输协议》等合作文件。

【同委内瑞拉的关系】圭委1966年11月建交。圭委两国对埃塞奎博地区的归属问题有争执，争议地区占圭亚那领土面积的2/3。2011年，圭委就两国领土争端调停交换意见并签署共同声明，一致同意继续通过联合国秘书长代表斡旋双边领土纠纷。近年来，两国争端有所加剧。2018年2月，联合国秘书长古特雷斯表示，鉴于一直以来联合国调解未果，根据圭委签署的《日内瓦协议》授予联合国秘书长的职权，选择将圭委领土争端提交国际法院仲裁，联合国将作为补充机制。2018年4月，圭向国际法院提交仲裁申请书。委对此强烈反对，坚持以双边谈判解决有关争端。2020年12月，国际法院裁定其对圭委领土争端具有管辖权。2022年3月，圭向国际法院提交与委领土争端法律依据的辩诉书。6月，委内瑞拉政府向国际法院递交《初步反对意见》书，否认1899年仲裁判决在国际法院上作为证据的可采性。2023年4月，委《初步反对意见》书被国际法院驳回。

【同苏里南的关系】圭苏于1975年11月建交。圭苏之间存在领土纠纷，主要在科兰太因河上游地区的新河三角洲，涉及面积1.7万平方公里。圭苏多次举行边界委员会会议，商讨在有争议的海域共同开发资源和新河三角洲非军事化问题。2004年，圭将两国海洋边界划分的争端提交国际海洋法法庭进行仲裁。2007年9月，国际海洋法法庭作出裁决，基本采用中间线原则划定两国海洋边界，争议水域略大于2/3部分划归圭方。

【同其他加勒比国家的关系】重视同其他加勒比国家的团结与合作，积极推动加勒比地区一体化进程，2006年1月正式加入加勒比单一市场。为加勒比共同体创始国之一，也是其秘书处所在地。（胡然）

海　地

国名　海地共和国（The Republic of Haiti，La République d'Haïti）。

面积　2.78万平方公里。

人口　1206万（2022年）。95%为黑人。80%的居民信奉天主教，16%的居民信奉基督教新教，农村中盛行伏都教。官方语言为法语和克里奥尔语，90%的居民使用克里奥尔语。

首都　太子港（Port au Prince），人口约291.5万（2022年）。最高气温38℃，最低气温16℃。

国家元首　暂空缺。总理阿里埃尔·亨利（Ariel Henry），2021年7月20日就职。

重要节日　独立日：1月1日；先祖日：1月2日；狂欢节：2月15日；国旗日：5月18日；独立战争纪念日：11月18日；海地发现日：12月5日。

简　况

位于加勒比海北部，伊斯帕尼奥拉岛（即海地岛）西部。东与多米尼加共和国相邻，南临加勒比海，北濒大西洋，西与古巴和牙买加隔海相望。75.8%的国土为山地，其余为平原和高原。海岸线长1080余公里。北部属热带雨林气候，南部为热带草原气候。年均气温25℃。

原为印第安人居住地，1492年被哥伦布发现，先后被据为西班牙和法国殖民地。1804年1月1日独立，定国名为海地，是拉美和加勒比地区第一个宣布独立的国家。1915—1934年被美国占领。1957—1986年杜瓦利埃家族实行独裁统治。1988年举行首次民主选举。2004年爆发动乱，阿里斯蒂德总统流亡国外，联合国海地稳定特派团（联海团）进驻。2017年10月，联海团结束维和任期，由联合国海地司法支助团接任。11月，海地宣布重建军队。2019年10月，联合国海地司法支助团结束任期，由联合国驻海地综合办公室接任。2022年7月15日，安理会通过联海办授权延期问题的第2645号决议。

政　治

2010年1月12日，海地发生7.3级强烈地震，造成至少22.3万人死亡，近150万人受灾，直接经济损失达140亿美元。10月起暴发霍乱，造成9000多人死亡。2016年10月和2017年9月再遭飓风重创。2021年8月14日，海地发生7.3级大地震，造成严重的人员伤亡和财产损失。

2015年10月，海地举行大选。2016年11月20日，光头党候选人莫伊兹当选总统。2017年2月7日，莫伊兹就任总统。3月21日，海地新政府成立。因施政不力，莫伊兹任期内数度更换总理。2021年7月7日，莫伊兹总统遇刺身亡。经协商，亨利出任总理。海临时政府无力控局，海国内治安形势持续恶化，军火和毒品走私猖獗，面临严峻政治、安全和人道危机。海政府2022年12月21日同部分党派和民间团体签署“包容性过渡与透明选举国家共识”，成立国家高级过渡委员会，确定在2024年2月前选举产生新政府。目前各方尚未就过渡期路线图达成一致。

【宪法】现行宪法于1987年3月29日通过，1988年6月至1989年3月中止实施，其后少数条款被废止。1994年10月，海地恢复法制化。宪法规定：海地是不可分割、主权、独立、自由、民主的共和国；国家主权属全体公民；三权分立是神圣原则，国民议会享有立法权，总统和以总理为首的政府内阁分享行政权；政府向议会负责，议会有权弹劾政府；公民直接选举总统、议员；总统任期5年，不得连任，任期不超过两届。修改宪法须经参议院和众议院各2/3成员的同意。2020年11月起，莫伊兹总统在议会停摆情况下筹建宪改委员会，并于2021年2月初公布新宪法草案。

【议会】国民议会分参众两院。议员由公民直接选举产生。参议员任期6年，每两年改选1/3成员。众议员任期4年，每4年全部换届。参议员、众议员均可连选连任。参议长兼任国民议会议长，任期1年。众议长兼任国民议会副议长，任期1年。本届国民议会于2016年1月成立。因参众两院均未按照法律规定如期改选任满议员，议会目前处于停摆状态。

【政府】总理由总统提名，经议会批准，内阁由总理商总统组成。每届内阁部长人数不少于10名，总理可酌情决定增减。莫伊兹遇刺后，其任命的最后一位总理亨利于2021年7月组阁。2021年，亨利任命部分政府新成员。主要内阁成员包括：外交和宗教事务部长让·热内乌斯（Jean GÉNÉUS）、财经部长米歇尔·布瓦维尔（Michel Patrick BOIVERT）、内政部长利茨·基特尔（Litz QUITEL）、司法和公共安全部长贝尔托·多尔茨（Berto DORCÉ）等。

【行政区划】全国划分为10个省，省下设区，共42个区，区下设市镇，共144个市镇。

【司法机构】设最高法院、上诉法院、高级法院、治安法院和特殊法庭。最高法院共设12名大法官，其中10名由总统任命，其余2名由参议院选举产生。最高法院目前暂有3位大法官，前院长勒内·希尔韦斯特（René SYLVESTRE）于2021年7月因病去世，继任者未定。

【政党】1986年8月，海全国委员会颁布法令规定，合法政党的创建者应不少于20人，支持者不少于2000人。目前合法登记的政党逾百个，主要有：

（1）光头党（Parti Haïtien Tèt Kalé，PHTK）：执政党，2012年8月由时任总统马尔泰利组建。总协调人安娜·瓦莱丽·蒂莫泰·米尔福尔（Anne Valérie Thimotée MILFORT，女）。

（2）民主团结联盟（Konvansyon Inite Demokratik，KID）：2005年5月成立。总协调人艾诺尔德·约瑟夫（Enold JOSEPH）。

（3）团结党（Inite）：2009年9月由前总统普雷瓦尔联合其之前领导的“希望平台党”（Plateforeme de l'Espoir）部分成员组建。党主席约瑟夫·朗贝尔（Joseph LAMBERT）。

（4）拉瓦拉斯之家（Fanmi Lavalas）：1996年10月由前总统阿里斯蒂德创建。2000—2004年执政。总协调人为前总统让·贝尔特朗·阿里斯蒂德（Jean Bertrand ARISTIDE）。

（5）进步与解放党（Ligue Alternative pour le Progrès et l'Emancipation Haïtienne，LAPEH）：2011年7月20日成立。总协调人裘德-塞莱斯汀（Jude-CELESTIN）。

（6）德萨林之子党（Platfòm Pitit Desalin）：2014年12月成立。总书记莫伊兹·让-夏尔（Moïse JEAN-CHARLES）。

（7）人民民主党（Secteur Démocratique et Populaire，SDP）：2018年10月成立。领导人安德烈·米歇尔（André MICHEL）。

【重要人物】阿里埃尔·亨利：临时总理。1949年11月6日出生。毕业于法国蒙彼利埃医科大学，获公共卫生学硕士学位。从医多年，自2006年起在政府卫生部门任职，进入政界。2016年起，历任内政部长、社会事务及劳工部长。2021年7月6日被时任总统莫伊兹任命为总理。莫伊兹遇刺后组建政府并担任政府首脑。

经　济

属拉美和加勒比最不发达国家，经济以农业为主，依赖外援。国内政局动荡、新冠疫情、自然灾害等对海地经济造成重大影响，物价飞涨，失业增加，民众生活困难。2022年主要经济数据如下：

国内生产总值：209.4亿美元。

人均国内生产总值：1420美元。

国内生产总值增长率：-1.7%。

货币名称：古德。

汇率：1美元≈153古德。

通货膨胀率：48.3%。

（资料来源：国际货币基金组织）

【资源】主要矿藏有铝矾土、金、银、铜、铁等，其中铝矾土储量约1200万吨。此外，还有高岭土、大理石、碳酸盐、褐煤等非金属矿藏。森林覆盖率为2.6%。石油主要依赖进口。

【工业】工业基础薄弱。近年来，因政局动荡、基础设施落后，招商引资成效有限。海地北部及南部建有两大工业园区。

【农业】主要经济部门。全国可耕地面积90万公顷，粮食不能自给，严重依赖进口和国际援助。

【旅游业】主要外汇来源之一。但因治安状况差、基础设施落后，旅游业发展缓慢。主要旅游景点有北部的海地角和南部的雅克迈尔、莱凯。

【交通运输】以公路运输为主，没有营运铁路。

公路：总长3875公里。其中国家级公路961公里，沥青、水泥公路752公里，碎石路209公里。省级公路1615公里。

空运：客货运市场由外国航空公司控制。目前共有5个机场，首都太子港和海地角建有国际机场，承担全国94%的客运量，杰雷米、雅克梅勒、莱凯3座城市建有国内机场。

海运：国际港口有太子港、海地角港，沿海还有格纳伊夫港、自由堡港、和平港等14个中小港口及5个小型码头。

【财政金融】国家财政实行分权制，财政管理由财政部负责。财政收入的主要来源是税收。除了中央银行，还有近10家商业银行和4家外国银行。海地共和国国民银行由政府全面控制，既是中央银行，又是商业银行。该行除了发行货币和作为国家财政代理机构，还控制全国的银行系统，对私人银行商业票据进行再贴现等。

【对外贸易】主要出口咖啡、可可、芒果、香精油和加工制成品等产品，进口食品、燃油（成品油）、工业制成品、机械设备、运输设备和日用消费品等。主要贸易伙伴是美国和欧盟。

人民生活

根据联合国多个组织数据，2022年，海地正面临2010年大地震以来最严重的人道危机，近90%人口生活在贫困线以下，1/3人口处于极度贫困，490万人口正遭受严重饥饿。

军　事

1994年10月，阿里斯蒂德总统复职后宣布解散国家军队。至2015年，有一支1.2万人的国家警察力量在联合国海地稳定特派团指导下负责维护国内秩序。2010年地震后，海地警察体系遭受严重破坏，联合国安理会决定扩大维和警察规模并加强对海地警察队伍建设的支持和援助。2020年，海地国家警察人数大约为1.8万人。2011年9月，马尔泰利总统成立“军队重建委员会”，拟在海地恢复军队。2015年12月，海地颁布法令宣布军队进入“行政再动员”阶段。2017年11月，莫伊兹总统宣布恢复军队。2020年12月，莫伊兹总统发表声明称计划扩军至5000人左右。

文化教育

【教育】6—14岁儿童享受免费义务教育。全国有小学1.36万所，中学3477所，其中约88%的学校为私立学校。高等学校117所，其中私立大学82所，公立大学16所，专业学院19所。

【新闻出版】海地官方通讯社为海地通讯社，于1981年成立。主要日报为《新闻人报》《国家报》。全国注册有100多家电视台和300多家广播电台，其中许多已不再运营。官方电视台为海地国家电视台。

对外关系

海地是世界银行、国际货币基金组织、世界贸易组织、拉美和加勒比国家共同体、美洲开发银行、加勒比共同体成员。30多个国际组织和地区组织在海设有常驻机构。国际社会长期向海提供经济援助。

【同中国的关系】中海无外交关系。1996年9月，两国政府签署互设贸易发展办事处协议。1997年1月和1998年2月，中海相互在对方首都设办事处。

2010年海地发生强烈地震后，中方致电海方表示慰问，向海派出救援队和医疗队，并提供了现汇、物资和医疗救护援助。2004年10月以来，中方向联合国海地稳定特派团（联海团）派遣维和警察共计1100余人次。2012年11月，中方第九支维和警察警队任务到期撤回后，中方暂停向海派遣维和警察。2021年8月，海地遭受强烈地震，中国红十字会向海地红十字会致慰问信。

2012年7月，海地外交部宣布，单方面对中国公民实行免签。

据中国海关总署统计，2022年，中海双边贸易额为6.373亿美元，同比减少19.9%。其中，中国出口额为6.348亿美元，同比减少19.7%；中国进口额为258.4万美元，同比减少42.1%。中国主要出口化工产品、塑料和橡胶制品、服装制品、机电音像设备和汽车零配件等。

中国海地贸易发展办事处代表：陈立文。地址：No.8，Impasse Simon，Rue Alamanda，Morne-Calvaire，Pétion-Ville，Pout-au-Prince，Haiti。电话：00509–37132489，38555867。

海地中国贸易发展办事处代表：德维内尔·贝利泽尔（Dwinel BELIZAIRE）。办公地址：北京市朝阳区霄云路18号D16。电话：010–64608307；传真：64637141。

【同美国的关系】海美关系密切，美是海最大贸易伙伴和最大援助国。2021年7月，亨利总理与美国国务卿布林肯通电话。同月，美国政府海地问题特使福特访问海地。8月海地发生强烈地震后，美国派直升机、舰船参与救灾。2021年9月，美国分批遣返近万名海地非法移民。2022年，莫伊兹总统遇刺案多名主要嫌疑人被引渡至美国法院受审。

【同其他拉美和加勒比国家的关系】重视发展同其他拉美和加勒比国家的关系，是拉美和加勒比国家共同体、美洲国家组织、加勒比共同体、加勒比国家联盟成员。

【同其他国家的关系】欧盟、加拿大是海地主要援助来源方之一。法国、西班牙和瑞士是欧盟成员中对海援助主要国家。亚洲国家中，日本是向海提供援助最多的国家。

（李慧）

荷属圣马丁

名称 圣马丁领地（Country of Sint Maarten，Land Sint Maarten），简称“荷属圣马丁”（Sint Maarten）。

面积 34平方公里。

人口 4.28万（2022年）。官方语言为英语与荷兰语，居民还使用西班牙语，帕皮阿门托语（荷兰语、西班牙语、英语、印度语和西非方言混合而成），法语等。居民中42%信奉基督教新教，33%信奉天主教。

首府 菲利浦斯堡（Philipsburg），人口约4.1万（2022年）。

总督 阿贾穆·巴利（Ajamu Baly），2022年10月10日就任。

重要节日 圣马丁日：11月11日。

简 况

圣马丁岛（法文Saint-Martin，荷兰文Sint Maarten）位于加勒比海东部、波多黎各岛东南300公里，在小安的列斯群岛中的向风群岛北端，它是世界上最小的分属两国的岛屿。地形丘陵起伏。地处北纬18°，属热带气候，气候温和，气温在24℃—35℃，平均气温约27℃。7—11月有飓风。6—11月为湿季，12月至次年5月为干季。年降水量1140毫米。

圣马丁岛于1493年圣马丁节（11月11日）时被第二次远航美洲途中的哥伦布所“发现”，并宣布此地为西班牙领土。1631年，荷兰人占领该岛。西班牙于1633年重占该岛。1648年，法国与荷兰将圣马丁岛瓜分。岛的南部（占全岛1/3）由荷兰管辖，北部（占全岛2/3）由法国统治，两部分之间没有关税壁垒。法属圣马丁曾长期归瓜德罗普管辖。2007年7月15日，法属圣马丁正式成为法国单独的海外领地。

荷属圣马丁于20世纪80年代初与邻近的萨巴岛和圣俄斯塔休斯岛（又译为圣尤斯特歇斯岛）一起，组成荷属安的列斯向风群岛选区。2010年10月10日，荷属安的列斯解体，根据各岛公决结果，荷属圣马丁和库拉索分别成为荷兰王国内单独的政治实体（自治国），而博奈尔岛（又译为博内尔岛）、萨巴岛和圣俄斯塔休斯岛则成为荷兰的3个海外特别行政区（也被称为加勒比荷兰）。荷兰继续负责荷属圣马丁的防务和对外事务。

政 治

2017年9月，荷属圣马丁遭受强飓风灾害，经济损失达数十亿欧元。11月初，时任荷属圣马丁首相威廉·马林由于不愿接受荷兰援助的附加条件而遭弹劾，马内阁集体辞职。2018年1月，反对党联合人民党、民主党和独立议员沙诺尔·布朗比尔（Chanel Brownbill）组建临时政府。2月末，荷属圣马丁举行提前大选，联合人民党和民主党合并为联合民主党并胜选。2019年9月，原联合民主党（议会最大党）两位议员宣布成为独立议员，并与原反对派联合成为议会多数，拟组建新政府。时任首相马林援引宪法，要求解散议会重新选举。2020年1月，第五届议会选举举行，获得多数议席的国家联盟党与联合人民党宣布联合组阁。

【宪法】2010年10月10日起施行基本法。荷兰国王为其元首，总督为国王的代表。荷属圣马丁拥有完全的内部事务自治权，实行议会制。

【议会】一院制议会有15个席位，任期4年。本届议会于2020年1月9日选举产生。国家联盟党4席，联合人民党2席，联合圣马丁党1席，进步党2席，联合民主党1席，独立议员5名。现任议长为西达尔特·比杰拉尼。

【政府】2020年3月28日，荷属圣马丁新一届内阁宣誓就职。首相兼总务部长西尔维娅·雅各布斯（Silveria Jacobs，女），司法部长安娜·理查德森（Anna Richardson，女），财政部长阿德韦尔·艾瑞恩（Ardwell Irion），教育、文化、青年和体育部长鲁道夫·塞缪尔（Rodolphe Samuel），公共住房、土地规划、环境和基础设施部长埃格伯特·多兰（Egbert Doran），旅游、经济、交通和通信部长亚瑟·拉姆布里克斯（Arthur Lambriex），公共卫生、社会发展和劳工部长奥马尔·奥特利（Omar Ottley），荷属圣马丁驻海牙全权公使瑞尼·凡利纳斯（Rene Violenus）。

【司法机构】本岛设初审法庭，阿鲁巴、库拉索、荷属圣马丁、博奈尔、圣俄斯塔休斯、萨巴设立联合高级法院。

【政党】主要政党有：（1）国家联盟党（National Alliance，NA），领导人为首相西尔维娅·雅各布斯。（2）联合人民党（United People’s Party，UPP），领导人为罗兰多·布里森。

经 济

经济活动主要集中在旅游业，农业和渔业极其有限，几乎所有食品均需进口，能源和工业制成品也需要进口。人均收入在前荷属安的列斯的五个岛屿中排第一位。2022年主要经济数据如下：

地区生产总值：15.4亿美元。

人均地区生产总值：35981.3美元。

地区生产总值增长率：5.8%。

通货膨胀率：4.1%。

失业率：9.6%。

【工业】仅有极少量轻工业和制造业。

【旅游业】国民经济支柱，劳力占总劳力的80%。气候宜人，海滩优美，热带风光独具一格，吸引着不少的游客。每年接待游客数量接近200万人次。

【交通运输】无铁路。公路长53公里。圣马丁岛的主要港口和机场均位于荷属部分。主要港口菲利浦斯堡可停靠大型邮轮。朱丽安娜国际机场位于荷属圣马丁西部，是东加勒比地区重要的航空枢纽，其繁忙程度仅次于波多黎各的圣胡安国际机场，2015年共接待了约183万人次旅客。由于该机场跑道只有2349米，当飞机到达机场附近的梅霍海滩时，离海滩高度只有10—20米，被视为全球最危险的机场之一。

人民生活　政府对低收入者、政府公务员及其家庭成员以及参加社会保险的私营企业雇员及家庭提供免费医疗服务。居民平均预期寿命74岁。

文化教育　【教育】教育制度与荷兰类似。初等教育从6岁开始，学制6年。中等教育学制5年。在菲利浦斯堡设有圣马丁大学。加勒比美国大学医学院（原设在蒙特塞拉特）也设在荷属圣马丁。

【新闻出版】有《今日报》等报刊，"圣马丁之声""圣马丁有线电视台"等广播电视台。

对外关系　外交由荷兰负责。荷属圣马丁为万国邮政联盟、国际刑警组织和金融行动特别工作组成员，联合国教科文组织、世界旅游组织和加勒比国家联盟联系成员，加勒比共同体观察员。

【同中国的关系】2011年1月，驻荷兰大使张军访问荷属圣马丁，与首相、外事局长举行会谈。2013年6月，外交部长王毅与荷兰外交大臣蒂默曼斯就中方在威廉斯塔德设立总领馆事达成一致，领区包括荷属加勒比地区库拉索、阿鲁巴、荷属圣马丁3个自治国以及博奈尔、萨巴、圣尤斯特歇斯3个行政市。10月，首任驻威廉斯塔德总领事陈绮曼（女）赴库履新。2014年9月，驻威廉斯塔德总领馆正式开馆。驻荷兰大使陈旭出席开馆仪式。2017年5月，荷属圣马丁首相威廉·马林来华出席"一带一路"国际合作高峰论坛，其间同中国人民对外友好协会会长李小林举行会见。

中国驻威廉斯塔德总领事馆（荷属加勒比地区）总领事：李意钢。馆址：Schottegatweg Oost 32，Willemstad，Curaçao，Dutch Caribbean。电话：005999-7385446；传真：7384446。（评伟）

洪都拉斯

国名　洪都拉斯共和国（The Republic of Honduras，La República de Honduras）。

面积　11.25万平方公里。

人口　1022.1万（2022年）。印欧混血种人占90%，印第安人7%，非裔2%，欧裔1%。官方语言为西班牙语。95.8%的居民信奉天主教。

首都　特古西加尔巴（Tegucigalpa）。宪法规定首都由特古西加尔巴城和科马亚圭拉城（Comayagüela）共同组成，称作中央大区，人口156.8万（2022年），面积1514平方公里。最热月（5月）平均气温18℃—30℃，最冷月（1月）平均气温14℃—25℃。

国家元首　总统伊里斯·希奥玛拉·卡斯特罗·萨缅托（Iris Xiomara Castro Sarmiento，女），2022年1月27日就职，任期4年。

重要节日　独立日：9月15日。

简　况　位于中美洲北部，北临加勒比海，南濒太平洋的丰塞卡湾，东、南同尼加拉瓜交界，西与危地马拉、萨尔瓦多接壤。海岸线长1033公里。沿海属热带雨林气候，年均气温27℃；中部山区凉爽干燥，年均气温23℃。全年分两季，6—10月为雨季，11月至次年5月为旱季。

原为土著印第安人居住地，16世纪沦为西班牙殖民地。1821年9月15日独立。1823年加入中美洲联邦。1838年联邦解体后成立共和国。

政　治　洪都拉斯于2021年11月举行大选，自由与重建党候选人卡斯特罗以51.12%得票率（171万张选票）获胜，成为洪历届大选中得票数最高的当选总统，也是洪历史上首位女性总统。卡斯特罗于2022年1月27日正式就职，任期4年。

【宪法】现行宪法于1982年1月20日生效。宪法规定，国家实行立法、司法和行政三权分立的共和制。总统是国家元首、政府首脑和武装力量最高统帅，由直接选举产生，任期4年。

【议会】国民议会实行一院制，为全国最高立法机构，由128名议员组成。议员由选民直接选举，任期4年。本届议会于2022年1月组成，其中执政党自由与重建党49席，国民党43席，自由党22席，拯救洪都拉斯党10席，其他党派及独立议员4席。现任议长为拯救洪都拉斯党成员路易斯·雷东多（Luis Redondo），2022年1月当选，任期4年。

【政府】政府包括21个部。主要内阁成员有：第一副总统萨尔瓦多·纳斯拉亚（Salvador Nasralla），第二副总统多丽丝·古铁雷斯（Doris Gutiérrez，女），第三副总统雷纳托·弗洛伦蒂诺（Renato Florentino），内政、司法和去中央化部长托马斯·瓦克罗（Tomás Vaquero），外交部长爱德华多·恩里克·雷纳（Eduardo Enrique Reina），财政部长里克西·蒙卡达（Rixi Moncada，女），国防部长何塞·马努埃尔·塞拉亚·罗萨莱斯（José Manuel Zelaya Rosales），安全部长拉蒙·萨维利昂（Ramón Sabillón），经济发展部长弗雷迪斯·阿隆索·塞拉托·巴利亚达雷斯（Fredis Alonso Cerrato Valladares），自然资源和环境部长拉齐·梅迪纳（Lucky Medina），能源部长埃里克·特哈达·卡瓦哈尔（Erick Tejada Carbajal），劳工部长萨拉伊·赛尔纳（Sarahí Cerna，女），卫生部长何塞·马努埃尔·马修（José Manuel Matheu），科技部长路德·卡斯蒂略·哈利（Luther Castillo Harry），教育部长丹尼尔·埃斯庞达（Daniel Esponda），文化、艺术和体育部长格洛丽亚·安娜雷耶·贝莱斯·奥赛霍（Gloria Annarella Vélez Osejo，女），旅游部长亚迪拉·戈麦斯（Yadira Gómez，女），基础设施和公共服务部长毛里西奥·拉莫斯（Mauricio Ramos），农牧部长劳拉·苏阿索（Laura Suazo，女），社会发展部长何塞·卡洛斯·卡尔多纳（José Carlos Cardona），人权部长纳塔列·罗克（Natalie Roque，女），新闻部长伊维斯·阿尔瓦拉多（Ivis Alvarado），青年部长苏尔米特·里维拉（Zulmit Rivera，女），妇女部长多丽丝·加西亚（Doris Garía，女）。

【行政区划】全国划分为18个省：阿特兰蒂达、科隆、科马亚瓜、科潘、科尔特斯、乔卢特卡、埃尔帕拉伊索、弗朗西斯科·莫拉桑、格拉西亚斯·阿迪奥斯、因蒂布卡、海湾群岛、拉巴斯、伦皮拉、奥科特佩克、奥兰乔、圣巴巴拉、巴列、约罗。

【司法机构】由最高法院、上诉法院和地方法院组成。最高法院由15名大法官组成，任期7年。最高法院院长蕾韦卡·拉克尔·奥万多（Rebeca Raquel Obando，女），于2023年2月当选。总检察长马努埃尔·安东尼奥·迪亚斯·加莱亚斯（Manuel Antonio Díaz Galeas），于2022年2月当选。最高法院院长和总检察长均由国民议会选举产生，任期4年，可连选连任。

【政党】主要政党有：

（1）自由与重建党（Partido Libertad y Refundación）：执政党。2011年从自由党中分离成立。党主席为前总统马努埃尔·塞拉亚（Manuel Zelaya）。

（2）国民党（Partido Nacional）：又称“蓝党”，最大反对党。1902年从自由党中分离成立。党主席戴维·查韦斯（David Chávez）。

（3）自由党（Partido Liberal）：又称“红党”，反对党。1881年成立。曾于1981—2010年4次执政。党主席雅尼·罗森塔尔（Yani Rosenthal）。

（4）拯救洪都拉斯党（Partido Salvador de Honduras）：执政联盟党。2019年成立，党主席为副总统萨尔瓦多·纳斯拉亚（Salvador Nasralla）。

【重要人物】伊里斯·希奥玛拉·卡斯特罗·萨缅托：总统。女，1959年9月30日出生，获企业管理学学士。系前总统塞拉亚之妻，与塞拉亚同属自由党。2009年塞拉亚遭遇军事政变下台流亡海外，卡斯特罗组织群众运动上街游行抗议。塞拉亚、卡斯特罗于2011年返洪后，脱离自由党并创立自由与重建党。卡斯特罗在2013年和2017年大选中代表自由与重建党分别参选总统和副总统均落败；在2021年11月大选中，卡斯特罗同拯救洪都拉斯党结成竞选联盟并最终胜选，于2022年1月就职，任期4年。

经　济

拉美最不发达国家之一。农业系国民经济主导产业，工业基础薄弱。2022年主要经济数据如下：

国内生产总值：296.57亿美元。

人均国内生产总值：2831美元。

国内生产总值增长率：4.1%。

通货膨胀率：8.93%。

失业率：8.6%。

（资料来源：世界银行、洪都拉斯央行）

【资源】主要矿藏有金、银、铜、铅、锌、煤、锑、铁等。林业资源丰富，森林覆盖率70%，盛产松木、杉木、红木等优质木材。

【工业】传统工业以加工制造、矿业、建筑业为主。

【农业】主要农产品有咖啡、香蕉、果蔬、玉米和豆类等。粮食不能自给。全国可耕地面积270万公顷，占国土面积的24%。农业人口121万。（资料来源：洪国家统计局）

【旅游业】20世纪90年代以来旅游业发展迅速，古老的玛雅文化遗址、风景秀丽的海滩和珊瑚礁吸引了大量游客，旅游收入逐年增加。2022年，洪共接待游客190万人次，同比增长131.4%；全年旅游业创收5.489亿美元，同比增长80%。

【交通运输】铁路：全国铁路总长24公里，多集中在北部沿海地区。其中投入运营的有6公里，为香蕉和甘蔗专用运输线。

公路：全国公路有1.69万公里，其中柏油路为3882公里。主要有泛美公路和南方公路。

水运：有6个海港，分别是科尔特斯、卡斯蒂利亚、圣洛伦索、塞巴、特拉、罗阿坦。

空运：有5个国际机场，分别为首都特古西加尔巴市的“帕尔梅罗拉机场”（2021年12月投入运营）和“通孔廷机场”、圣佩德罗苏拉市的“拉蒙·比列达机场”、拉塞瓦市的“戈罗松机场”和罗亚坦市的“胡安·曼努埃尔机场”。有2家航空公司，分别为国家航空运输公司和洪都拉斯航空服务公司。其航线通往美国、墨西哥和中美洲国家。另有19家国内小型机场。（资料来源：洪都拉斯央行）

【财政金融】2022年，洪外汇储备为84.2亿美元，同比增长–3%；侨汇收入86.86亿美元，同比增长17.8%。2022年外债总额（含公共和私营部门债务）95.4亿美元，同比增长3.1%。（资料来源：世界银行、洪都拉斯央行）

【对外贸易】主要出口咖啡、棕榈油、香蕉、虾、食糖、烟草等农作物及金、锌、铅、银等矿产品，主要出口目的地为美国、欧盟和中美洲国家；主要进口电子设备、化工产品、燃料、润滑油、工业制成品和粮食等，主要进口来源国和地区为美国、欧盟、中美洲国家和日本。近几年对外贸易情况如下（单位：百万美元）：

	2020	2021	2022
出口额	4258.8	5202.8	6102
进口额	8957.7	13221.8	15237
差　额	–4698.9	–8019.0	–9135

（资料来源：洪都拉斯央行）

【外国资本】外资主要来自美国、中美洲及加勒比地区、德国、比利时等国家，用于服务业、加工出口业、运输存储和电子通信等行业。2021年洪吸引外国直接投资约6.06亿美元，同比增长44.6%。（资料来源：洪都拉斯央行）

人民生活

人口密度为81.4人/平方公里。平均寿命76.4岁，婴儿死亡率15.9‰。全国有121所医院，1639个卫生所，7279张病床。结核病、疟疾、艾滋病患者人数居中美洲国家之首。2022年，洪凶杀率为每10万人中有35.8人被谋杀。（资料来源：洪都拉斯央行、安全部）

军　事

1954年10月21日建军。1995年4月取消义务兵役制，实行志愿兵役制。武装部队共有1.2万人，警察6000人。武器装备均由美国提供，军官大多由美国培训。1997年10月，原由军人控制的警察领导权正式转交给政府。1998年9月，议会修改宪法，废除武装力量总司令一职，职权移交国防部长。

文化教育

【教育】实行13年制免费义务教育。包括学前教育1年，基础教育9年和中学教育3年。城市小学为7年制，农村小学为3年制。全国有10所高等院校，其中洪都拉斯国立自治大学成立于1846年。

【新闻出版】主要有4份全国日报：《新闻报》《时代报》《论坛报》和《先驱报》。有3份新闻周刊：《世界时代》《洪都拉斯周报》和《市场报》。全国有181家电台、33个电视频道和74个有线频道。洪都拉斯电台为官方电台。

对外关系

主张各国和平共处，相互尊重领土主权；促进民主，捍卫人权；重视发展同美国、欧盟及日本等发达国家和地区组织的关系，保持与拉美国家的传统友好；支持地区一体化进程；支持国际反恐合作。系77国集团、不结盟运动、中美洲一体化体系、拉美和加勒比国家共同体成员国。曾任1995—1996年度联合国安理会非常任理事国、2004—2006年度和2022—2024年度联合国人权理事会成员国。

【同中国的关系】2023年3月26日，中国同洪都拉斯正式建立外交关系。同年6月，洪总统卡斯特罗来华进行国事访问。中国驻洪使馆和洪驻华使馆分别于6月5日和11日正式开馆。中方主要往访有：贸促会副会长张伟（2018年9月）、致公党中央副主席曹鸿鸣（2019年5月）。洪方主要来访有：洪外长雷纳（2023年3月来华建交）、洪总统卡斯特罗（2023年6月国事访问）。

据中国海关总署统计，2022年，中洪双边贸易额为15.9亿美元，同比减少1.6%。其中，中国出口额为15.6亿美元，同比减少1.3%；中国进口额为0.3亿美元，同比减少14.3%。

【同美国的关系】洪美关系密切。美是洪最重要的贸易伙伴。洪近40%的出口产品输往美国。两国签有军事合作协定，美在洪设有军事基地并驻军事使团。2004年5月，洪等中美洲国家与美签署自由贸易协定。洪是中美洲最大的侨民输出国，每年约有10万侨民进入美国。近年来，美通过向"中美洲北三角繁荣联盟"拨款援助等方式积极帮助洪解决其安全、移民等问题。2022年1月，美副总统哈里斯访洪出席卡斯特罗总统就职仪式。美时隔5年再度任命驻洪大使，新任大使劳拉·道古于2022年4月履任。洪新政府上台后，洪美实现多次部长级互访。

【同其他拉美国家的关系】重视发展同其他拉美国家特别是中美洲国家的关系。系拉美和加勒比国家共同体、加勒比国家联盟、中美洲一体化体系、中美洲共同市场等地区机制成员。积极参与地区一体化进程和"中美洲北三角繁荣联盟"合作。

2009年洪发生政变后，被美洲国家组织中止成员国资格。2011年6月，洪重返美洲国家组织。11月与其他中美洲国家一起同墨西哥签署自由贸易协定。12月正式恢复与巴西、阿根廷的大使级外交关系，基本实现与拉美国家关系正常化。2012年，洪担任中美洲一体化体系轮值主席国。2016年5月，同秘鲁签订了自由贸易协定。卡斯特罗总统于2022年1月就任以来，深化同古巴、委内瑞拉、玻利维亚等地区左翼国家关系，积极发展同其他拉美国家尤其是中美洲邻国的关系，致力于推进中美洲和拉美一体化进程。（高璐）

加　拿　大

国名　加拿大（Canada）。

面积　998万平方公里，居世界第二位，其中陆地面积909万平方公里，淡水覆盖面积89万平方公里。

人口　3956.6万（2022年）。主要为英法等欧洲后裔，土著居民约占3%，其余为亚洲、拉美、非洲裔等。英语和法语同为官方语言。居民45%信奉天主教，36%信奉基督教新教。

首都　渥太华（Ottawa），地处安大略省。首都地区（包括安大略省渥太华市、魁北克省加蒂诺市及周围城镇）人口132.4万（2022年），面积4715平方公里。年均最高气温15℃—26℃，最低气温–16℃—6℃。

国家元首　英国国王查尔斯三世。由国王任命的总督代行职权。总督由总理提名，国王任命现任总督玛丽·西蒙（Mary Simon，女），2021年7月就任。

重要节日　国庆日（加拿大日）：7月1日。

简　况

位于北美洲北部，东临大西洋，西濒太平洋，西北部邻美国阿拉斯加州，南接美国本土，北靠北冰洋。海岸线长约24万公里。东部气温稍低，南部气候适中，西部气候温和湿润，北部为寒带苔原气候。中西部最高气温达40℃以上，北部最低气温低至–60℃。

原为印第安人与因纽特人居住地。17世纪初沦为法国殖民地，后被割让给英国。1867年7月1日，英国将加拿大省、新不伦瑞克省和新斯科舍省合并为联邦，成为英国最早的自治领。此后，其他省也陆续加入联邦。1926年，英国承认加拿大的“平等地位”，加拿大始获外交独立权。1931年，加拿大成为英联邦成员国，其议会也获得同英议会平等的立法权，但仍无修宪权。1982年，英国女王签署《加拿大宪法法案》，加拿大议会获得立宪、修宪全部权力。

政　治

1867年建立联邦以来，加拿大基本上由自由党和保守党（前身为进步保守党）轮流执政。1993年，自由党在联邦大选中获胜，让·克雷蒂安就任总理。1997年、2000年联邦大选中，自由党连续获胜，克雷蒂安蝉联执政。2003年12月，克雷蒂安宣布退休，保罗·马丁继任总理。2004年，加拿大举行联邦大选，自由党再次获胜，马丁连任总理。2006年，保守党在联邦大选中战胜自由党上台，该党领袖斯蒂芬·哈珀出任总理。2008年10月、2011年5月，保守党两次赢得联邦大选，哈珀连任总理。2015年10月，自由党以较大优势赢得联邦大选，该党领袖贾斯廷·特鲁多（Justin Trudeau）出任总理。2019年10月，特鲁多率自由党赢得第43届联邦大选并连任总理。2021年9月，加提前举行第44届联邦大选，自由党再次获胜，特鲁多开启第三个总理任期。

【宪法】加拿大至今没有一部完整的宪法，主要由在各个不同历史时期通过的宪法法案构成，其中包括1867年英国议会通过的《不列颠北美法案》。有关法案规定，加拿大实行联邦议会制，尊英王为国家元首，总督为英王在加拿大代表，英语、法语均为官方语言。宪法宗旨为和平、秩序和良政。

【议会】由参议院和众议院组成，参众两院通过的法案由总督签署后成为法律。总督有权召集和解散议会。参议院共105席，名额按各省人口比例和历史惯例分配。参议员由联邦总理提名，总督任命，75岁退休。现任参议长为乔治·富里（George Furey），2015年12月就任。众议院共338席，众议员由按各省人口比例划分的联邦选区直接选举产生，任期4年。现任众议长为自由党人安东尼·罗塔（Anthony Rota），2019年12月就任，2021年11月连任。

【政府】内阁制。由众议院中占多数席位的政党领袖出任总理并组阁。2021年9月，加提前举行第44届联邦大选。自由党胜选，但未能获得众议院过半议席，组成少数党政府。本届自由党政府于2021年10月宣誓就职。现政府主要成员：总理贾斯廷·特鲁多，副总理兼财政部长克里斯蒂娅·弗里兰（Chrystia Freeland，女），外交部长梅拉妮·乔利（Mélanie Joly，女），国防部长安妮塔·阿南德（Anita Anand，女），创新、科学与工业部长商鹏飞（François-Philippe Champagne），国际贸易、出口促进与经济发展部长伍凤仪（Mary Ng，女），环境和气候变化部长史蒂文·吉尔博（Steven Giuilbeault）等。

【行政区划】全国划分为10省3地区。10省为不列颠哥伦比亚、阿尔伯塔、萨斯喀彻温、曼尼托巴、安大略、魁北克、新不伦瑞克、新斯科舍、爱德华王子岛、纽芬兰和拉布拉多，3地区为育空、西北、努纳武特。各省设省督、省长、省议长和省内阁。地区也设立相应职位和机构。

【司法机构】设联邦、省和地方（一般指市）三级法院。联邦法院一般受理财政、海事和有关经济方面的案件。最高法院由1名大法官和8名陪审法官组成，主要仲裁联邦和各省上诉的重大政治、法律、有关宪法问题以及重大民事和刑事案件。最高法院的裁决为终审裁决。最高法院法官均由总理提名，总督任命，75岁退休。首席大法官理查德·瓦格纳（Richard

Wagner）于2017年12月就任。司法部长兼总检察长戴维·拉梅蒂（David Lametti）于2019年1月就任，2021年10月连任。各省设有省高等法院和省法院，主要审理刑事案件及其他与该省有关的重要案件，但也有一些省级法院审理民事案件。地方法院一般审理民事案件。

【政党】（1）自由党（Liberal Party）：执政党。1873年成立。代表工业垄断资本集团利益并兼顾中、小企业利益。领袖为贾斯廷·特鲁多，系前总理皮埃尔·特鲁多长子，2013年4月当选。

（2）保守党（Conservative Party）：正式反对党，右翼政党。由联盟党和进步保守党于2003年12月合并而成，代表银行保险业、铁路运输业、能源工业垄断资本和大农场主利益。领袖为博励治（Pierre Poilievre），2022年9月当选。

（3）新民主党（New Democratic Party）：反对党。1961年由“平民合作联盟”与“加拿大劳工大会”合并而成。属于社会民主党性质，代表中下劳动阶层利益，主张政府提供更多公共产品以弥补市场缺陷。领袖为贾格米特·辛格（Jagmeet Singh），2017年10月当选。

（4）魁北克集团（Bloc Quebecois）：反对党。1991年成立。代表魁北克人的利益。领袖为伊夫–弗朗索瓦·布朗谢（Yves-François Blanchet），2019年1月当选。

其他政党还有绿党等。

【重要人物】玛丽·西蒙：总督。女，1947年8月出生于加拿大魁北克省。20世纪70年代曾在加拿大广播公司担任播音员。1994—2003年任加首位极地事务大使。1999—2001年任加驻丹麦大使。2016年被任命为加政府原住民与北方事务部长北极问题特别代表。2021年7月就任加第30任总督，成为加历史上首位原住民总督。　**贾斯廷·特鲁多**：总理。1971年12月出生于加拿大渥太华市。加拿大麦吉尔大学文学学士、环境地质学硕士，不列颠哥伦比亚大学教育学学士。2008年首次当选加拿大联邦众议员，2011年连选连任。2013年4月当选加拿大自由党领袖。2015年10月率自由党赢得大选并于11月出任加拿大第23任总理。2019年10月、2021年9月，特鲁多率自由党两次赢得大选，连任总理。

经　济

加拿大是西方主要工业国家之一。制造业、高科技产业、服务业发达，资源工业、初级制造业和农业是国民经济的主要支柱。加拿大以贸易立国，对外贸依赖较大，经济上受美国影响较深。2022年主要经济数据如下：

国内生产总值：2.17万亿加拿大元。

人均国内生产总值：5.4万加拿大元。

国内生产总值增长率：3.4%。

货币名称：加拿大元（简称“加元”）。

汇率：1美元≈1.32加拿大元。

失业率：5.3%。

（资料来源：加拿大统计局。如无特殊说明，下同。）

【资源】地域辽阔，森林和矿产资源丰富。矿产有60余种，主要有钾、铀、钨、镉、镍、铅等。原油储量仅次于委内瑞拉和沙特，居世界第三，其中97%以油砂形式存在。已探明的原油储量为1667亿桶，占全球已探明原油储量的10%。森林面积4亿多公顷（居世界第三，仅次于俄罗斯和巴西），用材林面积286万平方公里，分别占全国领土面积的44%和29%；木材总蓄积量约为190亿立方米。境内约89万平方公里为淡水覆盖，可持续性淡水资源占世界的7%。

【工业】2021年制造业总产值1869亿加元，约占国内生产总值的9%，从业人员约173.5万人，约占全国就业人口的9.1%。建筑业总产值1488亿加元，约占国内生产总值的7.5%，从业人员约143万人，约占全国就业人口的7.6%。

【农业】2021年农林渔业总产值398.3亿加元，约占国内生产总值的2%。主要种植小麦、大麦、亚麻、燕麦、油菜籽、玉米、饲料用草等作物。可耕地面积约占国土面积的16%，其中已耕地面积约6800万公顷，占国土面积7.4%。渔业发达，75%的渔产品供出口，是世界上最大的渔产品出口国之一。

【旅游业】主要旅游城市有温哥华、多伦多、渥太华、蒙特利尔、魁北克城等。

【交通运输】水、陆、空运输均十分便利，人均交通线占有量居世界前列。2021年运输业总产值728亿加元，约占国内生产总值的3.7%。具体情况如下：

铁路：总长约7.22万公里。

公路：总长约140.89万公里。横贯加拿大的泛加高速公路从太平洋东岸的维多利亚市一直绵延至大西洋西岸的圣约翰斯市，全长约7821公里，是全世界最长的国家级高速公路。

水运：圣劳伦斯运河深水航道全长约3769公里，是世界最长的运河，船舶通航可从大西洋抵达五大湖水系。全加共有25个大型深水港和650个小型港口，温哥华港是其中最大的港口。

空运：主要机场包括多伦多、温哥华、卡尔加里、蒙特利尔等国际机场。

【财政金融】2015年11月特鲁多就任总理后，提出加大政府支出，通过赤字财政刺激经济增长。2022年4月，加众议院表决通过了2022/2023财年预算案，聚焦民生、绿色转型、生产力和创新三大支柱，支出总额为4523亿加元，较上年减少456亿加元。近几年财政预算情况如下（单位：亿加元）：

	2021/2022	2022/2023	2023/2024
收入	3551	4373	4568
支出	5098	4704	4905

盈余/赤字	–1547	–471	–337

（资料来源：加拿大财政部）

截至2023年1月，加外汇储备为810亿美元，加政府自2016年3月起不再储备黄金。截至2022年12月，加联邦总债务约14730亿加元。

主要银行有：（1）加拿大皇家银行（Royal Bank of Canada）：成立于1864年，最大的民营银行。截至2022年10月底总资产约19172亿加元。

（2）加拿大帝国商业银行（Canadian Imperial Bank of Commerce）：由加拿大商业银行（1867年成立）与加拿大帝国银行（1875年成立）于1961年合并而成。截至2022年10月底总资产约9435亿加元。

（3）蒙特利尔银行（Bank of Montreal）：成立于1817年。截至2022年10月底总资产约11391亿加元。

（资料来源：以上银行官方网站）

【对外贸易】2022年对外商品贸易额为15189亿加元，贸易顺差395亿加元。近几年外贸情况如下（单位：亿加元）：

	2020	2021	2022
出口额	5224.25	6308.7	7792
进口额	5417.56	6126.4	7397
差　额	–193.31	182.3	395

主要出口汽车及零配件、其他工业制品、林产品、金属、能源产品等；主要进口机械设备、汽车及零配件、工业材料、食品等。主要贸易对象是美国、中国、墨西哥、英国、日本、欧盟国家。

【对外投资】截至2022年底，加拿大对外直接投资存量为19896亿加元。

【外国资本】截至2022年底，加拿大吸收外国直接投资存量为12639亿加元。

【对外援助】加政府2020/2021财年对外援助总额为84亿加元。

【著名公司和经济团体】

（1）庞巴迪公司（Bombardier Inc.）：成立于1942年，总部设在蒙特利尔，主要业务为设计、开发、制造、销售飞机、火车、有轨电车等大型交通运输设备及相关产品，是全球大型交通运输设备领军企业之一。2022年营业收入为69亿美元。董事长：埃里克·马泰尔。

（2）鲍尔公司（Power Corp. of Canada）：成立于1925年，主要从事人寿和健康保险、广播电视、出版、金融、采矿、房地产等业务，由德马雷家族控股。2022年营业额为487亿美元，总资产约6620亿美元，位列世界500强第228位。董事长：保罗·德马雷；总裁兼首席执行官：安德烈·德马雷。

（3）加中贸易理事会（Canada-China Business Council）：加拿大非营利性民间机构，成立于1978年。宗旨是推动和促进加拿大与中国之间的贸易和投资。总部设在多伦多。在加拿大温哥华、蒙特利尔、卡尔加里、哈利法克斯和中国北京、上海设有办事处。董事会主席：奥利维耶·德马雷。会长：格雷厄姆·尚茨。

人民生活

加拿大社会保险体系涵盖广泛，包括失业保险、失业救济、医疗保险、养老金、家庭津贴和残疾津贴等多项内容，由联邦、省和市三级政府分类负担和管理。

军　事

总督为形式上的武装部队最高司令，总理是实际上的最高统帅，国防部长在国防参谋长的协助下负责武装部队建设并领导全国部队。加拿大以北大西洋公约组织的集体防务、与美国的双边战略和防务合作为其防务政策的两大支柱。积极参加联合国维和行动和国际观察、监督活动，主张军备控制、裁军谈判和销毁生化武器。在保持与美国、西欧国家军事合作的同时，近年来与亚太地区国家的军事交往有所加强。

文化教育

【教育】联邦政府未设主管教育的专门机构，教育管理权归省级政府。各省教育经费基本依靠自筹，联邦政府亦提供一定资助。普及中、小学教育。著名高等学府有女王大学、麦吉尔大学、多伦多大学、不列颠哥伦比亚大学、拉瓦尔大学和阿尔伯塔大学等。

【新闻出版】主流媒体主要有“一社”（加拿大通讯社），“两报”（《环球邮报》《国家邮报》），“三台”（加拿大广播公司电视台、加拿大电视台、环球电视台）。还有一些重要的地区性大报，如《多伦多星报》《蒙特利尔日报》《渥太华公民报》《魁北克新闻报》等。

加拿大通讯社：成立于1917年，是加最大的通讯社，总部设在多伦多，在加13个城市和美国华盛顿设有分社，向加国内约100家日报、逾500家电台和电视台供稿。美联社和路透社与该社有合作关系，是其国际新闻主要来源。

加拿大广播公司：加唯一的国有传媒企业，成立于1936年，初期仅制作广播节目，1952年开始制作电视节目，拥有英语、法语两套电视网和英、法、原住民语言与国际台四套广播，覆盖全国绝大部分地区和人口。其国际广播电台于1942年建立，用包括汉语在内的9种语言播音，但受预算削减影响已于2012年6月停用短波广播，仅用互联网广播。

珀斯特新闻网：创立于2010年，收购破产的加西环球通信公司的报纸业务后成为加最大的收费报纸报业集团，目前拥有《国家邮报》《渥太华公民报》等10家知名报纸。

对外关系

加拿大外交主要目标是维护国际和平和国家安全，促进经济发展，倡导以自由、民主、人权和法治为核心的价值观。加拿大不断巩固同美国的特殊盟友关系，推进与拉丁美洲、亚洲、欧洲国家关系，积极捍卫北极主权，大力拓展海外市场，谋求贸易和能源资源出口多元化，重视同印度、中国等新兴经济体的合作。重视多边外交，积极参与北约、七国集团、二十国集团、亚太经合组织、东盟地区论坛等多边合作机制。

【同中国的关系】1970年10月13日，加拿大与中国建交。建交以来，两国关系取得长足发展。

近年来，两国保持高层及各级别交往。

2017年7月10日至14日，加总督约翰斯顿任内第二次访华。习近平主席、李克强总理分别与其会见。12月3日至7日，加总理特鲁多第二次正式访华并出席2017年广州《财富》全球论坛。其间，习近平主席同其会见，李克强总理同其举行第二次中加总理年度对话，张德江委员长、汪洋副总理分别会见。2018年11月，李克强总理在新加坡出席东亚合作领导人系列会议期间同特鲁多总理举行第三次中加总理年度对话。

2019年8月，王毅国务委员兼外长在泰国曼谷出席第九届东亚峰会外长会期间应约会见加外长弗里兰。11月，王毅国务委员兼外长在日本名古屋出席二十国集团外长会期间应约会见加外长商鹏飞。2020年2月、8月，王毅国务委员兼外长分别在德国慕尼黑、意大利罗马应约会见加外长商鹏飞。1月、4月，王毅国务委员兼外长两次应约同加外长商鹏飞通电话。2022年4月，王毅国务委员兼外长应约同加外长乔利通电话。7月，王毅国务委员兼外长在巴厘岛出席二十国集团外长会期间应约会见加外长乔利。

两国在经贸、能源资源、科技、环保等各领域交流与合作稳步推进。中国连续多年保持加第二大贸易伙伴地位。2017年，中加双方举行了四轮中加自贸协定联合可行性研究暨探索性讨论。双方发表《中加气候变化和清洁增长联合声明》，签署《中国国家能源局与加拿大自然资源部能源合作行动计划》，并建立中加环境、清洁能源部长级对话机制。2018年11月，王勇国务委员同加财政部长莫诺、国际贸易多元化部长卡尔在北京共同主持首轮中加经济财金战略对话。2017年，中国、加拿大、欧盟共同发起气候行动部长级会议机制，第六届会议于2022年5月以线下线上相结合方式举办。2021年1月，中国人民银行与加拿大银行续签双边本币互换协议。据中国海关总署统计，2022年，中加双边贸易额为961亿美元，同比增长17.4%。其中，中国出口额为537亿美元，同比增长4.5%；中国进口额为424亿美元，同比增长39.0%。中国是加第二大贸易伙伴、第二大进口来源地及第二大出口市场。

两国人员交流密切。据加方统计，2019年，中国公民赴加旅游人数为57.1万人次，中国是加第四大旅游客源国。据中方统计，2019年，加公民来华77.63万人次。2018年，双方举办“中加旅游年”。2018年3月，“中加旅游年”开幕式在多伦多举行，李克强总理和特鲁多总理分别为开幕式发来贺词。双方还签署了《中国教育部与加拿大外交贸易发展部关于加拿大留学中国项目的谅解备忘录》《中国国家体育总局与加拿大遗产部（加拿大体育局）关于冬奥会和冬残奥会合作的谅解备忘录》等多项合作文件。中加双方有关机构每年春节期间在渥太华、温哥华、多伦多、蒙特利尔等城市举办丰富多彩的“欢乐春节”活动。2022年9月，中国人民外交学会和加拿大阿尔伯塔大学中国学院通过线上方式共同举办中加二轨对话第七次会议。

两国地方交往活跃。两国共结成67对友好省市。

双方在联合国安理会改革、应对气候变化、反恐、维和等重大国际和地区问题上保持沟通与协调。

中国驻加拿大大使：丛培武。馆址：515 St. Patrick Street，Ottawa，ON K1N 5H3。电话：001–613–7893434；传真：7891911。

加拿大驻华大使：梅倩琳（Jennifer May，女）。馆址：北京市朝阳区东直门外大街19号。电话：010–51394000；传真：51394449（签证和移民处）。

【同美国的关系】美国是加拿大的邻国和最重要的盟国，两国在政治、经贸、军事等领域保持着密切关系。加历届政府均视对美关系为外交政策基石。

2020年11月，加总理特鲁多与拜登通电话祝贺其当选美国总统。2021年1月，加总理特鲁多与美国总统拜登通电话。2月，加总理特鲁多与美国总统拜登以视频方式举行双边会晤。8月，加总理特鲁多与美国总统拜登通电话。9月，特鲁多总理胜选连任后，美国总统拜登、副总统哈里斯分别与其通电话致贺。11月，特鲁多总理赴华盛顿出席北美领导人峰会。

美国是加拿大最大投资来源国，加美互为重要贸易伙伴。2021年，加美货物贸易总额为7743亿加元。其中，加对美出口额占加出口总额的75.6%，自美进口额占加进口总额的48.6%。2017年8月，加拿大、美国、墨西哥三方启动《北美自由贸易协定》重新谈判。2018年9月，加美墨三方宣布《北美自由贸易协定》重谈成功，新协定更名为《美墨加协定》。11月，美国总统特朗普、加拿大总理特鲁多、墨西哥总统涅托在阿根廷出席二十国集团领导人峰会期间正式签署《美墨加协定》。《美墨加协定》已于2020年7月1日正式生效。

【同其他亚洲国家的关系】加拿大认为亚洲将成为未来的世界经济中心，重视发展与亚洲的经济和战略关系。加是亚太经合组织成员、东盟地区论坛成员和东盟对话国。亚太地区已成为加重要的贸易伙伴，也是加资金、技术和移民重要来源地之一。

日本、韩国、新加坡是加传统贸易伙伴，中国、印度、东盟等是加重视的新兴市场。加政府制订“亚太门户计划”，重点用于基础设施建设，旨在将不列颠哥伦比亚省打造成连接北美和亚洲的航空运输枢纽。

2018年2月，加总理特鲁多访问印度。11月，加总理特鲁多访问新加坡并出席第33届东盟峰会。2019年4月，日本首相安倍晋三对加进行正式访问。6月，加总理特鲁多赴日本出席二十国集团领导人第十四次峰会。2022年11月，加总理特鲁多赴柬埔寨出席东盟峰会，赴印尼出席二十国集团领导人第十七次峰会，赴泰国出席亚太经合组织第二十九次领导人非正式会议。

【同西欧国家的关系】加拿大是北约、英联邦、七国集团和法语国家组织成员，重视发展同西欧国家的关系，认为加拿大的繁荣和安全与西欧国家紧密相关。加与西欧国家在政治、经济、军事和文化等领域保持着传统的密切关系，在重大国际和地区问题上经常与西欧各国协调立场。

2018年4月，加总理特鲁多访问法国，并赴伦敦出席英联邦政府首脑会议。5月，葡萄牙总理科斯塔访加。9月，西班牙首相桑切斯访加。10月，荷兰首相吕特访加。2019年8月，加总理特鲁多赴法国出席七国集团峰会。12月，加总理特鲁多赴英国伦敦出席北约领导人峰会。2020年10月，加总理特鲁多同欧洲理事会主席米歇尔、欧盟委员会主席冯德莱恩举行视频会晤。11月，加总理特鲁多同法国总统马克龙通电话。同月，加拿大与英国达成延续性贸易协议，以确保在英国脱欧过渡期结束后两国贸易关系维持稳定，两国还同意2021年起就新的加英贸易协定进行谈判。2022年10月，加总督西蒙访问冰岛。

【同独联体国家和东欧国家的关系】苏联解体后，加迅速承认独联体各国，并积极发展同独联体各国的双边关系。加向独联体国家和东欧国家均提供援助。对独联体国家的援助主要用于推动结构性改革和民主进程，以帮助其顺利完成向市场经济的转轨。对东欧国家援助主要集中在政治、司法改革以及技术和管理援助等领域。

2018年1月，加总督帕耶特访问乌克兰、拉脱维亚。10月，加总理特鲁多访问亚美尼亚，并出席第十七届法语国家组织峰会。2019年7月，乌克兰总统泽连斯基访加。11月，加总督帕耶特访问立陶宛、爱沙尼亚。

2022年2月以来，加出台多轮对俄制裁。3月，乌克兰总统泽连斯基以视频方式在加联邦议会发表演讲。5月，加总理特鲁多偕副总理兼财长弗里兰、外长乔利访问乌克兰。

【同拉美国家的关系】拉美国家是加重要贸易伙伴和投资目的地。加是美洲国家组织成员国，与拉美国家建立了“加拿大—拉美国家论坛”，与加勒比国家建立了不定期首脑会晤制度，与智利、哥斯达黎加等国签署了自由贸易协议，与墨西哥同为北美自由贸易区成员。加关注海地局势，在海地派有维和部队。加对古巴奉行接触政策，近年来对古投资增长较快，现有数十家企业在古经营采矿等业务。

2018年4月，加总理特鲁多赴秘鲁出席美洲国家首脑会议。12月，加总督帕耶特赴墨西哥出席墨新任总统奥夫拉多尔就职典礼。2019年8月，加外长弗里兰访问古巴。2021年2月，加外长加尔诺出席首次加拿大—加勒比共同体外长会议。2022年6月，特鲁多总理赴美出席美洲峰会。

【同非洲国家的关系】近年来，加对发展与非洲国家关系重视程度提高，关注并参与联合国及非洲地区组织主导的非洲地区冲突及内战的调停与斡旋。2018年9月，纳米比亚总统根哥布访加。10月，加总督帕耶特访问布基纳法索、科特迪瓦和尼日利亚。2019年4月，加总督帕耶特访问卢旺达。2020年1月，加国际发展部长古尔德访问刚果（布）、刚果（金），并宣布向刚果（金）提供5600万加元人道主义援助用于防控埃博拉疫情。10月，加国际发展部长古尔德宣布加政府将向布基纳法索提供1520万加元人道主义援助。

（陈鑫、张晓彤）

开曼群岛

名称 开曼群岛（The Cayman Islands）。

面积 264平方公里。

人口 8.15万（2022年）。居民构成中混血种人占40%，白人占20%，黑人占20%。英语为官方语言和通用语，少数使用西班牙语和菲律宾语。居民多信奉基督教。

首府 乔治敦（George Town），位于大开曼岛，人口约3.5万（2021年）。

总督 马丁·基斯·罗伯（Martyn Keith Roper OBE），2018年10月19日就任。

重要节日 宪法日：7月的第一个星期一。

简　况 位于加勒比海西北部，距牙买加西北部290公里，主要岛屿为大开曼岛、开曼布拉克岛和小开曼岛。属亚热带气候，受信风影响，平均气温夏季30℃，冬季25.5℃。年均降水量1433毫米。6—11月有飓风。

1503年，哥伦布发现该群岛。1670年，根据《马德里条约》，开曼群岛归英国统治，但在1959年前的280年间，群岛实际上为当时英国殖民地牙买加属地，由牙买加总督全权管辖。1962年牙买加独立后，群岛才单独成为英国直辖殖民地，由英王任命的总督行使管辖权。现为英国的海外领地。

政　　治

2018年3月5日，总督海伦·基尔帕特里克卸任；3月26日，新总督安瓦尔·乔杜里就任；6月，安瓦尔·乔杜里因遭多项指控而被召回伦敦接受调查；9月20日，安瓦尔·乔杜里被免职；10月19日，临时总督马丁·基斯·罗伯到任。2019年1月24日，马丁·基斯·罗伯被正式任命为开曼群岛总督。2021年，开曼群岛举行大选，开曼民主党获胜成为执政党；4月21日，韦恩·潘顿（Wayne Panton）就任新一届政府总理。

【宪法】现行宪法于2009年11月6日生效。

【议会】称“立法议会”，任期4年，有21个席位，包括由选举产生的1名议长、18名议员和2名来自内阁的当然成员（副总督、总检察长）。本届议会于2021年4月选举产生，W.麦基瓦·布什（W. McKeeva Bush）连任议长。2022年12月7日，副议长凯瑟琳·埃班克斯–威尔克斯（Katherine Ebanks-Wilks，女）当选并就任议长。下届议会选举将于2025年进行。

【政府】内阁通常由在议会中占多数议席的政党组成，由总督主持，包括2名当然成员（副总督、总检察长）、1名总理和7名部长（其中1名由副总理兼任）。当然成员由总督任命，在议会中无席位；总督根据立法议会多数党当选议员的推荐任命总理并根据总理的建议任命其余7名部长。本届政府于2021年4月组阁，主要成员有：总理兼可持续性和气候韧性部长（该部系2021年新设，目前由总理兼任部长）韦恩·潘顿，副总理兼金融与经济发展部长克里斯托弗·桑德斯（Christopher Saunders），教育、地区行政和土地部长朱莉安娜·奥康纳–康诺利（Juliana O’Connor-Connolly，女），民政部兼青年、体育、文化和遗产部长伯尼·布什（Bernie Bush），旅游和交通部长肯尼斯·布莱恩（Kenneth Bryan），金融服务与商务部兼投资、创新与社会发展部长安德烈·埃班克斯（Andre Ebanks），规划、农业、住房和基础设施部长约翰尼·埃班克斯（Johany Ebanks），卫生与健康部长萨布丽娜·特纳（Sabrina Turne，女），副总督弗兰兹·曼德尔森（Franz Manderson），总检察长塞缪尔·布尔金（Samuel Bulgin）。

【行政区划】共6个行政区。

【司法机构】设有即决法院（包括青少年法院）、群岛大法院（相当于最高法院）和上诉法院（在牙买加）。英国枢密院为最高上诉机关。大法院每年开庭6次，审理民事和刑事案件，接受即决法院的上诉。现任首席大法官为安东尼·斯梅利（Anthony Smellie）。

【政党】目前主要有两大政党：

（1）开曼民主党（Cayman Democratic Party，CDP）：前身为联合民主党（United Democratic Party，UDP），2001年成立，现执政党。曾于2001年11月至2005年5月执政，2009年重新执政。2016年，联合民主党更名为开曼民主党。在2021年大选中获胜后，其领导人、前总理W.麦基瓦·布什再度出任议长。

（2）人民进步运动（People’s Progressive Movement，PPM）：2002年成立，现反对党。先后在2005年、2013年赢得大选成为执政党，2017年再度获选。前总理奥尔登·麦克劳林（Alden McLaughlin MBE）于2011—2021年出任该党领导人。

【重要人物】马丁·基斯·罗伯：总督。经验丰富的英国职业外交官，并因外交成绩获英国官佐勋章。2007—2010年任英国驻巴西使馆公使。2010—2014年任英国驻阿尔及利亚大使。2015—2018年任英国驻华大使馆临时代办、公使（任职期间使用中文名“罗廷”）。2018年就任开曼群岛总督。

经　　济

开曼群岛是全球第五大金融中心和第四大离岸金融中心，金融服务和旅游业是其两大经济支柱。2020年，在全球经济受新冠疫情冲击的背景下，开曼群岛面临严重经济和金融困难，地区财政承受较大压力，经济衰退已是不争事实，经济增长预期将下降7.2%。但当地政府认为，基于一直以来积极的财政政策、逐渐减少的政府债务、较好的间接税制度，以及对公共服务等方面的有效干预，经济复苏值得期待，并能更好地应对疫情，保障公民生命健康，继而在疫情后分阶段恢复经济。2021年，在全球经济活动增加的背景下，随着各经济部门对刺激性政策作出反应，开曼群岛经济逐渐复苏并实现增长。2022年，开曼群岛经济持续向好并出现强劲反弹，政府收入高于预期。但2021年10月至2022年，人口总量增长显著，已给当地基础设施建设与公共服务带来压力。2022年主要经济数据如下：

地区生产总值：57.04亿开曼元。

人均地区生产总值：7.3万开曼元。

地区生产总值增长率：3.8%。

货币名称：开曼元。

汇率：1开曼元≈1.2美元。

通货膨胀率：9.5%。

失业率：2.1%。

【资源】自然资源较为贫乏，没有天然淡水资源，盛产水产品，森林覆盖率超过50%。

【工业】工业不发达，规模极小。主要生产建材、首饰、家具、加工食品和化学包装用具。2021年，对房地产的强劲需求拉动了当地建筑业的增长，建筑许可证的总值增加了29.1%，达到7.17亿美元，建筑业实现了7.9%的增长率。2022年建筑业增长了1.0%，房地产业增长了4.8%，尽管均保持了继续增长，但其也正面临借贷成本上升和投入成本上升的不利因素。

【农业】受土地贫瘠、雨水少、劳动力费用高等因素的制约，当地农业很不发达，主要作物为蔬菜、热带水果等，90%以上的粮食靠进口。2019—2021年，农作物和渔业总产值每年均在1700万美元左右。2022年，活牛屠宰量增加了5.8%，山羊数量增加了73.2%，生猪屠宰量下降了1.4%，禽肉产量下降了35.7%。

【**服务业**】经济的重要部门。开曼群岛政局稳定，没有外汇限制，不征收直接税，设有证券交易所，严格遵守金融保密法并在金融服务方面颇具优势，被誉为最佳离岸金融中心。2018年，开曼群岛发布了《2018年国际税务合作（经济实质）法》（“开曼经济实质法”），自2019年起施行。2019年2月22日，开曼群岛发布《地理移动活动的经济实质指南（第1版）》，进一步明确经济实质法相关规定，也意味着以开曼群岛为首的离岸金融地将从宽松规管的法域演变成合规但略显繁重的法域。

2020年2月18日，欧盟委员会正式将开曼群岛列入《税务不合作司法管辖区名单》的黑名单之中。开曼群岛自此成为首个被列入避税黑名单的英国海外领地。此后，开曼群岛全力配合欧盟，以期尽快将自身从黑名单中移除。9月28日，欧盟进行了年内第二次《税务不合作司法管辖区名单》评估工作。此次更新后，开曼群岛被正式移出黑名单，进入有待观察的灰名单之中。2021年2月25日，反洗钱金融行动特别工作组（FATF）将开曼群岛列入其在反洗钱/反恐融资/反扩散融资（AML/CFT/CPF）领域加强监测的管辖区名单。2021年，开曼群岛金融服务业各指标普遍改善：金融和保险业增长了1.8%，法律和会计服务组成的商务服务业增长了2.8%；全年在开曼群岛金融体系的跨境资产减少了13.1%，负债降低了12.5%，共同基金数较上年增加了6.9%；证券交易所的上市公司股价上涨14.8%，总市值增长了75.9%，达到创纪录的8072亿美元；新注册公司数量增长了42.8%，达到创纪录的16748家。2022年，开曼群岛服务业持续改善：商务服务业增长了2.1%；共同基金数增加了2.2%；新注册公司11796家；发放银行和信托牌照共208张，发放保险牌照695张，分别较上年增长8.3%和1.3%。2022年7月，经济合作与发展组织发布首份年度审议报告，认为开曼群岛实施经济实质标准的法律架构均已建立并符合各方面要求，但仍存在改进空间。

【**旅游业**】主要经济支柱，以豪华旅游为发展方向，主要面向北美游客。2020年，受全球新冠疫情影响，旅游业急剧萎缩，前三季度的总入境人数下降了60.3%，全年入境游客总人数约66万人次。2021年，受到因防疫需要而关闭全岛港口的负面影响，总游客人数锐减到约1.73万人次，下降了94.7%。旅游业的萎缩也导致了相关经济部门产值下降了13.6%，酒店餐饮业下降了21.4%。2022年，旅游业复苏明显：酒店和餐饮业比上年增长了23.2%；航空到达旅客28.43万人次；邮轮游客入境量达74.34万人次。

【**交通运输**】公路：785公里。2000年注册的机动车为2.48万辆。

水运：有船通往佛罗里达、牙买加、哥斯达黎加和海地。主要港口是乔治敦港。2000年国际货运量为2.39亿吨。2019年注册商船数量为170艘。

空运：有通往美国休斯敦、迈阿密和牙买加金斯敦的定期航班。有两个国际机场：欧文·罗伯茨国际机场和查尔斯·科克康奈尔国际机场（曾用名为杰勒德·史密斯机场），均可供喷气客机起降，有十余家航空公司在此运营。另有1个位于小开曼岛的爱德华·博登机场。岛屿之间有国内航线。

【**财政金融**】财政年度从每年的4月1日至翌年的3月31日。政府财政收入主要来自进口税、印花税、注册费、版权税、财产税和旅游者税。2020年前三季度，财政收入为6.05亿美元，减少了11.5%，预计全年财政收入比预算减少17.3%；财政支出为5.77亿美元，增加了11%，预计全年财政收入比预算增加12.6%，政府的现金储备也将随之下降，财政赤字在所难免。2021年，当地政府连续第二年出现赤字，占地区生产总值的2.4%。2021年的财政收入为9.6亿美元，增加了25%；支出为9.8亿美元，增加了14.1%。截至2021年底，政府未偿债务从2020年底的2.486亿美元减至2.227亿美元。2022年，当地政府实现财政盈余：总收入为10.21亿开曼元，增加了6.3%；总支出为10.19亿开曼元，减少了5.5%；地区营业盈余为5320万开曼元。

【**对外贸易**】每年贸易赤字巨大，90%的食品和消费品均需要进口，但是旅游和来自境外金融业的收入以及国外汇款大体上将其抵销。主要出口产品有海龟肉、皮革和贝壳等；主要进口产品有机械设备、食品、制造业产品、燃料等。主要贸易伙伴是美国、日本。2021年，燃料、机械、运输设备出口减少，商品出口总值为1430万美元，减少了19.6%；石油及相关商品进口增加，商品进口总值达12.82亿美元，增长了15%。2022年，商品进口总值增至14.99亿开曼元，增长了17.4%。

人民生活

开曼群岛儿童享受免费医疗。2021年估计人口增长率为1.87%。2022年人口出生率10‰，死亡率4‰。人均预期寿命为81.84岁。2022年每千人口医生数为4人。固定电话和移动电话总拥有量145396部。

军　事

开曼群岛无正规军事部队，由英国负责防务。岛内设皇家警察局。

文化教育

【**教育**】在开曼群岛公立学校对5—15岁学生实行免费义务教育。识字率98%。政府开设有1所开曼群岛大学（4年制大学）和1所法律学校。

【**新闻出版**】主要报刊有《开曼罗盘》和《开曼网络新闻》（均为每周5天出版）及《开曼观察家》（周刊）。

开曼电台：政府商业电台，1976年起用英语全天播音。

开曼群岛国际学院电台：1973年创立，播放文化教育节目。

开曼电视台：1991年成立，全天播放当地及美国新闻娱乐节目。

开曼群岛国际电视网：1992年成立，播放当地、加勒比、国际新闻及美国娱乐节目。

对外关系

外交由英国掌管。开曼群岛为万国邮政联盟、国际奥委会、加勒比开发银行成员，联合国教科文组织、加勒比共同体准成员，设有国际刑警组织开曼群岛支局。2021年，开曼群岛派团参加了在日本东京举行的第32届夏季奥林匹克运动会。2022年9月13日，加勒比地区旅游部长会议在开曼群岛举行，应对地区挑战和疫情后重建更具竞争力的航空部门成为主要议题。

【**同中国的关系**】中国与开曼群岛的合作是中英建设“黄金时代”的生动缩影。作为离岸金融服务中心之一，一些发达国家（地区）通过开曼群岛对华进行投资。而开曼群岛也已成为中国吸引外资的重要来源地和对外投资的重要目的地，不少知名中国企业与开曼群岛建立了紧密的商业联系。2017年1月12—13日，驻英国大使刘晓明应邀访问英属开曼群岛。2017年，中央政府授权香港特区政府与英属开曼群岛谈判税务资料交换协定。开曼群岛和中国均属承诺加入境外金融账户共同申报准则体系进行金融涉税信息互换的国家和地区。2017年，开曼群岛与中国在《多边主管当局间协议》框架下实现“配对”，开曼群岛已确定会将中国税收居民的金融资产信息提交给中国。2018年9月，开曼群岛向中国政府提交中国税收居民在开曼群岛金融机构所持有账户的信息。根据《2019年度中国对外直接投资统计公报》，2019年末，中国对外直接投资存量前20位的国家（地区）中，开曼群岛仅次于中国香港，居第二位。2021年底，立法会议在公报上公布了《2021年公司法（修正案）》，其中包含了新的公司重组制度，这一公司重组制度的确立为在开曼群岛注册的中资公司跨境重组提供了明确的法律依据，具有积极意义。该法案于2022年8月底正式生效。据中国海关总署统计，2022年，中开双边贸易额为5493.54万美元，同比增长47.1%。其中，中国出口额为5492.15万美元，同比增长47.5%；中国进口额为1.4万美元，同比减少86.8%。（叶雯）

库　拉　索

名称　库拉索领地（Land Curaçao），简称“库拉索”（Curaçao）。

面积　444平方公里。

人口　19.1万（2022年）。官方语言为英语、荷兰语、帕皮阿门托语，居民还普遍使用西班牙语。居民中73%信奉天主教。

首府　威廉斯塔德（Willemstad），人口约15万（2022年）。

总督　露西尔·乔治-沃特（Lucille George-Wout，女），2013年11月4日就任。

重要节日　旗帜日：7月2日。

简　况

包括库拉索岛和邻近无人居住的小库拉索岛，位于东加勒比海南部，南距委内瑞拉北岸55公里。属热带气候，年均最高气温31.2℃，最低气温25.6℃。年均降水量553.4毫米。

岛上最早的居民是印第安部族阿拉瓦克人。1634年，荷兰人占领库拉索。1954年，库拉索与阿鲁巴、荷属圣马丁、博奈尔岛、萨巴岛、圣尤斯特歇斯岛组成荷属安的列斯，成为荷兰王国的一个单独政治实体（1986年1月1日，阿鲁巴脱离荷属安的列斯）。2010年10月10日，荷属安的列斯解体，根据各岛公决结果，库拉索和荷属圣马丁分别成为荷兰王国内单独的政治实体（自治国），而博奈尔岛、萨巴岛和圣尤斯特歇斯岛则成为荷兰的三个海外特别行政区，也被称为加勒比荷兰。

政　治

【**宪法**】2010年10月10日起施行基本法。荷兰国王为其元首。

【**议会**】一院制议会，由普选产生，有21个议席，任期4年。本届议会于2021年3月19日选举产生，库拉索未来运动党9席，安的列斯重组党4席，国家人民党4席，新安的列斯运动党2席，库拉索最佳党1席，服务库拉索党1席。议长为夏莱蒂·阿美利加-弗朗西斯卡（Charetti America-Francisca，女）。

【**政府**】2021年6月14日，库拉索新一届内阁宣誓就职，由库拉索未来运动党和国家人民党组成。主要成员有：首相兼总务部长吉尔玛·皮萨斯（Gilmar Pisas），司法部长夏尔顿·哈托（Shalten Hato），交通运输与城市规划部长查尔斯·库珀（Charles Cooper），卫生与自然环境部长多萝西·皮特兹-詹加（Dorothy Pietersz-Janga，女），财政部长哈维尔·西尔瓦尼亚（Javier Silvania），教育、科技、文化和体育部长赛斯瑞·范海多恩（Sithree Van Heydoorn），社会发展、劳工和福利部长鲁斯米尔达·拉莫尼-塞西莉亚（Ruthmilda Larmonie-Cecilia，女），经济发展部长鲁桑德罗·西因杰（Ruisandro Cijntje），政府事务、规划和公共服务部长欧内利奥·玛蒂纳（Ornelio Martina），库拉索驻海牙全权公使卡尔森·曼努埃尔（Carlson Manuel）。

【司法机构】本岛设初审法庭，阿鲁巴、库拉索、荷属圣马丁、博奈尔、圣尤斯特歇斯、萨巴设立联合高级法院。

【政党】主要政党有：

（1）库拉索未来运动党（Movementu Futuro Kòrsou，MFK）：成立于2010年荷属安的列斯解体后。党领袖为首相兼总务部长吉尔玛·皮萨斯。

（2）国家人民党（Partido Nashonal di Pueblo，PNP）：成立于1948年。党领袖为社会发展、劳工和福利部长鲁斯米尔达·拉莫尼–塞西莉亚。

经　济

旅游、石油提炼（包括石油转运和石油产品）和离岸金融业为库拉索经济的三大支柱。有天然良港，可停泊大型油轮。委内瑞拉国家石油公司从库拉索政府租赁岛上的一个炼油厂，炼油厂的大部分石油从委内瑞拉进口，石油产品大部分出口到美国。几乎所有消费品和资本货物均需进口，主要进口来源国是美国、巴西、意大利和墨西哥。政府正努力推动工业和贸易多样化，已经与欧盟签署有关协议。医疗卫生改革和养老金制度改革因政府预算和人口老龄化等原因难以推进。受国际金融危机及荷兰援助减少影响，库经济近年出现下滑。2022年主要经济数据如下：

地区生产总值：30.75亿美元。

人均地区生产总值：16099.5美元。

地区生产总值增长率：7.9%。

货币名称：荷属安的列斯盾。

汇率：1美元≈1.79荷属安的列斯盾。

通货膨胀率：7.4%。

失业率：13.1%。

【工业】以石油提炼为主。

【农业】土壤贫瘠和供水不足严重阻碍了农业的发展。主要农产品有芦荟、活牲畜、鱼。

【旅游业】旅游业是国民经济的支柱之一。该岛终年阳光充足，气候宜人，热带风光独具一格。

【交通运输】无铁路。公路长550公里。水路交通发达，主要港口为威廉斯塔德港。有一个机场。

【对外贸易】主要进口产品有原油、食品和机械设备等，主要出口产品为石油产品。

人民生活

库拉索是加勒比地区生活水平较高的地区之一，人均地区生产总值居世界第59位（按购买力平价居第60位）。政府对居民提供免费医疗，对低收入者、政府公务员及其家庭成员以及参加社会保险的私营企业雇员和家庭提供免费医疗服务。居民平均预期寿命76.8岁。

军　事

防务由荷兰负责。荷兰皇家海军在加勒比地区有常驻部队，并在库拉索设有基地。

文化教育

【教育】教育制度与荷兰类似。4—16岁儿童实行义务教育。初等教育从6岁开始，学制6年。中等教育学制5年。

【新闻出版】有政府主办的一家电视台和一家广播电台，另有几家私人电台。

对外关系

外交由荷兰负责。库拉索为万国邮政联盟、国际电信联盟、国际刑警组织和金融行动特别工作组成员，联合国教科文组织、世界旅游组织和加勒比国家联盟联系成员，加勒比共同体观察员。

【同中国的关系】2011年1月，驻荷兰大使张军访问库拉索，与库总督、首相、经济部长和外事局长举行会谈。2013年6月，外交部长王毅与荷兰外交大臣蒂默曼斯就中方在威廉斯塔德设立总领馆事达成一致，领区包括荷属加勒比地区库拉索、阿鲁巴、荷属圣马丁3个自治国以及博奈尔、萨巴、圣尤斯特歇斯3个行政市。10月，首任驻威廉斯塔德总领事陈绮曼（女）赴库履新。2014年9月，驻威廉斯塔德总领馆正式开馆。2015年5月，库拉索首相阿舍斯率团访问苏州。2017年5月，库拉索临时政府首相皮萨斯来华出席"一带一路"国际合作高峰论坛。

中国驻威廉斯塔德总领事馆（荷属加勒比地区）总领事：李意钢。馆址：Schottegatweg Oost 32，Willemstad，Curaçao，Dutch Caribbean。电话：005999-7385446；传真：7384446。

（谭伟）

马尔维纳斯群岛

__名称__　马尔维纳斯群岛（Islas Malvinas，以下简称"马岛"），英国称福克兰群岛（Falkland Islands）。

__面积__　1.22万平方公里（马岛地方政府官网公布）。

__人口__　3398人（2021年），人口增长率为8%。根据2021年公布的人口普查数据，当地居民的主要构成为：岛民占约60%，英国人占近25%，智利人占9%，菲律宾人占9%。通用英语，少数人讲西班牙语或其他语言。2016年估计居民中57.1%的人信奉基督教。

首府　阿根廷港（Puerto Argentino），英国称斯坦利港（Stanley），人口2213人（2021年）。

总督　艾莉森·布莱克（Alison Blake CMG，女），2022年7月就任。

简　况

马岛位于阿根廷南端以东的南大西洋水域，西距阿根廷483公里，与巴塔哥尼亚大陆架相连。由索莱达（东福克兰）、大马尔维纳（西福克兰）两大岛和200多个小岛组成。海岸曲折，海岸线长1288公里。北部两条东西走向的山脉贯穿两大岛并延伸到周围岛屿，最高峰705米。岛上多丘陵，河流短小流缓。属海洋性气候，多风、寒湿。1月（最热月）平均气温9.4℃，7月（最冷月）2.3℃，年均气温5.6℃。全年雨量均衡，年均降水量625毫米，一年中雨雪天气250天左右。岛上植被为浓密矮小的亚灌木干草原，鸟类、企鹅及海豹等海洋哺乳动物繁多。马岛当局专设有自然保护区。

马岛西望南大西洋和南太平洋的交通要道——麦哲伦海峡，战略地位十分重要，历史上是世界海上强国争夺之地。

阿根廷历史学家认为马岛是1520年由葡萄牙人发现的。英国学者则认为是英国航海家戴维斯1592年最先发现马岛。1690年，英国船长约翰·斯特朗最先在西岛登陆。18世纪中叶，法英先后在两大岛上建立居民点并少量驻军。1770年，西班牙开始管辖群岛，1767—1811年共任命了32任总督，但英以最先发现为由，声称仍对群岛拥有主权。阿于1816年独立后即宣布继承西班牙对马岛的主权，马岛为其领土不可分割的一部分，并任命马岛地方官员，拒绝英对马岛的主权要求。1833年1月，英武装占领马岛，驱逐了阿驻岛总督和岛上居民。此后两国对马岛主权之争从未间断。阿历届政府始终将收复马岛主权作为对外政策的重要目标。

第二次世界大战结束后，阿英两国陆续进行了多次谈判，但没有结果。1972年，在马岛附近海域发现了丰富的石油和天然气资源，估计储量为英国北海油田的数倍，马岛问题谈判变得更加复杂。1982年2月，谈判再次破裂。同年4月2日，阿政府派兵占领马岛，英宣布与阿断交并派出特遣舰队，“马岛战争”爆发。6月14日，英军攻占马岛首府，驻岛阿军宣布投降。战后，马岛开始使用自己的宪法、货币、旗帜和国徽，以体现岛民“自治”。阿曾提出按“香港租借”方式解决马岛问题和向马岛派遣联合国和平部队等建议，均遭英拒绝。1986年，英宣布马岛周围150海里为“渔业保护区”，并于1993年将“保护区”扩大为200海里，阿方就此提出强烈抗议。几经谈判，阿英于1990年达成复交协议，但英一直拒绝讨论马岛主权问题。

1989年和1990年，阿英两国发表《马德里联合声明》，同意在“搁置主权”的方式下，就开展马岛地区合作进行谈判，并达成一系列谅解。1990年，两国发表关于保护渔业资源的联合声明，并成立南大西洋渔业委员会。1994年，阿将对马岛的主权要求写入宪法，声明“阿根廷对马尔维纳斯群岛、南乔治亚岛和南桑威奇群岛及周边海域拥有合法的、不受时限约束的主权。在尊重国际法和岛上居民生活方式的基础上，收复并完全恢复行使上述地区主权，是阿根廷人民永不改变、永不放弃的目标”。1995年，阿根廷同意不再寻求以武力解决马岛问题。阿根廷转而借助外交手段，欲联合南美和加勒比海国家，对英国施加压力，要求就马岛主权问题谈判。英国政府则一直加以回绝。9月，阿英达成在马岛水域共同勘探开采油气资源的协议，并建立了磋商和信息交流过渡制度，规定双方军队的直接接触必须受两国外交部的监督。1998年10月，梅内姆总统访问英国。1999年3月，英国王储查尔斯访问阿根廷，这是1925年以来第一位访阿的英国王储。同年，两国发表《建立信任、缓解紧张状态的联合声明》，并就阿公民持本国护照赴马岛旅行、石油开采、打击非法捕鱼、通信、巡逻等达成协议，同意在马岛达尔文公墓建立阿根廷阵亡将士纪念碑；两国海军亦在南大西洋举行了马岛战争后首次联合军事演习。

2003年，阿英两国外交部就开通阿根廷至马岛直航航班问题进行了数次接触，但未达成协议。当年11月，阿方停止向非定期飞往马岛的阿旅游包机颁发许可证。2005年以来，英单方面决定将在马岛附近海域捕鱼许可证期限由原来的1年延长至25年，并开始为油气公司在马岛附近海域进行勘探开发活动颁发许可证，阿对此提出强烈抗议，认为英单方面举动违背了联合国的相关决议，无助于为重启谈判创造良好气氛，并于2007年3月宣布中止与英的相关合作，中断南大西洋渔业委员会会议，禁止第三国渔业公司持马岛当局颁发的许可证在马岛海域进行捕捞作业，并停止执行关于油气资源合作的共同声明。2007年12月，《里斯本条约》将马岛列为欧盟海外领地，阿政府就此向欧方提出抗议并重申对马岛的主权。2008年以来，阿政府多次就英方在马岛设立火箭发射场、制定马岛新“宪法”、单方面开采马岛海域油气资源等提出强烈抗议。2011年，英政府宣布将举行“马岛战争”胜利30周年庆祝活动并派威廉王子登岛服役，计划在马岛附近海域建立自然保护区。阿方表示强烈不满，阿政府宣布禁止未经阿方许可的船只通过马岛水域。2013年3月10—11日，马岛行政当局就“是否保持群岛作为英国海外领土的政治地位”举行公投，99.8%的选民表示赞同。阿拒绝承认这一结果，认为岛上居民无权援引民族自决原则来决定马岛政治地位。巴西、委内瑞拉、古巴、智利等拉美国家表示坚决支持阿方立场。英方则要求包括阿在内的世界各国尊重马岛居民的决定。

阿历届政府均重申对马岛的主权要求，呼吁英方早日与阿就马岛主权问题重开谈判，以找到公正、和平、持久的解决办法；同时坚持马岛主权问题只能在阿英两国政府间解决，拒绝接受马岛当局参与主权谈判。阿对马岛的主权要求得到了世界上大多数国家的支持。1965年，第20届联大通过第2065号决议，呼吁阿英通过谈判，和平解决马岛主权争端。1982—1990年，联大每年审议马岛议题，并先后通过7项决议，敦促阿英政府恢复谈判，尽早解决这一主权争端。自1991年起，联大每年将该问题推迟至下届联大审议，未再进行实质性讨论，亦未通过新决议。1983年至今，联合国非殖民化特别委员会会议（英不参加）每年均以协商一致的方式通过与联大关于马岛问题决议内容相似的决议。1999年，联合国秘书长安南表示，将尽一切努力促成阿英谈判，以尽快结束马岛"殖民地状态"。美洲国家组织、南美国家联盟、里约集团、南方共同市场等地区组织和伊比利亚美洲首脑会议、南美—阿拉伯国家会议等多边机制亦多次通过决议或声明，敦促阿英政府依照联合国有关决议就马岛主权重开谈判，尽早和平解决争端。2016年3月29日，联合国大陆架界定委员会宣布接受阿根廷在2009年提交的一份关于阿根廷大陆架范围的认定报告，并判定阿根廷大陆架范围拓展35%。这一事件很快引发了阿根廷各界的关注。阿方认为，这意味着马尔维纳斯群岛已被"划入"阿根廷海域，是一个历史性时刻。英国方面于30日表示，联合国大陆架界定委员会给出的只是"建议"，并不具备法律效力。英国方面同时强调，该委员会对马岛的主权"没有管辖权"。2020年6月10日，阿根廷再次对马岛、南乔治亚岛和南桑威奇群岛宣示主权，并坚决要求尽快重启与英国的主权谈判。9月，阿根廷宣布寻求就全面行使阿根廷对上述群岛的主权问题达成共识和给予支持，并称联合国已再次批准了要求阿根廷和英国就行使主权进行讨论的南美国家联盟的新宣言。2021年6月24日，阿根廷外交部长费利佩·索拉在联合国大会非殖民化特别委员会重申阿根廷对马尔维纳斯群岛（福克兰群岛）、南乔治亚岛和南桑威奇群岛以及周边海域和岛屿地区的主权要求。索拉表示，阿根廷政府一直保持着与英国继续进行主权谈判的意愿，但英国近40年一直拒绝恢复谈判，拒绝根据联合国大会的规定和平解决双边主权争端，并且英国在马岛保持着不合理、不成比例的军事存在，除非英国打算维持目前在马岛的非法殖民状况，否则没有任何理由不立即恢复双边对话，阿根廷政府愿意"继续不懈地寻求和平解决争端的方法"。2022年4月2日，阿根廷全国多地举行活动纪念马尔维纳斯群岛（福克兰群岛）战争爆发40周年。阿根廷总统费尔南德斯（Alberto Fernández）出席了当天在首都布宜诺斯艾利斯市马岛博物馆举行的纪念仪式，并发表讲话重申阿根廷政府对马岛的主权要求。费尔南德斯重申，阿根廷政府将继续致力于在国际法的框架下通过谈判和平解决马岛主权争端，并呼吁英国政府遵守1965年联合国大会审议通过的第2065号决议。他同时敦促英国尽快解除其在该地区的长期军事存在，消除影响区域和平与国际局势的不安定因素。

政　治

根据马岛1985年自定的"宪法"，马岛属英海外领地，除外交与军事事务外，由岛民实行"自治"。现行的2009年生效的新"宪法"规定，马岛拥有充分的"内部自治权"，英国只负责外交和军事事务，保留军事力量以"保护英国利益并确保领地整体上得到良好治理"。

马岛总督由英王任命并代表英王行使权力。总督拥有行政权，负责外事、防务等。在其他事务上与以首席部长为首的行政委员会协商，行政委员会对立法会负责。总督和首席部长都是政府首脑。

马岛设立法会和行政委员会。立法会负责制定维护本岛法律、秩序、立法权和行政权的法案，但需提交英王，经英外交大臣批准方能生效。行政委员会由立法会组成，每月定期举行会议，负责向总督提出有关行政方面的建议。总督、首席检察官和英在南大西洋岛屿驻军司令有权出席上述两个委员会会议，并有发言权。

2016年5月，巴里·罗兰被任命为新一任首席部长，任期至2021年。2017年9月12日，总督科林·罗伯茨卸任，新总督奈杰尔·菲利普斯就任。2021年4月1日，安迪·基林（Andy Keeling）被任命为新一任首席部长，11月4日，新一届立法委员会经选举产生。2022年7月，艾莉森·布莱克就任新一任总督。

【宪法】2008年6月11日，英国政府批准了马岛新"宪法"，以进一步加强岛上居民的民主和"自决"权利，并就总督权力以及立法机构的组成、权力和程序等问题作出了重大修改。新"宪法"于2009年1月1日生效。

【议会】一院制立法会。2009年，马岛新"宪法"生效，一院制立法会取代立法委员会。规定立法会由11名成员组成，任期4年。其中8名由普选产生，两名当然成员（首席部长和财政官），1名议长。本届立法会于2021年11月4日选举产生，任期至2025年11月。本届立法会除8名民选议员外，另3名包括：首席部长安迪·基林、财政官蒂莫西·瓦格特（Timothy Waggott）、议长基斯·拜尔斯（Keith Biles）。自2013年的普选开始，立法会议员的工作属全职授薪工作，每位议员在就职前需放弃之前的一切工作职位或商业利益。下届议会选举将于2025年进行。

【政府】称"行政委员会"，由农业、渔业、矿业、教育、卫生和社会福利等22个部门组成。行政委员会由主席（总督担任）、两名当然成员（首席部长和财政官），以及每年从立法会中选出的3名议员一起组成。选出的3名议员在行政委员会的任期为一年，期满后改选，可连任。

【行政区划】马岛唯一城镇即其首府，亦辖南乔治亚岛和南桑威奇群岛。

【司法机构】司法系统沿袭英国，设上诉法院（由最高法院院长、首席法官、非驻地成员及两名上诉法官组成）和最高法院（由首席法官组成），最高可上诉至英国枢密院。

【政党】马岛目前没有政治党派，所有大选候选人均为无党派独立参选人。

【重要人物】艾莉森·布莱克：总督。女，是一名拥有30余年职业生涯的资深外交官，在南亚事务领域经验丰富，曾在危急时刻和过渡时期帮助制定英国的外交与安全政策。1989—2011年先后任职于英国国防部国防大臣办公室、英国驻北约总部代表团、英国内阁办公厅、英国外交和联邦事务部；2011—2014年，任英国驻巴基斯坦副高级专员；2016—2019年任英国驻孟加拉国高级专员，其间于2017年被任命为圣米迦勒及圣乔治勋章骑士团骑士司令官级成员；2019年4月至2021年6月任英国驻阿富汗大使。2022年7月任马岛总督兼驻南乔治亚岛和南桑威奇群岛专员。

经　济

马岛经济一向强劲，居民生活水平较高，平均收入高于英国，失业率低。马岛以农业为基础，占地区生产总值的41%（2015年估计），渔产和羊毛加工业、旅游业是马岛传统支柱产业，也逐渐成为经济活动的主要组成部分，共占地区生产总值的20.6%（2015年估计）。2016年，实际地区生产总值下降了4.3%，主要是由于2015—2016年石油开采相关活动的减少。近年来，海洋石油税收、颁发石油开采许可证和渔业许可证的相关费用成为当地财政收入的重要来源，也用以支持该岛的卫生、教育和福利体系。目前，除国防支出仍由英国负担外，马岛已实现财政自给。英镑在岛上可自由兑换。岛上唯一一家银行——渣打银行马岛分行设在阿根廷港（斯坦利港）。2020年是英国脱欧的过渡期，欧盟已将大部分英国海外领地排除在贸易谈判之外，马岛将成为其中受影响最为严重的地区。当地政府正着手制定解决方案以抵消经济受到的负面影响，英国当局也承诺将制定独立的贸易政策以保障马岛的商业利益。截至2021年底，政府拥有由外部投资经理持有的资金共计4.45亿“福克兰镑”。马岛政府认为其财政状况良好，并将继续保持。马岛2022/2023财年预算反映出当地政府将优先支持现有和新兴的渔业、农业、旅游业，重点发展能够拉动地区生产总值增长的经济部门。主要经济数据如下：

地区生产总值：2.55亿“福克兰镑”（2018年估计）。

人均地区生产总值：9.33万“福克兰镑”（2016年估计）。

地区生产总值增长率：2017—2018年增长15.7%，2018年增长3.9%。

居民人均年收入：2.01万“福克兰镑”（2012年）。

货币名称：“福克兰镑”（与英镑等值）。

通货膨胀率：1.4%（2014年估计）。

失业率：1%（2016年估计）。

【资源】蕴藏丰富的泥炭以及铅、铝、铁和银等矿产资源，近海有丰富的石油和天然气资源。2010年5月首次发现可商业开采的石油，发展潜力巨大。根据英国地理协会的评估，马岛附近海域的石油储量高达600亿桶（2010年），可为马岛地方政府带来近1800亿美元税收（2012年）。马岛油气有限公司与外国公司合作进行相关勘探工作。2010—2012年，已钻探11口测试井，发现丰富的油气储藏。近年来，马岛作为一个潜在的海洋石油基地焕发了生机，油气勘探成为马岛政府收入的主要来源，较大地刺激了当地经济增长。岛上电力自给自足，其中90%靠矿物燃料发电，燃料全部依赖进口。2016年估计发电量1900万千瓦时，用电量1767万千瓦时。

【农业】岛上土地超过90%为牧场。全岛农场84家，总面积114.05万公顷。农业以绵羊养殖为主，其所产高档羊毛主要出口英国和欧盟国家，成为外汇收入的主要来源。渔业资源丰富，马岛渔场是世界最优良的渔场之一。年均捕鱼量25万—30万吨，主要有鱿鱼、石斑鱼、乌贼、鳕鱼等品种，大部分出口至欧洲和亚洲市场。2020/2021财年的捕鱼许可证收入为2973万“福克兰镑”，约占地区生产总值的24%；2021/2022财年的捕鱼许可证收入为3054万“福克兰镑”。

【旅游业】旅游业是马岛第二大产业，年产值约400万“福克兰镑”。近年来，马岛旅游业，特别是生态旅游发展迅速，年均游客数量约6万人次。主要客源国为美国、加拿大和英国。此外，发行邮票和纪念币的收入也是外汇的重要来源。2020年，当地旅游业受到新冠疫情影响，为应对2021年以后的需求，马岛旅游局与政府协商合作，重新分配共计38万“福克兰镑”的已有预算，在其中设立新型冠状病毒特别基金，并将确定以改善旅游体验为目的的可供公众使用的旅游项目。

【交通运输】公路总长440公里（2008年）。至2020年，马岛有7座中小型机场，其中现代化机场两个。马岛主要岛屿间有不定期小飞机服务。英国皇家空军每月6次从马岛飞往英国，岛上居民均可乘坐。智利航空公司每周有直航班机从智利飞往马岛。达尔文航运公司提供从英国南海岸开往该港的定期航班服务。敦豪国际航空快递公司提供邮寄服务。2020年，在马岛注册的商用船只共2艘。主要港口为阿根廷港（斯坦利港）。

【财政金融】财政年度从4月1日至翌年的3月31日。财政状况良好，当地政府已实现财政自给。2020/2021财年，政府收入1.09亿“福克兰镑”，支出7880万“福克兰镑”；2021/2022财年，政府收入1.12亿“福克兰镑”，支出8426万“福克兰镑”。

【对外贸易】马岛的消费品和工业品依赖进口，主要进口燃料、食品和饮料、建材、服装等，主要进口来源国为英国、西班牙、希腊、荷兰和科特迪瓦。2020年，伴随着英国脱欧进程，马岛渔业贸易遭受重创。马岛对欧盟的渔业出口贸易额曾占地区生产总值的40%，占全岛收入的60%。脱欧后，马岛将面临大幅提高的出口关税，利益受损严重。为此，马岛政府请求英国当局进行干预并提出若干选项作为应对方案，包括为马岛提供一个出口贸易协议，马岛可享受关税和免配额商业优惠等。2020年末至2021年，英镑兑美元汇率持续上升，对马岛出口产品的竞争力产生负面影响。

人民生活 全体岛民享受免费医疗，阿根廷港（斯坦利港）建有1所医院，共47张病床、1间急诊室、1间产房、1间重症监护室和1间隔离病房。对偏远地区农场实行定期出诊。危重患者需送往智利或乌拉圭等国救治。马岛治安良好，几乎无犯罪事件发生。2019年估计马岛固定电话拥有量约为每百人77部，移动电话约为每百人146部。2020/2021财年、2021/2022财年，政府医疗、社会保障等民生支出分别为1144万、1667万“福克兰镑”。

军 事 马岛防务由英国负责。英在马岛有海陆空驻军约1300人。英国每年向马岛划拨7000万英镑，用于维护驻马岛军事基地。此外，马岛政府还提供资金组建了一支额外的连级轻装步兵部队，称为“马岛（福克兰群岛）国防军”。

文化教育 【教育】实行11年制免费义务教育制度，采用英国教育和考试体系。首府阿根廷港（斯坦利港）有中小学各1所，在其他大农场还开设3所小规模的学校。另设巡回教师和远程教育系统，负责偏远农村学生教育。每年选送学生去英国学习。2020年，马岛因新冠疫情影响而中断学习的中小学生在政府援助之外还获得了渣打银行1.2万英镑的捐赠金，用以帮助其完成在线学习活动。2020/2021财年、2021/2022财年，政府教育支出分别为880万“福克兰镑”、895万“福克兰镑”。

【新闻出版】岛上有2家电视台，8家电台，2份周报:《企鹅新闻报》和《冬青树快报》。

对外关系 马岛外交由英国掌管。马岛为万国邮政联盟成员。

【同中国的关系】在分别于2017年5月17日和2018年12月2日中国和阿根廷两国领导人互访期间发表的《中华人民共和国和阿根廷共和国联合声明》中，中方重申支持阿方在马尔维纳斯群岛问题上的主权要求，以及根据联合国相关决议，通过重启对话谈判，寻求和平解决争端的立场。

2021年6月24日，中国常驻联合国副代表耿爽在联合国大会非殖民化特别委员会关于马尔维纳斯群岛问题的发言中，再次明确了中方对马岛问题的立场，他表示:“中国在马尔维纳斯群岛问题上的立场是一贯的。我们坚定支持阿根廷对马尔维纳斯群岛主权的正当要求。中方始终主张根据《联合国宪章》的宗旨和原则，通过和平谈判解决国与国之间的领土争端。我们希望英国积极回应阿根廷的要求，尽早启动对话谈判，根据联合国有关决议找到和平、公正、持久的解决办法。”2022年2月6日，在阿根廷总统应邀访华期间，中阿双方发表了《中华人民共和国和阿根廷共和国关于深化中阿全面战略伙伴关系的联合声明》，中方重申支持阿方在马尔维纳斯群岛问题上完全行使主权的要求，以及根据联合国相关决议，尽快重启谈判以期和平解决争端的立场。 （叶雯）

美 国

国名 美利坚合众国（The United States of America）。

面积 937万平方公里。本土东西长4500公里，南北宽2700公里，海岸线长2.27万公里。

人口 约3.33亿（2022年）。美国2020年人口普查数据显示，非拉美裔白人占57.8%，拉美裔占18.7%，非洲裔占12.4%，亚裔占6%，印第安人和阿拉斯加原住民占1.1%，夏威夷原住民或其他太平洋岛民占0.2%（以上比例存在重叠）。通用英语。居民中约46.5%信仰基督教新教，20.8%信仰天主教，1.9%信仰犹太教，0.9%信仰伊斯兰教，0.7%信仰佛教，0.5%信仰东正教，1.2%信仰其他宗教，22.8%无宗教信仰（少部分人群属于多宗教信仰被重复统计）。

首都 华盛顿哥伦比亚特区（Washington D.C.），人口约67万（2022年）。

国家元首 总统约瑟夫·拜登（Joseph Robinette Biden，Jr.），2021年1月20日正式就职美国第46任（第59届）总统，任期4年。

重要节日 7月4日（美国独立日，1776年）。

简 况 位于北美洲中部，领土还包括北美洲西北部的阿拉斯加和太平洋中部的夏威夷群岛。北与加拿大接壤，南靠墨西哥湾，西临太平洋，东濒大西洋。大部分地区属大陆性气候，南部属亚热带气候。中北部平原温差很大，芝加哥平均气温1月为-3℃、7月为24℃，墨西哥湾沿岸平均气温1月为11℃、7月为28℃。

原为印第安人聚居地。15世纪末，西、荷、法、英等国开始向北美移民。到1773年，英已建立13个殖民地。1775年爆发独立战争。1776年7月4日通过《独立宣言》，正式宣布建立美利坚合众国。1787年制定联邦宪法，1789年乔治·华盛顿就职第一任总统。在1776年后的100年内，通过扩张战争和掠夺原属于印第安人的土地，美国领土几乎扩张了10倍。

政　治

2020年是美国四年一度的大选年，民主党总统候选人拜登在11月3日的总统选举中击败寻求连任的唐纳德·特朗普，当选为美国第46任总统。拜登2021年1月就职后以抗击新冠疫情、恢复经济发展、促进种族平等、应对气候危机为四大优先事项，着手推进各领域施政。

【宪法】1776年7月4日制定了宪法性文件《联邦条例》。1787年5月制定了宪法草案，1789年3月第一届国会宣布生效。它是世界上第一部作为独立、统一国家的成文宪法。宪法的主要内容是建立联邦制的国家，各州拥有较大的自主权，包括立法权；实行三权分立的政治体制，立法、行政、司法各自独立，并相互制约。两个世纪以来，美共制定了27条宪法修正案。重要的修改有：1791年9月由国会通过的包括保证信仰、言论、出版自由与和平集会权利在内的宪法前10条修正案，后通称"民权法案"（或"权利法案"）；1865年和1870年通过的关于废除奴隶制度和承认黑人公民权利的第13条和第15条修正案；1951年通过的规定总统如不能行使职权由副总统升任总统的第25条修正案。

【议会】国会是最高立法机构，由参众两院组成。两院议员由各州选民直接选举产生。参议员每州2名，共100名，任期6年，每两年改选1/3。众议员按各州的人口比例分配名额选出，共435名，任期两年，期满全部改选。两院议员均可连任，任期不限。参众议员均系专职，不得兼任政府职务。本届国会（第118届）于2023年1月3日开幕。1月7日，众议院共和党领袖凯文·麦卡锡（Kevin McCarthy）当选美国众议院议长。10月3日，麦卡锡被众议院全会以216∶210的投票结果罢免众议长职务。10月26日，路易斯安那州共和党联邦众议员迈克·约翰逊（Mike Johnson）当选众议长。

【政府】实行总统制。总统是国家元首、政府首脑兼武装部队总司令。总统通过间接选举产生，任期4年。政府内阁由总统、副总统、各部部长和总统指定的其他成员组成。内阁实际上只起总统助手和顾问团的作用，没有集体决策的权力。2021年1月20日，拜登宣誓就任总统，卡玛拉·哈里斯（Kamala Harris，女）宣誓就任副总统。本届内阁共23个职位，包括：副总统卡玛拉·哈里斯，国务卿安东尼·布林肯（Antony Blinken），财政部长珍妮特·耶伦（Janet Yellen，女），国防部长劳埃德·奥斯汀（Lloyd Austin），司法部长梅里克·加兰（Merrick Garland），内政部长德布·哈兰（Deb Haaland，女），农业部长汤姆·维尔萨克（Tom Vilsack），商务部长吉娜·雷蒙多（Gina Raimondo，女），劳工部长苏维思（Julie Sue，女），卫生与公众服务部长哈维尔·贝塞拉（Xavier Becerra），住房与城市发展部长马西娅·富奇（Marcia Fudge，女），运输部长皮特·布蒂吉格（Pete Buttigieg），能源部长珍妮弗·格兰霍姆（Jennifer Granholm，女），教育部长米格尔·卡多纳（Miguel Cardona），退伍军人事务部长丹尼斯·麦克多诺（Denis McDonough），国土安全部长亚历杭德罗·马约卡斯（Alejandro Mayorkas），环保署署长迈克尔·里根（Michael Regan），国家情报总监埃夫丽尔·海恩斯（Avril Haines，女），贸易代表戴琪（Catherine Tai，女），常驻联合国代表琳达·托马斯–格林菲尔德（Linda Thomas-Greenfield，女），白宫经济顾问委员会主席贾里德·伯恩斯坦（Jared Bernstein），小企业管理局局长伊莎贝尔·古斯曼（Isabel Guzman，女），白宫管理和预算办公室代理主任莎兰达·杨（Shalanda Young，女），白宫办公厅主任杰弗里·齐恩茨（Jeffrey Zients），总统科学顾问兼白宫科学和技术政策办公室主任阿拉蒂·普拉巴卡（Arati Prabhakar）。

【行政区划】全国共分为50个州和1个特区（哥伦比亚特区），有3143个县。联邦领地包括波多黎各和北马里亚纳，海外领地包括关岛、美属萨摩亚、美属维尔京群岛等。各州名称：亚拉巴马、阿拉斯加、亚利桑那、阿肯色、加利福尼亚、科罗拉多、康涅狄格、特拉华、佛罗里达、佐治亚、夏威夷、爱达荷、伊利诺伊、印第安纳、艾奥瓦、堪萨斯、肯塔基、路易斯安那、缅因、马里兰、马萨诸塞、密歇根、明尼苏达、密西西比、密苏里、蒙大拿、内布拉斯加、内华达、新罕布什尔、新泽西、新墨西哥、纽约、北卡罗来纳、北达科他、俄亥俄、俄克拉何马、俄勒冈、宾夕法尼亚、罗得岛、南卡罗来纳、南达科他、田纳西、得克萨斯、犹他、佛蒙特、弗吉尼亚、华盛顿、西弗吉尼亚、威斯康星、怀俄明。

【司法机构】设联邦最高法院、联邦法院、州法院及一些特别法院。联邦最高法院由首席大法官和8名大法官组成，终身任职。联邦最高法院有权裁定联邦和各州的任何法律违宪而不被采用。现任首席大法官小约翰·罗伯茨（John Roberts Jr.）。

【政党】美国有多个党派，但在国内政治及社会生活中起重大作用的只有共和党和民主党。

（1）共和党（Republican Party）：成立于1854年。1861年，林肯就任总统，共和党首次执政。此后至1933年的70多年中，除16年外，共和党一直主政白宫。1933年以来，曾有艾森豪威尔（1953年1月至

1961年1月）、尼克松（1969年1月至1974年8月）、福特（1974年8月至1977年1月）、里根（1981年1月至1989年1月）、乔治·H. W. 布什（1989年1月至1993年1月）、乔治·W. 布什（2001年1月至2009年1月）、特朗普（2017年1月至2021年1月）先后当选总统执政。现任共和党全国委员会主席为伦娜·麦克丹尼尔（Ronna McDaniel，女）。

（2）民主党（Democratic Party）：1791年成立，当时称共和党。1794年改称民主共和党，1828年更名为民主党。1861年南北战争前夕，民主党内部分裂，该党的南方奴隶主策划叛乱。南北战争结束后，民主党在野24年。1885年，克利夫兰当选总统。此后，该党又大部分时间在野。1933年开始，民主党人罗斯福（1933年3月至1945年4月）、杜鲁门（1945年4月至1953年1月）、肯尼迪（1961年1月至1963年11月）、约翰逊（1963年11月至1969年1月）、卡特（1977年1月至1981年1月）、克林顿（1993年1月至2001年1月）、奥巴马（2009年1月至2017年1月）、拜登（2021年1月正式就职）先后当选总统执政。现任民主党全国委员会主席为吉米·哈里森（Jaime Harrison）。

【重要人物】约瑟夫·拜登：总统，民主党人。1942年11月出生于宾夕法尼亚州斯克兰顿市。1965年、1968年分别获得特拉华大学历史和政治学双学士学位、雪城大学法学博士学位。1969年当选特拉华州纽卡斯尔县议员。1973—2009年任特拉华州联邦参议员。曾参加1988年、2008年大选民主党初选，与奥巴马在2008年大选中搭档。2009—2017年任副总统。2019年4月再次宣布参选总统，2020年11月当选，2021年1月20日正式就职。**卡玛拉·哈里斯**：副总统，民主党人。女，1964年出生于加利福尼亚州奥克兰市。1986年、1989年分别获得霍华德大学政治学和经济学双学士学位、加州大学黑斯廷斯法学院法学博士学位。毕业后曾担任旧金山市地区检察官等职。2011—2017年任加州第32任总检察长。2017—2021年任加州联邦参议员。2020年11月当选副总统。

经　济

美国有高度发达的市场经济体系，其国内生产总值居世界首位。2022年主要经济数据如下：

国内生产总值：25.5万亿美元（按当年价格计算）。

人均国内生产总值：7.64万美元（国际货币基金组织数据）。

国内生产总值增长率：2.1%。

货币名称：美元。

通货膨胀率：8.0%。

【资源】自然资源丰富，矿产资源总探明储量居世界首位。煤、石油、天然气、铁矿石、钾盐、磷酸盐、硫黄等矿物储量均居世界前列。其他矿物有铜、铅、钼、铀、铝矾土、金、汞、镍、碳酸钾、银、钨、锌、铝、铋等。战略矿物资源钛、锰、钴、铬等主要靠进口。森林面积约7.47亿英亩，覆盖率达33%。

【工业】近年来，美国着力优化产业结构，振兴实体经济，推动制造业回流，美国工业生产保持稳定，信息、生物等高科技产业发展迅速，利用高科技改造传统产业也取得新进展。主要工业产品有汽车、航空设备、计算机、电子和通信设备、钢铁、石油产品、化肥、水泥、塑料及新闻纸、机械等。

【农业】美国是全球最大的农业出口国之一，中西部大平原地区被誉为“世界粮仓”。美国农场每年生产价值900亿美元的农产品，主要农产品包括玉米、小麦、糖和烟草等。美国生产全球50%的玉米、20%的燕麦，以及15%的鸡肉、猪肉、棉花和小麦。食品和农业协会发布的报告称，2021年，农业、食品及相关产业对美国国内生产总值的贡献率为5.4%，提供了美国10.5%的就业机会。

【服务业】美国服务业高度发达，产业门类齐全，国际竞争力强。根据美国劳工统计局数据，2022年，美国服务业员工数量为1.3亿人。

【旅游业】美国旅游业规模居世界第一。美国旅游协会数据显示，2022年，旅行者直接花费达1.2万亿美元。旅游业直接雇用800万人，支持了近1500万个就业岗位。美国内休闲旅游继续成为行业增长的主要贡献者，推动整个旅游行业的发展。

【交通运输】公路：美国的公路和高速公路系统覆盖全国，公路总里程超过600万公里，其中高速公路（含州际公路）总里程超过12万公里。

铁路：美国铁路网运营线路长度超过25万公里，是世界上最大的铁路网。货运线约占全美铁路网总里程的80%，客运网总里程约为3.5万公里。美国计划到2030年分四期建成2.7万公里的全国高铁系统。

空运：美国民用航空非常发达。全国共有近2万个机场，居世界第一。根据美国交通部数据，2022年，全美所有航空公司共计运送旅客9.35亿人次，同比2019年疫情前旅客人数，恢复至88.83%左右。

水运：美国共有926个港口。按地理分布看，大西洋沿岸的重要港口有纽约、巴尔的摩、波士顿、诺佛港、费城、波特兰。大湖区重要港口有芝加哥、底特律、杜鲁斯、苏必略和托雷多。墨西哥湾的重要港口有新奥尔良、休斯敦和巴敦罗基。太平洋岸的主要港口有长滩、洛杉矶、西雅图。

【财政金融】2022年，美联邦政府财政赤字为1.375万亿美元。为助力美国经济衰退后的复苏进程，美联储于2020年两次大幅降息至0—0.25%的近零利率水平，实施“无限量”量化宽松政策。此后，随着美通货膨胀率节节攀升，特别是2022年6月美国消费者价格指数达9.1%，创近41年峰值，美联储开启货币紧缩进程，连续数次加息，并于2022年9月起以每月950亿美元的规模缩减资产负债表。

2023年1月，美国国债总额突破31.4万亿美元法定上限，并于同年6月首次超过32万亿美元，创历史新高。美国国会就债务上限问题展开长达数月的谈判，最终于6月1日通过《2023年财政责任法案》，将债务上限生效日期延缓至2025年1月1日，并对未来两年部分政府开支设限。

目前，美国主要商业银行有：

（1）摩根大通（J. P. Morgan Chase）：2000年12月由J. P. 摩根公司和大通–曼哈顿公司合并而成，总部设在纽约。

（2）美国银行（Bank of America Corp）：原中文名“美国美洲银行”，创建于1968年10月，总部设在旧金山。

（3）富国银行（Wells Fargo）：创立于1852年，总部设在旧金山，是美国唯一一家获得AAA评级的银行。

（4）花旗集团（Citigroup）：旗下的花旗银行（Citi Bank）是美国最大的银行之一，成立于1812年，总部位于纽约。

【对外贸易】美国主要出口商品为：汽车、大豆、精炼石油、飞行器、原油、集成电路等。主要进口商品为：汽车、原油、广播设备、计算机、汽车零件等。

2022年，美国前五大货物贸易伙伴为加拿大、墨西哥、中国、日本、德国。美国前五大货物出口市场为加拿大、墨西哥、中国、日本、英国。美国前五大货物进口来源地为中国、墨西哥、加拿大、日本、德国。

2022年，美国货物和服务贸易进口额为39578亿美元，同比增长16.3%；出口额为30097亿美元，同比增长17.7%；贸易逆差9481亿美元，同比扩大12.2%。近几年美国货物和服务贸易情况如下（单位：亿美元）：

	2020	2021	2022
出口额	21273	25285	30097
进口额	28090	33876	39578
差　额	–6817	–8591	–9481

（资料来源：美国商务部经济分析局）

【对外投资】据经济与合作发展组织统计，2022年，美国对外直接投资总额约4026亿美元。

【外国资本】据经济与合作发展组织统计，2022年，美国吸收外国直接投资约3184亿美元。

【对外援助】据美国国际开发署统计，2022财年，美国国际开发署总支出159亿美元，包括人道主义援助62亿美元、健康援助30亿美元、经济援助25亿美元、教育和社会服务11.3亿美元等项目，主要投向非洲、中东、中亚和南亚地区。

【著名公司】在《福布斯》网站2023年6月公布的全球企业2000强中，美国公司占据611席，前十强企业美国占六席，分别为：

摩根大通（J. P. Morgan Chase）。

字母表（Alphabet）。

埃克森美孚（Exxon Mobil）。

微软（Microsoft）。

苹果（Apple）。

美国银行（Bank of America）。

人民生活

2021年，美国家庭年收入中位数为67463美元，连续3年下降，比2019年下降1.8%。2022年，美国家庭年收入中位数为74580美元。2022年12月，美国个人储蓄率占可支配收入的比例降至3.4%，为2008年以来的最低水平。

美国贫富差距较大，2021年和2022年美国基尼系数分别为0.494（创历史新高）和0.47，超过0.4的警戒线。

美国的社会福利分为社会保险和非社会保险两种。属于社会保险福利项目的有：老残保险、失业保险和其他就业保险；属于非社会保险福利项目的有：对抚养儿童困难家庭的补助、社会保障收入、食品券、医疗补助、住房补助和能源补助。美国的医疗保障体系主要由联邦医疗保险和政府医疗补助两部分组成。联邦医疗保险主要为65岁以上老人、残障人士和晚期肾衰竭患者提供医疗保障，政府医疗补助则是为低收入者及符合特定标准的个人与家庭提供健康保险服务。近年来，美国医疗开支不断攀升，政府财政入不敷出。美国国会于2010年3月通过以“全覆盖”和“低成本”为核心的医保改革法案。特朗普总统就职后，宣布将废除并替代该医改法，但相关立法进程在国会受挫。

军　事

美国总统兼任武装部队总司令，掌握最高指挥权。进攻性战略武器和核武器的使用权集中在总统手中。国家军事指挥系统由国家安全委员会、国防部和参谋长联席会议组成。国家安全委员会负责向总统提供与国家安全有关的内政、外交和军事政策的综合咨询建议，其法定成员为总统、副总统、国务卿和国防部长4人。参谋长联席会议主席为首席军事顾问，国家情报总监为首席情报顾问，总统国家安全事务助理负责具体协调落实。国防部是总统领导与指挥全军的办事机构，又是向各联合司令部发布总统和国防部长命令的军事指挥机关。参谋长联席会议是总统和国防部长最高军事咨询机构，由主席、副主席、陆军和空军参谋长、海军作战部长、海军陆战队司令及国民警卫队总局局长组成。国防部长奥斯汀，参谋长联席会议主席查尔斯·布朗（Charles Brown），国家情报总监埃夫丽尔·海恩斯（Avril Haines，女）。

美国现役官兵人数135.1万人，其中陆军48.6万人、海军34.8万人、空军32.9万人、太空军6400人，另有各类后备役部队80万人，文职人员77.7万人，海岸警卫队4.9万人。美国同50多个国家和地区订有多边和双边军事条约，海外基地与设施共800余个，向

40个国家和地区提供军事援助，与90多个国家和地区订有援外军事训练计划。2021财年，美国国防开支总额达8010亿美元，约占国内生产总值的3.5%。

文化教育

【教育】中小学教育主要是由各州教育委员会和地方政府管理。学校分公立、私立两类。多数州实行10年义务教育。各州学制不一，大部分为小学6年、初中3年、高中3年。高等教育有2年制的初级学院和技术学院，4年制的大学本科和2—4年的研究生院。

著名高等学府有：哈佛大学、普林斯顿大学、耶鲁大学、宾夕法尼亚大学、杜克大学、斯坦福大学、加州理工学院、麻省理工学院、哥伦比亚大学、达特茅斯学院、华盛顿大学圣路易斯分校、西北大学、康奈尔大学、约翰斯·霍普金斯大学、布朗大学、芝加哥大学、莱斯大学、圣母大学、范德比尔特大学、艾莫利大学和加利福尼亚大学伯克利分校等。

【新闻出版】美国报业系统庞大。2021年发行量排名前十的日报为:《华尔街日报》《纽约时报》《今日美国》《华盛顿邮报》《洛杉矶时报》《坦帕湾时报》《纽约邮报》《芝加哥论坛报》《明星论坛报》和《新闻日报》。

美联社：美国最大的通讯社，1848年在芝加哥成立，1893年成为联营公司，1990年将总部迁到纽约，在国外有3个总分社、60多个分社，与世界上115个国家的新闻机构有交换新闻关系。

合众国际社：美国第二大通讯社，1958年由前合众社和国际新闻社合并组成，总部设在纽约，国外有80多个分社，拥有一个世界范围的图片网。

美国有普通电视台1791家，数字节目电视台1682家，地方电视台4994家。全国共有调频广播电台9885家，短波广播电台5036家。最大的2家对外广播机构为美国之音和美国广播电视网，均属官方电台。美国最大的几家全国性广播网是全国广播公司（NBC）、哥伦比亚广播公司（CBS）、美国广播公司（ABC）、美国有线电视新闻网（CNN）和福克斯（Fox）等。

对外关系

特朗普政府2017年上台后奉行"美国优先"，维护美国同传统盟友关系，提出"印太战略"，着力应对朝鲜半岛、伊朗核、阿富汗、叙利亚、反恐等问题。同时要求北约盟国履行防务开支承诺，宣布退出《跨太平洋伙伴关系协定》、气候变化《巴黎协定》、联合国教科文组织等多边机制。拜登政府2021年上台后调整外交政策，重新加入气候变化《巴黎协定》，重返世界卫生组织，宣布"美国回来了"、跨大西洋联盟回归，强调内外政策统一和美外交要为国内中产阶级服务。

【同中国的关系】1978年12月16日，中美两国发表建交公报。1979年1月1日，中美两国正式建立大使级外交关系。

2018—2022年，中美交流合作继续，同时分歧摩擦增多。

2022年3月18日，国家主席习近平应约同美国总统拜登视频通话。7月28日，国家主席习近平应约同美国总统拜登通电话。当地时间11月14日，国家主席习近平在印度尼西亚巴厘岛同美国总统拜登举行会晤。当地时间11月19日，国家主席习近平在泰国曼谷出席亚太经合组织领导人非正式会议期间，应约同美国副总统哈里斯简短交谈。

2022年1月27日，国务委员兼外交部长王毅应约同美国国务卿布林肯通电话。2月22日，国务委员兼外交部长王毅应约同美国国务卿布林肯通电话。3月5日，国务委员兼外交部长王毅应约同美国国务卿布林肯通电话。当地时间3月14日，中共中央政治局委员、中央外事工作委员会办公室主任杨洁篪同美国总统国家安全事务助理沙利文在意大利罗马举行会晤。5月18日，中共中央政治局委员、中央外事工作委员会办公室主任杨洁篪应约同美国总统国家安全事务助理沙利文通电话。当地时间6月13日，中共中央政治局委员、中央外事工作委员会办公室主任杨洁篪同美国总统国家安全事务助理沙利文在卢森堡举行会晤。当地时间7月9日，国务委员兼外交部长王毅在巴厘岛出席二十国集团外长会后同美国国务卿布林肯举行会晤。当地时间9月23日，国务委员兼外交部长王毅在中国常驻联合国代表团驻地会见美国国务卿布林肯。10月31日，中共中央政治局委员、国务委员兼外交部长王毅应约同美国国务卿布林肯通电话。12月23日，中共中央政治局委员、国务委员兼外交部长王毅应约同美国国务卿布林肯通电话。

2022年7月5日，中共中央政治局委员、国务院副总理、中美全面经济对话中方牵头人刘鹤应约同美国财政部长耶伦视频通话。11月16日，中国人民银行行长易纲在巴厘岛出席二十国集团领导人峰会期间会见美国财政部长耶伦。11月18日，商务部长王文涛在曼谷出席亚太经合组织领导人非正式会议期间应约会见美国贸易代表戴琪。

2022年1月19日，中国疾控中心主任高福与美国疾控中心主任瓦伦斯基视频会见，就各自国内新冠疫情形势和防控措施情况以及两国疾控部门未来合作规划进行交流。2月12日，北京冬奥会组委会副主席杨树安应约在北京冬奥村会见美国奥委会主席、美国冬奥代表团团长莱昂斯，并代为接受美国奥委会向北京冬奥会组委会主席蔡奇赠予的荣誉奖杯。4月19日，生态环境部长黄润秋视频会见美国加利福尼亚州州长纽森，双方共同签署《合作谅解备忘录》。5月22日至26日，6月1日、29日，中国气候变化事务特使解振华同美国总统气候问题特使克里多次会谈交流，就建立"21世纪20年代强化气候行动工作组"交换意见。6月17日，习近平主席特使解振华出席主要经济体能源与气候论坛领导人会议并发言。7月11日至15日，生态环境部长黄润秋访美，会见美国商务部长雷蒙多、美国联邦环保局代理局长麦卡碧、加利福尼亚州州长纽森。11月6日至19日，中美气候特使及团队在埃及沙姆沙伊赫气候变化大会期间进行磋商，推动大会取得成功。12月15日，中国疾控中心主任沈洪兵同美国疾控中心主任瓦伦斯基进行线上会晤。

2022年，美方在台湾、涉疆、涉港、涉藏、经贸、科技、意识形态、人文交流等问题上不断采取干涉中国内政、损害中方利益的错误言行。

台湾问题上，1月，台湾地区副领导人赖清德在参加洪都拉斯总统就职典礼期间，往返途中"过境"美国洛杉矶、旧金山。2月，美方发布《美国"印太战略"》，声称支持台湾增强自卫能力。5月，美国总统拜登签署"要求美国国务卿制定战略使台湾重获世界卫生组织观察员地位"法案。6月，美台在华盛顿举行年度"国安对话"。8月，美国国会众议长佩洛西不顾中方强烈反对和严正交涉，窜访中国台湾地区。9月，美国国防部国防安全合作局发表三份声明称，美国国务院已批准向台北"驻美经文处"出售三项总额11.06亿美元的军售计划。

涉疆问题上，6月，"维吾尔强迫劳动预防法"正式落地实施。

涉港问题上，3月，美发布"香港政策法"报告，对香港事务指手画脚。6月，美国国务卿布林肯就香港回归25周年发表声明，指责中国治港政策。7月，白宫宣布再次延长所谓"针对香港局势宣布的国家紧急状态"，美国驻香港总领事史墨客发表所谓"临别演说"，污蔑中国治港政策，诋毁"一国两制"。

涉藏问题上，3月，美国国务院根据所谓"2018年对等进入西藏法"向国会提交2021年度涉藏报告，妄称中国政府系统性阻碍美国外交人员、官员、记者和游客进入西藏及其他藏区，妄称美国官员访藏受到高度限制。12月，美国财政部宣布，在世界反腐败日和世界人权日之际，依据美国"全球马格尼茨基人权问责法"及美国总统13818号行政令，以所谓"严重侵犯西藏自治区人权"为由制裁两名自治区官员。

经贸科技领域，2022年，美方共对华实施34次制裁，涉及中国388个实体、8名个人以及158艘船只。其中，受制裁科技类实体324个，占全部被制裁实体的83%。美方先后8次将104家中国企业和实体列入出口管制"实体清单"，将"共产主义中国军队企业清单"更名为"中国军工复合体企业清单"并先后3次将68家中国企业和实体列入清单。

人权宗教问题上，3月，美国国务院以国务卿布林肯的名义发表声明，诬称中国在世界范围镇压少数民族和宗教人士，诬称中国在新疆、西藏、香港"侵犯践踏人权"，宣布对中国有关官员实施签证限制。同月，美国举办第二届"领导人民主峰会"线上会议，大搞"抵御威权主义"叙事，挑动阵营对抗。4月，美国国务院发表"2021年国别人权报告"，"国际宗教自由委员会"发表2021年度报告。6月，美国国务院发布2021年度"国际宗教自由报告"，继续将中国列为"特别关注国"，无端指责和抹黑中国的宗教政策和宗教信仰自由状况。

人文交流领域，美国执法部门频繁盘查、滋扰、遣返中国赴美留学人员，歧视中国共产党党员身份，美方以涉"军民融合战略"为由，拒签数百名中国赴美留学研究生。

此外，美方继续对中国涉朝鲜、伊朗实体和个人滥施"长臂管辖"和单边制裁。

针对美方消极错误行径，中方开展坚决斗争和有力反制，坚定捍卫了自身主权、安全、发展利益。

中国驻美国大使：谢锋。馆址：505 International Place，N.W. Washington，D.C. 20008 U.S.A. 电话：001-202-4952266；传真：3282582。经商处业务咨询电话：001-202-6253358/3343/3344/3355/3363；传真：3375845。签证处电话：001-202-8551555；传真：2380380。

美国驻华大使：尼古拉斯·伯恩斯（Nicholas Burns）。馆址：北京市朝阳区安家楼路55号。电话：010-85313000。商务处电话：010-85313000；传真：85313701。非移民签证处电话：010-56794700（从中国拨打），703-665-1986（从美国拨打），001-703-665-1986（从第三国拨打）。移民签证处电话（仅美驻广州总领馆受理）：020-83909000。

【同日本的关系】2022年1月5日，美国国务卿布林肯同日本外相林芳正通电话。6日，美国国务卿布林肯、美国国防部长奥斯汀同日本外相林芳正、防卫大臣岸信夫举行美日安全保障磋商委员会"2+2"线上会议。20日，美国总统国家安全事务助理沙利文同日本国家安全保障局局长秋叶刚男通电话。21日，美国总统拜登同日本首相岸田文雄举行视频会晤。2月2日，美国国务卿布林肯同日本外相林芳正通电话。9日，美国国防部长奥斯汀同日本防卫大臣岸信夫、韩国国防部长徐旭举行三方通话。11日，美国国务卿布林肯、日本外相林芳正在美国纽约出席"四边机制"外长会并举行双边会见。12日，美国国务卿布林肯在美国夏威夷檀香山同日本外相林芳正、韩国外交部长郑义溶举行三方会谈。24日，美国总统拜登在比利时布鲁塞尔会见日本首相岸田文雄。26日，美国国务卿布林肯同日本外相林芳正通电话。3月24日，美国国务卿布林肯同日本外相林芳正通电话；美国国防部长奥斯汀同日本防卫大臣岸信夫通电话。4月7日，美国国务卿布林肯在布鲁塞尔出席北约外长会期间会见日本外相林芳正。5月3日，美国总统国家安全事务助理沙利文会见日本国家安全保障局局长秋叶刚男。4日，美国国防部长奥斯汀在华盛顿会见日本防卫大臣岸信夫。23日，美国总统拜登访问日本并会见日本首相岸田文雄，双方共同出席美日印澳"四边机制"峰会和"'印太'

经济框架”谈判启动仪式；美国国务卿布林肯在日本东京会见日本外相林芳正；美国商务部长雷蒙多在东京会见日本经济产业大臣萩生田光一。25日，美国国务卿布林肯同日本外相林芳正通电话。26日，美国国防部长奥斯汀同日本防卫大臣岸信夫通电话。6月11日，第19届香格里拉对话会期间，美国国防部长奥斯汀、日本防卫大臣岸信夫同韩国国防部长李钟燮、澳大利亚副总理兼国防部长马尔斯分别举行三方会谈。27日，美国总统拜登在出席七国集团埃尔茂峰会期间会见日本首相岸田文雄。29日，美国总统拜登在出席北约峰会期间同日本首相岸田文雄、韩国总统尹锡悦举行三方会谈。7月8日，美国国务卿布林肯、日本外相林芳正、韩国外交部长朴振在巴厘岛出席二十国集团外长会期间举行三方会谈。9日，美国总统拜登同日本首相岸田文雄通电话；美国国防部长奥斯汀同日本防卫大臣岸信夫通电话。11日，美国国务卿布林肯赴日本吊唁日本前首相安倍晋三并拜访日本首相岸田文雄。29日，美国国务卿布林肯、美国商务部长雷蒙多同日本外相林芳正、经济产业大臣荻生田光一在华盛顿举行首次经济政策磋商委员会“2+2”会议，两国外长举行会见。8月2日，美国总统国家安全事务助理沙利文会见日本国家安全保障局局长秋叶刚男。5日，美国国务卿布林肯、日本外相林芳正、澳大利亚外交部长黄英贤在柬埔寨金边出席第55届东盟外长会期间举行三方战略对话；美国会众议院议长佩洛西在东京与日本首相岸田文雄会面。15日，美国国防部长奥斯汀同日本防卫大臣滨田靖一通电话。31日，美国贸易代表戴琪在华盛顿会见日本经济产业大臣西村康稔。9月1日，美国总统国家安全事务助理沙利文在夏威夷美军“印太”司令部总部同日本国家安全保障局局长秋叶刚男和韩国国家安保室室长金圣翰举行三方会谈。6日，美国商务部长雷蒙多同日本外相林芳正通电话。9日，美国贸易代表戴琪在洛杉矶会见日本经济产业大臣西村康稔。14日，美国国防部长奥斯汀在华盛顿会见日本防卫大臣滨田靖一。21日，美国总统拜登在纽约会见日本首相岸田文雄。22日，美国国务卿布林肯在纽约同日本外相林芳正、韩国外交部长朴振举行三方会见。23日，美国国务卿布林肯、日本外相林芳正在纽约出席“四边机制”外长会。26日，美国副总统哈里斯赴日本出席日本前首相安倍晋三国葬并拜访日本首相岸田文雄。10月1日，美国国防部长奥斯汀在夏威夷同澳大利亚副总理兼国防部长马尔斯、日本防卫大臣滨田靖一举行三方会谈。3日，美国国务卿布林肯同日本外相林芳正、韩国外交部长朴振通电话。4日，美国总统拜登同日本首相岸田文雄通电话；美国国防部长奥斯汀同日本防卫大臣滨田靖一通电话。11月4日，美国国务卿布林肯在德国明斯特会见日本外相林芳正。13日，美国总统拜登在金边出席东盟峰会期间会见日本首相岸田文雄，同日本首相岸田文雄与韩国总统尹锡悦举行三方首脑峰会。17日，美国贸易代表戴琪在曼谷出席亚太经合组织部长级会议期间会见日本经济产业大臣西村康稔。

【同韩国的关系】2022年1月14日，美国国务卿布林肯同韩国外交部长郑义溶通电话。2月2日，美国国务卿布林肯同韩国外交部长郑义溶通电话。9日，美国国防部长奥斯汀同日本防卫大臣岸信夫、韩国国防部长徐旭举行三方通话。12日，美国国务卿布林肯在夏威夷檀香山会见韩国外交部长郑义溶，同日本外相林芳正、韩国外交部长郑义溶举行三方会谈。3月9日，美国总统拜登同韩国新当选总统尹锡悦通电话。24日，美国国务卿布林肯同韩国外交部长郑义溶通电话；美国国防部长奥斯汀同韩国国防部长徐旭通电话。5月5日，美国国防部长奥斯汀同韩国国防部长徐旭通电话。12日，美国国务卿布林肯同韩国新任外交部长朴振通电话；美国总统国家安全事务助理沙利文同韩国国家安保室室长金圣翰通电话。18日，美国国防部长奥斯汀同韩国国防部长李钟燮通电话。21日，美国总统拜登访问韩国并会见韩国总统尹锡悦。21日，美国商务部长雷蒙多在韩国首尔会见韩产业通商资源部长李昌洋。24日，美国总统国家安全事务助理沙利文同韩国国家安保室室长金圣翰通电话。25日，美国国务卿布林肯同韩国外交部长朴振通电话；美国国防部长奥斯汀同韩国国防部长李钟燮通电话。6月11日，美国国防部长奥斯汀在新加坡出席第19届香格里拉对话会期间会见韩国国防部长李钟燮，同日本防卫大臣岸信夫、韩国国防部长李钟燮举行三方会谈。15日，美国商务部长雷蒙多在华盛顿会见韩国外交部长朴振。29日，美国总统拜登在出席北约峰会期间同日本首相岸田文雄、韩国总统尹锡悦举行三方会谈。7月8日，美国国务卿布林肯、日本外相林芳正、韩国外交部长朴振在巴厘岛出席二十国集团外长会期间举行三方会谈。29日，美国国防部长奥斯汀在华盛顿会见韩国国防部长李钟燮。8月19日，美国国务卿布林肯同韩国外交部长朴振通电话。9月1日，美国总统国家安全事务助理沙利文在夏威夷美军“印太”司令部总部同日本国家安全保障局局长秋叶刚男、韩国国家安保室室长金圣翰举行三方会谈。21日，美国总统拜登在纽约出席联合国大会期间会见韩国总统尹锡悦。22日，美国国务卿布林肯在纽约同日本外相林芳正、韩国外交部长朴振举行三方会谈。27日，美国副总统哈里斯在首尔会见韩国总理韩德洙。29日，美国副总统哈里斯在首尔会见韩国总统尹锡悦。10月3日，美国国务卿布林肯同日本外相林芳正、韩国外交部长朴振通电话。4日，美国国防部长奥斯汀同韩国国防部长李钟燮通电话。19日，美国贸易代表戴琪同韩国产业通商资源部通商交涉本部长安德根通电话。11月1日，美国国务卿布林肯同韩国外交部长朴振通电话。3日，美国国防部长奥斯汀、韩国国防部长李钟燮在华盛顿举行第54次美韩安保会议。13日，美国总统拜登在金边出席东盟峰会期间同韩国总统尹锡悦举行会见，同韩国总统尹锡悦、日本首相岸田文雄举行三方首脑峰会。18日，美国贸易代表戴琪在曼谷会见韩国产业通商资源部通商交涉本部长安德根。

【同朝鲜的关系】受美朝对话陷入停滞、新冠疫情等因素影响，2022年美朝双方没有高层往来。

【同东南亚国家的关系】2022年1月，美国国务院发表《关于缅甸局势的联合声明》，谴责缅甸发动军事政变一周年。3月，美国总统拜登、副总统哈里斯同来美国工作访问的新加坡总理李显龙举行会晤。4月，美国总统国家安全事务助理沙利文在华盛顿同新加坡财长黄循财举行会晤。5月，美国总统拜登出席在华盛顿举行的美国—东盟特别峰会，同菲律宾当选总统马科斯通电话。6月，美国国防部长奥斯汀赴新加坡出席香格里拉对话会；美国常务副国务卿舍曼访问菲律宾、越南、老挝。7月，美国国务卿布林肯赴巴厘岛参加二十国集团外长会期间同印度尼西亚外交部长蕾特诺举行双边会晤；访问泰国，同泰国总理巴育、副总理兼外交部长敦举行会见。8月，美国众议院议长佩洛西访问马来西亚、新加坡；美国国务卿布林肯首次访问菲律宾，访问柬埔寨并出席美国—东盟外长会、东亚峰会外长会、东盟地区论坛外长会；美国总统国家安全事务助理沙利文同印度尼西亚海洋与投资统筹部长卢胡特通电话。9月，美国总统拜登会见来美出席联合国大会一般性辩论的菲律宾总统马科斯；美国常务副国务卿舍曼同菲律宾外交部长马纳罗通电话。10月，美国同新加坡举行第五次战略伙伴对话。11月，美国总统拜登赴金边出席第10次美国—东盟峰会，宣布双方建立全面战略伙伴关系，其间同柬埔寨首相洪森、越南总理范明政等举行双边会晤；赴巴厘岛出席二十国集团领导人峰会，其间同印度尼西亚总统佐科举行会晤。同月，美国副总统哈里斯赴泰国出席亚太经合组织第二十九次领导人非正式会议，其间同泰国总理巴育、越南国家主席阮春福等举行会谈；访问菲律宾，同菲律宾总统马科斯、副总统莎拉举行会谈。同月，美国国防部长奥斯汀赴柬埔寨出席东盟防长扩大会议。12月，美国国务院发布声明《美国支持菲律宾在南海的行动》。

【同南亚国家的关系】2022年2月，美国总统拜登发布行政令冻结阿富汗央行资产。4月，美国总统拜登同印度总统莫迪通电话。同月，美国和印度在华盛顿举行第四次美印“2+2”部长级对话。5月，美国总统拜登赴日本出席美日印澳“四边机制”领导人峰会期间，同印度总理莫迪举行会晤。9月，印度外交部长苏杰生访问美国。

【同俄罗斯的关系】2022年1月，美国常务副国务卿舍曼和俄罗斯副外长谢尔盖·里亚布科夫在瑞士日内瓦举行第三轮美俄战略稳定对话会，聚焦乌克兰问题、双方战略安全关切等；美国总统拜登在记者会上称，俄罗斯可能会“进入”乌克兰，俄罗斯若大规模军事入侵乌克兰，将面临灾难性后果。2月，美国总统拜登发表电视讲话称，俄罗斯对乌克兰侵略已经开始，美国及盟友将对俄罗斯实施首批经济制裁；出席北约峰会并同乌克兰总统泽连斯基通电话后称，美国将保卫北约每寸领土，对北约“第五条款”承诺坚如磐石。3月，美国总统拜登称俄罗斯总统普京是个“屠夫”，不应继续掌权；美国国防部长奥斯汀称，美俄这两个拥核国交战对地区乃至世界都没有好处。同月，美国及北约、七国集团和欧盟共同推出大量对俄罗斯制裁措施。4月，美国总统拜登称，俄罗斯在布查镇事件中犯下重大战争罪行；俄罗斯总统新闻秘书佩斯科夫称，俄美目前没有高层接触，俄罗斯强烈反对拜登总统称俄罗斯军事行动为“种族灭绝”。5月，美国国防部发言人表示，美国未发现俄罗斯从中国等第三国获得军事援助的迹象；俄罗斯联邦安全会议副主席梅德韦杰夫称，俄罗斯拟援引《禁止生物武器公约》要求调查美在乌克兰设立生物实验室问题。6月，美国国务院助卿斯图尔特称，美国希望俄罗斯在2026年后仍继续履行《新削减战略武器条约》，并将限制俄罗斯研发新型核武器；俄罗斯总统新闻秘书佩斯科夫称，俄罗斯不再信任西方。7月，俄罗斯总统普京表示，乌克兰危机标志着以美国为中心的全球自由主义开始向真正的多极化世界过渡；美国国务院发言人称，拜登总统和七国集团领导人正推动对俄罗斯石油实施“限价令”。8月，美国国务卿布林肯在《不扩散核武器条约》第十次审议大会期间称，俄军将扎波罗热核电站作为袭击乌军的“核盾牌”的举动极不负责。9月，美国总统拜登称，俄罗斯在乌克兰举行公投是骗局，美国永远不会承认乌克兰领土是俄罗斯的一部分；美国白宫新闻秘书彼埃尔否认美国蓄意破坏北溪天然气管道。10月，美国白宫国安会战略沟通协调员柯比称，美国不寻求同俄罗斯发生冲突，不希望乌克兰危机走向核战争；俄罗斯副外长里亚布科夫称，俄罗斯不会使用核武器威胁任何国家，同美国、北约发生直接冲突不符合俄罗斯利益。11月，美国国务卿布林肯、欧洲外交与安全政策高级代表博雷利、英国外交大臣克莱弗利发表联合声明称，美欧对俄罗斯制裁不针对俄罗斯粮食和化肥部门。12月，俄罗斯外交部长拉夫罗夫、国防部长绍伊古分别在不同场合表示，俄罗斯正同整个西方交战。

【同欧盟及欧洲国家的关系】2022年1月，美国国务院主管经济增长、能源和环境的副国务卿费尔南德斯访问立陶宛和欧盟总部。2月，德国总理朔尔茨访问美国。3月，美国总统拜登在布鲁塞尔出席北约特别峰会、七国集团领导人峰会和欧盟峰会，并访问波兰，同法国总统马克龙、德国总理朔尔茨、意大利总理德拉吉以及英国首相约翰逊通电话讨论乌克兰问题；美国国务卿布林肯访问比利时、波兰、摩尔多瓦、拉脱维亚、立陶宛和爱沙尼亚。4月，美国常务副国务卿舍曼和欧盟对外行动署秘书长萨尼诺在布鲁塞尔举行第三轮美欧中国问题高层对话及第二轮美欧“印太”问题高层磋商；美国总统拜登与加拿大总理特鲁多、欧盟委员会主席冯德莱恩、法国总统马克龙、德国总理朔尔茨、北约秘书长斯托尔滕贝格、英国首相约翰逊、日本首相岸田文雄、波兰总统杜达、意大利总理德拉吉、罗马尼亚总统约翰尼斯以及欧洲理事会主席米歇尔等11位领导人就俄乌局势进行了通话。5月，美国—欧盟贸易与技术理事会在法国举行第二次部长级会议；北约秘书长斯托尔滕贝格访美。6月，美国总统拜登先后出席在德国举行的七国集团领导人峰会、在西班牙马德里举行的北约峰会。9月，美国总统拜登与加拿大、德国、意大利、日本、罗马尼亚、波兰、英国、法国以及北约和欧盟就乌克兰问题举行视频会议。10月，美国总统拜登分别与英国新任首相苏纳克、德国总理朔尔茨、乌克兰总统泽连斯基通电话。11月，法国总统马克龙、欧盟外交与安全政策高级代表博雷利访美；美国总统拜登与德国总理朔尔茨进行了通话。12月，美国常务副国务卿舍曼同欧盟对外行动署署长桑尼诺在华盛顿举行第四轮美欧中国问题高层对话及第三轮美欧“印太”问题高层磋商；美国—欧盟贸易和技术理事会在华盛顿举行第三次部长级会议。同月，乌克兰总统泽连斯基访美，同美国总统拜登会晤，并在美国会发表讲话。

【同中东国家的关系】2022年1月13日，美国国务卿布林肯在华盛顿会见了约旦外交部长兼副总理艾曼·萨法迪。31日，美国总统拜登在华盛顿会见卡塔尔埃米尔塔米姆·本·哈马德·阿勒萨尼，并在会见中表示，美国有意与卡塔尔建立“重要非北约盟友”关系。2月8日，美国常务副国务卿舍曼会见了以色列国家安全顾问埃亚尔·胡拉塔，双方讨论了美以在重要的全球安全挑战上的协调。3月4日至5日，美国常务副国务卿舍曼访问土耳其伊斯坦布尔和安卡拉。23日至27日，美国副国务卿乌兹拉·泽亚访问突尼斯。27日，美国国务卿布林肯分别会见巴勒斯坦总统马哈茂德·阿巴斯、以色列总理纳夫塔利·贝内特和以色列总统艾萨克·赫尔佐格。29日，美国国务卿布林肯在摩洛哥拉巴特会见了阿布扎比王储谢赫·穆罕默德·本·扎耶德·阿勒纳哈扬。5月17日，美国国务卿布林肯会见也门外交部长艾哈迈德·本·穆巴拉克，并重申美国支持结束也门冲突的承诺。18日，美国国务卿布林肯与土耳其外交部长恰武什奥卢在美国—土耳其战略机制框架下在纽约会晤，重申两国作为伙伴和北约盟国的强有力合作。6月6日，美国国务卿布林肯会见卡塔尔副总理兼外交大臣穆罕默德·本·阿卜杜勒拉赫曼·阿勒萨尼。7月13日，美国总统拜登抵达以色列特拉维夫，开始对以色列和巴勒斯坦地区进行为期3天的访问。16日，美国总统拜登在沙特吉达会见阿联酋总统穆罕默德·本·扎耶德·阿勒纳哈扬、埃及总统阿卜杜勒·法塔赫·塞西、约旦国王阿卜杜拉二世本·侯赛因、伊拉克总理穆斯塔法·卡迪米、卡塔尔埃米尔塔米姆·本·哈马德·阿勒萨尼以及巴林国王哈马德·本·伊萨·阿勒哈利法，就广泛的全球和地区安全挑战等问题进行了磋商。10月25日，美国国务卿布林肯在华盛顿会见以色列总统艾萨克·赫尔佐格，双方重申美以双边关系的力量，并讨论了共同的安全关切。12月14日，美国国务卿布林肯在华盛顿会见突尼斯总统凯斯·赛义德，美国国务卿布林肯重申美国对突尼斯民主的坚定承诺，并支持突尼斯人民对民主和繁荣未来的渴望。

【同其他美洲国家的关系】2022年4月，美国国务卿布林肯访问巴拿马。5月，美国第一夫人吉尔·拜登访问厄瓜多尔、哥斯达黎加和巴拿马。6月，第九届美洲峰会在洛杉矶举行，由于对美国外交政策不满，多位美洲国家领导人缺席本次会议，此次会议成为美洲峰会创立以来参会领导人最少的一届。7月，美国国防部长奥斯汀赴巴西出席第15届美洲防长会晤。10月，美国总统拜登祝贺卢拉赢得巴西总统大选。10月，美国国务卿布林肯访问哥伦比亚、智利和秘鲁，并参加在秘鲁利马举行的第52届美洲国家组织会议。

【同非洲国家的关系】2022年5月，美国常务副国务卿舍曼访问南非、加蓬。6月，负责政治事务的美国副国务卿维多利亚·纽兰访问吉布提、莫桑比克和尼日利亚。7月，负责民事安全、民主和人权的美国副国务卿泽亚访问莫桑比克和纳米比亚。8月，美国国务卿布林肯访问南非、刚果（金）和卢旺达三国，推出“美国撒哈拉以南非洲战略”。同月，美国常驻联合国代表格林菲尔德访问乌干达、加纳和佛得角。12月，美非领导人峰会在华盛顿开幕，美国总统拜登在峰会上称，美国正寻求在各领域加强对非合作，支持非盟加入二十国集团，美国拟斥资逾1.65亿美元支持非洲国家选举和治理，推进非洲民主进程。

（刘姝然、赵苑、宋英杰、熊水龙、汤镇天、李俊杰、杜海平、肖宇腾）

美属维尔京群岛

名称　美属维尔京群岛（The Virgin Islands of the United States），美国海外属地，为美国“未合并领土”（unincorporated territory）。

面积　1910平方公里，其中陆地面积为347平方公里，水域面积1564平方公里，海岸线长188公里。

人口　约10.54万（2022年）。主要分布在圣克鲁斯岛和圣托马斯岛。黑人占76.2%，白人占15.6%，亚裔占1.4%，其他占2.1%。居民主要是西印度群岛人，其次是美国人和波多黎各人等。英语为官方语言，广泛使用西班牙语、法语和克里奥尔语。居民多信奉基督教（浸信会教徒42%，天主教徒34%，圣公会教徒17%，其他7%）。

首府　夏洛特·阿马里（Charlotte Amalie），位于圣托马斯岛，人口约2.2万（2022年）。

总督　小阿尔伯特·布莱恩（Albert Bryan，Jr.），2023年1月7日就职，任期4年。

重要节日　自由日：11月1日。

简　况

位于大西洋和加勒比海之间，在加勒比海小安的列斯群岛东部，西距波多黎各64公里，由圣托马斯（215平方公里）、圣约翰（80平方公里）、圣克鲁斯（52平方公里）3个主岛和约50个小岛组成。属亚热带海洋气候，全年温差变化不大，年均气温26℃。

原始土著居民为加勒比地区的卡鲁比和阿拉瓦克印第安人。1493年，欧洲人到达该群岛，土著居民几乎全被屠杀。16世纪起先后受西班牙、荷兰、英国、法国和马耳他控制。1670年，丹麦将圣托马斯和圣约翰两岛据为殖民地。1733年，圣克鲁斯岛被法国卖给丹麦后形成丹麦的西角印度群岛。1917年，美国用2500万美元自丹麦购得该群岛，由美国海军部管辖。该群岛居民从1927年起成为美国公民，但不能在本岛参加美国总统选举。1954年，美国政府修订了1936年通过的《维尔京群岛组织法》，规定该岛居民享有一定限度的选举权，成立了经选举产生的由15人组成的参议院。从1970年起，行政权被交给民选总督。从1973年起，普选产生1名驻美国国会众议院代表，但只在众议院的委员会有表决权。该群岛有自己的旗帜。

政　治

1970年以前，维尔京群岛民主党执掌地方行政权。总督执掌行政权，原由美国总统任命，1970年起改由普选产生，任期4年。在1970年的总督选举中，海尔文·伊文思当选为第一任民选总督。2018年11月，小阿尔伯特·布莱恩在总督选举第二轮投票中获胜，并于2019年1月就职。在2022年11月的大选中，布莱恩当选连任总督。

【宪法】1936年制定《维尔京群岛组织法》，1954年修订，1968—1972年曾多次尝试通过宪法（须经美国总统和国会批准），以确立最后法律地位，获取更大自治权，但均被全民公投否决。1980年7月，该岛第四次制宪会议通过一部宪法草案，并于1981年7月获得美国国会批准。在同年11月3日举行的全民公决中，80.3%的居民赞成维持目前地位，14.2%赞成与美国合并，4%赞成终止美国对群岛的主权。但此次公决因投票率太低（仅27.4%）而无效。

【议会】维尔京群岛参议院，为一院制。由15名议员组成，任期2年。议会通过的法案须经总督批准方可生效。本届议会于2020年11月选举产生，并有1名派驻美国众议院的代表。现任代表为斯泰茜·普拉斯基特（Stacey E. Plaskett，女）。

【政府】本届政府于2022年产生。由总督、副总督和地方行政官员等组成。

【政党】主要政党有：

（1）维尔京群岛民主党（Democratic Party of the Virgin Islands）：源于1936年成立的各种俱乐部。1962年该党正式得到法律承认，并加入美国民主党全国委员会。从20世纪60年代起一直控制着议会。主席西塞尔·本杰明（Cecil Benjamin）。

（2）维尔京群岛共和党（Republican Party of the Virgin Islands）：前身是一个政治俱乐部。受当地白人地主、实业家和某些富有的有色人种团体的支持。主席约翰·卡内加塔（John Canegata）。

（3）独立公民运动（Independent Citizens' Movement）：1968年成立。主要得到下层有色人种民众的支持。领导人戴尔·布莱登（Dale Blyden）。

经　济

维尔京群岛经济十分倚重美国，严重依赖自美国进口的商品，90%的贸易同波多黎各和美国进行。尚未探明自然资源。旅游业收入约占地区生产总值的80%，游客主要来自美国。2020年地区生产总值为42.04亿美元，年增长率-2.2%。流通货币为美元。

【工业】主要工业部门有炼油、酿酒、手表制造、纺织、电子工业等。圣克鲁斯岛有世界上最大的炼油厂之一，单日可处理原油545万桶。朗姆酒是主要出口产品之一，但由于北美自由贸易协定于1994年生效，墨西哥已成为该群岛朗姆酒出口的有力竞争者。

【农业】养牛、捕鱼、蔬菜、水果种植。政府近年来鼓励种植、生产粮食作物。

【旅游业】系维尔京群岛的主要经济活动，产值约占地区生产总值的80%，从业人员约占全部就业人口的80%。主要旅游名胜有圣约翰群岛的维尔京群岛国家公园、海滨浴场、印第安古迹和丹麦移民史迹等。

【交通运输】海空运输比较发达。圣托马斯和圣克鲁斯岛均有国际机场。

【对外贸易】外贸主要面向波多黎各和美国市场，主要进口原油，出口石油制品。2021年，出口总额为15.2亿美元，进口总额为9.68亿美元，贸易顺差为5.52亿美元。

军　事

维尔京群岛防务由美国负责。1967年美国政府将设在圣托马斯岛的海军基地移交给维尔京群岛管理。目前，美国在圣克鲁斯岛西岸保持1个雷达声呐追踪站和1个海岸追踪控制中心。

文化教育

【教育】维尔京群岛对16周岁以下青少年实行义务教育（小学8年、中学4年）。

【新闻出版】主要报刊有：《商业公报》（双周刊）、《维尔京群岛新闻日报》、《信风》及《自豪》杂志。

（宋英杰）

蒙特塞拉特

名称　蒙特塞拉特（Montserrat）。

面积　102平方公里（陆地面积）。

人口　5387人（2021年）。2021年估计人口增长率0.52%，出生率11.14‰，死亡率5.94‰。主要的居民构成有：非洲裔（黑人）占88.4%，混血种人占3.7%。通用英语。居民中67.1%信奉基督教新教，11.6%信奉天主教。

首府　原首府普利茅斯（Plymouth）1997年毁于火山爆发，后将该岛北部的布莱兹（Brades）设为临时首府至今。人口约1000人（2021年）。

总督　莎拉·塔克（Sarah Tucker，女），2022年4月6日就任。

重要节日　英国女王诞辰：6月的第二个星期六。

简　况

蒙特塞拉特岛位于加勒比海东北部、小安的列斯群岛中部。东北、东南分别与安提瓜岛和瓜德罗普岛隔水相望。属热带气候，平均气温夏季32℃、冬季24℃。年均降水量1250—2000毫米。6—11月有飓风。1493年，哥伦布到达该岛。1632年沦为英国殖民地，后曾两次被法国占领。1783年再度沦为英国殖民地。1871—1956年为背风群岛联邦的一部分。1958—1962年为西印度联邦成员。1962年联邦解体，它成为单独的领地。1967年1月举行公民投票，仍继续为英国殖民地。1971年由英王任命总督直接统治。现为英国海外领地。

该岛南部的苏弗里耶尔火山在沉寂350年后，自1995年起持续不断喷发，并至今一直处于活跃状态，造成严重灾难，岛上多处不适宜居住，2/3人口被疏散或移民至外国。2010年，该火山发生了一次部分熔岩穹丘崩塌事件。科学家预言，苏弗里耶尔火山活动还将持续数十年。

政　治

2011年9月27日，首席部长鲁本·米德宣誓就任蒙特塞拉特第一任总理，同时标志着蒙特塞拉特新宪法的施行。2018年1月2日，总督伊丽莎白·卡里尔卸任，安德鲁·约翰·皮尔斯被任命为新总督，同年2月1日就任。2019年11月19日，约瑟夫·法雷尔（Joseph Farrell）宣誓就任蒙特塞拉特第三任总理。2021年12月8日，莎拉·塔克被宣布为下任总督。2022年4月6日，莎拉·塔克宣誓就任蒙特塞拉特总督。

【宪法】2010年新宪法的修订工作基本完成后，宪法草案提交英国议会审议。2011年9月27日，新宪法正式生效。总督由英王任命，副总督由蒙特塞拉特人担任。

【议会】一院制立法机关，任期5年，设11个席位：9名普选产生的议员、两名当然议员（总检察长和财政司司长）。本届议会于2019年11月18日选举产生，议长是查莉安娜·怀特（Charliena White，女），下届议会选举将于2024年进行。

【政府】称"内阁"（新宪法生效前称执行委员会），通常由在议会中占多数议席的政党组成，成员包括总理（新宪法生效前称首席部长）、3名其他部长和两名当然成员（总检察长和财政司司长）。本届政府于2019年11月22日产生，组成人员有：总理兼财经管理部长约瑟夫·法雷尔，副总理兼通信、工程、劳工和能源部长塞缪尔·约瑟夫（Samuel Joseph），教育、卫生、社会服务、体育、青年和教会事务部长查尔斯·基农（Charles Kirnon），农业、土地、住房和环境部长克伦斯顿·布芬格（Crenston Buffonge），总检察长雪莉·杰莫特–罗德尼（Sheree Jemmotte-Rodney，女），财政司司长林多娜·兰伯特（Lindorna Lambert，女，2021年9月就任）。

【行政区划】共设有3个教区。

【司法机构】设有即席裁决法院和地方法院。最高终审机构为东加勒比最高法院（设在圣卢西亚），该法院设驻蒙陪席推事和地方法官。

【政党】（1）争取变革和繁荣运动（Movement for Change and Prosperity，MCAP）：执政党。其前身是1991年成立的国家进步党，2006年改为现名。2009年，鲁本·米德任领导人。2019年11月，该党赢得大选，获议会9个席位中的5席。现任领导人即现任总理约瑟夫·法雷尔。

（2）人民民主运动（People's Democratic Movement，PDM）：2014年成立。2019年大选中该党赢得3席，现任领导人保罗·刘易斯（Paul Lewis）在大选后宣誓就任反对党领袖。

（3）蒙特塞拉特国民大会（Montserrat National Congress，MNC）：2019年成立，领导人是曾任蒙特塞拉特民主党（Montserrat Democratic Party，MDP）领袖的洛威尔·刘易斯（Lowell Lewis）。

【重要人物】莎拉·塔克：总督。女，2011年开始从事外交工作。2011—2020年任职于英国外交和联邦事务部，先后担任商务副总监、企业能力总监；2020—2022年任职于英国外交、联邦和发展事务部，先后担任邮轮遣返事务负责人、英属维尔京群岛战略总监。2022年4月出任蒙特塞拉特总督。

经　济

蒙特塞拉特以旅游业、服务业和农业为主，同时大力发展轻工业，减少经济对旅游业和农业的依赖。近年来，通信业和金融业发展迅速，正逐渐成为政府的主要收入来源之一。为实现农产品自给的目标，政府重视发展农业，制订了一系列发展计划。岛上有限的经济活动包括采矿、建筑、金融及服务业、旅游业。20世纪90年代中期开始的火山活动曾使经济基本停滞，而其影响至今仍未消除。

2019年，当地政府提出继续实施经济增长战略并制订了以在未来10年内保持每年5%左右的经济增长率为目标的执行计划。2020年，受全球新冠疫情影响，当地经济下滑明显，当地政府对经济前景保持乐观并积极启动政府方案和应对计划。2021年，随着全球经济逐步复苏，当地经济活动增加，地区经济有序恢复并实现强劲反弹。政府预计当地经济在未来几年内仍无法回到2019年水平。2022年，当地经济活动有所萎缩，这主要缘于建筑行业疲软，同时公共部门投资回落。政府预计2023年随着旅游业持续复苏和岛上交通的改善，当地经济将回升向好。2022年主要经济数据如下：

地区生产总值：1.93亿东加勒比元。

人均地区生产总值：3.72万东加勒比元。

地区生产总值增长率：–1.2%。

货币名称：东加勒比元。

汇率：1美元=2.7东加勒比元（固定汇率）。

【工业】目前规模较小。从业人数占劳动人口的23%。主要生产轻工产品，如朗姆酒、纺织品、电子零件等。近年来，当地政府着力发展可再生能源工业。2020年，蒙特塞拉特在地热能和太阳能的勘探方面取得了长足进展，并正在逐步开发风能资源。2020年、2021年，制造业对地区生产总值的贡献率分别为2.50%和3.59%，建筑业强劲复苏，高速增长，增长率从–20.3%升至64.1%。2022年，建筑业下滑严重，整体增长率大幅缩减至–75%。

【农业】可耕地较少。从业人数占劳动人口的1.6%。主要种植棉花、马铃薯、红薯、辣椒、热带水果和蔬菜等，其中马铃薯、红薯、芒果和酸橙可向邻岛出口。2020年、2021年、2022年，农业（含畜牧业和林业）产值缓慢回弹后又再度回落，增长率从–21.9%升至–4.0%后又跌至–29.3%。

【旅游业】重要经济部门，占地区生产总值的3%。游客主要来自北美。受欧盟对旅游业投资计划的积极影响，该地区旅游业未来增长空间巨大。2020年，当地旅游业遭受新冠疫情重创，产值大幅回落，酒店餐饮业增长率已收缩至–52.17%，特别是依赖旅游业的商业面临财政困难。对此，当地政府在英国的帮助下于4月推出了一揽子财政救济措施以帮助相关企业和个人。2021年，当地旅游业复苏缓慢，酒店餐饮业增长率回升至–41.17%，对地区生产总值的贡献率仅为0.47%。2022年，旅游业表现强劲，增幅最大，游客总人数是上一年的3倍，达5000人，增长率猛升至104.1%。

【交通运输】1997年火山大规模爆发后，岛上公路大部分被毁，现岛屿北部的公路设施已经建成。2020年、2021年、2022年，交通和通信业增长率分别为–4.8%、2.1%、6.5%。

水运：原主要港口普利茅斯在1997年毁于火山喷发，目前在北部的里特尔湾已经建成一个新的港口，有渡轮通往安提瓜岛。

空运：原主要机场——布莱克伯恩机场在1997年毁于火山活动。在北部修建的现代化机场——杰拉尔德机场于2005年开始启用，2008年更名为约翰·奥斯本机场。

【财政金融】财政年度为4月1日至翌年3月31日。2020年、2021年、2022年，经常性收入分别为5210万、5280万、5450万东加勒比元，经常性支出分别为1.40亿、1.34亿、1.38亿东加勒比元，公共债务总额占地区生产总值比重分别为6.0%、5.2%、4.7%。

【对外贸易】长期严重入超。主要出口产品有电子元器件、塑料袋、服装、辣椒、柠檬、牲畜等。主要进口产品有机械和运输设备、食品、工业制成品、燃料、润滑油等。主要出口国为美国、法国、圣基茨和尼维斯，主要进口国为美国、特立尼达和多巴哥、英国。2020年、2021年、2022年，货物出口总额分别为1540万、2280万、1790万东加勒比元，货物进口总额分别为8280万、9790万、1.06亿东加勒比元。

【外国援助】援助来自英国、加拿大、欧盟、联合国、加勒比开发银行和美国国际开发署。1997年蒙特塞拉特火山大规模爆发，使岛上2/3土地无法居住，居民集中到北部"安全区"。1995年至今，英国提供的财政援助和项目基金已至数亿英镑。2020年，英国宣布在2020/2021年度对蒙特塞拉特的财政援助拨款中增加250万英镑以支援其应对新冠疫情，并会为此提供进一步资助。2022年11月，英国宣布为使蒙特塞拉特得到的援助资金免受汇率波动的影响，将对蒙的拨款上调至472万英镑，并同意为蒙的基础设施建设再额外提供300万英镑的资金支持。

人民生活 蒙特塞拉特北部有1所医院。2019年，估计固定电话拥有量约为每百人60部，移动电话约为每百人101部。2021年，估计人口增长率为0.52%，估计居民平均预期寿命为75.49岁。

军　事 无正规军事部队，设蒙特塞拉特皇家守卫队（仪式和民防职责）、警察部队，防务由英国负责。

文化教育 【教育】对入公立学校的5—14岁儿童实行免费义务教育。成人文盲率低于5%。高等教育则由西印度群岛大学（在巴巴多斯、牙买加、特立尼达和多巴哥设有校园）提供。2018/2019财年，当地政府批准的教育经费预算约为75.4万美元。2019年，当地的教育支出占地区生产总值的8.8%。

【新闻出版】出版英文周刊《蒙特塞拉特记者》。

蒙特塞拉特电台：政府电台，1952年创立，1957年首次播音。

安的列斯电台：地区商业性电台，1963年创立，用英法两种语言播音。

明珠广播网络：商业性电台，1984年创立。

安的列斯有线电视台：有两个频道。

另有蒙特塞拉特有线电视台。

对外关系 外交由英国掌管。蒙特塞拉特为万国邮政联盟、加勒比共同体、加勒比开发银行、东加勒比国家组织成员，设有国际刑警组织蒙特塞拉特支局。

【同中国的关系】蒙特塞拉特和中国均属承诺加入境外金融账户共同申报准则体系进行金融涉税信息互换的国家和地区。2017年，蒙特塞拉特与中国在《多边主管当局间协议》框架下实现"配对"，蒙特塞拉特已确定会将中国税收居民的金融资产信息提交给中国。2018年9月，蒙特塞拉特向中国政府提交中国税收居民在蒙特塞拉特金融机构所持有账户的信息。2020年、2021年、2022年，中国与蒙特塞拉特贸易差额分别为40.2万美元、19.79万美元、36.23万美元。2022年，中国与蒙特塞拉特双边货物进出口额为38.49万美元，相比2021年同期增长了15.38万美元，同比增长66.6%。（叶雯）

墨西哥

国名 墨西哥合众国（The United Mexican States, Los Estados Unidos Mexicanos）。

面积 196.44万平方公里。

人口 1.28亿（2022年）。印欧混血人和印第安人占总人口的90%以上。官方语言为西班牙语。88%的居民信奉天主教，5.2%信奉基督教新教。

首都 墨西哥城（Ciudad de México），人口约2228万（2022年，含卫星城），面积1525平方公里，海拔2240米。最热月（5月）平均气温12℃—26℃，最冷月（1月）平均气温6℃—19℃。

国家元首 总统安德烈斯·曼努埃尔·洛佩斯·奥夫拉多尔（Andrés Manuel López Obrador），2018年12月1日就职，任期6年。

重要节日 独立日：9月16日。

简　况 位于北美洲南部，北邻美国，南接危地马拉和伯利兹，东临墨西哥湾和加勒比海，西南濒太平洋。海岸线长1.11万公里，其中太平洋海岸7828公里，墨西哥湾、加勒比海岸3294公里。有300万平方公里专属经济区和35.8万平方公里大陆架。东、西、南三面为马德雷山脉所环绕，中央为墨西哥高原，东南为地势平坦的尤卡坦半岛，沿海多狭长平原。墨气候复杂多样。高原地区气候终年温和，平均气温10℃—26℃；西北内陆为大陆性气候；沿海和东南部平原属热带气候。大部分地区10月至翌年4月为旱季，5—9月为雨季，雨季集中了全年75%的降水量。

美洲文明古国。玛雅文化、奥尔梅克文化、托尔特克文化和阿兹特克文化均由墨印第安人创造。1519年西班牙殖民者入侵。1810年9月16日伊达尔戈神父发动起义，开始独立战争。1821年墨宣告独立。1824年10月成立联邦共和国。1910年爆发资产阶级民主革命。1917年颁布资产阶级民主宪法，宣布国名为墨西哥合众国。

政　治 革命制度党自1929年起连续执政71年。2000年、2006年国家行动党连续两次赢得大选。2012年革命制度党重新执政。2018年，国家复兴运动党赢得大选。2018年7月，国家复兴运动党候选人洛佩斯当选总统，于当年12月1日就职，任期至2024年11月。

【宪法】1824年颁布独立后首部宪法。1917年2月5日颁布《墨西哥合众国宪法》并执行至今，历经多次修改。宪法规定立法、行政、司法三权分立；总统通过直接普选产生，任期6年，终身不得再任；土地、水域及其他一切自然资源归国家所有；工人有权组织工会、罢工等。联邦各州制定本州宪法，但州政府权力受国家宪法约束。

【议会】联邦议会分为参众两院，行使立法权。主要职权有：批准条约和总统对司法、财政、外交及军队高级官员的任命；修改宪法；批准总统出访；必要时任命临时总统；等等。两院均设"领导委员会"和"政治协调委员会"。两院议员不得连选连任，但可隔届竞选。

参议院共128名议员，由32个州各选4名组成，任期6年。本届参议院于2021年6月选举产生，国家复兴运动党60席，国家行动党20席，革命制度党13席，公民运动党12席，其他党派23席。现任参议长为国家复兴运动党的亚力杭德罗·阿门塔·米耶尔（Alejandro Armenta Mier），2022年9月1日就职，任期至2023年8月31日。

众议院共500名议员，其中300席通过多数票选举产生，200席按政党比例代表制产生，任期3年。本届众议院于2021年6月产生，国家复兴运动党201席，国家行动党114席，革命制度党69席，绿色生态党41席，其他党派75席。众议长为国家行动党的圣地亚哥·克里尔·米兰达（Santiago Creel Miranda），2022年9月1日就职，任期至2023年8月31日。

【政府】本届政府于2018年12月1日成立。主要内阁成员有：内政部长路易莎·玛利亚·阿尔卡德·卢汉（Luisa María Alcalde Luján，女），外交部长阿莉西亚·巴尔塞纳·伊巴拉（Alicia Bárcena Ibarra，女），国防部长路易斯·克雷森西奥·桑多瓦尔（Luis Cresencio Sandoval），海军部长何塞·拉斐尔·奥赫达·杜兰（José Rafael Ojeda Durán），公共安全部长罗莎·伊塞拉·罗德里格斯（Rosa Icela Rodríguez，女），财政和公共信贷部长罗赫里奥·拉米雷斯·德拉奥（Rogelio Ramírez de la O），福利部长阿里阿德纳·蒙特尔·雷耶斯（Ariadna Montiel Reyes，女），环境和自然资源部长玛利亚·路易莎·阿尔沃雷斯·冈萨雷斯（María Luisa Albores González，女），能源部长诺尔玛·罗西奥·纳莱·加西亚（Norma Rocío Nahle García，女），经济部长拉奎尔·布恩罗斯特罗（Raquel Buenrostro，女），农业和农村发展部长维克多·比利亚洛沃斯·阿兰布拉（Víctor Villalobos Arámbula），交通通信部长豪尔赫·努诺·拉腊（Jorge Nuño Lara），公共职能部长罗伯托·萨尔塞多·阿基诺（Roberto Salcedo Aquino），公共教育部长莱蒂西亚·拉米雷斯·阿马亚（Leticia Ramírez Amaya，女），卫生部长豪尔赫·阿尔科塞尔·巴雷拉（Jorge Carlos Alcocer Varela），劳动和社会保障部长马拉斯·巴鲁克·博拉尼奥斯·洛佩斯（Marath Baruch Bolaños López），农村、国土和城市发展部长罗曼·吉列尔莫·梅耶尔·法尔孔（Román Guillermo Meyer Falcón），文化部长亚力杭德拉·弗劳斯托·格雷罗（Alejandra Frausto Guerrero，女），旅游部长米格尔·托鲁科·马克斯（Miguel Torruco Márquez）等。

【行政区划】全国划分为32个州（首都墨西哥城已由联邦区改为州），州下设市（镇）和村。32个州名称如下：墨西哥城、阿瓜斯卡连特斯州、下加利福尼亚州、南下加利福尼亚州、坎佩切州、恰帕斯州、奇瓦瓦州、科阿韦拉州、科利马州、杜兰戈州、瓜纳华托州、格雷罗州、伊达尔戈州、哈利斯科州、墨西哥州、米却肯州、莫雷洛斯州、纳亚里特州、新莱昂州、瓦哈卡州、普埃布拉州、克雷塔罗州、金塔纳罗奥州、圣路易斯波托西州、锡那罗亚州、索诺拉州、塔巴斯科州、塔毛利帕斯州、特拉斯卡拉州、韦拉克鲁斯州、尤卡坦州、萨卡特卡斯州。

【司法机构】分为最高法院、大区法院（巡回法院）和地区法院3级。最高法院大法官由总统提名18名候选人，参议院任命其中11人，任期15年。最高法院每4年从其法官中选举1人任院长，不得连任。现任最高法院院长诺玛·露西亚·皮纳·埃尔南德斯（Norma Lucía Piña Hernández，女），任期至2026年12月31日。大区法院和地区法院的法官由最高法院指派，任期4年。

设有总检察院和墨西哥城检察院。总检察长由总统提名，参议院任命。现任联邦总检察长亚力杭德罗·赫尔茨·马内罗（Alejandro Gertz Manero）。此外，还设有联邦劳动保护检察院、联邦消费者检察院、保护儿童和家庭检察院等。

【政党】近年来，墨多党制民主政体进一步发展，主要政党有：

（1）国家复兴运动党（Movimiento Regeneración Nacional）：执政党。2014年7月9日成立。党主席马里奥·马丁·德尔加多（Mario Martín Delgado），总书记西特拉莉·埃尔南德斯（Citlalli Hernández，女）。

（2）革命制度党（Partido Revolucionario Institucional）：反对党。1929年3月4日成立，1929—2000年连续执政71年，时隔12年后于2012—2018年再度执政。党主席亚历杭德罗·莫雷诺（Alejandro Moreno），总书记阿尔玛·维贾诺（Alma Viggiano）。

（3）国家行动党（Partido Acción Nacional）：反对党。1939年9月15日成立。2000—2012年执政。党主席马尔科·科尔特斯·门多萨（Marko Cortés Mendoza），总书记塞西莉亚·帕特龙·拉薇达

（Cecilia Patrón Laviada，女）。

此外，还有绿色生态党（Partido Verde Ecologista）、公民运动党（Partido Movimiento Ciudadano）、劳动党（Partido del Trabajo）、民主革命党（Partido de la Revolución Democrática）等。

【重要人物】安德烈斯·曼努埃尔·洛佩斯·奥夫拉多尔：总统。1953年11月13日出生于墨西哥塔巴斯科州。墨西哥国立自治大学政治学和公共管理学学士。1976年投身政坛，早年为革命制度党成员，从事竞选筹备和印第安事务等基层工作。1989年参与创建民主革命党，并于1996—1999年任该党主席。2000—2006年，洛佩斯辞去党主席职务，当选墨西哥城市长。2006年首次参选总统，以不足1%的微弱劣势惜败于国家行动党候选人卡尔德龙。2012年二度参选总统，又以微弱劣势惜败于革命制度党候选人培尼亚。2014年脱离民主革命党，组建左翼的国家复兴运动党。2018年三度参选总统，作为国家复兴运动党、社会共识党和劳动党组成的"我们共同创造历史"联盟总统候选人赢得大选。

经　　济

墨是拉美经济大国，《美墨加协定》（原北美自由贸易区）成员，世界最开放的经济体之一，同50个国家和地区签有自贸协定。工业门类齐全，石化、电力、矿业、冶金和制造业较发达。传统农业国，是玉米、番茄、甘薯、烟草的原产地。旅游业发达，侨汇收入丰富。2022年主要经济数据如下：

国内生产总值：1.29万亿美元。

国内生产总值增长率：3.1%。

货币名称：墨西哥比索。

汇率：1美元≈17.1墨西哥比索。

通货膨胀率：7.82%。

失业率：2.8%。

（资料来源：国际货币基金组织、墨西哥国家统计局）

【资源】世界能源和矿产大国。矿产资源丰富，是世界主要石油生产国和出口国之一。据墨西哥国家油气委员会统计，截至2020年底，墨西哥原油可采储量为231亿桶，其中80.61亿桶为证实储量。天然气可采储量为7.9万亿立方米。据墨西哥国家统计局统计，2022年墨西哥原油日均产量162.2万桶，同比减少5.55%；出口227亿美元，同比减少28.6%。天然气日均产量13603立方米。墨是全球最大的白银生产国，铜、萤石、铋、天青石、砷、硅灰石、镉、钼、铅、锌、石墨、重晶石和金等16种矿物产量居世界前列。拥有8个世界级矿山，其中：铜矿2个，盐矿、银矿、金矿、萤石矿、锰矿、石膏矿各1个。森林面积1.39亿公顷，水力资源约1000万千瓦。

【工业】门类齐全，石化、能源、矿业、冶金和制造业较发达。2022年工业产值占国内生产总值的31.5%。

【农业】传统农业大国。1994年加入《北美自由贸易协定》后农业生产受冲击，严重萎缩。全国可耕地面积1800万公顷。主要种植玉米、高粱、小麦、大豆、水稻、棉花等。剑麻产量居世界前列。2022年农业产值占国内生产总值的3.9%。

【服务业】服务业是墨产值最高、创造就业机会最多的部门。2022年产值占国内生产总值的59%。墨服务业主要包括商业、金融业、电信产业、不动产、旅游、保险、广告、传媒等。

【旅游业】旅游资源丰富，旅游服务业发达。近年来，墨政府积极促进旅游业发展，如开辟旅游新线路和增设旅游项目等。2022年接待外国游客6599.6万人次，全年旅游业收入263.46亿美元，同比分别增长19.3%和42.5%。

【交通运输】交通运输业较发达，以公路交通和航运为主。

公路：总长40.79万公里。注册车辆5311.5万辆。2022年全国公路客运量37.49亿人次，货运量5.52亿吨。

铁路：总长2.69万公里。2022年全国铁路客运量4101万人次，货运量1.28亿吨。

水运：墨西哥国内码头各种设施较为先进，同欧洲、美国、中南美洲和加勒比地区、远东地区、地中海地区和斯堪的纳维亚半岛的许多国家设有客货运班轮。墨全国共有大小港口和码头118个，其中海港102个，内河港口16个。主要港口有墨西哥湾的阿尔塔米拉港、韦拉克鲁斯港、太平洋沿岸的曼萨尼略港和拉萨罗－卡德纳斯港。

空运：截至2022年底，墨西哥共有机场78个，其中17个主要的机场运送近88%的乘客，这些机场主要分布于墨西哥城、坎昆、瓜达拉哈拉、蒙特雷和蒂华纳等城市。2019年，全国航空客运量1.07亿人次，货运77.4万吨。

【财政金融】近几年公共财政收支预算情况如下（单位：亿比索）：

	2020	2021	2022
总收入	41110	42834	65950
总支出	47874	50412	75690
盈余/亏损	–6764	–7578	–9740

（资料来源：墨西哥财政部）

截至2022年12月底，墨外汇储备2009.76亿美元；墨政府内债余额92618亿比索，外债余额114932亿比索。2022年墨侨汇收入总额584.97亿美元。

主要银行有：墨西哥银行（Banco de México），为墨中央银行，成立于1925年；墨西哥外贸银行（Banco Nacional de Comercio Exterior），成立于1937年。

【对外贸易】同200多个国家和地区建立了贸易关系，与50个国家和地区签订了自由贸易协定。近几年对外贸易情况如下（单位：亿美元）：

	2020	2021	2022
出口额	4176.70	4933.35	5781.93
进口额	3831.94	5041.10	6046.15
差　额	344.76	–107.75	–264.22

（资料来源：墨西哥银行）

墨主要出口原油、机电产品、运输设备、矿产品、医疗设备、植物产品等。主要进口机电产品、通信器材、矿产品、塑料橡胶、贱金属及制品等。

【外国资本】墨是拉美吸引外资最多的国家之一。据墨经济部及联合国贸易和发展会议统计，2022年墨吸引外国直接投资352.92亿美元，同比增长12%。投资主要领域为制造业、水电气、贸易、金融服务业和矿业。主要投资来源地为美国、西班牙、加拿大和德国。

【著名公司】（1）墨西哥石油公司（PEMEX）：隶属墨能源部，是墨最大、拉美第二大企业。成立于1938年，现有员工12万人。当前日产原油178万桶，日出口95.3万桶，日生产天然气1.3亿立方米。总裁：奥克塔维奥·罗梅罗·奥罗佩萨（Octavio Romero Oropeza）。公司总部：Torre Ejecutiva Piso 44，Marina Nacional 329，Col. Huasteca Miguel Hidalgo，Ciudad de México。

（2）墨西哥电话公司（TELMEX）：成立于1947年，现为墨最大通信服务公司，有员工4.6万人。主要经营电话、宽带、数字电视及数据传输业务，占有墨国内90%以上的固话市场份额。总裁：赫克托·斯利姆·塞德（Héctor Slim Seade）。公司总部：Parque Vía 190，Col. Cuautemoc，Ciudad de México。

（3）墨西哥水泥公司（CEMEX）：成立于1906年，现为墨最大、世界第五大水泥公司。主要从事水泥及熟料、商品混凝土的生产和销售，在全球50多个国家和地区设有分支机构，入选美国《财富》杂志企业500强。总裁费尔南多·冈萨雷斯（Fernando González）。公司总部：Av. Constitución 444 Pte. Monterrey，Nuevo León，México。

人民生活

2022年全国人口出生率16.6‰，死亡率6.2‰。

军　事

墨西哥军队建于1821年，始称“国民军”，1913年改称宪制军。根据宪法，总统为武装力量最高统帅，有权宣布“紧急状态”和“战争状态”，决定兵力调动、国防开支和将级以上将领任命等。最高国防决策机构为“国家安全内阁会议”，由总统领导，成员包括国防部长、海军部长、内政部长、外交部长及其他有关政府部长。

国防部和海军部是最高军事行政机关和军事指挥机构。国防部领导指挥陆军和空军，海军部领导指挥海军。

文化教育

【教育】墨是教育大国，公共教育基本为免费教育。2022年平均教育支出占国内生产总值的3.1%。墨现行教育体制分为：

基础教育：学前（3年）、小学（6年）和初中（3年），宪法规定从2008年开始实行从学前到初中的12年义务教育制。义务教育阶段的教材免费。

高中教育：墨称为准高等教育（3年）。

高等教育：本科4—5年，技术大学2—4年，硕士3年，博士2年。高等院校分4类：国立大学（含自治大学）、私立大学、科技院校和研究机构中的教学机构等。

非学校教育：成人教育、远距离教育及职业培训等。

墨全国有小学9.88万所、初中3.86万所、高中1.84万所、大学和科技院校4389所、职业技术院校763所。

墨西哥国立自治大学是墨规模最大、历史最悠久的大学，成立于1551年，1929年实行自治，称“墨西哥国立自治大学”并沿用至今。2022—2023学年在校学生37.33万人，教师员工4.15万人。全校有15个系、4所学院、5个多学科中心、26个博物馆、9所预科学校及47个科研机构。墨自大还在全国32个州及美国、加拿大、西班牙、中国、哥斯达黎加、法国和英国设有办事处。

【新闻出版】全国约有300家报纸和100多种全国性刊物。主要报刊有：《宇宙报》，发行量15万份；《每日报》，发行量10.6万份；《改革报》，发行量14万份；《至上报》，发行量4.5万份；《金融家报》，财经类报纸，发行量约8.1万份。

墨西哥通讯社为官方通讯社，隶属内政部。墨转载国际新闻90%来源于美联社、合众社和法新社。

特莱维萨和阿兹特克为墨两大电视集团，拥有全国95%以上的电视观众。

墨每年出版1.2万种书刊，总发行量2.5亿册，是世界上出版西班牙文刊物最多的国家之一。

对外关系

长期奉行独立自主的外交政策，主张维护国家主权与独立，尊重民族自决权，推行对外关系多元化。主张和平解决国际争端。

墨是联合国会员国，世界贸易组织、二十国集团、亚太经合组织、经济合作与发展组织、美洲国家组织、拉美和加勒比国家共同体、太平洋联盟等机制成员和不结盟运动观察员。

【同中国的关系】1972年2月14日与中国建交。建交以来，两国关系发展顺利。2003年12月，温家宝总理访墨，中墨建立战略伙伴关系。2013年习近平主席访墨期间，两国领导人共同宣布将中墨关系提升为全面战略伙伴关系。2004年8月，中墨成立政府间双边常设委员会，迄今已召开6次会议。2008年7月，中墨建立战略对话机制，迄今已举行5次对话。

建交以来，墨历任总统均高度重视对华关系。中国国家主席、全国人大常委会委员长、国务院总理等领导人先后访墨。2020年4月，习近平主席同洛佩斯总统通电话。4月、12月，王毅国务委员兼外长同埃布拉德外长就落实两国元首共识两次通电话。7月，王毅国务委员兼外长同埃布拉德外长共同主持中拉应对新冠疫情特别外长视频会议。2021年9月，王毅国务委员兼外长同埃布拉德外长通电话。10月，王毅国务委员兼外长在二十国集团罗马峰会期间会见埃布拉德外长。11月，全国人大常委会副委员长武维华同墨参议院副议长纳罗共同主持中墨议会对话论坛第五次会议。12月，习近平主席和拉共体轮值主席国墨西哥总统洛佩斯分别向中拉论坛第三届部长会议发表视频致辞，王毅国务委员兼外长同埃布拉德外长共同主持。2022年2月14日，习近平主席同洛佩斯总统互致贺电，庆祝两国建交50周年；王毅国务委员兼外长在《宇宙报》，埃布拉德外长在《人民日报》同步发表署名文章。4月，全国人大常委会委员长栗战书同墨参议长桑切斯举行视频会晤。11月，王毅国务委员兼外长在二十国集团领导人巴厘岛峰会期间会见埃布拉德外长。

据中国海关总署统计，2022年，中墨双边贸易总额为950亿美元，同比增长9.8%。其中，中国出口额为775亿美元，同比增长15.1%；中国进口额为175亿美元，同比减少8.9%。中国对墨出口的主要商品有电器及电子产品、计算机与通信技术产品、交通工具、光电技术设备、机械设备等；从墨主要进口电器及电子产品、电子技术产品、矿产品、交通工具、仪表类产品等。

据中国商务部统计，截至2021年底，中国对墨西哥直接投资存量为13.02亿美元；截至2021年底，墨西哥在华实际投资1.7亿美元。据中方统计，截至2021年底，中国企业累计在墨签订承包工程合同额178.4亿美元，完成营业额111.0亿美元。2021年，中国企业在墨新签合同额30.4亿美元，完成营业额7.5亿美元。

中国驻墨西哥大使：祝青桥。馆址：Av. San Jerónimo 217b，Tizapán San Ángel，La Otra Banda，Álvaro Obregón，01090 Ciudad de México，CDMX。电话：0052–55–56160609；传真：56160460。商务处地址：Calle Platón No.317，Colonia Polanco，11560，CDMX；电话：0052–55–52811853；传真：52821867。

墨西哥驻华大使：赫苏斯·施雅德（Jesús Seade）。馆址：北京市朝阳区三里屯东五街5号。电话：010–65322574；传真：65323744。经商处电话：010–65322272。签证处电话：010–65322070。

【同美国的关系】1825年与美建交。1846年美入侵墨，1848年双方签订和约，墨被迫将230万平方公里的领土割让给美国。1994年，墨加入北美自由贸易区。美是墨最大贸易伙伴、投资国和债权国。

2018年7月洛佩斯当选总统后，墨美高层互动频繁。墨美加三方就《北美自由贸易协定》升级谈判达成一致，新版协议更名为《美墨加协定》，并于11月30日正式签署。2020年7月，洛佩斯总统访美，同特朗普总统举行会晤，庆祝《美墨加协定》正式生效。12月，洛佩斯总统向美国当选总统拜登致贺并通电话。2021年1月、3月，墨西哥总统洛佩斯两次同美国总统拜登通电话。2022年6月，墨西哥外交部长埃布拉德赴洛杉矶出席第九届美洲峰会。2022年10月、2023年5月，墨西哥总统洛佩斯与美国总统拜登通电话。

据美国商务部统计，2022年，墨美贸易总额为7793.08亿美元，同比增长17.9%，墨顺差1162亿美元。墨是美第二大贸易伙伴，占比14%。

【同其他拉美国家的关系】墨政府重视同地区国家传统友好关系，主张加强在中美洲一体化进程中的主导地位，充分发挥连接南美和北美国家的桥梁作用。2020年1月，墨接任拉共体2020—2021年度轮值主席国。2021年9月，墨西哥作为东道国在首都墨西哥城组织召开第六届拉共体首脑会议。2022年5月，墨西哥总统出访危地马拉、洪都拉斯、萨尔瓦多、伯利兹、古巴五国，就区域经济一体化、移民等问题达成一系列共识。

【同欧盟的关系】墨政府重视发展同欧盟关系，视欧洲为世界政治力量的重要平衡因素，将对欧关系作为对外关系多元化战略的重要组成部分。2008年，墨与欧盟建立战略伙伴关系。2020年4月，墨西哥和欧盟宣布完成墨欧自由贸易协定升级谈判。

【同亚太国家的关系】认为亚太地区是当今世界最具经济活力的地区。墨前十大贸易伙伴中，五个是亚太国家。重视并优先发展同中国、日本、印度等国家关系。（杨舵洲）

南乔治亚岛和南桑威奇群岛

名称 南乔治亚岛和南桑威奇群岛（South Georgia and the South Sandwich Islands）。

面积 3903平方公里。

人口 全岛无常住居民；南乔治亚岛有一英国南

极考察队永久性科学家小组驻留；南桑威奇群岛目前无人居住。

首府　位于南乔治亚岛爱德华国王角。

专员　艾莉森·布莱克（Alison Blake CMG，女），2022年7月就任。

简　况

南乔治亚岛和南桑威奇群岛地处南大西洋，靠近南极，由荒凉的岛屿组成，是英属海外领地。南乔治亚岛位于马尔维纳斯群岛（英国称福克兰群岛）东南1390公里处，面积约3592平方公里，山脉常年被冰雪覆盖，多贫瘠陡峭。南桑威奇群岛距南乔治亚岛东南约750公里，面积约311平方公里。该群岛地理位置靠近南极大陆，气候较恶劣，终年大风，几乎所有降水都是雪，阳光稀少，年均气温为零下4.4摄氏度，有活火山存在。2021年8月12日，无人居住的南桑威奇群岛在间隔3分钟的时间里前后发生了两次地震，分别是7.5级和8.1级，并引发强大海啸，但均没有破坏性，科学家正对此展开深入探测和研究。生活在南乔治亚岛的居民、动物（王企鹅）因距离太远，均未感觉到此次地震。

1775年，英国船长库克抵达南乔治亚岛和南桑威奇群岛，自此该群岛被英国据为己有。1908年，该群岛成为马尔维纳斯群岛（福克兰群岛）的组成部分。1927年和1948年，阿根廷分别正式向南乔治亚岛和南桑威奇群岛提出主权要求。1955年，英国单方面将此主权纠纷提交国际法庭处理，但由于阿根廷的坚决反对，国际法庭未予受理。在1976年12月，约50名阿根廷科研人员来到南桑威奇群岛，此前该地一直无人定居。在英阿马岛战争之前，南乔治亚岛一直是英国南极考察基地。1982年阿根廷曾短暂占领该群岛。马岛战争后由英国驻马岛总督兼任驻南乔治亚岛和南桑威奇群岛专员。1993年5月，鉴于阿根廷政府将出售附近水域的捕鱼许可证，英国政府宣布其控制领域由群岛周围12海里扩展到200海里以内，以保护珍贵的渔业资源。1995年，阿根廷宣布同意不再以武力解决该群岛主权问题。英国于2001年增加了岛上的科研力量。近年来，当地主要致力于岛内的建设和可持续发展；开展保护环境，减少人类影响，恢复生物多样性和鸟类栖息地的工作；与挪威政府合作对岛内文化遗产进行修缮保护；开发相关旅游项目。2020年6月10日，阿根廷再次对马尔维纳斯群岛（福克兰群岛）、南乔治亚岛和南桑威奇群岛宣示主权，并坚决要求尽快重启与英国的主权谈判。9月，阿根廷宣布寻求就全面行使阿根廷对上述群岛的主权问题达成共识和给予支持，并称联合国已再次批准了要求阿根廷和英国就行使主权进行讨论的南美国家联盟的新宣言。2021年6月24日，阿根廷外交部长费利佩·索拉（Felipe Solá）在联合国大会非殖民化特别委员会重申阿根廷对马尔维纳斯群岛（福克兰群岛）、南乔治亚岛和南桑威奇群岛以及周边海域和岛屿地区的主权要求，并要求英国积极回应并尽早启动对话谈判。2022年，阿根廷积极落实覆盖全年的“马尔维纳斯群岛40年”工作计划，其核心内容是加大对马尔维纳斯群岛（福克兰群岛）、南乔治亚岛和南桑威奇群岛行使主权的诉求在国际社会的宣传力度，争取达成国际共识，并创造让英国就主权问题重回双边谈判的条件。

政　治

南乔治亚岛和南桑威奇群岛无常住居民，故不任命总督，只设专员，专员均由时任马尔维纳斯群岛总督兼任。专员拥有与总督相同的权力，拥有行政权，负责岛内事务及外事、防务等。此外，设首席执行官1名，负责政策事务及渔业许可证的发放，现由劳拉·辛克莱·威利斯（Laura Sinclair Willis，女）担任；设运营主管1名，负责岛内各方面的行政管理，现由史蒂夫·韦恩（Steve Winn）担任，下设4名官员；设渔业与环境主管1名，现由马克·贝尔奇（Mark Belchier）担任，下设两名官员；设战略与政策总监1名，现由约翰·克劳利（John Clorley）担任，下设两名官员。各官员均由英国政府或马尔维纳斯群岛（福克兰群岛）政府任命。南乔治亚岛和南桑威奇群岛适用英国法律。

经　济

当地经济以渔业、旅游业为主。政府主要收入来源为发放渔业许可证、印花税，以及旅游船只的港口停靠费用等，临近水域进行的捕捞活动也是潜在的收入来源。古利德维肯港是全岛最大的停泊海港。当地通用货币是英镑，与英国本土使用的纸币和硬币完全相同。近年来，涉及该群岛的邮轮旅游业亦发展迅速，许多邮轮游线路是将古利德维肯与南极之旅结合，从而成为当地另一大收入来源。2019年11月，该群岛正式实施海关新规，不再将游艇与其他船只相区别，游艇应付的报关费将增加。2020年，受全球新冠疫情的影响，古利德维肯港至少在8月前停止对游客开放，8月后则采用严格的开放标准并仅允许访问无人居住区域，这会对该群岛2020/2021旅游季带来不利影响。当地政府正着手制定应对方案以降低旅游业会遭受的损失，也正在实施一系列预防和保护措施以保障疫情期间全岛的正常运转。2019/2020旅游季共有78艘游轮载客12521人抵岛；2021/2022旅游季，这一数字降为27艘和5374人，游客如预期所料明显低于疫情前的旅游季。2022年，渔船量明显减少，作为主要收入来源的渔业许可费因此缩水，当地政府全年总收入估计为650万英镑，全年总支出为777万英镑。

军　事

英国于2001年3月从南乔治亚岛撤出驻扎军队，由英驻马尔维纳斯群岛（福克兰群岛）皇家军队负责南乔治亚岛和南桑威奇群岛的安全。

对外关系

南乔治亚岛和南桑威奇群岛是万国邮政联盟成员。　（叶雯）

尼加拉瓜

国名 尼加拉瓜共和国（The Republic of Nicaragua, La República de Nicaragua）。

面积 13.04万平方公里。

人口 670.2万（2022年）。印欧混血种人占69%，白人占17%，黑人占9%，印第安人占5%。官方语言为西班牙语，在大西洋沿岸也使用苏莫语、米斯基托语、英语。居民多信奉天主教。

首都 马那瓜（Managua），人口109.5万（2022年）。最高气温32℃，最低气温23℃。

国家元首 总统丹尼尔·奥尔特加·萨阿韦德拉（Daniel Ortega Saavedra），2006年当选，2011年、2016年、2021年三次连选连任，2022年1月10日就职，任期5年。

重要节日 独立日：9月15日。

简况

位于中美洲地区中部，北靠洪都拉斯，南连哥斯达黎加，东临加勒比海，西濒太平洋。海岸线长约820公里。属热带气候。1—5月为旱季，6—12月为雨季。年均气温25.5℃。

原为印第安人居住地。1524年沦为西班牙殖民地。1821年宣告独立。1823年加入中美洲联邦。1839年建立共和国。在美国的支持下，索摩查家族自1936年起对尼进行长达40余年的独裁统治。1979年，桑地诺民族解放阵线（简称“桑解阵”）推翻独裁政权并开始执政。1990年，桑解阵下台。1996年起制宪自由党连续两届执政。2006年起，桑解阵重新执政至今。

政治

2006年11月，曾于20世纪80年代执政的桑解阵领导人奥尔特加再次当选总统并于2007年1月10日就职。2011年、2016年、2021年奥尔特加三次连选连任。2022年1月就职，任期至2027年。

【宪法】1986年8月18日由国民议会通过，1987年1月生效。1995年2月、2000年1月和2004年12月3次修改宪法。规定尼是独立、自由、自主、统一和不可分割的国家。国家中央权力机构由总统、国民议会、最高法院和最高选举委员会组成；总统为国家元首、政府首脑和武装部队最高司令。总统和议员由选举产生，任期5年。总统任命内阁部长须经国民议会批准，议会有权罢免政府官员和再否决总统对法案的否决。

【议会】国民议会为一院制，由91名议员组成，任期5年。议长任期1年，可连选连任。本届议会于2022年1月组成，其中桑解阵75席，制宪自由党10席，独立自由党2席，尼加拉瓜自由联盟2席，共和国联盟1席，“土地母亲的孩子”党1席。现任议长为桑解阵的古斯塔沃·爱德华多·波拉斯（Gustavo Eduardo Porras）。

【政府】本届政府于2022年1月成立。主要成员有：副总统罗萨里奥·穆里略（即总统夫人，Rosario Murillo），内政部长玛丽亚·阿梅莉亚·科罗内尔·金洛赫（María Amelia Coronel Kinloch，女），外交部长丹尼斯·蒙卡达（Denis Moncada），财政和公共信贷部长伊万·阿科斯塔·蒙塔尔万（Iván Acosta Montalván），国防部长罗莎·阿德利娜·巴拉奥纳·卡斯特罗（Rosa Adelina Barahona Castro，女），发展、工业和贸易部长何塞·贝穆德斯（Jesús Bermúdez），农牧和林业部长博斯科·卡斯蒂略（Bosco Castillo），交通与基础设施部长奥斯卡·莫希卡·奥夫雷贡（Óscar Mojica Obregón），卫生部长玛尔塔·雷耶斯（Martha Reyes，女），劳动部长赫阿尔瓦·托雷斯（Alba Torres，女），环境与自然资源部长埃迪·洛雷塔娜·卡尔德龙·帕尔马（Heyddy Loredana Calderón Palma，女），能源和矿产部长萨尔瓦多·曼塞尔·卡斯特里略（Salvador Mansell Castillero），家庭和社区经济部长胡斯塔·佩雷斯（Justa Pérez，女），教育部长利利亚姆·埃斯佩兰萨·埃雷拉·莫雷诺（Liliam Esperanza Herrera Moreno，女），家庭和青少部长约安娜·弗洛雷斯（Johana Flores，女），妇女部长洁西卡·莱瓦（Jessica Leiva，女），青年部长纳伊玛·格瓦拉·阿奎罗（Lucien Nahima Quevara Agüero，女）。

【行政区划】全国划分为16个省和两个自治区，下设153个市镇。

【司法机构】设最高法院、上诉法院和共和国法院。最高法院由国民议会选举产生的16名大法官组成，大法官任期5年。最高法院院长阿尔瓦·卢斯·拉莫斯·巴内加斯（Alba Luz Ramos Vanegas，女）。

【政党】主要政党有：

（1）桑地诺民族解放阵线（Frente Sandinista de Liberación Nacional，FSLN）：执政党。1961年7月23日成立，主要由工人、农民和知识分子组成，为推翻索摩查军人独裁统治进行了长期的武装斗争。1979年7月至1990年4月执政。2006年11月在大选中获胜，时隔16年再度执政，连任至今。总书记为现总统丹尼尔·奥尔特加·萨阿韦德拉。

（2）制宪自由党（Partido Liberal Constitucionalista，PLC）：反对党。1968年成立。1996年首度执政。2001

年11月在大选中再度获胜。党主席为玛利亚·阿伊德·奥苏那（María Haydeé Osuna，女），总书记为玛尔塔·麦考伊（Martha Mccoy，女）。

（3）独立自由党（Partido Liberal Independiente，PLI）：反对党。1944年成立，主要由自由民族主义党中不满索摩查家族而分裂出来的成员组成。党主席何塞·德尔卡门·阿尔瓦拉多（José del Carmen Alvarado）。

（4）尼加拉瓜自由联盟（Alianza Liberal Nicaragüense，ALN）：反对党。2006年由前内政部长蒙特亚莱格雷创建，从制宪自由党中分离产生。党主席为亚历杭德罗·梅希亚·费雷蒂（Alejandro Mejía Ferreti）。

（5）民主革新联盟（Unión Demócrata Renovador）：反对党，1995年5月18日成立。原称桑地诺革新运动，主要由从桑解阵分离出来的部分干部、知识分子和艺术家组成，主张维护社会民主、法制、公平。党主席为苏严·巴拉奥纳（Suyen Barahona，女）。

【重要人物】丹尼尔·奥尔特加·萨阿韦德拉：总统。1945年生。1963年加入桑解阵。1981年任民族复兴政府执行委员会协调员（相当于政府首脑）。1984年当选总统，1985—1990年执政。1991年起任桑解阵总书记。1990年、1996年和2001年3次竞选总统失利。2006年，再次竞选获胜；2011年、2016年、2021年3次连选连任。2022年1月就职，任职5年。

经　济

以农牧业为主。主要生产棉花、咖啡、甘蔗、香蕉、肉类等。2022年主要经济数据如下：

国内生产总值：156.7亿美元。

人均国内生产总值：2327.3美元。

国内生产总值增长率：3.8%。

货币名称：科多巴。

汇率：1美元≈36.56科多巴。

通货膨胀率：11.6%。

失业率：3.5%。

（资料来源：尼加拉瓜央行，下同）

【资源】拉美主要产金国之一，已探明有106条金矿脉，年产量居世界第13位。其他矿藏有银、锑、锌、铜、铅等。地热资源丰富，有两处石油矿藏。森林面积占国土面积的43%。有动物1.23万种，植物5700多种。

【工业】以制造业为主，近年来出口加工业发展迅速。主要有食品、饮料、烟草、纺织、木材、化工、金属、黑色金属产品等。设有拉斯梅赛德斯等工业开发区。2022年制造业、建筑业和采矿业同比分别增长5.1%、12.2%和3.4%。

【农业】主要出口创汇部门。主要农作物有咖啡、甘蔗、香蕉、玉米、水稻、高粱等。可耕地和牧场面积共计625.5万公顷，其中20%未开发。农牧业劳动人口占全国总人口的42.6%。2022年农业产值同比增长3%。

【服务业】商业、交通运输、保险、水电等服务业从业人员约40万人。2022年商业产值同比增长7.2%。

【旅游业】旅游资源丰富。近年来，旅游业发展较快，同咖啡、糖构成尼经济的三大支柱产业。目前尼全国共有酒店近1100家，2022年共接待外国游客93.2万人次，旅游外汇收入5.96亿美元，同比增长220%。著名旅游景点有尼加拉瓜湖、圣地亚哥火山等。

【交通运输】主要为陆路和水路运输。

铁路：总长345公里，1994年起因损毁严重而停运。

公路：总长2.47万公里，其中柏油路1500公里。通往洪都拉斯和哥斯达黎加段泛美高速公路长368.5公里。

水运：位于太平洋岸的科林托港和位于大西洋岸的布卢菲尔兹港是国际商港。国内5条河流中部分可通航。

空运：国际航线通往迈阿密、墨西哥城、哈瓦那和中美洲各国首都。马那瓜的塞萨尔·奥古斯托·桑地诺机场为主要国际机场。

【财政金融】2022年侨汇收入32.2亿美元，外国直接投资18.4亿美元，外汇储备为44亿美元，外债总额为81.2亿美元。

【对外贸易】尼是世界贸易组织成员，同50多个国家和地区有贸易关系。与墨西哥、多米尼加、美国、中美洲其他国家、欧盟签有自由贸易协定，与哥伦比亚、委内瑞拉、加拿大、日本等签订关税优惠协议。2022年，尼出口额为38.8亿美元、进口额为79.7亿美元，同比分别增长10.5%、20.7%。主要出口黄金、咖啡、肉类、乳制品、蔗糖、花生等，主要出口对象国为美国、萨尔瓦多、哥斯达黎加、委内瑞拉和墨西哥。主要进口原材料、消费品、石油等，主要进口来源国为美国、墨西哥、哥斯达黎加和委内瑞拉。

【外国援助】国际社会每年向尼提供大量援助。日本、瑞士是给予尼援助较多的国家。多边援助主要来自欧盟、联合国开发计划署和联合国儿童基金会。2000年12月，世界银行批准尼成为重债穷国减债倡议的受惠国。世界银行、国际货币基金组织、美洲开发银行、石油输出国组织国际发展基金、巴黎俱乐部大幅减免尼债务。

人民生活

尼平均寿命74.7岁。2010—2015年人口增长率1.2%，出生率23.2‰，死亡率4.6‰，新生儿死亡率18.1‰。劳动人口约423万人。2022年贫困率13.3%，2020年极端贫困率8.6%。2022年平均月工资约合357.6美元，基尼系数0.47。全国共有医院或诊所62家，平均每万人拥有病床9张。

军　事

1961年桑解阵成立后领导游击斗争。1979—1990年桑解阵执政期间将游击队定名为桑地诺人民军。1990年宣布裁军并废除义务兵役制。1995年2月，桑地诺人民军改称尼加拉瓜国民军。尼宪法规定：军队必须服从政府指挥，总统为武装部队最高司令；国民军总司令从军事委员会提名的候选人中产生，由总统任命，任期5年，不得连任。

文化教育

【教育】实行中小学义务教育。小学学制6年，中学5年，大学4—7年。全国有28所大学，其中最著名的是马那瓜国立大学。2007年起，尼取消公立学校学生注册费和学费。目前实行免费教育。

【新闻出版】主要电视台有4台、6台、8台、13台，其中6台系国家台。广播电台171家。官方报纸为《数字19报》。

对外关系

奉行不结盟的外交政策，强调在主权平等、民族自决和相互尊重的原则下与各国建立和发展关系。主张和平解决国际争端，保护人权，支持所有旨在缓和国际紧张局势、推动裁军和制止军备竞赛的行动。主张加强南南合作，改善南北经济关系，支持联合国改革。奥尔特加政府执政后，尼加入美洲玻利瓦尔联盟，同委内瑞拉、古巴、玻利维亚加强关系。尼积极推动中美洲一体化进程，是中美洲一体化体系成员国。

【同中国的关系】1985年12月7日，中尼两国建交。1990年11月6日，尼台"复交"。11月9日，中国政府宣布中止与尼外交关系。当地时间2021年12月9日，尼宣布同台"断交"。北京时间12月10日，中尼双方在天津签署《中华人民共和国和尼加拉瓜共和国关于恢复外交关系的联合公报》，决定自公报签署之日起相互承认并恢复大使级外交关系。

2021年12月，王毅国务委员兼外长同蒙卡达外长举行视频通话。2022年1月，习近平主席特使、全国人大常委会副委员长曹建明访尼出席尼加拉瓜总统奥尔特加新任期就职仪式，并同奥尔特加总统举行会见。其间，双方签署"一带一路"合作谅解备忘录等4项合作协议。5月，王毅国务委员兼外长同蒙卡达外长通电话。6月，中国政府拉美事务特别代表邱小琪访尼。9月，王毅国务委员兼外长在纽约出席联大一般性辩论期间会见蒙卡达外长。10月，奥尔特加总统就中共二十大召开及习近平主席再次当选中共中央总书记分别向习近平总书记致贺函。11月，全国人大常委会委员长栗战书同尼国民议会议长波拉斯举行视频会晤。

据中国海关总署统计，2022年，中尼双边贸易额为7.6亿美元，同比减少7.1%。其中，中国出口额为7.2亿美元，同比减少8.8%；中国进口额为0.36亿美元，同比增长43.7%。中国主要向尼出口轻工和纺织品、计算机和通信设备、摩托车和自行车零件等产品，进口农产品、皮革和木材等。

中国驻尼加拉瓜使馆大使：陈曦。馆址（临时）：Del Colegio Centroamérica 1.5 km al sur，Villa Fontana Sur，Managua，Nicaragua。电话（领事保护与协助）：00505–89451390；传真：22992304。

尼加拉瓜驻华大使：迈克尔·坎贝尔·雷内·奥克（Michael Campbell René Hooker）。馆址：北京市朝阳区建国门外外交公寓4–2–161。电话：010–85321198；传真：85321198。

【同美国的关系】20世纪80年代桑解阵政权受到美国制裁。1990年桑解阵下台后，尼美关系恢复。2007年奥尔特加再度执政后，美多次对尼实施制裁措施。美长期保持尼最大投资来源地和最大贸易对象国地位，是尼主要侨汇来源国。

【同中美洲邻国的关系】尼重视同邻国的关系，主张中美洲政治经济一体化，建立中美洲关税联盟，积极推动中美洲加入拉美地区一体化进程。

【同古巴的关系】1979年桑解阵取得革命胜利后即同古巴复交。古曾向尼派出军事顾问、医生、教师及其他专业技术人员。1990年3月，尼右翼政府上台后，古停止对尼军援，但保留在尼专业技术人员。1998年12月，古免除尼5010万美元外债。奥尔特加总统再次执政后，尼古关系恢复较高水平。

【同其他拉美国家的关系】重视加强同其他拉美国家的友好合作关系。奥尔特加总统再次执政后，尼同委内瑞拉等美洲玻利瓦尔联盟成员关系密切，委向尼提供大量经援。（陆雅萍）

萨尔瓦多

国名 萨尔瓦多共和国（The Republic of El Salvador，La República de El Salvador）。

面积 2.104万平方公里。

人口 632.6万（2022年）。印欧混血种人占86%，欧洲人后裔占13%，印第安人占1%。官方语言为西班牙语。75%以上的居民信奉天主教。

首都 圣萨尔瓦多市（San Salvador），人口69.5万（2022年），面积72.25平方公里。

国家元首 总统纳伊布·布克尔（Nayib Bukele），2019年6月1日就任，任期5年。

重要节日 独立日：9月15日（1821年《中美洲独立议定书》签订日）。

简　况

位于中美洲北部，东北和西北分别与洪都拉斯和危地马拉接壤，西濒太平洋，东南临丰塞卡湾。除南部沿岸狭长平原外，其余为山地高原。境内多火山，被称为“火山之国”。

原为印第安人居住地。1524年沦为西班牙殖民地。1821年独立。1823年加入中美洲联邦。1841年脱离中美洲联邦，成立共和国。此后多次与邻国交战。1907年中美洲六国签署《和平友好协定》。20世纪30年代起，军事政变频发，政局长期动荡。1979年爆发内战，左翼游击队同军政府激烈冲突。1989年恢复民主体制，右翼连续20年执政，其间，1992年右翼政府同左翼游击队签署《和平协定》并结束内战。

政　治

2009年源自左翼游击队的马蒂阵线首次赢得大选并上台执政，2014年大选再度获胜。2019年2月3日，新生代政治人物、民族团结大联盟候选人布克尔以超过53%的得票率当选总统，打破了萨政坛左右翼轮流执政的局面，并于6月1日就职，任期至2024年5月。

【宪法】现行宪法于1983年12月23日生效。规定国家实行三权分立的代议制民主共和体制，总统、副总统由直接选举产生。2021年9月，萨尔瓦多最高法院宪法法庭发布决议，裁定总统可连选连任一次并宣布即时生效。

【议会】国民议会实行一院制，共有议员84名，采取区域代表制，按各省人口比例选举产生。议员任期3年，可连选连任。本届议会于2021年5月成立，任期至2024年4月。其中，执政党“新思想”党占56席，盟党民族团结大联盟占5席，右翼反对党民族主义共和联盟占14席、民族和解党占2席，左翼反对党马蒂阵线占4席，其他党派占3席。现任议长为“新思想”党议员埃内斯托·卡斯特罗（Ernesto Castro），2021年5月1日就职。

【政府】本届政府于2019年6月组成。主要成员有：副总统费利克斯·乌略亚（Félix Ulloa），外交部长亚历杭德拉·希尔·蒂诺科（Alexandra Hill Tinoco，女），内政和国土发展部长胡安·卡洛斯·比德加因（Juan Carlos Bidegain），司法和公共安全部长埃克托尔·古斯塔沃·比利亚托罗（Héctor Gustavo Villatoro），财政部长何塞·亚历杭德罗·塞拉亚（José Alejandro Zelaya），经济部长玛利亚·鲁伊萨·阿耶姆（María Luisa Hayem，女），教育和科技部长何塞·毛里西奥·皮内达（José Mauricio Pineda），国防部长雷内·弗朗西斯·梅里诺（René Francis Merino），劳动和社会保障部长奥斯卡·罗兰多·卡斯特罗（Óscar Rolando Castro），农业和畜牧业部长恩里克·何塞·帕拉达（Enrique José Parada），卫生部长弗朗西斯科·何塞·阿拉比（Francisco José Alabí），公共工程和交通部长埃德加·罗德里格斯·埃雷拉（Edgar Rodríguez Herrera），环境和自然资源部长费尔南多·洛佩斯（Fernando López），旅游部长莫雷纳·伊莱安娜·巴尔德斯（Morena Ileana Valdez，女），文化部长玛利艾姆·欧尼斯·普莱特兹（Mariemm Eunice Pleitez，女），住房和城市发展部长米切尔·索尔·德卡斯特罗（Michelle Sol de Castro，女），地区发展部长玛利亚·奥菲利亚·纳瓦莱特（María Ofelia Navarrete，女）。

【行政区划】全国划分为14个省，省下设262个市。

【司法机构】司法权由最高法院、总检察院等行使。最高法院由15名大法官组成，由议会选举产生，任期9年，每3年改选1/3。最高法院院长任期3年，可连选连任。现任院长奥斯卡·洛佩斯·赫雷斯（Óscar López Jérez），2021年7月就职，任期至2024年7月。总检察长由议会选举产生，任期3年，可连选连任。现任总检察长鲁道夫·德尔加多（Rodolfo Delgado），2022年1月就职，任期至2025年1月。

【政党】主要政党有：

（1）“新思想”党（Nuevas Ideas）：执政党。2017年10月由现任总统布克尔创建。2018年8月完成注册。该党主张走“新中间道路”，反对贪腐、特权和排他，提倡党内民主，支持多元共生。该党先后颁布两部党章，于2020年3月举行首次党内选举，选出中央、省、市三级领导机构负责人，正式建立起包括全国委员会、全国代表大会、全国选举委员会、道德保障委员会、地方组织机构等党内各级组织架构。现为议会第一大党团。党主席萨布拉·布克尔（Zablah Bukele）。

（2）民族团结大联盟（Gran Alianza por la Unidad Nacional）：执政党盟党。2010年建党。由民族主义共和联盟分裂而来。自称中左翼政党，但政治基调相对保守。现为议会第三大党团。因“新思想”党未能在总统候选人登记前完成注册程序，布克尔于2018年7月作为该党候选人参加大选。党主席尼尔森·瓜尔达多（Nelson Guardado）。

（3）民族主义共和联盟（Alianza Republicana Nacionalista）：右翼最大反对党。1981年建党。初期成员多为庄园主，1989年后吸纳大量工商企业家，政治主张趋于温和务实，倡导新自由主义和开放政策。曾于1989—2009年连续执政。现为议会第二大党团。党主席埃里克·萨尔格罗（Erick Salguero）。

（4）法拉本多·马蒂民族解放阵线（Frente Farabundo Martí para la Liberación Nacional）：左翼反对党。1980年10月，“法拉本多·马蒂人民解放军”、“全国抵抗武装力量”、“人民革命军”、中美洲劳工革命党、萨尔瓦多共产党联合组成反政府武装阵线。1992年1月，该阵线与政府签署《和平协定》，12月成为合法政党。此后多次参加大选失利，但2009年、2014年该党候选人富内斯、桑切斯先后赢得大选。现为议会第四大党团。总书记奥斯卡·奥尔蒂斯（Oscar Ortiz）。

（5）民族和解党（Partido de Concertación Nacional）：右翼政党。1961年建党。1962—1979年连续4次执政，与军队关系密切。1979年后影响力下降。党主席曼努埃尔·罗德里格斯（Manuel Rodríguez）。

【重要人物】纳伊布·布克尔：总统。1981年7月24日出生于首都圣萨尔瓦多，巴勒斯坦后裔。2012年代表马蒂阵线当选新库斯卡特兰市市长，2015年当选圣萨尔瓦多市市长。2017年10月自行组建“新思想”党并宣布参加2019年总统选举。2019年2月当选总统，6月1日就职，任期5年。已宣布将在萨尔瓦多2024年大选中竞选连任。

经　济

2022年，萨尔瓦多主要经济数据如下：

国内生产总值：324.88亿美元。

人均国内生产总值：4134美元。

国内生产总值增长率：2.6%。

货币名称：科朗（目前主要流通美元）。

固定汇率：1美元≈8.75科朗。

通货膨胀率：7.32%。

失业率：8%。

（资料来源：萨尔瓦多中央储备银行、世界银行，下同）

【资源】矿藏有金、银、铜、铁、石油、煤、锌、铅、水银、硫黄等，还有较丰富的地热和水力资源。森林面积约占国土面积的12.6%。

【工业】主要有制糖、食品加工、纺织、成衣制作、卷烟、水泥、炼油、医药、汽车装配等部门。从业人口占劳动人口的21.6%。

【农业】农业是国民经济的支柱之一。农村人口179.6万人。农业从业人口约占劳动人口的18.5%。农业出口收入占出口总额的1/3。全国可耕地面积73.7万公顷。主要农作物有玉米、菜豆、大米、高粱。

【旅游业】萨尔瓦多是古代玛雅文化发祥地之一。火山、高原湖泊及太平洋沿岸的海滨浴场景色宜人。旅游业从业人员10.3万人。布克尔政府大力推行“冲浪城市”计划，意图以沿海地区旅游业发展为依托，带动全国基建和服务业发展。2022年萨累计接待游客近250万人次，创收26.46亿美元。

【交通运输】以公路运输为主。

公路：总长1.22万公里。主要公路为泛美公路和滨海公路。

铁路：总长283公里，自2005年起停运。

水运：主要港口有阿卡胡特拉港、圣萨尔瓦多港、圣安娜港等，其中阿卡胡特拉港是中美洲重要港口之一。

空运：位于首都以南40公里处科马拉帕的萨尔瓦多国际机场是中美洲现代化水平最高的国际机场之一。此外，还有伊洛潘戈国际机场。萨尔瓦多航空公司有通往中美洲各国以及美国迈阿密和洛杉矶的国际航线。

【财政金融】萨尔瓦多中央储备银行统计数据显示，2020年，萨尔瓦多政府财政总收入50亿美元，结构性赤字30亿美元。截至2021年4月，公共债务总额为232.16亿美元，同比增长5.13%。

萨尔瓦多中央储备银行是其中央银行，主要商业银行有库斯加特兰银行、萨尔瓦多房贷银行等。萨尔瓦多金融系统监事会负责对境内金融机构及交易进行监管。

【对外贸易】对外贸易占国内生产总值一半以上。主要出口咖啡、棉花、蔗糖、虾类、纺织品等，主要出口对象国为美国、洪都拉斯、危地马拉和尼加拉瓜；主要进口原材料、燃料、工业制成品和日用消费品，主要进口来源国为美国、中国、危地马拉和墨西哥。2022年，萨进出口总额为242.23亿美元，为近10年来最高值。其中，进口额为171.08亿美元，出口额为71.15亿美元，同比分别增长17%、11.3%。萨接收侨汇56.89亿美元，同比增长3.7%。

【外国资本】美国是萨最大的投资来源国，控制着萨全部空运、2/3的铁路及大部分咖啡生产。美在萨私人投资主要涉及银行、炼油、机械制造等部门。

人民生活

预期人均寿命，男性为68岁，女性为74岁。

军　事

萨尔瓦多武装部队包括陆军、空军和海军。

文化教育

【教育】实行9年制义务教育。2017年中、小学入学率分别为71%和96%，成人识字率88%。大学有圣萨尔瓦多大学和中美洲何塞·西蒙·坎纳斯大学等。

【新闻出版】主要报刊有《图片新闻报》《今日报》《世界报》《拉丁日报》等。

全国有51家电台。国家电台隶属总统府新闻局。有8家电视台，其中1家为国家电视台。

对外关系

强调维护国家主权和领土完整；尊重人权和基本自由；各国人民自决，互不干涉内政；依据国际法和平解决争端；寻求和维护国际和平与安全；不威胁使用武力；支持在平等、公正与合作基础上建立国际新秩序，主张国际关系民主化。重视发展同美国和中美洲邻国的传统关系，积极参与中美洲地区一体化进程。

【同中国的关系】中萨于2018年8月21日建立大使级外交关系。2018年11月，萨尔瓦多总统桑切斯对华进行国事访问并出席首届中国国际进口博览会开幕式。

2019年1月、4月，中国驻萨使馆、萨驻华使馆分别开馆。

2020年2月，萨外交部发表新闻公报就中国遭遇新冠疫情表示慰问。3月，希尔外长就中国遭受新冠疫情向王毅国务委员兼外长致慰问函。6月，王毅国务委员兼外长就萨遭受气象灾害向希尔外长致慰问电。

2021年3月，萨议会举行置旗仪式，将中国国旗永久陈列在全国大厅。6—7月，萨多个政党致函祝贺中国共产党建党100周年。

2022年1月，全国人大常委会委员长栗战书同萨国民议会议长卡斯特罗举行视频会晤，就双边关系及立法机构交流合作交换意见。6月，中国政府拉美事务特别代表邱小琪访问萨尔瓦多。10月，布克尔总统就中国共产党召开第二十次全国代表大会向习近平主席致贺函。乌略亚副总统就习近平主席当选中国共产党第二十届中央委员会总书记致贺函。卡斯特罗议长就中国共产党召开第二十次全国代表大会向全国人大常委会委员长栗战书致贺函。12月，中国贸促会会长、中国国际商会会长任鸿斌率团访问萨尔瓦多。

据中国海关总署统计，2022年，中萨双边贸易额为18.92亿美元，同比增长9.6%。其中，中国出口额为16.59亿美元，同比增长10%；中国进口额为2.33亿美元，同比增长6.7%。中国主要出口机电产品、纺织品、高新技术产品等，进口食糖、电子产品、服装等。萨尔瓦多已参加三届中国国际进口博览会。

中国驻萨尔瓦多大使：欧箭虹（女）。馆址：Avenida Olímpica entre 71 y 73 avenida sur，residencia 3742 en la colonia Escalón，del municipio de San Salvador。电话：00503-22834079；传真：22834079。

萨尔瓦多驻华大使：阿尔多诺夫·弗兰克科·阿尔瓦雷斯（Aldonov Frankeko Álvarez）。馆址：北京市朝阳区秀水街1号建外外交公寓15楼1单元101。电话：010-85326057；传真：65320036。

【同美国的关系】美是萨主要投资来源国和贸易伙伴。目前，萨美贸易占萨外贸总额的36%。290多万萨侨定居在美，自美侨汇收入约占萨国内生产总值的近20%。美在萨设有军事基地。

【同欧盟及欧洲国家的关系】重视发展同欧洲国家的关系，积极参与中美洲国家同欧盟伙伴关系协议谈判。

【同其他拉美国家的关系】重视发展同其他拉美国家关系，积极推动中美洲一体化进程。萨是拉美和加勒比国家共同体、中美洲共同市场、中美洲经济一体化银行、中美洲议会、中美洲一体化体系和加勒比石油计划成员国。与墨西哥、多米尼加、智利、巴拿马、哥伦比亚等国签订了双边自贸协定。（马钰洁）

圣巴泰勒米

名称　圣巴泰勒米海外领地（Overseas Collectivity of Saint-Barthélemy，Collectivité d'Outre-Mer de Saint-Barthélemy），简称“圣巴泰勒米”（Saint Barthélemy），也称“圣巴特”（Saint Barts、Saint Barths或Saint Barth）。

面积　25平方公里，包括圣巴泰勒米岛及邻近一些小岛。

人口　10967人（2022年）。有白人、克里奥尔人（也称“穆拉托人”，指黑人与白人混血儿）、黑人、瓜德罗普梅斯蒂索人（法国人与东亚人混血儿）等。法语为主要语言，也使用英语。居民信奉天主教、基督教新教、耶和华见证会等。

首府　古斯塔维亚（Gustavia），位于圣巴泰勒米岛西岸，人口7086人（2022年）。

行政长官　文森特·贝尔顿（Vincent Berton），2022年3月28日就任（由法属圣马丁行政长官兼任）。

重要节日　法国国庆日（巴士底日，Bastille Day）：7月14日（1789年）；圣巴泰勒米日（St. Barthelemy Day）：8月24日。

简　况

圣巴泰勒米岛（面积21平方公里）位于加勒比海最东北部，圣马丁岛西南25公里，瓜德罗普岛西北230公里。周围有一些小岛礁。地处北纬17.9°，属热带气候，终年气温变化不大，平均气温约27℃。7—10月为湿季，12月至翌年5月为干季。年均降水量1140毫米。

圣巴泰勒米岛于1493年被第二次远航美洲途中的哥伦布所“发现”，以与其兄长同名的圣人而命名，并宣布此地为西班牙领土。1648年，法国人到此殖民。1784年，法国将该岛出售给瑞典。瑞典的统治在该岛留下不少印记，首府古斯塔维亚即是纪念瑞典国王古斯塔夫三世而得名。1878年3月16日，瑞典将该岛回售给法国。法国随即将其划归瓜德罗普管辖。2003年，该岛居民公投通过要求脱离瓜德罗普，成为法国直辖海外行政区的决议。2007年2月7日，法国国会通过法案，分别授予该岛和邻近的法属圣马丁海外行政区的地位。同年7月15日，圣巴泰勒米正式成为法国单独的海外领地。

政　治

法属圣马丁和圣巴泰勒米在法国国民议会共有1个席位，现任国民议会议员为弗朗茨·冈布斯（Frantz Gumbs，属中间派联盟“在一起”）。2022年6月当选，任期5年。圣巴泰勒米在法国参议院有1个席位，即米舍利娜·雅客（Micheline Jacques，女，属共和人党党团）。

【宪法】实行法国宪法，行政长官（préfet）为法国总统的代表。

【议会】一院制的领地议会，任期5年，有19个席位，议员由普选产生。本届议会于2022年3月选举产生：团结-平衡党13席，圣巴特第一党6席。领地议会主席格扎维尔·莱德（Xavier Lédée，团结-平衡党），2022年4月当选。

【政府】称“执行委员会”，领地议会主席任执委会主席（政府首脑）。执委会主席格扎维尔·莱德。还设有咨询机构——经济社会和文化委员会（Le conseil économique social et culturel）。

【政党】（1）团结-平衡党（Union-équilibre）：议会第一大党，领导人格扎维尔·莱德。

（2）圣巴特第一党（Saint-Barth d'abord），领导人布律诺·马格拉斯（Bruno Magras）。

经 济

圣巴泰勒米岛是典型的热带岛屿，一向以风光明媚、不受污染的海滩闻名，是全球名人和富豪的度假天堂。11月至次年4月为旅游旺季，旅游业是其主要收入支柱，游客主要来自北美和欧洲。目前其经济立足于高端旅游和免税奢侈品消费。该岛曾被财经杂志《福布斯》选为全球十大购物天堂之一，这里一直是富豪乐园，亦是好莱坞明星的度假天堂。岛上拥有众多天然沙滩，首府有多个购物中心，其滨海大道更是国际名牌林立，加上是免税岛，吸引名人富豪到此购买珠宝、香水、名牌服饰等奢侈品。岛上住宿以别墅和酒店为主，2021年共有别墅式客房2370间，酒店客房588间。2010—2016年，游客数量年均增长6.2%。2021年，共接待游客165837人次，同比增长17.4%。空运旅客同比增长23.7%，海运旅客同比增长12.9%。主要经济数据如下：

地区生产总值：3.67亿欧元（2014年）。

人均地区生产总值：3.9万欧元（2014年）。

货币名称：欧元。

汇率：1美元≈0.95欧元。

（向优）

圣基茨和尼维斯

国名　圣基茨和尼维斯联邦（The Federation of Saint Kitts and Nevis），原国名圣克里斯托弗和尼维斯联邦（The Federation of Saint Christopher and Nevis）仍沿用。

面积　272平方公里。其中，圣基茨岛179平方公里，尼维斯岛93平方公里。

人口　5.8万（2022年）。黑人占94%，另有少量英国、葡萄牙和黎巴嫩裔。官方语言为英语。居民多为英国圣公会教徒，也有基督教新教徒和天主教徒。

首都　巴斯特尔（Basseterre），人口约1.4万（2022年）。

国家元首　英国国王查尔斯三世，国王任命总督为其代表。现任总督玛塞拉·利伯德（Marcella LIBURD），2023年1月31日就任。

重要节日　独立日：9月19日。

简 况

位于东加勒比海背风群岛北部，由圣基茨、尼维斯等岛屿组成。属热带海洋性气候，平均气温26℃。年均降水量圣基茨为1400毫米，尼维斯为1220毫米。

1493年哥伦布到达圣基茨岛，1623年被英国占领，后法国一度占领该岛两端。1783年《凡尔赛条约》将该岛正式划归英国。尼维斯岛1628年成为英国殖民地。1983年9月19日宣告独立，为英联邦成员国。

政 治

2022年8月5日，反对党圣工党赢得大选，该党领袖特伦斯·德鲁（Terrance DREW）出任总理。目前，圣政局稳定。

【宪法】现行宪法于1983年独立时生效。宪法规定圣基茨和尼维斯实行联邦制。尼维斯有自己的立法、政府机关，享有高度自治。

【议会】一院制，共14席，11席由选举产生（8名自圣基茨岛选出，3名自尼维斯岛选出），另3名经提名产生（2名由总理提名，1名由反对党领袖提名），任期5年。

【政府】本届政府于2022年8月组成。总理兼财政、国家安全、入籍与移民、卫生、人力资源管理和社会安全部长德鲁领导内阁。

【行政区划】全国划分为15个区，其中圣基茨岛10个区、尼维斯岛5个区。圣基茨岛的10个区是：圣保罗、圣约翰、圣安娜、圣托马斯、克赖斯特彻奇、特立尼蒂、圣玛丽、圣彼得、圣乔治、巴斯特尔。尼维斯岛的5个区是：圣乔治、圣詹姆斯、圣约翰、圣保罗-查尔斯敦、圣托马斯。

【司法机构】由东加勒比最高法院行使司法权力，终审机构为英国枢密院。

【政党】主要政党有：

（1）工党（Labour Party）：执政党。1932年成立。主要势力在圣基茨岛。圣独立后，该党曾于1995年上台，并连续三次赢得大选。2022年8月胜选，再次上台执政。党领袖特伦斯·德鲁。

（2）人民工党（People's Labour Party，PLP）：反对党。2013年成立。党领袖蒂莫西·哈里斯。

（3）关心市民运动党（Concerned Citizen's Movement，CCM）：反对党。由4个党派联合组成。主要势力在尼维斯岛。党领袖马克·布兰特利（Mark BRANTLEY）。

（4）人民行动运动党（People's Action Movement，PAM）：反对党。1965年成立。代表中产阶级利益。党领袖肖恩·理查兹（Shawn RICHARDS）。

【重要人物】**特伦斯·德鲁**：总理。1977年生。曾就读于圣基茨布莱恩特学院、美国得克萨斯州保罗·福斯特医学院。2013年代表圣工党参加议会选举，此后历任圣工党副主席、主席、党首等职。2022年8月在大选获胜后出任总理。

经　济　旅游业是国民经济支柱产业。近年来，为实现经济多样化，重视发展轻工业和旅游业。新冠疫情暴发对圣经济一度造成严重影响。2022年经济保持复苏，主要经济数据如下：

国内生产总值：11.15亿美元。

人均国内生产总值：19128美元。

国内生产总值增长率：9.8%。

货币名称：东加勒比元。

汇率：1美元=2.7东加勒比元（固定汇率）。

通货膨胀率：3.77%。

（资料来源：国际货币基金组织）

【工业】建筑业和制造业发展较快，主要有农产品加工、轧棉、服装、电子元件、食品生产和酿酒等。尼维斯致力于发展小型离岸金融业。

【农业】以种植甘蔗和棉花为主，其他农产品有椰子、水果、香蕉等。尼维斯岛农业规模较小，主要生产海岛棉、水果和蔬菜。

【旅游业】增长较快，为圣外汇收入重要来源。游客主要来自美国、加拿大和英国。

【交通运输】铁路：窄轨，总长58公里，在圣基茨主要用于运输甘蔗。

公路：总长383公里，其中163公里为沥青路。

水运：主要港口为巴斯特尔深水港，可停靠豪华游轮并提供集装箱业务。有国营商业客轮进行岛间客运。

空运：罗伯特·卢埃林·布雷德肖机场为圣基茨岛上国际机场，尼维斯也建有一个机场，有通往北美、英国和加勒比其他国家的航班。

【财政金融】圣基茨和尼维斯在疫情开始前财政实力强劲，近10年政府的收入都超过支出。圣基茨和尼维斯还是国际著名的离岸金融中心。

【对外贸易】主要出口蔗糖，进口机械、食品、化工产品。主要贸易伙伴为美国、英国、特立尼达和多巴哥、波多黎各。（资料来源：世界银行）

人民生活　2022年人均寿命74.6岁，人口增长率为0.82%。

军　事　有一支约300人的正规国防军（含步兵及海岸警卫队）。

文化教育　【教育】对5—17岁青少年实行义务教育。全国有30所国立学校，8所私立学校、5所教会学校和1所技术学校。2000年由私人出资在尼维斯创办美洲医科大学。成人识字率97.8%。

【新闻出版】主要报刊有：《民主者》，每周六出版；《劳动者发言人》，每周三、周六出版；《观察者》周刊，总发行量约4.4万份。全国有3家广播电台，2家广播电视台和有线电视广播。

对外关系　主张在互相尊重主权、基本权利和自由的基础上扩大同世界各国的关系。系联合国会员国，加勒比共同体和共同市场、东加勒比国家组织、英联邦等组织成员。重视加勒比地区一体化，支持东加勒比地区合作。

【同中国的关系】中圣无外交关系。2017年初，圣基茨和尼维斯单方面宣布对中国公民免签。

据中国海关总署统计，2022年，中圣双边贸易额为1533万美元，同比增长10.3%。其中，中国出口额为1469万美元，同比增长11%；中国进口额为64万美元，同比减少3.8%。

【同其他国家和地区的关系】同英国、美国、加拿大、委内瑞拉、哥伦比亚、特立尼达和多巴哥，尤其与东加勒比地区的安提瓜和巴布达、蒙特塞拉特的关系较为密切。（毕英杰）

圣卢西亚

国名　圣卢西亚（Saint Lucia）。

面积　616平方公里。

人口　18.3万（2022年）。约85%为黑人，约10%为黑白混血种人，另有少数白人和印度裔等。英语为官方语言和通用语，当地居民普遍讲帕图阿语（亦称“克里奥尔语”）。居民多信奉罗马天主教。

首都　卡斯特里（Castries），人口6.1万（2022年）。

国家元首　英国国王查尔斯三世，任命总督为其代表。总督西里尔·埃罗尔·梅尔基亚德斯·查尔斯（Cyril Errol Melchiades CHARLES），2021年11月11日上任。

重要节日　国庆日（哥伦布发现圣卢西亚岛纪念日）：12月13日；独立日：2月22日。

简　况

位于东加勒比海向风群岛中部，山地岛国，多短小河流、肥沃河谷。最高山峰为莫基米山，海拔959米。属热带海洋气候，年均气温26℃。

最早居民为印第安人。1639年遭英国入侵，1651年被法国占领，此后被英、法长期争夺。1814年,《巴黎和约》正式将该岛划为英国殖民地。1979年2月22日宣告独立，现为英联邦成员国。

政　治

独立后，工党和统一工人党交替执政。2021年7月26日，圣举行全国大选，圣工党胜选上台，党领袖菲利普·皮埃尔（Philip J. PIERRE）出任总理。目前，圣政局稳定。

【宪法】现行宪法于1979年独立时生效。议会有权修改宪法。

【议会】分参众两院，任期均为5年。参议院11席，由总督任命，其中6席由总理提名，3席由反对党领袖提名，2席为独立人士。参议长斯坦利·费利克斯（Stanley FELIX）。众议院17席，由选举产生。目前，执政党圣工党在议会占13席，反对党统一工人党占2席，其余2席为独立人士。众议长克劳狄厄斯·弗朗西斯（Claudius FRANCIS）。

【政府】本届政府于2021年7月组成。内阁成员有：总理兼财政、经济发展、青年经济、司法和国家安全部长菲利普·皮埃尔，外交、国际贸易、民航和侨民事务部长阿尔瓦·巴普蒂斯特（Alva BAPTISTE），旅游、投资、创意产业、文化和信息部长欧内斯特·希莱尔（Ernest HILAIRE），平等、社会公义和赋权部长乔基姆·亨利（Joachim HENRY），农业、渔业、食品安全和农村发展部长艾尔弗雷德·普洛斯佩尔（Alfred PROSPERE），基础设施、港口、交通和城市建设资深部长斯蒂芬森·金（Stephenson KING），教育、可持续发展、创新、科技和职业培训部长肖恩·爱德华（Shawn EDWARD），卫生、健康和老年事务部长摩西·巴普蒂斯特（Moses BAPTISTE），青年发展和体育部长肯森·卡西米尔（Kenson CASIMIR），财政、经济发展和青年经济部长韦恩·吉拉德（Wayne GIRARD），商业、制造业、经济发展、合作社和消费者事务部长艾玛·希波莱特（Emma HIPPOLYTE，女），公共服务、民政、劳工和性别事务部长弗吉尼亚·阿尔伯特–波约特（Virginia ALBERT-POYOTTE，女）等。

【行政区划】全国划分为10个区。

【司法机构】由下至上分为地方法院、高级法院、上诉法院和终审法院。东加勒比最高法院等同于高级法院和上诉法院。

【政党】主要政党有：

（1）圣卢西亚工党（St. Lucia Labour Party）：执政党。1946年成立。党领袖菲利普·皮埃尔。

（2）统一工人党（The United Workers Party）：反对党。1964年由人民进步党和全国劳工运动合并而成。党领袖艾伦·沙塔内（Allen CHASTANET）。

【重要人物】菲利普·皮埃尔：总理兼财政、经济发展、青年经济、司法和国家安全部长。1954年9月18日出生。1976—1990年先后就职于多家公司和会计师事务所，历任见习经理、审计员、高级审计师和财务总监等职。1985—1994年曾兼任圣卢西亚研究和发展基金会主任。1985年加入圣工党，正式涉猎政党政治。1986—1992年担任工党司库。1992—1996年任工党主席。随后历任工党第二副领袖、第一副领袖。1997—2006年先后担任旅游、民航、国际金融和商业部长等职。2011年出任副总理兼基础设施、港口服务和交通部长。2021年率领工党赢得大选，出任圣第12任总理。

经　济

旅游业和农业为国民经济支柱，新冠疫情对圣旅游业造成巨大冲击。目前，圣经济开始复苏。2022年主要经济数据如下：

国内生产总值：19.72亿美元。

人均国内生产总值：10762美元。

国内生产总值增长率：9.0%。

货币名称：东加勒比元。

汇率：1美元=2.7东加勒比元（固定汇率）。

通货膨胀率：6.4%。

（资料来源：国际货币基金组织）

【资源】无重要矿藏，地热、森林资源丰富，南部有硫黄矿。

【工业】主要生产出口型轻工业产品，如肥皂、椰油、朗姆酒、饮料、服装等。近年来，建筑业发展较快，为促进工业发展，将圣南部维约堡建成自由工业区。

【农业】约1/3就业人口从事农业，主要种植香蕉、椰子、可可、香料等，香蕉主要出口欧盟、英国、美国、加拿大。

【旅游业】重要外汇来源。游客主要来自北美和欧洲。

【交通运输】无铁路。公路总长约1210公里。首都卡斯特里和南部城市维约堡为重要进出口岸。北部有一个地区性机场，南部有一个国际机场，有飞往多个加勒比国家和定期直飞北美、英国和法国的航班。

【财政金融】金融业在国民经济中占重要地位，政府计划建立国际金融服务中心。

【对外贸易】主要出口初级农产品，进口粮食、食品、石油、机械及其他工业品、日用品。主要贸易伙伴为美国、英国、加拿大及加勒比共同体成员国。

人民生活

有2所综合医院、1所精神病院和1个吸毒酗酒康复中心，435张病床、64名医生和256名护理人员。社区共有33个保健中心、1个联合诊所、2所地区医院。

军　事

无常备军。有一支约1000人的皇家警察部队（包括特种服务部队和海岸警卫队）。

文化教育

【教育】对5—15岁青少年实施义务教育。成人识字率90.1%。有两位诺贝尔奖得主：阿瑟·刘易斯（1979年经济学奖）、德雷克·沃尔科特（1992年文学奖）。

【新闻出版】主要报纸有:《声报》。主要广播电视台有：圣卢西亚广播电台、海伦电视台、达哈电视台等。

对外关系

强调外交为经济增长和国家发展服务，主张同所有国家保持和谐关系，通过双边和多边协定深化地区和次区域一体化。系东加勒比国家组织、加勒比共同体、加勒比国家联盟成员国。同美国、英国、法国、加拿大等国保持良好关系。

【同中国的关系】1997年9月1日，中国与圣卢西亚建交。2007年4月30日，圣与台湾当局"复交"；5月5日，中国政府宣布中止同圣的外交关系。

据中国海关总署统计，2022年，中圣双边贸易额为3613万美元，同比增长40.9%。其中，中国出口额为3608万美元，同比增长41.5%；中国进口额为5万美元，同比减少60.2%。

【同美国的关系】圣美关系密切，两国签有反毒协定、共同打击犯罪条约和引渡条约。圣允许美军舰进入圣领海及专属经济区，追捕、搜查涉嫌贩毒船只。

【同古巴的关系】圣呼吁解除对古经济封锁，允许其重返泛美体系，主张接纳古为加勒比共同体成员。古向圣提供医疗卫生领域援助。

【同其他加勒比国家的关系】圣是加勒比共同体、东加勒比国家组织、加勒比国家联盟等地区组织成员国，是东加勒比国家组织秘书处所在地。（毕英杰）

圣皮埃尔和密克隆

名称　圣皮埃尔和密克隆海外领地（Overseas Collectivity of Saint Pierre and Miquelon，Collectivité d'Outre-Mer de Saint-Pierre-et-Miquelon），简称"圣皮埃尔和密克隆"（Saint-Pierre-et-Miquelon）。

面积　242平方公里，其中圣皮埃尔岛26平方公里，密克隆–朗格拉德岛216平方公里，密克隆–朗格拉德岛之间由狭长地峡相连。

人口　6000人（2021年），8个岛屿中仅有圣皮埃尔岛和密克隆–朗格拉德岛有长期居民，人口密度为25人/平方公里。居民多为法国移民后裔。语言官方语言为法语。99%的居民信奉天主教。

首府　圣皮埃尔市（Saint-Pierre），人口5394人（2019年）。

行政长官　克里斯蒂安·普吉（Christian Pouget），2021年1月就任。

重要节日　7月14日（法国国庆日）。

简　况

位于北美洲加拿大纽芬兰岛以南25公里的北大西洋中。全境由圣皮埃尔、密克隆、朗格拉德等8个岛屿组成。拥有120公里的海岸线。气候阴冷多风，2021年均气温5.7℃。2021年2月（最冷月）平均气温–3.2℃，8月（最热月）平均气温16.2℃，全年最高气温25.3℃，最低气温–8.7℃。2021年降水量996毫米（2019年为1234毫米）。

1520年，葡萄牙人航行到此。1536年，被法国人雅克·卡蒂耶启用现名。1604年，法国渔民在此建立第一个永久性居民点。此后200年中，英法交替占领该群岛。1816年被法国占领。1946年10月成为法国海外领地（Territoire d'Outre-Mer，TOM）。1976年7月改为法国海外省（Département d'Outre-Mer，DOM）。1985年6月成为法国的享有特殊地位的地方行政单位（集合领地）（collectivité territoriale）。2003年3月成为法国的海外地方行政区（Collectivités d'Outre-Mer，COM），但其正式名称仍为圣皮埃尔和密克隆海外领地。法国政府任命一名行政长官为其代表。防务由法国负责。

政　治

2012年3月，圣皮埃尔和密克隆领地议会举行六年一度的换届选举，"群岛明天"执政。2018年3月，领地议会再次举行换届选举，"群岛明天"继续执政。

圣皮埃尔和密克隆在法国国民议会和参议院各拥有1个议席。现任国民议会议员为斯塔夫·勒诺尔曼（Stéphane Lenormand，属右翼无党派人士党团），2022年6月21日当选。现任参议员为阿尔塔诺·斯蒂芬（Artano Stéphane，属社会和共和党团），2017年9月24日当选。

【宪法】实行法国宪法，行政长官（Préfet）为法国总统的代表。现任行政长官克里斯蒂安·普格（Christian Pouget），2021年1月起任职。

【议会】地方议会，原称"省议会"，2007年2月根据法国相关法律改称"领地议会"，其权力有所增加。领地议会由19名议员组成，任期6年，其中圣皮埃尔岛15名、密克隆岛4名。本届议会于2018年3月选出，"群岛明天"占15席，"未来之路"占4席。领地议会主席伯纳德·布莱恩德（Bernard Briand，“群岛明天”），2020年10月任职。

【政府】由行政长官、19名领地议会议员以及当地选出的法国国民议会议员和参议员共同组成。议会主席为地方政府首脑。

【司法机构】在圣皮埃尔设初审法庭、高等上诉法庭和行政法庭。

【政党】主要政党均与法国本土政党联系密切，有“群岛明天”（Archipel Demain—AD，与原人民运动联盟有联系），“未来之路”（Cap sur l'Avenir，与左翼激进党有联系）等党派。

经　济

传统经济以渔业及其加工业为主。后因与加拿大发生海域和捕鱼定额之争，渔业生产受到严重影响。1992年经国际仲裁法庭裁决，圣皮埃尔和密克隆获得专属经济区12348平方公里（只相当于法国主张面积的25%）。为来往船只、主要是拖网渔船提供给养服务也曾是重要的经济收入之一，但受渔业不景气影响而趋于萧条。政府将开发港口和扩大旅游业作为保持经济发展的主要手段。因土质和气候条件不适宜农业生产，只有少量的蔬菜种植、养猪及蛋禽生产。在财政方面相当依靠法国政府给予的资助。主要经济数据如下（部分数据2015年以后不再更新）：

地区生产总值：2.4亿欧元。

人均地区生产总值：3.98万欧元。

地区生产总值增长率：2008—2015年平均增长率4.9%。

货币名称：欧元，也使用加拿大元。

通货膨胀率：9.3%。（2022年）

失业率：3.3%。（2022年）

（资料来源：法国银行海外发行机构IEDOM）

【工业】主要为渔产品加工业，从业人员占就业总人口的12%，主要生产鱼子酱、腌鳕鱼等。电力完全由法国电力公司生产，2021年发电量为5070万千瓦时，其中86.1%用于圣皮埃尔岛，13.9%用于密克隆岛。

【农业】渔业为传统经济支柱。近年来，注重在法属经济区开发多样化资源，大力发展扇贝和鳕鱼的人工养殖。2022年，渔获量2533吨，同比减少2.7%；渔产品出口140万欧元，同比减少56.7%。

【旅游业】为重要经济部门。2021年，有15家旅馆，其中6家为酒店或旅馆，其余为民宿房间，共有约100间客房，300张床位。2019年接待游客约13968人次。2020年，受新冠疫情影响，游客减少97%；2021年略有回升，增加了26.7%，为537人次；2022年，解除疫情限制，回升至11999人次。游客主要来自加拿大。

【交通运输】以海空运输为主。

海运：有4艘轮船，满足圣皮埃尔港和密克隆港、朗格拉德岛间的通航。2021年进出港旅客43629人次，同比增长15.6%。自2018年起，圣皮埃尔岛和密克隆岛可以轮渡汽车，2021年共有5871辆车次在两岛间运输，同比增长20.5%。

空运：有两个机场，圣皮埃尔机场能起降大型飞机。圣皮埃尔航空公司辟有通往加拿大哈利法克斯、蒙特利尔等地的直航航线。地方航空公司航线通往加拿大玛德莱岛。2018年起开通与巴黎的直航。2021年商业航班起落2155架次，比上一年增加57架次，同比增长2.7%，客运量17893人次，增加9.1%。

公路：共130公里，其中圣皮埃尔岛50公里。平均每个家庭拥有3.2辆车。

【财政金融】财政支出常年大于收入，主要依靠法国政府援款填补赤字。2021年财政收入：4990万欧元，支出：5220万欧元。

共有5家金融机构，包括一家商业银行，两家合作银行和两家金融公司。主要银行为始建于1889年的圣皮埃尔和密克隆群岛银行（Banque des Iles Saint Pierre et Miquelon）和1962年成立的圣皮埃尔信贷银行（Crédit Saint Pierrais）。2016年，圣皮埃尔和密克隆群岛银行被普罗旺斯–阿尔卑斯–科西嘉储蓄银行收购。

【对外贸易】2022年出口额为8370万欧元，同比减少1.3%；进口额为1.081亿欧元，同比增长8.2%。主要出口鱼和渔产品，主要进口制成品、石油产品、食品等。主要贸易对象是加拿大、法国及其他欧盟国家。

人民生活

居民享受与法国公民同等的社会福利待遇。圣皮埃尔和密克隆有1所综合性医院，35张病床，可提供去往加拿大和法国本土的转院服务；此外，还设有养老院和残疾人中心。

文化教育

【教育】实施与法国相同的教育制度，对6—16岁儿童实行免费义务教育。圣皮埃尔有1所幼儿园、3所小学、各类中等学校3所（包括技术学校1所），密克隆有一所学校，涵盖幼儿园到中学。2021年平均一名教师管理6.9名学生。

【新闻出版】主要报刊有：《政府公报》，月刊，1866年创办；《回声报》，周刊，1982年创办，发行量2500份；《自由之风》，周刊，发行量350份；《纽带》，人民运动联盟机关报，一年发行10期。

法国海外广播电视台设有圣皮埃尔和密克隆一台。地方有圣皮埃尔和密克隆一台，包括广播、电视和数字节目。

（孙志浩）

圣文森特和格林纳丁斯

国名　圣文森特和格林纳丁斯（Saint Vincent and the Grenadines）。

面积　389平方公里。其中圣文森特岛344平方公里。

人口　11.1万（2022年）。其中，黑人占66%，混血种人占19%。英语为通用语言。居民多信奉基督教新教和天主教。

首都　金斯顿（Kingstown），人口约1.6万（2022年）。

国家元首　英国国王查尔斯三世，国王任命总督为其代表。总督苏珊·道根（Susan DOUGAN，女），2019年8月就任。

重要节日　独立纪念日：10月27日。

简　况

位于加勒比海小安的列斯群岛南部。属热带气候，年均气温26℃。

原为印第安加勒比部落居住地。1489年哥伦布到达圣文森特岛。1627年被英国占领，后英国、法国长期争夺。1783年根据《凡尔赛条约》沦为英国殖民地。1979年10月27日宣告独立，现为英联邦成员国。

政　治

独立以来，新民主党和联合工党交替执政，政局总体稳定。2020年11月，执政党联合工党再次赢得大选，该党领袖拉尔夫·冈萨维斯（Ralph GONSALVES）连任总理。

【宪法】现行宪法于1979年10月27日独立时生效。

【议会】一院制，任期5年。共有21名议员。15名众议员由普选产生，6名参议员由总督根据总理和反对党领袖提名任命，任期均为5年。现任议长罗谢尔·福德（Rochelle FORDE），2020年11月就职。

【政府】本届政府于2020年11月组成。总理兼外交、国家安全、法律和信息部长拉尔夫·冈萨维斯，副总理兼交通、工程、土地和规划部长蒙哥马利·丹尼尔（Montgomery DANIEL），外交和外贸部长凯萨尔·彼得斯（Keisal PETERS），财政、经济计划和信息技术部长卡米略·冈萨维斯（Camillo GONSALVES），农业、森林、渔业、农村交通、工业和劳工部长萨巴托·凯撒（Saboto CAESAR）等。

【行政区划】全国划分为6个区。

【司法机构】由东加勒比最高法院行使司法权，终审权归属英国枢密院。

【政党】主要政党有：

（1）联合工党（United Labour Party）：执政党。1994年9月由圣文森特工党与全国统一运动党合并而成。2001年上台执政至今。党领袖拉尔夫·冈萨维斯。

（2）新民主党（New Democratic Party）：反对党。1975年12月由詹姆斯·米切尔创建。曾于1985—2001年执政。领袖戈德温·弗雷迪（Godwin FRIDAY）。

【重要人物】苏珊·道根：总督。女，1955年3月3日出生。曾获伦敦大学化学学士学位和英国南安普顿大学课程与评估文学硕士学位。2019年8月就任总督，是圣文森特和格林纳丁斯首位女总督。

经　济

农业和旅游业为国民经济支柱。2021年，当地火山爆发叠加新冠疫情持续蔓延，对圣经济造成严重影响。圣旅游业受重创，政府财政面临严重困难。目前，圣经济开始复苏，2022年主要经济数据如下：

国内生产总值：9.48亿东加勒比元。

人均国内生产总值：8546东加勒比元。

国内生产总值增长率：5%。

货币名称：东加勒比元。

汇率：1美元=2.7东加勒比元（固定汇率）。

通货膨胀率：5.83%。

（资料来源：国际货币基金组织）

【工业】有少量农产品、服装、皮革、榨油和肥皂加工。小型制造业发展缓慢，主要生产水泥、面粉和家具等。

【农业】可耕地面积约占土地总面积的18%。主要种植香蕉、葛根、甘薯、甘蔗和椰子等，是葛粉主要生产地。

【旅游业】旅游区主要集中在有优质海滩的格林纳丁斯群岛。

【交通运输】公路长约829公里，其中柏油路580公里，非柏油路249公里。

水运：首都金斯顿有一个深水港。

空运：共有6个机场。首都金斯顿的约书亚国际机场有通往加勒比共同体各国和欧美国家的客货航班。

【对外贸易】主要进口食品、机械等，出口香蕉、蔬菜和葛粉。主要贸易伙伴为美国、特立尼达和多巴哥、英国和中国。

人民生活

人均寿命76.2岁，人口增长率为0.34%。（资料来源：世界银行）

军　事

无正规军，国防由总部在巴巴多斯的地区安全体系负责。

文化教育

【教育】实行小学义务教育。成人识字率为96%。教育支出约占国民生产总值的7%。

【新闻出版】主要报纸有《圣文森特人周报》《星

报》《圣文森特之声》《正义报》《政府公报》《新时代》。有9个调频电台，其中圣文森特和格林纳丁斯电台为唯一国营电台。有电视广播站、有线电视运营商各1家。

对外关系 奉行维护民族尊严和地区团结的外交政策。同美国、英国、加拿大及加勒比地区其他国家关系密切。主张加勒比一体化。为联合国会员国，加勒比共同体、东加勒比国家组织、加勒比国家联盟、美洲玻利瓦尔联盟等国际和地区组织成员。2023年任拉美和加勒比国家共同体轮值主席国。

【同中国的关系】 中圣无外交关系。

据中国海关总署统计，2022年，中圣双边贸易额为2162.9万美元，同比减少33.8%。其中，中国出口额为2162.6万美元，同比减少33.9%；中国进口额为0.3万美元，同比增长55.4%。（李慧）

苏里南

国名 苏里南共和国（The Republic of Suriname）。

面积 16.4万平方公里（包括同圭亚那有争议的1.6万平方公里）。

人口 61.8万（2022年）。其中印度裔约占33%，克里奥尔人约占31%，印尼裔约占15%，丛林黑人约占10%，其余为印第安人、华人、白人等。荷兰语为官方语言，通用苏里南语。居民42%信奉基督教，20%信奉印度教，13%信奉伊斯兰教。

首都 帕拉马里博（Paramaribo），人口25.9万（2022年）。

国家元首 总统昌德利卡佩尔萨德·单多吉（Chandrikapersad SANTOKHI），2020年7月当选并就职，任期5年。

重要节日 独立日：11月25日。

简　况 位于南美洲北部，东邻法属圭亚那，南界巴西，西连圭亚那，北濒大西洋。属热带雨林气候。年均气温23℃—27℃。

原为美洲印第安人居住地。1593年被西班牙探险者宣布为其属地。1602年荷兰人开始到此定居。1630年英国移民迁入。1667年英、荷签订条约，苏成为荷兰殖民地。1815年《维也纳条约》正式确立荷对苏的宗主国地位。1954年实行内部自治。1975年11月25日宣告独立，成立共和国。

政　治 2020年5月25日，苏举行新一届议会选举。议会51席中，进步改革党、民族民主党、大众解放发展党、民族党、崇高真理党、兄弟团结政治联盟分获20席、16席、8席、3席、2席和2席。7月13日，苏国民议会举行总统选举，进步改革党候选人、主席单多吉当选并于7月16日宣誓就职。

【宪法】 1987年国民议会通过新宪法草案并生效。宪法规定：立法权由国民议会和总统共同行使，国民议会经由全民选举产生。总统和副总统由国民议会2/3以上多数选举产生，如果未达2/3，将由国民议会和地方议会共同组成的国民大会选举产生。总统是国家元首、政府首脑、国务委员会主席、武装部队总司令，行使行政权，任命内阁；政府由总统、副总统及各部部长组成，副总统主持内阁会议，对总统负责，政府部长不是国民议会的议员；国务委员会监督政府执行国民议会的决定，成员由总统和工会、企业、立法机构及军方等主要政治力量的代表组成，有权否决它认为违背宪法的法案，最终否决权在总统手中，总统在1个月内考虑同意或反对国务委员会的决定。法院司法独立，不受任何干涉。

【议会】 国民议会为一院制，为国家最高立法机构，设51个席位，任期5年。本届议会于2020年7月成立。议长马里纳斯·贝（Marinus BEE）。

【政府】 本届政府于2020年7月16日组成。主要成员有：总统单多吉，副总统龙尼·布林斯韦克（Ronnie BRUNSWIJK），外交、国际商务与国际合作部长阿尔贝特·拉姆丁（Albert RAMDIN），财政部长斯坦利·拉胡巴辛（Stanley RAGHOEBARSING），卫生部长阿玛·拉马丁（Amar RAMADHIN），劳工、就业与青年部长里什玛·屈尔迪普辛格（Rishma KULDIPSINGH，女）、国防部长克里希娜·马图拉（Krishna MATHOERA，女）等。

【行政区划】 全国划分为1市（即帕拉马里博市）和9大区：瓦尼卡、尼克里、萨拉马卡、科摩维纳、马罗维纳、巴拉、勃洛克彭都、西帕里维尼、科罗尼。

【司法机构】 设宪法法院、最高法院、检察院和3个地方法院。宪法法院院长格洛丽亚·卡格-斯特林（Gloria KARG-STIRLING，女），2020年5月就任，任期5年。最高法院法官任职终身制，院长伊万·罗索巴克斯（Iwan RASOELBAKS），2020年12月就任。代理总检察长加西亚·帕拉戈辛格（Garcia PARAGSINGH）。

【政党】 主要政党有：

（1）执政党联盟：① 进步改革党（Vooruitstrevende Hervormings Partij，VHP）：1949年成立，1974年改为现名。党员主要为印度裔。主要维护印度裔利益。党主席单多吉。

② 大众解放发展党（Algemene Bevrijding en Ontwikkelingspartij，ABOP）：1990年成立。宗旨是消除贫困，实现人民的发展。党主席龙尼·布林斯韦克。

③ 崇高真理党（Pertjajah Luhur，PL）：1999年从宾达瓦利马党分裂而成。党员主要为印尼人后裔。党主席布龙托·索摩哈尔乔（Bronto SOMOHARDJO）。

（2）主要反对党：民族民主党（Nationale Democratische Partij，NDP）：苏最大反对党。成立于1987年6月。主张建立以民族、民主为基础的社会经济秩序。党主席德西·鲍特瑟（Desire BOUTERSE）。

【重要人物】昌德利卡佩尔萨德·单多吉：总统。1959年2月3日出生于苏里南帕拉马里博外乡村。1982年加入苏警队。1991—2005年任警察总局司法部门负责人兼警察总监。2005年任苏司法警察部长。2010年代表进步改革党当选国民议会议员，2011年起担任该党主席，2015年再次当选国民议会议员。2020年5月，进步改革党在国民议会选举中成为议会第一大党，与大众发展党、民族党、崇高真理党组建执政联盟，单被推举为总统候选人。于2020年7月当选苏总统，8月就职。

经　济

自然资源丰富，石油、黄金、铝矿业、加工制造业和农业为经济主要产业。新冠疫情对苏里南经济造成严重影响，旅游、零售、服务业及木材、黄金出口等均受冲击，中小企业陷入困境，失业率上升，苏里南元贬值，物价上涨。2022年主要经济数据如下：

国内生产总值：30.11亿美元。

人均国内生产总值：4910美元。

国内生产总值增长率：1.3%。

货币名称：苏里南元。

汇率：1美元≈37.50苏里南元。

通货膨胀率：54.60%。

（资料来源：国际货币基金组织、苏里南央行）

【资源】铝土矿资源丰富，探明蕴藏量约为5.8亿吨。其他矿产有石油、铁、锰、铜、镍、铂、黄金等。近年在近海发现石油。森林和水力资源丰富，森林覆盖率达93%。

【工业】以矿产开采及冶炼为主。此外，还有粮食加工，香烟、饮料、化工产品生产等。

【农业】耕地面积占国土面积的0.39%。农林渔业产值约占国内生产总值的11%。主要农作物为稻米、水果、蔬菜、甘蔗、棕榈、咖啡和可可。稻米播种面积约占可耕地面积的50%。43%的稻米用于出口，占出口总值的8%。原木年产量约16万立方米。渔业是重要创汇来源，年捕捞量约3万吨，其中约2万吨出口。

【交通运输】以公路运输和水运为主。

公路、桥梁：总长约4470公里。1999年7月竣工的哥本南大桥将首都帕拉马里博和西部尼克里地区联结起来。2000年5月竣工的苏里南河大桥将首都和东部地区联结起来。

水运：可航行的河流总长约1500公里。首都帕拉马里博为主要港口。轮渡可通往圭亚那和法属圭亚那。

空运：有1个国际机场，8条国际航线。

【财政金融】2020/2021财年财政收入152.69亿苏里南元，财政支出193.65亿苏里南元。（资料来源：国际货币基金组织）

【对外贸易】主要出口氧化铝，其次为大米、虾、水果、木材等，进口燃料、工业原材料和半制成品、机械、交通和生活用品。主要贸易伙伴为美国、加拿大、挪威等。

人民生活

2021年，苏人均寿命71.87岁，人口增长率0.7%。

军　事

国防军由海陆空三军组成，总兵力约4700人。

文化教育

【教育】对6—12岁儿童实行义务教育，大中小学免费。苏里南大学是全国唯一高等学校。成人识字率为94.7%。

【新闻出版】主要报纸有：《苏里南时报》《真理时报》。正式官方媒体为苏里南国家通讯局，设有新闻网站、Facebook网页、Youtube频道、电视频道，开展政府新闻发布、重大国家活动直播报道等。

主要广播电台有：苏里南广播基金会，创建于1965年，由政府经营，用荷兰语和当地语言播音；苏里南国际广播电台，创建于1984年，由政府经营，用荷兰语、英语和苏里南语播音，每周两次；K.B.C.电台，创建于1985年，用当地语言和英语广播；帕拉马里博电台，创建于1957年，用当地语言、英语和西班牙语广播；鼓声电台，创建于1958年，用荷兰语、当地语言广播。

主要电视台有：苏里南国家电视台，建于1965年，由政府经营，用当地语言、荷兰语和英语播放。ATV电视台，1983年建立，属于商业电视台。

对外关系

奉行不结盟的外交政策，坚持国家主权平等、民族自决和不干涉内政等原则。重视发展同美国、加勒比共同体成员、巴西等南美邻国关系，保持与荷兰以及其他欧盟国家的务实关系，积极拓展同中国、印度等发展中大国关系。积极支持并参与地区一体化进程，是加勒比共同体、加勒比开发银行、南美国家联盟、77国集团、东亚—拉美合作论坛、伊斯兰会议组织、美洲开发银行成员。与约100个国家建立了外交关系。

【同中国的关系】中苏于1976年5月28日建交。近年来，两国高层交往不断，各领域务实合作顺利开展，在国际事务中保持良好配合。2019年11月，双边关系提升为“战略合作伙伴关系”。2022年4月，苏里南外长拉姆丁参加中国和加勒比建交国外长会。

近年来，双方重要互访有：国务委员兼外交部长王毅（2018年）、全国政协副主席邵鸿（2019年）等访苏。苏总统鲍特瑟（2019年），外长拉金（2015年，出席中拉论坛首届部长级会议），议长西蒙斯（2016年，出席国际和平日纪念活动），外长拜赫勒（2017年，出席首届“南南人权论坛”），贸易、旅游和工业部长曾锦荣（2018年，出席首届中国国际进口博览会），财政部长霍夫德拉德（2019年，出席第二届“一带一路”国际合作高峰论坛）等访华。

据中国海关总署统计，2022年，中苏双边贸易额为3.672亿美元，同比增长16%。其中，中国出口额为3.214亿美元，同比增长17%；中国进口额为4581万美元，同比增长9.4%。中国主要向苏出口机电产品、钢材、家具及其零件、纺织品、塑料制品、农产品、轮胎和服装等，进口原木和锯材等。

苏是中国公民出境旅游目的地国。两国在文化、教育、军事、旅游等领域交流合作进展顺利。两国签有文化合作协定。中方曾派杂技团、艺术团和歌舞团等赴苏访演，并在苏举办绘画展、摄影展和工艺品展等。苏歌手来华参加“中拉文化交流年”框架下的第三届“加勒比音乐节”和“相约北京”框架内的“潮流音乐节”等活动。浙江省杭州市与苏首都帕拉马里博、湖北省咸宁市同苏里南帕拉区建有友好城市关系。中方先后向苏派遣4批军事医疗小组。自2016年3月1日起，苏对中国游客实施落地办理旅游卡入境政策。2017年2月，苏里南大学孔子学院举行揭牌仪式，并于4月举办首批汉语培训班。苏里南也是西半球首个将春节列为法定节假日的国家。2021年，中苏全面互免签证协定生效。

中国驻苏里南大使：韩镜。馆址：Anton Dragtenweg 154，P.O.Box 3042，Paramaribo，Suriname。电话：00597–451570，451210；传真：452540。

苏里南驻华大使：张碧芬（Pick Fung Ho-Chong，女）。馆址：北京市朝阳区建国门外大街外交公寓2–2–22。电话：010–65322939，65322938；传真：65322941。

华侨华人组织：1853年，荷兰殖民者招募的首批华工抵达苏里南。目前旅居苏里南华侨华人总数已近4万，约占苏里南总人口的6.7%，其中华侨约1万，华人约3万。大多数居住在首都，主要从事商业活动。部分华裔曾在美国、荷兰接受高等教育后担任政府部门要职。主要侨团有广义堂、中华会馆、华侨商会等13家侨团组成的苏华总会，以及2022年新成立的华商联合总会等。

友好组织：苏中友好协会于1974年成立，现任主席迪尔克·库里（Dirk CURRIE）。

【同荷兰、美国等西方国家的关系】2020年7月，单多吉总统就任后，苏同荷、美关系改善，高层交往密切。单多吉政府及其新政府内阁成员就职后，美国、荷兰等表示祝贺。8月，苏外长拉姆丁对荷进行工作访问，双方恢复大使级外交关系。2022年9月，荷兰首相吕特访苏。

【同圭亚那的关系】苏圭于1975年11月25日建交。圭亚那与苏里南之间存在领土纠纷，主要在科兰太因河上游地区的新河三角洲，涉及面积1.6万平方公里（现在圭实际控制范围内）。苏圭多次举行边界委员会会议，商讨在有争议的海域共同开发资源和新河三角洲非军事化问题，但迄今无进展。2004年，圭政府将两国海洋边界划分的争端提交国际海洋法法庭进行仲裁。2007年9月，国际海洋法法庭作出裁决，基本采用中间线原则划定两国海洋边界。2011年3月，苏总统鲍特瑟访圭，同圭总统贾格迪奥举行会谈，双方均表示希遵循国际法原则以和平方式解决两国领土争议。2020年、2021年，包括苏总统单多吉、圭总统阿里在内的苏、圭政要多次会面。两国在农业、跨境桥梁项目、能源开发等领域进行合作。

【同其他加勒比国家的关系】重视加勒比地区的团结与合作，支持地区一体化，积极呼吁国际社会关注地区国家面临的气候变化、减灾救灾等问题。（胡然）

特克斯和凯科斯群岛

名称 特克斯和凯科斯群岛（The Turks and Caicos Islands）。

面积 948平方公里。

人口 45703人（2022年）。2022年估计人口增长率1.3%。黑人占87.6%，白人占7.9%，混血种人占2.5%。官方语言是英语，但当地人通用特克斯和凯科斯群岛克里奥尔语。居民72.8%信奉基督教新教，11.4%信奉天主教。

首府 科伯恩城（Cockburn Town），位于特克斯群岛北部的大特克岛上，人口5000人（2018年估计）。

总督 奈杰尔·达金（Nigel Dakin），2019年7月15日就任。

重要节日 宪法日：8月30日（1976年）。

简　况

位于巴哈马群岛东南端，距海地北部约145公里。东部濒临大西洋，西部同古巴隔水相望，由特克斯和凯科斯两组群岛组成（所含大小岛屿众多，仅其中8座主要岛屿常年有人居住）。属亚热带气候。8月为最热月，气温

26℃—32℃；1—2月为最冷月，气温21℃—27℃。6—11月有飓风。

特克斯和凯科斯群岛原为印第安人的阿拉瓦克部族和卢卡约斯部族居住地。1512年西班牙人抵此。1766年成为英国殖民地。1799年归英国巴哈马总督区管辖。1873—1959年归英国牙买加总督区管辖。1962年牙买加独立后，该群岛成为英直属殖民地。1972年英王第一次任命主管该群岛的总督。现为英国海外领地。

政　治

2021年2月，进步民族党赢得新一届大选。2月19日，其领导人查尔斯·华盛顿·米西克（Charles Washington Misick OBE）就任总理。2022年12月15日，迪琳·丹尼尔–塞尔瓦拉特南（Dileeni Daniel-Selvaratnam，女）被任命为新一任总督，并将于2023年6月赴任。

【宪法】2006年8月9日新宪法生效。规定英王为元首，总督代表英王并由英王任命，掌管外交、防务等事务。2009年，特克斯和凯科斯群岛暂停自治，内阁解散，总督接管政府权力，宪法因此进行了临时修订［The Turks and Caicos Islands Constitution（Interim Amendment）Order 2009］。

【议会】一院制议会，任期4年。共设21个议席：15名普选产生的议员、4名由总督任命的指定议员（总督亲自任命2人并同意由总理和反对党领袖各自提名1人）。此外，议会成员还包括1名无表决权的当然成员（总检察长）和1名议长。本届议会于2016年12月选举产生，议长是德韦恩·泰勒（Dwayne Taylor）。下届议会选举原应于2020年12月进行，因受新冠疫情影响推迟至2021年2月举行。

【政府】曾称"行政委员会"，2006年新宪法生效后称内阁。2009年内阁解散，2012年大选后内阁重组。内阁由各部部长组成，由总理主持。2021年2月19日，新一届政府成立，现内阁成员包括总理兼财政、投资和贸易部长查尔斯·华盛顿·米西克，副总理兼卫生、农业、体育和公共服务部长和另外5位部长，共7人。

【司法机构】设最高法院。首席法官常驻巴巴多斯，首席法官不在期间由一位地方法官代理。上诉法院设在巴哈马首都拿骚。英国枢密院为其最高上诉法院。现任首席法官是梅布尔·阿戈曼（Mabel Agyemang，女），2020年4月就任。

【政党】主要政党有：

（1）进步民族党（Progressive National Party，PNP）：执政党。主张成立全面自治政府。曾分别于1980—1988年、1991—1995年、2003—2009年赢得大选。2012年，鲁福斯·尤因（Rufus Ewing）任该党领导人，带领该党再次成为执政党。2016年，前政府首席部长查尔斯·华盛顿·米西克任领导人，同年12月，该党大选落败。2021年2月，进步民族党赢得56.2%的选票，在新一届大选中获胜，成为执政党，查尔斯·华盛顿·米西克成为新任总理。

（2）人民民主运动（People's Democratic Movement，PDM）：反对党。主张成立内部自治政府并最终取得独立。曾于1976—1980年、1988—1991年、1995—2003年执政。2012年12月，夏琳娜·卡特莱特–鲁滨逊被选为该党领导人。2016年12月，人民民主运动赢得大选，成为执政党，夏琳娜·卡特莱特–鲁滨逊就任总理。2021年2月，在新一届大选中以39%的得票率失利。

【重要人物】查尔斯·华盛顿·米西克：总理。1950年3月13日出生。曾在牙买加科技大学和伦敦会计学院接受经济学、商业、会计和金融方面的教育。曾任首席部长，旅游部长，财政、投资和贸易部长。已婚。

经　济

该群岛自然资源缺乏，无制造业，主要生产部门是渔业和盐业，地区收入主要来自旅游业、渔业、离岸金融活动的相关费用以及海关收入。大部分消费品和食品都靠进口。2020年，因受全球新冠疫情影响，当地经济活动的下降幅度超过15%，并且所有的经济指标都在恶化，经济萎缩不可避免。为应对危机，当地政府拟组建经济理事会，以增强经济的独立性。当地政府认为在疫情发生前，地区经济状况良好，财政连续盈余，债务负担较低且不断下降，且2020年政府债务减少了93%，因此，当地经济前景仍然趋向稳定。2021年，一系列刺激增长的措施取得明显成效，各经济指标向好，而且当地在这一年获得了共计7300万美元的外国直接投资，这有力推动了经济增长和多样化。此外，当地旅游业的快速复苏也带动了2021年和2022年地区经济的强劲增长。2022年主要经济数据如下：

地区生产总值：11.4亿美元。
人均地区生产总值：2.60万美元。
地区生产总值增长率：6.2%。
货币名称：美元。
通货膨胀率：4.5%。
失业率：8%（2022年估计）。

【资源】天然淡水资源有限，主产龙虾、贝类等水产品。

【农业】农业规模很小，种植少量玉米、豆类、热带水果和蔬菜。渔业是重要经济部门，有世界上最大的海螺养殖场，渔业产品是主要出口产品。农业和渔业人口占全部劳动力的1/5。截至2020年，地区森林面积为105.2平方公里，森林覆盖率为11.07%。2021年，为了实现粮食安全以削减进口费用，当地政府实施了国家农业发展计划，包括向居民免费提供种子和植物，鼓励居民自己种植等，当年的农业产值增加了0.04亿美元，占国内生产总值的0.43%。政府预计2022年后，当地农业将保持2%的年增长率。

【服务业】金融服务业是近几年新兴产业，由于没有外汇管制和低税率而发展较快，成为主要经济部门。

2020年、2021年，新注册公司量分别为1292家、1755家。2022年10月3日，欧盟将特克斯和凯科斯群岛列入税收不合作黑名单。

【旅游业】政府重视发展旅游业，旅游业是财政和外汇收入的主要来源之一。游客主要来自美国和加拿大。其主要景点索尔特珊瑚礁，被联合国教科文组织列为世界遗产。2020年，受全球疫情影响，当地旅游业受损严重，各指标下滑明显。2021年，全岛旅游业已全面重新开放，邮轮旅游也已恢复，过夜游客量激增至40.5万人次，较上年增长145.9%，酒店餐饮业产值随之增长了15%。酒店餐饮业和相关房地产业的出色表现会推动旅游业在2022年仍保持强势增长态势。

【交通运输】公路：总长121公里，其中铺设路面的仅24公里。

水运：有通往伦敦、迈阿密和佛罗里达的货运航班。大特克岛、普罗维登西亚莱斯和南凯科斯有港口。2019年共有商船4艘，包括1艘货船。

空运：有8个机场，其中现代化机场6个。在大特克岛、普罗维登西亚莱斯、南凯科斯和北凯科斯都有国际机场。航班通往迈阿密、海地、多米尼加和巴哈马。2021年，北凯科斯机场获得2600万美元的投资，启动了重建工程。

【财政金融】财政年度为日历年度。关税是政府财政收入的主要组成部分。此外，英国每年继续提供大量资金，用于基础建设工程和技术合作。因疫情影响，当地政府将2020/2021财年的收入目标下调了20%，估计2020/2021财年的政府支出为3.37亿美元，为当地财政10年来最大支出。2021/2022财年，政府负债为50万美元，较上财年减少了35.9%。

【对外贸易】历年严重入超且逐年增加。主要进口食品、饮料、制成品、原材料和燃料；出口龙虾、海螺和渔业产品。渔业产品出口年收入为400万美元。主要贸易伙伴是美国、英国以及邻国。2021年，商品进口总额为4.86亿美元，商品出口总额为1130万美元，海关加工和进口税总额为4200万美元。2022年，商品进口总额估计为6.81亿美元，商品出口总额估计为260万美元。

【外国援助】英国是最大的援助国。

人民生活

大特克岛有1所综合医院。每个岛上有1个诊所。2019年估计固定电话拥有量约为每百人11部。至2020年，特克斯和凯科斯群岛已建有国际卫星通信地面站及连接中南美洲、加勒比部分地区和美国的海底光缆，并已全方位覆盖全球移动通信系统并实现光纤入户。2020年，特克斯和凯科斯群岛实现全民生活电气化。2021年特克斯和凯科斯群岛居民平均预期寿命为80.6岁。

军　事

特克斯和凯科斯群岛防务由英国负责。

文化教育

【教育】公立学校实行13年免费义务教育（从4岁开始）。识字率为98%。2005/2006学年，特克斯和凯科斯群岛对政府教育开支3100万美元，有小学生3560人，中学生1704人。设有1所社区学院，科伯恩城有温莎大学。

【新闻出版】岛上没有日报，主要报刊有《特克斯和凯科斯新闻》（周报）、《特克斯和凯科斯自由新闻》（周报）等。

特克斯和凯科斯广播电台为政府所有。岛上可以收看到巴哈马的电视节目。在大特克岛和普罗维登西亚莱斯岛可收看有线电视。

对外关系

外交由英国掌管。特克斯和凯科斯群岛为万国邮政联盟、加勒比开发银行成员，加勒比共同体准成员，设有国际刑警组织特克斯和凯科斯群岛支局。

【同中国的关系】特克斯和凯科斯群岛是单方面允许中国公民免签入境的国家或地区之一。特克斯和凯科斯群岛和中国均属承诺加入境外金融账户共同申报准则体系进行金融涉税信息互换的国家和地区。2017年，特克斯和凯科斯群岛与中国在《多边主管当局间协议》框架下实现"配对"，特克斯和凯科斯群岛已确定会将中国税收居民的金融资产信息提交给中国。2018年9月，特克斯和凯科斯群岛向中国政府提交中国税收居民在特克斯和凯科斯群岛金融机构所持有账户的信息。据中国海关总署统计，2022年，中特贸易额为1005万美元，同比增长101.1%。其中，中国出口额为996万美元，同比增长100.3%；中国进口额为9万美元，同比增长262.8%。（叶雯）

特立尼达和多巴哥

国名 特立尼达和多巴哥共和国（The Republic of Trinidad and Tobago）。

面积 5128平方公里，其中特立尼达岛4828平方公里，多巴哥岛300平方公里。

人口 142.1万（2022年）。印度裔和非洲裔为两大主要族裔，分别占总人口约35.4%和34.2%，其余为混血种人、欧洲人、阿拉伯人后裔及华人。英语为官方语言和通用语。居民多信奉基督教新教、天主教、印度教，少数信奉伊斯兰教等。

首都 西班牙港（Port of Spain），人口54.4万

（2022年）。

国家元首 总统克里斯蒂娜·坎加卢（Christine KANGALOO，女），2023年3月就任，任期5年。

重要节日 独立日：8月31日；狂欢节：每年2月。

简 况

位于加勒比海小安的列斯群岛的东南端，西与委内瑞拉隔海相望。属热带海洋性气候，气温在20℃—34℃。

特立尼达岛原为印第安人阿拉瓦克族和加勒比族居住地。1498年哥伦布经过该岛，宣布其为西班牙所有。1781年被法国占领。1802年根据《亚眠条约》划归英国。多巴哥岛历经西班牙、荷兰、法国、英国多次争夺，1814年根据《巴黎条约》沦为英国殖民地。1889年两岛均成为英国殖民地。1956年实行内部自治。1962年8月31日独立。1976年8月1日改为共和国，现为英联邦成员国。

政 治

议会民主制。总统为国家元首，由议会选举产生。总理为政府首脑，由议会多数党领袖担任。独立以来，代表非洲裔利益的人民民族运动党曾长期执政。2020年8月，该党以微弱优势再次赢得选举。目前，特多政局稳定。

【宪法】现行宪法于1976年8月1日生效。宪法规定：特多为共和国；总统为国家元首，由议会选举产生，任期5年；每5年举行大选，政府由大选中获众议院多数席位的政党组成，对议会负责。多巴哥设有多巴哥议会，享有一定的自治权。

【议会】分参众两院，任期均为5年。参议院31席，由总统任命，其中总理提名16人，反对党领袖提名6人，另9人由总统在社会名流中选任。现任参议长奈杰尔·德·弗雷塔斯（Nigel de FREITAS），2023年1月就任。众议院41席，由普选产生。众议长布丽吉德·安尼塞塔–乔治（Bridgid ANNESETTE-GEORGE，女），2015年9月就任，2020年8月连任。

【政府】本届政府于2020年8月成立。目前内阁主要成员有：总理基思·罗利（Keith ROWLEY），外交和加勒比共同体事务部长埃默里·布朗（Amery BROWNE），国家安全部长菲兹杰拉德·海因茨（Fitzgerald HINDS），能源和能源工业部长兼总理办公室事务部长斯图亚特·杨（Stuart YOUNG），财政部长科尔姆·英伯特（Colm IMBERT），贸易和工业部长葆拉·戈皮–斯库恩（Paula GOPEE-SCOON，女），农村发展和地方政府事务部长法里斯·阿尔拉维（Faris AL-RAWI），教育部长妮安·加兹比–多利（Nyan GADSBY-DOLLY，女），卫生部长特伦斯·德亚尔辛格（Terrence DEYALSINGH），农业、土地和渔业部长卡奇姆·侯赛因（Kazim HOSEIN），劳工部长斯蒂芬·麦克拉奇（Stephen MCCLASHIE），总检察长雷金纳德·阿穆尔（Reginald ARMOUR），住房和城市发展部长卡米尔·鲁滨逊–里吉斯（Camille ROBINSON-REGIS，女）等。

【行政区划】全国分为9个郡、2个市、3个区和1个半自治行政区（多巴哥岛）。

【司法机构】设最高法院（由高等法院和上诉法院组成）和地方法院。地方法院和高等法院均对民事和刑事案件享有初审权。上诉法院受理地方法院和高等法院审理过的上诉案件。加勒比法院为终审法院。

【政党】主要政党有：

（1）人民民族运动党（People's National Movement，PNM）：执政党。1956年1月成立。曾于1956—1986年、1991—1995年、2001—2010年执政。2015年再次执政并连任至今。主要代表非洲裔利益，属温和民族主义政党。主张政治自由、社会平等和种族博爱。政治领袖基思·罗利。

（2）联合民族大会党（United National Congress，UNC）：反对党。1989年4月成立。曾于1995—2001年、2010—2015年执政。主要代表印度裔利益。主张在权力分配和种族问题上实行平等。政治领袖卡姆拉·佩萨德–比塞萨尔（Kamla Persad-Bissessar，女）。

【重要人物】克里斯蒂娜·坎加卢：总统。女，1961年出生于特多。毕业于西印度大学、休伍丁法学院，1985年开始担任执业律师。2001年当选参议员，后被任命为参议院副议长、总理府事务部长。2005—2007年担任司法部长。2007年当选众议员，并出任科技和高等教育部长。2015年担任参议长。2023年1月当选总统，3月20日就任。 **基思·罗利：**总理。1949年出生于特多。西印度大学地理学博士。1987—1990年任反对党人民民族运动党参议员，1991年当选众议员并连选连任至今。曾任农业、土地和海洋资源部长，计划和发展部长，住房部长，贸易和工业部长。2010年6月出任议会反对党领袖。2015年9月率领人民民族运动党赢得大选并担任总理，2020年8月连任。

经 济

经济以能源开发和加工为主。能源产业为特多经济支柱。近年来，建筑、旅游和金融保险业等发展较快。新冠疫情对特多经济造成严重影响，目前特多经济开始复苏。2022年主要经济数据如下：

国内生产总值：293.4亿美元。

人均国内生产总值：22259美元。

国内生产总值增长率：3.7%。

货币名称：特立尼达和多巴哥元。

汇率：1美元≈6.75特立尼达和多巴哥元。

通货膨胀率：5%。

（资料来源：国际货币基金组织）

【资源】为世界重要天然沥青产地和液化天然气、氨肥、甲醇出口国，为加勒比地区重要石油输出国。

【工业】以石油、天然气开采和炼油为主，其次为建筑业和制造业。加工制造业门类较齐全，主要生产化肥、钢铁、食品、烟草等。

【农业】主要种植甘蔗、咖啡、可可、柑橘、椰子和水稻等，其中可可质量上乘。约75%的食品靠进口。

全国可耕地面积约23万公顷。

【旅游业】政府大力发展旅游业。游客主要来自美国、英国、加拿大及加勒比其他国家。

【交通运输】以公路运输为主。公路总长9592公里，全天候公路5000余公里。

水运：主要港口有西班牙港、利萨角、查瓜拉马斯和塔巴拉多角。其中，西班牙港规模最大，有通往世界各大港口的海运线。

空运：特立尼达岛和多巴哥岛各有一个机场可停降大型客机。位于首都西班牙港的皮亚科国际机场是英语加勒比地区最现代化的机场，有飞往欧洲、美国、加拿大的直达航班。

【财政金融】2019/2020财年，特立尼达和多巴哥中央政府财政收入为340.60亿特立尼达和多巴哥元，财政支出为508.32亿特立尼达和多巴哥元，赤字为167.72亿特立尼达和多巴哥元。

特立尼达和多巴哥中央银行负责制定金融政策，管理商业银行。主要商业银行有：第一国民银行、共和国银行等。

【对外贸易】主要出口石油、天然气、化工产品、制成品、原材料和牲畜，进口燃料、润滑油、运输设备和食品等。主要贸易伙伴有美国、哥伦比亚、委内瑞拉、俄罗斯、巴西、中国。

人民生活

社会福利较为完备。政府向老年人和失业者分别发放养老金和失业救济金。2021年，特多人均寿命73.67岁，人口增长率为0.28%。

军　事

国防军始建于1962年，由陆军、空军和海岸警卫队组成。总统为国防军司令，总参谋长负责军队日常事务。

文化教育

【教育】中小学实行免费义务教育。大学有西印度大学特多圣奥古斯丁分校、特立尼达和多巴哥大学、东加勒比农学院。

【新闻出版】主要报纸有《特立尼达和多巴哥快报》《特立尼达卫报》《新闻日报》。主要新闻机构有加勒比新媒体集团（拥有3个电视频道和3家电台）、加勒比通讯网（私营）和特立尼达广播有限公司。有广播电台30余家，多为私营。主要电台有国营的中波610电台和特立尼达电台。有多家电视台，主要有TV6、CNC3和CNMG。

对外关系

奉行独立自主和不结盟的外交政策，维护民族独立和国家主权，坚持不干涉别国内政原则，反对殖民主义和种族主义，主张建立国际经济新秩序，开展平等互利的国际经济合作。外交以促进特多经济发展为核心任务。积极推进加勒比一体化进程，参与加勒比共同体、美洲国家组织、联合国等国际和地区组织事务。同西方传统盟友保持密切关系的同时，注重加强与中国、印度等主要发展中国家的联系。

【同中国的关系】1974年6月20日，中国同特立尼达和多巴哥建交。2005年，两国建立“互利发展的友好合作关系”。2013年，两国建立“相互尊重、平等互利、共同发展”的全面合作伙伴关系。建交以来，两国在政治、经贸和文化等领域进行了卓有成效的合作，在国际事务中相互理解和支持。

2021年3月，习近平主席同罗利总理通电话。2022年4月，特多外长布朗参加中国和加勒比建交国外长会。

特多承认中国完全市场经济地位。2018年5月，中特多签署共建“一带一路”谅解备忘录。近年来，两国经贸合作发展较快。据中国海关总署统计，2022年，中特多双边贸易额约为13亿美元，同比增长23.4%。其中，中国出口额为5.4亿美元，同比增长28.2%；中国进口额为7.6亿美元，同比增长20.3%。中国主要出口钢材、纺织品、服装、农产品、塑料制品和汽车，进口天然沥青、液化石油气、废金属和废塑料。

两国文化、体育、青年、医疗等领域团组交流频繁。中方曾派军乐团、京剧团、杂技团和歌舞团等文艺团组赴特多访演，足球和乒乓球等体育团体赴特多访问比赛。中方多次在特多举办摄影、国画、陶瓷、服饰和工艺美术展。特多钢鼓乐队曾来华访演，田径、乒乓球和篮球队曾访华。西印度大学特多圣奥古斯丁分校设有孔子学院和中特多农业创新示范园。中国海军“和平方舟”号医院船曾访问特多。中方“光明行”眼科专家组和共计4批医疗队曾赴特多开展义诊。特多圣费尔南多医院建有中国政府捐赠的加勒比首个显微外科训练中心。2022年，特多代表团参加北京冬奥会。

中国驻特多大使：方遒。馆址：No. 76 Long Circular Road，Maraval，Port of Spain。电话：001-868-6286417；传真：6227613。

特多驻华大使：刘娜（Analisa Low，女）。办公地址：北京市朝阳区亮马桥北小街7号亮马桥外交公寓C区别墅04-03。电话：010-85323432；传真：85321410。

【同美国的关系】美是特多第一大贸易伙伴。特多对美经济依存度较高，双方在税收、医疗卫生、人力资源等领域合作密切。近年来，特美高层交往密切。

【同其他加勒比国家的关系】积极推动地区一体化进程，是加勒比共同体以及加勒比国家联盟创始国之一，是加勒比国家联盟总部所在地、加共体单一市场成员国。（朱莹）

危 地 马 拉

国名　危地马拉共和国（The Republic of Guatemala，La República de Guatemala）。

面积　10.89万平方公里。

人口　1860万（2022年）。土著印第安人占41%，其余为印欧混血种人和欧洲移民后裔。官方语言为西班牙语。70%的居民信奉天主教，20%的居民信奉基督教新教。

首都　危地马拉城（Ciudad de Guatemala），人口301.5万（2022年），面积996平方公里，海拔1480米，属亚热带气候。

国家元首　总统亚历杭德罗·贾马特（Alejandro Giammattei），2020年1月14日就任，任期4年。

重要节日　独立日：9月15日。

简　况

位于中美洲西北部，西北与墨西哥、东北与伯利兹、东南与洪都拉斯和萨尔瓦多接壤，东临加勒比海的洪都拉斯湾，南濒太平洋。海岸线长约500公里。境内多山地和火山，沿海平原土壤肥沃，北部森林覆盖率较高。以亚热带气候为主，年均气温16℃—20℃，5—10月为雨季，11月至次年4月为旱季。

危地马拉是古代玛雅文化的中心之一。1524年沦为西班牙殖民地。1821年9月15日宣布独立。1823年加入中美洲联邦，1839年成立共和国，后长期实行独裁统治。1944年起开始民主化进程。1954年起进入右翼军政府和文人政府交替执政时期。1960年出现左派军事组织。1982年1月，危全国各左派游击队合并成立“危地马拉全国革命联盟”，左派武装斗争遍布全国各地。1996年12月，阿尔苏政府（全国先锋党）与“危地马拉全国革命联盟”达成《最终和平协定》，结束长达36年的内乱。

政　治

危地马拉是拉美最贫困的国家之一，多年内战造成社会发展滞后。长期以来，高凶杀率和高贫困率构成危地马拉两大痼疾。2019年，“为争取不同的危地马拉而前进”党候选人亚历杭德罗·贾马特最终胜选，于2020年1月就职。2023年6月25日，危地马拉举行大选首轮投票，中左翼政党全国希望联盟候选人托雷斯和“种子运动”党候选人阿雷瓦洛得票排名前二，进入8月20日第二轮投票。

【**宪法**】现行宪法于1985年5月经国民议会通过，1986年1月14日生效，1994年1月30日通过宪法修正案。宪法规定：总统为国家元首、政府首脑和武装部队总司令；总统、副总统由直接选举产生，任期4年，不得连选连任；军人退役满5年后才能竞选总统。

【**议会**】国民议会为一院制，行使立法权，议员任期4年，可连选连任。设议长和3名副议长，任期1年。本届国民议会任期为2020年1月至2024年1月，共160席，各党所占席位如下：全国希望联盟40席，“为争取不同的危地马拉而前进”党17席，国家变革联盟12席，其他16个党团共占79席。现任议长为“为争取不同的危地马拉而前进”党议员雪莉·里维拉（Shirley Rivera，女），于2022年1月就职，并于同年10月连任。2023年6月25日，危举行议员选举，根据初步统计结果，“为争取不同的危地马拉而前进”党获得39席，全国希望联盟28席，“种子运动”党23席，卡巴尔党18席，“价值远见”党11席，其他11个党团共占41席。

【**政府**】本届政府于2020年1月组成。主要成员有：副总统塞萨尔·吉列尔莫·卡斯蒂略·雷耶斯（César Guillermo Castillo Reyes），外交部长马里奥·阿道夫·布卡罗（Mario Adolfo Búcaro），内政部长大卫·拿破仑·巴里恩托斯（David Napoleón Barrientos），财政部长阿尔瓦罗·冈萨雷斯·里奇（Álvaro González Ricci），国防部长亨利·雷耶斯·奇古阿（Henry Reyes Chigua），通信、基础设施和住房部长哈维尔·马尔多纳多·基尼奥内斯（Javier Maldonado Quiñónes），教育部长克劳迪亚·鲁伊斯·卡萨索拉（Claudia Ruíz Casasola，女），卫生和社会福利部长弗朗西斯科·科马·马丁（Francisco Coma Martín），能源和矿业部长阿尔维托·皮门特尔·马塔（Alberto Pimentel Mata），经济和贸易部长哈尼奥·莫阿希尔·罗萨莱斯（Janio Moacyr Rosales），劳工和社会保障部长拉斐尔·欧亨尼奥·罗德里格斯（Rafael Eugenio Rodríguez），农业、畜牧业和食品部长何塞·安赫尔·洛佩兹（José Ángel López），社会发展部长劳尔·罗梅罗·塞古拉（Raúl Romero Segura），环境和自然资源部长马里奥·罗哈斯·埃斯皮诺（Mario Rojas Espino），文化和体育部长费利佩·阿吉拉尔·马罗金（Felipe Aguilar Marroquín）。

【**行政区划**】全国划分为22个省，下设338个市镇。

【**司法机构**】由最高法院、宪法法院、总检察署、国家公诉专署、内政部等组成国家司法委员会。设最高法院、上诉法院、初级法院。最高法院有13名大法官，任期5年，由议会选举产生，可连任；最高法院院长兼任国家司法委员会主席，由大法官以2/3多数票选举产生，任期1年，不得连任。由于2019—2024年最高法院大法官选举迄未举行，2019年10月至今，西尔维亚·巴尔德斯（Silvia Valdés，女）任最高法院代院长。

【政党】主要政党有：

（1）“为争取不同的危地马拉而前进”党（Vamos por una Guatemala diferente）：现任总统贾马特为参与选举于2017年创立该党。现有17个议席，为议会第二大党。2020年1月，贾马特就职总统当日宣布脱离该党，以超脱党派利益更好服务人民。现任总书记为希奥尔希奥·布鲁尼（Giorgio Bruni）。

（2）全国希望联盟（Unidad Nacional de la Esperanza）：反对党。2002年9月由前总统科洛姆组建，现有党员9万余名，系危第一大党。总书记为科洛姆前妻桑德拉·托雷斯（Sandra Torres）。现有52个议席，为议会第一大党，亦是拥有市长数量最多的党派。

（3）国家变革联盟（Unión del Cambio Nacional）：2006年建党。现任总书记豪赫·帕萨莱里（Jorge Passarelli）。现有12个议席，为议会第三大党。

【重要人物】亚历杭德罗·贾马特：总统。1956年3月9日出生于危地马拉城。曾先后在医疗机构、最高选举法院、危地马拉城市政府、总统府、金融机构等任职，并担任私营企业顾问。2002—2007年任全国监狱系统负责人，2010年受监狱暴乱牵连入狱，10个月后无罪释放。2017年创建“为争取不同的危地马拉而前进”党，2019年8月作为该党总统候选人赢得大选，于2020年1月14日就任。

经济

以农业为主。受内战影响，经济长期停滞。1996年《最终和平协定》生效后，危经济恢复增长。2003—2008年，年均增长率达4%。2009年，危经济受国际金融危机影响，经济低迷。2010年起，危经济恢复增长。2022年主要经济数据如下：

国内生产总值：987亿美元。

人均国内生产总值：5637美元。

国内生产总值增长率：4%。

货币名称：格查尔。

汇率：1美元≈7.78格查尔。

通货膨胀率：9.24%。

失业率：3%。

（资料来源：国际货币基金组织、危地马拉国家统计局）

【资源】矿产有铅、锌、铬、锑、金、银、水银、镍等，石油储量为14.3亿桶。林业资源丰富，森林和湿地面积占国土面积的33.6%。

【工业】以轻工业为主。传统工业有制造业及采矿、纺织、食品加工、制药和造纸等行业。近年来，以纺织业为主的客户加工业、电力、通信业等发展较快。

【农业】在国民经济中占有重要地位。2016年，全国可耕地面积为86.2万公顷。农业以种植咖啡、甘蔗、香蕉、小豆蔻等为主。农业人口占全国人口的1/3。

【旅游业】旅游业是危主要外汇来源。丰富多样的生态环境和文化古迹是危重要旅游资源。主要旅游景点有：危地马拉城老城区，蒂卡尔、奇奇卡斯特南戈、亚柯哈和纳库穆等玛雅文明遗址，阿蒂特兰湖、火山风光等。2021年外国游客人数达180万，恢复至2019年疫情前水平的72%。游客主要来自美国、加拿大、墨西哥、中美洲国家和欧盟。

【交通运输】以公路运输为主。

公路：总长1.71万公里，其中沥青或水泥公路占44%，其余为乡村公路。主要干线有泛美公路、太平洋公路和大西洋公路。

铁路：曾有一条铁路，现已停运。

水运：主要港口有5个，分别为大西洋沿岸的巴里奥斯和圣托马斯·德卡斯蒂利亚港及太平洋沿岸的格查尔港、圣何塞港和钱佩里科港。

空运：有2个国际机场，分别为危地马拉城拉奥罗拉机场和弗洛雷斯市玛雅世界机场；1个巴里奥斯港国内机场。危地马拉国际航空公司经营通往中美洲各国、多米尼加、墨西哥、美国、西班牙、荷兰等国的航线。

【财政金融】近几年中央政府财政收支情况如下（单位：百万格查尔）：

	2020	2021	2022
收入	64038	82295	88579
支出	93527	90065	108590
盈余/赤字	–29489	–7770	–20011

（资料来源：危地马拉财政部）

2021年外汇储备204.68亿美元；侨汇收入152.95亿美元，同比增长34%，创历史新高。2022年政府税收同比增长15.7%，公债率维持在30.1%低位。

【对外贸易】主要出口香蕉、蔗糖、咖啡、小豆蔻等传统农产品，主要出口对象国为美国、中美洲国家、欧盟、墨西哥等国家和地区；主要进口消费品、原料及半成品、资本品和燃油等，主要进口来源国为美国、墨西哥、中美洲国家、中国、欧盟、哥伦比亚等国家和地区。近几年进出口贸易情况如下（单位：亿美元）：

	2020	2021	2022
出口额	115.6	137.2	144.3
进口额	182.1	266.1	297.3
差　额	–66.5	–128.9	–153.0

（资料来源：危地马拉央行）

【外国资本】2022年外国直接投资13.52亿美元。外资主要来自美国、哥伦比亚、卢森堡、中美洲国家、墨西哥、韩国、意大利、德国等国家和地区，集中于贸易、汽车修理、金融保险、信息通信、制造、水电、卫生、采矿、交通和货物存储、农林牧渔等行业。

【外国援助】1996年底危和平协议签署后，国际社会承诺向危提供19亿美元的援助，用于国家重建。2019年11月，中美洲经济一体化银行批准对危提供2.85亿美元贷款，用于重振危咖啡产业。2020年6月，中美洲经济一体化银行向危提供1.93亿美元贷款，用于危卫生部主导的医院建设和医疗设备采购项目。国际货币基金组织向危提供5.94亿美元贷款，用于应对新冠疫情。9月，美洲开发银行向危提供1亿美元贷款，为危中小企业提供融资。

人民生活

2019年，人均寿命为72.5岁，出生率为25.27‰，死亡率为4.83‰。

军　事

共和国总统为武装部队总司令，但其命令通过国防部长下达。

文化教育

【教育】实行小学义务教育。小学6年，中学6年。截至2020年2月，有公立初级教育机构2.93万所，学生约253.9万人；公立中学3659所，学生约81.9万人；大学16所，其中圣卡洛斯大学为国立大学，其余15所为私立大学，2016年有学生20万人。2019年文盲率为18.5%，教育经费占国内生产总值的3.2%。

【新闻出版】发行量较大的报纸有:《写真报》，1863年创刊，发行量6万份;《自由新闻报》，1951年创刊，发行量13万份;《时报》，1920年创刊，发行量1万份;《中美洲日报》，官方日报，1880年创刊，发行量1.5万份。此外，还有《21世纪报》和《新闻报》等。

全国有95家广播电台，其中“危地马拉之声”等5家电台由政府经营，其余90家为私营电台。全国有26家电视台，其中有5家国家电视台、1家军队电视台、6家教育电视台，其余为私营商业电视台。

对外关系

主张维护国际和平与安全，尊重民族自决和不干涉别国内政，以和平手段解决国际争端。重视加强与美国、欧盟、墨西哥和日本的经贸关系，积极参与国际事务和推动地区一体化进程。系联合国会员国，不结盟运动、美洲国家组织、拉美和加勒比国家共同体、拉美议会、加勒比国家联盟、中美洲共同市场、中美洲一体化体系、中美洲议会等国际和地区组织成员国。曾任2012—2013年度联合国安理会非常任理事国，2019年上半年、2021年下半年任中美洲一体化体系轮值主席国。2021年11月主办美洲国家组织第51届年会。2023年5月，作为加勒比国家联盟部长理事会轮值主席国，举办第七届加勒比国家联盟国际合作会议。

【同中国的关系】中危无外交关系。

近年来，中方主要往访有：贸促会副会长陈洲（2018年1月）、贸促会副会长张伟（2018年9月）、贸促会副会长陈建安（2019年10月）。

危方主要来访有：经济部长德拉托雷（2015年4月应中国人民对外友好协会邀请以私人身份访华）、副外长罗尔丹（2018年1月出席中拉论坛第二届部长级会议）。

2018年6月，危火山爆发成灾，中国红十字会向危红十字会提供10万美元紧急人道主义援助。

据中国海关总署统计，2022年，中危双边贸易额为49.4亿美元，同比增长13.6%。其中，中国出口额为43.6亿美元，同比增长12%；中国进口额为5.7亿美元，同比增长27.5%。中国主要出口石化、纺织、机械设备、金属制品等，进口水果等。

【同美国的关系】同美保持密切的政治、经济和军事关系，美是危最大的投资来源国和贸易伙伴，美在危派有军事使团、军事顾问，设有两处军事基地。

【同其他拉美国家的关系】积极参与中美洲一体化进程，斡旋哥斯达黎加同尼加拉瓜边界纠纷，重视加强与南美国家关系。危同萨尔瓦多、尼加拉瓜、洪都拉斯3国实行统一签证，同哥伦比亚、智利、秘鲁等国签署自贸协议，同洪都拉斯成立关税同盟。危地马拉同萨尔瓦多、洪都拉斯成立联合部队，共同打击有组织犯罪和贩毒。2020年1月，贾马特总统宣布正式同委内瑞拉马杜罗政府断交。危地马拉和伯利兹长期存在领土争端。

（马钰洁）

委内瑞拉

国名　委内瑞拉玻利瓦尔共和国（The Bolivarian Republic of Venezuela，La República Bolivariana de Venezuela）。

面积　91.64万平方公里。对现在圭亚那管辖之下约15.9万平方公里的埃塞奎博地区有主权要求。

人口　约2830万（2022年）。印欧混血种人占58%，白人占29%，黑人占11%，印第安人占2%。官方语言为西班牙语。居民98%信奉天主教，1.5%信奉基督教新教。

首都　加拉加斯（Caracas），人口约322万（2022年）。年均气温21℃。

国家元首　总统尼古拉斯·马杜罗·莫罗斯（Nicolás MADURO Moros），2018年5月胜选连任，2019年1月就职，任期至2025年1月。

重要节日　独立日：7月5日。

简　况　位于南美洲大陆北部，东与圭亚那为邻，南同巴西接壤，西与哥伦比亚交界，北濒加勒比海。海岸线长2813公里。全境除山地外基本上属热带草原气候。气温因海拔高度不同而异，山地温和，平原炎热。每年6—11月为雨季，12月至次年5月为旱季。

古代为印第安人阿拉瓦克族和加勒比族的居住地。1567年沦为西班牙殖民地。1811年7月5日宣布独立。1819—1829年同哥伦比亚、巴拿马和厄瓜多尔组成"大哥伦比亚共和国"。1830年建立委内瑞拉联邦共和国。1864年改名为委内瑞拉合众国。1953年改为委内瑞拉共和国。1999年改称委内瑞拉玻利瓦尔共和国。1958年实行宪政，建立文人政权。此后，民主行动党和基督教社会党交替执政。1998年12月，查韦斯作为"爱国中心"总统候选人参加大选并获胜，打破了两大传统政党长期交替执政的政治格局。

政　治　2013年4月14日，委举行总统选举。马杜罗以1.49个百分点的微弱优势击败反对党联盟"民主团结圆桌会议"候选人卡普里莱斯赢得选举，并于4月19日宣誓就职。2014年2月，委国内爆发大规模游行示威，引发暴力冲突和人员伤亡。马杜罗政府同反对派举行对话，基本控制局势。2015年12月6日，委举行全国代表大会选举。执政党统一社会主义党获得55席，由主要反对党组成的"民主团结圆桌会议"赢得112席。这是自1999年以来反对派首次赢得该选举。2016年1月5日，委新一届全代会成立，委"府院之争"迅速升温。2017年4月，委爆发大规模游行示威，持续百余日；7月底，委举行制宪大会代表选举；8月，成立制宪大会；10月和12月，委分别举行州长和市政选举，执政党赢得绝大多数州、市长职位。2018年5月，马杜罗在大选中获胜连任总统，2019年1月10日宣誓就职，开启新一任期。2019年1月15日，委全代会通过决议宣布马杜罗篡权。1月23日，委全代会主席、人民意愿党领袖瓜伊多宣誓就任委"临时总统"，美国、"利马集团"国家、欧盟多数成员国等50多个国家予以承认。俄罗斯、中国、伊朗、古巴等国家承认马杜罗政府。2020年12月6日，委全代会举行换届选举，执政党联盟胜选，新一届全代会于2021年1月5日就职，任期至2026年。瓜伊多及主要激进反对党不承认新一届全代会，并得到美国、加拿大、英国等国支持。2021年8月至9月，委朝野在墨西哥举行三轮闭门对话，达成初步共识，但在美国干扰下，委政府单方面中止第四轮对话。2021年11月，委举行州长和市政选举，执政党再次赢得绝大多数州、市长职位。2022年11月，委朝野在墨西哥重启对话，就经济民生签署协议。2022年12月，委反对派决议解除"临时总统"瓜伊多职务、解散"临时政府"。

【宪法】现行宪法于1999年12月颁布。2009年2月，委内瑞拉通过全民公投修改宪法，取消对包括总统在内的民选公职人员连选连任次数的限制。

【议会】全国代表大会（简称"全代会"）是全国最高立法机构，一院制。全代会主要职能为制定法律、修改宪法、依法监督政府和公共管理部门、宣布大赦和审批国家预算等。全代会代表由全国大选直接选举产生，任期5年；主席任期1年，可连选连任。本届全代会于2021年1月成立，任期至2026年1月，由277名代表组成，执政党统一社会主义党副主席罗德里格斯担任主席，统社党及其盟党占据257个代表席位，反对派20席。

【制宪大会】2017年5月1日，委内瑞拉总统马杜罗宣布，为解决国内朝野分歧、搭建对话平台、促进国家发展，根据宪法第340—350条有关规定，决定召开制宪大会。新宪法主要内容包括建立新型参与式民主制度、"后石油"经济体系等，完成后将提交全民公投表决。7月30日，委举行制宪大会代表选举，执政党赢得全部席位。8月4日，委制宪大会成立。制宪大会成立后，先后通过《反仇恨、促和平共处与包容法》《反经济战法》等法律。2020年12月，执政党宣布制宪大会完成使命，结束运行。

【政府】总统是政府首脑，副总统和内阁部长由总统任命。本届政府于2019年1月成立，多次调整。现内阁成员有：副总统德尔西·罗德里格斯（Delcy RODRÍGUEZ，女），人民政权总统府部长豪尔赫·马尔克斯（Jorge MÁRQUEZ），人民政权外交部长伊万·希尔·平托（Yván GIL Pinto），人民政权内政和司法部长雷米希奥·塞瓦略斯（Remigio CEBALLOS），人民政权国防部长弗拉迪米尔·帕德里诺·洛佩斯（Vladimir PADRINO López），人民政权新闻通信部长弗雷迪·尼阿涅斯（Freddy ÑÁÑEZ），人民政权经济、财政和外贸部长德尔西·罗德里格斯（Delcy RODRÍGUEZ，女），人民政权工业和生产部长伊波利托·阿夫雷乌（Hipólito ABREU），人民政权农业和土地部长维尔马·阿尔弗雷德·卡斯特罗·索特尔多（Wilmar Alfredo CASTRO Soteldo），人民政权国内贸易部长安东尼奥·何塞·莫拉莱斯·罗德里格斯（Antonio José MORALES Rodríguez），人民政权城镇农业部长格蕾西斯·巴里奥斯（Greicys BARRIOS，女），人民政权渔业水产部长胡安·卡洛斯·洛约（Juan Carlos LOYO），人民政权食品部长卡洛斯·莱亚尔·特耶里亚（Carlos Leal TELLERÍA），人民政权旅游部长阿里·帕德隆·帕雷德斯（Alí Padrón PAREDES），人民政权石油部长佩德罗·拉斐尔·特列切亚（Pedro Rafael TELLECHEA），人民政权生态矿业发展部长威廉·塞兰特斯（William SERANTES），人民政权计划部长里卡多·何塞·梅嫩德斯（Ricardo José MENÉNDEZ），人民政权卫生部长马加莉·古铁雷斯（Magaly GUTIÉRREZ，女），人民政权印第安人事务部长克拉拉·比达尔（Clara VIDAL，女），人民政权妇女和性别平等部长迪瓦·古斯曼（Diva GUZMÁN，女），人民政权水资源保护部长鲁道夫·马尔科（Rodolfo MARCO），人民政权青年和体育事务部长梅尔温·马尔多那多（Mervin MALDONADO），人民政权监狱服务部长米莱莉斯·孔特莱拉斯（Mirelys CONTRERAS，女），人民政权劳动与社会保障部长弗朗西斯科·托雷亚尔瓦（Francisco TORREALBA），人民政权文化部长埃尔内斯托·比列加斯（Ernesto VILLEGAS），人民政权教育部长耶利策·圣埃利亚（Yelitze SANTAELLA，女），人民政权高等教育部长蒂比塞·拉米雷斯（Tibisay RAMÍREZ，女），人民政权科学技术部长加布里埃拉·希门尼斯·拉米雷斯（Gabriela JIMÉNEZ Ramírez，女），人民政权生态部长霍苏埃·亚历杭德罗·洛尔卡·维加（Josué Alejandro LORCA Vega），人民政权住房部长伊德马洛·毕亚罗尔·阿里斯门迪（Ildemaro VILLARROEL Arismendi），人民政权公社和社会主义运动部长豪尔赫·阿雷亚萨（Jorge ARREAZA），人民政权交通部长拉蒙·贝拉斯克斯（Ramón VELÁSQUEZ），人民政权公共工程部长劳尔·阿方索·帕雷德斯（Raúl Alfonzo PAREDES），人民政权电力部长内斯托尔·雷维罗尔（Néstor REVEROL），人民政权边境事务部长赫拉多·伊斯基耶多（Gerardo IZQUIERDO）。

【行政区划】全国划分为21个州、2个边疆地区（亚马孙和阿马库罗三角洲边疆区）、1个首都区和1个联邦属地（由311个岛屿组成）。

【司法机构】最高法院为全国最高司法机构，由院长、2名副院长和32名大法官组成，下设宪法、政治行政、选举、民事审判、社会审判和刑事审判6个法庭。大法官由司法推选委员会推荐，由全国代表大会任命，任期12年，不得连任。院长任期2年，可连选连任一次。现任最高法院院长格拉迪斯·古铁雷斯（Gladys GUTIÉRREZ）。司法系统还包括总检察署、护民署、刑事调查机构和司法辅助机构。国家总检察长塔雷克·威廉·萨博（Tarek William SAAB），总审计长埃尔维斯·爱德华多·伊德洛沃·阿莫罗索（Elvis Eduardo Hidrobo AMOROSO），护民官丹尼尔·拉米雷斯（Daniel RAMÍREZ）。

【政党】主要政党有：

（1）委内瑞拉统一社会主义党（Partido Socialista Unido de Venezuela，PSUV）：执政党。2008年1月成立。正式党员799万人（2020年）。2009年11月至2010年4月，统社党召开第一次特别代表大会，确定《党章》《原则宣言》和《基础纲领》3个文件。该党主张反对资本主义和帝国主义，奉行社会主义、人道主义和国际主义，捍卫玻利瓦尔革命果实，维护劳动阶级和人民利益，致力于建设公平、自由、人道的“21世纪社会主义”。2022年5月，统社党召开第五次代表大会，马杜罗总统连任党主席。

（2）正义第一党（Primero Justicia）：反对党。2000年成立，2003年成为全国性政党，主张人道主义中间路线。反对党联盟“民主团结圆桌会议”领导人卡普里莱斯为其创始人。党主席胡里奥·博尔赫斯（Julio BORGES），总书记托马斯·瓜尼帕（Tomás GUANIPA）。2020年6月，委最高法院宣判不承认该党领导层，并任命何塞·布里托（José BRITO）为临时主席，9月撤销有关决定。该党已被取消参与选举的资格。

（3）一个新时代党（Un Nuevo Tiempo）：反对党。1999年成立，2006年成为全国性政党。社会党国际成员。全国协商委员会为党的最高权力机构。党主席曼努埃尔·罗萨莱斯（Manuel ROSALES），执行主席奥马尔·巴尔博萨（Omar BARBOSA）。该党已被取消参与选举的资格。

（4）民主行动党（Partido de Acción Democrática）：反对党。1941年9月13日成立，有党员150万人。社会党国际成员。全国代表大会为党的最高权力机构。党主席伊萨贝尔·卡尔莫纳（Isabel CARMONA），发言人亨利·拉莫斯·阿留普（Henry RAMOS Allup）。2020年6月，委最高法院宣判不承认该党领导层，并任命贝尔那维·古铁雷斯（Bernabé GUTIERREZ）为临时主席。

（5）人民意愿党（Partido de Voluntad Popular）：反对党。2009年成立。社会党国际成员。主张尊重人的政治和公民权利，推动建立自由、进步、民主、包容的社会。党主席莱奥波尔多·洛佩斯（Leopordo LÓPEZ）。2020年7月，委最高法院宣布不承认该党领导层，并任命何塞·诺列加（José NORIEGA）为临时主席。

（6）基督教社会党（Partido Socialcristiano）：反对党。1946年1月成立，党员约45万人。基民党国际和美洲基民组织成员。党的临时主席米格尔·萨拉萨尔（Miguel SALAZAR），临时总书记胡安·卡洛斯·阿尔瓦拉多（Juan Carlos ALVARADO）。

（7）进步党（Avanzada Progresista）：反对党。2012年6月成立。由统社党、大家的祖国党（Patria Para Todos）退党人员组成。主张通过民主参选上台，全面实施经济美元化，改善同美国等西方国家关系。党主席为亨利·法尔孔（Henri FALCON）。2018年6月，法尔孔联合争取社会主义运动党、基督教社会党等组建独立于传统反对党联盟“民主团结圆桌会议”（MUD）的新反对党联盟“为了变革协定”（Concertación por el Cambio）。

（8）争取社会主义运动（Movimiento al Socialismo）：反对党。1971年1月19日成立，党员47万人。社会党国际成员。由脱离委内瑞拉共产党的一部分中央委员组成，主张革新马克思主义理论，建设有委内瑞拉特色的民主、多元、主权、人民自治的社会主义。2001年，党内分裂为反对政府和支持政府两派。总书记费利佩·穆希卡（Felipe MUJICA）。

【重要人物】尼古拉斯·马杜罗·莫罗斯：总统。1962年11月出生。中学毕业。青年时期为学生运动领袖，曾担任加拉加斯地铁工会领导。历任“玻利瓦尔革命运动200”全国领导人、“玻利瓦尔劳动者力量党”协调员和“第五共和国运动”动员部主任。2008年参与创建执政党委内瑞拉统一社会主义党。1998年当选为众议员，2005—2006年担任全国代表大会主席。2006年8月被任命为外长。2012年10月被任命为副总统兼外长。2013年1月起不再兼任外长。3月8日就任代总统。4月14日在重新举行的总统选举中击败反对党联盟候选人卡普里莱斯当选总统，并于4月19日就职。2014年7月26日当选统社党主席，并于2018年7月、2022年5月两次连任。2018年5月在大选中获胜连任总统，2019年1月10日宣誓就职，任期至2025年1月。

经 济

自然禀赋优越，能源资源丰富。石油业为国民经济命脉，冶金、矿业、电力、制造、建筑、石化和纺织等工业部门发展较快。农业发展缓慢。查韦斯总统上台后摒弃“新自由主义”经济模式，大力发展民族产业及国有、集体经济，实施农业、工业和旅游业发展综合计划，鼓励生产和刺激内需，调整收入分配，经济取得恢复性增长。马杜罗总统执政后，全面延续查韦斯经济政策。2015年，马杜罗提出“经济复苏计划”，加大生产领域投入，启动经济特区建设，努力确保物资供应和市场稳定。同时，受国际油价持续低迷等因素影响，委经济遭遇较严重困难。2016年2月，马杜罗政府推出经济改革新政，宣布提高汽油价格、改革汇率制度，并积极推动各主要产油国限产提价。2016年底，马杜罗总统宣布建立15个经济发展引擎，致力于发展生产型经济。但受国际油价低位徘徊等影响，经济形势十分困难。2018年以来，马杜罗政府推出“国家经济复苏、稳定和繁荣计划”，实施一系列经济金融改革，放松市场管制，上调燃料油价格，但成效不彰。2019年，美国对委施加全面制裁，委经济陷入严重困难局面。2021年以来，委政府改革措施初见成效，经济形势回稳，主要经济指标较前大幅改善。2022年主要经济数据如下：

国内生产总值：931.1亿美元。

人均国内生产总值：3460美元。

国内生产总值增长率：8%。

货币名称：玻利瓦尔。

汇率：1美元≈17.55玻利瓦尔。

通货膨胀率：234%。

【资源】矿产资源丰富。委石油探明储量为3000亿桶，居世界第一位。天然气探明储量5.58万亿立方米，铁矿石探明储量36.3亿吨，煤炭探明储量7.3亿吨，铝土矿地质储量34.8亿吨，黄金可开采储量792吨。此外，还有金刚石、铀、石灰岩等矿产资源。水力资源丰富，装机容量超过2600万千瓦。境内有105条河，最长的为奥里诺科河，全长2200公里，系南美洲第三大河流。

【工业】主要工业部门有石油、铁矿、建筑、炼钢、炼铝、电力、汽车装配、食品加工、纺织等。其中石油部门为国民经济支柱产业，2019年美对委全面制裁后，委石油产量大幅下降。2022年，委石油日均产量71.6万桶，较2021年有小幅增长。

【农业】全国共有8000万公顷土地适合发展农业、林业、畜牧业、水产养殖，其中可耕地面积3007万公顷，天然和人工放牧草场面积1379万公顷。森林覆盖率约52.4%。

【旅游业】全国共有旅游接待设施2461个，客房7.74万间，星级饭店483家，其中五星级饭店23家、四星级28家、三星级127家。著名游览景点为安赫尔瀑布和玛格丽塔岛等。

【交通运输】公路：委内瑞拉公路网相对发达。目前全国共有公路总里程约9.34万公里，其中硬化路面3.5万公里，高速公路约2500公里。全国公路网密度为10.2公里/百平方公里。汽车运输量占全国总货运量的70%和客运量的90%。全国共有机动车约600万辆。

水运：委内瑞拉海岸线长2800多公里，商贸港点220处以上。全国有9个国际港口，34个石油、铁矿砂港和5个渔港。主要港口为拉瓜伊拉港、卡贝略港、马拉开波港和奥尔达斯港，其中卡贝略港的货物吞吐量占全国公共港口总吞吐量的60%以上，是最大的公共性商贸港口。全国共有1000吨以上各类民用船舶60艘，总吨位达63万吨。

内河航线总长1000多公里，奥里诺科河和阿普雷河是委内瑞拉境内的最主要通航河流，是委内瑞拉中部地区铁矿、铝土矿和冶金产品主要的运输通道，沿岸分布有众多货主码头。

空运：全国共有61个商业机场，其中11个为国际机场。主要国际机场为西蒙·玻利瓦尔机场，集中了全国90%的国际航班。

【财政金融】2022年12月，委全代会批准2023年国家财政预算法案，总金额约1707亿玻利瓦尔。委官方表示，2023年国家预算中，77.1%将用于社会支出，但未公布更多细节。

委内瑞拉中央银行的职能有：制定和实施货币和外汇政策，规范贷款和利率，发行货币，拍卖外汇，统计经济数据等。目前，委共有31家各类银行机构。其中，商业银行27家，另外4家为小额融资银行。最大的10家银行的资产约占全部银行资产的93%。

【对外贸易】与世界上100多个国家和地区有贸易关系。主要出口原油、石油化工产品、铝锭、钢材、铁矿砂和金属制品等，进口机电设备、化工和五金产品、汽车配件、建筑材料及农产品等。主要贸易对象为美国、中国、印度、欧盟、巴西和墨西哥。2019年以来，美对委施加全面制裁和“长臂管辖”，委对外贸易大幅萎缩。

【外国资本】2001年，查韦斯总统颁布《石油法》，规定将石油开采主权税率由原来的16.66%提高到30%，所得税率由67.7%降至50%；在新成立的合资公司中，委国家石油公司需控股50%以上。2014年，委政府颁布新修订的《外资法》，以加快经济特区建设，加大吸引外资力度。2016年，委政府开放石化和矿产等核心产业，鼓励各国投资。2017年，委制宪大会通过新的外资法。2020年底，委制宪大会通过《反封锁法》。2022年7月，委全代会通过《经济特区组织法》，宣布设立5个经济特区，放宽私人资本政策门槛。

人民生活

2021年人均预期寿命71岁，人口出生率15.88‰，死亡率8.12‰，婴儿死亡率21.1‰。

军　事

总统是军队的最高统帅。国家安全与防务委员会是总统在国家安全与防务战略和政策方面的最高咨询机构，由副总统、国防部长、内政部长、财政部长以及武装力量总监、联合参谋长等人组成。最高军事指挥部是军队的最高领导机构，是总统和国家安全与防务委员会的最高军事顾问机构，由国防部长、武装力量总监、联合参谋长及4个军种司令共7人组成，由国防部长负责领导。实际指挥机构是国防部下属的联合参谋部和联合指挥部。

委实行义务兵役制。根据兵役法规定，凡年满18—50岁身体健康的公民，必须依法在兵役局注册登记服兵役。陆海空三军和国民警卫队的服役期限均为24个月。委内瑞拉武装力量由陆军、海军、空军和国民警卫队4个军种以及玻利瓦尔国家民兵等后备役部队组成。其中，陆军15万人、海军3万人、空军1.9万人、国民警卫队8万人、民兵约300万人。

人民政权国防部长弗拉迪米尔·帕德里诺·洛佩斯，武装部队战略作战司令部司令多明戈·安东尼奥·埃尔南德斯·拉雷斯（Domingo Antonio HERNÁNDEZ Lárez），武装部队战略作战司令部参谋长何塞·格雷戈里奥·莫雷诺（José GREGORIO Moreno），陆军司令菲利克斯·奥索里奥（Félix Osorio）上将，海军司令阿尼巴尔·何塞·布里托·埃尔南德斯（Aníbal José BRITO Hernández），空军司令圣地亚哥·亚历杭德罗·因方特·伊特里亚戈（Santiago Alejandro INFANTE Itriago），国民警卫队司令胡韦纳尔·何塞·卢戈·贝塞里特（Juvenal José LUGO Becerrit），玻利瓦尔国家民兵司令维斯托霍尔·格雷戈里奥·乔里奥·安德拉德（Wistohor Gregorio CHOURIO Andrade）。

文化教育

【教育】对6—15岁儿童实行义务教育，已被联合国教科文组织宣布为无文盲国家。全国有48所大学，其中23所公立大学、25所私立大学，另有103所专科学院。著名大学有委内瑞拉中央大学、西蒙·玻利瓦尔大学、安德烈斯·贝略天主教私立大学。委内瑞拉政府规定，全国所有学校都必须在教育部备案，并按统一规定课程教学。2009年修改教育法，将“21世纪社会主义”纳入中小学教学大纲。

【新闻出版】有100多种报纸杂志，其中日报75种。主要报纸均为私营:《国民报》，1943年创刊，在知识界较有影响，发行量17.5万份;《宇宙报》，1909年由努涅斯家族创办，无党派报纸，在金融企业界较有影响，发行量14万份;《最新消息报》，1941年创办，以社会新闻为主，发行量约35万份。主要杂志有《塞塔》《波希米亚人》等，属综合性杂志。以上报刊均为西班牙文版。2010年发行的《奥里诺科邮报》、2014年发行的《4F报》系执政党统一社会主义党机关报。

委内瑞拉通讯社：国营通讯社，1977年5月成立，后改为玻利瓦尔通讯社。

对外关系

奉行反帝、反殖、反霸、独立自主的外交政策。主张建立相互尊重、无霸权的多极化世界，反对新自由主义和自由贸易。提倡南南合作。积极推动拉美地区一体化，注重同拉美和加勒比国家开展合作。重视同俄罗斯、伊朗等国家发展关系。坚决反对外部干涉内政。委同160多个国家保持外交关系。系不结盟运动、77国集团、石油输出国组织、世界贸易组织、拉美和加勒比国家共同体、拉美经济体系、拉美开发银行、美洲玻利瓦尔联盟、南美国家联盟、加勒比石油计划等国际和地区组织成员。拉美经济体系、加勒比石油计划总部设在加拉加斯。2016年9月，委成功举办第17次不结盟运动峰会，并于2016年9月至2019年10月担任轮值主席国。

【同中国的关系】中委于1974年6月28日建交。2001年4月，江泽民主席对委内瑞拉进行国事访问，同查韦斯总统共同宣布两国建立共同发展的战略伙伴关系。2004年12月，委内瑞拉宣布承认中国完全市场经济地位。2018年9月，马杜罗总统对华进行国事访问。2020年4月，习近平主席应约同马杜罗总统通电话。

此外，近年中方访委的有：习近平主席特使、农业农村部长韩长赋（2019年1月）。委方访华的有：统社党第一副主席卡韦略（2019年10月），外长阿雷亚萨（2020年1月）。

2020年9月，王毅国务委员兼外长同委外长阿雷亚萨举行视频会谈。2021年4月，全国人大常委会委员长栗战书同委全国代表大会主席罗德里格斯举行视频会晤。9月，王毅国务委员兼外长同委外长普拉森西亚通电话。2022年6月，王毅国务委员兼外长同委外长法里亚通电话。9月，王毅国务委员兼外长出席联合国大会期间会见委外长法里亚。

据中国海关总署统计，2022年，中委双边贸易额为38.42亿美元，同比增长21%。其中，中国出口额为30.09亿美元，同比增长38%；中国进口额为8.33亿美元，同比减少16.2%。

中国驻委内瑞拉大使：李宝荣。馆址：Av. Orinoco con la Calle Monterrey，Urbanización Las Mercedes，Municipio Baruta，Caracas，Venezuela。电话：0058–212–9931171（值班电话），9754022，9761678（商务处）；传真：9935685，9770611（商务处）。

委内瑞拉驻华大使：朱塞佩·安赫洛·卡梅洛·约夫雷达·约里奥（Giuseppe Angelo Carmelo YOFFREDA Yorio）。馆址：北京市朝阳区三里屯路14号。电话：010–65321295，65323521。

【同美国的关系】委美于1835年6月30日建立外交关系。查韦斯总统上台执政后，美批评委政府侵犯人权，指责其支持哥伦比亚反政府武装并与哥贩毒集团有联系。美对委国家石油公司采取制裁措施。查韦斯总统批驳美方有关指责，反对美以人权、反毒为借口干涉委内政，明确反对美政治、经济和贸易制度。2010年，委美相互驱逐对方大使。2013年6月，委外长豪阿同美国务卿克里举行会晤，决定就恢复正常关系和互派大使等重启对话。9月，双方中止有关对话并相互驱逐包括代办在内的三名外交官。2014年2月，委国内爆发大规模游行冲突后，马杜罗总统指责美是幕后推手，双方再次相互驱逐多名外交官，但委方同时宣布提名新任驻美大使。2015年2月，美以“侵犯人权和进行政治迫害”为由对委官员进行制裁。3月，奥巴马总统颁布政令，宣布委为美“国家威胁”，委方对此表示强烈反对。4月，马杜罗总统在出席美洲峰会期间同奥巴马总统举行简短会见，双方重申愿在相互尊重的基础上发展关系。此后，两国高级别官员就改善双边关系进行了一系列接触。2017年，美对委实施多轮人员及金融制裁。2019年1月，美承认委全代会主席瓜伊多为“临时总统”，委宣布与美断交，美对委石油业施加制裁。8月，美国总统特朗普签发行政令，对委实施全面制裁和“长臂管辖”，宣布冻结委政府及其关联实体和个人或在美公民名下的资产和孳息，限制有关人员进入美境内，并禁止任何人向已被美列入制裁名单或根据该行政令资产受冻结的委实体和个人提供捐助或资金、货物、服务等支持。2020年3月，美方起诉并悬赏抓捕马杜罗等委高官，抛出委“民主过渡”框架。2022年以来，美国有限放松对美欧油企同委油贸限制，但仍不承认马杜罗为合法领导人，敦促委政府恢复民主并实施“自由公正”大选。

【同欧盟及欧洲国家的关系】欧盟是委内瑞拉主要贸易伙伴和投资来源地。委重视发展同欧盟国家的关系，以求引进资金、技术和增加出口。委与欧盟成员国签有多项经贸和科技合作协定。2017年，欧盟对委实施武器、防暴品禁运及人员制裁。2019年1月，欧盟牵头成立由部分欧洲和拉美国家组成的委内瑞拉问题“国际接触小组”，要求委重新举行大选，支持委朝野对话。俄罗斯、白俄罗斯等国政府代表赴委出席马杜罗总统就职仪式。马杜罗总统、副总统罗德里格斯访俄。2020年，俄外长拉夫罗夫访委，委外长阿雷亚萨在出席联合国人权理事会第43次会议期间同俄罗斯、葡萄牙等国外长分别举行双边会晤，同西班牙外交大臣冈萨雷斯通电话，访俄并出席卫国战争胜利75周年阅兵活动。2021年，阿雷亚萨外长访问俄罗斯。2022年，马杜罗总统同俄总统普京通电话，俄副总理鲍里索夫访委，委副总统罗德里格斯出席圣彼得堡国际经济论坛并会晤俄外长拉夫罗夫。

【同其他拉美和加勒比国家的关系】委内瑞拉重视同其他拉美国家关系，积极参与地区事务，大力推动美洲玻利瓦尔联盟等拉美一体化战略。2015年8月以来，委内瑞拉一度同邻国哥伦比亚、圭亚那分别爆发边境和争议海域纠纷，后在联合国秘书长调停下缓解。2019年1月，玻利维亚、尼加拉瓜、萨尔瓦多、古巴、苏里南、圣基茨和尼维斯、圣文森特和格林纳丁斯、安提瓜和巴布达等拉美和加勒比国家国家元首或政府首脑和代表赴委出席马杜罗总统就职仪式。哥伦比亚、巴西、秘鲁等拉美国家宣布承认瓜伊多为委“临时总统”，哥委断交。2020年，委外长阿雷亚萨同乌拉圭外长、苏里南外长通电话，访玻并出席阿尔塞总统就职仪式。2021年，马杜罗总统出席在墨西哥举行的拉美和加勒比共同体第六届峰会，副总统罗德里格斯访问古巴，阿雷亚萨外长访问玻利维亚。2022年，马杜罗总统在《联合国气候变化框架公约》第二十七次缔约方大会期间同哥伦比亚总统佩特罗、苏里南总统单多吉、巴巴多斯总理莫特利会见。罗德里格斯副总统访问古巴，普拉森西亚外长访问尼加拉瓜、玻利维亚。2022年8月，委内瑞拉同哥伦比亚复交。

【同亚太及非洲国家的关系】委内瑞拉看重亚太及非洲地区发展前景，逐步加强与上述地区的经贸合作，把发展与亚太及非洲国家的关系作为实现外交多元化的重要目标。委支持伊朗、土耳其和巴西关于伊朗和平利用核能的协议，反对国际社会制裁伊朗。2019年1月，土耳其、伊朗、巴勒斯坦、阿尔及利亚等国政府代表赴委出席马杜罗总统就职仪式。2020年，副总统罗德里格斯访问卡塔尔，外长阿雷亚萨访问伊朗，在出席联合国人权理事会第43次会议期间同巴勒斯坦、印度、南非、尼日利亚等国代表分别举行双边会晤，同纳米比亚副总理兼外长和几内亚比绍、土耳其、尼日利亚、巴勒斯坦、赤道几内亚、伊朗等国外长视频会谈。2021年，副总统罗德里格斯访问卡塔尔，阿雷亚萨外长访问土耳其、俄罗斯。2022年，马杜罗总统访问土耳其、伊朗、科威特、卡塔尔。　（阎巽）

乌 拉 圭

国名　乌拉圭东岸共和国（The Oriental Republic of Uruguay，República Oriental del Uruguay）。

面积　17.62万平方公里。

人口　342.2万（2022年）。其中，白人占90.8%，印第安人占4.9%。官方语言为西班牙语。66%的居民信奉天主教。

首都　蒙得维的亚（Montevideo），人口138.4万（2022年），面积530平方公里，年均气温16.5℃。

国家元首　总统路易斯·阿尔韦托·拉卡列·波乌（Luis Alberto Lacalle Pou），2020年3月1日就职，任期5年。

重要节日　国庆日：8月25日。

简　况

位于南美洲东南部、乌拉圭河与拉普拉塔河的东岸，北邻巴西，西界阿根廷，东南濒大西洋。位于南纬30°—35°及西经53°—58°。海岸线长660公里。地势平坦，丘陵和草原相间，平均海拔116.7米，最高海拔为513.66米。属温带气候。1—3月为夏季，气温17℃—28℃；7—9月为冬季，气温6℃—14℃。年均降水量由南至北从950毫米递增到1250毫米。

早期为查鲁亚印第安人居住地。1516年，西班牙探险队到达此地。1726年，西班牙殖民者建立蒙得维的亚城，开始殖民统治。1810年，何塞·阿蒂加斯发起独立运动。1825年8月25日，胡安·安东尼奥·拉瓦耶哈等一批爱国者收复蒙得维的亚城，宣告乌拉圭独立。1903年，红党的何塞·巴特列·奥多涅斯当选总统后，以畜牧业为依托，大力发展对外贸易和服务业，奠定了国民经济发展基础。20世纪上半叶，乌拉圭政治稳定、福利优厚、社会安宁，被誉为"南美瑞士"。60年代末经济出现困难，社会矛盾激化，局势动荡。1973年2月，军人政变上台，实行独裁统治。1984年，军政府还政于民，同年11月红党候选人胡利奥·玛丽亚·桑吉内蒂当选总统，乌拉圭恢复民主宪制。1989年，白党的路易斯·拉卡列·埃雷拉当选总统。1994年，桑吉内蒂再次当选总统。2000年3月，红党的豪尔赫·巴特列上台执政。2004年10月，左翼政党联盟广泛阵线总统候选人巴斯克斯在大选中获胜。2009年11月，广泛阵线总统候选人穆希卡当选总统。2014年11月，广泛阵线候选人、前总统巴斯克斯再次当选总统。

政　治

2019年11月，民族党候选人路易斯·阿尔韦托·拉卡列·波乌在总统选举第二轮投票中战胜广泛阵线候选人马丁内斯当选总统，于2020年3月1日就职。

【宪法】1830年7月18日颁布首部宪法，后经多次修改。1951年宪法废除了总统制，设立国务会议（最高行政权力机构）。1966年修宪恢复总统制。1973年军人政变后废除宪法。1985年民选政府执政后恢复。目前实施的是1996年修改并经全民公决通过的宪法。宪法规定：乌拉圭实行民主共和制，三权分立。设总统和副总统各1名。总统是国家元首和政府首脑，兼武装力量最高统帅。总统、副总统和各省省长均由公民直选产生，任期5年。总统不能连任，可隔届再次参选。现任副总统为贝亚特里斯·阿希蒙（Beatriz Argimón，女），2020年3月就职。

【议会】两院制。参众两院分别由31名参议员和99名众议员组成，任期5年，可连选连任。国会主席兼参议长由副总统兼任。众议长由众议员选举产生，任期1年。每年3月15日至12月15日为国会会期。闭会期间，由参众两院组成常设委员会主持日常工作。现任众议长为红党议员奥佩·帕斯克特（Ope Pasquet），2022年3月就职。本届国会于2020年2月15日组成。各党派在国会中所占席位如下：

	参议院	众议院
广泛阵线	13	42
民族党	11	30
红党	4	13
公开市政党	3	11
其他党派	0	3
总计	31	99

【政府】本届政府于2020年3月1日成立，设14个部。总统为政府首脑。除总统、副总统外，内阁主要成员包括（截至2021年）：内政部长路易斯·阿尔韦托·埃韦尔（Luis Alberto Heber），外交部长弗朗西斯科·布斯蒂略（Francisco Bustillo），经济和财政部长阿苏塞娜·阿韦莱切（Azucena Arbeleche，女），国防部长哈维尔·加西亚（Javier García），社会发展部长马丁·莱马（Martín Lema），教育和文化部长巴勃罗·达西尔韦拉（Pablo da Silveira），交通和公共工程部长何塞·路易斯·法莱罗（José Luis Falero），工业、能源和矿业部长奥马尔·帕加尼尼（Omar Paganini），劳动和社会保障部长巴勃罗·米耶雷斯（Pablo Mieres），旅游部长塔瓦雷·比埃拉（Tabaré Viera），公共卫生部长丹尼尔·萨利纳斯（Daniel Salinas），牧农渔业部长费尔南多·马托斯（Fernando Mattos），住

房和土地规划部长伊雷妮·莫雷拉（Irene Moreira，女），环境部长阿德里安·培尼亚（Adrián Peña）。

【**行政区划**】全国共划分19个省。

【**司法机构**】最高法院由5名大法官组成，须经国会批准。大法官任期10年，退休年限为70岁。院长由5人轮流担任，任期1年。现任最高法院院长为约翰·佩雷斯·布里格纳尼（John Pérez Brignani）。

【**政党**】主要政党有：

（1）民族党（Partido Nacional）：又称“白党”（Partido Blanco）。执政党，议会第二大政治力量。1836年成立。代表农牧业主利益，在内地特别是农村影响较大。政治上主张维护国家主权、公民自由和宪法，追求正义的民主社会。主张改革经济、社会和国家体制。奉行独立自主、多元化外交政策，在自决和不干涉原则基础上同世界各国发展关系。1973年被军政府取缔，1982年恢复合法地位，曾于1990—1995年执政。2002年10月退出与红党的执政联盟。党内有“勇往直前”（Todos Hacia Adelante）和“全国联盟”（Alianza Nacional）等派系。党的最高领导机构是全国领导委员会。现任主席巴勃罗·伊图拉尔德（Pablo Iturralde）。

（2）广泛阵线（Frente Amplio）：在野党。中左翼政党联盟，议会第一大政治力量。成立于1971年，包括人民政府运动、社会党、基督教民主党、共产党等派别。1973年被军政府取缔，1982年恢复合法地位。1989年、1994年两度竞选首都市长成功。1994年同其他左翼政党组成进步联盟–广泛阵线。2004年，新多数派加入，改名为进步联盟–广泛阵线–新多数派。2005年再次改名为广泛阵线。1994年、1999年和2004年均推举联盟主席巴斯克斯参加总统选举，前两次未获成功，第三次在大选首轮投票中胜出。2005—2020年连续执政15年。该党以社会民主主义为指导思想，认为民主应包括政治、经济、社会内涵：追求政治民主，反对集权统治；追求经济民主，反对贫困；追求社会民主，主张经济与社会协调发展。在对外交往中主张通过对话和平解决争端，捍卫自决，反对干涉、封锁、以大欺小。现有20多个左派政党和派别，主要有：“人民参与运动”（Movimiento de Participación Popular）、“乌拉圭大会”（Asamblea Uruguay）、“新空间”（Nuevo Espacio）等。现任主席费尔南多·佩雷拉（Fernando Pereira）。

（3）红党（Partido Colorado）：执政联盟成员，议会第三大政治力量。1836年成立。传统中右翼政党，代表工商资产阶级、社会民主主义者和自由职业者利益。信奉民主、自由、参与、社会公正原则。对内主张建立合理的国民经济体系，发展社会福利事业，公平分配收入。对外强调民族自决和不干涉政策，主张和平解决国际争端，积极参与和推动多边合作及拉美地区一体化。历史上曾执政100多年，1973年被军政府取缔，1982年恢复合法地位，在1984年、1994年和1999年3次大选中均获胜。党内主要派别有“加油乌拉圭”（Vamos Uruguay）、“巴特列主义方案”（Propuesta Batllista）等。全国执行委员会为该党领导机构，由15名委员按每半月轮值主席。现任总书记胡里奥·玛丽亚·桑吉内蒂（Julio María Sanguinetti，女）。

（4）公开市政党（Cabildo Abierto）：执政联盟成员。2019年由前陆军司令马尼尼创立，名称源于西班牙殖民时期市政厅公开议事机制，主张民意优先，通过制度改革扩大民众参与政治。信奉阿蒂加斯主义，以发扬并践行乌民族英雄阿蒂加斯执政理念为宗旨。现任党主席基多·马尼尼·里奥斯（Guido Manini Ríos）。

【**重要人物**】**路易斯·阿尔韦托·拉卡列·波乌**：总统。1973年8月11日出生于蒙得维的亚。毕业于乌拉圭天主教大学法律系。1999年当选众议员，并于2004年和2009年两次连任，于2011年担任众议长。2014年作为民族党候选人参加大选，在第二轮投票中败选。2019年再度参选并于11月当选总统，于2020年3月1日正式就职，任期5年。已婚，有两子一女。

经　济

在拉美处于中等发展水平。经济规模较小，产业结构单一，依赖出口。农牧业较发达，主要生产并出口肉类、羊毛、水产品、皮革和稻米等。工业以农牧产品加工业为主。服务业占国民经济比重较高，以金融、旅游、物流、交通业为主。

长期实行稳健的自由市场经济政策，加强宏观调控和金融监管，稳步调整经济结构，严格控制财政支出，推动基础设施建设，着力吸引外资，努力扩大出口，积极参与地区经济一体化。截至2019年，乌经济连续17年保持增长。拉卡列政府执政后，总体延续上届政府经济政策，主张提高政府运行效率，提升竞争力并改善就业，同时采取一系列财政、货币和金融举措缓解新冠疫情对经济的冲击。当前，乌经济总体运行平稳。2022年主要经济数据如下：

国内生产总值：741.82亿美元。

人均国内生产总值：20867美元。

国内生产总值增长率：4.9%。

货币名称：乌拉圭比索。

汇率：1美元≈40乌拉圭比索。

通货膨胀率：8%。

失业率：7.9%。

（资料来源：国际货币基金组织、乌拉圭央行）

【**资源**】盛产大理石、紫水晶石、玛瑙和乳白石等。已探明有铁、锰等矿藏。林业和渔业资源丰富，盛产黄鱼、鱿鱼和鳕鱼。乌全国供电的96%来自可再生能源，占比位居世界第二，风力发电占全国供电的1/3。

【**工业**】以农牧产品加工为主，包括肉类加工、造纸、榨油、酿酒、制糖、罐头、面粉、牛乳和干酪加工等，其次是纺织业，主要加工羊毛、生产棉纺和化纤产品。

2021年工业部门劳动力22万人，占总劳动人口的10.1%。2021年，乌工业总产值为79亿美元，约占国内生产总值的10.65%。

【农业】农牧业在国民经济中占重要地位，农牧产品大部分供出口。全国农业用地1636.3万公顷，其中可耕地面积365万公顷。牧业用地面积646.7万公顷，牧场4.47万家，肉类、羊毛、皮革等传统产品出口占出口总额的23%。2021年，乌稻米出口量排名世界第七。2021年，乌农牧渔业产值为53亿美元，占国内生产总值的7.15%；农牧渔业从业人口9.4万人，约占总就业人口的4.3%。

2021年度，乌牛存栏量1191万头，羊存栏量623万只。加工牛奶212万吨，生产羊毛2.56万吨，捕鱼5.93万吨。2021年，乌羊毛产品出口额为1.69亿美元，同比增长73%。主要销往中国、德国、意大利、土耳其。近几年主要水果产量如下（单位：吨）：

	2019	2020	2021
橙子	115688	88537	119646
柑橘	78744	77800	99736
柠檬	47422	51619	78123
柚子	790	716	1595
苹果	42322	37039	46987
梨	11004	7182	11967

（资料来源：乌拉圭国家统计局、农牧渔业部）

2021年，全国共有渔船767条，其中工业捕捞船54条，渔民捕捞船713条。2021年捕鱼量为6.63万吨，其中海鱼4.87万吨，软体鱼0.6万吨，淡水鱼1.09万吨。

【旅游业】旅游业发达且受乌政府重视。境外游客主要来自阿根廷、巴西、巴拉圭、智利、欧盟、美国等地。埃斯特角和首都蒙得维的亚是主要旅游地。2021年共接待外国旅客约19.8万人次，带来外汇收入1.6亿美元。

【交通运输】交通运输业以公路运输为主，大部分由政府控制。

公路：总长8800公里。

铁路：总里程2993公里，除11公里复轨铁路外，其余均为窄轨铁路。2021年，全国铁路客运量8000人次，货运量9.1万吨。

水运：以内河航运为主，航线总长1250公里。海运较发达，蒙得维的亚港是乌拉圭最大港口。此外，还有科洛尼亚、派桑杜、埃斯特角、萨尔托等港口。2021年，蒙得维的亚港进港船只3335条，吞吐量5324万吨。

空运：无国内航空公司。首都的卡拉斯科国际机场是国内最大机场，埃斯特角、派桑杜、里韦拉、萨尔托、梅洛、阿蒂加斯及杜拉斯诺等地均有机场。2021年，全国航空客运量43.2万人次，货运量2.38万吨。

【财政金融】2022年，乌外债余额为531.14亿美元，乌外汇储备额为157.52亿美元。2022年，乌政府财政赤字为25亿美元，约占国内生产总值的3.4%。

【对外贸易】在国民经济中占有重要地位，外贸总额超过国内生产总值的1/3。乌历届政府均强调以外贸带动经济发展，采取鼓励出口及市场多元化政策。现政府除加强与本地区国家经贸关系外，积极开拓北美和亚太市场。主要出口目的地为中国、巴西、欧盟、阿根廷和美国，主要进口来源地为巴西、中国、阿根廷和美国。主要出口产品为纸浆、大豆、肉类、乳制品、木材和大米，主要进口产品为汽车、服装、鞋、塑料、汽车配件和电话等。近几年外贸情况如下（单位：亿美元）：

	2020	2021	2022
出口额	80.76	115.00	133.56
进口额	68.05	89.64	109.41
差　额	12.71	25.36	24.15

（资料来源：乌拉圭央行、国家统计局）

【外国资本】2022年，乌外国直接投资总额为38.39亿美元。

人民生活

国内城镇化率较高。2021年，全国城镇人口302.9万，占总人口的86%。社会福利较高。政府对失业、退休、残疾、妇孺、工伤、疾病等均提供福利补贴，并实行满30年工龄退休制。

2021年，全国劳动人口占14岁以上人口的61.8%。2021年，第一、第二、第三产业平均劳动时间分别为每周43.1小时、39.0小时和35.8小时。2021年退休总人数45.9万人。其中，22—54岁退休人数6022人，55—59岁8579人，60—64岁6.5万人，65—69岁9.4万人，70—79岁17.1万人，79岁以上11.4万人。2021年失业率为9.3%。2021年，人口出生率12.7‰，死亡率9.35‰。平均预期寿命为78岁，男性75岁，女性81岁。2021年，全国共有医生1.35万名，平均262名居民拥有1名医生，用于医疗公共开支占国内生产总值的10.3%，医疗体系覆盖率98.8%。

2021年，全国座机使用量123.6万部，移动电话469万部。

军　事

实行志愿兵役制。服役期1—2年，可延长。现总兵力2.1万人，占人口的0.6%。其中陆军1.62万人，海军5403人，空军2984人，准军事部队（特警）920人。2020年国防经费开支为147.15亿比索，占政府总支出的2.33%。自1992年起参加联合国维和行动，是十大维和人员派遣国之一，目前有2595名乌拉圭士兵在海外执行任务，约占拉美国家参加维和行动人数的40%。军队高级将领有：陆军司令赫拉尔多·弗雷戈西（Gerardo Fregossi），海军司令豪尔赫·威尔逊（Jorge Wilson），空军司令路易斯·埃韦尔·德·莱昂（Luis Heber de León）。

文化教育

【教育】教育事业发达。实行9年制免费义务教育，公立大学和专科学校免收学费。2018年全国文盲率为1.3%，农村人口文盲率2.1%，大学及以上文化程度人口占总人口的12.4%。2021年，乌教育经费开支为1160.67亿比索，占政府开支的16.93%。位于首都的共和国大学是全国最大的公立综合性大学，有22个院系。另有蒙得维的亚大学、天主教大学、乌拉圭大学、企业家大学等多所私立大学。2021年，乌各类学校数量及在校师生人数如下：

	学校（所）	在校生（人）	教师（人）
学龄前教育	1373	189776	—
小学	2305	294151	14320
初中	521	133180	15523
高中	490	126708	10343
技校（含初级、中级）	399	89605	23719

（资料来源：乌拉圭国家统计局、文化教育部）

【新闻出版】全国有各类报刊374种，其中日报31种。主要报纸有：《国家报》，1918年创刊，发行量10万份。此外，还有《共和国报》《观察家报》等。2019年全国出版物发行量共3929种。

对外关系

奉行独立自主的外交政策，强调不以政治制度或意识形态划线，主张世界多极化和国际关系民主化，加强南南合作。外交多元务实，积极参与地区事务，以南方共同市场为依托，支持南美及拉美一体化，注重发展同美国和欧盟国家的传统关系，重视扩大同包括中国在内的亚太国家合作。2022年12月，乌正式申请加入《全面与进步跨太平洋伙伴关系协定》。同176个国家保持外交关系，在其中49个国家设有大使馆。系联合国会员国，美洲国家组织、拉美和加勒比国家共同体、拉美一体化协会、拉美经济体系、77国集团、南方共同市场成员国和不结盟运动观察员。2016—2017年度任联合国安理会非常任理事国。

【同中国的关系】1988年2月3日中乌建交。建交以来，两国关系发展顺利。自20世纪90年代以来，中国国家主席、全国人大常委会委员长等相继访乌。中乌建交以来历任总统均曾访华。双方迄已举行10次外交部间政治磋商、20次经贸混委会。

近年来，中乌两国高层交往频繁。2020年3月，国家主席习近平特使、生态环境部长李干杰出席乌拉圭总统权力交接仪式。9月，习近平主席同拉卡列总统通电话。2021年7月，全国人大常委会委员长栗战书同乌副总统、国会主席兼参议长阿希蒙举行视频会谈。11月，全国政协副主席巴特尔同乌参议院副议长达席尔瓦举行视频会晤。9月，乌总统拉卡列出席中国国际服务贸易交易会全球服务贸易峰会并发表视频致辞。2022年5月，王毅国务委员兼外长同乌拉圭外长布斯蒂略通电话。8月，拉卡列总统在第六届全球跨境电子商务大会开幕式发表视频致辞。同月，阿希蒙副总统、国会主席兼参议长在中国国际智能产业博览会开幕式发表视频致辞。

两国经贸合作保持稳定发展。据中国海关总署统计，2022年，中乌双边贸易额为74.4亿美元，同比增长14.9%。其中，中国出口额为29.83亿美元，同比增长4.7%；中国进口额为44.57亿美元，同比增长23%。中国是乌拉圭第一大贸易伙伴和乌牛肉、大豆、羊毛最大进口国。

中国驻乌拉圭大使：王刚。馆址：Av. Miraflores 1508，esq. Pedro Blanes Viale，Carrasco，Montevideo，Uruguay。电话：005982–6001419，6043899（经商处）；传真：6018508。

乌拉圭驻华大使：费尔南多·卢格里斯（Fernando Lugris）。馆址：北京市朝阳区东方东路22号亮马桥外交公寓A区03–01。电话：010–65324445，65324413；传真：65327375。

【同其他拉美国家的关系】优先发展同其他拉美国家的关系，特别是同南方共同市场其他成员国关系。推进同巴西、阿根廷、墨西哥等地区重点国家合作。2019年2月，委内瑞拉问题“国际接触小组”首次会议在乌拉圭举行。乌拉圭同其他国家一道建立“蒙得维的亚机制”，积极斡旋委内瑞拉局势。拉卡列总统就任后，访问巴西并接待阿根廷、巴拉圭、厄瓜多尔等国元首来访。

【同美国的关系】同美国自1830年建交以来一直保持传统友好关系。2020年3月，美国总统特朗普派特使出席乌总统权力交接仪式。同月，拉卡列总统同特朗普通电话。2021年4月，美南方司令部司令、海军上将法勒，总统特别助理兼国家安全委员会西半球事务高级主任冈萨雷斯和国务院西半球事务代理助卿钟茱莉先后访乌。2021年，美常务副国务卿舍曼访乌，会见拉卡列总统和布斯蒂略外长。2022年4月，布斯蒂略外长应邀访美并会见美国务卿布林肯、美西半球事务助卿尼科尔斯和美洲国家组织秘书长阿尔马格罗。同月，美国总统拜登会见乌拉圭驻美大使杜兰。5月，美政府第九届美洲峰会特别顾问、美前民主党参议员多德访乌并会见拉卡列总统。6月，拉卡列总统因感染新冠病毒取消出席第九届美洲峰会计划，改以视频方式参会，布斯蒂略外长赴纽约参会。11月，美国务院西半球事务助理国务卿尼科尔斯访乌，会见拉卡列总统，并同布斯蒂略外长共同主持召开首次乌美年度政治对话。同月，乌国防部长加西亚会见美国防部西半球事务副助理部长埃里克森。

【同欧盟及欧洲国家的关系】重视保持同欧盟的传统关系，反对欧盟农业保护主义政策，希通过谈判推动乌拉圭对欧盟出口产品多元化。2020年11—12月，布斯蒂略外长访问西班牙、比利时、法国、德国和欧盟总部。2022年5月，拉卡列总统访问英国。9月，布斯蒂略外长访问西班牙、比利时、法国、德国和欧盟总部。（陈倩雯）

牙　买　加

国名　牙买加（Jamaica）。

面积　10991平方公里。

人口　299.4万（2022年）。黑人和黑白混血种人占90%以上，其余为印度人、白人和华人。多数居民信奉基督教，少数人信奉印度教和犹太教。官方语言为英语。

首都　金斯敦（Kingston），人口59.1万（2022年）。

国家元首　英国国王查尔斯三世，国王任命总督为其代表。现任总督帕特里克·林顿·艾伦（Patrick Linton ALLEN），2009年2月26日就任。

重要节日　独立日：8月6日。

简　况

位于加勒比海西北部，东隔牙买加海峡与海地相望，北距古巴约145公里。属热带雨林气候，年均气温为27℃。

原为印第安人阿拉瓦克族居住地。1494年哥伦布来到此地，1509年沦为西班牙殖民地。1655年被英国占领。1866年成为英直辖殖民地。1962年8月6日宣告独立，为英联邦成员国。

政　治

独立以来，牙买加工党和人民民族党长期交替执政，政局稳定，但失业、贫困、贩毒和暴力犯罪等社会问题突出。2016年2月，工党赢得大选，党领袖安德鲁·霍尔尼斯（Andrew HOLNESS）出任总理。2020年9月3日，牙举行大选，工党蝉联执政，霍尔尼斯连任总理。目前，牙政局稳定。

【宪法】现行宪法于1962年8月6日生效。宪法规定，总督任命众议院多数党领袖为政府总理，并根据总理提名任命部长。内阁由总理和不少于11名的部长组成，对议会负责。

【议会】由参众两院组成，任期5年。参议员21名，由总督任命，其中总理推荐13名，反对党领袖推荐8名。众议员63名，普选产生。参议长托马斯·塔瓦雷斯–芬森（Tomas TAVARES-FINSON）、众议长玛丽萨·达尔林普尔–菲利伯特（Marisa DALRYMPLE-PHILIBERT），9月15日就职。

【政府】本届政府于2020年9月7日组成。主要内阁成员有：总理兼经济增长和就业部长安德鲁·霍尔尼斯，副总理兼国家安全部长霍勒斯·张（Horace CHANG），外交和外贸部长卡米娜·约翰逊–史密斯（Kamina JOHNSON-SMITH，女），财政和公共服务部长奈杰尔·克拉克（Nigel CLARKE），司法部长德尔罗伊·查克（Delroy CHUCK），法律和宪法事务部长马琳·马拉霍–福特（Marlene MALAHOO-FORTE），卫生和健康部长克里斯托弗·塔夫顿（Christopher TUFTON），旅游部长埃德蒙·巴特利特（Edmund BARTLETT），劳动和社会保障部长小皮尔内尔·查尔斯（Pearnel CHARLES JR.），文化、性别、娱乐和体育部长奥利维娅·格兰奇（Olivia GRANGE，女），科学、能源、通信和交通部长达里尔·瓦斯（Daryl VAZ），地方政府和农村发展部长德斯蒙德·麦肯齐（Desmond McKENZIE），教育和青年部长费瓦尔·威廉姆斯（Fayval WILLIAMS），农业、渔业和矿业部长弗洛伊德·格林（Floyd GREEN），工业、投资和商务部长奥宾·希尔（Aubyn HILL），总检察长德里克·麦科伊（Derrick McKOY）。

【行政区划】全国划分为3个郡，下设14个区。

【司法机构】有上诉法院、最高法院、初审法院和各专门法院，英国枢密院为终审司法机构。各法院院长均由总理提名，经反对党同意后由总督任命，任期不限。上诉法院院长帕特里克·布鲁克斯（Patrick BROOKS），2020年12月就职。最高法院院长布赖恩·赛克斯（Bryan SYKES），2018年就职。

【政党】主要政党有：

（1）牙买加工党（Jamaica Labour Party，JLP）：执政党。1943年7月成立。曾于1962—1972年、1980—1989年、2007—2011年执政。2016年胜选上台，2020年9月蝉联执政。党领袖安德鲁·霍尔尼斯。

（2）人民民族党（People’s National Party，PNP）：反对党。1938年9月成立，社会党国际成员。曾于1972—1980年、1989—2007年、2011年至2016年2月执政。党领袖马克·戈尔丁（Mark GOLDING）。

【重要人物】**帕特里克·林顿·艾伦**：总督。1951年2月7日出生于牙波特兰区。曾就读于牙莫尼格师范学院，在美国安德鲁斯大学获历史和宗教学学士、系统神学硕士和教育行政管理学博士学位。1986年起从事神职工作，曾先后担任西班牙城基督复临安息会（简称“安息会”）教堂牧师、牙中部安息会联合会教育和联络事务主管、西印度群岛安息会联盟教育和家庭生活事务主管、牙中部安息会联合会主席、西印度群岛安息会联盟主席。2006年被授予牙政府“杰出勋章”。2009年2月26日就任牙独立后第6任总督。 **安德鲁·霍尔尼斯**：总理。1972年7月22日出生。毕业于西印度大学。曾在牙非政府组织“鼓励儿童志愿机构”工作。1995年加入工党，2007年任教育部长。2011年10月接替辞职的牙前总理戈尔丁，成为牙历史上最年轻的总理，同年12月败选下野，担任议会反对党领袖。2016年2月，带领牙工党赢得大选并出任总理，2020年9月连任。

经 济

旅游业、矿业、农业和新兴的信息技术服务业是牙买加国民经济支柱。以旅游业为核心的服务业收入占牙国内生产总值的60%以上。牙经济受新冠疫情重创。2022年，牙经济保持稳健复苏，主要经济数据如下：

国内生产总值：161亿美元。

人均国内生产总值：5870美元。

国内生产总值增长率：2.8%。

货币名称：牙买加元。

汇率：1美元≈155牙买加元。

通货膨胀率：9%。

（资料来源：国际货币基金组织）

【资源】主要有铝矾土，储量约25亿吨，居世界前列。其他矿藏有钴、铜、铁、铅、锌和石膏等。森林面积5968.9平方公里。

【工业】铝矾土的开采冶炼是最重要的工业部门。此外，还有食品加工、饮料、卷烟、金属制品、电子设备、建筑材料、化学制品和纺织服装等工业。

【农业】具有悠久的农业传统。全国耕地面积约4440平方公里，森林覆盖率为55.1%。主要种植甘蔗和香蕉，其他还有可可、咖啡和红胡椒等。

【旅游业】重要经济部门，主要外汇来源。近年来，旅游业发展迅速。游客主要来自美国、欧洲和加拿大。

【交通运输】以公路运输为主，有良好的公路网。

公路：总长21000公里，约15000公里为柏油路面。

铁路：总长272公里。1992年起停止客运，仅有约57公里用于运输铝矾土和氧化铝。2022年初，牙宣布率先为学生提供校车服务，后拟陆续向其他乘客开放。

水运：沿海有14个港口。金斯敦为天然良港，是加勒比海主要的中转站，有现代化的集装箱码头和仓库，每年集装箱吞吐能力为150万个标准箱。

空运：有首都金斯敦的诺曼·曼利、蒙特哥贝的唐纳德·桑斯特和奥乔里奥斯的伊恩·弗莱明3座国际机场。牙买加航空公司有通往北美、欧洲和加勒比国家的航线。

【财政金融】2023/2024财年，牙政府财政预算收入为10520亿牙买加元，财政预算支出10210亿牙买加元。（资料来源：牙买加财政部）

【对外贸易】2022年，牙进出口总额约为96.3亿美元。其中，出口额为19亿美元，进口额为77.3亿美元。主要出口铝矾土、氧化铝、蔗糖和香蕉等，进口石油、食品、机械产品等。主要贸易伙伴为美国、英国和加拿大等。（资料来源：牙买加统计局）

人民生活

政府部门工作人员和企业职工退休后享受养老金。全国有公费医疗服务，公立医院30所，病床7648张，医生759人。2022年人均寿命74.77岁，人口增长率为0.42%。

军 事

牙买加国防军成立于1962年7月31日，前身为英国陆军西印度步兵团，由现役和预备役人员组成，总人数约5000人，包括3个步兵营、1个战斗支援营、1个飞行大队、1个海岸警卫队、1个工兵团、1个后勤保障营和1个总部情报科。

文化教育

【教育】公办中小学校实行免费教育，经费主要由政府承担，同时吸纳教育组织、私营企业和非政府组织的贷款和捐赠。全国共有高等院校17所，其中西印度大学莫纳分校为加勒比地区著名综合性高等学府，设有人文与教育学、伦理与应用科学、社会学、医学和研究生院等5个学院共30多个学科，现有学生约1.9万人。

【新闻出版】牙买加新闻署：1962年成立，是政府新闻机构。

牙买加通讯社：1979年成立，是官方通讯社，隶属新闻部。

广播电台和电视台主要有：

（1）牙买加广播公司：1959年政府拨款建立，由政府任命董事会领导。设有广播电台和电视台。广播电台一台及二台全天播音。电视台为商业性，每星期播出140个小时。

（2）牙买加电台：1950年建立，由21个团体合资开办，全天播音。

（3）牙买加电视台：为牙收视率最高的电视台，系牙广播媒体集团公司的控股子公司，市场占有率约60%，日均观众约100万人。

（4）CVM电视台：牙第二大电视台，市场占有率约35%，主要以时事、体育和娱乐节目为主。

（5）LOVE电视台：为宗教服务电视台。

对外关系

奉行独立、不结盟的外交政策，主张国家主权平等、互不干涉内政原则，主张在联合国框架内解决国际争端，反对使用武力，致力于维护国家主权，吸引外资和游客，开拓国际市场，促进国际合作。积极发展同加勒比国家的团结与合作，优先发展与美国等西方主要发达国家关系，努力发展与拉美、亚洲、非洲等发展中国家的友好合作。在国际和多边事务领域表现活跃，曾分别两度当选联合国安理会非常任理事国和77国集团主席，积极利用联合国、世界贸易组织、美洲国家组织、英联邦首脑会议、小岛屿国家联盟等国际和地区平台阐述政治立场，寻求外来支持。目前，牙同超过160个国家建立了外交关系。

【同中国的关系】1972年11月21日，中国同牙买加建立外交关系。2005年2月，两国建立“共同发展的友好伙伴关系”。2019年11月，两国建立“战略伙伴关系”。近年来，两国友好合作关系发展顺利，高层往来不断，在国际事务中保持良好配合。

2019年11月，牙总理霍尔尼斯正式访华并出席第二届中国国际进口博览会。访问期间，两国领导人共同宣布将中牙关系提升为战略伙伴关系。2022年4月，牙外长约翰逊－史密斯参加中国和加勒比建交国外长会。11月21日，国家主席习近平同牙总督艾伦，国务院总理李克强同牙总理霍尔尼斯，国务委员兼外交部长王毅同牙外长约翰逊－史密斯分别就中牙建交50周年互致贺电。

牙买加承认中国完全市场经济地位，是中国在英语加勒比国家中最大的贸易伙伴之一。据中国海关总署统计，2022年，中牙双边贸易额为10.54亿美元，同比增长29.6%。其中，中国出口额为10.39亿美元，同比增长28.8%；中国进口额为0.15亿美元，同比增长139.2%。中国主要出口纺织品、服装、食品、化学品、轻工产品和机电产品等。

中国驻牙买加大使：田琦，陈道江（2022年5月以后）。馆址：8 Seaview Avenue Kingston 10 Jamaica。电话：001–876–9273871；传真：9273919。

牙买加驻华大使：空缺。馆址：北京市朝阳区建国门外秀水街1号建外外交公寓6号楼2单元7层2号。电话：010–65320670，65320671；传真：65320669。

【同美国的关系】牙美关系密切，美国是牙买加最大的贸易伙伴。美在牙铝矿业、旅游业、金融保险业等方面有大量投资。牙在美有大量侨民。两国签有投资保护和知识产权保护等协定。牙对美政策重在促进官方往来和交流，提高对美国商品和服务出口，吸引更多美国游客与投资，争取更多发展援助。近年来，两国在打击毒品犯罪方面合作增多。

【同英国的关系】牙与英国保持着传统的友好关系。英在牙投资较多，对牙经济有较大影响。

【同加拿大的关系】牙与加关系密切。牙买加航空公司中有加拿大股份和技术人员。加每年向牙提供援助。每年有不少加拿大游客赴牙旅游。牙向加派出大量劳务人员，从事农业、服务业等方面工作。近年来，两国在缉毒、司法协助和移民等方面的合作不断加强。

【同日本的关系】1964年牙日建交，两国关系发展顺利。两国间有外长级磋商机制。日本主要通过提供捐款、贷款、债务减免、实物捐赠和投资等方式对牙进行援助，并派青年志愿人员赴牙服务，两国文化、艺术和教育交流项目不断发展。日本是牙蓝山咖啡和朗姆酒的最大海外市场。2019年12月，牙买加总理霍尔尼斯访日。

【同其他加勒比国家的关系】重视加勒比地区的团结与合作，努力促进地区一体化进程，是加勒比共同体创始国之一。牙在促进加共体各成员间政治团结、经济合作等方面发挥着积极作用。2006年初，牙成为加共体单一市场首批成员。2009年1月，牙开始在全国颁发加勒比共同体护照。2011年4月，牙通过《外国人和英联邦公民就业法》，放开加共体公民在牙从事护士、教师等职业，无须申请工作许可。

【同古巴的关系】1972年12月牙古建交。1981年与古巴断交。1990年7月27日，牙古恢复外交关系。牙古关系近年来发展较快，双方交往日益增多。

（毕英杰）

英属维尔京群岛

名称　英属维尔京群岛（British Virgin Islands）。

面积　151平方公里。

人口　37408人（2021年）。2018年人口增长率3.0%，出生率11.1‰，死亡率5.2‰。主要的居民构成有：非洲裔（黑人）76.3%、拉丁裔5.5%、白人5.4%、混血种人5.3%等。英语为官方和通用语言。居民中70.2%信奉基督教新教，8.9%信奉天主教，极少数信奉印度教或其他宗教。

首府　罗德城（Road Town），位于托托拉岛（Tortola），人口约1.5万（2018年）。

总督　约翰·兰金（John Rankin），2021年1月29日就任。

重要节日　领地日（Territory Day）：7月1日（1956年），每年纪念时间略有不同。

简　况

位于大西洋和加勒比海之间，背风群岛的北端，距波多黎各东海岸100公里，与美属维尔京群岛毗邻。约有60个岛屿（其中16个有人居住），领海面积1489平方公里，最大岛屿是托托拉岛（55.7平方公里）。属亚热带气候，平均气温28℃，年均降水量1000毫米。7—10月常遭受飓风和热带风暴袭击。

原始土著居民为加勒比地区的印第安人。1493年哥伦布航行到此。1672年被英国兼并。1872年成为英国殖民地背风群岛的一部分，受背风群岛总督管辖。1956年拒绝加入西印度联邦，7月1日成为单独领地。1967年获得自治。1971年设总督管理。英属维尔京群岛现为英国海外领地。

政　治

英属维尔京群岛政局基本稳定。在2015年大选中民族民主党继上届大选后再度赢得选举，党首奥兰多·史密斯连任总理。2019年2月，新一届大选举行，维尔京群岛党赢得选举，党首安德鲁·费伊当选新一任总理。2021年1月，总督奥古斯都·雅斯佩特卸任，1月29日，新总督约翰·兰金就任。同年，总督约翰·兰金代表英国下令启动对英属维尔京群岛的调查，以查明该地区治理中的“腐败、滥用职权和其他严重不诚实行为”。2022年4月28日，总理安德鲁·费伊因涉嫌贩毒和洗钱，在美国迈阿密遭美国缉毒局逮捕。总督约翰·兰金宣布由副总理纳塔里奥·惠特利（Natalio Wheatley）代任总理。4月29日，英国发布了在费伊被捕之前就已启动的一项调查的调查报告，认为英属维尔京群岛应该暂停其宪法，解散民选政府，并且暂由伦敦进行直接统治。6月8日，英国排除了暂停英属维尔京群岛自治并恢复直接统治的可能性。

【宪法】2007年6月15日施行新宪法，取代1976年宪法。英王为英属维尔京群岛元首，总督为英王代表，负责其外事、防务、治安、司法等事务。

【议会】议会由议长、13名直接选举成员和1名当然成员（总检察长）组成，任期4年。本届议会于2019年2月选出，维尔京群岛党8席，民族民主党3席。新任议长是朱利安·威洛克（Julian Willock），于2019年3月12日宣誓就任。

【政府】包括总理、4名其他部长和1名当然成员（总检察长），通常由在议会中占多数议席的政党组成，其领袖担任总理。内阁成员由总理提名，总督任命。本届政府于2019年3月组成，现任成员包括：总理纳塔里奥·惠特利（同时兼任财政部长，环境、自然资源和气候变化部长，文旅和可持续发展部长），副总理兼金融服务、劳工和贸易部长洛娜·史密斯（Lorna Smith OBE，女），卫生和社会发展部长文森特·惠特利（Vincent Wheatley），教育、青年事务和体育部长莎莉·卡斯特罗（Sharie B. de Castro，女），通信和工程部长凯·莱默（Kye Rymer），总检察长巴巴·阿齐兹（Baba Aziz）。

【司法机构】受辖于东加勒比最高法院（由高等法院和上诉法院组成，均设在圣卢西亚）。法律体系是参照英国普通法律体系设立的，也增加了一些别的法律条款。每个岛上设1个初审法庭。终审可上诉至英国枢密院。

【政党】主要政党有：

（1）维尔京群岛党（Virgin Islands Party，VIP）：现执政党。20世纪70年代初成立，1986—2003年、2007—2011年执政，在2019年新一届大选中获胜。现任领导人安德鲁·费伊。

（2）民族民主党（National Democratic Party，NDP）：现反对党。成立于1998年5月，分别在2011年和2015年的大选中获胜。现任领导人麦伦·沃尔温（Myron Walwyn）。2019年2月28日，该党成员马龙·佩恩（Marlon Penn）被任命为反对党领袖。

【重要人物】约翰·兰金：总督。于1988年加入外交和联邦事务部，担任法律顾问，并在英国驻联合国代表团和英国驻日内瓦裁军谈判会议代表团担任法律顾问。还曾担任英国驻都柏林大使馆副使团团长，致力于北爱尔兰和平进程，并曾任英国驻波士顿总领事。2011—2015年任英国驻斯里兰卡高级专员；2011—2014年任英国驻马尔代夫大使；2015年任英国驻尼泊尔大使，被授予三等勋爵士；2016—2020年任百慕大总督。2021年调任英属维尔京群岛总督至今。

经　济

英属维尔京群岛主要依靠旅游业和金融服务业，有少量农业与渔业。进入21世纪后，经济稳定发展，年增长率维持在3%以上。2020年之前，当地地区生产总值增长率保持在1%—3%之间，新冠疫情暴发后，当地经济衰退明显，地区生产总值大幅下降。为应对危机，当地政府提出改革既有商业经营模式以适应未来变化，并推出一揽子经济刺激计划，调整优先事项以重新分配资金。2021年，当地经济有所改善，各方面税收均有不同程度增加，但复苏缓慢。2022年，当地经济虽保持增长，但存在需求、供给冲击和通胀压力，增长幅度较小。当地政府对经济前景始终保持乐观。主要经济数据如下：

地区生产总值（购买力平价）：10亿美元（2018年估计）。

人均地区生产总值（购买力平价）：4.8万美元（2018年估计）。

地区生产总值增长率：3.5%（2022年估计）。

货币名称：美元。

通货膨胀率：6.4%（2022年估计）。

失业率：2.9%（2015年估计）。

【资源】渔业资源丰富，淡水资源有限，托托拉岛上有有限的泉水资源，一些季节性河流也可作为水源。

【工业】制造业规模较小，主要生产朗姆酒、旅游品、印刷品等。建筑业在当地经济中仅次于金融服务业和旅游业，发挥着重要作用。2021年后，飓风灾害后的重建工程再次成为政府和私营部门的优选事项，建筑业较2020年增长了77.8%。

【农业】以畜牧业为主，约有耕地800公顷，草场4000公顷。主要种植水果、蔬菜和甘蔗。水果和蔬菜供国内消费并出口美属维尔京群岛，甘蔗主要用于酿造朗姆酒。有畜牧养殖业和渔业。土地较贫瘠，粮食无法自给自足，大部分食品靠进口。

【**服务业**】当地两大经济支柱之一。离岸金融服务业和房地产服务业是新兴产业，近年来发展很快。政府进行立法促进保险业务以加强金融业并使其多元化。离岸金融业收入等占政府直接收入的50%。作为世界重要离岸金融中心之一，曾有超过70万家离岸公司在此注册，目前仍有活动的约45万家。2020年2月10日，英属维尔京群岛国际税务局发布了《BVI经济实质法》2.0版。2月18日，欧盟宣布英属维尔京群岛已符合欧盟税收良治标准，属于完全合规的、合作的司法辖区。至此，英属维尔京群岛被移除出欧盟税收不合作灰名单（即“观察名单”），升级至白名单。此外，英属维尔京群岛还通过了《英属维尔京群岛证券和投资业务法》修正案，以加强对封闭式投资基金的监管。2020年，金融服务业收入总体减少了15%。2021年，新注册公司量达36178家，较2020年增长了61.8%，也是自2018年上调注册费用后注册量首次实现正增长。2021年的注册收入达2.15亿美元，增长了2.6%。

2022年，新注册公司量估计有29000家，较上年下降约20%，预计行业收入减少至2.22亿美元。8月12日，修订后的《英属维尔京群岛商业公司法》和《2022年英属维尔京群岛商业公司条例》颁布，并将于2023年1月1日生效。10月，英属维尔京群岛再次被列入欧盟税收不合作灰名单。

【**旅游业**】最重要的经济部门和发展基础，当地两大经济支柱之一，被高度依赖，约占地区收入的45%。2020年，旅游业受挫明显，游客量减少了65.9%。2021年，游客量又减少了56.2%，仅为13.4万人次，酒店餐饮业税收不到200万美元，乘客税（海运）较上一年有所增加，达到44.2万美元。2022年，政府实施的旅游战略规划完成，旅游业快速复苏。2022年的游客总数达54万人次，增长305.3%，旅游业收入约为2.97亿美元。

【**交通运输**】岛内以公路运输为主。2007年公路总长约200公里。

水运：有直达英国、美国和荷兰的轮船。罗德港为一深水港。主岛间有渡船往来。2020年，在英属维尔京群岛注册的商用船只共计31艘。

空运：共有4个机场，其中现代化机场2个。航线通往迈阿密、美属维尔京群岛以及圣基茨和尼维斯等附近岛国。主要机场是距罗德城约16公里的特伦斯·巴克利·莱瑟姆国际机场，也曾被称为牛肉岛机场，航班经波多黎各和安提瓜和巴布达连接北美及欧洲。

【**财政金融**】财政年度为1月1日至12月31日。2019财年，估计财政收入为3.62亿美元，估计经常性支出为3.31亿美元。2020财年，估计财政收入为3.4亿美元，较上年减少6.7%；估计经常性支出为3.67亿美元，超出预算12%，较上年增加19%。2021财年，经常性收入总额为3.3亿美元，低于预算19万美元；经常性支出总额为3.4亿美元，高出预算1130万。2022财年，估计政府总收入为3.6亿美元，高出预算约470万美元；估计总支出为3.4亿美元，高出预算451万美元；年末负债总额1.3亿美元，其中对外负债9979万美元。

【**对外贸易**】历年均为入超。2017年估计进口额为3亿美元，出口额为2300万美元。主要进口产品有建筑材料、汽车、食品、机械等，主要出口产品有朗姆酒、鲜鱼、水果、动物、砾石等。主要贸易对象为美属维尔京群岛、美国等。2021年，建筑类商品进口总额为7725万美元，其他类商品进口总额为3.9亿美元。国际贸易税收较2020年增加了369万美元，达到3962万美元；贸易许可证收入也从2020年的91万美元增加到100余万美元。2022年4月15日，当地政府宣布调整商品进口关税至5%。截至2022年上半年末，进口商品总额达2.9亿美元，较上年同期增长了35.4%。

【**外国援助**】援助主要来自英国和加勒比开发银行。

人民生活

托托拉岛有1所医院，其他岛屿有诊所。2019年，全岛固定电话拥有量约为每百人20部，移动电话拥有量约为每百人198部。2021年，居民平均预期寿命估计为79.44岁。

军　事

英属维尔京群岛防务由英国负责。

文化教育

【**教育**】2015年英属维尔京群岛教育支出占地区生产总值的6.3%。15岁以上人口识字率为98.2%。中小学实行12年免费义务教育（从5岁开始）。2005年小学与中学的入学率分别为95%和88%，学生与教师之比分别为15：1和9：1。有1所以前首席部长斯托特命名的社区学院。2017年，入学儿童数量4259人。

【**新闻出版**】有3种周刊:《英属维尔京灯塔》，1984年创刊，发行量3000份;《维岛太阳》，1962年创刊，发行量2850份;《维尔京群岛观点》，周刊。

有5家商业电台。维尔京群岛广播有限公司创立于1965年，设ZBVI电台，进行商业性广播。英属维尔京群岛有线电视台，主要通过电缆收看美属维尔京群岛和波多黎各的电视节目。ZBTV西印度有线电视台为商业性电视台。

对外关系

外交由英国掌管。英属维尔京群岛为万国邮政联盟、国际奥委会、加勒比开发银行、东加勒比国家组织成员，联合国教科文组织、加勒比共同体联系成员，设有国际刑警组织英属维尔京群岛支局。2021年，英属维尔京群岛派团参加了在日本东京举行的第32届夏季奥林匹克运动会。

【同中国的关系】中国和英属维尔京群岛在金融、经贸和旅游等领域合作前景广阔。英属维尔京群岛长期重视对华合作，并在香港设立了除驻英国外的唯一海外代表处。作为离岸金融服务中心之一，一些发达国家（地区）通过英属维尔京群岛对华进行投资。而英属维尔京群岛也是中国对外直接投资主要流向地之一。2017年1月，应英属维尔京群岛政府邀请，驻英国大使刘晓明赴该地访问，这是中国驻英大使首次访问英属维尔京群岛，对进一步推进双方在各领域的合作具有重要意义。2月，驻英国大使刘晓明在使馆会见英属维尔京群岛总理史密斯。2017年，中央政府授权香港特区政府与英属维尔京群岛谈判税务资料交换协定。英属维尔京群岛和中国均属承诺加入境外金融账户共同申报准则体系进行金融涉税信息互换的国家和地区。2017年，英属维尔京群岛与中国在《多边主管当局间协议》框架下实现“配对”，英属维尔京群岛已确定会将中国税收居民的金融资产信息提交给中国。2018年9月，英属维尔京群岛向中国政府提交中国税收居民在英属维尔京群岛金融机构所持有账户的信息。根据《2019年度中国对外直接投资统计公报》，2019年末，中国对外直接投资存量前20位的国家（地区）中，英属维尔京群岛居第三位。据中国海关总署统计，2022年，中国和英属维尔京群岛贸易额为1.0868亿美元，同比增长446%。其中，中国出口额为1.0862亿美元，同比增长449.2%；中国进口额为6万美元，同比减少54.1%。（叶雯）

智　利

国名　智利共和国（The Republic of Chile，República de Chile）。

面积　75.67万平方公里。

人口　1960万（2022年）。其中，城市人口占86.9%。白人和印欧混血种人约占89%，印第安人约占11%。官方语言为西班牙语，在印第安人聚居区使用马普切语。15岁以上人口中信仰天主教的占67%，信仰福音教的占15.0%。

首都　圣地亚哥（Santiago），人口685.69万（2022年）。1月最热，平均气温为13℃—30℃；6月最冷，平均气温为4℃—15℃。年均最高气温22.4℃，最低气温8.3℃。

国家元首　总统加夫列尔·博里奇·丰特（Gabriel Boric Font），2022年3月11日就职，任期4年。

重要节日　独立日：9月18日。

简　况

位于南美洲西南部、安第斯山脉西麓，东邻玻利维亚和阿根廷，北界秘鲁，西濒太平洋，南与南极洲隔海相望。海岸线总长约1万公里。智利是世界上最狭长的国家，南北长4352公里，东西宽96.8—362.3公里。境内多火山，地震频繁。气候地区差异大：北部是常年无雨的热带沙漠气候，中部是冬季多雨、夏季干燥的亚热带地中海式气候，南部为多雨的温带阔叶林和寒带草原气候。

原为阿劳干人、马普切人、火地人等印第安人居住地，16世纪初以前属于印加帝国。1535年，西班牙殖民者从秘鲁侵入智利北部。1541年建立圣地亚哥城，智利沦为西班牙殖民地。1810年成立执政委员会，实行自治。此后，智利人民在民族英雄贝尔纳多·奥希金斯率领下开展反殖民统治斗争。1817年2月同阿根廷联军击败西班牙殖民军。1818年宣告独立。1970年社会党人阿连德当选总统，组成“人民团结”政府。1973年以皮诺切特为首的军人推翻阿连德政府，开始了长达17年的军政府统治。1989年，社会党、基督教民主党等组成“争取民主联盟”参加议会选举和总统大选，基民党人艾尔文当选总统，于1990年3月11日开始执政，代议制民主恢复。1994年3月基民党人弗雷继任。

政　治

1998年皮诺切特交出军权，智“民主过渡”进程基本完成。在此后的20年里，由中左政党组成的执政联盟连续执政4届。2010年1月，中右翼联盟总统候选人皮涅拉赢得大选，于2010年3月11日就职，任期4年。2013年12月，中左翼“新多数派联盟”候选人、前总统巴切莱特在大选第二轮投票中以较高得票率当选总统，于2014年3月11日就职。2017年12月，中右翼联盟“智利前进”候选人、前总统皮涅拉在大选第二轮投票中当选总统，于2018年3月11日就职。2021年12月，新兴左翼联盟“尊严制宪”候选人博里奇当选总统，于2022年3月11日就职。智新兴左翼政府上台后，努力兑现竞选承诺，积极回应民众对公平正义的诉求，稳步推进变革，智形势总体平稳。

【宪法】现行宪法于1981年3月11日生效，后经过1989年、1991年、1993年、2005年4次修改。宪法规定，总统是国家元首和政府首脑。2005年修宪将总统任期改为4年，并取消了终身参议员和指定参议员。2020年10月，智利制宪公投以压倒性优势获得通过。2021年5月，智利举行制宪大会代表选举。7月，制宪大会正式组建，负责撰写新宪法草案。9月，新宪法草案在公投中未获通过。12月，朝野各方经长时间协商就重启制宪进程达成一致。

【议会】国民议会实行参众两院制。议会由直接选举的50名参议员、155名众议员组成。参议员任期8年，每4年改选其中1/2；众议员任期4年。1973年军事政变后议会被解散，1990年3月11日恢复。现任参议长为阿尔瓦罗·埃利萨尔德（Alvaro Elizalde），于2022年3月就任，众议长为弗拉多·米洛舍维奇（Vlado Mirosevic），于2022年11月就任。主要党派在议会中所占席位如下：

	参议院	众议院
智利我们行	24	53
新社会契约	18	37
尊严制宪	5	37
基督教社会阵线	1	15
人民党	0	6
此刻的尊严	0	3
绿色生态党	0	2
其他	2	2
总计	50	155

【政府】本届政府于2022年3月11日组成，共设24个部委。主要成员有：内政部长卡罗琳娜·托阿（Carolina Tohá，女），外交部长安东尼娅·乌雷霍拉（Antonia Urrejola，女），国防部长玛雅·费尔南德斯（Maya Fernández，女），财政部长马里奥·马塞尔（Mario Marcel），总统府秘书部部长安娜·乌里亚特（Ana Uriarte，女），政府秘书部部长卡米拉·巴利霍（Camila Vallejo，女），经济部长尼古拉斯·格劳（Nicolás Grau）等。

【行政区划】全国共划分为16个大区，下设56个省和346个市。大区主席和市长由选民直接选举产生，省长由总统任命，任期4年，可连任。

【司法机构】司法独立。全国设最高法院、17个上诉法院和1个军事法庭。最高法院院长胡安·爱德华多·富恩特斯·贝尔马尔（Juan Eduardo Fuentes Belmar），2022年1月6日任职。1999年成立检察院，国家检察长为安赫尔·巴伦西亚（Ángel Valencia）。

【政党】实行多党制，主要政党分为新兴左翼、中左翼和中右翼三大阵营。

（1）新兴左翼执政联盟“尊严制宪”（Apruebo Dignidad，AD）：由新兴左翼联盟“广泛阵线”和左翼联盟“尊严智利”组成。2020年，两大联盟宣布结盟参加2021年地方和制宪大会代表选举，并于2021年7月推选博里奇作为联盟唯一候选人参加大选。

① 广泛阵线（Frente Amplio，FA）：成立于2017年。现由社会融合党、民主革命党、团结运动等5个左翼政党和社会运动组成，主张社会公平，消除贫富分化，改善公共服务和战略行业国有化。

② 尊严智利（Chile Digno，CD）：成立于2017年。由智利共产党、地区主义社会绿党和人道主义行动党等组成。智利共产党（Partido Comunista，PC）：成立于1912年。党员4.7万人。原名“社会主义工人党”，1922年改为现名。1970—1973年与社会党等联合执政。1979年提出“人民造反”路线，要求立即结束军政权。1983年同社会党阿尔梅达派等组成“人民民主运动”。1985年被宪法法庭宣布为非法。1990年10月恢复合法地位。2010年首次进入国会。现任党主席吉列尔莫·泰列尔（Guillermo Tellier），总书记劳塔罗·卡蒙娜（Lautaro Carmona，女）。

（2）中右翼反对派联盟“智利我们行”（前身为“智利前进”）：由民族革新党和独立民主联盟等组成。

① 民族革新党（Renovación Nacional，RN）：1987年2月由右翼的民族联盟、独立民主联盟和全国劳动阵线合并而成。后独立民主联盟脱离该党。党员7.7万人。主张维护和发展西方文明和历史传统，建立“以人为中心，充分尊重个人自由”的社会。2018年，该党领袖皮涅拉当选总统。现任党主席弗朗西斯科·查万（Francisco Chahuán）。

② 独立民主联盟（Unión Demócrata Independiente UDI）：成立于1983年。党员8万人。由独立人士和1979年成立的“新民主”组织组成。主张多元民主和权力下放，实施私有制基础上的市场经济。现任党主席哈维尔·马卡亚（Javier Macaya）。

（3）中左翼阵营：曾由基督教民主党、社会党、争取民主党、社会民主激进党等中左翼政党组成“争取民主联盟”，2013年4月吸纳共产党等加入，成立“新多数派联盟”，后于2018年解散。2021年大选期间，社会党、争取民主党、社会民主激进党等组成“民主社会主义联盟”。

① 基督教民主党（Partido Demócrata Cristiano，PDC）：成立于1957年。党员10.8万人。基督教民主党国际成员。主张实现真正的基督教主义，建立民主制度，尊重人权，与不同思想派别共处。该党在智利民主化进程中发挥了重要作用，其领导人艾尔文、弗雷先后担任后军政府时代第一、二任民选总统。现任党主席阿尔韦托·温杜拉加（Alberto Undurraga）。

② 社会党（Partido Socialista，PS）：成立于1933年。党员约10.9万人。智利议会第一大中左翼政党。社会党国际成员。曾长期自称为马克思主义党，苏联解体后把党的发展目标改为民主社会主义，主张建立一个自由、民主、人道的社会。1970—1973年与共产党等组成“人民团结”政府，该党领导人阿连德任总统。1979年发生分裂。1989年12月阿拉特和阿尔梅达两大派宣布联合。1989年、1993年和1999年与争取民主党、基民党等结盟参加大选获胜。现任党主席保利娜·沃达诺维奇·罗哈斯（Paulina Vodanovic Rojas，女）。

③ 争取民主党（Partido por la Democracia，PPD）：成立于1987年。党员8.4万人。社会党国际成员。其主

张与社会党基本相同，但更为自由化。对内主张积极推动宪法改革，根除军政府建立的法制体系。对外主张以国际主义、人道主义、和平主义和拉美主义原则同世界各国建立外交、贸易和文化关系。2000—2006年，党领袖拉戈斯担任总统。现任党主席娜塔莉亚·皮耶尔真蒂利（Natalia Piergentili，女）。

④ 社会民主激进党（Partido Radical Social Demócrata，PRSD）：成立于1863年。党员约9万人。社会党国际成员，其前身为激进党。1987年激进党内发生分裂，原副主席安塞尔莫·苏莱等另组社会民主激进党。1992年两党合并定为现名。其意识形态来源于欧洲社会民主主义和拉美改良主义，主张在人道主义原则基础上建立自由和民主的社会。现任党主席莱昂纳多·库维略斯·拉米雷斯（Leonardo Cubillos Ramírez）。

【重要人物】加夫列尔·博里奇·丰特：总统。1986年2月11日出生于智利麦哲伦–南极大区首府蓬塔阿雷纳斯市。毕业于智利大学法学系。2012年任智利大学学生联合会主席，2014年、2018年两度当选众议员。2021年12月当选总统，2022年3月11日就职。

经 济

智利属于拉美经济较发达的国家之一。矿业、林业、渔业和农业是国民经济四大支柱。1974年皮诺切特政府执政后实行经济改革，调整产业结构，全面开放市场，拓展全方位自由贸易。智利经济多年保持较快增长，其综合竞争力、经济自由化程度、市场开放度、国际信用等级均为拉美之首，被视为拉美经济发展样板。近年来，受新冠疫情、国际经济复苏乏力、本国经济结构性问题影响，智利经济发展面临一定挑战。2022年主要经济数据如下：

国内生产总值：3014亿美元。

人均国内生产总值：15203美元。

国内生产总值增长率：2.4%。

货币名称：智利比索。

汇率：1美元≈848智利比索。

通货膨胀率：12.8%。

失业率：7.9%。

外汇储备：391.54亿美元。

外债：2333亿美元。

（资料来源：世界银行、智利央行、国际货币基金组织等）

【资源】矿藏、森林和水产资源丰富，以盛产铜闻名于世，素称“铜之王国”。已探明的铜蕴藏量达2亿吨以上，居世界第一位，约占世界储藏量的1/3。铜储量、产量和出口量均为世界第一。铁蕴藏量约12亿吨，煤约50亿吨。此外，还有锂、铼、硝石、钼、金、银、铝、锌、碘、石油和天然气等。盛产温带林木，木质优良，是拉美第一大林产品出口国。渔业资源丰富，是世界上人工养殖三文鱼和鳟鱼的主要生产国。

【工业】工矿业是智国民经济的命脉。近几年铜产量如下（单位：万吨）：

	2020	2021	2022
铜	600	562	530

（资料来源：智利央行、矿业部、国家铜委员会）

【农业】主要农作物播种面积68.46万公顷。水果种植面积超过34万公顷，年产量约500万吨。主要水果有苹果、葡萄、车厘子、油梨、蓝莓、李子、桃、梨等。

林业：森林覆盖面积约2500万公顷，约占国土面积的32%。主要树种是辐射松（54%）和桉树（29%），主要林产品为木材、纸浆、纸张等。

畜牧业：牧场面积12.93万平方公里。2021年产牛肉21.0万吨，猪肉58.9万吨，禽类74.7万吨，牛奶22.68亿升。

渔业：捕鱼量约443.5万吨。

【旅游业】智利政府重视发展旅游业。全国有旅行社1246家，其中33.3%在首都大区，19.3%在瓦尔帕莱索，共有星级酒店、宾馆、别墅等住宿设施4126处。外国游客主要来自巴西、阿根廷等周边国家，北美和欧洲。2021年共接待外国游客190022人次。

【交通运输】铁路：总长6000公里。客运量约2862万人次，货运量26.4万吨。首都圣地亚哥地铁全长103公里，客运量约4.66亿人次。

公路：总长10万公里。其中泛美公路长达3600公里。

海运：国内外船只货物总吞吐量达1.02亿吨。全国共有70多个沿海港口，主要港口有：瓦尔帕莱索港、塔尔卡瓦诺港、安托法加斯塔港、圣安东尼奥港和蓬塔阿雷纳斯港等。

空运：有5家航空公司，6个国际机场。国内航线年客运量约947万人次，货运量约2.85万吨。国际航线客运量700万人次，货运量27.08万吨。全国有大小机场325个，主要国际机场有首都的阿图罗·梅里诺·贝尼特斯机场和北部阿里卡市的查卡柳塔机场。

【财政金融】近几年智利中央政府财政收支情况如下（单位：亿比索）：

	2020	2021	2022
收入	398689.00	574065.69	681332.81
支出	545127.60	759042.35	651738.98
盈余/赤字	–146438.60	–184976.66	29593.83

（资料来源：智利央行）

【对外贸易】智利经济在很大程度上依赖对外贸易。贸易总额占国内生产总值的60%左右。实行统一的低关税率（2003年起平均关税率为6%）的自由贸易政策。目前同世界上170多个国家和地区有贸易关系。近几年对外贸易情况如下（单位：亿美元）：

	2020	2021	2022
出口额	717	947	980
进口额	590	838	987
差　额	127	109	–7

2022年与各主要贸易伙伴进出口情况如下（单位：亿美元）：

	中国	美国	巴西
进口额	225	208	103
出口额	445	144	47
总　额	670	352	150

（资料来源：智利海关）

【对外投资】对外投资活动始于20世纪70年代。90年代以来智经济持续快速发展。一批大型企业和跨国公司为开拓国外市场和争取有利发展环境，开始在厄瓜多尔、阿根廷、墨西哥、秘鲁和巴西等周边国家投资。根据智利外交部经济总司报告，目前智利超过1000家企业在海外投资项目达2500个，分布于全球70多个国家。

【外国资本】根据智利央行数据，2022年智利吸引外国直接投资171.05亿美元。

【对外援助】据智利外交部国际合作署统计，主要受援对象为拉美和加勒比国家。

【外国援助】据智外交部国际合作署统计，对智提供合作项目援助的主要国家有德国、日本、西班牙等。国际组织主要包括欧盟、联合国和美洲国家组织等。援助项目涉及环境保护、能源开发、国家建设、公共管理、科技创新等领域。

【著名公司】智利国家铜公司（Corporacion Nacional del Cobre de Chile，CODELCO）：成立于1976年4月1日，是世界最大的铜生产企业，经营铜矿的开发、开采、提炼、加工及销售等。现任董事长马克西莫·帕切科（Máximo Pacheco）。地址：Huerfanos 1270，Santiago，Chile。

智利化学矿业公司（Sociedad Quimica y Minera de Chile S.A.，SQM）：成立于1968年，经营化肥、化工产品、碘、锂的生产及销售。董事长阿尔韦托·萨拉斯（Alberto Salas），首席执行官贡萨洛·格雷罗·山本（Gonzalo Guerrero Yamamoto）。地址：El Trovador 4285，Las Condes，Santiago，Chile。

智利钼金属公司（Molibdenos y Metales S.A.，Molymet）：成立于1975年，是世界上钼的主要生产企业，占有全球1/3的市场份额，从事钼及相关产品的生产及销售。总裁爱德华多·吉利萨斯蒂（Eduardo Guilisasti）。地址：Camino Nos a Los Morros N°66，San Bernardo，Chile。

南美船运公司（Compania Sudamericana de Vapores S.A.，CSAV）：成立于1872年，拉美最大的船运公司，经营船运及相关配套服务。董事长弗朗西斯科·佩雷斯（Francisco Pérez）。地址：Valparaíso，Chile。

人民生活

据联合国开发计划署2021年报告，智利人类发展指数为0.855，为拉美地区最高。智利最低月工资标准约为30万比索，全国共有劳动力837.9万人。智利中产阶级约为1100万人，占全国人口的一半以上。贫困人口占全国人口的10.8%（2021年）。近10年智利医疗卫生事业发展迅速，建立了完善的医保体系。智利的医保体系由公共、私营两部分组成，其中公共医保占66%，私营部分占34%。医疗保障金占收入的7%。全国有公立医院213所，床位2.91万张；私人医院105所，床位7053张。全国共有医生约2.64万人，平均659人拥有1个医生。医疗卫生支出约占国内生产总值的5.6%。人口普查显示，智最近10年人口增长率0.99%。人均寿命81岁，其中60岁以上的人口占全国人口的14%。

军　事

智利武装部队分为陆海空三军，三军实行分权独立，无统一的军事指挥机构，各军种总司令为本军种最高军事长官。宪法规定，总统是最高国防领导人，战时担任武装力量最高统帅，经国会授权对外宣战。国家安全委员会是国家安全问题的最高决策机构。国防部是最高军事行政机关，国防部长由文人担任，是总统最直接的军事助手。国防部下辖联合参谋部，负责协调和制定三军的作战、训练、情报、军事预算和军购等事宜。实行志愿兵与义务兵相结合的兵役制，陆、空军士兵服役期为12个月，海军士兵服役期为18个月。陆军3.5万人，海军1.63万人，空军0.78万人。智利没有统一的军区划分，各军种根据防务需要划分为不同的军区。陆军编为6个师、1个特种作战旅和一个陆航旅，海军设5个海区，空军编成5个航空旅。

文化教育

【教育】实行12年义务基础教育。中等学校分为两种：（1）科学—人文学校，即普通中学，学生毕业后绝大部分报考大学；（2）技术—职业学校，分为工业、商业、技术和农业等门类。从这类学校毕业的学生既可参加工作，也可升大学。有各类学校1.08万所，其中高等教育院校298所，职业学校82所，技术培训中心156个。著名大学有：智利大学、智利天主教大学、圣地亚哥大学。人均受教育时间为9.25年。在校学生人数约465.52万。其中，中学生104.42万，大学生112.71万。15岁以上人群的识字率为98.6%（男性98.5%，女性98.6%）。

【新闻出版】全国有报社87家。共发行824种报纸杂志。其中，日报124种，杂志463种，简报69种。主要报纸有：《信使报》，1827年创刊，发行量平日13万份，周六18万份，周日31万份；《民族报》，1980年创刊，发行量3万份；《三点钟报》，1950年创刊，发行量平日18万份，周末23万份；《二点钟报》（晚报），1931年创刊，发行量4万份；《最后消息报》，1902年创刊，发行量15万份。主要杂志有：《事件》，1971年创刊，发行量3万份；《新情况》，1976年创刊，发行量2.5万份；《今日》，1977年创刊，发行量3万份。除《民族报》为官方报纸外，其他均为独立发行。

主要通讯社为私营的环球通讯社。

主要电台有国家电台、合作电台、波塔莱斯电台、农业电台和矿业电台。

电视台9家，其中影响较大的是国家电视台、智利大学电视台、天主教大学电视台、大视野电视台和瓦尔帕莱索天主教大学电视台。

对外关系

智利奉行独立自主的多元化务实外交政策。主张尊重国际法，和平解决争端，捍卫民主和人权。推行全方位的外交战略，对外交往十分活跃。智利优先发展同拉美邻国和南方共同市场国家的关系，重视与美、欧的传统关系，积极拓展同亚太国家的关系，同世界上172个国家建立了外交关系。重视双边自由贸易谈判，已同绝大多数拉美国家及美国、加拿大、欧盟、韩国、中国、日本等65个国家和地区签署了27个自由贸易协定。

智利积极参与国际和地区事务，是美洲国家组织、拉美和加勒比国家共同体、亚太经合组织、太平洋经济合作理事会、太平洋盆地经济理事会、不结盟运动、“十五国集团”等国际和地区组织的成员国和南方共同市场的联系国。曾连续当选联合国经社理事会成员国，安理会2003—2004年、2014—2015年度非常任理事国，人权理事会2002—2004年度成员国，南美国家联盟2008—2009年度轮值主席国、南美进步论坛2019—2020年度轮值主席国。同新加坡一起倡议并推动成立了“东亚—拉美合作论坛”，并成功主办了论坛第2届、第3届高官会和首届外长会。曾主办第108届各国议会联盟大会、2004年亚太经合组织会议。

【同中国的关系】智利于1970年12月15日同中国建交，是第一个同中国建交的南美洲国家。2004年中智建立全面合作伙伴关系。2012年双方建立战略伙伴关系。2016年11月，双方建立全面战略伙伴关系。建交以来，中智关系发展顺利，双方高层交往频繁，经贸合作稳步发展，在国际多边领域保持良好合作。

2020年2月，习近平主席同皮涅拉总统通电话。11月，皮涅拉总统在第三届中国国际进口博览会开幕式上发表视频致辞。6月，里韦拉外长出席“一带一路”国际合作高级别视频会议。11月，皮涅拉总统在第三届中国国际进口博览会开幕式上发表视频致辞。12月，习近平主席同皮涅拉总统通电话并互致贺电，王毅国务委员兼外长同阿拉芒外长互致贺电，庆祝中智建交50周年。2021年4月，皮涅拉总统以视频方式出席博鳌亚洲论坛2021年年会开幕式并发表致辞。6月，阿拉芒外长出席“一带一路”亚太区域国际合作高级别会议。8月，阿拉芒外长出席新冠疫苗合作国际论坛首次会议。10月，王毅国务委员兼外长同阿拉芒外长通电话。2022年8月，王毅国务委员兼外长同乌雷霍拉外长通电话。11月，习近平主席在泰国曼谷出席亚太经合组织第二十九次领导人非正式会议期间会见智利总统博里奇。

据中国海关总署统计，2022年，中智双边贸易额为670亿美元，同比增长1.8%。其中，中国出口额为225亿美元，同比减少14.2%；中国进口额为445亿美元，同比增长12.4%。目前，中国是智利全球第一大贸易伙伴、第一大出口目的地国和第一大进口来源国，智利是中国在拉美第三大贸易伙伴和铜的最大进口来源国。

中国驻智利大使：牛清报。馆址：AV. PEDRO DE VALDIVIA 550，SANTIAGO，CHILE。电话：00562–2339880（办公室），2339898（领事部），2339886（文化处）；传真：2341129，3352755。商务处地址：AV. PEDRO DE VALDIVIA 1032，SANTIAGO，CHILE；电话：00562–2239988；传真：2232465。

智利驻华大使：毛里西奥·乌尔塔多（Mauricio Hurtado）。馆址：北京市朝阳区三里屯东四街1号。电话：010–65321591；传真：65323170。

【同其他拉美和加勒比国家的关系】智政府强调立足拉美，优先巩固和加强同其他拉美国家，特别是周边邻国的关系。重视地区国家间的政治磋商与协调以及经贸技术合作，积极推动地区一体化，维护地区民主与和平。近年来，主办第6届和第17届伊比利亚美洲首脑会议、第2届美洲国家首脑会议、第33届美洲国家组织大会及2008年南美国家联盟首脑特别峰会等。2011年4月，与秘鲁、哥伦比亚、墨西哥宣布成立拉美“太平洋联盟”，以推动实现沿太平洋国家经贸合作和一体化。2011年12月，拉美和加勒比国家共同体成立，智利担任首任轮值主席国，任期1年。2022年4月，智利正式宣布中止在南美进步论坛的活动；同月，博里奇总统对阿根廷进行国事访问。8月，博里奇总统出席哥伦比亚新任总统佩特罗就职仪式。

【同美国的关系】重视发展对美关系。智美1823年建交，美国是智最主要的经贸伙伴和投资国之一，双方建有政治、国防等磋商机制。2003年6月，智美签署双边自由贸易协定。2013年6月，皮涅拉总统访问美国，双方签署免签协议，使智利成为首个赴美旅游免签的拉美国家。2021年12月，当选总统博里奇同美国总统拜登通电话。2022年6月，博里奇总统赴美国出席第九届美洲峰会。9月，博里奇总统赴美国纽约出席第77届联合国大会一般性辩论，会见美国前总统奥巴马并在美洲理事会总部会见企业家。10月，美国国务卿布林肯访智。

【同欧盟及欧洲国家的关系】巩固和加强同欧盟的传统关系是智的既定方针。欧盟是智重要的贸易伙伴和出口市场。1999年，智欧开始商谈自由贸易协定。2002年，双方签署政治、经济伙伴与合作协议，智成为第二个同欧盟签署自贸协定的拉美国家。协议于2003年1月1日起生效。2010年，智与欧盟签订发展和创新伙伴关系协议。2022年4月，博里奇总统同英国首相约翰逊通电话。同月，博里奇总统会见来访的欧盟外交与安全政策高级代表博雷利，表示愿推动欧盟与智升级版伙伴关系协定尽早完成签署。5月，博里奇总统与法国总统马克龙通电话。9月，博里奇总统出席第77届联合国大会一般性辩论期间会见欧盟委员会主席冯德莱恩、法国总统马克龙、德国总理朔尔茨、西班牙首相桑切斯等。

【同亚太国家的关系】智政府把加强同亚太地区的关系放在其外交的重要位置，认为加强同亚太国家的经贸关系符合其外交多元化和多样化的总目标，对智当前和长远经济发展具有重要战略意义。亚太地区国家是智最大的贸易伙伴。1994年11月，智正式加入亚太经合组织。2004年，智作为东道国成功主办了亚太经合组织会议。智积极参与亚太区域经济安排，分别于2007年3月、2008年7月、2010年11月同日本、澳大利亚、马来西亚签署自贸协定。2015年10月，由智利、新加坡、文莱、新西兰发起的跨太平洋战略经济伙伴协定（TPP）在美国达成。2022年4月，智利外长乌雷霍拉就太平洋联盟成立11周年视频致辞，表示智利将继续支持太平洋联盟致力于地区一体化的各项工作，将立足性别平等积极参与联盟各项议程。9月，博里奇总统出席第77届联合国大会一般性辩论期间会见新西兰总理阿德恩。11月，博里奇总统出席在泰国曼谷举办的亚太经合组织第二十九次领导人非正式会议。

【同俄罗斯和东欧国家的关系】近年来，智同俄罗斯和东欧国家双边政治交往有所增加，经贸领域的互惠合作有所发展。智将东欧地区视为进一步开拓出口产品市场的重点地区之一。与匈牙利签署了鼓励和相互保护投资协定，与乌克兰和俄罗斯签署了空间技术合作协定。2010年，智同俄罗斯建立战略合作伙伴关系。2022年，乌克兰危机爆发以来，智政府多次对俄罗斯"入侵"乌克兰表示强烈谴责。（袁迎龙）

大洋洲

澳大利亚

国名 澳大利亚联邦（The Commonwealth of Australia）。

面积 769.2万平方公里。

人口 2612万（2022年）。英国及爱尔兰后裔占74%，亚裔占5%，土著人占2.7%，其他民族占18.3%。官方语言为英语。约63.9%的居民信仰基督教，5.9%的居民信仰佛教、伊斯兰教、印度教等其他宗教。无宗教信仰或宗教信仰不明人口占30.2%。

首都 堪培拉（Canberra），人口约45万（2022年），年均气温20℃。

国家元首 英国国王查尔斯三世。国王根据澳大利亚总理提名任命总督为其代表，任期5年。现任总督戴维·赫尔利（David Hurley），2019年7月1日就任。

重要节日 澳大利亚日（国庆日）：1月26日。

简况

位于南太平洋和印度洋之间，由澳大利亚大陆、塔斯马尼亚岛等岛屿和海外领土组成。东濒太平洋的珊瑚海和塔斯曼海，北、西、南三面临印度洋及其边缘海。海岸线长3.67万公里。北部属热带气候，大部分属温带气候，年均气温北部27℃、南部14℃。

最早居民为土著人。1770年英国航海家詹姆斯·库克抵澳东海岸，宣布英国占领这片土地。1788年1月26日，英向澳流放的第一批犯人抵悉尼湾，开始在澳建立殖民地，后将1月26日定为澳国庆日。1900年，英议会通过《澳大利亚联邦宪法》和《不列颠自治领条例》。1901年1月1日，澳6个殖民地区联合成为澳大利亚联邦。1926年成为英帝国自治领。1931年成为英联邦内的独立国家。1986年，英议会通过《与澳大利亚关系法》，澳获得完全立法权和司法终审权。

政治

1999年11月，澳全民公投决定维持君主立宪制政体。

【宪法】《澳大利亚联邦宪法》由英国议会于1900年7月9日通过，1901年1月1日生效。

【议会】联邦议会是立法机构，成立于1901年，由国王（澳总督为其代表）、众议院和参议院组成。2022年5月，澳举行联邦大选，选举产生第47届议会。众议院有151名议员，按各州（地区）人口比例选举产生，任期3年。在众议院中，工党77个议席，联盟党58个议席，绿党4个议席，其他政党和独立候选人共获12个议席。2022年7月26日，米尔顿·迪克（Milton Dick，工党）当选众议长。参议院有76名议员，6个州每州12名，2个地区各2名。各州参议员任期6年，每3年改选一半，各地区参议员任期3年。2022年7月26日，休·莱恩斯（Sue Lines，工党）当选参议长。

【政府】政府由众议院多数党或政党联盟组成，该党领袖任总理，内阁部长由总理任命。政府一般任期3年。2013年9月，自由党–国家党联盟在联邦大选中战胜原执政党工党组建新政府，自由党领袖托尼·阿博特出任总理。2015年9月，前通信部长马尔科姆·特恩布尔取代阿博特成为自由党领袖，并就任澳联邦总理。2016年7月，特恩布尔领导自由党–国家党联盟赢得大选，特恩布尔再次就任总理。2018年8月，原国库部长斯科特·莫里森（Scott Morrison）当选自由党领袖并出任澳联邦总理。2019年5月，自由党–国家党联盟赢得大选，莫里森连任总理。2022年5月，安东尼·阿尔巴尼斯（Anthony Albanese）领导工党赢得澳联邦大选，工党时隔9年再次执政。内阁主要成员包括：总理阿尔巴尼斯，副总理兼国防部长理查德·马尔斯（Richard Marles），外交部长黄英贤（Penny Wong，女），国库部长吉姆·查默斯（Jim Chalmers），财政部长兼公共事务及女性事务部长凯蒂·加拉格（Katy Gallagher，女），贸易与旅游部长兼特别国务部长唐·法雷尔（Don Farrell），就业及劳资关系部长兼艺术部长托尼·伯克（Tony Burke），卫生及老年护理事务部长马克·巴特勒（Mark Bulter），气候变化及能源部长克里斯·鲍恩（Chris Bowen）等。

【行政区划】全国划分为6个州和2个地区。6个州分别是新南威尔士、维多利亚、昆士兰、南澳大利亚、西澳大利亚、塔斯马尼亚；2个地区分别是首都地区和北方领土地区。各州有州督、州议会、州政府和州长。

【司法机构】由1名首席大法官和6名大法官组成的联邦最高法院是最高司法机构，对其他各联邦法院、州法院、地区法院具有上诉管辖权，并对涉及宪法解释的案件作出决定。现任首席大法官苏珊·基菲尔（Susan Kiefel），2017年1月就职。除了高等法院，全国还设有联邦法院和家庭法院。各州设最高法院、区法院和地方法院。首都地区和北方领土地区只设最高法院和地方法院。

【政党】澳主要政党有：

（1）澳大利亚工党（Australian Labor Party）：成立于1891年，为澳最大政党，同工会关系密切，工会会员多为其集体党员。自1940年以来曾11次执政。上一次执政时期为2007年11月至2013年9月，2022年5月赢得联邦大选再度执政。现任领袖安东尼·阿尔巴尼斯（Anthony Albanese）。

（2）自由党（Liberal Party）：1944年成立，前身是1931年成立的澳大利亚联合党，长期与自由党组成政治联盟。主要代表工商业主利益。最近一次执政为2013—2022年的三届。2022年5月大选失利。现任领袖彼得·达顿（Peter Dutton）。

（3）国家党（National Party）：成立于1918年，原称乡村党，后称国家乡村党，1982年改用现名。其势力范围主要在农村地区，代表农场主利益，1996—2007年、2013—2022年与自由党联合执政。2022年5月大选失利。现任领袖戴维·利特普罗德（David Littleproud）。

其他小党有绿党、澳大利亚民主党和澳大利亚共产党等。

【重要人物】**戴维·赫尔利**：总督。1953年8月出生于澳大利亚新南威尔士州，毕业于澳皇家军事学院。1993年率澳陆军第一营赴索马里参加维和军事行动。2011年任澳国防军司令。2014年退役后就任新南威尔士州州督。2019年7月就任澳第27任联邦总督。　**安东尼·阿尔巴尼斯**：总理。1963年出生于澳大利亚悉尼，悉尼大学经济学学士。1996年当选澳大利亚联邦众议员。1998年起先后任工党就业和培训、环境、水资源等事务发言人。2007年起任工党政府基础设施和交通部长、区域发展和地方政府事务部长、工党众议院领袖等职。2013年任副总理。2019年任工党领袖。2022年5月出任总理。

经　济

澳大利亚是一个工业化国家。农牧业发达，自然资源丰富，盛产羊、牛、小麦和蔗糖，也是世界重要的矿产品生产和出口国。农牧业、采矿业为其传统产业。近年来，制造业和高科技产业发展较快，服务业已成为国民经济主导产业。21世纪以来经历了矿业繁荣期，但对其他行业造成挤压。矿业繁荣近年明显降温，经济增长有所放缓，公共财政压力上升。1991—2019年，连续28年经济保持正增长。受新冠疫情和山火灾害影响，2019/2020财年经济出现负增长。2020/2021财年国内生产总值同比增长1.5%，2021/2022财年主要经济数据如下：

国内生产总值：2.1万亿澳元。

人均国内生产总值：约7.8万澳元。

国内生产总值增长率：3.7%。

货币名称：澳大利亚元（简称“澳元”）。

汇率：1美元≈1.49澳元。

失业率：3.5%。

外汇储备：387亿澳元（2022年）。

【资源】矿产资源丰富，至少有70余种。其中，铅、镍、银、铀、锌、钽的探明经济储量居世界首位。澳是世界上最大的锂、锆生产国，黄金、铁矿石、煤、锰矿石、镍、银、铀、锌的产量也居世界前列。澳还是世界上最大的烟煤、铝矾土、钻石、锌精矿出口国，第二大氧化铝、铁矿石、铀矿出口国，第三大铝和黄金出口国。已探明有开采价值的矿产蕴藏量包括：铝矾土约53亿吨，铁矿砂146亿吨，黑煤403亿吨，褐煤300亿吨，铅2290万吨，镍2260万吨，银4.14万吨，钽4.08万吨，锌4100万吨，黄金5570吨。原油储量2270亿升，天然气储量2.2万亿立方米。2020/2021财年澳矿业产值为2161.1亿澳元，占澳国内生产总值的10.7%，吸纳18.9万就业人口。森林覆盖率21%，天然森林面积约1.63亿公顷（约2/3为桉树）。渔业资源丰富，捕鱼区面积比国土面积大16%，是世界第三大捕鱼区，有3000多种海水和淡水鱼以及3000多种甲壳及软体类水产品，其中已进行商业捕捞的约600种。

【工业】工业以建筑业、制造业和矿业为主。2020/2021财年，建筑业产值1307.9亿澳元，制造业产值1073.8亿澳元，矿业产值2161.1亿澳元。

【农业】农牧业发达，在国民经济中占有重要地位。2020/2021财年，农林渔业总产值约3144.6亿澳元，占国内生产总值的15.6%，吸纳43.9万就业人口。澳70%的农产品出口海外。主要水产品有对虾、龙虾、鲍鱼、金枪鱼、扇贝、牡蛎等。

【服务业】服务业为澳经济最重要和发展最快的部门。经过30多年的结构调整，已成为国民经济支柱产业。2020/2021财年，服务业产值约1.6亿澳元，约占澳国内生产总值的80%，服务业中产值最高的五大行业是金融保险业、医疗和社区服务业、专业科技服务业、公共管理和安全服务业、教育培训服务业。澳是亚太地区最大、最发达的金融服务市场之一。2018/2019财年，金融业产值为1694.4亿澳元，金融服务业对澳国内生产总值贡献约为8.7%。2021/2022财年，澳服务贸易出口总额为610.7亿澳元。

【旅游业】旅游业是澳经济重要部门。2022年，赴澳外国游客为220.8万人次，同比增长1197%。主要游客来源国为中国、印度、英国、美国。旅游资源丰富，著名的旅游城市和景点有悉尼、墨尔本、布里斯班、阿德莱德、珀斯、黄金海岸、达尔文、大堡礁、艾尔斯岩（乌鲁鲁）等。

【交通运输】国际海空运输业发达。悉尼是南太平洋主要交通运输枢纽。

铁路：20世纪90年代以来，铁路行业进行了公司化和私有化改革。目前，全国铁路总长约3.3万公里，其中10%为电气化铁路。2020/2021财年，铁路系统共运送货物4206亿吨公里，城市铁路系统运送乘客6.8亿人次。

公路：全国公路总长88万公里。2021年全国注册机动车辆总数约2014万辆，客车占74.7%。其中，汽油动力车辆占73.6%，柴油动力车辆占24.4%。

水运：港口超过100个，全国第一大港为墨尔本港。2018/2019财年，全国港口货物吞吐量约16.9亿吨。

空运：2020/2021财年，运行国内航班39.4万架次，运送国内旅客2498万人次。其中，墨尔本—悉尼、布里斯班—悉尼、布里斯班—墨尔本航线为最重要的三条国内航线。主要国内航空公司有“澳洲航空”和“捷星航空”。2020年4月，澳航空公司“维珍澳洲”宣布破产。2020/2021财年，运行国际航班4.5万架次，运送国际旅客112.3万人次。主要机场为：悉尼、墨尔本、布里斯班、珀斯、阿德莱德、黄金海岸、凯恩斯、堪培拉、霍巴特和达尔文。

【财政金融】财政年度为每年7月1日至次年6月30日。2021/2022财年财政赤字为1066亿澳元，占国内生产总值的5%。

金融业成熟完善，监管严格。拥有全球第五大金融体系和资本市场。澳储备银行为中央银行。四大商业银行国民银行、联邦银行、西太银行、澳新银行的总资产占全部银行资产的50%以上。金融监管框架由澳审慎金融监管局、澳证券和投资委员会、澳储备银行三大独立机构组成。

股市发达，由澳股票交易所运作，三种传统主要股票指数包括综合普通股指数、综合工业股指数和综合资源股指数。自2000年4月起，澳证券交易市场重要股指以标准普尔为基准。目前，主要股指包括S&P/ASX300、S&P/ASX200、S&P/ASX100、S&P/ASX50和S&P/ASX20，其中S&P/ASX200代表了本地市场82%的市场份额（2017年3月），被认为是衡量澳股票市场运行状况的最重要指标。

【对外贸易】澳对国际贸易依赖较大。澳主要贸易伙伴依次为中国、美国、日本、韩国、英国、新加坡、印度、新西兰、德国、马来西亚、泰国等。近几年商品和服务贸易进出口情况如下（单位：亿澳元）：

	2019/2020	2020/2021	2021/2022
出口额	4362	5192	5938
进口额	3623	3981	4459
差　额	739	1211	1479

澳主要出口烟煤、铁矿石、天然气、非货币黄金、石油及其提炼物等。主要进口重油制品、燃油汽车、轻油制品、石油及其提炼物、5吨以下柴油货车。

【对外投资】20世纪80年代以来，澳在海外投资持续增长。

截至2021年底，澳在海外投资累计达3.3万亿澳元。主要投资对象为美国（1.1万亿澳元）、英国（5380亿澳元）、日本（1284亿澳元）、新西兰（1133亿澳元）、加拿大（951亿澳元）、开曼群岛（942亿澳元）、德国（774亿澳元）等。

【外国资本】澳重视吸引外国投资。

截至2021年底，外国对澳投资存量共计4.1万亿澳元。外资主要来源为美国（1.05万亿澳元）、英国（7186亿澳元）、比利时（3935亿澳元）、日本（2587亿澳元）、中国香港（1269亿澳元）、新加坡（1214亿澳元）等。主要外国投资领域为能源矿业、制造业、财政金融业和房地产业等。

【对外援助】澳对外援助主要集中于南太平洋岛国、东南亚国家。近几年对外援助总额情况如下（单位：亿澳元）：

	2018/2019	2019/2020	2020/2021
援助额	43.79	40.69	44.80
占国内生产总值（%）	0.24	0.20	0.22

【著名公司】澳主要上市企业有：

（1）国民银行（National Australia Bank Ltd.）：澳最大的商业银行，成立于1858年。1893年公司化，1982年成为有限公司。2021年总资产约9250亿澳元，雇用员工约3.2万人。董事会主席菲利普·克罗尼肯，首席执行官罗斯·麦克尤恩。

（2）澳大利亚联邦银行（Commonwealth Bank of Australia）：澳第二大商业银行，也是澳客户人数最多的银行，成立于1912年。2021年总资产约1.092万亿澳元，雇用员工约4.9万人。董事会主席凯瑟琳·利文斯通，首席执行官马特·科明。

（3）西太银行（Westpac Banking Corporation）：澳历史最悠久的银行。前身新南威尔士银行成立于1817年，1982年更名。2021年总资产约9350亿澳元，雇用员工约4万人。董事会主席约翰·麦克法兰，首席执行官彼得·金。

（4）澳新银行（ANZ BANK）：澳主要商业银行之一，创始于1835年。2021年总资产约9790亿澳元，雇用员工4万人。董事会主席大卫·冈斯基，首席执行官廖贤志。

（5）必和必拓公司（BHP BILLITON LTD.—Broken Hill Proprietary Billiton Ltd.）：以经营石油和矿产为主的著名跨国公司。BHP于1885年在墨尔本成立。必拓于1860年成立。两公司2001年6月合并。2021年总资产约1089亿美元，净利润约94.4亿美元，雇用员工约8万人。董事会主席肯·麦肯齐，首席执行官韩慕睿。

（6）麦格里集团（Macquarie Group Limited）：成立于1969年，是一家多元化国际金融机构，提供银行、金融顾问及投资服务。2021年营业收入约127.7亿澳元，雇用员工约1.6万人。董事会主席皮特·沃纳，首席执行官谢默拉·薇克拉马纳雅克。

（7）澳电信公司（TELSTRA）：澳最大电信企业，成立于1901年，1991年成为有限公司。澳政府分别于1997年、1999年和2006年出售该公司股票，逐渐将其私有化，澳政府目前控股17%。2021年营业收入约215.6亿澳元，净利润约19亿澳元。董事会主席约翰·马伦，首席执行官安德鲁·潘。

（8）西农集团（Wesfarmers Limited）：澳最大的零售公司之一，是澳雇员人数最多的私人企业。前身为西澳州农民合作社，成立于1914年，1984年上市。业务涉及零售、家装、煤矿、保险等广泛领域，2007年收购当时澳最大的零售公司科尔斯公司。2021年营业收入约339.4亿澳元，净利润约23.8亿澳元，雇用员工约11.4万人。董事会主席迈克尔·钱尼，首席执行官罗布·斯科特。

（9）力拓集团（Rio Tinto Group）：世界第二大矿业公司，成立于1873年。在全球拥有60多家子公司。2021年总资产约1028.9亿美元，净利润约211亿美元，雇用员工约4.9万人。2021年12月，鲍达文出任董事会主席，首席执行官石道成。集团包括力拓股票上市公司（总部在英国伦敦）和力拓有限公司（总部在墨尔本）。

人民生活

澳是一个高福利国家，福利种类多而全，主要包括：失业救济金、退伍军人及家属优抚金、残疾人救济金、退休金以及家庭补贴等。截至2022年5月，全职成年职工人均周工资1770澳元。澳医疗卫生事业发达。2021年，澳共有全科医生约3.83万人，约58.1%的国民参加各种私人医疗保险。

军　事

总督为武装部队总司令。国防部为军队行政管理机构。国防委员会为三军最高决策机构，主席由国防部长担任。国防军司令为国防部长的首席军事顾问。现任国防军司令为陆军上将安格斯·坎贝尔（Augus Campbell）。

2021年，澳国防系统总人数8.48万人，其中现役6.02万人，预备役约2.45万人。常规军中，陆军2.96万人，编成第一师司令部、部队司令部和特种作战司令部3个司令部；海军1.52万人，编成舰队、战略2个司令部，下辖14个主要海军基地；空军1.44万人，下辖11个主要空军基地，装备F-35A、F/A-18、F-111、AP-3C等各类飞机。

	2019/2020	2020/2021	2021/2022
国防预算（亿美元）	328	417	446
占国内生产总值（%）	2.1	2.1	4.4

文化教育

【教育】教育主要由州政府负责。各州设教育部，主管本州的大、中、小学和技术教育学院。联邦政府只负责给全澳大学和高等教育学院提供经费，制定和协调教育政策。学校分公立和私立两种，包括学龄前教育、中小学教育和高等教育，实行从学前教育到高中13年学制，16岁之前必须接受义务教育。重视并广泛推行职业教育。2021年，澳共有小学6256所、中学1442所、中小学连读学校1374所、特殊学校509所。中小学教职员工约30.4万人。澳共有40所公立大学、2所国际大学、1所私立大学。著名高等院校有澳国立大学、莫纳什大学、阿德莱德大学、墨尔本大学、新南威尔士大学、昆士兰大学、悉尼大学、西澳大利亚大学等。

【新闻出版】澳有四大报业集团：《先驱报》和《时代周刊》杂志集团、默多克新闻公司、费尔法克斯公司和帕克新闻联合控股公司。其中，默多克新闻公司发展最快，近年买下了英国的《泰晤士报》和美国的《纽约邮报》，已成为国际性报业集团。主要报刊有：《澳大利亚人报》，发行量约520万份；《悉尼先驱晨报》，发行量约840万份；《世纪报》，发行量约610万份；《金融评论报》，发行量约340万份；《堪培拉时报》，发行量约58万份。澳有期刊1400多种，《澳大利亚妇女周刊》是发行量最大的刊物，达129万多份。《公报》周刊（1880年创刊）是历史最悠久的刊物之一。澳联合新闻社是澳最大通讯社，总部在悉尼，1964年起与路透社结为联社。

有3个广播电视管理机构。（1）澳大利亚广播公司：有4个电台网，通过州和地区首府的制作设备向全国播放非商业性广播和电视节目，并为边远地区提供卫星服务；澳大利亚广播电台和澳大利亚国际电视台向海外播放。年度预算大部分由联邦议会拨款。（2）澳大利亚通讯和媒体局：管理电信、互联网、商业性电台和社区广播，收费并发放许可。全国有商业电台约550家，商业电视频道约460个。（3）澳大利亚特别节目广播事业局（SBS）：主管SBS电视台和SBS广播电台，由联邦政府资助。SBS电视台是一个多元文化电视台，1980年10月24日（联合国日）开始运营，除新闻、体育和部分纪录片用英语播送外，其余节目均用澳各移民族裔的语言配英文字幕播送，为非英语背景人士提供了解世界的媒体渠道。

对外关系

澳三大传统外交政策是巩固澳美同盟、发挥联合国作用、拓展与亚洲联系。澳在此基础上通过积极参与全球和地区热点问题提升国际影响力，着力推进“积极的有创造力的中等大国外交”。澳是《全面与进步跨太平洋伙伴关系协定》和《区域全面经济伙伴关系协定》成员。

【同中国的关系】中澳于1972年12月21日建交。2012年10月，澳联邦政府发布《亚洲世纪中的澳大利亚白皮书》，强调澳应抓住亚洲特别是中国发展的重要机遇，致力于发展更加全面、紧密的对华合作关系。澳总理吉拉德2013年4月访华期间，双方一致同意建立中澳相互信任、互利共赢的战略伙伴关系，建立两国总理年度定期会晤机制，并由两国外长举行年度外交与战略对话，中国国家发展和改革委员会主任与澳国库部长、贸易部长举行年度战略经济对话。

2014年11月，国家主席习近平出席二十国集团领导人布里斯班峰会并对澳大利亚进行国事访问，将中澳关系提升为全面战略伙伴关系。

2020年1月，国务委员兼外交部长王毅应约同澳外长佩恩通电话。

2022年7月，国务委员兼外交部长王毅在巴厘岛出席二十国集团外长会期间应约会见澳外长黄英贤。9月，国务委员兼外交部长王毅在纽约出席联合国大会期间应约会见澳外长黄英贤。11月，国务委员兼外交部长王毅应约同澳外长黄英贤通电话。同月，国家主席习近平在出席二十国集团领导人巴厘岛峰会期间会见澳总理阿尔巴尼斯。2022年12月，澳外长黄英贤访华，其间国务委员兼外交部长王毅同黄英贤举行第六轮中澳外交与战略对话。

中国是澳大利亚第一大贸易伙伴、出口市场和进口来源地。澳是中国第八大贸易伙伴。《中澳自贸协定》于2015年12月20日生效。据中国海关总署统计，2022年，中澳双边贸易额为2209.2亿美元，同比减少3.9%。其中，中国出口额为788.3亿美元，同比增长19%；中国进口额为1420.9亿美元，同比减少13.1%。中国对澳主要出口机电产品、计算机、服装、纺织品、鞋、箱包、玩具等；从澳主要进口铁矿石、煤、氧化铝、铜矿石、羊毛和大麦等。

澳是中国境外投资重要目的地，涉及能矿资源开发、基础设施建设、房地产、交通运输、金融等领域。澳是中国重要的外资来源地。

中澳两国在科技、文化、教育、旅游等领域开展了广泛交流与合作。目前，中国是澳第三大国际科技合作伙伴。中国留学生是澳最大的海外留学生群体，截至2022年12月，中国在澳留学人员共计172598人，占澳全部国际学生总数约25%。据澳方统计，2020年，中国赴澳游客20.7万人次，同比减少85.6%。截至2021年12月，两国已建立113对友好省州和城市关系。

中国驻澳大利亚大使：肖千。馆址：15 Coronation Drive，Yarralumla，Canberra，ACT 2600，Australia。电话：0061–2–62283999；传真：62283990。

澳大利亚驻华大使：傅关汉（Graham Fletcher）。馆址：北京市朝阳区东直门外大街21号。电话：010–51404111；传真：51404162（移民处），51404292（领事和行政处），51404230（新闻和文化处）。

【同美国的关系】澳美于1940年3月6日建交。澳、新（西兰）、美三国1951年9月1日签订《澳新美安全条约》后，澳美结成同盟关系。2001年“9·11”事件后，澳启动《澳新美安全条约》，派兵参加美对阿富汗和伊拉克战争。2005年7月，澳美签署《澳参与美导弹防御计划谅解备忘录》，澳同意美在澳北部建立联合军事训练中心。11月，两国签署《澳美联合训练中心备忘录》。2020年3月，澳外长佩恩访美。7月，澳美外交、国防双部长磋商在美举行。2021年1月，澳外长佩恩与美国务卿布林肯通电话。2月，澳总理莫里森与美总统拜登通电话。3月，澳总统莫里森与美副总统哈里斯通电话。同月，澳总理莫里森参加美日印澳“四边机制”领导人视频峰会。5月，澳外长佩恩访美。9月，澳美外交、国防双部长磋商在美举行。同月，澳总理莫里森参加美日印澳“四边机制”领导人峰会。11月，澳外长佩恩与美国务卿布林肯通电话。12月，澳外长佩恩在出席七国集团外长会期间会见美国务卿布林肯。2022年5月，澳总理阿尔巴尼斯参加美日印澳“四边机制”峰会，澳外长黄英贤在日本与美国务卿布林肯会面。6月，澳外长黄英贤与美国务卿布林肯通电话。7月，澳副总理兼国防部长马尔斯访美。9月，澳外长黄英贤访美。12月，澳美外交、国防双部长磋商在美举行。

澳美经贸关系密切，美是澳第二大贸易伙伴。2004年5月，澳美正式签署双边自由贸易协定，协定2005年1月正式生效。2021/2022财年，澳美双边贸易额为765亿澳元。美是澳第二大贸易伙伴。

【同日本的关系】自1996年起，澳日开始年度首脑会晤并建立“政治、军事”年度磋商机制。2006年3月，日本外相麻生太郎访澳期间，两国宣布建立“全面战略关系”，商定每年各举行一次外长会晤、副外长级政策对话和高官级战略磋商。2020年7月，澳总理莫里森与日本首相安倍晋三举行视频会议。10月，澳外长佩恩赴日本参加美日印澳“四边机制”第二次外长会。2021年6月，澳日外长和防长举行第9次双部长会议。9月，澳总理莫里森在华盛顿出席美日印澳“四边机制”领导人峰会期间与日本首相菅义伟会面。11月，澳总理莫里森在英国格拉斯哥出席《联合国气候变化框架公约》第26次缔约方大会期间与日本首相岸田文雄会面。2022年5月，澳总理阿尔巴尼斯赴日参加美日印澳“四边机制”峰会，并与日首相岸田文雄会见。10月，日本首相岸田文雄访澳。12月，澳日外交、国防双部长磋商在日举行。

2003年7月，澳日签署双边贸易与经济框架协定。2007年4月，澳日启动双边自由贸易协定谈判。2014

年7月，日本首相安倍晋三访澳期间，与澳总理阿博特签署经济伙伴关系协定，即两国之间的自由贸易协定。2020/2021财年，澳日双边贸易额为663亿澳元。日本是澳第三大贸易伙伴。

【同朝鲜、韩国的关系】澳朝于1974年建交，1975年断交，2000年5月复交。2010年5月、11月，“天安”号事件、延坪岛炮击事件发生后，除了执行联合国安理会对朝制裁，澳还实施推迟对朝援助等单方面制裁措施。金正日2011年12月去世后，澳代总理斯旺和外长陆克文联合发表声明，呼吁朝保持冷静和克制，以符合本国人民利益的方式行事，同国际社会保持建设性接触。2012年12月，朝鲜发射卫星后，澳总理吉拉德发表声明，对朝予以谴责。2013年2月朝进行核试验后，澳支持并执行联合国安理会第2094号决议决定的对朝制裁。近年来，澳支持并执行安理会历次涉朝制裁决议。

澳重视与韩国的经济和安全关系。2021年12月，韩国总统文在寅访澳。同月，澳韩外长、防长双部长会议在悉尼举行。2022年8月，澳韩外长、防长双部长会议在堪培拉举行。10月，首届澳韩贸易部长会议在首尔举行。2021/2022财年，澳韩双边贸易额为687亿澳元。韩是澳第四大贸易伙伴。

【同印尼的关系】2002年10月印度尼西亚巴厘岛爆炸事件后，澳大利亚与印尼加强反恐合作，两国签订了双边反恐合作协定。2020年2月，印尼总统佐科访澳。7月，《印尼与澳大利亚全面经济伙伴关系协定》正式生效。2021年9月，澳印尼外长、防长双部长会议在印尼举行。11月，澳外长佩恩访问印尼。2022年6月，澳总理阿尔巴尼斯访问印尼，澳印（尼）发表联合声明。7月，澳外长黄英贤访问印尼参加二十国集团外长会议。10月，澳参众两院议长出席在雅加达举行的二十国集团议长峰会。11月，澳总理阿尔巴尼斯出席在巴厘岛举行的二十国集团领导人峰会和二十国集团工商峰会。2021/2022财年，澳与印尼双边贸易额为183亿澳元，印尼是澳第14大贸易伙伴。印尼是澳发展援助主要接受国之一。2021/2022财年，澳向印尼提供官方发展援助约2.99亿澳元。

【同东盟其他国家的关系】澳大利亚于1974年同东盟正式建立对话伙伴关系。2005年，澳加入《东南亚友好合作条约》，澳总理霍华德于12月获邀参加吉隆坡首届东亚峰会。2010年1月，东盟—澳大利亚—新西兰自贸协定正式生效。2020年2月，澳外长佩恩访问文莱。10月，澳外长佩恩访问新加坡。2021年6月，澳总理莫里森访问新加坡。2022年6月，澳外长黄英贤访问越南、马来西亚。7月，澳外长黄英贤访问新加坡。9月，澳外长黄英贤访问东帝汶。同月，越南外长裴青山访问澳大利亚。

澳与东盟的经贸关系发展良好，签署了《紧密经济伙伴关系协议》。2003年3月，澳与新加坡签订双边自由贸易协定。2004年7月，澳与泰国签订双边自由贸易协定。2020/2021财年，澳与东盟双边贸易额为1271亿澳元。

【同太平洋岛国的关系】澳大利亚认为维护南太地区稳定、促进太平洋岛国经济发展符合其利益。2021年2月，澳总理莫里森以视频方式参加太平洋岛国领导人特别会议。7月，澳外长佩恩以视频方式参加太平洋岛国论坛外长会议。2022年6月，澳外长黄英贤访问斐济、萨摩亚、汤加和所罗门群岛。7月，澳总理阿尔巴尼斯赴斐济出席第51届太平洋岛国论坛领导人会议，澳外长黄英贤参加太平洋岛国论坛外长会。8月，澳外长黄英贤访问巴布亚新几内亚。10月，澳副总理兼国防部长马尔斯访问巴布亚新几内亚。同月，澳外长黄英贤访问库克群岛、纽埃。

【同新西兰的关系】新西兰是澳大利亚的盟国，两国间有半年度领导人定期互访机制，安全和经贸关系密切。2020年2月，新西兰总理阿德恩访澳。12月，新外长马胡塔同澳外长佩恩举行视频磋商。2021年5月，澳总理莫里森访新。11月，澳新外长磋商在悉尼举行。2022年5月，澳总理阿尔巴尼斯同新总理阿德恩通电话。6月，澳外长黄英贤访新。7月，新总理阿德恩访澳并举行两国领导人年度会晤。12月，新西兰外长马胡塔访澳。2021/2022财年，澳新双边贸易额为255亿澳元。新西兰是澳第六大贸易伙伴。

【同欧盟、英国的关系】澳与欧盟有传统的经济、安全和人文联系。双方不断加强在安全、经贸、教育、科技、交通、环保等领域合作。欧盟不仅是澳的重要贸易伙伴，还是澳最大的投资来源地和第二大投资目的地。欧盟对澳投资约占澳吸纳外资总额的1/3，澳对外投资的1/4在欧洲。2021年6月，澳与德国举行外长、防长双部长会议。同月，澳总理莫里森在参加七国集团峰会期间同德总理默克尔会面。2022年8月，澳副总理兼国防部长马尔斯访问英国、法国。2021/2022财年，澳与欧盟双边贸易额为970亿澳元，与英国双边贸易额为220.2亿澳元。

【同俄罗斯的关系】澳大利亚重视与俄罗斯的关系，在能源开发、防扩散等领域与俄有合作。2006年6月，澳俄就俄加入世界贸易组织签署双边协议。2007年，俄总统普京访澳并出席在悉尼举行的亚太经合组织第15次领导人非正式会议，此为俄国家元首首次访澳。2022年，澳对俄有关个人和实体实施制裁，并向乌提供武器装备援助。2021/2022财年，澳与俄罗斯双边贸易额为17.6亿澳元。

【同中东国家的关系】澳大利亚关注中东安全问题，曾派兵参加海湾战争、伊拉克战争。希望阿以通过和平方式结束冲突。反对伊朗发展核武。2017年2月，以色列总理内塔尼亚胡访澳，成为首位访澳的以色列总理。10月，澳总理特恩布尔访问以色列。2018年12月，澳政府承认西耶路撒冷为以色列首都，但决定暂时不把澳驻以使馆迁至西耶路撒冷。

澳重视中东市场潜力，积极推动农牧产品和制成品向中东地区出口，沙特和阿联酋是澳在中东的主要贸易伙伴。

【同拉美国家的关系】澳大利亚近年来积极加强同拉美国家在政治、经贸、人文等领域的交流与合作以及在联合国、二十国集团等多边机制中的协调。2018年11月，澳总理莫里森出席在阿根廷布宜诺斯艾利斯举行的二十国集团领导人第十三次峰会。2021年10月，澳贸易与旅游部长丹·特汉分别同阿根廷内阁首席部长圣地亚哥·卡菲耶罗、巴西外交部长洛斯·弗兰萨举行会见。（顾亚）

巴布亚新几内亚

国名 巴布亚新几内亚独立国（The Independent State of Papua New Guinea）。

面积 陆地面积46.28万平方公里，海洋专属经济区面积310万平方公里。

人口 1014.26万（2022年）。城市人口占15%，农村人口占85%。98%属美拉尼西亚人，其余为密克罗尼西亚人、波利尼西亚人、华人和白人。官方语言为英语，地方语言820余种。皮金语在全国大部分地区流行，南部巴布亚地区多讲莫土语。居民中93%为基督教徒，传统拜物教也有一定影响。

首都 莫尔斯比港（Port Moresby），人口约40万（2022年）。

国家元首 英国国王查尔斯三世。国王任命总督为其代表，任期6年。鲍勃·达达埃（Bob Dadae）2017年2月任巴布亚新几内亚第10任总督。

重要节日 独立日：9月16日。

简况

位于太平洋西南部，西与印度尼西亚的伊里安查亚省接壤，南隔托雷斯海峡与澳大利亚相望。属美拉尼西亚群岛。全境共有600多个岛屿。主要岛屿包括新不列颠、新爱尔兰、马努斯、布干维尔和布卡等。海岸线全长8300公里。海拔1000米以上属山地气候，其余属热带气候。5—10月为旱季，11月至次年4月为雨季，沿海地区年均气温21.1℃—32.2℃，山地地区比沿海地区低5℃—6℃，年均降水量2500毫米。

新几内亚高地地区早已有人定居。1511年葡萄牙人发现新几内亚岛。18世纪下半叶，荷兰、英国、德国殖民者接踵而至。1906年英属新几内亚交澳大利亚管理，改称澳属巴布亚领地。德属部分在第一次世界大战中被澳军占领，1920年12月17日国际联盟委托澳管理。1942年被日本占领。1945年联合国将其重新交澳托管。1949年澳将原英属和德属两部分合并为一个行政单位，称“巴布亚新几内亚领地”。1973年12月1日实行内部自治。1975年9月16日独立。迈克尔·索马雷为首任总理。

政治

2022年5—8月，巴新举行大选，总理詹姆斯·马拉佩（James Marape）成功连任，于8月9日宣誓就职。

【关于布干维尔和平进程】巴新布干维尔自治区原系北所罗门省，是巴新最大铜矿潘古纳铜矿所在地。由于巴新中央政府、地方政府、开发公司和矿区土地主之间的相互矛盾不断激化，当地民众于1988年开始诉诸武力，关闭了铜矿，并于1990年宣布独立，布干维尔危机爆发。2001年6月22日，巴新政府与布干维尔各派就全面解决布问题达成协议。8月30日，布干维尔和平协议正式签署，标志着长达12年的战争结束，布开始走上恢复和重建道路。协议规定该地区于2020年之前举行独立问题公投。2005年1月，巴新中央政府批准《布干维尔宪法》。5月，布举行自治政府选举。6月，布自治政府正式成立。2019年11月23日，布干维尔自治区举行公投，在18万多张选票中，约97.7%选择“独立”。公投结果不具有约束力，巴新政府和布干维尔自治区政府将在此基础上进行谈判，最终是否独立须报巴新国民议会批准。2021年1月，巴新总理马拉佩和布干维尔自治区主席伊什梅尔·托罗阿马（Ishmael Toroama）签署联合公报，确认布区和平进程及2019年12月布区公投的基本事实和原则。

【宪法】1975年8月15日制定，同年9月15日生效。

【议会】称“国民议会”，一院制。议员118人，任期5年。本届议会于2022年8月选出。现任议长乔布·波马特（Job Pomat），2022年8月9日连任。2022年3月，巴新国民议会批准下次2027年大选增设6个选区，议员席位将增至124个。

【政府】由议会中占多数的政党或政党联盟组阁。内阁对议会负责。除马拉佩总理外，现内阁其他主要成员有：副总理兼土地、规划和城市化部长约翰·罗索（John Rosso），国企部长威廉·杜马（William Duma），国库部长伊恩·林-斯塔基（Ian Ling-Stuckey），省区及地方政府事务部长索罗伊·埃奥（Soroi Eoe），外交部长贾斯廷·特卡琴科（Justin Tkatchenko），财政和执行部长伦博·帕伊塔（Rainbo Paita），国际贸易和投资部长理查德·马鲁（Richard Maru），国防部长温·巴克里·达基（Win Bakri Daki）。

【行政区划】全国划分为20个省，另设布干维尔自治区及首都行政区（莫尔斯比港市）。

【司法机构】设有最高法院（又称“上诉法院”“国家法院”）和地方法院。现任最高法院首席大法官为吉布斯·萨利卡（Sir Gibbs Salika）。

【政党】现执政党为潘古党。总理马拉佩为该党领袖。其他联合执政党包括：人民全国代表大会党（People's National Congress Party）、联合资源党（United Resource Party）。

【重要人物】**鲍勃·达达埃**：总督。1961年3月8日出生于巴新莫罗贝省。1988年获巴新大学商学学士学位，1995年获澳大利亚格里菲斯大学商务管理硕士学位。长期从事财务会计等职业。1999—2002年任莫罗贝省议会议员，2002年当选巴新国民议会议员。2004年6月至2007年8月任巴新国民议会副议长。2007年8月至2011年8月任国防部长。2017年2月28日就任巴新第10任总督。　**詹姆斯·马拉佩**：总理。1971年4月24日出生于巴新南高地省。1993年获巴新大学文学学士学位，2000年获环境科学研究生荣誉学位。曾在巴新医学研究院和企业任职。2007年当选议员并连选连任至今。2008年任教育部长，2012年任财政部长。2019年5月当选巴新第8任总理，2022年8月连任。

经　济

资源丰富，经济发展不平衡。矿产、石油和农业经济作物是巴新经济的支柱产业。近年来，巴新政府集中精力发展经济，制定了《2010—2030年发展规划》《2050年远景规划》和“联通巴新”等发展战略规划，为巴新经济社会发展提供了相对稳定的外部政策环境。政府加大吸引外资的力度并取得一定成效，液化天然气项目、瑞木镍矿等投资项目均取得重要进展，为推动巴新经济持续增长发挥了重要作用。但近年来由于新冠疫情冲击和国际市场波动，巴新经济增速有所放缓，政府财政困难增多。同时，许多山区居民仍过着原始部落自给自足的生活。全国人口中近37%生活在国际贫困线（人均1.25美元/天）以下。2021年联合国开发计划署人类发展指数显示，巴新在191个国家中列第156位。人口增长较快，大量农村人口流向城市，失业率居高不下，社会治安有待改善，广大民众生活依旧艰难。2022年主要经济数据如下：

国内生产总值：318.2亿美元。

人均国内生产总值：3480美元。

国内生产总值增长率：4.5%。

货币名称：基那。

汇率：1美元≈3.57基那。

（资料来源：国际货币基金组织）

【资源】金、铜产量分别列世界第11位和第10位，石油、天然气蕴藏丰富。已探明铜矿储量2000万吨，黄金储量3110吨，原油储量6亿桶，铜金共生矿储量约4亿吨。此外，还有富金矿、铬、镍、铝矾土、海底天然气和石油等资源。库土布和弋贝两大油田储量即达4亿桶。南高地省油田储量达1700万桶。天然气探明储量约1982亿立方米，预测储量约4248亿立方米。

【农业】农业人口占全国人口的85%。主要农产品为椰干、可可豆、咖啡、天然橡胶和棕榈油。

热带原始森林覆盖面积3600万公顷，约占国土面积的86.4%，林木总蓄积量为12亿立方米，可采蓄积量为3.6亿立方米。主要出口原木，深加工产品包括家具、胶合板及地板等建筑材料。

1978年巴新宣布200海里专属经济区，捕鱼区扩大至240万平方公里，渔业资源丰富，盛产金枪鱼、对虾和龙虾，其中金枪鱼资源占世界储量的20%。

【旅游业】旅游资源丰富，开发潜力较大。新冠疫情前每年接待外国游客约7万人次。

【交通运输】公路：总长约3万公里。

水运：与澳大利亚、日本、新加坡、其他太平洋岛国等国家和地区及中国台湾和中国香港等地有海运联系。主要港口有莫尔斯比港、莱城和拉包尔等。

空运：巴新最大航空公司为国营的新几内亚航空公司，设有飞往国内主要城市及澳大利亚、新加坡、日本、菲律宾、中国香港及所罗门群岛的航线。此外，巴新还有6—7家私营航空公司，多经营直升机等小型飞机运输。共有注册机场500多个，大多数为设在偏远地区的小型机场，只有少数机场可停降大型飞机。其中国际机场有首都杰克逊国际机场、芒特哈根机场、达鲁机场和阿洛陶机场。

【财政金融】财政收入主要来源是税收和国际援助。2022年财政收入51.46亿美元，同比增长33.7%；支出（含财政资金和外部援款）67.70亿美元，同比增长21.2%，赤字16.24亿美元。截至2022年，巴新外债为72.57亿美元。主要银行有：

（1）巴布亚新几内亚银行（Bank of Papua New Guinea）：巴新中央银行，成立于1973年，负责制定货币政策、监管其他商业银行并发行货币等职能。

（2）南太银行（BSP）：占全国市场的60%，政府拥有其25.3%的股份。

此外，在巴新经营的商业银行还有澳大利亚的澳新银行、西太银行以及马来西亚的五月银行等。

【对外贸易】贸易在巴新经济中占有重要地位。2022年，巴新对外货物贸易总额为182.52亿美元。其中，出口额为114.35亿美元，同比增长12.85%；进口额为68.17亿美元，同比增长27.78%。主要出口天然气、铜、金、矿砂、原木、原油、椰干、椰油、可可、咖啡、棕榈油等初级产品，主要进口石油精炼产品、柴油、工程机械等。主要贸易对象国有澳大利亚、日本、新西兰、中国、新加坡、马来西亚等。

【外国资本】积极鼓励外国投资。主要投资来源国有澳大利亚、马来西亚、新西兰、韩国、日本和美国等。巴新工、矿、林、农、渔各业几乎均为澳、日、英、美等国公司所控制。

【外国援助】外援主要来自澳大利亚。2021/2022财年，澳大利亚对巴新援助约5.9亿澳元。（资料来源：澳大利亚外交贸易部）

向巴新提供援助的还有中国、新西兰、日本、美国、英国、韩国、欧盟、联合国开发计划署、世界银行、国际货币基金组织和亚洲开发银行等。

【著名公司】（1）新几内亚航空公司（Air Niugini）：巴新国营航空公司，成立于1973年，资产总额为1.15亿基那。辟有自莫尔斯比港飞往悉尼、布里斯班、凯恩斯、霍尼亚拉、马尼拉、新加坡、东京、中国香港等多条国际航线和20多条国内航线。

（2）轮船贸易公司（Steamships Trading Company Ltd.）：巴新最大的私营综合性商业公司，创立于1919年。现从事商品批发零售、海运、旅馆、房地产、汽车及配件、肥皂生产和工程施工等业务。

人民生活

全国有19所国有医院，240余家诊所。人均寿命63岁，65岁以上人口21.5万，约占全国人口的3%。人口自然增长率为27‰，婴儿死亡率为48‰。主要流行病有霍乱、痢疾、肺炎和疟疾等。目前，巴新的性传播疾病和艾滋病发病率在亚太地区居首位。巴新1987年发现首例艾滋病患者，病例年增长率为0.9%。截至目前，巴新艾滋病病毒携带者达5.2万人。

军　事

巴新军队创建于1940年，称巴新国防军，现有编制2000人。巴新与澳大利亚签有防务合作协议，澳每年向其提供约2500万澳元军援，并提供军事培训。

文化教育

【教育】巴新教育体制分中央、省、地三级。国民识字率为57.8%。全国有登记中、小学约1.05万所，在校生约180万人。现有6所大学，主要有巴新大学和巴新科技大学，学生约8000人。另有21所私营城乡国际学校，在校生6000余人。

【新闻出版】主要通讯社为官方的巴新国际通讯社。主要报纸有：英文报纸《国民报》（日报）、《信使邮报》（日报）和皮金文报纸《同乡报》（周报）。

巴新国家广播公司：成立于1975年，下设3个主要电台和1个电视台（前国家电视台，NTS）。

EMTV网络电视台：创建于1987年。

对外关系

对外奉行中立政策，主张各国和平相处，增加经济往来与合作，致力于南太平洋地区的和平与稳定。支持联合国在国际事务中发挥积极作用。积极参与国际和地区事务。近年来，巴新政府在继续与澳大利亚、新西兰等南太平洋国家和欧美国家发展传统关系的同时，对东亚和东南亚各国重视程度不断提高，积极拓展与中国等亚洲国家的关系。奉行“广交友、不树敌”和“向北看”政策，重点发展与周边主要国家关系，积极参与地区事务，谋求地区大国地位。巴新已同70余个国家建交，是联合国会员国，以及不结盟运动、亚太经合组织、东盟地区论坛、太平洋岛国论坛、太平洋共同体、美拉尼西亚先锋集团等组织成员，有18个驻外使馆（团）。

近年来，巴新外交表现活跃，日益重视在多边外交中发挥作用，主办了亚太经合组织第二十六次领导人非正式会议等。

【同中国的关系】巴新1976年10月12日同中国建交。两国关系近年稳定发展，双边高层交往频繁。2014年11月，国家主席习近平在斐济楠迪同巴新总理奥尼尔会晤，中国同巴新建立相互尊重、共同发展的战略伙伴关系。2018年11月，国家主席习近平对巴新进行国事访问，双方一致同意将两国关系提升为相互尊重、共同发展的全面战略伙伴关系。2021年10月，国家主席习近平同巴新总理马拉佩通电话。2022年11月，国家主席习近平在泰国曼谷出席亚太经合组织第二十九次领导人非正式会议期间会见巴新总理马拉佩。2022年6月，王毅国务委员兼外长访问巴新。

2018年6月，奥尼尔总理来华工作访问。2019年4月，奥尼尔总理来华出席第二届“一带一路”国际合作高峰论坛。

两国经贸、经济技术、文化、农业、卫生、渔业等各领域合作不断加强。2018年6月，双方签署《中华人民共和国政府与巴布亚新几内亚独立国政府关于共同推进丝绸之路经济带和21世纪海上丝绸之路建设的谅解备忘录》。2019年4月，双方签署《中华人民共和国政府与巴布亚新几内亚独立国政府关于共同推进“一带一路”建设的合作规划》。

据中国海关总署统计，2022年，中巴双边贸易额为52.8亿美元，同比增长30.5%。其中，中国出口额为14.3亿美元，同比增长36.4%；中国进口额为38.5亿美元，同比增长28.4%。

巴新现有华侨、华人约2万人。

中国驻巴布亚新几内亚大使：曾凡华。馆址：Sir John Guise Drive，Waigani，Papua New Guinea，P.O. Box 1351，Boroko，PNG。电话：00675-3259903；传真：3258247，3211208（商务处）。

巴布亚新几内亚驻华大使：空缺。馆址：北京市朝阳区塔园外交人员办公楼2单元11层2号。电话：010-65324312，65324709。

【同澳大利亚、新西兰的关系】巴新同澳一直保持特殊关系，两国领导人互访频繁，每年举行部长级磋商。澳是巴新最大援助国，年援助额逾5亿澳元。澳也是巴新的最大贸易与投资伙伴，澳投资占外国在巴新投资的近2/3。在两国“防务合作计划”下，澳向巴新提供包括培训和技术咨询在内的军事援助，双方定期举行联合军演。2019年7月，巴新总理马拉佩访问澳大利亚。2022年8月，澳外长黄英贤访问巴新。

巴新同新西兰关系密切。巴新是新西兰最大的援助对象国和在南太地区第三大出口市场。2020年2月，巴新总理马拉佩访问新西兰。2022年9月，新西兰外长马胡塔访问巴新。

【同美国的关系】巴新同美国签有防务合作和联合军事演习等协议，巴新允许美军舰停靠其港口。根据与美的《国防安排规划》，巴新派军官赴美进行培训。美向巴新提供大量人道主义援助，为巴新布干维尔重建等提供帮助。2022年4月，美国白宫国家安全委员会印太事务协调员、美国总统国家安全事务副助理坎贝尔访问巴新。2022年9月，巴新总理马拉佩赴美出席首次美国—太平洋岛国领导人峰会。2022年11月，美众议院外交事务委员会主席米克斯访问巴新。

【同东盟国家的关系】加强与东盟国家的关系是巴新对外工作的重点之一。近年来，巴新外长一直以观察员身份出席东盟外长会议。1994年，巴新成为东盟地区论坛成员。马来西亚是巴新第二大投资国。印尼、新加坡、菲律宾也有许多私营企业在巴新投资。2022年3月，巴新总理马拉佩访问印尼。

【同日本的关系】日本是巴新第二大贸易伙伴和第二大援助国。近年来，两国政治和经贸关系发展迅速，人员往来增多。2011年3月日本发生强烈地震并引发海啸后，巴新向日捐款1000万基那用于灾后重建。2020年8月，日本外相茂木敏充访问巴新。2022年9月，巴新总理马拉佩赴日本参加前首相安倍晋三国葬，同日本首相岸田文雄会见。

【同欧洲国家的关系】巴新是英联邦成员，同英国签有防务合作协定，英每年向巴新提供约10万美元的援助。法国于1996年12月同巴新签订友好合作框架协议。2022年9月，巴新总理马拉佩赴英国出席英女王伊丽莎白二世葬礼。（孙佳）

北马里亚纳群岛

名称　北马里亚纳自由联邦（The Commonwealth of the Northern Mariana Islands），拥有美国联邦领土地位，简称“北马里亚纳群岛”（Northern Mariana Islands）。

面积　464平方公里。

人口　5.79万（2021年）。多数为密克罗尼西亚人，另有少数西班牙人、德国人和日本人。官方语言为英语、查莫罗语、加罗林语。居民主要信奉罗马天主教。人均寿命76.1岁。

首府　塞班岛（Saipan Island），人口约4.34万（2020年）。

总督　阿诺德·帕拉西奥斯（Arnold Palacios），2023年1月9日就任。国家元首系美国总统约瑟夫·拜登（Joseph R. Biden，Jr.），2021年1月20日就任。

重要节日　火焰树艺术节：每年4月举办3天。

简　况

位于北太平洋马里亚纳群岛北部，东距夏威夷檀香山约5300公里，距日本东京约2400公里。由14个岛屿组成，其中6个有人居住。主要聚居在塞班岛、罗塔岛和提尼安岛3个大岛上。塞班岛最大，面积122平方公里。最高峰是位于阿格里汗岛的无名峰，海拔965米。北部9个岛火山活动频繁。属热带海洋气候，温度较高且变化不大，年均气温27℃。

3500年前就有人在此居住。葡萄牙航海家麦哲伦1521年首次发现该岛，1565年被西班牙占领。1899年被西班牙卖给德国。一战爆发后被日本占领，二战期间（1944年）被美军攻占。联合国1947年将北马里亚纳交由美国托管。1972年开始与美国就未来政治地位进行谈判。

1975年同美签署《关于建立北马里亚纳群岛与美利坚合众国政治联盟的条约》（简称《自由联邦条约》），同年6月公民投票通过该条约。根据该条约，北马里亚纳在政治上同美国合并，享有一定的内政自主权，国防由美国负责。1978年第一位民选总督和第一届政府就职。1986年11月，美国宣布北马里亚纳获得美国联邦领土地位，居民获得美国公民权。1990年12月，联合国安理会通过终止部分太平洋托管领土托管协定的决议，结束了北马里亚纳群岛的托管地位，北马里亚纳正式成为美国的联邦领土，使用美国国旗。北马里亚纳群岛在夏威夷和关岛设有联络处。政府下设领土和国际事务办公室。北马里亚纳现为南太平洋委员会成员和联合国亚太经社理事会准成员。

政　治

本届政府于2022年产生。主要党派是民主党、共和党和契约党。

【宪法】1978年1月1日起实施自由联邦宪法。实行行政、立法和司法三权分立。国家元首是美国总统，由普选产生的总督和副总督主持政府，另外选举产生驻华盛顿代表。

【议会】议会拥有立法权，分参众两院。参议员9人，任期4年；众议员20人，任期2年。独立人士格雷格里奥·萨博兰（Gregorio Sablan）任北马里亚纳群岛在美国会众议院的代表。萨博兰2009年1月首次当选，此后连选连任至今。

【司法机构】基本上以美国法律为模本，但在海关、工资、移民、税收等方面另行制定了法律法规。法院分为联邦领土最高法院、高级法院和地区法院。

经　济　经济主要受益于美国的财政资助。服务业尤其旅游业是最重要的产业。由于享受美国免税待遇和无配额优惠，成衣制造自20世纪80年代中期以来已成为最大的制造业和出口部门。20世纪80年代的经济增长导致外国劳工大量涌入。1990年外来人口首次超过常住居民，该岛议会随即通过限制外籍劳工法令。经济发展的优势是同美国的特殊关系和地理上同日本的邻近，主要制约因素是基础设施不足和对外籍劳工的依赖。同时，北马里亚纳群岛还可享受美国政府向各州提供的联邦资助。流通货币为美元。度量衡除个别实行英制外，正逐渐转向实行公制。

游客消费，尤其是赌博业发达，是其经济增长的主要来源。2019年主要经济数据如下：

地区生产总值：11.82亿美元。

人均地区生产总值：20660美元。

地区生产总值增长率：–11.1%。

【农业】可耕地面积约占总面积的69.6%，以小农庄为主，从事畜牧养殖，生产蔬菜、水果等。海岸线长1482公里，渔业资源丰富。

【旅游业】旅游业受到重视，是其主要外汇收入来源。游客主要来自日本、韩国和中国。2021年接待游客5365人次，同比减少96%。

【交通运输】海上交通便利，塞班、罗塔和提尼安3个岛上都有港口。有3个机场，350公里高速公路。

【对外贸易】2019年，出口额为4.97亿美元，进口额为7.33亿美元，贸易逆差2.36亿美元；对外贸易额为地区生产总值的104%。

文化教育　【教育】学校按美国方式运作。公立学校由北马里亚纳群岛联邦公立学校系统负责运转，此外还有数所私立学校。北马里亚纳学院获得美国西部院校联盟认证。

【新闻出版】主要有《马里亚纳观察家》《马里亚纳评论》等几种周刊和《马里亚纳面面观》《太平洋每日新闻》等报纸。

（宋英杰）

法属波利尼西亚

名称　法属波利尼西亚（French Polynesia，Polynésie française）。

面积　4167平方公里，其中可居住面积3521平方公里。

人口　27.88万（2022年）。其中多数为波利尼西亚人，其余为波—欧混血种人、欧裔、华裔等。官方语言为法语和塔希提语，通用波利尼西亚语。居民中54%信奉基督教新教，30%信奉罗马天主教，6%无宗教信仰。

首府　帕皮提（Papeete），1818年建城，人口约2.67万（2021年）。

高级专员　埃里克·斯皮茨（Eric SPITZ），2022年就任。

重要节日　法国国庆日：7月14日。

简　况　位于太平洋的东南部，西与库克群岛隔海相望，西北临莱恩群岛。由社会群岛（包括向风群岛和背风群岛）、土阿莫土群岛、甘比尔群岛、南方群岛、马克萨斯群岛等组成，共有118个岛屿，其中76个岛屿有人居住，位于社会群岛的塔希提岛（又译“大溪地”）最大。属热带雨林气候，11月至次年4月为雨季，年均降水量1625毫米。3月为气温最高月，达28℃，8月为气温最低月，达20℃，年均气温26℃。历史上曾多次受到飓风袭击。

公元300年已经有人在此居住。1595年，西班牙人蒙达那首先登上马克萨斯群岛。此后的300年间，葡萄牙人、英国人、法国人先后发现了这些群岛并开始争夺所有权。1880年，塔希提岛沦为法国殖民地。至19世纪末，其他岛屿亦被法占领。1946年成为法国海外领地（Territoire d'Outre-Mer，TOM）。1956年与法国政府达成自治框架协议，1957年正式命名为法属波利尼西亚，由总督管理，领地议会和政府委员会协助其工作。1977年开始实行地区自治，1984年实行内部自治，但法国仍掌管外交、国防、财政和司法权，政府委员会的权力，尤其是商务方面的权力有所增强。法国委派高级专员（Haut commissaire de la République）取代总督为最高行政首脑，管理政府委员会。1984年9月改政府委员会为部长会议，主席由领地议会选出。加斯东·弗罗斯（Gaston Flosse）当选为首任主席。1991年4月、1996年5月和2001年5月弗罗斯连任主席。1999年10月，法国参议院提出宪法修正条款，允许该岛增加自治权，并首次就该岛的未来达成协议。波利尼西亚的地位也将从海外领地变成海外属地，法波也将有权与其他太平洋国家签署国际条约。2000年1月，该修正款提交参众两院联合会议通过；2004年2月，法国国民议会和参议院通过法案，将波利尼西亚提升为高度自治的海外属地（Pays d'Outre-Mer au sein de la République，POM），享有自主选举领导人、议会立法、管理经济社会事务及组织公投等权力。法中央政府保留外交、国防、司法、边防、海关、教育等涉及主权事务的权力。

2013年5月17日，联合国第67次大会一致通过一项决议，将法属波利尼西亚重新列入联合国非自治领土名单。

政　治

自治政府主席由议会选举产生，由于在议会内各党团实力相近，故近年来政府更迭频繁。

法波在法国国民议会有三个席位、在法国参议院有两个席位。现任国民议会议员：特玛苔·勒加伊（Tematai LE GAYIC）、史蒂夫·沙郁（Steve CHAILLOUX）、莫艾泰·布拉德森（Moetai Brotherson），均属于生态和社会新人民联盟（NUPES）党团，于2022年6月当选或连任。现任参议院议员：特瓦·罗弗里奇（Teva Rohfritsch），于2020年9月当选，属于民主、进步与独立党团；拉娜·特图妮（Lana Tetuanui，女），于2015年5月当选，属于中间联盟党团。

【**宪法**】实行法国宪法。共和国高级专员是法国总统的代表。

【**议会**】领地议会（Assemblée de la Polynésie française）为属地权力立法机构，由各群岛在地方选举中选出57名成员组成，任期5年。领地议会选出7个与政府各部对应的常设委员会，各委员会主席均由执政党议员担任。本届议会于2018年5月组成，议员任期5年。现任议长为佟桑·加斯通（Tong Sang Gaston），2018年5月17日当选。据法波议会网站2020年3月更新显示，各党派在议会中所占席位如下：

人民名单党	39
人民联盟党	9
人民公仆党	8
无党派人士	1

【**政府**】主席（Président de Polynésie française）由议会选举产生，主席提交政府成员名单经过议会批准。本届政府于2018年5月组成，主要成员有：政府主席爱德华·弗里奇（Edouard Fritch），政府副主席兼住房、城建和岛际交通部长克里斯托夫·布伊苏（Jean-Christophe Bouissou），财政、经济、能源、社保推广、政府行动协调和电信部长伊冯尼克·拉芬（Yvonnick RAFFIN），农业和土地、科研事务部长特阿里·阿尔法（Tearii Te Moana ALPHA），文化、环境海洋资源、手工业事务部长雷雷莫阿纳·玛阿玛阿土阿亚胡塔布（Heremoana MAAMAATUAIAHUTAPU），大工程和陆地交通、同各组织机构关系部长勒内·特梅拉罗（René TEMEHARO），教育和行政现代化、数字事务部长克里斯泰勒·勒阿黛尔（Christelle LEHARTEL，女），卫生、疾病预防部长雅克·雷纳尔（Jacques RAYNAL），劳动、团结和培训兼女性、家庭和无自理能力者相关事务部长维吉妮·布吕昂（Virginie BRUANT，女），青年和预防犯罪兼管体育事务部长纳埃阿·贝内特（Naea BENNETT）。

【**行政区划**】分为向风群岛（塔希提岛等）、背风群岛（腊亚特阿群岛等）、南方群岛、马克萨斯群岛、甘比尔–土阿莫土群岛等五个区域。

【**司法机构**】设初审法庭、上诉法院和行政诉讼法庭。

【**政党**】主要政党有：

（1）人民名单党（Tapura Huiraatira）：2016年2月20日由人民联盟党成员和其他较小党派成员组成。主张在法国内保持政治自治，并继续发展这一关系，鉴于地理位置，同时主张加强与大洋洲的联系。主席爱德华·弗里奇。

（2）人民联盟党（Tahoeraa Huiraatira/Rassemblement Populaire）：1977年成立。支持同法国保持密切联系，承认法国属性，政治上主张自治。主席加斯东·弗罗斯（Gaston Flosse）。

（3）人民公仆党（Tavini Huiraatira/l'Union pour la Démocratie）：1977年成立。主张独立，反对核试验；认为经过多年自治，社会没有什么变化，唯有独立，社会才能发展；在党主席的努力下，2013年5月17日，联合国第67届会议通过一项决议，将波利尼西亚再次列入联合国非自治领土名单。主席奥斯卡·特马鲁（Oscar Temaru）。

【**重要人物**】**埃里克·斯皮茨**：高级专员。出生于1963年12月。曾任法属圭亚那省、德龙省、比利牛斯–大西洋省省长。2022年任现职。　**爱德华·弗里奇**：政府主席。1952年1月4日出生于帕皮提。1984年9月当选为装备部长，并先后担任海洋、群岛、电信、就业部长。1995年至2005年5月任法波副主席。2000年5月至2008年3月担任皮拉埃市市长。2007年4月当选为法波议会议长。2014年9月12日当选为法波主席。2018年5月18日再次当选法波主席。

经　济

法属波利尼西亚是大洋洲地区排在澳大利亚、新西兰、夏威夷和新喀里多尼亚之后的第五大经济体。传统经济以农业为主，工业基础薄弱。20世纪90年代，法国在南太平洋进行核试验导致驻军增加，促使当地建筑业和服务业急剧发展，外来劳务人员大量涌入塔希提岛，自给自足的传统农业经济遭到破坏。旅游业已成为主要经济支柱。经济增长主要得益于法国的财政支持和旅游业的发展。作为太平洋共同体成员，法波政府正努力寻求与亚太国家发展紧密的经贸关系，以促进其出口能力的增长。2021年主要经济数据如下：

地区生产总值：6123亿太平洋法郎。

人均地区生产总值：197万太平洋法郎。

地区生产总值增长率：2.4%。

货币名称：太平洋结算法郎（简称“太平洋

法郎”)。

1美元≈109.92太平洋法郎。

通货膨胀率：0.5%。

失业率：9.5%。

（资料来源：法波统计局）

【资源】矿藏主要有磷酸盐和钴。渔业资源丰富，盛产金枪鱼和珍珠。拥有森林1万公顷。

【工业】主要有采矿业、制造业、建筑业。2019年工业建筑产值占地区生产总值的12%。2021年共有工业企业3255家，总营业额为1173亿太平洋法郎，同比增长1.5%。制造业产品主要有农产品、纺织、服装、皮革、鞋类等。

火力发电为主要能源，占总发电量的2/3，另有水力和太阳能发电。波利尼西亚用电量主要来自塔西提。2021年塔西提发电总量501吉瓦时，其中火力发电339吉瓦时，同比增长3.5%；水力发电145吉瓦时，同比减少10.3%。

【农业】截至2019年，法波农业从业人员占总人口的10%（15766人）。法波农业主要是手工农业，种植业约占2/3，畜牧业约占1/3。2020年产值75亿太平洋法郎，同比增长6.4%。

【服务业】旅游业为主要经济部门。2021年接待游客8.3万人次，同比增长7%。2022年接待游客21.8万人次，基本恢复新冠疫情前水平。游客主要来自美国、法国等。2021年共有国际化酒店45家，家庭旅店292家，青年旅店和小旅馆、营地等旅游住宿点56家，出租屋1024间。主要旅游点为塔希提岛、波拉波拉岛以及茉莉亚岛。

【交通运输】公路：总长2590公里，其中柏油路1735公里，石面路855公里。

水运：主要港口帕皮提，远洋轮船定期在此停泊。塔希提国际海运代理公司及其他几家海运公司的航线通达新西兰、智利、斐济及其他欧洲和亚洲国家。

空运：2021年各岛共有47个公用机场和4个私人机场。距帕皮提6公里的法阿机场是唯一的国际机场，9家国际航空公司承担往返于当地和法国巴黎、美国、智利、日本、新喀里多尼亚、新西兰和库克群岛间的运输，四家当地航空公司承担各岛间的运输。2021年，每月平均国际航班71班，全年国际客运量24.8万人次，同比增长2%，货运量10983吨；本地区航线客运量53.4万人次，同比增长27%，货运量1400吨。

【财政金融】2021年财政收入1330亿太平洋法郎，支出1395亿太平洋法郎。2021年，法国政府援助额为2140亿太平洋法郎，同比增长7%。不设收入税、遗产税。

主要银行有：（1）波利尼西亚银行（Banque de Polynésie SA）：1973年成立。法国兴业银行占72%股份。下设15个分行。

（2）塔希提银行（Banque de Tahiti SA）：1969年成立，为法国人民—储蓄银行集团（Groupe BPCE）所有。下设19个分行。

（3）太平洋社会发展信贷银行（Banque SOCREDO）：1959年成立，是法波第一家银行，国家占50%股份。下设25个分行。

【对外贸易】主要从法国、中国、美国等国进口大米、糖、面粉、水泥、石油产品及机械等商品，向中国香港、法国、美国、日本等出口人工养殖珍珠。2021年商品进口额为1965亿太平洋法郎，同比增长9%；出口额为93亿太平洋法郎，同比增长65.6%。

人民生活

法属波利尼西亚居民享受免费医疗，公立机构包括位于帕皮提的法属波利尼西亚医疗中心以及公共卫生局下属的医疗机构。私立机构均位于塔希提岛，共有从业人员约700名。2021年平均每1000人拥有0.7名医生（法国本土为3.4名）。2021年人口增长率为0.08%，出生人口3500人，死亡人口2300人（受到新冠疫情影响，同比增长35%）；预期寿命男性为71.5岁，女性为76.3岁。2021年消费者价格指数平均上涨0.5%。

军　事

法属波利尼西亚防务由法国负责，法军在法波设有联合指挥部，在塔希提岛设有军事基地，驻军人数950人。法波并设有宪兵队，负责公共安全，包括400余名常驻士兵和文职人员。1966年起，法国一直在穆鲁罗瓦岛和土阿莫土群岛进行核试验。1975—1992年，法国在该岛共进行135次地下核试验和52次大气核试验。1995年，法国总统希拉克宣布继续于一年内在该岛进行8次核试验。1996年初，波利尼西亚独立科学家小组发表了关于法国核试验场有放射性化学物质渗漏到该岛海域的报告。法国政府对此予以承认，但否认这些化学物质对环境造成威胁。1997年底，世界基督教联合会发表了一篇有关穆鲁罗瓦岛核试验场情况的报告，指出1963—1996年在核试验场雇用的1万—1.5万人员中，18岁以下的占10%，16岁以下的占60%以上，因而掀起一场轩然大波。因此，法国政府于1997年着手拆除核试验场设施，1998年7月完成拆除工作。1999年，法国政府被行政法院判决向波利尼西亚赔偿2.04亿太平洋法郎。2010年法国议会通过有关法案，承认并同意对相关损害进行核实后进行赔偿。法国驻军和有关部门每年进行一次科考，调查核试验对海洋造成的影响。

文化教育

【教育】法属波利尼西亚对6—14岁儿童实行8年义务教育。教育预算约为600亿太平洋法郎。2021/2022学年共有小、中学228所，在校小、中学生63612名。职业学校学生29301名。主要高校有法属波利尼西亚大学、波利尼西亚私立高等教育学院、法波综合师范学校等。2021/2022学年，法属波利尼西亚大学注册学生为3473人。

【新闻出版】主要报刊有：《塔希提快报》，法文日报，1964年创刊，发行量1.5万份；《塔希提海滨快报》，1980年创刊，英文周刊，发行量3500份；《塔希提新闻》，法文日报，1956年创刊，发行量6500份；《今日塔希提》，英文季刊，发行量3000份。

塔希提新闻社：成立于2001年，用英法双语向外发布新闻文字和图片。法新社、美国报业联合会、路透社在塔希提设有代表处。

塔希提广播电视台：1951年建立，1965年开播电视节目，每天用法语和塔希提语播放节目。另有一家私人电视公司和六家私人广播电台。

对外关系

外交由法国掌管。法属波利尼西亚是太平洋共同体、国际工会联合会和太平洋岛国论坛成员。

【同中国的关系】法属波利尼西亚素以“南太明珠”著称于世，与中国有着悠久的友好交往。早在19世纪，就有中国人到塔希提创业、定居，积极融入法波社会，参与当地经济发展，成为连接法波与中国友好合作关系的桥梁。从2008年9月15日起，法属波利尼西亚正式成为中国公民组团出境旅游目的地。双方人员往来日益频繁。中国“远望”号科学考察船多次在法波停靠补给，受到当地热情友好接待。

近年来，在中法关系深入发展的背景下，中国与法波的关系日益密切。双方人员往来增多，经济、文化、旅游等领域合作取得较快发展。2021年中国是法波第一大出口目的地国和仅次于欧盟的第二大进口来源国，连续15年保持法波前五大贸易合作伙伴地位。

2011年6月11日，中国国家副主席习近平在出访回国途中经停塔希提岛，会见了法属波利尼西亚高级专员迪迪埃和自治政府主席特马鲁。9月25日，中国国务院副总理回良玉在出访途中经停法属波利尼西亚首府帕皮提。同年6月，深圳艺术团应邀赴法属波利尼西亚进行了慰侨演出。

2015年6月，法属波利尼西亚自治政府主席爱德华·弗里奇访华，李源潮副主席同其会见。

2007年9月13日，中国驻帕皮提领事馆开馆。驻帕皮提领馆是中国在法国海外领地的第一个外交机构。馆长：田立晓领事。临时办公地址：B01，Résidence Taina Bellevue，Punnauia，BP 4495，Papeete，Polynésie française。电话：00689-40456179；传真：40456201。

目前，法属波利尼西亚华裔有4.7万人左右，约占总人口的10%，还有持中国护照的中国公民100余人。华人最早于1865年到塔希提种植棉花，主要聚集在首府帕皮提，绝大多数居民信奉基督教。华人祖籍大多为来自广东龙岗、惠阳、宝安等地区的客家人，多系第二、第三、第四代并已加入法国国籍，部分为混血华裔，多数不谙中文，少数长者会讲客家话。当地华侨华人社会地位和经济状况较好，多以经商为主，在当地经济领域中起着重要作用。华人社会地位较高，融入程度高，受到当地政府的重视。

侨团活动较为活跃，近年来积极开展华文教育，举办中国特色文化的活动。国内艺术团组多次到访该地，该地有10余个具有影响力的华人社团。　（王维）

斐　济

国名　斐济共和国（The Republic of Fiji）。

面积　陆地面积1.83万平方公里，海洋专属经济区面积129万平方公里。

人口　92.98万（2022年）。官方语言为英语、斐济语和印地语，通用英语。53%的人信奉基督教，38%的人信奉印度教，8%的人信奉伊斯兰教。

首都　苏瓦（Suva），人口约18.6万（2017年）。

国家元首　总统维利亚姆·卡托尼韦雷（Wiliame Katonivere），2021年11月就任。

重要节日　独立日：10月10日。

简　况

位于西南太平洋中心，由330余个岛屿组成，其中约1/3有人居住。多为珊瑚礁环绕的火山岛，主要有维提岛和瓦努阿岛等。属热带海洋性气候，常受飓风袭击。年均气温22℃—30℃。

斐济人世居岛上。1643年荷兰航海者塔斯曼首先来到斐济。19世纪上半叶欧洲人开始移入。1874年沦为英国殖民地。1879—1916年，大批印度人作为英国“殖民制糖公司”的合同工到此种植甘蔗。1970年10月10日独立，并成为英联邦成员。1987年政变后改为共和国并脱离英联邦。1990年通过新宪法确立国名为“斐济主权民主共和国”。1997年通过宪法修正案，改国名为“斐济群岛共和国”，同年重新加入英联邦。2009年国名改为“斐济共和国”。

政　治

2006年12月5日，军队司令乔萨亚·沃伦盖·姆拜尼马拉马（Josaia Voreqe Bainimarama）宣布接管国家行政权力，并解散政府和议会。2007年1月，斐济成立临时政府，姆拜尼马拉马任总理。2014年9月17日，斐济举行大选，姆拜尼马拉马领导的斐济优先党获胜。2018年11月14日，斐济举行大选，姆拜尼马拉马领导的斐济优先党再次获胜，姆拜尼马拉马连任总理。2022年12月，斐济举行大选。人民联盟党、民族联盟党、社会民主自由党组成的政党联盟击败执政16年的姆拜尼马拉马及其领导的斐济优先党，赢得大选，人民联盟党领袖兰布卡出任总理。

【宪法】2009年4月，伊洛伊洛总统宣布废除宪法；7月，斐临时政府总理姆拜尼马拉马宣布“恢复民主路线图”，提出将于2013年9月前完成制定新宪法。2013年9月，奈拉蒂考总统批准新宪法。

【议会】根据2013年宪法，斐议会为一院制，共设51个议席。本届议会于2022年12月选举产生。现任议长阿托尼奥·拉拉巴拉武（Atonio Lalabalavu）。

【政府】内阁制，由议会多数党组阁。本届政府于2022年12月宣誓就职。内阁现有19名成员，主要包括：总理兼外交、气候变化和环境、公务员事务、信息和公共企业部长西蒂维尼·兰布卡（Sitiveni Rabuka），总检察长兼司法部长希洛米·图拉加（Siromi Turaga），副总理兼财政、战略规划、国家发展和统计部长比曼·普拉萨德（Biman Chand Prasad），副总理兼旅游和民航部长维利亚姆·加沃卡（Viliame Gavoka），副总理兼对外贸易合作和中小企业部长马诺阿·卡米卡米加（Manoa Kamikamica），妇女、儿童和减贫部长琳达·塔布娅（Lynda Tabuya，女），内政、移民部长皮奥·蒂科杜阿杜阿（Pio Tikoduadua），教育部长阿塞里·拉德罗德罗（Aseri Radrodro）等。

【行政区划】全国分为两个直辖市（苏瓦、劳托卡）、四大行政区（下辖奈塔西里、纳莫西、雷瓦、塞鲁阿、泰莱武、布阿、卡考德罗韦、马库阿塔、坎达武、劳、洛迈维提、姆巴、拉、那德罗加诺沃萨14个省）和罗图马岛。

【司法机构】设最高法院、上诉法院、高等法院和地方法院。最高法院由首席大法官和不超过7名法官组成。首席大法官为卡马尔·库玛（Kamal Kumar）。

【政党】经登记注册的合法政党主要有：斐济优先党、社会民主自由党、斐济工党、民族联盟党、统一斐济党、自由联盟、我们团结斐济党、新时代党、人民联盟党。主要政党的基本情况如下：

（1）人民联盟党（People's Alliance）：执政党。2021年10月兰布卡为角逐2022年大选组建。主张以公正、民主方式治理国家，为所有斐济人过上体面生活创造良好环境，支持者以斐族民众为主。2022年大选中同民族联盟党和社会民主自由党结盟，赢得大选。

（2）民族联盟党（National Federation Party）：执政党。1964年成立，最早称“联盟党”，与其他政党合并后改用现名，曾参与争取斐独立，是斐成立时间最早的政党。党领袖比曼·普拉萨德（Biman Prasad），系印族裔蔗农为争取权益而组建的首个印族人政党，主要依靠印族民众支持。

（3）社会民主自由党（Social Democratic Liberal Party，SODELPA）：执政党。前身为前总理莱塞尼亚·恩加拉塞于2001年5月成立的团结斐济党（United Fiji Party），2013年5月改用现名。主张在促进民族和解的同时更多地照顾斐济族和罗图马族的利益，主要支持者包括传统斐族酋长和部分斐族基层民众。党领袖维利亚姆·加沃卡（Viliame Gavoka）。

（4）斐济优先党（Fiji First Party）：反对党。2014年6月成立。主张族裔平等，重视发展经济、改善民生，提出“要为全体斐济人建设一个更好的斐济”，主要支持者包括印族民众、斐族基层民众以及商界名流、知识分子和青年人等。党领袖姆拜尼马拉马。

（5）斐济工党（Fiji Labour Party）：1985年7月成立。系在各大工会支持下以印族为主体的政党，主要代表中下层印族人利益，在印族蔗农、工会成员和部分知识分子中有一定影响力。党领袖马亨德拉·乔杜里（Mahendra Chaudhry）。

【重要人物】维利亚姆·卡托尼韦雷：总统。1964年4月20日出生于斐济。大学毕业后入伍，官至中校。退伍后主要从事农业相关商务活动，曾任斐济糖业公司等多家涉农公司董事。2014年任斐济优先党主席。后淡出政坛。2021年10月当选斐济第6任总统。**西蒂维尼·兰布卡**：总理，人民联盟党领袖。1948年9月13日出生于斐济。曾在新西兰、印度和澳大利亚等国接受军事培训。1968年加入斐济皇家军队。1981年任斐军参谋长。1987年任斐军司令。1987年5月和9月，先后两次发动军事政变。1992—1999年担任政府总理。1999—2001年担任斐济大酋长委员会主席。2016年当选社会民主自由党领袖，2018年大选败北，担任议会反对党领袖。2021年10月组建人民联盟党并担任党领袖。2022年12月24日，人民联盟党、民族联盟党、社会民主自由党组成的政党联盟在议会投票中胜出，兰布卡当选斐政府总理。

经　济

斐济是太平洋岛国中经济实力较强、经济发展较好的国家。渔业、森林资源丰富，有金、银、铜、铝土等矿藏。制糖业、旅游业是国民经济支柱。斐重视发展民族经济，强调发展私营企业，建立宽松的政策环境，促进投资和出口，逐步把斐经济发展成“高增长、低税收、富有活力”的外向型经济。近年来，受新冠疫情影响，经济发展困难增多，目前，斐经济正逐步复苏。2022年主要经济数据如下：

国内生产总值：48.4亿美元。

人均国内生产总值：5320美元。

国内生产总值增长率：14.5%。

货币名称：斐济元。

汇率：1美元≈2.19斐济元。

（资料来源：世界银行）

【资源】森林覆盖面积93.5万公顷，约占全国土地面积的一半，有开采价值的约25万公顷，出产优质硬木和松木。有两个金矿，还有铜、银、铝矾土、石油资源等。渔业资源丰富，盛产金枪鱼。

【工业】以榨糖为主，其次是矿业开采、渔产品加工、木材和椰子加工。

【农业】可耕地面积约28.8万公顷，主要产甘蔗、椰子、香蕉、芋头和木薯等。小麦全靠进口，大米自给率仅20%。近年来，斐政府努力发展多种经营，推广水稻种植。

【旅游业】较发达，旅游收入是斐最大的外汇收入来源。全国约有4万人在旅游部门工作，占就业人数的15%。2020年，旅游业受到新冠疫情严重冲击，全年仅接待外国游客14.7万人次，同比减少83.6%。2021年进一步减少至3.2万人次。2021年12月1日开放边境。2022年全年接待游客人数超过50万人次，接近疫情前水平。

【交通运输】斐济为南太地区交通枢纽，水、陆、空交通较发达。首都苏瓦港系重要国际海港，可泊万吨轮船。苏瓦的瑙苏里机场可起降波音737飞机，楠迪机场可起降波音747等大型客机。

空运：斐济航空公司系国际航空公司，经营澳大利亚、新西兰、美国、瓦努阿图、萨摩亚、汤加、所罗门、基里巴斯及中国香港、新加坡、日本等航线。澳大利亚、新西兰等国航空公司有定期班机停降楠迪国际机场。瑙苏里机场主要是国内民航机场，并有奥克兰和周边部分岛国等国际航线业务。

【对外贸易】2022年，对外贸易总额为40.6亿美元。其中，出口额为10.7亿美元，进口额为29.9亿美元，长期贸易逆差。主要出口对象为美国、英国、澳大利亚和日本，主要进口来源地为新加坡、澳大利亚、新西兰和中国。主要进口燃料、运输设备、化工产品、食品等，出口蔗糖、鱼类、黄金、木材和矿泉水等。

【外国资本】外资在斐济国民经济中占有重要地位。斐国内市场商业网点主要控制在两家澳跨国公司手中。银行、保险、海运、电信、汽油供应等亦为外资所控制。

【外国援助】外援主要来自澳大利亚、日本、新西兰、中国等国以及欧盟、联合国开发计划署、世界银行等国际和地区组织。

人民生活

2019/2020财年，斐济医疗卫生预算为3.5亿斐元，占政府总预算支出的9.1%。

军　事

斐济军队全称为“斐济共和国武装力量”（Republic of Fiji Military Forces，RFMF），定名于斐济1990年宪法。总统兼任军队统帅，履行仪式性职能，军队总司令由总统根据宪法机构委员会与负责军队事务的内阁部长协商后建议任命。现任军队总司令乔恩·卡洛尼瓦（Jone Kalouniwai），2021年9月就任。

斐军设陆军和海军，由正规军和预备役组成，正规军3600人，预备役4000人。海军330人。装备有5艘各类舰艇和巡逻船。斐曾先后派遣士兵和警察参与中东、科索沃、东帝汶、巴新、伊拉克、苏丹等地维和任务。

文化教育

【教育】实行初中和小学阶段免费教育。学龄儿童入学率达98%以上。每年教育经费约占政府总预算支出的15%。南太平洋大学由南太地区各国合办，主校区位于首都苏瓦市。

【新闻出版】英文报纸《斐济时报》和《斐济太阳报》发行量较大，平均日发行量约4万份。主要杂志有《岛国商务》和《太平洋岛屿》月刊，在南太地区发行，发行量约1万册。中文报纸有《斐济日报》。

斐济广播有限公司：前身是成立于1954年的斐济广播委员会，1999年6月改称现名，由斐政府独资拥有，是斐全国性广播网。旗下有6个电台，以斐济语、印地语和英语播出。2011年11月，该公司的免费电视频道FBC TV正式开播。

斐济电视公司：成立于1994年6月，由斐政府和私营企业合资控股，是斐主要电视网。1996年起，在南太平洋证交所上市。旗下“斐济一台”是斐主要免费电视频道，长期以转播澳大利亚电视节目为主。该公司还经营太平洋天空卫星电视等收费电视服务。

麦电视台：成立于2006年，2008年6月正式开播，是完全私营的免费电视频道。

对外关系

斐济是太平洋岛国中外交较为活跃的国家，重视与澳大利亚、新西兰等西方发达国家的关系，同时保持与太平洋岛国的传统关系。近年来，斐积极发展同亚洲各国以及非洲和美洲国家的关系。已与130多个国家建交。斐济是联合国会员国，英联邦、世界贸易组织、太平洋岛国论坛、太平洋共同体、美拉尼西亚先锋集团、非加太集团、77国集团成员。斐积极参与国际和地区事务，现为太平洋岛国论坛秘书处所在地。2013年，斐济倡议成立太平洋岛国发展论坛。2016年6月，斐济常驻联合国代表汤姆森当选第71届联大主席。2016年11月，斐济当选《联合国气候变化框架公约》第23次缔约方大会主席国。

【同中国的关系】中斐1975年11月5日建交。建交以来，两国关系发展较顺利。1976年中国在斐设大使馆。2001年，斐在北京设立大使馆。2014年11月，国家主席习近平对斐济进行国事访问，双方建立相互尊重、共同发展的战略伙伴关系。2018年11月，双方一致同意将两国关系定位提升为相互尊重、共同发展的全面战略伙伴关系。

近年来，中方访问斐济的有：中共中央政治局委员、广东省委书记李希（2018年9月），全国人大常委会副委员长严隽琪（2017年12月），国务委员兼外交部长王毅（2018年10月、2022年5月）等。

斐方访华的主要有：总理姆拜尼马拉马2015年7

月来华正式访问，2017年5月来华出席“一带一路”国际合作高峰论坛；总统奈拉蒂考2014年8月出席南京青奥会开幕式。

2015年7月，中斐启动自贸协定谈判联合可行性研究。2018年11月，双方签署《中华人民共和国政府和斐济共和国政府关于共同推进丝绸之路经济带和21世纪海上丝绸之路建设的谅解备忘录》。2015年3月，中斐互免签证谅解备忘录正式生效。据中国海关总署统计，2022年，中斐双边贸易额为5.46亿美元，同比增长21.0%。其中，中国出口额为5.03亿美元，同比增长27.1%；中国进口额为0.43亿美元，同比减少21.9%。中国主要出口机械设备、水海产品、电器及电子产品、计算机与通信技术、汽车和船舶等，进口铝土、冻鱼、原木及锯材、饮料。

中国驻斐济大使：钱波。馆址：183 Queen Elizabeth Drive，Suva，Fiji。电话：00679–3300215；传真：3300950。

斐济驻华大使：马纳萨·坦吉萨金鲍（Manasa Tagicakibau）。馆址：北京市朝阳区塔园外交人员办公楼1–15–2。电话：010–65327305；传真：65327253。

【同澳大利亚、新西兰的关系】斐同澳大利亚、新西兰有着传统的密切关系。澳、新是斐最重要的贸易伙伴。根据《南太平洋区域贸易和经济合作协定》，除糖和服装等少数商品外，斐向澳、新出口单方面享受免税或无限制市场准入待遇。

2017年，姆拜尼马拉马先后三次赴澳出席活动并两次会见澳总理特恩布尔。2018年9月，姆拜尼马拉马在出席第73届联合国大会活动期间会见新西兰总理阿德恩。2019年1月，澳大利亚总理莫里森访斐。2020年2月，新西兰总理阿德恩访斐。2022年4月，澳大利亚总督赫尔利访斐。2022年5月，澳大利亚外长黄英贤访斐。

【同欧盟、美国的关系】欧盟和美国是斐原糖与农产品的主要出口市场以及斐游客与投资的重要来源地。根据《洛美协定》和《科托努协定》，欧盟以3倍于国际市场的价格购买斐糖（2017年10月到期）。斐在比利时和英国设有使馆，法国、英国、欧盟在斐设有使馆。

1970年10月，美承认斐独立。斐美互设使馆。斐重视与美关系，认为美的援助对斐的市场准入和地区竞争具有重要意义。斐是美军在太平洋主要补给点之一。2022年2月，美国务卿布林肯访斐，系美国务卿时隔37年后再次访斐。2022年4月，美国白宫国安会“印太事务”协调员、总统国家安全事务副助理坎贝尔访斐。2022年9月，斐总理姆拜尼马拉马赴美出席首次美国—太平洋岛国领导人峰会。

【同日本的关系】斐日关系近年发展较快。自1983年日向斐派出志愿者以来，共有约500人到斐提供志愿服务。斐在旅馆业方面吸收了大量日资。2018年5月，斐总理姆拜尼马拉马赴日本出席第八届日本—太平洋岛国领导人会议。2019年8月，日本外相河野太郎访斐。2022年5月，日本外相林芳正访斐。

【同印度的关系】斐济很大一部分人口是印度裔，双方历史上联系紧密，印在斐独立后即与其建交。斐印关系在斐1987年政变后恶化。1997年，斐修改1990年宪法中对印族人的歧视性条款，斐印关系好转。2015年8月，姆拜尼马拉马总理赴印度出席印度—太平洋岛国领导人会议。2018年3月，斐总理姆拜尼马拉马赴印度出席国际太阳能联盟会议并会见印度总理莫迪。

【同其他太平洋岛国的关系】斐重视同其他太平洋岛国的传统关系，是太平洋岛国论坛创始会员国，与其他太平洋岛国领导人互访频繁。2006年，太平洋岛国论坛中止斐参加论坛活动资格。斐政府遂于2011年起转而在斐举办“接触太平洋”会议，并于2013年起改为举办太平洋岛国发展论坛峰会，聚焦岛国经济建设和可持续发展问题。2016年7月，第四届太平洋岛国发展论坛在所罗门群岛举行。2014年，太平洋岛国论坛恢复斐济成员资格。2019年7月，太平洋岛国发展论坛2019年会议在斐济举行。8月，姆拜尼马拉马总理赴图瓦卢出席第50届太平洋岛国论坛领导人会议。2022年7月11日至14日，第51届太平洋岛国论坛领导人会议在斐济举行。（尚燕玲）

关岛

名称 关岛（Guåhån），美国海外属地。原称Guam，2010年2月，关岛总督卡马科签署政令，将该岛官方名称改为查莫罗语Guåhån。

面积 544平方公里。

人口 17.18万（2022年）。其中，查莫罗人（为西班牙人、密克罗尼西亚人和菲律宾人的混血后裔）占37.3%，菲律宾人占26.3%，太平洋岛民占11.3%，其他混血后裔占9.8%，白人占7.1%，亚裔占6.2%，其他种族占2%。人均寿命78.66岁。官方语言为英语，通用查莫罗语、菲律宾语。85%的居民信奉罗马天主教。1996年，曾有2000多名库尔德难民被暂时安置到该岛。

首府 阿加尼亚（Hagåtña，原称Agaña）。

总督 洛德丝·格雷罗（Lourdes Guerrero，女），2023年1月就任，任期至2027年1月。国家元首系美国总统约瑟夫·拜登（Joseph R. Biden, Jr.），2021年1月20日就任。

重要节日 国庆日（Discovery Day，"发现日"）：3月的第一个星期一。

简　况 位于西太平洋马里亚纳群岛最南端（为该群岛最大岛屿），东距夏威夷约5300公里，是通向密克罗尼西亚（西太平洋诸岛总称）的门户。属热带雨林气候，年均气温26℃，年均降水量2000毫米。常有地震。

1521年麦哲伦环球旅行时抵达关岛。1565年被西班牙人占领。欧洲人在此大肆迫害当地土著（密克罗尼西亚人），使土著人口从1521年的10万多人锐减至1741年的5000多人。1898年美西战争后被西班牙割让给美国。1941年被日本占领。1944年美军夺回后成为主要海空军基地，归美海军部管辖。1950年，美国通过《关岛组织法》，宣布关岛为美"未合并领土"，赋予关岛地方政府自治权力，归美国内政部管辖。关岛居民享有美国公民权，但不能在全美选举中投票。1976年举行全民公投，支持关岛维持与美国密切联系的地位。目前，关岛正与美国政府就关岛获得美国联邦领土地位问题进行谈判。1994年，美军将3200英亩土地归还民用；1995年，位于中央位置的布里菲尔德空军基地也被交还民用。

政　治 国家元首是美国总统，政府首脑是总督。1969年美众议院通过选举关岛总督的法令，1970年第一任民选总督产生。总督拥有行政权，每4年普选产生。政府由总督和副总督领导，下设48个行政部门。

【宪法】宪法为1950年8月1日生效的《组织法案》，使用美国国旗。

【议会】一院制议会，普选产生，任期2年。从1998年11月起，议会由21人缩减至15人。上次选举于2020年11月举行，共和党获7个议席，民主党获8个议席。1972年美国会通过法案，同意关岛派遣1名代表常驻美国会众议院，在众院各委员会有表决权，但在众院全会无表决权。现任代表詹姆斯·莫伊伦（James Moylan，共和党籍），2023年就职。

【司法机构】法院系统包括联邦地区法院和地方高等法院，其中联邦地区法院法官由美总统任命，地方高等法院法官由总督任命（任期8年）。宪法为1950年8月1日生效的《组织法案》，使用美国国旗。关岛现为国际奥林匹克委员会、南太平洋委员会、万国邮政联盟等国际组织成员。

【政党】政党有民主党（现控制议会）和共和党，分属美国的民主党和共和党。

经　济 货币使用美元。关岛收入主要依靠旅游业和美军在该岛海空基地的开支。受新冠疫情影响，关岛旅游业遭受不小冲击，游客主要来自美国本土，韩国、日本、菲律宾等主要客源地来访大幅减少。服务业是当地的主要产业，其次分别为农业和工业。主要农作物有烟草、水果等。主要工业有建筑、轻工、食品加工、炼油等。2021年主要经济数据如下：

地区生产总值：61.23亿美元。

人均地区生产总值：35905美元。

地区生产总值增长率：4.03%。

【对外贸易】2021年出口总额为1.9亿美元，进口总额为36.7亿美元，逆差34.8亿美元。

军　事 关岛是美国的重要军事基地。美军在关岛建有马里亚纳群岛联合区，由美国海军关岛基地和安德逊空军基地组成，全部军事用地约3.9万英亩（160平方公里），约占关岛陆地总面积的29%。安德逊空军基地是美国在太平洋地区的一个重要战略空军基地。美国海军在阿加尼亚设有海军航空站，在阿卜拉港设有核潜艇基地。美军在关岛驻军人数约7000人。2013年，美国在岛上部署末段高空区域防御系统（"萨德系统"）。2018年，美国空军在岛上部署3架B–2隐形战略轰炸机。美国海军陆战队决定2025年之前在岛上部署5000名海军陆战队员（截至2022年已有约1300人进驻）。

文化教育 **【教育】**关岛有各类公立中小学36所，私立学校若干，在校学生共约3.2万人。现有两所公立大学和两所私立大学；公立关岛大学规模最大，学生超过3000人。

【新闻出版】有20家电台、12家电视台。

（宋英杰）

赫德岛和麦克唐纳群岛

名称 赫德岛和麦克唐纳群岛（Heard Island and McDonald Islands）。

面积 412平方公里。海岸线长101.9公里。

人口 无常住居民。曾有波利尼西亚人在岛上居住。

简　况 位于印度洋南部，东北距澳大利亚珀斯约4099公里，以南约1600公里达南极洲边缘。由赫德岛、沙格岛和麦克唐纳群岛组成。

赫德岛是一座直径约为25公里的圆形岛，面积

390平方公里。最高点为莫森峰，海拔2745米。岛上有一座名为大笨钟的活火山，是澳大利亚仅有的两座活火山之一，最近一次喷发是2016年2月。英国1947年12月26日将该岛主权转交给澳大利亚，该岛成为澳海外领地。赫德岛70%被冰雪永久覆盖，是少数几个未被外来物种影响的南极地区动植物栖息地之一，具有一定科研价值，动物学和地质学探险队多次到此探险。岛上气候寒冷、多风、湿润，年温差4℃左右，冬季气温0℃左右。1991年，关于全球变暖的国际研究在此开展。岛上栖息着企鹅、海燕、海豹和海狗，是极佳的野生动物观赏地。

麦克唐纳群岛面积约2.5平方公里，位于赫德岛以西43.5公里处，由费拉特岛和麦克唐纳岛组成。地势陡峭，多岩石。岛上有一座活火山，最近一次喷发是2005年8月。赫德岛和麦克唐纳群岛渔业资源丰富，澳大利亚政府允许在岛周围进行有限度的捕鱼活动。

1997年，赫德岛和麦克唐纳群岛被联合国教科文组织定为世界遗产。2002年11月，赫德岛和麦克唐纳群岛被纳入《环境和生物多样化保护法案》。澳大利亚联邦政府农业、水资源和环境部负责管理赫德岛和麦克唐纳群岛。2014年5月13日，澳大利亚南极局颁布了进入赫德岛和麦克唐纳群岛的禁令，以保护该区域的生物多样性。2016年1月，澳大利亚科考队前往赫德岛和麦克唐纳群岛进行科学考察。（闫冰涵）

基里巴斯

国名 基里巴斯共和国（The Republic of Kiribati）。

面积 陆地面积811平方公里，海洋专属经济区面积355万平方公里。

人口 13.1万（2022年）。其中90%以上属密克罗尼西亚人，其余为波利尼西亚人和欧洲移民。官方语言为英语，通用基里巴斯语和英语。居民多信奉罗马天主教和基督教新教。

首都 塔拉瓦（Tarawa），人口约11.4万（2022年）。

国家元首 总统塔内希·马茂（Taneti Maamau），2016年3月当选，2020年6月连任，任期4年。

重要节日 独立日：7月12日。

简　况

位于太平洋中部，由33个大小岛屿组成（其中23个岛有常住居民），分属吉尔伯特、菲尼克斯和莱恩三大群岛，是世界上唯一纵跨赤道且横越国际日期变更线的国家。属热带海洋气候，年均气温32℃，年均降水量1600毫米。

3000年前已有马来-波利尼西亚语系人定居。公元14世纪左右，斐济人和汤加人入侵，与当地人通婚，形成基里巴斯民族。1892年吉尔伯特群岛与埃利斯群岛部分岛屿沦为英国“保护地”。1916年被划入“英属吉尔伯特和埃利斯群岛殖民地”（1975年埃利斯群岛分出，改称“图瓦卢”）。第二次世界大战期间曾被日本侵占。1977年1月1日实行内部自治。1979年7月12日独立，改称基里巴斯。

政　治

【宪法】现行宪法是以1977年《吉尔伯特法》为基础制定的，1979年独立后正式生效，故又名“独立宪法”。宪法规定，总统由议会提名，经公民投票选举产生，任期4年，连任不得超过3届。

【议会】一院制，议员任期4年，除雷贝岛（Rabi Island）巴纳巴社区的1名议员由指定产生外，其余议员均由选举产生。各选区议员数量根据选区人口数量决定，每选区1—3名议员不等。本届议会于2020年5月组成，共45个议席。

【政府】总统既是国家元首，又是政府首脑。内阁由总统在执政党议员中提名产生。现任总统塔内希·马茂，副总统特韦亚·托阿图（Teuea Toatu）。

【行政区划】共有23个行政区，每个行政区设有市政厅，负责本岛日常管理。市长和市政议员由选举产生，没有党派划分，任期4年。议会议员、老人代表也作为市政厅成员列席会议。老人代表在市政厅中有较高影响力。

【司法机构】设有高等法院、上诉法院和地方法院。高等法院首席大法官由总统根据内阁和公共事务委员会的建议任命，其他法官由总统根据首席大法官的建议任命。上诉法院由高等法院首席大法官和其他法官组成，首席大法官可兼任上诉法院院长。

【政党】主要政党有：执政党关爱基里巴斯党（Tobwan Kiribati Party，TKP），领袖为塔内希·马茂；反对党保护基里巴斯党（Kamanoan Kiribati Party，KKP），领袖为泰西·兰伯恩（Tessie Lambourne）；反对党基里巴斯优先党（Kiribati Moa Party，KMP），领袖为巴努伊拉·贝里纳（Banuera Berina）。

经　济

基里巴斯经济落后，被联合国列为最不发达国家。大部分地区为自给自足的自然经济。渔业收入是主要经济来源。近年来，基政府不断拓宽外汇收入来源，努力实现经济多样化，鼓励发展小型私人企业、渔业、小规模加工制造业和椰子种植，商品经济有所发展。2022年主要经济数据如下：

国内生产总值：2.2亿美元。

人均国内生产总值：1820美元。

国内生产总值增长率：1.2%。

货币名称：通用澳元，圣诞岛地区也通用美元。

汇率：1美元≈1.49澳元。

（资料来源：国际货币基金组织）

【资源】有丰富的渔业资源。1979年以前巴纳巴岛产磷酸盐，由英国、澳大利亚、新西兰合股开采，现已枯竭。近海海底有锰、镍等矿藏。

【工业】有一些小规模椰子加工、腌鱼、食品、工艺品、家具、服装厂。

【农业】大部分陆地被珊瑚沙层覆盖，仅能生长椰子、香蕉、木瓜、面包果等少数作物。

渔业资源丰富，主要有金枪鱼、鲷鱼、鲣鱼、海虾等。据太平洋岛国论坛渔业局统计，2014—2019年，基连续6年成为太平洋岛国论坛渔业局（FFA）成员国中金枪鱼捕捞量最高的海域。2019年，基海域金枪鱼捕捞量达到71.97万吨，占当年FFA成员国海域金枪鱼总产量的44%。基捕捞业落后，当地居民只能进行小规模捕捞。基国内有一家渔业公司——基里巴斯渔业有限公司，成立于2010年，是基里巴斯政府、斐济金洋渔业公司和中国上海远洋捕捞公司的合资企业，核心业务是金枪鱼延绳钓捕捞和海产品出口加工。2012年9月，该公司在比休岛建成一座渔品加工厂。目前，美国、日本、韩国、澳大利亚、新西兰、中国分别有数十艘渔船在基海域捕捞金枪鱼，这些渔船向基政府缴纳的捕鱼执照费成为基政府主要外汇来源之一。

【旅游业】旅游基础设施欠发达。塔拉瓦主要旅馆有：欧申泰旅馆，80张床位；比休旅馆，30张床位；梅瑞旅馆，22张床位；乌瑟瑞瑞旅馆，20张床位；乔治旅馆，20张床位。基利用其跨越国际日期变更线的地理优势，发展旅游业，提高国际知名度。基最大岛屿圣诞岛是世界上最大的环状珊瑚岛，拥有世界著名的鸟类保护区和潜水场，每年有来自美国、欧洲、澳大利亚和新西兰等地游客来此观光。

【交通运输】基全国有2个国际海港，分别位于比休岛和圣诞岛。比休岛港最早于1998—2000年扩建，集装箱堆场用地由填海而成。2012—2014年，利用日本政府发展援助对该港进行升级，以满足中型集装箱船停靠需求。圣诞岛目前的两个港口只能停靠小型渔船。基外岛没有海港，只有通过礁坪的狭窄的航道。大多数情况需要在离岸几公里之外停下，再用小船接驳。

2010—2016年，基通过道路改造项目重修首都塔拉瓦南部的32公里主路，升级6公里辅路。改造后的路段有步行道（57公里），安装太阳能路灯并竖立路牌。基政府计划在外岛开展道路硬化工程，改善外岛交通。根据规划，布塔里塔里、阿贝马马、北塔布岛、尼库瑙岛将是首批开展道路硬化工程的外岛。

基目前有20个机场，其中2个国际机场，分别是位于首都塔拉瓦的邦里基国际机场，圣诞岛的卡西迪国际机场，其余均为小型机场，15个在吉尔伯特群岛（只有巴纳巴没有），3个在菲尼克斯和莱恩群岛。基里巴斯航空有限公司是基目前唯一运营国内岛际航线的公司，同时运营飞往图瓦卢的国际航线（2018年3月开通，2020年4月停运），机队有5架螺旋桨飞机。此外，还有1家私人公司——珊瑚太阳航空，只有1架飞机，仅提供基国内包机服务。斐济航空公司、所罗门航空公司和瑙鲁航空公司分别运营基首都塔拉瓦至斐济、所罗门群岛、瑙鲁的国际航线。圣诞岛有斐济航空公司经营的飞往斐济楠迪和美国夏威夷的航班。

【财政金融】实行“量入为出、节俭财政”政策。国家财政预算收入主要依靠1956年建立的从磷矿开采所得的预算平衡储备基金进行平衡。

（1）基里巴斯澳新银行：原名“基里巴斯银行”，成立于1984年，与澳大利亚西太银行合资经营，2001年改为与澳新银行合资经营，基占49%的股份，澳新银行占51%的股份。

（2）基里巴斯开发银行：成立于1987年，系基国家银行，主要向私营企业提供小微贷款。

（3）基里巴斯社保基金：基于1977年的强制性退休金缴存机制创立，劳动者和用人单位每月按比例缴存，基金也用于为劳动者提供小额贷款服务。

【对外贸易】主要贸易对象有澳大利亚、新西兰、斐济、日本、美国、中国和欧盟等。1979年以来，由于磷矿枯竭，出口锐减，外贸呈逆差。目前，基主要出口金枪鱼、椰干、海藻及热带观赏鱼。

【外国援助】澳大利亚、新西兰、日本等发达国家每年向基提供大量赠款，帮助基进行基础设施建设及教育培训等技术合作项目。澳大利亚为基最大外援国，澳方援助主要集中在改善基础教育、提升劳动者技能、加强经济治理、改善基础设施方面。新西兰向基提供的援助主要集中在基里巴斯国际机场建设、劳动者技能培训、城市可持续发展等方面。

人民生活

基里巴斯实行全民免费医疗。人均预期寿命为69岁（2020年）。

军　事

基里巴斯无军队，仅有约500名警察。国防由澳大利亚和新西兰协助。

文化教育

【教育】小学和初中实行免费教育。儿童入学率为93%。有公办小学约90所，中学约20所（包括私立学校），技校6所，中等专业学校2所（基里巴斯师范学院和基里巴斯技术学院）；另有1所与德国合办的海员培训学校。基每年向国外派留学生和进修生约170人。

【新闻出版】《乌凯拉》系政府主办的全国性报纸，内容以基里巴斯文本地新闻为主，另有部分英文国际新闻，每周五出版。《新星报》内容以基里巴斯文本地新闻为主，另有部分英文国际新闻。

基里巴斯电台：建于1984年，用基语和英语播音，每天播3次，并出版新闻稿。

基里巴斯电视一台：于2004年12月建成，2005年4月正式开播，只有两个频道。每晚播放两个小时的基当地节目，其他时间播放澳大利亚电视台节目。

对外关系 强调维护国家主权和领土完整，反对别国干涉内政和掠夺资源；作为低海拔岛礁国家，尤其重视气候变化，呼吁国际社会采取有效措施帮助其应对气候变化带来的负面影响。重视发展对外关系，尤其与南太各国的友好关系。经济因素常为基政府外交决策的首要考虑。基同30多个国家建交，但只在斐济、美国、中国设有外交代表机构，在少数国家设有名誉领事。

基里巴斯是联合国会员国，英联邦、太平洋共同体、太平洋岛国论坛及论坛渔业局、瑙鲁协定等地区组织成员，积极参与相关组织活动，与太平洋岛国论坛合作较密切。

【同中国的关系】中基曾于1980年6月25日建交。2003年，阿诺特·汤当选总统后于11月7日宣布基台"建交"。11月29日，中国中止与基外交关系。

2019年9月27日，王毅国务委员兼外长在纽约中国常驻联合国代表团同基里巴斯总统兼外长马茂签署《中华人民共和国与基里巴斯共和国关于恢复外交关系的联合公报》，两国正式恢复大使级外交关系。

2020年1月，基总统马茂来华进行国事访问。习近平主席、李克强总理分别同马茂总统举行会谈、会见，双方签署共建"一带一路"谅解备忘录等多项合作文件。除了北京，马茂总统一行还访问了上海、浙江和广东。2021年6月，王毅国务委员兼外长应约同基里巴斯总统兼外长马茂通电话。2022年5月，王毅国务委员兼外长应邀访问基里巴斯，分别会见基总统兼外长马茂、副总统托阿图。9月，王毅国务委员兼外长在纽约出席第77届联大期间会见基里巴斯总统兼外长马茂。

据中国海关总署统计，2022年，中基双边贸易额为4262.5万美元，同比增长9.4%。其中，中国出口额为4262.4万美元，同比增长9.4%；中国进口额为0.1万美元，同比减少74.8%。

中国驻基里巴斯大使：唐松根。馆址：Chinese Embassy，Bairiki，Tarawa，Kiribati。电话：686-73012920（领事保护）。

基里巴斯驻华大使：戴维·蒂阿博（David Teaabo）。馆址：北京市朝阳区建国门外外交公寓6-1-131。电话：010-65327077。

【同美国的关系】1979年9月20日，美基签订《友好条约》，并于1983年9月23日交换条约批准书。据此，美放弃对基14个岛屿的主权要求，基允许美保留对其军事设施的排他性使用权和在基经济区的捕鱼权。美有捕鱼船在基作业，并曾向基派有40多名和平队员。

【同澳大利亚、新西兰的关系】澳新分别于1981年、1989年在基开设高专署。基十分重视同澳、新，尤其是同澳的关系。澳是基最大的进口来源国。基每年派出季节劳工赴澳从事水果采摘等工作。澳在基一些政府、经济部门派有顾问。澳每年向基提供项目援助，主要用于基础教育、人力资源开发和公共部门管理等领域。2018年10月，基总统马茂访问新西兰。2019年2月，新西兰外长温斯顿·彼得斯访问基里巴斯。

【同英国的关系】基受英殖民统治达87年，现是英联邦成员。英原在基设有常驻高专署，1993年撤销，改设管理协调办事处，1998年8月撤销。2002年1月，英重开驻基高专署，2005年3月再次撤销。

【同日本的关系】日本是基最大援助国之一。日在圣诞岛设有卫星地面站，每年向基政府支付35万澳元租金。日本援建的南塔拉瓦岛发电厂于2002年底竣工投产，基本解决了基首都的供电难题。2016—2019年，日本为基出资重修比休岛堤道，该堤道全长6.4公里，项目总造价5100万澳元，其中日本政府捐助4400万澳元，基政府出资700万澳元。（谢超）

科科斯（基灵）群岛

名称 科科斯（基灵）群岛［Cocos（Keeling）Islands］。

面积 陆地面积15.6平方公里。

人口 579人（2022年）。仅主岛（Home Island）和西岛（West Island）有人长期居住。58%为科科斯马来人，主要在主岛居住；26%为欧洲人，主要在西岛居住，多数为短期居住的政府官员。官方语言为英语。当地岛民主要讲英语和马来语的混合方言——科科斯马来语。80%的岛民都是信奉逊尼派的穆斯林。

行政中心 西岛。

行政长官 现由行政副长官萨拉·凡达登布鲁克（Sarah Vandenbroek，女）代理。2022年10月，前任行政长官娜塔莎·路易斯·格里格斯（Natasha Louise Griggs，女）任期结束后，截至2022年12月尚未任命新的行政长官。

重要节日 澳大利亚国庆日：1月26日。

简 况 位于距澳大利亚珀斯西北2768公里的印度洋中，由27个岛屿组成，形成两个海拔较低的环形珊瑚礁。属热带气候，湿度大，气温在21℃—32℃，年均降水量2000毫米，主要集中在1—8月。属澳大利亚海外领地。

原本无人居住，1609年被东印度公司威廉·基林船长发现。1826年，亚历山大·黑尔在岛上建立第一个定居点。1857年，英国宣布拥有科岛主权。1878年起被锡兰（现称“斯里兰卡”）统治。1886年划入海峡殖民地（现新加坡和马来西亚的一部分）。同年，英国国王把科岛的土地赠予约翰·克卢尼斯–罗斯及其继承人。1946年，科岛成为新加坡的属地。

1955年11月，科岛的行政权被移交给澳大利亚联邦政府，划入澳北方领土地区，由来自澳大利亚的代理人担任官方代表。1975年起，澳政府任命一名行政官员，与澳地区服务、领土和地方政府部长一起负责管理科岛。1978年，澳政府买下约翰·克卢尼斯–罗斯在岛上除房产外的全部股权后，公布了对科岛的新政策。1984年10月，澳高等法院裁定，澳政府为获得克卢尼斯–罗斯剩余财产所采取的行动不符合宪法。1993年，克卢尼斯–罗斯家族宣布破产，其财产归澳政府所有。

政 治 1979年7月，科岛成立议会。1984年4月6日，澳政府举行了有联合国观察员参加的公民投票，决定科岛未来的政治地位。大部分岛民赞成科岛并入澳大利亚联邦。从此，岛上居民享有与澳大利亚公民同等的权利和义务。1992年，根据澳西澳州法律成立科岛地方议会。议会每2年召开一次。1993年第一届地方议会经选举产生，成员7人，任期为2或4年。任期由澳总检察部以社区公告和政府公告的方式向科岛居民发布信息。2007年3月，澳政府各部门根据“提供服务安排”向该岛居民提供政府服务。

行政长官由澳总督任命，向澳基础设施与地区发展部长负责。

经 济 海洋生物资源丰富。鸟类繁多。岛民饲养家畜，种植蔬菜、香蕉和巴婆果，但不能自给自足，其他食品、燃料和日用消费品需从澳大利亚进口。椰子是岛上唯一的经济作物。使用澳大利亚货币，1澳元约合0.67美元（2022年）。

【工业】以椰干肉生产为主。旅游业规模较小，但增长较快。

【农业】农产品有蔬菜、香蕉、木瓜和椰子。

【交通运输】每周有1架客运航班经圣诞岛往返于西岛和澳大利亚珀斯之间，运送旅客和邮件。2010年建成首个机场。每2周有1架货运航班从珀斯运送补给。每隔4—6周有货船从西澳州弗里曼特尔市运送补给。岛上有22公里公路。

【对外贸易】出口产品以椰干肉为主。进口主要面向澳大利亚。贸易赤字由澳联邦财政拨款、补助和邮票销售收入（科岛于1979年9月开办邮政业务）来抵销。

人民生活 主岛和西岛上有诊所，有1位全科医生和4名护士。诊所工作日开放，除紧急情况外需预约就诊，病情严重者将被送往澳大利亚西澳州首府珀斯救治。

军 事 无军事设施和现役军人，澳大利亚国防军负责该岛防务。澳军方正准备升级该岛机场设施以部署P–8反潜巡逻机。

澳大利亚联邦警署负责提供岛上一般性警务服务，处理移民、检疫等事务。未经许可，禁止进口枪支和弹药。

文化教育 【教育】有2所公立学校分别位于主岛和西岛，主要提供初等教育，西岛为16岁及以上的公民提供中等教育。科科斯马来青少年可依靠奖学金去澳大利亚本土完成高等教育。

【新闻出版】有1家当地广播电台，由岛上志愿者负责运营，播放本地和澳大利亚电台节目。另有1家电视台，1992年成立，播放澳大利亚卫星电视节目。

（闫冰涵）

库克群岛

国名 库克群岛（The Cook Islands）。

面积 陆地面积240平方公里，由15个小岛组成。

人口 1.76万（2022年），另有约6.2万人居住在新西兰。毛利人（属波利尼西亚人）占92%，欧洲后裔占3%。通用语为库克群岛毛利语和英语。居民69%信奉基督教新教，15%信奉罗马天主教。

首都 阿瓦鲁阿（Avarua），位于拉罗汤加岛（Rarotonga），人口约5113人（2021年）。

国家元首 英国国王查尔斯三世。国王代表为汤姆·马斯特斯（Tom Marsters），2013年8月就职，2016年7月、2019年7月、2022年6月3次连任，任期3年。

重要节日 宪法日（国庆日）：8月4日。

简况

位于南太平洋，南纬8°—23°，西经156°—167°，属波利尼西亚群岛，由15个岛屿和岛礁组成。属热带海洋性气候，年均气温24℃，年均降水量2000毫米，12月至次年3月为雨季。

毛利人为原住民。1773年英国海军上校库克船长探险到此地，以“库克”命名。1888年成为英国保护地。1901年成为新西兰属地。1964年在联合国监督下举行全民公决，通过宪法。1965年宪法生效，实行内部完全自治，享有完全的立法权和行政权，同新西兰保持自由联系，防务和外交由新西兰协助。

1989年，新西兰政府致函联合国，声明库有完全宪法能力自主处理对外关系和签署国际协定，希望国际社会视库为主权国家。

政治

【宪法】1964年立法院批准库克群岛宪法。1965年宪法生效。1981年和1991年先后修改宪法。1994年大选时对国名、国旗、国歌、议会任期和是否保留海外选区进行全民公决，投票结果为维持原状不变。2004年9月大选宣布取消海外议席并将议会任期由原来的5年缩短为4年。

【议会】一院制，由普选产生的24名议员组成立法会议，任期4年。议长塔伊·图拉（Tai Tura），2021年3月就任。此外，1966年成立酋长院，由代表各岛的20名酋长组成，就土地使用和传统习俗向议会和政府提出建议。院长托乌·特拉维尔·阿里基（Tou Travel Ariki）。

【政府】由议会多数党组成，每届任期4年。2010年11月，库克群岛党领袖亨利·普那（Henry Puna）领导该党赢得议会选举，出任总理。2015年2月、2018年9月，普那总理连续两次连任。2020年9月，副总理兼财政和经济发展部长马克·布朗（Mark Brown）接替辞职的普那就任总理。2022年8月，库克群岛举行大选，马克·布朗连任总理。

本届政府内阁共有5名成员，包括：总理兼财政和经济发展、外交与移民、能源与可再生能源、海洋与海底资源、电信、警察、旅游部长马克·布朗，副总理兼基础设施、交通、国家环境服务、外岛特别工程部长罗伯特·塔帕托（Robert Tapaitau），农业、司法、卫生及议会服务部长罗斯·托基-布朗（Rose Toki-Brown），内政、青年、体育、监察、教育部长瓦因·莫科罗亚（Vaine Mokoroa），矫正服务、文化和酋长院事务部长乔治·安金（George Angene）。

【司法机构】设高等法院和上诉法院。高等法院由首席法官和另5名法官组成，设民事庭、刑事庭和土地庭。上诉法院有3名法官，其中1名须为新西兰上诉法院或高等法院法官。上诉法院的上诉呈递英国枢密院。1993年5月起，有关土地和首领头衔的案件由岛内法院自行审理，民事和刑事案件仍上诉枢密院。另设有儿童法院审理少年犯罪案。

【政党】主要政党有：

（1）库克群岛党（Cook Islands Party）：执政党。1964年成立，现领袖为马克·布朗。

（2）民主党（Democratic Party）：反对党。1971年成立，现领袖为蒂娜·布朗（Tina Browne，女）。

【重要人物】马克·布朗：总理。出生于1963年2月，获新西兰梅西大学公共管理学士、南太平洋大学工商管理硕士学位。2010年当选库克群岛党议员，并出任财政部长。2014年、2018年连续当选议员，2018年任副总理兼财政和经济发展部长。2020年9月任库克群岛总理，2022年8月连任。

经济

库克群岛主要经济来源是旅游业。农业和海洋资源丰富，黑珍珠养殖业发展较快。其他出口商品有：木瓜、鲜鱼、服装等。主要进口商品为机器设备、食品和活畜、工业制成品、燃料和化学品。财政收入较依赖外援。2022年主要经济数据如下：

国内生产总值：1.266亿美元。

货币名称：新西兰元。

汇率：1美元≈1.67新西兰元。

【工业】有水果加工及生产香皂、香水、旅游纪念品的小型工厂若干家，以及加工纪念硬币、邮票、贝壳和手工艺品的作坊。

【农业】出产椰干、香蕉、柑橘、菠萝、咖啡、芋头、芒果和木瓜等。饲养猪、山羊和家禽等。海洋资源丰富，黑珍珠养殖业发展较快。

【旅游业】为支柱产业，是库第一大收入来源。新西兰为最大客源国。

【离岸金融业】有4家信托公司为外国资产提供保护，并向外国银行发放银行营业许可证。年获益约1000万新元。

【交通运输】公路：全长约295公里。拉罗汤加岛有环岛公路，陆路交通工具主要是汽车和摩托车等。

海运：有3个海港，分别在拉罗汤加岛、艾图塔基岛和彭林岛。拉罗汤加岛的阿瓦蒂乌港可停泊3000吨货轮。拉罗汤加船运公司和库克群岛国家船运公司经营库克群岛与纽埃、新西兰、萨摩亚、汤加之间的定期货运业务。库克群岛水运委员会与另一船运公司负责各岛之间的运输。

空运：拉罗汤加岛上的阿瓦鲁阿国际机场可供波音747飞机起降。艾图塔基岛有1个国内机场，另外7个岛仅有飞机跑道。拉罗汤加航空公司经营国内航线。新西兰航空公司、萨摩亚波利尼西亚航空公司有定期航班从拉罗汤加岛飞往奥克兰、洛杉矶、夏威夷等地。

【对外贸易】2021年，库克群岛出口总额达3140万美元，进口总额达2.15亿美元。主要出口商品为鱼类、珍珠、木瓜等，主要进口商品为燃料和化学品、机器设备、工业制成品、食品和活畜。前五大出口市场为日本、法国、泰国、希腊和中国；前五大进口来源地为新西兰、土耳其、意大利、以色列、斐济。

【外国援助】财政收入主要靠外援，接受外援的60%来自新西兰和澳大利亚。自2004年起，两国联合执行对库克群岛援助，由新西兰国际开发署负责协调。2021/2022财年至2023/2024财年，新西兰对库克群岛援助预算约7600万新元，澳大利亚对库援助每年预算约200万澳元。

欧盟自2002年起援助库克群岛。截至2020年，亚洲开发银行向库提供优惠贷款逾1.3亿美元。此外，库还与联合国开发计划署、联合国粮农组织等国际组织开展合作。

人民生活

库克群岛实行免费医疗。有8所政府医院，150多张病床。

军　事

根据1965年宪法，新西兰负责库克群岛国防事务，但需要征得库政府同意。根据《互助行动纲领》，新西兰国防军支持库太平洋巡逻艇行动、潜水训练、小武器使用和安全以及相关搜救协助。该项目年度预算为16.2万新元。新西兰国防军还对库专属经济区进行例行巡逻。库克群岛全国共有警力110人，但不配备枪支。

文化教育

【教育】库克群岛对4岁儿童进行学龄前教育，对6—15岁儿童实行义务教育。有中、小学39所，学生5000多人，教师300多人。有1所师范学院。南太平洋大学拉罗汤加分校进行成人高等教育和函授教学。全国受过高等教育的约有400人。全国文盲率仅1%。新西兰为库克群岛学生提供到新西兰、斐济等国学习的奖学金。

【新闻出版】《库克群岛新闻》日报，用英文和毛利文出版。《库克群岛先驱报》，周六出版。库克群岛电台用英语和毛利语广播，转播澳大利亚、新西兰电台的国际和地区消息。拉罗汤加还有一家私人电台。库克群岛电视台除转播新西兰电视新闻外，主要播放美澳电视节目。

对外关系

库克群岛不是联合国会员国，与中国、新西兰、澳大利亚、日本、法国、德国、印度、意大利、马来西亚、巴布亚新几内亚、南非、古巴、菲律宾、韩国等国及欧盟建立了外交关系。驻外外交机构有：驻新西兰高专署、驻奥克兰总领馆、驻悉尼名誉领事、驻夏威夷名誉领事、驻奥斯陆名誉总领事。目前，除新西兰和澳大利亚向库克群岛派有常驻高专外，中国、斐济、法国、印度、马来西亚、挪威、巴布亚新几内亚、南非向库克群岛派有兼任大使或高专，法国、德国、英国和瑙鲁在库克群岛设名誉领事。

库是联合国开发计划署、联合国粮农组织、联合国教科文组织、世界卫生组织、世界气象组织、国际民航组织、国际海事组织、亚洲开发银行、国际红十字会等国际组织成员，是英联邦和联合国亚太经社理事会准成员国，是太平洋共同体、太平洋岛国论坛、非加太集团等地区组织成员。

【同中国的关系】自1997年7月25日中国与库克群岛建交以来，两国关系发展顺利，各领域交流与合作不断拓展。2014年11月，中国国家主席习近平在斐济楠迪同普那总理会晤，双方建立相互尊重、共同发展的战略伙伴关系。2018年11月，中国国家主席习近平在巴布亚新几内亚莫尔斯比港同普那总理会晤，双方建立相互尊重、共同发展的全面战略伙伴关系。

2019年4月，库克群岛副总理兼财政和经济发展部长马克·布朗来华出席第二届“一带一路”国际合作高峰论坛。10月，中国驻新西兰兼驻库克群岛大使吴玺在库克群岛首都阿瓦鲁阿举行庆祝中华人民共和国成立70周年招待会和交响音乐会。

新冠疫情发生后，中库积极开展疫情防控交流和合作。2020年3月，库克群岛参加中国—太平洋岛国卫生专家视频会议。5月、11月，库克群岛两次参加以视频方式举行的中国—太平洋岛国应对新冠肺炎疫情副外长级特别会议。2022年6月，王毅国务委员兼外长在巴布亚新几内亚同库克群岛总理兼外交部长马克·布朗举行视频会晤。

中库自1997年建交以来，经贸关系发展较快。据中国海关总署统计，2022年，中库双边贸易额为1237.1万美元，同比增长103.9%。其中，中国出口额为1154.8万美元，同比增长187.7%；中国进口额为82.3万美元，同比减少59.9%。中国出口商品主要为机电产品和高新技术产品，进口商品主要为农产品。

2018年5月，中国援建库克群岛阿皮尼考学校移交仪式在库举行。

库克群岛是中国公民出境旅游目的地国。

中国驻新西兰兼驻库克群岛大使：王小龙。馆址：2–6 Glenmore Street，Thorndon，Wellington，New Zealand。电话：00644–4749631；传真：4990419。经商处电话：00644–4714101；传真：4714104。

库克群岛未在中国设立使馆。

【同其他国家的关系】2020年7月，库克群岛副总理马克·布朗主持库克群岛—新西兰联合部长级论坛视频会议。10月，库克群岛总理兼外长马克·布朗参加第二届太平洋岛国论坛外长视频会议。11月，库克群岛总理兼外长马克·布朗同新西兰外长马胡塔通电话。2021年3月，库克群岛总理马克·布朗访问新西兰。12月，新西兰外长马胡塔同库克群岛总理兼外长马克·布朗通电话。2022年6月，库克群岛总理马克·布朗访问澳大利亚。7月，库克群岛总理马克·布朗赴斐济出席第51届太平洋岛国论坛领导人会议。10月，新西兰外长马胡塔访问库克群岛。

库克群岛与新西兰签有防务、民航等协定，与韩国、挪威签有渔业协定，与美国、法国签有海域边界条约，与法国签有友好合作协定，与斐济签有双边贸易协定。2000年6月，库加入“非加太集团”，与欧盟15国在贝宁签署经济贸易伙伴关系文件《科托努协定》（原《洛美协定》）。2000年，为加强与欧盟关系，库任命了首任驻欧盟特别代表。8月，库正式签署《中西太渔业公约》。

（辛雨杨）

马绍尔群岛

国名　马绍尔群岛共和国（The Republic of the Marshall Islands）。

面积　陆地面积181.3平方公里（包括比基尼环礁、埃尼威托克环礁和夸贾林环礁等），海洋专属经济区面积213.1万平方公里。

人口　4.16万（2022年）。多属密克罗尼西亚人。马绍尔语、英语为官方语言。80.5%的居民为新教徒，8.5%为天主教徒。

首都　马朱罗（Majuro），人口约2.3万（2021年）。

国家元首　总统戴维·卡布阿（David Kabua），2020年1月当选。

重要节日　宪法日：5月1日。

简　况

位于中太平洋密克罗尼西亚地区，由29个环礁岛群和5个小岛共1225个大小岛屿组成。东南面岛礁统称为日出群岛，西北面的统称为日落群岛，两部分中间相隔约208公里。绝大多数人口集中在首都马朱罗和夸贾林环礁（Kwajalein）的埃贝耶岛。海岸线长370.4公里。属热带气候，年均气温27℃，年均降水量为3350毫米，5—11月为雨季，12月至次年4月为旱季。

16世纪初西方航海者抵达。1788年英船长约翰·马绍尔到此勘察，该群岛由此得名。1886年成为德国的保护领地。一战之初被日本占领，二战中成为日本在太平洋的作战基地。1944—1947年美国对其实行军管。1947年7月，马绍尔群岛被联合国交给美国托管，成为太平洋岛屿托管地的一部分。1983年6月25日与美国正式签署《自由联系条约》（1986年10月21日生效）。根据该条约，马获得内政、外交自主权，安全防务15年内由美国负责，可参加地区组织，但不能参加联合国。1990年12月22日，联合国安理会通过终止部分太平洋托管领土托管协定决议，结束马的托管地位。1991年9月17日，马成为联合国会员国。

政　治

2019年11月，马举行议会选举。2020年1月，新一届议会召开首次会议，选举戴维·卡布阿为马第9任总统。

【宪法】1979年3月通过，5月1日生效。宪法规定马绍尔群岛实行总统制。总统为国家元首，也是政府首脑，由议会选举产生。

【议会】称“国会”，一院制，由33名议员组成，任期4年。本届议会于2020年1月就职，议长肯尼思·凯迪（Kenneth Kedi）。此外，马传统领袖（Iroji）在涉及土地、传统文化、社会风俗等问题上有重要发言权。

【政府】内阁由总统任命的10名部长组成。本届内阁2020年1月产生，2022年6月大幅改组，成员为：总统助理与环境部长克里斯托弗·洛亚克（Christopher Loeak），外交与贸易部长基特兰·卡布阿（Kitlang Kabua，女），卫生与公众服务部长乔·本江（Joe Bejang），财政、银行与邮政部长布伦森·瓦斯（Brenson Wase），交通、通信与信息技术部长凯撒·诺特（Kessai H. Note），文化与内政部长奥塔·基辛诺（Ota Kisino），工程、基础设施与公共事业部长吉贝·卡布阿（Jiba Kabua），司法、移民与劳工部长杰克·阿丁（Jack J. Ading），教育、体育与训练部长威尔伯·海因（Wilbur Heine），自然资源与商务部长约翰·西里克（John Silk）。

【行政区划】全国分为24个市政区域，主要城镇包括马朱罗、埃贝耶等。

【司法机构】设最高法院、高等法院、地区法院、社区法院和传统权利法院等。

【重要人物】戴维·卡布阿：总统。马绍尔群岛开国总统阿玛塔·卡布阿的次子。毕业于夏威夷大学。曾长期担任议员，2012—2013年任卫生部长，2014—2016年任内政部长。2020年1月13日就任马绍尔群岛第9任总统。

经　济

马绍尔群岛经济落后，严重依赖外援，财政预算的60%以上依靠美国及其他国家和地区财政捐助。2006年以来，政府积极推行国有企业私有化政策，减轻政府债务水平，加大对教育的投入，加强基础设施建设，经济取得一定发展。2022年主要经济数据如下：

国内生产总值：2.7亿美元。

人均国内生产总值：4860美元。

国内生产总值增长率：1.5%。

货币名称：美元。

（资料来源：国际货币基金组织）

【资源】海域面积广大，海底有钴壳和锰结核等矿产资源。部分岛屿蕴藏磷酸盐，渔业资源丰富，海产养殖及捕鱼业有较大发展潜力。

【农业】产椰子、香蕉、芋头、面包果等。近年来，渔业生产增幅较大，椰干产量略有增加，由于收购价格提高，产值增幅较大。

【交通运输】岛屿间交通依靠水运和空运。

水运：马绍尔群岛是仅次于巴拿马的世界第二大船舶注册国，在马注册船舶总吨位达2.5亿吨。马朱罗为主要港口。

空运：有15个机场，其中4个机场有硬化跑道。主要机场在马朱罗，能起降波音737客机。马绍尔航空公司有定期航班飞往国内主要岛屿。美国联合航空公司和瑙鲁航空公司每周有班机来往于檀香山、关岛、马朱罗及邻近太平洋岛国。

公路：硬化路面75公里。

【财政金融】主要收入来源为海外援款。

主要银行：马绍尔群岛银行（Bank of Marshall Islands），系商业银行，成立于1982年11月。

【对外贸易】出口产品结构单一，对外贸易连年赤字，且居高不下。主要贸易伙伴为美国、日本、澳大利亚和中国，其中马美贸易额占马贸易总额的80%以上。

主要出口冷冻鱼、椰油、椰饼、手工艺品，进口食品、燃料、烟草、建材、汽车和机械设备。主要进口来源有美国、日本、澳大利亚、新西兰、中国等。

【外国援助】主要援助方有美国、日本、欧盟和中国台湾地区，其中美国援助最多。

人民生活

首都和埃贝耶岛各有1所医院，共有病床113张，医护人员约120名。2010年初，马接通海底光缆，开通了高速网络服务。

军　事

根据与美国的协议，马绍尔群岛国防由美国负责。

文化教育

【教育】对6—14岁的儿童实行义务教育，公立学校学费全免。马绍尔群岛学院（专科），有全日制学生400余名。政府向符合条件的学生提供奖学金。

【新闻出版】主要报纸为私人办的《马绍尔群岛周报》。政府不定期出版公报。有4个广播电台。

对外关系

支持民族自决，重视气候变化问题，主张保护海洋资源和环境，发展地区合作，建立南太平洋无核区，积极寻求与周边国家发展关系，开展平等互利的友好合作，以促进本国经济发展。

1996年9月，马绍尔群岛在《全面禁止核试验条约》上签字。2010年7月，在巴西举行的联合国教科文组织第34届年会表决通过将马绍尔群岛比基尼环礁核试遗址（1946—1958年美国在此共进行67次核试验）作为文化遗产列入《世界遗产名录》。

已同70多个国家建交，系联合国会员国，国际民航组织、太平洋岛国论坛、亚洲开发银行等20多个国际和地区组织成员。在美国、斐济、日本设有使馆，在纽约和日内瓦设有常驻联合国代表团。

【同中国的关系】中国与马绍尔群岛曾于1990年11月16日建交。1998年11月20日，马绍尔群岛与台湾当局签署所谓“建交”公报；12月11日，中国宣布中止与马的外交关系。

2008年，马绍尔群岛体育代表团参加北京奥运会。2010年，马绍尔群岛同其他太平洋岛国以太平洋联合馆形式参加上海世博会。

据中国海关总署统计，2022年，中马双边贸易额为34.68亿美元，同比增长8.7%。其中，中国出口额为34.67亿美元，同比增长8.8%；中国进口额为17.5万美元，同比减少93.6%。

【同美国的关系】受美托管多年，与美关系密切。根据1986年生效的马美《自由联系条约》，马享有内政、外交自主权，但防务由美负责，马公民可以自由出入美国。2003年5月，马美续签该条约，美承诺将在20年内继续向马提供经济援助，同时为马建立信托基金。1986—2002年，美向马提供的经济援助超过10亿美元。2019年5月，马总统海因访美，同密克罗尼西亚联邦总统帕努埃洛、帕劳总统雷门格绍共同会见美总统特朗普。2022年9月，马总统卡布阿赴美出席美国—太平洋岛国领导人峰会。马美正就《自由联系条约》有关条款续签进行谈判。

马在华盛顿和夏威夷分别设有使馆和领馆。美在马设有使馆。

【同日本的关系】曾被日本占领。马日关系密切。日每年向马提供约400万—500万美元援款。1997年，日在马设使馆并派大使。日自1991年起向马派志愿者。2018年5月，马总统海因赴日本出席第八届日本—太平洋岛国领导人会议。（李德）

美国本土外小岛屿

根据国际标准化组织有关标准（ISO 3166），美国本土外小岛屿（United States Minor Outlying Islands）包括太平洋上的贝克岛、豪兰岛、贾维斯岛、约翰斯顿岛、金曼礁、中途岛、巴尔米拉环礁、威克岛及加勒比海上的纳瓦萨岛，均为美国无建制领土（unincorporated territories of the United States）。

豪兰和贝克群岛（Howland and Baker Islands）由两个无潟湖珊瑚礁岛组成，由美国内政部管辖。位于太平洋中部靠近赤道处，东北距夏威夷3300公里。赤道气候，少雨，多风。地势低平，四周有暗礁环绕。无淡水资源。豪兰岛长2.4公里，宽0.9公里，陆地面积1.6平方公里，海岸线长6.4公里，陆地最高点为海平面以上3米。贝克岛长1.6公里，宽1.1公里，陆地面积1.4平方公里，海岸线长4.8公里，陆地最高点为海平面以上8米。

19世纪下半叶，美国人和英国人开始在此采集鸟粪。1935年，美国人在两岛建立居民点（二战期间撤废），并在贝克岛修建了一座灯塔。翌年，以上两岛划归美国内政部管辖。1937年，美国在豪兰岛修建了一个简易机场（现已不用）。1942年，美国人在遭日军攻击后撤离。1943年美军在贝克岛建立了空军基地（战后废弃）。1990年，美国国会曾立法建议将两岛置于夏威夷州管辖。现在两岛是美国国家野生动物保护体系的一部分，由美国内政部下设的美国鱼类及野生动植物管理局负责管理。无常住居民，一般只对科学家和研究人员开放。

豪兰和贝克专属经济区直径400海里，受美国海岸警卫队保护。该专属经济区面积占美国海岸线总面积的4%（1130万平方公里中的42.5万平方公里）。豪兰岛为夏威夷和澳大利亚之间的航空中间站。美国海岸警卫队每年巡视两岛。两岛均无港口，仅有小船停泊区。

贾维斯岛（Jarvis Island）原称“邦克岛”（Bunker Island）或“邦克滩”（Bunker's Shoal），由美国内政部管辖。位于太平洋中部檀香山以南2417公里处。全岛长约2.8公里，宽1.6公里，面积4.5平方公里，海岸线长8公里，陆地最高点为海平面以上7米。为沙岛和珊瑚岛，四周有暗礁环绕。无淡水资源。热带气候，少雨，多风。

美国人1935年在此建立了名为米勒什维尔的定居点，作为气象站使用，二战期间撤废，1957年国际地球物理年时曾被科学家再度使用过。现岛上无常住居民。1974年，美国宣布该岛为野生动物保护地，由美国内政部管辖。1990年，美国国会有关立法建议将该岛置于夏威夷州管辖。1974年岛上建立国家野生动植物保护区。该岛和其他六个岛屿一同由美国鱼类及野生动植物管理局管辖，是太平洋偏远岛屿国家野生动物保护区的一部分，一般只对科学家和研究人员开放。美国海岸警卫队每年巡视此岛。岛上无港口，仅有海面停泊所。西海岸中部有一灯塔。

约翰斯顿环礁（Johnston Atoll）属波利尼西亚群岛，为美国无建制领土，由美国鱼类及野生动植物管理局管理。位于北太平洋中部，东北距夏威夷檀香山1328公里，有重要战略地位。主要由约翰斯顿、萨德两岛及北岛、东岛两个人工小岛组成。面积2.8平方公里，海岸线长34公里。热带气候，干燥，持续东北信风。地势平坦，陆地最高点为海平面以上10米。无淡水资源。

1807年，英国海军舰长查尔斯·詹姆斯·约翰斯顿发现该岛。1858年，夏威夷王国和美国对该岛归属发生争议。1898年美吞并夏威夷后，该岛属美国。1934年起由美海军部管辖，并在岛上修建了基地。1941年宣布为美海军防务区，建立海军航空兵站。1948年改由美空军管辖。20世纪50—60年代该岛为核武器试验区和飞机加油站，直到2000年一直是化学武器的储存及处理地。1983年，美国曾计划在此建立化学武器处理设施，但引起南太论坛及环保组织的抗议。1996年从德国转运至该岛的神经毒气炮弹在该岛完成销毁，有关化学武器设施的清理和关闭工作于2004年完成。该岛现由美国太平洋空军希卡姆空军基地和美国鱼类及野生动植物管理局管理。

岛上有20条声讯数据线路，一定数量的电信设施，可提供互联网服务；有商业卫星电视系统，可接收30个频道，有7个电台。有1个飞机场，但已关闭。岛上曾有1100名美国军事人员和承包商，2005年美政府人员全部撤离。经济活动仅限于为岛上人员提供服务。所有食品和制成品依赖进口。

中途岛（Midway Islands）属波利尼西亚群岛，由美国内政部管辖。位于太平洋北部，地处太平洋东、西两岸的中途，东南距檀香山约2334公里。由沙岛、东岛和斯皮特岛组成，为珊瑚礁岛，陆地面积6.2平方公里，海岸线长15公里。地势低平，陆地最高点为海平面以上13米。亚热带气候，盛行东风。岛上无本土居民。

1859年，美国人布鲁克斯抵达该岛。1867年美占领该岛。1903年建成海军基地，并因其所处美国加州及日本中途的地理位置而被美海军改为现名。1905年在沙岛上建成夏威夷与菲律宾之间的海底电缆连接站。1935年建成民用航空站。1940年美国海军修建了航空和潜艇基地。1942年6月3日至6日，美日曾在此激烈交战。二战后，其作为商业航空站的地位下降，1950年取消了定期航班。现岛上有潜艇和空军基地，还设有野生动物保护区，对公众开放游览。1990年的一项美国国会立法要求将该岛包括在夏威夷州的范围之内。1993年，海军基地关闭。1996年10月，该岛从美国国防部转为美国内政部管辖，现由内政部下设的美国鱼类及野生动植物管理局负责管理。岛上大约有40位野生动植物管理局工作人员。目前，岛上的国家野生动物保护区因机构重组暂时关闭。经济活动仅限于为岛上的国家野生动物保护活动提供服务。所有食品和制成品依赖进口。

岛上有32公里的道路，7.8公里的管道，1个港口（沙岛），3个机场（只有1个正常运营）。

威克岛（Wake Island）由美国内政部管辖。位于北太平洋，关岛以东约2060公里，由3个小礁岛组成，形成于水下的火山之上，中央的潟湖即原来的火山口。

面积6.5平方公里，海岸线长19.3公里。陆地最高点为海平面以上6米。热带气候，偶有台风。

该岛地处关岛和夏威夷之间，战略地位重要，被称为“太平洋的踏脚石”。1940—1941年，美国在岛上建立了重要的空军与海军基地。1941年12月，日本占领此岛直至二战结束。1962年，美国在岛上建成了现代化机场，1964年完成了新的海底电缆的敷设。该岛还是檀香山和关岛海底电缆的连接点。1972年，该岛交由美国防部管辖。1974年用作导弹试验基地。20世纪70年代中期至今，成为美空军紧急降落基地，也是美民航和军用飞机从檀香山到东京和关岛的加油站。1990年，美国国会一项立法建议将该岛置于关岛管辖范围内。目前，该岛由美国内政部管辖，美国空军管理岛上活动。

岛上无本土居民，只有约75名美军事人员和承包商。经济活动仅限于为岛上的军事人员和承包商提供服务。所有的食品和制成品依赖进口。岛上有电话系统和卫星通信系统。无港口，有2个大型船只近海停泊区；有1个飞机场，供美军和商业货运飞机使用。马绍尔群岛共和国（南距该岛500公里）以该岛在传统宗教仪式上的重要性为理由，对该岛提出了主权要求。

金曼礁（Kingman Reef）由美国内政部管辖。2001年建立国家野生动植物保护区。位于太平洋中部的莱恩群岛北部，檀香山以南1778公里。面积1平方公里，是一个大部分被淹没的三角形环礁。陆地最高点不到海平面以上2米。1922年属美国。1934年曾为美国海军基地。现无人居住。

巴尔米拉环礁（Palmyra Atoll）由美国内政部管辖。位于莱恩群岛北部、金曼礁以南。面积11.9平方公里。陆地最高点为海平面以上3米。无常住居民，有1个私人机场。岛上有大自然保护协会、美国鱼类及野生动植物管理局约20名工作人员。

纳瓦萨岛（Navassa Island）由美国内政部管辖。位于加勒比海，在海地和牙买加之间。面积5.4平方公里。无人居住，岛上有灯塔。海地对该岛有主权要求。

（陶然）

美属萨摩亚

名称　美属萨摩亚（American Samoa），又称“东萨摩亚”。

面积　陆地面积199平方公里。

人口　5.51万（2021年）。91.6%的人口是萨摩亚人，2.8%是亚洲人，1%为白人，4.2%为混血，0.3%为其他人。有少数韩国人和华人。通用语言为萨摩亚语、英语。居民多信奉基督教新教公理宗和罗马天主教。

首府　帕果帕果（Pago Pago），人口约3000人（2020年）。

总督　勒马努·毛加（Lemanu P. S. Mauga），2020年11月3日当选，2021年1月3日就职，任期4年。

重要节日　旗日：4月17日。

简　况

位于中太平洋南部国际日期变更线东侧，属波利尼西亚群岛。包括萨摩亚群岛的土土伊拉、奥努乌、罗斯岛，马努阿群岛的塔乌、奥洛塞加、奥福岛及斯温斯岛。70%的土地为丛林覆盖，主岛土土伊拉岛最高峰拉塔山海拔964米。属热带海洋性气候。5月至10月为旱季，11月至次年4月为雨季。年均气温21℃—32℃，年均降水量5000毫米。12月至次年3月易受飓风袭击。

大约公元前1000年已有人在此居住。1722年荷兰人抵此。后法、英、德、美国人相继到此。1899年，根据美、英、德3国协定，美德分治萨摩亚群岛。1900年成为美国殖民地。1922年成为美国非建制领土，是美国在南半球唯一的领地。1951年以前是美国海军基地，由美国海军部管辖。1951年7月划归美国内政部岛屿事务办公室管辖。总督为最高行政官，下辖3个区、2个无建制环礁，共计74个村。

政　治

1977年11月，彼得·塔里·科尔曼在首次普选中当选美属萨摩亚总督，并于1980年连任。1984年11月，阿非奥格·鲁塔里当选总督。1988年11月，科尔曼击败鲁塔里，重新当选为总督。1992年11月，鲁塔里再次当选总督。1996年11月，塔乌埃塞·皮塔·苏尼亚当选总督，2000年11月再次当选。2003年4月，托吉奥拉·图拉福诺任代理总督。2004年11月，托吉奥拉当选总督，2008年连任。2012年11月，洛洛·马塔拉西·莫里加当选总督，2016年11月连任。2020年11月3日，勒马努·毛加当选总督。

【议会】有参众两院。参议院有18个席位，参议员用从选区酋长中推选的传统方法产生，任期4年。众议院有21个席位，其中20席由选举产生，另1席为斯温斯岛代表，任期2年。

美属萨摩亚在美国会众议院中有1席，由该岛居民选出，无投票权。现任众议员阿玛塔·科尔曼·拉德维根（Amata Coleman Radewagen，共和党），2014年在选举中击败伊尼·法里奥马维加，2015年1月正式接任美属萨摩亚国会众议院代表之职。

【政府】政府首脑为总督，现任总督为勒马努·毛加。

【司法机构】设有高级法院。法官由美国内政部任命。

【政党】两党制：民主党和共和党。

经 济 属传统波利尼西亚经济，90%的土地为公有地。美属萨摩亚土地贫瘠，多山，仅出产少量香蕉、椰子、薯类和蔬菜，粮食、水果和日用品不能自给。经济以金枪鱼捕捞和加工业为支柱，金枪鱼罐头是其主要出口产品。财政严重依赖美国联邦政府财政转移支付。2021年主要经济数据如下：

地区生产总值：7.09亿美元。

人均地区生产总值：1.57万美元。

地区生产总值增长率：–1.7%。

货币名称：美元。

【工业】主要工业为鱼类加工业，2015年雇用员工2579人。38.1%的劳动力在美属萨摩亚政府工作。

【农业】以传统作物为主，如椰子、香蕉、芋头、面包果、蔬菜等。

【旅游业】政府致力于发展旅游业，但由于资金缺乏及交通不便，旅游业发展缓慢。

【交通运输】共有5个港口和口岸，首都帕果帕果是天然良港，可泊万吨轮船。共3个机场，主要机场为帕果帕果国际机场，可起降大型客机。公路241公里。

【财政金融】财政年度始自当年10月1日，止于次年9月30日。2020/2021财年预算总额4.2亿美元，比上一财年减少4%。2021/2022财年财政收入8.76亿美元，财政支出9.83亿美元，赤字1.07亿美元。

主要银行有：美属萨摩亚银行（American Samoa Bank）、美属萨摩亚开发银行（Development Bank of American Samoa）。

【对外贸易】2021年，进口额为3.34亿美元，出口额为7.24亿美元，贸易逆差3.9亿美元。

人民生活 人民享受免费医疗，住院每天只象征性交7美元。有中心医院1所，卫生中心2个。

文化教育 【教育】美属萨摩亚中小学全部实行12年制义务教育，共有公立、私立各类学校115所，其中学龄前儿童学校59所、幼儿园30所、小学32所、中学9所、社区学院1所，还有1所特别教育学校。

【新闻出版】报刊有《萨摩亚新闻》日报和《美属萨摩亚政府通讯》。有3家电台（其中，WVUV电台为商业电台，1975年由政府租借给萨摩亚广播公司，用英语和萨摩亚语播音）；有1家有线电视台即KVZK电视台，建于1964年，为政府所有。 （陶然）

密克罗尼西亚联邦

国名 密克罗尼西亚联邦（The Federated States of Micronesia）。

面积 陆地面积702平方公里，海洋专属经济区面积约298万平方公里。

人口 10.48万（2022年）。密克罗尼西亚人占88.9%，亚洲人占1.8%，波利尼西亚人占1.5%。华侨数十人。天主教徒占50%，新教徒占47%。官方语言为英语，4个州分别通用8种各自的主要地方语言。

首都 帕利基尔（Palikir），位于波纳佩州（Pohnpei），人口约6647人（2010年）。

国家元首 总统戴维·帕努埃洛（David W. Panuelo），为密联邦第9任总统，2019年5月11日当选，任期4年。

重要节日 独立日（国庆日）：11月3日；宪法日：5月10日。

简 况 位于中部太平洋地区，属加罗林群岛，东西延伸2500公里。海岸线长6112公里。岛屿为火山型和珊瑚礁型，多山地。由607个大小岛屿组成，其中4个主要大岛为：波纳佩、丘克、雅浦和科斯雷。属热带海洋性气候。12月至翌年3月为旱季，4月至11月为雨季。年均气温27℃。年均降水量约2000毫米，其中波纳佩年降水量超过3000毫米，是世界上降水量最多的地方之一。

4000年前就有人居住。16世纪被西方航海者发现。19世纪中期英、美、德先后在此设立贸易点，1885年遭西班牙占领，1899年被转让给德国。第一次世界大战后（1914—1945年）被日本占领，第二次世界大战后被美国占领。1947年，联合国将密交由美国托管，后与马绍尔群岛、北马里亚纳群岛和帕劳构成太平洋岛屿托管地的4个政治实体。1965年1月成立议会，此后不断要求自治。1969年，密开始就未来政治地位同美国谈判。1979年5月10日通过宪法，密克罗尼西亚联邦成立。1982年与美签订《密美自由联系条约》，1986年11月3日生效，密联邦正式独立。根据《密美自由联系条约》，密获得内政、外交自主权，安全防务15年内由美国负责。1990年12月，联合国安理会召开会议，结束密联邦的托管地位，1991年9月17日接纳密为联合国正式会员国。2003年密美双方就《密美自由联系条约》续约事达成协议，将该条约延长20年，2004年5月起生效至2023年。

政　治

实行三权分立的政治制度，立法权、司法权和行政权相互独立，互相制衡。

【宪法】1979年5月10日通过并生效。宪法规定，总统为国家元首，也是政府首脑，由国会议员从来自4个州的4位4年期议员中选举产生。

【议会】称“联邦国会”，一院制，由14名议员组成，其中每州1名任期4年的“全任期”议员，其余10名议员任期2年，按人口比例在各州分配。第22届国会于2019年5月11日正式就职。现任议长为韦斯利·西米纳（Wesley W. Simina），副议长为埃斯蒙德·摩西斯（Esmond B. Moses）。

【政府】内阁部长由总统提名，国会批准后组成联邦内阁。现内阁成员主要有：副总统尤斯沃·乔治（Yosiwo P. George），总统办公厅主任小里奥·法尔科姆（Leo Falcom，Jr.），外交部长坎迪·埃利伊萨（Kandhi A. Elieisar），交通、通信与基础设施部长卡尔森·阿皮斯（Carlson D. Apis），财政与行政事务部长尤金·阿莫尔（Eugene Amor），司法部长约瑟·盖伦（Joses R. Gallen），教育部长卡尔文·凯法斯（Kalwin Kephas），环境、气变与突发事件管理部长安德鲁·亚提曼（Andrew Yatilman）等。

【行政区划】全国共分为4个州：从西往东依次为雅浦、丘克、波纳佩和科斯雷。

【司法机构】设最高法院、州法院。联邦首席大法官为终身制，现任大法官丹尼斯·雅马斯（Dennis K. Yamase），2015年7月就任。

【重要人物】**戴维·帕努埃洛**：总统。1964年4月13日出生于波纳佩州。毕业于美国东俄勒冈大学。1987年起就职于密外交部，历任密驻斐济使馆副馆长、常驻联合国代表团副代表、外交部副部长等职。2003年辞职经商，成功创办多家建筑、设计、零售等企业，并积极投身公益。2011年当选密联邦国会议员并于2013年、2015年和2019年3次连任。2019年5月当选密联邦第9任总统。

经　济

密克罗尼西亚联邦经济落后，绝大多数人的经济生活以村落为单位。产椰子、胡椒、芋头、面包果等农产品。渔业资源丰富，尤以金枪鱼著名。粮食及生活日用品大多靠进口。严重依赖外援，国内缺乏有效的市场机制和良好的投资环境，经济发展缓慢。密将农业、渔业、旅游业作为经济的“三大支柱”。2022年主要经济数据如下：

国内生产总值：4.5亿美元。

人均国内生产总值：4070美元。

国内生产总值增长率：-0.6%。

货币名称：美元。

（资料来源：国际货币基金组织）

【资源】密海域是世界著名的金枪鱼产地。蟹、贝类、龙虾以及淡水鳗、虾等资源待开发。

【工业】工业落后，只有少量加工业，如渔产品加工厂、制皂厂、椰油加工厂和成衣加工厂。建筑和机械修理行业部分由外国人经营。

【农业】农业落后，无粮食种植。椰子、香蕉、面包果、木瓜、木薯等热带果木到处可见。出产优质黑胡椒，出口国外。

【旅游业】旅游资源较为丰富，不仅热带风光秀丽，而且保存着独特的民族传统文化和风俗，还有“南马都尔”古城堡、“石币银行”等古迹以及太平洋战争战场遗址。2016年，南马都尔遗址被联合国教科文组织作为文化遗产列入《世界遗产名录》。

【交通运输】岛屿之间交通主要有空运和海运。境内机场可供波音737飞机起降。公路运输较为落后。无铁路。

水运：联邦政府拥有3艘800吨级以上轮船定期来往于各州。各州政府共有4艘600吨左右的客货两用船。中国政府分别于2004年10月和2007年2月向密丘克州和雅浦州各提供1艘客货两用船。各州的港口均可停靠远洋级货轮。主要港口：波纳佩港（Pohnpei Port）、科洛尼亚（Colonia）、莱莱（Lele）、莫恩（Moen）。

空运：各州均有小型国际机场。美国联合航空公司、巴布亚新几内亚航空公司、瑙鲁航空公司每周有数次航班往来于关岛、夏威夷、马绍尔群岛、莫尔斯比港、波纳佩、丘克、雅浦和科斯雷。

公路：全国公路总长约240公里。

【电信业】设有电话、电报、互联网、邮政和地面卫星设施。2010年3月关岛与波纳佩州间海底光缆接通。目前，密联邦各州已通过铺设海底光缆开通4G网络。

【财政金融】2013—2017年，由于提高了捕鱼许可证收入，密克罗尼西亚联邦财政收入大于支出，产生盈余。2018年财政盈余为2300万美元。

有两家国内银行，分别是密克罗尼西亚联邦发展银行和密克罗尼西亚联邦银行。

【对外贸易】2018年进出口总额为2.36亿美元，进口额为1.97亿美元，出口额为0.39亿美元。此后密政府未公布进出口贸易额。主要出口商品为近海鱼类（83%）和槟榔（12%），主要出口目的地为泰国、美国、圭亚那、中国、日本。主要进口柴油、建材、汽油、汽车、机械、大米等，主要进口来源地为美国、印度尼西亚、日本、中国、韩国。

【外国援助】密克罗尼西亚联邦接受的外援主要来自美国。根据《密美自由联系条约》，美国在1986—2001年，共向密提供13.4亿美元的援助。根据2003年续签后的《密美自由联系条约》，美将在20年内向密提供总额约18.5亿美元的援款，其中部分用于设立信托基金。2023年后，美将停止援助，密靠信托基金自力更生。密同时也积极寻求外部援助。目前，密正同美商谈《密美自由联系条约》援助条款续约。

人民生活

为全国人口提供免费的公共医疗。全国从事医疗卫生工作的人员约1000人，医疗卫生经费约占年度财政预算的10%。

军　事

根据《密美自由联系条约》，密国防由美国负责。密无军队，只有少量警察。

文化教育

【教育】重视发展教育事业，其教育体系参照美国建立。法律规定对6—15岁儿童实行公立学校免费教育，其中前6年小学教育是强制性的。政府每年在教育上投入的经费占密国内生产总值的17.4%以上、政府开支的13%左右（2018年，密联邦教育部）。有1所公立社区大学密克罗尼西亚学院，在密4个州共有6个校区，截至2018年底有在校学生1900多名、教师100多名（约半数为客座教师），开设课程需经美国教育部审定，主要授予教育、医疗、工商、管理等专业大专学位。有公立小学、中学，另有教会和私立学校，在校学生总人数约2.4万（2020年，密联邦教育部）。

【新闻出版】仅有一份全国发行的双周刊英文报纸《你好通讯》，总部设在波纳佩州。雅浦州政府定期发行时事通讯。各州政府均设有广播电台，每天播放16—18小时宗教、音乐类节目及少量当地语言新闻。各州政府均设有网站。密无电视台，由联邦电信公司经营的网络电视服务转播美国有线新闻网、英国广播公司、日本广播协会、澳大利亚广播公司、半岛电视台等频道的电视节目。

对外关系

密克罗尼西亚联邦以“和平、友谊与合作”为其发展对外关系的指导原则。政治上积极争取国际社会的广泛承认，树立独立自主形象；经济上谋求国际经济技术援助，促进经济自立的进程。密已同90多个国家建交。

密克罗尼西亚联邦是联合国会员国，太平洋岛国论坛、太平洋共同体、太平洋岛屿发展计划、太平洋椰子共同体、亚太广播联盟、亚太经社理事会、亚洲开发银行、国际民航组织、世界卫生组织和国际奥委会等国际和地区组织成员。1991年7月、1998年8月和2016年9月，密成功举办了3次太平洋岛国论坛会议。2021年2月，宣布退出太平洋岛国论坛，过渡期1年。2022年2月，宣布暂缓退出论坛，7月宣布继续留在论坛。1997年9月，密主办了太平洋区域环境署第六次会议。《中西部太平洋高度洄游鱼类养护和管理公约》委员会总部设在密联邦波纳佩州。

【同中国的关系】中密于1989年9月11日建交。2014年11月，国家主席习近平在斐济楠迪同密克罗尼西亚联邦总统莫里会晤，双方一致同意建立相互尊重、共同发展的战略伙伴关系。2018年11月，国家主席习近平在巴布亚新几内亚莫尔斯比港同密克罗尼西亚联邦总统克里斯琴会晤，双方一致同意将两国关系定位提升为相互尊重、共同发展的全面战略伙伴关系。

近年来，中方访密的主要有：国家主席习近平特使、全国政协副主席杨传堂出席密总统帕努埃洛就职仪式（2019年7月）。

密方访华的主要有：乔治副总统（2018年9月出席第3届丝绸之路国际文化博览会），帕努埃洛总统（2019年12月国事访问）。

2022年6月，王毅国务委员兼外长分别同密外长埃利伊萨、前总统哈格莱尔加姆举行视频会见。

山东省和密科斯雷州、浙江省和密波纳佩州、广东省和密丘克州、宁夏回族自治区和密雅浦州已分别建立友好省（区）州关系。2018年，海南省和密雅浦州建立友好省州关系。

据中国海关总署统计，2022年，中密双边贸易额为3051万美元，同比减少18.6%。其中，中国出口额为3041万美元，同比增长51.5%；中国进口额为10万美元，同比减少99.4%。

中国驻密克罗尼西亚联邦大使：黄峥。馆址：Embassy of the People’s Republic of China in the Federated States of Micronesia，Palikir，Pohnpei。电话：00691-3205575；传真：3205578。

密克罗尼西亚联邦驻华大使：文森特·西瓦斯（K. S. Vincent Sivas）。馆址：北京市朝阳区建国门外外交公寓1-1-11。电话：010-65324708；传真：65324609。

【同美国的关系】密受美托管多年，同美有特殊关系。根据1986年生效的《密美自由联系条约》，密享有内政、外交自主权，但防务15年内由美负责，密不得允许其他国家利用密领土和海域从事军事活动。密公民可自由出入美国。2003年5月，密美续签该条约，美承诺将在20年内继续向密提供经济援助，同时逐步为密建立信托基金。密在华盛顿设有使馆，在夏威夷、关岛和波特兰设有领馆。美在密设有使馆。美国每年向密出口的商品占密进口总额的2/3。密产品可优惠向美出口。2021年7月，密总统帕努埃洛访问美“印太”司令部。2022年4月，密总统帕努埃洛访美。9月，密总统帕努埃洛赴美出席首次美国—太平洋岛国领导人峰会。

【同日本的关系】密日1988年8月5日建交。密曾被日本占领，日在密有较多后裔和移民，双方政治和经济关系密切。两国互设使馆。日本2008年向密派驻首任常驻大使。日本是密最大出口市场和主要援助国之一，密出口商品的60%输往日本。密日之间签有捕鱼协定。日向密提供的无偿援助主要用于在各州修建公路、码头、冷冻设施和垃圾处理设施。日在密派有志愿队员。2019年11月，密总统帕努埃洛对日本进行工作访问，其间会见日首相安倍晋三。2021年6月，密总统帕努埃洛同日本首相菅义伟视频会见。2021年7月，密总统帕努埃洛以视频方式出席第九届日本—太平洋岛国领导人会议。

【同澳大利亚的关系】密澳1987年7月建交。澳是最早向密派出常驻大使的国家，澳系密主要援助国之一。2022年12月，澳外长黄英贤率跨党派代表团访密。

（李德）

瑙 鲁

国名 瑙鲁共和国（The Republic of Nauru）。

面积 陆地面积21.1平方公里，海洋专属经济区面积32万平方公里。

人口 1.27万（2022年）。58%为瑙鲁人，属密克罗尼西亚人，其余为其他太平洋岛国人、华人、菲律宾人和欧洲人后裔。另有约2000瑙鲁人居住在澳大利亚。英语为官方语言，通用瑙鲁语。居民多数信奉基督教新教，少数信奉天主教。

首都 不设首都。行政管理中心在亚伦区（Yaren District）。

国家元首 总统拉斯·库恩（Russ Kun），2022年9月就任。

重要节日 独立日：1月31日；宪法日：5月17日；返乡日（Angam Day）：10月26日。

简 况

位于中太平洋、赤道以南约60公里处，由一独立的珊瑚礁岛构成。全岛长6公里，宽4公里，海岸线长约30公里，最高点海拔61米。全岛3/5曾为磷酸盐所覆盖。属热带雨林气候，年均气温24℃—38℃，年均降水量1500毫米。

瑙鲁人世居岛上。1798年英国船“猎手”号首抵瑙鲁。1888年被并入德国马绍尔群岛保护地。20世纪初英国人获准在此开采磷酸盐。1920年，国际联盟将瑙鲁划归英国、澳大利亚和新西兰共管，但由澳代表行使职权。1942—1945年被日军占领。1947年成为联合国托管地，仍由澳、新、英共管。1968年1月31日独立。

政 治

实行总统制。总统既是国家元首，也是政府首脑。

【宪法】1968年1月29日通过，5月17日生效。

【议会】一院制，由18名议员组成，任期3年。议长由议员推举产生。总统由议会选举产生。本届议会于2022年9月组成。议长马可斯·斯蒂芬（Marcus Stephen）。

【政府】政府由总统及其任命的部长组成，对议会负责。本届政府于2022年9月产生。现政府主要成员有：总统兼内阁会议主席以及公共服务、外交和贸易、警察和应急事务、内政、气候变化部长拉斯·库恩，总统助理兼财政与可持续发展部长马丁·亨特（Martin Hunt），卫生部长提姆·约翰（Timothy John），环境管理和农业部长雷吉·戈达布（Rennier Gadabu）等。

【行政区划】全国划分为14个区。

【司法机构】设最高法院，下设地区法院和家庭法院。在大多数情况下，以澳大利亚高等法院为终审法院。现任大法官丹尼尔·法蒂亚基（Daniel Vafo’ou Fatiaki），2021年就职。

【重要人物】**拉斯·库恩**：总统。曾在商务部、内政部任职。2013年当选议员并连任至2022年，其间曾任财政部、旅游部副部长。

经 济

主要依靠磷酸盐出口、发放捕鱼证和外销热带水果，严重依赖外援和举债。2022年主要经济数据如下：

国内生产总值：1.5亿美元。

人均国内生产总值：12040美元。

国内生产总值增长率：3%。

货币名称：通用澳元。

汇率：1美元≈1.49澳元。

（资料来源：国际货币基金组织）

【资源】磷酸盐资源丰富，向澳大利亚、新西兰出口磷酸盐是主要收入来源。20世纪七八十年代，其年产量和出口量为100万—150万吨，自90年代始产量逐年下降。

1989年，瑙鲁向国际法院起诉澳大利亚，要求澳对在瑙独立前开采磷酸盐造成生态破坏予以赔偿。1993年，瑙澳达成庭外和解，澳同意赔偿瑙1.07亿澳元，以现金支付其中5700万澳元建立信托基金，另5000万澳元分20年逐年拨付（每年平均250万澳元），用于双方商定的项目。

【农业】农产品十分有限，主要是椰子、香蕉、菠萝等。几乎所有食品和饮用水都依赖进口。

渔业资源较丰富，多金枪鱼，每年潜在捕鱼量约为4万多吨，待开发。每年政府通过发放捕鱼证方式获得的收入为600万—800万澳元。

【交通运输】铁路：全长3.9公里，用来连接岛屿中部的磷酸盐矿区和西南岸的加工厂。

公路：有环岛沥青公路，全长24公里，其他公路6公里。

水运：有货船定期来往于澳大利亚和瑙鲁。瑙渔业局有两条捕鱼船。有两个小码头，一个为货运码头，可通过驳船转运装卸货物，另一个为供渔船出入的小码头。

空运：瑙鲁航空公司靠从澳大利亚诺福克航空公司租借的1架旧波音737-300型客机维持经营，并更名为OUR航空公司。每周沿澳大利亚布里斯班—瑙鲁—基里巴斯塔拉瓦—斐济楠迪航线往返一次。

【**对外贸易**】主要贸易伙伴有澳大利亚、新西兰、斐济、日本、美国等国家和地区。主要出口磷酸盐，进口食品、家电、日用品、五金、建材等。

【**外国援助**】主要来自澳大利亚。2001年12月，瑙澳签署难民问题备忘录，澳在瑙建立难民甄别中心，并向瑙提供1000万澳元援助，用于教育、卫生、基础设施建设等领域。2002年和2004年，瑙澳签署难民问题第二、第三期备忘录，澳允诺向瑙提供合计3700万澳元援助，并向瑙派出高级财政和警务官员协助管理。但迫于社会舆论的压力，澳大利亚陆续关闭了其在海外的难民甄别中心。2008年2月，瑙难民甄别中心关闭。2012年8月，重新开始运营。近年来，澳每年向瑙提供约3200万澳元的官方发展援助。（资料来源：澳大利亚外交贸易部）

人民生活

实行免费医疗，有1所医院，医疗卫生水平有限，糖尿病、癌症等非传染性疾病高发。

军　　事

无军队，防务由澳大利亚协助。有警察约100名。

文化教育

【**教育**】实行免费义务教育。少数学生在斐济接受高等教育，政府提供奖学金。另接受澳大利亚、泰国、太平洋岛国论坛等提供的奖学金。

【**新闻出版**】政府不定期出版《公报》，免费赠阅。瑙鲁广播电台、瑙鲁电视台为官方机构，播放议会会议情况、瑙鲁新闻等。瑙鲁广播电台转播澳大利亚广播公司节目。瑙鲁电视台转播澳大利亚广播公司、卫视体育台等外国电视节目。

对外关系

奉行不结盟政策，主张同各国友好相处。瑙鲁是联合国会员国，英联邦、国际展览局、亚洲开发银行、太平洋岛国论坛和太平洋共同体等组织成员。与英、美、法、日、澳、新（西兰）、加、俄、泰，以及其他太平洋岛国等50多个国家建立了外交关系。目前，在澳大利亚布里斯班、泰国曼谷设有总领馆，在澳大利亚堪培拉、斐济苏瓦设有高专署，在纽约设有常驻联合国代表团（兼驻美国大使馆），在印度新德里、英国伦敦分别设有名誉领事。

【**同中国的关系**】1968年瑙独立时，台湾当局即予“承认”。1975年，瑙在台设办事机构。1980年，瑙台建立“领事关系”，同年台在瑙设“总领馆”。1990年8月，瑙台建立“全面外交关系”，台在瑙机构升格为“大使馆”。

2002年7月21日，瑙鲁同中国建交，同时与台“断交”。2005年5月14日，瑙总统斯科蒂在台北签署“复交公报”，宣布瑙台“复交”。5月27日，中国宣布中止与瑙鲁的外交关系和两国政府间的一切协议。

2008年，瑙体育代表团参加北京奥运会。2010年，瑙与其他太平洋岛国以太平洋联合馆形式参加上海世博会。目前，在瑙华人华侨约300人。

据中国海关总署统计，2022年，中瑙双边贸易额为1272.7万美元，同比增长11.8%。其中，中国出口额为1262.0万美元，同比增长11.9%；中国进口额为10.7万美元，同比减少0.4%。

【**同澳大利亚的关系**】澳大利亚与瑙鲁关系密切，是瑙鲁最大的贸易、投资、安全和发展援助伙伴。澳政府于2009年8月将其在瑙鲁的总领事馆升格为高级专员公署。

2017年9月，瑙鲁与澳大利亚签署安全合作谅解备忘录，确认澳大利亚作为瑙鲁主要安全伙伴的地位。2021年10月，澳大利亚和瑙鲁签署了《关于瑙鲁共和国持久区域处理能力的谅解备忘录》。瑙鲁还参与了澳大利亚的《太平洋劳动力流动计划》。（谢超）

纽　埃

国名　纽埃（Niue）。

面积　陆地面积260平方公里。

人口　约2000人（2022年），另有约3.1万人居住在新西兰，约5000人居住在澳大利亚。属波利尼西亚人。通用语为纽埃语和英语。75%的居民信奉埃克利西亚纽埃教，10%信奉摩门教，5%信奉罗马天主教。

首都　阿洛菲（Alofi），居民约606人（2022年）。

国家元首　英国国王查尔斯三世。国王代表为新西兰总督，现任总督辛迪·基罗，2021年10月就职，任期5年。

重要节日　国庆日（宪法日）：10月19日。

简　　况

位于南太平洋国际日期变更线东侧，属波利尼西亚群岛。纽埃岛是世界第二大正在上升的环形珊瑚礁，被称为“波利尼西亚之礁”。位于新西兰东北方向2400公里。北距萨摩亚约550公里，西距汤加约480公里，东距库克群岛拉罗汤加岛约900公里。属热带气候，年均气温27℃。

1000多年前波利尼西亚人到此定居。1774年英国人发现纽埃岛。1900年成为英国保护地。1901年作为库克群岛的一部分归属新西兰。1904年单独设立行政机构。1974年10月实行内部自治，同新西兰保持自由联系。

政　治

纽埃政府享有完全的行政权和立法权。应纽埃政府要求，新西兰政府可协助处理防务和外交事务。新西兰政府与纽埃政府互派高级专员。纽埃人同时享有纽埃和新西兰双重公民身份。

【宪法】1974年10月19日，实行内部自治并颁布宪法。宪法规定，由内阁制定政策和管理纽埃，总理由议会推选，任期3年，可连任。

【议会】一院制。1984年3月31日成立立法会议，由20名议员和1名委任的议长组成，议长无最终一票决定权，每届任期3年。20名议员中，14名由14个村选区推选，其余6名由普选产生，任期3年。选举后产生的新一届议会首次会议通常由议长主持，从20名议员中选举出总理。总理挑选3名议员组成内阁。本届议会于2023年5月选举产生。总理为多尔顿·塔格拉吉（Dalton Tagelagi）。议长为希马·道格拉斯（Hima Douglas）。

【政府】本届政府内阁成员包括：总理兼中央机构、国有企业和外交事务部长多尔顿·塔格拉吉，社会服务事务部长桑尼·汤加图勒（Sauni Tongatule），自然资源事务部长莫娜·阿伊努（Mona Ainuu，女），财政、基础设施事务部长克罗斯利·塔图伊（Crossley Tatui）。

【行政区划】岛上共有14个村落。

【司法机构】设高级法院，由首席法官和陪审推事负责，有向新西兰高等法院上诉的权力。另设土地法院，处理土地纠纷。

【重要人物】多尔顿·塔格拉吉：总理。出生于1968年6月，系纽埃议会首任议长之子。2008年当选议员。2014年任基础设施部长，2017年任环境、自然资源、农林渔业部长。2020年6月当选总理。

经　济

纽埃自然资源贫乏。主要产业为农业、旅游业和渔业。严重依赖新西兰援助和侨汇。人口外流严重。政府致力于国家经济和金融独立，积极发展旅游业和渔业，平衡政府开支，鼓励私营部门发展，取得一定成效。2021年主要经济数据如下：

国内生产总值：2631万美元。

人均国内生产总值：1.5万美元。

货币名称：新西兰元。

汇率：1美元≈1.67新西兰元。

【工业】仅有小型水果加工厂。年产锯木几百立方米，用于当地建设。

【农业】拥有可耕地2.1万公顷。主要产芋头、椰子、薯类和水果等。饲养家禽、猪和牛。

【旅游业】将旅游业作为经济发展龙头。1996年设立旅游局，并投资增设旅游点及旅店。目前，有1家酒店和若干小旅馆。年最大游客承载量为2万人。受新冠疫情影响，2021年访纽总人数为610人。

【交通运输】公路：全长128公里，1996年开通一条长38.2公里、贯穿全岛的柏油公路。丛林卡车道106公里。私人汽车591辆，摩托车197辆，政府车辆100辆。

空运：2005年10月，纽埃政府与新西兰航空公司签署协议，新航于2005年11月开始执行新纽通航。每周有两班皇家汤加航空公司班机，一班往返于努库阿洛法和纽埃，另一班路线为奥克兰—纽埃—努库阿洛法—奥克兰。哈南国际机场建于1970年，1995年扩建，柏油跑道长2335米，可降落波音737和767飞机。2013年3月，纽埃政府与新西兰航空公司签署协议，新航在4—10月的旅游旺季每两周增加一班飞往纽埃的航班。

海运：纽埃到新西兰、库克群岛和塔希提岛的航运业务由新西兰航运公司经营，每隔3—4周有往返于新纽的海运服务。小型的库克集装箱船每月两次抵达纽埃。此外，还有不定期客轮。

【对外贸易】主要贸易对象是新西兰。主要出口产品为鱼、芋头和蜂蜜，主要进口食品、饮料、机械和建筑材料。2021年，纽埃出口额为108万美元，进口额为1963万美元。

【外国援助】新西兰是纽埃最大援助国，对纽埃援助额占纽埃国内生产总值的50%以上，主要援助领域为旅游、卫生、教育、林业及私营部门。2021—2024财年新西兰对纽埃援助预算共计8000万新元。此外，纽还接受澳大利亚、日本、欧盟、中国、印度、韩国、联合国开发计划署等国家和国际组织的援助。2006年，纽埃、新西兰和澳大利亚共同成立纽埃国际信托基金，为纽埃政府提供长期、可靠的收入来源，鼓励其自力更生并减少对官方发展援助的依赖。2020—2023财年，澳大利亚对纽埃官方发展援助预算为1100万澳元。2014年1月，欧盟、澳大利亚及全球环境基金共同援助的5000个储水罐项目完工。

人民生活

纽埃实行免费医疗，医疗费用由新西兰资助。有1所医院和1个牙医诊所，24张床位。

军　事

根据1974年《宪法法案》，应纽埃政府要求，新西兰负责纽埃国防事务。新西兰任命1名顾问负责纽埃的国防事务。新西兰皇家空军定期在纽埃专属经济区巡逻。2005年5—7月，新西兰军队在纽埃举行了代号为“热带黎明行动”的军事演习，内容包括风灾后救援和重建。

文化教育

【教育】纽埃对5—14岁儿童实行义务教育。有1所小学，20名教师，350名学生；1所中学（含高中），28名教师，310名学生。教师主要从当地挑选，每年还从新西兰或其他国家聘请15—20位教师。目前，纽埃学校引进新西兰课程设置，其高中教育受到新西兰教育认证机构的承认。

【新闻出版】政府新闻处出版英文和纽埃文周刊《托希塔拉纽埃》。纽埃广播公司为政府所有，下设“阳光”广播电台和纽埃电视台，纽埃电视台主要播放新西兰电视节目。1998年，纽埃建成第一家电影院，有120个座位。

对外关系

纽埃同新西兰自由联系。如纽方要求，新西兰有义务帮助纽埃处理其外交。双方互派高级专员。新西兰是纽埃唯一设立驻外代表机构的国家，纽埃在惠灵顿设立高专署、在奥克兰设立总领事馆。澳大利亚于2020年8月在纽埃设立高专署，也是除新西兰外唯一在纽埃设立外交机构的国家。纽埃驻澳大利亚高专由驻新西兰高专兼任。

纽埃不是联合国会员国，是联合国教科文组织、世界卫生组织、联合国粮农组织、太平洋岛国论坛、太平洋共同体、南太旅游组织等机构成员及英联邦准成员国。2002年，纽埃正式加入《太平洋紧密经济关系协定》。2008年12月，纽埃决定加入联合国碳平衡网络。2009年4月，纽埃在太平洋岛国能源部长会议期间签署地区燃料合作协定。2011年6月，纽埃宣布自愿接受《凯恩斯契约》框架下的发展援助同行审议。2012年4月，纽埃签署《全面禁止核试验条约》。

【同中国的关系】2007年12月12日，纽埃总理维维安同中国驻新西兰大使张援远在新西兰首都惠灵顿签署建交公报，中纽建立大使级外交关系。2018年11月，中国国家主席习近平在巴布亚新几内亚莫尔斯比港同塔格拉吉总理会晤，双方建立相互尊重、共同发展的全面战略伙伴关系。

新冠疫情发生后，中纽积极开展疫情防控交流和合作。2020年3月，纽埃参加中国—太平洋岛国卫生专家视频会议。5月，纽埃参加中国—太平洋岛国应对新冠肺炎疫情副外长级特别会议。11月，纽埃总理兼外长塔格拉吉出席中国—太平洋岛国应对新冠肺炎疫情副外长级特别会议。2021年10月，纽埃总理兼外长塔格拉吉以视频方式出席首次中国—太平洋岛国外长会。2022年5月，王毅国务委员兼外长同纽埃总理塔格拉吉举行视频会晤。同月，纽埃总理塔格拉吉以视频方式出席第二次中国—太平洋岛国外长会。12月，国务委员兼外交部长王毅同纽埃总理兼外交部长塔格拉吉就中纽建交15周年互致贺电。

中国驻新西兰兼驻纽埃大使：王小龙。馆址：2-6 Glenmore Street，Thorndon，Wellington，New Zealand。电话：00644-4721382；传真：4990419。经商处电话：00644-4714101；传真：4714104。

纽埃未在中国设立使馆。

【同新西兰、澳大利亚的关系】2020年12月，纽埃总理兼外长塔格拉吉同新西兰外长马胡塔通电话。2021年2月，纽埃总理塔格拉吉以视频方式出席太平洋岛国论坛领导人特别会议。8月，纽埃总理塔格拉吉以视频方式出席第51届太平洋岛国论坛领导人会议。12月，新西兰外长马胡塔同纽埃总理兼外长塔格拉吉通电话。2022年7月，纽埃总理兼外长塔格拉吉访问新西兰。同月，纽埃总理兼外长塔格拉吉赴斐济出席第51届太平洋岛国论坛领导人会议。8月，新西兰外长马胡塔访问纽埃。（辛雨杨）

诺 福 克 岛

名称 诺福克岛（Norfolk Island）。

面积 34.6平方公里。

人口 1748人（2022年）。主要为来自皮特凯恩岛的英国人后裔，其余为澳大利亚、新西兰、波利尼西亚移民。79.5%为澳公民，13.3%为新西兰公民。官方语言为英语，当地居民也讲诺福克语（18世纪英语和古代塔希提语相混合的语言）。60%的居民信奉基督教。

行政中心 金斯敦（Kingston）。

行政长官 行政长官由澳大利亚总督任命，任期2年。现任行政长官埃里克·哈钦森（Eric Russell Hutchinson），2017年4月就职，2021年3月连任。

重要节日 皮特凯恩人登陆纪念日：6月8日（1856年）。

简　况

位于太平洋西南部，为火山岛，距澳大利亚悉尼1676公里，距新西兰640公里。主岛诺福克岛长8公里，宽4.8公里，海岸线长32公里。领土还包括无人居住的菲利浦岛和尼皮恩岛（分别位于主岛以南7公里和1公里）。属亚热带海洋性气候。气温一般在10℃—26℃。年均降水量1328毫米。

1774年由英国库克船长发现并命名。19世纪初被英国政府用作犯人流放地。1856年，部分皮特凯恩岛居民（英国船员后裔）来此定居。1897年成为英属澳大利亚新南威尔士殖民地的一部分。1914年移交澳大利亚，由澳总督任命的行政长官负责管理。1979年澳大利亚内务部和诺福克岛委员会协商制定的《1979年诺福克岛法案》进一步明确了澳大利亚与该岛的关系。

政　治

根据《1979年诺福克岛法案》，该岛主权属澳大利亚，但享有包括立法权和行政权在内的很大自治权。行政管理由行政长官和立法会议共同负责。

2015年，通过《诺福克岛立法修订法案》，建立地区议会取代立法会议，由选举产生的地区议会负责各项地区事务，澳大利亚联邦政府则承担移民、海关、生态保护等国家职能。

【议会】诺福克岛立法会议和行政委员会于2015年6月停止运行，诺福克岛咨询委员会于7月成立并承担过渡职能。2016年5月举行选举，7月成立地区议会。议会由5名议员组成，每届任期4年。新一届议会选举原定于2020年9月举行，后因故推迟。2021年2月，澳地区发展和领地事务助理部长宣布，诺福克岛地区议会选举推迟至2022年3月举行。2021年12月，澳政府宣布解散诺福克岛地区议会，并任命迈克尔·可尔瑞威（Michael Colreavy）担任行政长官，任期3年。

【司法机构】设有最高法院和小型议事法庭，上诉权仍属澳大利亚联邦法院。

经　济

旅游业是诺福克岛的经济基础。每年接待约3万名游客，其中80%来自澳大利亚。20世纪80年代中期，澳联邦政府和诺福克岛联合设立面积465公顷的诺福克岛国家公园，以保护原始森林及绿鹦鹉、树蕨等岛上独有的动植物物种。菲利浦岛也被辟为自然保护区。财政收入主要来源于关税和发行邮票。渔业资源丰富。土地肥沃，可耕地约400公顷，农产品有棕榈树籽、谷物、蔬菜、水果及家禽等。粮食不能自给，需从澳大利亚、新西兰进口。当地货币为澳大利亚元，1澳元约合0.67美元。

【交通运输】空运：岛上有1个机场。新西兰航空公司和诺福克喷气特快公司开通了可直达澳大利亚悉尼、墨尔本、布里斯班和新西兰奥克兰的航线。每周有两个航班分别从悉尼和布里斯班飞往诺福克岛。2018年10月，新西兰航空公司和澳大利亚政府签订协议，决定在旅游旺季（9月中旬至次年4月底）每周增加往返于悉尼和诺福克岛的一个航班。2019年9月，新西兰查塔姆航空公司开通每周在奥克兰和诺福克岛之间往返一次的航班。

海运：有3家航运公司经营至该岛的海运航线。另有小油轮定期向该岛运送所需石油和液态丙烷气。

公路：总长约80公里，其中53公里铺设路面。

【对外贸易】主要出口产品有邮票、棕榈树籽及少量鳄梨，绝大部分商品需进口。主要贸易伙伴为澳大利亚、新西兰及其他太平洋岛国。

文化教育

【教育】有1所公立学校，对6—15岁儿童实行免费教育。澳大利亚新南威尔士州教育部门负责提供支持与协助。愿意赴澳接受高等教育的青少年可获奖学金。2019年1月2日起，《诺福克岛职业教育培训财政援助计划》为15岁以上的澳大利亚籍岛上居民接受职业教育培训提供奖学金。岛上有1座图书馆，数个博物馆。

【新闻出版】有《诺福克岛政府公报》和《诺福克岛人报》，均为周刊。有电台4家、电视台1家，可接收卫星电视，主要播放澳大利亚广播和电视节目。1998年设立了2家互联网服务供应商。（闫冰涵）

帕　劳

国名　帕劳共和国（The Republic of Palau）。

面积　陆地面积459平方公里，海洋专属经济区面积约62.9万平方公里。

人口　1.8万（2022年）。多属密克罗尼西亚人。官方语言为帕劳语，通用英语。73%的居民信奉基督教，其中41.6%信奉罗马天主教，28.3%信奉基督教新教。

首都　梅莱凯奥克（Melekeok），人口约318人（2020年），2006年10月1日自科罗尔（Koror）迁至此。

国家元首　总统萨兰格尔·惠普斯（Surangel Whipps Jr.），2020年11月当选，2021年1月就职，任期4年。

重要节日　独立日：10月1日；宪法日：7月9日。

简　况

位于西太平洋，关岛以南1100多公里处，属加罗林群岛，是太平洋进入东南亚的门户之一。海岸线长1519公里。由300多个火山岛和珊瑚岛组成，分布在南北长640公里的海面上，其中只有9个岛有常住居民。最大岛屿为巴伯尔岛（Babelthuap），面积352平方公里。属热带气候，年均气温27℃。5月至11月为雨季，12月至次年4月为旱季。年均降水量3000毫米以上。

1710年被西班牙探险家发现。1885年被西班牙占领。1898年被西班牙卖给德国。一战中被日本占领。二战期间被美国攻占。1947年，联合国将其交美国托管，与马绍尔群岛、北马里亚纳群岛和密克罗尼西亚联邦构成太平洋岛屿托管地的4个政治实体。1969年，帕劳开始就未来政治地位同美国谈判。1982年8月，帕与美签定《自由联系条约》，该条约在帕1993年11月举行的公民投票中获得通过。根据该条约，帕劳于1994年10月1日结束其托管地位，成为独立的主权国家，但仍与美国保持特殊关系。同年12月，帕劳加入联合国。

政治

实行总统制，总统既是国家元首，又是政府首脑。部长由总统任命。大酋长委员会参政议政，在帕政治中发挥较大影响。帕两位最高酋长分别称作伊贝杜尔（Ibedul）和雷克莱（Reklai），享有与总统相当的声望。全国分成16个州，各州自行立宪。2021年1月，萨兰格尔·惠普斯就任总统。

【宪法】1980年7月9日通过宪法，1981年1月1日生效。

【议会】议会由参众两院组成。参议院的权力比众议院更大，有对总统候选人提出建议和表决的权力。参院有13名参议员，众院有16名众议员，任期均为4年。两院均设正副议长职位。本届议会于2020年11月大选产生。参议长霍肯斯·鲍勒斯（Hokkons Baules），众议长萨比诺·阿纳斯塔西奥（Sabino Anastacio）。

【政府】总统和副总统经普选产生，任期4年。萨兰格尔·惠普斯2021年1月就任总统后，对政府部门进行较大调整，成立人力资源、旅游、文化和发展部。目前，内阁成员共9名：总统萨兰格尔·惠普斯，副总统兼司法部长尤杜·森尼奥（Jerrlyn Uduch Sengebau Senior），国务部长古斯塔夫·艾塔洛（Gustav Aitaro），财政部长卡莱布·乌杜（Kaleb Udui Jr.），基础设施和工商部长查尔斯·奥比昌（Charles Obichang），人力资源、旅游、文化和发展部长尼莱贝勒斯·莫图勒（Ngiraibelas Tmetuchl），农渔业和环境部长史蒂芬·维克托（Steven Victor），卫生和人力服务部长加法尔·乌尔伯劳（Gaafar J. Uherbelau），教育部长戴尔·詹金斯（Dale Jenkins）。

【行政区划】全国划分为16个州。

【司法机构】设最高法院、全国法院和下属法院3级法院及土地法院。最高法院大法官为亚瑟·恩吉拉克尔松（Arthur Ngiraklsong），1992年就职，终身制。

【重要人物】萨兰格尔·惠普斯：总统。1968年8月出生于美国。毕业于美国安德鲁斯大学和加州大学洛杉矶分校。长期经商。2008—2016年担任帕劳第八届、第九届参议员。2020年11月当选帕劳第11任总统，2021年1月就职。

经济

帕劳是太平洋岛国中人民生活水平较高的国家之一。经济依靠外国援助。旅游业发展较快。服务业对国内生产总值贡献率超过80%，就业人数占全国就业总数的一半。2010年，政府修订外来投资法，在能源、旅游和民用航空等领域积极引进外资，为经济发展注入了活力。近年来，受接待能力不足、航线减少等因素影响，帕经济发展挑战增多。新冠疫情发生前，经济保持增长。2022年主要经济数据如下：

国内生产总值：2.3亿美元。

人均国内生产总值：12720美元。

国内生产总值增长率：-2.9%。

货币名称：美元。

（资料来源：国际货币基金组织）

【农业】主要农产品有鸡蛋、水果、蔬菜、猪肉、槟榔果等。粮食不能自给。产有贝类、金枪鱼及其他鱼类。

【旅游业】旅游业是帕支柱产业之一，占国内生产总值总量约50%。2019年入境游客约8.9万人，同比减少22.6%。2019年中国游客赴帕劳2.8万人，是帕劳最大游客来源国。"岩石岛"（Rock Islands）拥有太平洋地区最好的海洋生态系统。2020年以来，受新冠疫情影响，往来帕劳的国际航班大幅减少，游客数量骤降。

【交通运输】境内无铁路。有机场、港口和卫星通信系统。

公路：总长61公里。无公共交通设施。

水运：科罗尔为主要港口。

空运：共有3个机场。与美国关岛、日本、韩国、菲律宾、中国台湾地区有定期航班往返。

【对外贸易】主要进口机械、汽车、燃油、工业制成品、食品等，主要出口贝类、金枪鱼和椰干。

【外国援助】根据帕美《自由联系条约》，美国向帕劳提供大量援助。美以租金形式在条约生效的前15年（1994—2009年）内向帕提供超过8亿美元的援助，其中7000万美元存入帕信托基金。该基金已超过1.44亿美元，供条约结束后补贴帕财政之用。美还在2010—2024年向帕提供2.29亿美元的援助。美援款约占帕国内生产总值的20%。日本为帕劳第二大援助国。

人民生活

有1所医院和13个诊疗所。约有医生20名。人口平均寿命约为70岁。

军事

根据帕美《自由联系条约》，1994—2044年帕劳国防由美国负责。美海岸警卫队负责巡逻帕海域。帕为无核区。

文化教育

【教育】有小学25所，中学6所，大专1所（即帕劳社区学院）。识字率为96.6%。

【新闻出版】主要报纸有一周双刊报纸《帕劳报》和《岛屿时报》。有2家广播电台。有卫星地面接收站和有线电视台，可接收美国有线新闻网等节目。

对外关系

帕劳为联合国会员国，国际货币基金组织、世界银行、太平洋岛国论坛、太平洋共同体、各国议会联盟和世界卫生组织成员。与60个国家建交。在联合国派大使级常驻代表，在荷兰派名誉领事。

【同中国的关系】中国与帕劳无外交关系。2008年，帕体育代表团参加北京奥运会。2010年，帕劳同其他太平洋岛国以太平洋联合馆形式参加上海世博会。

据中国海关总署统计，2022年，中帕双边贸易额为5429.2万美元，同比增长49.1%。其中，中国出口额为5416.5万美元，同比增长49.1%；中国进口额为12.7万美元，同比增长48.3%。

1996年5月18日，帕劳在中国台湾地区设“名誉领事馆”。1999年12月29日帕台建立“外交关系”。台湾当局于2000年3月在帕设“使馆”。

【同美国的关系】帕美《自由联系条约》于1994年10月1日生效。帕劳有内政、外交自主权，美国负责其国防及战略安全事务，提供天气预报、医疗和自然灾害救助等，并对帕航道具有独家使用权。帕美互设使馆。2010年，美向帕派出首任常驻大使（此前一直为代办）。帕还设有驻关岛总领馆、驻夏威夷领馆、驻塞班领馆。2019年5月，美总统特朗普在白宫集体会见帕劳总统雷门格绍及马绍尔群岛、密克罗尼西亚联邦领导人。2020年8月，美国国防部长埃斯珀访问帕劳，会见帕劳总统雷门格绍。2021年8月，帕劳总统惠普斯访美并会见美国国防部长奥斯汀。2022年9月，帕劳总统惠普斯赴美出席首次美国—太平洋岛国领导人峰会。

【同日本的关系】日本是帕劳第二大援助国，是帕金枪鱼和鲭鱼主要出口市场。帕日1999年互设使馆。2022年5月，日本外相林芳正访帕。

【同澳大利亚的关系】1994年10月1日，帕与澳大利亚建交。澳驻密克罗尼西亚联邦大使兼任驻帕大使。2018年6月，澳外长毕晓普访帕。2022年12月，澳大利亚外长黄英贤访帕。（孙佳）

皮特凯恩群岛

名称　皮特凯恩群岛（Pitcairn Islands）。

面积　47平方公里（陆地面积），包括皮特凯恩岛及附近的3个环礁：亨德森（Henderson）、迪西（Ducie）和奥埃诺岛（Oeno）。皮特凯恩岛长3.2公里，宽1.6公里，海岸线长51公里。1992年宣布周围370平方公里海域为专属经济区。亨德森岛占群岛陆地总面积的86%，拥有种类丰富的植物、昆虫和海鸟，1988年被列入《世界遗产名录》。

人口　约51人（2022年）。均居住在皮特凯恩岛，系英国船员与塔希提人的后代。官方语言为英语，本地语为英语和塔希提语的混合语。信奉基督复临安息日会（新教），是除梵蒂冈外唯一的完全为基督徒之地。

首府　亚当斯敦（Adamstown）。

总督　国家元首为英国国王查尔斯三世。总督为国王代表，由英国驻新西兰高专兼任（非常驻）。现任总督罗拉·克拉克（Laura Clarke），2018年1月就任。

重要节日　英女王官方诞辰日：6月第二个星期六；发现日：7月2日。

简况

位于东南太平洋，属波利尼西亚群岛。皮特凯恩岛为死火山岛，地势陡峭，最高海拔347米。无河流。森林覆盖率74.5%。属亚热带气候，气温13℃—33℃，年均降水量为1629毫米。11月至次年3月为雨季和台风季。近海已探明有锰、铁、铜、金、银和锌等矿产。

1767年英国探险家菲利普·卡特莱发现此岛。1790年英国“邦蒂”号哗变船员和一些塔希提岛居民到此定居。1838年成为英在太平洋岛国地区第一个殖民地。1898年起受英国西太平洋高级专员管辖。1952年行政权转归英属斐济殖民地总督。1970年斐济独立后，英国驻新西兰高级专员兼任皮特凯恩群岛总督。国歌为《我们来自皮特凯恩岛》。作为英国领地，英国国歌《天佑女王》亦是其正式官方国歌。

政治

根据《1964年地方政府法》，皮特凯恩群岛上成立岛屿委员会，为立法机构，共10个席位。其中，市长、副市长和5席由普选产生，总督、副总督和专员为当然委员。市长是政府首脑，负责管理岛上日常事务，现任市长为西蒙·杨（Simon Young）。专员负责主持岛屿委员会、岛屿法院，并担任总督与皮特凯恩群岛本土的联络员。现任专员兼岛屿委员会主席是保罗·沃伦（Paul Warren）。

【宪法】历史上曾经有过几部宪法。最近一部于2010年2月制定和通过，3月生效。

经济

皮特凯恩群岛无税收，财政收入来自邮票、钱币销售、出售域名和英国不定期赠款，旅游业和给予外国渔船捕鱼许可权也获得一定收入。此外，过往船只一般都停靠该岛补水和补充日常供给，购买岛上居民种植的粮食、蔬菜和水果。岛上通过柴油发电机组发电，每天供电10小时。现重点发展电力、通信及港口、道路建设。货币为新西兰元，1新元约合0.6美元（2022年12月）。

【工业】以邮票、手工艺品制造为主。

【农业】土地肥沃，生产各种水果、蔬菜和薯类。家庭养蜂、捕鱼和饲养家禽较为普遍。

【交通运输】无港口，无铁路，无机场，通过少量不定期船只来往保持与外界的联系。岛上公路总长约6.4公里，无公共交通，四轮摩托车是主要的出行交通工具。

【财政金融】4月1日至次年3月31日为一个财年。

【对外贸易】2021年，皮特凯恩群岛出口总额为629万美元，位居全球第219位。主要出口硬币、邮票、果脯、蜂蜜、咖啡、手工珠宝、木骨雕刻等，主要进口燃料、建材、机械、面粉、糖和其他食品。

人民生活 皮特凯恩群岛有1家诊所，仅有1名护士。岛上不定期雇用外地医务人员。一般情况下，居民生病去新西兰或塔希提就医，政府负担2/3的费用。

岛上自2006年起可使用卫星电视和卫星电话，可上网。2017年起，岛上可使用4G网络。2022年11月，皮特凯恩群岛安装了3个新的星链高速终端，在医疗中心、警察局等设立测试站。

军　事 皮特凯恩群岛外交和防务由英国负责。

文化教育 【教育】岛上雇用1名新西兰教师，当地5—16岁学龄儿童享受免费小学教育。13—16岁中学生可前往新西兰寄宿中学接受免费教育。有博物馆、图书馆、文化中心、游客中心各一所。

【新闻出版】皮特凯恩教育官员每月编辑出版名为《皮特凯恩杂集》的新闻报纸。

对外关系 皮特凯恩群岛系联合国非自治领土，属英国海外领地。现为太平洋共同体成员。

（辛雨杨）

萨　摩　亚

国名　萨摩亚独立国（The Independent State of Samoa）。

面积　陆地面积2934平方公里，海洋专属经济区面积12万平方公里。

人口　22.24万（2022年）。绝大多数为萨摩亚人，属波利尼西亚人；还有少数其他太平洋岛国人、欧洲人和华裔以及混血种人。官方语言为萨摩亚语，通用英语。多数居民信奉基督教。

首都　阿皮亚（Apia），人口约3.6万（2021年）。

国家元首　图伊马莱阿利法诺·瓦莱托阿·苏阿劳维二世（Tuimaleali'ifano Va'aletoa Sualauvi II），2017年7月21日就任，2022年8月连任，任期5年。

重要节日　国庆日（又称"独立日"）：6月1日。

简　况 位于太平洋南部，萨摩亚群岛西部，由乌波卢（Upolu）、萨瓦伊（Savaii）两个主岛和附近的马诺诺（Manono）、阿波利马（Apolima）、努乌泰雷（Nuutele）、努乌卢瓦（Nuulua）、纳木瓦（Namua）、法努瓦塔普（Fanuatapu）、努乌萨菲埃（Nuusafee）、努乌洛帕（Nuulopa）等8个小岛组成。境内大部分地区被丛林覆盖。乌波卢岛长约74公里，最宽处约26公里，面积1119平方公里，最高点海拔1097米。萨瓦伊岛长约80公里，最宽处约40公里，面积1707平方公里，最高点海拔1858米。属热带雨林气候。5月至10月为旱季，11月至次年4月为雨季。年均气温28℃，年均降水量2000—3500毫米。

3000年前已有萨摩亚人在此定居。约1000年前被汤加王国征服。1250年马列托亚家族赶走汤加入侵者，萨摩亚成为独立王国。1722年荷兰人发现萨摩亚。19世纪中叶，英、美、德相继侵人，1899年英美德签订条约，西萨摩亚沦为德国殖民地，东萨摩亚由美国统治。第一次世界大战爆发后，新西兰对德宣战，占领西萨摩亚。1920年，国际联盟把西萨交新西兰管理。1920—1936年，西萨发生了著名的反对殖民统治的"马乌"（MAU）运动，提出了"萨摩亚人的萨摩亚"的斗争口号。

政　治 1954年开始实行内部自治。1962年1月1日，西萨在太平洋岛国中率先独立，定国名为"西萨摩亚独立国"。独立后，马列托亚与原传统首领共同履行国家元首职责。1963年4月该传统首领去世，马列托亚成为唯一的元首。自1963年起改6月1日为独立日。1997年7月4日，西萨摩亚独立国更名为"萨摩亚独立国"。

2021年4月，萨摩亚举行大选。7月，菲娅梅·内奥米·马塔阿法（Fiame Naomi Mata'afa，女）领导的信仰统一党赢得议会多数席位，菲娅梅当选总理并组阁执政。

【宪法】1960年制定，1962年1月1日生效。

【议会】一院制，称立法大会，一般为51名议员，任期5年。原规定除独立选区外，仅"马他伊"即酋长才有选举权和被选举权，1991年3月改为普选后，凡年满21岁的萨摩亚公民均有选举权，但仍只有"马他伊"享有被选举权。本届议会于2021年7月产生，因女性议员未达选举法规定最小比例而多补2名女性，共

53名议员。其中信仰统一党占31席，反对党人权保护党22席。

【政府】内阁由总理、副总理和11名部长组成，任期5年。总理由议会选出并经元首确认。总理从议员中提名组阁。

【行政区划】首都阿皮亚为全国唯一城市。全国分为11个行政区，其中乌波卢岛5个，萨瓦伊岛6个，其余小岛都划归乌波卢岛。

【司法机构】设最高法院、地方法院、上诉法院和土地头衔法院。首席大法官是最高法院、地方法院和上诉法院的院长。地方法院有2名法官，土地头衔法院有13名法官。其中土地头衔法院设有单独的上诉法院，不由最高法院行使终审权。最高法院和上诉法院审理案件时要从新西兰请法官。首席大法官萨提乌·斯马提瓦·佩罗西（Satiu Simativa Perese），2020年就职。

【政党】主要政党为：

（1）信仰统一党（Fa'atuatuai le Atua Samoaua Tasi Party）：成立于2020年7月，主要成员为来自11个传统部落的议员。领袖为菲娅梅·内奥米·马塔阿法（Fiame Naomi Mata'afa）。2021年4月大选获胜执政。

（2）人权保护党（The Human Rights Protection Party）：成立于1979年5月。1982年和1985年大选获胜。1985年党内发生分裂后下台。1988年大选获胜，重新执政。后连选连胜，直至2021年大选被信仰统一党击败。领袖为图伊拉埃帕·萨伊莱莱·马利埃莱额奥伊（Tuila'epa Sa'ilele Malielegaoi）。

【重要人物】**图伊马莱阿利法诺·瓦莱托阿·苏阿劳维二世**：国家元首。出生于1947年4月29日。获澳大利亚国立大学学士学位、萨摩亚马卢阿神学院和圣经学院神学文凭。曾从事教师、警察、律师等职业。曾在萨总检察长办公室、司法部等机构任职。1993—2001年任国家副元首，2004年再任国家副元首，2017年7月任国家元首，2022年8月连任，任期5年。**菲娅梅·内奥米·马塔阿法**：总理兼外交贸易部长。女，1957年4月29日出生于萨摩亚，其父马塔阿法是萨摩亚首任总理。毕业于惠灵顿维多利亚大学政治学专业。1985年以人权保护党议员身份首次进入议会，连选连任议员至今。1991—2006年任教育部长。2006—2011年任妇女、社区和社会发展部长。2011—2016年任司法与法庭管理部长。2016年3月当选副总理兼环境与自然资源部长。2020年9月辞去内阁职务。2021年3月出任萨信仰统一党领袖，率该党在4月的大选中获胜执政，成为萨历史上首位女性总理。

经　济

萨摩亚是农业国，资源少，市场小，经济发展缓慢。目前，萨政府主要致力于发展农业、旅游、私营经济、基础设施、交通运输、通信、教育和医疗等。2014年1月1日，萨从联合国最不发达国家行列“毕业”。2022年主要经济数据如下：

国内生产总值：8.3亿美元。

人均国内生产总值：3743美元。

国内生产总值增长率：–6%。

货币名称：塔拉。

汇率：1美元≈2.6塔拉。

（资料来源：萨摩亚统计局、世界银行）

【资源】森林资源逐年减少，目前森林面积占全国面积的46.3%，其中39.4%（约11万公顷）为非生产性森林，可采林只有1.36万公顷，仅占全国面积的4.8%。其余2.1%（约0.6万公顷）为国家级保护林和部落传统所有林地。专属经济区水域12万平方公里。

【工业】工业基础薄弱。独立后，萨摩亚初步建立了一批消费工业和农产品加工业，主要生产食品、烟草、啤酒和软饮料、木材家具及椰油，还有印刷、日用化工业。

【农业】现有耕地6万多公顷。农业人口12.4万，占全国总人口的77%。主要种植椰子、可可、咖啡、芋头、香蕉、木瓜、卡瓦和面包果。由于抵抗飓风等自然灾害的能力差，农业生产严重依赖气候条件。

盛产金枪鱼。目前，全国有各种渔船约2200艘，其中机动船200艘。因萨专属经济区较其他岛国小，萨政府禁止外国渔船单独作业，只允许外国渔船公司与萨方合作，外资不得超过40%。

【服务业】主要有旅馆餐饮业、交通电信业、金融服务业、个人及其他服务业，从业人数约为2000人。萨系世界知名的离岸金融中心之一。

【旅游业】旅游业是萨摩亚主要经济支柱之一和第二大外汇来源。萨政府致力于发展旅游硬件设施及其他与旅游相关的行业。游客主要来自美属萨摩亚、新西兰、澳大利亚、美国和欧洲。萨摩亚现有客房900多间。

【交通运输】全国公路总长976公里，其中柏油公路332公里。

水运：阿皮亚港为萨主要对外港口，可泊5万—6万吨级轮船。

空运：法莱奥洛机场为萨唯一国际机场，可起降波音747客机。萨政府和澳大利亚维珍航空公司合资的维珍萨摩亚航空公司2017年11月不再运营，萨政府自主成立了萨摩亚航空公司并首航成功。目前，新西兰航空公司每天有1个航班往返于奥克兰和萨摩亚首都阿皮亚之间，澳大利亚维珍航空、萨摩亚航空、斐济航空公司每周有2—3个航班往返于阿皮亚和悉尼、奥克兰、楠迪等城市。

【财政金融】2022/2023财年，财政预算收入7.9亿塔拉，支出9.64亿塔拉，财政赤字1.74亿塔拉。截至2022年底，外债累计为9亿塔拉，约占国内生产总值的39%。（资料来源：萨摩亚统计局）

主要银行有：（1）萨摩亚中央银行（Central Bank of Samoa）：1954年成立。资本2687万塔拉，资产1.7亿塔拉。地址：Private Bag，Apia，Samoa。电话：00685–34100；传真：20293。

（2）澳新银行萨摩亚分行［ANZ Bank（Samoa）LTD］：前身为萨政府拥有的萨摩亚银行，1997年政府将其出售给澳新银行集团，成为澳新银行萨摩亚分行。地址：POB 1855，Apia，Samoa。电话：00685–22422；传真：24595，23807。

（3）南太平洋银行（BSP）萨摩亚分行：系2015年收购西太平洋银行（WESTPAC BANK）后设立。

【对外贸易】2022年，进出口总额为4.77亿美元。其中，进口额4.36亿美元，出口额0.41亿美元。主要出口渔产品、啤酒、椰奶、诺丽果、诺丽果汁、芋头等产品。市场主要是澳大利亚、新西兰、美国、日本和中国。主要进口机械和运输设备、食品、石油、建筑材料等产品，来源主要是新西兰、澳大利亚、美国、日本和中国。

【外国援助】外援主要来自澳大利亚、新西兰、日本、欧盟、中国及国际组织等。2022/2023财年，澳向萨提供5200万澳元援助，主要涉及卫生、基础设施、教育、政府治理和农渔业等领域。（资料来源：澳大利亚外交贸易部）

人民生活

全国有2所国家级医院，7所地区医院，23个卫生所。共有医生60人，护士200多人，病床300张。

军　事

萨摩亚没有军队，有500多名警察。

文化教育

【教育】实行中小学义务教育，入学率85.7%。文盲率4.3%。有157所小学，44所中学，4所职业学校，36所教会学校，2所师范学校。高等院校有萨摩亚国立大学和阿拉富阿农学院（南太平洋大学分校）。每年约有4800名大中学毕业生需要就业。

【新闻出版】主要报纸：《萨瓦利》，政府周报，1904年创刊，分萨文版和萨文、英文混合版两种，萨文版主要向农村发行，混合版在首都地区发行，发行量4500—5000份；《萨摩亚观察家报》，私营日报，发行量2000—3000份。另有《新闻》等小报，发行量不大。

萨摩亚现有3家电视台，均为私营。除播送自制的新闻和教育节目外，主要转播澳、新电视台和英国广播公司的节目。此外，还有几个宗教台。

萨摩亚广播公司电台部为国家电台。波利尼西亚电台为私人电台，现有3个频道。萨电台主要播放欧美流行音乐、萨摩亚音乐以及轻音乐。此外，还包括自制的萨语节目和英语节目。另有一些宗教电台，主要播放基督教节目。中国国际广播电台已在萨落地。央视国际视频通讯社已授权萨摩亚第三频道使用总台新闻素材、直播信号等新闻内容。

对外关系

萨摩亚主张维护民族独立，发展民族经济，认为国家不分大小，均应受到平等对待。萨将外交重点放在南太地区。在保持同新西兰传统友好关系的同时，重视发展同亚太国家的关系。要求建立国际经济新秩序，重视全球和地区环境保护。萨是联合国会员国，英联邦、太平洋岛国论坛、太平洋共同体和太平洋区域环境署等组织成员。太平洋区域环境署秘书处、联合国粮农组织、教科文组织及开发计划署太平洋地区代表处都设在阿皮亚。现已同97国建交。2011年11月，萨联合汤加、图瓦卢、库克群岛等波利尼西亚国家和地区成立次区域组织“波利尼西亚领导人集团”。2012年5月，萨正式成为世贸组织成员。2014年9月，萨主办联合国第三届小岛屿发展中国家国际会议。

【同中国的关系】中萨于1975年11月6日建交。

2014年11月，国家主席习近平在斐济楠迪同萨摩亚总理图伊拉埃帕会晤，中萨建立相互尊重、共同发展的战略伙伴关系。2018年11月，国家主席习近平在巴布亚新几内亚莫尔斯比港同萨摩亚总理图伊拉埃帕会晤，双方一致同意将两国关系提升为相互尊重、共同发展的全面战略伙伴关系。

近年来，中方访萨的主要有：中共中央政治局委员、国务院副总理胡春华（2019年10月）、国务委员兼外交部长王毅（2022年5月）等。

萨方访华的主要有：总理图伊拉埃帕（2018年9月赴天津出席第十二届夏季达沃斯论坛并访问北京、广东），工商劳工部长珀赛尔（2019年11月来华出席第二届中国国际进口博览会）。

据中国海关总署统计，2022年，中萨双边贸易额为1.25亿美元，同比增长21.9%。其中，中国出口额为1.24亿美元，同比增长21.8%；中国进口额为95万美元，同比增长46.9%。

中国驻萨摩亚大使：巢小良。馆址：Embassy of the People's Republic of China in Samoa，Vailima，Apia，Samoa。电话：00685–22474；传真：21115。

萨摩亚驻华大使：卢阿马努韦·阿尔伯特·马里纳（Luamanuvae Albert Mariner）。馆址：北京市朝阳区塔园外交办公楼2–7–2。电话：010–65321673；传真：65321642。

华侨华人：19世纪末就有中国人赴萨，20世纪20—30年代成批华工赴萨种植椰子、香蕉，最多时达数千人，后在新西兰统治时期华人数量开始减少，最后留下数百人，多与当地人通婚。目前，纯血统的华人约300人，混血华裔超过3万，约占萨人口的20%，数量在外来血统中居首位。

【同新西兰的关系】新西兰曾为萨摩亚的宗主国，两国关系密切。萨在惠灵顿设有高专署，在奥克兰设有总领馆。新在萨设有高专署。两国间签有友好条约。

新是萨第三大援助国，萨是新在南太地区第四大受援国。新是萨主要贸易对象，新对萨商品出口约占萨进口总额的1/3，萨对新出口占萨出口总额的10%左右。新公司是萨建筑市场的主要承包者。根据《相互支援协定》，新帮助萨培训警察人员，进行海上巡逻等。新每年向萨提供1100人的移民配额，移居新西兰的萨摩亚人总数已逾10万。2018年3月，新西兰总理杰辛达·阿德恩访萨。2022年6月，萨摩亚总理菲娅梅访新。8月，新西兰总理阿德恩访萨。9月，新西兰总督基罗访萨。

【同澳大利亚的关系】澳大利亚在萨摩亚设有高专署。澳为萨第一大援助国，援助主要用于提高当地政府办事效率、增加就业和投资、加强司法执法、提高教育水平和改善卫生医疗条件。澳为萨的第二大进口来源国。旅居澳的萨摩亚人有4万—5万人，另有萨公派留学生数十名。澳在萨有侨民200多人。萨澳间有“防务合作计划”，由澳方帮助巡逻萨专属经济区，并为萨培训警察。2017年6月，澳总督科斯格罗夫访萨。2022年6月，澳外长黄英贤访萨。

【同日本的关系】萨摩亚重视同日本的关系。从1972年起日本向萨派遣志愿人员，至今已有600多人曾在萨服务。近年来，日本成为萨最大援助国之一，对萨援助占萨受援总额的40%左右。平均每年向萨提供近1000万美元援助，主要用于教育、环保、卫生、基建等。日每年还向萨提供10余个奖学金和约50个短期培训机会。2018年5月，萨总理图伊拉埃帕赴日本出席第八届日本—太平洋岛国领导人会议。

【同美国的关系】萨摩亚重视同美国的关系。1988年11月，美在萨设使馆，大使由美驻新大使兼任。萨在美设使馆，大使由其常驻联合国代表兼任。受美国内立法限制，美对萨不提供直接经济援助，只通过多边渠道和地区组织提供少量援助。美自1976年起向萨派遣和平队员。萨与美属萨摩亚之间贸易较多。美属萨摩亚、美国是萨摩亚的第一、第二大出口市场。2022年8月，美国副国务卿舍曼访问萨摩亚。9月，萨总理菲娅梅赴美出席首次美国—太平洋岛国领导人峰会。

（尚燕玲）

圣 诞 岛

名称 圣诞岛（Christmas Island）。

面积 135平方公里。

人口 1843人（2022年）。其中华人占60%，马来人占25%，欧洲人占15%。官方语言为英语。伊斯兰教、佛教、天主教为居民主要宗教信仰。

简 况

位于印度洋东北部，北距巽他海峡南口的爪哇海岬约380公里，东南距澳大利亚西岸的西北角约1565公里。岛上最高点海拔361米。海岸线长80公里。沿岸多为悬崖峭壁，最高处有20米；浅滩仅有13处，最大的一处浅滩名为飞鱼湾（Flying Fish Cove），是岛内唯一港口和人口主要聚居地。属热带气候，5月至10月为干季，11月至次年4月为湿季，气温22℃—28℃，湿度达80%—90%。气候温和，但湿季偶有暴风雨，岛周围风浪较大。年均降水量1930毫米。

英国威廉·迈纳斯船长于1643年圣诞节发现该岛并命名。1888年并入英国版图。1942年被日本军队占领。1946年成为新加坡属地。1958年1月移交英国管辖，同年10月依据《1958年圣诞岛法案》移交澳大利亚管理，成为澳海外领地。

政 治

1958年起由澳大利亚联邦政府派行政长官管辖。1984年成立圣诞岛自治机关，协助行政长官管理岛内事务。1992年自治机关由圣诞岛地方委员会（有9名成员，任期4年）取代。1994年岛内举行决定该岛地位的全民公投，否决了关于脱离澳大利亚的提案，但85%的投票者仍希望扩大岛内自治权。

难民问题突出，沉船、伤亡事件频发。曾是澳海外难民收容安置中心之一，澳霍华德政府通过法案将圣诞岛排除在澳移民区域之外，到达该岛者不能自动获得向澳政府申请避难的资格。目前，大部分难民已从该岛转移至别处，该岛现仅有难民250名。

新冠疫情发生后，澳大利亚将圣诞岛指定为隔离区，所有海外撤回公民均须被送往该岛隔离14天。

【政府】由澳大利亚总督任命的行政长官和地方委员会组成。当前行政副长官为萨拉·凡登布鲁克（Sarah Vandenbroek，女）。2022年10月，前任行政长官娜塔莎·路易斯·格里格斯（Natasha Louise Griggs，女）任期结束后，截至2022年12月尚未任命新的行政长官。

【司法机构】设有最高法院和地方法院。

经 济

当地货币为澳大利亚元，1澳元约合0.67美元。

【工业】磷酸盐工业是圣诞岛的经济支柱。磷酸盐资源公司1998年与澳大利亚联邦政府签订了为期21年的矿产租约，负责勘探和开发。此外，旅游业也是圣诞岛的重要收入来源之一。

【旅游业】为保护自然环境和稀有动植物，圣诞岛约70%的面积被辟为国家公园。独特的动植物资源及良好的潜水、捕鱼设施及全球独有的红蟹大迁徙景观等吸引游人前来观光。旅游业正日益成为重要产业。岛上约有90家旅馆。

【交通运输】空运：有1个国际机场。维珍航空公司经营从珀斯至圣诞岛的航线，每周2班。澳大利亚国家航运公司经营由澳大利亚大陆至圣诞岛的航线。每2周有一架货运航班从珀斯运送补给。

海运：每4—6周有货轮从澳大利亚弗里曼特尔运送补给。有私营公司经营由圣诞岛至附近其他岛屿的船运业务。

陆运：公路总长140公里，其中30公里铺有路面。铁路总长18公里，主要用于磷酸盐运输。

【对外贸易】主要贸易伙伴为澳大利亚、新西兰。磷酸盐为圣诞岛主要出口商品。绝大部分商品需进口，主要来源国为澳大利亚。

人民生活

岛上有1所小型医院，拥有现代化医疗设备，常有儿科、妇科、整形等特殊医疗人员上岛提供服务。病情严重者通常被送往珀斯就诊。

文化教育

【教育】澳大利亚西澳大利亚州教育部在岛上办有圣诞岛区学校，提供学龄前至中学12年级教育。学生可接受英语、马来语和汉语课程，参加当地的实习项目。建有1个公共图书馆。

【新闻出版】转播澳大利亚西澳州数字电视频道。岛上唯一一家电台进行英语、汉语、马来语广播。

（闫冰涵）

所罗门群岛

国名 所罗门群岛（Solomon Islands）。

面积 陆地面积2.84万平方公里，海洋专属经济区面积160万平方公里。

人口 72万（2022年）。其中美拉尼西亚人占94.5%，波利尼西亚人占3%，密克罗尼西亚人占1.2%，白人占0.4%。全国有87种方言，通用皮金语，官方语言为英语。居民中95%以上信奉基督教新教和天主教，圣公会拥有的信教徒占全国人口2/3以上。

首都 霍尼亚拉（Honiara），人口约13万（2019年）。

国家元首 英国国王查尔斯三世。国王任命总督为其代表。现任总督戴维·武纳吉（David Vunagi），2019年7月就任，任期5年。

重要节日 独立日（即国庆日）：7月7日。

简　况

位于太平洋西南部，属美拉尼西亚群岛。西南距澳大利亚1600公里，西距巴布亚新几内亚485公里，东南与瓦努阿图隔海相望。全境有大小岛屿900多个，最大的瓜达尔卡纳尔岛面积6475平方公里。境内多火山、河流。属热带雨林气候，终年炎热，无旱季。首都霍尼亚拉年均气温28℃，年均降水量3000—3500毫米。

早在3000年前已有人在此居住。1568年被西班牙人发现并命名。后荷兰、英国、德国等殖民者相继而至。1885年北所罗门成为德国保护地，同年转归英国（布卡与布干维尔岛除外）。1893年成立“英属所罗门群岛保护地”。二战期间曾被日本占领。1975年6月更名为所罗门群岛。1976年1月2日实行内部自治。1978年7月7日独立。系英联邦成员。

政　治

马莱塔与瓜达尔卡纳尔两大部族曾长期发生武装冲突。2000年10月，相关各方在澳大利亚汤斯维尔市签署《汤斯维尔和平协议》。2001年底，所罗门群岛在大选后再次陷入混乱。2003年7月，由澳大利亚、新西兰及其他太平洋岛国组成的“地区驻所援助团”军警部队进驻所首都霍尼亚拉，协助维持治安，2017年6月结束任务后撤离。2021年11月，所罗门群岛首都霍尼亚拉发生严重社会骚乱。应所政府请求，澳大利亚、新西兰、巴新、斐济等国派军警赴所协助维持社会秩序，骚乱较快得到平息。

2019年4月，所罗门群岛举行大选，梅纳西·索加瓦雷（Manasseh Sogavare）领导的政党联盟赢得议会多数席位，索加瓦雷当选总理并组阁执政。

【宪法】1978年6月8日英国议会通过所罗门群岛新宪法，同年7月7日生效。

【议会】一院制，称“国民议会”，是所最高国家权力机关，由50名议员组成，任期4年。2022年9月，所议会通过宪法修正案，将本届议会任期延长至5年。现任议长帕特森·奥蒂（Patteson Oti），2019年5月当选，为所第11任议长。

【政府】现政府于2019年4月组成，主要成员包括：总理梅纳西·索加瓦雷，副总理兼基础设施和发展部长梅纳西·梅兰加（Manasseh Maelanga），通信和民航部长彼得·阿格瓦卡（Peter Agovaka），财政和国库部长哈里·库马（Harry Kuma），外交和外贸部长杰里迈亚·马内莱（Jeremiah Manele），矿业、能源和电气化部长布拉德利·托沃西亚（Bradley Tovosia）等。

【行政区划】全国划分为首都霍尼亚拉市和西部、瓜达尔卡纳尔、马莱塔、中部、伊萨贝尔、马基拉–乌拉瓦、特姆突、雷纳尔与贝罗纳、乔伊索9省。

【司法机构】沿用英国的司法制度，高等法院（又称“国家法院”）由大法官和1名陪审推事组成。1978年设上诉法院。各行政区设有区法院和地方法院。现任大法官艾伯特·帕尔默（Sir Albert Palmer）。

【政党】所政党较多，各政党在议会力量经常消长。目前，主要政党有“我们的党”（Our Party）、卡德里党（Kadere Party）、民主联盟党（Democratic Alliance Party）、联合民主党（United Democratic Party）、人民第一党（People First Party）等。

【重要人物】**戴维·武纳吉**：总督。1950年9月出生。毕业于斐济南太平洋大学、巴布亚新几内亚大学、新西兰圣约翰学院等，分获教育学、神学等多个学位。曾在所罗门群岛担任教职和神职人员。2009—2015年任美拉尼西亚大主教和美拉尼西亚中央教区主教。2019年7月7日就任所罗门群岛总督。　**梅纳西·索加瓦雷**：总理。1955年1月出生。1997年当选所罗门群岛议会议员后连任至今。曾于2000—2001年、2006—2007年、2014—2017年3次担任总理，并担任过财政部长，商业、工业和就业部长等多个内阁要职。2019年4月，所罗门群岛举行大选，索加瓦雷第4次当选总理并组阁执政。

经　济

所罗门群岛1978年独立以来，经济由过去的单一经济逐步转变为包括农、渔、矿、林和旅游业等在内的多样化经济。牛肉、粮食和蔬菜基本自给。近年来，所政府采取多项发展措施，推动土地改革，改善管理方式，积极吸引外资，有效控制通货膨胀，经济出现复苏势头，但受国际经济大环境影响仍较大。在新冠疫情和首都地区骚乱双重打击下，经济发展困难增加，2020—2022年连续三年出现负增长。2022年主要经济数据如下：

国内生产总值：16亿美元。

人均国内生产总值：2240美元。

国内生产总值增长率：–4.5%。

货币名称：所罗门群岛元（简称“所元”）。

汇率：1美元≈8所元。

（资料来源：国际货币基金组织、所罗门群岛央行）

【资源】有铝土、镍、铜、金、磷酸盐等矿藏。已探明铝土矿储量5800万吨，磷酸盐1000万吨。水利资源丰富。森林覆盖面积占陆地总面积的90%，约263万公顷。林木总蓄积量为1.27亿立方米，商品木材蓄积量为4810万立方米。林业近年发展迅速，已成为经济支柱和主要出口产业。为防止林木过度采伐，所政府通过出台《森林和木材法》设立了采伐许可等制度。

【工业】有渔产品、家具、塑料、服装、木船、香料、食品和饮料等小工厂和采矿业。工业仅占国内生产总值的5%。

【农业】农业人口占全国人口的90%以上。农业收入占国内生产总值的60%。主要农作物是椰干、棕榈油和可可等。

盛产金枪鱼，是世界上渔业资源最丰富的国家之一，金枪鱼年捕鱼量约8万吨。海产品是第三大出口产品，主要供应日本和欧盟市场。有效保护海洋和渔业资源，所2011年1月启动了珊瑚礁和渔业安全计划。

【旅游业】沿海地势较平坦，海水几乎没有污染，被公认为世界上水质最佳的潜水区之一，旅游业潜力较大。但所基础设施落后，交通不便，加之治安不靖，严重制约所旅游业的发展。

【交通运输】公路：陆路交通不发达。各岛共有公路干线约1900公里。其中首都地区柏油路面公路100公里，农村简易道路1800公里。

空运：除了霍尼亚拉国际机场，还有35个小机场。国际航班运营商主要有巴布亚新几内亚航空公司和瑙鲁航空公司，澳大利亚航空公司与所罗门航空公司也有联营的国际航班。

水运：与澳大利亚、日本、新加坡、其他太平洋岛国以及中国台湾、中国香港等地区有海运联系。有定期货轮通往澳大利亚、新西兰、巴新、日本、中国香港和欧洲。霍尼亚拉是主要港口。

【财政金融】财政严重依赖外援。截至2022年第四季度末，政府外债1.4亿美元。中央银行和开发银行是所2家大银行。澳新银行、西太银行在所设有分行。

【对外贸易】2021年，进出口总额为8亿美元。其中，进口额为4.4亿美元，出口额为3.6亿美元。主要出口产品为木材、海产品、棕榈油、铝矿石等。主要进口产品为石油制品、大米、船舶、工程机械等。主要贸易伙伴为中国、澳大利亚、韩国、新加坡、马来西亚、新西兰等。

【外国援助】所罗门群岛积极争取多边援助，强调外国援助如何使用须由所政府决定。主要援助方为澳大利亚、欧盟、日本、新西兰、英国和亚洲开发银行等。2022/2023财年，澳向所提供1.69亿澳元援助。

【著名公司及经济团体】主要有：

（1）矿产与勘探公司协会（Association of Mining and Exploration）：成立于1988年。地址：C/O POB G24，Honiara，Solomon Islands。

（2）所罗门群岛开发信托公司（Solomon Islands Development Trust）：地址：POB 147，Honiara，Solomon Islands。

人民生活

全国有9所医院、900多张病床、135家诊所和农村医疗站。人均寿命58岁。

军　事

所罗门群岛无军队，有1500多名警察。

文化教育

【教育】保持美拉尼西亚的传统文化。全国识字率约51%，有小学52所，中学20所，技术学院和师范学校各1所，大学1所。中小学生约占适龄儿童和青少年的1/3。

【新闻出版】有私人经营的英文日报《所罗门星报》和《所罗门之声》。政府办的所罗门广播电台用英语和皮金语广播。

对外关系

所罗门群岛强调国际和睦、友谊、相互尊重、和平及人类尊严等外交原则。奉行不与任何大国结盟的政策，坚持在谨慎并有选择的基础上发展与各国的政治和经贸关系，有选择地利用外资和外援。支持南太无核区主张，重视与英国、澳大利亚、新西兰等传统友好国家的关系，同时注重与其他太平洋岛国发展友好合作关系，积极发展同日本、欧盟、美国、古巴、伊朗、阿联酋和以色列等国家的关系。

已同123个国家建交。系联合国会员国，英联邦、太平洋岛国论坛、太平洋共同体、美拉尼西亚先锋集团等国际和地区组织成员。在联合国、澳大利亚、欧盟、巴新设有外交代表机构。

【同中国的关系】2019年9月21日，国务委员兼外交部长王毅在北京同所罗门群岛外长马内莱举行会谈并签署《中华人民共和国和所罗门群岛关于建立外交关系的联合公报》，两国正式建立大使级外交关系。10月，所罗门群岛总理索加瓦雷对华进行正式访问并出席2019年北京世界园艺博览会闭幕式，双方签署《中华人民共和国政府与所罗门群岛政府关于共同推进丝绸之路经济带和21世纪海上丝绸之路建设的谅解备忘录》。10月，所罗门群岛教育和人力资源发展部长傅桂访华。2020年9月，所罗门群岛外长马内莱出席王毅国务委员兼外长主持召开的减贫与南南合作高级别视频会议。2021年9月，国家主席习近平同所罗门群岛总理索加瓦雷通电话。2021年6月，全国人大常委会委员长栗战书同所罗门群岛议长奥蒂举行视频会晤。12月，王毅国务委员兼外长同所罗门群岛外长马内莱通电话。2022年5月，王毅国务委员兼外长访所。9月，王毅国务委员兼外长在纽约出席第77届联大期间会见所外长马内莱。

据中国海关总署统计，2022年，中所双边贸易额为4.98亿美元，同比增长2.2%。其中，中国出口额为1.96亿美元，同比增长18.0%；中国进口额为3.02亿美元，同比减少6.0%。

中国驻所罗门群岛大使：李明。馆址：Mendana Avenue，P.O. Box 655，Honiara，Solomon Islands。电话：00677-7264566。

所罗门群岛驻华大使：暂空缺。馆址：北京市朝阳区亮马河南路14号塔园外交办公大楼2-151C。电话：010-65320019；传真：65320038。

【同英国的关系】所罗门群岛与英国关系密切。所原是英国的殖民地，被英统治85年。1978年所独立后，政府部门的顾问等仍由英国人担任。英是所重要的援助国及贸易伙伴。2011年6月，卡布伊总督夫妇赴英国出席女王登基60周年庆典活动。2012年9月，英国威廉王子夫妇访所。2013年4月，英国外交与联邦事务副大臣斯维尔访所。2019年11月，英国查尔斯王子访所。

【同澳大利亚、新西兰的关系】所罗门群岛与澳大利亚关系密切，澳在所经营银行、航运和锯木厂。2009年1月，澳与所签署发展伙伴计划。2012年7月，所与澳签署“季节性工人计划”。2017年6月，澳大利亚总督科斯格罗夫、新西兰副总理贝内特等赴所出席“地区驻所援助团”撤离仪式。2019年6月，澳大利亚总理莫里森访所。2022年6月，澳外长黄英贤访所。2022年10月，所总理索加瓦雷访澳。

新西兰与所罗门群岛外交和经贸往来密切，新为所发展经济、改善民生和社会治理提供援助。2017年2月，新西兰外长麦卡利访所。2019年6月，新副总理兼外长彼得斯访所。2022年10月，所外长马内莱访新。

【同美国的关系】所罗门群岛首都所在的瓜达尔卡纳尔岛是第二次世界大战期间美军与日军争夺的战略要地。2022年4月，美国白宫国安会“印太”事务协调员坎贝尔访所。2022年8月，美常务副国务卿舍曼访所。2022年9月，所总理索加瓦雷赴美出席首次美国—太平洋岛国领导人峰会。

【同其他太平洋岛国的关系】1988年3月，所罗门群岛与巴新、斐济、瓦努阿图在瓦首都维拉港签署《美拉尼西亚国家合作原则声明》及互免签证协议。2007年3月，所总理索加瓦雷在瓦努阿图首都维拉港与瓦总理利尼、巴新总理索马雷、斐济临时政府外长奈拉蒂考签署《美拉尼西亚先锋集团宪章》。2015年6月，第20届美拉尼西亚先锋集团领导人峰会在所首都霍尼亚拉举行。2016年7月，所总理索加瓦雷接任太平洋岛国发展论坛主席；同月，第四届太平洋岛国发展论坛首脑峰会在所首都霍尼亚拉举行。2020年2月，巴布亚新几内亚总理马拉佩对所进行正式访问。

【同日本的关系】早在所罗门群岛独立前，日本就与所签订了渔业协定，合办“所罗门大洋渔业公司”。该公司的出口值占所出口总值的1/4以上。日本还在所经营木材加工和伐木厂，勘探铝矾土矿，并为所提供援助、人员培训等。日本—太平洋岛国领导人会议每3年举行一次。2012年5月，所总理利洛赴日本出席第六届日本—太平洋岛国领导人会议。2015年5月，所副总理埃特赴日本出席第七届日本—太平洋岛国领导人会议。2018年5月，所总理霍尼普韦拉赴日本出席第八届日本—太平洋岛国领导人会议。

【同欧盟的关系】2010年2月底至3月初，所总理西库阿访问欧盟并出席第三届所罗门群岛—欧盟对话会。欧盟通过第11期欧洲发展基金在2014—2020年向所提供4000万欧元援助。2020年9月，欧盟宣布向所提供800万欧元援助，用于提升省级政府治理能力和公共服务水平。 （孙佳）

汤　加

国名　汤加王国（The Kingdom of Tonga）。

面积　陆地面积747平方公里，海洋专属经济区面积70万平方公里。

人口　10.02万（2022年）。98%是汤加人，属波利尼西亚人，其余为其他太平洋岛国人、欧洲人、亚洲人及其后裔。华人华侨约有2000人。通用汤加语和英语。居民多信奉基督教。

首都　努库阿洛法（Nuku'alofa），人口约2.1万（2021年）。

国家元首　国王图普六世（Tupou VI），2012年3月18日继位，2015年7月4日正式加冕。

重要节日　独立日：6月4日；国庆日（宪法日）：11月4日。

简　况

位于南太平洋西部、国际日期变更线西侧，西邻斐济。由汤加塔布、瓦瓦乌、哈派三大群岛和埃瓦、纽阿等170多个岛屿组成，其中36个有人居住。无河流。属热带雨林气候，5月至11月为旱季，12月至次年4月为雨季，11月至次年3月常有飓风和暴雨。年均气温南部23℃、北部27℃，年均降水量1793毫米。

3000多年前已有人在此定居。约从公元950年起至今经历过4个王朝，现为1845年乔治·图普一世建立的陶法阿豪王朝。17、18世纪，荷兰、英国、西班牙探险家先后抵达。19世纪基督教传入。1900年成为英国保护国。1970年6月4日独立并成为英联邦成员。

政　治

汤加是太平洋岛国地区唯一的君主制国家。社会分王族、贵族和平民3个阶层。全国有33个世袭贵族头衔。国王为国家元首，长期执掌大权，首相由国王任命。汤加近年来推进政治改革，还政于民，国王让渡国家行政管理大权和部分人事权，保留武装部队统帅、解散议会、否决议会提案等权力；枢密院不再是最高行政决策部门，改为国王个人的咨询机构。

【宪法】现行宪法由国王乔治·图普一世于1875年颁布，2010年修订。

【议会】即立法会。一院制。由9名贵族议员和17名平民议员组成。每4年选举一次。贵族议员由其所在选区贵族选举产生，平民议员由所在选区普选产生。议长由议员推选，国王任命。本届议会于2021年11月选举产生，法卡法努阿（Lord Fakafanua）连任议长。

【政府】内阁由包括首相、副首相在内的内阁大臣组成。首相从26名议员中选举产生，由国王任命；内阁大臣由首相提名，由国王任命。首相可从议员之外提名4名内阁大臣。目前，内阁成员共10人，包括：首相兼教育大臣，警察、消防和应急事务大臣，国防大臣，气象、能源、信息、灾害管理、环境、气候变化和通信大臣胡阿卡瓦梅利库（Hu'akavameiliku）；副首相兼司法和监狱大臣萨缪·瓦伊普卢（Samiu Vaipulu）；财政大臣蒂奥菲卢西·蒂乌艾迪（Tiofilusi Tiueti）；土地和自然资源大臣图伊阿费图（Lord Tu'i'afitu，贵族）；外交大臣兼旅游大臣费基塔莫埃洛阿·乌托伊卡马努（Fekitamoeloa 'Utoikamanu，女）；卫生大臣赛亚·皮乌卡拉（Saia Piukala）；贸易和经济发展大臣威利阿米·拉图（Viliami Latu）；农业、食品和林业大臣佛赫（Lord Fohe，贵族）；基础设施大臣塞温廷·托乌莫乌阿（Sevenitini Toumoua）；内政大臣瓦伊阿（Lord Vaea，贵族）。

【司法机构】设最高法院、上诉法院、土地法院和地方法院。上诉法院院长、最高法院首席大法官和其他法官均由国王任命。现任上诉法院院长兼最高法院首席大法官为欧文·鲍尔森（Owen Paulson）。

【政党】汤加"友谊之岛民主党"（2010年9月成立），汤加人民党（2018年6月成立）。

【重要人物】图普六世：国王。图普四世国王之子、图普五世国王胞弟。1959年7月12日出生于努库阿洛法。毕业于美国海军学院、澳大利亚军事学院和澳大利亚邦德大学。1998年10月任外交国防大臣。2000年1月任首相兼外交、国防、农林、渔业、海事和港务大臣。2006年2月辞去首相职务。2006年9月被敕封为王储。随后任汤驻澳大利亚高专。2012年3月18日继承图普五世的王位。2015年7月正式加冕。　**胡阿卡瓦梅利库**：首相。原名肖西·索瓦莱尼，2021年底就任首相后按当地传统使用氏族长头衔胡阿卡瓦梅利库。1970年2月28日出生。2014年首次当选议员并担任副首相兼环境、能源、信息通信大臣。2019年担任教育大臣。2021年12月当选首相，兼教育大臣，警察、消防和应急事务大臣，国防大臣，气象、能源、信息、灾害管理、环境、气候变化和通信大臣。　**法卡法努阿**：议长。1985年3月出生于新西兰。2006年继承贵族头衔，有王室血统，其胞妹为王储妃。2004—2007年先后就读于新西兰维多利亚大学和奥克兰大学，但因家庭原因未完成学业。2008年、2010年两次当选贵族议员。2012年7月27岁时当选议长，成为汤加历史上最年轻的议长。2014年卸任议长之职后赴印度留学，攻读国际关系专业。2017年12月再次当选议长，2021年12月连任。

经　济

汤加生产力水平低，经济发展落后，严重依赖外援。农业、渔业和旅游业是国民经济的三大支柱，但长期以来未能有效开发。2022年主要经济数据如下：

国内生产总值：约5亿美元。

人均国内生产总值：约5010美元。

国内生产总值增长率：–2.0%。

货币名称：潘加。

汇率：1美元≈2.3潘加。

【资源】渔业和森林资源较丰富。2008年5月，加拿大诺梯勒斯矿业公司开始在汤加海域进行矿产勘探。2010年2月，美国摩多勒斯能源公司与汤签署协议，于2015年在汤海域开始勘探性钻井作业。为保护境内资源，汤加2014年8月出台《海底矿产法》。

【工业】重视发展工业，主张产品多样化。1975年在首都郊区设立小型工业区，区内只有一些小企业从事组装、来料加工、进口成品改小包装及简单的农产品和食品加工业。

【农业】农业为汤加主要产业之一，以小农场为主，作物品种单调，耕作方式原始，技术落后，产量不高。汤加全国耕地面积179.3平方公里，占土地总面积的24%，人均耕地约0.15公顷。从事农业生产的人约占就业总人口的40%。主要农产品有芋头、木薯、南瓜、香草、卡瓦等，还生产香蕉、菠萝、椰子、西瓜、木瓜等热带水果及少量蔬菜。大米、面粉、部分蔬菜和水果及肉类等依赖进口。农产品和鱼类在汤出口中占绝对主导地位。

海域辽阔，渔业资源较丰富，以金枪鱼出口为主。近年来，由于气候原因和过度捕捞，鱼类资源不断减少，加之运输成本的不断增加，金枪鱼等主要渔产品出口下降，发展低于预期。渔业产值约占汤加国内生产总值的3%。

【旅游业】旅游业是汤加政府力图发展的经济行业之一，被视为增加居民收入和解决就业的新的增长点。汤加具有特色的历史文化传统和旅游资源，但由于开发能力有限，旅游业尚未实现快速发展。目前，全国共有各类酒店110余家，客房1100余间。2019年赴汤外国游客总数约9.4万人次。汤加现为中国公民旅游目的地国。酒店餐饮业是汤主要产业之一，是政府收入和解决就业的重要行业，约占汤加国内生产总值的3%。

【交通运输】公路：总长约950公里；小汽车4万辆。

水运：以各岛轮渡运输为主。共有6个海港。汤加塔布岛的努库阿洛法港和瓦瓦乌岛的纳阿夫港可停靠远洋货轮。同澳大利亚、斐济、新西兰、萨摩亚和日本等国之间有定期班轮。

空运：共有大小6个机场，包括位于主岛的法阿穆图国际机场，与悉尼、奥克兰、楠迪、苏瓦等城市间有直航。国内航线主要由里尔汤加航空公司运营。澳大利亚、新西兰、斐济有航班飞经汤加。

【财政金融】2022/2023财年，汤加财政赤字约3030万潘加。截至2022年6月，汤加政府对外债务约4.29亿潘加，占国内生产总值的36%。全国金融系统由汤加国家储备银行、汤加发展银行和南太银行汤加分行等商业银行组成。

（1）汤加国家储备银行（National Reserve Bank of Tonga）：成立于1989年。核准资本为200万潘加。系汤加中央银行，负责发行货币、调节汇率及管理国家外汇储备等。

（2）汤加发展银行（Development Bank of Tonga）：成立于1977年。系促进投资的金融机构。主要负责向私营部门提供金融贷款。其权益资本主要由澳大利亚和新西兰政府捐赠。

（3）南太银行（Bank of South Pacific）汤加分行：2015年7月南太银行收购西太银行汤加分行（Westpac Bank of Tonga）后成立。

（4）马来西亚银行（MBF Bank Limited）：成立于20世纪90年代初，是规模较小的商业银行。

（5）澳新银行（Australia and New Zealand Banking Group Limited）汤加分行：成立于1993年，是商业银行。

【对外贸易】外贸规模较小，以进口为主。2022年进出口总额约为6.57亿潘加，同比增长10.6%。其中，进口额为6.26亿潘加，同比增长12%；出口额为0.31亿潘加，同比减少13%。主要进口产品为矿物燃料、食品、车辆及其零件、日用品、制造品和建材等，出口产品为农渔产品。主要贸易伙伴为新西兰、美国、日本、中国、澳大利亚等，其中新西兰是汤加第一大进口商品来源国和出口目的地国。

【外国援助】外援主要来自澳大利亚、新西兰、日本、中国、欧盟、世界银行、亚洲开发银行等。汤加近年接受外援金额不断增加。

人民生活

实行全国免费医疗制度。

军　事

国王陛下武装部队，原名"汤加国防军"，2013年9月改为现名，由陆军、海军和皇家卫队组成，共600多名官兵。国王为武装部队最高统帅。首相胡阿卡瓦梅利库兼任国防大臣。有警察400多名。

文化教育

【教育】公办学校对6—14岁儿童实行免费教育。南太平洋大学在汤设有分校，另有一所私立工科大学。汤加法律规定教会可参与办学。小学约90%由政府创办，中学约75%由教会创办。澳大利亚、新西兰、中国、日本等国向汤提供留学奖学金。

【新闻出版】全国有4种主要报纸，多用汤加文出版，分别是：《汤加时报》《螺号报》《宣告报》和《汤加日报》。此外，还有部分宗教报纸和不定期出版的杂志。

全国共有5家广播电台和1家电视台，主要以汤加语播出，也播放少量英语新闻、体育比赛与影视剧等节目。中国国际电视台英语频道和英国广播公司的节目可免费收看。中国国际广播电台已在汤落地。

对外关系

汤加是联合国会员国，英联邦、太平洋岛国论坛、太平洋共同体、国际民航组织、亚洲开发银行、世界银行、国际货币基金组织、世界贸易组织等组织成员。汤加关心地区安全与稳定；积极参加地区合作，主张建立南太平洋无核区。2014年7月，汤加当选国际海底管理局理事会成员，成为继斐济之后第二个当选理事会成员的小岛屿发展中国家。2016年2月，汤加加入国际劳工组织。2021年1月，汤加成为亚洲基础设施投资银行正式成员。

2017年4月，汤加主办地区能源和交通部长会议、保护鲸鱼会议。2022年10月，汤加举办南太平洋防长会议。

【同中国的关系】中国与汤加1998年11月2日建交。2018年11月，国家主席习近平在巴布亚新几内亚莫尔斯比港同汤加首相波希瓦会晤，双方一致同意将两国关系提升为相互尊重、共同发展的全面战略伙伴关系。

近年来，高层交往主要有：2019年8月，全国政协副主席郑建邦对汤加进行友好访问。2020年1月，全国人大常委会副委员长丁仲礼访汤。2021年9月，国家主席习近平同汤加国王图普六世通电话。2022年5月，国务委员兼外交部长王毅访汤。

2018年3月，汤加国王图普六世来华进行国事访问。11月，汤加副首相兼基础设施和旅游大臣西卡来华出席首届中国国际进口博览会。2019年4月，汤加副首相兼基础设施和旅游大臣西卡来华出席第二届“一带一路”国际合作高峰论坛贸易畅通分论坛并访问福建。同月，汤加议长法卡法努阿访问广东。

据中国海关总署统计，2022年，中汤双边贸易额为5668.4万美元，同比增长5.6%。其中，中国出口额为5668.2万美元，同比增长5.7%；中国进口额为0.2万美元，同比减少95.4%。

中国驻汤加大使：曹小林。馆址：Vuna Road, Nuku'alofa, Kingdom of Tonga。电话：00676–24554；传真：24595。

汤加驻华大使：陶阿伊卡·乌塔阿图（Tauaika Utaatu）。馆址：北京市朝阳区建国门外外交公寓1–2–11。电话：010–65327203；传真：65327204。

【同新西兰的关系】1970年建交。两国关系密切。新是汤主要援助国之一，1976年开始向汤提供援助，后逐年增加。新是汤最大贸易伙伴和进口市场。2018年3月，新西兰总理阿德恩访汤。2022年8月，新西兰外交贸易部长马胡塔访汤。现有逾8.5万汤加侨民在新西兰生活。

【同澳大利亚的关系】1970年建交。两国关系密切。澳是汤主要援助国，1976年开始向汤提供援助。澳是汤重要贸易伙伴。澳汤互设高专署。2015年4月，澳外长毕晓普访问汤加。7月，澳总督科斯格罗夫赴汤出席图普六世国王加冕典礼。2016年5月，澳与汤签订援助协议，未来3年向汤方提供1200万澳元财政支持。2022年6月，澳外长黄英贤访问汤加。

【同美国的关系】汤美关系近年有所加强。美对汤援助包括军事支持、派遣和平队志愿者等。目前，共有约8万名汤加侨民旅居美国。2013年5月，美海军部长雷·马布斯访汤。6月，美主导的“2013年太平洋伙伴”行动在汤举行，美“珍珠港号”军舰访汤。2014年4月，美军太平洋司令部司令洛克利尔访汤，会见汤加首相图伊瓦卡诺，并与汤方就美内华达州与汤建立国家伙伴关系达成协议。7月底，由美主导的“太平洋天使”行动在汤瓦瓦乌岛和哈派岛举行，为当地民众提供人道主义医疗服务。2022年8月，美常务副国务卿舍曼访汤。9月，汤首相胡阿卡瓦梅利库赴美出席首次美国—太平洋岛国领导人峰会。

【同日本的关系】1970年建交。日汤互设有大使馆。日本是汤重要贸易伙伴和援助国，是汤加南瓜、金枪鱼主要出口市场。2015年5月，汤首相波希瓦赴日出席第七届日本与太平洋岛国领导人会议。7月，日本皇太子德仁夫妇赴汤出席图普六世国王加冕典礼。2018年5月，汤加副首相兼基础设施和旅游大臣西卡赴日本出席第八届日本—太平洋岛国领导人会议。

【同英国的关系】同英国保持传统关系。英国曾在汤设高专署近百年，2006年4月1日因其驻外机构调整关闭英驻汤高专署，由英驻新西兰高专代管涉汤事务。英国女王伊丽莎白二世曾于20世纪3次访汤。2012年3月，英国格洛斯特公爵理查德亲王赴汤出席图普五世国王葬礼。5月，汤加国王图普六世夫妇赴英国出席英女王伊丽莎白二世登基60周年庆典。2013年10月、2015年2月，图普六世国王夫妇访问英国。

【同法国的关系】两国早在1855年就签署了《法国—汤加友好条约》。法国在汤设有名誉领事。法不定期向汤提供一些军事物资援助，法军舰时常访汤。

【同欧盟的关系】欧盟在汤有若干援助项目。欧盟通过2008—2013年第10个欧盟援助计划向汤提供1500万欧元援助，通过2014—2020年第11个欧盟援助计划向汤提供1100万欧元援助，主要用于可再生能源开发。

（谢超）

图 瓦 卢

国名 图瓦卢（Tuvalu）。

面积 陆地面积26平方公里，海洋专属经济区面积约75万平方公里。

人口 1.1万（2022年）。97%为图瓦卢人，属波利尼西亚人。其余为基里巴斯人、欧洲裔等。英语为官方语言，图瓦卢语为通用语言。居民大多信奉基督教。

首都 富纳富提（Funafuti），人口约6320人（2017年）。

国家元首 英国国王查尔斯三世，总督是国王的代表。现任总督托菲加·法拉尼（Tofiga Vaevalu Falani），2021年9月就职。

重要节日 图瓦卢日：10月1日。

简况

位于中太平洋南部，在国际日期变更线西侧。由9个环形小珊瑚岛群组成，其中8个有人居住，富纳富提为主岛。海岸线长24公里。无河流。属热带海洋性气候，年均气温29℃，年均降水量3000毫米。陆地最高点不超过海平面5米。

图瓦卢人世居岛上。1892年英宣布图瓦卢和附近的基里巴斯为英“保护地”。1916年被划入“英属吉尔伯特和埃利斯群岛殖民地”。1975年10月在法律上同基里巴斯分离，改用旧名图瓦卢（意为“八岛之群”）。1978年6月实行自治，10月1日独立。

政治

2019年9月，卡乌塞亚·纳塔诺（Kausea Natano）在大选中胜出并就任总理。

【宪法】1978年10月1日独立时生效。宪法规定，图为英联邦成员。英王根据图总理推荐任命总督。总理由议员选举产生。内阁对议会负责，由总理和数名部长组成。总检察长为政府的主要法律顾问。1986年6月修改宪法，总督丧失对政府所提建议的否决权。

【议会】一院制，由16名议员组成，各岛根据登记选民数量产生1—2名议员，任期4年。本届议会于2019年9月产生，现任议长为萨穆埃卢·特奥（Samuelu Teo）。

【政府】图选举制度采用“威斯敏斯特”模式。由于图国内无政党，选民选出议员组成新一届议会后，议员内部投票选举新总理。2019年9月19日，卡乌塞亚·纳塔诺当选总理。现内阁成员包括：副总理兼渔业与贸易部长米努特·阿拉帕蒂·塔乌波（Minute Alapati Taupo），司法、通信与外交部长西蒙·科菲（Simon Kofe），教育、青年与体育部长蒂米·麦雷（Timi Melei），公用事业与环境部长阿姆佩洛萨·泰赫卢（Ampelosa Tehulu），财政部长赛维·帕尼乌（Seve Paeniu），卫生、社会福利与性别部长以赛亚·塔佩（Isaia Taape），内政与农业部长卡特普·罗伊（Katepu Laoi），交通、能源与旅游部长涅鲁·梅塞克（Nielu Meisake）。

【司法机构】设最高法院、地区法院和岛法院（共8个）。最高法院由1名大法官主持受理下级法院的上诉案。如要进一步上诉则由斐济上诉法院代理或呈请英国枢密院司法委员会审理。

【重要人物】卡乌塞亚·纳塔诺：总理。1950年1月1日出生。长期在政府部门任职，从政经历丰富。2002年当选议员，在2006年、2010年、2015年的大选中均连任。曾任图瓦卢公共设施和工业部长、通信部长、副总理等职。2019年9月大选后连任议员并当选总理。

经济

图瓦卢资源匮乏，土地贫瘠，农业落后，几乎无工业。被联合国列为最不发达国家。家族是生产和生活的最基本单位。集体劳动，主要从事捕鱼和种植椰子、香蕉、芋头。外汇收入主要靠外援，颁发捕鱼证，邮票、椰干等出口，“.tv”网络域名出售，外国在图海域的捕鱼费以及海员汇款和在瑙鲁磷矿工作的侨民汇款。2022年主要经济数据如下：

国内生产总值：6000万美元。

人均国内生产总值：5900美元。

国内生产总值增长率：3%。

货币名称：图瓦卢元；通用澳元。

汇率：1美元≈1.48图瓦卢元。

（资料来源：国际货币基金组织）

【农业】主要靠种植椰子、香蕉、芋头及饲养家禽、猪等。渔业资源丰富，但无开发能力。图与日本、韩国和中国台湾地区签有渔业协定。

【交通运输】以水运为主。首都富纳富提有深水港。图瓦卢有通往斐济等国的不定期班轮。斐济航空公司经营自楠迪经苏瓦飞富纳富提的航班。

【财政金融】收入主要来自出售捕鱼许可证、互联网电信协议以及海外侨汇和“图瓦卢信托基金”。“图瓦卢信托基金”于1987年设立，基金收入占图政府每年预算约15%。截至2020年底，该基金市场价值约1.92亿澳元。主要贸易伙伴是新西兰和澳大利亚。

【对外贸易】主要进口食品、动物及动物产品、矿物燃料、机械、制成品等，来源国包括澳大利亚、斐济、日本和新西兰。主要出口为椰干、鱼产品，出口市场主要为新西兰、斐济。

【外国援助】外援主要来自英、澳、新、日以及欧洲发展基金和联合国开发计划署。1987年起，英国对图财政预算援款每年减少7.5万美元。为解决由此带来的困难，图政府制订了一项发展基础设施计划，并于同年6月设立图瓦卢信托基金。澳、新、英、日、韩为主要捐助国，2020年信托基金达1.92亿澳元。图还游说其他国家捐款。作为最不发达国家，图可从世界银行得到特许贷款，出口商品可获特别关税待遇。澳大利亚为其最大援助国，2022—2023年度，向图提供1380万澳元援助。

人民生活

图瓦卢政府为国民免费提供医疗保健服务。

军　事

图瓦卢无正规军队。设海上巡逻警察，负责海上搜救及监察。

文化教育

【教育】普及小学教育，实行免费教育。全国有10所小学，2所中学，另有1所海员训练学校。

【新闻出版】官方设立图瓦卢电台和电视台，用图瓦卢语和英语播报。

对外关系

图瓦卢奉行与所有国家友好合作的政策，外交重点在太平洋地区，同英国、澳大利亚关系较深。同斐济关系密切，在斐设有高专署，在纽约、布鲁塞尔、伦敦等设有外交机构。图与英联邦成员和比利时、智利、荷兰、法国、德国、日本、韩国等有外交关系。1979年初与美国签订了友好条约（1983年9月生效）。根据这一条约，美放弃对图瓦卢南部4小岛的主权要求。系联合国会员国，联合国教科文组织、英联邦、世界卫生组织、万国邮政联盟、太平洋岛国论坛、太平洋共同体、太平洋区域环境署、亚洲开发银行等组织成员。在气候变化问题上立场激进。2019年8月，图瓦卢举办第50届太平洋岛国论坛领导人会议。

【同中国的关系】中国与图瓦卢无外交关系。2008年，图体育代表团参加北京奥运会。2010年，图与其他太平洋岛国以太平洋联合馆形式参加上海世博会。2011年1月，图工会主席瓦瑞克·诺基斯和外籍海员工会书记费普瓦里·基迪塞尼来华出席“中国—南太平洋国家工会领导人研讨会”。

据中国海关总署统计，2022年，中图双边贸易额为3321.2万美元，同比减少28.5%。其中，中国出口额为3320.1万美元，同比减少28.5%；中国进口额为1.1万美元，同比减少70.3%。

1979年，图瓦卢与台湾当局建立“外交关系”。

（李德）

托　克　劳

名称　托克劳（Tokelau）。

面积　12.2平方公里。

人口　约1400人（2022年），另有约7000名托克劳人居住在新西兰。主要是波利尼西亚人，有少数欧洲人。讲托克劳语和英语。居民58%信奉基督教新教公理宗，26%信奉罗马天主教。托克劳人同时具有新西兰和英国国籍。

行政中心　无固定，随政府首脑办公室轮流设于3个环礁岛。

行政长官　由新西兰外长任命新政府资深官员担任。现任行政长官为唐·希金斯（Don Higgins），2022年就任。

简　况

位于太平洋东南部，处在夏威夷和新西兰的中间位置。由相距几十公里的努库诺努（Nukunonu，4.7平方公里）、法考福（Fakaofo，4平方公里）、阿塔富（Atafu，3.5平方公里）3个环礁岛组成，平均海拔3米。主岛努库诺努南距萨摩亚约500公里，西距图瓦卢约1000公里，东北距基里巴斯约2000公里。海岸线长101公里。属热带气候，年均气温28℃，年均降水量2800毫米。

1889年成为英国保护地。1916年被并入英国殖民地吉尔伯特·艾利斯群岛，称作联合群岛（Union Group），1926年英国将行政权移交新西兰，1946年改称托克劳群岛。1948年主权移交新西兰并划入新西兰版图，为新西兰非自治领地。1976年改称托克劳。后根据和新西兰达成的协议，托克劳向新西兰自治领过渡。

政　治

国家元首是英国国王查尔斯三世，国王代表为新西兰总督。原由行政长官掌握行政权。2004年，行政权移交托克劳前进政府理事会（Council for the Ongoing Government of Tokelau），由3位村领袖和3位村长组成。3位村领袖轮流担任政府首脑，每人任期1年。2021年3月，卡利亚诺·卡洛洛（Kelihiano Kalolo）接替弗弗·图伊萨诺（Fofo Tuisano）担任政府首脑。

【宪法】历史上曾有多部宪法，最近一部系1949年1月1日生效的《托克劳岛法》，经多次修订，最新修订是在2012年。

【议会】托克劳代表大会（General Fono）为托立法机构，一院制，由村领袖、村长和岛代表组成，岛代表根据各岛人口数确定，每100人产生1位代表，每3年召开1次会议，决定政策和预算。最近一次代表大会于2020年1月召开。具体议席分配为：努库诺努8席、法考福7席、阿塔富7席。村领袖、政府理事会和代表大会均为3年改选1次。公民年满18岁具有选举权，年满35岁方才具有被选举权。

1994年6月，托克劳代表大会通过了托克劳第一个国民战略计划，内容包括开发人力与自然资源、发展对外关系等。2006年、2007年，托克劳两次就是否实行内部自治举行全民公决，未获规定所需的2/3多数票。2009年9月，时任新西兰总督萨特亚南德向托克劳颁授首面官方旗帜。

【司法机构】根据1986年《托克劳修正案》，新西兰高等法院对托克劳行使司法权，新西兰总督任命的3名司法专员和各岛选举产生的村长依法处理民事和刑事案件。上诉法院位于新西兰，由院长和8名法官组成，法院系由司法委员会提名，获议会3/4赞成票方能通过。

经　济

托克劳经济落后，土地贫瘠。2021年，托克劳地区生产总值为7445美元。出产椰子、面包果、木瓜、芋头和香蕉等。产鱼，饲养少量猪和家禽。拥有专属经济区面积30万平方公里。主要经济来源是出口椰子、邮票、纪念币、手工艺品以及出售在托克劳专属经济区捕鱼的许可。新西兰经济援助约占托克劳政府预算的80%。2004年，新西兰与托克劳共同发起并建立“托克劳国际信托基金”。托克劳还接受联合国开发计划署、南太平洋委员会、联合国教科文组织、联合国人口基金、世界卫生组织、联合国儿童基金会、英联邦青年发展计划等机构的援助。货币为新西兰元，1新元约合0.6美元（2022年12月）。

【交通运输】交通运输不发达，无公路和航空运输，进出托克劳均需通过海运经萨摩亚中转。

【电信业】托克劳与新西兰、萨摩亚之间有卫星通信联系。托克劳各岛之间靠无线电通信设备联系，有2069个互联网主机。

人民生活

托克劳共有3所医院（每个岛各有1所），护士大多由斐济和萨摩亚培训。

军　事

托克劳无军队，防务由新西兰负责，仅有9名警察。

文化教育

【教育】托克劳共有3所学校（每个岛各有1所），对5岁至16岁未成年人实行免费教育。一般受教育年限为12年（小学至职业教育）。共有400多名学生，43名教师和13名辅导员。新西兰教育部进行管理并提供教学设备。部分成绩优异的学生可获奖学金赴新西兰、萨摩亚、纽埃等地深造。

【新闻出版】由政府首脑办公室定期就托克劳事务发布1份托克劳文和英文的新闻通讯。3岛均设有广播电台，主要用于气象预报和商船联络。

对外关系

【同新西兰的关系】2019年8月，新西兰总理杰辛达·阿德恩访问托克劳。这是新西兰总理第4次访问托克劳，此前新西兰有3位总理和3位部长到访。同月，时任政府首脑卡洛洛在图瓦卢举行的第50届太平洋岛国论坛领导人会议期间与新西兰总理阿德恩会面。2021年3月，新西兰政府承诺为托克劳居民提供新冠疫苗。

（辛雨杨）

瓦利斯和富图纳

名称　瓦利斯和富图纳群岛（Wallis and Futuna Islands），简称“瓦利斯和富图纳”（Wallis and Futuna, Wallis-et-Futuna）。

面积　陆地面积142平方公里，水域面积约30万平方公里。

人口　11562人（2018年）。人口结构十分年轻，20岁以下人口占34%，65岁以上人口占16.5%。人口密度为81人/平方公里。绝大多数为波利尼西亚人，其余为欧洲人。官方语言为法语，多数人（58.9%）使用瓦利斯语，部分人（30.1%）使用富图纳语。居民中99%信奉天主教。

首府　马塔乌图（Mata-Utu），位于乌韦阿岛（Ile Uvea），人口约1100人（2018年）。

高级行政官　埃尔维·乔纳森（Hervé Jonathan），2020年11月上任。

重要节日　法国国庆日：7月14日。

简　况

位于太平洋西南部国际日期变更线西侧，新喀里多尼亚和法属波利尼西亚之间，距斐济和萨摩亚群岛距离相等，是距法国本土最远（16000公里）的海外领地。由瓦利斯和富图纳–阿洛菲两个群岛构成，相距约230公里。东北部的瓦利斯群岛包括主岛瓦利斯（当地语称乌韦阿，面积77.9平方公里）及附近的22个小岛，主岛最高点海拔151米。西南部的富图纳–阿洛菲群岛亦称霍恩群岛，由富图纳（面积46.3平方公里）和阿洛菲（面积17.8平方公里）两个小岛组成，富岛最高点海拔524

米，阿岛最高点海拔417米。属热带气候，终年炎热潮湿，但6—9月降水偏少。群岛靠近赤道，气温通常为24℃—31℃，年均气温超过25.5℃。年均降水量超过3290毫米。11月15日至次年4月15日常有旋风。

15世纪以前，瓦利斯群岛就有人居住。1767年，英国航海家塞缪尔·瓦利斯发现该岛并命名。1837年，第一批玛利亚会传教士到瓦利斯群岛和富图纳群岛传教。瓦利斯群岛和富图纳群岛分别于1887年4月和11月成为法保护地。1961年正式成为法国海外领地。当地居民为法国国籍。

政　治

由法国派驻的高级行政官和领地议会管理瓦利斯和富图纳。由于党派林立，没有一个党派能够长期单独执政。

瓦利斯和富图纳在法国国民议会和参议院各有一个席位。国民议会议员由普选产生，现任国民议会议员米凯勒·西奥（Mikaele SEO），2022年6月19日当选。参议员由领地议会选举产生，现任参议员米卡勒·库里莫埃托克（Mikaele Kulimoetoke，民主、进步与独立联盟），2020年9月27日当选。

【宪法】实行法国宪法。法国总统任命高级行政官为其代表。

【议会】一院制的领地议会有20个席位（瓦利斯群岛13席，富图纳群岛7席），成员由普选产生，任期5年，来自5个选区。本届议会于2022年3月选举产生。穆尼波艾斯·穆里阿卡阿卡（Munipoese Muli'aka'aka）出任领地议会主席。

【政府】由高级行政官和领地委员会联合执政，领地议会协助高级行政官管理地方事务。领地议会主席为政府首脑。领地委员会有6名成员，其中有3名为国王［拉夫罗王国（瓦利斯岛）、阿洛王国（富图纳岛东部）、西加韦王国（富图纳岛西部）］，另3名成员经领地议会选举，由高级行政官任命。国王在当地享有一定的权力。

【司法机构】司法由高级行政官依法国法律进行管理，但国王和酋长依传统法进行管理。马塔乌图有地方法官。上诉法庭设在新喀里多尼亚的努美阿。

【政党】政党多与法国本土政党有联系，主要有：瓦利斯和富图纳–人民运动联盟（Rassemblement pour Wallis et Futuna-Union pour un Mouvement Populaire，RPWF-UMP）、瓦利斯和富图纳社会党联盟（Union socialiste pour Wallis et Futuna，USPWF）等。

经　济

瓦利斯和富图纳以传统的自给自足农业为主。2021年，农业劳动力约占总劳动力的0.2%，工业约占4.5%，服务业约占95.3%。主要收入来自法国政府的援助、在新喀里多尼亚镍矿工作的侨民（约1.7万名瓦利斯人在新喀工作）汇款和捕鱼执照费。

2005年的人均地区生产总值约为10148欧元，此后不再更新。该群岛的生活水平在太平洋地区的小国和地区中名列前茅，但远远低于法国海外领土的平均水平。主要经济数据如下：

货币名称：太平洋结算法郎（简称“太平洋法郎”）。

汇率：1美元≈109.92太平洋法郎。

通货膨胀率：2.2%。

失业率：17.4%（2018年）。

（资料来源：法国央行海外发行机构IEOM）

【工业】主要产品有：椰干、手工艺品、渔产品、木材等。

【农业】主要产品有：椰子、面包果、薯蓣、芋头、香蕉、猪、山羊、鱼等。

【交通运输】以海运为主。

公路：瓦利斯岛和富图纳岛分别有环岛公路。

水运：瓦利斯航运公司有两艘船，经营瓦、富两岛之间及驶往新喀里多尼亚、斐济和瓦努阿图的航线。

空运：有两个机场，其中瓦利斯岛有一个国际机场，喀里多尼亚航空公司每周有三班飞机飞往努美阿，每周有十班飞机往返于瓦、富两岛间。

【财政金融】2018年外债为380万美元，公共债务占地区生产总值的6%。2018年收入43亿太平洋法郎（20%依靠法国政府补贴），支出40亿太平洋法郎。

【对外贸易】2022年进口额为102亿太平洋法郎。主要进口商品有农产品、食品、能源、中间品、消费品等。主要贸易伙伴为法国、新加坡、欧盟、斐济、澳大利亚、新西兰、中国、新喀里多尼亚和日本等。

人民生活

实施免费医疗制。瓦利斯和富图纳现有2所公立医院和3个公立诊所。2018年人口增长率为-1.05%，自然增长率为6.6‰；人口出生率为11.7‰，死亡率为5.1‰；预期寿命为76.9岁，男性为68.1岁，女性为78.9岁。2018年平均每1万人拥有12名医生。2020年最低月收入为91250太平洋法郎。

军　事

由法国负责防务。瓦利斯和富图纳是太平洋共同体成员和太平洋岛国论坛观察员。

文化教育

【教育】瓦利斯和富图纳对6—16岁儿童实行10年义务教育。截至2019年，有13所小学、6所初中和2所高中。中小学共有528名教职人员和3065名学生。

【新闻出版】双语杂志*Fenua Magazine*创刊于2002年，取代法文和瓦利斯文周刊*Te Fenua Fo'ou*。

法兰西海外广播电台每天24小时用瓦利斯语、富图纳语和法语播音。1986年9月开始播放电视节目，每天播7—10小时的法语节目。（孙志浩）

瓦努阿图

国名 瓦努阿图共和国（The Republic of Vanuatu）。

面积 陆地面积1.22万平方公里，海洋专属经济区面积68万平方公里。共有82个岛屿。

人口 32.67万（2022年）。其中98%为瓦努阿图人，属美拉尼西亚人，其余为法、英、华裔和越南、波利尼西亚移民以及其他太平洋岛国人。约2/3人口集中在埃法特（Éfaté，915平方公里）、桑托（Santo，3677平方公里）、马勒库拉（Malecula，2023平方公里）、塔纳（Tanna，549平方公里）4个岛屿。官方语言为英语、法语和比斯拉马语（Bislama），通用比斯拉马语，全国共有100多种方言。84%的人信奉基督教。

首都 维拉港（Port Vila），人口约4.9万（2020年），位于埃法特岛西南海岸，年均气温25.3℃。

国家元首 总统尼克尼克·武罗巴拉武（Nikenike Vurobaravu），2022年7月就任，任期5年。

重要节日 独立日：7月30日。

简况

位于太平洋西南部。属美拉尼西亚群岛，由82个岛屿（其中68个岛有人居住）组成。最大的桑托岛（又称“圣埃斯皮里图岛”）面积3947平方公里。属热带海洋性气候。

数千年前瓦努阿图人即在此生息。1606年被西班牙探险家发现。1768年法国人到此。1774年英国库克船长到此并将该地命名为“新赫布里底”。1906年10月，英法签署了共管公约，该地沦为英法共管殖民地。1963年土著人成立了第一个政党——乡村党，要求收回土地和实现独立。1978年1月实行内部自治。1980年7月30日独立。独立后，新赫布里底民族党（后改名为瓦努阿库党，简称“瓦库党”）领袖沃尔特·利尼（Walter Lini）出任首任总理，索科马努任总统。

政治

2022年8月，瓦总统宣布解散议会提前大选。11月4日，瓦新一届议会召开首次会议，温和党联盟主席阿拉托伊·伊什梅尔·卡尔萨考（Alatoi Ishmael Kalsakau）当选总理，任期4年，于当日宣誓就职。

【宪法】1979年制定宪法，1980年生效。宪法规定：总统由议会和地方委员会主席组成的选举团（总计58人）选举产生，任期5年。立法权归议会，行政权归部长理事会。总理由议会选举产生，内阁部长由总理任命。瓦努阿图所有土地属土著人及其后裔所有。10月5日为宪法日。

【议会】一院制，共52席，任期4年。每年举行2次例会，应议员多数、议长或总理的请求，议会可举行特别会议。本届议会于2022年11月4日召开首次会议，现任议长为瑟勒·西米恩（Seule Simeon）。

【政府】内阁，又称“部长理事会”（Council of Ministers）。总理卡尔萨考，副总理兼外交、国际合作与对外贸易部长约坦·纳帕特（Jotham Napat），气候变化适应、气象、地质灾害、环境与能源部长拉尔夫·雷根瓦努（Ralph Regenvanu），内政部长瑞克·查马克·马赫（Rick Tchamako Mahe），教育与培训部长布鲁诺·兰肯（Bruno Leingkone），财政与经济管理部长约翰·达玛辛·萨隆（John Damasing Salong），农林畜渔及生物安全部长纳科·亚纳托姆·纳图曼（Nako Ianatom Natuman），卫生部长盖坦·皮基乌恩（Gaetan Pikinoune），司法和社区服务部长约翰·斯蒂尔·塔里·奎图（John Still Tari Qetu），基础设施和公共事业部长马塞利诺·巴赛莱米（Marcellino Barthelemy），旅游、商贸和土著事务部长马泰·塞里玛雅（Matai Seremaiah），青年和体育发展部长汤姆克·内特乌内（Tomker Netvunei）。

【行政区划】全国划分为托尔巴、桑马、帕纳马、马兰帕、谢法和塔费阿6个省以及维拉港、卢甘维尔2个市。

【司法机构】设上诉法院、最高法院和负责传统事务的地方法院。首席法官由总理提名、总统任命。现任首席法官文森特·吕纳贝克（Vincent Lunabeck）。

【政党】主要政党有：

（1）温和党联盟（Union of Moderate Parties）：成立于1974年，是瓦最有影响的法语政党之一。1991年在时任主席马克西姆·科尔曼带领下首次执政并持续至1998年。2001年与中国共产党建立党际关系。主席阿拉托伊·伊什梅尔·卡尔萨考。

（2）民族联合党（National United Party）：1991年成立，由已故国父沃尔特·利尼从瓦库党出走组成。2004年3月与中国共产党正式建立党际关系。主席哈姆·利尼，副主席塞拉斯·布莱。

（3）土地和正义党（Land and Justice Party）：2010年成立。宣称尊重土地和传统，认为酋长、教会、妇女和儿童是瓦国家的四大支柱，要通过保护本国土地和商业促进国家发展。主席拉尔夫·雷根瓦努。

（4）统一变革运动党（Reunification of Movement for Change）：2012年成立。由时任温和党联盟副主席萨尔维出走组成。2016年萨尔维来华出席中国共产党与世界对话会期间与中国共产党建立党际关系。主席夏洛特·萨尔维。

（5）领袖党（Leaders Party of Vanuatu）：2015年成立。由前气候变化部总司长纳帕特创立。该党高举反腐败旗帜，并呼吁瓦努阿图经济、环境、社会可持续发展。主席约坦·纳帕特。

（6）人民进步党（People's Progressive Party）：2001年成立，由基尔曼从美拉尼西亚进步党出走组成。2005年，该党与中国共产党正式建立党际关系。主席萨托·基尔曼。

（7）瓦努阿库党（Vanuaaku Party）：原名“新赫布里底民族党”，1971年成立，是瓦努阿图历史最悠久的政党。1977年改为现名。该党自1980年瓦独立以来在已故国父沃尔特·利尼带领下连续执政至1991年。1991年瓦库党分裂，沃尔特·利尼出走成立民族联合党。1999年4月，瓦库党与中国共产党正式建立党际关系，是太平洋岛国第一个与中国共产党建立党际关系的政党。主席鲍勃·拉夫曼。

【重要人物】尼克尼克·武罗巴拉武：总统。1951年12月3日出生于瓦桑马省马洛岛，1977年获南太平洋大学历史与政治专业学士学位，1993年获英国威斯敏斯特大学外交学专业硕士学位。曾任瓦驻华大使（无任所）、太平洋岛国论坛副秘书长、瓦驻斐济高专等职。2022年7月当选总统。**阿拉托伊·伊什梅尔·卡尔萨考**：总理，温和党联盟主席。1966年出生。曾就读于新西兰惠灵顿维多利亚大学，自2016年起担任瓦议员。曾任总检察长、副总理兼内政部长，2022年11月当选总理。

经　济

瓦努阿图经济落后，2020年12月4日从联合国最不发达国家名单“毕业”。农业和旅游业是瓦经济支柱。以旅游业为主的服务业和建筑业是拉动经济的主要动力。2022年主要经济数据如下：

国内生产总值：9.98亿美元。

人均国内生产总值：30509美元。

国内生产总值增长率：1.7%。

货币名称：瓦图。

汇率：1美元≈110瓦图。

（资料来源：国际货币基金组织）

【资源】原有锰矿开采已尽，新探明资源有少量锰矿、铁矿、镍、铜和铝矾土等，还有大量的白硫火山灰，目前没有采矿作业。森林覆盖率为36%，其中只有20%具有商业开采价值。渔业资源丰富，盛产金枪鱼。

【工业】由于瓦物价和生产成本高，工业产品缺乏出口竞争力，外商投资的工业产品主要是替代进口商品，在瓦本国销售。瓦只有食品、木材加工、肥皂等小工厂。

【农业】瓦气候和地形适宜农业和牧草开发，国土41%为肥沃的可耕地，但已开发耕地仅占18%。农村人口占全国人口的80%。主要农产品是椰干、卡瓦、可可、咖啡、芋头、木薯、红薯、香蕉等。瓦农业生产方式落后，发展缓慢。

数十条外国渔船与瓦合作，在瓦专属经济区捕鱼。按瓦有关规定，外国渔船经瓦方同意后，可在12—200海里的海域进行捕捞作业。只有瓦公民和本国公司可以在12海里内的海域捕鱼，6海里内的捕鱼事宜由当地省政府管辖。本国公民商业性渔业规模小。

【旅游业】旅游业是瓦支柱产业之一和最大的外汇收入来源，产值约占国民生产总值的1/3。多数游客来自澳大利亚、新西兰和新喀里多尼亚。主要游览胜地有维拉港、塔纳、桑托、马勒库拉和彭特考斯特岛。

【交通运输】交通设施落后，费用高昂。以水运为主。

水运：水路总长780公里。岛间运输船舶的最大吨位为200多吨，现有船舶大多破旧落后。首都维拉港和桑托港为国际海港，均可停靠万吨商船。

瓦努阿图是新兴的船旗国，现有约600条船悬挂瓦努阿图国旗。中瓦海运航线有天津/上海—釜山—维拉港，广州—香港—悉尼—维拉港。

空运：各主要岛屿都有机场。维拉港有国际机场，新冠疫情发生前，可直飞澳大利亚、新西兰、斐济、新喀里多尼亚。瓦努阿图航空公司是瓦唯一经营国际航线的公司，国内有近10条航线。

公路：总长约1900公里，大部分为土路。

【电信业】近年来，瓦电信业取得长足发展。瓦电信业过去由政府授权瓦努阿图电信公司垄断经营，提供固定电话、手机、数据通信、互联网服务。2008年，瓦政府打破垄断，授予总部设在牙买加的电信公司迪捷讯手机业务经营许可，此举刺激了瓦移动通信市场快速增长。

【财政金融】2021年，瓦财政收入为348.4亿瓦图，支出309.7亿瓦图，盈余38.7亿瓦图。截至2022年底，瓦努阿图累计外债余额3.94亿美元，负债率39.4%。

主要银行有：（1）瓦努阿图储备银行（Reserve Bank of Vanuatu）：1981年成立，是瓦中央银行。前称“瓦努阿图中央银行”，1989年改为现名。

（2）瓦努阿图国家银行（National Bank of Vanuatu）：1991年接管瓦努阿图合作储备银行后成立。1998年11月，同瓦努阿图开发银行合并，属国有银行。

【对外贸易】2022年，瓦外贸总额约132.6亿瓦图。其中，出口额约27.46亿瓦图，进口额约105.14亿瓦图。瓦商品贸易年年逆差，主要出口椰干、可可、牛肉和卡瓦等。瓦产品主要出口欧盟、日本、澳大利亚、新西兰、巴布亚新几内亚等国，并从日本、澳大利亚、新加坡、德国、新西兰等国进口食品、机械、化工产品、燃料等。2012年4月，瓦正式成为世界贸易组织成员。近年来，因西方一些国家以卡瓦对人体健康有害为由禁止进口卡瓦，瓦卡瓦出口量锐减。

【外国资本】外资主要投资在信托保险、法律、会计、金融、旅游等服务业以及电力、通信、商业等。

【外国援助】瓦年均接受外援占国内生产总值的17%左右。外援主要来自澳大利亚、新西兰、欧盟、法国、英国、日本、亚洲开发银行、联合国机构等，一般用于工业、农业、教育、医疗卫生、防务、司法和行政管理等具体项目。

人民生活

医疗条件较为落后，但全国基本实行免费医疗。

军　事

无正规军队。有警察和机动部队约900人，由内政部管辖。瓦与澳大利亚、新西兰和巴布亚新几内亚签有防务协定。瓦警察和机动部队人员参与了联合国在东帝汶、波斯尼亚的维和行动、巴新布干维尔和平监督团以及地区驻所罗门群岛援助团。

文化教育

瓦内政部为瓦文化工作最高领导机构，由该部任命组成的“全国文化理事会”领导文化工作。瓦文化中心为具体组织开展文化活动的机构，下设国家博物馆、国家图书馆、文化遗址登记处、国家音像档案处。

【教育】瓦教育制度规定，小学6年，初中4年，高中3—4年。小学入学率达到95%，但中学入学率很低。中等职业学校有：国立技术学院、师范学院、护士学校、警察学校等。南太平洋大学法律分校设在维拉港。

【新闻出版】主要报刊有：《每日邮报》，私营，每天（除周日外）用英文出版，发行量为3000—5000份。

瓦努阿图广播电视总公司：官方新闻机构，拥有瓦努阿图广播公司和瓦努阿图电视台。

中国国际电视台、中国国际广播电台分别于2005年和2007年在瓦落地。已在瓦落地的付费国际频道还包括：RFO/Tele Nouvelle Caledonie、TBN、ABC Australian Network、TV NZ、Telsat Pay TV、LPF Pay TV。

对外关系

瓦努阿图积极参与国际事务，加强传统双边和多边伙伴关系。瓦努阿图是联合国会员国，不结盟组织、英联邦、法语国家组织、太平洋岛国论坛、美拉尼西亚先锋集团以及世界贸易组织、国际货币基金组织、世界银行和亚洲开发银行成员。强调在亚太地区扮演建设性的角色，致力于创造和平、和谐、无核及地区有效合作的发展环境。2018年3月，瓦正式成为亚洲基础设施投资银行成员。

【同中国的关系】1982年3月26日与中国建交。2018年11月，国家主席习近平在巴布亚新几内亚莫尔斯比港同瓦总理萨尔维会晤，双方一致同意将两国关系提升为相互尊重、共同发展的全面战略伙伴关系。

近年来，中方访瓦的主要有：农业农村部部长韩长赋（2019年3月），国际发展合作署副署长周柳军（2019年7月），国务委员兼外交部长王毅（2022年6月）等。

瓦方访华的主要有：总理萨尔维（2019年5月对中国进行正式访问），副总理拉夫曼（2019年2月率瓦库党高级别代表团访华），外长雷根瓦努（2018年11月来华出席首届中国国际进口博览会、2019年11月来华出席第二届中国国际进口博览会）等。

2020年12月，全国人大常委会副委员长武维华与瓦努阿图议长查德拉科举行视频会晤。

据中国海关总署统计，2022年，中瓦双边贸易额为1.07亿美元，同比增长8.4%。其中，中国出口额为9619.8万美元，同比增长10.7%；中国进口额为1081.5万美元，同比减少8.6%。中国主要出口机电产品、成品油、服装服饰等，主要从瓦进口冻鱼和农产品等。

中国驻瓦努阿图大使：周海成，李名刚（2022年8月以后）。馆址：P. M. B. 9071，Elluk Road，Nambatri，Port Vila，Vanuatu。电话：00678–23598；传真：24877。

瓦努阿图驻华大使：空缺。馆址：北京市朝阳区三里屯外交公寓办公楼2单元11号。电话：010–65320337；传真：65320336。

【同美国的关系】瓦美1986年建交。美驻巴布亚新几内亚大使兼任驻瓦大使。1989年，瓦美签署美向瓦派和平队的协议。此后美每年派出数十名和平队员赴瓦，帮助瓦发展教育事业。美还资助瓦警察和机动部队赴美进行专业培训。2005年，美将瓦列为其千年挑战计划援助国家之一，并于2006年3月与瓦签署协议，承诺此后5年向瓦提供6569万美元，用于瓦基础设施建设。美主要通过“和平队”在教育、医疗和人道主义等方面向瓦提供援助。此外，美还通过世界银行、联合国儿童发展基金会、世界卫生组织等机构向瓦提供发展援助。2018年12月，美国防部亚太事务助理部长薛瑞福访瓦。2022年9月，瓦总统武罗巴拉武赴美出席首次美国—太平洋岛国领导人峰会。

【同澳大利亚的关系】瓦澳1980年建交。澳是瓦最大援助国，援助重点为改善教育、健康、法治状况及促进良政，包括提供资金、材料、顾问、奖学金等。瓦澳签有防务协定。澳是瓦最大贸易伙伴和进口产品来源。澳是瓦旅游业主要客源国之一，瓦2/3的长期游客来自澳。2015年3月，澳大利亚外长毕晓普访问瓦努阿图。2018年6月，瓦总理萨尔维访问澳大利亚。2019年1月，澳总理莫里森访瓦。2月，瓦外长雷根瓦努访澳。2月、10月，澳外长佩恩访瓦。2022年12月，澳外长黄英贤率跨党派代表团访瓦。

【同新西兰的关系】瓦新1980年建交。1991年两国签署防务合作协定。新是瓦主要援助国之一，从2007年开始允许瓦季节性工人前往新从事果园管理等工作。瓦从新主要进口药物、飞机零件、木材、钢铁、冷冻剂和成品油等，向新主要出口鱼和渔产品、金属废品和碎料、椰子、棕榈油、咖啡等。新是瓦旅游业主要客源国之一。新在瓦设有高专署。2017年12月，瓦任命首任驻新高专，并在惠灵顿设高专署。2018年2月，瓦外长雷根瓦努访新。8月，新西兰副总理兼外长彼得斯访瓦。2019年5月，瓦总理萨尔维任内第二次对新进行正式访问。6月，新西兰副总理兼外长彼得斯访瓦。

【同英国、法国的关系】英、法原为瓦的共管宗主国。瓦英关系近年发生重大变化，英国减少对瓦援助，目前只向教育领域提供援助。2005年英国关闭驻瓦高专署。2019年7月，英驻瓦高专贝尔向瓦总统摩西递交国书，此系英时隔14年后恢复驻瓦高专署并首次派出常驻瓦高专。2022年11月，英国外交发展部国务大臣特里维廉访瓦。

法国是瓦的主要援助国之一，在瓦设有使馆。近年来，法国对瓦援助主要涉及教育、卫生、文化、军事和司法等领域。法国通过驻扎在新喀里多尼亚的法国军队与瓦努阿图有一定的防务合作。2017年1月，瓦总理萨尔维访问法国。2018年4月，瓦总理萨尔维赴伦敦出席英联邦政府首脑会议。5月，瓦总理萨尔维在新喀里多尼亚会见法国总统马克龙。2022年11月，法国外交部负责发展、法语国家和国际伙伴关系事务的国务秘书扎夏洛布罗访瓦。

【同日本的关系】瓦日1981年建交。日本驻斐济大使兼任驻瓦大使。20世纪90年代以来，瓦日关系发展迅速。双方在渔业、肉类加工、旅游业等方面建立了合资关系。日本为瓦援建了维拉港机场扩建项目、桑托水电站工程、埃法特部分环岛公路、维拉港港口改建项目、维拉港中心医院扩建项目。日本同时向瓦派遣志愿者和专家，在教育、技术和社会经济发展等领域对瓦进行援助。2017年1月，瓦外长兰肯赴日本出席日本—太平洋岛国外长会议。2018年5月，瓦总理萨尔维赴日本出席第八届日本—太平洋岛国领导人会议。2020年，日本在瓦设立使馆。2022年1月，日本外务副大臣武井俊辅访瓦。

【同欧盟的关系】瓦与欧盟关系密切。瓦系欧盟在太平洋岛国中唯一的政府财政受援国。根据欧盟第11届欧洲发展基金，2014—2020年，欧盟将向瓦提供约3100万欧元的援助。2014年10月，欧盟与瓦在维拉港举行政治磋商，双方就人权、治理和法制等进行深入讨论。2016年6月，欧盟委员会负责国际合作与发展的委员米米卡访瓦。2017年1月，瓦总理萨尔维率团出席在比利时首都布鲁塞尔举行的第四次欧盟与瓦努阿图高级别政治对话年会。2021年4月、2022年3月，瓦欧举办政治对话。

【同其他太平洋岛国的关系】瓦与巴布亚新几内亚、所罗门群岛和斐济同是美拉尼西亚先锋集团成员。该集团每年举行一次会议，协调在地区事务上的立场。集团秘书处现设在瓦努阿图首都维拉港。2017年9月，瓦总理萨尔维正式签署《太平洋更紧密经济关系协定》。2022年7月，瓦接任美拉尼西亚先锋集团轮值主席。

（李德）

新喀里多尼亚

名称　新喀里多尼亚（New Caledonia，Nouvelle-Calédonie）。

面积　约1.86万平方公里。其中，新喀里多尼亚岛约1.64万平方公里（占总面积的88%），洛亚蒂群岛1981平方公里，还有其他一些面积较小的岛屿和群岛。专属经济区124万平方公里。

人口　27.2万（2021年）。根据2019年统计，美拉尼西亚人占41.2%，欧洲人24.1%，混血11.3%，瓦利斯和富图纳人8.3%，塔希提人2.0%，印度尼西亚人1.4%，越南人0.8%，瓦努阿图人0.9%。官方语言为法语，通用美拉尼西亚语和波利尼西亚语。居民中60%信奉天主教，30%信奉基督教新教。

首府　努美阿（Nouméa），人口94285人（2019年）。

高级专员　帕特里斯·福尔（Patrice Faure），2021年6月就任。

重要节日　法国国庆日：7月14日；新喀里多尼亚日：9月24日。

简　况

位于南太平洋，距澳大利亚昆士兰东岸1500公里处。属美拉尼西亚群岛，由新喀里多尼亚岛、洛亚蒂群岛和无人居住的切斯特菲尔德群岛等组成。主岛新喀里多尼亚为一狭长岛屿，崎岖的山脉将该岛分为东西两部分，少平地。属热带气候，受海洋影响，周期性地受到厄尔尼诺现象的影响，年均气温24℃，11月至次年3月为雨季，6月至8月为旱季，中间有两个短暂的过渡季节。东部地区年均降水量为3000毫米，西部地区为1000毫米。

最早的居民来自巴布亚和波利尼西亚群岛。1774年，英国的詹姆士·库克船长航行到此。1843年，英国在该岛派驻专员。1853年沦为法国殖民地，后与塔希提岛合并。1860年成为独立行政区。1946年成为法国海外领地。1956年成立第一届领地议会。1976年12月成立政府委员会，享有部分处理内部事务的自治权。法国委派的总督改为高级专员。1979年法国政府解散政府委员会，将新喀置于中央政府直接统治下。此后几年，新喀政党与法政府就新喀独立问题进行多次协商。1986年12月，联合国大会通过决议，新喀被列入联合国非自治领土名单，从而确定了新喀居民享有自治权。1988年6月，共和党（保卫喀里多尼亚在共和国内联盟）和卡纳克社会主义民族解放阵线同法国政府在巴黎签订《马提翁协议》，规定一年后新喀实行有限的地方自治，成立北方、南方和洛亚蒂群岛三个自治省，并于1998年举行全民公投以决定是否独立。从1989年7月起，法国逐步把大部分权力交给了新选出的三个省议会。2003年法议会通过宪法修正案，新喀成为地位特殊的海外属地。

政治

1998年4月21日，法国政府同卡纳克社会主义民族解放阵线及保卫喀里多尼亚在共和国内联盟就新喀里多尼亚未来地位问题达成《努美阿协议》，主要内容有：法国逐步向新喀移交教育、税收、外贸、交通运输等权力，但仍掌握防务、司法、警察等部门；在今后15—20年内，新喀将就独立问题举行全民公投，如3/5的人选择独立，法国则交出其余权力，如独立被否决，可在随后四年中再举行两次投票，如独立在第二次投票中仍被否决，将重新商议该群岛的前途；承认“法兰西共和国内的新喀里多尼亚公民身份”，日后新喀若选择独立，这一身份即变成“国籍”。同年11月8日，新喀举行公民投票通过了《努美阿协议》。在2018年11月4日举行的公投中，56.67%的人反对新喀独立。在2020年10月4日举行的公投中，53.3%的人反对新喀里多尼亚独立，2021年12月12日举行第三次公投，不到44%的选民投票，96%的人反对新喀里多尼亚独立。

新喀里多尼亚在法国国民议会和参议院各拥有两个席位。现任国民议会议员：菲利普·杜诺瓦耶（Philippe Dunoyer）和尼古拉斯·梅茨多夫（Nicolas Metzdorf）均属于总统多数派联盟“在一起”党团，2022年6月连任或当选。现任参议员：皮埃尔·弗罗吉尔（Pierre Frogier），属共和国人党党团，2011年9月当选，2017年9月连任；希拉克·波阿加（Gérard Poadja），属中间联盟党团，2017年9月当选。

【宪法】实行法国宪法。共和国高级专员是法国总统的代表。

【议会】议会（Congrès de la Nouvelle Calédonie）为立法机构。本届议会于2019年5月12日选举产生，共54席，任期5年。各省所占席位：南方省32席、北方省15席、洛亚蒂群岛省7席。各党席位如下：喀里多尼亚联盟–卡纳克社会主义民族解放阵线和民族主义者党团13席，共同喀里多尼亚6席，全国独立联盟11席，保皇党12席，共和联盟7席，其他5席。议会主席罗什·瓦密唐（Roch Wamytan），2019年5月24日当选。

1999年8月设立协商参议院，共有16名成员。协商参议院下设8个习惯协商委员会，就有关影响当地和卡纳克传统的事务提供咨询。主席任期1年，由协商参议院任命，在8个习惯区之间实行轮换制度。现任主席艾玛尔·贾斯丁·咖伊阿（Eymard Justin GAÏA）。

【政府】政府由议会选举产生。本届政府于2021年2月17日选举产生，现任政府主席路易斯·马普（Louis MAPOU, 于2021年7月8日当选），副主席伊莎贝尔·尚莫罗（Isabelle CHAMPMOREAU，女）。根据《努美阿协议》，如政府主席为反独立人士，则副主席应由主张独立人士担任。

北方省省长保尔·内阿胡蒂纳（Paul Néaoutyine），南方省省长索尼亚·巴克斯（Sonia Backès，女），洛亚蒂群岛省省长雅克·拉力埃（Jaques Lalié），均为2019年5月当选。

【司法机构】设有上诉法院、初审法庭、联合商业仲裁法庭和少年法庭。

【政党】主要政党有：(1)“充满信心的未来”（L’avenir en confiance）：由索尼娅·巴克斯（Sonia backès）领导的选举联盟，主要由（Le Rassemblement-Les Républicains，Rassemblement-LR）、喀里多尼亚人民运动（Mouvement populaire calédonien，MPC）、喀里多尼亚共和人党（Les Républicain calédonien）组成，还包括所有喀里多尼亚人党（Tous Calédoniens）组成。反对独立。

（2）共同喀里多尼亚党（Calédonie Ensemble）：2008年10月成立，由以菲力浦·高麦斯（Philippe Gomès）为首的一些原共同未来党成员组成。为中间派政党，反对独立。

（3）卡纳克社会主义民族解放阵线（Front de Libération Nationale Kanak et Socialiste，FLNKS）：1984年建立。最大的两个党派是卡纳克解放党（Parti de libération kanak，Palika）和喀里多尼亚联盟（Union Calédonienne，UC），还包括全国独立联盟（Union Nationale pour l’indépendance，UNI）、美拉尼西亚进步联盟（Union Progressiste Melanesienne，UPM）等。成员有1万多人，主要为卡纳克人。主张新喀里多尼亚独立。主席暂缺，由政治局代行主席职权。

【重要人物】帕特里斯·福尔：高级专员。1967年生。2008年任负责海外事务国务秘书办公室主任，2009年任内政部秘书长办公室主任，2014年任伊勒和维莱纳省秘书长，2016年7月任巴黎警察局警察总局局长。2017年任圭亚那省长。2021年6月12日任现职。**路易斯·马普**：新喀里多尼亚政府主席（第17届政府）。2021年2月17日当选。

经济

新喀里多尼亚是大洋洲地区排在澳大利亚、新西兰和夏威夷之后的第四大经济体。镍矿开采业和旅游业是两大经济支柱。主要工业品和粮食需进口。2021年主要经济数据如下：

地区生产总值：10160亿太平洋法郎。

人均地区生产总值：376万太平洋法郎。

地区生产总值增长率：–2.1%。

货币名称：太平洋结算法郎（简称“太平洋法郎”）。

汇率：1美元≈109.92太平洋法郎。

通货膨胀率：0.6%。

失业率：13.3%。

【资源】镍矿储量居世界第五位，约占世界储量的7%。2021年镍矿产量1490万湿吨，同比减少4.7%，出口794.5万湿吨，主要出口至韩国、中国、日本等国。2020年，镍矿产业占地区生产总值的6%。此外，还有丰富的钴（世界第二大生产地）、铬、锰、铜、铅、锌等矿藏。森林覆盖率25%。渔业资源主要有金枪鱼和虾。

【工业】2020年工业产值占地区生产总值的9%。截至2021年底，共有制造业企业2876家（除镍工业外），同比增长2.5%。电力工业主要为热力和少量可再生能源。2021年总发电量为1092兆瓦。

【农业】农业产值约占地区生产总值的2%。2021年，农业贸易额为129亿太平洋法郎，私营部门农业人口占总就业人口的2.6%。耕地总面积为22.22万公顷。主要农作物有谷物、洋葱、马铃薯、甘薯、椰子、南瓜、咖啡、香草等。畜禽业以饲养鸡、牛、羊、猪、鹿等为主。

【旅游业】2021年，受新冠疫情影响，游客数量锐减，全年共接待游客12446人次，主要来自法国、瓦利斯和富图纳、澳大利亚、新西兰等。2021年，旅游业从业人数4254人，同比减少7.2%。2008年，联合国教科文组织将“新喀里多尼亚潟湖：珊瑚礁多样性及相关生态系统”列入《世界遗产名录》。

【交通运输】陆路：公路总长5600公里，其中北方省公路占总长的46%，南方省占40%，洛亚蒂群岛省占14%。

水运：主要港口努美阿。有两家船运公司。国际航线通达澳大利亚、新西兰、南太岛国及亚洲和欧洲国家。2021年总货运量1355万吨，其中国际航线货运量1071万吨，本地区航线284吨。

空运：建有努美阿国际机场和其他一些小机场。喀里多尼亚国际航空公司（与法航和日本航空日本航线共享代码）、卡塔尔航空公司、新西兰航空公司、瓦努阿图航空公司等辟有新喀里多尼亚通达法国、澳大利亚、新西兰、斐济、瓦努阿图等国以及法属波利尼西亚、瓦利斯和富图纳等地的航线。2021年，受新冠疫情影响，仅喀里多尼亚国际航空公司（与法航共享代码）、瓦努阿图航空公司仍运营国际航线，国际航线客运量53698人次，同比减少68%，货运量3641吨；本地区航线客运量237750人次。2022年，喀里多尼亚航空新开了往返新加坡的直航航班。

【财政金融】2020年财政收入1782亿太平洋法郎，支出1760亿太平洋法郎。2020年接受法国中央政府援助1780亿太平洋法郎。自1990年以来，法国通过发展协议形式向新喀里多尼亚援助近3000亿太平洋法郎，第六期协议期限为2017—2022年，援助额509亿太平洋法郎。

2021年共有银行和其他金融机构9家。主要银行有新喀里多尼亚银行、新喀里多尼亚巴黎国民银行、喀里多尼亚兴业银行和喀里多尼亚投资银行等。

【对外贸易】主要进口矿产品、机械设备、化工品、食品等，主要出口铁镍、镍矿砂等。2021年进口额为2858亿太平洋法郎，同比增长4.4%，主要进口来源国为法国、新加坡、中国、澳大利亚、美国；出口额为1740亿太平洋法郎，同比减少3.4%，主要出口对象国为中国、韩国、日本、美国、法国。

人民生活

2019年，新喀里多尼亚人口自然增长率为4‰，人口出生率为15.2‰，人口死亡率为6‰，婴儿死亡率为7.3‰；人均预期寿命为77.4岁，男性为75.1岁，女性为80.1岁。2019年调查显示，52%的家庭拥有固定电话，61%的家庭接入互联网；2014年调查显示，94%的家庭拥有移动电话。2022年7月起，最低工资标准为161503太平洋法郎/月（169工时）。主要医疗资源集中在努美阿。2019年，每10万人拥有23.6名医生、28.9张床位。

军　事

由法国负责防务。2021年法国在新喀里多尼亚驻军约1450人，由陆军、海军和空军组成。

文化教育

【教育】新喀里多尼亚对6—16岁儿童实行10年义务教育。学校分公立和教会两种体制，均属教育部管辖。法国政府资助公办中级教育学校。小学为5年制，6岁入学；中学分为初中4年和高中3年。2021年有小学、中学约373所，学生68987名，教师4774名。高校主要是新喀里多尼亚大学。2020年，新喀里多尼亚大学在西海岸科内镇设立一所分校。

【新闻出版】主要报刊有：《喀里多尼亚新闻》，日报，发行量1.85万份；《喀里多尼亚农业》，双月刊，发行量3000份；《新喀里多尼亚教会》，天主教会刊物，月刊，发行量450份；《喀里多尼亚展望》，工会机关报。

新喀里多尼亚广播电台：前身为法国海外广播电台，建于1942年，每天用法语广播节目24小时。此外，还有蓝色节奏广播电台。

新喀里多尼亚法国海外广播电视台：1965年建立，从属于法国海外广播电台，每天播放10小时节目。

对外关系

由法国负责外交事务。根据《努美阿协议》确立的“主权共享”原则，新喀里多尼亚拥有广泛的国际权力。新喀里多尼亚是两个主要区域组织成员——太平洋共同体和太平洋岛国论坛，也是太平洋运动理事会和欧盟海外国家和地区协会成员。2020年，新喀里多尼亚担任欧盟海外国家和地区协会主席国。

【同中国的关系】2017年10月2日至6日，驻法大使翟隽赴新喀里多尼亚访问，分别会见高级专员拉塔斯特、政府主席当格勒贝尔姆、议会议长桑塔。

【同瓦努阿图的关系】瓦努阿图对地处新喀里多尼亚东部无人居住的马修岛和亨特岛（猎人岛）有主权要求，认为这两个岛是本国塔费阿省的一部分。

（王维）

新西兰

国名 新西兰（New Zealand）。

面积 27.05万平方公里。

人口 512.7万（2022年）。欧洲移民后裔占70%以上，毛利人约占17%。官方语言为英语、毛利语。近一半居民信奉基督教。

首都 惠灵顿（Wellington），人口约41.9万（2022年）。夏季平均气温16℃左右，冬季平均气温8℃左右。

国家元首 英国国王查尔斯三世。总督为国王代表，由总理提名，国王任命，任期5年。现任总督辛迪·基罗（Cindy Kiro，女），2021年10月就职。

重要节日 国庆日：2月6日，称“威坦哲日”（Waitangi Day）。

简况

位于太平洋西南部，西隔塔斯曼海与澳大利亚相望，相距1600公里。由南岛、北岛及一些小岛组成，南、北两岛被库克海峡相隔。全境多山，山地和丘陵占全国面积的75%以上，平原狭小。河流短而湍急，航运不便，但水利资源丰富。北岛多火山、温泉，南岛多冰河、湖泊。南岛的库克峰海拔3754米，为全国最高峰。海岸线长约1.5万公里。属温带海洋性气候，平均气温夏季20℃左右、冬季10℃左右，年均降水量600—1500毫米。

1350年起，毛利人在新西兰定居。1642年荷兰航海者在新西兰登陆。1769—1777年，英国库克船长先后5次到新西兰。此后英国向新西兰大批移民并宣布占领。1840年2月6日，英国迫使毛利人族长签订《威坦哲条约》，新西兰成为英国殖民地。1907年独立，成为英国自治领，政治、经济、外交受英国控制。1947年成为主权国家，同时为英联邦成员。

政治

自1935年起，工党和国家党在新西兰轮流执政。1993年11月，全民公投决定将议会选举制度由“简单多数制”改为“混合比例代表制”。1996年10月举行首次混合比例代表制大选，国家党与新西兰优先党组成联合政府。1998年8月，联合政府解体，总理珍妮·希普利组成以国家党为主的少数政府。1999年11月大选后，工党与联盟党组成少数联合政府。2002年7月大选后，工党与进步党组成少数联合政府。2005年9月大选后，工党和进步党再度组成联合政府，并获得新西兰优先党和联合未来党的财政和信任支持。2008年11月，国家党在大选中获胜，并获得行动党、毛利党和联合未来党的财政与信任支持，组成少数政府。2011年12月、2014年9月，国家党领袖约翰·基领导该党连续两次赢得议会选举，约翰·基连任总理。2016年12月，约翰·基辞职，比尔·英格利希接任国家党领袖并出任总理。2017年10月，工党与新西兰优先党、绿党组建联合政府，工党领袖杰辛达·阿德恩（Jacinda Ardern，女）任总理。2020年10月，新西兰工党在大选中以超过议会半数议席的优势获胜，与绿党联合组建政府，阿德恩连任总理。

【宪法】无成文宪法，宪法由英国议会和新西兰议会通过的一系列法律和修正案以及英国枢密院的某些决定构成。

【议会】一院制，仅设众议院，成立于1854年。议员由普选产生，任期3年。本届议会为第53届，于2020年11月组成。共有议席120个，其中工党占65席，国家党占33席，行动党、绿党各占10席，毛利党占2席。议长特雷弗·马拉德（Trevor Mallard）。

【政府】总督和部长组成的行政会议是法定最高行政机构。行政会议由总督主持，总督缺席时由总理或高级部长主持。总督行使权力必须以行政会议的建议为指导。内阁掌握实权。本届政府由工党、绿党于2020年11月组成，现有成员26人，其中内阁部长20人，非内阁部长6人。主要成员包括：总理兼国家安全和情报部长杰辛达·阿德恩，副总理兼财政和基础设施部长格兰特·罗伯逊（Grant Robertson），外交部长兼地方政府部长纳纳娅·马胡塔（Nanaia Mahuta，女），贸易和出口增长部长兼农业部长达米恩·奥康纳（Damien O’Connor），政府和毛利关系部长兼惩教部长凯尔文·戴维斯（Kelvin Davis），住房事务部长兼能源和资源部长梅甘·伍兹（Megan Woods，女），警察部长兼教育部长克里斯·希普金斯（Chris Hipkins），卫生部长兼政府通信安全局和情报局主管部长安德鲁·利特尔（Andrew Little），总检察长兼环境部长戴维·帕克（David Parker）等。

【行政区划】全国分为11个大区和5个单一辖区，设有67个地区行政机构（其中包括13个市政厅、53个区议会和查塔姆群岛议会）。主要城市有：惠灵顿、奥克兰、克赖斯特彻奇（基督城）、哈密尔顿、达尼丁等。

【司法机构】设有最高法院，上诉法院，高等法院，若干地方法院和受理就业、家庭、青年事务、毛利人事务、环境等相关法律问题的专门法院。最高法院2004年1月1日成立，取代英国枢密院成为终审法院，由首席大法官和4名法官组成，现任首席大法官为海伦·温克尔曼（Helen Winkelmann），2019年3月就职。上诉法院由院长和9名法官组成，院长为史蒂芬·科斯（Stephen Kós），2016年7月就职。高等法院由38名法官和7名协理法官组成，现任首席法官为苏姗·托马斯（Susan Thomas），2020年6月就职。

【政党】注册政党18个。主要政党包括：

（1）工党（Labour Party）：执政党。1916年成立。主要代表中低收入者利益，工会组织和毛利人是其传统支持者。主张实行民主社会主义，重视社会福利制度，社会政策上加大政府干预。多次执政。2017年9月大选后同新西兰优先党、绿党联合执政。2020年10月大选中胜选连任，与绿党联合组建政府。领袖杰辛达·阿德恩。

（2）国家党（National Party）：最大反对党。1936年由自由党和改良党合并而成。主要代表农场主、大企业家、律师等的利益。主张实行自由市场经济和私有化，反对政府过多干预经济；严格规范福利政策，削减政府开支。曾多次执政。2017年大选后成为反对党。领袖克里斯托弗·拉克森（Christopher Luxon）。

（3）绿党（Green Party）：前身为价值党，1972年成立，1990年与绿色和平组织合并，改现名。积极致力于反战、反核、环保运动和维护老年人、贫困家庭等弱势群体利益。1991年加入联盟党。1999年脱离联盟党。2017年大选后同工党、新西兰优先党联合执政。2020年大选后同工党联合执政。领袖马拉马·戴维森（Marama Davidson）。

（4）行动党（ACT Party）：前身是工党政府部长罗杰·道格拉斯创立的消费者及纳税人协会，1994年11月改现名。代表企业界利益，支持者多为大财团及富商。领袖大卫·西摩（David Seymour）。

（5）毛利党（Maori Party）：2004年4月，因在毛利人问题上与工党政府意见相左，协理毛利事务部长塔里安娜·图里娅辞职并组建毛利党。主张维护毛利人传统利益，保护毛利文化、习俗和语言。联合领袖拉维里·怀蒂蒂（Rawiri Waititi）、黛比·恩加雷瓦-帕克（Debbie Narewa-Packer，女）。

（6）新西兰优先党（NZ First Party）：1993年成立，曾于1996—1998年与国家党联合组阁，2005—2008年与工党联合组阁。主张加大对大城市以外的其他地方经济发展的支持，主张限制外来移民，反对向外国人出售战略性土地和资产，反对放宽外国留学生数量。2017年大选后同工党、绿党联合执政。2020年大选未能进入议会。领袖温斯顿·彼得斯（Winston Peters）。

（7）马纳党（Mana Party）：2011年4月，毛利党议员霍恩·哈拉维拉（Hone Harawira）率支持者脱离毛利党组建。

其他政党有：保守党（Conservative Party）、机会党（Opportunities Party）、前进党（Advance New Zealand Party）等。

【重要人物】辛迪·基罗：总督。女，出生于新西兰北部区旺阿雷。获社会政策学博士、工商管理学硕士学位。长期从事公共卫生、儿童福利、教育等领域工作，获"新西兰女爵士勋章"。2021年10月就任新西兰第22任总督，系新历史上首位毛利血统总督，任期5年。　**杰辛达·阿德恩**：总理。女，1980年7月出生于新西兰哈密尔顿。毕业于怀卡托大学政治和公共关系专业。1997年加入工党。2008年当选新西兰议会议员并连任至今。曾任工党司法、儿童、文化艺术遗产、小企业事务发言人。2017年3月任工党副领袖，8月任工党领袖，10月出任总理。2020年11月胜选连任总理。

经　济

经济以农牧业为主，农牧产品出口约占出口总量的50%。羊肉和奶制品出口量居世界第一位，羊毛出口量居世界第三位。2022年主要经济数据如下：

国内生产总值：2432亿美元。

人均国内生产总值：47205美元。

国内生产总值增长率：2.4%。

货币名称：新西兰元。

汇率：1美元≈1.67新西兰元。

通货膨胀率：7.2%。

【资源】矿藏主要有煤、金、铁矿、天然气，还有银、锰、钨、磷酸盐、石油等，但储量不大。石油储量3000万吨，天然气储量1700亿立方米。煤主要出口至日本、智利、印度和中国。

【工业】以农林牧产品加工为主，主要有奶制品、毛毯、食品、皮革、烟草、造纸和木材加工等轻工业，产品主要供出口。近年陆续建立了一些重工业，如炼钢、炼油、炼铝和制造农用飞机等。

【农业】农业高度机械化。主要农作物有小麦、大麦、燕麦、水果等。粮食不能自给，需从澳大利亚进口。2022年，乳制品出口额为206亿美元，肉产品出口额为98亿美元。

森林面积810万公顷，其中自然林630万公顷，人造林180万公顷。主要出口产品有原木、木浆、纸及木板等，主要出口市场为澳大利亚、日本、中国、韩国、美国、印度尼西亚等。截至2022年6月，新西兰林产品出口额为66.4亿美元。

畜牧业发达，畜牧业生产占地1352万公顷，为国土面积的一半。乳制品与肉类是最重要的出口产品。粗羊毛出口量居世界第一位，占世界总产量的25%。

渔产丰富，拥有世界第四大专属经济区，200海里专属经济区内捕鱼潜力每年约50万吨。专属经济区海域每年商业性捕捞和养殖鱼、贝类60万—65万吨，其中超过半数供出口。2022年，渔业产品出口总额为19亿新元。

【旅游业】游客主要来源地为：澳大利亚、中国、美国和英国。2022年赴新外国游客143万人次，比2021年增加了122万人次。

【交通运输】交通运输发达，通信联络畅通。进出口货物主要靠海运，但空运在对外贸易中的重要性日增。

【财政金融】新西兰财年为每年7月1日至次年6月30日。截至2022年6月的财年，新西兰财政收入总计1429亿新元，财政支出总计1499亿新元，财政赤字70亿新元。

主要银行有：（1）新西兰储备银行（Reserve Bank of New Zealand）：中央银行。1934年成立时为私人银行，1936年起成为国家银行。主要职能是：制定和执行货币政策；管理货币发行；维持合理有效的财经体制；向国库部长提供政策咨询并执行外汇政策；每半年发布一次《新西兰经济展望》和《新西兰金融政策声明》。

（2）澳新银行财团（新西兰）有限公司[Australia and New Zealand Banking Group（NZ）LTD]：成立于1840年，是新西兰历史最悠久、规模最大的私营商业银行，母公司为澳新银行财团。2003年10月以54亿新元从英国劳埃德银行收购新西兰国民银行，成为新第一大银行。

（3）新西兰银行（Bank of New Zealand）：成立于1861年。1989年7月以前为国营，此后政府出售37.5%股份。1992年成为澳大利亚国家银行集团的子银行。有80万客户，400个国内分支机构。

【对外贸易】2022年，新西兰货物贸易总额为1006.3亿美元。其中，出口额为458.6亿美元，进口额为547.7亿美元。主要进口石油、机电产品、汽车、电子设备、纺织品等，主要出口乳制品、肉类、林产品、原油、水果和鱼类等。主要贸易伙伴为中国、欧盟、澳大利亚、美国、日本、韩国、新加坡等。

【对外投资】截至2021年12月，新西兰在海外投资存量为3471.7亿新元，主要投资目的地为澳大利亚、美国、英国等。

【外国资本】新西兰是传统资金输入国，对外国投资实行国民待遇。2022年，新西兰吸收外资98.9亿美元。外资主要来源包括澳大利亚、美国、英国。外资主要分布在银行、电信、交通、房地产、农林、畜牧和旅游等领域。

【对外援助】对外援助以双边援助为主，太平洋岛国为援助重点，主要援助方向为财政补贴、农牧林业、卫生保健、资源环境保护、气候变化、文化遗产及人员培训等。2021/2022财年至2023/2024财年，新西兰对太平洋岛国地区援助预算（单位：百万新元）：所罗门群岛124，巴布亚新几内亚134，基里巴斯83，托克劳65，萨摩亚97，瓦努阿图101，纽埃80，库克群岛76，斐济103，图瓦卢50。

【著名公司】（1）恒天然公司（Fonterra Co-operative Group）：新西兰最大公司。2001年由基维乳品公司（Kiwi Company）、奶制品集团（Dairy Group）和乳品局（Dairy Board）合并成立，是全球第一大乳制品加工企业，约占全球乳制品出口总量的30%。下辖100个分公司，员工2.2万人，公司营业额超过172亿新元，业务遍及140多个国家。该公司是一个全国性合作社，股东为分布在全国的1万多个牛奶农场主，外来投资只能通过购买农场、建立合资企业或兼并进行。

（2）斐雪·派克公司（Fisher & Paykel Appliances Holding LTD）：新西兰制造业的标志，是全球领先的高端家用电器制造商和大洋洲最大的电器生产企业。创立于1934年，拥有生产机械有限公司、动态烹饪系统公司（美国）和意大利斐雪·派克公司3家全资子公司，在新西兰、意大利、泰国和墨西哥设有制造厂，在中国杭州设有销售处。系世界首家实现冰箱聚氨酯泡沫保温技术商业化生产的公司，20世纪60年代后期开始研发彩涂钢，并将此技术应用于冰箱和洗衣机生产。80年代，智能驱动洗衣机成为该公司拳头产品。随后，公司凭借智能电子控制无刷直流电动机技术进入洗碗机领域。2009年8月，海尔集团购买该公司20%的股份，成为该公司最大股东。2012年11月，海尔集团完成对该公司的并购。

（3）狮王有限公司（Lion Nathan LTD）：大洋洲地区最大的饮料公司，在澳新两国上市，成立于1988年。以啤酒酿造为主，占有澳啤酒市场的41%、新啤酒市场的53%，拥有中国无锡狮王太湖水啤酒公司60%的股份、澳百事可乐公司和新百事可乐公司83.5%的股份，并在澳新两国生产和销售百事可乐饮料。公司也从事葡萄酒和烈酒的生产与销售。1998年4月，日本最大的啤酒厂麒麟公司以14亿新元的价格购买了狮王公司46%的股权。2000年6月公司总部移至澳大利亚。

人民生活

新西兰是一个高福利国家，政府建立基本医疗组织，向居民提供基本医疗保障。为控制福利开支，政府对高等教育和医疗实施部分收费政策。政府为低收入家庭增加补贴；设立养老基金，提高退休金比例；提高医疗保险，为民众提供低收费医疗保障；增加廉租房；建立家庭委员会，保护儿童权利。

军　事

新西兰总督为武装部队总司令，名义上的最高统帅。国防部长在国防军司令协助下行使对军队的实际控制权。国防军司令是国防部长的首席军事顾问。国防部秘书长是国防部首席文职顾问，负责研提防务政策建议、装备采购和维修更新等。

新西兰1951年9月1日同澳大利亚、美国签订《澳新美安全条约》。1984年，工党执政后采取反核立场，新西兰议会于1987年通过《新西兰无核区、裁军和军备控制法案》，禁止美国核舰艇访新，美国因而中止双边防务合作。新西兰与澳大利亚签有防务合作协定和《进一步密切防务关系协定》，与东盟和南太岛国签有军队互助计划，与英国、澳大利亚、马来西亚和新加坡于1971年4月签署《五国联防安排》，五国于1997年在南海进行了大规模联合军事演习。

2010年11月，新西兰政府发布13年来首份《国防白皮书》，规划了未来25年国防战略蓝图，明确新西兰国防军主要任务是：保护新西兰领土及太平洋岛国地区安全，与澳大利亚共同应对本地区突发事件；保持并增强在邻近地区的作战能力，为维护亚洲和更大范围的稳定作贡献；保持与主要伙伴协同行动的能力；在维持贸易通道开放、保护海洋资源、实施人道主义救助及减灾等方面发挥作用。2016年6月，新西兰政府发布新版《国防白皮书》，明确新西兰将加大海空力量建设，增加反恐、网络、情报搜集、防灾减灾等方面投入，加强国际防务合作。2018年7月，新西兰工党联合政府发布“战略防务政策声明”，明确新西兰国防军的主要任务包括保卫主权和领土完整、密切关注外部战略环境并作出有效应对、为基于规则的国际秩序作贡献等。2019年6月，新西兰政府发布《国防能力计划》，明确加大对邻国援助、海上能力、情报人员、网络安全及后勤的投入，提高同时应对多个事件的能力。

1972年底实行志愿兵役制。新西兰国防军共有约1.5万人，其中常规部队9723人（其中陆军4848人、海军2334人、空军2541人），预备役2701人，文职人员3048人。2022/2023财年军费预算为60亿新元。新西兰国防军司令为空军中将凯文·肖特（Kevin Short）。

文化教育

【**教育**】国立中小学实行免费教育，入学年龄为5岁，对6—15岁青少年进行义务教育。2002年，政府发布《儿童早期教育战略》，加强儿童早期教育，提高教育质量。主要大学包括：奥克兰大学、奥克兰理工大学、怀卡托大学、维多利亚大学、坎特伯雷大学、梅西大学、奥塔哥大学、林肯大学。主要赴新西兰留学生来源国为：中国、印度、韩国、日本。

【**新闻出版**】全国共有报纸100多种，其中日报23种，杂志300多种。《新西兰先驱报》是第一大日报，日发行量逾16.2万份。《自治领邮报》是第二大日报，由《晚邮报》和《自治领报》合并而成，日发行量9.8万份。《星期日明星时报》是唯一一份全国发行的大版面报纸，年发行量40万份。2003年，费尔法克斯新西兰公司收购独立报业集团，成为新西兰最大的传媒集团。

广播电台遍及全国，共190多家，多数为商业电台。除新西兰广播公司为国有外，其余电台分属广播网和媒体工厂两大广播网络。近年来，政府资助成立了一些反映多元文化的公益性电台。

新西兰电台：前身为1925年成立的公共广播电台，1955年改建为国有公司。下辖国家广播电台调频电台以及中波、短波电台。国家台24小时播音，重点播放时事和国内政治新闻，覆盖96%的国土。国际短波电台对太平洋岛国播出。

新西兰电视台：1962年正式开播，原由新西兰广播公司统管，1988年8月成为独立的国有企业。下设电视一台、电视二台等6个频道。主要播放新闻、体育、科教、影视等节目。用户约有112.6万，覆盖全国，收视率达70%。

对外关系

新西兰强调对外政策的根本目的是维护世界特别是太平洋地区的和平，以保障新西兰主权与安全，维护经济利益。将同澳大利亚和太平洋岛国的关系作为对外政治、防务和经济关系的立足点；将亚太地区作为对外关系优先领域；积极发展与美国的关系，维护与欧洲国家的传统关系，强调发展与拉美新兴国家政治、经济关系；积极支持和参与联合国的维和行动和人道主义援助，寻求在国际组织中发挥作用；倡导多边主义，主张发挥联合国在国际和地区事务中的主导作用；支持多边贸易体系，倡导自由和公平贸易，重视参与地区经济合作，是《区域全面经济伙伴关系协定》和《全面与进步跨太平洋伙伴关系协定》重要成员；强调军队的防御性和参与维和、人道主义援助等多重功能；主张继续推动国际核裁军进程，最终全面销毁核武器；坚持南太平洋无核区，支持建立东南亚无核区；积极参与国际应对气候变化以及反恐合作，反对伊拉克战争，积极参与阿富汗、伊拉克战后重建；关注朝核问题，反对朝鲜发展核武器，希望朝核问题通过和平方式得以解决；关注西亚北非局势，谴责埃及、叙利亚等国的暴力事件。

【**同中国的关系**】自1972年12月22日建交以来，两国各领域友好合作关系发展顺利。近年来，高层交往主要有：

2020年2月，国务委员兼外交部长王毅同新西兰副总理兼外长彼得斯通电话。12月，国务委员兼外交部长王毅同新西兰外长马胡塔通电话。2021年6月，国务委员兼外交部长王毅同新西兰外长马胡塔举行视频会晤。11月，国家主席习近平同新西兰总理阿德恩通电话。2022年2月，全国人大常委会委员长栗战书同新西兰议长马拉德举行视频会晤。6月，国务委员兼外交部长王毅同新西兰外长马胡塔举行视频会晤。8月，国务委员兼外交部长王毅在柬埔寨出席东亚合作系列外长会期间会见新西兰外长马胡塔。11月，国家主席习近平在泰国出席亚太经合组织第二十九次领导人非正式会议期间会见新西兰总理阿德恩。

2008年4月，两国签署双边自贸协定。2017年3月，中新签署关于加强"一带一路"倡议合作的安排备忘录，新西兰成为首个同中国签署类似合作文件的西方发达国家。2019年11月，中国和新西兰宣布双边自贸协定升级谈判结束。2021年1月，中国和新西兰签署双边自贸协定升级议定书。2022年4月，中新自贸协定升级议定书正式生效实施。

据中国海关总署统计，2022年，中新双边贸易额为251.6亿美元，同比增长1.8%。其中，中国出口额为91.8亿美元，同比增长7.4%；中国进口额为159.8亿美元，同比减少1.1%。中国是新西兰第一大货物贸易伙伴、出口市场和进口来源地。

新西兰来华投资项目主要分布在农林、轻工、纺织、冶金、食品加工、医药、计算机等领域，农牧业是中国对新投资热点领域。

2018年6月，中国空军和新西兰空军在新西兰举行"空中列车"运输机联合演习。2019年7月，新西兰国防部长马克访华。11月，军委联合参谋部参谋长李作成上将访问新西兰，并举行中新两军第10次战略对话。

中国驻新西兰大使：王小龙。馆址：2–6 Glenmore Street，Thorndon，Wellington，New Zealand。电话：00644–4749631；传真：4990419。经商处电话：00644–4714101；传真：4714104。

新西兰驻华大使：毛瑞（Grahame Morton）。馆址：北京市朝阳区日坛东二街1号。电话：010–85327000；传真：65324317。

【同澳大利亚的关系】1943年新澳建交。新西兰将与澳大利亚关系置于外交防务政策优先位置，两国领导人交往频繁，双方在政治、经济、社会和安全以及国际领域的合作密切。2020年2月，新西兰总理阿德恩访澳并举行两国领导人年度会晤。12月，新西兰外长马胡塔同澳大利亚外长佩恩举行视频磋商。2021年4月，澳大利亚外长佩恩访新。5月，澳大利亚总理莫里森访新并举行两国领导人年度会晤。11月，新西兰外长马胡塔访澳。2022年5月，新西兰总理阿德恩同澳大利亚新任总理阿尔巴尼斯通电话。6月，澳大利亚外长黄英贤访新。6月、7月，新西兰总理阿德恩访澳。12月，新西兰外长马胡塔访澳。

澳大利亚是新西兰第二大贸易伙伴和第一大投资来源国。据新方统计，2022年，新澳双边贸易额为293亿美元。其中，新方出口额为138.6亿美元，进口额为154.4亿美元。澳大利亚是新西兰第一大旅游客源国。

【同美国的关系】1942年新美建交。1951年，新西兰、美国、澳大利亚缔结《澳新美安全条约》，新西兰成为美国盟国。20世纪90年代，国家党政府积极改善与美国关系。1999年，工党政府执政后，坚持无核政策，强调根据现实利益处理与美国关系，无意恢复《澳新美安全条约》关系。"9·11"事件后，新西兰支持美国反恐行动，并派特种部队配合美国在阿富汗军事行动。

2020年1月，新西兰国防部长马克访美。11月，新西兰总理阿德恩与美当选总统拜登通电话。同月，新西兰外长马胡塔同美国务卿蓬佩奥通电话。2021年1月，新西兰外长马胡塔同美国务卿布林肯通电话。7月，新西兰总理阿德恩同美总统拜登通电话。11月，新西兰外长马胡塔访美。2022年5月，新西兰总理阿德恩访美，同拜登总统举行会晤并发表新美联合声明。8月，美常务副国务卿舍曼访新。10月，新西兰副总理兼财长罗伯逊访美。

美国是新西兰第三大贸易伙伴。据新方统计，2022年，新美双边贸易额为230亿美元。其中，新方出口额为123亿美元，进口额为107亿美元。美国是新西兰第三大旅游客源国。

【同日本的关系】1952年新日建交。新西兰重视发展与日关系，双边高层接触频繁。2020年12月，新西兰外长马胡塔同日本外相茂木敏充通电话。2022年4月，新西兰总理阿德恩访日，同首相岸田文雄举行会晤。

新西兰反对日本在南太禁捕区进行科研性捕鲸、增加金枪鱼捕捞数量以及向南太地区海域运送和倾倒核废料。

日本是新西兰第五大贸易伙伴。据新方统计，2022年，新日双边贸易额为97.6亿美元。其中，新方出口额为44.7亿美元，进口额为52.9亿美元。

【同欧盟及其成员国的关系】重视同欧盟关系。

新法关系曾因1985年法国特工在奥克兰港炸沉绿色和平组织的"彩虹勇士"号和1995年法国在南太平洋进行核试验而两度紧张。1996年，法国宣布停止核试验并签署南太无核区条约附加议定书，新法关系逐步改善。2021年5月，新西兰外长马胡塔同法国外长勒德里昂通电话。6月，新总理阿德恩同法国总统马克龙共同主持"克赖斯特彻奇倡议"领导人峰会。2022年6月，新西兰总理阿德恩同法国总统马克龙通电话。据新方统计，2022年，新法双边贸易额为22.6亿美元。其中，新方出口额为5.7亿美元，进口额为16.9亿美元。

2021年6月，新西兰总理阿德恩同西班牙首相桑切斯举行视频会晤。2022年2月，新西兰外长马胡塔同瑞典外长林德举行会晤。6月，新西兰总理阿德恩访问西班牙、欧盟总部。

欧盟是新西兰第四大贸易伙伴。据新方统计，2022年，新西兰与欧盟贸易额为204.8亿美元。其中，新方出口额为54.4亿美元，进口额为150.4亿美元。

【同英国的关系】新西兰是英联邦成员，在历史、文化上与英国有着传统联系，双方高层接触频繁。工党政府上台后，宣布废除英国王室授勋制，在10—20年内终止与英国王室联系。2020年11月，新西兰外长马胡塔同英外交大臣拉布通电话。2021年8月，新西兰外长马胡塔同英外交大臣拉布通电话。2022年2月，新西兰外长马胡塔访英。7月，新西兰总理阿德恩访英。

据新方统计，2022年，新英双边贸易额为53.3亿美元。其中，新方出口额为24.1亿美元，进口额为29.2亿美元。

【同东盟国家的关系】新西兰同东盟国家关系密切，是东盟对话国和东盟地区论坛、东亚峰会成员。积极推动论坛建立信任措施和预防性外交机制，支持东盟国家关于在东南亚建立和平、自由、中立区及东南亚无核区的主张。除了参加"五国联防"，还与新加坡、马来西亚、文莱、印度尼西亚签有双边防务协定，与泰国签有避免双重征税协定。

2001年9月，新西兰、澳大利亚与东盟十国代表通过建立澳新与东盟《进一步密切经济伙伴关系协定》的正式框架文件和初步工作计划，决定建立东盟自由贸易区/进一步密切经济关系协定经济顾问委员会。

2020年3月，新西兰与新加坡贸易部长发表确保供应链畅通联合声明。同月，文莱、缅甸、澳大利亚等国加入上述联合声明。11月，新西兰总理阿德恩出席新西兰—东盟关系45周年纪念视频峰会。同月，新西兰同东盟十国、中、日、韩、澳签署《区域全面经济伙伴关系协定》。2021年3月，新西兰外长马胡塔分别同印度尼西亚外长蕾特诺、越南副总理兼外长范平明、新加坡外长维文、马来西亚外长希沙姆丁通电话。4月，新西兰外长马胡塔同东帝汶外长阿达尔吉萨通电话。6月，新外长马胡塔同文莱外交主管部长艾瑞万举行视频会晤。8月，新外长马胡塔同菲律宾外长洛钦举行视频会晤。10月，新西兰外长马胡塔同新加坡外长维文举行视频会晤、同马来西亚外长赛夫丁通电话。2022年2月，新西兰外长马胡塔同东帝汶外长阿达尔吉萨举行会晤。4月，新西兰总理阿德恩访问新加坡。6月，新西兰外长马胡塔在卢旺达出席英联邦政府首脑会议期间分别同新加坡外长维文、马来西亚外长赛夫丁举行会晤。8月，新西兰外长马胡塔访问马来西亚。9月，越南外长裴青山访新。11月，新西兰总理阿德恩访问越南。

东盟为新西兰重要的贸易伙伴和外国投资的重要来源之一。据新方统计，2022年，新西兰与东盟贸易额为272.7亿美元。其中，新方出口额为96.6亿美元，进口额为176.1亿美元。

【同太平洋岛国的关系】新西兰与太平洋岛国有密切的传统关系，同所有独立的岛国建交，与库克群岛、纽埃保持自由联系，将岛国作为外援重点。重视太平洋岛国论坛等地区组织的作用，并在其中发挥重要影响。防务上，与巴新、汤加、斐济、萨摩亚、瓦努阿图、所罗门群岛等国签有"互相援助计划"，帮助有关岛国训练军队并进行联合军事演习；与澳大利亚一道负责一些太平洋经济区的海上巡逻。2020年2月，新西兰总理阿德恩访问斐济。同月，巴布亚新几内亚总理马拉佩访问新西兰。11月，新西兰外长马胡塔同库克群岛总理兼外长布朗、纽埃总理塔格拉吉通电话。2021年2月，新西兰外长马胡塔以视频方式出席太平洋岛国论坛领导人特别会议。3月，库克群岛总理布朗访问新西兰并同新总理阿德恩举行会晤。4月，新西兰外长马胡塔同基里巴斯总统兼外长马茂举行视频会晤。7月，新西兰总理阿德恩同萨摩亚总理菲娅梅通电话。8月，新西兰总理阿德恩出席太平洋岛国论坛领导人会议。12月，新西兰外长马胡塔分别同库克群岛总理兼外长布朗、纽埃总理兼外长塔格拉吉、密克罗尼西亚联邦外长埃利伊萨通电话。2022年3月，新西兰外长马胡塔访问斐济。6月，萨摩亚总理菲娅梅访问新西兰。7月，新西兰总理阿德恩赴斐济出席第51届太平洋岛国论坛领导人会议，新西兰外长马胡塔在斐济同汤加外交大臣乌托伊卡马努举行会晤。8月，新西兰总理阿德恩访问萨摩亚；新西兰外长马胡塔访问纽埃、汤加。9月，新西兰外长马胡塔访问巴新。10月，所罗门群岛外长马内莱访问新西兰。

据新方统计，2022年，新西兰与除澳大利亚之外的太平洋岛国论坛成员国贸易总额为30.8亿美元。其中，新方出口额为19.9亿美元，进口额为10.9亿美元。

【同韩国、朝鲜的关系】新西兰与韩国关系密切。2020年12月，新西兰外长马胡塔同韩国外长康京和通电话。2021年5月，新西兰外长马胡塔同韩国外长郑义溶举行视频会晤。

据新方统计，2022年，新西兰与韩国双边贸易额为82亿美元。其中，新方出口额为29.1亿美元，进口额为52.9亿美元。

2001年3月26日，新西兰与朝鲜建立大使级外交关系。8月，任命驻韩国大使兼任驻朝鲜大使。2020年2月，新西兰总理阿德恩表示，新对朝鲜持续发展核试验和弹道导弹计划表示关切，将继续执行对朝制裁，鼓励朝坚持对话协商并采取具体步骤实现最终、完全且可验证无核化。

【同俄罗斯的关系】近年来，新西兰与俄罗斯双边高层交往增多，贸易关系日趋活跃。2022年3月，新西兰通过《俄罗斯制裁法案》，对俄有关个人和实体实施制裁。

据新方统计，2022年，新俄双边贸易额为1.246

亿美元。其中，新方出口额为9921万美元，进口额为2539万美元。

【同拉美国家的关系】新西兰以智利、阿根廷、墨西哥、秘鲁、乌拉圭和巴西为重点，积极发展同拉美国家的经贸关系，推动教育出口。2012年11月，新西兰成为“太平洋联盟”组织观察员。2018年11月，智利总统塞巴斯蒂安·皮涅拉访新。2019年7月，新西兰副总理兼外长彼得斯访问智利和秘鲁。

墨西哥是新西兰在拉美的最大贸易伙伴。据新方统计，2022年，新西兰与墨西哥双边贸易额为32.4亿美元。其中，新方出口额为14.5亿美元，进口额为17.9亿美元。

【同非洲国家的关系】新西兰看好非洲大陆的发展潜力，全面推动发展与南非的关系，重视与埃及的关系。2020年5月，新西兰副总理兼外长彼得斯同南非国际关系与合作部长潘多尔通电话。2021年4月，新西兰外长马胡塔同南非国际关系与合作部长潘多尔举行视频会晤。2022年6月，新西兰外长马胡塔在卢旺达出席英联邦政府首脑会议期间会见卢总统卡加梅、塞拉利昂外长弗朗西斯。（辛雨杨）

南极地区和北极地区

极地

综述

极地（polar region）是指位于地球南北两极极圈以内的陆地与海域。极地终年白雪覆盖大地，气温非常低，以致几乎没有植物生长。南北极的地形完全不同：南极是一块广大的陆块，称作南极洲；而北极则是一片汪洋，称为北冰洋。南北极的动物也不尽相同：北极的代表动物是北极熊，南极则是企鹅。

极地是地球表面的冷极，在全球气候系统中起着重要和不可替代的调节作用。南极气候环境过程与中国的气候变化存在“遥相关”，北极气候环境变化对中国气候有着更直接的影响。

截至2022年12月，中国已经开展了38次南极科学考察和12次北极科学考察。在南极，初步建成船基、岸基、空基、天基、海基、海底国家南极观测网，并在冰川、大气、海洋、空间、天文、生物、生态等领域取得了一系列具有重要价值的科研成果。建成了“雪龙”号、“雪龙2”号极地科考船和长城站、中山站、昆仑站、泰山站“两船四站”的后勤支撑体系，并不断提升科研支撑能力。2018年2月7日，中国第五个南极科考站——罗斯海新站在恩克斯堡岛正式选址奠基，第一个永久机场也在南极冰盖上破土动工。南极旅游也在国内掀起热潮，根据国际南极旅游组织协会数据显示，2019—2020年南极旅游季，全球共有74401名游客到访南极。其中，中国游客数量逐年增加，中国已成为仅次于美国的全球第二大赴南极旅游客源地。

中国是北极事务的重要利益攸关方，与北极的跨区域和全球性问题息息相关。2018年1月26日，国务院新闻办公室发表《中国的北极政策》白皮书，全面介绍了中国参与北极事务的基本立场和政策主张，是指导中国当前和未来一个时期内参与北极事务的重要依据。白皮书表示，中国愿本着“尊重、合作、共赢和可持续”的基本原则，与北极国家和其他利益攸关方一道，共同认识北极、保护北极、利用北极和参与北极治理，为北极和平稳定和可持续发展作贡献。中国积极参加北极理事会及其下设工作组相关工作，增进国际社会对中国北极政策的了解，深化与有关国家的交流合作，为促进北极可持续发展发挥了积极作用。

（王昱丹）

南极洲

地理

从字面上看，南极就是地球的最南端，但实际上，南极这个词有多种近似含义，如南极洲、南极点、南极大陆、南极地区、南极圈等。按照国际上通行的概念，一般把南纬60°以南的地区称为南极，它是南大洋及其岛屿和南极大陆的总称，总面积约6500万平方公里。

南极洲（Antarctica）包括南极大陆及其周围岛屿，总面积约1400万平方公里。其中，南极大陆面积为1239万平方公里，岛屿面积约7.6万平方公里。海岸线长达2.47万公里。南极洲另有约158.2万平方公里的冰架。南极洲的面积占地球陆地总面积的1/10。

南极洲又称第七大陆，位于地球最南端，土地几乎都在南极圈（南纬66°33′44″）内，四周濒太平洋、印度洋和大西洋，是世界上纬度最高的一个洲，也是地球上最后一个被发现、唯一没有土著人居住的大陆，面积在世界七大洲中名列第五。它与南美洲最近的距离为965公里，距新西兰2000公里、距澳大利亚2500公里、距南非3800公里，与中国首都北京的直线距离约1.2万公里。

南大洋（Southern Ocean）是南极大陆到南极辐合带之间的海域，面积为3800万平方公里，太平洋、大西洋和印度洋的最南部在这里连通。

整个南极大陆被一个巨大的冰盖所覆盖，平均海拔为2350米。横贯南极山脉（Transantarctic Mountains），将南极大陆分成东南极洲（East Antarctica）和西南极洲（West Antarctica）两部分。位于西南极洲的文森山（Vinson Massif）高达5140米，是南极洲的最高峰。

【区域、边缘海和岛屿】南极洲主要地区有：科茨地（Coats Land）、毛德皇后地（Queen Maud Land）、恩德比地（Enderby Land）、威尔克斯地（Wilkes Land）、维多利亚地（Victoria Land）、埃尔斯沃思地（Ellsworth Land）、南极半岛（Antarctic Peninsula）等。南极洲边缘海有属于南太平洋的别林斯高晋海（Bellingshausen Sea）、罗斯海（Ross Sea）、阿蒙森海（Amundsen Sea）和属于南大西洋的斯科舍海（Scotia Sea）、威德尔海（Weddell Sea）等。

南极洲主要岛屿有奥克兰群岛（Auckland Islands）、布韦岛（Bouvet Island）、南设得兰群岛（South Shetland Islands）、南奥克尼群岛（South Orkney Islands）、阿德莱德岛（Adelaide Island）、亚历山大岛（Alexander Island）、彼得一世岛（Peter I Island）、南乔治亚岛（South Georgia）、爱德华王子群岛（Prince Edward Islands）、南桑威奇群岛（Sandwich Islands）等。

【冰盖和冰架】南极大陆98%的地域被一个巨大的永久冰盖所覆盖。经过科学家多年的测量计算，南极冰盖的总体积为2800万立方公里，平均厚度为2000米，最大厚度为4800米。最厚的冰盖位于东南极洲的澳大利亚凯西站以东510公里处。南极大陆常年被冰雪覆盖，使得南极大陆，特别是东南极洲形成一个穹状的高原，平均海拔为2350米，成为地球上最高的大陆，比包括青藏高原在内的亚洲大陆的平均海拔高2.5倍。但是，如果不计这一巨大冰盖，南极大陆的平均海拔仅有410米，比整个地球上陆地的平均高度要低得多。南极夏季冰盖面积达265万平方公里，冬季可扩展到南纬55°，达1880万平方公里。

南极总贮冰量为2930万立方公里，占全球冰总量的90%，相当于全球淡水贮存量的75%。如其融化，全球海平面将上升大约60米。南极冰盖将1/3的南极大陆压沉到海平面之下，有的地方甚至被压至1000米以下。南极冰盖本身的巨大压力，使得冰层缓慢地从中心高原向四周运动。缓慢流动的冰层遇到高大山岭的阻挡，流入山谷之中，在山间谷地中流动，形成冰川。冰川运动速度为每年100—1000米不等。越接近大陆边缘，冰层变得越薄，并伸向海洋。有些冰层断裂，成为漂浮的冰山，而固定在海岸周围并浮在海面上的冰体则成为冰架。世界上最著名的冰架是罗斯海湾的罗斯冰架（Ross Ice Shelf）和威德尔海湾的菲尔希纳冰架（Filchner-Ronne Ice Shelf）。罗斯冰架的面积约49万平方公里，菲尔希纳冰架的面积约45万平方公里。在南极，因断裂而被排入海洋的冰山数以万计。沿海触地冰山可存在多年，未触地冰山受潮汐与洋流作用漂移北上而逐渐融化。南极地区观测到的最大的冰山面积约有3.1万平方公里。

根据中国科学院测量与地球物理研究所观测，南极冰架正以每年60亿—100亿吨的速度消融。南极西南部一块数十万平方公里的冰架，冰雪消融速度较快，年均下降10—20厘米，如果这一冰架全部融化，海平面将上升6米。科学家发现，南极冰盖质量变化呈东增西减的趋势，东部增量不明显，西部减量比较明显。同时，初步研究发现，南极冰架每消融1吨，约有半吨融入海洋。根据美国国家冰雪数据中心公布的数据，南极海冰区域面积为1944万平方公里，还呈现缓慢增长的趋势。

【气候】南极素有“寒极”之称，南极低温的根本原因在于南极冰盖将80%的太阳辐射反射，致使南极热量入不敷出，成为永久性冰封雪覆的大陆。南极仅有冬、夏两季之分。每年4—10月为冬季，11月至次年3月为夏季。南极沿海地区夏季月平均气温在0℃左右，内陆地区为-35℃—-15℃；冬季沿海地区月平均气温在-30℃—-15℃，内陆地区为-70℃—-40℃。南极气温随纬度与海拔的升高而下降。

世界气象组织确认，2020年2月6日，位于南极半岛的阿根廷埃斯佩兰萨研究站监测到南极大陆创下18.3℃的高温纪录。2013年12月，美国国家航空航天局的卫星记录下南极东部高原的温度低至-93.3℃，创造了新的世界低温极值。

南极虽然贮藏了全球75%的淡水资源，但因其是以固态方式存在的，所以南极又是异常干旱的大陆，有“白色沙漠”之称。南极年平均降水量为120—150毫米，沿海地区为900毫米，内陆地区仅为50毫米。有些地区仅为20—30毫米。南极洲的降水几乎都是雪。

南极的暴风雪频繁，风力也强，故南极还有“世界风极”之称。南极大陆沿海地带的风最大，风向偏东，平均风速为17—18米/秒，特别是东南极大陆沿岸，风速可达40—50米/秒。当前记录到的最大风速为327公里/小时（法国迪蒙·迪维尔站，1972年7月）。南极“西风带”是海上航行最危险的地区，在南纬50°—70°，一般风力4—6级，浪高4—5米。当受到极地气旋影响时，风速可达每小时85公里，浪高10—30米。

【自然资源】南极大陆上如今已不存在高等动物和开花植物，现仅存340余种植物，其中包括200多种地衣、85种苔藓、28种伞状菌和25种龙牙草。南极沿海有两种显花植物和近千种海藻。南极大陆上仅有一些微生物和无脊椎动物生存于植物丛、地衣和泥沼中。目前，在南极发现的无脊椎动物有387种。

与南极大陆贫乏的生物种类相比较，南大洋生物资源异常丰富。南大洋中存在一个稳定的食物链，可简单地表示为：浮游植物→浮游动物→磷虾→鱼类、乌贼→企鹅、鸟类→海豹→鲸。在南极生物链中，磷虾是其中关键一环，其储量达10亿吨。

南极洲有藏量丰富的矿物资源，目前已经发现的就有220多种，包括煤、铁、铜、铅、锌、铝、金、银、石墨、金刚石和石油等，还有具有重要战略价值的钍、钚和铀等稀有矿藏。从已查明的资源分布来看，煤、铁、石油的储量为世界第一，其他的矿产资源正在勘测过程中。

南极发现史　古希腊人依据其几何学对称理论认为，地球上存在一个与北方大陆相对称的未知的南方大陆。从1772年库克船长扬帆南下到19世纪末，先后有很多探险家驾帆船寻找南方大陆，这一时期被称为“帆船时代”。20世纪初到第一次世界大战前，人类先后跨越了南磁极和南极点，涌现出了像沙克尔顿、阿蒙森、斯科特等探险家，这一时期被称为“英雄时代”。第一次世界大战后至20世纪50年代中期，人类在南极探险中逐渐用机械设备代替了狗拉雪橇，这一时期被称为“机械化时代”。从1957—1958年国际地球物理年起到现在，各国在南极纷纷建立科学考察站，每年都有大批的科学家赴南极开展考察，人类对南极的认识不断深化，这一时期被称为“科学考察时代”。

截至2017年，共有30个国家在南极建立了100多个科学考察设施。考察站根据功能大体可分为常年科学考察站、夏季科学考察站、无人自动观测站三类。其中，常年科学考察站有40个，夏季科学考察站有36个。中国的南极长城站和中山站都是常年科学考察站，中国的南极昆仑站是夏季科学考察站。

从各国南极科学考察站的分布来看，大多数国家的南极站都建在南极大陆沿岸和海岛的夏季露岩区。只有美国、俄罗斯（苏联）和日本在南极内陆冰原上建立了常年科学考察站。地处南极内陆冰盖最高点冰穹A、经线交会的南极极点、全球温度最低的南极冰点、地球磁场南极的磁点并称为南极科考的四大“必争之点”，在其上分别设有昆仑站（中国）、阿蒙森-斯科特站（Amundsen-Scott South Pole Station，南纬90°，东经0°，美国）、东方站（Vostok Station，南纬78°27′51.8″，东经106°50′14″，俄罗斯）、迪蒙·迪维尔站（Dumont d’Urville Station，南纬66°39′47.3″，东经140°00′5.3″，法国）。

南极是地球唯一没有常住居民和未被工业污染的洁净之地，但近年来，南极的环境问题引起世界的关注，也在历次南极条约协商会议（Antarctic Treaty Consultative Meetings，ATCM）上被提到。为了保护南极的环境不被污染，规定各国的考察站都设立专门的负责环境保护的人员，各国考察站要建立污水、垃圾等其他污物的处理装置。近些年，南极又有了旅游项目，尽管对游客采取了一些限制措施，但是对南极的环境还是产生了影响。

南极洲的法律地位　在《南极条约》（Antarctic Treaty）生效前，阿根廷、智利、澳大利亚、法国、新西兰、挪威、英国等7国已对82%的南极大陆提出了领土要求，其中澳、法、新、挪4国互相承认各自的领土要求；阿、智、英3国要求的领土互相重叠，三方坚持各自的主权要求，互不承认他方的主权要求；美苏两国不承认任何国家对南极的领土主权要求，同时保留他们自己对南极提出领土主权要求的权利。

1908年，英国第一次对南极提出主权要求。1923年，新西兰宣布领有南纬60°以南、东经160°与西经150°之间的土地，即罗斯属地（Ross Dependency）。1924年，美国声明，任何对南极“无主地”的发现，如果没有伴随名副其实的“定居”，不能构成有效的主权要求。1939年，苏联声明，其在参加解决南极洲土地的命运问题上拥有不可剥夺的权利。1933年，澳大利亚宣称领有除阿德利地（Adélie Land）以外的南纬60°以南、东经45°—136°、142°—160°之间的土地，称为澳大利亚南极领地（Australian Antarctic Territory）。1939年，法国宣称领有南纬60°以南、东经136°—142°之间的土地，即阿德利地（现为法属南部和南极领地的一部分）。同年，挪威宣称领有南极洲东经45°到西经20°之间的沿海土地以及“更远的土地”（被称为“毛德皇后地”）。1940年，智利宣称领有南极洲西经53°—90°之间的土地，即智利南极省（Chilean Antarctica），这和英国早些时期宣称的领有南极洲西经20°—80°之间的土地部分重叠。第二次世界大战后，美国宣布保留19世纪以来由于美国公民在南极洲的活动而产生的一切权利，包括提出领土要求在内。1946年，阿根廷宣布领有南纬60°以南、西经25°—74°之间的地区，即阿根廷属南极地区（Argentine Antarctica），包括全部岛屿陆地以及拥有南乔治亚岛和南桑威奇群岛的主权。1947年，美国通过美洲国家会议把南极洲划入美洲“共同防御”线内。1948年，美国同一些有关国家就南极地区“国际化”的问题进行了非正式谈判。到20世纪50年代，阿、智、澳、法、新、挪、英等7国对南极的领土要求包括南极大陆5/6的土地。

《南极条约》体系　旨在协调各国对南极和平利用的《南极条约》，于1959年12月1日签署，并于1961年6月23日生效。美国政府为《南极条约》的保存国政府。

《南极条约》的主要内容为：禁止在条约区从事任

何带有军事性质的活动，南极只用于和平目的；冻结对南极的任何形式的领土主权要求；鼓励南极科学考察中的国际合作；各协商国都有权派代表到其他南极考察站上视察；对南极重大事务决策实行协商一致的原则。南极条约协商国依照其国名英文字母的排列顺序轮流主办会议，并承担一切费用。《南极条约》的工作语言为英语、法语、俄语、西班牙语。会议主办国必须为会议提供上述四种语言的同声传译和文件。

中国于1983年5月9日加入《南极条约》，1985年10月7日被接纳为协商国。

《南极条约》有54个缔约国（2022年7月）。其中，阿根廷、澳大利亚、比利时、巴西、保加利亚、智利、中国、捷克、厄瓜多尔、芬兰、法国、德国、印度、意大利、日本、韩国、荷兰、新西兰、挪威、秘鲁、波兰、俄罗斯、南非、西班牙、瑞典、乌克兰、英国、美国、乌拉圭等29国为协商国；奥地利、白俄罗斯、加拿大、哥伦比亚、古巴、丹麦、爱沙尼亚、希腊、危地马拉、匈牙利、冰岛、哈萨克斯坦、朝鲜、马来西亚、摩纳哥、蒙古国、巴基斯坦、巴布亚新几内亚、葡萄牙、罗马尼亚、斯洛伐克、斯洛文尼亚、瑞士、土耳其、委内瑞拉等25国为非协商国。

《南极条约》体系（Antarctic Treaty System，ATS）指《南极条约》、根据《南极条约》实施的措施和与条约相关的单独有效的国际文书和根据此类文书实施的措施，包括南极条约协商会议等通过的具有法律拘束力的相关文件及其他有关条约和议定书［如《南极海洋生物资源养护公约》（Convention on the Conservation of Antarctic Marine Living Resources，CCAMLR，1980年签署，1982年生效）和《关于环境保护的南极条约议定书》（Protocol on Environmental Protection to the Antarctic Treaty，1991年签署，1998年生效）等］。

目前，中国派代表团出席《南极条约》体系相关会议。

【南极条约协商会议和环境保护委员会】南极条约协商会议是南极条约协商国就南极问题进行磋商、作出决议的重要形式，每年举行一次。根据《南极条约》的规定，协商会议通过的所有建议措施应经全体协商国批准后才能生效。协商会议通过的建议措施涉及和平利用南极、保护南极资源、便利南极科考和合作、交流情报以及完善《南极条约》体系的运行等。目前，经各国同意已生效的建议措施共100多项，构成南极地区的重要活动准则。

环境保护委员会（Committee for Environmental Protection，CEP）是根据《关于环境保护的南极条约议定书》第11条设立的。

1998年，第22届南极条约协商会议和第1届南极环境保护委员会同时举行。目前，南极条约协商会议和环境保护委员会每年联合举行会议。

第40届南极条约协商会议和第20届南极环境保护委员会于2017年5月22日至6月1日在中国北京举行。本次会议系中国自1983年批准加入《南极条约》、1985年成为南极条约协商国以来，首次作为会议东道主。第44届南极条约协商会议和第24届南极保护环境委员会于2022年5月23日至6月2日在德国柏林举行。

南极条约秘书处是协商会议的一个机构，于2004年9月设于阿根廷布宜诺斯艾利斯。其主要工作为：准备和支持南极条约协商会议和其他会议，收集、保存和出版南极条约协商会议纪要，促进《南极条约》和《关于环境保护的南极条约议定书》要求的各成员国之间的信息交流，将《南极条约》体系的信息提供给公众。

【《南极海洋生物资源养护公约》】该公约于1980年5月20日在澳大利亚堪培拉签订，1982年4月7日生效，此后成为《南极条约》体系的组成部分。

该公约旨在保护南大洋生物资源、防止过度捕捞对南大洋生态系统造成危害，并许可对生物资源进行合理捕捞和开发。公约建立了观察和检察制度，并确定了解决争端的原则。公约的地理适用范围为位于大约南纬50°的南极辐合带以南的南大洋水域。公约的运行和日常工作由南极海洋生物资源养护委员会（Commission for the Conservation of Antarctic Marine Living Resources）负责。该委员会为政府间国际组织，主要职责是采取措施、确立观察和检察制度等，委员会在协调一致的基础上作出决议。南极海洋生物资源养护委员会又建立了南极海洋生物资源养护科学委员会（Scientific Committee for the Conservation of Antarctic Marine Living Resources），其主要职责是评价南极海洋生物状况，对捕捞方法和捕获程度提出科学建议，对南大洋海洋生物资源进行研究等。

2006年10月19日，中国加入《南极海洋生物资源养护公约》，于2007年7月申请加入南极海洋生物资源养护委员会，2007年10月2日成为其正式成员。

目前，南极海洋生物资源养护委员会成员包括欧盟和26个国家：阿根廷、澳大利亚、比利时、巴西、智利、中国、厄瓜多尔、法国、德国、印度、意大利、日本、韩国、纳米比亚、荷兰、新西兰、挪威、波兰、俄罗斯、南非、西班牙、瑞典、乌克兰、英国、美国、乌拉圭。签字国10个：保加利亚、加拿大、库克群岛、芬兰、希腊、毛里求斯、巴基斯坦、巴拿马、秘鲁、瓦努阿图。委员会秘书处设在澳大利亚霍巴特。自1982年起，南极海洋生物资源养护委员会每年在澳大利亚霍巴特举行会议。第41届南极海洋生物资源养护委员会年会于2022年10月24日至11月4日在霍巴特举行。会议主要围绕南极海洋生物资源养护与利用相关议题，讨论了养护措施、非法捕捞、南极海洋保护区、气候变化等议题，通过了关于气候变化的决议，并完成了多项养护措施的修订。

南极海洋生物资源养护会议科学奖学金计划设立于2010年，主要用于资助南极海洋生物资源养护会议成员中处于事业起步期的青年学者参加南极海洋生物资源养护会议科委会相关工作组的研究工作，是南极海洋生物资源养护会议科学能力建设的一个重要举措。该计划于2011年正式实施，由各成员科委会代表推荐，面向已获或正在攻读博士学位的青年学者征集申请；资助期2年，资助最高额度为3万澳元。

中国南极考察　中国开展南极科学考察事业40余年来，业绩丰硕，成就斐然。中国的南极科学考察事业起步于1980年，2名中国研究人员参加了澳大利亚国家南极考察队。1984年11月，中国首次派出由591人组成的国家南极考察队，乘“向阳红10”号考察船赴南极，并于1985年2月在乔治王岛建成中国第一个南极考察基地——长城站。1988年11月，中国首支东南极考察队踏上征程，并于次年2月在东南极的拉斯曼丘陵上建成了中国第二个南极考察基地——中山站。2009年1月，在南极内陆建成中国第三个南极考察站——昆仑站。2014年2月，建成中国第四个南极考察站——泰山站。截至2022年12月，中国成功组织了38次南极科学考察，正在开展第39次南极科学考察。

【“雪龙”号科考船】该船是中国第三代极地考察、运输两用船。船长167米，宽22.6米，满载排水量21025吨，吃水9米。功率17920马力，最大航速18节；冰区通过能力为1.2米冰、20厘米雪，航速0.5节；续航能力1.8万海里。长久以来，“雪龙”号科考船是中国极地科考唯一的一条破冰船。

【“雪龙2”号科考船】2012年7月31日，国家海洋局与芬兰阿克北极公司在北京签署了中国首艘自主建造的极地科考破冰船的基本设计合同。“雪龙2”号科考船于2018年9月10日在上海下水，于2019年7月11日正式交付使用，是中国自主建造的第一艘极地科学考察破冰船。船舶建造工程由中国极地研究中心组织实施，中国船舶工业集团有限公司第七〇八研究所负责船舶设计、江南造船（集团）有限责任公司具体承担建造。这意味着中国极地科学考察事业摆脱了“雪龙”船单兵作战的局面。该船与“雪龙”船组成一支南、北极海洋科学考察破冰船队，实现中国至少有两艘极地考察船同时在南、北极区域开展考察作业活动，并保持每年有200天以上的极地海洋考察时间的目标。

“雪龙2”号船可以满足无限航区要求，具备全球航行能力，能够在极区大洋安全航行。船长122.5米，宽22.3米，满载排水量约13990吨，吃水7.85米。航速12—15节，续航能力2万海里，自持力60天，载员90人，能以2—3节的航速在1.5米冰、0.2米雪的环境中连续破冰航行。该船融合了国际最新船舶建造技术和绿色环保理念，采用国际先进的船艏船艉双向破冰船型设计，并具备全回转电力推进功能和冲撞破冰能力，可实现极区原地360°自由转动，并可突破极区20米当年冰冰脊，船舶机动能力大幅提升。

“雪龙2”号船装备了国际先进的海洋调查和观测设备，实现科考系统的高度集成和自洽。科研人员可在船上开展极地海洋、海冰、大气等环境基础综合调查观测，进行有关气候变化的海洋环境综合观测取样，在极地冰区海洋开展海底地形、生物资源调查。

【中国南极长城站】1985年2月20日，中国首次南极考察队在南极洲的南设得兰群岛的乔治王岛上建成中国南极长城站。长城站的地理坐标为：南纬62°12′59″，西经58°57′52″，海拔高度10米，与北京的方位为170°38′27″，距离北京17501.9公里。建筑面积4000多平方米，有健全的生活设施和科研观测室。站上每年可接纳度夏考察人员60名、越冬考察人员20名左右。考察站常年开展气象学、电离层、高空大气物理学、地磁和地震等项目的常规观测。南极夏季期间，除了常规观测项目，还进行包括地质学、地貌学、地球物理学、生物学、环境科学、人体医学和海洋科学等的观测研究。

【中国南极中山站】1989年2月26日，中国首次东南极考察队在南极大陆的拉斯曼丘陵上建成中国南极中山站。中山站的地理坐标为：南纬69°22′24″，东经76°22′40″，海拔高度11米，与北京的方位为32°30′50″，距离北京12553.2公里。中山站是中国南极考察向内陆发展的重要基地，也是国际合作的重要实验基地。建筑面积3000多平方米，有办公栋、宿舍栋、气象栋、科研栋、发电栋及车库等。站上每年可接待度夏考察人员60名、越冬考察人员25名。考察站常年开展气象学、电离层、高空大气物理学、地磁和地震等项目的常规观测。南极夏季期间，除了常规观测项目，还进行包括地质学、地貌学、地球物理学、冰川学、生物学、环境科学、人体医学和海洋科学等的观测研究。

【中国南极昆仑站】为中国首个南极内陆考察站，于2009年1月27日建成。位置确定为南纬80°25′01″，东经77°06′58″，海拔高度4087米，位于南极内陆冰盖最高点冰穹A西南方向约7.3公里。站区主体建筑规模为558平方米（不包括雪下冰芯钻探工作区）。这是中国继在南极建立长城站、中山站以来，建立的第3个南极考察站，也是世界第6座南极内陆考察站。考察站的建成实现了中国南极考察从南极大陆边缘向南极内陆扩展的历史性跨越，意味着中国成为第一个在南极内陆建站的发展中国家。昆仑站每年可接纳20人进行夏季科考，将逐步升级扩建为满足科考人员越冬的常年站。

【中国南极泰山站】2014年2月8日，国家海洋局宣布，中国南极泰山站正式建成开站。在泰山站建成并投入使用之际，国家主席习近平致信祝贺。这是中国在南极建设的第4个科学考察站，也是继2009年建成的昆仑站后，中国第2个建立在南极内陆的科考站。泰山站位于中国南极中山站与昆仑站之间的伊丽莎白公主地，坐标为东经76°58′，南纬73°51′，海拔高度2621米。距中山站522公里，距昆仑站715公里，距格罗夫山85公里，距埃默里冰架接地线220公里，距查尔斯王子山资源区370公里。年平均温度-36.6℃，可满足20人度夏考察生活，总建筑面积1000平方米，配有固定翼飞机冰雪跑道。泰山站不仅是昆仑站科学考察的前沿支撑，而且还成为南极格罗夫山考察的重要支撑平台，进一步拓展了中国南极考察的领域和范围。泰山站与昆仑站一样是度夏站，长城站和中山站则是常年站。

【中国第37次南极科学考察】2020年11月10日，中国第37次南极科学考察队乘坐中国首艘自主建造的极地科学考察破冰船“雪龙2”号船从上海启航，前往南极执行科考任务。本次考察围绕应对全球气候变化等问题，开展水文气象、生态环境等科学调查工作，并执行南大洋微塑料、海漂垃圾等新型污染物业务化监测任务。同时，开展南极中山站、长城站越冬人员轮换及物资补给工作。2021年5月7日，历时179天，此次南极科学考察圆满完成。

【中国第38次南极科学考察】2021年11月5日，中国第38次南极科学考察队乘坐极地科学考察破冰船“雪龙”号、“雪龙2”号船从上海启航，前往南极执行科考任务。本次考察历时174天，顺利完成南极长城站、中山站物资补给和人员轮换任务，开展了站基冰雪和空间特殊环境等多学科和近岸海洋业务化观测，对南大洋生态系统进行了调查，积极开展了考察物资补给国际合作，取得了多项科研成果。

【中国第39次南极科学考察】中国第39次南极科学考察队于2022年10月下旬出发，共历时163天，行程6万余海里。本次考察第三次实施“双龙探极”，主要围绕南大洋重点海域对全球气候变化响应与反馈等重大科学问题开展考察工作，经过5个多月的现场作业，顺利完成南大洋有关海域和南极大陆有关区域的调查任务，以及中山站到南极冰穹A断面所有站点的冰雪环境监测、天文观测和伊丽莎白公主地等区域的冰下地形探测，组织实施了多个科研项目，取得了一批重要科研成果。同时，完成了南极长城站、中山站物资补给和人员轮换。（汤宇豪）

北 极 地 区

地 理

北极地区是指北极圈（约北纬66°34′）以北的陆海兼备的区域，总面积约2100万平方公里。包括欧洲、亚洲和北美洲的毗邻北冰洋的北方大陆和相关岛屿，以及北冰洋中的国家管辖范围内海域、公海和国际海底区域。其中，大陆和岛屿面积约800万平方公里，有关大陆和岛屿的领土主权分别属于加拿大、丹麦、芬兰、冰岛、挪威、俄罗斯、瑞典、美国等8个北极国家。北冰洋海域面积超过1200万平方公里，相关海洋权益根据国际法由沿岸国和各国分享。此外，北极圈内的斯瓦尔巴群岛地位由《斯瓦尔巴条约》确定。该条约的缔约国有权自由出入该群岛，并在遵守挪威法律的前提下在该群岛进行正常的科学和生产等活动。中国于1925年加入该条约。

【北冰洋（the Arctic Ocean）】Arctic一词源于希腊语的“熊”，意指正对大熊星座的海洋。北冰洋是一个四周由大陆环绕、近于封闭的海洋。其面积约1475万平方公里，约占世界海洋总面积的4.1%。海水容积约1807万立方公里。平均水深约1225米，最大水深5527米（位于格陵兰海的东北部），是世界四大洋中面积最小、平均水深最浅的一个海洋。北冰洋表面广被海冰覆盖，冬季海冰覆盖面积最大，可达1140万平方公里（3月），约占总面积的77.3%。夏季海冰覆盖的最小面积为700万平方公里（9月），约占总面积的47.5%。北冰洋大部分面积位于北极圈内，海冰平均厚度约3米，其中央部分海冰已有300万年以上的历史，为终年不融海冰。北冰洋有8个附属海：挪威海（Norwegian Sea）、格陵兰海（Greenland Sea）、巴伦支海（Barents Sea）、喀拉海（Kara Sea）、拉普捷夫海（Laptev Sea）、东西伯利亚海（East Siberia Sea）、楚科奇海（Chukchi Sea）和波弗特海（Beaufort Sea）。1650年，德国地理学家瓦伦纽斯首先将其划成独立的海洋，称“大北洋”。1845年，伦敦地理学会命名其为北冰洋。

【北极陆地区（Lands of Arctic）】北极陆地区包括加拿大、美国、俄罗斯、芬兰、挪威和瑞典等国在北极圈内的陆地，以及格陵兰岛的大部分地域，总面积约800万平方公里。

【环北极国家（the Surround-Arctic Nations）】指其领土陆地自然延伸到北极地区以内且环绕北冰洋的国家。自1909年美国探险家皮里向全世界宣布他踏上北极点以来，北极地区不仅成为西方各国探险家和航海家频频光顾的地方，而且逐渐成为许多大国觊觎的一块战略要地。北极地区的陆地和岛屿属于8个环北极国家：加拿大、丹麦（包括其属地格陵兰和法罗群岛）、芬兰、冰岛、挪威、瑞典、俄罗斯和美国。

北极资源丰富，拥有9%的世界煤炭资源，还有丰富的石油和天然气，据推测其丰度占世界未开发油气资源的25%。另外，北极地区还有大量的金刚石、金、铀等矿藏和水产资源。此外，北极地区还有着重要的战略地位。一方面，全球气候变暖加速海冰融化，北极航道开发潜力逐渐显现，从大西洋穿越北冰洋到达太平洋的航行时间将会缩短近一个月，北极航道可能成为国际航运新命脉。另一方面，北极具有军事战略意义，北约和俄罗斯均在北极部署军事力量。

【北冰洋海域纷争】对于北冰洋海域的划分曾有两种主张。

一是俄罗斯和加拿大等国主张按扇形原则来划分。加拿大于1907年提出此原则，该原则对国土东西跨度大、北部海岸线绵长的国家来说最有利，因此得到俄罗斯的支持。不过，由于遭到美国、挪威等其他北冰洋沿岸国家的反对，扇形原则并没有得到公认。《联合国海洋法公约》生效后，北极国家开始依据公约主张在北冰洋海域的权利。

二是近年来依据海底大陆架划分。其主要法律依据是1982年通过的《联合国海洋法公约》，按照该公约的有关规定，环北冰洋国家在北冰洋可以主张外大陆架。目前，丹麦、俄罗斯等国均通过向大陆架界限委员会提交外大陆架划界案，主张面向北冰洋一侧的外大陆架权利。

【北极地区的居民（Peoples of Arctic Regions）】北极地区现有人口约900万，主要分布在8个环北极国家的北纬60°以北地区。其中，土著居民200多万人，主要居住在北美洲的阿拉斯加和加拿大北部的北冰洋沿岸和格陵兰岛的北部。由20多个民族组成，最大的民族30多万人，最小的有200多人。具代表性的土著民族有：因纽特人（Inuits）[亦称“爱斯基摩人”（Eskimo）]、阿留申人（Aleut）、科米人（Komi）、曼西人（Mansi）、可汗人（Khant）、塞库普人（Selkup）、恩特西人（Entsy）、恩加纳桑人（Nganasan）、多尔干人（Dolgan）、侗人（Tungus）、拉穆特人（Lamut）、育卡格赫人（Yukaghir）、南特西人（Nantsy）、雅库特人（Yakut）、库雅特人（Koryat）、堪察加人（Kanchadal）、鄂温克人（Howek）、萨米人（Sami）、拉普人（Lapp）、楚科奇人（Chukchi）、凯特人（Ket）等。这些土著民族世代生活在气候环境恶劣的北极地区，靠渔猎（主要是海豹、鲸、海象和鱼类）为生，居住条件极其简陋。他们驯养驯鹿，也开始享受现代科技与物质文明生活，又保留着北极地区土著民族传统的渔猎和生吃鱼肉的风俗习惯。在格陵兰岛西北部北纬79°以北的因纽特人，被称为极地因纽特人。

北极体系

北极治理机制是由北极理事会、北极经济理事会、国际北极科学委员会等组成，主要关心全球变化对北极地区环境包括经济文化的影响。

【北极理事会（Arctic Council，AC）】1996年8月6日，8个环北极国家的代表在加拿大渥太华举行会议，发布建立北极理事会的声明（渥太华声明），正式成立高级别的政府间论坛。其宗旨是：（1）确保居住在北极地区的居民（包括当地少数民族及其团体）享有的权益；（2）确保北极地区在经济和社会发展以及在卫生条件和文化教育改善方面的可持续发展；（3）确保北极环境保护，包括北极生态系统的保护、北极生物多样性维持和自然资源的保护和可持续使用。北极理事会秘书处设在挪威特罗姆瑟。

目前，北极理事会已发展成为讨论涉北极问题最重要的区域国际论坛。8个环北极国家为北极理事会成员。6个北极土著人组织为北极理事会永久参与方。这6个组织为：阿留申人国际协会（Aleut International Association，AIA），北极阿萨帕斯卡人委员会（Arctic Athabaskan Council，AAC），哥威迅人委员会国际（Gwich'in Council International，GCI），因纽特人北极圈委员会（Inuit Circumpolar Council，ICC），萨米人委员会（Saami Council），俄罗斯北方、西伯利亚和远东原住民协会（Russian Association of Indigenous Peoples of the North，Siberia and Far East，RAIPON）。理事会下设可持续发展、北极监测与评估、北极海洋环境保护、北极污染物行动计划、北极动植物保护、突发事件预防反应6个工作组。部长级会议是理事会决策机构，每两年召开1次。高官会是理事会执行机构，每年召开两次会议。理事会成员国轮流担任主席国，任期两年。2023—2025年，挪威担任理事会主席。13个非北极国家（法国、德国、意大利、日本、荷兰、中国、波兰、印度、韩国、新加坡、西班牙、瑞士、英国）在北极理事会中享有观察员地位。在北极理事会享有观察员地位的还有隶属联合国体系的各个组织，以及各个政府间的、学术性和非商业性的联盟及联合会等，北极理事会与这些组织建立了密切的合作关系。

第1—12届北极理事会部长会议分别在加拿大[伊卡卢伊特（Iqaluit），1998年9月]、美国[阿拉斯加巴罗（Barrow，Alaska），2000年10月]、芬兰[伊纳里（Inari），2002年10月]、冰岛[雷克雅未克（Reykjavik），2004年11月]、俄罗斯[亚马尔-涅涅茨（Yamalo-Nenets）民族自治区首府萨列哈尔德（Salekhard），2006年10月]、挪威[特罗姆瑟（Tromsø），2009年4月]、丹麦[格陵兰岛首府努克（Nuuk），2011年5月]、瑞典[基律纳（Kiruna），2013年5月]、加拿大（伊卡卢伊特，2015年4月）、美国[费尔班克斯（Fairbanks），2017年5月]、芬兰[罗瓦涅米（Rovaniemi），2019年5月]、冰岛（雷克雅未克，2021年5月）举行。2022年3月，除俄罗斯外的其他北极七国发表声明，称受乌克兰危机影响，将暂停在俄担任理事会主席期间参与理事会工作。2023

年5月11日，北极理事会第13届部长级会议以线上线下相结合的方式在俄罗斯萨列哈尔德举行。此次会议为首次八国外长未参加，亦未邀请观察员参加的部长会。会上，挪威与俄罗斯完成轮值主席国交接。

【北极经济理事会（Arctic Economic Council）】 北极经济理事会于2014年9月在加拿大耶洛奈夫宣告成立，旨在促进负责任的北极经济活动，分享开展北极经济活动的最佳实践、技术方法、标准和相关信息，促进北极可持续发展。北极经济理事会由北极理事会成员和永久参与方商业实体代表组成，但北极经济理事会为独立于北极理事会的组织。挪威人因格尔·约翰森（Inger Johnsen）担任2023—2025年北极经济理事会主席。北极经济理事会下设6个工作组，分别为海上运输、负责任的资源发展、联通、能源、蓝色经济、投资与基础设施。北极经济理事会秘书处设在挪威特罗姆瑟。

【国际北极科学委员会（International Arctic Science Committee，IASC）】 1990年，8个环北极国家成立了国际北极科学委员会。国际北极科学委员会是一个非政府间的国际组织，旨在鼓励和促进所有从事北极研究的国家和地区在北极科学研究各个领域的合作。其成员应是能覆盖所有北极研究的国家科学组织。每个成员的国家组织也为理事会和北极科学团体之间的接触提供方便。国际北极科学委员会正是利用这种关系来确定优先发展的科学问题以及工作组成员等。由国际北极科学委员会所规划和建议的国际科学研究项目应是北极和全球科学研究优先考虑的领域。几乎所有北半球发达国家都开展了北极研究活动。中国于1996年加入了国际北极科学委员会。

2017年1月起，国际北极科学委员会秘书处由位于冰岛阿库雷里的冰岛研究中心（Icelandic Centre for Research）主办。

随着国际社会对北极科学考察与研究的不断深入，北极科考领域内的国际合作日益增多。1999年，由国际北极科学委员会发起，代表北极科学研究最高国际水平的北极科学高峰周会议（Arctic Science Summit Week，ASSW）机制正式形成。该机制的主要目的是：将主要的国际北极科学组织集中起来召开各自的年会；通过直接接触和组织集体活动等方式鼓励这些组织间的合作与交流；了解主办国开展的北极研究等。北极科学高峰周会议由成员国轮流承办，一般在每年3月或4月召开，包括国际北极科学委员会、北冰洋科学委员会（AOSB）、北极研究管理者论坛（FARO）、欧洲极地委员会（EPB）和泛太平洋北极工作组（PAG）、北极圈国家组织（RB）、新奥尔松科学管理委员会（NySMAC）等会议，以及一些专题会议（如科学日、研究项目日等）。

【北极地区迅速变暖】 全球变暖所引发的局部地区环境变暖更为明显。北极海冰每年在夏季融化，秋季复冻。夏季海冰面积的最小值是科学家监测全球变暖的关键数据。早在20世纪70年代初，北极“夏季融冰”的面积就以每10年7%的速度减少。自20世纪80年代末90年代初起，大量北极浮冰被风吹出北冰洋进入大西洋，随后又向南漂流最终融化。

2019年9月，联合国政府间气候变化专门委员会发布《气候变化中的海洋和冰冻圈》特别报告警告，北极海冰正在以每10年缩小约13%的速度缩减，若地区升温达到2°C，北极海冰有可能在某些夏天消失。

数据表明，2020年9月15日，北冰洋海冰范围达到了2020年的最小值，约为374万平方公里，比1980—2010年的气候平均值（628万平方公里）小约40%，是有现代观测记录以来海冰范围第二小的年份。

美国国家冰雪数据中心收集的数据显示，在1984年1月的第一周，北冰洋中存在时间超过4年的海冰面积尚有310万平方公里。而相比之下，2019年1月的第一周，该地区多年冰的面积已经缩减到11.6万平方公里。预计到2050年，北极或处于“无冰”状态，这将加剧地区气候的极端化。

【北极国际航道之争】 目前，北极航道由两条航道构成：加拿大沿岸的“西北航道”和俄罗斯沿岸的“东北航道”（又称“北方航道”）。2008年8月中下旬，美国宇航局的卫星照片显示，至少在12.5万年以来，西北航道和东北航道第一次同时冰融开通。海冰专家将这些图像形容为“具有历史意义的事件”，代表人类史上首次可绕过北极开展商业航行，由此引发了新一轮北极航道开发热潮。西北航道和东北航道是联系亚、欧、美三大洲的潜在最短航线。北极航线在航程等方面与其他航线相比具有较大优势。然而，在法律上，西北航道究竟是不是该划为国际航道存在着争议，部分东北航道究竟属俄罗斯内水还是国际航行水域也存在分歧。目前，沿岸各国均通过立法，以环境保护为由对北极航行进行严格管理与管辖。

中国北极活动

中国政府自20世纪90年代开始进行北极科学研究，于1996年正式加入国际北极科学委员会，于1999年、2003年、2008年、2010年、2012年、2014年、2016年、2017年、2018年、2019年、2020年、2021年进行了12次北极海洋综合考察。2004年，中国在北极地区建立了第一个科学考察站——黄河站。多年来，中国对北极高空物理、气候变化、生态、海洋等进行了研究，建立了初步观测体系，形成了素质较高的专家队伍。中国于2019年承办了北极圈论坛中国分论坛。

【中国第一个北极科学考察站——黄河站】 2002年9月，国家海洋局组团赴北极斯瓦尔巴群岛地区进行了建站的前期选址调研工作，根据中国1925年签署的《斯瓦尔巴条约》和专家的论证，中国北极科学考察站站址选在挪威斯瓦尔巴群岛的新奥尔松（北纬78°55′，东经11°56′）。

2003年9月底，中国北极考察站投入试运行。北极考察站为一栋两层楼的建筑，面积约500平方米，有会议室、办公室、通信室、18间宿舍和4间实验室。经国务院批准，中国北极科学考察站于2004年正式投入运行。2004年7月，国家海洋局正式将中国第一个北极科学考察站定名为“黄河站”。

【中国第10次北极科学考察】2019年8月10日至9月27日，第10次北极科学考察顺利完成。全球级海洋综合科考船“向阳红01”自青岛出发，历时49天，总航行约1.03万海里，最北到达北纬76°02′。本次考察围绕北极海域在全球气候变化中的作用等前沿科学问题，实施长时间原位观测与科研项目考察相结合的海洋综合调查，为9项海洋环境监测和22项国家科技计划支持项目提供了保障支撑。考察活动还成功利用“海燕”号水下滑翔机实现了在北极海域的水体与生化要素组网观测，为完善中国北极业务化监测体系作出了贡献。

【中国第11次北极科学考察】2020年7月15日至9月28日，第11次北极科学考察顺利完成。“雪龙2”号科考船首次承担北极考察业务。考察历时76天，总航行超过1.38万海里，最北到达北纬86°13′。本次考察在北冰洋中央航道及周边海域开展了多学科综合调查，进一步推进了中国极地业务化观测/监测网络建设。

【中国第12次北极科学考察】2021年7月12日至9月28日，第12次北极科学考察顺利完成。考察历时79天，总航行1.4万海里。考察围绕应对气候变化、保护北极生态环境，在北极公海区域采取走航观测、断面调查等方式，顺利完成楚科奇海大气、海洋、生态等综合观测，取得多项科研成果。

【《中国的北极政策》白皮书】2018年1月26日，国务院新闻办公室发表《中国的北极政策》白皮书，包括中、英、法、俄、德、西、阿、日8个语种，是中国政府在北极政策方面发表的首部白皮书。白皮书系统阐明了中国在北极问题上的基本立场，全面介绍了中国参与北极事务的政策目标、基本原则和主要政策主张，白皮书全文约9000字，由前言、正文和结束语三部分组成。白皮书指出，中国是北极事务的重要利益攸关方，愿本着“尊重、合作、共赢、可持续”的基本原则，与有关各方一道，抓住北极发展的历史性机遇，积极应对北极变化带来的挑战，共同认识北极、保护北极、利用北极和参与治理北极。积极推动共建“一带一路”倡议涉北极合作，积极推动构建人类命运共同体，为北极的和平稳定和可持续发展作出贡献。

（赵育健）

国际组织、政府间多边机制和国际会议

联合国

联合国概况

【成立日期】1945年4月25日，来自50个国家（波兰因故未参加）的代表在美国旧金山召开联合国国际组织会议。6月25日,《联合国宪章》通过（以下简称“宪章”）。6月26日，50国代表签署了《联合国宪章》。同年10月24日，中、法、苏、英、美和其他多数签字国递交批准书后，宪章自动生效，联合国（United Nations，简称“UN”）正式成立。1947年，联合国大会决定，10月24日为联合国日。

【宗旨和原则】联合国的宗旨是:（1）维护国际和平与安全;（2）发展国际间以尊重各国人民平等权利及自决原则为基础的友好关系;（3）进行国际合作，以解决国际间经济、社会、文化和人道主义性质的问题，并促进对于全体人类的人权和基本自由的尊重。

为实现上述宗旨，联合国应遵循下列原则:（1）所有会员国主权平等;（2）各会员国应忠实履行根据宪章规定所承担的义务;（3）各会员国应以和平方法解决国际争端;（4）各会员国在国际关系中不得以不符合联合国宗旨的任何方式进行武力威胁或使用武力;（5）各会员国对联合国依照宪章所采取的任何行动应给予一切协助;（6）联合国在维护国际和平与安全的必要范围内，应确保使非会员国遵循上述原则;（7）联合国组织不得干涉在本质上属于任何国家国内管辖的事项，但此项规定不应妨碍联合国对威胁和平、破坏和平的行为及侵略行径采取强制行动。

【会员国】凡要求加入联合国的国家必须提交一份申请书，声明接受宪章所载义务，由安理会推荐，经联合国2/3多数的会员国通过，即被接纳为会员国。安理会对联合国某一会员国采取防止行动或强制行动时，联合国大会可根据安理会建议中止该国行使会员国的权利和特权。安理会可以恢复这些权利和特权的行使。对一再违背宪章原则的会员国，大会可根据安理会的建议将其开除出联合国。截至2019年1月，联合国共有会员国193个，其中创始会员国49个（原为51个。原捷克斯洛伐克和原南斯拉夫均为创始会员国，后解体）。

除会员国之外，联合国还设有观察员制度，邀请国际组织、非政府组织、实体参与联合国事务。观察员有权在联合国大会上发言，但是不被允许参与会议中的投票。

会员国在联合国所在地设有常驻代表团，观察员国在联合国设有常驻观察员国办事处。

【总部】总部设在美国纽约，瑞士日内瓦、奥地利维也纳、肯尼亚内罗毕、泰国曼谷、埃塞俄比亚的斯亚贝巴、黎巴嫩贝鲁特、智利圣地亚哥分别设有办事处。

【网址】http://www.un.org。

【出版物】《联合国记事》，季刊，用中、英、法、西、俄和阿拉伯6种文字出版;《联合国年鉴》，用英文出版。

【组织机构】联合国有6个主要机构：大会、安全理事会、经济及社会理事会、托管理事会、国际法院和秘书处。

（一）大会：由全体会员国组成。根据宪章规定，大会有权讨论宪章范围内的任何问题或事项，并向会员国和安理会提出建议。大会接受并审议安理会及联合国其他机构的报告；选举安理会非常任理事国、经社理事会和托管理事会的理事国；选举国际法院的法官；根据安理会推荐批准接纳新会员国和委任秘书长。联合国的预算和会员国分摊的会费比额均需经大会讨论决定。每一会员国在大会有一个投票权。宪章还同时规定，关于安理会正在审议的任何争端或局势，非经安理会请求，大会不得提出任何建议。

大会每年举行1届常会。根据第57届联大通过的决议，大会常会每年在9月从至少有一个工作日的第一个星期起算的第三个星期的星期二在联合国总部开幕。常会通常持续到12月中下旬。大会可在会议期间决定暂时休会，并可在以后复会，但必须在下届常会开幕前闭幕。每届常会开会时，各国往往派外交部长或其他部长级官员率代表团出席，一些国家元首和政府首脑也到会发表讲话。第一届联合国大会于1946年1月召开。

大会全体会议由大会主席（或副主席）主持。大会设主席1人，副主席21人，由全体会议选举产生。安理会5个常任理事国是当然的副主席，其余副主席席位按地区分配原则选出，即非洲6席、亚洲5席、东欧1席、拉美3席、西欧及其他国家2席。大会主席所属地区的副主席名额减少1个。大会主席由上述5个地区轮流推选本地区代表并经大会选举担任。

大会设6个主要委员会：裁军与国际安全委员会（第一委员会）处理裁军和有关的国际安全问题；经济和金融委员会（第二委员会）处理经济问题；社会、人道主义和文化委员会（第三委员会）处理社会和人道主义问题；特别政治和非殖民化委员会（第四委员会）处理第一委员会不处理的各种政治问题以及非殖民化问题；行政和预算委员会（第五委员会）处理联合国的行政工作和预算；法律委员会（第六委员会）处理国际法律事务。各委员会由全体会员国组成，并选举主席1人、副主席3人和报告员1人，负责讨论大会分配给该委员会的议题并提出建议。各委员会的决议以简单多数表决通过，然后提交大会全体会议通过，成为大会决议。

大会设有2个程序委员会：总务委员会和全权证书委员会。总务委员会由大会主席、副主席和6个委员会的主席组成，负责就议程的通过、议程项目的分配和大会工作安排向大会提出报告，交大会全体会议决定；全权证书委员会由大会根据上届大会主席提议而任命的9个会员国组成，负责审查各国出席会议代表的全权证书。

大会设有2个常设委员会：行政和预算咨询委员会及会费委员会。行政和预算咨询委员会由大会任命的16人组成，负责联合国方案预算的技术审查，并协助第五委员会工作；会费委员会由大会任命的18名专家组成，负责就各会员国间分摊联合国的会费问题向大会提供意见。

大会还设有一些其他机构或委员会，如给予殖民地国家和人民独立宣言执行情况特别委员会（简称“非殖化特委会”或“24国委员会”）、反对种族隔离特别委员会、印度洋特别委员会、联合国维和行动特委会、《联合国宪章》特委会、东道国关系委员会、裁军审议委员会等。

大会的正式语文是阿拉伯文、中文、英文、法文、俄文和西班牙文；工作语文是英文和法文。

大会应安理会或过半数会员国的请求或经过半数会员国对任何会员国的请求表示赞同后，可于15天内召开联大特别会议，24小时内召开紧急特别联大。

大会表决的原则是：凡属重要问题的决定，例如，关于和平与安全的建议，安理会、经社理事会、托管理事会理事国的选举，接纳新会员国，会员国权利的中止及会员国的开除，托管及预算事务等，均需经出席并参加投票的会员国以2/3的多数通过；其他问题只需以简单多数（即超过半数）通过。

第77届联合国大会（简称“联大”）于2022年9月13日在纽约联合国总部开幕，主题是“转折时刻：通过变革性解决方案应对相互交织的挑战”。来自匈牙利的第77届联大主席克勒希·乔鲍宣布会议开幕。

2022年9月24日，国务委员兼外交部长王毅在纽约出席第77届联合国大会一般性辩论并发表题为《为和平发展尽力　为团结进步担当》的讲话。

王毅指出，这是一个充满挑战的时代。新冠疫情延宕反复，国际安全形势持续不靖，全球经济复苏脆弱曲折，各种风险危机层出不穷。世界进入新的动荡变革期，百年未有之大变局加速演进。这也是一个充满希望的时代。世界多极化、经济全球化、社会信息化、文化多样化深入发展，各国联系和依存日益加深。和平与发展的时代主题没有改变，各国人民求进步、促合作的愿望更加强烈。

王毅强调，如何回应时代的要求，把握历史的潮流，共同构建人类命运共同体，中国的主张坚定而明确：

第一，要和平，不要战乱。习近平主席指出，和平犹如空气和阳光，受益而不觉，失之则难存。和平是一切美好未来的前提，也是各国共同安全的基础。动荡战乱如同打开潘多拉盒子，挑动代理人战争极易反噬自身，追求自身绝对安全必然损害全球战略稳定。我们要坚持以和平方式处理分歧，以对话协商解决争端。

第二，要发展，不要贫困。发展是破解各种难题、实现人民幸福的关键。我们要坚持把发展置于国际议程中心位置，凝聚促进发展的国际共识，维护各国正当发展权利，培育全球发展新动能，构建全球发展伙伴关系，让发展成果更多更公平惠及每一个国家、每一个人。

第三，要开放，不要封闭。习近平主席指出，开放是人类社会繁荣进步的必由之路。搞保护主义只会作茧自缚，断链脱钩必将损人害己。我们要倡导开放包容，拆除阻碍生产要素自由流动的藩篱壁垒，维护以世界贸易组织为核心的多边贸易体制，推动构建开放型世界经济。

第四，要合作，不要对抗。面对层出不穷的全球性挑战，最强大的力量是齐心合力，最有效的方法是同舟共济，最光明的前景是合作共赢。国与国之间难免存在矛盾和分歧，但应在平等和尊重的基础上增进相互了解。要以对话代替冲突，以协商代替胁迫，以共赢代替零和，共同抵制集团政治，共同反对阵营对抗。

第五，要团结，不要分裂。习近平主席指出，世界各国乘坐在一条命运与共的大船上，要穿越惊涛骇浪、驶向光明未来，必须同舟共济。永续发展的世界应该承载多彩的文明，人类的现代化应当兼容多样的道路。和平、发展、公平、正义、民主、自由是全人类共同价值，制度差异不应成为制造分裂的理由，民主和人权更不应被政治化、工具化、武器化。我们应摒弃意识形态划线，团结起来为促进世界和平与发展事业凝聚最大公约数，画出最大同心圆。

第六，要公平，不要霸凌。大小国家相互尊重、一律平等是《联合国宪章》首要原则。国际大事要由各国共同参与，国际规则要由各国共同制定。这个世界上不存在高人一等的国家，也不应动辄以实力地位霸凌其他主权国家。我们要积极倡导和践行真正的多边主义，推动各国权利平等、规则平等、机会平等，构建相互尊重、公平正义、合作共赢的新型国际关系。

王毅指出，中国始终是世界和平的建设者。我们积极推进国际和平事业，参与国际军控、裁军和防扩散进程，是派遣维和人员最多的安理会常任理事国，是联合国第二大会费和维和摊款国。中国还是世界上唯一将“坚持和平发展道路”载入宪法的国家，是五核国中唯一承诺不首先使用核武器的国家，是为维护全球战略稳定作出重要贡献的国家。

中国始终是全球发展的贡献者。我们积极打造高水平对外开放体系，维护全球产业链供应链安全稳定，已成为130多个国家和地区的主要贸易伙伴。中国作为世界经济增长的最大引擎，每年对全球增长的贡献达到30%左右。中国模范落实联合国2030年可持续发展议程，提前10年实现议程减贫目标，对全球减贫贡献率超过70%。中国积极参与全球治理和南南合作，主动成立“中国—联合国和平与发展基金”“全球发展和南南合作基金”，向160多个有需要的国家提供发展援助，也是二十国集团中落实对发展中国家缓债金额最大的成员国。

中国始终是国际秩序的维护者。我们历来坚定维护《联合国宪章》宗旨和原则，维护以联合国为核心的国际体系，维护以国际法为基础的国际秩序。中国全方位参与多边事务，加入了几乎所有普遍性政府间国际组织和600多项国际公约，对外缔结超过2.7万项双边条约，认真履行自身国际义务。中国始终遵循《世界人权宣言》，驰而不息保障和加强中国的人权事业，同时坚决反对人权政治化图谋，推动国际人权合作的健康发展。

中国始终是公共产品的提供者。面对新冠疫情，中国全力推动和参与国际抗疫合作，尽己所能提供抗疫物资、分享防疫经验，最早承诺将新冠疫苗作为全球公共产品，最早支持疫苗知识产权豁免，已向120多个国家和国际组织提供超过22亿剂疫苗。

中国始终是热点问题的斡旋者。作为负责任大国，中国努力探索和践行中国特色热点问题解决之道，在坚持不干涉内政前提下，根据当事国意愿和需要，建设性参与热点问题解决，以劝和促谈为主要方式，以公平务实为主要态度，以标本兼治为主要思路。

王毅强调，占世界五分之一人口的中国大踏步走向现代化，具有重要而深远的世界意义。中国所追求的道路，是和平发展而不是掠夺殖民，是合作共赢而不是零和博弈，是人与自然和谐共生而不是竭泽而渔。我们将继续为破解人类发展难题提供中国智慧，为创造人类文明新形态做出中国贡献。

王毅指出，2022年10月，中国共产党第二十次全国代表大会将在北京召开。这次大会将秉持全体中国人民的意愿，科学谋划未来5年乃至更长时期国家发展的目标任务，全面擘画中国未来发展的宏伟蓝图。站在新的历史起点，中国将以中国式现代化实现中华民族伟大复兴，并同世界各国一道，为和平发展尽力，为团结进步担当，携手构建人类命运共同体，共同开创更加美好的世界。

（二）安全理事会：由5个常任理事国和10个非常任理事国组成。《联合国宪章》规定，中、法、苏、英、美为常任理事国。苏联于1991年底解体后，其席位于1991年12月27日由俄罗斯继承。非常任理事国按地区分配原则选出，即亚洲和非洲5个、拉美2个、东欧1个、西欧及其他国家2个，由大会选举产生，任期2年，每年改选5个，不能连选连任。

10个非常任理事国，由大会选举产生，任期2年（括号内为任期截止年份）：阿尔巴尼亚（2023年）、巴西（2023年）、厄瓜多尔（2024年）、加蓬（2023年）、加纳（2023年）、日本（2024年）、马耳他（2024年）、莫桑比克（2024年）、瑞士（2024年）、阿联酋（2023年）。

按宪章规定，安理会在维护国际和平及安全方面负有主要责任。安理会的职能是：根据宪章规定作出全体会员国都有义务接受的决定；调查任何国际争端或可能引起国际摩擦的任何局势，促请当事国采取和平的方式解决争端；断定威胁和平、破坏和平或侵略行为，并可采取经济、外交或军事制裁行动来反对侵略；负责拟订军备管制的计划；向大会推荐新会员国和秘书长；行使联合国关于战略托管的职能。安理会在履行其职能时，应遵照《联合国宪章》的宗旨和原则及其他规定。

安理会的表决原则是：每一理事国有1个投票权；程序问题由15个理事国中至少9个理事国的赞成票决定；任何1个常任理事国投反对票，都可以否决实质问题的决议案，即每个常任理事国在实质问题上都拥有否决权。宪章同时还规定，关于和平解决争端的决议，争端的当事国不得参加表决。

安理会主席由各理事国（常任和非常任）依国名的英文字母顺序按月轮流担任。

大会、秘书长以及任何会员国都可以提请安理会注意可能危及国际和平与安全的争端和局势。应邀参加安理会会议的非理事国的会员国或非会员国，可以参加讨论，但无表决权。安理会会议一般在联合国总部举行。

安理会设有军事参谋团和接纳新会员国委员会以及若干特设机构。军事参谋团由5个常任理事国的总参谋长或其代表组成，负责向安理会提供有关安理会支配的军队的战略指导问题、军备管制问题和可能的裁军问题的意见和帮助。接纳新会员国委员会由安理会全体成员国组成，审议有关国家加入联合国的申请并将审查结果报告安理会。目前，安理会的特设机构主要有维持和平行动部队和军事观察团以及根据安理会有关决议设立的制裁委员会。

（三）经济及社会理事会：在大会权力之下，负责协调联合国及各专门机构即所谓"联合国系统"的经济和社会领域的工作，由54个理事国组成。理事国任期3年，每届联大需改选其中18个，可以连选连任。经社理事会席位按地区分配如下：非洲14个、亚洲11个、拉丁美洲和加勒比海地区10个、东欧6个、西欧及其他地区13个。上述分配原则同样适用于安理会5个常任理事国。从1971年起，中国一直是经社理事会理事国。

经社理事会设有各种会间、常设和特设委员会，以及8个职司委员会和5个区域委员会。各职司委员会、区域委员会或常设机构研究的问题，均需向经社理事会提出报告。

各职司委员会为：统计委员会、人口与发展委员会、社会发展委员会、妇女地位委员会、麻醉品委员会、预防犯罪和刑事司法委员会、科学和技术促进发展委员会、可持续发展委员会、联合国森林论坛秘书处。

各区域委员会为：非洲经济委员会（非洲经委会）、亚洲及太平洋经济社会委员会（亚太经社会）、欧洲经济委员会（欧洲经委会）、拉丁美洲和加勒比经济委员会（拉加经委会）、西亚经济社会委员会（西亚经社会）。按地区设立的区域委员会旨在协助地区经济社会发展，加强该地区内国家之间的经济关系及与世界其他地区国家的关系，受经社理事会领导。

（四）托管理事会：主要负责监督对置于国际托管制度下的领土的管理。托管理事会由管理托管领土的会员国、安理会常任理事国中非管理托管领土国及经大会选举的必要数额的其他会员国组成。托管理事会每年举行1次会议，负责审查托管领土居民的请愿书，按期视察托管。领土托管理事会决议由半数以上理事国赞成通过，经联合国大会通过生效。到1994年，所有托管领土已实现自治或独立。随着工作任务的完成，托管理事会已修订其议事规则，并同意视需要举行会议。目前，托管理事会有5个理事国：美国、中国、法国、英国和俄罗斯。

（五）国际法院：国际法院（下称"法院"）是联合国主要司法机关，根据1945年6月26日签署的《联合国宪章》设立，其目的在于"以和平方法且依正义及国际法之原则，调解或解决足以破坏和平之国际争端或情势"。法院设在荷兰海牙和平宫，1946年开始工作，取代了1920年在国际联盟主持下设立的常设国际法院。

国际法院可以对各国提交的法律争端案件行使管辖权。一方面，法院不对个人进行管辖，只有国家才能作为诉讼当事方提交诉讼案件。可以向法院提交诉讼案件的国家包括：联合国会员国；非联合国会员国但是法院规约当事国的国家；向书记官处交存一份符合联合国安理会规定的说明，承认法院管辖权并承诺执行法院判决的国家。另一方面，法院并非凌驾于国家主权之上的实体，行使管辖权应以国家同意为基础。具体来说，法院可通过以下几种方式确立管辖权：当事国通过缔结特别协定向法院提交案件；条约授权法院对缔约国之间的相关争端进行管辖；法院规约缔约国做出单方面声明，将自己与接受同样义务的国家之间可能发生的争端交给法院管辖。

此外，法院还可就联合国机关或专门机构所提交的法律问题提供咨询意见。可以向法院提出咨询请求的联合国机关有大会、安全理事会、经济及社会理事会、托管理事会、大会临时委员会。可以提出此类请求的联合国系统专门机构包括国际劳工组织、联合国粮食及农业组织、世界卫生组织及联合国教育、科学及文化组织等。

国际法院由15位不同国籍法官组成。根据法院规约，这15位法官必须代表世界各大文化和主要法系。实践中法官名额按地区分配如下：非洲3名；拉丁美洲2名；亚洲3名；西欧和其他国家（包括加拿大、美国、澳大利亚和新西兰）5名；东欧（包括俄罗斯）2名。安理会常任理事国一般都由其国民担任法官。院长和副院长每3年由其他法官以无记名投票方式选出。现任国际法院院长阿布杜勒卡维·艾哈迈德·优素福（Abdulqawi Ahmed Yusuf，索马里籍），2018年2月6日当选，任期为3年。副院长薛捍勤（女，中国籍）。其他13名法官分别为：岩泽雄司（Yuji Iwasawa，日本籍）、彼得·通卡（Peter Tomka，斯洛伐克籍）、派特里克·利普顿·罗宾森（Patrick Lipton Robinson，牙买加籍）、詹姆斯·理查德·克劳福德（James Richard Crawford，澳大利亚籍）、穆罕默德·本努纳（Mohamed Bennouna，摩洛哥籍）、克里奥·契沃吉安（Kirill Gevorgian，俄罗斯籍）、安东尼奥·奥古斯托·坎卡多·特林达德（Antônio Augusto Cançado Trindade，巴西籍）、纳瓦夫·萨拉姆（Nawaf Salam，黎巴嫩籍）、龙尼·亚伯拉罕（Ronny Abraham，法国籍）、琼·多诺霍（Joan E. Donoghue，女，美国籍）、乔治·加亚（Giorgio Gaja，意大利籍）、朱莉娅·塞布廷德（Julia Sebutinde，女，乌干达籍）、达尔维尔·班达里（Dalveer Bhandari，印度籍）。

国际法院的法官任期9年，可连选连任，每3年改选1/3。法官不得担任任何政治或行政职务，也不得从事任何其他职业性工作。法官身份独立，不代表其国籍国政府。根据法院规约，法官均为"品格高尚并在各自国家具有最高司法职位之任命资格或公认为国际法之法学家”。法官由联合国大会和安理会同时选举产生，候选人被提名后必须在大会和安理会均获绝对多数票后才能当选。

自1947年受理第一起案件以来，国际法院已审理了100多起案件。其中80%是国家之间的诉讼案件，20%是联合国机关或专门机构要求发表咨询意见的案件，范围涉及国家主权、使用武力、领土和边界纠纷、海洋法、环境法、国家管辖权、外交和领事关系等国际法领域的广泛问题。

法院的判决对相关国家有约束力。《联合国宪章》规定，联合国会员国作为案件当事国应承诺遵行国际法院的判决。与判决不同，法院的咨询意见一般情况下不具有约束力，相关的联合国机关或专门机构可以不予执行。

法院的判决和咨询意见在国际法上有很高的权威和价值，对国际法的发展影响深远。由于其崇高地位和权威性，国际法院的司法活动在和平解决国际争端，维护世界和平与安全方面发挥着重要的作用。

中国作为联合国安理会常任理事国，一直高度重视国际法院的工作。2009年，中国政府首次参与国际法院的咨询意见案件司法程序，就科索沃临时自治机构单方面宣布独立问题提交了书面意见并参加了口头陈述。

2010年6月29日，中国候选人薛捍勤通过补缺程序高票当选国际法院法官，成为法院首位中国籍女法官，并于2011年在联大和安理会同时举行的选举中成功连任，新任期为2012—2021年。

（六）秘书处：由秘书长和联合国工作人员组成。

秘书长是联合国的最高行政首长，由安理会推荐经联合国大会任命，任期5年，可连任。秘书长的职能是：在大会、安理会、经社理事会和托管理事会的会议中，以秘书长资格行使职权，向大会提交关于联合国工作的年度报告和必要的补充报告，有权将其认为有可能威胁国际和平与安全的事件提请安理会注意，并根据大会和安理会授权负责有关决议的实施。

现任联合国秘书长为安东尼奥·古特雷斯（António Guterres，葡萄牙籍）。2016年10月13日，第71届联合国大会193个会员国代表以鼓掌的方式通过决议，正式任命曾任联合国难民事务高级专员的古特雷斯为新任联合国秘书长，任期自2017年1月1日至2021年12月31日。2021年6月18日，第75届联合国大会以鼓掌方式一致通过决议，任命古特雷斯为下任联合国秘书长，任期自2022年1月1日至2026年12月31日。

在古特雷斯之前，联合国先后有8位秘书长，分别是特里格夫·赖伊（Trygve Lie，挪威籍，1945—1952）、达格·哈马舍尔德（Dog Hammarskjold，瑞典籍，1953—1961）、吴丹（U Thant，缅甸籍，1962—1971）、库尔特·瓦尔德海姆（Kurt Waldheim，奥地利籍，1972—1981）、哈维尔·佩雷斯·德奎利亚尔（Javier Perez de Cuellar，秘鲁籍，1982—1991）、布特罗斯·布特罗斯–加利（Boutros Boutros-Ghali，埃及籍，1992—1996）、科菲·安南（Kofi Annan，加纳籍，1997—2006）、潘基文（Ban Ki-moon，韩国籍，2007—2016）。

秘书处由在联合国纽约总部和世界各地工作的全体国际工作人员组成，从事联合国各种日常工作。秘书处为联合国其他主要机关服务，并执行这些机关制定的方案与政策。秘书处的职责同联合国所处理的问题一样多种多样，范围从管理维持和平行动到调停国际争端，从调查经济及社会趋势和问题到编写关于人权和可持续发展问题的研究报告。秘书处工作人员还要使世界各通讯媒体了解和关心联合国的工作；就全世界所关切的问题组织国际会议；监测联合国各机构所作决定的执行情况；将发言和文件翻译成联合国各正式语文。截至2022年12月31日，秘书处有来自世界各地的约36791名工作人员。

联合国职员由秘书长按照大会所确定的规章任命。宪章规定，雇用职员和决定服务条件时的“首要考虑”是保证最高的工作效率、才干和品德，同时应该在尽可能广泛的地域基础上录用职员。

按照宪章规定，秘书长和秘书处职员只对联合国负责，秘书处作为在总部和外地处理联合国日常工作的国际工作人员班子，不得寻求或接受任何政府的指示。

联合国在许多国家设有新闻中心或新闻服务处。它还以30种语文对世界各国和地区广播有关联合国的新闻节目。

联合国系统组织包括15个专门机构和一些方案及其他实体。

15个专门机构：联合国粮食及农业组织（FAO），国际民用航空组织（ICAO），国际农业发展基金会（IFAD），国际劳工组织（ILO），国际海事组织（IMO），国际货币基金组织（IMF），国际电信联盟（ITU），联合国教育、科学及文化组织（UNESCO），联合国工业发展组织（UNIDO），万国邮政联盟（UPU），世界银行集团（World Bank Group）[包括国际复兴开发银行（IBRD）、国际投资争端解决中心（ICSID）、国际开发协会（IDA）、国际金融公司（IFC）、多边投资保证机构（MIGA）]，世界卫生组织（WHO），世界知识产权组织（WIPO），世界气象组织（WMO），世界旅游组织（UNWTO）。

各相关组织：国际原子能机构（IAEA）、全面禁止核试验条约组织筹备委员会（CTBTO）、禁止化学武器组织（OPCW）、世界贸易组织（WTO）、国际移民组织（IOM）。

各公约秘书处：残疾人权利公约秘书处、联合国防治荒漠化公约秘书处、联合国气候变化框架公约。

联合国信托基金：联合国民主基金（UNDEF）、联合国国际伙伴关系基金（UNFIP）。

附表1：联合国大会历届会议主席

届次	年份	姓名	国家
第一届会议	1946年	保罗–亨利·斯巴克先生	比利时
第一届特别会议	1947年	奥斯瓦尔多·阿拉尼亚先生	巴西
第二届会议	1947年	奥斯瓦尔多·阿拉尼亚先生	巴西
第二届特别会议	1948年	何塞·阿尔塞先生	阿根廷
第三届会议	1948年	H. V. 伊瓦特先生	澳大利亚
第四届会议	1949年	卡洛斯·P. 罗慕洛先生	菲律宾
第五届会议	1950年	纳斯罗拉·安迪让先生	伊朗
第六届会议	1951年	路易斯·帕迪利亚·内尔沃先生	墨西哥
第七届会议	1952年	莱斯特·B. 皮尔逊先生	加拿大
第八届会议	1953年	维贾雅·拉克希米·潘迪特夫人	印度
第九届会议	1954年	埃尔科·N. 范克里劳斯先生	荷兰
第十届会议	1955年	何塞·马萨先生	智利
第一届紧急特别会议	1956年	鲁德辛多·奥尔特加先生	智利
第二届紧急特别会议	1956年	鲁德辛多·奥尔特加先生	智利
第十一届会议	1956年	旺·威泰耶康·瓦拉旺亲王	泰国
第十二届会议	1957年	莱斯利·孟罗爵士	新西兰
第三届紧急特别会议	1958年	莱斯利·孟罗爵士	新西兰
第十三届会议	1958年	查尔斯·马利克先生	黎巴嫩
第十四届会议	1959年	维克托·安德列斯·贝朗德先生	秘鲁
第四届紧急特别会议	1960年	维克托·安德列斯·贝朗德先生	秘鲁
第十五届会议	1960年	弗雷德里克·H. 博兰先生	爱尔兰
第三届特别会议	1961年	弗雷德里克·H. 博兰先生	爱尔兰
第十六届会议	1961年	蒙吉·斯陵先生	突尼斯
第十七届会议	1962年	乔杜里·穆予默德·查弗鲁拉·汗爵士	巴基斯坦
第四届特别会议	1963年	乔杜里·穆予默德·查弗鲁拉·汗爵士	巴基斯坦
第十八届会议	1963年	卡洛斯·索萨·罗德里格斯先生	委内瑞拉
第十九届会议	1964年	亚历克斯·奎森–萨基先生	加纳
第二十届会议	1965年	阿明托雷·范范尼先生	意大利
第二十一届会议	1966年	阿卜杜勒–拉赫曼·帕日瓦克先生	阿富汗
第五届特别会议	1967年	阿卜杜勒–拉赫曼·帕日瓦克先生	阿富汗
第五届紧急特别会议	1967年	阿卜杜勒–拉赫曼·帕日瓦克先生	阿富汗
第二十二届会议	1967年	科尔内留·曼内斯库先生	罗马尼亚
第二十三届会议	1968年	埃米略·阿雷纳莱斯·卡塔兰先生	危地马拉
第二十四届会议	1969年	安吉·布鲁克斯–伦道夫女士	利比里亚
第二十五届会议	1970年	爱德华·汉布罗先生	挪威
第二十六届会议	1971年	亚当·马利克先生	印度尼西亚
第二十七届会议	1972年	斯坦尼斯瓦夫·特雷普钦斯基先生	波兰
第二十八届会议	1973年	莱奥波尔多·贝尼特斯先生	厄瓜多尔
第六届特别会议	1974年	莱奥波尔多·贝尼特斯先生	厄瓜多尔
第二十九届会议	1974年	阿卜杜拉齐兹·布特弗利卡先生	阿尔及利亚
第七届特别会议	1975年	阿卜杜拉齐兹·布特弗利卡先生	阿尔及利亚
第三十届会议	1975年	加斯东·托恩先生	卢森堡
第三十一届会议	1976年	阿梅拉辛格先生	斯里兰卡
第三十二届会议	1977年	拉扎尔·莫伊索夫先生	南斯拉夫
第八届特别会议	1978年	拉扎尔·莫伊索夫先生	南斯拉夫

（续表）

届次	年份	姓名	国家
第九届特别会议	1978年	拉扎尔·莫伊索夫先生	南斯拉夫
第十届特别会议	1978年	拉扎尔·莫伊索夫先生	南斯拉夫
第三十三届会议	1978年	因达莱西奥·利埃瓦诺先生	哥伦比亚
第三十四届会议	1979年	萨利姆·萨利姆先生	坦桑尼亚
第六届紧急特别会议	1980年	萨利姆·萨利姆先生	坦桑尼亚
第七届紧急特别会议	1980年	萨利姆·萨利姆先生	坦桑尼亚
第十一届特别会议	1980年	萨利姆·萨利姆先生	坦桑尼亚
第三十五届会议	1980年	吕迪格尔·冯韦希马尔先生	联邦德国
第八届紧急特别会议	1981年	吕迪格尔·冯韦希马尔先生	联邦德国
第三十六届会议	1981年	伊斯马特·基塔尼先生	伊拉克
第九届紧急特别会议	1982年	伊斯马特·基塔尼先生	伊拉克
第七届紧急特别会议（续会）	1982年	伊斯马特·基塔尼先生	伊拉克
第十二届特别会议	1982年	伊斯马特·基塔尼先生	伊拉克
第三十七届会议	1982年	伊姆雷·霍拉伊先生	匈牙利
第三十八届会议	1983年	豪尔赫·伊留埃卡先生	巴拿马
第三十九届会议	1984年	保罗·卢萨卡先生	赞比亚
第四十届会议	1985年	海梅·德皮涅斯先生	西班牙
第十三届特别会议	1986年	海梅·德皮涅斯先生	西班牙
第四十一届会议	1986年	胡马云·拉希德·乔杜里先生	孟加拉国
第十四届特别会议	1986年	胡马云·拉希德·乔杜里先生	孟加拉国
第四十二届会议	1987年	彼得·弗洛林先生	民主德国
第十五届特别会议	1988年	彼得·弗洛林先生	民主德国
第四十三届会议	1988年	丹特·卡普托先生	阿根廷
第四十四届会议	1989年	约瑟夫·南文·加尔巴先生	尼日利亚
第十六届特别会议	1989年	约瑟夫·南文·加尔巴先生	尼日利亚
第十七届特别会议	1990年	约瑟夫·南文·加尔巴先生	尼日利亚
第十八届特别会议	1990年	约瑟夫·南文·加尔巴先生	尼日利亚
第四十五届会议	1990年	吉多·德马尔科先生	马耳他
第四十六届会议	1991年	萨米尔·谢哈比先生	沙特阿拉伯
第四十七届会议	1992年	斯托扬·加内夫先生	保加利亚
第四十八届会议	1993年	塞缪尔·因萨纳利先生	圭亚那
第四十九届会议	1994年	阿马拉·埃西先生	科特迪瓦
第五十届会议	1995年	迪奥戈·弗雷塔斯·多阿马拉尔教授	葡萄牙
第五十一届会议	1996年	拉扎利·伊斯梅尔先生	马来西亚
第十届紧急特别会议	1997年	拉扎利·伊斯梅尔先生	马来西亚
第十九届特别会议	1997年	拉扎利·伊斯梅尔先生	马来西亚
第十届紧急特别会议（两次续会）	1997年	拉扎利·伊斯梅尔先生	马来西亚
第五十二届会议	1997年	赫纳迪·乌多文科先生	乌克兰
第十届紧急特别会议（续会）	1998年	赫纳迪·乌多文科先生	乌克兰
第二十届特别会议	1998年	赫纳迪·乌多文科先生	乌克兰
第五十三届会议	1998年	迪迪埃·奥佩蒂·巴丹先生	乌拉圭
第十届紧急特别会议（续会）	1999年	迪迪埃·奥佩蒂·巴丹先生	乌拉圭
第二十一届特别会议	1999年	迪迪埃·奥佩蒂·巴丹先生	乌拉圭
第五十四届会议	1999年	西奥－本·古里拉布先生	纳米比亚
第二十二届特别会议	1999年	西奥－本·古里拉布先生	纳米比亚
第二十三届特别会议	2000年	西奥－本·古里拉布先生	纳米比亚

（续表）

届次	年份	姓名	国家
第二十四届特别会议	2000年	西奥－本·古里拉布先生	纳米比亚
第五十五届会议	2000年	哈里·霍尔克里先生	芬兰
第十届紧急特别会议（续会）	2000年	哈里·霍尔克里先生	芬兰
第二十五届特别会议	2001年	哈里·霍尔克里先生	芬兰
第二十六届特别会议	2001年	哈里·霍尔克里先生	芬兰
第五十六届会议	2001年	韩升洙先生	韩国
第十届紧急特别会议（续会）	2001年	韩升洙先生	韩国
第十届紧急特别会议（两次续会）	2002年	韩升洙先生	韩国
第二十七届特别会议	2002年	韩升洙先生	韩国
第五十七届会议	2002年	杨·卡万先生	捷克
第五十八届会议	2003年	朱利安·罗伯特·亨特先生	圣卢西亚
第十届紧急特别会议（两次续会）	2003年	朱利安·罗伯特·亨特先生	圣卢西亚
第十届紧急特别会议（续会）	2004年	朱利安·罗伯特·亨特先生	圣卢西亚
第五十九届会议	2004年	让·平先生	加蓬
第二十八届特别会议	2005年	让·平先生	加蓬
第六十届会议	2005年	扬·埃利亚松先生	瑞典
第六十一届会议	2006年	哈亚·拉希德·阿勒哈利法女士	巴林
第六十二届会议	2007年	斯尔詹·克里姆先生	前南斯拉夫马其顿共和国
第六十三届会议	2008年	米格尔·德斯科托·布罗克曼先生	尼加拉瓜
第六十四届会议	2009年	阿里·阿卜杜萨拉姆·图里基先生	利比亚
第六十五届会议	2010年	约瑟夫·戴斯先生	瑞士
第六十六届会议	2011年	纳西尔·阿卜杜勒阿齐兹·纳赛尔先生	卡塔尔
第六十七届会议	2012年	武克·耶雷米奇先生	塞尔维亚
第六十八届会议	2013年	约翰·阿什先生	安提瓜和巴布达
第六十九届会议	2014年	萨姆·卡汉巴·库泰萨先生	乌干达
第七十届会议	2015年	莫恩斯·吕克托夫特先生	丹麦
第七十一届会议	2016年	彼得·汤姆森先生	斐济
第七十二届会议	2017年	米罗斯拉夫·莱恰克先生	斯洛伐克
第十届紧急特别会议（复会）	2017年	米罗斯拉夫·莱恰克先生	斯洛伐克
第十届紧急特别会议（复会）	2018年	米罗斯拉夫·莱恰克先生	斯洛伐克
第七十三届会议	2018年	玛丽亚·费尔南达·埃斯皮诺萨·加西斯女士	厄瓜多尔
第七十四届会议	2019年	蒂贾尼·穆罕默德·班迪先生	尼日利亚
第七十五届会议	2020年	沃尔坎·博兹克尔先生	土耳其
第七十六届会议	2021年	阿卜杜拉·沙希德先生	马尔代夫
第七十七届会议	2022年	克勒希·乔鲍先生	匈牙利

资料来源：联合国网站。

附表2：2022年联合国会员国应缴纳的会费

（按汉语拼音顺序排列）

单位：美元

A	分摊比额	会费毛额	员工薪金税抵扣额	会费净额
阿尔巴尼亚	0.008	252 152	22 338	229 814
阿尔及利亚	0.109	3 435 566	304 356	3 131 210
阿富汗	0.006	189 114	16 754	172 360
阿根廷	0.719	22 662 131	2 007 631	20 654 500
阿联酋	0.635	20 014 538	1 773 082	18 241 456

（续表）

阿曼	0.111	3 498 604	309 940	3 188 664
阿塞拜疆	0.03	945 569	83 768	861 801
埃及	0.139	4 381 135	388 123	3 993 012
埃塞俄比亚	0.01	315 190	27 923	287 267
爱尔兰	0.439	13 836 823	1 225 800	12 611 023
爱沙尼亚	0.044	1 386 834	122 859	1 263 975
安道尔	0.005	157 595	13 961	143 634
安哥拉	0.01	315 190	27 923	287 267
安提瓜和巴布达	0.002	63 038	5 585	57 453
奥地利	0.679	21 401 373	1 895 941	19 505 432
澳大利亚	2.111	66 536 521	5 894 450	60 642 071
B	分摊比额	会费毛额	员工薪金税抵扣额	会费净额
巴巴多斯	0.008	252 152	22 338	229 814
巴布亚新几内亚	0.01	315 190	27 923	287 267
巴哈马	0.019	598 860	53 053	545 807
巴基斯坦	0.114	3 593 161	318 317	3 274 844
巴拉圭	0.026	819 493	72 599	746 894
巴林	0.054	1 702 024	150 782	1 551 242
巴拿马	0.09	2 836 706	251 303	2 585 403
巴西	2.013	63 447 663	5 620 809	57 826 854
白俄罗斯	0.041	1 292 277	114 482	1 177 795
保加利亚	0.056	1 765 062	156 366	1 608 696
北马其顿	0.007	220 633	19 546	201 087
贝宁	0.005	157 595	13 961	143 634
比利时	0.828	26 097 697	2 311 987	23 785 710
秘鲁	0.163	5 137 590	455 138	4 682 452
冰岛	0.036	1 134 683	100 521	1 034 162
波兰	0.837	26 381 368	2 337 117	24 044 251
波斯尼亚和黑塞哥维那	0.012	378 228	33 507	344 721
伯利兹	0.001	31 519	2 792	28 727
博茨瓦纳	0.015	472 784	41 884	430 900
玻利维亚	0.019	598 860	53 053	545 807
不丹	0.001	31 519	2 792	28 727
布基纳法索	0.004	126 076	11 169	114 907
布隆迪	0.001	31 519	2 792	28 727
C	分摊比额	会费毛额	员工薪金税抵扣额	会费净额
朝鲜	0.005	157 595	13 961	143 634
赤道几内亚	0.012	378 228	33 507	344 721
D	分摊比额	会费毛额	员工薪金税抵扣额	会费净额
丹麦	0.553	17 429 984	1 544 117	15 885 867
德国	6.111	192 612 355	17 063 470	175 548 885
东帝汶	0.001	31 519	2 792	28 727
多哥	0.002	63 038	5 585	57 453
多米尼加	0.067	2 111 770	187 081	1 924 689
多米尼克	0.001	31 519	2 792	28 727
E	分摊比额	会费毛额	员工薪金税抵扣额	会费净额
俄罗斯	1.866	58 814 376	5 210 348	53 604 028

（续表）

厄瓜多尔	0.077	2 426 960	215 004	2 211 956
厄立特里亚	0.001	31 519	2 792	28 727
F	分摊比额	会费毛额	员工薪金税抵扣额	会费净额
法国	4.318	136 098 863	12 056 957	124 041 906
菲律宾	0.212	6 682 019	591 958	6 090 061
斐济	0.004	126 076	11 169	114 907
芬兰	0.417	13 143 406	1 164 370	11 979 036
佛得角	0.001	31 519	2 792	28 727
G	分摊比额	会费毛额	员工薪金税抵扣额	会费净额
冈比亚	0.001	31 519	2 792	28 727
刚果（布）	0.005	157 595	13 961	143 634
刚果（金）	0.01	315 190	27 923	287 267
哥伦比亚	0.246	7 753 664	686 895	7 066 769
哥斯达黎加	0.069	2 174 808	192 666	1 982 142
格林纳达	0.001	31 519	2 792	28 727
格鲁吉亚	0.008	252 152	22 338	229 814
古巴	0.095	2 994 301	265 264	2 729 037
圭亚那	0.004	126 076	11 169	114 907
H	分摊比额	会费毛额	员工薪金税抵扣额	会费净额
哈萨克斯坦	0.133	4 192 021	371 370	3 820 651
海地	0.006	189 114	16 754	172 360
韩国	2.574	81 129 799	7 187 264	73 942 535
荷兰	1.377	43 401 606	3 844 935	39 556 671
黑山	0.004	126 076	11 169	114 907
洪都拉斯	0.009	283 671	25 130	258 541
J	分摊比额	会费毛额	员工薪金税抵扣额	会费净额
基里巴斯	0.001	31 519	2 792	28 727
吉布提	0.001	31 519	2 792	28 727
吉尔吉斯斯坦	0.002	63 038	5 585	57 453
几内亚	0.003	94 557	8 377	86 180
几内亚比绍	0.001	31 519	2 792	28 727
加拿大	2.628	82 831 823	7 338 046	75 493 777
加纳	0.024	756 455	67 014	689 441
加蓬	0.013	409 746	36 299	373 447
柬埔寨	0.007	220 633	19 546	201 087
捷克	0.34	10 716 446	949 367	9 767 079
津巴布韦	0.007	220 633	19 546	201 087
K	分摊比额	会费毛额	员工薪金税抵扣额	会费净额
喀麦隆	0.013	409 746	36 299	373 447
卡塔尔	0.269	8 478 600	751 117	7 727 483
科摩罗	0.001	31 519	2 792	28 727
科特迪瓦	0.022	693 417	61 430	631 987
科威特	0.234	7 375 436	653 388	6 722 048
克罗地亚	0.091	2 868 225	254 095	2 614 130
肯尼亚	0.03	945 569	83 768	861 801
L	分摊比额	会费毛额	员工薪金税抵扣额	会费净额
拉脱维亚	0.05	1 575 948	139 613	1 436 335

（续表）

莱索托	0.001	31 519	2 792	28 727
老挝	0.007	220 633	19 546	201 087
黎巴嫩	0.036	1 134 683	100 521	1 034 162
立陶宛	0.077	2 426 960	215 004	2 211 956
利比里亚	0.001	31 519	2 792	28 727
利比亚	0.018	567 341	50 261	517 080
列支敦士登	0.01	315 190	27 923	287 267
卢森堡	0.068	2 143 289	189 873	1 953 416
卢旺达	0.003	94 557	8 377	86 180
罗马尼亚	0.312	9 833 915	871 184	8 962 731
M	分摊比额	会费毛额	员工薪金税抵扣额	会费净额
马达加斯加	0.004	126 076	11 169	114 907
马尔代夫	0.004	126 076	11 169	114 907
马耳他	0.019	598 860	53 053	545 807
马拉维	0.002	63 038	5 585	57 453
马来西亚	0.348	10 968 597	971 705	9 996 892
马里	0.005	157 595	13 961	143 634
马绍尔群岛	0.001	31 519	2 792	28 727
毛里求斯	0.019	598 860	53 053	545 807
毛里塔尼亚	0.002	63 038	5 585	57 453
美国	22	693 417 088	—①	693 417 088
蒙古国	0.004	126 076	11 169	114 907
孟加拉国	0.01	315 190	27 923	287 267
密克罗尼西亚联邦	0.001	31 519	2 792	28 727
缅甸	0.01	315 190	27 923	287 267
摩尔多瓦	0.005	157 595	13 961	143 634
摩洛哥	0.055	1 733 542	153 574	1 579 968
摩纳哥	0.011	346 708	30 715	315 993
莫桑比克	0.004	126 076	11 169	114 907
墨西哥	1.221	38 484 648	3 409 343	35 075 305
N	分摊比额	会费毛额	员工薪金税抵扣额	会费净额
纳米比亚	0.009	283 671	25 130	258 541
南非	0.244	7 690 626	681 310	7 009 316
南苏丹	0.002	63 038	5 585	57 453
瑙鲁	0.001	31 519	2 792	28 727
尼加拉瓜	0.005	157 595	13 961	143 634
尼泊尔	0.01	315 190	27 923	287 267
尼日尔	0.003	94 557	8 377	86 180
尼日利亚	0.182	5 736 450	508 190	5 228 260
挪威	0.679	21 401 373	1 895 941	19 505 432
P	分摊比额	会费毛额	员工薪金税抵扣额	会费净额
帕劳	0.001	31 519	2 792	28 727
葡萄牙	0.353	11 126 192	985 666	10 140 526
R	分摊比额	会费毛额	员工薪金税抵扣额	会费净额
日本	8.033	253 191 794	22 430 184	230 761 610
瑞典	0.871	27 453 013	2 432 054	25 020 959
瑞士	1.134	35 742 499	3 166 417	32 576 082

（续表）

S	分摊比额	会费毛额	员工薪金税抵扣额	会费净额
萨尔瓦多	0.013	409 746	36 299	373 447
萨摩亚	0.001	31 519	2 792	28 727
塞尔维亚	0.032	1 008 606	89 352	919 254
塞拉利昂	0.001	31 519	2 792	28 727
塞内加尔	0.007	220 633	19 546	201 087
塞浦路斯	0.036	1 134 683	100 521	1 034 162
塞舌尔	0.002	63 038	5 585	57 453
沙特阿拉伯	1.184	37 318 447	3 306 030	34 012 417
圣多美和普林西比	0.001	31 519	2 792	28 727
圣基茨和尼维斯	0.002	63 038	5 585	57 453
圣卢西亚	0.002	63 038	5 585	57 453
圣马力诺	0.002	63 038	5 585	57 453
圣文森特和格林纳丁斯	0.001	31 519	2 792	28 727
斯里兰卡	0.045	1 418 353	125 651	1 292 702
斯洛伐克	0.155	4 885 438	432 799	4 452 639
斯洛文尼亚	0.079	2 489 998	220 588	2 269 410
斯威士兰	0.002	63 038	5 585	57 453
苏丹	0.01	315 190	27 923	287 267
苏里南	0.003	94 557	8 377	86 180
所罗门群岛	0.001	31 519	2 792	28 727
索马里	0.001	31 519	2 792	28 727
T	分摊比额	会费毛额	员工薪金税抵扣额	会费净额
塔吉克斯坦	0.003	94 557	8 377	86 180
泰国	0.368	11 598 977	1 027 550	10 571 427
坦桑尼亚	0.01	315 190	27 923	287 267
汤加	0.001	31 519	2 792	28 727
特立尼达和多巴哥	0.037	1 166 201	103 313	1 062 888
突尼斯	0.019	598 860	53 053	545 807
图瓦卢	0.001	31 519	2 792	28 727
土耳其	0.845	26 633 520	2 359 455	24 274 065
土库曼斯坦	0.034	1 071 644	94 937	976 707
W	分摊比额	会费毛额	员工薪金税抵扣额	会费净额
瓦努阿图	0.001	31 519	2 792	28 727
危地马拉	0.041	1 292 277	114 482	1 177 795
委内瑞拉	0.175	5 515 818	488 645	5 027 173
文莱	0.021	661 898	58 637	603 261
乌干达	0.01	315 190	27 923	287 267
乌克兰	0.056	1 765 062	156 366	1 608 696
乌拉圭	0.092	2 899 744	256 887	2 642 857
乌兹别克斯坦	0.027	851 012	75 391	775 621
X	分摊比额	会费毛额	员工薪金税抵扣额	会费净额
西班牙	2.134	67 261 457	5 958 672	61 302 785
希腊	0.325	10 243 661	907 483	9 336 178
新加坡	0.504	15 885 555	1 407 296	14 478 259
新西兰	0.309	9 739 358	862 807	8 876 551
匈牙利	0.228	7 186 322	636 634	6 549 688

（续表）

叙利亚	0.009	283 671	25 130	258 541
Y	分摊比额	会费毛额	员工薪金税抵扣额	会费净额
牙买加	0.008	252 152	22 338	229 814
亚美尼亚	0.007	220 633	19 546	201 087
也门	0.008	252 152	22 338	229 814
伊拉克	0.128	4 034 426	357 409	3 677 017
伊朗	0.371	11 693 533	1 035 927	10 657 606
以色列	0.561	17 682 136	1 566 455	16 115 681
意大利	3.189	100 513 959	8 904 501	91 609 458
印度	1.044	32 905 793	2 915 114	29 990 679
印度尼西亚	0.549	17 303 908	1 532 948	15 770 960
英国	4.375	137 895 443	12 216 116	125 679 327
约旦	0.022	693 417	61 430	631 987
越南	0.093	2 931 263	259 680	2 671 583
Z	分摊比额	会费毛额	员工薪金税抵扣额	会费净额
赞比亚	0.008	252 152	22 338	229 814
乍得	0.003	94 557	8 377	86 180
智利	0.42	13 237 962	1 172 747	12 065 215
中非	0.001	31 519	2 792	28 727
中国	15.254	480 790 194	42 593 058	438 197 136
总计	100.000	3 151 895 855	217 795 890	2 934 099 965

资料来源：联合国网站。

注①：2022年未进行“员工薪金税抵扣额”的会员国为美国，金额为61 429 610美元。（吕子佳）

联合国部分重要议题

安理会改革问题

2022年，联合国会员国继续围绕安理会改革问题展开讨论。第76届联合国大会期间，安理会改革政府间谈判先后举行5次会议。各方就安理会改革问题所涉及的各类问题进行了深入的讨论，进一步加深了各方对相互立场的了解。7月12日，第76届联合国大会以协商一致方式正式通过决议，表示将在第77届联大期间继续进行安理会改革政府间谈判。

11月17日，第77届联大举行全体会议审议安理会改革问题。中国常驻联合国代表张军大使出席会议并阐述中方立场，强调安理会作为集体安全机制的核心，需要通过全面改革，提高权威和效率，更好履行《联合国宪章》赋予的职责。安理会改革事关重大，要从以往安理会改革进程中汲取经验，切实从全体会员国共同利益出发。目前安理会组成南北失衡，改革应纠正发达国家代表性过剩问题，切实提高发展中国家代表性。安理会改革涉及的五大类问题密切关联，不能割裂处理，必须在协商一致的基础上，寻求兼顾各方利益和关切的“一揽子”解决方案。强行拼凑谈判案文，仓促启动具体案文谈判，甚至强推不成熟的改革方案，只会加剧分歧和对抗，把谈判进程引入死胡同，中方对此表示反对。安理会改革政府间谈判是会员国讨论安理会改革问题的唯一合法平台，受到会员国的广泛支持。中方愿同各方一道，推动改革朝着符合会员国共同利益和联合国长远发展的方向迈进。

（吕子佳）

反恐问题

2022年，安理会多次举行反恐问题公开会，通过2份决议和1份主席声明。

2月9日，安理会就恐怖主义威胁国际和平与安全问题举行公开会，讨论秘书长关于应对“伊斯兰国”威胁问题第14次报告，听取联合国反恐事务副秘书长弗拉基米尔·沃伦科夫（Vladimir Voronkov）、反恐执行局代理执行主任陈伟雄通报，指出国际社会面临的恐怖威胁依然复杂严峻，反恐将是一场长期斗争，呼吁国际社会加强反恐合作，除必要军事行动外，要综合施策、预防为主，关注新兴技术带来的反恐挑战，并加大对非洲国家等提供反恐资金、技术和能力建设支持。

6月8日，安理会举行公开会，审议联合国收集“伊斯兰国”罪证调查组［United Nations Investigative Team to Promote Accountability for Crimes Committed by Da’esh/ISIL（UNITAD）］工作，听取调查组负责人兼秘书长特别顾问里彻（Christian Ritscher）通报，欢迎调查组取得的积极进展，支持调查组开展工作，要求调查组尊重伊拉克主权，继续向伊方提供必要支持，尽快向伊移交搜集的证据。

8月9日，安理会就恐怖主义威胁国际和平与安全问题举行公开会，讨论秘书长关于应对“伊斯兰国”威胁问题第15次报告，听取联合国反恐事务副秘书长沃伦科夫、反恐执行局代理执行主任陈伟雄和民间社会代表马丁·埃维（Martin Ewi）通报，强调“伊斯兰国”严重威胁国际和平与安全，非洲反恐形势不容乐观，呼吁国际社会加强反恐合作，加大对非洲反恐支持力度，帮助非洲加强能力建设，遣返外国恐怖作战人员，并采取全面战略，消除恐怖主义滋生根源，重视打击跨境有组织犯罪。

9月15日，安理会一致通过第2651号决议，将联合国收集“伊斯兰国”罪证调查组授权延期一年至2023年9月17日。

11月10日，安理会举行主题为“非洲反恐对和平、安全和发展的重要意义”的反恐问题高级别会议，联合国副秘书长阿明娜·穆罕默德（Amina Mohammed）致辞，非盟委员会主席穆萨·法基·穆罕默德（Moussa Faki Mahamat）、民间智库“国际危机集团”主席艾洛（Comfort Ero）等做通报，对非洲恐怖威胁增多表示担忧，支持非盟及次区域组织打恐努力，呼吁国际社会对非洲反恐行动提供更多资源支持。

12月5日，安理会举行公开会，审议联合国收集“伊斯兰国”罪证调查组工作，听取调查组负责人兼秘书长特别顾问里彻通报，认可调查组所做工作，对调查组取得积极进展表示欢迎，支持调查组继续同伊拉克政府开展合作，在证据数字化、挖掘乱葬坑、归还受害者议题等方面取得更多进展。15日，安理会就恐怖主义威胁国际和平与安全问题举行公开会，听取联合国反恐事务副秘书长沃伦科夫、反恐执行局代理执行主任陈伟雄和民间社会代表库尔特（Anjali Vijay Kulthe）通报。会议通过一份安理会主席声明，最强烈谴责一切形式的恐怖主义，向恐怖主义受害者家属表示慰问，强调需要加强合作以打击为恐怖主义目的使用新兴技术，需要筹措资金，有效支持会员国特别是发展中国家反恐努力。16日，安理会一致通过第2665号决议，将安理会塔利班制裁委员会监测小组（the 1988 Analytical Support and Sanctions Monitoring Team）授权延期12个月至2023年12月17日。

中国代表在安理会审议中表示，打击恐怖主义是国际社会的共同责任，是安理会的重要职责。国际社会要进一步加强协调合作，有效打击恐怖分子，全力阻遏恐怖势力蔓延。要进一步凝聚反恐合作的政治意愿，形成强大合力，各方应彻底摒弃地缘政治算盘和意识形态偏见，支持联合国发挥核心协调作用。要进一步优化资源配置，向非洲、中东、中亚等地区适当倾斜，重视应对外国恐怖作战人员回流、恐怖分子滥用网络和新兴技术、恐怖融资多元化等紧迫问题。要继续标本兼治，致力于消除恐怖主义滋生的根源，综合采取政治、经济、司法等手段，系统应对，帮助有关国家改善人道局势。中方愿与各方一道，共同落实好全球发展倡议和全球安全倡议，为国际反恐事业不断作出新的贡献。

（王福香）

维和问题

联合国维和行动是联合国维护国际和平与安全的重要手段，是国际社会共同践行多边主义的一项创举，几十年来在缓和紧张局势、解决地区冲突方面发挥了重要作用。截至2022年12月底，联合国正在实施12项维和行动，参加维和行动总人数为75724人，其中包括64642名军事人员、2108名维和警察。

中国重视并支持根据《联合国宪章》宗旨和原则开展维和行动，积极参与联合国大会、安理会和联合国维和行动特别委员会的有关审议和磋商。中方主张，联合国维和行动应坚持《联合国宪章》宗旨和原则，坚持维和三原则，尊重当事国主权和意愿；加强对维和行动的宏观管理，确保维和授权现实可行；提高行动效率，加快维和部队组建和部署；优化后勤保障，提高维和资源的效用；加强同区域组织的协调与配合，充分发挥区域组织的独特优势，形成合力。

中国坚定支持和积极参与联合国维和行动。自1989年以来，中国共向29项联合国维和行动派出维和人员5万余人次。目前，中国派遣2200多名维和人员在黎巴嫩、塞浦路斯、西撒哈拉、刚果（金）、南苏丹、马里、中东、阿卜耶伊8个任务区执行任务。中国维和预算分摊比例为18.686%，在会员国中位居第2位。为落实习近平主席2015年出席联合国成立70周年系列峰会期间宣布的支持联合国维和行动重大举措，中国率先组建完成总员额8160人的维和待命部队和300人规模的常备维和警队，可随时应联合国要求派出。2018年至2020年，中国13支维和待命分队通过联合国考察评估晋升至二级待命等级，其中有6支维和待命分队通过联合国审核晋升至三级待命等级。

（张敬轩）

联合国财政和预算问题

联合国预算包括常规预算、维和预算、国际刑庭余留机制预算等，主要来源于现有193个会员国所缴纳的会费和摊款。常规预算主要指维持联合国秘书处正常运转所需要的常规性开支，分摊比例以各国支付能力为原则确定，每3年调整一次。

2022年，第77届联合国大会审议了联合国2023年方案预算、方案规划、政治特派团预算、重大基建项目、共同制度等议题，并通过相关决议和决定。2022年12月，联大批准2023年联合国方案预算额33.9亿美元，比2021年联大批准的2022年预算额增加约2.69亿美元。10月，联大第五委员会召开会议讨论了联合国财政状况。联合国副秘书长波拉德（Catherine Pollard）表示，截至2022年9月，包括中国在内131个会员国足额缴纳了会费，并对此表示感谢，呼吁尚未足额缴费的国家及时缴纳。（吕子佳）

叙利亚问题

2022年，安理会高度关注叙利亚问题，每月均举行公开会，审议叙政治进程、化学武器、人道局势等问题，听取联合国秘书长叙利亚问题特使裴凯儒（Geir O. Pedersen）、联合国主管人道主义事务副秘书长兼紧急救济协调员格里菲斯（Martin Griffiths）、联合国主管裁军事务副秘书长和高级代表中满泉（Nakamitsu Izumi）等通报和介绍，通过1份决议。

7月8日，安理会对爱尔兰、挪威以及俄罗斯分别提出的叙利亚跨境人道救援授权延期决议草案进行表决。爱尔兰、挪威提出的草案要求将跨境救援机制延期12个月，表决结果为13票赞成、1票反对（俄罗斯）、1票弃权（中国），因俄行使否决权未通过。俄罗斯提出的草案要求延期6个月，中国、俄罗斯赞成，美国、英国、法国反对，10个非常任理事国集体弃权，因未获足够赞成票，亦未通过。12日，安理会以12票赞成、3票弃权（美国、英国、法国）表决通过关于叙利亚跨境人道救援授权延期问题的第2642号决议，决定将位于叙土（耳其）边境的跨境救援点延期6个月至2023年1月10日，到期后须通过新决议再次延期6个月。

中国代表在审议中表示，叙利亚问题的妥善解决，归根结底要通过政治手段。安理会第2254号决议代表了国际社会在叙政治进程问题上的共识，应得到全面落实。中方欢迎裴凯儒特使团队就落实第2254号决议同各方广泛接触，希望宪法委员会会议根据“叙人主导、叙人所有”原则尽快恢复举行。中方支持裴凯儒特使提出的“行动对行动”思路，鼓励他继续就建立信任措施同有关各方加强沟通，争取早日达成共识。中方支持联合国通过跨线机制开展人道救援行动，跨境救援是特殊形势下作出的临时性安排，最终要逐步有序向跨线救援过渡。国际社会要优先解决跨线救援所需的物资保障和资金供应问题，同各方特别是叙西北部实控方加紧协调，推动跨线救援尽早成为对叙人道救援的主渠道。单边制裁以及由此带来的过度执行问题同安理会和国际社会改善叙人道准入、增加叙人道资源的努力背道而驰，中方再次呼吁有关国家立即解除对叙利亚的单边强制措施。中方一贯反对任何国家、组织或个人，在任何情况下，出于任何目的使用化学武器。对话协商是解决叙利亚化武问题的唯一出路。禁化武组织对指称使用化武事件的调查和追责，必须严格限定在《禁止化学武器公约》框架内，做到程序合规、证据可靠、结论可信。（李清子）

中非共和国问题

2022年，安理会多次审议中非问题，听取时任联合国秘书长中非问题特别代表兼联合国驻中非多层面综合稳定特派团（简称“联中团”）团长恩迪亚耶（Mankeur Ndiaye）及现任特别代表兼团长鲁格瓦比扎（Valentine Rugwabiza）等通报和介绍，共通过2份决议，发表2份主席新闻谈话。

7月30日，安理会以10票赞成、5票弃权（中国、俄罗斯、加蓬、加纳、肯尼亚）通过第2648号决议，决定将对中非旅行禁令和资产冻结等制裁措施延期至2023年7月31日，将各国向中非政府提供武器须经安理会制裁委批准，改为向制裁委报备。同时将中非制裁委专家小组授权延期至2023年8月31日。

10月5日，安理会发表主席新闻谈话，强烈谴责10月3日针对联中团导致3名孟加拉国籍维和士兵身亡的袭击事件。

11月14日，安理会以12票赞成、3票弃权（中国、俄罗斯、加蓬）通过第2659号决议，将联中团授权延期至2023年11月15日。25日，安理会发表主席新闻谈话，强烈谴责11月24日针对联中团导致1名摩洛哥籍维和士兵身亡的袭击事件。

中国代表在安理会审议中表示，中非在推动和平进程、加强国家治理、推进发展重建等方面取得重要成果，中方对此表示赞赏，鼓励各方通过协商对话解决分歧，加快落实和平协议。中非正处于维和向建和过渡的关键时期，国际社会要加大支持，尊重中非主权和主导权，帮助中非走符合自身国情的发展道路。中方欢迎安理会实质性地调整了对中非政府的武器禁运措施，认为安理会制裁和武器禁运措施不应该是无限期的，呼吁安理会有关成员重视非洲国家的合理关切和诉求，全面审查现有对非洲国家的制裁机制，及时调整和取消不适应形势需要的制裁措施。中方支持联中团在应对武装团伙威胁、推动和平进程、组织地方选举等方面作出更多努力。中方愿继续同国际社会一道努力，为中非和平稳定和经济社会发展提供更多支持。（张静文）

刚果（金）问题

2022年，安理会多次审议刚果（金）问题，听取联合国秘书长刚果（金）问题特别代表凯塔（Bintou Keita）等通报，共通过3份决议，发表1份主席声明和7份主席新闻谈话。

2月4日，安理会发表主席新闻谈话，强烈谴责刚果（金）东部近日发生的武装团伙袭击流离失所者营地。

4月1日，安理会发表主席新闻谈话，关切近日联合国驻刚果（金）稳定特派团［简称“联刚稳定团”，the United Nations Organization Stabilization Mission in the DRC（MONUSCO）］直升机坠毁。5日，安理会发表主席新闻谈话，强烈谴责近日非法武装“刚果发展合作社”（CODECO）袭击联刚稳定团导致一名尼泊尔籍维和人员丧生。

5月22日，安理会发表主席新闻谈话，强烈谴责近日刚果（金）东部省份武装团伙“3·23运动”（“M23”运动）向联刚稳定团和刚果（金）安全部队发动袭击。

6月3日，安理会发表主席声明，欢迎大湖地区积极的政治进展，关注刚果（金）东部武装团伙活动增多的情况，严重关切刚果（金）东部地区人道主义局势等问题。30日，安理会以10票赞成，5票弃权（中国、加蓬、加纳、肯尼亚、俄罗斯）通过第2641号决议，将对刚果（金）制裁措施延期至2023年7月1日，对制裁委专家小组授权延期至2023年8月1日。

7月27日，安理会发表主席新闻谈话，强烈谴责近日发生的联刚稳定团营地遭暴力冲闯事件。

10月3日，安理会发表主席新闻谈话，强烈谴责近日联刚稳定团一名巴基斯坦籍维和人员被假装投降的武装团伙射杀。

11月22日，安理会发表主席新闻谈话，要求“3·23运动”立即停止敌对行动并撤出占领区。

12月20日，安理会一致通过第2666号决议，将联刚稳定团授权延期至2023年12月20日。同日，安理会一致通过刚果（金）制裁问题的第2667号决议，完全取消对刚果（金）政府进口武器的报备要求。

中国代表在安理会审议中表示，一段时间以来，刚果（金）政府不断提升治理能力，在刺激经济增长、解武复员等方面取得积极进展，令人鼓舞。同时，刚果（金）东部地区安全形势仍未好转，“3·23运动”向刚政府军发动袭击，造成大量人员伤亡和流离失所，当务之急是推动局势尽快降温。包括“3·23运动”在内的所有武装团体应立即停止敌对行动，参与政治对话和解武复员进程。地区国家是安全共同体，有关各方应在尊重彼此利益关切基础上，尽快通过对话协商化解分歧。肯尼亚、安哥拉等国领导人积极斡旋调解，推动地区国家开展对话接触，为缓和紧张局势作出重要贡献，值得肯定。国际社会要继续支持非洲人以非洲方式解决非洲问题，在人道、技术、资金等方面加大支持力度，推动刚果（金）东部地区尽快恢复安全稳定。中方欢迎安理会通过决议完全取消对刚果（金）政府进口武器的报备要求。这对于刚果（金）加强安全部队能力建设、有效维护地区和平稳定具有重要现实意义。（朱文奂）

马里问题

2022年，安理会多次审议马里问题，共通过2份决议，发表6份主席新闻谈话。

1月11日，联合国秘书长马里问题特别代表兼联合国驻马里多层面综合稳定特派团［简称“联马团”，UN Multidimensional Integrated Stabilization Mission in Mali（MINUSMA）］团长埃尔-贾西姆·韦恩（El-Ghassim Wane）在西非经共体举行会议后向安理会通报了情况，在会议上，拟议的时间表被认定不可接受，会议结果维持了先前实施的制裁和新的限制。他指出马里宣布召回大使，关闭与西非经共体成员国的边界，并补充表示，《国民遣返法》建议的改革如果能够付诸实施，将有助于稳定马里局势，并为推动执行2015年《马里和平与和解协议》提供机会之窗。

4月7日，马里退出萨赫勒五国集团之后，安理会再次举行会议，特别代表韦恩报告，安理会在执行2015年《马里和平与和解协议》方面没有取得显著进展。他说，由于“伊斯兰国”3月份在大撒哈拉地区的梅纳卡和加奥发动了一系列袭击，安全局势紧张，造成40名平民死亡，3640户家庭流离失所。随后，马里武装部队加强了反恐努力。

6月1日，安理会发表主席新闻谈话，理事国以最强烈的措辞谴责当天在基达尔发生的针对联马团的袭击，袭击造成1名约旦籍的维和人员死亡，另外3人受伤。3日，安理会发表主席新闻谈话，以最强烈的措辞谴责了当天对联马团的袭击，袭击造成2名埃及籍的维和人员死亡，1人受伤。13日，特别代表韦恩强调了行动自由对于特派团执行任务的重要性，并强调马里领导的军事行动要想取得成功，就必须采用全面的办法，避免为极端主义滋生提供肥沃土壤，并尊重人权和国际人道主义法。理事国表示支持延长联马团的任务期限，支持加强反恐行动，同时对马里国防和安全部队在外国军事介入的情况下侵犯人权的行为日益增多表示关切。20日，安理会发表主席新闻谈话，以最强烈的措辞谴责了此前一天在基达尔针对联马团发动的袭击，袭击造成1名几内亚籍的维和人员死亡。29日，安理会举行会议，以13票赞成、0票反对、2票弃权（中国、俄罗斯）通过第2640号决议，将联马团的任务期限再延长1年，同时呼吁评估其与东道国当局的合作、面临的挑战和重组方案。

7月5日，安理会发表主席新闻谈话，以最强烈的措辞谴责了当天在泰萨利特和加奥营地之间发生的针对联马团的袭击，袭击造成2名埃及籍的维和人员死亡，5人受伤。

8月30日，安理会一致通过第2649号决议，将针对阻挠执行2015年《马里和平与和解协议》的个人和实体的旅行禁令和资产冻结延长1年。

10月17日，安理会发表主席新闻谈话，以最强烈的措辞谴责了当天在泰萨利特附近使用爆炸装置针对联马团发动的袭击，袭击造成3名乍得籍的维和人员死亡，3人受伤。18日，特别代表韦恩向安理会通报了最新情况。他表示，由于极端主义活动的增加，中部和边境地区的安全局势动荡不安，导致人道主义局势恶化，境内流离失所者超过42.2万人，并有180多万人面临严重的粮食不安全问题。同时，韦恩概述了该国政治过渡取得进展的迹象，包括宪法草案和2023年3月宪法公投的筹备工作，以上这些努力得到了联马团和联合国马里国家工作队的支持。

11月23日，安理会听取了安理会关于马里的第2374号决议所设委员会主席胡安·拉蒙·德拉富恩特·拉米雷斯（Juan Ramón de la Fuente Ramírez，墨西哥籍）关于该委员会2022年活动的报告。

12月16日，安理会发表主席新闻谈话，理事国再次谴责当天针对联马团的袭击，袭击造成2名尼日利亚籍的维和人员和1名马里国防和安全部队人员死亡，数人受伤。（张静文）

西撒哈拉问题

2022年，安理会继续审议西撒问题，听取联合国秘书长西撒问题特别代表兼联合国西撒哈拉全民投票特派团（简称“西撒特派团”）团长伊万科（Alexander Ivanko）等通报和介绍，通过1份决议。

10月27日，安理会以13票赞成、2票弃权（俄罗斯、肯尼亚）通过第2654号决议，将西撒特派团授权延期至2023年10月31日。

中国代表在安理会审议中表示，中方支持西撒问题以安理会有关决议为基础，在秘书长个人特使斡旋努力下，通过当事方平等协商，最终达成公正、持久和各方均可接受的解决方案。希望西撒问题政治进程下步安排能早日达成一致。中方将继续秉持客观公正立场，支持联合国和秘书长个人特使为推动政治解决西撒问题所作努力，支持西撒特派团履职。（张静文）

乌克兰问题

2022年2月乌克兰危机全面升级以来，安理会多次审议乌克兰问题，通过1份决议，发表1份主席声明。

2月25日，安理会表决由美国、阿尔巴尼亚提出的谴责俄罗斯对乌克兰军事行动决议草案，表决结果为11票赞成、1票反对（俄罗斯）、3票弃权（中国、印度、阿联酋），因俄罗斯行使否决权未通过。27日，安理会以11票赞成、1票反对（俄罗斯）、3票弃权（中国、印度、阿联酋）通过美国等提出的就乌克兰局势举行联大紧急特别会议的第2623号决议，因该决议属于程序性问题，安理会常任理事国无法行使否决权。

5月7日，安理会一致通过主席声明，对维护乌克兰和平与安全深表关切，支持以和平方式解决乌克兰危机。

9月30日，安理会表决由美国、阿尔巴尼亚提出的决议草案，谴责并呼吁国际社会不承认卢甘斯克、顿涅茨克、扎波罗热、赫尔松等乌克兰被占控地区举行的入俄公投，表决结果为10票赞成、1票反对（俄罗斯）、4票弃权（中国、巴西、加蓬、印度），因俄罗斯行使否决权未通过。

中国代表表示，中方以习近平主席提出的“四个应该”“四个共同”“三点重要思考”为根本遵循，对乌克兰危机秉持客观公正立场，根据事情本身是非曲直作出判断和决定，并呼吁有关各方坚持政治解决大方向，通过对话谈判解决危机，呼吁联大及安理会采取有效行动推动会员国凝聚政治解决合力，为对话谈判营造有利氛围。（任超）

科索沃问题

2022年，安理会2次审议科索沃问题，听取联合国秘书长科索沃问题特别代表兼联合国科索沃临时行政当局特派团（简称“联科团”）团长齐亚德（Caroline Ziadeh）通报。

中国代表在安理会审议中表示，安理会第1244号决议为解决科索沃问题提供了政治基础和法律依据。中方尊重塞尔维亚的主权和领土完整，理解塞方在科索沃问题上的合理关切，赞赏塞方为寻求政治解决科索沃问题所作的积极努力，支持塞科双方以安理会1244号决议为法律基础，通过真诚对话协商，寻求彼此均可接受的解决方案。科索沃各民族实现包容和解、和谐共处，符合各族民众的根本利益和发展需要。科索沃政府应为此创造良好环境，增进不同社区间的友好互信。中方希望有关方面采取积极有力措施，保护科索沃塞族的安全和合法权益，加强民族团结，为最终解决科问题提供坚实基础。呼吁各方切实落实安理会相关决议，充分保障联合国维和人员安全，为联科

团履职创造有利条件。 （任超）

塞浦路斯问题

2022年，安理会多次审议塞浦路斯问题，听取联合国秘书长塞浦路斯问题特别代表斯图尔特（Colin Stewart）通报，并通过2份决议。

1月27日，安理会一致通过第2618号决议，决定将联合国驻塞浦路斯维和部队［简称“联塞部队”，the United Nations Force in Cyprus（UNFICYP）］授权延期至2022年7月31日。

7月28日，安理会一致通过第2646号决议，将联塞部队授权延期至2023年1月31日。

中国代表在安理会审议中表示，中方支持在联合国有关决议基础上，通过对话协商，寻求塞浦路斯问题全面、公正和持久解决。国际社会应尊重塞浦路斯的主权和领土完整，在联合国决议和“两族双区联邦制”框架下，努力推动有关各方通过对话协商缩小分歧。中方反对任何试图改变瓦罗莎地区现状的单方面行动，呼吁有关方面保持克制、停止挑衅，撤销单方面行动，根据安理会以往决议妥善处理瓦罗莎问题。中方将继续坚持客观、公正立场，为推动塞浦路斯问题政治解决发挥建设性作用。 （任超）

波黑问题

2022年，安理会2次审议波黑问题，听取国际社会驻波黑高级代表施密特（Christian Schmidt）通报，通过1份决议。

11月2日，安理会举行波黑问题公开会，一致通过将欧盟驻波黑多国稳定部队（EUFOR）授权延期1年的第2658号决议。

中国代表在安理会审议中表示，中方一贯尊重波黑主权、独立、国家统一和领土完整，尊重波黑人民对国家前途命运的选择，相信波黑人民有能力、有智慧解决面临的问题。中方鼓励波黑各方以国家和人民利益为重，加强对话协商，照顾彼此关切，全面准确落实《代顿和平协议》，在国家宪法框架内妥善解决分歧，推进国家建设，实现民族和解。中方重申，根据《代顿和平协议》规定，安理会在高级代表任命中的作用不可否认，并早已形成惯例，应当得到尊重。国际社会应当以适应形势发展的方式向波黑提供帮助。中方欢迎欧盟帮助波黑维持和平稳定的努力，希望欧盟驻波黑多国稳定部队继续在维护波黑局势安全稳定等方面发挥积极作用。 （任超）

哥伦比亚问题

2022年，安理会多次审议哥伦比亚问题，听取联合国秘书长哥伦比亚问题特别代表兼联合国哥伦比亚核查团（简称“联哥团”）团长马谢乌（Carlos Ruiz Massieu）等通报和介绍，共通过1份决议，发表3份主席新闻谈话。

1月27日，安理会发表主席新闻谈话，重申支持哥和平进程、支持全面落实和平协议。欢迎哥各方在和平协议签署五周年之际，重申致力于巩固现有成果，并愿解决和平进程面临的突出挑战。

7月22日，安理会发表主席新闻谈话，重申支持哥和平进程，欢迎哥顺利举行选举，呼吁新当选总统和政府全面落实哥和平协议。

10月14日，安理会发表主席新闻谈话，重申支持哥和平进程，欢迎哥总统佩特罗（Gustavo Petro）承诺全面落实和平协议并提出“全面和平”构想；欢迎哥政府宣布与“哥伦比亚民族解放军”（Ejécito de Liberación Nacional，ELN）重启和谈；欢迎哥政府承诺落实和平协议。27日，安理会一致通过第2655号决议，决定将联哥团授权延期至2023年10月31日。

中国代表在安理会审议中高度肯定哥伦比亚政府人民共同推动哥和平进程取得的进展。呼吁国际社会趁热打铁、再接再厉，继续向哥和平进程提供必要支持，推动实现更多可视化积极成果。强调各方要继续推动和平协议的全面落实，坚持通过对话协商化解分歧，要高度重视以可持续发展促进持久和平，持续改善安全形势。重申中方赞赏联哥团为支持哥和平进程作出的重要贡献，支持联哥团在尊重哥方主导权的基础上，为推动哥和平进程继续发挥积极作用。（颜鹏）

海地问题

2022年，安理会多次审议海地问题，听取时任联合国秘书长海地问题特别代表兼联合国驻海地综合办公室（简称“联海办”）主任拉利姆（Helen Meagher La lime）等通报和介绍，通过2份决议。

7月15日，安理会一致通过第2645号决议，决定将联海办授权延期至2023年7月15日。

10月21日，安理会一致通过第2653号决议，决定对海地黑帮实施旅行限制、资产冻结和武器禁运等制裁措施。

中方在安理会审议中表示，中方高度重视海地局势，多次推动安理会紧急审议海地问题，首先提出对破坏海地和平安全的黑帮势力及其支持者实施制裁，要求秘书长就如何帮助海地警方打击黑帮提交建议，并要求海地政府向安理会报告政治进程。在安理会成员共同努力下，安理会协商一致通过第2653号决议，对海地黑帮实施旅行限制、资产冻结和武器禁运等制裁措施，把遏制黑帮暴力犯罪、保护海地人民、恢复海地安全和社会秩序的共识转化为行动。海地当前安全局势依然严峻，黑帮暴力活动没有显著减弱迹象。

阻止黑帮非法获得武器对改善海地安全局势至关重要。海地当局在此方面要切实负起责任，周边国家和有关组织的支持配合同样不可或缺。中方愿同安理会成员一道，继续支持联海办履行职责，为促进海地稳定与发展发挥积极作用。（颜鹏）

南苏丹问题

2022年，安理会继续关注南苏丹局势，多次审议南苏丹问题，共通过2份决议。

3月15日，安理会以13票赞成、2票弃权（中国、俄罗斯）通过第2625号决议，将联合国驻南苏丹特派团［简称"联南苏团"，United Nations Mission in South Sudan（UNMISS）］授权延期至2023年3月15日。

5月26日，安理会以10票赞成、5票弃权（中国、俄罗斯、印度、肯尼亚、加蓬）通过第2633号决议，将对南苏丹武器禁运和制裁措施延期至2023年5月31日，将南苏丹制裁委专家小组授权延期至2023年7月1日。

中国代表在安理会审议中表示，《解决南苏丹冲突重振协议》(下称《重振协议》)是南苏丹建立国家治理框架、实现和平与发展的重要保障。中方欢迎南苏丹在宪法制定、关键机构重组等方面取得积极进展，鼓励南苏丹各方以国家和人民利益为重，继续保持政治投入，根据延期路线图规定持续推进《重振协议》的落实。安理会对南苏丹的制裁已经过时，有关措施不仅没有起到应有效果，反而限制了南苏丹加强安全建设的能力。安理会应当认真听取南苏丹要求解除制裁的呼声，及时作出积极回应。国际社会应当加大对南苏丹的人道援助和经济支持。中方欢迎联合国同南苏丹签署《2023—2025年可持续发展合作框架》，这有利于通过发展手段为南苏丹问题提供综合、全面的解决方案。（李长海）

苏丹问题

2022年，安理会持续关注苏丹局势，多次审议苏丹及达尔富尔问题，共通过2份决议，发表2份主席新闻谈话。

2月15日，安理会一致通过第2620号决议，将安理会苏丹制裁委专家小组授权延期至2023年3月12日。

4月29日，安理会就苏丹达尔富尔部族冲突问题发表主席新闻谈话，谴责西达尔富尔地区暴力活动导致平民伤亡，呼吁加快落实《朱巴和平协议》和平民保护国家计划。

6月3日，安理会一致通过第2636号决议，将联合国苏丹过渡时期综合援助团（United Nations Integrated Transition Assistance Mission in Sudan，UNITAMS）技术性延期至2023年6月3日。

12月8日，安理会发表主席新闻谈话，对苏丹签署《政治框架协议》表示欢迎。

中国代表在安理会审议中表示，国际社会应当坚持"苏人主导、苏人所有"原则，支持苏丹各方继续通过对话协商，平稳推进政治过渡进程。以取消经济援助和债务减免为手段向苏丹施压，是对苏丹人民的集体惩罚，不仅无助于问题解决，而且会带来严峻的经济和人道后果，必须予以摒弃。安理会对苏丹的制裁措施已经不符合形势发展，对苏丹政府在达尔富尔开展安全行动、有效保护平民形成制约，应当及时调整直至解除。安理会制裁措施不能用作向苏丹施压的政治工具。作为苏丹的好朋友、好伙伴，中国一直致力于帮助苏丹发展，造福苏丹人民。中方将与苏丹加强战略和行动对接，继续在力所能及的范围内向苏丹提供援助，助力苏丹早日实现和平与发展。（李长海）

也门问题

2022年，安理会密切关注也门局势，多次举行公开会，听取联合国秘书长也门问题特使格伦德伯格（Hans Grundberg）、主管人道主义事务副秘书长兼紧急救济协调员格里菲斯（Martin Griffiths）等通报，共通过2份决议，发表10份主席新闻谈话。

1月14日，安理会发表主席新闻谈话，谴责胡塞武装劫持并扣押阿联酋船只，要求立即释放船只、船员，强调应依据国际法尊重海上航行自由。21日，安理会发表主席新闻谈话，最强烈谴责胡塞对阿布扎比实施恐怖袭击，敦促各国根据国际法和安理会决议规定的义务同阿联酋政府合作将肇事者绳之以法。

2月28日，安理会以11票赞成、4票弃权（巴西、爱尔兰、墨西哥、挪威）通过第2624号决议，决定将对也门制裁措施延期至2023年2月28日，将也门制裁委专家小组授权延期至2023年3月28日，将胡塞武装称为"恐怖组织"并作为实体列名实施制裁。

4月4日，安理会发表2份主席新闻谈话，一份谴责胡塞武装多次跨境袭击沙特民用设施，另一份欢迎也门各方在联合国秘书长也门问题特使推动下同意休战。13日，安理会发表主席新闻谈话，欢迎也门总统哈迪宣布将权力移交给新设立的总统领导委员会，呼吁委员会和胡塞武装同秘书长也门问题特使开展建设性接触，呼吁委员会回应也门人民的人道和经济需求。

6月3日，安理会发表主席新闻谈话，欢迎也门各方延长休战协议，欢迎也门政府在允许油轮进入荷台达港和萨那机场航班恢复等方面展现灵活，呼吁胡塞武装立刻开放通往塔兹的主要道路。

7月13日，安理会一致通过第2643号决议，决定将联合国支助荷台达协议特派团授权延期至2023年7

月14日。

8月4日，安理会发表主席新闻谈话，欢迎也门各方再次延长休战协议，呼吁各方尽快通过谈判达成全面、包容协议，扩充休战安排、争取持久停火。

9月12日，安理会发表主席新闻谈话，呼吁也门各方继续延长休战协议，谴责胡塞武装在荷台达、塔兹开展军事行动，严重关切“萨菲尔”号油轮潜在的人道主义风险。

10月5日，安理会发表主席新闻谈话，对休战未能延长表示失望，强调胡塞武装破坏联合国斡旋努力，呼吁也门各方特别是胡塞武装重返联合国主导的谈判进程。26日，安理会发表主席新闻谈话，谴责胡塞武装无人机袭击也门东部杜巴港燃油站，呼吁胡塞武装立即停止攻击、履行国际人道法义务、建设性参与恢复休战谈判。

中国代表在相关审议中表示，军事手段不能解决也门问题，冲突各方应以也门人民利益为重，坚持政治解决大方向，停止一切敌对行动。为期半年的休战给也门人民带来显著的和平红利。恢复休战符合也门人民共同利益，也是国际社会和地区国家的普遍期待。中方赞赏联合国秘书长也门问题特使为恢复休战付出不懈努力，以及地区国家为此发挥的建设性作用，呼吁有关各方积极配合特使工作，争取早日恢复休战并就启动内容更广泛的政治进程达成一致。也门面临世界上最严重的人道危机之一，中方呼吁国际社会加大投入，为联合国在也门的人道行动提供充足资金保障，并支持也门在改善民生、稳定经济等方面所作努力，帮助缓解也门人民面临的困境。无论从经济、人道、安全，还是环境角度，都必须尽快消除“萨菲尔”号油轮的潜在风险，希望联合国方面加快落实行动方案，确保原油早日得到安全转移，避免发生灾难。

（李清子）

利比亚问题

2022年，安理会高度关注利比亚局势，多次开会审议，共通过7份决议。

1月31日，安理会一致通过第2619号决议，将联合国驻利比亚支助团［简称“联利支助团”，the United Nations Support Mission in Libya（UNSMIL）］授权延期3个月至2022年4月30日。

4月29日，安理会一致通过第2629号决议，将联利支助团授权延期3个月至2022年7月31日。

6月3日，安理会一致通过第2635号决议，将利比亚公海监督执行武器禁运授权延期12个月至2023年6月3日。

7月13日，安理会一致通过第2644号决议，将对利比亚的军火禁运、旅行禁令、资产冻结和石油禁运等制裁措施授权延期至2023年10月30日，将安理会利比亚制裁委专家小组授权延期至2023年11月15日。28日，安理会以12票赞成、3票弃权（肯尼亚、加纳、加蓬）通过第2647号决议，将联利支助团授权延期3个月至2022年10月31日。

9月2日，古特雷斯秘书长宣布任命阿卜杜拉耶·巴蒂利（Abdoulaye Bathily，塞内加尔籍）为秘书长利比亚问题特别代表。

9月29日，安理会一致通过第2652号决议，将打击地中海非法移民授权延期1年至2023年9月29日。

10月28日，安理会一致通过第2656号决议，将联利支助团授权延期1年至2023年10月31日。

中国代表在安理会审议中表示，中方希望利各方以国家和人民利益为重，避免采取任何可能导致形势复杂化的行为，在秘书长特别代表斡旋下，尽快重启对话谈判进程。当务之急依然是尽快就选举宪法基础问题达成一致，举行选举，结束利比亚面临的政治分裂局面，为利比亚国家发展重建创造良好的政治环境。联合国是斡旋利比亚问题的主渠道。中方呼吁国际社会将“利人主导、利人所有”原则真正落到实处，尊重利比亚主权和领土完整，积极支持联合国斡旋努力，避免从外部强加解决方案。中方呼吁利各方坚持政治解决的大方向，保持最大限度的克制，维护来之不易的和平局面。

（李长海）

伊拉克问题

2022年，安理会继续关注伊拉克局势，多次举行公开会，听取联合国秘书长伊拉克问题特别代表兼联合国伊拉克援助团（简称“联伊援助团”）团长亨尼斯-普拉斯哈特（Jeanine Hennis-Plasschaert）等通报，共通过2份决议，发表5份主席新闻谈话。

1月24日，安理会发表主席新闻谈话，谴责1月21日在伊拉克迪亚拉省发生的恐怖袭击，重申支持伊拉克政府维护安全及打击恐怖主义努力。

2月22日，安理会一致通过第2621号决议，决定联合国赔偿委员会（负责处理海湾战争赔偿问题）已完成安理会相关决议授权，确认伊拉克已履行国际赔偿义务，决定赔委会在2022年底前结束余留事项，并终止赔委会职权及工作、解散赔偿基金。28日，安理会发表主席新闻谈话，欢迎伊拉克和科威特就寻找失踪人员持续开展合作，鼓励伊方继续寻找科失踪财产特别是科国家档案。

5月26日，安理会一致通过第2631号决议，决定将联伊援助团授权延期至2023年5月31日。

7月25日，安理会发表主席新闻谈话，最强烈谴责伊拉克北部杜胡克省发生的袭击事件，支持伊当局开展调查，敦促联合国会员国积极同伊政府等合作并配合调查。

9月1日，安理会发表主席新闻谈话，谴责伊拉克境内发生的暴力冲突，敦促伊各方以和平方式解决政治分歧，并通过建设性对话推进改革。

12月20日，安理会发表主席新闻谈话，谴责"伊斯兰国"在伊拉克北部基尔库克省发动恐怖袭击，重申支持伊拉克打击恐怖主义。

中国代表在相关审议中表示，当前，伊拉克国内政治处于关键阶段，面临组建新政府等重大任务。中方衷心期待伊各派加强团结、妥处分歧，在宪法和法律框架下，通过对话协商就下步政治安排凝聚共识，为实现国家长治久安和发展繁荣奠定坚实的政治基础。伊拉克战略位置重要，应当成为地区合作的推进器，而不是地缘争夺的博弈场。联合国赔偿委员会完成使命、终止授权，是地区和平与冲突后和解的重要里程碑。中方赞赏伊方同地区国家发展睦邻友好关系的努力，欢迎伊方同科威特继续就科失踪人员和财产问题密切合作。国际社会应当充分尊重伊主权和领土完整，支持伊人民自主选择符合本国国情的发展道路，坚定支持伊肃清恐怖残余势力、巩固来之不易的反恐成果。中国是伊拉克人民的真诚朋友，将同国际社会一道，继续支持伊拉克实现持久和平与可持续发展。

（李清子）

巴勒斯坦问题

2022年，安理会高度关注巴勒斯坦问题，每月均举行公开会，听取联合国中东和平进程特别协调员兼秘书长代表温尼斯兰德（Tor Wennesland）、联合国近东巴勒斯坦难民救济和工程处主任拉扎里尼（Philippe Lazzarini）等通报，发表1份主席新闻谈话。8月，以色列同巴勒斯坦武装团体在加沙地带发生冲突，造成巴勒斯坦大量平民伤亡。应中国、阿联酋、法国、爱尔兰、挪威要求，安理会就加沙局势举行紧急公开会，中国作为安理会轮值主席主持会议。

5月13日，安理会发表主席新闻谈话，强烈谴责巴勒斯坦裔美国记者在巴勒斯坦城市杰宁被杀害事件，要求立即开展全面、透明、公正调查并确保追责等。

中国代表在相关审议中表示，巴勒斯坦问题关乎中东和平稳定，关乎国际公平正义，中方对此始终高度重视。习近平主席在出席首届中国—阿拉伯国家峰会和会见阿拉伯国家领导人时重申，中方坚定不移支持巴勒斯坦人民恢复民族合法权利事业，支持巴勒斯坦独立建国，支持巴勒斯坦成为联合国正式会员国，将继续为推动巴勒斯坦问题早日得到公正持久解决不懈努力。巴勒斯坦人民遭遇的历史不公不能无限期延续，合法民族权利不能交易，独立建国诉求不容否决。国际社会应该坚定信念，共同努力，支持巴以双方在"两国方案"基础上尽快恢复和谈，呼吁召开更大规模、更有权威、更具影响的国际和会。巴勒斯坦和以色列是搬不走的邻居，安全不可分割。国际社会要同等重视巴以双方的合理安全关切，鼓励双方开展合作，通过政治对话实现共同安全，结束以暴易暴，打破暴力循环。长达55年的占领、频繁的冲突动荡，严重制约巴勒斯坦经济社会发展，持续加剧巴勒斯坦民众生存困境。中方呼吁以色列放松对被占领土上人员和物资流动、土地使用的不合理限制，尽快解除加沙地带封锁。国际社会应当多渠道向巴勒斯坦提供援助，向联合国近东巴勒斯坦难民救济和工程处提供有力支持，帮助巴方缓解财政危机，保障公共服务，发展经济，改善民生。

（李清子）

阿富汗问题

2022年，安理会多次审议阿富汗问题，听取联合国秘书长阿富汗问题特别代表兼联合国阿富汗援助团［简称"联阿团"，United Nations Assistance Mission in Afghanistan（UNAMA）］团长戴博拉·莱恩斯（Deborah Lyons，任期至2022年6月）、萝扎·奥通巴耶娃（Roza Otunbayeva，2022年9月接任）等通报阿富汗局势最新进展及联阿团工作等，共通过1份决议，发表3份主席新闻谈话。

3月17日，安理会以14票赞成、1票弃权（俄罗斯）通过联阿团授权延期的第2626号决议，决定将联阿团授权延期至2023年3月17日，写入阿海外资产问题，明确要求联阿团"支持推动将属于阿富汗央行的资产用于阿富汗人民"，写入联阿团落实授权应尊重阿富汗主权和主导权，欢迎各方加强对话协作，推进地区经济发展的共同目标。26日，安理会通过阿富汗女童教育问题主席新闻谈话，对塔利班的决定表达严重关切，呼吁塔利班尊重教育权，兑现让所有女学生重返校园的承诺；重申教育权有利于和平与安全；强调秘书长阿富汗问题特别代表的作用，鼓励其与有关利益攸关方接触。

5月24日，安理会就阿富汗妇女权利问题发表主席新闻谈话，对塔利班宣布所有妇女在公共场所和媒体播报中必须蒙面、非必要不外出深表关切；呼吁塔利班迅速停止限制阿妇女和女童人权与基本自由的政策措施；要求联阿团继续根据授权密切监测并报告局势。

12月24日，安理会就阿富汗妇女问题发表主席新闻谈话，高度关注关于塔利班宣布禁止女性上大学的新闻报道，对六年级以上女性无法上学表示关切，呼吁塔利班纠正相关政策和做法；支持阿富汗问题特别代表根据授权监督并报告地面局势。

中国代表在安理会审议中表示，阿富汗迎来了和平重建的关键阶段，中方支持联合国在阿富汗问题上发挥重要作用。国际社会应坚持"阿人主导、阿人所有"原则，同阿临时政府和所有各方加强接触，积极引导，推动构建开放包容的政治架构。要加大资源投人，帮助阿摆脱民生经济困境。要综合全面施策，支持阿富汗实现良性发展。要推动阿方肃清恐怖主义滋生土壤，坚决打击“伊斯兰国”“东伊运”等各类恐怖组织。有关国家应尽快解除对阿单边制裁，特别是解冻阿海外资产。作为阿富汗的友好邻国，中方始终尊重阿富汗主权独立和领土完整，奉行面向全体阿富汗人民的友好政策，并积极向阿富汗提供人道、经济援助，愿在力所能及范围内支持阿富汗和平重建与经济发展。（郑兴丽）

缅甸问题

2022年，安理会多次审议缅甸局势，听取联合国秘书长缅甸问题特使海泽（Noeleen Heyzer）等通报，共通过1份决议，发表2份主席新闻谈话。

2月2日，安理会通过缅甸问题主席新闻谈话，重申对维护缅主权、政治独立、领土完整和团结的坚定承诺；全力支持东盟推动达成符合缅甸人民利益与福祉的和平解决方案；鼓励联合国秘书长特使的工作对东盟形成补充；呼吁停止一切形式暴力，紧急加大人道援助等。

7月25日，国际媒体报道缅军处决4名被控协助实施恐怖主义行为的“民主活动人士”。27日，安理会通过缅甸问题主席新闻谈话，谴责缅军处决反对派活动人士；呼应东盟关于保持最大克制与耐心，重申安理会坚定支持东盟和东盟轮值主席发挥作用；呼吁对话和解，停止一切形式暴力等。

12月22日，安理会以12票赞成，3票弃权（中国、俄罗斯、印度）通过关于缅甸问题第2669号决议，对缅甸近期局势表示关切，要求立即在全国范围内停止暴力，敦促缅军方释放总统温敏、国务资政昂山素季等，强调支持东盟在缅问题上的主导作用和斡旋努力，注意到缅军方在落实东盟“五点共识”方面所作承诺，鼓励东盟缅问题特使与秘书长特使协调等，并要求联合国秘书长或其特使于2023年3月15日前，向安理会口头报告联合国支持执行“五点共识”的情况。这是缅独立以来安理会首次通过缅问题决议。

中国代表在审议中表示，中方真诚希望缅各方在宪法和法律框架下，尽快通过政治对话解决分歧，避免再度发生暴力事件，尽早恢复国家社会稳定，重启国内民主转型进程。中方一直秉持客观公正态度，努力劝和促谈，并尽己所能帮助缅甸抗击疫情、改善民生。当前缅甸出现的问题从根本上讲是缅内政，最终能否妥善解决，主要取决于缅甸自己。国际社会应当坚持劝和促谈的正确方向，在尊重缅甸主权、政治独立、领土完整和统一的前提下，为推动缅各方理性对话、弥合分歧发挥建设性作用。国际社会要继续倾听东盟意见，尊重“东盟方式”，支持东盟团结和主导地位，为东盟凝聚共识、发挥作用创造必要条件。安理会的行动必须始终慎之又慎，中方期待安理会坚持政治解决的正确方向，多做有利于维护缅甸人民根本利益和地区繁荣稳定的事。（郑兴丽）

索马里问题

2022年，安理会继续关注索马里局势，多次审议索马里问题，共通过3份决议。

10月31日，安理会通过第2657号决议，将联合国驻索马里援助团（United Nations Assistance Mission in Somalia，UNSOM）授权延期至2023年10月31日。

11月17日，安理会通过第2662号决议，将对索马里制裁措施和制裁委专家小组授权延期至2023年12月15日。

12月21日，安理会通过第2670号决议，将非盟驻索马里过渡特派团（African Union Transition Mission in Somalia）授权延期至2023年6月30日。

中国代表在安理会审议中表示，安全问题是摆在索马里新政府面前的艰巨挑战。中方支持马哈茂德总统将打击恐怖主义、加快部队重组作为任内重要任务，欢迎索马里政府同非盟等关键国际伙伴加强协调配合，推进落实索马里过渡计划，逐步承担维护国家安全的责任。当前索马里人道局势十分严峻，持续干旱影响近一半人口的生计，粮食安全问题迅速恶化，饥荒和营养不良风险突出。国际社会必须加快人道响应，加大援助力度，全力防止人道灾难发生。（李长海）

黎巴嫩问题

2022年，安理会继续关注黎巴嫩问题，多次举行有关会议，并通过1项决议。

8月31日，安理会通过第2650号决议，决定将联合国驻黎巴嫩临时部队［简称“联黎部队”，United Nations Interim Force in Lebanon（UNIFIL）］授权延期至2023年8月31日。

中国代表在相关审议中表示，国际社会应切实尊重黎巴嫩主权、独立和领土完整，同黎人民站在一起，帮助其走上恢复、重建、发展的道路。有关各方应严格履行安理会决议，建立互信，缓解紧张局势。中方肯定联黎部队为维护地区稳定等作出的重要贡献。（李清子）

朝鲜半岛核问题

2022年3月25日，安理会一致通过第2627号决议，将安理会朝鲜制裁委员会专家小组授权延期至2023年4月30日，要求专家小组于2023年3月3日前向安理会提交年度报告。（王福香）

武装冲突中保护平民问题

2022年，安理会继续关注在武装冲突中保护平民问题。

1月25日，安理会举行“城市战争中保护平民问题”公开会，听取联合国秘书长古特雷斯、红十字国际委员会主席莫雷尔（Peter Maurer）等通报，关注城市背景下的武装冲突给平民和民用设施带来的危害，呼吁冲突各方遵守国际人道法，履行保护平民义务。

5月25日，安理会举行冲突中保护平民问题公开会，听取联合国人道事务协调办公室协调司司长拉贾辛翰（Ramesh Rajasingham）等通报，敦促冲突各方将保护平民作为优先事项，将战争对平民和民用设施的影响降到最低。

9月15日，安理会举行冲突中保护平民公开会，听取联合国人道事务副秘书长兼紧急救济协调员格里菲斯（Martin Griffiths）等通报，呼吁会员国和武装团体执行保护平民政策，对违反国际人道法行为加大追责。

中国代表在安理会审议中表示，消除冲突根源是实现持久和平的治本之策。杜绝战争对平民的系统性风险，必须着眼根源性问题，综合施策，系统治理。要坚持以发展促和平，为此，中方提出全球发展倡议并牵头成立“全球发展倡议之友小组”，目的就是凝聚落实联合国2030年可持续发展议程的强大合力，推动解决绝对贫困等冲突根源问题。要坚持和平化解争端，安理会应同秘书长特使、特别代表形成合力，加大对热点问题的斡旋调停，推动紧张局势软着陆。要统筹建设和平努力，帮助冲突后国家和地区开展战后重建，恢复法治、公正与秩序，走上和平法治的良性循环。当事国是保护平民的第一责任者。国际社会应尊重当事国主权，帮助当事国加强保护平民和提供基础服务的能力。对当事国开展人道援助应增强针对性，对接当事国实际需求，避免将援助问题政治化。（李清子）

妇女、和平与安全问题

2022年，安理会继续关注妇女、和平与安全问题。

1月18日，安理会举行主题为“应对针对参与和平进程妇女的暴力”的妇女、和平与安全问题公开会，听取联合国人权高专巴切莱特（Michelle Bachelet）等通报，呼吁关注妇女赋权、冲突预防等问题。

3月8日，安理会举行主题为“以伙伴关系促进妇女经济参与”的妇女、和平与安全问题公开会，听取联合国妇女署执行主任巴胡斯（Sima Sami Bahous）、国际货币基金组织总裁格奥尔吉耶娃（Kristalina Georgieva）等通报，呼吁加大对妇女经济参与的支持力度，以妇女经济赋权促进可持续和平。

4月13日，安理会举行主题为“通过追责预防性暴力”的冲突中性暴力问题公开会，听取联合国秘书长冲突中性暴力问题特别代表帕藤（Pramila Patten）等通报，要求对冲突中性暴力犯罪者严肃追责，呼吁向受害者提供保护和帮扶，通过预防和解决冲突消除根源性问题。

6月15日，安理会举行妇女、和平与安全问题公开会，听取联合国秘书长古特雷斯、联合国妇女署执行主任巴胡斯（Sima Sami Bahous）等通报，呼吁为所有妇女参与政治进程创造机会、提供保护。

10月20日，安理会举行主题为“增强冲突地区妇女韧性”的妇女、和平与安全问题公开会，听取联合国常务副秘书长阿明娜（Amina J. Mohammed）、联合国妇女署执行主任巴胡斯等通报，重申支持安理会第1325号决议开启的妇女、和平与安全议程，支持妇女在和平安全领域发挥重要作用，支持扩大妇女参与。

中国代表在安理会审议中表示，保护武装冲突中的妇女，推动妇女参与政治和平进程是安理会妇女、和平与安全议程的重要内容。一是要把公平正义落到实处，让女性对未来抱有希望。坚强与韧性的背后是对未来的憧憬和希望，有希望才会有方向和力量。二是要把性别平等落到实处，让女性拥有更多的参与机会。各国都要行动起来，消除一切形式歧视，赋予女性更多参与政治进程的机会，确保女性平等有效参与国家治理。三是要把保护妇女落到实处，让女性享受和平安定。安理会要把非洲问题放在议程更加突出位置，不能因为其他问题减少对非洲的投入，精力和资源要进一步向非洲倾斜，化解非洲冲突，支持非洲建设，让和平红利惠及每一位非洲国家的妇女。四是要把发展促和平落到实处，让女性拥有自力更生的力量。贫困、失学、饥饿让女性脆弱无助，工作、教育、培训帮助她们改变命运。（李清子）

儿童与武装冲突问题

2022年，安理会继续关注儿童与武装冲突问题。

7月19日，安理会举行儿童与武装冲突问题公开会，听取联合国秘书长儿童与武装冲突问题特别代表甘巴（Virginia GAMBA de Potgieter）等通报，要求冲突各方遵守国际法义务、停止侵犯儿童权利，呼吁加大对儿童保护工作的投入。

中国代表在安理会审议中表示，在冲突中保护儿童的最好办法就是结束冲突，安理会要为停火止战尽力、为政治解决奔走，同时要为暴力划定边界，对儿童施以保护。一是制止针对儿童的严重侵害。安理会决议规定的六类针对儿童的严重侵害是冲突中的行为禁区。冲突当事方应停止对儿童的严重侵害，同联合国密切合作，制定儿童保护行动计划。国际社会对儿童的保护不应留有空白，尚未批准《儿童权利公约》的国家应当立即采取行动。二是给予所有儿童无差别保护。所有儿童都应享有《儿童权利公约》规定的基本权利，不得以任何理由受到不公正对待。三是为儿童提供全面发展机会。国际社会应当鼓励冲突国家加大对儿童的政策保障和资源投入，扩大发展和教育领域专项援助。四是用好儿童保护的工具箱。秘书长年度报告及其列名、除名机制，对了解冲突国家儿童保护状况具有指标性意义，应建立明确、统一、可衡量的列名标准。（李清子）

联合国部分机构

联合国组织机构庞杂，设立了各种理事会、委员会或其他名称的机构。下面介绍一些比较重要或同中国关系较多的机构。

联合国经济及社会理事会职司委员会

社会发展委员会（Commission for Social Development—CSD）

【成立日期】1946年6月21日。

【宗旨和原则】研究和讨论国际社会领域的形势和趋势；对各国社会发展的目标、政策提出建议；对妇女、青年、老龄人、残疾人、社会治安与犯罪控制等领域应采取的措施问题提出意见和建议；并与在经社理事会享有咨商地位的有关非政府组织建立工作关系。

【成员】现有46个成员。成员由经社理事会按地域均衡分配原则选举产生，任期4年。

【总部】美国纽约联合国总部。

【组织机构】会议主席团由1名主席和4名副主席组成。主席团成员由委员会在常会结束后立即举行的常会第一次会议上选出，任期2年。

【主要活动】委员会每2年举行1次会议。1997年起，届会改为每年1次，通常于2月在纽约举行。

【同中国的关系】中国于1981年、1983年、1985年、1987年连续4次派观察员出席该委员会届会，并于1989年首次当选委员会成员，且连选连任至今。

2022年2月7日至16日，联合国社会发展委员会第60届会议在纽约联合国总部以线上方式举行。会议围绕"为所有人的可持续民生、福祉和尊严，实现从新冠肺炎中的包容和韧性复苏：消除一切形式和层面的贫困和饥饿，实现2030议程"的优先主题举行一般性辩论、专题讨论。中国常驻联合国代表张军大使率团与会。张军大使作一般性辩论发言，呼吁国际社会秉持人类命运共同体理念，加强合作，着力解决粮食安全、弱势群体保护、可持续发展、社会不公四个紧迫问题，全面宣介"全球发展倡议"，介绍中国推进落实2030年可持续发展议程实际行动。（冯华）

麻醉品委员会（Commission on Narcotic Drugs—CND）

【成立日期】根据联合国经社理事会决议于1946年2月16日成立。

【宗旨和原则】是联合国系统内负责麻醉品管制问题的中心决策机构，主要职能包括：协助经社理事会制定有关政策和措施；根据国际禁毒公约的规定，管制非法使用和滥用麻醉品及精神药物，审议各缔约国落实公约情况；审议各国落实1998年禁毒特别联大《政治宣言》的情况；执行联合国机构所授予的其他职责等。

【成员】成员由经社理事会从联合国会员国、麻醉品公约缔约国、麻醉药品和精神药物的重要生产国和消费国中选出，同时注意地域均衡分配原则。现有成员53个，任期4年。

【组织机构】下设中近东麻醉品非法贩运及有关事务小组委员会和亚太、非洲、欧洲和拉美及加勒比4个地区性协调委员会。

【主要活动】委员会每年召开1次届会。4个地区性委员会定期分别举行会议，审议本地区管制和禁止麻醉品滥用和非法贩运等问题。

【同中国的关系】中国于1985年加入经修正的《1961年麻醉品单一公约》和《1971年精神药物公约》。1989年9月，中国批准《联合国禁止非法贩运麻醉药品和精神药物公约》。1973年，中国派观察员出席了委员会第25届会议。1986—2005年和2008年至今，中国为委员会成员，现任期至2023年。

2022年3月，第65届麻醉品委员会届会在奥地利维也纳召开。国家禁毒委常务副秘书长、公安部禁毒局局长梁云率团与会并在一般性辩论环节发言，宣传中国深入落实2016年禁毒特别联大成果文件，坚持全面、综合、平衡的禁毒战略，在毒品预防教育、戒毒康复、执法打击、易制毒化学品管控、国际合作等方面的做法和成效、经验，讲好中国禁毒故事；重申中国政府积极履行联合国三项禁毒公约、维护国际禁毒体制、反对毒品合法化的坚定立场；呼吁国际社会通力合作，共同推动全球毒品问题共治。（曹馨月）

预防犯罪和刑事司法委员会（Commission on Crime Prevention and Criminal Justice—CCPCJ）

【成立日期】根据联合国大会第46/152号决议于1992年2月6日成立。

【宗旨和原则】在预防犯罪和刑事司法领域为联合国提供政策指导；制定方案并监督、审查其执行情况；促进并协调区域间和区域预防犯罪研究所的活动；动员各会员国支持联合国预防犯罪和刑事司法方案；召开联合国预防犯罪大会并审议大会提交的建议。

【成员】现有成员40个，成员由经社理事会根据公平地域分配原则选举产生，任期3年。

【主要活动】委员会每年召开1次届会。针对近年来跨国有组织犯罪活动猖獗的情况，1997年委员会第6届会议决定，成立政府特设委员会负责起草打击跨国有组织犯罪国际公约。经过11次特委会会议，公约草案完成，并由2000年第55届联大通过。2000年12月，联合国在意大利巴勒莫举行该公约高级别签字大会，共有141个国家签署了公约。2003年9月，《联合国打击跨国有组织犯罪公约》生效。

【同中国的关系】中国自1980年恢复参与联合国预防犯罪和刑事司法领域的工作以来，本着积极、务实、合作的精神参加了联合国在这一领域的各项有关活动，为打击犯罪及加强预防犯罪和刑事司法领域的国际合作作出贡献。中国政府派团出席了联合国预防犯罪和刑事司法委员会历届会议，积极参加有关议题的审议、有关标准规则及文件的制定，加强与各成员国的合作，发挥了重要作用。2017年，中国再次当选委员会成员，任期至2023年。

2022年5月，第31届联合国预防犯罪和刑事司法委员会会议在奥地利维也纳举行。司法部国际合作局局长杜亚玲率团以视频方式参会并在一般性辩论环节发言，全面宣介中国加强预防犯罪和刑事司法工作的经验和成就，呼吁国际社会坚定维护多边主义、维护以联合国为核心的国际体系、维护以国际法为基础的国际秩序，加强预防犯罪和刑事司法领域国际合作，有效应对各类跨国有组织犯罪和新型犯罪。（曹馨月）

妇女地位委员会（Commission on the Status of Women—CSW）

【成立日期】根据经社理事会决议于1946年成立。

【宗旨和原则】促进政治、经济、社会及教育等方面的性别平等，就有关妇女权益的迫切问题向经社理事会提出建议和报告。

【成员】成员由经社理事会按地区分配原则选举产生，任期4年。现有成员国45个（非洲13个，亚洲11个，东欧4个，拉丁美洲和加勒比9个，西欧及其他国家8个）。

【主要活动】从1971年起，委员会由每年召开1次会议，改为每2年召开1次；1988年又改为每年召开1次。

联合国自成立以来，通过了一系列旨在提高妇女地位、维护妇女正当权益和促进男女平等的决议、宣言和公约。为使这些国际文书的条款得以实施并敦请国际社会和各国政府进一步加强对妇女问题的关注，根据委员会的建议和1975年在墨西哥召开的世界妇女大会的建议，联合国宣布1975年为“国际妇女年”，1976—1985年为“联合国妇女10年”。1980年和1985年，联合国先后在丹麦哥本哈根和肯尼亚内罗毕召开了“联合国妇女10年”中期和终期世界会议（即第2次和第3次世界妇女大会）。终期会议，制定了《到2000年提高妇女地位内罗毕前瞻性战略》。作为“联合国妇女10年”活动的一部分，联合国于1979年12月18日通过了《消除对妇女一切形式歧视公约》。1995年，第4次世界妇女大会在北京举行，会议通过的《北京宣言》和《行动纲领》成为迄今为止指导世界妇女事业发展的纲领性文件。妇女地位委员会根据联大要求，在其年度会议上对《行动纲领》执行情况进行了审议。

2020年10月1日，联合国举行纪念第4次世界妇女大会25周年高级别会议，主题为“加速实现性别平等和妇女赋权”，习近平主席以视频方式出席并发表重要讲话。

【同中国的关系】中国于1972年首次当选为妇女地位委员会成员。此后，多次当选该委员会成员。1980年，中国签署并批准《消除对妇女一切形式歧视公约》。（乐爽）

非政府组织委员会
Committee on Non-Governmental Organizations

【成立日期】根据联合国经社理事会决议于1946年成立。

【宗旨和原则】是联合国系统内唯一审议非政府组织申请联合国经社理事会咨商地位、讨论制定非政府组织行为规范等问题的机构。根据联合国经社理事会1996/31号决议规定，经社理事会咨商地位分3类：全面、特别和名册。获得咨商地位的非政府组织可以观察员身份列席经社理事会及其下属机构会议。截至2022年12月，共有6343个非政府组织获得经社理事会咨商地位。

【成员】2019—2022年成员为19个：巴林、巴西、布隆迪、中国、古巴、爱沙尼亚、斯威士兰、希腊、印度、以色列、利比亚、墨西哥、尼加拉瓜、尼日利亚、巴基斯坦、俄罗斯、苏丹、土耳其、美国。

【主要活动】委员会每年召开二次会议。

非政府组织委员会2022年届会于5月17日—27日、6月7日在纽约举行，会议共审议586个非政府组织要求获得经社理事会咨商地位的申请和690份非政府组织的4年期报告；续会于8月29日至9月7日、9月15日在纽约举行，会议共审议564个非政府组织要求获得经社理事会咨商地位的申请和308份非政府组织的4年期报告。

【同中国的关系】中国于1994年首次当选委员会成员，并连选连任至今。截至2022年12月，中国共有97家非政府组织先后获得经社理事会咨商地位。

（刘罗歌）

联合国经济及社会理事会区域委员会

联合国亚洲太平洋经济社会委员会（United Nations Economic and Social Commission for Asia and the Pacific—ESCAP）

【成立日期】联合国亚洲及太平洋经济社会委员会（简称“亚太经社会”）前身为“亚洲和远东经济委员会”，1947年3月28日在中国上海成立。1974年，该组织改称现名，为联合国经社理事会下属5个区域经济委员会之一。

【宗旨和原则】作为联合国在亚太地区唯一的政府间综合性经济社会发展组织，为开展区域和次区域合作、促进亚太地区经济社会发展作出积极贡献。

【成员】现有53个正式成员和9个准成员（包括中国香港、中国澳门以及一些太平洋岛国和地区等）。

【主要负责人】现任执行秘书阿尔米达·萨尔西娅·阿里沙赫巴纳（Armida Salsiah Alisjahbana，女，印度尼西亚籍），2018年11月1日上任。

【总部】泰国曼谷。

【出版物】《亚洲太平洋遥感和地理信息系统》，每半年出版一期；《空间技术应用通信》；另有四个区域工作组和政府间协商委员会年度会议及亚太经社会举办的各种会议报告。

【组织机构】最高决策机构是部长级年会，每年定期举行。部长级会议机制下设9个专题委员会（信息通信技术与科技创新，减灾，环境与发展，统计，社会发展，能源，宏观经济、减贫与发展融资，贸易、投资与企业商业创新，交通运输）。各委员会每2年召开1次会议，评审各自领域出现的最新趋势、推动地区交流与合作，并监督有关合作的执行情况。日常办事机构为秘书处。

亚太经社会有东亚和东北亚、东南亚、北亚和中亚、太平洋以及南亚和西亚5个次区域办事处，分别设在韩国仁川、泰国曼谷、哈萨克斯坦阿拉木图、斐济苏瓦和印度新德里。此外，还有两类附属及相关机构。第一类为附属区域机构，共有5个，在组织上同亚太经社会保持一定联系，每年向其大会提交工作报告，包括亚太统计研究所（SIAP）、亚太技术转让中心（APCTT）、联合国可持续农业机械化中心（CSAM）、亚太信息通信技术发展培训中心（APCICT）和亚太灾害信息管理中心（APDIM）；第二类为已独立的相关区域组织，但仍在业务上同亚太经社会保持联系，如湄公河委员会、台风委员会和热带旋风小组等。

【主要活动】2020年5月21日，ESCAP第76届年会以视频会议形式举行。会议主题为“促进海洋经济、社会、环境合作，实现可持续发展”。年会就应对全球公共卫生危机、促进亚太海上互联互通建设等展开讨论，通过《加强区域合作、以应对新冠肺炎疫情危机对亚太地区经济社会影响》决议，肯定联合国特别是世卫组织协调全球应对疫情的重要作用，强调多边主义和团结合作，传递出亚太国家团结合作战胜疫情的积极信息。

2021年4月26日至27日，ESCAP第77届年会以视频方式举行。会议主题为“通过区域合作推动亚太地区危机后的更好重建”。会议通过主题决议，呼吁亚太各国坚守多边主义，强化区域团结与协作，共同应对新冠疫情以重建家园。

2022年5月23日至27日，ESCAP第78届年会以视频方式举行。会议主题为“促进亚太可持续发展的共同议程”，通过部长级宣言《纪念ESCAP成立75周年曼谷宣言：促进亚太可持续发展的共同议程》。会议充分肯定亚太地区发展成就及ESCAP作用，呼吁深化区域可持续发展合作，鼓励推进国际抗疫合作，强调加速应对气候变化挑战，承诺努力实现疫后复苏。

【同中国的关系】中国一直积极参与亚太经社会活动，与其保持良好关系。1973年以来，中国派团参加了亚太经社会历届部长级会议。1978年7月，中国向亚太经社会派出常驻代表，1981年在中国驻泰国使馆设立常驻亚太经社会代表处。

近年来，中方与亚太经社会共同推进“一带一路”和区域互联互通合作，取得积极成果。

2017年5月，亚太经社会第73届年会通过“加强全面无缝互联互通，促进亚太可持续发展”决议，同意通过共商、共建、共享实现一体化无缝互联互通，促进政策沟通、设施联通、贸易畅通、资金融通、民心相通。

2019年4月，国务委员兼外长王毅同来华出席第二届“一带一路”国际合作高峰论坛的亚太经社会执行秘书阿里沙赫巴纳共同签署“一带一路”合作谅解备忘录，彰显双方进一步深化“一带一路”合作的政治意愿和决心。

2022年5月23—27日，亚太经社会第78届年会以视频方式举行。会议主题为“促进亚太可持续发展的共同议程”，通过部长级宣言《纪念ESCAP成立75周年曼谷宣言：促进亚太可持续发展的共同议程》。会议充分肯定亚太地区发展成就及亚太经社会作用，呼吁深化区域可持续发展合作，鼓励推进国际抗疫合作，强调加速应对气候变化挑战，承诺努力实现疫后复苏。

（肖帆）

联合国人权理事会
United Nations Human Rights Council—UNHRC

【成立日期】2006年3月15日，第60届联合国大会表决通过第60/251号决议，决定成立人权理事会，取代原人权委员会。人权理事会（以下简称“理事会”）系联大附属机构。

【宗旨和原则】促进对所有人人权与基本自由的普遍尊重；处理侵犯人权情况并提出建议；推动各国全面履行人权义务；推动联合国系统人权主流化；在与会员国协商同意后，帮助会员国加强人权能力建设，促进人权教育并提供技术援助；提供人权问题专题对话论坛；向联大提出进一步发展国际人权法的建议；向联大提交年度报告；等等。

人权理事会工作以普遍、公正、客观、非选择性及建设性对话与合作为指导原则。理事会基本继承并改进原人权委员会机制和职能，新增对联合国会员国人权状况进行国别人权审议（亦称“普遍定期审议”）机制。理事会建章立制方案规定，各会员国每4年向理事会提交本国人权状况报告，参加理事会审议。第一轮国别人权审议于2008年4月启动，2011年10月完成。第二轮国别人权审议于2012年5月启动，审议周期改为4年半，2016年11月完成。第三轮国别人权审议于2017年5月启动，2022年1月完成。中国分别于2009年2月、2013年10月、2018年11月参加了上述三轮审议，人权理事会分别于2009年6月、2014年3月、2019年3月核可中国参加前三轮国别人权审议报告。

【成员】人权理事会共有47个成员，根据公平地域分配原则，亚洲国家13席、非洲国家13席、拉丁美洲和加勒比国家8席、东欧国家6席、西欧和其他国家7席。理事会成员由联大以秘密投票方式选举产生，必须获半数以上会员国支持才能当选，任期3年，只能连选连任1次。中国于2006—2009年、2010—2012年、2014—2016年、2017—2019年及2021—2023年担任人权理事会成员。截至2022年12月，人权理事会成员国有中国、印度尼西亚、日本、韩国、马绍尔群岛、巴基斯坦、乌兹别克斯坦、尼泊尔、印度、哈萨克斯坦、马来西亚、卡塔尔、阿联酋、利比亚、毛里塔尼亚、纳米比亚、苏丹、塞内加尔、科特迪瓦、马拉维、加蓬、贝宁、冈比亚、喀麦隆、索马里、厄立特里亚、巴西、委内瑞拉、古巴、墨西哥、玻利维亚、阿根廷、洪都拉斯、巴拉圭、亚美尼亚、波兰、捷克、乌克兰、立陶宛、黑山、德国、荷兰、法国、英国、芬兰、卢森堡、美国。

【主要活动】人权理事会每年举行3次会议，其中包括1次主会，会期合计不少于10周。经至少1/3成员（16国）同意，可召开特别会议。截至2022年底，理事会共召开了51次全会，并就被占巴勒斯坦领土、苏丹达尔富尔、粮食安全、中非、海地、利比亚、乌克兰危机等问题举行了35次特别会议。

2022年2月28日至4月1日、6月13日至7月8日、9月12日至10月7日，理事会在日内瓦分别召开第49、50、51届会议。中国积极参与上述会议，介绍中国人权主张、促进和保护人权的政策举措和成就，参加各项议题讨论和决议草案磋商。

在联合国人权理事会第49届会议上，王毅国务委员兼外长在高级别会议发表视频致辞，深入宣介中国人权理念以及人权事业取得的历史性成就，系统阐述中国对全球人权治理立场主张，就涉疆、涉港等问题表明严正立场；会议通过中国和巴基斯坦、埃及、南非、玻利维亚提交的“在疫后复苏和消除不平等背景下促进和保护经济、社会和文化权利”决议，对新冠疫情使全球发展出现倒退，加剧国家内部和国家之间不平等表示严重关切，呼吁各国促进和保护经社文权利，呼吁各方加强团结，以人民为中心，欢迎有助于落实2030年可持续发展议程的发展倡议；会议根据中国2021年提交的“在人权领域促进合作共赢”决议要求，举行在新冠疫情和复苏努力中加强技术合作、保护弱势群体权利问题专题讨论会，中国呼吁各方坚持以人民为中心，在发展中促进和保护人权，切实提高弱势群体发展权和经社文权利的保障水平，不断增强人民获得感、幸福感、安全感。

会议期间，中国在议题二（人权高专和联合国秘书长报告）一般性辩论中代表40余国作共同发言，呼吁人权高专办加大对经社文权利和发展权的投入，通过建设性对话与合作促进伙伴关系。中国在议题三（促进和保护所有人权）一般性辩论中代表60余国作共同发言，呼吁各国将保障人民的生命权、健康权放在首位，确保全球疫苗公平分配。中国在议题五（人权机构和机制）一般性辩论中代表观点相近国家作共同发言，对一些国家编造散布虚假信息、打着人权幌子对别国进行污蔑抹黑表示关切，呼吁各方共同反对和抵制虚假信息。中国在议题八（《维也纳宣言和行动纲领》后续行动和执行情况）一般性辩论中代表观点相近国家作共同发言，指出民主的关键在于真正做到人民当家作主，促进和保障民主、人权是国际社会共同事业，不应成为向别国施压的工具，呼吁各国弘扬真正的民主精神，践行多边主义，推进协商合作。中国还代表50余国作共同发言，强调发展对享有人权的重要意义，呼吁各国推动实现包容普惠发展，着力解决国家间和各国内部发展不平衡、不充分问题。在同贩卖儿童及儿童性剥夺问题特别报告员互动对话中，中国代表30个国家作共同发言，呼吁国际社会在国家、区域、全球层面加强协调，对贩卖儿童行为采取“零容忍”态度，坚决禁止和惩治有关犯罪行为。在与暴力侵害儿童问题秘书长特别代表互动对话中，中国代表观点相近国家作共同发言，对一些国家移民拘留中心侵犯儿童权益表达关切，敦促有关国家立刻停止将移民儿童与其父母分开，停止由私营机构运营拘留中心。会议期间，中国常驻日内瓦代表团举办“新疆是个好地方”“香港明天会更好”主题视频会议，并与委内瑞拉常驻日内瓦代表团共同举办“美国、加拿大、澳大利亚对土著人权利的系统性侵犯”主题视频边会。

在联合国人权理事会第50届会议上，中国在与人权高专对话中代表30余国作共同发言，强调多边人权机构应成为合作对话的平台，而不是分裂对抗的场所，呼吁各方在人权领域促进多边主义；在与极端贫困问题特别报告员互动对话中，中国代表90余国作共同发言，呼吁国际社会重视消除不平等和享有经社文权利之间的联系，更加关注发展中国家需求，以及弱势和边缘化群体处境；在与当代形式种族主义问题特别报告员互动对话中，中国代表观点相近国家作共同发言，对一些国家严重侵犯土著人特别是土著儿童权利深表关切，呼吁人权理事会和人权高专办持续关注这些国家侵犯土著儿童权利问题。会议期间，中国常驻日内瓦代表团举办“人民幸福生活是最大人权”“香港明天更美好”主题视频会议，以及“殖民主义遗留问题对享有人权的负面影响”主题视频会议。

在联合国人权理事会第51届会议上，中国在议题二（人权高专和联合国秘书长报告）一般性辩论中代表30余国作共同发言，呼吁人权高专办切实加大对经社文权利、发展权和健康权的重视和投入，以消除不平等作为核心工作，帮助各国特别是发展中国家战胜疫情挑战、实现经济社会可持续发展。在议题三（促进和保护所有人权）一般性辩论中，中国代表30余国作共同发言，呼吁各方让发展成果更多更公平地惠及所有群体，特别是处于弱势和被边缘化境地的人，加强国际团结，采取包容性措施应对疫情并推进疫后复苏，人权理事会和人权高专办应尊重各国自主选择发展道路的权利，反对干涉内政行径。在议题九（《德班宣言和行动纲领》后续行动和执行情况）一般性辩论中，中国代表观点相近国家作共同发言，对一些国家执法部门针对少数族裔的歧视性执法行为表示严重关切，呼吁这些国家正视自身存在的严重种族主义和种族歧视问题。在与土著人权利问题特别报告员互动对话中，中国代表观点相近国家作共同发言，指出有关国家的土著人群体长期面临系统性、结构性的歧视和不平等，敦促这些国家切实负起责任，还土著人一个迟到的历史正义和公道。会议期间，中国常驻日内瓦代表团举办“中国新疆尊重和保障人权成就”宣介会，全面介绍新疆经济社会发展和人权成就。

2022年1月24日至2月4日、11月7日至11月18日，人权理事会国别人权审议工作组第40、41次会议在日内瓦举行，会议对多哥、叙利亚、冰岛、委内瑞拉、津巴布韦、立陶宛、乌干达等25国国别人权报告进行了审议。

附：一、联合国人权理事会咨询委员会（UN Human Rights Council Advisory Committee）

根据人权理事会建章立制方案，理事会成立了咨询委员会，取代原人权委员会下属促进和保护人权小组委员会（下称“小组会”）。该委员会继承原小组会大部分职能，负责从事人权专题研究并向理事会提出咨询意见。委员会由18名独立专家组成。联合国所有会员国均可提名人选，由理事会直接选举产生，根据公平地域分配原则，亚洲、非洲组各5名，拉美、西方组各3名，东欧组2名，任期3年，可连任1次。委员会每年召开2次会议，总会期不超过10个工作日。与原小组会不同的是，委员会不得通过任何决议或决定。自1984年以来，中国的顾以信、田进、范国祥、陈士球、张义山、刘昕生、张越先后担任该机构专家。张越大使于2022年10月当选，任期至2025年10月。

二、联合国人权事务高级专员（简称“人权高专”）及其办公室（UN High Commissioner for Human Rights）（Office of the High Commissioner for Human Rights）

人权高专根据1993年联大第48/141号决议设立，是联合国系统内负责人权事务的最高官员，由联合国秘书长任命，经联合国大会核准产生。人权高专为副秘书长级，任期4年，可连任1次。现任高专是沃尔克·图尔克（Volker Türk，奥地利籍），于2022年10月17日正式上任。

1997年10月，第52届联大通过联合国秘书长安南提出的对联合国人权事务部门进行改组的方案，将原联合国人权中心并入人权高专办公室，总部设在日内瓦，并在纽约联合国总部设办事处。联合国人权高专办公室下设“驻地行动与技术合作司”“人权理事会和条约机构司”“专题接触、特别机制与发展权司”三大业务司，以及负责新闻、外联事务的“外联服务司”和负责预算、人力资源和技术支持的“项目支持与管理服务司”。经费主要来自联合国常规预算和会员国、政府间组织等的自愿捐款。

2022年5月23日至28日，应中国政府邀请，时任联合国人权高专巴切莱特对中国进行访问，国家主席习近平以视频方式同其会见。

习近平主席结合中国历史和文化，深入阐述了事关中国人权事业发展的重大问题，表明中国党和政府致力于全方位维护和保障人权事业的原则立场，强调中国共产党从诞生那一天起，就把为中国人民谋幸福、为中华民族谋复兴作为自己的初心使命，100多年来一直为人民的利益而奋斗。中国成功走出了一条顺应时代潮流、适合本国国情的人权发展道路。中国不断发展全过程人民民主，推进人权法治保障，维护社会公平正义。中国人民享有更加广泛、更加充分、更加全面的民主权利。中国人民的人权得到前所未有的保障。习近平主席明确指出，当前最重要的是做好四件事：一是坚持以人民为中心，把人民利益作为出发点和落脚点，努力让人民过上幸福生活。二是尊重各国人权发展道路，支持各国从本国实际和人民需求出发，探索适合自己的人权发展道路。三是统筹兼顾各类人权，综合施策，系统推进。要努力实现更高质量、更有效率、更加公平、更可持续、更为安全的发展，为人权事业提供坚强保障。四是加强全球人权治理，恪守《联合国宪章》宗旨和原则，弘扬全人类共同价值，推动全球人权治理朝着更加公平公正合理包容的方向发展。

访问期间，王毅国务委员兼外长同巴切莱特高专会见，最高人民法院、最高人民检察院、外交部、国家民族事务委员会、公安部、人力资源和社会保障部、全国妇联等相关部门负责人同她会见。

三、联合国人权理事会特别机制（Special Procedures of the United Nations Human Rights Council）

自20世纪60年代末以来，联合国人权委员会陆续设立了一些特别报告员、秘书长特别代表、独立专家和由专家组成的工作组，统称为“联合国人权特别机制”。根据授权，这些机制分为两类：一类为国别机制，负责调查和监督某一国家或地区的人权状况；另一类为专题机制，主要对某一特定人权问题开展研究。

人权理事会继承了人权委员会特别机制。截至2022年底，共有缅甸、朝鲜、伊朗、布隆迪、阿富汗等14个国别机制和住房权、教育权、言论自由、环境权、隐私权、气候变化等45个专题机制。国别机制成员任期1年，专题机制成员任期3年。各国政府、国际组织、非政府组织及个人都可提名特别机制候选人，理事会主席确定合适人选，提交理事会全会核准。特别机制开展的活动主要包括进行国别访问、开展研究、提出技术合作建议等。

中国曾接待宗教信仰自由特别报告员、任意拘留问题工作组、教育权特别报告员、酷刑问题特别报告员、粮食权特别报告员、在法律和实践中消除对妇女歧视问题工作组、外债对人权影响问题独立专家、极端贫困与人权问题特别报告员和老年人人权问题独立专家访华。（刘罗歌）

人权条约机构
Human Rights Treaty Bodies

【基本情况】人权条约机构是负责监督相应核心人权公约落实情况的各独立专家委员会。国际上目前共有9项核心人权公约，分别是《消除一切形式种族歧视国际公约》《公民权利和政治权利国际公约》《经济、社会及文化权利国际公约》《消除对妇女一切形式歧视公约》《禁止酷刑和其他残忍、不人道或有辱人格的待遇或处罚公约》《儿童权利公约》《保护所有移徙工人及其家庭成员权利国际公约》《保护所有人免遭强迫失踪国际公约》及《残疾人权利公约》。此外，《〈禁止酷刑公约〉关于强制查访的任择议定书》建立了预防酷刑小组委员会，因此，9项核心人权公约共派生出10个人权条约机构（见附表3）。

附表3：人权条约机构一览表

	机构名称	依据条约名称	成立时间	委员人数
1	消除种族歧视委员会	《消除一切形式种族歧视国际公约》	1969年	18
2	人权事务委员会	《公民权利和政治权利国际公约》	1976年	18
3	经济、社会及文化权利委员会	《经济、社会及文化权利国际公约》	1985年	18
4	消除对妇女歧视委员会	《消除对妇女一切形式歧视公约》	1982年	23
5	禁止酷刑委员会	《禁止酷刑和其他残忍、不人道或有辱人格的待遇或处罚公约》	1987年	10
6	儿童权利委员会	《儿童权利公约》	1991年	18
7	保护所有移徙工人及其家庭成员权利委员会	《保护所有移徙工人及其家庭成员权利国际公约》	2003年	14
8	残疾人权利委员会	《残疾人权利公约》	2008年	18
9	强迫失踪问题委员会	《保护所有人免遭强迫失踪国际公约》	2010年	10
10	防范酷刑小组委员会	《〈禁止酷刑公约〉关于强制查访的任择议定书》	2006年	25

【成员】人权条约机构由独立专家组成。经济、社会及文化权利委员会委员系由联合国经社理事会成员国（无论是否为《经济、社会及文化权利国际公约》缔约国）以无记名投票方式选举产生。其他各条约机构委员候选人由该条约缔约国提名，在缔约国大会上无记名投票选举产生。每2年改选委员会中半数的委员。

【主要活动】各人权条约机构根据相应核心人权公约的规定，行使审议缔约国报告等一系列职能。此外，根据条约规定，有6个委员会（人权事务委员会、消除种族歧视委员会、禁止酷刑委员会、消除对妇女歧视委员会、残疾人权利委员会和强迫失踪问题委员会）

可在特定情况下接受个人申诉或来文，有6个委员会（经济、社会及文化权利委员会，禁止酷刑委员会，消除对妇女歧视委员会，残疾人权利委员会，强迫失踪问题委员会和儿童权利委员会）可在特定情况下开展国别调查。

【同中国的关系】截至2022年底，中国已参加了9项核心人权公约中的6项，分别是《消除一切形式种族歧视国际公约》《经济、社会及文化权利国际公约》《消除对妇女一切形式歧视公约》《禁止酷刑和其他残忍、不人道或有辱人格的待遇或处罚公约》《儿童权利公约》《残疾人权利公约》。此外，中国还签署了《公民权利和政治权利国际公约》，并一直积极为批约做法律准备。参加各公约后，中国一直认真履行公约义务，提交履约报告，接受审议，并与委员会开展建设性对话。中国积极推荐专家参选条约机构委员。中国的李燕端（任期至2024年）、夏杰（任期至2024年底）、沈永祥（任期至2024年底）、柳华文（任期至2025年底）分别为消除种族歧视委员会，消除对妇女歧视委员会，经济、社会及文化权利委员会以及禁止酷刑委员会的现任委员。

【机构改革】2014年4月9日，第68届联大以协商一致方式通过了第68/268号“加强和增进人权条约机构体系有效运作”的决议，即人权条约机构改革方案。主要内容包括：加强缔约国的地位和作用；促进缔约国履约能力建设；加强条约机构有效运作等。此外，决议规定，联大将在6年内审议决议落实情况，并酌情就进一步行动作出决定。

中国政府支持人权条约机构基于形势变化进行必要改革，认为条约机构改革的目标是通过改进条约机制工作，促进缔约国更好履约，促进条约机构与缔约国在相互尊重的基础上开展建设性对话与合作。这一改革方案有利于规范和指导条约机构未来工作和发展。中国希望各缔约国、人权高专办和条约机构能够加强合作，忠实履行决议条款。（杨帆）

联合国毒品和犯罪问题办公室
United Nations Office on Drugs and Crime—UNODC

【成立日期】成立于1997年，由联合国禁毒署和联合国预防犯罪中心合并而成。

【宗旨和原则】对毒品和犯罪问题进行调研，制定有关政策和措施；协助各国政府批准和执行国际公约；协助各国政府制定关于毒品、犯罪和反恐问题的国内法；通过具体技术合作项目，提高各成员国打击毒品、犯罪及恐怖主义的能力。

【主要负责人】办公室执行主任为副秘书长级，由联合国驻维也纳办事处总干事兼任。现任执行主任加黛·瓦利（Ghada Waly，埃及籍），2020年2月就任，任期4年。

【总部】奥地利维也纳。

【出版物】《世界禁毒报告》等。

【组织机构】是联合国秘书处下属部门，在全球设有17个区域办事处，并在纽约和布鲁塞尔设有联络处，其经费主要由各国政府自愿捐助。

【同中国的关系】长期以来，中国与UNODC一直保持良好合作关系。20世纪80年代以来，联合国禁毒署向中国提供了约3000万元人民币的捐助。中国支持UNODC作为联合国麻醉品委员会、预防犯罪和刑事司法委员会、国际麻醉品管制局、联合国反腐败公约秘书处和联合国打击跨国犯罪公约秘书处执行机构组织倡议的各项活动。中国与UNODC地区中心（设在泰国）在《东亚次区域禁毒合作谅解备忘录》框架下，保持密切合作，积极参与有关双多边活动，并给予资金支持。（曹馨月）

联合国开发计划署
United Nations Development Programme—UNDP

【成立日期】正式成立于1965年，是联合国系统最大的多边无偿援助机构。其前身为1949年设立的“技术援助扩大方案”和1958年设立的“联合国特别基金”。

【宗旨和原则】向发展中国家和地区提供资金和技术援助，以促进其以人为中心的经济和社会可持续发展。

【主要负责人】署长阿奇姆·施泰纳（Achim Steiner，德国、巴西双重国籍），2017年就任，2021年4月连任，任期至2025年。

【总部】美国纽约。

【网址】http://www.undp.org。

【出版物】《年度报告》;《世界发展》，月刊;《联合国开发计划署通讯》;《人类发展报告》。

【组织机构】（1）执行局：领导机构，由36个成员组成，其中亚洲7个，非洲8个，东欧4个，拉美5个，西欧和其他地区12个。执行局成员由经社理事会按地区分配原则和主要捐助国、受援国代表性原则选举产生，任期3年。执行局每年举行2次常会、1次年会。（2）秘书处：在署长领导下处理日常事务，在177个国家和地区设有常驻代表处。

【资金来源】（1）常规资金：来自联合国会员国和其他多边组织等不同合作伙伴的自愿捐款；（2）其他资金：各国政府、基金会、私营部门和其他捐助者的指定用途捐款。

【主要活动】联合国开发计划署是联合国发展业务系统的中央筹资机构和中心协调组织，主要提供无偿援助，包括提供专家，资助国内外培训、考察及购买有限的硬件。联合国开发计划署的项目以前主要由工发组织、劳工组织等联合国专门机构执行，近几年，国家执行的比例日益增加，其援助也从传统的以加强国外先进技术的吸收和转让为主，转向以扶贫为中心、以环保和社会发展为重点的可持续发展。

联合国开发计划署执行局每年举行2次常会和1次年会，会议主要审议署长年度工作报告、财务预算和行政事项、联合国项目服务厅以及南南合作，并核准国别方案等。

【同中国的关系】中国自1972年开始参加联合国开发计划署活动，与开发计划署的合作始于1978年，每5年一周期，成功实施了多期“国别方案”及“合作框架”。截至2020年，双方合作项目超过1000个，涉及农业、工业、能源、公共卫生、减贫和经济重建等多个领域。开发计划署已与中国签署共建“一带一路”合作文件。中国于2020年再次当选开发计划署执行局成员。2021年2月1日，联合国开发计划署执行局审议通过了中国同开发计划署新周期国别合作方案（2021—2025）。

2020年9月，中国与联合国经济和社会事务部、联合国开发计划署合作举办减贫与南南合作高级别视频会议，联合国副秘书长、开发计划署署长阿奇姆·施泰纳与会并发言。

【驻华代表机构】联合国开发计划署于1979年在北京设立驻华代表处。现任驻华代表为白雅婷（Beate Trankmann，女，德国籍）。办公地址：北京市朝阳区亮马河南路2号。电话：010–65323731。　（左芳萌）

联合国贸易与发展会议
United Nations Conference on Trade and Development—UNCTAD

【成立日期】1964年3月，第一届联合国贸易与发展会议（简称“贸发会议”）在瑞士日内瓦应运而生。会议建议在联合国内设立一个常设机构，以处理有关贸易和发展问题。同年12月30日，联大通过第1995号决议，确定了其为联合国大会的常设机构。

【宗旨和原则】促进国际贸易，特别是加速发展中国家的贸易增长和经济发展，最大限度地帮助发展中国家获取贸易、投资和发展机会，并协助它们应对全球化带来的挑战，在公平的基础上融入世界经济。

【成员】截至2022年底，有195个成员。

【主要负责人】现任秘书长丽贝卡·格林斯潘（Rebeca Grynspan，哥斯达黎加籍）于2021年9月13日正式就任，是该机构首位女性秘书长。

【总部】瑞士日内瓦。

【网址】http://www.unctad.org。

【出版物】《贸易与环境评估》《贸易与发展报告》《最不发达国家报告》《世界投资报告》等。

【组织机构】（1）贸发大会：最高权力机构，由全体成员国参加，每4年举行1届部长级会议。（2）理事会：执行机构。每年举行1届常会和数次执行会议。理事会下设3个委员会，即货物和服务贸易及商品委员会，投资、技术和相关资金问题委员会，企业、商业便利和发展委员会。委员会每年举行1届会议。委员会可根据需要召开专家会议，就政策问题进行专业技术研讨。（3）秘书处：主要为贸发大会、理事会及其附属机构服务。贸发会议负责人由联合国秘书长任命，联大认可。

【主要活动】贸发会议是联合国大会在贸易和发展领域的主要机构，是联合国系统内综合处理发展和贸易、金融、技术、投资和可持续发展领域相关问题的归口单位。自成立以来，贸发会议在促进发展中国家的经济发展、推动南北对话和南南合作方面发挥了重要作用。

贸发会议有较强的研究能力，尤其在向发展中国家提供技术援助，帮助其融入世界经济和多边贸易体系方面有较强的优势，被誉为“发展中国家智囊”和“南方思想库”。贸发会议一年一度发表的《最不发达国家报告》《贸易与发展报告》《世界投资报告》在全世界具有广泛的影响和声誉，不但在国际上作为被广征博引的权威资料，而且是各国政策制定的重要参考依据。

近年来，随着国际形势变化，贸发会议谈判职能有所削弱。但通过研究和政策分析、政府间审议以及政策分析等活动，在帮助发展中国家制定经济发展战略和贸易、投资、金融政策，提高其参与多边经济贸易事务的能力方面，贸发会议仍发挥着独特和重要的作用。

2021年10月3日—7日，联合国贸发会议第十五届大会在巴巴多斯和日内瓦通过视频方式举行。联合国秘书长古特雷斯、贸发会议秘书长格林斯潘出席开幕式，来自100多个国家共5300多人出席会议，会议取得建设性成果。7日，大会闭幕并发表《布里奇顿共识》和《“77国集团+中国”部长宣言》。商务部王受文副部长兼国际贸易谈判副代表率团出席会议并在一般性辩论环节以视频方式发言。中国常驻联合国日内瓦办事处和瑞士其他国际组织代表、特命全权大使陈旭出席“77国集团+中国”部长级会议并发言。

【同中国的关系】中国自1971年恢复在联合国的合法席位后，从1972年起即参加了贸发会议。中国一贯支持并积极参与贸发会议的活动，贸发会议也为中国的经济建设和改革开放提供了很多帮助，双方一直保持着良好的合作关系。中国是贸发大会、理事会和各委员会的成员，参加了自第三届贸发大会以来的历届大会。近年来，双方合作在中国国内发布了《贸易与发展报告》和《世界投资报告》等贸发会议主要出版物，在经济全球化和投资等方面联合举办研讨会，并共同为发展中国家官员提供培训。贸发会议还是厦门中国国际投资贸易洽谈会的协办单位之一。中国国际商会于2021年3月获得贸发会议全面观察员地位。

（左芳萌）

联合国环境规划署
United Nations Environment Programme—UNEP

【成立日期】1972年，第27届联合国大会根据同年6月在瑞典斯德哥尔摩召开的联合国人类与环境大会的建议，决定成立联合国环境规划署（简称“环境署”）。1973年1月，该署正式成立。

【宗旨和原则】促进环境领域国际合作，并为此提出政策建议；在联合国系统内协调并指导环境规划；审查世界环境状况，以确保环境问题得到各国政府的重视；定期审查国家和国际环境政策和措施对发展中国家造成的影响；促进环境知识传播及信息交流。

【成员】普遍会员制，所有联合国会员国、联合国专门机构成员和国际原子能机构成员均可加入。目前有成员国193个。

【主要负责人】执行主任英格·安德森（Inger Anderson，丹麦籍）。2019年就任，任期4年，2023年连任。

【总部】肯尼亚内罗毕。

【网址】http://www.unep.org。

【出版物】《联合国环境规划署新闻》，月刊。

【组织机构】（1）理事会：由58个成员组成，任期4年，可以连任。理事会席位按区域分配如下：亚洲13个，非洲16个，拉美10个，西欧及其他地区13个，东欧6个。每2年改选理事会成员中的半数。理事会通过联合国经社理事会向联大报告，每2年召开1次理事会会议。在不举行理事会的年份举行1届特别理事会。1999年，联大通过决议，启动全球部长级环境论坛，每年于理事会会议和特别理事会会议期间举行。2012年，联合国可持续发展大会决定将联合国环境署提升为普遍会员制，将环境署理事会升格为每2年举行1届的联合国环境大会。（2）秘书处：联合国系统内环境活动实施和协调中心。

【资金来源】环境基金：主要来自成员国自愿认捐。主要用途是为该署提供联合国预算外资金，用于支付或部分支付该署活动经费，以及与其他联合国机构、国际机构、各国政府和非政府组织进行合作的费用。

【主要活动】环境评估：具体工作部门包括全球环境监测系统、全球资料查询系统、国际潜在有毒化学品中心等；环境管理：包括人类住区的环境规划和人类健康与环境卫生、陆地生态系统、海洋、能源、自然灾害、环境与发展、环境法等。支持性措施：包括环境教育、培训、环境信息的技术协助等。该署定期召开理事会和特别理事会。此外，环境署和有关机构还经常举办同环境有关的各种专业会议。

2021年2月22日，第五届联合国环境大会第一阶段会议在肯尼亚内罗毕开幕。本届环境大会以线上会议形式召开，主题为“加大力度保护自然，实现可持续发展”。会议邀请来自144个联合国会员国和74个主要利益攸关方团体、其他联合国机构、政府间组织、国际公约秘书处的共1700余名代表参加，共商全球环境政策。受新冠疫情影响，大会分两个阶段举行，第二阶段会议于2022年2月28日至3月2日举行。

【同中国的关系】中国自1973年以来一直是联合国环境规划署理事会成员。1976年，中国在肯尼亚内罗毕设立联合国环境规划署代表处，由中国驻肯尼亚大使兼任代表。长期以来，中国与环境署保持良好合作关系。2017年，习近平主席在首届“一带一路”国际合作高峰论坛倡议建立“一带一路”绿色发展联盟，联合国环境署参与筹建该联盟。2018年，时任环境署执行主任索尔海姆来华访问4次，生态环境部部长李干杰均与其会见。2018年11月，联合国环境规划署执行主任索尔海姆来华出席中国环境与发展国际合作委员会（简称“国合会”）2018年年会的“绿色‘一带一路’与2030年可持续发展议程”主题论坛。2019年4月，第二届“一带一路”国际合作高峰论坛成立“一带一路”绿色发展国际联盟，联合国环境规划署以成员身份加入。2021年2月22日，第五届联合国环境大会第一阶段会议在肯尼亚内罗毕召开，生态环境部部长黄润秋率团视频与会，并在领导者对话会议上作了题为“凝聚共识、齐心协力，加强保护自然行动”的发言。2022年3月1日，生态环境部部长黄润秋率团参加第五届联合国环境大会第二阶段会议，并在多边环境领导者对话会议上视频发言。

【驻华代表机构】2003年，联合国环境规划署在华设立代表处。驻华代表涂瑞和（中国籍）。办公地址：北京市朝阳区亮马河南路2号。电话：010–85320921。

（左芳萌）

联合国人口基金
United Nations Population Fund—UNFPA

【成立日期】1966年，第21届联合国大会通过第2211号决议，要求联合国系统的组织在人口方面向各国提供技术援助。1969年“联合国人口活动基金”成立，1987年正式定名为“联合国人口基金”。

【宗旨和原则】加强成员国能力建设，以对人口和计划生育领域的需求作出反应；促进发展中国家和发达国家提高人口意识及制定解决人口问题的战略；应发展中国家要求，采用适合其国情的方法帮助其解决人口问题；在联合国系统的人口领域发挥主导作用，负责协调由人口基金支持的方案和项目。

【主要负责人】执行主任娜塔莉亚·卡奈姆（Natalia Kanem，女，巴拿马籍），2017年就任，2021年连任，任期至2025年。

【总部】美国纽约。

【网址】http://www.unfpa.org。

【出版物】《联合国人口基金年度报告》《世界人口状况》报告。

【组织机构】（1）执行局：由36个成员组成，其中亚洲7个，非洲8个，东欧4个，拉美5个，西欧和其他地区12个。执行局成员由经社理事会按地区分配原则和主要捐助国、受援国代表性原则选举产生，任期3年。该执行局负责审核批准人口基金的行政、财务预算等。（2）秘书处：在执行主任领导下处理日常事务。（3）办事处：在埃及、泰国、斯洛伐克、南非和巴拿马设有区域办事处，并设有6个次区域办事处和129个代表处。

【资金来源】主要来自联合国会员国的核心资源捐款和基金会、私营部门及其他捐助者的非核心资源捐款。

【主要活动】援助的主要领域包括计划生育和妇幼保健、避孕药具的研究生产、人口数据的收集分析、人口动态、人口政策和方案的制订与评估、人口教育和宣传、老年及妇女人口研究、专业人员的培训等。联合国人口基金在约150个国家或地区开展项目或提供技术援助，帮助提高妇儿健康水平，防止艾滋病传播和性暴力，降低孕妇死亡率。

联合国人口基金执行局每年召开1次年会和2次常会，主要审议执行主任年度工作报告、人口基金定期评估报告、对人口基金的捐款承诺、人口基金内部审计和监督报告，并核准国别方案等议题。

【同中国的关系】中国恢复联合国合法席位以来，联合国人口基金同中国的关系逐步发展。1978年5月，联合国人口基金与中国在北京签署《谅解备忘录》。40多年来，双方开展了8个周期的合作，实施了200多个合作项目。中国与联合国人口基金的合作涉及计划生育、生殖健康、妇幼保健、扶贫、人口普查数据研究、人口学研究与人口教育、避孕药具研制、艾滋病防治、性别平等、人口老龄化、南南合作等领域，取得了良好的经济和社会效益。2019年4月，全国政协副主席李斌会见来京参加第二届“一带一路”国际合作高峰论坛的联合国副秘书长兼联合国人口基金执行主任娜塔莉亚·卡奈姆女士。2020年2月，人口基金向中国提供物资援助，支持中国抗击新冠疫情。2021年2月，人口基金执行局审议通过了中国同人口基金新周期国别合作方案（2021—2025）。

【驻华代表机构】联合国人口基金于1978年在北京设立驻华代表处。现任驻华代表康嘉婷（Justine Coulson，英国籍）。办公地址：北京市朝阳区亮马河路14号塔园外交人员办公大楼1单元161。电话：010–65320506。

（*左芳萌*）

联合国儿童基金会
United Nations Children’s Fund—UNICEF

【成立日期】1946年12月11日成立，当时称联合国国际儿童紧急基金会（United Nations International Children’s Emergency Fund，UNICEF）。1953年改称联合国儿童基金会，简称“儿童基金”或“儿基会”，英文缩写保留“UNICEF”。

【宗旨和原则】成立之初为向第二次世界大战中受害儿童提供紧急救济，1950年后主要是帮助解决发展中国家儿童的营养不良、疾病和教育等问题。近年来，其业务范围已扩大到儿童生存、发展和保护等各个领域，主要援助对象是发展中国家的儿童，重点在儿童保健、营养、教育、福利、妇女发展、安全饮用水等领域。

【主要负责人】执行主任凯瑟琳·拉塞尔（Catherine Russell，女，美国籍），2022年2月就任，任期5年。

【总部】美国纽约。

【网址】http://www.unicef.org。

【出版物】每年出版《世界儿童状况》报告。

【组织机构】（1）执行局：领导机构，由36个成员组成（亚洲7个、非洲8个、东欧4个、拉美5个、西欧和其他地区12个），由经社理事会按地区分配原则和主要捐助国、受援国代表性原则选举产生，任期3年；（2）秘书处：在执行主任领导下处理日常事务；（3）许多发达国家在本国设立儿童基金会国家委员会（非政府组织），与儿基会在筹资方面密切合作。

【资金来源】以各国政府、政府间组织、非政府组织和个人的自愿捐款为主。

【主要活动】1989年，在联合国儿童基金会推动下，联合国大会通过了《儿童权利公约》。1990年9月，世界儿童问题首脑会议在纽约联合国总部召开，会议通过了《儿童生存、保护和发展世界宣言》和《执行90年代儿童生存、保护和发展世界宣言的行动纲领》。2002年5月，儿童问题特别联大在纽约联合国总部召开，会议通过了题为“一个适合儿童的世界”的成果文件，从卫生、教育、儿童保护、艾滋病防治、筹资和建立伙伴关系等方面制定了未来10年的规划和目标。联合国儿童基金会通过其在120多个国家设立的代表处向150多个发展中国家和地区提供无偿援助。

联合国儿童基金会执行局每年举行2次常会和1次年会，核准国别方案，审议执行主任年度报告、战略计划实施报告、合作及伙伴关系全球战略、财务预算及年度认捐等。

【同中国的关系】1979年，中国开始与联合国儿童基金会发展合作关系。自1980年以来，中国一直是联合国儿童基金会执行局成员。1979年至今，联合国儿童基金会共在中国开展了160多个项目。2018年，国务院副总理孙春兰在北京会见了联合国儿童基金会执行主任亨丽埃塔·福尔。2019年4月，儿基会执行主任福尔来华参加第二届“一带一路”国际合作高峰论坛，儿基会与中国国家发展改革委签署的合作文件被纳入第二届“一带一路”国际合作高峰论坛成果清单。2021年2月11日，儿基会执行局2021年一常会审议通过2021—2025年中国国别方案，双方重点关注儿童健康和发展、营养、卫生、教育等领域合作。

【驻华代表机构】联合国儿童基金会于1979年在北京设立驻华代表处。现任驻华代表桑爱玲（女，肯尼亚籍）。办公地址：北京市朝阳区三里屯路12号。电话：010–85312600。（*左芳萌*）

世界粮食计划署
World Food Programme—WFP

【成立日期】根据1961年第16届联大和第11届联合国粮农组织大会的决定建立，由联合国和联合国粮农组织共同创办，1963年正式开展业务。

【宗旨和原则】提高各国人民的营养水平和生活水准，提高所有粮农产品的生产和分配效率，改善农村人口的生活状况，最终消除饥饿和贫困。

【主要负责人】执行干事大卫·比斯利（David Beasley，美国籍），任期为2017年至2023年4月。

【总部】意大利罗马。

【网址】http://www.wfp.org。

【出版物】《世界粮食计划署年度报告》《世界粮食计划署新闻》。

【组织机构】(1）执行局：领导机构，由36个成员国组成，其中发展中国家占24席。执行局成员分别由联合国经社理事会及联合国粮农组织理事会各选举一半，每年改选1/3，任期3年。执行局每年召开2次例会和1次年会。负责讨论审批世界粮食计划署政策制定和修改、财务预算及审计项目等重要事项。(2）秘书处：日常办事机构。负责人是执行干事，由联合国秘书长和粮农组织总干事商执行局后联合任命，任期5年。

【资金来源】依靠各国政府的自愿捐款及私营企业和个人的捐赠。

【主要活动】世界粮食计划署是联合国系统中负责多边粮食援助活动的协调机制。全球多边渠道开展的粮食援助活动，有99%是通过世界粮食计划署实施的。援助包括救济、快速开发项目和正常开发项目3种。世界粮食计划署每年向83个国家的近1亿人提供援助。工作重点涉及紧急援助、救急和恢复、发展援助和特别行动。截至目前，世界粮食计划署向发展中国家提供的援助累计价值700多亿美元，累计受益人口逾6亿。世界粮食计划署负责代管联合国航空服务队，向联合国系统和其他人道主义机构提供人员和物资的运输和调配服务。目前，联合国在全球共有6个人道主义应急仓库，均由世界粮食计划署负责管理。

【同中国的关系】中国于1979年正式参加世界粮食计划署活动。1987年以来，中国一直任粮食援助政策和计划委员会（执行局前身）成员。自1995年起，中国一直是世界粮食计划署执行局成员（2008年除外）。2006年起，世界粮食计划署结束其在华常规粮援项目。2017年2月，世界粮食计划署执行局会议批准了中国的国别战略计划（2017—2021）。在此国别战略计划下，世界粮食计划署将通过加强能力建设、开展可复制和推广的小型创新试点项目促进中国粮食安全，并推动双方的全方位合作。2019年，世界粮食计划署在华共开展了4个创新扶贫试点项目，涵盖儿童营养改善、农作物种植推广等领域。2020年新冠疫情暴发以后，粮食计划署向全球多个国家和地区运送大量抗疫物资。2020年5月，习近平主席在世界卫生大会上宣布将同联合国合作，在华设立全球人道主义应急仓库和枢纽。

【驻华代表机构】世界粮食计划署于1980年在北京设立驻华代表处。自2006年起，世界粮食计划署驻华代表处更名为世界粮食计划署驻中国办公室，现任主任为屈四喜（中国籍）。办公地址：北京市朝阳区亮马河南路2号。电话：010–85325228。（*左芳萌*）

联合国妇女署
UN Women

【成立日期】根据联合国大会2010年决议设立，2011年1月1日开始运作。

【宗旨和原则】推进全球性别平等和妇女赋权，特别是在联合国各层面纳入性别观念及向各国提供政策指导和技术支持。

【主要负责人】执行主任为西玛·萨米·巴胡斯（Sima Sami Bahous，约旦籍），2021年9月就任，任期4年，为联合国副秘书长级别。

【总部】美国纽约。

【网址】http://www.unwomen.org。

【组织机构】执行局是联合国妇女署（以下简称“妇女署”）理事机构，负责提供具体业务指导。执行局属政府间机构，由41个成员国组成，任期3年。其中，35个席位依据公平地域分配原则由经社理事会选举产生（亚太组10席、非洲组10席、东欧组4席、拉美组6席、西方组5席），另外6席分配给主要捐助国。执行局每年通过经社理事会向联大提交业务活动报告。

【主要活动】妇女署工作重点致力于将驻地网络覆盖所有国家和地区。驻地机构的规模视实际需求、政府意见、联合国现有机构能力及可获得的资源等因素确定。

【同中国的关系】中国积极深入地参与了联合国妇女署筹建及建章立制进程，高度重视妇女署在国际妇女领域发挥的牵头作用。中国于2010年当选为妇女署执行局首届成员，并于2013年、2016年、2019年、2022年连任。

2015年9月27日，中国与联合国妇女署在联合国总部成功合办主题为“促进男女平等和妇女赋权：从承诺到行动”的全球妇女峰会，并取得圆满成功。习近平主席出席会议，发表重要讲话并主持部分会议。140多个国家与会，85位国家元首和政府首脑出席，其中71位发表了讲话。习近平主席在会上宣布支持全球妇女事业发展的具体举措，包括向妇女署捐款1000万美元、帮助发展中国家实施100个“妇幼健康工程”和100个“快乐校园工程”、向13万名发展中国家妇女提供职业技术培训等。

全球妇女峰会开创了历史，是首次在领导人层面举办的妇女问题国际会议。中国与妇女署合办此会，充分体现了中国政府对妇女事业的高度重视，展示了中国对促进全球性别平等事业的责任与担当。习近平主席在会上提出了促进妇女全面发展的“中国答案”，宣布了支持全球妇女事业发展的新举措，在国际社会产生了强烈反响和共鸣。

2020年10月1日，联合国举行纪念第4次世界妇女大会25周年高级别会议，主题为“加速实现性别平等和妇女赋权”，习近平主席以视频方式出席并发表重要讲话，提出了帮助妇女摆脱疫情影响、让性别平等落到实处、推动妇女走在时代前列和加强全球妇女事业合作等四项重要主张，宣布了中国继续加大力度支持全球妇女事业发展的重大举措，包括再向妇女署捐款1000万美元等，并倡议在2025年再次召开全球妇女峰会。

2022年，联合国妇女署将7月18日至22日确定为中国宣传周，通过官方推特账号和亚太地区办公室账号发布中国参与妇女领域国际合作的推文，强调中国支持联合国妇女署在国家和国际层面推动落实《北京宣言》和《行动纲领》，实现性别平等和妇女发展；感谢中方承诺2021—2025年度向妇女署捐款1000万美元，为实现多项可持续发展目标作出贡献；重申中国支持妇女署工作，为推动实现性别平等作出巨大努力。

（乐爽）

联合国近东巴勒斯坦难民救济和工程处

The United Nations Relief and Works Agency for Palestine Refugees in the Near East—UNRWA

【成立日期】1948年，阿拉伯国家和以色列之间爆发的第一次大规模武装冲突使大批巴勒斯坦人沦为难民。为援助难民，联合国大会于1949年12月8日通过第302（IV）号决议，决定建立联合国近东巴勒斯坦难民救济和工程处（简称“近东救济工程处”）。该处于1950年5月1日正式开始运作，为联合国下属机构之一。此后历届联大都审议巴勒斯坦难民问题，并通过相关决议，延长该处任期。近东救济工程处最新任期至2023年6月30日。

【宗旨和原则】在找到1948年阿以冲突造成的巴勒斯坦难民问题的解决办法之前，向这些难民提供救济和援助。从1967年开始，近东救济工程处还向受1967年中东战争影响的其他难民提供人道主义援助。

【主要负责人】主任专员：菲利普·拉扎里尼（Philippe Lazzarini，瑞士籍），2020年3月18日由联合国秘书长古特雷斯宣布任命，4月1日正式就任。

【总部】先后设在黎巴嫩贝鲁特、奥地利维也纳，1996年7月始，迁至巴勒斯坦加沙地带和约旦安曼。

【出版物】《主任专员年度报告》;《联合国巴勒斯坦难民救济情况》，每2年1期;《今日巴勒斯坦难民》，季刊。

【组织机构】近东救济工程处业务由总部和分设在约旦、黎巴嫩、叙利亚、约旦河西岸和加沙地带的5个办事处进行管理，在美国纽约、华盛顿及比利时布鲁塞尔和埃及开罗设有联络处。近东救济工程处设有顾问委员会，由29个成员国和4个观察员组成，每2年举行1次会议，主要讨论该处的活动。顾问委员会现任主席国黎巴嫩，副主席国英国，任期自2021年7月1日至2023年6月30日。近东救济工程处是联合国在中东地区最大的办事机构，目前共有工作人员3万余人，管理或资助着900多个学校、诊所等设施。

【资金来源】该处的经费主要依靠联合国会员国和欧盟等国际组织，约占该处财政捐款的93%。2021年，该处的前五大捐助者为美国、德国、欧盟、瑞典、日本。联合国其他机构在多个领域提供惠及难民的项目，并与该处分享专业知识和技能。2021年，这些合作项目价值1500万美元。2021年，该处获得的个人捐款为920万美元。同时，该处与多个企业和基金会合作，范围涵盖本地小型科技企业和大型跨国机构。合作项目充分利用合作伙伴的专业知识，并确保互惠互利。此外，该处还与小型社区组织和国际非政府组织密切合作，利用其独特的资源和优势，为难民提供有效服务。近年来，该处的资金状况逐步恶化，2020年达到临界点。2020年11月26日，拉扎里尼主任专员称近东救济工程处史上首次资金告罄。该处于2021年9月22日致信联合国难民事务高级专员署称，截至2021年9月中旬，该处的资金缺口为100万美元。2022年，该处资金状况持续恶化，截至2022年底，包括债务和贷款在内的金融负债超过7000万美元。

【主要活动】2022年，近东救济工程处的活动情况如下：在该处登记的巴勒斯坦难民总数约590万人，分布于约旦、黎巴嫩、叙利亚、巴勒斯坦约旦河西岸和加沙地带等5个区域，其中1/3的难民生活于该处承认的58个难民营中。该处在5个区域开办706所学校，教育人员1.9万余名，学生人数超过54.3万，女生人数占50%；设立8个职业培训中心，受训人数约8000名；设立2所教师培训机构，受训人数约2000名；设立140处基础医疗设施，医疗人员3052名，女性医疗人员占半数以上，提供了超过700万次医疗咨询服务，产前护理患者6.7万余名；为超过180万难民提供紧急食品和现金援助，为弱势群体32.5万余人提供社会保护服务；提供小额贷款2.3万余笔，价值约3150万美元，用于难民和其他临近地区贫困人口的小型创业和改善生活等，其中，接受贷款的18岁至30岁的青年占25%，妇女占48%。

近年来，近东救济工程处的工作重点由向难民提供救济发展，转至为人民发展和人道主义服务，包括初级和职业教育、基础医疗、救济和社会服务、基础设施和营地改善、小额贷款，以及包含武装冲突局势内的应急反应，同时为儿童、妇女、残疾人等群体提供特殊保护。

【同中国的关系】中国在历届联大关于近东救济工程处议题的审议中，一贯充分肯定该处的工作和作用。该处主任专员亦多次访华。

自1981年起，中国正式开始向近东救济工程处认捐，并视情况追加捐款。2020年6月23日，联合国近东巴勒斯坦难民救济和工程处部长级视频认捐会议举行。中国常驻联合国代表张军大使出席会议，宣布中方将向该处捐款100万美元，向其下属医疗机构提供抗疫物资援助，并通过该处向巴勒斯坦、约旦、黎巴嫩、叙利亚境内的巴勒斯坦难民提供个人防护用品，帮助他们抗击疫情。8月26日，中国与该处签署协议，捐赠一批抗疫援助物资。9月10日，中国驻巴勒斯坦办事处主任郭伟同该处主任专员拉扎里尼签署捐款协议。12月2日，双方在线签署抗疫援助物资交接证书。

2021年2月，中国政府捐赠的抗疫物资在巴勒斯坦、约旦、黎巴嫩和叙利亚的141个该处医疗中心正式发放，用于该处医疗人员、其他一线工作人员及巴勒斯坦难民的个人防护。7月，中国驻巴勒斯坦办事处与该处签署捐款协议，向该处捐赠100万美元，用于加沙的粮食援助。这笔捐款能够帮助该处向约5万名处于粮食不安全状况下的巴勒斯坦难民提供1/4的紧急粮食。2021年，中国还向该处在巴勒斯坦加沙地带、约旦河西岸（包括东耶路撒冷）、约旦、黎巴嫩和叙利亚的5个区域提供了20万剂新冠疫苗，以满足巴勒斯坦难民和国家优先人口的需求。

2022年5月9日，中国驻巴勒斯坦办事处主任郭伟同该处主任专员拉扎里尼签署疫苗援助交接证书。中国共计援助20万剂新冠疫苗，分3批交付该处，分别运抵约旦、叙利亚和黎巴嫩，用于接种三国境内巴勒斯坦难民。9月8日，郭伟主任同该处伙伴关系部主任卡里姆签署捐款协议，同时表示，中方赞赏和支持近东救济工程处工作，一直通过该处积极向巴勒斯坦难民提供力所能及的帮助。中国政府2022年继续向工程处提供捐款，用于改善巴勒斯坦难民民生，并同国际社会一道，推动恢复巴勒斯坦人民合法权利，推动巴勒斯坦问题全面公正持久解决，推动实现中东地区的和平、稳定和发展。（叶雯）

联合国人居署
United Nations Human Settlements Programme—UN-HABITAT

【成立日期】1978年10月，联合国人居中心成立。2001年12月，联合国大会56/206号决议决定将联合国人居中心升格为联合国人居署。

【宗旨和原则】促进社会和环境方面可持续性人居发展，达到为所有人提供合适居所的目标。通过支持城市发展和规划，推动经济增长和社会发展，减少贫困和不平等。

【主要负责人】执行主任麦慕娜·谢里夫（Maimunah Sharif，女，马来西亚籍），2018年就任，2022年连任，任期至2026年。

【总部】肯尼亚内罗毕。

【网址】http://www.unhabitat.org。

【出版物】《年度报告》《全球人类住区报告》《世界城市状况》及一些期刊和宣传品。

【组织机构】（1）大会：系人居署决策机构，由联合国大会2018年通过决议设立，议事规则由人居署常驻代表委员会起草，并于2019年5月举行首届大会；（2）执行局：成员由首届大会选举组成，并于2019年举行首次会议；（3）常驻代表委员会：由所有联合国会员国的常驻代表和经人居署认可的联合国专门机构成员组成；（4）秘书处：系人居署执行机构，由执行主任领导，为人居大会服务，同时作为联合国系统内人类住区问题和活动的协调中心；（5）区域办事处：人居署在4个区域设有办事处，分别是位于巴西里约热内卢的拉丁美洲与加勒比地区办事处、位于日本福冈的亚太地区办事处、位于埃及开罗的阿拉伯国家办事处和位于肯尼亚内罗毕的非洲办事处。

【资金来源】主要包括：（1）定期预算分配，由联合国大会批准，资金来自联合国主要预算；（2）一般捐款，即来自各国政府的非制定自愿捐款；（3）专项捐款，即来自各国政府、基金会、私营部门及联合国机构和其他捐款者指定用途的自愿捐款。

【主要活动】联合国人居署致力于推动“人人享有适当住房”和“在城市化进程中人类住区的可持续发展”两目标的实现，在90多个国家开展项目，通过知识、政策建议、技术援助和合作行动促进城市和人类住区的变革。

【同中国的关系】1988年，中国成为联合国人居中心委员会成员国。1990年，中国在肯尼亚内罗毕正式设立驻联合国人居中心代表处。

联合国人居署与中国合作关系良好，在中国实施了城市管理、垃圾处理等项目。中国多个城市（唐山、杭州、威海、厦门、包头、扬州、南宁、绍兴、张家港等）、有关城市建设项目、数位中央部委和地方政府负责人曾获联合国人居奖。中国积极支持人居署工作，为推动“人居三”大会（联合国住房和城市可持续发展大会）的成功举行和《新城市议程》的通过作出重要贡献。近年来，双方的交流与合作得到进一步加强。2021年10月，在2021年世界城市日全球主场活动期间，住建部、上海市人民政府与联合国人居署在上海共同主办2021年世界城市日中国主场活动暨首届城市可持续发展全球大会，围绕“应对气候变化，建设韧性城市”年度主题，分享在推进城市绿色低碳发展和提升城市安全韧性方面的经验做法。联合国秘书长古特雷斯发来书面贺词，联合国副秘书长、联合国人居署执行主任谢里夫发表视频致辞。（*左芳萌*）

联合国难民事务高级专员公署
The office of the United Nations High Commissioner for Refugees—UNHCR

【成立日期】根据1950年第5届联合国大会决议，于1951年1月1日在日内瓦成立，简称“难民署”。

【宗旨和原则】保护难民，并促使难民问题得以永久解决。向世界各地的难民（不含由联合国其他机构负责提供救济和援助的难民）提供国际保护和援助，并通过协助各国政府（或经有关国家政府同意后协助私人组织）为难民自愿遣返或为其在新国度融合提供便利，以求得难民问题的永久解决。此外，难民署还根据联大授权向由于国内武装冲突、外国入侵、自然灾害、贫困等原因外流者或国内流离失所者提供援助。

【主要负责人】联合国难民事务高级专员菲利波·格兰蒂（Filippo Grandi，意大利籍），2016年1月1日上任，2021年1月1日起连任，任期至2023年6月30日。2022年9月，经第77届联合国大会核可，格兰蒂任期延长至2025年12月31日。

【总部】瑞士日内瓦。

【网址】http://www.unhcr.org。

【出版物】《难民》，月刊，以英、法、西文出版，从1985年起不定期出版中文版。

【组织机构】难民高专方案执行委员会（下称“执委会”）：难民署理事机构，1958年成立，成员国由经社理事会从“关心和致力于解决难民问题”的国家中选出，适当考虑地区代表性，现有107个成员国。每年10月前后，在日内瓦举行年会，审议通过难民署的预算和援助方案，并就难民国际保护提出意见和建议。在两次年会之间，由常设委员会负责执委会工作。

【同中国的关系】中国是联合国《1951年关于难民地位公约》(Convention Relating to the Status of Refugees）及其《议定书》(Protocol Relating to the Status of Refugees）的缔约国。

2022年，中国政府继续积极支持国际难民保护工作，与难民署保持良好合作关系，高度重视难民保护问题，严格履行应尽义务。

2022年10月10日—14日，联合国难民执委会第73次会议以线上和线下方式在瑞士日内瓦举行。中国常驻联合国日内瓦办事处和瑞士其他国际组织代表陈旭大使出席会议并发言，阐述中国政府关于难民问题的立场和主张，强调要从根源上解决大规模难民问题，支持联合国和难民署工作。重申中国将继续通过各种方式同难民署开展人道主义合作，支持难民署为完善全球难民治理作出更大贡献。

【驻华代表机构】1979年，难民署在华设立驻华任务代表处，1995年升格为驻华代表处，负责中国（包括港澳地区）的难民事务。代表：卢沛赫（Vanno Noupech，柬埔寨籍）。办公地址：北京市朝阳区亮马河南路14号塔园外交人员办公楼1–2–1。电话：010–65326806。（*袁茹凡*）

建设和平委员会
Peacebuilding Commission—PBC

【成立日期】为协调联合国支持冲突后重建和平国家的努力，加强国际社会在建设和平、维护和平方面的能力，联合国大会和安理会于2005年12月20日分别通过第60/180号和第1645（2005）号决议，授权建立建设和平委员会。有关决议同时授权设立了建设和平基金（Peacebuilding Fund—PBF）和建设和平支助办公室（Peacebuilding Supporting Office—PBSO）。以上3个机构共同构成了联合国建设和平构架。

【宗旨和原则】为冲突后建设和平及重建提出综合战略；帮助确保早期重建活动和中长期可持续财政投入的可预见性筹资；提高国际社会对冲突后重建的关注；研究制定最佳范例，处理需要在政治、安全、人道主义和发展等行为方之间开展广泛协调的问题。

【成员】组织委员会是建设和平委员会的常设机构，由31个成员国组成。2022年建设和平委员会组织委员会成员为：中国、美国、英国、法国、俄罗斯、墨西哥、肯尼亚（安理会）；巴西、保加利亚、哥斯达黎加、多米尼加、埃及、黎巴嫩、南非（联大）；哥伦比亚、拉脱维亚、新西兰、尼日利亚、韩国、泰国、葡萄牙（经社理事会）；孟加拉国、埃塞俄比亚、印度、巴基斯坦、卢旺达（出兵国）；加拿大、德国、日本、荷兰、瑞典（出资国）。此外，伊斯兰合作组织、欧盟、国际货币基金组织、世界银行也参加建设和平委员会的所有会议。

【主要活动】2005年，联大及安理会分别通过第60/180号和第1645号决议，要求每5年对联合国建设和平架构进行一次全面审议。2016年，联合国大会及安理会分别通过第A/RES/70/262号决议和第2282号决议，要求联合国秘书长就加强建设和平架构提交报告，并决定于2018年分别举行高级别会议，加强建设和平工作。古特雷斯秘书长于2018年提交报告，建议加强建设和平工作领导力、能力和问责。联合国大会于2018年4月24日—25日、安理会于4月25日分别举行建设和平与持续和平问题高级别会议，并于4月26日分别通过内容一致的第A/RES/72/276号决议和第2413号决议，要求联合国秘书长于第74届联大期间提交联合国建设和平架构全面评审详细报告。2020年7月，古特雷斯秘书长就联合国建设和平架构全面评审提交详细报告，提及新冠疫情导致全球人道局势恶化，暴力冲突频发，应采取多层面、协调一致和全社会参与的措施，致力于建设和平与维持和平。

【同中国的关系】中国作为安理会常任理事国，是建设和平委员会组织委员会的永久成员。　（张敬轩）

联合国裁军审议委员会
United Nations Disarmament Commission—UNDC

【成立日期】联合国裁军审议委员会（简称“裁审会”）系根据1978年第一届裁军特别联大决议设立，前身为1952年设立的裁军委员会。

【宗旨和原则】裁审会是联合国审议裁军问题的专门机构，附属于联合国大会，负责审议裁军领域各方面问题以及裁军特别联大有关决议的后续行动，并就上述问题提出建议。

【网址】https://disarmament.unoda.org/institutions/disarmament-commission。

【组织机构】由联合国所有会员国组成，一般设主席1人，副主席8人，报告员1人，并根据议题下设相应工作组。

【主要活动】裁审会每年春季在纽约举行为期3周的实质性会议。根据联大1998年第52/492号决定，裁审会一般每3年审议2项实质性议题，其中1项为核裁军议题。在各方一致同意的情况下，可增加第3项议题。裁审会每年向联大提交报告。

新一轮审议周期于2018年开启，讨论“核裁军与核不扩散目标”和“以防止外空军备竞赛为目标促进执行外空透明与建立信任措施”两项议题。受新冠疫情影响，裁审会在2020年和2021年均未能召开会议。2022年，裁审会恢复线下会议，继续讨论上述两项议题。

【同中国的关系】自1978年以来，中国一直积极参加裁审会工作，发挥了建设性作用。　（孔君）

联合国裁军事务咨询委员会
United Nations Advisory Board on Disarmament Matters—ABDM

【成立日期】联合国裁军事务咨询委员会（简称“裁咨委”）根据1978年5月第一届裁军特别联大决议设立，时称“裁军研究咨询委员会”，其目前授权源自1999年联大相关决定。

【宗旨和原则】裁咨委是国际知名军控专家组成的联合国军控和裁军问题咨询机构、联合国裁军研究所的理事会，负责向联合国秘书长提供关于军控和裁军问题的咨询建议以及关于实施联合国裁军信息项目的咨询建议。

【网址】https://disarmament.unoda.org/institutions/advisoryboard。

【主要活动】裁咨委每年举行2次会议，议程包括联合国秘书长指定的军控和裁军问题，以及委员会认为需要讨论的其他事项。裁咨委主席负责向联合国秘书长提交会议报告，并由联合国秘书长每年向联合国大会报告裁咨委活动情况。

2022年，裁咨委分别于1月、6月举行2次会议，重点就全球军费开支问题进行深入研讨。

【同中国的关系】中国推荐负责军控事务的资深外交官担任裁咨委委员，积极参加委员会相关会议。现任中方委员为中国军控与裁军协会副会长兼秘书长李驰江。　（孔君）

国际法院
International Court of Justice—ICJ

【成立日期】国际法院于1945年6月根据《联合国宪章》设立，于1946年4月开始实际运作，是联合国的主要司法机构，用以取代1920年在国际联盟主持下设立的常设国际法院。

【宗旨和原则】国际法院肩负联合国“以和平方法且依正义及国际法之原则，调整或解决足以破坏和平之国际争端或情势”这一主要宗旨，依照国际法解决各国向其提交的法律争端并就正式认可的联合国机关和专门机构提交的法律问题提供咨询意见。

【当事国】《国际法院规约》是《联合国宪章》的一部分，联合国会员国在批准《联合国宪章》时，自动成为《国际法院规约》的当事国。非联合国会员国由安全理事会建议并经大会就个别情形决定，可以成为《国际法院规约》当事国。

【总部】荷兰海牙。

【网址】http://www.icj-cij.org。

【出版物】每年出版3个系列：《判决书、咨询意见和命令汇辑》(以单行本和合订本出版);《年鉴》;与国际法院有关的各种著作和文献目录。

【组织机构】国际法院由法官和书记官处组成。法院共有15名法官，每位法官任期9年，可连选连任。为确保法院工作的连续性，每3年改选5名法官。如果法官辞职或在任期内去世，将举行补缺选举。每隔3年，法官将自行以无记名投票方式选出院长和副院长，通常应考虑不同法系和区域的代表性。

【主要活动】自1947年审理"科孚海峡案"以来，截至2022年12月31日，提交到国际法院的案件共有186件。其中，158件是国家之间的诉讼案件，28件是联合国机关或专门机构要求发表咨询意见的案件。在诉讼案件中，半数以上涉及领土和边界纠纷，不少涉及海洋争端和有关国际法问题，还有一些涉及国家管辖权问题、外交和领事关系法以及非法使用武力等问题。此外，法院还曾处理过十几起国家为保护私人或商业利益而提起的诉讼案件。法院处理的咨询案件主要涉及与国际组织行使职能有关的法律问题，但有时也涉及非殖民化、核武器合法性、民族自决权等其他问题。

【同中国的关系】中国是《国际法院规约》最早的缔约国之一，一直积极参加法院工作。在中国恢复联合国合法席位后，先后有倪征燠、史久镛、薛捍勤(女)3位中国国际法专家担任国际法院法官。其中，史久镛曾于2000—2003年担任国际法院院长，薛捍勤于2018—2021年担任国际法院副院长。中国重视国际法院在和平解决国际争端及促进国际法治方面的重要作用，未接受法院的任意强制管辖权，主张谈判协商解决国际争端。迄今为止，中国未向国际法院提交任何案件。2009年，中国应国际法院邀请，就"科索沃临时自治机构单方面宣布独立是否符合国际法"咨询意见案向法院提交书面意见，并出席口头陈述程序。这是中华人民共和国成立后，中国首次参与法院程序。2018年，中国再次应国际法院邀请，就"查戈斯群岛咨询意见案"向法院提交书面意见。（高晨钰）

国际法委员会
International Law Commission—ILC

【成立日期】国际法委员会(下称"委员会")于1947年11月21日根据联合国大会第174(11)号决议成立。

【宗旨和原则】根据《联合国宪章》第13条和《联合国国际法委员会章程》第15条的相关规定，国际法委员会的宗旨是促进国际法的逐渐发展和编纂。

【成员】委员会由34名委员组成，任期5年。其中，8名来自非洲，7名来自亚洲，3名来自东欧，6名来自拉美和加勒比地区，8名来自西欧和其他地区，1名在非洲与东欧之间依次轮换，1名在亚洲与拉美和加勒比地区之间依次轮换。总体而言，这些委员应代表世界各大法系，并应以个人身份履行职务。委员人选由联合国各会员国政府提名，经联合国大会选举产生，任期5年，可连选连任。两次选举之间如出现空额，由委员会自行补选。2021年11月，第76届联大举行了委员会换届选举，34个委员名额中的2个轮换名额分配给非洲与亚洲。中国籍候选人、前驻马来西亚大使黄惠康再次成功连任，任期自2023年1月1日开始，任期5年。

【总部】瑞士日内瓦。

【网址】http://www.un.org/law/ilc。

【出版物】《国际法委员会报告》《国际法委员会年鉴》和其他文件。

【主要活动】委员会一般向联合国大会提出议题，经联大核可后对议题进行研究；或由联大提出议题，交委员会研究。委员会将其研究成果，提交联大审议，并由联大决定应采取的进一步措施。委员会成立以来，审议的议题涉及外交和领事关系法、条约法、海洋法、国际环境法、战争法、国家及其财产管辖豁免、官员豁免、国家责任、国家继承等国际法的众多领域。在委员会拟订条款草案的基础上，已缔结了多项国际公约，包括:(1)《领海和毗连区公约》(1958);(2)《公海公约》(1958);(3)《公海捕鱼及养护生物资源公约》(1958);(4)《大陆架公约》(1958);(5)《减少无国籍状态公约》(1961);(6)《维也纳外交关系公约》(1961);(7)《维也纳领事关系公约》(1963);(8)《特别使团公约》(1969);(9)《维也纳条约法公约》(1969);(10)《关于防止和惩处侵害应受国际保护人员包括外交代表的罪行的公约》(1973);(11)《维也纳关于国家在其对国际组织关系上的代表权公约》(1975);(12)《国家在条约方面继承的维也纳公约》(1978);(13)《关于国家对国家财产、档案和债务的继承的维也纳公约》(1983);(14)《关于国家和国际组织间或国际组织相互间条约法的维也纳公约》(1986);(15)《国际水道非航行使用法公约》(1997);(16)《国际刑事法院规约》(1998);(17)《联合国国家及其财产管辖豁免公约》(2004)。这些公约对现代国际法的发展作出了重要贡献，对国际关系的稳定健康发展也产生了积极作用。

【同中国的关系】中华人民共和国成立后，中国国际法专家于1982年开始参加国际法委员会的工作。倪征燠、黄嘉华、史久镛、贺其治、薛捍勤(女)、黄惠康等先后当选国际法委员会委员，其中，薛捍勤曾于2010年当选国际法委员会第62届会议主席，是委员会历史上第一位女性主席。（高晨钰）

联合国和平利用外层空间委员会
The United Nations Committee on the Peaceful Uses of Outer Space—COPUOS

【成立日期】联合国和平利用外层空间委员会（简称“外空委”）是根据1959年联合国大会第1472号决议成立的联合国常设机构。

【宗旨和原则】外空委的宗旨是制定和平利用外空的原则和规章，促进各国在和平利用外空领域的合作，研究与探索和利用外空有关的科技问题和法律问题。根据联大1959年第1472号决议和1961年第1721号决议，外空委应与联合国秘书长合作，履行下述职能：（1）同涉外空的政府间组织及非政府组织保持密切联系；（2）办理各国政府提供的外空活动资料的交换事宜；（3）协助研究促进外空活动国际合作的措施；（4）研究实施探测外空计划方面可能产生的法律问题。

【成员】截至2022年12月31日，共有102个成员国。

【总部】奥地利维也纳。

【网址】https://www.unoosa.org/oosa/en/ourwork/copuos/index.html。

【组织机构】联合国外空司是外空委的秘书处，设在联合国维也纳办事处。外空委下设科学技术小组委员会和法律小组委员会，由外空委全体成员国组成。委员会及两个小组委员会每年各举行1届会议。会议一般在上半年举行，以便向下半年举行的联合国大会提交报告、建议和决议。外空委及其2个小组委员会以协商一致的方式作出决定。

【主要活动】自1959年成立以来，先后拟订并经联合国大会审议通过了5项国际公约、3项宣言和3项原则，确立了外空活动应遵循的法律框架。

5项国际条约是《各国探索和利用包括月球和其他天体在内外层空间活动的原则条约》（1967）、《营救航天员、送回航天员及归还射入外空之物体之协定》（1968）、《空间物体所造成损害的国际责任公约》（1972）、《关于登记射入外层空间物体的公约》（1975）和《关于各国在月球和其他天体上活动的协定》（1979），上述5项条约均已生效。

3项宣言是《各国探索和利用外层空间活动的法律原则宣言》（1963）、《关于开展探索和利用外层空间的国际合作，促进所有国家的福利和利益，并特别要考虑到发展中国家需要的宣言》（1996）和《空间千年：关于空间和人类发展的维也纳宣言》（1999）。

3项原则是《各国利用人造地球卫星进行国际直接电视广播所应遵守的原则》（1982）、《关于从外层空间遥感地球的原则》（1986）、《关于在外层空间使用核动力源的原则》（1992）。

此外，外空委于2007年通过了《空间碎片减缓指南》；2009年通过了《外层空间核动力源应用的安全框架》；2019年通过了《外层空间活动长期可持续性准则》。

外空委的经常性活动包括：（1）研究并促进空间减灾、远程医疗、远程教育、气象、通信、导航、直接广播和遥感地球资源等各种卫星的国际合作；（2）举办国际、区域和区域间的研究会议及讨论会和讲习班；（3）促进外空研究的情报交换等；（4）通过联合国空间应用方案同联合国粮农组织、联合国教科文组织、欧洲空间局、国际宇航联合会、国际空间法学会等机构合作，开展技术和学术交流活动；（5）通过联合国开发计划署援助有关国家发展将空间技术应用于经济和社会发展所需要的技术。

联合国大会根据外空委的建议，先后在维也纳召开了3次探索及和平利用外层空间会议（UNISPACE），即1968年8月第1次外空大会，1982年8月第2次外空大会和1999年7月第3次外空大会。第3次外空大会主题是“21世纪人类的空间惠益”，会议通过了《联合国第3次外空会议报告》，其中包括《空间千年：关于空间和人类发展的维也纳宣言》，对于促进空间科技服务于和平目的、增进外空国际合作以及推动各国特别是发展中国家的经济发展和社会进步，产生了积极影响。

为纪念1968年举行的联合国第1次探索及和平利用外层空间会议，联合国外空司于2018年6月20日—21日在维也纳举办了“外空会议50周年”（UNISPACE+50）纪念活动。纪念活动通过的成果文件“空间作为可持续发展的驱动因素”采纳中国提议，呼吁“在和平利用外空领域加强国际合作，以实现命运共同体愿景，为全人类谋福利与利益”。该文件首次在和平利用外空领域，以协商一致的方式写入了人类命运共同体的重要理念，并已由第73届联大以决议形式通过。

2018年，外空委还根据联大决议成立了“空间2030”工作组，制定“空间2030”议程及其实施计划，于2021年完成制定工作并经第76届联大审议通过。该文件是引领未来外空合作与治理的重要文件。2021—2022年，外空委科技小组、法律小组委员会分别决议成立空间活动长期可持续性工作组和空间资源开发工作组并完成建章立制，开展相关领域的规则制定工作。

【同中国的关系】1980年6月，中国派出观察员代表团参加了外空委第23届会议。11月3日，联合国正式接纳中国为该委员会成员国。此后，中国积极组团参加委员会及两个小组委员会的历届会议，全面阐述中国在外空领域的基本立场和政策，宣传中国航天事业发展成就，展现开放合作的良好姿态。时任外交部条法司马新民副司长曾担任2015年外空委会议副主席兼报告员，实现了历史性突破。

近年来，中国积极利用外空委会议这一重要平台开展公共外交活动。2018年在联合国维也纳办事处举办“中国的航天合作：构建命运共同体和造福全人类”主题宣介会；2019年中国与联合国外空司共同举办中

国空间站国际合作计划入选项目发布会，进一步树立了中国和平利用外空的航天大国形象。（张旺喆麟）

联合国可持续发展高级别政治论坛
The United Nations High-level Political Forum on Sustainable Development—HLPF

【成立日期】2012年6月联合国可持续发展大会决定，成立联合国可持续发展高级别政治论坛，取代可持续发展委员会。论坛于2013年9月24日第68届联大一般性辩论期间正式启动。

【宗旨和原则】政治上领导并指导可持续发展进程，提出相应工作建议；跟进并审议可持续发展目标落实进展，在监督全球的后续落实和评估工作方面起核心作用；在各层级、各领域工作中全面加强整合经济、社会和环境三大支柱；制定重点突出、具灵活性、以行动为导向的工作议程；应对可持续发展领域的新挑战和新问题。

【成员】联合国193个会员国均是论坛正式成员。

【总部】美国纽约。

【主要活动】在联大和联合国经社理事会框架下分别举行会议。（1）联大框架下：每4年在联大开幕期间举行高级别会议，与会级别为国家元首和政府首脑。当年联大主席担任会议主席，会期2天，会后形成简短的政治宣言提交联大。论坛启动后联大框架下的首次会议于2019年9月24日至25日召开。（2）经社理事会框架下：每年在经社理事会实质性会议期间举行一次会议，会期8天，包括5天高官会和3天部长级会议。会后形成部长级宣言，纳入经社理事会向联大提交的报告。自2016年起，每年举行自愿性质的定期审议，即国别自愿陈述，主要审议可持续发展目标落实情况。

【同中国的关系】中国参加了论坛各项筹备活动。2013年，外交部长王毅出席了论坛首次会议。2016年，外交部副部长李保东出席论坛部长级会议，并代表中国政府参加首次落实2030年可持续发展议程国别自愿陈述。中国出席了经社理事会框架下可持续发展高级别政治论坛历届会议。2019年9月，2030年可持续发展议程通过后联大框架下论坛首次会议，即可持续发展目标峰会在纽约联合国总部举行，国务委员兼外交部长王毅以习近平主席特别代表身份出席并致辞。2021年7月14日，联合国经社理事会可持续发展高级别政治论坛期间，王毅国务委员兼外交部长代表中国政府就中国落实2030年可持续发展议程进行第二次国别自愿陈述。（左芳萌）

同联合国建立关系的政府间机构

国际劳工组织
International Labour Organization—ILO

【成立日期】1919年根据《凡尔赛和约》作为国际联盟的附属机构成立。1946年12月14日成为联合国专门机构。

【宗旨和原则】促进充分就业和提高生活水平；促进劳资合作；改善劳动条件；扩大社会保障；保证劳动者的职业安全与卫生；获得世界持久和平，建立和维护社会正义。

【成员】187个成员国。

【主要负责人】国际劳工组织总干事吉尔伯特·洪博（Gilbert Hongbou，多哥籍），2022年10月1日上任，任期至2027年9月底。

【总部】瑞士日内瓦。

【网址】http://www.ilo.org。

【出版物】《国际劳工评论》（季刊）；《世界就业与社会展望》（年度报告）；《全球社保报告》（双年度报告）；《全球工资报告》（双年度报告）；《国际劳工研究》；《劳工统计年鉴》；《劳动世界》（年刊）。

【组织机构】主要机构为国际劳工大会、理事会和国际劳工局。（1）国际劳工大会：最高权力机构，每年6月在日内瓦举行会议；（2）劳工局理事会：执行机构，每3年由大会选举产生，在大会休会期间指导该组织工作，每年召开3次会议；（3）国际劳工局：常设工作机构，也是国际劳工大会、国际劳工组织理事会、国际劳工组4人理事会会议的秘书处。

国际劳工组织是以国家为单位参加的国际组织，但组织结构上实行独特的“三方代表”原则，即参加各种会议和活动的成员国代表团由政府、雇主组织和工人组织的代表组成，三方代表有平等独立的发言和表决权。

【主要活动】2022年5月27日至6月11日，第110届国际劳工大会以线上线下结合方式召开。中国代表团团长、人力资源社会保障部副部长俞家栋代表中国出席全会并发言。3月、6月和11月，国际劳工组织以线上方式分别召开第344、345、346次理事会。

【同中国的关系】中国是国际劳工组织的创始会员国，也是理事会政府组的常任理事国。1971年，中国恢复在该组织的合法席位。1983年，中国派团出席第

69届国际劳工大会，正式恢复了在该组织中的活动。中国重视并积极参与劳工组织的各项活动，与其保持着良好的合作关系，出席了历届劳工局理事会以及国际劳工大会。

2022年12月，国际劳工组织总干事洪博应邀出席国务院总理李克强同主要国际经济组织负责人第七次“1+6”圆桌对话会。

【驻华代表机构】国际劳工组织于1985年在华设立办公室，即国际劳工组织北京局，负责管理该组织在中国和蒙古国开展的各项工作。局长：李昌徽（Changhee Lee，韩国籍），2021年上任。办公地址：北京市朝阳区塔园外交人员办公楼1–10–1。电话：010–65325091。（冯华）

联合国教育、科学及文化组织
United Nations Educational, Scientific and Cultural Organization—UNESCO

【成立日期】1945年11月16日在伦敦通过《联合国教育、科学及文化组织组织法》。1946年11月4日在巴黎正式成立。

【宗旨和原则】通过教育、科学及文化促进各国间合作，对和平与安全作出贡献，以增进对正义、法治及《联合国宪章》所确认之世界人民不分种族、性别、语言或宗教均享人权与基本自由之普遍尊重。

【成员】193个会员国和11个准会员。

【主要负责人】现任总干事为奥德蕾·阿祖莱（Audrey Azoulay，女，法国籍），2017年10月当选，2021年11月连任，任期至2025年。

【总部】法国巴黎。

【网址】http://www.unesco.org。

【出版物】联合国教科文《信使》;《教育展望》;《国际教育杂志》;《自然与资源》;《国际社会科学杂志》;《博物馆》;《教科文组织统计年鉴》;《世界教育报告》;《世界科学报告》;《世界文化报告》等。

【组织机构】（1）大会：最高权力机构。由全体会员国参加，每2年举行1次届会。有特殊情况时，可召开特别大会。现已举行过41届大会。（2）执行局：大会闭幕期间的监督、管理机构。由58个经大会选举产生的会员国组成，任期4年，每2年改选半数，可以连选连任。每年举行2次或3次届会。执行局下设5个委员会，即计划与对外关系委员会、行政与财务委员会、公约与建议委员会、国际非政府组织委员会和特别委员会。（3）秘书处：常设执行机构。秘书处最高行政首长为总干事，由大会选举产生，任期4年，可连任1届。为增进会员国之间的区域协调与合作，秘书处在各大洲和一些主要国家设立了65个办事处。

【主要活动】主要活动形式为:（1）制定国际准则性文件，如公约、议定书、建议书、宣言等;（2）召开各类政府间国际会议;（3）组织开展各类专业学术研究活动;（4）出版各类图书、期刊、报告、文献、音像制品及电子制品;（5）以专家咨询、技术设备等形式向会员国提供技术援助;（6）举办培训、研修、实习活动;（7）向非政府国际组织提供资助;（8）与会员国和地区性机构合作开展业务活动。

教科文组织在其主管的教育、科学、文化、传播与信息等业务范围内设立了几十个政府间大型合作计划，以推动国际智力合作，例如：国际教育局、人与生物圈计划、国际地质对比计划、国际水文计划、政府间海洋学委员会、社会变革管理计划、世界遗产委员会、非物质文化遗产保护政府间委员会、促使文化财产归还原主或归还非法占有文化财产政府间委员会、世界版权公约政府间委员会、国际传播发展计划、综合信息计划、政府间信息学计划、政府间体育运动委员会等。由教科文组织大会选举产生的执行理事机构负责规划和管理计划实施，并建立各自的国际或地区合作网络。

教科文组织还同世界教育、科学、文化领域内许多重要的非政府国际组织建立和发展合作关系。

【同中国的关系】双方合作广泛、良好，在全民教育、扫盲、高等教育、女童与妇女教育、文化和自然遗产以及非物质文化遗产保护、生物多样性、海洋、水文、地质等领域开展一系列合作，成绩显著。

2022年10月11日，联合国教科文组织2022年女童和妇女教育奖颁奖仪式在法国巴黎举行。国家主席习近平夫人、联合国教科文组织促进女童和妇女教育特使彭丽媛向颁奖仪式致贺词。中国同联合国教科文组织合作设立的女童和妇女教育奖是该组织在促进女童和妇女教育领域的唯一奖项，在宣传推广教育性别平等理念及优秀实践经验、落实性别平等全球优先事项方面发挥重要作用，得到国际社会广泛关注和高度评价。11月29日，联合国教科文组织保护非物质文化遗产政府间委员会第17届常会在摩洛哥拉巴特召开，中国申报的“中国传统制茶技艺及其相关习俗”通过评审，成功列入联合国教科文组织人类非物质文化遗产代表作名录。

【驻华代表机构】教科文组织于1984年在华设立地区办事处，负责中国、朝鲜、韩国、蒙古国及日本5个东亚国家的工作。代表：夏泽翰（Shahbz Khan，澳大利亚籍）。办公地址：北京市朝阳区建国门外外交公寓5号楼153号。电话：010–65321725。（高学平）

联合国粮食及农业组织
Food and Agriculture Organization of the United Nations—FAO

【成立日期】正式成立于1945年10月16日，简称“粮农组织”，属联合国专门机构。

【宗旨和原则】提高各国人民的营养水平和生活水准；提高所有粮农产品的生产和分配效率；改善农村人口的生活状况，促进世界经济的发展，并最终消除饥饿和贫困。

【成员】共有194个成员国、1个成员组织（欧洲联盟）和2个准成员（法罗群岛、托克劳群岛）。

【主要负责人】总干事屈冬玉（中国籍），2019年就任，2023年连任，任期至2027年。

【总部】意大利罗马。

【网址】http://www.fao.org。

【出版物】年度报告《粮农状况》，以及各种专业年鉴和杂志。

【组织机构】（1）大会：最高权力机构，负责审议世界粮农状况，研究重大国际粮农问题，选举、任命总干事，选举理事会成员国和理事会独立主席，批准接纳新成员，批准工作计划和预算，修改章程和规则等；每2年举行1次，全体成员国参加。（2）理事会：隶属于大会，在大会休会期间在大会赋予的权利范围内处理和决定有关问题；由大会按地区分配原则选出的49个成员国组成，任期3年，可连任，每年改选1/3；在大会两届例会期间举行5次会议。（3）秘书处：执行机构，负责执行大会和理事会有关决议，处理日常工作。负责人是总干事，由大会选出，任期4年，在大会和理事会的监督下领导秘书处工作。秘书处下设20个司，涉及伙伴关系及外联、自然资源及可持续生产、经济及社会发展、组织后勤及业务支持4个领域。在亚太、非洲、拉美及加勒比、近东及北非、欧洲及中亚5个区域设有办事处，另设有10个次区域办事处、7个联络处和134个国家代表处。

【资金来源】成员国缴纳会费和自愿捐款。

【主要活动】作为世界粮农领域的信息中心，搜集和传播世界粮农生产、贸易和技术信息，促进成员国之间的信息交流；向成员国提供技术援助，以帮助提高农业技术水平；向成员国特别是发展中国家成员提供农业政策支持和咨询服务；商讨国际粮农领域的重大问题，制定有关国际行为准则和法规。

【同中国的关系】中国是联合国粮农组织创始成员国之一，1973年恢复在该组织席位以来，一直是理事会成员国。联合国粮农组织积极支持中国农村改革和农业发展。1978年至今，联合国粮农组织在华实施了500多个国内、区域和国际项目。同时，中国积极履行成员国义务，广泛参与和支持联合国粮农组织活动。

2018年6月6日，中国与联合国粮农组织共同在粮农组织总部罗马举办主题为“减贫和粮食权的保障”的展览，多层次展示中国的减贫行动和成就，以及中国为保障包括中国人民在内的各国人民粮食权作出的重要贡献。2019年6月23日，联合国粮农组织第41届大会在意大利罗马举行并选举产生第九任总干事，时任农业农村部副部长屈冬玉高票当选，成为粮农组织历史上首位中国籍总干事。2020年9月，国家主席习近平在第75届联大一般性辩论上发表重要讲话，宣布中国将设立第三期中国—粮农组织南南合作信托基金。2021年12月，中国同联合国粮农组织签署基金总协定。

【驻华代表机构】联合国粮农组织于1983年在北京设立驻华代表处。现任驻华代表为文康农（Carlos Watson，洪都拉斯籍），2021年3月就任。办公地址：北京市建国门外外交公寓4号楼2单元151/152号。电话：010-65322835。（左芳萌）

世界卫生组织
World Health Organization—WHO

【成立日期】1948年成立，为联合国专门机构。

【宗旨和原则】使全世界人民获得尽可能高水平的健康。该组织将健康定义为“身体、精神和社会生活的完美状态”。

【成员】194个成员和2个准成员。

【主要负责人】总干事谭德塞（Tedros Adhanom Ghebreyesus，埃塞俄比亚籍），2017年7月1日上任，2022年5月24日连任，任期至2027年。

【总部】瑞士日内瓦。

【网址】http://www.who.int。

【出版物】《世界卫生组织月报》，双月刊，以英、法、阿、俄文出版；《疫情周报》，以英、法文出版；《世界卫生统计》，季刊，以英、法、中、阿、俄、西文出版；《世界卫生》，月刊，以英、法、俄、西、德、葡、阿文出版。

【组织机构】（1）世界卫生大会：最高权力机构，每年举行1次。主要任务是审议总干事的工作报告、规划预算、接纳新会员国和讨论其他重要议题。（2）执行委员会：由世界卫生大会选出的34名会员国政府指定的代表组成，任期3年，每年改选1/3。根据世界卫生组织的口头君子协议，联合国安理会五个常任理事国是必然的执委成员国，但席位第3年后轮空1年。（3）秘书处：常设办事机构，下设非洲、美洲、欧洲、东地中海、东南亚、西太平洋6个地区办事处。总干事是秘书处行政和业务首席官员，经秘密投票选举产生。

【主要活动】召开执委会会议，商定世界卫生大会议程和通过呈交卫生大会的决议；召开世界卫生大会，审议总干事工作报告、规划预算、接纳新会员国和讨论其他重要议题。

【同中国的关系】中国为该组织创始成员国之一。1972年，第25届世界卫生大会恢复中华人民共和国合法席位。中国出席了此后历届大会和西太平洋区地区委员会会议，多次当选执委会委员。2017年1月，国家主席习近平访问世界卫生组织（简称“世卫组织”）总部并会见时任总干事陈冯富珍。

新冠疫情发生以来，中国同世界卫生组织保持密切沟通，不断深化双方合作。中国政府第一时间向世界卫生组织、有关国家和地区组织主动通报疫情信息，分享新冠病毒全基因组序列信息和新冠病毒核酸检测引物探针序列信息，定期向世界卫生组织和有关国家通报疫情信息。2020年1月，世界卫生组织总干事谭德塞访华，国家主席习近平、国务委员兼外交部长王毅、国家卫生健康委主任马晓伟分别会见。2月16日至24日，中国—世界卫生组织联合专家考察组对北京、成都、广州、深圳和武汉等地进行实地考察调研，29日发布联合考察报告。2021年1月14日至2月10日，中国—世卫组织新冠溯源研究联合专家组在武汉开展了为期28天联合研究。2021年3月30日，世卫组织正式发布中国—世卫组织新冠病毒溯源联合研究报告。2021年10月30日，国务委员兼外交部长王毅在G20罗马峰会期间会见世界卫生组织总干事谭德塞。2022年2月，世界卫生组织总干事谭德塞来华出席北京冬奥会开幕式，国务院总理李克强、国务委员兼外交部长王毅、国家卫生健康委主任马晓伟分别会见。2022年5月22日，第75届世界卫生大会在日内瓦开幕，国家卫生健康委主任马晓伟率团视频出席。

2020年5月18日，习近平主席在第73届世界卫生大会视频会议开幕式上发表致辞，呼吁各国团结合作战胜疫情，共同构建人类卫生健康共同体，提出全力搞好疫情防控、发挥世界卫生组织作用、加大对非洲国家支持、加强全球公共卫生治理、恢复经济社会发展、加强国际合作等6点建议，并宣布两年内提供20亿美元国际援助、与联合国合作在华设立全球人道主义应急仓库和枢纽、建立30个中非对口医院合作机制、中国新冠疫苗研发完成并投入使用后将作为全球公共产品、同二十国集团成员一道落实“暂缓最贫困国家债务偿付倡议”等中国支持全球抗疫的一系列重大举措。

疫情发生以来，中国政府已向世界卫生组织提供两批共5000万美元现汇援助，积极协助世界卫生组织在华采购个人防护用品和建立物资储备库，积极协助世界卫生组织“团结应对基金”在中国筹资，参与世界卫生组织发起的“全球合作加速开发、生产、公平获取新冠防控新工具”倡议和“新冠疫苗实施计划”。

【驻华代表机构】世界卫生组织于1981年在北京设立驻华代表处。代表：高力（Granden Galea，马耳他籍）。办公地址：北京东直门外大街23号东外外交办公楼401号。电话：010-65327189。（王珏）

国际复兴开发银行（世界银行）
International Bank for Reconstruction and Development—IBRD (World Bank Group)

【成立日期】根据1944年7月布雷顿森林会议的决定，于1945年10月27日成立，1946年开始运作，1947年11月15日起成为联合国专门机构，通称“世界银行”，是世界银行集团的简称。该行与国际开发协会（The International Development Association—IDA）、国际金融公司（The International Finance Corporation—IFC）、多边投资担保机构（The Multilateral Investment Guarantee Agency—MIGA）、国际投资争端解决中心（The International Center for Settlement of Investment Disputes—ICSID）4个机构共同组成世界银行集团（The World Bank Group）。

【宗旨和原则】通过向中等收入国家和信用好的贫困国家提供贷款和分析咨询服务，促进公平和可持续的发展，创造就业，减少贫困，应对全球和区域性问题。

【成员】现有189个成员国。

【主要负责人】现任行长是戴维·马尔帕斯（David Malpass，美国籍），2019年4月就任。

【总部】美国华盛顿。

【网址】http://www.worldbank.org。

【出版物】《年度报告》《世界发展报告》《全球监测报告》《世界发展指标》等。

【组织机构】（1）理事会：世界银行最高权力机构，由各成员国派正、副理事各1名组成，每年召开1次会议，理事一般由各国财政部长或中央银行行长担任；（2）执行董事会：世界银行负责处理日常业务的机构，由25名执董组成。

【股本和资金来源】世界银行创始法定资本为100亿美元，以后数轮普遍增资，还有临时性增资。该行所需借贷资金主要从国际资本市场筹措。

【主要活动】国际货币基金组织（下称“基金组织”）同世界银行每年举行2次联合会议，4月举行春季年会，10月举行年会，讨论世界经济形势、金融市场情况、世界银行/基金组织改革等问题。会议期间通常还举行基金组织国际货币和金融委员会部长级会议、世界银行发展委员会会议、二十国集团财长和央行行长会议、金砖国家财长和央行行长会议等会议。中国财政部、中国人民银行派代表参加上述年会和春季年会。

近年来，基金组织/世界银行春季会议和年会举行时间如下：2020年4月14日—17日和10月12日—18日（视频会议）；2021年4月5日—11日和10月11日—17日（视频会议）；2022年4月18日—24日（在美国华盛顿以线上线下相结合方式举行），10月10日—16日（在美国华盛顿的IMF和世界银行集团总部举行）。

【同中国的关系】截至2022年12月，中国在国际复兴开发银行股权为5.88%，排名第三位。中国于1945年加入世界银行，是该组织的创始国之一。中华人民共和国成立后，中国在世界银行的合法席位长期被台湾当局非法占据。1980年4月14日，世界银行声明，自中华人民共和国政府在国际复兴开发银行、国际开发协会和国际金融公司中代表中国之日起，该三机构将按协定只同作为唯一代表成员国——中华人民共和国发生关系。其后，中国代表团参加了该组织的历届年会。2016年1月，世界银行宣布任命中国财政部杨少林担任首任常务副行长兼首席行政官。截至2022财年底，世界银行对中国贷款总额约656亿美元，共支持451个项目。

【驻华代表机构】世界银行于1985年在北京设立代表处。现任中国、韩国和蒙古局局长华玛雅（Mara Warwick，女，澳大利亚籍）。办公地址：北京市朝阳区建国门外大街1号国贸写字楼2座16层。电话：010–58617600；传真：58617800。（陈子豪）

国际货币基金组织
International Monetary Fund—IMF

【成立日期】根据1944年7月签订的“国际货币基金协定”，国际货币基金组织（下称“基金组织”）于1945年10月27日与世界银行同时成立。该组织于1947年3月1日开始运作，1947年11月15日起成为联合国专门机构。

【宗旨和原则】稳定国际汇兑，消除妨碍世界贸易的外汇管制，在货币问题上促进国际合作，并通过提供短期贷款，解决成员国国际收支暂不平衡时产生的外汇资金需求。

【成员】现有189个成员。

【主要负责人】现任总裁克里斯塔利娜·格奥尔基耶娃（Kristalina Georgieva，女，保加利亚籍），2019年10月就任，任期5年。

【总部】美国华盛顿。

【网址】http://www.imf.org。

【出版物】《世界经济展望》《国际金融统计》《国际货币基金概览》《贸易统计指南》《政府财政统计年鉴》《国际收支统计》《汇兑安排和汇兑限制年报》《全球金融稳定报告》。

【组织机构】（1）理事会是基金组织最高权力机构，由各成员国派正、副理事各1名组成，理事一般由各国的财政部部长或中央银行行长担任。每年9月召开1次理事会会议，各理事单独行使本国的投票权（各国投票权的大小由其所缴基金份额的多少决定）。（2）执行董事会负责处理基金组织日常业务，由24名执董组成，分别来自24个国家或选区，全部由选举产生。每个选区选出的执董所行使的表决权是其所在选区各国表决权的总和。（3）总裁负责基金组织的业务工作，行使执董会主席的职能，由执董会推选，任期5年，可连任。

【股本和资金来源】基金组织的资金主要来源于各成员国认缴的份额。各成员国的份额由该组织根据各国的国内生产总值、开放度、经济波动性以及国际储备等经济指标确定。缴纳份额时，25%为可兑换货币或特别提款权，75%为本国货币。成员国份额越大，其享有的表决权越大。成员的主要权利是按照所缴份额的一定比例借用外汇。此外，成员国有义务提供经济资料并在本国的外汇政策和管理方面接受基金组织的监督。

【主要活动】基金组织同世界银行每年举行2次联合会议，4月举行春季年会，10月举行年会，讨论世界经济形势、金融市场情况、世界银行/基金组织改革等问题。会议期间通常还举行基金组织国际货币和金融委员会部长级会议、世界银行发展委员会会议、二十国集团财长和央行行长会议、金砖国家财长和央行行长会议等。中国财政部、中国人民银行派代表参加上述年会和春季年会。

近年来，基金组织/世界银行年会和春季年会举行时间如下：2020年4月14日—17日和10月12日—18日（视频会议）；2021年4月5日—11日和10月11日—17日（视频会议）；2022年4月18日—24日（在美国华盛顿以线上线下相结合方式举行），10月10日—16日（在美国华盛顿举行）。

【同中国的关系】中国于1945年加入国际货币基金组织，是该组织的创始国之一。中华人民共和国成立后，中国在基金组织的合法席位长期被台湾当局非法占据。1980年4月17日，中华人民共和国政府的代表权得到恢复，单独组成1个选区并派任执行董事。其后，中国代表团参加了该组织的历届年会。2006年9月，基金组织理事会通过决议，决定为中国、土耳其、韩国、墨西哥4国特别增资。中国在基金组织的份额占总份额的比重从2.98%升至3.72%，按国别份额排序由第8位升至第6位。2008年4月，基金组织理事会表决通过新决议，再次给部分成员国增资。中国在基金组织份额从3.72%上升至3.99%，仍居第6位。2010年11月5日举行的基金组织执董会通过了份额和治理结构改革方案，新兴市场和发展中国家份额从39.5%增加至42.3%。中国份额从3.996%升至6.394%，从第6位上升至第3位。根据基金组织规定，份额改革方案需获占70%投票权的成员国同意，治理改革方案需3/5成员国及拥有85%投票权的成员国立法机构批准生效。由于美国长期未批准改革方案，导致改革承诺久未兑现。2015年12月，美国批准改革方案。2016年1月，改革方案生效。截至2022年12月，中国在基金组织份额为6.41%，排名第三位。2016年10月，人民币正式加入基金组织特别提款权货币篮子，份额为10.92%。2022年5月，基金组织完成新一轮特别提款权定值审查，人民币份额上调至12.28%。长期以来，中国同基金组织保持良好合作。基金组织通过年度磋商、高层访问、技术援助和培训等多种形式，为中国宏观经济管理和结构性改革提出大量有价值的政策建议，并培养了专业人才。2018年4月，中国人民银行与基金组织合作成立中国–基金组织联合能力建设中心（CICDC），为中国及共建“一带一路”国家开展能力培训。2021年8月，中国人民银行副行长李波出任国际货币基金组织副总裁。

【驻华代表机构】基金组织于1991年在北京设立代表处。现任首席代表是史蒂文·艾伦·巴奈特（Steven Alan Barnett，美国籍）。办公地址：北京市朝阳区建国门外大街乙12号双子座大厦东塔18层1806室。电话：010–65051155；传真：65058580。

（陈子豪）

国际民用航空组织
International Civil Aviation Organization—ICAO

【成立日期】1944年11月1日至12月7日，52个国家在美国芝加哥举行国际民用航空会议，签订了《国际民用航空公约》(通称《芝加哥公约》)，并决定成立过渡性的临时国际民用航空组织。1947年4月4日,《芝加哥公约》生效，国际民用航空组织正式成立，5月13日成为联合国的一个专门机构。

【宗旨和原则】通过制定相关原则和办法，使国际民用航空业安全而有序地发展，确保国际航空运输在平等基础上经济而健康地运营。

【成员】193个。

【主要负责人】理事会主席萨尔瓦托雷·夏基塔诺（Salvatore Sciacchitano，意大利籍），2020年1月1日上任，2022年10月连任，任期至2025年。秘书长胡安·卡洛斯·萨拉萨尔（Juan Carlos Salazar，哥伦比亚籍），2021年8月1日上任，任期至2024年。

【总部】加拿大蒙特利尔市。

【网址】http://www.icao.int。

【出版物】《国际民航组织公报》，每年出10期，以英、法、西文出版;《国际民航组织年报》，以英、法、西文出版。

【组织机构】(1）大会：最高权力机构，每3年举行1次。(2）理事会：常设机构，由36个理事国组成，每年大会选举产生。每年举行3次例会。理事会下设技术合作、航空运输、人力资源、联营导航、财务、非法干扰6个委员会。(3）秘书处：处理日常工作，设空中航行、航空运输、法律事务和对外关系、技术合作、行政服务5个局。此外，该组织设西部和中部非洲（办事处设在达喀尔），南美（办事处设在利马），北美、中美和加勒比（办事处设在墨西哥城），中东（办事处设在开罗），欧洲和北大西洋（办事处设在巴黎），东部和南部非洲（办事处设在内罗毕），亚洲和太平洋（办事处设在曼谷）7个地区办事处。

【主要活动】国际民用航空组织最主要的工作是按照《国际民用航空公约》授权，制定并更新民用航空方面的国际技术标准和建议措施。其他工作包括：修订现行国际民航法规条款并制定新的法律文书；实施航空安全审计计划；制止非法干扰，敦促成员国加强机场安全保卫工作，开展安全保卫培训计划；实施新航行系统及航空运输服务管理制度；收集、审议和公布民航领域的有关统计资料，进行经济预测并协助各国规划民航发展；开展并维持民航技术合作项目和有关机制；向各国、各地区民航训练学院提供援助等。

【同中国的关系】中国是《国际民用航空公约》创始缔约国之一。1971年，国际民用航空组织通过决议，承认中华人民共和国为中国唯一合法代表。1974年，中国正式开始参加国际民用航空组织活动。同年，中国当选国际民用航空组织理事会二类理事国并一直连任。由于经济持续快速发展和民航整体实力的提高，2004年，中国当选国际民用航空组织一类理事国，并于2007年、2010年、2013年、2016年、2019年成功连任。2005年，中国成为仅次于美国的世界第二大航空运输大国。2017年5月，“一带一路”国际合作高峰论坛期间，民航局局长冯正霖与国际民用航空组织秘书长柳芳签订了《中国民用航空局与国际民航组织合作意向书》。

2020年9月，第二届“空中丝绸之路”国际合作峰会在北京举行，国际民用航空组织秘书长柳芳发表视频致辞。12月29日，国家国际发展合作署副署长张茂于与柳芳签署民航总体规划课程开发及培训项目的协议。这是双方在南南合作援助基金框架下开展的项目合作，旨在共同帮助受新冠疫情影响的民用航空运输业复苏及推动相关国家经济社会恢复发展，推进落实联合国2030年可持续发展议程。

2021年10月，国际民用航空组织新冠肺炎高级别会议召开，民航局局长冯正霖参加开幕式，并在部长级圆桌会议上做主旨发言，提出继续发挥国际民航组织领导作用，寻求疫情防控与行业复苏之间的最佳平衡，确保航空安全以及把握创新机遇四点倡议。

2022年9月27日至10月7日，国际民航组织第41届大会在加拿大蒙特利尔举行，民航局局长宋志勇率中国代表团与会，参与了大会及各委员会议题讨论和报告审议等工作。

【驻华代表机构】国际民航组织亚太地区分办事处于2013年6月27日在北京正式成立。主任：拉斐尔·吉列（Raphael Guillet，法国籍）。办公地址：北京顺义区二纬路09号。电话：010–64557179。

（濮小珺）

国际海事组织
International Maritime Organization—IMO

【成立日期】根据1948年通过、1958年3月17日生效的《政府间海事协商组织公约》，1959年1月17日在英国伦敦正式成立政府间海事协商组织，并召开了第1届大会。1982年5月22日，该组织改名为国际海事组织，并成为联合国专门机构。

【宗旨和原则】促进各国的航运技术合作，鼓励各国在促进海上安全、提高船舶航行效率、防止和控制船舶对海洋污染方面采用统一的标准，以及处理有关的法律问题。

【成员】175个成员和3个联系会员（中国香港、中国澳门和法罗群岛）。

【主要负责人】秘书长林基泽（Kitack Lim，韩国籍），2016年1月1日上任，2020年1月1日连任，任期至2023年12月。

【总部】英国伦敦。

【网址】http://www.imo.org。

【出版物】《国际海事组织新闻》，季刊，以英文出版；本组织所制定的各种公约、规则、建议案和决议。

【组织机构】（1）大会：最高权力机构，由全体成员国代表组成，每2年召开1次，负责选举理事会成员国，审议该组织战略、预算、工作计划和各委员会工作报告等。（2）理事会：执行机构，在大会闭会期间行使大会的所有职责，由大会选举产生的40个理事国组成。成员分为A、B、C三类，A类是在提供国际航运服务方面具有最大利害关系的10个国家；B类是在国际海上贸易方面具有最大利害关系的10个国家；C类是作为全球各个地区代表当选的20个国家。（3）委员会：设海上安全、海上环境保护、法律、技术合作、便利运输5个委员会。（4）秘书处：处理日常事务的常设机构，负责保存国际海事组织会议制定的公约、规则、议定书、建议案和会议记录、会议文件。设有秘书长办公室、海上安全司、海上环境保护司、法律事务和对外关系司、行政司、会议司和技术合作司7个部门。

【主要活动】召开成员国大会，制定和修改有关海上安全、防止海洋污染、便利海上运输和提高航行效率及与之有关的海事责任方面的公约、规则、议定书和建议案；在上述方面交流实际经验，研究相关海事报告，利用联合国开发计划署等国际组织提供的经费和捐助国提供的捐款，向发展中国家提供一定技术援助；召开各委员会会议，研究与各专业委员会业务有关的事务，并提出建议。

【同中国的关系】中国于1973年恢复国际海事组织成员国地位，1975年在该组织第9届大会上当选为B类理事国并一直连任，1989年在第16届大会上当选为A类理事国并连任至今。在国际海事组织理事会第119次会议上，交通运输部国际合作司副司长张晓杰当选为会议主席，这是中国代表首次当选理事会主席。中国还派出180多名专业人员到该组织创办的世界海事大学进修。世界海事大学分别自2003年和2005年起与上海海事大学和大连海事大学联合开办了硕士研究生项目。2011年，世界海事大学在华设立代表处。

自中国加入该组织后，历年均派团出席有关国际会议并参与相关国际法规、议定书的制定工作，在有关海事、安全等具体业务方面，中国政府有关部门与该组织开展并保持了有效合作，双边和多边交流活动顺利进行。

2022年，国际海事组织举行了理事会第127、128届会议和第35届特别理事会，海上安全委员会第105、106届会议，海上环境保护委员会第78、79届会议，法律委员会第109届会议，技术合作委员会第72届会议，便利运输委员会第46届会议及5个技术分委会的会议。中国代表团出席上述会议，在理事会改革、海运温室气体减排、智能船舶、海上安全，以及保护船舶和海员权益、维护国际物流链畅通等议题上发挥重要作用。（濮小珺）

国际电信联盟
International Telecommunication Union—ITU

【成立日期】1865年5月17日，法、德、俄、意、奥等20个欧洲国家在巴黎签订《国际电报公约》，创建了国际电报联盟。1906年，德、英、法、美、日等27个国家在柏林签署《国际无线电公约》。1932年，70多个国家在马德里召开国际电报联盟第五届全权代表大会，决定将上述两个公约合并为《国际电信公约》，并将国际电报联盟更名为国际电信联盟。1947年，国际电信联盟成为联合国负责电信事务的专门机构，总部从瑞士伯尔尼迁至日内瓦。

【宗旨和原则】维护和扩大各成员国之间的合作，以改进和合理使用各种电信资源；促进并提供对发展中国家的技术援助；促进电信设施的发展及其最有效的运营，以提高电信业务的效率；促进电信技术和业务的应用，使世界上所有人得益于新的电信技术带来的便利；促进和加强相关实体和组织参与国际电信联盟活动并建立合作伙伴关系，以实现上述目的。

【成员】193个成员国，700多家私营部门实体和学术机构组成的部门成员和准成员。

【主要负责人】秘书长赵厚麟（中国籍），2014年10月当选，2015年1月1日履职，2018年连任，任期至2022年底。

【总部】瑞士日内瓦。

【网址】http://www.itu.int。

【出版物】国际电信联盟总秘书处、电信标准化局、无线电通信局和电信发展局就电信政策、技术、业务、资费等出版的系列建议书，操作公报，电信业务规则、须知和手册，电信统计年鉴，以及不定期出版的电信杂志等。

【组织机构】（1）全权代表大会：最高权力机构，每4年召开1届，其主要任务是审议确定国际电信联盟发展战略，制定国际电信联盟预算，选举理事国及秘书长、副秘书长和各部门局长以及无线电规则委员会委员等，修订国际电信联盟《组织法》和《公约》及其他相关法规文件。（2）理事会：管理机构，现有48个成员国。理事会在两届全权代表大会期间代行全权代表大会赋予的职责，负责审议电信政策问题，制定年度预算，协调总秘书处及各部门之间的活动，促进实施《组织法》《公约》和其他行政规则各项条款以及全权代表大会等会议所通过的决定等。（3）世界国际电信大会：负责审议修订《国际电信规则》并处理其权限内的任何世界性问题。（4）无线电通信部门：主要职责是研究无线电通信的技术业务问题，以确保所有无线电通信业务合理、公平、有效和经济地使用无线电频谱及卫星轨道资源，并通过有关无线电通信问题的建议书。无线电通信部门通过无线电通信局、世界和区域性无线电通信大会、无线电规则委员会、无线电通信全会、无线电通信研究组、无线电通信顾问组等开展工作。（5）电信标准化部门：主要职责是研究电信技术、运营和资费问题，并通过建议书，以实现全球电信标准化。电信标准化部门通过电信标准局、世界电信标准全会、电信标准化研究组、电信标准化顾问组等开展工作。（6）电信发展部门：主要职责是组织和协调技术发展和援助，促进全球电信的发展。电信发展部门通过世界和区域性电信发展大会、电信发展研究组、电信发展顾问组以及电信发展局等机构开展工作。（7）总秘书处：由秘书长领导，1名副秘书长协助管理。主要职责是负责为各成员提供及时有效的服务，协调和支持三大部门的活动，承担各类会议的秘书处工作，管理行政和财务事宜等。

【主要活动】每4年召开1次全权代表大会、世界电信标准化全会和世界电信发展大会；每3至4年召开1次世界无线电通信大会；每年召开1次理事会；各部门每年召开各研究组及工作组会议。

【同中国的关系】中国于1920年加入国际电报联盟；1932年派代表参加马德里大会，签署了马德里《国际电信公约》；1947年在美国大西洋城召开的全权代表大会上被选为行政理事会理事国。中华人民共和国成立后，其在国际电信联盟的合法席位曾一度被剥夺。1972年5月，国际电信联盟第27届行政理事会通过决议，恢复中华人民共和国在国际电信联盟的合法席位。此后，中国一直担任国际电信联盟理事国。2006年，中国政府推荐的赵厚麟当选国际电信联盟副秘书长，并于2010年连任。2014年至2022年，赵厚麟任国际电信联盟秘书长，是该组织历史上首位中国籍秘书长。

2022年9月26日至10月14日，国际电信联盟2022年全权代表大会在罗马尼亚布加勒斯特举行，中国成功连任国际电信联盟理事国，国家无线电监测中心主任程建军当选新一届无线电规则委员会委员。

（高学平）

万国邮政联盟
Universal Postal Union—UPU

【成立日期】1874年10月9日成立，1878年改称现名，1948年成为联合国专门机构，简称“万国邮联”（或“邮联”）。1969年，邮联通过决议，将每年的10月9日定为“世界邮政日”。

【宗旨和原则】组织和改善国际邮政业务，促进此领域的国际合作与发展。通过邮政业务的有效工作，发展各国人民之间的联系，以实现在文化、社会与经济领域促进国际合作的崇高目标。

【成员】192个。

【主要负责人】国际局总局长目时正彦（Masahiko Metoki，日本籍），2021年当选，任期至2025年。

【总部】瑞士伯尔尼。

【网址】http://www.upu.int。

【出版物】《邮联》，季刊，用法、德、英、阿、中、西、俄7种文字出版。

【组织机构】由邮联大会、行政理事会、邮政经营理事会和国际局组成。国际局系邮联秘书处。（1）邮联大会：最高权力机构，由各成员国派出的全权代表参加，每4年举行1次。主要任务是修订法规，制定邮政发展战略，批准邮联经费开支，选举行政理事会、邮政经营理事会理事国和邮联国际局正、副总局长等。大会下设若干委员会，分别负责资格审查、财务、邮联治理、公约、发展合作等专业问题。（2）行政理事会：由41个理事国组成。大会东道国是当然理事国及主席国。其他40个理事国席位由大会按地理区域分配原则选出，每届大会至少更换其中半数，任何理事国只能连任一届。行政理事会通常每年在邮联总部召开2次会议，并在两届大会之间监督邮联的全部活动。（3）邮政经营理事会：由48个理事国组成，由大会根据地理区域分配原则选出。每届大会每个地区至少更换1/3的理事国成员。经营理事会主要负责技术和经营问题，包括研究有利于邮联各成员国邮政和经营、商业化、经济和技术合作等方面问题，特别是涉及邮政经济，如邮件资费等重大问题。（4）国际局：即邮联总部，位于瑞士伯尔尼，由总局长领导。国际局履行秘书处职能，向邮联各机构提供后勤和技术支持。它还发挥联络、信息及咨询办公室作用，促进成员国之间的技术合作。

【同中国的关系】中国于1914年加入该组织。1972年4月，邮联恢复中国合法席位。自1974年以来，中国参加了历届邮联大会，并当选历届邮政经营理事会理事国，除两届轮空外，均当选为行政理事会理事国。1999年9月，中国在北京成功主办了第22届邮联大会。这是中国首次承办联合国系统专门机构全权代表大会。1999—2004年，中国担任行政理事会主席。在2004年第23届邮联大会上，原国家邮政局国际合作司司长黄国忠当选邮联国际局副总局长，任期4年，且在2008年第24届邮联大会上连任成功，2012年底任期届满。此系邮联历史上首次由亚太国家人选担任该职务，提高了中国在邮联的地位，扩大了影响。在2021年第27届万国邮联大会上，中国成功连任新一届万国邮联行政理事会和邮政经营理事会理事国，当选邮政经营理事会副主席国。（李佳柠）

世界知识产权组织
World Intellectual Property Organization—WIPO

【成立日期】1893年，“国际保护工业产权联盟”（巴黎联盟）国际局和“国际保护文学艺术作品联盟”（伯尔尼联盟）国际局合并成立保护知识产权联合国际局，此为世界知识产权组织的前身。1967年7月14日，上述两个联盟的51个成员国在瑞典斯德哥尔摩召开外交会议，签署了《建立世界知识产权组织公约》。1970年5月26日，该公约正式生效。1974年12月，该组织成为联合国专门机构。

【宗旨和原则】引领和推动国际知识产权领域规则制定，促进世界范围内的知识产权保护；推动建立均衡、有效的全球知识产权体系，使创新、创造的成果惠及所有人。

【成员】193个成员国，369个观察员。

【主要负责人】总干事邓鸿森（Daren Tang，新加坡籍），2020年10月就任，任期6年。

【总部】瑞士日内瓦。

【网址】http://www.wipo.int。

【出版物】《世界知识产权组织国际商标公约》，英、法文月刊；《国际外观设计公报》，英、法文月刊；《专利合作条约公报》，英、法文周刊；《专利合作条约通讯》，英文月刊；《工业产权和版权》，英、法文月刊；《工业产权与版权》，西班牙文双月刊；《亚洲和太平洋地区知识产权》，英文季刊。

【组织机构】世界知识产权组织设3个主要机构。（1）大会：最高权力机构，由该组织所协调各联盟的成员国组成，每2年召开1次普通届会；应协调委员会或1/4以上成员国的请求，可召开特别会议。（2）成员国会议：由《建立世界知识产权组织公约》的所有签署国组成，每2年召开1次普通届会，与大会同期同地举行；应多数成员国请求，总干事可召集特别成员国会议。（3）协调委员会：大会和成员国会议的咨询机构及执行机构，由巴黎联盟和伯尔尼联盟执委会成员组成。现有成员83个，每年召开1次例会；应总干事或委员会主席或1/4以上成员国的请求，可召开特别会议。国际局是该组织以及受其管理的各联盟的日常行政机构，受大会和成员国会议管理，由以总干事为首的来自各国的常任职员组成。国际局下设有关工业产权法律、版权法律、情报、公约保存以及专利、商标、外观设计和原产地名称注册等业务机构。世界知识产权组织的行政首长为总干事，总干事由大会根据协调委员会提名任命，任期6年。

【主要活动】该组织的主要活动是在世界范围内保护知识产权。该组织鼓励缔结新的国际条约及各国知识产权立法的现代化，向发展中国家提供法律技术援助，收集和传播有关情报，为发明、商标、外观设计等在多国获得法律保护提供服务，并努力促进成员国之间在知识产权法律保护方面的合作。在集中管理各国知识产权的行政事务方面，该组织通过国际局对工业产权和版权的14个联盟实行集中管理，以有利于各联盟之间的相互协调。在过去几年中，该组织加强了与发展中国家在知识产权保护方面的活动，促进国家、地区和多边各级机构通过，或修改现有的保护知识产权的准则，通过国际注册体系以获得国际知识产权保护。2000年10月，根据中国和阿尔及利亚的提案，该组织成员国大会第35届系列会议决定将每年的4月26日定为“世界知识产权日”。该组织主要活动包括举行成员国大会，发展与知识产权委员会会议，遗传资源、传统知识与民间文艺政府间委员会会议等常规会议，计划与预算委员会会议，国际专利分类联盟工作组会议，专利法常设委员会会议，审计委员会会议等。

【同中国的关系】中国于1980年6月3日加入世界知识产权组织后，参加历次成员国大会，一直积极参与该组织框架下的多边知识产权事务，并与其长期保持良好的合作关系。世界知识产权组织管理的26项知识产权多边条约，中国现已加入其中近20项。根据世界知识产权组织2022年9月发布的全球创新指数报告，中国的排名已上升至第11位。

2022年2月3—6日，世界知识产权组织总干事邓鸿森应邀出席北京冬奥会开幕式。9月29日，世界知识产权组织举行2022年全球创新指数发布活动。应邓鸿森总干事邀请，李克强总理向发布活动致贺信。11月9日，2022年世界互联网大会乌镇峰会在浙江乌镇开幕。世界知识产权组织总干事邓鸿森应邀以视频方式致辞。同月30日，第十一届中国知识产权年会以线上方式开幕。世界知识产权组织总干事邓鸿森向年会发去贺信。12月1日，邓鸿森总干事在中国香港举行的第十二届亚洲知识产权营商论坛上发表致辞。

【驻华代表机构】世界知识产权组织于2014年7月在中国设立办事处。代表：刘华（中国籍），2020年6月上任。办公地址：北京市西城区东口袋胡同2号。电话：010–83220238。（王理心）

国际农业发展基金
International Fund for Agricultural Development—IFAD

【成立日期】联合国于1974年11月在意大利罗马召开世界粮食会议，决定建立国际农业发展基金（简称“国际农发基金”），属联合国专门机构。1977年11月，《关于建立国际农业发展基金的协议》正式生效。1978年1月，国际农发基金开始业务活动。

【宗旨和原则】通过筹集资金，以优惠条件提供给发展中的成员国，用于发展粮食生产，改善人民营养水平，逐步消除农村贫困。

【成员】截至2022年，共有177个成员国。

【主要负责人】总裁阿尔瓦若·拉瑞奥（Alvaro Lario，西班牙籍），2022年10月就任，任期至2026年10月。

【总部】意大利罗马。

【网址】http://www.ifad.org。

【出版物】每年出版《年度报告》，不定期出版政策报告、国别报告和战略报告等。

【组织机构】（1）理事会：国际农发基金的最高决策机构。成员国各派1名理事和1名副理事。理事会每年召开一届年会，审议批准国际农发基金的重大事项，包括批准新成员、任命国际农发基金总裁、批准行政预算、通过主要政策等。（2）执董会：由从国际农发基金成员国中选举产生的18位执行董事和18位副执行董事组成，任期3年。受理事会委托监督日常事务，并在每年的4月、9月和12月召开执董会会议，审批新的贷款和赠款项目。（3）内设行政机构：日常办事机构。负责人是总裁，任期4年。

【资金来源】主要包括：（1）创始捐资；（2）成员国捐资，包括核心捐资、债务可持续性框架捐资、补充捐资、附加捐资等；（3）来自非成员国和其他方面的特别捐资；（4）贷款资金回流、投资收益主权借款等。其中，补充捐资是国际农发基金的主要资金来源，每3至5年举行一轮，自1980年以来已完成11轮，每轮补充捐资目标由各成员国协商确定。

【主要活动】国际农发基金主要为发展中国家的扶贫和农业开发提供优惠资金支持，主要涉及农业开发、乡村发展、农村信贷、灌溉、畜牧及渔业等领域，以促进实现联合国2030年可持续发展目标。2020年2月11日—12日，国际农发基金第43届理事会在意大利罗马举行，会议讨论了如何投资可持续的粮食系统，在2030年前实现“零饥饿”。

【同中国的关系】中国1980年正式加入国际农发基金，一直与其保持良好的合作关系，是国际农发基金最大的受援国之一。同时，中国积极发挥成员国的作用，给予国际农发基金积极支持。1996年以来，中国一直担任国际农发基金执董（2005年任副执董）。2018年2月，中国宣布在农发基金设立南南及三方合作基金，专门支持农村减贫和发展领域的南南合作。2018年10月，国际农发基金总裁吉尔伯特·洪博访华，就加强双方总体合作与中方交换意见。2019年4月，洪博来华出席第二届“一带一路”国际合作高峰论坛。2020年12月，财政部副部长邹加怡与国际农发基金总裁洪博举行视频会谈，就农发基金第12轮增资磋商、双方未来合作等议题交换意见。

【驻华代表机构】国际农发基金于2005年在北京设立联络办公室。2017年8月，国际农发基金驻华代表处正式成立。现任驻华代表为倪华（Nii Quaye-Kumah，加纳籍）。办公地址：北京市亮马河南路2号联合国大楼。电话：010-85325228。（左芳萌）

联合国工业发展组织
United Nations Industrial Development Organization—UNIDO

【成立日期】联合国工业发展组织（简称“工发组织”）于1966年成立，1985年6月成为联合国专门机构。

【宗旨和原则】促进发展中国家和转型经济体的包容与可持续工业发展。

【成员】截至2022年12月，共有170个成员国。

【主要负责人】总干事格尔德·穆勒（Gerd Mueller，德国籍），2021年12月上任，任期4年。

【总部】奥地利维也纳。

【网址】http://www.unido.org。

【出版物】《工业发展年度报告》《工业竞争力与贸易》。

【组织机构】（1）大会：最高权力机构，由全体成员参加，每2年举行1届大会。（2）理事会：由大会选出的53个成员国组成，任期4年，每年改选一半，可连任，每年举行1次例会。（3）秘书处：大会和理事会的执行机构。负责人是总干事，由大会根据理事会的推荐任命，可连任。

【资金来源】各国按联合国份额缴纳的会费和自愿捐款。中国是工发组织第一大会费国。

【主要活动】工发组织是联合国系统促进可持续工业发展和国际工业合作的专门机构，通过发挥其全球论坛职能及与发展中国家技术合作等活动，主要开展三大核心业务：减贫、贸易能力建设、能源和环境。

工发组织除每2年举行1次大会外，每年还举行1次工发理事会会议、1次方案和预算委员会会议。

【同中国的关系】中国在1972年工发组织第27届理事会上当选为理事国，并连任至今。1981年，工发组织向中国派遣了高级工业发展顾问。近年来，工发组织积极支持和参与“一带一路”建设。2019年4月，工发组织总干事李勇来华参加第二届“一带一路”国际合作高峰论坛。工发组织与中国国家发展改革委、海关总署、生态环境部等分别签署的合作文件被纳入第二届“一带一路”国际合作高峰论坛成果清单。2022年2月，工发组织总干事穆勒会见中国常驻维也纳联合国和其他国际组织代表王群大使，表示全球发展倡议与工发组织促进成员国包容和可持续工业发展的目标高度契合，工发组织愿予以明确支持，并愿与中国就此深化合作。9月，工发组织代表出席在纽约联合国总部举行的“全球发展倡议之友小组”部长级会议。

【驻华代表机构】1998年9月以前，工发组织驻华代表机构设在联合国开发计划署内。1998年9月，工发组织成立独立的驻华代表处。2006年底升级为工发组织驻中国、蒙古、朝鲜和韩国的区域代表处。现任代表康博思（Stephen Bainous Kargbo，塞拉利昂籍），2021年上任。办公地址：北京市朝阳区塔园外交办公楼2单元。电话：010-65323440。（左芳萌）

国际原子能机构
International Atomic Energy Agency—IAEA

【成立日期】1954年第9届联合国大会通过决议，要求成立一个专门致力于和平利用核能的国际机构。经过2年筹备，有82个国家参加的规约会议于1956年10月26日通过了国际原子能机构（下称“机构”）的《规约》。1957年7月29日，《规约》正式生效。同年10月，机构举行首次全体会议，正式宣布成立。

【宗旨和原则】谋求加速和扩大原子能对全世界和平、健康及繁荣的贡献，确保由其本身（经其请求、在其监督或管制下）提供的援助不用于推进任何军事目的。

【成员】截至2022年12月，共有175个成员国。任何国家不论是否为联合国的会员国或联合国专门机构的成员国，经机构理事会推荐并由大会批准入会后，交存对机构《规约》的接受书，即可成为该机构的成员国。

【主要负责人】总干事格罗西（Rafael Mariano Grossi，阿根廷籍），2019年12月3日就任。

【总部】奥地利维也纳。

【网址】http://www.iaea.org。

【出版物】《核聚变》（月刊）和《国际原子能机构通报》（季刊），均以英、法、俄、西班牙文出版。从1986年起，《国际原子能机构通报》增加中文版。机构同时也出版各种关于原子能及核安全安保、保障监督的科技书籍。

【组织机构】（1）大会：由全体成员国组成。大会每年召开1次，一般在9月，为期1周。大会下设全体委员会和总务委员会，后者兼有证书委员会的职能。（2）理事会：由35国组成，每年举行4次会议。（3）秘书处：执行机构，由总干事领导。总干事由理事会任命，大会批准，任期4年，可连任1届。秘书处下设政策制定办公室、技术援助及合作司、核能和核安全司、行政管理司、研究和同位素司、保障监督司。此外还设有3个研究单位：塞伯斯道夫实验室（奥地利）、的里雅斯特国际理论物理研究中心（意大利）、国际海洋放射性实验室（摩纳哥）。

【主要活动】国际原子能机构不是联合国的专门机构，但与联合国订有关系协定，同联合国大会、安理会和经社理事会有直接关系。机构每年向联大提交工作报告。机构的主要活动有：（1）向成员国提供技术援助，帮助它们开展和平利用核能的研究和应用；（2）与有关国家和国际组织订立“保障监督协定”，对由机构本身或经其介绍提供的技术援助项目、成员国或其他国际组织以及根据核不扩散义务委托监督的项目实施保障监督，以确保这些不用于任何军事目的；（3）组织研究和制定有关核安全和核安保的导则文件，并向世界各国推荐使用；（4）与有关成员国或专门国际机构签订科学研究合同；（5）召集各种科技会议，通过建立情报网、图书馆和出版书刊等方式组织关于和平利用核能的资料交流。

机构自成立以来，在《规约》规定的两大职能（保障监督和和平利用核能）方面做了大量工作。在保障监督领域，已与180多个国家和地区组织签订了全面保障监督协定及单项保障协定，也分别与核武器国家缔结了自愿保障监督协定。1997年5月，机构通过保障监督附加议定书，这标志着机构的保障监督能力和范围从仅核查无核武器国家申报的核活动扩大到可核查未申报的核设施和核活动。在促进核知识和核技术的传播、加强核安全国际合作方面，机构先后主持制定了一系列与核安全、辐射安全、废物管理安全标准有关的国际公约，如《及早通报核事故公约》《核事故或辐射紧急情况援助公约》《核安全公约》《乏燃料管理安全和放射性废物管理安全联合公约》《核材料实物保护公约》及修订案等。2022年，机构分别于3月、6月、9月及11月召开理事会会议，并于9月召开第66届大会，主要审议了核安全、核安保、核科学技术应用、技术合作、核保障、美英澳核潜艇合作问题、乌克兰核安全问题、伊朗核问题、朝鲜半岛核问题、中东无核武器区问题等议题。

【同中国的关系】1984年，中国政府向机构递交了接受《规约》的接受书，成为正式成员国。1986年，中国参与制定并签署了《及早通报核事故公约》和《核事故或辐射紧急情况援助公约》。1988年9月，中国与机构正式签署了《中华人民共和国与国际原子能机构关于在中国实施保障监督的协定》，并于1989年9月生效。1988年12月，中国参加了由机构主持制定，并由机构总干事保存的《核材料实物保护公约》。1990年6月，中国与机构签署了《中华人民共和国和国际原子能机构技术援助协定》。1992年3月，中国加入了《不扩散核武器条约》。1994年9月，中国签署了《核安全公约》。1998年12月，机构总干事巴拉迪和中国常驻机构代表张义山大使签署了《中华人民共和国与国际原子能机构关于在中国实施保障监督的协定的附加议定书》。2002年3月，中国政府通知机构已完成附加议定书生效所需的内部程序，附加议定书对中国生效。2006年4月，中国加入《乏燃料管理安全和放射性废物管理安全联合公约》。2009年8月，中国批准了《核材料实物保护公约》修订案。

中国积极参与机构有关工作，参加了2022年机构大会及理事会。（孔君）

世界贸易组织
World Trade Organization—WTO

【**成立日期**】前身为1947年10月30日签订的关税与贸易总协定。1994年4月，在摩洛哥马拉喀什举行的关贸总协定部长级会议正式决定成立世界贸易组织，简称“世贸组织”。1995年1月1日，世贸组织正式开始运作。

【**宗旨和原则**】促进经济和贸易发展以提高生活水平、保证充分就业、保障实际收入和有效需求的增长；扩大货物和服务的生产和贸易；以可持续发展为目标，考虑对世界资源的最有效利用，既保护环境，又与不同经济发展水平成员的需要和关注相一致；保证发展中国家，特别是最不发达国家在国际贸易增长中获得与其经济发展需要相当的份额。

【**成员**】截至2022年12月，有164个成员，25个观察员。

【**主要负责人**】现任总干事为恩戈齐·奥孔乔–伊维拉（Ngozi Okonjo-Iweala，尼日利亚籍），2021年3月1日上任，任期至2025年8月31日。

【**总部**】瑞士日内瓦。

【**网址**】http://www.wto.org。

【**组织机构**】（1）部长级会议：最高权力机构。至少每2年举行1次，讨论和决定涉及世贸组织职能的所有重要问题，并采取行动。（2）总理事会（由所有成员组成）：在两届部长级会议期间履行世贸组织的职能，包括作为争端解决机构、贸易政策审议机构的职能。（3）总理事会下设货物贸易理事会、服务贸易理事会和与贸易有关的知识产权理事会，各自履行有关协议以及总理事会所赋予的职能。（4）部长级会议还下设贸易与发展委员会、国际收支限制委员会以及预算、财务与行政委员会等6个委员会，1个加入世贸组织工作组以及贸易与投资关系工作小组等3个工作小组。（5）秘书处：为上述职能机构提供各种经常性的服务。由1名总干事和4名副总干事领导。

【**主要活动**】监督多边贸易协议的执行；主持多边贸易谈判，解决贸易争端；审议各成员贸易政策，帮助发展中成员提升贸易能力；与国际货币基金组织和世界银行合作，参与全球经济政策的制定。

世贸组织多哈回合谈判进展一直是各方关注的焦点。二十国集团（G20）领导人峰会、金砖国家领导人会晤、亚太经合组织领导人非正式会议等重要多边国际会议，都将多哈回合谈判作为重要议题。在2011年底的世贸组织第8届部长级会议上，各方同意在最终达成一揽子协议的前提下，通过循序渐进的方式对一些议题先行达成协议。2012年6月，G20洛斯卡沃斯峰会重申各方坚持多哈发展回合授权，承诺致力于完成多哈回合谈判，先在贸易便利化和其他最不发达国家关切的议题上探寻成果。世贸组织第9届部长级会议于2013年12月在印尼巴厘岛举行，世贸组织多数成员希望在此次会议上就贸易便利化、部分农业议题和发展议题达成“早期收获”。2014年11月，世贸组织就《贸易便利化协定》的生效、粮食安全及“后巴厘工作计划”制订问题达成一致，各方将继续就推进多哈回合谈判而努力。2015年12月，世贸组织第10届部长级会议在肯尼亚内罗毕举行，会议通过《内罗毕部长宣言》和9个部长决定，并承诺继续推动多哈议题成功结束。2017年12月，世贸组织第11届部长级会议在阿根廷布宜诺斯艾利斯举行，会议通过了关于渔业补贴议题、电子商务工作计划、小经济体工作计划等部长决定，但未就多哈回合谈判议题达成实质性成果。2022年6月，世贸组织第12届部长级会议在瑞士日内瓦举行，达成多项成果，包括《关于〈与贸易有关的知识产权协定〉的部长决定》《关于世贸组织新冠疫情应对和未来疫情应对准备的部长宣言》《渔业补贴协定》《关于紧急应对粮食安全问题的部长宣言》《关于世界粮食计划署购粮免除出口禁止或限制的部长决定》《关于电子商务的工作计划》等。

【**同中国的关系**】2001年12月11日，中国正式成为世贸组织成员。加入世贸组织后，中国认真履行在申请加入谈判过程中所做的承诺，修改、制定了大量法律法规，对贸易体制和政策进行了全面调整，对外开放水平不断提高。在货物贸易领域，进一步降低了关税，取消全部非关税措施；在服务贸易领域，切实落实各项承诺。加入世贸组织为中国发展赢得了良好的外部环境，促进了国内产业结构的调整，推动了经济和贸易的发展。截至2010年，中国加入世贸组织的所有承诺已全部履行完毕。

2018年6月，中国首次发表《中国与世界贸易组织》白皮书，全面、客观地介绍了中国切实履行加入世贸组织承诺的实践，阐述了中国坚定支持多边贸易体制的立场和主张，阐明了中国坚定不移推进更高水平对外开放的愿景和行动。11月，世贸组织总干事阿泽维多来华出席首届中国国际进口博览会（简称“进博会”）。同月，中国发布世贸组织改革立场文件，提出关于世贸组织改革的三个基本原则和五点主张。三个基本原则是：第一，世贸组织改革应维护多边贸易体制的核心价值；第二，世贸组织改革应保障发展中成员的发展利益；第三，世贸组织改革应遵循协商一致的决策机制。五点主张是：第一，世贸组织改革应维护多边贸易体制的主渠道地位；第二，世贸组织改革应优先处理危及世贸组织生存的关键问题；第三，世贸组织改革应解决贸易规则的公平问题并回应时代需要；第四，世贸组织改革应保证发展中成员的特殊与差别待遇；第五，世贸组织改革应尊重成员各自的发展模式。

2019年5月，中国向世贸组织提交《中国关于世贸组织改革的建议文件》，提出世贸组织改革四个方面的重点行动领域，进一步细化了中方在世贸组织改革问题上的立场主张。11月5日，世贸组织总干事阿泽维多来华出席第二届进博会。同日，中国在上海主办世贸组织小型部长会。俄罗斯、印度等33个成员国贸易部长或部长代表以及世贸组织总干事阿泽维多应邀与会。会议就世贸组织第12届部长级会议成果设计、世贸组织改革等问题交换意见。会议期间，包括与会成员在内的92个成员联署了《投资便利化部长联合声明》。世贸组织是首个与中国国际进口博览会书面确立合作伙伴关系的国际组织。

2020年4月，中国同欧盟等成员宣布，共同建立多方临时上诉仲裁安排，在美国导致世贸组织上诉机构停摆期间，维持世贸争端解决机制运转。

2021年是中国加入世贸组织20周年。11月5日，“中国加入世贸组织二十周年：互利共赢　共创未来”高层论坛在上海举行，世贸组织总干事伊维拉以视频方式出席并发言。12月3日，李克强总理视频会见世贸组织总干事伊维拉；6日，李克强总理同主要国际经济机构负责人以视频方式举行第六次“1+6”圆桌对话会，世贸组织总干事伊维拉应邀出席。

2022年12月9日，李克强总理同主要国际经济机构负责人在安徽黄山举行第七次“1+6”圆桌对话会，世贸组织总干事伊维拉应邀出席。同日，李克强总理会见世贸组织总干事伊维拉。（陈子豪）

联合国世界旅游组织
World Tourism Organization—UNWTO

【成立日期】1975年1月2日。其前身是国际官方旅游宣传组织联盟（IUOTPO），2003年11月成为联合国专门机构。

【宗旨和原则】促进和发展旅游事业，使之有利于经济发展、国际间相互了解、和平与繁荣，以及不分种族、性别、语言或宗教信仰地尊重人权和人的基本自由，并强调在贯彻这一宗旨时要特别注意发展中国家在旅游事业方面的利益。

【成员】159个正式成员国，6个准成员，500多个附属成员。

【主要负责人】现任秘书长祖拉布·波洛利卡什维利（Zurab Pololikashvili，格鲁吉亚籍），2017年9月当选，2021年12月连任，任期至2025年。

【总部】西班牙马德里。

【网址】http://www.unwto.org。

【出版物】《世界旅游组织消息》，月刊；《旅游统计年鉴》，年刊。均以英、法、西班牙文出版。

【组织机构】（1）全体大会：最高权力机构。每2年召开1次。（2）执行委员会：常设机构。一年召开2次会议。成员数量为该组织成员国总数的1/5。成员由地区委员会推选，执行委员会提名，大会通过。执行委员会成员为35个国家。准成员及附属成员委员会可各推选1位代表参加执行委员会的工作，但无投票权。（3）秘书处：负责日常工作。秘书长是联合国世界旅游组织的主要负责人，由执行委员会推荐，大会选举产生，任期4年，可连任1次。（4）地区委员会：非常任机构，每年召开1次会议。共有欧洲、非洲、中东、南亚、东亚及太平洋、美洲6个地区委员会。

【主要活动】负责制定国际性旅游公约、规则，研究全球旅游政策，收集和分析旅游数据，定期向成员国提供统计资料。近年来，该组织积极参与旅游领域的经济活动，努力倡导以旅游促进经济发展、消除贫困、解决就业，与各国开展合作项目。对旅游经济活动提供咨询、援助，开展技术合作。

【同中国的关系】中国于1983年10月加入世界旅游组织，并出席了此后历届全体大会，多次当选执行委员会委员。联合国世界旅游组织第15届、22届全体大会分别于2003年10月、2017年9月在中国举行，国家主席习近平向第22届全体大会致贺词。2016年5月，中国政府和联合国世界旅游组织共同主办首届世界旅游发展大会。2019年9月第23届全体大会期间，中国再次成功当选执行委员会委员，任期为2019—2023年。2021年11月30日至12月3日，世界旅游组织第24届全体大会在西班牙马德里举行，会议就联合国世界旅游组织及各成员国加强合作、促进旅游业复苏进行讨论，中国文化和旅游部部长胡和平率团以视频方式出席会议，贡献了中国智慧和中国方案。（乐爽）

政治类

伊斯兰合作组织

Organization of the Islamic Cooperation—OIC

【成立日期】1969年9月在摩洛哥拉巴特成立，1970年在沙特吉达设立秘书处。原名伊斯兰会议组织，2011年6月改名为伊斯兰合作组织，简称“伊合组织”。

【宗旨和原则】促进各成员国之间的团结，加强它们在经济、社会、文化、科学等方面的合作；努力消除种族隔离和种族歧视，反对一切形式的殖民主义；支持巴勒斯坦人民恢复其民族权利和重返家园的斗争；支持所有穆斯林人民保障其尊严、独立和民族权利的斗争；呼吁各成员国通过政府间合作，遏制和根除“伊斯兰恐惧症”。

2008年3月，在塞内加尔达喀尔召开的第11届伊斯兰会议组织首脑会议通过了新宪章，在前言和宗旨原则方面增加了体现时代特征的内容，如：促进人权、基本自由、良政和法治国家建设；促进伊斯兰成员国和世界其他国家之间相互信任、相互尊重、友好合作的关系；正面宣传伊斯兰教温和、宽容和尊重多样性的价值观念；支持国际关系民主化，配合国际社会对一切形式的恐怖主义的斗争；加强伊斯兰国家内部的经贸、科技和文化合作，最终建立伊斯兰共同市场等。

【成员】共57个：阿富汗、阿尔巴尼亚、阿尔及利亚、阿塞拜疆、巴林、孟加拉国、贝宁、文莱、布基纳法索、喀麦隆、乍得、科摩罗、科特迪瓦、吉布提、埃及、加蓬、冈比亚、几内亚、几内亚比绍、圭亚那、印度尼西亚、伊朗、伊拉克、约旦、哈萨克斯坦、科威特、吉尔吉斯斯坦、黎巴嫩、利比亚、马来西亚、马尔代夫、马里、毛里塔尼亚、摩洛哥、莫桑比克、尼日尔、尼日利亚、阿曼、巴基斯坦、巴勒斯坦、卡塔尔、沙特阿拉伯、塞内加尔、塞拉利昂、索马里、苏丹、苏里南、塔吉克斯坦、多哥、突尼斯、土耳其、土库曼斯坦、乌干达、阿拉伯联合酋长国、乌兹别克斯坦、也门、叙利亚（暂停成员资格）。

此外，伊斯兰合作组织共有12个观察员，分别是波黑、中非、泰国、俄罗斯、“北塞浦路斯土耳其共和国”、联合国、不结盟运动、阿盟、非盟、经合组织、摩洛民族解放阵线、伊斯兰合作组织国家议会联盟。

【主要负责人】秘书长侯赛因·易卜拉欣·塔哈（Hussein Ibrahim Taha，乍得籍），2020年11月当选，2021年11月17日就任。

【总部】秘书处设在沙特阿拉伯吉达。

【网址】http://www.oic-oci.org。

【组织机构】（1）首脑会议：最高权力机构，每3年举行1次；（2）部长理事会：每年轮流在1个成员国举行1次；（3）常设秘书处；（4）其他平行机构：包括四大常务委员会、常驻代表委员会、伊斯兰国际法院、独立人权常务委员会；（5）其他下属机构。

【主要活动】截至2022年12月，伊斯兰合作组织共召开过14次首脑会议、7次特别峰会、48次部长理事会。

2022年3月22日—23日，伊斯兰合作组织部长理事会第48次会议在巴基斯坦伊斯兰堡举行，60余国外长和代表出席。会议围绕“结伴实现团结、公正、发展”的主题，聚焦地区和国际安全形势、打击恐怖主义、可持续发展等议题。

【同中国的关系】1974年2月，第2次伊斯兰国家首脑会议召开时，周恩来总理向大会发去贺电。此后，中国总理多次向该组织首脑会议致电祝贺。

2019年1月，外交部部长助理陈晓东同伊斯兰合作组织秘书长顾问杜拜伊在北京举行政治磋商，外交部副部长乐玉成会见。杜一行还赴新疆参访。3月，在阿布扎比举行的伊合组织部长理事会第46次会议通过决议，欢迎伊合组织代表团访问中国，赞赏中国政府为关怀中国穆斯林所做的努力，并表示伊合组织愿意进一步加强同中国合作。5月31日，习近平主席致电祝贺第14届伊合组织首脑会议在麦加召开。12月，王毅国务委员兼外长就中国同伊合组织关系致函伊合组织秘书长欧赛敏。12月，伊合组织助理秘书长杜拜伊及部分伊斯兰国家常驻伊合组织代表访华，外交部部长助理陈晓东会见，代表团一行还赴新疆参访。

2020年3月，伊合组织秘书处发表声明，赞赏中国在抗击新冠疫情透明度和与各国交流信息方面所做努力。7月，中国外交部通过中国驻沙特使领馆向伊合组织秘书处捐赠了一批抗疫物资。11月，在尼亚美举行的伊合组织部长理事会第47次会议通过决议，希望进一步加强同中国的合作。

2021年6月13日，中国驻伊合组织代表陈伟庆

（中国驻沙特大使）向时任伊合组织秘书长欧赛敏递交任命书，这是中国首次任命驻伊合组织代表。6月14日，中国外交部同伊斯兰合作组织下属伊斯兰开发银行签署了关于援助伊开行成员国抗疫公共卫生实验室的协议。11月，伊合组织新任秘书长塔哈就职，王毅国务委员兼外长向塔哈致贺电。

2022年1月27日，外交部副部长邓励同伊斯兰合作组织政治事务助理秘书长杜拜伊举行视频政治磋商。3月22日，王毅国务委员兼外长应邀出席伊斯兰合作组织外长会开幕式并发表致辞，并会见伊合组织秘书长塔哈。9月28日，中国外交部同伊合组织秘书处签署关于援助伊合组织非洲成员国加强卫生体系建设有关合作协议。（蒋志浩）

阿拉伯国家联盟

League of Arab States—LAS

【成立日期】1945年3月22日，在埃及倡议下，7个阿拉伯国家的代表在埃及开罗举行会议，通过了《阿拉伯联盟宪章》，阿拉伯国家联盟正式成立，简称“阿盟”。

【宗旨和原则】密切成员国间的合作关系，协调彼此间的政治活动，捍卫阿拉伯国家的独立和主权，促进阿拉伯国家的整体利益，推动各成员国在经济、财政、交通、文化、卫生、社会福利、国籍、护照、签证、司法等方面进行密切合作。成员国相互尊重国家政治制度，彼此之间的争端不得诉诸武力解决，某一成员国与其他国家缔结的条约和协定对其他成员国无约束力。

【成员】共22个：阿尔及利亚、阿联酋、阿曼、埃及、巴勒斯坦、巴林、吉布提、卡塔尔、科威特、黎巴嫩、利比亚、毛里塔尼亚、摩洛哥、沙特阿拉伯、苏丹、索马里、突尼斯、叙利亚、也门、伊拉克、约旦、科摩罗。2011年11月16日，阿盟中止叙利亚成员国资格。2013年3月26日，阿盟决定将叙利亚在阿盟席位授予叙利亚反对派“全国联盟”，但迄今未落实。

【主要负责人】秘书长艾哈迈德·阿布·盖特（Ahmad Abuel-Gheit，埃及籍），2021年3月3日获得连任，任期5年。

【总部】埃及开罗。

【网址】http://www.lasportal.org。

【出版物】《阿拉伯事务》，月刊，以阿拉伯文出版；《新闻公报》，以阿拉伯文、英文出版。

【组织机构】（1）首脑级理事会：最高权力机构，自1964年起开始举行首脑会议，商讨地区性重大问题。可应成员国要求召开特别首脑会议或紧急首脑会议。2000年10月，在开罗召开的第11次特别首脑会议决定每年定期举行首脑会议，由成员国轮流主持。（2）部长级（外长）理事会：由全体成员国外长组成，下设数个委员会，负责讨论、制定和监督执行有关的阿拉伯共同政策、制定阿盟各机构的内部条例并任命阿盟秘书长。每年3月和9月举行例会，也可以应2个以上成员国的要求随时召开特别会议或紧急会议。协商一致通过的决议对所有成员国均有约束力。唯有财政和管理问题，获2/3多数通过后，即对全体成员有效。（3）专项部长理事会：随着阿拉伯国家相互关系的发展和合作领域的扩大，各专项领域的部长理事会相继建立并逐步取代了原外长理事会下设的有关委员会。到目前为止，共成立了13个专项部长理事会，由成员国相关部长组成，定期召开会议，负责制定有关领域的阿拉伯共同政策和加强成员国间的有关协调与合作。它们分别是：新闻、内政、司法、住房、运输、卫生、社会事务、青年与体育、环境、通信、旅游、电力及水力部长理事会等。（4）联合防御理事会：根据“共同防御与经济合作条约”建立，由成员国外长和国防部长组成，其任务是统一各成员国的防务计划，为加强其军事力量而开展合作。（5）经社理事会：由成员国有关部长或其代表组成，致力于实现阿盟在经济和社会发展方面制定的目标，并有权建立或取消任何专项组织，负责监督其运作情况。目前其属下有19个专门组织和机构。（6）秘书处：阿盟的常设行政机构和理事会及各专项部长理事会的执行机构，设秘书长1人，由助理秘书长及适量其他官员协助其工作。

阿盟同许多地区和国际组织建立了联系，在亚洲（中国、印度、黎巴嫩、土耳其），非洲（埃塞俄比亚、肯尼亚、南非、南苏丹、索马里、利比亚、突尼斯、苏丹），欧洲（比利时、法国、奥地利、德国、瑞士、意大利、英国、西班牙、俄罗斯、马耳他），美洲（美国、巴西、阿根廷）均设有办事处或代表机构。

【主要活动】1. 截至2022年12月，阿盟共举行过31次首脑会议和13次特别首脑会议。2000年10月，在埃及开罗召开的第11次特别首脑会议，决定每年定期举行阿拉伯国家首脑会议。从第13届阿拉伯国家首脑会议（2001年3月召开）起，阿盟首脑会议机制化。

2022年11月1日—2日，第31届阿盟首脑会议在阿尔及利亚召开，会议通过《阿尔及尔宣言》，重申巴勒斯坦问题是阿拉伯民族核心问题，坚持阿拉伯和平倡议，要求以色列解除对加沙地带围困，支持巴勒斯坦成为联合国正式成员国，强调保障阿拉伯国家总体安全，推动利比亚、也门、叙利亚等问题政治解决，加强共同行动以应对粮食、能源、气候等新挑战，加强阿盟及其成员国同世界各国的伙伴关系，维护在乌克兰危机等问题上的统一立场。

2. 截至2022年12月，阿盟外长理事会共举行了158次例会，并召开了多次特别会议或紧急会议。

2022年9月6日，第158届阿盟外长理事会会议在埃及开罗召开。会议主要讨论了巴勒斯坦问题及阿拉伯国家在政治、经济、安全和文化等多个层面共同面临的问题，并就国际和地区热点问题进行了协调。会议通过了《阿盟外长理事会第158次例会决议》。

【同中国的关系】中国同阿盟于1956年建立联系。之后，双方关系日益密切，交往不断增多，在国际事务中保持协调和相互支持。

近年来，阿盟外长理事会连续作出对华关系决议，呼吁阿盟成员国积极发展同中国在各领域的关系。2021年9月9日，第156届阿盟外长理事会会议通过决议，首次写入"特别赞赏中方为支持阿拉伯事业、和平解决地区危机所做外交努力"表述，并强调阿盟各成员国重视在"一带一路"倡议下加强同中国的各领域合作关系，重申阿拉伯国家支持一个中国原则，欢迎沙特于2022年阿中双方商定的时间主办首届阿中峰会，赞赏中方为支持阿拉伯事业、和平解决地区危机所做外交努力。2022年3月9日、9月6日，第157届、第158届阿盟外长理事会会议通过的涉华决议再次写入上述内容。

2022年12月9日，首届中国—阿拉伯国家峰会在沙特利雅得举行，习近平主席发表重要讲话，回顾双方源远流长的友好交往史，提炼跨越千年、历久弥坚的中阿友好精神，指出守望相助是中阿友好的鲜明特征，平等互利是中阿友好的不竭动力，包容互鉴是中阿友好的价值取向。习近平主席提出，中方将同阿方一道推进"八大共同行动"，涵盖支持发展、粮食安全、卫生健康、绿色创新、能源安全、文明对话、青年成才、安全稳定等领域。中阿双方发表《首届中阿峰会利雅得宣言》《中华人民共和国和阿拉伯国家全面合作规划纲要》和《深化面向和平与发展的中阿战略伙伴关系文件》，一致同意全力构建面向新时代的中阿命运共同体，加强中阿团结协作，助力各自民族复兴，促进地区和平发展，维护国际公平正义，为构建人类命运共同体贡献力量。双方商定要通过中阿合作论坛框架下各项机制深化中阿各领域合作，合力应对共同发展挑战。双方将就涉及彼此核心利益和重大关切的问题保持相互支持，在各类国际场合就共同关心的国际问题加强团结。双方倡导开展文明对话交流，维护世界文明多样性，摒弃对特定文明的歧视与偏见，反对"文明冲突论"。

【驻华代表机构】阿拉伯国家联盟驻华代表处办公地址：北京市朝阳区霄云路18号京润水上花园H-22号别墅。电话：010-64649983，64649984；传真：64649973。 （宁彦）

阿拉伯议会联盟

Arab Inter-Parliamentary Union—AIPU

【成立日期】1974年6月21日。

【宗旨和原则】加强阿拉伯议会间的往来和交流；协调、统一各国议会在国际上和其他各方面的活动；加强同其他地区议会联盟和国家议会组织的交往；协调、统一阿拉伯国家立法；研讨阿拉伯世界的共同性问题，在国际上促进阿拉伯民族事业。

【成员】22个：约旦、阿拉伯联合酋长国、巴林、突尼斯、阿尔及利亚、科摩罗、吉布提、沙特阿拉伯、索马里、苏丹、叙利亚、伊拉克、阿曼、巴勒斯坦、卡塔尔、科威特、黎巴嫩、利比亚、埃及、摩洛哥、毛里塔尼亚、也门。

【主要负责人】议会联盟主席法齐亚·宾特·阿卜杜拉·扎纳尔（Fawzia bint Abudulla Zainal，巴林籍），2022年2月就任。秘书长沙瓦白凯（Fayez Ali Al-Shawabkeh，约旦籍），2016年1月就任，2020年1月连任。

【总部】黎巴嫩贝鲁特（临时）。

【网址】http://www.arabipu.org。

【出版物】《情况公报》，以阿拉伯文出版。

【组织机构】（1）大会：每年第1季度召开，必要时可举行紧急会议，由各成员国议会组织派代表团参加，东道国议长任主席；（2）理事会：通常每年召开2次会议，必要时可举行紧急会议，由各成员国议会组织各派1名议员任代表，议会联盟主席兼任主席；（3）秘书处：由秘书长领导，秘书长每2年由理事会选举产生。

【主要活动】截至2022年12月，阿拉伯议会联盟大会共举行过33次会议。

2020年2月8日，阿拉伯议会联盟第30次会议在约旦安曼召开，来自20个阿拉伯国家的议会代表参会。会议反对美国所谓的"中东和平新计划"，通过并发布了相关声明。

2021年5月12日，阿拉伯议会联盟第31次紧急会议以线上形式举行。会议就耶路撒冷局势进行讨论，通过并发布了相关声明。

2022年2月17日，阿拉伯议会联盟第32次会议在埃及开罗举行，来自19个阿拉伯国家的议会代表参会。会议就加强阿拉伯国家间团结和相互支持等进行讨论，通过并发布了相关声明。5月21日，阿拉伯议会联盟第33次紧急会议在埃及开罗举行，来自15个阿拉伯国家的议会代表参会。会议就保护阿克萨清真寺及其他宗教圣地等进行讨论，通过并发布了相关声明。

【同中国的关系】1985年，中国全国人大与该联盟建立了联系。同年10月，该联盟首次派以秘书长布巴维为首的代表团访华，耿飚副委员长会见。1992年2月，该联盟代表团访华，全国人大常务委员会彭冲副委员长会见，符浩常务委员与之会谈。4月，出席各国议会联盟第87届大会的该组织主席卡杜拉会见了正在喀麦隆访问的中国全国人大代表团，并邀请中国全国人大代表团访问设在大马士革的该组织总部。

（张新晴）

阿拉伯马格里布联盟

Union du Maghreb Arabe—UMA

【成立日期】1989年2月16—17日，马格里布5国元首在摩洛哥马拉喀什举行会议，签署了《阿拉伯马格里布联盟条约》，正式宣布成立阿拉伯马格里布联盟，简称“马盟”。

【宗旨和原则】在尊重各成员国的政治、经济和社会制度的前提下，充分协调经济、社会方面的立场、观点和政策，大力发展经济互补合作。在外交和国际领域协调立场，进行合作。优先实现经济一体化，最终实现阿拉伯统一。

【成员】5个：阿尔及利亚、利比亚、毛里塔尼亚、摩洛哥、突尼斯。1994年11月，埃及正式要求加入阿拉伯马格里布联盟，但截至2022年尚未加入。

【主要负责人】执行主席由成员国元首轮流担任，任期1年。秘书长塔伊卜·巴库什（Taieb Baccouche，突尼斯籍），2016年5月任命。

【总部】常设秘书处在摩洛哥。

【组织机构】（1）元首委员会：最高决策机构，由成员国元首组成，每年举行1次例会，会议主席由元首轮流担任，并在委员会休会期间任马盟执行主席。（2）外长理事会：由各成员国外长组成，负责审议后续工作委员会和各部长专门委员会提交的工作报告，为元首会议作准备，并列席元首委员会例会。（3）后续工作委员会：由成员国负责马格里布事务的国务秘书组成，负责落实元首委员会的决议。（4）部长专门委员会：现有粮食安全、财政经济、人力资源和基本建设4个专门委员会。常设机构有：（1）常设秘书处：原为总秘书处，由各成员国委派1名代表组成。1990年，元首委员会决定将其改为常设秘书处。秘书长任期为3年，可连任1届。（2）咨询委员会：即马盟议会，设在阿尔及利亚，由成员国各20名立法代表组成，其主要职责是对元首委员会作出的决议、计划提出意见，并就马盟活动和实现目标提出建议。（3）马盟法院：由成员国各2名法官组成，设在毛里塔尼亚。（4）马盟投资和外贸银行：旨在促进成员国间商业贸易和投资，总部设在突尼斯。

【主要活动】1990—1994年，马盟共举行了6次首脑会议。1995年2月，利比亚表示因洛克比危机无法接替阿尔及利亚担任马盟主席国。同年12月，摩洛哥指责阿尔及利亚直接插手西撒哈拉问题，要求暂时中止马盟活动，并拒绝担任下届主席国。此后，马盟首脑会议未再举行。

2000年4月，首届欧非首脑会议期间，阿尔及利亚、摩洛哥、利比亚、突尼斯4国元首实现多年来的首次集体会晤，4国均重申区域一体化是其战略选择。2001—2003年，马盟外长理事会在阿尔及利亚多次召开会议，利比亚在第21次会议上接任马盟主席国。2015年5月，马盟外长理事会第33次会议在拉巴特举行，会议呼吁完善马格里布地区安全战略，以应对地区恐怖主义和有组织犯罪挑战。2016年5月，马盟第34次外长理事会在突尼斯首都突尼斯举行，会议讨论了马盟机制化建设和改革等问题，并推选出新一任秘书长。因摩洛哥与阿尔及利亚失和，阿拉伯马格里布联盟的建设陷入停顿。

【同中国的关系】中国与马盟国家关系友好，赞赏马盟国家联合自强、谋求边区和平、稳定与发展的努力。中国愿在平等互利的基础上建立和发展同马盟的友好合作关系。

2018年9月，马盟秘书长巴库什以观察员的身份来华出席中非合作论坛北京峰会。

【同地中海北岸国家关系】马盟5国与法国、意大利、西班牙、葡萄牙和马耳他5国于1990年11月建立“5+5”对话关系，目的是加强彼此合作，促进共同发展，维护西地中海地区的和平与安全。2003年12月，首届“5+5”首脑会议在突尼斯举行。会议着重就地区安全与稳定、经济一体化、社会与人文、文化与文明对话及加强政治磋商等5个议题进行讨论，通过了《突尼斯宣言》。2018年1月，第14届西地中海10国（“5+5”对话机制）外长会议在阿尔及利亚阿尔及尔召开，会议主题是地区经济社会可持续发展以及应对共同挑战。会议一致同意加强合作，共同应对地区恐怖主义威胁。2019年6月，西地中海“5+5”高教部长会议在意大利罗马举行。2020年10月，第16届西地中海10国（“5+5”对话机制）外长会议在突尼斯召开。2022年3月，西地中海“5+5”对话机制部长级会议在西班牙瓦伦西亚举行，会议主要讨论水资源安全和气候变化问题。2022年10月，西地中海“5+5”对话机制部长级会议在毛里塔尼亚努瓦克肖特举行，会议主要讨论高教、科研和创新等领域合作。（刘培智）

海湾阿拉伯国家合作委员会

Cooperation Council for the Arab States of the Gulf—GCC

【成立日期】1981年5月25日，沙特、阿联酋、科威特、卡塔尔、阿曼、巴林6个海湾阿拉伯国家元首在阿联酋宣布成立海湾阿拉伯国家合作委员会（简称“海合会”），并签署了合作委员会章程。

【宗旨和原则】协调各国政策，推进经济一体化，加强地区防务和安全合作，缩小各国间社会、文化及教育发展差距。

【成员】正式成员6个：沙特、阿联酋、科威特、卡塔尔、阿曼、巴林。

【主要负责人】秘书长纳伊夫·法拉赫·哈吉拉夫（Naif Falah Al-Hajraf，科威特籍），2020年2月1日就任，任期3年。

【总部】秘书处设在沙特利雅得。

【网址】http://www.gcc-sg.org。

【组织机构】（1）最高理事会：最高权力机构。由成员国元首组成。主席由各国元首按国名字母（阿拉伯文）顺序轮流担任，任期1年。2022年轮值主席为沙特国王萨勒曼·本·阿卜杜勒阿齐兹·阿勒沙特（Salman bin Abdulaziz Al Saud）。（2）外长理事会：由成员国外长组成。主席由各国外长（外交大臣）按国名字母顺序轮流担任，任期1年。2022年轮值主席为沙特外交大臣费萨尔·本·法尔汉·阿勒沙特（Faisal bin Farhan Al Saud）。（3）秘书处：设秘书长和分别负责政治、经济、军事、安全、文化等领域事务的9名助理秘书长。秘书长按国名字母顺序轮流担任并由最高理事会在海合会首脑会议期间任命，任期3年。

【主要活动】海合会自成立以来，每年11月或12月轮流在六国首都召开首脑会议，迄今共举行43届。此外，自1999年起，一般在首脑会议之间召开非正式首脑磋商会议，迄今已召开17次。六国外交、国防、内政、石油、财政等大臣（部长）也定期或根据需要召开会议。会议主要商讨六国和海湾、中东地区面临的政治、经济、外交、安全、军事等重大问题，互通情况，协调立场，共商对策，联合行动。

2021年1月5日，海合会六国及埃及在沙特古城欧拉召开第四十一届首脑会议。会议发表《欧拉宣言》和闭幕公报，强调海合会将推动各成员国重回合作轨道，致力于实现全面合作、团结和融合，并最终实现统一，这标志着2017年6月以来的海湾断交危机得到缓和。同年12月，海合会第四十二届首脑会议在沙特利雅得举行，海合会六国重申将加强团结，共同致力于实现海合会经济一体化。

2022年12月，海合会第四十三届首脑会议在沙特利雅得召开。

【对外政策】海合会六国均奉行务实、平衡的外交政策。面对当前新的国际和地区形势，六国积极参与国际和地区事务，开展多元外交。

【同中国的关系】中国在海合会成立之初便同其建立了联系。近年来，双方友好关系持续发展。2022年12月，习近平主席出席在沙特利雅得举行的首届中国—海湾阿拉伯国家合作委员会峰会。峰会发表《中华人民共和国和海湾阿拉伯国家合作委员会峰会联合声明》，通过《中华人民共和国和海湾阿拉伯国家合作委员会战略对话2023年至2027年行动计划》。

中海双方保持良好交往。2010年6月，中国同海合会建立战略对话机制并在北京举行首轮对话，此后分别在阿联酋阿布扎比和北京举行第二、三轮战略对话。2022年1月，海合会秘书长纳伊夫访华，中国外交部同海合会秘书处发表联合声明，双方一致同意尽快建立中海战略伙伴关系；尽快签署中海战略对话行动计划；尽快完成中海自由贸易协定谈判，建立中海自由贸易区；适时在沙特首都利雅得举行第四轮中海战略对话。

从20世纪90年代起，中国外长每年都在参加联合国大会一般性辩论期间集体会见海合会“三驾马车”（海合会外长理事会现任和候任轮值主席及海合会秘书长）。2022年9月，王毅国务委员兼外长在出席联大一般性辩论期间集体会见沙特、科威特、巴林等海合会国家外长及海合会秘书长。

中海经贸、能源合作富有成果。2022年双方贸易额达3158亿美元、同比增长35.6%，其中中国出口额1067.9亿美元、同比增长22%，中国进口额2090.1亿美元、同比增长43.7%。2022年，中国自海合会六国进口原油2.11亿吨，同比增长4%。2004年，中国同海合会启动自由贸易协定谈判，迄今为止共举行10轮。

中国同海合会六国均签署了共建“一带一路”合作文件。

中海人文交流密切。中国同海合会六国均签有政府间文化合作协定。近年来，中国同海合会国家文化交流活动发展迅速，海合会国家多次派团出席在华举办的“阿拉伯艺术节”等活动，中国在海合会国家举办“欢乐春节”“中国艺术节”“中国文化周”等活动，受到当地民众欢迎和好评。（李群）

中国—阿拉伯国家合作论坛

China–Arab States Cooperation Forum—CASCF

【成立日期】2004年1月30日，中国国家主席胡锦涛访问了设在埃及开罗的阿拉伯国家联盟（League of Arab States—LAS，简称“阿盟”）总部，会见了阿盟秘书长阿姆鲁·马哈茂德·穆萨（Amr Mahmoud Moussa）和22个阿盟成员国代表。会见结束后，李肇星外长与穆萨秘书长共同宣布成立“中国—阿拉伯国家合作论坛”，并发表了《关于成立“中国—阿拉伯国家合作论坛”的公报》。

【宗旨和原则】加强对话与合作、促进和平与发展。

【成员】中国和阿盟22个成员国：约旦、阿联酋、巴林、突尼斯、阿尔及利亚、吉布提、沙特阿拉伯、苏丹、叙利亚、索马里、伊拉克、阿曼、巴勒斯坦、卡塔尔、科摩罗、科威特、黎巴嫩、利比亚、埃及、摩洛哥、毛里塔尼亚、也门。

【网址】http://www.chinaarabcf.org/chn。

【组织机构】（1）部长级会议：为论坛长期机制，由各国外长和阿盟秘书长组成，每2年在中国或阿盟总部或任何一个阿拉伯国家轮流举办1次部长级例会，必要时可以召开非常会议。会议主要讨论加强中国和阿拉伯国家在政治、经济、安全等领域的合作；就共同关心的地区和国际问题、联合国及其专门机构会议所讨论的热点问题交换意见；回顾论坛行动计划执行情况；讨论双方共同关心的其他事务。（2）高官委员会会议：每年召开例会，由中阿双方轮流承办，必要时经双方同意也可随时开会。负责筹备部长级会议并落实部长级会议的决议和决定，并自2015年起同期举办中阿高官级战略政治对话。（3）其他机制：中阿关系暨中阿文明对话研讨会、中阿改革发展论坛、中阿企业家大会暨投资研讨会、中阿能源合作大会、中阿互办艺术节、中阿新闻合作论坛、中阿友好大会、中阿城市论坛、中阿北斗合作论坛、中阿妇女论坛、中阿卫生合作论坛、中阿广播电视合作论坛、中阿图书馆与信息领域专家会议和中阿技术转移与创新合作大会等。以上活动一般每2年轮流在中国和阿拉伯国家举办1次。（4）联络组：中国驻埃及大使馆为中方联络组，阿拉伯驻华使节委员会和阿盟驻华代表处为阿方联络方，负责双方的联络并落实部长会和高官会的决议和决定。论坛中方秘书处办公室设在中国外交部西亚北非司。

【主要活动】截至2022年12月，中国—阿拉伯国家合作论坛已举办9届部长级会议、17次高官会，并召开了6次中阿高官级战略政治对话。其他合作机制有序运行。

2022年举办的主要活动有：

2022年7月21日，第四届中国—阿拉伯国家妇女论坛在北京举办。本次论坛主题为“妇女教育与科技创新”。全国妇联副主席、书记处书记林怡出席并作主旨发言，外交部中阿合作论坛事务大使李琛出席并致辞。阿联酋、黎巴嫩、巴林、阿尔及利亚驻华大使，卡塔尔、埃及、伊拉克、摩洛哥、突尼斯、巴勒斯坦驻华使馆代表等出席并发言。9月8日，外交部依托中阿改革发展研究中心举办第三届中阿改革发展论坛。中国政府中东问题特使翟隽、阿盟助理秘书长哈利勒、阿联酋阿布扎比社会发展局局长穆吉尔、上海外国语大学校长李岩松出席开幕式并致辞，外交部中阿合作论坛事务大使李琛主持会议。来自中国以及埃及、阿联酋、沙特、卡塔尔、伊拉克、也门、巴勒斯坦、黎巴嫩、苏丹、阿尔及利亚、摩洛哥等国的20余位专家学者与会。11月30日，第三届中国阿拉伯城市论坛在线上举行。全国人大常委会副委员长、中国阿拉伯友好协会会长艾力更·依明巴海、外交部中阿合作论坛事务大使李琛等出席并致辞。25个省市外办（友协）负责人，41个阿拉伯省市负责人，以及阿拉伯国家驻华使节、中阿企业家和学术代表等100余人出席论坛。12月19日—20日，第五届“阿拉伯艺术节”在江西省景德镇市举行，习近平主席致贺信，希望中阿双方落实首届中国—阿拉伯国家峰会成果，为构建面向新时代的中阿命运共同体贡献力量。本届艺术节举办论坛、专场演出、非遗展演、中国古代外销瓷特展、风情创意市集等活动，中阿艺术家进行了广泛深入的文化交流。（张新晴）

中非合作论坛

Forum on China–Africa Cooperation—FOCAC

【成立日期】为进一步加强中国与非洲国家在新形势下的友好合作，共同应对经济全球化挑战，谋求共同发展，在中非双方共同倡议下，中非合作论坛——北京2000年部长级会议于2000年10月10日—12日在北京召开，中非合作论坛正式成立。

【宗旨和原则】平等磋商、增进了解、扩大共识、加强友谊、促进合作。

【成员】中国、与中国建交的53个非洲国家以及非洲联盟委员会。这53个国家分别为：阿尔及利亚、安哥拉、贝宁、博茨瓦纳、布基纳法索、布隆迪、喀麦隆、佛得角、中非、乍得、科摩罗、刚果（布）、科特迪瓦、刚果（金）、吉布提、埃及、赤道几内亚、厄立特里亚、埃塞俄比亚、加蓬、冈比亚、加纳、几内亚、几内亚比绍、肯尼亚、莱索托、利比里亚、利比亚、马达加斯加、马拉维、马里、毛里塔尼亚、毛里求斯、摩洛哥、莫桑比克、纳米比亚、尼日尔、尼日利亚、卢旺达、圣多美和普林西比、塞内加尔、塞舌尔、塞拉利昂、索马里、南非、南苏丹、苏丹、坦桑尼亚、多哥、突尼斯、乌干达、赞比亚、津巴布韦。

【会议机制】中非合作论坛第一届部长级会议上通过的《中非经济和社会发展合作纲领》规定，中非双方同意建立后续机制，定期评估后续行动的落实情况。2001年7月，中非合作论坛部长级磋商会在赞比亚首都卢萨卡举行，讨论并通过了《中非合作论坛后续机制程序》。2002年4月，后续机制程序正式生效。中非合作论坛对话磋商机制建立在3个级别上：部长级会议每3年举行1届；高官级后续会议及为部长级会议作准备的高官预备会，分别在部长级会议前1年及前数日各举行1次；非洲驻华使节与中方后续行动委员会秘书处每年至少举行2次会议。部长级会议及高官会轮流在中国和非洲国家举行。中国和承办会议的非洲国家担任共同主席国，共同主持会议并牵头落实会议成果。部长级会议由各国外交部长和负责国际经济合作事务的部长参加，高官会由各国主管部门的司局级或相当级别的官员参加。2016年7月、2019年6月和2022年8月，先后在北京举行中非合作论坛约翰内斯堡峰会、北京峰会和第八届部长级会议成果落实协调人会议。2007年、2010年、2013年和2017年9月，中非外长在纽约4次举行联大政治磋商。

此外，随着中非合作不断拓展和深化，中非民间论坛、中非青年领导人论坛、中非部长级卫生合作研讨会、中非媒体合作论坛、中非减贫与发展会议、中非合作论坛——法律论坛、中非地方政府合作论坛、中非智库论坛等中非合作论坛分论坛陆续成立。

【中方后续行动委员会】2000年11月，中非合作论坛中方后续行动委员会成立，目前共有37家成员单位：外交部、商务部、财政部、文化和旅游部、中联部、发展改革委、教育部、科技部、工业和信息化部、自然资源部、生态环境部、交通运输部、农业农村部、卫生健康委、人民银行、海关总署、税务总局、市场监管总局、广电总局、国际发展合作署、新闻出版署、国务院新闻办、银保监会、能源局、国防科工局、民航局、药监局、电影局、乡村振兴局、共青团中央、贸促会、全国工商联、国家开发银行、中国进出口银行、中国出口信用保险公司、中国银行、北京市人民政府。外交部部长和商务部部长为委员会两名誉主席，两部主管部领导为两主席。委员会下设秘书处，由外交部、商务部、财政部、文化和旅游部、中联部和国际发展合作署有关司局组成，外交部非洲司司长任秘书长。秘书处办公室设在外交部非洲司。

【网址】http://www.focac.org.cn。

【主要活动】

2021年11月29日—30日，中非合作论坛第八届部长级会议在塞内加尔达喀尔举行。会议主题是“深化中非伙伴合作，促进可持续发展，构建新时代中非命运共同体”。

国家主席习近平和刚果民主共和国总统齐塞克迪、埃及总统塞西、科摩罗总统阿扎利、南非总统拉马福萨、非盟委员会主席法基和联合国秘书长古特雷斯以视频方式出席开幕式。论坛非方共同主席国塞内加尔总统萨勒现场出席并主持会议开幕式。国务委员兼外交部长王毅、商务部部长王文涛同塞内加尔外交和海外侨民部长艾莎塔（女）以及经济、计划和合作部长奥特共同主持部长级会议，53个非洲国家外长和负责对外经济合作事务的部长或代表以及部分国际组织和地区组织代表现场与会。

会议评估2018年论坛北京峰会后续成果落实和中非团结抗疫情况，审议通过《中非合作论坛第八届部长级会议达喀尔宣言》《中非合作论坛—达喀尔行动计划（2022—2024）》《中非合作2035年愿景》和《中非应对气候变化合作宣言》4份成果文件。

习近平主席发表题为《同舟共济，继往开来，携手构建新时代中非命运共同体》的主旨演讲，明确指出“中非友好合作精神”是中非关系好、中非友谊深的关键所在，全面阐述构建新时代中非命运共同体的“四点主张”，郑重宣布中非双方将共同实施的务实合作“九项工程”。

“九项工程”主要包括：

一是卫生健康工程。中国将再向非方提供10亿剂疫苗，其中6亿剂为无偿援助，4亿剂以中方企业与有关非洲国家联合生产等方式提供。中国还将为非洲国家援助实施10个医疗卫生项目，向非洲派遣1500名医疗队员和公共卫生专家。

二是减贫惠农工程。中国将为非洲援助实施10个减贫和农业项目，派遣500名农业专家，在华设立一批中非现代农业技术交流示范和培训联合中心，鼓励中国机构和企业在非洲建设中非农业发展与减贫示范村，支持在非中国企业社会责任联盟发起“百企千村”活动。

三是贸易促进工程。中国将为非洲农产品输华建立“绿色通道”，力争未来3年从非洲进口总额达到3000亿美元。中国将提供100亿美元贸易融资额度，用于支持非洲出口，在华建设中非经贸深度合作先行区和“一带一路”中非合作产业园。为非洲援助实施

10个设施联通项目，成立中非经济合作专家组，继续支持非洲大陆自由贸易区建设。

四是投资驱动工程。中国未来3年将推动企业对非洲投资总额不少于100亿美元，设立“中非民间投资促进平台”，为非洲援助实施10个工业化和就业促进项目，向非洲金融机构提供100亿美元授信额度，设立中非跨境人民币中心。中国将免除非洲最不发达国家截至2021年年底到期未还的政府间无息贷款债务，愿从国际货币基金组织增发的特别提款权中拿出100亿美元，转借给非洲国家。

五是数字创新工程。中国将为非洲援助实施10个数字经济项目，建设中非卫星遥感应用合作中心，支持建设中非联合实验室、伙伴研究所、科技创新合作基地。中国将同非洲国家携手拓展“丝路电商”合作，举办非洲好物网购节和旅游电商推广活动，实施非洲“百店千品上平台”行动。

六是绿色发展工程。中国将为非洲援助实施10个绿色环保和应对气候变化项目，支持“非洲绿色长城”建设，在非洲建设低碳示范区和适应气候变化示范区。

七是能力建设工程。中国将为非洲援助新建或升级10所学校，邀请1万名非洲高端人才参加研修研讨活动。实施“未来非洲—中非职业教育合作计划”，开展“非洲留学生就业直通车”活动。继续同非洲国家合作设立“鲁班工坊”，鼓励在非中国企业为当地提供不少于80万个就业岗位。

八是人文交流工程。中国愿支持所有非洲建交国成为中国公民组团出境旅游目的地国。在华举办非洲电影节，在非洲举办中国电影节。举办中非青年服务论坛和中非妇女论坛。

九是和平安全工程。中国将为非洲援助实施10个和平安全领域项目，继续落实对非盟军事援助，支持非洲国家自主维护地区安全和反恐努力，开展中非维和部队联合训练、现场培训、轻小武器管控合作。

2022年8月18日，中非合作论坛第八届部长级会议成果落实协调人会议以视频连线方式举行。论坛非方共同主席国塞内加尔外长以及历届中非合作论坛非方主席国、非洲各次区域代表、非盟委员会代表、非洲各国驻华使节与会。会议审议通过《联合声明》。双方就全面落实中非合作论坛第八届部长级会议成果、深入推进中非友好合作充分交换意见，达成重要共识，体现出中非双方在涉及彼此关切及核心利益问题上的坚定支持，彰显中非携手构建新时代中非命运共同体的坚定决心。（刘艺轩）

上海合作组织

The Shanghai Cooperation Organization—SCO

【成立日期】2001年6月15日，中国、俄罗斯、哈萨克斯坦、吉尔吉斯斯坦、塔吉克斯坦、乌兹别克斯坦在中国上海宣布成立《上海合作组织》(简称“上合组织”)。

【宗旨和原则】上合组织的宗旨是：加强各成员国之间的相互信任与睦邻友好；鼓励各成员国在政治、经贸、科技、文化、教育、能源、交通、环保及其他领域的有效合作；共同致力于维护和保障地区的和平、安全与稳定；建立民主、公正、合理的国际政治经济新秩序。其原则是：相互尊重国家主权、独立、领土完整及国家边界不可破坏，互不侵犯，不干涉内政，在国际关系中不使用武力或以武力相威胁，不谋求在毗邻地区的单方面军事优势；所有成员国一律平等，在相互理解及尊重每一个成员国意见的基础上寻求共识；在利益一致的领域逐步采取联合行动；和平解决成员国间分歧；本组织不针对其他国家和国际组织；不采取有悖本组织利益的任何违法行为；认真履行在《上海合作组织宪章》及本组织框架内通过的其他文件中所承担的义务。

【成员】有8个成员国：中国、印度、哈萨克斯坦、吉尔吉斯斯坦、巴基斯坦、俄罗斯、塔吉克斯坦、乌兹别克斯坦；4个观察员国：阿富汗、白俄罗斯、伊朗、蒙古；14个对话伙伴：阿塞拜疆、亚美尼亚、柬埔寨、尼泊尔、土耳其、斯里兰卡、沙特阿拉伯、埃及、卡塔尔、巴林、马尔代夫、缅甸、阿联酋、科威特。

【轮值主席国】2022年9月16日上合组织成员国元首理事会第22次会议前，乌兹别克斯坦为轮值主席国。峰会后，印度接任轮值主席国，任期至印方主办2023年上海合作组织峰会。

【总部】秘书处设在北京，2004年1月正式启动。现任秘书长张明（中国籍），2022年1月上任，任期3年。

【网址】http://www.sectsco.org。

【组织机构】上海合作组织常设机构为秘书处、地区反恐怖机构执行委员会；非常设机构为成员国元首理事会、政府首脑（总理）理事会、外长理事会、国家协调员理事会及安全会议秘书、总检察长、最高法院院长、公安内务部长、国防部长、总参谋长、经贸部长、交通部长、文化部长、教育部长、科技部长、农业部长、卫生部长、财政部长和央行行长以及紧急救灾部门、最高审计机关等部门领导人会议机制。

【主要活动】2022年的主要活动：

1月28日，上海合作组织成员国减贫部门负责人第一次会议以线上线下相结合方式举行。与会各方围绕减贫和乡村发展、推进务实合作交换了意见。

4月20日，上海合作组织成员国禁毒部门负责人第十二次会议以线上线下相结合方式举行。与会各方听取了上合组织秘书处关于《〈2018—2023年上合组织成员国禁毒战略落实行动计划〉2021—2023年工作计划》落实情况及4个专家工作组开展工作情况通报，就成员国毒品形势及下一步合作深入交换了意见。

5月11日，上海合作组织民间友好论坛以线上线下相结合方式举行。与会各方就民间外交对促进上合组织国家间睦邻友好、民心相通所起到的重要作用进行了深入探讨。论坛发布了《塔什干倡议》，指出上合组织民间友好论坛是增进互信、巩固睦邻友好的重要多边平台，相信论坛的举办有利于地区国家发展繁荣。17日，上海合作组织成员国植物检疫部门负责人第一次会议在乌兹别克斯坦塔什干举行。与会各方批准了会议章程，就成员国授权机构间植物检疫合作协定草案达成一致。19日，上海合作组织成员国旅游部门负责人会议以线上线下相结合方式举行。与会各方围绕上合组织联合旅游线路及统一旅游品牌开发、扩大旅游领域投资合作、发展旅游基础设施、签订《上海合作组织成员国政府间旅游合作发展协定》等议题充分交换了意见，审议了印度提名瓦拉纳西市作为“上海合作组织旅游和文化之都”问题，并通过了上合组织成员国旅游部门负责人会议纪要。19日，上海合作组织成员国文化部长第十九次会晤以线上线下相结合方式举行。与会各方表示愿加强剧院、博物馆、图书馆和电影等领域合作，推动成员国文化和历史遗产保护，促进文化艺术人才培养，并同意进一步完善与上合组织观察员国和对话伙伴的文化交流合作机制。各方审议同意了《上海合作组织成员国主管部门间博物馆领域合作备忘录》草案，通过了上合组织成员国文化部长第十九次会晤纪要。20日，上海合作组织成员国体育主管部门负责人第一次会议在乌兹别克斯坦塔什干以线上线下相结合方式举行。与会各方就新形势下进一步深化上合组织国家间体育合作，加强群众体育、体育旅游、民族传统体育、体育医学、体育教育等领域交流交换了意见，达成了广泛共识。27日，上海合作组织成员国环境部长第三次会议在乌兹别克斯坦塔什干举行。各代表团团长介绍了各国环保领域合作现状和前景，听取了关于《2022—2024年〈上合组织成员国环保合作构想〉落实措施计划》执行进展的汇报，审议通过了《上合组织环保信息共享平台共建方案》。

6月7日，上海合作组织传统医学论坛在乌兹别克斯坦塔什干举行。与会代表围绕“传统（民间）医学与现代医疗体系的融合”主题开展了交流，上合组织成员国学界代表、现代和传统医学、康复和药学领域专家以线上线下形式参加了活动。8日，上海合作组织成员国第五次卫生部长会议以线上线下相结合方式举行。与会各方就疫情防控、公共卫生、非传染性疾病防治、远程医疗等议题深入交流。会议通过上合组织成员国《远程医疗合作构想》《医疗卫生机构防治传染病合作路线图》及第五次卫生部长会议纪要。24日，上海合作组织成员国能源部长第二次会议以线上线下相结合方式举行。会议通过了《〈上海合作组织成员国能源领域合作构想〉务实落实行动计划》，批准《上海合作组织成员国可再生能源领域合作纲要（草案）》文本，并签署了会议纪要。

7月15日，上海合作组织成员国第二次工业部长会议以线上线下相结合方式举行。与会各方就探索产业链供应链合作新机遇、推动中小企业合作、持续深化工业领域务实合作等议题交换了意见。25日，上海合作组织成员国农业部长第七次会议以线上线下相结合方式举行。与会各方就上合组织地区农业发展、保障粮食安全等问题交换了意见。会议审议通过了《上海合作组织成员国智慧农业和农业创新合作构想》《第七届上海合作组织成员国农业部长会议公告》等文件。29日，上海合作组织成员国外交部长理事会会议在乌兹别克斯坦塔什干举行。与会各方充分肯定上合组织在巩固成员国战略互信、促进地区发展繁荣、深化民心相通等方面发挥的重要作用，认为应进一步加强团结协作，激活多边主义，适应快速变化的国际形势。拓展互利合作，提升地区互联互通水平，赞同上合组织为促进国际产供链稳定发挥更大的作用。用好地区国家丰富文化资源，加强人文交流合作。探讨设立上合组织开发银行，有序推进扩员进程。各方高度评价乌兹别克斯坦作为轮值主席国所做工作，支持上合组织秘书处和地区反恐怖机构加强自身建设，为本组织各领域合作提供更有力保障。会议为撒马尔罕峰会进行了全面准备，还通过了上合组织成员国长期睦邻友好合作条约实施纲要、互联互通、人文交流等文件草案，将提交峰会审议。

8月18日，上海合作组织成员国最高法院院长第十七次会议以视频方式举行。与会各方围绕司法领域新情况新问题深入探讨，共同探索司法交流合作新路径。会议通过了《第十七次上海合作组织成员国最高法院院长会议联合声明》。19日，上海合作组织成员国安全会议秘书第十七次会议在乌兹别克斯坦塔什干举行。与会各方就深化上合组织框架下的执法安全合作交换了意见。24日，上海合作组织国防部长第十九次会议在乌兹别克斯坦塔什干举行。与会各方就国际和地区安全问题交换意见，确定了在防务安全领域继续加强合作的举措，并指出成员国间已达到高度相互理解。会议发表了联合公报。

9月16日，上海合作组织成员国元首理事会第二十二次会议在乌兹别克斯坦撒马尔罕举行，成员国领导人签署并发表《上海合作组织成员国元首理事会撒马尔罕宣言》。会议发表了关于维护国际粮食安全、国际能源安全、应对气候变化、维护供应链安全稳定多元化等多份声明和文件，签署关于伊朗加入上海合作组织义务的备忘录，启动接收白俄罗斯为成员国的程序，批准埃及、沙特、卡塔尔、同意巴林、马尔代夫、阿联酋、科威特、缅甸为新的对话伙伴，批准成员国睦邻友好长期合作条约未来5年实施纲要等一系列决议。会议决定，由印度接任2022年至2023年度上海合作组织轮值主席国。23日，上海合作组织成员国总检察长第二十次会议以线上线下相结合方式举行。与会各方围绕大力弘扬“上海精神”，发挥检察职能作用，持续深化在打击跨国经济犯罪和资产追缴、返还等方面的国际合作交换了意见。与会各国代表团团长签署了《第二十次上海合作组织成员国总检察长会议纪要》。会议确定上海合作组织成员国总检察长第二十一次会议由中国最高人民检察院举办。28日，上海合作组织成员国经贸部长第二十一次会议以视频方式举行。会议聚焦落实上合组织峰会经贸领域合作共识，并为上合组织总理会议做好准备。会议达成了关于推动疫后经济稳定复苏、加强供应链合作、维护多边贸易体制等成果文件，审议了《<上合组织成员国多边经贸合作纲要>落实情况报告》和经济智库联盟《“后疫情时期全球及上合组织地区经济形势研判与对策”联合研究报告》。

11月1日，上海合作组织成员国政府首脑（总理）理事会第二十一次会议以视频方式举行。会议由中方主持。与会各方积极评价上合组织各领域合作取得的重要成果，并表示，上合组织已成为有效的国际合作平台，在维护成员国互信、推动成员国发展、促进地区和平安全方面发挥着越来越重要的作用。各方愿进一步挖掘合作潜力，完善合作机制，加强经贸、投资、创新、环保、农业、人文、互联互通、数字经济等领域合作，坚持多边主义，共同应对粮食、能源安全和气候变化等挑战，增进各国人民福祉，促进地区和世界稳定与繁荣。会议发表联合公报，批准上合组织经贸、数字经济等领域多项合作文件和决议。

12月9日，上海合作组织成员国第九次司法部长会议以视频方式举行。会议通过了《第九次上海合作组织成员国司法部长会议联合声明》。

【同中国的关系】中国是上海合作组织创始成员国之一，始终高度重视并全面参与上海合作组织框架内的各项活动，积极开展同其他成员国、观察员国和对话伙伴的互利合作。中国国家主席、国务院总理等国家领导人每年均出席上海合作组织有关会议，先后提出一系列安全、经济、人文等领域合作倡议，得到各方积极响应与支持，为维护本地区和平、安全与稳定，促进地区国家共同发展与繁荣作出重要贡献。近年来，中方推动上合组织参与构建新型国际关系和人类命运共同体，得到各方积极响应。（冯天洋）

东南亚国家联盟

Association of Southeast Asian Nations—ASEAN

【成立日期】1967年8月8日，印度尼西亚、泰国、菲律宾、新加坡和马来西亚5国外长在泰国首都曼谷签署并发表《曼谷宣言》，正式宣告东南亚国家联盟成立，简称“东盟”。之后，文莱（1984年）、越南（1995年）、老挝（1997年）、缅甸（1997年）、柬埔寨（1999年）先后加入东盟。2007年11月，东盟成员国领导人在第13届东盟首脑会议上签署《东盟宪章》。2008年12月，《东盟宪章》正式生效。

【宗旨和原则】根据《东盟宪章》，东盟的宗旨和目标包括：（1）维护和促进地区和平、安全与稳定，强化以和平为导向的价值观；（2）加强政治、安全、经济和社会文化合作，提升地区活力；（3）维护东南亚的无核武器区地位，杜绝大规模杀伤性武器；（4）确保东盟国家及其民众与世界各国和平相处，生活于公正、民主与和谐的环境中；（5）建立稳定、繁荣、具有较强竞争力、经济高度融合的单一市场和生产基地，实现货物、服务、投资、人员、资金自由流动；（6）相互帮助，合作减贫，缩小东盟内部发展差距；（7）在充分尊重东盟成员国权利与义务的基础上，加强民主与法制，促进良政，保护人权与基本自由；（8）坚持全面安全原则，有效应对各种形式的威胁、跨国犯罪和跨境挑战；（9）保护环境、自然资源和文化遗产，推动本地区可持续发展，保证人民高质量生活；（10）加强教育、终身学习以及科学技术领域合作，开发人力资源，提高人民素质，强化东盟共同体；（11）为人民提供发展机会、社会福利和公正待遇，提高人民福祉和生活水平；（12）加强合作，为东盟民众营造一个安全、没有毒品的环境；（13）建设以人为本的东盟，鼓励社会各界参与东盟一体化和共同体建设进程，并从中受益；（14）强化对本地区文化和遗产多样性的认识，加强东盟共同体意识；（15）在开放、透明和包容的地区架构内，发展与域外伙伴的关系与合作，维护东盟的中心地位和主导作用。

【成员】共10个成员国：文莱、柬埔寨、印度尼西亚、老挝、马来西亚、缅甸、菲律宾、新加坡、泰国、越南。2022年，东盟峰会原则接纳东帝汶为第11个成员，给予其观察员地位。

【主要负责人】秘书长林玉辉（文莱籍），2018年1月就任，任期至2022年。

【总部】东盟秘书处设在印度尼西亚雅加达。

【网址】http://asean.org。

【出版物】东盟拥有众多定期或不定期发行的出版物，如《东盟年度报告》《东盟商务通讯》等。

【组织机构】(1) 东盟峰会：就东盟发展的重大问题和发展方向作出决策，一般每年举行2次；(2) 东盟协调理事会：由东盟各国外长组成，是综合协调机构，每年至少举行2次会议；(3) 东盟共同体理事会：包括东盟政治安全共同体理事会、东盟经济共同体理事会和东盟社会文化共同体理事会，协调其下设各领域工作，由东盟轮值主席国相关部长担任主席，每年至少举行两次会议；(4) 东盟领域部长机制：加强各相关领域合作，支持东盟一体化和共同体建设；(5) 东盟秘书长和东盟秘书处：负责协助落实东盟的协议和决定，并进行监督；(6) 东盟常驻代表委员会：由东盟成员国指派的大使级常驻东盟代表组成，代表各自国家与东盟秘书处和东盟领域部长机制进行协调；(7) 东盟国家秘书处：是东盟在各成员国的联络点和信息汇总中心，设在各成员国外交部；(8) 东盟政府间人权委员会：负责促进和保护人权与基本自由的相关事务；(9) 东盟附属机构：包括各种民间和半官方机构。

【主要活动】自1976年以来，东盟共举行了41届东盟峰会。

2020年4月，东盟关于新冠疫情特别峰会以视频形式举行。会议重点就东盟国家合作抗击疫情、恢复社会经济发展等交换了意见，并发表了《特别峰会宣言》。6月，第36届东盟峰会以视频形式举行。会议重点就携手应对新冠疫情、疫后经济复苏等交换了意见，并发表了《主席声明》《东盟团结协作与主动应对：克服挑战保持增长的愿景声明》等文件。

11月，第37届东盟峰会以视频形式举行。会议就应对疫情、疫情后恢复、《区域全面经济伙伴关系协定》(RCEP) 签署等交换了看法，并通过了《东盟全面复苏框架》及其实施计划。

2021年10月，第38届和第39届东盟峰会以视频形式举行。会议以“共同关注、共同应对、共同繁荣”为主题，围绕东盟政治安全共同体、经济共同体和社会文化共同体三大核心，达成包括应对灾害与紧急情况、支持多边主义、疫后复苏、疫苗采购与合作、东盟共同体建设等共识。会议同时发表了《东盟领导人关于支持多边主义的宣言》《东盟领导人关于蓝色经济的宣言》和《东盟领导人关于推进东盟数字化转型的声明》等文件。

2022年11月，第40届和第41届东盟峰会在柬埔寨金边举行。会议以“共同应对挑战”为主题，讨论了东盟共同体建设、东盟对外关系和发展方向，并就共同关心的国际和地区问题交换意见。会议同时通过了《关于在东盟主导机制下推动东盟印太展望四大优先领域主流化的宣言》《东盟领导人关于互联互通后2025议程的声明》《东盟领导人关于落实“五点共识”的审议和决定》《东盟领导人关于东帝汶申请加入东盟的声明》等文件。

【对外关系】东盟积极开展多方位外交。中国、日本、韩国、印度、澳大利亚、新西兰、美国、俄罗斯、加拿大、欧盟、英国为东盟对话伙伴。1994年7月，东盟倡导成立东盟地区论坛（ARF），主要就亚太地区政治和安全问题交换意见。1994年10月，东盟倡议召开亚欧会议（ASEM），促进东亚和欧盟的政治对话与经济合作。1997年，东盟与中日韩共同启动了东亚合作，之后，东盟与中日韩（10+3）、东亚峰会（EAS）等机制相继诞生。1999年9月，在东盟倡议下，东亚—拉美合作论坛（FEALAC）成立。

2011年11月，东盟提出“区域全面经济伙伴关系”倡议，旨在构建以东盟为核心的地区自贸安排。2012年11月，在第7届东亚峰会上，东盟国家与中、日、韩、印、澳、新（西兰）6国领导人同意启动RCEP谈判。2017年11月，首次RCEP领导人会议在菲律宾马尼拉召开。2018年11月，第2次RCEP领导人会议在新加坡召开，各国领导人就争取于2019年结束谈判达成一致。2019年11月，第3次RCEP领导人会议在泰国曼谷举行，宣布RCEP15个成员国（印度因自身原因退出）结束全部文本谈判及实质上所有市场准入谈判。2020年11月，第4次RCEP领导人会议以视频方式举行，东盟国家和中、日、韩、澳、新（西兰）15国正式签署协定，标志着当前世界人口最多、经贸规模最大、最具发展潜力的自由贸易区正式成立。2022年1月1日，RCEP正式生效。

【同中国的关系】中国与东盟自1991年开启对话进程。经过30多年共同努力，双方政治互信明显增强，各领域务实合作成果丰硕。双方都认为中国—东盟关系已成为东盟同对话伙伴关系中最富内涵、最具活力的一组关系，发展前景广阔。

2021年11月，国家主席习近平和东盟国家领导人共同出席中国—东盟建立对话关系30周年纪念峰会，宣布建立中国—东盟全面战略伙伴关系。2022年11月，第25次中国—东盟领导人会议在柬埔寨金边举行，取得一系列重要成果。

2019年10月，中国—东盟自贸区升级《议定书》全面生效，产品原产地规则修订版也于8月正式实施。2022年11月，中国与东盟共同宣布正式启动中国—东盟自贸区3.0版谈判。中国自2009年起成为东盟第一大贸易伙伴。2020年，东盟首次成为中国第一大贸易伙伴。2022年，双方贸易额达9753亿美元。自2004年起，中国—东盟博览会暨商务与投资峰会每年在广西南宁举行，成为中国与东盟国家经贸往来的重要平台。双方还设立了中国—东盟合作基金，用于支持具体领域合作项目。

东盟十国均已成为中国公民出国旅游目的地，双方互为主要旅游客源对象。2019年，双方人员往来超过6500万人次，每周往来航班近4500架次。截至2022年，双方结成225对友好城市。

在国际地区事务上，双方协调与配合进一步加强。中国坚定支持东盟在东亚合作中的中心地位，双方在东盟与中日韩合作、东亚峰会、东盟地区论坛、亚洲合作对话、亚太经合组织等合作机制中保持良好沟通与合作。

双方建立了较为完善的对话合作机制，主要包括领导人会议、部长级会议、高官会等。2009年，中国设立驻东盟大使。2012年9月，中国驻东盟使团成立。2011年11月，中国—东盟中心正式成立，系双方唯一的政府间国际组织，旨在促进贸易投资和文化旅游等领域交流合作。（刘琳）

南亚区域合作联盟

South Asian Association for Regional Cooperation—SAARC

【**成立日期**】1985年12月7日，孟加拉国、不丹、印度、马尔代夫、尼泊尔、巴基斯坦、斯里兰卡7国领导人齐聚孟加拉国达卡，通过《南亚区域合作宣言》和《南亚区域合作联盟宪章》(简称《南盟宪章》)，宣告南亚区域合作联盟（简称“南盟”）正式成立。2005年11月，阿富汗加入南盟。

【**宗旨和原则**】根据《南盟宪章》，南盟的宗旨是：促进南亚各国人民的福祉并改善其生活质量；加快区域内经济增长、社会进步和文化发展，为每个人提供过上体面生活和实现全部潜能的机会；促进和加强南亚国家集体自力更生；促进相互信任和理解及对彼此问题的了解；促进在经济、社会、文化、技术和科学领域的积极合作和相互支持；加强与其他发展中国家合作；在国际场合就共同关心的问题加强彼此合作；与具有类似目标和宗旨的国际及地区组织进行合作。《南盟宪章》规定了南盟工作遵循的基本原则：（1）各级机构应在协商一致的基础上作出决定；（2）不审议双边和有争议的问题；（3）在尊重主权平等、领土完整、政治独立、不干涉别国内政和互惠互利的基础上进行；（4）不应取代双边和多边合作，而是对其进行补充；（5）不应与双边和多边义务相抵触。

【**成员**】8个：阿富汗、孟加拉国、不丹、印度、马尔代夫、尼泊尔、巴基斯坦、斯里兰卡。另有观察员9个：中国、日本、韩国、缅甸、美国、欧盟、澳大利亚、伊朗、毛里求斯。

【**主要负责人**】现任秘书长维拉孔（Esala Ruwan Weerakoon，斯里兰卡籍），2020年3月就任，任期3年。

【**总部**】秘书处设在尼泊尔加德满都。

【**网址**】http://www.saarc-sec.org。

【**组织机构**】1. 峰会：南盟的最高权力属于各国元首和政府首脑参加的峰会。峰会原则上每年举行1次（自2014年起，每2年举行1次），必要时可随时召开，在各成员国轮流举行。东道国元首或政府首脑担任会议主席。

2. 部长理事会：由成员国外长组成，负责制定政策，审查区域合作进展情况，决定新的合作领域，并决定秘书长人选。每年召开2次会议。

3. 常务委员会：由成员国外秘组成，负责全面监察和协调各项计划，核准项目和方案及其筹资方式，决定部门间优先事项，调集域内外资源，寻找新的合作领域等。

4. 技术委员会：根据“南盟一揽子行动纲要”，成立农业与农村发展、卫生与人口活动、妇青幼、环境与林业、科技与气候、人力资源开发、运输7个技术委员会。此后，南盟还设立信息与通信技术、生物技术、知识产权、旅游、能源5个工作组。

5. 秘书处：南盟常设办事机构，负责南盟会务、成员国间及南盟与其他国际组织的交流与合作，协调和监督南盟各项活动的实施。

6. 特别部长会议：迄今已就成员国共同关心的商贸、儿童、妇女、环境、残疾人、住房等领域问题分别举行会议。

7. 经济合作委员会：由成员国商务和贸易部秘书组成，已成为南盟处理经贸问题的核心机构。负责制定具体政策措施并监督实施，促进域内经贸合作。

8. 区域中心：已分别设立农业信息中心（达卡）、结核病中心（加德满都）、气象研究中心（达卡）、文献中心（新德里）、人力资源开发中心（伊斯兰堡）、海岸区域管理中心（马累）、信息中心（加德满都）、能源中心（伊斯兰堡）、灾害管理中心（新德里）、林业中心（廷布）和文化中心（科伦坡）。

【**主要活动**】截至2022年，南盟已举行18届峰会。

2020年3月，南盟8国举行应对新冠疫情领导人视频会议，就开展抗疫合作等交换意见。

【**同中国的关系**】2005年11月，第13届南盟峰会原则同意中国成为观察员。2006年8月，南盟第27届部长理事会审议通过南盟观察员指导原则，正式接纳中国为观察员，并邀请中国以观察员身份出席第14届南盟峰会。

中国现任驻南盟代表为驻尼泊尔大使陈松。

（李翔）

澜沧江—湄公河合作
Lancang-Mekong Cooperation

【成立日期】2014年11月，国务院总理李克强在第17次中国—东盟领导人会议提出建立澜沧江—湄公河对话合作机制。2016年3月，澜湄合作首次领导人会议在中国海南省三亚举行，全面启动澜湄合作进程。

【宗旨和原则】深化澜湄六国睦邻友好和务实合作，促进沿岸各国经济社会发展，打造澜湄流域经济发展带，建设澜湄国家命运共同体，助力东盟共同体建设和地区一体化进程，为推进南南合作和落实联合国2030年可持续发展议程作出新贡献，共同维护和促进地区持续和平和发展繁荣。

【成员】中国、柬埔寨、老挝、缅甸、泰国、越南。

【网址】http://www.lmcchina.org。

【组织机构】包括领导人会议、外长会、高官会、联合工作组会在内的多层次、宽领域合作架构。截至2022年12月，已举行了3次领导人会议、7次外长会、9次高官会和12次外交联合工作组会。中国和缅甸为现任共同主席国。六国外交部均成立澜湄合作国家秘书处或协调机构，各优先领域联合工作组全部建立。澜湄水资源合作中心、澜湄环境合作中心、澜湄农业合作中心和全球湄公河研究中心成立并投入运营。六国高校联合成立澜湄青年交流合作中心。

【主要活动】2020年2月20日，第五次外长会在老挝万象举行，会议通过了《第五次外长会联合新闻公报》，散发了《〈澜湄合作五年行动计划（2018—2022）〉2019年度进展报告》《2020年度澜湄合作专项基金支持项目清单》《2018年度澜湄合作专项基金支持项目落实进展表》和《关于共建澜湄流域经济发展带的建议》。8月24日，第三次领导人会议以视频方式举行，会议打造了水资源合作、澜湄合作和“国际陆海贸易新通道”对接等合作亮点，深化了可持续发展、公共卫生、民生等领域合作，为本地区疫后复苏和发展繁荣提供了新动力。会议发表了《第三次领导人会议万象宣言》和《第三次领导人会议关于澜湄合作与“国际陆海贸易新通道”对接合作的共同主席声明》。

2021年6月8日，第六次外长会在中国重庆举行，会议通过了《关于加强澜湄国家可持续发展合作的联合声明》《关于深化澜湄国家地方合作的倡议》和《关于在澜湄合作框架下深化传统医药合作的联合声明》三份成果文件，散发了《〈澜湄合作五年行动计划（2018—2022）〉2020年度进展报告》《澜湄流域经济发展带与“国际陆海贸易新通道”对接合作联合研究报告》《2021年度澜湄合作专项基金支持项目清单》和《澜湄合作热线信息平台》等研究报告和资料。中方还散发了《中国相关省区市与湄公河国家地方政府合作意向清单》和《中方推进澜湄流域经济发展带与“陆海新通道”对接初步举措》等文件。

2022年7月4日，第七次外长会在缅甸蒲甘举行，会议通过了《澜湄合作第七次外长会联合新闻公报》《关于在澜湄合作框架下深化海关贸易安全和通关便利化合作的联合声明》《关于在澜湄合作框架下深化农业合作和保障粮食安全的联合声明》《关于在澜湄合作框架下深化灾害管理合作的联合声明》和《关于在澜湄合作框架下深化文明交流互鉴的联合声明》，审议并同意向第四次领导人会议提交《澜湄合作五年行动计划（2023—2027）》，散发了《〈澜湄合作五年行动计划（2018—2022）〉2021年度进展报告》和《2022年度澜湄合作专项基金支持项目清单》。（李凌霄）

非洲联盟
African Union—AU

【成立日期】非洲联盟的前身是成立于1963年5月25日的非洲统一组织（以下简称“非统”）。1999年9月9日，非统第4届特别首脑会议通过《锡尔特宣言》，决定成立非洲联盟（以下简称“非盟”）。2002年7月，非盟正式取代非统。为纪念非统和非盟成立，每年的5月25日、9月9日分别被定为“非洲日”和“非洲联盟日”。

【宗旨和原则】《非盟章程》确定的目标是：实现非洲国家和人民间更广泛的团结和统一；维护成员国主权、领土完整和独立；促进和平、安全和稳定；加快政治、社会和经济一体化进程；促进民主原则、大众参与和良政；促进和保护人权；推动非洲经济、社会、文化的可持续发展；推动在各领域的泛非合作，提高人民生活水平；协调和统一次区域经济体政策；维护非洲共同立场和利益；加强国际合作，创造条件使非洲在全球事务中发挥应有作用。

非盟的宗旨是：成员国主权平等，相互依存；尊重独立时存在的边界；和平共处；不干涉内政；制定共同的防务政策；和平解决争端，禁止使用或威胁使用武力；尊重民主原则、人权、法治和良政；尊重生命的神圣性，谴责和反对暗杀、恐怖主义行为和颠覆活动；让非洲人民广泛参与非盟建设；反对以非宪政方式更迭政权；成员国发生战争罪、种族屠杀或大规模人道主义危机时，非盟有权依照首脑会议决定进行干预；为恢复和平与安全，成员国有权要求非盟干预；促进性别平等；促进社会公正，推动经济平衡发展。

【成员】55个：阿尔及利亚、埃及、埃塞俄比亚、安哥拉、贝宁、博茨瓦纳、布基纳法索、布隆迪、赤道几内亚、多哥、厄立特里亚、佛得角、冈比亚、刚果（布）、刚果（金）、吉布提、几内亚、几内亚比绍、加纳、加蓬、津巴布韦、喀麦隆、科摩罗、科特迪瓦、肯尼亚、莱索托、利比里亚、利比亚、卢旺达、马达加斯加、马拉维、马里、毛里求斯、毛里塔尼亚、莫桑比克、纳米比亚、南非、尼日尔、尼日利亚、塞拉利昂、塞内加尔、塞舌尔、圣多美和普林西比、斯威士兰、苏丹、索马里、坦桑尼亚、突尼斯、乌干达、赞比亚、乍得、中非、阿拉伯撒哈拉民主共和国（即“西撒哈拉”，1984年11月被非统接纳为成员）、南苏丹（2011年7月独立建国）以及摩洛哥（“西撒哈拉”加入后，摩随即退出非统，后于2017年1月第28届非盟首脑会议上重返非盟，“西撒哈拉”未退出）。

【主要负责人】现任非盟轮值主席为科摩罗总统阿扎利·阿苏马尼（Azali Assoumani）。现任非盟委员会主席为乍得前外长穆萨·法基·穆罕默德（Moussa Faki Mahamat），2017年1月首次当选，2021年2月连任，任期4年。

【总部】埃塞俄比亚的斯亚贝巴。

【网址】http://www.au.int。

【组织机构】（1）首脑会议：非盟最高权力机构。原每年召开2次例会，自2019年起仅在年初举行，年中首脑会议改为非盟与次区域经济体协调会。若某国提出要求并经2/3成员国同意，可召开特别首脑会议。（2）执行理事会：由成员国外长或指定部长组成。每年举行2次例会，若某国提出要求并经2/3成员国同意，可举行特别会议。执行理事会对首脑会议负责，落实其通过的政策并监督决议的执行情况。下设常驻代表委员会和特别技术委员会两个辅助机构。（3）非盟委员会：非盟常设行政机构，负责处理非盟日常事务。其领导机构由主席、副主席及6名委员共8人组成，任期4年，至多可连任1次。（4）泛非议会：非盟的立法与监督机构。目前只具有咨询和建议职能。由非盟成员国各5名议员组成，设1位议长和4位副议长，根据地域平衡原则分别来自非洲5个次区域。（5）和平与安全理事会：由15个成员国组成，其中5国任期3年，10国任期2年，均可连选连任。成员国权力平等，无否决权。主要职能是：维护地区和平安全，预防地区冲突；对成员国实施军事干预与维和行动；帮助战后重建；进行人道主义和灾难救援等。主要权力有：制订非盟对成员国干预的形式和计划；制裁以违宪手段更迭政权者；监督非盟反恐政策落实；推动成员国实行民主、良政、法治和保障人权等。（6）非洲发展新伙伴计划：由南非、尼日利亚、阿尔及利亚、塞内加尔和埃及于2001年发起，2010年正式并入非盟框架。下设国家元首和政府首脑指导委员会、执行委员会、规划和协调局等决策和执行机构。2017年1月第28届非盟首脑会议决定将其调整为非盟发展署。（7）经济、社会和文化理事会：咨询机构，由成员国社会团体、专业团体、文化组织和非政府组织等组成。（8）非洲法院：司法机构。（9）金融机构：包括非洲中央银行、非洲货币基金、非洲投资银行3个机构，均尚未建立。

【主要活动】截至2022年底，非盟共召开了35届首脑会议。

2022年2月5日—6日，第35届非盟首脑会议在埃塞俄比亚的斯亚贝巴举行，重点讨论非洲和平安全、非洲自贸区建设、全非抗疫和应对气候变化等议题。会议核可将“建立非洲大陆营养韧性和粮食安全：加强农业，加速人力资本、社会和经济资本发展”作为2022年非盟年度主题。5月27日—28日，非盟在赤道几内亚马拉博举办人道主义特别峰会暨捐助方大会、恐怖主义和违宪政权更迭问题特别峰会，重点讨论气候变化和自然灾害、粮食安全和营养挑战、传染病、难民和冲突后重建、融资等议题，重申谴责一切形式的恐怖主义和暴力极端主义以及一切形式的违宪政权更迭，宣布将每年1月31日设立为非洲和平与和解日。7月17日，第4届非盟与次区域经济体协调会在赞比亚卢萨卡举行，重点讨论非洲一体化现状、乌克兰危机对非洲影响、应对新冠疫情以及东非共同体、东南非共同市场和南共体三方自贸协定等议题。

【同中国的关系】中国同非盟及其前身非统保持友好往来和良好合作，并向其提供了力所能及的援助。1996年5月，江泽民主席访问非统总部并就中国对非洲政策发表重要演讲。2005年3月，中国成为首批向非盟派遣兼驻代表的域外国家。2015年5月，中国驻非盟使团开馆。2018年9月，非盟驻华代表处开馆。近年来，中国与非盟关系全面深入发展。

2022年2月，国家主席习近平致电祝贺第35届非盟首脑会议召开，非盟轮值主席、塞内加尔总统萨勒和非盟委员会主席法基复函表示感谢。9月，国家主席习近平同非盟轮值主席、塞内加尔总统萨勒互致贺电，庆祝非盟成立20周年和中国非盟建立外交关系20周年。

（张伟）

萨赫勒—撒哈拉国家共同体

Community of Sahel-Saharan States—CEN-SAD

【成立日期】1998年2月4日，在利比亚领导人卡扎菲的倡议下，利比亚、布基纳法索、马里、尼日尔、乍得和苏丹6国成立了萨赫勒—撒哈拉国家共同体，下称“共同体”。

【宗旨和原则】加强成员国间的政治和经济合作，维护地区安全，促进地区一体化建设。

【成员】包括29个成员国：利比亚、苏丹、乍得、马里、尼日尔、布基纳法索、科特迪瓦、几内亚比绍、利比里亚、中非、厄立特里亚、吉布提、冈比亚、塞内加尔、摩洛哥、突尼斯、埃及、尼日利亚、索马里、多哥、贝宁、加纳、塞拉利昂、几内亚、科摩罗、毛里塔尼亚、圣多美和普林西比、肯尼亚、佛得角。

【主要负责人】执行主席由成员国轮流担任，原则上任期1年。现任轮值主席国为乍得。

【总部】秘书处在乍得恩贾梅纳。

【网址】http://www.cen-sad.org。

【组织机构】(1)元首委员会：最高权力机构，由成员国元首组成，每年举行1次首脑例会，会议主席由成员国元首轮流担任，并在委员会休会期间任执行主席。元首委员会制定共同体的大政方针，以实现共同体所确定的目标。(2)执行委员会：由秘书长和成员国部长组成，每半年举行1次会议，主席由会议主办国担任。执行委员会负责执行首脑会议决议，并处理共同体的对外关系、经济、财政、计划、内政、安全等事务。(3)秘书处：监督首脑会议决议的执行，并对各个机构负责。秘书长由首脑会议指定，任期3年。(4)大使委员会：由成员国驻利比亚使节组成，负责向每次执行委员会会议提交一份行动报告。(5)经济、社会、文化委员会：是共同体的协商机构，由成员国指定的10人组成，主要任务是参与共同体有关经济、社会、文化项目的文件起草。该委员会每年举行1次会议，总部设在马里巴马科。(6)农业和水资源委员会：负责农业水利和环境保护问题。(7)非洲发展与贸易银行：总部设在利比亚的黎波里。

【主要活动】1999—2010年，共同体第1—12届首脑会议分别在利比亚、乍得、苏丹、吉布提、尼日尔、马里、布基纳法索、贝宁、利比亚、乍得举行。截至2022年，共同体有29个成员国，是非洲第二大地区性组织。

除首脑会议外，共同体下设的各机构还经常举行会议，讨论成员国共同关心的文化、教育、金融、反恐、粮食安全等各个领域的问题。2012年6月11日，萨赫勒—撒哈拉国家共同体执行委员会在摩洛哥拉巴特举行特别会议，讨论重新调整发展战略，以应对新挑战等问题，呼吁各成员国共同努力，以实现本地区的持续发展和安全稳定。2013年2月16日，萨赫勒—撒哈拉国家共同体特别峰会在乍得恩贾梅纳举行，与会各方签署机构重组协定，决定建立和平与安全常委会和可持续发展常委会，并讨论了地区安全等问题。但萨赫勒—撒哈拉国家共同体作为前利比亚国家元首卡扎菲主导成立的组织，在卡倒台后，机制建设和各类活动慢慢陷入停滞。2019年4月13日，萨赫勒—撒哈拉国家共同体特别峰会在乍得恩贾梅纳举行，会议决定将秘书处暂时迁至恩贾梅纳。2022年3月，萨赫勒—撒哈拉国家共同体在摩洛哥拉巴特召开执行委员会会议，各成员国外长出席，主要就如何振兴共同体组织及粮食安全、经济复苏、和平安全等议题交换意见。（刘培智）

独立国家联合体

Commonwealth of Independent States—CIS

【成立日期】1991年12月8日，苏联三个加盟共和国领导人——俄罗斯苏维埃联邦社会主义共和国总统叶利钦、乌克兰总统列克拉夫丘克、白俄罗斯共和国最高苏维埃主席舒什克维奇在白俄罗斯的别洛韦日会晤，签署关于建立独立国家联合体的协定。12月21日，苏联的阿塞拜疆、亚美尼亚、白俄罗斯、哈萨克斯坦、吉尔吉斯斯坦、摩尔多瓦（1993年8月，摩议会曾否决了摩加入独联体的决定，于1994年4月重新批准摩加入）、俄罗斯、塔吉克斯坦、土库曼斯坦、乌兹别克斯坦、乌克兰11国领导人在哈萨克斯坦阿拉木图会晤，通过了《阿拉木图宣言》等文件，宣告成立独立国家联合体及苏联停止存在。

1992年5月15日，俄罗斯、哈萨克斯坦、乌兹别克斯坦、塔吉克斯坦、亚美尼亚和吉尔吉斯斯坦6国在乌兹别克斯坦塔什干会晤时签署《独联体集体安全条约》。1993年，格鲁吉亚、阿塞拜疆和白俄罗斯加入该条约。条约于1994年正式生效，有效期5年。条约的宗旨是建立独联体国家集体防御空间和提高联合防御能力，防止并调解独联体国家内部及独联体地区性武力争端。1999年，条约第一个5年期限结束后，阿塞拜疆、格鲁吉亚和乌兹别克斯坦宣布退出。2002年5月14日，集体安全条约理事会会议通过决议，将《独联体集体安全条约》正式更名为独联体集体安全条约组织（简称“集安组织”），为区域性军事同盟。

1996年3月，俄罗斯、白俄罗斯、哈萨克斯坦和吉尔吉斯斯坦签署协议，决定成立四国关税联盟，旨在加快四国经济一体化进程。1999年2月，塔吉克斯坦加入关税联盟。2000年10月，俄、白、哈、吉、塔五国签署条约，决定将关税联盟改组为欧亚经济共同体，为深化各成员国在经贸、社会人文及法律领域的合作创造必要条件。2006年乌兹别克斯坦加入，后于2008年申请停止成员国资格，但未正式退出。亚美尼亚、乌克兰、摩尔多瓦为欧亚经济共同体观察员国。2007年10月，俄、白、哈签署关于在欧亚经济共同体框架内成立关税同盟的条约。2010年1月，俄白哈关税同盟正式启动并于同年7月统一对外关税。2011年7月，三国宣布取消相互之间的海关。同年11月，三国签署《欧亚经济一体化宣言》，宣布欧亚一体化的目标是建立欧亚经济联盟。2012年1月1日，三国启动统一经济空间，负责三国一体化进程的超国家机构——欧亚经济委员会同时投入运行。三国一体化的目标是在2015年前建立欧亚经济联盟。2014年5月29日，三国签署《欧亚经济联盟条约》，规定于2015年1月1日起正式启动欧亚经济联盟，三国将在2025年前实现商品、服务、资本和劳动力的自由流动，终极目标是建立类似于欧盟的经济联盟，形成一个拥有1.7亿人口的统一市场。同年10月10日，欧亚经济委员会最高理事会会议和欧亚经济共同体峰会通过了关于亚美尼亚加入欧亚经济联盟的条约和吉尔吉斯斯坦入盟的路线图，并决定自欧亚经济联盟启动起终止欧亚经济共同体的活动。同年12月23日，欧亚经济联盟各成员国在莫斯科签署了关于吉尔吉斯斯坦加入欧亚经济联盟的条约。2015年8月12日，吉尔吉斯斯坦加入欧亚经济联盟条约生效，吉成为第五个联盟成员国。2018年5月14日，欧亚经济联盟最高理事会会议批准了欧亚经济联盟观察员国地位条例及关于授予摩尔多瓦观察员国地位的决议。

【宗旨和原则】《独联体章程》规定：独联体以所有成员国的主权平等为基础。独联体不是国家，也不拥有凌驾于成员国之上的权力，为成员国进一步发展和加强友好、睦邻、信任、谅解和互利合作关系服务。成员国协调在国际安全、裁军、军备监督和军队建设方面的政策，采用包括派观察员小组和集体维和部队等手段保证独联体地区内部安全。当成员国的主权、安全和领土完整及国际和平与安全受到威胁时，成员国应立即进行协商，协调立场，采取相应措施。

【成员】共有8个成员国：阿塞拜疆、亚美尼亚、白俄罗斯、哈萨克斯坦、吉尔吉斯斯坦、摩尔多瓦、俄罗斯、塔吉克斯坦；土库曼斯坦自2005年8月起转为独联体联系国；乌兹别克斯坦、乌克兰2014年3月宣布启动退出独联体程序，2018年宣布正式退出独联体。

【总部】白俄罗斯明斯克。

【组织机构】（1）独联体国家元首理事会和政府首脑理事会：国家元首理事会是独联体的最高机构，通常每年召开2次会议。政府首脑理事会每年召开4次会议。会议轮流在各国首都举行。（2）跨国议会大会、跨国经济委员会和支付联盟，以及外交、国防等部长级理事会。（3）协调协商委员会：为独联体常设执行和协调机构，每个成员国派2名全权代表常驻该委员会。（4）执行秘书处：负责实际执行协调协商委员会基本职能，执行秘书由国家元首理事会任命，在国际交往中代表独联体。

【主要活动】2022年的主要活动：1月6日，集安组织秘书处发表声明称，鉴于哈萨克斯坦国家安全和主权受到外部干涉等因素的威胁，应哈总统托卡耶夫请求，集安组织根据《集体安全条约》第四条决定向哈派遣集体维和部队，直至哈国内局势稳定化正常化。此前，哈已向集安组织秘书处请求援助，并就当前哈国内形势与集安组织成员国举行磋商，哈方认为当下局势是由境外势力训练的匪帮入侵，希集安组织向哈提供军事援助。

5月27日，欧亚经济联盟峰会以视频方式举行。俄罗斯、白俄罗斯、吉尔吉斯斯坦、哈萨克斯坦、亚美尼亚等成员国元首出席。观察员国乌兹别克斯坦、古巴领导人与会。会议主要内容如下：（1）积极评价联盟发展成果；（2）一致认同一体化进程取得新进展；（3）主张拓展联盟对外合作。

8月25日—26日，欧亚经济联盟政府间理事会在吉尔吉斯斯坦乔尔蓬阿塔举行，成员国总理悉数与会。会议主要内容如下：（1）宣布完成建立欧亚再保险公司的有关协议工作，以便支持联盟内外部贸易、促进投资合作，并计划发行自己的证券；（2）批准联盟国家优先基础设施运输项目清单，讨论了《欧亚经济联盟条约》修正案、关于在联盟内建立和实施工业合作融资机制、酒精市场监管协议等多项协议文本；（3）商议了在联盟内相互贸易结算时扩大成员国本国货币使用及成员国央行需科学研究本币汇率形成等议题。

9月1日—7日，集安组织国家应邀参加俄“东方—2022”军事战略演习。6日，俄总统普京观看了演习。

9月13日，集安组织举行集体安全理事会特别线上会议，各成员国元首出席。会议就亚美尼亚和阿塞拜疆边境局势急剧恶化进行讨论，亚总理帕什尼扬通报冲突有关情况，俄总统普京通报了俄方为缓和紧张局势而采取的举措，各与会方对亚在冲突中的死伤人员表示了慰问。

10月14日，独联体国家元首理事会会议在哈萨克斯坦阿斯塔纳举行，俄罗斯、白俄罗斯、哈萨克斯坦、吉尔吉斯斯坦、塔吉克斯坦、土库曼斯坦、乌兹别克斯坦、阿塞拜疆、亚美尼亚领导人出席。会议主要内容如下：（1）机制建设方面，各方同意研究将独联体执委会升格为执行秘书处，支持独联体成为集体安全条约组织观察员。（2）经贸合作方面，商定尽快推进《独联体服务自由贸易协定草案》谈判，打造共同市场，支持欧亚经济联盟发挥更大作用。俄方建议推动本币结算，建立共同资本市场。（3）人文交流领域，各方同意就推广俄语使用成立国际组织，宣布圣彼得堡市为2023年独联体“文化之都”，2024—2026年分别为独联体志愿年、伟大卫国战争纪念年、反纳粹和平团结年。

11月23日，集体安全条约组织峰会在亚美尼亚埃里温举行。俄罗斯、白俄罗斯、哈萨克斯坦、塔吉克斯坦、吉尔吉斯斯坦、亚美尼亚6个成员国领导与会。峰会签署15项成果文件，主要内容如下：（1）积极肯定集安组织作用。各方赞赏集安组织快反部队、维和部队等机制效率不断提升，高度评价该组织年初应哈请求开展维和行动成效，认可其对维护成员国国家利益、主权和独立作出的实际贡献。（2）妥善应对外部安全风险。各方强调，当前阿富汗局势依然严峻，成员国面临国际恐怖分子渗透和极端主义蔓延的风险增大。该组织应就阿问题密切协调，保障成员国安全。白方强调，北约为加强对俄及其盟友遏制，加强东翼驻军，图谋开辟新战场。应保持组织内部团结，有效抵制美西方分裂分化企图，反击西方信息战、舆论战。（3）聚焦解决地区热点问题。俄闭门向各方通报了乌克兰危机局势，期待得到各方支持。俄允许在此前俄亚阿（塞拜疆）三方首脑会晤基础上继续调解“纳卡”问题，助双方最终缔结和约。（4）加强内部机制建设。各方支持加强沟通，完善危机应对机制，不断提升军事潜力，提高应急能力和安保能力。强化维和部队现代化武器、军事和情报技术保障，以及辐射、化学和生物防护等相关医疗保障。会议决定任命哈前总理塔斯马加姆别托夫为集安组织新任秘书长。

12月26日—27日，独联体国家领导人非正式峰会在俄罗斯圣彼得堡举行，俄罗斯、白俄罗斯、哈萨克斯坦、吉尔吉斯斯坦、塔吉克斯坦、土库曼斯坦、乌兹别克斯坦、阿塞拜疆、亚美尼亚领导人出席。俄总统普京在会上作主旨发言，总结2022年独联体各领域合作成就，指出独联体框架内深化合作符合各国人民利益，有助于巩固地区稳定安全。会议主要内容如下：（1）经贸合作蓬勃发展。在全球市场波动、外部制裁加剧的冲击下，独联体各国积极推动本币结算和进口替代，不断强化经济金融自主，地区一体化程度不断加深。2022年1月—10月成员国之间贸易额达815亿美元，同比增长6.6%，全年有望超过1000亿美元。（2）安全合作成效显著。当前外部威胁和挑战持续上升，成员国之间也有分歧。但各国均有意愿通过协商解决分歧，并为此积极开展斡旋协作。各国安全情报部门密切合作，在打击恐怖主义、极端主义、跨国犯罪等方面取得建设性成果。（3）人文合作续有进展。独联体各国有共同的历史渊源、文化习俗和价值观，应维护好统一的文化空间。俄语将各国各民族连接在一起，独联体国家将于2023年举办“俄语年”，并已确定多项文化推广活动。　（施婴）

英联邦

The Commonwealth

【成立日期】英联邦由英帝国演变而成。英国及各成员国间互派高级专员，代表大使级外交关系。每年3月的第二个星期一是英联邦日（the Commonwealth Day）。

【成员】英联邦共有成员56个，总面积约3000万平方公里，绝大多数为发展中国家，总人口约占世界人口1/3，经济总量约占全球1/5。成员国有：安提瓜和巴布达、澳大利亚、巴哈马、孟加拉国、巴巴多斯、伯利兹、博茨瓦纳、文莱、喀麦隆、加拿大、塞浦路斯、多米尼克、斐济、加纳、冈比亚、格林纳达、圭亚那、印度、牙买加、肯尼亚、基里巴斯、莱索托、马拉维、马来西亚、马尔代夫、马耳他、毛里求斯、莫桑比克、纳米比亚、瑙鲁、新西兰、尼日利亚、巴基斯坦、巴布亚新几内亚、卢旺达、圣基茨和尼维斯、圣卢西亚、圣文森特和格林纳丁斯、萨摩亚、塞舌尔、塞拉利昂、新加坡、所罗门群岛、南非、斯里兰卡、斯威士兰、坦桑尼亚、汤加、特立尼达和多巴哥、图瓦卢、乌干达、英国、瓦努阿图、赞比亚、加蓬、多哥。

其中15个成员国由英国君主担任国家元首，包括：英国、安提瓜和巴布达、澳大利亚、巴布亚新几内亚、巴哈马、伯利兹、格林纳达、加拿大、圣基茨和尼维斯、圣卢西亚、圣文森特和格林纳丁斯、所罗门群岛、图瓦卢、新西兰、牙买加。不出席英联邦政府首脑会议的特别成员国有瑙鲁和图瓦卢。原为成员国的爱尔兰于1949年退出英联邦。南非于1961年退出英联邦，1994年重新加入。2003年12月，津巴布韦正式宣布退出英联邦，2018年，申请重新加入。2007年11月，巴基斯坦被中止英联邦成员国资格，2008年5月恢复。2009年9月，斐济被中止英联邦成员国资格，

2014年恢复。2009年11月，卢旺达加入英联邦。2013年10月，冈比亚退出英联邦，2018年重新加入。马尔代夫于2016年10月退出英联邦，2020年2月重新加入。2021年巴巴多斯不再承认英女王为国家元首，是20世纪70年代以来首个废除君主制的加勒比国家。2022年6月，加蓬和多哥正式加入英联邦。

【首脑】英国国王查尔斯三世是英联邦的元首（King Charles III，2022年9月登基）。

【主要负责人】秘书长帕特里夏·斯科特兰（Patricia Scotland，女，英国籍），2015年11月当选，2022年6月连任。

【总部】秘书处等机构设在英国伦敦。

【网址】http://thecommonwealth.org。

【出版物】《今日英联邦》《英联邦手册》。

【组织机构】（1）英联邦政府首脑会议：前身为帝国会议，1944年易名为英联邦总理会议，1975年改现名。通常每2年举行1次，以前一直在伦敦举行，1966年起轮流在成员国举行，由东道国政府首脑主持。会议不通过决议，会议发表的总原则对成员国无约束力。（2）英联邦部长会议：每年举行1次的有教育部长会议、卫生部长会议、司法部长会议和电信部长会议；贸易和经济会议、青年会议、工业合作会议、农业会议等不定期举行。（3）英联邦秘书处：1965年成立，负责组织成员国间的协商和合作、交流情况、组织会议等。秘书长每5年改选1次，可连任。（4）英联邦轮值主席：当值主席是举办英联邦政府首脑会议的英联邦国家领导人。任期2年。当值主席在高级别国际论坛上表达英联邦的立场。（5）英联邦基金会及其他组织：英联邦基金会成立于1966年，1983年改组成一个国际基金组织，资金由成员国政府提供，用于推动英联邦内专业及其他非政府间的合作。英联邦研究所主要靠英政府资助，通过举办展览、讲座、电影、开放图书馆等活动，促进人们对英联邦的了解。此外，还有一些专业性组织，如英联邦议会协会、英联邦新闻联盟、英联邦广播协会、英联邦青年交流理事会、英联邦体育运动联合会和英联邦艺术协会等。

【主要活动】自20世纪90年代以来，英联邦政府首脑会议已举行15次，分别在津巴布韦哈拉雷（1991年10月）、塞浦路斯利马索尔（1993年10月）、新西兰奥克兰（1995年11月）、英国爱丁堡（1997年10月）、南非德班（1999年11月）、澳大利亚库拉姆（2002年3月）、尼日利亚阿布贾（2003年12月）、马耳他瓦莱塔（2005年11月）、乌干达坎帕拉（2007年11月）、特立尼达和多巴哥西班牙港（2009年6月）、澳大利亚珀斯（2011年10月）、斯里兰卡科伦坡（2013年11月）、马耳他瓦莱塔（2015年11月）、英国伦敦（2018年4月）和卢旺达基加利（2022年6月）举行。下一届英联邦政府首脑会议将于2024年10月21日在萨摩亚首都阿皮亚举行。（钟桦）

欧洲安全与合作组织

Organization for Security and Co-operation in Europe—OSCE

【成立日期】前身为1973年7月至1975年8月分3个阶段进行的欧洲安全合作会议（简称“欧安会”）。此后，召开了4次续会。1995年1月1日起，改名为欧洲安全与合作组织（简称“欧安组织”）。

【宗旨和原则】促进欧洲地区的民主和安全，尊重人权和少数民族利益，建设法治国家。

【成员】57个成员国（截至2022年）：阿尔巴尼亚、安道尔、亚美尼亚、奥地利、阿塞拜疆、白俄罗斯、比利时、波斯尼亚和黑塞哥维那、保加利亚、加拿大、塞浦路斯、捷克、克罗地亚、爱沙尼亚、丹麦、格鲁吉亚、芬兰、法国、梵蒂冈、德国、希腊、爱尔兰、匈牙利、冰岛、吉尔吉斯斯坦、意大利、哈萨克斯坦、立陶宛、拉脱维亚、列支敦士登、摩尔多瓦、卢森堡、马耳他、蒙古国、摩纳哥、黑山、荷兰、挪威、波兰、葡萄牙、罗马尼亚、俄罗斯、圣马力诺、塞尔维亚、斯洛文尼亚、西班牙、斯洛伐克、瑞士、塔吉克斯坦、瑞典、土耳其、土库曼斯坦、北马其顿、英国、美国、乌克兰、乌兹别克斯坦。

阿尔及利亚、埃及、以色列、约旦、摩洛哥、突尼斯6个地中海国家和阿富汗、澳大利亚、日本、韩国、泰国5个亚太国家为欧安组织合作伙伴国，出席欧安组织的有关会议并参与部分活动。

【主要负责人】2022年轮值主席国为波兰，轮值主席为波兰外交部长拉乌（Zbigniew Rau），任期1年。秘书长海尔格·玛利亚·施密特（Helga Maria Schmid，德国籍），2020年12月就任，任期3年。

【总部】奥地利维也纳。

【网址】http://www.osce.org。

【组织机构】谈判与决策机构：（1）首脑会议：成员国国家元首或政府首脑出席；（2）部长理事会：由成员国外长组成，一般每年11月或12月在轮值主席国举行会议；（3）常设理事会：设在维也纳，由各成员国常驻代表组成，每周举行一次会议，负责欧安组织的日常工作，并有权对与欧安组织有关的所有问题作出决定；（4）安全合作论坛：1992年建立，由各成员国代表组成，每周在维也纳举行一次会议，负责军控、裁军、建立信任和安全措施的谈判，以及关于安全政策的磋商和合作。

1. 轮值主席：由主席国外长担任，任期1年，负责全面执行欧安组织使命，协调欧安组织的活动，与上任、下任主席国外长组成“三驾马车”，以保证延续性。

2. 秘书长及秘书处：秘书长任期3年，代表轮值主席并在所有活动中协助轮值主席工作。秘书处总部设在维也纳。下设机构有：（1）跨国威胁部，下设反恐行动、边境安全和管理、战略警务、协调等四个小组，并负责网络和信息安全等事务；（2）打击贩卖人口协调员与特别代表办公室，负责支持各成员国打击贩卖人口政策的执行与进展；（3）冲突预防中心，负责为秘书长、轮值主席及成员国等提供政策咨询、情况分析和支持，同时协助促进谈判、调解和其他冲突预防工作；（4）经济与环境事务办公室，处理与安全有关的经济和环境问题，旨在通过推动经济和环境领域合作，促进和平、繁荣和稳定，每年举办经济与环境论坛；（5）性别平等部门，致力于在各个领域实现性别平等，为欧安组织执行机构和成员国提供指导和支持。

3. 议会大会：1991年设立，由56个成员国的323名议员组成（成员国中梵蒂冈无议会，派2名代表作为嘉宾列席议会大会），设议长1人，副议长9人。每年举行一次全会，秘书处设在丹麦哥本哈根。

4. 少数民族高级专员署：1992年设立，设在荷兰海牙，负责及时发现有可能损害欧洲地区和平、稳定及欧安组织成员国之间关系的民族冲突，并提出处理意见和解决办法。

5. 民主制度与人权事务办公室（原自由选举办公室）：1990年设立，设在波兰华沙，主要负责欧安组织范围内的选举观察工作。

6. 新闻自由代表：1998年任命首位代表，在奥地利维也纳办公，负责监督欧安组织成员国新闻自由状况，促进媒体独立与自由发展。

7. 调解与仲裁法庭：1995年设立，设在瑞士日内瓦，主要负责解决成员国间争端。

【主要活动】冷战结束后，欧安组织逐步转型，成员国由35国增至57国，并逐步完善组织结构、转换职能，决策机制也更为灵活，在促进裁军、军控以及信任和安全措施建设的同时，大力开展预防性外交，确立了早期预警、冲突预防、危机处理、冲突后重建等4项主要职能。近年来，欧安组织积极参与欧洲地区国家的选举监督、核查和促和工作。2014年乌克兰危机爆发后，向乌派遣特别观察团、总统选举观察团，斡旋俄乌对话，监督落实停火和撤离重武器。

2022年1月1日，波兰接任欧安组织轮值主席国。12月1日至2日，欧安组织第29届部长理事会在波兰罗兹举行，乌克兰危机是主要议题。欧盟外交与安全政策高级代表博雷利呼吁加强欧安组织作用，为重建欧洲安全架构“铺平道路”。俄罗斯批评西方正在“摧毁最后的区域对话平台”。（尚宇飞）

北大西洋公约组织

North Atlantic Treaty Organization—NATO

【成立日期】北大西洋公约组织（简称“北约组织”或“北约”），于1949年4月4日正式成立，是以美国为首的军事同盟。

【宗旨和原则】成员国在集体防务和维持和平与安全方面共同努力，通过政治和军事手段，促进欧洲—大西洋地区的民主、法治和福利，保卫成员国的自由与安全。

【成员】30个（截至2022年底）：比利时、冰岛、丹麦、德国、法国、荷兰、加拿大、卢森堡、美国、挪威、葡萄牙、土耳其、西班牙、希腊、意大利、英国、波兰、匈牙利、捷克、爱沙尼亚、立陶宛、拉脱维亚、斯洛文尼亚、斯洛伐克、罗马尼亚、保加利亚、克罗地亚、阿尔巴尼亚、黑山、北马其顿。

【主要负责人】秘书长延斯·斯托尔滕贝格（Jens Stoltenberg，挪威籍），2014年10月就任。军事委员会主席罗布·鲍尔（Rob Bauer，荷兰籍），2021年6月就任。北约盟军作战司令部司令克里斯托弗·卡沃利（Christopher Cavoli，美国籍），2022年7月就任。

【总部】1966年从法国巴黎迁至比利时布鲁塞尔。

【网址】http://www.nato.int。

【组织机构】1. 北大西洋理事会：亦称北约理事会，是北约最高政治决策机构，主席由秘书长兼任。理事会决议需经全体与会国一致通过，并对成员国具有约束力。理事会分3个级别：（1）常设理事会，大使级，负责日常工作；（2）部长理事会，由成员国外长和防长组成，负责审议北约政治和安全有关重大问题，通常每年召开2次外长会、3次防长会；（3）首脑理事会，即峰会，不定期举行，负责重大战略问题磋商和决定。

2. 军事委员会：北约最高军事机构，负责在成员国协调一致的基础上为北约理事会和核计划小组提供军事评估和建议。委员会由各成员国总参谋长组成，并推选主席一人，任期3年。军事委员会每年召开约3次会议。其日常事务由各国总参谋长任命的常驻军事代表组成军事代表委员会负责办理。下设国际军事参谋部和2个军事指挥机构，即北约盟军作战司令部和北约盟军转型司令部。

3. 国际秘书处：北约秘书长直接领导的办事机构，由来自成员国的约1000名民事工作人员组成，负责执行委员会决议，并向成员国驻北约总部代表团提供指导建议和行政支持。下设秘书长办公室，副秘书长1人，助理秘书长8人并分别主管8个业务司局，此外还设有3个独立办公室（法务办公室、财务办公室、北约资源办公室）。

4. 北约议员大会：北约外围组织，宗旨是鼓励各成员国议会间的合作，密切成员国议会与北约机构的联系，推动实现北大西洋公约的目标。议员大会每年召开2次全会，并举行40多场活动。

【主要活动】20世纪90年代华沙条约组织解体和冷战结束后，北约随之调整战略，将周边地区冲突、核扩散和恐怖主义视为主要挑战，先后推出危机反应战略和“新战略构想”。同时，在美国操纵下，北约在主导欧洲安全事务的同时不断图谋扩张，介入“前南地区”危机、推进东扩和推行“和平伙伴关系计划”，干涉他国内政，卷入多场地区冲突和战争。当前，北约加快战略转型，将应对大规模杀伤性武器扩散、恐怖主义、网络攻击、海盗袭击、能源、气候变化等新型安全问题纳入任务范畴。北约声称是区域性组织，却突破自身条约规定的地理范围，加速东进亚太，到亚太地区挑起对抗。北约自称是“防御性联盟”，却鼓动成员国不断增加军费，扩军备战。北约不停越界扩权，将本应由联合国和专门国际机构处理的网络空间和太空问题纳入其集体防御范畴。北约宣称要捍卫“基于规则的国际秩序”，却无视国际法和国际关系基本准则，干涉别国内政，卷入多场战争，执迷于搞“小圈子”和集团政治，强化意识形态对立和阵营对抗。2022年乌克兰危机以来，北约成员国向乌提供大量军事援助，将俄罗斯视作北约盟国安全和地区和平稳定的“最重大、最直接的威胁”。2022年6月，北约马德里峰会强调援乌遏俄，重申威慑和防御、危机预防和管理、合作安全是北约三大核心任务，发表战略概念文件，首次提及中国，妄称中国对北约价值观、利益和安全造成挑战，并对中国国防建设、经济政策、技术发展等说三道四。

2022年其他主要活动有：

1月7日，北约举行线上特别外长会，讨论俄罗斯的军事集结对欧洲安全的影响，谴责俄罗斯并未响应国际社会呼吁以缓和局势。12日，北约—俄罗斯理事会会议在布鲁塞尔召开，北约秘书长斯托尔滕贝格表示，双方就乌周边局势进行了非常认真和直接的交流。

3月24日，北约国家领导人在布鲁塞尔举行乌克兰局势特别峰会并发表声明，继续对俄罗斯强烈谴责，呼吁其立即撤军，加大对乌克兰的支持力度。同日，北约盟国同意将秘书长斯托尔滕贝格任期延长一年至2023年9月29日。31日，北约秘书长斯托尔滕贝格发布“秘书长2021年度报告”，主要涉及强化北约威慑和防御、支持合作伙伴、适应未来形势发展等三大领域。该报告认为，过去一年里，北约的集体防御实现了一代人以来最大程度的强化，特别是在东翼，让北约能迅速启动防御计划，增加兵力部署。

4月6日，北约外长会召开，邀请乌克兰、格鲁吉亚、瑞典、芬兰、欧盟以及日本、韩国、澳大利亚、新西兰外长与会。秘书长斯托尔滕贝格谴责“布查事件”，表示将加大对乌军事、财政和人道主义援助；将加强与伙伴特别是亚太伙伴的务实合作，捍卫价值观。

5月5日，韩国国家情报院宣布正式加入北约合作网络防御卓越中心（CCDCOE），韩国成为首个加入该机构的亚洲国家。14日—15日，北约在德国举行非正式外长会，主要讨论芬兰和瑞典入约、乌克兰危机、6月马德里峰会等问题。18日，瑞典、芬兰同时向北约提交入约申请。19日，北约举行军事委员会参谋长会议，主要讨论成员国共同防御和对乌克兰加强援助。

6月15日—16日，北约召开成员国国防部长会议，邀请乌克兰、芬兰、瑞典、格鲁吉亚、欧盟防务部门代表出席。会议表示将为乌克兰提供军事装备，为波黑、格鲁吉亚等伙伴国提供必要支持。28日，北约举办首届气候变化和安全高级对话，秘书长斯托尔滕贝格宣布成员国同意在2030年前减排至少45%，2050年前实现净零排放。29日—30日，北约峰会在西班牙马德里举行，发布冷战结束以来北约第四份战略概念文件《北约2022战略概念》。峰会重申威慑和防御、危机预防和管理、合作安全是北约三大核心任务，北约首要责任是保障集体防御。

7月4日，瑞典、芬兰两国在布鲁塞尔完成入约谈判。北约成员国代表在北约总部签署关于瑞典、芬兰加入北约的议定书。

10月17日—30日，北约举行“坚定正午”年度例行核威慑演习，14个成员国参演，演习主要在欧洲西北部展开。美国空军B-52H战略轰炸机首次参演。

11月17日，北约首届韧性高官会议在布鲁塞尔举行，会议同意制定韧性路线图，在2023年北约维尔纽斯峰会宣布韧性目标。北约自2016年起制定成员国关键领域韧性评估基线要求，涵盖政府服务、通信、交通、食品、水、能源供应以及应对大规模伤亡和不受控的人员迁徙等领域。（尚宇飞）

欧洲联盟

European Union—EU

【成立日期】欧洲联盟（简称“欧盟”）是在欧洲煤钢共同体、欧洲原子能共同体和欧洲经济共同体等统称为欧洲共同体的3个机制的基础上发展而来的。1951年4月18日，法国、联邦德国、意大利、荷兰、比利时和卢森堡6国在巴黎签订了《建立欧洲煤钢共同体条约》，1952年7月24日起生效。1957年3月25日，6国在罗马签订了建立《欧洲经济共同体条约》和《欧洲原子能共同体条约》，统称《罗马条约》。1958年1月1日起条约生效，上述两个共同体正式成立。1965年4月8日，6国签订《布鲁塞尔条约》，决定将3个共同体的机构合并，统称"欧洲共同体"（简称"欧共体"）。《布鲁塞尔条约》于1967年7月1日起生效。1991年12月11日，欧共体马斯特里赫特首脑会议通过了以建立欧洲经济货币联盟和欧洲政治联盟为目标的《欧洲联盟条约》（又称《马斯特里赫特条约》，简称《马约》）。1993年11月1日《马约》生效后，欧共体未就其称谓的变更问题作出决定，但欧共体内部和国际上越来越广泛地使用"欧盟"这一称谓。2009年12月1日，《里斯本条约》（简称《里约》）正式生效，取消了欧盟条约中"三大支柱"的原有架构，欧盟取代并继承欧共体，具备法律人格，可与第三国及国际组织缔结协议，并在国内与国际法院以"欧盟"名义提起法律诉讼。

【宗旨和原则】《罗马条约》申明，各成员国"决心在欧洲各国人民之间建立愈益密切的联合基础"，"消除分裂欧洲的壁垒"，"保证它们国家的经济和社会进步"，"不断改善人民的生活和就业条件"，"执行共同贸易政策"，"为逐步废止国与国之间交流的限制作出贡献"。1986年2月签署的《欧洲单一文件》强调，"欧洲共同体及欧洲政治合作旨在促进欧洲团结发展"，"共同为维护世界和平与安全作出应有贡献"。《马约》指出，欧盟的宗旨是"通过建立无内部边界的空间，加强经济、社会的协调发展和建立最终实行统一货币的经济货币联盟，促进成员国经济和社会的均衡发展"，"通过实行共同外交和安全政策，在国际舞台上弘扬联盟的个性"。《里约》则进一步指出，"欧盟的宗旨是促进和平、联盟的价值观和联盟人民的福祉"，"为公民提供一个无内部边界的自由、安全和公正的区域"，"努力实现建立在经济平衡发展、物价稳定、具有高度竞争性的社会市场经济基础之上的欧洲可持续发展"，并"在更广泛的世界关系中，坚持和促进其价值观和利益"，致力于实现"和平、安全的全球可持续发展、各国人民间的团结和相互尊重、自由公正的贸易、消除贫困、保持人权"，"以及严格遵守并发展国际法"。

【成员】欧共体创始国为法国、联邦德国、意大利、荷兰、比利时和卢森堡6国。后经7次扩大，目前成员为27个。历次扩大的对象和时间为：丹麦、爱尔兰和英国（1973年）；希腊（1981年）；西班牙、葡萄牙（1986年）；奥地利、芬兰、瑞典（1995年）；塞浦路斯、捷克、爱沙尼亚、匈牙利、拉脱维亚、立陶宛、马耳他、波兰、斯洛伐克、斯洛文尼亚（2004年）；罗马尼亚、保加利亚（2007年）；克罗地亚（2013年）。英国于2020年1月31日正式脱离欧盟，2020年12月31日结束"脱欧"过渡期，正式脱离欧盟共同市场。

【总部】比利时布鲁塞尔。

【网址】http://europa.eu。

【出版物】《欧盟公报》《欧盟事实手册》《欧盟公共财政》《欧盟经济统计》《欧盟商务：事实与数字》等。

【组织机构】1. 欧洲理事会：又称"欧盟首脑会议"或"欧盟峰会"，欧盟最高决策机构。《里约》规定，欧洲理事会为"欧盟发展提供必要推动力"和确定"总的政治方向和优先事项"。《里约》首次规定欧洲理事会为独立欧盟机构，其决策除特殊规定外，采取协商一致原则。欧洲理事会设主席一职，任期2年半，可连任1届，主要职责是主持和推进欧洲理事会工作，确保首脑会议顺利进行，对外代表欧盟。每6个月须召开2次欧洲理事会，必要时可召开特别会议。欧洲理事会由成员国国家元首或政府首脑及欧洲理事会主席、欧委会主席组成，欧盟外交与安全政策高级代表兼欧委会副主席参与工作。欧洲理事会会议一般在比利时布鲁塞尔召开。首任主席是比利时前首相赫尔曼·范龙佩，2010年1月1日正式就任，并于2012年3月获得连任，第二任期从2012年6月1日至2014年11月30日。第二任主席是波兰前总理唐纳德·图斯克，2014年12月1日正式就任，并于2017年3月获得连任，第二任期自2017年6月1日至2019年11月30日。现任主席是比利时前首相夏尔·米歇尔，2019年12月1日正式就任，2022年3月24日获得连任，任期至2024年11月30日。

2. 欧盟理事会：又称"部长理事会"或"理事会"，欧盟立法与政策制定、协调机构。《里约》规定，"理事会与欧洲议会共同行使立法和预算职能，并根据条约行使政策制定和协调职能"。理事会由每个成员国各1名部长级代表组成，在理事会会议上代表其成员国政府进行投票表决。理事会按不同领域划分为若干个部长理事会。理事会下设有不同级别的协调机制。理事会主席国由各成员国轮任，任期半年。2007年1月1日，理事会以法律文件的方式对轮任顺序加以确定。2022年轮值主席国为法国、捷克。《里约》生效后，理事会决策机制和内部结构有部分调整：首先，将总务与外长理事会一分为二，分别履行不同职责。外长理事会由欧盟外交与安全政策高级代表兼欧委会副主席主持，总务理事会以及其他理事会由轮值主席国部长主持。轮值主席国将不再具有对外代表权。其次，重新定义特定多数表决制，并增加其适用范围。特定多数是指自2014年11月1日起，至少55%的理事会成员和这些成员国所代表的总人口至少占欧盟总人口的65%。增加33项适用多数表决制的新领域，使适用多数表决制的事项达到93个。欧盟理事会设在布鲁塞尔。

3. 欧盟委员会：又称"欧委会"或"委员会"，

欧盟立法建议与执行机构。《里约》规定，“欧盟委员会应促进欧盟整体利益，并为此提出适当的立法建议”，负责“监督欧盟条约的适用情况”，“执行预算，负责欧盟各种计划项目工作”，“除条约另有规定外，欧盟立法性法令只能在欧委会提议的基础上通过”。英国脱欧后，欧委会委员由28人变为27人，其中设主席1人，副主席8人。本届欧委会任期从2019年12月至2024年12月，主席是德国前国防部长乌尔苏拉·冯德莱恩（女）。8名副主席为：弗兰斯·蒂默曼斯（第一副主席）、玛格丽特·韦斯塔格、瓦尔季斯·东布罗夫斯基斯、何塞普·博雷利·丰特列斯（兼欧盟外交与安全政策高级代表）、马罗什·谢夫乔维奇、薇拉·尧罗娃、杜布拉芙卡·舒伊察、马加里蒂斯·希纳斯。欧盟委员会总部设在布鲁塞尔。

4. 欧洲议会：欧盟监督、咨询和立法机构。欧洲议会议员由成员国直接普选产生，任期5年。设议长1人，副议长14人，任期两年半，可连选连任。欧洲议会原则上以简单多数表决，可以2/3多数弹劾欧委会。自欧盟《阿约》生效以来，欧洲议会的地位不断得到提升，其与理事会共同参与的共同决策权进一步扩大。《里约》规定，“欧洲议会与理事会共同行使立法和预算职能”，以及“条约赋予的政治监督和咨询职能”。欧洲议会和理事会共同决策领域由38个扩大至80多个，涉及内政、司法、农业和外贸等多个领域。《里约》还规定，除议长外，欧洲议会议员不得超过750人，选举采用递减比例制，每个成员国至少拥有6名议员，任何成员国议席不得超过96席。2019年7月，第九届欧洲议会正式成立。英国脱欧后，现有议员705名，7个党团，欧洲人民党党团系第一大党团。现任议长梅索拉（马耳他籍），2022年1月当选就任，任期2年半。欧洲议会总部设在斯特拉斯堡，每月在此召开全体会议，其他会议在布鲁塞尔等地召开。欧洲议会总秘书处及其所属各部门设在卢森堡。

5. 欧洲法院：欧盟最高法院，成立于1952年。柯恩·勒纳茨（比利时籍）于2015年10月当选院长，连任至今。欧洲法院共有27名法官、11名佐审官由成员国指派，任期均为6年。法庭一般由3名或5名法官组成，对于欧洲法院认为特别重要的案件，可由全体法官组成大法庭加以审理。法院内部工作语言为法语。机构主要职能为解释欧盟法律，确保成员国平等适用有关法律。主要受理以下诉讼：（1）不履行义务之诉。可裁决某个成员国是否履行欧盟法律规定的义务。此类案件在进入欧洲法院审理前，须由欧委会先进行预备性程序，其间，成员国有权就有关指控予以回复。若欧委会预备性程序未能终结该诉讼，案件则移交欧洲法院审理。一旦认定成员国确有不履行义务的行为，违反义务的成员国必须立即纠正。（2）关于废除某项措施的诉讼。原告可向欧洲法院提起废除欧盟机构某项行政措施的诉讼。成员国对欧盟机构所提诉讼，或机构之间的诉讼，专属欧洲法院管辖。（3）关于侵权行为损害赔偿的诉讼。当某个成员国政府在履行职务时侵犯公民权利，欧洲法院可判该国负担赔偿责任。（4）基于法律问题的上诉。如原告对欧盟普通法院判决存有异议，可向欧洲法院提起上诉。欧洲法院设在卢森堡。

6. 审计院：欧盟审计机构。《里约》规定审计院“负责欧盟审计”。审计院现由27人组成（含院长），由欧盟理事会经咨询欧洲议会后，以特定多数方式表决任命，任期为6年，可连任。审计院院长由审计院成员从内部选举产生，任期为3年，可连选连任。2016年9月，克劳斯–海涅·雷纳（Klaus-Heiner Lehne，德国籍）当选新任院长，并于2019年9月获得连任。审计院设在卢森堡。

此外，欧盟主要机构还包括欧盟对外行动署、欧洲中央银行、欧洲投资银行、欧洲统计局，以及经济和社会委员会、地区委员会等。

【经济实力】欧盟是当前世界第三大经济体。2022年，欧盟GDP为15.807万亿欧元。2022年欧盟和欧元区经济增长率分别为3.6%和3.5%。欧委会预测2023年欧盟和欧元区经济增长率均为0.3%。

【主要活动】（一）内部建设：

1. 建立关税同盟和共同外贸政策。对外实行统一的关税率，成员国之间取消商品关税和限额。2009年12月，《里约》对欧盟共同贸易政策进行了一系列调整：首次将投资议题纳入共同贸易政策，使该领域政策权限范围进一步扩大；规定共同贸易政策应在联盟对外行动原则和目标框架内实施，增强了与其他政策的相互关联性；首次赋予欧洲议会与理事会在贸易立法和贸易协定方面享有共同决策权等。

2. 实行共同农业政策。共同农业政策（CAP）于1962年出台，是欧盟最早的共同政策。主要内容有：一是建立统一的农产品市场；二是制定对内统一的农产品价格体系和对外统一的农产品关税壁垒；三是建立共同农业基金，即“欧洲农业指导和保证基金”，对农产品出口予以补贴；四是调整农业结构。共同农业政策极大地促进了欧盟农业发展，同时也造成农业开支过大和农产品过剩以及引发贸易争端等问题。多年来，欧盟不断对共同农业政策进行改革。2013年，欧盟成员国与欧洲议会经过两年谈判，最终达成共同农业政策改革协议，颁布了《2014—2020年计划》，该计划提出了增强农业竞争力、实现自然资源可持续管理以及成员国区域平衡发展等三大长期目标。协议要求任何成员国接受的资金根据开垦面积，不得低于平均值的75%，此举对东欧国家有利。协议还要求投入1000亿欧元，应对土壤、水质、生物多样性和气候变化的挑战。对从事农业的年轻人，最初5年给予额外25%的资助。2018年，欧盟委员会提出了有关CAP未来的立法建议。这些建议概述了CAP的发展方向，纳入《欧洲绿色协议》可持续发展雄心目标。CAP改革将于2023年1月1日开始实施，有待欧洲议会与欧盟理事会间达成最终协议。

3. 实行共同渔业政策。自1977年起，欧共体将各成员国在北大西洋和北海沿岸的捕鱼区扩大为200海里。该区域是欧共体的共同捕鱼区，由欧共体统一管理，并授权欧共体委员会与第三国谈判渔业协定。2011年7月，欧委会提出欧盟共同渔业政策改革提案，该提案旨在确保未来鱼群资源量及渔民生计，并结束过度捕捞及资源枯竭的状况，在欧盟和国际上推行更好的渔业管理标准。欧盟于2011年12月提议建立欧洲海洋和渔业基金，目的是推进改革顺利进行和为欧洲综合海洋政策的实施提供支撑。该基金实施时间为2014—2020年，预估资金规模为74亿欧元。2013年12月，欧洲议会投票通过共同渔业政策改革方案。

4. 建立总预算。1967年，欧共体建立了总预算。2018年5月发布了欧盟2021—2027年度长期预算提案，重点针对欧盟所面临的创新发展、青年就业、提振经济、边境安全等问题。欧洲理事会、欧洲议会就预算展开谈判。2020年7月，欧盟峰会就7500亿欧元复苏基金和1.1万亿欧元的欧盟2021—2027年多年度财政框架达成一致，复苏基金主要用于救助受疫情严重冲击的地区和产业，包括创造新工作岗位、提升竞争力、提供教育培训、加快数字和交通基础设施建设等。

5. 建立内部统一市场。1986年2月，各成员国签署《欧洲单一文件》，决定于1992年底建成欧共体统一大市场，通过逐步消除各种非关税壁垒，实现商品、人员、资本和服务四大自由流通。1993年1月1日，统一大市场初步形成。1995年3月，对各类人员取消边界检查的《申根协定》在法国、德国、荷兰、比利时、卢森堡、西班牙、葡萄牙7国之间正式生效。1998年4月，奥地利、意大利和德国之间全面开放边界。2001年3月，《申根协定》在瑞典、芬兰、丹麦及非欧盟成员国挪威和冰岛正式生效。2007年12月，捷克、爱沙尼亚、匈牙利、拉脱维亚、立陶宛、马耳他、波兰、斯洛伐克、斯洛文尼亚等9国加入。2008年12月，瑞士加入。2011年12月，列支敦士登加入，《申根协定》扩大至26国。2006年5月，欧盟成员国达成原则协议，决定在欧盟区域内开放服务业，允许更大的市场自由流动和更深入的经济一体化。2011年4月，欧委会内部市场总司出台《统一市场法令》，内容涵盖12个行业领域。同年10月，欧盟首脑峰会承诺，到当年年底要推动相关措施取得明显成效，包括：帮助中小企业更方便地获及资金支持；加强各成员国间的职业证书互认，促进技术劳工流动；尽早建成欧盟统一数字化市场等。欧盟委员会2015年公布“单一数字市场”战略的详细规划。2017年6月，欧盟委员会公布的中期评估报告显示，欧盟委员会已实现了这份战略中提出的35项法律提案和政策倡议，包括实现取消欧盟内手机漫游费。欧洲议会和欧盟理事会于2019年6月颁布了产品市场监督和合规的修订条例，通过确保遵守和执行产品立法加强对欧盟统一市场的信任，同时改善和促进欧盟各成员国对商品的相互承认。

6. 建立经济与货币联盟。1979年3月，欧共体巴黎首脑会议决定建立欧洲货币体系，决定主要内容有：（1）建立“欧洲货币单位”（European Currency Unit—ECU，简称“埃居”），用于欧共体内部会计、信贷记账与结算，并部分取代美元，起储备货币的作用；（2）规定汇率波动的幅度，ECU与除英国、意大利货币外的各种货币之间波动幅度上下限为2.25%，英国和意大利的货币上下波动幅度可为6%；（3）成立欧洲货币基金，成员国将其黄金与美元储备的20%纳入欧洲货币基金，用于成员国的信贷安排。

1988年6月，欧共体首脑会议提出了建设经济货币联盟（简称“经货联盟”）、发行统一货币的目标。2015年，欧洲理事会主席、欧委会主席、欧洲议会议长、欧元集团主席及欧央行行长联合发布题为《完成欧洲经济与货币联盟》报告，制定了未来欧元区进一步融合路线图，计划最晚于2025年以欧盟法律形式确定“深度和真正的经货联盟”。2017年5月，欧盟委员会发表《深化经济货币联盟的反思》白皮书，就如何应对挑战、设计和完成经货联盟达成广泛共识，提出分2017—2019年和2020—2025年两个阶段完成联盟建设。2019年是欧元启动20周年，欧盟委员会就原料和食品商品市场及交通领域更广泛使用欧元的问题同成员国展开了探讨，并发布报告建议欧盟各国就欧元区预算达成一致，完成对欧洲稳定机制条约的修改，以欧元区存款担保计划的谈判为开端，努力完成欧洲银行业联盟，加快欧洲资本市场联盟进程，加强欧元的国际作用。2021年1月，欧盟通过了一份旨在强化欧元地位与金融体系建设的战略文件，同年7月，欧洲央行宣布启动数字欧元项目并展开为期2年的相关研究。

7. 实施共同外交和安全政策。2010年12月1日，欧盟对外行动署正式成立，2011年1月起正式运转。对外行动署由欧盟外交与安全政策高级代表兼欧委会副主席领导。高级代表、秘书长以及3名副秘书长共同构成对外行动署的核心领导层。对外行动署下设6个总司，分别为亚太总司、欧洲和中亚总司、美洲总司、非洲总司、中东和北非总司以及人权、全球与多边事务总司。对外行动署还设有欧盟情报中心、民事和军事危机管理等部门。2016年6月，欧盟发布题为《共享愿景、共同行动：更强大的欧洲》的全球外交与安全战略文件，分析欧盟在新形势下面临的战略机遇与挑战，阐明欧盟对外关系的利益和原则，界定优先领域和事项，丰富欧盟外交政策工具。2017年12月，欧盟外长理事会决定在防务领域建立“永久结构性合作”（Permanent Structured Cooperation—PESCO），除英国、丹麦和马耳他之外的欧盟25个成员国参加。2019

年11月，欧盟理事会通过了新一轮“永久结构性合作”框架下进行的13个军事合作项目，总合作项目数增至47个。2020年11月，欧盟理事会确定非欧盟国家可参与单个“永久结构性合作”项目，进一步增强欧盟的战略自主权。2021年11月，欧盟理事会更新“永久结构性合作”框架下的项目清单，增加14个新项目，总合作项目数量增至60个。2020年6月，欧盟理事会开启“战略指南针”进程。该进程意在为欧盟安全和防务政策商讨增加政治方向，以期在欧盟国家内部建立统一的战略文化。2021年3月，欧盟理事会决定设立欧洲和平基金（European Peace Facility—EPF），将在2021—2027年期间提供约50亿欧元的预算外资金。2021年12月，欧盟正式公布“全球门户”计划，宣称将在2027年前募集3000亿欧元，在全球数字、能源、运输领域开展互联互通建设。2022年，受乌克兰危机冲击，欧盟着力增强共同防务能力，于同年3月正式通过“战略指南针”计划。

目前，对外行动署下设欧盟军事参谋部和9个总司：人权、全球与多边事务总司，非洲总司，美洲总司，亚太总司，西欧、西巴尔干地区、土耳其与英国总司，俄罗斯、东部伙伴、中亚、地区合作与欧安组织（OSCE）总司，中东与北非总司，共同安全与防务政策（CSDP）和危机应对总司，预算与行政总司。

8. 开展司法和内政合作。欧盟在成员国间建立了司法、内政事务合作机制，以协调各国的移民和避难政策，联合开展打击国际恐怖活动、犯罪和贩毒的斗争。2008年4月，欧盟司法和内政部长会议决定，欧洲刑警组织从2010年1月1日起成为欧盟正式机构，以加强欧盟成员国间的执法合作。2010年7月，欧盟电子司法门户网站正式开通，为欧盟公民提供司法援助、法律培训、房产登记等远程司法服务。2011年9月，欧盟委员会公布《申根协定》修改草案，主张建立由欧盟委员会和成员国组成的欧盟层面决策机制，对“重启边境检查”问题共同进行裁决。根据该草案，某一成员国在发生诸如恐怖袭击、核事故等突发事件后，可以紧急启动临时边境检查，但是边检不得超过5天。如果需要延期，则必须向欧盟决策机制提交相关申请，在获得同意后，方可延长边检。草案还建议取消成员国之间就协定执行情况进行的互评，改由欧盟委员会和成员国专家团对某一成员国进行例行或突击检查。欧盟委员会每半年公布“申根健康检查”报告，供欧洲议会及欧盟理事会讨论。2013年6月，欧洲议会通过申根区边检治理一揽子措施，主要包括建立申根区边境检查评估机制和修改申根区国家边境检查相关规定，即申根区国家的公共政策或内部安全一旦受到严重威胁，可重新实行边检，但期限为30天，最多只能延长至6个月。如果发生突发事件（如恐怖袭击）需立即采取行动，成员国可单方面恢复边检，最多不超过10天。2015年，随着涌入欧洲难民数量的大幅度上升，欧洲多个国家恢复边境检查，《申根协定》的人员自由流动原则受到一定冲击。2016年10月，欧盟在原边境管理局的基础上，成立边界及海岸警卫署，以更好应对难移民危机。2018年9月，欧盟非正式峰会在移民问题上取得进展，与会各国领导人同意加强外部边境管控并深化与第三国合作，以阻止移民进入欧盟国家。2019年3月，欧委会发布移民问题进展报告，宣布难民危机已结束。

9. 推进机构和机制改革。2001年12月，欧盟拉肯首脑会议决定成立制宪大会。2002年2月至2003年6月，欧盟举行了为期16个月的欧洲制宪大会，通过《欧洲宪法条约》草案。2004年6月，欧盟首脑会议正式通过《欧洲宪法条约》，10月正式签署。但由于法国、荷兰全民公决否决了该条约，2005年6月，欧盟布鲁塞尔首脑会议决定推迟《欧洲宪法条约》的生效日期。2007年3月，欧盟召开纪念《罗马条约》签署50周年特别首脑会议，发表了《柏林宣言》，强调欧盟将与时俱进不断改进欧洲政治建设，共同努力，争取在2009年欧洲议会选举前“将欧盟置于一个新的共同基础上”。同年12月，欧盟首脑会议签署了旨在拯救制宪危机的《里约》。2008年6月，爱尔兰全民公投否决《里约》。2009年6月18日，欧盟夏季首脑会议决定满足爱尔兰在批准《里约》问题上的关切，以法律形式承诺爱保留在防务、税率、堕胎等方面的特权，并强调已批约国无须就此重新履行批准程序，为条约尽快生效创造了有利条件。同年10月，爱尔兰第2次公投批准了《里约》。随后，在本国关切得到满足的情况下，波兰和捷克相继批准《里约》，使《里约》生效道路上的最后障碍得以排除。2009年12月1日，《里约》正式生效。

《里约》内容主要包括：赋予欧盟法律人格；设立欧洲理事会主席，由欧洲理事会以特定多数方式选举产生，任期两年半，可连任1届；精简欧委会机构，拟自2014年11月起，将欧委会委员人数精减为原来的2/3；改革欧洲议会，规定欧洲议会由750名议员组成，各成员国在议会中至少占6席，最多占96席；扩大欧洲议会和理事会行使共同决策权的政策领域；实施新的特定多数表决机制，即自2014年11月1日起，特定多数表决通过的条件是须有至少55%的成员国同意（至少15国），同时这些成员国至少代表65%的欧盟人口；设立新的欧盟外交与安全政策高级代表，并兼任欧委会副主席，负责执行欧盟的共同外交和安全政策，领导欧盟对外行动署；扩大多数表决制适用范围；增加欧盟法律中的人权内容，使《欧盟基本权利宪章》在欧盟立法层面上具有法律约束力。

（二）对外关系：欧盟已同世界近200个国家和国际组织建立了外交关系，同其中绝大多数国家缔结了贸易协定、经贸合作协定、联系国协定或其他协定，并与一些地区性组织建立了比较密切的关系。2021

年，欧盟及其成员国共提供673亿欧元官方发展援助（ODA），占欧盟国民总收入（GNI）的0.49%，欧盟机构及其成员国承诺，到2030年共同实现官方发展援助占国民总收入0.7%的目标。

1. 同中国的关系。1975年5月6日，中国同欧洲经济共同体建立外交关系。20世纪80年代末，中欧关系经历短暂曲折。90年代中期以来，中欧关系持续发展。1998年建立面向21世纪的长期稳定的建设性伙伴关系，2001年建立全面伙伴关系，2003年建立全面战略伙伴关系，2014年提出打造中欧和平、增长、改革、文明四大伙伴关系。双方迄今已建立70余个磋商和对话机制，涵盖政治、经贸、可持续发展、人文等各领域。中国—欧盟领导人年度会晤是中欧之间最高级别政治对话机制。2022年4月1日，国务院总理李克强和欧洲理事会主席米歇尔、欧盟委员会主席冯德莱恩共同主持第二十三次会晤，国家主席习近平同日以视频方式会见欧盟两主席。中欧高级别战略对话、中欧经贸高层对话、中欧高级别人文交流对话机制、中欧环境与气候高层对话机制、中欧数字高层对话机制定期举办，为推动中欧对话合作发挥重要作用。2022年，中欧贸易额为8473亿美元，同比增长2.4%。中国是欧盟第二大贸易伙伴、第一大进口来源地、第三大出口市场。欧盟是中国第二大贸易伙伴、第二大进口来源地、第三大出口市场。

2. 同美国的关系。欧盟重视欧美关系，双方在政治和安全上互为盟友，经济上互为最主要的贸易和投资伙伴。但双方在自由贸易、军费分担、气候变化、伊朗核等问题上也存在分歧。2018年7月，欧委会主席容克应邀访美，与美国总统特朗普举行会谈并发表联合声明，称将开启深厚友谊、促进贸易、互利共赢的欧美关系新阶段。同年9月，欧洲议会通过欧美关系报告。2019年10月，美国宣布对欧洲产品征收67亿欧元新关税。12月，美国再次宣布对欧产品加征关税，欧盟表示各国将共同应对美加征关税计划。2020年11月，欧洲理事会主席米歇尔、欧委会主席冯德莱恩分别同拜登通话，祝贺其当选美国下任总统并强调要强化跨大西洋联盟。12月，欧委会公布《应对欧美全球变化新议程》，提出同拜登政府合作的重点领域。2021年6月、10月，拜登两次访欧。2022年3月，拜登访欧并出席北约特别峰会、欧盟峰会。6月，拜登访欧出席七国集团峰会、北约峰会。双方建有贸易与技术理事会、对华政策对话、印太事务磋商等机制和平台。

3. 同俄罗斯的关系。俄罗斯是欧盟最大的邻国和第三大贸易伙伴，也是重要的能源来源地。2022年2月乌克兰危机爆发以来，欧盟强烈谴责俄，年内对俄发起9轮制裁。欧盟外交与安全政策高级代表博雷利称，战争使欧俄关系走向终结。

4. 同西巴尔干国家的关系。欧盟多次与西巴尔干五国（阿尔巴尼亚、波黑、北马其顿、黑山、塞尔维亚）及科索沃举行峰会，会议主要关注地区经济发展及西巴尔干国家入盟等问题。2018年2月，欧盟委员会出台“西巴尔干战略”，积极推动西巴尔干五国和科索沃入盟进程。2019年4月，欧盟西巴尔干非正式峰会在柏林召开，西巴尔干五国及科索沃领导人出席。7月，欧盟—西巴尔干国家峰会在波兰波兹南举行，欧盟重点关注运输和能源、数字、经济、安全和睦邻关系等领域合作。2020年5月，欧盟—西巴尔干国家峰会以视频方式举行，会议主要就抗击新冠疫情、推动经济社会复苏、加强地区合作、应对安全和移民挑战等进行讨论，并发表《萨格勒布宣言》。2022年6月和12月，欧盟—西巴尔干国家峰会在布鲁塞尔和阿尔巴尼亚首都地拉那召开，双方领导人就地区国家入盟、应对乌克兰危机等问题进行讨论，欧盟表示将帮助西巴尔干国家抵御混合威胁。截至2022年底，地区内阿尔巴尼亚、北马其顿、黑山、塞尔维亚、波黑是入盟候选国，科索沃已申请入盟。

5. 同“东部伙伴国家”的关系。2009年，欧盟在周边政策框架下针对亚美尼亚、阿塞拜疆、白俄罗斯、摩尔多瓦、格鲁吉亚、乌克兰六国发起东部伙伴关系计划，在双边及多边层面推动与六国关系，并于首次东部伙伴关系峰会上签署《东部伙伴关系宣言》。峰会已举办5次，分别是2009年布拉格峰会、2011年华沙峰会、2013年维尔纽斯峰会、2015年里加峰会、2017年布鲁塞尔峰会。2019年5月，欧盟举行系列活动庆祝东部伙伴关系10周年并回顾相关成果；10月，欧洲理事会决定由欧委会和欧盟对外行动署汇总各方意见建议后，适时提交2020年后欧盟东部伙伴关系发展建议。2020年，欧盟召开东部伙伴关系领导人视频会议，各方就应对新冠疫情、危机影响、战略伙伴关系等进行了讨论。10—12月，欧盟就白俄罗斯选举问题对白实施了三轮制裁，欧白关系不断恶化，白俄罗斯缺席2021年12月的第六次欧盟—东部伙伴关系峰会。2022年3月，格鲁吉亚正式申请加入欧盟。6月，欧盟决定将乌克兰、摩尔多瓦列为入盟候选国。欧盟与白俄罗斯关系因乌克兰危机而进一步恶化。欧盟积极斡旋阿塞拜疆—亚美尼亚冲突，10月在布拉格召开欧法阿亚四方会谈。

6. 同中亚国家的关系。2015年12月，欧盟与中亚国家举行欧盟—中亚部长级会议，宣布2014—2020年将向中亚国家提供10亿欧元发展援助，支持该地区国家实现可持续性自然资源管理、社会和经济发展、地区安全等。2019年5月，欧盟中亚第6次高级别政治与安全对话在布鲁塞尔召开，会议磋商了欧盟新中亚战略政策文件。欧盟支持阿富汗早日实现和平和解，认为只有通过政治对话才能最终解决阿富汗问题。欧盟支持美国与阿富汗塔利班签署和平协议。2020年6月，欧盟外交与安全政策高级代表博雷利同哈萨克斯坦、吉尔吉斯斯坦、塔吉克斯坦、土库曼斯坦和乌兹别克斯坦五国外长举行视频会议，就欧盟中亚战略、新冠疫情影响以及包括阿富汗在内的中亚区域合作等国际和地区问题交换了意见。2021年10月5日，欧盟一中亚经济论坛在吉尔吉斯斯坦召开，该论坛为落实2019年欧盟中亚战略的重要内容，旨在加强欧盟与中亚五国的经济联系，并就中亚地区经济可持续发展等优先领域交换意见。2022年10月，欧洲理事会主席米歇尔访问哈萨克斯坦、乌兹别克斯坦，并在哈出席首届欧盟—中亚峰会。

7. 同中东国家的关系。欧盟是中东问题四方之一，关注中东和平进程，主张承认以色列的生存权和巴勒斯坦人民的建国权，通过政治谈判和平解决阿以冲突。欧盟对美国宣布承认耶路撒冷为以色列首都及由此将给中东和平前景带来的影响表示严重关切，支持“两国方案”，反对以推进约旦河西岸定居点建设，呼吁各方保持克制使局势降级。欧盟致力于维护伊核协议，2022年8月，协议有关各方在维也纳召开会谈。欧盟谴责伊朗向俄供武。欧盟是叙利亚最大的人道主义援助提供方，支持叙主权和领土完整，主张政治渠道解决叙利亚问题。欧盟关注利比亚难民、恐怖主义、武器走私等问题，支持联合国主导和平进程，呼吁通过政治对话解决利比亚问题。

8. 同亚洲其他国家的关系。欧盟重视与亚洲关系，持续加大对亚洲地区投入。2018年1月，欧盟—东盟联合合作委员会第25次会议在印尼雅加达举行。同年5月，欧盟外长理事会就加强同亚洲安全合作通过决议，将海上安全、网络安全、反恐、应对混合威胁、预防冲突、防扩散等作为深化安全合作的关键领域。2019年10月，欧盟发表《加强与亚洲的安全合作》政策文件，明确欧盟高度重视与亚洲地区的安全合作，拟在海上安全、网络安全、反恐、预防冲突、混合威胁等领域推动深化合作，并重点提升与东盟的合作水平。2020年12月，欧盟与东盟同意将双边关系升格为战略伙伴关系。2021年9月，欧盟出台首份《印太合作战略》。2022年2月，欧盟在巴黎举办“印太合作部长级论坛”；5月，欧洲理事会主席米歇尔、欧盟委员会主席冯德莱恩访日，举行第28届欧日首脑峰会；6月，欧洲议会全会通过涉“印太”地区报告，呼吁欧盟在区域内与盟友伙伴密切合作。8月，欧盟与东盟联合发布“战略伙伴关系行动计划（2023—2027）”。11月至12月，欧盟与韩国、新加坡先后建立数字伙伴关系。

9. 同非洲国家的关系。欧盟是非洲最大贸易伙伴、最大投资来源地和官方发展援助最大提供方。2005年12月，欧盟通过第一份对非战略文件《欧盟与非洲：走向战略伙伴关系》，以指导未来10—15年的对非政策。2019年5月，欧盟外交与安全政策高级代表莫盖里尼访问非洲之角四国（索马里、肯尼亚、吉布提、埃塞俄比亚）。2020年5月，欧盟宣布向非洲之角国家提供1.055亿欧元一揽子人道主义援助。2021年初，欧洲理事会主席米歇尔访问卢旺达、肯尼亚，主推欧非绿色、数字合作。2022年2月，第6届欧盟—非盟峰会在布鲁塞尔举行，欧盟承诺加大疫苗援助，宣布未来7年将在“全球门户”框架下，对非洲开展总额达1500亿欧元的投资计划，会议通过《2030共同愿景》。

10. 同拉美国家的关系。欧盟寻求与拉美国家开展合作。在委内瑞拉问题上，欧盟主张通过和平方式、由委人民自行解决危机，认为委需要举行自由公正的总统选举，反对外部武力干涉。2019年2月，欧盟主导成立委内瑞拉问题“国际接触小组”；10月，欧盟、联合国难民署和国际移民组织在布鲁塞尔举行委内瑞拉难民和移民危机国际团结会议。2020年11月，欧盟决定将对委内瑞拉制裁延长1年至2021年11月。2020年4月，欧盟与墨西哥宣布正式完成新贸易协定谈判，根据新版协定，欧墨之间所有货物贸易将互免关税。2022年5月，欧盟外交与安全政策高级代表博雷利与中美洲和加勒比地区国家领导人集体会晤，表示将加强欧盟与地区的伙伴关系，巴拿马将为欧洲“哥白尼计划”建立气候和环境数据库。9月，尼加拉瓜宣布欧盟驻尼代表团团长为“不受欢迎的人”，要求其限期离境；10月，欧盟驱逐尼加拉瓜驻欧代表。10月，欧盟成员国与拉丁美洲和加勒比地区国家外长在布宜诺斯艾利斯举行4年多以来首次部长级正式会议，双方一致认为这是欧拉关系的重启。　（徐滢）

欧洲委员会

The Council of Europe—COE

【成立日期】1949年5月5日正式成立。

【宗旨和原则】保护人权、多元民主和法治；促进欧洲文化认同和多样性意识的形成并鼓励其发展；寻求欧洲社会面临挑战的共同解决方案；通过支持政治、立法和宪法改革，巩固欧洲的民主稳定。

【成员】46个成员国：爱尔兰、奥地利、比利时、冰岛、丹麦、德国、法国、荷兰、列支敦士登、卢森堡、马耳他、挪威、葡萄牙、瑞典、瑞士、塞浦路斯、圣马力诺、土耳其、西班牙、希腊、意大利、英国、芬兰、匈牙利、波兰、保加利亚、斯洛文尼亚、立陶宛、捷克、斯洛伐克、爱沙尼亚、罗马尼亚、安道尔、摩尔多瓦、阿尔巴尼亚、拉脱维亚、乌克兰、北马其顿、克罗地亚、格鲁吉亚、阿塞拜疆、亚美尼亚、波黑、塞尔维亚、黑山、摩纳哥。此外，白俄罗斯为候选国。美国、加拿大、日本、墨西哥和梵蒂冈为欧洲委员会部长理事会观察员国，以色列为欧洲委员会议会的观察员国。

【主要负责人】秘书长玛丽亚·佩伊契诺维奇·布里奇（Marija Pejčinović Burić，克罗地亚籍），2019年6月当选，任期5年。

【总部】法国斯特拉斯堡。在巴黎、布鲁塞尔设有办事处。

【网址】http://www.coe.int。

【出版物】《论坛》，季刊；《欧洲委员会出版目录》，年刊。

【组织机构】（1）部长委员会：最高决策和执行机构，由成员国外长（或驻斯特拉斯堡常设代表）组成，每年召开2次会议，主要负责重大决策制定、批准预算和制订行动计划。下设部长代表委员会，由成员国各派1名常驻代表（大使级）组成，负责处理日常事务。主席由各成员国代表轮流担任，任期半年。2021年11月至2022年5月为意大利，2022年5月至2022年11月为爱尔兰。（2）议会：有审议权，没有立法权。现有议员和候补议员各324名，议员因故不能出席会议时由候补议员替补。议员与候补议员均由各成员国从本国议员中推举产生，名额根据各成员国人口比例分配，最多18名，最少2名。议会由欧洲人民党党团、社会党党团、欧洲保守党党团、自由民主党联盟和欧洲联合左翼党等5个党团及无党派代表组成。通常每年召开4次会议。一般决议由简单多数通过，重大决议以2/3多数通过。议会下设常务委员会，在议会休会期间负责日常工作，每年至少召开3次会议；还设有政治、经济、人权、社会、文教、司法和农业问题等10个专门委员会。议长由全体议员选举产生，任期1年，可连任。现任议长泰尼·考克斯（荷兰籍，2022年当选），副议长19人。（3）总秘书处：处理欧洲委员会日常事务，包括秘书长和副秘书长办公室、部长委员会秘书处、议会秘书处、地方和地区政权代表大会秘书处、人权专员办公室、欧洲人权法院书记室和9个总司。总秘书处设秘书长和副秘书长各1名，均由部长委员会推荐，议会选举产生。（4）欧洲地方和地区政权代表大会：1994年1月成立，其宗旨是保证地方和地区团体参与欧洲联合进程及欧洲委员会的工作。分地方政权院和地区政权院两院，拥有代表324名，候补代表324名，由地方或地区团体的代表组成。代表大会下设1个常委会，负责在休会期间处理日常事务。此外，欧洲委员会还有欧洲人权法院、人权专员署、欧洲青年中心、欧洲青年基金组织和社会发展基金等机构。

【重要文件】欧洲委员会至今已通过222个公约或协议。其中比较重要的法律文件有：《欧洲收养儿童公约》（2008年）；《欧洲委员会关于公文使用权的公约》（2009年）；《欧洲引渡公约第三附加议定书》（2010年11月）；《预防与打击针对妇女暴力和家庭暴力公约》（2011年5月）；关于改革欧洲人权公约的《哥本哈根宣言》（2018年4月）等。

【首脑会议】2005年5月17日，欧洲委员会第3次首脑会议在波兰华沙举行。会议发表了《华沙宣言》及附加《行动计划》。会议强调要充分发挥保护人权和基本自由的作用，促进民主和良政的发展。

【同欧盟的关系】欧洲委员会与欧洲联盟关系密切，两个组织的议会每年召开1次联席会议。2009年12月1日，欧盟《里斯本条约》和《基本权利宪章》生效，欧盟与欧洲委员会在“人权保护”领域的伙伴关系进一步加强。2010年5月11日，欧盟—欧洲委员会外长会议决定，继续探讨欧盟如何加入欧洲委员会有关公约，并欢迎欧盟在与第三国交往时推行欧洲委员会标准。2015年4月10日，欧洲委员会与欧盟联合启动了旨在提高南地中海地区国家民主化治理能力的计划。该计划为期3年，由欧洲委员会实施，欧盟提供资金支持。2016年6月，欧洲委员会发布《2016年欧洲反腐年度报告》，对欧洲49个国家政治基金透明度、腐败犯罪情况及议员和司法部门的反腐措施进行评估。2016年11月，欧洲委员会秘书长亚格兰与欧盟外交与安全政策高级代表莫盖里尼共同出席双方签订谅解备忘录10周年庆祝活动。2017年11月，欧洲委员会与欧盟共同提交了双方关于东部伙伴关系联合项目的成果。该联合项目旨在保护人权、促进民主治理和法治。

【同联合国的关系】2016年11月，联合国大会一致通过了《联合国与欧洲委员会合作决议案》，确定《2030年可持续发展议程》、人权、移民为双方重点合作领域，表明了双方关系日趋紧密。双方在日内瓦和维也纳的欧洲委员会联络处的合作，亦得到进一步加强。

【同俄罗斯的关系】1996年2月28日，欧洲委员会接纳俄罗斯为第39个成员国，但同时向俄提出了遵守《欧洲人权公约》、取消死刑、用和平方式解决车臣冲突等诸多条件。2016年2月，欧洲委员会秘书长亚格兰与俄罗斯外长拉夫罗夫互致信函纪念俄罗斯联邦加入欧洲委员会20周年。2016年12月，欧洲委员会秘书长亚格兰访问俄罗斯，并与俄罗斯总统普京、外长拉夫罗夫等就欧俄关系、民主、人权等问题交换意见。2017年9月，俄罗斯国家杜马副主席彼得·托尔斯泰表示，俄因欧洲委员会对其实施歧视政策已停止向委员会缴纳会费，俄被剥夺在欧洲委员会议会大会的投票权。2019年6月，议会大会全面恢复了俄罗斯代表团的权利，俄开始恢复正常工作。2022年2月25日，欧洲委员会表示，由于俄罗斯对乌克兰发动军事行动，决定从即日起暂停俄罗斯在欧洲委员会部长委员会和议会大会中的代表权。3月15日，俄罗斯决定退出欧洲委员会。3月16日，欧洲委员会正式宣布将俄罗斯排除出该组织。

【同中国的关系】20世纪70年代末，中国开始同欧洲委员会建立联系。近年来，双方主要往来有：2010年3月，中国国际友好城市联合会副会长李小林应邀率团出席欧洲委员会地方和地区政权代表大会第18届全体会议。2010年11月，欧洲委员会教育、文化、遗产、青年和体育总司司长加布里埃拉·巴泰尼·德拉戈尼访问中国北京和河南，全国青联副主席卢雍政及文化部、河南省领导分别接见。2013年9月，欧洲委员会在法国斯特拉斯堡首次为中国画家袁小楼举办了个人画展。

（徐滢）

北欧理事会
The Nordic Council

【成立日期】北欧理事会、亦称北欧委员会。1952年3月，丹麦、冰岛、挪威、瑞典四国就成立北欧理事会达成协议，1953年2月13日在哥本哈根召开北欧理事会第1届全体会议。1955年芬兰加入，1970年奥兰群岛和法罗群岛分别加入芬兰、丹麦代表团。1984年格陵兰岛代表作为丹麦代表团成员与会。

【宗旨和原则】维持和发展北欧国家间在立法、文化、社会和经济政策、交通运输和通信方面的合作；对北欧合作进行探讨，向北欧部长理事会或北欧各国政府提出建议，并敦促贯彻执行，以加强和扩大北欧国家间合作。

【成员】5个成员国：丹麦、瑞典、芬兰、挪威、冰岛；3个内部自治区：奥兰群岛（芬）、法罗群岛（丹）和格陵兰岛（丹），不具备完全成员资格。

【主要负责人】现任理事会主席团主席为尤鲁德·阿斯斐尔（Jorodd Asphjell，挪威籍），任期1年。

【总部】主席团秘书处设在丹麦哥本哈根。

【出版物】《北欧政治》(Politik i Norden)，季刊。另设《时事通讯》，周刊。

【网址】http://www.norden.org。

【组织机构】(1)理事会：最高权力机构。由从成员国议员中选出的87名理事组成，瑞典、丹麦（包括法罗群岛和格陵兰）、芬兰（包括奥兰群岛）、挪威各20名，冰岛7名，任期1年。理事会内包括社民党、保守党、自由党、中间党、左翼党5个党团和独立党派，自设秘书。(2)理事会主席团：负责会议准备、议题拟定、工作程序和行政管理等事务。设主席、副主席各1人及11名成员。理事会每年召开秋季年会期间，选举产生理事会主席团主席、副主席。(3)专门委员会：负责文化教育、可持续发展、经济增长、环境保护、福利、监察、选举事务。(4)主席团秘书处：协助各国秘书处、党团进行理事会的准备工作。(5)各国秘书处：为各国代表团服务，负责会议筹备、特殊事务顾问和公众宣传。(6)办事机构：在圣彼得堡、里加、塔林和维尔纽斯等地设立。

【会议形式】北欧理事会每年春秋两季分别举行“例行会议”和“主题会议”。“例行会议”在北欧理事会轮值主席国举行，“主题会议”在北欧部长理事会轮值主席国举行。五国政府首脑和部长均可与会，但表决权仅限于理事会成员。波罗的海三国、俄罗斯及议题相关方代表也可受邀与会。上述两会是北欧理事会的最高议事机构，议题涵盖北欧合作的各方面，近年来，特别加大了对全球化、气候变化、域内人口流动、警务、卫生合作等方面的关注。

【决议程序】理事会成员有权提出动议，经主席团审议表决。如获通过，则交由北欧部长理事会和各国政府进行审议并决定执行。理事会的决议不具有强制执行力，须通过成员国议会采取相应行动后才能落实，即各成员国在自愿基础上，决定是否采纳理事会决议。决议通过后，理事会通过建议、声明、研讨会等方式极力促成各国实施。

【主要活动】2022年11月，北欧理事会第74次会议在芬兰赫尔辛基举行。主席团和各委员会就新冠疫情对贫困家庭青年与儿童的影响、动物入侵管控以及成立北欧青年气候委员会等议题进行了讨论。

【同北欧部长理事会的关系】北欧部长理事会系北欧五国政府间和北欧五国政府同北欧理事会合作与协调的渠道。北欧理事会与北欧部长理事会没有隶属关系，但北欧理事会通过审阅部长理事会的年度报告和会议质询等方式对后者施加影响。

【同波罗的海三国的关系】1991年11月，北欧理事会参加在爱沙尼亚首都塔林举行的第1届波罗的海大会（Baltic Assembly），标志北欧理事会与波罗的海三国开始合作。1992年双方签署合作协议，正式启动北欧五国与波罗的海三国的合作，又称“5+3”合作。2000年8月，在丹麦米泽法尔特举行的北欧与波罗的海外长会更名为“NB8”(Nordic-Baltic Eight)。2005年1月，波罗的海三国成为北欧投资银行成员国。

（吴卫）

北欧部长理事会

The Nordic Council of Ministers

【成立日期】1971年，是由北欧国家政府所组成的合作论坛。

【宗旨和原则】北欧政府间合作机制，北欧五国政府间和北欧国家政府与北欧理事会之间合作与联系的渠道。个体的部长理事会向北欧理事会会议提出建议，报告5国的合作情况。

【成员】5个成员国：瑞典、丹麦、芬兰、挪威、冰岛。3个内部自治区：奥兰群岛（芬）、法罗群岛（丹）和格陵兰岛（丹）参与部长理事会工作，但不具备完全成员资格。

【运行机制】北欧部长理事会主席国在北欧五国间，按照丹麦、芬兰、挪威、瑞典和冰岛的次序轮值，任期1年。2023年轮值主席国为瑞典，2024年轮值主席国为冰岛。包括11个部长理事会，15个高官委员会，负责文化、教育、卫生、财政等特定专业领域。在高官会下还设有专家咨询委员会。

【主要负责人】现任秘书长为凯伦·艾勒曼（Karen Ellemann，女，丹麦籍）。

【总部】秘书处设在丹麦哥本哈根。

【会议形式】北欧部长理事会会议实际由一系列专门部长会议组成：（1）由各国（及自治区政府）指定1名内阁成员作为北欧合作部长，专门负责北欧合作事务，直接对各自政府首脑负责。北欧合作部长们每年举行5—6次会议，讨论北欧合作事务，回答北欧理事会提出的有关问题，形成政府间合作的政策建议。（2）根据所涉专业领域议题，各国（包括自治区政府）派出负责相关事务的专业部长参加劳工部长理事会，可持续发展部长理事会，渔业、农业、食品和林业部长理事会，性别平等部长理事会，文化部长理事会，司法部长理事会，环境和气候部长理事会，健康和社会事务部长理事会，教育和研究部长理事会，财政部长理事会等定期会晤，有时也与北欧合作部长、北欧理事会等举行联席会议。（3）各成员国政府首脑作为北欧合作事务的最终负责人，每年利用北欧理事会例会、欧盟领导人峰会准备会等时机举行首脑峰会，就北欧合作事务进行磋商。

【决议程序】北欧部长理事会实行一国（自治区）一票表决制，各项决议必须一致通过，对各国政府具有约束力。如决议还须经本国（自治区）议会批准，则应提前向部长理事会作出说明。部长理事会主要在协调立法方向、签署合作协定、实施共同合作项目、成立联合机构等领域形成决议。部长理事会一般不讨论外交和安全问题，各国外交、国防部长仅在北欧理事会会议上就相关领域内涉及北欧的合作内容提交报告。

【同中国的关系】2018年11月23日，外交部副部长王超同北欧部长理事会秘书长赫布罗滕在北京举行第二次中国—北欧合作磋商。双方就中国—北欧合作进展和下阶段规划交换了意见。（吴卫）

美洲国家组织

Organization of American States—OAS

【成立日期】1890年4月14日，美国同拉美17个国家在美国华盛顿举行第1次美洲会议，决定建立美洲共和国国际联盟及其常设机构——美洲共和国商务局。4月14日即被定为“泛美日”。1948年在波哥大举行的第9次美洲会议通过了《美洲国家组织宪章》，联盟遂改称为“美洲国家组织”。

【宗旨和原则】加强美洲大陆的和平与安全；确保成员国之间和平解决争端；成员国遭到侵略时，组织声援行动；谋求解决成员国间的政治、经济、法律问题，消除贫困，促进各国经济、社会、文化合作；控制常规武器；加速美洲国家一体化进程。

【成员】截至2022年12月，共有正式成员国35个：阿根廷、安提瓜和巴布达、巴巴多斯、巴哈马、巴拉圭、巴拿马、巴西、秘鲁、玻利维亚、多米尼加、多米尼克、厄瓜多尔、哥伦比亚、哥斯达黎加、格林纳达、古巴、海地、洪都拉斯、加拿大、美国、墨西哥、尼加拉瓜、萨尔瓦多、圣卢西亚、圣文森特和格林纳丁斯、圣基茨和尼维斯、苏里南、特立尼达和多巴哥、危地马拉、委内瑞拉、乌拉圭、牙买加、智利、圭亚那、伯利兹。古巴系美洲国家组织成员国，但自1962年以来，一直被拒绝参加该组织的活动。2009年美洲国家组织第39届大会，一致通过废止1962年美洲国家组织中止古巴成员资格的决议，但古巴拒绝重返该组织。洪都拉斯因国内发生军事政变而于2009年7月被暂时中止成员资格，2011年6月恢复。委内瑞拉政府于2019年4月宣布正式退出该组织。同月，该组织强行通过决议接受委“临时总统”瓜伊多委任的常驻代表塔雷。2022年4月，尼加拉瓜政府宣布退出美洲国家组织，并关闭该组织驻尼机构。截至2022年12月，共有常驻观察员74个：欧盟、德国、法国、西班牙、希腊、意大利、比利时、英国、芬兰、瑞士、瑞典、丹麦、挪威、荷兰、葡萄牙、爱尔兰、卢森堡、梵蒂冈、奥地利、塞浦路斯、冰岛、俄罗斯、波兰、捷克、斯洛伐克、罗马尼亚、匈牙利、保加利亚、克罗地亚、波黑、斯洛文尼亚、塞尔维亚、乌克兰、亚美尼亚、阿塞拜疆、格鲁吉亚、哈萨克斯坦、拉脱维亚、爱沙尼亚、立陶宛、土耳其、埃及、摩洛哥、阿尔及利亚、尼日利亚、突尼斯、安哥拉、赤道几内亚、加纳、贝宁、卡塔尔、沙特阿拉伯、以色列、黎巴嫩、也门、日本、韩国、菲律宾、印度、巴基斯坦、斯里兰卡、泰国、中国、瓦努阿图、阿尔巴尼亚、北马其顿、马耳他、摩纳哥、黑山、列支敦士登、孟加拉国、摩尔多瓦、乌兹别克斯坦、澳大利亚。此外，该组织还视情邀请一些国家作为特别观察员出席全体会议。

【主要负责人】秘书长路易斯·莱昂纳多·阿尔马格罗·莱梅斯（Luis Leonardo Almagro Lemes，乌拉圭籍），2015年3月当选，同年5月就职，2020年3月连选连任，5月就职，任期至2025年5月。副秘书长内斯特·门德斯（Nestor Mendez，伯利兹籍），2015年3月当选，2020年3月连任，5月就职，任期至2025年5月。

【总部】美国华盛顿。在日内瓦设有驻欧洲办事处，在多数成员国设有办事机构。

【网址】http://www.oas.org。

【出版物】《美洲》，双月刊，以英文、西班牙文、葡萄牙文出版。

【组织机构】1. 大会：最高机构。各成员国参加，每年举行1次。经2/3成员国同意，可召开特别大会。2. 外长协商会议：《泛美互助条约》规定，常设理事会绝对多数票赞成即可召集会议，就共同关心的紧急问题进行协商。如涉及军事合作问题，则同时召集由各成员国最高军事当局代表参加的防务咨询委员会会议。3. 大会直属机构：（1）常设理事会，由成员国各派1名大使级代表组成。正、副主席由各国代表轮流担任，任期半年。（2）美洲一体化发展理事会，由成员国各派1名部级代表组成。4. 咨询机构：美洲法律委员会、美洲人权委员会。5. 秘书处：常设机构。受大会、外长协商会议和两理事会领导和监督。正、副秘书长均由大会选举产生，任期5年，只能连任1次。6. 专门机构：美洲开发银行、美洲儿童协会、美洲妇女委员会、美洲农业合作协会、泛美卫生组织、泛美史地协会。7. 自治机构：美洲人权法院、美洲防务委员会、美洲控制毒品委员会、美洲通信委员会、美洲反恐委员会、泛美发展基金等。此外，美洲国家组织自2009年开始与东道国共同承担美洲峰会（每3至4年举行1次，截至2022年已举办9届）的筹备工作。

【主要活动】2021年11月，美洲国家组织第51届年会在美国华盛顿以线上线下相结合方式举行，与会各方围绕“推动美洲创新发展”的主题，着眼后疫情时代地区可持续发展展开讨论。

2022年10月，美洲国家组织第52届年会在秘鲁利马举行。年会以“共同反对不平等和歧视”为主题，围绕民主、人权、移民、粮食安全、气候变化、公共卫生、跨国有组织犯罪等议题及共同关心的国际和地区热点问题展开讨论。

【同中国的关系】2004年3月，李肇星外长致函美洲国家组织秘书长加维里亚，正式提出中国成为该组织常驻观察员的申请；5月，该组织审议通过申请，中国成为其第60个常驻观察员。

2020年3月，王毅国务委员兼外长致函祝贺阿尔马格罗连任美洲国家组织秘书长。

2021年8月，王毅国务委员兼外长就阿尔马格罗秘书长确诊感染新冠病毒向其致慰问电。

自2005年起，中国政府派代表出席了美洲国家组织历届年会。（张可心）

拉美和加勒比国家共同体

Comunidad de Estados Latinoamericanos y Caribeños—CELAC

【成立日期】2011年12月2日—3日，拉美和加勒比地区33个独立国家的国家元首、政府首脑或代表在委内瑞拉加拉加斯举行会议，宣布正式成立“拉美和加勒比国家共同体”，简称“拉共体”。

【宗旨和原则】在加强团结和兼顾多样性基础上，深化地区政治、经济、社会和文化一体化建设，实现本地区可持续发展；继续推动现有区域和次区域一体化组织在经贸、生产、社会、文化等领域的对话与合作，制定地区发展的统一议程；在涉及拉共体重大问题上进行协调，并表明成员国共同立场，对外发出“拉美声音”。

【成员】截至2022年12月，共有正式成员国33个：阿根廷、安提瓜和巴布达、巴巴多斯、巴哈马、巴拉圭、巴拿马、巴西（2020年初宣布暂停参与拉共体框架内活动）、秘鲁、玻利维亚、多米尼加、多米尼克、厄瓜多尔、哥伦比亚、哥斯达黎加、格林纳达、古巴、海地、洪都拉斯、墨西哥、尼加拉瓜、萨尔瓦多、圣卢西亚、圣文森特和格林纳丁斯、圣基茨和尼维斯、苏里南、特立尼达和多巴哥、危地马拉、委内瑞拉、乌拉圭、牙买加、智利、圭亚那、伯利兹。

【主要负责人】暂未设秘书处，实行轮值主席国制，任期为1年，内部以协商一致为原则。2020年和2021年轮值主席国为墨西哥，2022年为阿根廷。

【组织机构】（1）国家元首和政府首脑会议：最高机构，由轮值主席国在本国召开，经与成员国协商可召开特别峰会；（2）外长会：负责筹备拉共体峰会并执行会议有关决定，协调各成员国在拉美一体化等重要问题上的立场，每年举行2次例会；（3）轮值主席国：拉共体机制建设、技术和行政辅助机构，负责筹备和召开首脑会议和外长会等；（4）国家协调员会议：各成员国任命1名国家协调员，负责该国和轮值主席国的联系沟通，直接负责议题的跟踪和协调；（5）特别会议：轮值主席国可根据需要召开特别会议，就涉地区团结、一体化与合作的重大和优先议题进行协商；（6）"四驾马车"：由现任、前任、候任拉共体轮值主席国和加勒比共同体轮值主席国组成，协助现任轮值主席国开展工作；（7）紧急磋商机制：在出现紧急情况时，任何一个成员国可向轮值主席国提交声明或公告，并由轮值主席国向"四驾马车"成员国散发，由"四驾马车"决定是否对上述事件采取共同立场。

【主要活动】2011年12月，拉共体成立大会在委内瑞拉加拉加斯举行，会议通过了《加拉加斯宣言》《2012年行动计划》《拉共体章程》和《维护民主和宪政的特别宣言》等重要文件，就拉共体的宗旨、行动原则及发展目标进行了系统阐述。

2020年1月，拉共体外长会在墨西哥首都墨西哥城举行，墨西哥总统洛佩斯及墨西哥、阿根廷、委内瑞拉等29个成员国外长、副外长或高级别代表，以及联合国拉美经委会等地区组织代表与会。会后，墨西哥接任拉共体轮值主席国，并公布14点工作计划。9月，拉共体外长会以视频方式举行，24个成员国外长、副外长或高级别代表与会。各成员国对墨西哥2019—2020年轮值主席工作予以充分肯定，称其工作为推动拉共体机制建设、帮助地区应对新冠疫情、助力拉美和加勒比一体化发展具有重要意义，并一致同意墨西哥续任拉共体轮值主席国，任期至2021年底。

2021年9月，拉共体第6届峰会在墨西哥首都墨西哥城举行，包括17国国家元首或政府首脑在内的30个成员国政府代表，以及欧洲理事会主席米歇尔、联合国拉美经委会执行秘书巴尔塞纳等线下与会，巴西、巴哈马、哥伦比亚缺席会议。中国国家主席习近平和联合国秘书长古特雷斯应邀向峰会作视频致辞。会议就谋求拉美和加勒比国家团结自强与和平发展、加强域外合作与多边协作、推进地区一体化进程及公平公正的国际秩序达成共识，发表《墨西哥城宣言》和涉及气候变化、新冠疫苗分配、取消对古巴制裁、支持阿根廷在马岛问题上的立场、原住民权利等多份特别公报或文件。

2022年1月6日—7日，拉共体外长会在阿根廷布宜诺斯艾利斯举行，32个地区国家外长或代表与会。会后，阿根廷接任拉共体轮值主席国。

【同中国的关系】2022年1月，王毅国务委员兼外长就阿根廷接任拉共体轮值主席国向阿外长卡菲耶罗致贺电。12月，国家主席习近平向第15届中拉企业家高峰会发表书面致辞，强调中国将坚持对外开放的基本国策，坚定奉行互利共赢的开放战略，坚持经济全球化正确方向，不断以中国新发展为世界提供新机遇，推动建设开放型世界经济，更好惠及包括拉美和加勒比国家在内的各国人民。

2022年，首届中拉交通合作论坛、第2届中拉减贫与发展论坛、首届中拉数字技术合作论坛、首届中拉灾害管理合作部长论坛、第4届中拉科技创新论坛、第8届中拉基础设施合作论坛、第3届中拉地方政府合作论坛、中拉武术训练营启动仪式暨第2届中拉武术交流论坛、第15届中拉企业家高峰会、中拉青年发展云讲堂等中拉论坛框架下有关分论坛和重要活动相继举行。 （张可心）

南美国家联盟

Unión de Naciones Suramericanas—UNASUR

【成立日期】前身为南美国家共同体（Comunidad Sudamericana de Naciones，简称"南共体"）。2000年，巴西在首届南美国家首脑会议上提出建立南共体的倡议。2004年12月，南共体正式宣告成立。2007年4月，南共体首届能源会议决定将该组织更名为南美国家联盟（简称"南美联盟"）。2008年5月，南美12国元首在巴西首都巴西利亚签署《南美国家联盟组织条约》，宣告南美联盟正式成立。

【宗旨和原则】增进成员国间政治互信，扩大经济、社会等领域合作，强化南美国家特性，实现政治、经济、社会和文化领域全方位一体化。优先促进政治对话并深化在社会政策、教育、能源、基础设施、金融和环境等领域合作。

【成员】创始成员12个：阿根廷、巴西、乌拉圭、巴拉圭、委内瑞拉、玻利维亚、哥伦比亚、厄瓜多尔、秘鲁、智利、圭亚那和苏里南。墨西哥和巴拿马为观察员国。2018年4月，巴西、阿根廷、哥伦比亚、智利、秘鲁、巴拉圭6国外长联名致函新任轮值主席国玻利维亚并表示，鉴于各成员国始终未能就秘书长人选达成共识，影响联盟正常运转，决定暂停参与联盟活动。自2018年8月以来，哥伦比亚、厄瓜多尔、巴拉圭、阿根廷、智利、巴西、秘鲁、乌拉圭相继宣布退盟。

【主要负责人】前秘书长埃内斯托·桑佩尔（Ernesto Samper，哥伦比亚前总统），2017年1月离任后，秘书长一职空缺至今。

【总部】秘书处设在厄瓜多尔基多。

【网址】http://www.unasursg.org。

【组织机构】（1）国家元首和政府首脑委员会：最高权力机构，每年举行1次例会；（2）外长委员会：负责筹备国家元首和政府首脑委员会会议并执行其决定，协调南美一体化等重要问题的立场，每半年召开1次例会；（3）代表委员会：由各成员国派1名代表组成，负责筹备外长委员会会议，并执行国家元首和政府首脑委员会会议及外长委员会会议决定，每2个月召开1次例会；（4）专门委员会：现有防务、卫生、能源、国际反毒、基础设施和规划、社会发展、教育、文化、科技创新、经济金融、选举及公民安全、司法与共同打击跨国有组织犯罪等12个专门委员会；（5）秘书处：负责处理日常事务。此外，还设有南美国家联盟议会，总部设在玻利维亚科恰班巴，但议会总部奠基后一直处于筹建中。2009年9月，宣布成立南方银行，启动资金200亿美元，总部设在委内瑞拉加拉加斯。成员为阿根廷、巴西、巴拉圭、乌拉圭、厄瓜多尔、玻利维亚、委内瑞拉7国，目前尚未正式运行。

【主要活动】2008年5月，南美联盟特别首脑会议在巴西首都巴西利亚召开，12个成员国元首或代表与会并共同签署《南美国家联盟组织条约》，标志着该组织正式成立。

2014年7月，南美联盟同金砖国家领导人对话会在巴西首都巴西利亚举行。与会各国领导人围绕“包容性增长的可持续解决方案”主题展开讨论，共商加强南美国家和金砖国家的合作。12月，南美联盟先后在厄瓜多尔瓜亚基尔和首都基多两地举行特别首脑会议。其间，举行了联盟常设秘书处总部揭幕仪式。会议重点讨论了完善联盟机制建设、推进务实合作、构建南美共同身份等议题，并通过最终宣言。

2015年3月，南美联盟在厄瓜多尔基多举行特别外长会议，呼吁美国尊重委内瑞拉主权，废除对委实施制裁的行政法令，并同委政府开展建设性对话。

2016年4月，南美联盟在厄瓜多尔基多举行外长会，宣布对厄瓜多尔启动自然灾害与风险管理协调互助机制，并关注巴西总统弹劾案进程。会议还决定中止原计划同期在基多举行的南美联盟峰会。

【同中国的关系】无正式关系。中国曾以外交部长名义向联盟历任当选秘书长致贺电。2014年12月，厄瓜多尔总统科雷亚致函邀请习近平主席赴厄首都基多出席联盟秘书处总部新大楼落成剪彩仪式。习近平主席复函致贺，并委派中国驻厄大使出席。2016年4月，中国政府拉美事务特别代表殷恒民大使访问南美联盟总部，与桑佩尔秘书长举行会谈。（彭劼）

拉丁美洲议会

Parlamento Latinoamericano—PARLATINO

【成立日期】1964年12月7日—11日，在秘鲁国会倡议下，阿根廷、巴西、哥伦比亚、哥斯达黎加、智利、萨尔瓦多、危地马拉、尼加拉瓜、巴拿马、巴拉圭、秘鲁、委内瑞拉和墨西哥等13国的119名议员在秘鲁利马召开会议，决定成立拉丁美洲议会（下称“拉美议会”）。

【宗旨和原则】促进拉美和加勒比国家的团结和地区一体化。

【成员】由拉美和加勒比的23个国家和地区［阿根廷、玻利维亚、巴西、智利、哥伦比亚、哥斯达黎加、古巴、多米尼加、厄瓜多尔、萨尔瓦多、危地马拉、洪都拉斯、墨西哥、阿鲁巴（荷属）、库拉索（荷属）、圣马丁（荷属）、尼加拉瓜、巴拿马、巴拉圭、秘鲁、苏里南、乌拉圭和委内瑞拉］的议员组成。每个成员议会各选出12名议员作为拉美议会议员参加活动，其任期由各成员议会确定。

【主要负责人】现任议长西尔维娅·德尔罗萨里奥·贾科波（Silvia Del Rosario Giacoppo，女，阿根廷籍），2022年2月当选，任期1年。

【总部】巴拿马首都巴拿马城。

【网址】http://www.parlatino.org。

【组织机构】（1）大会：最高权力机构，每年举行1次会议。（2）领导委员会：大会休会期间负责日常工作，每6个月举行1次会议，必要时可举行特别会议。由议长、候补议长（2名）、副议长（每成员1名）、秘书长、候补秘书长（1名）、秘书（3名）、前议长和协商理事会等组成。议长由各成员议员轮流担任。（3）总秘书处：办事机构，兼有协调和监督的职能。负责召集会议，协助领导委员会准备大会议程和起草工作文件，散发协议、提案或声明，执行预算并向大会提出财政报告等。（4）常设委员会（13个）：政治、市政和一体化委员会，经济、社会债务和区域发展委员会，公民安全、打击和预防贩毒、恐怖主义及有组织犯罪委员会，教育、文化、科技和通信委员会，卫生委员会，人权、司法和监狱政策委员会，性别平等、儿童和青年委员会，公共服务和保护用户及消费者委员会，劳动、社会保障和司法事务委员会，农业、畜牧业和渔业委员会，能源和矿产委员会，环境和旅游委员会，土著人和民族委员会。(5) 特别委员会（3个）：经济紧急状况委员会、拉美监狱政策委员会、美洲自由贸易区研究委员会。(6) 协商理事会：咨询机构，负责立法和政治咨询工作。

【主要活动】截至2022年12月，共举行了36次年会。

2022年2月，拉美议会第36届年会在巴拿马首都巴拿马城举行。会议就新冠疫情冲击下地区经济社会发展面临的严峻挑战、马岛问题等议题进行讨论，时任联合国拉美经委会执行秘书巴尔塞纳与会并介绍拉美地区疫情形势。同时，会议选举贾科波为拉美议会新任议长。

【同中国的关系】拉美议会重视发展对华关系，双方互访不断。2003年6月，拉美议会议长洛佩斯致函中国驻巴西大使蒋元德，告知拉美议会领导委员会决定接纳中国全国人大为该组织观察员。2004年3月，双方签署《中华人民共和国全国人民代表大会常务委员会和拉丁美洲议会的合作协议》，中国全国人大正式成为拉美议会观察员。

2022年2月，全国人大常委会委员长栗战书致电祝贺贾科波当选拉美议会议长。（刘玥）

美洲玻利瓦尔联盟

Alianza Bolivariana para los Pueblos de Nuestra América—ALBA

【成立日期】前身为“美洲玻利瓦尔选择”（又译为“美洲玻利瓦尔替代计划”）。2001年12月，委内瑞拉总统查韦斯在第3届加勒比国家联盟峰会上首次提出成立“美洲玻利瓦尔选择”的倡议。2004年12月，查韦斯访问古巴，与古巴国务委员会主席卡斯特罗发表关于创立该组织的联合声明并签署实施协定。2009年6月24日，“美洲玻利瓦尔选择”第6届特别峰会在委内瑞拉举行，宣布该组织更名为“美洲玻利瓦尔联盟”。

【宗旨和原则】公正、互助、平等、合作、互补和尊重主权，以南美解放者玻利瓦尔的一体化思想为指导，通过“大国家”方案，加强地区政治、经济和社会合作，发挥各国优势，解决本地区人民最迫切的社会问题，消除贫困和社会不公，推动可持续发展，实现人民的一体化和拉美国家大联合，抵制和最终取代美国倡议的美洲自由贸易区。

【成员】截至2022年12月，有10个成员国：安提瓜和巴布达、古巴、多米尼克、尼加拉瓜、圣文森特和格林纳丁斯、圣卢西亚、委内瑞拉、圣基茨和尼维斯、格林纳达、玻利维亚。洪都拉斯、厄瓜多尔、玻利维亚原为成员国，分别于2010年1月、2018年8月、2019年11月宣布退出。2020年，玻利维亚宣布回归。叙利亚、海地、苏里南为“特殊受邀国”。

【主要负责人】秘书长普拉森西亚（Félix Plasencia，委内瑞拉籍），于2022年12月开始任职。

【网址】https://www.albatcp.org。

【组织机构】最高领导机构是总统理事会，下设部长理事会和社会运动理事会，另设政治、社会、经济、投资金融、能源、环境、青年、主权和防务等委员会。上述机构定期召开会议，研究成员国间及与本地区其他国家发展与合作的相关问题。秘书处为常设协调机构，设在委内瑞拉加拉加斯。

【主要活动】截至2022年12月，美洲玻利瓦尔联盟共举行了22届峰会。

2020年6月，美洲玻利瓦尔联盟召开新冠疫情期间经济、金融和贸易高级别视频会议，委内瑞拉、古巴、尼加拉瓜、安提瓜和巴布达、多米尼克、圣文森特和格林纳丁斯6国领导人及苏里南、格林纳达等国代表出席，联合国拉美经委会执行秘书巴尔塞纳、玻利维亚前总统莫拉莱斯等应邀参会。与会各方就合作应对新冠疫情对经济冲击等交换意见，强调疫情凸显新自由主义给拉美带来的严重负面影响，积极评价古巴开展国际抗疫合作，谴责美国对古、委、尼等国制裁，同时决定将重振“加勒比石油计划”。12月，第18届美洲玻利瓦尔联盟峰会暨联盟成立16周年纪念峰会通过视频方式召开，委内瑞拉总统马杜罗等联盟成员国领导人出席。

2021年6月，第19届美洲玻利瓦尔联盟峰会在委内瑞拉加拉加斯召开，委内瑞拉总统马杜罗等成员国领导人出席。会议通过宣言和公报，谴责美国对拉美部分国家实施的制裁措施，要求在世界范围内公平分配疫苗和医疗物资，呼吁各成员国间相互尊重主权、加强团结。12月，第20届美洲玻利瓦尔联盟峰会暨联盟成立17周年峰会在古巴首都哈瓦那召开。古共中央第一书记、古国家主席迪亚斯-卡内尔，古巴革命领袖劳尔·卡斯特罗，委内瑞拉总统马杜罗，尼加拉瓜总统奥尔特加，玻利维亚总统阿尔塞，以及格林纳达、安提瓜和巴布达、多米尼克、圣文森特和格林纳丁斯、圣卢西亚、圣基茨和尼维斯等国代表出席。会议通过《宣言》和《联盟后疫情时代工作计划（2022）》两份成果文件。会议高举团结和一体化大旗，鼓励左翼国家联合自强，谴责美国霸权主义行径，对成员国间的务实合作作出规划。

2022年5月，第21届美洲玻利瓦尔联盟峰会在古巴哈瓦那召开。全部10个成员国国家元首、政府首脑或代表，以及美洲玻利瓦尔联盟秘书长与会，古共中央第一书记、古国家主席迪亚斯-卡内尔主持会议。会议发表声明，谴责美国单边控制美洲峰会，反对美国对地区国家实施的霸权主义行径，支持拉美和加勒比国家在拉共体带领下推进地区一体化进程。12月，第22届美洲玻利瓦尔联盟峰会在古巴哈瓦那召开。古巴、委内瑞拉、尼加拉瓜、玻利维亚、多米尼克、圣文森特和格林纳丁斯、格林纳达、圣卢西亚国家元首或政府首脑和安提瓜和巴布达外长与会。会议发表声明，谴责美国对地区国家实施敌视和干涉政策，呼吁成员国加强团结，共同应对气候变化挑战，支持受到帝国主义和寡头势力干涉的地区国家领导人，谴责一切形式的恐怖主义。

【同中国的关系】无正式关系。　（彭勃）

加勒比共同体

Caribbean Community—CARICOM

【成立日期】根据特立尼达和多巴哥、巴巴多斯、牙买加和圭亚那4国总理于1973年7月签署的《查瓜拉马斯条约》发起创建，同年8月1日，加勒比共同体正式成立，简称“加共体”。

【宗旨和原则】以推动经济一体化、加强外交政策协调、促进人文社会发展和深化安全合作为四大支柱，促进地区一体化和成员间合作。具体目标包括：提高人民生活和劳动水准；实现充分就业；促进经济快速、协调、持续发展与融合；提高国际竞争力；增加生产和生产率；增强经济实力；提升与第三方交往的有效性；协调成员国外交和对外经济政策，加强具体领域合作。

【成员】能够并愿意行使成员权利、履行成员义务的加勒比地区的国家和未独立地区（领地）均可申请成为成员。

正式成员15个：安提瓜和巴布达、巴哈马、巴巴多斯、伯利兹、多米尼克、格林纳达、圭亚那、海地、牙买加、圣基茨和尼维斯、圣卢西亚、圣文森特和格林纳丁斯、苏里南、特立尼达和多巴哥、蒙特塞拉特（英属）。准成员5个：安圭拉（英属）、百慕大（英属）、英属维尔京群岛、开曼群岛（英属）、特克斯和凯科斯群岛（英属）。观察员8个：阿鲁巴（荷属）、哥伦比亚、多米尼加、墨西哥、圣马丁（荷属）、库拉索（荷属）、波多黎各（美属）、委内瑞拉。

【主要负责人】秘书长卡拉·娜塔莉·巴尼特（Carla Natalie Barnett，女，伯利兹籍），2021年8月15日就任，任期5年。

【总部】秘书处设在圭亚那乔治敦。在巴巴多斯设有办公室。

【网址】https://www.caricom.org。

【出版物】《加共体商业新闻》，周刊；《秘书长年度报告》。

【组织机构】（1）政府首脑会议：最高权力机构。由成员政府总理组成（圭亚那、苏里南和海地为总统，蒙特塞拉特为首席部长）。主要职责：制定加勒比共同体方针政策；代表加勒比共同体对外缔结条约，与其他国际组织或国家建立关系；负责加勒比共同体财务安排。1992年10月，政府首脑特别会议决定设立首脑会议局，由政府首脑会议本届、上届和下届主席及加勒比共同体秘书长4人组成，主要负责推动落实各项决议。（2）部长理事会：权力仅次于政府首脑会议，由各成员负责加勒比共同体事务的部长或其他部长组成，主要负责制订加勒比共同体战略计划，协调地区经济一体化，开展合作和对外交往。（3）专业部长理事会：下设贸易与经济发展、外交与共同体事务、人文与社会发展、金融与规划、国家安全与执法5个理事会，由各成员主管相应事务的部长组成。（4）专门委员会：包括法律事务、预算、央行行长、使节等委员会。（5）秘书处：常设行政机构。设秘书长和副秘书长各1人。

【主要活动】加勒比共同体明确了建立加勒比单一市场和经济的重要目标。截至2021年12月，加勒比共同体已举行44届政府首脑会议和33次届间政府首脑会议。

第40届政府首脑会议于2019年7月3日—5日在圣卢西亚举行，会议重点讨论了委内瑞拉局势、建设加共体单一市场和经济、建设打击犯罪与安全体系等议题。

2020年2月18日—19日，第31次届间政府首脑会议在巴巴多斯布里奇顿举行，会议主要围绕建设加共体单一市场和经济、应对新冠疫情、地区安全、维护财政金融安全、成员领土争端等问题进行讨论。10月29日，第41届政府首脑会议以视频方式召开，会议主要讨论应对新冠肺炎疫情、地区经济恢复转型、争取发展融资支持、对外关系和地区热点问题展开讨论，联合国秘书长古特雷斯作为特邀嘉宾与会。

2021年2月24日—25日，第32次届间政府首脑会议以视频方式召开，会议围绕疫苗、地区经济恢复、粮食安全、争取发展融资支持、对外关系和地区热点等问题进行讨论。7月5日—6日，第42届政府首脑会议以视频方式召开，会议重点讨论了抗疫合作、经济复苏、保障民生、对外关系和地区热点问题等。

2022年3月1日—2日，第33次届间政府首脑会议在伯利兹召开，此为新冠疫情发生后加共体首次举行线下政府首脑会议。会议主要讨论防疫政策、经济复苏、地区安全、气候变化、俄乌局势等议题，发表了公报以及关于乌克兰问题和气候变化问题的两个声明。7月3日—5日，第43届政府首脑会议在苏里南召开，会议重点讨论了新冠疫情、区域经济恢复转型、地区安全、气候变化、对外关系等议题，联合国秘书长古特雷斯等作为特邀嘉宾与会。

【同中国的关系】无正式关系。

2018年9月，王毅国务委员兼外长访问圭亚那期间到访加勒比共同体秘书处，就加强中国同加勒比共同体关系与拉罗克秘书长举行会晤。

2021年5月，外交部谢锋副部长致电祝贺巴尼特当选加勒比共同体新任秘书长。（白硕）

加勒比国家联盟

Association of Caribbean States—ACS

【成立日期】1993年6月，加勒比共同体第14届政府首脑会议决定以加勒比共同体为核心建立加勒比国家联盟，简称“加国联”。1994年7月24日，加勒比地区25个成员国、3个准成员国和8个未独立地区的代表在哥伦比亚卡塔赫纳签署公约，正式成立加勒比国家联盟。

【宗旨和原则】加强成员间政治、经贸、文化等各领域协调与合作，推动地区一体化进程，共同保护加勒比海环境，促进大加勒比地区可持续发展。

【成员】成员面向大加勒比地区的国家和未独立地区（领地）。共有成员25个：安提瓜和巴布达、巴哈马、巴巴多斯、伯利兹、哥伦比亚、哥斯达黎加、古巴、多米尼克、多米尼加、萨尔瓦多、墨西哥、格林纳达、危地马拉、圭亚那、海地、洪都拉斯、牙买加、尼加拉瓜、巴拿马、圣基茨和尼维斯、圣文森特和格林纳丁斯、圣卢西亚、苏里南、特立尼达和多巴哥、委内瑞拉。准成员12个：阿鲁巴（荷属）、博内尔（荷属）、库拉索（荷属）、圭亚那（法属）、瓜德罗普（法属）、马提尼克（法属）、萨巴（荷属）、圣巴托洛缪（法属）、圣马丁（法属）、圣尤斯特歇斯（荷属）、圣马丁（荷属）、维尔京群岛（英属）。观察员28个：阿根廷、白俄罗斯、玻利维亚、巴西、加拿大、智利、厄瓜多尔、埃及、芬兰、印度、意大利、哈萨克斯坦、荷兰、韩国、摩洛哥、沙特、秘鲁、俄罗斯、塞尔维亚、斯洛文尼亚、西班牙、土耳其、乌克兰、英国、乌拉圭、日本、阿联酋、巴勒斯坦。

【主要负责人】秘书长鲁道夫·萨邦赫（Rodolfo Sabonge，巴拿马籍），2020年11月就任，任期至2024年底。

【总部】秘书处设在特立尼达和多巴哥首都西班牙港。

【网址】https://www.acs-aec.org。

【出版物】《加勒比国家联盟年鉴》。

【组织机构】部长理事会为主要决策机构，每年举行1次会议。下设贸易发展和对外经济关系、预算和行政、可持续旅游、交通、减灾5个专门委员会。

【主要活动】截至2021年12月，加勒比国家联盟共举行了8届首脑会议和26届部长理事会会议。

2020年6月19日，加勒比国家联盟第25届部长理事会会议以视频方式举行，会议未讨论重要议题。

2021年5月27日，加勒比国家联盟第26届部长理事会会议以视频方式举行。

2022年4月29日，加勒比国家联盟第27届部长理事会会议以视频方式举行。

【同中国的关系】无正式关系。

2017年3月，中国驻古巴大使陈曦应邀出席在古巴首都哈瓦那举行的加勒比国家联盟首届合作会议。

2018年3月，中国政府拉美事务特别代表殷恒民大使应邀出席在委内瑞拉玛格丽特岛举行的加勒比国家联盟第二届合作会议。（白硕）

东加勒比国家组织

Organization of Eastern Caribbean States—OECS

【成立日期】1981年6月18日，东加勒比地区7个岛国和未独立地区在圣基茨和尼维斯首都巴斯特尔签署《巴斯特尔条约》，东加勒比国家组织宣告成立，简称“东加组织”。

【宗旨和原则】促进成员国间合作，维护主权、独立和领土完整；推动经济一体化；协调成员外交政策以及国际事务立场等；在海外设立联合外交机构。

【成员】非创始成员和准成员的加勒比地区国家和未独立地区，可根据《新巴斯特尔条约》申请成为成员或准成员，由政府首脑会议作出决定。

正式成员7个：安提瓜和巴布达、多米尼克、格林纳达、圣基茨和尼维斯、圣卢西亚、圣文森特和格林纳丁斯、蒙特塞拉特（英属）。准成员4个：安圭拉（英属）、英属维尔京群岛、马提尼克（法属）、瓜德罗普（法属）。

【主要负责人】东加勒比国家组织主席由成员政

府首脑轮流担任，每年轮换1次。秘书长特伦斯·德鲁（Terrance Drew，圣基茨和尼维斯籍），2023年6月就任。

【总部】圣卢西亚卡斯特里。该组织在多米尼克设有竞争事务部；在加拿大多伦多设有东加勒比联络服务部。

【网址】https://www.oecs.org。

【出版物】《东加勒比国家组织论坛》，因经费问题不定期出版。《东加勒比国家组织商业聚焦杂志》，季刊。此外，不定期出版少量宣传手册及报告。

【组织机构】（1）政府首脑会议：最高权力机构，通常每年召开2次会议；（2）部长理事会；（3）议员大会；（4）经济事务理事会；（5）各分委会；（6）秘书处：常设机构。此外，还设有东加勒比最高法院、中央银行、民航局、电信局等附属机构。

【主要活动】截至2021年12月，东加勒比国家组织共举行了70届政府首脑会议。

2019年6月，第67届政府首脑会议在安提瓜和巴布达举行，会议主要讨论了提高驻非洲机构代表性、投资移民项目、最高法院预算、委员会预算等议题。

2020年2月，第68届政府首脑会议在圣基茨和尼维斯举行，会议主要讨论了提高对外代表性、民航合作、促进贸易和农渔业发展、下属机构财政稳定性等议题。6月，第69届政府首脑会议以视频方式举行，会议主要讨论了应对新冠疫情、地区边境开放、地区法院困境、委员会预算等议题。

2021年6月，第70届政府首脑会议以视频方式举行，会议主要讨论了加快地区现代化进程、支持圣文森特和格林纳丁斯火山爆发后恢复生产、成员间合作、疫苗等问题。

2022年6月，第71届政府首脑会议以视频方式举行，会议主要讨论了东加勒比民航局、2021年联合国气候变化大会、加快地区现代化进程、东加勒比国家联络处正规化、疫苗等问题。10月，第72届政府首脑会议在蒙特塞拉特（英属）举行，会议主要讨论了东加勒比国家组织2021—2024年工作计划、东加勒比最高法院（ECSC）预算、区域一体化等问题。

【同中国的关系】无正式关系。

2010年3月，东加勒比国家组织秘书长伊什梅尔访华，这是该组织秘书长首次访华。

2019年6月，中国外交部派代表出席在安提瓜和巴布达举行的东加勒比国家组织第67届政府首脑会议开幕式。（白硕）

太平洋岛国论坛

Pacific Islands Forum—PIF

【成立日期】1971年8月5日—7日，斐济、萨摩亚、汤加、瑙鲁、库克群岛、澳大利亚和新西兰在惠灵顿召开南太平洋七方会议，正式成立“南太平洋论坛”，并决定此后每年召开1次会议。2000年10月，南太平洋论坛更名为“太平洋岛国论坛”（下称“论坛”）。

【宗旨和原则】加强成员间在贸易、经济发展、航空、海运、电信、能源、旅游、教育等领域及其他共同关心问题上的合作和协调。近年来，论坛加强了在政治、安全等领域的对外政策协调与区域合作。

【成员】18个成员：澳大利亚、新西兰、斐济、萨摩亚、汤加、巴布亚新几内亚、基里巴斯、瓦努阿图、密克罗尼西亚联邦、所罗门群岛、瑙鲁、图瓦卢、马绍尔群岛、帕劳、库克群岛、纽埃、新喀里多尼亚（法属）、波利尼西亚（法属）。2个准成员：托克劳、瓦利斯和富图纳。11个特别观察员：英联邦、联合国、亚洲开发银行、萨摩亚（美属）、关岛（美属）、东帝汶、北马里亚纳自由联邦、非加太集团、中西部太平洋金枪鱼管理委员会、世界银行、国际移民组织。2009年5月，太平洋岛国论坛宣布中止斐济成员资格。2014年9月，斐济举行大选后，论坛恢复斐济成员资格。2019年8月，斐总理姆拜尼马拉马时隔10年再次出席在图瓦卢举行的论坛领导人会议。2021年2月，帕劳、密克罗尼西亚联邦、基里巴斯、马绍尔群岛、瑙鲁5国宣布退出论坛，启动为期1年的过渡期。2022年2月，5国宣布暂缓退出。2022年7月，除基里巴斯外，17个成员国签署《苏瓦协定》，一致同意维护论坛团结。

【主要负责人】秘书长亨利·普那（Henry Puna，库克群岛籍），2021年2月当选。副秘书长菲力蒙·马诺尼（Filimon Manoni，马绍尔群岛籍）。

【总部】论坛秘书处设在斐济苏瓦。

【网址】http://www.forumsec.org。

【出版物】《秘书处年度报告》、《论坛述评》（月刊），均为英文出版物。

【组织机构】1972年建立常设机构——南太经济合作局（SPEC），1988年改称“南太论坛秘书处”。设论坛秘书长，由论坛成员政府代表投票产生，对论坛成员负责；设副秘书长，系合同聘用，协助秘书长工作。该秘书处下设经济治理司、政治和安全司、战略伙伴和协调司，各司设司长。在澳大利亚悉尼、新西兰奥克兰设有贸易与投资专员署，在日本东京设有太平洋岛屿中心，2002年在北京开设驻华贸易代表处（2012年更名“太平洋岛国贸易与投资专员署”），2003年底在瑞士日内瓦设立驻世界贸易组织代表处。

论坛秘书处和8个相对独立的机构组成太平洋

地区组织理事会（CROP），由论坛秘书长担任主席。这8个组织为：论坛渔业局（FFA）、斐济医学院（FSchM）、太平洋岛屿发展署（PIDP）、太平洋电能协会（PPA）、太平洋区域环境规划署（SPREP）、太平洋共同体秘书处（SPC）、南太平洋旅游组织（SPTO）、南太平洋大学（USP）。根据论坛有关决议和报告，上述地区组织将整合为3大类：政治政策类、技术服务类和教育培训类。

【主要活动】1. 论坛首脑会议：一般每年召开1次政府首脑会议，在各成员国或地区轮流举行。截至2022年，已举办51届论坛首脑会议（1972年召开2次，2020年、2021年受新冠疫情影响未举行）。2022年7月，第51届论坛首脑会议在斐济举行。

2. 论坛会后对话会：从1989年起，论坛决定邀请中国、美国、英国、法国、日本和加拿大等国出席论坛首脑会议后的对话会议。1991—2007年，论坛先后接纳欧盟、韩国、马来西亚、菲律宾、印度尼西亚、印度、泰国、意大利为对话伙伴。2014年接纳土耳其、西班牙为对话伙伴。2016年接纳德国为对话伙伴。2021年接纳新加坡、智利、挪威为对话伙伴。截至2022年，论坛共有21个对话伙伴，已举行31次对话会议。

3. 论坛外交部长会议：为协调并解决成员共同关心的政治问题，论坛首脑会议不定期授权论坛成员外长就特定议题召开会议。论坛第46届首脑会议决定，自2016年起，论坛将每年在首脑会议前召开外交部长会议。

4. 论坛经济部长会议：为协调和支持各成员的经济改革，从1997年起，论坛每年在首脑会议前召开经济部长会议。

5. 论坛贸易部长会议：为协调和推动地区贸易自由化，从1999年起，论坛每年在首脑会议前召开贸易部长会议。

6. 论坛与日本领导人会议：由日本倡议和推动，始于1997年，每3年举办1次，旨在密切日本与论坛成员关系。截至2022年，已举办9届会议。

【同中国的关系】1988年2月，中国驻斐济大使徐明远应邀参加论坛地区机构协调委员会在苏瓦召开的关于建立对话关系的讨论会。1990年起，中国连续30次派政府代表出席对话会，加强了中国同论坛及其成员的合作关系。

2019年8月，中国—太平洋岛国论坛对话会特使王雪峰在图瓦卢出席第31届太平洋岛国论坛对话活动期间会见论坛秘书长泰勒。

2021年10月和2022年5月，论坛秘书长普那出席首次和第二次中国—太平洋岛国外长会。

2022年5月，王毅国务委员兼外长访问斐济期间会见普那秘书长。

【驻华代表机构】太平洋岛国贸易与投资专员署。2002年9月正式开馆，前称“太平洋岛国论坛驻华贸易代表处”，2012年3月改为现名。贸易专员特雷莫阿纳·马托（Teremoana Mato，库克群岛籍）。专员署地址：北京市朝阳区塔园外交人员公寓5号楼1单元3层1号。电话：010–65326622。（李德）

经济类

经济合作与发展组织

Organization for Economic Cooperation and Development—OECD

【成立日期】1961年9月30日在法国巴黎正式成立，简称“经合组织”。

【宗旨和原则】促进成员国经济和社会的发展，推动世界经济增长；帮助各成员国制定和协调有关政策，以提高各成员国的生活水平，保持财政的相对稳定；鼓励和协调成员国为援助发展中国家作出努力，帮助发展中国家改善经济状况，促进非成员国的经济发展。

【成员】截至2022年12月，共有38个成员国。

【主要负责人】秘书长马蒂亚斯·科尔曼（Mathias Cormann，澳大利亚籍），2021年6月就任，任期5年。

【总部】法国巴黎。

【网址】http://www.oecd.org。

【出版物】《经合组织活动》（秘书长年度报告）；《经合组织消息》（月刊）；《经合组织观察家》（双月刊）；《金融统计》；《经合组织经济调研》；《外贸统计》（月刊）；《经合组织经济展望》（半年1期）等。经合组织每年出版数百种研究报告。

【组织机构】（1）理事会：最高权力机构，每周召开1次常驻代表级（各成员国代表团团长具有大使级资格）会议和至少每年举行1次部长级会议，负责处理该组织总政策的各项问题以及决定成立附属机构、批准预算等。本着协调一致的原则，理事会的决议和建议须经全体成员国同意。经合组织理事会每年选出14名成员国的代表组成执行委员会，研究处理理事会交办的各项工作。（2）秘书处：设有秘书长和副秘书长，负责处理经合组织的日常事务，为理事会、执行委员会和其他有关机构服务。

【主要活动】经合组织的研究内容和政策协调范围几乎包括了经济和社会发展的各个方面，涉及宏观经济、贸易、金融、投资、财政、公共管理、环境、农业、科技、教育、就业、税收、企业发展、发展援助等领域。该组织下设300多个专业委员会、工作组和专家组，负责各个领域的具体工作。它们通过评估该组织最新研究成果和审议成员国政策实施情况，促进成员国政府间合作，协调国内政策，尤其是贸易和投资政策，最大限度地减少各成员国间的矛盾和冲突。

20世纪90年代以来，经合组织积极发展同非成员的关系，以加强经济政策的协调，促进投资贸易关系的发展。2007年经合组织决定将中国、巴西、印度、印度尼西亚和南非列为“加强联系国”，现列为“关键伙伴国”。

【同中国的关系】中国于1995年7月与经合组织正式建立政策对话合作关系。中国30多个部门参与了与经合组织的政策对话和技术合作活动，对话与合作领域涉及宏观经济政策、税收、统计、农业、科技、教育、环保、贸易投资、城建、交通、钢铁、造船、银行、保险、证券、社会保险、竞争政策、电子商务等，合作形式包括联合研究、对话交流、人员培训和工作访问等。近年来，经合组织重视与中国关系，希望双方开展更密切合作。中国商务部应邀组团出席了多次经合组织理事会部长级会议和经合组织与中国部长级对话会。2015年7月1日，李克强总理访问经合组织总部，发表重要演讲，并见证了中国国务院发展研究中心加入经合组织发展中心等文件的签署。2020年12月14日，李克强总理在《经济合作与发展组织公约》签署60周年纪念活动上发表视频致辞。自2016年起，经合组织秘书长连续七次参加李克强总理主持的“1+6”圆桌对话会。（陈子豪）

世界经济论坛

World Economic Forum—WEF

【成立日期】世界经济论坛（又称“达沃斯论坛”），1971年由瑞士日内瓦大学教授施瓦布倡议创建。

【宗旨和原则】致力于通过公私合作改善世界状况。

【成员】论坛组成主要是会员与合作伙伴。会员是1000多家全球顶级公司。

【主要负责人】克劳斯·施瓦布（Klaus Schwab，德国籍），自该机构成立起一直担任主席。博尔格·布伦德（Borge Brende，挪威籍），2017年10月23日起担任世界经济论坛总裁。

【总部】瑞士日内瓦。

【网址】http://www.weforum.org。

【出版物】《世界竞争力报告》《全球风险报告》及一些不定期出版的专题研究报告和文集。

【组织结构】（1）基金董事会：负责制定发展方向和目标；（2）管理委员会：论坛执行机构，负责活动和资源的日常管理。

【主要活动】每年1月末在瑞士达沃斯召开“世界经济论坛年会”，被称为“非官方的国际经济最高级论坛”。每年均有来自世界各国的千余位政界、企业界、学术界和新闻机构的领军人物与会。论坛自2007年起每年在中国举办“新领军者年会”（即“夏季达沃斯论坛”），由大连市和天津市轮流举办。论坛还在非洲、中东、拉美、东亚等地区举办地区或国别会议。近年来，论坛积极转型，通过加强与联合国、二十国集团等国际组织合作，建立先进制造业等18个行业合作平台，推出各类理念、倡议等，不断扩大影响力，促进公私合作。

【同中国的关系】中国同世界经济论坛保持着密切的联系。自1979年以来，中国多次应邀派团参加达沃斯会议。2017年，习近平主席作为中国最高领导人首次出席世界经济论坛年会，并在开幕式上发表题为《共担时代责任　共促全球发展》的主旨演讲，发出支持经济全球化的强音，具有跨时代意义。2021年习近平主席在北京以视频方式出席世界经济论坛“达沃斯议程”对话会，并发表题为《让多边主义的火炬照亮人类前行之路》的特别致辞，为解决好这个时代面临的课题指明方向和出路，为弘扬多边主义提振信心，为国际社会共同应对挑战注入动力。2022年1月习近平主席在北京出席世界经济论坛视频会议，发表题为《坚定信心　勇毅前行　共创后疫情时代美好世界》的演讲，有力提振了各方战胜疫情、复苏经济的信心，回应了世界各国人民对和平发展、合作共赢的期盼。

2007年开始，论坛每年在大连和天津交替举行世界新领军者年会（夏季达沃斯论坛），李克强总理出席了2013—2019年的夏季达沃斯论坛。2020年至2022年，受新冠疫情影响，夏季达沃斯论坛未能举办。李克强总理连续3年出席论坛全球企业家视频特别对话会，发表致辞并同企业家代表互动交流。

【驻华代表机构】2006年6月，世界经济论坛在北京成立了其在亚洲的首个代表处，现任负责人陈黎明。办公地址：北京市东三环中路1号环球金融中心西楼1801。电话：010–65999500。（李晓雨）

二十国集团

Group of 20—G20

【成立日期】二十国集团（G20）由七国集团财长和央行行长会议于1999年9月倡议成立，最初为财长和央行行长会议机制。2008年国际金融危机爆发，当年11月在美国华盛顿召开第一次领导人峰会。2009年9月举行的匹兹堡峰会将G20确定为国际经济合作主要论坛。

【宗旨和原则】推动发达国家和新兴市场国家就国际经济和金融领域的重大问题开展对话与合作，努力推动世界经济实现强劲、可持续、平衡增长，维护国际金融体系稳定。

【成员】阿根廷、澳大利亚、巴西、加拿大、中国、法国、德国、印度、印度尼西亚、意大利、日本、韩国、墨西哥、俄罗斯、沙特阿拉伯、南非、土耳其、英国、美国及欧盟。

【网址】http://www.g20.org。

【组织机构】G20无常设秘书处，峰会筹备工作由“三驾马车”（前任、现任和候任主席国）牵头、各成员共同参与，采取G20协调人渠道、财金渠道双轨筹备机制。G20协调人由各成员领导人任命，多由各成员负责外交、经济、金融事务的高官担任。协调人每年召开4—5次会议，讨论峰会各项筹备工作，重点是政治筹备工作，包括峰会成果文件磋商。G20财金渠道负责就具体经济金融问题进行磋商，并提出建议。G20还视情举行有关专业部长级会议或设立专家工作组。

【主要活动】2020年3月26日，G20主席国沙特以视频方式主持召开领导人应对新冠疫情特别峰会。会议发表《G20领导人应对新冠疫情特别峰会声明》，强调病毒无国界，各方将团结一致应对挑战，采取一切措施抗击疫情、保护生命、重振经济，坚信通过密切合作，必将战胜困难。11月21日—22日，G20领导人第15次峰会以视频方式举行。峰会以“实现21世纪所有人的机遇”为主题，围绕“克服疫情影响，恢复增长与就业”“打造包容性、可持续、有韧性的未来”两大议题展开讨论，就合作应对疫情、推动新冠疫苗成为全球公共产品、加强宏观经济政策协调、缓债、数字经济发展、应对气候变化等达成一系列务实成果。峰会通过《二十国集团领导人利雅得峰会宣言》。

2021年5月21日，G20主席国意大利和欧盟委员会以视频方式主持召开全球健康峰会。峰会主要讨论合作应对疫情、加强今后大流行防范等问题。峰会发表《罗马宣言》，重申二十国集团将加强团结、深化合作、科学施策，将人民放在疫情防控工作中心，在金融、疫苗等方面加大对发展中国家的支持。10月12日，G20主席国意大利以视频方式举行阿富汗问题特别峰会。重点讨论涉阿人道主义援助、反恐、人员安全和人口流动等问题。会后发表主席总结。10月30日—31日，G20领导人第16次峰会在意大利罗马以线上线下结合方式举行。峰会以"人、地球与繁荣"为主题，重点围绕世界经济和全球卫生、气候变化与能源、可持续发展等议题展开讨论，达成了一系列共识。峰会通过《二十国集团领导人罗马峰会宣言》。

2022年11月15日—16日，G20领导人第17次峰会在印尼巴厘岛举行。峰会以"共同复苏，强劲复苏"为主题，重点围绕粮食和能源安全、卫生、数字转型等议题展开讨论。峰会通过《二十国集团领导人巴厘岛峰会宣言》。

截至2022年底，G20已举行17次峰会和3次特别峰会。

【同中国的关系】中国是G20创始成员国。中国国家主席出席了历届G20峰会并发表重要讲话。

2020年3月26日，习近平主席应邀出席G20领导人应对新冠肺炎特别峰会，并发表题为《携手抗疫　共克时艰》的重要讲话，指出新冠疫情正在全球蔓延，国际社会最需要的是坚定信心、齐心协力、团结应对，全面加强国际合作，凝聚起战胜疫情强大合力，携手赢得这场人类同重大传染性疾病的斗争。中国秉持人类命运共同体理念，愿向其他国家提供力所能及的援助，并为世界经济稳定作出贡献。习近平主席呼吁二十国集团成员采取共同举措，减免关税、取消壁垒、畅通贸易，发出有力信号，提振世界经济复苏士气。11月21日—22日，习近平主席应邀以视频方式出席G20利雅得峰会，并发表题为《勠力战疫　共创未来》的重要讲话，呼吁二十国集团在构筑全球抗疫防火墙、畅通世界经济运行脉络、发挥数字经济的推动作用、实现更加包容的发展等方面开展合作；强调二十国集团应该遵循共商共建共享原则，坚持多边主义、开放包容、互利合作、与时俱进，在后疫情时代国际秩序和全球治理方面发挥更大引领作用。中国愿同各国在相互尊重、平等互利基础上和平共处、共同发展，共同推动构建人类命运共同体。

2021年5月21日，习近平主席应邀以视频方式出席全球健康峰会，并发表题为《携手共建人类卫生健康共同体》的重要讲话，指出早日战胜疫情、恢复经济增长，是国际社会首要任务。应坚持人民至上、生命至上；坚持科学施策，统筹系统应对；坚持同舟共济，倡导团结合作；坚持公平合理，弥合"免疫鸿沟"；坚持标本兼治，完善治理体系。习近平主席并宣布了中国支持全球抗疫五项举措。10月30日—31日，习近平主席应邀以视频方式出席G20罗马峰会，并发表题为《团结行动　共创未来》的重要讲话，指出面对世界百年未有之大变局和世纪疫情，二十国集团作为国际经济合作主要论坛，要负起应有责任，为了人类未来、人民福祉，坚持开放包容、合作共赢，践行真正的多边主义，推动构建人类命运共同体。习近平主席提出团结合作，携手抗疫；加强协调，促进复苏；普惠包容，共同发展；创新驱动，挖掘动力；和谐共生，绿色永续五点建议。王毅国务委员兼外交部长作为习近平主席特别代表在意大利现场与会。

2022年11月15日—16日，习近平主席应邀出席G20巴厘岛峰会，并发表题为《共迎时代挑战　共建美好未来》的重要讲话，呼吁各国树立人类命运共同体意识，倡导和平、发展、合作、共赢，让团结代替分裂、合作代替对抗、包容代替排他，推动更加包容、更加普惠、更有韧性的全球发展。习近平主席还着眼全球数字化转型，提出坚持多边主义，加强国际合作，坚持发展优先，弥合数字鸿沟，坚持创新驱动，助力疫后复苏，携手构建普惠平衡、协调包容、合作共赢、共同繁荣的全球数字经济格局。（陈子豪）

二十四国集团
Group of 24—G24

【成立日期】1971年11月，七十七国集团在利马举行部长会议，决定由七十七国集团中的24个成员国组成二十四国集团，全称是"关于国际货币和发展事务的二十四国集团"（The Intergovernmental Group of Twenty Four on International Monetary Affairs and Development，G24）。

【宗旨和原则】为发展中国家在国际金融与货币领域内协调立场和政策，制定发展中国家关于国际货币制度改革、债务问题与资金转移等重大问题的共同政策和方针。

【成员】由分别来自3个地域的29个发展中国家组成，即非洲的阿尔及利亚、科特迪瓦、埃及、埃塞俄比亚、加蓬、加纳、肯尼亚、尼日利亚、摩洛哥、南非、刚果（金），拉美和加勒比的阿根廷、巴西、哥伦比亚、厄瓜多尔、危地马拉、墨西哥、秘鲁、特立尼达和多巴哥、海地、委内瑞拉，亚洲的印度、伊朗、黎巴嫩、巴基斯坦、菲律宾、斯里兰卡、叙利亚、中国。

【网址】http://www.g24.org。

【组织机构】该集团每年举行部长级会议，由各国参加国际货币基金组织和世界银行联合年会的理事或副理事参加（一般是各国的财政部长或中央银行行长）。会议设主席、第一副主席、第二副主席各1名（分别来自3个地区），实行轮任。部长级会议一般在世界银行和国际货币基金组织的发展委员会议前夕于同地召开，以协调立场。部长级会议前先举行副手级会议。七十七国集团的其他成员国可作为观察员与会。二十四国集团设有技术组和联络办公室，不设秘书处，使用国际货币基金组织的秘书处。

【主要活动】2020年10月13日，G24第103届部长级会议在华盛顿召开。会议主要讨论了全球经济形势、疫后经济复苏、发展筹资等议题。会后发表了联合公报。

2021年10月11日，G24第104届部长级会议在华盛顿召开。会议主要讨论了全球经济形势、发展融资、气候变化等议题。会后发表了联合公报。

【同中国的关系】中国政府代表团作为观察员出席了2012年10月及之后的历次G24会议，并于会上阐述中国在相关问题上的原则立场。（左芳萌）

七十七国集团

Group of 77—G77

【成立日期】1964年，在日内瓦召开的首届“联合国贸易和发展会议”期间，77个发展中国家发表《77个发展中国家联合宣言》，提出关于国际经济关系、贸易与发展的一整套主张。77国集团遂告成立。

【宗旨和原则】在国际经济领域内加强发展中国家的团结与合作，推动建立国际经济新秩序，加速发展中国家的经济社会发展进程，促进南南合作。

【成员】截至2022年7月，共有133个成员。

【主要负责人】77国集团主席国由来自亚非拉三大地区的成员国按地区原则轮流担任，任期1年。2021年主席国为几内亚，2022年主席国为巴基斯坦。

【总部】美国纽约和瑞士日内瓦是77国集团两个主要活动中心，在维也纳、罗马等多边外交活动较多的地点均有分支。

【网址】http://www.g77.org。

【组织机构】77国集团组织松散，无常设机构，也无章程。设立主席国，由来自亚非拉三大地区的成员国轮值担任，任期1年。该集团自成立以来，逐渐从联合国贸发会议扩展到联合国环境规划署、教科文组织、粮农组织、工发组织、国际货币基金组织、世界银行等机构，并建立了相应协调机制。南方首脑会议是最高决策机构，迄今已举办2届。

【资金来源】经费来自成员国自愿捐款，依靠联合国系统人力和资源开展活动。

【主要活动】每年联合国大会前夕（或初期）举行集团外长会议，以及专门讨论某一或某些重大问题的部长级会议，在联合国和一些专门机构会议前或会议期间召集成员国与会代表开会协调立场，发表“立场声明”或共同提出案文等。此外，各地区成员还举行各种层次的区域级会议。议事时采取协商一致原则做出决定。

【同中国的关系】中国不是77国集团成员，但一贯支持其正义主张和合理要求，在77国集团和中国框架下与其保持良好合作关系。1991年在联合国环境与发展大会筹备会上，中国同该集团首次以“77国集团和中国”的方式共同提出立场文件。中国参加了77国集团历届外长会。

2020年2月，在纽约联合国总部举行的社会发展委员会第58届会议上，77国集团积极声援中国抗击新冠疫情的努力。77国集团主席、圭亚那常驻联合国代表坦帕表示，77国集团全力支持中国政府为抗击新冠疫情作出的全面努力，积极肯定中方与国际社会开展合作。

2022年12月，在纽约联合国总部举行的“77国集团和中国”部长级会议上，时任国务委员兼外长王毅发表书面致辞，提出中方四项主张，宣布落实全球发展倡议的32项举措，欢迎更多77国集团成员加入“全球发展倡议之友小组”，携手构建团结、平等、均衡、普惠的全球发展伙伴关系。（左芳萌）

世界能源理事会

World Energy Council—WEC

【成立日期】1924年7月11日成立。原名“世界电力大会”，1968年改称“世界能源大会”，1989年改称“世界能源理事会”，为非政府国际组织。

【宗旨和原则】促进能源的可持续供应和使用；研究和交流能源工业与国民经济间的重大关系、能源开发利用战略、环境保护和可持续发展等领域的问题，协调各国能源与环保、能源与社会发展的宏观经济政策。

【成员】截至2022年12月，有89个成员。

【主要负责人】执行理事会主席迈克尔·霍华德

（Michael Howard，美国籍），2022年就任。

【总部】英国伦敦。

【网址】http://www.worldenergy.org。

【出版物】《世界能源理事会年度报告》及与能源相关的专题研究报告等。

【组织机构】世界能源理事会每3年召开1次大会。最高权力机构为执行理事会。

世界能源理事会由3个组织构成：（1）世界能源理事会：系根据英格兰和威尔士法律成立的一个公益事业机构；（2）世界能源理事会服务有限公司：是为执行理事会下设的官员委员会、财政委员会、信息委员会、规划委员会、研究委员会和秘书处处理日常事务的办事机构；（3）世界能源理事会基金会：成立于1990年，旨在接收并管理来自个人、组织和全球能源公司的财政捐款。

【资金来源】成员会费及个人、组织和全球能源公司捐款。

【主要活动】世界能源理事会的工作涵盖全部能源领域，包括煤、电、石油、天然气、核能、水能和可再生能源等，重点放在市场重组、能源效率、能源与环境、能源资金系统、能源价格和补贴、解决贫困地区的用能、建立能源标准、推广新技术应用以及就发展中国家、经济转型国家和发达国家的能源问题发表专题研究报告。

【同中国的关系】中国于1983年加入世界能源理事会，并于同年成立了由16个有关部委和公司组成的中国国家委员会。中国香港地区也是该组织的成员。

（陈子豪）

亚太经合组织

Asia-Pacific Economic Cooperation—APEC

【成立日期】1989年11月5日—7日，澳大利亚、美国、日本、韩国、新西兰、加拿大及当时的东盟六国（印度尼西亚、泰国、菲律宾、马来西亚、新加坡、文莱）在澳大利亚首都堪培拉举行亚太经合组织（APEC）首届部长级会议，标志APEC正式成立。

【宗旨和原则】支持亚太区域经济可持续增长和繁荣，建设活力和谐的亚太大家庭，捍卫自由开放的贸易和投资，加速区域经济一体化进程，鼓励经济技术合作，保障人民安全，促进建设良好和可持续的商业环境。APEC采用自主自愿、协商一致的原则，其所作决定必须经各成员一致同意。

【成员】现有21个成员：澳大利亚、文莱、加拿大、智利、中国、中国香港、印度尼西亚、日本、韩国、墨西哥、马来西亚、新西兰、巴布亚新几内亚、秘鲁、菲律宾、俄罗斯、新加坡、中国台北、泰国、美国和越南。此外，APEC还有3个观察员，分别是东盟秘书处、太平洋经济合作理事会、太平洋岛国论坛秘书处。

【主要负责人】现任执行主任为丽贝卡·法蒂玛·斯塔·玛利亚（Rebecca Fatima Sta Maria，女，马来西亚籍）。

【总部】秘书处设在新加坡。

【网址】http://www.apec.org。

【出版物】每年出版《APEC经济政策报告》《经济技术合作报告》及《贸易投资委员会年度报告》等。此外，APEC秘书处还不定期出版一些电子刊物。

【组织机构】1. 领导人非正式会议：1993年11月，首次APEC领导人非正式会议在美国西雅图召开，之后每年召开1次。2019年，智利由于国内局势原因取消当年APEC领导人会议。2020年11月，马来西亚以视频方式举行APEC第二十七次领导人非正式会议。2021年7月，新西兰以视频方式增开一场APEC领导人非正式会议。2021年11月，新西兰以视频方式举行APEC第二十八次领导人非正式会议。2022年11月，APEC第二十九次领导人非正式会议在泰国曼谷举行。

2. 部长级会议：包括年度双部长会议以及专业部长会议。双部长会议每年在领导人会议前举行1次。专业部长会议定期或不定期举行，包括贸易、财政、中小企业、能源、海洋、矿业、电信、旅游、教育、环境和可持续、粮食安全、林业、卫生、人力资源、结构改革、科技、运输、妇女与经济等领域。

3. 高官会：每年一般举行4—5次会议，由各成员指定的APEC高官（一般为副部级或司局级官员）组成，负责执行领导人和部长会议的决定，审议各委员会、工作组和秘书处的活动，筹备部长级会议、领导人非正式会议及协调实施会议后续行动等事宜。

4. 委员会和工作组：高官会下设4个委员会，即贸易和投资委员会（CTI）、经济委员会（EC）、经济技术合作高官指导委员会（SCE）、预算和管理委员会（BMC）。CTI负责贸易和投资自由化方面的工作，包括商务人员流动小组、服务业小组、投资专家组、知识产权专家组、市场准入小组、标准一致化分委会、海关程序分委会、汽车对话、化工对话等工作机制。EC负责研究本地区经济发展趋势等问题，并协调经济结构改革工作，下设竞争政策与法律工作组以及若干主席之友小组。SCE负责指导和协调经济技术合作，下设10余个工作机制，涉及领域包括农业技术合作、反腐败、防灾减灾、能源、打击非法采伐及相关贸易、卫生、人力资源开发、海洋和渔业、中小企业、电信、旅游、运输、妇女与经济、科技与创新等。BMC负责预算和行政管理等问题，无下设工作组。为加强与工商界的联系，自1995年起成立了APEC工商咨询理事会（ABAC），由每个成员推荐3名工商界人士（共63名）组成，每个成员另各有3名ABAC候补代表，负责对APEC贸易投资自由化、经济技术合作及创造有利的商业环境提出建议，并向领导人和部长级会议提交咨询报告。工商咨询理事会是工商界参与APEC合作的主要渠道，每年召开4次会议。

5. 秘书处：APEC的服务性执行机构，负责行政、财务、信息收集、出版和工作组会议协调等事务性工作，设在新加坡。秘书处的最高职务为执行主任，2010年之前由APEC当年东道主指派，任期1年。2010年起通过公开招聘方式任命，任期3年。

【主要活动】APEC在推动区域和全球范围的贸易投资自由化和便利化、开展经济技术合作等方面不断取得进展，为加速区域经济融合、促进亚太地区经济发展和共同繁荣作出了重要贡献。

2020年11月20日，马来西亚以视频方式举行APEC第二十七次领导人非正式会议，会议重点讨论了亚太地区应对新冠疫情和经济复苏，通过了《2040年APEC布特拉加亚愿景》，发表了《2020年APEC领导人吉隆坡宣言》。

2021年11月12日，新西兰以视频方式举行APEC第二十八次领导人非正式会议，会议发表了《2021年APEC领导人宣言》，通过了布特拉加亚愿景落实计划，名称为《奥特奥罗亚行动计划》。新西兰还于7月16日以视频方式增开一场领导人非正式会议，发表了《亚太经合组织领导人声明：克服疫情影响　加速经济复苏》。

2022年11月18日—19日，APEC第二十九次领导人非正式会议在泰国曼谷举行，会议围绕“开放、联通、平衡”的主题进行讨论，通过了《2022年APEC领导人宣言》和《生物循环绿色经济曼谷目标》两份成果文件。

【同中国的关系】中国自1991年加入APEC以来，一直积极支持、参与各领域合作。1993年至今，中国国家主席出席了历次APEC领导人非正式会议，就全球及地区形势、亚太区域合作、APEC未来发展等一系列重大问题阐述看法和主张，为历次会议取得成功发挥了积极和建设性的作用。

2022年11月18日—19日，习近平主席在泰国曼谷出席APEC第二十九次领导人非正式会议并发表题为《团结合作勇担责任　构建亚太命运共同体》的重要讲话，强调亚太各方应维护国际公平正义，建设和平稳定的亚太；坚持开放包容，建设共同富裕的亚太；坚持绿色低碳发展，建设清洁美丽的亚太；坚持命运与共，建设守望相助的亚太。习近平主席还在APEC工商领导人峰会上发表了题为《坚守初心　共促发展　开启亚太合作新篇章》的书面演讲。（肖帆）

石油输出国组织

Organization of the Petroleum Exporting Countries—OPEC

【成立日期】1960年9月10日—14日，5个产油国的代表在伊拉克巴格达开会，宣告成立石油输出国组织，简称“欧佩克”，为政府间国际组织。

【宗旨和原则】协调和统一成员国的石油政策，并确定以最适宜的手段来维护它们各自和共同的利益。

【成员】截至2022年12月，有13个成员。

【主要负责人】秘书长海赛姆·盖斯（Haitham Al Ghais，科威特籍），2022年8月1日起任职。

【总部】奥地利维也纳。

【网址】http://www.opec.org。

【出版物】《石油输出国组织公报》，月刊；《石油输出国组织能源评论》，季刊；《年度报告》；《统计年报》等。

【组织机构】（1）大会：最高权力机构。各成员国向大会派出以石油、矿产和能源部长（大臣）为首的代表团。大会奉行全体成员国一致原则，一般每年春秋季在奥地利维也纳召开会议（必要时可召开特别会议），以制定总政策，通过理事会提交的报告和建议，批准成员国委任的理事和选举理事会主席。（2）理事会：负责执行大会决议和指导该组织的管理。由各成员国派1名代表组成，任期2年，每年至少召开2次会议。（3）秘书处：在理事会指导下承担执行职能。秘书长是该组织依法授权的代表，任期3年。秘书处内还设一专门机构——经济委员会，协助该组织把国际石油价格稳定在公平合理的水平上。

欧佩克国际发展基金（The OPEC Fund for International Development—OFID）是欧佩克于1976年发起成立的国际开发金融机构，通过向其他发展中国家的社会经济发展项目提供开发援助贷款，促进欧佩克成员国与受援国之间的合作。

【主要活动】2020年4月，第9届和第10届欧佩克与非欧佩克国家部长级（OPEC+）特别会议举行。为应对新冠疫情带来的诸多挑战，稳定全球石油市场，会议最终决定2020年5月和6月减产原油970万桶/日，从2020年7月至12月减产770万桶/日，从2021年1月至2022年4月减产580万桶/日。6月6日，欧佩克第179届部长级会议以视频方式举行。会议重申了2020年4月OPEC+会议有关决议，并决定将生产调整的第一阶段再延长一个月。

2021年3月，第14届欧佩克与非欧佩克国家部长级（OPEC+）会议以视频方式举行。

2022年5月，第28届欧佩克与非欧佩克国家部长级（OPEC+）会议以视频方式举行。会议决定2022年6月增产原油43万桶/日。10月，第33届欧佩克与非欧佩克国家部长级（OPEC+）会议在奥地利维也纳举行。会议决定自2022年11月起将石油总产量日均下调200万桶。

【同中国的关系】2005年12月，欧佩克首次派团访华，"中国—欧佩克能源对话"机制宣告正式建立。2006年4月，首次中国—欧佩克能源高层圆桌会议在奥地利维也纳欧佩克秘书处召开。

2020年5月14日，中国—欧佩克视频圆桌讨论会举行。国家能源局局长章建华和欧佩克秘书长巴尔金多共同主持会议。

2020年12月7日，第4次中国—欧佩克高级别对话会以视频方式召开。国家能源局局长章建华主持会议，欧佩克秘书长巴尔金多、中国常驻维也纳联合国和其他国际组织代表团代表王群大使出席并致辞。

2021年12月3日，第5次中国—欧佩克高级别对话会以视频方式召开。国家能源局局长章建华和欧佩克秘书长巴尔金多共同主持会议。中国常驻维也纳联合国和其他国际组织代表团代表王群大使出席并致辞。

（陈子豪）

阿拉伯石油输出国组织

Organization of Arab Petroleum Exporting Countries—OAPEC

【成立日期】1968年1月9日，由利比亚、沙特阿拉伯、科威特在黎巴嫩贝鲁特成立。

【宗旨和原则】加强和密切成员国在石油工业方面的关系与合作，维护其在石油领域的个体和整体权益，协调各成员国的行动以公平、合理的份额向消费市场供油，为石油工业吸引资金和技术创造良好环境。

【成员】11个成员国：阿尔及利亚、巴林、埃及、伊拉克、科威特、利比亚、卡塔尔、沙特阿拉伯、叙利亚、阿拉伯联合酋长国、突尼斯。其中突尼斯1986年以来在自己的要求下，成员国资格一直被冻结。

【主要负责人】秘书长阿里·萨布特·本萨布特（Ali Sabt Bensabt，科威特籍）。

【总部】科威特首都科威特城。

【网址】http://www.oapecorg.org。

【出版物】《秘书长年度报告》，以阿拉伯文、英文出版；《石油与阿拉伯合作》，季刊，以阿拉伯文出版，附英文摘要和参考书目；《OAPEC月报》，以阿拉伯文、英文出版；《能源观察》，季刊，以阿拉伯文出版；《OAPEC年度统计报告》，以阿拉伯文、英文出版；《世界市场石油发展月度报告》，以阿拉伯文、英文出版；《世界石油市场指标观察》，日报，以阿拉伯文出版。

【组织机构】（1）部长理事会：最高权力机构，由各成员国石油部长或相应官员组成，主席由各国轮流担任，每年召开2次会议。负责制定宏观政策和管理规章，指导各项工作。（2）执行局：由各成员国的1名代表组成，主席由各国轮值。协助部长理事会指导该组织的活动，审议预算草案，处理有关协议的执行及其相关事务，制订部长理事会的日程安排。（3）秘书处：设秘书长一职，每3年改选，可连选连任。按理事会和执行局制定的政策处理日常事务。下设秘书长办公室、财务及行政事务部、信息图书馆部、阿拉伯能源研究中心等部门。（4）裁决法庭：由奇数数量（不少于7人，不多于11人）的阿拉伯国籍法官组成。负责调解成员国之间或成员国与有关石油公司发生的纠纷。该法庭亦负责提供咨询，其裁决对成员国具有约束力。此外，该组织下辖阿拉伯海洋石油运输公司、阿拉伯船舶建造及维修公司、阿拉伯石油投资公司、阿拉伯石油服务公司、阿拉伯油井钻探与维修公司、阿拉伯地球物理勘探服务公司、阿拉伯石油培训学院等企业。

【主要活动】协调成员国的石油经济政策，在一定程度上协调成员国行动中应遵循的法律机制，交流技术和情报，尽可能为成员国公民提供培训和就业机会，利用成员国的资源和潜力参与石油工业项目，并负责承办4年1届的"阿拉伯能源会议"。2014年12月21日—23日，该组织在阿联酋阿布扎比举办第10届"阿拉伯能源会议"。2018年10月1日—4日，该组织在摩洛哥马拉喀什举办第11届"阿拉伯能源会议"。2022年12月，该组织在科威特举行第109次部长会，讨论将在卡塔尔举行的第12届"阿拉伯能源会议"。

【对外关系】该组织已与阿盟、海湾合作委员会等地区政府间组织，与欧盟、欧佩克、联合国开发计划署、联合国环境规划署、联合国贸发会议、伊斯兰发展银行等国际组织以及国际能源机构等非政府组织建立了联系，参加世界能源大会、世界天然气大会等各种形式的国际能源会议及牛津能源研讨会等学术会议，并与欧洲委员会能源理事会、英国石油公司等非阿拉伯国家的组织保持合作。

（蒋志浩）

附表：阿拉伯石油输出国组织成员国2021年石油、天然气储量

国家	石油储量（单位：亿桶）	天然气储量（单位：亿立方米）
阿尔及利亚	122.0	45040
埃及	30	22090
伊拉克	1440	37140
科威特	1015	17840
利比亚	484	15050
卡塔尔	252	238310
沙特	2672	93190
阿联酋	1110	82000
巴林	1	680
叙利亚	25	2686
突尼斯	4	640

资料来源：OAPEC网站。

亚洲开发银行

Asian Development Bank—ADB

【成立日期】亚洲开发银行成立于1966年11月24日，简称“亚行”。

【宗旨和原则】通过向亚太区域的发展中国家（地区）提供项目贷款和技术援助，促进和加速本区域的经济合作。

【成员】截至2022年6月，共有成员68个。

【主要负责人】现任行长浅川雅嗣（Masatsugu Asakawa，日本籍），2020年1月当选，任期至2026年11月。

【总部】菲律宾马尼拉。

【网址】http://www.adb.org。

【出版物】《年度报告》《亚行季评》。

【组织机构】理事会是亚行最高决策机构，由各成员派正、副理事各1名组成，每年召开1次会议。董事会是亚行执行机构，由理事会选出的12名董事组成，其中8名为亚太区域代表，4名为其他区域代表。除日本、美国和中国董事外，其他董事均代表几个国家和地区。董事任期两年，常驻亚行总部，可连任。董事会根据理事会的授权负责业务的总政策方向和日常业务。董事会主席负责主持董事会，管理亚行的日常工作。亚行设行长1名，行长是该行的合法代表，由理事会选举产生，任期5年，可连任。行长在董事会内无表决权，但在董事会表决正反双方票数相等时，行长拥有决定性的一票表决权。目前，亚行历任行长均由日本人担任。

【股本和资金来源】主要是各成员的认股，其次是向世界资本市场借款和发行债券。亚行各成员的认股额根据按人口数调整后的国内生产总值、税收和出口值等数据加权计算的公式确定。日本和美国是最大的股东，拥有的投票权也最大。

【主要活动】亚行贷款对象是亚太地区发展中成员，主要用于农业、能源、运输、通信和供水等部门。贷款分为两种：（1）普通贷款：主要是提供给经济状况较好的成员；（2）优惠贷款：主要对象是较贫困的低收入成员，来源主要是由发达国家捐款构成的亚洲开发基金。此外，亚行还通过技术援助特别基金向较贫穷的成员提供技术援助。

2020年9月16日—18日，亚行理事会第53届年会以视频方式举行。会议主要围绕亚太地区应对疫情、推动经济复苏进行讨论。

2021年5月3日—5日，亚行理事会第54届年会以视频方式举行。会议围绕亚太地区应对疫情、实现韧性与绿色复苏进行讨论。

2022年9月29日，亚行理事会第55届年会在斯里兰卡科伦坡举行。会议围绕“为后疫情世界建立具有气候韧性的绿色经济”主题进行讨论。

【同中国的关系】中国于1986年3月10日加入亚行。截至2022年12月，中国是亚行第三大股东、第二大借款国，有认购股份68400股，占总份额的6.429%，投票权占总票权的5.437%。截至2022年12月，亚行批准对华贷款总额约为476.6亿美元，主要用于交通运输、节能增效、城市发展、农业农村、生态环保、区域合作、教育医疗等领域。随着中国经济社会发展，中国与亚行已发展形成全方位、多层面、互利共赢的合作伙伴关系。

亚行成立之初，台湾当局占据了中国席位。中国政府多次要求亚行采取措施，妥善解决中国政府是代表中国的唯一合法政府在亚行的代表权问题。1985年

11月26日，亚行董事会通过改称“中国台北”的决定。1986年3月10日，中国成为亚行第47个成员。其后，中国代表团参加了该组织的历届年会。2003年7月10日，中国前财政部副部长金立群被任命为亚行副行长，成为亚行历史上第一位中国籍副行长。2008年8月14日，亚行董事会任命时任中国进出口银行副行长赵晓宇为亚行副行长，接替任满回国的金立群。2013年10月，时任财政部对外财经交流办公室主任张文才获亚行执董会批准，担任亚行副行长。2018年12月，时任财政部国际财金合作司司长陈诗新获亚行执董会批准，接替离任的张文才副行长。

2016年2月，亚行董事会批准了2016—2020年同中国进行合作的《国别合作伙伴战略》，深化与中国的合作伙伴关系。2018年7月，亚行批准了新的长期战略框架《2030战略》，以响应亚太地区发展需求。2021年2月，亚行董事会批准了2021—2025年同中国进行合作的《国别合作伙伴战略》，进一步指引亚行与中国合作方向，旨在帮助中国实现高质量、绿色发展。

【驻华代表机构】亚行于2000年在北京设立代表处。现任首席代表是冯幽兰女士（Yolanda Fernandez Lommen，西班牙籍）。办公地址：北京市朝阳区建国门外大街1号国贸三期17层。电话：010-85730909；传真：85730808。

（陈子豪）

环印度洋联盟

The Indian Ocean Rim Association—IORA

【成立日期】1997年3月5日—7日，环印度洋地区14国外长聚会毛里求斯路易港，通过《联盟章程》和《行动计划》，宣告环印度洋地区合作联盟（The Indian Ocean Rim Association for Regional Cooperation—IOR-ARC）正式成立。2013年11月1日，环印度洋地区合作联盟第13届部长理事会会议决定将该组织更名为环印度洋联盟（简称“环印联盟”）。

【宗旨和原则】遵循尊重国家主权、领土完整、政治独立、不干涉内部事务、和平共处、平等互利与协商一致等原则，不卷入双边等有争议的问题，推动区域内贸易和投资自由化，促进地区经贸往来和科技交流，扩大人力资源开发、基础设施建设等方面的合作，加强成员国在国际经济事务中的协调。

【成员】共有23个成员国、10个对话伙伴国和2个观察员。成员国：南非、印度、澳大利亚、肯尼亚、毛里求斯、塞舌尔、科摩罗、阿曼、新加坡、斯里兰卡、坦桑尼亚、马达加斯加、印度尼西亚、马来西亚、也门、莫桑比克、阿联酋、伊朗、孟加拉国、泰国、索马里、马尔代夫、法国。对话伙伴国：中国、美国、日本、埃及、英国、德国、韩国、土耳其、意大利、俄罗斯。观察员：印度洋旅游组织和印度洋研究组。

环印联盟是目前环印度洋地区重要的经济合作组织。环印度洋地区地跨亚洲、非洲和大洋洲，拥有丰富的自然资源、巨大的人力资源、广阔的市场和便利的交通。联盟成员国面积总和2184万平方公里，占世界陆地总面积的14.66%；人口约23.9亿，占世界人口总数的30.26%；2019年，成员国国内生产总值达11.47万亿美元，占世界国内生产总值的13.07%。

【主要负责人】主席国由成员国轮流担任，任期2年。孟加拉国和斯里兰卡分别为现任主席国和副主席国（副主席国即为候任主席国）。现任部长理事会主席为孟加拉国外交部长阿布尔·卡拉姆·阿卜杜勒·莫门（A. K. Abdul Momen）。

【总部】秘书处：常设机构，设在毛里求斯。负责协调联盟政策的执行，处理日常行政事务。现任秘书长萨拉曼·阿尔·法利希（Salman Al Farisi，印尼籍），2021年11月上任。

【网址】http://www.iora.net。

【组织机构】（1）部长理事会：最高权力机构，由成员国外长或经济合作部长组成，负责制定联盟政策，决定合作领域和项目。联盟成立之初每2年召开1次例会，2003年起改为每年召开1次例会。可根据需要举行特别会议。（2）高官委员会：执行机构，由成员国政府官员组成，会期1年1次或视需要召开。负责监督和审查部长理事会决议执行情况，审议联盟高级别工作组、学术组、贸易和投资工作组、商业论坛提交的工作报告，确定联盟合作重点并向部长理事会提出政策建议，有关建议连同上述机构报告一并提交部长理事会审批。（3）环印度洋商业论坛：由成员国政府官员和工商界人士组成，每年举行1次会议。负责就促进成员国在贸易、投资、金融和旅游等方面合作、减少贸易壁垒、加强科技交流和人力资源开发等问题提出政策建议，并实施联盟合作项目和工作计划。（4）环印度洋学术组：由成员国学术界人士组成，每年举行1次会议。负责开展联盟学术合作和信息交流。（5）贸易和投资工作组：由成员国技术官员组成，会期每年1次或视需要召开。负责协调和拟订联盟合作项目和工作计划。（6）高级别工作组：以联盟前任、现任和候任主席国政府主管官员为主体组成。负责就联盟发展方向、内部组织建设和推动对话伙伴国参与联盟活动等问题进行研究并提出政策建议。

【主要活动】截至2022年底，已举行22届部长理事会会议。

2020年12月17日，环印联盟第20届部长理事会会议以视频方式举行。会议以“推动印度洋命运与共，共同繁荣”为主题，主要围绕疫情形势下加强环印联盟六大优先领域及两大交叉领域合作进行了讨论，并探讨支持联盟机构发展和能力建设。会议欢迎法国由对话伙伴国正式成为联盟第23个成员国，祝贺斯里兰卡担任2021—2023年联盟主席，欢迎沙特阿拉伯和俄罗斯提交成为对话伙伴国申请。

2021年11月17日，环印联盟第21届部长理事会会议以线上线下相结合方式在孟加拉国达卡举行。会议围绕“可持续地利用印度洋地区资源促进包容性发展”主题进行了讨论。孟加拉国正式接任主席国。

2022年11月24日，环印联盟第22届部长理事会会议在孟加拉国达卡举行。会议围绕“把握印度洋地区机遇，促进包容性发展”主题进行了讨论，并通过《环印联盟印太展望》。

【同中国的关系】中国于2000年1月成为环印联盟对话伙伴国。2001年4月，外交部部长助理张业遂率团出席在阿曼举行的环印联盟第3届部长理事会会议。此后，中国政府派代表出席了环印联盟第4届至第21届部长理事会。

2022年11月，驻孟加拉国大使李极明代表中国出席在孟加拉国达卡举行的环印联盟第22届部长理事会。（黄嘉茜）

非洲开发银行

African Development Bank—AFDB

【成立日期】非洲开发银行（简称“非行”）成立于1964年9月。1966年7月1日开始营业。

【宗旨和原则】向成员国的经济和社会发展提供资金，协助非洲大陆制定发展的总体战略，协调各国的发展计划，以便逐步实现“非洲经济一体化”。

【成员】共有81个成员国，分为非洲区内成员国和非洲区外成员国。区内成员国包括54个非洲国家。区外成员国共有27个。按份额，前10大成员国依次为尼日利亚、美国、埃及、日本、阿尔及利亚、南非、摩洛哥、德国、加拿大、科特迪瓦。

【主要负责人】行长兼董事长阿金武米·阿德西纳（Akinwumi A. Adesina，尼日利亚籍），2015年5月当选（9月上任），2020年8月连任，任期5年。

【总部】总部原设在科特迪瓦经济首都阿比让，因科2003年政局动荡，非行于当年临时搬迁到突尼斯首都突尼斯市办公。2013年底，总部回迁至科特迪瓦。

【网址】http://www.afdb.org。

【出版物】《年报》《千年发展目标报告》《非洲发展报告》《非洲经济展望》《非洲统计年鉴》《非洲竞争力报告》《非洲开发银行统计手册》等。

【组织机构】(1) 理事会：最高权力机构，由各成员国委派一名理事组成，一般为成员国的财政和经济部长，通常每年举行1次会议，必要时可举行特别理事会，讨论制定银行的业务方针和政策，决定银行重大事项，并负责处理银行的组织和日常业务。理事会年会负责选举行长和秘书长。(2) 董事会：由理事会选举产生，是银行的执行机构，负责制定非行各项业务政策。共有18名执行董事，其中非洲以外国家占6名，任期3年，一般每月举行2次会议。

【银行资本】资金来源包括成员国认缴股本、在国际市场举债集资、非行的储备净收入滚存。其中，非洲国家资本60%。2019年10月31日非行召开理事会特别会议，通过第七次普通股本普遍增资125%的决议，并首次将人民币纳入增资币种。截至2022年底，核定资本金约为1806亿美元。

【主要活动】非行与其附属的非洲开发基金（African Development Fund—ADF，非发基金）、尼日利亚信托基金（Nigeria Trust Fund—NTF）共同组成非洲开发银行集团（African Development Bank Group—ADB Group）。非行行长兼任非洲开发银行集团董事长。

非行是非洲最大的地区性政府间开发金融机构，连续多年获得国际3A信用评级。非行贷款的对象是非洲地区成员国，主要用于农业、运输、通信、供水和公共事业等领域项目开发。非行还同非洲其他金融机构及非洲以外有关机构开展金融合作，并在一些地区性金融机构中参股。

2022年5月23日—27日，非行理事会第57届年会在加纳阿克拉举行，主题为“实现非洲应对气候变化的弹性和公正的能源转型”，为非洲各国提供机会分享各自所面临的气候变化和能源转型挑战以及应对这些挑战的举措。本次年会的主题是为2022年11月在埃及沙姆沙伊赫举行的《联合国气候变化框架公约》缔约方大会第27次会议做准备，重点关注在非洲加强投资和其他形式的融资的必要性，以加快非洲适应气候变化的能力。

【同中国的关系】中国于1985年5月8日和10日先后加入非发基金和非行（加入非发基金是加入非行的先决条件）。中国积极参与非行业务活动和决策，并多次参加了非发基金捐资以及非行普通股本普遍增资。截至2022年12月，中国持有非行股份1.266%，在区外成员国中居第10位。

2020年8月26日—27日，中国人民银行以非发基金理事会成员身份参加在科特迪瓦阿比让举行的非行第55届年会。

2021年8月26日，非行行长阿德西纳线上出席《中国企业投资非洲报告》（英、法文版）发布会并致辞。

（万佳佳）

西非国家经济共同体

Economic Community of West African States—ECOWAS

【成立日期】1975年5月28日正式成立，简称“西共体”。

【宗旨和原则】促进成员国在政治、经济、社会和文化等方面的发展与合作，提高人民生活水平，加强相互关系，为非洲的进步与发展作出贡献。

【成员】15个成员国：贝宁、布基纳法索、多哥、佛得角、冈比亚、几内亚、几内亚比绍、加纳、科特迪瓦、利比里亚、马里、尼日尔、尼日利亚、塞拉利昂、塞内加尔。

【主要负责人】现任首脑会议轮值主席几内亚比绍总统乌马罗·西索科·恩巴洛（Umaro Sissoco Embalo），任期至2024年7月。委员会主席奥马尔·阿利乌·图雷（Omar Alieu Touray），任期至2026年7月。

【总部】委员会设在尼日利亚阿布贾。

【网址】http://www.ecowas.int。

【组织机构】（1）首脑会议：最高权力机构，由成员国国家元首和政府首脑组成，原则上每年至少召开1次例会。首脑会议设执行主席1名，由首脑会议选举产生，任期1年。（2）部长理事会：由各成员国外交部长和另1位部长组成，每年至少举行2次会议，负责监督西共体机构运转情况，审查并通过委员会和专门委员会的建议。下设8个技术和专门委员会，负责为部长理事会准备工作报告，监督条约执行等。首脑会议可根据需要对委员会数目和职责作出调整。（3）委员会：常设执行机构。由主席、副主席和13名委员组成，负责西共体日常事务，设在尼日利亚阿布贾。（4）西共体议会：2000年成立，总部设在阿布贾，职责包括就政策制定、条约修改等问题接受咨询，听取西共体委员会主席工作报告等。共115个议席，其中75席按平均原则分配，剩余席位按成员国人口比例分配。议员从各国议会成员中推选产生，任期4年。（5）西共体法院：最高司法机构。2000年成立，位于阿布贾。由7名大法官组成，法官由西共体下设的司法委员会提名，首脑会议任命，任期4年。主要负责处理与西共体相关的法律解释、争议、诉讼等。（6）西共体投资和开发银行：2003年成立，总部位于多哥首都洛美。主要职能是制定区域投资政策，向西共体和非洲发展新伙伴计划项目提供资金。采用控股公司形式，总资本7.5亿美元，其中2/3资金由成员国按比例分摊，其余部分向非成员国和国际金融机构招股。下设西共体地区投资银行和西共体地区发展基金，主要向公共和私营部门发放贷款。

【主要活动】截至2022年12月，西共体已举行62届首脑会议。

2020年，西共体多次召开特别首脑视频会议，讨论应对新冠疫情、马里局势等问题。9月，西共体在尼日尔尼亚美举行第57届首脑会议，加纳总统阿库福-阿多接任主席，会议制定新的统一货币路线图，推迟统一货币启动日期。

2021年1月，西共体在加纳阿克拉举行第58届首脑会议，重点讨论团结抗疫、地区政治经济形势与一体化进程、和平安全与稳定等问题。6月，西共体在加纳阿克拉举行第59届首脑会议，讨论抗疫、政治、地区安全、经济及一体化等问题，会议决定将阿库福-阿多担任西共体轮值主席任期延长1年。12月，西共体在尼日利亚阿布贾举行第60届首脑会议。

2022年7月，西共体在加纳阿克拉举行第61届首脑会议，讨论马里、布基纳法索和几内亚局势以及地区安全、经济发展、一体化进程、机制建设等问题。几内亚比绍总统恩巴洛接任西共体轮值主席。12月，西共体在尼日利亚阿布贾举行第62届首脑会议，重点讨论了区域经济和优先项目落实情况，并就统一货币、共同关税、地区和平安全以及反恐等议题进行了磋商。

【同中国的关系】中国与西共体15个成员国均保持良好合作关系。自20世纪90年代以来，中国先后参与联合国在利比里亚、塞拉利昂和科特迪瓦的维和行动。自2003年起，中国向西共体派驻大使（由驻尼日利亚大使兼任）。2000年以来，西共体先后作为观察员列席中非合作论坛历届部长级会议和论坛北京峰会有关活动。

2018年3月，外交部长王毅就让·克劳德·布鲁就任西共体委员会主席致贺电。9月，西共体委员会主席布鲁应邀来华出席中非合作论坛北京峰会。2021年6月，新任驻西共体大使崔建春向西共体委员会主席布鲁递交任命书。2022年7月，王毅国务委员兼外长向新任西共体委员会主席奥马尔·阿利乌·图雷致就职贺电。

（陈翔）

西非经济货币联盟

Union Economique et Monétaire Ouest-Africaine—UEMOA

【成立日期】1994年1月10日成立，其前身是“西非货币联盟”。《西非经济货币联盟条约》于同年8月1日起正式生效。

【宗旨和原则】促进成员国间人员、物资和资金流通，最终建立西非共同体。

【成员】8个成员国：贝宁、布基纳法索、科特迪瓦、马里、尼日尔、塞内加尔、多哥和几内亚比绍。

【主要负责人】国家元首和政府首脑会议执行主席由成员国国家元首轮流担任，任期2年，现任执行主席为尼日尔总统穆罕默德·巴祖姆。现任部长级会议执行主席为科特迪瓦经济、财政部长阿达马·库利巴利（Adama Coulibaly）。现任联盟委员会主席为阿卜杜拉耶·迪奥普（Abdoulaye Diop，塞内加尔籍）。

【总部】布基纳法索瓦加杜古。

【网址】http://www.uemoa.int。

【组织机构】（1）国家元首和政府首脑会议：最高权力机构，每年至少召开1次会议，执行主席由成员国国家元首轮流担任。（2）部长会议：各成员国包括财长在内的2位部长参加，每年至少召开2次会议。（3）联盟委员会：联盟常设领导机构，由各成员国分别推举1名委员组成。委员任期4年，不可中途罢免，可连任。（4）联盟法院：1995年1月27日正式成立，由各成员国分别推举1名成员组成，任期6年，可连任。

根据联盟条约，还设有联盟审计法院、商会等机构。

联盟下设两家银行：（1）西非国家中央银行：发行联盟的统一货币（简称“西非法郎”），总部设在塞内加尔达喀尔，在各成员国均设有分支机构。行长为让-克劳德·卡西·布鲁（Jean-Claude Kassi Brou，科特迪瓦籍），2022年7月就职。（2）西非开发银行（简称“西非行”）：系区域性政府间开发金融机构，总部设在多哥洛美，旨在促进联盟成员国经济平衡发展和西非经济一体化。西非行的资本金由其股东认缴，股东分为A、B两类。A类为区内成员，包括贝宁、布基纳法索、科特迪瓦、几内亚比绍、马里、尼日尔、塞内加尔、多哥、西非国家中央银行；B类为区外成员，包括法国、中国、比利时、德国、印度、摩洛哥、欧洲投资银行和非洲开发银行。行长为塞尔日·埃奎（Serge Ekué，贝宁籍），2020年9月任职，任期6年。

【主要活动】截至2022年12月，西非经济货币联盟共召开了23届国家元首和政府首脑会议。

2020年4月27日，西非经济货币联盟国家元首和政府首脑视频特别峰会在科特迪瓦阿比让举行。会议讨论了新冠疫情影响，并决定采取协调国家边境管控等举措，以更好应对疫情。

2021年3月25日，西非经济货币联盟第22届国家元首和政府首脑会议以视频方式举行。会议审议了联盟2020年年度报告和委员会关于成员国新冠疫情形势的报告，就加强疫情防控、应对债务问题、维护粮食安全等进行了讨论。

2022年1月9日，联盟国家元首和政府首脑特别峰会在加纳阿克拉举行。会议讨论了马里等国家形势。11月5日，西非经济货币联盟第23届国家元首和政府首脑会议在科特迪瓦阿比让召开，与会各方就联盟经济形势和未来经济展望等议题交换意见。

【同中国的关系】2004年11月，中国人民银行代表中国政府同西非开发银行签署了《中国人民银行和西非开发银行谅解备忘录》，正式加入该行。2011年6月，西非行董事会通过增资50%的决议。同年9月，中国人民银行参与增资。

2006年1月，中国人民银行与西非行签署了双边合作基金协定。

2011年8月，国家开发银行江苏省分行在多哥洛美与西非行签署协议，承诺为西非地区农业、能源、交通和基础设施等领域项目及当地私营部门的中小企业发展提供支持。

2013年7月，中国人民银行同西非行在南京联合举办了“商业机会研讨会”，介绍西非行的招标采购政策，帮助中国企业深入了解西非地区的商业机会。

2018年9月5日，中国人民银行行长易纲会见了来访的西非行行长阿多韦兰德，双方就西非行经营情况、中国加强与西非行合作以及非洲经济金融形势等交换了意见。

（万佳佳）

中部非洲经济与货币共同体

Communauté Economique et Monétaire de l’Afrique Centrale—CEMAC

【成立日期】中部非洲经济与货币共同体（下称“共同体”）于1999年6月25日正式成立，前身为中部非洲关税和经济联盟。

【宗旨和原则】建立日益紧密的联盟，加强成员国在人力和自然资源方面的合作；协调成员国政策法规，促进一体化进程；通过多边监测机制保证各国经济政策协调一致；消除贸易壁垒，促进共同发展。

【成员】6个成员国：赤道几内亚、刚果（布）、加蓬、喀麦隆、乍得、中非。

【主要负责人】现任轮值主席为中非总统福斯坦·阿尔尚热·图瓦德拉（Faustin-Archange Touadéra）。共同体委员会主席为巴尔塔萨·恩贡加·埃乔（Baltasar Engonga Edjo'o，赤道几内亚籍）。

【总部】共同体委员会（前身为执行秘书处）设在中非班吉，目前因中非安全形势暂时迁至赤道几内亚马拉博。

【网址】http://www.cemac.int。

【组织机构】共同体由4部分组成：（1）中部非洲经济联盟：负责协调成员国的经济、预算政策，以及行业发展政策，逐步建立次区域共同市场，提高经济竞争力。（2）中部非洲货币联盟：负责制定共同体的货币政策、发行货币，下设中部非洲国家银行（BEAC）、中部非洲银行委员会（COBAC）、证券交易所、中部非洲反洗钱行动小组等专业机构，均设于喀麦隆雅温得。（3）共同体议会：现尚未成立，暂由成员国立法机构各推选5名议员组成的议会间委员会代行其职，负责对共同体的决策机构进行民主监督，总部设于赤道几内亚马拉博。委员会有权审阅执行秘书提交的年度报告及要求质询部长理事会主席、部长委员会主席、共同体委员会主席及BEAC行长。（4）共同体法院：由13名法官组成，分司法和审计两院，负责共同体各决策机构预算执行情况的司法监督，设在乍得恩贾梅纳。

共同体机构运作方式如下：（1）首脑会议：由成员国国家元首组成，共同体的决策机构，每年举行1次例会，必要时随时召开特别首脑会议，轮值主席由各国国家元首轮流担任。（2）部长理事会：中部非洲经济联盟的领导机构，由各成员国主管财政和经济的部长组成，每年举行2次例会，由轮值主席国有关部长任主席。（3）部长委员会：中部非洲货币联盟的领导机构，负责审查成员国的经济政策和协调共同体的货币政策，由各成员国负责财政的部长和另外1名有关部长组成；会议主席按成员国字母顺序由各成员国负责财政的部长轮流担任。（4）共同体委员会：共同体执行机构，负责首脑会议和部长理事会的会议召开。其前身为执行秘书处，委员会主席对外代表共同体。共同体还设有中部非洲国家银行、中部非洲国家开发银行、海关国际学校、项目规划和评估跨行业次地区研究院、实用统计次地区研究院、畜牧和水产经济委员会等专门机构。

【资金机制】中部非洲国家银行是共同体的中央银行，总部设在喀麦隆雅温得，发行中非金融合作法郎。

【主要活动】截至2022年12月，共同体已召开了14次首脑会议。

2018年10月，共同体特别峰会在乍得恩贾梅纳召开，乍得、赤道几内亚、刚果（布）总统和喀麦隆总理、加蓬外交国务部长、中非财政部长出席。会议就地区金融问题和一体化进程进行了磋商。

2019年3月，共同体第14次首脑会议在乍得恩贾梅纳召开，乍得、中非、刚果（布）总统及喀麦隆、加蓬、赤道几内亚总理出席。会议决定喀麦隆总统比亚接任共同体轮值主席，第15次首脑会议在喀麦隆雅温得举行。11月，共同体特别首脑会议在喀麦隆雅温得召开，与会领导人就地区经济和货币问题进行讨论，认为当前地区宏观经济形势有所恢复，通货膨胀率适度，财政及贸易赤字减少，外汇储备足够保持中非法郎与欧元的固定汇率。与会领导人重申使用统一货币的意愿，希望保持货币稳定，鼓励就同法国开展货币合作的条件及方式进行进一步研究。

2020年8月，中部非洲经济联盟召开国家间委员会视频会议。会议探讨了后疫情时代复兴计划、次区域融资计划和移动网络漫游等议题。

2021年8月，共同体成员国以视频方式召开特别峰会，喀麦隆、中非、加蓬、赤道几内亚总统及乍得军事过渡委员会主席、总统，刚果（布）总理等出席，主要讨论通过采取创造更多就业机会、支持经济多样化转型等多种结构性改革措施，促进共同体成员国经济在新冠疫情全球大流行期间实现可持续发展和弹性复苏。（李云蓓）

中部非洲国家经济共同体

Communauté Economique des Etats d'Afrique Centrale—CEEAC

【成立日期】1983年10月18日，中部非洲国家元首和政府首脑在加蓬利伯维尔签署成立“中部非洲国家经济共同体”条约。该共同体于1985年1月开始运作（简称“中共体”）。

【宗旨和原则】促进和加强成员国间的协调、合作与均衡发展，提高在经济和社会各领域的自主能力，改善人民生活水平，保持经济稳定发展，巩固和平，为非洲的进步与发展作贡献。主要目标是取消成员国之间的关税和各种贸易壁垒，制定共同的对外贸易政策，建立共同的对外贸易关税率；协调各成员国的国内政策，逐步取消在人员、财产、劳务、资金等方面自由流动的障碍，建立合作和发展基金，促进内陆、小岛和半岛欠发达国家的发展。

1999年召开的第9次国家元首和政府首脑会议确

定如下优先目标：提高维护和平、安全与稳定的能力，加快经济、货币和人文一体化进程；设立共同体财政自主机制。

【成员】11个成员国：安哥拉、布隆迪、喀麦隆、中非、乍得、刚果（布）、刚果（金）、加蓬、赤道几内亚、圣多美和普林西比、卢旺达。

【主要负责人】现任轮值主席费利克斯·安托万·齐塞克迪·奇隆博［Félix-Antoine Tshisekedi Tshilombo，刚果（金）总统］，秘书长艾哈迈德·阿拉姆·米（Ahmad Allam Mi，乍得籍）。

【总部】委员会（前身为总秘书处）设在加蓬利伯维尔。

【网址】https://ceeac-eccas.org。

【组织机构】（1）国家元首和政府首脑会议：最高决策机构。轮流在各成员国举行，由东道国元首任主席；（2）部长理事会：每年召开2次，主席由各成员国有关部长轮流担任；（3）委员会（前身为总秘书处）：2019年12月中共体第9届特别峰会通过机制改革整体方案，中共体常设机构由总秘书处升格为委员会，并设主席、副主席以及分管政治、经济、环境、基础设施和社会事务的5名委员。

【主要活动】截至2022年12月，共召开了21届国家元首和政府首脑会议。

2020年7月，中共体第17届国家元首和政府首脑会议以视频方式举行。会议宣布《中共体条约修订案》已完成审批，新条约于2020年8月28日生效。会议决定中共体常设机构由总秘书处正式升格为委员会。11月，中共体第18届国家元首和政府首脑会议在加蓬利伯维尔召开。会议审议并通过《共同体2021—2025年中期战略规划》和《2021年优先行动计划》，一致同意加快地区关税同盟和共同市场建设，推动一体化进程。会议发表关于中非共和国政治和安全形势的声明，重申支持中非和平选举进程。刚果（布）总统萨苏接任中共体轮值主席。

2021年7月，中共体轮值主席、刚果（布）总统萨苏主持召开中共体国家领导人视频会议，就加快区域一体化进程和地区政治安全形势交换意见。

2022年1月，中共体第20届国家元首和政府首脑会议在刚果（布）举行，会议通过中共体2022年优先行动计划并发表公报，宣布刚果（金）总统齐塞克迪接替萨苏担任中共体轮值主席。7月，中共体第21届国家元首和政府首脑会议在刚果（金）举行。

（万佳佳）

东部和南部非洲共同市场

Common Market for Eastern and Southern Africa—COMESA

【成立日期】前身为1981年成立的东部和南部非洲优惠贸易区（Preferential Trade Area for Eastern and Southern Africa，PTA）。1993年11月，东部和南部非洲优惠贸易区第12次首脑会议在乌干达坎帕拉召开，通过了把贸易区转变为共同市场的条约。1994年12月8日—9日，优惠贸易区首脑会议正式批准了该条约，宣布东部和南部非洲共同市场（简称“科迈萨”）正式成立。科迈萨是非洲成立最早、最大的次区域经济组织。成立以来，科迈萨在推动区域一体化和成员国发展方面取得了积极进展。

【宗旨和原则】废除成员国之间关税和非关税壁垒，实现商品和劳务的自由流通；协调成员国关税政策，分阶段实现共同对外关税；在贸易、金融、交通运输、工业、农业、能源、法律等领域进行合作；对外债问题采取统一立场，协调各国经济结构调整方案；建立货币联盟，发行共同货币。

【成员】21个成员国：布隆迪、科摩罗、刚果（金）、吉布提、埃及、厄立特里亚、埃塞俄比亚、肯尼亚、利比亚、马达加斯加、马拉维、毛里求斯、卢旺达、塞舌尔、苏丹、斯威士兰、乌干达、赞比亚、津巴布韦、突尼斯、索马里。

【主要负责人】主席任期1年，由成员国轮流担任。现任主席阿卜杜勒法塔赫·塞西（Abdul Fatah Al-Sisi，埃及总统），现任秘书长为奇莱舍·卡普韦普韦（Chileshe Kapwepwe，赞比亚籍），系科迈萨成立以来第6任秘书长。

【总部】秘书处设在赞比亚卢萨卡。

【网址】http://www.comesa.int。

【组织机构】（1）首脑会议：最高决策机构，一般每年举行1次。如有需要，可以临时举行特别会议。（2）部长理事会：向首脑会议提交报告和对共同市场进行全面管理，负责共同市场的规划、发展和外交事务，包括财务和行政管理的监督和审议。一般每年举行1次会议。（3）政府间委员会：跨部门机构，由各成员国的政府高级官员组成，负责不同合作领域的项目与行动计划的执行和管理。一般每年举行1次会议。（4）技术委员会：由各领域的专家组成，负责行政和预算以及各经济部门事务，向部长理事会和政府间委员会报告各领域具体情况。设行政和预算、农业、信息、能源、财政和金融、工业、劳动、人力资源和社会文化事务、法律、自然资源和环境、旅游、贸易和海关、交通和通信等委员会。根据需要，不定期举行会议。（5）秘书处：常设机构，设秘书长和2名副秘书长，均由首脑会议任命，任期5年，可连任。由秘书长领导，负责该组织的日常协调事务。各成员国均派有代表，约有工作人员180人，设12个部门。(6)贸易与开发银行：目前总部暂设在肯尼亚内罗毕。是东南部非洲最大的次区域开发银行，1985年11月6日成立，除科迈萨成员国外，还接纳域外国家或机构成员加入，中国人民银行和非洲开发银行是该行成员。法定总部设在布隆迪布琼布拉，在肯尼亚内罗毕和津巴布韦哈拉雷分别设有办公室。布隆迪办公室主管中部地区事务，内罗毕办公室主管东部和北部地区事务，哈拉雷办公室主管南部和岛国事务。(7)结算银行：设在津巴布韦哈拉雷。(8)共同市场法院：设在赞比亚卢萨卡。(9)商业银行协会：设在津巴布韦哈拉雷。(10)皮革协会：设在埃塞俄比亚的斯亚贝巴。(11)再保险公司：设在肯尼亚内罗毕。

【主要活动】截至2022年12月，共召开了21届首脑会议，近几年的地点和时间分别为：2018年7月（卢萨卡）、2021年11月（开罗）。

2018年7月，科迈萨第20届首脑会议在赞比亚卢萨卡召开。本次会议主题为“通往数字经济一体化”，各方一致同意加快发展数字经济，推广使用信息技术，提升各国互联互通水平，减少商业和贸易壁垒。会议首次提出建立科迈萨“数字自由贸易区”，主要包括发展域内电子贸易、电子物流、电子法规系统等。会议正式决定接纳突尼斯、索马里为科迈萨会员国。会后发表了联合公报。

2021年11月，科迈萨第21届首脑会议在埃及开罗召开，主题为“通过数字经济一体化的战略政策实现经济复苏”。会议认为，新冠疫情等引发了区域和全球经济新动向，东南非共同市场的成员国应致力于利用数字平台对冲新动向对区域一体化进程产生的重大影响。会后发表了联合公报。

【同中国的关系】中国与科迈萨保持友好关系。2017年，中国水利部下属的国际小水电中心和科迈萨在杭州和赞比亚卢萨卡互设联合办公室，双方开展了一系列技术培训、会议论坛、项目合作等工作。科迈萨派代表团参加了中非合作论坛历届部长级会议。

目前，中国驻科迈萨特别代表为驻赞比亚大使杜晓晖。（刘同倘）

印度洋委员会

Commission de l’Océan Indien—IOC

【成立日期】1982年12月，毛里求斯、马达加斯加、塞舌尔3国外长在毛里求斯路易港召开会议，签署《路易港协定》，决定成立印度洋委员会（简称“印委会”）。1984年1月,3国外长在塞舌尔维多利亚签署《维多利亚总协定》，印委会正式成立。

【宗旨和原则】促进成员国间合作，协助本地区国家融入区域和世界一体化进程，并在国际合作中维护印度洋岛国的利益。

【成员】现有毛里求斯、马达加斯加、塞舌尔、科摩罗和以法国名义加入的留尼汪5个成员及中国、欧盟、法语国家组织、日本、印度、联合国等观察员。

【主要负责人】现任主席国为法国（2021年5月起）。秘书长韦拉尤多姆·马里穆图（Vêlayoudom Marimoutou，法国籍），曾任留尼汪学院院长，2020年7月开始履职。

【总部】常设秘书处设于毛里求斯卡特邦市。

【网址】http://www.coi-ioc.org。

【组织机构】(1)首脑会议：负责解决重大方向性问题，目前已举行4次。(2)部长理事会会议：最高权力机构，负责决定印委会的具体战略方针。由成员指定1名内阁成员或政府代表组成，主席由各成员按法文字母顺序轮流担任，每届任期1年。每年举行1次例会，截至2021年底，共举行35届部长理事会会议。(3)常务联络官委员会：协助部长理事会会议并负责执行有关决议，每个成员指派1名常务联络官，每年举行3次会议。(4)秘书处：设秘书长、副秘书长、5名专员、1名行政和财政助理。秘书长负责协调印委会内部活动，并保证印委会的各种机构正常运转。秘书长由部长理事会会议任命，任期5年，不得连任。(5)专门委员会：主要任务是就不同问题进行研究，并确定合作项目。现已设立商业与贸易、旅游、手工业、地区工业合作、环境保护、地区海运交通、体育、金枪鱼8个专门委员会。另外，还设有一些专家小组，每半年举行1次专家会议。

【资金来源】行政经费由各成员分摊。从1995年起，份额调整为：马达加斯加29%，留尼汪（法国）40%，毛里求斯20%，科摩罗6%，塞舌尔5%。发展经费主要靠欧盟、世界银行、法国援助。

【主要活动】2018年9月，印委会第33届部长理事会会议在毛里求斯举行，会议通过了部长会决议成果文件，并与欧盟签署了渔业合作协定，决定塞舌尔接替毛里求斯成为轮值主席国。

2019年8月，印委会部长级非正式会议在科摩罗莫罗尼举行，会议一致同意印委会提升合作、强化组织、改革机构的计划，成员共同起草了《莫罗尼声明》。

2020年3月，印委会第34届部长理事会会议在塞舌尔举行，会议修订了印委会纲领性文件《维多利亚总协定》，主要包括：确定首脑会议每5年举行1次；加强在公共卫生、海上安全、互联互通等领域合作；

将秘书长任期由4年调整为5年，并增设副秘书长一职；增设专题部长会议以应对卫生、农业等共同挑战；明确申请成为观察员国的具体条件和程序。

2021年5月，印委会第35届部长理事会会议以视频方式举行，会议指出各成员应积极应对新冠疫情的长期化和不确定性，加强内部交流合作，立足本地区特点，实现经济重振，加强海上安全，坚持多边主义和国际团结。

【同中国的关系】中国与印委会成员关系友好。2018年9月，驻毛里求斯大使孙功谊代表中国出席印委会第33届部长理事会会议。2019年4月，印委会秘书长博莱罗来华出席第二届“一带一路”国际合作高峰论坛“政策沟通”分论坛。2020年3月，驻塞舌尔大使郭玮代表中国出席印委会第34届部长理事会会议。7月，驻毛里求斯大使兼驻印委会代表孙功谊出席印委会新任秘书长就职仪式视频活动。2021年5月，驻毛里求斯使馆临时代办宫宇峰代表中国出席印委会第35届部长理事会会议。（张俊杰）

政府间发展组织

Intergovernmental Authority on Development—IGAD

【成立日期】1986年1月成立。前身是由东非国家组成的政府间抗旱与发展组织，1996年3月改为现名（简称“伊加特”）。

【宗旨和原则】将伊加特建设成为在政治、经济、社会、人道主义事务、环保等领域进行全面合作的地区组织。有三大战略目标：保护环境，确保粮食安全；维护和促进地区和平、安全和人道主义事业；加强经济合作，实现区域经济一体化。

【成员】埃塞俄比亚、吉布提、肯尼亚、苏丹、索马里、乌干达等6国为创始国，厄立特里亚、南苏丹分别于1993年、2011年加入。（厄立特里亚于2007年4月以伊加特“通过许多有损地区和平与安全的决议”为由，宣布暂时退出该组织）

【主要负责人】主席由成员国轮流担任，一般为每届正式首脑会议的东道国领导人，可因连续主办会议连任。现任主席伊斯梅尔·奥马尔·盖莱（Ismail Omar Guelleh，吉布提总统）。执行秘书沃尔基内·格贝耶胡（Workneh Gebeyehu，埃塞俄比亚籍），2019年11月任职至今。

【总部】秘书处设在吉布提首都吉布提市。

【网址】http://www.igad.org。

【组织机构】（1）国家元首和政府首脑会议：最高决策机构，以促进地区政治、安全和经济合作为主要任务。每年至少举行1次会议，并可应成员国要求且经多数成员国同意，随时举行特别首脑会议。（2）部长理事会：由成员国外长和1名联络部长（可由外长兼任）组成，负责制订组织方针和行动计划，批准拨款和预算。每年至少举行2次会议，并可应成员国请求且获多数成员国同意，随时召开特别会议。所有决议原则上应经一致同意；如有分歧，则投票以2/3多数通过。（3）大使委员会：由成员国驻总部国家大使或特别代表组成，向执行秘书提供咨询。（4）秘书处：系常设机构，负责处理日常事务，执行秘书由国家元首和政府首脑会议任命，任期4年，可连任1次。下设6个部门：农业与环境保护部、经济合作部、健康和社会发展部、和平和安全部、规划协调和伙伴关系部，管理和财政部。

【主要活动】截至2022年12月，伊加特共召开13次国家元首和政府首脑会议，39次特别首脑会议。2017年12月至2018年5月，伊加特主持召开了三次“重振南苏丹和平协议高级别论坛”会议，南苏丹与会各方签署《停止敌对状态、保护平民和人道准入协议》、伊加特框架下停火与过渡期安全安排监督机制改组文件等。

2018年6月，在伊加特轮值主席、埃塞俄比亚总理阿比·艾哈迈德·阿里主持下，南苏丹总统基尔与反对派领导人马夏尔在埃塞俄比亚亚的斯亚贝巴会面。9月，在第33届伊加特特别峰会期间，南苏丹总统基尔与反对派领导人马夏尔及南反对派联盟、前被拘押高官等派代表签署《解决南苏丹冲突重振协议》。

【同中国的关系】1987年2月，伊加特派代表团访华。中国驻吉布提、肯尼亚、埃塞俄比亚、苏丹、乌干达大使代表中国政府以观察员身份多次应邀列席其首脑会议。近年来，中国每年向伊加特捐款，支持其机构及能力建设。

2015年1月，外交部长王毅在访问苏丹期间倡议召开“支持伊加特南苏丹和平进程专门磋商”，提出中方关于解决南苏丹问题的4点倡议，并推动与会各方在4点倡议基础上达成5点共识。

2017年12月至2018年5月，中国政府非洲事务特别代表、驻南苏丹大使等应邀出席伊加特“重振南苏丹和平协议高级别论坛”系列会议。（张伟）

东非共同体

East African Community—EAC

【成立日期】东非共同体最早成立于1967年，成员有坦桑尼亚、肯尼亚和乌干达三国，后因成员国间政治分歧和经济摩擦于1977年解体。1993年11月，坦、肯、乌三国开始恢复合作。1996年3月14日，三国成立东非合作委员会秘书处。1999年11月30日，三国总统签署《东非共同体条约》，决定恢复东非共同体（简称“东共体”）。2001年1月15日，三国在坦桑尼亚阿鲁沙举行东非共同体正式成立仪式。2001年11月，东非议会和法院成立。2007年6月，卢旺达、布隆迪正式加入东共体。2009年11月20日，东共体五国共同签署了《东非共同体共同市场协议》。2010年7月1日，东共体正式启动该协议。2015年1月，东共体成员国签署建立货币同盟协议。6月，东共体、南部非洲发展共同体、东南非共同市场三个次区域组织签署协议，决定共同建立新的单一自贸区。2016年3月，南苏丹正式加入东共体。2022年2月，刚果（金）正式加入东共体。目前，索马里正申请加入东共体。

【宗旨和原则】加强成员国在经济、社会、文化、政治、科技、外交等领域的合作，协调产业发展战略，共同发展基础设施，实现域内国家经济和社会可持续发展，逐步建立关税同盟、共同市场、货币联盟，并最终实现政治联盟。

【成员】7个成员国：坦桑尼亚、肯尼亚、乌干达、卢旺达、布隆迪、南苏丹和刚果（金）。

【主要负责人】首脑会议主席由成员国轮流担任。现任主席埃瓦里斯特·恩达伊施米耶（Evariste Ndayishimiye，布隆迪总统），2022年9月上任。部长委员会主席埃策希尔·尼比吉拉（Ezéchiel Nibigira，布隆迪籍），2022年9月上任。秘书长彼得·马图基（Peter Mathuki，肯尼亚籍），任期自2021年4月至2026年4月。

【总部】秘书处设在坦桑尼亚阿鲁沙。

【组织机构】（1）首脑会议：由成员国元首组成，每年至少举行1次会议，应成员国要求可举行特别会议，其决定须一致通过。主席任期1年，由成员国元首轮流担任。（2）部长委员会：由成员国负责地区合作或指派的其他部长组成，是东共体的政策机构。其职能是：在协商一致的原则下，负责为东共体有效与协调运行及发展制定政策；向东非议会提交法案；向首脑会议提交年度报告；建立处理不同事务的部门委员会；向成员国的其他机构（除法院和议会外）下达指示等。每年举行2次会议，应成员国或部长委员会主席要求可举行特别会议。部长委员会主席由成员国轮流担任，任期1年。（3）协调委员会：由成员国负责地区合作事务或指定的政府部门的常秘组成，负责向部长委员会提交执行条约的报告和建议、执行部长委员会的决定。一般每年举行2次会议，应部长委员会主席要求可举行特别会议。主席由成员国轮流担任。（4）部门委员会：应部长委员会指示成立，负责处理部长委员会指定的事务。（5）东非法院：系东共体司法机构。职责是确保条约得到履行，负责相关条约的解释，并向首脑会议、部长委员会、成员国和秘书处等提供法律咨询。每个成员国可提名2名法官，由首脑会议批准任命。院长和副院长须来自不同成员国，院长由成员国法官轮流担任。（6）东非议会：系东共体立法机构。每年至少举行1次会议。议会由27名选举产生的议员及5名官职议员组成。议员由成员国议会从非议员国民中各推举9名，所推举的议员不能是成员国的现任部长和东共体官员。官职议员包括成员国负责地区合作的部长、东共体秘书长和法律顾问，官职议员无投票权。议长由成员国议员轮流担任。议员任期5年，现有议员52人。（7）秘书处：是东共体的常设机构，负责处理日常事务。设秘书长、副秘书长、法律顾问等。秘书长和副秘书长由首脑会议任命，由成员国轮流担任，任期5年。

【主要活动】2018年3月召开第19届首脑会议，主题为“促进经济社会发展，推进一体化进程”，会议批准东共体第五个发展战略（2016/2017—2020/2021），敦促成员国调整政策法规，进一步完善关税同盟和共同市场建设，有序推进货币一体化，决定继续推迟商签东共体和欧盟经济伙伴协定，敦促布隆迪各方积极开展对话。

2019年2月召开第20届首脑会议，主题为“加强东共体经济、社会和政治一体化”，确定组成专家委员会起草建立政治联盟的东共体宪法，敦促成员国努力解决长期存在的非关税壁垒，继续推进建设东非汽车装配厂，减少进口二手汽车，大力发展纺织、皮革产业，减少服装、鞋类进口，决定暂不签署“欧盟—东共体经济伙伴协定”，暂不接纳索马里加入东共体。

2020年5月，部分成员国（卢旺达、肯尼亚、乌干达、南苏丹）举行首脑视频会议，呼吁各成员国一致抗疫，鼓励各国生产抗疫物资，建立统一的病毒检测和信息共享机制。

2021年7月，东非货币研究所成立。

【同中国的关系】中国支持东非共同体联合自强，实现地区振兴和发展，并愿进一步推动双边关系的深入发展，以此促进中国与东非共同体之间的友好关系。

近年来，中国驻坦桑尼亚使馆每年均派代表参加东共体首脑会议等重要活动。2022年5月，东共体秘书长马图基接受新华社采访时表示，东共体支持共建“一带一路”合作，鼓励更多国家和国际组织通过加入全球发展倡议来获益，愿与中国开展更紧密合作。

（张伟）

南部非洲发展共同体

Southern African Development Community—SADC

【成立日期】前身是1980年成立的南部非洲发展协调会议。1992年8月17日，南部非洲发展协调会议成员国首脑在纳米比亚温得和克举行会议，签署了有关建立南部非洲发展共同体（简称“南共体”）的条约、宣言和议定书，决定朝着地区经济一体化方向前进。

【宗旨和原则】在平等、互利和均衡的基础上建立开放型经济，打破关税壁垒，促进相互贸易和投资，实行人员、货物和劳务的自由往来，逐步统一关税和货币，最终实现地区经济一体化。

【成员】16个成员国：南非、安哥拉、博茨瓦纳、津巴布韦、莱索托、马拉维、莫桑比克、纳米比亚、斯威士兰、坦桑尼亚、赞比亚、毛里求斯、刚果（金）、塞舌尔、马达加斯加、科摩罗。

【主要负责人】2022/2023年度轮值主席国为刚果（金），副主席国为安哥拉。政治、防务和安全机构轮值主席国为纳米比亚，副主席国为赞比亚。执行秘书埃利亚斯·马戈西（Elias Magosi，博茨瓦纳籍）。

【秘书处】设在博茨瓦纳哈博罗内。

【出版物】秘书处每年出版英文版《年度报告》。

【网址】http://www.sadc.int。

【组织机构】（1）首脑会议：最高决策机构，每年举行1次会议，地点不固定。主席、副主席经选举产生并由成员国首脑轮流担任，任期1年。（2）部长理事会：由各成员国经济计划或财政部长组成，对首脑会议负责。其主要职责是监督共同体运行及政策和计划的实施。每年至少举行1次会议。主席和副主席分别由共同体主席国和副主席国任命。（3）部门技术委员会：对部长理事会负责，与常设秘书处密切配合。其主要职责是指导、协调专门技术部门的合作和一体化政策及计划。（4）官员常设委员会：由各成员国经济计划或财政部常秘或同级别官员组成，是部长理事会技术咨询机构，每年至少举行1次会议，其主席和副主席由理事会主席国和副主席国任命。（5）常设秘书处：主要执行机构，负责实施首脑会议和部长理事会的决议及共同体的计划，协调成员国政策和战略。执行秘书对部长理事会负责，由首脑会议根据部长理事会推荐任命，任期4年。（6）政治、防务和安全机构：直接对首脑会议负责，主席国由各成员国轮流担任。主要职责为促进各成员国之间的政治合作，发展地区集体防务能力，处理和预防地区冲突，调解地区争端，推动各成员国在利益相关的领域制定共同的外交政策。（7）法庭：确保遵守和正确解释条约及其辅助文件的条款，向首脑会议和部长理事会提供咨询意见。

【主要活动】作为非洲具有活力的次区域组织，近年来南共体积极调解刚果（金）冲突和莱索托、津巴布韦及马达加斯加国内危机，促进成员国的团结与合作；制定地区自主维和机制和成员国民主选举原则与指南，推进地区和平和民主建设。南共体为维护南部非洲的和平稳定发挥了重要作用，受到国际社会普遍关注。

2019年9月，南共体第39届首脑会议在坦桑尼亚达累斯萨拉姆召开，坦桑尼亚和莫桑比克分别当选2019/2020年度轮值主席国和副主席国，津巴布韦和博茨瓦纳分别当选为政治、防务和安全机构主席国和副主席国。会议以“为实现包容和可持续工业化发展、促进域内贸易和就业创造有利环境”为主题，就推进域内工业化、强化集体安全机制、综合应对粮食安全、加强灾害预防和应对、提高妇女政治地位、呼吁国际社会取消对津巴布韦制裁及支持西撒哈拉参加东京非洲发展国际会议（TICAD）峰会等达成30余项共识，并发表了联合公报。

2020年5月，南共体在津巴布韦哈拉雷举行政治、防务和安全“三驾马车”机构特别首脑会议，讨论域内国家进一步加强疫情防控和经济发展合作。8月，南共体与欧盟和德国共同宣布启动“抗疫医药产品计划”，为南共体国家在本地生产个人防护用品、呼吸机、消毒剂、洗手液等医药产品提供支持，以提高地区疫情应对能力。南共体还与欧盟签署一项价值360万欧元的协议，用于促进疫情期间南共体地区粮食燃料和药品等基本物资跨境运输便利化。德国驻博茨瓦纳大使宣布德国将向南共体提供价值153万欧元的各类支持，帮助南共体秘书处及各成员国制定促进医疗服务跨境贸易及加强数字化基础设施建设的相关政策。同月，南共体政治、防务和安全机构举行视频峰会，讨论刚果（金）和平与安全问题。8月17日，南共体以视频方式召开第40届首脑会议，16个成员国元首或政府代表及南共体执行秘书塔克斯与会。会议以“南共体40年：建设和平安全、促进复苏发展、应对全球挑战”为主题，围绕地区和平稳定、推动区域经济复苏两大议题进行讨论并发表公报。11月，南共体政治、防务和安全机构举办特别峰会，就地区安全问题进行讨论。博茨瓦纳总统马西西、南非总统拉马福萨、津巴布韦总统姆南加古瓦和马拉维总统查克维拉等出席峰会。峰会发表联合公报，对莫桑比克北部发生的恐怖主义活动表示关切，并对塞舌尔、坦桑尼亚和平大选表示祝贺。

2021年5月，南共体在莫桑比克马普托召开双“三驾马车”特别峰会，重点讨论如何应对莫桑比克北部德尔加杜角省恐怖袭击。峰会发表公报，重申对莫反恐工作的坚定支持。6月，南共体特别峰会在莫桑比克举行。峰会批准了南共体政治、安全和防务机构关于在莫桑比克部署南共体待命部队以支持莫打击德尔加杜角省恐怖主义活动的建议，呼吁成员国与人道主义机构一道为该地区民众提供人道主义援助，并对莫愿在本国设立南共体人道主义和紧急行动中心表示赞赏。峰会要求公平分配新冠疫苗、停止疫苗民族主义，呼吁国际社会开放新冠疫苗知识产权，并敦促南共体民众遵守防疫规定；呼吁有关国家无条件解除对津巴布韦制裁并对津经济社会发展努力表示支持。7月16日，根据6月召开的南共体特别峰会有关决议，南共体执行秘书塔克斯向派驻莫桑比克待命部队颁发授权书，标志着南共体成员国将正式派兵支持莫打击境内恐怖主义和暴力极端主义活动。南非军方将担任南共体部队指挥官，博茨瓦纳军方将担任副指挥并负责区域协调任务。8月，南共体第41届首脑会议在马拉维利隆圭召开，会议以“在新冠疫情下提高生产能力，促进包容且可持续的经济和工业转型”为主题，审议了南共体在促进地区经济社会发展、保障粮食安全、防治艾滋病等方面的工作报告，提出把加强成员国财政、货币政策及银行系统对接作为建立南共体中央银行和货币联盟的前提条件，批准南共体议会论坛转型为具有咨询和审议职能的南共体议会，认为欧盟后《科托努协定》和《邻国发展与国际合作文书》可能导致非洲国家间分裂、削弱区域经济共同体发展，责成南共体秘书处向欧盟委员会表达关切，呼吁无条件解除对津巴布韦制裁、支持津经济社会发展努力。马拉维和刚果（金）分别当选2021/2022年度轮值主席国和副主席国，南非和纳米比亚分别当选为政治、防务和安全机构主席国和副主席国，批准任命博茨瓦纳候选人埃利亚斯·马戈西为秘书处新任执行秘书。10月，南共体政治、防务和安全机构莫桑比克峰会在南非比勒陀利亚召开，峰会审议了机构协调机制驻莫部队行动进展报告，高度评价部队自任务启动以来取得的显著成绩，感谢成员国提供人员、设备及资金支持。同月，博与南共体就南共体常备军区域后勤基地项目签署合作备忘录。12月，南共体主席、马拉维总统查克维拉发表声明，对部分欧美国家因新冠病毒变异株奥密克戎向8个南部非洲国家实施旅行禁令的决定表示失望和谴责。

2022年8月，南共体第42届首脑会议在刚果（金）金沙萨召开，以“大力发展农产品加工、选矿技术和区域价值链、促进地区工业化、实现包容有韧性的经济增长”为主题，讨论了刚果（金）、莫桑比克德尔加杜角省安全局势，以及粮食安全、性别平等、卫生健康、灾害管理等议题，通过了《设立南共体人道主义和紧急行动中心协议备忘录》《打击人口贩卖议定书》《南共体议会论坛向南共体议会转型》的补充协议等。

【**同中国的关系**】中国与南共体及其成员国（除斯威士兰为未建交国外）保持着良好的合作关系。中国驻博茨瓦纳大使兼任驻南共体代表。中国邀请南共体以观察员身份出席了中非合作论坛历次部长会和高官会，并多次参加南共体与国际合作伙伴的部长级磋商会议。

2016年，南共体轮值主席、博茨瓦纳总统卡马宣布南部非洲地区遭受严重旱灾，并代表南共体向国际社会求援。中国向部分受灾严重的南共体国家提供了紧急粮食援助。

2020年，中国暴发新冠疫情后，南共体执行秘书塔克斯致函中方表示慰问。

2021年，国务委员兼外长王毅向新任南共体执行秘书马戈西致就职贺电。

中国驻南共体代表由中国驻博茨瓦纳大使王雪峰兼任。（陈翔）

欧洲投资银行
European Investment Bank—EIB

【**成立日期**】欧洲投资银行（简称“欧投行”）于1958年1月1日正式开业。

【**宗旨和原则**】《罗马条约》第130条规定，欧洲投资银行不以营利为目的，利用国际资本市场和欧盟内部资金，促进欧盟的平衡和稳定发展。该行的主要贷款对象是成员国不发达地区，从1964年起，贷款对象扩大到与欧共体（欧盟）有较密切联系或有合作协定的域外国家。该行主要面向以下四个领域的项目进行投资：创新和技能发展、中小企业发展、气候变化项目、欧盟国家的战略性基础设施建设。

【**主要目标**】对内主要目标是推动欧洲一体化、欧盟平衡发展以及各成员国经济社会发展。对外主要目标是根据欧盟与第三国签订的发展援助、合作计划，对欧盟以外地区的项目进行投资，支持地方私营企业的发展、帮助社会和经济基础设施建设，参与应对气候变化项目。

【**成员**】由欧共体（欧盟）成员国合资经营，目前欧盟27国均是该行成员。

【股本和资金来源】各国持股股份按加入时占欧盟经济比重认缴，前四大股东为德国、法国、意大利、西班牙。

【组织机构】理事会是最高权力机构，其成员由27个成员国财政部长组成，设主席1人。董事会由理事会根据成员国政府和欧盟委员会提名任命，共有董事28人。董事会负责制定银行日常业务的经营方针，保证银行的经营活动符合《罗马条约》确定的原则。管理委员会为常设执行机构，负责主持银行日常业务。委员会设行长1人，副行长8人，行长兼任董事会主席。

【主要负责人】维尔纳·霍伊尔（Werner Hoyer，德国籍）。

【网址】http://www.eib.org。

【主要活动】欧洲投资银行是欧盟的政策银行。该行在全球范围内为工业、能源和基础设施等方面的投资项目提供贷款或贷款担保，贷款分两种形式：一是普通贷款，即运用法定资本和借入资金办理的贷款，主要向欧共体（欧盟）成员国政府和私人企业发放；二是特别贷款，即向欧共体（欧盟）以外的国家和地区提供的优惠贷款，贷款收取较低利息或不计利息。

2022年，欧洲投资银行共融资651.5亿欧元用于援助乌克兰、抗击新冠疫情、应对气候变化和能源问题、创新、可持续发展等各类项目。其中向欧盟以外地区投资108亿欧元，向乌克兰提供超过20亿欧元的贷款和补助，逾15亿欧元用于新冠疫苗分配和生产。

（英瑞然）

欧洲复兴开发银行

European Bank for Reconstruction and Development—EBRD

【成立日期】1989年10月法国总统密特朗首先提出建立欧洲复兴开发银行的设想，该行于1991年4月14日正式开业。

【宗旨和原则】以加强民主、尊重人权、保护环境等为宗旨，帮助和支持东欧、中欧国家向市场经济过渡，努力创造良好投资环境，促进环境和社会的良好和可持续发展。

【成员】目前有73个成员，包括71个成员国以及欧洲联盟和欧洲投资银行。71个成员国包括：阿尔巴尼亚、阿尔及利亚、亚美尼亚、澳大利亚、奥地利、阿塞拜疆、白俄罗斯、比利时、波斯尼亚和黑塞哥维那、保加利亚、加拿大、中国、克罗地亚、塞浦路斯、捷克、丹麦、埃及、爱沙尼亚、芬兰、法国、格鲁吉亚、德国、希腊、匈牙利、冰岛、印度、爱尔兰、以色列、意大利、日本、约旦、哈萨克斯坦、韩国、科索沃、吉尔吉斯斯坦、拉脱维亚、黎巴嫩、利比亚、列支敦士登、立陶宛、卢森堡、马耳他、墨西哥、摩尔多瓦、蒙古国、黑山、摩洛哥、荷兰、新西兰、北马其顿、挪威、波兰、葡萄牙、罗马尼亚、俄罗斯、圣马力诺、塞尔维亚、斯洛伐克、斯洛文尼亚、西班牙、瑞典、瑞士、塔吉克斯坦、突尼斯、土耳其、土库曼斯坦、乌克兰、阿联酋、英国、美国、乌兹别克斯坦。2016年1月15日，中国加入欧洲复兴开发银行。

【主要负责人】奥迪·雷诺·巴索（Odile Renaud-Basso，女，法国籍），第7任行长，于2020年当选，任期4年。

【总部】英国伦敦。

【网址】http://www.ebrd.com。

【出版物】《年度报告》《财政报告》《可持续增长报告》等。

【组织机构】理事会是最高权力机构，由各成员委派的正副理事各1名组成，每年举行1次年会。董事会代理事会行使权力，由23名成员组成，董事任期3年。董事会负责指导银行的日常业务工作并负责选举行长，董事会主席兼任行长，任期4年。

【股本和资金来源】欧盟、欧洲投资银行和71个成员拥有股权，总资本约300亿欧元。最大的股份拥有者是美国（10.1%），其次是法国、德国、意大利、日本和英国（均为8.6%），中国拥有0.1%的股份。

【主要活动】投资主要目标是地中海、中东欧和中亚地区的私营企业和基础设施，同时也为市政项目和国有企业提供资金，是上述地区最大的金融投资机构。该行直接或间接（通过金融中介机构，如当地银行和投资基金）为结构良好、财力强劲的各种规模项目（包括许多小型企业项目）提供融资。主要融资工具为贷款、股权投资和担保。该行与政府、国际金融机构和私人部门保持密切的政策对话，并利用成员和机构捐赠的资金提供有针对性的技术援助。

2022年共计投资431个项目，投资金额131亿欧元，比2021年增加25%。乌克兰危机爆发后，承诺至2023年底向乌提供30亿欧元援助，至2022年底，17亿欧元已到位。大幅增加对中欧及波罗的海国家投资（增幅86%），投资总计23.5亿欧元。2022年，绿色投资占年度总投资的50%，实现预期目标。（英瑞然）

美国—墨西哥—加拿大协定

United States–Mexico–Canada Agreement—USMCA

【成立日期】应美国要求，加拿大、墨西哥同美国于2017年8月16日启动《北美自由贸易协定》(North American Free Trade Agreement，NAFTA)升级谈判。2018年11月30日，美国、加拿大、墨西哥三国签署《美国—墨西哥—加拿大协定》(简称“美墨加协定”)。该协定于2020年7月1日生效，代替NAFTA。

【宗旨和原则】通过贸易和投资加强美国、墨西哥、加拿大三国经济合作，强化三国经济关系；将为三国工人、农民、牧场主和企业提供面向21世纪的现代化、高标准贸易协定，促进本地区实现更加自由的市场、更加公平的交易以及更可持续的经济增长。协议将带动中产阶级发展，创造高薪就业机会，并为大约5亿北美民众带来新的机会。美墨加协定包含一条“毒丸条款”。该条款规定，如任一成员国决定和“非市场”国谈判签署自贸协议，必须提前3个月通知其他成员国。其他成员国可以选择在6个月内退出该协定，并代之以它们之间的双边贸易协议。

【成员】成员国为美国、加拿大、墨西哥。

【组织机构】(1)自由贸易委员会：由3个成员国的部长级代表组成，是USMCA的中央机构，统管协定的实施和争端的解决，监督各工作小组、委员会和其他附属机构的工作；(2)协定协调员：由3国各1位高级贸易官员组成，负责协定实施的日常工作；(3)秘书处：负责协助自由贸易委员会的工作。

【主要活动】2018年9月30日，美国、墨西哥、加拿大完成USMCA谈判，以代替NAFTA。

2018年11月30日，美国总统特朗普、墨西哥总统培尼亚、加拿大总理特鲁多在阿根廷布宜诺斯艾利斯二十国集团领导人峰会期间签署USMCA。

2020年7月1日，USMCA正式生效。

2021年5月25日，美国政府发起针对加拿大乳业的争端解决程序，首次启动USMCA正式争端解决机制。12月20日，美方认定加拿大关于乳品进口的关税配额分配不符合USMCA规定。2022年5月25日，美方第二次要求加方就乳品进口限制事进行协商。

2022年1月6日，墨西哥围绕汽车产品原产地问题启动USMCA争端解决机制，加拿大随后同墨西哥一并作为投诉方，反对美国对USMCA中汽车原产地规则的解释。年初，加拿大就美国对包括加在内所有国家太阳能产品进口征收30%关税启动USMCA争端解决机制。7月7日，美国取消对加太阳能产品征收此项关税。（何谋）

美洲开发银行

Inter–American Development Bank—IDB

【成立日期】1959年12月30日成立，又称泛美开发银行。

【宗旨和原则】集中各成员国的力量，对拉丁美洲国家的经济、社会发展计划提供资金和技术援助，并协助它们为加速经济发展和社会进步作出贡献。该行是美洲国家组织的专门机构，其他地区国家也可加入。非拉美国家不能使用该行资金，但可参加该行组织的项目投标。

【成员】截至2022年12月，共有48个成员国。其中美洲28个：阿根廷、巴巴多斯、巴哈马、巴拉圭、巴拿马、巴西、秘鲁、玻利维亚、多米尼加、厄瓜多尔、哥伦比亚、哥斯达黎加、圭亚那、海地、洪都拉斯、墨西哥、尼加拉瓜、萨尔瓦多、苏里南、特立尼达和多巴哥、危地马拉、委内瑞拉、乌拉圭、牙买加、智利、伯利兹、加拿大、美国；欧洲16个：奥地利、比利时、丹麦、德国、法国、芬兰、荷兰、挪威、葡萄牙、瑞典、瑞士、西班牙、意大利、英国、克罗地亚和斯洛文尼亚；亚洲4个：日本、以色列、韩国、中国。

【主要负责人】行长伊兰·戈德法恩(Ilan Goldfajn，巴西籍)，2022年12月就任，任期5年。

【总部】美国华盛顿。

【网址】http://www.iadb.org。

【出版物】《年度报告》，以英文在美国出版；《拉美一体化》，月刊，以西班牙文在阿根廷出版。

【组织机构】(1)理事会：最高权力机构，由各成员国委派1名理事组成，每年举行1次会议。理事通常为各国经济、财政部长，中央银行行长或其他担任类似职务者。(2)执行董事会：理事会领导下的常设执行机构，由14名董事组成，其中拉美国家9名，美国、加拿大各1名，其他地区国家3名，任期3年。(3)行长和副行长：在执行董事会领导下主持日常工作。行长由执行董事会选举产生，任期5年，副行长由执行董事会任命。(4)分支机构：在拉美各成员国首都及马德里和东京设有办事处。(5)投资机构：①美洲投资公司(Inter-American Investment Corporacion—IIC)，

1989年成立，为美洲开发银行全资附属公司，旨在通过向中小型企业提供融资以促进该地区发展。现有48个成员国，26个为拉美和加勒比地区国家。美洲开发银行自2013年起在该投资公司基础上成立新公司，并于2015年向新公司注资20.3亿美元，其中各成员国新注资13.05亿美元。②多边投资基金（Multilateral Investment Fund—MIF），1993年成立，主要目的是为私营企业创造更好的投资环境，促进其发展，由39个成员国集资建立，由美洲开发银行管理。（6）拉美一体化研究所：1964年成立，设在阿根廷布宜诺斯艾利斯，负责培养高级技术人才，研究有关经济、法律和社会等重大问题，为成员国提供咨询。

【银行资本】（1）成员国分摊；（2）发达国家成员国提供；（3）在世界金融市场和有关国家发放债券。1960年开业时拥有8.13亿美元资金。截至2022年底，该行总资产为1767.5亿美元。认缴股份较多的国家及其占比如下：美国占30.006%，阿根廷和巴西各占11.354%，墨西哥占7.299%，日本占5.001%，加拿大占4.001%，委内瑞拉占3.403%，智利和哥伦比亚各占3.119%。各成员国的表决权依其加入股本的多少而定。按章程规定，拉美国家表决权在任何情况下不得低于50%。截至2022年底，中国在美洲开发银行投票权为0.004%，在美洲投资公司为5.26%，在多边投资基金为3.62%。

【主要活动】提供贷款促进拉美地区的经济发展、帮助成员国发展贸易，为各种开发计划和项目的筹备和执行提供技术合作。银行的一般资金主要用于向拉美国家公、私企业提供贷款，年息通常为8%，贷款期10—25年。特别业务基金主要用于拉美国家的经济发展优惠项目，年息1%—4%，贷款期20—40年。银行还掌管美国、加拿大、德国、英国、挪威、瑞典、瑞士和委内瑞拉等政府及梵蒂冈提供的“拉美开发基金”。

20世纪六七十年代，该行主要为卫生和教育等公共项目提供资金，90年代起逐渐加大对私营企业的贷款。50多年来，该行的贷款规模增长迅速，1961年贷款额为2.94亿美元，2022年贷款额增至127.5亿美元，为促进拉美经济社会发展发挥了重要作用。

该行成立以来每年均举行年会。

2021年3月，第61届年会在哥伦比亚巴兰基亚以视频方式举行，会议围绕新冠疫情影响、气候变化、女性经济赋权、创新、卫生及私营部门作用等议题进行讨论，并批准就美开行增资800亿美元启动技术分析程序。

2022年3月，第62届年会在华盛顿以视频方式举行，会议制定了旨在推动美洲开发银行机构改革的“美洲开发银行21世纪新商业模式发展路径”，通过了美洲投资公司增资提案并授权该公司制定具体方案，批准了旨在更好解决社会问题、强化私营部门和应对气候变化的“美洲开发银行新价值观主张”。

【同中国的关系】中国自1991年起连续18年应邀派团以观察员身份参加了美洲开发银行年会。

1993年9月，中国人民银行正式向美洲开发银行提出加入申请。2004年3月，黄菊副总理致函伊格莱西亚斯行长，重申中国人民银行加入美洲开发银行的申请。2008年10月，美洲开发银行执行董事会决定接受中国人民银行为正式成员。2009年1月12日，中国人民银行代表中国正式加入美洲开发银行集团。

2020年9月，中国人民银行代表以视频方式出席美洲开发银行理事会特别会议。

2021年3月，中国人民银行代表以视频方式出席美洲开发银行第61届年会。

2022年3月，中国人民银行代表以视频方式出席美洲开发银行第62届年会。（张可心）

拉美开发银行

Banco de Desarrollo de América Latina—CAF

【成立日期】成立于1970年，原称安第斯开发银行（Corporación Andina de Fomento—CAF），2010年改名拉美开发银行（简称“拉开行”，西文简称仍沿用CAF）。初衷为促进安第斯地区一体化，现已成为拉美地区重要的多边金融机构。

【宗旨和原则】通过向成员国政府、公共和私营部门提供金融支持和服务，推动可持续发展和地区一体化。

【成员】阿根廷、巴巴多斯、玻利维亚、巴西、智利、哥伦比亚、哥斯达黎加、多米尼加、厄瓜多尔、牙买加、墨西哥、巴拿马、巴拉圭、秘鲁、特立尼达和多巴哥、乌拉圭、委内瑞拉、西班牙、葡萄牙等19个国家以及13家地区私营银行。

【主要负责人】现任执行行长为塞尔西奥·迪亚斯（Sergio Diaz，哥伦比亚籍），2021年9月上任，任期5年。

【总部】委内瑞拉加拉加斯。

【网址】http://www.caf.com。

【出版物】《年度报告》。

【组织机构】主要有：股东大会、董事会、执行委员会、审计委员会和执行行长办公室。股东大会是拉开行最高决策机构，每年举行1次会议，也可根据需要举行特别会议，负责通过董事会年度报告、审议财务报表和净收入分配等事项。董事会负责制订年度预算、审批信贷、担保、投资等业务，拉开行在布宜诺斯艾利斯、拉巴斯、基多、波哥大、蒙得维的亚、利马、巴西利亚、巴拿马城、马德里、墨西哥城、亚松森、西班牙港设有分支机构。

【银行资本】拉开行注册资本为150亿美元，截至2022年，拉开行总资产规模为476亿美元。根据该行官网公布的最新信息，惠誉、穆迪和标准普尔三家国际信用评估公司对拉开行长期信用等级评级分别为AA–、Aa3、AA–，短期信用等级评级分别为F1+、P–1、A–1。

【同中国的关系】近年来，中国国家开发银行和中国进出口银行同拉开行积极开展交流与合作。2007年2月，中国国家开发银行与拉开行签署《金融合作协议》，商定在项目合作、信息共享、人员交流等方面开展务实合作。2010年2月，中国进出口银行与拉开行在北京签署合作协议，双方正式确立战略合作关系，并在中拉论坛框架下积极探讨多领域合作。

2021年7月，中国政府拉美事务特别代表刘玉琴大使就迪亚斯当选拉开行执行行长致电祝贺。12月，拉开行执行行长迪亚斯视频出席中拉论坛第三届部长会议。

2022年12月，拉开行执行行长迪亚斯向第15届中拉企业家高峰会作视频致辞。

此外，拉开行与中国财政部、中国社科院拉美所、中国贸促会、全国友协等保持友好合作关系。（刘玥）

拉丁美洲经济体系

Sistema Económico Latinoamericano—SELA

【成立日期】1975年10月17日，拉美和加勒比23国政府代表签署《巴拿马协议》，宣告成立拉丁美洲经济体系（下称“拉美经济体系”）。1976年6月7日起，协议正式生效。

【宗旨和原则】本着平等、主权、独立、团结、互不干涉内政、互相尊重各国政治、经济和社会制度差异的原则，促进拉美地区合作，推动地区一体化进程，制定和执行经济、社会发展规划与项目，协调拉美各国有关经济和社会问题的立场与战略，切实维护拉美国家的合法权益，为建立公正、合理的国际经济新秩序而努力。

【成员】共26个成员国：阿根廷、巴巴多斯、巴哈马、巴拉圭、巴拿马、伯利兹、巴西、秘鲁、玻利维亚、多米尼加、厄瓜多尔、哥伦比亚、古巴、圭亚那、海地、洪都拉斯、墨西哥、尼加拉瓜、萨尔瓦多、苏里南、特立尼达和多巴哥、危地马拉、委内瑞拉、乌拉圭、牙买加、智利。42个拉美、欧洲及联合国的政治、经济和社会组织为观察员。

【主要负责人】常任秘书克拉雷姆斯·恩达拉·贝拉（Clarems Endara Vera，玻利维亚籍），2021年8月就职，任期4年。

【总部】常设秘书处，位于委内瑞拉加拉加斯。

【网址】http://www.sela.org。

【出版物】《战略性记录》，季刊，以西班牙文出版；《拉美经济体系在美国的天线》，季刊，以西班牙文、英文出版；《拉美和加勒比一体化公报》，月刊，以西班牙文出版。

【组织机构】（1）拉丁美洲理事会：最高决策机构。由各成员国政府任命1名全权代表组成，每年举行1次部长级例会，负责制订拉美经济体系总政策或在协商一致的基础上发表声明。如理事会作出决定或不少于1/3的成员国提出要求，可举行特别会议。理事会设主席1人、副主席2人、报告员1人（共同组成主席团），由各国代表轮流担任。（2）行动委员会：临时性的合作机构。每个委员会至少由2个成员国组成，其他成员国可以自愿加入或退出。负责就特定领域的专门问题制订共同纲领和计划，并协调行动。任务完成后，委员会自行解散或转变成常设机构。（3）常设秘书处：行政技术机构。常任秘书由拉丁美洲理事会选举产生，任期4年。

【主要活动】拉丁美洲理事会例会通常在委内瑞拉加拉加斯举行。2020年11月，第46届拉丁美洲理事会例会以视频方式举行，会议重点聚焦后疫情时代地区经济复苏。

2021年11月，第47届拉丁美洲理事会例会以线上线下相结合的方式举行，会议着手制订2022—2026年工作规划，确定促进经济社会复苏的优先合作领域。

2022年11月，第48届拉丁美洲理事会例会在委内瑞拉加拉加斯举行，会议承诺制订共同议程，推动地区一体化。

【同中国的关系】1999年，莫内塔在访华期间拜会国务委员王忠禹，中国贸促会与该组织在北京和成都合作举办中国—拉美加勒比经贸研讨会。1999年11月，中国贸促会会长俞晓松致电祝贺博耶当选拉美经济体系常任秘书。2003年、2013年，中国贸促会会长万季飞两次电贺瓜尔涅里当选拉美经济体系常任秘书。2017年9月，中国贸促会会长姜增伟致信祝贺哈维尔·保林尼奇当选拉美经济体系常任秘书。（刘玥）

拉丁美洲一体化协会

Asociación Latinoamericana de Integración—ALADI

【成立日期】前身是1960年成立的拉美自由贸易协会。1980年8月12日，该协会11个成员国的外交部长在乌拉圭首都蒙得维的亚签署了《蒙得维的亚条约》（下称《条约》），宣告拉丁美洲一体化协会（下称“拉美一体化协会”）成立。1981年3月18日，《条约》正式生效，拉美自由贸易协会自行停止活动。

【宗旨和原则】遵循政治和经济多元化、根据各自发展水平区别对待、灵活性和贸易方式多样化的基本原则，促进和协调成员国贸易往来，扩大经济合作，在双、多边合作的基础上，推动建立拉美共同市场，促进地区经济一体化。

【成员】共13个成员国：阿根廷、玻利维亚、巴西、哥伦比亚、智利、厄瓜多尔、墨西哥、巴拿马、巴拉圭、秘鲁、乌拉圭、委内瑞拉和古巴。向该协会派常驻观察员的国际组织有：联合国拉美和加勒比经济委员会、美洲国家组织、美洲开发银行、联合国开发计划署、欧盟、拉美经济体系、拉美开发银行、泛美农业合作委员会、泛美卫生组织、世界卫生组织、伊比利亚美洲峰会秘书处。

【主要负责人】秘书长塞尔希奥·阿夫雷乌（Sergio Abreu，乌拉圭籍），2020年9月就任，任期3年。

【总部】乌拉圭蒙得维的亚。

【网址】http://www.aladi.org。

【出版物】《拉美一体化协会概况》，月刊，以西班牙文出版；《时事通讯》，双月刊，以英文出版。

【组织机构】（1）外长理事会：最高决策机构。（2）代表委员会：常设政治机构，由各成员国派1名代表和1名副代表组成，每15天举行1次会议。该协会下设协助机构和工作组。协助机构下设金融货币事务委员会（由成员国中央银行行长组成）、金融货币事务顾问委员会和各国海关关长会议等机构。工作组下设规则和纪律、贸易便利化和商品市场准入等小组。（3）评审和汇总会议：由各成员国政府的全权代表组成。（4）秘书处：行政技术机构。设1名秘书长和2名副秘书长，任期均为3年，可连任。

【主要活动】2020年9月，拉美一体化协会第18次外长理事会选举塞尔希奥·阿夫雷乌为新任秘书长。10月，第7届拉美一体化协会博览会以视频方式举行。

2021年10月，第8届拉美一体化协会博览会以视频方式举行。

2022年10月，第9届拉美一体化协会博览会以视频方式举行。

【同中国的关系】1994年6月15日，拉美一体化协会代表委员会第25次会议决定，接纳中国为该协会观察员。同年，双方签署《中国同拉美一体化协会间合作计划》。中国是拉美一体化协会的第一个亚洲观察员。中国常驻该协会观察员由中国驻乌拉圭大使担任。2020年9月，王毅国务委员兼外长致电祝贺阿夫雷乌就任协会秘书长。

（刘玥）

加勒比开发银行

The Caribbean Development Bank—CDB

【成立日期】1969年10月18日。

【宗旨和原则】促进加勒比地区成员国经济协调发展；推动本地区成员间经济合作和地区一体化进程，对本地区欠发达成员的需要予以特别关注。

主要职能：（1）协助本地区成员相互协调发展计划，以便更有效利用其自身资源，增强经济互补性，推动本地区成员有序拓展国际贸易，尤其是区内贸易；（2）充分利用区内外各种资金渠道，促进地区发展；（3）为有助于本地区或地区成员发展的项目或计划提供融资服务；（4）向本地区成员提供投资可行性研究和项目立项建议等方面的技术性服务；（5）通过资助本地区金融机构和支持建立大型经济联合体，促进对本地区开发项目的公共和私人投资；（6）同其他地区机构共同努力和合作，促进地区性或成员内部金融机构的发展，建立地区信贷和储蓄市场；（7）鼓励发展本地区资本市场；（8）开展或推动其他有利于上述宗旨的活动。

【成员】成员面向加勒比地区的国家和未独立地区、联合国会员国及其下属机构中的非加勒比地区成员、国际原子能机构成员以及有关机构。

共有成员28个，其中本地区成员23个：安提瓜和巴布达、巴哈马、巴巴多斯、伯利兹、多米尼克、格林纳达、圭亚那、海地、牙买加、圣基茨和尼维斯、圣卢西亚、圣文森特和格林纳丁斯、苏里南、特立尼达和多巴哥及未独立地区安圭拉（英属）、开曼群岛（英属）、蒙特塞拉特（英属）、特克斯和凯科斯群岛（英属）、英属维尔京群岛（上述19个成员为借款成员），巴西、墨西哥、哥伦比亚和委内瑞拉（上述4个成员为非借款成员）；非本地区成员5个：加拿大、中国、德国、意大利、英国（均为非借款成员）。

【主要负责人】行长海吉纳斯·莱昂（Hyginus Leon，圣卢西亚籍），2021年5月4日就任，任期5年。

【总部】巴巴多斯维尔迪。另在海地设有办公室。

【网址】https://www.caribank.org。

【出版物】《加勒比开发银行年度报告》。

【主要活动】主要在以下4个方面开展工作：（1）向成员提供资金，主要用于农业、采矿、制造业、旅游、交通运输、能源、海洋开发以及社会发展等部门。从1979年开始在11个欠发达借贷国改善基础设施，扩大农村就业机会。（2）促进本地区成员之间的经济合作和一体化进程。（3）设立技术援助基金，在工程项目、环境影响分析、人力资源开发等领域提供技术援助。（4）对本地区的援助进行协调，参加加勒比经济发展合作集团的工作。建立加勒比开发资金，向加勒比国家提供特别外部援助。

【组织机构】（1）理事会：最高决策机构，现有理事和副理事各23名。原则上每个成员国任命理事和副理事各1名，但安圭拉、开曼群岛、蒙特塞拉特、特克斯和凯科斯群岛、英属维尔京群岛5个未独立地区共享1个席位。各理事代表本国行使投票权，投票权大小基本依各国认缴股本的多少而定，对小成员国略有倾斜。理事会每年召开1次例会，也可根据需要召开特别会议。（2）董事会：负责制定银行的总体政策和运作方向，行使理事会授予的权力，就提供贷款、担保或选择投资方式以及制订借款计划等问题作出决定。董事会现由19名董事组成，其中14名代表本地区成员，5名代表非本地区成员。行长兼任董事会主席，负责银行的组织和运作，包括任命职员和审查贷款建议案，任期5年，可连选连任。副行长2位，1位负责业务，1位负责综合服务和文秘。除行长、副行长办公室外，该行下设4个部门：财务部、项目部、经济计划部和法律部。

【资产】由普通资本和特别基金两部分组成。普通资本是各成员国认购的股本以及银行自筹的借款；特别基金主要来源于银行接受的捐款。特别基金又分为特别发展基金和其他特别基金。特别发展基金是加勒比开发银行的软贷款窗口，其资金来源为每4年1次的成员捐资。其他特别基金的资金来源为该行成员和其他机构所提供的有附带条件的资金。截至2019年底，加勒比开发银行核定股本金19.76亿美元，留存收益和储备5.46亿美元，所有者权益合计9.34亿美元。

【同中国的关系】1989年，中国开始以观察员身份出席加勒比开发银行年会。1997年5月，加勒比开发银行理事会第27届年会决定接纳中国为正式成员。中国在加勒比开发银行享有1个董事席位，代表中国以及在中国之后加入该行的非本地区国家。1998年初，中国在该行的成员国地位正式生效。2000年，中国人民银行在巴巴多斯设立驻加勒比开发银行联络处。2002年5月，中国在出席加勒比开发银行第32届年会时宣布将在该行建立一项100万美元的技术合作基金，用于向加方介绍中国经济发展的经验和技术。加勒比开发银行行长伯恩曾于2001年、2006年两次访华。2005年12月，中国人民银行行长周小川访问加勒比开发银行。2013年5月，中国人民银行副行长李东荣出席加勒比开发银行第43届年会。2014年11月，加勒比开发银行行长史密斯访华。2016年5月，中国人民银行副行长陈雨露出席加勒比开发银行第46届年会。（*白硕*）

南方共同市场

Mercado Común del Sur—MERCOSUR

【成立日期】1991年3月26日，阿根廷、巴西、巴拉圭和乌拉圭4国总统在巴拉圭亚松森签署《亚松森条约》，宣布建立南方共同市场，简称“南共市”。该条约于当年11月29日起正式生效。1995年1月1日，南共市正式运行，关税同盟开始生效。

【宗旨和原则】通过有效利用资源、保护环境、协调宏观经济政策、加强经济互补，促进成员国科技进步和实现经济现代化，进而改善人民生活条件，推动拉美地区经济一体化进程。

【成员】正式成员国4个：阿根廷、巴西、巴拉圭、乌拉圭。联系国为智利、秘鲁、哥伦比亚、厄瓜多尔、苏里南、圭亚那、玻利维亚（尚未完成“入市”程序）。2013年6月，厄瓜多尔正式申请入市。2016年12月，巴西、阿根廷、乌拉圭和巴拉圭4国以委内瑞拉未按时将南共市有关规定纳入国内法为由，无限期暂停其正式成员国资格。

【网址】http://www.mercosur.int。

【组织机构】（1）共同市场理事会：最高决策机构。由成员国外交部长和经济部长组成。理事会主席由各缔约国外长轮流担任，任期半年。一般每年举行2次成员国首脑会议，理事会负责首脑会议的筹备和组织工作。（2）共同市场小组：执行机构。负责实施条约和理事会做出的决议，就贸易开放计划、协调宏观经济政策、与第三国商签经贸协定等提出建议。由各成员国派出5名正式成员和5名候补成员组成，代表本国外交部、经济部和中央银行。下设制度研究、预算事务、国际合作、规则适用、对外关系等5个工作组以及通信、机构事务、技术规则及合规性评估、金融事务、交通等17个分工作组。（3）贸易委员会：区内贸易事务机构。下设税务和商品名录、海关事务、贸易规则、保护竞争力等8个分委会。(4)议会：立法机构，总部设在乌拉圭蒙得维的亚。实行一院制，目前设有171个议席，其中阿根廷41席、巴西76席、乌拉圭23席、巴拉圭18席、玻利维亚13席。现任议长为古斯塔沃·佩纳德斯(Gustavo Penades)，南共市议会乌拉圭议员。(5)秘书处：行政机构，设在乌拉圭蒙得维的亚。(6)常设仲裁法院：司法机构，负责解决成员国间争端。

【主要活动】截至2022年12月，南共市共举行了61届首脑会议。

2020年7月，南共市第56届首脑会议以视频会议方式举行。会议发表联合公报，并讨论了协调抗击新冠疫情合作，推进经贸合作和完善机制建设等议题。会后，乌拉圭接任轮值主席国。12月，南共市第57届首脑会议以视频会议方式举行。会议发表联合公报，商讨共同应对新冠疫情冲击，协调推动经济复苏，并讨论了继续加强机制建设，推进对外贸易谈判等议题。会后，阿根廷接任轮值主席国。

2021年3月，南共市以视频会议方式举行纪念成立30周年特别峰会。各成员国就对外合作政策改革进行讨论，会议未发表联合公报。7月，南共市第58届首脑会议以视频会议方式举行。会议就南共市一体化和对外合作议程展开讨论，会议未发表联合公报。会后，巴西接任轮值主席国。12月，南共市第59届首脑会议以视频会议方式举行。会议发表联合公报和联合声明，就加强抗疫、数字一体化、防务等领域务实合作达成共识。会后，巴拉圭接任轮值主席国。

2022年7月，南共市第60届首脑会议在巴拉圭举行。会议讨论了卫生和疫后复苏、应对乌克兰问题负面影响、原产地规则等议题，宣布将共同对外关税降低10%。会议发表联合公报，并就粮食安全和农牧业可持续发展、地区经济社会复苏等发表特别声明。会后，乌拉圭接任轮值主席国。12月，南共市第61届首脑会议在乌拉圭举行。会议主要围绕区域一体化、粮食安全、气候变化、可持续发展等议题展开讨论。会议发表联合公报，并就文化、网络犯罪发表特别声明。会议未发表联合声明。会后，阿根廷接任轮值主席国。

【同中国的关系】2019年12月，首届中国全国人大—南共市议会对话会在乌拉圭举行。（陈倩雯）

安第斯共同体

La Comunidad Andina—CAN

【成立日期】1969年5月，秘鲁、玻利维亚、厄瓜多尔、哥伦比亚和智利政府代表在哥伦比亚的卡塔赫纳城举行会议，讨论本地区经济一体化问题，26日在波哥大签署了《次地区一体化协定》，后称《卡塔赫纳协定》。同年10月16日，该协定生效。因成员国均系安第斯山麓国家，故称“安第斯集团”或“安第斯条约组织”。1973年2月13日，委内瑞拉加入该组织。1976年10月30日，智利退出。1992年9月，秘鲁中止对伙伴国承担经济义务。1995年9月5日，安第斯集团总统理事会第7次会议决定建立安第斯一体化体系。1996年1月，秘鲁政府宣布全面加入安第斯一体化体系，承担成员国所有义务。1996年3月9日，该组织更名为安第斯共同体，简称“安共体”。1997年8月1日，安共体开始正式运作。

【宗旨和原则】充分利用本地区的资源，促进成员国之间平衡和协调发展，取消成员国之间的关税壁垒，组成共同市场，加速经济一体化进程。

【成员】共有4个成员国：秘鲁、玻利维亚、厄瓜多尔和哥伦比亚；5个联系国：巴西、阿根廷、乌拉圭、巴拉圭、智利；3个观察员国：西班牙、摩洛哥、土耳其。

【主要负责人】现任秘书长何塞·埃尔南多·佩德拉萨(Jorge Hernando Pedraza，哥伦比亚籍)，2019年1月当选，任期至2023年。

【总部】秘鲁利马。

【网址】http://www.comunidadandina.org。

【出版物】《安第斯集团》，月刊，以西班牙文出版。

【组织机构】(1)总统理事会(1995年以前称“卡塔赫纳协定委员会”)：最高决策机构，负责确定该组织一体化进程的方向。每年召开1次会议。(2)外长理事会：由成员国外交部长组成，负责协调成员国的对外政策，每年至少举行2次会议。(3)总秘书处：取代原卡塔赫纳协定委员会，是安共体的执行机构，有权代表安共体同其他一体化组织对话。秘书长由各成员国外长选举产生，任职4年，最多可连任1届。秘书长任职期间，不得兼任他职，不得要求、接受任何国家政府和国际机构的指示；若犯有严重错误，经全体成员国同意可予撤换。(4)安共体委员会：由各成员国总统任命的全权代表组成。同外长理事会一同负责制定一体化政策，协调和监督该政策的落实，并可以召集其他各部部长举行扩大会议，研究制定有关部门政策。(5)安第斯议会：1979年10月25日成立，系安共体的咨询机构。由每个成员国议会各派5名议员组成，任期不得超过5年。每年召开1次例会，总部和常设秘书处设在哥伦比亚波哥大。

【主要活动】2020年7月8日，安共体总统理事会第20次会议在秘鲁利马举行，哥伦比亚、厄瓜多尔、玻利维亚和秘鲁国家元首以视频方式出席。哥伦比亚接任轮值主席国，任期1年。

2021年7月17日，安共体总统理事会第21次会议在哥伦比亚波哥大举行，哥伦比亚、厄瓜多尔、玻利维亚和秘鲁国家元首以视频方式出席。厄瓜多尔接任轮值主席国，任期1年。

2022年8月29日，安共体总统理事会第22次会议在秘鲁利马举行，哥伦比亚、厄瓜多尔、玻利维亚和秘鲁国家元首出席。秘鲁接任轮值主席国，任期1年。会上，与会元首就推进阿根廷、智利、委内瑞拉加入安共体进程达成共识。

【同中国的关系】自1999年中国同安共体就建立磋商机制达成一致后，双方在多个领域开展合作。2013年8月12日，外交部时任主管部领导致电祝贺安共体新任秘书长古斯曼就职。16日，古斯曼复函表示感谢。（李先耀）

太平洋共同体

Pacific Community—PC

【成立日期】1947年2月6日，当时在南太平洋岛国地区有属地和托管地的美国、英国、法国、澳大利亚、新西兰和荷兰6国政府签署了《堪培拉协议》，宣布成立南太平洋委员会（South Pacific Commission—SPC）。该委员会1998年更名为太平洋共同体。

【宗旨和原则】促进太平洋岛国地区的经济发展、社会福利和进步。与其他国际组织合作，向南太平洋岛国提供经济技术援助。

【成员】27个：美国、英国、法国、澳大利亚、新西兰、汤加、萨摩亚、斐济、巴布亚新几内亚、基里巴斯、瓦努阿图、密克罗尼西亚联邦、帕劳、库克群岛、所罗门群岛、瑙鲁、图瓦卢、马绍尔群岛、萨摩亚、关岛、法属波利尼西亚、新喀里多尼亚、瓦利斯和富图纳、纽埃、托克劳、皮特凯恩群岛、北马里亚纳群岛。

荷兰曾为南太平洋委员会创始成员，1962年在把西伊里安移交给印度尼西亚后退出。英国曾于1996年退出，1998年1月重新加入，2005年1月再次退出，2021年11月再次加入。

【主要负责人】总干事斯图尔特·敏钦（Stuart Minchin，澳大利亚籍），2020年1月当选。总干事下设2名副总干事，分别负责运营管理和具体项目。

【总部】新喀里多尼亚努美阿。

【网址】https://www.spc.int。

【出版物】《活动月刊》；《南太平洋会议报告》，年刊。两刊均以英、法双语出版。

【组织机构】具体项目的副总干事下设7个司：地质科学司（合并南太应用地学委员会后设立），经济发展司，社会发展司，渔业、水产养殖和海洋生态系统司，陆地资源司，公共卫生司，发展数据司等。其中地质科学司、陆地资源司和经济发展司办公室位于斐济；其余均位于新喀里多尼亚努美阿。运营管理副总干事下设财务、行政、人力资源、通信、出版、翻译、法务等部门。此外还单独设战略与政策规划署。太平洋共同体在密克罗尼西亚联邦波纳佩设有北太地区办事处，在所罗门群岛霍尼亚拉设有国家办事处。目前，太平洋共同体每两年召开1届会议，制定相关政策并决定总干事人选。闭会期间，政府及行政机关代表委员会有权就重要事项作出决策。

【资金来源】分3部分：（1）会员费，总额约1000万美元，90%由澳大利亚、美国、法国、新西兰缴纳，其余10%由22个岛国和地区负担；（2）澳大利亚、美国、法国、新西兰提供的项目援助；（3）欧盟、联合国开发计划署、世界粮农组织、世界卫生组织等国际组织，以及各国通过多边组织或直接向太平洋共同体秘书处提供的援助。

【主要活动】在医疗卫生、经济发展、社会进步方面提供培训、咨询服务和协助，侧重落实各国和国际组织对南太平洋地区的经援项目。

2020年11月17日—19日，太平洋共同体政府及行政机构代表委员会举行视频会议，重点讨论了应对新冠疫情等议题。

2021年11月30日至12月2日，太平洋共同体第12届会议以视频方式举行。

2022年是太平洋共同体成立75周年。11月23日至25日，太平洋共同体政府及行政机构代表委员会会议及太平洋共同体第12届会议特别专题会议在瓦努阿图维拉港召开，会议回顾了该组织75年来所取得的成就并围绕“蓝色太平洋繁荣与福祉”开展了专题讨论。

【同中国的关系】中国曾向该组织“南太森林保护”“偏远地区卫星通信”和“南太地区码头升级”等项目提供小额援助。2010年8月，外交部副部长崔天凯在瓦努阿图出席第22届太平洋岛国论坛会后对话会期间会见太平洋共同体总干事罗杰斯。同年11月，卫生部部长陈竺在北京会见来华出席国际会议的罗杰斯总干事。2010年7月和2011年9月，太平洋共同体应邀出席中国农业部在厦门和斐济举办的第2届和第3届“中国—太平洋岛国农业合作论坛”。（李德）

太平洋联盟

Alianza del Pacífico

【成立日期】2011年4月28日，智利、哥伦比亚、墨西哥、秘鲁4国总统在秘鲁首都利马举行峰会，签署《太平洋协定》，宣布成立太平洋联盟（下称“联盟”）。2012年6月，联盟第4届首脑会议在智利安托法加斯塔举行，签署《太平洋联盟框架协议》，宣告联盟正式成立。2015年7月20日，《太平洋联盟框架协议》正式生效。

【宗旨和原则】加强拉美太平洋沿岸国家贸易政策协调，促进联盟内货物、服务、资本和人员自由流通，致力于将联盟打造成对亚洲最具吸引力的拉美次区域组织和亚洲进入拉美市场最便利的入口。

【成员】截至2022年12月，有正式成员国4个：智利、哥伦比亚、墨西哥、秘鲁；观察员国61个：哥斯达黎加、巴拿马、澳大利亚、新西兰、加拿大、乌拉圭、西班牙、日本、危地马拉、厄瓜多尔、萨尔瓦多、洪都拉斯、巴拉圭、多米尼加、法国、葡萄牙、中国、美国、韩国、土耳其、英国、德国、瑞士、荷兰、意大利、芬兰、印度、以色列、摩洛哥、新加坡、特立尼达和多巴哥、比利时、印度尼西亚、泰国、格鲁吉亚、奥地利、海地、瑞典、丹麦、匈牙利、希腊、波兰、挪威、捷克、斯洛伐克、乌克兰、罗马尼亚、埃及、阿根廷、斯洛文尼亚、立陶宛、克罗地亚、阿联酋、塞尔维亚、白俄罗斯、亚美尼亚、阿塞拜疆、菲律宾、哈萨克斯坦、巴基斯坦、爱尔兰；联系国1个：新加坡；候选联系国5个：加拿大、澳大利亚、新西兰、韩国、厄瓜多尔。

【网址】http://alianzapacifico.net。

【组织机构】各成员国以国名字母先后顺序轮流担任轮值主席国，任期1年。2022年轮值主席国为墨西哥。联盟尚未设秘书处，但已形成包括首脑会议、部长理事会（外交部长和贸易部长）、高级别工作组（副外长和主管贸易的副部长）及技术工作组的基本架构。

【主要活动】截至2022年12月，联盟共举行了16届首脑会议。

2020年12月，第15届首脑会议在智利圣地亚哥举行，智利、哥伦比亚总统现场参会，墨西哥、秘鲁总统及候选联系国厄瓜多尔总统、新加坡总理以视频方式出席。会议通过《圣地亚哥宣言》，表示将加强团结抗击新冠疫情，着力提振经济，提升数字化水平，加速自贸谈判，积极融入亚太。会议宣布结束同联系国新加坡的自贸谈判，将推动并于2021年第一季度完成同澳大利亚、加拿大和新西兰的谈判，并启动同韩国、厄瓜多尔商谈自贸协议。会后，哥伦比亚接任轮值主席国。

2021年4月，太平洋联盟成立10周年线上纪念仪式在哥伦比亚波哥大举行，哥伦比亚、智利、秘鲁总统及墨西哥总统代表等以视频方式出席。活动回顾了联盟10年来在加强域内贸易投资、便利人员往来、加速数字转型、推进国际化进程、关注社会民生等领域取得的显著成就，并就未来联盟加强贸易和人员往来、促进科技创新、抢抓后疫情时代发展机遇、尽早实现经济社会复苏、进一步推进国际化进程等提出了建议和规划。

2022年1月，第16届首脑会议在哥伦比亚马拉加湾召开，哥伦比亚、智利、秘鲁总统和墨西哥财政部长与会。会议通过《马拉加湾宣言》和《促进文化和创新经济元首声明》。联盟与新加坡签署自贸协定，批准新加坡成为联盟联系国，接纳巴基斯坦、爱尔兰为观察员国，决定启动厄瓜多尔成为联盟正式成员国、韩国成为联盟联系国的磋商工作。

【同中国的关系】2013年6月，中国向联盟提出成为其观察员国的申请；7月，联盟正式接纳中国为其观察员国。

2018年7月，中国驻墨西哥大使应邀参加联盟同观察员国部长级对话会。

2019年4月，中国驻秘鲁使馆应邀派员参加首届联盟同观察员国合作论坛；7月，中国驻秘鲁临时代办应邀参加联盟同观察员国部长级对话会。

2020年11月，中国外交部拉美司负责人应邀以视频方式出席第二届联盟同观察员国合作论坛东亚和大洋洲区域会议开幕式并致辞。

2021年4月，王毅国务委员兼外长应邀为联盟成立10周年线上纪念仪式录制视频致辞。

2022年9月，轮值主席国墨西哥线上举行第四届同观察员国合作论坛东亚和大洋洲区域会议，中国外交部拉美司负责人应邀出席开幕式并致辞。（孙笑白）

金砖国家

BRICS

【成立日期】2001年，美国高盛公司首席经济师吉姆·奥尼尔首次提出BRICs概念，特指世界新兴市场。2006年，巴西、俄罗斯、印度、中国四国外长在联合国大会期间举行首次会晤，并以国家英文名称首字母组成缩写词。因“BRICs”拼写和发音同英文单词“砖”（bricks）相近，中国媒体和学者将其译为金砖国家。2011年，南非正式加入金砖国家，金砖国家的英文名称定为BRICS。

【宗旨和原则】金砖国家遵循开放透明、团结互助、深化合作、共谋发展原则和“开放、包容、合作、共赢”的金砖国家精神，致力于构建更紧密、更全面、更牢固的伙伴关系。

【成员】金砖国家成员国为巴西、俄罗斯、印度、中国、南非。

【组织机构】（1）领导人会晤：2009年，金砖国家合作提升为领导人会晤机制，之后每年举行1次。（2）安全事务高级别代表会议：金砖国家安全事务高级代表会议由时任主席国俄罗斯于2009年倡议举行，迄今已举办11次。会议主要讨论议题涉及：国际形势、全球治理、地区热点问题、战略和安全问题、反恐问题、网络安全、能源安全、生物安全等。（3）外长会晤：2017年，中国作为时任金砖主席国，在北京倡议举办首次金砖国家外长正式会晤，自此形成固定机制，迄今已举行7次。会晤期间，金砖国家外长就重大国际和地区问题及各领域合作进行沟通协调。2023年6月，2023年金砖国家外长正式会晤及金砖外长之友会议成功举办。会上，金砖国家外长表示，在新形势下，要加强金砖合作，促进发展中国家团结自强，推动全球治理体系变革，加快实现2030年可持续发展目标，为世界和平发展作出贡献。外长会晤后发表联合声明，阐述了关于金砖合作、国际形势和全球性问题的立场主张。（4）专业部长会议：金砖合作框架下，在政治安全、经贸财经、人文交流等领域设有诸多专业部长级会议。

【主要活动】金砖国家合作始于2006年在联合国大会期间举行的金砖国家外长会晤。2009年提升为领导人会晤机制，之后每年举行1次，迄今共举行14次领导人会晤。

2020年11月，金砖国家领导人以实时连线视频方式举行第十二次会晤，主题是“深化金砖伙伴关系，促进全球稳定、共同安全和创新增长”。议题包括金砖国家合作抗击新冠疫情、国际和地区形势、全球经济治理等。会晤后发表莫斯科宣言。会晤期间，五国领导人共同听取了新开发银行等合作机制负责人的工作汇报。

2021年9月，金砖国家领导人以实时连线视频方式举行第十三次会晤，主题是“金砖15周年：开展金砖合作，促进延续、巩固与共识”。议题包括金砖国家携手应对新冠疫情、促进金砖务实合作、推动解决全球和地区热点问题等。会晤通过了新德里宣言，总结了金砖各领域合作成果，就加强公共卫生和疫苗合作、促进世界经济复苏、落实，2030年可持续发展议程、维护世界公平正义发出共同的金砖声音。

2022年6月，金砖国家领导人以实时连线视频方式举行第十四次会晤，主题是“构建高质量伙伴关系，共创全球发展新时代”。议题包括加强和改革全球治理、团结抗击疫情、维护和平与安全、促进经济复苏、加快落实2030年可持续发展议程、深化人文交流、完善金砖机制建设等。会晤后发表北京宣言。会晤期间，五国领导人一致同意，在更多层级、更广领域、更大范围开展“金砖+”合作，积极推进金砖扩员进程，推动金砖机制与时俱进、提质增效，不断走深走实走远。此外，会晤后还举行了全球发展高层对话会，国家主席习近平主持会议并发表重要讲话。对话会上，各国领导人围绕“构建新时代全球发展伙伴关系，携手落实2030年可持续发展议程”的主题，就加强国际发展合作、加快落实联合国2030年可持续发展议程等重大问题深入交换意见，共商发展合作大计，达成广泛重要共识。

【同中国的关系】中国始终秉持开放包容、合作共赢的金砖精神，坚定不移做金砖合作的建设者和贡献者，加强与其他金砖国家的团结协作，共同推动金砖高质量发展，为世界注入积极、稳定、建设性力量。迄今为止，中国共三次担任金砖主席国。2011年4月，金砖国家领导人第三次会晤在三亚举行，首次邀请南非参会，金砖机制正式扩为五个成员国。2017年9月，金砖国家领导人第九次会晤在厦门举行，开启金砖合作第二个“金色十年”，进入经贸财经、政治安全和人文交流“三轮驱动”新阶段。厦门会晤还开创“金砖+”模式，举行新兴市场国家与发展中国家对话会，推动建立更广泛的伙伴关系，促进更大范围的发展繁荣。2022年6月，金砖国家领导人第十四次会晤以视频方式在北京举行，五国领导人围绕“构建高质量伙伴关系，共创全球发展新时代”的主题，就金砖各领域合作和共同关心的重大问题深入交流，达成广泛共识，形成一系列开创性、引领性、机制性成果，开启了金砖高质量发展的新征程。

（李晓雨）

南方中心

South Centre

【成立日期】1990年在原南方委员会基础上建立。1995年7月正式成为常设机构。

【宗旨和原则】促进南南团结与合作，加强南北在平等、公平基础上的相互理解与合作。

【成员】截至2023年6月，共55个成员国，均为发展中国家。

【主要负责人】执行主任卡洛斯·科雷亚（Carlos Correa，阿根廷籍），2018年7月1日就任，2021年连任，任期至2024年。

【总部】瑞士日内瓦。

【网址】http://www.southcentre.int。

【组织机构】（1）代表理事会：由各成员国派代表组成，是中心的最高权力机构；（2）董事会：由代表理事会任命的主席及9名董事组成，负责监督指导中心工作；（3）秘书处：中心的行政机构。

【资金来源】主要来自成员国自愿捐款和非成员国政府组织、专门机构及基金的捐款。

【主要活动】每年召开1次代表理事会会议，2次董事会会议。

【同中国的关系】1995年中国正式加入南方中心，是南方中心重要成员。中国历任驻日内瓦代表先后任代表理事会理事。科技部原副部长惠永正，外交部钱嘉东大使、马毓真大使、原部长李肇星、原副部长杨文昌曾先后任董事会董事。2016年5月，南方中心任命时任中国人民外交学会会长吴海龙（现任中国公共外交协会会长）为董事会董事。2021年2月，南方中心第21次理事会批准吴海龙连任董事，任期至2023年。

（左芳萌）

科学技术文化类

国际奥林匹克委员会

International Olympic Committee—IOC

【成立日期】1894年6月23日，国际奥林匹克委员会（简称“国际奥委会”）在于巴黎召开的国际体育代表大会上成立，发起人是法国的教育家皮埃尔·德·顾拜旦男爵。

【宗旨和原则】在全世界范围内领导奥林匹克运动健康发展；促进体育道德，反对歧视和暴力；提倡公平竞赛；推动体育运动可持续发展；推动体育成为改善福祉、促进和平的事业。

【成员】包括组织成员和委员。现有获得国际奥委会承认的国家或地区奥委会共206个，此外还包括数十个国际单项体育联合会、全球或地区奥委会协会组织等；国际奥委会委员由个人担任，截至2022年底，有委员101人，名誉委员43人，荣誉委员1人。

【主要负责人】现任主席托马斯·巴赫（Thomas Bach，德国籍），2021年获连任，任期至2025年。

【总部】瑞士洛桑。

【网址】https://www.olympic.org。

【出版物】《奥林匹克评论》《奥林匹克通讯》《新闻概要》。

【组织机构】（1）国际奥委会全会：也称全委会（下称“全会”），是国际奥委会的最高权力机构，奥林匹克运动中一切重大问题的决策权均由全会掌握。全会的决定是最终决定。全会每年至少举行1次会议。特别全体会议由主席或应至少1/3委员的书面要求即可召开。（2）国际奥委会执委会（下称“执委会”）：处理国际奥委会日常事务的机构，由全会授权，行使国际奥委会的职责。执委会成员由全委会以无记名投票选举产生。执委会每年召开4—5次会议。（3）国际奥委会主席：国际奥委会的法人代表，主持国际奥委会的全部活动。有权建立常设的或在必要时建立临时的委员会和工作组，并确定其职权范围，指派其成员。一旦认为它们已经完成工作，可决定予以解散。（4）国际奥委会总部：负责处理奥林匹克运动日常事务的行政管理机构。（5）国际奥委会专门委员会：是国际奥委会主席因工作需要而建立的对专门问题进行研究，向全会、执委会和主席提出建议的咨询性机构。分常设、临时、工作小组三类，由主席任免。

【主要活动】2022年2月3日、19日，国际奥委会第139次全会在北京召开，部分委员以线上形式参加了会议。国际奥委会全会投票通过了2028年洛杉矶奥运会的初步项目设置。12月5日—7日，国际奥委会执行委员会会议在瑞士洛桑召开。会议确定了塞内加尔达喀尔青奥会的举办时间，定为2026年10月31日至11月13日。同时，国际奥委会宣布，鉴于气候变化及其对冬季项目的影响，委员会将打破常规，即不在赛前7年宣布2030年冬奥会举办地，从而选出最适合的冬奥会举办地。这也意味着国际奥委会将不会在原计划的2023年第140次全会上选出2030年冬奥会举办地。国际奥委会还表示，执委会会议上讨论了同时授予2030年和2034年两届冬奥会举办权的可能性，但并未达成一致。

12月9日，第11届奥林匹克峰会在瑞士洛桑国际奥委会总部召开。此次峰会讨论的话题包括成功举办的2022年北京冬奥会、即将到来的2024年法国巴黎冬奥会、2030年冬奥会的最新进展以及奥运会优化等议题。此外，奥运会预选赛系列、奥运电竞系列和反兴奋剂也在议程上。国际奥委会在峰会后发布了第11届奥林匹克峰会公报。

【同中国的关系】中国奥委会于1922年得到国际奥委会承认。1979年，国际奥委会执委会通过《名古屋决议》，恢复了中国奥委会在国际奥委会的合法地位。自恢复合法席位以来，中国同国际奥委会合作良好，先后有多人进入国际奥委会，多次承办国际奥委会旗下运动会，支持国际奥林匹克运动。近年来，中国同国际奥委会保持密切往来。习近平主席多次同国际奥委会主席巴赫会见。

2022年，中国成功举办了第24届冬季奥林匹克运动会、第13届冬季残疾人奥林匹克运动会，书写了国际体育史上的新篇章，为奥林匹克运动的未来提供了中国智慧与中国方案，为推动构建人类命运共同体作出了重要贡献。

1月25日，国家主席习近平在北京钓鱼台国宾馆会见国际奥委会主席巴赫。习近平指出，北京冬奥会各项准备工作已经就绪，即将如期如约顺利举办。中国将兑现承诺，向世界呈现一届简约、安全、精彩的奥运盛会。这是新冠疫情发生以来首次如期举办的全球综合性体育盛会，是对“更快、更高、更强——更团结”奥林匹克新格言的成功实践。巴赫表示，在中方相关部门和中国人民共同努力下，北京冬奥会各项筹备工作十分出色顺利，场馆之精彩、防疫措施之周全、可持续运营理念之先进令人赞叹。中国实现了超过3亿人从事冰雪运动目标，这是前所未见的伟大成就，将成为本届冬奥会向中国人民和国际奥林匹克运动作出的重大贡献，也将从此开启全球冰雪运动的新时代。

2月3日、19日，国际奥委会第139次全会在北京举行。2月3日的开幕式上，国家主席习近平发表视频致辞。习近平指出，国际奥委会领导奥林匹克运动，勇毅向前，为推动全球共克时艰、团结合作发挥了重要而独特的作用。感谢国际奥委会长期以来为中国体育事业发展作出积极贡献，为中国申办和筹办北京冬奥会给予大力支持和指导。国际奥委会主席巴赫在开幕致辞中宣告，北京将正式成为奥运史上第一座“双奥之城”，北京冬奥会的举办将永久改变全球冰雪运动格局，并向为北京冬奥会举办作出巨大贡献的中国人民表达感谢。在19日的会议上，国际奥委会主席巴赫向中国人民颁发奥林匹克奖杯，向中国人民对北京2022年冬奥会的支持表示感谢。北京冬奥组委和国际奥委会北京冬奥会协调委员会主席小萨马兰奇向全会作了陈述报告。全会对北京成功举办2022年冬奥会、对北京冬奥组委为运动员和所有冬奥会参与者提供的出色服务表示感谢。

3月，国际奥委会主席巴赫致信习近平主席，祝贺北京2022年冬奥会圆满闭幕，表示在习近平主席卓越领导下，中国跻身冬季运动国度行列，开启了全球冬季运动新时代。同月，国家主席习近平复信巴赫。习近平感谢巴赫主席和国际奥委会长期以来对北京冬奥会的坚定支持，指出中国政府愿同国际奥委会保持密切合作，一如既往支持国际奥委会工作，坚守奥林匹克精神，共同促进奥林匹克运动蓬勃发展，共同谱写构建人类命运共同体的崭新篇章。

12月9日，第11届奥林匹克峰会召开，峰会盛赞北京冬奥会成果。与会代表们当天聆听了北京冬奥会的汇报，并对北京冬奥组委和中国奥委会做出的杰出努力表示感谢。（叶雯）

国际世界语协会

Universala Esperanto-Asocio—UEA

【**成立日期**】最早成立于1908年4月28日，后与1936年成立的“国际世界语联盟”合并，在1947年组建为新的国际世界语协会。

【**宗旨和原则**】国际世界语协会（简称“国际世协”）旨在宣传和推广世界语并为解决国际交往中的语言问题而努力，对民族、种族、宗教和社会问题采取中立态度。其目的在于使用世界语，加强各国世界语者之间的联系，促进各国世界语组织之间的合作，进行文化交流，消除大国语言排除小国语言的不平等现象，使世界语最终成为国际通用语。主张以世界语作为国际共同语，呼吁联合国等国际组织采用世界语为工作语言。

【**会员**】国际世协由团体会员和个人会员组成，团体会员即国际世协各国家协会。截至2022年，国际世协有70余个国家团体会员，个人会员分布在130多个国家和地区，另有65个专业协会。

【**主要负责人**】主席邓肯·查特尔斯（Duncan Charters，美国籍），2019年当选并就任，任期为3年，2022年8月继续担任主席，任期至2025年；副主席小费尔南多·豪尔赫·佩德罗萨·迈亚（Fernando Jorge Pedrosa Maia Jr.，巴西籍）、黄银宝（Trezoro Huang Yinbao，中国籍），任期至2022年7月；小费尔南多·豪尔赫·佩德罗萨·迈亚、阿姆里·万德尔（Amri Wandel，以色列籍）2022年8月就任副主席，任期至2025年。

【**总部**】荷兰鹿特丹。

【**网址**】http://www.uea.org。

【**出版物**】主要有：《世界语》，机关刊物，月刊，用世界语出版；《年鉴》，每年出版；《世界语书目》，每2年出版；联合国教科文组织《信使》杂志（世界语版）。

【**组织机构**】（1）执行委员会：协会最高机关，由各团体会员和个人会员分别照章选出，每3年改选1次，主要职能为制定总的工作方针，选举领导机构，决定财政预决算等。（2）理事会：领导机构。由委员会选出的主席、副主席、秘书长及若干理事组成。协会在各国设有代表及总代表，负责征收会费、联系会员和为会员服务等。

【**主要活动**】该会每年举行1次国际世界语大会，大会一般在每年的7月底或8月初举行，为期8天，轮流在各国召开。大会设有最高监护人，大多由东道国的元首、议长、政府首脑担任。

受全球新冠疫情影响，国际世界语协会决定取消原定在英国贝尔法斯特举行的第106届国际世界语大会，改为线上会议，于2021年7月举行第2届线上国际世界语大会，主题为“和平与信心：全球价值”。

2021年7月17日—24日，第2届线上国际世界语大会通过在线系统举行，有来自95个国家（地区）的

1700余位代表参加。大会期间，与会代表讨论并决定了一些关乎世界语发展的重大事项，如国际世协换届选举、国际世协年度财务报告等。

2022年8月6日—13日，第107届国际世界语大会在加拿大魁北克省蒙特利尔召开，共有来自56个国家（地区）的842位代表参会。本届大会的主题为“语言，生活，土地：土著语言十年”。11月24日—27日，国际世协召开第3届线上国际世界语大会，主题与第107届国际世界语大会一致，同时举办国际世协创办人赫克托·霍德勒135周年诞辰、世界语应用于广播一百周年等重要事件的回顾纪念活动。

【同中国的关系】中华全国世界语协会于1980年8月正式作为团体会员加入该协会。此前，中华全国世界语协会曾于1956年、1959年、1964年、1978年派团参加国际世界语大会。1980年以后，中方派团参加每届国际世界语大会。国际世协的最高荣誉职务是荣誉监护委员会委员，中国的巴金、胡愈之和陈原分别于1981年和1984年被推选为该会委员。2018年，来自中国甘肃平凉的黄银宝当选国际世协领导成员，现任协会副主席。2014—2019年的国际世界语大会，中方均派出代表团参加，并在会议期间举办“中国日”等活动。截至2022年底，中国共有国际世协会员112名，其中终身会员88名，年度会员24名。

2021年第2届线上国际世界语大会期间，作为大会框架下的300多个节目之一，为庆祝中国共产党百年华诞和世界语创立日，中华全国世界语协会于7月20日举办“建党百年专场”论坛，主题为“百年辉煌中的世界语印迹”。此次论坛面向全体参会者开放，来自韩国、日本、新加坡、蒙古国、法国、瑞士、以色列、南非、尼泊尔、巴西、意大利等13个国家和地区的世界语者在网络会议室参会。

2022年，国际世界语协会在第107届国际世界语大会上向12位国际知名世界语者授予了突出贡献奖。其中，中国西安世界语协会名誉会长兼国际经贸世界语联盟主席王天义是亚洲地区的唯一获奖者。国际世界语协会表彰他自2010年以来恢复并执掌国际世界语经贸联盟，并开展丰富多彩的活动推广世界语，以及在疫情和国际世界语大会期间为世界语运动作出的卓越贡献。（叶雯）

国际海道测量组织

International Hydrographic Organization—IHO

【成立日期】1919年，首届国际海道测量大会在伦敦召开。1921年，大会常设机构国际海道测量局在摩纳哥的蒙特卡洛成立，为国际海道测量组织前身。1967年，第9届国际海道测量大会制定《国际海道测量组织公约》，1970年9月22日在联合国注册生效。自此，国际海道测量组织（IHO）正式成立，原国际海道测量局为该组织常设机构。

【宗旨和原则】IHO属政府间技术咨询性的国际组织，旨在协调各国海道测量机构的活动，促进海图和航海资料的统一，推广可靠有效的海洋测绘方法，促进测绘学和海洋学的成就在海洋测绘中的应用。

【成员】截至2022年9月，IHO共有98个成员国。2016年生效的IHO公约修正案议定书规定，有意加入IHO并且已经是联合国成员的国家，不再需要IHO现有成员国的批准，从而减少了2—3年等待批准的时间。

【主要负责人】现任主席吉纳维芙·贝查德（Geneviève Béchard，女，加拿大籍），2020年当选，任期至2023年。秘书长马赛厄斯·乔纳斯（Mathias Jonas，德国籍）。

【总部】摩纳哥蒙特卡洛。

【网址】https://iho.int。

【出版物】主要有：《国际海道测量评论》，半年刊；《国际海道测量通报》，月刊；《国际海道测量组织年鉴》；《国际海道测量会议汇编》。均以英、法双语出版。

【组织机构】（1）全体大会：该组织的主要机构，由成员国代表组成，每3年召开1届会议，就本组织的运作和工作提供一般性指导，并作出技术性和行政性的决定。（2）理事会：大会的执行机构，主要负责在大会闭会期间协调本组织活动，审查财务报表和预算，拟定提案，审议组织内提案及与其他组织间的协定草案；理事会每年举行1次会议，向大会和组织成员国提交报告和决议草案等，以供批准。（3）秘书处：由秘书长、相关行政人员、海道测量及航海制图方面的国际专家等组成。主要负责协调和推进组织工作方案的实施，并向成员国和相关第三方提供咨询和援助。（4）财务委员会：每年春季开会，以核准秘书处业务审计报告。

【主要活动】2020年4月22日，根据成员国的表决意见，IHO决定其第2届全体大会、第4次理事会会议将推迟至当年11月举行。9月29日，IHO发布了新版国际海道测量标准，即第44号特别出版物2020年第6版。11月16日—18日，IHO召开第2届全体大会，与会者听取IHO主席工作报告，集中讨论和审议了关于本组织运作的重要决定、未来3年的工作计划和财政预算及需要成员国进一步讨论的提案，大会通过了《国际海道测量组织（IHO）2021—2026年战略计划》。随后于11月18日—19日举行第4次理事会会议，任命主席和副主席，并确立新一届理事会成员。

2021年6月21日，IHO成立100周年庆祝活动在摩纳哥举行，并通过网络进行了现场直播。10月19日—21日，IHO召开第5次理事会会议。会议审查了IHO的财务状况，批准了拟议的工作并作出了61项决定；就应对下一年即将遇到的具体挑战商定策略和所要做的准备工作，并着手编制2024—2026年工作计划。

2022年6月13日—17日，IHO参加了在巴黎举行联合国教科文组织政府间海洋学委员会执行委员会第55次会议。IHO向会议汇报了IOC和IHO联合主持的大洋地势制图项目的最新进展，并展示了IHO为“联合国海洋科学促进可持续发展十年”计划的实施所作贡献。6月27日至7月1日，联合国海洋大会在葡萄牙里斯本举行。IHO在参会同时组织了关于海底测绘和海洋数据的会外活动，以支持“全球海洋空间计划”。10月18日—20日，IHO召开第5次理事会会议。会议听取并审议了周期性工作报告、财务报表和预算以及各附属机构提交的提案，同时拟定了下一年IHO总体战略和工作方案。

【同中国的关系】中国是国际海道测量组织的创建国、成员国之一。

2021年7月，IHO海道测量标准工作组第1次会议审议通过了中国提案，正式将《海道测量标准（S-44）》第6版中文版纳入IHO官方出版物目录，有效提升了中国在国际海道测量界的影响力。9月，IHO众源测深工作组以线上视频形式召开第11次会议，会议重点审议了《众源测深指南（B-12）》各章的修订意见。中国交通运输部北海航海保障中心完成了B-12中文版的开发工作，并向会议提交了“关于建议采纳众源测深指南（B-12）中文版的提案”。会议一致同意接受B-12中文版，并按照相关程序将其纳入IHO官方出版物目录。这是继《海道测量标准（S-44）》中文版纳入IHO官方出版物目录后，中国在测绘国际履约方面取得的又一新突破。11月3日—5日，首届北外滩国际航运论坛在中国上海举行，IHO秘书长马赛厄斯·乔纳斯以视频方式与会并作主题演讲。IHO在其2021年年度报告中将北外滩国际航运论坛描述为致力于成为国际航运领域重要的观点交流平台、政策发布平台和规则孕育平台。

2022年6月22日，IHO官网正式发布了中国国家海洋信息中心海洋权益研究室编译完成的《1982〈联合国海洋法公约〉技术手册》(第6版，中文版，以下简称《技术手册》)。《技术手册》是由IHO海洋法技术问题工作组编制的关于《联合国海洋法公约》技术问题的专门出版物，目的是为《联合国海洋法公约》执行过程中的具体技术问题提供解决途径，对于从事海洋划界理论研究和划界实践的技术人员，具有重要的参考价值。IHO秘书处对此次《技术手册》的中文版编译工作给予充分肯定。11月，IHO秘书处发布通函，正式任命北海航海保障中心海事测绘处高级工程师邬凌智为IHO数据质量工作组主席。这是该组织成立101年来，中国代表首次当选IHO下属机构主席并获得决策主导权，是中国在国际履约方面取得的重大历史性突破。

（叶雯）

国际哲学与人文科学理事会
The International Council for Philosophy and Human Sciences—CIPSH/ICPHS

【成立日期】1949年1月19日，联合国教科文组织在比利时布鲁塞尔创办国际哲学与人文科学理事会（CIPSH/ICPHS）。

【宗旨和原则】打破学术封闭，消除相互隔膜。通过对文化的比较研究，鼓励尊重文化自由；增进国际相互了解；促进国际哲学、人文科学和有关知识研究的合作；鼓励在无类似组织的地区建立此类国际组织。

【成员】截至2022年，该理事会有哲学人文科学领域的22个国际学会或联合会作为其成员组织，并联合了全球数百个哲学、人文科学领域相关学科的学会。

【主要负责人】现任主席路易兹·奥斯特毕克（Luiz Oosterbeek，葡萄牙籍），2020年当选，任期至2023年。

【总部】法国巴黎。

【网址】www.cipsh.net / www.icphs.org。

【出版物】《第欧根尼》，理事会会刊，每年出版2期，以英文、法文、中文、阿拉伯文出版；《世界社会科学报告》，年度出版物。

【组织机构】（1）大会：最高决策机构，每3年召开1届会议，就有关该理事会的重大事项作出决定，包括批准组织战略和预算，选举执行委员会等。（2）执行委员会：大会执行机构，行使管理职能，经大会选举产生，由董事会成员和当选执委组成，执委会主席职位任期3年，可连选连任1次。（3）董事会：经大会选举产生，由主席、两位副主席、秘书长、副秘书长、司库和当选执委共7人组成，每年至少召开2次会议，处理执委会闭会期间可能出现的必要事务。

【主要活动】原定于2020年12月14日—17日在丹麦奥登斯举行的新一届CIPSH大会因受新冠疫情影响改为同一时间在网上召开，这也是CIPSH历史上首次以视频连线的方式召开大会。会议期间，代表们在线听取秘书长报告，审阅财务报告，审查正在进行的项目，选举了新一届执委会和董事会，审议了CIPSH的发展战略。

2021年4月24日，CIPSH主办的2021儿童研究国际研讨会在线上举行，旨在探讨数字化时代如何培育儿童的网络素养。CIPSH主席路易兹·奥斯特毕克、CIPSH秘书长熊秉真等25位专家围绕"儿童、学习与科技"等话题展开了深度对话。CIPSH希望以这样的学术活动助力中国及全球的基础教育研究与改革，为提升全球的儿童福祉贡献独特的力量。

2021年5月5日—7日，由联合国教科文组织、CIPSH和葡萄牙科学技术基金会组织的欧洲人文学术会议在葡萄牙里斯本正式召开。欧洲所有致力于人文学科发展的主要机构都参与其中，希望大会能为欧洲各国政府、欧盟委员会和大学、理工学院、基金会、协会、博物馆等相关组织提供战略决策支持。这是新冠疫情以来，欧洲举办的规模最大的线上线下相结合的国际人文学术会议。会议由数百名研究人员和公共决策者共同筹备，重点讨论在公共决策中更好地考虑人文科学的必要性，有100多位各领域知名学者发表演讲，讨论健康、移民、文化多样性和人工智能等重点话题。会议发表《里斯本宣言》，旨在促进从基础教育到高等教育的重大变革，推动人文与科技的持久融合，并提出到2025年，欧洲的每个年轻人都可以接触人文研究、教育和创新活动，有效地提高整个欧洲地区的人文素养。

2021年11月20日，由CIPSH主办的2021游戏的价值研究国际会议于线上举行。此次会议的主题为"游戏的价值：文化与教育之解析"。会议从哲学、历史学、考古学、美学、人类学、教育学、信息科学等学科角度探讨游戏作为一种现象的意义和价值，并主要围绕因社交疏远引发的心理健康问题以及对互联网娱乐的调查和反思等展开交流。

【同中国的关系】中国社会科学院与CIPSH长期以来保持着密切的关系，并于2015年成为其成员组织，有多位学者先后担任过CIPSH的副主席和主席，在CIPSH的工作中发挥了积极作用。

2019年，世界人文学术会议再次于中国厦门大学举办（首次于2018年举办）。厦门大学一直以来与CIPSH精诚合作，已成为能够对CIPSH主旨发挥更大推动力的国际学术交流平台。

2020年，杭州师范大学国际哲学与人文科学理事会教席合作办公室经双方联合授权成立。旨在加强双方及其全球合作伙伴的交流与合作，共同推进以跨学科儿童研究为特色的"新人文学科"。

2021年10月30日—31日，由CIPSH教席合作办公室、杭州师范大学经亨颐教育学院主办的2021亚太儿童哲学国际会议在线上召开。此次会议的主题为"儿童哲学的新路径与新方向"。会议邀请各国从事儿童哲学实践和研究的顶尖学者进行在线演讲，介绍不同国家和地区儿童哲学活动的研究和实践历程，以及亚太地区儿童哲学的更典型的多样化实践路径，并为不同文化圈的从业者提供反思自己实践经验的机会。会议促进儿童哲学的学术研究和实践探索，进一步加强了亚太地区儿童哲学与世界的联系与合作。（叶雯）

世界工程组织联合会

World Federation of Engineering Organizations—WFEO

【成立日期】1968年3月4日，在联合国教科文组织的倡议和支持下，来自世界各地的50个科学和技术协会的代表在法国巴黎举行会议，成立了世界工程组织联合会（WFEO）。

【宗旨和原则】团结全球工程界，成为技术和工业革命的中坚力量，通过与各国和各国际专业机构的合作，就开发和应用工程技术向政府和决策者提供指导，从而建设性地解决国际和国内问题，以保障社会经济安全，造福人类；通过提供国际视野和扶持机制，鼓励所有成员努力为建设一个可持续的、公平与和平的世界作出贡献。

【成员】截至2022年，WFEO有97个国家或地区成员，以及12个作为国际组织成员的各国专业工程机构的联盟或协会。

【主要负责人】前任主席龚克（中国籍），2017年当选，2019年正式就任，任期至2022年3月。现任主席何塞·曼努埃尔·维埃拉（José Manuel Vieira，葡萄牙籍），2019年当选，于2022年3月正式就任。候任主席穆斯塔法·谢胡（Mustafa B. Shehu，尼日利亚籍），2022年3月当选，将于2023年10月就任。

【总部】法国巴黎。

【网址】http://www.wfeo.org。

【组织机构】（1）全体大会：最高决策机构，每2年召开1次会议，就与WFEO有关的重大事项作出决定。（2）执行理事会：执行机构。由现任主席、候任主席、执委、司库等6人组成。（3）执行委员会：由执行理事会成员、各常设技术委员会主席、各政策执行委员会主席、国家和国际成员代表、无表决权成员组成。（4）常设技术委员会：制订WFEO工作内容和活动方案，处理具体问题。

【主要活动】包括与WFEO工作有关的活动和与联合国、其他政府间组织、非政府组织在相关领域的长期合作，致力于巩固WFEO在工程界的领导地位，推动关于工程教育的标准化、创新和可持续性、工程能力建设和伦理建设等方面的全球策略。

2020年7月9日，WFEO在线上举办了以“如何利用科技促进城市和城郊可持续发展——以地理空间工程为例”为主题的联合国可持续发展高级别政治论坛边会。10月29日—30日，WFEO执行委员会会议在线上召开。此次会议由WFEO主席龚克主持，共有世界各地的39名代表参会。龚克报告了2020年以来WFEO的主要工作，并表示，基于过去一年的工作，WFEO在国际上的影响力得到了提高，在新冠疫情、气候变化、工程伦理等诸多领域的发声更加有力，与联合国及其相关机构互动更加活跃，与国际科学理事会、国际工程联盟等国际组织联系更加紧密。

2021年3月4日，联合国教科文组织在法国巴黎总部举行2021年促进可持续发展世界工程日网络视频会议，并正式发布《工程——支持可持续发展》报告，WFEO主席龚克等出席庆祝活动和发布仪式并致辞。9月，WFEO受邀参加2021中国国际服务贸易交易会（简称“服贸会”），围绕“工程创新服务可持续发展”这一主题，以线上线下联动的方式向公众普及推广联合国17个可持续发展目标，展示工程促进可持续发展的创新实践成果，旨在推广工程服务可持续发展的有益经验，增进全球工程界的合作与交流。11月，WFEO着手组织“更智慧地重建——工程建设未来”全球赛，赛程持续至次年，颁奖仪式于2022年世界工程日（3月4日）当天举行。

2022年3月4日，全球第四个促进可持续发展世界工程日（“世界工程日”）到来，主题是“更智慧地重建：工程建设未来”，WFEO主席龚克发表视频致辞，邀请全球工程界共庆自己的节日。3月9日—10日，WFEO全体大会在哥斯达黎加圣何塞召开。上届大会当选的候任主席何塞·曼努埃尔·维埃拉于此次大会结束时正式就任WFEO主席。会议其他内容包括：审议并通过WFEO会议章程修正案；批准WFEO三个重要奖项，即格力女性工程师奖、卓越工程教育奖、卓越工程奖的获奖人员名单；决定2027年世界工程师大会（WEC）的举办地为加拿大蒙特利尔等事宜。10月26日—28日，WFEO执行委员会系列会议在法国巴黎举行，来自60余个国家和地区的工程组织代表团与会。各国工程组织的专家学者和国际组织负责人听取和审阅过去一年组织内各项工作报告，并深入讨论在后疫情时代，WFEO如何在联合国2030可持续发展议程框架下，推动全球工程和科技合作，提升国际科技组织治理能力和水平，以促进工程发展，积极应对全球气候变化，助力未来技术前沿创新。WFEO—联合国教科文组织联席会议同期举行，会议深入探讨了工程力量在加速实现联合国2030可持续发展目标中的战略性角色。

【同中国的关系】中国科学技术协会1981年代表中国正式加入WFEO，成为其国家成员。中国科协组建了WFEO工作协调委员会，积极组织中国科技工作者深度参与WFEO的活动，先后有张光斗、张维、钱易、沈士团、钟义信、刘西拉等院士和学者当选WFEO副主席或执委。近年来，中国的工程师、工程教育专家、工程项目多次获得WFEO的奖励，包括杰出奖章和特别奖章。中国在国际科技舞台的影响力和话语权大为提升。2019年12月，中国科协荣誉委员、南开大学校长龚克就任WFEO主席，这是该组织成立50年以来中国科学家首次当选主席。

2020年3月4日，在联合国教科文组织设立的首个“世界工程日”上，WFEO向中国抗击疫情第一线的工程技术人员表达了崇高的敬意。7月14日，WFEO主席龚克、中国工程院院士贺克斌访问北京市科协，北京市科协党组书记马林出席会见。

2021年3月18日，由中国科协、中国工程院、中国联合国教科文组织全国委员会共同主办的2021年世界工程日中国庆祝活动暨中国工程师联合体成立仪式在北京举办。第十三届全国政协副主席、中国科协主席万钢，中国工程院党组书记、院长李晓红等出席活动并致辞；联合国教科文组织自然科学助理总干事沙米拉·奈尔-贝杜埃勒线上致辞；WFEO主席龚克作主旨报告。本次活动通过宣传工程促进可持续发展理念，推动国际工程界加强交流合作，为实现联合国可持续发展目标贡献更多工程界的力量。

2022年3月4日，在“世界工程日”的庆祝活动中，中国作为活动代表之一，以视频形式讲述了中国工程科技新成就、工程国际合作新进展、工程服务可持续发展新贡献，以及全面增进对国际工程科技界的开放、信任、合作。WFEO主席龚克在致辞中表示，中国拥有世界各国中最为宏大的工程科技人才队伍，中国工程创新应该也一定会为全球工程的可持续发展和人类命运共同体的建设作出更多贡献。7月29日，WFEO的重要成员，亚太工程组织联合会（FEIAP）召开第三十届全体大会，会上宣布WFEO能源委员会副主席孙宏斌荣获亚太工程组织联合会2022年年度工程师奖，这是自1987年中国科协成为FEIAP正式会员后，中国工程界第二次荣获该奖项。8月20日，2022世界机器人大会开幕式在北京举行。中共中央政治局委员、北京市委书记蔡奇，全国政协副主席、中国科协主席万钢出席开幕式并参加启动仪式。WFEO主席何塞·曼努埃尔·维埃拉代表国际支持机构以线上形式参与开幕式并通过视频致辞。（叶雯）

“一带一路”国际科学组织联盟

Alliance of International Science Organizations—ANSO

【成立日期】为进一步响应共建“一带一路”国家和地区在开展科技合作、应对共性挑战等方面的迫切需求，推动共建“一带一路”科技创新共同体，中国科学院倡议并联合40个国家、地区的科研机构和相关国际科技组织，发起成立了“一带一路”国际科学组织联盟。2018年11月4日，“一带一路”国际科学组织联盟（ANSO）成立大会暨第二届“一带一路”科技创新国际研讨会在京召开，会上宣布联盟正式成立。

【宗旨和原则】“一带一路”国际科学组织联盟是中国在秉持“共商、共建、共享”的总原则下成立的非营利、非政府性质的国际科学组织，核心在于促进共同发展和实现联合国可持续发展目标。联盟宗旨是：共建“一带一路”科技创新共同体，促进各国经济社会可持续、高质量发展；聚焦“一带一路”区域共性挑战和重大需求，促进各国科技创新政策沟通和战略对接，共同组织实施重大科技合作计划；推动创新能力的相互开放合作和创新资源、数据的开放共享；加大创新人才联合培养力度，共同提升科技创新能力。

【成员】成员单位主要由来自亚洲、非洲、拉丁美洲和欧洲的国家科学院、大学、研究机构和国际组织组成。截至2022年，联盟共有67个成员单位，其中含创始成员37个。

【主要负责人】现任联盟主席为中国科学院院长白春礼，现任副主席为俄罗斯科学院院长亚历山大·谢尔盖耶夫（Alexander Sergeev）和泰国科技发展署主席那龙·斯李勒沃拉库（Narong Sirilertworakul）。

【总部】秘书处设在中国北京。

【网址】http://www.anso.org.cn。

【出版物】英文简报，一般每隔几个月一期；特刊；印制宣传册；年度报告。

【组织机构】（1）大会：最高决策机构，每2年召开1届大会。在符合章程规定的前提下，有权就与ANSO有关的重大事项作出决定，并选举产生执行理事会。（2）执行理事会：ANSO大会的执行机构，由ANSO主席、2名副主席和全体ANSO成员选出的其他6名成员组成，每年召开1次会议。（3）秘书处：日常工作机构，在执行主任领导下，执行ANSO大会和ANSO执行理事会作出的决定。秘书处下设5个部门：综合与人事部、对外联络与宣传部、项目规划与战略咨询部、能力建设与培训部、财务部。

【主要活动】定期召开ANSO大会会议、理事会会议、工作组会议及研讨会。设立“青年人才奖”，以促进共建“一带一路”国家（地区）人才培养；设立“科学、技术和创新跨区域、多部门、多学科合作促进和支持奖”，以奖励世界各地的个人和组织在促进和支持科学、技术和创新领域的杰出成就；根据ANSO成员的需要设计和开展培训项目，以促进在共同的科技关切中的共建国家（地区）的合作和能力建设，并应对共同的挑战；在环境变化、绿色发展、人类福祉、可持续发展等重点领域与其他国际组织共同开展研究；建立一系列专业协会，以鼓励通过多边合作开展联合活动，重点解决与区域和全球环境变化、绿色发展、人类福祉和可持续社会经济发展有关的特殊问题。

2020年，ANSO在为国际抗疫合作作出积极贡献的同时发挥关键桥梁作用：推动中科院微生物所——智飞公司重组蛋白疫苗海外三期临床试验；给10余家急需援助的ANSO成员捐赠医用口罩、检测试剂、检测设备；组织举办30余场国际学术研讨会和学术培训；将ANSO成员扩展到59家；成功立项资助69个多领域国际科研项目；顺利完成奖学金首次招生，共计500名留学生获奖。

2021年，ANSO继续围绕涉及人类发展与福祉的重大科技命题发挥国际组织集成平台作用，积极整合资源，为助力实现全球可持续发展目标和构建人类健康命运共同体贡献科技力量：推动构建了19个在其框架下的国际专题网络，覆盖气候与环境变化、粮食安全、水土保护、公共健康、绿色技术、技术转化以及创新发展智库等领域；在新冠疫情全球蔓延的态势下，在与构建“一带一路”健康命运共同体密切相关的重要科研领域推进交流合作，包括科技抗疫、环境健康、绿色发展、创新之路、粮食安全可持续发展等方面；将ANSO的成员增加至67个，覆盖亚、非、欧、南美和大洋洲的近50个国家和地区。

2022年1月20日，ANSO全体大会（GA）以线上形式召开，37家ANSO创始成员中的32家机构领导和代表参加了会议。会议议程主要涉及审议ANSO成立三年来的工作；审议并批准对ANSO章程的修改；审议并批准自2018年底该组织成立以来申请加入的新成员；审议讨论该组织未来发展战略思路，以及审议并完成ANSO理事会的换届工作。5月，ANSO、中国科学院和联合国教科文组织共同签署谅解备忘录，设立ANSO-CAS-TWAS/UNESCO奖学金项目。8月19日—20日，“2022棉花高质量发展学术论坛”成功举办。该论坛由ANSO、乌兹别克斯坦科学院和中国科学院微生物研究所共同主办。会上，来自乌兹别克斯坦、巴西、土耳其等国棉花领域的知名专家，围绕棉花产业面临的共性问题展开讨论与交流。9月21日—23日，ANSO基础科学促进可持续发展研讨会在西安举行，来自中国、土耳其、匈牙利、埃及、日本、俄罗斯和巴基斯坦的14位专家学者通过线上和线下形式展开学术交流。11月6日—18日,《联合国气候变化框架公约》第二十七次缔约方大会（COP27）在埃及沙姆沙伊赫召开，ANSO及其支持的项目团队积极参与COP27大会并在国家馆“中国角”主办三场边会活动，分别是“气候变化下的水科技合作”边会、ANSO专题联盟活动之“丝路气候与文明发展——以史为鉴”研讨会、ANSO联合研究活动之在“应对气候变化和洪涝灾害挑战”边会。11月28日，第五次ANSO理事会（GB）会议于线上召开，来自9家理事会成员机构的领导或代表全部参会。会议汇报了ANSO 2022年度工作进展，审议了3家机构加入ANSO的申请材料，并围绕未来发展规划展开讨论。12月6日—9日，ANSO应邀率团出席在南非开普敦举办的第十届世界科学论坛。ANSO秘书处执行主任曹京华在“科学促进非洲与世界发展”平行论坛上作主旨报告。论坛期间，ANSO还主办了“大科学设施促进基础科学与可持续发展”边会和“好奇心是否是驱动基础科学发展主要动力”专题会议。

【同中国的关系】2018年11月4日,“一带一路”国际科学组织联盟成立大会暨第二届“一带一路”科技创新国际研讨会在北京召开，国家主席习近平向大会致贺信。

2020年新冠疫情暴发后，ANSO的成员，包括俄罗斯科学院、泰国科技部、巴基斯坦国家委员会、非洲科学院等先后发来慰问信，肯定和赞扬了中国政府为抗击新冠疫情所作努力和贡献。

2021年2月7日，ANSO秘书处与中国国际经济交流中心举行交流研讨会。双方在会上围绕中美关系、国际科技合作、落实“一带一路”倡议以及ANSO的发展建设等一系列议题进行讨论。9月30日，国际防灾减灾科学联盟共同主席柯瑞卿（Gretchen Kalonji）教授荣获中国政府友谊奖。12月11日—13日，ANSO发起的2021年大湾区科学论坛在中国广州召开，论坛主题为“探索未来，共享科学”，国家主席习近平向论坛致贺信。习近平指出，当今世界正经历百年未有之大变局，全球科技创新进入密集活跃期，新一轮科技革命和产业变革对全球经济结构产生了深刻影响。粤港澳大湾区要围绕建设国际科技创新中心战略定位，努力建设全球科技创新高地，推动新兴产业发展。中国愿同世界各国科学家、国际科技组织一道，密切国际科技交流合作，加强重大科学问题研究，促进共性科学技术破解，深化重点科学项目协作，共同推进世界科学事业发展，更好造福人类。

2022年7月20日，ANSO、国家电投集团新疆能源化工有限责任公司和中国科学院新疆生态与地理研究所就联合开展“光伏技术在咸海生态环境治理中的集成、试验与示范”项目（“咸海示范项目”）签署合作协议。8月8日—13日，由ANSO资助的澳门大学“遥感信息处理及在城市环境的应用”培训课程成功举办。此次课程不仅提供了良好的学习机会和交流平台，吸引来自中、美、英、德、日、韩等35个国家和地区的来自各知名高校的665位学者参与，更与ANSO的愿景目标相契合。

（叶雯）

国际船级社协会

International Association of Classification Societies—IACS

【成立日期】1968年，在挪威奥斯陆召开的国际船级社会议上，参会的意大利、美国、法国、挪威、德国、英国、日本七国船级社一致同意建立国际船级社协会；9月11日，该七国船级社在德国汉堡召开会议，国际船级社协会（IACS）于会上正式成立，为非政府组织。

【宗旨和原则】IACS致力于研究解决共同关心的海上安全问题，加强各成员间的联系与合作。通过技术支持、船舶合格验证以及对船舶安全和海洋环境保护的研究与开发，为海事安全及规则建立作出贡献。

【成员】截至2022年，共有团体成员11个：美国船级社、法国船级社、中国船级社、韩国船级社、英国劳氏船级社、日本海事协会、意大利船级学会、波兰船级社、俄罗斯船级社、印度船级社和克罗地亚船级社。

【主要负责人】主席尼克·布朗（Nick Brown，英国籍），2021年7月1日就任，任期至2023年12月31日。

【总部】英国伦敦。

【网址】http://www.iacs.org.uk。

【出版物】每年更新出版一次IACS蓝皮书，内容包括IACS年度技术性工作成果，以及最新且有效的决议和建议等。

【组织机构】理事会是协会的最高决议机构和管理机构，由各成员船级社指派的一名高级行政管理人员出任理事而组成，每年召开2次会议。理事会的主要任务是制定协会的方针政策，解决问题和规划未来活动。同时，还审议船级社工作范围内的技术事项并通过决议。理事会主席由各成员社的首脑轮流担任，任期2年，负责协调成员社的活动，担任协会的发言人。理事会下设:（1）综合政策小组。它由每一成员社的行政代表组成，是一个附属机构，处理理事会定期会议之间的日常事务。下设14个工作小组，工作小组是理事会按照协会章程根据需要而设立的，包括常设小组和专题小组。（2）质量委员会。（3）常设秘书处：由协会的常设秘书、技术官员和行政管理人员组成。

【主要活动】召开理事会会议及下设的各专业委员会和工作小组的会议，参加国际海事组织召开的有关技术会议，与国际标准化组织及其他国际组织保持联系，统一解释国际海事组织制定的国际公约、规则和建议案的实施中存在的技术问题，统一各国船级社的船舶建造规范，并朝着统一制定国际船舶检验规范的方向发展。

2020年，新冠疫情对全球造船和航运业造成严重冲击，IACS为确保在此期间对行业需求保持充分的反应而进行了相应改革。1月30日，IACS发布2020年版IACS蓝皮书和配套的绿皮书。4月，针对因疫情引发的国际海事公约履约挑战，中国和IACS联合向国际海事组织（IMO）提交了提案，引起国际广泛关注和IMO高度重视。6月24日—25日，IACS第81次理事会会议在线上召开。12月，IACS宣布若干治理变革之后的举措，包括IACS主席自翌年起不再轮换，而将由协会成员选举产生，每届任期3年，现任主席尼克·布朗便是IACS首位经由选举产生的负责人。

2021年1月6日，IACS正式发布了新版《散货船油船共同结构规范》，于7月1日生效实施。6月30日至7月1日，IACS理事会第83次会议以视频方式召开。会议审议了上一年的重要技术工作进展、机构改革方案的实施、IACS与工业界的关系、欧盟与IMO等国际组织事务、质量改进、费用预算等议题。此外，会议审议了IACS重大政策和战略议题，拟推进符合现代化新技术要求的《1974年国际海上人命安全公约》更新工作，决定加快推进IACS现有的数字化和去碳化工作计划，提升对工业界的响应能力和速度，在IMO及其他主要立法机构中充分发挥技术影响力和引领力。

2022年，IACS引领了一系列脱碳举措以支持IMO现有标准和长期项目的实施。此外，IACS向IMO提交了大量信息和船级报告，全方位支持IMO的工作并与其开展多领域合作。1月，IACS更新了决议蓝皮书。4月，IACS通过了两项新的关于船舶网络韧性的统一要求（URs），为新造船舶的网络复原以及船上系统和设备的网络安全提供了基于目标的最低要求，是IACS在提供更安全船舶方面工作的一个重要里程碑。5月，IACS发布了PR 41《船上存在石棉的报告程序》，将于2023年1月1日生效。12月1日—2日，IACS出席国际船东船检造船三方会议，并在会上表示IACS将继续在安全性相对较高的碳减排技术领域向IMO安全委员会提供技术提案，支持IMO制定相应的碳减排行为准则，继续收集核能在航运上应用的技术建议。

【同中国的关系】中国船级社（CCS）1988年加入IACS以来，积极参加其活动，是协会中增长、发展最快的船级社。

2021年1月，IACS正式发布新版《散货船油船共同结构规范》，此前，针对业界反馈的关于整体屈曲失效模式的评估方法及部分骨材的弹性屈曲计算公式等多项意见，IACS成立了由CCS研发中心专家吕毅宁担任组长的PT PH43屈曲项目组，积极开展科研攻关。历时近两年，CCS取得IACS共同结构规范屈曲规范修改（2020 RCN1）新突破，成功解决了长期以来业界关注的焦点问题。4月16日，CCS李志远当选为IACS综合政策委员会主席，这是IACS成立以来首次以竞选方式产生GPG主席。10月，IACS应巴黎备忘录组织（Paris MoV）的要求，为巴黎备忘录港口国检察官进行了为期5天的专业培训。CCS承担其中散货船设计及共同结构规范部分的培训讲解。

2022年2月，认可认证机构（Accredited Certification Body，ACB）审核员2022年度会议在线召开。ACB审核是IACS质量管控的重要组成部分，对审核员的知识体系更新也是IACS的重要工作。会议每两年召开一次，由IACS质量委员会负责组织，每次会议都由IACS各成员选派专家，就近期热门议题向审核员进行宣介，以协助审核员进行知识储备更新。本年度ACB会议的主题为“国际航运脱碳减排”，经质量委员会提名和选拔，最终选定由CCS航运温室气体减排专家石珣博士承担此次宣介任务。本次宣介是CCS首次承担该项任务，CCS专家在本次宣介和后续研讨环节的表现得到了IACS的高度褒奖，充分展示了CCS在航运减碳方面的雄厚研究基础和技术实力。（叶雯）

世界气象组织

World Meteorological Organization—WMO

【成立日期】《世界气象组织公约》于1950年正式生效，世界气象组织随之宣告成立。

【宗旨和原则】协调、统一和改进世界气象活动及有关活动，鼓励各国间有效地交流气象和有关的情报，用以协助人类各种活动。

【成员】现有国家会员187个，地区会员6个。

【主要负责人】主席格哈德·阿德里安（Gerhard Adrian，德国籍），2019年当选，任期至2023年。秘书长塔拉斯（Petteri Taalas，芬兰籍），2019年连任，任期至2023年。

【总部】瑞士日内瓦。

【网址】https://public.wmo.int/zh-hans。

【组织机构】最高权力机构是世界气象大会，每4年召开1次。此外，还设有执行理事会、区域协会、技术委员会和秘书处。

【主要活动】世界气象组织作为各国气象和水文部门国际合作平台，主要在天气、气候、水三大领域开展工作。除气象观测和研究外，世界气象组织在全球实施各类项目，涉及农业生产、灾后重建、水资源开发、抗击干旱等方面。

【同中国的关系】中国于1972年加入世界气象组织。中国香港和中国澳门是地区会员。自1973年起，中国一直是世界气象组织执行理事会成员。中国与世界气象组织关系良好，世界气象组织历届主席、秘书长及高级官员均多次访华，受到中国国家领导人的接见。

2019年6月，第18次世界气象大会在瑞士日内瓦举行，主要讨论世界气象组织结构改革，探讨世界气象组织在强化气象观测和预报、协助各国克服环境挑战等领域的未来战略。中国气象局局长刘雅鸣率团出席会议，并在同期召开的世界气象组织执行理事会第71次届会上成功连任执行理事会成员。（左芳萌）

地球观测组织

Group on Earth Observations—GEO

【成立日期】2005年2月全球地球观测第三次部长级高峰会议发布了《全球综合地球观测系统2006—2015年战略执行计划》，并决定成立地球观测组织。同年5月，地球观测组织第一届全会在瑞士日内瓦召开，标志该组织正式成立。

【宗旨和原则】以协调、全面、持续的地球观测，为决策和行动提供信息支持，提升人类福祉。

【成员】现有成员国113个，参加组织140个，关联组织19个。

【主要负责人】4位联合主席分别为张广军（中国籍）、理查德·斯宾瑞（Richard Spinrad，美国籍）、恩波涅尼·莫斐（Mmboneni Muofhe，南非籍）和乔安娜·德雷克（Joanna Drake，女，马耳他籍）。秘书处主任雅娜·格沃艮（Yana Gevorgyan，女，美国籍），2021年7月上任，任期至2024年6月。

【总部】瑞士日内瓦。

【网址】http://www.earthobservations.org。

【出版物】《全球综合地球观测系统2016—2025年战略执行计划》《GEO年度亮点工作报告》《开放数据共享之价值》。

【组织机构】（1）全体会议：最高决策机构，每年召开1次；（2）部长级峰会：在更高层面上指导地球观测组织发展，原则上每4年召开1次；（3）执行委员会：在全会闭会期间行使全会权利。另设有计划管理委员会、秘书处等执行机构。

【资金来源】来自成员国及参加组织的自愿捐款。

【主要活动】地球观测组织作为地球观测领域最大的政府间国际组织，将落实联合国2030年可持续发展议程、气候变化《巴黎协定》和仙台减灾框架作为合作优先事项，并将“韧性城市与人居环境”列为该组织第四大优先事项，通过协调、全面、持续的地球观测支持在生物多样性和生态系统管理、防灾减灾、能源和矿产资源管理、粮食安全与可持续农业、基础设施和交通系统管理、公共卫生监测、城镇可持续发展、水资源管理等8个领域开展工作。

【同中国的关系】中国是地球观测组织创始国之一，自2005年地球观测组织成立起一直与欧盟、美国和南非共同担任联合主席国。现任中国联合主席为科学技术部副部长张广军。

地球观测组织第一次部长级峰会暨地球观测组织第四届全会于2007年11月在南非开普敦召开，科学技术部部长万钢率中国代表团参加了会议，并首次向非洲共享了相关卫星数据。2010年11月，地球观测组织第二次部长级峰会及第七届全会在北京召开，国务委员刘延东发来贺信，会议发布了《北京宣言》，成为全球综合地球观测系统未来发展的重要指导性文件。2011年10月，国务院批准由科技部会同相关部门，成立中国参加地球观测组织工作部际协调小组，制定中国参与地球观测组织的战略规划，统筹协调各部门地球观测系统的工作，推动中国综合地球观测系统的建设。2019年4月，科学技术部与地球观测组织秘书处签订了合作谅解备忘录，进一步拓展双方合作空间。2020年，中国担任了地球观测组织轮值主席国，全面领导和组织了当年各项工作。2021年，中国GEO全球灾害数据应急响应机制正式确立为长效机制，在GEO框架下，面向国际开展遥感卫星数据灾害救援工作，已为汤加火山喷发、巴西洪涝等国际重大灾害提供卫星数据和制图分析服务。2022年9月8日—9日，首届中国GEO大会在北京成功召开。GEO中国联合主席、科学技术部副部长张广军出席会议并作重要讲话。

（左芳萌）

拉丁美洲社会科学院

Facultad Latinoamericana de Ciencias Sociales—FLACSO

【成立日期】系联合国教科文组织于1956年在巴西里约热内卢举行的拉美社会科学会议上倡议，并于1957年4月16日正式成立的区域性政府间国际组织，与拉美经委会（CEPAL）、拉美社会科学理事会（CLACSO）并称拉美三大社科研究机构。

【宗旨和原则】旨在加强拉美和加勒比社会科学教学与研究，致力于推进地区政学两界对话与合作，促进地区一体化和发展。

【成员】截至2022年12月，有成员国18个：阿根廷、玻利维亚、巴西、智利、哥斯达黎加、古巴、厄瓜多尔、萨尔瓦多、危地马拉、洪都拉斯、墨西哥、尼加拉瓜、巴拿马、巴拉圭、秘鲁、多米尼加、苏里南、乌拉圭；观察员国2个：西班牙、中国。

【主要负责人】高级理事会主席巴尔德斯（Francisco Valdés-Ugalde），2018年当选，2022年6月连任，任期4年。秘书长阿特曼–波旁（Josette Altmann-Borbón），2016年当选，任期8年。

【总部】哥斯达黎加圣何塞。

【网址】www.flacso.org。

【组织机构】主要有大会、高级理事会、领导委员会、秘书处、各国分院等。（1）大会是最高决策机构，负责制定该院发展、对外交往等规划，每2年举行1届。成员国和观察员国均由外交部等政府部门牵头与会。（2）高级理事会由7名成员国代表及6名独立成员组成，每年召开1次会议，负责审议预算、年度报告等。（3）领导委员会由秘书长、各分院院长、教师代表等组成，负责制订教学计划、撰写年度报告、人事任免等，每年召开3次会议。（4）秘书处负责协调教学、研究、对外合作等工作。目前在14个成员国和观察员国设有分院。

【主要活动】截至2022年12月，共举行24届大会。

【同中国的关系】2022年6月，拉美社科院第24届大会接纳中国成为观察员国。王毅国务委员兼外长向大会作视频致辞。11月，中国外交部同拉美社科院签署《中华人民共和国外交部和拉丁美洲社会科学院谅解备忘录》。　（庄严）

其 他

海牙国际私法会议

Hague Conference on Private International Law—HCCH

【成立日期】海牙国际私法会议于1893年在荷兰政府的倡议下成立并召开了第一届会议。1951年通过其组织章程，1955年正式成为政府间国际组织。

【宗旨和原则】促进国际私法规范的逐步统一。

【成员】截至2022年12月，海牙国际私法会议有90个成员国和1个成员组织——欧盟。

【主要负责人】秘书长贝纳斯科尼（Christophe Bernasconi，瑞士籍），2013年7月上任。

【总部】荷兰海牙。

【网址】https://www.hcch.net。

【出版物】《海牙国际私法会议记录汇编》《海牙公约集》《解释性报告》《实用手册和良好实践指南》《《关于国际儿童保护的法官通信》《会议年度报告》《HCCH国际家事法简报》。

【组织机构】（1）外交大会；（2）总务与政策理事会，由全体成员组成；（3）荷兰常设政府委员会，依1897年2月20日荷兰国王敕令而成立；（4）常设局，由1名秘书长和4名秘书组成；（5）外交代表理事会，负责该组织的预算批准事宜。

【主要活动】海牙国际私法会议原则上每4年召开1次外交大会，总务与政策理事会经与荷兰常设政府委员会协商，可以请求荷兰政府召开特别外交大会。除了外交大会，海牙国际私法会议还经常召开起草新公约或监督公约执行情况的特委会，或进行非正式磋商。从1977年起，海牙国际私法会议鉴于成员国的增加，开始关注有关公约的执行情况，并定期或不定期就有关公约的执行情况召开会议，特别是针对涉及缔约国司法机关或行政机关之间合作的公约。

2022年2月、9月分别举办“管辖权项目”第二、三次工作组会。3月、10月举办两次亲子与代孕项目专家组会。7月举办《跨国收养方面保护儿童及合作公约》第五届特委会。10月举办海牙国际私法会议2022年亚太周会议。

【同中国的关系】海牙国际私法会议同中国保持着良好的合作关系。1981年，中国与海牙国际私法会议建立联系，并多次以观察员身份出席会议。1987年7月3日，中国正式加入该组织，并指定外交部条约法律司为负责与该组织联系的“国家机构”。该组织前秘书长汉斯·范鲁、前副秘书长邓肯曾多次来华访问，取得了良好效果。现任秘书长贝纳斯科尼亦曾于2014年8月来华访问、2015年和2016年来华讲学、2017年来华参加“一带一路”国际合作高峰论坛和“国际私法全球论坛”、2018年来华参加“一带一路”法治合作国际论坛、2019年9月赴港参加《承认与执行外国民商事判决公约》国际研讨会、2019年10月在北京参加中国社会科学院国际法研究所举办的第16届国际法会议。

目前，中国已加入《关于向国外送达民事或商事司法文书和司法外文书公约》《关于从国外调取民事或商事证据的公约》《跨国收养方面保护儿童及合作公约》及《取消外国公文书认证要求的公约》4项公约，签署《选择法院协议公约》。

此外，根据《香港特别行政区基本法》和《澳门特别行政区基本法》，中国通过作出一定安排，将一些海牙公约单独适用于香港和澳门特区。单独适用于香港特区的公约包括：《关于遗嘱处分方式的法律冲突公约》《承认离婚及分居公约》《国际诱拐儿童民事方面的公约》《信托的法律适用及其承认公约》。单独适用于澳门特区的公约包括：《民事诉讼程序公约》《抚养儿童义务法律适用公约》《抚养儿童义务判决的承认与执行公约》《未成年人保护的管辖权和法律适用公约》《国际诱拐儿童民事方面的公约》。经中央政府同意，香港特区及澳门特区代表作为中国代表团成员参加了海牙国际私法会议举办的一些会议。

海牙国际私法会议亚太区域办事处2012年在香港设立。在中国中央政府和特区政府的支持和协助下，办事处成立至今，在推广海牙公约、提升海牙会议能见度和知名度、促进亚太地区民商事司法协助等方面取得积极成效。（朱容征、郑茹元、张宇辰）

红十字国际委员会

International Committee of the Red Cross—ICRC

【成立日期】1863年。

【宗旨和原则】根据《日内瓦公约》以及国际红十字与红新月运动章程所赋予的使命和权力，在国际性或非国际性的武装冲突和内乱中，以中立者的身份，开展保护和救助战争（冲突）受害者的人道主义活动。

【主要负责人】米里亚娜·斯波利亚里茨·埃格（Mirjana Spoljaric Egger，女，瑞士籍），2022年10月就任，任期至2026年。

【总部】瑞士日内瓦。

【网址】http://www.icrc.org。

【出版物】《年报》;《国际红十字评论》，季刊，以英、法文出版。

【组织机构】（1）代表大会：最高权力机构。制定工作原则和总政策并监督委员会的全部活动。代表大会由国际委员会委员组成。委员以自行遴选的方式在瑞士公民中选举产生，每4年选举1次。（2）执行理事会：负责指导日常事务和监督行政管理工作，成员由代表大会选举产生。

【主要活动】传播国际人道法，为战乱情况下的受害者提供医疗服务和救济，开展国际寻人工作，帮助失散亲人团聚，探视战俘和被拘押的平民，协助战俘交换。

【同中国的关系】中国是《日内瓦公约》缔约国，积极参与国际人道主义事务，支持红十字国际委员会的工作，双方建立了良好的合作关系。

【驻华代表机构】红十字国际委员会于2005年7月在北京设立东亚地区代表处。代表处主任（临时）：梅拉（Thierry Meyrat，瑞士籍）。办公地址：北京市朝阳区齐家园外交公寓3-2号。电话：010-85328500。

（肖益）

红十字会与红新月会国际联合会

International Federation of Red Cross and Red Crescent Societies—IFRC

【成立日期】1919年。

【宗旨和原则】激励、鼓舞、协助和促进各国红十字会开展旨在防止和减轻人类痛苦的各种形式的人道主义活动，从而为维护和增进世界和平作出贡献。

【成员】191个。

【主要负责人】主要负责人为主席和秘书长，主席是国际联合会最高领导人，秘书长为行政长官。现任主席为弗朗西斯科·罗卡（Francesco Rocca，意大利籍），2017年11月就任，2022年6月起连任。现任秘书长为乔帕甘（Jagan Chapagain，尼泊尔籍），2020年2月就任。

【总部】瑞士日内瓦。

【网址】http://www.ifrc.org。

【出版物】《聚焦》，季刊;《国际融合》，季刊;《青年公报》，季刊;《年报》;《世界灾害年度报告》。均以英、法文出版。

【组织机构】（1）大会：最高权力机构，由其成员国家红会的代表组成，每2年举行1次。（2）领导委员会：大会闭幕期间的最高决策机构，由主席、5名副主席和20名国家红会成员以及专门委员会主席组成。（3）秘书处：负责日常工作。秘书长为最高行政长官，由领导委员会推荐，主席任命。

【主要活动】宣传红十字运动原则，救灾，备灾，与各国红十字会或红新月会合作开展各项人道主义工作。

【同中国的关系】红十字会与红新月会国际联合会是中华人民共和国成立后最早接纳中国的国际组织，与中国保持着良好的合作关系。2022年6月，红十字会与红新月会国际联合会首次向中国红十字会颁发了代表组织内最高荣誉的亨利·戴维逊奖，以肯定近年来中国红十字会在国内外人道领域所作贡献。

【驻华代表机构】红十字会与红新月会国际联合会于2000年2月在北京设立东亚地区代表处。代表处主任：奥嘉（Olga Dzhumaeva，女，英国、俄罗斯双重国籍），2021年11月上任。办公地址：北京市朝阳区建国门外外交公寓4-1-133号。电话：010-65327162。

（肖益）

国际刑事警察组织

International Criminal Police Organization (ICPO)—Interpol

【成立日期】成立于1923年，前身是“国际刑事警察委员会”，1956年更名为国际刑事警察组织，简称“国际刑警组织”。

【宗旨和原则】保证和促进各国警方之间最广泛的相互支援与合作，建立和发展有助于有效预防和打击普通犯罪的各种机构和制度。

【成员】195个。

【主要负责人】现任主席艾哈迈德·纳赛尔·埃尔拉斯（Ahmed Naser Al-Raisi，阿联酋籍），2021年11月当选，任期自2021—2025年。秘书长于尔根·斯托克（Jürgen Stock，德国籍），2014年当选，2019年连任，任期至2024年。

【总部】法国里昂。

【网址】http://www.interpol.int。

【组织机构】（1）全体大会：是该组织的最高权力机关，由各成员国委派代表组成。大会每年召开1次，主要任务是决定该组织的战略方针、制定规则、批准活动计划及与其他国际组织间的协议、接纳新成员国、选举产生主席和副主席等人选、审核决定财政预算以及修改有关基本性文件等。各成员国有一票表决权。（2）执行委员会：由大会选出的13个成员国的代表组成。按地区分配，欧洲4人，亚洲3人，美洲3人，非洲3人。其中设主席1人，副主席3人，执委9人。主席任期4年，副主席和执委任期3年。执行委员会的主要任务是监督大会决议的实施、拟定大会日程、向大会提交工作计划和方案、监督秘书长日常工作和行使大会授予的一切职能。（3）总秘书处：总秘书处由秘书长和该组织的技术、行政人员组成。负责执行大会和执行委员会的决议、协调各国警察部门的活动、组织有关警察专家研讨会和专题讨论会、编辑出版各种刊物和资料、通缉作案逃犯和通报被盗物品等。秘书长是总秘书处的最高行政长官，由执行委员会提名，经全体大会通过，任期5年，对执行委员会和全体大会负责。（4）国家中心局：是国际刑警组织在各国的常设机构，由各国自行指定的警察机构担任。它既是各成员国的一个警察部门，依法承担本国的警察职能，又是国际刑警组织的法定机构，在国际范围内代表本成员国履行联络和执法合作事务。具体负责收集有关国际法律实施的文献和资料，转交其他国家中心局和总秘书处；保证在本国内执行其他国家中心局所要求的警务协作任务；接受其他国家中心局有关情报和工作要求，并负责做出回答；向其他国家中心局提出需要国外合作的要求等。（5）文件管理委员会：2008年成为刑警组织正式机构，功能是确保组织对个人信息处理符合组织相关规章制度，其履职享有高度独立性，可依据需要调阅相关资料。（6）顾问：由执行委员会委任，主要负责应询刑警组织有关科学方面的事务。

【主要活动】国际刑警组织的主要任务是汇集、审核国际犯罪资料，研究犯罪对策；编写有关刑事犯罪方面的资料，供成员国参考；根据全球发案趋势，组织各成员国警务部门针对不同种类犯罪开展专项打击行动等。活动围绕四项核心内容展开：全球加密警务通信、警务数据库查询、24小时行动支援、警务发展及培训。

此外，国际刑警组织为实现各成员国共享涉及犯罪的关键信息，设立了分类通报系统。目前设有8种通报：红色通报、蓝色通报、绿色通报、黄色通报、黑色通报、紫色通报、橙色通报、国际刑警组织—联合国安理会特别通报。其中，最著名的就是“红色通报”（红色通缉令），用以提出对犯罪嫌疑人进行临时逮捕以便引渡的国际性请求，是国际刑警组织应其成员国请求发布的唯一得到大多数国家认可的以引渡为目的临时扣留犯罪嫌疑人的国际通报。

【同中国的关系】1984年，在国际刑警组织第53届大会上，国际刑警组织正式接纳中华人民共和国作为代表中国的唯一合法代表为其成员国。同年，中国组建国际刑警组织中国国家中心局，开始了与该组织成员国协查案件和交换犯罪情报的正常业务。1997年和1999年香港和澳门两个特别行政区回归祖国后，根据《香港特别行政区基本法》和《澳门特别行政区基本法》的精神，保留了香港和澳门特区原有的国际刑警支局，并使其分别从英国和葡萄牙中心局归属到中国中心局。近年来，中国国家中心局一直与国际刑警组织保持着良好的合作关系，积极参与国际刑警组织的各项活动，保持高层接触与沟通，加强情报信息交流，推动跨国追逃合作，深化协查办案合作，在众多国际执法合作领域开展合作。（朱革）

国际移民组织

International Organization for Migration—IOM

【成立日期】在比利时和美国的倡议下，1951年12月5日在布鲁塞尔召开了“国际移民会议”，并决定成立欧洲移民问题政府间委员会（ICEM）。该组织章程于1953年产生，1954年生效。1980年，该组织改名为“移民问题政府间委员会”（ICM）。1987年5月，该组织修改章程，新章程于1989年11月14日生效。根据新章程，该组织改用现名“国际移民组织”（IOM）。2016年9月19日，国际移民组织成为联合国联系组织。

【宗旨和原则】在全世界范围内确保移民有序流动，并协助有关国家处理移民问题。

【成员】175个成员国（巴巴多斯2022年加入），8个观察员国。

【主要负责人】总干事安东尼奥·维托里诺（Antonio Vitorino，葡萄牙籍），2018年10月1日上任，任期5年。

【总部】瑞士日内瓦。

【网址】http://www.iom.int/。

【组织机构】（1）理事会：由全体成员国组成，是国际移民组织最高权力机构，每年举行1次会议，负责决定组织政策、批准并指导执行委员会及总干事活动、审议并批准组织活动方案和预算等。（2）行政署：由总干事、副总干事和理事会决定的其他工作人员组成。总干事由理事会选举产生，任期5年，可连任。副总干事由总干事任命，任期与总干事一致，均为5年。

【主要活动】（1）安排由于现有设施服务不足或没有特别协助不能移民者，有组织地迁移至那些提供有秩序移民机会的国家；（2）参与对难民、流离失所者和其他需要国际移民服务的个人进行有组织的迁移，对这些人可由本组织和有关国家，包括承诺接受这些人员的国家作出安排；（3）应有关国家的要求并同其达成协议，提供移民服务，如招募、选择、分类、语言培训、定向活动、医疗检查、安置等，有助于接收和融合的活动，并就移民问题，提供咨询服务和符合本组织目标的其他协助；（4）应各国要求或同其他有关国际组织合作，为移民自愿返回包括自愿遣返，提供类似的服务；（5）为各国及国际组织和其他组织提供论坛，交换意见和经验，促进各方在国际移民问题上的合作和协调，包括对这些问题进行研究，以寻求切实的解决方法。

【同中国的关系】2001年6月，中国成为IOM观察员国。2006年9月，中国与国际移民组织签署设处协议，正式同意其在华设立联络处。2007—2014年，中国与IOM开展两期“中国移民管理能力建设合作项目”。2015年，中国与IOM签署《支持中欧人员往来和移民领域对话项目谅解备忘录》，并启动“支持中欧人员往来和移民领域对话项目”。该项目旨在促进合理有序的人口流动，预防和减少非正规移民。2016年6月30日，国际移民组织特别理事会在瑞士日内瓦举行。会议协商一致通过中国加入国际移民组织的申请，批准中国正式加入国际移民组织。2017年IOM驻华联络处升级为驻华代表处。

2022年11月29日至12月2日，国际移民组织第113届理事会会议以实体和视频混合方式在瑞士日内瓦举行。中国常驻联合国日内瓦办事处和瑞士其他国际组织代表陈旭大使出席，阐述中国关于移民问题的立场和主张。

【驻华代表机构】IOM于2007年3月19日在北京设立驻华联络处，2017年升级为驻华代表处。代表：柯吉佩（Guiseppe Christian Crocetti，意大利籍），2019年1月上任。办公地址：北京市朝阳区塔园外交公寓9–1–82。电话：010–85321834。（*袁茹凡*）

世界动物卫生组织

World Organisation for Animal Health—WOAH

【成立日期】1921年，关于国际动物卫生问题的国际会议在法国巴黎召开，就成立控制动物疫病的国际组织达成共识。1924年1月25日，28个国家的代表签署协议，世界动物卫生组织成立。

【宗旨和原则】改善全球动物和兽医公共卫生以及动物福利状况。主要职能是收集并通报全世界动物疫病的发生发展情况及相应控制措施；促进并协调各成员加强对动物疫病监测和控制的研究；制定动物及动物产品国际贸易中的动物卫生标准和规则。

【成员】截至2022年12月，共182个成员。

【主要负责人】总干事莫妮克·艾略特（Monique Eloit，女，法国籍），2016年就任，2021年连任，任期至2025年。

【总部】法国巴黎。

【网址】http://www.woah.org/en。

【出版物】《世界动物卫生组织公报》，季刊；《疫情信息》;《世界动物卫生状况》;《科学技术评论》。

【组织机构】(1)世界代表大会：系最高权力机构，由成员代表组成，每年5月在世界动物卫生组织总部举行全体会议。(2)理事会：由世界代表大会主席、副主席、就任主席和6位代表组成，主要负责财务管理和总体发展规划等宏观管理工作。(3)总部：日常工作承办机构（秘书处），由总干事负责，主要职责是贯彻执行世界代表大会决议，承担世界代表大会年度全体会议、委员会会议及技术会议的组织工作等。(4)专业委员会：主要负责研究动物疾病流行和防控，制定、修订世界动物组织国际标准，现设动物疾病科学委员会、陆生动物卫生标准委员会、水生动物疾病委员会和生物制品标准委员会。(5)地区委员会：主要负责开展地区合作，协商制订重大动物疫病监测和控制的区域计划，现设非洲、美洲、亚洲、远东和大洋洲、欧洲和中东5个地区委员会。(6)区域和次区域代办处：主要职责是协调地区内成员，促进地区动物疾病监测与控制能力的提高，现在非洲、美洲、亚太地区、东欧和中东地区设立了5个区域代办处和南非、北非、东非和非洲之角、中美洲、东南亚、布鲁塞尔、中亚等7个次区域代办处。

【资金来源】主要来自成员缴纳的会费，另包括一些投资性收入、出版物销售收入及赞助费等。

【主要活动】收集、分析和发布兽医科学信息；开展国际协作，提供专家协助，防控动物疾病；通过发布动物及动物产品国际贸易卫生标准保护国际贸易安全；促进各国改革兽医部门结构和资源，完善兽医服务体系；保证动物源性食品安全，提高动物福利水平。

【同中国的关系】2007年，世界动物卫生组织第75届国际委员会大会通过决议，决定恢复中华人民共和国行使在世界动物卫生组织的合法权利与义务。中国与世界动物卫生组织交流合作日益增多。中国每年派代表团出席世界动物卫生组织大会。2021年5月28日，世界动物卫生组织第88届国际代表大会通过最终决议，中国驻WOAH代表、中国动物卫生与流行病学中心黄保续研究员当选为亚洲、远东和大洋洲区域委员会主席。（左芳萌）

亚洲—非洲法律协商组织

Asian-African Legal Consultative Organization—AALCO

【成立日期】亚洲—非洲法律协商组织（简称“亚非法协”）成立于1956年11月，始称“亚洲法律协商委员会”；1958年，该组织规定可吸收非洲国家人会，改称为“亚非法律协商委员会”。2001年，更名为“亚非法律协商组织”。

【宗旨和原则】致力于研究成员国共同关注的国际法问题，在国际法领域为各成员国政府提供咨询，协助亚非国家参与国际法实践，并推动国际法的逐步发展与编纂。

【成员】截至2022年共有47个正式成员，2个常任观察员。正式成员（以加入年份为序）：埃及、印度、印度尼西亚、伊拉克、日本、缅甸、斯里兰卡（以上7国为创始成员国），巴基斯坦、泰国、加纳、约旦、塞拉利昂、伊朗、肯尼亚、韩国、科威特、马来西亚、尼日利亚、新加坡、叙利亚、尼泊尔、毛里求斯、坦桑尼亚、孟加拉国、冈比亚、朝鲜、沙特阿拉伯、土耳其、利比亚、阿曼、卡塔尔、索马里、也门、乌干达、塞浦路斯、蒙古国、塞内加尔、中国、苏丹、巴勒斯坦、巴林、黎巴嫩、文莱、南非、喀麦隆、越南、菲律宾（2019年重新加入）。常任观察员：澳大利亚、新西兰。

【主要负责人】现任秘书长皮尼普瓦多（泰国籍），2021年11月当选，任期至2025年。

【总部】秘书处设于印度新德里。地址：29 C Rizal Marg，Diplomatic Enclave，Chanakyapuri，New Delhi，India，110021。

【网址】http://www.aalco.int。

【出版物】《亚非法协年鉴》《季度公告》《亚非法协简讯》等。

【组织机构】(1)秘书处：常设机构，负责处理日常事务并贯彻法协的决定。设秘书长1人、副秘书长3人。秘书长由各成员国选举产生，并从亚非两洲中轮流推选。(2)联络官：由成员国驻印度的外交官组成，负责成员国与秘书处的沟通，并对秘书处工作进行监督。联络官会议原则上每2个月召开1次。

【主要活动】亚非法协通常每年召开1次届会，截至2022年底，共召开了60届。其主要活动是对亚非地区国家所关心的重大国际法问题交换意见和情况，并就联合国大会第六委员会（法律委员会）、国际法委员会、国际贸易法委员会、联合国海洋法相关会议等讨论的一些法律问题协调立场和提出建议。

2022年9月26日—28日，亚洲—非洲法律协商组织第60届会议以线上线下结合模式在印度新德里举行。在一般性辩论中，各国普遍呼吁继承和发扬万隆精神，共同维护多边主义，协同推进国际法治，不断增强亚非发展中国家在全球治理中的影响力。会议并就环境与可持续发展、巴勒斯坦问题、难民、国际贸易与投资等议题深入交换看法。法协成员国代表团、国际组织代表及国际知名专家学者参加了会议及相关议题讨论。中国代表团在一般性发言中高度赞赏亚非法协成立以来取得的成就，肯定其作为唯一横跨亚洲和非洲的国际法合作平台，在推动各国开展国际法协商交流方面发挥的重要作用，强调亚非国家作为命运与共的好伙伴，曾共同提出万隆会议“十项原则”、和平共处五项原则等国际法基本准则，为战后国际法体系作出了重要的历史贡献，亚非国家要继续维护国际法的权威性，为国际法的编纂和逐渐发展贡献力量。同时，中国代表团指出，当前世界变局加速演进，全球性挑战层出不穷，新冠疫情暴露全球卫生治理短板，贸易保护主义与金融霸权主义阻滞世界经济复苏进程。一些国家重拾冷战思维，挑动意识形态对抗，削弱了国际社会共同应对挑战的能力。中国始终是世界和平的建设者、全球发展的贡献者和国际秩序的维护者，将继续坚定维护多边主义和国际法，通过亚非法协平台推进亚非国际法合作。面对当今全球性挑战，亚非法协要成为多边主义的坚定支持者、国际法治的积极推动者、国际法规则制定的重要参与者，亚非国家应继续促进开放包容的多边合作，共同维护以联合国为核心的国际体系，维护以国际法为基础的国际秩序，维护以《联合国宪章》宗旨和原则为基础的国际关系基本准则，构建人类命运共同体和新型国际关系，共同应对全球性挑战，共同坚守国际法治，维护人类社会共同利益。此外，中方代表团还积极参与会议有关议题讨论，积极宣介中国政府立场观点，取得良好效果。除每年的届会外，该组织还召开一些届间会议，讨论组织事项或届会未能解决的问题，并与其他国际组织共同举办专题研讨会或开办培训班。

此外，亚非法协与联合国及其专门机构，以及其他一些国际组织建立了密切的联系。1980年第35届联大通过决议，接纳亚非法协为联合国常任观察员。亚非法协还与国际海事组织（IMO）、联合国环境规划署（UNEP）、联合国工业发展组织（UNIDO）、国际原子能机构（IAEA）、世界知识产权组织（WIPO）、联合国难民事务高级专员（UNHCR）、联合国大学（UNU）、联合国培训研究所（UNITAR）、联合国人权事务高级专员办公室（Office of UNHCHR）、国际移民组织（IOM）、红十字国际委员会（ICRC）、阿拉伯国家联盟（League of Arab States）、英联邦秘书处（Commonwealth Secretariat）、欧洲委员会（Council of Europe）以及非洲联盟（African Union）签署了合作协议。

【同中国的关系】亚非法协同中国保持着友好合作的关系。1980年，该组织在印尼首都雅加达举行第21届会议，并庆祝万隆会议召开25周年，中国首次应邀派观察员代表团与会。1983年11月14日，中国正式加入亚非法协，此后，中国以正式成员国身份参加了亚非法协历年届会，并分别于1990年、2015年和2021年主办第29届（北京）、第54届（北京）和第59届会议（香港）。中国大力支持法协工作，至今已有1位中国人担任过法协秘书长，8人担任过副秘书长或助理秘书长。现任中国籍副秘书长为孙国顺，2020年12月就任。2022年5月25日，亚非法协香港区域仲裁中心正式揭幕。（杨帆）

国际海底管理局

International Seabed Authority—ISA

【成立日期】国际海底管理局（下称“管理局”）是根据1982年《联合国海洋法公约》(下称《公约》)所设立的政府间国际组织。1994年11月16日，即《公约》生效之日，管理局宣布成立。1996年6月，管理局开始正式运作。1996年10月，管理局成为联合国大会观察员。

【宗旨和原则】根据《公约》，管理局是缔约国按照《公约》有关规定，组织和控制国际海底区域（简称“区域”）内活动，特别是管理“区域”资源的组织。上述所称“区域”是指国家管辖范围以外的海床和洋底及其底土，“‘区域’内活动”是指勘探和开发“区域”的资源的一切活动。根据《公约》，“区域”及其资源是人类的共同继承财产。“区域”内资源的一切权利属于全人类，由管理局代表全人类行使。“区域”内活动应为全人类的利益而进行。管理局应在无歧视的基础上，公平分配从“区域”内活动取得的财政及其他经济利益。

【成员】《公约》所有缔约国均是管理局的当然成员。截至2022年7月，管理局有168个成员（167个国家和欧盟）。

【主要负责人】现任管理局秘书长为麦克·洛奇（Michael W. Lodge，英国籍），2016年7月当选，2020年12月成功连任，任期4年。

【总部】牙买加金斯敦。

【网址】http://www.isa.org.jm。

【组织机构】管理局的主要机构是大会、理事会和秘书处。(1)大会由管理局的全体成员组成，是管理局的最高机构，有权依照《公约》各项有关规定，就管理局权限范围内的任何问题或事项制定一般性政策。(2)理事会是管理局的执行机构，有权依《公约》和大会制定的一般性政策，制定管理局对于其权限范围内的任何问题或事项所应遵循的具体政策。理事会分为5组，由36个成员组成：A组4个成员（通常称“最大消费国集团”），来自在有统计资料的最近5年中，对于可从“区域”取得的各类矿物所产的商品，其消费量超过世界总消费量2%，或其净进口量超过世界总进口量2%的缔约国；B组4个成员（通常称“最大投资国集团”），来自直接或通过其国民对“区域”内活动的准备和进行做出了最大投资的8个缔约国；C组4个成员（通常称“主要生产国集团”），来自缔约国中，因在其管辖区域内的生产而为从“区域”取得的各类矿物的主要净出口国；D组6个成员（通常称“特殊利益集团”），来自发展中国家缔约国，代表特别利益；E组18个成员（通常称“公平地域分配集团”），按照确保理事会的席位作为一个整体予以公平地区分配的原则选出。理事会下设法律和技术委员会，该委员会主要负责制定国际海底区域资源探矿、勘探和开发规章草案，供理事会审议；就指导承包者的工作提出技术或行政方面的建议，以协助承包者履行管理局的规则、规章和程序；审查承包者根据勘探合同提交的年度报告等。（3）秘书处由秘书长及所需工作人员组成，负责执行大会和理事会指定的日常任务，秘书长为行政首长。此外，管理局还设有财务委员会，委员由大会选举产生，负责监督管理局的资金运作和财务管理。

【主要活动】根据《公约》及《关于执行1982年12月10日〈联合国海洋法公约〉第十一部分的协定》（简称“1994年执行协定”）的有关规定，在第一项开发工作计划获得核准以前，管理局工作将集中于执行协定附件第1节第5段所列的资源勘探、制度建设、信息数据的收集和评估以及海洋科研等11个工作领域。自2012年以来，管理局的工作重点主要放在以下领域：（1）对勘探合同履行监督职能；（2）监测有关深海海底采矿活动的趋势和发展，包括世界金融市场情况及金融的价格、趋势和前景；（3）发展“区域”内活动的监管框架，包括推动制定《“区域”内矿产资源开发规章》（下称“开发规章”）；（4）保护海洋环境，包括完善探矿和勘探阶段有关环境指南，制订区域环境管理计划等；（5）通过持续实施技术研讨会方案、传播这些研究的成果、同承包者和国际科学界协作等途径，推动和鼓励在“区域”内进行海洋科学研究；（6）收集信息，建立和发展独特的科学技术信息数据库，以期增进对深海环境的了解；（7）加强管理局在全球背景下的作用，包括为联合国可持续发展目标14作出自愿承诺，加强与其他国际组织的合作等。截至2019年12月，管理局已出台《“区域”内多金属结核探矿和勘探规章》（2000年7月），《“区域”内多金属硫化物探矿和勘探规章》（2010年5月），《“区域”内富钴铁锰结壳探矿和勘探规章》（2012年7月），并已核准31项矿区申请。

【同中国的关系】中国是国际海底活动的主要投资国和与国际海底资源相关的矿产品主要消费国之一。自1996年管理局正式运作以来，中国是理事会B组成员。在2004年理事会成员改选中，中国成功当选A组成员，并在2008年、2012年、2016年、2020年改选中获得连任，任期至2024年。中国是从事国际海底资源勘探活动的国家之一。中国大洋矿产资源研究开发协会（简称“中国大洋协会”）于2001年5月23日与管理局签订多金属结核勘探合同，在东北太平洋海域获得7.5万平方公里国际海底多金属结核勘探矿区；2011年11月18日与管理局签订多金属硫化物勘探合同，在西南印度洋海域获得1万平方公里多金属硫化物勘探矿区；2014年4月29日与管理局签订了富钴结壳勘探合同，在西北太平洋获得3000平方公里富钴结壳资源勘探矿区；2015年7月，经管理局批准，中国五矿集团公司在东太平洋克拉里昂–克利帕顿断裂区获得面积近7.3万平方公里的多金属结核矿区，并于2017年5月与管理局签订勘探合同；2019年7月15日，经管理局批准，北京先驱高技术开发公司在西太平洋获得7.4万平方公里的多金属结核勘探矿区，并于2019年10月18日与管理局签订勘探合同。

2020年11月9日，中国—国际海底管理局联合培训和研究中心（下称“联合中心”）正式投入运行。该中心是面向国际社会（特别是发展中国家）开放的、致力于深海科学技术和政策培训与研究的机构。2022年5月24日—26日，联合中心第一期培训班通过线上方式成功举办，为来自20多个发展中国家的55名培训学员提供了培训活动。

2022年10月31日至11月11日，管理局第27届会议第三期理事会会议在牙买加金斯敦举行，会议聚焦国际海底矿产资源开发规章谈判，通过“财务模型”“保护和保全海洋环境”“检查、履约和执行”及“机构事项”等4个非正式工作组，同步推进谈判进程，并审议了制订区域环境管理计划（REMP）指导意见，设立企业部临时总干事及经济规划委员会等问题。

此外，中国积极促进发展中国家参与国际海底事务，与管理局开展了多项相关合作。中国多年来连续向管理局自愿信托基金和海洋科学研究基金捐款，为管理局财务委员会、法律和技术委员会中的发展中国家委员出席委员会会议提供资助，支持发展中国家人员参与海底科学研究。2022年，中国继续向自愿信托基金和捐赠基金提供了资助。（时西木）

国际海洋法法庭

International Tribunal for the Law of the Sea—ITLOS

【成立日期】国际海洋法法庭（下称“法庭”）是根据《联合国海洋法公约》（下称《公约》）和《国际海洋法法庭规约》（即《公约》附件六）的规定所设立的国际司法机构，于1996年10月正式成立。

【成员】《公约》缔约国都可以参加法庭，在某些情况下，除缔约国之外的实体，如国际组织也可参加。

【总部】德国汉堡。

【网址】http://www.itlos.org。

【组织机构】法庭由独立法官21人组成。法官从享有公平和正直的最高声誉、在海洋法领域内具有公认资格的人士中选出。法庭作为一个整体，应确保其能代表世界各主要法系和公平地区分配。法庭法官中不得有2人为同一国家的国民，联合国大会所确定的每一地理区域集团应有法官至少3人。法庭法官不得执行任何政治或行政职务，或对任何与勘探和开发海洋或海底资源或与海洋或海底的其他商业用途有关的任何企业的任何业务，有积极联系或有财务利益。

法庭法官由《公约》缔约国会议选举产生，任期9年（但在第1次选举出的法官中，有7人任期3年，另7人任期6年，具体人选通过抽签决定），可连选连任。现任法官分别来自南非、冰岛、佛得角、波兰、日本、坦桑尼亚、阿尔及利亚、韩国、马耳他、乌克兰、墨西哥、巴拉圭、印度、泰国、俄罗斯、荷兰、智利、中国、牙买加、意大利、喀麦隆。现任庭长阿尔伯特·霍夫曼法官（Albert J. Hoffmann，南非籍），副庭长托马斯·海达尔法官（Tomas Heidar，冰岛籍）。现任中国籍法官段洁龙于2020年8月在法官选举中当选，任期至2029年9月30日。

【管辖权】法庭主要受理有关《公约》的解释或适用的争端。根据《国际海洋法法庭规约》第21条的规定，法庭的管辖权包括按照《公约》向其提交的一切争端和申请，以及将管辖权授予法庭的任何其他国际协定中具体规定的一切申请。

【分庭】法庭原则上由全庭审理提交法庭的一切争端和申请，但在《公约》明确规定或当事各方按照《公约》提出请求的情况下，应由分庭审理和裁判案件；任何分庭做出的判决，均应视为法庭做出的判决。

法庭的分庭包括两类：一是根据《国际海洋法法庭规约》第四节设立的海底争端分庭。海底争端分庭主要管辖《公约》第187条所具体规定的《公约》缔约国之间，关于《公约》第十一部分及其有关附件的解释或适用的争端，缔约国与国际海底管理局之间、国际海底资源勘探和开发合同当事各方之间关于特定事项的争端。此外，根据《公约》第191条规定，海底争端分庭应国际海底管理局大会或理事会的请求，应对他们活动范围内发生的法律问题提出咨询意见。二是特别分庭。特别分庭是指法庭在必要时设立的处理特定种类争端的分庭，包括经当事各方请求处理某一特定争端的分庭，以及为了迅速处理事务而设立的适用简易程序的分庭等。

【审理案件】截至2023年7月，法庭共受理32个案件。近期受理案件为：小岛屿国家气候变化与国际法问题委员会提交咨询意见请求、毛里求斯和马尔代夫印度洋海洋划界案等。（王昱丹）

全面禁止核试验条约组织筹备委员会

Preparatory Commission for the Comprehensive Nuclear-Test-Ban Treaty Organization—CTBTO

【成立日期】1996年11月19日。

【宗旨和原则】为《全面禁止核试验条约》生效做好各项准备工作。

【成员】所有《全面禁止核试验条约》签字国均为全面禁止核试验条约组织筹备委员会（下称“筹委会”）成员。截至2022年12月，共有186国签署条约，其中177国已批约。

【主要负责人】临时技术秘书处执行秘书罗伯特·弗洛伊德（Robert Floyd，澳大利亚籍），2021年8月就任，任期自2021年8月至2025年7月。

【总部】奥地利维也纳。

【网址】http://www.ctbto.org。

【组织机构】筹委会主要包括全会和临时技术秘书处。全会是筹委会的决策机构。临时技术秘书处负责日常工作，下设行政、法律与外联、国际监测系统、国际数据中心和现场视察5个司。

【主要活动】筹委会每年召开2次全会，审议条约、筹备相关事宜，并作出决定。全会下设A、B两个工作组，分别就行政与法律工作、核查工作进行讨论，并向全会提出建议。临时技术秘书处负责为国际监测系统提供技术和法律援助，并负责国际监测系统台站的监督、管理和维护，以及台站数据的接收、分析和处理。

【同中国的关系】中国于1996年9月24日签署《全面禁止核试验条约》，是筹委会首批成员国之一。2020年起，中国已成为条约第二大会费国，始终向条约组织筹委会按时足额缴纳会费。中国积极同临时技术秘书处开展合作，稳步推进中国境内11座监测台站中的10座台站建设。目前，兰州核素台站、广州核素台站、北京核素台站、兰州地震台站、海拉尔地震台站等五个台站，已通过临时技术秘书处核证验收，并于2019年8月开始传输数据。中国目前正在与临时技术秘书处合作，推进昆明次声台站核证程序。　　（孔君）

拉丁美洲和加勒比禁止核武器组织

Organismo para la Proscripción de las Armas Nucleares en la América Latina y el Caribe—OPANAL

【成立日期】1962年10月“古巴导弹危机”后，巴西、玻利维亚、厄瓜多尔和智利向第17届联大提出关于建立拉美无核区的提案。1963年4月，上述4国元首以及墨西哥总统在各自首都发表声明，要求拉美国家缔结多边协定，使拉美尽快成为无核区。同年，第18届联大通过了包括上述5国在内的11个国家关于建立拉美无核区的提案。1964年11月，17个拉美国家决定成立拉丁美洲非核化筹备委员会。1967年2月，巴拿马、秘鲁、玻利维亚、厄瓜多尔、哥伦比亚、哥斯达黎加、海地、洪都拉斯、墨西哥、萨尔瓦多、危地马拉、委内瑞拉、乌拉圭和智利在墨西哥城签署《拉丁美洲禁止核武器条约》（简称《拉美禁核条约》），即《特拉特洛尔科条约》。条约于1969年4月生效。为保证履行条约的各项义务，根据该条约规定，缔约国在条约生效后成立了拉丁美洲禁止核武器组织。1985年，该组织第9届例会决定今后在正式文件中使用“拉丁美洲和加勒比禁止核武器组织”（简称“拉美禁核组织”）的名称。

【宗旨和原则】条约规定，缔约国的核材料和核设备只能用于和平目的；禁止在各自领土上试验、使用、制造生产或取得核武器；禁止在各自领土上接受、储存、设置、部署或以任何其他形式拥有核武器。条约有两项附加议定书：第一号附加议定书要求在拉美拥有领土或属地的国家承担条约规定的有关义务。第二号附加议定书要求世界上拥有核武器的国家充分尊重条约，不对拉美国家使用或威胁使用核武器。

【成员】截至2022年12月，共有33个成员国：巴巴多斯、巴哈马、巴拉圭、巴拿马、古巴、秘鲁、玻利维亚、多米尼加、厄瓜多尔、哥伦比亚、哥斯达黎加、格林纳达、海地、洪都拉斯、墨西哥、尼加拉瓜、萨尔瓦多、苏里南、特立尼达和多巴哥、危地马拉、委内瑞拉、乌拉圭、牙买加、巴西、智利、阿根廷、安提瓜和巴布达、伯利兹、圭亚那、多米尼克、圣基茨和尼维斯、圣文森特和格林纳丁斯、圣卢西亚。6个观察员国：中国、英国、美国、俄罗斯、法国和荷兰。

【主要负责人】常务秘书长弗拉维奥·罗伯托·邦扎尼尼（Flavio Roberto Bonzanini，巴西籍），2020年1月1日就任，2022年1月1日连任，任期为4年。

【总部】墨西哥首都墨西哥城。墨西哥为存约国。

【网址】http://www.opanal.org。

【出版物】《拉丁美洲和加勒比禁止核武器组织文件集》，为西班牙文不定期出版物。

【组织机构】（1）大会：最高权力机构，由全体缔约国组成，每2年召开1次。理事会认为必要时，可召开特别大会。（2）理事会：由5个理事国组成，经大会选举产生，任期4年。（3）秘书处：大会和理事会领导下的常设办事机构，秘书长由大会选举产生，任期4年，可连任1次。（4）行政预算委员会：由5个成员国组成，经大会选举产生，任期4年。

【主要活动】2020年2月14日，拉美禁核组织发表声明，纪念《特拉特洛尔科条约》签署53周年。

2021年2月15日，拉美禁核组织发表声明，纪念《特拉特洛尔科条约》签署54周年；9月30日，拉美禁核组织在墨西哥首都墨西哥城举行第27届例会。

2022年2月14日，拉美禁核组织举办纪念《特拉特洛尔科条约》签署55周年仪式，该组织成员国和《特拉特洛尔科条约》附加议定书成员国（中国、美国、俄罗斯、英国、法国、荷兰）及有关国际组织代表与会。11月17日，拉美禁核组织在墨西哥城举行第27届例会特别会议。

【同中国的关系】1972年11月，姬鹏飞外长声明，中国政府尊重和支持拉美无核区的正义主张，并同意《拉美禁核条约》第二号附加议定书的基本内容。1973年8月，中国政府签署了该议定书。1975—2001年，除个别情况外，中国均派观察员出席该组织的历届年会。

2021年9月，中国驻墨西哥使馆派代表出席拉美禁核组织第27届例会并发言。

2022年11月，中国驻墨西哥使馆派代表出席拉美禁核组织第27届例会特别会议并发言。该组织两任秘书长埃克托尔·格罗斯（Héctor Gros）和何塞·马丁内斯（José Martínez）分别于1975年和1983年访华。

（柯达）

禁止化学武器组织

Organization for the Prohibition of Chemical Weapons—OPCW

【成立日期】根据1997年生效的《关于禁止发展、生产、储存和使用化学武器及销毁此种武器的公约》（简称《禁止化学武器公约》，下称《公约》），禁止化学武器组织于1997年5月23日成立。

【宗旨和原则】监督《公约》实施，确保《公约》的各项条款得到有效执行，并为缔约国提供进行协商与合作的论坛。

【成员】截至2022年12月，共有成员国193个。

【主要负责人】现任总干事费尔南多·阿里亚斯（Fernando Arias Gonzalez，西班牙籍），于2018年7月上任，2022年7月连任。

【总部】荷兰海牙。

【网址】http://www.opcw.org。

【组织机构】（1）缔约国大会：由全体成员国组成。每年召开1次例会，可审议《公约》范围内任何问题并作出决定。（2）执行理事会：由41个成员组成，是禁止化学武器组织的执行机构，向大会负责。其成员由大会选出，任期2年。（3）技术秘书处：协助大会和执行理事会行使其职能，包括执行《公约》的核查条款。技术秘书处由总干事领导，下设会务司、核查司、视察局、国际合作司、外联司、法律事务办公室、行政司、战略和政策办公室、内部监察办公室等。此外，还有科学咨询委员会、保密委员会等附属机构。

【主要活动】截至2022年底，禁止化学武器组织进行了7768次视察。2022年，禁止化学武器组织召开了《公约》第27届缔约国大会和第99—101届执行理事会，讨论了库存化学武器销毁、叙利亚化武、日本遗弃在华化学武器销毁、预算、化学领域国际合作等相关问题。

【同中国的关系】1993年1月13日，中国签署《公约》。1996年12月30日，全国人大常委会正式批准《公约》。1997年4月25日，中国交存了批准书，成为《公约》的原始缔约国。中国自1997年5月当选为执行理事会成员以来，一直连选连任。中国在海牙设有常驻禁止化学武器组织代表团，代表由中国驻荷兰大使兼任。截至2022年底，中国已顺利接待禁止化学武器组织视察621次。中国敦促日本严格履行《公约》规定的义务，尽快销毁遗弃在中国领土上的化学武器，并通过《公约》审议大会、缔约国大会和执行理事会对日本遗弃在华化学武器问题进行审议和监督。（孔君）

核供应国集团

Nuclear Suppliers Group—NSG

【成立日期】1975年，加拿大、法国、联邦德国、日本、英国、美国和苏联7个主要核出口国在伦敦多次开会，讨论加强和完善核不扩散的政策和措施及敏感核材料和设备的出口控制等问题，并通过了《核转让准则》（下称《准则》）和“触发清单”（下称“清单”）。此后，会议形成年度机制，被称为“伦敦俱乐部”。1992年，该机制更名为核供应国集团。

【宗旨和原则】核供应国集团通过加强核及核两用品和相关技术的出口管制，防止核武器扩散。

【成员】截至2022年12月，集团有48个成员国。桑戈委员会主席与欧盟委员会为观察员。

【控制机制】核供应国集团通过《准则》和“清单”，对核及核两用品和相关技术实施出口管制。确保出口的物项和技术不被转用于核爆炸或其他非和平目的，以防止核武器扩散。《准则》规定以进口国接受国际原子能机构全面保障监督作为核出口的条件；转让“清单”中的物项和技术，须接受国际原子能机构保障监督；进口国执行国际原子能机构保障监督附加议定书或相应地区性保障监督安排系向其转让铀浓缩和后处理技术的条件。《准则》和“清单”一俟当事国书面通知国际原子能机构总干事表示接受，即对该国产生约束力。

【集团联络点】日本常驻维也纳国际组织代表团。

【网址】https://www.nuclearsuppliersgroup.org。

【组织机构】（1）全体会议：就审查核供应国集团《准则》、附件、核供应国集团“程序安排”、信息共享和透明度活动等问题设立技术工作组；授权主席与感兴趣的国家开展外联活动，其目的是促进各国遵守核供应国集团《准则》。（2）咨询组：每年至少举行两次会议，任务是就与核供应准则及其技术附件有关的问题进行磋商。（3）信息交流会：为核供应国集团参加国政府分享与核供应国集团《准则》的目标和内容相关的信息和发展情况。（4）许可证审批和执法专家会：在信息交流会下，许可证审批和执法专家会讨论与有效许可证审批和执法实践相关的问题。（5）技术专家组：应咨询组的请求，确保核供应国集团控制清单完整并且与技术进步保持同步；根据咨询组的需要召开会议，就咨询组提交的所有技术问题进行讨论并向咨询组提出建议。

【主要活动】集团每年召开一次全体会议。2013年，在捷克布拉格举行的全体会议决定建立一个技术专家组。2022年6月，全体会议在波兰华沙举行。2022年全会于当年6月在波兰华沙举行。

【同中国的关系】中国于2004年6月10日在瑞典哥德堡年会上，正式加入核供应国集团。此后，中国以建设性姿态参与了核供应国集团历次全会及咨询组会议。中国相关出口控制法规及“清单”与核供应国集团《准则》及“清单”保持一致。 （孔君）

打击核恐怖主义全球倡议

The Global Initiative to Combat Nuclear Terrorism—GICNT

【提出背景】2006年7月15日，美国和俄罗斯共同提出“打击核恐怖主义全球倡议”（下称“倡议”），旨在通过开展国际合作，加强各国能力建设，采取有效措施共同打击核恐怖主义。

【宗旨和原则】倡议以安理会有关决议、《制止核恐怖主义行为国际公约》等为基础，主要原则和目标是：完善核材料及放射性物质的实物保护体系；加强民用核设施的安保；提高对上述物资的探测、搜寻和控制能力，防止非法贩运；提高应对核恐怖袭击的能力；防止向核恐怖主义提供庇护及金融和经济资源；确保恐怖主义及其支持者得到刑事及民事处罚；加强情报交流。倡议系非正式安排，对所有致力于打击核恐怖主义的国家开放。参加国在自愿基础上参与倡议及其活动，开展相关国际合作。

【成员】截至2022年12月，倡议共有89个成员国。中国、美国、俄罗斯、英国、法国、德国、意大利、日本、加拿大、澳大利亚、土耳其和哈萨克斯坦12国是创始伙伴国。国际原子能机构、欧盟、国际刑警组织和联合国毒品和犯罪问题办公室、联合国跨区域犯罪和司法研究所是观察员。

【主要活动】2019年6月5日—7日，倡议第11次全会在阿根廷举行，制订了2019—2021年工作计划，就倡议未来发展方向以及“核探测”“核分析鉴定”“应对和减缓核恐怖主义”3个工作组下步工作进行了讨论。会议选举摩洛哥担任倡议执行与评估小组新一任协调员。

【同中国的关系】中国一贯坚持对核恐怖主义“零容忍、无差别”，反对包括核恐怖主义在内的任何形式的恐怖主义。作为创始伙伴国，中国支持倡议的宗旨和目标，积极参加了倡议历次全会和有关研讨及演练活动，并于2018年10月16日在北京举办“打击核恐怖主义全球倡议”重大公共活动反核恐与核应急研讨会。 （孔君）

亚太空间合作组织

Asia-Pacific Space Cooperation Organization—APSCO

【成立日期】成立于2008年12月，前身为“亚太空间技术与应用多边合作计划”。亚太空间合作组织是亚太地区国家组成的政府间非营利性国际组织。该组织已在联合国备案，具有完全国际法律地位。

【宗旨和原则】通过推动成员国之间空间科学、技术及其应用多边合作，并通过技术研发、应用、人才培训等事务在成员国之间开展互助，提高成员国空间能力，促进人类和平利用外层空间。

【成员】成员国8个：中国、孟加拉国、伊朗、蒙古国、巴基斯坦、秘鲁、泰国、土耳其；观察员国1个：墨西哥；签约国1个：印度尼西亚。

【主要负责人】现任主席为秘鲁航天局首席执行官何塞·安东尼奥·加西亚·摩根（José Antonio Garcia Morgan），副主席分别为泰国国家数字经济和社会委员会办公室秘书长普查蓬·诺德松（Putchapong Nodthaisong）和土耳其航天局局长塞尔达尔·侯赛因·耶尔德勒姆（Serdar Hüseyin Yildirim），任期为2022年至2023年。

【网址】http://www.apsco.int。

【组织机构】主要机构是由理事会主席领导的理事会和由秘书长领导的秘书处。理事会是组织最高决策机构，由各成员国主管空间事务的部长或部长级代表组成，理事会主席和副主席任期2年。2013年7月至2015年10月，时任中国工业和信息化部副部长、国家航天局局长马兴瑞和许达哲先后担任理事会主席。该组织秘书处设在北京，秘书长负责秘书处全面事务，任期5年。秘书处下设行政与财务部、对外关系与法律事务部、战略规划与项目管理部、教育与培训部、项目运营与数据服务部等5个职能部门。

【主要活动】第15次行政会议于2022年9月14日至16日在北京以线上方式举行。第16次理事会于2022年11月15日至17日在巴基斯坦伊斯兰堡举行。 （董玉文）

伊朗核问题

Iranian Nuclear Issue

美国于2018年5月退出伊朗核问题全面协议（《联合全面行动计划》，Joint Comprehensive Plan of Action—JCPOA，简称“全面协议”），对伊“极限施压”，阻挠全面协议执行。作为对美方的对等反制措施，伊朗持续减少履行核领域承诺。拜登当选美总统后明确表示，愿推动美重返全面协议。

2021年4月以来，中国、俄罗斯、英国、法国、德国、伊朗、欧盟等全面协议参与方与美国在维也纳举行恢复履约谈判。谈判过程跌宕起伏，牵动国际核不扩散体系和中东地区的和平稳定，受到国际社会广泛关注。2022年8月，欧盟散发各方接近达成一致的恢复履约协议“最终案文”。此后，谈判陷入僵局。

同时，国际原子能机构总干事持续就伊朗执行全面协议的情况提交监督核查报告，反映伊方持续减少履约情况。美国、英国、法国、德国等西方国家对此表示严重关切。

作为安理会常任理事国和全面协议参与方，中国在伊核问题上的出发点很明确，就是要维护多边主义和联合国的权威，维护国际核不扩散体系，维护中东地区和平与稳定。中国深入参与全面协议恢复履约谈判，积极劝和促谈，致力于推动全面协议早日重返正轨。中国坚持应秉持正确的逻辑推进谈判，强调美国作为伊核危机的始作俑者，理应解除对伊单边制裁及对第三方的“长臂管辖”措施，伊方则在此基础上恢复履行核领域承诺。中国始终支持国际原子能机构根据授权履行对伊监督核查职责，强调随着全面协议重返正轨，伊减少履约问题将迎刃而解。2022年，中国向国际原子能机构对伊监督核查项目捐款135万元人民币。（孔君）

中国关于规范人工智能军事应用的立场文件

Position Paper of the People’s Republic of China on Regulating Military Applications of Artificial Intelligence

【提出背景】人工智能安全治理是人类面临的共同课题。随着人工智能技术在各领域广泛应用，各国普遍对人工智能军事应用乃至武器化风险感到担忧。在联合国平台，各国已就“致命性自主武器系统”问题展开讨论。为推动人工智能领域安全治理、确保人工智能发展的安全、可靠、可控，2021年12月，中国在联合国《特定常规武器公约》第六次审议大会上提交了《中国关于规范人工智能军事应用的立场文件》。

【宗旨和目标】基于相关国际讨论成果和各国有益实践，就现阶段如何在军事领域负责任地开发和利用人工智能技术提出初步解决思路。呼吁各国秉持共商共建共享理念，协力促进人工智能安全治理，打造包容性和建设性的安全伙伴关系，在人工智能领域践行人类命运共同体理念。

【网 址】https://www.mfa.gov.cn/web/ziliao_674904/tytj_674911/zcwj_674915/202112/t20211214_10469511.shtml。

【主要内容】文件本着坚持以人为本、维护多边主义、兼顾发展与安全的基本原则，从战略安全、军事政策、法律伦理、技术安全、研发操作、风险管控、规则制定及国际合作等角度提出系统主张，主要内容包括：负责任地开发和利用人工智能技术；反对利用人工智能优势损害他国主权和领土安全的行为；确保新武器的使用符合国际人道主义法和其他适用的国际法，避免误用恶用；不断提升人工智能技术的安全性、可靠性、可控性；在武器系统全生命周期实施必要的人机交互，建立问责机制；加强对人工智能军事应用的监管；推动形成具有广泛共识的人工智能治理框架和标准规范；帮助发展中国家加强治理能力建设等。

【国际影响】文件是中国首次就人工智能军事应用问题提出“中国方案”，体现了大国责任和担当，契合广大中小国家的期待，引发国际社会广泛关注。（孔君）

中国关于加强人工智能伦理治理的立场文件

Position Paper of the People's Republic of China on Strengthening Ethical Governance of Artificial Intelligence

【提出背景】人工智能作为最具代表性的颠覆性技术，在给人类社会带来潜在巨大发展红利的同时，其不确定性可能带来诸多全球性挑战，甚至引发根本性的伦理关切。针对国际社会对人工智能伦理问题的广泛关注，中国结合自身在科技伦理领域的政策实践，参考国际社会相关有益成果，就人工智能生命周期监管、研发及使用等问题向《特定常规武器公约》2022年缔约国大会提交了《关于加强人工智能伦理治理的立场文件》。

【宗旨和目标】文件旨在促进各国对有关问题的理解和重视，在确保人工智能技术更好赋能全球可持续发展，增进全人类共同福祉的同时，不断完善和加强人工智能领域全球治理，积极构建人类命运共同体。

【网址】https://www.mfa.gov.cn/web/ziliao_674904/tytj_674911/zcwj_674915/202211/t20221117_10976728.shtml。

【主要内容】文件倡导"以人为本"和"智能向善"原则，主张增进各国理解和互信，推动人工智能技术发展安全、可靠、可控，在人工智能领域构建人类命运共同体，主要内容包括：坚持伦理先行，通过制度建设、风险管控、协同共治等推进人工智能伦理监管。加强自我约束，提高人工智能研发过程中算法安全与数据质量，减少偏见歧视。提倡负责任使用人工智能，避免误用、滥用及恶用，加强公众宣传教育。鼓励国际合作，在充分尊重各国人工智能治理原则和实践的前提下，推动形成具有广泛共识的国际人工智能治理框架和标准规范。

【国际影响】中国再次在联合国平台就人工智能治理问题提出"中国方案"，体现了大国责任和担当，契合国际社会的期待，收获各方广泛关注和积极反响。

（孔君）

国际会议

亚欧会议

Asia-Europe Meeting—ASEM

【成立日期】1994年7月，欧盟制定了《走向亚洲新战略》，决定与亚洲进行更广泛对话，建立建设性、稳定和平等的伙伴关系。同年10月，新加坡总理吴作栋访问法国期间提议建立亚欧会议，得到亚欧各国的积极响应。经过一年多的筹备，首届亚欧首脑会议于1996年3月在泰国曼谷举行，亚欧会议正式成立。

【宗旨和原则】亚欧会议的目标是在亚欧两大洲之间建立旨在促进增长的新型、全面伙伴关系，加强相互对话、了解与合作，为经济和社会发展创造有利的条件，维护世界和平与稳定。

亚欧会议遵循以下原则：各成员之间对话的基础应是相互尊重、平等、促进基本权利、遵守国际法规定的义务、不干涉他国内部事务；合作应是开放和循序渐进的，后续行动应在协商一致的基础上进行；新成员加入须先获得所在地区支持，再由首脑会议协商一致决定。

【成员】亚欧会议现有成员53个，其中亚洲成员22个，包括中国、日本、韩国、东盟十国、蒙古国、印度、巴基斯坦、俄罗斯、澳大利亚、新西兰、孟加拉国、哈萨克斯坦、东盟秘书处。欧洲成员31个，包括欧盟27国、英国、瑞士、挪威及欧盟委员会。

【合作领域】亚欧会议的三大支柱为政治对话、经贸合作、社会文化及其他领域交流。在政治对话方面，亚欧双方均主张多边主义，关注国际和地区形势，以及传统和非传统安全挑战，先后就朝鲜半岛、打击国际恐怖主义、印巴局势、中东和平进程、防止大规模杀伤性武器、和平与发展等问题发表宣言或声明。在经贸合作方面，双方曾积极开展宏观经济和财金政策对话，共同致力于促进两地区经济和贸易稳定增长。在文化交流和文明对话方面，双方曾通过《亚欧会议文化与文明对话宣言》，制订中长期亚欧文化合作的规划文件，多次举办文化部长会议和不同信仰间的对话会议，并在亚欧基金框架内举办了大量文化交流活动。

【活动机制】以非机制化方式在多层次上开展活动。

首脑会议负责确定亚欧会议的指导原则和发展方向。隔年在亚洲和欧洲轮流举行。迄今已在泰国曼谷、英国伦敦、韩国首尔、丹麦哥本哈根、越南河内、芬兰赫尔辛基、中国北京、比利时布鲁塞尔、老挝万象、意大利米兰、蒙古国乌兰巴托、比利时布鲁塞尔和柬埔寨金边举行过13届。

外长会议和高官会负责对亚欧会议活动进行政策规划和整体协调，并筹备首脑会议。外长会议与首脑会议隔年举行。高官会每年不定期举行。外长会议已举行14届，第14届亚欧外长会议于2019年12月在西班牙马德里举行。此外，还定期或不定期举行经济、财政、文化、教育、科技、交通、能源、环境、中小企业、劳动、信息与通信技术、海关署长、总检察长等专业部长级会议，负责在各自领域落实首脑会议决定，制订合作规划并开展相关活动。亚欧双方各有两个成员轮流担任协调员，负责协调本地区成员立场。

亚欧基金设立于1997年，是亚欧会议框架下唯一的常设机构，负责开展学术、文化和人员交流活动，秘书处设在新加坡。

【主要活动】2021年11月25日—26日，第十三届亚欧首脑会议在柬埔寨金边以视频方式举行，会议通过主席声明、新冠疫情后社会经济复苏金边声明和互联互通合作前景文件三份成果文件，就加强亚欧伙伴关系、强化多边主义、支持联合国作用、应对气候变化、加强互联互通合作等发出共同声音，同时纳入以人民为中心、疫苗作为全球公共产品、构建开放型世界经济等积极内容。此前，各方以视频方式围绕上述成果文件展开了磋商。

【同中国的关系】中国是亚欧会议创始成员，一贯重视并积极参与亚欧会议各领域活动，提出了一系列促进亚欧合作的主张与倡议，发起并主办了多个专业领域的部长级会议，为巩固和发展亚欧新型全面伙伴关系发挥了重要作用。中国国务院总理出席了历届亚欧首脑会议，有针对性地阐述了中国立场和中国主张，倡导在相互尊重、平等互利的基础上开展务实合作，为会议成功发挥了积极和建设性作用。中国于2008年10月在北京成功主办了第七届亚欧首脑会议，为进一步深化亚欧伙伴关系作出了重要贡献。

2022年11月7日—8日，亚欧会议“智慧海关、智能边境、智享联通”国际研讨会在重庆成功举办。研讨会发布《主席小结》，介绍与会各方在海关数字战略与数字转型、高新技术与制度创新、跨界跨境协同治理等主题的交流分享，强调数字创新、开放合作、互利共赢的伙伴关系对全球产业链安全稳定畅通的重要意义。17日，第五届亚欧城市水管理研讨会以线上线下相结合方式在长沙举行。来自中国、巴基斯坦、日本、新加坡等18个亚欧会议成员国的官员、专家学者、企业代表及亚欧基金负责人等与会。各方围绕水资源管理可持续发展、水务领域技术创新等议题广泛开展交流。29日—30日，首届亚欧青年领导人交流营暨亚欧青年绿色发展论坛在陕西西安举办，主题为"构建全球伙伴关系，共同推动绿色发展"，来自亚欧国家的百余名中外青年代表以线上方式参加。（常胜）

金砖国家领导人第十四次会晤

Fourteenth BRICS Summit

【会晤形式】2022年6月23日，金砖国家领导人第十四次会晤以视频方式在北京举行。中国国家主席习近平、南非总统拉马福萨、巴西总统博索纳罗、俄罗斯总统普京、印度总理莫迪出席，中国国家主席习近平主持会晤。

【主要活动】五国领导人围绕"构建高质量伙伴关系，共创全球发展新时代"主题深入交流，议题包括加强和改革全球治理、团结抗击疫情、维护和平与安全、促进经济复苏、加快落实2030年可持续发展议程、深化人文交流、完善金砖机制建设等。

习近平发表题为《构建高质量伙伴关系　开启金砖合作新征程》的重要讲话。

习近平指出，当前，世界百年未有之大变局正在加速演进，新冠肺炎疫情仍在蔓延，人类社会面临前所未有的挑战。16年来，面对惊涛骇浪、风吹雨打，金砖这艘大船乘风破浪、勇毅前行，走出了一条相互砥砺、合作共赢的人间正道。站在历史的十字路口，我们既要回望来时路，牢记金砖国家为什么出发；又要一起向未来，携手构建更加全面、紧密、务实、包容的高质量伙伴关系，共同开启金砖合作新征程。

第一，我们要坚持和衷共济，维护世界和平与安宁。一些国家力图扩大军事同盟谋求绝对安全，胁迫别国选边站队制造阵营对抗，漠视别国权益大搞唯我独尊。如果任由这种危险势头发展下去，世界会更加动荡不安。金砖国家应该在涉及彼此核心利益问题上相互支持，践行真正的多边主义，维护公道、反对霸道，维护公平、反对霸凌，维护团结、反对分裂。中方愿同金砖伙伴一道，推动全球安全倡议落地见效，坚持共同、综合、合作、可持续的安全观，走出一条对话而不对抗、结伴而不结盟、共赢而非零和的新型安全之路，为世界注入稳定性和正能量。

第二，我们要坚持合作发展，共同应对风险和挑战。新冠肺炎疫情和乌克兰危机影响交织叠加，为各国发展蒙上阴影，新兴市场国家和发展中国家首当其冲。危机会带来失序，也会催生变革，关键取决于如何应对。金砖国家应该促进产业链供应链互联互通，共同应对减贫、农业、能源、物流等领域挑战。要支持新开发银行做大做强，推动完善应急储备安排机制，筑牢金融安全网和防火墙。要拓展金砖国家跨境支付、信用评级合作，提升贸易、投融资便利化水平。中方愿同金砖伙伴一道，推动全球发展倡议走深走实，推动联合国2030年可持续发展议程再出发，构建全球发展共同体，助力实现更加强劲、绿色、健康的全球发展。

第三，我们要坚持开拓创新，激发合作潜能和活力。企图通过搞科技垄断、封锁、壁垒，干扰别国创新发展，维护自身霸权地位，注定行不通。要推动完善全球科技治理，让科技成果为更多人所及所享。加快金砖国家新工业革命伙伴关系建设，达成数字经济伙伴关系框架，发布制造业数字化转型合作倡议，为五国加强产业政策对接开辟新航路。着眼数字时代人才需要，建立职业教育联盟，为加强创新创业合作打造人才库。

第四，我们要坚持开放包容，凝聚集体智慧和力量。金砖国家不是封闭的俱乐部，也不是排外的"小圈子"，而是守望相助的大家庭、合作共赢的好伙伴。5年来，我们在疫苗研发、科技创新、人文交流、可持续发展等领域开展了丰富多彩的"金砖+"活动，为广大新兴市场国家和发展中国家搭建了新的合作平台，成为新兴市场国家和发展中国家开展南南合作、实现联合自强的典范。新形势下，金砖国家更要敞开大门谋发展、张开怀抱促合作。应该推进金砖扩员进程，让志同道合的伙伴们早日加入金砖大家庭，为金砖合作带来新活力，提升金砖国家代表性和影响力。

习近平强调，作为新兴市场国家和发展中国家代表，我们在历史发展关键当口作出正确选择，采取负责任行动，对世界至关重要。让我们团结一心，凝聚力量，勇毅前行，推动构建人类命运共同体，共同开创人类美好未来！

会晤通过并发表《金砖国家领导人第十四次会晤北京宣言》，五国领导人还听取了金砖有关合作机制代表工作汇报。

【会晤成果】会晤取得丰硕成果：五国领导人充分肯定金砖合作16年来取得的成就，一致认为，要坚持多边主义，推动全球治理民主化，维护公平正义，为动荡不安的国际局势注入稳定性和正能量。要共同防控疫情，发挥好金砖国家疫苗研发中心等机制作用，促进疫苗公平合理分配，共同提升应对公共卫生危机的能力。要深化经济务实合作，坚定维护多边贸易体制，推动构建开放型世界经济，反对单边制裁和“长臂管辖”，加强数字经济、科技创新、产业链供应链、粮食和能源安全等领域合作，合力推动世界经济复苏。要促进全球共同发展，着眼发展中国家最紧迫的需求，消除贫困与饥饿，携手应对气候变化挑战，加强航天、大数据等技术在发展领域的应用，加快落实联合国2030年可持续发展议程，为共创全球发展新时代作出金砖贡献。要加强人文交流互鉴，在智库、政党、媒体、体育等领域打造更多品牌项目。五国领导人同意，在更多层级、更广领域、更大范围开展“金砖+”合作，积极推进金砖扩员进程，推动金砖机制与时俱进、提质增效，不断走深走实走远。（李晓雨）

伊比利亚美洲首脑会议

Cumbre Iberoamericana

【**成立日期**】为纪念哥伦布“发现”美洲新大陆500周年，西班牙国王胡安·卡洛斯一世倡议召开伊比利亚美洲（简称“伊美”）首脑会议，拉美西班牙语、葡萄牙语国家和葡萄牙给予热烈响应和支持。在西班牙赞助和墨西哥的积极组织下，首届首脑会议于1991年在墨西哥举行。此后，每年召开1届首脑会议，截至2022年12月，已举行27届。2003年，第13届首脑会议决定在西班牙首都马德里设立常设秘书处。

【**宗旨和原则**】建设互信的多边交流论坛，使各国在其框架内分享经验、协调立场，共同建设和平、民主、人权、经济和社会可持续发展的伊美社会。

【**成员**】截至2022年12月，共有22个成员国（分别由拉美19国和伊比利亚半岛3国组成）：阿根廷、巴拉圭、巴拿马、巴西、秘鲁、玻利维亚、多米尼加、厄瓜多尔、哥伦比亚、哥斯达黎加、古巴、洪都拉斯、墨西哥、尼加拉瓜、萨尔瓦多、危地马拉、委内瑞拉、乌拉圭、智利、西班牙、葡萄牙、安道尔。9个联系观察员国：意大利、比利时、菲律宾、法国、摩洛哥、荷兰、海地、日本、韩国。

【**主要负责人**】秘书长安德烈斯·阿拉芒（Andrés Allamand，智利籍），2022年2月就任，任期4年。

【**总部**】常设秘书处设在西班牙马德里。由首脑会议主办国设立临时秘书处。

【**网址**】http://www.segib.org。

【**组织机构**】（1）首脑会议：原为每年举行1次，2013年第23届峰会决定，自2014年后每2年举行1次；（2）外长会议：首脑会议前举行，协商首脑会议相关事宜；（3）部长会议：不定期举行，由成员国各部长及伊美合作项目高级负责人参加。

【**主要活动**】2021年4月，第27届伊美首脑会议在安道尔举行，主题为“创新，为了可持续的发展——2030年目标，面对新冠疫情挑战的伊比利亚美洲”，22个成员国国家元首、政府首脑或代表与会。会议通过了4项合作倡议，并在卫生、经济、社会和环境等领域加强合作并达成多项共识。

【**同中国的关系**】无正式关系。（陈云腾）

博鳌亚洲论坛

Boao Forum For Asia—BFA

【**成立日期**】博鳌亚洲论坛由菲律宾前总统拉莫斯、澳大利亚前总理霍克和日本前首相细川护熙发起，于2001年2月27日在中国海南省博鳌正式成立，成立大会通过了《博鳌亚洲论坛宣言》。同年8月，论坛在中国民政部注册成立，并在北京举办了北京办事处成立暨会员招募启动仪式。

【**宗旨和原则**】论坛属非官方国际会议组织，旨在进一步促进亚洲各国之间以及亚洲与世界其他地区之间的相互了解与互利合作。

【**主要负责人**】现任理事长为联合国前秘书长潘基文（Ban Ki-moon，韩国籍，2018年4月当选，任期至2023年；副理事长、中国首席代表为中国第12届全国政协副主席、中国人民银行前行长周小川；秘书长为中国外交部前副部长李保东。

【**总部与秘书处**】总部位于中国海南省琼海市博鳌镇；秘书处位于中国北京。

【**网址**】http://www.boaoforum.org。

【**组织机构**】（1）会员大会：最高决策机构；（2）理事会：最高执行机构；（3）秘书处：常设执行机构。

【**主要活动**】论坛每年举办1次年会。首届年会于2002年4月12日—13日举行，主题为“新世纪、新挑战、新亚洲——亚洲经济合作与发展”。受新冠疫情影响，2020年未举办年会。2021年年会于2021年4月18日—21日举行，主题为“世界大变局：共襄全球治理盛举，合奏一带一路强音”。2022年年会于2022年4月20日—22日举行，主题为“疫情与世界：共促全球发展，构建共同未来”。

【同中国的关系】作为论坛东道国，中国积极支持论坛发展壮大。中央政府和海南省政府对论坛历次年会均给予了大力支持。中国领导人出席了论坛成立大会和历年年会。2022年4月21日，习近平主席以视频方式出席论坛2022年年会开幕式，并发表题为《携手迎接挑战，合作开创未来》的主旨演讲。（佟曌）

中日韩合作

Trilateral Cooperation among the People's Republic of China, Japan and the Republic of Korea

【成立日期】1999年11月，中国国务院总理朱镕基、日本首相小渊惠三、韩国总统金大中在菲律宾出席东盟与中日韩（10+3）领导人会议期间举行早餐会，启动了中日韩合作进程。2000年，三国领导人决定将会晤定期化。2002年，三国领导人早餐会改为正式会晤。此后，三国领导人原则上每年在出席10+3领导人会议期间举行会晤。2008年12月，中日韩领导人首次在10+3框架外在日本福冈举行会议，决定建立面向未来、全方位合作的伙伴关系。同时，三国决定在保留10+3领导人会议期间会晤的同时，将三国领导人单独举行会议机制化，每年在三国轮流举行。

【成员】中国、日本、韩国。

【主席国】三国按中、韩、日顺序，轮流担任中日韩合作主席国，一般在举行领导人会议之后移交。现任主席国为韩国。

【秘书处】中日韩合作秘书处位于韩国首尔。现任秘书长为欧渤芊（中国籍），任期自2021年9月至2023年8月。秘书处旨在促进三国之间的和平与共同繁荣。其目标与职能包括：支持三国磋商机制；开展合作项目；宣传三国合作；与其他国际组织交流合作；研究及资料库编纂。

【网址】http://www.tcs-asia.org。

【组织机构】中日韩合作是东亚合作的重要动力源，已建立以领导人会议为核心，以部长级会议、高官会和70多个工作层机制为支撑的合作体系。

【主要活动】1. 领导人会议。自1999年起，中日韩三国领导人原则上每年举行会晤。中国国务院总理出席了历次会晤。

2018年5月，第7次中日韩领导人会议在日本东京举行，会议由日本首相安倍晋三主持。会议就三国增进互信、深化合作，加强经济开放融通，维护多边贸易体系，扩大人文交流达成共识，同意加快中日韩自贸区和《区域全面经济伙伴关系协定》（RCEP）谈判，建立“中日韩+X”合作机制，通过了《第七次中日韩领导人会议联合宣言》和《中日韩领导人关于2018朝韩领导人会晤的联合声明》。

2019年12月，第8次中日韩领导人会议在中国成都举行，会议由中国国务院总理李克强主持。会议就深化三国环境、卫生、科技、人文等领域合作，坚持自由贸易和多边主义达成许多共识，发表了《中日韩合作未来十年展望》和《中日韩积极健康老龄化合作联合宣言》，通过了“中日韩+X”合作早期收获项目清单。三国领导人还在成都杜甫草堂共同出席中日韩合作20周年纪念活动。

2. 外长会。外长会机制于2007年建立，主要就三国合作进展与未来规划、当年领导人会议筹备工作以及共同关心的地区和国际重大问题交换意见。

2020年3月，三国举行中日韩新冠肺炎问题特别外长视频会议，就共同应对新冠疫情深入交换意见，一致同意加强疫情防控合作，维护必要人员往来，稳定三国产业链、供应链，尽早召开卫生部长会，增进民众友好感情，积极承担国际责任。

3. 具体领域合作。目前，三国已建立外交、科技、信息通信、财政、人力资源、环保、运输及物流、经贸、文化、卫生、央行、海关、知识产权、旅游、地震、灾害管理、水资源、农业、审计、教育、体育等21个部长级会议机制和70多个工作层机制。

2021年，三国举办了第21次财长和央行行长会议、第8次运输与物流部长会议、第12次文化部长会议、第21次知识产权局局长会议、第22次环境部长会议、第14次卫生部长会议和“东亚文化之都”评选、第7届产业博览会、第14届文化产业论坛、中日韩创新创业大赛等活动。

2022年，三国举办了第22次财长和央行行长会议、第7届中日韩灾害管理部长级会议、第13次文化部长会议、第22次知识产权局局长会议、第23次环境部长会议、第15次卫生部长会议和“东亚文化之都”评选、第15届文化产业论坛、2022年中日韩合作国际论坛、2022中日韩产业合作发展论坛等活动。

4. 机制化建设。2009年10月，经时任韩国总统李明博提议，第2次中日韩领导人会议决定筹建中日韩三国合作秘书处。2010年5月，三国外长签署了《中日韩三国政府关于建立三国合作秘书处的备忘录》。同年12月，三国在韩国首尔签署了《中日韩三国政府关于建立三国合作秘书处的协议》，正式启动秘书处筹建工作。2011年9月，三国合作秘书处在韩国首尔成立运行。（李昕磊）

东盟地区论坛

ASEAN Regional Forum—ARF

【成立日期】冷战结束后，亚太国家普遍认为有必要开展多边安全对话。1992年初，东盟首脑会议就加强地区政治、安全对话达成共识。1993年7月，第26届东盟外长会特别安排了东盟6个成员国、7个对话伙伴国、3个观察员国和2个来宾国外长参加“非正式晚宴”，各国外长同意召开东盟地区论坛（ARF），就地区政治安全问题举行非正式磋商。1994年7月25日，ARF首届外长会在泰国曼谷召开。

【宗旨和原则】东盟地区论坛以《东南亚友好合作条约》的宗旨为主导，主要目的在于推动区域政治和安全问题的磋商，通过对话，消除可能存在的分歧，增进相互了解和信任，进而促进区域和平与稳定。

【成员】ARF目前共有27个成员：文莱、柬埔寨、印度尼西亚、老挝、马来西亚、缅甸、菲律宾、新加坡、泰国、越南、中国、日本、韩国、朝鲜、蒙古国、印度、巴基斯坦、孟加拉国、斯里兰卡、俄罗斯、美国、加拿大、澳大利亚、新西兰、巴布亚新几内亚、东帝汶和欧盟。

【网址】http://aseanregionalforum.asean.org。

【主要活动】目前，ARF是亚太地区主要的官方多边安全对话与合作平台，每年在东盟主席国轮流举行外长会。截至2022年，已举行29届外长会。2020年第27届、2021年第28届外长会以线上方式举行，会议分别由东盟轮值主席国越南、文莱主持。

2022年8月5日，第29届ARF外长会在柬埔寨举行。会议讨论了地区和国际形势，听取了本年度重点合作领域项目进展情况，通过了“东盟地区论坛外长会关于重申维护东南亚无核武器区的声明”。王毅国务委员兼外长出席会议。王毅表示，当前，百年变局与世纪疫情叠加共振，冷战思维回潮，全球化遭遇逆风，断链脱钩以及粮食、能源安全问题日益突出，但地区国家维护和平稳定、促进共同安全的期待并没有变，希望加快经济复苏、实现可持续发展的诉求没有变，团结合作、共克时艰的精神也没有变。当前形势下，地区国家应做大做强以东盟为中心的合作平台，共同维护好亚太和平、稳定与发展。

此外，ARF每年还举行1次高官会、1次安全政策会议、1次建立信任措施与预防性外交会间辅助会议、5次会间会（救灾会间会、反恐与打击跨国犯罪会间会、海上安全会间会、防扩散与裁军会间会、信息通信技术安全会间会）和1次国防官员对话会。

ARF进程分为建立信任措施、开展预防性外交和探讨解决冲突的方式三个阶段。2011年7月，ARF第18届外长会通过了《ARF预防性外交工作计划》。迄今为止，ARF已实施400多个建立信任措施项目。

【同中国的关系】2022年5月17日，中国与柬埔寨以线上方式共同主持东盟地区论坛建立信任措施与预防性外交会间辅助会议。6月1日—2日，中国、文莱、缅甸、新加坡以线上方式共同举办“东盟地区论坛预防性外交与可持续和平研讨会”。6月22日—24日，中国与柬埔寨以线上线下相结合方式共同举办“东盟地区论坛城市搜索与救援地震应急演练”。7月6日—7日，中国与泰国以线上方式共同举办“第四届东盟地区论坛渡运安全研讨会”。11月21日—25日，中国与老挝以线上方式共同举办“东盟地区论坛第五届城市搜索与救援研讨会”。

（李翔）

东盟与中日韩（10+3）合作

ASEAN Plus Three Cooperation—APT

【成立日期】1997年12月15日，首次东盟与中日韩（最初为9+3，柬埔寨加入东盟后称10+3）领导人非正式会议在马来西亚吉隆坡举行，10+3合作进程由此启动。

【成员】东盟十国（文莱、柬埔寨、印度尼西亚、老挝、马来西亚、缅甸、菲律宾、新加坡、泰国、越南）、中国、日本、韩国。

【组织机构】10+3合作作为东亚合作的主渠道，已在经贸、财金、粮食、农业等20多个领域开展了务实合作，建立了65个对话与合作机制，形成了以领导人会议为核心，以部长会议、高官会、大使级会议和工作组会议为支撑的合作体系。领导人会议是最高层级机制，按惯例每年举行1次，主要对10+3发展作出战略规划和指导，迄今已举行25次。16个部长级会议机制负责相关领域的政策规划和协调，高官会负责政策沟通，大使级会议负责就合作具体问题进行协调。此外，10+3框架下还建有官、产、学共同参与的东亚论坛（EAF）及二轨的东亚思想库网络（NEAT），为10+3合作提供智力支撑。

【主要活动】2020年4月，10+3抗击新冠肺炎疫情领导人特别会议以视频形式举行。与会各方表示，面对疫情带来的空前挑战，东盟与中日韩应秉持合作传统，展现团结，共迎挑战。加强经验交流和信息共享，开展药物、疫苗研发合作，推进地区防控机制化；加强宏观经济政策协调，确保产业链供应链畅通，逐步恢复社会和经济秩序，稳定市场信心，争取年内签署《区域全面经济伙伴关系协定》。相信战胜疫情后，东盟与中日韩关系与合作将进一步深化。会议通过了《10+3抗击新冠肺炎疫情领导人特别会议联合声明》。11月，第23次10+3领导人会议以视频形式举行。与会领导人表示，10+3因亚洲金融危机而生，23年来各领域合作取得长足进展。面对前所未有的疫情挑战，10+3国家团结一致，举行领导人特别会议，有效应对疫情冲击。希望通过本次会议进一步凝聚共识，提高本地区公共卫生安全水平，开展联防联控，推进10+3应急医疗物资储备建设，在疫苗药物研发等领域深化合作，确保疫苗的可及性和可负担性。保持市场开放，维护产业链供应链稳定以及人员往来、货物流通畅通，促进复工复产和经济复苏，维护粮食安全，实现可持续发展。加强互联互通和发展战略对接，充分利用数字经济带来的机遇，分享经验和技术，增强经济发展韧性，促进地区和平稳定与发展繁荣。会议通过了《10+3领导人关于加强经济金融韧性合作、应对新挑战的声明》。

2021年10月，第24次10+3领导人会议以视频形式举行。与会领导人表示，10+3合作机制成立以来，为应对危机、推动东亚地区发展发挥了重要作用。得益于10+3多年紧密合作，地区国家快速行动共同抗击疫情，携手促进地区经济复苏和包容性增长。展望未来，东盟和中日韩应推动区域全面经济伙伴关系协定早日生效，支持加快10+3应急医疗物资储备中心建设，进一步加强公共卫生、数字经济、互联互通、财金金融、应对气候变化等领域合作，保持地区产业链供应链稳定。以2022年10+3合作启动25周年为契机，推动东盟和中日韩合作实现更大发展，为构建东亚共同体、促进东亚和世界共同增长和繁荣、建设可持续的未来作出积极贡献。会议通过了《10+3领导人关于青少年和儿童精神健康合作的声明》。

2022年11月12日，第25次10+3领导人会议在柬埔寨金边举行。与会领导人表示，中日韩是东盟国家的主要合作伙伴。10+3是地区合作的压舱石，在推动地区经济发展、维护地区和平稳定、合作抗击疫情等方面取得重要合作成果。各方应紧密团结、深化合作，加强农业、互联互通、数字经济、金融安全、公共卫生、生态环境、人文交流、可持续发展等领域合作，共同实施好RCEP，维护产业链供应链安全稳定，促进地区经济一体化，应对全球性挑战，推动10+3合作取得更大成果，朝着东亚共同体的长远目标迈进。会议发布了《10+3合作25周年文件集》。（王鹏斐）

东亚峰会

East Asia Summit—EAS

【成立日期】2005年12月，首届东亚峰会在马来西亚吉隆坡举行，东亚峰会由此启动。

【宗旨和原则】致力于推动东亚一体化进程，实现东亚共同体目标。

【成员】现有18个成员国，即东盟十国（文莱、柬埔寨、印度尼西亚、老挝、马来西亚、缅甸、菲律宾、新加坡、泰国、越南）、中国、日本、韩国、印度、澳大利亚、新西兰、美国、俄罗斯。

【组织机构】东亚峰会是“领导人引领的战略论坛”。峰会每年举行1次，由东盟轮值主席国主办，截至2022年12月，已举行17届。每年举行1次外长会和3次高官会，并形成经贸、能源、环境、教育部长定期会晤机制。峰会确定能源与环保、金融、教育、公共卫生、灾害管理、东盟互联互通为重点合作领域，亦包含经贸合作、粮食安全、海上合作三个领域。

【主要活动】首届东亚峰会于2005年12月14日在马来西亚吉隆坡举行，领导人就经贸、金融、能源等问题交换了意见，提出17项具体领域合作倡议。会议发表了《东亚峰会领导人关于东亚峰会的吉隆坡宣言》和《东亚峰会领导人关于预防、控制和应对禽流感的东亚峰会宣言》。

2020年11月14日，第15届东亚峰会以线上方式举行，会议由东盟轮值主席国越南主持，重点讨论了峰会未来发展方向与各领域合作，就国际和地区问题交换了意见。会议通过了《纪念东亚峰会成立15周年河内宣言》《东亚峰会领导人关于合作促进地区经济稳定增长的声明》《东亚峰会领导人关于海洋可持续性的声明》《东亚峰会领导人关于妇女、和平与安全的声明》《东亚峰会领导人关于增强共同预防和应对流行病能力的声明》5份成果文件。

2021年10月27日，第16届东亚峰会以线上方式举行，会议由东盟轮值主席国文莱主持，重点讨论了峰会未来发展方向与各领域合作，就国际和地区问题交换了意见。会议通过了《关于可持续复苏的声明》《关于精神健康合作的领导人声明》和《关于通过旅游复苏实现经济增长的领导人声明》3份成果文件。

2022年11月13日，第17届东亚峰会在柬埔寨金边举行，会议由东盟轮值主席国柬埔寨主持，重点讨论了峰会未来发展方向与各领域合作，就国际和地区问题交换了意见。（刘盼）

东亚—拉美合作论坛

Forum for East Asia and Latin America Cooperation—FEALAC

【成立日期】1998年10月，新加坡与智利倡议建立东亚—拉美论坛，以促进两区域交往。1999年9月，该论坛成立大会暨首次高官会在新加坡召开，会议暂定论坛名为东亚—拉美论坛。2001年3月，论坛首届外长会决定将论坛正式定名为东亚—拉美合作论坛（下称“论坛”）。

【宗旨和原则】东亚—拉美合作论坛是目前唯一跨东亚和拉美两区域的官方多边合作论坛，旨在增进两区域之间的了解，促进政治、经济对话及各领域合作，推动东亚和拉美国家之间建立更为密切的关系。

【成员】共36个成员国：中国、日本、韩国、蒙古国、新加坡、印度尼西亚、马来西亚、泰国、菲律宾、文莱、越南、老挝、柬埔寨、缅甸、阿根廷、巴西、智利、哥伦比亚、委内瑞拉、玻利维亚、巴拿马、巴拉圭、秘鲁、乌拉圭、厄瓜多尔、墨西哥、哥斯达黎加、萨尔瓦多、古巴、尼加拉瓜、危地马拉、多米尼加、苏里南、洪都拉斯、澳大利亚和新西兰。

【网址】http://www.fealac.org。

【组织机构】按惯例，论坛每2—3年召开1届外长会，每年召开1次高官会，会议在东亚和拉美地区轮流举办。东亚和拉美地区各推举1个地区协调国，负责协调和承办论坛相关会议，每届外长会改选1次。老挝和多米尼加为现任地区协调国。论坛下设社会政治合作、可持续发展和气候变化，贸易、投资、旅游和中小微企业，文化、青年、性别和体育以及科技、创新和教育4个工作组，原则上每年各举行1次会议。工作组主席由两区域各推选1国共同担任，任期同地区协调国。论坛网络秘书处成立于2011年3月，负责论坛网站运营，发布会议文件、国别项目资料等。2015年8月，论坛第7届外长会设立届间协调会机制，由现任、前任和候任地区协调国、各工作组主席国及论坛网络秘书处代表组成。2016年5月，首次届间协调会在韩国首尔召开。同年9月，首届论坛“三驾马车”外长会在第71届联大期间举行。2017年8月，论坛第8届外长会通过决议，正式建立“三驾马车”（前任、现任和候任地区协调国）机制，原则上每年在联大期间举行外长会。2017年、2018年和2019年联大期间，分别举行了第2届、第3届和第4届论坛“三驾马车”外长会。

【主要活动】截至2022年12月，论坛已召开9届外长会和21次高官会。

2020年11月，论坛举办应对新冠疫情特别高官视频会。

2021年11月，论坛第21次高官会以视频方式举行。

【同中国的关系】中国是论坛创始成员国，重视并积极参与论坛活动，提出并举办了多个合作项目，包括亚拉青年外交官研修班、亚拉论坛法律论坛、东亚—拉美地区研究伙伴对话会、拉美和加勒比青年干部研修班、东亚—拉美大学校长论坛等。时任外长唐家璇、副外长王毅、副外长李金章、外长杨洁篪分别出席了论坛前4届外长会。2011年和2013年，外交部时任主管部领导出席了论坛第5届和第6届外长会。2015年和2017年，中国政府拉美事务特别代表殷恒民大使出席了第7届和第8届外长会。2019年，中国政府拉美事务特别代表刘玉琴大使出席了论坛第9届外长会。此外，中国还出席了论坛历次高官会。

中国自论坛第6届外长会起担任论坛社会政治合作和可持续发展工作组（第9届论坛外长会将工作组更名为社会政治合作、可持续发展和气候变化工作组）东亚方共同主席（任期2年），此后在历届论坛外长会上续任该职。 （刘玥）

亚洲合作对话

Asia Cooperation Dialogue—ACD

【成立日期】2002年6月19日，亚洲合作对话（ACD）第1次非正式外长会议在泰国昌安举行，ACD机制正式启动，是唯一面向全亚洲的官方对话与合作机制。

【成员】现有35个成员国：中国、日本、韩国、蒙古国、俄罗斯、东盟十国（文莱、柬埔寨、印度尼西亚、老挝、马来西亚、缅甸、菲律宾、新加坡、泰国、越南）、印度、巴基斯坦、阿富汗、孟加拉国、斯里兰卡、不丹、尼泊尔、哈萨克斯坦、吉尔吉斯斯坦、塔吉克斯坦、乌兹别克斯坦、沙特阿拉伯、伊朗、阿联酋、科威特、阿曼、卡塔尔、巴林、土耳其、巴勒斯坦。

【协调国】泰国是ACD永久协调国。

【秘书处】2013年3月29日举行的ACD第11次非正式外长会批准成立ACD临时秘书处。2016年成立ACD常设秘书处，定址科威特。2019年7月底，蓬猜

（Pornchai Danvivathana，泰国籍）接任ACD秘书长。

【网址】http://www.acd-dialogue.org。

【组织机构】包括领导人会议、外长会、领域及牵头国开展具体领域合作高级研究小组会。

【主要活动】1．领导人会议。ACD首次领导人会议于2012年10月15日—17日在科威特举行。会议由科威特埃米尔萨巴赫（国家元首）主持，讨论了亚洲地区形势和泛亚合作相关问题并达成广泛共识。会议发表了《ACD首次领导人会议公报》。2016年10月8日—10日，第2次领导人会议在泰国曼谷举行。会议由泰国总理巴育主持，通过了《ACD亚洲合作愿景2030》《曼谷宣言》《关于通过互联互通伙伴关系提振亚洲增长的声明》。

2．外长会。第1次非正式外长会于2002年6月19日在泰国昌安举行。截至2022年底，已举行17次外长会。2021年1月21日，土耳其以视频方式举办第17次外长会，发表了《安卡拉宣言》。此外，ACD主席国邀请各成员国外长于每年联合国大会期间在纽约举行会议。

3．领域牵头国。ACD以经济合作为重点，各国自愿牵头开展具体领域合作。2016年ACD第2次领导人会议决定将各合作领域整合为六大支柱领域：即粮食、水与能源安全相互关系，互联互通，科技与创新，教育与人力资源发展，文化与旅游，促进包容性与可持续发展的途径。

4．高级研究小组会。第6次外长会批准成立高级研究小组，旨在研究ACD的目标、资金来源、建立秘书处和二轨参与等问题。2007年8月20日—21日，高级研究小组首次会议在泰国曼谷举行。2019年7月18日—19日，高级研究小组第2次会议在泰国曼谷召开，主要就ACD秘书长产生方式等问题进行了讨论。

【同中国的关系】中国积极参与ACD相关活动，现任农业、能源领域合作牵头国。时任国务院总理温家宝出席了ACD第3次和第4次非正式外长会议开幕式。时任全国政协副主席孙家正作为国家主席特别代表，出席了首次领导人会议。时任国家副主席李源潮出席了第2次领导人会议，并宣布中方将担任“粮食、水与能源安全相互关系”支柱领域牵头国。中国外长或外长代表出席了历届外长会。

中方在牵头的领域里积极组织研讨会、培训班、合作研究等各种活动，也积极参与ACD其他领域的交流与合作。（肖丽）

裁军谈判会议

Conference on Disarmament—CD

【成立日期】裁军谈判会议（简称“裁谈会”）根据1978年举行的联合国大会裁军第一届特别会议建议成立，是当前国际社会唯一的多边裁军谈判机构。

【成员】现有正式成员65个。由于历史原因，裁谈会成员分成西方集团、东欧集团和21国集团（又称“不结盟国家集团”）三大集团，中国为独立一方。各集团由其协调员组织内部磋商，有时以集团名义提出建议或提交工作文件。

【主要负责人】裁谈会会议期间，由各成员国按其国名的英文字母顺序逐月轮流担任主席，每届主席主持4个工作周的会议。2022年裁谈会轮值主席为中国、哥伦比亚、古巴、朝鲜、刚果（金）、厄瓜多尔。会议秘书长由联合国秘书长指派，并作为其私人代表。现任秘书长由联合国驻日内瓦办事处主任瓦罗瓦娅（Tatiana Valovaya，俄罗斯籍）兼任。

【总部】瑞士日内瓦。

【网址】http://www.unog.ch。

【组织机构】裁谈会不是联合国附属机构，但与联合国关系密切。它在确定会议议程时，通常需考虑联合国大会的建议，且每年向联合国大会提交工作报告。

裁谈会以协商一致方式开展工作。会议形式包括全会、非正式会议、主席团会议等。裁谈会可视具体谈判工作需要，成立特设委员会和专家组等举行相关会议。非成员国可提出申请，经全会通过后，作为观察员参加全体会议。

【主要活动】裁谈会每年举行3期会议。2022年3期会议分别于1月24日至4月1日、5月16日至7月1日、8月1日至9月16日在日内瓦举行。会议就“核裁军”“禁止生产核武器或其他核爆炸装置所用裂变材料条约”“防止外空军备竞赛”“无核武器国家安全保证”等议题进行了讨论。2022年，中国担任裁谈会首任轮值主席，引导各方就简版工作计划达成一致，打破了裁谈会自2019年以来停滞不前的局面，并就观察员国与会问题实现突破。

【同中国的关系】1980年2月，中国正式参加裁谈会。自1983年起，中国派出专职裁军大使常驻日内瓦，参加裁谈会工作。2011年10月，中国成功接待联合国日内瓦办事处总干事兼裁谈会秘书长托卡耶夫访华。2019年1月，李松担任中国常驻日内瓦副代表、特命全权裁军事务大使。（孔君）

联合国信息安全开放式工作组

Open-Ended Working Group on Developments in the Field of Information and Telecommunications in the Context of International Security—OEWG

【成立日期】根据联大决议授权，联合国分别于2004年、2009年、2012年、2014年、2016年、2019年成立了六届联合国信息安全问题政府专家组（简称“专家组”）。第二、三、四、六届专家组均协商一致提交了报告，其中，2015年专家组报告就网络空间国家行为规范提出建议，受到国际社会普遍认可，为网络空间国际规则制定奠定了基础。考虑到专家组成员数量有限，国际社会普遍呼吁建立各国广泛参与的多边机制。在中国、俄罗斯等国家共同推动下，2018年12月，联大通过第73/27号决议，授权成立首届联合国信息安全开放式工作组（简称“工作组”）；2020年12月，联大通过第75/240号决议，授权成立2021—2025年信息安全开放式工作组。

【宗旨和原则】根据联大决议授权，第一届工作组主要职能为：在协商一致基础上，讨论包括数据安全在内的网络空间现有和潜在威胁及应对措施、负责任国家行为规范、未来机制建设、国际法适用、建立信任措施、能力建设等问题。

【主要负责人】新加坡常驻联合国代表加富尔大使担任工作组主席。

【网址】https://meetings.unoda.org/meeting/oewg-ict-2021。

【主要活动】首届工作组于2019年至2021年举行了3次正式会议，于2021年3月协商一致达成最终报告，深化了“网络空间负责任国家行为框架”共识，并对未来机制建设提出了建议和设想。新一届工作组计划于2021年至2025年举行11次会议。第一期会议于2021年12月13日—17日在纽约联合国总部举行，各方就包括数据安全在内的国际信息安全领域威胁及应对措施等问题进行了讨论。第二、三期会议分别于2022年3月28日至4月1日、7月25日—29日在纽约联合国总部举行。其中，在第三期会议上，各方协商一致达成了工作组首份年度进展报告。

【同中国的关系】中国一贯积极参与网络空间国际进程，以建设性态度深入参与工作组讨论并提交立场文件，强调各方应坚持和平合作的大方向，早日达成各方普遍接受的网络空间国际规则，建立和平、安全、开放、合作、有序的网络空间，构建网络空间命运共同体。

（孔君）

亚洲相互协作与信任措施会议

Conference on Interaction and Confidence Building Measures in Asia—CICA

【成立日期】1992年10月5日，哈萨克斯坦总统纳扎尔巴耶夫在第47届联合国大会上倡议建立亚洲相互协作与信任措施会议（简称“亚信”）。

【宗旨和原则】亚信是就亚洲地区安全问题进行对话与磋商的论坛，主要宗旨和目标是通过制定和落实多边信任措施，促进亚洲和平、安全与稳定。亚信恪守《联合国宪章》的宗旨和原则，坚持各成员国一律平等，相互尊重主权和领土完整，互不干涉内政，倡导以和平方式解决争端，反对动辄诉诸武力或以武力相威胁，通过制定和实施军事政治、新威胁新挑战、经济、环境、人文等五大领域信任措施，加强成员国安全、经济、社会和文化交流与合作。

【成员】28个成员国：阿富汗、阿塞拜疆、中国、埃及、印度、伊朗、以色列、哈萨克斯坦、吉尔吉斯斯坦、蒙古国、巴基斯坦、巴勒斯坦、俄罗斯、塔吉克斯坦、土耳其、乌兹别克斯坦（以上为创始成员国），泰国（2004年加入）、韩国（2006年加入）、约旦（2008年加入）、阿联酋（2008年加入）、越南（2010年加入）、伊拉克（2010年加入）、巴林（2010年加入）、柬埔寨（2011年加入）、卡塔尔（2014年加入）、孟加拉国（2014年加入）、斯里兰卡（2018年加入）和科威特（2022年加入）。14个观察员：印度尼西亚、日本、马来西亚、菲律宾、乌克兰、美国、白俄罗斯、老挝、土库曼斯坦以及联合国、欧安组织、阿拉伯国家联盟、突厥语国家议会大会和国际移民组织。

【主席国】哈萨克斯坦（1993—2010年）、土耳其（2010—2014年）、中国（2014—2018年）、塔吉克斯坦（2018—2020年）、哈萨克斯坦（2020年至今）先后担任亚信主席国。中国于2014年5月亚信上海峰会上接任亚信主席国，于2016年4月亚信第5次外长会议后连任主席国，任期至2018年。

【主要负责人】现任秘书长萨雷拜（哈萨克斯坦籍），2020年9月上任。

【总部】设有秘书处，2006年6月正式启动，原设在哈萨克斯坦阿拉木图市，2014年9月，搬迁至该国的阿斯塔纳。

【网址】http://www.s-cica.org。

【组织机构】亚信建立了国家元首或政府首脑会议（峰会）、外长会议、高官委员会会议、特别工作组会议等议事和决策机制。峰会和外长会议均为每4年举行1次，两会交错举行，间隔2年。举办峰会和外长会议的国家任主席国。

【主要活动】近几年主要活动有：

2020年9月24日，亚信成员国外长特别会议通过视频方式举行。亚信27个成员国外长、副外长或代表及亚信秘书处负责人出席。各方围绕共同抗击新冠疫情、国际和地区形势、亚信各领域合作等问题深入交换意见。国务委员兼外交部长王毅出席会议并发表题为《深化亚信合作　坚守多边主义》的讲话，并就亚信下一阶段工作提出具体意见，强调中方将同亚洲各国携手合作，推动构建新型国际关系和人类命运共同体，为促进亚洲和世界的和平发展事业作出应有贡献。

2021年10月12日，亚信第6次外长会议在哈萨克斯坦努尔苏丹举行。国务委员兼外长王毅以视频方式出席并发表题为《发挥亚信合作优势，构建亚洲命运共同体》的讲话。与会各方围绕“后疫情时代亚洲的安全与可持续发展”这一主题就亚信地区安全形势、后疫情时代经济发展、应对传统与非传统安全威胁与挑战、落实亚信各领域信任措施等深入交换意见并达成广泛共识。

2022年10月12日—13日，亚信第6次峰会在哈萨克斯坦阿斯塔纳举行。中国国家副主席王岐山出席会议并发表题为《加强团结协作，妥善应对挑战》的讲话。峰会通过了《关于亚信升级的阿斯塔纳声明》《亚信成员国领导人关于信息安全领域合作的声明》《亚信落实〈联合国全球反恐战略〉行动计划》等成果文件。各国一致同意设立亚信基金，支持哈萨克斯坦继续担任亚信主席国至2024年。在本次峰会期间，亚信正式吸纳科威特为第28个成员国，并同欧亚经济委员会签署谅解备忘录，使其成为亚信的第6个伙伴组织。

【同中国的关系】中国作为亚信金融、农业和环境领域协调国，高度支持和配合主席国的各项工作，认真履行职责，积极落实2014年上海峰会成果，推动践行共同、综合、合作、可持续的亚洲安全观，深化各领域信任措施合作，不断提高亚信安全对话与合作的整体水平，推动亚信为促进亚洲安全稳定发挥更大作用。

2020年，中方努力克服新冠疫情带来的不利影响，积极探索通过灵活方式推进亚信各领域合作，扎实落实信任措施，推动亚信进程不断走深走实。中方通过亚信平台向成员国提供抗疫支持，散发中国国家卫生健康委员会制订的最新版新冠诊疗方案和中国民用航空局提供的民航疫情防控技术指南，积极参加亚信框架内抗疫合作研讨会，主动分享经验技术。作为亚信农业、金融、环境领域信任措施协调国或联合协调国，中方还通过视频方式主办了第八届亚信智库论坛国际圆桌会议、生物多样性保护经验交流研讨会等活动。

2021年，中方继续积极参与亚信各领域合作。作为农业、金融等领域协调国，中方积极落实亚信信任措施，主办多场重要活动。4月17日，2021亚信金融峰会在济南举行，主题为“共商共建共享——推进亚信金融务实合作行稳致远”，来自20个国家的300余名嘉宾与会，峰会通过《2021亚信金融峰会济南倡议》并发布《2021亚信金融合作报告》。12月29日，上海国际问题研究院采用线上线下相结合的方式举办第九届亚信智库论坛，主题为“后疫情时代重建互信的新起点：趋势与任务”。此外，中方先后举办“亚信产业扶贫模式交流及培训研讨会”和三期“亚信智慧农业应用与发展研修班”等培训交流活动，为亚信成员国分享发展经验提供平台。

2022年，中方积极推进亚信进程，深化各领域合作。9月21日，亚信成员国外长非例行会议在美国纽约举行，中国常驻联合国副代表耿爽出席会议。10月31日，中国生态环境部对外合作与交流中心以线上线下相结合方式举办亚信绿色低碳城市建设研讨会。11月17日—18日，中国杨凌农业高新技术产业示范区国际交流中心以视频方式举办亚信国家扶贫干部研修班。11月22日—23日，中国应急管理部以视频方式举办亚信成员国矿山安全风险防控研讨会。11月30日至12月1日，上海国际问题研究院以视频方式举办第十届亚信智库论坛，主题为“动荡变革期与亚洲可持续安全：挑战与愿景”。（张庆民）

中国—中东欧国家合作

Cooperation between China and Central and Eastern European Countries

【成立日期】2012年4月26日，首次中国—中东欧国家领导人会晤在波兰华沙举行，中国—中东欧国家合作正式启动。

【成员】中国和中东欧国家（包括阿尔巴尼亚、波黑、保加利亚、克罗地亚、捷克、希腊、匈牙利、黑山、北马其顿、波兰、罗马尼亚、塞尔维亚、斯洛伐克和斯洛文尼亚）。奥地利、白俄罗斯、欧盟、瑞士和欧洲复兴开发银行为观察员。

【特别代表】2015年4月，中方设立“外交部中国—中东欧国家合作事务特别代表”，首任特别代表为霍玉珍，现任特别代表为姜瑜。

【网址】http://www.china-ceec.org。

【组织机构】2012年9月，中国外交部设立中国—中东欧国家合作秘书处，作为中国政府推进中国—中东欧国家合作的协调机构。秘书处中方成员单位包括24家中央部委和有关机构。中东欧国家任命国家协调员，负责协调本国参与中国—中东欧国家合作相关事宜。秘书处及其成员单位与中东欧国家驻华使馆进行定期沟通。现任秘书长为外交部副部长邓励。

【主要活动】1. 领导人会晤。2012年4月26日，首次中国—中东欧国家领导人会晤在波兰华沙举行。温家宝总理提出了中国关于促进与中东欧国家友好合作的12项举措，与会中东欧国家领导人对此予以高度评价。会晤发表新闻公报，明确与会领导人愿今后继续开展此类形式的合作。

2021年2月9日，中国—中东欧国家领导人峰会在中国北京以视频方式举行。习近平主席主持会议并发表题为《凝心聚力，继往开来　携手共谱合作新篇章》的主旨讲话，强调中国—中东欧国家合作坚持共商共建、务实均衡、开放包容、创新进取，是多边主义的生动实践，是中欧关系的重要组成部分。中国愿同中东欧国家顺应时代大势，实现更高水平的共同发展和互利共赢，携手推动构建人类命运共同体。习近平主席就新形势下中国—中东欧国家合作发展提出四点建议，一是直面疫情挑战，坚定共克时艰的合作信心；二是聚焦互联互通，畅通联动发展的合作动脉；三是坚持务实导向，扩大互惠互利的合作成果；四是着眼绿色发展，打造面向未来的合作动能。峰会发表了《2021年中国—中东欧国家合作北京活动计划》和《中国—中东欧国家领导人峰会成果清单》。

2. 国家协调员会议。2012年9月，首次中国—中东欧国家合作国家协调员会议在中国北京举行。自2014年起，国家协调员会议按例每年举行2次。受新冠疫情影响，第15次、第16次和第17次国家协调员会议分别于2020年5月、2021年1月和2022年12月以视频方式举行。

【各领域合作】1. 地方合作。目前包括中国—中东欧国家地方领导人会议、中国—中东欧国家地方省州长联合会、中国—中东欧国家首都市长论坛3个平台。地方领导人会议原则每两年轮流在中国和中东欧国家召开一次，自2013年开始已举行5次。地方省州长联合会于2014年8月第二次地方领导人会议期间成立，中方主席省现为山东省，外方主席省为捷克南摩拉维亚州，迄今已举行6次工作组会议。首都市长论坛自2016年开始已举行5届。2021年在中国沈阳举办了中国东北三省一区与中东欧国家地方交流合作对接会。

2. 经贸投资金融合作。目前包括中国—中东欧国家经贸促进部长级会议、中国—中东欧国家联合商会、中国—中东欧国家投资促进机构联系机制等平台。中国—中东欧国家经贸促进部长级会议定点在宁波举办，迄今已举行3次会议。联合商会成立于2014年12月第三次中国—中东欧国家领导人会晤期间，在中国和波兰各设执行机构，迄今已举行6次会议。投资促进机构联系机制于2014年9月第十八届中国国际投资贸易洽谈会（厦门）期间宣布成立，迄今已举行5次会议。中国—中东欧国家投资贸易博览会自2015年开始已举行5届。中国—中东欧国家博览会暨国际消费品博览会已举办2届。中国—中东欧国家（沧州）中小企业合作论坛已举办4届。2018年，中国—中东欧投资基金（二期）正式运营。2021年，中国—中东欧国家电子商务合作对话机制启动。中国—中东欧国家银联体理事会会议已举办3届。

3. 农业林业及质检合作。目前包括中国—中东欧国家农业部长会议和中国—中东欧国家农业合作促进联合会两个重要平台。农业部长会议由《中国—中东欧国家合作纲要》确定举办地，自2016年至今已举办4次会议。农业部长会议举办期间还套开农业经贸合作论坛。农业合作促进联合会成立于2015年6月，牵头方为保加利亚，下设咨询委员会，每年召开2次会议，迄今已举办10次会议。首个中国—中东欧国家合作农业示范园区也落户保加利亚。2020年围绕“农业多元合作年”主题，举办特色农产品云上博览会、农业国际合作论坛等活动。2021年中国—中东欧国家海关信息中心成立及网站上线。中国—中东欧国家林业合作高级别会议自2016年开始已举办3届，2018年举办中国—中东欧国家林业科研合作研讨会。中国—中东欧国家海关检验检疫合作对话会自2016年起已举办5届。

4. 旅游合作。目前包括中国—中东欧国家旅游合作高级别会议和旅游合作协调中心（旅游促进机构和旅游企业联合会执行机构）两个平台。高级别会议自2014年开始已举行5次会议。旅游合作协调中心成立于2014年5月，牵头方为匈牙利，同中国国家旅游局共同举办了2015年“中国—中东欧国家旅游合作促进年”。中国—中东欧国家合作启动十年来，中国赴中东欧国家的旅游人数增长4倍，每周直航达32班。

5. 文教和智库合作。为加强教育领域合作，建立中国—中东欧国家教育政策对话和高校联合会两个平台，教育政策对话自2013年开始已举行8届，高校联合会自2014年开始已举行7次会议。为深化智库交流，建立中国—中东欧国家高级别智库研讨会和中国—中东欧国家智库交流与合作网络两个平台。高级别智库研讨会迄今已举行8届。中国—中东欧国家合作智库交流与合作网络于2015年12月在北京揭牌，2020年围绕“疫情下的中国—中东欧国家合作”举办了3场系列视频研讨会。中国—中东欧国家合作研讨会暨全球伙伴中心全体会议自2019年开始已举办2届。为活跃文化交流，建立中国—中东欧国家文化合作部长论坛，迄今已举行4次会议。为促进青年交流，建立中国与中东欧青年政治家论坛，迄今举行3届。中国—中东欧国家出版联盟论坛自2018年开始已举行4届。2020年举办首届“中国—中东欧国家合作新春晚会”。同年,《中国—中东欧国家合作进展与评估报告（2012—2020）》出版发行。中国—中东欧青年创客国际论坛是中国—中东欧国家合作机制下的青年领域品牌活动，自2017年首次举办以来，已成功举办5届。2016年10月，首届中国—中东欧国家非物质文化遗产保护专家级论坛在波兰举行，迄今已举办3次会议。

6. 卫生合作。中国—中东欧国家卫生部长论坛自2015年至今已举办4届会议，2020年5月，中国—中东欧国家卫生部长应对新冠疫情视频特别会议召开，同年3月和12月各召开一次中国—中东欧国家疫情防控专家信息交流视频会议。2020年6月，举办中国—中东欧中小企业复工复产视频信息交流和洽谈会，会上中国—中东欧中小企业合作线上服务平台正式启动。2021年在中国举办中国—中东欧国家癌症规范化诊疗及癌症防控研讨班。同年建立中国—中东欧国家公众健康产业联盟。

7. 环保和能源合作。2017年11月，由罗马尼亚牵头成立能源项目对话与合作中心并举行首次能源论坛和博览会。中国—中东欧国家企业能源合作论坛自2017年开始已举办2届。2018年6月，中国—中东欧国家能源合作第一次技术交流会在北京举行；2019年10月，中国—中东欧国家能源合作论坛在克罗地亚萨格勒布举行；2018年9月，由黑山牵头成立中国—中东欧国家环保合作机制并举行首次环保部长级会议，迄今已举办2届。

8. 科技和创新合作。中国—中东欧国家创新合作大会自2016年开始已举办5届。2022年，中国—中东欧国家创新合作研究中心在宁波成立。

9. 交通和物流合作。中国—中东欧国家交通部长会议自2016年开始已举办3届。中国—中东欧国家物流合作秘书处联络员会议自2017年开始已举办2届。

10. 主题年活动。2014年为“中国—中东欧国家合作投资经贸促进年”，2015年为“中国—中东欧国家旅游合作促进年”，2016年为“中国—中东欧国家人文交流年”，2017年为“中国—中东欧国家媒体年”，2018年为“中国—中东欧国家地方合作年”，2019年为“中国—中东欧国家教育、青年交流年”，2020年为“中国—中东欧国家农业多元合作年”，2021年为“中国—中东欧国家合作绿色发展和环境保护年”。

（李全文）

全球数据安全倡议
Global Initiative on Data Security

【提出背景】当前，信息技术革命日新月异，数字经济蓬勃发展。同时，数据安全的风险和挑战也日益突出，亟须达成反映大多数国家意愿和利益的全球规则。2020年9月8日，时任国务委员兼外长王毅出席“抓住数字机遇，共谋合作发展”研讨会，在发表题为《坚守多边主义　倡导公平正义　携手合作共赢》的主旨讲话时宣布，中国发起《全球数据安全倡议》。

2021年10月30日，习近平主席以视频方式出席二十国集团领导人第十六次峰会第一阶段会议，在发表题为《团结行动　共创未来》的重要讲话时表示，中国已经提出《全球数据安全倡议》，我们可以共同探讨制定反映各方意愿、尊重各方利益的数字治理国际规则，积极营造开放、公平、公正、非歧视的数字发展环境。

【宗旨和目标】《全球数据安全倡议》旨在就重大数据安全问题提出建设性解决思路，切实维护全球数据和网络安全，为制定相关全球规则提供蓝本。

【网址】https://www.mfa.gov.cn/web/wjb_673085/zzjg_673183/jks_674633/jksxwlb_674635/202009/t20200911_7667445.shtml。

【主要内容】《全球数据安全倡议》聚焦关键基础设施和个人信息保护、企业境外数据存储和调取、供应链安全等重大问题，就政府和企业在数据安全领域的行为规范提出建设性的解决思路与方案。主要内容包括：一是客观理性看待数据安全，致力于维护全球供应链开放、安全和稳定。二是反对利用信息技术破坏他国关键基础设施或窃取重要数据。三是采取措施防范和制止侵害个人信息的行为，不得滥用信息技术对他国进行大规模监控，或非法采集他国公民个人信息。四是要求企业尊重当地法律，不得强制要求本国企业将境外产生、获取的数据存储在本国境内。五是尊重他国主权、司法管辖权和对数据的管理权，不得直接向企业或个人调取位于他国的数据。六是应通过司法协助等渠道解决执法跨境数据调取需求。七是信息技术产品和服务供应企业不应在产品和服务中设置后门，非法获取用户数据。八是信息技术企业不得利用用户对产品依赖，谋取不正当利益。

【主要活动】2021年3月29日，中国同阿拉伯国家联盟秘书处召开中阿数据安全视频会议，中阿双方共同发表《中阿数据安全合作倡议》。2022年6月8日，中国同中亚五国达成《“中国+中亚五国”数据安全合作倡议》。

【国际影响】《全球数据安全倡议》是数据安全领域首份国际倡议，提出后受到国际社会广泛关注。各国普遍认为确有必要制定全球数据安全规则，赞赏中国为维护全球数据安全所作努力。

2021年5月，联合国信息安全政府专家组协商一致达成最终报告。报告提出，要促进全球信息技术产品供应链的开放、完整、稳定与安全，各国应制定全面、透明、客观、公正的供应链风险管理框架和机制，建立供应链安全的全球规则和标准等内容，与《全球数据安全倡议》核心主张相一致。此外，第75届联大通过“从国际安全角度看信息和通信领域发展”决议，授权成立2021—2025年信息安全开放式工作组，并将数据安全议题正式纳入新一轮信息安全开放式工作组讨论议程。

（孔君）

科学家生物安全行为准则天津指南

The Tianjin Biosecurity Guidelines for Codes of Conduct for Scientists

【提出背景】中国一贯倡导负责任的生物科研，早在2015年就首倡制定科学家生物安全行为准则，并本着开放务实、合作共赢的精神，推动多边讨论进程，受到国际社会积极评价。

【宗旨和目标】《科学家生物安全行为准则天津指南》(简称《天津指南》)旨在弘扬负责任的生物科研文化，最终在不妨碍生物科研成果产出的同时防止滥用，与《禁止生物武器公约》一脉相承，促进联合国可持续发展目标。

【 网 址 】https://www.interacademies.org/publication/tianjin-biosecurity-guidelines-codes-conduct-scientists-chinese-version。

【主要内容】《天津指南》涵盖了负责任生物科研的主要方面，提出了坚守道德基准、遵守法律规范、倡导科研诚信、尊重研究对象、加强风险管理、参与教育培训、传播研究成果、提升公众参与、强化科研监管、促进国际合作十大准则，涵盖生物科研全流程、全链条，将对促进生物科技发展、防止生物科技的误用滥用发挥重要作用。

【国际影响】2021年7月，中国科学家与国际同行一道，推动达成了《天津指南》。国际科学院组织已正式核可，鼓励各国科学院组织积极推广并采纳。中国多次向《禁止生物武器公约》提交工作文件，鼓励所有利益攸关方自愿将《天津指南》的内容纳入其相关实践、章程和法规中，并通过各自适当的方式积极予以推介。《公约》九审会期间，中国举办两场主题边会进一步宣介《天津指南》，受到各方广泛欢迎和支持。同时，中国并已将《天津指南》作为联大文件，在“促进可持续发展”“全面彻底裁军”等议题下散发。各方高度赞赏中国为推进全球生物安全治理及相关国际规则制定发挥的重要作用。

《天津指南》既源于中国倡议，又经过广泛讨论，体现了国际共识，是国际社会推广负责任生物科研取得的最新成果。《天津指南》汇聚近年来国际生物科学界共识，是加强公约机制的积极努力，对全球推广负责任生物科研意义重大。《天津指南》充分体现了国际科学界进一步规范、促进生物科研活动的决心，也充分表明基于科学、具有广泛代表性的国际进程，可成为加强全球生物安全治理和国际合作的有效途径。

（孔君）

“在国际安全领域促进和平利用国际合作”决议

Promoting International Cooperation on Peaceful Uses in the Context of International Security

【提出背景】出于和平目的利用科学技术并开展相关国际合作是国际法赋予各国不可剥夺的权利。在新的时代背景下，国际社会亟须加强统筹协调，切实促进和平利用科学技术及相关国际合作，共同维护普遍安全，共享发展成果。2021年12月，在中国的倡议下，第76届联合国大会通过“在国际安全领域促进和平利用国际合作”决议。2022年，第77届联合国大会再次通过该决议。

【宗旨和目标】“在国际安全领域促进和平利用国际合作”决议高举人类命运共同体的旗帜，倡导普遍安全和共同发展，强调和平利用科技及相关国际合作对经济、社会发展的重要性，敦促各国在履行防扩散国际义务的同时，取消对发展中国家和平利用科技的过度限制和歧视性出口管制。

【网址】https://documents-dds-ny.un.org/doc/UNDOC/GEN/N22/740/99/pdf/N2274099.pdf?OpenElement。

（孔君）

公 约

《联合国气候变化框架公约》及其《京都议定书》和《巴黎协定》

United Nations Framework Convention on Climate Change and its Kyoto Protocol & Paris Agreement

【生效日期】《联合国气候变化框架公约》(下称《公约》)是1992年里约环境与发展大会背景下制定的三大环境公约之一。《公约》于1992年5月9日在美国纽约联合国总部通过，1994年3月21日生效。《京都议定书》的全称是《〈联合国气候变化框架公约〉京都议定书》，是落实《联合国气候变化框架公约》的重要法律文件。《京都议定书》于1997年12月11日在日本京都通过，2005年2月16日生效。《〈京都议定书〉多哈修正案》于2012年12月8日在卡塔尔多哈通过，2020年12月31日生效。《巴黎协定》于2015年12月12日在法国巴黎通过，2016年11月4日生效。

【主要内容】《公约》的目标是将大气中温室气体的浓度稳定在防止气候系统受到危险的人为干扰的水平上，这一水平应当在足以使生态系统能够自然地适应气候变化、确保粮食生产免受威胁并使经济发展能够可持续地进行的时间范围内实现。《公约》确立了国际合作应对气候变化的基本原则，主要包括公平原则、共同但有区别的责任原则、各自能力原则和可持续发展原则等。《公约》还明确发达国家应承担率先减排和向发展中国家提供资金、技术支持的义务，并承认发展中国家有消除贫困、发展经济的优先需要。

《京都议定书》主要规定了《公约》附件一国家整体减排指标、附件一国家国别减排指标和受管控的六种温室气体名单。《京都议定书》还规定发达国家应主要通过国内措施完成减排义务，并辅以灵活机制作为补充手段。《〈京都议定书〉多哈修正案》为38个附件一所列发达国家缔约方设定了2013年1月1日至2020年12月31日的温室气体量化减排指标，并决定将三氟化氮（NF3）纳入管控范围。

《巴黎协定》确立了以国家自主贡献为核心的减排模式，重申了《公约》确立的公平原则、共同但有区别的责任原则和各自能力原则，体现了发达国家和发展中国家的区别。确立了2℃的全球温控目标，同时提出要努力实现1.5℃的温控目标，对减缓、适应、资金、透明度和全球盘点等各关键要素做了平衡处理。

【缔约方】截至2022年12月，《公约》共有198个缔约方，《京都议定书》共有192个缔约方，《巴黎协定》共有194个缔约方。

【主要负责人】《公约》执行秘书西蒙·斯蒂尔（Simon Stiell，格林纳达籍），2022年8月15日由联合国秘书长任命。

【总部】秘书处设在德国波恩。

【网址】http://www.unfccc.int。

【组织机构】(1)缔约方会议:《公约》《京都议定书》和《巴黎协定》的最高决策机构，关于《公约》《京都议定书》《巴黎协定》的决定分别由《公约》缔约方会议（COP)、《京都议定书》缔约方会议（CMP）和《巴黎协定》缔约方会议（CMA）做出;(2)附属科技咨询机构（SBSTA)：就与《公约》有关的科学和技术事项，向缔约方会议并酌情向缔约方会议的其他附属机构及时提供信息和咨询;(3)附属履行机构（SBI)：协助缔约方会议评估和审评《公约》的履行;(4)秘书处：作为缔约方会议的常设执行机构，负责安排会议并提供必要的服务，汇编和转递各类文件，协调内外关系。

【资金机制】全球环境基金、绿色气候基金、气候变化特别基金、最不发达国家基金和适应基金。

【主要活动】每年举行1次缔约方会议，会期一般为2周左右；2次附属机构会议，其中第2次附属机构会议与缔约方会议同时举行。

《公约》第27次缔约方大会（COP27）于2022年11月6日至20日在埃及沙姆沙依赫举办，聚焦《公约》和《巴黎协定》务实履行，就减缓、适应、资金、损失与损害等问题达成了一揽子成果。会议首次将损失与损害资金问题列入议程，并就此作出框架安排，建立损失与损害基金。公约第28次缔约方大会（COP28）将于2023年11月30日至12月12日在阿联酋迪拜举办。

【同中国的关系】中国于1992年6月11日在里约环境与发展大会上签署《公约》，并于1993年1月5日批准《公约》,《公约》1994年3月21日起对中国生效。中国于1998年5月29日签署《京都议定书》，并于2002年8月30日核准《京都议定书》,《京都议定书》2005年2月16日起对中国生效。2014年6月2日，中国向联合国秘书长交存中国政府接受《〈京都议定书〉

多哈修正案》的接受书。中国于2016年4月22日签署《巴黎协定》，并于2016年9月3日批准《巴黎协定》，《巴黎协定》于2016年11月4日起对中国生效。《公约》《京都议定书》和《巴黎协定》都适用于香港和澳门两特区。（崔琢）

联合国防治荒漠化公约

United Nations Convention to Combat Desertification—UNCCD

【生效日期】《联合国防治荒漠化公约》全称是《联合国关于在发生严重干旱和（或）荒漠化的国家特别是在非洲防治荒漠化的公约》（以下简称《公约》），是1992年里约环境与发展大会背景下制订的三大环境公约之一。《公约》于1994年6月17日在法国巴黎通过，于1996年12月26日起生效。

【宗旨和原则】在发生严重干旱和（或）荒漠化的国家，特别是在非洲防治荒漠化、缓解干旱，以期协助受影响的国家和地区实现可持续发展。

【缔约方】截至2022年12月，《公约》共有197个缔约方。

【主要负责人】执行秘书易卜拉欣·蒂奥（Ibrahim Thiaw，毛里塔尼亚籍），2019年1月31日由联合国秘书长任命。

【总部】秘书处设在德国波恩。

【网址】http://www.unccd.int。

【组织机构】（1）缔约方大会：《公约》的最高决策机构；（2）科技委员会：为缔约方大会提供科技方面的建议和信息；（3）履约审查委员会：由2001年第5次缔约方大会决定成立，负责审查、敦促缔约方履行《公约》；（4）《公约》秘书处：是缔约方大会常设执行机构，负责安排会议、准备会议文件、协调《公约》内外关系等日常工作。

【资金机制】（1）全球机制（GM）；（2）全球环境基金（GEF）；土地退化零增长基金（LDN Fund）。

【主要活动】1997—2001年，每年举行1次缔约方大会；2002年以后，每2年举办1次缔约方大会。《公约》第13次缔约方大会于2017年9月在中国鄂尔多斯举行。2019年9月，《公约》第14次缔约方大会在印度新德里举行。2022年5月，《公约》第15次缔约方大会在科特迪瓦阿比让举行。

【同中国的关系】中国于1994年10月14日签署了《公约》，并于1997年2月18日交存批准书。《公约》于1997年5月19日起对中国生效。《公约》适用于香港和澳门两特区。（王劲松）

联合国海洋法公约

United Nations Convention on the Law of the Sea—UNCLOS

【生效日期】《联合国海洋法公约》（下称《公约》）于1982年4月30日在联合国第3次海洋法会议上通过，并于当年12月10日在牙买加开放签署，后于1994年11月16日起正式生效。1994年7月28日，联合国通过了《关于执行〈联合国海洋法公约〉第十一部分的协定》（以下简称《执行协定》）。1995年8月4日，联合国又通过了《执行〈联合国海洋法公约〉有关养护和管理跨界鱼类种群和高度洄游鱼类种群之规定的协定》（以下简称《鱼类种群协定》）。

【主要内容】《公约》分17个部分，共有320条和9个附件。《公约》建立的基本海洋法制度包括：（1）《公约》确定了12海里领海宽度，并同时确保了其他国家在沿海国领海内的无害通过权；（2）《公约》确定了从领海基线量起不超过24海里的毗连区制度，确保沿海国在该海域内对其海关、财政、卫生和移民等类事项行使管辖权；（3）《公约》允许沿海国为开发海洋资源、保护海洋环境及管理海洋科学研究等目的设立200海里专属经济区，但不得限制其他国家在该区域的合法活动；（4）《公约》建立了大陆架制度，规定了结合科学标准、地质标准及距离标准确定大陆架外部界限的方法，设立了解决200海里外大陆架外部界限的大陆架界限委员会，并对200海里外大陆架资源的利益分享问题作了规定；（5）《公约》对国家管辖范围以外的海床洋底建立了专门的国际开发制度，并设立了国际海底管理局以管理作为“人类共同继承财产”的国际海底区域及其资源；（6）《公约》确认了航行自由、飞越自由及捕鱼自由等传统的公海自由原则，并根据科学技术的发展补充了新的公海自由原则，但同时又对公海生物资源的养护和管理作了专门规定；（7）《公约》确保了各国的船舶和飞机在世界上各群岛水域和用于国际航行的海峡不受阻碍地航行或飞越的权利，同时对群岛国制度和海峡沿岸国的权利作了规定；（8）《公约》在扩大沿海国权利的同时，也确保了内陆国出入海洋的权利；（9）《公约》确立了进行海洋科学研究和海洋技术转让的规则；（10）《公约》对海洋环境的保护和保全作了全面的规定，使各国承担了保护海洋免受各种污染源污染的义务;(11)《公约》推动各国和平解决海洋争端,规定了各种解决争端的程序,并设立了国际海洋法法庭。

【缔约方】截至2022年12月,《公约》共有168个缔约方;《执行协定》共有151个缔约方;《鱼类种群协定》共有92个缔约方。

【网址】https://www.un.org/Depts/los/convention_agreements/convention_overview_convention.htm。

【专门机构】《公约》生效后,先后成立了国际海底管理局、国际海洋法法庭、大陆架界限委员会等专门海洋机构。国际海底管理局是根据《公约》第十一部分和《执行协定》所确立的管理国际海底区域,组织和管理国家管辖范围以外的深海底活动,特别是管理该区域矿物资源的组织。国际海洋法法庭根据《公约》附件六《国际海洋法法庭规约》设立,负责处理有关《公约》解释和适用的争端。大陆架界限委员会是根据《公约》第76条设立的审议沿海国200海里以外大陆架界限的专门机构。

【主要活动】《公约》缔约国会议根据《公约》第319条第2(e)款以及联大第37/66、49/28、52/26号决议,规定由联合国秘书长决定召开,缔约方和观察员参加。会议负责选举国际海洋法法庭法官和大陆架界限委员会委员,听取国际海洋法法庭、大陆架界限委员会和国际海底管理局三大机构的工作报告,以及审议法庭的预算和财务事项等。1994年11月21日—22日,首次《公约》缔约国会议在纽约联合国总部举行。

2022年,第32届《公约》缔约国会议于6月13日—17日在纽约联合国总部举行。会议审议了《公约》所设国际海洋法法庭、大陆架界限委员会和国际海底管理局三大机构工作,讨论联合国秘书长有关《公约》执行情况的报告,改选了大陆架界限委员会成员。

【同中国的关系】中国是1982年首批签署《公约》的119个国家之一,并于1996年5月15日批准《公约》。6月7日,中国常驻联合国代表团向联合国秘书处递交了批准书。根据《公约》第308条第2款的规定,自批准书交存后第30天起,即7月7日,《公约》开始对中国生效。

中国批准《公约》时做出四点声明:根据《公约》规定,中国享有200海里专属经济区和大陆架的主权权利和管辖权;中国将与海岸相向或相邻的国家,通过协商,在国际法的基础上,按照公平原则划定各自海洋管辖权界限;中国重申对1992年2月25日颁布的《中华人民共和国领海及毗连区法》第2条所列各群岛及岛屿拥有主权;中国重申《公约》有关领海内无害通过的规定,不妨碍沿海国按其法律规章要求外国军舰通过领海必须事先得到该国许可或通知该国的权利。2006年8月25日,中国依据《公约》第298条规定,向联合国秘书长提交书面声明,对于《公约》第298条第1款(a)、(b)和(c)项所述的任何争端(即涉及海洋划界、领土争端、军事活动等争端),中国政府不接受《公约》第十五部分第二节规定的任何国际司法或仲裁管辖。

中国认真履行《公约》,不断完善国内海洋立法,已陆续颁布实施了《领海及毗连区法》(1992年)和《专属经济区和大陆架法》(1998年),确立起领海、毗连区、专属经济区和大陆架等海洋制度,是《公约》赋予沿海国对其管辖海域的各项基本权利在中国国内法律中的具体体现。在海洋科研、海洋环境保护、渔业、海上航运等领域,中国也出台或修订了相关法律法规,体现和遵循《公约》的相关要求。

中国还积极参与《公约》缔约国大会以及三大专门机构有关会议和活动,支持上述机构的工作,为促进国际海洋合作与交流进行不懈的努力,为全球海洋事业的发展作出应有的贡献。

2022年9月,中国外交部和自然资源部共同举办纪念《公约》开放签署40周年国际研讨会,时任国务委员兼外交部长王毅、联合国副秘书长兼法律顾问苏亚雷斯以视频方式出席开幕式并致辞,时任外交部副部长谢锋、自然资源部总工程师张占海做了主旨报告。国际海洋法法庭庭长霍夫曼、国际海底管理局秘书长洛奇、大陆架界限委员会主席艾尔阿兹里、国际海事组织秘书长林基泽等重要涉海国际组织负责人与会发言,美国、德国、澳大利亚、印度、巴基斯坦、印度尼西亚、新加坡等国专家学者等线上与会,就《公约》40年成就和发展、国际海底与沿海国外大陆架、海洋争端解决、《公约》与其他机制的互动、海洋法前沿问题及《公约》与国际和地区海洋合作等议题开展深入研讨。(汤宇豪)

生物多样性公约

Convention on Biological Diversity—CBD

【生效日期】《生物多样性公约》(以下简称《公约》)于1992年在里约环境与发展大会上通过,1993年12月29日生效。

【宗旨和原则】保护生物多样性,可持续利用生物资源,公平公正地分享利用遗传资源所产生的惠益。

【缔约方】截至2022年12月,《公约》共有196个缔约方。

【主要负责人】执行秘书伊丽莎白·穆雷玛(Elizabeth Mrema,女,坦桑尼亚籍)。

【总部】秘书处设在加拿大蒙特利尔。

【网址】http://www.cbd.int。

【组织机构】（1）缔约方大会：《公约》的最高决策机构；（2）执行附属机构；（3）科学、技术和工艺咨询事务附属机构：提供关于生物多样性状况的科学评估意见，编制科学报告，查明有关保护和持续利用生物多样性的先进技术，并就促进技术开发、转让的方法提供咨询意见等；（4）《公约》秘书处：负责安排会议、准备会议文件、协调《公约》内外关系等日常工作。

【资金机制】全球环境基金（GEF）。

【主要活动】缔约方大会每2年举办1次。《公约》第十五次缔约方大会于2021年和2022年分两阶段召开。

【同中国的关系】中国是最早签署和批准《公约》的国家之一，1992年6月11日签署《公约》。《公约》于1993年12月29日对中国生效。公约适用于香港特别行政区和澳门特别行政区。

中国是《公约》第十五次缔约方大会（COP15）的主席国。2021年10月11日—15日，COP15第一阶段会议在云南昆明召开。2021年10月12日，习近平主席以视频方式出席COP15领导人峰会，并发表题为《共同构建地球生命共同体》的主旨讲话。2022年12月7日—19日，COP15第二阶段会议在《公约》秘书处所在地加拿大蒙特利尔召开，习近平主席以视频方式向COP15第二阶段高级别会议致辞，大会通过了“昆明—蒙特利尔全球生物多样性框架”，开启了全球生物多样性保护新进程。（徐璐）

关于特别是作为水禽栖息地的国际重要湿地公约

Convention on Wetlands of International Importance Especially as Waterfowl Habitat

【生效日期】《关于特别是作为水禽栖息地的国际重要湿地公约》（以下简称《公约》），是全球第一个政府间多边环境公约。公约于1971年2月2日在伊朗拉姆萨尔通过，1975年12月21日起生效。

【宗旨和原则】旨在通过国家和地方层面的行动和国际合作，构建国际重要湿地保护网络，推动湿地的保护和合理利用，为实现全球可持续发展作出贡献。

【缔约方】截至2022年12月，《公约》共有172个缔约方。

【主要负责人】秘书长穆松达·蒙巴（Musonda Mumba，肯尼亚籍），2022年8月上任，是《公约》第七任秘书长。

【总部】秘书处设在瑞士格兰德。

【网址】http://www.ramsar.org。

【组织机构】（1）缔约方大会：《公约》的最高决策机构，负责制定全球性策略、政策和促进国际合作。（2）常委会：大会的执行机构。（3）科学技术评审委员会：为《公约》运行提供科技和技术指导。（4）秘书处：《公约》常设机构，在缔约方大会和常委会指导下工作，主要为缔约方提供服务，包括组织常委会及附属机构会议，提供技术支持和政策建议，促进《公约》在全球、国家和地方层面有效实施。

【主要活动】每3年举行1届缔约方大会。自《公约》通过以来，迄今共举行14届缔约方大会、3届特别缔约方大会。

【同中国的关系】中国于1992年1月3日决定加入《公约》，《公约》于1992年7月31日起对中国生效。《公约》适用于香港和澳门两特区。

2022年11月，《公约》第14届缔约方大会由中国政府承办，在中国武汉和瑞士日内瓦举行。大会以“珍爱湿地　人与自然和谐共生”为主题，宣传了习近平生态文明思想，展示中国生态文明建设成就，彰显中国负责任大国形象，取得了圆满成功。（朱勇）

残疾人权利公约

Convention on the Rights of Persons with Disabilities—CRPD

【生效日期】2001年11月，第56届联大三委通过墨西哥等国提交的“促进和保护残疾人权利和尊严的全面综合国际公约”决议，决定设立特设委员会（下称“特委会”），审议有关制定残疾人权利公约的建议。2002年7月至2006年8月，特委会召开8次会议，最终制定并通过《残疾人权利公约》（下称《公约》）。2006年12月13日，第61届联大正式通过《公约》及其议定书，并于2007年3月30日开放供各国签署。2008年5月3日，《公约》正式生效，成为国际上第一个专门保护残疾人权利、促进残疾人发展的具有法律约束力的国际文书。

【缔约方】截至2022年12月，已有185个国家和区域组织批准加入公约。

【宗旨和原则】促进、保护、保障残疾人全面平等地享有所有人权和基本自由，并促进对残疾人固有尊严的尊重。

【同中国的关系】中国是《公约》最早发起国之一，参加了《公约》特委会及工作组历次会议，并于2007年3月30日在《公约》开放签署仪式上签署《公约》。全国人大常委会于2008年6月26日批准《公约》。同年8月31日,《公约》对中国正式生效。

2022年8月，联合国残疾人权利委员会审议中国《残疾人权利公约》第二、三次合并履约报告，中国残联主席张海迪率中国代表团出席，有针对性地回答委员会提问并介绍中国在保障残疾人权利方面取得的成就。（侯曦寓）

不扩散核武器条约

Treaty on the Non-Proliferation of Nuclear Weapons—NPT

【生效日期】《不扩散核武器条约》(下称“条约”)于1968年达成，1970年3月生效。

【主要内容】条约规定核武器国家不得向无核武器国家转让核武器或其他核爆炸装置，不得以任何方式协助、鼓励或引导无核武器国家获取核武器或其他核爆炸装置；无核武器国家不得接受核武器或其他核爆炸装置，不得制造或以其他方式取得核武器或其他核爆炸装置，不得寻求在制造核武器和其他核爆炸装置方面的任何协助；各缔约国承诺在接受国际原子能机构保障监督的前提下，促进和平利用核能活动；各国应就早日停止核军备竞赛和核裁军的有效措施及缔结一项全面彻底核裁军条约进行谈判。条约还特别规定，核武器国家系指在1967年1月1日前制造并爆炸核武器或其他核爆炸装置的国家。

【成员】条约缔约国皆有资格参加审议大会和筹备会。截至2022年12月，条约共有191个缔约国。巴基斯坦、印度、以色列未加入条约。朝鲜于2003年1月10日宣布退约，但仍被列为缔约国。朝鲜虽不再参加此后有关审议大会和筹备会，但会议仍保留其名牌，以避免朝鲜的地位引发争议。

【网址】https://disarmament.unoda.org。

【组织机构】大会无常设机构，由美国、俄罗斯、英国3个存约国负责召集会议。根据会议第8条第3款规定，条约生效5年后，应召开审议大会，此后每5年召开1次。条约第10条第2款规定，条约生效25年后应召开缔约国会议，就条约延期问题作出决定。缔约国于1995年召开《不扩散核武器条约》审议和延期大会，决定无限期延长条约且今后每次审议大会前应召开3次筹备会，以加强条约的审议机制。审议大会和筹备会的主席应轮流担任，会议具体时间与地点由缔约国商定。

自1985年开始，审议大会依据条约确立核裁军、核不扩散与和平利用核能三大目标，设立3个主要委员会进行工作。1995年召开的NPT审议和延期大会决定，继续保留设立3个主要委员会的工作模式，并同意在委员会下就相关问题设立附属机构。

【主要活动】自条约生效以来，已经召开了10次审议大会。第10次审议大会于2022年8月召开，受乌克兰危机涉核因素影响，大会最终未能达成成果文件。

【同中国的关系】中国于1992年加入条约，从1995年开始参加此后的历次审议大会。在1995年条约审议和延期大会上，中国支持条约无限期延长。在随后的历次审议大会和筹备会上，中国代表团以发言和提交工作文件、国家报告等形式，全面阐述了中国在核裁军、核不扩散、和平利用核能等方面的政策主张和立场，积极对会议施加影响，体现了维护和加强NPT的建设性姿态。中国于2021年12月向条约第10次审议大会提交了更新版国家履约报告，并就核裁军、核不扩散、和平利用核能、美英澳核潜艇合作等提交了6份工作文件，全面介绍中国履约情况和政策立场。（孔君）

禁止核武器条约

Treaty on the Prohibition of Nuclear Weapons—TPNW

【生效日期】2017年7月，联合国大会表决通过《禁止核武器条约》(下称“条约”)。2021年1月，条约正式生效。

【主要内容】条约规定禁止发展、制造、试验、部署、使用或威胁使用核武器。

【成员】截至2023年6月，条约共有92个签署国，其中68国已批约。中国、俄罗斯、美国、英国、法国等5个核武器国家均未签约。

【网址】https://www.un.org/disarmament/wmd/nuclear/tpnw。

【同中国的关系】中国未参与条约谈判，未签署条约。中国理解无核武器国家在推进核裁军进程方面的愿望和诉求。从拥有核武器的第一天起，中国就积极倡导全面禁止和彻底销毁核武器，始终恪守在任何时候、任何情况下都不首先使用核武器，郑重承诺无条件不对无核武器国家和无核武器区使用或威胁使用核武器，并一直将核力量维持在国家安全所需的最低水平。

同时，中国认为，核裁军进程不能脱离国际安全现实，必须遵循“维护全球战略稳定”和“各国安全不受减损”原则，循序渐进加以推进。《禁止核武器条约》不反映，也不构成习惯国际法，对非缔约国不具法律约束力。

（孔君）

禁止生物武器公约

Biological Weapons Convention—BWC

【生效日期】《禁止生物武器公约》(下称《公约》)全称为《禁止发展、生产、储存细菌（生物）及毒素武器和销毁此种武器的公约》，于1971年达成，1975年生效。《公约》保存国为俄罗斯、美国和英国。

【主要内容】《公约》由序言和15条正文组成，主要内容包括：禁止发展、生产、储存、取得或保有生物武器；销毁生物武器或转用于和平目的；禁止转让或协助他国、国家集团和国际组织制造或取得生物武器；生物领域的和平利用与国际合作等。

【成员】截至2022年12月，共有185个缔约国，4个签约国。

【网址】https://disarmament.unoda.org/biological-weapons。

【主要活动】鉴于《公约》缺乏对各国遵约情况进行监督和核查的机制，缔约国于1995年开始谈判拟定包括义务性宣布及现场核查条款的议定书。

受新冠疫情影响,《公约》框架下的审议进程有所迟滞。2021年,《公约》履约支持机构以现场参加、视频与会相结合的方式举办了系列专题会、缔约国会议和第9次审议大会第一次筹备会。此外，还以视频方式举办了多场专题网络研讨会。各缔约国就生物科技发展、加强公约机制、国际合作与援助、加强国家履约、违约事件应对与准备等议题深入交换看法。

2022年,《公约》迎来开放签署50周年。应俄罗斯要求,《公约》缔约国于9月在日内瓦举行协商会议，审议美国的遵约问题。这是公约时隔25年再次应缔约国要求召开有关解决遵约关切的协商会议，广大缔约国高度重视并广泛参与。俄罗斯在会上展示了一系列证据材料，指控美国的生物军事活动违反《公约》，美国对此作了答辩。包括中方在内其他缔约国提出了不少需要美方澄清的问题，并主张尽快重启《公约》核查议定书谈判，以便从根本上确保《公约》得到有效执行。11月28日至12月16日,《公约》第九次审议大会在日内瓦召开。大会对全球生物安全形势和《公约》执行情况进行了全面审议，并成功通过成果文件，决定设立工作组，通过研究制定具有法律约束力的措施等方式，进一步加强《公约》有效性、促进全面遵约。

【同中国的关系】中国于1984年11月加入《公约》。自加入《公约》以来，中国一贯主张全面禁止和彻底销毁一切大规模杀伤性武器，坚决反对任何国家研发、拥有或使用生物武器。严格履行《禁止生物武器公约》义务，致力于强化《禁止生物武器公约》机制，积极呼吁重启核查议定书谈判，并主张以客观、公正态度处理有关国家的遵约问题。坚定维护发展中国家享受生物科技发展红利的合法权利，推动联大首次通过和平利用决议，倡导公正、开放、包容的国际合作。与有关国家政府、科学界共同努力，达成《科学家生物安全行为准则天津指南》，为推广负责任生物科研理念作出贡献。

2022年，中国代表团深入参与《公约》第九次审议大会，全力推动通过成果文件。提出通过建立核查机制确保遵约、促进生物科技和平利用及普惠共享等主张，体现了广大缔约国特别是发展中国家的共同意志。《科学家生物安全行为准则天津指南》受到广泛支持。

（孔君）

特定常规武器公约

Convention on Certain Conventional Weapons—CCW

【生效日期】全称《禁止或限制使用某些可被认为具有过分伤害力或滥杀滥伤作用的常规武器公约》(Convention on Prohibitions or Restrictions on the Use of Certain Conventional Weapons Which May Be Deemed to Be Excessively Injurious or to Have Indiscriminate Effects)(下称《公约》)，1980年10月10日通过，1981年4月10日在纽约开放签署，1983年12月2日生效，无限期有效。联合国秘书长为《公约》保存人。

【主要内容】《公约》包括序言和11条正文，并附有5份议定书。主要内容是：武装冲突各方选择作战方法和手段的权利并非毫无限制，禁止使用可能引起过分杀伤或不必要痛苦的武器、弹药和作战方法，务必使平民和战斗员无论何时均受人道原则、公众良知和既定惯例的保护。2001年公约第二次审议大会通过第一条修正案，将公约及其附加议定书的适用范围扩大到包括非国际武装冲突。

《第一议定书》，即《关于无法检测的碎片的议定书》，禁止使用任何其主要作用在于以碎片伤人且其碎片在人体内无法用X射线检测的武器。1980年10月达成，1983年12月生效。

《第二议定书》，即《禁止或限制使用地雷（水雷）、诱杀装置和其他装置的议定书》及其《技术附件》，对地雷、诱杀装置等武器的使用作出限制。1980年10月达成，1983年12月生效。1996年5月修订议定书，进一步限制地雷的使用和转让，对杀伤人员地雷的可探测性、自毁、自失能等技术指标作出了规定。经修订的《第二议定书》于1998年12月生效。

《第三议定书》，即《禁止或限制使用燃烧武器的议定书》，禁止使用燃烧武器或弹药袭击平民，禁止向平民聚集区的军事目标空投燃烧武器，规定不得将森林或其他植物作为攻击目标，除非它们用于藏匿战斗人员或其他军事目标。1980年10月达成，1983年12月生效。

《第四议定书》，即《关于激光致盲武器的议定书》，禁止使用以致人眼永久性失明为作战目的的激光武器。1995年10月达成，1998年7月生效。

《第五议定书》，即《战争遗留爆炸物议定书》，主要包括清除“战争遗留爆炸物”等战后一般性补救措施，以及提高弹药可靠性等一般性预防措施。2003年11月达成，2006年11月生效。

【成员】截至2022年12月，《公约》共有126个缔约国，《第一议定书》共有119个缔约国，经修订的《第二议定书》共有106个缔约国，《第三议定书》共有115个缔约国，《第四议定书》共有109个缔约国，《第五议定书》共有97个缔约国，《公约》第一条修正案共有87个缔约国。

【网址】http://www.unog.ch。

【主要活动】《公约》在常规军控和人道主义领域发挥了积极作用，并不断得到充实和发展。自生效以来，《公约》已召开6次审议大会，审议《公约》执行情况，并根据形势发展不断完善《公约》。其中，2001年第2次审议大会通过修正案，将《公约》及其附加议定书的适用范围由国际武装冲突扩大到包括非国际武装冲突。2006年第3次审议大会就“遵约机制”“促进《公约》普遍性”“成立《公约》支助计划”等问题达成最后文件。2016年第5次审议大会决定成立“致命性自主武器系统”问题政府专家组。2021年第6次审议大会调整了《公约》财务机制。

除了审议大会，《公约》每年举行缔约国会议。2017年至2019年，《公约》缔约国会议重点讨论了《公约》履约、简易爆炸装置、“新兴科技对公约影响”等议题以及“致命性自主武器系统”政府专家组授权问题。2022年11月，《公约》缔约国大会在日内瓦举行。

【同中国的关系】中国参加了拟定该《公约》的国际会议、《公约》审议大会、缔约国会议以及各次专家组会议，积极参与了修订《第二议定书》和《公约》第一条、制定《第四议定书》和《第五议定书》的谈判。中国于1981年9月4日签署《公约》，1982年4月7日批准了《公约》及《第一议定书》《第二议定书》《第三议定书》，1998年11月4日批准了经修订的《第二议定书》和《第四议定书》，2003年8月11日批准了《公约》第一条修正案。2010年4月29日，第十一届全国人大常委会第十四次会议决定批准《第五议定书》。至此，中国批准《公约》及其全部所附5个议定书，成为《公约》完全缔约国。

2020年，中国参加了《公约》第二号、第五号议定书专家会，积极宣介中国相关履约实践及推进国际人道主义扫雷和战争遗留爆炸物受害者援助成就。中国还参加了“致命性自主武器系统”政府专家组非正式会议，与各方围绕定义、技术、军事应用、法律适用等问题开展讨论，并就“致命性自主武器系统”指导原则提交了评论意见。

2021年，中国参加了《公约》第6次审议会议，积极宣介中国相关履约实践及推进国际人道主义扫雷和受害者援助成就，并提交了关于规范人工智能军事应用的立场文件，这是中国首次就规范人工智能军事应用问题提出倡议，也是《公约》框架下首份关于人工智能安全治理问题的立场文件。

2022年，中国向《公约》缔约国大会提交关于加强人工智能伦理治理的立场文件，从人工智能伦理治理角度系统提出了中方政策主张，涉及人工智能监管、研发、使用及国际合作等各个方面。中国连续两年在联合国平台就人工智能治理提出立场文件，为解决人工智能治理难题贡献了中国智慧和中国方案。（孔君）

武器贸易条约

Arms Trade Treaty—ATT

【生效日期】《武器贸易条约》（下称《条约》）是首个联合国框架下规范常规武器贸易的国际条约，旨在打击非法转让，缓解武器泛滥引发的国际地区不稳定及人道主义问题。《条约》自2006年起在联合国框架内启动谈判，2013年4月在联合国大会表决通过，并于同年6月开放签署，2014年12月正式生效，无限期有效。联合国秘书长为《条约》保存人。

【主要内容】《条约》含序言、原则和28条正文，对常规武器的监管范围、贸易方式、管理要求、争端解决等设立了统一的国际标准。主要义务包括：一是就七大类常规武器（即作战坦克、装甲战斗车、大口径火炮、作战飞机、攻击直升机、军舰、导弹与导弹发射器）和轻小武器建立国家管理制度，严格管控进出口、过境、转运、中介等环节；二是有关出口不得违反联合国安理会武装禁运等国际义务或用于种族灭绝、人道主义犯罪、平民袭击等；三是出口审批时应考虑是否损害国际和平与安全，是否助长违反国际人道法和人权法行为、是否助长恐怖分子和跨国有组织犯罪等因素；四是每年就常规武器进出口情况向秘书处提交报告。

【成员】截至2022年12月，《公约》共有113个缔约国，另有28国签约但未批约。美国于2019年宣布撤销签署。

【网址】https://thearmstradetreaty.org。

【主要活动】2015年以来，《条约》每年召开一次缔约国大会，迄已举行8次会议。会议围绕条约普遍性、有效履约和透明度等议题展开讨论，鼓励各方分享本国在规范常规武器贸易方面的管控制度和务实举措，并制定有关自愿行动指南。

【同中国的关系】中国积极参与了《条约》谈判，对其达成作出了重要建设性贡献。中国以观察员身份参加了历次缔约国大会。2019年9月，时任国务委员兼外长王毅在第74届联合国大会上宣布，中国已启动加入《条约》的国内法律程序。2020年10月，中国正式加入《条约》，于2021年10月向《条约》秘书处提交初始报告，此后每年5月提交年度报告。2020年起，中国以缔约国身份参加缔约国大会。（孔君）

联合国打击跨国有组织犯罪公约

United Nations Convention against Transnational Organized Crime

【生效日期】《联合国打击跨国有组织犯罪公约》（下称《公约》）是目前唯一针对跨国有组织犯罪的全球性公约。该《公约》于2000年11月15日由第55届联大通过，并于2003年9月29日起正式生效。该《公约》共有三项议定书，分别是《关于预防、禁止和惩治贩运人口特别是妇女和儿童行为的补充议定书》（2003年12月25日起生效）、《关于打击陆海空偷运移民的补充议定书》（2004年1月28日起生效）和《关于打击非法制造和贩运枪支及其零部件和弹药的补充议定书》（2005年7月3日起生效）。

【宗旨和原则】通过加强国际合作，更加有效地预防和打击跨国有组织犯罪，为各国开展打击跨国有组织犯罪的合作提供法律基础。《公约》规定缔约国应采取必要的立法和其他措施，将参加有组织犯罪集团、洗钱、腐败和妨碍司法等行为定为刑事犯罪。《公约》要求所有愿意遵守该《公约》的国家在法律上采取协调措施，以打击有组织犯罪集团与腐败行为，打击洗钱等非法活动，简化引渡程序，扩大引渡范围。《公约》还要求有关国家采取措施，保护那些在法庭上提供对犯罪团伙不利证据的证人，并向需要帮助的国家提供财政等方面的援助。

【缔约方】截至2022年12月，公约共有190个缔约方。

【总部】秘书处设在奥地利维也纳。

【网址】http://www.unodc.org。

【组织机构】（1）缔约方会议：《公约》的最高决策机构；（2）《公约》秘书处：协助缔约方大会开展各项活动，负责安排会议、准备会议文件、协调《公约》内外关系等日常工作。

【履约审议机制】2018年10月，第9次缔约方会议决定建立《公约》履约审议机制。审议进程由“总体审议”和“国别审议”两部分构成，审议机制总周期为12年。前2年旨在明确有关组织事项，为正式审议阶段做准备。第3—12年分为4个审议阶段，包括：定罪与管辖权；预防、技术援助、保护措施及其他措施；执法和司法制度；国际合作、司法协助和没收。2020年10月，第10次缔约方会议决定正式启动《公约》履约审议机制，目前，第一个审议阶段的国别审议正在进行中。

【主要活动】2004年举行第1次缔约方会议，2022年10月举行第11次缔约方会议。公约下设的“国际合作”“技术援助”“贩运人口”“偷运移民”“枪支问题”5个工作组，每年举行1—2次会议。

【同中国的关系】中国于2003年8月27日批准《公约》。《公约》于2003年10月23日起对中国生效，并适用于香港特别行政区和澳门特别行政区。中国于2009年12月26日决定加入《关于预防、禁止和惩治贩运人口特别是妇女和儿童行为的补充议定书》，该议定书于2010年3月10日起对中国生效，适用于澳门特别行政区。2022年9月24日，中国宣布启动《关于打击非法制造和贩运枪支及其零部件和弹药的补充议定书》。（琚丁庆浩）

联合国反腐败公约

United Nations Convention against Corruption

【**生效日期**】《联合国反腐败公约》(下称《公约》)是关于打击腐败和资产追回的第一项全球性法律文书，体现了国际社会治理腐败的共同意愿和决心，对促进各国预防和打击腐败、加强反腐国际合作、促进腐败资产的追回，具有重要、建设性的意义。《公约》于2003年10月31日由第58届联合国大会审议通过，并于2005年12月14日起生效。

【**宗旨和原则**】促进和加强预防及打击腐败，促进、便利和支持引渡、司法协助和资产追回等方面的反腐败国际合作，以及提倡廉正、问责制和对公共事务和公共财产的妥善管理。《公约》要求各缔约国根据本国法律制度的基本原则，制定和执行或坚持有效而协调的反腐败政策，并采取必要的立法和其他措施，将《公约》规定的行为定为犯罪。《公约》还要求缔约国依照《公约》规定，在刑事案件中相互合作，尽可能充分地提供司法协助，并在返还资产方面相互提供最广泛的合作和协助。

【**缔约方**】截至2022年12月，共有189个缔约方。

【**总部**】《公约》缔约国会议秘书处设在奥地利维也纳。

【**网址**】https://www.unodc.org。

【**组织机构**】(1)缔约国会议:《公约》的最高决策机构;(2)秘书处:协助缔约国会议开展各项活动，负责安排会议、准备会议文件、协调《公约》内外关系、为履约审议机制提供技术支持等日常工作。

【**履约审议机制**】2009年11月，第3届缔约国会议决定设立《公约》履约审议机制，并于次年启动运行。机制采用“同行审议”的方法，即由抽签方式确定的两个缔约国对一个缔约国的履约情况进行审议。每一个审议阶段为期10年，由各为期5年的两个审议周期构成。2010年,《公约》履约审议机制第一审议周期正式启动，审议各缔约国履行《公约》第三章“定罪和执法”和第四章“国际合作”的情况。2016年，第二审议周期启动，审议各缔约国履行《公约》第二章“预防腐败”和第五章“资产追回”的情况。受新冠疫情等多重因素影响，第二审议周期出现延期。截至2022年12月，审议相关工作仍在进行。

【**主要活动**】2006年举行首次缔约国会议。《公约》下设的履约审议组和预防腐败、资产追回、国际合作工作组，每年一般举行1至2次会议。

【**同中国的关系**】中国于2005年10月27日批准《公约》。《公约》于2006年2月12日起对中国生效，并适用于香港特别行政区和澳门特别行政区。 (*唐靖*)

图书在版编目（CIP）数据

世界知识年鉴．2022/2023/《世界知识年鉴》编辑委员会编著．-- 北京：世界知识出版社，2024. 8

ISBN 978-7-5012-6671-5

I. ①世… II. ①世… III. ①世界—知识—2022-2023—年鉴 IV. ① Z5

中国国家版本馆 CIP 数据核字（2023）第 148692 号

世界知识年鉴2022/2023

WORLD AFFAIRS ALMANAC 2022/2023

Shijie Zhishi Nianjian 2022/2023

主　　管 / 中华人民共和国外交部

编　　者 /《世界知识年鉴》编辑委员会

责任编辑 / 侯奕萌（亚洲）　刘　喆（非洲）　谢　晴（欧洲）
车胜春（美洲、大洋洲、极地）　余　岚（国际组织等）

责任出版 / 李　斌　赵　玥

责任校对 / 张　琨　陈可望

出版发行 / 世界知识出版社

地址邮编 / 北京市东城区干面胡同51号（100010）

电　　话 / 010-65233645（市场部）

网　　址 / www.ishizhi.cn

经　　销 / 新华书店

印　　刷 / 河北新华第一印刷有限责任公司

开本印张 / 787mm × 1092mm　1/16　69½印张

字　　数 / 2674千字

版次印次 / 2024年8月第一版　2024年8月第一次印刷

标准书号 / ISBN 978-7-5012-6671-5
ISBN 978-7-900591-42-5

定　　价 / 672.00元

扫描上方二维码，
获取本年鉴电子书资源